湖北省学术著作出版专项资金资助项目

中国科举文化通志 主编 陈文新

《清实录》科举史料汇编

王炜 编校

武汉大学出版社
WUHAN UNIVERSITY PRESS

图书在版编目(CIP)数据

《清实录》科举史料汇编/王炜编校．—武汉：武汉大学出版社，2015.11
中国科举文化通志/陈文新主编
ISBN 978-7-307-16506-9

Ⅰ.清…　Ⅱ.王…　Ⅲ.科举制度—史料—中国—清代　Ⅳ.D691.3

中国版本图书馆 CIP 数据核字(2015)第 186902 号

责任编辑:李　琼　　　责任校对:黄添生　　　版式设计:马　佳

出版发行：**武汉大学出版社**　(430072　武昌　珞珈山)
(电子邮件：cbs22@whu.edu.cn　网址：www.wdp.com.cn)
印刷：武汉中远印务有限公司
开本：787×1092　1/16　印张:77　字数:1681 千字　插页:4
版次:2015 年 11 月第 1 版　2015 年 11 月第 1 次印刷
ISBN 978-7-307-16506-9　定价:515.00 元

《中国科举文化通志》总序

陈文新

（一）

科举是中国古代最为健全的文官制度。它渊源于汉，始创于隋，确立于唐，完备于宋，兴盛于明、清两代。如果从隋大业元年（605）的进士科算起，到清光绪三十一年（1905）被废除，科举制度在中国有整整1300年的历史。科举制度还曾“出口”越南、朝鲜等国，扩大了汉文化的影响。始于19世纪的西方文官考试制度，其创立也与中国科举的启发相关。孙中山在《五权宪法》等演讲中反复强调：中国的科举制度是世界各国中所用以拔取真才之最古最好的制度。胡适也说：“中国文官制度影响之大，及其价值之被人看重”，“是我们中国对世界文化贡献的一件可以自夸的事”。①

科举制度具有如此强大的生命力，其原因在于，它在保证“程序的公正”方面具有空前的优越性。官员选拔的理想境界是“实质的公正”，即将所有优秀的人才选拔到最合适的岗位上。但这个境界人类至今未达到过。不得已而求其次，“程序的公正”就成为优先选择。“中国古代独特的社会结构是家族宗法制，家长统治、任人唯亲、帮派活动、裙带关系皆为家族宗法制的派生物，在重人情与关系的社会文化背景下，若没有可以操作的客观标准，任何立意美妙的选举制度都会被异化为植党营私、任人唯亲的工具，汉代的察举推荐和魏晋南北朝的九品官人法走向求才的死胡同便是明证。”“古往今来科举考试一再起死回生的历史说明：自古以来，中国就是一个人情社会，人情与关系在社会生活中起着重要的作用，为了防止人情的泛滥，使社会不至于陷入无序的状态，中国人发明了考试，以考试作为维护社会公平和社会秩序的调节阀。悠久的科举历史与普遍的考试现实一再雄辩地证明，考试选才具有恒久的价值。”② 从这一角度看，科举制度不但在诞生之初有着巨大的进步意义，而且在整个中国历史和世界历史上，都是一个了不起的创造。较之前代的选官制度，如汉代的察举、征辟制和魏文帝时开始推行的九品中正制等，科举制度都更加公正合理。

---

① 胡适：《考试与教育》，《胡适文集》第12册，北京大学出版社1998年版，第508页。

② 刘海峰：《科举学导论》，华中师范大学出版社2005年版，第113、136页。

作为一项从整体上影响国民生活的官员选拔制度，科举制度对于维护我们这个幅员辽阔的多民族国家的统一稳定，其作用是无论怎样估计也不会过高的。胡适这位新文化运动的领袖，虽然一再愤愤不平地说到中国文化的种种不是，但在《考试与教育》一文中，他也毫不含糊地指出：在古代那种交通极为不便的情形下，中央可以不用武力来维持国家的统一是由于考试制度的公开和公平。胡适所说的公平，包括三种含义：一是公开考选，标准客观。二是顾及各地的文化水准，录取的人员，并不偏于一方或一省，而是遍及全国。三是实行回避制度，"就是本省的人不能任本省的官吏，而必须派往其他省份服务。有时候江南的人，派到西北去，有时候西北的人派到东南来。这种公道的办法，大家没有理由可以反对抵制。所以政府不用靠兵力和其他工具来统治地方，这是考试制度影响的结果"①。这些话出于胡适之口，足以说明，即使是文化激进主义者，只要具有清明的理性，也不难看出科举制度的合理性。

作为一项从整体上影响国民生活的官员选拔制度，科举制度不仅具有历史研究的价值，而且有助于我们思考当今人事制度的改革问题。2005年，任继愈曾在《古代中国科举考试制度值得借鉴》一文中提出设立"国家博士"学位的设想。其立论前提是：我国目前由各高校授予的博士学位缺少权威性和公正性。之所以不够权威和公正，不外下述几个原因。其一，"各校有自己的土标准，执行起来宽严标准不一，取得学位后，它的头衔在社会上流通价值都是同等的"，这当然不公平。其二，研究生入学后，第一年大部分时间用在外语上，第二年大部分时间忙于在规定的某种等级的刊物上发论文，第三年忙于找工作，这样的情形，怎么可能培养出货真价实的博士？其三，几乎所有名牌大学都招收"在职博士生"，有的博士研究生派秘书代他上课，甚至不上课而拿文凭，这样的博士能说是名副其实的吗？只有设立"国家博士"学位，采用统一标准选拔人才，这样的"博士学位"才具有权威性和公正性。而国家在高级人才的选拔方面统一把关，不仅可以避免"跑"博士点和博士生扩招带来的许多弊病，有助于社会风气的改善，而且，由于只管考而不必太多地管教，还可以节省大量开支。就这一点而言，中国古代的科举制度的确是值得参考借鉴的。任继愈的这篇文章现已收入《皓首学术随笔·任继愈卷》(中华书局2006年版)，有心的读者不妨一阅。

与任继愈的呼吁相得益彰，早在1951年，钱穆就发表了《中国历史上的考试制度》一文。针对民国年间（1911—1949）人事管理腐败混乱的状况，他痛心疾首地指出：科举制"因有种种缺点，种种流弊，自该随时变通，但清末人却一意想变法，把此制度也连根拔去。民国以来，政府用人，便全无标准，人事奔竞，派系倾轧，结党营私，偏枯偏荣，种种病象，指不胜屈。不可不说我们把历史看轻了，认为以前一切要不得，才聚九州铁铸成大错"②。钱穆的意思是明确的：参考借鉴科举制度，有助于人事管理的规范化和公正性。1955年，他在《中国历代政治得失》一书中进一步指出："无

① 胡适：《胡适文集》第12册，北京大学出版社1998年版，第506页。

② 钱穆：《国史新论》，东大图书公司1984年版，第114~115页。

论如何，考试制度，是中国政治制度中一项比较重要的制度，又且由唐迄清绵历了一千年以上的长时期。中间递有改革，递有演变，在历史进程中逐渐发展，这绝不是偶然的。直到晚清，西方人还知采用此制度来弥缝他们政党选举之偏陷，而我们却对以往考试制度在历史上有过上千年以上根柢的，一口气吐弃了，不再重视，抑且不再留丝毫顾惜之余地。那真是一件可诧怪的事。"① 现代中国的人事管理理应借鉴源远流长的科举制度，这是毫无疑问的。至于如何借鉴，则是我们需要认真思考的问题。

（二）

作为一项从整体上影响国民生活的官员选拔制度，科举制度以其"程序的公正"为国家选拔了大量行政官员，在提高全民族的文化水准和维护我们这个多民族国家的统一稳定方面，发挥了直接而巨大的作用，这是其显而易见的功能；它还有其他不那么显著却同样值得重视的功能，即意识形态功能和人文教育功能：科举制度以其对社会的整体影响力将儒家经典维持世道人心的作用发挥到极致。我们试就此略作讨论。

明清时代有一项重要规定：科举以《四书》《五经》为基本考试内容。这一规定是耐人寻味的。《论语》《孟子》等儒家经典是秦汉以来中国传统社会维系人心、培育道德感的主要读物。我们经常表彰"中国的脊梁"，一个毋庸置疑的事实是，秦汉以降，"中国的脊梁"大多是在儒家经典的教育下成长起来的。以文天祥为例，这位南宋末年的民族英雄，曾在《过零丁洋》诗中说："人生自古谁无死？留取丹心照汗青。""丹心"，就是蕴蓄着崇高的道德感的心灵。他还有一首《正气歌》，开头一段是："天地有正气，杂然赋流形。下则为河岳，上则为日星。于人曰浩然，沛乎塞苍冥。皇路当清夷，含和吐明庭。时穷节乃见，一一垂丹青。"身在治世，正气表现为安邦定国的情志；身在乱世，则表现为忠贞坚毅的气节。即文天祥所说："当其贯日月，生死安足论。"1282年，他在元大都（今属北京）英勇就义，事前他在衣带中写下了这样的话："孔曰'成仁'，孟曰'取义'。惟其义尽，所以仁至。读圣贤书，所学何事？而今而后，庶几无愧。"《四书》《五经》的教诲，确乎是他的立身之本。

文天祥是宝祐四年（1256）状元。这是一个值得关注的事实。它表明：进士阶层在实践儒家的人格理想方面，其自觉性远远高于社会的平均水平。宋代如此，明代如此，甚至连元代也是如此。清代史学家赵翼曾论及"元末殉难者多进士"这一现象："元代不重儒术，延祐中始设科取士，顺帝时又停二科始复。其时所谓进士者，已属积轻之势矣，然末年仗节死义者，乃多在进士出身之人。"（赵翼《廿二史劄记》卷三十《元末殉难者多进士》）接下来，赵翼列举了余阙、泰不华、李齐、李黼、王士元、赵琏、周镗、聂炳元、刘耕孙、丑闾、彭庭坚、普颜不花、月鲁不花、迈里古思等死难进

① 钱穆：《中国历代政治得失》，三联书店2001年版，第89页。

士，最后归结说："诸人可谓不负科名者哉，而国家设科取士亦不徒矣。"① 在元末殉难的进士中，余阙（1303—1358）是最早战死的封疆大臣。他的朋友蒋良，一次和他谈起国难，余阙推心置腹地说："余荷国恩，以进士及第，历省居馆阁，每愧无报。今国家多难，授予兵戎重寄，岂余所堪。然古人有言：'为子死孝，为臣死忠。' 万一不幸，吾知尽吾忠而已。" 余阙殉难后，蒋良作《余忠宣公死节记》，开篇即强调说："有元设科取士，中外文武著功社稷之臣历历可纪。至正辛卯，兵起淮、颍，城邑尽废，江、汉之间能捍御大郡、全尽名节者，守豫帅余公廷心一人而已。"② 在余阙"擢高科"的履历与他忠勇殉节的人格境界之间，人们确认有其内在联系。无独有偶，《元史·泰不华传》在记叙元末另一著名的死节之臣泰不华（1305—1352）时，也着重指出：其人生信念的基本依据是他作为"书生"所受的儒家经典教育。在与方国珍决战前夕，泰不华曾对部从说过一番词气慷慨的话："吾以书生登显要，诚虑负所学。今守海隅，贼甫招徕，又复为变。君辈助我击之，其克则汝众功也，不克则我尽死以报国耳。""书生""所学"与捐躯"报国"之间关系如此密切，足见以《四书》《五经》作为基本考试教材的科举制度，它在维持世道人心方面的作用的确是巨大而深远的。

儒家经典维持世道人心的功能不仅泽及宋元，泽及明清，甚至泽及已经废除了科举制度的现代。其实这并不令人感到奇怪。原因在于，不少现代名流的少年时光是在科举时代度过的，他们系统地受过这种教育，耳濡目染，其人生观在早年即已确立并足以支配一生。儒家经典的生命力由此可见。科举制度的余泽亦由此可见。

这里我想特别提及五四新文化运动的领袖胡适，并有意多引他的言论。之所以关注他，是因为，世人眼中的胡适，只是一个文化激进主义者，以高倡"打倒孔家店"著称。人们很少注意到，胡适在表面上高呼"打倒孔家店"，但在内心里仍对孔子和儒家保留了足够的敬意，是儒家人生哲学的虔诚信奉者和实行者。唐德刚编译《胡适口述自传》，第二章有胡适的如下自白："有许多人认为我是反孔非儒的。在许多方面，我对那经过长期发展的儒教的批判是很严厉的。但是就全体来说，我在我的一切著述上，对孔子和早期的'仲尼之徒'如孟子，都是相当尊崇的。我对十二世纪'新儒学'（Neo-Confucianism）（'理学'）的开山宗师的朱熹，也是十分崇敬的。""在这场伟大的'新儒学'（理学）的运动里，对那（道德、知识；也就是《中庸》里面所说的'诚则明矣，明则诚矣'的）两股思潮，最好的表达，便是程颐所说的：'涵养须用敬，进学则在致知。'后世学者都认为'理学'的真谛，此一语足以道破。"同一章还有唐德刚的一段插话："'要提高你的道德标准，你一定要在"敬"字上下功夫；要学识上有长进，你一定要扩展你的知识到最大极限。'适之先生对这两句话最为服膺，他老人家不断向我传教的也是这两句。一次我替他照相，要他在录音机边作说话状，他说的便是这两句。所以胡适之先生骨子里实在是位理学家。他反对佛教、道教乃至基督教，都

① 赵翼著，王树民校证：《廿二史劄记校证》，中华书局 1984 年版，第 706 页。

② 杨讷等编：《元代农民战争史料汇编》中编第一分册，中华书局 1985 年版，第 268 页。

是从‘理学’这条道理上出发的。他开口闭口什么实验主义的，在笔者看来，都是些表面账。吾人如用胡先生自己的学术分期来说，则胡适之便是他自己所说的‘现代期’的最后一人。”① 胡适是在少年时代接受儒家经典教育的，在经历了废止科举、“打倒孔家店”等种种变故后，儒家的人生哲学仍能贯彻其生命的始终，由此不难想见，在中国传统社会尤其是科举时代，儒家经典对社会精神风貌的塑造可以发挥多么强大的功能。虽然生活中确有教育目标与实际状况两歧的情形，但正面的成效仍是不容忽视的。

“精神文明”是中国人常用的一个概念。“精神文明”是相对物质文明而言的，就个人而言，需要长期的修养，就民族而言，需要长期的培育。中国古人对这一点体会很深，所以常常强调“潜移默化”，经由耳濡目染的长期熏陶，价值内化，成为一种道德规范。如果这种道德规范大体近于人情，既“止乎礼义”而又“发乎性情”，它对社会的稳定，对人类精神境界的提升，都将发挥重要作用。这就是文化的功能。目前教育界所说的“深厚的人文知识素养，有助于塑造高尚的精神世界，提高健康的审美能力”，与这个意思是相通的。《四书》《五经》作为科举时代的基本读物，人文教育功能是其不容抹杀的价值，并因制度的保障而得到了充分的发挥。

美国学者罗兹曼认为：科举制在中国传统社会结构中居于中心的地位，是维系儒家意识形态和儒家价值体系正统地位的根本手段。科举制在 1905 年被废止，从而使这一年成为新旧中国的分水岭：它标志着一个时代的结束和另一个时代的开始，其划时代的重要性甚至超过辛亥革命；就其现实和象征性的意义而言，科举革废代表着中国已与过去一刀两断，这种转折大致相当于 1861 年沙俄废奴和 1868 年的日本明治维新后不久的废藩。② 罗兹曼的意见也许是对的。而我想要补充的问题是：在科举制废止之后，如何保证《四书》《五经》的人文教育功能继续得到发挥？

（三）

科举制度曾经有过辉煌的历史，科举制度对现代中国的发展更有足资借鉴的意义。整理与研究历代科举文献，其意义也需要从历史与现实两个角度加以说明：一方面是传承文化，传承文明，让这份丰厚的遗产充分发挥塑造民族精神的作用，另一方面是去粗取精，古为今用，让它在现实的中国社会重放异彩，成为人事制度改革的重要智力资源。这是我们编纂出版《中国科举文化通志》的初衷，也是我们不辞劳苦从事这一学术工作的动力。

《中国科举文化通志》重点包括下述内容：

1. 整理、研究反映科举制度沿革、影响及历代登科情形的文献。

---

① 胡适：《胡适文集》第 1 册，北京大学出版社 1998 年版，第 418、433 页。

② ［美］吉尔伯特·罗曼兹主编，国家社会科学基金“比较现代化”课题组译：《中国的现代化》中译本，江苏人民出版社 1988 年版，第 335、635 页。

从《新唐书》开始，历代正史多有《选举志》。历代《会要》、《实录》、《纪事本末》等史传、政书之中，相当一部分是关于科举制度沿革的资料。还有黄佐《翰林记》、陆深《科场条贯》、张朝瑞《明贡举考》、冯梦祯《历代贡举志》、董其昌《学科考略》、陶福履《常谈》等一批专书。历代《登科录》和杂录类书籍，也保存了大量关于科举的材料。唐代登科记多已散失亡佚，有清代徐松的《登科记考》可供参考。宋元登科记保存稍多，明清有关文献尤为繁富。

2. 整理、研究与历代考试文体相关的教材、试卷、程文及论著等。

八股文是最引人注目的考试文体。八股文集有选本、稿本之分。重要的选本，明代有艾南英编《明文定》、《明文待》，杨廷枢编《同文录》，马世奇编《澹宁居文集》，黎淳编《国朝试录》等；清朝有纪昀《房行书精华》，王步青编《八法集》；还有《百二十名家集》，选文3000篇，以明代为主；《钦定四书文》，明文4集，选文480余篇，清文1集，选文290余篇。稿本为个人文集。明清著名的八股大家，如明代的王鏊、钱福、唐顺之、归有光、艾南英，清代的刘子壮、熊伯龙、李光地、方苞、王步青、袁枚、翁方纲等人，均有稿本传世。相关著述数量也不少。清梁章钜《制义丛话》等，是研究八股文的重要论著。其他考试文体，如试策、试律等，也在我们关注的范围之内。这些科举文献，一般读者不易见到，或只能零零星星地见到一些，或虽然见到了也难以读懂，亟待系统地整理出版，以供研究和阅读。

《中国科举文化通志》包括以下数种：《历代制举史料汇编》、《历代律赋校注》、《唐代试律试策校注》、《八股文总论八种》、《七史选举志校注》、《四书大全校注》、《游戏八股文集成》、《明代科举与文学编年》、《明代状元史料汇编》、《钦定四书文校注》、《翰林掌故五种》、《贡举志五种》、《〈游艺塾文规〉正续编》、《钦定学政全书校注》、《梁章钜科举文献二种校注》、《〈清实录〉科举史料汇编》、《二十世纪科举研究论文选编》、《明代科举与文学编年》、《〈礼部韵略〉与宋代科举》、《元明科举与文学考论》、《游戏八股文研究》、《明代八股文选家考论》、《唐代科举与试赋》、《〈儒林外史〉的现代误读》、《科举废止前后的晚清社会与文学》等。我们这套《中国科举文化通志》，以涵盖面广和分量厚重为显著特征，可以从多方面满足阅读和研究之需。而在整理、研究方面投入的心力之多，更是有目共睹。我们的目的是为推进学术作出力所能及的贡献。

《中国科举文化通志》是一项规模宏大、任务艰巨、意义深远的大型出版文化工程。编纂任务主要由武汉大学专家承担，并根据需要从中国人民大学、南京大学、中国艺术研究院、厦门大学、华中师范大学、陕西师范大学、扬州大学、中南民族大学、中南财经政法大学等高校或科研院所聘请了若干学者。南京大学卞孝萱先生、中华书局傅璇琮先生、中国社会科学院邓绍基先生等在学术上给我们提供了若干指导；参与这一工程的各位专家不辞辛苦，努力工作，保证了编纂进度和质量；武汉大学出版社鼎立支持《中国科举文化通志》的出版；所有这些，我们将永远铭记在心。

2015年4月13日

于武汉大学

目　录

① 道光于本年（1850 年）正月薨。本年内容均录自《文宗显皇帝实录》。本年“正月己未”条中的“上”指的是咸丰。

前　　言

《清实录》全称《大清历朝实录》。清朝沿唐以来的旧制，前一代皇帝离世后，即任者开修纂馆，据起居注及其他原始档案，编纂《实录》，记录前朝皇帝对政治、经济、军事、农业、文化等事务的处理情况。《清实录》涉及的科举史料也很多，其中许多问题值得我们关注和探讨。

《前言》拟从以下三个方面就《清实录》中有关科举的内容展开讨论：清代科举史上几个标志性事件；明清科举制度的异同；关于《〈清实录〉科举史料汇编》若干情况的说明。

清代科举史上几个标志性事件

清代科举史上几个具有标志性的事件，是我们必须予以重视的。那就是：顺治元年（1644 年），清王朝宣告科举开始；乾隆九年（1744 年），舒赫德倡议科举改革；光绪二十九年（1903 年），举行经济特科；光绪三十一年（1905 年），科举制度终结。这四个事件，在清代历史上具有重要意义，从整个科举发展历程上看，它们也颇具标志性。关于科举终结，本文略有涉及。在此，主要谈谈科举在清代宣告开始、舒赫德倡议科举改革、经济特科的举办等问题。

一、1644 年福临（顺治帝）宣告科举开始

顺治元年（1644 年），清王朝政权甫定，当年十月，① 顺治帝在《即位诏》中不仅谈到了军事、赋税、兵丁、赈济、刑狱等问题，也就基本的科举制度做了明确规定：

> 会试定于辰、戌、丑、未年，各直省乡试定于子、午、卯、酉年。凡举人不系行止黜革者仍准会试，各处府州县儒学食廪生员仍准给廪，增附生员仍准在学肄业，俱照例优免。

① 本书涉及的所有月份均为阴历制。

武举会试定于辰、戌、丑、未年，各直省武乡试定于子、午、卯、酉年，俱照旧例。

京卫武学官生遇子、午、卯、酉乡试年仍准开科，一体会试。①

顺治二年（1645年）正是乙酉年，按照《即位诏》的规定，为乡试之年。是年十月，南京、陕西、河南等地举行了乡试。顺治三年（1646年）系丙戌年，是年二月，行会试；三月，行殿试，取傅以渐等400名，赐以进士及第等。清代科举考试有条不紊地展开了。

1644年，顺治帝以《即位诏》的形式宣布清代科举制度开始，意义在于：（一）标志着清朝开国之初，科举就进入平稳运行的轨道，说明科举制度到了清代已臻于成熟和完善；（二）标志着清廷明确意识到，要牢笼英彦、融合不同民族的文化，科举制度是一种非常重要的手段。

科举制始于隋代。面对这种新的官员选拔制度，隋王朝执政者还处于思考和摸索阶段，就如何设置、如何实施等问题，他们还未形成明确而清晰的认识。唐代，科举制度渐成规模。李唐王朝建立三年后，参照隋代成法开科取士。② 宋代，赵匡胤于建隆元年（960年）登基伊始，沿旧制开科取士，有进士、九经、五经等科。但唐、宋两代，科举制在实施过程中并不稳定，形式有变更，内容也多有重大调整。元代，科举制度确立于皇庆二年（1313年）。此时，元世祖灭南宋（1279年）已逾34年。

明代是科举制度的成熟期。朱元璋建立政权后，洪武三年（1370年）下诏："自今年八月始，特设科举，务取经明行修、博通古今、名实相称者。朕将亲策于廷。"连试三年后，因"所取多后生少年，能以所学措诸行事者寡"，洪武六年（1373年）诏令罢废科举，"别令有司察举贤才"。但因"所举者多名实不称，徒应故事而已"，③ 洪武十五年（1382年），又重开科举。洪武十七年（1384年），礼部正式颁行科举制度。自此，科举进入平稳运行期。此时，明王朝建立已近20年。

与前代不同，清王朝甫经建立，就制定了完备、规范、有效的科举制度，并有序地

---

① 《清实录·世祖章皇帝实录》卷9，《清实录》第3册，北京：中华书局1986年影印本，第95~96页。

② 据王定保《统序科第》："武德辛巳岁四月一日，敕诸州学士及早有明经及秀才、俊士、进士，明于理体，为乡里所称者，委本县考试，州长重覆，取其合格，每年十月随物入贡。斯我唐贡士之始也。"（见王定保撰，姜汉椿校注：《唐摭言校注》，上海：上海社会科学院出版社2002年版，第1页。）刘海峰、李兵：《中国科举史》谈到这道敕文时说，它"明确将进士与明经、秀才等科并列，而且明文规定贡举人朝者须经州县两级考试"。他们认为，"从此，唐代科举史拉开了多彩多姿的画卷"。（刘海峰、李兵：《中国科举史》，上海：东方出版中心2004年版，第70页。）傅璇琮先生认为，"尽管这时进士、明经等科，与以后发达形态时的情况还有不同，多少还带有过去察举制的痕迹，但应当说，从考试的基本程序看，它们已经属于科举制度的范畴了"。（傅璇琮：《唐代科举与文学》，西安：陕西人民出版社1986年版，第114页。）

③ 张廷玉等：《明史》卷71，北京：中华书局1976年版，第1712页。

展开了科举考试。顺治帝《即位诏》中相关制度的规范性、明确性，以及顺治二年（1645 年）乡试的迅即展开，标志着无论从制度规划层面，还是具体实施运作层面，科举制度都走向了成熟和完善，其运行不再受到朝代更替的影响。

清王朝借助完备的科举制度融会、吸纳汉族文人的意识非常明确。《清实录》中就载有这样的内容："近有借口薙发，反顺为逆者，若使反形既露，必处处劳大兵剿捕。窃思不劳兵之法，莫如速遣提学开科取士的方式，则读书者有出仕之望，而从逆之念自息。"① 这是浙江总督张存仁在清王朝建立的第二年，也就是顺治二年（1645 年）七月的疏奏中说到的。当时，全国还未统一，各地反清复明组织暗中活动频繁。在这种严峻的形势下，张存仁指出，与其使用武力，处处围剿那些反清组织，不如趁他们还没有谋反之前，就采用安抚手段，通过开科取士的方式，使这些明代遗民尽快进入新的权力秩序之中，自觉地认同新政权。为了加大吸纳人才的力度，顺治三年（1646 年）二月会试后，当年八月，再行科举。顺治四年（1647 年），再行会试。② 完善的科举制度使大批优秀汉族文人脱颖而出，并迅速融入新政权，在政界、文坛发挥了重要作用。如傅以渐为顺治三年（1646 年）进士，官至武英殿大学士，加少保兼太子太保；王熙为顺治四年（1647 年）进士，康熙朝保和殿大学士；王士禛为顺治十二年（1655 年）进士，清代康熙年间诗坛盟主，官至刑部尚书；张玉书为顺治十八年（1661 年）进士，康熙间，历内阁学士、礼部侍郎、刑部尚书、礼部尚书、户部尚书，授文华殿大学士。

对于有清一代来说，科举考试不仅起到了稳定社会、吸纳人才的作用，科举及时、平稳地展开，更在融合不同民族文化、调整民族关系上起到了重要作用。中国历史上两个重要的少数民族政权——由蒙古人控制的元朝和满族人控制的清朝，前者维持不到百年，后者却存在了近 300 年之久，是否采用科举制度吸纳汉族文人、融合异族文化虽然并非唯一的决定因素，但确是一个非常重要的原因。③ 钱穆在《国史新论》一书中谈到，在举行科举考试时，"不仅政府与社会常得声气相通，即全国各区域，东北至西

---

① 《清实录·世祖章皇帝实录》卷 9，《清实录》第 3 册，北京：中华书局 1986 年影印本，第 154 页。

科举制度"收拾人心"，也就是笼络汉族知识分子的策略性作用，清末的缪荃孙有更清晰而明确的论述："经略洪承畴教以收拾人心之法：以为中国之所俯首归诚者，贪图富贵也。社稷虽亡，而若辈之作八股义者，苟得富贵，旧君固所不恤。于是前朝科第之人悉令为官。"（缪荃孙：《记国初科举》，缪荃孙：《艺风堂杂钞》，清刊本。）

② 据《清实录》，顺治三年（1646 年）四月，"大学士刚林等疏请于本年八月再行科举，来年二月再行会试，以收人才。其未归地方生员、举人来投诚者亦许一体应试。从之"。（《清实录·世祖章皇帝实录》卷 25，《清实录》第 3 册，北京：中华书局 1986 年影印本，第 215 页。）

③ 元代，也有官员注意到科举的重要作用，但他们的建议并没有得到当政者的重视。如元至元二十九年（1292 年），翰林学士王恽在《上世祖皇帝论政事书》说，"臣愚以为，不若开设选举取验之速也。夫进士选号，历代取士正科，将相之材皆从此出，前代讲之熟矣，理有不可废者。若限以岁月而考试之，将见士争力学，人材辈出，可计日而待也"。（见王恽《秋涧集》卷 35，《四库全书》第 1200 册，台北：商务印书馆 1985 年影印版，第 442 ~ 443 页。）但王恽的建议并没有被采纳。

南，西北至东南，皆得有一种相接触相融洽之机会，不仅于政治上增添其向心力，更于文化上增添其调协力”。① 费正清《中国：传统与变迁》一书谈到科举制度在清代的作用时也说：“殿试由皇帝主持，他通过这一仪式扮演了一种‘圣人—教师’的角色而获得众多‘天子门生’的效忠。士子一旦入仕，就会视皇帝为道德的楷模、学术和艺术的恩主，所以对于满清最高统治者而言，真正的考验为他们是否能胜任这一角色，从而使国家和文化在‘天子’的统治下保持统一。统治中国不仅需要政治和军事上的手腕，同样还需要文化上的领导能力。”②

可以说，1644 年福临（顺治帝）宣告科举开始，标志了科举制度的成熟与完善，更标示出清王朝兼容并蓄不同文化的气度。从某种程度上说，科举制度在清代，不仅仅是一种相对优化的官员选拔方式，更成为这个朝代文化架构的基础，为满族融入汉文化圈提供了一条便捷的通道。

二、1744 年舒赫德倡议科举改革

舒赫德（1710—1777 年），舒穆鲁氏，字伯容，号明亭，满洲正白旗人，历任刑部右侍郎、户部左侍郎、兵部尚书，后升迁至首辅。

乾隆九年（1744 年），针对科举制度实施过程中出现的诸多问题，时任兵部侍郎的舒赫德上疏，提出别寻良途，以举人才。据《清实录》“乾隆九年八月戊午”条载：

> 兵部侍郎舒赫德奏，科举之制徒尚空言，不适实用：墨卷房行，转相抄袭；经义各占一经，拟题应试；表判策问亦皆豫拟成文，随题敷衍。请探本清源，别求遴选真才之道。③

据《清实录》，舒赫德认为，科举制度的弊端在于“科举之制徒尚空言，不适实用”。其表现有三：（一）“墨卷房行，转相抄袭”；（二）“经义各占一经，拟题应试”；（三）“表判策问亦皆豫拟成文，随题敷衍”。

关于舒赫德的疏奏，《清实录》的记载比较简略。相比之下，《清史稿》的记载更为详细：

> 科举之制，凭文而取，按格而官，已非良法。况积弊日深，侥幸日众。古人询事考言，其所言者，即其居官所当为之职事也。时文徒空言，不适于用，墨卷房行，展转抄袭，肤词诡说，蔓衍支离，苟可以取科第而止。士子各占一经，每经拟

---

① 钱穆：《国史新论》，北京：三联书店 2001 年版，第 293 页。

② ［美］费正清著，张沛等译：《中国：传统与变迁》，北京：世界知识出版社 2002 年版，第 259 页。

③ 《清实录·高宗纯皇帝实录》卷 222，《清实录》第 11 册，北京：中华书局 1986 年影印本，第 869 页。

题，多者百余，少者数十。古人毕生治之而不足，今则数月为之而有余。表判可预拟而得，答策随题敷衍，无所发明，实不足以得人。应将考试条款改移更张，别思所以遴拔真才实学之道。①

通过这两段史料的比较，我们可以清楚地看到：关于舒赫德倡议科举改革的问题，《清史稿》与《清实录》的记载有相当大的不同。据《清史稿》，舒赫德认为，科举的根本弊端，并不仅仅只是士子所作的八股文、策论等辗转抄袭、随题敷衍的问题，而是在于，科举考试中，士子“所言者”非“其居官所当为之职事”。也就是说，科举考试的准备过程以及考试中的内容都与日后士子做官的具体工作无关。相比之下，“古人询事考言，其所言者，即其居官所当为之职事也”，过去的人学习讨论的内容、表达的思想，都是针对具体问题而发，并且和他们做官后的政务有非常紧密的联系。从《清史稿》的记载来看，舒赫德要批评的，不仅仅是时文相互抄袭的问题，也并非仅仅是表判预先成文的问题，而是科举选人的根本理路和根本思想。而《清实录》只记载了舒赫德所说的“科举之制徒尚空言，不适实用”，舒赫德谈到的科举的根本弊端，则被忽略过去。我们可以推测，《清实录》的修撰者并非不经意忽略了“古人询事考言，其所言者，即其居官所当为之职事”这个问题。事实上，大约正因为舒赫德的批评击中了科举制的要害，官方也认识到这一问题的严重性，但又无力从源头上真正解决问题，所以，在修撰《清实录》时，他们不得不有意忽略问题的本质。

从这个角度上看，在舒赫德倡议科举改革中，使这一事件具有标志性的根本因素不在于舒赫德提出了科举改革，恰恰是官方对舒赫德倡议科举改革不了了之的态度，强化了这一事件的标志性意义。

舒赫德倡议科举改革之前，中国科举史上已有五次关于科举存废的重要争论。② 第一次、第二次论争发生在唐代。唐代宗宝应二年（763 年），针对社会上重文轻儒的风气，礼部侍郎杨绾建议改用古时的荐举制。据《唐会要》和《旧唐书》载，朝廷已令州县每岁察孝廉，明经、进士并停，但因为“进士明经，置来日久，今顿令改业，恐难其人”，③ 最终还是没有废止。第二次停罢进士科在唐文宗至唐武宗时期（827—846 年）。开成元年（836 年），郑覃认为进士科率多轻薄，屡屡提出罢停进士科，但唐文宗认为，“轻薄敦厚，色色有之，未必独在进士。此科置已二百年，亦不可遽改”。④ 第三次关于科举存废的争论发生在北宋中叶。宋神宗时，曾下令各部司讨论是否应恢复察举办法，苏轼等人上疏极力为科举辩护，科举未能罢停。宋徽宗崇宁三年（1104 年），令“取士，悉由学校升贡，其州郡发解及试礼部法并罢”，⑤ 实行三舍法和八行科察举

---

① 赵尔巽等：《清史稿》卷 108，北京：中华书局 1976 年版，第 3150 页。

② 刘海峰、李兵：《中国科举史》，上海：东方出版中心 2004 年版。

③ 王溥：《唐会要》，北京：中华书局 1955 年版，第 1396 页。

④ 刘昫等：《旧唐书》卷 173，北京：中华书局 1976 年版，第 4491 页。

⑤ 脱脱等：《宋史》卷 157，北京：中华书局 1976 年版，第 3664 页。

取士。直到宣和三年（1121年），才下诏恢复了科举。第四次科举存废之争发生在元代。元代科举制度建立后，元统三年（1335年），丞相伯颜罢停科举。至元六年（1340年）又重新恢复了科举考试。第五次关于科举存废的思考发生在明洪武年间，上文已谈及，此不赘述。

这五次争论就科举废止之后采用什么方式吸纳人才等问题有较为周详、细密的考虑，科举制度大多或长或短停废过一段时期。相比之下，清乾隆年间舒赫德倡议科举改革，只停留在议论层面，清王朝并未采取任何实际行动。从根本上看，这种只议而未见具体行动的做法，清楚地表明官方深切地意识到，科举制度内部虽然存在着种种弊端，但在历代选官制度中，再也没有比科举更优化的选拔方式了。因此，面对舒赫德倡议的科举改革，礼部等有关方面只能采取不了了之的态度。

关于礼部对舒赫德上疏的回覆，《清实录》与《清史稿》的记录也不完全一致。就舒赫德上疏的覆奏，《清实录》是这样记载的：

> （大学士）寻议，科举之法，自明至今皆出时艺，穷其流弊，诚有如舒赫德所奏者。然谓时文、经义、表判、策论皆空言剿袭，无适于用，此正不责实之过耳。夫时艺所论，皆孔孟绪余，作文者必于圣贤义理融会贯通，而又参之经、史、子、集以发其光华，范之规矩准绳以密其法律，然后得称佳文。虽曰小技，而文武经济之才皆出其中，未尝不适实用也。乃因积久弊生，不思力挽末流之失，而转咎立法之非，不亦过乎？即经义、表判、策论，苟求其实，亦岂易副？今若著为令甲，经文与《四书》并重，其余必淹贯词章而后可以为表，必通晓律令而后可以为判，必论断有识而后可以为论，必通达古今而后可以为策。凡此，皆内可见本原之学，外可验经济之才，何一不切于实用？倘必变今之法，行古之制，如乡举里选，法非不良，但上以实求，保无下以名应？若乃无大更改而仍求之语言、文字之间，则论策今所现行，表者赋颂之流，是诗赋亦未尝尽废。至于口问经义，背诵疏文，如古所云帖括，则亦仅资诵习，而于文义多致面墙。其余若三传科、史科以及明法、书学、算学等，或驳杂放纷，或偏长曲技，尤不足以崇圣学而励真才。惟惩循名之失，求责实之效。由今之道，振作而补救之，而司文衡、职课士者果能力除积习，杜绝侥幸，将见文风日盛，而真才日出矣。盖立法取士，不过如是，无事更张定制为也。①

据《清实录》记载，大学士等商议的结果就是，舒赫德对八股文的批评有一定道理。但他们紧接着说，舒赫德的疏奏也有一个很大问题，那就是，他对于时文、经义等的批评，不是根据实际的、具体的情况出发讨论问题，犯了“不责实”之过。大学士

---

① 《清实录·高宗纯皇帝实录》卷62，《清实录》第10册，北京：中华书局1986年影印本，第474页。

们商议说，时文本身有其重要的意义和价值，只是由于存在时间太长了，有个别地方不能适应现时需要，针对这种情况，只要对时文某些不合现状的地方进行调整就可以了。他们一再强调，八股文这种文体本身没有任何问题，舒赫德的错误在于“不思力挽末流之失，而转咎立法之非”。另外，关于经义、表判、策论是不是只尚空谈，不切实际，敷衍成文的问题，大学士等也提出反对意见，他们说，要将表写好，需要淹贯词章；要将判写好，必须要通晓律令；要写好论，必须有自己的识见；要写好策，必须通达古今。因此，通过表判策论，既可以看到士子的学问根基，也可以看出他们是不是有经国济世之才。他们还提出，如果废除了科举，转行旧制，一样会有各种弊端。因此，最后的决定是：坚持现有的科举制度。

有关礼部的覆奏，《清史稿》也有记载，转录如下。《清史稿》与《清实录》不同之处，本文用加黑的方式标明：

> **章下礼部，覆奏：“取士之法，三代以上出于学，汉以后出于郡县吏，魏、晋以后出于九品中正，隋、唐至今，出于科举。科举之法不同，自明至今，皆出于时艺。科举之弊，诗、赋只尚浮华，而全无实用；明经徒事记诵，而文义不通。唐赵匡所谓‘习非所用，用非所习’是也。**时艺之弊，今该侍郎所陈奏是也。圣人不能使立法之无弊，在因时而补救之。苏轼有言：‘得人之道，在于知人。知人之道，在于责实。’能责实，虽由今之道，而振作鼓舞，人才自可奋兴。若惟务徇名，虽高言复古，法立弊生，于造士终无所益。今谓时文、经义及表、判、策、论皆空言剿袭而无用者，此正不责实之过。**凡宣之于口，笔之于书，皆空言也，何独今之时艺为然？**时艺所论，皆孔孟之绪言，精微之奥旨。参之经、史、子、集，以发其光华；范之规矩准绳，以密其法律。虽曰小技，而文武干济、英伟特达之才，未尝不出乎其中。不思力挽末流之失，而转咎作法之凉，不已过乎？即经义、表、判、论、策，苟求其实，亦岂易副？经文虽与《四书》并重，积习相沿，士子不专心学习。若著为令甲，非工不录。表、判、论、策，皆加覆核。必淹洽词章、通晓律令而后可为表、判；有论古之识，断制之才，通达古今，明习时务，而后可为论、策。何一不可见之施为，切于实用？**必变今之法，行古之制，将治宫室、养游士，百里之内，置官立师，讼狱听于是，军旅谋于是。又将简不率教者，屏之远方，终身不齿。毋乃纷扰而不可行？况人心不古，上以实求，下以名应。兴孝则有割股、庐墓以邀名者矣，兴廉则有恶衣菲食、敝车羸马以饰节者矣。相率为伪，借虚名以干进取。及莅官后，尽反所为，至庸人之不若。此尤近日所举孝廉方正中所可指数，又何益乎？**司文衡、职课士者，诚能仰体谕旨，循名责实，力除积习，杜绝侥幸，文风日盛，真才自出，无事更张定制为也。”遂寝其议。时大学士鄂尔泰当国，力持议驳，科举制义得以不废。①

---

① 赵尔巽等：《清史稿·选举志》卷108，北京：中华书局1976年版，第3150~3151页。

《清史稿》的记载与《清实录》相同的地方有如下几点：1. 舒赫德对科举的批评“不责实”；2. 八股、经义、表判策论各有其用；3. 其他选拔方式同样会有各种弊端。但《清史稿》和《清实录》存在一些不同点。《清实录》的记载承认舒赫德的意见有其合理之处，但合理之处何在，却被模糊过去了。而在《清史稿》的记载中，我们可以看到，礼部明确地肯定了舒赫德疏奏的合理之处。舒赫德说“古人询事考言，其所言者，即其居官所当为之职事也”，礼部承认，舒赫德由此出发，对科举制度的批评非常具有针对性。礼部的覆奏还引用了唐赵匡的话“习非所用，用非所习”，进一步证明舒赫德观点的合理性与正确性。也就是说，礼部的疏奏表明礼部也深切地认识到，科举考试最大的弊端就是，在这种官员选拔体制下所进行的日常训练，其训练内容在日后士子做官的实践中不能发挥任何效用；而转过来，士子做官后，处理政务时需要的知识平时又没有学到。尽管如此，礼部官员仍执著地为科举制度辩护。其理由是：如果说“空言”，那只要是表达出来的言论、思想，在现实中都可能会被扭曲，甚至恰恰和我们心中最初的构想相反。如此说来，岂止八股文、表判策论是“空言”，一切语言都可能是“空言”。因此，科举改革最终未必能起到什么更好的效果，只不过徒增纷扰而已。正是基于这个原因，针对是否废止科举八股的问题，他们表达了自己的坚定与坚持：“无事更张定制为也。”

《清实录》与《清史稿》的差异反映出不同的史家在记录历史时完全不同的情绪和态度。《清实录》记录的是当时官方最高当政者每日的言行，表达的是清王朝官方的姿态，而《清史稿》是北洋政府时期编纂的一部关于前朝历史的史籍。修撰者身份、地位以及所处环境的不同，直接决定他们记录、处理历史问题时的基本态度。① 《清实录》的修撰者身处盛世，这时科举处于最兴盛时期，虽然他们意识到科举考试存在问题，但并不认为这些问题是灾难性的。而赵尔巽等修撰《清史稿》时，科举制度已退出历史舞台，清王朝已经成为历史。作为史家，赵尔巽亲眼目睹近代中国的种种悲剧，他眼中，这种种悲剧的产生，科举制度是存在责任的。在记录历史事实的同时，赵尔巽会融入他个人的感受，尤其是那种偏于悲观、消极、绝望、无奈的情绪。

三、1903 年载湉（光绪帝）开办经济特科

经济特科中的“经济”，是经国济世之意。经济特科所注重的是实用。因此，经济特科的设立与舒赫德倡议科举改革具有一致性，那就是以选拔实用型官吏为最终目标。但舒赫德倡议科举改革发生在清代盛世，科举制度也处于极其稳定的时期，时人面对科

---

① 在这里，之所以不直接引用舒赫德的原奏以及礼部的奏疏，目的就是将《清实录》与《清史稿》进行比较，以见出面对同一个历史事实，不同的史家在处理历史问题、修撰历史典籍时的不同姿态。这应该有助于我们更进一步地理解《清实录》，更清晰地认识《清实录》中科举史料的意义和价值。

举制度的弊端，依然有足够的定力清醒而果断地处理问题，因此，舒赫德的倡议并未引起什么波动，科举继续在其原有轨道上平稳、顺畅地运行。创设经济特科在清代末期，此时，执政者已经没有能力冷静下来处理问题，更重要的是，科举制度本身也已经走向末世，即使从考试内容，乃至从根本理念上进行改革也无法扭转其终结的命运了。因此，经济特科，这一在科举自身框架内所进行的改革实践，恰恰以最触目惊心的方式在现实层面上标示出科举必亡的结果。

清代经济特科从思路的提出到最终举办历经了六年的时间，其间的过程也相当复杂而曲折。从某种程度上看，这正表明了科举末世，人们试图力挽狂澜但又无能为力的慌乱与茫然无措。

据《清实录》，清廷设立经济特科的构想，源于光绪二十三年（1897 年）贵州学政严修的疏奏。① 严修在《奏请设经济特科折》中说，“为今之计，非有旷出非常之特举，不能奔走乎群才；非有家喻户晓之新章，不能作兴乎士气”，因此，应该“速设专科布海内”。② 光绪二十四年（1898 年）正月，总理各国事务衙门会同礼部斟酌拟定了经济科的基本制度。③ 经济科主要吸纳以下几类人才：

> 一曰内政，凡考求方舆险要、邦国利病、民情风俗者隶之。二曰外交，凡考求各国政事、条约、公法、律例、章程者隶之。三曰理财，凡考求税则、矿产、农功、商务者隶之。四曰经武，凡考求行军布阵、管驾测量者隶之。五曰格物，凡考求中西算学、声、光、化、电者隶之。六曰考工，凡考求名物、象数、制造工程者隶之。④

清廷也决定尽快举行经济特科，不必限定考试时间，“俟咨送人数汇齐至百人以上，即可奏请定期举行特科”。⑤ 光绪二十四年（1898 年）五月庚午，礼部制定了经济科考试的基本章程。五月丁丑，光绪下谕旨，“三品以上京官及各省督抚、学政，各举

---

① 《清实录》“光绪二十三年十一月戊申”条载，“贵州学政严修奏，时政维新，需才日亟，请破常格，迅设专科。下所司议”。(《清实录·德宗景皇帝实录》卷 414，《清实录》第 57 册，北京：中华书局 1986 年影印本，第 384 页。)

② 中国史学会主编《中国近代史资料丛刊·戊戌变法》（二），上海：上海书店出版社 2000 年版，第 329 页。

③ 《清实录·德宗景皇帝实录》卷 414，《清实录》第 57 册，北京：中华书局 1986 年影印本，第 411 页。

④ 《清实录·德宗景皇帝实录》卷 414，《清实录》第 57 册，北京：中华书局 1986 年影印本，第 411 页。

⑤ 《清实录·德宗景皇帝实录》卷 420，《清实录》第 57 册，北京：中华书局 1986 年影印本，第 500 页。

所知，限于三个月内，迅速咨送总理各国事务衙门，会同礼部，奏请考试”。① 但这次紧锣密鼓地展开的科举改革却戛然而止。② 1898 年戊戌政变后，政治、经济、文化层面的一切改革，当然也包括经济特科都停止了。慈禧颁布谕旨说，“经济特科易滋流弊，并著即行停罢”。③ 开办经济科的计划就这样搁浅了。

文化、教育与具体的政治事件纠缠在一起，有时会互相影响，但它们毕竟各有自己的发展轨道。政治上的紧张感稍稍缓解，经济特科的开设又重被提上日程。经济特科的筹备罢停三年后，光绪二十七年（1901 年），在时局的压力下，慈禧太后再颁谕旨，下令开经济特科：

> 值时局阽危，尤应破格求才，以资治理，允宜敬遵成宪，照博学鸿词科例，开经济特科，于本届会试前举行。④

但谕旨颁布后，时事维艰，各省对经济特科并不热心，清廷对经济特科又心存观望，以至于有意再次罢停。⑤ 张之洞不得不以公开的形式，略显要挟的姿态坚持要求开行经济特科。张之洞在《大公报》上发文说，“此事中外注目，若半途辄止，贻笑外人”。⑥ 在这种情况下，光绪二十八年（1902 年），政务处才制定了《经济特科章程》，

---

① 《清实录·德宗景皇帝实录》卷 420，《清实录》第 57 册，北京：中华书局 1986 年影印本，第 507 页。

② 经济特科看起来只是科举制度的变革，实际上却与非常敏感的政治问题紧密纠缠在一起。江西巡抚李兴锐在新政应诏条陈中指出经济特科与政治革新的相关性：“国家设科取士，原期以网罗英俊，宏济艰难。当天下无事之时，四海晏然，虽有拨乱反正之才，几若无以自试。故得一二辈章句之儒，拱手而谈性命，埋头而治文辞，未尝不可以黼黻隆平。今则非其时矣，外辱凭陵，惶然不可以终日，而士大夫犹持闭关自守之旧学，于中外形势瞢然无所知，岂足以临敌制变。匪惟不能临敌制变也，即目前兴举庶政，百度维新，环顾群僚，亦正恐不敷给事。此臣所以亟亟以开特科为请也。”（《江抚议复新政事宜疏》，见于定轩辑《皇朝蓄艾文编》卷 9，台北：台湾学生书局 1965 年版，第 545 页。）从经济科的实际运作中，也可以看到经济科与政治之间的密切关系。各督抚、学政荐举参加经济科考试的人有梁启超、杨锐、汤寿潜、郑孝胥、邹代均等，而梁启超、杨锐等正是维新变法的活跃人物。

③ 《清实录·德宗景皇帝实录》卷 428，《清实录》第 57 册，北京：中华书局 1986 年影印本，第 619 页。

④ 《清实录·德宗景皇帝实录》卷 482，《清实录》第 58 册，北京：中华书局 1986 年影印本，第 365 页。

⑤ 《德宗景皇帝实录》“光绪二十八年十月丁未”条载，“谕内阁：上年降旨特开经济科，谕令内外臣工，察访保荐，于本届会试前举行，现在各处保奏之摺，既未到齐，而明年会试，系在河南举行，且天气尚寒，远省之士，跋涉维艰，自应量加体恤，著改于明年会试后举行。所有保荐各员即著政务处查明籍贯及现官省分，咨行原保大臣及该督抚分别咨送，务于明年四月以前，齐集京师，届时由政务处会同礼部奏请，钦定日期考试。”可见，经济科因为种种原因被一再推迟。

⑥ 《大公报》1903 年 7 月 9 日。

规定“第一场试历代史事论二篇，第二场试内政外交策两道，以觇学识，务去浮华”。①

到了光绪二十九年（1903 年）闰五月，终于举行了经济特科。考试分为初试、复试。由于人心惶惶，初试时，保奏 370 多人中，参加考试的仅 190 多人。复试后，取一等袁家谷、胡玉缙、俞陛云等 9 人，二等罗良鉴、秦树声等 18 人。② 命运多舛的经济特科仅举行了这一次，就永远成为了历史。

经济特科虽然夭折了，但从根本上看，它的开办不仅有现实需要的迫切性，更有其实施的合理性、合逻辑性。

选拔实用型人才的设想，早在经济特科开办前半个多世纪，就有官员以半公开的方式认真严肃地提出过。张庚和薛福成分别于 1851 年、1862 年奏请仿行康熙、乾隆年间的博学鸿词科再举特科。1864 年，李鸿章在给恭亲王的信中，明确地提议在科举考试中专设一科，以发现实用型的人才：“鸿章以为，中国欲自强则莫如学习外国利器，欲学习外国利器莫如觅利器之人，则我专设一科取士，士终身悬以为富贵功名之鹄，则业可成，艺可精，而人亦可集。”③ 从这里可以看到，在李鸿章的构想中，专设一科，其目的在于得“利器”，也就是实用型人才。之后，光绪八年（1882 年）山西道监察御史陈启泰更明确地提出：“可否特设一科，专取博通掌故、练达时务之士，试以有用之学；武科则设水师一科，试以造船利器、驾驶测量与使用火器之学。”④ 因此，从政权决策的角度来看，1898 年清廷设立经济特科的决定自有其合逻辑性。

当然，政治决策要转化为具体的操作实践，必须以现实基础为支撑。也就是说，某个设想要付诸实施，不仅要有理念上的合逻辑性，也要有现实的合理性。关于举行经济特科的问题，我们必须在现实各种错综复杂的关系架构中，考察这样两个问题：1. 在现实环境中，科举制度能否被调整甚至有很大的改变？2. 如果可以改革，会朝什么方向变化？

首先，关于能否进行科举改革的问题。可以说，对科举内容的不断调整原本就是科举发展史上的应有之义。隋时，科举初开，据《隋书·炀帝纪》几次选举人才的记录可以看到，各次考试内容均有调整。⑤ 唐朝，考试的科目分常科和制科两类。常科的科目最初有秀才、明经、进士、俊士、明法、明字、明算等 50 多种。后来，明法、明算、

---

① 朱寿朋：《光绪朝东华录》，北京：中华书局 1958 年版，第 5032 页。

② 经济特科初试试题一论，一策：“《大戴礼》保保其身体、傅傅之德义、师导之教训与近世各国学校体育、德育、智育同义论。”“汉武帝造白金为币，分为三品，当钱多少各有定直。其后白金渐贱，制亦屡更，竟未通行，宜用何术整齐之策。”复试首题为“《周礼》农工商诸政各有专官论”，次题“桓宽言外国之物外流而利不外泄，则国用饶、民用给。今欲异物外流而利不外泄，其道何由策”。

③ 转引自蒋廷黻：《中国近代史大纲》，上海：东方出版社 1996 年版，第 47 页。

④ 《洋务运动》第 1 册，上海：上海人民出版社 1973 年版，第 223 页。

⑤ 据《隋书·炀帝纪》，大业元年（605 年）正月，“若有名行显著，操履修洁，及学业才能，一艺可取，咸宜访采，将身入朝”。大业元年（605 年）闰七月，“若有笃志好古，耽悦典坟，学行优敏，堪膺时务，所在采访，具以名闻”。大业三年（607 年）四月，“或节义可称，或操履清洁，所以激贪励俗，有益风化。强毅正直，执宪不扰，学业优敏，文才美秀，并为廊庙之用，实乃瑚琏之资”。

明字等科渐废，明经、进士两科成为唐代常科的主要科目。宋代科举基本上沿袭唐制，但对考试内容进行了重大调整。吕思勉在《中国制度史》一书中指出，中国古代“科举之法，至王安石而一变”。① 明代继承了宋代考试的基本理念，考试的主要内容是《四书》、《五经》，但在考试的形式上做了重大调整，出现了八股文，乡试、会试头场均考八股文，并以此定去取。对科举进行不断的改革正是其保持活力的源泉，因此，在科举考试中增加实用的内容，举行经济科是有其稳固的现实基础。

其次，关于改革方向的问题。科举制度是否可以改革，取决于其自身的内在因素，但进行怎样的改革却受到外部因素的影响。从当时社会政治、经济、军事、文化发展状况来看，经济科的实行也有其现实的必然性。19 世纪中后期，随着西方军事力量的强行进入，西方政治、经济、文化等各领域的思想观念也涌入中国，给中国传统士人的知识架构带来了极大挑战。时人认识到，要应对传统知识架构的调整，就必须对传统的教育进行转轨。在西方教育理念、文化观念的影响下，在追求实效的理念支配下，随着洋务运动在经济、军事、政治领域的展开，清廷主张洋务的要员在文教方面也在努力进行种种改革。学堂的设立就是他们在文化教育领域展开的重要改革举措之一。学堂与以往学校及书院的根本区别就在于重实用，而不重义理，新式学堂注重的不是传统学术的讨论和研究，而是切实的技术和技艺。如开办于同治元年（1862 年）的京师同文馆，就是一所官办的外语专门学校。京师同文馆初设英文馆，后逐步增设法文、俄文、算学、化学、天文等内容，学生兼学机器制造、医学、外国史地、万国公法等内容。同治二年（1863 年），上海、广州等地相继建立了同文馆。当社会基本的教育理念发生变化后，与教育紧密相关的科举制度也必然要作出调整，从这个角度看，在传统的科举制度中加入经济特科，正与新式学堂注重实用的基本理念相一致。②

经济特科的开办，虽然有其构想上的合逻辑性，现实发展的合理性，但其母体——科举制度本身已呈日落西山之势，即令经济特科本身具备一定的先天优势，也无法改变自己的命运。因此，经济特科的标志性意义正在于，它以醒目的方式，从实践的层面上向人们提醒着科举制度终结这一必然结果。

从清代科举史上这几个具有标志性的事件上，我们可以看到，科举制度在吸纳人才、选拔官员、维持社会基本正常的运作、融会不同民族的文化等方面发挥了重要作用。但无论科举曾经有过多么辉煌的历史，它必然要经历一个出现、发展、成熟、完善，最后终结的过程。与其他时代的人相比，有清一代，人们既看到了科举制度的辉煌与繁盛，也痛切地直面了其终结。面对这持续了千余年的取士制度由繁华到衰落直至最终消亡的过程，清人可能会比其他时代的人有更多难以言表的情感体验。

---

① 吕思勉：《中国制度史》，上海：上海教育出版社 1985 年版，第 733 页。

② 经济科的举办，也与清代朴学思想有很密切的关系。关于朴学对科举的影响，《前言》第二部分略有涉及。

明清科举制度的异同

明清两代，科举进入了最稳定的时期，呈现出制度化、规范化、标准化的特点。具体来说，就是确定了童试、乡试、会试、殿试四级考试制度，以及南北卷制度等；针对科举考试中出现的诸多问题，如科场舞弊等，采取了种种应对措施，并将之法令化，以便遵行；在考试形式上，要求士子以格式固定的八股文写作，等等。当然，清代的科举制度在明代的基础上也有所调整，清代设置了博学鸿词科，开设了翻译科，武举考试也进一步规范化。明清两代社会思潮也有很大的不同，明代以理学为主，清代，特别是清代中后期，以朴学为主，这两种不同的思潮直接影响到科举考试的内容，科举考试内容的不同反过来又进一步强化了这两个时代不同的社会风习。

先谈明清科举制度的相同之处。

一、科举考试的制度化——稳固的考试形式

1. 四级考试制度

从考试的程序上看，清代沿袭了明代的制度，那就是明洪武十七年（1384 年）确立的童试—乡试—会试—殿试四级考试制度。①（见表一）这种稳固的考试制度一直绵延到晚清，在中国历史上持续了500余年之久。

表一　**清代科举考试程序简表**

级别	童试	乡试	会试	殿试
性质	预备	正式		
考试时间	三年两试	三年一试，一般在秋天举行。如遇特殊庆典，行恩科。	三年一试（乡试后次年春天）	三年一试（会试发榜后十天）
应试资份	儒童或童生	五贡、秀才、三生	举人	贡士
主考人员	知县、知府、学政	朝廷派员二人临试。	朝廷派大臣任总裁，再派会试同考官。	皇帝主持，亲王大臣临试。

① 从科举发展史上看，科举制度在唐代正式形成后，四级考试制度并未马上确立。“经过北宋初期太祖、太宗、真宗三朝（960—1022 年）的一系列改革，科举考试逐步走向严密化与客观化。”（刘海峰、李兵：《中国科举史》，上海：东方出版中心 2004 年版，第 157 页。）逐步形成了四级考试制度。到了明清，这种考试制度进一步完善，并最终稳固、定型。

续表

级别	童试	乡试	会试	殿试
考试内容	四书文三篇，五言八韵诗一首，经文五篇，策问五道，并问经史时务、政治。			策问
中式名称	秀才	举人	贡士	进士

A. 童试

童试又称童生试，士子必须通过童生试，才能进入府州县学，并进而参加乡试。清朝的童试制度基本与明朝相仿，由三部分组成——县试、府试、院试。童试三年两试，一为岁试，一为科试，童生可在三年内参加一次科试和一次岁试，一般逢寅、巳、申、亥年举行科试，丑、未、戌、辰年举行岁试。

童试是基础性考试。有清一代，自立朝之初，就在一定范围内开始了童试，对直省童试的名额作了规定。据《清实录》载，顺治四年六月：

> 定直省儒童进学额数，大学四十名，中学二十五名，小学十二名。①

童生的基本素质和储备情况直接影响到之后的乡试、会试，因此，清王朝对这一基础性的考试给予了充分的关注。顺治九年（1652年）十月：

> 上御太和殿。召江南督学御史杨义、巡仓御史张文炳，谕之曰：督学御史之设，原为考试生童，拔其文行优长者，以储国用。迩闻不论文行，但徇情面，殊亏学臣职掌。今遣尔督理学政，其生员应严加考试，文义不通者概行黜退。童生入学，亦必视其文行优长，方行收录。若仍蹈旧习，事发重处不宥。②

---

① 《清实录·世祖章皇帝实录》卷32，《清实录》第3册，北京：中华书局1986年影印本，第265页。

② 《清实录·世祖章皇帝实录》卷69，《清实录》第3册，北京：中华书局1986年影印本，第544页。

童生的基本素质一直是清王朝关注的重要问题之一。如据《清实录·圣祖仁皇帝实录》，康熙十八年二月癸巳：

> 吏部议覆，都察院左都御史魏象枢条奏学道考试十弊。一、童生府考无名，径取入学。二、额外滥取童生，拨发别学。三、私查印簿，某卷某号即某人，以便贿卖。四、解部册籍迟延，更改等第。五、先开六等草单，吓诈保等银两。六、将文童充武童，入学后，夤缘改武为文。七、将生童远调考试。八、纵容教官，包揽通贿。九、曲徇情面，孤寒弃斥。十、将额外滥取童生，混附生员册内报部。以上十弊，允当严禁。应如所题，嗣后，考核学道俱注剔除十弊具题。从之。

清朝继承了明代关于童生的一个基本制度，那就是直省府、州、县学部分生员可以进入国子监，国子监中生员可以直接参加乡试、会试等。国子监也“一仍明旧”，于顺治元年（1644 年）“置祭酒、司业及监丞、博士、助教、学正、学录、典籍、典簿等官。设六堂为讲肄之所，曰率性、修道、诚心、正义、崇志、广业”。①

B. 乡试

明清两代的乡试，即省级考试，三年一次。② 明清两代，乡试每次连考三场，每场三天，第三场一般在八月十五中秋节举行。③

从考试内容上看，清代的乡试基本沿袭明制。据“顺治二年四月辛酉”条载：

> 礼部议覆，都给事中龚鼎孳疏言，故明旧制，考取举人，第一场时文七篇，二场论一篇、表一篇、判五条，三场策五道。今应如科臣请，减时文二篇，照故明洪武时例，用时文五篇，于论、表、判外增用诗，去策，改用奏疏。④

明清两代，乡试一般在贡院举行。贡院设施完好与否甚至会影响乡试的安排。如，康熙二年（1663 年）二月，“礼部议覆，云南巡抚袁懋功疏言，滇省贡院见在起工重建，八月乡试之时，恐不能告竣，请展期于十月入闱”。⑤

在清代乡试中，我们要注意的一个问题是，参加乡试中式者称为举人，但有些人却并非通过乡试，而是由于其他种种原因被特赐予举人的。这些情况在《清实录》中都有记载。如乾隆年间，江西省广信府属之兴安县生员李炜、广东省肇庆府张次叔等多人均因年登耄耋，加恩特赐举人。

C. 会试

会试的基本规程、考试内容与乡试大体相同。与明代一样，清代会试考试年份和时间定在辰、戌、丑、未年，一般在二月举行。⑥ 乾隆十年（1745 年），会试改在三月进

---

① 赵尔巽等：《清史稿》卷 106，北京：中华书局 1976 年版，第 3100 页。

② 科举考试三年一次最早起于宋代，在明清成为定制。唐代，多是一年开科一次。宋代，太祖时，基本是一年一次；此后，或二年一次，或三年一次，因某些具体原因，甚至五年一次，开科年分没有规律。到宋英宗治平三年（1066 年），确定为三年一贡，从此“三年大比”成为定制。

③ 这一日期的确定源于宋代。据《宋史》载，绍兴二十四年（1154 年）正月十二日，“诏郡国同以八月十五日试举人”。此后，解试时间基本定在中秋这一日。明洪武三年（1370 年），朱元璋将乡试第三场日期定在八月十五中秋节。此后，明清两代乡试第三场一般都于八月十五举行。

④ 《清实录·世祖章皇帝实录》卷 15，《清实录》第 3 册，北京：中华书局 1986 年影印本，第 135 页。

⑤ 《清实录·圣祖仁皇帝实录》卷 8，《清实录》第 1 册，北京：中华书局 1986 年影印本，第 135 页。

⑥ 会试于二月举行的规则始于宋代。宋淳熙十六年（1189 年），光宗即位以后，右谏议大夫何澹建议，“窃惟国家三岁一举士，事体不轻，四方士子，冲冒严寒，引试之时，春令尚浅，间遇风寒，则笔砚冰冻，终日呵笔，书不成字。纵有长才，莫克展布，年高之人，至有不能终场者。今欲展半月，定于二月一日引试”。光宗批准了这一建议。

行。从此三月会试成为清代的定制，一直沿用到科举停罢。

关于会试主考官的安排任命，清代也有明确规定。据《清实录》“顺治九年正月壬寅”条载：

> 大学士范文程等奏言，会试关系抡才大典，按明朝主试官，万历以前不拘大学士、学士、吏礼二部尚书、侍郎，由翰林出身官员，皆得简用。万历末年，方始专用阁臣。今自顺治元年至今已历三科，未有定例，伏候睿裁。得旨：著照明朝万历以前例行。①

如果考试中出了差错，主试官、同考试官等要承担一定的责任。如《清实录》“顺治九年四月辛酉”条载，“降会试主考、学士胡统虞三级，成克巩一级，仍留任；同考试官、编修左敬祖等各罚俸有差。以部院磨勘所取试卷不遵传注、文理疵谬者多也”。②

D. 殿试

明清的殿试，也称廷试，是科举考试中的最高级别。③“殿试临轩发策，以朝臣进士出身者为读卷官，拟名第进呈，或如所拟，或有更定。一甲状元授修撰，榜眼、探花授编修，二、三甲进士授庶吉士、主事、中书、行人、评事、博士、推官、知州、知县等官有差。”④也就是说，廷试中试卷由读卷官依成绩拟定名次先后，进呈皇帝，最终由皇帝钦定一甲前三名，分别称状元、榜眼、探花。殿试与乡试、会试的最大区别就是

---

① 《清实录·世祖章皇帝实录》卷62，《清实录》第4册，北京：中华书局1986年影印本，第489页。

② 《清实录·世祖章皇帝实录》卷64，《清实录》第4册，北京：中华书局1986年影印本，第504页。

③ 关于殿试起于何代，学界有不同的看法。有学者认为，殿试起于武则天时，载初元年（689年）二月，武则天亲自策问贡士于洛城殿，《通典》卷15载“殿前试人自此始”，《资治通鉴》卷204载“贡士殿试自此始”。但元马端临的看法不同，他在《文献通考》卷29指出：“武后所试诸路贡士，盖如后世之省试，非省试之外，再有殿试也。唐自开元以前，试士未属礼部，以考功员外郎主之。武后自诡文墨，故于殿陛间下行员外郎之事。”刘海峰、李兵《中国科举史》一书提出，宋开宝六年（973年），赵匡胤命复试举人，试毕，亲自阅卷，选录进士各科人等，“从此开了殿廷复试的先例，殿试成为制度化的最高一级考试”。

④ 赵尔巽等：《清史稿》卷108，北京：中华书局1976年版，第3149页。

殿试看起来是“天子亲策于廷”，历年的殿试题目也大都以“朕将亲览焉”的固定格式结束。但事实上，殿试的题目并不是由皇帝亲自出的，而只是以皇帝的口吻发问。如《清实录》“康熙二十四年三月丁丑”条载：“礼部议覆，左副都御史胡升猷疏请皇上亲定殿试题目，并严饬阅卷诸臣，以重大典。应如所请。上谕大学士等曰：殿试设有读卷官俱系大臣，岂不相信？纵有他故，亦自有定例。若题目俱由朕亲出，不胜烦琐。即如会试题目，乃偶一行之，岂遂为例？且朕所出之题，乃试官不出，人所不能预拟者。若屡屡亲出，则人亦能预为揣摩矣。著传谕九卿、詹事、科道仍照旧例行。”可见，皇帝出题只是偶一为之。

没有黜落制度，① 只是根据考试名次，授予不同等级，一甲授进士及第，二甲授进士出身，三甲授同进士出身。其中一甲之状元授修撰，一甲之榜眼和探花分授编修，入翰林院；二、三甲之进士一部分考选庶吉士，成为翰林官员，另外一部分没有考取庶吉士的，分别授以御史、主事、中书、行人、评事、太常、国子博士等京官，或授以地方知州、知县等官。

2. 南北分卷制度及配额制度

明清科举的制度化还表现在确定了南北分卷制度。② 所谓南北分卷制度，也就是在科举考试中，根据不同地区文化教育的差异，对考生实行南北分地域录取的制度。

据《明史》，会试“初制，礼闱取士，不分南北”。③ 但这种会试“不分南北”的做法却引起了轩然大波。洪武三十年（1397 年）二月会试，取中士子 52 人均为南方人，北方士子哗然，指责主考官偏袒同乡。经过重新阅卷，此次纷争仍未平息。之后，朱元璋不得不“亲自阅卷，取任伯安等六十一人。六月复廷试，以韩克忠为第一。皆北士也”。④ 这样才平息了文人的这场骚乱。经过这次政治风波，明王朝虽未进行切实改革，但如何减小地域教育的差异对科举造成的影响，成为执政者思考的重要问题。明仁宗洪熙元年（1425 年），仁宗与杨士奇讨论了会试分南北榜的必要性。⑤ 明宣宗继位

---

① 殿试无黜落制度始于宋代。据《宋史》，宋仁宗嘉祐二年（1057 年），宋仁宗“亲试举人，凡与殿试者始免黜落”。自此以后，殿试不再采用淘汰制，而只涉及名次，成为中国科举考试的定制。宋仁宗开了殿试不黜落的先例，从表面上看，似乎是削弱了殿试的影响力和意义。但殿试名次对士子入仕和升迁仍有很大的影响，因此，殿试虽然不具有淘汰作用，但仍起到了重要的筛选作用。

② 这一制度在元代初具雏形，元仁宗皇庆二年（1313 年），定下分省定额取士的制度。据《元史》载：“天下选合格者三百人赴会试，于内取中选者一百人。内蒙古、色目、汉人、南人分卷考试，各二十五人。蒙古人取合格者七十五人：大都十五人，上都六人，河东五人，真定等五人，东平等五人，山东四人，辽东五人，河南五人，陕西五人，甘肃三人，岭北三人，江浙五人，江西三人，湖广三人，四川一人，云南一人，征东一人。色目人取合格者七十五人：大都十人，上都四人，河东四人，东平等四人，山东五人，真定等五人，河南五人，四川三人，甘肃二人，陕西三人，岭北二人，辽阳二人，云南二人，征东一人，湖广七人，江浙一十人，江西六人。汉人取合格者七十五人：大都一十人，上都四人，真定等十一人，东平等九人，山东七人，河东七人，河南九人，四川五人，云南二人，甘肃二人，岭北一人，陕西五人，辽阳二人，征东一人。南人取合格者七十五人：湖广一十八人，江浙二十八人，江西二十二人，河南七人。”（宋濂等：《元史》卷 81，北京：中华书局 1976 年版，第 2021 页。）但元代的这项制度中，地域区分只是次要原则。

③ 张廷玉等：《明史》卷 70，北京：中华书局 1976 年版，第 1706 页。

④ 张廷玉等：《明史》卷 70，北京：中华书局 1976 年版，第 1697 页。

⑤ 据《明史纪事本末》，杨士奇在跟仁宗的一次对话中谈到，在考试中北人往往不及南人，应该采取措施给北人提供更多的机会。

> 杨士奇曰：“科举当兼取南、北士。”仁宗曰：“北人学问远不逮南人。”士奇曰：“长才大器，俱出北方，南人虽有才华，多轻浮。”仁宗曰：“然则将何如？”士奇曰：“试卷例缄其姓名，请于外书南、北二字，如当取百人，则南六十，北四十，南北人才，皆入彀矣。”

后，开始实行南北分卷制，“北卷则北直隶、山东、河南、山西、陕西；中卷则四川、广西、云南、贵州及庐、凤二府，徐、滁、和三州；余皆属南卷”。①

明代，南北卷制度虽然大体坚持下来，但时断时续，多有反复。清代，南北分卷制度及乡试配额制完全稳定下来。

清代南北分卷制度自顺治九年（1652年）正式开始。②《清实录》“顺治九年正月壬寅”条载：

> 礼部议，壬辰科会试，恩诏广额取进士四百名，应照《会典》开载南北中卷之例，南卷应取二百三十三名，北卷应取一百五十三名，中卷应取一十四名。从之。③

关于清代南、北、中卷如何划分，《钦定大清会典事例》中有记载：

> 浙江、江西、福建、湖广、广东五省，江宁、苏州、松江、常州、镇江、徽州、宁国、池州、太平、淮安、扬州十一府，广德一州为南卷，取中二百三十三名；山东、山西、河南、陕西四省，顺天、永平、保定、河间、正定、顺德、广平、大名八府，延庆、保安二州，奉天、辽东、大宁、万全诸处为北卷，取中一百五十三名；四川、广西、云南、贵州四省，安庆、庐州、凤阳三府，徐、和、滁三

---

① 查继佐：《罪惟录》卷18，见《续修四库全书》，上海：上海古籍出版社1992年版，第529页。

② 清代，顺治三年（1646年）、四年（1647年）和六年（1649年）的会试都没有实行南北榜制度。据《清实录》：

> 顺治三年正月甲戌　礼部奏言，龙飞首科，正士类弹冠之日。今年二月会试天下举人，其中式名额及内帘房考官均宜增广其数，以收人才而襄盛治。得旨：开科之始，人文宜广，中式额数准广至四百名、房考二十员。后不为例。（《清实录·世祖章皇帝实录》卷23，《清实录》第3册，北京：中华书局1986年影印本，第201页。）
>
> 顺治四年正月丁卯　允礼部请，命会试取中三百名，不必分南、北、中卷，同考官用十八员。（《清实录·世祖章皇帝实录》卷30，《清实录》第3册，北京：中华书局1986年影印本，第248页。）

清代开国之初，一个急切的任务就是笼络文人。江南是文人渊薮，这时，正需要运用各种策略将江南文人纳于麾下，不采取明代已经基本定型的南北分卷制度，在会试中尽可能多地吸纳文化教育发达的江南地区的文人也是必然之理了。

③ 《清实录·世祖章皇帝实录》卷62，《清实录》第3册，北京：中华书局1986年影印本，第489页。

州为中卷，取中十四名。①

会试分南北中卷的做法，是为了调控地域间文化教育的不平衡。通过区分南、北、中卷，限制江、浙等文化发达地区中举士人的数额，为北方及中部地区的文人提供更多的机会，以尽可能地保证全国文化教育协调发展。② 但南、北、中各卷内部也存在着不平衡。在南北卷中，有的省份考取的进士多，有的省份考取的进士少，各省份取中的士子从数量上看仍不均衡。因此，康熙五十一年（1712 年），康熙下诏说：

> 自今以后，考取进士额数，不必预定。俟天下会试之人齐集京师，着该部将各省应试至部举人实数及八旗满洲、蒙古、汉军应考人数一并查明，预行奏闻。朕计省之大小，人之多寡，按省酌定取中进士额数。考取之时，就本省卷内，择其佳者，照所定之数取中。③

至此，清代科举考试将南北卷制度调整为分省配额制度，以各省参加会试的人数为

---

① 昆冈等：《钦定大清会典事例》，北京：中华书局 1991 年影印本，第 1132 页。

当然，在行政事务的执行过程中，制度的执行和制定往往不同步。虽然《钦定大清会典事例》中对南、北、中卷做了明确的区分，但“因云贵等省未经平定，将中卷分入南、北卷内”，直到顺治十八年（1661 年）二月会试时，南北分卷制度才完全稳定下来。《清实录·世祖章皇帝实录》“顺治十八年二月甲辰”条载：

> 礼部题，会试取士，原分南、北、中卷，后因云贵等省未经平定，将中卷分入南、北卷内。今各处省分俱全，应仍将浙江、江西、福建、湖广、广东五省，江宁、苏、松、常、镇、徽、宁、池、太、淮、扬十一府，广德一州为南卷；直隶及山东、山西、河南、陕西四省，奉天等处为北卷，四川、广西、云南、贵州四省，卢、凤、安庆三府，徐、滁、和三州为中卷，其南、北、中卷中式额数，照赴试举人之数均派。从之。（《清实录·世祖章皇帝实录》卷 102，《清实录》第 5 册，北京：中华书局 1986 年影印本，第 224 页。）

② 在科举制度实施过程中，清廷不仅通过南北卷制度和分省配额制度调控地区文化教育，而且还在殿试中也有意识地对文化落后地区采取扶持政策。据《清实录》“乾隆二十六年四月甲午”条载，当年殿试一甲前三名分别是王杰、胡高望、赵翼三人。实际上，会试时，名列第一的是赵翼、第二的是胡高望，但赵、胡均为江浙人，王杰名列第三，是陕西人。乾隆“因问本朝陕西曾有状元否，皆对云未有，遂以王卷与翼卷互易焉”。（梁章钜：《枢垣记略》卷 28，北京：中华书局 1984 年版，第 338 页。）

③ 昆冈等：《钦定大清会典事例》，北京：中华书局 1991 年影印本，第 1134 页。

基数，按省确定会试录取名额。①

分省配额制度到乾隆时完全成熟和定型。自乾隆元年（1736 年）始，每届会试各省录取人数在《清实录》中都有清晰的记载。如“乾隆元年二月戊子”条载：

> 礼部以会试中额请。得旨：这会试，满洲、蒙古取中十名，汉军取中四名，直隶取中三十名，奉天取中一名，山东取中二十名，山西取中十六名，河南取中十八名，陕西取中十二名，江南取中三十八名，浙江取中三十六名，江西取中二十一名，湖北取中十四名，湖南取中八名，福建取中二十名，广东取中十四名，广西取中三名，四川取中六名，贵州取中六名，云南取中八名，南卷五经取中十名，北卷五经取中三名，中卷五经取中二名。旗卷五经应否取中，著主考阅文定夺。②

直到光绪二十九年（1905 年），科举废除的当年，清廷对各省会试名额都有明确规

---

① 当然这项制度的出台并不是一蹴而就的，而是经历了一个摸索、反复和不断地变更过程。据《清实录》，在按省划分会试名额前，康熙三十年（1691 年），就对南北分卷制度作了进一步细化，把南卷分为南左、南右，北卷分为北左、北右，中卷分为中左、中右：

> 礼部等衙门遵旨会议御史江蘩条奏科场事宜。查，会试之分南、北、中卷，原为因地取才起见，行之既久，其势不能均平，若不稍加变通，恐遐方士子不能仰承皇上广兴文教、乐育人材至意。嗣后，应于南、北、中卷内，再分江南、浙江为南左，江西、湖广、福建、广东为南右，直隶、山东为北左，河南、山西、陕西为北右，四川、云南为中左，广西、贵州为中右，仍照定例，各计卷数之多寡，凭文取中，既于科场条例并无更改，又于各省中额不致偏枯。至安庐凤三府、滁和徐三州改归南卷，并仍行分经之处，俱照礼部原议。从之。（《清实录·圣祖化皇帝实录》“康熙三十年五月辛亥”条）

乾隆三十八年（1773 年），又对这一规定进行了调整：

> 九卿议覆，左副都御史梅鋗疏言，会试定例分南北中卷。后又于南北中卷之内各分左右，以致阅卷者不尽衡文，只算卷数以定中额。请仍照定例止分南北中卷，概去左右名色。应如所请。并将江南庐州等府，滁州等州旧系中卷者俱归南卷。其云南、贵州、四川、广西四省，去其中卷名色。每科，云南定为云字号，额中二名；四川定为川字号，额中二名；广西定为广字号，额中一名；贵州定为贵字号，额中一名。康熙三十九年会试，恩诏加额，应将云南、四川各加中二名，广西、贵州各加中一名。从之。（《清实录·高宗纯皇帝实录》“康熙三十八年十二月乙酉”条）

② 《清实录·高宗纯皇帝实录》卷 13，《清实录》第 9 册，北京：中华书局 1986 年影印本，第 384 页。

定。由此可以看到，南北卷及分省配额制度在清代执行得相当稳定。①

南北卷制度及分省配额制度虽然在一定程度上促进了不同地区文化教育的协调发展，但它也难免会产生各种弊端。首先，这一制度抑制了江南地区文人的积极性。清代，在人文鼎盛的江南地区，科举考试竞争非常激烈。如康熙四十一年（1702 年）浙江乡试应试士子不下 12000 人，而浙江一省的中举名额却只有 83 人，录取率为145∶1。康熙五十八年（1719 年），江西乡试入场士子多达 12000 余人，而中额只有 90 人，录取率为 134∶1。相比之下，顺天府等其他地方录取率却极高。其次，南北卷制度及分省配额制度可能会造成恶性循环，导致愿望与结果的两歧。如乾隆三十二年（1767 年）七月，贵州学政陈荃奏报："黔省所属地方，均与各省毗连。每有湖广、四川附近之人，希图贵州人少额多，获售较易，遂私通廪保，窜名冒考。以致土著生童，艰于进取，文风日就颓废。"② 从贵州学政陈荃的奏报中可以看到，配额制度的目的是为了平衡地区间文化教育的差异，但湖广、四川等地的考生却到贵州冒籍参加考试，以至于贵州本地的考生反而难以取中，这样配额制度不仅起不到预期的效果，反而可能更进一步打击贵州当地士人的积极性。再次，南北分卷制度及分省配额制度直接引发了冒籍等科场舞弊问题。

二、科举考试的规范化——健全的科场条例

明清两代，科举考试的规范化主要表现在，就科举问题制定了一系列相关法律、法令。如明代的《大明会典》有专门的《科举》条。清代关于科举的立法更是繁多，有《钦定科场条例》、《续增科场条例》、《兵部题准武场条例》、《钦定学政全书》等专门的科举立法，此外，《钦定大清会典事例》、《大清律例》等也包含了不少关于科举的立法。邓嗣禹先生谈到明清科场条例说："明清方法之严密，不惟足以冠古今，亦并足以

---

① 配额制在执行过程中也曾受到质疑。据《清实录》，乾隆五十三年（1788 年），钱沣上书乾隆，要求科举考试不再分南、北、中皿，不再分别省份，一概凭文取士。针对这一问题，乾隆谕令说：

> 今钱沣奏请乡会试不必分别南、北、中皿及省分中式一节，固为剔除关节积弊起见。但国家取士，博采旁求，于甄录文艺之中，原寓广收人才之意，且各省文风高下，互有不齐，若如钱沣所奏，势必至江浙大省，取中人数居其大半，而边远小省或竟至一名不中，殊非就地取才之意。钱沣系云南人，所奏尚无别故，若伊籍隶江浙等省，则迹涉阿私，必至有干吏议矣。（《清实录·高宗纯皇帝实录》卷 1301，《清实录》第 25 册，北京：中华书局 1986 年影印本，第 503 页。）

乾隆认为，钱沣提出取消分省取士制度，虽然是为了杜绝科场考试中的某些弊端，但势必会造成取中之人大多集中在江浙一带，而某些边远省份可能一名不中，这样会对部分省份文化教育发展造成消极影响，形成恶性循环。因此，最后的决定是，"着毋庸议"。这样，分省配额取士制度一直延续到科举结束。

② 《清实录·高宗纯皇帝实录》卷 790，《清实录》第 18 册，北京：中华书局 1986 年影印本，第 696～697 页。

法中外。……中国盛行考试，已千有余年，历代继绳，时加改革，积千余年之心思才智，覃精竭思，兴利除弊，制度严密，良有以也。”① 在此，主要从科举立法中的防弊、惩弊条款谈谈明清科举考试的规范化问题。②

针对考前、考中和考后各个环节可能出现的问题，明清两代都做了相当严密的防范。考前主要是在考生报名时，防止冒籍；考中，主要是杜绝考场中的夹带、枪替；考后，主要是针对试卷誊录和批改过程中可能出现的种种作弊手段。

随南北卷及各省配额等制度而产生的冒籍问题，是考前防弊的重点。在明代，冒籍问题就较为普遍。据《明实录》“嘉靖二十二年十月辛巳”条载：“初，顺天乡试多冒籍中式。至是，余姚人钱德充易名仲实，冒大兴籍以中，慈溪人张汝濂易名张和，冒良乡籍以中。……请令所司，核究顺天府学冒籍生员，俱遣回原籍，降等肄业。”③ 到了清代，冒籍现象更加严重。《清实录》“乾隆五年七月戊子”条载，乾隆“谕大学士等：朕闻钱陈群考试通州，多取冒籍，发案之日，新进二十三名，实在通州本地只有三名，

---

① 邓嗣禹：《中国考试制度史》，北京：商务印书馆 1936 年版，第 377 页。

② 明清两代，部分《科场条例》针对考官等的失误而制定。如《清实录·世祖章皇帝实录》“顺治十五年四月丁亥”条载：

> 礼部更定《科场条例》。一、解卷迟延，司府官每十日罚俸两月。如系解役耽阁者，另行治罪。一、磨勘试卷，字句可疑，一卷，主考官罚俸九月，同考官降三级；二卷，主考官罚俸一年，同考官降四级；三卷，主考官降一级，同考官革职提问；四卷，主考官降二级；五卷，主考官降三级；六卷，主考官革职；七卷，主考官革职提问。一、文体不正，一卷，主考官罚俸六月，同考官降一级；二卷，主考官罚俸九月，同考官降二级；三卷，主考官罚俸一年，同考官降三级；四卷，主考官降一级，同考官革职；五卷，主考官降二级，同考官革职提问；六卷，主考官降三级；七卷以上主考官革职。一、举子试卷字句可疑，文体不正者，俱褫革；有蒙词累句者，罚停会试二科；不谙禁例者，罚停会试三科。一、用墨笔、蓝笔添改字句者，主考官降三级；其同经共阅，查系何官笔迹，亦降三级；同阅官降一级。一、卷面主考官列名注批外，同考官俱叙品级列衔；违式者，主考官降一级。一、取中卷内二、三场，同考官蓝笔不全点阅，各降一级，主考官罚俸一年；副榜卷不全点阅，同考官各罚俸一年，主考官罚俸九月。一、程文用诸生原墨，稍加裁定。各考官轻率改作者，降三级。一、朱卷应先填举子名次，后填姓名，墨卷虽有姓名，亦应填写名次，违者主考官降一级。一、墨卷错落及违式应贴不贴者，受卷官降一级。本生文内笔误一二字，不碍禁例者，罚停会试一科；错落题目者，罚停会试二科；其文内有不谙禁例，字句稍涉可疑者，罚停会试三科。一、誊写错落数行者，对读任错不改者，誊录对读官各罚俸九月。一、对读向用蓝笔，今改用黄笔，违者官降一级，对读生员黜革。（《清实录·世祖章皇帝实录》卷 126，《清实录》第 3 册，北京：中华书局 1986 年影印本，第 347 页。）

但大部分科场条例都是针对科场舞弊而制定的。因此，这里主要谈谈明清两代的科场防弊、惩弊措施。

③ 《明实录·世宗肃皇帝实录》卷 279，《明实录》第 43 册，台北：“中央研究院”历史语言研究所 1968 年版，第 244 页。

其二十名俱系江浙各省之人顶冒”。①

针对冒籍问题，明清两代采取了一些措施。《大明会典》记载：“弘治七年，令应举生儒人等，不许未熟三场初学之士及外处人冒滥入试，亦不许重冒古今显者姓名，有即改正。”② 到了清代，为了防止冒籍，建立了严格的报名程序、审核程序，制定了对于冒籍者和涉嫌官员的处罚制度。

顺治初年规定，考试前一月，应考童生报名，填写姓名、籍贯、年龄、三代履历，报考的童生必须五人联保，并由本县一名廪生作担保人，开具保结，以证明该童生确系本县籍贯。清代还制定了审音制度。乾隆时，审音成为一项常规制度。据《清实录》“乾隆十八年五月甲申”条载：

> 礼部议覆御史温如玉奏称，顺天府大、宛二县童试，向有审音之例，以杜冒籍。查顺天府外属及直隶天津一府，冒籍亦所不免。嗣后，顺天府属之州、县、卫学及直隶天津府，请饬校录之四路同知及该府俱照大、宛二县之例，于试前审音，并取具廪结存案。③

即令有如此严格的报考程序，冒籍现象仍屡禁不止。为此，清政府制定了一系列措施对冒籍予以惩处。据《清实录》：

> 康熙三十九年六月乙丑　礼部题：江南道御史郑维孜条奏，冒籍举人令其自首。议准行。④
>
> 乾隆十年十二月癸丑　礼部等部议覆顺天府府丞郑其储奏称，大、宛两县额进生员冒籍居多，冒籍得以入考，由冒同乡在顺天之进士、举人、贡监生员为父兄，而冒有籍贯之人藉此获利。欲杜冒籍，宜彻底澄清。应如所请。凡冒籍顺天中式之进士、举人等，入籍未满二十年及满年而有原籍可归者，统以一年为限，由科甲出身之现任京员及候选进士、举贡并监生赴大、宛两县呈改，廪增附生赴该教官呈改。改归原籍后，廪生仍照本生年分次序，食饩挨贡，逾限不改。生监褫革，候选进士、举贡斥革，现任京员革职。该管官查出免议。科道纠参或旁人首告，该管官

---

① 《清实录·高宗纯皇帝实录》卷123，《清实录》第10册，北京：中华书局1986年影印本，第804页。

② 《大明会典》卷220，扬州：广陵书社2007年版，第1221页。

③ 《清实录·高宗纯皇帝实录》卷439，《清实录》第14册，北京：中华书局1986年影印本，第720页。

④ 《清实录·圣祖化皇帝实录》卷199，《清实录》第6册，北京：中华书局1986年影印本，第25页。

罚俸一年。至冒籍既清，恐应试者少，该学政考试时，凭文取录，宁缺无滥。①

从这几条记载来看，清代对冒籍文人的处罚并不十分严厉，只要他们自首，并剥夺他们因冒籍而获得的利益，就可以免予其他更多处罚。对改归原籍的廪生，甚至还可以“仍照本生年分次序，食饩挨贡”。这种处罚不能不说是非常轻微。这是因为，冒籍虽然违反了相关法律制度，但从某种角度上来看，冒籍是由于科举制度无法做到绝对公平而造成的，士人对这种南北分卷及配额制度的违反恰恰反映出他们对公平性的追求，因此，明清两代对冒籍问题一般采取淡化处理的方式。

相比之下，科场中其他问题，如枪替、关节等不仅违反了有关制度、规范，更是对公平本身的公然破坏。因此，针对这些问题，明清两代采取了非常细密的防范措施和极其严厉的惩治措施。

所谓关节，“为密通字眼，其易藏者，多在用虚字以为暗示”。② 据《明史·选举志》载，明代科场“贿买钻营，怀挟倩代，割卷传递，顶名冒籍，弊端百出，不可穷究，而关节为甚”。明万历年间规定，“科场取士公典，禁例甚严，若纳贿行私，果有实迹，法当重究”。③

针对关节的问题，清廷制定的防弊措施非常细密。据《清实录》“乾隆四十二年三月癸未”条载：

令顺天及各省主考官于刊发题目时，即酌定三篇内承题、起讲应用虚字，明白开列，另行刊印一纸，分给举子。如此科首篇承题用“夫”字，次篇用“盖”字，三篇用“甚矣”，起讲首篇用“今夫”，次篇用“且夫”，三篇用“尝思”之类，即将此等承讲虚字错综更换，总听主考官临期酌定。俾众共闻知，通场一体遵用，违者贴出。如此，于不齐之中寓以齐，则虽欲暗藏关节，应无所施其伎俩。而定以主考官临期酌定，不出之房官之手，则士子无从摹拟，不致别生弊窦，于防范更为周密，至会试亦著照此例行。将此旨通谕中外，并刊入《科场条例》。④

为了防止考生与试官串通，在试卷上利用虚字暗做记号，清廷对考生所写文章的虚字作了严格规定。

考官与考生共同作弊，一旦被发现，会受到极其严厉的处罚。如《大清律例·吏律·职制》规定：“乡会试，考试官、同考官及应试举子，有交通、嘱托、贿买关节等

① 《清实录·高宗纯皇帝实录》卷255，《清实录》第12册，北京：中华书局1986年影印本，第297页。

② 商衍鎏：《清代科举考试述录》，北京：三联书店1958年版，第314页。

③ 张廷玉等：《明史》卷70，北京：中华书局1976年版，第1710页。

④ 《清实录·高宗纯皇帝实录》卷1029，《清实录》第21册，北京：中华书局1986年影印本，第793页。

弊，问实斩决。"①《钦定科场条例》同样规定对考官和士子通同作弊处以极刑，"主考官有交通嘱托贿卖关节，夤缘中式，事发，按律从重治罪。其父兄为子弟作弊，有官者革职提问，无官者从重治罪"。②

清廷认为，"繁设科条以杜弊窦，不如严饬法纪以绝弊源"，③ 他们以很极端的方式处理了几次科场案。如顺治十四年（1657 年），大理寺左评事李振邺奉命充任顺天乡试同考官，李于入场前拟订了几十个关节条子，使人四处兜售。案发后，李振邺等 5 名贿卖关节的考官和 5 名作弊情节比较严重的考生被斩，家产被抄，各家老幼 108 人流放尚阳堡。另有王树德等 40 名考官及士子被杖责流放。④ 另有顺治年间江南乡试案，因当年江南乡试取中者方章钺与主考官方犹是同宗，且考生哄传有取士不实之处，主考官、同考官等都被处以极刑。⑤ 对于科场关节的问题，清廷的处罚相当严重，直到光绪末依然如此。据《清实录》"光绪十九年十二月癸酉"条载：

---

① 《大清律例》，北京：法律出版社 1998 年版，第 556 页。

② 《钦定科场条例》卷 33，《续修四库全书》第 830 册，上海：上海古籍出版社 1992 年版，第 197 页。

③ 《钦定大清会典事例》卷 351，《续修四库全书》第 803 册，上海：上海古籍出版社 1992 年版，第 514 页。

④ 这一事件的处理结果，在《清实录》中有清楚的记载：

> 谕刑部等衙门：开科取士，原为遴选真才，以备任使，关系最重，岂容作弊坏法？王树德等交通李振邺等贿买关节，紊乱科场，大干法纪，命法司详加审拟。据奏，王树德、陆庆曾、潘隐如、唐彦曦、沈始然、孙旸、张天植、张恂俱应立斩，家产籍没；妻子、父母、兄弟流徙尚阳堡。孙珀龄、郁之章、李倩、陈经在、邱衡、赵瑞南、唐元迪、潘时升、盛树鸿、徐文龙、查学诗俱应立斩，家产籍没。张旻、孙兰茁、郁乔、李苏霖、张秀虎俱应立绞。余赞周应绞，监候秋后处决等语。朕因人命至重，恐其中或有冤枉，特命提来亲行面讯。王树德等俱供作弊情实，本当依拟正法，但多犯一时处死，于心不忍，俱从宽免死，各责四十板，流徙尚阳堡，余依议。董笃行等本当重处，朕面讯时，皆自认委系溺职，姑著免罪，仍复原官。曹本荣等亦著免议。自今以后，凡考官、士子须当恪遵功令，痛改积习，持廉秉公，不得以此案偶蒙宽典，遂视为常例，妄存幸免之心。如再有犯此等情罪者，必不姑宥。尔等衙门即行传谕。（《清实录·世祖章皇帝实录》卷 116，《清实录》第 3 册，北京：中华书局 1986 年影印本，第 907 页。）

⑤ 据《清实录》载："刑部鞫实江南乡试作弊一案。正主考方犹拟斩，副主考钱开宗拟绞，同考试官叶楚槐等拟责遣尚阳堡，举人方章钺等俱革去举人。疏入，得旨：方犹、钱开宗差出典试，经朕面谕，务令简拔真才，严绝弊窦，辄敢违朕面谕，纳贿作弊，大为可恶。如此背旨之人，若不重加惩治，何以儆戒将来？方犹、钱开宗俱著即正法，妻子家产，籍没入官。叶楚槐、周霖、张晋、刘廷桂、田嵩民、郝惟训、商显仁、李祥光、银文灿、雷震声、李上林、朱建寅、王熙如、李大升、朱莅、王国桢、龚勋俱著即处绞，妻子家产，籍没入官。已死卢铸鼎，妻子家产亦著籍没入官。方章钺、张明荐、伍成礼、姚其章、吴兰友、庄允堡、吴兆骞、钱威俱著责四十板，家产籍没入官，父母、兄弟、妻子并流徙宁古塔。"（《清实录·世祖章皇帝实录》卷 121，《清实录》第 3 册，北京：中华书局 1986 年影印本，第 942 页。）

谕：刑部奏，遵议革员周福清罪名一摺。据称，革员周福清于考官中途，递信函求通关节，当被举发破案，较之已成未中者，情节稍有区别，应于斩罪上量予末减，拟以杖一百、流三千里，恭候钦定等语。科场舞弊，例禁綦严。该革员辄敢遣递信函，求通关节，虽与交通贿买已成者有间，未便遽予减等。周福清著改为斩监候，秋后处决，以严法纪而儆效尤。①

除了考前的冒籍及考试过程中的枪替等现象外，批阅试卷等过程中也会出现种种舞弊现象。《钦定科场条例》制定有防范及惩处措施，如“弥封错编字号例”、“误填红号例”、“弥封官漏印卷上条记例”、“誉录洗补洗改例”等。由此，更可清楚地看到明清两代科举稳定化、规范化的特点。②

三、科举考试的标准化——程式性的八股文

明清两代对科举制度的重大调整之一就是创立了程式化的八股文，并以此作为科举考试的标准文体。③

八股文的程式化主要体现在如下几个方面：（一）形式的格式化。八股文的结构讲究起承转合，由破题、承题、起讲、入题、起股、出题、中股、后股、束股、收结等组成。（见表二）八股文甚至在字数上也有限制。据《清实录》“乾隆十一年九月庚戌”条，“制义旧制限三百字以上，篇末自抒所见，名曰大结，限二百字以下。后因文日加长，大结遂废……科场条例，初场文每篇不得过五百字，原有定制”。④ 到了乾隆四十

① 《清实录·德宗景皇帝实录》卷331，《清实录》第56册，北京：中华书局1986年影印本，第255页。

② 当然，顾炎武的一句话也提醒我们，有必要从不同的角度认识明清两代的科场条例。面对系列科场防弊、惩弊措施，顾炎武曾愤愤地说：“国家设科之意本以求才，今之立法则专以防奸为主。”（顾炎武著，黄汝成集释：《日知录集释》卷17，长沙：岳麓书社1994年版，第615页。）科举考试本身的目的是选拔士子，君臣同心，其乐融融地治理国家，以君臣之和谐关系为天下示范，最终使天下达于清平，而科场种种防弊、惩弊条例却恰恰反映“君”和未来的“臣”之间的紧张关系，使他们处于对立的状态。科举制度本以信任、合作为终极目的，但在实施的过程中，围绕科举有关问题制定的科场条例却展示了人与人之间的猜疑、防范。一种试图寻找最优秀人才的制度，其最终指向本是趋向于完美的，但在执行过程中却恰恰展示了人性卑琐的一面。可以说，这是科举制度的弊端，是科举本身的悲哀，但从其本质上看，正从科举的角度展示了人存在的悲哀，或者说人性的悲哀。

③ 这种程式化的八股文并非一朝一夕形成的。据《明史》，洪武年间，科举考试开始专取四子书，从内容上为八股文的形成做了基本准备，但这并非后来的八股制义。据顾炎武《日知录》，“经义之文，流俗谓之八股，盖始于成化以后”。（顾炎武著，黄汝成集释：《日知录集释》卷16，长沙：岳麓书社1994年版，第575页。）清代沿用明制，将八股文进一步程式化和规范化。

④ 《清实录·高宗纯皇帝实录》卷275，《清实录》第12册，北京：中华书局1986年影印本，第591页。

三年（1778年）四月“训正文体，定制义七百字之限”。① （二）内容的固定化。据《明史·选举志》，“科目者，沿唐、宋之旧而稍变其试士之法，专取四子书及《易》、《书》、《诗》、《春秋》、《礼记》五经命题试士，盖太祖与刘基所定。其文略仿宋经义，然代古人语气为之，体用排偶，谓之八股，通谓之制义”。② 八股文要求遵经守注，出题范围要在《四书》之内，对文题的理解必须要遵从朱熹的注。在表达方式上，要求代圣立言，即行文要“代古人语气为之”，模仿圣人的口吻说话。（三）风格的稳定化。八股文的风格要求平正典雅、稳实周密，不能偏离体制、不能有离经叛道之言、不能露浮华怪诞之气。明代从法律制度的层面对八股文的内容和风格提出明确要求。据《明会典》，八股文“务要醇正典雅，明白通畅，合于程式者方许取中。其有似前驾虚翼伪，钩棘轧茁之文，必加黜落。仍听考试官摘出。不写经传本旨，不循体制及引用《庄》、《列》背道不经之言，悖谬尤甚者，将试卷送出以凭本部指实，奏请除名，不许再试”。③ 清代，朝廷也有意识地引导清真雅正的文风。据《清实录》“乾隆二十四年十一月癸酉”条载，乾隆曾谕令说：“制义一道，代圣贤立言，务在折衷传注、理明辞达为尚。前因士子多喜为剽窃踳驳之词，不惜再三训谕，俾以清真雅正为宗。”④

表二　　**八股文基本结构**

<table>
<tr><th>结构</th><th>长度</th><th>基本要求</th><th>作用</th></tr>
<tr><td>破题</td><td>两句</td><td>或偶或散</td><td rowspan="3">题前。对题义进行解释，阐发题目所包含的思想内容，并引出自己的见解。</td></tr>
<tr><td>承题</td><td>三、四句</td><td>散句</td></tr>
<tr><td>起讲</td><td>七、八句至十余句</td><td>或偶或散</td></tr>
<tr><td>入题</td><td>一二句或三四句</td><td>散句</td><td>过渡</td></tr>
<tr><td>起股</td><td>两句</td><td>对偶</td><td rowspan="5">正题。详细阐明观点。</td></tr>
<tr><td>出题</td><td>一二句或三四句</td><td>散句</td></tr>
<tr><td>中股</td><td rowspan="3">两句</td><td rowspan="3">对偶</td></tr>
<tr><td>后股</td></tr>
<tr><td>束股</td></tr>
<tr><td>收结</td><td>一二句</td><td>散句</td><td>结束</td></tr>
</table>

时至今日，八股文退出历史已百余年，如何认识八股文的程式化呢？

---

① 《清实录·高宗纯皇帝实录》卷1054，《清实录》第22册，北京：中华书局1986年影印本，第87页。

② 张廷玉等：《明史》卷70，北京：中华书局1976年版，第1709页。

③ 《明会典》卷77，北京：中华书局1989年版，第1237、1451页。

④ 《清实录·高宗纯皇帝实录》卷601，《清实录》第16册，北京：中华书局1986年影印本，第745页。

从某种角度上看，以程式化的八股文作为考试文体有充分的合理性。八股文要求士子在共同的知识积累、稳定的写作架构中，就同一个问题表达自己的观点和态度，① 其实质是将考试标准化、规范化、简约化，这样可以极大地提高考官的阅卷效率，便于考官从浩如烟海的考生中迅速发现卓异之才。明人杨士聪谈到自己阅卷的体会时说，“余每阅试卷，不须由首彻尾，不拘何处，偶觑一二行，果系佳卷，自然与人不同，然后从头看起。场中搜察落卷，多用此法。即数百卷，可以顷刻而毕，无能遁者”。② 鲁迅也曾经说过，八股文之前，文章“起承转合，文章气韵，都没有一定的标准，难以捉摸”，八股文则“一股一股地定出来，算是合于功令的格式。用这标准来‘衡文’，一眼就看得出多少轻重”。③

八股文另外一个重要作用就是，“代圣贤立言”的表达方式使官方的意识形态潜移默化地渗透并参与到士子思想观念、思维模式、价值体系的建构过程中。在中国文化传统中，圣贤的言论并不是纯粹个人化、个性化的言论。从某个角度上看，圣贤是在代天地立言。因此，士子在八股文的学习、训练过程中“代圣贤立言”就不是对某个个体的模仿，而恰恰是顺应了天地之心，符合了天地之道。士子在平时学习中，习得的是《四书》所倡导的那套价值体系，在八股文日常习作的训练中也要尽力站在圣贤的角度去思考问题，在这种情况下，“圣有以神明而达之于文，文士研精于文以窥神明之奥。其窥之也，有偏有全，有小有大，有薄有醇，而皆有得也，而神明未尝不在焉”。④ 也就是说，士人对世界的认识虽然可能会有偏有全，理解能力有高有低，但肯定都会从天地之道的角度出发认识、理解、面对这个世界。由此，八股文就不再仅仅是一种考试模式，它远远跃出了考试本身，不动声色地在士子的日常生活中强化了官方及主流社会所倡导的价值体系，并影响和指导着士人的日常践履活动。

既然八股文的存在有其合理性及合逻辑性，那么又如何理解明清，包括后人对八股文的猛烈抨击呢？

要考察这个问题，不仅要从学理和概念上来讨论八股文的程式化，更要在发展过程以及具体情境中认识八股文。因此，讨论八股文的程式化必须同时把以下问题纳入考察

---

① 关于这个问题，邓云乡先生曾说，“这种凭文章考试的办法，首在考试其在共同知识基础上的思路条理、见解分析、出新才情、推理力度、邪正感情……总而言之，不是一般的知识考试，而是一种包括高级智力测验、政治见解观察、是作人处世观考察的综合考试”。（邓云乡：《清代八股文》，石家庄：河北教育出版社 2004 年版，第 45 页。）

② 杨士聪：《玉堂荟记》，《丛书集成初编》补印本第 2948 册，上海：商务印书馆 1939 年版，第 79 页。

③ 鲁迅：《透底》，《鲁迅全集》第 4 卷，人民文学出版社 1973 年版，第 522 页。

当然，鲁迅先生不是为八股文的存在寻找其合理性和合逻辑性的，他是站在批判的角度上来论八股文的。他说，“八股原是蠢笨的产物。一为是考官嫌麻烦——他们的头脑大半是阴沉木做的”，所以，才有了八股文这种不讲究起承转合、文章气韵的文体。

④ 唐顺之：《文编序》，唐顺之：《唐荆川先生文集》卷 11，见《丛书集成续编》第 116 册，上海：上海书店 1994 年版，第 129 页。

视野：八股文程式化的程度如何？这种程式化的文体与哪个阶层的联系最紧密？

事实上，在中国文学、文化史上，不仅八股文具有程式化的特点，律诗、戏曲等也有固定的程式。但律诗、戏曲的程式化程度远远比不上八股文。律诗、戏曲虽然在官方意识形态的视野之内，但从某种程度上对其进行调整并不会对政权运作有直接影响，官方对它们的控制不是直接的，它们有相对自由、广阔的发展空间。相比之下，八股文的程式化已经到了相当严重的程度。这是因为，八股文作为选拔官员的一种考试文体，它与官方的政治运作直接相关，在调整时必须要考虑到稳妥性，考虑到其变更对政治、政权的威信力等的影响，要考虑到民间面对官方的调整做出的负面性猜疑，以及在调整过程中涉及的权力和利益的纷争等，这些可能会直接影响到一个王朝的命运。与政治的关系过于密切，是造成八股文高度程式化的主要原因之一。

另外，我们还要考察的是，习得和接受八股文的是哪一个群体。关于这一点，不言自明，从社会阶层上看，与八股文联系最紧密的是文人群体，而并非农、工、商等。这样就自然地产生了尖锐的对立性。也就是说，高度程式化的八股文恰恰与最具反思意识、创造力、反叛精神的文人群体联系最为紧密，执政者要做的正是用这种规范性极强的文体从那些总是试图打破规范的人中间选拔卓异之士。在这种情况下，结果可能有以下几种：（一）选拔出来的人可能是最适合国家行政体制的人。他们既具有创造力、创新意识，同时也懂得如何以最恰当的方式遵守规范、遵循规则。他们既不打破规范，也不为规范所束缚，而是以某种规范为平台，充分地展示自己的创造力；（二）只知道循规蹈矩、目光短浅之人进入权力中心。这些人没有修齐治平的能力，也没有兼善天下的大志，但因为懂得如何利用规范，同样也会被选拔出来，进入行政体制之中；（三）那些有天才的创造力却不懂得如何遵守规则或者坚决不遵循规范的人则会被远远地排除出去。从短时期内看，这种选拔方式当然有不少便利之处，可以保持政权稳定运行，但从长远来说，必然使这一行政体系缺乏活力和创造力，更让文人对这一考试文体心生厌恨。

考虑到乾隆都曾在官方场合公开地表达自己“不喜作时文”的态度，① 我们也就不难理解，为什么许多文人在各种场合纷纷表达自己对八股文的不满、对诗文的喜爱之情了：

---

① 当然，乾隆的目的并不是要批评时文，他说：“今之所为时文，朕览之多不能解，朕虽不喜作时文，然向在书斋中于明季及国初名家、大家之文亦曾诵习，其中如归有光、黄淳耀纯乎古文，读之心喜，余亦理精义正，足供玩味，奈何今之作者相戾若此？”（《清实录·高宗纯皇帝实录》卷1088，《清实录》第22册，北京：中华书局1986年影印本，第612页。）在这里，他说自己“不喜作时文”显然带有某种策略性和目的性，希望能拉近和士子的距离，最终目的还是希望他们做好时文。但不可否认的是，“不喜作时文”这一表达的策略性，并不影响其真实性，我们基本可以肯定，“不喜作时文”这句话的确发自乾隆的内心。

方今制科取士，专试时文，士皆斤斤守章句，习程式，非是则目为外道。①

国家功令在制举业，而诗文之学未尝不见推于世。是故言乎决科之利，则制举业为先，而诗古文为后；言乎行远之功，则诗古文为重，而制举业犹轻。斯二者情相左也，各有所专，遂各有所就，而兼工者难矣。②

一部分人怀着强烈的反思意识、浓厚的理想主义情怀敏锐地注意到，因为高度的程式化，八股文的训练可能会在社会层面造成许多极端负面的影响：

一督学出《诗经》题“彼美人兮，西方从人兮”，有生员不知出处，语人曰：“圣经中如何亦有西方菩萨之说？非观世音不能当也。”此生巨富，不久即中举。③

类似的情况，王士禛也有所闻见，他在《香祖笔记》中记下了宋琬幼年时的一段经历：

（宋琬）幼时读书家塾，其邑一前辈老甲科过之，问：“孺子所读何书?”对曰：“《史记》。”又问：“何人所作?”曰：“司马迁。”又问：“渠是某科进士?”曰：“汉太史令，非进士也。”遽取而观之，读未一二行，辄抵于案，曰：“亦不见佳，何用读为！”④

这种负面情况会蔓延、传播到社会各个角落，并被加以夸大。袁枚《随园诗话》中就有这样的记载：

余弱冠在都，即闻吴江布衣徐灵胎，有权奇倜傥之名……灵胎尝有《刺时文》云：“读书人，最不济；滥时文，烂如泥。国家本为求才计，谁知道变做了欺人技。三句承题，两句破题。摆尾摇头，便道是圣门高弟。可知道，三通四史，是何等文章；汉祖唐宗，是那一朝皇帝，案头放高头讲章，店里买新科利器，读得来肩背高低，口角唏嘘，甘蔗渣儿，嚼了又嚼，有何滋味？辜负光阴，白日昏迷一世，

---

① 汪懋麟：《雄雉斋选集序》，顾图河：《雄雉斋选集》卷首，康熙刊本。

② 蒋汾功：《从兄绍孟杂稿序》，蒋汾功：《读孟居文集》卷3，乾隆刊本。

当然，在八股文写作与诗歌创作的关系上，清人也不是一概持否定态度。清人也意识到规矩、章法的必要性和重要性，看到时文训练在提高思维的逻辑性、条理性方面所起到的作用，这种“理致”也正是作诗时必不可少的。如王士禛在《池北偶谈》中记到：“余友一布衣，甚有诗名，其诗终格格不通，以问汪钝翁。曰：此君正坐未解为时文故耳。时文虽然无关诗与古文，然不通八股，理致终无由分明。近见《玉堂佳话》：言作文字当从科举中出，不然，则汗漫披猖，出入终不由户。”

③ 田艺蘅：《留青日札》卷37，上海：上海古籍出版社1992年版，第697页。

④ 王士禛：《香祖笔记》，上海：上海古籍出版社1982年版，第149页。

就教他骗得高官，也是百姓朝廷的晦气。”①

这样，胸无大志、不通世故、只知应考本是一些人的个别行为，但却被普泛化为“读书人”的典型特征。这种负面形象转过来会在文人阶层中进而造成一种焦虑感，促使他们对某些问题作进一步思考，并由此可能引发一些相当激烈的看法和言论。清初著名学者顾炎武在《日知录》中批判八股文时说：“八股之害等于焚书，而败坏人才有甚于咸阳之郊所坑者。”② 清末梁启超也将国势衰微、国力不振统统归于八股文：“民智不开之故，皆以八股试士为之。学八股者，不读秦汉以后之书，更不考地球各国之事，然可以通籍累至大官。今群臣济济，然无以任事变者，皆由八股致大位之故。故台、辽之割，不割于朝廷，而割于八股；二万万之款，不赔于朝廷，而赔于八股；胶州、旅大、威海、广州湾之割，不割于朝廷，而割于八股。”③

对八股文的缺陷和弊端，官方也有所认识。清代曾有过几次关于八股存废的论争。第一次是在康熙年间，“康熙二年，废制义，以三场策五道移第一场，二场增论一篇，表、判如故”。但因为“止用策论，减去一场，似太简易。且不用经书为文，人将置圣贤之学于不讲”，“七年，复初制，仍用八股文”。④ 第二次是在乾隆年间。乾隆十一年（1746 年），编修杨述曾提出对八股文“稍为变通”的倡议。大约是因为有康熙年间改革失败的前车之鉴，这一倡议遭到乾隆和诸大臣明确而坚决的反对。⑤ 第三次是在光绪年间。光绪二十四年（1898）年，废八股又一次被提上议事日程，并得到光绪的批准。⑥ 但这次废八股的举措还没有来得及实施，由于 1898 年戊戌变法的失败，一切政

---

① 袁枚：《随园诗话》卷 12，见王英志主编《袁枚全集》，南京：江苏古籍出版社 1993 年版。

② 顾炎武著，黄汝成集释：《日知录集释》卷 16，长沙：岳麓书社 1994 年版，第 590 ~ 591 页。

③ 康有为：《康南海自编年谱》，北京：中华书局 1992 年版，第 43 页。

④ 赵尔巽等撰：《清史稿》卷 108，北京：中华书局 1977 年版，第 3149 页。

关于这个问题，据王逋肱《蚓庵琐语》之《说铃》载：“康熙元年以前，考取乡会试，做八股文章。二年八月内，因上谕：八股文章，实与政事无涉。自今以后，将浮饰八股文章，永行禁止，惟于为国为民之策论表判中，出题考试。”“自甲辰改制科，历丁未，至康熙八年己酉，礼部题定，嗣后仍照元年以前例，仍用八股文考试。”

⑤ 张廷玉等指出，康熙年间废八股，“行之一科，风气卑靡尤甚。百余年来，仍复旧制”。他们进一步指出，重要的不是改革考试方式、方法的问题，而是如何有效地利用现有成法。他们最后的结论是：“谓若求其实，则今之试法，不见为易；若不求其实，即如所奏，更不见其难，且恐弊端复从此起。惟在司文柄者精心衡鉴，实意旁求，果能不为浅学眯目，则甄拔皆佳士，不在更张旧制也。”（《清实录·高宗纯皇帝实录》卷 275，《清实录》第 12 册，北京：中华书局 1986 年影印本，第 591 页。）

⑥ 据《清实录》“光绪二十四年五月丁巳”条载，光绪谕令内阁：“我朝沿宋明旧制，以四书文取士。康熙年间曾经停止八股，改试策论，未久旋复旧制，一时文运昌明。儒生稽古穷经，类能推究本原，阐明义理。制科所得，实不乏通经致用之才。乃近来风尚日漓，文体日敝，试场献艺大都循题敷衍，于经义罕有发明，而谫陋空疏者每获滥竽充选。若不因时通变，何以励实学而拔真才？著自下科为始，乡会试及生童岁科各试，向用四书文者一律改试策论。其如何分场命题考试，一切详细章程，该部即妥议具奏。”（《清实录·德宗景皇帝实录》卷 428，《清实录》第 57 册，北京：中华书局 1986 年影印本，第 580 页。）

治、经济，当然也包括文化上的改革都停止了。据《清实录》"光绪二十四年八月乙巳"条载："钦奉慈禧端佑康颐昭豫庄诚寿恭钦献崇熙皇太后懿旨……嗣后，乡试会试及岁考、科考等悉照旧制，仍以四书文、试帖、经文、策问等项分别考试。"①

八股文曾经在选拔人才过程中发挥过积极作用，这种考试文体的程式化、规范化提高了效率，维护了社会公平，但毕竟时移势易，程式化也使这种文体"流弊日深，士子但视为弋取科名之具，剿袭庸滥，于经史大义无所发明"。据《清实录》"光绪二十七年七月己卯"条载，"著自明年为始，嗣后，乡会试……均不准用八股文程式，策论均应切实敷陈，不得仍前空衍剽窃"。② 八股文作为一种考试文体终于走到了尽头。

以上，就《清实录》涉及的科举史料，谈了明清两代科举制的相同之处。接下来，再谈明清科举制度的区别。

清代科举制度无论从形式、内容还是基本考试制度等方面大体承续了明代，但在某些重要的问题上，也与明代有很大不同：翻译科、制科中的博学鸿词科等在清代产生了重要的影响，但在明代科举考试中却并未施行；武举在明代影响不大，制度也不够完善，但在清代科举史上却占有重要地位。明清两代科举考试的根本不同在于：从考试内容上来看，明清两代的考试理念存在根本差异。明代理学发达，更注重考验士子对义理的发挥；清代重经世致用，特别是清中后期朴学的兴起，科举考试更注重考察文人对事实的考辨和对实际问题的处理能力。

一、制度层面的差异

1. 制科的开行

制科，就是在常科之外，采用其他方式收纳人才。这是对常科考试的完善和补充。制科始于唐代，且名目繁多。宋时，也有制科，"国初制举有贤良方正能直言极谏、经学优深可为师法、详闲吏理达于教化，凡三科。……并许诸州及本司解送上吏部，对御试策一道，以三千字已上成，取文理俱优者为入等"。③ 元、明两代未行制科。至清，重开制科。清代的制科主要有这样几种：博学鸿词科、孝廉方正、保举经学和巡幸召试等，④ 当然还包括前文已论及的光绪年间开办的经济特科。

在清代制科中，以博学鸿词最为重要。清代博学鸿词科共行两次，一次是康熙十八

---

① 《清实录·德宗景皇帝实录》卷428，《清实录》第57册，北京：中华书局1986年影印本，第619页。

② 《清实录·德宗景皇帝实录》卷485，《清实录》第58册，北京：中华书局1986年影印本，第412页。

③ 徐松：《宋会要辑稿》，北京：中华书局1957年版，第4414页。

④ 据《清通典》："我朝自定鼎之初，乡会开科，征召遗逸。圣祖仁皇帝振兴文治，培植士林，于常制乡会之外，特举博学鸿词之科，以收奇才异能之士。世宗宪皇帝循名责实，搜罗群彦，广开保举之门，累颁求贤之诏，举孝廉方正，孝友端方。……加惠边远之士。我皇上御极之初，亲试鸿博，举察孝行，复诏九卿，荐举经学。迨乎大驾六巡江浙，幸山东，临天津，凡献赋属车之次，皆蒙召试授官，而拣选举班，疏通淹滞。"（《清通典》，南京：江苏古籍出版社1988年版，第1256页。）

年（1679 年），一次是乾隆元年（1736 年）。

据《清实录》，康熙十八年（1679 年）三月：

试内外诸臣荐博学鸿儒一百四十三人于体仁阁。赐宴。试题：《璇玑玉衡赋》、《省耕诗》五言排律二十韵。①

康熙十八年（1679 年）五月：

授荐举博学宏词邵吴远为侍读，汤斌、李来泰、施闰章、吴元龙为侍讲，彭孙遹、张烈、汪霦、乔莱、王顼龄、陆棻、钱中谐、袁佑、汪琬、沈珩、米汉雯、黄与坚、李铠、沈筠、周庆曾、方象瑛、金甫、曹禾为编修，倪灿、李因笃、秦松龄、周清原、陈维崧、徐嘉炎、冯勖、汪楫、朱彝尊、邱象随、潘耒、徐釚、尤侗、范必英、崔如岳、张鸿烈、李澄中、庞垲、毛奇龄、吴任臣、陈鸿绩、曹宜溥、毛升芳、黎骞、高咏、龙燮、严绳孙为检讨。②

为了吸纳人才，康熙十八年（1679 年）的这次考试与常科不同，尽量放宽评卷标准。如施闰章的《省耕诗》结句用了“清夷”二字，虽然从上下语境看，“清夷”是“清平”的意思。但“夷”是对少数民族的蔑称，“清夷”这个词包含着相当明显的指向性。即令如此，李霨仍坚持取施闰章，他说，“有卷如此，何忍以二字弃置？此不过言太平耳，倘奉诘查，吾当独任之”。③ 在这种比较宽松的环境中，此次共荐举 143 人，最后选出的 50 人均为名重一时的重要人物。一方面，这些硕学鸿儒通过入选博学鸿词科提高了自己的声望，“富平李因笃、长洲冯勖、秀水朱彝尊、吴江潘耒、无锡严绳孙，皆以布衣入选，海内荣之”。④ 另一方面，这些社会名流入博学鸿词科后，分别被授以编修、检讨等，入史馆，纂修《明史》，对于清代执政者来说，也极大地缓和了矛盾、巩固了清代政权。⑤ 此外，这批人物凭借自身在文坛、学界的声望以及入选博学鸿词科后拥有的政治地位，在清代前期的政坛、文坛、学界发挥了重要影响，如施闰章、

---

① 《清实录·圣祖化皇帝实录》卷 80，《清实录》第 4 册，北京：中华书局 1986 年影印本，第 1016 页。

② 《清实录·圣祖化皇帝实录》卷 81，《清实录》第 4 册，北京：中华书局 1986 年影印本，第 1034 页。

③ 施闰章：《己未示子札》，施闰章：《施愚山集》，黄山：黄山书店 1993 年版，第 283 页。

④ 赵尔巽等：《清史稿》卷 109，北京：中华书局 1976 年版，第 3176 页。

⑤ 梁启超在《中国近三百年学史》一书中谈到，开办博学鸿词科是清政府采取的“怀柔政策”之一。梁启超认为，清廷“怀柔政策”共分三着实施：第一着“为康熙十二年之荐举山林隐逸”；第二着“为康熙十七年之举荐博学鸿儒”；第三着“为康熙十八年之开《明史馆》”。（梁启超：《中国近三百年学术史》，上海：上海三联书店 2005 年版，第 141 页。）

朱彝尊、尤侗、陈维崧、毛奇龄等均是左右当时文坛风潮的重要人物。① 从这个角度看，此次博学鸿词科的举行，无论从政治，还是文化层面，抑或是这些文人个人发展来看，都起到了积极作用。

继康熙十八年（1679 年）己未词科后，雍正十一年（1733 年），清廷又考虑再行博学鸿词科，以“待卓越淹通之士，俾之黼黻皇猷，润色鸿业，膺著作之任，备顾问之选”。雍正谕令，“宜有品行端醇、文才优赡、枕经葄史、殚见洽闻、足称博学鸿词之选者，所当特修旷典，嘉与旁求”。② 但因种种原因，雍正年间并未开行博学鸿词科。

乾隆元年（1736 年）二月，御史吴元安禀奏说：“荐举博学鸿词，原期得湛深经术、敦崇实学之儒，始足副淹雅之称、膺著作之选。盖诗、赋虽取兼长，而经史尤为根柢，若徒骈缀丽偶，推敲声律，纵有文藻可观，终觉名实未称。”他建议“考试博学鸿词，定为两场，首场试以经解一篇、史论一篇，二场照例试以诗赋论三题。皆许自辰至酉，夜则准其继烛以尽”。③ 乾隆元年（1736 年）九月，“御试博学鸿词一百七十六员于保和殿，命大学士鄂尔泰、张廷玉，吏部侍郎邵基阅卷”。④ 这次博学鸿词科与康熙己未词科的不同是：除了考察士子的诗、赋外，还试以经解、史论。由此可以看到，清廷此次行博学鸿词科的目标是，选拔出的人才既要能“膺著作之任”，黼黻休明，润色鸿业，又要能“备顾问之选”，有资于世事。此次考试，与康熙年间博学鸿词科相比，因缺乏自由度，要求过于严苛，以至“绩学能文者，俱未入选，颇失士林之望焉”。⑤ 此次录取的 15 人均未在乾隆年间有什么重要影响，⑥ 倒是落选的沈德潜、厉鹗、桑调元、顾栋高、程廷祚、胡天游等在乾隆前中期的文坛、政坛以及学界影响极于一时。

之后，清廷官员几次议开博学鸿词科，都未能如愿举行。如道光三十年（1850 年），候补京堂张锡庚奏请复开博学鸿词科，道光谕令“开博学鸿词科，似非当时之急

---

① 此次博学鸿词科的开行，也包含着科举改革的因素。关于这个问题，毛奇龄在《制科杂录》有详细论述：“上厌薄八比，已谕内三院、九卿于甲辰、丁未两科改换策、论，着以经济、时务取士。而廷臣狃于故习，皆言古学不可猝办，仍暂用八比，以俟除复。因特开是科，振厉其事。”康熙年间，曾考虑废止八股文，但因狃于故习，一时难以更改，因此，此次博学鸿词科的开办实际上起到了弥补八股弊端和缺陷的作用。

② 《清实录·世宗宪皇帝实录》卷 130，《清实录》第 8 册，北京：中华书局 1986 年影印本，第 689 页。

③ 《皇朝掌故汇编》卷 37，求实书社 1902 年版，第 235 页。

④ 《清实录·高宗纯皇帝实录》卷 27，《清实录》第 9 册，北京：中华书局 1986 年影印本，第 590 页。

⑤ 杭世骏：《词科掌录》卷 2，台北：明文书局 1985 年版，第 112 页。

⑥ 这次博学鸿词科录取 15 人，“刘纶、潘安礼、诸锦、于振、杭世骏俱著授为翰林院编修，陈兆仑、刘玉麟、夏之蓉、周长发、程恂俱著授为翰林院检讨，杨度汪、沈廷芳、汪士锽、陈士璠、齐召南俱著授为翰林院庶吉士”。（《清实录·高宗纯皇帝实录》卷 28，《清实录》第 9 册，北京：中华书局 1986 年影印本，第 599 页。）

务，应无庸议”。① 同治九年（1870 年），浙江学政徐树铭奏请开博学鸿词科，也遭驳斥。② 光绪三十四年（1908 年），会议政务处议奏，“博学宏词一科，康熙、乾隆年间，曾两次举行，得人甚盛，且保全国粹，实为今日急务，拟请饬下学部详加筹拟，请旨遵行”。③ 但因为种种原因，最终并未再开制科。

2. 翻译科的设置

翻译科是清代设立的特殊的考试科目。它源于金朝时女直科。据《金史》：“金大定四年，以女直大小字译经书颁行之。”“世宗大定十一年创设女直进士科，初但试策，后增试论，所谓策论进士也。”④ 明代进士考试没有翻译科。清代翻译科分为“满洲翻译”和“蒙古翻译”两科。满洲翻译是将汉文译成满文，或者用满文作论；蒙古翻译是将满文译成蒙古文。

翻译科的设置与少数民族执掌政权直接相关，是为了解决行政体制运行过程中满语与汉语、蒙语之间沟通的障碍问题。早在天聪八年（1634 年），皇太极执政时，考试中就有翻译的内容，⑤ 但此次翻译考试不具常规性。直到顺治九年（1652 年），翻译科才正式成为制度化的考试。据《清史稿》，顺治九年（1652 年），“满、汉分榜，麻勒吉以翻译举人举会试第一，殿试一甲第一”。⑥ 顺治年间，只行翻译科一次。康熙二年

---

① 《清实录·宣宗成皇帝实录》卷 6，《清实录》第 40 册，北京：中华书局 1986 年影印本，第 127 页。

② 《清实录》“同治九年十二月庚午”条载：

> 谕内阁：浙江学政徐树铭奏，采访儒修各摺片。览其所奏，请将已革翰林院编修俞樾赏还原衔，交翰林院带领引见，听候录用……俞樾前于咸丰年间，在河南学政任内，因出题割裂，荒谬已极，奉旨革职之员，何得擅请录用？至召试博学宏词，必须特旨举行，即拔贡、优贡、朝考之例，亦系国家定制，非凭空所能比拟，徐树铭辄为俞樾乞恩，意存尝试，并胪举多人，遽请特予廷试，实属私心自用，谬妄糊涂。所请均不准行。徐树铭著交部严加议处。寻议，徐树铭应降四级调用，不准抵销。（《清实录·穆宗毅皇帝实录》卷 299，《清实录》第 50 册，北京：中华书局 1986 年影印本，第 1142 页。）

③ 《清实录·德宗景皇帝实录》卷 421，《清实录》第 57 册，北京：中华书局 1986 年影印本，第 341 页。

④ 脱脱等：《金史》卷 51，北京：中华书局 1975 年版，第 1133、1130 页。

⑤ 据《清实录》“天聪八年四月辛巳”条载：

> 初，命礼部考取通满洲、蒙古、汉书文义者为举人，取中满洲习满书者刚林、敦多惠，满洲习汉书者查布海、恩格德，汉人习满书者宜成格，汉人习汉书者齐国儒、朱灿然、罗绣锦、梁正大、雷兴、马国柱、金柱、王来用，蒙古习蒙古书者俄博特、石岱、苏鲁木，共十六人，俱赐为举人。（《清实录·太宗文皇帝实录》卷 18，《清实录》第 2 册，北京：中华书局 1986 年影印本，第 239 页。）

⑥ 赵尔巽等：《清史稿》卷 273，北京：中华书局 1977 年版，第 10038 页。

(1663年)，复行翻译乡试，之后罢停。雍正年间，清代翻译科基本走上正轨，① 但只有乡试并无会试。乾隆四年（1739年）八月才再开翻译科会试，又因会试取中人数不多，诏免殿试，俱赐进士出身。② 乾隆二十二年（1757年），“应试人员每以寻章摘句为事，转失翻译本义，殊属无益……翻译举人、进士俱停考试”。③ 乾隆四十年（1775年）四月，御史穆隆阿奏请恢复考试翻译举人、进士。在翻译科乡试废停了二十一年后，又于乾隆四十三年（1778年）复行乡试。乾隆五十二年（1787年），又更定翻译科乡试、会试为五年一次。④ 后，于嘉庆八年（1803年）又重新调整为三年一次。之后，翻译科的开行基本稳定下来。直到光绪三十二年（1906年），由于整个科举考试体系已经崩溃，光绪于二月乙卯谕令军机大臣等，“翻译童试、乡会试著照章停止”。⑤

总体来看，翻译科试与常科的不同在于：（一）其根本目的不是考查士子的程文能力，而是其翻译能力，因此考试内容较为灵活。自乾隆元年（1736年）始，翻译童试，满洲翻译由汉文《性理》、《小学》内出题，译成满文，或作满文论文二篇；蒙古翻译在满文《性理》、《小学》中出题，题后由考官总论数语，一并译成蒙古文。⑥（二）翻译科试文武并重。满洲翻译科童试，须先经考试骑射。据《钦定礼部则例》“各省驻防

---

① 据《清实录》“雍正元年四月辛酉”条，“总理事务王大臣等会同礼部、兵部遵旨议覆八旗满洲人等设翻译、技勇之科。嗣后，将满洲、蒙古能翻译者，三年之内考取秀才二次、举人一次、进士一次。其所取额数临期视人数多寡，请旨钦定”。(《清实录·世宗宪皇帝实录》卷6，《清实录》第7册，北京：中华书局1986年影印本，第129页。)“雍正二年十一月癸卯”“谕礼部：考试翻译举人不必分作三场，只须一次考试，一日一夜，量其所能，章奏一道，或《四书》、或《五经》，酌量出一题，其优劣便已可见。此考试并无汉文，不必派汉大臣。再，考试举子俱系八旗内人，其翻译好者众所共知，即字迹亦最易识认，伊等试卷应行誊录，著于六部各衙门善书之笔帖式内，酌量足用选取，令其誊写。选中之卷，进呈时再定额数，仍选备卷呈览。其分校及巡察等员亦俱照文乡试例派用。”(《清实录·世宗宪皇帝实录》卷26，《清实录》第7册，北京：中华书局1986年影印本，第399页。)

② 据《清实录》“乾隆四年八月辛卯”条：“停止翻译进士殿试。谕：今年翻译会试取中二十二人，虽从前有照例殿试之议，但此科人数甚少，不必举行殿试，俱著赐进士出身。”(《清实录·高宗纯皇帝实录》卷78，《清实录》第1册，北京：中华书局1986年影印本，第334页。)

③ 《清实录·高宗纯皇帝实录》卷980，《清实录》第21册，北京：中华书局1986年影印本，第90页。

④ 据《清实录》“乾隆五十二年五月丁亥”条载：

> 向来满洲、蒙古翻译乡会试，每届三年，将应否举行之处请旨办理。但思旗人进身之途甚广，并不专藉翻译，且其中亦未见出有真才也。三年奏请考试一次为期太近。嗣后，竟著每届五年举行一次，亦不必请旨可行与否矣。(《清实录·高宗纯皇帝实录》卷1281，《清实录》第25册，北京：中华书局1986年影印本，第369页。)

⑤ 《清实录·德宗景皇帝实录》卷556，《清实录》第59册，北京：中华书局1986年影印本，第369页。

⑥ 《钦定礼部则例》卷53，海口：海南出版社2000年版，第2346页。

翻译童生，俱归本省取进，由该将军、副都统、城守尉等，先看骑射合式者，方准与考”。① （三）从制度化、程序化、规范化的程度上看，翻译科远远不及常科。

3. 武举的制度化、规范化

武举的开行，最早始于唐代。据《唐会要》载，“长安二年正月十七日，敕天下诸州，宜教武艺，每年准明经、进士贡举例送”。②《新唐书·选举志》也记载道：“武举，盖其起于武后之时，长安二年，始置武举”。③ 宋时，武举考试分解试、省试和殿试三级。到了明清，武举考试在组织程序、场次划定、考试内容、考场规范、考官选派及考录后的相关仪式上，都更细致和规范。但总体来看，明清武举考试仍然有极大的不同，主要表现在以下三点：

A. 明代武举考试比较随意，缺少稳定性；清代武举在时间上具有确定性，在实施的过程中，也保持着制度的稳定性和持续性。

明初，吴元年（1367 年）三月丁酉，“下令设文武科取士。……兹欲上稽古制，设文、武二科，以广求天下之贤”。④ 但实际上，在朱元璋当政的三十年间，武科只停留在设想的层面，并未付诸实施。直到天顺八年（1464 年），才立武举法。⑤ 弘治六年（1493 年），定为六年一举，弘治十七年（1504 年）改为三年一试，系统化的武举制度基本形成。但在具体实施中，武举考试却并不规范。《明史》载，明代武科考试“倏罢倏复”⑥。何孟春：《余冬序录》也说，武举考试“成化、弘治以来，间一举行，然但取骑射及答策大略而已”。⑦ 另外，明代虽然建立了完备的三级考试制度，但有明一代，武举殿试仅举行过一次。⑧

相比之下，清代的武举考试更严密、更稳定、更具持续性。顺治元年（1644 年）的《即位诏》规定，“武举会试定于辰、戌、丑、未年，各直省武乡试定于子、午、卯、酉年，俱照旧例”。⑨ 顺治三年（1646 年），就武会试制定了严格、细密的制度：

---

① 《钦定礼部则例》卷 53，海口：海南出版社 2000 年版，第 2346 页。

② 王溥：《唐会要》，北京：中华书局 1955 年版，第 1223 页。

③ 欧阳修，宋祁等：《新唐书》卷 44，北京：中华书局 1977 年版，第 1170 页。

④ 《明太祖实录》卷 22，《明实录》第 1 册，台北：“中央研究院”历史语言研究所 1968 年版，第 1230 页。

⑤ 据《明史》，天顺八年（1464 年），“令天下文武官举通晓兵法、谋勇出众者，各省抚、按三司，直隶巡按御史考试。中式者，兵部同总兵官于帅府试策略，教场试弓马。答策二道，骑中四矢，步中二矢以上者为中式。骑、步所中半焉者次之”。（张廷玉等：《明史》卷 70，北京：中华书局 1976 年版，第 1708 页。）

⑥ 张廷玉等：《明史》卷 70，北京：中华书局 1976 年版，第 1708 页。

⑦ 何孟春：《余冬序录》卷 43，北京：商务印书馆 1937 年版，第 45 页。

⑧ 崇祯四年（1631 年），“武会试榜发，论者大哗。帝命中允方逢年、倪元璐再试，取翁英等百二十人。逢年、元璐以时方需才，奏请殿试传胪，悉如文例。乃赐王来聘等及第、出身有差。武举殿试自此始也”。（张廷玉等：《明史》卷 70，北京：中华书局 1976 年版，第 1708 页。）

⑨ 《清实录·世祖章皇帝实录》卷 9，《清实录》第 3 册，北京：中华书局 1986 年影印本，第 96 页。

九月初九、十二日会试天下武举。奉差监试马步射及执事官于初八日见朝，次日入闱。事竣，于十三日谢恩。第三场考试及各项执事官亦于十三日见朝，赴部筵宴入闱，事竣谢恩，仍赴部筵宴。①

武会试十九日出榜后，取中武举于次日见朝，传胪。赴宴毕，主席官、考试官并武进士次日谢恩。十月初二日，一甲一名武进士率诸进士于午门前上表谢恩。毕，臣部恭进登科录。②

综观有清一代，武科仿照文科举，逐步确定了明确的考试制度和考试规范，开科年份、应考内容、中额、考官安排、科场防弊等都有明确规定。从顺治三年（1646年）到光绪二十四年（1898年），252年间共行武举考试109次，其中正科86次，恩科17次，加科6次。无论从时间的延续性，还是政策的持续性，抑或是执行的稳定性上看，清代的武举都远远超出了明代。

B. 明代武举考试重策略，清代武举重技艺。

明代重文不重武，即令是武举考试，也“以答策为主”，虽然有弓马等技艺考试，但这种实践性内容只居其次，考试的结果仍然是凭“答策”的优劣而决定。从考试内容的设置上，就可以很清楚地看到这种重文不重武的倾向：明宪宗时期，武举科目分为“策”、马射和步射三种。到了武宗时，又加增了文的内容，除试“策”之外，又加了“论”，这样武科考试就包括骑射、步射、“策”和“论”四项。武科本应以武为重，考试内容上文武平衡恰恰反映了时人重文轻武的倾向。

相比之下，清朝武举更重视武艺和技艺。这与清代少数民族执政有很大关系。满人认为，明代之所以亡国，很大原因是由于明人只尚空谈，而满人正是凭着骑射与勇力得了天下。因此，清代武举比较重视考生的武艺和勇力，而对文化知识和计谋相对轻视。清代武闱考试的内场，即文化考试，一般都较为简略。如嘉庆十二年（1807年），“武闱内场策论改为默写《武经》，由主考官拟出一段，约百余字。有不能书写，或涂写错乱者，即为违式”。③ 可见清代对武举文化水平要求之低。

C. 在程序的合法性上，明代的武科也远远不如清代。

明代武举多为荐举制，明人徐光启说，“将帅之才，武科可得什一，举荐可得什

① 《清实录·世祖章皇帝实录》卷28，《清实录》第3册，北京：中华书局1986年影印本，第234页。

② 《清实录·世祖章皇帝实录》卷28，《清实录》第3册，北京：中华书局1986年影印本，第236页。

③ 《钦定大清会典事例》卷718，《续修四库全书》第808册，上海：上海古籍出版社1992年版，第922页。

三”。① 也就是说，明代主要的军事将领大都不由武举出身，而是通过举荐而渐登高位。关于这一点，杨士聪在《玉堂荟记》中有记载，“武举非祖制也。洪武历三十年，诸凡法制，罔有不备，继以靖难而用武极矣，独未及武举者，以为兵事非可以暇豫习，非可以科目得也”。②

清代的武举具有充分的独立性，不再仅仅是文举的附属和补充。从殿试的仪注上就可看到清代对武举的重视程度以及武举考试的规范程度。据《清实录》，顺治十二年十月：

> 定殿试武举仪注。先一日，兵部官、鸿胪寺官设策案于太和殿内东偏，又设一黄案于殿外丹陛正中，光禄寺官备试桌于丹墀左右。次日早，候皇上升殿，读卷官并执事等官各具朝服，赴丹墀听鸿胪寺官赞行。三跪九叩头礼毕，内院官进殿内策案前侍立，兵部官在殿外丹陛西边侍立。内院官以策题付兵部官，兵部官跪受，至丹陛正中黄案前，跪，置案上，行三叩头礼。举策题案，从丹陛下，置于御道中。众武举听鸿胪寺官赞行，三跪九叩头礼毕，分东西侍立。鸿胪寺官又引众武举赴策题案前，列班赞跪。众武举跪，兵部官散题毕，赞，叩头。众武举行三叩头礼，各就试桌。其受卷、掌卷、弥封等官候众武举对策毕，将试卷收贮箱内，读卷官于午门外东直房公阅。③

与明代相比，清代武举的地位也比较高。在武官的选拔和提升上，清代更看重武举出身的官员。康熙六年（1667 年）十一月，河南道御史朱裴上疏，要求对武举人给予更多的关注，这一疏奏得到康熙的重视：

> 河南道御史朱裴疏言，国家开科取士，文武相等。查顺治十五年以后，历科武举、武进士未经选用者甚多。因部科效力之人与督提札委之人，混淆杂进，躐等先用，而科目之人反不得与之较迟速，非制科取士之本意也。请将外委效劳等项，与武进士、武举等较人数多寡，仿二八分缺之例，使科目人员量行先选。其外委各弁须有战功及捕盗实绩，方可特为擢用，不得止凭督提衙门一概咨送选补。下部议行。④

---

① 徐光启：《拟上安边御虏疏》，徐光启：《徐光启集》卷 1，上海：上海古籍出版社 1984 年版，第 34 页。

② 杨士聪：《玉堂荟记》，《丛书集成初编》补印本第 2948 册，上海：商务印书馆 1939 年版，第 98 页。

③ 《清实录·世祖章皇帝实录》卷 63，《清实录》第 3 册，北京：中华书局 1986 年影印本，第 1103 页。

④ 《清实录·圣祖仁皇帝实录》卷 24，《清实录》第 4 册，北京：中华书局 1986 年影印本，第 340 页。

在清代历史上，武举考试虽然起到了重要作用，但时移势易，武举已经不能适应社会发展的需求，光绪二十一年（1895 年），荣禄提出废止武举考试，创设武备学堂。光绪二十四年（1898 年），举行了中国历史上最后一次武会试。光绪二十七年（1901 年），武举制度宣布废止。①

4. 捐纳制度的常规化

据《清史稿》载："清制，入官重正途，自捐例开，官吏乃以资进。"所谓"以资进"，也就是采行捐纳制度，以捐资、纳粟的方式取得官爵等。

捐纳制度最早始于秦代。据《史记》载："秦得天下，始令民纳粟，赐以爵。"秦始皇四年（前 218 年）"十月庚寅，蝗虫从东方来，蔽天。天下疫。百姓内粟千石，拜爵一级"。② 汉以后，唐、宋、元、明也都曾行捐纳。明代，"捐纳事例，自宪宗始。生员纳米百石以上，入国子监，军民纳二百五十石，为正九品散官，加五十石增二级，至正七品止。武宗时，富民纳粟振济，千石以上者，表其门，九百石至二三百石者，授散官，得至从六品。世宗令义民出谷二十石者，给冠带，多者授官正七品，至五百石者，有司为立坊"。③ 但清代的捐纳与明代有根本不同：明代捐纳偶尔开行，在清代，特别是清代后期，捐纳成了一种公开的、常规化的制度。

清代捐纳制度始于顺治六年（1649 年）。初行捐纳，清廷制定了非常严格的措施，如只能捐监生等。顺治十二年（1655 年），"开廪生捐银准贡例"。康熙十三年（1674 年），为了平定"三藩"之乱，开实官捐例。康熙十六年（1659 年），左都御史宋德宜首倡罢捐，认为开例三载，捐者日众，仕途日壅，疏请"宜敕部限期停止"。雍正年间，"允广东、江、浙、湖广以本色纳监"。至乾隆元年（1736 年），停止一切捐纳事例。但乾隆三年（1739 年），"诏复行常平捐监例，各省得一体纳本色"。④ 乾隆六年（1742 年），"令捐监在内在外悉听士民之便。谕：从前停止各项捐纳之时，在廷诸大臣及翰詹、科道等官，议留捐监一条，俾各处积谷以备民间荒歉之需，且使士子广其应试

---

① 据《清实录》"光绪二十七年七月己卯"条：

> 武科一途，本因前明旧制，相沿既久，流弊滋多，而所习硬弓刀石及马步射，皆与兵事无涉，施之今日，亦无所用。自应设法变通，力求实济。嗣后，武生童考试及武科乡会试，着即一律永远停止，所有武举人进士均令投标学习，其精壮之武生及向习武学之童生，均准其应募入伍，俟各省建立武备学堂后，再行酌定挑选考试章程，以广造就。（《清实录·德宗景皇帝实录》卷 485，《清实录》第 58 册，北京：中华书局 1986 年影印本，第 412 页。）

② 司马迁：《史记》卷 6，北京：中华书局 1962 年版，第 34 页。

③ 张廷玉等：《明史》卷 78，北京：中华书局 1976 年版，第 1908 ~ 1909 页。

④ 蔡冠洛：《清代七百名人传》，台北：台湾文海出版社 1992 年影印版，第 12 页。

之路，洵为两便，并非捐官可比"。① 乾隆三十一年（1766 年），陕西省、甘肃省捐监弊案事发，朝廷下诏停止陕、甘，包括安徽、直隶、山西、河南、湖南、湖北等省的捐监，只有云南、福建、广东等省继续实行。嘉庆十二年（1807 年），各省恢复报捐，此后，捐纳成为常规性制度。后捐纳制随科举制的废止而停止。

捐纳并非全无裨益。在一定程度上，捐纳起到了"搜罗异途人才，补科目所不及"的作用，一批"素怀经国济世之才，负抱御侮折冲之器"通过捐纳进入政治权力中心，并发挥了相当重要的作用。晚清薛福成、丁日昌、刘锦棠、张荫桓、邓世昌、谭嗣同、杨深秀等，都是通过捐纳得入仕途。总的来看，捐纳还是弊大于利，捐纳屡行屡废也正反映了清人对这一制度的怀疑。因此，时人对捐纳制度还是持反对态度。冯桂芬在《变捐例议》中指出："近十数年来，捐途多而吏治益坏；吏治坏而世变益亟；世变益亟而度支益蹙；度支益蹙而捐途益多，是以乱召乱之道也。"② 正指出了时人对捐纳的不满以及捐纳的根本弊端。

二、考试理念的转变

明清两代科举制的不同，并非仅仅停留于制度的层面上，更在于考试理念上的根本改变。这与明清两代不同的学术思潮和社会风潮直接相关。

梁启超在《清代学术概论》中说，"其在我国，自秦以后，确能成为时代思潮者，则汉之经学，隋唐之佛学，宋及明之理学，清之考证学，四者而已"。③ 宋明理学与清代之考证学的根本区别在于，前者尚虚辨，后者崇征实。《四库提要》论明、清学术的不同说："盖明代说经，喜骋虚辨。国朝诸家，始变为征实之学，以挽颓波。"④ 所谓"虚辨"，就是漫然玄思，所谓"征实"，就是据实思考。凌廷堪对这两种不同的治学思路有详细阐释："昔河间献王实事求是。夫实事在前，吾谓是者，人不能强辞而非之，吾所谓非者，人不能强辞而是之也，如六书、九数及典章制度之学是也；虚理在前，吾所谓是者，人既可别持一说以为非，吾所谓非者，人亦可别持一说以为是也，如理义之学是也。"⑤ 也就是说，明代的理学，更注重玄虚的思考，从抽象的层面上得出某些带有"公理"性质的结论，如此一来，从不同的角度出发，就会得出不同的结论，而这种"公理"很容易受人反驳。清代的朴学则通过对六书九数、名数训诂、典章制度、历史材料的考证，揭示事实的价值与意义，因为有大量的材料为基础，并且有非常详细而充分的推论过程，因此，如果资料准确无误，论证过程严密，最终结论也就不容易为人推倒。

---

① 《清实录·高宗纯皇帝实录》卷 136，《清实录》第 10 册，北京：中华书局 1986 年影印本，第 960 页。

② 冯桂芬：《变捐例议》，《校邠庐抗议》，上海：上海书店出版社 2002 年版，第 60 页。

③ 梁启超：《清代学术概论》，上海：上海古籍出版社 1998 年版，第 1 页。

④ 纪昀等：《四库全书提要》卷 16，北京：中华书局 1983 年版，第 1232 页。

⑤ 凌廷堪：《戴东原先生事略状》，《校礼堂文集》卷 35，道光六年宣城张氏刊本。

这种玄虚和征实的不同风气，也直接影响了明清两代的科举考试，科举考试中学风的融入又反过来进一步强化了明清两代不同的治学思路和社会风尚。

学风对科举考试的影响可以直接从殿试的题目上看出来。以下，选明代和清代殿试策题各三道，从中可以清楚地看到明代尚虚辨、清代尚征实的风气。

明永乐十九年（1421 年）殿试题目是：

帝王之治天下必有要道，粤自尧舜至于文武，圣圣相传，曰执中，曰建中，曰建极，千万世帝王莫不守此以为天下治。朕自莅祚以来，夙夜祇承，亦唯取法于唐虞三代，然而治效未臻其极者，何欤？意所谓中极之外，抑别有其说欤？且古今论治之盛者，于舜则曰无为，于武王则曰垂拱。稽之于《书》，舜命九官、十二牧敬天勤民，制礼作乐，敷教明刑，皆有事焉，安在其无为？武王大告武成之后，列爵分土，简贤任能，修五教，举三事，立信义，行官赏，亦有为矣，安在其垂拱？朕今欲无为垂拱而治，舍舜武将何所取法欤？诸生讲习先圣之道，所以考之于古而宜之于今者，必有其说。朕诚以为非尧舜无以为道，非文武无以为法，非无为垂拱不足以为治。然所以求尽其道，求底其法，求臻其治者，亦尚有可得而言欤？其备陈之，无泛无略，朕将亲览焉。①

嘉靖十四年（1535 年）的殿试题目是：

朕思首自三代以末于宋终，中间虽历世有久，近而其君之历年亦有长短。要之，皆自其为君者何如耳？但《传》云：惟周之历世最多，国祚恒久。然周之所以享祚久，本于文武之积累，亦后之继承者能保持之耳。上至夏商，垂及唐宋，亦若是焉。皆基之于先王德泽治于民心，亦继之以嗣王能尽持盈满之道者也。洪惟朕皇祖高皇帝代天复世，重肇中华，建振古无比之功德，朕太宗继述于草创之初，列圣导承于太定之后，百有六十余载，传之于今。朕以宗支方，在冲昧之年入承祖位，幼弱不才，多招灾害于民。兹未思祖宗创造万艰，惕然悚悚。朕欲长保洪业于无穷，有隆弗替，永宗社万祀之固，保家国千世之传，民得以遂生，物得以适所，如上之良法要道，朕心慕之。思之不知何以得此，故进尔多士于堂。尔等蕴特既久，王政素闲于怀，可罄所知以告朕，朕将亲择而勉之。钦哉！②

万历四十七年（1619 年）的殿试题目是：

---

① 《明实录·太宗文皇帝实录》卷 235，《明实录》第 9 册，台北："中央研究院"历史语言研究所 1968 年版，第 1160～2259 页。

② 《明实录·世宗肃皇帝实录》卷 147，《明实录》第 42 册，台北："中央研究院"历史语言研究所 1968 年版，第 174 页。

朕惟自古帝王兴化致理，政固多端，而振肃人心，维持世道，则必以纪纲为首务。诗云：勉勉我王，纲纪四方。先儒之论亦曰：善为治者，先有纪纲以持之于上，而后有风俗以驱之于下。然则御世宰物，术莫要于此欤。三季以还，惟汉、唐、宋历年最久，英君谊辟，代不乏人，当其时所为立经陈纪，以成一代之治者，亦可指而言欤？我太祖高皇帝肇造区夏，成祖文皇帝再靖家邦，制度典章超越千古，固可传之万世无弊者。朕缵承鸿业，绍述罔愆，御极之初，政教修明，化行俗美，犹庶几祖宗之遗烈。夫何迩年以来，法守渐隳，人惟滋玩，德意壅而不究，诏令格而不行，申饬虽勤，陵夷日甚。在位者以恣睢为豪举，而职业则亏；在下者以干犯为故常，而堤防尽溃。甚至偏裨侵大帅，僚属抗长官，奸胥诬奏以倾有司，乱民煽祸以攘富室，冠履倒置，名分荡然，其他骄淫僭逾之风，躁竞嚣陵之习不可悉数。盖纲纪之紊至今日极矣。其故果安在欤？汉人谓：天下所以不理常繇，人主承平日久，俗渐敝而不悟，政渐衰而不改。而宋人又谓：纪纲隳坏皆繇上下因循。此其说孰为当欤？抑君臣当交任其责，有不容他诿者欤？夫更化善治，贵识因革之宜；起敝维风，在妙转移之术。兹欲当积弛之余，返极重之势，使法立而不犯，令行而不逆，纲纪正，风俗纯，以复我祖宗之旧如之何而可？尔多士学古通今，习当时之务深矣，尚各抒所蕴，明著于篇，以佐朕之不逮，朕将亲览焉。①

由此，可以看到，与宋明理学相一致，明代殿试题目更注重“修己”之工夫。在制定殿试题目时，更多地站在帝王的立场上，引导士子思考帝王之学、帝王之道，帝王如何修己勤民才能保国祚永久。即令到了万历四十七年（1619年），明王朝摇摇欲坠之时，虽然开始将纲纪、民风、世习纳入思考的范围，但对于纲纪等的考察和考量也仍停留在玄虚的层面，而没有落于实处。

相比之下，清代的殿试试题则展现出不同的治学思路和社会思潮。顺治三年（1646年），清代首次殿试，题目是：

帝王君临天下，莫不欲国祚长久，传之无穷。乃三统代兴，五行递王，初皆显奕，后渐式微，岂天之降命然欤？抑人事所致也？朕承上帝之宠灵，席祖宗之休烈，入主中夏，奄有多方，而海澨山陬，尚阻声教。今欲早成混一，衽席生民，巩固鸿图，克垂永久，以亿万年敬天之休，遵何道而可欤？内外臣工，朕所与共理天下者也。朕居深宫之中，邪正真伪，不能悉辨；是非功罪，不能尽明，全凭章奏以为进退赏罚。每闻前代朝臣分门别户，植党营私，蒙蔽把持，招权纳贿，朋类则顿生羽翼，异己则立坠深渊；更有同年、同资、师生、亲故互相援助，排挤孤踪，浮议乱真，冤诬莫控，朝纲大坏，国祚遂倾，深可鉴戒。今恐在朝各官因仍敝习，不

① 《明实录·神宗显皇帝实录》卷580，《明实录》第65册，台北：“中央研究院”历史语言研究所1968年版，第10990～10992页。

能力改前非，所关治乱，甚非细故，必如何而后可尽革其弊？俾朕得日闻正言、行正事，以综核名实，修明法纪欤？在外各官贪酷不公者甚众，临民听讼，惟贿是图，善恶不分，曲直颠倒。吏治既坏，民心日离，奸狡计行，善良被陷，斯亦向来有司之痼疾也，必如何而后能使官方清肃，风俗还淳，以致太平欤？欲定天下之大业，必一天下之人心，吏谨而民朴，满洲之治也。今如何为政而后能使满汉官民同心合志欤？语曰：有治人，无治法。又曰：帝王劳于求贤，而逸于得人。夫以四海之广，人民之众，应有奇伟非常、才全德备之大贤，能佐朕平治天下以延运祚于无疆者，必如何而后可致之欤？诸士心悼前车，身逢鼎运，得失之源，治乱之故，筹之熟矣。其悉心以对，毋猥毋泛，毋畏毋隐，明著于篇，朕将亲览焉。①

这里，策试题目关注的核心依然是宗社永久之道，但已经转向对具体问题的探讨，比如，如何对待臣下的问题，如何使君臣一心，共理天下，特别是制定什么样的措施可以防止朝中结党营私、朋比为奸的现象，采取什么样的措施可以抑制在外各官的权力。另外，这次清代初年的殿试题目还涉及当时比较敏感、当然也是亟待着手解决的民族政策问题，“如何为政而后能使满汉官民同心合志”，如何能将奇伟非常之才收罗于帐下，为这个新的少数民族政权效力的问题。

之后，殿试的题目更向经世致用、求真征实的方向靠拢。乾隆十年（1745 年）的殿试题目是：

国家设科取士，每三年而宾兴之，复明试于廷，以觇所志。朕既不逮，立政无方，常思进彼嘉言，佐予休治，比策试贡士，亦既不愧不文，爰咨爰度矣。乃多士之对扬者，华藻是饰，骨鲠无闻，岂朕求之不诚欤？抑司其事者抑不以进欤？不然岂时无阙政，民无隐情耶？则多士以起自田间，未谙政务为辞耳。夫政事与学问非二途，稽古与通今乃一致，爰以多士所素服习敬业者询之，必有以导朕焉。五、六、七、九、十一、十三之经，其名何昉，其分何代，其藏何人，其出何地，其献何时，传之者有几家，用以取士者有几代，得缕晰而历数欤？三选、四科、五问、十条乃周汉以下取士之别，为取为弃，为同为异，为得为失，可得而详言欤？其铨除也，代复不同，魏晋而下，率循资格，有四科、九班之别，五保、七流之异，其体例亦能条对论列否耶？将欲得贤材，舍学校无别途；将欲为良臣，舍穷经无他术。多士宜有以奋发敷陈，启迪朕蔽，其有深悉时政得失、直言极谏者听。②

---

① 《清实录·世祖章皇帝实录》卷 25，《清实录》第 3 册，北京：中华书局 1986 年影印本，第 255 页。

② 《清实录·高宗纯皇帝实录》卷 239，《清实录》第 12 册，北京：中华书局 1986 年影印本，第 81 页。

可以看到，乾隆十年（1745 年）的这次殿试，已经不再空谈帝王之心和帝王之道了。殿试题目首先直切主题、直指时弊，指出士子往年的策论往往藻饰华言，而没有骨鲠直言，并非常凌厉地向士子发问其根本原因何在，是不是“朕求之不诚”，还是有关部门没有进呈？并要求士子毋泛毋隐，直陈时政。接下来，又涉及经学及考证等问题，从中也可以看到殿试题目与朴学思潮的互动关系。

光绪三十年（1904 年）殿试的题目是：

朕诞膺大宝今三十年，仰承列圣之诒谋，恪秉慈闱之懿训，宵旰忧勤，无时不以民事艰难为念。本年恭值皇太后七旬万寿，庆榜特开，冀求时彦，集思广益，以沃朕心，尔多士其扬榷陈之。君人之道，子育为心，虽深居九重，而虑周亿兆，民间疾苦，惟守令知之最真。汉以六条察二千石，而以察令之权寄之于守，此与今制用意无殊，而循良之绩，今不如古，粉饰欺蔽之习，何以杜之？世局日变，任事需才，学堂、警察、交涉、工艺诸政，皆非不学之人所能董理，将欲任以繁剧，心先扩其闻见。陶成之责，是在长官，顾各省设馆课吏，多属具文，上以诚求，下以伪应，宜筹良法以振策之。汉制，县邑丞尉，多以本郡人为之，犹有周官遗意，其法尚可行否？三代之制，寓兵于农，自井田沟洫之法废，遂专用征兵，岂因时而变，各得其宜欤？汉高祖设轻车骑士，材官楼船，常以秋后讲肄课试，三者各随其地之所宜，盍析言之。唐初置府兵，中叶府兵制坏，专用征兵，能详陈其得失利弊欤？宋韩琦之议养兵，苏轼之言定军制、练军实，最为深切著明，能以今日情势互证之欤？兵强于学，学兴于教，环球列邦，多以尚武立国，知兵之选，偏于士夫，体育之规，基诸童稚，师人长技，可不深究其原欤？《周礼·太宰》以九式均节财用。注云：式谓用财之节度。职内掌邦之赋入，职岁掌邦之赋出。此与各国之豫算、决算有异同否？苏轼之策理财，谓天下之费，有去之甚易而无损，存之甚难而无益；曾巩之议经费，谓浮者必求其所以浮之自而杜之，约者必本其所以约之由而从之，皆扼要之论，能引申其旨欤？节流不外省冗费，裁冗官，施行之序，能筹其轻重缓急欤？开源之法，以农工商该之，今特设专部，悉心区画，整齐利导之方，能缕陈欤？士习之邪正，视乎教育之得失。古者司徒修明礼教，以选士、俊士、造士为任官之法，汉重明经，复设孝廉贤良诸科，其时贾董之徒，最称渊茂。东汉之士以节义相高，论者或病其清议标榜，果定评欤？唐初文学最盛，中叶而后，干进者至有求知己与温卷之名，隆替盛衰之故，试探其原。宋世名儒辈出，各有师承，至于崇廉耻，敦气节，流风所被，迄有明而未衰，果人能自树立欤？抑师道立而善人多欤？今欲使四海之内，邪慝不兴，正学日著，其何道之从？凡此皆体国之宏纲，济时之要政也。多士博览古今，通经致用，其各直言无隐，朕将亲览焉。①

---

① 《清实录·德宗景皇帝实录》卷 531，《清实录》第 59 册，北京：中华书局 1986 年影印本，第 65 页。

这次殿试内容，涉及当时执政机构中新建部门，如学堂、警察、外交、工艺等的管理问题，也涉及军事、财政、用人制度等问题。从考试的出题思路上看，既需要士子从历史上查其流变，又要求他们充分地关注世事，把握现实形势背后的本质。

事实上，对经世致用的关注不仅体现在殿试的题目中，在童试、乡试、会试中，考官也非常注重考察生员对现实问题的理解、认识。如道光十四年（1834 年），林则徐在苏州紫阳书院给诸生出的试题就是，“其始播百谷”至“有恒心”；诗：“义浆仁粟”。在正谊书院给诸生出的试题是：“虽有镃基”至“之盛”；诗，“善米性禾”。从这里，可以看到，林则徐就在江苏推广双季稻等问题，考察学生对时政的关心程度。此外，林则徐还曾在考试中让诸生发表对禁止鸦片的意见。有清一代，像林则徐这样注重经世致用的官员大有人在。1903 年武昌府试，将废科举还是兴学堂这一两难问题作为试题，查问考生的态度：“问科举进身易，学堂进身难，有科举则学生不能专心，科举可废与？近日游学日本学生、上海学生，猖狂流荡，不率教、不勤学，学生果可恃与？然则主持学务者，若不废科举，恐无自强之时；若不惩学生，益重自由之弊。将何道之从，试深虑而畅言之。”①

在这种情况下，清代科举重实学的倾向与学界的朴学思想形成充分的互动，并互相强化，促使清代中后期出现了一大批朴学家。首先，清代科举考试重实学、重朴学的倾向，使许多有朴学功底的学问家很容易在考试中脱颖而出。程际盛是乾隆时期著名的朴学家，他于乾隆庚子年中进士，被授予内阁中书，累官至湖广道监察御史，为官之时，“退食而归，惟以汲古穷经为务”。② 其次，这些朴学家跃登高位后，又会在从政过程中贯彻朴学思想，并进一步培养选拔大批朴学人才。如朴学家钱大昕于乾隆二十四年（1759 年）任山东省乡试正考官时，以“古学”取士，与李文藻相交；于乾隆三十年（1765 年）任浙江乡试副考官时取中了邵晋涵，邵氏后来被称为“乾嘉史学第一人”。朱珪于乾隆五十一年（1786 年）典试江南，还在京城时，他就说，“吾此行必得汪中、孙星衍”。③ 汪中当年未参加考试，而孙星衍则此次考试得中。这种学术与科举考试的双向互动，可以说是推动朴学兴盛的主要原因之一，而朴学的兴盛又进一步促进了清代科举考试对经世致用、求真证实的关注。因此，从某种角度上说，明清两代科举考试制度层面的不同，仅是一种表层现象，而基本考试理念、出题理路的不同才是明清两代科举考试的根本差异所在。

---

① 朱峙三：《朱峙三日记》，《辛亥革命史丛刊》第 11 辑，武汉：湖北人民出版社 2002 年版，第 295 页。

② 支伟成：《清代朴学大师列传》，湖南：岳麓书社 1998 年版，第 62 页。

③ 李元度：《国朝先正事略》，湖南：岳麓书社 1991 年版，第 987 页。

关于《〈清实录〉科举史料汇编》若干情况的说明

关于《〈清实录〉科举史料汇编》，这里有几点情况要予以阐明。

其一，本书采用的《清实录》底本是中华书局1986年影印本。

其二，《〈清实录〉科举史料汇编》选录的史料不仅涵盖了清代科举制度，也包括与清代科举有密切关系的一些内容。如国子监祭酒及其他相关人员的调动：

> 顺治元年十一月庚寅　詹事府少詹事兼翰林院侍读学士掌院事胡世安、詹事府少詹事管国子监祭酒事李若琳以詹事府暂裁，请辞詹事衔。得旨：胡世安著以翰林院侍读学士，掌院事；李若琳改授翰林院侍读学士，管国子监祭酒事。①

学政的任命与调动：

> 顺治二年二月庚辰　升天津道参议孙肇兴为山西按察使司副使，户部郎中刘庆蕃为河南按察使司佥事，俱提调学政。

关于皇帝幸太学的典礼仪式，如“顺治九年九月辛卯”条。

科举与学校的关系极其密切。光绪初年，传统的教育模式开始受到新式学堂的冲击。透过教育制度和学校教育体系的转变、调整，可以清楚地看到科举消亡、终结的内在理路。因此，在选辑、整理资料时，本书也收录了新式学堂及同文馆等相关内容。如：

> 光绪二年十二月戊子　南洋大臣沈葆桢等奏，选派候选道李凤苞、闽厂监督日意格充华洋监督，率领闽厂前后堂学生分赴法国官厂学习制造、英国水师大学堂及铁甲兵船学习驾驶。学生员数以三十名为度，肄习年限以三年为期。经费约共需银二十余万两，由闽省厘金、闽海关洋税船政经费各项下匀拨，分年汇解。下所司知之。
>
> 光绪二年十二月戊子　江西学政许庚身奏，瑞州府上高县恩贡生黄楙材优于数理，于化学、重学，无不穷源竟委。请饬交同文馆学习。得旨：著刘秉璋饬令该贡生即行来京，由总理各国事务衙门查看，并下所司知之。

科举制度于光绪三十一年（1905年）宣告结束后，有许多善后事宜需做处理，如

---

① 详见本书，以下所引内容俱不加注。

前科进士的安排，与科举相关的各级官员的调整。科举制度终结并不意味着科举就此彻底地退出人们的视野，事实上，科举在社会上的影响力仍然极其强大。要全面、清晰地了解、认识科举，不能仅仅从制度的层面对其存在的具体事实进行考察，还要深入地了解其退出历史舞台后所引起的震荡和余波。基于这些原因，本书也收录了科举制度废除后，光绪三十二年（1906 年）至宣统三年（1911 年）的部分相关内容。

如学政的调整：

光绪三十二年四月己亥　谕内阁：政务处、学部会奏，遵议裁撤学政，请设直、省提学使司一摺。现在停止科举，专办学堂，所有学政事宜，自应设法变通。着即照所请。各省改设提学使司提学使一员，统辖全省学务，归督抚节制，一切详细官制及办事权限章程，仍由学部筹议具奏。所有各省学政一律裁撤，均着回京供职，各该省学校事宜，暂由各该督抚督饬学员妥为经画。

举贡问题：

光绪三十三年五月丙午　礼部以考试各省举贡中额请。得旨：宗室取中三名，满洲取中十名，蒙古取中五名，汉军取中七名，直隶取中二十七名，奉天取中五名，山东取中二十五名，山西取中十三名，河南取中十八名，陕西取中十五名，甘肃取中十五名，江苏取中二十八名，安徽取中十八名，浙江取中二十八名，江西取中二十五名，湖南取中十六名，四川取中十七名，福建取中二十五名，广东取中十八名，广西取中十四名，云南取中十四名，贵州取中十四名。

科举时代捐款兴学的延续：

光绪三十二年二月甲寅　以捐产兴学，值逾巨万，予奉天辽阳州选用同知田裕霖等三员以知府选用，其捐助学费之开通县候选府经历刘昶武以知县选用。

关于新式学堂的问题：

光绪三十二年正月甲申　江苏巡抚陆元鼎奏，筹办警察，设立警察学堂，教练吏才，设立仕学馆，并附设法政学堂。又，开办游学豫备科，并下所司知之。

关于世习学风：

光绪三十二年正月庚寅　御史姚舒密奏，今之士子瞀惑狂悖，背君亲，裂名教，甚至平等自由，革命流血，甘为邪党而不恤，请正学术以端士风。又奏，兴办学堂，请宽其限制，乡里立学令报官存案，考试时与官立学堂一律调考。并下部知之。

科举制度不仅仅是一项考试制度，在某种程度上，它甚至可以说是时人思维模式、价值体系构建的基础。因此，科举停止后，与科举相关的观念依然左右着时人。如对新式学堂甚至留洋游学的学生，时人认为最高的荣誉仍然是赐以进士、举人。关于这些内容，本书也尽量予以收录。如：

光绪三十三年九月甲辰　　验放学部考验游学毕业生。得旨：章宗元等七名均着赏给进士，叶基桢等三十名均着赏给举人。

其三，关于校点中的具体问题。

在校点中，对《清实录》明显的错误之处，本书做了改正。如“顺治四年三月丙辰”条，“如以荐举进用，函有朋党援引，真膺混淆者”句中，“膺”字疑应为“赝”；乾隆五十四年四月丁未，殿试试题，“服将亲采焉”句中“服”疑应为“朕”；“乾隆五十四年十二月丁巳”条，“逐卷钤用”句中“钤”字疑为“钤”。

将文中的异体字改为规范字。如“著免议处”的“著”字径改为“着”，“钜款”的“钜”字改为“巨”，“倘”径改为“倘”，“傚”径改为“效”，“夥”径改为“伙”。

漏字据上下文酌补，并用（　）标明。如“顺治八年三月己丑”条，“条议学政六事”，据上下文，条议学政问题的部门为礼部，改为“（礼部）条议学政六事”。

以上处理是否妥当，敬请方家不吝赐教。

王　炜

于武昌桂子山

天聪三年（1629年）

八月乙亥　上谕曰：自古国家，文武并用，以武功戡祸乱，以文教佐太平。朕今欲振兴文治，于生员中考取其文艺明通者优奖之，以昭作人之典。诸贝勒府以下及满汉蒙古家所有生员，俱令考试。于九月初一日，命诸臣公同考校，各家主毋得阻挠。有考中者，仍以别丁偿之。

九月壬午　考试儒生。先是，乙丑年十月，太祖令察出明绅衿，尽行处死。谓种种可恶，皆在此辈，遂悉诛之。其时诸生隐匿得脱者，约三百人。至是，考试分别优劣，得二百人。凡在皇上包衣下、八贝勒等包衣下及满洲、蒙古家为奴者，尽皆拔出。一等者赏缎二，二等、三等者赏布二，俱免二丁差徭。

天聪五年（1631年）

闰十一月庚子　谕曰：朕令诸贝勒、大臣子弟读书，所以使之习于学问，讲明义理，忠君亲上，实有赖焉。闻诸贝勒、大臣有溺爱子弟不令就学者，得毋谓我国虽不读书亦未尝误事与？独不思昔我兵之弃滦州，皆由永平驻守贝勒失于救援，遂致永平、遵化、迁安等城相继而弃，岂非未尝学问、不明理义之故乎？今我兵围明大凌河城，经四越月，人皆相食，犹以死守，虽援兵尽败，凌河已降，而锦州、松山、杏山犹不忍委弃而去者，岂非读书明道理，为朝廷尽忠之故乎？自今，凡子弟十五岁以下、八岁以上者，俱令读书。如有不愿教子读书者，自行启奏。若尔等溺爱如此，朕亦不令尔身披甲出征，听尔任意自适，于尔心安乎？其咸体朕意，毋忽。

天聪八年（1634年）

三月壬子　考试汉人生员，分别等第。一等十六人，二等三十一人，三等一百八十一人。

三月乙卯　赏考试取中一、二、三等生员银两有差。

四月辛巳　初，命礼部考取通满洲、蒙古、汉书文义者为举人，取中满洲习满书者刚林、敦多惠，满洲习汉书者查布海、恩格德，汉人习满书者宜成格，汉人习汉书者齐国儒、朱灿然、罗绣锦、梁正大、雷兴、马国柱、金柱、王来用，蒙古习蒙古书者俄博特、石岱、苏鲁木，共十六人，俱赐为举人。各赐衣一袭，免四丁，宴于礼部。

天聪九年（1635 年）

二月壬午 谕曰：朕惟图治，以人才为本，人臣以荐贤为要。尔满、汉、蒙古各官，果有深知灼见之人，即当悉行荐举。所举之人，无论旧归新附及已仕未仕，但有居心公正、克胜任使者，即呈送吏部；有通晓文艺、居心公正、足备任使者，即呈送礼部，该部贝勒奏闻，朕将量才录用。天下才全德备之人，实不易得，但能公忠任事者，其速行荐举。

二月己亥 正红旗牛录章京许世昌奏言，臣以一介武夫，荷蒙皇上天恩，赦自凌河，育之畿甸，抚恤豢养，罔不周至，第报效有心，请缨无路，今国家有当举者数事，冒渎天听，仰祈万几闲暇，少赐省览，亦维新之一助云尔。……一曰选用贤能宜慎。夫人才者，国之桢干，人主所急需也。迩者纶音下颁，博搜俊杰，诚抡才之大典也。然心术端正之士，必心术端正之人能识之。今温纶久降，应诏乏人，岂一国竟无才能？抑亦诸臣知而不举耳。盖娼嫉者恒多，而吐握者常少，在廷忠彦且不能容，安望其别引才能乎？臣愚以为宜责诸臣，务必各举所知贤良方正之士，汇送铨司。设科考试，务求实行，以备选用。庶国家获真实之才，而田野无遗珠之叹矣。……以上四事，皆臣浅陋之见，不识狂瞽，为上敷陈，伏乞采择施行焉。

崇德元年（1636 年）

五月丙午 议叙内院官员。升三等甲喇章京、内国史院承政希福为二等甲喇章京；内弘文院大学士、三等甲喇章京、内秘书院承政范文程为二等甲喇章京，仍为内秘书院大学士；二等甲喇章京鲍承先为内秘书院大学士；举人、内国史院承政刚林为牛录章京，仍为内国史院大学士，其顶带、服色及随从人役俱与梅勒章京同；罗硕、罗绣锦为内国史院学士；詹霸仍为内秘书院学士；胡球、王文奎为内弘文院学士，其顶带、服色及随从人役俱与甲喇章京同；内秘书院举人恩格德仍同九人入内院办事。

六月庚子 上命分内三院学士、举人、生员、都察院参政、六部启心郎、赞礼官、管仓生员、税课生员为四等，赐人口、牲畜。以内国史院学士罗绣锦，内弘文院学士王文奎，都察院理事官吴景道、王之哲为一等，各赐人六户、骡一、牛二、驴一；以内国史院梁正大、杨方兴，内弘文院齐国儒、马国柱，内秘书院雷兴、李栖凤，吏部焦安民、董天机，户部朱国柱、高士嶲，礼部武延祚、孙应时，兵部赵福星、丁文盛，刑部申朝纪、王廷选，工部马鸣佩、王来用为二等，各赐人五户、牛二、驴一；以内国史院宜成格，内弘文院王铎，内秘书院赫德，赞礼官徐邦才、邢成祚为三等，各赐人四户、牛二、驴一；以内国史院张应魁，管仓生员金一凤、王来觐、王廷用、孙茂兰、刘世元、周士英、王允昇、张民望，税课生员成大业、李春开、梁柄、陈兴、陈复新、崔光前、刘万镒、吴国祚为四等，各赐人三户、牛二、驴一。

崇德三年（1638年）

正月己卯 都察院承政祖可法、张存仁等……奏言，臣闻国家抡才，期得真士，以图实政。但贤才不择地而生，从来豪杰多出寒微，傅说举于版筑，太公起自屠钓，韩信乞食漂母，宁戚为人饭牛，后遭时遇主，皆功名著于当时、显于后世。近见礼部谕令生儒应试，满洲、蒙古、汉人家仆皆不准与试，此拘于倡优、隶卒之例耳。今各家奴仆皆自四方俘获之人，中间岂无真才耶？昔金、元二代俘获儒生，皆令换出，后得其效，垂之史册，传为盛事。况皇上前科取士，有奴仆中式者即行换出，仁声远播，今忽改前制，皇上圣意或恐多费一番更张耳。臣等窃谓，各家奴仆皆宜准其考试，但当分定取中额数，除良家子弟中额若干名外，奴仆准额取十名，若得十名真才，何惜以十人换出？伏乞皇上恩准施行，庶真才不致掩抑，而国家亦得实用矣。上览毕，遣大学士范文程、刚林，学士罗硕，启心郎索尼，谕可法等曰：前得辽东时，其民人抗拒者被戮，俘取者为奴，朕因念此良民在平常人家为奴仆者甚多，殊为可悯，故命诸王等以下及民人之家有以良民为奴者，俱着察出编为民户，又两三次考试，将少通文义者即拔为儒生。今在各家充役之家人，间有一二生员，然非先时滥行占取者可比，皆攻城破敌之际，或经血战而获者有之，或因阵亡而赏给者亦有之。即如克皮岛时，满洲官属兵丁效死力战，不若尔汉人泛同宾客，坐视不顾，是以此次所得之人，皆以死战擒获及因阵亡而赏给者，乃欲无故夺之，则彼奋力之劳、捐躯之义，何忍弃之？若另以人补给，所补者独非人乎？无罪之人强令为奴，亦属可悯。尔等所奏，止知爱惜汉人，不知爱惜满洲有功之人与补给为奴之人也。谕毕，祖可法、张存仁等奏言，臣等见不及此，叩首谢罪。

八月戊申 赐中式举人罗硕、常鼐、胡球、阿际格毕礼克图、王文奎、苏弘祖、杨方兴、曹京、张大任、于变龙等十名朝衣各一领，授半个牛录章京品级，各免人丁四名。一等生员鄂漠克图、满辟等十五名，二等生员铿特、硕代等二十八名，三等生员费齐温泰等十八名各赐细布，授护军校品级，已入部者免二丁，未入部者免一丁。

崇德六年（1641年）

六月辛亥 内三院大学士范文程、希福、刚林等奏请，于满、汉、蒙古内考取生员、举人。上从容谕曰：《忠经》有云："在官惟明，莅事惟平，立身惟清。""听不可以不聪，视不可以不明。""清则无欲，平则无曲，明能正俗。""聪则审于事，明则辨于理。"尔等当善体此言，从公考校。

七月戊寅　赐新中式举人满洲鄂谟克图、赫德，蒙古杜当，汉人崔光前、卞三元、章于天、卞为凤各缎朝衣一领；一等生员满洲科尔科代、帕帕、克礼，汉人卢震阳、刘汉祚、刘可斌、魏际升、金元祥、钱缙、徐效奇、刘遇知、杨天祐各缎一、布二；二等生员满洲浑达硕马、额亦门，蒙古琐诺木，汉人李日芃、李惟朴、金元祯、傅天祥、李栖凤、孟继昌、佟凤彩、徐起元、金应乾、刘静岳、陈九奇、王一品各缎一、布一；三等生员满洲叶成格、隋何多、硕塞、莽色，蒙古巴朗，汉人江名世、李贵、王世勋、刘应锡、李茂、王畿贵、姜念、郑一元、杨自得、董景秀、银器重、董成效、董宗圣各布二。

顺治元年（1644年）

六月戊寅　令河南道御史曹溶提督顺天学政。

七月己丑　礼部议覆，顺天督学御史曹溶条议，考拔贡生应听学臣于所至之地，便宜考试。至褒扬节孝原属旧制，自逆寇荼毒京师，誓节死难之臣所在多有，宜听学臣详访启闻，恤其子孙、旌其门闾，以励风节。摄政和硕睿亲王从之。

八月乙丑　顺天督学御史曹溶启言，请将辽东等处十五学改附永平府，设教官三员，分司教导，择辽地经明行修之士充其任。其拔贡廪给事宜仍与各州县一体举行。摄政和硕睿亲王从之。

八月辛巳　顺天督学御史曹溶请增设寓学廪额十名，给以膳饩，其岁拔恩贡如他学例。从之。

十月甲子　上御皇极门。颁即位诏于天下。……所有合行条例，胪列如左。……一、会试定于辰、戌、丑、未年，各直省乡试定于子、午、卯、酉年。凡举人不系行止黜革者仍准会试，各处府、州、县儒学食廪生员仍准给廪，增附生员仍准在学肄业，俱照例优免。一、武举会试定于辰、戌、丑、未年，各直省武乡试定于子、午、卯、酉年，俱照旧例。一、京卫武学官生遇子、午、卯、酉乡试年仍准开科，一体会试。一、京府并直省各府、州、县学廪生贡额年分不等，今正贡准改恩贡，次贡准改正贡，每处贡二名，止行一年，后不为例。有才华出众、孝弟著闻者，不拘廪增附学，俱许提学官特荐试用。一、前朝文武进士、文武举人仍听该部核用。一品官有三母、三妻，照前朝覃恩事例，俱准封赠。一品官妻已受封，其次室亦准用本品冠帔、束带、礼服。一、直省各学贫生听地方官核实申文，该提学官于所在学田内动支钱米，酌量赈给。一、国子监积分监生已经考定者即与选授，拨出历事监生免历二个月。其各衙门办事官吏，自大军入京以来效有勤劳者，听该堂上官分别具奏，应上卯者准与上卯，应冠带者量给冠带。

十月丙寅　命礼部郎中房之骐为山东按察使司佥事、提调学政。

十一月乙酉　大学士冯铨等奏言，翰林院明初原定为正三品衙门，后因詹事府有翰林三品、四品官，遂改为五品。今议暂罢詹事府，仍宜复翰林院为正三品，原额官二十员，学士一员，今应正三品；侍读学士、侍讲学士各二员，今俱应正四品；侍读、侍讲各二员，今俱应正五品；修撰三员，仍应从六品；编修四员，仍应正七品；检讨四员，仍应从七品。员缺俱于新旧翰林中查其资序才能通融补授。再查，翰林原额虽止二十员，然明朝因职务殷繁，又为储才之地，将来备内阁、宗伯、少宰之选，故用人多至三四十员不等。会典开载以为无定员，正为此也。若庶吉士三年一选，或二三十员亦无定数，临期请旨定夺。诰敕房办事典籍二员并首领官孔目一员，俱应仍旧。其博士五员，侍书二员，待诏六员，旧不常设，今应裁汰。得旨：翰林院着为正三品衙门，詹事府并尚宝司衙门俱着裁去。

十一月乙酉　詹事府少詹事、管国子监祭酒事李若琳奏言，贤才者，国之桢干；教化者，国之本源。请将国子监仿明初之制，官生除大臣恩荫入监外，其余自一品至七品子弟，有勤敏好学、原在庠序者，许提学官造册送监。民间除贡生廷试坐监外，其廪增附生员中有文义优长、壮年力学者，亦许提学官考选送监，臣等督课其学业，俟其有成，奏请廷试授官。抑学以国子监名，所谓国之贵游子弟学焉者也。前朝公侯伯驸马初袭授者，皆令入国学习礼读书。今满洲勋臣子弟有志向学者，宜令奏送国学读书，一体讲习。得旨：满洲官员子弟有愿读清书，或愿读汉书，及汉官子孙有愿读清、汉书者，俱送入国子监，仍设满洲司业一员，助教二员，教习清书。

十一月庚寅　詹事府少詹事兼翰林院侍读学士掌院事胡世安、詹事府少詹事管国子监祭酒事李若琳以詹事府暂裁，请辞詹事衔。得旨：胡世安着以翰林院侍读学士掌院事；李若琳改授翰林院侍读学士，管国子监祭酒事。

十一月辛卯　廷试贡生，上卷以知州用，上次卷以推官、知县用，中卷以通判用，中次卷以州判、县丞、教职用。

十一月庚戌　国子监祭酒李若琳条奏太学事宜。一、教官之选补宜速。太学官旧额三十九员，今裁定十四员，尚缺学正、助教等官未补。满洲子弟济济盈庭，授书课习，亟需师儒启迪。查，吏部候选进士、举人有学行兼优、年力俱富者，乞选补成均，以资多士模范。一、学长之廪饩宜复。太学旧规，监生中有友伴、堂长、礼生等名，率诸生课习、读书、习礼。今应以二厅、六堂分配八旗，每一旗须学长四人，八旗须三十二人，选择有学有品者充之，照例月食廪米八斗八升，如率子弟读书有效，咨部量才考用。至太学为礼法之地，旧设礼生十五人，文庙丁祭、释菜、执爵、骏奔，皆所必需，应月给廪米六斗六升，俟效力年深，量补鸿胪，庶诸生乐业趋事，文教聿兴矣。下所司议。

十一月庚戌　李若琳等又言，近奉旨，满洲官员子弟咸就成均肄业，而臣衙门僻在城东北隅，诸子弟往返，晷短途遥。臣等议，满洲八旗地方各觅空房一所，立为书院。将国学二厅、六堂教官分教八旗子弟，各旗下仍设学长四人，俱就各旗书院居住，朝夕诲迪，臣等不时亲诣稽察勤惰。仍定于每月逢六日，各师长率子弟同进衙门，臣当堂考课，以示劝惩。下礼部议。

顺治二年（1645 年）

二月庚辰　升天津道参议孙肇兴为山西按察使司副使，户部郎中刘庆蕃为河南按察使司佥事，俱提调学政。

三月庚寅　礼部奏言，贡生廷试每年例在四月十五日，昨年以铨选乏人，先将到部贡生随便考试。今各省咨送恩拔岁贡生三百十四人，若拘四月定期，守候为艰，伏乞钦定日期先行考试。命于三月十五日考试，吏、礼二部同翰林院官赴内院阅卷。

三月壬辰　礼部疏请，直省府、州、县学生员，应令各学选拔文行兼优者，大学二名，小学一名送国子监肄业，听监臣考课，仍以贡监名色，汇送应试。从之。

四月丙辰　升礼部主事杨璥为陕西按察使司佥事、提调学政。

四月辛酉　礼部议覆，都给事中龚鼎孳疏言，故明旧制，考取举人，第一场时文七篇，二场论一篇、表一篇、判五条，三场策五道。今应如科臣请，减时文二篇，照故明洪武时例，用时文五篇，于论、表、判外增用诗，去策，改用奏疏。至京城贡院颓坏，应即修葺。得旨：考试仍照旧例行，贡院着即修葺。

四月丁卯　颁恩诏于陕西等处曰：周弘大赉，天下归心。汉约三章，秦民咸悦。流贼李自成弑君虐民，多行悖逆，神人共怒，自速诛亡。……所有陕西地方合行恩例，开列于后。……一、该省地方前朝文武进士、举人仍听该部核用。……一、该省生员乡试、举人会试俱照直隶及各省事例一体遵行，各学廪增附生员仍旧肄业，俱照例优免。其有被闯贼威逼曾受伪职者，尽行赦宥，生员归学，举人准赴京会试。……一、该省各府、州、县、卫学廪生，准照恩例，每学贡二名。……一、该省各学贫生听地方官核实申文，该提学官于所在学田内动支钱粮，酌量赈给。……布告臣民，或宜知悉。

四月辛巳　兵部请开武乡试。报可。

五月辛卯　定山西乡试中额举人七十名。

五月戊戌　命满洲子弟就学，分为四处，每处用伴读十人，勤加教习。十日一次赴监考课。遇春秋演射，五日一次就本处习练。俾文武兼资，以储实用。从国子监祭酒薛所蕴请也。

五月庚子　遣福建道试御史姜金允巡按江北，湖广道御史高去奢提督江北学政。

五月壬寅　廷试贡生李思问等二百二十七名。

五月辛亥　礼科都给事中龚鼎孳奏言，江南底定，宜举宾兴，亟遣学臣往理科场诸务。下所司速议。

六月庚申　遣河南道监察御史毛九华巡按应天，广东道试监察御史赵宏文巡按苏松，浙江道监察御史陈昌言提督南直学政。

六月乙丑　兵部以天下乡试武举应于十月举行，列条例上请。得旨：照旧例行。

六月辛未　命南京乡试于十月举行。从科臣龚鼎孳及学臣高去奢请也。

六月癸酉　兵部奏请，京卫武学官生双月考验太烦，令改于每年三、九月举行。从之。

六月己卯　以南京平定，颁赦河南、江北、江南等处。诏曰：……一、各该地方乡会试，儒学廪增附生员及每学恩贡一名，正贡一名，俱照登极恩诏例行。各学贫生听地方官核实，申文该提学官，于所在学田内动支钱米，酌量赈给。……布告多方，咸使知悉。

闰六月丁酉　谕：直省武科中式名数俱照旧额。

闰六月乙巳　命陕西乡试于十月举行。

闰六月丙午　定河南乡试取中额数九十四名。山东孔裔照旧用耳字号，中一名。

闰六月丙午　允礼部请颁科场事宜。因谕：明朝宗室例不出仕，末季破例进用，遂致扰民，竟亡其国。今正欲平治天下，岂可复用此曹，以滋扰害？以后概不准用。已用者俱着解任，其考取举贡生员永行停止，使为太平之民。

七月丙辰　浙江总督张存仁疏言，近有借口薙发，反顺为逆者，若使反形既露，必处处劳大兵剿捕。窃思不劳兵之法，莫如速遣提学开科取士，则读书者有出仕之望，而从逆之念自息；行蠲免、薄税敛，则力农者少钱粮之苦，而随逆之心自消。得旨：开科以取士，薄敛以劝农，诚安民急务，归顺各省准照恩诏事例，一体遵行。

七月丁丑　礼部议覆，国子监祭酒薛所蕴疏言，监中所取顺天府生员教满洲子弟读书，三年之中，应查考所教子弟，成材多者，将生员咨吏部考用，每月每生给米二斛，以资赡养。从之。

八月壬午　命内翰林秘书院侍读朱之寯、内翰林秘书院检讨罗宪汶为顺天乡试主考官。

九月壬子　命吏部员外郎范士楫、中书舍人上官鉝为陕西乡试主考官。

九月庚申　命内翰林弘文院检讨刘肇国、内翰林国史院检讨成克巩为江南乡试主考官。

九月丙寅　改江南武乡试期于三年二月，以文闱在本年十月也。

十月辛巳　调陕西清军道佥事徐养元为湖广按察使司佥事，提调湖北学政；督粮道佥事赵渔为湖广按察使司佥事，提调湖南学政。

十一月庚午　顺天提学御史曹溶疏称，辽东十五学迁随入关，侨居失业，学问久荒。今逢考监大典，议宽取百人，就近教育，仍敕监臣从优考课，减月积分，为天下劝。又言，本朝教化方隆，流寓士子俱准北闱乡试。今场事已竣，或特准送监以充太学，或令寄籍近畿一体候试。俱下所司议。

十二月己卯　礼部议覆，江南学臣高去奢疏言，江南乡试旧额生员中式一百二十五名、监生三十八名，今南雍已裁，本省在监者即与生员一体考试，应增二十名。从之。

十二月庚子　礼部磨勘河南乡试录，内称“皇叔父”为“王叔父”。主考欧阳烝、吕云藻俱请敕下处分。疏入。得旨：皇叔父摄政王封号，久奉明旨，中外恪遵。欧阳烝辄敢任臆改移，悖慢不敬，无人臣礼，殊属可恶，并吕云藻俱着革职，刑部分别究拟具奏。

十二月壬寅　以江西道御史张鸣骏提督顺天学政。

顺治三年（1646年）

正月甲戌　礼部奏言，龙飞首科，正士类弹冠之日。今年二月会试天下举人，其中式名额及内帘房考官均宜增广其数，以收人才而襄盛治。得旨：开科之始，人文宜广，中式额数准广至四百名、房考二十员。后不为例。

正月甲戌　廷试天下贡生张其才等一百一十八人。

二月辛巳　会试天下举人。命大学士范文程、刚林、冯铨、宁完我为会试总裁官。

二月辛巳　礼部奏言，会试天下举人已经题准二月初九等日，但直省举子虽名册投部，而人尚有未至者。兵火之余，道路梗塞，一时难齐，相应展期，命改于十九日举行。

二月甲申　赐会试总裁官、大学士范文程、刚林、冯铨、宁完我等表里各四疋，同考试官二十员表里各二疋。

二月癸巳　赐会试考试官入帘，宴于礼部。

三月己酉　赐会试考试官出帘，宴于礼部。

三月辛亥　礼部奏言，旧例，会试中试举人于殿试传胪之后、释褐以前，各穿进士巾服至于状元冠服，及诸进士钞锭皆有钦赐。兹殿试届期，请旨定夺，以便遵行。得旨：三月十五日殿试，明朝巾服不准用，须颁发式样，金镀银三枝九花顶，赐状元冠服，照六品顶带。其进士每名钞五锭，照数折银。

三月壬戌　殿试天下贡士李奭棠等。制策曰：帝王君临天下，莫不欲国祚长久，传之无穷。乃三统代兴，五行递王，初皆显奕，后渐式微，岂天之降命然欤？抑人事所致也？朕承上帝之宠灵，席祖宗之休烈，入主中夏，奄有多方，而海澨山陬，尚阻声教。今欲早成混一，衽席生民，巩固鸿图，克垂永久，以亿万年敬天之休，遵何道而可欤？内外臣工，朕所与共理天下者也。朕居深宫之中，邪正真伪，不能悉辨；是非功罪，不能尽明，全凭章奏以为进退赏罚。每闻前代朝臣分门别户，植党营私，蒙蔽把持，招权纳贿，朋类则顿生羽翼，异己则立坠深渊；更有同年、同资、师生、亲故互相援助，排挤孤踪，浮议乱真，冤诬莫控，朝纲大坏，国祚遂倾，深可鉴戒。今恐在朝各官因仍敝习，不能力改前非，所关治乱，甚非细故，必如何而后可尽革其弊？俾朕得日闻正言、行正事，以综核名实，修明法纪欤？在外各官贪酷不公者甚众，临民听讼，惟贿是图，善恶不分，曲直颠倒。吏治既坏，民心日离，奸狡计行，善良被陷，斯亦向来有司之痼疾也，必如何而后能使官方清肃，风俗还淳，以致太平欤？欲定天下之大业，必一天下之人心，吏谨而民朴，满洲之治也。今如何为政而后能使满汉官民同心合志欤？语曰：“有治人，无治法。”又曰：帝王劳于求贤，而逸于得人。夫以四海之广，人民之众，应有奇伟非常、才全德备之大贤，能佐朕平治天下以延运祚于无疆者，必如何而后可致之欤？诸士心悼前车，身逢鼎运，得失之源，治乱之故，筹之熟矣。其悉心以对，毋猥毋泛，毋畏毋隐，明著于篇，朕将亲览焉。

三月甲子　吏部右侍郎金之儁等奏言，故明旧例，进士四百名，二甲选部属、知州，三甲选评博中行、推官、知县，不论名次。每逢内外兼用，政体人情，均属未协。今开创之初，法宜变通。臣等拟二甲前五十名选部属，后二十名选评博中行；三甲前十名选评博中行，十一名至二十名选知州，二十一名至七十名选推官，余尽选知县。庶政体人情，俱得其平。从之。

三月乙丑　赐殿试贡士傅以渐等四百名进士及第出身有差。

三月庚午　宴诸进士于礼部，赐第一甲第一名傅以渐袍帽，诸进士钞银。

四月丁丑　户科右给事中庄宪祖疏言……新进士除考庶常外，止宜挨序授职，以待取考。疏入。不允。

四月己卯　吏科都给事中向玉轩以新进士历事尚浅，不便特授科道，请将部属改授。疏入。得旨：玉轩所奏，附会庄宪祖，结党把持，俱革职，逮送刑部，严究同党姓名。

四月甲申　授一甲一名进士傅以渐为内翰林弘文院修撰，二名吕缵祖为内翰林秘书院编修，三名李奭棠为内翰林国史院编修。

四月甲申　选授进士多象谦、梁清宽、胡兆龙、李若琛、黄志遴、张嘉、石申、董笃行、李霨、胡之骏、夏敷九、傅维鳞、王公选、王炳昆、王士骥、朱之锡、韦成贤、王无咎、魏象枢、王一骥、陆嵩、魏裔介、陈爌、杭齐苏、宋杞、董瑂、石维昆、沙澄、单若鲁、李培真、乔映伍、张文明、杨思圣、常居仁、王舜年、王紫绶、袁襘如、沈兆行、艾元征、法若真、蓝滋、杨运昌、刘泽芳、张尔素、傅作霖、张汧等四十六名为庶吉士，俱送翰林院读书。

四月乙酉　大学士刚林等疏请于本年八月再行科举，来年二月再行会试，以收人才。其未归地方生员、举人来投诚者亦许一体应试。从之。

四月乙酉　命学士査布海、蒋赫德，侍读陈具庆教习庶吉士。

四月辛卯　礼部议覆顺天督学御史曹溶疏言，辽学诸生属发祥之地，士子入监，似宜从优，议于十五学内共取三十名。从之。

五月甲子　升户部郎中吕鸣章为陕西布政使司参议，分守关西道李申为陕西布政使司参议，榆林中路兵备道、礼部主事吴臣辅为山东按察使司佥事，兵部员外郎孙启贤为山西按察使司佥事，俱提调学政。

六月壬午　赠殉难陕西延安府同知张有芳为本省按察使司副使，同州知州李遇知为本省布政使司参议，鄜县知县宋永誉、白水县知县索应运为本省按察使司佥事，江南扬州府通州知州李翘为本省布政使司参议，海门县知县李都产、如皋县知县马御辇为本省按察使司佥事，各荫一子入监读书。

六月庚寅　升湖广上荆南道参政李栖凤为本省布政使司右布政使，江南督粮道参议郑廷櫆为湖广按察使司副使，驿传道山西大同道佥事童可选为湖广布政使司参议兼按察使司佥事，分巡荆南道湖广武昌道佥事王尔禄为本省布政使司参议、提调湖北学政，江西九江道参议黄澍为湖广布政使司参议、提调湖南学政。

六月辛卯　命内翰林弘文院检讨张端、吕崇烈为江南考试官。

六月乙未　命吏部主事孙廷銈、中书科中书舍人李实秀为陕西考试官；吏部主事步文政、礼部主事沈润为河南考试官。

七月乙丑　命礼科右给事中杨时化、刑部员外郎李震成为山东考试官。

七月丙子　命内翰林国史院检讨胡统虞、秘书院检讨白允谦为顺天乡试考试官。

七月己卯　山东提学道房之骐、河南提学道刘庆蕃坐滥送贡监，各降三级调用。

七月辛卯　削致仕顺天府府丞李鲁生职，降原任顺天督学御史曹溶二级调用，以滥送贡监故也。

九月乙巳　兵部疏言，本年九月初九等日会试天下武举。察照旧例，考试应用官役、纸张、器物等项，应向各衙门取用，俟命下，臣部移文各该衙门预备办送。用内三院官二员为主考官，科员二员、部员二员为同考官，御史二员为监试官，其受卷、弥封、誊录、对读、关防及巡视等官俱于臣部各司官内差委。主考官聘币各表二、里二，同考官各表一、里一。初九日试骑射，十二日试步射，十五日试策论。诏如议。

九月己酉　兵部奏言，九月初九、十二日会试天下武举。奉差监试马步射及执事官于初八日见朝，次日入闱。事竣，于十三日谢恩。第三场考试及各项执事官亦于十三日见朝，赴部筵宴入闱，事竣谢恩，仍赴部筵宴。报闻。

九月庚戌　命弘文院大学士祁充格充武会试第一场监试官，秘书院大学士范文程充第二场监试官。

九月乙卯　升刑部员外郎李震成为河南按察使司佥事、提调学政。

九月丙辰　命内翰林弘文院检讨刘肇国、国史院检讨成克巩充武会试考试官。

九月庚申　兵部奏言，武会试十九日出榜后，取中武举于次日见朝，传胪。赴宴毕，主席官、考试官并武进士次日谢恩。十月初二日，一甲一名武进士率诸进士于午门前上表谢恩。毕，臣部恭进登科录。报闻。

九月壬戌　兵部奏言，第一甲一名武进士应照题定例给赏甲胄、撒袋、刀、弓、矢、靴、带等物外，诸武进士衣顶合无，准照文进士一体穿戴，并给折钞银十两。得旨：武进士帽顶暂照文进士，钞准给银。

九月壬戌　兵部奏言，武会试取中二百卷，应进御前。拟一甲三卷，二甲二十七卷，三甲一百七十卷，发内院书写黄榜。二十三日，皇上御殿传胪；二十七日，臣部筵宴武进士。得旨：武进士传胪着在午门前，二十六日筵宴，余照例行。

九月癸亥　赐中式武举郭士衡等二百名进士及第出身有差。

十二月戊子　革山西左布政使王点职，逮问。以督臣马国柱劾其违制刊刻科场条约，令生儒各戴儒巾、教官纱帽去翅故也。

十二月癸巳　遣湖广道监察御史魏琯提督江宁学政，山西道监察御史苏铨提督苏松学政。

顺治四年（1647年）

正月庚戌　革原任顺天督学曹溶、河南学道房之骐职；降顺天督学张鸣骏二级，调外用；降国子监祭酒薛所蕴、司业罗宪汶各二级调用，以滥送贡监，违例溢额故也。

正月丁卯　允礼部请，命会试取中三百名，不必分南、北、中卷，同考官用十八员。

二月癸酉　遣福建道监察御史王昌允提督顺天学政。

二月乙亥　命大学士范文程、刚林、祁充格、冯铨、宁完我、宋权为会试主考官。

三月戊申　革庶吉士袁襘如职，以会试分考擅改朱卷故也。

三月丙辰　殿试天下贡士李人龙等。制策曰：帝王之治天下，莫不以得人为急务，朕深维真才希觏，知人实难。如以言貌取人，虑有内外不符，妍媸互异者；如以荐举进用，虑有朋党援引，真赝混淆者；如以博学能文，而遽信其存心行事，又每有下笔千言，侈谈尧舜，而中藏奸佞、莅官污秽者，必如何而后真才可得欤？近闻见任官员伯叔昆弟、宗族人等以及废绅劣衿大为民害，往往压夺田宅，估攫货财，凌暴良善，抗逋国课，有司畏惧而不问，小民饮恨而代偿，以致贵者日富，贫者日苦。明季弊习，迄今犹存，必如何而后可痛革欤？今当混一之初，尚在用兵之际，兵必需饷，饷出于民，将欲减赋以惠民，又虑军兴莫继；将欲取盈以足饷，又恐民困难苏，必如何而后能两善欤？尔多士家修廷献，正在今日，务各出己见，逐条献策，勿用四六，不限长短。毋得预诵套词，拘泥旧式，重负朕意。朕寤寐真才，不啻饥渴，多士宜深体恪遵，明切敷对，朕将亲览焉。

三月丙辰　命内院大学士冯铨、范文程、刚林、祁充格、宋权、宁完我，学士查布海、来衮、蒋赫德、王铎、胡世安、陈具庆充殿试读卷官。

三月戊午　赐殿试贡士吕宫等三百名进士及第出身有差。

三月壬戌　赐诸进士恩荣宴，命礼部尚书觉罗郎球主席。

三月甲子　赐第一甲第一名进士吕宫冠服及诸进士折钞银各十两。

三月辛未　选进士周启嶲、王大礽、张弘嶲、冯溥、冯右京、李昌垣、卓彝、黄机、李目、宋学洙、邓旭、常若柱、杜果、李中白、庄炯生、邹自式、章云鹭、王熙、朱士冲、李廷枢等为庶吉士。

四月丁丑　吏部奏言，丁亥科进士仍照丙戌科例，二甲前五十名授部属，后七名至三甲前十名授中行评博，余选知州十名，选推官三十名，余俱选知县。从之。

四月庚辰　授第一甲第一名进士吕宫为内翰林秘书院修撰，第二名程芳朝为内翰林国史院编修，第三名蒋超为内翰林弘文院编修。

四月庚辰　赠殉难巡抚宁夏都察院右副都御史焦安民为右都御史，荫一子入监读书。

四月甲申　内院大学士范文程等奏言，新庶吉士周启嶲等二十员应同前科庶吉士分别读满汉书，命学士查布海、蒋赫德等一并教习。

四月己丑　赠河间府殉难兵备道副使王维新为光禄寺卿，知府王德教为太仆寺卿，各荫一子入监读书。

四月戊戌　吏部奏言，新中进士应选州县正官，方亨咸、李人龙等援例乞恩就教。得旨：进士多求改教，明系规避，仍着依次挨选本职，以后不许渎奏。

四月己亥　国子监祭酒胡统虞奏言，品官子弟有监满应咨者，臣请严行考试，果学业有成，方准咨部；未成者，仍留本监读书。疏下礼部。

五月癸丑　廷试就教举人荆其惇等一百三十九人、恩岁贡生叶敬中等五百五人。

五月丁巳　以故明编修陈之遴为内翰林秘书院侍读学士，庶吉士陈于鼎为内翰林弘文院编修。

五月丁卯　宁夏巡抚胡全才奏言，边方书籍沦散，士子无凭诵法，请将我朝律典及《性理》、《通鉴》诸书颁行宁镇，以便传习。章下礼部。

六月壬申　定直省儒童进学额数，大学四十名，中学二十五名，小学十二名。

七月甲子　以广东初定，特颁恩诏。诏曰：自平定中原以后，粤东尚为唐藩诸逆所阻，以故岭海之外，声教未达，税亩增科，越年横敛，尔百姓辛苦垫隘，已非一日，朕甚悯焉。遂移平南之师，席卷惠潮省会，但歼伪孽，罔治胁从，诸郡悉平，全省底定，念尔官民僻处遐荒，久切来苏之望，初无后至之心。朕用是肆赦靑菑，冀百姓同沾恩赉。所有该省合行恩例，开列于后。……一、文武会试、乡试已有定期，凡举人不系缘事黜革者仍准会试。各儒学廪增附食廪、肄业、优免及每学恩贡一名、正贡一名，俱照平定中原恩诏例行。各学贫生，地方官核实，申文该学政于所在学田内动支钱米，酌量赈给。一、山林隐逸之士有怀才抱德、堪为时用者，抚按据实举荐，以凭核用。但不得概荐废绅，致滋幸窦。……于戏！四方大定，悦来无间于寰中；万国攸宁，声教丕扬乎海外。凡官斯土，体熙朝宽大之怀；永乂吾民，享奕叶荡平之福。播告遐迩，咸使闻知。

八月己巳　赠殉难陕西商洛道佥事袁生芝为光禄寺卿，兴安州知州曲良贵为本省布政使司参议，各荫一子入监读书。

九月辛丑　以故明庶吉士姚文然、刘余谟、杨栖鹗、张悬锡、李化麟为内翰林国史院庶吉士。

九月壬申　升户部外郎吕翕如为江西按察使司佥事，提调学政。

十一月庚子　赠殉难陕西固原道副使吕鸣夏为光禄寺卿，荫一子入监读书。

顺治五年（1648年）

三月辛酉 授庶吉士张悬锡为内翰林国史院检讨。

三月甲子 改庶吉士常居仁为户科给事中，姚文然、杨栖鹗为礼科给事中，李化麟为兵科给事中。

四月丙子 赠殉难山东东平州知州李芝桂为本省布政使司参议，荫一子入监读书。祭葬如例。

闰四月癸卯 陕西设辽学教官一员，每科中举人二名，岁贡二名。改永平府寓学为辽学，裁教官一员，留一员。每科中举人三名，岁贡三名。以平西王吴三桂移镇陕西故也。

闰四月戊申 以礼部主事于明宝、刑部员外郎田厥茂为广东乡试考试官。

闰四月壬子 复湖广乡试旧额一百六名。

闰四月癸亥 命内翰林国史院编修法若真、吏科给事中杭齐苏为福建乡试考试官。

五月辛未 赠殉难湖广荆南道副使刘开文、荆南道参议甘文奎为光禄寺卿，郧阳知府董有声、襄阳知府杨矿为太仆寺卿，郧阳同知刘璇、张有芳俱为湖广按察使司副使，郧阳推官孙扬声、襄阳推官李实发、郧县知县赵丕承、保康知县薛溥、竹山知县童士勤、襄阳知县潘朝佑俱为湖广按察使司佥事，各荫一子入监读书。

五月庚寅 命内翰林弘文院编修陈爌、吏科给事中董笃行为浙江乡试考试官；内翰林弘文院编修胡兆龙、户科给事中常居仁为湖广乡试考试官；吏部考功司主事李皓、中书科中书舍人张文炳为陕西乡试考试官。

六月甲寅 命内翰林秘书院编修梁清宽、傅维鳞为江南乡试考试官。

六月乙卯 赠殉难江南徽州府绩溪县知县侯宪武为本省按察使司佥事，荫一子入监读书。予祭葬如例。

七月丙子 命礼科给事中姚文然、兵部武选司员外郎李仲熊为山东乡试考试官；工科给事中魏裔介、户部山西司主事方若珽为山西乡试考试官；吏部文选司员外郎吴允谦、礼部祠祭司员外郎钟性朴为河南乡试考试官。

八月丙申 命内翰林秘书院编修李呈祥、国史院编修黄志遴为顺天乡试考试官。

八月丁未 谕兵部：今各处土贼偷制器械，私买马匹，毒害良民，作为叛乱。朕思土贼之起，不过凶愚数人迫胁村民，遂致遗祸不小。今特为禁约……若习武生童及武乡试止许马一骑、弓一张、披子箭九枝，勿用梅针箭。

十一月辛未 以奉太祖武皇帝配天及追尊四祖考妣帝后尊号礼成，诸王群臣上表称贺。……院部诸大臣集议具奏。……一、各直省顺治五年乡试副榜诸生、廪监准贡增附准入监肄业。一、各该地方儒学生员每学拔贡一名，即用顺治五年科举首卷，送部廷试。如首卷中式，或有事故，以次优卷挨补，不许越序。……于戏！绍百王之巨典，合万国之欢心，欲礼备而乐和，务化行而俗美。布告遐迩，咸使闻知。

十一月丁未　赠殉难江南英山县知县史良植为本省按察使司佥事，荫一子入监读书。

十二月癸丑　赠故学士陈具庆为礼部右侍郎，荫一子入监读书。

十二月癸丑　以礼部郎中樊缵为江西按察使司佥事，提调学政。

顺治六年（1649年）

正月戊辰　赠山东殉难济宁道佥事李时为光禄寺少卿，荫一子入监读书。

二月甲午　命大学士范文程、刚林、祁充格、洪承畴、宁完我、宋权，学士王文奎为会试主考官。

四月己亥　授庶吉士梁清标、冯溥、李昌垣、黄机为内翰林弘文院编修，张弘隽、卓彝为内翰林秘书院编修，李目为内翰林国史院编修，李中白、章云鹭、王熙为内翰林国史院检讨，庄炯生为内翰林弘文院检讨，孙自式、李廷枢为内翰林秘书院检讨，胡之骏为吏科给事中，常若柱为户科给事中，冯右京为福建道监察御史，杜果为江南道监察御史。

四月己亥　遣云南道监察御史朱鼎延提督顺天学政，广东道监察御史李嵩阳提督江南学政。

四月庚子　殿试天下贡士左敬祖等。制策曰：从古帝王以天下为一家，朕自入中原以来，满汉曾无异视，而远迩百姓犹未同风，岂满人尚质，汉人尚文，习俗或不同欤？音语未通，意见偶殊，畛域或未化欤？今欲联满汉为一体，使之同心合力，欢然无间，何道而可？民为邦本，食为民天，自兵兴以来，地荒民逃，赋税不充。今欲休养生息，使之复业力农，民足国裕，何道而可？迩来顽民梗化，不轨时逞，若徒加以兵，恐波累无辜，大伤好生之意；若不加以兵，则荼毒良民，孰是底定之期？今欲使之革心向化，盗息民安，一定永定，又何道而可？尔多士经术济世，直陈无隐，务期要言可行，不用四六旧套。朕将亲览焉。

四月甲辰　赐殿试贡士刘子壮等三百九十五名进士及第出身有差。

四月乙巳　赐一甲一名进士刘子壮朝服、项帽及靴，余各赐银十两，宴于礼部。

四月丁未　礼科右给事中姚文然奏言，臣读制策，首以满汉同心合力为念。窃思满汉一家，咸思报主，止因语言文字间隔难通，未免彼此有异同之见。前此两科馆选虽有清书，但选员无多，故未有改授别衙门者。臣请于新进士内广选庶吉士，察其品行端方、年力强壮者，俾肄习清书精熟，授以科道等官，内而召对，可省转译之烦；即出而巡方，亦便与满洲镇抚诸臣言语相通，可收同寅协恭之效。疏下所司。

四月丙辰　廷试直省恩拔岁副榜等贡生及就教举人。

五月辛酉　考选庶吉士成亮、何采、焦毓瑞、王清、张士甄、高光夔、诸豫、张璇、叶树德、季开生、王绍隆、朱廷璟、范廷元、许缵曾、李仪古、范正脉、刘嗣美、于朋举、唐梦赉、庄朝生等二十人习清书。徐致觉、方悬成、周堃、林云京、左敬祖、胡亶、张道湜、杨旬瑛、张表、安焕、周体观、姜图南、黄元衡、马叶曾、吴正治、曹本荣、周曾发、郭一鹗、徐必远、朱绂等二十人习汉书。命内院学士查布海、蒋赫德、胡统虞、刘肇国教习。

五月甲子　授一甲一名进士刘子壮为内翰林国史院修撰，二名进士熊伯龙为内翰林弘文院编修，三名进士张天植为内翰林秘书院编修。

五月甲戌　赠殉难山东兖西道副使黄登孝为光禄寺卿，荫一子入监读书。

六月戊戌　遣山东道监察御史李允岩提督江南苏松等处学政。

六月辛丑　赠原任山东馆陶县知县、升浙江金华府知府程瑾为山东按察使司副使，荫一子入监读书。以瑾在馆陶县任时，屡次剿贼，后赴任浙江中途被贼仇杀故也。

七月乙丑　升刑部郎中翟文贲为浙江布政使司参议兼按察使司佥事，提学道；礼部郎中钟性朴为山东布政使司参议兼按察使司佥事，提学道；兵部主事李承尹为湖广按察使司佥事，湖北提学道；兵部员外郎张四教为山西按察使司佥事，提学道；刑部郎中李棠馥为湖广布政使司参议兼按察使司佥事，湖南提学道。

七月乙丑　荫湖广襄阳府殉难推官李实发子瞵入监读书。

八月己亥　赠殉难甘肃巡抚、右佥都御史张文衡为都察院右副都御史，西宁道副使林维造为光禄寺卿，西宁道佥事张鹏翼为光禄寺少卿，绍兴府知府张愫为太仆寺卿，会稽县知县官抚涣为浙江按察使司佥事，各荫一子入监读书。

九月己巳　命内翰林秘书院侍读王崇简、内翰林国史院侍讲乔廷桂充武会试主考官。

九月乙亥　赠海州殉难知州张懋勋为江南布政使司参议，荫一子入监读书。

九月壬午　宴武进士于兵部。赐一甲一名金抱一甲胄、带、靴、腰刀、弓箭等物。其一、二甲银各十两，三甲银各八两。着为例。

十月癸巳　贼陷福建兴化府，署府事福州府推官黎树声死之。抚按以闻，赠树声为本省按察使司佥事，荫一子入监读书。

十一月丙辰　赠故临巩兵备道李絮飞光禄寺卿，临洮府同知徐养奇、岷州同知杜懋哲陕西按察使司副使，兰州知州赵翀陕西布政使司参议，渭源县知县李淳陕西按察使司佥事，仍各荫一子入监读书。

十一月己巳　江南、江西、河南总督马国柱疏言，江南既改京为省，国学宜改为府学，即其旧址而新理之，仍支学田租银以供春秋祀事。章下所司。

十二月甲辰　赠河南阵亡河北道副使涂廓为光禄寺卿，荫一子入监读书。

十二月己酉　赠浙江殉难、署上虞县事、绍兴府推官刘方至按察使司佥事，荫一子入监读书。

顺治七年（1650年）

正月甲午　赠故户部右侍郎梁云构、左副都御史孙昌龄俱为都察院右都御史，各荫一子入监读书。

正月乙未　改江宁国子监为江宁府学。

五月戊寅　赠殉难山西巡宁道副使王昌龄巡南道副使，刘泽溥为光禄寺卿，宁武道佥事金元祥、岢岚道佥事徐淳为光禄寺少卿，汾州府知府黄廷柏、潞安府知府杨致祥为太仆寺卿，太原府同知张国贤为本省按察使司副使，蒲州知州钱法裕为本省布政使司右参议，繁峙县知县崔尚质、兴县知县李昌、汴临县知县张耀祖、垣曲县知县李荣宗、夏县知县刘之屏为本省按察使司佥事，各荫一子入监读书。

六月己丑　赠山西殉难、冀北兵备副使道宋子玉为光禄寺卿，阳和左卫兵备佥事道徐一范为光禄寺少卿，通判杨逵、李三元为本省按察使司佥事，浑源州知州荣尔奇、朔州知州王家珍为本省布政使司右参议，江西殉难候补知州成大业为本省布政使司右参议，新喻知县张云翚、庐陵知县常庚为本省按察使司佥事，各荫一子入监读书。

六月甲辰　赠山东殉难定陶县知县李文学为本省按察使司佥事，荫一子入监读书。

七月丙子　裁苏松提督学政，归并江宁督学御史。

八月丙午　赠殉难江南霍邱县知县吴国用、江西兴国县知县柴震龙、定南县知县曹邦伟、龙南县知县吕应夏俱为本省按察使司佥事，各荫一子入监读书，祭葬如例。

九月乙亥　升兵部员外郎黄日祚为河南按察使司佥事，刑部郎中宋征舆为福建按察使司佥事，刑部郎中陈卓为四川按察使司佥事，俱提调学政。

顺治八年（1651年）

正月庚申　上亲政，御太和殿。诸王群臣上表行庆贺礼。是日，颁诏大赦天下。……合行恩赦事宜，条列于后。……一、文官在京四品以上、在外三品以上，武官在京、在外二品以上，各送一子入监读书。一、国子监监生免坐监一个月，已拨历者免历事一个月。一、顺治八年乡试中式举人，大省加十五名，中省加十名，小省加五名。九年会试，中进士四百名。一、各直省儒学以正贡作恩贡，次贡作岁贡。……于戏！政在养民，敢虚天地生成之德；时当亲政，恒念祖宗爱育之心。诏谕臣民，咸宜知悉。

二月己丑　赠殉难巡抚延绥兵部右侍郎王正志为都察院右都御史，河东运使郑弘图为山西布政使司参政，运同李因之为山西布政使司参议，各荫一子入监读书。

三月丁亥　都察院条议巡方事宜。一、按臣之差额宜定。督学，则直隶一差，江宁、苏松应分为二差。……一、出差之限期宜严，御史奉差一经命下，应照主考、分考例回避，不见客、不收书、不用投充书吏员役、不赴宴会饯送，领敕后三日内即出都门。……一、差满之期候宜定。督学奉差或三年，或二年半，俟岁考、科考一周造册报满。巡漕盐政一年交代。其余大差、中差以一年六个月为期，皆照例三月前报满。至于声望应褒、溺职当撤者，不拘年月，差回之日公同考核，三日内议定优劣，具疏奏请，分别劝惩。从之。

三月己丑　（礼部）条议学政六事。一、学臣报满照例考核，公明者优升，溺职者参处。一、科岁两考完日，即报部铨补。新旧交代，以杜署事诸弊。一、学臣以到任日为始，岁考限十二个月考完，每三个月解卷一次；科考分四次解卷，以凭磨勘。所取生童文字以纯正典雅为主，诡谬者本生褫革，学臣参处。四卷以下，每一卷罚俸三个月；五卷以上，每二卷降职一级；十卷以上革职。一、生员不许聚众结社、纠党生事及滥刻选文、窗稿，犯者，学臣以失职论。一、教官、生员不遵教条，违法者，学臣严行惩究。若与武职兵丁有争，教官、生员听学臣处治，不许武职擅责。武职兵丁，该衙门处治，不许生员结党争抗。一、学官不宜悬缺，致旷职业。抚臣务按缺题请，下吏部铨补。其有不由科贡出身、滥冒教职者，一并题明送部别用。若署事教官，止用本学及别学，不得滥委杂流。从之。

三月丙午　吏部奏言，各旗子弟率多英才，可备循良之选，但学校未兴，制科未行耳。先帝在盛京，爱养人才，开科已有成例，今日正当举行。臣等酌议，满洲、蒙古、汉军各旗子弟有通文义者，提学御史考试取入顺天府学。乡试作文一篇，会试作文二篇，优者准其中式，照甲第除授官职，则人知向学，进取有阶矣。报可。

四月壬子　定各直省乡试差员例。顺天、江南正副主考，浙江、江西、福建、湖广正主考，差翰林官八员；浙江、江西、福建、湖广副主考，山东正主考，差给事中五员；山东副主考，山西正副主考，河南、陕西正主考，差光禄寺少卿一员，吏、礼二部司官各二员；河南、陕西副主考，四川、广东正副主考，广西、云南正主考，差户、兵、刑、工四部司官各二员；广西、云南副主考，贵州正副主考，差行人二员，中书评事各一员。各衙门堂印官，慎选开送，如应差八员者，倍送十六员。礼部会同内院、吏部拟定正陪，疏请简命。其已充会试房考、乡试主考者，不得重送。顺天房考听吏、礼二部选用，余省听各巡按御史选用，阄定内帘。

四月辛酉　廷试天下贡生方学舜等一千七十二名。

五月戊子　命内翰林国史院编修王一骥、工科右给事中胡之骏为福建乡试主考官；户部江西司员外郎陈衷一、中书科中书舍人朱克简为广东乡试主考官。

五月壬辰　赠江西殉难乐安县知县孟学迁为本省按察使司佥事，荫一子入监读书。

六月丁未　兵部奏言，直隶巡按既已归并一差，则畿南畿北两武闱亦应归并一闱。查，真定府为畿南北适中之地，且场屋宽敞，便于考试，请嗣后武闱于真定举行。从之。

六月己未　命内翰林弘文院编修蒋超、礼科给事中李人龙为浙江乡试主考官；内翰林国史院检讨邓旭、刑科给事中周之桂为江西乡试主考官；内翰林弘文院检讨庄炯生、兵科给事中王廷谏为湖广乡试主考官。

六月壬申　命吏部主事范光文、工部员外郎梁知先为陕西乡试主考官。

六月壬申　礼部议，八旗科举例，凡遇应考年分，内院同礼部考取满洲生员一百二十名，蒙古生员六十名，顺天学政考取汉军生员一百二十名，乡试取中满洲五十名，蒙古二十名，汉军五十名。各衙门无顶带笔帖式亦准应试。满洲、蒙古识汉字者翻汉字文一篇，不识汉字者作清字文一篇；汉军文章篇数如汉人例。会试取中满洲二十五名，蒙古十名，汉军二十五名，各衙门他赤哈哈番、笔帖式哈番俱准应试。满洲、蒙古识汉字者翻汉字文一篇、作文章一篇，不识汉字者作清字文二篇；汉军文章篇数如汉人例。报可。

七月丙子　命内翰林秘书院侍讲学士高珩、内翰林弘文院编修黄机为江南乡试主考官。

七月戊寅　兵部奏言，江南改直为省，其武闱不应分上江、下江，应照各省事例，统于省城乡试。从之。

七月癸巳　命户科右给事中杜笃祜、兵部职方司员外郎杨时荐为山东乡试主考官；吏部文选司员外郎宋学洙、礼部祠祭司主事张笃行为河南乡试主考官；礼部精缮司主事韩充美、刑部陕西司主事柴望岱为山西乡试主考官。

七月癸巳　以上幸学大典，加监生本年乡试中额十五名。

八月丙午　赠殉难总督、两广兵部尚书佟养甲为太子少保，巡按广东御史刘显名为太仆寺少卿，湖广郴桂兵备道佥事李懋祖为光禄寺卿，各荫一子入监读书。

八月戊申　礼部议奏，今科顺天乡试取满洲举人五十名，蒙古举人二十名，主考应用满洲内院、礼部官各一员阅卷；汉军举人五十名，听汉主考官阅卷。又监生额数既加三十八名，应增汉同考官二员。至汉军举子试艺，本年乡试、明年会试第一场书艺二篇、经艺一篇，如未通经者作书艺三篇；二场论一篇；三场策一道。自后试艺以次加增。顺治十一年乡试、十二年会试，第一场书艺三篇、经艺二篇；二场论一篇、判五条；三场策三道。顺治十四年乡试、十五年会试，第一场书艺三篇、经艺四篇；二场论一篇、表一篇、判五条；三场策五道。从之。

八月己酉　授庶吉士方悬成、胡亶、张表、曹本荣、王清、张士甄为内翰林秘书院编修，范周、左敬祖、成亮、安焕、吴正治、诸豫为内翰林国史院编修，徐致觉、张道湜、何采、姜元衡、马叶曾、高光夔为内翰林弘文院编修，徐必远、许缵曾、唐梦赉为内翰林秘书院检讨，王绍隆、朱廷璟、于朋举为内翰林国史院检讨，李仪古、范正脉、庄朝生为内翰林弘文院检讨，朱绂为浙江道御史，焦毓瑞为广东道御史，杨旬瑛为湖广道御史，姜图南为河南道御史，刘嗣美为山东道御史。

八月己酉　赠户部右侍郎冯杰为左侍郎，荫一子入监读书。

八月己酉　追赠陕西殉难靖边道参政夏时芳、延安府知府宋从心俱为太仆寺卿，神木道副使夏廷印、河西道副使王希舜俱为光禄寺卿，延绥户部郎中朱予升为光禄寺少卿，鄜州知州李芳澄为山西布政使司参议，神木县知县徐之龙、安塞县知县黄猺、宜君县知县贾士璋、宜川县知县尤一德俱为山西按察使司佥事，各荫一子入监读书。

八月己酉　追赠山西殉难署泽州事、潞安府推官司九韶为山西按察使司佥事，荫一子入监读书。

八月辛亥　命内翰林弘文院侍读学士鄂莫克图、礼部理事官何密达、内翰林国史院检讨李中白、内翰林秘书院检讨孙自式为顺天乡试主考官。

八月乙卯　内三院会同礼部议，本年顺天乡试，满洲、蒙古生员、笔帖式应同一榜，汉军生员、笔帖式，汉生员、监生应同一榜，明年会试、殿试俱照此例。从之。

八月丙寅　以恭上皇太后徽号礼成……所有恩宥事宜，开列于后。……一、内外满汉官员一品至九品，已奉恩诏议给诰敕外，其未逢恩诏各官一体通行，俱依见授职衔，照例给与应得诰敕，京官三品以上仍各荫一子入监读书。一、国子监监生免坐监两月，已拨历者免历事两月。一、各直省儒学贫生，该地方官核实申详，学政于学田内动支银米赈给。……一、满洲、蒙古、汉军举人于明年会试，原额取六十名，今加额二十五名。于戏！正家及国，爰亲达民，惟我圣母，保祐申重，克臻显懿。凡为臣子，宜敬承天庥，祝宣万年，以底于太平。布告中外，咸使闻知。

十二月戊辰　赠山西殉难长子县知县李允升、屯留县知县陈思忠为本省按察使司佥事，荫一子入监。

顺治九年（1652年）

正月己丑　赠殉难江南松江府同知杨之易为本省按察使司副使，荫一子入监读书。

正月壬寅　大学士范文程等奏言，会试关系抡才大典，按明朝主试官，万历以前不拘大学士、学士、吏礼二部尚书、侍郎，由翰林出身官员，皆得简用。万历末年，方始专用阁臣。今自顺治元年至今已历三科，未有定例，伏候睿裁。得旨：着照明朝万历以前例行。

正月壬寅　礼部议，壬辰科会试，恩诏广额取进士四百名，应照《会典》开载南北中卷之例，南卷应取二百三十三名，北卷应取一百五十三名，中卷应取一十四名。从之。

二月戊申　命大学士希福、额色黑，礼部尚书陈泰，学士刘清泰、胡统虞、成克巩充会试主考官。

二月戊午　裁山西应州、浑源州、蔚州、朔州、大同县、怀仁县、山阴县、马邑县、灵邱县、广灵县、广昌县各学训导。

二月庚申　革都察院左都御史赵开心职，以伊子赵而忭系伪隆武举人，已经参革，复违旨渎请会试故也。

三月己卯　大学士范文程等参奏，会试中式第一名举人程可则，文理荒谬，首篇尤悖戾经注。士子不服，通国骇异。请敕部议处。上命革退可则名，并治考试官胡统虞等罪。

三月壬午　授庶吉士王大礽为内翰林国史院编修。

三月癸巳　升户部主事赵函乙为江西按察使司佥事、刑部郎中钱朝鼎为广东按察使司副使，俱提调学政。

三月乙未　命大学士希福、范文程、额色黑、洪承畴、宁完我、陈之遴，学士伊图、蒋赫德、能图、叶成格、刘清泰、白色纯、张端，侍读学士索诺木、魏天赏，侍读叟塞，吏部尚书高尔俨，礼部尚书郎球，吏部侍郎熊文举，礼部侍郎恩格德，户部侍郎王永吉、赵继鼎，兵部侍郎李元鼎，刑部侍郎孟明辅，工部侍郎李迎晙，礼部启心郎董卫国，礼部理事官杨鼐，礼部主事卜颜、喀代为殿试读卷官。

三月丙申　策试满洲、蒙古贡士麻勒吉等。制策曰：朕闻至治之世，讦讼无人，刑罚不用，是岂民之自然息争欤？抑抚道各官贤良之所致欤？抑亲民之府州县等官各得其人欤？尔积学诸士必有灼知，务抒所见，朕将亲览焉。

三月丙申　策试汉军及汉贡士张星瑞等。制策曰：朕承鸿业，定鼎九年矣，亲政以来，日益兢惕。念治天下之道，莫大乎用人听言，人有真邪正，言有真是非，往往混淆难辨。今欲立辨不惑，一定不移，将遵何道欤？开创之始，凡官制赋役、礼乐兵刑、营建风纪，规模粗设，未协至道。自唐虞三代以来，其制可得详闻欤？或因或革，或盛或衰，意者不在制度文为而别有在欤？用正人、闻正言、行正道，朕日切于怀，未得其要。尔诸士幼学壮行，宜各出所见，实陈方略，其文务以汉廷贾、董诸臣为式，毋沿对偶冗长故习。朕将亲览焉。

三月己亥　赐满洲、蒙古殿试贡士麻勒吉等五十人，汉军及汉贡士邹忠倚等三百九十七人进士及第出身有差。

四月壬寅　宴满、汉进士麻勒吉、邹忠倚等于礼部。

四月癸卯　吏科给事中高辛允奏言，庶吉士一官，见为清华近侍之臣，久则司公辅启沃之任，年貌、文章、品行并重。旧例详慎选择，有由然也。至于习满书庶吉士，所以明满汉之义，达上下之情，即论年貌，亦必加考试，以明朝廷慎重名器之意。下所司确议。

四月甲辰　赐一甲一名进士麻勒吉、邹忠倚朝服、顶带及各进士折钞银两。

四月乙巳　诸进士上表谢恩。

四月丁未　三法司会勘原任山东平阴县知县王国柱诬陷本县举人孙振图通贼，用炮烙、支解等刑，惨毙多命。王国柱应论死。从之。

四月庚申　定诸王以下文武官民舆马、服饰制。……举人、官生、贡生、监生、生员各色素缎俱准用。除貂皮、猞猁、猕白、豹皮外，别项皮衣俱准用。除公服外，袍许镶领袖。……若服所定品级以下之服无罪。

四月辛酉 降会试主考、学士胡统虞三级，成克巩一级，仍留任；同考试官、编修左敬祖等各罚俸有差。以部院磨勘所取试卷不遵传注、文理疵谬者多也。

四月辛酉 赠殉难松江府知府傅世烈为太仆寺卿，荫一子入监读书。

四月戊辰 考授工部主事钱王任为广西按察使司佥事，提学道。

五月丙子 赠殉难江南沭阳县知县段上彩为本省按察使司佥事，荫一子入监读书，予祭葬如例。

五月辛卯 廷试岁贡生冯太初等八百五十名，副榜贡生何应仕等六百二十七名。

五月乙未 授满洲一甲一名进士麻勒吉为内翰林弘文院修撰，一甲二名进士折库纳为内翰林国史院编修，一甲三名进士巴海为内翰林秘书院编修。汉人一甲一名进士邹忠倚为内翰林秘书院修撰，一甲二名进士张永祺为内翰林弘文院编修，一甲三名进士沈荃为内翰林国史院编修。

五月己亥 廷试官贡监生吴家祯等一百四十一名。

六月丙午 吏部议覆，陕西总督孟乔芳疏言，直省各府推官应俱用进士，不足，乃以举人间补，其从前贡生考定推官者改选知县。从之。

六月戊申 命江南道监察御史宗敦一提督顺天学政。

六月丙辰 裁永平辽学中额一名，增陕西辽学中额一名、贡额一名，其永平辽学贡额照旧。从平西王吴三桂请也。

六月丙寅 赠福建殉难沙县知县董潾、顺昌县知县钱嘉伦、永安县知县高咸临、大田县知县胡天湛俱为本省按察使司佥事，各荫一子入监读书。

六月丁巳 提督江南学政御史李嵩阳疏报，溧水县民汤学绅事父母以孝闻，父卒，庐墓三年；高淳县生员吴学莱幼孤，事母尽孝，母亡，庐墓三年；太湖县生员田德产，流寇犯县，执其父母，将杀之，德产请以身代，贼感而释之，父死，贼破寨，指其柩曰：此田孝子之父也，戒勿焚其家；山阳县童生朱呈采祖母赵氏有疾，呈采割股以进，疾旋愈；丹阳县民李腾芳，父久客外郡，腾芳备历艰险寻父归里……俱请照例旌表，章下礼部。

七月丙子 吏部奏言，通判员缺除裁减外，所余不多，而节年贡生考定应授兹衔者积至八百余员，挨次铨补，甚或终身无望。请照品改授布政使司经历、正副理问、按察使司经历、知事、都布两司都事、运司经历、运判、各府经历、京县外县县丞、外卫经历等职，仍支正六品俸，照通判资格升转，以疏壅滞。从之。

七月戊寅 吏部议覆，山东道监察御史王秉乾疏奏，请将进士、举人、贡监分班掣选，疏通铨法。嗣后，拣选举人以会试三科为限，以隆作养，省淹候。报可。

七月己丑 内院议覆，吏科给事中高辛允疏言，皇上亲政之首科，允宜慎选庶常，以光圣治。臣等参考旧例，斟酌时宜，择其年貌合格、文字雅醇者充其选，名数照己丑科例，取汉进士四十名。查照直省大小及近日人材多寡，直隶、江南、浙江各取五名，江西、福建、湖广、山东、河南各取四名，山西、陕西各取二名，广东取一名。内拔其年青貌秀、声音明爽者二十名，习学清书，余二十名习学汉书，届期恭请御赐题目考试。其满洲进士取四名，蒙古进士取二名，汉军进士取四名，俱选年貌、声音合式者，同汉进士一体读书。进馆之后，仍不时稽核，敬肆勤惰，以为优劣，用昭朝廷作养人才之意。报可。

七月癸巳　选授进士白乃贞、方犹、程邑、杨绍先、汤斌、郭棻、俞铎、熊侪鹤、王緦、崔之英、龚必第、卢高、耿介、韩庭芑、金鋐、余恂、吴弘安、史彪古、张应桂、王纪为清书庶吉士，周季琬、曹尔堪、张瑞征、杨士烒、薛沄、赵曰冕、杨永宁、王元曦、钱开宗、叶先登、吕祖望、李昌祚、张溍、周奕封、陈彩、饶宇栻、汪炼南、陈子达、李文煌、侯于唐为汉书庶吉士。

七月乙未　考授刑部郎中张习孔为山东按察使司佥事、提学道。

八月庚戌　授服阕庶吉士周启嶲为内翰林国史院编修。

八月甲寅　追赠直隶、山东、河南故总督、兵部尚书张存仁为太子太保，荫一子入监读书。

九月丙子　命内院大学士范文程、额色黑，侍读学士薛所蕴，侍讲学士梁清标充武会试主考官。

九月丁丑　选授满洲进士赛冲阿、吴尔祜、威洛洪、宋祖保，蒙古进士巴达礼、塔笔图，汉军进士迟煌、范承谟、丁思孔、陈永命为庶吉士，同修撰麻勒吉等于翰林院读书。

九月丁丑　命学士能图、刘清泰、刘正宗，詹事府少詹事兼侍读学士薛所蕴教习庶吉士。

九月辛卯　上幸太学，释奠先师孔子。先期，致斋一日，司设监设御幄于大成门，东上南向，设御座于彝伦堂正中。鸿胪寺设经案于堂内之左，设讲案二于堂内左右。至日，置经于经案。不陪祀固山贝子以下、辅国公以上及各官俱于金水桥南候跪送驾。其陪祀和硕亲王以下、多罗贝勒以上俱赴午门内候随驾。在部院各衙门满洲、蒙古、汉军侍郎以上、八旗固山额真、精奇尼哈番以上、文官三品以上、武官二品以上及翰林院七品以上官俱先诣庙丹墀，东西相向序立。司设监设拜位于神前，应在启圣祠者在启圣祠伺候行礼。是日卯刻，驾从长安左门出，诸王贝勒随行，卤簿大乐以次前导，乐设而不作。至成贤街，国子监满汉祭酒、司业服朝服，率学官、诸生于成贤街左跪迎。驾至棂星门外降辇，至大成门入幄。更衣毕，由大成门中门入，诣先师庙内，正中立典仪，赞乐舞生就位。执事官各司其事，赞引官赞就位。上至拜位，诸王贝勒在台上，分献陪祀官在台下，亦各就拜位，赞迎神乐作。乐止，赞引官赞上行两跪六叩头礼，通赞诸王贝勒及分献陪祀官行礼，同叩头。毕，赞行释奠礼，乐作，献帛官跪进帛于上右。上立受帛。献毕，复授献帛官献于神位前。献爵官跪进爵于上右，上立受爵。献毕，复授献爵官，奠于神位前。分献官以次诣神位，前奠爵讫，仍以次退就原拜位，乐止。赞送神，乐作。赞引官赞上行两跪六叩头礼，通赞诸王贝勒及分献陪祀官行礼，同叩头。毕，献帛官诣先师神位前，捧帛，由中门出。赞引官赞礼毕，导上出庙门，乐止。上至御幄，少坐，诸王贝勒出大成门，候随驾幸彝伦堂。陪祀各官、衍圣公、五经博士等先诣彝伦堂台上分班侍立，祭酒、司业、学官等率领诸生于太学门内两丹墀分班侍立。毕，礼部官人，奏请上幸彝伦堂。上出御幄，至棂星门外，升舆，从太学门人，众官、诸生以次俱跪，候驾过，然后起，诸王贝勒随驾入彝伦堂。上至彝伦堂升御座，诸王贝勒在堂内，各官仍于堂外台上分班侍立。鸿胪寺官赞衍圣公、祭酒、司业、学官、五经博士在台上，四氏子孙及诸生在台下丹墀序立。赞行三跪九叩头礼。毕，上谕坐。诸王贝勒叩头坐，在部院衙门满洲、蒙古、汉军侍郎以上、八旗固山额真、精奇尼哈番以上、衍圣公及陪祀汉文官三品以上、武官二品以上俱入堂叩头坐，祭酒等仍照旧在外侍立。鸿胪寺官赞进讲，满汉祭酒从东小门入，满汉司业从西小门入，俱北向立。鸿胪寺官赞起案，执事官举经案设于上前。上赐讲官坐，祭酒、司业就讲案叩头坐，满汉祭酒以次讲《易经》，满汉司业以次讲《书经》，其余翰林官四品以下及五经博士并各执事官、学官、诸生圜立于外以听讲。毕，鸿胪寺官赞起案，执事官举经案置原处。毕，祭酒、司业退就本位序立，鸿胪寺官于堂正中跪奏传制。鸣赞官赞跪，祭酒、司业、学官、诸生皆跪。传制官赞有制。制曰：圣人之道，如日中天，讲究服膺，用资治理，尔师生其勉之。宣谕毕，赞行三跪九叩头礼。毕，祭酒、司业、学官、诸生以次退，先于成贤街之右序立。上赐诸王贝勒各官茶。毕，鸿胪寺官跪奏礼。毕，上起升舆出国子监，卤簿大驾，大乐振作前导，祭酒、司业、学官、诸生候驾至，跪送诸王贝勒随驾至午门内，候驾还宫，方退。不陪祀贝子以下、辅国公以上及各官仍在天安门外金水桥南伺候跪迎驾还，方退。

九月癸巳　午门前赐衍圣公、五经博士、四氏子孙、祭酒、司业、学官等袍帽，监生每名银一两，吏典每名银四钱。又赐敕勉励师生。祭酒捧至彩舆，同迎导至太学，开读行礼。敕曰：圣人之道，如日中天，上赖之以致治，下习之以事君。尔等务尽心教训诸生。诸生亦当祇承师训，力体诸身。教成，为师训之功；学成，乃弟子之职。倘训诲不严，服习有怠，尔师生俱不能辞其责。勉之。

九月甲午　衍圣公率四氏子孙、五经博士，祭酒、司业率学官、诸生于午门前谢恩。

九月甲午　殿试中式武举王玉璽等进士及第出身有差。

九月乙未　宴武进士于兵部。赐一甲一名进士王玉璽甲胄、带、靴、腰刀、弓箭等物及诸进士银两如例。

十月癸丑　上御太和殿。召江南督学御史杨义、巡仓御史张文炳，谕之曰：督学御史之设，原为考试生童，拔其文行优长者，以储国用。迩闻不论文行，但徇情面，殊亏学臣职掌。今遣尔督理学政，其生员应严加考试，文义不通者概行黜退。童生入学，亦必视其文行优长，方行收录。若仍蹈旧习，事发重处不宥。

十月戊午　命幸学陪祀孔、颜、曾、孟、仲五姓生员孔尚燃等十五人俱照例入监。

十月辛酉　顺天巡按陈棐疏荐隐居蓟州故明进士李孔昭、容城县故明举人孙奇逢下吏部考核酌用。

十一月庚午　赠殉难直隶庆云县知县张必科为山东按察使司佥事，荫一子入监读书，并予祭葬如例。

十二月丁未　赠巡抚宁夏都察院右副都御史李鉴为兵部右侍郎，荫一子入监读书。

十二月丁未　宗人府等衙门议覆，工科副理事官三都疏言，每旗各设宗学，每学用学行兼优满汉官各一员，为之师范。凡未封宗室之子年十岁以上者，俱入宗学。有放纵不循礼法者，学师具报宗人府，小则训责，大则奏闻。其亲王、世子、郡王亦应选用满汉官各一员，讲论经史。贝勒以下，俱应勤加讲阅，以昭成就宗室人才之意。得旨：每旗设满洲官，教习满书，其汉书听从其便。

十二月己酉　兵部题定，一甲第三名武进士初授官职，以都司佥书管掌印都司事。着为例。

十二月戊午　升山东右布政使胡章为广东布政使司左布政使，工部主事张安茂为浙江按察使司佥事，提调学政。

顺治十年（1653年）

正月壬申　授服阕庶吉士范廷元为内翰林弘文院检讨。

正月壬辰　改授庶吉士郭一鹗为吏科给事中，周曾发为户科给事中，季开生为礼科给事中，林云京为刑科给事中。

二月丙辰　谕吏部：国家设翰林院衙门，原为储养人才，以充侍从之选，故特选教习满书官员，令伊等兼习满语、满文，以资奏对讲读。选授之时，惟择少年，以其易于学习也。今计三科之内，有经六七年者，有经三四年者，朕亲临内院面试，若不加分别，伊等何由激劝？今将通满洲文义者三人，不拘资俸，以应升之缺用。胡兆龙以侍讲升侍读学士，李霨以编修升中允兼编修，庄炯生以检讨升赞善兼检讨。其次，可造者十二人，沙澄、王紫绶、张士甄、王熙、艾元征、夏敷九、何采、章云鹭、韦成贤、高光夔、李廷枢、张弘雋各仍照原衔，责令勉力习学，俟再试分别。其全未通晓、不能成文者五人，范正脉、张文明、朱廷熻、成亮、刘泽芳理应调外，念伊等曾入词林数内，姑着调六部用。

三月己巳　谕内三院：朕稽往制，每科考选庶吉士入馆读书，历升编检、讲读及学士等官，不与外任。所以咨求典故，撰拟文章。充是选者，清华宠异，过于常员。然必品行端方，文章卓越，方为称职。乃者翰林官不下百员，其中通经学古与未尝学问者，朕何由知？今将亲加考试，先阅其文，继观其品，再考其存心持己之实据，务求真学，备朕异日顾问。自吏礼两部翰林、侍郎及三院学士、詹事府詹事以下，各候朕旨亲试，分别高下，以昭朕慎重词臣之意。尔内三院即与传知。

三月己卯　赠故明鸿胪寺鸣赞黄家鼒为鸿胪寺少卿，荫一子入监读书，以奉命招抚苏州被害故也。

三月辛巳　　吏礼二部议覆工科副理事官三都奏言设立宗学一疏。教习亲王应各设在部他赤哈哈番、满洲进士、汉军进士各一员，顶带照牛录章京；世子应各设在部笔帖式哈番、满洲进士、汉军进士各一员，顶带照拖沙喇哈番；郡王应各设在官学闲散满洲进士、汉军进士各一员，顶带照他赤哈哈番。如满洲、汉军进士不敷，于举人内考用；如举人不敷，于各王护卫内选用。亲王、郡王等满十岁，然后设立师傅。宗室八学各设满洲生员一名，顶带照笔帖式哈番。各员六年满后，考取优者录用。从之。

三月庚寅　　改翰林院庶吉士周体观为户科给事中。

三月癸巳　　上幸南院，览各省官员奏章。召原任内翰林弘文院大学士冯铨入见，问铨年岁几何、某科进士及历升官品。是夕，召铨同内院大学士洪承畴、范文程、额色黑、陈名夏入宫，问翰林官贤否。曰：朕于翰林官躬亲考试，文之优劣毕见，可以定其高下矣。冯铨奏曰：皇上简用贤才，亦不宜止论其文，或有优于文而不能办事、行己弗臧者，或有短于文而优于办事、操守清廉者。南人优于文而行不符，北人短于文而行可嘉。今兹考试亦不可止取其文之优者而用之，文行优长、办事有能者，兼而用之可也。上曰：铨之言是。

四月庚戌　　廷试直省贡生王都等五百六十一名。

四月辛亥　　工部议覆，工科副理事官三都请建立宗学，应量给工价，听其自行修造。从之。

四月甲寅　　谕礼部：国家崇儒重道，各地方设立学宫，令士子读书，各治一经，选为生员。岁试、科试、入学、肄业，朝廷复其身，有司接以礼，培养教化，贡明经举孝廉成进士，何其重也。朕临御以来，各处提学官每令部院考试而后用之，诚重视此生员也。比闻各府、州、县生员有不通文义，倡优、隶卒本身及子弟侧身学宫，甚者出入衙门，交结官府，霸占地土，武断乡曲，国家养贤之地竟为此辈藏垢纳污之所。又提学官未出都门，在京各官开单嘱托；既到地方，提学官又访探乡绅子弟亲戚，曲意逢迎，甚至贿赂公行，照等定价，督学之门竟同商贾。正案之外另有续案，续案之外又有寄学，并不报部入册，以致白丁豪富冒滥衣巾，孤寒饱学终身淹抑，以及混占优免，亏耗国课，种种积弊，深可痛恨。今后提学御史、提学道俱宜更新惕励，严察前项冒滥，尽行褫革。大小地方人才不等，酌定名数，并查旧题额例，具奏定夺。至于岁考，除行检问革外，其文理荒谬不通者，须多置劣等，严为降黜。其儒童经由府、县送试者，详具身家履历，廪生保结，方许入试。廪生亦不得借端保结掯索儒童。督学诸臣如有仍蹈前弊，并自甘不肖、以试士为市者，许督抚、巡按指实参奏。如督抚、巡按徇情不参，听礼部、都察院礼科纠劾，一并重处。其入学生员，提学御史、提学道严谕府、州、县、卫各学教官月加课程，不得旷废，亦不得假借督课，凌虐诸生。提学御史、提学道即将岁考、科考场中原卷解部稽察，不许换卷誊改，礼部仍照旧例考定等第，以示劝惩，仍照解到各学廪、增、附名数，细查在学若干名，黜退若干名，照报册出示，行各该府、州、县张挂，俾通知生员的确姓名，然后优免丁粮。至于河南、山东等处，亦照旧例优免丁粮，不许滥免地土，摊累小民，违者究治。除已往外，今后各提学御史、提学道诚能体朕教养储材之心，实力遵行，自使士风丕变，人材辈出，国家治平，实嘉赖之，朕不靳升赏。如仍沿袭陋规，苟图自利，宪典具在，决不宽宥。

五月己巳　升刑部郎中孙籀为山西按察使司佥事、提调学政。

五月丁丑　谕吏部：内翰林弘文院修撰麻勒吉会试、殿试皆居第一，同庶吉士教习，有志向学。朕观其气度老成，兼通清汉文义，遇有侍读学士员缺，即行推补。

五月丁丑　都察院左都御史金之嶲奏言，直隶江南、江北提学员缺，宜以词林简用。从之。

五月甲午　赠川湖总督、兵部右侍郎兼都察院右都御史罗绣锦为兵部尚书，荫一子入监读书。

五月甲午　赠殉难湖广桃源县知县郑朝肃为本省按察使司佥事、广东香山县知县张令宪为本省按察使司佥事，各荫一子入监读书。

六月戊戌　廷试归旗辽人柯汝芝等六十九名，上上卷授知县，上卷授通判。

六月辛酉　内院题请以翰林五品以下官提督直隶江南、江北学政，其学习满书者不差。报可。

六月壬戌　赠江西殉难袁州府知府于跃龙为光禄寺卿，荫一子入监读书。

闰六月丙寅　廷试官贡监生李维枫等一百七人。

闰六月戊辰　赠四川殉难下东道佥事王兴国为光禄寺少卿，荫一子入监读书。

闰六月戊辰　赠湖广殉难南漳县知县姚延儒为本省按察使司佥事，荫一子入监读书；儒学训导贺泰来为国子监学录，典史濮昌国为河南济源县主簿，各祭葬如例。

闰六月壬申　赠故江西巡抚右副都御史夏一鹗为兵部右侍郎，荫一子入监读书。

闰六月乙亥　以左春坊左谕德程芳朝提督顺天等府学政，内翰林弘文院侍读蓝润提督江南江安等处学政，内翰林国史院侍讲石申提督江南淮扬等处学政。

闰六月丙子　诏停止将材武举，不准推用。

闰六月戊寅　广东巡按杨旬瑛疏奏，孝子广州府南海县生员邝学锦父洪勋染病，学锦祈天请以身代，取父粪亲尝。父殁，哀毁骨立。……俱请照例旌表。事下所司。

闰六月戊子　赠殉难福建建安县知县李永华为本省按察使司佥事，荫一子入监读书。

七月乙未　考授兵部主事孔自洙为福建按察使司佥事，刑部主事部焕元为湖广按察使司佥事，礼部主事李愫为河南按察使司佥事，戴京曾为山东按察使司佥事，户部主事诸舜发为陕西按察使司佥事，俱提调学政。

七月乙卯　命内翰林国史院学士傅以渐教习庶吉士。

八月丁丑　赠殉难湖广靖州知州沈一恒为本省布政使司右参议，荫一子入监读书。

八月壬辰　赠故总督浙闽兵部右侍郎陈锦为兵部尚书，荫一子入监读书。

九月丙申　加致仕巡抚河南兵部尚书吴景道一级，荫一子入监读书，以其抚豫有年，劳绩茂著故也。

十月己巳　赠广西殉难巡按监察御史王荃可为太仆寺少卿，荫一子入监读书。

十月己巳　提调甘肃学政事务归并分守西宁道办理。

十二月乙丑　补服阕内翰林弘文院编修朱之锡原官。

十二月戊辰　赠广西殉难府江道周永绪、右江道金汉蕙为光禄寺卿，平乐府知府尹明廷为太仆寺卿，平乐县知县涂起鹏、富川县知县华钟为本省按察使司佥事，各荫一子入监读书。

十二月己巳　赠殉难四川安绵道参议梁一训为光禄寺卿，荫一子入监读书。

顺治十一年（1654年）

二月戊子　加致仕四川左布政使李中梧秩一级，荫一子入监读书。

三月辛丑　赠殉难江南睢宁县教谕王相吕为国子监助教，训导李之实为国子监学录。

四月癸亥　礼部议覆，辽阳知府张尚贤奏言辽阳应设儒学，令辽生寄籍永平者拨归辽学肄业。从之。

四月癸酉　初，都察院左都御史林德馨劾奏，提督顺天学政程芳朝趋附陈名夏权势，投认师生，考试畿辅生童，冒滥多弊。至是，芳朝上书自讼。得旨：免议。

四月甲戌　吏科右给事中王桢奏言，成均之地，多士观型，自古开创之主莫不加意旁求，实收得人之效。前礼臣条议，各直省考取才德之士用充国学。臣窃以国家育才辟雍，与其取之选拔，不如取之副榜。现今秋闱在即，宜预敕典试诸臣。凡取副榜，不拘房考，但以文理优长，限于额数不能备录者，将原卷解到磨勘，本生起送入监，与贡生一例拨班教习，则积学之士不至壅于上闻，而首善之地立见济济之盛矣。章下所司。

四月癸未　命内翰林弘文院编修李昌垣、兵科左给事中刘楗为福建乡试主考官，户部主事李宗孔、工部主事蔡琼枝为四川乡试主考官，兵部郎中张夙抱、大理寺右评事顾贽为广东乡试主考官。

五月庚子　赠故川陕总督、少保兼太子太保、兵部尚书孟乔芳为太保，荫一子入监读书。

五月甲辰　以吏部员外郎沈焯、户部员外郎陆朝瑛为陕西乡试主考官。

六月丙寅　赠巡抚河南右副都御史雷兴为兵部右侍郎，荫一子入监读书。

六月丙寅　赠殉难广东罗定道参议邬象鼎为光禄寺少卿，荫一子入监读书。

六月丁卯　谕宗人府：朕思习汉书、入汉俗，渐忘我满洲旧制。前准宗人府、礼部所请，设立宗学，令宗室子弟读书其内，因派员教习满书，其愿习汉书者各听其便。今思既习满书，即可将翻译各样汉书观玩，着永停其习汉字诸书，专习满书。尔衙门传示。

六月辛未　命内翰林弘文院编修熊伯龙、工科左给事中许作梅为浙江乡试主考官，内翰林秘书院侍讲卓彝、吏科右给事中郭一鹗为江西乡试主考官，内翰林弘文院编修徐致觉、礼科左给事中赵进美为湖广乡试主考官。

六月庚辰　以加上皇太后徽号礼成，诸王、文武群臣上表行庆贺礼。是日，颁诏天下。诏曰……一、顺治十一年乡试中额，顺天加举人十名，大省加举人七名，中省加举人五名，小省加举人三名，满洲、汉军各加举人十名，蒙古加举人五名。十二年会试中额，直省共加进士五十名，满洲、汉军各加进士十名，蒙古加进士五名。一、乡试中式武举额，大省加六名，中省加四名，小省加二名。会试武进士额共加二十名。一、直隶各省儒学每学俱于廪生内通行考试，慎加选择，务取经书、策论、学问兼优者，拔取一名充贡，送部廷试。一、国子监监生见今坐监者免坐监一个月。……于戏！协九畴而茂祉，万年膺笃祜之祥；聚大顺以怡亲，四海霈旁流之泽。诏告中外，咸使闻知。

六月庚辰　以追擒叛镇海时行功，加直隶、河南、山东总督马光辉，漕运总督沈文奎各一级，俱荫一子入监读书。

六月丁亥　命左春坊左赞善兼内翰林弘文院检讨姜元衡、内翰林弘文院编修马叶曾为江南乡试主考官。

七月丙申　命刑科给事中林云京、礼部员外郎王天鉴为山东乡试主考官，光禄寺少卿程正揆、刑部员外郎黄自起为山西乡试主考官，吏部员外郎孙宗彝、礼部主事张茁为河南乡试主考官。

七月辛丑　廷试贡监生赵之璇等八十四名。

八月癸亥　命内翰林弘文院学士白色纯，礼部右侍郎渥赫，内翰林国史院编修范周、吴正治为顺天乡试主考官。

八月甲申　赠太子太保、都察院左都御史房可壮少保，荫一子入监读书。

八月丙戌　宗人府、礼部议覆，国子监祭酒姑尔玛洪疏言，觉罗荫生应与官员荫生一例送监读书，俟月分满日，亦与官员荫生一例照等铨授。从之。

九月壬辰　初，和硕郑亲王济尔哈朗等议窝逃罪，即以窝逃之人给与窝主为奴。上以立法太重，恐奸徒借端陷害无辜，命改议。会南赣巡抚宜永贵疏言，迩来满洲家人逃者甚多，获者甚少，乞仍照初定例。章下，王等并议。至是，王等议，隐匿逃人者正法。……见任文武官员并有顶带闲官、进士、举人、贡生、监生及休致回籍闲住各官隐匿逃人，将本官并妻子流徙，家产入官。……从之。

九月丁未　授庶吉士汪炼南、曹尔堪、陈彩、金鋐俱为内翰林秘书院编修，杨绍先为内翰林国史院编修，范承谟、张应桂俱为内翰林弘文院编修，丁思孔、叶先登、郭棻、耿介、卢高俱为内翰林秘书院检讨，张瑞征、薛沄、方猷、余恂、汤斌俱为内翰林国史院检讨，陈子达、王緦、钱开宗、崔之英、杨永宁、白乃贞、李昌祚俱为内翰林弘文院检讨，饶宇栻、韩廷芑、史彪古、李文煌、王纪俱为给事中，杨士烒、吕祖望、熊侪鹤、俞铎俱为御史。

九月丁未　外转内翰林秘书院编修张天植为河南布政使司参议兼按察使司佥事，

提调学政。

九月庚戌 改江南、江北提督学院为提学道。

九月乙卯 补庶吉士饶宇栻为刑科给事中。

十月庚午 礼部尚书郎球等参奏，顺天主考范周、吴正治评阅朱卷，止有姓名，全无次第。请敕部议处。户科给事中宋牧民复参奏，试录程文种种乖谬，至有喧传为笑柄者，辱简命而忝文衡，莫此为甚。请敕部从重处分，以挽颓风、昭文治。俱下所司。

十一月壬辰 赠殉难山东莱州道副使徐大用为光禄寺卿，莱州府推官署胶州知州事李煌为山东按察使司佥事，各荫一子入监读书。

十一月庚戌 升工部主事李来泰为江南按察使司佥事、上江提学道，礼部员外郎张能鳞为江南按察使司佥事、下江提学道。

十一月壬子 上遣学士石图等传谕学习清书庶吉士曰：人臣果思报效朝廷，自宜昼夜殚心，各尽乃职。朕令尔等学习清书，此即职业所属。倘能专勤勉力，满书、满语何患无成？惟其不肯用心，以致旷废。今尔等学习已经三载有余，甚至六七载者，朕还宫即行亲试，其年久无成者，决不轻贷。

十二月戊寅 礼部奏言，会试俱有定例，他赤哈哈番、笔帖式哈番皆系六、七品官，各有职任，优劣自有分别。况历科中式举人颇多，嗣后满洲、蒙古、汉军会试，止准举人应试，其在院部等衙门他赤哈哈番、笔帖式哈番等不准会试。庶满汉试例一体矣。从之。

顺治十二年（1655 年）

正月戊申 升工部员外郎狄敬为湖广按察使司佥事，提调学政。

正月壬子 谕内外文武官员等：朕奉天子民，孜孜图治，夙兴夜寐，罔敢怠荒，庶望休息安养，渐兴教化，以奏升平。乃疆圉未靖，水旱频仍，储偫不充，兵民憔悴，流离困苦，永念恻然。虽恩赦屡颁，而奉行无法。每思与朕共理天下者，唯尔内外文武诸臣是赖，已有谕旨，自朕躬阙失以及政事未当之处，俱令各官悉心条奏，采择施行。兹以朕思虑所及，先颁敕谕，着各该管衙门作速遵奉，兴利除害。……一、设立学校原以养育人才，为将来治民之用。着各提学官查照旧制，优奖德行，有败群不检者确访黜惩，分别优劣，务要公严。有司、教官不得徇情通贿，滥举德行，私衅仇诬，捏送行劣。向来情弊，每有不肖之尤，自知公论共弃，畏罪钻营，滥膺优举；或有原非甚劣，偶因别事，触犯官吏，遂挟恨主使，以不检开送，尤为可恨。俱着严行饬禁，违者事发治罪。……以上事款，内外文武衙门作速遵行。系在外者，该部眷发各总督、巡抚将行过缘由逐款奏缴，不许视为具文，玩忽迁延，自干宪典。

正月癸丑 兵科都给事中魏裔介奏言，明罚敕法，设为刑律，所以使民知而不敢犯也。今天下各衙门止有律书一部，锁闭深藏，小民不得与闻，故犯法者甚众。请敕督抚将刑律有关于民者，摘而刻之，令有司春秋暇日为之讲说。即学官之中，亦令教官与士子不时讲习，则明习法令，不至于犯法矣。……下所司议。

二月丙辰　命大学士额色黑、金之雋，侍郎恩格德，学士胡兆龙充会试主考官。

二月己未　命大学士车克、学士麻勒吉传谕主考官胡兆龙曰：会试大典，关系人才，以尔乃亲近儒臣，特遣主试。尔当克殚敬慎，以称委任至意，不得少有忽略，致负朕怀。

二月壬申　赠湖广殉难桂阳州知州吴廷诏为本省布政使司参议，荫一子入监读书。

三月丙申　礼部议覆，吏部启心郎苗澄、韩世琦疏言，八旗下子弟应于每旗选兼通满汉文义者各一员，令其教习，三年考核一次。如果教习子弟有成，多蒙任用者，即将教习之员升迁纪录；如不尽心教习子弟，以致不堪任用，其教习之员听吏部议处。庶八旗子弟皆兼通满汉，足充任用，而教习亦各知所惩劝矣。从之。

三月丁酉　吏部遵谕议奏，在外官员应升州县者，其身言书判，无从考察。今后凡司府首领、州县佐贰及教职等官中有堪任上等者，该督抚巡方特荐，臣部覆核无异，方升上等之缺。其寻常俸满、有荐应升州县正官者，旧人不论科目，汉人进士、举人俱以中缺补用，其俸满无荐者，旧人及汉人进士、举人并贡士俱以下缺补用。从之。

三月戊戌　以殿试天下贡士，命大学士车克、额色黑，学士叶成格、能图、石图、禅代、张长庚、麻勒吉、铿特、祁彻白，侍郎苏纳海、觉罗额尔德、恩格德、觉罗科尔昆、郭科，启心郎对喀纳，通政使喀恺，大理寺卿吴库礼充满洲读卷官；侍读学士索诺木，侍读穆成格充蒙古读卷官；大学士金之雋、王永吉、成克巩、傅以渐，学士张悬锡、胡兆龙、梁清宽、李霨，詹事陈爌，尚书李际期，侍郎卫周祚、王弘祚、李呈祥、袁懋功，左都御史龚鼎孳，通政使朱鼎延，大理寺少卿霍达充汉读卷官。

三月庚子　策试会试中式满洲、蒙古贡士查亲等五十人。制策曰：朕惟平治天下，莫要于综理政事。政事之本，在六部各有专司。如得贤才，则寮采奋庸，庶务修举，而万民康济矣。今欲痛改夙弊，犹未尽除。铨法混淆，赋税逋欠，士习日颓，武备不实，刑狱沉滞，而虚糜未省，此其法未尽善欤？抑奉行者犹未得补偏救弊之要欤？尔等其抒衷尽言，毋剿袭，毋缘饰，朕将亲览焉。

汉军及汉贡士秦鉽等四百四十九人。制策曰：朕惟古治之隆，政教彰明于上，六府孔修，黎民于变，四岳、九官、十二牧协恭和衷，股肱良而庶事康，猗欤盛哉！朕今夙夜图治，与大小臣工讲学议政，冀登上理，而纪纲犹有未振，法度犹有未张。赋税考成，非不屡加申饬，而官吏之耗蠹尚滋；盗贼剿抚，未尽合乎机宜，而小民之安枕无日，其故何欤？揆厥所由，良以凡百有位，偏私难化，瞻顾情面者多，实心担当者少。兹欲重新整顿，大破积习，俾各兴事慎宪，共矢公忠，何道而可？从来有治人，无治法，岂非人存则政举，而用人为理财之本，知人尤安民之要欤？尔诸士怀家修而际廷献，其详切敷陈，以真学问为真经济，毋事浮袭，朕将采择而施行焉。

三月庚子　是日，谕内三院：今科殿试，较往科更宜虚怀详慎，一秉至公，兹命尔等读卷，务体朕求贤若渴至意。各官所阅试卷，粘贴浮签，止书次第，不必书各官姓名，以除师生陋习。其各拟首卷，密封进览。九卿等官恐取卷好尚不同，尔等仍通加详阅，期拔真才，用光大典。

三月甲辰　赐殿试满洲、蒙古贡士图尔宸等五十人，汉军及汉贡士史大成等四百四十九人进士及第出身有差。

三月丙午　赐读卷执事各官及新进士恩荣宴于礼部。

三月戊申　赐一甲一名进士图尔宸、史大成袍帽靴袜，及诸进士折钞银两有差。

三月己酉　一甲一名进士图尔宸、史大成率满汉诸进士于天安门外上表谢恩。是日，上召见图尔宸、查亲、索泰、史大成、戴王纶、秦鉽等于南苑，各问年齿、旗分、籍贯，赐坐、赐茶饭而遣之。

三月壬子　谕礼部：朕惟帝王敷治，文教是先，臣子致君，经术为本。自明季扰乱，日寻干戈，学问之道，阙焉未讲。今天下渐定，朕将兴文教、崇经术，以开太平。尔部即传谕直省学臣训督士子，凡经学、道德、经济、典故诸书务须研求淹贯，博古通今，明体则为真儒，达用则为良吏。果有此等实学，朕当不次简拔，重加任用。又念先贤之训，仕优则学，仍传谕内外大小各官，政事之暇，亦须留心学问，俾德业日修，识见益广，佐朕右文之治。

四月丁巳　停选汉军庶吉士。

四月壬戌　上亲选进士董色、吴大阐、莫乐洪、达尔布、拖必泰、查汉、曹申吉、刘芳躅、王命岳、宋德宜、陈敳永、徐元粲、张松龄、沈世奕、綦汝楫、刘祚远、田种玉、孙光祀、严沆、周宸藻、冯源济、李立、邓钟麟、范廷魁、胡简敬、伊辟、党以让、吴贞度、王泽弘、王益朋、田逢吉、梁鋐、邱象升、项景襄、秦松龄、韩雄允等俱为庶吉士，同满汉一甲进士读书。命学士禅代、麻勒吉、胡兆龙、李霨为教习。

四月壬戌　廷试官生、贡监生王明道等一百五人。

四月丙子　谕礼部：朕惟人臣事君，勿欺为本。近来进呈登科录及乡会殿试等卷，率多隐匿年岁，以老为壮，以壮为少，甚至染薙须鬓，饰貌美观。国家开科取士，本求贤良，进身之始，即为虚伪，将来行事可知。更有相沿陋习，轻联同宗，远托华胄，异姓亲属，混列刊布，俱违正道。朝廷用人，量材授任，岂论年齿、家世乎？今科进士登科录及以后各试卷，务要据实供写。其余陋风，悉行改正，毋负朕崇诚信、重廉耻至意。

四月戊寅　廷试候补教职举人束真等三百六十一人，岁贡生谢泰交等六百四十三人，恩拔副榜贡生杜同春等八百一人。

四月己卯　谕内三院：考选庶吉士，原欲储养真才，以备任用，必须懋勉学问，时加策励，乃能练习典故，博通文章，无负朕亲行简拔之意。除照旧教习，馆试、院试外，今后满汉庶吉士同读书一甲翰林，每二月朕必面试一次，以辨勤惰高下。每岁六试，永着为令。尔等即行传知。

四月庚辰　授一甲进士图尔宸为内翰林国史院修撰，史大成为内翰林弘文院修撰，查亲为内翰林弘文院编修，戴王纶、索泰俱为内翰林秘书院编修，秦鉽为内翰林国史院编修。

五月丁未　廷试岁贡生吉天赉等五百四十八人。

六月戊午　补庶吉士王纪为礼科给事中。

六月戊午　吏部郎中宋学洙以典试河南宿娼受馈，革职。

七月甲辰　礼部尚书胡世安考满，加太子太保，荫一子入监读书。

八月壬申　谕吏部：前选庶吉士，因汉军进士久在旗下，已经学习满洲规矩，不必与选。二甲进士洪士铭亦照此例，应选知州，念系经略辅臣洪承畴之子，着以京官用。三甲进士耿效忠系靖南王耿继茂之子，亦着以京官用。俱查照应得职官补授。

九月庚寅　赠故南赣巡抚刘武元少保，荫一子入监读书。

九月辛卯　命内翰林弘文院学士张悬锡、内翰林国史院学士白允谦为武会试主考官。

九月壬寅　谕兵部：国家选举人才，共襄治理。文武两途，允宜并重。今科武举中式二百二十名，应照文进士一体殿试。朕亲行阅视，先试马步箭，次试策文。永着为例。其应行事宜并考试日期，尔部速议具奏。

九月戊申　兵部题奏武殿试则例。读卷官用大学士、学士及吏户礼刑工五部、都察院、通政使司、大理寺堂官各一员；提调官用兵部尚书、侍郎二员；监试、受卷、弥封、掌卷、巡绰、写榜各官及光禄寺备宴，俱与文殿试同；其印卷官用职方司理官、郎中、他赤哈哈番、笔帖式哈番各一员；供给官用武库司理事官、郎中、他赤哈哈番各一员、太常寺官一员、光禄寺官六员。武举人各于天安门就试。试毕，以卷送午门外东直房，读卷官公阅。传胪先一日，内三院官、兵部官各执选取卷进呈跪读，俟御批一甲三名毕，各赴内院，公同填榜用宝。从之。

九月己酉　升刑部郎中杨兆鲁为江西按察使司佥事，提调学政；黄自起为湖广按察使司佥事，提调湖南学政。

十月辛亥　上亲试会试中式武举骑射于景山。

十月壬子　定殿试武举仪注。先一日，兵部官、鸿胪寺官设策案于太和殿内东偏，又设一黄案于殿外丹陛正中，光禄寺官备试桌于丹墀左右。次日早，候皇上升殿，读卷官并执事等官各具朝服赴丹墀。听鸿胪寺官赞行三跪九叩头礼。毕，内院官进殿内策案前侍立，兵部官在殿外丹陛西边侍立。内院官以策题付兵部官，兵部官跪受，至丹陛正中黄案前，跪，置案上，行三叩头礼。举策题案，从丹陛下，置于御道中。众武举听鸿胪寺官赞行三跪九叩头礼。毕，分东西侍立。鸿胪寺官又引众武举赴策题案前列班。赞跪，众武举跪。兵部官散题。毕，赞叩头，众武举行三叩头礼，各就试桌。其受卷、掌卷、弥封等官候众武举对策毕，将试卷收贮箱内，读卷官于午门外东直房公阅。

十月癸丑　上亲试会试中式武举步射于景山。

十月甲寅　命大学士巴哈纳、车克、金之寯、陈之遴、刘正宗、成克巩、傅以渐，学士能图、叶成格、石图、禅代、张长庚、麻勒吉、铿特、胡兆龙、张悬锡、李霨、白允谦，尚书王永吉、戴明说、胡世安、卫周祚，侍郎袁懋功，左都御史龚鼎孳，左通政董国祥，大理寺少卿杨义充武殿试读卷官。

十月乙卯 上御太和殿，策试会试中式武举。

十月丁巳 命武殿试读卷、提调、执事官俱依文场例赏赉。

十月戊午 赐殿试中式武举于国柱等进士及第出身有差。

十月己未 宴武进士于国柱等于兵部，赐甲胄、弓矢、银两有差。

十月己未 谕兵部：国家用人，文武并重。今科武进士俱照文进士殿试大典一体举行。朕思文进士，有考选庶吉士，作养教习之例，武进士亦应简选教习。第一甲于国柱、单登龙、范明道，第二甲邵一仁、张其毓、颜君德、曾以信、刘燧、马之迅、缴应缘、刘秉仁、樊英、刘世明、张可久、缴正经、白文灿、孔弘宪、王宇泰、姚典、周彝、杨焕斌、张靖，第三甲胡师龙俱朕亲试，弓马、策问、才技可取。着随侍卫学习骑射，应用教习官二员，着内大臣推举具奏。

十月丙寅 谕兵部：今科武进士经朕亲试选取。于国柱等二十三名武艺可观，且系本朝初行殿试，宜加优异。第一名着授副将品级，第二名着授参将品级，第三名着授游击品级，第四名以至二十三名俱照例授以应得品级。伊等在京习学骑射，赡养需资，俱着先行照品给与俸禄、顶带，俟满一年，尔部题请选授。

十月丙寅 赠殉难湖广永州府知府纪国相为太仆寺卿，荫一子入监读书。

十月丁卯 赠原任巡抚延绥、都察院副都御史董宗圣为兵部右侍郎，荫一子入监读书。

十月戊辰 （辅）庶吉士熊侪鹤为湖广道监察御史。

十月戊辰 第一甲第一名武进士于国柱率诸进士上表谢恩。

十月戊辰 赠殉难广西宾州知州刘日襄为广西布政使司参议，罗城县知县许鸿儒为广西按察使司佥事，各荫一子入监读书。

十月乙亥 赠故工部侍郎陈有明都察院右都御史，荫一子入监读书。

十一月丁未 初，刑科右给事中张王治疏荐同乡进士顾其言博洽典故，洞悉海上情形。及部覆，顾其言条陈各款多系已行事宜，全无可采。命革张王治职，下法司鞫问。

十二月壬子 赠殉难湖广彝陵州训导张作肃国子监学录。

十二月己巳 吏部奏言，八旗教习贡生期满咨部，宜免其历事，考较文义，以知县、通判酌用。报可。

十二月甲戌 礼部奏言，平西、平南、靖南三藩下官民子弟，例在本处考试。其随王之子、来京读书子弟，届期跋涉应试，似为未便。请将平西王属下应考童生，于陕西学额取四十名，生员内拨八名；平南、靖南二藩属下，于驻防处额取十五名，生员内各拨四名，并定南王之女属下、续顺公属下，各取生员五名，俱听顺天学政考取。其出贡科举，除藩下原定额数外，每科取举人一名，每年出贡二名，入顺天学，编立字号。勿致混淆，以副朝廷作养之意。从之。

顺治十三年（1656年）

正月己丑　赠故兵部尚书李际期太子少保，谥僖平，荫一子入监读书。旧例，部院三品以上官三年任满、勤事以死者方准赠荫，际期未满三年卒，上念其勤瘁殒身，故特予优典云。

正月戊戌　候旨考选科道唐德亮、刘履旋等二十人引见。上谕曰：尔等科甲出身，文章娴习，不必再加考试。今巡方御史悖旨虐民，贪酷成风，私通线索者甚多。科员内纳贿徇情，受人嘱托条奏，结党同谋者亦复不少。此等弊窦从何而生，应如何整饬，可使积弊尽除。尔等怀抱有素，其各抒所学条对。

正月庚子　赠故宣大总督、兵部右侍郎兼都察院右副都御史佟养量为都察院右都御史，荫一子入监读书。

二月丙辰　谕礼部：文武两途乃治天下之要务，不可偏重。今观八旗，各令子弟专习诗书，未有讲及武事者，殊非我朝以武功混一天下之意。尔部其酌量每牛录下当读满汉书子弟几人，定为新例具奏。凡应试及衙门取用均在定数之内，其定数外读书子弟各衙门无得取用，亦不许应试。

二月辛酉　赠故山西巡抚、都察院右副都御史祝包昌为兵部右侍郎，谥僖靖，荫一子入监读书。

二月甲子　谕内三院：翰林为储才之地，鼎甲庶常皆使兼习满汉文字，以俟将来大用，期待甚殷。乃今习满书者将及一年，顷经亲试，语句生疏，皆因不肯专心，工夫怠惰，若不分别劝惩，何以激励？此次考试陈敳永、胡简敬、田逢吉、党以让、邓钟麟、冯源济、史大成、田种玉、綦汝楫、王泽宏等十名俱加赏赉，后四名程邑、吴贞度、范廷魁、韩雄允等各罚俸三个月。嗣后，俱当精勤策励，无负朕惓惓作养、谆谆教诲至意。

二月乙丑　江宁巡抚张中元保举隐逸故明进士陆贻吉、于沚，下所司议。

二月己卯　甘肃巡抚周文叶考满，加右都御史，荫一子入监读书。

三月乙酉　赠殉难湖广沅陵县知县杨来凤为本省按察使司佥事，荫一子入监读书。

三月甲午　少保兼太子太保、刑部尚书刘昌考满，加少傅兼太子太傅，赐羊酒，荫一子入监读书。

三月乙未　礼部左侍郎薛所蕴考满，加一级，荫一子入监读书。

三月庚子　谕吏部：朕选庶吉士，作养教习已经一年，才学俱堪任用。今科道缺员甚多，欲将庶吉士改授科道，观其报效。果有忠言谠论，斯谓不负所学。周季琬、王元曦、侯于唐、王命岳、张松龄、刘祚远、孙光祀、严沆、周宸藻、李立、伊辟、王益朋、梁鋐着即补科道，其习满书庶吉士程邑、吴贞度、韩雄允教习已久，尚未纯熟，岂朕亲加选取之意，着以应得职衔外用。

四月庚子 补庶吉士俞铎为江南道监察御史。

四月辛亥 大学士额色黑考满，加少傅兼太子太傅，赐羊酒，荫一子入监读书。

四月丙辰 大学士金之雋考满，加少师兼太子太师，赐羊酒，荫一子入监读书。

四月戊午 大学士宁完我考满，加少傅兼太子太傅，赐羊酒，荫一子入监读书。

四月庚申 内翰林国史院学士叶成格，都察院左副都御史能图、宜巴汉，右副都御史纳都户，通政使司通政使喀恺，宗人府启心郎伊图以考满，各赐羊酒，荫一子入监读书。

四月辛酉 大学士管都察院左都御史成克巩疏言……学校冒滥已甚，宜严考贡入学之额。……凡此数事皆诸臣所当大加振刷，以图实政，至臣奉职无状，罪愆实多，伏祈即赐罢免，择贤弼治，庶可破积习而回天变矣。上是其言，仍谕不必求罢。

四月壬戌 改庶吉士刘祚远为吏科给事中，王益朋为户科给事中，孙光祀、张松龄为礼科给事中，严沆为兵科给事中，梁鋐为刑科给事中，王命岳为工科给事中，王元曦为云南道监察御史，侯于唐为贵州道监察御史，周季琬为福建道监察御史，伊辟为广西道监察御史，李立为山东道监察御史。

四月癸亥 廷试天下贡生赵逵等八百九十六人。

四月庚午 赠殉难福建仙游县知县陈有虞为本省按察使司佥事，荫一子入监读书。

四月乙亥 赠故河南巡抚、兵部尚书吴景道，太子太保、大理寺卿王邦柱工部右侍郎，各荫一子入监读书。

五月壬午 以户部郎中谷应泰为浙江按察使司佥事，提调学政；秦才管为陕西按察使司佥事，提调学政；补外转检讨王䚯为河南按察使司副使，提调学政。

五月壬午 理藩院左侍郎席达礼考满，赐羊酒，荫一子入监读书。

五月乙未 赠故工部侍郎、管通政使事张绍先为右都御史，荫一子入监读书。

闰五月辛亥 赠福建漳州府殉难同知王显谟为本省按察使司副使，荫一子入监读书。

闰五月乙卯 谕吏部：朕简拔词臣，教习满书，乃豫为储养，以备将来大用，属望之意甚殷。伊等学习满书，久者或十余年，或七八年，少亦三四年。若果专心肄习，自能精通。今朕亲加考试，王熙、张士甄、诸豫、王清、余恂、沙澄学问皆优，足征勤励，不负朕作养。至白乃贞、范廷元、李仪古、许缵曾，向之所学，今反遗忘。着住俸，于翰林院再行教习三年，倘能省改勤勉，仍准留用，如怠惰不学，从重议处。郭棻、李昌垣学习已久，全不通晓，旷业宜惩，着降三级调外用，仍于补官之日罚俸一年。尔部即遵谕行。

闰五月壬戌 廷试岁贡关兴汉等五百三十九人。

闰五月壬申 赠殉难广东临高县知县刘承谟为本省按察使司佥事，荫一子入监读书。

六月戊寅 赠故四川按察使司按察使高士寯太仆寺卿，荫一子入监读书。以其任事勤劳，病故也。

六月戊寅 吏部议奏，平西王下进士、举人、贡监俱照汉军例升转补授。从之。

六月丁亥 礼部左侍郎邬赫考满，赐羊酒，荫一子入监读书。

六月戊戌 命内国史院学士折库讷教习庶吉士。

六月癸卯 上亲试江南荐举隐逸陆贻吉、于沚。

六月癸卯 允礼部议，广西省于明年丁酉科举行乡试，取中举人四十名，俟全省大定，仍复旧额。

六月癸卯 允礼部议，平南王、靖南王下考取生员各十五名，举人各三名，俱于广东应试，照汉军例编号。会试取中进士与汉军例同。

七月癸亥 礼部右侍郎兼内秘书院学士、仍在内院办事胡兆龙考满，加礼部尚书，荫一子入监读书。

七月甲子 命内翰林弘文院侍读姜元衡提督顺天学政。

七月癸酉 升刑部主事施闰章为山东按察使司佥事，工部员外郎钱受祺为山西按察使司佥事，礼部郎中王廷璧为广东按察使司佥事，俱提调学政。

八月乙酉 礼部奏言，随平西、平南、靖南、定南王、续顺公等之子在京官员，其子弟应照汉军例，一体考试入学。从之。

八月丙申 减考取满洲生员额四十名、举人额十名、进士额五名，蒙古生员额二十名、举人额五名、进士额五名，汉军生员额二十名、举人额五名。

九月己未 礼部议覆，提督顺天学政姜元衡疏言，盛京发祥之地，取进童生乃储材之首务。今定科岁两考取进数目，盛京应比照京学。但文教初兴，赴试人少，请将辽阳府暂照外省大学例，取进生员四十名，其辽海二县各取进十二名。俟人民聚集，文风渐盛，再议定额。从之。

九月甲戌 工部尚书孙塔、河道总督杨方兴俱考满，荫一子入监读书。

十月丁丑 兵部督捕左侍郎吴达礼考满，赐羊酒，荫一子入监读书。

十月甲申 升户部郎中刘果远为湖广按察使司佥事，提调学政。

十月癸巳 谕吏部：壬辰科庶吉士龚必第向因给假在籍，今到京学习满书，散馆期近，不能精熟，着以应得职衔外用。

十月甲午 四川巡抚李国英考满，加太子太保，荫一子入监读书。

十一月乙巳 江西提学道赵函乙以磨勘试卷内多舛谬，降二级调用。

十一月癸丑 经略大学士洪承畴考满，加太傅兼太子太师，赐羊酒，荫一子入监读书。

十一月戊午 礼部奏言，寄学永平者原系辽东十五学，生员数多，故设廪膳一百二十名。近平西王镇守川陕，诸生大半随入秦中，而原额廪膳不无太滥。今议，永平府寄学存廪额四十名，以四十名归辽阳府学。至辽海二县，学官初设，诸生数少，每学先设廪生五名，俟人才渐充，再照县学例每学设廪膳二十名。每年岁贡永平寄学、辽阳府学各一名。辽海二县学照外县例，各二年一贡。其永平寄学每案仍许进四十名，不得滥取冒籍。报可。

十二月甲申 吏部左侍郎禅代考满，赐羊酒，荫一子入监读书。

十二月丁酉 太子太保、内弘文院大学士图海考满，加少保，赐羊酒，荫一子入监读书。

十二月丁酉 礼部右侍郎李奭棠考满，加秩一级，荫一子入监读书。

十二月己亥 赠殉难湖广永州府通判郦允昌为湖广按察使司佥事，荫一子入监读书。

顺治十四年（1657 年）

正月壬子 兵科都给事中许作梅条奏铨弊四款。一、赦款遵行宜信。一、保举连坐宜严。一、学政考核宜详。一、部属调补宜慎。并劾学士胡兆龙署部事时，于此四事全无驳正，至若员外郎顾赀搀越资俸、躐署考功、违赦乱法，乞重加处分，以清铨弊。命吏部察议。

正月癸丑 大学士刘正宗考满，加少傅兼太子太傅，荫一子入监读书。

正月戊午 谕吏部：朕惟制科取士、课吏荐贤皆属朝廷公典，原非臣子可借以罔上行私、市恩报德之地。至于师生称谓，必道业相成，授受有自，岂可攀援权势，无端亲昵。近乃陋习相沿，会试、乡试考官所取之士及殿试读卷、廷试阅卷、学道考试优等、督抚按荐举属吏，皆称门生，往往干谒于事先，径窦百出；酬谢于事后，贿赂公行。甚至平日全未谋面，一旦仕宦同方，有上下相关之分，辄妄托师生之称。或属官借名献媚，附势趋炎，或上官恃权相迫，恐喝要挟，彼此图利，相煽成风，恬不知耻。以致下吏职业罔修，精神悉用之交结；上司弗问吏治，喜怒一任乎私心。因而荐举不公，官评淆乱，负国殃民，不知理义，深可痛恨。朕欲大小臣工，共涤肺肠，痛革积弊。以后内外大小各官俱宜恪守职掌，不许投拜门生。如有犯者，即以悖旨论罪。荐举各官俱照衙门体统相称，一切读阅卷、考试等项俱不许仍袭师生之号。即乡会主考、同考，务要会集一堂，较阅试卷，公同商订，惟才是求，不许立分房名色。如扬榜后，有仍前认作师生者，一并重处不贷。尔部即通行严饬内外各衙门，务令恪遵，永绝朋党之根，以昭朕激劝群工，共还荡平至意。

正月癸亥 以礼部员外郎陈瑾为福建按察使司佥事，提调学政。

正月甲子 谕吏、礼、兵三部：我国家创兴，全赖治兵有法。今见八旗人民崇尚文学，怠于武事，以披甲为畏途，遂至军旅较前迥别。详究其源，皆由限年定额考取生童乡会两试即得升用，及各部院衙门考取他赤哈哈番及笔帖式哈番，徒以文字，由白身优擢六、七品官，得邀俸禄。未几，又升副理事、主事等官，得免从军之役。各部院衙门，一事数官，以致员缺居多，无不乐于部用。今后限年定额考取生童乡会两试俱着停止，各部院衙门取用人员不必分别满汉文学。初用授以笔帖式哈番，停其俸禄，照披甲例给以钱粮；任满三年，如果勤敏，该堂官详核，给以七品俸禄；再满三年，果能称职，升补他赤哈哈番。……其每牛录下子弟一人读书，仍遵前旨行，各部院衙门缺员即以读书子弟补用，不得取用闲散人。旧例官员遇恩诏及考满，俱得荫一子入监读书。如常令读书，补授文职者仍多，则止尚文学，不习武事。其荫人国子监读书各官子弟，尽行停止，令其学习武事，即于武职补用。自今以后，送监读书者暂行停止，俟太平之日仍照旧行。其考满各官作何加恩，该部酌量另行定议具奏。

正月庚午 礼部奏言，八旗考试进士、举人、生员业经奉旨停止。其平西等三藩及定南王、续顺公下属员子弟，向不分隶八旗。其应试与否，请旨定夺。得旨：着停止考试。

正月庚午 （礼部）又奏，蒙古官学生补用之缺少，应合两牛录出一人读书。汉军官学生或仍旧例，每牛录出二人读书，或因进士、举人、生员停其考试，视满洲例，每牛录止出一人读书。又国子监官监生，既令习学武艺，效力行间，先考取进士、举人、生员，或仍于部院衙门补用，或令行间效用。请旨定夺。得旨：先考取进士、举人、生员俱着停止，汉军官学生如满洲例，每牛录止出一人读书。

二月戊戌 赠故总督湖广、兵部右侍郎兼都察院右副都御史胡全才为兵部尚书，荫一子入监读书。

三月癸丑 以太祖太宗配享礼成，诸王群臣上表庆贺。是日，颁诏天下。诏曰……一、顺治十五年会试照丙戌科额取中进士四百名。……于戏！祀事孔修，答高厚生成之德；孝思用展，彰圣神作述之猷。洽万国之欢心，备一朝之盛典，布告天下，咸使闻知。

三月甲寅 定宁夏等卫儒学每科乡试另编字号，额中二名。

三月壬申 诏廷试贡生不必拟以通判用。裁去上上卷名色，所取上卷以知县用，中卷以州同、州判、县丞用。

四月丁亥 廷试贡生房之范等六百八十九名。

四月壬子 命左春坊左谕德余恂、兵科左给事中刘鸿儒为福建乡试主考官，户部郎中解元才、大理寺右评事罗光众为四川乡试主考官，兵部郎中刘润、行人司行人黄象雍为广东乡试主考官，刑部员外郎徐元珙、中书科中书舍人潘瀛选为广西乡试主考官。

四月己未 升礼部郎中朱廷瑞为河南按察使司佥事，提调学政。

六月丁亥 命左春坊左中允张瑞征、刑科给事中史彪古为浙江乡试主考官，右春坊右谕德王绍隆、吏科左给事中王益朋为江西乡试主考官。

六月乙未 命内翰林国史院检讨薛沄、礼科左给事中孙光祀为湖广乡试主考官，吏部考功司主事刘祚远、礼部祠祭司员外郎陈戬为陕西乡试主考官。

六月庚子 浙江巡抚陈应泰疏报，孝子宁波府鄞县生员范洪震，父病尝秽，告天愿以身代。母死，庐墓三年，克尽孝道。请照例旌表。章下所司。

六月辛丑 廷试就教岁贡生张三捷等四百六十六人。

六月癸卯 复设广东雷、连各猺峒社学一所、教读一名。

七月乙巳 命内翰林国史院侍讲方犹、弘文院检讨钱开宗为江南乡试主考官。谕曰：江南素称才数，今遣尔等典试，当敬慎秉公。倘所行不正，独不见顾仁之事乎？必照彼治罪，决不轻恕。尔等秉公与否，朕自闻知，岂能掩人耳目。尔其慎之。

七月丙午 谕礼部：江南省在明朝亦系直隶，故典试皆用词臣，今既改为省，以后着照浙江，一体题差。

七月己未 命吏部员外郎黄鈊、礼部主事丁澎为河南乡试主考官。

七月己巳 裁陕西西安辽学教官，以平西王属下生员停止考试也。

八月癸酉 命左春坊左庶子曹本荣、右春坊右中允宋之绳为顺天考试官。

八月乙亥 巡抚山东都察院右副都御史耿焞考满，加兵部右侍郎，荫一子入监读书。

八月丙子 巡抚宁夏都察院右佥都御史黄图安考满，加右副都御史，荫一子入监读书。

八月庚辰 旌表孝子浙江宁波府鄞县生员范洪震，给银建坊如例。

八月辛巳 礼部议覆，偏沅巡抚袁廓宇疏言，衡阳石鼓书院崇祀汉臣诸葛亮及唐宋臣韩愈、朱熹等诸贤，聚诸生讲学，其中延及元明不废，诚盛事也。值明末兵火倾圮，祀典湮坠。今抚臣袁廓宇倡率捐修，表章前贤，兴起后学。所请祀典，应查旧例，照常致祭。从之。

八月甲申 谕吏部：翰林院满洲、蒙古庶吉士着照常录用。

八月乙酉 兵部左侍郎原毓宗考满，加秩一级，荫一子入监读书。

八月丙戌 赠殉难山西陵川县知县李向禹为本省按察使司佥事，荫一子入监读书，祭葬如例。

九月壬子 授庶吉士王泽弘、邱象升、沈世奕俱为内翰林秘书院编修，刘芳躅、胡简敬、冯源济俱为内翰林弘文院编修，田逢吉、曹申吉俱为内翰林国史院编修，綦汝楫、陈敳永俱为内翰林秘书院检讨，田种玉、党以让、项景襄俱为内翰林弘文院检讨，邓种麟、秦松龄、范廷魁俱为内翰林国史院检讨。

十月乙亥 谕吏部：向来屡次考选，俱行取俸深保荐有司，其乙未科进士外任各员，因资俸在后，行取未及。今着于乙未科进士推官、知县内，详察年力精壮、能修职业者，行取来京，朕亲加考选酌用。尔部即遵谕行。

十月庚辰 遣内翰林秘书院侍读熊伯龙提督顺天学政。

十月己丑 吏部考功司主事刘祚远奏言，臣奉命典试陕西，行至潼关，有布政司人役孟经魁关说生员崔尔峨、高巍然、王溥各出千金，希图贿买举人，臣即时锁拿，发提学道审拟。伏乞敕下巡按御史严提究拟，以振法纪。得旨：着刑部差员役拿解来京，从重拟罪。

十月甲午 先是，刑科右给事中任克溥参奏，乡会大典，慎选考官，无非欲矢公矢慎，登进真才。北闱榜放后，途谣巷议，啧有烦言。臣闻中式举人陆其贤用银三千两，同科臣陆贻吉送考官李振邺、张我朴，贿买得中北闱之弊。不止一事。此辈弁髦国法，亵视名器，通同贿卖，愍不畏死。伏乞皇上大集群臣，公同会讯，则奸弊出而国法伸矣。事下吏部都察院，严讯得实。奏闻。得旨：贪赃坏法，屡有严谕禁饬。科场为取士大典，关系最重。况辇毂近地，系各省观瞻，岂可恣意贪墨行私？所审受贿、用贿、过付种种情实，可谓目无三尺。若不重加处治，何以惩戒将来？李振邺、张我朴、蔡元禧、陆贻吉、项绍芳，举人田耜、邬作霖俱着立斩，家产籍没，父母、兄弟、妻子俱流徙尚阳堡；主考官曹本荣、宋之绳着议处具奏。

十一月庚子　降左庶子曹本荣、右中允宋之绳五级，仍以本衙门用，以其为顺天主考，不能觉察同考官作弊也。

十一月己酉　谕礼部：国家登进才良，特设科目，关系甚重。况京闱乃天下观瞻，必典试各官皆矢公矢慎，严绝弊窦，遴拔真才，始不辱求贤大典。今年顺天乡试发榜之后，物议沸腾。同考李振邺等、中式举人田耜等贿赂关节，已经审实正法。其余中式各卷，岂皆文理平通，尽无情弊。尔部即将今年顺天乡试中式举人速传来京，候朕亲行覆试，不许迟延规避。

十一月丁巳　谕礼部：覆试今年顺天乡试中式举人，已有谕旨。如有托故规避不赴试者，即革去举人，永不许应考，仍提解来京，严究规避之由，尔部再速行传饬。

十一月癸亥　工科给事中阴应节参奏，江南主考方犹等弊窦多端，榜发后，士子忿其不公，哭文庙，殴帘官，物议沸腾。其彰著者，如取中之方章钺系少詹事方拱乾第五子，悬成、亨咸、膏茂之弟，与犹联宗有素，乃乘机滋弊，冒滥贤书。请皇上立赐提究严讯，以正国宪，重大典。得旨：据奏，南闱情弊多端，物议沸腾，方犹等经朕面谕，尚敢如此，殊属可恶。方犹、钱开宗并同考试官俱着革职，并中式举人方章钺，刑部差员役速拿来京，严行详审。本内所参事情及闱中一切弊窦，着郎廷佐速行严察明白，将人犯拿解刑部。方拱乾着明白回奏。

十二月壬申　刑科右给事中朱绍凤劾奏，河南主考官黄釒必、丁澎进呈试录、四书三篇，皆由己作，不用闱墨，有违定例。且黄釒必服官向有秽声。出都之时，流言啧啧；及入闱，又挟恃铨曹，恣取供应。请敕部分别处分。得旨：黄釒必着革职，严拿察究。丁澎亦着革职察议。

十二月乙亥　詹事府少詹事方拱乾回奏，臣籍江南，与主考方犹从未同宗，故臣子章钺不在回避之例，有丁亥、己丑、甲午三科齿录可据。下所司察议。

十二月丁丑　吏部议奏，顺天主考曹本荣、宋之绳以同考官二员互阅《春秋》、《礼记》，有违定例，应革职。上以其侍从讲幄日久，宽宥之。

顺治十五年（1658年）

正月庚子　上以皇太后圣体康豫，颁诏大赦天下。诏曰：帝王以孝治天下，莫大乎事亲，必福寿康宁，而人子之欢心始畅。近者圣母昭圣慈寿恭简安懿章庆皇太后圣体违和，朕夙夜恭事，忧念实深。幸赖我皇太后懿德素昭，弘庥克迓，仰荷天地祖宗眷佑，今已大安。朕心慰悦，率土同欢，遘兹莫大之嘉祥，宜布非常之恩赦。应行事款，开列于后。……一、自顺治十五年正月初三日昧爽以前，凡官吏兵民人等有犯除谋反叛逆，子孙杀祖父母、父母，内乱妻妾杀夫、告夫，奴婢杀家长、杀一家非死罪三人，采生折割人，谋杀，故杀，蛊毒、魇魅、毒药杀人，强盗，妖言十恶等真正死罪不赦外，及贪赃、侵盗钱粮、漕粮、审事徇情、举劾不公、阅卷有弊、科场作弊及投认师生亦在不赦外，其余死罪以下，已发觉、未发觉，已结正、未结正咸赦除之，有以赦前事告讦者，不与审理，以其罪罪之。……于戏！慈闱介祉，绵鹤算于万年；海宇蒙禧，霈鸿恩于九有。播告中外，咸使闻知。

正月甲寅　　上亲覆试丁酉科顺天举人。面谕之曰：顷因考试不公，特亲加覆阅。尔等皆朕赤子，其安心毋畏，各抒实学。朕非好为此举，实欲拔取真才，不获已尔。众皆顿首称万岁。

正月甲寅　　谕礼部：朝廷选举人才，科目最重，必主考、同考官皆正直无私，而后真才始得。昨因乡试贿赂公行，情罪重大，已将李振邺、田耜等特置重辟，家产籍没。今会试大典，尤当慎重。考试官、同考官及天下举人，若不洗涤肺肠，痛绝情弊，不重名器，不惜身命，仍敢交通嘱托，贿买关节等弊，或被发觉，或经科道指参，即将作弊人等俱照李振邺、田耜等重行治罪，决不姑贷。尔部即刊刻榜文，遍行严饬，使知朕取士厘奸至意。

正月甲子　　巡抚南赣都察院右佥都御史佟国器考满，加都察院右副都御史衔，荫一子入监读书。

二月庚午　　礼部磨勘丁酉科乡试朱卷，劾奏违式各官。河南省考试官黄鈊、丁澎用墨笔添改字句；山东省同考官、同知袁英，知州张锡怿，知县唐瑾、吴暹、何铿、章贞用蓝笔改窜字句；山西省考试官匡兰馨、唐赓尧批语不列衔名，俱属疏忽。得旨：俱着革职逮问。

二月庚午　　掌河南道御史上官鉝劾奏，江南省同考官、舒城县知县龚励出闱后，被诸生所辱，事涉可疑。又有中式举人程度渊者，啧有烦言，情弊昭著，应详细磨勘，以厘夙奸。得旨：严察逮讯。

二月戊寅　　授假满翰林院庶吉士宋德宜为内翰林秘书院编修。

二月庚辰　　谕礼部：前因丁酉科顺天中式举人多有贿买情弊，是以朕亲加覆试。今取得米汉雯等一百八十二名，仍准会试；苏洪浚、张元生、时汝身、霍于京、尤可嘉、陈守文、张国器、周根部等八名文理不通，俱着革去举人。尔部即传谕行。

二月癸未　　命内翰林国史院大学士傅以渐、秘书院学士李霨为会试考官。

二月甲申　　初，刑部左侍郎杜立德劾内院学士胡兆龙罔上行私，目无功令，权势倾人。甲午中一弟兆麟，今科中一弟兆凤，都城有“一龙当道，麟凤齐鸣”之谣。兆龙因臣同满汉官审理科场弊端，恐难自掩，乃借端陷害，以臣弟立本等业师朱以忠回家自缢，兆龙主使朱持正、朱敦厚等告讦，又首传连名帖，为朱姓请托，令吏部侍郎王崇简、内院侍读张永祺署名，巧行诬害。并乞睿鉴，以儆权邪。奉旨：着兆龙、崇简回奏。寻，兆龙、崇简回奏辩白，永祺亦疏奏，并无传帖署名事。于是下吏部察议。寻议，立德参款不实，妄行渎奏，应革职，援赦宽免。从之。

二月甲申　礼部议覆，福建道御史赵祥星疏言，会试大典，剔弊宜严。第一场《四书》、《五经》题目，请钦定密封送入内帘，刻印颁发。其二、三场题目，体裁既繁，仍责令主考官照例拟出。得旨：第一场《四书》题目，候朕颁发，余着考试官照例出题。

二月丙戌　上以钦定会试《四书》题三道，遣官赍示主考官刊发士子。

二月丙申　礼部议覆，湖广道御史上官鉝疏言，江南新榜举人，啧有烦言，应照京闱事例，请皇上钦定试期，亲加覆试，以核真伪。至直省士子云集，闱务不便久稽，其江南新科举人，应停止会试。从之。

三月己亥　经筵日讲官、内秘书院学士李霨考满，加一级，荫一子入监读书。

三月乙巳　礼部奏言，自元年以来，殿试中式举人俱在天安门外。臣等伏思，临轩策士，大典攸关，应于太和殿前丹墀考试。报可。

三月庚戌　上亲覆试丁酉科江南举人。

三月乙卯　降礼科右给事中金汉鼎二级调用，以其不能摘发科场奸弊也。

三月戊午　谕礼部：前因丁酉科江南中式举人情弊多端，物议沸腾，屡见参奏，朕是以亲加覆试。今取得吴珂鸣三次试卷，文理独优，特准同今科会试中式举人一体殿试。其汪溥勋等七十四名仍准作举人。史继佚、詹有望、潘之彪、洪济、黄枢、秦广之、陈溯潢、许允芳、张允昌、何亮功、何炳、曹汉、马振飞、朱扶上、万世寯、黄中、董粤固、韩揆策、谢金章、许凤、杨大鲲、周篆、沈鹏举、史奭等二十四名亦准作举人，罚停会试二科。方域、林大节、杨廷章、张文运、汪度、陈珍、华廷樾、顾元龄、刘师汉、夏允光、程牧、孙弓安、叶甲、孙长发等十四名文理不通，俱着革去举人。尔部即传谕行。

三月壬戌　命大学士觉罗巴哈纳、额色黑、成克巩，学士折库讷、李霨、王熙，詹事府詹事沙澄，吏部右侍郎郝惟讷，户部尚书孙廷铨，左侍郎王弘祚，刑部左侍郎杜立德、工部尚书卫周祚，都察院左都御史魏裔介，大理寺少卿高辛允为殿试读卷官。

四月戊辰　殿试天下贡士。制策曰：朕惟唐虞三代，民风朴茂，海宇乂安，人无偏陂之心，俗跻雍熙之盛，率性而遍德，训行而近光，涵濡于道德仁义之中，驯致刑措不用，何治之隆也。朕孜孜求治，夙夜不遑，十有五年于兹矣。乃休养多方，而闾阎未宁干止；训迪日久，而群黎未睹维新。表章经术之令虽殷，而博通经学者尚寡；明慎用刑之念虽切，而自干法网者犹多。岂人心之尽不古若欤？抑奉行者未得其实也？今欲使兆庶遂生乐业，咸得其所，庶几衣食足而礼义兴，人心协正，风俗还淳，敦尚经学，而修明性道。君子怀刑，小人亦耻犯法，俾隆古之上理再见于今日，何道而可？尔诸士其各抒夙抱，详切敷陈，勿得剿袭浮泛，朕将采择焉。

四月辛未　赐殿试贡士孙承恩等三百四十三人进士及第出身有差。

四月癸酉　上御乾清门，选庶吉士毕。谕诸进士曰：朕屡重试典，严除弊窦者，实欲得真才而用之耳。今朕将尔等详加考试，冀得真才，其中能读书者已选庶吉士，余各照应得品级授职。尔等服官，必效力王家，殚心民社，以尽忠荩，庶不负朕屡次召见简用之至意，亦无忝尔等父母教育之劬劳也。尚其勉之。

四月辛巳　太子太保、大学士成克巩、傅以渐考满，各加少保，荫一子入监读书。

四月辛巳　谕内院：朕惟庶常之选，所以储养人才，允宜慎重，故详加简阅，亲行考试。兹取马晋允、杨正中、王遵训、吴珂鸣、富鸿业、郭谏、王吉人、俞之琰、王封溁、王于玉、山西泽州人陈敬、沈振嗣、萧惟豫、彭之凤、王曰高、谭篆、田麟、殷观光、邹度珙、王扬昌、吕显祖、王钟灵、陆懋廷、徐臻、熊赐履、熊赐玙、李天馥、项嘉、张贞生、崔蔚林、吴本植、直隶通州人陈敬三十二人，俱为庶吉士，即传谕吏部遵行。

四月辛巳　命学士折库讷、常鼐、李霨、王熙教习庶吉士。

四月辛巳　廷试就教举人史起贤等二百六十九名，恩拔岁贡生冯登鳌等七百五十四名。

四月丙戌　谕吏部：设科取士，原为授官治民，使之练习政事。向例二甲授京官，三甲授外官。同一进士顿分内外，未习民事遽任内职，未为得当。今科进士除选取庶吉士外，二甲、三甲俱着除授外官，遇京官有缺，择其称职者升补，着永着为例。应如何分别选授，尔部详议具奏。

四月丁亥　礼部更定科场条例。一、解卷迟延，司府官每十日罚俸两月。如系解役耽阁者，另行治罪。一、磨勘试卷，字句可疑，一卷，主考官罚俸九月，同考官降三级；二卷，主考官罚俸一年，同考官降四级；三卷，主考官降一级，同考官革职提问；四卷，主考官降二级；五卷，主考官降三级；六卷，主考官革职；七卷，主考官革职提问。一、文体不正，一卷，主考官罚俸六月，同考官降一级；二卷，主考官罚俸九月，同考官降二级；三卷，主考官罚俸一年，同考官降三级；四卷，主考官降一级，同考官革职；五卷，主考官降二级，同考官革职提问；六卷，主考官降三级；七卷以上主考官革职。一、举子试卷字句可疑，文体不正者，俱褫革；有蒙词累句者，罚停会试二科；不谙禁例者，罚停会试三科。一、用墨笔、蓝笔添改字句者，主考官降三级；其同经共阅，查系何官笔迹，亦降三级；同阅官降一级。一、卷面主考官列名注批外，同考官俱叙品级列衔。违式者，主考官降一级。一、取中卷内二、三场，同考官蓝笔不全点阅，各降一级，主考官罚俸一年；副榜卷不全点阅，同考官各罚俸一年，主考官罚俸九月。一、程文用诸生原墨，稍加裁定，各考官轻率改作者，降三级。一、朱卷应先填举子名次，后填姓名，墨卷虽有姓名，亦应填写名次。违者，主考官降一级。一、墨卷错落及违式应贴不贴者，受卷官降一级。本生文内笔误一二字，不碍禁例者，罚停会试一科；错落题目者，罚停会试二科；其文内有不谙禁例，字句稍涉可疑者，罚停会试三科。

一、誊写错落数行者，对读任错不改者，誊录、对读官各罚俸九月。一、对读向用蓝笔，今改用黄笔。违者官降一级，对读生员黜革。议。上从之。

四月己丑　　谕内三院：翰林各官读书作文，是其职业。不加考试，何以分优劣，别勤惰。除三衙门学士外，其余翰林官员，朕将亲行考试。应用等项，俱照例备办。

四月辛卯　　谕刑部等衙门：开科取士，原为遴选真才，以备任使，关系最重，岂容作弊坏法？王树德等交通李振邺等贿买关节，紊乱科场，大干法纪，命法司详加审拟。据奏，王树德、陆庆曾、潘隐如、唐彦曦、沈始然、孙旸、张天植、张恂俱应立斩，家产籍没；妻子、父母、兄弟流徙尚阳堡。孙珀龄、郁之章、李倩、陈经在、邱衡、赵瑞南、唐元迪、潘时升、盛树鸿、徐文龙、查学诗俱应立斩，家产籍没。张旻、孙兰茁、郁乔、李苏霖、张秀虎俱应立绞。余赞周应绞，监候秋后处决等语。朕因人命至重，恐其中或有冤枉，特命提来亲行面讯。王树德等俱供作弊情实，本当依拟正法，但多犯一时处死，于心不忍，俱从宽免死，各责四十板，流徙尚阳堡，余依议。董笃行等本当重处，朕面讯时，皆自认委系溺职，姑着免罪，仍复原官。曹本荣等亦着免议。自今以后，凡考官、士子须当恪遵功令，痛改积习，持廉秉公，不得以此案偶蒙宽典，遂视为常例，妄存幸免之心。如再有犯此等情罪者，必不姑宥。尔等衙门即行传谕。

四月辛卯　　户部左侍郎李呈祥考满，荫一子入监读书。

五月丁酉　　礼部议覆，科臣王命岳疏言，贡途壅滞，应暂停恩拔选贡生。至考取知县，宜先期点定阅卷官，倍加关防。又于常试题目外，量加策论一道，以尽所长。从之。

五月甲辰　　吏部遵谕议奏，向例新科进士授职，内则主事、中行评博，外则知州、推官、知县，皆照甲第，分别除授。今既不分二甲、三甲俱选外官，恐数年后，遂无应补中行等官。今议，除候选者补完外，遇有中行等官缺出，亦于推知内俸深有荐者升转。如遇五部主事一同出缺，先尽升主事，次升中行评博。从之。

五月丙午　　升国子监司业图尔哈图为国子监祭酒。

五月戊申　　谕吏部：……会试、乡试斟酌旧例，量减额数。旧例，举人会试三科乃准拣选，就教者不拘年分，今将远省举人酌议仍旧。其余直隶近省举人，会试五科方准拣选，会试三科方准就教。各项贡监已考定职衔者，过堂之时，满汉公阅。察其年力衰老者，照遥授职衔例，给与顶带，不必除授。此外有因难于久候，情愿告降者，许呈明察准。嗣后，除岁贡照旧外，其余贡监考职，每百名止取正印八人，余俱以州县佐贰用；告降遥授俱照旧例行。吏员初选，止与九品以下职衔，不得越授。至于奸吏作弊，责成司官按日清察，堂官不时稽核。如司官不行举发，即治以通同作弊之罪。堂官不能觉察，即治以徇庇之罪。此外吏胥情弊，尚有何法穷诘，选人考授，更当如何变通，着会同九卿、詹事、科道一并详议具奏。

五月戊申　　年来钱粮匮乏，屡经会议，未能实济急需，皆由费用繁多，积弊未革。……或乡绅及其子弟、举贡、生员、土豪隐占地亩，抗不纳粮，或畏惧豪强不敢征比等项情弊，务期察明惩治。……着会同九卿、詹事、科道详议具奏。

五月辛亥　九卿、詹事、科道会议刑部条奏四款。……一、除官员、武进士、武举及兵丁、应捕人役准其乘马外，其马印烙拴带木牌，民间乘马永行停止，违者责四十板，马入官。从之。

五月壬子　九卿、詹事、科道遵旨会议铨法事宜。……会试进士每科三百名，应酌减一百名。其乡试举人，照各省额数减半。以上各款，并举人拣选就教、贡监除授考职、吏员援纳职衔、吏胥作弊、堂司连坐数事，俱遵旨行。……至于变通选人考授之法，举人已经考定职衔、见在候选者，除远省照旧选授外，其直隶近省地方，亦照拣选例，自中举年计算，系已过五科者，许其取选；如未及五科者，不许取选，发回会试；五科不第后，许照原定职衔补用。贡生已经考定职衔、见在候选者，亦应照举人就教例，自起贡年计算，系已过三科者，许其取选；如未及三科者，发回科举；三科不第后，许照原定职衔补用。其未考职贡生照此例行。奏入。得旨：督抚按荐举，原因吏治为据，因地限人，是否妥便？乡会试减去额数，多寡未均，俱着再行确议具奏。余俱依议行。

五月庚申　九卿、詹事、科道会议国子监条奏三事。修理文庙已奉谕旨，其饮食供给，掌馔官员俟庙舍修完日，以次渐复。至书籍关系文教，今监中缺少，应敕直省学臣广搜送部。其《十三经》、《二十一史》等书监板尚存，如有残缺即如式修补，俟成时各印一部收藏监内，俱翻译清书，以昭同文之盛。至选择岁贡，应于该部过堂时，详察青年者方准送监。从之。

五月甲子　谕吏部：金汉鼎前因失参科场情弊，已经降处，念董笃行等俱已复职，金汉鼎亦着复原官。

五月丙寅　授一甲第二名进士孙一致为内翰林弘文院编修，第三名进士吴国对为内翰林秘书院编修。时一甲第一名进士孙承恩缘其弟旸科场事，候部查议，故未授职。

五月丙寅　内院会同吏、礼二部议覆，科臣王命岳疏言，恩拔选贡各途已经暂行停止，惟有功贡、准贡，虽为数不多，亦宜停止；至副榜贡应照旧额解卷，与中式者一体磨勘，准为贡生，俟三科不第后方准考职。从之。

五月丙寅　吏部议覆，御史石维昆疏言，各衙门观政进士听堂官约束，习学政务，久已遵行，无容再议？得旨：进士观政原以习学政务，正当严饬实行，何得但云无容再议？常见覆奏本章多用此语，皆不肯实心详议，只图苟且了事，甚属不合。着再议。

六月丁卯　停直省科试，录取儒童以三年为率，随岁试考取。从御史白尚登条奏也。

六月辛未　一甲一名进士孙承恩坐胞弟旸科场事，应连坐流徙，上特宥之。

六月辛巳　归并宣、大二镇学政于山西提学道管理。

六月辛巳　改宣府生员附山西乡试，中额仍照顺天例。

六月辛卯　授一甲第一名进士孙承恩为内翰林国史院修撰。

七月己亥　裁宣大总督及巡漕御史，停督抚年终荐举及内外文武四品以上官送子弟入监。从内院大学士觉罗巴哈纳等请也。

七月甲辰　户部左侍郎王宏祚考满，加一级，荫一子入监读书。

七月己酉　裁国子监八旗汉书教习四员，汉博士一员，助教四员，学录二员。

七月戊午　更定乡会试额数，减其半。

七月辛酉　刑部议，河南主考黄鈊、丁澎违例更改举人原文作程文，且于中式举人朱卷内用墨笔添改字句；黄鈊又于正额供应之外，恣取人参等物。黄鈊应照新例籍没家产，与丁澎俱责四十板，不准折赎，流徙尚阳堡。议，上命免鈊、澎责，如议流徙。

七月甲子　廷试就教岁贡生江元驭等六百二十一人。

九月甲辰　内阁奏言，内三院既改为内阁，旧例止会同吏、礼二部阅廷试贡生及考序教职卷，其考授有司职衔，事属吏部，臣等例不应与。从之。

九月乙巳　命学士王熙、艾元征为武会试主考官。

九月壬子　命学士艾元征教习庶吉士。

十月癸酉　兵部督捕右侍郎霍达考满，加兵部尚书，荫一子入监读书。

十月癸酉　兵部遵旨议，武殿试读卷、传胪仪注俱照文场例。报可。

十月戊寅　以保和殿大学士额色黑、成克巩，文华殿大学士蒋赫德，武英殿大学士胡世安，东阁大学士李霨，学士胡兆龙、王熙、艾元征，吏部尚书孙廷铨，礼部尚书王崇简，刑部尚书白允谦，刑部左侍郎杜立德充武殿试读卷官。

十月己卯　赐殿试武举刘炎、张国彦、贾从哲等进士及第出身有差。

十月庚辰　赠殉难浙江黄岩县知县刘登龙本省按察使司佥事，荫一子入监读书。

十月壬午　宴武进士刘炎等于兵部。

十月甲申　吏部议覆，都察院左都御史魏裔介疏言，新科进士钱元修系钱开宗之子。当春仲入场之时，正开宗逮审之日。元修知有科名，不知有父，明系不孝，应革职。从之。

十一月壬子　谕刑部：江南乡试作弊一案，奉旨严审，已经一年。尔等至今并未取有供招，拟罪具奏，明系故为耽延，希令遇有机缘，以图展脱。其中岂无情弊，尔等作速明白回奏。

十一月辛酉　刑部鞫实江南乡试作弊一案。正主考方犹拟斩，副主考钱开宗拟绞，同考试官叶楚槐等拟责遣尚阳堡，举人方章钺等俱革去举人。疏入，得旨：方犹、钱开宗差出典试，经朕面谕，务令简拔真才，严绝弊窦，辄敢违朕面谕，纳贿作弊，大为可恶。如此背旨之人，若不重加惩治，何以儆戒将来？方犹、钱开宗俱着即正法，妻子家产，籍没入官。叶楚槐、周霖、张晋、刘廷桂、田寯民、郝惟训、商显仁、李祥光、银文灿、雷震声、李上林、朱建寅、王熙如、李大升、朱莅、王国桢、龚勋俱着即处绞，妻子家产，籍没入官。已死卢铸鼎，妻子家产亦着籍没入官。方章钺、张明荐、伍成礼、姚其章、吴兰友、庄允堡、吴兆骞、钱威俱着责四十板，家产籍没入官，父母、兄弟、妻子并流徙宁古塔。程度渊在逃，责令总督郎廷佐、亢得时等速行严缉获解，如不缉获，即伊等受贿作弊是实。尔部承问此案，徇庇迟至经年，且将此重情，问拟甚轻，是何意见？着作速回奏。余如议。

十二月丙寅　降山西考试官匡兰馨、唐赓尧，山东同考试官唐瑾、何铿、吴暹、章贞各三级调用，以其于中式举人卷面不列官衔，又添改卷内字样也。

十二月丙寅　归并山东平东二卫学于聊城学。

十二月己巳　谕翰林院：庶吉士孙承恩等俱经简拔，特命习学清书，以备任用，自当尽心肄业。今加考试，熊赐玙、萧惟豫、王于玉、孙承恩、邹度珙、张贞生、殷观光、陈敬、熊赐履、宋德宜清书俱未习熟，若不罚惩，何以励其将来？着各罚俸一年。

十二月甲戌　归并四川松潘卫学于茂州学。

十二月戊寅　以户部主事王同春为江南按察使司佥事，提调上江学政；刑部员外郎王发祥湖广按察使司佥事，提调湖北学政；胡在恪为江南按察使司佥事，提调下江学政；督捕主事李馥为江西按察使司佥事，提调学政。

十二月戊寅　赠殉难陕西秦安县知县周盛时为本省按察使司佥事，荫一子入监读书。

十二月己卯　赠故内弘文院掌典籍事、太常寺卿王钟庞为通政使司通政使，荫一子入监读书。

十二月壬午　裁江西靖安、武宁、萍乡、峡江、龙泉、永宁、泸溪、玉山、兴安、安仁、安义、瑞昌、南康、上犹、崇义、兴国、石城，陕西西安府、乾州、华阴、兴平、高陵、鄠县、醴泉、武功、同州、澄城、潼关卫、耀州、咸阳、邠州、淳化、三水、蓝田、商州、鄜州、平凉府、华亭镇、原灵台、平凉、庆阳府、宁州、麟游、汧阳、郿县、沔县、宁羌州、文县、洵阳县、岷州卫、靖远卫儒学训导各一员。

十二月丁亥　先是，刑部诸臣遵旨回奏，审江南乡试作弊一案，耽延情由，下吏部议。至是，吏部议，尚书图海、白允谦，侍郎吴喇禅、杜立德，郎中安珠护、胡悉宁，员外郎马海，主事周明新等谳狱疏忽，分别革职，革前程并所加之级，仍罚俸。疏入。得旨：图海等本当依议，姑从宽免革职，着革去少保、太子太保并所加级，其无加级者着降一级留任。

顺治十六年（1659年）

正月乙巳　裁直隶深泽、涞水、灵寿、无极、新河、高邑、临城、赞皇、唐山、内邱、鸡泽、清河、大名、唐县各儒学训导。

正月乙巳　允庶吉士陈敬奏请，更名廷敬，以与直隶庶吉士陈敬同名故也。

正月庚戌　吏部左侍郎郝惟讷考满。荫一子入监读书。

二月丙寅　裁江南望江、铜陵、东流、繁昌四县儒学训导各一员。

二月庚午　谕礼部：云贵新经内附，地方绥辑需人，见在候选各员尚不足用，应预为甄取，以备任使。着于今秋再行会试，尔部即通传谕遵行。

二月癸未　谕吏部等衙门：前因王永吉好胜沽名，故降级示抑，使省改自新。不意遽婴疾奄逝，朕甚悼焉。念其服官有年，勤劳素著，宜加旷典，以昭优恤之意。特赠少保兼太子太保、吏部尚书，照一品例给与祭葬，立碑，仍荫一子入监读书。尔部即遵谕行。

三月己未　内阁奏言，内三院既改为内阁，另设翰林院。查旧例，各有分管职掌，今再行详酌。及应归各衙门者分列款项，奏请内阁职掌。……一、考选庶吉士。一、开列教习庶吉士职名，送内阁具题。一、纂修翻译各项书史。一、开列纂修职名，送内阁具题。一、凡会试、乡试及武会试主考，开列职名，送该部具题。一、撰拟、封赠、诰敕、开列翰林官职名，送内阁具题。一、题补翰林官员及差遣、俸满、丁忧、给假等项，行文各部。一、侍直。一、侍班。一、扈从。一、贴黄。一、修玉牒。一、捧敕书。一、教内书堂。一、上陵。一、分献。一、册封。一、赍诏。应归各该衙门职掌。一、会试。一、殿试。一、廷试举贡。一、册封事宜。以上四项俱应归礼部。一、撰拟印信关防字样，文官应归吏部，武官应归兵部。从之。

闰三月辛未　裁直隶房山、良乡、永清、东安、香河、三河、遵化、密云、平谷、卢龙、迁安、抚宁、乐亭、南皮、庆云、山海，江南江浦、六合、舒城、庐江、英山、霍山、临淮、怀远、定远、五河、虹、蒙城、霍邱、灵璧、颍上、太和、来安、清河、桃源、沭阳、赣榆、宿迁、睢宁，浙江于潜、昌化、孝丰、象山、仙居、武义、汤溪、江山、分水、泰顺、青田、遂昌、龙泉、庆远、云和、宣平、景宁，四川阆中、苍溪、南部、广元、昭化、通江、南江、梓潼、南充、西充、营山、仪陇、渠、平武、盐亭、蓬溪、安、汶川、保、东乡，河南省内乡各县卫儒学训导。

闰三月丙子　都察院左都御史魏裔介条陈四事。一曰国子监系学校重地。果有高贤硕德、堪为师表者，宜隆其品秩，久任以责成功。……疏入。得旨……着详议以闻。

闰三月戊子　上复亲试江南举人。

四月壬辰　以兵部主事马之驶为陕西按察使司佥事，提调学政。

四月己亥　谕礼部：此次覆试之江南丁酉科举人第一名叶方蔼至第七十名程秸俱准作举人。内陈溯潢、潘之彪、曹汉、杨兆皋、洪济、杨大鲲、黄枢、万世寯、黄中、何亮工、何炳、沈鹏举、张允昌前经罚科，今俱免罚，准其会试。第七十一名王克巩至第九十名杜瑜亦准作举人。内许允芳、秦广之、马振飞、史奭、周篆、许凤、谢金章、史继佚仍照前罚停会试二科，吴维骏、董粤固、宗书、俞振奇、詹有望、李煜、张仲馨、韩揆策、王淳中、朱扶上亦准作举人，俱着罚停会试二科。

四月辛丑　礼部议覆，科臣杨雍疏言，学臣为士子师表，自当督率教官，训饬士子，此后劣生犯事，经教官举报、学道不尽法惩处者，被抚按纠参，照教官例，一名以上罚俸六月，三名以上罚俸一年，五名以上降职一级，七名以上革职。从之。

四月壬寅　礼部奏，廷试贡生，请内阁同吏、礼二部照旧公同出题阅卷。得旨：内阁职掌已经分定，此廷试贡生不必与。

五月壬午　授一甲一名武进士刘炎副将品级，二名武进士张国彦参将品级，三名武进士贾从哲游击品级，二甲、三甲武进士缴应善等守备品级，仍随侍卫学习。

五月壬午　　贵州巡抚赵廷臣疏言，贵州古称鬼方。自大路城市外，四顾皆苗。……今后土官应袭、年十三以上者，令入学习礼，由儒学起送承袭。其于属子弟愿入学者听，补廪科贡与汉民一体仕进，使明知礼义之为利，则儒教日兴，而悍俗渐变矣。……惟睿鉴敕部覆行，下所司议。

六月戊子　　武英殿大学士胡士安考满，加少傅兼太子太傅，赐羊酒，荫一子入监读书。

六月癸巳　　赠殉难光禄寺卿邬象鼎妻祝氏，以子作霖科场犯法，氏应流徙。氏以老病叩阍，上特宥之。

六月辛丑　　礼部议覆，偏沅巡抚袁廓宇疏言，五寨界接苗猺，向事诗书，今更向化归诚，应准照旧例设学。考取童生七名，廪生六名，增广生八名，科举三名，出贡年分俱照各县事例，两年一贡。从之。

六月甲辰　　礼部议覆，礼科给事中杨雍建奏言，会试之期，请禁私谒，定首告，以绝奸弊。应如所奏，严加禁饬。得旨：会试举人场前投递诗文，干谒京官，最为可恶。以后有犯者，着革去举人，下刑部究拟。京官不行举首，事发一体重治。科场关节，出名告发，授受有据者，着照丁酉科南、北两闱例重处，如系诬告、反坐，尔部即严行申饬。

七月壬戌　　都察院左副都御史袁懋功奏言，用人之途，文武并重，直隶文场合八府之士于顺天府而汇试之，乃武场在内者，兵部主之；在外者，巡抚主之。一事两分，与文场殊异。请于八府武生乡举之年，令各道臣试其弓马、策论，合式者册送按臣，按臣汇送兵部，合试于京师。其试录亦如文场进呈御览，以重大典。上是其言，下所司详议。

七月壬午　　裁广东龙门、从化、新安、新宁、清远、阳山、连山、乐昌、仁化、乳源、翁源、和平、永安、长宁、大埔、惠来、普宁、平远、广宁、封川、开建、恩平、开平、信宜、吴川、石城、遂溪、徐闻、灵山、会同、乐会、定安、感恩、昌化、陵水、东安、西宁，江南砀山各县儒学训导。

七月壬午　　户部仓场侍郎林起龙考满，荫一子入监读书。

七月戊子　　定顺天府进取儒童额二十五名，大兴、宛平二县各二十名。

八月庚寅　　兵部议覆，左副都御史袁懋功疏言，直隶八府武生与京卫武生，总属畿辅人才，允宜归并合试。其中额应酌量共取二百名，京卫武生一百名，外州县卫所武生一百名，用翰林官二员为主考，小京职四员为同考官，顺天府堂官为提调，御史二员为监试。其头场、二场监射马步箭，考验技勇，仍照旧例，臣部满汉右侍郎考试。报可。

八月癸巳　　命大学士刘正宗、卫周祚为会试主考官。

九月辛未　　命大学士觉罗巴哈纳、额色黑、成克巩、胡世安，学士布颜、折库讷、白色纯、胡兆龙、艾元征、王熙，吏部尚书孙廷铨，侍郎石申，户部侍郎林起龙，兵部督捕侍郎霍达为殿试读卷官。

九月癸酉 殿试天下会试中式贡士朱锦等。制策曰：古帝王平治天下，必政教修明，然后海宇宁谧。顾宣猷熙绩，端藉臣邻，故以庶政分任庶官，俾六府孔修，百工时叙，郅隆之理，朕甚慕焉。朕承天眷命，抚御万方，十有六年于兹，所期共襄政治者，内则责之六卿，外则责之督抚，简任既慎，倚毗殊殷，乃近见内外诸臣，或怀私自便，或持己乖方，或推诿以即安，或迂疏而寡效，以致庶务未修，民生未遂。语云：大臣不法，则小臣不廉。兹欲使正己率属，实心任事，何道而可？至于守令各官，亲民最切，抚字催科，皆其专责，何以兼尽无扰，以称循良教化，为朝廷首务。刑法乃民命攸关。朕嘉惠斯民，念深怀保，欲端风俗，则广励之事何先？欲致祥刑，则明允之道奚若？尔诸士经术夙娴，思展蕴抱久矣，行将登尔于朝，分职授政，其各抒所学，著之于篇，毋拘毋袭，直言无隐，朕将亲览焉。

九月癸酉 裁江西袁州、建昌、宁州、奉新各儒学训导。

九月乙亥 上御太和殿。传胪。赐会试中式贡士陆元文等进士及第出身有差。

九月乙亥 谕兵部：国家用人文武并重，今年文闱已再行会试，至将材为诘戎饬备所需，亦宜预储，以备任使。着于明年令天下武举亦再行会试，其举行月日，尔部即行议奏。

九月己卯 谕翰林院：考选庶常，原以作养人才，朕今详加简阅，亲行考试。新科进士朱训诰、陈景仁、钟朗、周训成、李为霖、周灿、金国用、郑日奎、马大士、曹鼎望、周渔、王勖、刘如汉、蒋绘、李平、陈元、陈志纪、翟世琪、罗继谟、赵济美、张玮、郑端、管恺、苏宣化、王追骐、杨维乔、郑为光、杨大鲲、刘雯旷、朱之佐、朱锦、戈英、唐寅清、刘元勋、詹养沉、翟延初、卢乾元、蒋弘道、宁尔讲、赵之符、周之麟共四十一名，俱着改为庶吉士，尔衙门即传谕吏部遵行。

九月己卯 宴赉殿试读卷官、各执事官及诸进士如例。

九月壬午 谕翰林院：今科庶吉士新经选取，且各衙门办事正在需人。戊戌科庶吉士宜加任用，着开列职名具奏。应留翰林院及应别衙门用者，候朕裁定，其留翰林院者，仍着照例读书。

九月壬午 一甲一名进士陆元文率诸进士上表谢恩。

九月癸未 命学士折库讷、胡兆龙、王熙、艾元征教习庶吉士。

十月癸巳 谕吏部：朕亲考试翰林，庶吉士熊赐履、谭篆、富鸿业、萧惟豫、张贞生、熊赐玙、邹度珙、陆懋廷、马晋允、崔蔚林俱着照例授为编修、检讨，王遵训、田麟、彭之凤、俞之琰、王封溁、郭谏、陈廷敬、王曰高、吴本植、宋德宜、王扬昌、杨正中、王钟灵、孙一致、李天馥、王吉人、吕显祖、吴珂鸣俱着照旧教习，陈敬、殷观光习学清书日久，文义荒疏，足见平日全不用心，殊不称职，俱着革退，永不叙用。

十月癸巳 吏部尚书孙廷铨奏言，学差应停考试，仍照旧例，于甲科出身各官中，内而部郎，外而府道，按其俸荐，随时遇缺升补，似直捷易行，可以久远无弊。得旨：学臣关系人才，推补理宜慎选，此奏事属可行，着详察事例，酌议妥确具奏。

十月乙未　湖广巡按李廷松疏报，节妇湖广孝感县生员熊祚延妻李氏，年二十七，夫殁，子俱在襁褓。氏毁形矢志，冰霜自励，教子赐履成进士，请照例旌表。下礼部议。

十月己亥　吏部奏言，己亥科进士，除选庶吉士外，应照等第除授知州、推官、知县。得旨：进士初授知州，品级太悬，着俱以推官、知县用，永着为例。

十月己酉　授一甲第一名进士陆元文为翰林院修撰，第二名鲍亦祥、第三名叶方蔼俱为翰林院编修。

十月丙辰　谕翰林院：自乙未科以后，所选翰林庶吉士令习清书，俱期有裨实用，恐其自谓已熟，将向来所习，或致遗忘，朕今先加考试一次。以后翰林院堂官仍不时考课，务令纯熟，副朕简拔之意。

十一月甲申　礼部议覆，礼科右给事中杨雍建疏言，滥刻《四书诸家辩》、《大全辩》等书，叛道驳注，应令焚毁，并饬直省学臣，校士务遵经传，不得崇尚异说。从之。

十一月戊寅　授庶吉士富鸿业、陆懋廷、马晋允、萧惟豫、张贞生俱为翰林院编修，邹度珙、谭篆、崔蔚林、熊赐履、熊赐玙俱为翰林院检讨。

十一月甲申　升兵部郎中宋祖法为福建按察使司佥事，刑部郎中刘昌臣为山东按察使司佥事，尚金章为广西按察使司佥事，席教事为四川按察使司佥事，陕西督粮道参议罗森为山西按察使司副使，福建汀州府知府王康侯为浙江按察使司副使，福建兴化府知府顾镛为广东按察使司副使，四川顺庆府知府汪永瑞为河南按察使司副使，陕西庆阳府知府杨藻凤为湖广按察使司副使，俱提调学政。

十二月己酉　赠殉难山西祁县知县王之鼎为本省按察使司佥事，荫一子入监读书。

顺治十七年（1660 年）

正月己未　四川巡按张所志疏言，蜀省乡试中额，旧例八十四名。前三科以全川未复，取未及额，止中七十六名。今奉有直省中额各减半之旨，适值三川俱复之后，应仍照旧例减半，取中四十二名，以鼓士气。章下所司。

正月庚辰　谕兵部：武科取士，拔其韬略谙通、弓马娴熟者，以备将才。至于开弓、舞刀、掇石，俱属虚文，实为无益。以后试马步箭、论策，着照例行。其开弓、舞刀、掇石，俱不必试。

正月辛巳　礼科右给事中杨雍建疏言，臣闻朋党之害，每始于草野，而渐中于朝宁。拔本塞源，尤在严禁结社订盟。今之妄立社名、纠集盟誓者所在多有，而江南之苏松、浙江之杭嘉湖为尤甚。其始由于好名，其后因之植党，相习成风，渐不可长。请敕部严饬学臣，实心奉行，约束士子，不得妄立社名，纠众盟会。其投刺往来，亦不许用同社、同盟字样，违者治罪。倘奉行不力，纠参处治，则朋党之根立破矣。得旨：士习不端，结社订盟，把持衙门，关说公事，相煽成风，深为可恶，着严行禁止。以后再有此等恶习，各该学臣即行革黜参奏。如学臣徇隐，事发一体治罪。

二月戊子　赠殉难广东灵山县知县徐尚介为广东按察使司佥事，荫一子入监读书。

二月壬辰　少傅兼太子太傅、工部尚书刘昌遵谕自陈，以老病求罢。得旨：卿谨慎练达，历任著劳，年齿已迈，着以原官致仕，驰驿回籍，仍荫一子入监读书。

二月己酉　兵部以再行会试武举，照例题请内阁大臣监射，命内大臣及大学士监射，并谕永着为例。

二月壬子　礼部议覆，科臣杨雍建条奏，每科乡会试关系人才进取，理宜一体慎毖。乡试同考应照戊戌、己亥会试上谕遵行。其京闱，除郎中不差外，应取员外、主事、中行评博及近畿推知、守部进士开列点用，即日入闱。其各省应敕抚按，矢公矢慎，酌量定期。豫取本省及邻省推知、教职，即日公阄入闱，以绝弊窦。同考各官，先取甲科，甲科不足，兼取乡科。若同考官作弊，听主考纠参；若主考通同作弊，京闱许监试御史纠参，外省许各抚按纠参；其抚按所取同考官有作弊者，抚按一并治罪。从之。

三月丙辰　赠殉难江南江浦县知县许立达、天长县知县王辛俱为本省按察使司副使，各荫一子入监读书。

三月戊午　谕吏部：京官甄别之后，悬缺须人升补，在外藩臬监司各官有勤慎廉能、才品素著者宜加内擢，以示鼓励。见任司道各官除旗下旧人外，其由进士、举人出身者，尔部察资俸、荐举纪录等项，开列十五员具奏。

三月戊午　谕兵部：朕亲试刘炎等骑射，视初选时未有进益。着仍行教习，务令精熟，尔部即传谕遵行。

三月己未　吏部等衙门奉上谕甄别四品以下京官，列名奏上。得旨：阴应节发江南科场奸弊，仍着留任。

三月丙寅　以翰林院侍读学士黄机、侍讲学士张士甄为武会试主考官。

三月己巳　兵部疏言，武举第二场步箭合式者不及取中之额，应否酌减？得旨：着取一百名。

三月癸酉　谕兵部：武闱取士原以遴拔将材，以资实用。向来考试马步箭，沿习旧例，用高大之的较射，以致软弓小箭易于幸中，其用满式弓矢者反不得合式，殊非收罗材勇之意。以后乡会考试马箭，照满洲例，射帽；步箭亦照满洲例，射寻常小的。尔部即通行传谕遵行。

四月乙酉　兵部奏，殿试中式武举读卷、传胪、谢恩各仪注，命照己亥科殿试文进士例行，永着为例。

四月甲午　上亲试会试中式武举马步射于南苑。

四月丙申　谕吏部：畿南重地，巡抚务在得人。刘祚远前典试陕西，摘发奸弊，才堪任用，着升都察院右副都御史，巡抚保定、真、顺、广、大五府地方，管辖紫荆等关，提督军务，兼理粮饷。

四月丙申 命大学士额色黑、成克巩、胡世安、卫周祚，学士艾元征、折库讷、王熙，尚书王崇简、杜立德、霍达，侍郎冯溥充武殿试读卷官。

四月己亥 礼部议覆，广西巡按李秀疏言，粤西乡试中额原定六十名，先因地方未辟，止中四十名。今全省俱复，适奉各省中额减半之旨，应仍照原额，准中三十名。报可。

四月乙巳 谕兵部：朕屡试会试中式武举，内李言、潘龙士、朱鹏、史学镒、许鹏、陆如贽、刘潜、查道生、马逢元、方亦临十名，马箭、步箭俱甚不堪，俱着革去武举。此等人何以取中前列，主考官着议处具奏。

四月己酉 命大理寺右评事黄敬玑、中书科中书舍人陈祚昌为贵州乡试主考官。

五月乙卯 赐中式武举林本直等进士及第出身有差。

五月戊午 赐一甲一名文武进士林本直甲胄等物及诸进士银两如例。

五月庚申 一甲一名武进士林本直率诸进士上表谢恩。

五月己巳 命翰林院侍讲学士刘芳躅、工科给事中刘大谟为福建乡试主考官，兵部员外郎张光祖、中书科中书舍人孙象贤为四川乡试主考官，兵部主事张登选、行人司行人刘辉为广东乡试主考官，户部主事张易贲、行人司行人何元英为广西乡试主考官。

五月庚午 谕兵部：武进士林本直、黄建中、武灏、谢文、王鼐、蔡昶、孙万茂、耿念祖、马成龙、张鸿元、杜量谦俱经朕屡试弓马，才技堪用，着照例随侍卫学习骑射。

五月壬申 礼部议覆，贵州巡抚卞三元疏言，贵州苗民中有文理稍通者，准送学道考试。择其优者取入附近府、州、县、卫学肄业，仍酌量补廪出贡。从之。

五月丙子 罚武会试主考黄机、张士甄俸各一年，以取中武举李言等十人不善骑射故也。

五月壬午 廷试就教岁贡生宗观等五百余人。

六月甲申 谕兵部：巴图鲁公鳌拜所教武进士，学习骑射日久，俱娴熟可用。张国彦、刘秉礼、李登相、王肇春、于昌祐、周于仁六员留充侍卫，仍着再加肄习，候旨擢用。其余尔部俱即照例选授。

六月丁亥 升户部郎中周起岐为湖广按察使司佥事，提调湖南学政。

六月丁亥 掌翰林院事学士折库讷条奏八事。……一、国学宜兴。今见官学生习学数年，尚不谙文义。此皆师范不得其人，而弟子嬉游荒惰、习学不专故也。今宜选满汉文义精通、德行纯正者以为教官，不论满洲、蒙古、汉军学生俱令读满汉书。仍令国子监按季考试，礼部年终考课师生，分别劝惩，则学校兴而贤才可得矣。得旨……着该部议奏。

六月戊子 兵部议奏，武进士随侍卫学习骑射，应照例给以应得品级。一甲第一名林本直授为副将，第二名黄建中授为参将，第三名武灏授为游击；二甲谢文等俱为守备，部给札付，各支俸禄，俟满一年，另疏题请选授。从之。

六月庚寅　降补翰林院编修姜元衡为检讨，以顺天等府试卷内有舛谬故也。

六月辛丑　礼部奏，亢旱日久，请修举天下名山大川及古帝王圣贤祀典，以昭虔敬。又请暂开准贡一途，令士民捐银赈济能全活百人以上者，各照出身量与录用。从之。

六月癸卯　礼部议覆，云贵总督赵廷臣疏奏，滇省贡院未修，学臣未到，庚子科乡试应于十八年补行。从之。

六月丙午　命翰林院编修张贞生、刑科右给事中汪之珠为浙江乡试主考官，翰林院编修萧惟豫、兵科给事中周明新为江西乡试主考官，翰林院检讨邹度珙、工科右给事中薛鼎臣为湖广乡试主考官。

六月丁未　廷试就教岁贡生胡士藻等五百名。

七月戊午　命吏部主事尹源进、刑部郎中陈年谷为陕西乡试主考官。

七月戊午　吏部遵旨查建言得罪各官。流徙，则李呈祥、魏琯、李裀、彭长庚、许尔安、季开生；赎徒，则丹卜、达岱；降调，则赵开心、张应桂、黄宣泰，俱列事迹奏闻。得旨：季开生建言，原从朕躬起见，准复原官，归其骸骨，仍荫一子入监读书。李呈祥、魏琯当日所犯情罪颇轻，魏琯已故，着免罪，归其骸骨；李呈祥着免罪释回。余虽系建言，情罪不同，俱属应得之罪，无可宽免。

七月庚申　命翰林院检讨谭篆、礼科右给事中谌名臣为江南乡试主考官。

七月辛酉　内阁办事中书舍人宫昌宗等奏言，向来撰文办事中书，例俱得与宾兴盛典。至丁酉科奉有机密重大，不必升别衙门之谕，遂止令撰文中书入试，而臣等皆不得与。乞仍照旧制，敕赐观场，庶幼学之志得以稍展。得旨：撰文办事中书俱准应试，即中式，仍在内阁办事，不升别衙门，其勤劳称职者准加衔留任。永着为例。

七月壬申　命吏部员外郎夏安运、礼部郎中鄢翼明为河南乡试主考官。

七月丙子　命兵科右给事中袁懋德、督捕郎中赵联元为山东乡试主考官，礼科给事中成肇毅、刑部员外郎王仲为山西乡试主考官。

八月戊子　命翰林院检讨庄朝生、熊赐履为顺天乡试主考官。

八月甲午　都察院左都御史霍达等劾奏，翰林院检讨庄朝生、黄稺无学，夤缘幸进。父丧，受吊三日，即阋墙争产，摭其兄炯生过端，嘱人入告，不孝不弟，为家国所不齿。今滥充京闱主考，不惟不可衡文，抑恐滋生弊窦，为宾兴大典羞。伏乞皇上即赐乾断，别遣更代，以重宾兴大典。下所司察议。

八月辛丑　兵部议覆，贵州巡抚卞三元疏言，贵州各学并无武生，应停本年武乡试。从之。

十月乙酉　吏部奏言，宪臣霍达参词臣庄朝生无文无行，不宜主试，恐有不明不公等弊。科场校文系礼部职掌，应敕礼部同礼科将取中试卷严加磨勘。又参，庄炯生弟兄居父丧，止开吊三日，即阋墙争产，孝行有亏。臣部前覆纠拾案内，已议革炯生职行，查奉有谕旨。但朝生与炯生同居父丧，虽炯生居长，亦未闻朝生引礼规正，均亏孝道。至因争家财，兄弟阋墙，虽炯生不尽兄道，而朝生亦不应以弟揭兄。炯生既已革职，朝生亦应革职。得旨：庄朝生被参情由，未经查明，但因伊兄，辄议革职，殊为不合，着再行确察具奏。

十一月壬子　少傅兼太子太傅、刑部尚书、文渊阁大学士卫周祚考满，加少师兼太子太师，赐羊酒，荫一子入监读书。

十一月壬子　礼部右侍郎、翰林院掌院学士王熙考满，加礼部尚书，荫一子入监读书。

十一月辛未　太保兼太子太师、吏部尚书、中和殿大学士金之鹰考满，加太傅，荫一子入监读书。

十二月甲申　福建道御史胡文学奏言，旧例科场磨勘，必俟直省朱卷解齐，公阅全完，然后汇题，濡迟时日，弥缝转移，为弊滋甚。更有神奸巨憝乘人疑畏之际，借端恐吓，流毒无穷。请敕部速将解到朱卷移科公阅，照省分题，庶公论早定，而钻营讹诈之弊绝矣。得旨：此奏是，礼部议奏。

十二月甲午　吏部议覆宪臣霍达参奏庄朝生不宜典试一款。仍听礼部、礼科严加磨勘试卷外，其父丧开吊三日并纠拾炯生劣迹，即系朝生开送等事，应敕该城御史查明再议。从之。

十二月乙巳　礼部议覆，御史胡文学疏言，直省乡试朱卷解到原有先后，臣部及礼科随到随阅，俱于二月会试场前阅毕具题。今科解到试卷除顺天等六处阅完外，其余陆续解到各卷随阅送科，阅完即行具题。应如台臣所请，不必拘定旧例。其神棍巨憝乘机借名指诈，自应重法处治，应听五城御史查明纠察。疏入。得旨：乡试朱卷着速行磨勘，不得稽延滋弊。如有棍徒乘机指诈，着五城御史严查，据实纠参。

顺治十八年①（1661 年）

正月辛未　改会试期于三月初九日。

二月甲辰　礼部题，会试取士，原分南、北、中卷，后因云贵等省未经平定，将中卷分入南、北卷内。今各处省分俱全，应仍将浙江、江西、福建、湖广、广东五省，江宁、苏、松、常、镇、徽、宁、池、太、淮、扬十一府，广德一州为南卷；直隶及山东、山西、河南、陕西四省，奉天等处为北卷，四川、广西、云南、贵州四省，卢、凤、安庆三府，徐、滁、和三州为中卷，其南、北、中卷中式额数，照赴试举人之数均派。从之。

三月丙辰　以大学士成克巩为会试正考官，卫周祚为副考官。

三月戊午　以翰林院编修汪炼南提督顺天学政。

---

① 顺治于本年（1661 年）正月薨。本年所有内容均录自《圣祖仁皇帝实录》。

三月辛酉　以故江南崇明县知县升授知州陈慎有守城功，追赠布政使司右参议，荫一子入监读书。

三月甲戌　礼部议覆，云南巡抚袁懋功疏言，滇省土酋，既准袭封，土官子弟应令各学立课教诲，俾知礼义，地方官择文理稍通者开送入泮应试。应如所请，从之。

四月丙戌　补行云南乡试，以员外郎刘鋐为正考官，中书张灏为副考官。

四月甲辰　策试天下贡士陈常夏等于太和殿前。制曰：朕惟帝王平治天下，开创守成，其道并隆，缔造维艰，缵承匪易，政治修明，群黎安遂，文德覃敷远迩，武功克奏敉宁。乃可祗绍先猷，茂登上理。朕以冲龄，诞膺丕绪，仰惟太祖太宗肇开大业，逮我世祖式廓鸿图，亦既治定功成，显垂谟烈矣。朕兹欲绍述祖宗，必何如而后可以乂安海宇欤？继治之道，首重典章。今纪纲法度，虽已彰明，然因革损益，岂无顺时制宜者，何以酌定章程，以为万世之规欤？闾阎愉悴，视吏治污隆，何以示之激扬，以奠民生欤？风俗淳漓，由人心邪正，何以使之朴诚，以敦教化欤？至于底定四方，赖师武臣力，然必赏明罚当，而后可以鼓励勋庸。凡行间功罪，宜如何清叙，以昭劝惩欤？尔多士蕴怀有素，各抒所学，毋泛毋隐，详著于篇，用裨维新之治，朕将亲览焉。

四月戊申　传胪。赐殿试贡士马世嶲等三百八十三人进士及第出身有差。

五月丁巳　谕吏部：戊戌、己亥两科修撰、编修、庶吉士等教习已久，今加考试，应分别授职。除宋德宜、孙一致、徐元文、华亦祥、叶方蔼五员已经授职，仍留翰林院衙门外，其庶吉士王吉人、田麟、杨正中、杜臻、王勖、苏宣化、周之麟、刘雯旷、陈志纪、周渔、王飏昌、王钟灵、李天馥、陈廷敬、朱之佐、詹养沉、蒋弘道、吴珂鸣、金国用十九员俱着授为编修，检讨彭之凤、王曰高、俞之琰、赵之符、朱训诰、刘如汉、王追琪、许玮八员俱着以给事中用，王遵训、宁尔讲、马大士、杨维乔、戈英、郑为光六员俱着以监察御史用，郭谏、曹鼎望、郑端、朱锦、赵济美、周训成、罗继谟、刘元勋、周灿、卢乾元、钟朗、唐寅清、郑日奎、李为霖十四员俱着以部属用，顾高嘉、杨大鲲、翟世琪三员俱着照甲第外用。

五月丁巳　赠殉难江南江浦县知县许立达按察使司副使，荫一子入监读书。

五月壬申　江南沭阳县知县段上彩殉难，荫一子段公黼入监读书，寻病故，以其弟段公弼代之。

六月辛巳　授一甲进士马士嶲为翰林院修撰，李仙根、吴光为编修。

六月辛巳　广本年武会试额一百名。

六月丙戌　谕翰林院：选拔庶常原以作养人材，今科进士，特加简阅。取叶映榴、郑之谌、申涵芬、张玉书、朱世熙、刘芳哲、郑开极、田喜霶、王豫嘉、徐诰武等十员，俱着改为庶吉士，教习满书。

六月己丑　赠山西殉难文水县知县曹之贤按察使司佥事，予祭葬，荫一子入监读书。

六月癸卯　罢进士观政例。

七月甲寅　吏部议覆，刑科给事中张松龄疏言，选官之法，无论进士、举人等项，核定职衔，概令在籍候选，其赴部点卯近例，一切停止，吏部查照年月，先后挨次掣选，发凭各省巡抚，催令赴任，应如所请。但见在赴部点应卯者，应尽其先选，在籍候选各官，有丁忧、病故、患疾等项，应令该抚随时报部，以凭注册扣选，免致选后更张。从之。

闰七月戊寅　云南、贵州总督赵廷臣疏言，马乃土司应改设流官，俟三年后风俗渐移，人心渐正，立之学宫，以广文教。从之。

八月己酉　谕吏部、礼部、兵部：……汉官考满，赐羊酒，荫子入监。满汉之例互异。……着议政王、贝勒、大臣、九卿、科道会同速议，妥确具奏。

八月甲戌　吏部等衙门遵旨甄别各官，请照例处分。得旨：甄别各官俱如议。内阴应节于顺治十七年甄别时，世祖章皇帝念其曾发江南科场奸弊，留用。今仍着留任。

九月壬午　兵部议覆，吏科给事中何澄条奏，武闱考试之法，较射之时，如马步娴熟、箭数合式者，选取；其马步生疏、式样不如法者，虽幸合箭数，不准选取。仍照旧例，详注卷面，以便阅卷，分别名次，不得专凭策论定为高下。得旨：武闱着先试策论，后试马步箭。

九月癸巳　以侍讲学士杨永宁为武会试正考官，侍读熊伯龙为副考官。

九月癸巳　以礼部郎中孔印樾为河南按察使司佥事，提调学政；兵部郎中王成功为陕西按察使司佥事，提调学政；刑部郎中李可乔为湖北按察使司佥事，提调学政；侯良翰为广东按察使司佥事，提调学政；孙允骥为湖南按察使司佥事，提调学政。

十月辛酉　命内大臣监试武举等步射于左翼门外。

十月癸亥　兵部题请殿试天下武举。得旨：武闱已考过步箭及策论，又经内试选定，着停止殿试。

十月己巳　传胪。赐中式武举霍维鼐等三百一人武进士及第出身有差。

康熙元年（1662年）

正月辛丑　山东道御史赵祥星条奏，江南省上江、下江学道二员，湖广省湖北、湖南学道二员，应俱裁并归一。部议如所请，从之。

四月己巳　吏科给事中周明新疏言，查大选官员内，有已故多年而犹然选授者。请敕各抚，将在籍候选各官，查明已故者，报部以便扣选。有已成进士而仍以举人选授者，请礼部着曾经拣选之举人复中进士者开送吏部，以便彼此详查。下部议行。

五月甲戌　赠山东殉难阳谷县知县李可爱为按察使司佥事，荫一子入监读书，予祭葬如例。

五月乙酉　以兵部郎中张光祖为四川按察使司佥事，提调学政；刑部郎中陆求可为福建按察使司佥事，提调学政；刑部郎中孟述绪为云南按察使司佥事，提调学政。

五月辛卯　以原任湖广湖南提学道孙允骥为江南按察使司佥事，提调学政；户部郎中史允琦为山西按察使司佥事，提调学政。

十二月乙巳　定在京十卫武生，春秋二考各取五十名。

康熙二年（1663年）

正月丙戌　设广西泗城军民府流官、同知、经历、儒学教授等官。

二月癸卯　礼部议覆，云南巡抚袁懋功疏言，滇省贡院见在起工重建，八月乡试之时，恐不能告竣，请展期于十月入闱。应如所请，从之。

三月甲戌　吏部遵旨议覆，嗣后，由吏员例监准贡出身者俱准升正印。得旨：纳银授官于理不合，以后吏员年满，果勤劳无过，准其考职，免给银两。其纳银例监准贡，以后亦着停止。

四月丙寅　以大理寺评事符渭英为贵州乡试正考官，中书易道沛为副考官。

五月辛卯　以户部郎中徐谓弟为四川乡试正考官，中书杜镇为副考官；兵部郎中王天成为广东乡试正考官，行人洪琮为副考官；刑部员外郎李为霖为广西乡试正考官，中书陈廷枢为副考官。

六月戊戌　以内国史院检讨熊赐玙为福建乡试正考官，工科给事中何澄为副考官。

六月戊申　以兵部主事蔡驺为云南乡试正考官，行人朱张铭为副考官。

六月丁巳　广西巡抚屈尽美疏言，粤西当兵燹之后，人民稀少，武艺未娴，请停癸卯科武乡试。下部知之。

六月己未　以内国史院侍读学士李仪古为浙江乡试正考官，吏科给事中李鹏鸣为副考官；弘文院侍读陈敳永为江西乡试正考官，吏科给事中刘如汉为副考官；国史院检讨王钟灵为湖广乡试正考官，户科给事中俞之琰为副考官。

六月庚申　云南巡抚袁懋功疏言，滇南初定，武生数少，策论弓马，俱未娴习，请停癸卯科武乡试。下部知之。

七月丙寅　以内国史院编修王勖为江南乡试正考官，工科给事中王曰高为副考官；吏部员外郎刘子正为陕西乡试正考官，兵部主事许畅为副考官。

七月己卯　以吏部主事王士禄为河南乡试正考官，礼部主事柯赓昌为副考官。

七月丁亥　以刑科给事中张维赤为山东乡试正考官，礼部郎中张应瑞为副考官；太常寺少卿杨璥为山西乡试正考官，户部郎中王象天为副考官。

七月丁亥　吏部题：八旗满汉军文武官员荫生、监生内有不能兼习满汉字者，有蒙古荫生、监生内不识满字者，亦有全不识字者，不便以部院衙门用。得旨：荫生、监生全不识字者，照例给俸，随旗上朝；满洲、汉军不能兼习满汉字、蒙古不识满字者，应俱传至尔部，逐一问明，或愿学习，或愿以子弟顶补，或愿随旗上朝，分别开列具奏。

八月辛丑 以内弘文院检讨白乃贞为顺天乡试正考官，检讨詹养沉为副考官。

八月癸卯 礼部遵旨议覆，乡会考试停止八股文，改用策、论、表、判。乡会两试头场，策五篇；二场，用《四书》本经题作论各一篇、表一篇、判五道。以甲辰科为始。从之。

八月乙己 复行满洲、蒙古、汉军翻译乡试。以内弘文院学士罗敏、内国史院侍读学士苏鲁木、礼部左侍郎布颜为主考官。

九月辛未 乡试八旗取中举人，满洲齐兰保等二十一名，蒙古布颜等十七名，汉军姚启圣等一百一十八名，咨送吏部录用。

十月庚子 以内弘文院侍读萧惟豫为顺天武乡试正考官，内秘书院侍读张贞生为副考官。

十月庚申 谕吏部：庶吉士吴本植等教习已久，今加考试，应分别授职。除马世嶲、白乃贞、李仙根、吴光等已授修撰、编修外，其吴本植、朱世熙、翟延初、张玉书、刘芳哲、王豫嘉、郑之谌、郑开极等八员，俱着授为内三院编修、检讨。

十二月辛酉 以户部郎中王象天为浙江按察使司佥事，提调学政。

康熙三年（1664年）

正月庚辰 命各省学道缺出，将进士、举人出身者，一并开列，增入品级考。

正月丁亥 以刑部郎中王自新为湖广按察使司佥事，提调学政；户部郎中徐明弼为陕西按察使司佥事，提调学政。

正月壬辰 以内国史院侍读萧惟豫提督顺天学政。

正月癸巳 裁会试中式副榜。

二月乙未 兵部议覆，礼科给事中廖丹疏言，边省投诚官员应于各省分用。其武进士候推选者甚多，请暂停武闱会试。查会试大典，不便停止，应于本科减去一百名中额，止取中武进士一百名。从之。

二月己亥 以内弘文院大学士李霨、户部尚书杜立德为会试正考官，吏部左侍郎郝惟讷、内弘文院学士王清为副考官。

二月壬寅 礼部以本年会试，分派外帘各官，照例题明。得旨：考试进士，抡才大典，前都察院将内场监试、外场巡察官专开四员，豫行题奏，不合。曾令将应遣官员俱送礼部，俟临期开列具奏。其正考、副考、同考等官，尔部列名具题时，朕因求贤念切，故将正考、副考官增遣二员，谕令不谢恩、不赴宴，即时入场，亦未拘照旧例。恐谢恩筵宴时，彼此会聚，瞻徇请托，以致庸流入彀，贤才见遗。今场内执事各官亦应临期与考官一并具题，候旨选用，乃故托旧例，豫将各官派定执事，入场之后，方行题知。是何意见？殊负朕求真才、除弊端至意，着速行明白回奏。

二月壬戌 礼部题：殿试定例于三月十五日，今三月十八日恭遇万寿节，请将殿试之期改于三月二十二日举行。从之。

三月乙亥　以吏部郎中张九征为河南按察使司佥事、提调学政。

三月甲申　策试天下贡士沈珩等于太和殿前。制曰：朕惟古帝王抚育群生，莫不以兴行振德为首务，以故俗尚醇茂，贤才众多，吏有廉善之风，民无匪彝之习。其时刑措不用，登于上理，何其盛也！朕荷上天眷佑之隆，承祖宗付托之重，励精求治，三年于兹矣。每思更化善俗，俾吏称其职，民安其业，乃治效犹未即臻，岂广厉之道有未尽欤？今欲诞敷教化，使天下蒸蒸，振兴为善，其道何由？至于考绩课吏，所以澄叙官方，何以使贤否不淆，激扬咸当欤？明罚敕法，所以大畏民志，何以使庶狱平允，从欲以治欤？尔多士其各抒所见，详切敷陈，朕将亲览焉。

三月丙戌　传胪。赐殿试贡士严我斯等一百九十九人进士及第出身有差。

三月丁亥　礼部议覆，顺天府尹甘文焜疏请印刷国子监《四书大全》、《五经》等书，装潢成帙，颁发顺天府及各省布政司，以备科场之用。应如所请，从之。

四月庚戌　停止京卫武生、武童部试，归并顺天学政，三年一试。

四月戊午　授一甲进士严我斯为内秘书院修撰，李元振为内弘文院编修，秦弘为内国史院编修。

五月丙子　谕吏部：选拔庶常原以作养人才，今科进士特加简阅。取中严曾榘、吴元龙、汪肇衍、诸定远、杨钟岳、黄彦博、胡士著、熊一潇、吴远、程文彝、劳之辨、陈论、车万育、李棠、卫即齐等十五员，俱着改为庶吉士，教习满书。

五月乙酉　以内秘书院学士麻勒吉、章云鹭教习庶吉士。

闰六月乙酉　礼部等衙门议覆，广东道御官李秀条奏铨政一疏。一、议得在部候选推官，进士、举人二百六十八人；候选知县，进士、举人及旗下举人并贡监荫生一千五百三十三人。缺少人多，候选壅积，乡会试应暂停一科。又一议，铨选原分各项，其各项壅滞，不专在乡会试，且取士从无用完方取之例，乡会大典，不便议停。得旨：依后议。

七月壬寅　礼部议，陕西临巩学政向系守道兼摄，今该道事繁，请归并西安学道。从之。

七月戊申　定科场内外帘处分例。

九月庚寅　难荫生袁象乾、许其燧叩阍呈称，定例汉军难荫生俱以知州、知县随到随补，汉人难荫生俱以小京官用，缺少人多，永无补用之期，请照汉军例，一体外用。得旨：汉军、汉人升转既已一体，以后，汉人难荫生俱着照汉军之例行。

九月辛卯　改武会试于九月二十一日。

九月庚子　吏部议准，汉军荫生王光谟等叩阍，请将汉军荫监生照举人例，以知县用。从之。

九月丁未　以大学士卫周祚、吏部尚书魏裔介为武会试正考官，户部左侍郎朱之弼、内秘书院学士章云鹭为副考官。

十月丙寅　先是，吏科给事中杨雍劾奏，康熙二年顺天乡试春秋题目，“郑子”

误“郴人”，将考试官白乃贞、詹养沉及同考官罗继谟革职。其写“人”字中式九人，写“子”字帖出三人，交礼部覆试。寻命，中式九人，不必覆试，将贴出写“子”字三人覆试，优者准中举人。至是，命内弘文院检讨郑之谌为正考官，李棠为副考官，照乡试例三场考试，俱不合式，不录。

十月庚午　命内大臣监试武举步箭于左翼门外。

十月癸酉　传胪。赐殿试武举人吴三畏等一百人武进士及第出身有差。

十月戊寅　以刑部郎中李如桂为浙江按察使司佥事、提调学政，刑部郎中王鑨为山东按察使司佥事、提调学政，升云南分巡屯田水利道吉允迪为贵州布政使司参议、提调学政，云南府同知何起鹏为云南按察使司佥事、提调学政。

康熙四年（1665年）

三月壬寅　礼部右侍郎黄机疏言，制科取士，稽诸往例，皆系三场。先用经书使士子阐发圣贤之微旨，以观其心术；次用策论，使士子通达古今之事变，以察其才猷。今甲辰科止用策论，减去一场，似太简易，恐将来士子剿袭浮辞，反开捷径。且不用经书为文，则人将置圣贤之学于不讲，恐非朝廷设科取士之深意。臣请嗣后复行三场旧制，则士子知务实学，而主考鉴别亦得真儒，以应国家之选。下部知之。

三月壬寅　命八旗满洲、蒙古、汉军武臣之荫生、监生二十岁以上不能学习者，照各品级给与顶带，随旗上朝给俸。

六月戊午　议覆礼科给事中黏本盛条奏山东赈荒事宜。……一、酌定生监准贡条例，令生员、俊秀、富民等捐米备赈。……得旨：生员等捐助银米着停止。余依议。

八月辛未　吏部以国子监满祭酒员缺，请旨开列，命择兼通满汉字人员补授。

八月己卯　设奉天府学，照顺天例为京府学，考取生员七名；所属锦县为大学，考取生员七名；辽阳、宁远、海城为中学，考取生员五名；盖平、铁岭、广宁为小学，考取生员二名；锦州府为府学，考取生员四名。

十月庚申　以户部郎中梁儒为江南按察使司佥事，提调学政。

康熙五年（1666年）

二月丁亥　赠四川江安县知县刘泽厚四川按察使司佥事，荫一子入监读书。以土贼吴天民突犯县城时，刘泽厚奋身捍御，一家殉难也。

四月丙辰　命云南举行武乡试，照文闱额数，取中二十七名。

四月癸亥　以礼科给事中黏本盛为云南乡试正考官，中书科中书沈一澄为副考官；户部主事王师夔为贵州乡试正考官，户部主事张萃为副考官。

四月己巳　裁云南省教职二十一缺。改广西府学训导为教授，罗平、建水、云龙、南安四州学训导为学正，禄丰、罗次等十二县学教谕为训导，通省共设府卫学教授十八员，州学学正二十三员，县学教谕九员，训导十五员。

五月壬午　命贵州省举行武乡试，照文闱额数，中二十名。

五月乙未　以户部主事董朱衮为四川乡试正考官，中书科中书梁遂为副考官；户部主事吕正音为广东乡试正考官，户部主事王鹭为副考官；户部主事曹首望为广西乡试正考官，中书科中书张为仁为副考官；编修吴国对为福建乡试正考官，户部主事王汝棐为副考官。

六月丙寅　以编修张玉书为浙江乡试正考官，礼部郎中刘广国为副考官；户部郎中钟琇为江西乡试正考官，刑部郎中祝昌为副考官；户部郎中谢观为湖广乡试正考官，刑部郎中曹鼎望为副考官。

六月甲戌　以四川省应试武生数不满百，停止本科武乡试。

六月乙亥　以检讨郑之谌为陕西乡试正考官，吏部员外郎阎毓伟为副考官；礼部郎中徐旭龄为江南乡试正考官，刑部郎中郑秀为副考官。

六月丁丑　赠湖广荆州府通判张占鳌为湖广按察使司佥事，荫一子入监读书。……以会剿西山贼寇运粮七连坪地方，遇贼殉难也。

七月乙未　以户部郎中熊焯为河南乡试正考官，兵部员外郎黄宣泰为副考官。

七月壬寅　以兵科给事中吴国龙为山东乡试正考官，兵部主事翁主望为副考官；刑部郎中卢易为山西乡试正考官，行人司行人朱之翰为副考官。

八月乙酉　命奉天等处各学武生照文生员例，附顺天武乡试取中三名。

八月甲寅　以内秘书院学士塞色黑为满洲乡试正考官，内国史院侍读学士多尔济为副考官；以内秘书院侍读张允钦为顺天乡试正考官，礼部郎中沈令式为副考官。

八月辛酉　以刑部郎中李可汧为湖广按察使司佥事，提调学政。

八月己巳　以云南安普参议道张纯熙为贵州按察使司副使，提调学政。

九月辛丑　谕吏部：庶吉士申涵盼等教习已久，今加考试，分别授职。申涵盼、田喜霦、陈论、李平、胡士著、卫既齐俱授内三院编修、检讨，严曾榘、徐诰武、熊一潇、李棠以科道用，邵吴远、吴元龙、劳之辨、汪肇衍、陈景仁、诸定远以部属用。

十月丙辰　广东、广西总督卢兴祖疏言，粤西土司俗无礼义、尚格斗，争替、争袭连年不解。夫更化善俗莫先于学校，请令各土司子弟愿习经书者，许在附近府县考试，文义通达，每县额取二名。俾感于忠孝礼义，则争斗之风自息。下部议行。

十二月癸亥　设四川会川卫学教授一员，桐梓、绥阳、仁怀三县学训导各一员。

十二月乙丑　以刑部郎中金镜为浙江按察使司佥事，提调学政；兵部郎中吴伟为江西按察司佥事，提调学政；户部郎中吕和钟为陕西按察使佥事，提调学政；户部郎中周龙甲为山东按察使司佥事，提调学政；礼部郎中沈令式为福建按察使司佥事，提调学政。

康熙六年（1667年）

正月癸卯 以内弘文院修撰蒋超提督顺天学政；户部郎中郐景从为河南按察使司佥事，提调学政；户部郎中冯标为广东按察使司佥事，提调学政；刑部郎中卢易为广西按察使司佥事，提调学政；工部郎中孙允恭为四川按察使司佥事，提调学政。

二月辛亥 以户部尚书王弘祚、兵部尚书梁清标为会试正考官，吏部侍郎冯溥、内院学士刘芳躅为副考官。

三月甲午 策试天下贡士黄礽绪等于太和殿前。制曰：朕惟帝王统一寰区，必任用贤才，澄清吏治，使国有丰亨之象，民饶乐利之休，而后庶政毕修，群生克遂，登上理焉。朕以冲龄仰承天眷，嗣缵祖宗鸿业，夙夜冰兢，期于俊乂充廷，廉能著绩，国计日盈，而闾阎不扰，数年于兹矣。乃图治弥殷，厥效未睹，其故何也？国家简任贤良，以共襄治化，必如何而后用当其才，人称其职欤？迩来贪风未息，诛求下吏以奉上官，遂致不肖有司，私派横征，民生益困，何法而可革其夙弊欤？至于国用浩繁，繄惟正之供是赖，乃催科不善者，每昧于抚字，兹欲使草野免追呼之苦，而度支恒足，其道安在？尔多士详切敷陈，朕将亲览焉。

三月己亥 传胪。赐殿试贡士缪彤等一百五十五名进士及第出身有差。

四月丙寅 授一甲进士缪彤为内秘书院修撰，张玉裁为内国史院编修，董讷为内弘文院编修。

闰四月癸未 谕吏部：选拔庶常原以作养人才，今科进士特加简阅。取夏沅、张英、史鹤龄、卢琦、谢兆昌、刘泽溥、唐朝彝、丁蕙、潘翘生、杨仙枝、储振、王曰温等十二员，着改为庶吉士，教习满书。

闰四月丁亥 山东道御史王伯勉疏言，推升县令旧例用监生、生员、吏员出身之佐贰挨升，臣思县令为民父母，此辈岂能胜任，若谓人材或有可用，请敕各省督抚廉访，佐贰中果有才能出众、堪任民社者，即行保举，始准升授；如无保举者，仍以闲散升用。倘徇私滥举，事败即坐以徇庇之罪。下部议行。

闰四月癸巳 命内国史院学士帅颜保，内秘书院学士范承谟教习庶吉士。

五月丁巳 以吏部郎中田本沛为福建按察使司佥事、提调学政。

五月己巳 吏部议覆，福建道御史李棠条奏，例监考补中书，三年后即升部属，进士、举人乃迟至十年之久，始得官职。嗣后，例监考授中书之例请停，止将进士、举人及在外推知教职选择补用。查内院中书，有撰文办事责任，机密重地，例监补授，似属太优，应行停止，将各科进士，照年分前后，一缺五人，咨取考试。得旨：各科进士，不必拘年分前后、人数，有愿考者，预行选取，堪用者遇缺即补。

六月甲戌 内弘文院侍读熊赐履遵旨条奏。……一曰：学校废弛而文教日衰。学校为贤才之薮，教化之基，而学术事功之根柢也。今者庠序之教，缺焉不讲，师道不立，经训不明，士子惟揣摩举业，以为弋科名之具，绝不知读书讲学，以求圣贤理道之归。其高明者又或泛滥百家、沉沦二氏，惑世诬民，莫斯为甚。伏乞皇上隆重师儒，兴起学校，畿辅则责成学院，各省则责成学道，使之统率士子，讲明正学，非《六经》、《语》、《孟》之书、濂洛关闽之学不讲，敦崇实行，扶持正教，命府州县择士子中志趋端卓、英俊可造者，各举一二人，贡之国雍，宽其馆舍，厚其廪饩。又于廷臣中择道高德劭之人，俾司成均，日进诸生而陶淑之，其道必本于人伦，达乎天德。其教自洒扫应对，以至于义精仁熟，渐摩诱掖，循循有序。三载之后，学成材就，司成次其优劣，汇送吏部，量其材之大小，学之浅深，而授之秩，其公卿大夫之子弟，亦如之。至于山林隐逸之士，有经明行修、德业完备者，仍请敕下地方官，悉心咨访，据实奏闻。朝廷优礼延聘，加意褒崇，以为士习人心之劝，则道术以正，学术以明，教化大行，人材日盛，其有补于国家也，宁浅鲜哉！……疏入。报闻。

六月戊寅　以刑部郎中寿以仁为云南按察使司佥事、提调学政。

九月丁未　以大学士魏裔介、吏部尚书林立德为武会试正考官，户部右侍郎严正榘、学士田逢吉为副考官。

九月丁未　先是，八旗生员、举人、进士停止考试。至是，复命满洲、蒙古、汉军与汉人同场一例考试，其生童于乡试前一年八月内考试。从御史徐诰武请也。

九月乙卯　吏部题：查定例，满洲、蒙古、汉军荫生、监生，武官之子，以部院衙门用；文官之子照品级随旗上朝。嗣后，不论文武，年到十八岁、文义优者，以部院衙门用；其不能学习，情愿随旗上朝者，各照品级，准其随旗上朝。得旨：是。其顺治十八年荫生、监生亦着照此行。

九月己巳　追赠故山西河保营游击石登仕为参将，予祭葬，荫一子入监读书。先是，姜镶叛，石登仕家属十八口全被杀戮。至是，因石登仕孙石继祖叩阍，允恤也。

十月丙戌　传胪。赐武举秦藩信等一百名武进士及第出身有差。

十月庚寅　定公侯伯一品官荫生以部院衙门五品缺用，二品官荫生以六品缺用，三品官监生以七品缺用，四品官监生以八品缺用。

十一月乙丑　河南道御史朱裴疏言，国家开科取士，文武相等。查顺治十五年以后，历科武举、武进士未经选用者甚多。因部科效力之人与督提札委之人混淆杂进，躐等先用，而科目之人反不得与之较迟速，非制科取士之本意也。请将外委效劳等项，与武进士、武举等较人数多寡，仿二八分缺之例，使科目人员量行先选。其外委各弁须有战功及捕盗实绩，方可特为擢用，不得止凭督提衙门一概咨送选补。下部议行。

十二月壬申　礼部遵旨议覆，八旗教习缺出，举人内有愿就教习者，准国子监一体考取，从之。

康熙七年（1668年）

正月壬戌　谕兵部：外藩、蒙古诸王下官员既无封赠及送子入监读书之例，伊斯丹津王下官员亦着停止封荫。

七月壬寅　命乡会试复以八股文取士。

八月乙酉　以吏部郎中简上为江南按察使司佥事，提调学政；兵部督捕郎中史逸裘为河南按察使司佥事，提调学政。

十月戊寅　定武殿试一甲一名进士以参将用，二名进士以游击用，三名进士以署游击管营都司佥书用。

十一月丙申　令修理八旗官学房。

十二月癸未　以吏部郎中张含辉为四川按察使司佥事、提调学政。

康熙八年（1669年）

四月癸酉　予故太子少保、原任浙江总督赵廷臣祭葬，谥清献，荫一子入监读书。

四月甲戌　命内国史院编修郑开极为云南乡试正考官，吏部员外郎宋文运为副考官；吏部郎中李崇稷为贵州乡试正考官，户部员外郎耿臣为副考官。

四月丁丑　上幸太学。前期一日，于宫中致斋。是日，上具礼服，乘辇，王、贝勒、贝子、公随行，陪祀文武各官先诣文庙丹墀下序立，上至太学棂星门外，降辇，由大成中门，步进先师位前，行二跪六叩头礼，亲释奠。毕，驾幸彝伦堂，赐讲官坐，满汉祭酒以次讲《易经》，司业讲《书经》，四品以下翰林官及五经博士、各执事官、学官、监生序立听讲毕。宣制曰：圣人之道，如日中天，讲究服膺，用资治理，尔师生其勉之。宣毕，上还宫。

四月戊寅　衍圣公孔毓圻率祭酒、司业、学官、五经博士、五氏子孙、各监生恭进谢表。赐衍圣公、祭酒以下等官宴于礼部并赐袍服，助教、监生等则银两有差。广本监乡试中额八名。陪祀圣贤后裔、内国史院中书颜光毓等照例优叙，生员孔兴询等十五人令入监读书。颁敕谕刊挂彝伦堂。敕曰：皇帝敕谕国子监祭酒、司业等官，朕惟圣人之道，高明广大，昭垂万世，所以兴道致治，敦伦善俗，莫能外也。朕缵承丕业，文治诞敷，景仰先圣至德。今行辟雍释奠之典，将以鼓舞人才，宣布教化。尔等当严督诸生，潜心肄业，诸生亦宜身体力行，朝夕勤励。若学业成立，可裨任用，则教育有功；其或董率不严，荒乃职业，尔等系师生，难辞厥咎。尚其勉之，毋忽。

五月丙午　以户部郎中崔尔仰为四川乡试正考官，吏部员外郎白意为副考官；礼部郎中陈景仁为广东乡试正考官，户部主事刘源澄为副考官；兵部郎中王廷伊为广西乡试正考官，礼部主事吕祚德为副考官；刑部郎中王震生为福建乡试正考官，兵部主事钟国义为副考官。

五月庚申　班布尔善系宗室辅国公，授为大学士，附和鳌拜，藐视皇上，结党行私，悖负国恩，罪一；班布尔善奏教习庶吉士，二年期满，请考试散馆，奉有再读书一年之旨，班布尔善因不顺已意，忿怒而出，罪二；……种种情罪，所犯重大，应将班布尔善革职，立斩。系宗室，改立绞，将伊亲生未分家子孙革去宗室，妻子为奴。

六月丙子　以礼科给事中吴愈圣为浙江乡试正考官，中书科中书舒昌祚为副考官；以户部郎中郑端为江西乡试正考官，行人司司副苌孕秀为副考官；以刑部郎中陈必成为湖广乡试正考官，户部员外郎袁鸿谟为副考官。

六月丙戌　以内国史院修撰徐元文为陕西乡试正考官，兵部主事迟烜为副考官；以光禄寺少卿苏铨为江南乡试正考官，工部主事祁文友为副考官。

六月己丑　谕吏部：庶吉士史鹤龄等教习已久，今加考试，应分别授职。除严我斯、李元振、周弘、张玉裁已授编修外，史鹤龄、储振、卢琦、杨仙枝、夏沅、刘泽溥及见在纂修官、庶吉士王封溁、管恺俱着授内三院编修检讨，潘翘生、王曰温、谢兆昌俱着以科道用，丁蕙、杨钟岳俱着以部属用。尔部即遵谕行。

六月庚寅　定四川武乡试中额，照文场例，取中四十二名。

七月壬寅　谕吏部：朕阅处分原任户部尚书苏纳海等原案，并无大罪。鳌拜等但以为拨地迟延，遽行拿问，多端文致诬陷，不按律文，任意将无辜处死。原任总督朱昌祚、巡抚王登联于拨换地亩时，见民间旗下困苦，因有地方之责，具疏奏闻，辄以为非其职掌，越行干预，亦不按律文冤枉处死。伊等皆国家大臣，并无大罪，冤死深为可悯，理应昭雪，以示仁恩。作何恩恤？予谥及荫子入监读书，尔部议奏。

七月乙巳　命内秘书院侍读杜臻为河南乡试正考官，吏科给事中王承祖为副考官。

七月壬子　以内秘书院修撰严我斯为山东乡试正考官，兵部主事虞二球为副考官；内国史院编修周弘为山西乡试正考官，行人司行人吴守为副考官。

七月癸丑　改大宁都司学为保定府左卫学，万全都司学为宣府前卫学。

七月乙卯　定满洲、蒙古、汉军乡会试额数。顺天乡试，满洲、蒙古编满字号，共取中十名；汉军编合字号，共取中十名。会试，满字号取中四名，合字号取中四名。

七月丙辰　吏部议覆，河南道御史余缙条奏，请复铨司旧制。一、定例，铨曹汉人非进士出身者不与。今举人、贡生皆得入选。……以上五款均宜更定，应如所请，从之。

八月丙寅　以内弘文院编修李元振为顺天乡试正考官，户部郎中岳贞为副考官。

八月甲申　追赐故原任太子少保、户部尚书苏纳海谥襄愍，故原任兵部尚书、直隶总督朱昌祚谥勤愍，故原任工部尚书、直隶巡抚王登联谥悫愍，各祭葬如例。荫苏纳海子瓦尔达、朱昌祚子朱绂、王登联子王盛唐入监读书，以通政使司左右通政、大理寺少卿、督捕左右理事官等缺用。

九月辛丑 以兵部郎中魏学渠为湖广按察使司佥事，提调学政。

十二月丙子 复举人拣选知县例。

康熙九年（1670年）

正月乙卯 以刑部郎中王震生为江西按察使司佥事，提调学政；工部郎中董朱衮为山西按察使司佥事，提调学政；刑部郎中杨毓兰为山东按察使司佥事，提调学政；户部郎中王震起为广西按察使司佥事，提调学政；刑部郎中钟朗为陕西按察使司佥事，提调学政。

二月甲子 命内秘书院大学士魏裔介、礼部尚书龚鼎孳为会试正考官，刑部左侍郎王清、内国史院学士田逢吉为副考官。

二月丙寅 命内国史院侍读胡简敬提督顺天学政。

二月丁卯 以原任福建提学道沈令式为广东按察使司佥事，提调学政；刑部郎中陈必成为云南按察使司佥事，提调学政；户部郎中崔尔仰为浙江按察使司佥事，提调学政。

二月乙酉 谕吏部、兵部：向来包衣佐领下官员子弟不准为荫生、监生，其笔帖式无有品级。今思内外官员效力相同，加恩岂宜有别？嗣后，包衣佐领官员子弟准为荫监及笔帖式给与品级之处，尔部定议具奏。寻，吏部议，康熙六年恩诏，包衣下一品官子弟许其承荫，二品至四品各荫一子入监读书，其笔帖式应授品级照各部院例。从之。

闰二月辛卯 以户部郎中郑端为贵州按察使司佥事，提调学政。

三月戊午 策试天下贡士于太和殿前。制曰：朕惟帝王诞膺天命，抚御四方，莫不以安民兴贤为首务，朕缵承祖宗鸿绪，孜孜图治，民生休戚，日廑于怀，而治未臻于郅隆，其故何欤？今欲家给人足，以成丰亨乐利之休，何道而可？兴贤育才，原以为民，今既崇经学，以正人心，重制科，以端始进，乃士风尚未近古，以致吏治不清，民生未遂，果陶淑之未善欤？抑风俗人心，习于浮伪，徒徇名而失实欤？必如何而能返棫朴作人之盛，以几时雍之化也？我国家揆文奋武，礼乐之彦，韬钤之臣，兼收并重，何以简用得人，使才称其职，庙堂著亮采之功，封疆有干城之效欤？在外地方大吏，惟督抚是赖，牧民之官，守令最亲，必表正而后景直，欲使大法小廉，遵功令而修职业，以争自濯磨，将何术之从欤？漕粮数百万，取给东南，转输于黄运两河，何以修浚得宜，而天庾藉以充裕？俾国收其利，民不受其害，其必有道以处此。尔多士志学已久，当有确见于中，其各抒夙抱，详切敷陈，朕将亲览焉。

三月辛酉 传胪。赐殿试贡士蔡启僔等二百九十二人进士及第出身有差。

三月辛未 授一甲进士蔡启僔为内秘书院修撰，孙在丰为内国史院编修，徐乾学为内弘文院编修。

四月乙卯　谕吏部：选拔庶常原以作养人才，今科进士特加简阅。取中李光地、耿愿鲁、陈琛、李录予、王宽、王掞、黄斐、孟亮揆、陈梦雷、赵文煚、高璜、王维珍、许孙荃、祖文谟、李阜、朱典、李振裕、吴本立、刘恒祥、张鹏翮、孔兴釪、德赫勒、牛纽、李玠、博济、李梦庚、沈独立等二十七员俱着改为庶吉士，教习满书。

五月己卯　命内国史院学士折库纳、内秘书院学士董国兴教习庶吉士。

五月己卯　吏部题：推官已裁，庚戌科二甲、三甲进士俱应以知县用。从之。

五月己卯　湖广道御史李之芳疏言，今年考选庶常，皇上委内院阅卷，京师哄传，谓取中上卷二十四名，系魏裔介使家人报信，闻者无从辨其真伪。幸我皇上亲加遴选，取中庶吉士二十七员，与所传名数姓氏不同，于是人心悦服。独是魏裔介以密勿大臣，敢于漏消息而窃威福，此其心为何心？……又顺治十八年，魏裔介系候补之官，皇上登极恩诏，三品以上京官，荫一子入监读书，其候补者概未准与官荫监生。及魏裔介身为吏部尚书，独将其子魏嘉入十八年诏款，欺朦题荫。……伏乞皇上即赐乾断，严加处分，以为擅权害政之戒。得旨：这所参事情，着魏裔介明白回奏。

六月戊子　内秘书院大学士魏裔介遵旨回奏，台臣李之芳谓今年考选庶常系臣使人报信。臣与诸人，非亲非故，所报何人？李之芳如有确据，即宜纠参，何得悬揣，谓臣泄露市恩耶？……李之芳又谓臣顺治十八年系候补之官，不应荫子，及身为吏部尚书，欺朦题荫。臣因纠参刘正宗，摘发奸党，审实复职在顺治十七年冬月。十八年正月，世祖章皇帝宾天，臣昼夜斋宿，与在籍候补者不同。随例送荫，吏部题疏，奉有谕旨。且臣送荫在顺治十八年五月内，康熙二年五月内，臣升尚书，相隔甚远，安得以满汉堂司公议具题、奉旨谕允之事，谓臣自行欺朦乎？……得旨：本内情节，着质对察议具奏。

九月戊辰　命东阁学士陈敳永为武会试正考官，侍讲学士李仙根为副考官。

九月壬午　命内国史院学士张凤仪教习庶吉士。

十月己丑　策试天下武举于太和殿。

十月辛卯　上御太和殿。传胪。赐殿试武举张英奇等二百人武进士及第出身有差。

十一月癸酉　吏部、督察院遵旨会勘……一、魏裔介于顺治十八年四月，再补左都御史，本年正月恩荫，需次各员，例不获与。至康熙三年，魏裔介身为吏部尚书，将伊子魏嘉援前诏准荫，故违令典。……又伊子请荫在魏裔介为吏部尚书时，始行具题，乃隐讳不言，而以都御史任内送荫为解，殊非大臣之体。应削去所加之级，罚俸一年。……魏嘉削去荫生。……至考选庶吉士及举刑部主事杜镇纂修实录二事，魏裔介并无市恩徇情之处，李之芳所言涉虚，亦应处分。但疏内三事既实，例得免议。得旨：魏裔介免其削级罚俸。嗣后，益宜勤慎供职，以副朕宽宥之意。余如议行。

十一月辛巳　礼部题：据国子监呈称，世祖章皇帝时，八旗官学生，不论文武官员子弟，每佐领下选择二名移送国子监教习，后顺治十八年奉有文官子弟不许送官学生之旨。但官学生俱系部院衙门录用，关系紧要，且今奉上谕，文武荫监仍以部院衙门录用，以后相应仍遵世祖章皇帝时例，不论文武官员子弟，令本佐领将可学之人移送本监教习。应如所请，从之。

康熙十年（1671年）

四月戊申　吏部题：八旗满洲监生识满汉字者考试翻译，止识满字者考试缮写。优者授为正八品，以部院笔帖式补用，其汉军监生识满汉字者，照满洲监生例，考试取用；止识汉字者，照汉监生考职例考取，以州同等官用。从之。

六月乙未　四川、湖广总督蔡毓荣疏言，蜀省有可耕之田而无耕田之民，招民开垦洵属急务。但招民限以七百名之例，所费不赀，能招徕者甚少。臣谓非广其招徕之途、减其开垦之数、宽其起科之限，必不能有济。请敕部准开招民之例。如候选州同、州判、县丞等及举贡监生、生员人等有力招民者，授以署职之衔，使之招民。不限年数、不拘蜀民，流落在外及各省愿垦荒地之人，统以三百户为率。俟三百户民尽皆开垦，取有地方甘结，方准给俸，实授本县知县。……下吏、户、兵三部会同议行。

六月壬寅　以户部郎中洪启槐为贵州按察使司佥事，提调学政。

七月戊午　以工部郎中刘元琬为浙江按察使司佥事，提调学政。

七月戊寅　国子监祭酒查禄疏言，太学为教化本原之地。查顺治八年、十一年，曾令各省学臣选取生员文行兼优者，起送赴监。今宜遵仿此例，于郡邑各庠，或间一岁，或间三五岁，举文行兼优、年齿少壮者一人入太学。更请遵照世祖章皇帝时旧制，每科直隶各省乡试，各取副榜若干名，送监肄业。如此，则辟雍多明经行修之士矣。下部议行。

十一月辛未　云南道御史何元英疏言，礼部司属各员，有磨勘天下试卷之责，应照世祖章皇帝时，以进士出身者补授。又各省乡试正、副主考宜专用进士出身之人开列候点，其分房各官，或进士官乏员，方将举人出身者开送。从之。

康熙十一年（1672年）

正月辛酉　命翰林院学士傅达礼、熊赐履教习庶吉士。

正月庚午　礼部题：顺天乡试及会试，请照旧例，仍用满汉监察御史料理场务。从之。

正月壬申　以翰林院侍讲王泽弘提督顺天学政。

三月乙卯　命选满洲、蒙古汉军新旧生员内文行兼优者，与汉生员一体入监肄业。

四月壬午　以礼部郎中黄虞再为江西按察使司佥事，提调学政。

五月戊午　以翰林院编修董讷为云南乡试正考官，兵部主事邵佳印为副考官；工部员外郎吴元龙为贵州乡试正考官，户部主事杨西狩为副考官。

六月己丑　以户部郎中王士正为四川乡试正考官，工部员外郎郑日奎为副考官；户部郎中郭昌为广东乡试正考官，吏部主事彭襄为副考官；刑部郎中陆舜为广西乡试正考官，吏部主事毛逵为副考官；刑部郎中张好奇为福建乡试正考官，礼部主事赵仑为副考官。

七月戊午　翰林院掌院学士傅达礼等进呈《翻译大学衍义》，并请即付剞劂，广行颁布。得旨：书留览，余依议。

七月庚申　以翰林院侍讲沈荃为浙江乡试正考官，大理寺右评事姚祖顼为副考官；光禄寺少卿于嗣登为江西乡试正考官，中书科中书童钦承为副考官；礼科给事中朱裴为湖广乡试正考官，行人司司正刘梅为副考官。

七月己巳　以翰林院编修汪肇衍为陕西乡试正考官，户部主事叶映榴为副考官；刑部员外郎詹惟圣为江南乡试正考官，内阁中书沈印范为副考官。

闰七月戊子　以翰林院编修郭棻为河南乡试正考官，户部主事邓秉恒为副考官。

闰七月丙申　以翰林院检讨杨仙枝为山东乡试正考官，内阁中书张鹏为副考官；行人司行人余国柱为山西乡试正考官，内阁中书张衡为副考官。

闰七月丁酉　谕吏部：庶吉士李録予等学习已久，今加考试，应分别授职。除蔡启僔、孙在丰、徐乾学已授修撰、编修外，李録予、张英、牛纽、李光地、朱典、陈梦雷、耿愿鲁、赵文煚、王炎、朱阜、王维珍、孟亮揆、王宽、祖文谟俱着授翰林院编修、检讨；车万育、唐朝彝、黄斐、孔兴釪俱着以科道用；德赫勒、博济、沈独立、程文彝、李玠、李梦庚、张鹏翮、高璜、许孙荃、刘恒祥、吴本立俱着以部员用。

八月戊申　以翰林院修撰蔡启僔为顺天乡试正考官，编修徐乾学为副考官。

八月丁巳　以户部郎中迟煊为广东按察使司佥事，提调学政。

九月壬辰　礼部议覆，四川湖广总督蔡毓荣疏言，川、湖二省移驻弁兵，既经安插，即同土著。伊等子弟有读书者，似应准其入籍考试。应如所请，从之。

十月癸丑　礼部右侍郎田种玉以先一日拆看考官红本，降三级调用。

十月甲寅　以翰林院编修孙在丰为顺天武乡试正考官，检讨李天馥为副考官。

十二月癸丑　广西道御史孙锡龄疏言，定例，官员缘事革职，所荫之子已仕者，不令离任，其父母领过诰命者追夺，是为父母者反不得与其子邀一视之仁。请嗣后，缘事革职，父母领过诰命不必追夺。从之。

康熙十二年（1673 年）

正月庚寅　以户部郎中张萃为四川按察使司佥事，提调学政；郑昆璧为湖广按察使司佥事，提调学政；虞二球为江南按察使司佥事，提调学政；程汝璞为贵州按察使司佥事，提调学政；张文韬为福建按察使司佥事，提调学政；苏汝霖为广西按察使司佥事，提调学政；郭昌为云南按察使司佥事，提调学政；礼部郎中洪琮为陕西按察使司佥事，提调学政；刑部郎中陆舜为浙江按察使司佥事，提调学政；张好奇为河南按察使司佥事，提调学政；贵州平越府知府蒋印修为山东按察使司佥事，提调学政；山西冀宁道谢观为山西按察使司佥事，提调学政。

二月丙午　命大学士杜立德、礼部尚书龚鼎孳为会试正考官，刑部左侍郎姚文然、翰林院掌院学士熊赐履为副考官。

二月庚午　颁赐诸王以下文武各官及八旗官学《大学衍义》各一部。

三月庚寅　策试天下贡士韩菼等于太和殿前。制曰：朕惟自古帝王，以仁心行仁政，无不以万物得所为己任，其时丰亨克奏，教化覃敷，人无狙诈之心，户洽敦庞之盛。驯至遐荒向化，顽梗率俾，讼狱息而兵革销，风雨时而休征应，何风之隆也。朕缵承祖宗鸿绪，抚御万方，夙兴夜寐，冀登上理。乃天时未尽调协，治道未臻纯备。尚德缓刑之令时颁，而仁让未兴；发帑蠲租之诏屡下，而休养未遂。意者审几度务，设诚制行之源，尚有未究者欤？夫治狱之吏，以刻为明，古人之所戒也。近见引律烦多，驳察诬良，时见参奏，出入轻重之间，率多未协于中。何以使民气无冤，而谳法克当欤？积贮乃天下之大命，乃常平之设，多属虚文，一遇荒歉，即需赈济，而奉行不实，致使朝廷之德意，不能遍及闾阎，其何以使利兴弊革欤？古者耕九余三，即有灾祲，民无饥色，其道有可讲求者欤？夫有治人，始有治法，行实政，必有实心。今欲疏禁网以昭惇大，缓催科以裕盖藏，务使物阜民安，政成化洽，以庶几于古帝王协和风动之治，抑何道之从也？尔多士蓄积有素，其各抒所见，详切敷陈，毋泛毋隐，朕将亲览焉。

三月癸巳　上御太和殿。传胪。赐殿试贡士韩菼等一百六十六人进士及第出身有差。

四月丙午　授殿试一甲进士韩菼为翰林院修撰，王度心、徐秉义为翰林院编修。

四月癸丑　以礼部郎中张易为贵州按察使司佥事、提调学政。

五月己卯　谕翰林院：选拔庶常原以作养人材，今科进士特加简阅。取顾汧、黄士埙、陆祚藩、蒋仲达、宫梦仁、蒋伊、丁廷楗、颜光猷、谢于道、张祖荣、周昌、马鸣銮、徐倬、韩竹、罗秉伦、缪景宣、沈印城、王允琳、李基和、徐潮、汪鹤孙、董訚、徐元梦、韩士修、田成玉、王鼎冕、王尹方、曾寅、李叶、龚章、张志栋、唐四表等三十二员，俱着改为庶吉士，并修撰韩菼、编修王鸿绪、徐秉义分别满汉书教习。

五月壬辰　命翰林院学士傅达礼、熊赐履教习庶吉士。

九月庚辰　以大学士冯溥为武会试正考官，侍讲学士陈廷敬为副考官。

十月辛丑　策试天下武举于太和殿前。

十月癸卯　上御瀛台，阅试中式武举芮复光等骑射技勇。

十月甲辰　上御太和殿。传胪。赐殿试武举郎天祚等一百人武进士及第出身有差。

十二月癸丑　谕吏部、礼部：致治之道，首重人才，储养之源，由于学校，必衡鉴得人，厘剔有法，乃能革除积弊，遴拔真材，以彰文治之盛。近闻直隶各省学差，尚袭陋规，隳废职业，营私作弊，考试不公，以致真才沦弃，文治不光。今应作何整饬，差遣何官及磨勘、考核之法，何以尽善？务期允革弊端，着九卿、科道会同详确议奏。

十二月乙卯　吏部议，广东琼州道向兼摄学政，今琼州道范养民非由科目出身，其琼州学政应归广东学道管理。从之。

十二月丁巳　礼部议覆，兵科给事中齐什疏言，请将盛京满洲、蒙古、汉军旗下子弟与民童一体应试。从之。

十二月丁巳　吏部等衙门遵旨会议磨勘学差试卷之法。直隶各省学臣所解之卷，不能无改誊润色，且因解卷以致请托，亦未可知，相应停其解卷磨勘。俟三年期满，督抚以称职荐举者照例以参议道用，以公明尤著保举者照例内升京堂。若有徇情溺职等弊，应听督抚指名题参；若督抚徇情不参，被科道纠参，或别官首出，将督抚一并议处。从之。

康熙十三年（1674年）

六月壬寅　以兵部郎中钱江为山东按察使司佥事，提调学政。

八月戊戌　以刑部郎中张为仁为广东按察使司佥事，提调学政。

八月丁未　以户部郎中解几贞为江南按察使司佥事，提调学政。

十月乙巳　以刑部郎中祖泽潜为浙江按察使司佥事，提调学政。

十一月戊子　赠广西殉难富川县知县刘钦邻太仆寺少卿，予祭葬，荫一子入监读书。

康熙十四年（1675年）

正月甲戌　以户部郎中邵吴远为江西按察使司佥事，提调学政。

二月甲辰　吏部题：八旗举人，应以光禄寺典簿、署丞、国子监监丞员缺，序次录用。从之。

五月丙寅　命翰林院掌院学士徐元文教习庶吉士。

五月丙戌　以翰林院编修赵文煚为广东乡试正考官，吏部员外郎卫运扬为副考官。

闰五月丙申　以军兴，命停陕西乙卯科乡试。

闰五月丙申　浙江总督李之芳疏言，贼犯武义，防守把总张奇章从逆内应，署县事兰溪县县丞徐哲众寡不敌，被掳。贼逼之降，徐哲绝食自缢。捐生殉难，应请优恤。得旨：着从优议恤。寻部议，赠徐哲浙江按察使司佥事，荫一子入监读书。从之。

闰五月丙辰　以军兴，命停湖广乙卯科乡试。

六月戊辰　以翰林院编修徐秉义为浙江乡试正考官，户科给事中王垓为副考官。

六月癸未　以户部郎中孙昌期为江南乡试正考官，礼部郎中劳之辨为副考官。

七月乙未　以兵部郎中杨西狩为陕西按察使司佥事，提调学政。

七月戊戌　谕吏部：庶吉士董訚等教习已久，今加考试，应分别授职。除韩菼、王鸿绪、徐秉义已授修撰、编修外，满书庶吉士董訚、李叶、顾祖荣、韩竹、韩士修、缪锦宣、龚章、田成玉、丁廷楗、王尹方、王鼎冕、顾汧、徐潮，汉书庶吉士徐倬、黄士埙、马鸣銮、沈印城、颜光猷俱授翰林院编修、检讨，蒋伊、宫梦仁、张志栋、罗秉伦、鲁寅、陆印蕃俱着以科道用，徐元梦、谢于道、李基和、俞陈琛、周昌俱着以部属用。尔部即遵谕行。

七月壬寅　以兵部主事纪愈为河南乡试正考官，内阁中书师若琪为副考官。

七月戊申　以翰林院编修王掞为山东乡试正考官，刑部员外郎桑开运为副考官；编修王维珍为山西乡试正考官，工部员外郎刘士龙为副考官。

八月辛酉　以翰林院修撰韩菼为顺天乡试正考官，编修王鸿绪为副考官。

十月庚午　以翰林院侍读周之麟为顺天武乡试正考官，编修叶方蔼为副考官。

十月庚午　兵部题：顺天武乡试旧额，京卫武生取中一百名，八府及宣府一镇共取中一百名，奉天府取中三名。今科京卫武生，步箭合式者止七十七名，奉天无一人合式。相应于京卫武生内，选文理明通者，减额取中五十名；奉天既无合式，应无庸议；八府及宣府一镇，照旧取中。从之。

康熙十五年（1676年）

二月戊午　命大学士李霨、礼部尚书吴正治为会试正考官，吏部右侍郎宋德宜、左副都御史田六善为副考官。

二月甲子　以翰林院侍读吴国对提督顺天学政。

三月壬寅　策天下贡士彭定求等于太和殿前。制曰：朕惟自古帝王承乾立极，绥理万邦，莫不以厚风俗、正人心为久安长治之本。其时化理敦庞，民生朴茂，海内群黎，咸享丰亨豫大之休，洵府事修和之成效也。朕荷天眷佑，嗣缵弘基，夙夜孜孜，期登上理，十有五年于兹矣。乃风俗未尽丕变，人心未尽还淳，闾阎之盖藏未裕，军兴之输挽犹繁。岂振兴爱养之未得其道欤？何郅隆之难复也？夫俗尚浇漓，人多狙诈，君子长者之行不少概见，而告讦时闻，未能率迪于仁让，其故何欤？且忠孝者，人生之大节也。知之明，则不惑于邪正；守之固，则不昧于顺逆。乃人心不古，奸宄潜滋，所关世道，良非细故，岂亲亲长长之谊，素未讲究欤？抑司教者之训饬未备也。经国之道，不讳言财。况今戡定方殷，军需孔亟，议生议节，亦既筹画多方矣，而度支未见充盈，施行尚鲜实效，何道而使上有裨于经费，下无妨于休养欤？尔多士读书怀古，留心经济久矣，其各抒所见，详切敷陈，朕将亲览焉。

三月乙巳　上御太和殿。传胪。赐殿试贡士彭定求等二百九人进士及第出身有差。

四月庚申　授殿试一甲进士彭定求为翰林院修撰，胡会恩、翁叔元为编修。

四月癸酉　谕翰林院：选拔庶常原以作养人材，今科进士特加简阅。取魏希征、沈三曾、沈涵、顾藻、彭会淇、熊赐瓒、沈旭初、李应荐、杨瑄、高联、高裔、冯云骕、许承宣、潘沐、李涛、张榕端、陈锡嘏、王化鹤、史珥、费之逵、杨作桢、王瑞、郑际泰、阎世绳、卞永宁、徐必遴、沈一揆、杨尔淑、高琯、李云龙、方韩、王吉相等三十二员，俱着改为庶吉士。

五月壬辰　命翰林院掌院学士喇沙里、徐元文教习庶吉士。

六月庚午　添设直隶各省儒学教职各一员。

七月乙巳　赠殉难江西南丰县知县王应魁按察使司佥事，予祭葬，荫一子入监读书。

八月庚午　赠殉难陕西神木道杨三知为光禄寺卿，予祭葬，荫一子入监读书。

九月癸巳　以翰林院掌院学士徐元文为武会试正考官，詹事府少詹事项景襄为副考官。

十月乙卯　策试中式武举于太和殿前。

十月丁巳　上幸瀛台，设御幄，阅中式武举骑射技勇。

十月甲子　上御太和殿。传胪。赐殿试武举荀国梁等一百四十九人武进士及第出身有差。

十月己巳　议政王大臣等议覆，礼部疏言，朝廷定鼎以来，虽文武并用，然八旗子弟尤以武备为急，恐专心习文，以致武备懈弛。今值用武之际，若令八旗子弟仍与汉人一体考试，必偏尚读书，有误训练。见今已将每佐领下子弟一名准在监肄业，亦自足用。除见在生员、举人、进士录用外，嗣后，请将旗下子弟考试生员、举人、进士暂令停止。应如所请，从之。

十一月丁酉　以顺天府遵化县昌瑞山建世祖章皇帝孝陵，升县为州，改设知州、州判、吏目、学正、训导各一员。

十二月丙辰　吏部题：满洲、蒙古、汉军旗下生员，既经停其考试，应将伊等以无品笔帖式注册录用。从之。

康熙十六年（1677年）

正月丙午　命翰林院掌院学士陈廷敬教习庶吉士。

三月癸酉　赠巩昌殉难、岷州抚民同知王扎为按察使司副使，予祭，荫一子入监读书。

四月戊辰　赠浙江殉难温处道佥事陈丹赤为通政使司通政使，永嘉县知县马琾为布政使司参政，各荫一子，入监读书。

六月癸丑　礼部题：前经九卿议准，御史程文彝疏请本年添行乡试。今查直隶、江南、浙江三省贡监数多，应各遣官考试，河南、山西、山东、陕西贡监数少，应会在河南省，遣官一同考试。湖广、江西归并江南省，福建归并浙江省考试，以入场应试人数计算，于十五名中取中举人一名，不必另取副榜，于本年九月内考试。从之。

七月壬辰　以翰林院检讨王尹方为浙江乡试正考官，工科给事中丁泰为副考官。

七月辛丑　以翰林院检讨沈上墉为江南乡试正考官，吏部员外郎赵士麟为副考官。

七月辛丑　赠福建殉难归化县知县黄易为按察使司佥事，予祭葬，荫一子入监读书。

八月庚申　以户部郎中张友杰为河南乡试正考官，内阁中书张鸿猷为副考官。

九月庚辰　以翰林院修撰彭定求为顺天乡试正考官，编修胡会恩为副考官。

十月丙寅　以原补江西提学副使、未任撤回蒋永修为湖广按察司副使、提调学政。

十一月壬寅　赠江西殉难上饶县县丞陈贞为按察使司佥事，广东殉难合浦县知县金世爵为布政使司参议，各予祭葬，荫子一人入监读书。

十二月庚戌　上亲制《日讲四书解义序》曰：朕惟天生圣贤，作君作师，万世道统之传，即万世治统之所系也。自尧、舜、禹、汤、文、武之后，而有孔子、曾子、子思、孟子；自《易》、《书》、《诗》、《礼》、《春秋》而外，而有《论语》、《大学》、《中庸》、《孟子》之书，如日月之光昭于天，岳渎之流峙于地，猗欤盛哉！盖有四子而后二帝、三王之道传，有四子之书而后《五经》之道备。四子之书，得《五经》之精意而为言者也。孔子以生民未有之圣，与列国君大夫、及门弟子论政与学，天德王道之全，修己治人之要，俱在《论语》一书。《学》、《庸》皆孔子之传，而曾子、子思独得其宗，明新止至善，家国天下之所以齐治平也。性教中和，天地万物之所以位育，九经达道之所以行也。至于孟子继往圣而开来学，辟邪说以正人心，性善仁义之旨，著明于天下，此圣贤训辞诏后，皆为万世生民而作也。道统在是，治统亦在是矣。历代贤哲之君，创业守成，莫不尊崇表章，讲明斯道。朕绍祖宗丕基，孳孳求治，留心问学，命儒臣撰为讲义，务使阐发义理，裨益政治，同诸经史进讲，经历寒暑，罔敢间辍，兹已告竣。思与海内臣民，共臻至治。特命校刊，用垂永久，爰制序言，弁之简首。每念厚风俗，必先正人心；正人心，必先明学术。诚因此编之大义，究先圣之微言，则以此为化民成俗之方，用期夫一道同风之治，庶几近于唐虞三代文明之盛也夫。

康熙十七年（1678年）

正月庚子 以户部郎中王士正诗文兼优，改授翰林院侍讲。

三月丙戌 赠陕西殉难商南县知县卢俟为按察使司佥事，予祭葬，荫一子入监读书。

三月癸丑 改广东本年乡试于十月，以地方新定故也。

三月癸亥 以户部郎中陈肇昌为广东按察使司佥事，提调学政。

三月丁卯 镶红旗一等阿思哈尼哈番滚布伦辰缘事革职，以其子监生巴禄替职。

六月庚寅 以吏部郎中项一经为浙江乡试正考官，内阁中书李鸿洼为副考官；礼科给事中姚缔虞为江西乡试正考官，内阁中书朱射斗为副考官；吏部员外郎王雅为湖广乡试正考官，内阁中书侯璋为副考官。

六月丙申 以吏部郎中郑重为陕西乡试正考官，刑部主事俞陈琛为副考官；太仆寺卿熊一潇为江南乡试正考官，刑科给事中李迥为副考官。

七月辛亥 谕吏部：庶吉士张榕端等教习已久，今加考试，应分别授职。除彭定求、胡会恩、翁叔元已授修撰、编修外，清书庶吉士张榕端、李涛、王化鹤、高裔、冯云骕、李应荐、沈涵、沈三曾、杨瑄、王瑞、沈旭初、彭会淇、李振裕、杨作桢、郑际泰、费之逵，汉书庶吉士熊赐瓒、阎世绳、陈锡嘏俱着授为翰林院编修、检讨，许承宣以科道用，李云龙、高管、卞永宁、徐必遴俱着以部员用。尔部即遵谕行。

七月丙辰 以吏部员外郎王九鼎为河南乡试正考官，户部主事方元启为副考官。

七月庚申 以翰林院编修翁叔元为山东乡试正考官，户部员外郎高龙光为副考官；刑部员外郎许孙荃为山西乡试正考官，中书科中书裘充美为副考官。

八月己巳 以礼部郎中叶映榴为陕西按察使司佥事，提调学政。

八月甲戌 以翰林院检讨朱阜为顺天乡试正考官，编修杨瑄为副考官。

八月甲戌 礼部议，福建省海氛未靖，乡试改于康熙十八年八月举行。从之。

十月癸未 以翰林院侍读王士正为顺天武乡试正考官，翰林院侍讲韩菼为副考官。

十二月庚辰 以右春坊右中允吴珂鸣提督顺天学政；以兵部郎中杨钟岳为福建按察使司佥事，提调学政；户部郎中吴子云为河南按察使司佥事，提调学政；户部郎中詹惟圣为江西按察使司佥事，提调学政；礼部郎中桑开运为山东按察使司佥事，提调学政；刑部郎中刘果为江南按察使司佥事，提调学政；工部郎中刘霦为浙江按察使司佥事，提调学政；户部郎中刘梅为山西按察使司佥事，提调学政。

十二月庚寅 赠福建殉难南安县知县宋煜为按察使司佥事，予祭葬，荫一子入监读书。

康熙十八年（1679年）

二月辛未　以大学士冯溥、兵部尚书宋德宜为会试正考官，翰林院掌院学士叶方蔼、都察院左副都御史杨雍建为副考官。

二月壬午　谕吏部：朕以万几之暇，留心经史，思得博学鸿儒，备顾问著作之选，故特颁谕旨，令内外诸臣各举所知。膺荐人员已经陆续到部，欲行考试，因天寒晷短，恐其难于属文，弗获展厥蕴抱。今天气已渐融和，应定期考试。所有合行事宜，尔部会同翰林院，详议具奏。

二月癸巳　吏部议覆，都察院左都御史魏象枢条奏学道考试十弊。一、童生府考无名，径取入学。二、额外滥取童生，拨发别学。三、私查印簿，某卷某号即某人，以便贿卖。四、解部册籍迟延，更改等第。五、先开六等草单，吓诈保等银两。六、将文童充武童，入学后，夤缘改武为文。七、将生童远调考试。八、纵容教官，包揽通贿。九、曲徇情面，孤寒弃斥。十、将额外滥取童生，混附生员册内报部。以上十弊，允当严禁。应如所题，嗣后，考核学道俱注剔除十弊具题。从之。

三月丙申　试内外诸臣荐博学鸿儒一百四十三人于体仁阁。赐宴。试题：《璇玑玉衡赋》、《省耕诗》五言排律二十韵。

三月乙卯　策天下贡士马教思等于太和殿前。制曰：朕惟古帝王统御天下，建极绥猷，莫不简贤任能，乂宁兆庶，官方澄叙，府事修和，农务兴而野无旷土，国计裕而泉货流通，豫大丰亨，洵郅隆之上理也。朕荷天眷命，嗣缵鸿图，宵旰靡宁，孜孜求治。每思民生休戚，关乎吏治之贤否，安全噢咻，端藉循良。故于监司守令之任，务加遴选。乃龚黄之绩未闻，而贪黩之风如故。或吏道杂而多端，激扬之法未善欤？或大法小廉，表率未得其人欤？国家藏富于民，必使人无游惰，然后田野辟而生聚蕃。比年以来，劝农垦荒之令屡下，乃地利未尽，污莱尚多，抑有司奉行弗力耶？将督课者循名而未责其实也？自昔九府圜法，所以便民利用，鼓铸之设，其来旧矣，迩以铜不足用，铸造未敷，有以开采议者，有以禁民耗铜议者，果行之可永利乎？或二者之外，别有良策欤？尔多士留心经济，其详切敷陈，勿泛勿隐，朕将亲览焉。

三月戊午　上御太和殿。传胪。赐殿试贡士归允肃等一百五十一人进士及第出身有差。

三月甲子　谕吏部：荐举到文学人员，已经亲试。其取中一等彭孙遹、倪灿、张烈、汪霦、乔莱、王顼龄、李因笃、秦松龄、周清原、陈维嵩、徐嘉炎、陆菜、冯勖、钱中谐、汪楫、袁佑、朱彝尊、汤斌、汪琬、邱象随，二等李来泰、潘耒、沈珩、施闰章、米汉雯、黄与坚、李铠、徐釚、沈筠、周庆曾、尤侗、范必英、崔如岳、张鸿烈、方象瑛、李澄中、吴元龙、庞垲、毛奇龄、金甫、吴任臣、陈鸿绩、曹宜溥、毛升芳、曹禾、黎骞、高咏、龙燮、邵吴远、严绳孙俱着纂修《明史》。其见任候补及已仕、未仕各员，作何分别，授以职衔？其余见任者仍归原任，候补者仍令候补，未仕者俱着回籍，内有年老者，作何量给职衔，以示恩荣？尔部一并详议具奏。告病者不必补试。

四月壬午　授一甲进士归允肃为翰林院修撰，孙卓、茆荐馨为编修。

四月癸未　福建巡抚吴兴祚疏言，闽省戊午科乡试，前奉旨准于康熙十八年补行。今海氛未靖，再请展限至康熙十九年举行。从之。

五月乙未　谕翰林院：选拔庶常原以作养人材，今科进士特加简阅。取吴震方、张廷瓒、秦宗游、田需、陈捷、赵执信、曹鉴伦、马教思、刘果实、沈朝初、杨大鹤、陆祖修、方伸、陆舆、李孚青、畲艳雪、王沛思、丁炜、庄延裕、汪晋征、王承祜、宋敏求、潘应宾、顾镡、梁弓、陈紫芝、张克嶷、张光豸、卢熙、任璇、赵作舟、杨雍等三十二员，俱着改为庶吉士，并修撰归允肃、编修孙卓、茆荐馨分别满汉书教习。

五月庚戌　授荐举博学宏词邵吴远为侍读，汤斌、李来泰、施闰章、吴元龙为侍讲，彭孙遹、张烈、汪霦、乔莱、王项龄、陆棻、钱中谐、袁佑、汪琬、沈珩、米汉雯、黄与坚、李铠、沈筠、周庆曾、方象瑛、金甫、曹禾为编修，倪灿、李因笃、秦松龄、周清原、陈维嵩、徐嘉炎、冯勖、汪楫、朱彝尊、邱象随、潘耒、徐釚、尤侗、范必英、崔如岳、张鸿烈、李澄中、庞垲、毛奇龄、吴任臣、陈鸿绩、曹宜溥、毛升芳、黎骞、高咏、龙燮、严绳孙为检讨。

五月癸丑　吏部议覆，扬威大将军和硕简亲王喇布疏言，原任湖广益阳县知县、授参议道札付徐玿赍谕招抚吴三桂伪将军胡国柱、夏国相、马宝等被杀，请敕议叙。今奉旨议得徐玿冒险招抚，捐躯尽忠，应照例赠湖广按察使司佥事，予祭葬，荫一子入监读书。从之。

五月丁巳　命翰林院掌院学士喇沙里、叶方蔼教习庶吉士。

七月乙未　赠殉难江西广昌县巡检舒学文金山卫经历，荫一子入监读书。

九月丙午　以内阁学士李天馥为武会试正考官，翰林院侍讲学士崔蔚林为副考官。

十月丁卯　策试天下武举于太和殿前。

十月戊辰　上御瀛台紫光阁，阅视武举骑射技勇。

十月庚午　上御瀛台紫光阁，阅视武举骑射技勇。

十月辛未　上御太和殿。传胪。赐殿试武举罗淇等一百一人武进士及第出身有差。

十一月辛亥　补行福建戊午科乡试，以户部郎中刘元勋为正考官，大理寺评事白梦鼐为副考官。

康熙十九年（1680年）

二月壬申　命翰林院掌院学士库勒纳教习庶吉士。

四月壬午　调福建同安总兵官李承恩为陕西延绥总兵官，以勇略将军赵良栋子、荫生赵弘灿为陕西、宁夏总兵官。

五月丁巳　（赠）福州府知府王之仪太仆寺卿，建宁府同知俞三畏按察使司副使，侯官县知县刘嘉猷、尤溪知县李埙俱按察使司佥事，各予祭葬，荫一子入监读书。

六月戊辰　以户部郎中田雯为江南按察使司佥事，提调学政。

七月戊戌　赠福建殉难浙闽总督范承谟太子少保、兵部尚书，予祭葬，加祭一次，谥忠贞，荫一子入监读书。巡海道陈启泰通政使司通政使，并妻刘氏予祭葬，荫一子入监读书。

七月丙午　赠广西殉难巡抚马雄镇太子少保、兵部尚书，并妻李氏予祭葬，加祭一次，谥文毅，荫一子入监读书。

九月己巳　以户部郎中王如辰为广西按察使司佥事，提调学政。

十一月乙亥　赠广东阵亡茂名县县丞陶之寯卫经历，予祭葬，荫一子入监读书。

康熙二十年（1681年）

正月癸未　赠殉难抚蛮灭寇将军、太子太保、广西巡抚傅弘烈太子太师，予祭葬，加祭一次，谥忠毅。荫一子入监读书。

三月丙辰　贵州巡抚杨雍建以军兴旁午，请停贵州本年乡试，于壬戌年补行。从之。

三月丙寅　赠福建殉难邵武知府张瑞午、建昌知府高天爵俱太仆寺卿，邵武府同知高举按察使司副使，各予祭葬，荫一子入监读书。

三月己巳　以刑部郎中钱捷为贵州按察使司佥事，提调学政。

四月丙申　殉难云南、贵州总督甘文焜榇回京师，遣大臣一员，侍卫十员，往奠茶酒，加赠兵部尚书，予祭葬，谥忠果，荫一子入监读书。

四月壬子　以户科给事中孙蕙为福建乡试正考官，吏部主事刘始恢为副考官。

五月己巳　以翰林院侍读邵吴远为广东乡试正考官，内阁中书高曰聪为副考官。

五月壬申　湖广巡抚王新命疏言，楚省乡试中额，因逆贼变乱，于康熙十六年改照中省取中。今湖南既已平定，应仍改为大省额数取中。从之。

六月戊戌　以翰林院侍讲汤斌为浙江乡试正考官，礼部郎中于觉世为副考官；检讨秦松龄为江西乡试正考官，内阁中书郑载扬为副考官；侍讲李来泰为湖广乡试正考官，吏部员外郎李含春为副考官。

六月丙午　吏部议覆，湖广道御史房廷祯疏言，捐纳岁贡终非正途，不应考选科道。应如所请。又，督抚子弟应照在京三品京堂子弟，例亦不与考选，应不准行。得旨：汉军、汉人捐纳岁贡，俱不准作正途考选；京官三品以上子弟既不与考选，总督、巡抚子弟亦不准考选。

六月丙午　以工科给事中许承宣为陕西乡试正考官，翰林院编修汪霦为副考官；编修冯云骕为江南乡试正考官，检讨朱彝尊为副考官。

七月乙丑　以翰林院侍讲施闰章为河南乡试正考官，吏部员外郎刘元慧为副考官。

七月癸酉　以翰林院编修曹禾为山东乡试正考官，刑部郎中林尧英为副考官；翰林院编修严绳孙为山西乡试正考官，户部郎中杨引祚为副考官。

七月己卯　谕吏部：庶吉士田需等教习已久，今加考试，应分别授职。除归允肃、孙卓已授修撰、编修外，清书庶吉士田需、张廷瓒、顾藻、丁炜、赵执信、沈朝初、潘应宾、杨雍、杨大鹤、卢熙、王沛恩、曹鉴伦，汉书庶吉士陈捷、方韩、秦宗游、马教思、畬艳雪、庄延裕俱着授为翰林院编修、检讨，汪晋征、王承祜、吴震方、陈紫芝、杨尔淑俱以科道用，张克嶷、张光豸、沈一揆、高联、赵作舟俱以部属用。尔部即遵谕行。

八月丙戌　以翰林院修撰归允肃为顺天乡试正考官，编修沈珩为副考官。

九月癸亥　广东、广西总督金光祖疏言，宜山县委署知县王坤骂贼不屈，兄弟被害。吏部议覆，王坤系外委之官，无议恤之例，应令该督酌量加恩。得旨：王坤非部选之员，骂贼不屈，兄弟殉难，深为可悯，着赠按察司佥事，予祭葬，荫一子入监读书。

十月丁酉　以翰林院侍读学士董讷为顺天武乡试正考官，编修王顼龄为副考官。

十一月壬子　增顺天乡试生员中额五名。

十二月甲申　赠云南殉难安邱县知县胡端通政使司左参议，予祭葬，荫一子入监读书。

十二月丁酉　补行广西乡试。以编修乔莱为正考官，员外郎杨佐国为副考官。

康熙二十一年（1682年）

正月丁卯　以翰林院侍讲董讷提督顺天学政。

二月甲申　以吏部尚书黄机、工部尚书朱之弼为会试正考官，翰林院掌院学士陈廷敬、户部左侍郎李天馥为副考官。

二月己丑　赠四川殉难广安州知州徐盛四川布政使司参议，夔州府通判薛人凤、营山县知县廖士贞、渠县知县王质四川按察使司佥事，各予祭葬；营山县典史刘廷臣潜江县主簿，予祭银。各荫一子入监读书。

二月庚子　以山西冀宁道焦荣为云南按察使司副使，提调学政。

四月壬午　补行贵州乡试。以编修沈旭初为正考官，户部主事陆钟吕为副考官。

五月戊戌　以广西平南县知县周岱生阖门殉难，赠按察使司佥事，予祭葬，荫一子入监读书。

五月辛亥　以江西建昌府知府邹峄为云南按察使司副使，提调学政。

五月乙卯 以原任云南巡抚朱国治当逆贼吴三桂反叛之初，抗不从逆、捐躯殉难，赠户部右侍郎，予祭葬，荫一子入监读书。

五月辛未 副都御史马世济条陈：吴三桂、尚之信、耿精忠属下为外官者咸宜罢黜回京。上谕大学士等曰：前大兵进剿时，有本身陷在贼中，其子弟仕宦各省，亦有备办草料、转输粮饷者，今事平辄行追论，夺其官爵撤回，殊觉烦扰。况汉官如曹申吉、罗森等，亦有子弟亲戚，若皆不许仕宦，应乡会试，可乎？照此旨传谕，将原本给还。

五月壬申 广西巡抚郝浴疏言，粤西武生仅得百名，请暂停武闱乡试。从之。

八月丁酉 兵部议覆，云南巡抚王继文疏言，本年系会试武举之年。查滇省陷贼有年，所有历科中式武举，既无旧案可稽，其间不无顶冒情弊与曾受伪职者，自应详慎查明，方可给咨赴试。壬戌科请暂停止，统俟乙丑科照例会试。应如所请，从之。

九月乙巳 策试天下贡士金德嘉等于太和门前。制曰：朕惟自古帝王，治定功成，尤加意乎人心风俗之所尚，以图万世治安之本。维时礼教明于上，仁让兴于下，俗重敦庞，人多谨悫，国计丰裕而比屋盈宁，四方清晏而川岳效顺。朕综览前史，心实慕之。兹仰荷上天眷佑，祖宗鸿庥，耆定武功，削平逆乱。亟思覃敷德教，厘正典章，庶几海宇化成，茂臻上理。顾令甲屡颁而奉行不力，末作之纤靡未息，闾阎之嗜欲犹滋。岂闲情节性、坊表斯民之方尚有未备者欤？夫惇厚以立德、节俭以足用，厉俗之良规也。而民心日偷，浇漓益甚，何以使孝友之行笃于门内，奢淫之习绝于里闬欤？从来安上治民，莫善于礼，恭敬廉让，则德化易成，何以整齐其心志，移易其好尚，俾有所持循欤？抑慎辨等威，纳诸轨物，使贵贱少长无相凌竞，果何道之从欤？图治之要，首重天储，兼御民患，比年河决为灾，修筑鲜效，堤防方报竣工，洪流旋复他溃，岂信河势之危险欤？抑人事未尽善也？岁漕数百万粟，转输于黄运两河，所系綦重，或疏浚下流，或固筑堤岸，前人之成法具在，岂在昔则有明效，而今不可踵行欤？使实意讨究，修浚得宜，上不梗运道，下不病民生，必有策以处此。尔多士胸蕴经术，将以善世泽民，其各抒所见，详切敷陈，朕将亲览焉。

九月戊申 上御太和门。传胪。赐殿试贡士蔡升元等一百七十六人进士及第出身有差。

九月戊午 以吏部左侍郎管右侍郎事杜臻为武会试正考官，侍讲学士孙在丰为副考官。

九月戊辰 授一甲进士蔡升元为翰林院修撰，吴涵、彭宁求俱为编修。

十月丁丑 策试天下中式武举胡世芳等于太和门。

十月戊寅 上御紫光阁，阅中式武举骑步射，并试技勇。

十月庚辰 上御太和门。传胪。赐殿试武举王继先等一百八人武进士及第出身有差。

十月癸未 谕翰林院：选取庶常原以作养人才，今科进士特加简阅。取中史夔、王九龄、吴一蜚、王哲生、孙岳颁、吴晟、张禹玉、沈恺曾、许汝龙、余泰来、周金然、尤珍、刘国黻、张廷枢、阮尔询、朱珊、金德嘉、吴苑、周蒲璧、曾炳、路元升、潘麒生、袁拱、李复泌、王思轼、胡作梅、鲁德升、武维宁、许嗣隆、王绅、姚文光、黄轩等三十二员，俱着改为庶吉士，并修撰蔡升元、编修吴涵、彭宁求分别满汉书教习。尔衙门即遵谕行。

十月庚子　以内阁学士兼礼部侍郎阿兰泰、张玉书教习庶吉士。

十一月己巳　以工部郎中张衡为浙江按察使司佥事，提调学政。

十二月戊子　礼部议覆，顺天府府丞张鹏疏言，学宫门旁所住俱系镶黄旗都统听事之人，应交该都统严行禁止。查，学宫重地，理宜肃清。嗣后，如有仍前秽污、穿穴墙垣、侵占基址者，该府丞即时呈报，臣部将该管官一并题参，交部议处。得旨：儒学文庙，关系文治，理宜严肃洁清，乃令听事及居住人等污秽侵占，殊属不合。着速迁移，严加禁饬。如有不遵者，尔部察参治罪。向来该管各官，因循日久，并未察纠，张鹏莅任，即行陈奏，具见实心任事可嘉。余依议。

十二月壬辰　谕大学士觉罗勒德洪等曰：国子监乃国家养育人才之所，近闻司教之官不将监生严加约束教诲，纵之游戏。又其甚者，闲杂之徒任行出入，竟以国子监为游戏之地矣。尔等传祭酒、司业等官严行申饬。

康熙二十二年（1683年）

二月己丑　广西巡抚郝浴疏言，原任浔州府知府刘浩于逆贼孙延龄叛时，抗贼不屈，全家殉难，应请恩恤。得旨：着赠太仆寺卿，荫一子入监读书。

二月丁酉　赠陕西殉难西安府知事张文选卫经历，司狱周胜骧、典史赵焕文俱县主簿，各荫一子入监读书。

三月丙辰　赠云南殉难按察使李兴元太常寺卿，予祭葬，荫一子入监读书。

五月甲寅　补行云南省辛酉科乡试。命编修米汉雯为正考官，户部主事高琯为副考官。

闰六月丁未　补行四川省辛酉科乡试。以编修方象瑛为正考官，吏部员外郎王材任为副考官。

七月丁酉　赠澎湖阵亡左都督、平阳总兵官朱天贵太子少保，准一子为荫生。

八月壬子　工科给事中许承宣题请修葺天下学宫，以崇文教。从之。

八月乙卯　以礼部郎中袁时中为贵州按察使司佥事，提调学政。

八月丁巳　以刑部郎中李质素为广西按察使司佥事，提调学政。

八月戊午　以刑部郎中姚淳焘为湖广按察使司佥事，提调学政。

九月丙子　吏部题：原任云南府知府高显辰、同知刘昆抗逆不从，被贼酷刑遣戍。高显辰服毒死，刘昆在戍所始终不渝。高显辰应赠太仆寺卿，荫一子入监读书；刘昆仍以原官补用。从之。

十月壬戌　命翰林院掌院学士牛钮教习庶吉士。

十一月丙寅 礼部议覆，国子监祭酒王士正疏言，明代南、北两雍皆有《十三经注疏》、《二十一史》刻板。今国学所藏漫漶残缺，宜及时修补。至南监板，请敕该督抚查明，行令学臣收贮儒学尊经阁中，毋致遗失。应如所请，从之。

十一月癸酉 先是，云南、贵州总督蔡毓荣疏言，土司世相承袭，不由选举，罔识礼义。嗣后，土官族属子弟内有通晓经义、志图上进者，请就郡邑一体应试。至是，差往区画土司事宜侍郎库勒纳疏请如蔡毓荣言。寻礼部议，云、贵二省应各录取土生二十五名。其土司隶贵州者附贵阳等府学，隶云南者附云南等府学，不准科举，亦不准补廪出贡。从之。

康熙二十三年（1684年）

正月癸巳 命翰林院掌院学士孙在丰教习庶吉士。

二月己亥 谕翰林院掌院学士牛纽、孙在丰：翰林院乃储养人材之地，教习庶常当以品行文章为事，一切交际礼文皆宜杜绝。近闻有馈送重礼者，庶常等俱甚寒苦，自翰墨外不应别有所取。前拉萨礼在时，待伊等甚善，所以至今有感念者。至库勒纳以来，交际之风浸盛，尔等宜加洗剔，无负朕简任之意。

三月戊辰 谕吏部：州县官遇易结之事，旷日迟延、竟不完结者甚多，其违限三四月者即系不能称职，应行罢斥，以疏进士出身之仕路。令九卿、詹事、科道会同确议定例具奏。寻议，州县官将易结之事迟延不结，除违限一月、二月者照旧例处分外，违限三月者降三级调用，违限四月者革职。再查吏部定例：知县出有十缺，除推升二缺外，其大选八缺，进士、举人、贡监选授三缺，捐纳人员选授五缺。嗣后，大选八缺，议将进士选授二缺，举人、贡监以知县用者选授三缺，捐纳人员选授三缺，庶进士仕路疏通。从之。

四月己酉 以翰林院编修王化鹤为云南乡试正考官，吏部员外郎李云会为副考官；翰林院编修黄与坚为贵州乡试正考官，户部郎中毛漪为副考官。

四月丁巳 翰林院掌院学士牛钮等进呈刻成《日讲易经解义》。得旨：《易经》阐发天人理数，道统攸关。朕朝夕披玩，期造精微，讲幄诸臣，殚心剖析，深有裨于典学。着即颁行。

四月乙丑 上谕讲官牛钮等曰：讲章辞取达意，以确切明晰为尚。如本文敷衍太多，则篇末未免重复。大约诠次本文，原在了彻圣贤意旨，而篇末该括数语，又贵阐明理道，务去陈言。朕阅张居正尚书《四书直解》，篇末俱精实之义，无泛设之词。今后所撰《诗经讲章》亦须体要备举，期于尽善。

五月壬午 以礼部郎中郭茂泰为四川乡试正考官，兵部主事涂铨为副考官；户科给事中王又旦为广东乡试正考官，工部主事刘长发为副考官；刑部员外郎王曰曾为广西乡试正考官，大理寺评事高层云为副考官；翰林院侍讲王顼龄为福建乡试正考官，中书科中书舍人刘楷为副考官。

五月癸巳 以户部郎中许孙荃为陕西按察使司佥事，提调学政。

六月丁未 礼部议覆，册封琉球国王使臣，翰林院检讨汪楫、内阁中书林麟焻奏言，中山王尚贞亲诣馆舍，恳臣等转奏，愿令陪臣子弟四人赴京受业。考之史册，唐贞观中，新罗、百济俱遣子入学。琉球自明初内附，洪武、永乐、宣德、成化间，琉球官生俱入监读书。今国王尚贞远被皇仁，倾心向学，应准所请，听其遣陪臣子弟入监读书。从之。

六月丁未 以翰林院编修周庆曾为浙江乡试正考官，中书科中书舍人苏寯为副考官；翰林院编修钱金甫为江西乡试正考官，行人司行人胡永亨为副考官；工科给事中任辰旦为湖广乡试正考官，内阁中书崔征璧为副考官。

六月丁巳 上谕大学士等曰：凡所贵道学者必在身体力行、见诸实事，非徒托之空言。今汉官内有道学之名者甚多，考其究竟，言行皆背。如崔蔚林之好事，居乡不善，此可云道学乎？精通道学，自古为难。朕闻学士汤斌曾与中州孙钟元相与讲明道学，颇有实行，前典试浙江，操守甚善，可补授江宁巡抚。

六月己未 以翰林院侍讲李振裕为陕西乡试正考官，吏部员外郎汪錞为副考官；左春坊左赞善徐潮为江南乡试正考官，吏科给事中杨周宪为副考官。

七月乙亥 以翰林院编修田需为河南乡试正考官，礼部郎中何楗为副考官。

七月辛巳 以翰林院编修曹鉴伦为山东乡试正考官，户部主事李孔嘉为副考官；翰林院编修赵执信为山西乡试正考官，兵部主事戴玺为副考官。

八月己亥 以左春坊左谕德秦松龄为顺天乡试正考官，翰林院编修王沛恩为副考官。

八月庚戌 吏部题覆，国子监疏请助教官员应加考试录用。得旨：助教官员职掌教习荫监官生，应选优于文学者补用，若用文学庸劣之人，何以表率生徒？以后着吏部考取，仍将试卷送内阁阅看具奏。

九月己卯 礼部题：磨勘顺天乡试卷，文体不正三卷，文理悖谬二卷。正考官、左春坊左谕德秦松龄，副考官、翰林院编修王沛恩，同考官、内阁中书王錞，工部主事张雄俱应照例革职。候选主事张曾祚应照例革职，交刑部提问。从之。

十月戊午 以翰林院侍讲李元振为顺天武乡试正考官，右春坊右赞善严绳孙为副考官。

十二月壬辰 赠故江南江西总督于成龙太子太保，荫一子入监读书。

十二月己亥 山西道御史张集疏言，学道一官为国家文教所系，应令九卿会同保举，择其清廉素著、夙有文望者列名上请，恭候简用，毋得但循资俸掣签。庶衡文者得其人，而海内仰右文之化矣。得旨：学政关系文教，造就人才，直隶各省督学各官必品行素优、才学兼长者，方能称职。应不拘定例，将内外各衙门由进士出身官员，作何选择补授，着九卿、詹事、科道会同确议具奏。

十二月庚子 以翰林院侍讲王项龄提督顺天等处学政。

十二月辛丑 浙江道御史梅鋗条奏科场事宜。上谕大学士等曰：疏中所言，发榜太速，似属有理。凡人精神有限，卷牍浩繁，岂能一一遍阅。竟有试卷未经考官点阅者，倘致实学沦弃，岂不可惜？况弊之有无，亦不在发榜迟速。宜令宽展日期，细加校阅，以无虚国家求才至意。着照所奏行。

十二月丁未 谕吏部：庶吉士吴一蜚等教习已久，今加考试，应分别授职。除蔡升元、吴涵、彭宁求已经授职外，满书庶吉士吴一蜚、李孚青、路元升、王哲生、史夔、张廷枢、尤珍、刘果实、潘麒生、鲁德升、王思轼、李复泌、许嗣隆，汉书庶吉士孙岳颁、王九龄、吴晟、金德嘉、周金然、吴苑、许汝霖、周蒲璧俱着授为翰林院编修、检讨；顾镡、刘国黻、王绅、阮尔询、陆祖修、余泰来俱着以科道用；曾炳、姚文光、方伸、武维宁、袁拱、黄轩、史陆舆俱着以部属用。

十二月丁未 吏部等衙门遵旨会议，学政关系文教、造就人才，嗣后，停其论俸补授。顺天学政缺，应将侍读、侍讲、谕德、洗马概行开列，恭请简用；江南、浙江学道缺，停其补用郎中道府，应将侍读、侍讲、谕德、洗马、中允、赞善亦概行开列，恭请简用；其余各省学道缺，将应升进士出身之五部郎中及参议道、知府等官选择开列，恭请简用。从之。

十二月庚戌 以翰林院侍讲李振裕提督江南学政；右春坊右赞善兼翰林院检讨王掞提督浙江学政；湖广驿盐道宫梦仁为山东按察使司副使，提调学政；江南镇江府知府高龙光为山西按察使司副使，提调学政；广东粮道蒋伊为河南按察使司副使，提调学政；礼部郎中何棅为江西按察使司佥事，提调学政；礼部郎中赵随为福建按察使司佥事，提调学政；工部郎中裴宪度为广东按察使司佥事，提调学政；广西柳州府知府江皋为四川按察使司副使，提调学政；户部郎中毛漪秀为云南按察使司佥事，提调学政。

康熙二十四年（1685 年）

正月乙酉 召试翰詹诸臣于保和殿。

正月乙酉 礼部议覆，广西道御史刘超凡疏言，会试中额，旧例定南、北、中三项，后因滇黔川粤道路梗阻，赴试无人，因与江南庐凤各府分并南、北卷内，裁去中卷一项。今云贵等四省已经再行乡试，请仍照旧例，复分南、北、中卷三项。应如所请，从之。

正月丁亥 刑科给事中杨尔淑疏言，试士三场，先以八股，首闱七艺，重在四书。请自乙丑科以后，会试及顺天乡试四书题目俱乞皇上钦定。下部议行。

二月甲午 以工部郎中毕忠吉为贵州按察使司佥事，提调学政。

二月丙申 命刑部尚书张士甄、户部右侍郎王鸿绪为会试正考官，礼部右侍郎董讷、翰林院掌院学士孙在丰为副考官。

二月丁酉 谕吏部：国家设立翰林院衙门，原以储养人材，娴习文学，以备顾问编纂之用。必淹贯经史，博极群书，方克谙练体裁，洞悉今古，敷词命意，典赡弘通，悉登著作之林，用佐右文之治，始为称职。今将翰林各官特行考试，朕亲加详阅，分别次第，以示劝惩。徐乾学、韩菼、孙岳颁、归允肃、乔莱学问优长、文章古雅，宜加赏赉，以示奖励；彭孙遹等文学亦通，着照旧供职，益勤研究，以底精纯；周之麟、崔如岳、庞垲、钱中谐、颜光猷、李元振、费之逵、李复泌、刘果实、刘芳哲文理荒疏，未娴体式，难胜厥任，除李元振、刘芳哲已经降调，其余俱着对品调用。尔部即遵谕行。

二月己亥　谕大学士等曰：朕闻向来场中出题多有避忌字句者，似属无谓。王熙等奏曰：圣谕诚然。今会场题目皇上亲出，举子无从揣摩。此科人文自盛于往日也。

三月乙丑　奉天府府尹董秉忠疏言，锦州府州县，生聚日繁，人文渐盛。锦州府、锦县、宁远州三学原各有廪生一名，今请各增四名，每学二年一贡；广宁县原有廪生一名，今请增一名，仍照旧例，五年一贡。下部议行。

三月丁丑　礼部议覆，左副都御史胡升猷疏请皇上亲定殿试题目，并严饬阅卷诸臣，以重大典。应如所请。上谕大学士等曰：殿试设有读卷官，俱系大臣，岂不相信？纵有他故，亦自有定例。若题目俱由朕亲出，不胜烦琐。即如会试题目，乃偶一行之，岂遂为例？且朕所出之题，乃试官不出，人所不能预拟者。若屡屡亲出，则人亦能预为揣摩矣。着传谕九卿、詹事、科道，仍照旧例行。

三月庚辰　策试天下贡士陆肯堂等一百二十一人于太和门前。制曰：朕惟帝王抚驭寰区，覃敷治化，必务本敦行，厚生正德，俾俗尚鸿庞，兆人乐利，斯庶几时雍风动之上理也。朕仰荷天庥，缵承祖宗大业，孜孜宵旦，期登郅隆。念小民之依，惟农桑是重，而犹虑野余旷土，室鲜盖藏，未底家给人足之盛，将无游惰逐末者尚众，而秉耒耜者或寡欤？蠲租之诏屡下，垦荒之令时举，率作兴事者素矣。其果争趋本业否欤？行莫大于孝，守莫重于廉。汉有孝廉之科，其法犹为近古。自积习浮靡，人鲜门内之行，士昧一介之操。今欲使束修砥节，何道而可？教化之不兴，以凡为士者从事虚名而未敦实学也。矫伪相煽，中于人心，咸令惕然知返，著诚去伪，抑何术之从也？夫野有醇风，斯朝多端士，匿情饰貌，滋长浇凌，孝弟力田，幸臻美俗，其说可悉指欤？尔多士盱衡古今，于民生士习、得失之数筹之熟矣。其各抒所学，以裨教养之隆。朕将亲览焉。

三月壬午　上御懋勤殿，殿试读卷官大学士明珠等将策试天下贡士卷，选择十卷进呈。上览毕，御笔批定一甲三名，余俱列二甲。

三月癸未　上御太和门。传胪。赐殿试贡士陆肯堂等一百二十一人进士及第出身有差。

四月壬寅　授一甲进士陆肯堂为翰林院修撰，陈元龙、黄梦麟为翰林院编修。

四月戊申　兵部议覆，户科给事中王又旦疏言，各省武闱，一场、二场校骑射、试技勇乃监临之责。至三场阅卷，各省参差，似当酌为一定经制。查武闱乡试例，在京，钦点主考官出题；在外，巡抚出题，而监射衡文官员听巡抚酌量选用，遂至各省参差不一。嗣后，应令巡抚总任其事。至同考官，于有司中进士出身者选用四员；如无进士出身之有司，乃以举人、贡生各官内选用。从之。

五月庚申　上御保和殿，选进士张希良、宁世簪、许承家、沈辰垣、仇兆鳌、宋大业、李殿邦、徐元正、汪灏、谢陈常、宋衡、高曜、冯瑞、汪薇、许贺来、郑昆瑛、陈迁鹤、李懋、吴之瑜、魏男、俞长城、安箴、樊泽达、王之枢、吴垣、鲁瑗、宋如辰、李朝鼎、邓咸齐、刘坤、梅之珩、张明先、刘涵、刘伟、孙勷等为庶吉士。谕之曰：士子读书稽古，原期穷理致用，平居砥砺廉隅，敦修品行，皆为异日服官莅政之本。迨一登仕路，志在功名，未免专意求进，干营奔竞，丧其怀来，往往有之。尔多士从田间来，甫通仕籍，务宜率其素履，不改初心。凡授内外职任，其各加黾勉，清操自矢，恬静寡营，循分尽职，洁己爱民，以副朕造就人才至意。

五月乙酉　命翰林院掌院学士常书、内阁学士徐乾学教习庶吉士。

六月庚子　复直隶各省儒学廪生饩粮三分之一。

六月癸卯　吏部题：汉军官员、笔帖式及候补官员、监生内，曳白卷八百人，俱应革职。得旨：此辈毫无学问，何可居官？俱着解任，令其读书。俟学习之后，考试补用。内有弓马娴熟、愿于武职效用者，应于各旗酌量补用。

七月壬午　以礼部郎中申䅉为广西按察使司佥事，提调学政。

九月壬申　以户部左侍郎王鸿绪为武会试正考官，詹事府詹事郭棻为副考官。

十月辛卯　策试天下武举于太和门前。

十月壬辰　上御瀛台紫光阁，亲试武举骑射技勇。

十月甲午　上御太和门。传胪。赐殿试中式武举徐宪武等九十六人武进士及第出身有差。

康熙二十五年（1686年）

二月丁酉　衍圣公孔毓圻疏言，臣奉命纂修《幸鲁盛典》。自维学问浅陋，不敢独任操觚。今采访得江南进士金居敬、浙江进士俞兆曾、江南举人孙致弥、丛克敬，直隶候选知县章纬、山东候选小京职沙汝洛、江南贡生叶滉、浙江生员曹晃等八人，人品纯粹，学问优长，堪任纂修之役。请敕部咨取，赴馆编纂，共襄厥事。从之。

四月己亥　命翰林院掌院学士张英教习庶吉士。

四月甲辰　御试各部院汉军官员及内外候缺汉军官员监生。

四月戊申　吏部题：翰林院掌院学士缺，开列詹事尹泰等补授。上曰：翰林院学士，职任关系最重，必学行兼优方为允当。满汉学士得人，则词林观摩兴起，咸勤学砥行，人材成就，有裨治道匪浅。曩者喇沙里居是官，学问品行，词林至今追述之，后来者俱不能及。朕观尹泰，品有余而才不足，任以詹事则相宜，若用为学士，恐办事不甚敏捷。库勒纳任此职时，较他人为优，通政使葛思泰似亦可用，可将此二人酌议来奏。

四月己酉　以司经局洗马李应荐提督顺天学政。

四月癸酉　以礼部左侍郎兼管翰林院掌院学士事库勒纳教习庶吉士。

闰四月甲戌　以户部郎中谢于道为云南按察使司佥事，提调学政；陕西平凉府知府赵济美为广西按察使司副使，提调学政。

五月辛丑　改浙江青田、龙泉二县学为中学。

六月甲子　原任广东殉难合浦县知县金世爵为布政司参议，并予祭葬，荫一子入监读书。

七月庚戌　吏部题：翰林官请照例外转。上曰：翰林官员内，或有不善书法者，或有不能撰讲章者，或有不能句读《通鉴》者，甚有以饮酒宴会为事、博弈为戏者，以读书立品、思副委用、裨益国事者甚少。今若依部议道缺调用，恐伊等登第之后，未经扬历，骤任监司，则无才之人反为侥幸，何所惩创？应以学问不及者分别一二人降谪，庶众皆知儆。着吏部、翰林院学士再议。寻，吏部各衙门议覆，翰林院侍读、詹事府庶子以下各官外转道员例相应停止，嗣后，侍读、庶子以下各官有外转者，应以同知、运判、提举等缺补用。从之。

八月戊寅　九卿议覆，江南学政李振裕疏言，学宫崇祀贤儒内，有于前明末年增改者，序列失次。请敕部详考世代先后，依次改正。查明万历以后，增改贤儒祀典，《明会典》及《曲阜志》俱未及载，故各省学宫未经改正。今应将太学见在从祀位次绘图，颁行直隶各省学宫，照式改正。从之。

九月庚子　以江西南康府知府周灿为四川按察使司副使，提调学政。

九月辛亥　礼部尚书沙澄以会推四川学道，徇情争论，命原品休致。

康熙二十六年（1687年）

正月壬寅　命翰林院掌院学士李光地教习庶吉士。

二月戊辰　礼部议覆，都察院左都御史董讷疏言，顺天乡试分房各官俱用直隶所属进士、举人出身知县。应如所请，从之。

二月辛未　以山东登莱道陆祚蕃为广西按察使司副使，提调学政；广东高州府知府王际有为河南按察使司副使，提调学政。

三月庚辰　礼部题：请停天下岁贡生廷试。其中有情愿入监读书者，该学起文送部到监肄业。至于举人就教者，亦免廷试，具呈吏部照次补用。允之。

四月辛酉　以翰林院检讨卢熙为云南乡试正考官，吏部主事张发辰为副考官；翰林院检讨金德嘉为贵州乡试正考官，户部员外郎赵作舟为副考官。

四月乙亥　准福建台湾府乡试另编字号，额中一名。从陆路提督张云翼请也。

五月辛巳　礼部议覆，广西巡抚王起元疏言，新升广西学道陆祚蕃，由原任登莱道任，赴粤路远。秋闱甚迩，即改岁作科，亦难遍及，请展乡试期于十月举行。应如所请，从之。

五月甲午　以翰林院编修许汝霖为四川乡试正考官，户部员外郎林麟焻为副考官；太常寺少卿黄斐为广东乡试正考官，吏部员外郎何天宠为副考官；礼科掌印给事中王连瑛为福建乡试正考官，礼部员外郎许圣朝为副考官。

六月壬戌　以翰林院编修熊赐瓒为浙江乡试正考官，吏部员外郎刘迪为副考官；翰林院修撰陆肯堂为江西乡试正考官，户部员外郎李振世为副考官；户科掌印给事中汪晋征为湖广乡试正考官，内阁中书冯廷櫆为副考官。

六月癸酉　以翰林院侍讲米汉雯为江南乡试正考官，检讨龚章为副考官；翰林院侍讲高裔为陕西乡试正考官，内阁中书许曰琮为副考官。

七月丙戌　礼部议覆，福建巡抚张仲举疏言，台湾郡县设立学校，但与考人数无多，未便照内地之额。请于府学量设廪增各二十名，县学各十名。俟人才渐盛，仍照直隶各省补足定额。至廪生出贡，挨年考取，请自康熙二十七年始照例举行。应如所请，从之。

七月辛卯　以刑科掌印给事中刘国黻为广西乡试正考官，中书科中书卫秦翰为副考官；翰林院编修陈捷为河南乡试正考官，内阁中书鲁应星为副考官。

七月乙未　以左春坊左赞善周清原为山东乡试正考官，礼部主事柯愿为副考官；工科给事中何金蔺为山西乡试正考官，中书科中书徐树谷为副考官。

八月丁未　礼部以顺天乡试同考官开列知县等请旨。上曰：同考例用十六员，此疏内进士知县止有十人。若应试之人预拟此十人必为试官，有所钻营，则作弊更易。着将员外主事以下小京官及知县守部进士一并开列。着为令。

八月壬子　以翰林院编修杨大鹤为顺天乡试正考官，翰林院检讨王思轼为副考官。

十月己酉　特准顺天乡试浙江钱塘县监生查嗣韩、福建侯官县贡生林文英五经中式。

十月戊午　谕吏部：庶吉士魏希征等教习已久，今加考试，应分别授职。魏希征、张希良、宁世簪、许承家、沈辰垣、仇兆鳌、李殿邦、徐元正、汪灏、许贺来、郑昆瑛、陈迁鹤着俱授为翰林院编修，胡作梅、俞长城、樊泽达、王之枢、吴垣、李朝鼎、邓咸齐、刘坤、梅之珩、张明先、刘涵、孙勷着俱授为翰林院检讨。尔部即遵谕行。

十月壬戌　上谕大学士王熙等曰：乡试为抡才大典，出题理宜详慎。今年乡试主考，朕未尽知，于开列中，酌量分遣。今览各省所进题名录中，其题目多有未当。如福建三场策问台湾事宜一道，于地方情形事势，毫未通晓，乃茫昧命题，殊为悖谬。其余各省亦未尽当。尔等将各省呈览题目及题名录详加检阅，若有悖谬最甚者察出参奏。于是，察看福建、云南、河南三省第三场策问命题，词义多有未当，均属悖谬。部议将主考王连瑛等分别各降级调用。从之。

十一月己亥　吏部题：顺天学政李应荐差满。得旨：李应荐声名好，着留任三年。

十二月庚戌　以礼部郎中任塾为山东按察使司佥事，提调学政；江南松江府知府朱雯为山西按察使司副使，提调学政；刑部郎中邵延龄为江西按察使司佥事，提调学政；户部郎中高曰聪为福建按察使司佥事，提调学政；山西太原府知府郑侨生为湖广按察使司副使，提调学政；礼部郎中黄云企为广东按察使司佥事，提调学政；礼部郎中张光豸为陕西按察使司佥事，提调学政；刑部郎中吴自肃为云南按察使司佥事，提调学政；礼部郎中张顾行为贵州按察使司佥事，提调学政。

十二月辛亥　以翰林院侍讲高裔提督江南学政，左春坊左赞善兼翰林院检讨周清原提督浙江学政。

康熙二十七年（1688年）

正月丁酉　礼部题：本年二月初九日届会试场期，兹遇大行太皇太后宾天，典礼繁重，应展期一月，于三月初九日举行会试。上曰：会试士子贫寒者多，展期一月，不无苦累，着展期十日。

二月己酉　琉球国中山王尚贞遣使入贡，请以子弟梁成楫等三人入监读书。允之。

二月己未　以大学士王熙、左都御史徐乾学为会试正考官，兵部右侍郎成其范、左副都御史郑重为副考官。

三月己亥　策试天下贡士范光阳等于太和门前。制曰：朕惟自古帝王膺图御宇，惠育黎元，必吏治澄清，而后民生安遂，用致运际郅隆，天人交应，理数符会，毕协休征。至于海隅日出，罔不率俾，乐利阜成，弥宇宙焉。朕荷天眷命，缵嗣丕基，夙夜孜孜，勤求治理。每念民生之休戚，由于吏治之贪廉，激扬之典数，举其清操卓越者时行拔擢，凡司民牧，其果蒸蒸丕变欤？夫兴事省成，因名责实，课吏之良规也。请托之习未除，则情面难破；喜怒之私未化，则毁誉易徇。何以使殿最惟明，黜陟允当欤？抑正己率属，大法则小廉也，崇奖洁清，以风厉有位，尚有可讲求者欤？道之大原出于天，而弘之者人，物必有理，而理以数显，数以理神，天人相与之际，穷理极数，厥有奥旨，可得而详之欤？善言天者必有验于人，极先天之数而尽天地万物之变化，该帝王圣贤之事业，殊途一致，其旨安在？古昔盛时，声教遐讫，重译来宾，献琛贡赆，贸迁利用，实裨民生。迩者鲸鲵静息，海波不扬，梯航所至，商贩通行，远致外方物产，以阜吾民，其间果有利而无弊，可悉指欤？夫兴利必要其成，立法务规其久，何以区画尽善，万世利赖，可永行欤？尔多士究心经术经济，其于官方廉善、理数精微、柔远裕民之道，蓄之有素矣。其各抒所见，详著于篇，朕将亲览焉。

三月辛丑　上御乾清宫。读卷官大学士伊桑阿等选择殿试贡士策十卷，依例进呈，上以次披阅。改拟第二名沈廷文为第一名，第五名查嗣韩为第二名，第四名张豫章为第三名。又以凌绍雯试策，兼译国书，准附二甲。谕大学士等曰：榜发之后，尔等将各试卷一并缴入，朕万几之暇，尚欲一一省览。

三月壬寅　传胪。赐殿试贡士沈廷文等一百四十六人进士及第出身有差。

四月癸丑　授一甲进士沈廷文为翰林院修撰，查嗣韩、张豫章为编修。

五月壬午　谕翰林院：选拔庶常原以作养人才，今科进士特加简阅。取范光阳、邱升、吴世焘、沈宗敬、汤右曾、姚士藟、刘灏、张尚瑗、王懿、张复、史申、彭殿元、郝士钧、李本涵、孙致弥、陈綍、梁佩兰、凌绍雯、窦克勤、陈大章、彭始抟、施震铨、李斯义、颜光敩、邹士璁、林文英、叶渟、郑梁、潘宗洛、宋朝楠、王翰、徐日暄、范光宗、高人龙等三十四员，俱着改为庶吉士，并修撰沈廷文、编修查嗣韩、张豫章分别满汉书教习。

六月癸卯　命礼部左侍郎管翰林院掌院学士事库勒纳、内阁学士彭孙遹教习庶吉士。

九月癸未　以翰林院掌院学士李光地为武会试正考官，侍讲学士朱阜为副考官。

九月壬辰　吏部题：殉难原任湖广粮储道叶映榴请加赠通政使司通政使，荫一子入监读书。得旨：叶映榴应予旌表，着赠工部右侍郎。余依议。

十月癸卯　策试天下武举于太和门前。

十月癸卯　琉球国中山王尚贞以蒙恩准陪臣子弟入监读书，遣使入谢并贡方物。宴赉如例。

十月甲辰　上幸瀛台。御黄幄，阅天下中式武举马步射、技勇。

十月乙巳　上幸瀛台。御黄幄，阅天下中式武举马步射、技勇。

十月丙午　传胪。赐殿试武举王应统等九十四人武进士及第出身有差。

十月己未　吏部议覆，都察院左都御史徐元文疏参，兵部侍郎成其范监试取中武举内有王大猷等三人，于紫光阁皇上阅射时，不能开弓。皇上面问成其范，又饰称天寒弓劲。成其范应照溺职例革职。得旨：成其范从宽免革职，着降五级调用。

十二月乙巳　兵部题：武进士推选守备，旧例分别名次。在前半者候选营缺，在后半者候选卫缺。查营缺多而卫缺少，甚有偏枯。请嗣后，不拘营缺、卫缺，将武进士挨次补用，以免壅滞。从之。

康熙二十八年（1689年）

三月丁亥　兵部议覆，兵科给事中能泰疏言，考取满洲生员宜试骑射。应如所请。上命如议。又谕曰：满洲以骑射为本，学习骑射原不妨碍读书，考试举人、进士亦令骑射。倘将不堪者取中，监箭官及中式人一并从重治罪。

三月壬辰　先是，兵部议，江西道御史钱三锡请定武闱条例一疏，以马箭中三箭、步箭中二箭者为合式。奉旨：马箭、弓刀等项俱已合式，惟因步箭中不及两箭不准合式，似属屈抑，着再议。至是议，步箭虽未中式，其射法精善者亦准考取。至比箭之时，应令内大臣、都统、内阁大臣与臣部公同监试，庶善射者不致遗漏。得旨：嗣后，武乡会考试马箭以中四箭为合式，步箭以中一箭为合式。余依议。

六月丁丑　广江南、浙江生员入学额数，府学、大学各五名，中学、小学各四名。着为令。

六月己亥　福建、浙江总督兴永朝疏言，臣自偏沅巡抚，蒙皇上命臣总制闽浙，臣在湖南，尚有三事未竟。……一、湖南文风不振，士习多乖。臣通行各学月举一课。数月以来，诸生既以诵习为功，武断把持之事亦觉渐减。伏祈皇上再颁天语，诰诫湖南各官逐一遵行，期收实效。得旨：所奏三事，振兴士子，裨益生民，着接任巡抚督率属员，务期实心奉行，毋得怠玩，以致扰害小民。其考校劝惩亦必从实奉行。勿饰虚文。该部知之。

康熙二十九年（1690 年）

三月乙未　浙江巡抚张鹏翮疏请建造定海县城垣、学官、仓库、监狱。从之。

三月癸丑　礼部会同兵部议覆，兵科给事中能泰疏言，奉天府满洲、蒙古、汉军考取生员及生员、监生乡试，应照京师八旗之例，于未入场之先，令奉天将军、副都统等验射马步箭，能者准其考试，不能者不准入场。至会试时，同京师举人一体考试马步箭。应如所题，从之。

四月壬申　以翰林院侍讲李澄中为云南乡试正考官，刑部主事刘滋为副考官；右春坊右谕德徐嘉炎为贵州乡试正考官，内阁中书李有伦为副考官。

五月甲午　礼部等衙门题：各省典试官，命下之后，限五日起程。如故迟不行者，科道官题参，交部严行处分。从之。

五月己酉　以太仆寺少卿程甲化为四川乡试正考官，内阁中书王郎为副考官；太常寺少卿钱三锡为广东乡试正考官，行人司行人刘澜为副考官；吏科掌印给事中王焯为广西乡试正考官，内阁中书蒋德昌为副考官；翰林院编修陆棻为福建乡试正考官，行人司行人徐炯为副考官。

六月乙亥　以翰林院编修张希良为浙江乡试正考官，户部郎中王谦为副考官；翰林院侍讲顾藻为江西乡试正考官，礼部郎中黄轩为副考官；翰林院编修周金然为湖广乡试正考官，吏部员外郎曾华盖为副考官。

六月乙酉　以翰林院侍讲学士王项龄为陕西乡试正考官，刑科给事中钱绍降为副考官；翰林院侍读学士王尹方为江南乡试正考官，兵部主事裴衮为副考官。

七月戊申　以翰林院编修秦宗游为河南乡试正考官，工部郎中邱园卜为副考官。

七月庚戌　以翰林院编修佘志贞为山东乡试正考官，兵科给事中朱云为副考官；翰林院检讨潘麒生为山西乡试正考官，大理寺右评事法樗为副考官。

八月甲子　以翰林院侍讲学士王掞为顺天乡试正考官，编修魏希征为副考官。

十一月甲午　户部议覆，四川、陕西总督葛思泰疏言，蜀省流寓之民有开垦田士、纳粮当差者，应准其子弟在川一体考试，着为例。应如所请，从之。

十二月戊午 以原任山西提学道朱雯补山东按察使司副使，提调学政；礼部郎中蒋弘绪为广东按察使司佥事，提调学政；工部郎中孙起纶为云南按察使司佥事，提调学政；礼部郎中黄轩为河南按察使司佥事，提调学政；工部郎中邱园卜为湖广按察使司佥事，提调学政；刑部郎中华章志为贵州按察使司佥事，提调学政；户部郎中高尔公为陕西按察使司佥事，提调学政；四川保宁府知府王家栋为四川按察使司副使，提调学政；四川遵义府知府徐孺芳为福建按察使司副使，提调学政；贵州石阡府知府胥琬为山西按察使司副使，提调学政；户部郎中王谦为江西按察使司佥事，提调学政；户部郎中王承露为广西按察使司佥事，提调学政。

十二月庚申 以翰林院侍讲顾藻提督顺天学政。

十二月丁卯 以右春坊右赞善许汝霖提督江南学政，右春坊右谕德郑开极提督浙江学政。

康熙三十年（1691年）

二月丁巳 以户部郎中张润民为河南按察使司佥事，提调学政。

二月壬戌 以大学士张玉书、工部尚书陈廷敬为会试正考官，兵部左侍郎李光地、兵部督捕右侍郎王士正为副考官。

二月庚午 谕吏部：庶吉士宋敏求等教习已久，今加考试，应分别授职。除沈廷文、查嗣韩已经授职外，宋大业、谢陈常、宋衡、高曜、李懋、吴世焘、汤右曾、姚士藟、刘灏、王懿、张复、彭殿元、郝士钧、凌绍雯俱授翰林院编修，宋敏求、鲁瑗、宋如辰、彭始搏、颜光敩、邹士璁、叶淳、潘宗洛、宋朝楠、范光宗俱授翰林院检讨，沈恺曾、李斯义俱以科道用，郑梁、范光阳、高人龙、施震铨、汪薇俱以部属用。

三月乙未 先是，礼科给事中博尔济疏言，盛京府、州、县俱设立学校，考取士子。盛京左右两翼亦应各设官学，酌选俊秀幼童，设立满汉官教习满汉书、马步箭，即于盛京各部衙门笔帖式、乌林人缺出补用。得旨：京师八旗各佐领下幼童，由各佐领内择其优长之人，令其教习读书及马步箭。着九卿一并议奏。至是，九卿等议覆，盛京系发祥重地，教育人材宜与京师一体。应如博尔济所题，盛京左右两翼各设官学二处，将彼处俊秀幼童各旗选取十名，每翼四十名，满学各一十名教读满书、习马步箭，汉学各二十名教读满汉书、习马步箭，交与盛京礼部堂官不时稽查操演。如盛京有各部衙门笔帖式、乌林人缺出，照例补用。满学设满文助教各一员，汉学设通满汉文助教各一员，俱由吏部考授。其汉学令奉天府尹于盛京生员内，择其才学优长者各二名，令其教读，学舍由盛京工部拨给。至于京师八旗子弟读汉书者，考取生员、举人、进士时，仍令射马步箭，能者方准作文考试。其余幼童十岁以上者，各佐领于本佐领内，选优长者各一人。满洲旗分幼童教习满书、满语，蒙古旗分幼童教习满洲、蒙古书，满洲、蒙古语，汉军幼童教习满书、满语，并教习马步箭，仍令各佐领、骁骑校稽查，将此学名为义学。从之。

三月丙午　策试天下贡士张瑗等于太和门前。制曰：朕惟自古帝王抚御方夏，文德聿修，武功克诘。是以遐方率服，庶绩咸熙，川岳效灵，永奏平成之治，甚盛轨也。朕诞膺眷命，式缵丕基，夙夜孜孜，勤求化理，念归怙冒之中，则怀柔远人，所以抚绥安全，俾其永沾德化者，何道而可？至于疆圉敉宁，兵农和辑，慎固封守，王政所先，其广储备、勤训练，以为久安长治至计，抑何术之从也？比年河工修浚，渐底安澜，何以使堤防永固，漕挽迅通，虽有霪潦巨浸，恒无泛滥之虞。运道民生，咸有攸赖，其熟筹之。尔多士离经辨志，学古经术，所有涵养德性、兴起事功，必讲贯淹通，始可措诸实用。汉唐之笺疏、宋儒之训诂，繁简得失，义蕴精微，可得而悉指欤？薄海内外，凡声教暨讫之地，既同入官，盱衡世务，讲求素矣。各抒所见，详著于篇。朕将亲览焉。

三月己酉　上御太和门。传胪。赐殿试贡士戴有祺等一百四十八人进士及第出身有差。

四月辛酉　授殿试第一甲进士戴有祺为翰林院修撰，吴炳、黄叔琳为翰林院编修。

五月辛亥　礼部等衙门遵旨会议御史江蘩条奏科场事宜。查，会试之分南、北、中卷，原为因地取才起见，行之既久，其势不能均平，若不稍加变通，恐遐方士子不能仰承皇上广兴文教、乐育人材至意。嗣后，应于南、北、中卷内，再分江南、浙江为南左，江西、湖广、福建、广东为南右，直隶、山东为北左，河南、山西、陕西为北右，四川、云南为中左，广西、贵州为中右，仍照定例，各计卷数之多寡，凭文取中，既于科场条例并无更改，又于各省中额不致偏枯。至安庐凤三府、滁和徐三州改归南卷，并仍行分经之处，俱照礼部原议。从之。

六月乙卯　谕翰林院：选拔庶常原以作养人材，今科进士特加简阅。其杨中讷、张炳、姚弘绪、陈汝咸、张瑗、姜遴、惠周惕、王奕清、狄亿、潘从律、张孝时、胡润、戴绂、金潮、江球、杨名时、王传、冉觐祖、王者臣、李燕生、阎锡爵、阿金、张寿峒、姜承爝、张曾庆、毛鹍、李象元、胡麟征、张翔凤、喀尔喀、文志鲸、刘琰、何龙文等三十三员俱着改为庶吉士，并修撰戴有祺，编修吴炳、黄叔琳分别满汉书教习。

六月己巳　命礼部左侍郎管翰林院掌院学士事库勒纳、翰林院掌院学士兼管詹事府詹事张英教习庶吉士。

九月乙丑　以礼部尚书熊赐覆为武会试正考官，工部右侍郎王承祖为副考官。

十月乙酉　策试天下武举于太和门前。

十月丙戌　上御瀛台紫光阁，阅中式武举骑射技勇。

十月丁亥　上御瀛台紫光阁，阅中式武举骑射技勇。

十月戊子　传胪。赐殿试中式武举张文焕等二百人武进士及第出身有差。

十月己丑　命翰林院掌院学士傅继祖教习庶吉士。

康熙三十一年（1692 年）

（无）

康熙三十二年（1693 年）

三月己酉　内阁以选取蒙古官学生八名充衙门贴写，奏闻。上曰：朕于包衣佐领下幼童，特派专官教习，文义骑射多有成就，即微贱之子亦皆可观。由此言之，幼童惟在训迪，苟加意教诲，未有不成者。骑射与文字原宜并重，不可偏废，满洲通文义官员即用之行间，未尝不可。近见国子监教习官学生甚属委靡，大不及前，即八旗教习幼童亦皆懈怠。幼时勤于教谕，及长方得其用，养育人材，最为紧要。见在八旗幼童务宜选择良师，勤加训诲，尔等传谕该都统知之。兹所取蒙古官学生，依奏选用。

四月壬辰　谕兵部：武乡会试旧例，射的以八十步为则太远，善射者不能多中，人材或致遗弃。嗣后，改为五十步，以中二箭为合式。

四月壬辰　谕大学士等：翰林官以文章为职业，今人好讲理学者，辄谓文章非关急务，宋之周、程、张、朱何尝无文章，其言如是，其行亦如是。今人果能如宋儒言行相顾，朕必嘉之，即天下万世亦皆心服之矣。传谕翰林官知之。

四月壬辰　以翰林院检讨许嗣隆为云南乡试正考官，吏部员外郎谈九乾为副考官；编修宁世簪为贵州乡试正考官，户部员外郎陈正为副考官。

五月壬子　颁御书万世师表匾额于国学。

五月丙寅　以翰林院检讨宋敏求为四川乡试正考官，内阁中书王贯三为副考官；编修谢陈常为广东乡试正考官，行人司行人王奂曾为副考官；编修李懋为广西乡试正考官，内阁中书张莲为副考官；检讨孙勷为福建乡试正考官，内阁中书李承绂为副考官。

六月乙亥　颁御书学达性天匾额于江南徽州紫阳书院。

六月乙亥　礼部议覆，国子监祭酒吴苑疏言，八旗之人学习制艺者日多，而中式之额太少，请增加名数。查乡试满洲、蒙古原取中举人十名，今增六名，共取中十六名；汉军原取中举人五名，今增三名，共取中八名。会试满洲、蒙古原取中进士四名，今增二名，共取中六名；汉军原取中进士二名，今增一名，共取中三名。从之。

六月戊子　以翰林院检讨颜光敩为浙江乡试正考官，吏部郎中司铉为副考官；编修宋大业为江西乡试正考官，户部郎中王可大为副考官；编修刘灏为湖广乡试正考官，礼部郎中史陆舆为副考官。

六月己亥　以翰林院编修汪灏为陕西乡试正考官，礼科掌印给事中王原祁为副考官；詹事府少詹事李录予为江南乡试正考官，户部郎中强兆统为副考官。

七月壬戌　以翰林院编修高曜为河南乡试正考官，内阁中书房嵩为副考官。

七月丙寅　以翰林院检讨李朝鼎为山东乡试正考官，行人司行人刘愈为副考官；检讨鲁瑗为山西乡试正考官，内阁中书成康保为副考官。

八月丁丑　以翰林院侍读徐倬为顺天乡试正考官，编修彭殿元为副考官。

八月癸未　兵部议覆，广西巡抚王起元疏言，粤西武生甚少，请停本年乡试。应如所请，从之。

十月壬申　谕大学士等曰：给事中彭鹏参今科顺天乡试疏内，有请朕亲审，将主考、同考官并举人一一穷究之语，见谓诸大臣皆不可信矣。若倚任之大臣既不可信，虽彭鹏亦可信乎？况治天下，不在拘执小节，当敦崇大体，以和平御之。如大小事皆朕一人亲审，则庶务何由毕理？且自古以来亦无此体。即依彭鹏所奏，将徐倬等亲问，必将刑具取入宫内，刑具乃不得已而用者，朕亦何忍见之？彭鹏既系言官，当劝朕宽大和平，乃请亲行刑讯，朕实不解也。着九卿议奏。

十月甲申　以翰林院侍讲张榕端为顺天武乡试正考官，左春坊左赞善陆棻为副考官。

十月庚寅　九卿遵旨议覆，工科给事中彭鹏参顺天乡试主考徐倬等疏内，语涉狂妄不敬，应革职。上谕大学士等：是科乡试，若言有弊，事无显露；若言无弊，物论纷纷。徐倬学问素优，开列试官疏内并无其名，朕令通行开列，将伊点出，本日即入贡院，似乎无暇。纵难言全无一二通关节者，若云皆系嘱托作弊，则所取百有余人，嘱托者必须数百人，顷刻间，何暇遍通关节作弊也？彭鹏疏内有在朕前讲论文章之语，既系言职，使尽其意可耳。彭鹏又请照原卷刊刻颁行，朕意亦以为是。凡试官岂有不顾名节之理，照原卷刊刻，颁行天下，则文章之优劣自不能掩，试官亦知警戒矣。向日徐乾学、高士奇、王鸿绪为言官参奏，朕令其休致回籍。今徐倬、彭殿元亦令休致回籍；彭鹏系言官，从宽免其革职。

康熙三十三年（1694年）

正月辛酉　谕大学士等：学政关系人材，甚属紧要。朕观原任御史陆陇其学问优长，操守甚善；直隶守道邵嗣尧于烦剧之事未见其长，而操守学问俱优，若以此等有操守之人补授，必能秉公校士，革除积弊，有裨学政。

正月甲子　以兵部右侍郎李光地提督顺天学政。

正月丙寅　以直隶守道邵嗣尧提督江南学政，翰林院检讨颜光敩提督浙江学政。

正月丁卯　以刑部郎中陈义晖为河南按察使司佥事，提调学政；礼部郎中王郴为广东按察使司佥事，提调学政；刑部郎中岳宏誉为湖广按察使司佥事，提调学政；户部郎中王綡为江西按察使司佥事，提调学政；礼部郎中刘滋为山西按察使司佥事，提调学政；礼部郎中史陆舆为福建按察使司佥事，提调学政；刑部郎中曾王孙为四川按察使司佥事，提调学政；礼部郎中林麟焻为贵州按察使司佥事，提调学政；兵部郎中朱大任为广西按察使司佥事，提调学政；山西冀宁道张倬为云南按察使司副使，提调学政；贵州思南府知府刘谦吉为山东按察使司副使，提调学政；浙江严州府知府武之亨为陕西按察使司副使，提调学政。

二月甲戌　以吏部尚书熊赐履、兵部尚书杜臻为会试正考官，兵部左侍郎王维珍、工部右侍郎徐潮为副考官。

三月甲寅　谕大学士等：进士选取庶吉士，教习读书，所以造育人材，备他日之用。司教习者理宜严加督课，使之勤勉向学。今考试庶吉士，观其所学甚劣，较曩时庶吉士迥然不及。此皆傅继祖等教习怠弛，不专心致志之所致也。傅继祖等交吏部严察具奏。寻议，傅继祖、张英教习不严，均应革职。得旨：傅继祖降三级调用，张英降三级留任。

三月戊午　策赐天下贡士裴之仙等于太和门前。制曰：朕惟自古帝王统御寰区，莫不以国计民生为首务。其时人才蔚起，吏治澄清，府事修和，群黎康阜，蒸蒸然跻斯世于熙皞，何风之隆也。朕临御以来，孜孜图治，轸恤民隐，时切痌瘝。自三逆荡平之后，休养生息，虑无不周，频年蠲复，不啻数千百万。而被恩之地灾沴旋告，闾阎尚无起色，其故何欤？黄、运两河所关綦重，今虽修筑奏绩，已底安澜，何道而俾永固无虞、万世利赖欤？学校贤才所由出也，比来膺斯职者因循陋习，丛弊营私，以致教育乖方，士习凌竞，兹欲厘剔振兴，以广棫朴作人之化，何术之从欤？至于生民休戚，视庶司贤否，表率承宣，端在大吏，必内外臣工，精白乃心，奉公洁己，而后吏饬民安，茂登上理。其激扬惩劝之方，果安在欤？尔多士蕴怀康济久矣，其详切敷陈，朕将亲览焉。

三月戊午　谕吏部：选拔庶常原以教养人材，储备任用。张禹玉等教习已久，今加考试，满文不堪者甚多，皆由教习督课不严、庶吉士等肄业不勤所致，不加处分，无以警戒将来。学士傅继祖等已经议处外，其满文粗通者王传、杨中讷、喀尔喀、阿金、杨名时、张瑗、窦克勤、李象元、刘琰、胡润、王者臣、姚弘绪、王奕清、姜承焯、徐日暄、文志鲸，并汉书庶吉士张曾庆、藩从律、冉觐祖、戴绂俱照例授翰林院编修、检讨，仍着用心学习；黄叔琳满文荒疏，狄亿学满书未久，俱着再教习三年；张翔凤、毛鹍、惠周惕、金潮、张孝时、胡麟征、陈緈、陈汝咸满文甚劣，俱照原甲第以知县用；张禹玉满文全未学习，竟不通晓，着革职。

三月庚申　上御乾清宫，亲定殿试贡士甲第。谕大学士等曰：通晓政事，甚属不易。即如赈济一事，朕亲访闻被灾地方百姓，一遇赈济，则盈千万人聚而就食，若不得其人、不得其法，反致生事。诸贡士策中，论吏治皆言当实心任事，大法小廉。今言官建白甚少，间有上疏者皆怀私心，或所言似公，实则假公济私耳。至督抚赴任时，在京官员有亲友、门生在属下者，必相请托，即欲参劾，不得不顾情面。如果外而督抚，内而言官，皆从公据实参奏，则不肖之吏自无所容。今诸生对策，虽能言之，若身当其任，恐亦能言不能行也。

三月辛酉 上御太和门。传胪。赐殿试贡士胡任舆等一百六十八人进士及第出身有差。

四月壬申 授一甲进士胡任舆为翰林院修撰，顾河图、顾悦履为编修。

四月庚辰 谕翰林院：选拔庶常原以作养人材，今科进士特加简阅。汪倓、汪瀡、李暄亨、裴之仙、龚铎、王桢、熊苇、陈成永、陈璋、张逸少、周道新、陈豫朋、丛澍、张大有、袁钟麟、黄龙眉、杨颙、陈恂、阿锡台、岳度、朱辉珏、陈允恭、傅森、张德桂、拉都立、黄中理、周起渭、吴隆、元五哥、海宝、觉罗满保、陈守创、管灏、赵尔孙、吴甫生、高其倬、朱轼、法海、殷元福等三十九员俱着改为庶吉士。

四月壬辰 以仓场侍郎兼翰林院掌院学士常书、礼部尚书兼翰林院掌院学士张英教习庶吉士。

五月壬子 以詹事府少詹事朱阜提督顺天学政。

闰五月辛未 吏部议覆，提督江南学政许汝霖疏言，教职训迪士子，责任甚重，请将由监生授教职者改授州县佐贰官。应如所请。教谕改县丞用，训导改主簿用。从之。

八月丁未 设云南省曲靖、澄江、广西、元江、开化、顺宁、武定、景东八府学，寻甸、建水、新兴、赵州、剑州、昆明、宜良、楚雄、定远、保山、和曲、禄劝、云州、姚州、河阳、南宁、新平十七州县学训导各一员；定新平、和曲、禄劝、姚州四州县童生入学额各八名。

九月己巳 广八旗满洲、蒙古童生入学额二十名，共六十名；汉军童生入学额十名，共三十名。

九月戊寅 以户部右侍郎王掞为武会试正考官，翰林院侍读学士顾祖荣为副考官。

九月丁亥 谕大学士等：朕阅今年武闱试录，江浙人中式者多，山西、河南两省各中一人。如此，恐致遗失人材，武进士之文不过熟记成语，抄写旧套而已。论文取中必致不均，而人材亦多遗漏，必以马步箭俱优、人材出众者为佳耳。

十月戊戌 策试天下武举于太和门前。

十月己亥 上御瀛台紫光阁，阅试武举骑射技勇。

十月庚子 上御瀛台紫光阁，阅试武举骑射技勇。

十月庚子 谕大学士等：天下武举会试者，或其人材可用、骑射亦优，而以不合式之故，遗而不录者有之，朕意殊为悯惜。令兵部宣示，有愿效力与再试者，具呈候该部，请旨再行考试。遴选交火器营，令其服习戎事，于会试时照常考校，既晰知其人，亦便于拔取，有超群者，即与录用。如此，则人材不致遗弃，于考试良有裨益矣。

十月辛丑 传胪。赐殿试武举曹曰玮等九十六人武进士及第出身有差。

十一月戊寅 以兵部右侍郎张鹏翮提督江南学政。

康熙三十四年（1695年）

二月癸巳　礼部议覆，黑龙江将军萨布素等疏言，墨尔根地方两翼应各立学，设教官一员。新满洲诸佐领下，每岁各选幼童一名教习书义。应如所请，从之。

三月癸酉　增盛京八城取进生员额数，满洲、蒙古十名，汉军五名。从府丞金玺请也。

十二月戊戌　谕大学士等：凡革职候缺官员及进士、举贡监生与无顶带笔帖式、乌林人内，有愿身入戎行、竭力自效者，准其前往。凯旋之日，俱从优议叙；倘有被伤阵亡者亦优加恩恤；倘本人年衰疾废、身不能前，遣子弟代行者，亦准议叙。着兵部通行晓谕。

康熙三十五年（1696年）

二月壬子　增贵州乡试解额十名。

三月丁卯　增云南乡试解额十五名。

四月己亥　以翰林院编修宋衡为云南乡试正考官，吏部员外郎董思凝为副考官；翰林院编修汤右曾为贵州乡试正考官，户部员外郎万憬为副考官。

五月己巳　以翰林院编修张瑗为四川乡试正考官，户部郎中陆鸣珂为副考官；翰林院检讨樊泽达为广东乡试正考官，吏部郎中刘曾为副考官；翰林院编修吴炳为广西乡试正考官，礼部郎中曹贞吉为副考官；工科给事中党声振为福建乡试正考官，翰林院检讨王者臣为副考官。

六月庚子　以右春坊右中允袁佑为浙江乡试正考官，吏部主事唐孙华为副考官；翰林院编修郝士钧为江西乡试正考官，户部郎中陆德元为副考官；翰林院编修姚士藟为湖广乡试正考官，户部郎中赵之随为副考官。

六月辛亥　以翰林院检讨潘宗洛为陕西乡试正考官，刑部郎中刘体元为副考官；翰林院检讨张明先为江南乡试正考官，户科给事中吕振为副考官。

七月癸亥　广八旗满洲、蒙古、汉军、直隶各省乡试解额，满洲、蒙古四名，汉军二名，顺天生员十七名，南北监生十四名，江南二十名，浙江、湖广、福建各十七名，河南十五名，山西、陕西各十三名，江西十八名，山东、广东、四川各十四名，广西十名。

七月辛未　以翰林院编修杨中讷为河南乡试正考官，兵科给事中戴璠为副考官。

七月丁丑　以翰林院检讨邹士璁为山东乡试正考官，礼部郎中周爰访为副考官；翰林院检讨徐日暄为山西乡试正考官，工部郎中欧阳旭为副考官。

八月己丑　以翰林院侍讲学士曹鉴伦为顺天乡试正考官，侍讲张希良为副考官。

十月丁酉　以翰林院侍讲许汝霖为顺天武乡试正考官，侍讲张希良为副考官。

十二月壬寅　以内阁学士张榕端提督江南学政，工部侍郎李楠提督浙江学政。

康熙三十六年（1697年）

正月辛巳　以户部郎中赛璋为山西按察使司佥事，提调学政；礼部郎中周爰访为江西按察使司佥事，提调学政；户部郎中陆鸣珂为山东按察使司佥事，提调学政；工部郎中欧阳旭为云南按察使司佥事，提调学政；工部郎中左岘为广东按察使司佥事，提调学政；礼部郎中卜景超为贵州按察使司佥事，提调学政；户部郎中陆德元为陕西按察使司佥事，提调学政；刑部郎中张仕可为河南按察使司佥事，提调学政；户部郎中汪薇为福建按察使司佥事，提调学政。

二月甲申　以刑部郎中刘体元为广西按察使司佥事，提调学政；云南永昌道王琯为湖广按察使司副使，提调学政。

二月丁亥　以吏部尚书熊赐履、礼部尚书张英为会试正考官，都察院左都御史吴琠、刑部左侍郎田雯为副考官。

四月庚申　命直隶各省选拔文行兼优之士。府学起送二名，州、县学各起送一名，满洲、蒙古各起送二名，汉军起送一名，为拔贡生，赴国子监。

五月丁亥　以翰林院侍讲张希良提督浙江学政。

七月壬辰　策试天下贡士汪士鋐等于太和殿前。制曰：朕惟治天下之道，必期柔远能迩，察吏安民，俾世臻清晏之休，人享耕凿之利，庶薄海内外无一物不得其所。顷因边隅不靖，恭行天讨，兹巨憝既殄，西北塞外，悉已荡平。朕中外一视，念其人皆吾赤子，覆育生成，原无区别，其何以抚循绥集，使窜匿者不致于仳离，向风者得遂其食息欤？外氛既涤，内治宜修，绥辑地方，子爱百姓，惟司牧者是赖，倘使贪墨不除，则民生何由休养？朕澄清吏治，于黩贿败检之人，素所深悉。近复严加诫谕，法在必惩，但恐积习相沿，未尽悛改。今欲使大法小廉，人怀恐惧羞恶之心，共励羔羊素丝之节，其何道之从也？至于黄、运两河为运道所系，比年以来，水潦频仍，时有冲决，已支百余万金钱，兴工修筑，尚未厎绩，何道而疏浚得宜，悉免泛溢之患，堤防孔固，永无溃决之虞，使国计民生均有攸济欤？尔多士淹通经术，留心当世之务，蕴于中者素矣，其各抒所见，详切敷陈，朕将亲览焉。

七月乙未　上御太和门。传胪。赐殿试贡士李蟠等一百五十人进士及第出身有差。

七月壬寅　授一甲进士李蟠为翰林院修撰，严虞惇、姜宸英俱为翰林院编修。

七月癸卯　谕吏部：庶吉士查升等教习已久，今加考试，应分别授职。除黄叔琳、胡任舆、顾悦履已经授职外，满汉书庶吉士张大有、史申义、张德桂、查升、汪倓、陈恂、丛澍、岳度、汪瀜、周道新、阎锡爵、周起渭、陈璋、熊苇、傅森、陈梦球、裴之仙、高其倬、觉罗满保、杨颙、海宝俱照例授翰林院编修、检讨，江球、吴甫生俱着以科道用，林文英、拉都立俱着以部属用，张寿崑、张逸少、陈豫朋、朱轼、陈守创、殷元福俱着照原甲第以知县用，五格着照见在品级随旗行走。尔部即遵谕行。

七月乙巳 谕翰林院：选拔庶常原以作养人材，今科进士特加简阅。取汪士鋐、徐树本、车鼎晋、陈壮履、王诰、桑戈、李凤翥、周彝、陈至言、余正健、查赉、许琳、赵宸黼、朱启昆、吴宗丰、张元臣、吴文炎、阿琾赛、孔尚先、李林、甄昭、蔡珽、李周望、昌格、铁范金、郭于蕃、李甡麟、李绍、周阿进、泰傅敏、欧阳齐等三十一员，俱着改为庶吉士，并修撰李蟠、编修严虞惇、姜宸英分别满汉书教习。尔衙门即遵谕行。

九月庚寅 以刑部尚书吴琠为武会试正考官，侍讲学士王九龄为副考官。

九月己亥 转提督顺天学政、工部右侍郎李光地为左侍郎，仍提督顺天学政。

九月丁未 以礼部侍郎兼翰林院掌院学士阿山教习庶吉士。

十月己酉 上谕宗人府、礼部：国家乐育人材，振兴文教，将使海内英隽之士靡不蒸蒸蔚起，矧宗室子弟系托天潢，岂无卓越之姿，足称令器？允宜甄陶奖励，俾克有成。考诸前史，以公族应制举入仕者代不乏人。今属籍所载，日益繁衍，除已授爵秩人员外，闲散子姓，素无职业，诚恐进取之途未辟，致向学之意渐隳。嗣后，八旗宗室子弟有能力学属文、奋志科目，应令与满洲诸生一体应试，编号取中。如此则赋质英异者咸服习于诗书，而学业成就者不阻抑于仕进。凡属宗支人人得以自效，而于朕兴贤睦族之至意，亦用是以允惬焉。尔等衙门即遵谕行。

十月辛亥 策试天下武举于太和殿前。

十月壬子 上御瀛台紫光阁，阅天下武举骑步射、技勇。毕，上亲射，二次发矢皆中。

十月癸丑 上御瀛台紫光阁，阅武举骑步射、技勇。择缴煴章等十一人，复令步射四次，骑射二次。上又率善射侍卫等射，上发五矢皆中。谕大学士等曰：今科落卷武举人内，安知无骑射俱佳而被遗斥者乎？如其回籍则已，若有留此者，令兵部察明复试。

十月甲寅 传胪。赐中式武举缴煴章等一百一人武进士及第出身有差。

十二月乙丑 甘肃巡抚喀拜疏言，甘肃五学士子，自设科以来从未中式一人，请将甘凉等十学另编字号取中。从之。

康熙三十七年（1698年）

四月辛未 命增云南府州县学廪膳增广生员及文武童生入学额数。

五月癸巳 以户部郎中赵之随为云南按察使司佥事，提调学政。

八月癸丑 以兵部郎中胡世藻为河南按察使司佥事，提调学政。

十一月丙戌 吏部议覆，湖广道御史李登瀛疏言，直隶、山东、河南、山西、江南、浙江、江西、陕西、湖北等处举人会试，五科不中，方许拣选，又需次数年，始得补用。请酌减科分拣选，使得及时效力。应如所请。直隶等九省举人会试三科不中，准其拣选知县；一科不中改就教职者，以州学正、县教谕补用。从之。

十二月戊申 以左春坊左谕德杨大鹤提督顺天学政。

十二月己未 以礼部郎中于汉翔为山西按察使司佥事，提调学政。

康熙三十八年（1699年）

二月戊午 设贵州清浪卫学教授一员，开州、广顺、永宁、独山、麻哈五州学学正各一员，普安、余庆、安化、普定、平越、都匀、镇远、铜仁、龙泉、永从十县学训导各一员，取进文武生员额各八名。

四月辛丑 谕户部、礼部：朕子育黎元，勤求治理，日孜孜以施德泽、厚民生为急务，而江浙二省尤东南要地。……至于江南、浙江人文称盛，入学名数前已酌定增额。今着于府学、大学、中学、小学各增五名，举行一次，以示奖励人才至意。尔部即遵谕行。

五月癸巳 以翰林院编修史申义为云南乡试正考官，吏部员外郎李钦式为副考官；翰林院编修王奕清为贵州乡试正考官，户部员外郎沈昆为副考官。

六月甲寅 以翰林院编修凌绍雯为四川乡试正考官，礼部员外郎刘谦为副考官；翰林院编修胡润为广东乡试正考官，兵部郎中刘凡为副考官；翰林院检讨姜承焯为广西乡试正考官，刑部员外郎陈宗彝为副考官；翰林院检讨阿金为福建乡试正考官，工部主事潘鹏云为副考官。

七月己丑 以翰林院侍读学士史夔为浙江乡试正考官，翰林院检讨觉罗满保为副考官；翰林院编修查升为江西乡试正考官，吏部郎中黄宫柱为副考官；翰林院编修陈梦球为湖广乡试正考官，中书科中书舍人苏伟为副考官。

闰七月壬寅 以右春坊右庶子陈元龙为陕西乡试正考官，翰林院检讨海宝为副考官；翰林院侍读张廷枢为江南乡试正考官，户科给事中姜橚为副考官。

闰七月壬子 以翰林院侍讲学士陈论为河南乡试正考官，翰林院检讨喀尔喀为副考官；翰林院侍讲学士张廷瓒为山东乡试正考官，翰林院检讨李象元为副考官；司经局洗马周金然为山西乡试正考官，翰林院检讨文志鲸为副考官。

八月辛未 以翰林院修撰李蟠为顺天乡试正考官，翰林院编修姜宸英为副考官。

十月戊寅 以翰林院侍讲汪灏为顺天武乡试正考官，编修查嗣韩为副考官。

十一月丁酉 江南道御史鹿佑疏参，顺天乡试正副考官修撰李蟠、编修姜宸英等以宾兴论秀之典为纵恣行私之地，实为有玷清班，请立赐罢斥。上谕大学士等曰：顺天乡试所中式者童稚甚多，物论腾沸，大殊往昔。考试系国家大典，所当严饬，以示警戒。御史鹿祐题参可嘉。着九卿、詹事、科道会同将李蟠等严加议处。

十一月丁未　九卿遵旨磨勘顺天乡试中式举人试卷，并议覆江南道御史鹿祐疏参考试不公一案，拟将顺天正副考官李蟠、姜宸英等革职。上谕大学士等曰：此科考试不公已极，且闻代倩之人亦复混入，科场大典岂容如此？此案若照议完结，仍不知警，着将所举人通行齐集内廷覆试，如有托故不到者，即行黜革。其考官等处分俟覆试后具奏。

十二月壬申　以工部郎中秘丕笈为陕西按察使司佥事，提调学政；礼部郎中乔士容为江西按察使司佥事，提调学政；刑部郎中陈朝君为河南按察使司佥事，提调学政；户部郎中万憏为四川按察使司佥事，提调学政；户部郎中王祚兴为湖广按察使司佥事，提调学政；刑部郎中高联璧为广西按察使司佥事，提调学政；礼部郎中张孟球为云南按察使司佥事，提调学政；礼部郎中陈正直为贵州按察使司佥事，提调学政；工部郎中徐炯为山东按察使司佥事，提调学政；刑部郎中臧大受为广东按察使司佥事，提调学政；户部郎中司百职为福建按察使司佥事，提调学政。

十二月壬午　以太仆寺少卿张泰交提督江南学政，鸿胪寺少卿姜櫄提督浙江学政。

十二月癸未　兵部议覆，天津总兵官潘育龙疏言，各省候选武举，请分属督抚、提镇标下效用。如果骑射娴熟，即题补千总、把总用。应如所请，从之。

十二月乙酉　九卿议覆，左副都御史梅鋗疏言，会试定例分南北中卷。后又于南北中卷之内各分左右，以致阅卷者不尽衡文，只算卷数以定中额。请仍照定例止分南北中卷，概去左右名色。应如所请。并将江南庐州等府，滁州等州旧系中卷者俱归南卷。其云南、贵州、四川、广西四省，去其中卷名色。每科，云南定为云字号，额中二名；四川定为川字号，额中二名；广西定为广字号，额中一名；贵州定为贵字号，额中一名。康熙三十九年会试，恩诏加额，应将云南、四川各加中二名，广西、贵州各加中一名。从之。

康熙三十九年（1700年）

正月辛酉　覆试顺天己卯科中式举人。

正月壬戌　谕大学士等曰：昨览覆试之卷，今科乡试，诚不允当。派出监考、阅卷诸臣亦甚懦弱，诸臣不拟题启奏，反强请朕命题；又谓所学疏浅，其试卷亦屡请朕定其优劣。朕不允行，仍令诸臣较阅。诸臣倘怀顾忌，不分满洲、汉军及南北卷，总合一处，定其次序，朕以为宜按项定其差等。况诸臣俱系制艺出身之人，而寥寥数卷反不能较阅耶？朕于诸事，惟期合宜耳。虽宗室大臣之子岂肯徇情，诸臣有何畏忌？即今乡会科场，俱遣官考试，朕何尝主试？此试卷朕亦大略阅过，尔等持出，传谕九卿、科道齐集详阅具奏。

二月乙丑　奏事主事存柱捧出康熙三十八年中式举人覆试文卷，传谕大学士等曰：此科中式举人因有情弊，为人指参。朕亦闻外议纷纭，故行覆试，以验其实。朕亲命题，特命皇子、重臣、侍卫严加监试。朕初谓必有不能终卷者，及阅各卷，俱能成文，尚属可矜。至于落第者在外怨谤，势所必有，焉能杜绝？诸生试卷着学士布泰赍回，将朕此意传谕九卿。即于九卿前启封，照所定等第，缮写进呈。又命中书班第复传谕曰：朕弃时文已久，览今文体较前稍变。诸生试卷，朕一一观其大略，诸臣所拟等第俱当，三等以上者皆可观。有在三等朕拔置二等者，亦有在四等朕拔置三等者，四等果属不堪，着令黜革，三等以上者仍令其会试。

二月庚午　以大学士吴琠、熊赐履为会试正考官，户部左侍郎管右侍郎事李楠、都察院左佥都御史王九龄为副考官。

三月癸丑　策试天下贡士王露等于太和殿前。制曰：朕惟郅隆之世，上下熙皞，职业修明，乐利丰亨，茂登上理，何其盛也。朕临御以来，孳孳图治，夙夜不遑，惟期吏治肃清，民生康豫，薄海内外，共登于仁寿之域，而治效罕臻，殷忧弥切，厚生正德，未能尽如朕志之所期，其故何欤？如休养多方，而膏泽或未能下究；省巡时举，而疾苦或壅于上闻。奖廉惩墨，而胥吏尚多奸顽；贵粟重农，而闾阎未登丰裕。岂积习之骤难除欤？抑有司奉行之不力也？兹欲令大法小廉，民安物阜，渐几于淳庞之治，何道而可？至淮、黄两河，民生运道所系，朕几经阅视，指授机宜，而河工诸臣，怠窳玩愒，以致工程稽缓，底绩难期。何道而令河务大小臣工实心经理，浚筑合宜，平成早奏，俾粮艘无误，民居永奠，以释朕宵旰之忧欤？尔多士蕴怀久矣，其详著于篇，朕将亲览焉。

三月丙辰　上御太和殿。传胪。赐殿试贡士汪绎等三百一人进士及第出身有差。

四月庚午　授一甲进士汪绎为翰林院修撰，季愈、王露俱为翰林院编修。

四月癸酉　部院各衙门堂官将保举人员以次引见，上逐员详问，当者可其奏，不当者不准保举。阅至翰林院保举官检讨阿金，上曰：阿金福建考试回时，朕面询之，所对不实。阿金系满洲人，朕特差遣，凡关系考试事，理应据实陈奏，乃惟云所取者尽属贫寒。所取多人，何得尽值贫寒？且考试但阅文章，卷皆弥封，何能预知其贫寒也。着停其保举，以满保代之。

四月丙子　谕吏部：庶吉士龚铎等教习已久，今加考试。满书庶吉士徐树本、陈壮履、张元臣、李林、汪士鋐、李绍周、龚铎、李凤翥、车鼎晋、铁范金、陈允恭、赵尔孙、黄龙眉、余正健、陈至言、李周望、孔尚先、吴文炎、袁钟麟、管灏，汉书庶吉士昌格、阿珥赛、蔡珽、查赉、阿进泰分别授翰林院编修、检讨；吴隆元、王诰郭、于蕃、朱启昆、傅敏、欧阳齐俱不准授职，着再教习三年。尔部即遵谕行。

四月戊寅　大学士等以汉科道员缺，拣选翰林内编修、检讨等官，开列职名具奏。上曰：此内查嗣韩、查升俱善书，不可使离翰林院；凌绍雯、姚士藟、汪倓、陈梦球亦着仍留衙门；冯云骕、汤右曾、刘灏、宋朝南、彭始抟、张瑗着改科道。

四月己丑 吏部等衙门会议，各省举人，吏部于每年四月十五日考试，以知县用，并无去取，亦无分职衔大小之处，考试实属无益，应行停止，俱照各省中式年分、名次注册，挨次选用。从之。

五月癸卯 谕翰林院：选拔庶常原以作养人才，今科进士特加简阅。取张成遇、管昂发、严宗溥、董麒、许谷、高舆、李楷、王开泰、查嗣瑮、杨尤奇、蔡彬、励廷仪、梁棠荫、李梦炳、文岱、李棅、史贻直、方辰、介孝瑹、韩遇春、王允猷、董新策、董玘、阎愉、王士仪、晁子管、周士佃、魏方泰、瓦尔达、韩孝基、刘师恕、盛度、陈鹗荐、李薛、觉罗逢泰、张廷玉、王景曾、郭杞、张象蒲、高其伟、年羹尧、陈若沂、戴宽等四十三员俱着改为庶吉士，并修撰汪绎、编修季愈、王露分别满汉书教习。尔衙门即遵谕行。

五月己酉 吏部题：各省举人就中书者，人多缺少。此内有愿就知县、教职之人，听其具呈改注，仍以科分、名次序选。八旗教习期满以知县用，亦照举人例，停其考试，照咨送年满日期注册，与举人较年月先后序选。汉军举人无铨用之处，今酌议于举人班次内，每选过三班后，选汉军举人一人。从之。

五月戊午 以内阁学士兼翰林院掌院学士法良、吏部右侍郎兼翰林院掌院学士韩菼教习庶吉士。

六月乙丑 礼部题：江南道御史郑维孜条奏，冒籍举人令其自首。议准行。贡监回籍考试，议不准行。上曰：此二事俱着依部议。主试惟在得人耳，若谓贡监在京必生情弊，岂令回籍即不生弊乎？部议不准所奏，深为得宜。

六月丁亥 上谕大学士、九卿等曰：考取举人、进士，特为得人耳。若或行贿夤缘而得之，则出身之本源不清，而欲冀他日之为忠臣良吏，得乎？今朕意欲凡系大臣子弟，另编字号，令其于此中较阅，自必选择其文之优劣。大臣子弟既得选中，又不致妨孤寒之路。如此，则于考试一事大有裨益，尔等议奏。又谕曰：今科乡场，曾令宗室考试，宗室朕素加恩，何患无官？嗣后，停其考试。

七月乙卯 上谕大学士等曰：观九卿所议考试一事，科道亦不心服。况今年会试所中大臣子弟居多，孤寒士子未能入彀。如此，欲令人心服，得乎？张鹏翮、李光地任学院时，居官皆善；彭鹏、郭琇居官好。着将郑维孜、满普、慕琛等所条奏及九卿会议事件尽行录出，差保举笔帖式送示四人。果否得当，如何方能除去弊端，永远可守，务令各抒己意，详议具奏。四臣居官优善，持行清廉，若徇大臣及科道情面，不尽心审度，据事直言，则彼等一生读书立行亦属虚伪。尔衙门录此旨，令前往之人带去。李光地处往返限六日，张鹏翮处往返限二十日，郭琇、彭鹏处尔等可计程限日。

九月癸卯 以礼部侍郎、仍管詹事府事徐秉义为武会试正考官，翰林院侍讲学士彭会淇为副考官。

十月癸亥 策试天下中式武举于太和殿前。

十月甲子 上御瀛台紫光阁。亲阅中式武举等骑步射、技勇。试毕，命侍卫等开劲弓，俱满彀。上亲射二次，发矢皆中的。

十月甲子　直隶巡抚李光地、河道总督张鹏翮、湖广总督郭琇、广西巡抚彭鹏各遵旨先后详议科场事宜。得旨：九卿、詹事、科道会同确议具奏。

十月乙丑　上御紫光阁，率诸皇子及宗室、侍卫等射。上发五矢，皆中的。试中式武举等步射、技勇，亲简善射武举马会伯等三十余人，复令步射，选其尤者八人。上回宫，御西暖阁，读卷官马齐等以试卷呈览。上曰：朕亲试武举已经十二三次矣，从无及此科者。不但步骑射俱善，人材亦优。此内朕又特简八人，步骑射尤善，颇无优劣，惟视其文为次第耳。随命诸臣拆卷，定其次第。

十月丙寅　上御太和殿。传胪。赐殿试武举马会伯等一百人武进士及第出身有差。

十一月丙午　升吏部右侍郎韩菼为礼部尚书，仍兼管翰林院掌院学士事，教习庶吉士。

十一月丙午　九卿等议覆，湖广总督郭琇等遵旨详议科场事宜四疏。嗣后，直隶各省乡试在京三品以上及大小京堂、翰詹、科道、吏礼二部司官、在外督抚、提镇及藩臬等官子弟，俱编入官字号，另入号房考试，各照定额，每十卷民卷取中九卷，官卷取中一卷，不必分经。其副榜亦照此算取。若各省乡试官员子弟或止数人者，不必另编官字号，云南、贵州、四川、广西四省在监乡试亦编入南监内，俱一体分别编官字号，照额取中；会试满合字号、南北字号亦编官字号，每二十卷取一卷。云南等四省中额仍照现例行，不另编官字号。各项监生有愿在监入场者，俱由国子监录取，责令祭酒等力行考课之法，考课不缺者准其入场，照例分别南北官民卷，其愿在本地乡试者与生员一体分别。官民卷取中童生内有将经书小学真能精熟，及能成诵三经、五经者，该学臣酌量优录。论题，将性理中《太极图说》、《通书》、《西铭》、《正蒙》等书一并命题。从之。

康熙四十年（1701年）

三月己亥　以翰林院侍读汪灏提督山西学政。

三月乙卯　升江南提督学政太仆寺少卿张泰交为大理寺卿，仍提督学政。

四月己未　兵部议覆，广西巡抚彭鹏疏言，粤西历来武科应试人少，前抚臣请暂行停止。今武生众多，请于壬午科仍开武科乡试。应如所请，从之。

五月戊戌　礼部议覆，河南道御史郑惟孜疏言，顺天乡试副榜额中二十六名，请分定直隶生员贝字号内中十六名，南北监皿字号内各中五名。又顺天乡试外帘，停其开列本省教官，将贡监出身之州县等官开列；会试外帘，将守部进士一并开列。俱应如所请，从之。

五月己酉　以翰林院侍讲王之枢提督云南学政。

十一月戊戌　以吏部郎中柴廷望为贵州按察使司佥事；提调学政。

康熙四十一年（1702年）

正月戊申　以翰林院检讨杨名时提督顺天学政。

五月甲辰　以翰林院检讨阎锡爵为云南乡试正考官，编修黄龙眉为副考官；户部员外郎郝士锌为贵州乡试正考官，吏部主事施何牧为副考官。

六月乙卯　以翰林院侍讲胡作梅提督陕西学政。

六月戊午　御制训饬士子文颁发礼部，命勒石太学。其文曰：国家建立学校，原以兴行教化，作育人才，典至渥也。朕临御以来，隆重师儒，加意庠序，近复慎简学使，厘剔弊端，务期风教修明，贤才蔚起，庶几棫朴作人之意。乃比来士习未端，儒教罕著，虽因内外臣工奉行未能尽善，亦由尔诸生积锢已久，猝难改易之故也。兹特亲制训言，再加警饬，尔诸生其敬听之。从来学者，先立品行，次及文学，学术事功，源委有叙。尔诸生幼闻庭训，长列宫墙，朝夕诵读，宁无讲究。必也躬修实践，砥砺廉隅，敦孝顺以事亲，秉忠贞以立志。穷经考义，勿杂荒诞之谈；取友亲师，悉化骄盈之气。文章归于醇雅，毋事浮华；轨度式于规绳，最防荡轶。子衿佻达，自昔所讥，苟行止有亏，虽读书何益？若夫宅心弗淑，行己多愆，或蜚语流言，胁制官长；或隐粮包讼，出入公门；或唆拨奸猾，欺孤凌弱；或招呼朋类，结社要盟。乃如之人，名教不容，乡党弗齿，纵幸逃褫扑，滥窃章缝，返之于衷，能无愧乎？况乎乡会科名乃抡才大典，关系尤巨，士子果有真才实学，何患困不逢年？顾乃标榜虚名，暗通声气，夤缘诡遇，罔顾身家；又或改窜乡贯，希图进取，嚣凌腾沸，网利营私，种种弊情，深可痛恨。且夫士子出身之始，尤贵以正，若兹厥初拜献，便已作奸犯科，则异时败检逾闲，何所不至，又安望其秉公持正，为国家宣猷树绩，膺后先疏附之选哉？朕用嘉惠尔等，故不禁反复惓惓。兹训言颁到，尔等务共体朕心，恪遵明训，一切痛加改省，争自濯磨，积行勤学，以图上进。国家三年登造，束帛弓旌，不特尔身有荣，即尔祖父亦增光宠矣。逢时得志，宁俟他求哉？若仍视为具文，玩愒勿儆，毁方跃冶，暴弃自甘，则是尔等冥顽无知，终不能率教也。既负栽培，复干咎戾，王章具在，朕亦不能为尔等宽矣。自兹以往，内而国学，外而直省乡校，凡学臣师长，皆有司铎之责者，并宜传集诸生，多方董劝，以副朕怀。否则职业弗修，咎亦难逭，勿谓朕言之不豫也。尔多士尚敬听之哉！

六月己未　谕礼部：《训饬士子文》若令各府州县学宫一体勒石，恐有不产石州县地方，或致借端扰派。应俟国子监勒石后，以搨本汇颁各省，转发所属学宫，一体遵行。

六月己未　升提督江南学政、大理寺卿张泰交为都察院左副都御史，仍留督学任。

六月己巳　以翰林院检讨高其倬为四川乡试正考官，户部主事王璋为副考官；编修汪倓为广东乡试正考官，吏部主事张翔凤为副考官；编修车鼎晋为广西乡试正考官，行人司行人吴一蜚为副考官；礼科给事中许志进为福建乡试正考官，大理寺左寺正索柱为副考官。

六月己卯 升提督江南学政左副都御史张泰交为刑部右侍郎，仍留督学任。

闰六月丁酉 以河南道御史傅作楫为浙江乡试正考官，翰林院检讨阿珥赛为副考官；山西道御史刘子章为江西乡试正考官，检讨陈允恭为副考官；太仆寺少卿李旭升为湖广乡试正考官，大理寺评事拔海为副考官。

闰六月庚子 山西巡抚噶礼疏参，孟县进士武承谟谒见太原府知府赵凤诏，投左都御史李楠私书一封，嘱令照拂。赵凤诏举首，并以左都御史李楠书帖附本进呈。得旨：武承谟着革去职衔，该抚究审定拟。李楠是否发书，着九卿察明具奏。

闰六月丁未 增浙江省乡试中额十二名，照江南例共八十三名，并增同考官三员。从巡抚赵申乔请也。

闰六月己酉 以都察院左副都御史张睿为陕西乡试正考官，广东道御史吴甫生为副考官；吏部郎中陈汝弼为江南乡试正考官，工科给事中黄鼎楫为副考官。

七月甲子 以司经局洗马张豫章为河南乡试正考官，翰林院检讨傅森为副考官；左春坊左庶子王思轼为山东乡试正考官，侍讲满保为副考官；检讨岳度为山西乡试正考官，庶吉士孙致弥为副考官。

七月庚午 御书广育人才匾额，赐顺天府义学悬挂。

七月丙子 增湖广省乡试中额十三名，照江南例共八十三名。从总督郭琇请也。

八月庚辰 增顺天乡试中额，八旗满洲、蒙古三名，汉军一名，顺天等八府十名，国子监贡监生八名，奉天一名，宣化一名。从顺天府府尹钱晋锡请也。

八月乙酉 以詹事府詹事徐秉义为顺天乡试正考官，内务府会计司员外郎徐元梦为副考官。

八月戊戌 江苏巡抚宋荦疏言，江南文闱同考官旧例用十二员，今酌增四员，以重衡文之典。从之。

九月壬子 礼部议覆，外帘监试御史节什等疏奏，监生庄令舆、俞长策试卷作五经文字，与例不合。但事关崇文雅化，理合奏闻。应无庸议。上曰：所作五经文字，若俱浮泛不切，自不当取中；若能切题旨，文理明顺，一日书写二万余字，实为难得。庄令舆、俞长策着俱授为举人，准其会试。嗣后，作五经文字不必禁止，作何定例，着九卿、詹事、科道议奏。

十月庚辰 兵部议覆，四川道御史刘若鼐疏言，武闱考试，请立空白印册二本。第一场马箭合式武生，于面上用印时，即令本生亲注姓名、籍贯、年貌于印册；第二场合式者，亦如之；至第三场策论取中，即将前印册字迹磨对，以杜顶冒之弊。应如所请，从之。

十月乙酉 九卿等遵旨议覆，嗣后，乡会试作五经文字者，应于额外取中三名，若佳卷果多，另行题明酌夺。五经文字草稿不全，免其贴出；二场于论、表、判外，添诏、诰各一道；头场备多页长卷，有愿作五经者，许本生禀明给发。从之。

十月庚寅　以翰林院修撰胡任舆为顺天武乡试正考官，检讨海宝为副考官。

十一月丙辰　以礼部郎中刘凡为陕西按察使司佥事，提调学政。

十二月壬辰　以翰林院侍读学士张廷枢提督江南学政，检讨文志鲸提督浙江学政。

十二月丁酉　以翰林院编修顾悦履提督山东学政；山东道御史张瑗提督河南学政；江宁府知府刘琰为江西按察使司副使，提调学政；右庶子沈涵提督福建学政；翰林院检讨潘宗洛提督湖广学政；刑部郎中翁嵩年为广东按察使司佥事，提调学政；通州知州靳让为广西按察使司佥事，提调学政；礼部郎中刘谦为四川按察使司佥事，提调学政；刑部郎中孙缵功为云南按察使司佥事，提调学政。

康熙四十二年（1703年）

二月辛巳　以大学士熊赐履、吏部尚书陈廷敬为会试正考官，吏部右侍郎吴涵、礼部右侍郎许汝霖为副考官。

三月庚申　吏部议覆，四川巡抚贝和诺疏言，各省教职系每学二员，川省五十七学，每学止设一员，缺少人多，以致举人、贡生选补无期，请每学各增一员。应如所请，从之。

三月戊辰　礼部议覆，河南巡抚徐潮疏言，豫省考城、柘城、温县、登封四县，向因兵燹之余，应试寥寥，定为小学，取童生八名。今户口额赋已倍于前，人才渐盛，请改为中学，考取童生十二名。应如所请，从之。

三月甲戌　谕大学士等：举人汪灏、何焯、蒋廷锡学问优长，今科未得中式，着授为进士，一体殿试。

四月己卯　策试天下贡士王式丹等于太和殿前。制曰：朕临御天下四十余年，宵旰不遑，勤求化理。凡吏治之淑慝，民生之休戚，无晷刻之顷不切于怀。比岁以来，利兴弊革，随事剔厘，蒸蒸然有治平之象、康乐之风矣。然而官方犹未尽饬，习俗犹未尽醇，讼狱犹未衰止，岂久道化成之难期欤？抑有司奉行者之不力也？从来治有大体，贵在适中，若或矫饰以邀名，深刻以表异，虽复矢志洁清，而民不被其泽。岂非务综核则人受烦苛之扰，尚宽平则人蒙休养之福，其何法以激劝之欤？夫闾阎之风俗，世道之淳漓系焉，风俗厚则仁让之教兴，风俗偷则嚣凌之气炽。今欲使家敦孝弟，户励廉隅，共勉为忠厚长者之道，而耻为非僻浮薄之行，宜何术之从也？至于刑狱者，万民之命，所以禁暴止奸，安全良善者也。若乃饰辞周内，轻重失平；又或恣意滥刑，无辜罹罪，朕甚痛之。每当法司奏谳，必详酌再三，求其可生之理，兹欲听狱之吏体朝廷好生之心，心归平允，以渐臻于刑措，何道而可？夫吏治纯而不杂，则民心感而易从，习俗厚而靡争，则刑罚清而不滥。事有相因，理本一致。尔多士诵习诗书，讲明久矣。其悉心以对，朕将亲览焉。

四月庚辰　读卷官等以殿试卷进呈御览。上谕曰：较定前后名次，必须凭文论定，若稍存私意，人心即不悦服。况尔诸臣从考试出身，回思当日考试之时，本心更不可失。

四月辛巳　上御太和殿。传胪。赐殿试贡士王式丹等一百六十三人进士及第出身有差。

四月乙酉　授一甲进士王式丹为翰林院修撰，赵晋、钱名世俱为编修。

四月庚寅　谕翰林院：选拔庶常原以作养人材，今科进士特加简阅。取汪灏、查慎行、何焯、蒋廷锡、吴廷桢、陈邦彦、薄有德、汪文炯、陈世倌、吴瞻其、汪份、潘体震、廖赓谟、陆秉鉴、涂天相、万经、陈徐基、朱书、林祖望、傅梅、宋至、章藻功、伊泰、杨绪、刘岩、王迈、马汝为、西库、王居建、刘圻、吴涟、赵征介、谢履忠、单乔年、耿古德、刘祖任、赵泰临、王士钥、董泰、杨万程、李天祥、蒋肇、阿进泰、吴相、李士杞、李堂、郑为龙、才住、万民钦四十九员，俱着改为庶吉士，并修撰王式丹，编修赵晋、钱名世分别满汉书教习。尔衙门即遵谕行。

四月乙未　谕吏部：庶吉士张尚瑗等教习已久，今加考试，应分别授职。除顾图河、汪绎、季愈已经授职外，满书庶吉士张廷玉、方辰、董玘、严宗溥，汉书庶吉士魏方泰、孙致弥、查嗣瑮、文岱、觉罗逢泰、年羹尧照甲第授为编修、检讨；郭于蕃、吴隆元、蔡彬、许谷、梁棠荫、吴宗丰、李棅、沈李楷、李暄亨、韩孝基、李梦炳、瓦尔达、朱启昆、王允猷、韩遇春、传敏、钦士佃、郭杞、狄亿、张尚瑗、甄昭、王开泰、阎愉、王士仪、张象蒲、晁子管、许琳、欧阳齐、陈若沂、梁佩兰等学习不及，归进士班用；未散馆之庶吉士沈宗敬、励廷仪亦着授为编修，励廷仪俟服阕，再令行走；原任编修杨瑄学问甚优，着复原职。

四月己亥　命翰林院掌院学士揆叙、吏部右侍郎兼管翰林院掌院学士事吴涵教习庶吉士。

五月壬戌　先是，上以本科会试，广东举人未经取中，命九卿议，嗣后，会试脱科之省作何补取之法。至是，九卿议，嗣后，会试揭晓后，如有脱科之省，将未中式试卷交正、副主考检阅，拣选进呈，取中一二名。从之。

九月己未　以翰林院侍读学士徐元正为武会试正考官，户科给事中汤右曾为副考官。

十月丙子　策试天下中式武举于太和殿前。

十月丁丑　上御瀛台紫光阁，阅试武举骑射、技勇。

十月戊寅　上御瀛台紫光阁，阅试武举骑射、技勇。上回御乾清宫，读卷官等以殿试武举诸卷呈览，上亲定名次。谕曰：武进士中优者颇多，文官不许本籍为临民之官，武官须习知本地形势，方有裨益。

十月己卯　上御太和殿。传胪。赐殿试武举曹维城等一百二人武进士及第出身有差。

十二月乙酉　谕大学士等曰：直隶学院杨名时考取生员，以能背诵《五经》者即取之。照例考取文字，人心自服。如考取背诵《五经》，事繁亦不合例。且杨名时秉性好异，考取时，但系富室文字，虽好断断不取；倘贫寒内有粗知文意者，即取之。考校应论文学优劣，岂得论其贫富耶？

十二月己丑 礼部尚书韩菼以病乞休。得旨：韩菼以工于时文，故屡经擢用至礼部尚书。前管翰林院事务时，于庶吉士并不勤加教习，每日率领饮酒，以致庶吉士亦皆疏于学习。至于九卿会议之处，不以国事直言，惟事瞻徇，所行甚为非体，殊不逮其所学。今自知其非，称病求罢，殊属不合。着仍留任，严饬行。

康熙四十三年（1704 年）

二月丙子 礼部议覆，提督贵州学政张豫章疏言，贵州考试，人才甚少，请照滇省之例，许同省隔府之人往试。再府州卫等学请各添设训导一员，县学各添设教谕一员。俱应如所请，从之。

二月戊寅 谕大学士等：近日各省学臣，其中不肖之徒，惟利是图，总不知爱惜人才，其根源在礼部，科道、督抚皆有规礼，故无敢直言之人。更有甚者，取不通文理之寒士以博清名。诸如此弊，不可枚举。又闻提督浙江学政文志鲸将考试二、三等生员内，竟有加杖责者。文志鲸身系翰林特简之使，提督学政，乃如此暴戾，可乎？

三月甲辰 命提督浙江学政文志鲸回京，调广西学道靳让提督浙江学政；贵州学政张豫章兼督广西学政。

六月丁丑 以户部郎中徐汝嵘为河南按察使司佥事，提调学政。

十月己卯 升吏部右侍郎吴涵为都察院左都御史，仍兼翰林院掌院学士，教习庶吉士。

十二月己卯 礼部议覆，提督湖广学政潘宗洛疏言，湖广各府州县熟苗中有通文义者，准与汉民一体应试。应如所请，从之。

康熙四十四年（1705 年）

三月壬子 谕江南、江西总督阿山等内廷供奉：诸翰林虽皆善书，但朕勤心典籍，卷帙繁多，见在供奉人员缮写不给。尔等出示传谕，安徽、江苏举贡生监等，有精于书法愿赴内廷抄写者，赴尔等衙门报名。至浙江亦照此传谕，朕亲加考试。特谕。

四月戊辰 命翰林院掌院学士揆叙考试浙江举贡生监等诗字，会同大学士张玉书、陈廷敬阅卷呈览，以顾祖雍、顾宁远二人记名。

四月戊寅 命翰林院掌院学士揆叙考试苏州等府举贡生监等诗字，会同大学士张玉书、陈廷敬阅卷呈览，以汪泰来等五十三人记名。

四月丁亥　命翰林院掌院学士揆叙考试江宁等府举贡生监等诗字，会同大学士陈廷敬阅卷呈览，以钱荣世等五人记名。

四月己酉　以翰林院编修朱启昆为云南乡试正考官，内阁中书博尔多为副考官；左春坊左谕德魏学诚为贵州乡试正考官，光禄寺署丞戴苏为副考官。

五月庚辰　以翰林院检讨年羹尧为四川乡试正考官，内阁中书曹鼐为副考官；检讨觉罗逢泰为广东乡试正考官，兵部主事高寿名为副考官；检讨孔尚先为广西乡试正考官，礼部主事张缵为副考官；检讨董屺为福建乡试正考官，礼部员外郎何远为副考官。

六月己酉　以翰林院检讨周起渭为浙江乡试正考官，吏部员外郎谭尚箴为副考官；编修赵晋为江西乡试正考官，户部主事王鹏为副考官；编修文岱为湖广乡试正考官，吏部员外郎耿惇为副考官。

六月丙辰　以左春坊左中允凌绍雯为陕西乡试正考官，礼部主事王嶲为副考官；翰林院侍讲学士王之枢为江南乡试正考官，太常寺少卿廖腾煃为副考官。

七月庚辰　以吏部郎中王升为河南乡试正考官，户部主事王廷献为副考官。

七月甲申　以翰林院检讨魏方泰为山东乡试正考官，礼部主事冯佩实为副考官；编修严宗溥为山西乡试正考官，刑部主事刘侃为副考官。

八月丁酉　以户部右侍郎汪霦为顺天乡试正考官，左春坊左赞善姚士藟为副考官。

九月壬午　兵部议覆，原任湖广总督喻成龙疏言，湖广南北各土司子弟中有读书能文者，注入民籍，一同考试。应如所请，从之。

九月甲辰　添设贵州永宁、麻哈、独山三州学正各一员，普定、平越、都匀、镇远、安化、龙泉、铜仁、永从八县教谕各一员。

九月甲辰　以左春坊左庶子杨瑄为顺天武乡试正考官，翰林院编修赵申季为副考官。

十一月戊子　吏部议覆，云南巡抚佟毓秀等疏言，滇省广南、丽江二府百姓久归版图，人民日繁，尚未设学，请均设教授、训导各一员，每府额取童生十五名。其滇省土人有愿考者，准以民籍应试。应如所请，从之。

十二月乙巳　礼部议覆，顺天府府丞劳之辨疏言，顺天乡试号房七千二百五十余号，乙酉科举子进场者七千有奇，恐后进场者多而号房少，请于戊子科乡试，令顺天府先期查明，题请酌量增置。应如所请。得旨：这增置号房，所议甚当，但不应止交与顺天府官员。科场事务系礼部专管，着礼部尚书以下官员与顺天府官员公同料理。

十二月辛亥　谕大学士等：今年顺天乡试声名不佳，人或怨其不公，又闻试卷不加圈点者甚多。应试者各执落卷以示人，又作草人至试官家门砍之，观其举动，人怨殆不可言矣。果不点不圈，可谓之阅卷乎？想汪霦等亦无词以对也。朕在避暑处点汪霦、姚士藟为正、副考官，以为出人意料，朕亲手封发，当不复生弊矣。由此观之，亦不在此，但存乎其人之所行而已。科场之设，以为选择人材之地，于此事而行之不正，虽学问优长，何益之有？汪霦、姚士藟着解任。以其考试声名问九卿、詹事、科道，至科道官乃朕倚为耳目而用之者也，专在言职，考官不阅试卷，考试不公，何不参劾？亦将此问科道官。寻，大学士等遵旨以汪霦、姚士藟乡试事问九卿、詹事、科道等。据九卿等云，汪霦等考试不公，不阅卷，人皆怨之，是实。据科道云，闻怨汪霦之言，但无实据，是以未曾纠参。上曰：科场之事，关系重大，其弊不可不除。朕于此事大加详慎，着将汪霦、姚士藟交该部严加议处。

十二月辛亥　以翰林院侍读梅之珩提督顺天学政，左春坊左谕德魏学诚提督江南学政，右春坊右谕德彭始抟提督浙江学政。

十二月戊午　以翰林院编修赵申季提督山东学政，户科给事中汤右曾提督河南学政，编修赵晋提督陕西学政，山东道御史李绅文提督山西学政，四川道御史杨颙提督江西学政，陕西道御史杨笃生提督福建学政，编修顾图河提督湖广学政，检讨樊泽达提督广东学政，编修宋衡提督四川学政，检讨阎锡爵提督广西学政，编修文岱提督贵州学政，检讨魏方泰提督云南学政。

康熙四十五年（1706年）

正月己丑　吏部遵谕议覆，顺天乡试正考官、户部右侍郎汪霦，副考官、赞善姚士藟取士不公，应均照溺职例革职，永不叙用。从之。

正月乙未　以吏部左侍郎李录予为会试正考官，工部右侍郎彭会淇为副考官。

三月戊寅　策试天下贡士尚居易等于太和殿前。制曰：朕抚御寰区，孳孳图治，期臻久道化成之效，所以澄叙官方，渐摩民俗，勤求康阜，荡涤烦苛者，无不殚心区画，而犹虑吏治之纯杂不齐，习俗之浇朴不一，民生难尽底于盈宁，庶狱难尽归于平允。四十余年以来，宵衣旰食，未尝一日释诸怀也。夫作吏之道，在洁己爱民，操履不饬，则行检俱隳，其或市名立异，自以综核为能，则民益滋累。兹欲使大吏以及有司咸清白持身，和平御下，俾小民安食息之常，而无狱市之扰，宜何道之从欤？沃土民逸，瘠土民劳，闾阎之恒情也，为长吏者非时申教诫，则无以警偷惰而息奢靡。今欲转移习俗，效豳风之勤而各修其业，法唐风之俭而克终于礼，将何以倡率之？积贮者天下之大命，古者三年耕，必有一年之积，故虽水旱偶侵，其民恒足自给。今者蠲赈屡颁，而民间委积或寡，岂其习于华侈而不知撙节欤？抑有司视为具文而不知所以劝导之也？兹欲比屋蓄储，而丰歉有备，何施而可？至于刑以弼教，古圣王不得已而用之者也。朕于小大之狱必平必慎。每念民命至重，务委曲以求其生，乃四方奏谳或未协中，而听狱之吏至有恣用酷刑、滥伤民命者，何其惨而不德也？斥残刻而进慈良，俾狱无冤民，而治几刑措，必有道以处此。大抵吏尚廉平则刑无僭虐，民知勤俭则家有盖藏。表帅董劝，责在司牧。尔多士讲明于吏治民生者素矣，其悉意以对，朕将亲览焉。

三月庚辰　上御乾清宫西暖阁，读卷官等以殿试卷进呈。上谕读卷官等曰：朕考试八旗举人骑射仅八十余人，即取中进士十余人，未免太过。汉人举人数千人，仅取中一二百名进士。凡事当以均平为善，而条陈者但言增额，不言减额。尔等定议具奏。又谕曰：朕往江南阅河，择彼处生监善书者，令随至京师赴乡试，而主考汪霦有心将此辈试卷另设一处，既不阅文，而屡请展期，此即存私也。凡试官当论文之优劣，遑计其它耶？又谕曰：数科以来状元，俱不甚佳。韩菼学问虽优而不自检饬，颇好饮酒，为礼部尚书时，司官笔帖式俱藐视之；王式丹亦不检饬，而且懒惰，但所学尚优耳。上亲定一甲三名，又阅不合式十一卷，文理谫劣陶仁明、马芝秀两卷。谕曰：陶仁明着黜革，马芝秀仍留举人，其十一人令再三年殿试。着大学士等会同都察院并工部尚书温达取陶仁明等朱墨卷校对，并传试官来问。又谕曰：此外尚有不堪者，尔等再行察出。诸臣随又察出张勿我、郭璜二卷进呈，命皆黜革。

三月辛巳　上御太和殿。传胪。赐殿试贡士施云锦等二百八十九人进士及第出身有差。

三月丁亥　先是，礼科给事中张大有条奏科场事宜。上命场后如有情弊，指出参奏，张大有于场后并无陈奏。至是，上命大学士等诘问之，张大有入奏曰：现今试卷俱在礼部，不得目见，故未知其有情弊与否。闻今科考试亦小心谨慎，无庸臣条陈。臣前所奏，愚昧无知，亦有何辩？上曰：尔非愚昧无知也。尔果实心为科场事，理当预先早奏，直至临场具疏，不过意图纷更耳。此尚可谓之愚昧无知乎？且使尔试言之，尔所条奏有一事当理否？果有一事当理，则尔所条奏即是矣。尔自言不得阅卷，是以未有所见，以朕揆之，尔即阅卷未必能分别也。着交吏部议处。寻部议，张大有应降二级调用。从之。

三月丁亥　大学士、都察院及工部尚书温达等遵旨察议会试主考官李录予、彭会淇，同考官李绅文、谢藩、阎中宽等，以陶仁明等四人不堪，试卷取中进士，不可谓之无弊。拟李录予等离任，李绅文等革职，会同刑部严审。上谕曰：朕观会试正主考系北人，则必取北人为首；系南人，则必取南人为首。可谓之无私乎？今年科场行贿者想亦无有，但中所不当中，故人心不服。陈廷敬奏曰：阅会元文章首篇一千二百余字，文亦不佳。向来作文，不得过六百五十字，所作违例，岂可取中乎？不善衡文，是以致此。会元尚居易亦应黜革。上曰：尔等察议甚当。如所议行。

四月癸巳　谕吏部：选拔庶常原以教养人才，储备任用。庶吉士王诰等教习日久，今加考试，满汉书俱未精通。掌院学士揆叙等督课不严，交都察院议处。其文义粗通者，除王式丹已授修撰外，满书庶吉士杨尤奇、刘师恕、王景曾、史贻直、陈邦彦、廖赓谟、薄有德、蒋肇、陈世倌、王诰，汉书庶吉士吴廷桢、刘岩、宋至、杨万程俱照例授为翰林院编修、检讨，仍宜不时勤加学习。涂天相、谢履忠、马汝为、柯乔年、万民钦、李天祥、刘圻、杨绪、万经、吴相、李堂、刘祖任、王迈、朱书、伊泰、西库、才住、高其伟、董泰、何焯文义荒疏，俱不准授职，再教习三年。盛度、阿进泰、耿古德文字俱劣，俱革职。

四月乙未　授一甲进士施云锦为翰林院修撰，吕葆中、贾国维俱为编修。

四月甲辰　礼部遵旨议减八旗进士额数。今应仍照康熙二十六年旧例，满洲、蒙古取中四名，汉军二名。从之。

四月乙卯　谕翰林院：选拔庶常原以作养人材，今科进士特加简阅。俞兆晟、吴士玉、彭廷训、乔崇烈、蔡学洙、邹奕凤、王之浚、顾秉直、赵士英、祝翼机、俞长策、吴关杰、戴思讷、嵇曾筠、熊本、杨开沅、宫鸿历、庄令舆、查嗣庭、索泰、郑任钥、王謩、汤之旭、卫昌绩、王兆凤、陈均、刘青藜、彭维新、钱荣世、李钟峨、马豫、邵起新、张懋能、王思训、李掌圆、史尚节、潘楷、李日更、杭宜禄、常生、韩凤声、洪晨孚、王珻、蒋纲、寿致润、谢王宠、尚彤庭、徐能容、王寯、朱标等五十名着改为庶吉士，并修撰施云锦、编修吕葆中、贾国维分别满汉书教习。

四月癸亥　以翰林院侍讲邹士璁提督山西学政。

五月庚午　命内阁学士二鬲、户部尚书徐潮教习庶吉士。

七月丁巳　谕大学士马齐：朕自亲政以来，断不许人怀挟私仇，互相陷害。是以三四十年间，无大臣互讦之事，此一端朕心颇以为善。凡诬陷人及攻城屠戮人者，纵使其身幸免于祸，子孙断乎不昌。近观贪官受报，亦复如是。从前督抚如屈尽美等，皆以贪故，其子孙极贫困，不能自存。或有学道考试不公，而所生之子，凡书读过即忘，并有喑哑者，天道甚可畏也。前次考试时，朕有所素知之人与考，朕恐使人知之则必取中，故不以告人。凡人功名所系，去取但欲其秉公耳。朕尚以孤寒抱屈为念，试官何不一计及于此乎？

九月戊辰　以内阁学士王之枢为武会试正考官，翰林院侍读学士沈辰垣为副考官。

十月戊子　策试天下中式武举于太和殿前。

十月己丑　上御畅春园内西厂，阅试武举骑射、技勇。

十月庚寅　上御畅春园内西厂，阅试武举骑射、技勇。上率诸皇子及善射侍卫射，上发十矢皆中。

十月庚寅　谕武殿试读卷官等：今天下太平日久，曾经战阵大臣已少，知海上用兵之法者益稀，日后台湾不无可虑。朕甲子年南巡，由江宁登舟而下，至黄天荡，江风大作，众皆危惧。朕独令冲风而行，朕伫立船头，射江豚，略不经意。后又南巡乘船渡江，微觉心动。去岁之行，见人渡江者，即为心悸。由此观之，皆年为之也。大约年少则血气强，年老则血气衰。尝问之宿将，皆云年力少壮，故能登城蹈险，今则怯矣。凡将军、提督、总兵官当年少时，冒锋镝、越险阻，所在效力；及位至大僚，家亦富饶，而年齿渐高，设一旦有事，使之率兵而行，欲其奋勇效命如前，何可得耶？又谕曰：凡人必耐得劳苦，乃能有成，不耐劳苦，到处无用。不但武臣为然，即文臣若不劳苦，学问如何成就？今尔等二三老臣，年虽高而勤劳实甚。观部院官止图安逸，凡事俱不经心。兵部前以会试人未到斋，请展限数日，此彼所亲奏之事也。昨问续到几人，堂官俱不知，因令问司官笔帖式亦皆不知。朕之使问司官笔帖式者，原欲伊等知愧，不知伊等亦知之否。至于会议时，九卿内但一二人立议，余皆随班画题，竟无一留心任事之人矣。

十月辛卯　武殿试传胪。赐中式武举杨谦等九十四人武进士及第出身有差。

十月甲辰　以翰林院侍讲吴炳提督湖广学政。

康熙四十六年（1707年）

六月壬午　以司经局洗马王奕清提督四川学政。

六月乙酉　以刑部郎中江鼎金为陕西按察使司佥事，提调学政。

十月壬寅　以户部郎中张憓为广西按察使司佥事，提调学政。

十二月辛卯　以刑部郎中蒋德昌为湖广按察使司佥事，提调学政。

康熙四十七年（1708年）

正月壬申　以刑部郎中袁乃渝为湖广按察使司佥事，提调学政。

四月己酉　调户部尚书徐潮为吏部尚书，仍兼翰林院掌院学士，教习庶吉士。

四月辛未　以广西道御史吕履恒为云南乡试正考官，兵部主事宋聚业为副考官；吏部郎中蔡秉公为贵州乡试正考官，内阁中书李棅为副考官。

五月乙未　以通政使司右通政刘谦为四川乡试正考官，内阁中书王凤孙为副考官；翰林院侍讲学士年羹尧为广东乡试正考官，内阁中书刘曰炷为副考官；礼科给事中郝林为广西乡试正考官，吏部主事潘锦为副考官；河南道御史戴梦麟为福建乡试正考官，内阁中书蒋书升为副考官。

五月乙未　命增云南乡试中式举人额数五名。

六月庚申　以太仆寺卿李先复为浙江乡试正考官，山东道御史李绍周为副考官；翰林院编修吴廷桢为江西乡试正考官，户部员外郎王澄慧为副考官；广东道御史王企埥为湖广乡试正考官，内阁中书张如绪为副考官。

七月甲午　以大理寺少卿王度昭为河南乡试正考官，翰林院编修余正健为副考官；内阁学士徐元正为山东乡试正考官，刑部主事高玢为副考官；兵部右侍郎鹿佑为山西乡试正考官，内阁中书邹球为副考官。

八月己酉　以翰林院检讨潘宗洛为顺天乡试正考官，江南道御史李永绍为副考官。

十月甲寅　以翰林院侍读黄叔琳提督山东学政。

十月丙辰　以翰林院编修季愈为顺天武乡试正考官，钱名世为副考官。

十一月戊子　谕兵部：八旗汉军人员以文职用者多，以武职用者少。嗣后，武科乡会场，当令八旗汉军应试。着为令。

康熙四十八年（1709 年）

正月丁酉　以翰林院侍读戴绂提督顺天学政，右春坊右中允杨中讷提督江南学政，右春坊右赞善吴垣提督浙江学政。

二月丁未　以大学士李光地为会试正考官，吏部左侍郎张廷枢为副考官。

二月丙辰　以翰林院侍讲高其倬提督山西学政；编修陈至言提督河南学政；左春坊左赞善范光宗提督福建学政；编修季愈提督广东学政；检讨孙勷提督贵州学政；吏部郎中董佩笈为江西按察使司佥事，提调学政；刑部郎中朱轼为陕西按察使司佥事，提调学政；户部郎中冯佩实为云南按察使司佥事，提调学政。

三月辛卯　策试天下贡士戴名世等于太和殿前。制曰：朕君临海宇垂五十年，每念致治之道，以任贤能、安民生为急务，所为奖进公忠，振兴名节，转移风化，教育人材者，不啻鼓舞之殷而牖导之切矣，顾循名责实，大小臣工果能精白乃心，而士习民风，举皆蒸蒸丕变否欤？从来人臣之于国家，谊均休戚，所谓腹心股肱，联为一体者也。倘或营己怀私，背公植党，则臣职谓何？夫不欺之谓忠，无伪之谓诚，古名臣忠与诚合，然后能守正不阿，独立不倚。今欲戒欺去伪，以共勉于一德一心之谊，岂无其道欤？夫名节者为臣之表准也。诚能以名节自励，则持己有清介廉洁之修，临事自有劲挺激昂之气，立身服官，悉始基于此。其何以使在位者咸以礼法为防检，以名教为矩范欤？至于氓之蚩蚩，皆吾赤子，乃或迫于饥寒，或失于训诫，转而为盗，非其本心。为有司者能曲体民隐，经画其生计，勤施以礼教，使其民皆有乐生向义之念，则良善既安，而莠顽可格，此非民牧之切务欤？国家养士期于实用，文辞非所重也。昔之儒臣淹通博洽，有援据经传以议礼，旁引《春秋》以断狱者，今之专一经者多矣，其能尽抒所学，以施诸政事否欤？欲令士皆穷理达务，以收明体达用之效，何道而可？大抵朝廷有竭忠矢节之臣，则民俗日淳，而士气益奋，学校多通经稽古之彦，则致身有本，而奉职无愆。尔多士讲明于学术治理者久矣，其悉陈于篇，朕将亲览焉。

三月甲午　传胪。赐贡士赵熊诏等二百九十二人进士及第出身有差。

四月丁未　授一甲进士赵熊诏为翰林院修撰，戴名世、缪沅为编修。

四月壬子　谕吏部：庶吉士介孝瑹等教习已久，今加考试，应分别授职。除王云锦、贾国维已授修撰、编修外，满书庶吉士马汝为、沈翼机、彭维新、吴相、卫昌绩、戴思讷、马豫、熊本、杨绪、张懋能、彭廷训、谢履忠、林之浚、嵇曾筠、万民钦、洪晨孚、郑任钥、陈均、王謩、柯乔年、邹奕凤、涂天相、万经、李钟莪、庄令舆、蔡学洙、介孝瑹，汉书庶吉士吴士玉、钱荣世、宫鸿历、俞长策、李日更、王迈、王思训、李掌圆、贾兆凤、王士鈴、诸起新、西库、查嗣庭、伊泰俱照例授为翰林院编修、检讨；李堂、顾秉直、杨标、韩凤声、尚彤庭、杭宜禄、董泰、徐能容、才住、常生满汉文俱劣，着革职。尔部即遵谕行。

四月乙卯　谕翰林院：选拔庶常原系作养人材，今科进士特加简阅。取朱元英、储在文、陈随贞、徐斌戚、麟祥、阿克敦、须洲、张起麟、李绂、朱一凤、惠士奇、路仍起、徐用锡、李中、秦道然、沈时宜、方觐、蔡世远、陈似源、唐绍祖、朱青选、邹汝模、蒋涟、于广、阎圻、吕谦恒、汪倬、宋筠、黎致远、张照、顾五达、马益、李同声、卢轩、陆绍琦、张玢、谢履厚、刘大毂、何世璂、王时宪、徐士鹭、曹如管、崔璨、程翅、邱尚志、张应绶、范令誉、曾谨、詹铨吉、张作舟、濮起熊、严思位、陶成、黄越、赵音、王承烈、周凤来、高维新、朱纶、陈会、张大受、曹抡彬、邓葵友、车松等六十四员，俱着改为庶吉士，并修撰赵熊诏，编修戴名世、缪沅分别满汉书教习。

四月甲子　以吏部郎中董思凝为湖广按察司佥事，提调学政。

五月丙子　以内阁学士噶敏图、顾悦履教习庶吉士。

九月庚辰　以礼部左侍郎胡会恩为武会试正考官，都察院左佥都御史江球为副考官。

十月辛丑　策试天下中式武举于太和殿前。

十月辛丑　以左春坊左中允张明先提督广东学政。

十月壬寅　上御畅春园内西厂，阅试武举骑射、技勇。谕大学士及兵部大臣等曰：八旗汉军以文职用者多，以武职用者少。嗣后，武科乡会试，当令八旗汉军应考，即增额无多，而精壮技勇者可得矣。

十月癸卯　上御畅春园内西厂，阅试武举骑射、技勇。毕，选田畯等二十三人复试以步射，又选八人再试以骑步射。召礼部侍郎胡会恩近前，问曰：尔观会元田畯文章何如？胡会恩奏曰：文章颇佳。上曰：从前以武会元为状元者少，今田畯骑射俱优，而文章又佳，其以田畯为第一名，官禄为第二名，韩光愈为第三名。上率善射侍卫等射，上亲射二次，每发必中。又令八旗善射人员射，以示诸武举。

十月癸卯　谕大学士及兵部大臣等曰：考试武举进士乃国家大典，视近科所取之人，武艺勇力，渐不如前，此事所关甚大。当扩考试之典，以备录用。即今在内部院司官笔帖式，兼武职而历升堂官者不少，在外提督总兵官，由行伍出身者甚多，何地无才？现今八旗监生为护军骁骑者俱有入文场考试之例，直隶各省绿旗营兵千总、把总及年满千总，不但人才壮健，善骑步射，其中有通晓文艺、愿入场就试者，可分别令就武乡会试，即于某人充伍为弁之地就近乡试，不必令回原籍。至云南、贵州、广西等远省赴京会试者，亦酌定中额，不使虚费跋涉，以示鼓励。如此，则绿旗官兵内有才力者俱得入彀，而武举进士亦得实有才力之人，其于武乡会试大有裨益矣。至福建、广东两省，不拘举人、进士、生员、监生、兵民内，深谙水性、熟习水师营务之人，有愿附巡哨船舰，出洋效力，擒斩盗贼，建立功名者，着该督抚查明保奏。

十月甲辰　传胪。赐殿试武举田畯等一百一人武进士及第出身有差。

十一月壬申　兵部遵旨议覆，八旗汉军包衣人等娴习弓马者多。嗣后，八旗汉军、包衣、无品笔帖式、乌林人及闲散人等有愿考试武生者，该旗移送顺天府，照例考取武生八十名。乡试时，将所取武生并中书及部院衙门六品、七品、八品笔帖式，荫生、监生以及监生之披甲、摆牙喇、拨什库、拜唐阿，有愿应武乡试者，该旗移送顺天府，与武生一体乡试，取中武举四十名，如不中式者仍令当差。会试时，取中武进士八名，照文场编合字号考取。其直隶各省绿旗营兵有愿应武乡试者，即于充伍地方，令该营将弁申送巡抚，同武生一体乡试，于原额内取中，不中者仍令归伍。其千总、把总及年满千总等官愿应武会试者，于任事地方，令该督抚、提镇给咨送部。年满千总在京候选者，自行赴部具呈，同武举一体会试，亦于原额内取中，不中者仍回原任原职。如乡会试中式之后，有愿归职伍者，亦令暂归职伍。照文会试定例，云南取中二名，贵州取中一名，广西取中一名。至福建、广东二省武进士、武举、生监或兵民人等有熟谙水性、练习水师事宜，愿随官兵出洋巡哨效力者，该督抚预先列名咨部，果能擒杀贼众，立有功绩，该督抚保题引见，以游守千把用。年满千总中武进士者，照例以营卫守备，另班推选。请着为令，从之。

康熙四十九年（1710 年）

四月壬子　以户部郎中王嶲为四川按察使司佥事，提调学政。

五月乙丑　以翰林院侍读周起渭提督顺天学政。

七月庚寅　兵部议覆，陕西肃州总兵官路振声疏请增陕西武举额数，应不准行。上谕大学士等曰：陕西人材壮健者甚多，又令兵丁一体乡试，武举额数苦少，则有才者不免遗漏，以致壅滞，着将武举中额照原数增二十名。

十月丙寅　以户部郎中冀霖为江西按察使司佥事，提调学政。

十月庚午　九卿等议覆，太原总兵官马见伯疏言，武经七书请拣选颁行。查武经七书惟《孙子》、《吴子》及《司马法》议论近正，嗣后考试武生、武童，论二篇，一题出《论语》、《孟子》，一题出《孙子》、《吴子》及《司马法》。旧例乡会试论一篇、策二篇，今改出论题二、策题一。从之。

十月癸未　命翰林院掌院学士陈元龙教习庶吉士。

康熙五十年（1711 年）

二月丙戌　礼部议覆，陕西道御史杨笃生疏言，教官之老少优劣，惟学臣知之甚明，嗣后直隶各省教官如系学道所属，令布政使、按察使会同学道考核，开送督抚具题。如系学院所属，布政使、按察使开送督抚、学院，会同考核具题。应如所请，从之。

四月戊辰　增直隶各省乡试中额。顺天生员十八名，南北监生十三名，满洲、蒙古四名，汉军二名，江南、浙江、湖广各十六名，福建十四名，江西十五名，山东、河南各十二名，山西、陕西各十名，广东、四川各十一名，广西八名，云南九名，贵州六名。着为令。

四月庚午　以翰林院检讨史贻直为云南乡试正考官，户部主事黄叔琬为副考官；编修宋至为贵州乡试正考官，工部员外郎莫象年为副考官。

四月庚辰　以户部郎中李其昌为云南按察使司佥事，提调学政。

四月戊子　以翰林院侍读潘从律提督陕西学政。

五月丁未　以翰林院编修俞长策为四川乡试正考官，大理寺寺丞严虞惇为副考官；吏部郎中张为经为广东乡试正考官，内阁中书金璞为副考官；检讨刘师恕为广西乡试正考官，内阁中书阮应商为副考官；检讨介孝瑹为福建乡试正考官，工部主事刘俨为副考官。

五月丙辰　增乡试五经中式额数，顺天二名，各省俱一名。会试二名。从左都御史赵申乔请也。

六月戊辰　设广西西隆州儒学，拨武缘县训导一员，移驻西隆州，专司督课。岁、科两试，定取文武生员各六名。从广西巡抚梁世勋请也。

六月癸酉　以内阁学士胡作梅为浙江乡试正考官，翰林院编修薄有德为副考官；太常寺少卿周道新为江西乡试正考官，编修廖赓谟为副考官；大理寺少卿张德桂为湖广乡试正考官，检讨马汝为为副考官。

六月乙酉　以吏科给事中常绅为陕西乡试正考官，翰林院编修涂天相为副考官；副都御史左必番为江南乡试正考官，翰林院编修赵晋为副考官。

七月庚子　以湖广道御史徐树庸为河南乡试正考官，翰林院检讨西库为副考官。

七月乙巳　以兵科给事中马之鹏为山东乡试正考官，翰林院编修陈世倌为副考官；刑科给事中郭徽祚为山西乡试正考官，编修万经为副考官。

八月癸亥　以都察院左都御史赵申乔为顺天乡试正考官，宗人府府丞江球为副考官。

九月丙午　都察院左都御史赵申乔疏言，臣今科典试时，取中顺天生员查为仁为第一名举人。今据顺天府府尹屠沂、内场监试阿尔赛等来文，以本生卷面大兴与册内开宛平不符，榜发十日，本生尚未赴顺天府声明籍贯，有无情弊，难以悬定。据实题明，乞敕部查究实情。得旨：该部严察议奏。

九月戊申　命内阁学士彭始搏教习庶吉士。

十月甲子　吏部议覆，内监试御史阿尔赛等题参正主考、都察院左都御史赵申乔等，顺天乡试发榜过期，有违定例，应将赵申乔等各罚俸三月。得旨：直隶各省生员、举人增额既多，赴试者较前倍众，考试官不能细心遍阅，草率录取，以致遗失佳卷，此皆因出榜之期太近故耳。如出榜多展数日，则考试官得以详阅试卷，庶不致有遗珠之叹。尔等问九卿具奏，赵申乔等着免议处。

十月甲子　江南正主考、副都御史左必蕃疏言，臣膺简命，典试江南，兢兢以搜拔人才为务。撤闱后，闻舆论喧传，有句容县知县王曰俞所荐之吴泌、山阳县知县方名所荐之程光奎，皆不通文理之人。臣不胜骇愕。或系传递代做文字，或与房官打通关节，亦未可定。祈将新中举人吴泌、程光奎或提至京覆试，或发督抚严讯，以正国法而肃科场。至臣不能查出，罪亦难辞。得旨：该部严察议奏。

十月丁卯　都察院左都御史赵申乔疏参翰林院编修戴名世妄窃文名、恃才放荡，前为诸生时，私刻文集，肆口游谈，倒置是非，语多狂悖。今身膺恩遇，叨列巍科，犹不追悔前非，焚削书板。似此狂诞之徒，岂容滥侧清华。祈敕部严加议处，以为狂妄不谨之戒。得旨：这所参事情，该部严察审明具奏。

十月己巳　以翰林院编修吴廷桢为顺天武乡试正考官，编修陈世倌为副考官。

十月乙亥　九卿遵旨议奏，直隶各省生员、举人额数屡增，赴考士子，较前倍众。因揭晓期迫，考试官不能细心遍阅，草率录取，以致遗失佳卷。嗣后，会试揭晓宽于三月十五日内；乡试揭晓，大省宽于九月十五日内，中省宽于九月初十日内，小省宽于九月初五日内。直隶、江南、浙江乡试人数倍于他省，照会试例加用房室二员。限期既宽，主考官、阅房考官之荐卷外，余卷亦令遍阅，庶不致遗失佳卷。从之。

十月丁丑　江苏巡抚张伯行疏言，今岁江南文闱榜发后，议论纷纷，于九月二十四日有数百人抬拥财神，直入学宫，口称科场不公。臣不敢隐匿，相应题明。得旨：该部严察议奏。

十月丙戌　礼部议覆，江南正主考、副都御史左必蕃疏言，中式举人吴泌等不通文义，外议沸腾。请将吴泌等或提至京覆试，或交该督抚严审，有无传递关节。又江苏巡抚张伯行疏言，有数百人抬拥财神，直入学宫，口称科场不公等语。应行文该督抚，将举人吴泌等速行解京，到日请旨覆试，如果文义不通，即将情弊严审究出定拟。得旨：这事情着张鹏翮会同江南、江西总督，江苏、安徽巡抚在扬州地方彻底详察，严加审明具奏。左必蕃、赵晋俱着解任，发往质审。

十月癸丑　上命大学士等传问九卿，编修杨绪为人何如。九卿等奏曰：杨绪为人不端。上谕曰：杨绪着革职，驿解回籍，交与地方官，严禁在家，勿令擅出行走，更生事端。翰林院员内尚有如此等人，亦着九卿举出。寻九卿等举出侍讲钱名世，修撰王式丹，编修贾国维、贾兆凤四人具奏。得旨：翰林官理当安静守分，钱名世、王式丹、贾国维、贾兆凤行止不端，声名不好，俱着革职。

十二月癸亥　礼部题：康熙五十年湖广乡试少中举人十名，应将提调、布政使张圣猷，监临、巡抚刘殿衡，正考官、大理寺少卿张德桂，副考官、翰林院检讨马汝为各降级调用。得旨：张圣猷着降三级调用，刘殿衡着降二级留任，张德桂、马汝为俱着降二级调用。

十二月丁卯　礼部议覆，福建巡抚黄秉中疏言，生员陈树仪等以举人王汤三等系钻营中式，据呈题请覆试。应遣部院堂官一员将王汤三等覆试，正考官、翰林院检讨介孝瑹，副考官、工部主事刘俨一并发往，以备质审。得旨：此案着交与张鹏翮审明具奏。介孝瑹、刘俨亦着发往质审。

康熙五十一年（1712年）

正月戊申　以司经局洗马李凤翥提督顺天学政。

二月丁巳　大学士等以吏部题补各省学政请旨。上曰：提督学政有教育士子、选取人才之责，关系甚要。从前学差声名不善者多、善者少，或有取二三学问优者因而得名，或有取二三寒士因而得名，俱不可谓之善。今大臣官员子弟内不无学问优者，但提督学政之人，伊身乡会试时，或侥幸而得。故提督学政之日，取士亦多未公。科道官员知其情弊，徇情不行指参，此任甚要。开列人员内，有尔等所知者，各从公举出。

二月己未　以都察院左都御史赵申乔为会试正考官，内阁侍读学士徐元梦为副考官。

二月己未　以翰林院编修陈恂提督山东学政；检讨孔尚先提督山西学政；检讨史贻直提督广东学政；编修王诰提督四川学政；编修龚铎提督广西学政；左春坊左谕德蔡珽提督贵州学政；礼部郎中吴卜雄为河南按察使司佥事，提调学政；吏部郎中张为经为福建按察使司佥事，提调学政；原授湖广学道服阕候补蒋德昌为湖广按察使司佥事，提调学政。

三月戊戌　谕大学士等：去年顺天解元以科场事发脱逃，朕心甚疑。今中式进士内，或有不能作文、令人顶替者亦未可定。着于二十日齐备试卷，令赴畅春园，朕亲加覆试。

三月庚子　谕大学士等曰：赵申乔题请云南、贵州、广西三省中额量增数名。今覆试中式进士，可令赵申乔将所取三省备卷举人亦带来考试。迩来浙江、江南人冒直隶等处北籍及代人考试者甚多。十三省语音，朕悉通晓，观人察言即可识辨，着出示遍晓。中式进士等其中有冒籍替代等项，俱赴部实首，覆试之日，朕前亦许面奏。倘隐蔽不发，朕一查出，悔之无及。

三月癸卯　覆试会试中式举人卜嶲民等，及赵申乔所荐云南、贵州、广西三省备卷举人于畅春园，并谕九卿搜阅遗卷。

三月癸卯　礼部等衙门覆都察院左都御史赵申乔请增云南、贵州、广西进士额数一疏。上曰：朕先因此三省路远人少，每至脱科，念边陲穷士跋涉山川，曾谕该部酌量增额，以示劝兴。故今三省文风日盛，士子俱各黾勉肄业，考试者渐多，但取中额数尚少，宜更加增。尔等会议具奏。再此番覆试不到者作何区处，亦着议奏。试卷内有不通者，若革去进士，不另行补取，则进士数缺矣。于某省革去者，即将某省未中卷内择其佳者取补。

三月乙巳　谕大学士等：今岁考取进士额数无多，止一百六十一人，拣拔庶吉士者不过四五十人，其余俱挨次选授知县。县令与民切近，有刑名、钱谷之责。未登仕以前如不知事宜典礼，则登仕之后，于地方民生事务，无有裨益。今岁考中进士除拣选庶吉士外，其余勿使回籍，俱交与礼部，选翰林内学优品端者数人，派令教习文艺，从事典礼。如有修书处，率同修书。又考中武进士，皆以参将、游击、守备等项员缺补用。此等俱有约束兵丁、整饬营伍之责。未补官以前，不可不先令其学习。嗣后，考取武进士，亦着勿回原籍。见在年满千总，皆分拨八旗，武进士等亦着分拨八旗，随围学习行走。

三月戊申 大学士九卿等遵旨会议，云南、贵州、广西三省应各增进士一名，即将赵申乔所荐三卷作新增之数。又覆试不到中式举人二十六名，行文各该抚速行咨送，到日请旨覆试。又今科取中进士内，文字不堪者已革退，所缺额数，伏乞皇上将各省考试不中落卷内选择取中。从之。

三月戊申 谕大学士等：传谕主考官赵申乔、徐元梦于落卷中有可中者，着选百卷呈览。又各馆修书举人落卷亦着查出，一并呈览。殿试为期甚迫，覆试卷不及再分等第，俱准其殿试。其不通五卷革去进士，仍留举人下科会试。

三月辛亥 以翰林院侍讲学士陈璋提督顺天学政，编修宋至提督浙江学政。

三月壬子 赐举人王图炳等十七人一体殿试。

四月甲寅 策试天下贡士卜嶲民等于太和殿前。制曰：朕临莅天下五十余年，永惟所以仰答上天眷佑之厚，下惬四海望治之心，夙夜孜孜，久而弥惕。盖大业戒于鲜终，而远虑谨于防微。故日与内外诸臣，动色咨儆，欲其以公正者居心，以恪慎者守职。庶几贤路有所鼓舞而日开，士习有所观型而益励，然犹未能一德同风以臻斯道者，其故何欤？唐虞之世，皋陶陈谟曰："同寅协恭。"夫协同者，岂其朋党比周之谓欤？无亦寅畏恭敬则精白无私，故能偏党不生、和衷共济欤？《记》曰："大臣法，小臣廉。"然则大臣者，小臣之表也，吏不廉则民生不安，大臣不法则小臣不廉。今内而卿贰，外而督抚，皆朕所倚为心膂股肱，望其率属阜民者也。其何以使廉法相承，永底盛治欤？夫荐贤受上赏，蔽贤蒙显戮，古之道也。国家需人惟亟，故常命九卿廷推、督抚保举，期得人材，以裨实用。其或借此以援私交、徇请托，将何以称朕寤寐求贤之心欤？然则古大臣以人事君之义，何道之操也？《书》曰："学古入官，议事以制。"故士不学则无以居官，学不正则无以致用。夫《六经》、《四书》，濂洛关闽学之正者也。历稽往代，莫不崇尚经术，兴数百年太平之基。今士行犹未尽修，士业犹未尽醇，其将何以养育陶成，绍休圣绪欤？夫国家有诚正之臣，则百僚师师而官方互饬；学校有端粹之品，则多士济济而贤俊并登。尔多士皆养成于庠序，出而宣力国家者也，其各抒所蕴，以著于篇，朕将亲览焉。

四月丁巳 上御太和殿。传胪。赐殿试贡士王世琛等一百七十七人进士及第出身有差。

四月辛酉 谕吏部：庶吉士潘体震等教习已久，今加考试，应分别授职。除赵熊诏、缪沅、蒋涟已经授修撰、编修外，其庶吉士潘体震、阎圻、惠士奇、李绂、俞兆晟、张起麟、储在文、戚麟祥、徐用锡、周彝、阿克敦、吕谦恒、陈似源、朱元英、秦道然、杨开沅、索泰、方觐、须洲、孙时宜、徐斌授为编修；李天祥、邓蓤友、张照、黎致远、黄赵音、潘楷、谢履厚、詹铨吉、张作舟、高维新、刘大毂、王珻、邱尚志、曹抡彬、谢王宠、顾五达、陈会、史尚节、曾谨、卢轩、马益、何世璂、陆绍琦、张大受、程翅、严思位、黄越、寿致润、车松授为检讨。

四月丁卯　礼部等衙门题：嗣后，会试不必预定额数，亦不必编南北字号，并分官字号名色，请按省编号，印于卷面，以便分别取中。其满洲、蒙古、汉军卷面，亦如各省例，另编字号。俱令知贡举合算进场举人实数，临期具题。恭请皇上酌量省分大小，人数多寡，定额取中。从之。

四月己巳　授一甲进士王世琛为翰林院修撰，沈树本、徐葆光为翰林院编修。

四月辛未　谕翰林院：选拔庶常原系作养人材，今科进士特加简阅。取卜寯民、曹鸣、李钟侨、陶贞一、刘于义、潘允敏、王图炳、鄂尔奇、杨士徽、何国宗、秦靖然、田嘉谷、徐云瑞、冯汝轼、许镇、俞鸿图、杜诏、鲍开、孟班、杨祖楫、何应鳌、林昂、顾嗣立、王澍、狄贻孙、徐杞、易简、漆绍文、周天佑、程梦星、薄海、春山、秦休、周金简、王时鸿、乔时适、董宏、周彬、郭孙顺、钱廷献、杨潜、沈世屏、夏慎枢、陈王谟、舒大成、觉罗名昌、胡煦、李如璐、徐依、张淳、汤大辂、莫与及、白子云、鲁立、王梦旭、林景拔、王遵扆、谢济世、郑之侨、张旭、刘蛟、孙诏、郑其储、潘祥、王亩、戈懋伦等六十六名，俱着改为庶吉士，并修撰王世琛，编修沈树本、徐葆光分别满汉书教习。尔衙门即遵谕行。

四月乙亥　礼部题：直隶各省举人、贡监生员李长庚等呈称，康熙五十二年，恭遇皇上六旬万寿，普天胥庆，率土同欢，恭请特开万寿乡会科，以彰千载一时之盛。应如所请。照顺治丙戌科特行乡试，已亥科特行会试例，于二月内举行乡试，八月内举行会试，以惬舆情，以彰盛典。得旨：造就人材，实为美事，着如所议行。

四月丙子　以左春坊左庶子胡润提督江南学政。

四月己卯　升通政使汤右曾为翰林院掌院学士，仍教习庶吉士。

六月丁巳　张鹏翮等又奏，查审正考官左必蕃疏参吴泌等贿买举人一案。将吴泌等拟绞监候，秋后处决；副考官赵晋，同考官王曰俞、方名俱革职，佥妻发烟瘴地方充军。正考官左必蕃所参虽实，而取中举人革退四名，应将左必蕃革职。上谕大学士等曰：考试举人、进士，所以为国家遴选人才，关系甚大。世祖章皇帝谕旨炳明，即朕为此事，屡有谕旨，亦甚严切。从前科场有此等弊发，俱议军法从事。今赵晋干犯国宪，于考试时私受贿赂，暗通关节，张鹏翮等并未将伊拿问严审。且赵晋行止不端，举国无不知者，左必蕃昏愚已甚，被赵晋欺弄。今但照革去举人三、四名之例，仅以革职军流，草率完结，可乎？此案亦发回，着大学士、九卿等详看会议，缮折具奏。

六月壬戌　礼部议覆，教习进士、翰林院侍讲文志鲸等题请将《御制诗文集》并《御评通鉴》、《御选古文》等书，各颁一部，教习进士。应如所请，从之。

九月癸巳　以内阁学士凌绍雯为武会试正考官，翰林院侍读学士汪灏为副考官。

十月庚申　策试天下中式武举于太和殿前。

十月辛酉　上御畅春园内西厂，阅试武举骑射、技勇。

十月壬戌　上御畅春园内西厂，阅试武举骑射、技勇。

十月癸亥　上御畅春园内西厂，阅试武举骑射、技勇。毕，谕武殿试读卷官等曰：令兵丁读书考试，诚一美事。武职虽以骑射娴熟、人材壮健为要。若不知读书则不知兵法，今提镇等官俱简用学问优者，该管兵丁令其教习，故为兵者亦皆鼓舞而读书者多矣。

十月甲子　传胪。赐殿试武举李显光等九十九人武进士及第出身有差。

十月丙寅　以翰林院编修周彝为云南乡试正考官，内阁中书查布扎纳为副考官；翰林院编修潘体震为贵州乡试正考官，通政司知事常住为副考官。

十一月戊戌　以吏部郎中裘君弼为四川乡试正考官，礼部主事赵守易为副考官；翰林院编修查嗣瑮为广东乡试正考官，礼部主事邹管为副考官；吏部郎中郭晋熙为广西乡试正考官，内阁中书卢弘熹为副考官；翰林院检讨谢履忠为福建乡试正考官，工部主事董之燧为副考官。

十二月乙丑　以翰林院侍读学士汪灏为浙江乡试正考官，检讨吴相为副考官；礼部右侍郎胡作梅为江西乡试正考官，翰林院检讨王士錀为副考官；太仆寺少卿严虞惇为湖广乡试正考官，翰林院检讨李天祥为副考官。

十二月辛未　以翰林院编修俞长策为陕西乡试正考官，工部员外郎李士瑜为副考官；都察院左佥都御史吕履恒为江南乡试正考官，户部郎中乔云名为副考官；詹事府少詹事梅之珩为河南乡试正考官，翰林院编修阿克敦为副考官。

康熙五十二年（1713 年）

正月癸卯　谕大学士等：乡会试皆抡才大典，关系紧要。今见考试官不遴取真才，止图贿赂，夤缘作弊者渐多。此等人若不加严处，即行正法，断乎不可。正考官系考场统领之员，副考官、同考官等通同作弊，严加觉察，是其专责，而谓不知情，可乎？赵晋、吴肇中二案处分正考官等互异，应行严议。着问九卿具奏。

正月甲辰　九卿议覆，江南科场贿通关节之副考官、编修赵晋原拟斩监候，但赵晋系副考官，擅通关节，大干法纪，应照顺治丁酉科场例，改斩立决。呈荐吴泌试卷之同考官、句容县知县王曰俞，原拟流三千里。查王曰俞通同作弊，亦应改斩立决。夤缘中式之吴泌及说事通贿之俞继祖等，照原拟绞监候。呈荐程光奎试卷之同考官山阳县知县方名原拟绞监候，查方名平素与程光奎往来，见过程光奎之文，程光奎在场内抄录旧文，方名明知其文，即行呈荐，榜后又向程光奎索谢，应改斩立决。其场前在贡院内埋藏文字、入场抄写中式之程光奎，照原拟绞监候。倩人代笔中式之徐宗轼及夹带文字中式之席玕，并照原拟枷责。正考官、副都御史左必蕃系专任科场之官，失于觉察，应革职。从之。

正月甲辰　议福建科场贿通关节之同考官吴肇中，应拟斩立决；夤缘中式之王汤

三、说事通贿之林英应拟绞监候；正考官检讨介孝瑹、副考官工部主事刘俨失于觉察，应革职。从之。

正月乙巳　以吏科给事中卢炳为山东乡试正考官，翰林院编修俞兆晟为副考官；礼科给事中陈允恭为山西乡试正考官，翰林院编修俞梅为副考官。

正月乙巳　以翰林院检讨海宝提督云南学政。

二月甲寅　以户部尚书张鹏翮为顺天乡试正考官，翰林院侍讲文志鲸为副考官。

二月癸酉　刑部等衙门会议，顺天乡试中式第一名查为仁之父查日昌，倩人为伊子代笔，贿买书办，传递文章。事发后，又脱逃被获，应斩监候。查为仁中式情弊，虽由伊父主使，而通同作弊，又相随脱逃，希图漏网。其书役龚大业收受贿赂，传递文章，俱应绞监候。代查为仁作文之举人邵坡应革去举人，杖徒。失察之监察御史常泰、李弘文应罚俸一年。从之。

二月甲戌　刑部等衙门会议，顺天乡试中式之周启系原任步军统领，托合齐家人周三之子，倩人代笔，串通誊录、受卷所吏役通同作弊，应绞监候。周三于贿嘱司狱周芝荃，致死首告伊子之邵文卿，希图灭口案内，已经论斩，从重归结。至于说事通贿之谈汝龙、高岳，受赃之誊录所书吏阿亮公、受卷所书吏钱灿如，亦应绞监候。代周启作文之王廷铨应杖徒。失察受卷所官、唐县知县李嶟瑞降一级，罚俸一年。监试御史杨笃生、陈勋、阿迩赛、石芳柱各罚俸一年。誊录所官、无极县知县陈明伦已经休致，提调官、顺天府府丞李法祖已经别案革职，俱无庸议。得旨：周三、周启身系奴仆，肆行贿赂，紊乱科场大典，情罪可恶，俱着即处斩。李嶟瑞、杨笃生、阿迩赛、石芳柱、陈勋等系专司科场事务官员，怠玩疏忽，不行严察，殊属溺职，着革职。余依议。

四月甲寅　谕曰：朕生性不嗜杀人，然于差官恤刑之事，不欲举行。惟恐奸宄之徒，乘此徼幸免罪耳。闻赵申乔为巡抚时，好准词讼；张鹏翮为巡抚时，不肯准词讼。两人之性，各有偏向如此。今以场中阅文一事论之，主试之人衡文取士必当除去偏见，选拔佳文，若以偏见阅文，则人心不服。上科京闱乡试，虽无交通贿赂之弊，而所中之卷不佳，且有少年稚子徼幸入彀，即题目应出各种，乃得佳文。今岁京闱乡试所出七题皆系理致，士子偶有一二语合主司意者，遂获登录。其同考官选文荐阅，又皆揣摩主司之意。场中士子未能各展其长，而实学之人多被摈不录者，职是故也。

四月辛酉　以翰林院检讨阿珥赛为顺天武乡试正考官，编修车鼎晋为副考官。

四月甲戌　宗人府题：宗室内素无荫子入监读书之例。今奉万寿恩诏，授宗室之子为荫生，其应将何等宗室给与荫生，及荫生入监读书期满，作何行走之处，相应请旨。得旨：未入八分公以下镇国将军、辅国将军及宗室内为一、二品大臣者，俱准给荫生。其荫生入监读书之后，即令随旗行走。

四月乙亥　以左春坊左赞善薄有德提督湖广学政。

闰五月壬子　吏部议覆，内阁中书奉旨用进士出身之人，嗣后，满中书缺出，应论旗分，于进士内挨次拟用；如无进士，将举人挨次拟用；汉中书缺出，用留京教习进士，其从前进士、举人候选中书者，停其选授，改归知县、教职等项。用其候选中书不由进士、举人出身者，对品改选，以銮仪卫经历、詹事府主簿等缺用。从之。

六月辛卯　礼部题：兵部侍郎宋骏业、詹事府詹事史夔故应照例赐恤。上谕：……史夔为浙江考官，声名甚劣，因在河工效力，故复起用。其祭葬俱着停止。

八月辛巳　以大学士王掞、工部尚书王顼龄为会试正考官，兵部左侍郎李先复、内阁学士沈涵为副考官。

十月癸未　策试天下贡士孙见龙等于太和殿前。制曰：朕惟治天下之要务，莫先于敬持其心。心者，所以饬官方、励人才，而消衅蘖之本也。朕自御极以来，翼翼兢兢，五十余年如一日。至于大小臣工，亦无不以国尔忘家、以人事君之义，相为告戒焉，边疆虽靖，尤加意于武备之修。凡以立国之道，德威不可偏废。古帝王所以深根固本、杜渐防微，是朕之所夙夜而不敢康者也。《书》曰："儆戒无虞。"又曰："制治未乱，保邦未危。"今国家承平日久，文恬武嬉，朕惟唐虞成周之隆，君臣所以动色咨儆者，岂过虑欤？夫亦察于天命人心之理，而无荒无怠；期以长凝上天之眷，而永底烝民之生也。其何以使中外臣僚，悉喻朕意欤？夫《洪范》进人，有猷有为，归于有守；《周官》弊吏，则善能法之类，必首于廉。然则廉隅者，士行之先也、服官之本也。督抚者，州县之帅；部院大臣者，百僚群吏之表。故李膺按部而贪墨为之解官，杨绾登朝而勋旧为之徹乐。今吏道未尽澄清，官邪未尽振肃，其亦倡率之道，有所未至欤？《易》曰："拔茅茹，以其汇。"《书》曰："举能其官，惟尔之能；称匪其人，惟尔不任。"内而部院、卿贰，外而督抚、提镇，朕所寄腹心耳目也，有荐举，朕必虚心而采用焉。然课其成效，往往不能悉副任使者，何也？夫无至公之心，则知交姻娅，各徇其所私；无至明之识，则劣品庸流，各阿其所好。古大臣荐贤不使人知，而补牍必争、夹袋必满者，其风岂远欤？立政之篇，致意于庶言、庶狱、庶慎，而终以克诘戎兵。古者简阅车徒，一年而四举焉，朕鉴于前代，慎选将、勤恤兵、甄微劳、酬壮烈，留神戎事，用树国威。然自禁旅之所在营伍，尽能核军实而肃行阵欤？夫练习不素，则技勇之艺疏；节制不严，则骄惰之兵众。其何以振纪宣威，使国家长收卫民之用也？要之，洁清自励则援引必公，而大小莫非法廉之选；忧危共惕则防维必至，而内外永享宁谧之休。朕之所以敕臣工者，即其所以望多士者也。尔多士其悉抒所学以对，朕将亲览焉。

十月乙酉　殿试读卷官大学士等遵例以试卷十本进呈。上阅至第二卷曰：此卷必系南省人。命拆视之，果然。上一一阅毕。谕大学士等曰：尔等大臣多系进士出身，深知文字。凡文章书法，各有所习，一览可知。朕适阅第二卷，未及拆封，早知为南省人，昭然不爽。闻来京应试之人，将伊等所作文字，各处投送。其应开考试官，悉令过目，以博己之声名，以求人之采取。尔等场中阅卷，当一秉虚公，略无私意，始称厥职。至《五经》、《四书》俱系圣贤之言，考试出题，专意取冠冕者，则题目渐少，士子易于揣摩。甚有将不出题之书，删而不读，尚得言学问乎？经书内有不可出之题，试官自然不出。其余出题之处，须以各种题目试之，则怀才实学之士，自无遗弃矣。

十月丙戌　上御太和殿。传胪。赐殿试贡士王敬铭等一百四十三人进士及第出身有差。

十月丁亥 以刑部尚书张廷枢为武会试正考官，詹事府少詹事王奕清为副考官。

十月己丑 谕大学士等曰：翰林官员内多有不识字义、不能作诗文者，此皆教习不勤之故。比年以来，武英殿行走之人，乡会试中式者甚多。盖以在武英殿行走，每日不释卷耳。此后凡修书、校书处，着并派庶吉士。又谕曰：道学者，圣贤相传之理，读书人固当加意，然诗文亦不可废。或有务取道学之名，竟不留心于诗文者，此皆欺人耳。

十月癸卯 授一甲进士王敬铭为翰林院修撰，任兰枝、魏廷珍为翰林院编修。

十月癸卯 谕大学士等：翰林官关系紧要，必读书立品，方称厥职。今翰林官甚多，朕皆不识。自讲读学士以下、编检以上满洲、汉军由进士选入翰林者，其中或有不修行检，日事饮博，于诗文、书法全不究心；又或督学典试分校，声名不好者。尔等会同九卿详查举出，即行黜退。各省皆有，翰林、九卿岂无闻见，毋容徇隐。其现在散馆庶吉士及教习进士内有此等人，亦举出革退。

十月甲辰 谕大学士等曰：朕阅庶吉士散馆试卷，其习清书者仅学习一年，虽无甚优，亦不甚劣，即至三等之卷，犹能对汉文翻译，伊等俱着留翰林院。习汉文者，诗文俱平常。一等卷略有可观，仍留衙门；其余十一卷总属不堪。将伊等俱革去庶吉士，于教习进士处照常学习。至一等第三卷曹鸣，诗甚牵强，将此易置末名。王图炳字甚好，易至第三。

十一月庚戌 谕翰林院：选拔庶常原以作养人材，今科进士特加简阅。取杨绳武、刘自洁、孙见龙、王猷、万承苍、吴襄、徐骏、蔡嵩、陈治滋、景考祥、冯皓、刘嵩龄、王奕仁、蒋洽秀、李元正、乔学君、刘泌、庄楷、蒋继轼、王希曾、唐建中、屠洵、曹鉴临、厉煌、张缙、世禄、姚三辰、梅廷对、潘述祖、张珍、孙嘉淦、陈春英、何人龙、陈世侃、史在甲、吴孝登、朱曙荪、陈法、向日贞、苏彤绍、张汉、朱天保、徐流谦、文大漳、庄论、贾甡、张元怀、巩建丰、臧尔心、王国栋、吴翀、胡安、王运元等五十三名，俱着改为庶吉士，并修撰王敬铭，编修任兰枝、魏廷珍分别满汉书教习。

十一月辛亥 策试天下中式武举于太和殿。上御畅春园内西厂，阅试武举骑射技勇。毕，率善射侍卫等射。上亲发五矢，皆中。

十一月癸丑 上御畅春园内西厂，阅试武举骑射、技勇。选宋如柏等十五人，再试以骑步射。令善射侍卫等射毕，上亲射二次，每发皆中。谕大学士等：近见直隶各省考取武进士额数，或一省偏多，或一省偏少。皆因不知其弓马武艺，止凭文章取中，以致骑射娴熟、谙习韬略之人，多有遗漏。嗣后，考取武进士不必拘定额数，俟天下会试武举，齐集京师，令该部将各省赴试到部武举，照例考试弓马，将合式武举等实数查明，预行奏闻。朕计省之大小、人之多寡，照考取文进士例，按省酌定取中武进士额数。考取时，亦本省卷内择佳者，照所定数取中。如此，则学习武艺、弓马优长者不致遗漏矣。

十一月甲寅 谕大学士等：文武考试，虽曰两途，俱系遴拔人才，而习文之内，亦有学习武略、善于骑射者；习武之内，亦有通晓制义、学问优长者。如或拘于成例，以文武两途不令通融应试，则不能各展所长，必至遗漏真才。嗣后，文童生生员、举人内，有情愿改就武场考试者，武童生生员、举人内，有情愿改就文场考试者，应各听其考试。如此，则各得施其所学，文武两途皆得真才矣。着九卿、詹事、科道议奏。

十一月丙辰　传胪。赐殿试武举宋如柏等九十六人武进士及第出身有差。

十一月丁巳　命都察院左都御史兼翰林院掌院学士揆叙、吏部右侍郎兼翰林院掌院学士汤右曾教习庶吉士。

十一月乙丑　谕吏部：庶吉士王图炳等教习已及年余，今加考试，应分别授职。除王世琛、徐葆光已授修撰、编修外，其庶吉士何国宗、田嘉谷、俞鸿图、许镇、漆绍文、周金简、林昂、秦休、刘于义、周天祐、徐杞、李钟侨、潘允敏、陶贞一、朱一凤、程梦星、薄海、易简、于广、汤之旭、王图炳、秦靖然、狄贻孙、何应鳌、徐昂发、徐云瑞、汪份、鲍开、杨祖楫、王时鸿、杨士徽、王澍、鄂尔奇、曹鸣等授为编修，谢济世、蒋纲、乔时适、张玢、周彬、郭孙顺、陶成、郑其储、舒大成、沈世屏、王梦旭、赵泰临、潘祥、张淳、汪倬、郑之侨、李如璐、刘蛟、汤大辂、王遵扆、张旭、夏慎枢、觉罗名昌、钱廷献、戈懋伦、王时宪、杨潜、胡煦等授为检讨。

十二月辛卯　礼部等衙门遵旨议覆，文武生员、举人有愿改考者，准其改考。上曰：改考实系佳事。但恐武生记文数篇，希图侥幸者多，学臣于文生员公取者或有之，至武生全无公道矣。此弊朕皆知之。嗣后，由武考文不中者，若再令考试则弊生矣，应许改考一次。其不中者即着停止。

十二月甲午　以翰林院侍读学士汪灏提督浙江学政。

康熙五十三年（1714 年）

正月戊辰　以翰林院修撰王云锦提督陕西学政；礼部郎中黄叔琬为山西按察使司佥事，提调学政。

二月辛巳　刑部议覆，江苏巡抚张伯行疏称，江南乡试副考官赵晋自缢身死一案，审无受贿情弊。但不严行看守，令重犯得以缢死，应将扬州府知府赵弘煜等分别议处具题。得旨：各官自当议罪。赵晋果否身死之处，着交巡抚张伯行彻底查明具奏。

二月乙酉　谕大学士、掌院学士等曰：近见翰林等官告假者甚多，三分中已去其二。又，庶吉士等正当学习时，遽回本籍，至三年考试将近，又来考试。似此任意告假，焉得学习？此后除丁忧、终养外，凡翰林庶吉士告假者，应照致仕知县例，不准补用。又见在教习进士内有告假者，亦应照此例行。再科道官员职任甚重，亦有任意告假回籍者，尔等会同九卿一并议奏。寻议，翰林院修撰、编修、检讨、庶吉士、教习进士并科道官员有告病回籍者，悉令休致。从之。

四月癸酉　谕吏部：教官有教养士子之责，员缺甚属紧要。嗣后，掣选教官者应取至京师，令大臣面试，方可补授。

四月己丑 以礼部郎中杨存理为云南乡试正考官，检讨赵泰临为副考官；大理寺少卿俞化鹏为贵州乡试正考官，编修林之浚为副考官。

四月己亥 礼部等衙门议覆，署理偏沅巡抚、布政使阿琳疏言，辰州府属之乾州镇溪所，虽处边隅，近蒙皇上德教覃敷，苗人向化。比年以来，民知向学，请设立学校，建于乾州。自康熙五十四年为始，岁科取文武生员各八名，以泸溪县训导就近兼摄。应如所请，从之。

五月癸亥 以户部郎中王奕鸿为四川乡试正考官，编修沈翼机为副考官；翰林院侍读陈世倌为广东乡试正考官，编修邹奕凤为副考官；鸿胪寺少卿文志鲸为广西乡试正考官，编修汪份为副考官；通政使司右参议魏方泰为福建乡试正考官，编修徐印发为副考官。

六月壬午 江苏巡抚张伯行疏言，臣查江南乡试副考官赵晋进监之后，扬州府知府赵弘煜一任典史金镐纵容。及报赵晋自缢，又草率取供，不亲自相验，委高邮州知州李之檀验报，尸图与赵晋状貌不符，而众供互异。据此，赵弘煜故行疏纵，情弊显然。江都县知县王铣等既已疏玩于先，复不能确查于后，不惟赵晋生死难明，并在监与否亦不敢定。请将扬州府知府赵弘煜等革职，一并严审。得旨：赵弘煜、李之檀、王铣等俱着革职，该抚严审定拟具奏。

六月丙戌 以翰林院侍读学士吴垣为浙江乡试正考官，编修庄令舆为副考官；翰林院侍读学士熊苇为江西乡试正考官，编修郑任钥为副考官；内阁学士沈涵为湖广乡试正考官，编修查嗣庭为副考官。

七月辛丑 以翰林院侍读杨名时为陕西乡试正考官，编修索泰为副考官；詹事府少詹事梅之珩为江南乡试正考官，编修汤之旭为副考官。

七月己酉 谕礼部：直隶各省学臣文武乡试两闱后，闲居候代，毫无所事。嗣后，新学臣于乡试之年秋间点出，限十月终到任，则旧学臣免旷职之愆，新学臣得以从容考试矣。

七月戊午 以刑部郎中陈元为河南乡试正考官，编修王謩为副考官；刑部郎中李士瑜为山东乡试正考官，检讨卫昌绩为副考官；吏部郎中叶弘绶为山西乡试正考官，检讨彭维新为副考官。

七月甲子 以翰林院侍讲查嗣瑮提督顺天学政。

八月乙亥 以国子监祭酒徐日暄为顺天乡试正考官，河南道御史田轩来为副考官。

八月壬辰 以原任国子监祭酒余正健提督江南学政；侍讲李周望提督湖广学政；编修车鼎晋提督福建学政；丛澍提督广西学政；廖赓谟提督四川学政；万经提督贵州学政；检讨王传提督山东学政；刘师恕提督河南学政。升吏部郎中鱼鸾翔为江西按察使司佥事，提调学政；湖广汉阳府知府郝士镎为云南按察使司副使，提调学政。

十月乙亥 谕九卿：九卿内各省人俱有，凡翰林中曾差正、副主考及房考者，其声名贤否必皆知之，着从公举出，优者升用，劣者革退，九卿于本省出差人员不必与议。盖伊等子弟，试而中即以为好，试而不中即以为不好，殊不可为据也。若不存私意，贤否皆从公举出，则科场可得清理矣。即如月选官员，悉令九卿验看，凡出身不明、行止不端者，俱知畏惧，不敢谒选，此甚有益。

十月乙亥　礼部议覆监试御史倪满等条奏科场四款。一、顺天乡试举子入闱俱穿拆缝衣服，单层鞋袜，只携蓝筐、小凳、食物、笔砚，其余物件不许携入，则夹带文字之弊可杜。一、举子入闱任意接谈、往来行走。嗣后，应添设营官一员，八旗每翼添设参领一员、章京二员，一体入闱，坐明远楼前。汉人责令营官稽察，旗人责令参领等稽察。务令举子照卷面字号押进号舍，不许私从栅栏出外。至代作、传递、夹带等弊，每由号军顶冒入闱。嗣后，号军务选正身，每十名以一人为号头，将号军面用印记，造册送入。一、向来乡会试举子交卷领签照出止于申、酉二时，今则彻夜交卷，恐滋弊窦。嗣后，应遵旧例，天晚不准收卷，即行封门，则诸弊自然肃清。一、贡院号舍七千四百有奇，今科投卷举子七千四百九十余人，恐致不敷。查贡院左右尚有闲地，请交顺天府酌量添造，至贡院四面围墙多系土筑，请用砖砌，棘围自然严密。俱应如所请。得旨：倪满等所奏甚是，着九卿会同议奏。其各有所见，应增款项议增。

十月壬午　以翰林院检讨阿珥赛为顺天武乡试正考官，检讨马豫为副考官。

十月戊戌　九卿等遵旨议覆，监察御史倪满等条奏四款，俱应照礼部原议。臣等又增议四款：一、文章抄成底子，或隔墙传递，或于食物夹带，或由窝铺挖孔送进，皆由巡绰官疏忽所致。嗣后，贡院墙垣着令修高，窝铺、席棚不许挨墙搭盖。交与巡绰官员等昼夜严查；进放食物，内外监试御史各细检放入。违者从重治罪。一、誊录书手、对读生员务令选择正身，禁止不肖之人顶冒入闱，代人作文。闱中所备空白卷子交外场监试收贮，如至公堂有应用处，俟行文给发应用。违者从重治罪。一、太医院及各馆咨送应考生监，俱于各该管处具题移送。国学监生照例考试录送，各省监生有情愿入京应试者，于乡试前一年起本省印文到部札监。违者照例议处。一、揭晓后，中式举人俱定限期到府丞衙门填写亲供，与试卷一同送部，交与磨勘试卷，九卿对墨卷细验笔迹。如亲供逾限，不即送部，礼部将府丞题参，照例议处。得旨：依议，每翼派遣都统一员、副都统二员督理稽察。

康熙五十四年（1715年）

正月甲子　谕大学士、九卿等：科场出题关系紧要，乡会经书题目不拘忌讳，断不可出熟习常拟之题。朕常讲《易》及《修定天文律吕算法》诸书，人人皆知，必以此等书拟题。尔等皆系应点考试之官，虽未派定何人，然断不可以此诸书出题，表题亦不可出修书、赐书等类，不然，则人皆可以拟题幸进，实学何由而得？张鹏翮为主考，所出经书策论题，皆主理学，意义相同，彼虽无情弊，而所取之人甚多侥幸，人殊怨之。赵申乔所取解元系倩人代作，畏罪逃窜，以致人皆不服，赵申乔亦无言可以自解。然彼不过观其文章耳，其中情弊何由得知？故知出题乃大有关系之事。再房官亦属紧要，若房官有弊，主考亦无如之何。今可将一房卷令不同省房官二人同阅，如一人有情弊，发觉后二人并坐，则各知畏惧，互相纠察矣。部院司官凡进士、举人出身者，皆例应分房之人，若学问不堪，不识文字，何以衡文取士？伊等宜加考试。再五经中式甚属无益，十七八岁之幼稚皆能之，不过手敏、多写字耳，殊无实学。着停止。

正月甲子　谕：朕前日考试翰林，竟有不能诗文之人，诗中有用习、坎等字者。此因朕素讲《易经》，故皆滥用，不计切题与否。彼皆以荒疏已久为辞。部院司官有办理之事，犹可云荒疏，翰林理应读书，亦云荒疏，可乎？今之翰林迥不如昔，如熊赐履、张玉书、张英、陈廷敬、徐乾学、徐元文、徐秉义、王士正等学问俱佳，又如内廷行走及武英殿修书翰林亦较在外翰林不同，诗文皆大方，总由每日纂修、校对之故也。

二月癸酉　以工部尚书王顼龄、都察院左都御史刘谦为会试正考官，内阁学士蔡升元、王之枢为副考官。

三月乙丑　赐内廷行走举人梅瑴成一体殿试。

四月丁卯　策试天下贡士李锦等于太和殿前。制曰：朕诞膺图历，仰承天眷，寰宇乂安五十余年。惟是夙夜祗惧，宵旰不遑，冀庶绩咸熙，进斯民于仁寿之域，而犹念大业戒于鲜终，日与内外诸臣动色咨儆，欲其以惕厉者居心，廉平者尽职，庶多士无奇邪之学，而疆宇有磐石之安，故敕几图治，未尝一日释诸怀也。夫自古帝王必谨小慎微，克终厥德，乃能底于久安长治之庥。《书》曰："儆戒无虞。"又曰："无怠无荒。"是以永保天命，懋登上理。今者承平日久，朝野内外，保无有习于恬嬉，以疏略而渐几丛脞者乎？夫兢业所以保泰，晏安或致隳功，其相与维持警戒，益求致治保邦之道，宜若何以副朕意欤？《记》曰："大臣法，小臣廉。"《周官》六计弊吏，皆冠以廉，则廉固居官所首重矣。然廉非缘饰之具，综核或近于烦苛，胶滞亦邻于偏执，非所以表率庶司、锡福兆民也。兹欲大小臣工奉公洁己，无矫情干誉之弊，养和平惇大之风，其道何由？儒者著书立说，荟萃群言，务期阐明大道，折衷于至当。古来圣贤经传，纯粹以精，先儒论著，疏通易晓，即不立注解，其义自明。而或逞其臆见，人自为书，家自为说，或假以立名，或用以阿世，使圣贤精意，反因之而滋晦。其何以芟刈繁杂，倡明正学欤？至揆文奋武，国家并重，故有百年不用之兵，无一日可弛之备，古者搜苗狝狩皆以讲武，而克诘戎兵即在庶狱庶慎之后。今虽六宇荡平，戈甲永息，而训练之方可遂忽焉不讲欤？夫纪律不明则无以申赏罚，休养不至则无以协众心。其必绥辑有方，恩威并著，然后将士多干城之寄，中外享敉宁之福欤？夫上下交儆，斯百尔砥洁清之操，儒生识道义之宗，文教覃敷，国威永振，凡皆治益求治，安益图安，所以保泰持盈者，无以逾此。多士留心经济久矣，其详著于篇，朕将亲览焉。

四月庚午　上御太和殿。传胪。赐殿试贡士徐陶璋等一百九十人进士及第出身有差。

四月壬午　试新选庶吉士陈仪等四十五人于畅春园内。魏协、韩从王以文理未优，仍归进士班用。

四月甲申　谕礼部：教习进士已满三年，今加考试，其优者以月选官内黜退之缺即用。余令回籍候补。

四月甲申　授一甲进士徐陶璋为翰林院修撰，缪曰藻、傅王露为翰林院编修。

四月丁亥　谕吏部：庶吉士杨绳武等教习年余，今加考试，应分别授职。除王敬铭、任兰枝、魏廷珍已授修撰、编修外，其庶吉士乔学尹、蒋洽秀、李元真、许王猷、陈治滋、万承苍、张缙、曹鉴临、王奕仁、刘泌、刘自洁、景考祥、蒋继轼、吴襄、蔡嵩、王希曾、杨绳武、庄楷、何焯、冯皓授为编修；朱曙荪、陈法、陈世倌、姚三辰、巩建丰、梅廷对、向日贞、徐流谦、张元怀、孙嘉淦、张汉、董宏、吴孝登、王国栋、陈春英、何人龙、潘述祖、臧尔心、朱天保、世禄、苏彤绍、贾甡、史在甲、文大漳授为检讨；其唐建中清汉文俱劣，着革退。

四月辛卯　谕翰林院：选拔庶常原以作养人材，今科进士特加简阅。取李文锐、张应造、吴应桢、任中柱、汪受祺、蔡衍诰、陈仪、李锦、李克敬、梅瑴成、胡彦颖、怀渊中、陈邦直、杨超曾、曹友夏、汤倓、李凤岐、张鸣钧、杨克茂、朱璋、张鳞甲、赵城成、文凌、如焕、侯度、李天宠、裘琏、江济、杨凤冈、栗尔璋、德龄、关漱、窦启瑛、宋怀金、沈竹、萨纶锡、吴传觐、蒋林、陈世仁、冀栋、徐学柄、高荀侨、潘淳、德新等四十四人俱着改为庶吉士，分别满汉书教习。

五月丙午　命都察院左都御史兼翰林院掌院学士揆叙、吏部右侍郎兼翰林院掌院学士汤右曾教习庶吉士。

九月乙巳　以内阁学士王之枢为武会试正考官，翰林院侍读学士李绂为副考官。

十月丁亥　吏部等衙门议覆，左都御史刘谦及子编修刘自洁纵仆殴伤御史任奕鑋，是实。刘谦、刘自洁应革职，其家人柴敬臣等照律治罪，侍卫王廷梅身在热河，应无庸议。得旨：刘谦器量褊浅，考试进士，声名亦甚不好。率仆殴伤御史，殊玷官箴。刘谦、刘自洁俱着革职。余依议。

十一月甲午　以翰林院侍读学士张逸少提督顺天学政，工部郎中蒋泂为云南按察使司佥事；提调学政。

十一月庚子　设贵州安顺府南笼厅学，取进文武童生各八名。从巡抚刘荫枢请也。

十一月癸卯　谕刑部：翰林何焯为人狂妄，众所共知。朕钦赐以举人、进士，伊当终身感激，乃生性不识恩义，将今时文章比之万历末年文章，将伊女与允禩抚养，又为潘耒之子夤缘，罪应正法。但念其稍能记诵，从宽免死。着将伊官衔并进士、举人革去，在修书处行走，如不悛改，着该管官员即行参奏。

十一月甲辰　策试天下中式武举于太和殿前。

十一月乙巳　上御畅春园内西厂，阅试武举骑射、技勇。

十一月丙午　上御畅春园内西厂，阅试武举骑射、技勇。

十一月丁未　上御畅春园内西厂，阅试武举骑射、技勇。

十一月戊申　传胪。赐殿试武举塞都等一百七人武进士及第出身有差。

十二月庚辰　增直隶府州县卫入学额数各三名。从总督赵弘燮请也。

康熙五十五年（1716年）

二月己巳　礼部题：御史董之燧疏参会试同考官储在文等作弊之处，请将原任左都御史刘谦等提至京城质审。上谕大学士等曰：汉大臣等有好干预科场之事者，看来不待临期，往往前一年先为之计，或选刻文章，或刊行窗稿，令人诵习揣摩。场中一见，即可知为何人矣，故选文刻稿皆应惩戒。总之，科场事当秉至公，不可稍参私意。去岁考试官声名不好，朕亦闻之。但刘谦已于别案革职，若又提审，牵连甚多，着从宽免。将董之燧参本发还。

二月壬申　升顺天府府尹王懿为大理寺卿，提督江南学政。

二月庚寅　礼部题：昭陵副关防西兰泰等咨称，昭陵千丁效力七十余年，恳照福陵千丁子弟例一体考试入学。应如所请，从之。

三月乙巳　礼部议覆，广东巡抚杨琳疏言，直隶各省俱有额设卫学，独粤东卫所从未设立。请将广州等处八卫二所文武童生各取进二名，其余三十六卫所文武童生各取进一名，拨入各府学。应如所请，从之。

三月甲寅　以左春坊左中允林之浚提督江南学政。

闰三月甲申　以吏科给事中陈沂震提督山东学政。

四月壬辰　吏部议覆，衍圣公孔毓圻疏言，请将贡生杨浩补授四氏学正。应如所请。得旨：学官俱考试引见，四氏学官亦令考试引见。以后衍圣公所属应补官员俱着考试引见。

十月丁卯　谕大学士等：提督直隶学政张逸少声名甚劣，着革退。

康熙五十六年（1717年）

二月丙戌　以翰林院侍读吴士玉提督顺天学政。

三月戊午　以仍带国子监祭酒衔、修书处行走余正健提督云南学政。

四月甲午　命都察院左都御史兼管翰林院掌院学士事徐元梦教习庶吉士。

四月庚子　以翰林院侍讲学士李绂为云南乡试正考官，编修张起麟为副考官；刑部郎中张谦为贵州乡试正考官，编修许镇为副考官。

五月甲子　四川、陕西总督鄂海题：八月秋闱，例应巡抚监临。今陕西抚臣噶什图在口外，移臣监临。但今大兵在外，臣驻西安，承办军需，倘遇军前要务，时值封锁棘闱，必致贻误。应将监临一切事宜，令西安布政使萨睦哈代理。从之。

五月戊辰　谕左都御史兼翰林院掌院学士徐元梦等：近看科场之事，尽为大臣主持。朕思内阁、九卿大臣不立门户，不预科场之事，弊端自除。大臣遇考期将至，不惟为子弟钻营，甚且为他人图谋。如刘谦平素犹讲道学，及为会试主考，声名甚是不堪。又同考官储在文看阅试卷，皆专执己见，同房阅卷之杨万春不得参酌，此等陋习，不可不知警戒。谕众知之。

五月乙亥　以翰林院编修杨士徽为四川乡试正考官，户部司库满宝为副考官；检讨严思位为广东乡试正考官，户部主事吴曹直为副考官；检讨黎致远为广西乡试正考官，兵部主事江为龙为副考官；检讨柯乔年为福建乡试正考官，检讨陆绍琦为副考官。

六月癸卯　以翰林院编修索泰为浙江乡试正考官，检讨张懋能为副考官；修撰王敬铭为江西乡试正考官，编修秦道然为副考官；检讨胡煦为湖广乡试正考官，太常寺少卿林洪烈为副考官。

六月壬子　兵部议覆，甘肃巡抚绰奇疏言，武场乡试例系巡抚主考，今臣现在肃州办理军需，入场考试，恐致有误等语。应将今岁武场事宜，令藩臬二司照例举行。从之。

七月辛酉　以翰林院检讨王时宪为陕西乡试正考官，内阁中书色楞额为副考官；浙江道御史连肖先为江南乡试正考官，翰林院编修戚麟祥为副考官。

七月丙子　以翰林院检讨海宝为河南乡试正考官，检讨张玢为副考官；编修吕谦恒为山东乡试正考官，检讨朱天保为副考官；编修王时鸿为山西乡试正考官，检讨陈世侃为副考官。

八月乙酉　礼部题：请派顺天乡试正、副考官及司考官，将九卿举出官员职名开列。上曰：棘闱弊端甚多，此番房考官即在所开正、副考官内。每房派二员，其各省人着参杂派出，每房所派二人不得派同省之人。

八月丙戌　提督云南学政国子监祭酒余正健以病解退，以工部郎中张学庠为云南按察使司佥事，提调学政。

八月丁亥　以署仓场总督、户部侍郎张伯行为顺天乡试正考官，翰林院编修鄂尔奇为副考官。

九月癸酉　以翰林院编修嵇曾筠提督山西学政，编修查嗣庭提督河南学政，检讨觉罗逢泰提督陕西学政，编修缪沅提督湖广学政，检讨王思训提督江西学政，检讨李钟峨提督福建学政，检讨陈均提督广东学政，编修邹奕凤提督广西学政，编修沈翼机提督贵州学政。

九月丙子　以翰林院检讨谢履厚提督江南学政。

十月甲午　以翰林院编修周彝为顺天武乡试正考官，检讨张汉为副考官。

十月癸卯　浙江巡抚朱轼疏言，武举吴之杞、生员胡起率领众生员告称，新科举人陈凤墀倩人作文，中式有弊。请将吴之杞、胡起、陈凤墀俱暂行褫革严审。上谕大学士、九卿等曰：今年浙江科场声名不好，再各省主考、提学等官内有声名不好者，九卿当有闻即参，虽己所举之人亦当参出。九卿所保之人，只知其见在行事而保之，能保无改节乎？

十一月丁丑　兵部议覆，顺天府府尹俞化鹏疏言，顺天武乡试旧例自十月初九日试骑射、技勇，至十三日考完，十四日入闱。止余半日，诸务忙迫。请照会试例于初七日校射，十三日入闱，时日宽余，骑射、技勇得以详细选拔。应如所请，从之。

康熙五十七年（1718年）

二月乙酉　以吏部尚书张鹏翮、户部尚书赵申乔为会试正考官，刑部左侍郎李华之、工部右侍郎王懿为副考官。

二月甲午　改江南南陵县中学为大学，从学臣林之浚请也。

三月辛亥　上谕大学士等曰：保举山东、浙江乡试考官之人，查出否。马齐奏曰：保举山东正考官吕谦恒系工部侍郎王懿，保举副考官朱天保系吏部侍郎色尔图、左副都御史海寿，保举浙江正考官索泰系工部侍郎常泰，保举副考官张懋能系通政使司参议张世祺。上曰：王懿等俱着革职留任，永停升转，不准开复。又谕曰：凡有保举，俱有王懿、李先复之名。科道内保举人者甚多，果属贤员，自当保举，但伊等竟以此射利。王懿从前历官尚勉强自爱，自任府尹后甚属平常。

三月庚申　礼部议覆，福建、浙江总督觉罗满保疏参浙江黜革举人陈凤墀覆试之卷文理不通，不如中式原卷。其中有无情弊，应行令该督严审。从之。

三月丙寅　吏部议覆，翰林院掌院学士徐元梦题参，编修储在文、张起麟、徐用锡、沈宗敬、宫鸿历、丛澍等有玷官箴，均应照溺职例革职。得旨：储在文、张起麟、徐用锡、宫鸿历、丛澍俱着革职，沈宗敬着从宽免革职，在武英殿修书处行走，永不准升转。

三月戊午　吏部议覆，翰林院掌院学士徐元梦疏言，学臣任满之日宜分别贤否，以昭劝惩。今查声名中平者五员，陕西、江南、福建、贵州、广东学臣王云锦、林之浚、车鼎晋、万经、郑晃；声名不好者二员，广西、江西学臣丛澍、鱼鸾翔。得旨：王云锦、林之浚、车鼎晋、万经、郑晃、丛澍、鱼鸾翔俱着革职，保举丛澍之廖腾煃、张德桂，保举鱼鸾翔之耿惇、刘士聪，亦俱着革职。

四月癸未　策试天下贡士杨尔德等于太和殿前。制曰：朕临御天下垂六十年，仰惟祖宗付托之重，知天子以乂安海宇为孝。是以夜寐夙兴，勤求治理，政事之余，留意经术，期为天下广文教；承平之后，不忘边备，思为万世奠苞桑也。粤稽《周礼》，造士，六行以孝为首；其察吏也，六计以廉为先。汉人承之，亦用孝廉选举郡国之士，未有内行不修，而律身克谨者也。朕日以孝廉奖励天下，而敦笃彝伦，树立名节者概不多见，亦有欺世盗名，自托于孝廉而实行不孚，往往见讥于乡党，贻笑于清议，其诚伪之间可不辨欤？夫卿大夫立身行己，有风励士庶之责。今乃诵说《礼经》而考其实行，反不若村农田竖之诚笃者，其故何欤？《易》之泰卦曰："勿恤其孚，于食有福。"言治乱虽有常数，然人事既修，则可以勿忧而受其福也。今天下安宁已久，朕每怀积玩之惧，业业兢兢，与中外臣邻，动色相戒，古君臣所以永保天命而固结人心者，岂无其要欤？持盈保泰，宜何道之遵也？广励士习者以通经为要务，近代诠释群经，至朱子无可议。朕潜心玩味，见其皆切于躬行日用，绝无华言浮说以汩乱乎其间。夫虚文多则本意晦，枝辞盛则实理微，欲使士通一经，则明一经之义，而收一经之用者，其术安在？古者内有民间之储，外有边境之备，自汉有屯田塞下之议，及后赵充国、诸葛亮率用以济师，著有成绩。今欲推广其法而行之，使疆内无转运之艰，行间获饱腾之利，其何以兴良法而课实效欤？夫人皆知孝行之为先，则臣节必砥，此即经学之本也；人皆知泰运之难持，则绸缪必周，此即安边之要也。诸士于经术世务素所宜讲，其何以助上宣德化而成治功，悉心陈之，朕将亲览焉。

四月丁亥　传胪。赐殿试贡士汪应铨等一百七十一人进士及第出身有差。

四月丙午　授一甲进士汪应铨为翰林院修撰，张廷璐、沈锡辂为翰林院编修。

八月丙戌　吏部题：贡监赴臣部考职者应交与九卿公同考试，如有试卷与亲供笔迹不同者，察出从重治罪。从之。

八月乙未　福建、浙江总督觉罗满保疏参浙江黜革举人陈凤墀科场作弊一案。察审陈凤墀，供连正主考索泰，请差部院堂官往浙江审理。得旨：着礼部左侍郎王思轼、大理寺少卿金应璧前往，会同该督严审定拟具奏。

九月戊子　以翰林院侍讲学士李绂为武会试正考官，侍讲学士龚铎为副考官。

十月甲寅　谕吏部：考试月官，令作八股时文，大都抄录旧文，苟且塞责。嗣后，不必作八股时文，止令写履历，以三百字为限。观其书法妍丑，文理工拙，则人之优劣自可立见矣。

十月戊午　谕吏部：庶吉士白子云等教习已久，今加考试，应分别授职。除徐陶璋、傅王露已经授职外，满书庶吉土杨超曾、凌如焕、陈邦直、胡彦颖、赵城、吴应棻、张鳞甲、吴傅觐、杨凤冈、蒋林、汪受祺、侯度、萨纶锡，汉书庶吉士怀渊中、曹友夏、陈仪、李天宠、厉煌、成文、张应造、杨克茂、屠洵、冀楝、德龄、沈竹、白子云俱照例授翰林院编修、检讨；潘淳、张鸣钧、徐学柄、王承烈、窦启瑛、德新着教习三年；庄论书法不堪，着革职。

十月己未　策试天下中式武举于太和殿前。

十月己未　谕翰林院：选拔庶常原以作养人材，今科进士特加简阅。取金以成、潘瀚、查祥、陈万策、李志沆、崔珺、叶长扬、董嶲、张梦征、徐本、习嶲、吴家骐、顾仔、曹源郊、许均、伊尔敦、邹登恒、宋照、萧宸捷、曾元迈、沈承烈、徐大枚、顾祖镇、刘丕谟、杨尔德、黄鸿中、张炜、杜藻、夏开衡、吴涛、杨椿、李天龙、沈嘉麟、李兰、郑江、王瓒、康忱、胡瀛、严文在、徐聚伦、刘运驸、张灿、李士元、郑嶹、任际虞、觉罗思强、蔡曰逢、卿悦、王梦尧、李洵、李根云、严瑞龙、解震泰、雷天铎、刘灿等五十五员，俱着改为庶吉士，分别满汉书教习。

十月庚申　上御畅春园内西厂，阅试武举骑射、技勇。

十月辛酉　上驻畅春园内西厂，阅试武举骑射、技勇。

十月壬戌　上御畅春园内西厂，阅试武举骑射、技勇。

十月癸亥　传胪。赐殿试武举封荣九等一百十名武进士及第出身有差。

十月庚午　以工部尚书兼翰林院掌院学士徐元梦教习庶吉士。

十一月癸巳　礼部左侍郎王思轼等奏，臣等遵旨会审浙江黜革举人陈凤墀科场作弊一案。据陈凤墀供，翰林院侍讲学士陈恂同伊子候选知府陈钰在正考官索泰处通关节，应将陈恂、陈钰革职严审。从之。

康熙五十八年（1719年）

正月乙未　改河南开封府襄城县中学为大学，增额取进童生十二名。

二月壬子　改江西赣州府兴国县小学为中学。从提督学政王思训请也。

五月丙戌　刑部等衙门议覆，差往浙江审事礼部侍郎王思轼等疏言，浙江正考官、编修索泰应允侍读学士陈恂嘱托，将陈凤墀中式，陆续借陈恂银一千五百两，应拟斩监候，秋后处决；倩人作文、夤缘中式之陈凤墀，营谋关节之陈莘衡、陈恂应拟绞监候，秋后处决；陈凤墀之父陈文炽往陈恂之子陈钰家取回关节，陈钰接受银两转付，俱应拟绞监候，秋后处决；费我功央伊岳父陈恂营谋关节，未曾中式，应拟杖徒；代陈凤墀作文之段志闳照例枷责；索泰等所得银两，并费我功所许银两俱追取入官；同考官、知县洪晨绂照例革职；副考官、检讨张懋能应降二级调用。应如所拟，从之。

九月癸酉　礼部议覆，浙江提督学政汪漋疏言，浙江衢州府西安县之孔氏乃先师嫡裔。查兖州府曲阜县岁科两试将孔氏子孙进数十人，乡试另编耳字号，将孔氏子孙及四氏子孙中式二人。今衢州孔氏后裔繁衍，仰请格外加恩，于岁科两试，西安县入学额数外，将孔氏子孙另编字号，每次额取二名。应如所请，从之。

九月癸酉　改浙江金华府武义县小学为中学。从提督学政汪漋请也。

十月乙卯　以刑部郎中徐树屏为广西按察使司佥事，提调学政。

十一月庚寅　礼部议覆，江西巡抚白潢疏言，江西乡试入场士子多至一万二千余人，而中额比浙江、湖广少九名。请照浙江、湖广额数，取中举人九十九名。应如所请，从之。

康熙五十九年（1720年）

三月戊辰　以翰林院侍讲郑任钥提督江南学政。

三月乙未　兵部题：臣部向有武举、武生及官员子弟效力一途，因取用太广，拣选年远，其中弓马生疏、人材不及者甚多。请将武生、官员子弟停其取用，专取武举。

其武进士内有情愿效力者，亦准收录。宗人府、銮仪卫、兵科俱照臣部一体取用，效力三年，严加考试。武进士一等者以营守备推用，二等者以卫守备推用，武举一等者亦以营守备推用，二等者以守御所千总推用。从之。

四月乙卯　以翰林院编修李钟侨为云南乡试正考官，吏部主事姜朝勋为副考官；翰林院检讨宋筠为贵州乡试正考官，礼部主事顾芝为副考官。

五月戊子　以翰林院检讨张大受为四川乡试正考官，检讨世禄为副考官；编修俞鸿图为广东乡试正考官，中书科中书曾用璜为副考官；工科给事中康五瑞为广西乡试正考官，内阁中书韩瑛为副考官；刑科给事中蔺惟谦为福建乡试正考官，内阁中书春台为副考官。

六月乙卯　以翰林院侍讲学士李绂为浙江乡试正考官，编修汤之旭为副考官；詹事府詹事李周望为江西乡试正考官，翰林院编修鄂尔奇为副考官；编修惠士奇为湖广乡试正考官，编修吕谦恒为副考官。

七月庚午　以翰林院侍读魏廷珍为江南乡试正考官，检讨陈会为副考官；左春坊左谕德彭维新为陕西乡试正考官，翰林院修撰王世琛为副考官。

七月丁亥　以翰林院侍讲学士蔡珽为河南乡试正考官，编修吴应棻为副考官；右春坊右赞善彭廷训为山东乡试正考官，翰林院检讨德龄为副考官；编修文岱为山西乡试正考官，检讨阿世堪为副考官。

八月庚子　以都察院左副都御史屠沂为顺天乡试正考官，翰林院侍读陈世倌为副考官。

八月庚子　琉球国中山王尚敬疏请伊国官生入监读书。允之。

九月丙寅　以翰林院侍读陈世倌提督顺天学政。

十月丙午　以右春坊右中允蒋涟为顺天武乡试正考官，翰林院检讨海宝为副考官。

十一月丙寅　以翰林院侍讲马豫提督浙江学政，左春坊左谕德彭维新提督山东学政，右春坊右中允蒋涟提督河南学政，右赞善彭廷训提督山西学政，翰林院编修王謩提督陕西学政，检讨黎致远提督湖广学政，编修徐昂发提督江西学政，检讨阿珥赛提督福建学政，编修惠士奇提督广东学政，编修方觐提督四川学政，编修汪份提督云南学政，检讨张大受提督贵州学政。

康熙六十年（1721年）

二月丁酉　以吏部尚书张鹏翮、户部尚书田从典为会试正考官；户部右侍郎、管仓场总督事张伯行，都察院左副都御史李绂为副考官。

二月己未　谕大学士等：见在科场之弊有最大者，人皆不言，朕知之甚悉。士子作文合三场计之，只六七日，而今年发榜日期似欲迟至三月十五日以后。通场卷数不过三四千，试官阅文乃至四十余日方毕，为日太多，诸弊皆从此而生矣。士子偶有夹带、倩代者，原其情，不过自为功名，或贪士以图利起见，犯者不过几人，其弊犹小。况入之时，巡察官防闲甚严，苟被搜获，必治以罪。迨三场既毕，巡察各官俱撤去，贡院门名为封锁，而每日送水菜、取食物，遂至内外信息时通，纷传某人已中、某人不中。中者众人皆为称喜，是外间先有一榜矣，又何待于出榜耶？甚有更易卷子，改换名次，主考官俱系大臣，平日以清操自居，或不至若此。而不肖房考，官职甚微，身家亦轻，何事不可为？此乃弊之最大者。言官等未尝不知，拘于亲友师生情面，且恐招后日之怨，率皆缄默不言；主考官日后即知有更易改换之事，而业已失察，不肯引咎检举；其在内帘官员又拘于同辈，不肯互相纠察。考试大典岂容如此？仍着原派巡察左右翼都统、副都统等入场照旧巡察。

三月乙丑　谕大学士等：今日出榜，黄雾四塞，霾沙蔽日。如此大风，榜必损坏。或因学问优长、声闻素著之人不得中式，怨气所致；或此番中式之人，将来有大奸大恶、乱臣贼子，亦未可知。邵子于洛阳天津桥闻杜鹃，即知南人有入相者，而王安石果相。此皆书册所载，信有明验。自古帝王因不学问，任彼书生訾议。朕自幼读书，凡此等处，无不研究。先儒中惟朱子之言最为确当，其它书册所载有不可尽信者。如云：唐明皇焚珠玉于殿前，珠可焚毁而玉亦可焚毁乎？又云：至治之世，风不鸣条，雨不破块，天地抑郁之气，赖风以散。若不鸣条则风无力，何以鼓荡万物？农人垦田，尚欲深耕，令土破碎，若不破块，何以播种？而岁必荒矣。又云：囊萤读书。朕曾于热河取萤数百，盛以大囊，照书字画，竟不能辨。此书之不可尽信者也。然亦有似乎荒邈，而竟实有其事者。东方朔记北方有层冰千尺，冬夏不消。今年鄂罗斯来朝，以彼国地图呈览，问其人，云其地去北极二十度以上，名为冰海，坚冰凝结，人不能至，始知东方朔所云不谬。又从前有书吏三人遍传西边异兽形图，部议重罪具奏。朕从宽免死，令其往觅，必得是兽方令回来。后将军祁里德等来自军前，朕问伊等。奏云：果有是兽。目在乳旁，口在脐旁，巡哨侍卫等曾亲见之。有一侍卫欲以鸟枪击之，为旁人劝止。蒙古名其兽为鄂布。又有飞者名为积布，飞者未曾得见。蒙古名恶人为鄂布泰、积布泰，是即《山海经》所谓刑天无首，以乳为目、以脐为口也。故将发遣书吏等俱令放回。又《神异经》云：北方层冰之下有大鼠，肉重千斤，名为鼢鼠，穿地而行，见日月之光即死。今鄂罗斯近海北地有鼠如象，穴地以行，见风日即毙。其骨类象牙，土人以其骨制碗碟梳篦，朕亲见其器方信为实。又古人以天市垣为中国分野，朕始疑其说，细玩天球，合以地图，中国去赤道二十度至四十度，在谷雨、立夏、小满三节气上，天市垣亦去赤道二十度，恰与中国对照，始知古分野之说，确有所据。后人无阐发者，朕细心推测，方悟其理，故向尔等言之，此又书之不可信而可信者也。总之，读书务在明理，方不为书所惑耳。

三月己巳　命皇三子和硕诚亲王允祉、皇四子和硕雍亲王胤禛率大学士王顼龄、原任户部尚书王鸿绪、内阁学士阿克敦、蒋廷锡、庶子王图炳、顺天府府丞连肖先等磨勘会试中式原卷。

三月庚午　谕大学士等：会试中式卷内，劳必达等十二名文章俱劣，今科着停殿试。过三年，仍准其殿试。场内每房原派同考官二员，今卷面上止有一人印记。或系一人独阅，或系二人同阅，是何情由？该部严察以闻。此番应试之人有学问优长，不得中式以致抱屈者，朕亦无从而知。即有人奏闻，亦难深信。如举人王兰生学问，南人中或有胜彼者，若直隶人则未能及之。前《周易折中》、《性理精义》、《朱子全书》，魏廷珍、王兰生等在朕前昼夜校对五年，不遗一字。读书人少全读性理者，王兰生甚为精熟，学问亦优，屡试未中，或文章不佳，抑别有故耶？再满洲举人留保学问好，满洲、蒙古、汉军中罕有及者，即翰林中谅如彼者亦少。今番满洲内，巡抚苏克济之亲属二人俱中，张伯行幕中修书之人，数年来皆相继中式，惟王兰生、留保俱未得中。此在朕前行走之人，朕深知其学问，非属偏向也。王兰生、留保俱赐进士，着一体殿试。

三月丙子　监察御史舒库等疏参：本月初九、初十两日，有不知姓名下第举子拥至会试副主考、左副都御史李绂门前，喧哄而散。得旨：礼、刑二部会同严审具奏。

四月壬辰　策试天下贡士储大文等于太和殿前。制曰：朕自御极以来，仰承上天眷佑之弘，祖功宗德福庇之厚，惟期海宇乂安，蒸民康阜，共乐升平之福。兢兢业业，宵旰不遑，六十余年如一日，而犹虑人心诚伪不一。凡在臣工，欲其消朋党而去偏私，无怀二心以邀虚誉。至于进贤为国，无时不以公尔忘私、以人事君之义相告诫焉。若屯田以资兵食，必无虚冒，方克有济，胜兵尤易骄矜，必能持重，始为万全。凡以防微杜渐，庶几内外晏安，以臻平治，此朕之夙夜所志也。夫粹然无私之为公，凛然不欺之为忠，为人臣者必能公忠自矢，表里如一，乃不愧心膂股肱一体之义。倘或缘饰于外，则实行不孚，甚至背公植党，起于心术之隐微，而其害有不可胜言者。今欲戒欺妄而去私伪，果何以精白乃忱，靖共尔位欤？《书》曰："举能其官，惟尔之能；称匪其人，惟尔弗任。"古大臣荐贤不使人知，义如是其重也。国家需人，惟亟屡申保举之法，内而九卿，外而督抚、提镇，简任既深。当其荐举之初，佥曰才能，未几而以庸劣纠矣，抑何前后刺谬欤？心之不公，识之不明，而援引私交，徇情请托，其弊滋甚，何由而推贤让能，为朝廷收任使之实效欤？国家幅员广大，一统车书，青海流沙之远，莫不涵濡德化。养兵以备边，即屯田以贮粟，兵食皆足，古之良法美意，无以逾此。其有效力人员愿种边地者，酌量议叙，所以奖成劳而兴屯利也。然或冒滥册籍，虚报请叙，亦复不少，则所以核实而澄清之者，岂无其要欤？抑兵不得已而用之者也，骄兵有戒，古志之矣。今王师西讨，藏地克平，为将者无狃于战胜而志盈，无忽于凯旋而意逸，何道而使士卒敛戢而无骄悍之心，持重而养敌忾之威欤？夫人臣皆知公忠之义，则臣节必砥，而荐举无私，是即用人之本也；边屯而皆有实效之绩，则垦种无虚，而士马饱腾，此即练兵之要也。多士于忠君爱国之道、经济世务之宜，讲求有素矣，其悉陈之无隐，朕将亲览焉。

四月乙未　上御太和殿。传胪。赐殿试贡士邓钟岳等一百六十三人进士及第出身有差。

四月甲寅　谕吏部：庶吉士金以成等教习有年，今加考试，应分别授职。除缪曰藻、张廷璐、沈锡辂已授编修外，其庶吉士邹登恒、张梦征、汤倓、曹源郊、夏开衡、李文锐、李志沆、徐本、崔纪、杨尔德、刘丕谟、查祥、陈万策、习寯、吴家骐、金以成、叶长扬、黄鸿中、顾祖镇、李锦、伊尔敦、李克敬、顾仔、张炜、曾元迈、杜藻、肃宸捷俱授为编修，吴涛、徐聚伦、王瓒、李根云、刘运鲋、蔡曰逢、郑嶹、王梦尧、高荀侨、李兰、严文在、张灿、严瑞龙、李天龙、沈嘉麟、王承烈、窦启瑛、杨椿、胡瀛、栗尔璋、徐学柄、德新、刘灿、卿悦、任际虞、潘淳俱授为检讨。

四月乙卯　授一甲进士邓钟岳为翰林院修撰，吴文焕、程元章为编修。

四月丁巳　谕翰林院：选拔庶常原以作养人材，今科进士特加简阅。取王兰生、黄之隽、俞鸿馨、姚世荣、邵基、邵湘、朱曾煜、姚之骃、靖道谟、邵泰、林廷选、邹世楠、李针、王敛福、陈群、沈起元、蒋恭棐、励宗万、留保、谢道承、俞元祺、夏力恕、觉罗恩寿、吴端升、姜任修、梁机、储大文、吴启昆、李光墺、冯咏、杨梦琰、冯栻、冯谦、崔乃镛、唐继祖、宋在诗、杨魁甲、杜灏文、张符骧、夏立中、侯来旌、王克宏、赵笏、陆奎勋、王溥、杨缵绪、程仁圻、王士寯、乔世臣、何郎、黄秀、屠用谦、李梅宾、王恕、关上进、黄焕彰、曹涵、万绳祜、董思恭、李开叶、晏斯盛、李先枝等六十二人，俱着改为庶吉士，分别满汉书教习。

五月壬申　命工部尚书兼翰林院掌院学士徐元梦、吏部右侍郎兼翰林院掌院学士汤右曾教习庶吉士。

五月甲申　改江南铜陵县小学为中学。从学臣郑任钥请也。

六月戊戌　礼部等衙门议覆监察御史舒库等参奏下第举子在副主考李绂门首喧闹一案。李绂身为宪臣，有参奏之责，下第举子群到伊家喧闹，匿不奏闻，殊属不合，应将左副都御史李绂照溺职例革职。嗣后，会试发榜后，考试官有不公之处，许下第举人、生员据实赴该管衙门具控，如有竟往考试官家喧闹者，该地方官即严拿送刑部，从重治罪。得旨：李绂着革职，发往永定河效力。余依议。

七月庚寅　礼部议覆广东、广西总督杨琳疏言，广东自康熙三十一年设立盐差，各省人赴广充商者居住日久，生长日蕃。请照两浙、河东例，遇岁、科二试，将商家子弟考取二十名入学。应如所请，从之。

九月辛丑　以翰林院侍讲学士吴士玉为武会试正考官，戚麟祥为副考官。

十月壬申　策试天下中式武举于太和殿前。

十月癸酉　上御畅春园内西厂，阅试武举骑射、技勇。

十月甲戌　上御畅春园内西厂，阅试武举骑射、技勇。

十月乙亥　上御畅春园内西厂，阅试武举骑射、技勇。

十月丙子　传胪。赐殿试武举林德镛等一百十人武进士及第出身有差。

康熙六十一年（1722年）

正月乙酉　命礼部尚书陈元龙教习庶吉士。

正月乙酉　升吏部郎中杨万春为河南按察使司佥事，提调学政。

十二月戊午①　谕吏部：兵部王大臣等验看革退人员内，其武职官曾在军旅效力，身经受伤，虽年齿衰迈，仍留职衔。文职官除年老庸劣外，若由进士、举人正途出身，初选知县即以才力不及革退，亦属可悯。嗣后，将此等人员或改授教职，或以原品休致。着会同酌议，定例遵行。

十二月癸亥　礼部遵旨议奏，雍正元年特开恩科。请于四月乡试，九月会试，十月殿试。其癸卯、甲辰乡会试正科，改于雍正二年举行，二月乡试，八月会试，九月殿试。从之。

十二月丙寅　谕总理事务王大臣：从前拣选庶吉士外，诸进士俱留京学习三年。伊等若果用心学习犹可，如不用心学习，则留京何益？嗣后，进士中拣选学问好者，着令为教习，年满照例录用。其余进士等俱令回籍，候缺补用。

雍正元年（1723年）

正月辛巳　谕督学：朕惟自古帝王皆以兴贤育才为务，我国朝自太祖、太宗肇造鸿图，世祖定鼎中夏，首隆学校，加意人才，开国规模，超越前古。至我皇考圣祖仁皇帝御极六十一年，培养教育，怙冒涵濡，深仁厚泽，有加无已。《御制训饬士子文》颁布学宫，东西南朔，海澨山陬，户习诗书，家敦礼乐，遐迩无不向风，文教之隆莫过于此矣。朕缵承大统，遵守旧章，寤寐求贤，惟恐或失。念学校为士子进身之阶，督学一官尤人伦风化所系，遴选各省学臣倍加郑重。尔等须廉洁持身，精勤集事，实行文风，两者所当并重。若徒事文华而不敦崇实行，犹未为尽职也。表扬忠孝节义，崇祀先圣先贤，访求山林隐逸，搜罗名迹藏书，而衡文一道，专以理明学正、典雅醇洁为主。古人云：言乃心声，气由夙养。必士品端而后文风正，他日为国家柱石，为朝庙羽仪，不綦重欤？勿私纳苞苴，勿瞻徇情面，勿轻视武途，勿滥取祠荫，勿矫激沽名，勿昏庸废事，勿卑污贬节，勿骄暴陵人。胥吏必谨关防，幕客尤宜选择。如此，则内外交毖，本末兼修，上不负朝廷，下不愧多士。朕耳目所及，必有见闻。若罔顾声名，廉隅不饬，国有常宪，罚必随之。尚其勉旃，毋忽。

正月壬午　以翰林院检讨胡瀛为云南乡试正考官，内务府员外郎鄂尔泰为副考

---

① 康熙于本年（1722年）十一月薨。本年十二月有关内容均录自《世宗宪皇帝实录》。

官；编修沈宗敬为贵州乡试正考官，刑部员外郎朱嵩为副考官。

正月丙申　谕总理事务王大臣等：八旗满洲人等除照常考试汉文秀才、举人、进士外，至于翻译、技勇，亦属紧要。应将满洲人等考取翻译秀才、举人、进士，并武秀才、举人、进士，着会同该部，将作何考试、额数多少之处，定议具奏。

正月丙申　命八旗举人、生员内，有在护军、执事人行走者俱退回。生员仍给银二两，举人仍给银三两，令伊等读书。

正月庚子　谕吏部：开列各省试官，在部院之举人、进士出身者，不比翰林人员，文章或致荒疏，若将此等人差往，不能阅文，殊属无益。伊等如有自称文章未经荒疏者，着开列，朕加考试。

正月癸卯　谕直省主考官：尔等俱系皇考选用之人，朕谅尔等必能自好，是以特简为主考官，尔等务秉公考取学问优长之士。果能不徇私情，声名无忝，则不但无负朕之选用，亦不负皇考爱养之恩矣。回京之日，朕自加升擢。如有徇私之处，经朕访闻，定行从重治罪，决不宽贷。

正月癸卯　以翰林院编修庄楷为四川乡试正考官，编修程元章为副考官；工科给事中康五瑞为广东乡试正考官，检讨王思训为副考官；检讨朱曙荪为广西乡试正考官，检讨德龄为副考官；右中允张廷璐为福建乡试正考官，编修朱一凤为副考官。

正月癸卯　吏部等衙门遵旨议覆，新进士除钦点庶吉士外，拣选学问好者令为内外官学教习。年满遇月官扣缺补用，余令回籍候选。从之。

正月甲辰　谕总理事务王大臣：从前每逢科场，有无赖棍徒，造言生事。此风断不可长。着传谕该管衙门：考试之前，即严行晓示。倘有此等无赖匪类，务将为首之人从重治罪，以示儆戒。

二月乙卯　谕大学士等：国家养育人材，首重翰苑。既读中秘之书，必当立品端方，居心敬慎，方不愧官箴。闻有侥幸之徒，平昔结党营私。至科场年分，互相援引，转为请托。遇谨守之人，畏干法纪，不肯通同作弊，反群相排诋，飞语诬陷。此风甚不可长，亟当甄别，以示劝惩。着大学士张鹏翮，尚书田从典、徐元梦，左都御史朱轼，侍郎张伯行、李绂会同满汉掌院学士，将翰林院、詹事府等官不安本分、有玷官箴者，勒令解退回籍，无得徇情。

二月戊午　谕吏部：直省教官专司训迪士子，今捐纳教职人员，有不谙文艺之人，不可为年长学优者之师，应照伊所捐品级别任补用。该部议奏。寻议，各省教职，俱以举人、恩拔副榜廪生、挨贡补用；其捐纳人员，教谕改以县丞用，训导改以主簿用。从之。

二月丙寅　谕礼部：国家抡才大典，首重试官。主考凭房考阅荐之文定其去取，则一榜衡鉴之当否，系于分校诸臣之贤不肖，亦匪轻矣。近科以来，皇考慎重辟门吁俊之典，于顺天乡试及会试房考官，虑其人邪正不一，特命每房各用二人同阅试卷，使之互相觉察，彼此钤制，用意良为周密。但法久弊生，一房两考官岂皆遇秉公持正之人？设有一狡黠者参杂其间，即为贤者之累。况两人或皆不肖，则朋比作奸，为弊更甚。嗣后，仍着照原定科场条例，各房止用一人校阅。其责既专，其功罪亦难推诿，务俾锁闱清肃，悉拔真才，以仰继皇考旁求俊乂之志。尔部即遵谕行。

二月丁卯　以河南道御史吕谦恒为浙江乡试正考官，翰林院编修田嘉谷为副考官；山西道御史何世璂为江西乡试正考官，编修任兰枝为副考官；广西道御史漆绍文为湖广乡试正考官，编修景考祥为副考官。

二月丙子　以翰林院侍讲吴襄提督顺天学政。

三月辛巳　以翰林院侍讲王国栋为陕西乡试正考官，编修吴家骐为副考官；刑部右侍郎黄叔琳为江南乡试正考官，修撰邓钟岳为副考官。

三月甲申　兵部议覆川陕总督年羹尧条奏川陕事宜。……一、川省军前效力之武进士、武举，自备鞍马资粮，勤劳口外，武进士请题补守备，武举请拔补千总。均应如所请，从之。

三月己丑　以内阁学士查嗣庭教习庶吉士。

三月甲午　以都察院左佥都御史嵇曾筠为河南乡试正考官，翰林院侍讲文岱为副考官；侍讲王传为山东乡试正考官，贵州道御史柯乔年为副考官；内阁学士查嗣庭为山西乡试正考官，编修鄂尔奇为副考官。

四月乙卯　以都察院左都御史朱轼为顺天乡试正考官，礼部尚书张廷玉为副考官。

四月辛酉　总理事务王大臣等会同礼部、兵部遵旨议覆八旗满洲人等设翻译、技勇之科。嗣后，将满洲、蒙古能翻译者，三年之内考取秀才二次、举人一次、进士一次。其所取额数临期视人数多寡，请旨钦定。再照汉军例，考取武秀才四十名、举人二十名、进士四名。从之。

四月丙寅　吏部议覆国子监祭酒伊尔登等奏，监丞、助教、博士、学正、学录等员，各有司教之职，请停止捐纳，专用正途出身之教授、学正、教谕升补。应如所请，从之。

四月辛未　复准乡会试录，照例刊刻进呈。

五月己丑　谕大学士等：此番乡试落卷，着大学士王顼龄，刑部尚书励廷仪，署吏部侍郎、内阁学士史贻直，户部侍郎张伯行、李周望，兵部侍郎阿克敦，副都御史李绂同南书房翰林检阅。如人不足，于翰林院编检内拣选十员同阅。再，此番系雍正元年特恩加科，士子有因回避不曾应试者，殊属可悯。即令派出大臣拟题奏请，候朕点出，于内阁考试。

五月甲午　以原任广东巡抚法海提督江南学政，右春坊右中允蔡嵩提督云南学政。

五月乙未　谕吏部：国家大典，首重抡才。必主司鉴空衡平，内外帘官协心共事，加意厘剔，发榜后方得士心悦服。京师首善之地，关系尤重。朕于雍正元年特行开科，并广额数，欲振兴文教，俾单寒绩学之士，人人自奋。今顺天主考朱轼、张廷玉公慎自矢，细心搜阅，尽拔佳文；内外帘官亦能各自淬砺，屏除弊端。榜发之日，舆论翕然。朕心甚为嘉悦，其酌加议叙，用示优奖，兼使嗣后考官咸知激劝，以副朕兴贤育才之意。

五月己亥 谕大学士等：《孝经》一书与五经并重，盖孝为百行之首。我圣祖仁皇帝钦定《孝经衍义》，以阐发至德要道，诚化民成俗之本也。乡会试二场向以《孝经》为论题，后改用《太极图说》、《通书》、《西铭》、《正蒙》。夫宋儒之书虽足羽翼经传，岂若圣言之广大悉备？今自雍正元年会试为始，二场论题宜仍用《孝经》。庶士子咸知诵习，而民间亦敦本励行，即移孝作忠之道，胥由乎此。又闻各省乡试房考，凡州县官由科甲出身者，止许入闱一次。夫考官以秉公精鉴、识拔人才为主，何论曾否入闱？嗣后，凡遇乡科，各省督抚临场调齐科甲出身之员，不论已未分房，监临试以时艺一篇，其文理优长者为内帘房考，荒疏者供外场执事，则分校得人，而佳文尽拔矣。朕于雍正元年开科广额，总欲鼓励人才，兴起教化，着该部通行直省督抚，俾副朕崇教育才之意。

五月己亥 大学士等以拟取回避士子试卷并落卷进呈。上曰：今年特恩开科，尔等拟取四卷，并落卷中之前二名，俱着取中为举人，以示鼓励人才之至意。

六月庚申 吏部议奏，内阁汉中书员缺，嗣后，于新进士内拣选学问好者，令为内外官学教习。俟其三年期满，照科分名次以中书补用。从之。

六月己巳 升翰林院侍读学士涂天相为詹事府詹事。

六月甲戌 议叙顺天考试官。加都察院左都御史朱轼为太子太傅，礼部尚书张廷玉为太子太保。

七月庚辰 以翰林院侍讲文岱为顺天武乡试正考官，编修徐葆光为副考官。

七月丙申 浙江学政马豫缘事革职，以山西道御史何世璂提督浙江学政。

七月辛丑 谕礼部尚书张廷玉曰：圣祖仁皇帝钦定《孝经衍义》一书，广博精深，宜颁布海内，使天下之人观览诵习，以为修身务学之本。

七月丙午 谕礼部：湖南士子赴湖北乡试，必经由洞庭湖。湖水浩瀚无涯，波涛不测。六七月间，风浪尤险，间有覆溺之患。朕心甚为恻然，或至士子畏避险远，裹足不前，又非朕广育人材之意。今欲于湖南地方建立试院，每科另简考官，俾士子就近入场，永无阻隔之虞，共遂观光之愿。明年二月为乡试之期，尔部可即行文湖南巡抚，若能于二月之前预备场屋，则于明春即分湖北、湖南两闱考试。倘为期已迫，预备不及，则于下科举行。至于湖广通省取中原有定额，今既分两闱，其取中之数应如何分别之处，着湖南、湖北巡抚公议，湖广总督从公酌定具奏。

九月壬午 以都察院左都御史加吏部尚书衔朱轼、礼部尚书张廷玉为会试正考官。

九月丁酉 谕内阁：世袭官员所得三品荫生内有愿在武职行走者，仍赐以应得原品。其内外荫生、监生等到部考试翻译、书法，再分派各部行走，令伊等咸得勉力学习。至世袭官员所得三品荫生内，若考试有列优等者仍着奏闻，赐以所应得原品。如此，则伊等必痛自砥厉，以求上进。不但国家得有用人才足供任使，即各部院衙门亦不致令无知子弟群侧其间，率意肆行，为众人所讥议矣。

九月己亥　以礼部郎中吕文樱提督山东学政，翰林院侍读刘于义提督山西学政，侍讲学士张廷璐提督河南学政，编修吴家骐提督湖广学政，编修黄之隽提督福建学政，检讨陆绍琦提督广西学政，编修任兰枝提督四川学政，提督陕西学政、编修王謩提督广东学政，编修惠士奇提督贵州学政，检讨张大受俱仍留任。

九月壬寅　命八旗各教场设学舍五间，每旗选择二人，训诲教场内居住兵丁子弟操演骑射，并习清书、清语。

九月壬寅　礼部奏言：请定今科取中进士名数。得旨：今科进士照朕所定一百八十名之数取中。仍降旨与总裁官朱轼、张廷玉：此外不拘省分，不限额数，如有佳卷选出，另行具奏。发榜后，其落卷照今春例，再行检阅。

九月丙午　增广东省乡试举人中额六名、武举中额四名。从署广东巡抚年希尧请也。

十月乙丑　谕大学士等：国家建官分职，于翰林之选尤为慎重，必人品端方，学问醇粹，始为无忝厥职，所以培馆阁之材、储公辅之器也。从前圣祖加意育才，循循训导，又纂修各种书籍，需员甚多，故翰林院编检几至二百人，庶吉士亦五六十人。朕临御之初，未有编纂诸事，又未能如圣祖之善于训导，诚恐人才置之闲散，特多方录用。内而科道吏部，外而道府州县，俱各随材器使，务令疏通。今编检尚有百余人，庶吉士尚有数十人。着内阁大学士会同翰林院掌院教习，秉公别择其学问优长、字画端楷，或精于翻译国书者，留本衙门办事及派各馆纂修。其或才具练达，可当科道吏部之选；或长于吏治，编检可为道府，庶吉士可为州县者，一一分别具奏。至或老病衰废、愿自解退者，听其以原官休致。其有行止不端，事迹确实者，奏闻革退。今朕特恩开科，人材辈出，将来拣选庶常，朕当亲加考试，引见拣选。至日后散馆，仍照旧例以三等分用。目今正届殿试之期，朕深知向有拟送策联、钻营甲第等弊，殊可痛恨。朕所点阅卷大臣，俱系平日实心委任之人，各宜虚公谨慎，杜绝诸弊。倘有仍蹈前辙者，必严加处分，务使文治日隆，英材蔚起，以副朕吁俊兴贤之至意。

十月丙寅　谕总理事务王大臣等：今年殿试，天气已寒。诸贡士若照旧例在丹墀对策，恐砚池冰结，难于书写，着在太和殿内两傍对策。再传谕总管太监多置火炉，使殿内和暖，诸贡士得尽心作文写卷。

十月辛未　策试天下贡士杨炳等于太和殿内。制曰：朕惟致治之道，必君臣一德，贤材奋兴，孝悌申于党庠，仁厚洽乎海宇，然后一道同风，克跻郅隆之治。朕荷天庥，丕承大统，仰惟圣祖仁皇帝抚御寰区六十余年，本至诚以御下，颁圣谕以教民，故能使俊乂盈廷，民风淳厚。朕旰食宵衣，惟恐一事未理，不克丕绍前烈，尚赖股肱耳目之司，匡所不逮。《周易·泰卦》言：“天地交而万物通，上下交而其志同。”谓君推诚以任下，臣尽诚以事君，此朝廷之泰也。朕推心置腹，以至诚待下，大小臣工宜精白一心，昌言无隐。今果能以嘉谋入告，无愧责难之义欤？抑或有依违瞻顾，不克以至诚报上者欤？《周礼·大司徒》“以三物教万民而宾兴之”，乡大夫三年则大比，考其德行、道艺而兴贤者、能者。至州长、党正、族师，各以岁月考校，故其时人知奋励，克崇实学。今三载宾兴，犹行古之道也。朕加意作人，特开恩科，何以使道艺兼修、德行无忝欤？抑司造士之责者，宜仿古岁月考校之制，俾文行并茂欤？百行莫先于孝，六计必主于廉。今欲使家有孝子，国有廉吏，所以倡导鼓舞之者，其道安在？至帝王之治，始于家邦，终于四海，今欲比户可封，何道臻此？放勋由克明峻德，以至黎民于变时雍，周公、召公布王化于二南，意风化始于君、成于臣，渐仁摩义，非一手足之烈欤？夫君明臣良，联为一体，必能旁招俊乂，连茹汇征，贤才自然振兴也；敦崇孝行，砥砺廉隅，风俗自然醇朴也。尔多士积学有年，必有以抒夙抱而佐朕之新政者，其悉以对，朕将亲览焉。

十月辛未　以湖广道御史江芑为云南乡试正考官，翰林院检讨任际虞为副考官；吏部郎中王恕为贵州乡试正考官，编修曹源郊为副考官。

十月丙子　是日，上御懋勤殿，召读卷官入，详定甲第，阅进呈十卷，一一酌定。大学士马齐等奏曰：皇上加意作人，恩施格外，落卷、回避卷俱遣官校阅，有善必录，罔有遗才，士子无不感服。上谕曰：入闱各官为国家宣力，伊子弟反不得应试，殊属可悯。考试回避诸生，其永着为例。又谕曰：国家取士大典，原应加意。朕惟以至诚御下，并非欲其感恩也。即如尔等大臣，若以恩意笼络，反为轻视尔等。朕平日行路从不轻践人影，左右近侍皆所深知，岂于大臣而肯轻视耶？尔等能佐朕为令主，朕亦乐尔等为良臣。随命读卷官等坐，赐茶毕，上回宫。

十一月丁丑　上御太和殿。传胪。赐殿试贡士于振等二百四十六人进士及第出身有差。

十一月壬午　以翰林院侍读学士沈翼机提督江西学政。

十一月壬辰　吏部议覆礼部左侍郎登德奏言，内阁满洲汉军侍读学士、侍读中书俱有翻译之任，嗣后，侍读学士缺出，请将汉字出身郎中等官俸深者十员考试翻译，选拟正陪题补；侍读缺出，将中书内办事敬慎之员题补；中书缺出，将本旗进士、举人与现任笔帖式及应升人员内考试翻译，选拟正陪题补。应如所请，从之。

十一月壬辰　添设宗人府汉主事二员，以进士出身人员补授。

十一月癸巳　以吏部尚书田从典为武会试正考官，吏部右侍郎史贻直为副考官。

十一月丁酉　谕礼部：孔子道冠古今，为万世师表，薄海内外，无不俎豆尊崇。国学乃四方表率，其制尤重。圣祖仁皇帝临雍释奠，典礼优隆。朕缵承大统，景仰先型，羹墙如见。念国学为造士之地，圣教所被，莫先于此。恐历岁既久，有应加修葺之处。尔部会同工部详加阅视，凡文庙、殿宇、廊庑及讲堂、学舍，务须整理周备，俾庙貌聿新，以申景慕。朕将亲诣焉。

十一月戊戌　谕内阁：今科庶吉士散馆，满汉试卷着吏部尚书隆科多、户部尚书张廷玉、礼部尚书张伯行、礼部侍郎登德阅看具奏。从前已将庶吉士内拣选分用，此内或更有才堪外任及可任部员者，尔等会同左都御史朱轼分别具奏。朕思编检、庶常乃清要之选，必须学问优长、人品端方，始为称职；若品行有亏，虽文艺可观，亦无足取。

至今岁所中进士，尔等务悉心察访，必得文行兼优之士，擢为庶吉士，将来始可以收得人之效。其第一甲第一名于振着即授翰林院修撰，第二名戴瀚、第三名杨炳即授编修，二甲第一名张廷珩即授检讨，俱着在南书房行走。

十一月辛丑 以翰林院检讨巩建丰为四川乡试正考官，户部主事许隆远为副考官；翰林院侍读学士王国栋为广东乡试正考官，编修胡彦颖为副考官；左春坊左庶子李钟峨为广西乡试正考官，翰林院侍读德新为副考官；侍讲文岱为福建乡试正考官，右春坊右庶子张照为副考官。

十一月癸卯 赏会试中式武举银各四两，为整理衣服、赁取马匹之用。

十一月癸卯 命八旗蒙古各建立官学。吏部理藩院考取能蒙古文、蒙古语者，每旗设助教一员，于每佐领下选择一人肄业，准其考试笔帖式补用。

十一月乙巳 谕大学士等：向来庶吉士学习清书，散馆之后，每至荒废，殊为可惜。嗣后，清书散馆之翰林，不可令其荒废。今年新科进士选拔庶常，朕意学习清书者少派数人，令其尽心学习，务其通晓。散馆后亦不可荒废，或在翰林，或在部曹，即令与满员一同翻译。如此，方实有裨益。新科进士于引见之前，朕欲先行考试，知其学问，再行引见选拔，庶人才不致遗漏。目今天气寒冷，一应仍照殿试预备。考试题目，朕将诗文、四六各体出题，视其所能，或一篇，或二三篇，或各体俱作，悉听其便。

十二月己酉 命九卿于新科进士内有居家孝友、人品端方者，各举所知，亲识亦不必回避。

十二月己酉 分湖北、湖南乡试额。湖北中式五十名，副榜十名；湖南四十九名，副榜九名。武举各二十五名。

十二月庚戌 礼部议覆御史田嘉谷条奏，各省学政科考生员，旧例用四书题文二篇，请增用经题文一篇，以崇经学，如遇三冬日短，减去四书文一篇。应如所请，从之。

十二月壬子 吏部疏奏，举人拣选知县每逾三十年不克及时试用。除现在已经截取赴部者听其照例铨选外，其余无论已未拣选之员，除本科外，应行令直省督抚每于乡试事竣，会同主考官秉公验看。凡年力精壮、克胜吏治者，给文赴部铨选；其年老及才具平常者虽已经截取，俱准于本籍具呈，改就教职，归班铨选。从之。

十二月丙辰 谕吏部：庶吉士邵泰等教习已久，今加考试，应分别授职。满书俞元祺、励宗万、邵泰、钱陈群、谢道承、曹涵、乔世臣、蒋恭棐，汉书刘嵩龄、吴启昆、姚之骃、王兰生、李光墺、杨廷选、陆奎勋、黄秀、冯谦、唐继祖、唐绍祖、觉罗恩寿、留保俱照例授为翰林院编修、检讨；王克宏、李同声着以部员对品用；杨魁甲、姜任修、李应绶俱着以外官对品用；杨魁甲等三人于御门办事之日带来引见。

十二月丙辰 以内阁学士李凤翥为浙江乡试正考官，吏部郎中王一导为副考官；内阁学士吴士玉为江西乡试正考官，国子监司业孙嘉淦为副考官；翰林院侍讲学士德龄为湖北乡试正考官，工科给事中蔡仕舢为副考官；刑部郎中庄清度为湖南乡试正考官，翰林院编修陈万策为副考官。

十二月丁巳　策试天下中式武举李琰等一百三十名于太和殿前。

十二月戊午　上御瀛台紫光阁，阅视中式武举骑射。

十二月己未　谕翰林院：选拔庶常原以作养人才，今科进士特加简阅。除于振、戴瀚、杨炳、张廷珩已经授职外，取中沈淑、吴龙、戴永椿、徐以升、严民法、焦祈年、张江、周学健、张廷瑑、昌龄、李征临、沈荣仁、李端、尹继善、李徽、黄元铎、胡光涛、缪曰芑、王坦、何玉梁、胡蛟龄、马金门、许焞、沈文豪、冯懋华、薄履青、沈师孟、颜希圣、胡香山、黄佑、陶正中、松寿、陶士契、范咸、王乔林、刘敬舆、保良、陈齐实、卢生熏、王又朴、吴钊、陈弘谋、李淮、王步青、喀尔钦、朱仕遇、张考、高山、吴大受、张来求、李桐、杨胪赐、万承苓、顾海、张若涵、牧可登等五十六员，俱着改为庶吉士，分别满汉书教习。

十二月己未　谕：昨引见新科进士名单内有用点记名者三十员，虽有年纪，人尚可用，着以知县即用。现今湖广请发人员，该部将候补州县之员拣发十五员，此内亦选五员发往。又名单内有尖圈记名者十七员，年力尚壮，传问伊等有愿在各馆效力及在内官学教习者，令各自陈明。若行走勤谨、学问好者，朕仍拔为翰林。

十二月辛酉　上御瀛台紫光阁，阅视中式武举技勇。

十二月壬戌　上御瀛台紫光阁，覆阅选取中式武举五十余人射。

十二月壬戌　设立广西太平土州学，以养利州训导一员移驻，额取文、武童生各四名。从广西总督孔毓珣请也。

十二月乙丑　上御太和殿。传胪。赐殿试武举李琰等一百三十六人武进士及第出身有差。

十二月丙寅　升山西平遥县中学为大学，额取文、武童生各十五名。从山西学政彭廷训请也。

十二月己巳　谕兵部：今科中式武进士系元年所取。状元授为一等侍卫，榜眼、探花授为二等侍卫；二甲十三名授为三等侍卫，令戴孔雀翎；三甲记名三十六人俱授蓝翎。余照例拣选补用。

雍正二年（1724年）

正月丁丑　以河南道御史陆赐书为陕西乡试正考官，翰林院编修徐云瑞为副考官；侍读学士吴隆元为江南乡试正考官，检讨李兰为副考官。

正月庚寅　以光禄寺少卿罗其昌为河南乡试正考官，翰林院修撰于振为副考官；太仆寺卿沈近思为山东乡试正考官，福建道御史朱一凤为副考官；编修夏力恕为山西乡试正考官，侍讲黄鸿中为副考官。

正月甲午　谕总理事务王大臣等：朕御极以来，加恩文武官员各得升阶，而宗室独无仕进之路。朕欲施恩，予以升阶，思之再三，总不可得。如用伊等为大臣等及侍卫，犹可供朕使令；若用部院，或遇属下人为大臣，难以行走，势必至瞻徇情面；若令其应乡会试，与民人一体搜检，恐失观瞻。可否补用宗人府官员笔帖式之处，尔等传与宗人府议奏。再，宗室内有学优才美者，作何考选之处，亦着议奏。

正月戊戌　以翰林院侍读学士吴隆元教习庶吉士。

正月庚子　建孔子庙于归化城左右两翼，各设满学教官一员。从都统丹晋请也。

二月乙巳　谕都察院：元年恩科典试诸臣，皆体朕意，矢公矢慎。应试士子亦皆恪遵功令，未敢苟且钻营。自临场以至发榜，前后俱各帖然。今闻应试士子，不比去年安静，竟有投送诗文往来干谒者。现今开列之同考官，若少为其所摇动，乃自取罪戾也。朕赏罚悉秉至公，今场前既多奔竞，榜后必生事端。今岁同考官当加意谨慎，毋蹈法网。都察院即颁示晓谕应试士子，宜安分守法，毋得希图侥幸，仍实心察访，如有钻营彰著者即行拿参，治以重罪。

二月庚戌　以吏部尚书田从典为顺天乡试正考官，内阁学士福敏为副考官。

二月丁巳　以翰林院编修王奕仁提督贵州学政。

二月戊午　谕直隶各省总督、巡抚：凡百姓完纳钱粮，当令该户亲身投纳，不许里长、甲首巧立名目，希图侵蚀。不肖生员、监生，本身田产无多，辄恃一衿，包揽同姓钱粮，自称儒户、宦户，每当地丁漕米征收之时，迟延拖欠，有误国课。通都大邑固多，而山僻小县尤甚。该督抚着即严查晓谕，革除儒户、宦户名目。如再有抗顽生监，即行重处，毋得姑贷。倘有瞻顾，不即革除此弊者，或科道参劾，或被旁人告发，治以重罪。

三月乙亥　上诣太学，谒先师孔子。上由大成中门，步进先师位前，行释奠礼毕，上御彝伦堂。王以下及衍圣公孔传铎子孔继溥、祭酒、司业、文武各官行礼毕，赐坐。随命讲官坐。满汉祭酒以次讲《大学》，满汉司业讲《书经》。翰林官及五经博士、五氏子孙、国子监官员、进士、举人、荫贡监生序立拱听于堂下。讲毕，宣制曰：圣人之道，如日中天，讲究服膺，用资治理。尔师生其勉之。宣毕，赐王以下各官茶，上回宫。随颁赐诸生食品。

三月乙亥　（谕礼部等衙门）迩年文教广被，由我圣祖仁皇帝寿考作人六十年，山陬海澨，莫不读书稽古。直省应试童子人多额少，有垂老不获一衿者，其令督抚会同学臣查明，实在人文最盛之州县，题请小学改为中学，中学改为大学，大学照府学额数取录。督抚等务宜秉公详查，不得徇私冒滥。至乡试解额，圣祖仁皇帝屡次增广，乙酉、戊子等科复于额外加中五经三名，至五十六年而罢，以其久而滋弊也。嗣后，各学臣及祭酒、司业于录科时，先加面试，主考阅文果佳，本监加中四名。直隶各省大小不一，某省应加中几名，着分别详议定数具奏。如无佳文，宁缺勿滥。会试临时请旨，本监贡生、监生本科乡试中式，着加增十八名。朕临雍讲学，虽率由旧章，然必期于世道文教有益，不蹈一切虚文，诸生其各钦遵。

三月戊寅　诣学礼成，上御太和殿。王以下文武各官行庆贺礼。衍圣公孔传铎子孔继溥率五经博士、五氏后裔，祭酒、司业率国子监官员、进士、举人、荫贡监生等进表谢恩。

三月己卯　赐国子监敕谕一道：谕国子监祭酒、司业等官，朕惟圣人之道昭揭日月，弥纶天地，万世帝王，下逮公卿士庶，罔不仰遵成宪，率由教言。我国家尊崇至圣，远迈前代。朕缵承大统，古训是学，惟日孜孜。兹雍正二年三月朔日，亲诣辟雍，祗谒先师孔子，行释奠礼。思以鼓励群英，丕隆文治。尔监臣宜严督诸生，善为诱导。诸生亦宜殚心肄业，实践躬行，秉端方以立身，敦忠孝以兴谊，勿营奔竞，勿事浮华。文必贵于明经，学务期乎济世。俾品成诣进，以副朕教育至意。此尔多士之庥，亦惟尔监臣董率之功也，慎勿怠荒职业，以贻尔羞，诸师生其共勉之。随赐衍圣公、祭酒、司业、国子监官员冠服，进士、举人、荫贡监生银两有差。

三月丁亥　琉球国王尚敬遣陪臣翁国柱等表贺登极，附贡方物，并遵旨遣官生郑秉哲、郑绳、蔡宏训三人入监读书。

四月丙辰　以吏部左侍郎史贻直为顺天武乡试正考官，内阁学士胡煦为副考官。

四月丙寅　吏部议奏，内阁汉中书员缺，因专用景山教习之进士补授，每致办事乏人。嗣后，请照旧例，以愿就中书之进士、举人铨补，内阁酌量考取，择其字画端楷者分班选用。从之。

四月壬申　增孔、颜、曾、孟四氏学举人，中额一名。从山东巡抚黄炳请也。

闰四月戊寅　命左右两翼各立宗学一所，拣选宗室四人为正教长，十六人为副教长。宗室子弟愿入学者，分别教习清汉书，读书之暇，演习骑射，并月给银米、纸笔等项，以隆教育。

闰四月戊寅　上谕宗学正教长、辅国将军善福等：朕惟睦族敦宗，务先教化。尝见宗室中习气未善，各怀私心，互相倾轧，并无扶持爱护之意。惟知宠厚妻党姻娅，其于本支骨肉视若仇敌，殊为悖谬。或因祖父昔日微嫌，追今旧恶，必图报复。即如齐正额行事无状，甘蹈匪僻，以致重干法纪。王、贝勒之子孙妄自尊大，任意奢侈，不顾礼义，陷于罪戾者往往有之。其将军及闲散宗室不知自重，狎比小人，荡尽先人产业者尤为不少。昔我皇考加恩宗室，养育栽培，抚恤备至，苟有片长薄技，靡不收录，如普奇、经希、勒什亨等皆曾擢用。伊等不思感恩酬德，反要结朋党，专事钻营，大负皇考委任之意，且其居家素行亦多乖戾。又如赖士不安本分，荡产破家及其赎罪军前，仍不改过，生事讦告，此皆宗室中之可为炯戒者。朕尝叹明代宗室年久繁衍，失于训教，末流猥鄙，至不可言，诚恐朕之宗室日流日下，不知前鉴，深用为忧，是以亟筹保全之道。若非立学设教，鼓舞振兴，循循善诱，安能使之改过迁善，望其有成。今特立义学，拣选尔等教习宗室，尔等随其资质，劝学兴行，导以礼义。夫教训之方，渐摩陶淑，非可责效旦夕也。但须尽心竭力，善为开导，毋避怨，毋倦怠，教习久而礼义明。自当远恶从善，或有不遵教训，罔顾廉耻，有玷名教者，小则尔等自行惩戒，大则揭报宗人府会同奏闻。其行止端方、精勤好学者，无论年齿长幼，即行保奏。从来立教之术，莫要于奖善惩恶。善不奖，不能使之劝；恶不惩，不能使之改。尔等既膺简任，其各平心静气，屏除私意，教训宗室子弟如已之子弟，恳恳然无毫发不尽其心。所颁谕旨，令其朝夕记诵，如木铎之警众，俾皆觉悟自新，庶几积习可除，翕然向化，以协休风。尔等务期勤慎黾勉，恪供厥职，以副朕笃厚宗亲，殷勤教育之至意。

闰四月甲申　兵部等衙门议覆条奏内改并各卫所归于州县管辖一条。查得各处军民、户役不同，未便归并。且武官科甲出身人员专选卫所守备、千总，若尽裁卫所，必致选法壅滞，应无庸议。得旨：此事部议所见甚小，滇、蜀两省曾经裁减卫所，未闻不便。今除边卫无州县可归，与漕运之卫所，民军各有徭役，仍旧分隶外，其余内地所有卫所悉令归并州县，饬令直省督抚分别详悉区画。其武举、武进士作何铨选，不令壅滞之处，吏、兵二部详议奏闻。

五月甲辰　谕兵部：陕西地属雍凉，人材壮健强勇者多，骑射娴熟，胜于他省。每科乡试取中不过三十名，而入学额数亦与他省不相上下，额少人多，不无屈抑。自雍正四年乡试为始，西安、甘肃武举各加中十名。其武童入学额数，若通省俱加，恐有冒滥，照文童改学例，令督抚会同学臣查明技勇最优之州县，酌量数目，奏请加额。

五月癸丑　兵部议覆吏部侍郎史贻直条奏，武闱直省乡试请照会试例，择其弓马娴熟、技勇出群者，另立好字号，以便取拔，应如所请。得旨：考试武举，议定编好字号，在京武乡试，朕派信用大臣考试。嗣后，各省武乡试，或以好字号取中，或以文章好取中之处，着于解部武乡试录内注明，以便会试时查对。

六月辛巳　吏部议覆湖南巡抚魏廷珍疏言，湖北、湖南乡闱既分，教职亦请分选。查未分闱以前就教举人，湖北共有一百五十四人，湖南止有二十九人。若南北分选，湖南必致有缺无人，而湖北教职必多壅滞。请仍照旧例选用，俟用完日，将分闱后就教者南北分选。从之。

六月己丑　兵部等部遵旨议覆武举、武进士作何铨选，不令壅滞之处。查每科武进士，前半以营守备用，后半以卫守备用。今卫备之缺既经裁减，嗣后，请将卫守备用之武进士内再分十五名，以营守备用。于双月营守备各班之末，另立一班推补。守御所千总裁减之外，存缺无几。旧例粮船回空，随帮千总以卫千总推用，此等人员，总漕称为明季世职子孙，今既非世职，应停其顶补，请将拣选之武举，候推守御所千总人员内顶补推用。再，裁缺之卫守备及现任卫所千总应升卫守备者，请于单月营守备各班之末添设裁班，相间轮补。至卫千总领运有二百一十一缺，加以边卫千总照旧分隶，则所裁卫千总之缺无几，应以候推卫千总之武举照常铨选。其裁缺另补者仍以卫千总原班补用，守御所千总裁缺人员亦应仍以原班补用。从之。

六月己亥　吏部议覆礼部右侍郎三泰奏称，满洲六科给事中应令考选进士、举人出身之员，庶内稽六部事务，外察各省案件，俱各通晓汉文，办事称职。查满洲给事中员缺，旧例由员外郎等官各按旗分论俸升补。嗣后，将进士、举人出身应升科员之内阁侍读、六部员外先行补授，其科甲出身之小京官不便骤补科员，请仍照旧例补用，俟小京官转至应升科员之时，再按旗升补，则满洲读书之人可以鼓励矣。从之。

六月庚子　饬禁贵州省童生寄籍冒考，凡同省异府、同府异县，不得混行收试。从学臣王奕仁请也。

七月庚戌　谕吏部：远省州县员缺，旧例部选月官领凭赴任，每至需迟累月，甚而悬缺日久，署印屡易其官，以致遗误地方不少。朕意将拣选举人选期尚远者，挑选命往各省，听候缺出，委用署事。至应选时，仍来京候选。庶远省署事，不致乏人，于吏治有益。尔部可定议具奏。寻议，会试后，下第举人应取具同乡京官印结，吏部拣选引见，发往云、贵、川、广五省，委署试用。如果才守兼优，著有实效，该督抚保题，于本省补用；平常者，咨部请旨，有情愿会试者听。从之。

七月甲子　办理船厂事务给事中赵殿最条奏，船厂地方应建造文庙，设立学校，令满汉子弟读书考试。得旨：文武学业，俱属一体，不得谓孰重孰轻。文武兼通，世鲜其人。我满洲人等因居汉地，不得已与本习日以相远，惟赖乌喇、宁古塔等处兵丁不改易满洲本习耳。今若崇尚文艺，则子弟之稍颖悟者，俱专意于读书，不留心于武备矣。即使果能力学，亦岂能及江南汉人，何必舍己之长技，而强习所不能耶？我满洲人等笃于事上，一意竭诚孝于父母，不好货财，虽极贫困窘迫，不行无耻卑鄙之事，此我满洲人之所长也。读书者，亦欲知此而行之耳，徒读书而不能行，转不如不读书而能行也。本朝龙兴，混一区宇，惟恃实行与武略耳，并未尝恃虚文以粉饰，而凡厥政务，悉吻合于古来圣帝明王之徽猷，并无稍有不及之处，观此可知实行之胜于虚文矣。我满洲人等纯一笃实、忠孝廉节之行，岂不胜于汉人之文艺、蒙古之经典欤？今若崇尚文艺，一概令其学习，势必至一二十年始有端绪，恐武事既废，文艺又未能通，徒成两无所用之人耳。尔等理宜遵朕从前所降毋弃满洲本习之谕旨，专令兵丁人等各务实行，勤学武略，以敦俭朴之习，何必留意于此等无有实效之处，以贰兵丁之心，强其所不能而徒事于虚名也？此皆妄听发遣人内稍能识字之匪类，不顾大体，肆言摇惑之所致耳。果能尽心鼓励，得材勇卓越者数人以备朕之用，俾保障国家，收股肱之效，较之成就一二驽劣无能之生员为远胜也。将朕所降谕旨及此奏请之处，晓谕乌喇、宁古塔等处人等知悉，并行知黑龙江将军，共相勉励，但务守满洲本习，不可稍有疑贰。再，通行京城八旗人员知之，在京之满洲人等与盛京、乌喇等处之满洲不同，文、武二艺俱为不得不学之事。如果二者兼优，朕必重用。但人之能精一艺者尚少，二者俱优自必更少矣。倘不能造诣，是徒成一无用之人也。满洲子弟虽教以读书，亦不可弃置本习。果有可学之子弟，务须加意教训，俾其精诣优通，如不能望其精诣者，仍应令其学习满洲之武略骑射，勿但崇尚文艺，以致二者俱无成就，而以满洲之武略为可鄙也。惟我满洲本习，纯一笃实、忠孝廉节之行，所宜敦勉。

七月戊辰　以左春坊左谕德彭维新提督浙江学政。

八月甲戌　谕礼部：乡会试为抡才大典，内外帘官子弟理应回避。但跋涉数千里，志切观光，既至京师，不得与试，深为可悯。朕于上科特降谕旨另行考校，然此只可暂行，不便着为定例。今科凡官员入闱者，其子弟着一体应试，将试卷另封进呈，朕派大臣校阅遴选，庶人才不致屈抑。至于闱中誊录试卷，弊端甚多。其有贿嘱者则书写精工，否则潦草舛错，致误佳文。着知贡举及监试御史严行申饬。其誊写不工者，必重加责惩，令其重写；并令对读官严饬各生悉心校对，勿使字画错误。倘外帘官失于查察，日后发觉，将该管官员一并严加议处。

八月丙子 以吏部尚书朱轼、户部尚书张廷玉为会试正考官，内阁学士福敏、吏部左侍郎史贻直为副考官。

八月己丑 谕：恩诏内汉大臣荫生每因缺少壅滞，不得补用。着将年二十以上者查明人数，请题考试。其在外省有情愿来京考试者，亦着一体考试。限明岁八月赴考。

八月庚寅 礼部议覆奉天府府尹邹汝鲁疏言，臣遵奉皇上诣学恩旨，增定盛京入学额数。奉天府学、锦州府学请各加增五名，满字号加增一名，合字号加增二名。应如所请，从之。

八月壬辰 上召诸王宗室等俱入，谕曰：……尔等宗室如有读书、作文等事，欲资讲习，当用汉人中举人、进士。此辈皆吾国家考取录用之员，其心本自无他。有一种考试不中之人，不安本分，在外各处夤缘，诱人不善，从中觅利，乃汉人中之贱流，断不可与之亲近，尔等敬识之。

八月甲午 詹事府少詹事钱以垲条奏，阙里孔庙，内外儒臣各宜捐赀修建。得旨：前闻孔庙被灾。朕即降旨遣大臣前往，作速估计，动支正项钱粮，择日兴工，务期规制复旧，庙貌重新。览钱以垲所奏，内外大小臣工幼业诗书，仰承圣泽，各宜捐赀修建等语，虽为当理，今有旨已令动支钱粮，不必再令臣工捐赀。但朕亦不便阻儒士之私情。今直省府州县文庙、学宫或有应修者，本籍科甲出身现任之员及居家进士、举人、生员平日读圣人之书，理宜饮水思源，不忘所自，如有情愿捐赀，不必限以数目，量力捐出，修理各该地方文庙、学宫并祭器等项；其不愿者，不必强勒。

八月甲午 增八旗满洲、蒙古廪膳生员、增广生员各四十名；汉军廪膳生员、增广生员各二十名。从顺天学政吴襄请也。

八月丁酉 礼部议覆都察院左副都御史江球条奏，各省生员优劣，应令学臣将举黜之数，于任满日造册报部。各省捐纳贡监，应令学臣约束，岁终将优劣造册送部，以便查核。应如所请，从之。

九月庚戌 命赏给会试举人盘费。云南、广东、广西、贵州、四川五省，每人银十两；福建、浙江、江南、江西、湖广、陕西六省，每人银七两；直隶、山东、山西、河南四省，每人银五两。

九月辛亥 命会试及顺天乡试元魁卷并录二三场文进呈。

九月丙辰 谕礼部：今岁会试取中二百九十名，朕兹续取朱卷，着于本科榜后再行出榜。

九月辛酉 增河南省各学取进文童额数，祥符、杞县、太康、陈州、商邱、永城、鹿邑、睢州、安阳、河内、洛阳十一州县，向系大学，照府学额，各取进二十名；陈留、通许、中牟、西华、临漳、济源、武陟、孟县、温县、偃师、灵宝十一县，向系中学，升为大学，各取进十五名；临颍、荥阳、原武、长葛四县，向系小学，升为中学，各取进十二名。

九月丁卯 增福建省各学取进文童额数，闽县、侯官、长乐、福清、莆田、仙游、晋江、南安、惠安、同安、安溪、龙溪、漳浦、海澄、南靖、平和、南平、建安、瓯宁、建阳、崇安、邵武、长汀、上杭、永定、福宁二十六州县，向系大学，照府学额各取进二十名；连江、福安二县，向系中学，升为大学，各取进十五名；永春、德化、尤溪三县，向系小学，升为中学，各取进十二名。

十月壬申 策试天下贡士王安国等于太和殿前。制曰：朕惟至治之世，君臣一心一德。郡县大法小廉，士尚躬行，农勤力作，用能盈廷师济，吏治澄清，教化洽而休养备，何风之盛也。朕抚临区宇，夕惕朝乾，冀内外臣工共襄治理，以成郅隆之运，意甚殷矣。孔子曰："臣事君以忠。"人臣必有公正无私之学，乃克尽忠诚不二之心。朕推心置腹以待群下，每延见廷臣，必谆谆诰诫。凡厥有位，果能公尔忘私，矢精白于隐微之地欤？其何以交相儆勉，共遵荡平正直之王道也？《洪范》称"有猷、有为、有守"，吏治以操守为本，而非谋虑施设，无以济之。朕慎简大吏，下逮守令，皆务得人。诚欲其兴事慎宪，有裨地方，匪直洁己自好而已。夫生事苦其纷更，而避事必至瘝废；操切患其滋扰，而优容又至养奸，何道而成明作惇大之治欤？王制，乐正崇四术、立四教，顺先王诗书礼乐以造士，其不帅教者有郊遂之移、寄棘之屏，而论其秀者，则升之司徒、司马，而人材出焉。夫士为四民之首，必敦尚学行，以倡风化。今或务华鲜实，甚者嚣陵狙诈，岂渐摩化导有未至耶？抑崇德绌恶，所当劝惩互用欤？古者劝农有官，力田与孝弟同科，盖农务若斯之重也。我国家休养生息，数十年来，户口日以蕃滋，而地亩止有此数。非讲求农政，竭人力以尽地利，何以家给而户足耶？朕欲地方大吏督率有司，多方劝课，俾惰农尽力于作劳，旷土悉成为膏壤，何道而可？夫朝臣绝党援之私，则外吏从风，政多循绩；士子励廉隅之节，则小民务本，俗化敦庞。尔多士积学有素，其悉心以对，朕将亲览焉。

十月乙亥 上御太和殿。传胪。赐殿试贡士陈德华等二百九十九人进士及第出身有差。

十月己卯 添设山东运学，额取武童八名。从长芦盐政监察御史莽鹄立请也。

十月庚辰 以通政使司右通政王国栋提督河南学政。

十月庚寅 钦赐举人张泰基为进士。

十月甲午 以吏部右侍郎沈近思为武会试正考官，内阁学士吴士玉为副考官。

十月丙申 增陕西省各学取进文武童生额数。文童，凤翔、庆阳、平凉三府，蒲城、华阴二县及宁夏卫俱照府学额，各取进二十名；咸阳、乾州、鄠县、武功、同州、兴平、肤施、清涧、洛川、宝鸡、城固、兴安州、泾州、安化、会宁、文县、伏羌、秦安十八州县，凉州、镇番二卫，俱升为大学，各取进十五名；三水、商州、安定、葭州、汧阳、沔县、镇原、盛宁、礼县九州岛县，俱升为中学，各取进十二名。武童，凤翔、平凉、庆阳三府，华州、咸宁、长安、蒲城四州县，宁夏甘州、行都司等卫，各取进二十名；甘州、同州、兴安、固原、咸阳、鄠县、肤施、岐山、城固九州岛县，宁夏中卫、后卫、灵寿、庄浪、山丹、肃州、凉州、靖远八卫所，各取进十五名；商州、蓝田、神木三州县，榆林、永昌、镇番、靖边、高台、镇彝六卫所，各取进十二名。

十一月癸卯　谕礼部：考试翻译举人不必分作三场，只须一次考试，一日一夜，量其所能，章奏一道，或《四书》、或《五经》，酌量出一题，其优劣便已可见。此考试并无汉文，不必派汉大臣。再，考试举子俱系八旗内人，其翻译好者众所共知，即字迹亦最易识认，伊等试卷应行誊录，着于六部各衙门善书之笔帖式内，酌量足用选取，令其誊写。选中之卷，进呈时再定额数，仍选备卷呈览。其分校及巡察等员亦俱照文乡试例派用。

十一月丙午　以户部尚书徐元梦为翻译乡试正考官，内阁学士福敏、兵部右侍郎阿克敦、光禄寺少卿杭奕禄为副考官。

十一月己酉　授一甲进士陈德华为翰林院修撰，王安国、汪德容俱为翰林院编修。

十一月庚戌　谕翰林院：选拔庶常原以作养人才，今科进士，特加简阅。取汪由敦、羊焕然、赵大鲸、于枋、姚璨、吴应枚、张泰基、程恂、诸锦、蒋振鹭、王峻、潘思榘、金相、吴龙应、陈浩、周长发、陈璟、谢朋庚、王泰甡、周廷燮、开泰、李重华、朱陵、李清植、徐延熙、赵晃、周吉士、程光巨、顾贽、严源焘、杨士鉴、吴兆雯、朱良裘、刘统勋、恒德、王廷琬、徐天麒、舒明、张圣训、熊晖吉等四十员，俱着改为庶吉士，并修撰陈德华，编修王安国、汪德容分别满汉书教习。

十一月甲寅　以江南学政法海为浙江巡抚。

十一月甲寅　以翰林院侍读俞兆晟提督江南学政。

十一月乙丑　赏给会试下第武举回籍路费，如文会试例。

十一月丙寅　策试天下中式武举马逾隆等一百三十人于太和殿前。

十一月丁卯　上御瀛台紫光阁，阅试中式武举骑射。

十一月戊辰　上御瀛台紫光阁，阅试中式武举步射。

十一月己巳　上御瀛台紫光阁，阅试中式武举技勇。

十二月庚午　上御瀛台紫光阁，覆阅选取中式武举五十九人射。

十二月辛未　上御太和殿。传胪。赐殿试武举苗国琮等一百三十六人武进士及第出身有差。

十二月癸酉　谕礼部、工部、国子监：进士题名之典始于唐时，新进士榜后，于慈恩寺塔下题名立碑。自宋明以至我朝，皆建碑于国学，按其甲第先后，勒载姓名、籍贯于上，所以重科名也。今太学圣庙戟门外，所立本朝历科题名碑，自顺治丙戌科起至康熙戊戌科而止。稽之会典，诸进士释菜后，礼部题请，工部给建碑银一百两，交与国子监立石题名。康熙三年，辅政大臣裁省，自后每科诸进士各自捐赀立石。我国家振兴文教，凡乡试、会试动用帑金数万，朕即位之始即开恩科，诚以科目一途实关用人取士之要，题名之典岂宜缺焉？着工部动用正项钱粮，令国子监将雍正癸卯、甲辰两科题名碑速行建立，康熙辛丑科亦宜补建。嗣后，每科仍照旧例题请。庶士子观览此碑，知读书登榜之荣，益励其潜修上达之志，尔该衙门即遵谕行。

十二月甲戌　谕刑部：刑名案件最为紧要，朕所赖者，诸大臣之赞襄；诸大臣所赖以办事者，各司之尽职。是以每司必得一二实心办事才能之员，方有裨益。朕思翰林院满汉编修、检讨、庶吉士俱系进士出身，伊等即未必素谙律例，亦必不难于练习。尔等于满汉编修、检讨、庶吉士内拣选，或有情愿在刑部学习、办事者，或有为尔等所知者，共拣选二三十员，带领引见，分在各司学习办事。如有办事明白、实心效力者，酌量题补。

十二月壬午　增顺天府大兴、宛平二县文童入学额数，照府学例各取进二十五名。

十二月乙酉　以内阁学士福敏、吴士玉教习庶吉士。

十二月乙酉　增福建省乡试举人中额四名。从福建巡抚黄国材请也。

十二月丁亥　谕兵部：尔等所奏荫生内有情愿在旗行走六十四人，朕从前曾降谕旨给与荫生人员，令其分部行走。因伊等俱系年少子弟，藉祖父效力，得一品、二品荫生，遽授以员外等官，倘不能办事，日后必致参革，殊非朕加恩之意。所以将世职一品、二品荫生俱着给与三品荫生考试，分给部内学习行走。如行走好者着本部大臣具奏，仍以原品级补用。今此六十四人既不能学习文艺，情愿在旗行走，伊等皆因祖父世职应得荫生，今既不得用于部员，着仍照伊等世职，给与原品级荫生，于明年择日考试。

十二月辛卯　添设湖南提督学政一员。从湖南巡抚王朝恩请也。

雍正三年（1725年）

正月甲子　吏部奏，请差湖南、山东学政。得旨：从前学政主考，皆就其为人谨慎者派往，并未考试文艺，其中竟有不能衡文者，或因中式之后，荒疏年久故耳。着应差之翰林并进士出身之各部院官员查奏，俟朕试以文艺，再行差委。

二月乙亥　以翰林院编修王希曾提督山东学政，侍讲学士黄鸿中提督湖南学政。

二月壬辰　兵部议覆直隶总督李维钧疏言，京卫岁考，取入武童共一百名。燕山等六卫地丁编属顺天、保定、河间、正定四府，卫学武童亦应分归四府。请于顺天、大宛二县各取进二十名，归入顺天府武学。其余六十名于保定、河间二府，各取进二十名。惟正定府又分设直隶州，应于正定府取八名。赵州、冀州各三名，定州、晋州、深州各二名，俱拨入本府本州儒学，庶人材相埒，额数均平。应如所请，从之。

二月癸巳　增湖北省各学取进文童额数。江夏、武昌、兴国州、黄冈、蕲水、黄梅、黄陂、京山、景陵、沔阳州、孝感、江陵、公安、石首、监利、襄阳十六州县，向系大学，照府学额，各取进二十名；大冶、云梦二县向系中学，升为大学，各取进十五名；应山县向系小学，升为中学，取进十二名。

二月甲午　增四川省各学取进文童额数。嘉定州向系大学，照府学额，取进二十名；成都、崇庆州、简州、阆中、南部、遵义、眉州、邛州、雅州、泸州十州县向系中学，升为大学，各取进十五名；温江、新繁、新津、郫县、巴县、江津、南充、宜宾、富顺、奉节、绥阳、洪雅、遂宁十三州县向系小学，升为中学，各取进十二名。

三月己亥　增山东省各学取进文童额数。历城、章邱、泰安州、莱芜、德州、武定州、滨州、滋阳、滕县、济宁州、鱼台、单县、曹州、曹县、东平州、沂州、四氏学、聊城、高唐州、濮州、益都、寿光、安邱、诸城、掖县、胶州、蓬莱、莱阳二十八州县向系大学，照府学额，各取进二十名；新城、济阳、长清、阳信、海丰、乐陵、商河、利津、霑化、宁阳、邹县、城武、定陶、巨野、郓城、汶上、东阿、阳谷、堂邑、茌平、馆陶、临淄、昌乐、莒州、日照、高密、即墨、栖霞、宁海州、文登三十州县向系中学，升为大学，各取进十五名；峄县、费县、观城、高苑、蒙阴五县向系小学，升为中学，各取进十二名。

三月庚子　考试翰林及部院进士出身等员于太和殿，以备学政典试等差也。

三月壬寅　增直隶省各学取进文童额数。文安、通州、宝坻、丰润、蠡县、高阳、河间、任邱、景州、冀州、定州、南宫、枣强、清丰、滑县、东明、开州、长垣十八州县向系大学，照府学额各取进二十三名；蓟州、卢龙、迁安、昌黎、乐亭、博野、祁州、安州、新安、献县、阜城、静海、宁津、天津卫、万全、蔚县、衡水、安平、鸡泽、成安、清河、魏县、南乐、内黄二十四州县卫向系中学，升为大学，各取进十八名；香河、顺义、深泽、青县、西宁、灵寿、行唐、赞皇、新河、高邑、无极、新乐、曲阳、广宗、唐山、内邱十六县向系小学，升为中学，各取进十五名。

三月甲辰　增广东省各学取进文童额数。南海、番禺、东莞、顺德、新会、香山、海丰、海阳、潮阳、揭阳、澄海十一县向系大学，照府学额，各取进二十名；三水、增城、保昌、英德、兴宁、长乐、龙川、程乡、饶平、儋州十州县向系中学，升为大学，各取进十五名；新宁、和平、永安、大埔、惠来、平远、镇平、开平、吴川、东安、西宁十一县向系小学，升为中学，各取进十二名。

三月乙巳　裁直隶延庆卫守备一员，梁城所千总一员，保定左所教授、训导、千总各一员。改天津卫为州，设立知州一员，改卫经历为吏目，教授为学正，其保定左所学生员并入保定府学，每试额取童生十八名，分入清苑等六州县，酌量加增。原附左所考试之任邱卫军籍生员归入河间府学，延庆卫生员分入昌平、延庆二州学，每试额取童生亦分拨各府州学考取。从直隶总督李维钧请也。

三月丙午　增山西省各学取进文童额数。阳曲、榆次、文水、临汾、洪洞、曲沃、翼城、闻喜、汾阳、介休、忻州、代州、长治、蒲州、临晋、猗氏、解州、安邑、泽州、高平、阳城、绛州、太平、襄陵二十四州县向系大学，照府学额各取进二十名；绛县、临县、大同、蔚州、朔州、辽州、平定州、盂县、崞县、夏县、沁州、稷山十二州县向系中学，升为大学，各取进十五名；黎城、壶关、繁峙、保德州、兴县、吉州、隰州七州县向系小学，升为中学，各取进十二名。

三月戊申　添设安徽提督学政一员。从都察院左都御史蔡珽请也。

三月戊申　添福建台湾府新设彰化县儒学教谕一员，额取童生八名。改诸罗县原辖之罗汉门地方，归台湾县管辖。从浙闽总督觉罗满保请也。

三月甲寅　谕大学士等：应开科道人员俱系科甲出身，再考文字，亦属无益。今次着于翰林各部院衙门应行开列人员内，令各堂官荐举。从前朕于科道中欲用外省道员，故将有才干者选用。今外省道员将次用足，科道职司言路，务择忠诚为国、直言无隐者，方为称职。如钱廷献之徒务虚名、刘灿之挟仇为己、崔致远之抗违狂妄，此数人皆但知有身而不顾朝廷，如此存私之人断不宜于言责。今次荐举人员内若有此等行为，必将原保举之人一并究问。

三月甲寅　礼部议覆左通政陈良弼条奏，八旗汉军笔帖式，贡监生员、官学生亦有学习翻译者，请照满洲、蒙古例，一体考试。应如所请。嗣后，三年之内，考取秀才二次，举人一次，进士一次。其取中额数视人数多寡，临期请旨钦定。从之。

三月癸亥　设立广西崇善、荔波二县儒学，取进文、武童生各四名，拨太平府训导驻崇善，宜山县训导驻荔波。从广西巡抚李绂请也。

四月庚午　以国子监司业孙嘉淦提督安徽学政。

四月丁丑　谕吏部：庶吉士张鸣钧等教习已久，今加考试，应分别授职。除程元章已授编修外，满汉庶吉士张鸣钧、邵基、陶正中、何玉梁、邹光涛、张江、徐以升、沈淑、张廷瑑、胡香山、牧可登、马金门、严民法、尹继善、帅念祖、许焞、缪曰芑、吴钊、焦祈年、周学健、戴永椿、倪师孟、薄履青、昌龄、松寿俱着授翰林院编修；范咸、沈懋华、陈弘谋、王步青、保良、沈文豪、喀尔钦、吴大受俱着授翰林院检讨；许均、王乔林、张仕遇、康忱俱着以六部主事用；黄元铎、吴王坦、李端、颜希圣、胡蛟龄、陶士契、刘敬舆、杨胪赐、顾海俱着以中行评博用；金相、张泰基俱着以州县用；周凤来、李士杞俱着以教职用；高山、陈齐寔、张考、李徽已拣选刑部，即以刑部主事用；俞来求俟服满后补行引见；记名留京进士夏之芳、姜颖新俱着授翰林院编修；黄岳牧、陆宗楷俱着授翰林院检讨；王士任、邵锦涛、罗凤采、王辂、张荫圻俱着以六部主事用；蒋祝、王藩、何有基俱着以中行评博用；万里着以州县用。尔部即遵谕行。

四月癸未　谕大学士、九卿等：前日李钟峨奏称，翰林为储材重地，自康熙四十五年至六十年七科，每省俱有庶吉士。查雍正元年癸卯科，汉军及河南、四川进士无馆选者；雍正二年甲辰科，蒙古及山西、河南、陕西、四川、广东、湖南、广西、云南、贵州进士俱无馆选者，请广储才之路等语。朕即位之后，以培养人材最重翰林，故加意详慎。隆科多曾奏称，圣祖时，馆选每省俱有庶吉士，所以朕于雍正元年癸卯科馆选时，试其文义，观其人品，于僻远省分之人亦酌量选取。又每谕教习之臣，尽心训迪，迨后历经简择及考试文章，其中惟江浙人文义实较各省为优。因将各省人员分用于内外各衙门，而江浙人留馆独多。雍正二年甲辰科馆选亦详加考试，朕因以文义优者选为庶吉士，于是山西、河南等省进士遂多不得与选。盖翰林职司文章，若以文义不及者处之，则用违其才，而其人或有他长，反无以自见矣。朕凡于用人行政，无不审慎筹画，务求当理，而选择翰林，更为留意。实欲使人人勿枉其材，各效所长，庶国家得收器使之效，岂计及于各省翰林之多寡有无也？今览李钟峨所奏，是必外人有此议论，故遂以入告，朕甚嘉之。大凡国家政事，朕有不及见闻者，若臣下不言，朕何由而知？朕正欲尔等尽心陈奏，朕因得以察其所奏之是否，是则改而从之，否则亦可以朕意宣示尔等，使天下之人晓然共白，不致妄生议论。嗣后，馆选庶吉士或应考试文义选取，或应每省额选几人，或应分为南北两院。向来教习止派满汉各一员，今若按省分各选庶吉士，或亦按省分各设教习，可乎？至各省未得馆选之进士中，或有文义可充翰林之选者，尔等确有所知，即行举出，毋使人有逸才之论。尔大学士会同九卿详议具奏。寻议，皇上振兴文教，储养英才，因人器使，馆选之法，尽善尽美，更无遗逸之才。李钟峨条奏应无庸议。从之。

四月乙酉　增广西省各学取进文童额数。全州、郁林州、横州、新宁州、宾州五州，临桂、苍梧、怀集、宣化、上林五县向系大学，照府学额，各取进二十名；灵川、兴安、灌阳、桂平、贵县、隆安、武缘、永淳八县向系中学，升为大学，各取进十五名；平南县向系小学，升为中学，取进十二名。

四月甲午　礼部议覆翰林院侍讲学士张照条奏，《圣谕广训》一书乃我皇上仰体圣祖仁皇帝觉世牖民之心，而推广其义。请令各省学臣转颁各州县教官，俾童蒙即加诵读，县府考覆试时令其背录一条，方准录取。又国子监祭酒张廷璐奏，请敕各直省将军提镇转饬所属将弁，每月朔望，齐集兵丁，宣读听讲。均应如所请，从之。

六月丙子　吏部等衙门议覆原任川陕总督年羹尧等疏言，陕西、宁夏等卫所新经改设郡县，请分设宁夏、西宁、凉州、甘州四府教授、训导各一员，取进文武童各十二名，廪增各四十名，一年一贡；灵州学正一员，取进文童十二名，武童十五名，廪增各三十名，三年两贡；宁夏、宁朔二县教谕各一员，取进文童各十五名，武童各二十名，廪增各二十名，两年一贡；中卫县教谕一员，取进文童十二名，武童十五名，廪增仍照旧额，三年两贡；西宁县教谕一员，取进文武童生各八名，廪增各二十名，两年一贡；武威县教谕一员，取进文武童生各十五名，廪增各二十名，两年一贡；平罗、碾伯、古浪三县训导各一员，取进文武童生各八名，廪增各二十名，两年一贡；高台县教谕、训导各一员，取进文童十五名，武童二十名，廪增二十名，两年一贡；永昌、镇番、山丹三县教谕各一员，童生照题定之额取进，廪增仍旧，两年一贡；平番县训导一员，童生照题定之额取进，廪增仍旧，两年一贡；张掖县教谕一员，童生照题定之额取进，廪增出贡，照宁夏例行。应如所请，从之。

六月壬午　增云南省各学取进文童额数。安宁、晋宁、寻甸、建水、石屏、新兴、邓川、赵州、剑川、腾越等十州，昆明、宜良、南宁、通海、河西、河阳、太和、浪穹、保山、楚雄等十县向系大学，准照府学例各取进二十名；陆凉、霑益、宁州、阿迷、宾川等五州，呈贡、蒙自、云南等三县，向系中学，升为大学，各取进十五名；和曲州向系小学，升为中学，取进十二名；添置黑井、白井、琅井三学为小学，各取进八名，移定远县训导驻黑井，大姚县训导驻白井，姚州训导驻琅井。

六月乙酉　增取湖南衡州、永州、宝庆、辰州四府，郴州、靖州二州所属苗童入学额数，每学三名。从湖南巡抚王朝恩请也。

七月辛丑　户部等衙门议覆两江总督查弼纳、浙闽总督觉罗满保疏奏，江西、福建、浙江三省安辑棚民事宜。……一、棚民有膂力可用及读书向学者，入籍二十年准其应试，于额外酌量取进。……均应如所请，从之。

八月己巳　增江南省各学取进文童额数。江苏所属之上元、江宁、句容、溧阳、太仓、长洲、吴县、吴江、常熟、昆山、嘉定、华亭、娄县、上海、青浦、武进、无锡、江阴、宜兴、丹徒、丹阳、金坛、邳州、山阳、盐城、高邮、通州、泰州、江都、仪征、泰兴、兴化等三十二州县向系大学，照府学额，各取进二十五名；溧水、高淳、崇明、海州、清河、桃源、安东、宿迁、睢宁、沭阳、宝应、如皋等十二州县并金山一卫向系中学，升为大学，各取进二十名；江浦、六合、赣榆等三县向系小学，升为中学，各取进十六名；通州之海门乡，旧例另取六名，今增为十名；安徽属之怀宁、桐城、宣城、泾县、凤阳、广德等六州县向系大学，照府学额，各取进二十五名；潜山、太湖、宿松、黟县、宁国、旌德、太平、贵池、青阳、建德、当涂、芜湖、无为、六安、泗州、合肥、宿州、亳州、含山、建平等二十州县向系中学，升为大学，各取进二十名；望江、东流、繁昌、舒城、庐江、临淮、定远、蒙城、怀远等九县向系小学，升为中学，各取进十六名。

八月戊寅　增江西省各学取进文童额数。南昌、新建、丰城、高安、宜春、清江、庐陵、吉水、安福、临川、金溪、南城、新城、上饶、鄱阳、赣县、宁都等十七县向系大学，照府学额，各取进二十名；奉新、永新、宜黄、东乡、南丰、广昌、贵溪、余干、星子、都昌、建昌、德化、湖口、大庾等十四县向系中学，升为大学，各取进十五名；萍乡、峡江、玉山、安仁、安义、瑞昌、南康、石城等八县向系小学，升为中学，各取进十二名。

八月戊子　礼部议覆贵州学政王奕仁疏称，黔省苗人子弟情愿读书者，准其送入义学，一体训诲。每遇岁科两试，于该学定额外，取进一名，以示鼓励。应如所请，从之。

九月丁未　以内阁学士德新教习庶吉士。

十月己巳　谕果郡王允礼、顺承郡王锡保：八旗汉军内有平居孝友、守分读书之人，考试既不获中而又不能别就者，尔二人查明，分别挑选。其上三旗包衣旗鼓佐领下人，令内务府总管保奏；其王等包衣旗鼓佐领下人，令各该王保举。如此，则人不致于壅滞而亦可得才能之选矣。

十月癸未　增浙江省各学取进文童额数。仁和、钱塘、海宁、嘉兴、秀水、嘉善、海盐、平湖、乌程、归安、德清、鄞县、慈溪、山阴、会稽、诸暨、余姚、临海、金华、兰溪、西安、建德、淳安、永嘉、丽水等二十五县向系大学，今照府学额，各取进二十五名；奉化、新昌、嵊县、天台、永康、常山、瑞安、平阳等八县向系中学，升为大学，各取进二十名；于潜、昌化、汤溪、江山等四县向系小学，升为中学，各取进十六名；定海县向取进十一名，今改为小学，取进十二名。

十月癸巳　吏部议覆詹事府少詹事钱以垲条奏，嗣后，提镇诸臣所得荫生，除通习文理者，照例考试，以文职补授外，其有幼娴武艺、人材壮健、愿改武职者，令其呈明吏部，移咨兵部，恭候皇上考试简用。应如所请，从之。

十一月辛酉　分设江南苏、松、常三府属州县教职，原设之太仓州，留学正一员；长洲、吴江、常熟、昆山、嘉定、华亭、娄县、青浦、上海、武进、无锡、宜兴十二县，留教谕各一员；新分之元和、震泽、昭文、新阳、宝山、镇洋、奉贤、金山、福泉、南汇、阳湖、金匮、荆溪十三县，拨训导各一员。

十二月庚午　增贵州省各学取进文童额数。贵阳、威宁、镇远三府学，各增额取进二十名；贵筑县向系大学，照府学额，取进二十名；毕节县向系中学，升为大学，取进十五名；贵定、清镇、普定、瓮安、安化五县向系小学，升为中学，各取进十二名。

十二月甲申　以翰林院侍讲王世琛提督山东学政。

雍正四年（1726 年）

正月戊午　以翰林院修撰邓钟岳提督江苏学政。

二月己巳　以吏部尚书孙柱、兵部尚书法海为翻译乡试正考官，礼部左侍郎阿克敦、刑部郎中宪德为副考官。

四月乙亥　礼部议覆江西巡抚裴徫度疏言，白鹿书院已经修葺，请于各省荐举孝廉方正中简发一人，授以官职，或于词臣中遴选文行兼优者为掌教。应不准行。得旨：朕临御以来，时时以教育人材为念，但期实有益于学校，不肯虚务课士之美名。盖欲使士习端方，文风振起，必赖大臣督率所司，躬行实践，倡导于先，劝学兴文，孜孜不倦。俾士子观感奋励，立品勤学，争自濯磨，此乃为政之本。至于设立书院，择一人为师，如肄业者少，则教泽所及不广；如肄业者多，其中贤否混淆，智愚杂处，而流弊将至于藏垢纳污。若以一人教授，即能化导多人，俱为端人正士，则此一人之才德，即可以膺辅弼之任，受封疆之寄而有余。此等之人，岂可易得？当时孔子至圣，门弟子三千余人，而史称身通六艺者仅七十有二，其余不必皆贤，况后世之以章句教人者乎？是以朕深嘉部议，不肯草率从裴徫度之请也。其奏请颁发未备之典籍，亦不知未备者是何等书，不便颁发。至于奏请特赐匾额，当年既经圣祖仁皇帝赐以御书，朕亦不必再赐。

四月丁丑　谕各省乡试正副考官：朕御极以来，屡次开科取士。凡属考官，皆择人品端方、素行谨恪者为之，而诸臣果慎守法度，洗涤弊端。各省榜发，士林皆无异议。但闻试官之内，偶有学问不及，而所取之文，未尽满人意者。是以去年朕将在京科目出身官员，应开列正副主考者，通行考试，分别等第，记名以备简用。今乡试届期，将记名人员，掣签命往，使典试事。夫文行原无二理，岂有文艺优通而品行卑劣者，况国家以文章取士，尔等以文章发科，今膺鉴衡之任，若文优而行劣，使天下之人谓文章一道全无足凭，则是读书通籍之人，贻玷于名教，国法尚可容乎？料尔等必无此事。但朕慎重科场大典，不得不谆谆告诫。尔等其共加勉励，勿负朕心。

四月庚辰 吏部等衙门议覆山西总督管理巡抚伊都立疏奏，新改朔平、宁武二府，请各设教授一员，训导一员，取进文、武童生各十五名；右玉、偏关二县各设教谕一员，训导一员，取进童生各十五名；宁武县设教谕一员，取进童生各八名；左云、平鲁、阳高、天镇四县各设训导一员，取进童生各八名；神池、五寨二县各设训导一员，取进童生各六名。应如所请，从之。

四月壬午 以翰林院侍讲学士张照为云南乡试正考官，编修顾仔为副考官；江西道御史赵城为贵州乡试正考官，编修戴瀚为副考官。

五月甲午 礼部议覆江西巡抚裴徕度疏言，江西乡试内帘书经房考旧例止用二员。今人文日盛，卷多房少，请酌添书经房同考官一员。应如所请，从之。

五月丁未 以工科给事中郑其储为四川乡试正考官，翰林院编修邵泰为副考官；编修王兰生为广东乡试正考官，编修曹源郊为副考官；编修徐杞为广西乡试正考官，吏部员外郎尹会一为副考官；侍讲学士留保为福建乡试正考官，编修崔纪为副考官；福建道御史刘运鲋为湖南乡试正考官，编修吴启昆为副考官。

六月己巳 增定湖南省各学取进文童额数。长沙、善化、湘潭、茶陵、攸县、益阳、衡阳、衡山、耒阳、零陵、祁阳、邵阳、武冈、新化、巴陵、华容、澧州、武陵、桃源、会同、郴州、靖州等二十二州县，向系大学，照府学额，各取进二十名；湘乡、宁乡、常宁、安乡、溆浦、永兴、桂阳等七县向系中学，升为大学，各取进十五名；辰溪县向系小学，升为中学，取进十二名。

六月戊寅 以詹事府詹事陈万策为浙江乡试正考官，内阁中书周有堂为副考官；礼部左侍郎查嗣庭为江西乡试正考官，翰林院编修俞鸿图为副考官；编修杨超曾为湖北乡试正考官，内阁中书曹仪为副考官。

六月癸未 添设顺天府学满洲教授、训导各一员。

七月壬辰 以山东道御史刘嵩龄为陕西乡试正考官，宗人府主事耿之昌为副考官；吏部左侍郎沈近思为江南乡试正考官，翰林院编修曾元迈为副考官。

七月戊戌 以通政使司右参议李凤翥提督浙江学政。

七月戊申 以河南道御史段曦为河南乡试正考官，内阁中书蒋大成为副考官；翰林院检讨李根云为山东乡试正考官，兵部主事李同声为副考官；检讨姚三辰为山西乡试正考官，礼部主事何宗韩为副考官。

八月乙丑 以户部尚书蒋廷锡为顺天乡试正考官，左副都御史刘师恕为副考官。

八月乙丑 谕内阁：数年以来，蒋廷锡协同怡亲王办理户部事务，秉公执正，厘剔诸弊，甚属尽心。而胥吏宵小，徇私作弊之人，未必无嫉妒怀怨者。今将廷锡入闱典试，或乘此造作浮言，妄加谤议，亦未可定。科场关系大典，若闱中阅卷，果有不公，许应试举子赴都察院控告奏闻。若有不轨之徒，假捏污蔑之词，以泄私愤而挠公事，则国法断难宽宥。着步军统领及顺天府府尹、五城御史密访严拿参奏，从重治罪。

九月甲辰 谕内阁：古者射御居六艺之中，圣人所重。本朝开国以来，骑射精熟，历代罕有伦比，旗人凡少长贵贱，悉皆专心练习，未有一人不娴熟弓马者。士子应试，必先试其骑射合式，方准入闱，盖恐其专习文艺，或致骑射生疏，故先以此试之。即今部院堂司官，亦每月如期在本旗教场，该管都统、佐领看练弓马，所谓有文事者必有武备，创制立法之意，诚深远也。近来文官外任之人，渐渐不习于骑射。若听其因循怠惰，将来必致骑射生疏，岂国家创制立法之意乎？凡旗人外任文官六十岁以下者，限二年之内仍须熟练骑射。倘二年后，有不能骑射者，该督抚即行参劾，若督抚徇隐，经朕察知，将督抚一并治罪。

九月甲辰　谕礼部：明年乃会试之期，春季适有闰月，二月节候尚早。各省举子，途次远来，及闱中考试，恐其寒冷辛苦。朕心轸念，着将场期改至三月，该部即行文谕知之。嗣后，会试之年，遇有闰月，该部先期奏闻。

九月甲寅　以礼科给事中杨尔德提督广东学政。

九月乙卯　谕内阁、九卿、翰詹、科道等：查嗣庭向来趋附隆科多，隆科多曾经荐举，朕令在内廷行走，授为内阁学士。后见其语言虚诈，兼有狼顾之相，料其心术不端，从未信任，及礼部侍郎员缺需人，蔡珽又复将伊荐举。今岁各省乡试届期，朕以江西大省需得大员以典试事，故用伊为正考官。今阅江西试录，所出题目，显露心怀怨望、讥刺时事之意，料其居心浇薄乖张，必有平日记载，遣人查其寓所，及行李中，则有日记二本，悖乱荒唐、怨诽捏造之语甚多。又于圣祖仁皇帝之用人行政，大肆讪谤，以翰林改授科道为可耻，以裁汰冗员为当厄，以钦赐进士为滥举，以戴名世获罪为文字之祸，以赵晋正法为因江南之流传对句所致，以科场作弊之知县方名正法为冤抑，以清书庶常复考汉书为苛刻，以庶常散馆为畏途，以多选庶常为蔓草、为厄运，以殿试不完卷黜革之进士为非罪。热河偶然发水，则书淹死官员八百人，其余不计其数，又书雨中飞蝗蔽天，似此一派荒唐之言，皆未有之事。而伊公然造作书写，至其受人嘱托、代人营求之事，不可枚举。又有科场关节及科场作弊书信，皆甚属诡秘。今若但就科场题目，加以处分，则天下之人，必有以查嗣庭为出于无心，偶因文字获罪，为伊称屈者。今种种实迹现在，尚有何辞以为之解免乎？尔等汉官读书稽古，历观前代以来，得天下未有如我朝之正者，况世祖、圣祖重熙累洽八十余年，深仁厚泽，沦肌浃髓，天下亿万臣民，无不坐享升平之福，我皇考加恩臣下，一视同仁。及朕即位以来，推心置腹，满汉从无异视，盖以人之贤否不一，各处皆有善良，各处皆有奸慝，不可以一人而概众人，亦不可以一事而概众事。朕惟以至公至平之心处之，尔等当仰体朕心，各抒诚悃，交相勉励，殚竭公忠，无负平日立身立德之志，或有一二心术不端者，亦宜清夜自省，痛加悛改。朕今日之谕，盖欲正人心，维风俗，使普天率土，永享升平之福也。尔等承朕训旨，当晓然明白，勿存疑愧避忌之念，但能恪慎供职，屏去习染之私，朕必知之。朕惟以至诚待臣下，臣下有负朕恩者往往自行败露。盖普天率土，皆受朝廷恩泽，咸当知君臣之大义，一心感戴，若稍萌异志，即为逆天，逆天之人岂能逃于诛戮？报应昭彰，纤毫不爽，诸臣勉之戒之。查嗣庭读书之人，受朕格外擢用之恩，而伊逆天负恩，讥刺咒诅，大干法纪。着将查嗣庭革职拿问，交三法司严审定拟。

九月丁巳　谕内阁：为士者乃四民之首，一方之望。凡属编氓，皆尊之奉之，以为读圣贤之书，列胶庠之选，其所言所行俱可以为乡人法则也。故必敦品励学，谨言慎行，不愧端人正士，然后以圣贤诗书之道，开示愚民，则民必听从其言，服习其教，相率而归于谨厚，或小民偶有不善之事，即怀愧耻之心，相戒勿令某人知之。如古人之往事，则民风何患不淳，世道何患不复古耶？朕观今日之士，虽不乏闭户勤修、读书立品之人，而荡检逾闲、不顾名节者亦复不少，或出入官署，包揽词讼；或武断乡曲，欺压平民；或抗违钱粮，藐视国法；或代民纳课，私润身家，种种卑污下贱之事难以悉数。彼为民者，见士子诵读圣贤之书而行止尚且如此，则必薄待读书之人，而并且轻视圣贤之书矣。士习不端，民风何由而正？其间关系极为重大。朕自即位以来，加恩学校，培养人材，所以教育士子者无所不至，宜乎天下之士，皆鼓舞奋兴，争自濯磨，尽去其佻达之习矣，而内外诸臣条奏中胪列诸生之劣迹，请行严惩者甚多。朕思转移化导之法，当先端其本原。教官者，多士之仪刑也；学臣者，教官之表率也。教官多属中材，又或年齿衰迈，贪位窃禄，与士子为朋俦，视考课为故套；而学臣又但以衡文为事，任教官之因循怠惰，苟且塞责，漫不加察，所以倡率之本不立，无怪乎士习之不端，风俗之未淳也。朕孜孜图治，欲四海之大，万民之众，皆向风慕义，革薄从忠，故特简督学之臣，慎重教官之职，欲使自上而下，端本澄源，以收实效也。凡为学臣者，务须持正秉公，宣扬风化，于教官之称职者即加荐拔，溺职者即行参革；为教官者训诲士子，悉秉诚心，如父兄之督课子弟，至于分别优劣，必至公至当，不涉偏私。如此各尽其道，则士子人人崇尚品诣，砥砺廉隅，不但自淑其身，而群黎百姓日闻善言，日观善行，必共生感发之念，风俗之丕变，庶几其可望也。

十月癸亥　调安徽学政、国子监祭酒孙嘉淦提督顺天学政，浙江学政、通政使司右参议李凤翥提督安徽学政，以国子监司业王兰生提督浙江学政。

十月甲子　谕礼部：直省学臣三年任满，着于各学生员内，选择人品端方，有猷有为有守之士，大省举四五人，小省二人。送部引见酌用。

十月甲子　以河南学政、光禄寺卿王国栋为浙江观风整俗使，大理寺少卿于广提督河南学政。

十月丙寅　谕内阁：助教一官，有教训士子之责。若只考试缮写，则年少浅学但工写字者，皆可入选，何能得人？可传谕各部院衙门，将满字笔帖式内，为人老成、有品行者，保举引见，其应考翻译者，仍照例考试。

十月辛未　以詹事府詹事张廷璐为顺天武乡试正考官，翰林院检讨巩建丰为副考官。

十月甲戌　谕礼部：士子读书制行之道，首在明经，其以五经取中副榜者，必有志经学之士。着将今年各省五经取中副榜之人，俱准作举人，一体会试。再，今科各省所中副榜内有两次中副榜者，亦准作举人，一体会试。此系特典，后不为例。

十月甲戌　裁顺天府武学教授、训导等缺，以满洲、蒙古、汉军武生归八旗满洲教官管辖，大兴、宛平二县武生归顺天府儒学管辖。

十一月辛卯　以翰林院编修杨超曾提督陕西学政，修撰于振提督湖北学政，编修习寯提督湖南学政，编修李钟侨提督江西学政，江南道御史卫昌绩提督广西学政，加吏部郎中宋在诗翰林院检讨衔，提督四川学政，右春坊右中允巩建丰提督云南学政，提督贵州学政、左春坊左赞善王奕仁仍留任。

十一月戊申　吏部议覆补用教职，例由抚臣考校，其考试四等、五等者，俱令解任，学习三年，再行考试；六等者革职。各学教官所属文武生员，抗欠钱粮，捏词唆讼，该教官不行申详、纵容徇庇者，革职。如六年之内，所属士子无前项过犯，该督抚、学臣将该教官保题，以应升之缺即用。从之。

十二月乙亥　九卿遵旨议覆，部员奉差督学，员缺另行铨补，其加衔照庶吉士散馆授职之例，该员系二甲进士出身者，加以编修职衔；系三甲同进士出身者，加以检讨职衔，一体称为学院。任满，仍候本部员缺补用。从之。

十二月丁丑　刑部遵旨议覆，贡监生员，非本身钱粮，包揽催收入己、拖欠国课者，应行黜革，仍照数着落清完。其包揽别户钱粮，虽无拖欠，但身为衿监，包揽钱粮，即干法纪，亦应黜革。至里民纳粮，不行自封投柜，听人揽纳者，照不应重律处分，仍追出包与之数完官，该管官不行查出，罚俸一年。从之。

十二月戊寅　吏部遵旨议覆，各省恩拔副榜贡生内已就教职者，应令各省学臣于岁、科两考事竣，会同巡抚与挨贡一体验看，造册送部铨选，年老者以原品休致。从之。

十二月戊寅　命船厂地方添立永吉州，设知州、州同、吏目、学正各一员。宁古塔地方添立泰宁县，白都纳地方添立长宁县，各设知县、典史、教谕一员，俱隶奉天府管辖。从奉差内阁学士德新请也。

雍正五年（1727年）

二月庚申　上以直隶总督宜兆熊、刘师恕参奏原任总督李绂弥缝亏空一折，出示大学士、九卿、詹事、科道等。谕曰：凡汝等科甲出身之人，朕因其较之捐纳人员、目不识丁者不同，所以欲加任用。若尽如李绂、郑任钥等之营私作弊，转不如非科甲之人矣。汝等宜思天人感应之理丝毫不爽，果能至诚秉公，致朕于尧舜之君。朕必委曲保全、尽令尔等为皋夔稷契之臣，将唐宋元明积染之习尽行洗涤，则天下永享太平，即尔等子孙亦蒙其福。朕所以诲谕谆谆者，盖欲诸臣屏去虚文，崇尚实政，以仰答天眷耳。且朕亦并非谓已治愈求其治也，尔等试思，今天下之大，果事事就理耶？尔等读书，原欲致君泽民，建功立业，流誉于无穷，但功名富贵，是有命焉，不可幸而致也；即祸患灾难，亦有命焉，不可幸而免也。但当诚意正心、竭尽忠荩以为立身事君之本而已。朕所以诲谕谆谆者，实欲国泰民安，众共受福。朕之所为，并无成见，不过渴饮而饥食，夏葛而冬裘，光天化日，因物而施耳。见今黄河澄清，朕实不敢以为瑞，愈滋恐惧修省之心也。

二月辛酉　内阁、九卿、翰詹、科道议奏，江西考试官查嗣庭、俞鸿图收受举人牌坊银两。除查嗣庭大逆不道，另案归结，其巡抚汪漋、布政使丁士一，副考官俞鸿图应按律治罪。得旨：举人牌坊银两分送主考官，向来亦相沿行之，尚非赃银之比，但谓主考应该收受，亦非也。汪漋之过，在于身为封疆大臣，而与钦差主考为房屋交易之事，应加处分，以儆将来。但其为人尚老成，着降四级，以京员调用。丁士一由部曹擢为御史，朕特简任巡台御史，随升福建按察使，又升授江西布政使。伊受朕格外擢用之恩，当于地方一切有关国计民生之事，悉行奏闻方是。乃丁士一负朕深恩，并不实心效力。其在福建时，阿附满保、黄国材，于地方积弊多端俱行隐匿，并不陈奏。及至江西，又阿附裴徫度，且以布政使职掌之钱谷，任各州县处处亏空，竟置若罔闻，既不稽查，又不揭报。其扶同徇隐，挪移侵蚀之罪显然，着革职，发往高其倬处，或有应修城工，或别有地方工程，派伊出赀效力，倘不尽心效力，定行从重治罪。俞鸿图着革职，在翰林院编修内行走，倘三年无过，准其开复。至查嗣庭、俞鸿图名下追出收受牌坊银两，既非赃银，不必入官，俟江西会试举人来京应试后，无论中式不中式者，俱按名散给。

二月乙亥　以河清恩，特命翰林院修撰、编修、检讨各加一级。

三月庚寅　谕：朕以今年闰月，节气稍迟，二月天寒，故将会试日期改至三月。但目今天气尚觉寒冷，若再改期，又恐举子盘费无多，难以久于旅食。今照旧于初八日入场。着晓谕各举子俱许携带手炉，以温笔砚，皮衣及厚绵衣服俱许穿进。但不得乘机怀挟，以滋弊端。场内茶饭着供给官加意预备，朕另派大臣照看料理，令早晚给与姜汤，并按名给发木炭，以资其用。

三月癸巳　以刑部尚书励廷仪为会试正考官，都察院左都御史沈近思、吏部左侍郎史贻直为副考官。

三月乙未　谕：士子读书应试，须专心讲习，方可望其成就。八旗举人、生员内在护军执事人行走者，朕念其用度艰难，恐致分心，是以于雍正元年，特加殊恩，令其退回，仍赏给钱粮养赡，俾得专心读书，勉励上进，庶国家可收得人之益。今已三年有余，其中或有年力衰迈及不肖之人，徒领钱粮，无志上进，虚縻国帑者，亦未可知。若不加考课，分别勤惰，无以鼓励人才。着于会试后，将八旗满洲、蒙古举人、生员、汉军举人，查明人数，请题考试，分别等第，并验其人品优劣具奏。

三月丁未　谕吏部：会试举人着尔部拣选引见，并问九卿将所知者举出，再举人内有伊等同乡，素日推服之人，亦着举人公举。或数人共举一人，或十数人共举一人，俱将姓名注明，务须有猷有为有守之人，方可推荐，不得冒滥。

三月戊申　吏部议覆云贵总督鄂尔泰疏言，自湖广改归贵州之五开、铜鼓二卫，先经督臣高其倬奏请，将五开卫改为一县，兼管铜鼓卫地方，令黎平府统辖。奉旨允行。臣细加访察，必须五开、铜鼓分设二县，始于地方有益。请添设知县各一员，典史各一员，五开卫向无学校，今请添设教谕、训导各一员。铜鼓卫向设教授一员，训导一员，今请将教授一员即改为教谕，其岁、科二试取进文武童生，各如旧额。均应如所请，从之。

三月辛亥　礼部奏，会试举人叨荷特恩，合词陈谢。得旨：朕视天下万民皆为一体，况读书乡荐之人，异日俱可作朕股肱耳目，是以朕心待之，实有一体联属之意，爱养培护，皆出于中心之自然，并非欲邀天下士子之感颂也。今举子等以会试叨荷特恩，合词陈谢，是尚不能深悉朕一体相关之意，而存上下彼此之形迹矣。朕待天下惟有一诚，而崇儒重道之心，尤为笃切。但所崇者皆真儒，所重者皆正道，若徒尚虚文，邀取名誉，致贻世道人心之害，朕不忍为也。尔等读书之人，实四民之所观瞻，风俗之所维系。果能诵法圣贤，躬修实践，宅心正直，行己端方，则通籍于朝，必能为国家宣猷树绩，膺栋梁之选；即退处乡间，亦必能教孝劝忠，为众人之坊表。故士习既端而人心尚有不正、风俗尚有不淳者，无是理也。尔等既感朕恩，即当仰体朕心，恪遵朕训，争自濯磨，或出或处，皆端人正士，为国家所倚赖。如此，方为实心报效，不在感恩奏谢之仪文也。

三月癸丑　赏给会试下第举子路费银各五两。

闰三月丙寅　礼部议覆河南巡抚田文镜疏言，捐纳贡监，归并学臣，与生员一体约束。应如所请。嗣后，贡监犯事褫革，行令督抚移咨学臣。得旨：该抚疏称，捐纳贡监，平日学臣毫无约束之权，且与文武生员，归并学臣约束之例，亦不画一等语。今部议，贡监褫革者令地方官申报督抚，移咨学臣，一面褫革，一面报部，此议尚未周备。捐纳贡监既令学臣约束，若必俟督抚移咨学臣，则学臣仍无约束之权。嗣后，有应行褫革者，令地方官申报督抚、学臣，其事属督抚者，准督抚移咨学臣；其事属学臣者，准学臣移咨督抚。如此，始为周备。

闰三月戊辰　兵部奏，浙江武举会试应照文举人例停止。得旨：士习浇漓，不干武途，况浙省文有余而武不及，毫无不便之处，武科着照旧会试。

闰三月癸酉　谕内务府：来京考试举子，朕加恩体恤，屡谕崇文门监督，不必查其行李，致滋勒索。但恐巡役人等未必奉行尽善，且恐日久弊生，或有不肖之徒，假冒举子名色，夹带货物，亦未可定。尔等可于芦沟桥查税之所，设立店房，务期宽展，可容多人。令举子等即于店内安放行李，其有无应行上税之项，尔等着人查看。看毕，给与照票，令其入城。广宁门不必重查。如此，则举子行装，不致狼藉，亦可免宵小假冒之弊矣。

闰三月乙酉　谕内阁：闻会试举人感朕特恩，以今年为朕五十万寿，特于京城寺庙，设立经坛，以申颂祝之意。此举甚为虚妄。朕临御天下，孜孜求治，凡所行之事，惟以循理为本。诚以理之所在，即天意所在，感孚默应，捷于影响。若朕所行悉合于理，则问心无愧之处，即可以对越神明，而舆情之颂祝与否，皆可置之不问也。朕儆戒乾惕之切，无时或释。举人乃平日读书明理之人，当效法古之圣贤，岂可为此世俗诞妄之举。且朕正念士子贫寒，归途艰于资斧，是以赏给路费。今乃费于无用之地，尤不能体朕之心矣。其所设经坛，即行禁止。

四月戊子　策试天下贡士彭启丰等于太和殿前。制曰：朕仰荷上天列祖眷佑之隆，圣祖仁皇帝付托之重，临御以来，勤求治理，日与群臣训诫咨儆，切加勉勖。惟期笃元首股肱之谊，育胶庠塾序之材，吏治实底于澄清，民生共登于殷阜，朝乾夕惕，旰食宵衣，此念无一刻释于怀也。人君奉天出治，而赞化端赖臣邻；人臣体国奉公，而分猷必资群力。惟君臣联为一体，故公尔忘私，国尔忘家，而明良之庆以成，僚采联为一体。故善则相劝，过则相规，而协恭之美以著。朕推诚布公，实视百尔臣工为一体，而诸臣之事君者，果能尽一德一心之道，而无惭于幽独欤？又何以使同朝共事者，绝党比之私，化畛域之见，以臻师师济济之盛欤？国家所以重士者，以士之能自重也，故必端其所习，而后乡党视为仪型，风俗资其表率。乃或嚣凌诈伪，干犯名教，习于曲学而不循正道，务为浮薄而不敦实行。士不自重，而里巷小民从而轻之，且相率借口而仿效之。士习未端，安望民风之归于厚乎？今欲使读书之人争自濯磨，澡身浴德，悉为端人正士，以树四民之坊表，必何道而可？守令为亲民之官，百姓之休戚系焉。古之称循吏者，必以惠群黎、端风化为要务，故里社之树艺，咸载史书，物类之感孚，皆征治化。以至诚恻怛之实心，尽父母斯民之实政，刚柔相济，教养兼施，斯不愧循良矣。朕欲百姓乂安，风俗淳美，果何道而使司牧皆得其人，以收实效欤？抑大法小廉，必端本于大吏之倡率欤？若夫民为邦本，食为民天，劳民劝相，以尽地力。自古重之，盖本业勤，则衣食之源裕；俯仰足，则礼义之化兴。正民之德，必先厚民之生，良有以也。海宇承平日久，休养多年，户口愈繁，生齿愈众而地不加广，自非人尽上农，何以使仓廪足而妇子宁欤？然则欲使野无不垦之土，国无游手之民，不事末利，而专务恒产。为民牧者必如何劝勉鼓励，而后见丰亨豫大之休也？夫朝宁有喜起之风，则万邦黎献，观感奋兴，而野多俊乂矣；长吏树抚循之绩，则寰宇苍生，养恬耕凿，而户乐丰盈矣。尔多士留心经济，其详著于篇，朕将亲览焉。

四月己丑　吏部遵旨：将会试下第举人，挑选各省教职引见。上谕曰：教官有董率士子之责，果能实心训导，使诸生读书循理，无佻达嚣凌之习，则齐民有所观法，风俗可望淳厚，所关非浅鲜也。乃向来教职因循偷惰，全不以教训为事，朕屡颁谕旨，而积习如故。因于尔等下第举人中择文理明通者引见命往，论尔等科分、名次尚非应选之人，朕加恩特用，务须勉力供职，加意训诲。六年之内，如果著有成效，督抚题荐，朕格外加恩；如有负职守，经督抚题参，朕不姑容也。

四月辛卯　上御太和殿，传胪。赐殿试贡士彭启丰等二百二十六人进士及第出身有差。

四月癸巳　谕内阁：从来为政在乎得人。《书》曰："野无遗贤，万邦咸宁。"盖贤才登进，在位者多，则分猷效职，庶绩自能就理，而民生无不被其泽也。朕即位以来，加意旁求，凡所以延访擢用之道无不备至。如现任官员及候补、候选科目诸人，每特令荐举，遴选引见，广开录用之途，冀收群策之力。又念各省学校原以养育人材，命学臣保举贤能，升闻于朝，以备任使。乃直省学臣所举人数不多，又或草率塞责，不能副得人之实。夫十室之邑，必有忠信，古者取人之法惟乡举里选，合于三代之制。今直省府州县学贡生、生员，多者数百人，少亦不下百余人，其中岂无行谊醇笃、好修自爱、明达之士乎？着州县官会同该学教官将贡生生员内居家孝友、行己端方、才可办事而文亦可观者，秉公确查，一学各举一人，于今年冬底申报该上司，奏闻请旨。或实无可举者，出具印结，该督抚查实奏闻。朕因广揽人材，举此旷典，所以黜浮华而资实用。州县教职为一方师长，选贤荐能乃其专责，倘敢虚应故事，滥举非人，照溺职例革职，或徇情受贿，则当重治其罪。八旗之满洲、蒙古、汉军亦照此例，将人品端方、通晓汉文者，着该佐领各举一人。如不得其人，亦具印结，令该都统汇齐奏闻请旨，庶使潜修笃行之士得以表见，而国家亦收得人之效矣。

四月癸丑　授一甲进士彭启丰为翰林院修撰，邓启元、马宏琦为翰林院编修。

五月己未　谕吏部：庶吉士陈浩等教习已久，今加考试，应分别授职。除编修王安国已经授职外，清书庶吉士陈浩、赵晃、严源焘、刘统勋、黄佑俱着授为编修，刘统勋着在南书房行走，汉书庶吉士吴应枚、汪由敦、王峻、吴龙应、蒋振鹭、李清植、赵大鲸、于枋、朱良裘、吴兆雯、开泰、杨士鉴、徐焕然、吴延熙、顾贽、熊晖吉俱着授为编修，张若涵、程光钜俱着授为检讨，徐天麒以部属用，诸锦、周廷夔、陈璟归进士原班用，舒明着再教习三年。

五月辛酉　谕内阁：今科选拔庶常应如何简选考试，务得人材，以济实用，尔等会议具奏。寻议，进士选拔庶常，原属储才大典，必得学问素优、才品兼著之士，方可选列清华。查雍正元年癸卯科殿试后，集诸进士于保和殿御试，并令九卿各举所知；雍正二年甲辰科，照前举行。今科进士亦应详加考试，仍令内阁、九卿确行保举。其考试拟用论、诏、奏议、诗四题，或作一二篇，或诸体全构，听其各展所长。届期钦点大臣阅卷进呈。其进士内有彼此熟悉，素为众所推服者亦令公同举出，伏候皇上亲加选定。从之。

六月丁亥　谕内阁：学政一官，所以化导士习，养育人材，职任甚重。近年以来，各省督学诸臣颇能仰体朕心，祗遵朕训，矢公矢慎，杜绝苞苴，深可嘉奖。但向来学政，恣行贪劣，以国家兴贤造士之途，视为射利营私之地。此固本人之不肖，而亦大半由于提调官员赞成之也。其学政之秉心贪劣者，与提调官通同作弊，固不待言，而学政之可与为善、可与为恶者，提调官则引诱之，或挟制之，使不得全其操守，而于其中网取厚利，此提调官之恶习，而天下之所通知者也。学政原有关防，若提调官持正秉公，则学政必不能肆行无忌。学政果能公明廉洁，提调官更当敬礼而玉成之，岂可反导之为非乎？提调与学政相为表里，嗣后，学政声名不好，应将提调官一并议处。其如何定例之处，着九卿会议具奏。寻议，学臣考试，凡关防启闭以及拆卷发案，俱经提调官之手，如有通同作弊者，应照贪官例革职提问。如学臣私鬻名器，提调官防范不严，照溺职例革职。如有胥吏招摇受贿等弊，提调官不行访拿，别经发觉，照失察衙役犯赃例议处。倘学臣操守清廉，提调官反为引诱挟制者，准学臣即行指参，照贪官例治罪。从之。

六月辛卯　谕翰林院：选拔庶常原以作养人材，今科进士，特加简阅。取钱本诚、庄柱、于辰、刘复、王丕烈、周祖荣、邹一桂、余栋、张鹏翀、张灏、李实蕡、林璁、王云铭、金相、原衷戴、王承尧、缪焕、李学裕、刘东宁、李直、刘青芝、陈师俭、许琰、富魁、世臣、王植、周绍龙、周龙官、杨嗣璟、王兴吾、包祚永、郭石渠、陈其嵩、隋人鹏、常保住、吕炽、张乾元等三十七员俱着改为庶吉士，并修撰彭启丰、编修邓启元、马宏琦分别清、汉书教习。

六月甲午　以都察院左都御史沈近思、工部左侍郎鄂尔奇教习庶吉士。

六月壬寅　谕内阁：近因考试新科进士，以宋儒所云“士人当有礼义廉耻”句为论题，诸进士试卷进呈，朕躬自披览，见其文艺之工拙优劣，固有不同。然大概皆词章记诵之常谈，未能真知题中之理蕴，而实有发明。盖所言止于仪文末节而已，非礼义廉耻之大者也。朕则谓，古人言“礼义廉耻，国之四维”者，盖以天下之大，四海之众，皆范围其中，而不可须臾离。而士人贵有礼义廉耻之说，所指甚远，所包甚宏，上之为人君，下之为人臣，皆当求其大者以为务，而不可局于仪文末节间也。以礼言之，如化民成俗，立教明伦，使天下之人为臣皆知忠，为子皆知孝，此礼之大者也；进退周旋，俯仰揖让，此礼之小者也。以义言之，如开诚布公，荡平正直，使天下之人，无党无偏，和衷共济，此义之大者也；然诺不欺，出入必谨，此义之小者也。以廉言之，理财制用，崇俭务本，使天下之人，家给人足，路不拾遗，盗贼不生，争讼不作，贪官污吏，无以自容，此廉之大者也；箪食豆羹，一介不取，此廉之小者也。至于以耻言之，为人君者，宪天出治，諴和万民，则当以一夫不获其所为耻；为人臣者，行义达道，兼善天下，则当以其君之不为尧舜为耻。若夫乡党自好，不失言于人，不失色于人，此乃耻之小者耳。欲为君尽君道，欲为臣尽臣道，而其道不外礼义廉耻之四端。士人者以天下为己任，其身既为臣之身，而有致君之责者，岂可徒知其小节而不知其大者乎？夫礼义廉耻，由一端之小者扩而充之，皆可以保四海。然必知其大者而务之，自可不遗于其小。若或徒窥小节而不知其大，则迂拘曲谨，只图检束一身而不敢任天下之重，此则细民之行，而非士人之道也。孔子曰：“人能弘道，非道弘人。”其可不勉自奋立乎？朕引见新科进士时，即欲面加训谕，因天气炎热，恐伊等暂时跪听，不能悉心领会，今特详为宣示。朕愿与大小诸臣交相儆勉，详思礼义廉耻之大者，身体力行，则人心风俗烝烝日上，而唐虞三代之治，庶几其可复见也。

七月辛巳　以翰林院侍读徐本提督贵州学政。

七月辛巳　吏部议覆云贵总督鄂尔泰疏言，东川一府地方辽阔，实非一知府、一经历所能遍理。查，巧家营逼近乌蒙，去府甚远，应立一县，设知县一员，管辖马书、弩革、米粮坝、以扯汛等处。者海地方，素通乌蒙，暗行不法，应设典史一员，管辖革舍、阿固、伙红等处，驻札者海。其歹补地方，离府百里，山深箐险，应设巡检一员，管辖五龙、毕七、法戛等处。又则补地方，远在江外，亦应设巡检一员，管辖阿木、可徂、普毛、杉木箐等处。至东川府教职诸事，向系知府兼摄，请添设教授一员，专司学校，岁取文武童生各十名。均应如所请，从之。

九月己卯　以翰林院编修顾仔提督广东学政。

十月乙酉　谕大学士、九卿等：科道职司言路，乃朝廷政务所关，当矢竭公忠，无欺无隐，方为称职。朕观数年以来，科道陈奏者，并无忠谠可信之词。又有庸陋之科道，既不敢直陈政务之大端，又恐蹈缄默之愆，往往摭拾琐细迂谬、毫无关系之事，滥行条奏。甚至颠倒是非，紊乱黑白，或借以行私植党者有之。从来人君听言纳谏，原为美德。但言之公者自应嘉纳，而言之私者岂可漫为听从？今科道所奏，朕若不加采纳，则以朕为不能受谏；若所言谬妄，而稍为惩戒，则谓刻待言官，以杜忠谏之路。此为君之所以难也。旧例科道吏部等官，专用科目出身之人，科道职司纠参，吏部管理考察，相为表里。凡外任科目出身之州县官，一经行取内升，即可补授吏部科道。由是操督抚之短长，敢于上司前傲慢无礼，为督抚者亦恐结怨报复，不加约束，颇为吏治人心之害。是以数年以来，行取之典，未曾举行。朕思礼部管理科场，翰詹职司文翰，国学官员有课士之责，自宜专用科目之人。若科道吏部皆系办事衙门，并非用其文墨也，何必拘定科目乎？朕意欲将旧例变通，以杜党援之弊，而收用人之效。嗣后，铨补科道吏部及州县行取之例，着大学士、九卿等详议具奏。但此例相沿已久，今欲变通，若稍有未协，恐生疑议。如或不应更易，即各陈所见，毋面从背非，以蹈欺罔。寻议，嗣后科道缺出，在京则令翰林院掌院于编修、检讨内保送，各部院堂官于各属司官内，不论科甲贡监，择其勤敏练达、立心正直者保送引见补用。在外则各省督抚将州县官保送引见，恭候选定；其留京者以科道补用。至吏部四司郎中等员缺与户兵工刑四部司员，不论科甲贡监，俱归月选。从之。

十月戊子　谕吏部：台湾远隔海洋，向来学政交与台湾道兼管。朕思道员管理地方之事，又兼学政，未免稍繁，应将学政交与派往巡察之汉御史管理。永着为例。

十月己丑　谕内阁：外省乡试房考，旧例皆用现任知县入闱。朕思知县身为民牧，地方政务甚繁，入闱动经数月，诸事或至迟误。朕意欲将外省房考之例斟酌更定，或于邻省中举人、进士之在家候选者，临期调取数十人，交与监临之督抚，秉公掣签，令其入闱分校。着九卿悉心详议具奏。

十月乙未　赏各省会试下第武举银各四两。

十月乙未　康亲王崇安等遵旨议覆顺天学政孙嘉淦条奏，请整饬八旗官学，以育人材。嗣后，选官学生，务择聪明俊秀子弟，考课分习清汉书。每旗给官房一所为学舍，以贡生五人为教习。派定所教人数，优其廪给，专其训导，又不时稽查勤惰。期满，分别议叙。应如所请，从之。

十月己酉　礼部议覆奉天府府丞须洲疏言，奉天府学民籍廪生，一年一贡，似觉太速，请二年一贡。满字号廪生，五年一贡，似觉太迟，请三年一贡。再盛京幅员广阔，满汉生员散处千里之内，总属府学教官管辖，耳目难周，请令查明居址，拨归相近州县学督课。俱应如所请，从之。

十一月壬戌　礼部遵旨议覆，嗣后，各直省乡试房考官，除顺天仍照旧例外，其外省乡试俱于邻省调取在籍候选之进士、举人文行素优者，掣签入闱分校。其两省接壤，附近三百里内者，不得混行咨送。从之。

十一月丁卯　策试天下中式武举夏槮等一百十六名于太和殿前。

十一月戊辰　上御瀛台紫光阁，阅视中式武举骑射。

十一月戊辰　以翰林院编修励宗万提督山西学政。

十一月辛未　上御瀛台紫光阁，阅视中式武举步射、技勇。

十一月壬申　上御瀛台紫光阁，阅视中式武举步射。复命亲军、护军等步射。

十一月甲戌　上御太和殿。传胪。赐殿试武举王元浩等一百十六人武进士及第出身有差。

十一月丁丑　谕八旗都统等：历来满洲人材壮健，弓马技勇，罕与比伦。前令八旗查得亲军、护军内能开八个力以上硬弓者，现有一万八千余人。昨朕在瀛台考试天下武举骑射之后，令八旗人等，当众人之前校射。伊等所用之弓，自十八个力以至十三个力不等，举重若轻，从容合度，众武举等咸惊异以为从来罕睹。朕心甚为嘉悦，着分别赏给银两。伊等艺勇超群，是其尽心学习之所致，嗣后，务须更加勉励，演习熟练，不可以弓力相争尚。将此通谕八旗知之。

十二月甲申　刊刻《孝经》、《小学》清汉文告成。《御制孝经序》文曰：《孝经》者，圣人所以彰明彝训、觉悟生民。溯天地之性，则知人为万物之灵；叙家国之伦，则知孝为百行之始。人能孝于其亲，处称惇实之士，出成忠顺之臣，下以此为立身之要，上以此为立教之原，故谓之至德要道。自昔圣帝哲王宰世经物，未有不以孝治为先务者也。恭惟圣祖仁皇帝缵述世祖章皇帝遗绪，诏命儒臣编辑《孝经衍义》一百卷，刊行海内，垂示永久。顾以篇帙繁多，虑读者未能周遍，朕乃命专译经文，以便诵习。夫《孝经》一书，词简义畅，可不烦注解而自明。诚使内外臣庶，父以教其子，师以教其徒，口讽其文，心知其理，身践其事。为士大夫者，能资孝作忠，扬名显亲；为庶人者，能谨身节用，竭力致养。家庭务敦于本行，闾里胥向于淳风。如此，则亲逊成化，和气熏蒸，跻比户可封之俗，是朕之所厚望也夫。《御制小学序》文曰：古者八岁而入小学，教之以洒扫、应对、进退之节，爱亲敬长之义，俾童而习之，以养其德性，其说散见经传。朱子采集为《小学》一书，所以示人教学之方，而有以为正心修身之本，其言约，其理该，盖六经、四子性理诸书之阶梯也。皇考圣祖仁皇帝尝特颁谕旨，令有司兼以命题课士，海内士子固已咸知诵法矣。又命尚书顾八代一人翻译清文，日进呈览钦定，三年而后成，嘉惠后学之心至深且厚。当日未经刊刻颁行，朕敬承皇考遗志，特命校对授梓，以资肄习，读者宜知纲常伦纪之当崇，视听言动之当谨，与夫嘉言懿行之当遵循慕效。修其职，自在家庭日用之常经；而充其量，可以成圣贤忠孝之大节，子弟之习于是而淳，教化之原于是而备。诗曰："成人有德，小子有造。"朕盖深有望焉。

十二月甲申　谕兵部：前科武进士大半皆授为侍卫，余亦依次俱得选用。今科进士，朕恐其多选侍卫，反不能尽心学习，所以拣选侍卫者甚少。但伊等未得一时录用，置之闲散，殊为可惜。今特广为加恩，将未选侍卫之满洲、蒙古进士授为蓝翎，交与领侍卫内大臣效力行走；汉军进士，交与该旗以骁骑校补用；其余汉进士，有人材可用者，分发各省，赏食千总俸，令督抚、提镇试看，如果材力壮勇、效力勤谨者，以守备题补。

十二月乙酉 谕礼部：直省拔贡，旧例，十二年题请举行一次。后因各省学政不能秉公选取，国子监未便照例请行，于雍正元年特行一次。朕思各州县每年岁贡，较其食廪浅深，挨次出贡，内多年力衰迈之人，欲得人材，必须选拔。着各省学臣于科考时，照例府学拔取二名，州县学拔取一名，宁缺勿滥。务取学问优通、品行端方、才猷可用之人，令其来京，朕将亲加考验，令入国子监肄业。如有学问荒陋、人品不端、才具庸劣者，将该学政严加议处。嗣后，六年选拔一次，国子监届期题请候旨。

十二月甲午 礼部议覆四川巡抚宪德疏言，东川府改隶云南，所有寄籍东川入学生员，请照例改归本籍应试。应如所请，从之。

雍正六年（1728年）

二月甲午 以兵部右侍郎胡煦教习庶吉士。

二月丁酉 祭先师孔子。上亲诣行礼，御《制仲丁诣祭文庙》诗一章，勒石立碑国学，并颁发各省府州县学宫。

二月戊戌 吏部等衙门议覆云贵总督鄂尔泰疏称，乌蒙、镇雄既经改土归流，并归滇省管辖。谨查，乌蒙、镇雄地方接壤千有余里，而乌蒙地势尤广，请仍设为府治。其扼要之地，一为天砥，去旧治七里，轩厂宽平，可建城垣，请设知府一员、教授一员、经历一员、司狱一员、知事一员；一为天关屯，去府城穹远，设通判一员驻札；又米贴地方，去府治西北三百里，控驭险要，设知县一员，教谕一员，典史一员；又鲁甸、盐井渡地方，各设巡检一员驻札。至于镇雄较乌蒙稍隘，请改为州治，稍移而南，建立城垣，设知州一员，学正一员，吏目一员。其夷良地方，设州同一员驻札；威信地方，设州判一员驻札；毋享地方，设巡检一员驻札，俱归乌蒙府管辖。至府州县文武童生，请暂照小学例，各取进十名。均应如所请，从之。

二月壬寅 谕礼部：考试冒籍之弊，向来习以为常，理当清查禁约。况今滇、黔、楚、粤等省，苗民向化，新增土司入学额数，为学臣者尤宜加意禁饬，毋使不肖士子冒其籍贯，阻土民读书上进之路。再者朕念各省学臣用度不敷，特令各该地方给与养廉。俾伊等盘费从容，得以尽心考校，杜绝私情。但闻向来陋规，学臣有馈送督抚之项。若外存养廉之名，而暗中仍有馈送之实，则考试必至不能肃清，深负朕加恩学臣之意矣。目前虽无此事，因恐将来日久弊生，故论及之。

二月丙午 四川巡抚宪德疏言，参革按察使程如丝奉旨正法，于部文未到之前五六日，自缢身死，显系提塘先期漏泄，应将各省提塘通行裁革。得旨：提塘管理京报，设立久矣，岂能禁革不用。但伊等借邮传之名，作奸滋弊，习以为常。如奉旨正法之人可以预通信息，亦可将奉旨宽宥之人，先期设词吓诈。此等弊端，不可不加防范。应如何定例，俾紧要事件不致先期漏泄，或以官员承充提塘，分别赏罚，定其考成。着九卿确议。寻议，提塘之设，难以裁革，向来多系微末职衔，自无爱惜功名之念，且从未将作奸提塘及保送不实之各官定有处分，是以种种弊端，无所顾忌。请行令各督抚于本省武进士及候补候选守备人员内拣选，取具该地方官印结，申送咨部顶补，三年无过，准照本班即用；怠惰贻误者，即行斥革。如将应密事件预通信息及设词恐吓诈骗，一经发觉，即交刑部治罪。其出结之该地方官及督抚失察者，分别议处。从之。

三月甲戌　礼部议覆四川巡抚宪德疏言，黎大所旧系州治，后以人士稀少，生童寄籍于各府州县考试。今生齿日繁，文风渐盛，请设立一学，取进文、武童生各六名，并拨荥经县训导一员，专司课士。其在外府州县卫寄籍入学已经补廪者，仍听其于寄籍之处考试，挨次出贡。其余增附生及武生，改归黎学肄业考试。应如所请，从之。

四月己酉　谕内阁：据礼部侍郎钱以垲疏奏，伊祖钱楞于顺治年间以委署知县尽节殉难，恳请恩恤。着该部查明议奏。寻议，顺治九年，福建巡抚张学圣将沙县令董潾等五员殉难缘由，题请赐恤。因署将乐县知县钱楞系委署之员，照例未经议恤。今该侍郎钱以垲既称伊祖钱楞随征入闽，与董潾等四员同时殉难，应将钱楞追赠福建按察使司佥事，荫一子入监读书，照加赠品级，给与祭葬。从之。

六月辛巳　云南威远司同知刘洪度查拿夷猓，遇贼被害，加赠知府衔，致祭一次，荫一子入监读书。

六月丙戌　调陕西学政、左春坊左庶子杨超曾提督顺天学政，加原任陕西榆林道朱曙荪翰林院侍讲衔，提督陕西学政。

七月乙亥　内务府总管常明奏报：芦沟桥遵旨盖造官房，安歇会试举子，工程告竣。得旨：此朕体恤应试举子之意。俾其有旅次居宿之安，而无盘查行李之扰。但恐各省举子未必知有新设顿宿之处，着礼部行文各该督抚通行晓谕，并令崇文门每年查税官员，实心奉行，严饬巡察人役等，毋得借端稽留，额外苛索。

七月戊寅　刑部尚书励廷仪条奏，请除监生考职倩代顶冒之弊。得旨：各省监生每于考职之时，或惮于跋涉，或不谙文理。常托在京之亲戚朋友代为应考，而本人安坐原籍，滥窃职衔。此等陋习，相沿已久。是以数年来，朕特遣大臣等司考试之事。及后访察，知考试之臣，亦只能校阅文艺，不能除假冒之弊。故于上年考试之后，朕令将一千一百余人通行引见。彼时伊等自知顶冒情亏，不敢报名引见者九百余人，俱经降旨革退。其引见之二百余人，朕以为皆系正身。又见其中有人材可用者，因拣选七十余人，交部即用，或令外省督抚试用，且有加恩用至知县、知州等官者。近闻此即用人员之内，竟尚有顶冒之人，似此敢于欺罔，可谓愍不畏死者矣。今朕开恩，准其自行出首。若代考得官之人，遵旨出首，朕酌量宽减其罪。其托人代考者，情罪较轻，若遵旨出首，但革去监生，不治其罪。倘仍前隐匿不首，一经察出，将与者、受者即行正法。其从前历来考职监生有代考得官者，俱照此例行。

七月戊寅　加工部主事管式龙翰林院检讨衔，提督湖北学政。

八月丁未　谕内阁：浙江士习浇薄，朕为世道人心计，不得不严加整理。今二年以来，李卫、王国栋先后奏称两浙士子感朕训诲之恩，省愆悔过，将旧日嚣凌奔竞之习，痛自改除，可称士风丕变。前年朕原降旨，浙人秉性聪慧，既知读书，必明大义，非如强悍执滞之难于感化者。一经指示，则醒悟亦必最捷，不出二三载，可以望其自新。今果然矣。明年即届乡试之期，浙省士子准其照旧乡会考试，以示朕训俗牖民、乐闻迁善之至意。

九月丁巳　吏部议覆理藩院尚书特古忒等奏称，理藩院专司蒙古事务，非通晓蒙古字话之人不能办理。请于八旗蒙古官学生、监生内有能翻译满洲、蒙古字话者，吏部会同理藩院考取，以各部院蒙古笔帖式挨次补用；唐古特学生由理藩院考试，翻译蒙古、唐古特字话，拣选好者以理藩院唐古特笔帖式挨次补用；又，唐古特学生补用笔帖式中书者仍兼唐古特学行走，升至主事员外，方令其离学，庶所学唐古特字不致荒废。又，旧例蒙古官学生、唐古特学生补用中书，似属太优，嗣后，官学生停其补用中书，中书缺出，于八旗蒙古笔帖式内拣选补用。至内阁蒙古中书额设十六缺，内有唐古特中书四员。查内阁翻唐古特字话，既设巴克什喇嘛，并不专藉中书，请于唐古特中书内裁去二缺，止留二缺，令唐古特学生出身之笔帖式补用；其蒙古中书十二员，令理藩院会同内阁于八旗蒙古笔帖式内考试，拟定正陪，咨送吏部引见补用。此补授中书人员内由理藩院蒙古笔帖式考取者，仍以理藩院应升之缺升转；由吏部等衙门考取者，仍以吏部等衙门应升之缺用。又，国子监八旗蒙古官学生、监生学习满洲、蒙古翻译，既各蒙恩赏给钱粮，其内蒙古学实属多设，请将内蒙古学裁去，其裁退之学生，俟国子监本旗学生缺出坐补，其裁退之助教，俟国子监助教缺出坐补。又，八旗蒙古监生、官学生内有学习汉文，情愿考试满汉翻译者，令其考试。取中后，以吏部等衙门蒙古笔帖式缺与考试取中人员一体挨次补用。又，理藩院内额设郎中五员，员外郎十九员，主事五员，系专司蒙古事务，取其谙练，不便将别部人员升补，亦未可升补别部，嗣后，理藩院缺出，请于理藩院蒙古笔帖式，各口驿站及将军驻防并察哈尔等处蒙古笔帖式，并由理藩院笔帖式考取补用之中书、助教、五官正等，不论旗分，通行较俸升补，由主事升补本院员外郎、郎中，再与六部满洲、蒙古郎中一体较俸升转。又，内阁蒙古侍读二员，太仆寺蒙古员外郎二员，盛京刑部蒙古员外郎二员，亦系专司蒙古事务之人，嗣后缺出，请于理藩院蒙古主事内，不论旗分，通行较俸升补。又，八旗游牧员外郎主事仍照旧例，由理藩院于蒙古护军校、骁骑校、中书、笔帖式、护军内拣选补放。又，喜峰口、杀虎口驿站员外郎各一缺，张家口、归化城蒙古理事同知各一员，原系拣选之缺，应照定例于理藩院司官内拣选补授。又，国子监助教八员，系训迪满洲、蒙古翻译之员，嗣后遇缺，于理藩院及修书蒙古笔帖式并国子监闲散巴克什内令理藩院会同国子监拣选，拟定正陪，咨送吏部，带领引见补用。……俱应如所请，从之。

九月丙寅　谕内阁：各省保举贡生生员以教职用者，止可用为教职，即俸满应升之时，不得别行升转。

九月甲戌　谕礼部：各省考取拔贡，原欲遴儒生，以宏教育。向来之例，俱于见考一二等生员内选拔文行兼优者。但恐作文有一日之短长，而文理平通、不列优等者，其人或品行端方、才识练达，足备国家之用，亦未可定。嗣后，着各省学政不必拘一二等之生员，俱准收考，酌量试以时务策论。其人果有识具才干，再访其平日品行端方，即正考未列优等，亦准选拔，则文行兼收，可以昭国家广揽人材之典。

十月乙酉　礼部议覆广西学政卫昌绩疏言，考试武童，今虽用武弁监射，而内外场顶换之弊不能尽息，应令学臣会同监试，于合式武童内，有技勇汉仗好者，另用好字印面。阅卷时，先尽数取进，如不足额，再将合式卷内补入，应如所请。得旨：考试武童，令武弁监射者，不过相助学臣之意，其去取仍听学臣阅文定夺。若先尽好字号取进，则外场重于内场矣。假遇微末武弁，及不能秉公监射之人，情弊不可胜数。嗣后，应用何等武弁监射？若该武弁监阅不公，听学臣参奏，应如何定其处分之处，着再议。寻议，考试武童，例用武职监射，满洲、汉军用副都统，奉天用满洲协领，直隶各省用副将、参将、游击，该督抚、提镇拣送监射。如武员监阅不公，滥用记印，许该学臣指参。从之。

十一月甲寅　吏部议覆山东学政王世琛条奏学正事宜。一、兖州府鱼台县学，请设训导一员；登州府福山县学，请添设教谕一员。一、济南府之泰安等三州，兖州府之曹州等三州，既改为直隶州，其从前由六州拨入府学之文武生员，请改归该州学肄业，并饬各省直隶州照例遵行。一、学臣奉差，岁科共有两次考册报部，惟生员缘事欠考等项，止于岁考报册内开载，科考俱不开报。嗣后，科考报册，请照岁册例，并行造报。一、鸿胪寺序班、经制六缺，例由直隶、河南、山东、山西四省生员在京者具呈考补。但此等生员，皆因规避考试，倩人递呈，并未亲身到京。嗣后，生员愿考序班者，请令取具同乡京官印结，选取留寺学习。其迭催不赴考之生，该寺查出除名，仍归学肄业。一、文庙乐舞童，请就近于衍圣公所属户人子弟内挑补，如不足额，仍于曲阜县童生内挑选。一、东省卫籍童生及衍圣公所属户人子弟，俱散居各州县地方，请令于现在居住之地应试，毋许两地赴考，违者照冒籍例治罪。均应如所请，从之。

十一月丙辰　谕内务府：咸安宫房屋，现在空闲，着设立官学，将包衣佐领内管领之子弟并景山官学生内，拣选颖秀者，或五六十名，或一百余名，入学肄业。

十一月丁巳　以翰林院侍讲凌如焕提督湖北学政。

十一月壬戌　工部等衙门议覆川陕总督岳钟琪遵旨酌议督理插汉拖辉工程侍郎通智、单畴书折奏事宜。……一、招徕人民，虽有四千余户，读书士子尚属有限。请学校教官暂停设立。……均应如所请。得旨：建立学校一条，据奏招徕人民已有四千余户。朕思其中亦多读书之人，若必俟人文蔚起，始行考取，恐远方士子，目前阻其读书上进之阶，应将两县中现在读书愿就考试者，许其附入邻近州县内考试，酌量加额收录入学，俟两县人文渐盛，建学设官之日，仍行拨入本学，庶为妥协。余依议。

雍正七年（1729 年）

正月壬申　宗人府奏，宗学教习期满之举人、贡生，请予议叙。得旨：宗学教习于期满之时，自应加恩议叙，除举人系应选知县之员，照原议铨选外，其贡生等善于训课，未必娴于吏治，若一概用为知县，不但于吏治无益，而本人不能办事，致干参处，亦非所以成全之也。凡各处教习之贡生等，着于期满之时，该管衙门带领引见，或用为知县，或用为教官，候朕颁发谕旨，因材器使。将此通着为例。

正月癸酉 谕礼部：士子者，百姓所观瞻，士习不端，民风何由得厚？是以考课士子，设立举优黜劣之典，以为移风易俗之道，所关亦綦重矣。无如教官愚懦无能，学臣因循苟且，往往视为具文，奉行不力。每当学臣按试之时，教官辄以无优无劣，具文申详，草草塞责。如此，则善者何由而劝，不善者何由而惩？夫善者之湮没不彰，一时尚难觉察，而不善之人，侥幸苟免于目前，不旋踵而劣迹败露。每见荡检逾闲、犯法乱纪之士子，皆从前学臣、教官之未曾开报劣行者。其间情罪虽难一一追究，然即此可知其中之容隐不少矣。嗣后，若教官沽名邀誉，纵容劣生、不行举报者，经学臣察出，立即指参，将教官照溺职例革职。若学臣瞻徇情面、不行纠参者，一经发觉，将学臣照徇庇例降级调用。着将此永着为例。

二月辛巳 以内阁大学士尹泰为翻译乡试正考官，礼部左侍郎鄂尔奇、通政使司左参议吴山为副考官。

三月甲寅 加户部主事蒋蔚翰林院检讨衔，提督山东学政；工部主事傅王霅翰林院编修衔，提督江西学政。

三月乙卯 改陕西靖边所训导为学正，安塞、吴堡、神木等县学训导为教谕。

三月戊午 礼部议覆贵州学政徐本条奏学政事宜。一、各省府学，皆取所属州县童生拨入，惟黔省自为府籍，府学额多，即不如州县童生之卷，亦得充额，州县额少，即有优于府籍童生之卷，亦为额限，未免去取不均。嗣后，府籍童生倘不足数，请于所属州县童生内酌量拨入。一、给顶生员，每于学臣任满之日，纷纷呈告，希冀去任匆忙，不及查验，其中不无年例未符、伪托病废等弊。请嗣后于科册报部后，概行停止批给。一、贡监见归学臣约束，而学臣衙门并无监生档案。请嗣后饬令该府州县备造履历清册，申送学臣，以凭查核。至俊秀捐纳中有不应试者，当乡试之期或借与亲友，或租与他人，顶冒入场，请于捐纳后行文取结之时，即令填注不应试字样，以便科试之日详加查验，庶顶冒之弊可除。均应如所请，从之。

三月乙丑 谕内阁：士子读书明理为庶民坊表，若昧于急公奉法之义，抗粮逋赋，是导民为非，不止亏缺国课而已。今见内外大小臣工，为此条奏者甚多。经礼部定议，按限追比，逾限不完，详请褫革严追等语。朕思士子一经笞杖，则难洗终身之辱，一经褫革，则永无上进之阶，诸生纵不自惜其身名，朕则深为诸生悯惜也。闻各处催征之例不同，有责比催粮之差役者，有扑责欠粮之本身者，现年钱粮，每至十月不完，方将粮户惩责，是五月未曾完半，虽在百姓，未必便行鞭扑，而乃以此遽施于士子乎？况生监之中，贫富不等，富户故意抗违，实法无可贷，而贫生未能依限，则情尚可原。今应如何分别贫富，使富者不得借口以愆期，贫者得稍纾其力，沾沐朝廷体恤之恩，而国赋又不至于拖欠。着该督抚各就本省情形，秉公详察，悉心定议，务其宽严得当，永远可行。倘该督抚内，别有所见，可以仰副朕矜怜贫寒之士子，而又惩戒顽富之劣衿者，亦着详悉陈奏。

四月辛巳　吏部议覆四川巡抚宪德遵旨覆奏天全土司改设流官事宜。一、天全地方请改置一州，设知州一员、吏目一员，驻札碉门，州同一员，分驻始阳。一、天全地方，既改为州，应隶府辖，请升雅州为府，设知府一员，经历一员，增置附郭一县，设知县一员，典史一员，以新设之一州一县及名山、荥经、芦山等三县，并归府辖。一、雅州既改为府，请以州学为府学，改设教授一员，州训导改为府训导，其府州县三学取进生童并廪增出贡额数统俟人文日盛，再议增置。均应如所请。从之。

四月丙申　吏部议覆四川巡抚宪德疏言，会川一卫向系小学，额取文、武童生各八名。今该卫既经裁改，并入会理州，而该州旧无专学，请照州制中学之例，取进童生十二名。应如所请。其补廪出贡，因系设学之始，不便遽照州制，从之。

五月丁未　加礼部额外主事周人骥翰林院编修衔，提督四川学政。

五月辛酉　以翰林院检讨沈文豪为云南乡试正考官，兵部郎中林天木为副考官；编修严源焘为贵州乡试正考官，礼部主事邓世杰为副考官。

五月丙寅　户部议覆署广东巡抚傅泰疏言，粤东文武会试举人公宴银两，向例照各州县编征定额，分给本州岛县之举人，未免多寡不均。请合省通计，按名给发。应如所请，从之。

五月丙寅　礼部议覆四川巡抚宪德疏言，威州地方即经裁并，保县所有取进童生额数，请两处通融，合取十二名。其屏山县向隶马湖府，未经立学，今府已裁汰，该县改属叙州府，请设教谕一员、训导一员，原取府学生员改作县学，童生取进十五名。应如所请，从之。

六月辛卯　以翰林院检讨吴大受为四川乡试正考官，左春坊左赞善色诚为副考官；编修张梦征为广东乡试正考官，编修严民法为副考官；吏部员外郎严宗哲为广西乡试正考官，编修于枋为副考官；编修吴延熙为福建乡试正考官，编修陈浩为副考官；编修钱陈群为湖南乡试正考官，刑部主事永世为副考官。

七月丙午　谕内阁：据顺承郡王锡保奏称，在军前效力之陆生楠细书《通鉴论》十七篇，抗愤不平之语甚多。其论封建之利，言词更属狂悖，显系诽议时政。参奏前来。陆生楠由广西举人部选江南吴县知县，朕览其履历奏折，前惟颂圣浮词，中间不过腐烂时文，无一语近于直言规正，亦无一事切于国计民生，而倨傲诞妄之气溢于言词，知其人必非醇谨。及至引见之时，举动乖张。朕将伊折内之语诘问数条，陆生楠总默然不能对，但闻朕教训，转多愤懑之色。彼时将伊扣缺，令以主事试用，盖以其人或小有才，令其在京办事学习，以冀悛改也。后伊改授工部主事，引见时，不惟毫无敬畏，且傲慢不恭，显然逆抗，形于词色。夫主事职列部曹，外任知县历俸多年，或卓异行取，始得升补，而陆生楠以边方举人，筮仕之初即膺兹职，尚何负于伊？而伊竟敢怼及君父乎？伊系广西人，平日必有与李绂、谢济世结为党援之处，故敢如此。是以将伊革职，发往军前，与谢济世同时效力。一则令其观满洲尊君亲上之心如此其谨凛，一则令其观我朝兵营之制如此其整严，一则令其观各蒙古部落熙皞淳朴之风如此其诚实。庶冀伊等化去私邪，勉于自新之路。讵意陆生楠素怀逆心，毫无悔悟，怙恶之念愈深，奸慝之情益固，借托古人之事几，诬引古人之言论，以泄一己不平之怨怒，肆无忌惮，议论横生，至于此极也。……朕意欲将陆生楠于军前正法，以为人臣怀怨诬讪者之戒。着九卿、翰詹、科道秉公定拟具奏。

七月丁未　以左春坊左庶子戴瀚提督福建学政。

七月丁巳　谕内阁：各省乡试旧例，以巡抚为监临，布政使为提调，道员为副提调，按察使为监试，道员为副监试。朕思藩臬二员乃通省钱粮、刑名之总汇，入场一月有余，将地方公事沉搁迟延，于官民均为未便。况场务既有道员二人，则科场之事，已有大员料理，不必又用藩臬。从今科始，各省以道员一人为提调官，一人为监试官。永着为例。

七月丁巳　以内阁学士任兰枝为浙江乡试正考官，翰林院编修王峻为副考官；侍读杨炳为江西乡试正考官，编修徐焕然为副考官；编修刘统勋为湖北乡试正考官，检讨张若涵为副考官。

七月庚午　以户部员外郎冯祖悦为陕西乡试正考官，翰林院编修开泰为副考官；大理寺卿黎致远为江南乡试正考官，编修李清植为副考官。

七月辛未　谕兵部：向例武举在本省学习之后，遇有千把总缺出，即在本省与兵丁一体拔补。伊等希冀得缺，未免开钻营幸进之端。且该管官之秉公拔补与否，亦无从考验。嗣后，将随标差操学习之武举等，令该督抚等看其材技优娴、晓习营务者，照年满各总例，送部考验，分发别省，遇有千把缺出，即行补授，则人材既可造就，而拔补亦得公平。将此永着为例。

闰七月癸酉　礼部议覆云贵、广西总督鄂尔泰疏言，贵州一省原辖十一府、四十州县。每科乡试额取文举人三十六名，五经二名，武举二十名。近于四川、湖南两省内，将十三州县改隶贵州，赴试人数较多，请增贵州乡试解额，加中文举人六名，共四十二名；武举三名，共二十三名，庶不致人多额少。黔省既经议加，则四川、湖南应行议减，请将四川解额，文举人减四名，武举减二名；湖南解额，文举人减二名，武举减一名。应如所请，从之。

闰七月癸未　谕王大臣等：向来觉罗佐领，或有或无，俱未画一。今既将下五旗觉罗佐领，由各该王属下撤出，作为公中佐领，朕意均派八旗方为妥协。前者宗人府设立宗学，只令教习宗室，未及觉罗。觉罗人众，今若一概归并宗学，教者势难遍及，应每旗各立一衙门管辖觉罗，或王或公，派委一员统理，令其于各该旗觉罗内拣选老成练达、品行端方者一二人分管。即于该旗衙门之旁各设一学，除情愿在家学习者外，择其可教之人，令其读书学射，满汉兼习。所派出之管辖人员，不时训诲稽察，如内有行止不端、不知守法安分者，即回明宗人府王等，令在该旗衙门居住学习，禁止出门，俟其改行迁善之后，再许出门。年底汇疏具题。如此，则于觉罗少年子弟大有裨益，而人人皆可成就。着宗人府王公等会同满洲大学士、六部尚书详悉议奏。寻议，向设觉罗佐领共三十二分，分属镶黄、正黄、正红、镶白、镶红、正蓝、镶蓝七旗，今请均匀移置八旗，每旗定为觉罗佐领四分。再，八旗各择官房一所，立为衙署，旁设清汉各一学。八旗觉罗内自八岁以上、十八岁以下子弟，俱令入学，分读满汉书，有愿在家读书者听之。其十八岁以上未曾读书者，于每月朔望传集公署，宣讲《圣谕广训》。每旗派出王公等为总管，觉罗二人为教长，于笔帖式内拣选能翻译者一人教授清书，礼部教习一人教授汉书，兵部拣选善射一人令其教射，仍着宗人府不时稽查。每年春、秋二季，该王公亲身考试，登记档案。觉罗内有取进文生员、翻译生员者，将满汉教习交部议叙。至一切支给公费等项，俱照宗学之例行。从之。

闰七月癸未 谕内阁：历年各省贡监等赴部考职，不过得一空衔，在本人无选用之期，在国家无引见之例。是以伊等相沿陋习，托人代考，习以为常。朕深知其弊，曾经降旨申饬，而此风仍未止息。前年于考试后特令通行引见，一则欲察其真赝如何，一则欲广收人材于稠人之中，以备州县佐贰之用，不使至于遗弃也。比时应试者一千二百余人，而报名引见者仅二百人。朕就其中举止从容、应对明白者拔取数十人，交与吏部陆续选用。及后再加访察，此等引见得官之人，仍有代人考试并冒行引见者，可谓愍不畏法之徒矣。因思若逐一严查，或致生事扰累，于是特颁谕旨，令本人自行出首，酌量免其重罪，并令从前代考得官者，亦准自首，此格外矜全之恩也。年来各省督抚题奏，自首代考得官，实由于捐纳者，朕俱开恩免其议处。近闻外省地方官，不问其人之得官与否，概将历年考职之人，加以盘诘，逼令自首，甚至胥吏乡约，逐户严查，仇家挟私讦告，种种纷扰，多生事端，此则有司奉行不善之所致也。朕旨原言代考得官者，而今则并及远年空衔之人；朕旨原令本人自首，而今则添官吏严查苛索之弊，着该部行文各省，通行晓谕，凡考职人员，止得空衔、未曾得官者，其自行出首与否，听本人之意；若得官之人，应行自首而隐匿不首者，别经发觉，自有国法。

闰七月乙酉 以翰林院编修吴应棻为河南乡试正考官，修撰彭启丰为副考官；户部郎中潘允敏为山东乡试正考官，宗人府主事张钺为副考官；左春坊左赞善许王猷为山西乡试正考官，浙江道御史陈弘谋为副考官。

闰七月庚寅 谕兵部：满洲准入武场考试，原为造就人材起见，伊等中式武举，正宜策励，再试进士。如有材艺出众，朕即挑选侍卫，加恩擢用。今满洲中式武举后，例以门千总补用，未免小就。即将来升补守备，若系巡捕营，尚可就近学习，倘升用外省，恐伊等未谙外省营务，不甚相宜。嗣后，满洲由武举补用之门千总并武进士，或以京营守备用，或以本旗护军校、骁骑校等缺用，并将作何升转及以何项补用之处，该部详议具奏。寻议，嗣后，满洲武举补授内九门千总者，遇会试之年，仍准入场考试。平时令步军统领时加考验，限以三年。材技优长者补授巡捕营守备，中平者补授本佐领下护军校并本旗骁骑校等缺，平常者留门当差，学习有成，再行保送。至满洲武进士，除钦点侍卫外，其余武进士仍以京营守备与骁骑校、护军校等缺补授。从之。

闰七月丁酉 谕内阁：八旗之贡监生员已经考取小京官笔帖式者，若愿就乡试，俱准其与举子等一同入场，使片善寸长，不致遗弃，以副国家教养人材之典。

闰七月丁酉　吏部议覆云贵、广西总督鄂尔泰条奏滇省建置事宜。……一、新设之普洱府应建立学校，请于元江府学调拨训导一员，董率启迪。入学额数照滇省小学例取进八名，其从前附入元江府各生俱拨归普洱府学。……均应如所请，从之。

闰七月辛丑　谕礼部：各省拔贡，闻已陆续来京。伊等既不能应本省之乡试，则当准其应试北闱，俾得观光盛典。凡拔贡之有贡单者，俱着该部咨送顺天府，令其应试，再修书各馆内。从前有外省生员在馆效力者，若情愿入场考试，着取同乡官印结，保送顺天府，亦准入场。

八月戊申　以礼部左侍郎鄂尔奇为顺天乡试正考官，兵部左侍郎杨汝谷为副考官。

八月己酉　谕兵部：各省每科考试武举，例用该省巡抚为主考官。其阅看文字，则用属下举人、进士出身之同知州县等为同考官。朕思各省巡抚多有未曾学习骑射、技勇者，何以评定举子外场之优劣？从今科为始，各省巡抚考试武举时，着就近省城之提督、总兵一员，同考外场，秉公拔取。若提镇驻札路远，或因公他出，则令总督或提镇派委副将一员代之。

九月戊寅　顺天府府尹陈良弼疏言：查八旗满洲、蒙古、汉军武乡试，凡考中之武生及中书部院衙门之七八品笔帖式、已上朝未上朝之荫生以至监生、马甲、护军、领催执事人等，俱准其入场考试。今八旗咨到副骁骑校、前锋马甲等与例不符，仰请加恩，照直省绿旗兵丁乡试之例，准其一体入场考试。从之。

九月壬午　礼部议覆升任护军统领德成条奏。一、八旗文生员、举人、进士考试骑射，关系大典。嗣后，请令礼部于四个月以前，行文该旗，移取名册。该旗于文到日，限两个月内移送礼部，礼部会同兵部查对。一、包衣佐领下庄头子弟，住居屯乡，临考之时，包衣参领不能识认，易滋顶冒等弊。嗣后考试，请每旗派参领一员，每参领下派章京一员，令本佐领、本内管领下派头目、领催各一员，带领应试之人，送参领等识认，并将派出之参领等职名与应试之人名册，一并移送礼部，礼部会同兵部传集查对。一、旧例，十五岁以下应考童子俱令骑射，其中力不胜马者甚多。嗣后，十五岁以下年未及壮之童子请停止马射，只令考试步箭，其有情愿兼试者听之。均应如所请，从之。

九月己丑　以山西道御史晏斯盛提督贵州学政。

九月庚寅　礼部议覆正蓝旗汉军副都统刘汝霖条奏，汉军子弟宜学习清书，请每旗各设义学一所，令该旗满洲都统会同汉军都统于满洲闲散官并笔帖式或因公降革人员内，择其精通清文者充补教习；于汉军本旗内，拣选善射者一二人，教习弓箭。其教习人员，每月给与公费银米，仍令该旗派章京一员稽查课业。其肄业子弟如有文理精通、愿考翻译者，不拘闲散，俱准赴吏部考取笔帖式。其文理粗通、弓箭可造者，听其在本旗挑补领催、兵丁。三年之内，教习勤谨者，将教习人员分别议叙。应如所请，从之。

九月庚寅　署广东巡抚傅泰疏言：广州府理猺同知朱振基于前任连州知州任内，私置逆贼吕留良牌位，设祠奉祀，连州学正王奇勋勒令阖学生员奔走趋奉。兹据连州生员陈锡等合词呈首，相应题参究治。得旨：朱振基、王奇勋俱革职拿问。其私置吕留良牌位，奉祀情由，该督严审究拟具奏。连州生员陈锡等深明大义，不为邪说所惑，据实出首，以彰名教，着将今年该州应试完场之举子交与该学政，秉公遴选学问优通者四人，赏作举人，送部一体会试，以示恩奖。如今科所取副榜内有连州生监，亦准作举人。

九月己亥　　调江苏学政、詹事府少詹事邓钟岳提督广东学政，陕西学政加翰林院侍讲衔朱曙荪提督山西学政，河南学政、大理寺少卿于广提督云南学政，浙江学政、翰林院侍读学士王兰生提督安徽学政，广东学政、翰林院侍讲学士顾仔提督浙江学政，以詹事府詹事张廷璐提督江苏学政，原任詹事府詹事王图炳提督陕西学政，翰林院编修吴应棻提督河南学政，提督顺天学政、左春坊左庶子杨超曾提督湖南学政，翰林院编修习寯提督广西学政，江南道御史卫昌绩俱仍留任。

十月庚戌　　谕内阁：大学士、尚书、侍郎、都御史、副都御史各大员，有子孙在京闱及本省乡试未经中式、年二十以上者，着各举文理通顺，可以取中者一人，开送内阁。请旨：寻开列大学士蒋廷锡子蒋溥、吏部尚书嵇曾筠子嵇璜、都御史唐执玉子唐少游、吏部左侍郎史贻直子史奕簪、户部右侍郎王廷扬子王镠、礼部左侍郎钱以垲子钱鋆、礼部左侍郎鄂尔奇子鄂伦、兵部左侍郎杨汝谷子杨绥、刑部左侍郎缪沅子缪檽、工部右侍郎张大有子张鸿运、侍郎署理仓场事务涂天相子涂士炳、副都御史谢王宠子谢升等具奏。得旨：俱赐举人，户部侍郎刘声芳子刘寯邦因病未应乡试，亦赐举人，准一体会试。

十月甲寅　　以兵部右侍郎胡煦为顺天武乡试正考官，太仆寺少卿鲁国华为副考官。

十月甲寅　　八旗王大臣等议覆署副都统参领阿鲁条奏，八旗汉军余丁，已立义学教训，其满洲、蒙古旗分，亦请设立学舍，于每旗前锋护军领催、马甲内择二人为师长。除大臣官员子弟情愿入官学、义学读汉书及在家学习外，佐领下十二岁以上余丁，俱令教训清文、清语，其蒙古旗分并教以蒙古语；每甲喇派出或章京、或骁骑校一员，令其教导骑射。该旗大臣参领等不时稽察，每年考试一次，分别勤惰，以示劝惩。应如所请，从之。

十月戊午　　加户部郎中潘允敏翰林院编修衔，提督陕西学政。

十月壬戌　　谕内阁：科场乃国家取士大典，关系甚重。数科以来，乡会试主考、同考皆凛遵功令，屏除弊端，舆论毫无异议，朕亦屡加奖许。然又恐其久而生玩，故习复萌，未尝不随时训诲，儆戒提撕也。今年顺天乡试榜发后，有人密奏闱中有顶替、夹带等弊，朕令诸生自行出首。今果有自首顶名者一人、夹带者四人。此则外帘疏忽之咎，已降旨将稽察官员严加处分。又密奏今年场前，有房考一二人与士子往来者。夫以科场久已肃清之时，不应尚萌暗通声气之想，凡科甲出身之官员，自知有衡文之分，便当远避嫌疑，杜绝干谒，何至以交游形迹，启人议论之端？况士子应试之先，预怀钻营幸进之念，此即行止不端之人，一旦忝窃科名，岂能成有用之材，为国家分猷宣力乎？

为房考者，又何为收罗此等憸邪之辈？岂但不能得其相助之益，且必至败已身之声名，干朝廷之宪典，亦愚甚矣。今岁外间虽有浮言，却无实据，姑免深问。来春会场在即，各省举子云集京师，凡在京官员，有考官之责者，各宜预先儆惕，戒慎小心，防微杜渐，勿以小不检点被人指摘，致贻科甲之羞。况国法具在，朕不能曲为宽假也。思之慎之。

十月甲子　吏部议覆给事中奚德慎条奏，八旗文移稿案向由管档领催缮写，伊等多系兵丁出身，于满汉文理不能通晓，不无草率舛错之处。请嗣后八旗监生、生员、官学生内，有通晓满汉文理、情愿在参领处效力行走者，令该都统等按旗拣选。满洲每参领下酌派二员，蒙古、汉军每参领下酌派一员，授为贴写笔帖式，办理一切档案事件。五年期满，该旗咨送吏部，考试翻译，取中后，以部院衙门笔帖式补用。应如所请，从之。

十月乙丑　谕科甲出身官员等：国家设科取士，原欲得读书明理之人，列于庶位，俾皆公忠体国，实心任事，于国计民生均有裨益，此科甲之所以可重也。乃科甲出身之人，不思秉公持正，以报国恩，相率而趋于植党营私之习，夤缘请托，朋比袒护，以至颠倒是非，排陷报复，无所不为。风俗人心之害，莫过于此。朕御极以来，多有人论科甲中人不可信。朕于尔等科甲诸臣，推心置腹，期待甚厚，以为用人者若舍尔等读书之人，则将以何等人为可用。然使尔等积习相沿，惟以党护师生、同年为事，夤缘朋比，贻害于人心风俗，将使为君上者虽欲用科甲之人而有所不可，则科甲诸臣抑何自暴自弃，贻笑于天下以至此也？朕早夜孜孜，欲使万民各得其所，措天下于久安长治，何事不加整顿厘饬，务令秩然就理，岂容尔等科甲中党援积习，为世道生民之害，而不望其翕然丕变乎？夫以科甲流品相夸尚，其风自唐宋以来即有之，至前明而流弊已极，不知读圣贤之书，惟以致君泽民为贵，不在科甲之名也。古之皋夔稷契，谁为科目乎？科目中人，遇不从科目出身者，即鄙薄而非笑之，不知彼之非笑科目者更甚。此如江浙人讥山陕为粗鲁，山陕人亦诮江浙为懦弱，何关人品之轻重乎？国家用人行政，惟贵至公，有人因科目而营私党护，即有非科目之人偏受其害。如黜陟之际，不肖者或以科目之党援而升擢，必有贤才因而屈抑矣；赏罚之间，有罪者或以科目之党援而幸免，必有无辜因而冤滥矣。科甲之习一日不革，则天下之公理一日不著。尔等当豁然醒悟，庶可使历代相沿之弊习廓然顿除也。且尔等亦思朕之不惜烦劳，谆谆诰诫，必欲尔等觉悟改易者，岂惟上为国而下为民乎？盖以尔等品行之邪正于此分，尔等名节之成败于此判，而尔等切身之利害更即于此而辨。若使请托公行，毫无顾忌，则地方官员皆得任意作奸，戕虐百姓，罹其害者，非尔之至亲族属，即尔之乡党邻里，尔亦何所利焉？况尔等以党援袒护为利者，不过图一时门庭之烜赫而已，独不思身后子孙能必其世世常为科甲乎？一朝失势，则尔等子孙不即转受科目之欺陵倾陷乎？目前之利甚小，日后之患害甚大，朕为尔等计之熟矣，尔等乃不自猛省乎？朕非禁绝尔等师生之分谊，欲其不相往来也，诚使师生、同年平时互相规劝，勖以道义，励以公忠，各为国家分猷宣力，虽日相亲近，奚害焉？且尔等素以师生之谊，情同父子，则为父兄者，自当教子弟以正，岂可使之夤缘请托而不知耻乎？为子弟者自当事父兄以礼，岂可与之夤缘请托而不知非乎？从来请托营求甚属无益，如州县选得地方，有求部院大臣作书嘱托上司者，在公正大臣自必不应，设或应其所请而致书，彼督抚大吏遂肯徇情曲庇乎？徒使其人恃有奥援之请托，遂至放佚怠惰，不自检束，以极于贪污狼藉，难免督抚之参劾，彼请托者能挽救之乎？不如无所请托，其有才有守者不患无以自见，即中材之人亦以胸无倚仗，皆警勉砥砺，不敢为非，而得以自全。然则科目中人，为其子弟亲属钻营请托者，亦愚之至矣。朕之训诲开导，至再至三，亦似为从古君臣之际，所最罕得之遭逢。尔等皆读书明理之人，果能深体朕怀，服膺朕训，幡然洗心涤虑，尽改其积习，有何不能办理之事？百僚师师，和衷共济，何患政治不臻上理乎？且人无不可改之过，亦无不可化之气质。孔子云：虽愚必明，虽柔必强，惟在其人自励耳。尔等听朕训旨，不但贵于心悦诚服，要在身体力行，不可一时面从，过后辄忘，须时时警惕，常若在朕前亲受提撕，方不虚朕谆切训诲之至意也。尔等翰林自以文章为职业，但须为经世之文、华国之文，一切风云月露之词何所用之？若既改官，则各有当尽之政务，人之心思才力难以兼营，不可自负文人，荒其职守。盖文章政治，理本相通，事无旁贷，急所当务，方为尽职。至于赋诗饮酒，自附于晋人风流，此种恶习所当深戒而痛绝者也。翰林、科道乃国家所赖以转移风化之人，朕所以属望尔等者甚为切至。朕观初次训诲时，尔等领会者，数十人中数人而已，二三次觉领会者过半，今则不能领会者大约不过四五人。诚知朕所以再三训谕、不惜烦劳者，实为国计民生之休戚，实为人心风俗之安危，实为尔等身家子孙之利害。尔等各有天良，自应人人觉悟感奋，翕然丕变，尽去其党援朋比之积习，为朝廷殚竭忠诚，秉公持正，办理庶务，将见君臣上下，一德一心，治道自此而日隆，世风自此而日厚。我国家亿万年长享升平，尔等子孙亦世蒙其福，如此而谓科目之取士固足重也，岂不美欤？尔等共勉之。

十月戊辰　礼部议覆监察御史高山条奏，直省乡试各房分经校卷之时，其佳卷多者应尽数呈荐，不得以本房额满，屈抑英才。其实无佳卷者，不得滥取充额。主考官统阅通场之卷，拔其尤者，分经取中后，将呈荐佳卷多者分给少者之房。会试亦照此例。应如所请，从之。

十一月己卯　户部等衙门议覆原任湖南巡抚王国栋疏言，岳州府属之澧州距府辽远，请升为直隶州，将安乡、石门、慈利三县并将九溪、永定二卫改为一县，俱归澧州管辖。其新设县治，请于永定卫原驻之裴家河地方建立衙署，应设知县、典史、教谕、训导各一员，县学取进童生十五名。九溪卫旧治应设巡检一员，稽查奸匪，至二卫守备，俱请裁缺。均应如所请，从之。寻定新设县曰安福。

十一月己丑　户部议覆原任户部侍郎王玑条奏，山西蒲州府属分县、治河，增兵事宜三款。一、临晋县之虞乡镇请分设县治，增置知县、典史、巡检各一员。其临晋县现设教谕、训导各一员，额取童生二十名，请将训导一员拨管新县儒学事务，童生各分取十名。……均应如所请，从之。寻定新设县曰虞乡。

十二月乙巳　礼部议覆河南学政于广条奏学政事宜。一、学臣考试之期，提调官例用知府，责任綦重。嗣后，或知府有外委公事，请令申详督抚另委州县正印官代理，不得以佐贰微员塞责。一、候补廪增，豫省旧例，虽考列三等，亦得新旧间补，殊非鼓舞人才之意。嗣后，必考居一二等，方准与新考上等者间补食饩。均应如所请，从之。

十二月丙午　广东学政顾仔疏奏，原任连州知州朱振基私供逆贼吕留良牌位，经生员陈锡等呈首，按察使元展成参奏，钦奉谕旨，朱振基等着革职严审。其连州生员陈锡等深明大义，不为邪说所惑，据实出首，以彰名教，具见士习淳良，甚为可嘉。着将今年该州应试完场之举子，交与该学政秉公遴选学问优通者四人，赏作举人，送部一体会试，以示恩奖。臣遵旨将连州完场朱卷，细加覆阅，选定卢伯蕃、陈锡、吴奇徽、戴雯等四名，送部会试，以副皇上奖励特典。下部知之。

十二月戊申　谕内阁：广东盗案繁多，民俗犷悍，应设观风整俗使一员，化导训饬，令风俗人心渐归醇厚。又该省督抚奏称，粤东士习，未能端谨，请设学政二员，一司文衡，一饬士行，以为造就人才之地。朕思文行本属相关，不可离而为二，况广东地方辽阔，若司文、司行分属两员，仍各遍历通省，耳目闻见恐有未周。着设学政两员，按该省地方，分管考试、督察。广东观风整俗使，着右通政焦祈年补授，通省教职士子，令其兼行稽察。

十二月癸丑　大学士、九卿等奏，据督修孔庙工程通政使留保、山东巡抚岳浚等奏报，十一月二十六日午刻，正当孔庙上梁之前二日，庆云见于曲阜县，环捧日轮，历午、未、申三时之久。仰惟皇上尊礼先师孔子，典文周备，又特颁发帑金，兴建阙里文庙。凡殿门廊庑，悉仿帝王宫殿之制，易盖琉璃黄瓦。是以天心昭格，显示嘉祥，于孔庙告成之日，庆云呈见，实从古未有之上瑞。伏请宣付史馆，垂示万世。得旨：朕平素尊奉先师，至诚至敬。雍正二年，阙里文庙不戒于火。彼时，廷臣援明代弘治前事为言，而朕心悚惧不宁，引过自责，亲诣太学文庙虔申祭告，特发帑金，命大臣等督工修建。凡殿庑制度规模以至祭器仪物，皆令绘图呈览，朕亲为指授，遴选良工，庀材兴造，虔恪之心，数年以来无时稍间。今大成殿上梁前二日，庆云见于曲阜，卿等归美朕躬之词，朕不克当。或者上帝先师，鉴朕悚惕诚敬之心，见兹云物，昭示瑞应。朕不敢矜言祥瑞，但能功过相抵，朕之幸也。应择日躬诣太学文庙祭告，以申感庆之衷。朕躬被先师之福佑，普天士子诵法服膺，同受圣人之泽。着将明年会试取中额数广至四百名。壬子科各省乡试，每正额十名，加中一名，其十名之外，有零数者亦加中一名。此朕体奉先师乐育之盛心，特行造就人材之旷典，诸士子其各兴文敦行，益加勉旃，宣付史馆，着照所请行。

十二月甲寅　以翰林院修撰陈德华提督广东肇高学政。

十二月己未　议叙陕西进剿卓子山、棋子山、青海等处在事有功文职官员，原任凉庄道、今升山西布政使蒋洞等各加级纪录有差，病故之西宁道赵世锡等，各准予一子入监读书。

十二月辛酉　礼部议覆福建巡抚刘世明疏言，台湾府属应试生儒原有另编字号取中之例。后因台地士子，半系泉、漳二府之人，希冀多中，故有撤去另编字号之请。今冒籍者俱已改归本籍，海外诵读之士竞切观光。请仍照旧例，另编字号，于闽省中额内取中一名，以示鼓励。应如所请，从之。

雍正八年（1730年）

正月乙未 礼部议覆四川巡抚宪德疏言，新设建昌府，蛮夷杂处，请于汉境内择大村堡，照义学例建设学舍，选取本省文行兼优之士，延为塾师，令熟番子弟来学，俟学业有成，俾往教生番子弟。应如所请，从之。

正月己亥 恩给国子监肄业贡生每年银六千两，为衣食膏火之资。其六堂助教等官，命九卿于进士、举人内各举所知，候旨拣补。

二月乙巳 谕吏部：为政之道，务在得人。朕加意旁求，惟期贤才奋庸，布列庶位，百职修举，嘉惠民生，凡所以遴选而登进之者，亦多方矣。雍正六年十月间，以各处需员甚多，而赴部铨选之人不敷拣用，特降谕旨，令京官大学士以下、主事以上，外官督抚以下、知县以上，每人各举一人，送部引见。今行之既已年余，而内外官员未经举报者尚多。则其平日必无深知灼见之人，倘复辗转迟延，必致人萌奔竞之心，而滋夤缘请托之弊，所当酌量变通者也。现今会试中额广至四百名，其中必有可供任使之人，而直省选拔贡生陆续来京，亦可教导而成就之，以备庶官之用。着将各保一人之例停止，若有已经到部者，仍准其引见。该部即行文在京各衙门并直省地方知之。

二月乙巳 以大学士蒋廷锡为会试正考官，礼部左侍郎鄂尔奇，署工部左侍郎、顺天府府尹孙嘉淦，内阁学士任兰枝为副考官。

三月庚辰 赐江南下第举人顾成天为进士，一体殿试。

三月丁酉 谕内阁：教职一官，陶成士类，关系甚重，凡科甲出身之知县，有准督抚题请改教之例。盖以该员才具不足以治民，而学品尚堪以训士，故畀以师儒之席，俾得展其所长，以为国家兴贤育材之助，并非以县令改教，使不才者可借以藏身，而为督抚者可以滥行题请也。朕恐改补之员，心志隳颓，怠忽职守，从前所降谕旨甚明。嗣后，如有不堪课士之员，只合勒令休致，倘仍瞻顾苟且题请，必将该督抚议处。着通行各直省知之。

四月己亥 赐广东举人卢伯蕃为进士，一体殿试。

四月己亥 策试天下贡士沈昌宇等于太和殿前。制曰：朕绍缵洪基，抚临区宇，勤求治理，旰食宵衣，罔敢暇逸，深惟郅隆之世，朝宁有喜起之风，臣邻矢公忠之谊，司民社者树懋绩，列庠序者砥纯修。朕与中外诸臣，谆复诰诫，庶几黾勉恪恭，各殚厥心，臻兹盛轨。《易》曰："天地交泰。"言明良之庆也。《书》曰："推贤让能，庶官乃和。"言师济之美也。盖堂陛孚于一德，而后谟明弼谐，克赞其猷；僚采合为一心，而后抚辰凝绩，共收其效。朕推心置腹，一本至诚，冀百尔臣工抒诚启沃，以襄治化，而在廷诸臣，果能精白乃心，夙夜献替，无愧笃棐之义欤？抑群策群力，固将翕受敷施，何以俾同朝共事之臣和衷交勉，以跻赓歌扬拜之盛欤？人臣职内职外，皆朕股肱耳目之寄，必也忠以居心，公以莅事，然后能与君为一体。苟党援互结，而怀溺情阿比之私；文貌相承，而挟矫诈沽名之术，何以称靖共匪懈，无忝厥职也？今欲使内外诸臣相勉于古大臣公忠体国之谊，钦乃攸司，无载尔伪，励匪躬之节，而凛勿欺之忱，果何道之从欤？至于牧令为亲民之官，一人之贤否，万姓之休戚系焉。而初登仕籍之人，未尝试之以事，何由知其胜任与否而用舍之欤？天下州县繁多，有一官即需一人铨补，既不容以稍缓，而又欲酌繁简之宜，使人称其官，才符于职，其道安在？夫课吏者督抚之责也，务为姑息，必长废弛玩愒之风，稍涉苛求，又非为国家爱惜人才之道。何以励其操守，作其志气，策其不逮，宥其过愆，使群吏承风率教，鼓舞奋勉，以奏循良之绩欤？国家造士之典至渥，所期于士者至厚，非专以文词相尚也，必崇实学、敦实行，处则为经明行修之彦，出则为通方致远之材，始克副长育造就之至意。乃海内之士或驰骛于声华，或缘饰于巧伪，而乔野朴鲁之质又拘迂固陋而无适于用，将欲使之洗涤积习，相与进德而修业，其何以渐摩陶淑，因材造就，以储誉髦之选欤？夫君臣上下一德一心，斯庶官有所表率，而各殚厥职矣；内外官僚克勤克慎，斯群材莫不奋励，而各端其习矣。尔多士留心经济有素，其各抒所蕴以对。朕将亲览焉。

四月癸卯　传胪。赐殿试贡士周霈等三百九十九人进士及第出身有差。

四月丁未　谕：省会试举人，向例给与盘费银两，所以体恤士子，助其资斧之需。从前俱赴该省布政司衙门领取，道途跋涉，守候需时，吏胥又多勒索扣克之弊，士子所得无几。嗣后，着在本州岛县衙门照数领给，该州县取各举人领状，申详布政司，于奏销册内报部查核。庶吏胥无侵扣之事，而士子亦免跋涉守候之苦。若州县稍有扣克需索，而督抚失于觉察者，经朕访闻，将督抚一并议处。

四月戊午　谕吏部：庶吉士金相等教习已久，今加考试，应分别授职。除彭启丰已授修撰，邓启元已授编修外，其庶吉士金相、王兴吾、王丕烈、于辰、王泰甡、邹一桂、刘复、李重华、林聪、钱本诚、余栋、原衷戴、王云铭、杨嗣璟俱授为编修，隋人鹏、刘东宁、周祖荣、李实蕡、李直、张鹏翀、李学裕、吕炽、世臣、张乾元、常保住、郭石渠俱授为检讨，舒明学问荒疏，着革退。

四月庚申　授一甲进士周霈为翰林院修撰，沈昌宇、梁诗正为翰林院编修。

四月癸亥　增陕西榆林、神木、府谷、吴堡、靖边、安塞、保安等七处乡试中额一名，另编木字号取中。从陕西巡抚武格请也。

五月戊辰　谕翰林院：选拔庶常原以作养人材，今科进士特加考试，并命诸臣保举。除顾成天、胡宗绪即授编修外，选取钟衡、倪国琏、孙人龙、周范莲、陶正靖、沈慰祖、杨廷栋、裘肇煦、吴士珣、曹一士、吴履泰、严树基、王廷鸿、蒋溥、鹿迈祖、徐景曾、吴璋、孙灏、朱凤英、柏谦、徐以烜、陈其凝、任应烈、程盛修、阮学浩、严璲、孙倪城、吴华孙、王文璇、林蒲封、毛之玉、商盘、鄂敏、陈亮世、佟保、王宗灿、嵇璜、林令旭、李敏第、刘元燮、陈中、张先跻、高璇、富敏、卢秉纯、韩彦曾、许希孔、薛韫、杨秀、额尔登额、李贤经、裘思录、色通额等五十三人，俱着改为庶吉士，并修撰周霱、编修沈昌宇、梁诗正分别满汉书教习。

六月己亥 谕内阁：今科进士，除选拔庶吉士外，曹绳柱系现任中书，以六部主事用，其马丙等五十八名，着在六部额外主事上学习行走。该部按各部司分多寡，掣签分派具奏。三年之后，如能称职，该部堂官题补；如不能称职，该部奏闻。其内若果有才猷出众、明练政治之员，于一年之后，该堂官将情由声明保奏，带领引见。请旨：此各部行走学习之员，俱着照额外主事之例，给与俸禄。

六月己亥 谕：今科外用进士，着就伊等本籍邻近地方，掣签派往，交与各该督抚，分派藩臬衙门，令其学习。伊等中式之后，原须候选数年始能得官，今着学习三年，委署试用一年，约计四年之后，题补实授。与伊等候选之期相仿，而又得学习吏治，较之闲居在家，岂不大有裨益？此三年之内，若该地方需用人员，仍着奏请另行拣选命往，不必于新科进士内迁就委用。倘进士中果有才具出众，平日熟练吏治、不待学习者，该督抚格外委署题补，即于本内声明具奏。若才具庸常、难以练习吏治、情愿改补教职者，不拘三年之期，准其具题改补。其学习之员，每年公费若干，该督抚于公用银两内酌量给与。着行文各督抚知之。

六月甲辰 谕内阁：《周书·洪范》言人身五事，若有得失，在天之休征咎征，即各以其类应之。此即朕每日所谕天人感应之理捷于影响者也。夫所谓修人事以感召天和者，必须君臣上下各尽其道，各殚其诚，以为昭事上天之本。若人君有朝乾夕惕之心，而大臣官员不能承流宣化，或君臣有移风易俗之念，而民情士习不能革薄从忠，则偏而不全，不克成会极归极之盛，而欲冀上天俯垂默佑、普锡繁禧也，岂不难乎？是以为君而存推诿于官民之心者，非贤君也；为臣为民而存推诿于君上之心者，非良有司、良百姓也。惟当各尽其道，以待天恩。近见直省各处奏报雨泽颇觉均调，麦秋亦属丰稔，朕心深慰。但闻江浙雨水稍多，田禾间有涝溢之患。朕悉心推求其故，想因今年春夏之交，京师雨泽愆期，朕为畿辅祈祷，并忧虑及于江浙地方，已而京师得雨，而朕心则专为江浙祈求，至南方多雨情形，朕未曾闻知，但以少雨为惧，所以朕屡谕外省大臣，凡觉有水旱之机，即当速奏朕知之者，正为此也。南方既已多雨，而朕心仍复祈求，或因此一念，以致上天赐雨过多，浙省有涝溢之处乎？又考之《洪范》曰："狂，恒雨若。"浙省素称人文极盛之区，今年会试，朕加恩取中至七十名，而一甲三人悉登浙士，或者士子之心不免矜骄之气，如《洪范》之所谓狂者，致干恒雨之征？此朕就目前之天象人事而推测之，有不能无疑者。朕每遇雨旸不时，即抚躬自省，不敢玩忽。况古圣人之垂训，千古为昭，惟愿浙之多士，遇登进之荣，即凛盛满之戒，见示儆之象，益深敬畏之心，必能仰邀天眷于方来矣。

七月乙酉 户部议覆云贵、广西总督鄂尔泰遵旨酌定乌蒙总兵刘起元条奏苗疆事宜。……一、苗俗向无学校，应于各属四乡适中之所设立义学，以广化导。……均应如所请，从之。

九月庚寅 谕吏部：向来各处盐政弊端甚多，累民蚀课，难以清厘，多由盐场大使不得其人之所致，是以定议于候补候选知县等员内拣选命往，令司大使之事。彼时该部因人员不敷，遂将监生捐纳职衔之人亦入于拣选之内。今行之二年，众人渐启钻营之念，闻有央求同乡京官出结，而私相馈送者，此风断不可长。嗣后，盐场大使之缺止准于候补候选人员内拣选引见，不必用捐纳职衔之人。倘或人员不敷，着将在部学习之人及留京之拔贡生，令各部堂官及国子监祭酒等，择其为人谨慎、有身家可以办事者，保送吏部，以备拣选。

十月己亥　以户部右侍郎俞兆晟为武会试正考官，刑部右侍郎王国栋为副考官。

十月壬子　添设云南宣威州学正一员，州学取进文、武童生各八名。从升任云南巡抚沈廷正请也。

十月癸亥　大学士等疏言：殿试武举，届期请派王大臣同原监试之大臣等考验弓马、技勇。得旨：着庄亲王允禄、大学士公马尔赛、大将军公傅尔丹、都统侯陈泰公同监考。

十一月丙寅　策试天下中式武举齐大勇等一百十八人于太和殿前。

十一月己巳　谕内阁：惟至圣先师孔子，道冠百王，功高万世，朕景仰企慕，寤寐弗谖，备举崇奉之仪，用申报享之愿。查世袭官爵，历代俱有成规，而圣庙执事之员，向来未加爵秩，所当广置官僚，以光祀典。今欲特设圣庙执事官三品者二员，四品者四员，五品者六员，七品者八员，八品、九品者各十员，各按品级给与章服。每逢圣庙祭祀之时，虔肃冠裳，骏奔趋事。凡此人员，着衍圣公于孔氏子孙内，选择人品端方、威仪娴雅者，报部充补，每年各给俸禄银二十两。其孔氏子孙内有情愿充补之人，或曾经出仕而退休在籍者，或身有职衔而未曾出仕者，以及贡监生童等皆可入选。若届乡试之期，有情愿入场者，准以监生入场应试。朕意如此，着大学士等会同该部定议具奏。寻议，阙里圣庙，虽有管勾、典籍、司乐等官，分司执事，而设官不过数员，职衔又止七品，制度威仪未为周备。嗣后，应遵照谕旨，按品增设执事官员，给与章服。祭祀时，令其陪列执事，每年各给俸银二十两。其增设人员，令衍圣公将本族之致仕在籍，及有职未仕，并贡监生童内，分别宗支远近，拣选人品端方、威仪娴雅者，详慎酌定应与品级，报部具奏充补。此等人员内有遇原职轮班应选者，听其就选赴任。其由贡、监生员充补人员，有情愿乡试者，令其一体乡试。若系童生，准作监生，编入四氏号内，照额取中。再，嗣后，遇有此项人员缺出，俱令衍圣公拣选拟补，报部汇奏。从之。

十一月壬申　以翰林院侍讲李清植提督浙江学政。

十一月己卯　以户科给事中罗凤彩提督山东学政。

十一月丁亥　谕内阁：各省选拔生员到京，朕俱特派大臣，秉公考试，分别等次进呈。前有湖北应山县生员杨可镜一卷，文理荒疏，经部议照例革去选拔。顷朕闻杨可镜乃明臣杨涟之元孙。昔顺治四年，杨涟之子杨之易为江南松江府同知，遭提督吴胜兆之叛，捐躯殉难，忠节凛然，蒙世祖章皇帝之恩，优加赠恤，此即杨可镜之曾祖也。朕思杨涟父子，两世忠义，其后嗣子孙若稍能自立，品行无亏，虽文艺不工，亦当格外造就。杨可镜准作选拔，赴国子监肄业，仍着礼部带领引见。

十一月己丑　传胪。赐殿试武举齐大勇等一百十八人武进士及第出身有差。

十二月丁未　礼部议覆四川巡抚宪德疏言，四川省城内原设成都、华阳两县，康熙八年间，将华阳归并成都。今因土广人稠，复经分设，实与他处一县分为两县者有别，又系省会首邑，请照中学之例，岁科两试，每县各取进文童十二名，岁试武童，每县各取进十二名。应如所请，从之。

十二月庚戌　礼部议覆四川巡抚宪德疏言，茂州羌民，久列版图，载粮入册，与齐民无异，请照例与汉民一体应试，科举出贡，卷面不必分别汉羌额数，凭文去取，以广乐育鼓励之意。应如所请，从之。

雍正九年（1731年）

二月壬寅　礼部议覆江西巡抚谢旻疏言，江西棚民内文武童生，入籍在二十年以上、有田庐坟墓者，应准其各在居住之州县一体考试，其入学额数，童生数满五十名者，请于额外另取一名；数满百名者，另取二名；数满二百名者，另取三名；其最多者，亦以取进四名为率；其不满五十名者，应令与本籍童生一体凭文考取。应如所请，从之。

二月癸丑　升翰林院侍读学士王兰生为内阁学士兼礼部侍郎，仍留安徽学政任；以兵部右侍郎任兰枝兼内阁学士行走。

三月癸未　谕内阁：朕欲于在京官员内拣选老成明白者数十员，命往陕西内地州县，办理宣谕化导之事。着大学士会同该教习于庶吉士内拣选数员，各部堂官在本部学习人员内拣选一二十员，国子监祭酒等在选拔贡生内拣选二三十员。俱交送内阁带领引见。

三月甲申　礼部议覆湖南学政习寯疏言：岳州府属之澧州，先经题准，另建考棚，湖西六属生童就近赴考，另给岳西府学钤记，改驻澧州。今澧州改为直隶州，既不属岳州府管辖，请将岳西府学裁去，将该训导仍归岳州府驻札，其岳东府学应仍改为岳州府学。……应如所请。从之。

四月丁巳　以翰林院编修王云铭提督河南学政，编修赵晃提督广西学政，编修吴延熙提督云南学政。

四月戊午　礼部议覆广西巡抚金鉷疏言，泗城、镇安二府及庆远府属之荔波县、东兰州，太平府属之宁明县，旧无应试童生。请令外省及本省别府之人有情愿入籍者咨查本省，如无过犯，准其编入烟户，入籍考试，仍呈明学政注册。入学中举之后，照奉天定例，不许搬回原籍。其嫡亲子男弟侄同时入籍有名者，准其一体考试。嗣后，如有土属内改流之州县，均请准照此例，于十科后停止。应如所请，从之。

四月壬戌　谕内阁：近见蒙古旗分人能蒙古语言翻译者甚少，沿习日久，则蒙古语言、文字必渐至废弃。应照考试清文翻译例，考试蒙古文翻译，取中生员举人、进士，以备理藩院之用。如有学习汉书、愿就试汉文者，照常准其考试，于别部补用。着内阁会同理藩院议奏。寻议，八旗蒙古旗分内能蒙古翻译者，请照考试清文翻译例，三年内考取生员二次、举人一次、进士一次。其考试蒙古举人、进士与考试清文举人、进士合为一闱，令满洲坐东号房，蒙古坐西号房。取中后，将满洲、蒙古各为一榜。其考试生员，派蒙古提督学政一员，于清字《日讲四书》内视汉文三百字为准，出题一道；考试举人、进士，派蒙古主考一员、蒙古同考官二员，仍以清字《日讲四书》一道为首题，再加清字奏疏一道为次题，俱令其以蒙古文翻译。至生员、举人、进士额数，着考试官选择应取试卷，临期奏请。从之。

五月丙寅　兵部遵旨议覆云南乌夷背叛，所有阵亡殉难文武员弁，应照例予恤。……司狱陈天锡手刃妻妾，自刎官署，应赠知县，予祭葬，荫一子入监读书。……从之。

七月甲子　户部议覆刑部侍郎韩光基查奏山西临晋、虞乡分界事宜。……一、临晋原属大县，今分设虞乡，而所征钱粮仍倍于虞乡。若将学额二十名两县平分，实属偏枯，应将临晋照中学例，加增五名，其原额学田，酌量均分。……俱应如所请，从之。

七月丙寅　升翰林院侍讲学士、提督顺天学政杨超曾为奉天府府尹。

七月己丑　吏部议覆广东总督郝玉麟疏言，新会、开平两县连界之大官田地方，与两县县城远隔，请增置一县，设知县一员，典史一员，训导一员。分新会县药径司巡检改隶新县，县学额取进文、武童生各八名，于新会原额二十名内拨取五名，开平原额十二名内拨取三名。均应如所请，从之。

八月壬寅　以詹事府少詹事吴应棻提督顺天学政。

九月辛未　兵部议覆湖南学政习寯疏言，考试武童，定例技勇汉仗好者，用好字号印卷，移送内场，择其文理明通者取进。如好字号不足，再于合式卷内取进。但武童之外场好者，或策论不通，或请枪手代考，或点名入号时，调换试卷；又，合式武童自揣技勇不及，惯为倩代，以致作奸犯科，种种情弊。嗣后，请于武童考试外场时，每人供单一纸，各令亲书籍贯、三代、年貌，俟取进时，再令覆写亲供，严加验对，以绝内外场调换之弊。至考试内场，将好字号武童与合式武童，隔别坐号，以防临时代倩之弊。着为定例。应如所请，从之。

九月乙酉　礼部议覆云贵、广西总督鄂尔泰疏言，贵州大定府旧系州学，原额取进童生十五名；威宁旧系府学，原额取进童生二十名。今大定既改州为府，应于原额十五名之外加增五名；至威宁虽以府改州，而读书向学之士不少，请仍准进学二十名，免其减额。应如所请，从之。

十月丙辰　以江西道御史姚世荣提督江西学政。

十二月甲辰　奉天府府尹杨超曾疏言：奉天各属，从前一切公务皆取给里下，总计一岁之科派，多于正额之钱粮。如遇奏销地丁、驿站大造、编审人丁、大计考察官吏等项，自臣衙门家人、书吏以至治中知府州县各处，均有陋规银两，名为造册之费。岁科考试生童，自府丞至治中知县衙门，亦有陋规银两，名为考试之费。……得旨：从来地方科派陋规，甚为民间之扰累，杨超曾通行查禁办理甚是。但恐相沿已久，官吏人等尚有阳奉阴违者，又恐日久法弛，将来接任之员，或有仍袭从前之陋习者。着将杨超曾所奏宣示于外，令奉天官吏人等永远遵行，以除积弊，以惠闾阎。

雍正十年（1732年）

二月甲午　以兵部尚书鄂尔奇、内阁学士班第为翻译乡试正考官，内阁学士索柱、德龄为副考官。

三月庚申　谕兵部：向因落第武举，其中不无才力可用之人，是以令本省督抚、提镇秉公考验，将年力精壮、弓马可观者，留营给与额外马粮一分，令其差操学习，俾得熟练营伍，以备将来将弁之用。原令该管大臣慎重遴选，使人材有所造就也。今闻外省庸劣无能之人颇有滥充者，着该部通行各省将技勇可用之武举，令其充补经制马粮，其不愿留营及骑射生疏、材力不及者，令其回籍，自行学习，不得留营虚占额粮之数。倘该管大员有徇情草率，仍令庸劣滥充者，将来考验查出，定行从重议处。

四月甲寅　谕果亲王允礼等：近见圆明园兵丁气象，较前甚优，圆明园之八旗及内府三旗，着赏给教习人员，令伊等子弟学习汉书，其一切事宜，着定议具奏。寻议，设立学舍，当视营房之远近，镶黄、正黄、正白、镶白四旗营房相近，请设学舍一所，教习二名；正红、镶红二旗营房相近，设学舍一所，教习一名；正蓝、镶蓝二旗，营房隔远，内务府三旗，原同一营，设学舍三所，教习三名，其教习人员在八旗及内府生员内选取，给与钱粮季米，四年一换。训诲优者咨行吏部，即以笔帖式用，劣者革退，另行选补。从之。

五月戊午　谕大学士等：山东兖、东二府，雨泽愆期，贫民乏食，已令该抚速行办理赈济，第恐本省官员不敷差委，着将各部学习人员及国子监选拔贡生内，令该管大臣择其人材可用而有身家者咨送吏部，拣选十数员或二十余员带领引见，命往东省，交与巡抚岳浚，以备委办赈济之事。

五月戊午　以翰林院侍讲俞鸿图提督河南学政。

五月辛未　大学士、九卿等遵旨议奏，近因京师少雨，直隶、山东雨泽未遍，上廑圣心，将用人行政应行、应改之处令臣等陈奏，谨将现在赈恤事宜十款条列。……一、耆老义民量其捐谷多寡，或给匾额，或给顶带荣身；生监人等或准作贡生；缙绅人等或刻石书名，以为众劝；候补候选有力之家捐赀多者加级，更多者照本职加衔；其地方官有能捐俸粜谷、广行赈济者，量其所捐，分别议叙，有因公罚俸降级停升得准予开复。……得旨：照所奏速行。

五月辛巳　以翰林院修撰彭启丰为云南乡试正考官，编修赵大鲸为副考官；刑部郎中毕谊为贵州乡试正考官，编修王峻为副考官。

五月癸未　礼部议覆直隶总督刘于义疏言，天津改州为府，请照府学例取进文、武童生各二十名，设廪增各四十名；天津县仍照天津州旧额，取进文童十八名，武童十五名，廪增各二十名。天津、沧州二州县，请另立商学，商籍取进文童八名，武童七名，灶籍取进文童七名，武童六名，即归天津府学考课督率，设廪增各二十名。其现在河间府学商、灶二籍生员，悉改归商学。又，河间府旧有拨入天津武童三名，拨入沧州武童二名，俱请改入天津府学。又宝坻县分设宁河县，其入学额数，请酌量分派，宝坻县取进文、武童生各十二名，廪增仍循旧额。宁河县取进文童十一名，武童八名，廪增各二十名。均应如所请，从之。

闰五月乙巳　以翰林院编修吴龙应为四川乡试正考官，编修李重华为副考官；刑科给事中刘吴龙为广东乡试正考官，编修钱本诚为副考官；检讨范咸为广西乡试正考官，编修邹一桂为副考官；编修王安国为福建乡试正考官，吏科掌印给事中严瑞龙为副考官；翰林院侍读学士许王猷为湖南乡试正考官，修撰周澍为副考官。

六月丙辰　礼部议覆贵州学政晏斯盛条奏考校察核事宜。一、造报优劣事实，该府州县及教官随时具报，务在访查详确。一、学臣按试事竣，方诣学讲书，势必听讲寥寥，适成具文，请照旧例，于按试次日举行。一、苗童应试加取一名。请用汉廪生同苗生联名保结，苗童五名互结，以杜汉童冒占。其苗童名目改为新童，苗卷改为新卷。一、武生以弓马、技勇为先。考试外场，请将好字、合式、中等字样钤记卷面，与内场相较，分别等次。其骑射时，照武童例，当面书写亲供，磨对字迹，庶无顶替、代倩情弊。一、学政衙门行查批审事件，请令府州县悉照各上司例，依限完结。如承审迟延，查取职名，咨部议处。均应如所请，从之。

六月辛未　以提督江南学政、詹事府詹事张廷璐为浙江乡试正考官，刑科掌印给事中王瓒为副考官；通政使司右参议邵基为江西乡试正考官，翰林院侍讲喀尔钦为副考官；编修李锦为湖北乡试正考官，编修邓启元为副考官。

七月乙酉　谕内阁：我朝设立各省驻防兵丁，原以捍卫地方，申明武备。其历来所定规条俱属尽善，无可更张，乃近有以一二事渎陈朕前者：一则称驻防兵丁子弟宜准其各省乡试。独不思国家设立驻防弁兵，原令其持戈荷戟，备干城之选，非令其攻习文墨，与文人学士争名场屋也。在弁兵之子弟有能读书向学、通晓文艺者，原听其来京应试，以广伊等进取之途，并未禁其从事文学也。若悉准其在外考试，则伊等各从其便，竞尚虚名，而轻视武事，必至骑射生疏，操演怠忽，将来更有何人充驻防之用乎？况我圣祖仁皇帝临御六十一年，所以教养弁兵者，至周至渥，如果应行，早已着为令典，又何待今日之喋喋敷陈乎？……以上二条，皆事之必不可行者，着将朕旨颁布于外，俾无知之人豁然醒悟，不得再行妄奏。

七月丙戌　以翰林院编修吴文焕为陕西乡试正考官，编修李天宠为副考官；提督安徽学政、内阁学士王兰生为江南乡试正考官，检讨吴大受为副考官。

七月辛丑　以翰林院编修刘统勋为河南乡试正考官，刑部郎中崔琳为副考官；编修梁诗正为山东乡试正考官，编修王承尧为副考官；编修于辰为山西乡试正考官，云南道御史原衷戴为副考官。

七月癸卯 谕兵部：凡分发各省试用之武进士，原令其学习营务，必须弓马优娴、熟谙营伍方可题补。近见尔部于武进士题补守备时，不计科分之浅深、弓马之优劣，概以为合例。以致督抚、提镇因一时营员内不得合例之人，遽将科分尚浅、营伍未谙之武进士题补，转不如用久历行伍之人于营务有裨益也。嗣后，武进士题补守备，若科分不及应选之期，即属不合例，可传谕各省知之。

七月壬子 谕礼部：制科以四书文取士，所以觇士子实学，且和其声以鸣国家之盛也。语云：言为心声。文章之道与政治通，所关巨矣。韩愈论文云："惟陈言之务去。"柳宗元云："文者所以明道，不徒务采色、夸声音而以为能也。"况四书文号为经义，原以阐明圣贤之义蕴，而体裁格律，先正具在，典型可稽，虽风尚日新，华实并茂，而理法辞气，指归则一。近科以来，文风亦觉丕变。但士子逞其才气辞华，不免有冗长浮靡之习。是以特颁谕旨晓谕考官，所拔之文，务令雅正清真，理法兼备。虽尺幅不拘一律，而支蔓浮夸之言，所当屏去。秋闱期近，可行文传谕知之。

七月癸丑 谕礼部：满洲教习俱系旗人，每月给与公费，并无别项差使，不过在馆充数，三载即得一官，尔等当不时稽查，分别优劣。如果教导有方，即当奏闻，其不能称职者，亦应题参。今值酌定成例之初，凡教习期满，作何补用之处，着会同大学士等妥议具奏。寻议，嗣后满洲教习三年期满，其行走勤谨、教导有成者列为一等，系举人以小京官即用，贡生、生员以笔帖式即用，已补笔帖式之贡生、生员照举人例用；列为中等者再留教习三年，如教导有成，带领引见，照例咨部选用；不能称职者，礼部不时查参。从之。

八月庚申 以吏部右侍郎任兰枝为顺天乡试正考官，翰林院侍读杨炳为副考官。

八月庚申 礼部议覆顺天学政吴应棻疏言，顺天府童生考试，旧例，除大、宛二县属府丞专理外，其余二十三州县于州县考试后，俱由霸昌道录取转送。查霸昌道驻札昌平州，各州县有往返八九百里，或六七百里者，殊属未便。嗣后，请就近改归四路同知，各按所属州县，录取转送。永着为例。应如所请，从之。

十月戊午 吏部议覆云南巡抚张允随疏言，镇沅府恩乐县系新经改流地方，请照小县例，设立镇沅府教授一员，恩乐县教谕一员，二学取进童生各八名，分定土著、寄籍各四名，其廪增出贡，统俟人文日盛，再议增置。应如所请，从之。

十月癸亥 礼部议覆奉天将军那苏图疏言，奉天八旗汉军，设立清文义学，业经二年有余，而读书子弟不尽通晓书义，良由事非专设，兼未得善教之人所致。请将奉天八旗汉军二十四佐领内，每两旗合为一学，共立义学四所，每学设清文教习一员，以司训课。应如所请，从之。

十月丁卯 以刑部左侍郎孙嘉淦为顺天武乡试正考官，翰林院检讨张若涵为副考官。

十一月庚寅 调安徽学政、内阁学士王兰生提督陕西学政，以詹事府少詹事姚三辰提督安徽学政，翰林院侍讲喀尔钦提督山东学政，右春坊右中允范咸提督山西学政，检讨吴大受提督湖南学政，侍读杨炳提督福建学政，调广东肇高学政、侍读学士陈德华提督广韶学政，以司经局洗马缪曰藻提督广东肇高学政，编修徐以升提督广西学政，国子监司业隋人鹏提督四川学政，编修吴应枚提督云南学政。顺天学政、詹事府少詹事吴应棻，江苏学政、詹事府詹事张廷璐，湖北学政、翰林院侍讲凌如焕，贵州学政、山西道御史晏斯盛俱仍留任。

十一月丁酉　谕兵部、八旗都统等：朕看满洲武举、武进士等于绿旗营不甚相宜。若与绿旗官员一体擢用，恐于营务未谙，亦且壅滞伊等升迁之路。嗣后，将伊等如何补用及如何升转之处，尔等会同详议具奏。寻议，八旗满洲、蒙古武举、武进士内，有人才出众、骑射娴熟者，除蒙特恩选用外，其余俱请交各该处，以伊等应得之缺补用。但伊等应补品级不同，则升用亦宜分别。嗣后，将满洲、蒙古武举照汉人武举例，会试后请派大臣验看，分别等次。才优者列为一等，交与该旗于护军校、骁骑校等缺挨次委署试用，行走三年，勤慎明白者，入于应升护军校、骁骑校人员内带领引见补授；骑射平常者列为二等，驳回该旗，令其学习，以图会试上进。内有愿在该旗当护军前锋效力之人，亦着挑取，令其当差行走，学习娴熟时，拣选补用。其满洲、蒙古武进士，除特恩挑选侍卫外，其余请交该旗，于护军校、骁骑校等缺挨次补用，行走三年，谙练称职者入于应升人员内带领引见补授。再此等人员系实授者，自有应得之俸。其委署者照副护军校、副骁骑校例，给与钱粮米石，所服顶带悉照委署官员之例。满洲武举、武进士既议以旗员补用，则现任内九门满洲千总应请改补，以昭画一。嗣后，内九门千总缺出，请照外七门千总例，将汉军武举及汉军捐纳人员补用。至汉军武进士仍照旧例，以营卫守备补用。从之。

十二月乙卯　谕内阁：孙嘉淦于雍正元年尚系翰林院检讨，朕看其为人似属朴实，屡加任用迁擢，数年之间官至侍郎。实望其殚竭诚心，为国家宣猷效力。乃伊偏执自用，从前屡有陈奏，皆迂阔琐碎、不可见之施行者。朕切加训诲，冀其开扩识见，至近日则缄默不言，并无一事之敷陈矣。伊为国子监祭酒，乃瞻顾私情，将亲弟孙扬淦荐用为监丞。孙扬淦行事乖张，士论不服，以致孙嘉淦声名大损，此众所共知者。国子监教习人员特为教育人材而设，伊等分派之后，有实心供职者，亦有怠惰废弛者，自应分别用舍，以示激劝。即称职人员之中，有通晓事体、可膺牧民之寄者，亦有熟习文艺、可胜司铎之任者，又当因材器使，以资实用。是在祭酒等秉公分晰，陈奏朕前，始可免冒滥名器、用违其材之弊，朕为此屡降谕旨。孙嘉淦身为大臣，专司成均之职，宁不知之？今于引见教习期满人员时，朕令举其所知，而孙嘉淦并不据实陈奏，遽称宋镐一班六人俱属可用。及朕详加询问，又忽称方从仁实不堪用，一时任意反复，显系欺罔，应加重惩，以为人臣诈妄负恩者之戒。着将孙嘉淦革职，交刑部究拟具奏。寻议，孙嘉淦怀私欺罔，应照律挟诈欺公者拟斩监候，秋后处决。得旨：孙嘉淦从宽免其治罪，着在户部银库效力行走。

十二月庚午　刑部等衙门议奏，逆贼严鸿逵枭獍性成，心怀叛逆，与吕留良党恶共济，诬捏妖言，实覆载所难容，为王法所不贷。严鸿逵应凌迟处死，已伏冥诛，应戮尸枭示。……吕留良案内，被惑门徒房明畴、金子尚应革去生员，杖一百，佥妻流三千里。陈祖陶、沈允怀、沈成之、董吕音、李天维、费定原、王立夫、施子由、沈斗山、沈惠侯、沈林友应革去教谕、举人、监生、生员，杖一百，徒三年。朱霞山、朱芷年从学严鸿逵时，年尚幼小，张圣范、朱羽采令伊等幼子从沈在宽附学训蒙，审无与沈在宽交好之处，应无庸议。得旨：严鸿逵着戮尸枭示……房明畴、金子尚俱着佥妻流三千里，陈祖陶等十一人着以杖责完结，张圣范、朱羽采、朱霞山、朱芷年着释放。

十二月壬申　　礼部议覆陕西学政潘允敏条奏，陕属新设榆林府学请照宁夏等府例，取进文、武童生各十二名；定边、怀远二县照小学例，取进文、武童生各八名；榆林、靖边原系卫地，今既添设府学，卫县武童旧额十二名应减取四名；平凉府取进童生向附入平凉卫八名，今卫地既归各州县管辖，则卫籍童生应就所归州县考试，其府学二十名额数，统于平凉府本属童生考取；同州、华州、绥德、秦州、韩城、合阳、清涧、秦安、三原等九州岛县，请照府学取进文童各二十名；商州、澄城、华阴、醴泉等四州县，请照大学取进文童各十五名；岷州照中学，取进文、武童生各十二名，该州训导一员，移驻西固；固原州及通渭县，请照大学取进文童各十五名；漳县照中学，取进文、武童生各十二名；甘、凉二府请照府学，取进文童各二十名；永昌县照中学，取进文童十二名；庆阳府之环县照中学，取进武童十二名；巩昌府之会宁、延安府之米脂二县，俱照大学取进武童各十五名。均应如所请，从之。

雍正十一年（1733年）

正月壬辰　　谕内阁：各省学校之外，地方大吏每有设立书院聚集生徒、讲诵肄业者。朕临御以来，时时以教育人材为念，但稔闻书院之设，实有裨益者少，浮慕虚名者多。是以未尝敕令各省通行，盖欲徐徐有待，而后颁降谕旨也。近见各省大吏，渐知崇尚实政，不事沽名邀誉之为。而读书应举者，亦颇能屏去浮嚣奔竞之习。则建立书院，择一省文行兼优之士，读书其中，使之朝夕讲诵，整躬励行，有所成就。俾远近士子观感奋发，亦兴贤育材之一道也。督抚驻札之所为省会之地，着该督抚商酌举行，各赐帑金一千两，将来士子群聚读书，须豫为筹画，资其膏火，以垂永久，其不足者在于存公银内支用。封疆大臣等并有化导士子之职，各宜殚心奉行，黜浮崇实，以广国家菁莪棫朴之化。则书院之设，于士习文风有裨益而无流弊。乃朕之所厚望也。

正月丙午　　谕内阁：国家以制科取士，原以觇士子所学。而士子所学，关乎世道人心，是文体之所系，固甚重也。士子读圣贤书，果能讲求明体达用之学，则以平日蕴蓄，发为文章，自然法正理纯，得圣贤语气，可以传世而行远。此则有本之学、有用之文，为国家所重赖者。若不于根柢讲求，而但以华靡相尚，则连篇累牍，皆属浮词，圣贤精义，既全无发明，圣贤语气，又毫不相肖，国家亦安用此浮夸浅薄之士哉？至于二三场策论，尤足觇经济实学，乃向来士子，多不留心，而衡文者又每以经义已经入彀，遂将策论滥收恕取，不复加意阅看，殊非设科本意。今会试伊迩，着礼部先期晓谕应试士子，于二三场文艺，均应努力殚心，毋得潦草完卷。试官如以限于时日，不能细心校阅后场，不妨奏请展限，务得真才，以收实用。若所取试卷中，有经义可观，而策论疵缪荒疏者，朕惟于主考官是问。

二月戊午　以户部尚书鄂尔奇为会试正考官，吏部左侍郎任兰枝、兵部左侍郎杨汝谷为副考官。

三月丙戌　谕内阁：云南、贵州、广东、广西、四川、福建六省举人赴京会试，邮程遥远，非近省可比。朕意欲于落卷中，择其文尚可观而人材可用者，添取数人，候旨录用，以昭朕格外加恩之意。着传谕主考官于六省试卷遵旨取中外，其次等可取之卷，不拘数目，秉公选出。俟发榜后，朕另派大臣会同主考官验看人材，更加遴选。再，六省下第举子内，除愿与下科会试者不必报名外，若有情愿小就，以图即行录用者，着在礼部报名，一并交与派出之大臣、主考官拣选，奏闻请旨。

三月丁酉　户部议覆广东总督鄂弥达疏奏改县驻防事宜。一、程乡县改为直隶州，统辖兴宁、长乐、平远、镇平四县，改教谕为学正，典史为吏目，州学取进文童二十名。……均应如所请，从之。

三月庚戌　策试天下贡士陈倓等于太和殿前。制曰：朕仰荷上天列祖眷佑之隆，圣祖仁皇帝付托之重，临御万方，十有一年于兹。兢兢业业，宵旰励精，凡所以致治之道，无不期其备举，至奖励忠勤，振兴髦士，奋武卫而厚民风，尤未尝一日少弛于怀也。至治之世，大小臣工，类以纯诚自矢，亦以精白望人。盖惟戴君为元首，故其视同官也。一如肢体痛痒之相关，化朋党比周之习，为劝善规过之风，夫是以协恭和衷，共成致主泽民之业也。朕推诚以遇臣工，时以公忠体国切加勖勉，深冀内外诸臣共臻斯路，而服官受糈者果克以忘私祛伪，自励而交励耶？若犹未也，则图所以殚厥心者宜何如？业先四民之谓士，必思所以有异于齐民之实，而后立心制行，始不沦于污下。故《孟子》曰“尚志”，《记》曰“士先志”。即宋陆九渊讲喻义喻利，亦谓“所喻由其所习，所习由其所志”。志之不立，为士之基已瘝，纵记问广洽、文藻华赡，正昔人所讥为虽有文采而不可近者也。然则士可不自植其本欤？而师儒之教又可弗急其先务欤？夫治世不弛武备，凡以制治保邦于永久也。今直省营制非不勾稽有册，简阅有规，校练有期，侵冒有禁矣，然保无有习为具文，未能实力举行者乎？其何以副朕固圉卫民之意？夫士不练不可以称勇，器不精不可以言备。然则弧矢戈矛之用，与夫坐作、进退、疏数之节，司戎政者可勿时时加意欤？移风易俗，吏治之最也。导民以爱敬，则忠顺可移；驯民以敬恭，则诟谇不作。诱掖有术，不难引中人而纳于君子之途。朕治天下，恒以正人心、厚风俗为切务，故擢孝廉方正、崇忠孝节义，旌义门、奖还金，举凡裨补风化之事，靡不激劝嘉与以树风声。兹遐迩民俗，其悉淳欤？大小臣工，何以赞朕振兴民行之政也耶？大抵寮采矢公诚，则有以倡棫朴菁莪之化；胶庠敦礼教，则有以储股肱耳目之才。军政修明则生民安堵，风俗淳厚则众志成城，所谓清和咸理，成万年有道之长者，此也。尔多士其悉抒所蕴以对，朕将亲览焉。

四月壬子　谕内阁：今日诸臣进殿试卷，朕阅至第五本，字画端楷，策内“公忠体国”一条云，“僚采之际，善则相劝，过则相规，无诈无虞，必诚必信，则同官一体也，内外亦一体也，广而至于百司庶职，何莫非臂指手足之相关”数语，极为恳挚，颇得古大臣之风，因拔置一甲三名。及拆号，乃大学士张廷玉之子张若霭。朕心深为嘉悦。盖大臣子弟能知忠君爱国之心，异日必能为国家抒诚宣力。大学士张英立朝数十年，清忠和厚，终始不渝。张廷玉朝夕在朕左右，勤劳翊赞，时时以尧舜期朕，朕亦以皋夔期之。张若霭禀承家教，兼之世德所钟，故能若此。因遣人往谕张廷玉，使知朕实出至公，非以大臣之子而有意甄拔。乃张廷玉进见，再三恳辞，以为天下人才众多，三年大比，莫不望为鼎甲。臣蒙恩现居政府，而臣子张若霭登一甲三名，占寒士之先，于心实有不安。倘蒙皇恩，名列二甲，已为荣幸。朕以伊家忠悫积德，有此佳子弟，中一鼎甲，亦人所共服，何必逊让。张廷玉跪奏云：皇上至公，以臣子一日之长，蒙拔鼎甲。但臣家已备沐恩荣，臣愿让与天下寒士，求皇上怜臣愚衷，若君恩祖德，佑庇臣子，留其福分，以为将来上进之阶，更为美事。陈奏之时，情词恳至，朕不得不勉从其请。着将张若霭改为二甲一名，以表大臣谦谨之诚，并昭国家制科盛事，令普天下士子共知之。

四月壬子　谕：任启运授为翰林，在阿哥书房行走。于开泰、焦以敬、吴超、桑调元、李光型、刘学祖着赐进士，补入殿试榜。

四月癸丑　上御太和殿。传胪。赐殿试贡士陈倓等三百二十八人进士及第出身有差。

四月己未　谕内阁：国家声教覃敷，人文蔚起，加恩科目，乐育群才，彬彬乎盛矣。朕惟博学鸿词之科，所以待卓越淹通之士，俾之黼黻皇猷，润色鸿业，膺著作之任，备顾问之选。圣祖仁皇帝康熙十七年，特诏内外大臣，荐举博学鸿词，召试授职，一时名儒硕彦，多与其选，得人号为极盛。迄今数十年来，馆阁词林，储才虽广，而宏通博雅、淹贯古今者未尝广为搜罗，以示鼓励。自古文教修明之日，必有瑰奇大雅之才。况蒙圣祖仁皇帝六十余年寿考作人之盛，涵濡教泽，薄海从风。朕延揽维殷，辟门吁俊，敦崇实学，谕旨屡颁。宜有品行端醇、文才优赡、枕经葄史、殚见洽闻、足称博学鸿词之选者，所当特修旷典，嘉与旁求。除现任翰詹官员无庸再膺荐举外，其它已仕、未仕之人，在京，着满汉三品以上各举所知，汇送内阁；在外，着督抚会同该学政，悉心体访，遴选考验，保题送部，转交内阁。务期虚公详慎，搜拔真才，朕将临轩亲试，优加录用，广示兴贤之典，茂昭稽古之荣。应行事宜，着大学士、九卿会议具奏。

四月辛未　谕吏部：庶吉士裘肇煦等教习已久，今加考试，应分别授职。除梁诗正已授编修外，其清书庶吉士裘肇煦、王宗灿、林蒲封、沈慰祖、嵇璜、商盘、徐以烜俱着授为编修，阮学浩着授为检讨，汉书庶吉士钟衡、毛之玉、沈荣仁、吴华孙、鄂敏、柏谦、刘元燮、吴士珣、陶正靖、包祚永、任应烈、杨廷栋、张灏、曹一士、倪国琏、周范莲、程盛修、林令旭、王文璇、陈其凝、吴履泰俱着授为编修，高璇、韩彦、曾敷文、孙倪城、严树基、杨秀、卢秉纯、许希孔、周龙官、裘思录俱着授为检讨，额尔登额、福魁着留馆，再教习三年。

四月庚辰 授一甲进士陈倓为翰林院修撰，田志勤、沈文镐为翰林院编修。

五月壬午 谕翰林院：选拔庶常原以作养人材，今科进士陈倓、田志勤、沈文镐已经授职，二甲第一名张若霭着授为编修，张映辰、吴祖修、张湄、赵瓒、鄂容安、雷鋐、朱桓、朱泮功、鄂伦、周正峰、储晋观、陈大受、董邦达、姚孔鈵、张为仪、阮学浚、范从律、张瑗、陆嘉颖、汪师韩、徐梁栋、夏廷芝、吴学瀚、许集、肇敏、沈景澜、朱续晫、张映斗、时钧辙、王锡璋、曾丰、杨二酉、陈仁、王检、梁文山、焦以敬、程钟彦、双庆、赖翰颙、罗源汉、王文充、李修卿、查锡韩、冯元钦、李天秀、刘孔昭、刘学祖、邱玖华、唐进贤、张宗说、介福、沈齐礼、赫成峨、吴士功、王芥园、杜谧、刘元炳、胡定、张兰清、于开泰、杨琨、傅为詝、饶鸣镐、辛昌五、聂位中、陈中荣、王以昌、宋楠六十八员俱改为庶吉士，分别清汉书教习。

五月癸未 谕翰林院：教习庶吉士，所以造就人材，使之沉潜经籍，涵泳艺林，可以典制诰之文、鸣国家之盛也。从前庶吉士皆就翰林院读书，教习大臣不时策励，是以身心约束，学殖易增，馆阁之间蔚然称盛。朕意今科选拔庶常，仍令在衙门读书，俾教习诸臣得以朝夕训课，兼厚给廪饩，资其膏火。庶几枕经葄史，文藻可观，克称词臣珥笔之职。其应查照前例，及如何加与廪给之处，着酌议奏闻。

五月甲申 谕内阁：翰林院编修张若霭，庶吉士鄂容安、鄂伦俱着在办理军机处行走。

五月乙巳 以礼科给事中帅念祖提督浙江学政。

六月丁巳 转礼部右侍郎邓钟岳为左侍郎，升詹事府詹事、江苏学政张廷璐为礼部右侍郎，仍留学政任。

六月己未 以兵部尚书鄂尔奇、吏部右侍郎阿山、吏部左侍郎任兰枝、内阁学士方苞教习庶吉士，翰林院侍讲学士陈万策协同教习。

六月丁丑 大学士等遵旨议覆，皇上至治覃敷，人文蔚起，特谕内外大臣荐举博学鸿词，今臣等议奏举行事宜，应令在京三品以上满汉大臣，在外督抚会同学政悉心采访，遴选考验，于在京郎中以下，在外同知以下等官，并致仕在籍，因公降调，及进士、举贡生监、布衣等项人员，择其品行端醇、文才优赡，足称博学鸿词之选者，不拘人数，秉公荐举。在内移送内阁，在外保送吏部，转交内阁。汇齐之日，恭候御试录用。从之。

八月癸丑 礼部议覆广西巡抚金鉷疏言，镇安府业经改土归流，应建置府学，添设教授一员，取进文、武童生各十二名；泗城府学取进童生旧无定额，请照镇安之额取进。其新改流之东兰、归顺二州，请各设学正一员，取进文、武童生各四名；思明土府新改为土州，归并宁明州管辖，请照州学例裁教授、训导缺，设学正一员，取进文、武童生各十五名；梧州府北流县既改隶郁林直隶州，则少拨入府学额数，请于旧额八名外，增取文、武童生各四名，以补原拨府学之额。均应如所请，从之。

八月丙辰 大学士、管翰林院掌院事张廷玉等遵旨议奏，新科庶吉士，蒙恩议给廪饩，谨酌每月各给银四两五钱，其器用什物，向工部支取，并拨给官房一所为教习馆，令庶吉士等肄业其中。新刊上谕，每人各赐一部内府所刊经史诗文，每种颁发三部，永远存贮馆内，以资课习。

九月庚辰　谕内阁：朕御极以来，时时训谕奉差考试诸臣秉公持正，杜绝私情，以为国家培养人材之本。幸奉差诸臣皆能仰体朕心，恪遵朕训，屏除弊窦，遴拔真才。十年来试事肃清，士论翕服。朕屡向廷臣等嘉奖再三。乃河南学政俞鸿图原系查嗣庭案内获罪之人，朕格外宽宥，复加任使，谅伊必能感激黾勉，考校公明，以图报效。今据河东总督王士㑺列款纠参，赃私累累，实出朕意料之外。况当天下学政澄清之会，而俞鸿图一人首先犯法，纳贿营私，甚属可恶。俞鸿图着革职。差户部侍郎陈树萱前往豫省，会同总督王士㑺将本内参奏情由及有名人犯一并严审，定拟具奏。

九月辛巳　礼部左侍郎邓钟岳缘事降调，转礼部右侍郎张廷璐为左侍郎，仍留江苏学政任。

九月壬午　添设福建台湾府学及台湾、凤山、诸罗、彰化四县学训导各一员。从福建巡抚赵国麟请也。

九月乙酉　吏部遵旨议奏，定例，满洲举人选用小京官，汉军举人选用知县。从前汉军举人有冒入满洲额内中式者，以致内用、外用任意趋避。嗣后，请令各该旗于考试时，将应考人员详加分别开明，咨送顺天府。如仍有混行冒考中式者，查出，将咨送之该旗都统、佐领等官交部议处，举人革退。从之。

九月辛卯　谕内阁：朕已降旨谕祭贤良祠大学士张英于本籍。大学士张廷玉着给假数月，于十月十三日起程回家，举行典礼。张若霭着随去。其族中子弟，若有在京闲散职衔可以暂假者，准其随回襄事。江苏学政张廷璐亦着给假暂回本县，其学政印务，照例交与督臣代管，俟事竣仍回本任。

九月戊戌　以右春坊右赞善邹升恒提督河南学政，吏科给事中王丕烈提督广东广韶学政。

十月辛亥　以内阁学士德新为武会试正考官，詹事府詹事顾祖镇为副考官。

十一月庚辰　策试天下中式武举孙宗夏等一百一人于太和殿前。

十一月丁亥　传胪。赐殿试武举孙宗夏等一百一人武进士及第出身有差。

十一月丙申　谕内阁：武场乡、会两试，原期选俊储材，所以人材壮健、技勇兼优者外场考试。另编好字号，并分别双单，令入内场，再考试文艺，比较取中，以杜冒滥幸进诸弊。本年武会试有顶替进场作弊者，当经查出，交部治罪。又有人材、技勇皆属平常，而考试大臣滥列好字号入场取中者，现在查参黜革议处，俾各知儆戒。至于各省学臣考试，闻有弓马平庸、文理粗通之人混入内场，越号换卷，传递代笔，希图取利。以致好字号之武童，自知文理平常，贿嘱倩代，揆厥所由，总因府州县考试时，每以广收博取市宽大之名，无论骑射优劣悉行录送。遂令技艺不堪、汉仗猥琐之辈混入内场，种种作弊。嗣后，府州县官考试武童，倘不悉心校阅，滥行录送者，着该学政题参议处。其该学政校阅外场，尤当加意选择。若将平常懦弱之人滥列好字号入场取中，亦着督抚查参。庶武场之宿弊可除，乡会之人材日盛矣。

十二月庚戌　礼部议覆广东巡抚杨永斌疏言，惠州府海丰县分设陆丰一邑，请将海丰原额取进文童生二十名，二县均分，各取进十名。原额武童十五名，陆丰取进八名，海丰取进七名，其廪增额数二县各设二十名。应如所请，从之。

十二月甲寅　谕内阁：进士、举人例应铨补知县，因其中有赋性迂拙、不谙吏治，而人尚循谨、文理明通者，又定有准其改教之例，所以重民社之任，亦以慎司铎之选，并为伊等保全功名也。乃年来候选各员，有年老材庸，不称县令，而苦不自量，谓犹能胜任者。其意以为得一县官，始为荣幸，即到任之后，不能胜任，仍可改补教职，无碍功名。殊不思以必不能胜任之人，一经铨选，到任学习，至一年、半年后，再请改教，则地方事务不且废弛乎？况教官责任綦重，本非闲员，嗣后，着该部堂官于铨选时详加甄别，凡年老材庸之人，谕令改教；若本人必欲铨选知县，及到任后不能胜任者，着该督抚题参，送部引见，不必题请改补教职。

十二月壬戌　谕内阁：各省保送优生内，廪增生俱准作岁贡，附生准作监生，入监肄业。其武生于到部时，礼部考试文艺，兵部考试骑射。具奏请旨。

雍正十二年（1734年）

二月己未　加户部员外郎蒋蔚翰林院检讨衔，提督湖北学政。

三月壬辰　礼部议覆提督顺天学政吴应棻疏言，八旗生员遇岁科试期，如果驻防随任及实系患病一时不能赴考者，应令各本旗查明，知照学臣，饬发教官造册，以便稽查。倘有规避，照例除名。该管各官扶同徇隐者，照徇庇例议处。应如所请，从之。

三月丙申　刑部议奏，参革河南学臣俞鸿图受贿营私，应拟斩立决。得旨：俞鸿图着即处斩。学政科场乃国家兴贤育才之要政，关系重大。十余年来，各省试官不闻有婪赃败检之劣迹，朕心颇喜，以为试事渐次肃清。今观俞鸿图赃私累万，则各省学政之果否澄清，朕皆不敢深信矣。盖学政与督抚同在一省，学政之优劣，督抚未有不深知者，只因督抚有所请托分润，代为隐瞒，朕复何从而知之？嗣后，各省若有考试不公、徇情纳贿者，经朕访闻，除将学臣从重治罪外，该督抚亦必照溺职例严加处分。

三月丙申　礼部议覆提督贵州学政晏斯盛疏言，南笼府属永丰州久经建治设学，请将土籍文童生，岁科各取进四名。又黎平府之古州虽未设学，而苗民繁庶，颇知向学。请择其文理明顺者量取一二名，附入府学苗童之后，以示鼓励。均应如所请，从之。

三月丁酉　谕内阁：据提督顺天学政吴应棻奏称，前经折奏八旗岁考不到生员一事，原为清查规避起见。但恐旗人借端苛索，高下其手，或现在京师，亦混称驻防随任；或已经考过，仍不放回原处。仰恳敕下八旗，转行申饬，秉公稽查等语。吴应棻原奏本以杜规避之端，而旗人或借此生事，亦未可定。着各该都统转饬参领、佐领，秉公稽查，有徇情朦混及需索苦累等事，该都统即行纠参。

三月戊戌　刑部议覆参革河南学政俞鸿图婪赃累万，伊父户部侍郎俞兆晟平日不能教子，及家人曹楷来往京中会银，而俞兆晟懵然罔觉，应降二级调用。得旨：俞兆晟向来品行不端，与李维钧结为姻亲，又依附年羹尧门下，皆朕所深知者。因伊痛自悔过，办事尚有才干，用至户部侍郎。自怡贤亲王仙逝，复萌故智，弊端种种，将王数年苦心整理之成规任意更张，甚属可恶。今伊子俞鸿图纳贿婪赃，紊乱学政，非寻常私弊可比，伊有此逆子，岂真一无见闻，而欲脱然事外乎？刑部审理时，只引失察家人子弟之条，希冀从轻完结，大徇情面，着将刑部堂官交都察院严察。俞兆晟着革职，令刑部秉公严审定拟，倘仍瞻顾徇隐，朕必亲审以明此案，将承审官自有另行处治。

四月乙卯　谕内阁：朕御极以来，于满汉人材广开登进之路，冀收得人之效，是以雍正元年定有满洲亦准考试武场之例。今思满洲弓马、技勇远胜汉人，将来行之日久，必至科场前列悉为满洲所占。而满洲文艺不及汉人，又恐考试内场时，不免有传递、代作等弊，于作养人材之道未有裨益。着行停止。

四月丙寅　礼部议覆顺天学政吴应棻疏言，定例，岁科两试，文、武童生先由本县考取，造册送府，该府再行考试。惟宛平、大兴两县童生向例止凭审音，并不衡文，以定去取。嗣后，请照例由县审音，再行考试，造册送府，庶例归画一，而假冒、顶替之弊亦可永除。应如所请，从之。

四月丁卯　予剿平广西邓横贼蛮、立功病故之浔州府知府杨正辅、太平府江州土知州黄锡璋各荫一子入监读书。

五月辛卯　吏部等衙门议覆福建总督郝玉麟疏奏酌核海疆情形，增改府州县治事宜。……一、泉州、漳州二府，俗悍民刁，地方太广，请各设直隶州分理。泉属之永春县改为直隶永春州，隶以德化、大田二县；漳属之龙岩县改为直隶龙岩州，隶以漳平、宁洋二县。请设直隶知州、州同、吏目各一员，教谕改为学正，训导仍旧。均应如所请，从之。

五月辛丑　礼部议覆，江苏巡抚高其倬疏称，江都新分甘泉县，山阳、盐城新分阜宁县，所有文武生员，例应派拨取进。江都应取进文生十三名，武生八名；甘泉应取进文生十二名，武生七名；山阳、盐城各取进文生十九名，武生十一名；阜宁取进文生十二名，武生八名。应如所请，从之。

五月癸卯　礼部议覆奉天府府尹吕耀曾疏奏设立学校事宜。一、升任府尹杨超曾条奏，复州应设学正一员，业经准行。今请照直省小学之例，复州文、武童生各取进八名，设立廪增各五名，三年出贡一次。一、金州新设之宁海县，请添设教谕一员；义州既设立州治，请添设学正一员，取进文、武童生各四名，设立廪增各二名，五年出贡一次。一、永吉州、长宁县向俱隶奉天府学，查永吉州去府八百余里，长宁县较永吉州更远，府学教官实为鞭长不及，永吉州请添设学正一员，长宁县生员不过数名，毋庸另设教职，请归永吉州学正带管。均应如所请，从之。

六月戊午　复置河南南阳府南召县，设知县一员，典史一员，拨南阳县训导一员，管理学务。移现驻南召通判仍回南阳府城。从河东总督王士㑺请也。

七月丙子 吏部议覆内阁学士德新条奏，考试笔帖式，请照翻译乡试例，马步、射艺合式方准入场。应如所请，从之。

七月己卯 礼部议覆国子监司业那尔布条奏，学臣取进童生覆试时，例有《小学》论题一道，嗣后，请改用《孝经》。应如所请，直省一体遵行，从之。

七月己丑 吏部等衙门议覆两江总督赵弘恩疏言，江苏直隶徐州业经升州为府……徐州府学取进童生额数，请照府学之例，取进文、武童生各二十名，在所属各州县考取拨入，廪增各设四十名。俟十二年后，挨次一年一贡。其新设附郭铜山县，取进文、武童生各十五名，廪增各设二十名，照例二年一贡。应如所请，从之。

七月辛卯 吏部议覆河东总督王士㑺疏奏山东省改设府县事宜。一、直隶沂州请升为沂州府，裁知州、州同、学正、吏目缺，设知府一员、通判一员、教授一员、经历一员、司狱一员。……应如所请，从之。

七月丙申 吏部议覆詹事府詹事顾祖镇条奏，起居注衙门止满主事二员，请增设汉主事一员，于举人、进士出身之现任中书内拣选引见补授。应如所请，从之。

八月庚戌 谕内阁：朕闻湖南五寨司文武生童，向令麻阳县训导兼摄。今改流多年，应试生童日众，应添设训导一员，专司训迪。又闻永顺生童，读书应试者亦多，即六里亦有就学子弟，应酌设学校教职，以隆作养。着该督抚详察地方情形，酌量定议。

八月癸丑 吏部议覆国子监祭酒觉罗吴拜条奏，国子监汉监丞、典簿员缺，向例由各省教职论俸推升，每有年力衰迈、学问平常者难为士子表率。嗣后，请于守部进士并学习期满举人内拣选引见补授。应如所请，从之。

九月壬午 以翰林院侍读王安国提督广东肇高学政。

九月戊子 谕内阁：各省生童往往因与地方有司争竞龃龉，相率罢考，此风最为恶劣。士为四民之首，读书明理，尤当祗遵法度，恪守宪章，化气质之偏，祛嚣凌之习。况国家之设考试，原以优待士子，与以上进之阶。凡此生童不知感戴国恩，鼓舞奋勉，而乃以私忿罢考，为胁制官长之计，有是理乎？嗣后，如果该地方官有不公不法、凌辱士子等情，许令生童等赴该上司衙门控告，秉公剖断，倘不行控告而邀约罢考，即将罢考之人，停其考试。若合邑合学俱罢考，即全停考试。该部妥议通行。

十月丁未 礼部议覆署湖南巡抚钟保疏言，永顺地方自设府分县以来，人文日盛，请于永顺府城内建立考棚，设教授一员。所属永顺、龙山、保靖、桑植等四县，各设训导一员，府学取进文、武童生各十二名，县学各取进八名。再，永顺县向有永定卫归并户口，桑植县向有慈利县归并户口，俱附澧州考试，今永顺既设考棚，自应各归本籍，并请于永顺、桑植二县额设八名内，分取永定、慈利归并者各二名。均应如所请，从之。

十一月戊寅 礼部议覆提督四川学政隋人鹏疏言，夔州府原属之达州既改为直隶州，梁山县又拨入直隶忠州管辖。请于夔州府学取进童生原额内，酌拨六名，以四名归梁山县，二名归直隶达州。应如所请，从之。

十一月壬午　礼部议覆提督顺天学政吴应棻疏言，保定、正定二府属，业经改设直隶各州，请于保定府学取进文、武童生原额内减取三名，以二名归易州，一名归定州。正定府学原额内减取九名，以三名归冀州，三名归赵州，二名归深州，一名归定州。应如所请。惟正定府学额内再应酌量准其减取七名，冀、赵二州各拨归二名，以均多寡。得旨：改设直隶各州，应增入学额数，着照该学政所请行，其府学文武童生，仍照原额取进，不必裁减。

十一月丁亥　兵部议覆河东总督王士俊疏奏东省裁卫设县事宜。一、大嵩、成山二卫请改为二县，裁卫守备、教授各一员，设知县、典史、教谕各一员。一、靖海、威海二卫，请裁卫守备、教授各一员，添设巡检各一员。靖海卫即以宁海州议裁之乳山寨巡检移驻，威海卫即以文登县原属之温泉寨巡检移驻，均归并文登县管辖。一、莱阳县行村乡巡检请改隶天嵩新县，文登县赤山寨巡检改隶成山新县。一、大嵩、成山既改卫为县，其考试生童额数，应行酌定。请将靖海卫附大嵩，威海卫附成山，各取进生童十六名，增设廪生二十名。均应如所请，从之。寻定大嵩改设县曰海阳，成山改设县曰荣成。

十一月壬辰　兵部议覆河东总督王士俊疏奏东省裁改卫所事宜。一、鳌山一卫，雄崖、浮山二所，请改归即墨县管辖。灵山一卫归胶州管辖，所有守备、千总、教授各缺俱行裁汰。一、鳌山卫原设把总请改为千总，添兵三十八名；灵山卫把总亦改为千总，添兵二十六名。雄崖、浮山二所，各添设把总一员，兵三十名。一、二卫二所既经裁改，应各添设巡检一员驻札，除掖县原属之柴葫寨、胶州原属之逄猛司及益都县颜神镇议裁之巡检三员，请分拨移驻外，再添设巡检一员，以资查缉。一、卫所童生学额，请照旧籍原设名数，各于所归州县取进。均应如所请，从之。

十一月庚子　礼部议覆广东布政使张渠条奏，向来教官之缺，例于本省举贡内隔府选用，其寄籍之举贡人等，若不清厘改正，或以本邑之人得本邑之缺，不无瞻徇袒护诸弊，请定限三月内行令呈明，改归本籍。其现任教职人员，有籍系同府者，并令呈明改调，违者照冒籍例治罪。应如所请，从之。

十二月庚申　添设广西太平府崇善县学廪生、增生各四名。从广西巡抚金鉷请也。

十二月辛酉　设山西蒲州、泽州二府学，取进文、武童生各十五名；裁平阳府学，原额取进童生三名归蒲州府学额；太原府学原额取进童生三名，以一名归直隶忻州，二名归直隶代州。从提督山西学政范咸请也。

十二月壬戌　拨广西梧州府学原额取进文童五名、武童三名，归直隶郁林州学。从提督广西学政徐以升请也。

十二月癸亥　谕内阁：畿辅为天下首善之地，是以各府州县童生入学之数，昔年曾加恩增添，以示鼓励。惟宣化府属之蔚州，从前原隶山西，广平府属之磁州，从前原隶河南，及改归直隶之后，其入学仍照晋豫原额，未与直隶一体邀恩。又新从山西改归易州管辖之广昌县，入学之数尚不及直隶小县。此两州一县，均当酌议加增。每遇乡试之年，宣化府属另立旦字号，与奉天府属夹字号额数相同，各取中三名。今宣郡人材，较前渐盛，又添蔚州一属，应举人数加多。查夹字号前已广额二名，则旦字号亦应加增中式之数。着礼部定议具奏。

十二月癸亥　谕：乡会两闱乃国家抡才大典，必须防范周密，令肃风清，始足遴拔真才，屏除弊窦。朕闻各省乡试之年，官字号举子入闱者，监临、提调等官有差人馈送饮食果品之事。虽无关于科场作弊，然当关防严密之时，有人往来号房，难保日久无雇倩、传递之弊。且恐民卷中之有力者，亦可借此作奸犯科，不可不防其渐。嗣后，着通行禁止，倘有仍蹈前辙者，一经发觉，即照科场作弊例，将与受之人一同治罪。

雍正十三年（1735年）

正月壬辰　以翰林院侍讲学士钱陈群提督顺天学政。

二月癸卯　谕内阁：定例文武生员不准入伍食粮。闻陕甘兵丁内，有文武生员现充营伍，而延绥一镇，竟至六十余名之多。在文武生员名列胶庠，各应专心举业，娴习技艺，以图上进，岂可又挂名营伍？其已经入伍之兵，粗知文义、愿应考试者，原有准入武场一体乡试之例，不必又附名学校。若以一身而兼顾两途，必且互相牵制，转致两误。着通行陕甘各提镇，将各兵内之文武生员查明革粮，令其归学。如有情愿革去生员、当兵食粮者，即行知该学政除名，准留营差操，并饬行各营将弁。嗣后，文武生员一概不许滥收入伍，将此通行各省知之。

二月癸卯　礼部议覆湖南学政吴大受疏言，岳州府原属之澧州、衡州府原属之桂阳州俱改为直隶州。请拨岳州府学原额取进文、武童生各五名，归澧州属；拨衡州府学原额取进文、武童生各三名，归桂阳州属。应如所请，从之。

二月丁未　以户部右侍郎托时、内务府郎中白衣保、内阁中书徐元梦为满洲翻译乡试主考官，镶蓝旗蒙古副都统多尔济为蒙古翻译乡试主考官。

二月辛酉　谕内阁：从来文武两途，国家并重，未尝轩轾于其间，而习其业者必专心致志，不惑于他歧，然后有所成就，可以备国家之用。每见无识之武臣，沽名邀誉，辄称营伍中设立义学，兴文育材。又或请令驻防兵丁子弟，就近应该省乡试，此皆舍本逐末，糊涂颠倒之见。夫国家设立营伍，原为折冲捍御之计，营伍中提镇大员，乃弁兵之表率也，意之所向，众共趋之。今乃浮慕读书向学之虚名，而于持戟荷戈之地，以文章翰墨相矜尚。是本业在武而注意于文，必致弁兵等相习成风，人材渐至软弱，武备亦至废弛，岂整饬戎行之道乎？彼弁兵之子弟，其资性聪慧、可以读书者，听其延师自课，循例考试，以图上进，此乃两全之道。为提镇大员者，何必以虚名倡率，使之轻视本业，且与其设义学以课文，何如设义学以课武，尤为轻车熟路，易于有成也。至于各省驻防，乃专为武备而设，其子弟通晓文艺者，原听其来京应试，以为进身之路。若准其在外就近乡试，则伊等各从其便，竞尚习文之名，而渐忘用武之实，将来更有何人可充驻防之选乎？在京师则文武并用，是以文武兼收；在驻防则武备是资，应以武途为重。即如农工商贾，各专其业，然后可以收其效，此古今不易之理。奈何介在两歧，其流弊必至两误，向后如仍有妄行奏请者，朕必加以重处。

三月乙亥　礼部议覆安徽学政姚三辰疏言，庐州府原辖之六安州，凤阳府原辖之泗州、颍州、亳州，俱经改为直隶州。请拨庐州府学原额取进文童三名、武童二名，归六安州属；拨凤阳府学原额取进文童五名，以二名归泗州属，二名归颍州属，一名归亳州属。应如所请，从之。

三月乙亥　（礼部）议覆河南学政邹升恒疏言，河南府原辖之陕州，汝宁府原辖之光州，俱经改为直隶州。请拨河南府学原额取进文童三名、武童六名，归陕州属；拨汝宁府学原额取进文童四名归光州属。应如所请，从之。

三月丙子　礼部遵旨议奏，直隶宣化府属之蔚州、广昌县向隶山西，广平府属之磁州向隶河南，今既改归直隶，请将蔚州、磁州入学额数，照直隶大州县例，于原额十五名外加取三名；广昌县入学额数，照直隶小县例，于原额八名外加取二名。再，宣化府属士子乡试，旧例列为旦字号，额中举人三名，今添蔚州一属，人数较多，请将旦字号中额加增一名。从之。

三月丙戌　礼部议覆陕西学政王兰生疏言，西安府原辖之耀州、同州、华州、乾州，延安府原辖之鄜州，巩昌府原辖之秦州，俱经改为直隶州。请于西安府学原进文童额内酌减五名，以三名分归耀州、同州、华州属，二名归乾州属，武童额内酌减一名，拨归乾州属之武功县。延安府学原进文武童生额内各酌减三名，拨归鄜州属。巩昌府学原进文武童生额内各酌减三名，拨归秦州属。应如所请，从之。

四月癸卯　谕内阁：教习举人、贡生多系不应即选之人考取补用，即三年期满，不过勤于训课。其职易称，只宜量加议叙，以示鼓励。从前议以知县、教职即用，未免太优。且中式进士之人，尚须分部学习，挨班铨选知县。若科分甚浅之举人，教习三年，遽行即用，迟速转觉相悬，殊属太骤。至举人铨选教职，亦须照依科分，历久方能挨补。今以近科举贡教习期满俱准即用，以致年久应选之人转多壅滞，于铨法亦未均平。其应如何酌定班次、分别选用之处，着吏部详议。

四月乙巳　礼部议覆四川学政隋人鹏条奏，川省苗民久经向化，嗣后，各属土司苗童有读书向上者，请准与汉民文武童生一体考试，于各该学定额内凭文去取，卷面不必分别汉苗。应如所请，从之。

四月癸丑　礼部议覆奉天府府尹宋筠疏言，奉天永吉州学，旧设廪生、增生各一名，近将长宁县学拨归永吉州学管辖，请添设廪生、增生各一名，五年出贡一次。应如所请，从之。

四月丁卯　礼部议覆贵州学政晏斯盛疏言，贵州威宁州属宣化里可渡河之田地、户口，现经改归云南宣威州管辖，请将可渡河以南之文武生员拨归云南宣威州学。应如所请，从之。

闰四月壬申　以翰林院编修沈文镐提督山西学政。

闰四月辛卯 以山西道御史倪国琏为云南乡试正考官，翰林院检讨张鹏翀为副考官；编修周范莲为贵州乡试正考官，兵部主事熊学鹏为副考官。

五月壬寅 礼部议覆提督江苏学政张廷璐疏言，苏州、淮安、扬州三府既经分设太仓、通、海等三直隶州，请于苏州府学原额内酌拨文童五名、武童三名，归太仓州属；扬州府学原额内酌拨文童五名、武童三名，归通州属；淮安府学原额内酌拨文童二名，武童二名，归海州属。应如所请，从之。

五月辛亥 礼部议覆福建巡抚卢焯疏言，台湾乡试士子，向系另编字号，额中举人一名。今台属五学人文日盛，请于闽省解额外，将台字号再加中一名，以示鼓励。应如所请，从之。

五月戊午 以翰林院编修杨廷栋为四川乡试正考官，编修周学健为副考官；广东道御史钟衡为广东乡试正考官，刑部主事王应彩为副考官；编修沈昌宇为广西乡试正考官，检讨王宗灿为副考官；工部主事章有大为福建乡试正考官，编修金相为副考官；编修赵大鲸为湖南乡试正考官，礼部郎中周祖荣为副考官。

六月己巳 礼部议覆广东广韶学政王丕烈疏言，粤省各卫所屯军籍童生额多人少，且军民两籍混冒，讦控不已。请照顺天学政杨超曾题准河间等卫，裁并归县之例，将粤省各属卫所屯童，归入现住办粮之州县民籍应试，一体凭文，拨入府学。再，雷、琼等府向有附籍入学捐纳贡监者，请定限两月，准其呈首，改归原籍，以杜顶冒。均应如所请，从之。

六月甲戌 礼部议覆四川学政隋人鹏疏言，黔省毕节县之河北地方，田粮户口既经改归川省永宁县，请将该处文武生员悉归永宁县学，就近考试。应如所请，从之。

六月丁丑 设福建台湾府属彰化县学，廪生、增生各十名。从福建巡抚卢焯请也。

六月甲申 礼部议覆贵州学政晏斯盛疏奏，黎平府属亮寨正长官龙绍俭呈称，由生员出身，请应科举。查龙绍俭既已承袭土官，不便准其乡试。得旨：土司龙绍俭原由生员出身，既有志观光，陈请科举，准其一体应试。若得中式，其土司世职，着伊将应袭之人举出承袭。

六月戊子 以翰林院侍读学士陈德华为浙江乡试正考官，山西道御史刘元燮为副考官；左春坊左中允彭启丰为江西乡试正考官，广西道御史张仕遇为副考官；云南道御史卢秉纯为湖北乡试正考官，刑部主事苏霖渤为副考官。

七月己亥 以翰林院编修于辰为陕西乡试正考官，礼部郎中郭石渠为副考官；吏部右侍郎邵基为江南乡试正考官，修撰周霜为副考官。

七月癸丑 以翰林院编修李文锐为河南乡试正考官，兵部郎中高显贵为副考官；左春坊左赞善郑江为山东乡试正考官，编修于枋为副考官；左春坊左谕德嵇璜为山西乡试正考官，工部主事吴炜为副考官。

八月壬申 以工部左侍郎顾祖镇为顺天乡试正考官，翰林院侍讲学士戴瀚为副考官。

八月己卯　定山东新设武定、沂州府学廪生、增生各四十名，取进文武童生各二十名，一年一贡；惠民、兰山县学廪生、增生各二十名，取进文武童生各十五名，二年一贡。从河东总督王士寯请也。

八月甲午　以顺天乡试回避官生卷二十四卷，另派大臣等阅看。取中三卷，交考试官工部侍郎顾祖镇、翰林院侍讲学士戴瀚酌量名次，填写入榜。

九月己亥①　上即皇帝位于太和殿……诏曰……所有合行事宜，条列于左。……一、文官在京四品以上、在外三品以上，武官在京、在外二品以上，各送一子入监读书。……一、会试额数俟礼部临期请旨广额外，乡试，大省加三十名，中省加二十名，小省加十名。一、各直省儒学，无论府州县卫，俱于本年以正贡作恩贡，次贡作岁贡。一、各省入学额数，大学加七名，中学加五名，小学加三名。……于戏！觐光扬烈，洁思负荷之维艰；建极绥猷，时励精勤于罔懈。诸王文武大小臣工，其共殚公忠，协心襄赞，懋图上理，祗迓洪庥，以光大我国家无疆之祚。布告天下，咸使闻知。

九月庚子　顺天乡试考官顾祖镇、戴瀚以前列十卷进呈。得旨：朕当皇考大事，恸入五中，勉强料理军国要务，此十魁卷着徐本、福敏、杨超曾、方苞阅看，拟定进呈。

九月庚申　开乡会恩科。谕曰：国家大典，首重抡才，我朝培养多年，人文日盛，是以皇考御极之初，于三年大比之外，特开乡会恩科，广罗俊乂，所以鼓舞而振兴之者，至为周备。今朕缵承统绪，照雍正元年特开恩科之例，举行兹典。乾隆元年系丙辰会试正科，着于八月举行乡试；乾隆二年二月举行会试。以副朕兴贤育才之至意，尔等即交该部遵行。

九月庚申　礼部议覆江南总督赵宏恩等请定寿州新分凤台县，酌拨廪增及新进文武生童额。嗣后，县额设廪生十二名，三年一贡，增生十二名，额进文童八名，武童六名。应如所请，从之。

九月壬戌　谕：本年顺天乡试，弊窦甚多，解元许秉智系革职户部员外郎许秉义胞弟，家赀甚富，情弊显然。着将考试官顾祖镇、戴瀚革职，拏交刑部。请旨派大臣严审，按律究拟。朕当皇考大事，正哀痛迫切之时，岂复能留心文字，是以今年乡试十魁卷，特旨命徐本、福敏、方苞、杨超曾四人覆阅，伊等毫未经心，漫无觉察，亦着交部严察议奏。原参一摺发出，着原派之大臣按款审讯，务在秉公办理，得其实情，亦不必以朕降旨在先，有意迎合。

十月戊辰　礼部议准，河东总督王士寯等疏请，新改陈、许二府，新设淮宁、石梁二县酌定学额，应照例，陈、许二府学取进文武童生各二十名，淮宁、石梁二县学取进文武童生各十五名。从之。

十月乙亥　谕兵部：顺天武乡试正、副考官，向例止开列编检职衔。嗣后，着将

---

① 雍正于本年（1735年）八月薨。雍正十三年九月以后的内容均录自《高宗纯皇帝实录》。因此，这里的“上”指的是乾隆。

开坊翰林官一并开列。

十月戊寅 谕：今年顺天武闱乡试，考阅骑射，闻各项人材弓马，颇有可观，其间技艺优长、汉仗魁伟者亦多。此皆由国家培养日深，所以人人鼓舞向上。着于定额取中外加增十名，以示朕广育人材之至意。

十月辛巳 吏部请点各省学政。得旨：各省学政有训导士子、校阅文艺之责，关系甚重，非才守兼优、素有学问者不克胜任。朕即位之初于诸臣之才学品行未能深知，难以降旨简用。着大学士、尚书、侍郎于翰林、科道部属内，各据所知，保举二三员，开列送部，汇奏请旨。张廷璐、蒋蔚声名好，着仍留江苏、湖北学政之任。

十月甲申 停止应选知县之进士、举人分部学习之例。从礼部尚书任兰枝请也。

十月辛卯 吏部议准，山西学政沈文镐奏言，生员犯赌，有玷胶庠，未便与平民犯罪者同科。教官有约束士子之责，应定失察处分。请嗣后文武生员犯赌斥革，比常人加一等治罪；该管教官自行查出申报者，免其处分；失于查察者，罚俸一年；知情不报者，革职留任；失察造卖赌具者，照溺职例革职。从之。

十月壬辰 停止外省举人送充邻省乡试同考官之例，仍以科甲出身之同知州县等官入闱分校。从工部侍郎张廷瑑请也。

十月乙未 谕：从前设立宗学以训迪宗室子弟，原欲造就人材。今已数年，自应有所成就。着宗人府王公等将此内人品可观、学业长进者秉公查选。具奏请旨。

十一月己亥 命侍讲郑江提督安徽学政，检讨李光墺提督山东学政，监察御史张考提督河南学政，修撰周霌提督陕西学政，编修周学健提督福建学政，编修于辰提督江西学政，户部郎中潘允敏提督广西学政，户部员外郎陈象枢提督四川学政，编修孙人龙提督云南学政，监察御史邹一桂提督贵州学政，监察御史张仕遇提督湖南学政，吏科给事中王丕烈声名好，仍留广韶学政任。

十一月戊申 礼部议：福建总督郝玉麟疏称，闽省既经改设府州县治，应将各府州县之取进文武童生并廪增名数，分拨增减。请将福宁府文武童生各取进二十名，廪增额数各四十名；霞浦县各取进十五名，廪增各二十名；古田县、屏南县各取进八名，廪增各十名；永春县改州，文、武童岁科各取进十三名，廪增仍旧；大田县文童取进十二名；龙岩县改州，岁科文童取进十八名，廪增仍旧。应如所请，从之。

十一月丙辰 谕总理事务王大臣：向来文武科场，需用食物、器皿等项，定例俱系顺天府派委大、宛二县动用钱粮，分发各行户备办，近闻承办之员不能料理妥协，以致各行户未领银之先，吏胥有折扣价值、需索规礼之弊。及至发价之时，又复任意短发，扣克中饱，甚属可恶。着晓谕顺天府尹，严饬大、宛二县，即将前项情弊立即革除，倘仍蹈故辙，一经发觉，定将该管各官一并议处。

十二月丁卯 总理事务王大臣等奏，覆审考试官戴瀚擅改文字，进呈欺诈，应依律杖一百、徒三年，其听从私改之同考官徐焕然，并扶同进呈之考试官顾祖镇，拟以杖九十、徒二年半。从之。

十二月己卯 兵部议准，副都统李元亮疏请，汉军养育兵等准与汉军武童一体考试。从之。

十二月壬午　　议覆湖广总督今任大学士迈柱等疏称，湖南永定、九溪二卫经前任巡抚王国栋题请改为安福县，第所征屯粮，疆界不清，应请于永定卫添设一县，归于澧州管辖，其界内之慈利、永顺、桃源、桑植四县，搀杂田粮，应与联界各州县会勘定界……其生童岁科两试，应照小学额数，各取进生童八名、廪生六名，俟人文蔚盛，照例出廪挨贡，武童亦照额取进。至安福县原照太学额进，今既截去永定地方，应减去三名，只照中学额数。……均应如所请，从之。寻定县名曰永定。

十二月甲申　　礼部议准司业胡宗绪奏，学政岁考前列十名卷，请解送部科磨勘，至主司衡文，倘有冒滥，亦令九卿严加磨勘，分别处分。从之。

十二月甲申　　（礼部）议准，河南学政邹升恒疏称，文武生员及举贡监生，遇本生父母之丧，期年内不许应岁科两考及乡会二试，童生亦不许应府州县及院试。从之。

十二月甲申　　（礼部）议覆广西学政徐以升奏称，粤西各郡文风不一，因之出贡迟速迥异，奉准部覆，查明酌议具题。请将泗城府属之西隆州学、庆远府属之思恩县学，照左永养之例，四年一贡；其南宁府属之上思州学，庆远府属之河池州学、天河县学，平乐府属之永安州学、修仁县学，柳州府属之来宾县学、罗城县学，照奉天府学满字号之例，三年一贡。又，桂林府属之永宁州学、思恩府属之迁江县学，出贡亦属太速，请暂改为三年一贡，俟该二学人文加盛，再照旧例办理。应如所请，从之。

十二月己丑　　总理事务王大臣等奏，据平郡王福彭奏言，盛京系开创要地，居住宗室、觉罗三百余人，内资质可成就者颇多，惟离京遥远，不知勤学，而族长等复不能悉心训导。请照京城两翼宗学之例设立宗学，饬交将军、府尹慎拣满汉教习，令其讲读满汉文，练习步骑射。后有文学成就、弓马娴熟者，准赴京考试；艺射精者可备选侍卫。得旨：允行。

乾隆元年（1736年）

正月己亥　　总理事务王大臣议覆户部左侍郎李绂奏，磨勘各省乡试朱墨卷，例用九卿科道。查试卷甚多，九卿科道各有职掌，往往草率从事。嗣后，请兼用中赞以上之翰詹、科甲出身五品以上之京堂各员，并请免今科磨勘。应如所请，从之。

正月丙辰　　谕总理事务王大臣：西北两路用兵以来，一应军需皆取给于公帑，不肯丝毫累民，而费用繁多，不得不资藉捐纳，以补国用之不足，此中外所共知者。当日皇考圣意，原欲俟军需告竣，即行停止。今大兵渐撤，军需减省，着将京师及各省现开捐纳事例一概停止。夫议捐纳者，未尝不出于士子之口，而留生童捐纳一款，是士子首以捐资为进身之始矣。其应停应留之处，着汉九卿、翰詹、科道会同确议具奏。寻议，生童捐监系士子一进取之路。顺天乡试例有南北监生，定为皿字号中式。且游学随宦在京者，亦得藉为应试之阶，应留户部捐监一条，各省一概停止，不令照前考职，并请以每岁捐监之银，留为各省一时岁歉赈济之用。从之。

正月丙辰　定考官子弟回避考试之法。谕：内外帘官子弟应行回避者，着另行考试。乾隆元年会试及乡会恩科，准于常额之外，宽余取中，以示鼓励。其作何另行考试之处，着礼部速行妥议具奏。寻议，考试回避子弟，请仍于闱中另编坐号，先期奏请钦命四书三题，二、三场仍用闱中之题一体考试，臣部奏派大臣校阅试卷，恭候钦定，发交内帘主考官，酌量名次，叙入榜内。从之。

二月戊辰　禁派绅衿杂差。谕曰：任土作贡，国有常经，无论士民，均应输纳。至于一切杂色差徭，则绅衿例应优免，乃各省奉行不善，竟有令生员充当总甲、图差之类者，殊非国家优恤士子之意。嗣后，举贡生员等着概行免派杂差，俾得专心肄业，倘于本户之外别将族人借名滥免，仍将本生按律治罪。

二月戊辰　（总理事务王大臣）议覆礼科给事中毕谊条陈科场事宜。一、内帘执事官不必回避者，同姓无服及郎舅中表姻亲，至有服之翁婿甥舅应概令回避；外场执事官与专司文字不同，族人姻亲无庸回避。一、春秋合题强为牵合，无当经义。请行停止。一、乡会策题，反覆议论，适供士子摭拾。请归简要。一、场后编造匿名歌谣，最为不法，请申严禁。均应如所请，从之。

二月己巳　礼部奏，八旗满教习例用通晓翻译举贡生员，其人品可观、训课有术者甚少，请将八旗废员及告退笔帖式并从前效力军前、年老有疾之员，有精于国语、可为师法者，一并考试录用，年满分别加衔，以示奖励。从之。

二月庚午　以礼部侍郎励宗万为会试知贡举，大学士鄂尔泰、朱轼为正考官，吏部左侍郎邵基、刑部右侍郎张廷瑑为副考官。

二月甲戌　河南学政邹升恒奏，直隶陕州并所属灵、阌二县生童，以赴河南府考试不便，情愿捐资于陕州建立考棚，每年修费，请于该州县养廉公费动用。下部议行。

二月乙亥　广东广韶学政王丕烈疏请裁惠州府学文、武童生进额各三名，归新隶嘉应州之兴宁、长乐二县；裁潮州府学文、武童生进额各二名，归新隶嘉应州之平远、镇平二县，统拨州学；裁潮州府学武童进额二名，拨归嘉应州；裁广州府学文童进额一名，拨归直隶连州。下部议行。

二月辛巳　命翰林官拟进上谕，谕总理事务王大臣：翰林以读书为职业，然读书将以致用，非徒诵习其文辞也。古来制诰多出词臣之手，必学问淹雅，识见明通，始称华国之选，有裨于政事。今翰詹官员甚多，于诗赋外亦当留心诏敕，掌院学士以下、编检以上，可各以己意拟写上谕一道，陆续封呈朕览，既可以觇其文艺之浅深，并可以观其胸中之蕴蓄。倘有切于吏治民生者，朕亦即颁发，见诸施行，则词曹非徒章句之虚文，而国家亦收文章之实用矣。嗣后，庶吉士散馆后，即照此例行。

二月癸未　命协办大学士徐本、左都御史福敏、礼部左侍郎徐元梦、内阁学士姚三辰阅会试回避子弟试卷。寻拟上等六卷，次等四卷进呈，于常额外取中。从之。

二月丁亥　谕：内外臣工所举博学鸿词，闻已有一百余人，只因到京未齐，不便即行考试。其赴考先至者未免旅食艰难，着从三月为始，每人月给银四两，资其膏火，在户部按名给发，俟考试后停止。若有现任在京食俸者，即不必支给，并行文外省，令未到之人，俱于九月以前到京。若该省无续举之人，亦即报部知之，免致久待。

二月戊子　礼部以会试中额请。得旨：这会试，满洲、蒙古取中十名，汉军取中四名，直隶取中三十名，奉天取中一名，山东取中二十名，山西取中十六名，河南取中十八名，陕西取中十二名，江南取中三十八名，浙江取中三十六名，江西取中二十一名，湖北取中十四名，湖南取中八名，福建取中二十名，广东取中十四名，广西取中三名，四川取中六名，贵州取中六名，云南取中八名，南卷五经取中十名，北卷五经取中三名，中卷五经取中二名。旗卷五经应否取中，着主考阅文定夺。

二月己丑　署镶红旗满洲都统平郡王福彭奏，八旗廪膳生员有愿披甲者，但食马甲钱粮，裁其廪饩；仍留廪膳生员有愿专习文艺者，令其告退马甲，仍给廪饩。从之。

二月壬辰　（礼部）议准，顺天学政钱陈群请停科试举报优劣之例。从之。

二月癸巳　总理事务王大臣议覆御史查拉奏言，满洲进士、举人但挨补小京官，其缺甚少，且先尽进士铨选，举人无补用之期，请以进士、举人分班选用。应如所请。查，满洲内阁中书六十四缺，应再分出数缺铨补，请敕下部臣详议。寻议，满洲闲散文进士、举人，例用国子监监丞等小京官，惟举人补用无期，应如总理事务王大臣等所议。嗣后，于选用监丞等官外，遇额设中书缺出，补贴写中书五缺后，用闲散文举人一员；至蒙古闲散文举人，亦请于蒙古中书缺内补笔帖式三缺后，选用一员。得旨：允行。

二月癸巳　是月，提督顺天学政钱陈群奏请：赏乡会试对读生员盘费。得旨：考居四、五等生员，令其入场对读者，所以示罚，俾其奋勉向学也，若赏给盘费，则与立法惩儆之意不符。但外省止有乡试，而北直兼有会试，生员重复应差，稍觉可悯。汝可传旨与李卫，嗣后，会试对读之生员酌赏盘费，于公用项内支给。

二月癸巳　（云贵总督尹继善）奏请：停捐贡生、佐杂并条陈科场事宜。得旨：捐纳尽停，已有旨了，想卿未之见耳，可谓万里同风。至于科场一事，行之已久，即一时更张，亦未必尽得天下贤才而用之。此时惟有酌量变通，缓缓调剂，以俟文风丕变，非可指日而计成功者也。因前有奏请停止捐纳一条，故不便即交部议，待卿缴此摺时，朕裁去前条，再交部议可也。

三月癸卯　谕：尚书杨名时奏荐进士庄亨阳，举人潘永季、蔡德峻、秦蕙田、吴鼐，拔贡生官献瑶，监生夏宗澜等七人，皆留心经学，可备录用等语。杨名时现管国子监事务，所荐庄亨阳等七人既留心经学，着该部调来引见，用为该监属员，听杨名时等分委办事，以收成均课士之益。

三月甲辰　礼部议覆陕西巡抚硕色疏请，榆林府学额设廪增各四十名，照例一年一贡；榆林、怀远二县学，分拨榆林卫，旧设廪增各四十名，照例二年一贡；靖边、定边二学分拨靖边所旧设廪增各二十名，先靖后定，二年轮流一贡，俱各食饩如例。应如所请，从之。

三月乙巳　谕：今岁八月举行恩科乡试，其正、副考官必人品端方、学问醇正者，始足膺衡鉴之寄。朕即位之初，不能深知诸臣之底蕴，着张廷玉、鄂尔泰、朱轼、徐本、邵基、任兰枝、徐元梦、福敏、孙嘉淦、杨名时于翰林科道部属内，各据所知，多举数员，于五日内交送内阁汇奏，候朕考试简用，庶得才品兼优之员，以副抡才之大典。

三月丙午　礼部议覆四川巡抚杨馝疏称，清溪县自雍正六年设学以来，人文日盛。请额设廪增生各十名，初补首廪，十年出贡，嗣后，照例四年一贡。应如所请，从之。

三月丁未　协办大学士三泰奏请颁发《十三经》、《二十一史》各一部于各省会府学中，令督抚刊印，分给府州县学。部议，应令督抚于省会书院及有尊经阁之府州县就近动项购买颁发。从之。

三月戊申　谕兵部尚书傅鼐：朕闻今科会试遗卷内尚有佳卷，目今场事已竣，朕于科场事宜不能深悉，应如何加恩增中之处，尔可会同大学士鄂尔泰、朱轼议奏。寻，鄂尔泰等奏，各房荐卷尚有文理明通、可以取中之卷，应拣选进呈，续出一榜，准其一体殿试。得旨：今科会试落卷内所有荐卷，着大学士鄂尔泰、张廷玉、朱轼，侍郎邵基、张廷璟，学士方苞公同阅看。

三月戊申　宗人府议覆多罗平郡王福彭奏请于盛京建立宗学、觉罗学事宜。应如所请。照京城之例，设立宗学一处、觉罗学一处，凡二十岁以下十岁以上、情愿入学读书者令其入学，其宗学总管等员选彼处章京、闲散宗室觉罗中之品行端方者酌补，宗学、觉罗学总管二员，作为七品；副管各四员，作为八品，食俸如例。其翻译教习，交该将军于司官笔帖式内选送四员；其骑射教习于闲散官员以下，领催、马甲以上选送四员；其汉教习交奉天府府尹，由彼处举人、拔贡内选送四员；每学各设传事马甲四名，公费等项交该部照例支给，每岁令赴谒陵寝大臣等考试一次，该总管、副管等贤否，一并查核，至教习、官学生分别劝惩。均应如平郡王所请，从之。

三月戊申　吏部议准，尚书衔兼管国子监祭酒事杨名时等奏请，肄业期满之八旗贡生以助教、笔帖式分选，并应乡试。汉军贡生准其拣选佐贰，考试教习。从之。

三月己酉　谕总理事务王大臣：朕前降旨，二十七月之内遇国家重大典礼，间一升殿，外此概不举行。今科殿试传胪，朕亦不升殿。着传谕礼部知之。

三月庚戌　兵部尚书傅鼐奏，今科会试各省年老举人，八十岁以上刘起振等三人，七十五岁以上冯应龙等五人，七十岁以上李琬等十五人，七十岁宋士正等二十人，请饬令查阅闱卷，拣选进呈。得旨：着交大学士等照傅鼐所请行。

三月辛亥　礼部议准，广东道监察御史钟衡奏，广东乡试一万一千余卷，《诗经》卷不下六千，同考仅有四房，难以细阅，请增《诗经》同考二房。从之。

三月甲寅　大学士鄂尔泰等进呈选取会试荐卷三十卷，年老举人试卷五卷。得旨：着交礼部照取拟名次出榜。

三月乙卯　谕总理事务王大臣：昨据尚书傅鼐奏称，各省来京会试举人内，有年岁七八十以上者四十余人，志切观光，可否酌量加恩录用。朕因令查落卷之大臣等一并简阅，续取中五人。其余未取者，着交与礼部验看，酌量分别，作何赏给职衔之处，妥议具奏。此等年老举人，朕格外加恩，乃一时之旷典，在伊等无心遭遇则可，若心存希冀，强赴公车，以致皓首寒儒，跋涉辛苦，既存侥幸之心，亦非朕爱士恤老之意。此事后不为例，着礼部通行晓谕知之。

三月丁巳　议覆杭州将军富森疏称，武乡试骑射，天气晴朗，仍照定期考试；如遇霪雨泥泞，暂行展限。应如所请，并通行各省，从之。

三月戊午　谕礼部：云南、贵州、广东、广西、四川、福建六省举人赴京应试，未经中式者着照雍正十一年之例拣选。奏闻。请旨。其上次记名二十一人一并入于此内请旨。

四月丙寅　策试天下贡士赵青藜等三百四十四人于太和殿前。制曰：朕惟治法莫尚于唐虞尧舜相传之心法，惟在允执厥中。当时致治之盛，至于黎民于变时雍，野无遗贤，万邦咸宁，休哉，何风之隆欤！朕缵承祖宗丕基，受世宗宪皇帝付托之重，践阼之初，孜孜求治，虽当重熙累洽之余，而措施无一日可懈，风俗非旦夕可淳，士习何以端，民生何以厚，不能无望于贤才之助。兹际元年首科，朕特临轩策问，冀尔多士启予不逮。夫用中敷治，列圣相传，然中无定体，随时而用，因事而施，宜用仁，则仁即中，仁非宽也；宜用义，则义即中，义非严也。或用仁而失于宽，用义而失之严，则非中矣。何道而使之适协于中耶？《诗》称“不竞不絿”，《书》称“无偏无党”，果何道之从耶？政治行于上，风俗成于下，若桴鼓之相应，表影之相从。然夏尚忠、商尚质、周尚文，其后各有流弊。惟唐虞淳厚，后世莫能议焉。其悉由于允恭、温恭之德致之然耶？抑五典、五礼之惇庸，五服、五刑之命讨亦与有助耶？朕欲令四海民俗咸归淳厚，其何道而可？国家三年一大比士，宜乎得人。然所取者明于章句，未必心解而神悟也；习于辞华，未必坐言而起行也。朕欲令士敦实学，明体达用，以劢相我国家，何以教之于平素，何以识拔于临时，科举之外有更宜讲求者欤？意者，衣食足而后礼义兴，凡厥庶民，既富方谷，足民即所以训士欤？《书》称“土物爱厥心臧”，又有谓“沃土之民不材”者，何欤？夫民为邦本，固当爱之，爱之则必思所以养之，养之必先求所以足之。朕欲爱养足民，以为教化之本，使士皆可用，户皆可封，以臻于唐虞之盛治，务使执中之传，不为空言；用中之道，见于实事。多士学有所得，则扬对先资，实在今日。其直言之，勿泛勿隐，朕将亲采择焉。

四月戊辰　上御养心殿阅殿试进呈卷，召读卷官入。谕曰：卿等所拟第一卷内，有耕耤之典句，朕未曾耕耤，此句不切，可置第二，取所拟第六卷为第一。命拆视之，是金德瑛，浙江人。上问读卷诸臣曰：前科状元是何处人？刑部侍郎励宗万奏曰：是陈倓，江南人。命拆第二卷，是黄孙懋，山东人。上曰：山东从前曾有鼎甲否？户部侍郎李绂奏曰：顺治丙戌科状元傅以渐、康熙辛丑科状元邓钟岳俱山东人。拆第三卷，是秦蕙田，江南人。其余诸卷，上一一取定。命大学士鄂尔泰填写。谕曰：近来士子，于散体古文俱不甚留心，至会试中式之后，方读天人三策以应试耳。然风檐寸晷，得此殊亦不易。朕自幼学为古文，所以一见知其优劣，作文之道，以气为主，气厚则文自佳。至于琢饰字句，不过一时美丽，气味未能深厚也。譬诸松柏，经冬不凋，唯其气厚，是以能久；水陆草木之花，当其初开时，非不鲜艳可悦，然而不能经久者，以其气薄也。朕以为文章之道亦复如是。……谕毕，诸臣捧卷退出。

四月戊辰　礼部议准，顺天学政钱陈群奏称，童生覆试论题，请将《小学》与《孝经》兼出。从之。

四月己巳　赐一甲金德瑛、黄孙懋、秦蕙田三人进士及第，二甲蔡新等九十人进士出身，三甲兴泰等二百五十一人同进士出身。

四月丁丑　礼部议准，原任河东总督王士嶲疏请，河南南阳府之复设南召县，仍复原额文武学各十二名，廪增各二十名。从之。

四月壬午　谕礼部：凡由捐纳候选之贡监、举人例不得与乡会试。从前事例有捐应乡会试一款，今捐例已概行停止。此等人员尚在需次选曹，与既登仕籍者有间，直隶各省贡监愿与乡试、举人愿与会试者，准令一体考试，以示鼓舞人材之意。

四月癸未　以编修王峻为云南乡试正考官，御史钟衡为副考官；刑部主事苏霖渤为贵州乡试正考官，刑部主事金溶为副考官。

四月癸未　内阁、翰林院带领癸丑科散馆修撰、编修、庶吉士引见。得旨：清书庶吉士梁文山、周正思、王检、汪师韩、张映辰、赵瓒为编修，陈中荣、刘元炳、杜谧、王芥园为检讨。汉书编修张若霭、修撰陈倓、编修沈昌宇已经授职，庶吉士朱续晫、夏廷芝、姚孔鈵、张湄、沈景澜、鄂容安、储晋观、张为仪、赖翰颙、陈仁、陈大受、肇敏、双庆、朱恒、鄂伦、杨二酉、阮学浚、程钟彦、冯元钦、王文充、罗源汉为编修，宋楠、介福、邱玖华、张兰清、沈齐礼、傅为詝、胡定、辛昌五为检讨，李敏第、吴文焕、时钧辙、朱泮功、额尔登额、福魁、杨琨、刘学祖、赫成峨、吴士功俱以部属用，吴祖修、吴学瀚、徐梁栋、范从律、刘孔昭、王廷鸿俱以知县即用，于开泰、李天秀着归进士原班铨选，编修田志勤准作散馆，庶吉士雷鋐亦准作散馆，一体授职。

四月甲申　谕户部：由科甲出身之部曹差任学政者，皇考准其带翰林编检衔，以示优视学臣之意。乃该员兼衔之后，原缺除授有人，该部既不便请俸，而翰林衙门见其尚系虚衔，亦未便遽为请俸，是部曹一任学政而反失其常禄也。嗣后，部曹出任学政带翰林衔者，或照原官论俸，由该部支领；或照编检论俸，由翰林院支领。该部妥议具奏。

四月戊子　授一甲一名进士金德瑛为翰林院修撰，一甲二名进士黄孙懋、一甲三名进士秦蕙田为翰林院编修。

四月戊子　兵部议准，贵州按察使方显疏请，武闱乡试于本省州县调取科甲出身之员，不必于别省调取，各直省一体遵行。从之。

四月辛卯　命广布《御纂经书》，定生员试经解，谕总理事务王大臣：从来经学盛则人才多，人才多则俗化茂，稽诸史册，成效昭然。我皇祖圣祖仁皇帝道隆羲顼，学贯天人，凡艺圃书仓，靡不博览，而尤以经学为首重，御纂《周易折中》、《尚书汇纂》、《诗经汇纂》、《春秋汇纂》等编，又有《朱子全书》、《性理精义》，正学昌明，著作大备。我皇考世宗宪皇帝至德同符，孝思不匮，特敕直、省布政司将诸书敬谨刊刻，准士子赴司呈请刷印。盖欲以广圣教、振儒风，甚盛典也。乃闻各省虽有刊板，而士子刷印寥寥。盖由赴司递呈，以俟批发，既多守候之劳，且一生所请，不过一部，断不能因一部书而特为发板开刷，士子所以欲多得书而其势不能也。朕思诸书实皇祖惠教万世，皇考颁行天下之典籍，安可不广为敷布？着直省抚藩诸臣加意招募坊贾人等，听其刷印，通行鬻卖，严禁胥吏阻挠、需索之弊。但使坊贾皆乐于刷印，斯士子皆易于购买，庶几家传户诵，足以大广厥传。朕又思圣祖仁皇帝四经之纂，实综自汉迄明二千余年群儒之说而折其中，视前明《大全》之编仅辑宋元讲解，未免肤杂者，相去悬殊。各省学臣，职在劝课实学，则莫要于宣扬圣教，以立士子之根柢。每科岁案临时，豫饬各该学确访生童中有诵读御纂诸经者，或专一经、或兼他经，着开名册报，俟考试文艺之后，该学政就四经中斟酌旧说有所别异处，摘取数条，另期发问，只令依义条答，不必责以文采，有能答不失指者，所试文稍平顺，童生即予入泮，生员即予补廪，以示鼓励。务宜实力奉行，以副朕尊经育才之意。

五月丙申　内阁翰林院带领新进士引见。得旨：金德瑛、黄孙懋、秦蕙田已经授职，蔡新、曹秀先、游得宜、赵青藜、何达善、旷敏本、史圜、方简、徐铎、张大宗、金门诏、顾之麟、张孝埕、王见川、杨黼时、郝世正、史积琦、彭树葵、胡中藻、邵铎、张若潭、吴乔龄、孙略、张麟锡、闻棠、王秉和、苏襄云、仲永檀、李师中、张应宿、甄鏋、万年茂、李为栋、周资陈、季芳馨、张尹、李清芳、壮德、潘乙震、邓时敏、兴泰、朱天璂、蒋栻之、全祖望、鹤年、双顶、钟音、胡杰、吴泰、江汉、叶一栋、郭擢、李兆钰、熊郢宣、王育楠、黄璋、郑毓善、侯陈龄、赵允涵、刘起振、罗世芳、龚渤、洪汝勷、陆仪等六十四员着以翰林院庶吉士用，葛祖亮、李玉鸣、华栻、叶昱、邹永绥、范廷楷、吴孙逢、陈材、黄永年、钱应霖、俞鸿庆、周承勃、黄世成、吴鼐、吴龙见、黄登贤、钱度、伍泽梁、吴联珠、罗源浩、凌应龙、李衮、乌尔登额、李果、涂锡禧、汤聘、梁秉睿、朱嘉善、郑廷楫、周雷、朱秉中、王显绪、王云焕、许宰、虞钦元、张惟寅、温必联、刘淑堂、张汝润、李宜青、窦需书、吴兴宗、燕侯然、孟履中、蒋契、佛尔清格、张瑚、凌之调、谭卜世、马正午、龙鹏程、吴达善等五十二员着分派各部学习，屈成霖、王孚、黄咏、戴源亨、李梦元、宗绍彝、詹豹略、党伟元、李肖先、陈策、包桂、王缉祖、姚锦川、邱肇熊、甄汝舟、龙于飞、阎式复、路元升、茹玺、安依仁、李世垣等二十一员着以知县即用，孙嵻、刘文彦、王所抡、涂武升、王时临、侯纮等六员着以教职即用。余俱照伊等甲第交部候选，如有愿就教职者，具呈吏部，挨次补用。

五月庚子　训勉科目服官自效。谕总理事务王大臣：国家以科目取士，廷试之后，分别任用，或选授庶常，或分部学习，或以县令铨补，此因材器使之道，欲令士子各展所长，裨益政治，原非有用舍去取于其间也。闻向来士子，因词林地望，资格优于外任，每以得豫是选为幸。及至引见后，辄于内用、外用妄生计较，此狃于习俗见闻之陋，而于朝廷优待士子之心实未深悉。盖今时县令所辖土地人民等于古者侯伯子男之国，抚绥经理，实赖通材。故亲民之官，所系最重，果其材猷政绩、卓然表著，类皆不次超擢，膺斯任者何得不力图报称而更生企羡乎？若身预词林之选者，其名实尤难相副。盖文词不工，于馆职固为有愧；即使词采可观，尚恐流为浮华无用之士。务各砥砺廉隅，讲求经术，渐致淹雅宏通，以无负选俊储材之意。至于在部学习人员分曹佐理，各有攸司，当念外省官吏，措置偶或失宜，尚有内部为之驳正，至部中所定章程，一经奏准通行，将来即引为成例，稍有舛错，贻误不少，安得不倍矢精勤，期免陨越？总之，百司庶府，悉非营利之阶梯；政事文章，各有当修之职业。务宜屏除私意，勉效忠良，庶几识见日增，猷为日著，士风吏治，渐臻上理。朕实于尔等有厚望焉。

五月庚子　谕：朕因李绂保举新进士过多，又闻伊在朝班将新进士派令九卿保举，特降谕旨询问。今据李绂奏称，同在朝房，有咨询拟议者从旁劝助，臣实有之。且曾向赵之垣言及新进士原承猷文艺颇工，劝其保举等语。是李绂将伊私人派令九卿保举之处已自认不讳。伊又称凛承训诲，惟有永绝妄言等语。朕即位以来，并未有因臣工多言即加以处分者。今李绂明系妄举，乃自谓妄言，避重就轻，希图朦混。着交部严察议奏。

五月庚子　先是，监察御史宗室都隆额等奏，本年二月内，臣等奉命巡察会试外场，有夫役自内越墙而出，臣等当即参奏。今吏部来文，准礼部咨称，外场御史于夫役越出不能查察，相应移咨吏部，一并查取职名议处。臣等不胜骇异。夫役越出，臣等已经查参，令礼部辄行文吏部，将臣等一并查议。伏思一并查议字样，近似谕旨，且科道官员例无咨部处分之条。臣等系原奏之官，会场知贡举、提调系礼部堂司官，在被参之内，不自引咎，径将臣等咨部议处，挟嫌反噬，罔上欺公，为此据实参奏。得旨：此案虽属小事，但科道官员与部院堂官互相争竞，至于纠参，甚非体统。此风断不可长。其孰是孰非之处，着总理事务王大臣确询明白，据实具奏。遵旨询据各供。查，场内夫役越墙，当经拿获，巡察外场御史即行参奏，是内场该管官有怠忽之咎，与外场无涉。虽据礼部回称，吏部向本部查取该管官职名，本部自应将内外场该管官声明咨覆，实无专擅之处。但礼部移咨稿内，只开送承办委官，并不将内场该管官开送，而转及外场御史，咨部一并查议，自属不合。应请将礼部堂司官交部议处。至该御史参奏礼部摺内称，该部罔上欺公，专恣威福，又称一并查议，近似谕旨等语，激迫过甚，殊非陈奏之体，请交部一并议处。得旨：朕详阅此案情由，其过全在礼部。着将礼部堂司官交部察议。励宗万以礼部而兼知贡举，内场之事乃伊专责，又非堂官可比，着交部严察议奏。至御史等参奏礼部，只当就事论事，乃于章奏之内过为激迫已甚之词，此风亦不可长。着一并交部查议。

五月辛丑　命进士单月选班改用举人。谕总理事务王大臣：向来进士候选，但于双月铨补，嗣因人多壅滞，准于单月亦立班选用。近来进士已经疏通，不过需次二三年即可得缺，惟举人选班壅积日久，现今犹需次至二十年，方可得缺，以致中年登科者，至精力就衰之时，方膺民社，难收实用。朕思进士已经疏通，应仍照旧例，但于双月铨补，其进士单月班次，应改用举人铨选，亦属疏通举人之一法。着交吏部详查议奏。

五月庚戌　以编修陶正靖为四川乡试正考官，御史刘元燮为副考官；检讨周龙官为广东乡试正考官，工部主事章有大为副考官；编修万承苍为广西乡试正考官，御史薛韫为副考官；编修柏谦为福建乡试正考官，礼部员外郎周人骥为副考官；侍讲熊晖吉为湖南乡试正考官，御史倪国琏为副考官。

五月辛亥　命礼部侍郎徐元梦、礼部尚书杨名时教习庶吉士。

五月甲寅　礼部会议，乡会试三场策题，仍照例以时务发问，必令详引纲目中事迹人物。凡历代制度沿革、创始何人、更定何人，即事之得失以定人之贤否，务期论断详明，折衷至当。从之。

五月乙卯　广东潮州总兵官范毓琦奏请：各省监生素习骑射，愿入武闱者，令地方官照例起送，与武生一体乡试，中式者造入武举册内，不中者仍归监生原册。下部议行。

五月丙辰　礼部奏，会试年老举人未中者、国子监学正何名世等三十八名，随后到部沈在璇等十二名，赏给助教、知县、中书、学正职衔有差。

五月戊午　礼部议覆广东巡抚杨永斌疏言，潮阳县原额文童二十名内割拨二名，武童十五名内割拨一名，归普宁县取进。应如所请，从之。

五月己未　礼部议准，陕西同州改设府治并设附郭大荔一县，同州府学岁科两试取进文童二十名，岁试取进武童二十名，设廪增各四十名，一年一贡；大荔县学岁科两试取进文童二十名，岁试取进武童十五名，设廪增二十名；又将原减西安府拨归白水、朝邑、蒲城之学额三名，仍归府学，并西安府添足文童学额二名，武童学额一名。俱从之。

六月甲子　训饬直省书院师生。谕：书院之制，所以导进人材，广学校所不及。我世宗宪皇帝，命设之省会，发帑金以资膏火，恩意至渥也。古者，乡学之秀始升于国，然其时诸侯之国皆有学，今府州县学并建而无递升之法。国子监虽设于京师而道里辽远，四方之士不能胥会，则书院即古侯国之学也，居讲席者固宜老成宿望，而从游之士亦必立品勤学，争自濯磨，俾相观而善，庶人材成就，足备朝廷任使，不负教育之意。若仅攻举业，已为儒者末务，况藉为声气之资、游扬之具，内无益于身心，外无补于民物，即降而求文章成名，足希古之立言者，亦不多得，宁养士之初旨耶？该部即行文各省督抚、学政，凡书院之长，必选经明行修、足为多士模范者，以礼聘请；负笈生徒，必择乡里秀异、沉潜学问者肄业其中，其恃才放诞，佻达不羁之士，不得滥入书院中。酌仿朱子白鹿洞规条，立之仪节，以检束其身心；仿分年读书法，予之程课，使贯通乎经史。有不率教者则摈斥勿留。学臣三年任满，咨访考核，如果教术可观，人材兴起，各加奖励；六年之后，著有成效，奏请酌量议叙。诸生中材器尤异者，准令荐举一二，以示鼓励。

六月乙丑　兵部侍郎、署四川巡抚王士寯奏请：顺天府大、宛两县旧设义学，扩充建新，凡愿就学者，不论乡城、不拘长幼，肄业其中。下部议行。

六月丁卯　训饬司衡诸臣。谕总理事务王大臣：国家制科取士，为主司者务宜矢公矢慎，藻鉴不爽，以襄盛典。乃正、副考官容有各任己见，不能和衷，去取之间，互相争执，遂有庸格而滥充中额，佳文而反遭摈弃。夫衡文之道，公则生明，似此各怀成见，各挟私意，已失鉴空衡平之义，更何以表率房考，使之虚心甄别，铢两悉称乎？且分校者取舍未当，尚藉主考搜阅落卷，以补缺失，至于主考刚愎自用，致使去取不得其平，咎将谁归？兹当乡试伊迩，凡有衡文之责者，各宜一洗积习，无负任使。至于三场取士，斟酌华实，定制已为尽善，士子若果知古知今，二、三场尽足发抒才调，至头场经义本代圣贤以立言，自当循循矩矱先民是程，非四子六经、濂洛关闽之粹言不可阑入。前蒙皇考世宗宪皇帝特降谕旨，以清真雅正为主，诚以肤浮者非有物之言，而诡异者非立诚之旨。文品人品，恒相表里，雅郑之分，淄渑之别，办之不可不精也。司衡者尤宜留心区择，以得真才实学之士，朕实有厚望焉。

六月戊辰　谕：各省学政俱已赏给养廉，资其用度。惟云南旧有文武新生馈送贽仪数金之例，足敷公署之用，相沿已久，是以未曾议及养廉。朕思新进寒士，即措办数金，仍属拮据，此项应行禁止。其学政养廉，着每年另赏银四千两，于司库铜息内照数支给。永着为例。

六月甲戌　湖北学政蒋蔚疏请增新设宜昌府学文武学额各二十名，廪增额四十名；新改东湖县学文武学额各十五名，廪增额二十名。下部议行。

六月丁丑　署川陕总督兼甘肃巡抚刘于义疏请增陕西省聿丁字号中额一名。从之。

六月丁丑　顺天府府尹陈守创条奏科场事宜。一、乡会试期，大、宛两县先查明各项食用等物时价，造册报部，承办之员照时价采买。一、场内举子食用悉按人数报销，其每场早饭午粥开米十石之数，应行加增。一、场内支取食物开具清单，送提调官钤盖关防，令内委官登号，仍令内外监试查验，交总理供给所收发。一、内委官二员，先期领发银两，临时关防场内，外委官呼应不灵，应将内委官移出一员，在场督催供给，仍将外委官移调一员入场协理。下部议行。

六月己卯　命纂《三礼义疏》。谕总理事务王大臣：昔我皇祖圣祖仁皇帝阐明经学，嘉惠万世，以《大全》诸书驳杂不纯，特命大臣等纂集《易》、《书》、《诗》、《春秋》四经传说，亲加折衷，存其精粹，去其枝蔓，颁行学校，昭示来兹。而《礼记》一书尚未修纂，又《仪礼》、《周礼》二经，学者以无关科举，多未寓目。朕思《五经》乃政教之原，而《礼经》更切于人伦日用，传所谓“经纬万端，规矩无所不贯”者也。昔朱子请修《三礼》，当时未见施行，数百年间，学者深以为憾，应取汉唐宋元以来注疏诠解，精研详订，发其义蕴，编辑成书，俾与《易》、《书》、《诗》、《春秋》四经并垂永久。其开馆纂修事宜，大学士会同该部定议具奏。

六月己卯　命选颁《四书》文。谕：国家以经义取士，将使士子沉潜于四子《五经》之书，含英咀华，发抒文采，因以觇学力之浅深与器识之淳薄，而风会所趋，即有关于气运，诚以人心士习之端倪呈露者甚微，而征应者甚巨也。顾时文之风尚屡变不一，苟非明示以准的，使海内士子于从违去取之介，晓然知所别择，专意揣摩，则大比之期，主司何以操绳尺以度群才，士子岂能合矩矱以应搜罗乎？有明制举之业，体备各种，如王、唐、归、胡、金、陈、章、黄诸大家卓然可传；本朝文运昌明，英才辈出，刘子壮、熊伯龙以后，作者接踵，莫不根柢经史，各抒杼轴，此皆足为后学之津梁、制艺之科律者。自坊选之禁，垂诸功令，而大家名作不得通行，士子无由睹斯文之炳蔚，率多因陋就简，剽窃陈言，袭取腐语。间或以此幸获科名，又展转流布，私相仿效。驯至先正名家之风味邈乎难寻，所系非浅鲜也。今朕欲裒集有明及本朝诸大家时艺，精选数百篇，汇为一集，颁布天下，以为举业指南。学士方苞工于时文，着司选文之事，务将入选文逐一批抉其精微奥窔之处，俾学者了然心目间，用以拳服摩拟。再，会试、乡试墨卷若必俟礼部刊发，势必旷日持久，士子一时不得观览。嗣后，应弛坊间刻文之禁，倘果有学问淹博、手眼明快者，不拘乡会墨卷、房行、试牍，准其照前选刻。但不得徇情滥觞及狂言横议，致酿恶俗。朕实嘉惠士子，望各精勤厥业，以底大成。尚悉敬体朕意，共相黾勉。

六月辛巳　以鸿胪寺少卿李凤翥为浙江乡试正考官，侍读李清植为副考官；兵部侍郎姚三辰为江西乡试正考官，司业开泰为副考官；编修孙灏为湖北乡试正考官，吏部郎中陈其凝为副考官。

六月癸未　礼部议，贵州学政邹一桂奏，思南府属蛮夷长官司正长官安守仁、安化县土主簿杨世正俱由廪生承袭，广西学政潘允敏奏土司徐国丞由生员承袭，俱呈请一体乡试。得旨：准其一体乡试。

六月庚寅　礼部议覆顺天学政崔纪奏。一、生员无抗粮包讼等事，岁底五生互结，应停。一、生员告切已呈词，先令教官挂号用戳，应停。一、误课三次详革，未免太苛，应改正，季考月课托故三次不到者，教官严饬；无事故终年不到者，褫革。一、生员牵讼，先革后审，应停。一、交纳钱粮严立三限，今士子欠粮者渐少，应改正；上户富生岁底全完，中下贫生开岁二月、四月全完，逾期始行详革。革后全完，仍准开复。委系赤贫，暂免详革。一、生员加等拟罪之处，停止。一、完粮后方准收考，应停。一、被褫后不许出境，应停。从之。

六月壬辰　吏部议覆浙江道监察御史八时泰奏称，满洲举人、进士出身之中书、主事以上等官升用翰詹衙门，如系熟练部务之员，该堂官奏留办事，无庸开缺；其不行奏留者照例开缺，蒙古官员降调，降至从七品以上者以原衔借补中书，降至八品以下者以原衔借补司务，情愿补笔帖式者，于考取各项笔帖式轮用一次之后，补用一员。应如所请，从之。

七月甲午　以谕德嵇璜为陕西乡试正考官，检讨阮学浩为副考官；吏部侍郎孙嘉淦为江南乡试正考官，御史单德谟为副考官。

七月庚子　申严科场舞弊之禁。谕曰：国家三载宾兴，择经明学优之士，登之贤书，以储任用，典綦重也。而京师首善之区，南北贡监，辐辏观光，更当树厥风声，以立四方之准。从前北闱滋弊，相习成风，及我皇考御极，厘剔廓清，每当大比之年，于司衡分校各官，慎重遴选，杜绝弊端，训饬士子，提撕防范，使皆循守规矩，无敢生事。以故十余年来，科场肃清，士气安静，实为向时所未有。但恐积久法弛，人情生玩，虽苞苴贿赂未敢即行，而或采虚声以收人望，假援引以市私恩，以为荐拔之人既系寒士，又有文名，推挽游扬，并非受赂者可比，不知糊名易书乃朝廷取士之律令，设防维不谨，暗通关节，则考官得以营私，举子得以幸进，不畏刑法，不安义命，岂惟获罪于君，抑亦获罪于天矣。亦思科举大典乃为国以树人，始进不正，人品早已不端，国家亦安所用之乎？考官奉命抡材，不能登选公明，乃罔上舞弊，以奸国法，无论自困噬脐，即令彼清夜扪心，又何以自容乎？朕临御方始，特开恩科，深期士风醇茂，人才日兴。亦望尔臣工恪恭厥职，各知自爱，以襄盛典。自今以后，凡与校文之任者，务各痛洗旧习，杜绝请托之私，矢慎矢公，无负朕之简用。倘有丝毫未改，不能谢绝亲友情面，勾通关节者，国法具在，朕不能为若辈宽也。至于士子读书稽古，将以应嘉宾之选，尤宜立品端醇，居心恬淡，岂可奔竞钻营，妄生愤懑，与不肖无赖之徒相等耶？倘有场前钻刺，豫报元魁，及榜后生事，捏造歌谣，为人心风俗之害者，着步军统领衙门及五城御史密访严拿，按法治罪，以昭尚贤简不肖之典。

七月庚子　定山东曹、泰安二州改府学额，曹州府学取进文武童生各二十名，廪增各额设四十名，选拔二名；新设附府之菏泽县取进文童二十名，武童十五名，廪增各额设二十名，选拔一名；泰安府学及新设附府之泰安县皆如之。余所属各州县从前所增之额，仍拨归原额取进。

七月癸卯　礼部议准，河南巡抚富德疏奏，向例河南省房考官十二员，近科应试士子日增，请《诗》、《易》二房各增房考一员。从之。

七月乙巳　停止庶吉士开列顺天乡试外帘官。从御史王文璇请也。

七月丙午　以翰林院侍读吴应枚为河南乡试正考官，编修沈昌宇为副考官；四译馆少卿汪由敦为山东乡试正考官，左中允彭启丰为副考官；侍讲邹升恒为山西乡试正考官，侍读嵩寿为副考官。

七月辛酉　吏部议覆御史觉罗雅尔哈善条奏，请考取贴写中书笔帖式，仍照旧例翻译、清字二项并取。应如所请。除内阁缮写清字之贴写中书二十四缺，听内阁于八旗监生、官学生内自行考取补用，其翻本之贴写中书十六缺，于考试翻译笔帖式人员内拣选补用。至部院衙门笔帖式，除蒙古、汉军仍照旧例补用，各省将军衙门城守尉等处满洲笔帖式仅二三缺者，仍补用翻译笔帖式外，其宗人府各部院衙门满洲笔帖式俱系按旗分缺选用，应照各该处额定数目，十分内以三分作为满字。臣等按册查对，于定额内各照旗缺分定满汉字样，缮写清单进呈，臣部行文八旗，将举人、副榜、贡生、生员、监生、觉罗学生、官学生、义学生内有情愿考试缮写清字者，造册咨送臣部，奏请派员考试，将取中人员按名次以本旗先出之缺照数补用。再查，从前陵寝年满并病痊起补等项人员内有满字人员未经考试翻译者，现停补用。今既考取满字笔帖式，其从前满字未经补用之人亦应行文各该旗，查明咨送到部注册补用。再，盛京五部奉天将军衙门笔帖式内有四缺以上者，俱应分别满汉字样，照京城各部院十分内以三分作为满字之例，令其酌量分定满字额数，造册报部存案。从之。

七月辛酉　议准御史夏之芳奏请，疏通贡生酌补佐贰，恩贡、拔贡、副榜贡生准以州同、州判、县丞分别考取，岁贡准以主簿、吏目分别考取，照依考定职衔、名次注册，入于双月选用，令其在籍候选。从之。

八月丁卯　顺天乡试以顺天府府尹陈守创为监临官，左都御史福敏为正考官，吏部左侍郎邵基为副考官。

八月壬申　加上下江学政养廉。谕曰：各省学政有衡文育材之责，关系綦重。从前各赏养廉，资其用度，俾得坚持操守，砥砺廉隅，衡鉴公明，共襄国家作人之巨典。天下人文繁盛，应试众多者莫如江南。学政养廉，江苏二千两，安徽一千五百两，较他省为少，以此养赡家口，延致幕客，未免不敷。所当加恩体恤者，着从今秋为始，上下两江学政养廉各赏银四千两，使伊等用度从容，益得尽心于职业，以副朕任官课士之至意。

八月戊寅　广陕甘武举解额。谕曰：陕甘之人长于武事，其人材之壮健、弓马之娴熟较他省为优。向来武闱乡试中额，每省各四十名，应试之人每以限于额数，不能多取，其如何量行广额取中之处，着该部议奏。寻议，嗣后，陕甘二省每省于原额外酌加十名，各取中五十名。从之。

八月己卯　谕：原任侍郎胡煦年逾八旬，服官年久。着赏给原衔回籍，其继子胡孟基复还举人，幼子胡季堂赏给荫生，入监读书，以示朕眷念旧臣之至意。

八月庚辰　礼部议准，山东学政李光墺奏，四氏子孙不应专以《毛诗》取中，亦令兼习他经，仍编耳字号一例取中。从之。

八月丁亥　命礼部尚书任兰枝、工部侍郎张廷瑑、左副都御史索柱、内阁学士刘统勋阅顺天乡试回避子弟试卷。

八月己丑　增满洲官卷中额三名。

八月辛卯　漕运总督补熙奏，请酌给武举名粮。得旨：此事徒滋纷扰，而究无益于武备，且虚糜帑饷，系不应行者。

九月甲辰　定披甲人凌虐遣犯并免职官、生监等为奴之例。谕曰：发给黑龙江宁古塔等处披甲为奴之犯，原系叛逆及强盗减等者，此等皆罪恶重大，宽免其死，发令为奴，已属法外之仁。而伊等凶恶性成，仍复犯法，是以定有听伊主打死勿问之例。乃闻各处披甲人等，竟有图占该犯妻女，不遂所欲，因而毙其性命者，情甚可恶，且其中有曾为职官、生监而亦受凌辱，漫无区别，情实堪悯。着各该将军等查明现在为奴人犯内有曾为职官及举贡生监出身者，一概免其为奴，即于戍所另编入该旗、该营，令其出户当差。并出示晓谕披甲人等，俾其痛改旧习，倘仍有图占犯人妻女因而致毙其命者，查出，仍行照律治罪。而为奴人犯亦不得捏词挟制伊主。嗣后，法司定案，除真正反叛及强盗免死减等人犯外，其职官、举贡生监等有罪应发遣者，不得加以为奴字样。如何分别定例之处，该部详议具奏。寻议，满洲、蒙古、汉军官员及闲散人等有犯发遣者，旧例俱系发往宁古塔、黑龙江等处当差，并无为奴字样。惟旗下家奴发遣，仍令为奴，至于汉人发遣人犯内，凡例载有为奴字样者，虽曾为职官、举贡生监，亦皆黜革，发往为奴，原无区别。自应遵旨，分别定例。仍行文该将军等遍行晓谕，倘有不法之徒仍欲图占犯人妻女、致毙人命者，许被害之人赴该衙门具控，审明，照故杀奴婢例治罪。而为奴人犯倘有诬捏挟制伊主者，亦照诬告家长律治罪。

九月甲寅　以内阁学士吴金为武会试正考官，刘统勋为副考官。

九月己未　御试博学鸿词一百七十六员于保和殿，命大学士鄂尔泰、张廷玉，吏部侍郎邵基阅卷。

九月己未　兵部以武会试中额请。得旨：这考试，汉军取中六名，直隶取中十五名，江南取中六名，浙江取中五名，湖北取中三名，湖南取中二名，四川取中六名，山西取中八名，广东取中十名，福建取中八名，江西取中二名，云南取中五名，山东取中五名，河南取中六名，陕西取中十五名，广西取中三名，贵州取中三名。

十月癸亥　大学士鄂尔泰等阅取博学鸿词优卷进呈。得旨：考取博学鸿词一等五名、二等十名应如何授以官职之处，尔等查例具奏。寻奏，查得康熙十八年考取博学鸿词四十九人分别授以翰林官。臣等谨拟一等授以翰林院编修，二等内由科甲出身者授以翰林院检讨；未经中举者授以翰林院庶吉士，带领引见。允行。

十月乙丑　引见考取博学鸿词刘纶等十五员。得旨：刘纶、潘安礼、诸锦、于振、杭世骏俱着授为翰林院编修，陈兆仑、刘玉麟、夏之蓉、周长发、程恂俱着授为翰林院检讨，杨度汪、沈廷芳、汪士锽、陈士璠、齐召南俱着授为翰林院庶吉士。

十月戊辰　命各省乡试添设内帘监试官一员，于道府或同知内派用。从山西主考、侍讲邹升恒等请也。

十一月丙申　谕总理事务王大臣：今科武殿试着照该部所拟日期举行。朕在三年服制之内，其考试弓马等项着派王大臣在紫光阁阅看，将拟在前列者带至养心殿，候朕亲定。揭晓之日，照今年文殿试之例传胪，朕不必升殿。

十一月庚子　礼部议覆广韶学政王丕烈疏言，生员犯过应行戒饬者，地方官当先详学臣批准，方遵例会同教官于明伦堂戒饬，不得擅行饬责。又，学臣考试童生，令于四书文后默写经十数行，并不得多出各经拟题。应如所请，从之。

十一月壬寅　命翰林院侍读学士杨炳为顺天武乡试正考官，翰林院侍读昌龄为副考官。

十一月乙巳　转户部右侍郎赵殿最为左侍郎，以仓场侍郎吕耀曾为户部右侍郎，詹事府詹事、顺天学政崔纪为仓场侍郎，光禄寺卿刘吴龙提督顺天学政。

十一月戊申　殿试中式武举。命庄亲王允禄、平郡王福彭、公庆复、内大臣常明、大学士迈柱、都统丰盛额阅弓马、技勇。

十一月庚戌　策试中式武举马负书等九十八名于太和殿前。

十一月乙卯　赐殿试武举马负书等九十八人武进士及第出身有差。引见弓马、技勇最优者十人，及王大臣等拣选可充侍卫者二十五人，上御箭亭亲试。授一甲一名马负书为一等侍卫，二名韩锜、三名李星垣为二等侍卫，二甲万岱、许成麟、孟绍先、马扬远、塞尔特、熊良臣、史誉、许忠朝、唐绍尧、马捷元为三等侍卫，三甲王国宗、刘士清、郭璞、袁勋、吕文英、王曰敏、王振元、左秀、田怀孝、温达勇、解逊、李渌、张拔、马云鹏、赵登高、邱良乐为蓝翎侍卫。

乾隆二年（1737年）

正月丙辰　大学士鄂尔泰、张廷玉议覆尚书衔徐元梦奏称，江南贡生王文震潜心经书，于《礼记》讲习尤深。请将王文震赏给国子监助教职衔，遇缺题补，令在三礼馆纂修上行走，专心编校《日讲礼记》，则《日讲五经》俱全，可以并垂永久。应如所请，从之。

二月丁卯　礼部议覆河南学政张考疏称，南召另立学宫，儒童进学十二名，廪增各二十名；南阳县儒童应照原额裁去六名，存十五名，廪增各裁去十名，各存二十名。应如所请，从之。

二月丁丑　吏部议覆陕西学政周澍疏请，本年恩科会试榜后，遵照雍正五年之例，将未经中式举人，拣选文理明顺、年力富强者，带领引见，分发本省，以大学学正、教谕，遇缺即用。六年内，著有成效，亦准督抚保荐。应如所请。拣选大省四十员，中省三十员，小省二十员，恭候钦定。从之。

二月戊寅　吏部议覆国子监奏称，各省在监肄业贡生，三年期满，其中果有学优品卓者，该监详加考校，照各省书院之例，秉公荐举，带领引见录用。应如所请。至所称肄业贡生选用佐贰之处，查乾隆元年七月内臣部议覆监察御史夏之芳条奏，恩拔岁副考职，其直隶等近省以起贡年分计算，已逾三科者，准其以州同、州判、县丞、主簿、吏目分别考取选用。今肄业贡生既经三年期满，若又必待三科之后方准考职，与未经肄业者无异。嗣后，期满贡生内有情愿考职者，不论省分年限，一体咨送。又称，优贡一项，既以优行保题肄业，其期满铨选，尚无定例，可否亦照恩拔副贡一体选用之处。嗣后，应照岁贡之例，肄业期满，准其归于各本年岁贡分内，以复设训导选用，如遇考职之时，亦准其一体咨送，以主簿、吏目分别考取铨选。从之。

二月戊寅　湖北学政蒋蔚丁忧，以国子监司业开泰提督湖北学政。

三月甲午　以世宗宪皇帝、孝敬宪皇后升祔太庙礼成，颁诏天下。诏曰……既襄殷礼，宜布鸿施，所有事宜，开列于后。……一、贡生、监生每年仍派大臣官员，考定职衔，照旧例送吏部注册。一、贡生、监生在监肄业者，免坐监一月。……于戏！荐太室之馨香，式隆孝享；仰桥山之弓剑，莫罄讴思。惠及臣民，布湛恩于勿替；锡兹祉福，衍先泽于无疆。布告天下，咸使闻知。

三月甲午　以刑部左侍郎王纮为会试知贡举，大学士张廷玉、左都御史福敏为正考官，吏部左侍郎姚三辰、内阁学士索柱为副考官。

三月甲辰　谕大学士等：国学乃教育人才之地，必董率者有方，斯俊秀之辈出。刑部尚书孙嘉淦尚识正学之宗，人品亦甚端方，着总管国子监事。

三月甲辰　礼部议，江南总督赵宏恩奏，上下两江士子应分闱乡试，各建造贡院各事宜。应如所请。得旨：从前陕西、甘肃奏请分闱考试，经总理事务处议不准行。安徽赴江宁应试，既不若湖南有洞庭之险，并不若陕甘道路辽阔，徒以增广解额，廷议遂加以应否分闱，令该督抚议奏之语，而赵宏恩等遂有分闱之请。今部议准行，明系九卿中江南人多，而陕甘无人，遂致事同而异议，此风断不可长。这本着发回。赵宏恩等不顾事理之当否，遽议分闱，殊属不合。着交部严察议奏。其江宁、安徽既经增额分中，则房考官应否酌添，并现在贡院应如何拓展修理，俾士子得以从容考试处，着该督抚另行妥议具奏。

三月壬子　谕总理事务王大臣：朕即位以来，屡下求言之诏，实冀科道诸臣各抒忠荩，凡有见闻即据实陈奏，俾无壅蔽。乃近见进言诸臣，仍多揣摩迎合之习，竟有悉属浮言，毫无实际，如御史谢济世所奏者……监生不准考职，经九卿、翰詹、科道议准，永行停止。昨恩诏内有监生仍准考职一款。夫考职者，入仕之路也，既准捐监，又准考职者，是复开捐例之张本等语。贡监考授职衔，原属旧例，盖因州县佐贰既不便用科甲，又不便用吏员出身之人，是以将贡监按年考职，挨次补用。从前候选人员壅滞，尚可议停。今既不开捐例，若再永停考职，则十数年后，佐贰一官，无人铨补。今谢济世乃以考职为开捐张本。夫考职与开捐有何关涉，而为此支离之语乎？……今观谢济世所奏多系揣摩迎合之意，是以一一剖晰开示，诸臣倘错会朕意，转生畏葸之念，则又不知朕推诚布公之心者也，着传谕各科道知之。

三月甲寅　礼部以会试中额请。得旨：这会试，满洲、蒙古取中十名，汉军取中四名，直隶取中三十名，奉天取中一名，山东取中二十名，山西取中十六名，河南取中十八名，陕西取中十四名，江南取中三十八名，浙江取中三十六名，江西取中二十八名，湖北取中十四名，湖南取中八名，福建取中二十名，广东取中十六名，广西取中四名，四川取中七名，贵州取中六名，云南取中十名，旗卷五经取中一名，南卷五经取中八名，北卷五经取中三名，中卷五经取中一名。

四月辛未　禁收童生卷价。谕：闻安徽所属地方应试童生，有完纳卷价之陋例。其费汇交知府、直隶州，除修葺考棚外，有余则补学政养廉之不足。虽每童所出不过钱数十文，而在贫寒书生，亦不免拮据之苦。且学政养廉，朕已特颁谕旨加至四千两，甚属宽裕，更不必取资于卷价。至于修葺考棚，乃地方之公事，应动存公银两办理者。着将童生交纳卷价一事永行禁止，毋使不肖官员及胥吏人等借名苛索，致滋扰累。

四月乙亥　以世宗宪皇帝配天礼成，颁诏天下。诏曰……苍璧黄琮，具盛容而祗荐，既极尊崇之典，宜施浩荡之恩。所有事宜，开列于后。……一、直隶各省童生入学额数，大学着增七名，中学增五名，小学增三名，诏到举行一次，不着为例。……于戏！奉精禋而肇祀，神洽人和；笃孝享以抒忱，天明地察。布敷天之闿泽，上下同流；慰率土之遐思，尊亲共戴。布告天下，咸使闻知。

四月丁亥　以大学士徐本、协办大学士三泰、尚书甘汝来、左都御史福敏，侍郎程元章、吕耀曾，内阁学士索柱、汪由敦，詹事觉罗吴拜、李绂为殿试读卷官。

五月戊子 策试天下贡士何其睿等三百二十四人于太和殿前。制曰：朕惟自古致治之隆，唐虞为盛。而《虞书》言："敕天之命，惟时惟几。"又曰："兢兢业业，一日二日万几。"盖持盈保泰，若斯之难也。《皋陶》之陈谟曰："在知人，在安民。"夫天工人代，非黜陟公明，何以能咸熙庶绩，至敷奏以言？则又曰："乃言底可绩。"言不可见诸施行，则无稽之言耳。若夫安民之本，则曰："食哉惟时。"言民事莫重于农，敦本计也。朕缵承大统，仰继祖宗重熙累洽之运，惟以主敬存诚，孜孜自勉，以求保泰之道，宵衣旰食，不敢诿责臣工。然帝王建治于上，尤赖百职事辅治于下，敬修可愿，至诚感神者，为君之诚敬也。君臣交相咨儆，始可以迓庥和而绵泰运。大小臣工，何以精白寅恭，以恪襄至治欤？古称任官惟贤，位事惟能，以人事君者，大臣之职也。乃或阿其所好，而藉以市恩；或猎取虚名，而不孚舆论，为国荐贤之谓何？良由私意汩于中，而偏见淆于外也。何以使膺荐举之任者皆举能其官，而无用匪其人之失欤？言路开则见闻广，但言必衷于理，事必举其当。若摭拾浮谈，有心迎合，或以迂疏悠谬之论，喋喋敷陈，所谓稽于众者，果若是欤？夫有益于民生国计，是曰嘉谟，即纠缪绳愆，亦称谠论。有志建白者，何以无负悬鞀设铎之至意欤？我国家休养生息，民物滋繁，宜其户庆盈宁，蓄积饶裕，乃犹时廑匮乏之虞，其咎安在？将人多趋利，逐末者众，而耕作者寡欤？食用奢靡，未能以礼以时，而不知撙节欤？其所以勤劝课而警游惰，可不讲欤？夫都俞交儆，则可以持泰运于无疆；俊乂在官，则可以饬官方于有位。谟明弼直，则堂陛交；务本力田，则闾阎裕。久安长治之道，无逾于此。多士其各抒所见，详著于篇，朕将亲览焉。

五月辛卯 上御养心殿，召读卷官入，亲阅定进呈十卷甲第。谕曰：卿等所拟第四卷，策语、字画俱佳，可置第一；所拟第一卷改置第二；所拟第十卷亦佳，可置第三；所拟第二卷，改置第四；所拟第八卷可置第五；所拟第三卷改置第六。其余诸卷，一一更定。

五月辛卯 谕大学士张廷玉、徐本：翰林乃文学侍从之臣，所以备制诰、文章之选。朕看近日翰詹等官，其中词采可观者固不乏人，而浅陋荒疏者恐亦不少。非朕亲加考试，无以鼓励其读书向学之心。自少詹读讲学士以下，编修、检讨以上满汉各员，着于本月初七日，齐赴乾清宫，候朕出题亲试。倘有称病托词者，着另行具奏，朕必加以处分。考试之日，着乾清门侍卫察看。

五月壬辰 赐一甲于敏中、林枝春、任端书三人进士及第，二甲孙宗溥等八十人进士出身，三甲谢庭瑜等二百四十一人同进士出身。

五月乙未 吏部议覆詹事府詹事李绂奏，吏部议准，陕西学臣周澍题请，会试后，拣选下第举人，大省四十员，中省三十员，小省二十员，带领引见钦定，令回本省，以学正、教谕即用。查，现在举人至三十年尚不得选，若再行拣发，则候补者益无选期，似为可惜等语。臣等详加酌议，拣选下第举人，向例遇缺即行题补，其从前就教举人，必俟题补完日方准选用，未免壅滞。请将此项拣发人员与从前就教之人，分班轮选。从之。

五月戊戌　谕大学士张廷玉、徐本：昨于乾清宫考试翰林、詹事等官，朕亲加详阅，按其文字优劣，分为四等。其一等：陈大受、赵大鲸、张映辰等三员；二等：雷鋐、敷文、吴华孙、介福、张灏、张若霭、吴应枚、世臣、朱续晫、张鹏翀等十员；三等：鄂容安、佟保、邹升恒、阮学浩、于枋、嵇璜、张湄、杨廷栋、陈浩、张为仪、许王猷、宋楠、王峻、沈荣仁、金德瑛、朱桓、彭启丰、储晋观、李文锐、王承尧等二十员；四等：沈慰祖、王兴吾、邱玖华、沈昌宇、钱本诚、冯元钦、鄂敏、程钟彦、陈倓、汪师韩、张兰清、包祚永、黄孙懋、肇敏、许希孔、杨二酉、陶正靖、吴履泰、林令旭、夏廷芝、嵩寿、田志勤、喀尔钦、陈德华、杨炳、昌龄、阮学浚、梁文山、罗源汉、傅为訸、韩彦曾、王检、双庆、杜谧、赵瓒、吕炽、万承苍、孙灏、金相、胡定、商盘、杨秀、刘东宁、陈仁、陈中、蒋恭棐、沈齐礼、孙倪城、周龙官、熊晖吉、沈景澜、常保柱、杨椿、沈翼机、陶正一、保良等五十六员。其侍读吴应枚、侍讲世臣俱着升授翰林院侍读学士；侍讲邹升恒升授侍讲学士；编修陈大受、检讨敷文俱着升授翰林院侍读；编修张若霭、张映辰、鄂容安，检讨介福俱着升授翰林院侍讲；赞善赵大鲸升授司经局洗马；昌龄、常保柱、熊晖吉俱降为翰林院编修，昌龄、常保柱日讲官缺着另行开列；金相降为右赞善；保良着改授员外郎；杜谧改授主事；陈中改授知县；沈翼机、杨椿、蒋恭棐、周龙官、杨秀、刘东宁、孙倪城、鄂伦、沈景澜、王检、沈齐礼、陶正一俱着休致；徐用锡年老，亦着休致。余俱留原任。杨炳不必在南书房行走。

五月戊戌　谕：汪漋所奏，考试新进士时，应令其将本处当行之事，各据所见，明白陈奏。王大臣等议，以历科考试进士具有成式，无庸更张。朕思古来帝王为治，不弃刍荛，况伊等既成进士，皆系读书之人，于地方利弊，或有确见，亦未可定。今年考试进士，仍照旧例出题，若伊等有愿将地方事件敷陈者，准其据实条奏。阅卷大臣等择其言有可采者进呈朕览。

五月辛丑　礼部议覆奉天府府丞王河疏称，长宁县裁文武生童，俱附永吉州应试，其长宁应进文武生各二名旧额，应请并入永吉州额取数内，凡遇岁科两试，取进文童各四名，武童各四名。应如所请，从之。

五月庚戌　谕总理事务王大臣：满洲进士选授庶常，向例俱学习汉书。去年因徐元梦条奏满庶吉士复令分习清书，朕思满语系满洲自幼所习，只须汉文通顺，人人皆能翻译，且授职之后，自可令办翻译之事，清文亦不致荒废，何必于选馆之时，专令学习乎？嗣后，满洲庶吉士习清书之例，着停止。

五月甲寅　内阁、翰林院带领丙辰科散馆修撰、编修、庶吉士引见。得旨：清书庶吉士彭树葵、邓时敏俱着授编修；兴泰、邵铎、胡中藻、陈其嵩、鹤年、李兆钰俱着授为检讨。汉书修撰金德瑛、编修黄孙懋已经授职，庶吉士董邦达、曹秀先、李为栋、蔡新、徐铎、闻棠、汪士锽、沈廷芳、张麟锡、赵青藜、杨黼时、周资陈、潘乙震、李清芳、张孝埕、万年茂俱着授为编修，钟音、唐进贤、张若潭、齐召南、廖必琦、仲永檀、熊郢宣、龚渤、叶一栋、双顶、吴泰、赵允涵、侯陈龄、洪汝绩俱着授为检讨，史积琦、壮德、胡杰、李师中、陈亮世、陈士璠俱以部属用，顾之麟、史圜、杨度汪、季芳馨、游得宜、何廷善、郭擢、江汉、苏襄云、张应宿俱以知县即用，罗世芳、李修卿、孙略、蒋栻之、张尹、郝世正、金门诏、全祖望着归进士原班铨选。

五月乙卯　谕：新科进士着总理事务王大臣验看，分别三等具奏，候朕亲加拣选。

五月丙辰　（户部）议准，湖广总督史贻直、湖北巡抚钟保疏请，新设宜昌府学应额添廪膳生四十名；原彝陵州改为东湖县，应减廪膳额三十名，存留二十名，其余十名，即拨入宜昌府学额数四十名之内。从之。

五月丁巳　吏部奏准，查捐纳贡生、监生，向例无论在监、在籍，肄业期满俱准考职。前因贡监考职之例业经停止，是以臣部议覆御史夏之芳条奏，恩拔副榜岁贡生遵照原例，直隶等近省，于三科之后，始准其赴部考试。今贡生、监生肄业期满即得考职，而恩拔副榜岁贡生转以年分未逾三科，不得考授职衔，未为画一。臣等详加酌议，请嗣后各省恩拔副榜岁贡，毋庸计算起贡年分，俱照现行贡监考职之例，无论在籍、在监，各照肄业期满之日，令其领取原籍地方官文结及国子监咨文，赴部照例一体考试。从之。

六月戊午　授一甲一名进士于敏中为翰林院修撰，一甲二名林枝春、一甲三名任端书为翰林院编修。

六月庚申　吏部议准，川陕总督兼甘肃巡抚刘于义疏请，遵照前督岳钟琪原题，添设新渠、宝丰二县训导各一员，并照中县之例，每县科岁两试共取进文童二十四名，武童十二名，额设廪缺各二十名，三年准充两贡。查，有廪无增，与例不符。应请额设增生各二十名；三年两贡，亦与例不符，请照县学之例，二年一贡。从之。

六月乙丑　内阁、翰林院带领新进士引见。得旨：于敏中、林枝春、任端书已经授职，孙宗溥、何其睿、宋邦绥、观保、张若需、冯秉仁、黄明懿、钱琦、周玉章、王会汾、吴绂、郭肇璜、冯祁、龚学海、程廷楝、黄宫、德保、陆树本、李龙官、沈云蜚、刘炯、丁一焘、胡师孟、周礼、帅家相、张九镒、卢宪观、王士瀚、白瀛、周煌、路斯道、刘慥、李质颖、苏霖润、刘天位、欧堪善、高继光、谢庭瑜、纳国栋、牛琳、杜鹤翱、辛有光、廖鸿章、蒋祖培、郑绍奎、林维雍、张日誉、陈世烈、王寯、周连登、诺敏、张元龙、莫世忠、李时勉、蒋允焄、朱若炳、孙维、彭遵泗、觉罗德成格着以庶吉士用，冯钤、胡泰着以六部主事用，庄大中、吴毓芝、吴斯钧、朱以成、沈毅、于文骏、杨超恒、邹嶙、徐玉田、成原大、潘汝龙、缪遵义、陈克绳、程穆衡、田垒、杨熥、唐桂生、徐锡仁、胡际泰、赵开元、黄登谷、郑之侨、佟浚、乔光烈、张文庄、杨甘雨、汤永祚、王嘉会、施毓晖、姚世道、郭赓武、张继镜、谭玉、秦勷、钟狮、林良着以知县即用，吴培源、董万山、夏时雍着以教职即用，潘宏道着以国子监助教衔、管府学教授事，该部即行铨选，其余俱归原班用。

六月丁卯　监察御史朱凤英奏，御试词臣详加甄别，厘为四等，其在末等休致十二人，仰恳圣慈饬赐引见，量才酌用，以最后效。得旨：朱凤英此奏明系瞻徇情面。朕前月考试翰詹官员，先于养心殿引见，其中有年力衰迈及人才不及者，皆一一记名，及亲阅试卷，而此十余人文字，又复列在四等。是伊等人文，经朕再三评骘，而后降旨休致，并非因试卷一日之短而遽加摈斥也。朱凤英如果确知中有可用之人，即当举出名姓，据实陈奏。今乃泛指十二人中不无可用之材，请朕复行引见，是其胸中必有注意之人，而为此含糊之奏，以图侥幸，其瞻徇之处甚属显然。着交部严察议奏。

七月壬辰　以左都御史福敏、礼部右侍郎方苞教习庶吉士。

七月壬寅　大学士张廷玉、尚书孙嘉淦以考取博学鸿词优卷进呈，并带领引见。得旨：考取一等之万松龄着授为翰林院检讨，二等之朱荃、洪世泽着授为翰林院庶吉士，张汉着授为翰林院检讨。

七月壬寅　礼部议覆安徽巡抚赵国麟等疏请，新设颍州府学，科岁两试各取进文童生二十名，岁试取进武童生二十名；新设阜阳县学于原颍州学二十名额内减去五名，岁科两试各取进文童生十五名，岁试取进武童生十五名。再，颍州府学廪增照例各额设四十名，阜阳县学廪增二十名。从之。

七月丁未　礼部议覆翰林院侍讲学士喀尔钦奏请翻译一科，以《性理精义》、《小学》命题。请敕主司会同房考于每题后括其大义，总论数语，令一同翻译，庶绝记诵怀挟之弊。又，向来场屋编号，每号聚八九十人，不无彼此通融，代倩更改。嗣后，乡试每号分坐十人，会试每号三人，仍令监试、提调官严查，于进号之时，则一号坐人甚少，庶免此弊。应如所请，从之。

七月壬子　考试直省乙卯科选拔生员，命刑部尚书那苏图、兵部尚书甘汝来、工部右侍郎张廷瑑、内阁学士索柱阅卷。

八月壬戌　满洲翻译乡试，以刑部尚书那苏图为正考官，吏部右侍郎阿山为副考官；蒙古翻译乡试，以理藩院右侍郎班第为考官。

八月癸亥　礼部议覆刑部尚书、管国子监事孙嘉淦疏陈，嗣后，六堂肄业贡生以三百名为定额，每堂分拨五十名，以三十名为在内肄业之缺，二十名为在外肄业之缺，凡到监之恩拔岁副优贡监生，择其品端文优者充补，宁缺无滥。至在外肄业者，恐伊等馆地远近不一，难于稽查，应令国子监祭酒严立课程，勤其考校。又，嗣后，肄业贡监设立经义、治事二条。明经者或治一经，或兼他经，务取御纂折衷传说诸书，探其原本，于人伦日用之理切实讲明；治事者，如历代典礼、赋役、律令、边防、水利、天官、河渠、算法之类，或专一事，或兼数事，务穷其源流，考其利弊。三年期满，即以所学定其等第。均应如所请办理。惟称拔贡肄业期满，向止选用教谕，计得官必需二三十年，请将肄业贡生至期满后，由祭酒等分别等第引见，以知县、教职分发各省即用，未免过优。应请嗣后拔贡到部，停其拣选引见，仍由礼部奏派大臣考试后，劄监肄业。其中果有人品卓越、学识醇茂者，该祭酒等于期满后，保举引见，恭候钦定，以知县、教职简用；其余堪任训迪者，仍照定例，以教职入于双月，恩拔副捐，轮用两周之后，选用一人，其本班顶选者，仍归原班选用。从之。

九月乙巳　兵部以恩科武会试中额请。得旨：这考试，汉军取中五名，直隶取中十五名，福建取中六名，河南取中八名，四川取中六名，陕西取中十五名，江南取中五名，浙江取中六名，山东取中五名，山西取中十名，云南取中三名，广东取中十名，广西取中二名，江西取中三名，湖南取中三名，湖北取中三名，贵州取中二名。

闰九月丙子　策试天下中式武举一百七人于太和殿前。

闰九月壬午　上御紫光阁，阅中式武举骑射、技勇。赐一甲一名哈攀龙、二名张凌霞、三名冯哲武进士及第，二甲马瑞图等十人武进士出身，三甲焦腾汉等十五人同武进士出身。

十月癸丑　署陕西巡抚崔纪奏，陕西书院添盖学舍，于未奉到谕旨前业已兴工，请将养廉扣还公项。得旨：此奏非矣。朕之前谕亦已详明，并非为钱粮起见也，汝第应认未奉旨而冒昧兴修之罪，何用兴养廉扣还之议乎？且汝无知而为此论，其罪轻，若料朕断不允，而姑为是请，则汝不可问矣。若如是识见鄙薄，何以膺封疆之寄耶？朕甚忧之。

十一月甲子　礼部议覆四川学政陈象枢条奏，停止川省寄籍生员改归原籍之例。应如所请，从之。

十一月辛巳　礼部等部议覆陕西学政周澍疏称，延安府前经裁减学额，拨给直隶葭州属文武童生各一名。今葭州并所属之府谷、神木二县复改隶榆林府管辖，而榆林府属之靖边、定边二县又复改归延安府管辖，则于延安府学额内拨给葭州之文武童生各一名，应仍归延安府学。应如所请，从之。

十一月壬午　礼部等部议覆山西学政沈文镐疏称，山西朔平、宁武二府，自雍正三年，新设府县各学，经部议，照县学例，额设廪增各二十名，两年一贡；神池、五寨二县学取进文武童生各六名，同宁武县学俱未设有廪增岁贡，俟十年后人文充盛，具题到日再议。至今十有余年，各学生员人数已充，请将朔平、宁武二府学照州学例，添设廪增各十名，共足三十名，三年两贡；神池、五寨二县学额各添二名，额数与宁武县学均，额设廪增各二十名，两年一贡。应如所请，从之。

十二月乙未　以加上崇庆慈宣皇太后徽号礼成，颁诏天下。诏曰：……所有事宜，开列于后。……一、贡生、监生、在监肄业者免坐监一月。……布告天下，咸使闻知。

十二月庚戌　命建台湾考棚。谕曰：据巡视台湾给事中兼理学政单德谟奏称，台湾考试生童向来未建考棚，止就海东书院之便，而地方湫隘，实不能容。遂别开门径，通于圣庙戟门外搭盖棚厂，未免杂沓喧嚣，邻于亵慢，且虑关防不密，易滋弊端。应请照内地之例，建立考棚，以昭严肃等语。向因台湾应试人少，故未建立考棚。今人文日盛，生童众多，非复畴昔之比。着该督抚转饬地方有司，相度地方情形，修造试院，俾宫墙肃静，考试谨严，以重造士育才之典。

乾隆三年（1738 年）

二月丁亥　满洲翻译乡试，以大学士福敏为正考官，通政司参议马璘为副考官；蒙古翻译乡试，以理藩院尚书僧格为考官。

二月壬子　两广总督鄂弥达奏，南海县学宫地隘，学旁旧址向为旗兵居住，该学生员情愿捐赀买地造房，移旗兵居住。查该学房舍应支公项兴修，并请将省城内闲房二所、空地一段按数修造，拨给旗兵，无庸该生等捐造。得旨：着照所议行。

三月癸丑　礼部议覆署广东巡抚王謩疏称，嘉应州由程乡县改设之后，人文日盛，已照州学出贡，廪增名数应各加十名，以符州学三十名之例。应如所请，从之。

三月乙卯　上以诣学礼成，御太和殿，王公大臣、文武各官行庆贺礼，衍圣公、祭酒、司业率学官、各氏子孙、五经博士、进士、举人、荫生、贡监等上表谢恩。

三月辛酉　礼部议覆贵州总督张广泗疏称，南笼厅自雍正六年改府以来，人文日盛。请照中学之例，取进文武童生各十六名，廪增缺四十名，设教授、训导各一员，从前借移普安训导，仍归本学。应如所请，从之。

三月戊辰　谕：我朝国书，义蕴精微，向来工于翻译者能得其神理，于汉文大有裨益。昔圣祖仁皇帝时，常将满洲官员考试，分别优劣，以示鼓舞。皇考世宗宪皇帝特开翻译之科，俾人人奋勉向学，以图进取，诚为盛典。朕思现任官员不在乡会试之列者，若不特加考试，则优者无以表见，或至怠惰，日渐荒疏。着礼部通行传谕，除三品大臣外，现任职官等有通晓翻译者，在部报名，该部奏闻，候旨考试。

三月癸酉　谕：今年乡试届期，各省正、副考官司鉴衡之任，必得学问优赡，校阅精明，而品行端方、秉公持正者，始足以获真才而襄巨典。乾隆元年，曾特命大臣数人各举所知，候朕考试遣往，使典试事。今仍照此例，着大学士鄂尔泰、张廷玉、福敏、徐本，尚书任兰枝、尹继善、孙嘉淦将平日真知灼见、克任衡文之寄者，在翰林、科道部属中举出数人，于五日内交送内阁汇奏，候旨考试，以备各省考官之用。

三月庚辰　谕：今年乡试届期，昨降旨派大臣等各举数人，以备考试简用。今思翰林、科道部属等官应差主考者人数甚多，其未与保举之列者亦着一体考试，不愿出差者听其自便。

四月壬辰　谕：朕前降谕旨，满洲现任职员通晓翻译者，准其在礼部报名考试。今思八旗武职人员内，平时讲习翻译，亦不乏人，如有情愿赴考者，准其报名该部，一体考试。

四月癸巳　礼部议准，湖南学政张仕遇疏请，将慈利县学额设廪生二十名内拨出空廪六名，归于新设之永定县学。从之。

四月癸巳　引见翰林院编修王峻等三十员。得旨：王峻、王兴吾、吴履泰、孙灏、柏谦、包祚永、张湄、朱续晫、杨二酉、陈仁、梁文山、程钟彦记名以御史用，商盘以知州用。

四月庚子　以编修张湄为云南乡试正考官，礼部员外郎葛德润为副考官；编修阮学浚为贵州乡试正考官，刑部主事朱发为副考官。

四月辛丑　陕西学政、修撰周澍患病解任，以翰林院侍读嵩寿提督陕西学政。

四月甲辰　加恤各省贫生。谕：各省所有学田银粮，原为给散各学廪生贫生之用，但为数无多，或地方偶遇歉年，贫生不自给，往往不免饥馁，深可悯念。朕思伊等身列胶庠，自不便令有司与贫民一例散赈。嗣后，凡遇地方散赈之时，着该督抚、学政饬令教官将贫生等名籍，开送地方官核实详报，视人数多寡，即于存公项内量拨银米，移交本学教官，均匀散给，资其饘粥。如教官开报不实，给散不均，及为吏胥中饱者，交督抚、学政稽察，即以不职参治。至各省学租，务须通融散给极贫、次贫生员，俾沾实惠，此朕体恤贫生之意。若生员等不知感激自爱，因此而干预地方，恃有生监护符，以致肆行种种不法之事，该督抚等仍应照例查察，毋使陷于罪戾。

四月甲辰　礼部议准，陕西道御史八时疏言，翻译乡试，内帘止将拟取之朱卷进呈，毋庸取阅墨卷，至发榜时始将墨卷公同拆名。从之。

四月己酉　礼部议准，河南道御史赫庆条奏，翻译乡会试届期，所有同考官四员，请谕各部院堂官及各馆总裁，令于司官、纂修官内择明通之员，送部开列。并请钦命翻译一题外，再于清文《四书》内钦命一题，令士子作清文一篇。从之。

四月辛亥　予乡会中式之教官仍回原任。谕曰：朕闻各省现任教谕若中进士，现任训导若中举人副榜，则有应用之缺，便离原有之任，以待铨补，而铨补往往迟延，动辄数载，是一中之后，转令退居闲散矣。推求其故，盖以从前品级相悬，故定例令其离任，今教职品级既已加增，则离任之例亦应酌量变通，以示鼓励。嗣后，现任教谕会试得中进士，例应归班者仍令回原任，以教授衔管教谕事；现任训导乡试得中举人，副榜者仍回原任，以教谕管训导事；若遇该员本班应选时，照常铨选，遇卓异荐举，亦照衔升转。将此永着为例。

五月戊辰　以编修倪师孟为四川乡试正考官，工部主事李敏求为副考官；编修闻棠为广东乡试正考官，编修朱续晫为副考官；编修钱本诚为广西乡试正考官，检讨胡定为副考官；修撰金德瑛为福建乡试正考官，编修柏谦为副考官；编修徐铎为湖南乡试正考官，御史朱凤英为副考官。

五月戊寅　礼部议准，湖北学政开泰条奏命题割截宜行停止，并士子预行填明专经，不准临场填注。从之。

六月癸未　定各省主考官起程日期。谕：向例外省主考官，闻命之日，即速就道，蒙皇考世宗宪皇帝念其办理行装，未免忙迫，伊等既奉命典试，自知奉法惟谨，不必过于防范，特令稍宽起程之期，此体恤臣工之厚意也。近闻奉差诸臣起身甚迟，有至十余日外者，殊非远嫌之意。着礼部酌定日期，着为定例。寻议，云南、贵州、四川、广东、广西、福建、湖南七省以十日为限，浙江、江西、湖北、陕西、江南五省以七日为限，河南、山东、山西三省以五日为限，逾期参奏。从之。

六月辛卯　谕：从前奉世宗宪皇帝谕旨，将圣祖仁皇帝御刊经史诸书颁发各省布政司，敬谨刊刻，准人刷印，并听坊间刷卖。原欲士子人人诵习，以广教泽也。近闻书板收贮藩库，士子及坊间刷印者甚少，着各抚藩留心办理，将书板重加修整，俾士民等易于刷印。有愿翻刻者，听其自便，毋庸禁止。如御纂诸书内，有为士人所宜诵习，而未经颁发者，着该督抚奏请颁发，刊板流布。至于武英殿、翰林院、国子监皆有存贮书板，亦应听人刷印。并从前内府所有各书，如满汉官员有愿购觅诵览者，概准刷印。其如何办理之处，着礼部会同各该处定议请旨，晓谕遵行。寻议，将刷印各书，所需纸墨、工价银两逐部核定。凡满汉官员有愿购诵者，令其在各衙门具呈，自备价值，概准刷印；有情愿捐俸若干刷印书籍若干部者，由该旗衙门查明，移咨武英殿各衙门，照数给发书籍，行文户部，扣俸还项，并将武英殿各种书籍交于崇文门监督，存贮书局，准令士子购觅。从之。

六月甲午　（礼部）议，粤东商籍生员向系分拨广、南、番三学肄业，而三学廪增额数，原就民籍而定，则商籍所补廪增即在民籍之内，于民籍未免有妨。应如所请。将广、南、番三学商籍生员悉归商籍，即令广州府儒学考课，其所进商学仍照旧额，广州八名，南海六名，番禺六名，统归商学；至廪增额数，因人定额，各设十五名，自行帮补，无庸给与廪饩。从之。

六月丁酉　大学士鄂尔泰等奏，满汉本房贴写中书所司翻译缮写，俱各紧要。吏部奏准，不论现任笔帖式食俸年分及闲散举人中式科分，只拣能翻译、缮写清字者顶补。今满汉本房中书所司之事较贴写中书尤为紧要，若不考试清字翻译，只按旗论俸，挨次补用；倘不善清书之人，挨次补为满本房中书；不善翻译之人，挨次用为汉本房中书，恐致有误。请嗣后照吏部原奏，每旗中书九缺内分出四缺，补用文举人，翻译举人出身之笔帖式，亦照吏部选补之例移送内阁，公同拣选；能缮写清书者用为满本房中书，能翻译者用为汉本房中书。从之。

六月戊戌　以内阁学士陈大受为浙江乡试正考官，编修赵青藜为副考官；兵部侍郎凌如焕为江西乡试正考官，编修于振为副考官；侍读张映辰为湖北乡试正考官，检讨仲永檀为副考官。

六月乙巳　禁扣举人坊银。谕：前据御史甄之璜条奏，各省乡试中式举人例给坊银二十两，而远省遵行不实。如贵州则给发三分之一，广西则全行扣留。经部议，令该省巡抚、藩司确查报部，迄今一载有余，尚未结案。今朕访闻得远省中式举人有应领之坊银，每见主考长途跋涉，即以恩赏之项，行其束修之敬，而识见浅小之考官亦遂收纳不辞。此风行之已久，今若追溯从前，一一清查，徒滋案牍之繁，未免扰累，究于举子无补。着从宽免其查问。嗣后，考官等各宜恪遵功令，不许收受此项银两，该藩司亦必照数给发，不得丝毫扣留，务使中式举人实沾恩泽。

六月戊申　大学士鄂尔泰等遵旨议覆，翰林院编修李锦条奏直省捐监银谷事宜一疏。内称捐监所以备赈，请遇有歉岁，银谷兼施。又称，直省士子云集五城，有随任、游学、教授、依亲等项，该生俊等乡试不得入场，各馆不得效力，考职不得与试，欲回本籍，一时未便，长途往返，有误试期，请将户部捐监之例不必停止。俱应如所请，从之。

六月己酉　以编修董邦达为陕西乡试正考官，刑部主事张九钧为副考官；刑部侍郎陈德华为江南乡试正考官，少詹事许王猷为副考官。

六月庚戌　陕西巡抚张楷奏，动项展拓陕省贡院内外帘房屋。得旨：汝到任未久，而即为此可行可止邀誉之举，甚属无谓。此件不准动公项，汝既欲士子缙绅之感念，其自捐办之。

七月丙辰　谕：朕闻云南学政孙人龙自莅任以来，校阅精明，群情允服。近夷新设学校，尤能整饬士风，实心化导。朕思滇南离京遥远，往返维艰。孙人龙既能尽职，着再留三年，今冬不必更换。

七月戊午　礼部议准，闽浙总督衔专管福建事务郝玉麟奏请，龙岩县学向例额进文童十五名，今既改州，请酌增三名。从之。

七月壬戌　谕：昨据参领金珩奏称，八旗满洲、蒙古、汉军各省驻防官弁子弟离京稍远，应试维艰。请嗣后科岁两试，令该将军考试马步箭，即送附近府院考试，酌量人数多寡，以定去取等语。朕思此事断不可行。雍正十年间，曾奉皇考谕旨，国家之设驻防弁兵，原令其持戈荷戟，以备干城之选，非令其攻习文墨，与文人学士争名于场屋也。在弁兵之子弟有能读书向学、通晓文义者，原听其来京应试，以广伊等进取之途，并未尝禁其从事文学。今若悉准其在外考试，则伊等各从其便，竞尚虚名，而轻视武事，必致骑射生疏、操演怠忽，将来更有何人充驻防之用乎？况我圣祖仁皇帝临御六十一年，所有教养弁兵者至周至渥，如果应行，早已着为令典，又何待今日之喋喋敷陈乎？数年以来，陈奏朕前者重见叠出，不下百余次，其识见甚为庸鄙，朕悉置之不论，未曾降旨申饬。乃近日仍有不知而妄渎者，是以特行宣谕，以觉愚蒙。钦此。仰见我皇考睿虑周详，圣谕至为明晰。朕临御以来亦有以此陈奏者，概未准行。盖以满洲、蒙古、汉军在京者人数众多，就近考试，原无碍于操演，至各省驻防官弁子弟为数无几，若科岁考时，不必来京，就近在外应试，不但事有难行，且必至竞尚虚名，荒废骑射，殊失设立驻防之本意，背谬已极。金珩身为参领，乃煌煌圣谕，岂竟毫无见闻，而复混行渎奏。着严行申饬，并将此旨宣谕中外臣工，嗣后，不得以此谬论，再行妄渎。

七月甲子　以司经局洗马赵大鲸为河南乡试正考官，吏部主事金洪铨为副考官；以监察御史陈其凝为山东乡试正考官，翰林院编修张灏为副考官；以翰林院编修沈昌宇为山西乡试正考官，编修杨黼时为副考官。

八月丙戌　顺天乡试以顺天府府尹陈守创为监临官，吏部尚书孙嘉淦为正考官，礼部侍郎吴家骐为副考官。

八月壬辰　谕：今岁江南武闱，例应下江巡抚主试。但苏松数郡亢旱歉收，十月间正需筹画赈恤、抚绥诸务许容驻劄苏州，便于就近料理武闱。着总督那苏图考试，后不为例。

八月丁酉　户部议覆甘肃巡抚元展成遵旨议奏甘省纳粟捐监事宜。请照各属地方之大小，酌定分贮谷石之数。惟是甘属山地居多，不宜粟谷，势难尽收本色，请以米麦豆三色通融交纳。如有愿交谷者各从其便。应如所请。至所称外省商贾子弟亦准一例报捐。查捐纳移归本省，原为本处仓贮起见，自应各归本籍赴捐，况甘省产谷无几，恐因此采买人众，谷价遂昂，于民食未便。应毋庸议。得旨：甘省本籍人捐监者少，与各省不同，该抚所请外省商贾子弟准其一体捐纳之处，着照所请行。余依议。

八月己酉　吏部议覆福建巡抚卢焯奏称，闽省贡监请照吏攒考职之例，在本省就近考试一摺。查，恩拔副榜并岁贡监生太学肄业，每遇乡试之年，例得应试顺天。如遇考职之时，即可就近考试，较之各省吏攒，其流品高下，本有不同。若照吏攒之例，在本省就近考试，则在籍贡监固觉便易，而各省在监肄业之贡监势必回籍就考，转致往返跋涉。且恐太学肄业者，将来边省渐致无人。所奏应毋庸议。又查旧例，各项贡监生考职，于每年四月内投供，五月内考试，续因各省考职人数甚少，间有迟至一二年考试一次者。查，贡监生考职，一年考试一次，不惟人数甚少，且为期亦觉太近。嗣后，应请于乡试之年，仍照旧例，定期于五月内考试，行令各省督抚，如有情愿赴考贡监生，给咨于三月内到部。从之。

九月辛亥　谕：闻福建学政周学健通晓《三礼》。现在修书需人，周学健任内科岁考试已竣，着将印务照例交与巡抚卢焯暂行管理，周学健即起身来京修书，不必候新任学政交代，稽迟时日。

九月乙丑　礼部议准，直隶总督李卫奏，承德州自设义学，居民奋志读书，应照奉天新设州县之例，岁科试额进文童六名，岁试额进武童四名，设学正一员，铸给钤记，并将就近之八沟四旗丞倅所辖童生，准其一体考录。从之。

九月己巳　减湖北沔阳州额设学田租赋。

九月乙亥　礼部议准，山东巡抚法敏奏称，东省贡院号舍原止一万间，近科应试人多，请添设号舍四百二十五间。从之。

十月癸未　安徽巡抚孙国玺奏，本科上下两江应试士子多至一万七千六百余名，颇有不遵场规者。请敕下学臣，令各教官督率训诲，并敕学臣，嗣后不准滥送。得旨：该部定议俱奏，孙国玺据实陈奏，不避嫌怨，殊属可嘉，着该部议叙。

十月庚寅　命江苏学政张廷璐回部办事，调直隶学政刘吴龙提督江苏学政，以原任通政使司右通政钱陈群提督直隶学政。

十月壬辰　以翰林院侍读学士梁诗正为顺天武乡试正考官，修撰陈倓为副考官。

十月丙申　调四川学政陈象枢提督湖南学政，湖南学政张仕遇提督四川学政，广西学政潘允敏提督河南学政，河南学政张考提督广西学政。

十月己亥　提督步军统领鄂善参奏，武闱冒名代考四案。请将武生赵大武、高震、高乾、茹峨山，文生姚成治、萧天玉，民人张东里、张挺等交部审拟，其稽察科场之员一并交部查议。得旨：武闱乡试，大典攸关。赵大武等辄敢代倩作弊，目无法纪，着交部严审，定拟具奏。科场设立稽查各员，原拟防范弊端，今代倩竟至多人，伊等毫无觉察，着将稽察之御史及顺天府办理科场大员交部严加议处。

十月辛丑　训士子留心经学，印发官本经书。谕：士人以品行为先，学问以经义为重。故士之自立也，先道德而后文章；国家之取士也，黜浮华而崇实学。我朝养士已将百年，渐摩化导，培护甄陶，所以期望而优异之者无所不至。为士者当思国家待士之重，务为端人正士，以树齐民之坊表。至于学问必有根柢，方为实学，治一经必深一经之蕴，以此发为文辞，自然醇正典雅。若因陋就简，只记诵陈腐时文百余篇，以为弋取科名之具，则士之学已荒，而士之品已卑矣。是在各省学臣谆切提撕，往复训勉，其有不率教者即严加惩戒，不少宽贷。至于书艺之外，当令究心经学，以为明道经世之本。其如何因地制宜，试以经义，俾士子不徒视为具文者，在学政酌量行之，务期有益于胶庠，各省亦不必一辙。我皇祖御纂经书多种，绍前圣之心法，集先儒之大成，已命各省布政司敬谨刊刻，听人印刷，并准坊间翻刻广行。恐地方大吏不能尽心经理，则士子购觅仍属艰难，不获诵读，着督抚、藩司等善为筹画，将士子应读之书多为印发，以为国家造士育才之助。

十月戊申　河南巡抚尹会一奏请剔除河南科场积弊。一、诸生改经，应于科试录遗之日呈明学政改正，不得临场试卷上更易混填。一、豫省试卷前幅起草处所，向无一定起止字样，士子不谙，多致真草相连，违例贴出。请照北闱之例一体注明。一、越号混坐。豫省士子，每有此弊。除本科出示严谕，并通饬各属教官于平日月课不时训诫，痛改积习，以肃场规。一、场内供应，均关正帑。向来官役人等任意索取，多逾定额，累及行户。臣于入闱之前，出示严禁，不许滥派，并于场中设立支单，以杜冒滥。得旨：知道了，应如是办理者。

十一月乙卯　定给各省考官路费。谕曰：每科主考差往各省，彼地督抚有无馈送路费，向无定例，其数目之多寡，亦无成规。伊等回京时，有奏闻者，有不奏者，亦不画一。自应酌定一例，俾永远遵行，庶无轻重不均之事。朕酌量道途之远近，分别路费之多寡，云南八百两，贵州七百两，四川、广东、广西、福建、湖南六百两，江南、浙江、湖北、江西、陕西五百两，河南、山西、山东四百两。尔等可寄信各督抚，遵照此数，不得以私意增减。主考等亦不得于此数之外，更有所受。将此永着为例。

十一月丙辰　议准云南巡抚张允随疏言，滇省各府州县每年约共出贡五十名，酌议每贡一名，给坊扁银十二两。云、武二府就近于司库给发，距省穹远之府州县即于应征条编项下给领。从之。

十一月癸亥　礼部议准，御史查拉奏称，现在八旗包衣汉军及投充庄头子弟，有入满洲籍入学中式者，令内务府并八旗满洲都统，自雍正十一年为始，将包衣旧汉人误在满洲额内入学中式、应归入汉军额内者，定限三个月查明，取具该参佐领印结，造册咨部，以凭乡会试时核对。嗣后，包衣人员考试之时，内务府并八旗满洲都统严饬该管官，除实系满洲、蒙古人员于本人名下注明册送外，其投充庄头子弟及内管领、旗鼓佐领之旧汉人，俱注名另册咨送，归入汉军额内考试。从之。

十一月戊辰　吏部议覆御史褚泰奏称，场员、库大使取具身家殷实印结，原为整饬盐务，慎重钱粮起见，奉行日久，渐滋弊端，请行停止。应如所请。但称以二项员缺，俱归州同、县丞按班月选，殊未允协。请嗣后各省场员、库大使除本班候补人员外，举人候选知县情愿改就者，令其呈改；恩拔副榜贡生考授州同、州判、县丞职衔，已取具赴选文结到部，并曾经该督抚验看咨明者，准一体呈改。从之。

十一月庚午　吏部议覆甘肃巡抚元展成等疏言，甘省府州县属应行移驻添改一切事宜。……一、各府州县学校请酌定规模。应如所请。原隶府州县各学教官各随府州县移驻，兰州学升为府学，狄道县学改为州学。入学名数照府州学额取进。惟移驻兰州之狄道县学，该抚请照州学原额，未免太浮，应仍照县额取进。……从之。

十一月壬申　谕：武英殿写字需人，着尚书赵国麟等在国子监肄业之正途贡生内，看其年力精壮、字画端楷、情愿效力者，选取十人，送武英殿，以备誊录缮写之用。其在监肄业，每月所领膏火之资仍照旧给与。若有缺出，该监照例送补，俟数年之后，行走若好，该管王大臣秉公具奏，酌量议叙。

十一月壬申　礼部遵旨议，安庆巡抚孙国玺奏，本科两江应试举子不遵场规。嗣后入场不按牌名及接卷后不归本号者，该提调查明，即行扶出；哄聚多人、紊乱场规者，为首斥革枷示；试卷正草不全，例应贴出；其有意涂改鬼名，题诗写禀者，斥革治罪。至教官职司训士，以后诸生临场，如仍不遵约束，该监临官将该教官指参，降一级调用。如学政于士子科举时滥行收录，将该学政罚俸一年。从之。

十一月甲戌　大学士伯鄂尔泰等遵旨议准，御史程盛修疏请，京员七品以下之中书助教、学正、司务等官，中式进士未经馆选、部用暨以知县即用者仍留原任。从之。

十一月丙子　以编修徐铎提督山东学政，侍讲喀尔钦提督山西学政，刑科给事中黄祐提督福建学政，司经局洗马赵大鲸提督江西学政，编修沈昌宇提督广东肇高学政，侍读张灏提督广东广韶学政。

十二月辛巳　礼部尚书兼管国子监事赵国麟奏请裁去国子监在外肄业之贡监一百二十名，在内肄业者每名每月增给银五钱。得旨：如所请行。

十二月乙酉　礼部议覆安徽学政郑江疏报，安徽敬敷书院肄业之南陵县廪生陶敬信、桐成县廪生江有龙材器堪膺保荐。查乾隆元年谕旨，令学臣于诸生中材器尤异者举荐一二，以示鼓舞。该学政保举廪生陶敬信留心经学、人品端谨；江有龙留心史学、人品笃实，自系遵旨保举。但此等生员，荐举到部，作何奖劝，未经定议。请照学政举报优行生员之例，准作正贡，劄监肄业。得旨：依议。陶敬信、江有龙仍着送部引见。

十二月辛卯　兵部议覆顺天府府丞梅珏成疏言，武场点名册档，请按照箭围分造，令各围监试御史各点其监试之人，以杜顶冒。应如所请，并将按围点名之法载入武闱乡会试科场条例，从之。

乾隆四年（1739年）

二月壬午　训饬科场士子。谕：科场为取士大典，士子始进不端，安望其实心为国？我世祖、圣祖历加饬毖，特置重科，以惩不法，皇考世宗宪皇帝教诫谆切，数科以来，风清弊绝，人知义命自安。朕御极以来，再三申命，期考官士子，各矢素心，无得复萌奔竞夤缘之陋习。丙辰、丁巳两科，亦称肃清。今会试届期，公车云集，风闻士子中竟有不肖之徒行险侥幸，希图弋获，奔走钻营，思逞故智者。虽未有实据，而浮言不尽无因，此种恶习断不可长，为此严加训饬。应试士子务当洗心涤虑，安命立品；主考官留心觉察，杜绝弊端。着步军统领衙门密行查访，如确有实据，即行拿究，立置重典。倘有造言生事之徒，恣意诬蔑，并写匿名榜帖、有意陷害者，亦并严拿究处，以肃风纪，以端士习。

二月壬午　谕：科场试士时，夹带文字入闱乃士子最不堪之劣习。若不严行查禁，则荒疏不学之人多得侥幸入彀，而真才转致遗弃，于抡才之典大有关系。着监试御史先行出示晓谕，临点名时，再加告诫。务将夹带之弊，尽行革除。仍有不肖之徒玩视功令者，即行参奏，交部照例治罪，毋得姑容。

二月壬午　谕：会试届期，天气尚觉塞冷。凡入场士子，除照例赏给棉氅衣及姜汤、茶饼外，着按名给与木炭，许其携带手炉以温笔砚。礼部可即出示晓谕入场举子知之。

二月癸未　命礼部左侍郎张廷璐为会试知贡举，大学士赵国麟、吏部尚书甘汝来为正考官，户部右侍郎留保、兵部右侍郎凌如焕为副考官。

二月甲申　谕：士子入场者，定例给与粥饭。近闻办理草率，冷硬不堪充食，士子不能均沾实惠。着提调官加意料理，务期妥适周遍，并令监场副都统等留心查看，毋得疏忽。

二月甲午　谕：朕前降旨，内廷编纂刊刻诸书许各省翻刻刷印，广为传布，盖以《五经通鉴》等书为士子诵读所必需，而内廷纂刻者实为善本，可以裨益后学，为艺苑之津梁也。至朕所制《乐善堂全集》及《日知荟说》乃就朕所知所见，著为文辞。其能阐发圣贤之义蕴与否，究未能自信。年来颁赐廷臣，亦不过令其阅看，岂可与经史并列，令天下士子奉为诵习之赀乎？今巡抚石麟、法敏先后奏请颁发二书，欲为翻刻流传，是不知朕心之甚矣。二臣既有此奏，恐他省踵至者不少，朕一一批示，不胜其烦，特降此旨，谕令共知之。

二月丙申　命刑部尚书尹继善、左都御史魏廷珍、刑部左侍郎刘统勋、工部右侍郎阿克敦阅会试回避卷。

二月甲辰　礼部以会试中额请。得旨：这会试，满洲、蒙古取中十名，汉军取中三名，直隶取中三十名，奉天取中二名，山东取中二十名，山西取中十八名，河南取中十六名，陕西取中十四名，江南取中三十五名，浙江取中三十二名，江西取中三十名，湖北取中十四名，湖南取中八名，福建取中二十名，广东取中十八名，广西取中六名，四川取中十名，贵州取中八名，云南取中八名，旗卷五经取中一名，南卷五经取中八名，北卷五经取中三名，中卷五经取中二名。

二月乙巳　吏部议覆湖广道御史张重光奏，举人候选知县，既于奉文截取时，该督抚分别验看，给咨赴部，其下科乡试先行验看之例自应停止。除现在举人业经从前验看知县者仍准注册外，请于每科会试放榜后，云、贵、川、广、福建、湖南等省举人会试一科，直隶等近省举人会试三科者，在臣部具呈，公同拣选，择其年力精壮者以知县注册，年力就衰者以教职注册，倘有患病、丁忧事故，下科补行拣选。从之。

三月丁未　陕西学政嵩寿奏，岁科两试，请于《四书》经书外摘录本经四五行，令生童作经义一段，定其优劣。童生中有能背诵《五经》、兼通讲贯者，量行取进。从之。

三月己酉　浙江道御史霍备奏，向例补殿试者不准列十卷进呈，其中如临期告病，迹涉规避，自应照例办理。至丁忧回籍、服阕补试，正届新科，请无庸分别。从之。

三月己酉　山东学政徐铎奏，荐举优拔贵乎通经致用。请嗣后报优，注明通晓何经，拔贡改试经解。下礼部议。寻议，优生填注通晓何经，止凭学臣询核，并无试牍可稽。而拔贡所试经解，若仍就场中出题处，摭拾问答，亦易剿袭。应请于考优拔时，将御纂诸经中摘取先儒异同之说，令其条分缕晰，作经解一篇解部，复于文理清通之内，择立品端方者入选。再，举优过多，未免冒滥，应限以大省无过五六名，中省三四名，小省一二名。从之。

三月丙辰　大学士赵国麟奏请发御纂钦定经书十五种，每种各二部，分交礼部、顺天府，于乡会试之期，移送内帘应用。至头场试题，例由考官恭拟密奏，并请颁发摺匣，往来封锁，更为严密。得旨：照所请行。

三月戊辰　谕：向来新科进士于殿试之前有呈送颂联之陋习，近来此风又觉渐炽。夫士子进身之始，即从事于请托奔竞，则将来服官，尚安望其有所树立，以备国家之用？而大臣等亦宜精白乃心，绝请托之私，为国家培正材。着该部出示，通行晓谕，严加禁止。倘有违旨，仍蹈故辙者，经朕访闻，或科道官参奏，必将与受之人一体从重治罪。

三月戊辰　礼部议奏，直隶临榆、抚宁二县以深河为界，从前深河以西考试之童生，原在山海卫学十八名内取进。今既改隶抚宁，应拨三名归入抚宁学额，取进文童十八名，武童十五名。新设临榆县应照中学额，取进文童十五名，武童十二名。其有昌黎、乐亭、卢龙、迁安、滦州等处童生附考，人数较众，令学臣于按考永平府时，比较各属，如临榆佳卷果多，宽取二三名拨入府学，仍照例各设廪增二十名，二年一贡。从之。

三月己巳　谕：闻浙江敷文书院内，生童读书者众多，每岁帑金租息银四百余两，不足以敷饩廪。着加赐帑金一千两，交与该抚经理，岁取息银，以资诸生膏火。

三月己巳　户部议准，署广东巡抚王謩疏称，粤省现有移收捐监本色之项，自宜中外画一。请嗣后青衣生捐监，照依部例一百五十两之数，每谷一石折银五钱五分，应捐谷二百七十三石。至随地贮谷，尤宜多寡适均。请定以近水次之大州县收谷六万石，中州县四万石，小州县二万石，不近水次之中州县三万石，小州县二万石。从之。

三月己巳　贵州总督兼管巡抚张广泗议覆贵州学政邹一桂疏请，归化已历百年苗民，令于汉童内一体应试。查，黔苗有归化虽历百年，而素性愚蒙，实与归化未久无异者，遽于汉童卷内合校，难邀取录。请仍准其与归化未久之新童一体应试。至归化年久，未经定有苗额之先，早与汉童合试者，地方官不得因其祖籍苗民，仍以新童送试，汉童亦不得以定有苗额阻抑。下部议行。

三月庚午　戒言官缄默。谕：科道为朝廷耳目之官，必知无不言，随时献替，方有裨益于政治。近来科道官员条陈甚少，即有一二奏事者，亦皆非切当之务，无关轻重。即如乡会试之夹带文字、殿试之呈送颂联，朕皆得之访闻，而科道官并未有陈奏及此者，殊有愧言官之责。着传旨申饬，并通行晓谕，嗣后，务各精白乃心，公直自矢，毋蹈缄默陋习，以副朕简用言官之意。

三月甲戌　谕：四月初一日殿试，着派庄亲王、諴亲王、常明、来保监试，照上科之例，赐与食物。其侍卫候朕派出，前往照看。

三月乙亥　正对策体裁。谕：向来殿试策中，俱用颂联，以致士子得以预先撰拟，致滋弊端。况士子进身之始，而即习为献谀之词，尤非导之以正。古人对策中，无此体裁也。今当殿试之期，朕亲制策问之题，不拘旧式，以免诸生预先揣摩。诸生策内，不许用四六颂联，但取文理明通，敷陈切当，不必泥于成格、限于字数。此次试期已近，倘有不画一之处，亦不以此为去取。临期有告病托故不到者，着礼部奏闻。将来如何酌定款式，着大学士、九卿会议具奏。

四月丁丑　策试天下贡士轩辕诰等三百二十八人于太和殿前。制曰：朕惟帝王统御寰区，代天子民，敕明旦，凛对越，广咨询，切饥溺，朝夕乾惕，不遑宁处者，亦惟思措天下于治安，登斯民于衽席。缅想唐虞之世，吁咈一堂，时几互儆，其时黎民于变，府事修和，猗欤盛矣！朕以凉德，缵承丕基，孜孜图治，四年于兹，勤恤民隐，痌瘝在抱，蠲复遍于各省，而闾阎尚觉艰难；赏赉时及八旗，而京师未见富庶。论者谓泉布之贵，病在禁铜，今铜禁开矣，而钱价转昂；又谓物料之贵，病在税重，今关税薄矣，而物价未减。用是日夜思维，不能稍释。惟恐言路或有壅塞，而利弊不知，乃咨询倍切，而假公济私者多，实心忠爱者少；苟且塞责者多，直陈时务者少。岂折槛牵衣之流，不可见于今日耶？元为善长，宅心岂可不宽，而尚宽大则诸弊丛生，民生转受其累；恐其流也，稍事整饬，而观望者又以为上心在严，遂莫不以苛为察，以刻为明，而民受其困矣。夫以今日之风，行今日之政，不过补偏救弊，权宜设施，思欲家给人足，讲让兴廉，成比户可封之俗，将何术之从欤？又如河工一事，动如聚讼，新开运口，论者纷纷，彼身当其事者稍自担承，众即以为固执而措置失宜；若一无匡正，又以为因循而不足与为。是责人则易，而自处之则又难也。生民休戚，视庶司贤否，而承宣表率，则大吏之责也。乃今之课吏者，不过稽其案牍，察其考成，其有爱民若子如召父杜母者，果得与旌扬之典耶？凡此数事，皆朕时廑于怀而未得其要领者。尔多士起自草茅，入对明廷，既无顾忌之嫌，宜尽敷陈之义。若能仿治安六策、贤良三对，深达天人之理、性命之原、治乱安危之机者，亦不拘体制，详切陈之，朕将进而亲询焉。

四月庚辰　上阅殿试进呈卷，召读卷诸臣入。谕曰：今次尔等所取之卷无浮泛之习，所拟第一甚为允当，所拟第五拔置第二，第六拔置第三，第二置第五，第三置第四，余俱依汝等所拟。因命大学士徐本拆视。第一名，庄有恭，广东人。上喜曰：广东僻远之省，竟出状元耶？吏部尚书甘汝来奏曰：前朝曾有数人，本朝从未曾有。上曰：九卿京堂内并无广东人，今得状元，颇为可喜。寻按名拆毕，诸臣捧卷退出。

四月辛巳　上御太和殿。传胪。赐一甲庄有恭、涂逢震、秦勇均三人进士及第，二甲陆秩等九十人进士出身，三甲杨任仁等二百三十五人同进士出身。

四月甲申　大学士议覆食礼部侍郎俸方苞奏，遵旨选择时文告竣，请颁《御制序文》，并标名字样，应将原奉谕旨刊刻卷首，标名《钦定四书文》。从之。

四月乙未　命翰林院编修于辰提督福建学政。

四月戊戌　内阁翰林院带领丁巳科散馆修撰、编修、庶吉士引见。得旨：清书修撰于敏中已经授职，其庶吉士甄銹、白瀛、龚学海、李质颖、周煌俱着授为编修，郭肇鐄、朱若炳、蒋允焄、陆仪俱着授为检讨，汉书编修任端书、秦蕙田、林枝春、沈文镐已经授职，其庶吉士张映斗、张若霭、李龙官、孙宗溥、王会汾、钱琦、许集、冯祁、朱荃、欧堪善、周玉章、刘慥、陆嘉颖、王锡璋、冯秉仁、吴绂、丁一焘、路斯道、何其睿、黄明懿、观保俱着授为编修，洪世泽、李时勉、周礼、周连登、德保俱着授为检讨，高继光、卢宪观、程廷栋、纳国栋、王秉和、帅家相、郑肇奎、杜鹤翱、觉罗德成格、孙维、彭遵泗俱以部属用，牛琳、张大宗、焦以敬、谢廷瑜、王隽、张元龙、苏霖润、辛有光俱以知县即用，吴乔龄、刘炯、林维雍、莫世忠、方简俱着归进士原班铨选。

四月乙巳　授一甲一名进士庄有恭为翰林院修撰，一甲二名涂逢震，一甲三名秦勇均为翰林院编修。

五月壬子　礼部议准，云南学政孙人龙疏称，滇省府州县学有未经开贡、开廪者，宣威一州赴考生员约二百名，由威宁州拨归该学者一百四十名，内廪生二十一名，除实食廪饩十名外，余以事故开缺后，难于补实。请照县学例，额设廪增各二十名，两年一贡，拔贡如之。又云州岁科两试额取童生十二名，廪生三十名，惟出贡仍照县学，请改为州学，三年两贡。又威远土州向附元江考试，额外取进童生二名，今威远改隶镇沅，请于镇沅额取八名外，仍准加取威远童生二名。又姚州、白井向系大姚县训导分驻，今户婚、田土、考试俱属姚州，请将大姚县训导回本任，其白井一学，归姚州训导管理。从之。

五月乙卯　谕：一甲进士三人、拣选一等进士三十人、拣选内文学入选者二十五人，着于十一日带领引见，其余于十二、十三日分作两班引见。

五月己未　内阁翰林院带领新进士引见。得旨：庄有恭、涂逢震、秦勇均已经授职，陆秩、陈大昤、裘曰修、沈德潜、储麟趾、徐景熹、曹经、梁启心、徐文煜、叶酉、缪敦仁、邱柱、官献瑶、轩辕诰、蔡扬宗、林兴济、王觉莲、冯成修、钮汝骐、师其德、卜宁一、朱樗、王居正、陈士琰、伊贵绶、刘斯和、伊兴阿、袁枚、蒋麟昌、杨开鼎、程景伊、徐垣、金文淳、喻炜、唐炳、陶镛、管一清、洪科捷、吴嗣富、陈中龙、周焘、黄澍纶、徐孝常、傅隆阿、程岩、周人骐、孙拱极、鞠逊行、姚廷祐、王锦、王化南、詹肯构、何畴、郑志鲸、兴国、赵德昌、孙景烈、廪格、曾尚增、出科联、杨培、罗愔、陈汝睿着以庶吉士用，陈锷、高名世、王元会、杨大琛、方世儁、杨勋、赵天衢、孙庆槐着以部属用，费兰先、邹有誉、汪元麟、陆广霖、胡彦辅、周世纪、初成一、王赠华、萧惟耀着以知县即用，胡斯盛、许元瑛、纪宣猷、杨禹传着以教职即用，该部即行铨选，余俱归原班用。

五月丙寅　大学士伯张廷玉等奏，遵旨会议殿试策文，向来拘定时格，增饰骈语。仰蒙皇上降谕禁止，臣等细加酌定，应取历朝流传诵习之文，以为成式。并饬各省学政，广行晓谕，务须贯穿古今，陶铸经史。试卷旧无横格，贡士等如有学问淹通者，听其发挥，惟不及一千字者，以违式论；四六颂联，概不准用；其余承问逐条详对起讫处，仍照旧例。从之。

五月丁卯　礼部议覆顺天府府丞陈恪疏称，向例岁试不到，该学报明事故，限期补考。今满洲、蒙古每遇岁试到者甚少，显系规避，应请限以补考。其驻防随任各生，即于乡试时补行岁试，路远及有事不能乡试者，照例申详。该管官如有徇庇，查明参处。从之。

五月庚午　命刑部尚书尹继善、刑部左侍郎刘统勋教习庶吉士。

五月乙亥　湖南巡抚冯光裕奏，长沙府考试生童齐集聚众滋事。得旨：此等劣生乃儒门之莠，正宜严治以儆其余，若谓士林不可以无礼待之，则刁风渐炽，将大为士林之害矣。

六月戊戌　命各省督抚、学政训饬士习。谕：据湖南巡抚冯光裕奏称，长沙府各属生童，因考试齐集省城，有童生赴城上乘凉，看视城外居民妇女，相向戏侮。该民李胜进城理论，经众童生赶逐。内有攸县童生文良书走急，被同伴挤跌，文良书之父文德炽捏以被殴受伤，喊禀善化县，并未指出姓名。随有好事童生刘树高、谢岳等即同应考多人，群赴县堂嚷闹，勒逼出差查拿。次早，知县韩宗藩赴文良书寓所验伤，系属跌磕，并非殴伤。众童生遂拦街喧闹，将所乘之轿毁坏。又复拥至府署嚷闹，经副将等喝拿始散。又赴城上搬取砖石，打坏居民黄忠尧等二十九户屋瓦。臣现在饬司查审究拟等语。前据福建巡抚王士任奏称，福安县生员郭向高等倚恃青衿，抗粮藐法，率众挟制官长，敢将文庙黉门乘夜涂黑，以快私忿。又据直隶总督孙嘉淦奏称，昌黎县生员赵汝楫，捏告知县劣款种种。经知府审讯皆虚，遂邀同邢谟烈等欲将县门垒砌。朕览王士任、孙嘉淦、冯光裕前后所奏，是数月之内，各省生童生事不法之案已有其三。夫朝廷之所以优待士子者，以其读书明理、立品修身，足为庶民之坊表，且备登进之选，为国家有用之才也。今则凉薄成风，嚣凌相尚，恃列胶庠，藐视宪典，以安分为耻，以抗法为荣。平时号为读书明理者尚且如此，彼愚民无知，群相则效，其为人心风俗之害，何可胜言？且此等之人，伏处牖下，即不自爱，将来幸登仕籍，必至乖戾纵肆，傲上虐民，尚望其慎守官方，砥砺廉隅，为国家循良之吏乎？古称稂莠不薅则嘉禾不生，朕之严饬劣生者，正所以培植端人正士也。各省学政当深知此义，时时训诫，俾顽劣生童改行率德，以受国恩。其荡闲逾检、有玷宫墙者即行斥革，毋得姑容；地方督抚大吏亦当竭力化导，并严加约束，以端士习而厚民风。着将此旨刊刻颁布，咸使闻知。

六月己亥 谕曰：沈力学乃武职大员，其所陈奏各件，并非切要之务，不过自逞臆见，妄事纷更。至于请建营学，并颁书籍等语，更属悖缪。从来文武两途各有职业，若务文事之虚名，必妨武备之实效，将来营伍渐致废弛，甚有关系。沈力学着交部察议具奏。

七月丙午 吏部请简浙江学政。得旨：邓钟岳在浙江学政任内，声名甚好，着再留任三年。

七月己酉 署福建巡抚、布政使王士任奏，闽县学廪生陈绳，孝友性成、人品纯粹，堪膺孝廉方正之荐。请送部引见，下部议行。

七月丁巳 命礼部侍郎吴家骐教习庶吉士。

七月丁卯 议覆安徽巡抚孙国玺疏称，亳州捐职州同王庆泽捐谷赈济并书院、义学等项，捐输地亩房屋共计银八千两，照例题请议叙。应如所请，以应得之缺，不论双单月即用，从之。

七月戊辰 礼部议覆湖广总督、宗室德沛疏称，湖北施南府属之宣恩、来凤、利川、咸丰四县，在馆肄业童生已有百余名，文义亦略通顺，请附入恩施县文童内，暂于宜昌府棚考试，岁科两考另编新字号，择文理稍优者，四县酌取一二名。应如所请，从之。

七月甲戌 河南巡抚尹会一奏，豫省歉收，谷价腾贵，生俊畏缩，捐监无人。请照江省之例，减三收捐。得旨：此事尚宜熟筹，有旨向大学士等颁发。

八月己卯 翻译会试，以礼部侍郎木和林知贡举，刑部尚书尹继善为满洲正考官，工部左侍郎阿克敦为副考官，以吏部侍郎那延泰为蒙古正考官。

八月辛卯 停止翻译进士殿试。谕：今年翻译会试取中二十二人，虽从前有照例殿试之议，但此科人数甚少，不必举行殿试，俱着赐进士出身，吏部带领引见，候朕酌量录用。其优者以六部主事即用；次者在主事上学习行走，该堂官照例题补；又次者照满洲进士例选用；内有现任者，即在任候升，不必出缺。

八月癸巳 陕西道监察御史程钟彦奏，捐纳贡监本省给有实收，赴部换照，原无定限。雍正十三年，户部以直省捐纳贡监人员，竟有迟至一二十年始将实收换照，日久恐滋顶替，题定限期。康熙六十一年以前者定限三年，雍正十三年以前者定限四年，乾隆元年后者定限五年，过期不准换照。伏查康熙年间捐纳者，久经乏人换照，原无庸议。惟雍正十三年以前者陆续赴部换照，月以为常。今限期已满，闻在部具呈请换者纷纷。窃思此等人员，或系远省因循，或系羁身游学，及知限期将届，急赴投换，似此概不准换，将来乡试届期，或有意观光，阻其进身之阶；况地方官奉文以后，原未必遍为示谕，穷乡僻壤，见闻未周，迄今不知限期已届者尚有其人。应请敕部，近省再宽限一年，远省二年，乞敕下直省督抚转饬各地方官，多方晓示，俾知依限投换。得旨：着照所请行，该部知道。

八月甲辰　两广总督马尔泰奏，学臣张灏，考试广州府学，取有一等一名附生梁自适，系番禺县人，年登百岁，于康熙二十八年入学，今犹扶杖入场，实为人瑞。得旨：此亦熙朝盛事也。夫常人百岁，尚有旌表之例。此应题奏，朕当格外加恩也。

九月丙午　兵部议覆陕西道监察御史甄之璜奏称，双好字号举子于交卷出场时，令其面交提调、监试各官查明卷册，仍照本生原填技勇，于弓、刀、石三项内覆验一二，以杜内场顶冒。应如所请，从之。

九月丁巳　武会试，以兵部侍郎吴应棻知武举，户部尚书陈德华为正考官，礼部侍郎张廷璐为副考官。

九月癸亥　兵部以武会试中额请。得旨：这考试，汉军取中六名，直隶取中十五名，河南取中六名，山东取中六名，山西取中六名，陕西取中十五名，贵州取中二名，江南取中六名，浙江取中八名，江西取中五名，湖南取中三名，湖北取中六名，福建取中六名，广东取中十名，广西取中二名，云南取中四名，四川取中五名。

九月戊辰　吏部等部议覆浙江道监察御史博尔和奏请……翻译乡会两试应用内帘监试外场巡察，并入号巡查等御史共十员，将满汉御史一体开列，各点五员。应如所请，从之。

十月丙戌　大学士赵国麟奏，前在安徽巡抚任内应得二品荫生，以次子起田承荫，尚未出任身故，念臣第三子起夏实系诏前所生，与补荫之例相符，具摺奏恳。得旨：大学士赵国麟之子赵起夏着照伊父现任职衔，给与恩荫。

十月甲午　礼部议覆甘肃巡抚元展成疏称，皋兰虽改州为县，人民籍隶如故，读书应试者并无稍减，若止以十二名学额录取，为途太狭，请将皋兰县学准照兰州原额，取进文武童生各十五名。应如所请，从之。

十月癸卯　江苏学政刘吴龙奏，江苏有学田一项，系从前职官乡宦捐置，以助诸生膏火，输粮与民田无异，岁收租银五千余两，除修理学宫、备办祭祀并岁科试赈贫给廪外，遇丰年约赢余四五百两不等，原议拨司充饷在案，此项银两，向隶学臣报销，其赢余备载司册。请嗣后照常支用外，如有赢余，即作刷印御纂经书之费，岁科试，于优等内择其有志向学、无力购书者给之。又，各学月课时，贫生一饭维艰，如印书再有余，请分给各学为月课饭赀，仍照例入册核销，庶学田所出，供训课之用，名义亦觉相符。得旨：此奏俟朕缓缓酌量。

十月癸卯　（川陕总督鄂弥达）奏，陕甘自分省以来，武举已分闱考校，文乡试仍循旧例，附考西安。伏查甘属各府州县，从前多系卫所改设，今户口日增，人文日盛，统计贡监文生，不下万有余名，每科学臣录送乡试者亦不下数千人，而赴陕应试者寥寥。缘士子贫寒，十居八九，兼之地方辽阔，各属赴陕程途，自一二千里至三四千里不等，山路崎岖，舟车不能直达，盘费更属艰难，殊堪悯恻。查陕甘中额六十七名，甘省除丁聿字号四名外，近科仅中一二三名，是陕省中者十之九，甘省中者不及十之一。又查历科试录，甘省亦有抡元擢魁之人，与西安文风亦不甚悬绝，可否照湖南、湖北之例，酌额分闱，即以兰武贡院扩充校试，抑或比照江南分额之例，酌增额数，陕省取中三分之二，甘省取中三分之一，俾知进身有阶，于文风不无裨益。得旨：此事尚可缓图。

十一月甲辰　兵部议准，江南道御史齐轼奏，武会试主考专司校阅策论，不便兼管他务，请添设内帘监试，应如所奏。武会试准添御史一员，题请点入监试。又，武场举子将及千人，照应不暇，添受卷、弥封官各一员。从之。

十一月戊午　上御太和殿。传胪。赐中式武举一甲朱秋魁、哈国龙、罗英笏三人武进士及第，二甲刘德成等十人武进士出身，三甲钱夔元等九十八人同武进士出身。

十一月庚申　礼部议覆调任闽浙总督郝玉麟疏称，福宁府属霞浦县新分福鼎县治，请将霞浦学额取进十五名，福鼎新县学额取进十二名等语。查分县之例，其入学廪增额数俱将旧学原额照新旧两县平分，其入学原额畸零一名之处，不论新旧县，就应试人数多者多拨一名。今霞浦、福鼎事同一例，应将霞浦取进文武童各八名，福鼎取进文武童各七名，廪增原额二十名，亦两县平分，仍照例二年一贡，两县轮出。从之。

十一月辛酉　礼部议覆湖北学政张映辰条奏学政事宜。一、生童临考，每因细故与市民纷争，动辄率众禀官，有司过存姑息，多将小民理责，以致益生骄玩。请嗣后遇生童临考、禀控小民之案，止许本人听审。如多人拥挤喧嚷，即照聚众生事例治罪等语。查军民因事聚众，抗官塞署，审有不法，究治均有明条，至生童临考，以细故争讼，虽未有不法情事，实属嚣凌陋习。本年六月内，因湖南、福建、直隶生童滋事案内，奉有申饬之谕旨，通行督抚、学臣刊布在案，应令该学政与各地方官实力化导，如有前项案件，遵照惩办。一、考试武童骑射，例由督抚提镇，饬委就近副参游击一员会同校阅，若既奉饬委，仍不回避关防，恐其听受贿嘱钻营，请令一体回避关防等语。应如所请，加谨防闲，仍令提调官密行访察。一、生员随任、游学等项，有宽限补考之例，报部册，即附在现考各生等第之后，有欠考数多而仅补一次者，并有徇情免考、径行附等者。请嗣后补考生另册报部，不得朦混，并申严徇情附等之弊等语。应如所请。行令各学政将欠考生按次补试，另册注名，报部备核，如有径行附等之弊，照徇情朦混例议处。从之。

十一月辛酉　兵部奏，己未科武进士补授侍卫。得旨：一甲一名朱秋魁授为头等侍卫，二名哈国龙、三名罗英笏授为二等侍卫，二甲刘德成等十名授为三等侍卫，三甲钱夔元等十五名授为蓝翎侍卫。

十一月庚午　署广东巡抚、山西布政使王謩疏报：广州府学生员梁自适年登百岁。得旨：梁自适孝友端方，耄年好学，百龄已登上寿，应试仍冠群英，为庠序所希逢，实熙朝之人瑞，着赐为举人，以示优奖。其应得恩赏，该部照例议奏。寻议，给银三十两、建立升平人瑞坊如例。

十二月乙亥　礼部以六年届期，题请举行各直省选拔贡生一次。得旨：允行，下部知之。

十二月甲午　大学士鄂尔泰等议准，稽查宗学侍郎喀尔吉善等奏，宗学生徒现有二百余人，教习仅十四员，请通计在学生徒，按十名派设教习一员，以专责成，未满十名者，即在各教习名下均派等语。应如所请。令宗人府移咨礼部，按数增添。嗣后，如有应添设处，亦俱照办。至所称宗学五年大考一次，果有进益者，留学；不加增长者，出学。亦应如所奏，分别去留，以示鼓励。从之。

乾隆五年（1740年）

二月辛巳　礼部议准，贵州总督兼管巡抚张广泗查覆贵州学政邹一桂条奏黔省设立社学一款。应如所奏。贵阳府属之长寨、定番州属之大塘、大定府属之水城、都匀府属之都江、独山州属之三脚屯，自粤改隶黔省之荔波县、清平县属之凯里、铜仁府属之松桃、永从县属之丙妹、开奏县属之郎洞、镇远府属之台拱，又镇远县属之邛水、天柱县属之柳霁等处，准各设社学一所。永从县在城在乡，准设社学二所，于附近生员内择文行兼优者，令其教导，照例以六年为期，果能教导有成，文学日盛，将训课生员准作贡生；如三年尚无成效，发回另选，仍令驻劄地方之同知、通判等官不时稽察。至修建社学，应令该督转饬地方官酌量办理，其社师修脯，每年各给银二十两。

二月丁酉　吏部议准，理藩院奏称，唐古忒学助教应准授为额设之缺，照国子监八旗官学助教例，给与从七品品级。从之。

二月丁酉　礼部议覆陕西学政嵩寿疏称，宁夏府属新渠、宝丰二县，既经裁汰，其文武童生，随原籍灵州、宁夏、宁朔、中卫、平罗五属应考，若不将二县入学原额酌量分拨，不无人多额少之叹。应请将新、宝二县文武童生各十二名原额，于宁夏府学拨增八名，灵州、中卫县各增四名，宁夏、宁朔二县各增三名，平罗县增二名，俾得奋志上进等语。臣等伏思新、宝二县招徕之民，从前原系夏、朔等五州县人民，今既拨归本籍，其户口原不加多，且各该州县较之人文繁盛之地，尚属有间，若将新、丰两学二十四名之额尽数拨增，未免太浮，应遵照雍正六年奏定新、宝两县附入平罗考取十六名之额，统于灵州、宁夏、宁朔、中卫、平罗五州县内，视人文之多寡，酌量增取，将八名分隶各学，再将八名拨入宁夏府学，以符该省大府之额，仍令该学政凭文拨取，宁缺无滥；其武童，亦照文童之例考取。从之。

二月辛丑　江苏学政、左副都御史刘吴龙奏，金匮、松江、江宁、上海、高淳、昆山、新阳等处干纪生童，照例处置，以整士习。得旨：如此尽职，殊属可嘉之至，勉力为之。

三月甲辰　礼部议准，湖南学政陈象枢疏称，宝庆府属之城步县改隶靖州，该县文武生童应附靖棚考试。其原拨入宝庆府学之实廪一名、候廪一名、增生二名、附生二十名、武生五名亦应拨归该县，就近约束应试。廪增各生照例改为候廪、候增，与该县学生员照考案挨次间补，其廪生通较食饩年分一体出贡。从之。

三月己酉　礼部议准，刑科给事中罗凤彩疏称，云南向来岁贡必系实廪方准考选，其虚廪虽年深亦不准贡，与各省之例不符。嗣后，应遵照定例，不论虚廪、实廪挨年序贡。从之。

三月丁巳　礼部议覆国子监奏南学学规各条。一、六堂助教、学正、学录等官，课士宜严，应分别功过，列入京察，其怠惰不职之重者，即行题参。一、肄业诸生宜严出入，应设立档册，每日轮派助教等官稽察，月终移送监丞呈堂查核。一、教课诸生，以实行为先，如有剽猎浮华、不修实行者，堂师等即令出学。一、期满诸生即咨部出缺，不得仍准留监，致阻后来之路。一、考课之法。祭酒季考，司业月课，出《四书》题一道，《五经》讲义题各一道，治事策问一条。六堂月课，亦照此例行。一、考试等第，文理平常者，于一、二、三等之外，另列为附三等。如两次考入附三等，即行扣缺另补。均应如所请。但考校文字，或有一日短长，尚非行谊不检者比，嗣后，如有屡次考列附三等者，即系不可造就，应准扣缺另补。如或因附三等两次，愧悔振拔，后来考居优等者，犹当曲为成就，未可轻弃。从之。

四月庚辰　吏部议覆江苏巡抚张渠奏称，苏州府属吴江县盛泽一镇……应需衙署，该镇现有空闲书院，只须酌添房屋等语。查雍正元年十二月内，吏礼二部会同议覆原任礼部右侍郎蒋廷锡条奏请复州县社学之设，州县设学多在城市，乡民子弟住居窎远，不能到学。应照顺治九年例，令州县于大乡巨堡各置社学一区，择生员学优行端者充补社师，久经遵行。今盛泽镇所有书院，如果查系无人肄业之处，自可准令改建。倘书院中实系延师课士，为乡堡应有学舍，不便准改为县丞衙署。应令该抚酌量办理，报部查核。从之。

四月癸巳　命刑部左侍郎阿克敦教习庶吉士。

五月癸卯　谕：各省纳粟准作监生，原为豫筹积贮，以裕民食起见，若地方有司私收折色，是巧开捐纳之例矣。在州县之私意，不过目前希得余平，将来又可免于折耗。不知年岁丰歉，难以豫定，一有缓急，仓廪空虚，何所倚赖？彼时若欲购买，价值必致昂贵，其弊不可胜言。然此犹其善者。若遇不肖州县，收银在库，易致侵挪，从前亏空之弊，大率由此，岂可又蹈前辙？今据广东总督马尔泰奏称，捐监事例移归各省，交纳本色贮仓。查有潮州府属海阳县报捐谷四万三千八百石，现在实贮于仓者止有三万一千三百余石，其余皆收折色；又潮阳县实贮监谷不过什之二三，其余亦系折色。现与王謩商酌，暂为宽假，严饬潮州知府，勒限买足本色贮仓等语。此等州县，理应题参，而马尔泰、王謩止令勒限买补，何以惩儆，甚属错谬。海阳县知县张纶炳、潮阳县知县吴廷翰俱着革职，所少本色仓谷于二人名下勒令赔补，马尔泰、王謩着交部议处，并谕各省督抚知之。

五月辛酉　谕曰：顺天学政钱陈群奏请增添顺天乡试南北皿字号中额，此奏甚属错谬。国家育材取士，自有章程，即正途人员所应得之缺，亦有定制，断无有因人数众多，而多添官职之理。目今进士之就选者已觉濡迟，而举人之就选者则在二十余年之外，已有难于疏通之势。若希图士子称扬感激，再增中式之数，则取者逾多，而用者益觉遥遥无期。彼中年中式之人，至老方得一官，精力衰颓，志气怠惰，国家何能收科目取人之实效乎？钱陈群身为学臣，不知政体，而为此沽名之奏，甚属不合。着交部察议具奏。

六月戊寅　礼部议准，闽浙总督宗室德沛疏称，查永春原系泉州属邑，雍正十三年改县为州以来，文风渐盛，文童多至七千名，武童弓马娴熟者亦不下三百余人，查文童原额取进十五名，应请加增取进二十名；武童原额八名，拨府三名，今改州后，反止有八名，应请加增取进十五名等语。查永春文童原额八名，自改州时已递增至十五名，今又加五名，未免过优，请酌添三名，共十八名；至武童应如所请，取进十五名。从之。

六月壬午　命河南道监察御史陈其凝提督陕西学政。

六月癸未　总管内务府镶黄等旗议覆稽察盛京御史周祖荣奏请酌改恩赏八旗银两条例。……一、八旗官学生，身食钱粮，在学肄业，虽非兵丁可比，但与养育兵之身食钱粮，止习弓箭，尚未当差者无异。应如所奏。嗣后，官学生等遇有婚丧之事，如果并无产业，该参佐领查明，照食二两钱粮养育兵之例给赏。从之。

六月丁亥　谕：据大学士赵国麟奏称，谢道承在祭酒任内训导有方，国学诸生因其升任，具呈恳留。朕思内阁学士尚非繁剧之职，成均事务可以兼摄，且从前邵基升任之后亦曾行之。谢道承着仍兼国子监祭酒。

六月庚寅　礼部奏，嗣后缘事斥革生员，除包揽词讼，武断乡曲及一切实系本身重犯、律无可贷者仍永行禁革外，其有因人被累，与本身事犯，情有可原，及罪在杖一百以内，革后能改过自新者，俱准以原名考试童生，监生亦许以原名复捐，其举人、贡生有愿考试者，亦照例准其应童子试。又，嗣后文武生员有告给衣顶，查其入学三十年者为合例，或入学虽不满三十年，而其年已及七旬者亦为合例，统令呈明该学教官，申详学政衙门，即准给与衣顶，免其考试。又，嗣后各省府州县学乐舞生，每学遵例舞用八佾，即照佾舞之数，额设三十六名外，酌加数名，以备疾病、事故更替之用，务令各该州县会同教官考选本籍俊秀，通晓礼仪，方准充补，每遇学臣按临，免其县府考试，由教官册送府县，叙入考案之后，申送院考。从之。

闰六月庚子　议覆署广东巡抚王謩疏称，潮州府属之通判府城添设丰顺县治，将海阳、嘉应、大埔、揭阳、饶平等州县邻近田粮、户口酌量分割新县管辖，经前任督臣鄂弥达奏准。但查饶平县属凤凰社地方距该县稍近，距通判府城尚远，应免其割拨，仍归饶平管辖。至新县训迪士子，应添设训导一员，照例铸给钤记，岁科入学，照小学之例，额定文武童生八名，于海阳县拨出文武童进额四名，嘉应州、揭阳县各拨出文武二名，归于丰顺县学。从之。

闰六月癸亥　奉天府府丞傅为詝奏请：酌广奉天、锦州两府属生童廪额及入学名数。臣职司衡文，不敢沽名钓誉，亦不敢苟且塞责。得旨：一味沽名钓誉，而自以为不沽名钓誉，尤属巧诈无耻。着该部严察议奏。

闰六月癸亥　礼部议覆署广东巡抚王謩以恩平县学向未设立明伦堂，疏请兴建。查，各府州县学宫内俱建明伦堂，以为讲学课士之地，恩平既未设立，应如所请，从之。

闰六月甲子 礼部议准，浙江巡抚卢焯疏称，湖州府属之长兴县、绍兴府属之萧山县原系大学，额取文童二十名，现在人文加盛，请照府学额例取进二十五名。从之。

七月庚午 礼部议覆署广西巡抚安图奏，泗城、镇安二府，归顺一州雍正十一年设学，未设廪增，今岁试三次，请照例增设。应如所请。泗、镇二府学均设廪增生各四名，三年一贡；归顺州学设廪增生各二名，四年一贡。从之。

七月壬午 命吏科给事中倪国琏提督湖南学政。

七月癸未 谕：据署理四川巡抚方显奏称，雍正八年，川省曾准部议，捐纳监谷以实仓储，乃奉行既久，历经三载，通省仅捐监生十七名，细加体访，皆因州县各官畏谷繁多，难于照料交盘，遇有赴捐之人，多方阻抑。臣于各官进见时，极力开导，且刊刻告示，通行晓谕。嗣后，各属咸知踊跃，目下报竣者甚多等语。地方积谷备用乃惠济穷民第一要务，而州县有司惟恐贮谷过多，平时难于照料，离任难于交盘，瞻顾迁延，实为通病。朕知之甚悉，已屡降谕旨矣。今年直隶、山东、河南、江南等省俱获丰收，而各省奏报年谷顺成者颇多，况江西、湖广原系产米之地，皆当乘时料理积贮之事。如捐监一项，固宜极力劝导、多方鼓舞，将勒抑阻挠、胥吏苛索等弊悉行革除，弗致纳粟之人裹足不前。其他凡可以积之于官、藏之于民者皆当于此时悉心筹画，并切谕小民撙节爱惜，弗糜费于无益之地，如造酒、造麹诸事尤宜禁约，庶不有虚上天之恩赐。夫丰年不知积贮，一至歉年，束手无策，是谁之咎耶？各督抚有司均有父母斯民之责，应视民事如己事，毋得徒奉具文，仍蹈苟且便安之习。

七月戊子 谕大学士等：朕闻钱陈群考试通州，多取冒籍，发案之日，新进二十三名，实在通州本地，只有三名，其二十名俱系江浙各省之人顶冒，以此众论沸然。钱陈群行令提调官查问，业将二十名俱系顶冒逐一查明拘齐，而钱陈群又令释放，仍复取进入学，通州本籍之人甚不心服。朕所闻如此，尔等可传旨询问钱陈群，令其明白回奏。

七月戊子 颁给奉天各义学《四书解义》、《御纂四经》、《性理精义》、《御选古文》、《御注孝经》各一部。从府丞傅为詝请也。

七月丙申 礼部议准，顺天学政钱陈群奏，延庆卫属童生向在本处考试，嗣因汰裁教职，始远赴延庆州就考，今该卫已复设训导，请仍循旧制，改赴附近之昌平州考试，由北路同知录送。从之。

八月甲子 礼部等部议覆专管官学事务来保奏，咸安宫官学翻译教习向由国子监考取助教三员，但翻译乡会试例考满文论，现在助教俱非翻译举人、进士出身，于满文论不甚谙练，请于归班候选之翻译进士考取三员，在学教习。其现在助教三员咨送国子监，分发各学额外行走，有缺补用。应如所请。以翻译归班进士充补教习，三年期满，令该总管分别等第，带领引见，或以主事即用，或以小京官即用，恭候钦定。从之。

九月戊寅 命兵部尚书史贻直教习庶吉士。

九月辛巳 大学士等议覆检讨夏之蓉进呈经史内称，现今乡会试抡才之外，各省学臣选拔贡生暨俊秀之士得升太学者甚多，诚令学官课士，取宋胡瑗经义斋、治事斋二条，详明规制，分条考校，果有德艺可观者，列诸荐牍以备擢用，诸不率教者罢遣等语，应将该检讨原奏交国子监定议具奏。报可。

九月辛卯　　兵部奏，近来各省提镇有将所得荫生自请改武者，有并非荫生奏请讨差报效者，虽蒙破格录用，实非臣下应邀旷典。请嗣后如有此等妄奏者，照例议处。得旨：依议。近来提镇因伊子所得荫生一时不得骤用，所以情愿改武，及讨差效力、幸恩渎奏者往往有之，尔部所奏固是。但承平之时，武职尤宜培植，明末文官视武官如奴隶，一旦有事，何能得其疆场效命乎？故我朝加恩武臣者独厚，然并未久假兵权，听其跋扈，此盖处置得宜，故得其力。如伊等子孙内或有难荫及曾效力行间，著有劳迹，而门户式微，又别无居官之人，若一并禁止奏请，反非鼓励戎行之意。嗣后，有似此者，仍准其声明情节，据实具奏，倘有并无情节，渎奏邀恩者，即照尔部所奏议处，可将此旨通行直省提镇等知之。

九月甲午　　礼部议覆江西学政赵大鲸奏称，文生降青之后对读一次，即复附生，武生例不对读，年愈衰迈，文理愈荒，难望考复，故武生中青社极多，有入学已历三十年未经给顶者，殊可悯恻。请嗣后武生降为青、社，如未满十科，仍照旧制，有历三十余年者，准给衣顶，至年满七十，虽未经十科，亦准给顶等语。应如所请，从之。

十月乙巳　　礼部议覆光禄寺少卿梅珏成奏请，自己未科以前，举人领过盘费未曾入场者，概免追缴等语。查此项事关奏销，未便漫无区别，应自己未科以前，凡领盘费而人、文不到及文到人不到之举人，令地方官查明，从前实系中途及到京后相忧患病、未经呈报者，准其据实咨部，即有实未到京而本身物故及委系家贫、力不能完者，亦准咨部豁免。从之。

十月己酉　　大学士赵国麟等议覆检讨夏之蓉进呈经史内称，学官课士，请仿宋胡瑗经义、治事斋例，详明规制，严立劝惩诸条。查系前管国子监事孙嘉淦等所奏准举行者，毋庸再议。惟各省选拔贡生及选举优生不无冒滥，应令该学政严加考试，务拔真才。得旨：依议。成均课士之道，惟贵躬行实践，不在多立科条，大学士赵国麟等所奏经义、治事诸款，皆从前孙嘉淦所奏准者，若果实力奉行，自能成才育德，有裨学校，如徒视为具文，虽再增条款，又复何补？是惟在国子监诸生自知黾勉，则古称先，务为明体达用之儒，勿役役于禄位功名之念，而司训课之责者又复善为诱掖，切加劝惩，则辟雍钟鼓，教化聿兴，而圭璋特达之士，亦从此辈出矣。

十月丁巳　　户部议覆太常寺卿朱必阶奏直省捐监事宜。一、乡试年分停止在部报捐。查此例，原专指随任游学等项而言，其在籍生俊并未概准赴部，今该寺卿以此例一开，即未必入场者，亦得借名寄捐，自应如所奏，仍归本省办理。但现距明年秋试已近，一旦改令回籍，恐致耽误场期，请自辛酉科后永行停止。一、停止兼收外省投捐。查此例，亦因地方歉收或本籍人少起见，本年五月，豫省业经奏停，今该寺卿以此项捐输皆系官员之子弟戚友等包揽代纳，亦应如所奏，照河南之例概行停止，惟甘肃一省，本籍人捐监者少，仍请暂准收捐，并令该抚等严查包纳等弊。一、捐生赴部换照，宜酌量变通。查江西换照事例业经议准，将部照给发该省，转发该地方官，传唤收领在案。今该寺卿以本生亲身赴部，有守候跋涉之苦。臣等酌议，自明年春季始，各省捐监换照，统照江西之例行。从之。

十月丙寅 训饬士习流弊，申明为己之学。谕：士为四民之首，而太学者教化所先，四方于是观型焉。比者，聚生徒而教育之，董以归儒，举古人之成法规条，亦既详备矣。独是科名声利之习深入人心，积重难返，士子所为汲汲皇皇者，惟是之求，而未尝有志于圣贤之道。不知国家以经义取士，使多士由圣贤之言体圣贤之心，正欲使之为圣贤之徒，而岂沾沾焉文艺之末哉？朱子同安县谕学者云，学以为己。今之世，父所以诏其子，兄所以勉其弟，师所以教其弟子，弟子之所以学，舍科举之业，则无为也。使古人之学止于如此，则凡可以得志于科举，斯已尔，所以孜孜焉爱日不倦，以至乎死而后已者，果何为而然哉？今之士惟不知此，以为苟足以应有司之求矣，则无事乎汲汲为也，是以至于惰游而不知返，终身不能有志于学，而君子以为非士之罪也，使教素明于上，而学素讲于下，则士者固将有以用其力，而岂有不勉之患哉？诸君苟能致思于科举之外，而知古人之所以为学，则将有欲罢不能者矣。观朱子此言，洵古今通患，夫为己二字，乃入圣之门。知为己，则所读之书，一一有益于身心，而日用事物之间，存养省察，阇然自修，世俗之纷华靡丽无足动念，何患词章声誉之能夺志哉？况即为科举，亦无碍于圣贤之学。朱子云：非是科举累人，人累科举。若高见远识之士，读圣贤之书，据吾所见，为文以应之，得失置之度外，虽日日应举亦不累也。居今之世，虽孔子复生也不免应举，然岂能累孔子耶？朱子此言即是科举中为己之学，诚能为己，则《四书》、《五经》皆圣贤之精蕴，肌而行之，为圣贤而有余；不能为己，则虽举经义、治事而督课之，亦糟粕陈言，无裨实用，浮伪与时文等耳。故学者莫先于辨志，志于为己者，圣贤之徒也；志于科名者，世俗之陋也。国家养育人材，将用以致君泽民，治国平天下，而囿于积习，不能奋然求至于圣贤，岂不谬哉？朕膺君师之任，有厚望于诸生，适读朱子书，见其言切中士习流弊，故亲切为诸生言之，俾司教者知所以教，而为学者知所以学。

十一月壬申 定武进士回营食粮例。谕：各省兵丁应乡试者，于中式武举之后，仍准食本身马粮，随营差操，遇有把总缺出，与营兵一体较拔千把，此现行之例也。若中式武进士，除选取侍卫外，余者皆离营候选，开除名粮，此虽优待武进士之意，但伊等开粮之后，衣食匮乏，未免拮据，且恐离营日久，渐疏技艺，应酌量变通办理。嗣后，兵丁中式武进士之后，有情愿回营效力者，准仍留本身马粮，随营差操，遇有署事之处，准一体酌量委署学习，该部可通行各省知之。

十一月乙亥 礼部议覆署广东巡抚王謩等疏称，鹤山县自雍正九年建设，现在人文蔚起，请照小学例，廪增各十五名，二年一贡等语。查该县肄业生尚少，应准照新设小学例，廪增各十名，俟初补之首廪食饩十年后，三年一贡。从之。

十一月丙戌 御史程盛修奏，新授江苏学政张廷瑑籍款桐城，距江苏甚近。以廷瑑之品学，虽苞苴请托，自可信其必无，而浑厚有余，精明不足，关节易到，耳目难周，其地似不甚相宜。然业奉纶音，未容反汗，乞降旨严加戒谕。得旨：朕因江苏学政向来皆系大员管理，刘吴龙内升，一时不得其人，故用张廷瑑，以其人尚谨饬而又能衡文也。程盛修此奏所见亦甚是。张廷瑑见此，自应中心悦服，而朕亦可以随时训诲，岂非江苏人文之幸。但所云业奉纶音，未容反汗，此则未知朕心，而甚非立言之体。夫人君孰能无过，所赖百尔臣工，绳愆纠谬，过而能改耳，若谓旨已颁而必不可更，则怙终文过之咎，皆由是起矣。

十二月戊戌　礼部议准，闽浙总督宗室德沛疏称，德化县学额进武童八名，现在应试人多，请照文童额数取进十二名。从之。

乾隆六年（1741年）

正月庚午　命各省督抚、学政采访遗编。谕：从古右文之治，务访遗编，目今内府藏书，已称大备，但近世以来，著述日繁，如元明诸贤以及国朝儒学，研究六经，阐明性理，潜心正学，醇粹无疵者，当不乏人，虽业在名山而未登天府，着直省督抚、学政留心采访，不拘刻本、钞本，随时进呈，以广右渠天禄之储。

二月壬寅　谕：从前廷议捐监事例，准本籍之人纳谷，以备民间荒歉缓急之需。继因甘肃一省为极边要地，民贫土瘠，非他省可比，讲求积贮，更为急切之务，该省应捐贮仓之谷共计三百八十万石，而年来本地报捐者甚属寥寥，倘遇一时歉收，则民食无所资藉，甚为棘手，是以部议暂准外省之人，在甘报捐，俟谷石充裕，再行停止，此不得已改例之意。近朕闻得该省报捐并无行商过客，惟有各州县有司以及伊等之子弟、亲戚、幕客辈，希图渔利，广为包揽，折收银数，以饱私囊。及至买谷交仓，则低定价值，高收斛面，或抑勒富户，奔走交官，种种弊端，大为民累。是以国家豫筹养民之政，而奉行不善，重为闾阎之扰矣。以朕所闻如此，虽未必通省州县皆然，而不肖有司、假公济私者则恐不免，似当酌量变通，以期无弊。可否将甘肃收受外省投捐之例停止，并如何补实该省仓储之处，着九卿悉心妥议具奏。

二月癸卯　令捐监在内在外悉听士民之便。谕：从前停止各项捐纳之时，在廷诸大臣及翰詹、科道等官，议留捐监一条，俾各处积谷以备民间荒歉之需，且使士子广其应试之路，洵为两便，并非捐官可比。朕已允行。昨据御史赵青藜复请停止捐监，又经大学士、九卿会议，以为事属难行，应仍其旧，朕已降依议之旨矣。今据海望奏称，外省收捐繁难，赴捐之人甚少，原议各省捐贮谷数共应三千余万石，今报部者仅二百五十余万石，合计尚不足十分之一。不若停止各省之捐谷，仍照九卿原议，在部交银，将所收之银扣抵各省买谷银款，俟仓储充盈之后，将应否停止之处，再行请旨等语。朕思纳粟贮仓，原为备荒发赈，豫为筹画之计，外省捐谷繁难，且有弊窦，不若在部投捐之易，诚如海望所奏，朕亦知之。嗣后，仍准在部收捐折色，至于外省收捐本色之例亦不必停，在内在外，悉听士民之便，地方积谷，不厌其多，赈恤加恩，亦所时有，正未易言仓储充盈，既系士民两便之举，将来亦不必奏请停止。朕看州县有司，往往虑及霉变赔补，以多积谷石为忧，其如何酌量定例，俾其从容不至赔补之处，交与该部另议具奏。如此则有司不以积谷为苦，而仓廪渐次可实，不至亏缺，于民食大有裨益矣。

二月乙巳　谕：满汉进士原属一体，嗣后，满洲进士亦着照依甲第名次选用知县，俾其渐悉民瘼，学习外任之事。

二月庚戌　赏给咸安宫教习、官学生等《钦定四书文》每舍各一部。从翰林院侍读学士春台请也。

二月甲寅　礼部议准，贵州学政邹一桂奏，黔省帮增补廪岁案系行文科考日停止，科案则于乡试科册解部日停止，得缺多寡不均，请照各省例，于下届行文岁考日停止。从之。

二月乙丑　山东巡抚朱定元奏明，遵旨广行教化，饬令有司廉访多士，有不求声誉、闭户潜修者，酌量奖劝；振兴省城书院，并令各州县多设义学，敦访名师。得旨：所奏俱悉。然虽如是，彼闭户潜修者未必肯博有司之廉访，而有司之廉访者仍属好名者流耳。又如振兴文教，固属美事，然果能使比户之民，人知孝亲敬长，重义轻利，此即兴文教之实，正不在多设义学，延访名师。若然，反非朕原旨之意矣。

二月乙丑　（广东按察使潘思榘）奏，琼州府属崖、陵、昌、感、儋、万、定七州县，黎人最多，除生黎居深山，其余多与民错处，言语相习，并通晓官音，就学从师本易，请照苗童义学例，量地方远近，设义学，择本地贡生生员中品学兼优之士教之，资以膏火，有识字成诵者量加奖劝，能文章应试者许考试，则黎人薰沐教泽，愈知安分守法，土棍汉奸，末由欺诈。得旨：将此摺交督抚，听其议奏。

三月丙寅　谕：今年乡试届期，简用各省主考官，向有考试之例，着将翰林、科道、部属等官应差主考者，照旧例通行考试，其有不愿出差者亦听其意。将此交与该部查例办理。

三月辛未　满洲翻译乡试，以刑部尚书来保为正考官，吏部左侍郎阿克敦为副考官；蒙古翻译乡试，以理藩院尚书纳延泰为正考官。

三月癸酉　山西巡抚喀尔吉善疏参山西学政喀尔钦贿卖文武生员，赃证昭彰，并买有夫之妇为妾，声名狼藉，廉耻荡然，请旨革职。得旨：这所参喀尔钦着革职，其败检淫佚等情及本内有名人犯，着侍郎杨嗣璟前往，会同该抚严审定拟具奏。已有旨了，该部知道。

三月癸酉　命御史苏霖渤提督山西学政。

三月辛巳　免福建无著学租。谕：朕闻福建福州府属之闽县鼓山里旧有学田一千八百四十八亩，每年征学租银五百三十三两二钱有零，匀给廪生贫士为膏火之资。后因田久荒芜，租无所出，至康熙三年，招民垦复，改为民业，报升粮色，输纳正供，已非昔日官置民佃之学田矣。乃廪生贫士仍欲复还学租，以致垦户频频告免，于康熙五十三年，该知县将丈出通县田地溢额等银详抵学租，各业户始获相安。雍正五年，通查溢额之时，该县知县办理错误，将从前已报溢额详抵无著学租之项，复报溢额，详请升科，又将康熙三年垦复之民田丈实，只存洲田一千六百二十亩加征学租，匀追符额，以致民苦失业，佃苦驮赔，节年追比无完，徒滋扰累。以朕所闻如此，着交与总督德沛、巡抚王恕悉心查办，将从前详抵无著学租之项即行豁免，以苏民困。该部即遵谕行。

三月庚寅　大学士等议覆给事中卢秉纯奏请严核真才以重馆职。查，新进士朝考、庶吉士散馆，向例巡绰已密，惟坐次按双单名编列，或可豫揣，应令监试王大臣临期酌派，诗韵不准自带，以武英殿本给发。从之。

三月庚寅　吏部议覆四川巡抚硕色奏称，云贵、四川等省教职缺出，题覆考选，动辄悬缺一二年，请将拟选人员先行考试，一面具题，一面给照任事，俟题覆后实授，吏部即以补授日注册，核俸升转，庶缺不久悬，论俸推升，亦得画一。通行云、贵、四川、福建、两广六省一体遵行。从之。

三月壬辰　吏部奏，满洲、蒙古进士、翻译进士既准与汉进士一体选知县，则向例选通政司汉字知事、翰林院典簿、詹事府主簿、光禄寺署丞、国子监监丞、博士、典簿等缺，不应兼补，请归满洲、蒙古举人选用。其由举人笔帖式中进士，愿留本衙门行走者听，若俸次未满，遇应选知县准以知县用，如未选知县前俸次已深，仍准以汉字堂主事升补。从之。

三月癸巳　饬禁科场怀挟。谕：科场怀挟之弊，例禁甚严。今乡试在迩，闻得外间不肖士子，故智复萌，豫先赁倩善写细字之人抄录文艺，为入场夹带之具。若不严行禁止，则侥幸获售者必多，而真才转至黜落，于抡才大典甚有关系。着步军统领、五城御史出示晓谕，并密行查拿，至入场之时，监试御史等必须严加搜检，不可虚应故事。临期，朕或另遣人看视，倘有宽纵疏漏之弊，必将该管官员从重议处。

四月壬子　以翰林院编修观保为云南乡试正考官，吏部员外郎吴联珠为副考官；内阁侍读潘中立为贵州乡试正考官，吏部员外郎黄兰谷为副考官。

四月癸亥　（河南巡抚雅尔图）奏，吏治废弛，由于人才阘冗，敬筹疏通科甲之法，以收吏治之实效。一、解额宜量为酌减。一、科举不宜太滥。一、拔贡之期宜宽。一、各馆效力及河工水利人员俱宜取用科甲。得旨：此举甚属公正之论。朕非虑不及此，但以行之费力，尚须熟筹，而汝不顾众人之怨，毅然为此奏，则实可嘉也。但此奏若交部议，则怨汝者必多，汝担不起，待朕再加酌量，须以朕谕议行耳。

五月乙亥　礼部议覆御史程盛修奏请命各省新拔贡生来京，学臣未及汇咨礼部者一体送顺天府乡试。应如所请，从之。

五月乙亥　添建河南贡院号舍二千间。从巡抚雅尔图请也。

五月丙子　礼部议准，陕西学政陈其凝疏请，颁发渊鉴斋《古文唐宋文醇》于陕甘二省刊刻，广布学宫。从之。

五月庚辰　谕曰：喀尔钦于山西学政任内，贿卖文武生员等情，今俱审实。现在审也者如此，则从前不无舞弊营私、贿卖生员等情。再萨哈谅于布政使任内，滥行酷虐贪婪之处亦经审实。观此，则伊从前在广东布政使任内岂无若是酷虐贪婪之处？喀尔钦、萨哈谅朕如此施恩，授为学政、藩司，而伊等并不图报朕恩，廉洁持身，黾勉效力，乃敢贿卖文武生员，纵容家人营私舞弊，滥行酷虐贪婪，辜负朕恩，实莫此为甚。若不将伊等从重治罪，抄没家产，则国法不伸，将来人亦罔知惩戒。喀尔钦家产着汪札勒、萨哈谅家产着新柱会同该旗大臣等详细严查入官。此旨着该旗俱记档案。

五月辛巳　以右春坊右中允朱良裘为四川乡试正考官，户部主事陈士璠为副考官；翰林院编修沈荣仁为广东乡试正考官，礼部主事陈大玠为副考官；礼部郎中李治运为广西乡试正考官，翰林院检讨胡中藻为副考官；翰林院编修诸锦为福建乡试正考官，检讨郭旋镛为副考官；翰林院编修涂逢震为湖南乡试正考官，检讨兴泰为副考官。

六月乙巳　吏部议覆御史济安布奏称，本年贡监考职，书吏未曾查明应否合例赴考之人，滥行政钱给票，以致册籍无名者各持该司所给图记小票纷纷求考。应如所请，照律惩治。查考职试卷无动支公项之例，请嗣后应备试卷，即于臣部饭食银内扣拨备办，其合例应考者方准给票，不得令书吏藉端需索，以杜弊端。再请嗣后仍照向例，取具五人互结。从之。

六月丙午　兵部议覆御史七格奏称，查武闱乡会试弥封所误印之卷，若不加分别，概不取中，殊未平允。请嗣后弥封所人员将卷误印字号，仍照例查参，其取中之卷于填榜时查对原册，如有合式卷误印双好字号者，概不准取中，以杜幸邀作弊之端；或有原系双好、单好字号误印合式，仍准取中。其怀挟并雇赁缮写细字等弊一并禁止。应如所请，从之。

六月己酉　以吏部侍郎蒋溥为浙江乡试正考官，御史赵青藜为副考官；礼部侍郎张廷璐为江西乡试正考官，左春坊左庶子彭启丰为副考官；翰林院检讨陈兆仑为湖北乡试正考官，编修闻棠为副考官。

六月庚戌　清厘科场弊端。谕：从来顺天乡试易滋弊端，多招物议，必须稽查严密，始可试事肃清。今年秋闱，适值朕行围口外，诚恐人心玩忽，诸弊乘间而生，深廑朕念。如进场之怀挟、场内之传递，皆向来人所共知，且有通晓举业之人假充誊录为举子改窜文艺者，其他弊端种种难以悉数。又闻有应试士子于场前结纳新进翰林，互相标榜，遂成奔竞钻营之恶习。夫国家之所以重士者，谓其品行端方，足备异日公卿之选，若苟且侥幸于目前，而始进不正，贻诮终身，尚安望其受爵服官，克自树立，为朝廷有用之材乎？着都察院、五城御史、步军统领衙门、顺天府内外帘监试御史严行稽查，凡有关涉科场情弊者，即行严拿，按律治罪，不稍宽贷；在京之总理事务王大臣亦应不时查察，以肃宾兴大典，副朕造士育才之至意。

六月庚申　以翰林院侍讲刘纶为陕西乡试正考官，编修夏廷芝为副考官；光禄寺卿李绂为江南乡试正考官，翰林院修撰金德瑛为副考官。

七月甲戌　以翰林院侍讲张鹏翀为河南乡试正考官，吏部文选司员外郎钱度为副考官；翰林院编修万年茂为山东乡试正考官，周煌为副考官；吏部验封司郎中黄琰为山西乡试正考官，翰林院检讨阮学浩为副考官。

七月丁亥　礼部议准，署广西巡抚杨锡绂疏称，粤西人材骎骎日盛，居官者亦较多于前，现有例得官生应试之人，请援照雍正十三年黔省另立官字号之例，将粤西一体设立官卷。从之。

八月乙未　礼部等部议准，山东巡抚朱定元疏称，东省应试士子数至一万一千余名，号舍不敷，请添建六百七十五间。从之。

八月戊戌　顺天乡试，以顺天府府尹蒋炳为监临官，内阁学士刘藻为正考官，工部右侍郎许希孔为副考官。谕曰：许希孔现充顺天主考，工部汉堂官办事无人，朕回京之前，着大学士陈世倌暂行兼管。

八月己亥　礼部议准，川陕总督尹继善疏称，嘉定、潼川二州于雍正十三年改设府治，嘉定府添设附郭乐山县，潼川府添设附郭三台县，州学各改为县学，迄今七载，人文日盛，应将嘉定府之乐山县学改为嘉定府学，潼川府之三台县学改为潼川府学。其县学即附府学内，毋庸另建学宫，县学教谕改为府学教授，铸给教授学记，训导仍各归两县学，毋庸另设教职及衙署。府学岁科两试，各取进文童十五名，岁试取进武童十五名，乐山、三台二县原系州学，额设廪增各三十名，今既设府学，应将二县学廪增内择充补年分浅者拨入府学，本学各留二十名，以符定制。从之。

八月庚子　谕：前因山西吏治废弛已甚，而泽州知府李肖筠、汾州知府张坦让于喀尔钦贿卖生童案内，防范不严，例应处分，是以均照部议革职。今据喀尔吉善奏称，李肖筠办事实心，张坦让老成历练，实系知府中杰出之员，恳请革职留任，以观后效等语。朕思山西知府降革者甚多，尽行更换新任之人，恐于风土民情，未能熟习，措置得宜，着照所请。李肖筠、张坦让俱革职，从宽仍留原任。伊二人应感朕格外之恩，倍加黾勉，着喀尔吉善留心访察，如或持身稍有不检，办事稍有不力，即行严参治罪。若喀尔吉善徇庇不举，经朕别有访闻，必将该抚一并严加议处。其新补泽州知府李为栋，吏部现有潞安府一缺，着即将伊补授。

九月甲子　礼部议覆提督顺天学政钱陈群奏称，学宫从祀诸贤，设立神牌，先后位次，会典所载颁行已久，而日久渐弛，未能画一。应如所请。令各省督抚转饬地方官，将各学宫从祀诸贤、诸儒神牌位次，遵照大学成式字样，安设序次，悉加厘正，于文到三日内查明报部。倘厘正后仍有剥落、错误、遗失者，该督抚会同学政查参。从之。

九月甲戌　礼部等部议覆正白旗汉军都统怡亲王弘晓奏称，驻防杭州开户生员王廷峣呈请援例考试。查从前事例，未归画一，难以遵循，请敕部详议一摺。嗣后，八旗远年开户人等，除从前奉有谕旨，准其考试之举监生员仍准其考试外，其从前契买家奴将本身及子孙考试之处，永远禁止。至投充、养育、俘掠人等，虽本系良民，既经开户，但未开户以前，曾在伊主家身供役使，今若准令考试，究于名分有乖，应将本身及子孙考试之处，永远禁止。又，八旗另记档案人户，来由不一，惟另户抱养民人，本系良民，应准考试。及从前奉旨准其居官考试者，原系恩加本身，仍准其居官考试外，其有奉旨后考中举监生员兼捐纳贡监者，仍留顶带终身，所有一切另记档案人户，将伊等及子孙考试之处，亦概行禁止。行文户兵二部、八旗并各省驻防将军、副都统等处，永为定例。从之。

九月庚寅　谕：各省进呈乡试题名录，向例将中缝黏连，裁口向外，虽系旧式相沿，然单篇背幅，颇不便于翻阅。今湖南巡抚许容所进试录，用本装法，于披览为宜。嗣后，各省俱照此式进呈。

九月辛卯　署江苏巡抚陈大受奏……崇明县亦有刁佃，因知县调办武闱，遂伙党挟制该县县丞出示减租，当即饬拿审究。得旨：所见甚正，刁风不可长也。

十月癸巳　（兵部）奏，续准议叙剿除云南普思元新等处逆贼一等军功。效力武举人赵世英等、武生苏灿等各准军功加衔一等，授为千总，随带纪录二次；贡生胡国灿等各准军功加一级，随带纪录二次；二等军功、效力武生陈得禄等各准军功加一级，随带纪录一次；三等军功、效力武生李联捷等各准军功，随带纪录二次；监生杨元芳等、生员许齐贤等俱授为贡生；三等军功、病故土巡检杨可昌准其难荫一子八品监生；迷失兵丁五名一体赏恤。从之。

十月辛丑　福建巡抚王恕奏，本年闽省乡试第一名举人邱鹏飞以武生五经中式，人心不服，请覆试。得旨：这所奏情节，着将邱鹏飞送至京师，派人覆试。后有旨：该部知道。

十月癸卯　谕：昨据福建巡抚王恕奏称，今科该省乡榜第一名邱鹏飞系侯官县武生，以五经中式，士论不服，朕已降谕旨，令邱鹏飞来京覆试。今据署总督策楞奏称，该生兄弟三人，其弟邱振芳素有文名，今岁同填五经入场，实系联号代作等语。此案情弊既已确凿，邱鹏飞且不必解京，即交与该督抚严行复试，并将联号代作等情，逐一审明，定拟具奏。其邱鹏飞试卷解部到日，仍发与该督抚等。

十月甲辰　以兵部左侍郎汪由敦为顺天武乡试正考官，翰林院编修秦蕙田为副考官。

十月丙午　谕礼部：福建新科试卷解送到部之日，着将第一名邱鹏飞三场卷交送内阁。

十月丙午　户部议覆安徽巡抚陈大受奏称，乾隆元年，和州、含山等州县夏秋被灾，抚赈鳏寡孤独贫民如例，至赈恤贫生，加给一月柴薪一项。因士子与齐民不同，一体正赈加赈，似属过优，是以折中酌办，给以一月柴薪等语。查安省被灾贫生业经给赈，又复加给柴薪，既非定例，又未先题，不便准销。得旨：照该抚所请行。

十月壬子　礼部议覆御史武柱等奏科场各款。一、顺天贡院号舍宜量添造。应如所奏。敕下顺天府尹相度地址，会同工部办理。一、回避卷，乡试分别满、合、南北皿、官等字号，会试分别旗字、南北字号，均宜删去。查乡会试凭文取中，亦寓地抡才，回避卷虽属无多，而满合南北之人皆有，自应于卷面开载，惟既分满合南北，而又列官字，诚恐易于揣摩，应将官字删去。从之。

十月丙辰　赐故福建巡抚、赠礼部尚书陈瑸之孙陈子良，故礼部右侍郎、赠礼部尚书蔡世远之子蔡观澜俱为举人，一体会试。

十月丁巳　礼部议覆吏部左侍郎蒋溥奏称，顺天乡试设有内监试二员，同在内帘监看，凡房考荐卷必由监试用关防条记，至内帘应给日用水菜亦必由监试票取，防范甚为严密。今浙省乡试场内，内监试一员，只令居内外帘之间，凡阅卷、荐卷、供应水菜之事绝不稽察，应请照京省例，将内监试移入内帘，以专司察。查，乾隆元年，添设内监试官，原令每日点放水菜，分拨稽察，今各省未绎原议，因循旧习，当不止一处，应再申明定例，通行各省抚臣，令内监试官移入内帘列坐，专司办理佥票取物、分拨供给、督理匠役等事。再，顺天场规，房考荐卷，只由内监试验明，并无用关防条记之例，今各省既添内监试，职司稽察，则各房荐卷，令其验明登号，更为周密。应如所请，均照京闱定例遵行，从之。

十一月戊辰　改举人选法。谕吏部：月官内选授知县者，进士已用至乾隆元年，举人甫用康熙五十三年等年之人，是进士选期颇速，而举人则太迟矣。国家除授官员，当乘其年力精锐之时而用之，始可望其分猷宣力。今见举人年老者多，若置而不用，情有可悯，用之又恐不能办理地方事务，所当略为变通者，着吏部将进士、举人铨选班次，稍为通融之处，悉心妥议具奏。寻议，知县班次，双月用进士五人，新进士即用二人，举人五人，俸满教职二人、捐纳二人、推升三人；单月，用应补四人，开复二人，捐纳四人，进士四人，新进士即用二人，举人四人，俸满教职二人。其捐纳班次，业遵旨将举人抵补。查进士选用知县，向例原止于双月，嗣因进士候选壅滞，加单月分选用四人。今进士选期已速，而举人尚迟，应请将单月进士班次，以举人抵选。至即用之新进士，不过十余人，俸满之教职，亦属无几。嗣后，双月新进士即用无人，即将进士抵选，单月新进士即用及双单月俸满教职无人，俱将举人抵选，则通计每年举人选用一百四十余人，自可日见疏通。从之。

十一月戊辰　大学士等议覆御史卫廷璞奏称，衍圣公孔广棨、曲阜县知县孔毓琚立相参揭。……令衍圣公于孔氏族中进士、举人、贡生择读书立品、素为族党推重者，不拘人数，咨送山东巡抚，覆加考试，拣选正陪，保题咨送，引见补授，并令该抚与所属州县一体稽察，如不称职，即行参处。如此，则衍圣公不得恃其补题之权，该县亦不敢有依附营私之事，而孔氏世职益受国家保全之恩于无替矣。

十一月己丑　命翰林院编修沈慰祖提督广西学政，修撰金德瑛提督江西学政。

十一月庚寅　命督抚、学政甄别教官。谕：古者党有庠，术有序，民生八岁入小学，十五入大学，不独秀而为士者群居乐业，天下实无不教之民，是以教化兴而风俗厚。后世设立教官，专以课士，已非先王有教无类之意，而近来教职，多系衰老庸劣之辈，不但不能以道德礼义化导齐民，并其课士之职，亦不克举，亦安用此一官为也？朕御极之初，念其俸薄，不足自赡，特命增给，乃望其修举职业，助兴教化，非以廪饩为养老之具，各员亦不当以司铎为养老之官也。着该督抚会同学政严饬所属教官，务以实心实力，劝学兴文，恪尽课士之责，其有年力衰颓，贪念禄位，及庸劣无能、不称师儒之席者，秉公甄别，咨部罢斥，庶训迪得人，而于造士育才之道，庶几其有裨益。各督抚、学政仍时刻留心，永久奉行，不可苟且塞责也。

十二月丙申　命考试应差学政人员。谕：今年更换各省学政，凡应开列出差人员，着该部传齐，择日于保和殿考试，其不愿与试者亦听其意。

十二月己酉　命吏部文选司郎中吴嗣爵提督湖北学政。

十二月庚戌　命通政司右通政林令旭提督直隶学政，内阁学士兼礼部侍郎刘藻提督江苏学政，大理寺卿嵩寿提督安徽学政，都察院左佥都御史彭启丰提督浙江学政，礼部仪制司郎中李治运提督山东学政，翰林院侍讲林枝春提督河南学政，翰林院编修吴华孙提督福建学政，左春坊左谕德梁文山提督广东广韶学政，吏部稽勋司郎中金洪铨提督广东肇高学政，翰林院编修杨廷栋提督云南学政，司经局洗马佟保提督贵州学政，翰林院侍读介福提督陕西学政。

十二月辛亥　礼部议准，江南道御史周礼荣条奏闱务。一、至公堂监试御史、内帘监试御史向各随带笔帖式二员。经部议，至公堂监试御史所带笔帖式并无委派之事，定例停止；而内帘监试御史仍随带笔帖式入闱，应一并停止。一、会试五经卷，广东、四川、广西、云南、贵州五省定为中卷，而顺天乡试，广东一省独归南皿，不入中卷，应与会试画一。从之。

乾隆七年（1742年）

二月辛卯　吏部议覆安徽巡抚张楷疏荐浙江举人严森守洁才优，熟谙吏治，襄幕明敏。查与保举之例相符，应令该抚给咨送部引见。从之。

二月乙未　礼部议准，陕西巡抚岱奇奏，陕西科场有左右聿字号，聿右试卷较聿左仅三之一，应将额中举人二名，一科凭文通取，一科左右分中。从之。

二月丙申　以礼部左侍郎张廷璐为会试知贡举，大学士鄂尔泰、刑部尚书刘吴龙为正考官，兵部左侍郎汪由敦、副将御史仲永檀为副考官。

二月丁酉　礼部议覆吏部左侍郎蒋溥奏称，会试同考官精神不振者，并不加意搜罗，辄于额满后，取佳卷未荐者添用荐字图记，掩人耳目。嗣后，请将图记交内监试御史，庶同考官不得任意补用，于校阅益加详慎。应如所请，顺天乡试一体遵行，从之。

二月丁酉　礼部议准，佥都御史彭启丰奏称，近日学政与督抚相见，不遵会典仪注，几同属官，甚至谄拜门生。督抚观风取录与州县前列童生，辄不论文之佳否，暗记坐号，拔录结欢，以致孤寒屈抑，士怨沸腾。查学政与督抚仪注平行，奏得专达，毋容贬损，且文章有一日短长，尤宜屏私采录。请饬学臣遵仪制、励丰裁，不得自损名节；并饬督抚，不论学政是何出身，但当以公正廉明相勖，不得以势位相凌。从之。

二月庚子　礼部议覆贵州学政邹一桂奏称，永丰州学系新开，未设廪增，每届科考，诸生试居优等，无以劝勉，且亦无人辨认童生顶冒。应如所请，额设廪增二名，稽查童试，但必俟食饩十年，方准出贡，以后四年一贡，廪饩照例拨给。从之。

二月癸卯　大学士等议覆，御史薛澄奏请于会试下第举人内，择其明通者取用教职，不必更派阅卷官，即令总裁先录荐卷，不足，再挑备卷，大省六十名，中省四十，小省三十，与正榜同揭。敕下礼部，拣选引见。到官六年，优者准督抚保用知县。应如所请，从之。

二月甲辰　定拔贡十二年举行，并饬科举毋冒滥。谕：国家于科目取士之外，又有拔贡一途，所以收未尽之人材，以广备用之数也。我朝教泽涵濡，人文日盛，又复屡开恩科，加添中额，是以所取进士，济济多人，而举人则日积日众，竟有需次多年，而不得一官者。此亦事势之必然，无足怪者。朕为此时廑于怀，屡筹疏通之策，若又添取拔贡，以分其缺，数年一次举行，则人愈多而缺愈少，举人铨选，更遥遥无期矣。朕思拔贡乃系生员中之优者，夫既为文学华赡之青衿，则应科举时，自能脱颖而出，又不专藉选拔以为呈身之路也。查从前选拔，或十数年一举，今则六年一举，为期太近，理应酌量变通。嗣后，着定为十二年选拔一次，永着为例。再者，各省应试生员贡监，由学臣录送入场。向例每举人一名，额取科举三十名，嗣后，加至一百名，亦不为不多矣。乃学臣等博宽大之名，于科举之外，遗材大收，一概录送，且有督抚好行其德，普收送考者，以致文理荒疏之人皆得滥冒入场，试卷太多，不但试官于仓猝之中，难于别择，而浮薄之士子，将以观光为游戏，而不复攻苦于寒窗，于宾兴大典，甚有关系。嗣后，学臣各宜留心，慎重办理，毋得滥溢。永着为例。

二月庚戌　命大学士徐本、刑部侍郎张照、工部侍郎德龄阅会试回避卷。

二月癸丑　大学士徐本等进呈阅定回避卷。得旨：此三卷着照所拟取中，交与主考官酌量名次，填写入榜。

二月戊午　命工部郎中蒋蔚提督四川学政，翰林院检讨阮学浩提督湖南学政。

二月己未　礼部以会试中额请。得旨：这会试，满洲、蒙古取中十一名，汉军二名，直隶二十八名，奉天二名，山东十九名，山西十八名，河南十五名，陕西十五名，江南三十五名，浙江二十八名，江西三十名，湖北十五名，湖南九名，福建二十名，广东十九名，广西七名，四川十名，贵州九名，云南十名，旗卷五经一名，南卷八名，北卷三名，中卷二名。

三月壬戌　山东巡抚朱定元进呈济阳县贡生张尔岐《仪礼郑注句读》。得旨：此书交与三礼馆总裁官阅看，如有可采择者，留于该馆，以备采择。

三月甲申　命宽学政携眷之禁。谕：前据河南巡抚雅尔图奏请，学臣停带眷属，以杜弊窦。经九卿议准，彼时朕降旨，如学臣差满之后，复留原任，或调别省，欲携带家眷者，着本人自行具奏请旨。今思学臣之廉洁贪污，视乎其人之自主，初不在眷属之有无，如谓携眷即滋弊窦，则外省自督抚、藩臬以下，又何尝不携眷属耶？即使不准携眷，而随任之家人幕客，又岂能保其一一奉法惟谨耶？况父母妻子，相隔三年之久，不免内顾之虑，于情理亦未允协，嗣后不必禁止。

四月庚寅　策试天下贡士金甡等三百十三人于太和殿前。制曰：朕德弗类，托于士民君公之上，凛对越之小心，思安危之至计。兹尔多士，释褐观光，宜有以陈古今之通变，直指当世之切务。是以详延于廷，诹以政要，丐以启告。朕匪惟觇多士之所学，亦以匡朕不逮，思益下民耳。盖君之于民，其犹舟之于水耶，舟不能离水而成其功，人主亦不能离民而成其治，是以古圣先王，恫瘝怀保，惆然惟日不足者，非祈求民之怀惠而已也，实有见于君民一体之故。今君与民，诚一体欤？德之不修，政之不宣，贤才之不进，民隐之不闻，有一于此，其能成治道者，未之或闻也，将欲补四者之阙，又何术之从欤？夫天下不必治也，君明而臣良，上令而下从，天下虽乱，识者知其有治之几焉；天下不必乱也，君庸而臣谄，上令而下违，天下虽治，识者知其有乱之几焉。其盈虚消息之机，多士亦尝筹之素，而欲有辰告乎？务民之本，莫要于轻徭薄赋，重农积谷，我国家从无力役之征，斯固无徭之可轻矣，而赋犹有未尽合古者乎？赋之外曰耗羡，此固古之所无也，抑亦古尝有之，不董之于官，则虽有若无，而今不可考耶？且康熙年间无耗羡，雍正年间有耗羡。无耗羡之时，凡州县莅任，其亲戚仆从，仰给于一官者不下数百人，上司之苛索，京官之勒助，又不在此限，而一遇公事，或强民以乐输，或按亩而派捐，业田之民，受其累矣。自雍正年间，耗羡归公，所为诸弊，一切扫除，而游民之借官吏以谋生者，反无以糊其口，农民散处田间，其富厚尚难于骤见；而游民喧阗城市，贫乏已立呈矣。人之言曰：康熙年间有清官，雍正年间无清官。亦犹燕赵无镈。非无镈也，夫人而能为镈也。而议者犹訾征耗羡为加赋，而不知昔之公项，皆出于此而有余，今则日见其不足，且动正帑矣。是以徒被加赋之名，而公私交受其困而已矣。将天下之事，原不可以至清乎？抑为是言者，率出于官吏欲复耗羡者之口乎？多士起自田间，其必不出此，而于农民之果有无利弊，必知之详矣。又如常平之设遍天下，而卒不闻百姓无鲜饱之嗟，或者禾栖亩而给银，稼登场而责谷，是民未受其益，先受其害矣。将欲改弦易辙，而天时不可必，其何恃以无恐耶？凡此数者，皆朕日夜踌躇，而未得其要领者。多士其毋以朕为不足告，而秘之隐之，其尚以朕为可告，而敷之陈之，悉言其志，毋有所讳。

四月壬辰　谕大学士等：今科殿试制策内羡余一条系时事中之切要者，读卷官务须留心阅看，以觇士子平素之学问经济，不得仅以文理通畅，字画端楷，遂列前茅。如果能确有所见，恺切敷陈，可备采择者，朕将见诸施行，即字画不甚工致，亦应拔取进呈，以备亲览，可传谕读卷诸臣知之。

四月癸巳　上御养心殿，阅殿试进呈卷，召读卷官入。谕曰：今科殿试策耗羡一条最关时务，卿等所拟十卷中惟第六卷条对颇明畅，本欲置为第一，但策内有几字错落，可拔置第二；所拟第二卷拔置第一，所拟第一卷改置第三。命拆第一卷视之，是金甡，浙江人。上顾户部侍郎梁诗正曰：金甡汝曾保举过他。梁诗正奏曰：金甡臣曾保过，现任七品小京官。命拆第二卷，杨述曾，江南人。拆第三卷，汤大绅，江南人。其余诸卷，上一一鉴定，命大学士张廷玉填写。

四月甲午　上御太和殿。传胪。赐一甲金甡、杨述曾、汤大绅三人进士及第，二甲张进等九十人进士出身，三甲卓道异等二百三十人同进士出身。

四月乙未　谕：办理耗羡一事乃当今之切务，朕夙夜思维，总无善策，是以昨日临轩试士，以此发问，意诸生济济，或有恺切敷陈，可备采择，见诸施行者。乃诸贡士所对，率皆敷衍成文，全无当于实事，想伊等草茅新进，未登仕籍，于事务不能晓彻，此亦无怪其然。今将此条策问，发与九卿、翰林、科道阅看，伊等服官有年，非来自田间者可比，可悉心筹画，各抒所见，具摺陈奏，候朕裁度，若无所见，亦不必勉强塞责。至外省督抚寄重封疆，谅已筹算有素，并着各据所见，具摺奏闻，务期毋隐毋讳，以副朕集思广益之意。

四月丙申　礼部等部议覆御史陈大玠奏称，文武互试，原欲简拔全才，乃自定例以来，累科获隽者无几，而日久弊生，不肖士子恃有互试之例，文场则夹带、传递、代做，武场则换卷。内帘但凭文取中，外帘又稽察维艰，徒滋科场之弊，未收兼备之才。应如该御史所奏，嗣后，将文武乡会互试之处停止。从之。

四月癸卯　礼部议准，御史陈其凝奏请行令各省学政，务于按临时，密察各生素行，举优黜劣。从之。

四月庚戌　授一甲一名进士金甡为翰林院修撰，一甲二名进士杨述曾、一甲三名进士汤大绅为翰林院编修。

四月壬子　大学士等议覆给事中杨二酉奏，举子会试，例由州县起文转府至藩司给咨赴部，有转发州县付本人者，有亲身赴司候领者，各省原不画一。惟赴省候领，需费耽延，殊堪矜悯。应如所请，自甲子年为始，于乡试后，藩司咨文，限一月内发各州县，交本人自赍投部，武举均照此例。从之。

四月癸丑　内阁、翰林院带领己未科散馆修撰、编修、庶吉士引见。得旨：清书庶吉士徐文煜、陈中龙、王居正、蒋麟昌、王觉莲、詹肯构俱着授为编修，廖鸿章、程岩、陈士琰俱着授为检讨，汉书修撰庄有恭、编修秦勇均已经授职，其庶吉士裘曰修、金文淳、沈德潜、官献瑶、杨开鼎、吴嗣富、徐景熹、张九镒、王锦、叶酉、蔡扬宗、陆秩、鞠逊行、喻炜、姚廷祐、宋邦绥俱着授为编修，傅隆阿、陈世烈、伊兴阿、蒋祖培、孙景烈、郑志鲸、罗愔、赵德昌俱着授为检讨。卜宁一、杨培、徐烜、徐孝常、冯成修、诺敏、廪格俱着分部学习，以部属用；陶镛、管一清、王化南交与直隶总督高斌，以知县用；袁枚、黄澍纶、曾尚增、王见川交与两江总督德沛，以知县用。唐炳、孙拱极、王宫、王士瀚着归进士原班铨选。

四月戊午　户部议准，山西巡抚喀尔吉善疏请，晋省之生俊人等捐纳监生，按照应捐银数，如有愿捐米、豆、麦三色者，依春秋时估折中价值，合算收捐，愿交谷者听便，仍照乾隆三年题定捐数收。从之。

四月戊午　湖南巡抚许容奏请给还伊子原得一品荫生。得旨：汝在湖南并未见汝实心任事，为百姓作福之处，而先自乞恩，何可得耶?

四月戊午　（河南巡抚雅尔图）奏请行令各督抚于科甲出身、历任州县之知府内，拣选才守出众而有风力者，照知县行取之例，送部引见，以科道录用，与在内之编检、部郎相间推补。得旨：此奏候朕缓酌之。

五月辛酉　兵部议准，步军统领舒赫德奏称，世家子弟一项，自雍正十年分发巡捕营以千总补用，迄今尚多未补，实为壅滞。此等世家子弟均系旧家大臣之裔，若不量为变通，似与矜恤故旧之意未协。查有门千总一项，例由臣部于汉军武举及捐纳人员铨补，今捐纳二班，投供无人，请即以候补之世家子弟，以门千总改用。从之。

五月壬申　内阁、翰林院带领新进士引见。得旨：一甲进士金甡、杨述曾、汤大绅均已经授职，其二甲、三甲进士张进、张泰开、钟凤翔、蔡云从、姚范、孙廷槐、朱佩莲、丁居信、凌镐、朱盛江、徐玮、罗暹春、查库兰、蔡时田、经闻、王铤、杜若拙、郑有则、惠元士、金洪、丛中芷、胡泽潢、廖芳莲、劳通、熊为霖、熊元龙、潘伟、邵齐焘、李清时、郑虎文、李应熙、朱履端、吴鹏南、阎循琦、王康佐、李金台、陈桂洲、王太岳、刘炳、窦光鼐、庄有信、德保、盛格、顾汝修、戈岱、周世紫、觉罗奉宽、田沇、蒋辰祥、周孔从、王世仕、何绍东、黄遇隆、刘锡龄俱着改为庶吉士；金廉、陈作梅、王宬、陈大复、亢保、良卿、袁德达着分部学习，以部属用；邵必昌、杨廷榕、缪琹、孟思谊、汪昌国、王道晖、陈鹓、叶标元、上官德舆、徐士楹、黄冈竹、鲁鼎梅、崔钥、吕东表、熊煌、冯爵、尹侃、周于智、陈新燕俱着以知县即用；马绶、张彬、张述孔发与直隶总督高斌，张开士、芮永祺、刘瓒、郑学政发与两江总督德沛，王廷枢、万世仁、王延发与闽浙总督那苏图，葛曙、汪鼎金、万光谦发与两广总督庆复，李堂、侯于蓟、马元烈发与云南署总督张允随，俱以知县即用；林孔焕、高宏均、胡天培、段励翼以教职即用；向廷柱、梅予援、刘其旋、邓作弼、刘思忠、范承宣、张基尌、李栋、卢恺以教职用。余归原班铨选。

五月甲戌　兵部奏，查双单月选用营守备班内，俱有功加一项，久无在部投供应选之员，请嗣后在部投供武进士，除双月原班仍照例选用外，其双单月轮用功加班无人，即以武进士抵补。再武进士惟候选守备外，别无进身之路。查臣部有效力差官一项，请嗣后遇有缺出，将拣选一二等之武进士内情愿充补者，准与武举一例拣选，按缺轮补，期满与武举按照日期先后，均归入劳班选用，如武进士、武举同日期满，掣签选用，如武进士内亦有同日期满者，仍照从前拣选年分、名次选用。从之。

六月戊申　命大学士陈世倌、工部右侍郎德龄教习庶吉士。

七月壬戌　礼部议准，江西巡抚陈宏谋疏称，江省现有高若璠、刁光焕、杨大业、李绳系滇黔等省改土为流之土司，获罪迁发来江安插，入籍为民，迄今十有余年，俱各安分执业，诵诗读书，有志向上，实与俊秀无殊。请准其与本籍生童，一体应试。再改土为流之彭肇槐，已回江西本籍吉水县，所有子弟，亦应一体考校。从之。

七月甲子　大学士鄂尔泰等议奏，查翻译乡会试，于雍正元年议定，雍正二年乡试，三年会试，后经礼部以会试人少具奏，奉旨六十名会试在案。嗣因乾隆三年，因翻译乡试已阅六科，有百余人，议准参议马璘条奏，于乾隆四年开科会试，取中二十二人，因人数甚少，未经殿试，俱赐进士出身。今年八月，又届会试之期，礼部遵例题请，奉旨令臣等议奏。臣等公同酌议，除翻译乡试仍照旧例办理外，其翻译会试、殿试，皆抡才大典，自当按期举行。上科因人数无多，未经殿试，今不拘定人数，亦不必另定场期。请嗣后翻译会试，即于会试天下贡士时，于闱中另编字号，一同考试，分为两场。头场人众，不必入试；于二场点进，试《四书》清文一篇，考经性理论清文一篇；三场试翻译一篇，恭请钦定题目。试卷照例令各部院衙门笔帖式誊录汇集封送，照回避卷例，请旨另派大臣阅看，拟定进呈，恭候钦定中式，另出一榜。至殿试日，钦颁翻译题一道，一同殿试，即令满读卷官阅看进呈，分定甲第，二甲者附二甲后，三甲者附三甲后，填入金榜，带领引见，恭候简用。从之。

七月己卯 吏部带领九卿保举国子监助教、学正人员引见。得旨：国子监助教员缺着陈淦补授，学正员缺着曹发先补授，此内左通政龚学海所保之龚光海，系伊胞兄，龚学海人原平常，如何可比祁奚？龚光海亦非祁午可比，何得假内举不避亲之名，辄行保送？此风断不可长，龚学海着交部察议。寻议，照徇情例，降二级调用。从之。

八月丁亥 谕：各省州县考试童生乃士子进身之始，文武虽有殊途，各宜秉礼自爱，以敦士风。朕闻粤东俗尚浇漓，每遇生童齐集考试之时，或赴摊铺，短价强买什物，或与市人扭结禀官，稍不遂意，即恃众嚣喧，挟制罢考。地方有司，视以为常，每多宽纵。今闻得高州府石城县，本年五月间，考试文武生童，有武童李之莱赴考，被蒙姓民人拾去马箭一枝，比时禀知县令，已谕典史查追给还，而诸生以知县不能立刻拘责泄忿，于本日上灯时，乘县署月台下失火，遂有武生林翰芝、武童林翰权及李芬源等拥进宅门，攫取衣服钱文而散。现据该地方官查究，尚未结案。又闻电白县考试武童外场，因马道拥挤，喝逐闲人，有武生扭役殴打之事。又，右翼镇亲赴教场操演，有武生不衣不冠，杂入众中，拥挡马道，驱令远立，遂殴打兵丁，肆行詈骂。似此身列宫墙，不遵礼教，转恃青衿，以为抗法横行之具，士习如此，风俗何由而淳？此皆地方大小官员及学政教官平时不能化导之所致。用是特颁谕旨，着该督抚、学政等董率有司教官严切训谕，务令士子等洗心涤虑、痛改前非，倘冥顽不灵，仍不率教，即按律惩治，不稍宽贷；如官员等有徇隐姑纵者，一经查出，定行分别处分。

八月乙未 户部等部议准，安徽巡抚张楷条奏……一、帘官之宜减调也。各省武闱内帘同考官不过四员，独江南用至十二员，又恐事故不到，加倍调取，至临期掣系空签，方令回任。臣上年主试武闱，合式入三场者止一千五百余卷，每房分阅一百余卷。查从前各科卷数，大略相同，实属房多卷少。请减去六员，每员分阅二百余卷，不虑草率。至文闱内外帘官，共用四十五员，虽无可减，向例调取九十员，先期聚集省城，临期照额点取，方将余剩之员退回，计往返一月有余，且调取过多，每有一府中印官全行赴省。嗣后，请令布政司酌量详调，每十员止余调一二员，仍将附近省城之员停派，以备临时添补，则闱员敷用，而州县亦可各勤职守。再，文闱供给，各省不过数员，独江南用至四十九员，以致通省佐杂调取大半，并请嗣后供给官酌用二十五员，省去二十四员，虽比旧减半，而较之他省已属倍多，必无不敷之患。从之。

八月丁酉 大学士议准，署两广总督庆复议覆广东按察使潘思榘奏称，琼南四面环海，中有五指山，住居生熟黎人，性质愚蒙，不知读书，应照云贵、湖南苗童之例，一体教导，于黎峒相近之区，崖、陵、昌、感、儋、万、定等七州县，设学一十三所，选择品学兼优之贡生生员，每年给与修脯，令实心教诲，果有识字成诵者，量赏纸笔；能通文应试者，另编黎字号，每州县额取一名，一体乡试。下部议行。

八月甲辰 谕军机大臣等：原任广西学政张考告病回籍，可寄信询问喀尔吉善，看伊精力尚可服官，即着给咨赴部带领引见。

九月己未 兵部议覆镶红旗汉军都统和硕恒亲王等奏，八旗汉军情愿为民一案，除现任者均有额缺职守，其进士、举贡生监及捐纳职衔，未经出仕当差，应俟一年限满，汇奏请旨。至领过老圈地亩，并自置旗下及抵买公产地亩，如移居外省，不在近京五百里内居住，并不倚赖为生者，俱撤出。入籍在近京五百里之内，如情愿转售旗人者听，不愿转卖者仍听耕种，其抵买公产地亩价银，未经扣完、不愿接扣者，给还价银、撤出地亩，其有仍欲接扣者仍令按季交银，地亩令其管业，至各旗兵丁官房应行撤出，另给穷苦兵丁。若陪嫁公主人等既经内务府拨出，已隶公主属下，不便准其为民。应如所请，从之。

九月己巳 壬戌科武会试以兵部左侍郎汪由敦知武举，工部左侍郎张廷瑑为正考官，左副都御史仲永檀为副考官。

九月辛未 谕大学士等：各省学政考试生童，为士子进身之始，甚有关系，为学臣者固当各矢公慎，严密周防，而在外棍徒撞骗之弊，地方官尤宜严行访查，以期肃清。近江西巡抚陈宏谋奏称，江省积棍，每年尾随学臣按试各郡，假冒学臣亲戚、内幕，哄诱士民，营求入学，讲定谢仪若干，面同包封，仍存士民之手，俟案出有名，方来收银，营求之人，见其不先取银，以为有益无损，遂将银两付伊，包封画押，棍徒豫用钱文假作银封，临时同伙设计，掩饰调换，携银潜逃，名曰掉包。迨至案出无名，士民启视银封，方知堕计，而棍徒早已远扬。在被骗者，既不敢鸣官以取累，又不肯告人以贻羞。遂致此风各处多有，不能杜绝。朕思一省若是，他省谅亦相同。着各督抚等于学臣按试之前，将此等掉包患骗之弊，详明晓谕。凡有指称营求考取，将银封贮，出案收取者，无论真假，立即严拿究处，并许被骗之人，报官查拿，则应试生童，识破机关，自不致堕其术中；而棍徒知有法纪，亦不敢公行无忌，亦肃清学政之一端。该部即遵谕行。

九月乙亥 兵部以武会试中额请。得旨：这考试，汉军取中六名，直隶取中十四名，河南取中六名，山东取中五名，山西取中六名，陕西取中十五名，贵州取中二名，江南取中五名，浙江取中八名，江西取中五名，湖南取中四名，湖北取中五名，福建取中七名，广东取中十名，广西取中三名，云南取中四名，四川取中五名，余依议。

十月甲辰 左都御史刘统勋等奏，考试拔贡，公同校阅，分别进呈。其山西毛清奇误认题指，应不准拔贡。得旨：山西毛清奇不准拔贡，发回本学肄业。该学政交部严加议处。余依议。此番进呈各省拔贡试卷，朕看取在一等者，文理即属平常，则其余更可知矣。至毛清奇将《论语》本文，竟尔错记，尤为荒谬。夫拔贡乃造就人才之典，今各省所取浅陋如此，何以振起文风？司衡鉴者不得辞其责。嗣后，务须矢公矢慎，遴选出众之材，以鼓励多士，毋得苟且塞责，自干严谴。

十月丙午 策试天下中式武举等一百十人于太和殿前。

十月丁未 御紫光阁，阅中式武举骑步射。

十月戊申 上御紫光阁，阅中式武举技勇。

十月己酉 上御紫光阁，覆阅中式武举射。

十月庚戌 上御太和殿。传胪。赐中式武举一甲贾廷诏等三人武进士及第，二甲周廷凤等十人武进士出身，三甲张珍等九十七人同武进士出身。

十月壬子 兵部奏，壬戌科武进士补授侍卫。得旨：一甲一名贾廷诏授为头等侍卫，二名李世菘、三名白钟骧授为二等侍卫，二甲周廷凤等十名授为三等侍卫，三甲张珍等十七名授为蓝翎侍卫。

十一月己巳 吏部议奏，嗣后，满员除应用知县之科甲出身并应用道府之正途出身人员，俱无庸考试外，其由别途出身应用道府者，臣部于未用之先，汇齐人数，定期考试。奏请钦点大臣，于午门内给卷，试以时务策一道。试题由钦点大臣择关于吏治民生之事拟出，试卷交该大臣等秉公校阅，分别优劣，进呈御览，仍将该员等交臣部带领引见。其奉旨记名以道府用者，臣部注册，仍照定例，挨俸升迁；未经记名者，俟下次考取记名，再行照例升用。得旨：正途之人亦着考试，余依议。

十一月甲申 兵部议覆御史薛澄条奏武闱事宜。一、外场考官应行关防也。凡武乡会试，首重外场，乃向来惟内闱考官严行关防，而外闱考官谢恩后各回私家，次日始行赴闱，兼有衙门画题事件，不惟酬应纷繁，于考校之事未能从容，且恐启夤缘请托之弊，应请嗣后一切稿案，暂停画题。一、外闱考官册宜同兵部俱送贡院，以便查对也。凡定例，考试骑射、技勇，考试官及兵部堂官、监试御史各持册一本记注，考试毕，公同密定双单好字后，三册封固，兵部同御史册各携入贡院，查对编号，而考试官册，例各自携回私家，不惟虑防范偶疏，或启家人漏泄撞骗之弊。且贡院编号之时，偶有互异，碍难办理，应一并封交兵部堂官带赴贡院，庶三册互对，于编列字号，益为详审。一、号舍院墙宜增高加棘也。凡士子入场，首严代倩，特是号舍院墙低矮，易于超越，恐滋弊窦。请将邻号院墙增高数尺，并照外围墙一体加之荆棘，则锁院深严，扃试益密。一、角楼宜设员瞭望也。向来贡院四角，各建一楼，盖恐士子越墙出舍，曾设员役巡查，法最严密。比年来停其设官，只存空楼。请嗣后考试时，每楼仍派委佐贰首领官一员，带役数名，瞭望稽察，如该员役有徇纵等弊，知贡举、监试官参究处治。均应如所请，从之。

十二月甲午 礼部议准，湖南学政阮学浩奏称，宝庆府属之城步县，乾隆三年，改归靖州管辖，其文武生童亦改附靖州考试。嗣后，六年，经贵督张广泗题准，城步县仍改归宝庆府管辖，其岁科两试自应仍循向例。从本届岁考为始，城步生童改为宝庆府考试，一切报部册案统入宝庆府属，文武新生俱照旧例拨取府学名数。从之。

十二月丙午 谕：我朝崇尚本务，原以弓马、清文为重，而宗室谊属天潢，尤为切近。向来宗室子弟，俱讲究清文，精熟骑射，诚恐学习汉文，不免流于汉人浮靡之习。是以顺治十一年六月内，钦奉世祖章皇帝谕宗人府："朕思习汉书，入汉俗，渐忘我满洲旧制。前准宗人府、礼部所请，设立宗学，令宗室子弟读书其内，因派员教习清书，其愿习汉书者各听其便。今思既习清书，即可将翻译各样汉书观玩，着永免其习汉字诸书，专习清书。尔衙门传示。"所以敦本实而黜浮华也。近因雅尔哈善条奏，设立宗学，以汉文教习宗室子弟，迄今已经数年。昨经考试，并无佳卷，即翻译卷亦属平常。朕非过求文字出色，其实在明通者，实难其选，即所取二三人，不过于其内就短取长，文理稍顺而已，尚恐未必尽出心裁，或不免彼此商榷，凑集成文之事，其于造就人才之方，究无裨益也。但既经考试，着宗人府将所取之人，照例带领引见。嗣后，宗室子弟或有不能学习汉文者，应听其专精武艺；其在宗学肄业者，考试之时，更应益加严肃。至宗室进身之阶，原有袭封世职，又可拣选侍卫及护军参领等缺，与其徒务章句虚文，转致荒废本务，不如娴习武艺，崇实黜浮，储为国家有用之器也。可传谕宗人府，将此旨明白晓谕宗室人等知之。

乾隆八年（1743年）

二月甲午　礼部议覆浙江学政彭启丰条陈浙省考试事宜。一、浙省岁科考试生童，旧例，摘录所习本经令作讲义，即与《四书》题一场并试，复于本经外之四经摘取发问，令生童依义条对，另试一场。其未能明晰者，生员不取优等，童生不拔前列。惟生童讲义大都就题敷衍，少有阐发。不若条对诸说，各有成义，于经学浅深尤灼然易睹。况条对、讲义兼试，亦属繁复。应如所请，嗣后，仍试条对，停其考试讲义。一、商童应试，专以商结为凭。恐招致冒籍，假充子侄冒考，致生顶替、代倩诸弊。应如所请。遇有滥保甲商，依不应律严治。一、考试岁贡向系通省同题，易滋宿构。应如所请。嗣后，将所试经书判语随时酌定。一、乡试对读五等生员多有不敷。应如所请。将四等武生兼用，即免其录遗，准入武场乡试。至请武童按数定额，商童应试，令该县取结，申盐道录送，与生员卷面禁写廪增附之处，均毋庸议，从之。

二月丙申　奉天府府尹霍备奏，奉天宗学向归府尹稽察，恐府尹事繁少暇，于宗学无裨，奉天府府丞专司学政，颇有余闲，以之稽察宗学，必能实心考核。请即以现任府丞臣陈治滋为始，着为例。得旨：允行，下部知之。

二月乙巳　大学士鄂尔泰等议覆高斌、周学健会奏，朱子所辑《小学》一书，始自蒙养为立教之本，继以明伦为行道之实，终以敬身为自修之要，于世教民心，甚有裨补。请将内廷所藏《小学》善本，颁行直省刊布，并于宣讲《圣谕广训》之后，切谕绅衿耆老广为传告，俾生其慕善畏恶之心，革其顽惰刁诈之习，于灾属民人尤为有益。至童生府县试，即请将《小学》与《孝经》一体命题，试论一道。院考覆试亦试《小学》、《孝经》论一篇等语。查，学院覆试用《孝经》、《小学》论，原系现行之例。但近来学臣或有不以《小学》命题者，或有视为具文者。嗣后，应令学政于覆试论务用《小学》命题，凡府县试亦令于覆试时用《小学》命题，作论一篇，必通晓明顺者，方许录送学臣考试。饬部令各直省通行。再查，《小学》刊布甚广，所请内廷刊颁之处，毋庸议，从之。

二月乙巳　命国子监祭酒开泰提督江苏学政。

三月丙辰　先是，宗人府议请合试左右两翼宗学生，拔取佳卷，准作进士。至是，钦命大臣考取一、二等佳卷进呈，宗人府带领引见。得旨：考取之宗室玉鼎柱、达麟图、福喜俱准作进士，与乙丑科会试中式之人一体殿试引见，或选入翰林，或以部属等官补用，候朕临时降旨。嗣后，俱照此例行。

三月丙子　　礼部奏，八旗义学教习，今当奏请考取。据满洲文进士德音、翻译进士双图等呈请一体考试，查向无此例。可否？请旨。得旨：准其考试。

三月壬午　　（兵部）奏，候选武进士有情愿随营学习者，应仿照武举效力之例，如在部投供者由本部考验，分发有题缺之省分学习试用；如在籍者，令其在督抚衙门具呈考验，分发有题缺之邻省学习试用。该督抚收标后，照分发武举之例，给额内马粮一分，随报部注册，仍令督抚、提镇留心试看，以五年为率，如果弓马娴熟、谙练营务，遇人地相宜之题缺，即行题补。如年分已深，学习尚未满五年，轮应铨选者仍照伊等原班，与现在投供人员，较拣选年分、等第、名次补用。如弓马次等，人材尚可驱使，该督抚、提镇出具切实考语，造册送部，亦照拣选年月、等第、名次归本班选用。倘弓马庸劣，怠惰废弛，令回本籍，报部注册，无庸铨选。再查，汉军包衣武进士向无分发之例，但既与汉进士一体铨用，亦当令其学习营务，应将拣选一、二等之汉军武进士内有情愿随标学习者，亦照汉军武举之例，分发巡捕营直隶马兰镇、泰宁镇。随营学习，其给粮及录用之处，与汉武进士一例办理。从之。

三月癸未　　前任两江总督宗室德沛奏报：江西赣州府城于二月三十日猝被狂风，雹雨交作，时值学臣按试，宁都、石城两邑童生，打伤七十余人，压毙四十余人。经南赣道动关税盈余银，将压毙者每名给棺殓银四两，打伤者每名给医药银二两。得旨：览。

三月癸未　　江西学政金德瑛奏，臣岁试按临赣州，于二月三十日合考宁都、石城二县文童，猝被风灾，吹倒考棚二十余间，非旬日可以修竣，赣郡十二县文武童生共一万七千余人，孤寒贫乏，守候已久，势难令其散回。查，知府官廨尚属宽敞，因酌量划分署西一所，并让出大堂、二堂，以为考试阅文之所，臣即权移府署办理。得旨：是，应如此者。

四月戊申　　八旗汉军都统等奏，皇上以八旗汉军生齿日繁，改归民籍。查，现在情愿为民者一千三百九十六人，内除盛京工部郎中施廷龙等十七员原系汉缺，既改籍为民，即与汉人无异，应令照旧供职；其整仪尉韩国钺等三员俱系旗缺，既未便因改归民籍，遽行黜退，又不便仍占旗缺，应照本身职衔，给与顶带，如愿在各该处营伍当差，准其呈明效力，如果人才弓马可观，酌量题补；丁忧郎中施廷敬等三员世职，准其带往，俟服满归入班次补用。其进士、举人、贡监生及候补、候选、降调官员并捐纳职衔共一百十七名，应照本身职衔，与汉人一体考试录用。其现食钱粮马步兵、拜唐阿并告休、参革官员以及闲散共一千二百五十六名，应照呈准入各该地方民籍，一体编入保甲，所出马步兵各缺，各该旗另行挑补。得旨：朕前因八旗汉军，户口日繁，生计未免窘迫，又限于成例，不能出外营生，特降谕旨，除从龙人员子孙，无庸更张外，其余各项入旗人等，有愿改归民籍与愿移居外省者，准其具呈本管官查奏。原指未经出仕及微末之员而言，至于服官既久，世受国恩之人，在伊等本身及伊等子弟自不应呈请改籍，而朕亦不忍令其出旗，此奏内文职自同知等官以上、武职自守备等官以上，俱不必改归民籍。余依议。

四月辛亥　　谕：古者创册府于西昆，辟芸台于东壁，是以木天储彦，石渠抡材，由来尚矣。乾隆二年，朕曾亲试翰詹诸臣，因文以考其行，所取者如陈大受等颇不愧此选也。越今数载，颇闻翰詹诸臣，率从事于诗酒博弈，而四库五车鲜有能究心者，将何以华馆阁而垂来叶哉？其依往例，自少詹、讲读、学士以下，编修、检讨以上各员着于本月三十日赴圆明园，候朕出题亲试；其托词不至者，列名具奏，大学士等即承旨行。

闰四月丁巳　　谕：昨于正大光明殿考试翰林、詹事等官朕亲加详阅，按其文字优劣，分为四等。一等：王会汾、李清植、裘曰修等三员；二等：观保、万承苍、于振、张若霭、周长发、陈兆仑、沈德潜、秦蕙田、周玉章等九员；三等：夏之蓉、朱荃、宋楠、周煌、董邦达，双庆、齐召南、金文淳、沈昌宇、张鹏翀、周礼、秦勇均、世臣、程恂、于敏中、夏廷芝、于辰等十七员；四等：孙人龙、吴绂、阮学浚、张九镒、叶酉、张灏、闻棠、张映斗、邵锝、周正思、冯元钦、朱良裘、潘乙震、万年茂、欧堪善、蔡新、官献瑶、李文锐、张为仪、吴嗣富、何其睿、宋邦绥、徐文煜、杨开鼎、田志勤、陆秩、兴泰、金相、刘慥、沈景澜、唐进贤、白瀛、傅隆阿、姚廷袺、陆嘉颖、德保、肇敏、陈世烈、黄明懿、钟音、朱桓、吴泰、朱琎、林蒲封、双顶、路斯道、朱若炳、冯秉仁、喻炜、倪师孟、龚渤、孙景烈、杨黼时、郑志鲸、陈中龙、蒋允焄、蒋祖培、赵德昌、李质颖、鞠逊行、王锦、甄鏻、伊兴阿、丁一焘、鄂伦、王居正、常保住、罗愔、周连登、陆仪、吴兆雯等七十一员，内编修王会汾着升授侍读学士，庶子李清植着升授少詹事，编修裘曰修升授侍读学士，编修观保升授侍讲，编修万承苍升授侍讲学士，中允于振升授左庶子、编修沈德潜升授左中允，编修秦蕙田升授侍讲。其二等未经升用之张若霭、周长发、陈兆仑、周玉章四人于伊等应升之处具名提奏，中允孙人龙着降补编修，侍读学士张灏降补编修，少詹事朱良裘降补右庶子，侍讲学士潘乙震降补编修，侍读学士金相降补编修，侍讲肇敏降补编修，侍讲冯秉仁降补编修，庶子龚渤降补右中允，检讨朱若炳，编修倪师孟、杨黼时，检讨郑志鲸、蒋允焄、蒋祖培、周连登俱着以知县用，检讨赵德昌着以主事用，编修甄鏻着以同知用，检讨伊兴阿、编修鄂伦俱着以七品笔帖式用，编修吴绂、阮学浚、闻棠、何其睿、陆嘉颖、朱桓，检讨吴泰、编修路斯道、喻炜，检讨孙景烈，编修陈中龙、李质颖、鞠逊行、王锦、丁一焘、王居正、常保住，检讨罗愔、陆仪，编修吴兆雯俱着休致，其四等未经降调休致者均罚俸一年，以示彰瘅。

闰四月戊午　　谕：昨考试翰林时，由部属等官用入翰詹衙门者皆不与，朕思伊等已升用翰詹，读书作文，乃其职分事，既不似侍卫之足供差遣，又不似部曹之日办簿书，若徒虚糜俸禄，岂不贻素餐之讥。且伊等虽不由庶吉士升转，实俱科甲出身，纵使不能诗赋，如作论、翻译，亦岂得谢曰不能。着传于初七日齐集圆明园，候朕出题考试。嗣后，考试翰林时，即将此等由别衙门改授者一并传集，另题考试，永着为例。

闰四月辛酉　谕：昨因考试休致之翰林十九人，着于初十日齐集圆明园，候朕覆试。

闰四月辛酉　谕：初七日考试满洲由别衙门升用翰詹诸臣，既阅其文理，又验其人才，分别等次。一等：石介、赫瞻共二员；二等：世贵、文保、朱兰泰、仙保共四员；三等：法亮、阿琳、吴尔泰、官保、僧格勒共五员；四等：孔泰、春台、色臣、苏岱、桐保共五员。内庶子文保、侍读赫瞻俱着升授侍读学士，侍读世贵升授庶子，其侍读学士孔泰、春台俱着降补侍读，谕德苏岱降补中允，中允色臣降补赞善，赞善桐保着以旗员对品用，侍读学士石介遇伊应升之缺，具名提奏。此系初次考试，朕是以从宽办理，伊等既为翰詹，学问乃其本业，若不加勉励，仍复荒疏，下次考试时，不能屡邀宽典也。

闰四月甲子　谕：前次考试休致之翰林，朕于本月初十日复行考试，其阮学浚、何其睿、陆嘉颖、王居正、路斯道、王锦俱着仍留原任，照四等例，罚俸一年。

五月甲申　江苏学政开泰奏，淮、扬、徐、海三府一州上年因被水灾，展限于今年夏秋挨次岁试。但积歉未纾，今举行岁试，不过数月内，又届科试，在生童两番跋涉，资斧莫继，请准令岁科联考，住候旬余，便可并应科试，免致周章。得旨：着照所请行，该部知道。

五月戊子　（兵部）议准，湖北学政吴嗣爵咨称，监生一途从前照文生之例，准入武闱一次。现在议准，文武乡会互试永行停止，则监生自不便仍令入武闱，第查监生中，有由武生捐纳者仍应准入武闱，至由廪增附生及俊秀捐纳者，应不准收入。从之。

五月戊戌　京畿道御史刘方蔼奏，嗣后，礼部考试各处教习，照考试中书例，悉归贡院，糊名考试。得旨：着照所请行，该部知道。

六月壬子　监察御史陈仁奏，考试翰詹诸臣，不用诗赋，宜试以经学注疏、全史原委，以觇其学术、经济。得旨：陈仁所奏亦是，朕前日考试翰林，原有论题，以觇其学问经济，并非专用诗赋也。如李清植即因其论有根柢，是以拔置一等。至于诗赋，原系翰林素应通晓者，声韵之学，难以猝办，以此考试，亦可验其平日用功与否。如必试以经学注疏、全史原委，更恐难其人矣。且即有其人，亦遂能保其文行相孚，坐言而起行乎？陈仁有进言之责，其意原属可嘉也，原摺并发。

六月戊寅　疏通武举选法。谕：武举内有随帮效力年满人员应以卫千总用者，其选用之法，按其从前拣选等第，分班铨选。一等人数无多，选期尚速。其二等者有数十人，三等者多至二百余人，每年选用不过三四人，甚为壅滞。朕思卫千总与营千总虽属有间，但武职人员俱尚技勇，亦当及其强壮之时而用之。且此项武举，既系随帮年满，非闲散武举可比，若迟至二三十年之久，方得录用，未免精力就衰，难为国家宣力，所当酌量疏通。着该部详悉妥议具奏，请旨。寻议，卫千总班内设有二捐班，系选用从前捐纳之人，应将此二班借于三等随帮选用，如本班捐纳有赴部投供者，仍尽本班先用，其豫筹粮运例捐卫千总已经用完，应将所有别设一班移于二班之上，选用二等随帮。又议，代领重运人员照缴委代领日期先后选用，如日期相同，照拣选年分、科分名次选用。从之。

七月丙午　礼部议覆河南学政林枝春奏，各学乐舞生应令学臣选取、发学充补一条。应如所请。将取进儒童之外，择其文理颇明者另案备取，抄发各学，以充乐舞之用。候新案既颁，随将旧案停止，倘其中有专攻举业，不愿充补者勿强。从之。

七月庚戌　礼部议覆，江西学政金德瑛奏请各学童生每额进一名者，府试酌取五十名，申送学臣；武童每额一名，取送二十名，如有逾数多取，截去不准收试；其府学廪生贫士，南昌等六府学无租者，听府庠生员报名，分附各县学册后，一体均给。从之。

八月壬子　吏部议覆各馆汉誊录人员既有夤缘进馆、募人代书之弊，请嗣后各馆汉誊录亦照考取满洲翻译誊录之例，需用时，臣部将举人、恩拔岁副贡生及捐纳贡监等愿考者，行文礼部、国子监，查明造册，并同乡京官印结送部，钦点大臣暨稽察专员交顺天府照考试现任笔帖式之例，在贡院内考试，取中者俟各馆咨取，挨名顶补。至现在各馆充补额缺之汉誊录应交该馆总裁，将不合例者咨部除名，合例者秉公考试甄别。照原奏额数留馆，造册报部，不得额外多留挂名之人。如仍将不能书写之人留馆办事，查出，将总裁、提调等官交部严加议处。再查，先经国史馆奏准，凡翻译、誊录缺出，移咨吏部，将取中之人多送数名到馆，以便考选充补。查，翻译誊录既由臣部照例考取，若该馆再加拣选，始行充补与考定名次，转多搀越，恐滋弊端，请令仍照臣部原议，挨名咨补，如翻译生疏，字画潦草，即行咨部除名。从之。

八月戊午　礼部议覆巡视台湾御史熊学鹏奏称，台郡孤悬海外，情形与内地不同，向例额中举人二名，录送科举五百名，今定额止送二百名，应裁减过半，恐无以示鼓励。应如所请，于定额二百名外，择其文理清通者酌量宽余录送，内地不可援以为例。从之。

八月己卯　九卿等议覆给事中邹一桂奏称，嗣后，乐舞生，州县官于应考童生内略知文义者选取，学臣按临时饬提调官考验充补。若目不识丁、滥选者斥革，该州县教官参处。从之。

九月壬午　绥远城建威将军补熙等奏，绥远城请照归化城之例，两翼设立官学，于土默特二旗内选蒙古教习二人，每学选兵丁子弟十人，令其教读，教习每月给银一两五钱，学生每日给大钱十文，在公用房租内支给。再，现在绥远城缮写扎萨克等处文移之土默特旗兵二名，并无钱粮。请照同知、通判衙门缮写满蒙字之土默特蒙古之例，每月赏银五钱。得旨：允行，下部知之。

九月己酉　福州将军兼管闽海关事务新柱奏，福州驻防官学，请于出洋操赏项内，每年赏给官学生二百四十两，以为每月考试，分别等次，酌赏之用。一年外考不入等者，斥革另补。该管之协领笔帖式等员，教导有成，容臣奏请议叙，怠玩徇私者参处。得旨：览，此只可汝设法鼓励，议叙不可也。余皆可。

十月庚午　礼部议覆山东学政李治运疏称，学政定例，生员试居优等者，准其帮补廪增出贡；又童生应考，俱用廪生保结，今山东运学独无廪增出贡之例，前经盐臣莽古立题请添设，部议以山东运学系济南府属，与河东另立运学不同，未即议准。查天津商学亦附府学，其廪增出贡与各学相同，应照此例添设廪增各二十名，并依山东小学例，二年一贡，至廪饩亦照天津商学例，无庸给与。应如所请。惟添设名数过多，应酌设廪增各五名，准其五年一贡，从之。

十月甲戌　吏部等部议覆江西巡抚陈宏谋疏称，江西吉安府莲花桥地方，离县僻远，前经题请裁汰同知，另设县治，嗣遵部咨，令照各省分防同知之例，将事件改归该同知管理，应请将永新、安福二县之砻西、上西两乡改为厅地，移同知衙门，驻莲花桥……将永新县训导一员裁去，改设莲花厅学训导。又将永新县额取文童内拨出三名，武童内拨出二名，安福县额取文童内拨出五名，武童内拨出三名，二县各拨出廪生六名，增生六名，归入厅学，廪生照县学之例，两年一贡。……从之。

十一月戊戌　吏部议覆江苏按察使李学裕奏称，月选州县官请于得缺后，吏部会同刑部，试律例数条，将原卷进呈。查新选州县官员，现皆正途出身，其未中式时，学政按临，各讲律例一条及乡会试覆试五判，立法已详。且铨选会同刑部，亦乖体制，所奏应毋庸议。得旨：李学裕所奏月选州县官，掣签得缺后，考试律例数条，事属可行。但吏部会同刑部，诚如部议，体制未协，着即于九卿验看时，摘问律例数条，令其条对，与履历一并进呈，着为例。

十一月己酉　大学士陈世倌以葬亲请假回籍，命吏部尚书史贻直教习庶吉士。

十二月戊辰　予广西义宁县遇贼被戕之下雷州吏目鲁懋、芦田市巡检鲁器，各荫一子监生。

十二月辛未　（户部）议覆云南总督张允随疏称，滇省大理府，自雍正五年停止鼓铸，十余年来，迤西一带钱少，兵民零星交易不便。该地产有铜矿，应请设法开采，设炉十五座，每年需铜二十八万余觔，即以所出之铜供铸。不敷，再将迤东各厂铜觔添拨铅锡等项，于各厂运往，统计每清钱一千文约需工本六钱有零，每年可铸出钱六万余串，照例搭放兵饷。所需局房，旧地已改考棚，并择地建盖。应如所请，从之。

乾隆九年（1744年）

正月戊申　护理广东巡抚、布政使托庸奏，粤东通省额中举人七十八名，其广、南、韶、惠、潮五府，连、嘉二州，文风稍优，每科获中六十余名，至肇、高、雷、廉、琼五府，罗定一州，文风稍次，每科仅中十一名至十五六名不等。今酌定录送遗才科举，广韶学臣以五千二百名为率，肇高学臣以二千六百名为率。得旨：所见亦是，知道了。

二月辛酉　考试满洲翻译童生，以吏部右侍郎宗室德沛、工部右侍郎德龄为考官；蒙古翻译童生，以理藩院尚书纳延泰、国子监司业多尔济为考官。

二月甲子　（吏部）议覆湖北学政吴嗣爵奏称，向例训导专用岁贡，其由生员补廪挨次二十余年始得出贡，又候选十余年，大约迟暮方能补缺。其有教谕、训导兼设之处，一学两官，尚可协同办理，若施南府恩施、建始二县，只设训导一员，况地属苗疆，必须年壮学优，实心牖迪，方为有益，请以会试后拣选之明通举人选授，以教谕管训导事，仍照教谕原衔升转。应如所请，从之。

二月乙丑 国子监带领博士黄施锷引见。谕曰：黄施锷着仍留国子监博士之任，令其启迪诸生，如果勤于训课，尔监具奏请旨，加以升衔，示之鼓励。朕观今之秉铎者与肄业者，惟以成均为仕路之捷径，所为古之学者为己者百无一二，尔祭酒等亦应知此为世道人心之害，使博士与诸生，沉潜践履，则天爵修而人爵随之矣。如惜其材品，或致沦弃，且别无鼓舞之方，殊不知天下之大，州县之多，岂少此一二能干之县令乎？加之升衔而不离其任，则其身已荣，且成全多材，是化一二而百十也。尔监其永遵之。

二月丙寅 工部右侍郎德龄奏，考试满洲翻译童生，每有越号、换卷、传递、代倩等弊，请于入场前一日，顺天府行文兵部，转行左右两翼，各派满洲参领一员，各带领催二名、马甲十名，于试日入场，分拨巡视，如有越号等弊，或该领催、马甲等生事不法之处，即将该参领指名题参。得旨：如所请行。

二月壬申 礼部议覆山东学政李治运奏称，新定武生捐监，不准入文场之例，原因旧例武生准入文场一次，监生准入武场一次，经臣工条奏，互试弊多，永行停止。是凡为监生即应归并文场，乃部议以武生捐监生者一概不准入文场，但武生既经捐监，自应归入文途应试，不得更入武闱滋弊。应如所请，从之。

二月癸酉 礼部议覆陕西学政嵩寿奏称，州县录取童生以送府州考试，府州拔取，方送学臣。今府州考试童生，多无考棚号舍，无从编定坐号，或在衙署，或在学宫，听自备桌凳进考，师弟父子共坐一处，父师作稿，子弟誊钞，或一人几卷，更易姓名，侥幸俱取。另与他人进院考试，诸弊丛生。请嗣后府州考试童生，即在学政衙门考棚内编号扃试，如学政衙门不在府州治内，令该府州选择就近紧密公所，照院试例，编立坐号，仍按名取具廪生保结，临时认识；倘有不按本号者，即行逐出。应如所请，从之。

二月丁丑 礼部议覆四川学政蒋蔚奏称，川省文武各生，多有居住该州县而入庠他邑者，与本学教官素不谋面，及滋事败露，又以现在州县非本管，往返移查，闻风远扬，辗转拖延，弊窦繁多。请通谕，限两月内自行呈明，系何学生员，居住某里、某甲，邻佑某某，有无田粮庐墓，逐一详细开载。如逾限不行呈明，查出即行黜革。又，乡试士子，场前蜚语流言，临场紊乱坐号，互相纠约，希图作弊。请令该督抚将科场条例先期晓谕，倘有仍蹈前辙者，照例治罪。又，学政录遗，恐一人耳目难周，请檄调教官，在旁认识。均应如所请，从之。

二月戊寅 命翰林院检讨胡中藻为陕西学政。

三月甲申 满洲翻译乡试，以吏部右侍郎宗室德沛为正考官，工部右侍郎德龄为副考官；蒙古翻译乡试以理藩院尚书纳延泰为考官。

三月丁酉 谕：科场乃国家大典，必期遴拔真才，以收实用。积习相沿，学臣于科举之外，复有录遗大收等事。临场之际，督抚大吏，又将不取者不问文艺之优劣，尽送入场，滥觞已极。是以上科经臣工条奏，朕敕令九卿定议，每举人一名准取科举百名，此亦不为不多矣。夫国家之所以慎重科举者，原欲士子奋力于学业，试官尽心于搜罗，以副抡才典也。今科臣吴炜乃请仍照旧例，并蓄广收，则士子见入场之易，不肯专心学问，将应试者日益众多，主考房官不过一二十人，为期不过二三十日，岂能精心校阅，尽得真才？且试卷既多，而中额不广，则多取科举，仍属无益，若因此而议加中额，则现在举人，非二三十年不得一官，亦断无因候选者多，而议增天下职官之理，不几终身无仕进之日乎？所谓及锋而试者何居？是中额尚应酌减，即科举百名，亦属浮多。只因积习既久，不复议裁。朕方自咎不免姑息，而况可辗转增添无所限极耶？总之，此辈非能为国家实心求贤，以佐国是，不过取悦士类，钓誉沽名，动以人文日盛为辞，实则使士子徒怀侥幸之心，不肯黾勉向学，而国家亦不得收登进之实效也。吴炜识见卑浅，特行晓谕，并使众知之。吴炜又称，顺天乡试，南人看北卷，北人看南卷，则南人无所展其长，北人不能胜其任等语。向来顺天乡试，原未定有分阅之例，后因臣工条奏，恐有弊端，是以敕令南北各自回避。但思文字短长，南北原有微别，且房考南人多而北人少，士子则北卷少而南卷多，人多而阅卷少，未免于闲旷；人少而阅卷多，又患其不精。且主考全阅通场，房官即有营私之处，主考岂肯任其朦混，则作弊之源不在乎此，自可无容胶柱鼓瑟，其顺天乡试阅卷之处，着仍照旧例行。至吴炜所称，今当望雨之时，适多士郁望之际等语，此言甚为悖谬。目今场期尚遥，士子何人自知不在百名之内，而即怀郁望之心，且雨泽未降，与科举多寡何涉？而吴炜乃欲借此为言，期朕必从其奏乎？朕于人言，不可者不行，可者则自行之，从不以人废言也。吴炜牵引无理之处，甚属不合，着严饬行，吴炜摺并发。

三月丁酉　　谕：科场乃抡才大典，其正副考官必精于衡鉴者，始克胜任。今年乡试届期，着大学士、尚书、侍郎于翰詹、科道、部属等官应差主考人员内，择其人品端方、学问醇正、堪膺衡鉴之寄者，各举所知，交送内阁汇奏，候朕简用；其非科甲出身及无真知灼见者，亦不必强举。

三月丁未　　（御史李清芳）奏：大臣等保举应差主考人员共四十九人，各直省止十六人，满洲四人，余二十九人均系江、浙两省，如河南、四川、贵州、广西、云南五省未见一人膺是选。可见保荐人者皆平日往来相知之人，而所举之人大抵饶于财而凭于势。至守正不阿者不肯伺候公卿之门，边隅之士声气不通，交游不广，是以无人荐举。请将合例人员通行考试，庶得者不由奔竞，而边省亦无偏枯。得旨：李清芳所奏似是而非。审如是，则朕所用之大臣等皆不可信矣，大臣不可信，将孰信之？明系伊未列保荐之中，激为是语。且所称多触大臣忌讳，似为骨鲠。以朕观之，亦以彼无可惧之大臣耳。若有其人，李清芳断不敢为是语。当今之时，借触大臣进直言以为忠者，谁则不能？至所云所举之人，饶于财而凭于势，声气相通之处，着伊列名指参，明白回奏。

四月庚申　　江西道御史欧堪善奏，今年乡试主考，特命大学士、尚书保举，复加考试引见，慎重文衡至矣。惟现在保举人员为数无多，考列一二等者仅二十一员，除远省先行典试外，所余更无几人。倘近省士子，有父兄亲友在京往来，随便探听，纵本员自爱，而其家人亲戚或乘此在外宣泄招摇，亦未可知。且京师士子云集，不无揣摩，此项保举人员于试差外，必与顺天同考官百计钻营，亦或有之。请敕下此项人员，务宜肃静候旨，慎择交游，凡家人亲戚，俱严为防范。得旨：允行，下部知之。

四月乙丑　以御史葛德润为云南乡试正考官，编修朱荃为副考官；侍讲田志勤为贵州乡试正考官，编修何其睿为副考官。

四月丙子　热河副都统达勒当阿奏，马圈节省银两，请将动用数目，每岁造册，咨送热河正蓝旗满蒙汉三旗查明，一并奏销。自乾隆六年九月起至本年四月，除雇用铡夫及采买薪炭、草料，共节省银四千四十二两，此内酌给本兰随围兵丁及兵丁公事动用银两，共开除一千四百二十六两，尚实存银二千六百十六两。查热河八旗二十佐领下兵丁子弟，向于各兵住房内拨取二三间为官学，但占兵房为学舍，恐日久有名无实，请将现存节省银内以一千六百十六两存为公事备用，其余一千两即于驻防热河十四佐领、喀喇河屯四佐领、化育沟二佐领地方就近设立官学，择兵丁内熟习清语清文者，分教各子弟，仍于每翼派干员一名稽察，教习三年，果有成效，以应升之缺保题。得旨：知道了，汝办理实属可嘉。

四月丁丑　（江苏巡抚陈大受）奏，苏城六门，旧有义学，皆系借设寺院，又无一定经费。现据绅士捐银四千余两，在郡城适中之王府基及六门地方建设七处，又建市房一百二十间，岁得租银，发典生息。又，绅士捐圩荡九百余亩，统计岁入租息，酌给塾师膏火及一切费用，已属充裕，听民间贫寒子弟入学讲读。得旨：嘉奖。

五月辛巳　礼部议覆肇高学政金洪铨条奏，内称《仪礼》、《周礼》辞意博奥，习者益少，请嗣后童生于背诵讲解《五经》之外，能兼《周礼》、《仪礼》者，酌量书艺，从宽录取。应如所请，但文艺如属草率，仍不得藉背诵滥收，从之。

五月乙未　以编修汪士锽为四川乡试正考官，工部主事章大有为副考官；修撰金甡为广东乡试正考官，刑部员外郎李本樟为副考官；编修吴嗣富为广西乡试正考官，编修罗源汉为副考官；检讨夏之蓉为福建乡试正考官，翰林院侍读学士万承苍为副考官；编修吴绂为湖南乡试正考官，刑部主事周承勃为副考官。

五月辛丑　礼部议准，江西布政使彭家屏奏称，今岁春夏二季并上年冬捐纳监生，有愿应科举而部照未到者，令该州县官查明并无违碍等情，出具印结申文，给发本生，亲赍实收，赴藩司核实，转送学臣录科。从之。

五月辛丑　御史钱度奏，贡监考职，向例不论文字优劣，尽行录取，请敕下考试大臣，择文理优通者录取，宁少毋滥。永着为例。得旨：允行。

五月甲辰　谕：据山西学政苏霖渤奏称，籍隶滇南，亲母居住本籍，因路远不能迎养，今母年已七十有九，现今患病，恳恩俯准给假，俾由晋省遄归省视，所有录送遗才等事，俟接任学臣办理等语。苏霖渤准给假回籍省亲，其山西学政员缺，吏部即行开列请旨。

六月甲寅　礼部议奏河南学政、右通政林枝春奏，豫省标立三教名目，立堂设像至五百九十余处，使万世之师屈居释道之下，举事不经，诬民实甚，竞施耗产，以蔑典常，请敕该抚严行禁止。应如所请，并令查明通省书院、义学，宜于安奉圣像处，渐次奉迎安设，僧道酌令迁于别寺观居住，其佛老诸像，亦即听其移奉，并移知各省，一体禁止，从之。

六月丙辰　命编修夏廷芝提督山西学政。

六月甲子　以内阁学士王会汾为浙江乡试正考官，编修官献瑶为副考官；内阁学士张廷瑑为江西乡试正考官，编修蔡新为副考官；翰林院侍读学士沈德潜为湖北乡试正考官，户部郎中西成为副考官。

六月丁卯　直隶总督高斌奏，顺天学政赵大鲸原奏内称，请于直隶藩库拨银一千两，移交江西抚藩，刷印圣祖仁皇帝《御纂四经》、《性理》，交直隶藩司收贮，学臣带往出考之处，分发生童购买。所收书价，学臣交还藩库归款，所奏事属应行。臣即咨商江西抚臣塞楞额。去后，兹据覆称，直隶经书纸贵，士子艰于购买，于江省司库内酌动银一千两，先行刷就，附粮船交收，带银回江还项，查银一千两，每部一两七钱七分，合经书、性理五种为一部计算，可得每种书各五百六十四部。得旨：嘉奖。

七月丁丑　以谕德兴泰为陕西乡试正考官，御史钱度为副考官；礼部侍郎邓钟岳为江南乡试正考官，内阁学士叶一栋为副考官。

七月庚辰　礼部议覆鸿胪寺卿梅珏成奏称，本寺序班，会典开载，由直隶、河南、山东、山西四省生员充补，向来自行具呈，不由学政咨送挂名回籍，并不赴寺学习，请定章程，并设定额。查，向例应考时，令取同乡官印结，以绝倩人递呈之弊，应补缺出，移咨学政。查，取册结立法已属周详，惟向无定额，不无滥冒。嗣后，正员不敷，考取学习生员以十二员为定额，请详加甄别，择合式者按额留用，余仍咨回各学肄业，庶执事不乏，亦免名器滥邀。从之。

七月丁亥　都察院左副都御史励宗万奏，国家设科取士，立法严明，非积学有素，不敢妄生觊觎。近年条例虽严，而积久玩生，士不务学，或以夹带获中。查，科场设有兵役，专司搜检，而奉行总属具文，以官卷、旗卷，监试官碍于情面，兵役等畏其声势，遂致民卷难于独严，一例虚应故事。请派亲信大臣，先从官卷、旗卷严加搜检，其余一体遵行。仍约束兵役，不得陵辱刁难，致滋纷扰。得旨：如所请行。

七月己丑　以编修宋邦绥为河南乡试正考官，编修叶酉为副考官；侍讲周玉章为山东乡试正考官，御史曹秀先为副考官；中允于敏中为山西乡试正考官，侍讲双庆为副考官。

七月壬辰　谕大学士等：本年未经保举考试之编修、检讨及庶吉士着吏部传齐，于二十外赴圆明园候旨考试。

七月戊戌　贵州道御史孙灏奏，科场首防夹带，搜检务严。查，顺天乡闱人数太多，往往点名至四五更，不得竣事，致使不肖之徒，乘入夜觉察之疏，反得任意怀挟，请敕监试诸臣于三场点名之日，将贡院一应事宜，黎明赶办完竣，即会同特点之大臣，在点名处所唱名散卷，公同查察，务使搜检严密，夹带廓清。得旨：着照所请行。

七月己亥　谕：科场大典为人才所由出，关系甚重，我皇考加意整饬。今科场之弊，虽觉渐清，而因循日久，外场弊窦多端，尚有不可枚举者。即如怀挟一事，倩人代作文字，夹带入场，主司凭文取中，无从知非己出，侥幸弋获，相习成风，则是读书作文，皆可不用，立身行己，皆可不问，何以名为士子，何由得见真才？而国家宾兴巨典，竟成虚设矣。朕已严饬所司，于今年科场实力稽查，毋得虚应故事。而凡为士子者亦宜返心自省，以读书之本业，进身之阶梯，而不务研求于平日，惟思窜取于他人，诡诈潜藏，行同盗贼。此等之人，尚何望其莅官分职，为国为民，清夜自思，得不深自愧赧乎？至于内帘职司文字，虽暗通关节之弊，近日未有所闻，然衡鉴罕能精当，文风未见振起，且专意头场，而不重后场；头场之中，又专意《四书》，而不重经文。夫设科之始，定有经义、论表、判策者，经所以考其根柢，论所以试其识见，表所以觇其淹洽，判所以观其断制，策所以验其经济，事事皆切于士人之实用，而不可偏废。夫然后明通淹雅之儒，经纶干济之士，庶几出于科目之中，为国家臂指之用也。今表文率多雷同，竟为南北通病，在北人于声律素所未协，尚应稍宽其限，令得加意习学。至于南人本属易能，而不肯尽力，剿袭相沿，岂可任其暴弃。自今以后，司文衡者务思设立三场之本意，于经义、表、判、策、论逐一详加校阅，以定去取，毋得轩轾其间，俾侥幸之徒无从获售。若尚积习相沿，倘经九卿磨勘，或科道指参，或被朕查出，将主司与房官从重议处。如是，则虽未能奏效于旦夕，而数科之后，趋向自定，实学共勉，真才可得，于国家设科取士之事庶有裨益矣。将此永着为例。

七月己亥　谕：科场为国家抡才大典，关系綦重，向来外场弊窦多端，士子怀挟文字入场，希图弋获，此等无耻之习，一日不除，则真才何由得出？今年顺天乡试，朕已降旨，严饬所司实力稽查。闻外省夹带之风亦复间有，不可不严行禁止，着各省监临、提调等官，于点名时严加搜检，片纸只字，不许携带入场，务使弊绝风清，毋得虚应故事。至于主司衡文，向来专重《四书》文字，而忽于经义后场，其实经文所以考其学，后场所以验其用，各有深意，无容轩轾其间。嗣后，主司应将三场文字，悉行尽心阅看，就优劣以定去取，毋得草率从事，该部遵谕速行。

七月辛丑　礼部议覆安徽学政介福奏称，安徽凤阳府属之凤阳、凤中、长淮三卫童生考试，应照新安、建阳各卫之例，令于该卫守备处，报名造册，录送提调，转送学臣，并令该卫廪生认保，如无廪生，即令增附互相稽察，以杜顶冒等弊。应如所请，从之。

七月甲辰　湖北巡抚晏斯盛奏，国家于学校外，设立省会书院，慎选院长，伏念人师经师，实难其选，请嗣后各省本乡如有老成望重、可膺讲席者，督抚奏明请旨。如乏其人，仰恳于现任编检内各拣发一人前往，六年一更替，以观教育人才之效。得旨：养士育贤，固为政之先务，然亦不可好名而无实，若各省皆遣翰林往居皋比之席，是又添一学政矣，有是政体乎？

七月甲辰　（湖南巡抚蒋溥）奏，楚南士习嚣凌，所当慎选教官，以资训诲，其有劣迹昭著及老迈废疾之员，已于大计内列入奏牍，余请会同学臣严加甄别，除年虽老而神力尚健、文理通顺者准其照旧供职外，倘有渐至衰颓，训迪无效，即行咨部罢黜。得旨：好，应如是办理者。

八月丙午　吏部尚书公讷亲奏，远科举人多属衰庸，如截取得选知县，姑令赴任，察其不能称职，然后降调改教，则事务已多废弛。嗣后，请择年力尚强者，分部学习一年，期满，果堪胜任，再请归班选用。举人既经停选，其应得各缺，暂令进士抵选。嗣吏部左侍郎田懋奏，分部学习之例，雍正年间已行之，尔时并未办事画稿，第于数日内偶一进署，无事而归，堂官并难稽其勤惰，何由察其才识？是以旋行停止。况各省知县之缺，其选用班次，外省升任题补之人与进士教习期满、捐赈议叙等项，外多才干，退而大不可问者，何项无之，宁独举人？要在为督抚者加意整饬耳。嗣请仍照旧例选用，但令吏部过堂时，详加验看。九卿验看时，不得稍为姑息，加意甄别。倘再有年力衰迈者，引见时自难逃洞鉴。至该员到任后，令督抚不时稽察。如不胜任，勿稍宽容，则例不更张，而衰庸自退矣。得旨：讷亲之奏，朕不即以为是当而必可行。但其摺内所云，姑令赴任，即督抚察其不能称职，亦须待至一半年，而此际事务废弛已多，则深中时弊。而姑息一人，贻误一方，此咎朕亦不能自解。即田懋此摺所云加意甄别，岂非朕向日所谕九卿者乎？汰之不胜汰，而日久复成故套矣，此用人之难也。如讷亲所奏，进士必喜，而举人谤之；如田懋所奏，举人无屈，而吏治有妨，辗转思维，朕亦不得良策，将此一并议奏。寻议，请定三年一次拣选，于每科会试榜发后，奏派大臣，除甫经中式者毋庸拣选外，其余前科举人通行验看，择年力强健、质地明白、堪任县令者，列为一等；各按科分、名次铨选，至下科拣选时，除上次不列一二等者不准再拣选外，再将入选而尚未用并下次应拣选之人，挑足五百名为定数，遇各省需人，与别项应挑人员一体拣发。至教职一项，讷亲原奏内云，凡进士拔贡出身者，尚多年力壮盛，其恩岁等项，类皆衰老难用，应一并酌议等语。请将会试举人拣选知县外，再择年力精神、堪司训迪者列入二等，仍各按科分、名次照就教举人原班，以正谕铨选。其拣选一二等外之举人，准其改教，以教谕管训导事，与岁贡分缺铨选。再，恩贡之应选教谕、岁贡之应选训导各员，应于每科乡试后，令各督抚、学政大加淘汰，除衰惫无用者给以应得职衔休致外，仍各注册备选，至该员轮选时，应令该督抚详加验看。从之。……得旨：如所议行。

八月丙午　大学士鄂尔泰等议覆编修杨开鼎进呈经史内称学以敦行为主，尤以明经为要，请饬国子监及各府州县学时时以经学造士，学臣考校生童，亦务以经义与四书文并重。查，六经为载道之书，国家设科取士，自州县试以至乡会，近奉谕旨，训饬考官，不得专重四书文而忽经义，请再行通饬考校各官，如四书文虽佳，而经义影响游移者，概置不录。士子自必勉强学问，经义日明。至摺内称教职一项，当于举人、副拔贡生中推选，其轮贡未至颓老者，亦请挨班间用等语，已于尚书公讷亲条奏内一并定议。从之。

八月庚戌　顺天乡试，以顺天府府尹蒋炳为监临官，工部尚书汪由敦为正考官，国子监祭酒崔纪为副考官。

八月癸丑　谕：国家宾兴大典，原欲得品行端方、文学优赡之人，以为朝廷有用之材，成菁莪棫朴之治。无如科场之中易藏弊窦，我皇考加意整顿，数科以来，内帘之关节，已觉肃清，而外帘挟带之弊，一时难除。近则日益加甚，朕早已闻知，屡行申饬，至再至三，并非不教而罚也。今当乡试之年，又复先期告戒，以为若辈自谨遵功令，痛自悛改矣。乃昨日头场点名，朕命亲近大臣数人，前往监看，竟搜出怀挟二十一人，或藏于衣帽，或藏于器具，且有藏于亵衣裈裤中者，其丧心无耻至于此极。朝廷之取士，盖欲用之也，既欲用之，朕安得不重待之？乃朕欲重待之，而若辈自轻自贱若此，以称先法古之徒，竟同鼠窃狗偷之辈，冥顽不灵，不可化诲。若不立法严查，则诸弊何由而除，真才何由而见？若欲择人而施，又何从豫知其情弊之有无，而为之区别乎？满洲原有呈身之路，弓马技艺，何者不可见长，而必勉强于文场，以思侥幸于万一，既欲读书进取，则当潜心于学，耻为穿窬。至于江浙之人，未必不能作文，而乃存弋获之心，为苟且之计，以致恶习相沿，视为泛常，违条触法而不知，亏体辱亲而不顾，士习日坏，风俗日漓。朕于执法之际，实恻怛哀矜，而深以不能化导，抱愧于心也。查怀挟生员内，同陵泰乃少詹事仙保之子，生员图敏乃原任礼部郎中穆臣之子，伊等平日既不能教训其子，又复纵容犯法，咎亦何辞？科场怀挟，原有处分父师之例，兹特申明其令。仙保、穆臣俱着交部严加议处，嗣后，倘有犯者，将父师一并查究。今年怀挟如许之多，而从前各科悉皆朦混了事，着将乾隆元年以后监试之御史，除内帘外，俱交部查出议处。至京师如此，则外省情弊不问可知，该抚藩等专任监临、提调之责，总视为具文，一味姑容，取悦于众，深负委任。嗣后，着照京师之例，监临官董率各官，尽心严查，务使作弊之人不得漏网；倘仍蹈旧辙，经朕访闻，或被科道纠参，或朕差人前往搜出，必将监临、提调等照今年处分从前疏防御史之例，一并从重议处。

八月甲寅　户部议覆山东巡抚喀尔吉善奏称，各省举人会试向设车价银，在各州县地丁项下解司匀给，而新中举人花红、公宴等银，于各州县地丁项下自行支给。该处中式人多则所给者少，人少则所给者多，如无中式，解司充饷，未免多寡不均。请照会试车价例，通计一省匀给，如该处中式人少，将余银协济不足之处。应如所请，从之。

八月乙卯　谕：各省科场怀挟之弊，朕已降旨，令各该省监临、提调照京师今年之例严行搜检，务使诸弊肃清，以襄大典。嗣后，每科有无怀挟若干人，俱着该督抚具摺奏闻。

八月乙卯　兵部左侍郎舒赫德奏，科场额中举人一名，向止录取科举三十名，嗣后，增至六十名。近来部议增至百名，本为江浙人文较盛，故宽以收之。至中边小省，固有不同，不得滥取以足额，请照百名之数，递加裁减。得旨：此奏是，大学士、九卿议奏。寻议，直隶、江南、浙江、江西、湖广、福建等六大省，每举人一名，录科八十名；山东、河南、山西、广东、陕西、四川等六中省，每举人一名，录科六十名；广西、云南、贵州等三小省，每举人一名，录科五十名；顺天中式满合二字号共四十一名，奉天夹字号四名，宣化旦字号四名，长芦等处卤字号一名，南北皿字号七十八名，中皿字号每二十卷中一名，以上各字号，现应试人数虽属无多，亦应令该学臣及监臣等严加考试，务取三场精通，方准录送，即应试人多，亦不得过八十名之额；至满合二字号，除已经科试录取，照册咨送外，其未经科试者，学臣凭文录遗，一并造册咨送礼部，转行兵部，考试马步箭合式，方准一体入场，外省督抚等衙门，亦不得复行大收。从之。

八月戊午　兵部侍郎舒赫德奏，科举之制徒尚空言，不适实用：墨卷房行转相抄袭；经义各占一经，拟题应试；表判、策问亦皆豫拟成文，随题敷衍。请探本清源，别求遴选真才之道。得旨：大学士看。寻议，科举之法，自明至今皆出时艺，穷其流弊，诚有如舒赫德所奏者。然谓时文、经义、表判、策论皆空言剿袭，无适于用，此正不责实之过耳。夫时艺所论，皆孔孟绪余，作文者必于圣贤义理融会贯通，而又参之经史子集以发其光华，范之规矩准绳以密其法律，然后得称佳文。虽曰小技，而文武经济之才皆出其中，未尝不适实用也。乃因积久弊生，不思力挽末流之失，而转咎立法之非，不亦过乎？即经义、表判、策论，苟求其实，亦岂易副？今若着为令甲，经文与《四书》并重，其余必淹贯词章而后可以为表，必通晓律令而后可以为判，必论断有识而后可以为论，必通达古今而后可以为策。凡此，皆内可见本原之学，外可验经济之才，何一不切于实用？倘必变今之法，行古之制，如乡举里选，法非不良，但上以实求，保无下以名应？若乃无大更改，而仍求之语言、文字之间，则论策今所现行，表者赋颂之流，是诗赋亦未尝尽废。至于口问经义，背诵疏文，如古所云帖括，则亦仅资诵习，而于文义多致面墙。其余若三传科、史科以及明法、书学、算学等，或驳杂放纷，或偏长曲技，尤不足以崇圣学而励真才，惟惩循名之失，求责实之效，由今之道，振作而补救之，而司文衡、职课士者果能力除积习，杜绝侥幸，将见文风日盛，而真才日出矣。盖立法取士，不过如是，无事更张定制为也。得旨：所议是。

八月庚申　谕：国家设科取士，原欲遴选真才，以备任使，典至重也。近来士习不端，不惟文风未见振起，抑且怀挟作弊，行类穿窬，诡计百出，竟有意想所不到者。朕早已闻知，屡行训饬。今年顺天乡试，特遣亲近大臣严密稽查，头场搜出夹带二十一人，其《四书》三题系朕亲出，不过取其略冷，不在外间拟议之中，而场内多人遂尔阁笔，交白卷者六十八人，不完卷者三百二十九人，真草违式及文不对题者二百七十六人。头场如此，伊等尚不知儆，二场仍有搜出夹带者二十一人，及见稽查严密，临点名时散去者竟至二千八百余人之多。士子品行如此、学问如此，是全仗怀挟作弊，以为应试取功名之具，而犹且哓哓啧啧，肆出诽言，以为搜查太过。夫不如此搜查，则盗风且日炽矣。风俗浇漓，至于此极，然朕总不能正己以正士风，实增惭愧，而言之可为浩叹者也。况朕所出三题并非在《四书》之外，岂有身列儒林，一部《四书》尚不能通解，而公然矢口观光，应国家宾兴之典乎？生员由学政录科，贡监由祭酒等录科，伊等所司何事，而将不能终卷之人滥行咨送，甚属不合。着交部察议。嗣后，文艺荒疏者俱不准录送，京师既然若此，则外省防检疏略，瞻徇情面，苟且姑容，奸弊丛集，亦不问可知。士子读书稽古，先崇品行。应试之时，乃伊等进身之始，理宜循规蹈矩，岂应作奸犯科？无论外省之远，朕不复遣人前往查察，即在京师，每科委员搜检，如防盗贼，亦无此政体，而为士子者顾乃顽钝无耻，习为固然，以致人心士风，日益隳坏，尚何望人才蔚起，为国家分猷宣力之寄乎？至于内场之弊，则又豫拟题目，剿袭雷同，千篇一律，总由平日不肯专心向学，惟务侥幸于一时，希图利禄。朱子云：场屋之文，“必皆道其平日之学，胸中之蕴，而不诡于圣人。由是而仕，皆供其职、勤其事，心乎国、心乎民，而不为身计。”试问今之为士者能乎？不能乎？二三场表判、策论既悬为令甲，士子自当一并留心，而平日视为具文，窗下并未寓目，惟有临时抄写之一法。若朕亦如《四书》之命题，则不能完场者又不知几千人矣。朕心不忍，是以仍循其旧，以全伊等颜面。然嗣后若不留心研究，如向之弊，因循而不改，朕亦将如《四书》之命题矣，彼时莫谓朕不戒而视成也。不然者，岂科场之题，例应士子自拟，不应独开生面乎？从来为治之道，贵乎核实，一切因循姑息之习皆当痛除。近者士风之嚣，一至于此，而好谀之人、浮薄之士尚言国家人文日盛，以冀开恩科、广解额者往往有之，初不以士习之邪正、文品之醇疵为念。嗣后，若有以加科广额为请者，必加以违制之处分。着为令。至于议减中式之额，则非众所乐闻，或言士子类皆寒素，专藉科目为进身之阶，或言一习举业，则不能更为农商，谋生无计，甚至有言士心失望，或妄生议论，或别生事端者，此皆毫无识见之人，不知为政之体要。国家科目，岂为养老恤贫而设乎？若有造言生事者，是身投宪网，国法具在，何能逃于天壤哉？夫国家旁求俊乂，本欲量能授官，以熙庶绩，若一味滥取广收，如何可得真才实济？现在解额已多，壅滞日甚，举人需次知县，约非三十年不可得，少年登科，及乎筮仕，已属衰迟，昏愦龙钟，难司民社，则是以无用之人塞有用之路，既于吏治有妨，而伊等当可用之年，又未遇应用之会，必相率而同归于无用。当此之时，为上者欲弃置之则无罪，欲姑用之又不可。伊等固自贻伊戚，而办天下事者又安可委曲迁就，以从人便，而贻误公事乎？朱子曾言，取士之流弊已极，不可不一变。以今之士习观之，种种丑劣之行，既尽已败露。朕明知滥收之为害，精选之有功，若仍复大度包荒，不为整顿，朕不忍为也。盖爱惜培养者，朕之本怀；而慎重清厘者，政之大体。与其宽登选以启幸进之门，不如严俊造以收得人之实，此朕寓矜惜于整饬之中，曲为调剂，万不得已之苦衷也。其乡试中额，作何量为裁减之处，着大学士、九卿会议具奏。此次经朕严训以后，如果文风日盛，士习克端，朕又何难停罢诸途，专用科目之人？并将此晓谕中外知之。寻议，直省解额酌减十分之一。查，顺天上科，额中二百五十四名，内满洲、蒙古、汉军除总加五经中额二名外，满洲、蒙古额中三十名，酌减三名；汉军十三名，减一名。南北皿除总加五经中额四名外，南北皿均三十九名，各减三名。中皿向例每十五卷中一名，酌改二十卷中一名。直隶贝字号一百八名，除奉天夹字号中四名，宣化旦字号中四名，长芦等处卤字号中一名外，贝字号减九名。江南上江五十名，减五名，下江七十六名，减七名。浙江、江西均一百四名，各减十名。湖南四十九名，减四名。湖北五十三名，减五名。福建九十四名，除台字二名外，减九名。山东七十六名，除四氏学三名外，减七名。河南七十六名，减七名。山西六十六名，减六名。广东七十九名，除商籍一名外，减七名。四川六十六名，减六名。陕西六十七名，除甘肃律字号二名，宁夏丁字号二名，榆林等七处木字号一名外，减六名。广西五十名，减五名。贵州四十四名，减四名。云南五十九名，减五名。以乾隆丁卯科为始，从之。

八月庚申　工科给事中吴炜奏，科场搜检，凡情真罪当者，固不足惜。但以一二十人之不肖，累及千万人，露体亵慢，恐非所以培士气而鼓善类，且诸臣悬赏之令，每搜得一人，给银三两，闻有搜役辈私入纸片以取利者。此中弊窦，请敕部详审真伪，以定怀挟确情，立法更为尽善。得旨：吴炜所奏，知道了。科场怀挟之弊甚多，势不得不严行搜检，至于搜到亵衣之内，原属非体。然若果无其人，则朕将治哈达哈等以太过之罪矣；而无如竟有藏匿于裈裤中者，委查之员何由豫知其孰为有、孰为无而分别之？则不得不概行搜检。而朕虽欲全诸士子之颜面，竟无辞以责派查之臣为太过矣。然此等败类，必系目不识丁之人，而得与观光之列，总由学政滥行录送，以致紊乱考场，清浊不分如此。将来学政等如何慎选录送，并搜检等事，如何详悉定例之处，着原议之大臣一并议奏。

八月乙丑　谕：向来主考、同考官之子弟俱令回避，不准入场。雍正年间，蒙皇考准其一体应试，亦未着为定例。是以每科该衙门以应否准其考试请旨。朕看来各科回避官生多寡不一，若遇人少之年，则入彀甚易，于科场条例亦不画一，自以照旧回避为是，嗣后，不必一体考试。

八月丙寅　礼部议准，直隶总督高斌疏称，遵化州业改为直隶州，玉田、丰润二县，拨归管辖。嗣后，该州岁科两试应照大学例，岁试取进文童十八名，武童十五名，内定文武童生各三名，于玉田、丰润二县拨入，科试文童照例，其玉田、丰润旧隶永平府，向拨府学文武童生六名，业归遵化，应照数裁减。从之。

八月丙寅　顺天府府尹蒋炳奏，顺天乡试，业派亲信大臣、监同御史严行搜检，至外省积弊，未能肃清，请于放榜后，令巡抚会同学政当面覆试，其卷解部，一并磨勘。得旨：如所请行，下部知之。

八月戊辰　谕：昨日顺天府府尹蒋炳条陈，外省中式之人应于榜后覆试一事。朕已降旨允行，但如何覆试之处，未曾奏及，各省难以奉行，必至参差不一，亦属非体。从来科场取士，首重头场四书文三篇，士子之通与不通，总不出四书文之外。今应令中式之人，填写亲供时，在巡抚衙门内，严行防范，该抚会同学政，出《四书》闲冷二题不在拟议之内者，当面考试，听其尽一日之长。试毕，即将原卷与中式卷一并解部，听候磨勘。如有文理荒谬及不能完卷者，该抚、该学政不得瞻徇，即行举出，另行奏闻，候朕降旨。余照原奉行，该部即速行文各省知之。

八月戊辰　谕：今年磨勘不得照往年之例，着该部临时请旨，朕另派官员磨勘。

八月庚午　礼部议覆湖北巡抚晏斯盛奏称，科场应试士子，向例许其连日宿场，易滋弊窦，嗣后，应请停止。再，贴例，如遇题目错落及文中错落过多者，例应贴出，至点画小误，试卷油污墨染、字迹犹可辨认者，应请免其贴出等因。查，雍正八年议准，乡会宿场举子令监试、提调官传至至公堂，看其誊写。伏思监试、提调正当料理次场印戳、卷号之事，势难兼顾。应如所请，于出题次日之晚，尽令举子散出。如有容留宿场者，将监试、提调及本生一并议处。又题目、字句错落应贴者，必错而已改，落而已添，及油墨污迹细小者方免贴，若错处未经改正、落处未经添注，则疏忽太甚，应照旧例贴出。至遗漏全题，而于夹缝添注，则较题目、字句错落过多者更甚，均应贴出。从之。

八月甲戌　湖南巡抚蒋溥奏，遵科场例，每举人一名取录科举百名，业经札致学臣将定例晓示。得旨：所奏俱悉。覆试一事，秉公详慎为之，切不可复蹈因循之弊。

九月乙亥　谕内阁：朕令翰林、科道轮进讲章者，原以讲明义理，裨益学问也。若臣工有欲行陈奏之事，自应明白直陈于君上之前，何得借讲书之名，以巧用其术？如黄明懿今日之讲章，朕披览之下，觉其意有所指，因召见面问之曰：汝之讲章，为书义而发乎？抑因时事而发乎？伊奏曰：实因今岁北闱科场搜检太严，及于亵衣下体。头场、二场搜出怀挟只四十余人，而闻风退避散去者遂至二千余人之多，士气沮丧，有关国体等语。国家之开科取士，原欲得真才实学之人而用之，怀挟作弊，行类穿窬，乃最恶劣之习，大有害于科场者，朕早已闻知。先期告诫，至再至三，而伊等怙过不悛，头场搜出二十一人，二场搜出仍二十一人，即此数亦不为少矣，岂黄明懿犹以为少乎？况贡院门外抛弃蝇头小卷，堆积于墙阴路隅者，更不计其数，此皆何人者，谓朕不知乎？此豫备夹带而临时变计者，且有含于口颊，而搜检时咽入腹中者。至于头场题目略觉闲冷，而交白卷及不完卷者遂有三四百人，此又不能夹带而场中竟至阁笔者。其二场点名时，散去之二千余人，明系学问空疏，又见不能夹带，托言搜检太严，待士非体，以不愿应试，掩其无耻。又有谓番役人等有意栽害者，前二场搜检时曾有搜出经文，查与该生本经不合，比将番役锁拿一事，而造言生事之徒，遂以此为口实。岂四十二人悉皆出于栽害乎？至于搜到亵衣之内，原属非体，若果无其人，则搜查官员过当之罪，自无所逃，朕前已明白降旨矣。今既有其人，则有不得不通行之势，此又谁之咎乎？且士子有于亵衣下体怀挟经文者，此人心之大丧而读书者之耻也。朕前旨谓深自抱惭，并非虚语，而士大夫亦应共愧共愤，默而不言斯已耳，犹且袒庇无耻者，起而攻搜检之太过，则朕不得不明言矣。议者徒谓以一二人之无耻累及千万人，孰不知此一二人非市井之徒、非穿窬之盗，而即挟策应试千万人中之一二人也，搜查者岂能豫知其为有为无而分别之？设有所分别，彼怀挟者方得以藉口，设无所分别，而一概从宽，则将来裈裤中竟成怀挟之薮矣。夫使圣贤之经文入人裈裤之中而不为怪，独怪搜检太严之失士体，则为是言之人，朕竟不能知其为何心矣？或者其亦出于此道者耶？夫稂莠不剪则嘉谷不生，朕之剔弊除奸，本欲使怀瑾握瑜之人，脱颖而出，整顿颓风，培养士气，正所以崇国体也。而黄明懿反以为士气沮丧，其谬妄已极。此必有不肖之士子造作浮言，互相煽惑，以鼠窃狗偷之行，而有摇唇鼓舌之风。朕若不亟为整理，不但士习日颓，无所底止，即伊等将来亦不免清流之祸。朕心不忍，是以法在必行，以挽救之。黄明懿身为翰林，若欲建白谏诤，即当据实敷陈，今乃借进讲经书，隐讽时事，甚属奸险诈伪，着交部严察议处。

九月丁丑　礼部议覆署贵州按察使宋厚奏，黔州民情好讼，士习未端，请饬学臣令各属教官严加月课，不得视为具文。应如所请。每月集文武生员于明伦堂，恭诵圣祖仁皇帝训饬士子文及卧碑所载各条，并按月月课。书文之外，兼试策论，教官训迪有方，著有成效，督抚、学臣核实保举，否则分别议处。生员内如托故三次不到，及无故终年不到，该教官详明学臣，分别惩戒斥革。从之。

九月庚辰 谕：提督顺天学政着内阁学士叶一栋去。叶一栋未到任之先，其学政事务着工部侍郎吕炽暂行署理。

九月壬午 命编修张为仪提督云南学政。

九月戊子 礼部奏请：另派官员磨勘各省乡试中式朱墨卷。得旨：今年外省取中之举人，朕允蒋炳所请，令在本省覆试，将覆试卷解部，朕另派官员磨勘。今礼部请派官员磨勘闱中朱墨卷，乃错会朕旨。着仍照旧例行，俟各省覆试卷解到，再行请旨。

九月癸巳 礼部议准，御史徐以升奏称，嗣后，各学政录科时，酌量变通，其文风盛者，将一二等名数从多；文风未盛者，将一二等名数从少；三等前列者，仍照例酌送；其丁忧、事故、游学、告病未与科考及科考未取、志切观光者，原有录遗入场之例，各省学臣应视该处文风之高下，向来中数之多寡，通盘计算，慎选录送。从之。

九月乙未 礼部议覆工科给事中吴炜奏称，科场搜检，请详审真伪，以定科条。又覆御史徐以升奏称，士子怀挟，其有心作奸者原不可贷，至于临场仓猝，误带入场，情法尚有可原，请量为区别，或行斥革，或止驱逐等语。查，科场条例，最严怀挟，惟立法详审，庶几诸弊剔除。一、请先期修葺贡院，匠役人等搜明放入，以杜士子贿嘱，将文字埋藏号舍之弊。一、闱中器用、食物先期运进者，在京派巡察御史二员，外省监临委佐贰二员，逐件查阅，并内外帘官、随役人等亦应一例搜查，如有夹带，立即究治。一、士子衣服、用单、考篮、考具，制用玲珑，便于检点，所用官蜡，令士子于纳卷时并交烛价，至散卷时分给。如烛不坚好，承办官严惩铺户，即饬另换。一、搜检之法，京闱于砖门外，外省于贡院头门外，各派官员令士子听搜点入，不得搀越。其头门、二门内，令搜役两行排立，以两人搜检一人。如二门搜出，即将头门未经搜出之官役惩治。士子怀挟者，其父师一并究治。一、主司命题，务仰体皇上命题之意，避熟就冷，无使士子豫先拟议。至搜出怀挟，如各场应用之经书文字、表判策问等，固应照例处治，即或头场夹带二场，二场夹带三场，焉知不豫为埋藏之地，不应如该御史所奏，或止斥革，或止驱逐。惟二场搜出头场文字，三场搜出二场表判，谅系一时失误，非出有心，请照今科北闱之例，从宽仍准入场。得旨：依议。至本内议称搜检时，若二场误带头场文字，三场误带二场表判，此系无心之失，应照今科北闱督搜大臣所办，仍点入内场考试之例，准其入闱等语，科场条例片纸只字，原不准夹带，并未有误带者仍准入场考试之例。今年督搜大臣之仍准入场者，因二场有番役栽害一事，是以如此从宽办理，究竟只应严惩番役之栽害，不应迁就从宽，以启将来之弊窦也。若复着为功令，既与定例不符，且恐弊端转由此而起矣。嗣后，误带者免其黜革治罪，仍逐出，不准入场考试。

十月丁未 谕：明年二月会试，天气尚未和暖，搜检时不无寒冷，且各省俱须覆试，士子到京，未免稍迟，着改期于三月举行。该部即豫行晓谕知之。

十月庚戌　谕：据四川巡抚纪山奏称，川省士习久患浮嚣，每遇科场，肆行无忌，或捏造揭帖，捉影捕风，或不归号房，觅人代倩，倚恃人众，动辄喧哗，习以为常，已非一日，臣会同学政蒋蔚宣布皇恩，丁宁告戒。今科严加搜检，又逐号稽查，士子皆恪守场规，并无怀挟、越号之事。盖因学臣蒋蔚居官清正，训士严明，凡事认真，不务粉饰，是以士子信之，其言易入，理合奏明等语。蒋蔚实心教士，甚属可嘉，今年乃更换学政之期，蒋蔚着再留任三年。

十月甲寅　以工部侍郎吕炽为顺天武乡试正考官，翰林院检讨德保为副考官。

十月甲寅　大学士鄂尔泰等议准，内阁学士秦蕙田条奏，内称教官月课宜重经史，请将已经颁发之《周易折中》、《书》、《诗》、《春秋》、《传说汇纂》及《性理》、《通鉴纲目》并将次告成之《三礼义疏》诸书，令各省督抚、藩臬多行刷印，给发每学二部，以供士子抄诵。教官每月面课《四书》文外，兼课经史。又各省书院生徒，令州县秉公选送，布政使会同专司稽察之道员考验，才可造就、质非佻达者，方准入院肄业。从之。

十月丙寅　礼部议准，户科给事中周祖荣奏请，八旗乡试，先将应考生监等册送礼部，转咨兵部，考试马步箭，将箭册劄发顺天府，并行顺天学政传八旗生员前赴科考录遗，国子监传八旗贡监一体录科，凭文录取，造册移送顺天府，查明科册、箭册俱有名者，方准入场。从之。

十月庚午　幸翰林院。先是，上以翰林院署岁久倾圮，发帑重修。至是讫工，御书翰林院扁额，赐掌院大学士鄂尔泰曰稽古论思，张廷玉曰集贤清秘。敕所司诹吉日，送掌院大学士进院，亲临赐宴。是日，车驾出长安左门，设卤簿，掌院大学士及翰林官跪迎，车驾入谒先师孔子。礼成，中和韶乐作。上升座，丹陛大乐作，掌院大学士率群臣至阶下行礼，如大朝仪。进御宴，大学士鄂尔泰进爵，赐群臣宴，大学士以下翰詹诸臣并部寺科道之由翰林出身者咸与，上召大学士鄂尔泰、张廷玉、福敏、陈世倌、史贻直，尚书彭维新、张照、汪由敦，左都御史刘统勋，侍郎阿克敦、梁诗正、钱陈群、德龄至御座前赐酒。谕曰：时当阳月，和煦如春，天心欣洽，朕与诸臣交庆之。群臣咸顿首称贺。宣示御制诗，题曰：乾隆九年十月，重葺翰林院落成，车驾临幸锡宴，送大学士、掌院事鄂尔泰、张廷玉进署，以张说《东壁图书府》五律字为韵，赋东字、音字二首，敕诸臣各分一字赋诗。诗曰："抚序权居北，占星璧在东。斯干歌翰苑，于乐邕儒风。改殿当年异，登瀛此日同。三台司道笎，二老亮天功。乐具卿云奏，筵开湛露融。底希光旧史，长此赞微躬。木天临翠辇，鸳侣集华簪。广学心常切，因文道可寻。潢汾阴岂昔，来泮水犹今。礼乐于焉盛，觥罍取次斟。诗惭得珍字，辞喜献官箴。返辔重城暮，犹闻歌诵音。"又以人数为字所限，从臣、编检、庶吉士皆不获与，复为柏梁体。御制首句曰："重开甲子文治昌。"大学士鄂尔泰、张廷玉、福敏、陈世倌、史贻直，礼部尚书任兰枝、兵部尚书彭维新、刑部尚书张照、工部尚书汪由敦、左都御史刘统勋、吏部侍郎阿克敦、户部侍郎梁诗正、仓场侍郎彭树葵，兵部侍郎王承尧、陈德华，刑部侍郎钱陈群，工部侍郎德龄、吕炽，内阁学士宗室塞尔赫、德新、秦蕙田，副都御史励宗万、宗人府府丞任启运，通政使敷文、张若霭，大理寺卿嵩寿、詹事张鹏翀、太仆寺卿刘纶、佥都御史嵇璜、左通政张映辰、右通政邓时敏、少詹事裘曰修，侍读学士世臣、于振、陈邦彦、涂逢震，侍讲学士龚渤，祭酒鄂容安、崔纪，四译馆少卿余栋、顺天府府丞郑其储、太仆寺少卿陈其凝、鸿胪寺卿梅珏成、光禄寺少卿窦启瑛、庶子周资陈，侍读双庆、周玉章，侍讲观保、双顶，谕德兴泰，洗马李文锐，候补洗马陆宗楷，中允于敏中、董邦达，赞善宋楠，司业鹤年、陈世烈，左参议薄海、右参议吴应枚，编修阮学浚、僧格勒、沈文镐，检讨钟音，编修陆嘉颖、白瀛、周煌、路斯道，检讨德保，编修秦勇均，检讨周长发，编修周正思、柏谦、张映斗、任端书、林蒲封、万年茂、李龙官、曹秀先，检讨韩彦曾、周礼、郭肇璜，编修钱琦、董泰、宋邦绥、姚廷佑、叶酉、王居正、汪师韩、金相、孙人龙、潘乙震、杨述曾、徐景熹、汤大绅，检讨廖鸿章，编修蔡扬宗、王觉莲，给事中钟衡、程钟彦、杨二酉、程盛修、王兴吾、周祖荣、邹一桂、胡定、马宏琦，御史包祚永、李清芳、孙灏、吴文焕、张汉、冯秉仁、范咸、张孝捏、杨开鼎、冯元钦、欧堪善、沈景澜、沈廷芳，庶吉士邵齐焘、窦光鼐、凌镐、罗暹春、田沇、胡泽潢、王世仕、王太岳、朱檑、张泰开、姚范、刘炳、孙廷槐、朱佩莲、德保、蔡时田、徐玮、经闻、王铤、杜若拙、盛格、顾汝修、戈岱、刘锡龄、阎循琦、觉罗奉宽、惠元士、金洪、蒋辰祥、丛中芷、周孔从、王康佐、廖芳莲、陈桂洲、熊为霖、黄遇隆、熊元龙、张日誉、陆树本、周人骥、周焘、程景伊、邱柱、陈大昤、出科联、储麟趾以次赓续成章。上举十八学士登瀛洲事，顾大学士鄂尔泰、张廷玉曰：卿等无愧房、杜，顾朕弗逮唐太宗耳。二臣惶恐避席，奏言：陛下上法尧舜，过唐太宗远甚。臣等谫劣，亦思孜孜日赞，少效交修之责，然限于才力，愧出房、杜下，有负圣谕。因顿首谢。上又因昆明池赋诗事，谕群臣曰：翰林之职，虽在文章，要贵因文见道，尔诸臣当明体此意。群臣竦然敬听，复顿首谢。宴毕，赐《乐善堂全集》、《性理精义》各一部及绮绢、茶果有差。上起更衣，复宣示御制七言律诗四章。诗曰："欢腾芸署小阳春，此日崇文引席珍。顾我惭为房杜主，岂伊独数马邹臣。石渠典故应增旧，璧宿光华更睹新。影丽花砖争到八，尽教沾醉酒三巡。瑞旭曈昽霭扇鸾，筵开翰墨会衣冠。五车四库从来纪，刘井柯亭取次看。玉版挥毫盈凤沼，花瓷赐茗擘龙团。济川自古资舟楫，便欲因寻学海澜。昌辰天禄集鹓联，欣咏斯干小雅篇。鸟革翚飞跻君子，诵诗讲易共高贤。光凝黼座垂华藻，篆绕猊炉散瑞烟。咫尺玉堂清切地，底夸瀛岛说登仙。百年礼乐庆昭融，保泰常持惕若衷。漫以新诗鸣豫大，谁将忠告赞钦崇。傅岩梦赉应无藉，唐室赓歌讶许同。心喜百僚知我意，不将高议诩升中。"驾兴，随幸贡院，颁赐御书额曰：旁求俊乂。联曰：立政在英材，慎乃攸司，知人则哲；与贤共天位，勖哉多士，观国之光。并御制诗曰："翰苑琼筵酌令辰，棘闱来阅凤城闉。百年士气经培养，寸晷檐风实苦辛。自古曾闻观国彦，从今不薄读书人。白驹翙羽传周雅，佐我休明四海春。尽道文章接上台，菁莪乐育济时才。千秋得失非虚也，咫尺云泥亦幻哉。若有泪眶啼桂落，那无笑口对花开。凤池多少簪毫者，都向龙门烧尾来。万里扶摇正翩搏，飞龙利见岂为干。志贤圣志应须立，言孔孟言大是难。见说经纶推国士，从来桃李属春官。但令姓氏朱衣点，那惜三条泪浊残。周遭围棘院沉沉，景物当前总入吟。材拟圭璋方特达，文归雅正薄艰深。禹门鱼变辞凡水，禹木莺迁出故林。寄语至公堂里客，莫教冰鉴负初心。”复幸紫微殿观象台，还宫。

十月辛未　谕：向来乡会试及考试生童俱在贡院，其余考取中书笔帖式、誊录、教习及贡监考职俱在午门等处朝考。自雍正七年以后，陆续改入贡院者，原为易于防范稽察起见，然文武乡会试派有内外巡绰员役，防范周密，而今科乡试尚有怀挟、代倩种种弊端，其余考试又未便照乡会试之例，多派员役搜查。伊等入场，不过各归本号，并无稽察之人。转不若朝考，有护军人等监看，可以除传递、代倩等弊也。嗣后，除文武乡会试并考试生童仍在贡院外，其余各项考试着各该部查照从前午门等处朝考旧例办理，仍于取中之后，再行严加覆试。

十月癸酉　（湖北巡抚晏斯盛）奏，臣于雍正六年奏请学政考校，应将文行相比，分别等第，行优文高者列一等，于姓名下注明孝弟廉让、公正端方字样；行次优而文高者列二等，注明谨厚循雅字样；行中文平者列三等，注明安分无过字样。大比则将一二等生员，送主考明试之，以德行、文艺超越侪辈者，列为解首房魁。拆卷填名，仍以文行相次，照册注明行谊，如额送部。会试亦如之，进而廷试钦定一二三甲。嗣奉部议，以不便施行，毋庸议。但所谓不便施行者，不过糊名之例，难分优劣耳。然第记其最优、次优而不著其名，则仍在暗中摸索，臣前后一隅之见，不敢自隐，为此奏请训示。得旨：汝言亦是，而亦实有难行之处，待朕缓酌之。

十一月戊寅　礼部等部议覆云南总督兼管巡抚事务张允随疏称，东川、昭通二府及镇雄州、永善县自雍正五年改隶滇省以来，应试生童渐多，请于乾隆十年为始，每学设廪增各八名，照例十二年后出贡。应如所请。又称，东昭二府生童达赴曲靖应试，跋涉艰难，请于昭通府城添建考棚。查，滇省幅员最广，程途穹远，若添建考棚，学政按试，势难周遍。况二府改隶以来，即归曲靖考试，相安已久，应毋庸议。但既称该属生童岁科二次，远途赴试维艰，应令学臣按试曲靖时，即将东川、昭通二府及镇雄州、永善县等学生童岁科接连考试。从之。

十一月甲申　谕：前据准泰奏称，江南科场点名时，搜获怀挟之徐斌、王曾培，比即分别枷号等语。朕复闻，江南搜获怀挟之人悉行释放，令尹继善查明。准泰于所奏二人之外，果有释放之人否，并查例应枷号一月为满者，准泰果照例办理否？今据尹继善奏称，查得今科江南文闱，八月十一日二场点名，搜出广德州增生徐斌怀表文一篇，又拿获吴江县附生王曾培表判一卷，经准泰发外监试、江宁府知府官保讯供。据徐斌供，因头场患病，恐二场不能终场，故带表文一篇，便于照写等语；据王曾培供，在龙门前地内拾着一个纸卷，当被拿获等语。官保录供，回覆准泰，当日即令枷示场前。又查得同日在贡院大门以外，查获淮安府学生员张再蠡于考篮内带表文一篇，当经外监试官保回明准泰，谕以门外查出，尚未带入门内，免其枷示，即行释逐。是准泰所奏徐斌、王曾培二人之外，实释放张再蠡一人。此外俱系于未搜之先，自行抛弃者也。至怀挟定例，应枷号一月，徐斌、王曾培于十一日枷起，即于十四日二场完竣放枷，均于例限未满。再查定例，生儒怀挟，应发为民，今徐斌已经准泰咨革，其王曾培因提调张九钧等议详，系拾取纸卷，与自行挟带者有间，请免咨革。准泰据详，批饬从宽免革，发学重责三十板示儆等语。夫国家抡才大典，必须稽察严密，按法惩创，使怀挟剿袭之徒，不能侥幸，庶选取皆得实学，朕谆谆诫谕，至再至三。今准泰将例应枷号一月之人，未满即放，例应褫革之人免其咨革，并将怀挟表文之张再蠡，因在门外查获，即行释逐，明系有意疏纵，深负朕厘清积弊、遴选真才之至意。准泰着交部察议，张九钧亦着察议，以为疏纵者之戒，生员王曾培、张再蠡俱着褫革。

十一月庚寅　谕：朕闻金德瑛在江西学政之任，操守甚好，取士公明，着再留任三年。

十一月癸巳　户部议覆江南道御史李清芳奏称，臣见抚臣周学健奏福建减数收捐监生一事，经收各员于部定仓费饭食之外，每名索取规礼二三十两至四五十两不等，查每名监生统计捐费不过百十金，今公家收其二，官吏取其一，虽曰减价，其实加价。闽省如此，他省亦必不能免，请饬各省督抚实力稽查，如有留难勒措及私收规礼者，严参究处，不得稍存姑息。应如所奏，通饬遵行，从之。

十一月甲午　贵州道御史张惟寅奏，福建巡抚周学健，因本年武闱乡试，有领催金朝荣同民人吴必诚起意撞骗，该抚风闻，密谕外委宜子勉等，托名谋中武举，发银一千五百两抬至吴必诚家，立写合同，旋据拿解审办等因。在该抚此举，固欲杜绝弊端，不知以诈防诈，诱人犯法，成何政体。请将周学健交部察议。得旨：张惟寅所奏，自属情理之正，但周学健职司考试，急欲查隐弊以肃科场，是以如此办理。初不觉其蹈于智取术驭、有乖正道也，然此端一开，恐各省效尤，启诱人犯法之渐，殊非政体。爰降此旨，将张惟寅奏摺批发，俾中外知之，周学健亦不必交部察议。

十一月乙未　吏部议准，甘肃按察使鄂昌奏，州县奉调入闱交代之案照公出日期展限。从之。

十一月丙申　户部议覆福建巡抚周学健奏称，臣于乾隆八年十二月内，访知闽省自减数收捐监生之后，各属仍有收受规礼之事，仰恳准令收受各员据实自首，如不遵首报，即据实纠参，奉旨彻底清查妥办。当与督臣那苏图会同商酌，留心密查各员收受确数，一面通饬经收捐监之各府厅州县，据实自行首报去后。兹据查办齐全，确加覆核，通省经收各员，共收过规礼一万五千九百三十六两零，应请照数追出解司，拨充地方公用，谨将通省各员收受细数，另缮清单呈览。得旨：该部分别察议具奏，今将闽省府厅州县收受捐纳监生陋规及失察家人犯赃之兴化府知府曹显庚等分别处分。得旨：此案收受陋规及失察家人犯赃各员，本应照例处分。朕念人员众多，特格外加恩。曹显庚等着照部议革职，从宽留任；陆福宜等着照部议所降之级，从宽留任；潘汝龙俟补官之日，亦着照部议所降之级，从宽留任。以上各员，部议革职提问者，俱俟六年无过，再行开复；部议降一级调用者，俱俟四年无过，再行开复。余依议。

十一月辛丑　大学士鄂尔泰等议覆河南道御史范咸奏，顺天乡试中额，宜分晰明白。查本年九月，礼部遵旨酌减中额一条，内称各直省解额，于十分中酌减一分，直隶贝字号额中一百八名，内除奉天夹字号额中四名，宣化旦字号额中四名，长芦等处卤字号额中一名，俱无庸议减外，贝字号酌减九名等语，是夹字、旦字、卤字皆在贝字号中额数内。及议覆申严录科之额一条，内称夹字号中四名，旦字号中四名，卤字号中一名，现在应试人等虽属无多，但不得概行录送，以致冒滥；其直隶贝字号额中九十九名，应取科举七千九百二十名等语，是夹字、旦字、卤字又在贝字号中额之外。臣在内场监试时，见近科题名录，夹字、旦字中额皆在贝字号之外，其卤字号本年因不足五十名之数，未经取中，而旧时稿案，皆称在贝字号中额之内，直省解额既于十分中酌减一分，直隶原额一百八名，除零数不计外，其成数一百名，不应只减九名，前后两议舛错，请敕分晰酌定。查顺天贝字号，除夹旦二字号外，额中一百八名，加中五经五名，共一百十三名，其卤字号取中一名，即在一百八名之内，除零数不计，十分中酌减一分，应减中额十一名。前议因将夹旦字号中数归贝字号一百八名之内，未经详晰声明，加中五经亦未算入，应行改正，将贝字号中额减十一名，取中一百零二名，准取科举八千一百六十名。所有礼部承办疏忽之员，请交部查议。再，湖广中额原系九十七名，加以五经五名，共一百二名，自湖北、湖南分闱以后，湖北取中五十名，湖南取中四十七名，其五经五名，或二、或三，两省轮中，原议内酌减之数，虽无错误，但未将五经轮中之处声说，应再为分晰，以便轮流取中，其两省录科之数，亦应以轮中之数照例录送。又满合字号，总加五经二名，南北皿字号，总加五经四名，俱临时酌文取中，并非划然分定，所以原奏议减之处，未行算入。今应一并声明，以便嗣后遵行。从之。

十一月癸卯　（浙江巡抚常安）奏，浙省文武乡试，查有出号、怀挟、代倩各生，分别咨革究办。得旨：览奏俱悉，亦不过因今秋顺天乡场甚严，汝方如是办理耳。总之，事不出于诚实，而观望以为得计者，无一而可。

十二月甲辰　兵部尚书彭维新等奏，臣等奉旨磨勘湖北举人覆试卷内，杨曰坰、周云龙二名文理蒙疵，照议罚停会试二科。其主考、同考及录送之该学政，应一并察议。得旨：依议，覆考之事原交巡抚会同学政办理者，况晏斯盛尚系知文之人，而此次并未实心考核，其所奏亦属含糊了事，晏斯盛亦着交部察议。

十二月甲辰　礼部奏请定各省府州县童试之额，以入学名数为差，每入学一名，准州县取六十名，府取三十名，大小中学各照名数定额。其从州县学拨入府学者，亦应查照拨入之多寡，照数增取。得旨：此奏是，依议。

十二月庚戌　命国子监祭酒崔纪提督江苏学政，翰林院侍讲观保提督安徽学政，太仆寺少卿陈其凝提督浙江学政。

十二月辛亥　命翰林院检讨吴嗣爵提督福建学政，左春坊左中允于敏中提督山东学政，翰林院侍读宋邦绥提督湖北学政，翰林院编修官献瑶提督广西学政，翰林院编修汪士锽提督河南学政。

十二月辛亥　兵部议覆湖南巡抚蒋溥奏称，武闱乡试，有年力就衰者不准列合式之内，毋使再入三场，以杜枪代之弊。应如所请，通行各省，年届六十之武生，即不准入场应试。从之。

十二月丁巳　直隶总督高斌奏，各省府州县试儒童名数，旧例限以二倍、一倍，后复改为不必限数，照常考送，奉行已久。近日礼部因科举定额，并请定童试名数，固属慎始进、严冒滥之意。顾臣再四思维，据平日见闻，实有难行之处。盖儒童小试，与生监科举有别，今定以入学一名，州县取六十名，府取三十名，如大县入学二十五名，则州县应取一千五百名，府取半之，在北五省，尚恐不及此额，仍无可为去取，南省如福建、江西、江南、浙江，则一州县儒童常至盈万，少亦数千，照应取名额，则得应学政试者才十之一二，不能与试者且十之八九。窃念士为四民之一，通天下计之，何止百万，其粗识文义者，惟恃村师童塾，为养生之资，乃不得一与童试，为宗族乡党所讥笑，求为村师童塾而不可得。且积习相沿，骤更严例，恐考试之期，众情遏抑，势必诉告纷呶，而守令奉行不齐，未必能一例妥办，必致滋生事端，福建海疆尤属嚣凌，即使钤伏一时，终难相安久远。如谓人数过多，代倩、传递之弊皆从此生，查学政录取，必经覆试乃定，倘文理字迹稍涉疑似，即可严摈，非若乡会试之糊名易书，骤难稽察也。臣窃以为儒童不限名数，于取士之法未见其有弊，即使学术荒陋者，托名赴试，而其人既别无可执之业，则应宽以自存之地。康熙年间改去旧例，不限名数，必有深意。与其事难通而滋扰，不若仍照通行之例为便。谨密摺陈奏，伏乞圣训。得旨：待朕酌量降旨。

十二月戊午　谕：向来州县考取童生，送学政衙门考试，例有定额。后因儒童日益众多，于康熙三十九年定例，不必限定额数，遵行在案。今年礼部奏请，照每学入学额数，限定录送之多寡，以杜冒滥。朕已降旨允行。今思各处赴试童生多寡不等，若限以录送数目，恐有浮多于额外而摈弃不取者，即有不足于额中而强取充数者，未必俱能允当。况该府州县录送学政衙门，其去取全在学政，并无关于入泮之数，应稍宽其途以鼓舞之，亦广育人材之道。嗣后，仍照旧例，不必限定考送之额，但将文理不通者摈弃不录。可即传谕该部，将此旨通行各省知之。

十二月壬戌　命翰林院检讨夏之蓉提督广东广韶学政，翰林院编修孙人龙提督广东肇高学政。

十二月壬申　闽浙总督马尔泰等议奏，福建按察使王廷诤奏称，教民莫先于教士，闽省风俗顽悍，村落之聚族而居者，多有生监散处其间，请将《圣谕广训》及历年奉到教民之上谕，并采集律例中紧要条款为闽民最易犯者，汇刊成帙。每遇朔望，令教官传集生监，共赴明伦堂，将训谕律例反复发明，证以圣经贤传之同揆，示以日用率行之最乐，再将汇刊之书，使之赍回本乡，散给乡民，宣扬传播。以本乡之生监教本乡之民人，乡语易通，性情易洽。惟是生监住居远近不齐，在城者，每月朔望俱应齐集听讲；离城二十里者，月朔一次；五十里以内者，季首一次；百里内外者，每年三、九两月各一次，无故不到者，以旷学记过。果能转相告戒，著有成效，该乡村无犯法事件，一年教官给扁奖励，三年知县给扁奖励，仍转报督抚、学政，分别劝惩等因。臣等悉心体察，俱切中闽省情形，其所请奉行之处，亦属简便，应如该司所奏，通饬各属遵照办理。得旨：如所议行。

十二月壬申　湖北巡抚晏斯盛奏，现在淘汰年老之教谕、训导等官，部文内开恩贡之应选复谕，岁贡之应选训导，于每科乡试后，各督抚、学政，将年力、学业堪司教者，准注册备选，其精神衰惫者，给应得职衔，勒令休致。查，年力强健，验看立明，学业优劣，非考试则难知，自应淘汰之时，验考并行。但此项人员，选期尚远，或将年至七十以上者概行淘汰，毋庸考验，以免龙钟跋涉。又，恩岁贡生注册送部后，未经铨选，计年至七十，即于先一年将该生来岁年已七十之处，声明送部销名，给以原衔顶带，毋庸铨选。得旨：此未可以概论，譬如逾七十而强壮者，亦不可铨选乎？未至七十而病惫龙钟者，亦可姑容乎？总在汝等实力办理，所见甚迂。

乾隆十年（1745年）

正月丙子　先期派知贡举办理科场，示以宽严相济。谕：三载宾兴，国家举贤右文之大典，必诸弊悉去，然后可以拔取真才。所谓稂莠不剪，则嘉禾不生，其理显然。历来查弊之法，不得不严者。此正慎重科名，厚待良士之道。昨岁朕亲临贡院，遍观堂所，周览号舍，矮屋风檐，备极辛苦，深可轸念。比赋四诗，令刊堂壁，可以知朕心矣。今岁会试已展期三月，以待春温，嗣后即以为例。兹特豫降旨，命礼部侍郎杨锡绂知贡举，俾伊得先期计议，从容料理。杨锡绂可仰体朕心，当严则严，当宽则宽，于厘剔弊端之中，寓优恤士子之意，二者相成不相悖也。即如蜡烛一事，因有烛中夹带之弊，是以改为官给。若向举子多索价值，则不可；或蜡少而烛质不坚，则更不可。朕姑举一节，以类其余。知贡举者其善为之。

正月壬辰　谕：科场首严怀挟，而不肖丧廉者流，竟有于衣裘中藏匿文字者，是以有皮衣去面、毡衣去里之例。朕思春月会试，风檐之下，非衣裘不足以御寒。若将制就皮衣悉令去其裼袭，应试多人，既不免改造之费，亦非所以饰观瞻也。着将皮衣去面之例停止。但于入场之时，悉心察视搜检，以防弊窦。为士子者，更当感朕体恤从宽之意，人人自爱，以从前恶习为深戒。况既登贤书，又非生监可比，岂可为此穿窬之事，丧其已成之功名，既负朕恩，又罹国法，谅不若是之愚也。知贡举可即通行晓谕之。

正月乙未　停会试榜后拣选例。谕：为政务在得人，牧民先于择吏。古者任官必加辨论，所以慎其选也。国家抚育黎元，简用亲民之吏，期于循良报最，教养兼资，铨用多在科目，而需次年久，每致衰老昏庸，不能胜百里之任，其日渐废弛，贻误地方，皆人人所共知共见者。是以上年朕命大学士、九卿等定议，于每科会试发榜之后，拣选年力强健、质地明白者列为一等，以县令用；若年力精神堪司教职者，列为二等，以正谕铨选。其应用训导者，与岁贡分缺选补，至年力衰迈、不堪复就训导者，以应得之衔休致。如此分别，庶几人称其职，于吏治自有裨益。但朕复再三筹度，拣选之法自不可易，然人材难以豫料，若一经验看，即为定衡，则入选者焉保其必称循良，更恐逾时或又不堪任用，况才具尚不能一望而知，而心术又岂能外观即定？所可知者，不过年岁状貌耳。与其定于数年之前，不若审于选官之日也。今当会试之年，士子云集京师，初次拣选，人数必多，恐汰除者众，此等举子，未免绝其上进之望，志气隳颓，更非鼓舞人材之意。向来月选之后，原有九卿验看之例，引见之时，朕又量材改调，或补教职，或令休致，临时自可区别，毋庸豫为拣择。着将新定会试榜后拣选之例停止。嗣后，惟令九卿秉公验看，详慎去取，勿徇情面，勿事姑容。候朕于引见时，再加酌定，自不使庸材滥司民社，而吏治亦可收得人之效矣。该部即通行晓谕知之。

二月戊申　　谕：向来各省乡试磨勘，不过虚应故事。去年朕特派大臣，将覆试卷精加磨勘，而各省主考学政遂致皆罹参罚。此固若辈平日不肯实心，玩愒成习，罪有应得。而朕念伊等俱系寒素之员，原藉俸银养赡，若领俸之日，全行扣除，用度难免拮据。着将罚俸一年者展限三年扣除，其多寡不齐者，均照此计之。今当春季领俸之时，该部即遵谕行。

二月庚戌　　礼部疏请八旗满洲、蒙古翻译会试与文会试合为一场。除阅卷大臣届期奏派外，所有受卷、收掌、弥封、誊录四所官，应照例咨取内阁中书、大理寺、太常寺、光禄寺、国子监各属官员到部，开列具题。至举子坐号，人数众多，满洲在东文场，蒙古在西文场，毋庸拘定三人编立一号。誊录仍于各部院笔帖式内选用。从之。

二月丁巳　　礼部奏，乾隆九年顺天乡试，经步军统领、顺天府府尹奏请，外场巡察御史先期前往贡院大门外驻宿，搜查运送之供给，及进院之夫役，与主考、同考、监试、提调、副都统、内外帘执事各官之随从铺陈等项，以杜执事人役代士子怀挟之弊。业蒙准行。窃思乡会试事同一体，且今年会试，合八旗、满洲、蒙古翻译为一场，事务较繁，请于巡察外场御史外，添派数员，协同稽察。从之。

二月壬戌　　谕：教职为司铎之官，训课士子，长养人材，是其专职。乃向来循例铨授，未加别择，以致衰老龙钟、庸劣荒疏之人滥居师儒之席者不可胜数，此中外所共知共见者。是以去年朕命廷议，古人原有七十致仕之义，现任教职年至七十以上者，令其休致之处，曾经通行。上年湖北巡抚晏斯盛以岁贡年已七十应否扣选一事，摺奏请旨时，朕复思古来申公、伏生老而传经，人之可用与否，未可专以年齿论。譬如年逾七十而强健者，亦不可铨选乎？未至七十而病惫龙钟者，亦可姑容乎？惟当看其人之可用与否为去取，不当以七十为限。总在督抚、学政秉公实心办理，庶有裨益，已将此意明白批谕。今伊又复具奏，内称每科乡试后，既行淘汰，至奉文截取之时，是否再加考验。又称拔贡副榜似应一体考验等语。是晏斯盛尚未领会朕务在得人之旨，但于细微之处沾沾奏请，且此旨未曾颁布各省，恐不知者尚多，今应通行宣谕，一体遵奉。查，上年有每次乡试后，令该督抚、学政验看，大加淘汰一条。昨甲子乡试后，已举行一次，其实在老迈龙钟者，业已去其大半。嗣后，此例不必每年举行，候朕因时制宜，酌量降旨。其恩拔岁副及挨贡应用教职者，验看之处，仍照旧例行。至该员临选时，给发文凭到日，仍加考验，必精力、文艺足胜司教之职，方准领凭赴任，庶衰庸者不得滥膺，而学校或可收得人之效。

二月戊辰　谕：雍正八年会试，曾蒙皇考特恩，派出大臣监看举子饭食，并于常例外，每场赏饭一次及饼饵、茶炭之属。今当三月会试之期，天气正长。应照雍正八年例，添赏饭食等物，俾举子充饱，从容应试。知贡举即察例办理。

二月壬申　（署两淮盐政吉庆）奏，盐场大使内，遇有才识平庸、尚无劣迹之员，如由举人及各项贡生出身者，考其文理明通，照知县改教例，准与题请改教。得旨：安得如许教官缺，具教官即应以庸材为之，而大使反不可以庸材为之，轻重倒置，所见甚鄙。

二月壬申　署安徽巡抚准泰奏，上年监临，不将科场怀挟之徐斌等尽法惩治，谢革职留任恩。得旨：朕所以罪汝者，以汝不应有外吏习气；所以宥汝者，则以人人尽如此，岂能惟责汝一人。然自今以后应改之。

二月壬申　署湖广总督鄂弥达奏，息讼弭盗之方，首严保甲。必先有举察保甲者，臣拟仿古闾师、亭长之制，令各牧令于贡生、生监中，择品行端洁者聘为乡正，大邑八人，中邑六人，小邑五人，令其专司举察保甲。……得旨：即照所议行。亦不过有名无实之政耳。汝不云乎，有司尚有奉行不力者，而欲乡正之奉行独力乎？

二月壬申　湖南巡抚蒋溥奏，湖南贡院号舍，向系南北对向，无地可安炉灶，号军出栅炊爨滋弊。应将两号并为一号，拆去中间堵壁，改令向南。再于檐下开沟泄水，计工费共一千五六百两，请准支存公银两估修。得旨：似属可行，然无庸特降谕旨也。咨部知之。

三月甲戌　吏部等部议准，湖南学政阮学浩条奏学校事宜。一、教官通晓吏治者少，派办地方事，不特废弛本职，兼恐假便私归，请减其差委。一、苗猺生员岁科试卷，一例弥封，考校辄居下等，未足鼓励。请嗣后卷面填注苗猺字样，与民籍相较，酌量位置。一、从前苗猺起衅，多有劣生在事，此辈私通勾结，行踪诡秘，最难查察。请嗣后遇生员越境入峒情事，除州县详报批饬外，或学政访闻，教官申详者，亦许委州县差役，关查邻境。一、永顺所属四县，在万山中，道路陡险，请岁科连考，以免跋涉。从之。

三月乙亥　定殿试日期。谕：向来会试之期在二月，则三月发榜，四月初间殿试。雍正五年、乾隆二年，会试改期三月，则四月发榜，五月初间殿试。朕思五月天气渐热，向来改殿试之期者，因三月会试，系偶一举行之事。今三月会试，已着为定例，则殿试之期自应酌量变通。着自今科为始，于四月二十六日殿试，五月初一日传胪。该部即通行晓谕知之。

三月戊寅　以礼部侍郎杨锡绂为会试知贡举大学士史贻直、吏部左侍郎阿克敦为正考官，兵部尚书彭维新、刑部左侍郎钱陈群为副考官。

三月辛巳　谕：昨日会试头场，搜检各省举子，皆无夹带。惟有浙江温嵩曾一人搜出细字一张，乃系三场策段数条。夫定例不许携带片纸只字者，盖恐士子豫带后场表策，埋藏于墙壁间，以待临时之取用也。温嵩曾自应照例治罪。但今年众举子皆知感朕培养之恩，一洗从前丑恶之习，其愧耻奋发之意，有可嘉焉。着将温嵩曾释放，以示奖励士众之奉法。并许温嵩曾仍留举人，准其下科会试。倘众举子因朕此次宽大之典，将来故智复萌，则国法具在，难以幸免也。该管大臣可即通行晓谕应试士子知之。

三月甲申 谕：二场以诏诰表判考试应考之举子，所以觇其学问笔力。其表题若独开生面，或恐士子不能一时促就，则不能完局，于众文人学士颜面有关。其诏诰判题亦沿习故套，则举子易于揣摩，何由视其夙学，甚无取也。今科诏诰判题总皆系每科习见者，司考诸臣，未免草率。着传旨申饬之。

三月戊子 礼部议覆广东学政金洪铨疏称，文武生报捐，有列欠考项下者，先送学臣补考。查，欠考诸生，必令补考，始准收捐，不但阻其急公，亦恐吏胥藉端需索，所请似不可行。至称岁考前临期捐监，未颁部照，而仓收已入手者，令其免考。应如所请，从之。

三月丁酉 吏部议准，江西学政金德瑛奏，定例，学臣出案发落后，将县府考卷申解，为时稍迟，文气笔迹，皆可摹拟抽换。请嗣后于院试招覆日，即令提调官解送，与取卷一同磨对。从之。

三月庚子 选会试落卷录用教职，并加恩年老举人。谕：雍正五年，会试榜后，下第举人曾蒙皇考恩旨，派出大臣检阅落卷，将其中文理明通者，各省取数十人，再验看人材、年齿，发往以教职补用。朕即位以来，亦曾举行。今科来京会试举人，较多于往岁，而且积习一除，士风丕振，是应加恩，以示鼓励。着于出榜后，将落卷封贮，该部请旨，派出大臣秉公阅看选取，发往各省，畀以司铎之任。俾伊等早膺官职，及时效用，以图上进，于课士或有裨补。其如何分别选用之处，着交与吏部查办。至人员多寡之数，亦交与吏部，将从前所发各员，某省已选若干，未选若干，此次应选若干，一并酌议具奏请旨。其有年八十以上者，该部带领引见，朕将优惠焉。

三月庚子 礼部以会试中额请。得旨：这会试，满洲、蒙古取中七名，汉军取中二名，直隶取中二十五名，奉天取中二名，山东取中十七名，山西取中二十名，河南取中十四名，陕西取中十八名，江南取中三十六名，浙江取中三十二名，江西取中三十一名，湖北取中十四名，湖南取中八名，福建取中十八名，广东取中二十名，广西取中八名，四川取中十一名，贵州取中十名，云南取中十名，南卷五经取中二名，北卷五经取中一名，中卷五经取中一名。

四月丙寅 礼部带领会试下第、八十以上之举人董一世等引见。得旨：董一世、张虬、阴章着赏给中书职衔，张扮谦、徐文靖、刘体礼着赏给学正职衔。董一世、张虬、阴章三人各赏缎二疋，张扮谦、徐文靖、刘体礼三人各赏缎一疋。

四月丁卯 以大学士陈世倌、协办大学士讷亲、内阁学士王会汾、吏部左侍郎阿克敦、兵部尚书彭维新、兵部右侍郎开泰、刑部尚书汪由敦、刑部左侍郎钱陈群、刑部右侍郎彭启丰、工部右侍郎德龄、左都御史刘统勋、左佥都御史嵇璜、大理寺卿刘纶等充殿试读卷官。

四月戊辰 策试天下贡士蒋元益等三百十三人于太和殿前。制曰：国家设科取士，每三年而宾兴之，复明试于廷，以觇所志。朕既不逮，立政无方，常思进彼嘉言，佐予休治，比策试贡士，亦既不愧不文，爰咨爰度矣。乃多士之对扬者，华藻是饰，骨鲠无闻，岂朕求之不诚欤？抑司其事者抑不以进欤？不然岂时无阙政，民无隐情事耶？则多士以起自田间，未谙政务为辞耳。夫政事与学问非二途，稽古与通今乃一致，爰以多士所素服习敬业者询之，必有以导朕焉。五、六、七、九、十一、十三之经，其名何昉，其分何代，其藏何人，其出何地，其献何时，传之者有几家，用以取士者有几代，得缕晰而历数欤？三选、四科、五问、十条乃周汉以下取士之别，为取为弃，为同为异，为得为失，可得而详言欤？其铨除也，代复不同，魏晋而下，率循资格，有四科、九班之别，五保、七流之异，其体例亦能条对论列否耶？将欲得贤材，舍学校无别途；将欲为良臣，舍穷经无他术。多士宜有以奋发敷陈，启迪朕蔽，其有深悉时政得失、直言极谏者听。

四月戊辰　谕大学士等：今日殿试，人数众多，天气炎热，着工部尚书哈达哈多备茶冰，俾士子普沾，以解烦渴，并加意照看。可即速传谕知之。

四月辛未　礼部议覆福建巡抚周学健议奏，原任福建学政吴华孙奏，请减省延、建、汀、邵、福五府修理考棚银两一摺。查闽省九府二州，自六年奏准后，每年给修棚银一千八百两。乾隆九年又奏准，三年内，以二年银两匀给各府州，其一年银两留为学政衙门书吏盐菜、心红、纸张之用。若如该学政所请，再减八百两，实不敷用。至该学政任内核减过各府州考棚银三百一十七两零，现在留学政衙门修整科房、公廨、司库之用，实属以公办公。应如该抚所议办理，从之。

五月壬申　上御太和殿。传胪。赐一甲钱维城、庄存与、王际华三人进士及第，二甲章恺等九十人进士出身，三甲徐寀等二百二十人同进士出身。

五月乙亥　谕：据贵州总督张广泗奏称，云南学政翰林院编修张为仪赴任，行至贵州省城病故等语。云南路远，学政一缺不可久悬。提督云南学政着沈慰祖去。沈慰祖现经差满，着即速赴任，不必来京。

五月丁丑　吏部带领中式满洲、蒙古翻译进士安福等十九员、钦赐进士宗室玉鼎柱一员引见。得旨：安福、五讷玺、贝登额着以六部主事即用；勒尔谨、博文、舒宁安、雅尔图、郎图、额尔卿额分派各部院，在额外主事上学习行走，该堂官照例题补；萨哈产、七达色、武极理、四达、玉麟、苏敏、富躬、格图恳、伊兰泰、佛尔卿额俱着归进士班，照例选用；宗室玉鼎柱亦着照例用。

五月己卯　吏部议覆甘肃巡抚黄廷桂、学政胡中藻奏称，岁贡生州同职衔盛元珍，于雍正五年一学各举一人之例保举。又在口外屯田效力三载有余，经前署督臣刘于义奏蒙议叙，复于乾隆二年，委令教习皋兰书院已及八载，士子中式数人，著有成效。请将盛元珍送部引见，以示鼓励等语。应将盛元珍照宗人府教习之例，准其得官日纪录二次。从之。

五月癸未　谕：每科学习清书之庶吉士，于散馆授职后，遂不留心清文，以致日久荒弃，历来习气如此。昔我皇考曾经训饬，今当散馆之期，再行申谕，所有清书留馆各员，既用三年之功，仍应随时温习，不使遗忘弃置。数年之后，朕当考试以分勤惰，毋谓朕不戒视成也。

五月丁亥　礼部议覆刑部右侍郎彭启丰奏称，乾隆五年，仰蒙钦颁太学训饬士子文，昭著圣贤为己之功，针砭俗学浮靡之弊。从前止勒石太学，各省尚未颁发。请通行天下学宫，同世祖章皇帝《卧碑文》、圣祖仁皇帝《圣谕广训》、世宗宪皇帝御制《朋党论》，朔望令教官宣讲。应如该侍郎所请，从之。

五月庚寅　内阁翰林院带领壬戌科散馆修撰、编修、庶吉士引见。得旨：清书庶吉士罗暹春、邵齐焘、窦光鼐、王以昌俱着授为编修，胡泽潢、王太岳、王世仕俱着授为检讨。汉书修撰金甡，编修汤大绅、杨述曾已经授职，其庶吉士陈大昤、程景伊、孙廷槐、朱佩莲、邱柱、张泰开、曹经、姚范、刘炳、徐玮、经闻、储麟趾、陆树本、杜若拙、戈岱、蔡时田、顾汝修、刘锡龄俱着授为编修，周孔从、周焘、张日誉、王康佐、周人骐、李金台、惠士元、陈桂洲、熊为霖、何畴、出科联、丛中芷、觉罗奉宽俱着授为检讨，凌镐、朱櫄、阎循琦、王铤、廖方莲、熊元龙、盛格俱以部属用。

五月己亥　谕：户部侍郎员缺着工部侍郎吕炽调补，仍留直隶学政之任。户部乏人，着刘于义兼管尚书事务，工部侍郎员缺着范灿补授。

六月癸卯　授一甲进士第一名钱维城为翰林院修撰，二名庄存与、三名王际华为翰林院编修。

六月乙巳　兵部奏，原任两广总督那苏图查覆，出师义桑口等处一等军功外委虞宏信准军功加衔一等，授千总，随带纪录二次，给与功劄；贡生、今授州判职衔岑洁准军功加一级，随带纪录二次；监生石尔禄授为贡生；三等军功病故外委傅世佐予一子监生。从之。

六月己酉　内阁、翰林院带领新进士引见。得旨：新科进士，除一甲三名钱维城、庄存与、王际华已经授职外，章恺、沈志祖、欧阳正焕、薛芝、蒋元益、史贻谟、徐开厚、张甄陶、张若澄、徐光文、秦镄、李友棠、励守谦、国柱、刘元熙、毛辉祖、顾濰、钱士云、邵齐烈、汤萼联、温敏、杨永谟、朱若东、黄叔显、孙汉、冀文锦、何德新、杨维震、张馨、赵秉忠、宋弼、许荗、张绍渠、谢溶生、杨瑝、单铎、李英、冯秉彝、李因培、王协和、杨演时、蔡澂、积善、王楷、梁济瀍、温如玉、梦麟、杨士铭、宗室达麟图、范泰恒、舒禄俱着为翰林院庶吉士，吴綮、段汝舟、邓锡礼、高玉驹、闵鹗元、庄学和、陶思深、刘圻、姚成烈、江权、罗人文、杨文振、陈慕楷、安际虞、俞成、杨天恩、廖淮、孙英、李梅、曹槐、杨文扬、杜官德、戴秉瑛、喻敬璋、关寿、齐建中、舒敏、吴楫、刘伯兴、赵春福、梁景璋、张国宁、孙旷、刘龙光、唐文蔚、哈达翰、余腾蛟、彭礼、周才盛、张拜赓、闵鹄、谢凤诏、赵用熊、刘翙羽、金澍、叶申介、王潮俱着分部学习，照例试用；狄宽、周铭诒、孙尔周、周芬佩、吴一嵩、胡夔臣、张万青、任文翌、宋焕、鲁克宽、袁虞礼、傅豫、赵廷健、王训、徐锦、汪正泽、侯钧、邹瀚、高登升、赵颐、曾光先、罗鳌、何毅夫、劳宗发、高居宁、桑淇、王善思、王铨衡、牛宗文、岑天构、徐天球、徐维纲、陆烈、叶为舟、鲁晋、冯渠、李际隆、李映岱俱着分发各省，以知县用；张梦扬、李建中、江龙光、吴元会、孙王纶、池光远、王宇大、童元璠、何仁、陈士师、高其度、罗正先、孙菼、刘震、张东、贾元鳌、陈迥、张宾贤、张维灿、陈斗、欧阳梦旂、殷台杰、袁芳、陈善俱着以教职即用，余归原班铨选。

七月丁丑　谕：会典开载，康熙年间，选拔庶常后，有选派讲读、修撰、编检数员为小教习之例，教习汉庶吉士诗文、四六。今科庶吉士，着掌院张廷玉、阿克敦，教习庶吉士之大臣德沛、汪由敦，于现任讲读、修撰、编检内选派数员为小教习。

七月辛巳　稽查右翼宗学、右通政熊学鹏奏，右翼宗学共设满汉教习九人，凡在馆学生满汉文艺之优劣，教习人员训课行走之勤惰，皆应不时考核。今稽查右翼宗学，系臣与光禄寺卿沈起元二人，俱系汉官，于翻译素未通晓。请再派满洲文臣一员，公同稽查。得旨：着派开泰。

七月丁亥　吏部议覆钦天监会同管理国子监算学、太仆寺少卿成德等议奏，汉算学生由举人出身者，期满以天文生补用，与生童充补者无别，请即以博士升补。其算学期满之助教、教习，遇有五官正、灵台郎、挈壶正、博士等缺出，请与钦天监应升人员相间补用，先用助教、教习一次，后用应升人员一次。……从之。

七月己丑　礼部议准，四川学政蒋蔚疏称，酉阳一州僻处川东，生童向赴重庆府考棚应试，往返二千余里，路险难行，孤寒盘费维艰。请照夔州、宁远二府之例，岁科连考。从之。

七月辛卯　礼部议准，福建巡抚周学健疏称，闽省正音书院，原为教习闽人通晓官音而设。但闽省士民甚多，一馆之内，止可容十余人，正音固难遍及。况教习多年，乡音仍旧，徒为虚縻帑项。请裁四门正音书院，责令州县教职实力劝导，俾通晓官音。从之。

八月甲辰　谕：江苏各属向有学租一项，以供给发廪生并赈恤贫生之用，此固国家体恤士子之恩也。但闻向来学臣赈贫，每于各处考试事竣，始据各学册报给发，其中弊端种种，不一而足。朕思与其散赈于考试将竣之日，何如散给于士子云集之时，则耳目众多，贫者不致遗漏，而不贫者亦难以冒支。嗣后，着各该学政转饬各学教官，确查极贫、次贫，造具花名细册，于按临之日投递。该学臣核实，即于三日内逐名面赈，则贫生均沾实惠。该教官等如有滥开、混报等弊，亦易查出参处。

八月乙巳　谕：冒籍顶名，例有严禁。况岁科考试为士子进身之始，尤宜加意清厘，以肃学政。今据崔纪奏称，江苏地方，童生应试，率皆彼此通融互考，甚且有一人冒考数处，或多做重卷数名，以为院试时售卖之地者，通省皆然，而松江府为尤甚等语。此种弊端所关士习非浅，朕思各府州县皆有烟户册籍，按籍而稽，难以蒙混。诚于州县考试之时，童生报名，查对烟户无讹，方许廪保填结，府考、县考俱令原保廪生识认，则冒籍顶名之弊可除，于士习不无裨益。着该督抚转饬所属实力奉行，不得视为故事，该学政亦不时稽查。如有仍蹈前辙者，查明按例究治。该部即遵谕行。

九月庚午　兵部侍郎、办理步军统领事务舒赫德奏，江西会试武举赖湘偶因拾得物件，被捕盗兵指为偷窃，拿获送官。随有会试举子多人殴缚兵丁，将赖湘立行解脱。

查赖湘事果被诬，自应静听审断。乃此辈肆横无忌，殊干法纪。若不究办倡首之人，何以示儆？但考试为期甚迩，逐加究讯，恐辗转牵引，一时不能清结，于武闱大典有碍。臣暂将赖湘释放，密访首犯，俟闱务竣后究治。得旨：办理殊失宽纵。即未得首犯，其赖湘岂可省释？着将伊革去武举，递解还乡。

九月壬午　命兵部侍郎归宣光知武举，内阁学士涂逢震为武会试正考官，詹事府詹事沈德潜为副考官。

九月庚寅　兵部以武会试中额请。得旨：这考试，汉军取中六名，直隶取中十三名，陕西取中十四名，山西取中十五名，河南取中六名，四川取中四名，江南取中三名，浙江取中六名，山东取中三名，湖南取中二名，湖北取中二名，福建取中七名，广东取中七名，广西取中三名，云南取中三名，贵州取中二名。江西武举有殴差之事，今科着停其取中。余依议。

十月戊申　大学士等议奏，各省捐监收纳本色，行之既久，半属有名无实。应请停止，仍归部收捐折色。得旨：依议。朕从前本欲将各项捐纳尽行停止，后经廷议，请酌留捐监一条，以为士子进身之阶，尚属可行，是以允其所请。嗣因仓储为民食攸关，复谕令本省收捐本色，以备粜赈之用。今鄂弥达等又请捐收折色，经该部将捐监之例，分别议覆。盖因各省生监以捐谷为难，观望不前者多，于积贮之数，无甚裨补，究非便民之策，不得不因地变通。但朕意究以积贮为要图，各省收捐本色之例亦不必停，其有愿在部捐折色者亦听。如是，则既无州县胥吏之滋弊，亦不阻士子上进之阶矣。至直隶捐款，原系一时权宜之计。上年因河间、天津等处旱象已成，一切赈济诸事，需费浩繁，兼之兴修水利工程亦须济用。乃准廷臣之议，照好善乐施之例，暂开捐款，以济经费之不足。今该处赈务，俱已完竣，水利工程办理亦有头绪，所有捐款自应停止。或外省尚有赴京投捐者，遽令中阻，恐有未便，其如何定限停止之处，着大学士会同该部定议具奏。

十月乙卯　礼部议准，四川学政蒋蔚奏称，龙安、宁远、雅州等府及茂州所属各县，地邻番夷，恐不肖生员，藉称游学，潜入苗疆生衅。请嗣后边庠文武生员游学内地者，呈明本学教官，牒行州县，取具地邻甘结，详准遵行。仍令州县注册，归日销案，违者详究。已结报，而教官不牒州县，州县不转详学政者，将该州县教官，分别参处。从之。

十月庚申　御紫光阁，阅中式武举骑射。

十月庚申　大学士等议覆御史杨开鼎奏称，直隶捐款，现在奉旨令大学士等酌定限期停止，原所以慎重名器。但贡生与监生同为士子上进之阶，非捐纳职衔可比，且捐贡例无铨选，不碍正途，应请酌留。至封典，孝治攸关，凡身沾一命之荣，皆思显扬其祖父。况所给只属空衔，与实授官职有间，亦请酌留。应如所请，令户部入于捐监案内，一体办理，从之。

十月辛酉　上御紫光阁，阅中式武举技勇。

十月壬戌　御紫光阁，覆试中式武举骑射。

十月癸亥　上御太和殿。传胪。赐中式武举一甲董孟、李经世、胡经纶三人武进士及第，二甲蔡永福等九人武进士出身，三甲钱国佐等七十三人同武进士出身。

十一月乙亥　谕：朕闻吕炽在直隶学政之任，所用夫马多于往时之学臣。有应发价者俱不发价，以致每州县赔垫银四五十两之多，且馈送食物等件亦多收受。朕得之传闻者如此，可密寄信那苏图，令其确查，据实具奏。寻奏，直隶学政按试诸郡，所有夫马车辆，向系沿途州县雇备接替，应给价者，该学政自行发价，亦有不发者。学政吕炽往来需用大车，自十余辆至二十辆不等，俱先行发价，经各州县缴还，未曾复给。其车数与往时相仿，惟州县各赔垫银二三十两不等。至考时日用食物，向即各州县匀摊供应，并不发价。吕炽照旧而行，计每日费银十余两。又，今秋考竣发案后，有正定、顺德等属新生公制扁对，悬挂察院，并送杯缎、靴帽等礼仪，亦曾收受。至在任声名，俱称关防严密，取士公平。得旨：以后仍应不时留心查访，若有甚不妥处，即行奏闻。

十一月戊子　礼部议准，直隶学政吕炽奏称，唐山屯地方，分隶顺德府唐、任二县，新进童生，拨入正定府，且由正定府学教官考送，殊未允协。应将唐山屯额进文武童生，并从前拨入正定府学之文武生员，改归顺德府。又，唐山屯地方，隶唐山县者十七八，隶任县者十二三，应将任县童生，移少就多，统归唐山县考试申送，用府学之唐山屯廪生暨唐山县县学廪生保结。从之。

十二月乙巳　礼部等部议准，江西巡抚塞楞额疏称，省会学政考棚，近年应试童生渐多，坐号不敷，请动支盐规银添建。从之。

十二月癸丑　礼部等部议覆顺天府府丞郑其储奏称，大、宛两县额进生员冒籍居多，冒籍得以入考，由冒同乡在顺天之进士、举人、贡监生员为父兄，而冒有籍贯之人藉此获利。欲杜冒籍，宜彻底澄清。应如所请。凡冒籍顺天中式之进士、举人等，入籍未满二十年及满年而有原籍可归者，统以一年为限，由科甲出身之现任京员及候选进士、举贡并监生赴大、宛两县呈改，廪增附生赴该教官呈改。改归原籍后，廪生仍照本生年分次序，食饩挨贡，逾限不改，生监褫革，候选进士、举贡斥革，现任京员革职。该管官查出免议。科道纠参或旁人首告，该管官罚俸一年。至冒籍既清，恐应试者少，该学政考试时，凭文取录，宁缺无滥。又，工部右侍郎励宗万奏，顺天大、宛两县学、一府学共取进七十五名，本地力学者少，外籍视为捷径，顶冒愈多，请将大、宛两县额进五十名，令该学政凭文取录。其顺天府学额进二十五名，照各省府学匀予合府州县拨取。查大宛学校为四方冠冕，进额自应从优，即一时应试人少，宜照宁缺无滥例考取，未便将现定府学额数归合府州县匀拨。又奏，本籍廪生宜先期选择，应如所请。令大宛知县、教官择行优廪生，申送府承查核，临期认保。又奏，审音宜特派大臣一二员，或满洲御史一二员，协同详审，乐舞生一例审音。查，审音向专责大宛知县及府丞，今以两县童试，特派大臣，似非政体，应于府试时，该府丞移咨都察院，奏派满汉御史各一员，会同审音。乐舞生令知县教官一体审音，声音不合，究出冒籍情弊，将本生廪保照变乱版籍律治罪，受财、计赃从重论；申送之知县，照徇庇例议处；教官婪赃者，计赃定罪。又奏，直隶各州县皆有冒籍，请饬下总督、学政加意整饬。应如所请，令转饬各属州县。嗣后，州县官有招集乡人，或受人嘱托，硬派廪保等弊，提调等官瞻徇者，该督、该学政查参。又奏，从前冒籍，历仕外任者，请无论官大小，俱令呈明上司，改归原籍。应如所请。各省大小官员由冒大宛籍入学中式出身，非入籍二十年、无原籍可归者，俱令呈改，逾限不首者议处。得旨：大宛两县考取生员，额多人少，实有冒滥情弊，或照励宗万所奏，变通办理，或裁减额数，以收真才。着大学士等妥议具奏。余依议。寻奏，顺天府府学拨取二十五名，嗣后，照外府例，一体通融酌拨。至大宛县学各取二十五名，府学既议通拨，则人数尚不过多，未便遽行议裁。应令该学政科试时，凭文拔取，核其实数，果应酌裁，另行奏请。从之。

十二月癸亥　谕：直省文武生员，三年岁考一次，若临场不到，即行黜革。其游学患病者，皆取结开报，限三月内补考，违限者分别降黜，定例綦严，所以考优劣而示劝惩也。近闻各处士子，有任意迁延、屡次欠考者，江苏为尤甚。此风渐不可长。嗣后，除无故临点不到，即行黜革外，凡系病假生员，其上届开报者，下届果系游学未归、患病未痊，该教官查验确实，再行详请展限，一俟病痊回籍，即送补考。如欠至三次以外俱不准展限，竟行黜革。倘有扶同捏报，不行详请展限者，该学政严查，将教官参处，以专责成。

乾隆十一年（1746 年）

二月丙辰　谕：据御史薛澄奏称，云南省向有供应学臣轿马、扛夫日用薪水等项，每一州县费数十两至百余两不等。学臣即借端需索，多方周旋，认州县为年谊世好，种种弊端，不可究诘。复又奏称，历来积习相沿，非始于一人，非始于一时，未便指参，请敕下该省学政，自行禁止等语。该省学政果有如此弊窦，薛澄既知其认为年谊世好，毋论前任现任，俱可指参。乃既不实指其人，又复奏请敕令自行禁止，如此陈奏，是欲博敢言之名，而又示宽解之意，有此事君之道乎？夫言官风闻言事，如大小臣工等簠簋不饬之类，若实有确据，明目张胆，见之弹章，国家自有宪典，焉可如此信口讥弹？以一言污人名节，而又不足以示国家法度。在伊等不过有意取巧，殊非朝廷设立言官之意也。……此风断不可长，特行降旨申饬。

三月甲戌　谕：据鄂弥达参奏，湖南长沙府知府叶建封为考场提调，视考试为无足重轻之事，一切委之善化典史沈心培，而提调则与学政罕得会面，并点名送学等事亦不到，以至如掉包抢银、招摇撞骗等事，不一而足。其所取案首多系传递代倩之人，而武童尤多不公，士论不服。且有一处府首，系有人包伊进学，嗣因招覆无名，本生吵闹，府署之人倒赃退银，方得安息。又，学政汪师韩纵容妻弟家人，向各学需索门礼及供给朱油等项，致各教官勒限生童帮助杂费，种种滋弊等语。汪师韩、叶建封俱着解任，交与湖南巡抚杨锡绂、贵州布政使爱必达，将各案情由及有名人犯逐一察审明确，秉公定拟具奏。

三月甲午　议覆詹事府少詹事西成奏称，州县为亲民之官，不可一日乏人。自开缺至题达到部已需时日，若遇衰老不称者，改归下月；或别有事故，又归下月，未免稽迟。请嗣后掣缺官内，遇有庸劣不胜任者，吏部于过堂时记出，合计共有几缺，双月将其次应选，单月将其次应补之人，每记一缺，拟出二人。如本月无应记之员，亦拟出四人豫备，于考试履历、验看月官时一体考试验看。另为一本，随月官本一并进呈引见，如月官内有改教休致之人，即于备员内简用等语。查知州项内应补、应选之人甚少，除有人时亦每缺拟备一人外，若遇无人，例归推升，其推升者多系外任，不能随本月月官一同引见，难以拟备。至知县单月用应补应选，双月用应补应升，臣等酌议，除双单月内，如开复盐场期满，各学教习、满洲汉军举人、孝廉方正、保荐幕宾、外用三品荫生等项，俱系插班，遇无人即应过班，并应升班内亦多系外任，俱无庸拟备外，请于月选时，各按月分，如遇单月，将应补捐纳、进士、新进士、举人、俸满教职等项，每项各拟一人，共六人；如遇双月，将进士、新进士、举人、俸满教职、捐纳等项，各拟一人，共五人，此内因本班无人，例应抵选者，即照例拟抵，附于月官末，另为一排，以备扣除遗缺之用。得旨：依议速行。

三月丙申　（湖南巡抚杨锡绂）奏，楚南岳麓书院，离城十余里，中隔湘江，春夏水长，士子多因畏涉，不肯肄业书院，即秋冬水退，亦皆因循不往。臣查，宋时有城南书院，与岳麓并称，业已废为僧舍，城南有长沙协都司旧署，臣等各捐廉修葺，即改为城南书院，现将旧在岳麓书院各生，遴选入内肄业。俟仲秋后，仍归岳麓，岁以为常。得旨：好，书院之说，惟期育材，不期美誉，此意不可不知。

闰三月戊戌　命礼部郎中陈豫朋提督湖南学政。

闰三月辛丑　谕：陈豫朋年已七十，精力就衰，恐不能胜校阅奔走之劳。提督湖南学政着翰林院编修吴嗣富去。

四月丁卯　大学士等遵旨议奏，各学教习期满，即予议叙，较伊等原班，选用已速。若再予即用，则比各项议叙人员选用更速，实为过优。查，各学教习并无议叙即用者，惟咸安宫、景山向有即用之例。应请嗣后除奉特旨即用外，其以知县用之教习，交吏部归伊本学议叙班次选用，至咸安宫、景山教习选用班次，请一并交吏部酌定办理。得旨：是。寻议，咸安宫、景山教习选用班次，除进士教习期满奉旨以主事用者，仍照旧例办理。其进士、举人教习期满，以知县用者，应照各学举人教习之例，归双月各按本班，于两班后选用一人；以教职用者，亦照各学举人教职班次，四选一升后，选用一人，并请各按本班以从前所积之缺，一并计算选用。从之。

四月庚午　户部等部议覆大学士川陕总督公庆复等奏称……一、番民既入版图，即与编氓无异，应于该寨适中之地，设立讲约所。该州暨儒学等官朔望轮往，传集番民，宣讲《圣谕广训》及整饬地方利弊文告，并于律例中择其易犯之条，翻译讲解，晓谕化导。其子弟秀异可读书者送州义学肄业，果能渐通文理，照土司苗猺子弟应试之例，准其考试。……从之。

四月甲申　吏部议准，御史章佑昌奏称，庶吉士散馆以主事用者，归单月轮班四缺后补用一人，非数年不得补缺，似宜略为变通。请将双月学习进士轮用二人班内，酌减一人，改用学习进士一人，散馆庶吉士一人，庶不壅滞。从之。

五月甲子 湖南巡抚杨锡绂、贵州布政使爱必达奏覆，会审原参长沙府知府叶建封为考场提调，于已获代倩、传递之生童王邦畿等案，并不按例究褫，仅予责逐，且署旁一任棍徒吵闹倒赃，毫无闻见。应照溺职例革职。其原参学政汪师韩失察家人收受门包，票取朱油、纸张，应降二级调用。臣杨锡绂未能查出参奏，并请议处。得旨：览。不能查出，非杨锡绂之罪。而有意两可调停及奉朕交查办而尚敢瞻徇，则是汝向来好名习气，以为得计而反失计者也，以是问汝，汝其何辞以对？

七月丁巳 谕曰：御史张孝捏以学校、科举等事具摺陈奏。朕临御以来，孳孳以作养人材为念，凡所以鼓舞振兴，诱掖奖劝，设立科条，亦既明具备矣。今览张孝捏所陈，皆属必不可行之事。即如伊称天下贡监，令国学不拘人数，随考随收等语。夫聚天下之贡监于国学，无论势不能容，即教者亦何由而得，遍为训迪？况到监之人，原系随考随收，其在监肄业者，不可不加以分别，亦所以示鼓励也。至所称科举额数不必限定之处，尤属舛谬。朕因士子平日不能尽心向学，徒务科举虚名，以致文艺拙劣者混入其中，殊非激励之道。是以斟酌再四，限定额数，庶免薰莸无别，而务虚名者知所黾勉，皆向实学也。况所定之额，大省中式举人一名，科举至八十名，中省亦有六十名，已不为少，若如张孝捏所奏，则不论其人之能终场与否，概令混入，则是等宾兴巨典为儿戏，力学者不知所劝，不向学者不知所惩，可以为法乎？张孝捏所奏皆属纷更定例，邀誉沽名，甚属不合，着严饬行。

七月癸亥 江西道监察御史欧堪善奏，在部候选荫生人员，请试以古论时务等策，简派大臣阅卷，定其甲乙，交吏部带领引见，以等第先后为铨选次序。若文理荒谬者，令回籍读书，三年后再行赴部考试。武臣之后，有文字未谙而弓马熟习、愿改武职者，听其呈部改补。得旨：允行，下部知之。

八月己巳 谕：学政考试卷价，自雍正十一年，经部议定，每本价值三分，令提调官自行置办，不许卷户仍前增价重戥等弊，自应遵照定例办理。今崔纪奏，江苏等属卷价浮多，有贵至一钱及二三钱不等者，寒士未免拮据。此皆由书役舞弊巧取，该管官不行查察之所致。着该督抚、学政等通行各属，嗣后，童生府州县以及院试卷价，令依部定之例，毋得违例多取。如有仍蹈前辙者，着该督抚查出，分别究治。该部遵谕行。

八月庚辰 谕曰：硕色参奏河南学政汪士锽考试童生，声名平常。其取录文童多系瞻徇情面，拔取搢绅子弟，文气平庸肤浅；考试武童，并不较射马箭，止射步箭一矢，以致物议纷纷，士论不服。汪士锽着解任，差户部侍郎雅尔图前往。会同该抚硕色秉公确查，如有应行提审之犯，即着提审。

八月甲申 命江西道监察御史王应彩提督河南学政。

九月己亥 礼部议覆建威将军补熙等奏称，各省驻防将军之随印笔帖式，例于本省考取，臣现将绥远城八旗兵丁内考试满汉翻译，就中拣阅，只有三卷粗通，此皆由未谙汉文之故。臣前奏请城内设立蒙古学将近三年，俱各发愤勤学，甚属有益。请于绥远城内照蒙古学之例，设立满汉翻译官学，令其教习等语。应如该将军等所请，于绥远营八旗左右两翼，各设教习一员教导，从之。

九月己酉　谕军机大臣等：四川巡抚纪山题请，将逆犯夏如春案内附逆之举人李含筠革去举人一本。内称准贵州督臣张广泗咨称，质讯李含筠，供认李时吉告以逆言，代伊出银资送夏如春，知情不首，现将该犯问拟满徒等语。李含筠身列科名，既知夏如春逆谋，不行举首，更为资给盘费，情甚可恶，非寻常知情不首者可比。今仅拟满徒，岂足蔽辜？况此等匪类，充徒本省，将来必仍至滋事，前曾降旨，发遣逆党俱充发黑龙江等处，此案李含筠一犯，应即照此办理。可传谕张广泗知之。

九月庚戌　大学士伯张廷玉等奏覆，编修杨述曾所进经史讲义，内称科举之弊自不可听其日下。而制义之行已四百余年，今何能骤为更张？亦惟酌复旧式，稍为变通。臣等查，设科取士，近代试以文艺，原非专尚词华。至考试之法，汉唐以来，明经、贤良、进士诸科初或得人，后适滋弊。欲异其经，至于申韩老庄，皆以发问，而抄义条、诵旧策，其习不改。盖制愈更而趋时好者应之速，法方变而争捷径者术弥工。苏轼所谓，有知人之才，虽因今之法而有余；无知人之才，虽复古之制而不足，诚笃论也。今科场取士，试以经书、制义、论、表、判、策，求其各体皆合程式，即老生宿儒不能出其范围。若惟节抄剽盗，即朝更夕改，其术自在。从前条奏更制者甚多，康熙五六年间曾废八股而试策论，行之一科，风气卑靡尤甚。百余年来，仍复旧制，亦以取士之法，如是已足。今杨述曾所称，制义旧制限三百字以上，篇末自抒所见，名曰大结，限二百字以下。后因文日加长，大结遂废，今请限四百字以上，许用大结，限二百字以上等语。查科场条例，初场文每篇不得过五百字，原有定制。明初多用大结，非因文长而废。盖大结之体，汉唐以下之事，随题缀入；明之中叶，每以此为关节，其后悉行禁止。若仍用大结，弊窦愈多，断不可行。又称，旧制考试经题，不嫌隐僻，照书义亦用大结，先引注疏，再引宋儒注解等语。查，考试经义原听主司命题，无专尚冠冕、禁出隐僻之例，如限定隐僻，则又于隐僻中揣摩，弊亦相等。至宋儒注解，精者固足以发经蕴，若驳杂之说，添设大结之中，有伤正旨，无补经文。又称，表题不论古今，随时互出，五判易以五言排律八韵等语。查，表以标著事绪，在辞旨明畅，声律精切，若果学富词充，即诗才赋手，皆已兼之。如随俗备拟，勉强凑成，无论古今，皆可率应，仍不免雷同。至五判，原欲士子留心律文，俾引经议制，详慎刑章，若易以律诗，则风云月露之词，不免为李锷所讥。且仅仅五言数韵，尤易凑合，更难以杜剿袭。又称，策题发问太多，对者不悉，往往敷衍草率。嗣后，五问，限以一经、一史、一性理、二时务等语。查，科场定例，五策题字原不许过多，其发问不拘门类，凡天文、地理、礼乐、兵农、经史子集等类，随时策试，正欲其贯通古今，指陈得失，如但限以一经、一史、一性理、二时务，示以定格，更易揣摩。且头场已试经义，二场试性理论，三场复重见叠出，亦不足以穷摩拟。在杨述曾以为，科举之学，欲其难不欲其易。臣等窃谓若求其实，则今之试法，不见为易；若不求其实，即如所奏，更不见其难，且恐弊端复从此起。惟在司文柄者精心衡鉴，实意旁求，果能不为浅学眯目，则甄拔皆佳士，不在更张旧制也。从之。

十月己卯　　命工部侍郎尹会一提督江苏学政。

十月丙戌　　谕：今日礼部将郎中陈豫朋年老乞休员缺，题补引见。陈豫朋于今年闰三月，经朕点用湖南学政，谢恩时折内称年已七十有余。朕因其年老，恐不能胜任，另派员更易。今只隔数月，忽以年老乞休，陈豫朋若自知年力衰迈，则未授学政以前，便应告休，及点授学政之时，亦当据实陈情，何以寂无一言。今于朕降旨仍留部曹后，忽尔告退，盖伊自知嗣后无升迁之望，并非恬退本怀也。夫致身事君，终始不渝，乃分所当然，鞠躬尽瘁之义，凡为臣下者，何人不当以此自勉？昔皇祖时，汉臣中间有蹈此习者，曾蒙训饬。今陈豫朋于进退之际，少不如愿，即欲解组以鸣高，事君之道，固如是乎？陈豫朋着革职，留京候旨。向例四品以下官员，吏部入于汇题内开缺，嗣后告休人员内，有与陈豫朋相类者，着吏部具折请旨。如徇情入于汇题，查出必加以处分。余仍着照例汇题。朕君临天下，向之所学，且不必论，即以岁月计之，十年于此矣，大小臣工，居心行事，已无不洞悉其情伪。古帝王垂旒黈纩，不以察察为明，朕平日之包荒，不可胜数。但如陈豫朋之所为，若不明白晓谕，则竟无以明事君之义矣，诸臣工其共凛之。

十一月乙未　　吏部议准，钦差户部右侍郎雅尔图等奏，审明河南学政汪士锽考试生童、徇情违例一案。缘汪士锽衡文既多失当，办事又复任性，以致士心不服。如原任右通政陈履平、庶吉士蒋辰祥素与汪士锽交好，其子侄俱取入学。虽查无请托情弊，究属瞻徇。又，考试武童，或不试马箭，或减射步箭，虽查系天热之故，亦与定例不符，应照溺职例革职。从之。

十一月丁未　　礼部议覆顺天学政吕炽奏称，顺天府学额，请将大、宛两县童生一体拨取等语。查顺天府学，额进文童二十五名，向例止于大、宛两县考录，嗣经大学士等议准，改照外府拨学之例，在阖属各州县内通拨，大宛仍在拨取之中，并非仅就外州县均拨，而大宛不与也。应令该学政遵照原议办理。至大宛生童向系就试通州，后复改并贡院，府学额数，既在阖属酌拨，分棚考取，试期先后不同，难以通盘计算。请将大、宛两县仍归通州并考，即以东路同知为提调，其各州县拨入府学诸生，教官远在都城，未便约束，除大、宛两县拨取府学生员，专责顺天府学教官督率外，其外州县拨入者，令府学教官查明年貌、经书、籍贯，造册申送府丞，分发各属教官，就近训课。均应如所请，从之。

十二月戊辰　　吏部奏，各省知县现在奏请改教者甚多，其中保无迁就姑息情弊。应通知各督抚，嗣后，科甲出身人员如实系衰迈庸愚、不胜民社者，务遵前旨，或以才力不及、或以溺职分别题参。其有为人谨慎、学问优通者，送部引见。从之。

十二月戊辰　　礼部尚书王安国奏，定例各省生员详革审讯者，承审官于事结后限一月内录案申报学政，分别开复除名，迟延者议处。今各省岁试已竣，臣检阅各册所开详革生员，未经分别开复除名，仍列缘事项下，多者至八九十名，远者至十年以外。州县亲民之官，于通详之案，玩忽如此，其他户婚、田土之自理词讼，安望听断敏决，案无留牍。再，各省州县官于重案不能审出实情，事隔多年，案由外结，内部无可稽查，惟有详革生员，先经册报在部者，下次学册，每捏开病故完结。请行文各该学政，凡缘事生员，虽已病故，务将斥革年月、曾否审结及审定犯案与开复除名之革生，一并摘叙简明案由报部，不得混于病故项下开除。得旨：王安国奏，各省学册，开报缘事生员，多未遵例分别开复除名。又，详革生员，捏开病故等弊一摺，着照所请行。夫开报学册，系易于查办之事，尚有迟延至十余年、朦混开报者，可见督抚有司平日于一切政务漫不经心，不过奉行文书，张挂告示，粉饰虚文，似此积习相沿，民风吏治，何由丕变？国家任用督抚有司，本意固如是乎？为督抚者，亦当知自愧矣。至王安国曾任巡抚，亦未见其在广东何以实力整顿、政绩班班之可考也。今在部办事，乃为此奏，此非外省不能实心办事之明验耶？摺并发。

十二月戊辰　　命侍讲蔡新提督河南学政。

乾隆十二年（1747 年）

三月乙未　　吏部等部会议大学士、管川陕总督事公庆复等议覆西安布政使慧中奏，裁同州府潼关县缺，其屯地、钱粮等事归驻劄之抚民同知管辖，并将潼关县学改为厅学，仍留训导一员，原设之典史、教谕、大庆关巡检俱裁，抚民同知一缺，改为冲繁难三项要缺，在外拣选等语。应如所请。至分隶之户口、兵米、草束，常社各仓驿递、夫马、学额，并该厅之养廉公费、盐引、庆关巡检俱各项细数，应俟另议具题，到日再议。从之。

三月戊戌　　（大学士等）议准，顺天府府尹蒋炳、府丞孙灏奏称，近闻各省学臣因科举名数稍减，贡监可赴京应试，遂止于生员内录取，贡监多有遗弃。请敕下各省学臣，将本省贡监与生员一体录科，不得豫立成见，庶士子无赴京跋涉之艰，而京闱号舍亦不至有不能容纳之虑。得旨：依议速行。

三月戊戌　　（大学士等）又议准，顺天府府尹蒋炳、府丞孙灏奏称，直隶每举人一名录科八十名，应取科举七千九百二十名，贡院号舍仅万间，除满、合、夹、旦、卤、皿等字号，须用四千余间，所余止五千余间，万难容坐。直隶文风较江、浙两省究属有间，请照山东省每中一名录取六十名。得旨：依议速行。

三月甲寅　　吏部等部议准，湖南巡抚杨锡绂奏称，各府州县设立科房，原以收贮案卷最关紧要。查湖南府州县竟有书吏不入衙门，一切案卷，俱存私室。请嗣后如书吏不入科房并将案卷携归私室等弊，该管官不行查出者，照约束不严例降一级调用，并请边远省分有似此者，亦一体饬查。从之。

三月甲寅　　礼部议覆御史书昌、汤聘等奏称，查翻译乡试例用誊录笔帖式百余员，该员等俱系各部院现在行走之人，令其为生监人等誊录试卷，似于体制未协。而各所帘官品级与笔帖式不甚相悬，碍难约束，应请停止。于各旗领催内，遴选熟练清字、守法安分者送入誊录。应如所请。又称，外帘各官并入场弹压之副都统及参领、章京等官，其跟随人役，应酌定人数。再，场内需用各项夫匠、人役，务须雇觅良民充役，不得希图省费，杂以乞丐、无赖之辈。仍令各该员于三日前照例造具确实年貌、花名细册，加具印结，申送外场御史查点。倘与册结不符，即将承办之员，指名参处。均应如所请。嗣后，外帘各官跟随人役各带二人，副都统各带三人，参领、章京等官各带二人。从之。

三月戊午　谕：向来各省乡试正副考官有通行考试之例，亦有令大臣保举者，各科往往不同，而外间议论亦不一。今岁系大比之年，所有各省正副考官，着将应行开列人员通行考试，其不愿考试者听，仍于应行开列中，着大学士、九卿等将学问优长、精于衡鉴者，各举所知，密封交送内阁进呈，候朕酌用。如此，考试与保举并行，内有保举而考列优等者固可简任文衡，即未经保举而文艺入选者亦一并简用，则人材不致屈抑，而众心亦当允服矣。该部即遵谕行。其非科甲出身及无真知灼见者，亦不必强举。

四月辛未　谕：此次考试各省乡试正副考官，列一等之周渼、金甡、周长发、陈大昤、钱度、陈作梅、冯秉仁、朱荃、徐文煜、裘曰修、眭朝栋、德保、陆嘉颖、周玉章、汤大绅、王际华、王洛、郭肇镄、陈锷、沈景澜，二等之彭端淑、窦光鼐、胡泽潢、沈廷芳、阮学浚、毛永燮、汤聘、孙廷槐、邱柱、钱琦、刘炳、周孔从、薛澄、吴履泰、冯钤、王居正、孙宗溥、兴泰、胡蛟龄、程景伊、罗源汉、林蒲封、陈兆仑、郑肇奎、程恂、廖瑛、袁德达、严源焘、王锦、潘乙震、陈亮世、陈士璠、叶酉、张日誉、朱佩莲、程钟彦、双庆、蔡扬宗着吏部于十三日带领引见。考列三等之方世儁、戈岱、钱维城、程岩、李玉鸣、周人麒、经闻、储麟趾、顾汝修、纳国栋、王云焕、杨述曾、徐玮、觉罗奉宽、刘锡龄、李金台、罗暹春、周焘、孙维、邱玖华、戴章甫、李龙官、肇敏、金相、马正午、欧堪善、张镠、李清芳、张孝揑、吴士进、王显、许汝盛、李果、吴孙逢、黄师范、童其澜、廖方莲、周煌、冯元钦、彭肇洙、时钧辙、张映斗、龚渤、葛峻起、杨廷为、罗源浩、杨勋、周正思、宏亮、陈大复、陈世烈、诸锦、出科联、王以昌、程廷栋、韩彦曾、周祖荣、赵青藜、王太岳、温葆经、黄元铎、色臣、西成、王世仕、李清载、欧阳瑾、丛中芷、伍泽梁、何其睿、陆树本、杨文桂、武绍周、吴鼐、蔡宾兴、李从龙着于十四日带领引见。

四月戊寅　以翰林院编修周煌为云南乡试正考官，杨述曾为副考官；翰林院编修徐炜为贵州乡试正考官，检讨觉罗奉宽为副考官。

五月丙申　谕：向来乡会试之年不准条陈科场事务，盖欲使士子潜心诵读，不便纷更成例，以扰其心志。且亦防弊之一端，立法甚善，夫三年之内，何时不可言，而必待场期已近，纷纷陈奏耶？孙宗溥摺，着交部暂存，俟科场事毕，另行议奏。嗣后，如有似此违例条奏者，必交部察议，并传谕科道等知之。

五月丙申　广科举额。谕礼部：国家宾兴之典，原以遴拔俊髦，若学殖荒陋者俱得侧名幸进，则玉石杂呈，主司因而迷目，自不可不严立限制。前此学臣科试之后，复取遗才，录遗之后，督抚又有大收，其取送甚滥。是以议有科举定额，每举人一名大省录取八十名，中省录取六十名，小省录取五十名。其途本宽，果系真才，自不复有遗珠之叹。但近来士子，因科场剔除旧习，颇知自爱，有志读书，期以实应，又当稍展其额，以示鼓舞作兴之意。朕思前议，但就正榜定额，尚有副榜未经议及，着再加恩，每副榜一名大省加取四十名，中省加取三十名，小省加取二十名，令各学政于考试遗才时，不论生员贡监，亦不拘县分大小，但就文理明通者照数录送入场，此外概不许滥送。该部可即速行文知之。

五月丁未　以翰林院编修张映斗为四川乡试正考官，翰林院侍讲学士龚渤为副考官；礼部主事陈大复为广东乡试正考官，兵科给事中李清芳为副考官；国子监司业陈世烈为广西乡试正考官，陕西道监察御史冯元钦为副考官；司经局洗马韩彦曾为福建乡试正考官，翰林院编修经闻为副考官；山东道监察御史赵青藜为湖南乡试正考官，翰林院侍读双庆为副考官。

六月丁卯　命停新科举人覆试。谕：国家三载宾兴，所以旁求俊乂，关系綦重。向因不肖士子，陋习相沿，临场专事怀挟，舞弊营私，希图侥幸，是以上科顺天乡试，特派大臣侍卫等严加搜检，彼时外省传谕未到，恐其中有夹带冒滥中式者，因令于榜后覆试，冀得真实学问，以培养人材。本年又当乡试之期，闻士子颇知愧悔，不敢自罹罪谴，奋勉下帷，以图上进，向求讲求巧挟之弊颇敛，而闭户读书、精研场课者有之，朕嘉悦焉。但若因此稍弛剔弊之令，恐复蹈故辙。着各该监临等官临时加意搜查，不许携带片纸只字，务令诸弊悉除，使场规整肃，以收得人之效。至上次覆试，原因场期已近，不及严查，今既一体严行搜检，其覆试之处着停止。

六月丁卯　谕军机大臣等：前据潘思榘奏请，捐监之例改归本省。经部覆准，朕已降旨允行。原欲积贮充盈，于仓储有益，可传谕潘思榘，令其于一二年后，将收捐米谷数目具摺奏闻，则有益无益，可以立见矣。

六月丁丑　以兵部右侍郎王会汾为浙江乡试正考官，刑部主事周湨为副考官；刑部左侍郎钱陈群为江西乡试正考官，监察御史冯秉仁为副考官；詹事府少詹事裘曰修为湖北乡试正考官，翰林院编修朱荃为副考官。

六月丁亥　以翰林院检讨程岩为陕西乡试正考官，户部郎中时钧辙为副考官；礼部侍郎邓钟岳为江南乡试正考官，翰林院侍讲学士周长发为副考官。

七月辛卯　谕：国家三载宾兴，系抡才大典，每科正副考官，皆令该部就各省分驿程之远近，按期请点，从无迟误。乃各省之中，有数省督抚循例请差者，亦有不行奏请者。揆厥所由，皆因前明季年，朝政阘茸，竟有当大比之年，逾期不点试官，以致科场展限者。其后地方大吏不得不行豫请，至今尚有沿习旧文，具本题请之事，实属重复，各省又不画一，殊非政体。嗣后，惟令该部届期照例请点，其直省自行奏请之处，着停止。

七月戊戌　礼部议准，原任山西巡抚爱必达奏，晋省按照中额，应录科举三千九百余名，试卷较少，应将《易》、《书》、《诗》三经各减一房，外帘受卷、誊录、对读三所各减一员。从之。

七月壬寅　以给事中程钟彦为河南乡试正考官，编修周正思为副考官；侍讲德保为山东乡试正考官，御史葛峻起为副考官；编修刘炳为山西乡试正考官，编修诸锦为副考官。

七月癸卯　谕：科场关系大典，务期甄拔真才，向因士子希图侥幸，有怀挟作弊之事。是以乾隆九年乡试，朕派大臣侍卫等官，严加搜检稽查，以清积弊。近日以来，士子颇知作弊为耻，蒸蒸向善，渐肯潜心读书，甚可嘉悦。惟是人之贤愚不等，诚恐一二不肖之人，故智未忘，乘机舞弊，转令有志向上者，亦蒙其垢，殊非朕作育人材之意。现在出口行围，八月乡试届期，着在京总理事务王大臣等照上科之例，酌派大臣、侍卫等员严加搜检稽查，务使弊绝风清，以光巨典。

八月甲子　顺天乡试，以顺天府府尹蒋炳为监临官，刑部尚书阿克敦为正考官，左都御史刘统勋为副考官。

十月戊辰　谕：今岁科场，各省监临奏报搜检怀挟之处，有经搜出惩究者，亦有称通省并无一人者。向来怀挟之弊，京闱尚少，而外省最甚。虽经屡颁谕旨，令严加厘剔，而士子狃于积习，监临等官未免尚存姑息之见，未能翕然丕变。即如江西一省，三场多至十六人，可见各省此风尚未悛改。其未经搜出者，非奉行不力，则有心邀誉耳。夫始进不正，则士习不端；宿弊不清，则真才不出。嗣后，各省监临务必实力严搜，使弊绝风清，以裨文治。

十月庚午　以翰林院侍读学士齐召南为顺天武乡试正考官，检讨陈桂洲为副考官。

十月丙子　命顺天学政吕炽、江苏学政尹会一、安徽学政观保仍留原任，调山东学政于敏中为浙江学政，浙江学政陈其凝为山东学政，湖北学政宋邦绥为山西学政，山西学政夏廷芝为湖北学政，广西学政官献瑶为陕西学政，陕西学政胡中藻为广西学政，广韶学政夏之蓉为湖南学政，湖南学政吴嗣富为广韶学政，以右通政林枝春为江西学政，福建道监察御史葛德润为福建学政，编修朱荃为四川学政，左谕德兴泰为肇高学政，编修叶酉为贵州学政，编修何其睿为云南学政。

十一月辛卯　谕：据山西巡抚准泰奏称，学政有统率士子之责，晋省两年中，如天镇之抢粮，乡宁、静乐、镇宁等处之聚众抗官，皆劣衿倡首，该学政从前未报劣行，宽纵之咎，已属难辞。镇宁等未结之案，该学政有无瞻徇之处，现在查核等语。夏廷芝着来京供职，其任内如有应参之案，着准泰查参。宋邦绥仍留湖北学政之任，山西学政着德保去。

十一月癸巳　吏部等部议覆贵州巡抚孙绍武疏称，遵义府仁怀县幅员最宽，自雍正八年移驻新县后，将府属通判移驻旧县，所有仁怀河、西土城、三里地方一切刑钱案件，拨归分理，惟士子应试未经议及。现在教谕、训导均驻新县，旧县距六百余里，生童赴试维艰，请将训导移驻旧城等语。查，该县相距既远，教职、士子两有未便，应准其移驻。又称，岁科两试即由该训导录送，通判考取送府，并请颁给仁怀旧县训导学记等语。查，通判考取送府，止代县考，应令该生向通判衙门报名候考，毋庸该训导录送，其学记咨礼部铸给。至入学名数，该县僻处边隅，人文尚未加盛，且分隶者亦止仁怀河、西土城、三里地方，亦应仍照旧额取进。从之。

十一月丙申　礼部议覆四川巡抚纪山疏称，岳池县自康熙六十一年复设县学，现在人文加盛，请照例添设廪增出贡等语。应如所请，准照小学之例，设立廪增各十名，至出贡不便太骤，应俟四次岁考后，廪缺陆续补足，将初补之首廪食饩十二年者准其出贡，嗣后，三年一贡。从之。

十一月丙辰　调任陕西学政胡中藻奏，陕甘每考一棚，周行至千余里。臣办理四年，非案不撤烛，即骑不停鞭，仗恃强壮，不敢顾惜其身，然病且死者二次。向来议设此省两学政，皆梗不能行，不过为省一学臣养廉，然与其潦草塞责，即一学臣养廉，如同虚耗，诚不若分设为愈。得旨：汝奏尚属据实，但未免自表之意多，而且语不得体，岂敬慎事君之谊，至于此事，另有区画也。

十二月丁巳　礼部议覆湖南巡抚杨锡绂奏称，湖南乡试，自雍正初年与湖北分闱后，士子应试多至七八千人。今科酌定科举，较前已少其半，请量减帘员等语。查湖南同考官十一员、外帘官十六员，今既应试人少，应如所请，裁同考官二员、外帘官三员。从之。

十二月丙子　谕军机大臣等：今日宋宗璋奏摺，一系请安，一系伊子中式谢恩。伊乃武夫，其子习武，是其世业，今于文闱中式，伊奏谢之摺，尚属允当。但看其意，以得中为奇美之事，且文复庸陋不通，可知其子亦未必有佳文可录，不过侥幸而已。伊身为总兵，现在行间，一切军情，虽经呈报总督，但此次摺来，亦应将近日征剿情形具摺奏闻，乃仅为伊子陈谢，并无一语及于军营情事，则其不知轻重缓急可知。着传旨申饬之。

十二月庚辰　（军机大臣等）奏，陕西学政胡中藻奏请分设陕甘二省学政一摺。奉旨令臣等询问庆复，据称，陕、甘二省辽阔，学臣未免跋涉，多费时日，但该省预考生童无几，阅卷省便，是以向来督学止系一人，岁科两试均无贻误等语。胡中藻所奏毋庸议。从之。

十二月壬午　（军机大臣等）议覆山东布政使赫赫奏请，捐职武生有愿入武闱者，准其一体考试。查，捐职贡监例得入闱，武职虽无明文，而事同一例。应如所请，从之。

乾隆十三年（1748 年）

二月癸亥　（礼部）议覆陕西布政使慧中条奏。一、边境文风日盛，请将陕西木字号榆林等十学乡试士子隔科分合，以一科与通省士子合试，凭文取中，不必编列木字号；一科仍列木字，取中一名。一、陕省科举今定四千二十名，较前试卷既少，请将内帘诗经六房裁二员，外帘受卷、誊录、对读三所各裁一员，供给官减二员。均应如所请，从之。

二月己卯　御史金相奏，会试回避官生与翻译举人试卷，俱于三场毕后誊写进呈，派大臣阅卷，向来或在朝房，或在史馆，兼闻未经拟定以先，每夜仍回私寓，请令在午门内东西朝房分阅，再派御史各二员，一体住宿稽察，进呈后回寓。得旨：允行，下部知之。

二月庚辰　谕：国家崇儒重道，尊礼先师，朕躬诣阙里，释奠庙堂，式观车服礼器，用慰仰止之思，念鲁国诸生，素传礼教，应加恩黉序，广励人材，山东通省入学额数，着格外加恩，增广一次，府学大学增取三名，中学二名，小学一名，以广圣泽，以光文治。

二月庚辰　谕：朕此次东巡，加恩士类，已令增广入学名数，复念十三氏子孙远承世绪，济济胶庠，其中当有文学可观、读书立品之彦，宜加甄拔，以广恩施，其令该学政考验其文行兼优者数人，咨送礼部，贡入成均，示鼓励焉。其引驾官孔继汾，朕看其人尚可造就，着加恩以内阁中书用。

三月庚寅　命内阁学士刘纶为会试知贡举，兵部尚书陈大受为正考官，吏部右侍郎兼理户部侍郎事蒋溥、兵部左侍郎鄂容安、礼部右侍郎沈德潜为副考官。

三月戊申　会试翻译举人，命刑部尚书阿克敦、吏部右侍郎德通、理藩院尚书那延泰、内阁侍读学士苏章阿为主考官。

三月壬子　礼部以会试中额请。得旨：这会试，满洲、蒙古取中七名，汉军取中一名，直隶取中二十二名，奉天取中一名，山东取中十三名，山西取中十七名，河南取中十二名，陕西取中十四名，江南取中三十二名，浙江取中三十名，江西取中二十七名，湖北取中十三名，湖南取中六名，福建取中十五名，广东取中十七名，广西取中六名，四川取中九名，贵州取中七名，云南取中八名，南卷五经取中二名，北卷五经、中卷五经、旗卷五经应否取中，着主考阅文定夺。

四月丁巳　礼部等部议覆湖南学政吴嗣富奏请，添设永顺府属廪增额数及出贡年分一摺。查该府究系新辟苗疆，人文未茂，应照小学之例，府学准设廪增各十名，两年一贡；县学各六名，三年一贡。从之。

四月甲子　以工部侍郎尹会一为吏部侍郎，仍留江苏学政。

四月戊寅　以大学士张廷玉，协办大学士傅恒、陈大受，刑部尚书汪由敦，吏部右侍郎德龄、归宣光，署户部侍郎庄有恭，兵部右侍郎王会汾，刑部左侍郎觉罗勒尔森，内阁学士钟音、张泰开，左副都御史梅珏成、嵇璜，少詹事金德瑛充殿试读卷官。

四月己卯　策试天下贡士郑忬等二百六十四人于太和殿前。制曰：朕惟制治在审其时宜，论治必征诸实用。《书》曰："明试以功。"又曰："乃言底可绩。"士先资其言，必度可施之行事，为济时之良画，斯足以应天下之务，而国家收其实效。朕临御十有三年，宵旰兢兢，期与四海臣民，共臻荡平正直之休，而朝堂卿尹，未见其能公忠体国，夙夜匪懈也；僚采，未见其能震动恪共，服勤趋事也；封疆大吏，未见其能正己率属，移风易俗也；守吏，未见其能砥节奉公，劳心抚字也。将整饬之未得其道，激扬之未尽其方欤？吏治之未及于古，其故安在？农桑，王政之本也。列圣重熙累洽，休养蕃滋，思所以裕其衣食，亦既屡申劝课之令矣，而人不能无遗力，地不能无遗利，果游惰蠹之，追呼扰之欤？抑荒莱不翦，耒耜不勤，司牧者漫不知省，而大吏惟以簿书期会为急，即着之功令，用以为殿最，率具文从事欤？迩年米价之贵遍天下，朕多方筹画，税免矣，而腾涌如故，仓发矣，而市值仍昂，岂皆有司之奉行未善欤？或且欲停采买以纾其急，严囤户以畅其流，禁富民之射利以裕其所出，果皆切中事情欤？采买停，则所在仓庾不数年而告匮，缓急将何以济？青黄不接之时，市无现粮，贫民翘首官仓，使粒米无存，有司能坐视而不为补救欤？生谷止有此数，积于官必亏于民，其较然者。然积之害与散之利，当熟筹之，而非明著其由，何以使官民两利？至水旱偏灾，朕不惜帑藏，广为赈恤，而实惠之未能下逮者，其弊安在？山东被灾较重，前后截漕拨帑，费既不赀，且命大臣台谏，往莅其事，而流移捐瘠，何以劳来而安集之？古荒政之切于时事，可行者有几？先事之绸缪既无及矣，独不思所以善其后欤？乘时雨之沾溉，招流亡，贷籽种，给牛具，播种而耰之，以待有秋，非要务欤？此外或有裨于实用，可入告者否欤？治河转漕，以饷京师，黄河之由豫入徐，奋迅急疾，大溜横趋，堤工在在危险，而又加以埽坝林立，水势不能直达，淤沙日停，河心日垫，不得已而加堤以御之。近闻淤沙之离两岸者，或仅三四尺、五六尺，偶值盛涨，必有决溢之患。河病而漕亦病，果何道而能刷沙以畅其流欤？将复用河兵操舟制器，日从事其中，可岁月奏效欤？舍加高培厚之外，别有长策，可一劳而永逸者否欤？多士修之于家，宜有明治体、知治要，以期自见于当世者，而事词章而略经术，急进取而竞声华，论文体则尚浮辞而乖实义，于圣贤道德之实未有能体之于心、修之于行事者，将教化之未明欤？抑积习之难返欤？其博思所以端风尚而正人心者，切言之无隐，朕将亲览焉。

四月癸未　御乾清宫。召读卷官入，亲阅定进呈十卷甲第。

五月甲申　是日，赐一甲梁国治、陈楠、汪廷玙三人进士及第，二甲刘星炜等七十二人进士出身，三甲蔡强等一百八十九人同进士出身。

五月丙申　谕：历科进士殿试一甲第一名即授为修撰，二名、三名授为编修，至散馆时，向来无所更易。伊等恃已授职，遂自甘怠忽，学业转荒。即如今年散馆修撰钱维城考列清书三等，编修庄存与考列汉书二等之末，其不留心学问，已可概见。但钱维城系派习清书，或尚非其所素习，着再试以汉书，候朕阅定。庄存与不准授为编修，俟引见时，朕酌量其人材，或以部属，或以知县，或归班选用。则此后一甲之人，皆有所警，而专心问学，若有仍考列三等者，其例视此。

五月丁酉　谕：向来直省学政，岁科两试取进文武生童及乡会试中式举人、进士俱有定额，惟翻译科未有成例，若不酌定额数，或致多寡不均。其如何定额之处，着大学士会同该部妥议具奏。寻议，满洲翻译生员应定额取六十名，蒙古九名；乡试满洲额中三十三名，蒙古六名。如无佳文，宁缺无滥。会试额数应照文进士例。礼部将翻译举人两场实在数目题请钦定。从之。

五月庚子　内阁、翰林院带领乙丑科散馆之修撰、编修、庶吉士等引见。得旨：

清书修撰钱维城已经授职，庶吉士李友棠、汤萼联、黄叔显、孙汉、刘元熙、庄有信、顾濈俱着授为编修，张馨、周世紫俱着授为检讨。汉书编修王际华已经授职，庶吉士李因培、郑虎文、秦镄、蒋元益、史贻谟、欧阳正焕、谢溶生、积善、沈志祖、徐开厚、钮汝骐、朱若东、张甄陶、国柱、宋弼、温敏、章暟、张绍渠、徐光文、李清时、王楷、杨演时俱着授为编修，宗室达麟图、何德新、杨维震、梦麟俱着授为检讨，梁济瀍、杨永谟、朱履端、单铎以部属用，黄遇隆、钟凤翔、许葵以知县即用，丁居信、潘伟、蒋辰祥、冀文锦、杨士鉊着归进士原班铨选，庄存与此次散馆考试，诗赋虽属平常，闻其平时尚留心经学，着再教习三年，下次散馆，再行考试。

五月甲辰　　授一甲一名进士梁国治为翰林院修撰，一甲二名进士陈楠、一甲三名进士汪廷玙为翰林院编修。

五月乙巳　　内阁、翰林院带领新科进士引见。得旨：新科进士，除一甲三名梁国治、陈楠、汪廷玙已经授职外，刘星炜、毛咏、郑忬、吴绶诏、钱汝诚、邵树本、陈淦、雷曰履、邵齐然、陆钧、寅保、陈长镇、张裕荦、李中简、叶世度、邵祖节、陈科捷、陈大化、冯浩、宗室平泰、钟兰枝、刘宗魏、王翊、舒毓椿、徐堂、杨谷贻、李宗文、周学伋、史奕簪、刘定逌、朱圭、杨方立、范清沂、林明伦、刘景平、胡延龄、晏玿、段廷机、荀华南、边继祖、陈炎宗、宗室良诚、王恒、荆如棠、李兆鹏、朱仕琇、洪其哲、陈庆升、图鞳布、福明安、傅清俱着为庶吉士，虞鸣球、刘湘、蔡鸿业、毛绍睿、胡绍南、叶启丰、张玉阶、李敏行、魏梦龙、周照、谢墩、朱丕烈、武纳翰、陈梦说、叶宏觉、罗阿永、阿福柱、礼纶、音惠、宋越、秦朝釪俱着分部学习，照例试用；高观鲤、赵贤、方懋禄、陈天宠、张凤翥、卞栾、郑宗孔、潘思光、黄元圯、干从濂、黄汝亮、程英铭、吴培、朱衷、炳修、孙岩俱着以知县即用，王鸣、叶长浦、宋鉴、弓椿、钟和梅、陈佩、张文、朱嵩、王炎、黄宽、胡莘隆、张淑渠、凌鱼、李枝昌、李曰瑞、盛世佐、康庆云、方玉麟、梅云程、陈于上、梁卿材、刘秉钺、刘正国、张铨、叶鉴、曹学诗、朱心学俱着分发各省，以知县用，余归原班铨选。

五月庚戌　　谕翰林等官：数年以来，未曾考试，着照旧例，于本月二十九日传集乾清宫，候朕出题亲试。

六月庚申　　谕：昨于乾清宫考试翰林、詹事等官，朕亲加详阅，按其文字优劣，分为四等。一等齐召南、李因培、王际华三员，二等程恂、周长发、程景伊、张若澄、宋弼、国柱、欧阳正焕、钱琦、张九镒、金德瑛十员，三等积善、章恺、林蒲封、张甄陶、邱柱、宗室达麟图、金甡、沈志祖、郭肇璜、周焘、陈兆仑、蔡扬宗、周正思、蒋元益、阮学浩、沈慰祖、吴履泰、陆嘉颖、顾汝修、罗源汉二十员，四等朱佩莲、杨述曾、谢溶生、史贻谟、邵齐焘、秦镄、刘元熙、周玉章、阮学浚、李友棠、孙廷槐、徐开厚、肇敏、窦光鼐、赖翰容、钱维城、李金台、郑虎文、孙汉、王检、刘炳、出科联、张馨、周资陈、佟保、万松龄、储麟趾、张绍渠、顾濈、朱若东、周世紫、徐光文、诸锦、梦麟、李清时、王楷、王锦、黄叔显、程岩、徐炜、温敏、何德新、觉罗奉宽、戈岱、王世仕、杨维震、丛中芷、陆树本、杨演时、王居正、陈桂洲、刘锡龄、惠元士、汤萼联五十四员。内侍读学士齐召南着升授内阁学士兼礼部侍郎，编修李因培升授侍讲学士，编修王际华升授侍读学士，检讨程恂升授左中允，侍讲程景伊升授侍读学士，编修张若澄升授右赞善，编修国柱升授洗马。其二等未经升用之周长发、宋弼、欧阳正焕、钱琦、张九镒、金德瑛六员于伊等应升缺出，具名题奏。侍读学士林蒲封、侍讲学士吴履泰、中允陆嘉颖、侍读周玉章、洗马佟保俱着降补编修，赞善王世仕降补检讨，编修张甄陶、邱柱、徐开厚、孙汉、黄叔显，检讨周世紫俱着以知县用，编修肇敏着以八品笔帖式用，编修阮学浚、赖翰容、徐玮、戈岱、陆树本、汤演时、王居正、刘锡龄、检讨李金台、万松龄、杨维震、丛中芷、惠元士俱着休致。其余四等未经降调者，罚俸一年。编修汤萼联本应休致，但念伊清书散馆考列一等，着罚俸一年，仍留编修之任。

六月辛酉　谕：编修孙人龙由广东肇高学政来京复命，正当考试之时，以患病不能与考为言。伊甫经到京，何至适有患病之事，况伊从前考列四等，学差三年，办理公事，无暇从事笔墨，诗赋当更荒疏，若据实陈明，情尚可恕，今乃以患病托词，明系畏考规避，殊属取巧。孙人龙着作为四等，罚俸三年，姑从宽免其休致。

六月癸酉　命检讨程岩提督广东肇高学政。

七月丁亥　户部等部议覆陕西巡抚陈宏谋疏称，裁汰潼关县一案，准部覆，各项另议具题。……一、华屯生童合潼城、阌乡，存留厅学进额九名，大荔拨二名，朝邑拨一名。一、潼关县原设廪增二十名，应各减去五名，以符厅学十五名之制。……俱应如所请，从之。

闰七月戊辰　谕军机大臣等：周学健违制剃头，现今拿交刑部治罪。伊籍隶江西，着巡抚开泰即将伊家产逐一勘明，务必实力严查，勿令寄顿隐匿。开泰系科甲出身，向来以读书人自负，于师生年谊气习，未免瞻徇，此番若稍有回护袒庇之意，伊断不能保其首领，可并传谕开泰知之。

八月己酉　谕曰：侍郎梅瑴成、巡抚方观承具奏，山东学政陈其凝于生员樊显自刎一案，暧昧不明，非令该员到案，难成信谳等语。陈其凝着解任，该抚准泰差员作速押赴浙江，质审明确，定拟具奏。

八月辛亥　命翰林院侍讲学士李因培提督山东学政。

九月甲子　以兵部左侍郎王会汾知武举，内阁学士兼礼部侍郎刘纶为武会试正考官，翰林院侍读学士顾汝修为副考官。

九月壬申　兵部以武会试中额请。得旨：这考试，汉军取中六名，直隶取中十三名，陕西取中十四名，广东取中九名，河南取中七名，山东取中五名，江南取中四名，山西取中五名，湖北取中三名，湖南取中二名，四川取中二名，广西取中二名，福建取中七名，浙江取中五名，江西取中五名，云南取中三名，贵州取中二名。余依议。

九月丙子　礼部议准，顺天学政吕炽奏称，遵化州现升为直隶州，并拨永平府属丰润、玉田二县分隶管辖，其文武生童俱随遵化州附通州考试。查通州一棚，汇考顺天府属生童几二万人，请改附永平府考试。从之。

十月辛丑　命庄亲王允禄、恂郡王允禵、大学士来保、署刑部尚书阿克敦、兵部尚书舒赫德考试武举骑步射、技勇。

十月壬寅　策试天下中式武举杨德润等九十三人于太和殿前。

十月丙午　御太和殿。传胪。赐中式武举一甲张兆璠、温有哲、孙仪汤三人武进士及第，二甲刘纡青等武进士出身，三甲叶信等同武进士出身。

十月戊申　兵部奏，戊辰科武进士补授侍卫。得旨：一甲一名张兆璠授为头等侍卫，二名温有哲、三名孙仪汤授为二等侍卫，二甲刘纡青等十名授为三等侍卫，三甲叶信等十五名授为蓝翎侍卫。

乾隆十四年（1749 年）

正月甲戌　改建颍州府考棚、知府衙署，阜阳县衙署监库、典史衙署。

二月戊子　谕：据巡抚方观承具奏，会同侍郎梅珏成审拟陈其凝任内生员樊显自刎一案。陈其凝身为学政，乃纵容伊子及家人、书吏串通作弊，讹骗婪赃，藐法徇私，莫此为甚。陈其凝着发往军台，效力赎罪。

二月丙申　以翰林院侍读学士李因培为内阁学士兼礼部侍郎，仍留山东学政任。

六月丁亥　谕：前日召见尚书王安国，伊面陈，目下正届科试，各省学臣尚有未除积弊。朕以事关学政，令其缮摺具奏，候朕降旨。今伊奏称，上科乡试之后，颇闻学臣中因录科例严，转开侥幸之门，或于省会书院博督抚之欢，或于所属义学徇州县之请，或市恩于朝臣故旧，或徇纵子弟家人，乘机作弊，以致取录不尽公明等语。朕思岁科试为士子进身之阶，果有前项诸弊，岂可不严加整饬？但各省学政多员，未必悉系如此，自宜据实举出，庶几惩一儆百。若漫无指名，即行降旨，或传谕该督抚查察，亦不过文告故事，其真实作弊之人，转以指摘未及，不知警畏，而谨慎自持者，又因无所区别，不足以服其心。乃面询王安国，迟回观望者久之，始举尹会一之向督抚求送遗才、陈其凝之营私、孙人龙之滥取、吕炽明知邓钊子侄之冒籍直隶不为稽查改正。此数人者，如陈其凝已经败露，孙人龙因考规避，已经处分，尹会一、邓钊均经物故，而邓钊亦不可谓之朝臣。王安国身为大臣，奉旨询问，而所举皆参革病故之员，于学臣之现任者，悉诿为无从指实，不知人臣事君大义，凡所陈奏，宜本公忠，既不可有市恩之心，亦不可存避怨之见，王安国市恩之心纵无，避怨之见不免。朕自临御以来，何事不由乾断，廷臣中又谁能庇护私人、倾排异己者，而必畏首畏尾，瞻徇退缩，乃至于是耶？且市恩朝臣之处，最有关系。夫所谓朝臣者，自有分别，现在如大学士张廷玉、史贻直，内廷办事尚书陈大受、梁诗正、汪由敦等或足以当之。若此数人者，果有恃势夤缘？各学臣果有徇情取录，王安国自应秉公指参，如不确凿举出，岂朝臣之子弟，皆不应循例与试，而该学臣以朝臣之故，转可故意裁抑，令不得与众人齿耶？总之，办理政务，宜辨公私，如事属营私，在朝臣尤当执法议处，若本无他故，亦不可因朝臣而有心苛求。

朕用人行政，悉出于大中至正，丝毫不存成见，亦丝毫无所假借。第王安国既有此奏，各御史宁无风闻，何以无一人奏及？着传旨申饬，伊等如有所见，不妨据实直陈，但不可又如王安国以侊侗浮泛之词塞责。并谕各督抚一体留心稽察，如学臣实有弊端，即宜纠劾，毋得徇隐。王安国之摺系因朕问及而具奏，故不议处。至奏内所称录遗之时，量取备卷，以补州县不足额数。着大学士会同该部议奏。

六月己亥　谕曰：广西学政胡中藻奏称，臣职少詹事，奉部裁缺，俟满任后另行补用。臣查学政系坐衔出差，不宜有无职之人，是以臣奏事仍带臣奉裁职衔。又，牵引伊前在右通政内裁缺随转左通政，右缺遂裁等语。胡中藻学问僻陋，文尚奇涩，前于陕西学政任满时，奏请分设陕甘学政，此事曾经奉有不必添设之旨，伊并不详查，仍复率意具奏，本应交部议处，念其操守硁硁，考校尚无乖谬，是以调任广西学政。今观其因员缺奉裁，甚觉怏怏，辗转陈奏，夫裁缺候补，成例昭然，学政系钦差大员，乃挟私渎奏，殊有恋栈之意，居心可鄙，不足为士子表率。胡中藻既自称并无现任，着不必俟学政任满，立即来京候补，并交部严察议处，广西学政员缺开列请旨，其所奏思恩府考试之处，该部定议具奏。

六月丙午　命左春坊左谕德罗源汉提督广西学政。

七月壬子　大学士会同礼部议奏，嗣后，各学臣于录遗定额外，查照节年投卷不到之数，酌取备补若干名。八月初二日投卷既齐，将原额所缺之数，照备取之名，挨次抵补，其抵补不尽者仍行扣除，不准入场，则与录科原额无缺无滥，应通行直省学政遵行，并载入《学政全书》、《科场条例》。从之。

七月辛酉　礼部议准，广西学政胡中藻奏，思恩府之宾州，自雍正年间，由直隶州改隶，是以设有考棚。往年学臣按临宾州，凡思恩所属皆就棚听考。惟府考仍在府城，房屋无多，水土尤恶，士子依托草蓬，上漏下湿，又多瘴毒，应酌量变通。查该府所属武缘、上林、迁江皆与宾州相近，知府每年七八月间须至宾州避瘴，可于此时府试。计学臣按试，多在九十月间，原可无碍，况府州生童向有在学政衙门考棚内扃试之例，应请嗣后凡遇岁科府考，令该府先赴宾州考棚，调考录取，以待学臣按临。从之。

八月辛卯　吏部议准，山西学政德保奏，士子最重经学，而本经尤重，请于岁科正考之日，除有能诵习御纂诸经者另期发问外，仍摘本经一段，开明起止，默写卷末，如错落多者，生员不准前列，童生不准入泮。又，科场对读用五等青生，前经浙江学政彭启丰条奏，以五等青生不敷所用，请兼用四等武生，而四等文生因其一体入场乡试，故不在对读之列。但四等文生，如果科举录遗有名，自宜一体入场乡试；若录遗无名，正宜送场对读，以示薄惩。况四等文生虽文理荒谬，然校对字句，自当远胜武生，如四等文生、五等青生俱不敷用，仍以四等武生补足。从之。

十月戊寅　礼部议覆福建学政葛德润条奏考试事宜。一、广颁御纂四经。一、选拔贡生，首场经、书、策各一篇，二场论一道，请裁去判条，益以一诗一赋。一、州县考取童生，正考外不准补考，滥送者照混行收考例查参。府州徇隐，照此议处，均应如所请。一、举报优生有工诗、古文、词者，准给咨送部引见。查与体制未协，应毋庸议。一、教官六年俸满，请严加甄别。查教职才能出众者，应行荐举，若年力未衰，未便遽予休致，应令该督抚、学政出具切实考语，分别去留。得旨：依议。其拔贡二场，裁去判条，益以一诗一赋之处。考选拔贡，与乡会试同一选拔人材。今乡会试既例不用诗赋，则拔贡亦着仍照旧例行。

十一月己酉　谕：圣贤之学，行本也，文末也，而文之中，经术其根柢也，词章其枝叶也。翰林以文学侍从，近年来因朕每试以诗赋，颇致力于词章，而求其沉酣六籍、含英咀华、究经训之阃奥者，不少概见，岂笃志正学者鲜欤？抑有其人而未之闻欤？夫穷经不如敦行，然知务本则于躬行为近，崇尚经术，良有关于世道人心。有若故侍郎蔡闻之、宗人府府丞任启运研穷经术，敦朴可嘉，近者侍郎沈德潜学有本源，虽未可遽目为巨儒，收明经致用之效，而视獭祭为工、剪彩为丽者，迥不侔矣。今海宇升平，学士大夫举得精研本业，其穷年矻矻、宗仰儒先者当不乏人，奈何令终老牖下，而词苑中寡经术士也？内大学士、九卿，外督抚，其公举所知，不拘进士、举人、诸生以及退休闲废人员，能潜心经学者，慎重遴访，务择老成敦厚、纯朴淹通之士以应精选，勿滥称朕意焉。

十一月戊午　大学士、礼部议，浙江学政于敏中奏，浙省生员三次欠考者，请暂缓褫革，咨行游幕地方，催令回籍补考，与例不符，应毋庸议。得旨：朕前降旨，生员岁考欠至三次以外者皆行黜革。今于敏中以浙省游幕在外、欠至三考者通计有七十余名，请立定程限，咨催回籍补考。大学士会同该部议驳，甚是。但朕念该省士子，其逾限尚系初次，且有七十余人之多，伊等向来读书入泮，亦非容易，若尽行除名，情有可悯。此七十余人着加恩免其黜革，以示朕格外矜全之意。着勒限催回，补考一次，若仍藉端规避、不赴考者，即行黜革。其如何勒限，着该部定议。嗣后如有三次欠考者，依此议行。

十一月甲戌　山东巡抚准泰奏，曹州府自改郡治以来，尚未设立考棚。岁科两试，各属生童仍赴兖郡考试，兹据各绅士等呈请捐建考棚。请旨遵行，报闻。

十二月辛卯　谕：大学士、九卿议，保举经学人员如何分别考试，以觇实学，请敕下礼部定议之处，所议尚未周协。若交礼部定议，则必指定如何出题考试，人人皆得豫为揣摩，转启弊窦，且仍不出举场应考习套，何能觇其实学？此番大学士、九卿所举，为数亦觉过多，果有如许淹通经学之士一时应选，则亦无烦特诏旁求矣。各省督抚所举，尚未奏到，应俟到齐之日，合内外所举人员，大学士、九卿再行公同核定，无采虚名，以昭慎重。核定后，请旨调取来京引见，朕亲加临试，庶得实学宿儒，光兹盛典。

十二月癸丑　命山东布政使崔纪以右副都御史衔提督江苏学政。

乾隆十五年（1750年）

正月丙辰　闽浙总督喀尔吉善、福建巡抚潘思榘议奏，福建按察使陶士僙条奏，各府州县书院、义学请以官音诵读，责令教官每月考核，府州县试以通晓官音者考列前茅，学臣考试发落时，以官语为劝惩等语，于闽省碍难办理，且无裨于民风土俗。应无庸议。……得旨：如所议行。

正月癸酉　命协办大学士、吏部尚书兼翰林院掌院学士梁诗正教习庶吉士。

二月甲戌　礼部议覆湖北学政宋邦绥奏称，各学举报优劣，责任教官，有时一学教谕、训导俱系新任，未能深知诸生优劣。适学臣按临岁试，往往以无优无劣，草率申覆，势不得不展至下次。六年之久，在优者有志向上，或不以迟于举报自懈，而劣生得以滋事不法，未必不由乎此。请嗣后遇两教职俱到任未及半年以上者，许学臣于随棚造册时声明展限，于科试补行察核举报。应如所请，从之。

二月己卯　以左都御史德通为满洲翻译乡试正考官，通政使富森为副考官；理藩院左侍郎玉保为蒙古翻译乡试正考官，署礼部右侍郎马灵阿为监临官。

二月甲午　命给事中葛峻起提督四川学政。

三月壬子　谕军机大臣等：据巡抚鄂容安摺奏，本年乡试届期，计其时正值銮辂将临，所有道路桥梁应行豫备之处，臣当亲督各员，往来照料，请将试期移前，于七月举行等语。科场定制，遵行已久，未便遽议改期。向来乡试监临，偶遇抚臣不得身莅其事，自有布政使代办之例，否或委之按察使亦可，该抚一面办差，亦可于场外随时稽察。至办差分用各员，自应择其谙晓差务者酌派，场中各项执事另行遣委，彼此自不相妨。且试场移前一月，所有考官即须先期命往，一切场务，俱事更张，殊可不必。着传谕该抚，仍循定例，按期举行，其监临、提调等应行委办之事，着酌量妥协办理。

三月甲寅　谕：今岁乡试届期，所有各省正副考官，着照十二年之例，将应行开列人员通行考试，仍着大学士、九卿等将学问优长、精于衡鉴者，各举所知，密封交送内阁进呈，其有未经保举而文艺入选者亦一并简用。该部即遵谕行。

三月辛卯　以礼部郎中高景蕃为云南乡试正考官，检讨陈桂洲为副考官；以编修诸锦为贵州乡试正考官，司业温敏为副考官。

五月辛亥　谕：科场为抡才大典，向因士子怀挟作弊，希图侥幸，朕于乾隆九年，特派大臣侍卫等官严行搜检，至乾隆十二年，复颁谕旨训饬，照例严查。今值乡试之年，诚恐士子贤愚不一，故智未忘，妄意两经办理，此次未必仍复如前，因冀乘机舞弊，此风断不可长。除顺天乡试届期仍派员严查外，各省监临等着一体实力搜检，以杜弊端。士子读书向上，志切观光，务须守法自爱，倘不知悛改、仍蹈前辙者，定照例重惩，决不姑贷。至房考身膺分校之司，遴拔真材，尤当冰兢自矢。近闻因外帘搜检肃清，而应试之士竟有干求房考、豫通关节、冀图阅荐者，外间颇有此论，其弊更大。现在虽未有实迹，然至事后败露，则已悔之无及。不教而杀，朕不忍为，是用谆切训诫在京、在外凡有司衡之任者，各宜洗心涤虑、守法奉公、屏除私弊，所有入场时一切行李，俱着监临严行搜检，毋得稍有瞻徇。房考等如或心怀不肖，以身试法，一经发觉，定行按律治罪。科场作弊，律所不赦，如雍正年间之俞鸿图、乾隆年间之喀尔钦可为炯戒，即使获戾多人，亦必尽法处治，断不因罚不加众，少存姑息。法在必行，朕不食言，凛之慎之。

五月乙卯 以编修陈顾㴶为四川乡试正考官，吏部主事孙汉为副考官；山西道御史周焘为广东乡试正考官，编修杨述曾为副考官；司业张九镒为广西乡试正考官，侍讲梦麟为副考官；少詹事金德瑛为福建乡试正考官，吏部员外郎冯成修为副考官；编修蒋元益为湖南乡试正考官，刑部主事安际虞为副考官。

五月辛未 湖北巡抚唐绥祖奏，学臣宋邦绥关防严密，鉴拔精当，每于考试生童时，示以立品敦行，奋志功名，反复数千言，士子无不悦服。臣每与讲论吏治，颇能领悟，洵堪大用之员。报闻。

六月辛巳 谕：今年乡试届期，已降旨令直省监临等官严行搜检，屏除弊端，以副宾兴大典。朕思外省房考各官，例于本省科目出身之现任同知、通判，州县调取委用。向因入闱阅卷，非隔省远出可比，所有印务，例不委员署理，一应案件，俱准展限。但计奉调之初以及揭晓之后，为期不啻一月有余，于公务既不无旷误。且本省州县等不皆科目出身之员，每至乡闱，皆可先期揣摩。而州县以本任无署理之员，虽经奉调，其于未入帘以前、甫撤棘以后，一切稿案尚须携带办理，中间幕友、胥吏、家人、子弟往来出入，或不免于士子结纳夤缘，招摇生事。着于本年为始，各省房考于行文调取之日即委员暂署，案件不必展限，庶该房考得以严密关防，专心分校，而士子等不得妄希幸获、照应关通，以慎司衡，以重官守。着为令。并谕军机大臣等传谕各省督抚，令其留心防范所用房考，并就各省情形酌量办理，或场前多调数员，临期仍照额取用，或于分发试用人员内择其科目出身者，无论府厅州县，临时量为参用。总期诸士子无可揣摩，妄希侥幸，而各房考秉公遴选，屏绝弊端，以重抡才大典。

六月甲申 礼部议准，调任云南巡抚图尔炳阿疏称，滇省文闱乡试，从前应试士子不下五千数百余名，是以调取内外帘官六十一员。自甲子科以后，共录科举二千九百名，人数较少，帘官自应酌减。请将内帘易经房考三员减一，诗经房考三员减一，其外帘官受卷所四员减二，弥封所二员减一，誊录所四员减二，对读所三员减一，收掌所二员减一，又巡察等官共三十五员，内裁十一员。从之。

六月丁亥 以詹事裘曰修为浙江乡试正考官，编修欧阳正焕为副考官；刑部左侍郎钱陈群为江西乡试正考官，编修史贻谟为副考官；大理寺少卿王会汾为湖北乡试正考官，侍读学士王际华为副考官。

六月乙未 以刑科给事中汤聘为陕西乡试正考官，编修李友棠为副考官；户部侍郎庄有恭为江南乡试正考官，编修钮汝骐为副考官。

七月癸卯 吏部议覆御史郑廷椙奏，举人截取三科之例，必前两科用完，至第三科开选后，始行具题截取，在部仅存一科，拣选不免乏人。臣等公同酌议，仍定以三科，第二科开选，即具题再截取一科，以足三科之数。从之。

七月辛亥 谕：据湖广总督永兴奏称，查讯朱荃落水一案，据宜昌府知府阿尔布、安陆府同知黄修忠等研讯朱荃家人赵成，供出朱荃上年十月在邛接到家信，当即焚毁。又于十一月十六日，家人朱二持讣到署，朱荃亦不令声张。历考嘉定等三郡一州，贿卖生童九名。典史李荣秀及宜宾县高知县、范教官等过付，朱荃婪得银两及肉桂三斤。又出京时道出山西，蒲州府知府李为栋系四川巴县人，馈送朱荃银两、貂套等物，按试时，将李姓童生二人并取入学等语。朱荃匿丧情节，并贿卖童生，供证确凿，殊堪发指。朱荃虽称落水自戕，所有查出贿买生童及伊弟家人等俱不得纵之漏网。着将永兴原摺抄发，现在湖广之家人等并伊弟朱华、朱英俱解交四川总督策楞严审定拟具奏，其告病之蒲州府知府李为栋如未回籍，即着山西巡抚阿里衮就近审明具奏。

七月癸丑 谕曰：四川总督策楞查奏，朱荃卖书渔利，勒索告病告顶生员银两，并自奏平时未能觉察，请交部严加议处等语。朱荃蔑伦匿丧，据报失足落水，朕知其必有营私舞弊之处，严谕究查，策楞始将其前后婪收赃款覆奏，但未究明贿卖生童劣迹。现据湖广总督永兴等审，据朱荃家人供称，共卖生童九名，又收受李为栋银两、貂套等物，即将李姓童生二名并取入学，赃私累累，策楞何以全无知觉于事先，并未究出于事后？从前学政多簠簋不饬，后经责成督抚，不时查察，一经弹劾，审实即按律正法，其风始戢。近来督抚渐有顾惜情面之意，并不实在留心体访，以致该学政等无所忌惮，故习复萌，竟敢公行贿卖，不法已极，此风断不可长。策楞身在地方，朱荃所为，狼籍如此，本俟定案时严治策楞失察之咎，今既自行检举，若因此即稍为宽宥，益无以为督抚查察不实之戒。除现令该部严察议奏外，所有朱荃之弟及伊家人俱解交该督，并案内贿买生童及经手说合各犯，逐一秉公严审。嗣后，督抚于地方学政如不时加确查，据实参奏，经朕访闻，或臣工奏劾，必将该督抚严行议处，断不姑容。着通行各督抚知之。

七月甲寅 以编修汪廷玙为河南乡试正考官，礼部员外郎李玉鸣为副考官；御史张湄为山东乡试正考官，刑部主事段汝舟为副考官；编修庄有信为山西乡试正考官，左中允窦光鼐为副考官。

七月庚申 谕曰：朱荃在四川学政任内，匿丧赶考，贿卖生童并勒索新生规礼，赃私累累，已据四川、湖广、浙江各督抚等研讯伊弟及家人等，供据确凿，实近年来学政所未有。伊乃大学士张廷玉儿女亲家，其敢于如此狼籍婪赃，明系倚恃张廷玉为之庇护。且查朱荃为大逆吕留良、严鸿逵案内之人，幸邀宽典，后复夤缘荐举，冒玷清华，本属衣冠败类。大学士张廷玉以两朝元老，严鸿逵之案，缮写谕旨皆出其手，岂不知其人？乃公然与为姻亲，是诚何心？设在雍正年间，伊必不敢如此，即在伊平日谨守远祸之道，亦不当出此，而漫无忌惮至于如此，其忘皇考圣恩为何如？其藐视朕躬为何如？张廷玉若尚在任，朕必将伊革去大学士，交刑部严审治罪。今既经准其回籍，着交两江总督黄廷桂于司道大员内派员前往，传旨询问，令其速行明白回奏。再降谕旨：张廷玉深负三朝眷注之恩，即其不得行私而欲归之一念，即已得罪天地鬼神，朕尚欲全其晚节，今乃种种败露，岂容冒叨宠赉，所有历来承受恩赐御笔书籍及寻常赏赉物件俱着追缴。至储麟趾参奏朱荃交部严察议奏时，朕曾以其事问梁诗正，伊并不将朱荃之事详悉陈奏，观其词色，转若储麟趾不应参劾者，且有功令森严、无人更敢作弊之语。现在朱荃、明福作弊至于如此，何谓无敢作弊，其意岂欲朕信臣下之无敢作弊，遂不加觉察，可以自便己私耶？及部议时，若非朕洞鉴情节，饬令大学士傅恒详悉查办，一任梁诗正等朦混，则储麟趾可以诬参议处矣。部中定稿，彼此议论，堂司官皆所共闻，令梁诗正抚心自问，尚不足以服其心耶？梁诗正着交部察议，朱荃平日为人及匿丧纳贿诸罪状，与夫张廷玉以国家旧大臣，而与叛案中有名人结亲之处，汉大臣御史中宁不知之？而张廷玉在任时，无一人参奏者，足见朋比瞻顾之习，终不悛改，储麟趾尚能据实参其匿丧一事，较之挟诈行私及摭拾浮言者为称职矣。储麟趾着交部议叙。朱荃在词林中尝考列一等，或系张廷玉阅卷，或派大臣同阅，若非张廷玉授意嘱托，则阅卷大臣揣摩迎合；且京察大典，张廷玉列朱荃于一等，朕于引见时降为二等；至保举试差人员，汪由敦力保朱荃，明系瞻徇。朕于引见册内，记其人终不妥，近曾以示汪由敦，可见营私交结伎俩，在朕前自不能掩。此等师生朋比之习，不可不严加惩创。汪由敦着交部严察议奏。寻吏部议处具奏。得旨：梁诗正着革职从宽留任；汪由敦本应革职，但念其人尚勤慎，学问亦优，着在兵部侍郎任内效力赎罪。刑部尚书着刘统勋补授，工部尚书着孙嘉淦补授，储麟趾着纪录二次。余依议。

七月庚申　谕军机大臣等：朱荃匿丧赶考、贿卖生童一案，先经湖广总督永兴等讯，据伊在楚家人一一供吐。今据永贵审，据朱荃之弟朱英等供称，于贿卖书籍外，勒索新进诸生规礼及补廪出贡等银约有四五千两等语。朱荃赃私狼籍至此，实堪发指，前已传谕该抚将朱华、朱英并曾经随任之在籍家人等一并解川，交该督策楞严审定拟，着该抚遵照前谕，遴委干员，将所有人犯严行锁解赴川，并在楚解往各犯，归案质审定拟。

七月癸亥　谕曰：顺天乡试房考，定例分经校阅，遵行已久。近有人奏称，欲除内帘寻查关节之弊，请将房考只分房数，不分某经某房者。查旧例，房考校阅试卷原不分经，后因内帘收掌官有先将红号关通，临期分递某房考校阅之弊，因掣签分经以限制之，是分经原以除弊，不必再为更改。惟是一经之中，用房考数员，内有籍系同省者，平居素为习熟，入帘时彼此相通，易于照应。朕意不若于定例之中，稍示变通之法，嗣后房考入闱，仍着照旧掣签分经，其一经之内，房考有籍系同省者，令主考官临时酌量对调，阅看他经，亦或厘剔弊端之一道。着为令。

八月甲戌　以册立皇后加上皇太后徽号礼成，颁诏天下。诏曰……一、国子监坐监监生及各官学教习，俱着免期一个月。一、各省儒学，以正贡作恩贡，次贡作岁贡。……于戏！播宫庭之雅化，益洪垂裕之谋；衍奕祀之嘉祥，弥启升平之运。布告天下，咸使闻知。

八月丙子　顺天乡试，以兵部侍郎兼管顺天府府尹蒋炳为监临官，兵部侍郎汪由敦为正考官，礼部侍郎嵩寿为副考官。

八月丙戌 谕：直省学政已届更换之期，安徽学政双庆、广西学政罗源汉俱着仍留原任，湖北学政着葛德润调补，湖南学政着叶酉调补，山东学政着德保调补，陕西学政着吴嗣富调补，广韶学政着程岩调补，顺天学政着张泰开去，江西学政着汤聘去，浙江学政着雷鋐去，福建学政着冯钤去，河南学政着梦麟去，山西学政着蔡扬宗去，肇高学政着王际华去，云南学政着王宬去，贵州学政着周渼去。张泰开已经出差，礼部侍郎员缺着吕炽补授。

八月己丑 江苏学政崔纪因病解任，命户部侍郎庄有恭提督江苏学政。

八月己亥 给事中方世儁奏，科臣出差学政，应请各按员缺请旨简署，以专职守。嗣后，满汉科臣简用外任，例不出缺者，并请照此例题署。得旨：允行，下部知之。

九月癸卯 谕：大学士会同该部察奏御史官泰等参奏蒋炳一案，朕察其情节，在蒋炳等固不能辞咎，但该生袁克肃等求送入场时，经顾汝修告知蒋炳，遣官向府丞御史说明，既经说明，则蒋炳等不过办理未协，并非有心作弊可知。乃该御史等于向说时，既不据理阻止，而参奏摺内又不将此缘由奏明，竟若自行查出者，明有怀私挟嫌之意。且此摺虽系该御史等联名具奏，阅其情节，必系索禄素好沽名，遇事乐为怂恿所致。且谓士子拥挤，不能鱼贯而入，乃因派有钦差，两处不能照会等语。今岁士子入场，中多越次，实由散卷不善，因而一时不及归号。索禄之意，乃欲藉钦差为口实，倡率其说，而诸御史始从而附和之，其外以公正自居，实则中怀私念，工于矫饰，此等伎俩，不能逃朕洞鉴。而大学士及该部何以不行查出也？抑明知而不问耶？向来搜检点名，原系内外监试御史专办，只因伊等办理不善，致私弊累累，是以特派大臣原非着为定例。每科举行之事，若该御史等果能实力检查，尽心厘剔，又何必另遣大臣查看耶？伊等非徒藉此推诿，并属有意谓朕不合特遣大臣查场，此诸御史之罪，而出于索禄之倡议行私也。蒋炳、顾汝修俱着降一级从宽留任，马燝及该御史等俱照大学士等所议行，至于索禄有心乱政，情尤可恶，着交部严加议处。寻，吏部议处具奏。得旨：索禄着革职。

九月甲寅 谕：昨日内阁所进山东、山西两省进呈乡试题名录本章。山西巡抚阿里衮一本，但就本年科举而言，词甚简明；山东巡抚准泰一本，则将节年所奉谕旨及科场条议全行叙入，连篇累牍，不胜繁冗，如此日益加多，无裨实政。此虽各省相沿旧式，互有不同，然所题一事不应繁简迥别，谅各省本章，似此者正复不少。着内阁会同通政使将各省督抚所进本章通行查核，分别定式通行，以昭朕崇实行简之意。寻奏，臣等将从前红本通查，除一切钱粮、命盗案件及因事敷陈等本情节各殊者，应听各省据事办理外，其通行典礼及循例题报等本章，事体既属相同，应归一例。查，山西巡抚所进题名录一本甚为简明，应请即为定式。其余似此者，如乡试入闱、耕耤日期、学政报满、各省考试教职、节妇请旌、照旧缉拿过失杀人等案，臣等谨于红本内择其词意简明者各一件，拟作定式，俟命下，通行各省遵照办理。从之。

十月壬午 以礼部侍郎嵩寿为顺天武乡试正考官，翰林院侍读陈大昕为副考官。

十月丁酉 户部议覆广东布政使吴谦鋕奏称，文武两闱什物供给报销，每科增多，请敕部将各省贡院责成附郭首县经管，遇离任时，逐一造册，交新任查核。倘不实心经理，一任胥役残毁，责令赔修，其器皿什物以及执事铺垫等项，亦造册交首县收贮，下科如数交出。纵有残缺添补，需费亦属有限。应如所请，从之。

十一月辛丑　礼部议覆湖广总督永兴奏称，本年湖北官字号生监止十六名，取中举人四名，副榜一名，较民卷过优，可否将各省官生，按照人数多寡酌定取中。再，吏礼二部司员子弟均列官生，亦属太优，请将吏礼二部郎中子弟，方准编入官号等语。查官卷人数多寡，难以悬定，请仍照旧例行。其数少省分，如无佳文，宁缺无滥，至吏、礼二部司员子弟编入官卷，非以示优，盖以除弊。该督所请均毋庸议。得旨：礼部议覆永兴条奏官生过优一本，请仍照旧例遵行，甚属偏私。各省官生，文庸幸中者不堪屈指数，何国宗之子同中一科，即其验也。永兴奏到，朕交部议时，即已知该部必将指驳，今果不出所料。虽该部议令此后务遵定例，官卷数少省分，必文理精通方准取中，否则宁缺无滥等语，不知从前何尝无此例，而各省试官狼狈相顾，何尝实力遵照？况如各部司官同一办事，何独吏礼二部得编官卷，此例实不公当，该部自应准理持正立议，乃先怀私意，转云非以示优，盖以除弊，此其巧于回护，尤属纰缪。该部堂官着交部察议，此本发还另议。寻议，官生取中旧例，实属太优，请嗣后直省额中举人二十五名内许中官卷一名。如无佳文，宁缺无滥，仍以民卷取足，零数不足二十五名者不准录取。至中小等省，虽应额中官卷一二名，而或文不足录，全以民卷补足。如磨勘时，所取官卷较民卷优劣悬殊者，题参严议。至吏礼二部员外郎、主事固与各部相同，即郎中亦属无异，其应试子弟应请均无庸编入官卷，并乾隆九年臣部奏准将内阁侍读子弟照吏礼二部司员编入官号例亦停。从之。

十一月庚戌　兵部议准，兵科给事中杨二酉条奏，各省卫守备归部选者三十九缺，现在武进士以卫用者积至数百人。又，提塘差官效力报满归班即用者亦数十人，加以新例飞班压铨，缺少班多，选用无期。且今岁卫守备中又裁减数缺，壅滞较甚。请照乾隆元年复行拣选之例，将元年以后拣选三等之武进士及充补提塘之三等武进士，再行拣选，一二等者以营用，三等者仍以卫用。从之。

十一月丁卯　礼部议准，广东巡抚苏昌等疏称，鹤山县向设廪增各十名，三年一贡，现在人文加盛，请将廪增各加五名，其出贡俟补足廪额后，照例二年一贡，选拔之年亦准一体选拔。从之。

十二月壬申　谕：汉大臣荫生向无分部学习之例，梁诗正、孙嘉淦、汪由敦之子所得荫生，出自朕格外特恩，着即分部学习，额外行走，俾得谙练部务。

乾隆十六年（1751年）

二月己巳　谕：朕问俗观风，南巡江浙，清跸所至，广沛恩膏，更念三吴两浙为人文所萃，皇祖圣祖仁皇帝屡经巡幸，嘉惠胶庠，试额频加，覃敷教泽。朕法祖省方，銮舆斯莅，式循茂典，用示渥恩。所有江苏、安徽、浙江三省本年岁试文童，府学及州县大学着增取五名，中学增取四名，小学增取三名，举行一次。该部传谕各该学政慎加搜择，拔取真才，副朕育才造士至意。

二月乙酉　礼部等部议准，内阁学士、前任山东学政李因培奏称，莱州府之灵山卫辖三十七屯一所，每屯卫籍实仅数家，应试文童最多二十余人，武童十余人，进额，文武各八名，未免太滥。嗣后，请各减三名，取进五名，其文生廪增额各二十名，亦请各减八名，将年浅者改作候廪、候增，新旧间补，廪生一体挨贡。裁减后，文风果盛，准该学政题复旧额。又，威、靖二卫，丁地俱在文登县，文武生员经拨归文登县学，原额廪增各二十名，亦归文登为虚缺，文登一学，廪生现共六十名，两年一贡，未免壅滞。请自本年始，照金、复二卫归并莱州府学例，一年一贡，三学轮出，二卫廪生贡完后，仍两年一贡。从之。

二月乙未　谕：朕省方观民，南巡江浙，群黎士庶，踊跃趋迎，就瞻恐后，绅士以文字献颂者载道接踵，爱戴之忱，有足嘉者。朕已叠沛恩膏，随时赏赉。缅昔皇祖圣祖仁皇帝时巡所至，优奖士类，一时硕学通才多蒙鉴拔，方策所载，称盛事焉。兹之于于而来皆棫朴作人，久道所贻也。夫胶庠之秀志切近光，其积学有素、文采颖异者，加之甄录，良合于陈诗观风、育才造士之道。顾工拙既殊，真赝错出，理应试之，无使鱼目碔砆得混珠玉，其如何分别考试，着大学士傅恒、协办大学士梁诗正、侍郎汪由敦会同该总督、学政详议具奏。寻奏，江苏、安徽进献诗赋之士子，经该学政取定者，俱令赴江宁一体考试；浙江进献诗赋取定者，令在杭城候试，统俟驾临杭州；江宁酌期请旨，派大臣监试，届期，学政等恭请钦命试题，收卷进呈，并令各该督抚饬备士子茶饭。从之。

三月戊戌　颁赐江浙各书院殿板经史。谕：经史，学之根柢也。会城书院聚黉庠之秀而砥励之，尤宜示之正学，朕时巡所至，有若江宁之钟山书院、苏州之紫阳书院、杭州之敷文书院，赐武英殿新刊《十三经》、《二十二史》一部，资髦士稽古之学。

三月庚子　上幸敷文书院。

三月癸卯　以礼部左侍郎吕炽为会试知贡举，刑部尚书刘统勋、工部尚书孙嘉淦为正考官，礼部侍郎介福、内阁学士董邦达为副考官。

三月戊申　谕：此次考中之谢墉、陈鸿宝、王又曾皆取其最精者，且人数亦不多，着加恩特赐举人，授为内阁中书，学习行走，与考取候补人员一体补用，并仍准其会试。

三月丁卯　谕曰：此次考中之蒋雍植、钱大昕、吴烺、褚寅亮、吴志鸿着照浙江之例，特赐举人，授为内阁中书，学习行走，与考取候补人员一体补用；其进士孙梦逵着授为中书，遇缺补用。

四月戊辰　礼部以翻译会试中额请。得旨：这翻译会试，满洲取中十六名，蒙古取中二名。又请文会试中额。得旨：这会试，满洲、蒙古取中七名，汉军取中一名，直隶取中二十名，奉天取中一名，山东取中十三名，山西取中十七名，河南取中十一名，陕西取中十三名，江南取中三十名，浙江取中二十八名，江西取中二十五名，湖北取中十一名，湖南取中五名，福建取中十四名，广东取中十五名，广西取中五名，四川取中九名，贵州取中七名，云南取中九名，五经卷今年不必取中。

四月辛未　谕军机大臣等：朕回銮之日，殿试已经届期，所有应行办理之处，着传谕该衙门豫为办理，勿致稽迟，俟朕到京，即请期殿试。

四月庚辰　吏部议准，两广总督陈大受等疏称，广东通省向止设学政一员，嗣因士习嚣凌，雍正七年，添设肇高学政。今士子仰沐教泽，各知安分，请照旧统设一员，所有归并学政关防，俟拟定字样，再行具题。得旨：肇高学政着即归并广韶学政程岩考试。

五月庚子　谕：据尹继善奏，犍为县武生万正芳攻打新里应试童生、纠众哄闹一摺。万正芳身系武生，乃敢纠约多人，藉端肆哄，抗官索犯，种种横行，目无法纪，此风断不可长，自应严加惩创，以警刁顽。恐尹继善有不过欲归罪罪魁，因而完事之意，着传谕，令其即速质讯明确，从重办理。寻奏，刁恶棍徒，抗官闹署，据报之日，臣惟恐该地方官办理不妥，要犯远扬，当即委知府二员，前往查拿各犯至省，详细质审。万正芳实为通案渠魁，已照例先行正法枭示；李英同恶相济，与首犯无别，亦拟斩决，俟部覆至日正法；其为从及被胁随同之犯共有二十余人，现已分别定拟，并将此案犯事治罪之处，遍示城乡报闻。

五月辛丑　谕军机大臣等：唐英因伊子庶吉士寅保，当散馆之期，不能来京，奏请准于下科散馆一摺。此所奏殊属取巧，寅保帮办关务，原因唐英年老，特旨命往，自系奉公办事，并非私事告假者可比。朕早念及届散馆之期当按其甲第加恩，一体赏给编检职衔，今唐英意欲邀恩，又不据实陈奏，转似恐朕遗忘者，为此巧辞，殊非对君之体，寅保此次散馆，不必加恩，着于下次授职。唐英着传旨申饬。

五月乙巳　以大学士来保、史贻直，协办大学士尚书阿克敦，内阁学士李因培，吏部侍郎彭启丰，户部侍郎嵇璜，礼部侍郎嵩寿、秦蕙田，兵部侍郎汪由敦，刑部侍郎钱陈群，副都御史梅珏成，鸿胪寺卿吴应枚为殿试读卷官。

五月丙午　策试天下贡士周沣等二百四十三人于太和殿前。制曰：朕抚御鸿图，兢兢业业，日慎一日，嘉与海内臣民，懋登上理，深惟政治之易弛，风俗之易奢，士或荒于经术，备或懈于边陲，保泰持盈，其道曷以？夫图政本于立心，非大公无以明其体；亮工斯以熙绩，非纯勤无以励其用。朕奉三无私以治天下，自朝至于日中昃，弗遑康宁，群工之靖共匪懈者安在？偏私之习，怠忽之端，何以防其渐？蠲租赐复，无追呼矣；深耕易耨，无荒莱矣。而衣食之谋，盖藏之计，恒鳃鳃焉廑不急之虞。乃环顾闾阎，小民服尚鲜华，市陈技巧，百用所需，胥过其节，则侈靡之俗蠹之也。返朴还淳，将非空言所能喻，因而为之法制禁令，不几滋之扰欤？孰为之启迪而倡导之也？胶庠之士，乐化育而咏作人，经术昌明，无过今日，第考之于古，议大政、断大狱、决大疑，辄引经而折其衷，此穷经之实用也。今欲矫口耳之虚文，以致实用，其要安在？幅员所暨，渐被无垠，若海疆、若朔漠、若蛮陬绝徼，曷尝不列斥堠、置戍守，而将嬉卒玩，其申警于未然、绸缪于先事者何若？《书》曰："有备无患。"安可以烽燧久销，而视备边为文具也？凡此皆关于制治保邦之要，久安长治之道，莫切于此。多士其以素所蕴者，剀切陈之，毋拘毋讳，朕亲览焉。

五月庚戌　上御养心殿，召读卷官人，亲阅定进呈十卷甲第。

五月辛亥　上御太和殿。传胪。赐一甲吴鸿、饶学曙、周沣三人进士及第，二甲沈栻等七十人进士出身，三甲印宪曾等一百七十人同进士出身。

五月甲寅　吏部议覆御史恒光奏称，从前设立国子监八旗官学，觉罗学生亦附于内，本旗库使缺出，向俱考送，每缺四名，吏部严试补放。嗣因觉罗另立一学，止将八旗学士考送。今请照旧例，遇缺出，令国子监会同该管学大臣将觉罗学士仍行考送等语。查觉罗学士，凡考试与满洲无异，库使一项，自应准其考试。但令国子监会考，未免纷繁。再觉罗学生视八旗人数较少，请嗣后凡各部寺库使缺出，国子监三人，宗人府二人，咨送臣部考试，一体咨补。从之。

五月己未　江南道御史杨勋奏，成均造士，责任綦重，各省贡监肄业不下三百余人，每月考课释奠并稽查教习，考收学生，其官不可一日或旷。本月十二日奉旨，国子监司业着叶酉补授。查叶酉现差湖南学政，期满始能来京，新任满祭酒双庆虽仍留安徽学政之任，尚有侍郎观保兼管，汉祭酒只有陆宗楷一人，恐难周到，请简员署理。再八旗教习向由该监考取诸生充补，监中人品各殊，不无钻营之弊。请嗣后钦派大臣至监会考。

五月癸亥　内阁、翰林院带领戊辰科散馆修撰、编修、庶吉士引见。得旨：清书庶吉士朱圭、钟兰枝、刘星炜、吴绶诏、钱汝诚、范清沂、励守谦俱着授为编修，温如玉、陈庆升俱着授为检讨，汉书修撰梁国治、编修汪廷玙已经授职，庄存与仍着授为编修，庶吉士李中简、张裕荦、冯浩、杨方立、毛咏、陆钧、毛辉祖、钱士云、史奕簪、刘宗魏、陈科捷、李宗文、邵树本、陈大化、陈淦、晏玿、胡延龄、徐堂俱着授为编修，边继祖、宗室良诚、李英、图塔布、傅靖俱着授为检讨，舒毓椿、王翊、福明安、舒禄、邵齐然俱以部属用，邵祖节、段廷机、叶世度、朱仕琇俱以知县即用，荆如棠、王恒、金洪着归进士原班铨选，林明伦着再教习三年。

闰五月丙寅　授一甲一名进士吴鸿为翰林院修撰，一甲二名进士饶学曙、一甲三名进士周沣为翰林院编修。

闰五月壬申　内阁、翰林院带领新进士引见。得旨：新科进士，除一甲吴鸿、饶学曙、周沣已经授职外，沈栻、刘墉、叶藩、汤世昌、汤先甲、王应瑜、卢明楷、蒋棡、李承瑞、狄咏篪、戴天、姚晋锡、柯一腾、戈涛、路谈、王启绪、田树、李逢亨、李绶、史鸣皋、周曰赞、朱稽、蒋良骐、梁兆榜、张曾敞、叶观国、罗典、周于礼、王绂、秦百里、黄元吉、穆丹、吴为墉、刘宗珙、郭兆、全魁、艾茂、李方泰、高辰、孙昭、黄鸿阁、范思皇俱着改为庶吉士，吴肇元、詹学海、万中道、朱光发、吕光亨、潘从龙、何逢僖、叶棠、张孝泉、叶自渊、栾廷珍、何栋、觉罗巴彦学、郭天禄、刘位廷、陈圣准、谭尚忠、德瑛、沈世晋、雪格、李天培俱着分部学习，照例试用，王应元、孙洙、徐恕、温葆初、王采珍、柴景高、朱绶、盛应谦、朱山、范朝纲、潘思藻、韩衍桐、张瑚、成文俱着以知县即用，李俨、顾德懋、朱垣、张庆长、徐步蟾、李元通、董丰垣、印宪曾、王元启、陈筠、王熙载、金汝梅、何向宸、褚天门、尹廷宾、舒元炱、张素、张云蒸、谭有德、邬昇、周埙、欧阳照、陈公问、严庆云、周曰万、周隆谦、朱家濂、胡廷槐、李拔、张绳武、吴儒清、胡圻俱着分发各省以知县用，郭乙山、任秉哲、南宫鼎、徐玉书、王成德、卓道翼、王彭会、徐吉士、胡楷、仝宗魁、陈荣榕、黄丹书、朱锦如、王大嵩、饶上位、梁竖校、张鲴、王以训、宋五仁、王人麒俱着以教职即用。

闰五月甲戌　谕：庶吉士分习清书，例由翰林院掌院学士分派，惟量其年力，不拘省分，旧时清汉各半。自雍正年间以来，分习清书者渐少，每科尚有十四五员、十七八员不等。朕思边省之人，选馆本少，声律亦素所未娴，既习国书，自必专意殚精，惟清文是务，非天分优而学业勤者，不能兼顾汉文，益致日就荒落。迨散馆时，或以清书优等授职，而留馆后，遇通行考试，往往绌于诗赋，列入下等，改令别用。究其所肄清文，自散馆一试外，别无职分应用之处。微独边省，即北五省庶吉士类然。翰苑中江浙人员较多，而远省或致竟无一人者，非所以均教育而广储才也。嗣后，云南、贵州、四川、广东、广西等省庶吉士不必令习清书，直隶、山东、河南、山西、陕西等省，亦视其人数，若在三四员以上，酌派年力少壮者一二人，其江浙等省人数在五六员以上者，酌派二三人，率以三十岁以下者充之，每科通计在十人内外，宁缺无滥，循举旧章，备国朝典制足矣。该衙门即遵谕行。

闰五月庚辰　吏部议覆御史欧阳瑾奏称，列科庶吉士多于既用之后纷纷告假，俟散馆将近，陆续而来。请自今科为始，该教习不得任其请假。再，翰林、编检假归者，于考差前先冬而来，两差既完，托故而去，请一并禁止等语。查，庶吉士教习三年，与告假之年例，本不相符，或有因患病及省亲告假者，应令教习大臣严查，毋任捏饰滥给。至编检告假告病，处分綦严，原无来去自由之事。但如该御史所称，或未可定。嗣后，应令该掌院严查，如有情弊，将该员议处，该堂官查议。又称，汉侍读、侍讲及学士、少詹、祭酒等缺，准由编检出身之京堂、科道、郎中各官，按资开列。查汉编检人数较多，应升各缺，向由本处人员开列简放，若以别项人员分缺间用，则编检升途壅滞，是以京堂、科道等官可由翰詹改补，而翰詹等缺不准京堂改授，定例本属平允。再，编检既改郎中，升途亦异，未便复行升转翰詹等缺，所奏应毋庸议。从之。

闰五月辛卯　谕：今岁恭逢圣母皇太后六旬万寿，慈福沾被，海宇同之，敬稽皇祖圣祖仁皇帝万寿，特开乡会恩科，广作人雅化。盖国家遇大庆，则必有殊常之恩，朕思以绍吁俊之鸿规，溥承欢之渥泽，于壬申年举行万寿恩科，三月乡试，八月会试。俾兹多士，共乐观光，以昭盛典。该部即遵谕行。

六月甲辰　以协办大学士阿克敦、工部尚书孙嘉淦教习庶吉士。

六月丙午　谕：前经降旨，今岁恭遇圣母皇太后万寿，于壬申年特开恩科。其直省乡试，因恐二月天寒，是以照会试例于三月举行。但思三月乡试，必至四月初旬揭晓，云、贵、川、广等省去会试之期稍为匆迫，外省乡试俱着于二月举行，京城二月天气尚寒，顺天乡试仍以三月。

六月辛酉　礼部议覆国子监奏称，壬申年三月举行乡试，为期已近，即行晓谕，未及周知。请如乾隆十二年乡试投有文结及十五年新捐之生未起原籍文结者，均准取具同乡印结，收录送试等语。查乾隆十五年新捐之生，已越二年，虽边远省分，不难往取，惟十六年新捐之生，回籍取文，往返难及，宜量为通融，不得为例。从之。

六月甲子　浙江巡抚永贵奏，本年闰五月内，有金华府刁民方自新等于初五日哄闹公堂，挟制罢市一案。据该道府督同该县陆续拿获人犯二十余名，内有生员四人，已据解到严审。又，太平县乡民请粜哄闹一案，亦访获滋事刁徒吴阿宗十余人。据府禀讯，系该县役明知故纵属实，不日亦可解至省。又，前月二十五日，风闻处州府遂昌县亦有刁民哄闹、塞署罢市之事，随委员前往查拿。据禀，缉获叶和生等二十四名，内亦有生员二名、监生一名，究出起意聚众之武生毛严一并拿获，解省未到。又，金华府汤溪县、衢州府江山县皆有哄闹米厂之事，获有刁民刘三元及武生郑一元等十数名。以上各案，虽情罪轻重不同，但开仓出粜，原为宁谧地方，如果道府牧令实力奉行，何致劣衿奸棍屡屡滋事？此等玩法刁徒必应严惩，而办理不善之地方官，亦未便以恐长民刁，稍存姑息。现在人犯将次解到，臣当督同两司审明定拟，并将畏缩无能之文武各员一并查参。得旨：是。应严处以警刁风。

七月己丑　吏部议覆贵州布政使温福条奏，黔省应行更复各事宜。……一、苗地遍立社学，并择内地社师训教。无知愚苗，开其智巧，将必奸诈百出，请密饬地方官，将新疆各社学之社师已满三年者徐行裁汰，未满三年者亦以训迪无成，渐次停撤，则从学苗童自不禁而止。并请岁科两试仍准苗童一体应考，但不必另设额数，则苗卷自难入彀，亦可不禁而退。亦应如所请，从之。

八月丙申　谕：据王师摺奏，保举经学之陈祖范、顾栋高年力老迈、不能来京等语。陈祖范、顾栋高俱着给与国子监司业职衔，以为绩学之劝，所有着述留览。

八月丁酉　兵部侍郎兼管顺天府府尹事蒋炳、府尹顾汝修奏，来岁壬申，举行皇太后万寿恩科，应试士子由国子监、顺天学政录送，定例，场期十日前送册，五日前纳卷，嗣每任意逾期。况来岁乡试，外省于二月举行，顺天于三月举行，不特山东、山西、河南贡监于本省出场后可以赶赴京闱，即江南、江西、浙江、陕西等省亦得兼程进京，重叠应试。请饬监臣、学臣务于场期前月二十七日以前汇送册卷，并饬国子监示谕江浙等省士子，务于二月二十日前到监录科。得旨：允行。

八月癸卯　浙江巡抚永贵奏，浙东旱灾数府赈项实属不赀，商之督臣及司道等，无不欲以开捐为请，势处无可如何，不得不再为陈奏。得旨：览奏。另有旨谕。谕：今岁浙东数府禾稼歉收，所有加赈、协济、免税、截漕诸事虽次第处分，然尚虑米谷或不敷用，因思捐监一项，向来或系赴部投捐，或在本省输纳，本属因时之制。今浙省常平缺额亟需筹补，所有各属俊秀情愿报捐者，应令专于本省收捐本色，以补仓储。至附近之江南一省，士子应试者多，且于浙省一水可通，亦准令其赴浙捐输本色，并着该督抚等度量现在情形，比向例稍为酌减，俾生俊踊跃从事。则士子等既可就近急公，而仓贮宽余，民食亦得以资接济。其两省在部投捐之例，着暂行停止，俟将来该省米粮充裕之日，再复旧制。该部遵谕速行。

八月丙辰　礼部议覆御史章有大奏称，前奉谕旨，因浙东歉收，令生俊捐收本色，江南省亦准赴浙输捐。伏思明年二月即届场期，请此次在浙报捐者准以实收应南北乡试。应如所请。江、浙两省在浙报捐生俊应本省乡试者，将实取呈该学政查验；应顺天乡试者，呈国子监查验，均准一体入场。再，江西亦与浙江邻近，并请令生俊一体在浙报捐，亦应如所请。得旨：依议速行。

八月辛酉　江苏巡抚王师故，以户部侍郎、江苏学政庄有恭为江苏巡抚，调浙江学政、通政使雷鋐提督江苏学政，以吏部侍郎彭启丰提督浙江学政。

八月癸亥　谕：前因浙省办理赈务需米孔殷，曾经降旨，令本省捐输生俊，及附近之江南、江西赴浙报捐者俱交纳本色，以资赈恤之用。第念该省现在歉收，生俊因上捐，一时争先购买，恐米价益致昂贵，于灾地转属无益，应量为通融调剂。所有浙江士子，在本省援例者准其照在部报捐之数收纳本色，其江南、江西赴捐生俊，有情愿交纳本色者，照该督抚现在议减之数报捐，但应于各该本省自行备谷运往，不得就浙省购买。其愿捐折色者，亦照户部定数交纳。该部遵谕速行。

九月乙丑　谕：明岁二月万寿恩科乡试，所有各省正副考官着将应行开列人员通行考试，以备简用。该部即遵谕行。

九月丙寅　吏部议准，两广总督陈大受疏请，广东省裁汰肇高学政，归并广韶学政考试，关防应改铸提督广东学政字样。其原颁肇高、广韶两关防，咨部查销。从之。

九月丁卯　顺天府府尹顾汝修缘事革职，以翰林院侍读学士、广西学政罗源汉补授，仍留学政任，命兵部侍郎蒋炳管理府尹事务。

九月壬申　工部侍郎刘纶丁父忧，予办丧银三百两。以礼部侍郎、顺天学政张泰开调补，仍留学政之任。

九月乙亥　以兵部侍郎裘曰修为知武举，内阁学士兼礼部侍郎李因培为武会试正考官，翰林院侍讲学士于敏中为副考官。

九月壬午　谕曰：庶吉士寅保前因随伊父唐英在粤海关任内，未经散馆，着加恩赏给编修。

九月壬午　兵部以武会试中额请。得旨：这考试，汉军取中五名，直隶取中十二名，陕西取中十二名，广东取中八名，河南取中五名，山东取中四名，江南取中三名，山西取中六名，湖北取中二名，湖南取中二名，四川取中二名，广西取中二名，福建取中七名，浙江取中七名，江西取中五名，云南取中三名，贵州取中二名。

九月戊子　谕曰：山西布政使多纶奏请，暂宽科举之额，所见极为舛谬。科举分别省分，计取中之额以为额，其数已宽。学臣照额录送，尚恐未必无幸邀备数之辈，若更加滥取，徒启荒陋者幸进之念，转使砥玉杂淆，耗主司目力而眩裁鉴，于遴选真才、培养实学之道实无裨益。前者鄂敏曾为此奏，朕以其沽名博士子称颂，严切批示。但或出于一己之见，是以未经传谕中外。今多纶亦为此言，当由听幕宾怂恿。抑或士子有此妄想，故相传播，以致听采入告，均未可定。以科举而论，中额有定，千人应试与万人应试，所中止有此数，有何加损，何惜令其一体入闱。但试问其一体入闱者，为名乎？为实乎？违道干誉，弃实务名之事，朕所不为。况今特开恩科，士子群叨格外盛典，乃欲因此更思滥冒，则得陇望蜀，其不知足亦已甚矣。此所关于风俗人心者甚大，不可不为明切晓谕，令天下士子知之。

九月辛卯　户部议覆闽浙总督喀尔吉善疏称，浙省被旱成灾，前奉谕旨，浙江、江南、江西三省生俊，准照在部收捐之数稍减，在浙报捐备赈。请按现在粮价，每谷一石作银一两，俊秀捐谷一百八石，廪增附及武生、青衣生悉按部捐折色银数计算，如情愿捐米者以一米作二谷，第米不及谷耐久，请准收加一耗，以敷盘量销耗之用。其江南、江西两省士子，请令随地报捐。均应如所请。令士子于各该本省备谷运往，毋得就浙购买，转致米价高昂，并饬督抚不时稽察，以杜官吏藉端侵挪、留难勒掯等弊，俟米粮充裕后，奏请照旧办理。得旨：依议速行。

九月癸巳　策试天下中式武举詹文正等八十五人于太和殿前。

九月癸巳　是月，江苏巡抚庄有恭谢恩并奏，蒙恩简任学政，四载以来，体察士习民风，略知梗概。诚如谕旨云，俗尚浮华，文而少实。嗣后，惟正己率属，广布德心，提其固有之天良，策以尊亲之大义。其顽劣不悛者，则国法具在，断不敢姑息长奸。至积欠一项，前在学政任内，凡有衿士抗欠，从未姑纵，况今身任封疆，何敢稍有瞻徇。得旨：所言是矣，勉力行之。至随时随事，无不训诲，与凡臣工皆然，而况汝乎？

十月甲午　上御紫光阁，阅中式武举骑射。

十月乙未　上御紫光阁，阅中式武举技勇。

十月乙未　贵州学政、刑部主事周渼故，以御史欧堪善提督贵州学政。

十月丁酉　上御紫光阁，覆阅中式武举骑射。

十月戊戌　上御太和殿。传胪。赐中式武举一甲张大经、卜永泰、安廷召三人武进士及第，二甲田国寯等八人进士出身，三甲张景烈等七十六人同武进士出身。

十月甲辰　以编修钮汝骐为云南乡试正考官，司业温敏为副考官；侍讲良诚为贵州乡试正考官，御史王显绪为副考官。

十月戊午　谕军机大臣等：鄂乐舜前奏量加科举一摺，以其听幕宾怂恿，博士子称誉，意在好名，批示使知所改，后多纶亦为此奏，因一并宣示。今鄂乐舜接到朱批，旋具摺陈辩，且称年老孤寒，仆仆省会，录科见遗，无不哓哓呼吁，思欲推广皇仁，此语甚谬。省试之中额有定，而求中之人无穷，得者之喜，不敌不得者之怨。为政之体，惟论抡才之当否，若悯其见遗，且欲慰其呼吁，将必来者尽令入彀而后可，有是理乎？朕训示臣工，随事教导，无非成全之意，为臣子者有则改之，无则加勉，惟自问诸心可耳。鄂乐舜乃欲借此表明心迹，殊属取巧，若如此存心，将不能承受恩典矣。着严行申饬。

十一月甲子　大学士等议覆各省乡试官卷中额，乾隆十五年准礼部议，民卷二十五名，取中官卷一名，江苏应取中二名，安徽一名。浙江、江西、福建各三名，其官生约在六七十人及三四十人以上；而直隶官卷仅十三四人，应取中三名，多寡参差。今以官卷多少酌定中额。满洲、蒙古官生约五十人，原定取中六名，较满洲、蒙古民卷十余卷中一名，不过略优；汉军官生约十余人，原定取中一名，较汉军民卷二十卷中一名，不过加倍。无庸再议。惟官生众多，各省中额应加扩充。今拟顺天贝字号、江苏、福建各四名，浙江六名，江西五名，河南、山东、山西三名，南皿、安徽、湖南、湖北各二名，至广东、四川、陕西、云南原定各二名，北皿、广西、贵州各一名，官生数少，无庸加增。再，文员内吏礼二部司员已不列官卷，其八旗武职应自副都统以上方准编列。得旨：所议是，依议。

十一月癸酉　以检讨陈庆升为四川乡试正考官，御史杨勛为副考官；侍读陈大昣为广东乡试正考官，编修李宗文为副考官；修撰吴鸿为广西乡试正考官，检讨傅靖为副考官；御史李师中为福建乡试正考官，检讨王世仕为副考官；编修汪廷玙为湖南乡试正考官，中书毛永燮为副考官。

十一月戊寅　礼部议覆两江总督尹继善奏称，江省文闱乡试，五经卷多，请咨明考官，凭文酌取等语。查五经定额，十五卷取中一卷，不得额外加取，若人多文佳，应照旧例于五经中额外，酌取副榜三四名。从之。

十一月戊子　以加上崇庆慈宣康惠敦和裕寿皇太后徽号礼成，颁诏天下。诏曰……一、各省儒学以正贡作恩贡，次贡作岁贡。一、国子监监生免坐监一月。……于戏！播徽音而锡类，万年乐有道之长；绵景祚以凝庥，四海沛无疆之泽。布告天下，咸使闻知。

十二月辛丑　以内阁学士李因培为浙江乡试正考官，编修秦镄为副考官；内阁学士蔡新为江西乡试正考官，赞善金甡为副考官；侍读窦光鼐为湖北乡试正考官，编修庄存与为副考官。

十二月丙午　定拔贡朝考选用例。谕：各省选拔贡生，经朕降旨，以十二年举行一次，计至癸酉年即届选拔之期。惟是来京朝考，拣选引见，劄监读书，或以知县等官试用，或以教职即用，或以教职归班序选，条例屡经更定。朕思选拔，于每学数十百人中拔取一二人，且不糊名易书，可以验其人才，核其素行，自当精择以充其选，应令该学政于试列前茅之士，举其文行兼优、才品出众者，会同该督抚秉公抡采，以杜滥觞。至庠序为陶育人才根本，今教职率多昏耄龙钟，滥竽恋栈，虽定以六年甄别，而上官以闲曹多方宽假，非国家设官敷教本意。应分以年限，详加澄汰，所遗员缺，即以应授教职之选拔充补，于士风当有裨益。所有选拔贡生赴部验到，作何定限，及朝考录用，一切规条，俱应详悉酌定，永着为令。大学士、九卿集议以闻。寻议，各选拔赴部应以该年十月起限，云南、贵州、四川、广西、广东、甘肃限次年五月到部，湖南、福建、江西、浙江、湖北、陕西限次年三月，江南、河南、山东、山西、奉天、直隶限次年正月，其有患病事故者许呈明咨部。朝考之法，除前项选拔补考人少，仍照向例在礼部考试外，其新选拔应照拟定限期分为三次，由礼部奏请，钦点大臣于午门内考试，拟定等第进呈，卷分三等。不入等者，本生斥革，发回原学，该学政及督抚、府尹一并议处。再，向例朝考后，礼部会同九卿拣选引见，有奉旨以知县及知县以下等官试用者，余劄监肄业，三年期满，以教职选用。其考取景山等处教习，期满引见，候旨分选知县教职，归本籍肄业者，遇考职之年准考取州同、州判、县丞，有愿就佐贰及教职者，以直隶州州判复设教谕选用。乾隆二年议停，今请照旧拣选一二等引见，候旨简用。从之。

十二月丙午 以侍郎张九镒为陕西乡试正考官，编修杨述曾为副考官；吏部侍郎裘曰修为江南乡试正考官，编修邵树本为副考官。

十二月辛亥 以编修钱汝诚为河南乡试正考官，刑部员外郎许道基为副考官；御史胡蛟龄为山东乡试正考官，编修徐堂为副考官；编修刘宗魏为山西乡试正考官，刑部主事张拜赓为副考官。

乾隆十七年（1752年）

二月戊戌 以礼部右侍郎嵩寿为翻译乡试监临官，刑部左侍郎勒尔森为满洲翻译正考官，太常寺卿德通为副考官，太仆寺卿麒麟保为蒙古翻译乡试考官。

二月辛丑 谕：恩科场期在迩，国子监现有录科等事，满堂官俱经奉差他往，观保到署办事以前，着侍郎嵩寿暂行兼管。

二月甲辰 谕：向例各省乡试，巡抚入闱监临，而藩臬二司则充提调监试之任。后以藩臬为通省钱谷、刑名总汇，改用道员，而巡抚之监临如故，所以重试典也。但巡抚膺封疆之寄，职守綦重，其督抚同城者，尚有总督可以综理。若专系巡抚驻劄省分，及虽与总督同城，而该督因事他出，则止巡抚一人在省，循例入闱，于地方不足以示弹压。嗣后，此等省分应于藩臬二司内酌委一员，入闱监临，巡抚于三场点名时仍督同藩臬搜查，则宾兴大典既为严密，而封疆专寄亦昭慎重矣。

二月丙午 兵部议准，湖北巡抚恒文奏请湖北、陕西、福建、云南、江南等省，考试武举外场，若督抚均系汉员，仍遵定例，咨调提镇公同较阅；倘提镇驻劄路远，或因公他出，即派委副将一员代办。从之。

三月丁卯 谕：宾兴大典，务得真才。惟在衡鉴精详，庶不致有遗珠之叹。从前发榜日期太速，后经按省分之大小分别展限。原因士子寒窗攻苦，决得失于风檐寸晷之中，俾秉文衡者从容研核，去取详审，不为鱼目所混。近来监临因有经理地方之事，如山西省即于二月二十八日揭晓，为期迫促，未免草率竣事。前经降旨，令各省酌委藩臬监临，于巡抚办理诸务并无妨碍。嗣后，主试务按照定限，宽期阅卷，加意精核，不得匆促趱办，以副吁俊旁求、鉴拔真才大典。

三月丁卯 谕军机大臣等：据阿思哈奏报，山西乡试于二月二十八日揭晓，办理殊属草率，各省乡试发榜日期久有定限。此次乡试，山西省分应在三月初十以内揭晓，庶试官得以尽心校阅，遴拔真才，不负士子三年攻苦。前阿思哈以有查勘穆纳山之事，奏明赶办场务，惟应将士子入场一切弊窦详细厘剔，查办清楚，于三场事竣后，派委司道大员入闱监临。至于内场典试各官，仍听其详晰校阅，按期揭晓，方为妥协。乃将内场诸务一并催促，克期发榜，止图草率完竣，甚属错误。从前看阿思哈，尚望其能奋勉办事，近来所办，不过浮浅搪塞，全无实际。着传旨申饬，令知所悛。

三月丁卯　　顺天乡试，以兵部侍郎兼管顺天府尹蒋炳为监临，工部尚书孙嘉淦为正考官，礼部右侍郎介福为副考官。

三月丙子　　乡试考官孙嘉淦、介福奏，前经礼部覆准御史欧阳瑾条奏，内帘刻字、刷字工匠俱于十六日放出贡院。查，同考分经概不许外帘与闻，以杜弊窦，令工匠刻刷各房荐条，已知某人阅看某经，且三场题目不无知觉，若将此项人役放出，彼此传播，必致招摇影射，大滋弊端。请仍照旧例，俟揭晓日一同放出。从之。

三月乙酉　　谕军机大臣等：今岁恩科乡试，各省奏报士子入闱搜检之处，据称并无怀挟者居多。惟四川总督策楞搜出夹带十九名，照例发落。此非蜀士之犯科者独多，而他省士子用自能奉法自爱也。察弊之道，实心行之，其弊自见，应以虚文，则见犹弗见耳。策楞办理一切政务，于察弊颇能实心，即此可见其不轻放过。他省或未免姑息从事，取悦士子，以博宽大之名。不知场屋求得真才，容一幸获，即屈抑一正士，惟严则伪不能乱真，此正爱才之实用，岂得以祛除败类为过刻耶？事虽已往，宜慎将来，可于奏事之便，谕各督抚知之。

四月乙未　　谕曰：工部侍郎德保着回京供职，其提督山东学政着金德瑛去。

四月壬寅　　礼部议覆广西学政罗源汉疏称，永宁州学出贡之期虽改，而廪缺未裁，欲疏通将来之贡，当权裁现在之廪，请将额廪三十名裁半。查，各省小县廪缺尚系二十名，若州学止十五名，殊未允协，酌议裁去十缺，俟人文兴起时，仍照各省州学廪额，复三年两贡之例。从之。

四月甲辰　　谕：近因令德保回部办事，所遗学政员缺，已派金德瑛去。今日偶阅向年奏摺内，尹继善前任江督时，有江西学政金德瑛声名平常，现在确查之语。其后未经覆奏，不知其所指声名平常者何事？已传谕询问尹继善。朕思金德瑛果有纳贿营私大弊，当已败露，未必姑容至今。朕观其人，不过小局面，因系状元，于衡文当可胜任，是以又有山东学政之命。甫经降旨，岂因偶阅旧摺即行撤回。况经今数年，或伊亦自知加谨。但尹继善从前既有此奏，不可不令鄂容安知之，该抚亦不必因此多方吹求，则又非朕意耳。寻尹继善奏，臣前任两江总督时，访闻江西学政金德瑛考试衡文，舆论不甚帖服，故有是奏。及细加察访，江西文尚奇僻，金德瑛所取，未免平熟一路，是以不满人口，实无别项情弊，且臣旋即调任，故未覆奏。报闻。

四月己酉　　谕：据河南学政梦麟奏，上年十二月内，有宁陵县教谕邢元福庇衿纵赌、贿嘱营私，与抚臣陈宏谋会商参审，陈宏谋以俟司详到日会参。乃陈宏谋于正月间业经咨参，并未会稿，亦无知会等语。学政有考核教官之责，如经咨题参革，或先期会稿，或事后知会，若竟不令与闻，则置学政于何地？固不虑教官有蔑视学政之心，但于体制自不应如此。不知陈宏谋当日何以独行咨参，令其明白回奏。至陈宏谋已调抚福建，该省士风非豫省可比，凡事宜与学政彼此和衷商酌，不可稍有参差，以致各怀意见。可将此传谕知之。寻奏，宁陵教谕一事，臣以本年开印日，即往怀庆查勘堤工，嗣于途次匆匆，第据藩司详咨参奏，未及会同学臣，一时疏忽，实非有意。至闽中士习，尤须整饬，惟有恪遵谕旨，与学臣和衷筹办。得旨：汝无别过，惟尚气争先，实所不免，以后改之。

四月甲寅　以兵部左侍郎观保为顺天武乡试正考官，检讨陈兆仑为副考官。

四月庚申　（山东巡抚鄂容安）奏，东省风俗未醇，欲振民风，先端士习，各属生监，颇多不守卧碑。今随时晓谕，有犯必惩，并责成有司教职，化导约束，而学臣实为提纲挈领之人。前奉旨以金德瑛提督学政，俟其莅任，臣惟有自尽所知，协恭共济。得旨：山东士习颇不佳，盖其晓文在北省中为最，而加以北省刚狠之气，此大应留心，而非一日所能顿革，亦非仅一学臣之力，用汝于山东，正为此也。勉之。

五月甲子　礼部议覆四川学政葛峻起奏，请增眉州、彭水、青神三州县学额，酌加眉州文武童各三名，彭青文武童各二名，其廪增额数各量加三名，眉州十七，彭青两县各十一。俟岁科两试后，准以新加之额顶补，并照各学之例一体轮贡。从之。

五月癸酉　礼部议覆江苏学政雷鋐奏，请定考试经解之期，酌议于学政按临之前，饬提调官将正试生童卷同愿试经解卷一并先期投纳，呈送学政。学政印考经解卷坐号，即将该生童正试卷一样印定临点，唱经解卷给发，留正试卷于内，即可查照取录。从之。

五月丁丑　以右庶子程岩为顺天府府尹，仍留广东学政。

六月丁未　上考试翰詹诸臣于正大光明殿。

六月癸丑　谕：昨于正大光明殿考试翰林、詹事等官，朕亲加详阅，按其文字优劣，分为四等。一等汪廷玙、窦光鼐、杨述曾三员，二等陈兆仑、朱圭、梁国治、刘星炜、于敏中、庄存与、陈大昤、积善、钱汝诚、金甡、奉宽、秦镄十二员，三等冯浩、张九镒、张若需、李宗文、周玉章、刘宗魏、张裕荦、国柱、杨方立、宋弼、郑虎文、边继祖、陈科捷、良诚、史贻谟、温如玉、陈桂洲、陈浩、诸锦、夏之蓉、田志勤、钱士云二十二员，四等陈大化、毛咏、孙人龙、邵齐焘、陈淦、王太岳、罗暹春、徐堂、许集、李英、张若澄、胡延龄、范清沂、钟兰枝、周资陈、史奕簪、图鞳布、邵树本、李龙官、傅靖、励守谦、毛辉祖、陈顾㴶、朱基、陆钧、路斯道、陆嘉颖、佟保、钮汝骐、李实蕡、晏珆、陈庆升三十二员。汪廷玙着升授侍讲学士，张泰开现出学差，工部侍郎员缺着蔡新补授，窦光鼐补授内阁学士兼礼部侍郎，杨述曾着升授侍读，陈兆仑、陈大昤俱着升授侍读学士，朱圭、庄存与俱着升授侍讲，金甡着升授庶子，积善着升授中允，张若需着升授赞善；其侍读学士陈浩着降补侍读，侍读罗暹春、佟保，侍讲张若澄俱降为编修，侍讲学士朱堪降为检讨，编修徐堂、陆钧俱着以知县用，庶子周资陈，侍讲田志勤，编修毛咏、邵齐焘、胡延龄、李龙官、陆嘉颖，检讨夏之蓉、王太岳、李实蕡俱着休致；其余考列四等之员，俱着照例罚俸一年。考试不到之励宗万着降二级调用，其侍讲学士员缺着张九镒补授，所遗侍读员缺着李宗文补授；检讨王世仕着以知县用。

六月癸丑　谕：昨考试满洲由别衙门升用翰詹诸臣，既阅其文理，又验其人才，分别等次。一等德尔泰一员，二等馨泰、洙兰泰、武极理、达椿四员，三等德昌、图敏、胜保、书昌四员，四等文元一员。德尔泰着升授詹事府少詹事，书昌着降补中允，洗马文元着以七品笔帖式用，侍读学士洙兰泰、侍读馨泰俱着休致，考试不到之侍讲学士运泰、侍讲星德、赞善仙保俱着降二级调用。

七月庚申　御史欧阳瑾奏，科场定例，凡开列具题内外帘官员，俱于初六日黎明入朝候旨。派出，即行入帘。近科派出之员，每在家探听，迟至午后，始齐集入闱，虽片时迁延在外，而接会亲友，恐滋弊端。请敕礼部，有宣旨不到者一面参处，一面请旨更换，其不在开列内派出者，该部即差人往传。至闱中缮写进呈朱卷及付梓者，考官滥行改削，多与原卷不符，请于揭晓后，核对原卷，有改削过三五十字者参处。得旨：这所奏是，着照所请行。

七月丁卯　礼部议覆浙江学政彭启丰奏称，商籍官生请改归本籍考试一摺。查，官卷应试，或商或民，应随祖父之籍，不得牵混。请嗣后本官由民籍中式者，其子孙编入民籍官卷，不准复隶商籍。如已冒商籍入学者勒限改归，未入学者不得再考商籍。若本官由商籍中式者，其子孙编入商籍官卷，不复于本籍重编官号，其同胞兄弟之子虽例得编为官生，然必与本官同籍者方准编入。若民商异籍者，不得借名改归。至商籍应试之人，或借族姓盐引，充考商籍，不论为官为民，即照冒籍例处分。从之。

七月丁卯　（礼部）议覆湖北学政葛德润条奏考试各事宜。一、各省乡试同考官酌量裁减。查江西、广东、河南等省内帘人数，前经议准，酌增。今科举录取人数各较减十之三四五不等，校阅尚易，其可否酌减之处，应行令各该抚确查议覆。一、考试拔贡照乡会试之例，论题以《孝经》、《周子太极图说》、《通书》、张子《西铭》参出。应如所请，自本年为始，通行各该学政遵行。一、乡试编坐官号，止有官员子孙、同胞兄弟及同胞兄弟之子，今各省相沿，并将父与伯叔编入，与例不合。请敕部定议，查父与伯叔编列官生，名义殊觉未安。应敕各该抚、学臣，嗣后，编列官卷遵照定例，毋得以不应编之人编入。一、《学政全书》请行增刊。查自乾隆五年以后，凡事关学政，奉到谕旨及臣工奏准者尚未续刊，应汇辑成书颁发。从之。

八月甲午　命刑部左侍郎觉罗勒尔森、内阁学士苏章阿、太常寺卿德通为翻译会试考官。

八月甲午　命礼部左侍郎吕炽为会试知贡举，大学士陈世倌、礼部右侍郎嵩寿为正考官，内阁学士邹一桂为副考官。

八月乙未　命内阁学士窦光鼐提督河南学政。

八月丙申　谕曰：在京总理事务王大臣和硕履亲王允裪等奏称，初六日，主考房官入帘时，于内帘监试御史蔡时田行李内搜出关节二纸，外帘监试御史曹秀先认系伊侄举人曹咏祖笔迹，请交刑部审拟等语。科场弊窦，自奉皇考世宗宪皇帝严加厘剔，内外肃清。朕临御以来，留意整饬，谓当诸弊尽除，人知奉法，乃尚有憝不畏死，藐法行私，潜通关节其人者，实出于情理之外。蔡时田身为御史，以监试为职，乃受带关节，尤属不法。蔡时田着革职，曹咏祖着革去举人。至曹秀先明举伊侄，未必非见事败露，为先发卸罪之举，亦着解任，并案内有名人犯，交在京总理事务王大臣会同该部严加刑讯，切实审拟定罪具奏。

八月丙申　谕：蔡时田受带关节，请罪甚为可恶，已有旨令在京总理事务王大臣会同该部严审定拟，但王大臣不过会同查审，至讯供定案，系该部专责。科场作弊，罪与贿卖生童无异，自应立决，即例应监候，亦当入于本年情实定拟。将此谕阿克敦、刘统勋知之。

八月丙午　谕：国家设科取士，期得真才，士子诵法圣贤，当知以名节为重，始进不端，则为衣冠中败类，至于列抡选之任，而怀穿窬之心，则更衣冠中禽兽矣。玷儒林而坏士习，莫此为甚。是以禁令綦严，凡使人重怀刑，不犯有司，正以慎重抡才大典耳。近科来特申怀挟之禁，勿令鱼目混珠；意内帘弊窦久已肃清，不谓尚有潜通关节其人者。虽千百人中仅此一二人，然此一二人者，未尝非千百中之人。况此特其败露者耳，其默识心存、无能发摘者，谓再无其人，其孰信之？夫刑章国宪，持世之大防，从前学政贿卖生童，若俞鸿图、喀尔钦皆经正法，朱荃未及明正典刑，而赃私尽已发觉，案犯业俱治罪。虽功名之途不无热中，而效尤颓风，将何底止？吹嘘剪拂，流为植党营私，故钓名者甚于市利，法所不容。朕虽欲曲宥之，岂不计及世道人心乎？蔡时田、曹咏祖已照法司律拟，即行斩决。至宦家子弟乡科以官卷邀恩，及会试入闱，同年同官，情面相关，嘱托向应，势尤易便。身居朝列，不以正率先，冒犯营私，此而不惩，更无以服寒畯而昭炯戒。曹秀先一并交部，严加议处。科场有此，深为可愧。朕固不忍轻量天下士，而人心叵测，不能无于予改是之叹。倘尚有以身试法者流，亦惟有按律从事，刑兹无赦而已。士子读书立品，安命待时，力田逢年，必有其候，考官虚公秉鉴，当念为国树人之义，何至苟且夤缘，甘蹈重辟，即或幸逃法网，而逾墙之丑行，已为人伦所不齿，况当光天化日之下，作此如鬼如蜮伎俩，自作孽，不可逭，天地鬼神，必不容欺，其可不知所戒哉？

八月辛亥　礼部以翻译会试中额请。得旨：这翻译会试，满洲取中十六名，蒙古取中二名。

八月辛亥　（礼部）以会试中额请。得旨：这会试，满洲、蒙古取中七名，汉军取中一名，直隶取中二十二名，奉天取中一名，山东取中十三名，山西取中十五名，河南取中十名，陕西取中十二名，江南取中三十一名，浙江取中二十九名，江西取中二十五名，湖北取中十名，湖南取中四名，福建取中十四名，广东取中十四名，广西取中五名，四川取中八名，贵州取中七名，云南取中七名。

八月辛亥　命京畿道监察御史李师中提督山西学政。

八月乙卯　命拣选下第举人。谕：今岁万寿恩科，各省计偕云集，而中额所收例有定数。其下第举子中，有年力才具可以及时录用者，特予格外加恩，拣选引见，分别以知县试用，教职铨选，俾得早列仕版。目今巡幸塞外，若俟回銮再行拣选，未免守候需时，着在京总理事务王大臣及协办大学士阿克敦，尚书舒赫德、刘统勋、孙嘉淦于会试揭晓后，即行会同拣选，大省四十人，中省三十人，小省二十人，候朕回銮以次引见。其年在七十以上，难以复图进取者，并着该部查明具奏，候朕酌量加恩，仍豫行晓谕各举子知之。

九月辛未　谕曰：协办大学士、吏部尚书梁诗正之子、举人梁同书着加恩，准其一体殿试。

九月乙亥　给年老举人职衔。谕：今年举行万寿恩科，礼部会试，士子云集，其中有年臻耄耋，尚与观光者，虽未经入彀，而庞眉鹤发，偕试礼闱，亦场屋中人瑞也。所有八十以上之徐文靖、侯勤、王璺、周中规俱给予翰林院检讨职衔，七十以上之张简、杜继衍、任湖、赵居禄、邸钊、周士梁、张明极、何鲁、李熙铎、林玉藻俱给予国子监学正职衔。现任学正王延着该部带领引见，再降谕旨，用赉殊恩，以光盛典。

九月壬午　以大学士来保、史贻直、陈世倌，吏部尚书孙嘉淦，户部尚书蒋溥，刑部尚书阿克敦、刘统勋，户部侍郎裘曰修，礼部侍郎介福，刑部侍郎勒尔森、秦蕙田，工部侍郎何国宗、内阁学士邹一桂、钱维城充殿试读卷官。

九月癸未　策试天下贡士邵嗣宗等二百二十九人于太和殿前。制曰：朕绍承大统，抚御万邦，宵旰孜孜，勤求治理，所冀内外臣工，靖共尔位，闾阎黎庶，共庆盈宁。群材之登进日隆，边境之敉宁益永，庶几海内臣民，共登上理焉。顾官方或未尽肃，民食或未尽丰，取士之术犹疏，边圉之防未备，将何以整纲饬纪，以臻郅隆之治欤？国家设官分职，所藉以熙绩亮工，宣上德而达下情也。唐虞之世，五臣、四岳、九官、十二牧，师师济济，一堂之上，同寅协恭，用能明良喜起，成中天之盛治。然虽有都俞，不废吁咈，一时动色相戒者，犹以丛脞为虞，观赓拜扬，言慎乃宪，屡省乃成，其交相责者何至也？朕日以修和之盛，望之内外大小臣工，顾因循瞻顾之私，或犹有未尽化者，官方之砥砺，其道奚从？农者，天下之大本也，德惟善政，政在养民，开其资财之道，斯以蓄积多而备先具。周家穑事启国，爰兴八百之基。逮至西汉文帝，蠲租劝农之诏屡下，而皆以务本为兢兢，岂非治要之所在欤？今幅员日广，民生日繁，游惰杂处，其间雕文刻镂，伤农之事愈兴，俗尚奢靡，罔知节俭。朕勤求民瘼，闾阎之艰苦，纤悉周知，偶有偏灾，赈恤立沛，然裕民足食之道，有不得不深为计者。今欲重农事而务本计，其道安在？制科取士，所以振淹滞，储任使也，登明选公，责在有司，鉴空衡平，言乎公则生明也。比年以来，加意厘剔，宜人知畏法，罔敢触禁矣。而不谓舞弊者之即生于察弊，此虽千百人中仅亦一见，即或者处士虚声，恩门年谊，习俗相沿，流风未殄欤？司衡者秉校士之任，当使寒畯无沦落之虞，菲材绝觊觎之念，斯无负辟门吁俊之盛典，宜如何立法，俾宿弊永蠲，以光文治欤？国家文德既修，武事必备，防边固圉，绸缪未然，非以夸远略也。汉唐宋以来，兵制迭更，其间善否，或亦有可采求者欤？有必胜之将，无必胜之兵，选将固在所重矣。然将非兵莫与为用，兵非将莫与为统，联属之方娴习于平时，诚不可缓，我国家全付所覆，土宇昄章，亘古罕匹，而将士之勇、韬略之娴、训练之精、制胜之神皆远过前代。惟是承平日久，或狃于佚乐，易致废弛，则修明武备以慎固边圉，所宜豫为筹论者也。凡此者，上自庙堂，下周乡国，本保泰持盈之心，筹制治保邦之要。思尔多士，久沾雅化，其以素所蕴蓄者，详著于篇，朕将亲览焉。

九月癸未　新中式贡士毛师灏以殿试怀挟，交部枷责如例。

九月甲申　谕：本日勾到情实官犯，内李为栋、王瑞霖二犯，因贿嘱朱荃为伊子营求入学，本按以财营求与受财人同科，问拟绞候，已属该部轻为出脱。至策楞拟以缓决，更属沽名曲庇，着交部严察议奏。盖入学乃士子进身初步，原与科场一律，营求贿嘱之风断不可不严为防范。在辇毂之下，纠查严密，易于败露。至各省学政出京赴任，途次接见官员，乘便密行贿托，其事甚易，孰从稽察？似此情罪昭著，犯证确凿之案，若不明正典刑，将来玩法之徒，益无忌惮。且今岁科场搜出关节，既伏厥辜，至殿试策名大典，复有豫拟策条怀挟应试者。条对、策问，若仅完卷塞责，较之三场，乃甚易之事，尚需宿构怀挟，则其乡会中式时之舞弊，不问可知。朕特未加深究耳。可见衣冠中不少败类，实出寻常意料之表。败露者如此，其侥幸入彀者，益难信其必无矣。比闻新进翰林辈，视交通关节竟不以为恶习可耻，偷为一切，真材益沦。力挽颓风，朕不辞也，此而可宽，明刑弼教之意安在？李为栋、王瑞霖二犯，已于秋决内予勾正法，并将此严切晓谕中外知之。

九月丁亥　上御养心殿，召读卷官入，亲阅定进呈十卷甲第。

十月戊子　上御太和殿。传胪。赐一甲秦大士、范棫士、卢文弨三人进士及第，二甲钱载等七十人进士出身，三甲杜锜等一百五十八人同进士出身。

十月壬辰　礼部议准，御史常海奏，内场监试等官，虽无衡文之责，然场务俱系经办，嗣后，内场监试及提调、知贡举等官，其子弟亦应一体回避。从之。

十月乙未　以兵部侍郎裘曰修知武举，内阁学士李因培为武会试正考官，侍讲学士汪廷玙为副考官。

十月丙申　内阁、翰林院带领辛未科散馆之修撰、编修、庶吉士等引见。得旨：清书修撰吴鸿已经授职，其庶吉士沈栻、蒋櫆、王启绪、吴鹏南、林明伦俱着授为编修，张曾敞着授为检讨，叶藩以知县即用。汉书编修饶学曙、周沣已经授职，其庶吉士李承瑞、汤世昌、戈涛、路谈、刘墉、王应瑜、丁田澍、李绶、汤先甲、罗典、叶观国、蒋良骐、王绂、周于礼、朱嵇、秦百里、卢明楷俱着授为编修，全魁、艾茂俱着授为检讨，柯一腾、范思皇、姚晋锡、穆丹、刘宗珙俱以部属用，狄咏篪、史鸣皋、梁兆榜、吴为墉俱以知县即用，洪其哲、轩辕诰、郭兆、高辰、孙昭俱着归进士原班铨选。

十月丁酉　谕：据哈达哈等奏，今科武会试地字围外场，四川、云南二省新科武举，甚属平常，请通饬各该督抚加谨抡选，务得真才等语。武闱取士，以备干城之选，所重在弓马、技勇。该二省新科武举如此平常，该督抚乡试监临时何由取中，甚非慎重抡才、实心甄拔之道。姑念初次，暂免交部议处。着该部传旨申饬。嗣后，各省监临有似此草率从事、不能实心较阅、以庸弱滥充者，定行交部严加议处。可通行传谕各省督抚知之。

十月丁酉 授一甲一名进士秦大士为翰林院修撰，一甲二名进士范棫士、一甲三名进士卢文弨为翰林院编修。

十月己亥 内阁、翰林院带领新科进士引见。得旨：新科进士，除一甲三名秦大士、范棫士、卢文弨已经授职外，钱载、蒋和宁、邵嗣宗、张模、梁同书、谢墉、金维岱、吉梦熊、朱阳、甘立功、马腾蛟、赵瑗、张坦、郑岱钟、卢珏、熊恩绂、汤堮、龙煜岷、赵佑、吴以镇、江声、曹炳、纪复亨、董元度、景福、秦黉、翁方纲、鞠恺、陈齐绅、博明、王猷、王政义、张孔绍、马锦文、陈筌、王懿德、万廷兰、贾煜俱改为庶吉士，梅理、沈清任、杨有涵、陶其愫、德风、顾光旭、陆象云、王云鶊、龚同、多伦五、蔡璜俱着分部学习，照例试用，张霁、沈作霖、宋景涞、曹鏸、胡邦翰、欧相箴、汪涛、宦儒章、刘标俱着以知县即用，周天度、陈启宗、王钦、胡耀南、胡德琳、黄恩锡、戴之适、屈纲、屈宜绅、谢奉璋、李先达、王文征、杜首瀛、石为艺俱着分发各省以知县用，黄达、严元燮、王宏善、曾元景、王宸佶、吕炯、郭凤翔、张玺、祁宗孟、曾殿川、郭天性俱着以教职即用，余着归班铨选。

十月己亥 兵部以武会试中额请。得旨：这考试，汉军取中三名，直隶取中十名，陕西取中十一名，广东取中四名，河南取中五名，山东取中三名，江南取中二名，山西取中四名，湖北取中三名，湖南取中二名，四川取中一名，广西取中二名，福建取中四名，浙江取中四名，江西取中五名，云南取中一名，贵州取中一名。

十月癸卯 策试中式武举刘廷栋等六十五人于太和殿。

十月乙巳 上御紫光阁，阅中式武举骑射。

十月丙午 上御紫光阁，阅中式武举技勇并覆阅骑射。

十月丁未 上御太和殿。传胪。赐中式武举一甲哈廷梁、林建鼎、马琅三人武进士及第，二甲田允中等七人武进士出身，三甲伊天培等五十五人同武进士出身。

十一月戊辰 御史薛澄奏，凡遇考试，各部院堂官一经派出，无论在闱在朝，应停止本衙门司员画稿，以杜嫌疑而专校阅。得旨：此奏是，着照所请行。

十一月丙子 刑部议覆陕西布政使张若震奏称，杖笞捐赎，向例均照徒罪以下银数。但思徒与杖相隔五等，若尽该以徒罪以下四字，轻重似无区别，应将原例分晰酌减。应如所请。但各照原律，五等依次递减，条目太繁。嗣后，除徒罪仍照旧例原数捐赎外，犯杖者，贡监生纳锾二百两，平人纳锾一百两；犯笞者，贡监生纳锾一百两，平人纳锾五十两。再有职官员，品秩不一，如三四品以下及进士、举人，其有犯杖笞纳赎者，不得照贡监之例，另拟分晰递增。从之。

十一月庚辰 谕：据闽浙总督喀尔吉善、福建巡抚陈宏谋奏称，兴化府属莆田、仙游二县童生取入府学额数，向系三七分拨。前任学政吴嗣爵奏准凭文拨取，而历次拨取，仍系三七之数。本年科试，学政冯钤将莆童少拨二名，有童生黄天锡等群相喧拥，恳求添拨，现在严饬查办，以惩恶习等语。莆、仙二县童生，取进府学，三七分拨，相沿已久。吴嗣爵之奏，未必不明知三七分拨，本无所偏枯，而姑藉此为陈奏塞责之地。

部议以凭文录士，言之似属有理，遂照所奏覆准。迨既经定例之后，接任学政，即当遵照办理，若以吴嗣爵所奏，原未允协，亦宜奏明更正。乃葛德润任内，历次考试，仍系三七分拨，若果专就文艺酌取，岂有悉能暗合之理，其中显有迁就情节。该学政冯钤此次考试，少拨莆童二名，遂致刁童喧拥滋事，此等恶习固应严加惩儆，而始事之筹画未周，接任之因循姑息，则吴嗣爵、葛德润二人之咎，着令伊二人明白回奏。吴嗣爵已简任道员，交与江苏巡抚庄有恭据词代奏。

十二月癸巳　吏部议准，国子监奏称，向例保举人员，遇本监出有助教、学正、学录之缺，俱通融补用，未免过优。嗣后，助教缺出，应于学正、学录内拣选奏补。从之。

十二月己亥　命翰林院侍读学士陈大昤提督湖北学政。

十二月壬子　谕：据庄有恭审奏砀山县劣生戚克讷、黄修激众罢考一案，止将同行之黄身检等照例发落，而应拟斩决绞候之首从重犯，则称俱于取供后在监病故，毋庸具题。生童激众罢考，最为学校恶习，既经审实，必明正典刑，方足示儆。乃戚克讷、黄修二犯，皆以监毙而逃显戮，看来非系冒名顶替，即系畏罪自戕。即如湖南知县徐鸿昇等于已经奉文勾决之重犯，竟敢临期疏纵脱逃，则戚克讷等之果系在监病故，岂可不为查察耶？总之，外省办事习气多涉虚伪，江南、江西承审伪稿各案舛谬甚多。由此观之，朕于各该督抚所办事件，虽欲深信而不可得矣。此案二犯悉皆监毙，其中大有情弊，着庄有恭悉心确查。得有实据，即将该县知县、典史题参，从重治罪，不可稍有徇隐。

乾隆十八年（1753年）

正月壬午　谕：盛京引见笔帖式人员，国语甚属生疏，皆由监视大臣徇情挑取。嗣后，考试翻译笔帖式时，着将盛京各大臣名衔，开列请旨，候朕酌派，以专考试之责。如带领引见时，仍有不娴国语者，惟派出考试之人是问。

二月辛卯　以刑部右侍郎书山为八旗翻译乡试正考官，太仆寺卿赫庆为副考官；理藩院左侍郎玉保为蒙古翻译乡试正考官。

三月庚午　礼部议奏，裁减各省乡试房考官。据各省督抚疏奏，除山西、江西、四川房考官实无闲旷，无庸议裁，山东酌减《易》、《诗》各一员，定为十二员；河南酌减《易》、《诗》各一员，定为十二员；贵州酌减《易》、《诗》各一员，定为八员；湖北酌减《易经》一员，定为十员；浙江酌减《易》、《诗》各一员，定为十六员。福建酌减《易经》一员，定为十一员；广东酌减《易经》一员、《诗经》二员，定为十员。又调任广西巡抚定长疏称，广西外帘旧设受卷、誊录二所官，均系四员，应并各裁二员。均应如所请，从之。

四月甲辰　谕：各省乡试，向例巡抚入闱监临。前因封疆职守綦重，曾经降旨，将专驻巡抚省分令于藩臬二司内酌委一员入闱监临，巡抚止于点名时督同搜查，本属因地制宜之意。但思士子扃闱考试，人数众多，又有执事之武员、兵丁等均须约束，恐藩臬尚不足以资统理。且如江苏、安徽二省，现据鄂容安奏称，藩臬事务最为繁多，不便行调入闱等语。嗣后，该二省俱着仍照旧例行，其余专驻巡抚省分，亦仍令巡抚入闱，督率弹压，俟三场完竣后，即行出闱，交与所委之司员在内办理，庶关防严肃，于地方场务均昭慎重。

四月甲辰　命翰林院侍读宗室良诚提督安徽学政。

四月甲辰　以翰林院编修杨方立为云南乡试正考官，编修沈栻为副考官；洗马史贻谟为贵州乡试正考官，御史李友棠为副考官。

五月癸亥　吏部带领考试截取满洲进士、举人富炎泰等三十六员引见。得旨：富炎泰、布彦、孝顺阿、赵德荣、何绅、巴德、那淳、麻致祥、吉来、奇宠格、七十一、心常、常喜、文达、吉郎阿、郭明安、笃哈、德昌、朱成阿、关保、依常阿、萨丙阿着记名以知县用，鄂宁着在户部额外笔帖式上学习行走，关达、白英、九十四人既平庸，更全失旗人本色，关达、白英着在粘竿处拜唐阿上学习行走，倘有不勤，即参奏治罪；九十四着交与伊父鄂乐舜任所，严加教训，俟知礼法、习政事后，伊自奏闻讨差使。余着归原班用。

五月丁卯　礼部议准，顺天学政张泰开疏称，乾隆九年，遵化州改为直隶州，丰润、玉田二县向隶永平府，改拨该州统辖，所有二县拨府文武童生六名亦改拨州学。查丰、玉二县，始由顺天府改隶永平，顺天府向无府学，是二县原未带有拨府童额，嗣因改隶遵化州，遂以永平进额，减为拨州之数，是永平府学不因二县而增，自不便因改拨而减，请将该府拨减文武生六名原数复还。从之。

五月庚午　以翰林院侍讲图鞳布为四川乡试正考官，礼部郎中冯成修为副考官；翰林院编修刘墉为广东乡试正考官，编修谢溶生为副考官；御史温如玉为广西乡试正考官，礼部员外郎陈大复为副考官；翰林院侍讲汪廷玙为福建乡试正考官，御史毛辉祖为副考官；翰林院编修邵树本为湖南乡试正考官，编修李承瑞为副考官。

五月甲申　礼部议覆御史温如玉奏称，顺天府大、宛二县童试，向有审音之例，以杜冒籍。查顺天府外属及直隶天津一府，冒籍亦所不免。嗣后，顺天府属之州县卫学及直隶天津府，请饬校录之四路同知及该府俱照大、宛二县之例，于试前审音，并取具廪结存案。应如所请，从之。

六月丁亥　谕：顺天府尹事务，现系府丞马燝署理。今岁乡试届期，府尹、府丞各有专办之事，马燝一人不能兼顾，府尹事务着李因培兼管，马燝协同办理，乡试时，马燝入闱提调，李因培在外办理地方事务。

六月戊戌　命太仆寺卿孙灏提督河南学政。

六月己亥　以兵部侍郎裘曰修为浙江乡试正考官，翰林院编修吴鹏南为副考官；礼部左侍郎董邦达为江西乡试正考官，翰林院编修戈涛为副考官；翰林院侍读学士庄存与为湖北乡试正考官，礼部郎中李玉鸣为副考官。

六月己酉 以太常寺少卿张映辰为陕西乡试正考官，翰林院编修卢明楷为副考官；署户部侍郎梦麟为江南乡试正考官，翰林院检讨王太岳为副考官。

七月癸亥 兵部议覆贵州镇远镇总兵唐开中奏称，武举会试未第，向例具呈兵部，咨回本省，分发各营效力，给与马粮，随千把一体差操。原因武举未谙营伍，令其效力学习，但贪图近便，多请分发本籍协营，而部臣亦准照所请分发。查协营大小不一，马粮多寡不同，分发大营，则马粮易给；分发小营，则马粮无多，只敷该营递文护饷之用。倘有缺出，必先给武举，则营中少一当差之人，若挑补兵丁，则武举亦难枵腹效力，势必酌量改拨，但与其改拨于到营之后，不若厘定于分发之先。请嗣后未第武举，有具呈随营学习者，由兵部发回本省，令该督抚、提镇酌量营分大小，就近分发。应如所请，从之。

七月甲子 湖南正考官邵树本丁忧，以翰林院侍讲学士温敏为湖南正考官。

七月乙丑 以翰林院编修刘星炜为河南乡试正考官，编修叶观国为副考官；编修林明伦为山东乡试正考官，编修张裕荦为副考官；侍讲学士金甡为山西乡试正考官，宗人府主事眭朝栋为副考官。

八月戊子 顺天乡试以兵部右侍郎兼管府尹李因培为监临官，吏部尚书、协办大学士孙嘉淦为正考官，礼部侍郎嵩寿为副考官。

九月甲子 谕：内廷行走之县丞张宗苍，监生徐扬、杨瑞莲效力皆已数年，甚属黾勉安静。张宗苍年已及暮，着加恩赏给户部额外主事；徐扬、杨瑞莲着加恩赏给举人，一体会试。

九月甲子 命詹事府少詹事陈浩提督湖北学政。

九月戊辰 谕：各省学政，已届差满。浙江学政着雷鋐调补，江苏学政着梦麟去，山西学政着欧堪善调补，贵州学政着李师中调补，云南学政着葛峻起调补，四川学政着王宬调补，顺天学政着徐以烜去，江西学政着张映辰去，福建学政着汪廷玙去，湖南学政着庄存与去，山东学政着于敏中去，陕西学政着张拜赓去，广东学政着陈桂洲去，广西学政着许道基去，安徽学政良诚、湖北学政陈浩、河南学政孙灏俱着仍留原任。

九月己巳 定甄别教谕、训导例。谕：向例各省教职，六年俸满，该督抚、学政公同甄别堪膺荐举者，保题送部引见。其年力衰迈者，咨部休致。但督抚陋习，既不肯轻保举，亦不肯多咨革，是以保题者固属寥寥，而休致者亦不多见。惟使龙钟衰老之辈，滥竽恋栈，无所区分。盖视教职为无足轻重，初不计及为造士之根本也。前以选拔贡生为教职之阶，曾降旨训谕各督抚、学政，令其加意慎重。嗣后，教职除有劣迹者随时参劾外，至六年俸满，堪膺民社者保题，其年尚强壮、精力未衰、可以留任者出具考语，送部引见；若准留任，俟六年再满，仍如是甄别。如年老人员，即着咨部休致，有愿来京引见者，照大计之例，该督抚声明，给咨引见。至训导一官，例止得升县佐，该上司尤多忽略，嗣后，甄别之例与教职同。着为令。

九月庚午 命陕西道监察御史蒋元益提督山西学政。

九月乙亥 谕曰：御史魏涵晖条陈科场事宜一摺。内有卤字号人数不敷，不必另编中额一节，已交部议。而查进泰所奏竟与相符，看来查进泰原无所见，不过剿袭人言，以博士子感诵，甚属卑鄙。且满洲职官言事，久经降旨，令用清文，即或因事关科场，亦当清汉兼用。今查进泰不守成例，竟以汉文缮奏，俱属不合。着交部察议，原摺掷还。

十月壬寅 礼部议覆御史魏涵晖奏称，本年顺天乡试，卤字号终三场者四名，例不取中，虽有佳文，未免弃置。请将商灶籍入学者一体编入北贝取中，无庸另立字号。应如所请，饬令该学政、盐运使遵办，从之。

十一月壬戌 停止五经中额例。大学士等会同礼部议覆贵州巡抚定长奏称，黔省士子三科五经缺额二名，与乾隆九年酌减定数不符，应否定为三十八名，或请改归专经，照原议仍取中四十名等语。查五经士子，果其淹通经术，专经尤易见长，若无实学，惟事剿袭，转滋幸进。应如该抚所请，嗣后，各省五经中额概行停止，所遗额数，令该各督抚查明，归入卷多文佳之专经内取中，副榜一并照办。从之。

十一月庚午 贵州巡抚定长奏，武闱乡试原以拔取本省武生，其兵丁及外委千把一体考试，原属广搜英俊之意。今岁贵州武乡试，马步守兵入场者，臣密记于马兵内取中三名；又有现任武职子弟顶冒兵粮入场者，俱暗记不录。查营兵入场，例无马步守之分，未免太滥，请嗣后将步守概停咨送，马兵内才技优娴、文义通晓者，由该营送考。至现任武职子弟顶冒入场，本干功令，向例于中式后察出，止将保送各员议处，似未周备。请嗣后将保送各员及现任武职一并分别严加议处。督抚、提镇失察徇纵，分别议处。下军机大臣会同兵部议行。

十一月癸酉 谕军机大臣等：今据进呈福建武乡试题名录内，武举李邦石开弓二十二力。朕思历科武殿试举子开十数力之弓，尚多竭蹶，从未有如此膂力者。此或系缮写之讹，亦或出于粉饰，可于喀尔吉善、陈宏谋奏事之便，传谕询问，令其据实覆奏。如李邦石果能开弓至二十二力，则其技勇必有可观，着即咨送来京，候朕亲试。寻奏，武闱校士，弓力俱照例较准，李邦石系将十力、十二力两弓并开，虽觉勉强，合计实二十二力。但闽省风土潮湿，弓力虽准，究不能如北地强劲，现已调取来省，给咨送部。报闻。

十一月庚辰 谕军机大臣等：据郭一裕奏，按察使许松佶办赈公出，十一月初十日五更时分失火，烧毁科房六间，文卷抢救不及，间有烧毁等语。衙署失火，虽亦间有之事，但臬司为刑名总汇，而科房系取贮文卷之地，甚关紧要，今失火延烧，在许松佶办赈公出之时，此必有书吏人等因本官出署，欲乘机舞弊，销毁卷宗，必当严行访察。已批谕郭一裕，令其细访情节，告知督抚，从重治罪。可传谕鄂容安、庄有恭严密查访，如有前项弊端，务须究出情节，重治其罪，以示惩儆。着于奏事之便，传谕知之。

十一月庚辰 兵部议覆山西布政使多纶奏请停年老武举会试一摺。查武闱例重外场，弓马技勇，必年力盛壮始克娴熟。乾隆九年部议，武生年届六十，不准应试，会试自当一体照办。应如所请，行令各督抚于会试时转饬地方官，确查武举年岁，逾六十者停其咨送。从之。

十二月壬辰 礼部议覆国子监祭酒陆宗楷条奏科场事宜。内称，顺天乡试录科，直隶生员向由学臣录送，贡监由监臣录送，近科有赴监录考者亦有从学臣录送者，请饬部画一。查直隶贡监在国子监肄业者，应令监臣录送，其余在籍者，嗣后，请均由学臣申送。从之。

乾隆十九年（1754年）

二月癸未 命翰林院侍讲学士富德提督山东学政。

二月甲申 谕军机大臣等：喀尔吉善奏，台湾道托穆齐图未习举业，难兼学政事务，请与兴泉道白瀛对调等语。台湾各案，虽均已办理完竣，但该处民情刁悍，必得谙练熟手，方足以资弹压。学政事务，原可一身办理，至偶遇考试，则该处知府、丞倅及知县各官内不乏科目出身之员，皆可调令入署，协同校阅，不必因此更调。着传谕喀尔吉善知之。

二月乙酉 谕：湖广总督开泰奏，截取举人李兆龙，看其年力，不特不堪知县之任，即改补教职并恐难司训迪，已勒令休致咨部等语。知县为举人应选之缺，其有衰迈滥竽者自应慎重甄别。但改补教职已属降等，如改教后，该员自委投闲，志气颓隳，原可随时咨参。即其始尚堪训士，而遇俸满及大计时，量其年力更衰，不妨再令休致。今开泰于截取之日，未试以教职，即行淘汰，虽曰加意甄别，然若辈读书上进，即年力、才分各有所限，而穷年苦志，竟不获一登仕版，揆诸情理，未免过当，此正所谓过犹不及也。朕综理庶政，务在持平，未尝稍有畸重、畸轻之见，若各督抚见有开泰此奏，转相仿效，则又非造就人材之本意矣。可通行传谕知之。李兆龙既不胜知县之任，仍着以教职用。

二月丙申 谕曰：张泰开将邹一桂之子保举学正，显系瞻徇，已降旨交部议处。邹一桂之子若出自他人保举，容可诿为不知，张泰开既系同官，日与共事，岂有不知之理？邹一桂自应一并交部议处，着吏部询明察议具奏。

三月壬子 以内阁学士徐以烜为礼部侍郎，仍留顺天学政之任。

三月丙辰 军机大臣等议奏，八旗满洲等考试翻译满文，定例三年考取生员二次、举人一次、进士一次。查，晓习翻译之人皆可考取内阁中书及笔帖式、库使等项，原不藉乡会试为进身之阶。请嗣后除翻译生员仍照旧考试，留为考取中书、笔帖式之地，其乡会二试及翻译进士升转翰詹官员之处应停止，至将来考取翻译生员时，但令专作清字文论二篇，不必仍取翻译，徒滋记诵陋习。从之。

三月丙辰 命礼部左侍郎邹一桂为会试知贡举，大学士陈世倌为正考官，礼部左侍郎介福、内阁学士钱维城副考官。

三月癸亥 谕：江苏学政梦麟参奏建德县知县董丰垣徇私请托一摺。董丰垣、冯国霖倚托师生，夤缘干请，其书函又即系冯国霖自行呈递，显有情弊。董丰垣着解任，冯国霖着革去生员，交与该督鄂容安查审具奏。

三月丙寅　　礼部议覆江苏学政梦麟奏称，学政思欲竭力惩创，而稽核无权，势难整饬，胪陈提调官诸弊，请严立科条以专责成等语。臣等酌议，嗣后，请令各省学政约束幕宾、亲友、胥吏、家人，凛遵法度，务正本清源，以绝造言之端。至顶冒枪手、招摇影射、妄传线索、显造飞语、匿名揭帖等事，关系风俗人心，学政当关防考试时，诚不及周知，及试毕开门，一有见闻，即严饬提调官密访拿审。提调官如容隐私结，轻为出脱，即据实参奏，请旨敕部按律例处分。若提调借无根之言，挟制学政，冀其畏祸隐忍，经学政陈奏，敕下督抚审实，从重治罪。倘学政自以无权无责，苟且自全，别经发觉，除提调官治罪外，将学政一并严加议处。其原奏比照立例之处毋庸议。从之。

三月庚午　　谕曰：良诚题参当涂县知县李允升一本，所见甚属错谬。学政职司课士，整饬士习是其专责，至于绅士争控细事，原非所当与，即使有司审断不公，或其中别有情弊，亦应咨明督抚，听其查办。乃遽以凌辱士子为辞，具疏参奏，殊于体制未协。且江南士习浮嚣，倚恃学政为之申理，将益致滋事，其渐更不可长。良诚甫任学政，不惟不能加意整顿，转偏护邀名，染读书无识者陋习。且本内，一则称议处，一则称严审，尤属不合。着严行申饬，原本掷还。

三月丙子　　礼部以会试中额请。得旨：这会试，满洲、蒙古取中六名，汉军取中一名，直隶取中二十二名，奉天取中一名，山东取中十四名，山西取中十六名，河南取中十一名，陕西取中十三名，江南取中三十二名，浙江取中二十九名，江西取中二十五名，湖北取中十一名，湖南取中四名，福建取中十四名，广东取中十五名，广西取中五名，四川取中八名，贵州取中七名，云南取中七名。

四月庚辰　　谕：国学以训课士子为职，现任国子监祭酒武极理系翻译进士出身，不宜司教之任，着以对品京堂缺补用。其国子监祭酒员缺，着良诚补授。

四月庚辰　　命翰林院侍讲学士金甡提督安徽学政。

四月庚寅　　谕：场屋制义屡以清真雅正为训，前命方苞选录四书文颁行，皆取典重正大，为时文程式，士子咸当知所宗尚矣，而浮浅之士，竞尚新奇。即如今科放榜前，传首题文，有用“九回肠”之语者，其出自《汉书》“肠一日而九回”，大率已莫能知，不过剿袭纤巧，谓合时尚，岂可谓非法不道，选言而出者乎？不惟文体卑靡，将使心术佻薄，所关于士习者甚大。朕曩云：言孔孟言大是难，职是故也。着将《钦定四书文》一部，交礼部、顺天府存贮内帘，令试官知衡文正鹄，再策问时务，用觇士子学识，主试官不当以己见立说。上年顺天乡试，问黄河北行故道；今春会试，问黄河下流，皆孙嘉淦、陈世倌一己私见，究亦空言无补。若以此为去取，将启士子窥探迎合附和之弊，其渐尤不可长。即如宋元以来，辨析朱陆异同，初因讲学，而其后遂成门户，标榜攻击，甚为世道人心之害。嗣后，有似此者，必治其罪。

四月壬辰　　谕：御史欧阳正焕奏称，现在各省澄汰教职，出缺甚多。今选拔贡生朝考拣选引见者，每省不过十余名，少者数名，除以知县等官录用外，余人无几，不敷补用，请将考列一、二等之选拔贡生，一体带领引见等语。此其意不在虑补教职之乏人，而在未经拣选者一概引见，或得侥幸用知县耳。选拔贡生经大臣等拣选引见，其足膺知县之任者，原不过屈指数人，其余除愿就佐杂外，皆得以教职即用，合计三次考试拣选之数，应用教职者当亦不下百余人矣。况有现在需次之进士、举人及各项贡生，又知县改用之教职，已觉缺少人多，又何致不敷补用。该御史意中必有希以知县录用之人，适考列优等而未经入选，故为此奏耳。御史职司言路，如拣选大臣，或有徇私受托，拣选不公，按有确据，即可据实参奏；若但欲取悦众人，奏请通行引见，岂朕日理万几，必一一躬亲遴择？而派出之大臣皆不足信，即如乡会试，中者自服其公，不中者必皆含怨，亦必尽令朕一一搜落卷耶？若如所奏定例，将未入拣选一二等之人引见，概用教职，则伎俩不行，亦未为不可，但欧阳正焕之托言行私，不可不明示。着传旨严行申饬，原摺掷还。

四月癸巳　谕：会试榜后，下第举人，历科以来，间有格外加恩之典。今科会试，所有下第举子亦着加恩，于荐卷内取文理明通者验看拣选，带领引见，畀以司铎之任。其奏请简派大臣阅卷验看，及按省酌定员数，分班选用之处，该部察例具奏。至年七十以上者，并着该部带领引见，酌量给予职衔，以示优惠。

四月壬寅　御史陈大化奏，查向例，国子监学政、学录等官缺出，九卿保举科目出身人员带领引见，记名补用。但日久弊生，钻营徇私，实所不免。嗣后，请学正、学录等官应补人员，渐次用完时，照考取中书例，吏部请旨，令进士、举人一体考试，特派大臣阅卷呈览，该部将录取人员带领引见，记名简补，至经解时艺，所以觇学识。其考试时，应如何兼用之处，临时请旨，着为定例。得旨：着照所请行。

四月癸卯　礼部带领浙江、江西、福建、湖北、湖南、陕西等省选拔贡生引见。得旨：杨兴邦、谈恕行、孙贤相、颜煌、钟旭、朱垙、何泽着、程继莱、王用鉴、黄立隆、马文炳等十一名以知县试用，金学超、吴条、高大爵、王诰、陈文组、方卓然、朱大勋、李文藻、程兆铿、韩修凤、尹荣世、任文溥、王宣邵、张拱辰、熊榕、饶梦铭、陈继镇、黄宏泰、钟正人、萧炳馨、李大烈、傅其瑛、林绍裕、林虎榜、周凝光、龙镐、阮文玙、卢儒、罗治、左士望、舒才博、黎乐生、易祚坤、李道一、王杰、叶长赓、蓝衣经、高其志、曾一贯、杨本立、黎廷梅等四十一名，着交吏部询问，愿以佐贰等官用者以佐贰官用，愿以教职用者以教职用。

四月甲辰　命大学士来保、史贻直、陈世倌，协办大学士、刑部尚书阿克敦，户部尚书蒋溥，刑部尚书刘统勋，侍郎蔡新，吏部侍郎杨锡绂、裘曰修，礼部侍郎介福，兵部侍郎吴达善，工部侍郎董邦达，内阁学士钱维城、李清芳充殿试读卷官。

四月乙巳　策试天下贡士胡绍鼎等二百四十三人于太和殿前。制曰：朕缵承鸿业，勤思上理，缅惟自古帝王，上畏天命，下凛民岩，秉道以揆几，穷理以制事，凡所以建用皇极，为表正万邦之本也。朕宵衣旰食，于天人感应之际，理道制治之原，整躬以率物，劝学以兴贤，念兹在兹，未得其要。兹当临轩发策，伫尔谠言。《易》曰："先天而天弗违，后天而奉天时。"《书》曰："惟天聪明，惟圣时宪，惟臣钦若，惟民从义。”天人合一之理，前盖昭著言之，顾天日在人之中而人不知。故先儒曰：天即理也。董仲舒以为善言天者必有验于人。又谓：“道之大原出于天，天不变，道亦不变。”夫元亨利贞，仁义礼智，皆配四时言之。在天之天，虚而难索；在人之天，近而可求。然在人之天，即在天之天，无二理也，无二道也。人无一日不在理道中，本理道之可名。自宋诸儒出，于是有道学之称，然其时尊德性、道问学已讥其分涂，而标榜名目、随声附和者遂藉以为立名之地，而大道愈晦。今欲使先圣先贤之微言大义昭如日星，学者宜何所致力欤？朕敕几毖治，盖无日不奉天以乾乾，《五经》、四子书而下，濂洛关闽之学，亦尝深究其源流，而微窥其得失矣。其粹言可以几道者可得切陈欤？古言：盂圆则水圆，盂方则水方。上之所视向，下之所效法从之。故曰：“正朝廷以正百官，正百官以正万民。”朕临御十有九年于此，勤勤求治，罔敢暇逸，而民风未尽淳，俗尚或即于偷者，其咎安在？夫为政不在多言，顾力行何如耳，虚张治具，粉饰文为，非所以为治也。条教号令，悬诸象魏者，求治之迹，而非致治之原也。所与朕共理天下者，内而公孤卿士，外而牧民长伯，皆俨然临于民上，而或者视自治、治人为二事，毋乃阂于理而暗于事欤？深宫燕闲之地，朕弗敢康，所赖以辅予治理，左右有民者，其省身克己之道何若？夫实心实政，夫人能言之，然必返瘖瘵而无惭，而后对大廷而不愧，朕念此至切矣。多士来自田间，且分治人之责，宜有敷陈，用觇素蕴。国家设科取士，首重制义，即古者经疑经义之意也。文章本乎六经，解经即所以载道。《易》曰：“修辞立其诚。”《书》曰：“辞尚体要。”文之有体，不綦重欤？朕于场屋之文，屡谕以清真雅正，俾知所宗尚久矣，乃者或逞为汗漫之词，徒工绮丽，甚至以汉唐词赋阑入其中，律以大雅之言，甚无当也。文之浮薄，关于心术，王通论之详矣。今欲一本先民，别裁伪体，岂惟文治廓清，抑亦所以明经术而端士习也。陆机云：“固无取乎冗长。”韩愈言：“约六经之旨而成文。”皆圣人辞达之义也。司衡之去取，其可不黜华崇实，以加之厘正欤？《记》曰：“官先事，士先志。”士也者，养之于庠序之中，登之于庙廊之上，以备驰驱之用，而收任使之效者也。民俗之厚薄，视乎士风之淳漓。士习之不端，由于士志之不立。崇进素定，干禄之学，圣人弗许，志一不立而寡廉鲜耻，卑污之行随之，居家或不免武断之习，应试或尚怀干进之私，浮薄流传，竞相仿效，士习将何由而正乎？国家百余年，养士之典极隆，迩者复命各省学臣举行选拔，于其来也，行廷试之典，慎遴选之方，分途擢用，所望于士之鼓舞奋兴，至深且渥矣。太学者，贤士之所关也，其贡入成均者，宜何如其陶淑而乐育之，无俾虚縻廪饩欤？师儒之官，教化所出，乡国学中，皆于下第内采其遗珠，畀以秉铎，将内则陈敬宗、李时勉，外则胡瑗之苏湖教法具在，或亦有用以端饬士习者欤？凡此数端，内而天德，外而王道，文章者性道之华，学校者风化之本，载籍所传，讲肄所及，尔多士其详著于篇，朕将亲览焉。

四月己酉　上御乾清宫，召读卷官入，亲阅定进呈十卷甲第。

闰四月庚戌　上御太和殿。传胪。赐一甲庄培因、王鸣盛、倪承宽三人进士及第，二甲汪永锡等七十人进士出身，三甲彭良骞等一百六十八人同进士出身。

闰四月辛酉　内阁、翰林院带领壬申恩科散馆修撰、编修、庶吉士引见。得旨：

修撰秦大士、编修范棫士、卢文弨已经授职，清书翁方纲、鞠恺、甘立功、吴以镇、梁同书、吉梦熊俱授为编修，郑岱钟授为检讨，戴天着以部属用。汉书邵嗣宗、陈齐绅、谢墉、张坦、纪复亨、钱载、陈荃、王懿德、德保、博明俱授为编修，李兆鹏、金维岱、王猷、马锦文、卢珏、苟华南俱授为检讨，平太着以宗人府主事用，马腾蛟、张模、郑忬、赵瑗、王协和俱着以部属用，万廷兰、江声、王政义、贾煜、范泰恒俱着以知县即用，龙煜岷、熊恩绂着归进士原班铨选。

闰四月甲子　授一甲一名进士庄培因为翰林院修撰，一甲二名王鸣盛、一甲三名倪承宽为翰林院编修。

闰四月戊辰　内阁、翰林院带领新进士引见。得旨：新科进士除一甲三名庄培因、王鸣盛、倪承宽已经授职外，汪永锡、汪致和、汪存宽、平圣台、朱筠、朱棻元、田玉、周升桓、鼐郎阿、阿肃、纪昀、沈业富、钱大昕、秦泰钧、苏绠、卫肃、胡绍鼎、王世棻、徐维纶、林诞禹、柯瑾、庄元、曾承唐、李封、陈梦元、陈圣时、林学易、尹均、曹学闵、于宗瑛、毛式玉、谭世瞰、刘天成、张鹤云、史珥俱着改为庶吉士，叶佩荪、王林、秦雄飞、于雯峻、查虞昌、王又曾、孙际清、倪高甲、范家相、孔毓文、钱策、李昌煜、吉郎阿俱着分部学习，照例试用。顾镇着仍留助教之任，常桂着以理藩院笔帖式用，蒋学镜、孙枝、金忠济、吴视、张宗昆、李天墀、吴宜燮、王嵩诞、曾忠俱着以知县即用，王大经、狄棣、冯履咸、戈源、毛万铨、杨士玑、邓正琮、周天柱、张映台、侯乾元、王元位、刘侑、严文典、崔一元、李夔班、方延嬉、七十一、严天召、邱大英、高兆煌、吴振域、杜宪、张鹏九、史班、余介祚、蒋良翼、卢世昌、王本嶓、王以宽、曹师圣、陶金谐俱着分发各省，以知县用，周翼洙、李舟、胡瑨、王希旦、苗�实、马雯、邹承颖、王克勤、谢得悚俱着以教职即用，余着归班铨选。

五月丙申　命礼部左侍郎介福、内阁学士钱维城教习庶吉士。

五月庚子　谕军机大臣等：陈宏谋奏，嗣后，截取举人，督抚验看，有不堪作县者，分其年力已未衰老，或准予知县衔休致，或照月选官改教例，归即用铨选。据称，与其改教于得缺之后，何如改教于赴选之时等语。截取举人，原有外省先行验看之例，究属故套，现在月选知县，何尝不由督抚咨部铨选，及得缺后，朕特派大臣验看，屡有以不堪作县扣除，另行铨补者。伊等既不肯自量衰老，愿就教职，督抚验看，未免视为具文，即使增设科条，岂能实力奉行。今月选各官经大臣等验看甄别，朕于引见时复亲加酌量，已于人材可核其实，何必复议纷更？将此传谕陈宏谋知之。

六月辛酉　谕：此次考试甘肃等省拔贡，若候至回銮后带领引见，未免守候需时。着交在京总理王大臣等验看拣选，其应行引见者即送至热河行在，带领引见。

六月甲子　谕：朕前往盛京恭谒祖陵，所有今科武进士若俱候回銮亲试，未免多人迟待。着于殿试策论后，即交与在京总理王大臣及和亲王、恂郡王、阿里衮、裘曰修会同该部酌量拣选二三十人，候朕回銮考阅。

六月甲子　命翰林院侍讲刘星炜提督广东学政。

八月戊辰　谕：兵部奏，今年武会试揭晓以前，豫行奏请殿试日期并开列读卷官并请钦颁策问，一同封交内阁等语。武场以弓马、技勇为先，策问究非所重，与文闱试士不同。今年武殿试，除豫行奏请考试日期并开列读卷官仍密题办理外，其策问题目着停止奏请，于读卷官宣旨后即赴该处严密关防，撰发试题考试可也。将此传谕来保知之。

九月己丑　命兵部侍郎于敏中知武举，户部侍郎嵇璜为武会试正考官，工部侍郎董邦达为副考官。

九月己亥　兵部以武会试中额请。得旨：这考试，汉军取中三名，直隶取中十二名，陕西取中九名，广东取中四名，河南取中四名，山东取中四名，江南取中二名，山西取中四名，湖北取中二名，湖南取中二名，四川取中二名，广西取中一名，福建取中四名，浙江取中四名，江西取中二名，云南取中一名，贵州取中一名。

九月壬寅　策试天下武举顾麟等五十九人于太和殿前。

九月庚戌　兵部议覆两广总督杨应琚奏，各省召募兵丁及拔补千把外委时，请照营童入籍考试例，查明入籍二十年、无籍可归者，即在该地方就近取结；其未及二十年者仍取原籍结，方准投充等语。应如所奏。至兵丁拔补外委，既取结送部，其续拔千把时，毋庸重造。从之。

九月丁巳　御紫光阁，阅中式武举骑射、技勇。

九月庚申　上御太和殿。传胪。赐中式武举一甲顾麟、徐渭、刘虎臣三人进士及第，二甲梁联科等五人进士出身，三甲延恂等五十一人同进士出身。

十一月庚辰　礼部议准，安徽按察使李治运奏，直隶州知州有属县审转及自行承审案件，请嗣后乡试调取帘官悉行扣除。从之。

十一月丙申　吏部等部议覆前任两江总督鄂容安等疏称，凤阳府向未建城，于体制未协，应请添筑，于凤阳县城内外旧存废砖拆运建造。……均应如所请。至所称两邑入学并廪增各数，仍留旧额之处。查凤阳额取二十五名，临淮十六名，若归一学取进，于额制未协。应将原隶临邑生童另编为临淮乡学字样，照数取进，其廪增出贡悉依旧例，武童一体办理，并将凤邑训导分拨临淮。

十二月甲子　赐故江苏原任宗人府府丞任启运、进士张自超、恩贡生李学寅、拔贡生王曾禄、江西岁贡生杨增瑛等五人入祀各本籍乡贤祠。

乾隆二十年（1755年）

二月辛未　谕曰：杨廷璋奏，武生监生俱令教官督课约束一摺，言虽是而行之则无实济。不肖生监，或倚恃青衿，武断滋事，原属法所必惩，向来何尝不着为定例，令该教官一体管束。然以生监之众，安能责之一二司铎微员？即文生系其专管，尚有防检不周者。是即屡定科条，仍属有名无实，何益之有？惟在该督抚等平时督率属员，留心化导，一遇有作奸犯科之事，即随时黜究，以示惩儆。况生监等既为凡民之秀，果其读书自爱，自当优以礼貌，若乃干犯教令，甘蹈罪网，则其情视蚩蚩者为更重，又岂得专委之司教而不力为振刷耶？近有县令徇纵劣衿，加以处分者，正以地方官均有整齐士习之责也。嗣后，各督抚其严饬所属地方官，无论文武生监，俱令悉心体察，倘有不遵约束，恃符生事者，即行按法究治，毋徇私邀誉，视为具文，庶足端士风而崇实政。

四月丙辰　大学士、九卿等奏，逆犯胡中藻已经正法，请照查嗣庭逆案例，停止江西乡会试。得旨：江西风俗嚣凌，固应整饬。大学士、九卿所奏，亦惩戒恶习之意。但因胡中藻一人而阻通省士子上进之阶，朕心实有所不忍，所奏不必行。嗣后，如再有此等悖逆之案，不但暂停数科，必当大示义正，以挽颓风，该省士民其共知所儆。

四月丁卯　礼部议准，浙江巡抚周人骥疏称，玉环自开展至今二十八载，人文渐盛，请将入籍童生岁科两试取进文生四名，武生二名附入温州府学。从之。

五月己亥　调署工部侍郎书山为刑部侍郎，以江苏学政、内阁学士梦麟为工部侍郎，命来京供职。以光禄寺卿李因培提督江苏学政。

五月壬寅　江西巡抚胡宝瑔奏，请端士习以厚民风。一、刊刻免停科举恩旨及屡次钦奉训士上谕，凡士子人给一帙，俾感激奋兴，以臻驯善。一、道员有分巡之责，所至之处，悉令召集士民于明伦堂，谆复开导，使咸知大义。一、教职与士子最亲，每逢月课，实行面试，并随时诰诫，以率不谨。一、江西士民，多聚族而居，责成族正就近稽察，倘有品行卑下、文字诡僻者，呈明州县，分别劝惩。一、文根于性，最忌怪险。臣与学臣商定，加意持衡，即素号能文而喜诡异者，概不取录，以端始进。一、标名干进之习，急宜杜绝，倘有不遵正学，妄行著述，思以侥获科名，交结当事者，立即查拿。一、江省风气非藉文墨以逞狂，即假星卜以愚众，一二多事生监，从中簸弄，勾引诪张，最易流为刁健，必应痛惩。得旨：惟当行之以实，而要之以久，不可出于一时整顿观瞻而已。

六月己酉　兹于本月初七日，率王公文武群臣恭奉册宝，加上圣母崇庆慈宣康惠敦和裕寿皇太后徽号。……所有应行事宜，开列于后。……一、乾隆丙子年各省乡试，大省广额十名，中省七名，小省五名。其丁丑年会试应广额若干名之处，该部临时奏闻请旨。一、国子监贡生、监生及各官学教习免坐监期一月。……布告天下，咸使闻知。

七月己丑　命礼科给事中温如玉提督湖南学政，翰林院侍读学士谢溶生提督山东学政。

七月庚寅　谕军机大臣等：谢溶生已降旨，令其提督山东学政。伊现奉差往河南祭告中岳。着传谕富德，所有应行考试之事，仍照常办理，俟谢溶生差竣抵任后，再行交代来京可也。

八月辛酉　广西学政许道基疏言学政事宜。一、庆远府东兰州学未设廪增，今文风渐兴，请设廪增各二名，首廪俟十年后出贡，嗣后四年一贡；镇安府学廪增各四名，今应试人众，请添设廪增各二名。一、柳州府学廪生四十名，该州原辖十二州县，后将宾州、迁江、武宣、上林归思恩府辖，应请于柳州府学额廪四十名内拨出六名，改入思恩府学。一、桂林府永宁州学额廪二十名，三年一贡，计须六十年，请予两年一贡。一、西粤各学，增缺多寡不齐，易滋帮补时压捺朦混之弊，请将各学增缺悉照廪额裁定。下部议行。

九月戊戌　户部等部会议，江西巡抚胡宝瑔疏称，赣州漕粮留为虔标兵粮，奉新等县兵米抵作该州漕粮。今宁都县虽改为州，拨给兵米，仍应照旧。至赣州府属赣县学进额二十名，余俱十二名，惟信丰、龙南二县十五名，文风未优，进数独多，应将该二县各量减三名，归入瑞金、石城二县。府学额数既宽，岁科试时，将信丰、龙南二县多拨三四名以补原额，其武童照文童之例。再，宁都既升为直隶州，应添设廪增各十名，三年两贡。应如所请，从之。

十二月壬戌　谕：明岁江省报捐生俊有愿应试者，必咨部换照，方准入场。往返动需经月，恐阻士子观光之念，着照乾隆十六年浙省事例，准以实收应南北乡试。其各省赴京报捐者，亦着照此办理。

十二月壬戌　命刑部湖广司员外郎眭朝栋提督贵州学政。

乾隆二十一年（1756 年）

二月庚子　定八旗另记档案人为民例……一、准出旗之人文武官署任者不准实授，本任俟出缺裁改外，届升调期，交吏兵部议，以汉缺用；外任及绿营各员，非旗缺，即改民籍。前借库项，坐扣完结，病故、革退者既出旗，加恩免；捐纳候缺者并进士、举贡生监均即改隶，如何考试录用，归吏兵部办理。……从之。

二月庚戌　议覆江苏巡抚庄有恭奏，金山卫学二十名，额数较多，启民童冒籍之弊，应酌减四名。从之。

二月庚戌　议覆广东学政刘星炜奏，肇庆府鹤山县于立县初有广州府民一百五户，呈请修城入籍，奏准应试。产异籍同，易滋冒籍重考之弊。现据抚臣确查，除已移住鹤山，准其应试外，余必有产业呈县注册者，准仍移知原籍，以杜重考。其庐墓、田粮在原籍不愿迁者，仍归原籍应试。从之。

四月甲辰　吏部议覆先据原任浙江巡抚周人骥奏称，教职与学政最为切近，勤惰贤否，不待临期验看。请嗣后六年俸满教职，该督抚即调省看验，并咨学臣出具考语，到日分别题咨，经臣部饬各督抚会同学政议奏。今据覆，除奉天、顺天、山东、山西、广东、云南、安徽、四川、湖南、广西等省教职均应照旧会验，惟直隶、江苏、陕西等省学政驻劄，均不与督抚同城；江西、浙江、福建、湖北、河南、贵州等省学政，虽与督抚同城，而回省不能准于岁底，碍难会验，所奏随时验看，事属可行。请嗣后直隶、江苏、陕西、江西、浙江、福建、湖北、河南、贵州学政于岁科两试按临时，即将所属教职考验，出具考语，移咨该督抚存案。其按临不及地方俸满之员，令于考试邻府时，先期调验；如有遇病出差，另行补验，统咨督抚存案。该督抚于各员报满日，即无庸会学政验看，径行咨题。至甘肃岁科两试系同时并考，学政驻劄较远，应止送抚臣验看。再，周人骥议令督臣在闽，抚臣径行验看；福建巡抚钟音议请总督驻浙，令抚臣验看；原任广西巡抚卫哲治议督臣驻劄东省，无庸会验。均应如所请，从之。

四月丁未　吏部等部议覆湖南巡抚陈宏谋等疏称，衡州府属衡阳县，地广民稠，讼案繁多。查该府同知、通判同城，同知止司捕务，应裁并通判管理，即于府城内添设知县一员，分管东南两乡一切钱粮。新县衙署即以久裁推官署基移盖。旧有司狱应并裁，改设新县典史，即以府监作县监，府仓内拨给数间作为县仓。禁子、斗级等役不必另设，驿站夫马仍归衡阳县经理。新县应给养廉，除裁减同知养廉银两支给，不敷，再于额设养廉项内动支。衡阳县仍为四项相兼最要缺，新县定为繁疲难兼三要缺。至该县新旧同城，无庸分建文庙，即以衡阳县训导改为新县训导。再查，渣江地方，界连衡山、湘乡等五县，距县治窎远，易藏奸匪，请以衡阳县县丞移驻弹压，命盗案件，仍归知县招解，县丞员缺在外拣选调补，其衙署即将在城县衙署移建。衡州协驻劄府城，汛防弁兵，应就近分拨，新设县名，恭候钦定，铸给印信等语。均应如所请。至衡阳新旧两县岁科二考，应照原额各取进童生十名，该抚请照中学各取十二名。无庸议，从之。寻定新县名为清泉县。

四月辛亥　命御史毛辉祖提督湖南学政。

四月甲寅　礼部议覆广东巡抚鹤年疏称，罗定一州二县距肇庆府治水陆程六百余里，若赴府棚考试，士子往返不易。且印官远赴提调，亦需时日。应如所请，嗣后，罗定州及所属东安、西宁二县生童仍归州治原棚考试，从之。

四月丙辰　以编修戈涛为云南乡试正考官，御史杨方立为副考官；编修汤先甲为贵州乡试正考官，编修王启绪为副考官。

五月乙亥　谕：据浙江学政雷鋐奏称，母年已届八旬，俟科试事竣，于九月内送母过岭登舟后，报满进京，恳恩归养等语。雷鋐着准其终养，即由浙省侍母回籍，不必来京，提督浙江学政着窦光鼐去。

五月癸未　以御史刘湘为四川乡试正考官，编修钟兰枝为副考官；修撰梁国治为广东乡试正考官，编修博明为副考官；编修刘墉为广西乡试正考官，宗人府主事毛永燮为副考官；修撰庄培因为福建乡试正考官，吏部主事范思皇为副考官；修撰吴鸿为湖南乡试正考官，刑部主事张模为副考官。

五月丁亥　以原任内阁学士窦光鼐为左副都御史，仍赴浙江学政之任。

五月乙未　命给事中陈顾㴶提督广东学政。

六月甲辰　谕：外省乡试同考官例于州县内之科目出身者考试入帘，然该督抚往往视为具文，率以地方不甚紧要而办事平常者充其选，又或年力已近衰颓、精神不能周到，亦得滥竽其列。夫衡文之柄，虽专在主考，而分房阅荐，必须藻鉴精明，方不致有鱼目之混。且应试士子，大省或数逾万人，主考官即搜查落卷，又岂能遍阅无遗，如分校之得以从容详审乎？今岁乡试届期，所有各省同考官，其令该督抚等慎重遴选，精加考试，择其年壮学优者共襄试事，以副国家抡才大典。锁闱不过匝月，本任即繁剧，原有委员代理，于地方亦何致贻误耶？可将此通行传谕知之。

六月辛亥　以内阁学士庄存与为浙江乡试正考官，编修鞠恺为副考官；礼部侍郎金德瑛为江西乡试正考官，编修陈筌为副考官；编修叶观国为湖北乡试正考官，侍讲德保为副考官。

六月庚申　礼部等衙门议覆户部左侍郎刘纶条奏，请复科场旧式，登记注抹字数，以杜誊录点窜等语。查科场禁例，剔清誊录弊窦綦严，而日久法弛。嗣后，应敕各督抚严饬州县官，务选诚实正身书役承充誊录，取具亲书笔迹并册造年貌、籍贯，选吏押送布政司、顺天府委官验收。即封入公所，加谨关防，届期委员亲送入场。倘有雇替，或被纠参，将册送及验收官严加议处。再，顺天乡试外帘官例咨取科目出身之员外、主事、中书、评事、博士、助教等官及守部候选进士、举人开列题请，惟此等守部进士、举人未经授职，事少阅历，不能妥办外帘诸务，嗣后应停其取用。届期移各衙门，咨送科目出身之员不敷，许将凡属恩拔副贡正途出身之员拣选开送。会试亦照例办理。再，顺天同考官向因调取近京州县，独由吏部题请，今改用京员，嗣后，应与顺天暨各省主考官均归礼部开列具题。其武闱同考官，亦归兵部画一办理。从之。

六月庚申　以庶子李宗文为陕西乡试正考官，吏部员外郎曹发先为副考官；礼部侍郎介福为江南乡试正考官，编修冯浩为副考官。

六月辛酉　礼部议覆湖南巡抚陈宏谋奏称，士子入闱，自点名搜检及收贴试卷最关弊窦，且有执事弁兵，均宜约束，自须巡抚在闱稽查弹压。若三场已毕，所有督率誊录、对读、封送试卷及呈送内帘供给，系提调、监试两道员专司，无虑贻误。应如所请。嗣后，各省巡抚监临俱令于八月二十日后出闱，闱中事务交提调、监试二道督理，不必又令藩臬入闱，仍应委中军驻宿贡院门外巡逻稽查。再，查贴示违式试卷，各省相沿，头二场贴贡院门外，三场贴至公堂，殊不画一。亦应如所奏，嗣后，第三场违式试卷一体贴贡院门外。从之。

七月己巳　谕：向来各省州县详革生监，经学政批查批审之案，承办各员以处分不及，率多任意迟搁，冤抑者无从昭雪，而顽劣之徒转得迁延时日，无所惩儆。即如山东学政谢溶生所奏，教谕邹国垣因事受赃、训导王木擅买拐逃之女二案，此皆富德任内批饬查审之案，何至一二年之久，尚未完结？可见外省办事因循迟玩之陋习未能振刷，而学政批行之事，地方官以非专管上司，漫不经心，更所不免。此案若非谢溶生据实查办，竟至悬宕不结，何以肃吏治而整士风？恐他省似此者亦复不少。可通行传谕各该督抚，令其留心整饬，并谕各学政知之。

七月己巳　谕：提督福建学政着李友棠去，着即留闽办事，不必来京覆命。

七月戊寅　以赞善郑虎文为河南乡试正考官，编修罗典为副考官；编修李中简为山东乡试正考官，工部主事魏梦龙为副考官；检讨敬华南为山西乡试正考官，刑部员外郎闵鹗元为副考官。

七月丙申　（江西巡抚胡宝瑔）奏，宁都州改为直隶，所有该州及瑞金、石城二县生童岁科两考，部议令仍赴赣郡应试。但瑞石两县生童，多一跋涉。兹据该州县绅士呈请，自行建造考棚。查江南各直隶州亦有另建考棚之处，且该州就近提调，稽查更为亲切。得旨：允行。

八月壬寅 顺天乡试，以户部左侍郎兼管府尹事刘纶、府尹陈兆仑为监临官，刑部尚书刘统勋为正考官，刑部右侍郎蔡新为副考官。

九月壬辰 谕：各省学政已届期满，直隶学政着庄存与去，河南学政着李宗文去，安徽学政着刘墉去，湖北学政着毛永燮去，四川学政着史贻谟去，云南学政着叶观国去，广西学政着陈桂洲去，张拜赓着调江西学政，张映辰着调陕西学政。江苏学政李因培、山东学政谢溶生、山西学政蒋元益、贵州学政眭朝栋、湖南学政毛辉祖、浙江学政窦光鼐、广东学政陈顾漈、福建学政李友棠俱着仍留原任。

九月乙未 广东巡抚鹤年奏，武乡试定例，于十月初试外场，十三日试内场，但粤东风雨靡常，武场考试，全赖天气晴明，或遇阴雨，即须暂停。臣与督臣谨拟定于九月二十六日开围，早办四日，遇雨暂停，俾得料理从容。得旨：览。

闰九月戊申 御史范棫士奏，顺天乡试，向例南北皿字号分额取中，所以使五省贡监均匀入选，不致有偏枯之弊。但南人冒捐北监入试者未除，而本年乡试为尤甚，请嗣后严行禁止。至本科已经中式，并前次各科中式者，准其自首，改归本籍。得旨：九卿议奏御史陈庆升奏，本科乡试，南人冒顺天籍学分，由北贝中式者颇多，其中变更姓名，弊端百出。本地廪生借此网利，滥行保结。请敕部通行直省，凡冒顺天籍中式并已登仕版者，勒限改归本姓原籍。嗣后，该学政遇考试之期，严行查办，以清籍贯。得旨：此奏大有关乎人心风俗，着大学士会同九卿将范棫士条奏一并详议具奏。寻议，请敕下顺天府，示谕本科中式之举人内有南人冒捐北监及冒入北贝者，于填供时首明更正，改归原籍。如不自首，别经发觉，照例斥革。其进士及在京官员限一月内呈报吏部，外任官员于文到日，申明该督抚，咨部改归原籍。倘有逾限，或被科道纠参，或经督抚查出，均斥革。其冒籍未经中式之贡监生员，令该学政府尹饬地方官及教官详查，勒限一年改正。如奉行不力，指名参处。嗣后，如再有南人冒捐北监及冒入北贝者，查出即斥革。岁科考童生冒入大宛等县者，贿保之廪生、申送之教官、审音收考之州县俱参革议处。从之。

闰九月庚戌 吏部议准，山东巡抚爱必达奏覆，查阙里崇圣祠向由衍圣公委曲阜县世职知县致祭，今改为世袭六品官，应令专主崇圣祠祀事，其俸禄岁支二十两，其官与执事官相同。遇有缺出，如系进士、举人，遇原职轮班应选者，听其就选赴任，其由贡生生员补授，有愿乡试者令其一体乡试。从之。

十月壬申 谕：据爱必达奏称，有表弟董成咸系正白旗汉军，突至衙门，请将武生吴梅等四名求中武举，随饬按察使集犯究出贿托各情由等语。科场乃国家抡才大典，岂容不法之徒钻营舞弊？着该抚按律严行审拟，似此干谒贿嘱，督抚中之不识大体者，或且以为呵叱不行，亦足了事。爱必达能据实参奏，惩一警百，实于政务有裨，着交部议叙。董成咸既系旗人，何得私自出外生事？该管大臣着明白回奏。

十月丁丑 以礼部左侍郎徐以烜为顺天武乡试正考官，詹事府詹事温敏为副考官。

十月戊寅　礼部议准，御史朱嵇奏称，顺天乡试录遗册向来止列贡监生员等空名，并未详注年貌、籍贯及所习经书，难免无顶冒等弊。应请嗣后与正案录科名册一体详注。从之。

十月壬辰　定磨勘试卷例。谕：向例各省乡试朱墨卷，解送到部，即派翰詹坊局以上及京堂、科道等公同磨勘，所以慎重科场，稽查弊窦，典至重也。其磨勘诸臣，不过按数按省分派，若不于卷面注明某官某人磨勘字样，以专责成，则已经夹签者，尚知为某人摘出，其未经夹签者，或不过虚应故事，阳博宽厚之名，阴省校阅之烦，而尽心乃事者反不无观望，殊失磨勘本意。此朕偶因问陈世倌磨勘事而思及者。然不戒视成，朕所不为，着以下科为始，磨勘诸卷俱于卷面填写衔名，俟该部汇卷后，朕另派人于每束内量取数卷，特交大臣，再详加校勘呈览。朕仍于此中复行抽阅，如有草率从事者，即交部照例分别议处。则磨勘各官及特派大臣之是否详慎，均难逃朕之洞鉴矣。着为例。

十一月辛丑　更定乡会试三场篇目并会试一体磨勘例。谕：乡试磨勘一事，前已有旨，令于下科为始，将来详加覆勘，自不致视为具文。惟是三场试艺，篇幅繁多，士子风檐寸晷中，检点偶疏，辄干指摘，其以磨勘获咎者，转得有所藉口。且设科立法程材，无取繁文虚饰。今士子论表判策不过雷同剿说，而阅卷者亦止以书艺为重，即经文已不甚留意，衡文取士之谓何，此甚无谓也。三场试以书艺经文，足觇素养，继之五策，更可考其抱负之浅深，又何庸连篇累牍为耶？嗣后，乡试第一场止试以书文三篇，第二场经文四篇，第三场策五道，其论表判概行删省。至会试，则既已名列贤书，且将拔其尤者，备明廷制作之选，淹长尔雅，斯为通材，其第二场经文之外，加试表文一道，即以明春会试为始，乡试以己卯科为始。着为例。如此，则士子闱中，不得复诿之于日力不给，而主试者亦可从容尽心详校，无鱼目碔砆之混。且乡试第二场止经文四篇，斯潦草完篇者当在所黜，专经之士得抒夙学，而浅陋者亦知所奋励，去浮文而求实效，期足称国家宾兴大典。可传谕该部遵行。再，向来会试，例不磨勘，未足昭慎重，亦着宽至庚辰春榜后，奏请一体派员磨勘。

十一月己酉　谕曰：谢溶生奏，请将州县才力不及、题请改教之例停止一摺。此所谓知其一不知其二也，定例，州县改补教职者，原以牧令身膺民社，非精明强干之员，不克胜任，其或才具平庸难胜司牧之任，而出身科甲、年力未至龙钟，若遽行废黜，则在彼初无显过，是以畀之司铎之任，令得自效，亦国家爱惜人才，因材器使之意，初非以训迪士子之官，为庸材养老计也。迨改补以后，倘有因循旷职、荡检逾闲者，在学政原可随时纠劾。今该学政乃谓该员一经改教，职业皆废弛不理，是不思甄别教职为学政分内之事，转若题请改教之员，学政竟无可如何者，是何言欤？至如该学政所请州县才力不及、降补佐贰之处，佐贰仍属地方官，凡公务差委，尤非拘迂者力所能办，若其人坐而督课尚虑不能，而顾令效奔走之劳，冀收臂指之益，断无是理。所奏不可行，仍通行传谕知之。

十一月壬戌　礼部议准，御史陈大复奏称，乡会试外帘等所及入场之顺天府委官巡绰等官子弟姻族应试者，俱应照内帘回避。从之。

十二月壬午　兵部议准，安徽巡抚高晋奏称，武闱乡会试头二场合式生兵，例于左右两颊用印记，以杜顶冒。但头场印面后，计至三场点名时，将及经旬，非惟保护维艰，亦且观瞻不雅，应请改印于左右两小臂。从之。

乾隆二十二年（1757年）

正月戊戌　命右春坊右中允吴鸿提督广东学政。

正月壬寅　军机大臣会同礼部议覆顺天学政庄存与奏称，直隶冒籍生员，自首改正，每学多至五六十名，少者十五六名，尚有未经查出者。恐此后有将本身入学姓名令兄弟子侄顶替，甚或卖与各省童生顶名呈首，或本人自首于北，而他人顶替于南。若但据自首改回，弊恐不少。请将查出冒籍各生暂停南北岁科两试，定限一年。着落本生自首，即据所首姓名、三代、籍贯，一面咨礼部存案，一面行该省取具父师、亲族、邻里切实甘结，地方官加具印结，方准咨回该省学政入册。如查有假冒顶替，照例办理。首明虽限一年，咨查需日，己卯年乡试应停收考录送。均应如所奏。得旨：依议。此等冒籍生员即永停乡试，亦不为过。若未经查明，遽准与试，必至仍多弊混。着将冒籍各生停乡试一科，以便通行清厘，永杜冒滥。

正月戊申　两江总督尹继善、署江苏巡抚爱必达奏……庄有恭监临丙午乡试，于生监张谷孙等联号一案，未经具奏，擅行捐续，请一并究审。谕……庄有恭简任封疆，种种妄谬，至于如此，深负朕恩，实出意想之外。着照该督等所请，庄有恭着革职拿问。至案内应行质审之王者辅，着革去知州职衔。

正月庚申　谕：前经降旨，乡试第二场止试以经文四篇，而会试则加试表文一道，良以士子名列贤书，将备明廷制作之选，声韵对偶，自宜留心研究也。今思表文篇幅稍长，难以责之风檐寸晷，而其中一定字面，或偶有错落，辄干贴例，未免仍费点检。且时事谢贺，每科所拟不过数题，在淹雅之士尚多出于夙构，而倩代、强记以图侥幸者更无论矣，究非核实拔真之道。嗣后，会试第二场表文可易以五言八韵唐律一首。夫诗虽易学而难工，然宋之司马光尚自谓不能四六，故有能赋诗而不能作表之人，断无表文华赡可观而转不能成五字试帖者。况篇什既简，司试事者得从容校阅，其工拙尤为易见。其即以本年丁丑科会试为始，现在各省会试举子，将已陆续抵京，该部即通行晓谕知之。

二月癸亥　谕：会试第二场表文，昨经降旨改试唐律，扢扬风雅，本士人所当留意。且五言八韵成篇尚不甚难。但念边方北省，声律未谐，骤押官韵，恐不能合有司程式。可谕主考及分校各官，今科各就省分，酌量节取，不必绳以一律。至下科会试时，则三年之功，自宜研熟，不妨严其去取矣。

二月乙丑　以翰林院侍读学士谢溶生为内阁学士兼礼部侍郎，仍提督山东学政。

二月庚午　谕：朕敬承祖德，问俗观风，嘉惠黎元，培植士类。今者乘春布令，载莅东南，济济青衿，来迎道左。因念三吴两浙，民多俊秀，加以百年教泽，比户书声，应试之人日多，而入学则有定额，甚有皓首而困于童子试者，其无遗珠之惜耶？宜循旧典，再沛渥恩，其将江苏、安徽、浙江三省本年岁试文童，照乾隆十六年例，府学及州县大学增取五名，中学增取四名，小学增取三名，各该学政，其慎加甄录，称朕乐育人才之至意焉。

二月壬申　吏部等部议奏，八旗另记档案及养子开户人等，上年三月内，经户部奏定，俱准出旗为民，其在京文武各员，停其升转旗缺，如届应升、应调、应作何改调汉缺之处，交吏兵二部定议。其外任文职、绿营等官，本非在京旗缺，应即令出旗为民。现在捐纳候选人员并闲散翻译二项，进士、举人、生员等亦准其为民，至如何考试录用之处，交吏礼兵等部办理等。因查，此项另记档案人员，乾隆十六年清查时，凡现任文武各官曾蒙恩旨，但停升转，免其革退。今应仍遵前旨行，如有特著劳绩、贤能出众之员，在内之文职，许该堂官保题汉缺，武职，许都统步军统领保题；在外之文武各官，许该督抚、将军保题，均候旨办理。其现任文武系旗缺者，出缺后不便再补，系候补汉缺者，但准补用，补后停其升转。其一应举贡生监应照乾隆六年题准之例，如原系另户抱养民人为子者，准归入民籍应试，如本系家奴开户另记档案者，其本身止准顶带终身，不得再行考试。此项人等既经出旗为民，其子孙应各照该籍民人例一体办理。从之。

二月乙酉　谕：礼部代会试士子谢恩本内，据举子龚起等呈词，有“稽千佛之名经”及“载赓云汉”之诗等句。夫千佛名经，乃唐人下第者欣羡之词，语甚鄙俚。在制科巨典，自当诵习圣贤，非先王之法言不敢道，岂得漫为摭拾？至云汉之诗，则与周宣悯雨诗相混。龚起等草茅之士，未谙体制，尚无足责，而礼部堂官据词入奏，何以不加检点。盖以为此等呈谢章奏，朕或未必留心披阅？岂知朕日理万几，安肯以事属寻常，遂不寓目耶？陈世倌、何国宗等即未能详检，金德瑛久侍内廷，何乃亦疏忽若此？俱着传旨申饬，此本发还改撰进呈。

二月戊子　礼部议覆江苏学政李因培奏称，阜宁县本由山阳、盐城二县分出，即由山阳、盐城二县各拨文生六、武生四为阜宁学额，其廪增生员并于山阳拨六、盐城拨四。从前并未查明住址，以致所拨之生，土著无几。其子弟辗转援引，冒籍混考。今请将阜学诸生逐一清查，其居山阳、盐城者令各归本籍，山阳、盐城文优人众，恐因此取进较难，请将阜宁进额改还山阳、盐城文生各二、武生各一，并还山阳廪增二。查，阜邑现在土著廪生实止二名，其改归所遗之缺，应于岁考后照案顶补增生一体办理，照旧四年一贡。应如所请，如此后阜邑文风渐盛，仍许学臣题复旧额。从之。

三月丁酉　命礼部左侍郎徐以烜为会试知贡举，刑部尚书刘统勋为正考官，礼部左侍郎介福、右侍郎金德瑛为副考官。

三月己亥　吏部议覆直隶总督方观承疏称，宣化府属之蔚县与蔚州共处一城，计该州县幅员只一百四十里，丁赋非多，事务亦不甚繁。请裁蔚县归并蔚州管辖。蔚州原为疲难中缺，今改为繁疲难要缺，在外调补。其蔚县常平仓谷移增蔚州一万石，余粜价解司。县学改编乡学，额定生童廪贡均如其旧。应如所请，从之。

三月庚子　谕：浙省进献诗赋考取一等之童凤三、陈文组、顾震、钱受谷，着照乾隆十六年之例，俱特赐举人，授为内阁中书，学习行走，与考补人员一体补用；其二等之沈初等十二名着各赏缎二疋。

三月壬子　谕曰：江苏、安徽二省进献诗赋考取一等之进士王昶着授为内阁中书，遇缺即补；曹仁虎、韦谦恒、吴省钦、诸廷璋、吴宽、徐曰琏俱着特赐举人，授为内阁中书，学习行走，与考取候补人员一体补用；其二等之刘潢等十四名着各赏缎二疋。

三月己未　礼部以会试中额请。得旨：这会试，满洲、蒙古取中六名，汉军取中一名，直隶取中十八名，奉天取中一名，山东取中十三名，山西取中十六名，河南取中十一名，陕西取中十四名，江南取中三十三名，浙江取中三十名，江西取中二十六名，湖北取中十二名，湖南取中五名，福建取中十五名，广东取中十五名，广西取中五名，四川取中九名，贵州取中七名，云南取中八名。

四月乙亥　谕：据内监试御史德宁奏，伊族弟举人富升额今科中式，查系例应回避之人，未经开出，实属错误，请旨交部察议等语。科场回避，载在条例，承办场务之员，自宜详悉检点，何得致有错误？若仅照德宁所请交部察议，不过拚一降罚处分，而举子得违例幸获，非祛弊之道。富升额着革去中式之名，听其下科另行会试；德宁仍着交部，照例察议具奏。

四月壬午　户部议准，调任湖南巡抚陈宏谋疏称，前因衡阳县事繁，分设清泉一县，所有衡阳县额赋，半拨清泉县征收，裁衡阳府同知官俸改拨清泉知县，裁司狱改拨清泉典史，知县养廉一千二百两，除同知六百两外，应另增六百两，各项祀典支销，两县酌半分拨。衡阳原进武生十五名，请增一名，两县各得八名。拨衡阳县仓谷六千石，以为清泉县常平社仓积储之用。从之。

四月壬午　礼部议准，御史袁芳松疏请，乡试自乾隆己卯科为始，于第二场经文之外试以五言八韵唐律一首，照会试一体办理。从之。

五月己亥　礼部议准，御史刘宗魏疏称，直省乡试内帘向无内收掌官，请添设一员，于举贡正途出身之佐贰遴用。从之。

五月己亥　以大学士来保、陈世倌、鄂弥达、蒋溥，工部尚书秦蕙田、吏部右侍郎裘曰修、户部左侍郎刘纶、礼部左侍郎介福、兵部左侍郎观保、刑部左侍郎蔡新、刑部右侍郎书山、刑部右侍郎王际华、工部左侍郎董邦达、工部右侍郎钱维城为殿试读卷官。

五月庚子　策试天下贡士蔡以台等二百四十二人于太和殿前。制曰：朕缵承大统，临御万邦，宵旰忧劳，勤求民隐。惟恐一夫失所，有负上天为民立君之意，是以二十二年以来，兢兢业业，罔自暇逸，亟欲登斯民于衽席之安，措天下于荡平之路。此固宫廷寤寐所堪自信，亦薄海所共见闻者。顾臣邻尚少笃棐之忱，士子犹多嚣凌之习，四方之风俗未尽淳庞，两河之疏筑尚烦区画，皆朕所念兹在兹者。多士对扬休命，何以副朕之虚怀采纳乎？《书》曰："无旷庶官，天工人其代之。"盖庶官所治之事皆天事，必夙夜匪懈，无旷废之职，斯可以凝庶绩而熙帝载也。朕日理万几，不遑暇食，所冀公孤卿尹，下逮庶司百职，各矢靖共之义，君臣交勉，上下志同，以臻郅隆之治。今朝庙之地，未必尽矢寅恭；曹署之间，或至相安逸豫。敬尔在公之义谓何？夫纪纲不肃，何以振颓靡？率作不勤，何以戒丛脞？砥砺官方之道，将何从与？士也者，四民之首。如表臬焉，表正则影正，斯其所系非浅鲜也。朕屡降明诏，谆谆以勤励纯修、精研实学为务，乃今者，读书敦品之士虽多，而标榜声华、追逐时好者尚未尽绝，其故何欤？夫心术不正，则聪明才智适以助其诐淫邪遁之资，虽文彩可观，而本根已拨，曷足重乎？自科目设而流弊渐滋，然朱子《学校贡举私议》有曰：非科举累人，人自累科举。盖梯媒幸进，原非设科本意，未可因流弊而追咎立法之不善也。将欲拔本塞源，使华士诎而真儒出，其何道而可？制治之原本，莫重于人心，转移则由乎风俗。《礼》曰："司徒修六礼以节民性，明七教以兴民德，齐八政以防淫，一道德以同俗。"古之化民成俗，如此其至也。是以风俗醇厚，民生乐业，奸宄不生，讼狱衰息，为不善者惟恐人知。休哉，何风之隆也！我国家承平百有余年，教养倍至，令行法立，纲举目张，其所以纳民于轨物之中者，亦綦备矣。然而民心未底于淳，民习未归于厚，武断乡曲，讦告长官，甚至顽梗不驯，罔顾大义，恩已厚而不知感，法已极而不知畏，何教之不先，率之不谨欤？程子云：教人者善养其心，治民者导之敬让。必如何而革薄从忠，以臻道一风同之盛也？国家岁漕东南四百万粟，以供天庾，必取道于黄运两河，而滨河州县，民生安危系焉，则宣防底绩，其首务也。朕昼夜廑念，忧之至深，筹之至熟。兹者亲莅河干，自维扬上溯徐邳，畴咨荒度，凡河臣思虑所未及、经理所未善者，朕详悉指示，并分命大臣督率缮治，或增筑堤堰，或疏导淤沙，或开浚支渠，或添建涵洞，近江者引之入江，近海者纳之归海，俾烝民早离阽危一日，则朕乃稍释殷忧一日也。然堤防虽设，而修守者或不能因时趋事；物料虽齐，而抢护者或未必咸归实用。大吏或安于因循，漫不省视；汛弁或狃于旧习，竞相侵渔。近虽竭力整饬，渐知法守，然何以使疏瀹各合机宜，堤防悉皆巩固，上以裕节宣之方略，下以尽董筑之实心欤？凡此数事，皆班朝莅官之要道，兴行育才之讦谟，型方训俗之良规，运道民生之至计。多士学古入官，讲求有素，其剀切详明以对，朕将亲览焉。

五月甲辰　御养心殿，召读卷官入，亲阅定进呈十卷甲第。

五月乙巳　上御太和殿。传胪。赐一甲蔡以台、梅立本、邹奕孝三人进士及第，二甲李汪度等七十人进士出身，三甲周嘉猷等一百六十九人同进士出身。

五月甲寅　授一甲一名进士蔡以台为翰林院修撰，一甲二名梅立本、一甲三名邹奕孝为翰林院编修。

五月乙卯　内阁、翰林院带领甲戌科散馆修撰、编修、庶吉士引见。得旨：修撰庄培因，编修王鸣盛、倪承宽已经授职，其清书庶吉士朱棻元、赵佑、沈业富、朱筠、刘定逌俱授为编修，毛式玉、林学易俱授为检讨。汉书庶吉士钱大昕、蒋和宁、汪存宽、秦黉、纪昀、汪永锡、卫肃、景福、秦泰钧、林诞禹、胡绍鼎俱授为编修，苏綖、鄜郎阿、陈圣时、谭世瞰、刘天成俱授为检讨，史珥、周日赞、李封俱着以部属用，平圣台着以知县即用，曹学闵着留馆再教习三年，李方泰、董元度、尹均俱着归进士原班铨选。

五月庚申 内阁、翰林院带领新进士引见。得旨：新科进士，除一甲三名蔡以台、梅立本、邹奕孝已经授职外，李汪度、钱大经、曹锡宝、袁鉴、彭元瑞、王绍曾、吉梦兰、刘亨地、罗廷梅、王大鹤、戴第元、李宗宝、汪新、蒋士铨、刘成驹、陈兰森、郑爔、薛宁廷、李翊、彭冠、那穆齐礼、焦汝翰、彭绍观、施培应、魏大文、刘显恭、吴湘、田玉成、史大勋、陈于午、富森泰、陈一德、何曰佩、郑鸿撰俱着改为庶吉士，戴文灯、刘芬、方春熙、梁英佐、吴岩、鲁治亢、陈柱、卫诣、李本玘、简昌璘、边廷抡、石永华、沈琏、李漱芳、周仁栋俱着分部学习，照例试用，陶淑、杨凤腾、赵维翼、翁耀俱着以知县即用，康基田、杨廷桦、韩本晋、杨长发、解秉智、谢清问、尹涟、梁作文、贾景谊、李鹄、贾德、来益清、邱廷澜、黄绳先、钟光序、陈良佐、郭六宰俱着分发各省，以知县试用，夏良士、程兴仁、何谦泰、郭卫城、楼克兴、朱敬、宋鏊俱着以教职即用，余俱着归班铨选。

六月戊寅 谕：各省教职六年俸满，例由该督抚、学政公同甄别。前经降旨，令将堪膺民社者保题，其年力未衰、可以留任者一并出具考语，送部引见。但教职一官，寒毡可念，远道孤征，舟车从之资不无多费，僻在边省者，转瞬六年，尤为仆仆。嗣后，直省甄别教职，云、贵、川、广、福建、湖南、甘肃等省俱着改为八年举行一次，俾得宽其程限。至来京时，亦不必专檄独行，听其从便结侣，请咨送部引见。其六年保题县令及其余近省，俱着照旧例行。

六月甲申 命兵部侍郎观保、户部侍郎刘纶教习庶吉士。

七月丙申 大学士、九卿议奏，上年十月内，臣等议覆御史范棫士原奏，内开顺天、直隶未经中式之贡监，由该督府尹责令地方官详查，照乾隆十年例，限一年查明，冒名冒籍者，悉令改正咨回，如奉行不力，指名参处在案。迄今八月有余，大、宛二县尚称毫无影响。该府尹又称，五方杂处，势难挨户清查，而有造册奏闻、概行斥革之请，殊未允协。应请饬令顺天府尹督率两县逐一详查，并出示晓谕各该生速为呈报，如果散处在外，亲族可代为呈首，该县即据呈申报，不必又取同乡京官印结，致滋吏胥勒索。倘两县仍不实力稽查，届限混请斥革，照原议参处。至既清查后，令两县分别造册，送部查核，并汇申府尹奏闻，其查无踪迹并不首明之冒籍，既逾定限，即行斥革。得旨：依议。此等捐纳贡监，其因应试投捐者，乃图猎取科名，冒占试额，自当从严办理。然例由国子监分堂肄业，或由学政录科，其为数不过数百人，年貌、语音不难立辨。嗣后，应专其责成，务令于肄业录科时，严加察验，以杜假冒。倘仍前滥行收考，一经发觉，必将录收各官严加议处。至不应试之贡监，第希顶带之荣，或由以捐纳官职，自与占冒科名、有关政体者殊异，若必如前议，限年令其改籍，不能改籍者又皆斥革，及如该府尹所奏，由该县具结赴部，始准收捐，转致胥役藉端需索，种种过甚，勿如听其投捐为便。

九月壬寅　命兵部侍郎程景伊知武举，以工部侍郎钱维城为武会试正考官，翰林院侍讲学士卢明楷为副考官。

九月丁未　兵部以武会试中额请。得旨：这考试，汉军取中三名，直隶取中十二名，陕西取中九名，广东取中四名，河南取中三名，山东取中五名，江南取中二名，山西取中四名，湖北取中二名，湖南取中一名，四川取中二名，广西取中一名，福建取中四名，浙江取中三名，江西取中二名，云南取中二名，贵州取中一名。

十月甲子　吏部议覆御史刘宗魏奏称，州同、州判、县丞、主簿由贡监生考职，归双月铨选，应酌截年甄别等语。查，贡监生即青年考职，迨按班轮选，已经四十余年，大率年力衰迈。若仅照该御史所奏，尚于铨政无裨。请将自康熙五十一年以前考职人员给以顶带，不准选用；康熙五十一年以后，核其选用之多寡迟速，州同、州判、主簿各指名截取十员，县丞、吏目各二十员，行文各督抚、府尹，验看甄别，年老龙钟即咨部停选，给以顶带；年力精壮，并无事故者，造具实在年岁清册，并取具该地方官印甘各结，送部照班挨选。倘有假冒顶替，年貌不符，该地方官混行出结，该督抚、府尹验看不实，察出一并议处。从之。

十月丙寅　策试天下中式武举六十人于太和殿前。

十月辛未　上御紫光阁，阅中式武举骑射。

十月癸酉　上御紫光阁，覆阅中式武举骑射。

十月甲戌　上御太和殿。传胪。赐中式武举一甲李国梁、桂璋、曹龙骧三人武进士及第，二甲施绶等五人武进士出身，三甲安廷赞等五十二人同武进士出身。

十一月辛丑　谕曰：李友棠于按临考试时，场规不肃，并违例豫印坐号，分派知府代阅外场，不胜学政之任。已交部严察议奏，其提督福建学政着范思皇去。

十一月甲辰　谕军机大臣等：前据钟音参奏李友棠场规不肃等因一摺，彼时以事关考试，理应慎重严密，乃该学政任意草率，殊乖职守，已将李友棠交部严加察议，并传谕该督等，令查有无别项劣迹，据实奏闻。今阅吏部议覆李友棠参奏德化训导郑达三贪鄙不职一案，将该县令周植一并附参，因忆该抚原参摺内，称出巡永春，访闻参奏，看来此案情节，或系该县令被劾后，挟嫌禀诉，而钟音又因李友棠题参时，并未会衔，心存意见，遂有此奏，亦未可定。学政如果不能胜任，该抚自应确访奏闻，若因有微嫌，辄思倾轧，岂身任封疆者所宜，而亦岂能行之朕前者？着传谕杨应琚，令将此情节秉公查察，抑或另有别情，一并据实陈奏。朕办理诸务，一秉大公，稍有疑义，必使彻底根究，从不屈抑一人，该督自能体朕此意，不稍有偏向也。将此传谕知之。寻奏，抚臣钟音参奏学臣李友棠场规不肃各款，臣密加访查，俱系确实。此外亦无别项劣迹。查学臣附参周植系九月初七日拜疏，而试事草率，抚臣已查访在先。永春查勘水灾系七月间事，所经地方，距德化尚远，该县令周植并未出境谒见，且其时尚未被劾，自无挟嫌禀诉情事，学臣题奏时，因按试龙岩，距省遥远，未及会衔抚臣钟音，似不因此心存倾轧。惟是郑达三婪赃一案，周植含糊徇纵，确有可凭，乃抚臣转题请免议，是虽无与学臣挟嫌倾轧情事，而袒护属员，实属不合。报闻。

十一月戊申　山西道御史吴龙见奏，截取候选知县之举人，年力近衰者，请豫行甄别，咨回本籍，候选教职。得旨：候选知县之改教，盖不得已而为之。其人则无过也，但老迈龙钟，令往司民社，亦随即参处耳。今于选时甄别，已属无可如何，若复截而止之，不太迫乎？然使其免守候之苦，或亦一道。该部会九卿详议具奏。寻议，拣选验看之例，立法遵行已久，应无庸议，从之。

十一月丁巳　谕：旗人考试生员、举人，年幼者多，着停止阅看骑射。由举人考试进士，皆系成丁之人。旗人骑射乃分内应能之事，着阅其马步、骑射，生疏者不准应试。倘不悉心阅看，惟派出之大臣等是问。

乾隆二十三年（1758 年）

正月癸巳　谕曰：钟音参奏李友棠一案，吏部议以降调。当经降旨，交总督杨应琚查奏。今据杨应琚奏，李友棠于按临考试时，场规不肃、试事草率诸款俱属确实，本应照部议降级调用，但尚无别项劣迹，李友棠着从宽，降四级留任。

二月壬申　谕：昨御史汤世昌参奏，学政庄存与考试满洲、蒙古童生，因不能传递，辄行喧闹一案。朕复问之蒋溥，亦云果有其事。然在该学政不过失察无能之咎，不至大罪。朕以旗下生童乃不知守法安静，亦效外省陋习，此于人心风俗有关，当经亲询该学政，乃不据实陈奏，一味含混支吾，思卸己小过而为面欺，斯其罪大矣。庄存与着革职，交与军机大臣。传提喧闹各童生，一并质审。无知者且摹拟为庄存与究因考旗人而获罪，是则昏昧之极，审如是，朕何不罪汤世昌耶？统俟审明，自当详谕内外。

二月癸酉　谕军机大臣等：昨因京城八旗童生考试不守场规，朕特派大臣查审。京城如此，盛京可知。满洲原以学习清语、专精骑射为要，近多借读书为名，转荒正业，所关甚重。着寄信清保，令其晓谕盛京人等，嗣后，务念满洲根本，勤习清语、骑射，断不可务虚名而舍正业。晓谕之后，复蹈故辙，朕必从重治罪，断不姑容。

二月甲戌　谕：国家设立学校，原以教育人材，今观八旗义学，徒有学校之名而无育材之实，况有咸安宫、国子监、官学并教养世职官员、左右两翼官学，八旗读书人等尽可学习。着将义学裁去，仍交管咸安宫并各官学之大臣、官员等，尽心教习清语、骑射。即读汉书者亦当务实，洗去浮华陋习，断不可有名无实。至礼部大臣，平日办理疏懈，及朕降旨令明白回奏，仍复掩饰敷陈，殊属不晓事体，除归宣光在部未久，免其交部外，余俱着交部察议。

二月乙亥　命礼部右侍郎金德瑛提督顺天学政。

二月丁丑　命翰林院侍讲学士庄培因提督福建学政。

二月己卯　谕曰：庄存与于考试童生闹场一案既不参奏于前，及朕面召询问，又不据实陈奏，是以将伊革职。但各童生喧闹，究因该学政办理尚属严密、不能传递之故。今既审明情节，而该学政竟因此罢黜，殊非惩创恶习之意。庄存与着带革职，仍留内阁学士之任。

二月庚辰　谕曰：御史汤世昌参奏学政庄存与考试满洲、蒙古童生，因不能传递，拥挤闹堂一案。朕以满洲、蒙古童生皆世受豢养之人，乃不知遵奉教约，恣效外省恶习，此于八旗风俗大有关系，不可不严行根究，始意亦不过欲究明情节，将为首者发巴里坤，为从者发拉林种地，以示惩创。乃派出查审之大臣等，于案内情事并未严行穷究，而议罪之处又不允当，所审皆旗人，故不能不掣肘，而朕岂肯一任其意存瞻徇，而颟顸了事耶？当经亲临覆试，随获夹带如许之多，因复亲加鞫讯，务得实情。而童生海成系包揽传递，首先倡议闹场之犯，一闻覆试，辄将闹场时带出之卷倩人补作，捏饰投递，希图狡脱，已属刁顽。至在场放鸽、传递、包揽、受贿各情，业经罗保等供证确凿，乃于朕前又复挟仇诬陷和安，肆其狡狯，抗不吐实，及加严讯，而狂悖无礼，竟有何不杀之之语。满洲世仆中，有此等败类，断不可留矣，因降旨将伊正法。其附和闹场之罗保、和安即得奚讷，并搜出怀挟又复强辩之讷拉善俱着发往拉林种地。至随从闹场及夹带草稿字片之乌尔希苏等四十人，本应如议发遣，但既经责训示惩，俱从宽令其在旗披甲，永远不准考试。满学教授旺衍系专管伊等之人，临时已不能约束，而大臣等询问，伊尚模棱含糊，不肯吐实，着发往热河披甲。满洲风俗，从来淳朴，八旗子弟务以学习国语、专精骑射为事，即欲学习汉文，亦当潜心诵读，量力应考。若自揣不能成文而徒以传递怀挟妄冀侥幸功名，是方其学习汉文时，已视为玩法舞弊之具，人品心术尚可问耶？即如正黄旗童生廷瑞，年甫十岁，前经朕亲试，观其气质，将来未始不可当差效力，乃为之祖父者，不思导之以正，转令入场传卷，而所延馆师江宁人胡君治又代为作文，托人传进；此外如海成倩作文字之庄焕等，俱以南省之人，在京潜住，诱人子弟，以饱囊橐。此辈文本平庸，在原籍既不能自取科第，又不能为枪手作弊，而代旗童幸中，则固属游刃有余，骫法网利，蠹害人心，尤属不浅，应审明按律重拟，以绝根株。今旗童闹场本案，已经审明完结，以后满洲、蒙古现任三品以上大臣之子孙及亲兄弟子侄，有应试者，俱令自行奏闻，必国语、骑射皆有可观，方准入场考试，并照乡试之例，请派监试御史及监场都统各员前往弹压。此次庄存与所录尚属秉公，而交卷之人非闹场之人可知，着加恩仍准作生员。再，京城旗童考试，既多沿习骛名，则盛京应试亦可概见，着交该将军、礼部侍郎及府丞详悉定议具奏，向有不识事体者，往往以各省驻防子弟应随地准令赴考，以博乐育人材之名，所见尤为乖谬，断不可行，使朕亦沽名从之，则其为弊将必甚于辇毂之近，岂可胜言耶？又，向来直省童子初次应试，俗称观场，地方官亦视为无足重轻，滥行收录，以致府县考案漫无节制，且今之犯案者即若辈也。殊不知小考即士子始进之阶，乡会试甄拔举人、进士，初不出院考所取生童之内，使府县送考人数过滥，学政看卷亦易为所混淆，岂详慎取士之道耶？嗣后，各直省府县考试，毋得滥行录送，俱着酌量按照地方人数，核实取录，以昭慎重。其临试时，并着遵照条例，严立关防，审择考校，从此陋习可除，而各该学政亦得从容阅卷，不致鱼目混珠之弊，其于学校甚为有益。着将此通行晓谕知之。

二月壬午　谕：前据庄存与条奏，各直省乡试官卷应酌减中额一摺。随经蒋溥奏，请将官卷裁去，一并归入民卷，均交大学士九卿议奏矣。朕昨敬阅圣祖仁皇帝实录内载上谕，令大臣子弟另编字号，考试取中，既以肃清弊端，又不致有妨孤寒进取。恭览之下，仰见皇祖慎重科名，嘉惠士子。立法之始，本为防弊，而彼时诸臣奉行者，不无偏袒子姓亲族之见，含糊具奏，分定中额，未免过多，遂使以怜恤寒畯之意，转成优幸缙绅之路，揆之情理，实未允协，此议减议裁者所由来也。朕思中额贵有限制，而立法务在均平。嗣后，各直省乡试官卷于现在定额中斟酌公当，大省每二十名取中一名，中省每十五名取中一名，边省官卷本属无多，不妨稍宽其额，每十名取中一名。如此办理，则官卷既免滥取之弊，亦不致有妨孤寒，不必去官卷之名，而于制科取士，兼收并采之道，庶为平允。其如何酌量妥办，无致偏枯，并着大学士、九卿详议具奏。

二月甲申　谕曰：御史杨方立奏，请乡会试加增《周礼》、《仪礼》二经命题取士等语。《周礼》、《仪礼》二书，古礼之条系节目，藉以考见，承学之士，原可兼治。若考试专用《五经》则行之已久，况二礼所载，其义蕴大半已具于《小戴记》，如《周官》郊庙祭飨诸大典，散见于《礼器》、《郊特牲》等篇，而《仪礼》中士冠、士昏之类，即有冠义、昏义等篇为之诠发，是《戴记》原与二礼相通，不虞挂漏。现在立之学官，以一经命题，而末学肤浅，已有与《春秋》并目为孤经者。若再添设二礼，将来考官出题，或仍系《戴记》所有，是又徒成文具耳。盖论穷经，则二礼自当兼习，而论作文，则仍不如《戴记》之有文义可以发挥。昔人以为礼经义疏，正谓此也。所奏不必行，摺发还。

三月甲午　礼部议覆御史陈大复奏，请定命题考试各省拔岁贡并优生到部朝考例。应如所请。嗣后，考取拔贡，首场试书艺一、经艺一；二场试策一，去论判，改试诗一；朝考，试书艺一，去论判，改试诗一。各省考试岁贡，判亦改诗。优生到部，向不朝考，嗣后，俟到有四五名时，由部奏派大臣，试以书艺一、诗一，分等第进呈，明通者劄监肄业，荒疏者发回原学，学政议处。从之。

三月丙申　大学士等议奏，原任直隶学政庄存与条奏科场事宜，内称乡试官卷应酌减中额。又，据协办大学士蒋溥奏裁官卷，均奉旨交议。旋又奉旨，分大、中、小省，定以二十名、十五名、十名取中一名，并令妥酌议奏。请嗣后直隶、江南、浙江、江西、湖广、福建等大省官生，二十名取中一名、三十一名取中二名；山东、河南、山西、广东、陕西、四川等中省，十五名取中一名、二十三名取中二名；广西、云南、贵州等小省，十名取中一名、十六名取中二名。顺天乡试，满洲、蒙古、汉军照小省取中，南北贡监照中省取中，不及额者归民卷。又，庄存与奏请酌定磨勘例。查磨勘旧例简明，惟笔误二三字停会试一科，与字句偶疵、不妨宽贷一条，前后互异。请嗣后字句疵谬，罚停会试一科，笔误无关弊窦者，免议。又奏，请严禁考官代士子豫拟经题，应如所请。凡例得考官、同考官等员，概不准为士子豫拟经题，至场内经题，向例同考官拟，考官书签掣用，嗣后停，令考官自拟。又奏，请取士经旨悉遵用先儒传注。应如所请，私心自用及泥俗讲者概不录。从之。

三月戊戌　礼部议覆云南学政叶观国奏，请酌定东川、昭通二府镇并雄州永善县廪生出贡年分。查，各该学乾隆十年始额设廪增生各八名，廪生议补十二年后起贡，今届期，应照前定广东钦州学例，四年一贡。从之。

三月壬寅　谕军机大臣等：谢溶生参奏青州守琳朝考试徇私一摺。据称，府考时，意图结识属员，将十一属县取首名，俱仍取作府首。又于莱州任内，有冒籍即墨童生沈宝篆原籍浙江，系离任典史沈洪达之子，该府纵令考试，以致人心不服，纷纷攻击等语。府县考校特为录送院试，其甄别去取统听学臣为政，外省府县官未必尽皆长于衡鉴之人。琳朝尚系进士出身，若其他府县，岂能先一一择其素能知文者而授之以任耶？在琳朝失察冒籍，自有提调官应得处分。至以县取首名，俱仍取作府首录送，未免依样葫芦，但情节本不甚重大。该学政摺内辄称市恩用情，毫无忌惮，殊为张大其词，其中实在情节抑或别有不合之处。着传谕阿尔泰、徐铎将此事始末详细查明，据实具奏，亦不得因有此旨，稍存回护属员之见也。

三月戊申　谕：昨于正大光明殿考试翰詹等官，亲加详阅，按其文字优劣分为四等。一等：王鸣盛、秦大士、钱汝诚三员；二等：钱大昕、周煌、沈栻、陈筌、国柱、钱载、纪昀、景福、朱圭、倪承宽、吴绶诏、博明、梁同书、蒋和宁、卢文弨十五员；三等：德保、李中简、鞠恺、罗典、卢明楷、秦泰钧、边继祖、蒋棉、钟兰枝、沈业富、叶酉、邵树本、饶学曙、吉梦熊、甘立功、周长发、朱筠、张坦、励守谦、朱佩莲、赵佑、路斯道、积善、苏鋋、毛式玉二十五员；四等：王猷、杨述曾、胡绍鼎、图鞳布、陈圣时、梁锡玙、全魁、陈齐绅、李英、周于礼、敬华南、卢珏、陈淦、鼐郎阿、刘天成、刘定悠、曹洛禋十七员。编修王鸣盛着升授侍读学士，修撰秦大士升授侍讲学士，侍读学士钱汝诚升授内阁学士，编修钱大昕升授右赞善，侍讲周煌从前革职之案，准其开复，编修沈栻升授右庶子，侍讲景福升授侍讲学士，侍讲朱圭升授侍读学士，编修博明升授左中允，编修梁同书升授侍讲。其二等未经升用之陈筌、国柱、钱载、纪昀、倪承宽、吴绶诏、蒋和宁、卢文弨等八员于应升缺出，具名题奏。侍讲学士卢明楷着降补侍读，侍读学士周长发降补侍讲，右庶子叶酉、侍读朱佩莲、右赞善路斯道、左中允积善俱以编检降补，编修张坦、检讨毛式玉俱着休致，侍讲杨述曾着降补编修，侍讲学士图鞳布降补侍讲，检讨敬华南着以知县用，编修胡绍鼎、陈齐绅、陈淦、刘定逌，检讨王猷、李英、鼐郎阿、刘天成俱着休致。其余四等未经降调者，均着罚俸一年。

三月戊申　谕：昨考试满洲由别衙门升用翰詹诸臣，既阅其文，又验其人才，分别等次。一等德尔泰一员，二等博通阿一员，三等阿林泰、方泰、觉罗吾勒三、富廷、胜保五员，四等查克丹一员。少詹事德尔泰着加一级，侍读博通阿着升授侍读学士，侍读学士阿林泰降补侍读，侍读学士富廷降补右庶子，左庶子方泰、右赞善觉罗吾勒三、侍读学士胜保、右庶子查克丹俱着休致。

四月癸酉　礼部议覆御史刘龙光条奏，生员岁科两试向用四书文二篇、经文一篇，后以不准给烛，删去经题。雍正六年，覆准定例，岁试两书、一经，科试一书、一经、一策，冬日减经艺一篇。近奉旨乡会试篇数既减，请嗣后冬日岁试一书、一经，科试一书、一策；春夏秋日，增律诗一首。应如所奏。嗣后，岁科两试俱准减篇数，惟不论四时俱增律诗一首。但各省士子土音不同，骤难责之谐律，俟岁科两周后，再凭去取。又奏称，乾隆十九年巡抚陈宏谟题，闽省重考之弊，因各属考棚窄狭，一县童生分场考试，是以一人先后冒考，若合为一场则人各领卷，不能分身，其弊自绝。但其言专指闽省，请敕下各省学臣查明有无重考县分，如果人多棚隘，奏明增添号舍。至两县同城，保无熟识互换之弊，亦请合一场考试。应如所奏。嗣后，学臣考试童生，一县务并一棚，不得分场叠考；其两县同城，亦照此例办理。从之。

四月己卯　山西道御史吴龙见奏，前奉旨改定科场条例，表判与论皆不用，但性理论题向出《太极》、《通书》、《西铭》、《正蒙》诸编，内有朱注及诸儒解释，广大精微。请嗣后乡会试第一场《四书》文后，仍用性理论一道。得旨：所奏是，着照所请行。

六月甲戌　吏部议覆直隶总督方观承题，魏县裁汰，归并大名、元城管辖，应办各事宜。……至学额量为改拨之处，应如该督所请，于魏县原额文童十八名，武童十五名内各拨二名，归入元邑取进，其剩额另编乡学字样考取，并将大名训导一员，专管乡学事务。……均如所请办理，从之。

七月癸巳　礼部议覆署湖北巡抚庄有恭奏称，各省乡试及岁科两试，功令概用律诗，教官为士子观法，请令一体习诗。三年后，学臣考试，不能诗者勒休。查教官学行兼重，未便因不能诗而遽落其职，但现在士子功令试诗，教官职列师儒，岂可不谙篇什？应令学臣按临日，兼试律诗，总核学行，以定黜陟。从之。

九月丁酉　户部等部议覆四川总督开泰疏称，重庆府属巴县原辖地方，分隶璧山县、江北镇同知。案内各事宜……一、璧山新辖之一十二甲，岁科文武童生即赴该县应试，凭文酌取，拨入府学；其江北镇二十六甲文武童生，仍归巴县考试，毋庸另设学额。……均应如所请，从之。

九月癸丑　谕曰：金德瑛参奏，大兴县冒籍廪生丁泗既不遵例改归原籍，复勾通谢国宾等扶同出结出身硬证，已将丁泗除名，并请将谢国宾等斥革等语。冒籍生童，向来相沿日甚，最为恶习，理应严究，其定限一年，勒令自首改归，原系从宽办理，予以自新之路。今丁泗既不遵守功令，复串通本地劣衿，捏结朦混。而谢国宾等从中包揽，舞弊营私，若仅予斥革，将来故智复萌，易名冒考，事所必有，终无以杜夤缘顶冒之弊，且众人亦不能共知惩创。所有丁泗、谢国宾等俱着交刑部治罪。

十月癸酉　礼部议准，署江西巡抚阿思哈、学政张拜赓等奏称，宁都州文风最盛，向为赣郡属邑，学额二十名仍酌拨府学二三名。自升州以后，无府学可拨，额数转少，查所属瑞金、石城二县于乾隆二十年各增额三名，今请各减一名，拨给宁都州，武童亦照文童例。从之。

十二月壬申　谕军机大臣等：据谢溶生奏办理考试情形一摺，内称查获鱼台、曹县、定陶各处雇倩枪手，现在照例审究等语。枪雇诸弊于考试大典甚有关系，司文柄者必随时实心整顿，有犯必惩，庶可遴选真才、肃清学校。第思此等积习，恐不止山东一省为然，何以各省学政从未有陈奏及此？或该学政等以为职分应办之事，就案审理完结，未及逐一奏闻，亦未可定。若谓各省竟无此弊，则殊非情理也。生童考试为士子进身之阶，弊窦不清则良莠混淆，真才无由而见，由此而乡试、会试安望得才品兼优之士而用之？甚非吁俊抡材之道。着传谕各省学政，遇有此等情弊，务必实力厘剔，毋得稍事姑息，仍将一年考过所属有无枪雇诸弊及如何办理之处，于岁底专摺奏闻。谢溶生摺并着钞寄阅看。

乾隆二十四年（1759年）

正月癸卯　谕：据学政刘墉奏办考试情形一摺，内称江北凤、颍、泗三处风俗劲悍，文武生员及捐纳贡监倚恃气力，轻于犯法。又，犯事之后，皆善脱逃，不就拘执等语。士习民风所关綦重，学政考棚既有此种恶习，恐通省劣衿，似此玩法抗官，滋事乡里，为学臣所不及见者，正复不少。着传谕巡抚高晋，令其留心体访，并饬所属，遇有事犯，实力惩治，毋使败类姑容，贻害良善，以靖地方。

二月庚午　命编修鞠恺提督广西学政。

二月壬申　谕：据署四川总督岳钟璜奏，截取举人、现任泸州学正龙正国年力虽未衰老，但气体甚弱，人亦拘迂，难膺民社，应仍令回学正之任，咨部注册等语。所奏甚当。知县职司刑名、钱谷，原非才力衰庸者所能胜任，与其得缺时始行改补，何如截取时先为甄别，此不特地方可收循良之效，即该员亦得免跋涉之劳。岳钟璜以暂摄督篆，而能实心鉴别，不事姑容，深足嘉予。但在该员，或以曾列乙科，未经引见，岂即甘心冷署，所谓人苦不自知也。嗣后，似此者着照大计年老被参之例，如愿来京，准予给咨，听该员自行赴部引见，庶不致妄抱向隅之怨，而大吏程材之当否，亦难逃朕洞鉴；若不愿赴部，仍听其便。

二月戊寅　谕曰：李因培奏覆考试情形一摺，内称有长洲县童生曹永楷贿通书吏传递，随将滥取案首、声名不堪之知县刘若洙咨明督抚查核等语。士习民风皆地方要务，身为大吏，理宜不分畛域，实心整顿，如果学政好事越俎，干与督抚事权，固当据实奏闻。若州县考校有弊，既经学政咨会，亦应秉公察劾，以儆颓风。倘以其事发自学臣，因而意存漠视，司课士者，益致呼应不灵，难以肃清学校，又岂大臣敬事协恭之义？此案该督抚如何办理，着尹继善、陈宏谋明白回奏。

三月辛巳　谕：据塔永宁奏，地方官有将公项银两详明交商生息，为书院义学等项经费者，虽事属因公，易启官商结纳之渐。请嗣后各省凡有以息作本、营运生息之案，非经奏明交商领运者，永行禁止等语。营运生息之名，本非政体所应有，是以直省营伍虽藉以赏恤兵丁，而终为权宜，徒以事属久行，欲罢不能，非朕本意。前已降旨，将八旗生息银两即行停罢，以盐务余款充赏。至绿营兵众用繁，倘一概议停生息，而不筹一经久充赏之策，或致因噎废食。着传谕各该督抚等，各就本省情形悉心筹画，详议具奏，到日候朕再降谕旨。折内所奏书院、义学诸费，地方官自行交商生息，乃其节目之小者。然有司陋习相仍，其中不无借肥私橐情弊，即应一并定议饬禁，以防滥觞。

三月戊子　谕：江南乡试向系安徽、江苏巡抚轮次入场监临。今高晋现管理河工，分驻徐州，计八月入闱之期，适当秋汛，未便暂离工所，所有本年江南监临事务着陈宏谋办理。

三月壬寅　礼部议准，江苏学政李因培奏称，江省人稠事繁，生监良楛各别，请仿门簿之法，设立稽讼簿，印发各州县，凡自理词状及上司批查案件有事干生监者，无论原被证佐，均摘简明事由及准驳批语，开注于前，簿尾更将审结谳语登注，季终将簿会学钤印，申详学政衙门查核。从之。

四月己卯　兵部侍郎观保、礼部侍郎庄存与奏，臣等奉命阅朝考优生试卷，部臣适议覆御史陈大复条奏，必优生到部四五名始行奏考。查现在优生已有到京经年者，如必泥以足数，未免守候维艰。请照考试续到拔贡不拘人数之例，一体办理；或将续到拔贡、优贡同试，各分等第，亦觉简易画一。得旨：如所议行。

五月庚辰　吏部议奏，江苏长洲县童生曹永楷贿嘱书吏高世华，包揽传递，考取案首，应将失察之长洲县知县刘若洙照例罚俸一年。总督尹继善、巡抚陈宏谋、学政李因培不行参处，请照例分别降罚。得旨：吏部议覆长洲县知县刘若洙失察传递一案，以该学政李因培既经查出，不行参处，仅行文记过。至奏闻之时，又不将行文记过之处声明，止称移咨督抚，应照含糊具题例，降一级留任。自应照例办理，但该学政虽词涉含糊，此案究系由伊奏闻，今尹继善、陈宏谋均不过议以罚俸，而李因培转议以降级留任，似觉处分稍重，不知者将谓部臣有上下其手者矣。李因培亦着照尹继善、陈宏谋所得处分，罚俸九个月，如有纪录，亦准抵销。

五月丁酉　以编修蒋櫄为云南乡试正考官，工部郎中魏梦龙为副考官；编修秦百里为贵州乡试正考官，御史刘龙光为副考官。

五月壬寅　谕：据叶观国奏考试情形一折，内称昭通府童生李芃、李璋暗地换卷，易门武童杨会川弥封姓名不符，新兴州童生陈上奇覆试文理不符，饬各该提调审覆，或称并无说合银钱，或称村童无知冒犯，或系钞写窗稿，并无枪雇之弊，照例发落等语。看此情节，该府等所办，未免故为开脱，学政考试所至，该府与有提调之责，一切弊窦理应协同稽察，方为实心整顿。乃既经该学政查出发审，并不据实根究，转以宽纵了事，姑息养奸，莫此为甚。学臣呼应不灵，诸弊何由肃清？且枪倩之弊，京师尚且有之，何况滇南远省？着将叶观国原折钞寄该督等，令其详细查明，将知府黄修忠、陈镳、李承邺据实参处。

五月癸卯　礼部议覆安徽学政刘墉奏称，捐纳贡监与生员不同，责成教官约束，不足以收实效。请饬州县官于户婚、田土案内，随时稽查，举报优劣。应如所请，从之。

六月甲子　以刑部郎中闵鹗元为四川乡试正考官，编修周于礼为副考官；编修秦黉为广东乡试正考官，翰林院侍读学士景福为副考官；编修钱载为广西乡试正考官，户部主事于雯峻为副考官；翰林院侍讲学士王鸣盛为福建乡试正考官，御史胡泽潢为副考官；侍讲张若澄为湖南乡试正考官，御史胡绍南为副考官。

闰六月丁亥　命翰林院侍讲学士汪廷玙提督福建学政。

闰六月辛卯　以礼部左侍郎介福为浙江乡试正考官，御史汤先甲为副考官；工部右侍郎钱维城为江西乡试正考官，编修翁方纲为副考官；右庶子沈栻为湖北乡试正考官，工部主事赵瑗为副考官。

闰六月辛丑　以御史邵树本为陕西乡试正考官，编修甘立功为副考官；户部侍郎裘曰修为江南乡试正考官，工科给事中钱琦为副考官。

闰六月甲辰　谕军机大臣等：裘曰修已命为江南正考官，可即由彼速赴江宁典试，不必来京。所有查办捕蝗不力州县及归途查勘河道各事宜，俱交与海明办理。

七月辛亥　刑部议准，河南学政刘湘奏称，棍徒撞骗生童，捏称线索，给与字记者，请不分有无封银立约及口许虚赃，俱照撞骗已成例，枷号三月，发烟瘴地面充军；其生童杖一百，徒三年。从之。

七月丁巳　以翰林院侍读卢明楷为河南乡试正考官，侍读学士朱圭为副考官；右春坊右赞善钱大昕为山东乡试正考官，户部郎中叶宏为副考官；翰林院编修纪昀为山西乡试正考官，户部主事周曰赞为副考官；

七月己未　谕：据礼部奏请，八旗有现任三品以上大臣子孙及亲兄弟之子，可否令其入场乡试一摺，甚属有意朦混。前因八旗童生入场滋事，风尚浇漓，在平日既不专务八旗淳朴旧俗，而徒博取虚名，且流为舞弊恶习，不得不力为整顿，是以令伊等自行奏明，必其国语、骑射皆有可观，方准考试。童生如此，乡试又何待言？乃立法伊始，而本人并不自奏，即册送礼部，礼部亦即含糊具请，希图侥幸，是诚何心？若谓前旨专属童生而言，则生员已经考试童生，且不具论，其贡监一途，人人可捐，若不须陈奏，是童生不得应小试，转可避而应乡试矣。有是理耶？伍龄安等自问能登答此旨乎？其中系何情由，着即明白回奏。仍将册内开送应考十余人之父兄，一一查明具奏，并令在京总理事务王大臣传齐伊等，令看此旨，皆令其自行明白回奏。朕法在必行，毋谓小小伎俩，可以尝试也。

七月庚申　谕：上年降旨，令八旗三品以上大臣有子弟应试者，自行奏明，方准入闱。特因旗童在场喧哄滋事，是以为伊父兄示之节制，俾知崇实黜浮，破除积习，非概从禁止，遏其进取之途也。乃今年乡试届期，伊等既不遵旨自奏，礼部又为含糊具请，似此巧为尝试，将使故智益萌，伊于胡底？我八旗淳朴素风，娴国语、习骑射，其人果有足录，均可量能擢用。若科目者，特备储材一格耳。今乃艳心诡遇，又从而钓弋其名，渊薮其弊，是以国家启迪后生之途，转为蠹坏人材之具，可乎？且我朝开国以来，名臣硕辅莫不志秉忠忱，才优韬略初非从事占毕者，即仕跻大僚，内而大学士、尚书，外而总督、巡抚，勋名气节，指不胜屈，大约皆非出于甲乙两榜。即近时大臣，在科第中有名者，不过如鄂尔泰、尹继善一二人而已，然其见用，实以其心地材干，初不以其文也。其他幸列科名而名实不副者，亦指不胜屈，若奉宽、国柱者流以满洲本色论之，皆不能至骁骑校者，而乃托名斯文，平日又不肯潜心力学，惟事希心袭取，视为功名捷径，甚至怀挟夹带，无弊不作，即立法严行搜检。而所派大臣非亲即故，俗称官官相护，亦复有名无实，此所关于风俗人心者甚巨，朕安得不力为振刷，以挽颓风？伊等至此，尚不思痛自湔改，一似窜身入闱，即可侥幸万一，势必欲朕尽停旗人乡会试而后已乎？所有礼部单开不循例自奏、遽任子弟册送考试之尹继善等，着将该部及该旗曾否钞录前奉谕旨，行文知会伊等之处，令该部旗及伊等本人据实明白回奏，再行降旨，至僧保住、福延乃系内务府人员，进身岂患无阶，而亦令子弟骛名科举，又显违旨不奏，尤为庸妄，着将僧保住、福延革职，并将伊子弟革去生监，在内务府库使笔帖式上效力行走，不准给俸，俟五年无过，该管官奏明，另请挑差。其朦混奏请之礼部堂官伍龄安等，着交部严察议奏。

七月戊辰　谕：今岁乡试届期，三品以上大臣子弟内有未经遵例陈奏、遽行送考者，经朕降旨，令该旗及本人明白回奏。今据镶黄、正白、正红、镶蓝、满洲正蓝、满洲、蒙古等六旗覆奏，以现在送考之人，其父兄或在军前，或系外任，俱未在京等语。去岁此旨虽经该旗俱已行文，然此内如永贵、阿桂、清馥等现在军营办事，无论伊等子弟在京应试与否，无由而知，即知之，亦何暇陈奏？此在该旗本应奏闻之事，若外省督抚，安居无事，先期自行陈奏为是。然伊等并未令子弟往考，则不奏亦未为过，而该旗何以仍将名册咨送礼部，是该旗明系瞻徇，而又执例推诿，均与不奏之本人无涉。前已将朦混请旨之礼部堂官等交部严加察议，所有瞻徇推诿之镶黄等旗管旗王大臣等，着一并交部严行察议，并将此通行晓谕八旗知之。

七月乙亥　谕曰：太仆寺卿国柱于伊兄国栋之子文英冒昧递名乡试，乃称礼部查奏人内并无伊名，文英又患病，不知考试与否，是以未行检奏。今经该旗查参，始知具摺请罪等语。国柱系内廷行走之人，朕从前所降谕旨伊岂不知，乃与兄子递名冒考之时，并未自行陈奏。经朕将不行检奏之福延、僧保住等治罪，伊犹隐忍不奏，希图幸免。看来旗人读书侥幸恶习，大率如此，甚属不堪。国柱着革去卿衔，仍在批本处效力行走。

八月癸未　顺天乡试，以顺天府府尹熊学鹏为监临官，兵部尚书梁诗正为正考官，兵部侍郎观保为副考官。

九月庚戌　礼部等部议覆福建布政使德福奏称，会试举人支领盘费银，因有自行取结免追之例，并不计偕就道，及奉文行追，地方官又听从推延。请嗣后应试举人，如有中途患病、丁忧等事，令呈报所在地方官，验明属实，出结申报，上司转详督抚，咨明礼兵二部存案。俟试竣后，据案知照各省准豁等语。应如所请。至所称举人到京后，遇事故不能应试者，呈明大宛二县、五城兵马司具结报部，恐启胥役滋事之弊。请令取具同乡六品以上京官印结，径投礼兵二部，即据结行知本籍，存案免追。如假捏呈报，而沿途地方官及京官徇情滥结者参处，其本籍地方官承追不到举人原领银，逾限不清者，照杂项钱粮未完例议处。从之。

九月癸丑　礼部等部议准，湖南学政郑虎文奏称，向例考试武童外场不分差等，概令入试内场，每有文童兼考武童，希图代倩者。请照武闱乡试例，分双挑、单挑、合式三等，入等者许试内场，不入等者扣除。至乾州、凤凰、永绥三厅俱系新辟苗疆，查乾凤二厅，已经设学，惟永绥未设，该处苗童就学者颇多，应一体设学。从之。

九月癸丑　礼部议准，广东学政吴鸿奏称，嘉应州文童应试者四千余人，额少人多，佳文未能尽录。请将该州属之兴平长镇四县拨入州学五名内酌减三名，添补州学，余二名仍在四县酌拨。从之。

九月甲寅　谕：据刘藻奏，滇省乡试朱墨卷与新颁式样稍有不符，已咨明礼部。请今科暂就现办之纸制用，经部咨驳等语。前因周人骥奏请更定卷式，部臣议准，通行画一。但滇省奉文既迟，卷纸已经购备，则今科暂准仍前制用，又有何关系？且短狭不符，仅止分寸，而该部并不揆情理，惟知一驳了事，似此胶柱鼓瑟，最为相沿陋习，屡经训饬，何以不知悛改？着礼部堂官明白回奏。

九月丁卯　谕：各省学政现届差满，福建学政汪廷玙、广西学政鞠恺俱于本年任事，无庸更换，江苏学政着刘墉调补，浙江学政着李因培调补，江西学政着谢溶生调补，广东学政着郑虎文调补，湖南学政着吴鸿调补，安徽学政着刘星炜去，山东学政着闵鹗元去，陕西学政着钟兰枝去，河南学政着汤先甲去，山西学政着邵树本去，湖北学政着温如玉去，四川学政着陈筌去，云南学政着李中简去，贵州学政着冯成修去，直隶学政金德瑛着仍留原任。

九月壬申　谕：朕恭阅世宗宪皇帝实录，内载办理船厂事务给事中赵殿最条奏，船厂地方，设立学校，令满汉子弟，读书考试。钦奉皇考谕旨，“本朝龙兴，混一区宇，惟恃实行与武略耳，并未尝恃虚文粉饰。而凡厥政务，悉吻合于古来圣帝明王之徽猷，并无稍有不及之处，观此可知实行之胜于虚文矣。我满洲人等纯一笃实、忠孝廉节之行岂不胜于汉人之文艺、蒙古之经典欤？今若崇尚文艺，一概令其学习，势必至一二十年始有端绪，恐武事既废，文艺又未能通，徒成两无所用之人耳。钦此。钦遵。”仰见我皇考期望八旗务令崇尚朴诚、勤修武备之至意，实当永远钦遵，为万世不易之准。而凡满洲人等，所以是训是行，务为屏虚崇实者，无不备于此矣。去岁文童应试，伊等私行传递，继复肆行喧哄，经朕治罪，并降旨令三品以上大臣子弟，嗣后有愿就试者，必国语、骑射兼优，方准奏闻应试。盖恐满洲人等惟务虚文，不敦实行，以致旧日淳朴素风渐至废弃耳。乃蒙我皇考早鉴及此，谆谆戒谕，以满洲惟务读书，倘不能精诣优通，恐武事既废，文艺又未能通，徒成一无用之人耳。是朕不得不如此办理，亦惟兢兢仰体皇考明训，并非有意裁抑，一概不准考试也。今岁乡试届期，伊等又不遵旨具奏，竟潜任伊等子弟悉行应试。朕复降旨，将伊父兄等内惟身在军营及职居外任不及知情者，加恩宽免，所有在京隐讳、不行具奏者俱行治罪，此非以其已奉明旨，尚尔朦胧侥幸之所致乎？观此，则满洲人等之崇尚虚文，不思遵守旧俗，所关綦重，实不可不急为挽回整顿者。嗣后，各宜痛惩陋习，益尽力于满洲应行勤习之武略，以仰副皇考再三垂训之心及朕祗奉阐明多方开导之苦心。着通行晓谕八旗，将此并勒于各旗操阅兵丁处碑阴，永远遵行。

十月辛卯　以左副都御史张泰开为顺天武乡试正考官，侍讲学士秦大士为副考官。

十月甲午　礼部议覆署江西巡抚阿思哈奏称，各省乡试以巡抚为监临，道员为提调、监试。伏思提调、监试，稽查弹压通场，且试卷应否帖出，若非亲身经阅，恐有舛误。请嗣后如监临及通省道员皆非科目，则于两司中科目出身者酌委一人入场，该司印务另委道员代办。再，违式试卷，有点句勾股，皆由学臣考试，诸生习以为常，入闱遂干帖例。请嗣后令学政考试，禁止自行勾点，其余一切科条，悉依科场办理等语。均应如所请。至所称二场诗题低写，诗句顶格；三场抬头错误，草稿违式，此类甚多，并请确示条例等语。亦应如所请。臣部另汇纂科场简明条例，请旨颁行。从之。

十一月癸丑　吏部议覆江苏学政李因培奏称，衍圣公府典籍、管勾等官，向来每藉称拣选候缺，豫印空衔劄付。乾隆六年，经大学士等议停，而例前散出劄纸，未议缴销，恃符滋事，在所不免。现在江苏学册生员内有开注衍圣公典籍职衔，并未见其题补，而欠考均逾五六次以上，不可不严行清厘等语。应如所请。通行各省督抚，凡有领过衍圣公空衔劄付者，无论年分，概行缴销，其生员藉此欠考者，追劄，照例办理。至衍圣公府，嗣后，遇有司乐、管勾、典籍、掌书、书写、知印、奏差等缺出，令于生监内保举，咨送臣部题补，从之，

十一月戊午　礼部奏请钦点大臣覆勘顺天等省乡试试卷。得旨：着派秦蕙田、观保、钱汝诚、孙灏。向因磨勘一事视为具文，是以定制特派大臣详加校阅。但今科二场初试律诗，若竟与制艺一体逐细校勘，各省士子于声韵之学，未必尽娴，而考官处分者亦众。其试帖一项，此时尚可稍为宽假，酌量俟数科后，再照定例行。惟制艺为应试诸生本分应习之事，既经入彀，自不当复有疵谬，务须秉公磨勘，以副抡才巨典。如有疏漏，经朕指出，惟特派诸臣是问。

十一月庚申　礼部议覆河南布政使苏崇阿奏称，向例学政科考后，有事故离任者，督抚等署理学政。遇乡试届期，俱照科考正案送场，不准录遗。其考居三等后列与游学起复、病痊及新进诸生概不能与试，未免无端阻抑，请嗣后准令督抚等录送遗才等语。应如所请办理，从之。

十一月甲子　兵部议覆御史戈涛奏称，武乡会试内场，除双单好字号外，合式字号多至千人，每科必中数卷，以示鼓励。向闻武乡会试时，已挑双单好字号者，自知中式甚易，不便雇觅枪手，专以怀挟为事。至合式字号，知非文字甚佳，不能取中，于是寻觅枪手，贿买合式而不愿进场之人，顶名入闱，包揽多卷，希图侥幸。其好字号人等，设有怀挟不遇，则跳越号舍，阑入合式号中，寻觅代倩。请嗣后挑选外场双单好字号，稍宽其数，入选者方为合式，准入场考试，不必别立合式字号等语，系为厘弊起见。但双单好额数既多，则久惯枪手又得混入单好内。伏思枪手所以能混入场中者，以其有三号技勇也。此等技勇，应试者皆可勉为，且自知未必能售，而文理清顺，一入内

场便以代倩罔利。今与其去合式之名，莫若稍为变通，如考试之人弓刀石三项皆系三号者不准合式，必有一二样头二号者方准入内场，是枪手已无从滥入合式字号。仍于入内场时，令外围监试御史带领番役人等在龙门严行搜检，验明印记放入。再，向来双单好及合式举子号舍俱在一边，是以间有越号觅替等事。今酌议将双单好者列于甬道东号房，合式者列于甬道西号房，监试各官仍可不时稽查，一应胥役人等不得擅自近号。又奏称，武乡会试，请于两论一策中酌减一篇等语。查，武场原以选取将材，自当以武经为重，《四书》旨义非武士所能领会，应将《四书》论一篇裁汰，其内场衡文，亦应如所奏。择文理粗通者，即予中式，以示矜全。从之。

十一月癸酉　谕曰：秦蕙田等进呈磨勘顺天等五省乡试卷，所有签出应行处分各卷，颇见详慎，均交部照例办理。惟试卷内有词意纰缪之甚者，于文风士习殊有关系。且今日召入诸大臣及磨勘大臣，谁无司衡之任，不得不为明切宣示，俾众共知之。制义一道，代圣贤立言，务在折衷传注、理明辞达为尚。前因士子多喜为剽窃舛驳之词，不惜再三训谕，俾以清真雅正为宗，并将选定四书文，颁贮内帘，令考官知所程式。乃今科顺天乡试中式第四名边向禧文内竟有饮君心于江海之语，揆其命意，不过饮和食德常言耳，而芜鄙杂凑，遂至不成文义，此岂字句小疵可比？虽不宜以一语摈弃，亦何至滥侧前茅？若他卷寻常舛谬，正不可悉数。盖由典试事者不能别裁伪体，而所好或涉新奇，士子揣摩效尤，不知堕入恶道。此病自有科目以来，皆所不免。唐时韩愈以试文类于俳优为耻，且甚其词曰：人笑之则以为喜，人誉之则以为忧。可见有司尺度一不足凭，深为取士之累。然其毅然以道自任，尚思回狂澜于既倒，况大臣等将以文学侍从，甄拔群材，而可不秉经树则，端后进之祈向乎？有明决科之文，流派不皆纯正，但如归有光、黄淳耀数人，皆能以古文为时文，至今具可师法。国朝人文蔚兴，前如熊伯龙，后如李光地辈，并根据理要，而体裁自见闳整。至若张照等之步趋李光地，亦知仿佛先民矩矱，虽所诣不深，要尚不失于正。兹因抽阅试卷，特降旨明白宣谕，使衡文、作文者咸以正风尚、厚人心为务，愈见前此敕部定例磨勘裨益宏多，又匪直为屏斥具文起见也。将此通谕中外，其明体朕意。仍将此旨录于至公堂，俾嗣后司文者知所警惕。

十二月辛巳　谕：前因磨勘顺天等省乡试卷，见其中词句纰缪，不一而足，甚至不成文义，如饮君心于江海之语，于文风士习深有关系，已降旨宣谕中外，俾衡文、作文者知所儆惕。第念别裁伪体，以端风尚，固在考官临时甄拔公明，而平时之造就渐摩，使士子皆知崇实黜浮，不堕揣摩挦扯恶习，则学政责任尤重。乡会两试乃士子进身阶梯，而学臣于三年之前，岁科考校，评骘甲乙者，此日之生童即可为他日之举人、进士，所云正本清源，舍是无由也。为学政者果能以清真雅正为宗，一切好尚奇诡之徒无从幸售，文章自归醇正。否则，素日趋向纷歧，一当大比，为试官者锁闱校拔，不过就文论文，又何从激劝而惩创之？且学政按临，谒庙讲书，原与士子相见，非考官易书糊名，暗中摸索者比。文字一道，人品心术，即于此见端，自应随时训励整顿，务去佻巧僻涩之浇风，将能为清真雅正之文，而其人亦可望为醇茂端谨之士，由此贤书释褐，足备国家任使，斯士子无负科名，而学臣亦不负文衡之任。但不得因有是旨，徒以字句疵颣，易为磨勘指摘，遂专取貌似先正之文，于传注无所发明，至相率而归于空疏浅陋，此又所谓矫枉过正，救弊适以滋弊，不独舆论难诬，一经朕鉴察，亦惟于该学政是问。今岁正学政受代之始，诸臣皆朕特简，各宜勉副兴贤育才至意。着将此旨录于学政公署并各府州县学明伦堂，用资触目警心，而凡我多士，亦皆得审所就范，朕实有厚望焉。

十二月丁酉　刑部议覆云南按察使吴绍诗奏称，各省学政遇有应行发审事件，应毋论情节轻重，一面批饬提调等官审讯，一面咨明督抚稽查。提调等奉批即行具文通报，除例应当场完结者，听提调等官随时发落，报明学政，并督抚、藩臬外，其枷责以上罪名，俱照例拟议，一面报明学政，一面详解藩臬核转，督抚分别批结咨题。至提调等不行通报，除罪有出入，分别故失，照例参奏外，即罪无出入，亦照应申上而不申上律议处。均应如所请，从之。

十二月壬寅　谕：此次磨勘江南六省乡试卷，经派出大臣汇单进呈，其中文义支离疵颣者不可更仆数。皆由学政不能造就于平日，而考官复不能决择于临时，致士子习为庸腐谬悠之谈，希心诡遇，昨已降旨谆切训谕。第念向来司磨勘者，京堂、翰詹、科道各员因无覆勘之人，往往虚应故事。且未定有议叙、议处条例，何以示之惩劝？嗣后，有特派大臣覆勘指出而原勘京堂等全未磨出者，应查明原勘疏漏之员交部严加议处，有原勘签出一二而大臣覆勘尚多挂漏者，亦应查明交部议处。有能悉心检阅，秉公逐一举出、覆勘无遗者，并将该员交部议叙。至现在派出大臣等俱属详慎从事，着即交部议叙。将来覆勘试卷，或经朕抽阅，尚有不尽之处，则应将特派大臣加以处分。如此，庶文体益就雅驯，而司衡愈归允当。其如何分别著为条例，该部详悉定议具奏。摺内应行处分各卷，仍着交部照例办理。

乾隆二十五年（1760年）

正月戊申　谕：来岁恭逢圣母皇太后七旬万寿，今年为朕五十诞辰，仰荷上苍福祐，西陲大武告成，普天同庆。自壬申特开万寿恩科，于今十载，当此懋祉频臻，宜锡鸿恩，用昭盛典，着于本年八月举行恩科乡试，来岁三月举行会试，俾多士并得观光，益宏嘉禧。该部即遵谕行。

正月壬申　太仆寺卿官焕文奏，各省乡试中卷磨勘例，凡行文笔误，错落题字，正副考官、同考官得以抹出免议，遂致疵蒙谬累之卷，亦概为援免。查，各省士子繁多，文取雅训，乃必以犯抹之卷委曲迁就，恐佳卷反致遗落，又以抹出免议，益得遂其自便之私。况考官与磨勘官多系年世姻谊，难保无嘱托代抹等弊。请将犯抹之卷，举子例应处分者，考官虽经抹出，仍令按卷处分。得旨：所奏似有所见，大学士会同该部议奏。寻议，嗣后，试卷所犯重者，考官虽经抹出，仍一体议处。至疵蒙谬累，或系数字、数句，于通体文义无碍者，考官仍照例分已抹、未抹办理。从之。

二月丁丑　谕：御史朱丕烈参奏覆勘试卷大臣秦蕙田等瞻徇不公一摺，经朕详悉面谕，并特派大臣等会同军机大臣提取各原卷逐一详加核对。今据覆奏，有该御史原经签出而覆勘大臣误行指驳者，江西省汪其度一卷未经列入奏单者，湖北省陶大朋、广西省萧鼎揆二卷，秦蕙田等既经司事覆勘，乃未将原勘官签出各条应存应驳及应行声明之处，悉心分别查办，咎本难辞。至摺内所称瞻徇考官乡情世好，为本生巧为开脱之处，则现在细核各卷，如考官钱维城、王鸣盛、钱载等勘过试卷内，其处分已有部议应行降调及罚俸数年者，即增入摺内所指各条，亦并无所加损，是该御史所参俱无确据。朕复召入面询，该御史亦不能更指其非，此其泾渭较然，固非此次派出大臣所能稍为偏袒，并调停中立，如和事老人之为也。但磨勘一事，向来视为具文，以致举子应试，考官衡文，无由大彰惩劝，以至士子习尚纷歧，罔识行文正鹄，不得不亟为厘正，是以详定磨勘条例。然举行伊始，朕本意实不过欲去其太甚，俾知警觉提撕，岂必逐字逐句，加意吹求，致获隽者无一自全，而典试者尽干吏议，斯不已太甚乎！然考官衔命抡才，既优其廪饩路赀，又复获尔许桃李，即试卷有疵，若罚俸、停升之类实所应得，设致罢官降调，朕必曲宥。此中自有权衡，若官官相护，即此罚一年两载之俸，亦必冀为开脱，则不独覆勘者罪所难容，即考官等，朕亦岂能轻贷？今秦蕙田等既无此等情弊，则疏漏各条，所谓公过，非朕所深恶矣。朱丕烈以心疑或然之语，弹劾属虚，朕亦不能为之匿其所短。正所谓瑕瑜各不相掩者也。况直省朱墨卷汗牛充栋，不但秦蕙田等三四人之力未必精核无遗，即自谓悉心推勘如朱丕烈，所分只有数十卷，设令再派大臣为之检校，伊能自信更无挂漏乎？明季科道恶习，专以党援抨击为务，遇事交章倾轧，而九列中又或各树私人，互相报复，固由驾驭失宜所致，而臣工中各自便其门户之私，不惜害及朝章国是，其所关于治道者甚大。朕心存炯戒，乾纲独揽，务期朝宁肃清，诸臣中谅不敢稍生狎玩之见，即有此等伎俩，亦何所复施？今磨勘一事，哓哓不已，然杜渐防微，其端实不可长，所有覆勘疏忽之秦蕙田、观保、钱汝诚着交部议处，御史朱丕烈所奏不实，亦着交部议处。然若因其参劾大臣，而该部遂有意从严，思以箝制言官之口，更难逃朕洞鉴，将此通行传谕中外知之。

二月己丑　礼部议覆兵部左侍郎钱汝诚奏称，乡试磨勘则例内不谙禁例一条，未将字面、款式轻重分别，概予罚停三科，未为平允。请嗣后除直书庙讳、御名及先师孔子讳者，仍罚停三科外。其行款偶讹，字面违式，均照文内疵谬例，罚停会试一科。应如所请。将一应字面款式，详悉分别，纂入则例，其本年题结之顺天等省抬头不合试卷，并请改为罚停一科。从之。

二月辛丑　礼部议准，安徽学政刘星炜奏称，岁科两试童生，请兼试五言六韵排律一首，诗文并优者，列在前茅，或文可入彀，而诗欠谐叶者，量为节取，并饬学官月课，一体限韵课诗。从之。

三月丁未　礼部议覆福建学政汪廷玙奏称，童生入学系进身之始，取进试卷，例不解部，恐考官以意见去取，童生以揣摩幸进。请照生员试卷解送十名例，将取进文童前十卷一体送部磨勘。查，各学额进试卷仅解十名，恐取列中后之卷，仍有滥竽充数，应令全数解部。其有命题怪僻、文体疵谬等弊，照例指参。从之。

三月戊申 掌四川道监察御史朱嵇奏，殿试阅卷皆系钦派大臣，日久不无懈弛。请仿内场监试例，于阅卷日，派王公大臣及科道官员监试。至阅卷大臣拟定十名后，请即将十人带领引见，仍于次日传胪。得旨：所奏确当，如所请行。

三月辛亥 以兵部右侍郎兼管顺天府尹熊学鹏为会试知贡举，大学士蒋溥、刑部尚书秦蕙田为正考官，礼部左侍郎介福、左副都御史张泰开为副考官。

三月壬子 礼部议覆刑部尚书秦蕙田奏称，磨勘各省乡试卷，应令各磨勘官将成例熟悉，所标之签必确与处分之例相符，方与指出，其词意无关处分者不得滥指，并于卷面衔名之次，将应行处分几条、应行免议几条注明。应如所请，从之。

三月丁巳 兵部议覆江苏巡抚陈宏谋疏请，更定武场事宜。一、各省考试均于三回马箭后，复射地球一回，事涉重复，徒稽时日。请马箭止试二次，即试地球一箭，以三次共中三箭者为合式。一步箭远把，向例五十步，请酌改三十步，每人各射六箭，以中二箭者为合式。至步把高宽尺寸，候部酌定。一、马弓应以三力为率，步弓以五力为率。令考试之人，场前注册，以便临时抽验，不及三力、五力者不准合式，有能加重者听。一、武经三子生童每就拟题宿构，鲜能熟读。请于考试武童时，作论孟论一首，暂免武经论。先令默写一章或几段，以三百字为率，错误及有别字者不取。均应如所请。其步把以高五尺五寸、宽二尺五寸为程，从前考试弓刀石后再试地球近把之例一并停止。从之。

三月戊午 户部议覆江苏学政李因培疏请酌定金山卫学章程。一、卫军户口散处各州县，相沿日久，民卫易滋混冒。查金山卫勋军、屯军内，坐落华亭、奉贤、娄县、金山、上海、南汇等县，共一千二百十四户，三千七百六十三名。请将册档责令卫守备照造三本，一存学政衙门，一存布政使，一存松江府，以备考试核对，编审之年，仍令卫备收除，另造一次。一、金山卫学文武生员四百名，核其军籍来历可据者，仅文生一百二十名，武生二十九名。余系民籍冒进，应归入县学。又，卫籍冒入各学民籍十七名，应收入卫学，请一并推收，造册送部。现在廪增推归者作为虚廪、虚增，照考案收补，其子弟均随父兄之籍考试。一、金山卫童向归华亭收考，临时童生自行开报，无凭查核。请照安徽凤阳三卫学例，改归卫守备报名录送提调，转送学政。其童生保结令该卫廪生认保，如无廪生，准该卫增附生员互保。倘有枪冒等弊，即行该卫备照例议处。考试时，仍令松江府查察。一、金山卫童向赴华亭考试，不免远涉之艰。查，卫备征粮，系于适中周浦地方，现有公所，请即于周浦考试。一、此次推收后，实存卫学文生既少，积年考进，亦不能如往时之多，廪增旧额各二十名，帮补太易，且推归各学文生挨补较难。请将卫学廪增俱酌减四名，分拨华、娄、上、南四县各一名。均应如所请，惟实存卫学文生仅一百二十余人，廪增各拨四名外，仍应各裁四名，定为十二名，其出贡照例三年一贡。又，据查明卫童赴考者只二百余名，应将取进原额酌减四名，以十二名为定额。从之。

三月庚午 礼部以会试中额请。得旨：这会试，满洲、蒙古取中三名，汉军取中一名，直隶取中十五名，奉天取中一名，山东取中十名，山西取中十名，河南取中九名，陕西取中九名，江南取中三十三名，浙江取中二十九名，江西取中二十名，湖北取中八名，湖南取中四名，福建取中九名，广东取中八名，广西取中四名，四川取中七名，贵州取中六名，云南取中五名。

三月庚午　署兵部侍郎旌额理奏，科场条例内载汉人交绿营官员、旗人交都统弹压。查八旗举子不及汉人十分之一，派有副都统、参领、章京等官，汉人多至数千，绿营官只游击一员、守备四员，耳目难以周遍。请嗣后乡会试，不论旗人汉人，俱交副都统会同御史督率委员等分翼弹压，务令按卷入号。大臣及监试御史等官公同查验封号，毋令滥行出入。如管辖不严，将副都统等照例议处，参领等如有疏慢，该副都统即会同御史据实参奏。得旨：着照所请行。

四月庚寅　吏部议奏，山东学政闵鹗元奏称，士子有窝窃唆讼等情，教官隐匿不报，自应照例革职。其仅止一时失察，并无故纵情弊者，请量为末减，议以降调。又称，州县官瞻徇，教职处分，往往于士子犯案后令教职补报，如经督抚查参，或别经发觉，请照徇庇例降调。均应如所请，从之。

四月癸巳　以翰林院侍读学士景福为云南乡试正考官，右中允饶学曙为副考官；户部员外郎王协和为贵州乡试正考官，检讨熊为霖为副考官。

五月丁未　以大学士来保，协办大学士鄂弥达，内阁学士富德、赫赫，吏部侍郎程岩、董邦达、恩丕，户部侍郎于敏中，礼部侍郎介福，兵部侍郎观保、王际华、熊学鹏，刑部尚书秦蕙田、侍郎钱汝诚为殿试读卷官。

五月戊申　策试天下贡士王中孚等一百六十四人于太和殿前。制曰：朕祗承帝命，实怀永图，审听高居，惟勤至化。自缵膺鸿绪以来，早夜孜孜者二十五年矣，比虽遐陬款化，戎服敉宁，风雨和甘，阴阳式协，顾日中之戒宜凛，载舟之喻宜思。公卿大夫与朕共襄治理者也，食德服畴之侣，宜何如启佑而安辑之？尔多士利用宾王，当此三道，伫延谠论，以沃朕心。帝王心法治法之要，莫备于经，其源流分合，厥论详矣。若夫《易》著六象，《书》标七观，《诗》兼三训，《礼经》垂三种，《春秋》明五例，能约举其条目欤？儒生夙昔诵习，果何以究乎性情、政治之本，得失、同异之归，以黼黻盛明，羽翼传注欤？《记》所云：入其国而教可知者。又何道之从？科目所以求才，而文艺之淳漓，人品心术见焉。磨勘之申严也，将以蒸蒸日进于雅驯，以祈求至于古之立言者。乃应试之文，犹不免夫支离疵谬，岂习尚之异趋欤？抑学臣之董率于平日者，有未至也？根之深者其实遂，辞尚体要，陈言务去之谓何？士贵自振拔耳，岂古今人果不相及欤？朕轸念民依，惟足食是廑，常平、社仓之制，何尝不设法举行。顾积贮久则有司以浥烂为虞，出纳频而胥吏得因缘丛弊，于是乃藉其称贷之名，隐其缺额之实，安望蓄积多而备先具乎？京师设厂平粜，岁且周矣，而谷价未见平减，意者囤积之不免欤？市价擅奇赢，何以除之？泉流表其不匮，懋迁通其有无，岂竟无长策欤？古者屯田之法，筹饷兼以防边，此非论于今日幅员无外者也。汉唐屯营，其地安在？调戍之役，何缘而昉？或佃或守，且战且屯，史策所传，当究厥理。方今平定西陲，扩地二万余里，辟展以西，耕屯相望，兹叶尔羌诸城，甘澍应时，农功大起，天贶既渥，将使地无遗利、人无遗力，古法或有宜于今者，可兼采欤？之数者，士习民莫之本，边防食货之原，朕一日二日，冀以保泰持盈。尔多士修絜博习，其必有以明其指略也。各悉对著于篇，勿猥勿并，朕将览择焉。

五月辛亥　谕：廷试士子，为抡才大典，向来读卷诸臣，率多偏重书法，而于策文则惟取其中无疵颣，不碍充选而已。敷奏以言，特为拜献先资。而就文与字较，则对策自重于书法。如果文义醇茂，字画端楷，自属文字兼优，固为及格之选。若其人缮录不能甚工，字在丙而文在甲者，以视文字均属乙等，可以调停。入彀之人，自当使之出一头地。况此日字学稍疏，将来如与馆选，何难临池习之？倘专以字为进退，兼恐读卷官有素识贡士笔迹者，转以此藉口滋弊，非射策决科本义也。现在定例，拟选十卷进呈，须俟引见，始定名次，衡文尚待观人，而阅卷时竟先抑文重字，可乎？又，向来读卷官，虽例不回寓，然皆各觅公所散住，地非锁院，人得自由。在监试王公大臣等，既不能各分一员，同居纠察，而读卷诸臣从容退息，亦何不可遣人回家潜通消息者。此而置之不问，则凡乡会试之设法关防，又何取焉？且试策不过一二百卷，以十四人公阅，即一二日亦可竣事，乃迟之三五日，始行进呈，晨集暮散，展转须时，于形迹尤为未协。着大学士、九卿将嗣后读卷官如何参核文字，务令取择适中，并作何住居、监察、刻期竣事之处一并详悉议奏，以协朕期于名实俱副，肃清衡校之至意。寻议，廷试读卷，自应取文义醇茂者，拔置上第，若策对全无根据，即书法可观，亦不得入选。至读卷官各觅公所散住，诚非设法关防之意。查，向来读卷，俱在内阁，本年经大学士臣来保奏明在文华殿阅卷，应请即于文华殿两廊、传心殿之前后房间及派出监察之王大臣、科道、收掌等官，一同住宿。再，每科试策，不过二百余卷，旧例读卷十四人，未免过多。嗣后，将应行开列人员请简八员，足资办理。再，阅卷请定限二日，拟定十卷进呈。从之。

五月壬子　御养心殿，召读卷官人，亲阅定进呈十卷甲第。

五月癸丑　御太和殿。传胪。赐一甲毕沅、诸重光、王文治三人进士及第，二甲曹文埴等五十人进士出身，三甲陈开基等一百一十一人同进士出身。

五月己未　以御史周于礼为四川乡试正考官，司业博卿额为副考官；刑部员外郎张模为广东乡试正考官，编修罗暹春为副考官；吏部郎中李敏行为广西乡试正考官，御史吕光亨为副考官；侍讲学士周煌为福建乡试正考官，户部员外郎毛永燮为副考官；编修叶观国为湖南乡试正考官，吏部主事孔毓文为副考官。

五月癸亥　授一甲一名进士毕沅为翰林院修撰，一甲二名诸重光、一甲三名王文治为翰林院编修。

五月乙丑　内阁、翰林院带领丁丑科散馆修撰、编修、庶吉士引见。得旨：修撰蔡以台、编修邹奕孝已经授职，其清书庶吉士王大鹤、彭冠、刘亨地、王绍曾、郑欃、李宗宝俱授为编修，周升桓授为检讨；汉书庶吉士蒋士铨、李汪度、施培应、薛宁廷、汪新、钱大经、戴第元、陈兰森、焦汝翰、李翊、柯瑾俱授为编修，曹学闵、吴湘、于宗瑛、何曰佩、阿肃俱授为检讨，郑鸿撰、王士棻俱着以部属用，田玉成、富森泰着留馆再教习一年，薛田玉、刘成驹、朱阳俱着归进士原班铨选。

六月甲戌　内阁、翰林院带领新进士引见。得旨：新科进士，一甲三名毕沅、诸重光、王文治已经授职外，曹文埴、王燕绪、王显曾、童凤三、钱受谷、宋铣、刘权之、裘麟、张世禄、唐淮、金士松、孟超然、赵升、李瑞冈、刘樽、李孔阳、张光宪、王中孚、芮永肩、陈本敬、沈咸熙、萧芝、冯晋祚、刘经传、福兴、姜锡嘏、蓝应元、李台、蒋曰纶、张謩、达椿、孟邵、谢敦源、张廷桂俱着改为庶吉士，程之章、王曾翼、张敦均、陆爔、姚左垣、李廷扬、熊启谟、汪献芝、姚翀、邹梦皋、陈用敷、尹文泽、许宝善、朱岐、黄世枢、吴璜、孙录、刘人睿、董之铭俱着分部学习，魏廷煓、褚启宗、欧阳立德、金光斗、吴肇煜、翟大程、孙维龙、陈奉兹、林人櫆、倪廷模、崇士锦、潘经驭、蒋一璁、戴望峄、罗均、折遇兰、王纪曾、徐祐彦、杨企曾、赵维翰、黄楚彦、潘祁、陈世荣、王瑶、刘雁题俱着分发各省，以知县用，刘谦、储宝书、段廷遴、李花芳、周嗣绂、马庆余、雷文辉俱着以教职即用，余着归班铨选。

六月甲戌　谕军机大臣等：据钟音奏，乡试动用银两原系核定章程之数，今岁恩科系连年举行，其一切修理及器具等项自必较往科减少，饬令撙节办理，事竣造册报销等语。所见甚是。上年办理正科至今岁恩科，甫及一年，所有贡院号舍，不过量为苫补，无庸大加修葺。一切器具可以存用者尚多，亦不必通行置办。较之三年一次章程，原可节省。司场务者均当据实支用，毋任经手员役藉口成规，恣行浮开糜费帑项。将此传谕各督抚并顺天府，一体遵照办理。

六月戊寅　谕：据鞠恺奏，粤西省内应试生童，多有他省人冒籍，现在严行查办等语。该省地处偏隅，向学者少，他省人士未免乘机混名冒考。但自乾隆三年部议，停止该省因本地无人应试，准令外省及本省异府人入籍之例。司学政者自应严为禁饬，何以尚多混行冒试者？此皆历任学臣不能查察所致。着该部查明，乾隆三年以后，所有广西学臣照例议处。至该学政奏请，将已经冒籍入学之各生，准照顺天冒籍生员例办理之处，并着该部定议具奏。再，此等冒考弊窦，在江浙等处尚少，他如云、贵、川、广偏僻州县，文风稍陋，他省人或因父兄作幕，或因亲友贸易，遂尔乘便混考，皆所不免，并着各该学政留心查察，毋使滋弊。

六月戊寅　军机大臣等据鞠恺奏称，考试宾州文童，拿获撞骗僧人蒙纯一一案，具见该学政留心整饬。向来考棚作弊，最为士习民风之害。该犯身系僧人，不守清规，在外招摇滋事，尤与寻常奸民犯法者不同。此等恶僧，若仍留该省，将来开窖惑人等事皆所不免。着传谕鄂宝，令其即速严审发遣，以示惩创。

六月丁亥　以兵部左侍郎观保为浙江乡试正考官，编修秦泰钧为副考官；兵部右侍郎王际华为江西乡试正考官，编修沈业富为副考官；刑部郎中蔡鸿业为湖北乡试正考官，御史王懿德为副考官。

六月丙申　礼部议奏，兵部侍郎观保奏称，科场条例，乡会试考官原有搜阅落卷之例。间有佳文，分校官未经呈荐，及考官搜出，辄以磨勘严密为辞，不肯补用荐条。请嗣后各直省正副考官搜出之卷，如分校官固执成见，竟即批取中字样，俟到部磨勘，卷果有疵，与分校无涉；如所搜允当，分校官照滥抹佳文之例，严加议处。应如所请，从之。

六月丙申　以御史胡绍南为陕西乡试正考官，编修朱佩莲为副考官；刑部左侍郎钱汝诚为江南乡试正考官，御史朱丕烈为副考官。

七月癸卯　命兵部尚书梁诗正、兵部左侍郎观保教习庶吉士。

七月甲辰　礼部议覆广西学政鞠恺奏称，广西童生应试，多因亲友影射，冒籍混考，竟有一学多至数十名者，不急为严禁，则土著进取为难，边地文风日坏等语。应令该学政彻底清厘。除现在查确者即勒令归籍，其未经发觉者，于部文到日，勒限一年，令本生自首，由该学教官会同州县结送学政，咨回原籍。逾限不首，发觉斥革。仍将不行详查之教官、州县照例议处。再，本年现届乡试，其已经查确各生，应照例罚停乡试一科，仍行文云南、贵州、四川、广东等省，画一办理。从之。

七月癸丑　礼部议覆湖南巡抚冯钤议奏，前任学政郑虎文请设永绥厅学。查辰州府属之乾州、凤凰、永绥三厅，皆系新辟苗疆。乾凤二厅已于雍正十年间设学，惟永绥厅建治稍后，未经设学。该处苗民现在义学肄业，堪应试者有二百余人，请照乾凤二厅例，一体设学。应如所请，从之。

七月癸丑　以洗马史贻谟为河南乡试正考官，御史李绶为副考官；编修秦黉为山东乡试正考官，翰林院侍读图鞳布为副考官；编修蒋檙为山西乡试正考官，翰林院侍读德保为副考官。

八月丁丑　顺天乡试，以兵部左侍郎兼管府尹熊学鹏、府尹程盛修为监临官，左都御史刘纶为正考官，内阁学士介福为副考官。

九月丙午　山东道御史吴绶诏奏，云南学政李中简奏准酌定童生考试格式一摺。据称，滇省僻处边隅，文风浅陋，童生应试，四书文两篇，日力既应接不暇，不能兼及诗篇经义。请裁去书文一篇，以一书、一经、一诗命题等语。该学政所奏，只就滇省而言，未经概行直省。查各省人文虽多寡优劣不等，但童生小试，不能皆拔萃之才。请嗣后各直省童生应试，悉照该学政奏准格式，以一书、一经、一诗命题，其经文既准，书艺务期发挥经旨、阐明传注，方准拔取，应请于试卷解部时，照四书文一例磨勘。下部议行。

九月甲寅　命兵部左侍郎兼管顺天府尹熊学鹏知武举，以吏部左侍郎董邦达为武会试正考官，翰林院侍读学士张若澄为副考官。

九月丙寅　礼部议覆山东道御史吴绶诏奏称，乡会试磨勘，例用翰林讲读以上、詹事府中赞以上及京堂、科道入班分阅，员数本属敷用，惟内有出差事故及应行回避者，临期扣除，不无短少。查翰林编检不下三四十员，其于开坊以上，体制无殊，职业最简，请一体入班磨勘。应如所请。从庚辰乡试为始，将来会试亦照此办理。但该御史请添编检，固为人众起见，而近日通计到班者不过七八员，若不严定责成，则人众难以稽察，转开诿卸之弊。臣等酌议，嗣后，各应行入班官员及新添之编检，先期将职名开送，恭请钦点四十员，臣部照例按各省卷数，分派赴班校勘。又奏称，试卷中文理荒谬、议以斥革之举子，岁科两试，不问可知，乃岁试既免劣等，科试又送入闱，则学臣不能辞咎，请将举子斥革一名者，该学政照主考官例处分等语。查定例，岁科生员前列试卷解部磨勘，如有庸腐荒谬，学臣已有应得处分，未便与主考官一例议处。请嗣后举子试卷如经磨出文理荒谬，例应斥革，除将主考官议处外，行文该学政，将原取科举之卷解部，交原派大臣覆勘，如亦系荒谬，将学臣照主考例议处，若不过文理平庸，应得免议。从之。

九月庚午 谕：乡会磨勘试卷，盖以防弊窦、正文风，所关綦重。前经降旨敕部定议，实力奉行，司事者劝惩既明，持衡者去取自慎，其有剽窃支离，穿凿险僻，希心诡遇之士，谅不敢滥登选格，自应纠弹。第矫枉无取失中，而抡才务崇大体。经义之制，原以见理明通，措辞尔雅为正，果能理明词达，有大醇而无小疵，固称上选。若其学识才情，大端确有可取，即一二字句失检，无妨弃瑕采录。盖风檐寸晷中，一日技艺，即在学问优通者亦不能必无疵纇，要不足为全璧之玷也。为考官者，倘意在求免吏议，因而吹求摈弃，转谓平庸肤浅之文似是而非、无可指摘，遂至燕石冒玉，鱼目混珠，则所云救弊适以滋弊，殊非慎重磨勘本意。况定例疵蒙谬纇一条，与不谙禁例等款迥别，是以所得处分，在举子不过停科，在考官不过罚俸，使惩羹吹齑，而于文体真伪所系，概置弗论，又何以杜弋获而示正鹄耶？嗣后，乡会典试诸臣，务择清真雅正、文义兼优之作，为多士准绳。不得因磨勘周详，反以庸才塞责。更不得因有此旨，遂藉口瑕瑜不掩，以致怠忽从事，负朕崇实黜浮至意。将此通行传谕知之。

十月壬申 谕：学政冯成修奏考试事宜一摺，所见明昧各半。其事之可行与否，自有部议。惟是借事纷纭，侈腾口说，为臣工章奏争持恶习，不可不防其渐。盖朕向于科场及学政条奏，率皆饬部议覆，所谓耕当问奴，织当问婢。科甲非朕所习，不可强不知以为知，其中是非可否，原无烦朕为区别也。冯成修此摺，未免揣朕巡狩在外，亦不过一览付部而已，故得腾其口颊，肆彼攻击，而朕实反覆细绎，兹故明斥其非，然亦不弃其是。如冯成修所称试题不宜割截牵搭一条，据其所列各省出过诸题，则实系不顾文理，强为凑合，非惟难核真才，抑且大悖经义，非取士之道。即所奏童试取进文卷，请免解部磨勘，虽不免有自为张本之意，第童试之文，势不能皆有醇无疵，且一学政所取，合计通省不下数千卷，原非乡会朱墨卷应行磨勘者可比。此二条尚不为无见。若乡试及岁科两试皆免试诗帖，则其说已自矛盾，前因科场表判多涉雷同，剿窃陋套，是以改试排律，使士子各出心裁，若以诗为仅尚词华，则前此表判独非骈体乎？试问表判之词华较排律之词华，孰难孰易？若如冯成修之议去诗，则将仍为表判乎？否乎？将仍表判盗袭之风为是乎？此论之必不可通者。至考试武生，请复用《四书》论题一条，所称读书明理乃能宣猷阃外等语，尤属诞谬。武科一项，不过旧制相沿，因仍不废，若论我国家用兵，自开创以来，暨近日平准夷、荡回部，皆我满洲及索伦勇将健卒折冲万里，蒇成大功，绿营兵尚无所用，更何尝恃武科出身之人，而藉其干城腹心之寄耶？至侈谈升平，羽林弃武尚文诸论，此不过见之诗歌寄兴尚可，其实文恬武嬉，宴安酖毒，为国家之大害。朕必不出此，而我子孙万世所当奉为家法，永为深戒。冯成修或别有深意，欲为尝试乎？从前明季陋习，每遇一事，举朝各挟意见，议论纷然，其时人主皆漫不省视，是以诸臣得遇事风生，纷呶噂沓，甚至借建白之名，党援门户，无所不至，究与国是毫无裨益。朕于内外章奏何一不亲览，而肯令此风稍启其渐耶？冯成修识见卑诈如此，不可仍令司铎，着开缺来京供职。其尚可行二条，着该部定议具奏。寻，礼部议，嗣后，各省考试生童命题割截牵搭、不顾文义，实非取士之道，应如该学政所请，严行禁止，并行令各省地方官，将坊刻各种巧搭选本一体查销；学臣岁科试取准童生文卷，亦应如所请，停止解部磨勘。从之。

十月丙子 调河南学政、鸿胪寺少卿汤先甲提督贵州学政，以翰林院编修秦百里提督河南学政。

十月丁丑 吏部等部议准，总督衔、管理甘肃巡抚事吴达善条奏，安西五卫地方，经部议准，改为一府三县，应行事宜。……一、安西等卫原有文生一百九名，应分拨府学二十二名，新设三县各二十九名；武生五十九名，应分拨府学十一名，三县各拨十六名。遇岁科试，每县取进文武生各四名，再拨府学各二名，设廪增二缺，六年一贡，学政于肃州考棚调试。均应如所请，从之。

十月戊寅 谕曰：熊学鹏着调补刑部侍郎，仍署理兵部侍郎。兵部侍郎员缺，着谢溶生调补，仍留江西学政任。

十月丁酉 策试中式武举孙廷璧等六十二人于太和殿。

十月戊戌 上御紫光阁，阅中式武举骑射。

十月己亥 上御紫光阁，阅中式武举技勇。

十月己亥 谕：原任吏部尚书汪由敦之长子荫生汪承沆现已病故，着加恩将原赏荫生给其次子汪承霈，授为额外主事，在部学习行走，其三子汪承澍并着赏给举人，准其一体会试。

十月庚子 御紫光阁，覆阅中式武举骑射。

十一月辛丑 上御太和殿。传胪。赐中式武举一甲马全、赵琮、孙庭璧等三人武进士及第，二甲郑端揆等五人武进士出身，三甲彭成尧等五十三人同武进士出身。

十一月甲辰 礼部议覆云南学政李中简奏称，滇省黑、白、琅三井，并普洱、镇沅、恩乐等府县学取进文生，乾隆十三年，部准设立廪增，以考列优等者充补，俟十二年后起贡，现已届期，请照昭通、东川二府属出贡例办理。查，该省昭通、东川府属镇雄州、永善县每学设廪生八名，于乾隆二十三年，题准四年一贡，今黑、白、琅三井，普洱、镇沅、恩乐等学，廪数相符，其贡期应如该学政所请。从之。

十一月辛亥 礼部议覆云南布政使顾济美奏称，各省乡试印卷办理互异，前在陕省，系用提调道员关防，闽省系藩司首领官于接缝处用印，藩司于卷面用印，今滇省卷面及接缝处则全用藩司印信，请通饬画一。查，乡试墨卷钤用印信，理宜详慎。除顺天乡试应仍用府尹印外，江南系上下江巡抚轮流监临，率同派委道员办理闱务，两江布政使向不赴闱，应令该督抚于乡试年分酌用印信，报部存案。其余各省试卷，无论正面接缝，均用藩司印信。从之。

十一月乙卯　以通政使孙灏为顺天武乡试正考官，翰林院侍读卢明楷为副考官。

十一月戊午　吏部议覆陕西布政使方世俊奏称，教职六年俸满，才能出众，例准保举以知县用。惟查教职领凭赴任时，尚由抚臣考试，分别等第报部，列一二等者俸满，例准保举，列三等者不准。窃思该员中不少年力富强、才具明敏之士，若概以文艺考列三等，不准保送，则有志向上之员，未能及时效用。请嗣后将俸满内考列三等、才具实在出色者，准其保举送部，即于题本内声明原考等第，一体引见。应如所请。又称，恩拔岁贡曾经验看、截取应选教职者，遇有事故，定例各州县径详抚臣核咨吏部扣选，原详批司核存。近查部选教职给凭到司，往往业经病故，皆因州县止将贡照缴报学政，未经详报司院咨部，以致吏部仍按册铨选，行查辗转，员缺久悬。请嗣后遇贡生候选教职病故，饬令该州县一面将贡照仍呈学臣咨缴，一面照在籍候补、候选州县等官例详报抚臣核咨，并报藩司存查。亦应如所请，饬各省督抚行令各该州县遵办，违者严参，从之。

十一月庚午　以翰林院编修朱佩莲提督广西学政。

十一月庚午　山东学政闵鹗元奏，按试东昌府属，据提调官知府吴承勋禀称，有府属应考童生倪诚、范兰芳被撞棍李际龙等冒充臣衙门书吏，指称买求入学，假造铅银，掉包诓骗。经本童窥破情形，索银声喊，被巡役拿获，随提该犯等严讯，均承认不讳。现将撞棍等枷号示众，按律定拟。得旨：此非枷责可完之事，应将此旨传谕阿尔泰，严审定拟。

十二月辛未　礼部议覆陕西按察使阿永阿奏称，外省流犯子弟，同本地居民一体考试，与例载平人入籍二十年以上始准收考之条不符，请饬一体照办。查，流犯安置为民，原系罪应迁徙，所配之处即系彼地编氓，子孙读书向上，向例既无禁锢，自与无根冒考者有间。若亦以二十年为限，将随配之流犯子孙，欲留，则年限不符，格于应试；欲去，则离亲无倚，情亦可悯。请嗣后各省流徙，其嫡属子孙同赴配所，令该犯于到配时呈报地方官立案，不拘年限，准其入籍应试，非嫡属者禁。从之。

十二月甲戌　吏部议覆山东学政闵鹗元奏称，学臣按郡考试，吏胥、平民招摇撞骗，提调及地方官不能访拿究治，均请一体议处等语。查，吏胥假名诓骗，提调及该管地方官失察，自应照失察衙役犯赃例议处。若场外平民，非在官人役可比，撞骗招摇，不行查拿，别经发觉者，提调官应请免议。其失察之地方官请罚俸一年，隐徇姑容者降调。至所称提调及地方官实力查拿，将罪犯全获，量予议叙。应如所请，将全行拿获之员，纪录一次，从之。

十二月戊子　礼部议覆福建考官周煌等奏称，闽省旧设同考官十二房，乾隆十八年，议裁《易经》一房，现在《易经》三员、《书经》二员、《诗经》四员、《春秋》、《礼记》各一员，但《诗经》卷多，每房各分及千卷，校阅未能裕如，请以原裁《易经》一员拨入《诗经》内，增为五房。应如所请，从之。

乾隆二十六年（1761年）

二月壬申 谕：各处教习，三年期满引见，并无一二等之分，惟国子监有之，此例徒足开士子捷径，于实政殊无裨益。将谓一等者为优，则该监之列在二等者，初不谓之劣，而一则归本班铨选，一则留学以知县即用，且留学三年，既以知县即用，而又豫为声明，遇拣发时，一体挑选。是名为学校收课士之效，而实为上下其手，启速化之门耳，于教学、用人俱无实济。嗣后，此例着停止，毋复滋侥幸。其如何详定章程之处，该部定议具奏。寻议，嗣后，国子监教习，三年期满，该堂官照各处教习之例，出具切实考语，带领引见，或用知县，或用教职，恭候钦定，毋庸分别等第，并毋庸留学三年，其奉旨以知县用者，俱令归班候选。从之。

二月庚辰 吏部议覆山东布政使崔应阶条奏四氏学规制。一、教授应由抚臣会同拣选。查，抚臣原有稽核教职之责，请嗣后四氏学教授，令衍圣公将拣选人员移送抚臣验看，咨部具题，领凭时毋庸重验。一、教授不应于贡生内拣选。查，由附生捐贡者，例不选用教职，至廪生捐贡，与岁贡出身无异，升用教授，原属合例，应仍准与就教之进士及举人一体拣选。一、学录不应止于生员内拣选。应如所请。嗣后，于孔氏岁贡及廪生捐贡，与生员现系廪生者一体拣选。一、学录升转，应请明定条例。查《品级考》载，四氏学教授由四氏学训导升用，而四氏学止有学录，其升转例无明文，则四氏学训导即系指学录而言，应将四氏学教授定为学录升缺，并准于六年俸满时，照例一体拣选，升补教授。惟品级既较训导为优，不便照各学训导例，升用各府州县佐贰。从之。

二月甲申 大学士蒋溥奏，内阁汉中书向例由进士、举人考取录用，试卷糊名并不易书，士子因有笔迹可认，易滋物议。现届会试之期，请即于各房荐卷中，除中式外，择其文理尚通、诗律亦妥者，不拘省分，查照上次考定名数另填一榜，照例带领引见，挨次选用。嗣后，凡值需人之时，令内阁先期咨部，照例办理。得旨：此奏是，该衙门议奏。

二月甲申 吏部议覆四川学政陈筌奏称，捐纳贡监责成州县约束。其造册送学之例，久经停止，教官无凭稽查，而失察处分，仍与生员一例议处，似觉无所区别。应如所请。嗣后，捐纳贡监有窝窃唆讼、贪顽不法等情，将不行查报之州县，照失察平民例议处，有心徇庇，降三级调用，毋庸将教官查参。从之。

二月丁亥 陕西道御史眭朝栋奏，主考及内外帘官子弟亲族向有回避之例。查，乡试入闱之大臣官员，其子弟亲族多有本籍可归，不难早为之地。惟会试四方云集，数千里外，翘首观光。本年恭遇皇太后万寿恩科，会试士子倍加踊跃，请将应行回避之卷一体收试，特派大臣秉公校阅。其确系可录者，酌拟进呈请旨。得旨：此奏要誉，着该部严察议奏。

二月丁酉 谕：会试士子，由举人而拔为进士，衡鉴之司，较乡闱倍宜慎重。适阅该部请派同考官一本，所列率多考乡试主考时列在三等未用，及向不知名、聊且充数之员，虽例载点过试差及曾充房考者俱不开列，似属公道，而不知其实为典校者一大弊端也。盖乡试简差，皆回避本省，其在籍子弟亲属仍可入场邀中。若礼闱房官，定例，子弟均应回避，其托故扣除者想已不少，而又公然以为格于例，不复开列，独留劣等数人，俾以抡才，安望春闱之得佳士哉？且乡试既不碍桃李之收，而会试又可邀宗族之中，将世所称名实兼收与孜孜为利，孰有甚于此者乎？即如眭朝栋甫有请去回避之奏，而分校已不列名，是平日之自号读书，方欲立朝，持人短长而顾身蹈猥鄙之见，不以为耻乎？嗣后，凡遇会试，着将考乡试等第全单随本呈送，以备检派，庶于重文衡、杜诡避两有裨益，并将此通谕考官、举子并知之。

二月丁酉　谕军机大臣等：前据御史眭朝栋奏，请将今科会试回避举子另行考试一摺。事属要誉，已降旨该御史交部严察议奏矣。着传谕熊学鹏，将凡应行开列总裁大臣及内外帘执事各官，应行回避之子弟亲族，逐细查明，开具清单奏闻。

三月辛丑　谕军机大臣等：据熊学鹏奏到，应行开列总裁等官回避举子清单现已留览。第昨所派司衡各员，多有不在开列之内者。着再传谕熊学鹏，令于入帘之日，按照所派各员，将应行回避举子逐一查明，速行开单再奏。

三月壬寅　礼部议覆大学士蒋溥奏，请定考试中书之例一摺。查考取中书，阅字与阅文并重，既系本人书写，不无迹涉嫌疑。今据奏称，于会试荐卷中挑取，事属可行。但考官所校，仅在文义，似未可以场中所取之数概行授官。应请不拘省分，以四十名为额，再备取二十名，随同新进士引见，恭候钦定。再，中书若专用举人，遇会试之年，恐俱愿入闱应试，办事必至乏人，应于新进士引见时，请酌用数员，与举人中书一体补用。从之。

三月乙巳　以刑部侍郎熊学鹏为会试知贡举，协办大学士、吏部尚书刘统勋为正考官，户部侍郎于敏中、兵部侍郎观保为副考官。

三月丙午　知贡举、刑部右侍郎熊学鹏奏，查会试及顺天乡试，例应将拟中前十名元魁卷豫期另誊进呈。请自本年会试为始，所有拟中元魁十名，即将朱卷封固进呈，其向外帘取誊录生进内另誊之例应停。得旨：所奏甚是，如所请行，着为例。

三月庚戌　吏部议，御史眭朝栋有心要誉，甚乖职守，应照溺职例革职。得旨：吏部察议眭朝栋照溺职例革职一本，所以留中不发者，朕意以为若总裁大员中，查无应行回避之人，则该御史所奏，不过博一时虚誉，其罪尚属可原。今据知贡举熊学鹏查奏，应行回避士子，则有总裁刘统勋之胞弟、胞侄二人，于敏中之堂侄一人，刘统勋、于敏中既系军机大臣，而眭朝栋现系军机处行走之员，此次刘统勋、于敏中二人不令随驾，外间已揣其与典试事，而军机处之人固不待言矣。况朕向刘统勋等面谕及之，眭朝栋岂有不知之理，则其所奏，显属迎合上官，此风断不可长。前明师生堂属党援门户之弊，往往假公济私，害及朝政，最为言路恶习。我皇考十三年以来，大加整顿，风纪肃清。朕临御二十有六年，于台垣章疏苟有一二可采者，未尝不见之施行。若其意有所属、瞻顾徇私者，亦断难逃洞鉴。眭朝栋何人，而敢以此等伎俩巧为尝试乎？此在诸科道尚属不可，况该御史之在军机行走者乎？今岁恩科会试已属格外旷典，臣工得与文衡，已可云宠荣逾分，而更欲为宗戚幸中，是于不知足之中又加甚焉，号称读书者宜如是乎？此于政体、官方、士习均有关系，眭朝栋革职不足蔽其辜，着拿交刑部治罪。刘统勋、于敏中之授意与否，姑不深究，然致属员之如此假言献媚，则二人亦不得谓无咎，其刘统勋、于敏中之弟侄应行回避者，概着罚停乡会试一次，以示儆戒。

三月壬子　　礼部议覆御史范棫士奏称，国子监学正、学录向由考取记名。今内阁中书既议于会试荐卷中挑取，应请一例办理，于取录中书额数量为宽取数名，不必豫定款项，统俟引见录用等语。查取录中书名数，议准六十名，其年力老成、宜于课士者，请于引见时，量用数员，交部以学正、学录选用，无庸另定取额。嗣后，国子监需人，先期咨部办理。从之。

三月乙卯　　谕曰：熊学鹏已补授广西巡抚，着速行赴任。其知贡举事务着程景伊入场接办。

三月甲子　　礼部以会试中额请。得旨：满洲、蒙古取中四名，汉军取中二名，直隶取中十七名，奉天取中一名，山东取中十二名，山西取中十名，河南取中十名，陕西取中十名，江南取中三十四名，浙江取中三十名，江西取中二十一名，湖北取中八名，湖南取中五名，福建取中九名，广东取中九名，广西取中五名，四川取中八名，贵州取中七名，云南取中五名。

四月甲戌　　谕：会试揭晓后，中式举子应赴廷试。近以试卷到部磨勘，覆勘有需时日，是以酌量展期。但念午节向炎，多士挟策殿墀，典制未为适协，计会试中卷不过二百余名，若于榜发次日，即令京堂、科道、翰詹等官及覆勘大臣于朝房各分坐处，同时按递检阅，随勘随覆，自当刻日就理，不致稽延。所有一切事宜，各该衙门速行豫备，于四月二十日或二十五日，可以传胪竣事。其请派各员职名，该部即速开列具奏，不必俟发榜。

四月乙亥　　谕：乾隆十七年壬申，恭遇圣母皇太后六旬万寿恩科，曾经格外加恩，于下第举子中拣选引见，量予录用，其年在七十以上者，并分别赏给职衔。本年恭遇皇太后七旬万寿，敷天同庆，特开万寿恩科，所有未经入彀举子，应照前例，一体加恩。按其科分、名次先后为序，派出大臣详慎简选，择其年力壮盛、可以及时录用者，大省四十人，中省三十人，小省二十人，带领引见，分别以知县试用，教职铨补，不得专取年少新科之人充数。并着军机大臣会同该部查明，应试举子中有年在七八十以上者，于揭晓后列名具奏，候朕加恩降旨，以普慈恩而光盛典。该部即遵谕行，俾众举子共知之。

四月甲申　　谕：廷试为策士巨典，上年因朱嵇条陈议定章程，引见前列十名，亲定甲第，并先期令读卷官会集文华殿，悉心校阅，其制已为周备。惟是增派王公大臣及御史等监试一节，在读卷诸臣有事读卷，而从而监之者终日坐视，此不过防其争执把持耳。然各人意见时有不同，势难禁其折中商榷，亦无取其同声附和也。若云把持独断，则今日尚觉鲜有其事，即果有之，亦非监试数人所能察。诸事朕惟务实，有名无实，不如不为。自后王公大臣、御史，均毋庸如朱嵇所云增派。因思诸臣读卷，向俱各加圈点，分别标识，其间即各有参差，不过如上之适中、中之适下，品题不无互见，当不至相去悬绝，其或相去悬绝者，必各存成见，有高下其手之弊。应自本科为始，俟胪传事竣，礼部即将读过试卷，请旨另派大臣覆行察看，如有标识悬绝者，即行指明进呈候旨，庶诸臣不敢稍以私意抑扬，鉴别益昭公慎。又，读卷官所进策目问条，向有由内阁豫拟之陋例，漏泄揣摩，不可不防其弊，应一概禁止。届期令读卷官密拟策问进呈，候朕裁定，发赍刊刻。着为令。

四月乙酉　谕：本年恭逢圣母皇太后七旬万寿，普天同庆，特开万寿恩科。所有应试举子年在七八十以上者，虽未经入彀，而耆年宿学，恭遇盛典，宜沛渥恩，以广慈福。八十以上之李勉、王问政、张揆紫、麦国树、黄贤瑚、王浩、戴王训俱着赏给翰林院检讨职衔，七十以上之盛大业、陈士玉、张叙、李珩、胡宝璹、王天权、谢敉典、桂继良、周惟迈、黄师图、杨步青、孔传柱、吕烜、王玢、黄淑尼、张雄图、程秉礼、魏需牧俱着赏给国子监学正职衔。

四月己丑　以大学士来保，协办大学士鄂弥达、刘统勋，兵部尚书梁诗正、左侍郎观保、刑部尚书秦蕙田、左侍郎钱汝诚、都察院左都御史刘纶、入觐两江总督尹继善为殿试读卷官。

四月庚寅　策试天下贡士陈步瀛等二百一十七人于太和殿前。制曰：朕寅奉天命，式承丕基，缅惟古昔帝王制治求宁，履谦持泰，载稽典策，如见其心。朕早作夜思，勤求郅理，而抚躬省治，弗敢自安，乃者集庆迓庥，诸福骈翕，疆宇颂其式廓，雨旸顺以节宣，当扆永怀，惟增祗惕。尔多士际慈寿之维祺，应棫薪之雅化，鱼鱼阙下，当必有明于经术、通于吏道、审悉乎程材训俗之端者，其诵厥志以达予聪。夫学者载籍极博，必原本于六经，《易》有四尚，《诗》有六义，《书》有古今，《礼》有经曲，《春秋》有三传，能举其大义，详其条贯欤？注一也，而有曰传、曰笺、曰学、曰集解之别；疏一也，而有曰释、曰正义、曰兼义之殊。立博士者，或十四人，或十九人，先后何以不同？立石经者，或一字，或三字，纪载何以互异？多士亦能洞悉其源流，而略陈其梗概否也？朕崇尚经术，时与儒臣讲明理道，犹复广厉学官，祈求得经明行修之士而登之，其何以克副期望之意欤？致治要在审官，考课之方，代详其制，论者谓自汉以前，大率详于外吏而略于京朝。然观成周六计弊吏，而日要月会岁计，不遗六官之属，两京以六条察二千石，丞相、御史杂考郡国计书，而在三府者，光禄勋岁行进退。至唐京官之考，主之郎中；外官之考，主之员外，其后先法制同异，可晰言之欤？迩者慎简长吏，既令督抚举堪任郡守之材，武途副将以上，甄择入告，其在京曹司，复饬堂上官于会同察计外，各疏其贤否，用资校核，何道而使人扬其职，群僚敦行实，大臣禀虚公也？进士一科，得人为盛，伊古然矣。卿尹大夫皆由此其选，始进能无慎乎？乃行之既久，而文体或犹未尽淳，士习或犹多浮尚，岂风会使然欤？抑法制有未尽善也？临轩策士，要以遴拔真才，是在司事诸臣之共襄公慎耳。然而以水济水，其何能益，和而不同，古大臣每矢励厥心，见诸言论事绩者，可举似一二端欤？今既更易旧制，宜积习肃清矣，又何以使崇实去华，科名称极盛欤？服勤尚俭者，民生风俗之原也，比岁荐膺鸿贶，闾泽应时，西域新疆，屯收充羡，食货可几渐裕矣。而年丰易滋游手，枭贱兼恐伤农，生谷止有此数，服食侈靡者耗之，法制禁防既难尽及，迨顿积居奇而耗于商贾者半，采买翔涌而耗于吏胥者又半，司民牧者将开源节流，使生者不匮而用者不奢，道果安在？凡此数端，溯经籍之源流，察官联之课最，士尚先资拜献，农知务本力田。诸生讲肄有年矣，其以所得者，悉之究之，朕将亲为裁择，且觇夙抱焉。

四月壬辰　直隶总督方观承奏，延庆卫并无漕政，卫备议裁，所有一切事宜归并附近之延庆州管辖。查，昌平州州判本任无专管事务，请移驻居庸关，改为延庆州，分防州判兼管驿务，卫备衙署作为州判衙署，地丁、钱粮令新设之延庆州州判就近代征，居庸关等处常、社、义三仓米谷，亦令该州判就近看守稽查，该卫回赎民典旗地租银、公产地租，均令该州照案办理，现在节年屯粮应归该州存贮。其延庆卫学训导系昌平训导改设，今应仍归昌平，其延庆州训导改为延庆州乡学训导，移驻居庸关，其所进文武生额及考补廪贡悉照旧办理，文武生童考试另编乡学字样，归并宣化府考试。延庆卫原设额引八百三十七道，照旧行销，其奏销考成，悉归该州考核。延庆州知州一缺，原议冲难中缺，今延庆卫既经归并，请改为冲繁难要缺注册，在外拣选调补，其新设延庆州州判应铸给延庆州分防州判钤记，亦以要缺注册，在外拣选调补。下部议行。

四月癸巳　御乾清宫，召读卷官人，阅殿试进呈十卷，亲定甲第。

四月甲午　上御太和殿。传胪。赐一甲王杰、胡高望、赵翼三人进士及第，二甲蒋雍植等六十六人进士出身，三甲沈琳等一百四十八人同进士出身。

五月庚子　内阁、翰林院带领庚辰科散馆修撰、编修、庶吉士引见。得旨：修撰毕沅，编修诸重光、王文治，补行散馆之编修梅立本俱已经授职，其清书庶吉士曹文埴、宋铣、刘权之俱授为编修，田玉成、蒋曰纶、芮永肩俱授为检讨，其汉书庶吉士童凤三、王燕绪、张世渌、袁鉴、王中孚、张光宪、裘麟俱授为编修，蓝应元、张霈、富森泰、萧芝、陈梦元、李台、刘经传、陈本敬俱授为检讨，王显曾、钱受谷、刘墫、李瑞冈、姜锡嘏、孟邵、孟超然俱着以部属用，魏大文、达椿、彭绍观、史大勋俱着留馆教习，谢敦源着归进士原班铨选。

五月癸卯　礼部议准，山东布政使崔应阶奏称，每科殿试题名系坊间市卖，籍贯、名次传写多讹，恐滋别项弊端。请于殿试后，将全榜知照各省藩司，留为案据。至新进士引见录用之后，吏部将用过几员、归班候选几员，亦按照省分开列名单，咨行各省藩司立案。再，顺天乡试中试举人，除北贝外，南北中皿贡监生中式者，各省藩司无可案据。嗣后，请于顺天乡试榜后，行令顺天府尹将各省中式举人、副榜按照省分，开明籍贯、名次，通行直省藩司立案。再，拔贡朝考后等第、名次知照各学政外，亦请行知直省督抚存案。从之。

五月己酉　命都察院左副都御史张泰开提督直隶学政。

五月癸丑　授一甲一名进士王杰为翰林院修撰，一甲二名胡高望、一甲三名赵翼为翰林院编修。

五月丙辰　内阁、翰林院带领新科进士引见。得旨：新科进士一甲三名王杰、胡高望、赵翼已经授职，蒋雍植、顾震、秦承恩、汪为善、谢启昆、曹仁虎、金云槐、黄腾达、马人龙、嵇承谦、陈步瀛、胡翘元、储秘书、沈士骏、张应曾、汪上林、官志涵、丁荣祚、吴玉纶、马曾鲁、葛正华、刘焯、毛业溥、卜祚光、嵩贵、郭诘、邵庚曾、田均豫、李松龄、余廷灿、刘校之、冯昌绅、陈于畴、杨中选、邓大林俱着改为庶吉士，项淳、吴坛、陈嵩年、裴直方、松龄、沈琳、孙嘉乐、银文昭俱着分部学习，徐绍鉴、王宓、孙景燧、张元泰、顾駉、姚棻、许法震、徐珏俱着以知县即用，王兆麟、白凌云、欧阳钦俱着以教职即用，余着归班铨选。

五月丙辰　带领会试取中以中书、学正、学录用之举人引见。得旨：汤上选、姚士烺、章棠、陈彬、戴观、余瑚、吴襄、王宸、李调元、王文涌、凌家梧、胡予襄、徐天骥、刘凤翔、孙麟征、沈世焘、董潮、阮葵生、张梅、朱芫星、李廷钦、徐延第、苏去疾、金以埒、韩朝衡、汪大荣、梁景阳、陈观光、叶文馥、丁履仁、沈杰、王嵩柱、倪昭、麦佑、蒋国萃、甘澍、王仲芬、周延秫、刘光第、王家宾、张廷元、高荧、张秉谦俱着以中书、学正、学录遇缺补用。如有愿回籍者听，缺出时，如应补之人已经回籍，即以其次挨补，所有回籍人员，遇别项考试，仍准其一体赴考。

六月癸酉　谕：国子监将教习期满之沈若木带领引见，摺内既引吏部原议，或以知县，或以教职，候钦定等语。乃又将该员系进士，曾经有旨归班，以知县选用之处声叙。明系有心取巧，令该员必得知县耳。进士归班铨选知县，不过相沿旧例，至得缺之日，必须九卿验看，核其衰庸，或人材无能、不堪膺民社之任者，以教职改补；亦有于引见时，经朕特旨改教者。是沈若木之应得知县与否，尚在未定，而该监堂官隐跃其辞，竟坐实以知县选用，若以为不当复以教职用者然。如此用巧，必由陆宗楷与沈若木同系江浙科目，其为曲意瞻徇，情迹显然。观保、全魁庸懦无能，为其所愚而不觉。夫士子躁进网利之心，为司铎者尚宜抑而斥之，今且朋比为奸，其何以正人心？国子监堂官着交部严加议处。

六月戊子　命礼部左侍郎兼管翰林院掌院事务介福、兵部尚书刘纶教习庶吉士。

六月己丑　云南学政李中简奏，各府州县育才之地，书院外有义学，书院之师，官为延请，至义学僻在乡村，地方官耳目不及，各听乡塾之便，以致学行未优者，亦得徇情延请。嗣后，请责成该地方官，非文行兼优者不得滥充，并将各处义学教习姓名、出身咨呈学政，如有以监生、武生等混行充选者，听学臣记过，咨明督抚存案。得旨：着照所请行。

九月戊申　命兵部右侍郎张映辰知武举，礼部右侍郎程景伊为武会试正考官，翰林院侍讲学士吴鼎为副考官。

九月乙卯　兵部以武会试中额请。得旨：这考试，汉军取中二名，直隶取中十二名，陕西取中七名，广东取中五名，河南取中四名，山东取中五名，江南取中四名，山东取中五名，湖北取中二名，湖南取中一名，四川取中二名，广西取中一名，福建取中三名，浙江取中二名，江西取中三名，云南取中二名，贵州取中一名。

九月戊午　命内阁学士周煌提督江西学政。

十月丙寅　吏部议覆浙江学政李因培奏称，训导中衰朽者十居七八，不便任其因循供职。应请行令直省学政，不必拘六年、八年甄别之例，随时察核，咨部开缺。从之。

十月丙寅　兵部议覆浙江学政李因培奏称，武举恃有护符，不赴会试，惟以欺凌武断为事，请定议查办等语。应如所奏。嗣后，武举中式后，三科不会试者，地方官查明，果因亲老事故，出具册结，送学政察核报部。如无故三科不会试，且在籍滋事者，各该学政严查，仍照武生例，小则戒饬，大则详请题革。又称，武举违限不赴学臣衙门填写亲供，请议处等语。查武闱发榜后，正值学臣新旧交代，中式举子散处通省，未能依限赴填。嗣后，榜发，该布政司即颁亲供式样，行各州县，令中式举子就近亲填，仍送布政司，同试卷解部磨对，如仍故抗不填，地方官即详参处。从之。

十月癸未　礼部议覆山西学政邵树本奏称，附生帮补廪增例由府州县转详，第各衙门并无册籍据文申转，无由核其当否。请嗣后补廪由本学径详学臣核册批学准补，仍将姓名、日期行该府州县注册，其批准补增专令学臣行学，无庸转行。再，生员岁科试卷向皆注明廪增附等字，恐因成见迁就，嗣后，卷面只注府州县学及所习经，廪增附等字概除。均应如所请，从之。

十月丁亥　兵部议覆臣部右侍郎张映辰奏称，内场黜名册，例于入场后书吏请外场监箭原册照写，殊不慎密。应如所请。令照臣部司员记箭册缮写，同试卷送入，其监箭原册，不准给看。至分东西坐号时止令监试、提调等官密拆，亲印卷面，封固，俟受卷弥封后，始拆阅，分别双单好及合式字样交入内帘。从之。

十月辛卯　策试天下中式武举于太和殿前。

十月壬辰　上御紫光阁，阅中式武举骑射。

十月癸巳　上御紫光阁，阅中式武举技勇。

十月甲午　御紫光阁，覆阅中式武举骑射。

十一月乙未　上御太和殿。传胪。赐中式武举一甲段飞龙、李铨、杨培枢三人武进士及第，二甲余大进等五人武进士出身，三甲赵廷魁等五十二人同武进士出身。

十一月戊戌　吏部议覆御史王启绪奏称，例内生监捐免保举，始准加捐京外正印官，捐贡无异生监，向与恩拔等贡同列正途，并不捐免保举，殊不画一等语。应请于豫工例内，凡捐贡加捐京外正印者，一体捐免保举，其捐分部分发及前经得缺、离任赴补者，均令捐免保举，始准选补。不愿和捐者停选正印，以佐贰改补。并嗣后，现任人员内之捐贡出身，俟捐免保举后，准升正印。现任道府，尤不便未经保举，即膺方面，应令补捐。再，监生捐贡银数较多，应视监生酌减。从之。

十一月乙卯　以加上崇庆慈宣康惠敦和裕寿纯禧恭懿皇太后徽号礼成，颁诏天下。诏曰……所有应行事宜，开列于后。……一、各省儒学，以正贡作恩贡，次贡作岁贡。一、国子监贡监生及各官学教习，免坐监期一个月。……布告天下，咸使闻知。

十二月辛巳　礼部议覆云南学政李中简奏称，滇省各郡向因入试童生不多，即以府属教授考试送府。今人文渐盛，应试较增，关防自宜加密。应如所请。将昭通、东川二府照开化、广南等府例，归府城二县考试。其广西、元江、鹤庆、顺宁、镇沅五府不与州县同城，应于县试时，饬调所属最近州县，赴府考试。永北府童生归同城之同知考试，丽江府童生令不同城之同知、通判赴府考试，照州县例造册送府。至景东、蒙化二府，系以同知掌府印，无府佐州县可委，照直隶州例，令掌印同知考试，申送学臣，无庸调取别属。从之。

乾隆二十七年（1762年）

正月己酉　广东布政使史奕昂奏，向来外省乡试，应列为卷，皆据本生呈报该府州县造送，其父兄实居何职，无案可稽。且京外各官或升擢、降调及京官改授外任，有应于官卷内填入扣除者，外省不及周知，难免歧误。应请按应得官卷定例，将现任在籍文职，京官自京堂以上，及翰詹、科道，外官自藩臬以上，武职自提镇以上，查明开单，知照各本省存案。嗣后，遇有升迁事故并挂误每蒙恩赏复原衔各官，均于奉旨后，随时移咨各该员原籍。乡试之年，提调衙门将各官有无子弟入场，按册行查，有混入官卷者，造送各官议处。下部议行。

二月丁卯　命兵科给事中蒋元益提督山东学政。

二月壬申　谕：原任左都御史梅谷成，以康熙间旧人，服官有年，休致在籍。今前来接驾，虽齿逾八秩，而神明不衰，居乡亦复安静，洵属升平耆瑞。念其家计清素，诸子内亦无通籍之人，着加恩将伊长子梅釴赏给举人，一体会试，以示优眷。

二月己卯　礼部议准，四川学政陈筌奏称，茂州及所属保县学额各十二名，松潘厅、越嶲卫学额各八名，该处均属边徼，向学者寡，致有邻县之人，假借粮名应试。又，资州八名，眉州十名，新宁四名，则额少人多，不无偏枯，应请将茂州、保县各减四名，松潘、越嶲各减二名，于资州酌加四名，眉州酌加二名，均足十二名之数，新宁酌加四名，尚余减去之二名，俟松潘等处人文渐盛，奏请增给。从之。

二月癸巳　谕：三吴两浙，文风素盛，前此清跸时巡，嘉惠胶庠，频增试额。兹朕敬奉皇太后安舆，载莅南服，仰惟慈惠之绵臻，益广作人之雅化，宜循旧典，以示渥恩。其将江苏、安徽、浙江三省本年应试文童，府学及州县大学增取五名，中学增取四名，小学增取三名，各该学政务宜详加校阅，遴拔真才，称朕乐育甄陶至意。

三月壬寅　谕：浙江进献诗赋，考取一等之进士孙士毅、举人汪孟鋗俱着授为内阁中书，遇缺即补；沈初、王鎏俱着特赐举人，授为内阁中书，学习行走，与考取候补人员，挨次补用；其二等之李旦华等十三名着各赏缎二疋。

三月辛酉　谕：江苏、安徽进献诗赋诸生，考取一等之进士吴泰来、陆锡熊、郭元灏俱着授为内阁中书，遇缺即补；程晋芳、赵文哲、严长明、徐步云、钱襄俱着特赐举人，授为内阁中书，学习行走，与考取候补人员，挨次补用；其考列二等之刘潢等十四名着各赏缎二疋。

三月癸亥　（江西巡抚常钧）奏，前抚阿思哈奏准，乡试监临、提调、监试须用科目出身者一员。今江西壬午科乡试，查司道中，现无科目人员，应权宜办理。报闻。

五月己亥　谕：今岁乡试届期，所有各省正副考官着将应行开列人员，照例通行考试，以备简用。该部即遵谕行。

五月庚戌　以编修王绍曾为云南乡试正考官，检讨何曰佩为副考官；御史蒋和宁为贵州乡试正考官，翰林院侍读边继祖为副考官。

闰五月丁丑　以翰林院侍读学士秦大士为福建乡试正考官，御史毛辉祖为副考官；翰林院侍读钱大昕为湖南乡试正考官，修撰王杰为副考官；编修积善为四川乡试正考官，御史丁田树为副考官；御史王懿德为广东乡试正考官，编修汪新为副考官；编修童凤三为广西乡试正考官，刑部主事王士棻为副考官。

六月甲辰　以左副都御史梁国治为江西乡试正考官，编修梅立本为副考官；吏部左侍郎彭启丰为浙江乡试正考官，编修李宗宝为副考官；右中允翁方纲为湖北乡试正考官，编修彭冠为副考官。

六月癸丑　礼部议奏，贵州学政汤先甲奏称，都匀府属荔波县，向未开设廪增，请自乾隆二十八年为始，开设廪增各二名，四年一贡。应如所请行，从之。

七月丙寅　以御史罗典为河南乡试正考官，编修王中孚为副考官；编修诸重光为山东乡试正考官，编修卫肃为副考官；编修施培应为山西乡试正考官，编修沈业富为副考官。

七月庚寅　礼部奏覆，童生例由县府试后，汇送学政。如不由府州县正考，直至学政考棚，捏称患病游学请补考者，概不准收。至考试首严匿丧，若于府县考时，未经服阕，即系不应考试之人，亦不得于学政按临时补送。从之。

八月丙申　顺天乡试，以府尹罗源汉为监临官，协办大学士尚书梁诗正为正考官，兵部左侍郎观保为副考官。

八月癸卯　军机大臣等议覆安徽巡抚托庸奏，请于安省开捐贡监暨职衔等项，以为修理城垣之费。应如所请。此例开设之后，如果报捐人多，该省城工可次第兴修。并请将此例通行各省，遇有坍塌城垣较多省分，均令该督抚陆续具奏请旨。从之。

九月壬戌　谕曰：各省学政现届差满，山东学政蒋元益于本年任事，无庸更换；江苏学政着李因培调补，浙江学政着钱维城去，安徽学政着梁国治去，福建学政着纪昀去，广东学政着张模去，广西学政着叶观国去，湖北学政着朱丕烈去，湖南学政着李绶去，河南学政着卢明楷去，山西学政着景福去，四川学政着博卿额去，云南学政着周曰赞去，贵州学政着李敏行去；直隶学政张泰开、江西学政周煌、陕西学政钟兰枝俱着仍留原任。

九月丙寅　山西道御史戈涛奏，访得本科顺天乡试，有割卷及誊录改文之弊，乞敕闱中主司监临将各卷查封，钦派大臣勘阅。得旨：着照所请行。所有应派大臣官员，俟回銮后，该衙门奏请办理。

九月辛未 礼部议覆浙江学政李因培奏，乡饮宾、生监、耆民请分别服色等语。贡监生照应选之职服用，耆民应穿常服，滥用金顶补服者饬地方官严禁。从之。

九月辛未 （礼部）议准，浙江学政李因培奏称，浙省士子窜身里役，如庄书、圩长、圩长之类，请一概禁止。埠头、牙行二项世业，生监之家，应令无顶带者报名给帖。至社长，应以殷实农民承充，州县官不得滥报生监。应通行各省遵照。从之。

九月庚辰 谕：贡院为抡材重地，理宜闳敞整肃，用光盛典，而肇建历年既久，廨舍陊剥日增，虽每科支项增修，所司率系临时苦补，且未免有冒销，安能期其完善？今岁夏秋霖雨稍稠，内外帘官房号舍，并因积淤未涤，湫湿难居，司事诸臣，关防匝月有余，昕夕办公，殊堪轸念。其点名搜检处所，前已饬部定议，新开东西二门，第士子观光云集，即分行序进，犹不免需时稽候，至漏下二三刻，未遑竣事。而督察大臣等亦苦侵晨薄暮，纠防渐懈，几至屡照生疲，又岂剔弊甄才之道？今若于照墙南再建砖门二座，将大门、仪门并易三间为五间，俾士子俱由两旁四门，鱼贯分进，实为时半功倍。着交三和、英廉会同礼部、顺天府悉心通行筹勘，斥蠹材、培圯阯、疏水道、固周垣，务令内外官生一切居处爽垲谨严、允协规制。所有应修各工，即速详悉定议以闻，务于明春会试前蒇工。再，闱中旧贮书籍，残缺不完，试官每移取坊间刻本，大半鲁鱼亥豕，自命题发策以及考信订讹迄无裨益，应将乡会两试需用各书汇列清单，就武英殿请领内府官本，钤用该衙门印信，备贮应用，该管官前后检明，入册交代，称朕兴贤辟门至意。

九月乙酉 大学士刘统勋等奏，御史戈涛奏顺天科场情弊，奉旨派臣等勘阅各卷，实无割换之弊。惟落卷内查出改涂太多、形迹可疑者三本，应交刑部传讯。查，科场例内原有卷尾自注改涂字数之条，近日多不奉行。请敕礼部酌议，请旨遵行。从之。

十月癸卯 军机大臣等议准，兵部侍郎王际华奏，武闱外场，例于箭册注明双单好字及合式字号。至内场阅文，先就双好字中择取，次及单好字，其合式一项，中者甚少，竟成虚设。请嗣后武科乡会试，除双单好字号外，毋庸另立合式字号，只于双单好字号，视各省中额，较前多挑，以备采择。从之。

十月癸卯 顺天武乡试，以府尹罗源汉为监临官，洗马史贻谟为正考官，翰林院侍读饶学曙为副考官。

十月甲辰 礼部议覆大学士刘统勋奏称，科场试卷，向例于每场文末，自注添注、涂改字数不得过百字。其添注字样，系跨格写，眉目易明；至涂改字数，不能均齐，须分晰计算。请嗣后核算字数，除涂而不改者计数易了外，其涂甲改乙者不重算，涂少改多者以所改之字计，涂多改少者以所涂之字计，令士子于文末，另一行，低二格，写添注、涂改共若干字。违者贴出，受卷官失查者察议。应如所请，从之。

十一月壬戌 礼部议覆顺天学政张泰开奏称，宣化一府，自康熙五十五年，定为岁科两试连考，该处士习，因考试迢隔三年，试后遂营别业，致文艺生疏，取进童生每难足额。请嗣后岁科两次分考，使岁试未进者知所激励，以应科试，文风当益振兴。应如所请，从之。

十二月乙未　兵部议准，陕西巡抚鄂弼奏称，新中式武举向例于本籍各州县填写亲供，送司咨部多致不齐。请嗣后于武闱完竣，令武生守候发榜，监临督同内帘官监验填写亲供，如笔迹不符，照例办理。从之。

十二月丁未　（吏部等部）议覆广东布政使史奕昂奏称，教官交代，不过书籍、祭器，请定限一月，具结咨部。遇学政考试及文武乡试送考时，不得在本任交代者豫行申报，俟回署之日起限。应如所请，从之。

乾隆二十八年（1763年）

二月庚寅　兵部议准，广东学政郑虎文奏称，武童内场，易有代倩之弊，请照乡会试例，学臣将人材弓马实有可观者，尽数挑入双单好字号，准入内场，凭文取进，毋庸更立合式字号。从之。

二月丙申　军机大臣等议覆江宁将军容保、两江总督尹继善奏，办理京口出旗汉军事宜。一、咨明旗部销档，听所愿赴处入籍、考试、结婚、立业，与该处民人一体进士，举监生员及候补、候选、降调、世职捐班均入汉班。……从之。

二月癸丑　大学士等议覆凉州将军巴禄、陕甘总督杨应琚奏，凉庄汉军官兵出旗事宜。……一、出旗官员分别送部引见，咨部改补，及世职、进士、举贡生监并候补、候选、降调、捐职衔等员，均归入汉班考试补用。从之。

二月丁巳　广东学政张模奏，广东南雄、韶、廉等府及连州等处皆岁科连试，于按时惩劝之法未尽。除琼州隔海候风，仍照旧例，余请按年分试。报闻。

三月癸亥　命礼部左侍郎程景伊为会试知贡举，刑部尚书秦蕙田为正考官，吏部左侍郎德保、兵部左侍郎王际华为副考官。

三月甲申　礼部以会试中额请。得旨：这会试，满洲、蒙古取中三名，汉军取中一名，直隶取中十六名，奉天取中一名，山东取中十一名，山西取中十名，河南取中九名，陕西取中八名，江南取中三十二名，浙江取中二十九名，江西取中十九名，湖北取中九名，湖南取中四名，福建取中九名，广东取中九名，广西取中四名，四川取中六名，贵州取中五名，云南取中四名。

三月丁亥　礼部议准，四川学政博卿额奏称，岁科试提调官有弥封试卷、关防内外之责。嗣后，遇学政戚族，知府改委同知、通判，直隶州改委所属知县。从之。

四月戊戌　谕：据知贡举程景伊奏，此次会试外帘官，内有年老抱病，难于胜任者，派员帮办，尚未贻误。嗣后，请令各该堂官于开送时，将老疾者验明扣除等语。所奏亦是。昨经侍郎钱汝诚奏，请将外帘执事各官通行开列请点，其意原以均劳逸而杜规避，是以降旨准行。乃各衙门堂官并未详加甄选，辄将衰疾之员一概阑入，致场内另派帮办，殊失慎重之道。且以如此易办事件，各该堂官率略乃尔，则其平日遇事不克周详尽力可知。着传旨通行申饬。向来乡会试开送执事各官，以内帘衡文取士视为荣选，而畏外帘之易干议处，每多却虑，此固各官不以公务为急，惟以己利自图。然同一承办科场，而使执事之员妄生趋避，不若豫定章程，免致临时迁就。嗣后，应按外帘应用人数及各衙门员数多寡分别定额，足敷点用。着该部详悉定议具奏。至开送时，该堂官等务宜公同验看，不得视为具文，仅一二人画稿行文，遂为了事。其科场处分旧例，皆从严密者，盖因内帘去取攸关，自不得不严设科条，以防弊窦。若外帘之受卷、弥封、誊录、对读等官，原无校阅之责，即有无心过犯致干吏议者，不过失察疏忽。旧例所定，动致降革，原亦未免过重。其外帘如何准酌平允，宽严适中之处，并着该部逐一分别，另行定议具奏，载入条例，永远遵守。寻奏，嗣后，顺天乡试外帘官，内阁开送四员，吏礼兵工四部各开送四员，户刑二部各开送六员，宗人府、翰林院、詹事府、都察院、大理寺、通政司、太仆寺、中书科各开送一员，如无合例之员，行文国子监指定员数开送。会试外帘官，除中书监丞等应试不开送外，吏兵工三部各开送三员，户刑二部各开送八员，院寺等衙门临期通融开列五员，共足三十员之数，请派十八员，足敷点用。至旧例处分过重，自应酌减，凡换卷、联号等弊，其字迹可疑未察出者，所官改照失察例，降一级留任；应贴不贴与不应贴而贴者，受卷官改照失于查察例，罚俸一年；誊录生改试卷，誊录、对读官不能查明者，及誊录草率错落誊录、对读官未经察出者，俱改照疏忽例，罚俸三个月。对读生私携墨笔，责在搜检；籍贯偶误，受卷官无册可凭，原有处分二条应删。余仍照向例办理。从之。

四月戊申　策试天下贡士孙效曾等一百八十七人于太和殿前。制曰：朕祗荷天祖鸿庥，光缵丕绪，地大物博，际盛思艰，上理勤求，永怀考赞。深惟心源治迹，道在交修，物力民庸，功祈攸济。尔多士资言成信，亮所稔闻，尚殚矢陈，用酬延伫。圣学之传，首崇心性。《虞书》十六字，尚矣。《大学》言心不言性，而朱子序《大学》言性独详；《中庸》言性不言心，而朱子序《中庸》言心独详。将非交引互发，义即偏而不举欤？性者心之神明，心者性之郛郭，是言性足以统心，而道心与人心何以判？义理之性与气质之性何以歧？张载曰："气质之性，君子有弗性者焉。"然自孟子以性善辟百氏之说，而性恶三品，后儒犹事纷呶，岂子舆力挽狂澜，意严矫枉，虽尼山相近相远之训，不可以语中人以下欤？史有二体，纪传法《尚书》，编年法《春秋》。朱子本司马光《资治通鉴》之旧，大书分注，约为纲目，囊括一千三百余年史事，为编年正轨，足便览观。厥后薛应旂有《续通鉴》、商辂有《宋元续纲目》，能不失二书初指否？明《通鉴纂要》本出自官辑，与顾锡畴、王世贞、陈仁锡辈取备兔园册子不同，而隶事详略，亦未完善，已命馆臣厘次分进，几暇手批评骘。凡前史义例未安，必往复刊定，勒为《辑览》一编，嘉惠来许。有志三长之学者夙习发明书法《考异》、《集览》诸家之言，能研核折衷而切指其利病否？粜籴盖昉乎古质剂致民遗意，考其委积所在，若乡里、门关、郊里、野鄙、县都，厥用曷分？后此三仓建置相仍，在官在民，孰为便利？唐之和籴，宋之寄籴、裱籴等名，一切权宜取济，而法随人弊，其戾于前规者安在？国家升平康阜，旸雨应时，第一隅歉获偶闻，动需挹注常平、社谷所贮，既命所司以时贷拨，近复出太仓以平市值，截漕艘以支给赈，且采运奉天、豫东羡粟，以广灌输，擘画不遗余计。然自窌囷充牣，而或大贾居奇，驵牙登垄，因缘蠹耗，检举难周，矧事由补救一时，非可援为经制，则所谓求裕民足，食之本策果奚先？沟洫所以备水旱时蓄泄也。大禹决川距海，必兼浚畎距川，未闻以坟壤涂泥异制。暨周官，遂人则捐膏腴，匠人则治沟洫，且多于赋，意至深远。近世言水，猥详于南而略于北，讵不以南居泽国，北处中原，又积涝鲜逢欤？不知水无所坊，旱无所潴，高原之患，势均泽国，前者中州山左，工已递兴，比因畿辅秋霖余潦，滨河下隰之区节宣未鬯，屡遣大臣莅事疏导，庶几消阏遏而利耕町，顾沧津犹可泄尾闾，而淀沽或难回釜底，捍田弃地，何道之从？夫溯邹峄之圣涯，披唐虞之治境，四翮羸而野多秉穗，百川涤而田不污莱，隆郅之图，跂予昕夕久矣。尔其诵言所学，胪著于篇，毋泛毋隐，朕亲裁择焉。

四月辛亥　上御乾清宫，召读卷官人，亲阅定进呈十卷甲第。

四月辛亥　谕：嗣后，殿试进呈十卷，不必豫拆弥封，候朕阅定后，再行按名传齐，带领引见。

四月壬子　上御太和殿。传胪。赐一甲秦大成、沈初、韦谦恒三人进士及第，二甲董诰等五十五人进士出身，三甲鲁河等一百三十人同进士出身。

五月己未　内阁、翰林院带领辛巳恩科散馆修撰、编修、庶吉士引见。得旨：修撰王杰，编修胡高望、赵翼已经授职，其清书庶吉士泰承恩、郭洁、沈士骏、汪上林、葛正华俱授为编修，邵庚曾授为检讨。汉书庶吉士彭元瑞、曹仁虎、蒋雍植、卜祚光、唐淮、嵩贵、李孔阳、刘焯、彭绍观、毛业溥俱授为编修，金云槐、陈于畴、李松龄、刘校之、吴玉纶、田均豫、张廷桂俱授为检讨，黄腾达、冯晋祚、陈步瀛、赵升、储秘书、沈咸熙、马曾鲁、张应、曾达椿、那穆齐礼、马人龙俱以部属用，杨中选着于进士原班铨选。

五月壬戌　御史王懿德奏，翰詹诸臣大考卷向不弥封，虽大臣校阅，矢公矢慎，究未免形迹之露。请嗣后弥封，并令阅卷诸臣在文华殿住宿。得旨：嗣后，考试翰詹等官试卷俱着弥封。至请在文华殿阅卷之处，不必。

五月乙丑　授一甲一名进士秦大成为翰林院修撰，一甲二名沈初、一甲三名韦谦恒为翰林院编修。

五月丙寅　内阁、翰林院带领新进士引见。得旨：新科进士一甲三名秦大成、沈初、韦谦恒已经授职，董诰、褚廷璋、李调元、苏去疾、吴省钦、孙效曾、祝德麟、李铎、董潮、程沆、张秉愚、张焘、姚鼐、祥庆、高墉、孙含中、邱日荣、李廷钦、牟元文、孟生蕙、陈其熀、白麟、吕元亮、刘征泰、易文基、蒋鸣鹿、周位庚、黄义尊、龚骖文俱着改为庶吉士，汤萼棠、蒋熊昌、李家麟、蔡履元、杨嗣曾、费淳、戴璐、施朝干、徐天骥、费南英、高荚、沈世焘、陈燮、马葆善、宗开煌、张钧、王为嶲着分部学习，商衡、涂宁先、曹焜、袁树着以知县即用，余着归班铨选。

五月戊辰　谕：着于十三日，在正大光明殿考试翰林。其现派随围之员免其考试。

五月戊辰　礼部议准，江西巡抚汤聘奏称，宁州、武宁、靖安、进贤、奉新、新昌、永宁、德兴、宜春、万载十州县棚童，近因查察较密，应试者少。应如学臣周煌所请，改归土籍考试。从之。

五月壬申　谕：昨于正大光明殿考试翰詹诸臣。朕亲加详阅，按其文字优劣分为四等。一等，王文治、周升桓、钱大昕三员；二等，汪廷玙、张曾敞、刘星炜、宋铣、李汪度、邵嗣宗、诸重光、李宗文、杨述曾、朱筠、王燕绪、李宗宝、汪永锡、曹文埴、汪新、史贻谟、博明、戴第元十八员；三等，蒋士铨、积善、卫肃、李翊、翁方纲、饶学曙、陈筌、邹奕孝、图鞳布、熊为霖、张霭、朱佩莲、梅立本、薛宋廷、朱棻元、王绍曾、秦黉、胡绍鼎、张光宪、毕沅、曹学闵、罗暹春、刘权之、张坦、福明安、王大鹤、柯瑾、郑岱钟、钱载、励守谦三十员；四等，艾茂、郑虎文、宋弼、吴鼎、富森泰、金维岱、刘亨地、焦汝翰、刘天成、陈兰森、陈本敬、阿肃、德昌、梁锡玙、李台、额尔登萼十六员。又未经考试准入四等之胜格一员。编修王文治升授侍读，检讨周升桓升授侍讲，侍读钱大昕升授侍读学士，检讨张曾敞升授侍读，侍读李宗文升授少詹事；其二等未升用者，记名应升处题奏，内汪廷与、刘星炜各加赏缎二疋；其三等之侍讲饶学曙降为编修，庶子钱载、中允翁方纲、侍读图鞳布、中允朱佩莲、修撰毕沅、中允福明安、编修励守谦俱罚俸一年，编修卫肃着以知县用，编修薛宋廷、检讨郑岱钟俱着休致；四等之赞善郑虎文着降为编修，侍讲学士吴鼎降为左赞善，洗马阿肃、侍讲德昌降为检讨，少詹事梁锡玙降为庶子，候补侍讲胜格降为编修，检讨艾茂，编修宋弼、检讨富森泰、金维岱，编修焦汝翰、陈兰森，检讨陈本敬、李台，侍读额尔登萼俱着休致。余均罚俸一年。

五月丙戌　命吏部左侍郎德保、协办大学士户部尚书刘纶教习庶吉士。

六月壬辰　礼部等部议准，调任贵州巡抚乔光烈奏称，都匀府属生童向附平越府考棚应试，今生童多至二千余人，请设专棚考试。从之。

七月辛未　礼部议准，贵州学政李敏行奏称，嗣后，各省考试选拔生员，删去判语，改用五言八韵排律一首。应如所请，并载入《学政全书》，从之。

九月丁卯　以兵部右侍郎蔡长沄知武举，左都御史张泰开为武会试正考官，左副都御史张映辰为副考官。

九月辛未　兵部以武会试中额请。得旨：这考试，汉军取中二名，直隶取中十名，陕西取中六名，广东取中四名，河南取中三名，山东取中五名，江南取中三名，山西取中四名，湖北取中二名，湖南取中一名，四川取中一名，广西取中一名，福建取中二名，浙江取中二名，江西取中二名，云南取中一名，贵州取中一名。

九月己卯　谕曰：托庸奏，江浙等四省现议贡监收捐谷石，运补京通仓贮，请将安省常平谷一百六十余万石，先行碾米，分附粮艘带运一摺。虽其酌剂积储，颇见勇往，然朕熟筹此事，于仓庾民食实在有无裨益情形，即九卿覆准，侍郎英廉条奏本案，并可无庸亟事举行也。陈编所载余三余一之文，固为足食本计，第在当时，原属地广人稀，又列国各守其封域，持筹者可以随宜措置耳。以今幅员之广，生齿之繁，岁即屡丰，而三农生谷，只有此数。采购于官庾，捐输于绅士，条款虽殊，其为地方所产则一，与其辗转挹注，名异实同，又何如即以此留之民间，俾饔飧倍为饶给乎？朕御极以来，曾议直省仓贮，宽裕买补，旋闻市价增长，即令停罢。盖以小民未获将来粜贷之利，而先受目前食贵之艰，譬诸日资四鬴者，先夺其一二，而语之曰：吾将为尔他日待哺计也。彼不生感而生怨矣。此中先后得失，其理较然不爽。况朕念切民依，偶值偏灾，即截漕动以亿万计，而年来粮艘正供自足，太仓之粟，可余备二三年而赢，此亦足矣。计臣即鳃鳃较量，朕皆不以为然。国家升平富庶，内府、外府均为一体，凡官廪兵糈岁支之数，岂阙于供？若以补漕粮而议捐谷，又因议捐谷而先运常平，不独徒费输挽之劳，且他省闻风踵事，地方因缘垄断，必致米价踊腾，闾阎转滋弊累，即云不动声色，似此多立规条，转相仿效，其为声色，更何待言？揆之经常不易之道，惟为民食留其有余，国用自无不足。居今承平日久，户口增而产米只有此数，倘民间或遇必资通融协济之处，亦不过临时善为补偏救弊耳，无他一劳永逸之计也。至执三十年制因用之说，拘文牵义，更制而事不可行，譬之封建、井田诸旧法，又岂可复议于今日哉？所有托庸碾运常平谷石之奏，不必行。其江浙四省贡监收捐本色之例并着停止，将此通谕中外知之。

十月辛卯　礼部议准，福建学政纪昀陈奏事宜。一、府学文武生员在百里外者，请照《学政全书》，由各州县学教官带理月课，遇举报优劣，本籍教官密行开单，交府学转申。如有失察，分别处分。一、《学政全书》载增生考列二等补廪，原为屡考前列而言，若附甫补增，增即补廪，未免太优。请将新增考二等者，不准越补。一、岁科两考生童例用教官收卷，官系本省人，难保无串通添改事。应将生童试卷令本人自填添注、涂改若干字字样。从之。

十月丁未　谕：今日阅礼部所进会试录、登科录本内，俱有恭进皇太后及皇后各一本等语。此系沿袭具文，非事关典礼者可比。如庆贺表笺及进春、进时宪书之类，自应遵循旧例。至若会试登科录，部本原即移交内阁照例收贮，此不过循例进呈，在朕尚不必亲加披阅。况我朝宫闱肃穆，不惟一切政务从不与闻，即寻常细事亦无丝毫干与。似此相沿旧套，徒费钞写，自应停止。此外尚有类此繁文缛节未经更正者，并着大学士会同该部详查，更定妥议具奏。寻奏，山东等十五省乡试录由礼部汇进皇太后、皇后各一本，通政司呈进各省文武乡试录内有恭进皇太后、皇后各一本，又有副乡试录随本并进者，均请停止。从之。

十一月乙卯　策试天下中式武举于太和殿前。

十一月丙辰　上御紫光阁，阅中式武举骑射。

十一月丁巳　上御紫光阁，阅中式武举技勇毕，覆阅骑射，亲定甲乙。

十一月戊午　上御太和殿。传胪。赐中式武举一甲德灏、郭元凯、叶时茂三人武进士及第，二甲曾光亨等五人武进士出身，三甲李栋绵等四十三人同武进士出身。

十一月丙寅　礼部议奏，御史王懿德奏称，大兴、宛平二县近多本籍稍通文艺人先应府试，旋将府试名售与冒籍人应院考，无凭查核。请饬顺天学政，嗣后，考大兴、宛平二县，务将取进卷与府试卷取对，笔迹有不符者究治。从之。

乾隆二十九年（1764年）

二月己丑　礼部议覆浙江学政钱维城奏称，前福建学政纪昀条奏，生童试卷照乡会试例，自写涂注字数。经部议准，惟查生童试卷并无誊录，既不虑有改窜，且教官受卷时，学政当堂眼同，势难滋弊。行之转多窒碍，请停。应如所请，从之。

二月戊戌　军机大臣等覆奏，查例应筵宴之处，内廷系候旨遵行。会试、殿试及外藩入觐，请照旧筵宴。惟经筵、临雍、耕耤筵宴之例，似可酌裁。得旨：嗣后，经筵筵宴着停止。

四月壬辰　礼部议准，四川学政博卿额奏称，嘉定、潼川二府设学已历二十三年，岁科一十五次，原定廪增十缺太少，且乐山、三台二县原系州学，廪增各三十名，设府学后，于该学择充补年分浅者，各以十名拨入府学，仍按其原学，挨次出贡。今该学旧拨廪生各余一二名，将来旧廪贡完，未便以各属拨补廪生，与乐山、三台挨次出贡。嘉、潼二府应各添廪增十名，定为两年一贡，俟人数更多，再符府学定制；至乐山、三台二县，应照例两年一贡，各归各学办理。从之。

四月甲午　礼部议准，山东布政使梁翥鸿奏称，武举人会试由司送院，咨报兵部；文举人则由司径报礼部，应请文武会试，均照官员赴选起复之例，由司详院请咨，发司转给咨部。从之。

四月乙未　礼部议准，御史德安奏称，凡文武乡试及武会试供给，向由顺天府尹造册，具送户部核销，而文会试则由礼部题销。请嗣后文武乡会试供给，由顺天府派委治中通判总理，佐杂分办，径由府尹造册具题，交户部题销，不必会同礼部、兵部委派司员办理。从之。

六月戊子　谕军机大臣等：学政李绶摺奏，考试童生，多有册内年岁甚幼，而其人实已至四五十岁不等者，现发提调查办等语，则祛弊可谓认真。但此等情弊，恐各省所在不免，易为枪手顶冒，潜行假托，甚有关系。着传谕各该学政，于点名之时留心详慎体察，务期弊窦剔清，毋少疏忽。

六月己酉　礼部议覆江苏学政李因培奏称，生员补考限三个月，由提调官面试，将试卷令本生亲赍，赴学政按临所在补考，易滋弊窦。请改为岁科按日，在本地送补，而于廪生欠考及告游赶回录遗乡试各生，转多窒碍难行，应仍令随棚补考，先于本地府厅，眼同该学教官面考，将试卷封固，另差门斗赍送学政补考。从之。

七月庚申　命翰林院侍读翁方纲提督广东学政。

八月庚寅　礼部议准，山西巡抚和其衷奏覆，清源县归并徐沟，改设乡学事宜。查清源乡学应分设教官，请将徐沟县训导移驻清源乡学，旧有文庙即作为乡学文庙，其学署令乡学训导居住，铸给徐沟县训导管理清源乡学钤记，余悉循照旧例办理。从之。

八月丙申　吏部议覆贵州学政李敏行奏，请筹酌定例。一、教职委署宜知照学臣也。查各学教职员缺，督抚、委员暂署，例不知照学臣。惟该员于署事后，详报到任日期，亦往往迟延时日，于稽察之法尚属疏漏。请嗣后教职缺出，无论暂署委署，督抚均即咨明学臣，该员仍将到任日期报明学政备案。一、生员承袭土司，宜裁酌定例，以杜规避也。查，土司由生员承袭者，仍以生员应试，但往往以办地方事务，详请宽限，竟有欠考至二三次，始补考一次者，实以土司为藏拙之地。请嗣后此等生员，如土司事繁，自揣不能应试，准其告退；愿应试者，饬令如期赴考，不得托故规避。违者查照定例斥革。边省凡有土司地方，一体遵照。均应如所奏办理。至所称拔贡之年，优贡宜暂停止之处，似无庸更改定例。惟黔省既称应考之人无多，应听其宁缺毋滥。从之。

十二月甲申　谕军机大臣等：苏尔德奏，平定准噶尔碑文，各省学宫地势不一，不必拘定尺寸，并遴委通晓清文旗员摹写刊刻一摺。各省府州县卫学宫自不能一律高敞，若必照部颁碑式竖立，转难位置适宜。至外省士子本不谙习国书，碑内亦可毋庸令其镌刻。嗣后，各学立碑，视该处采石难易及学宫地势，听其酌量随宜建竖，其清文竟不必刻入，兼可省传写错讹之弊。着于各督抚奏事之便，一并传谕知之。

乾隆三十年（1765 年）

正月辛亥　谕：向来选拔贡生，定例惟府学准选二名，州学、县学均系额取一名，其江苏、安徽二省有分设各县，仍统于新旧两学中汇拔一人，贡入成均肄业。兹当翠华临幸，正值选拔之年，因念分设各邑，版籍既繁，胶庠亦盛，仅令两学拔取一人，怀才者或不免拘于常格，何以昭鼓励而广甄陶。着加恩，将江苏、安徽二省所有分设各县，准于本年选拔时，每学各取一人，俾得均沾惠泽。该学政其悉心秉公遴选，务取文行兼优之士，用副广励学宫至意。

正月丁巳　谕：前经降旨，八旗三品以上大臣子弟果有娴熟国语、练习弓马者，遇考试之期，该父兄自行奏明，准其入闱。原因八旗淳朴素风，近来未免沾染虚浮，艳心诡遇，且从而钓弋其名，渊薮其弊，是以示之节制。俾知崇实黜华，非概从禁制，遏其进取之途也。乃迩年来八旗大臣竟无奏请子弟应试者，未免多生顾虑，因噎废食。伊等既不潜心力学，而于国语、骑射又未见专攻娴习、顿觉出色，自不如兼收并进，犹可为造就之资也。我国家满洲世臣宣力赞政者多，原不藉文章一途，但承平百余年，满洲词臣，文藻黻饰亦不可少。大臣子弟中果能于国语、骑射之外，兼习文艺，在伊等延请师资，扩充闻见，较之寒素之家，成材自易。嗣后，所有八旗大臣子弟仍准一体考试，无庸奏明请旨。倘伊等仍不以实学就考，如前怀挟，或进身之后，仍蹈虚浮陋习，托名斯文，无裨实用，朕又何难随时惩治，俾知所儆惕乎？可将此通谕知之。

正月丙子　调吏部左侍郎梁国治提督江苏学政，命内阁学士全魁提督安徽学政。

二月癸巳　谕曰：原任吏部尚书王安国之子生员王念孙着加恩赏给举人，一体会试。

二月己亥　命大学士刘统勋教习庶吉士。

闰二月庚戌　谕：三吴两浙，文风素盛。昨于启銮之先，已特降恩谕，将江南分设各县，准于本年选拔时，每学各取一人，以广教泽。兹当翠华莅至，因念成均，既多予拔尤，而黉序亦宜增试额，用循旧典，以示渥恩。其将江苏、安徽、浙江三省本年应试文童，府学及州县大学增取五名，中学增取四名，小学增取三名。各该学政务宜慎加遴选，详悉校阅，副朕乐育作人至意。

闰二月丁巳　谕曰：沈德潜、钱陈群，江浙耆宿也，并以卿贰，予告里居。曩者省方东南，存问所及，特晋尚书阶，优颁廪禄。兹时巡莅至，二臣咸扶杖迎谒，耄耋而神明不衰，惟国之瑞，朕甚嘉焉。其各加太子太傅，以宠异之。沈德潜之孙、钱陈群之幼子各一人，并赐举人，一体应礼部试。二臣益忻愉恬养，以跻期颐，副朕优高年、眷旧臣之意。

闰二月己未　谕：浙江进献诗赋。考取一等之进士张培、冯应榴，举人吴寿昌俱着授为内阁中书，遇缺即补；陆费墀着特赐举人，授为内阁中书，学习行走，与考取候补人员挨次补用；其二等之黄瀛元等十四名着各赏缎二疋。

闰二月己未　谕曰：原任礼部侍郎蔡世远之子蔡长沩、原任江苏巡抚邵基之孙邵洪俱着赏给举人，一体会试。

三月乙酉　谕：江苏、安徽进献诗赋诸生，考取一等之举人郑沄、张熙纯俱着授为内阁中书，遇缺即补；鲍之钟、金榜、秦潮、周发春、吴楷、洪朴、陈希哲、蒋宽、刘种之俱着特赐举人，授为内阁中书，学习行走，与考取候补人员挨次补用；其二等之程世淳等二十一名着各赏缎二疋。

四月丙午　礼部议覆四川学政博卿额奏称，夔州府学岁科取进童生二十名，廪增缺各四十名。后经学臣隋人鹏题请，童生进额裁拨梁山学四名，达州学二名，廪增原额并未议及。近年廪增额缺，多不过补至三十四名，其余应请裁等语。查该府历年学册，充补廪增实缺者不过三十四名，其余六缺，向俱虚悬。应如所请。准其裁廪增各三名。又据称，府学廪增四十名，一年一贡，州学廪增三十名，三年两贡。今夔州府学既定为三十四名，若仍旧一年一贡，未免太优，亦应请照州学例三年两贡等语。查，府州县学岁贡原视廪额多寡，酌定出贡年分，今该学廪额既减，亦应如所请，照州学例出贡。从之。

四月庚戌　谕：今岁乡试届期，所有各省正副考官着将应行开列人员照例通行考录，以备简用。该部即遵谕豫行办理，俟回銮后，请旨示期考试。

四月甲戌　以洗马励守谦为云南乡试正考官，工部主事邹梦皋为副考官；编修李孔阳为贵州乡试正考官，刑部主事吴岩为副考官。

五月庚寅　以侍讲谢墉为福建乡试正考官，御史毛辉祖为副考官；户部员外郎钱受谷为湖南乡试正考官，编修张坦为副考官；内阁侍读学士汤先甲为四川乡试正考官，吏部员外郎王猷为副考官；翰林院侍读学士卢文弨为广东乡试正考官，吏部员外郎刘樽为副考官；御史积善为广西乡试正考官，吏部主事孟超然为副考官。

五月己亥 礼部议覆安徽布政使程寿奏称，生监不许充当牙埠、杂役及庄书社长等项。先经浙江学政李因培条奏，经部覆准在案。伏思社长与杂役不同，职司仓粮，稽核借放，只当论其家道殷实，为人端谨，不必论其为生与监。且生监亦有区别，生员读书应试，原不宜以他务相妨。至乡民蓄赀捐监，只以顶带荣身，并非应考。自严禁后，贫民勾串吏胥，冒认承充。请嗣后除应试生员毋庸选充外，其乡民捐纳贡监者仍准充选等语。应如所请。嗣后，充选社长、社副，准于该乡不应考试之贡监生及愿谨农民，择其殷实可任者一体选充，其应考生员停其充补。从之。

六月己未 以吏部侍郎德保为江西乡试正考官，侍讲汪永锡为副考官；祭酒曹秀先为浙江乡试正考官，侍讲学士钱大昕为副考官；侍讲学士汪廷玙为湖北乡试正考官，给事中陈科捷为副考官。

六月庚申 谕曰：德保、曹秀先现已派典试差。本年顺天乡试届期，成均录科，诸事需人办理，陆宗楷久任祭酒，于监务最为熟谙，所有国子监事务仍着暂行兼管。

六月戊辰 以工部侍郎李宗文为江南乡试正考官，少詹事钱载为副考官；翰林院侍读杨述曾为陕西乡试正考官，宗人府主事左衢为副考官。

七月己卯 谕：考试为抡才大典，必须弊窦肃清，方可以拔真才而杜侥幸。近年以来，加意整顿，从前怀挟诸弊虽渐次厘剔，但闻应试士子，竟有因搜捡严密，复遁而雇觅枪手代构者，或私联坐号，或顶名入场，或临时换卷，种种难以枚举。即如上科韩家清觅人代倩一案，其明证也，虽事后败露，未尝不审出实情，按律重治其罪。但此等弊端，所关于士习、科场者匪浅，不可不设法防范，以绝根株。本年顺天乡试届期，场中印用坐号，着提调、监试等按例亲身详慎办理，勿仅虚应故事，仍假手吏胥，致滋奸弊。临期该部请旨，于点名时，朕当特派大臣会同顺天府尹于龙门内严加查察，以防接谈、换卷、乱号之弊。至榜后填写亲供，校对试卷笔迹，是否相同，以稽顶替、代倩。立法至为周密，乃相沿日久，视同具文，犯法者无所忌惮。嗣后，乡试中式举人，务令当堂填写亲供，并默写闱中首艺七八行，该学政等加封固，汇齐奏闻，候朕另派大臣，逐卷校勘，如有笔迹不符之处，即举出请旨，交部严讯，以示炯戒。倘核对时草率疏漏，别经发觉，惟派出之大臣是问。将此通谕各该衙门知之。

七月己卯 以翰林院侍读嵩贵为河南乡试正考官，宗人府主事徐恕为副考官；御史秦黉为山东乡试正考官，编修戴第元为副考官；翰林院侍读阿肃为山西乡试正考官，中书陆锡熊为副考官。

七月辛卯 谕曰：御史刘天成条奏三摺，于事理都未谙悉。如所称每科拣选下第举人分发各省，俾得及锋而试一摺。各省额缺，只有此数，而直省中额每科递积，人浮于缺，势所必然。历年以来，拣选录用，已非一次，而间数科一举行，其中原可得一二有用之材，若每科以为常例，拣发数十百人，递年加增，在外省缺分，俱有定例，必不能概尽拣发之人补用，仍致坐守积薪；若将部选之缺，全改为题补，则吏部举班铨法，又将窒碍难行，是欲疏通而转致壅滞矣。……该御史所奏三摺即批交部议，亦必不准。但核之情理，俱属空言而不中事理，不可不详悉晓谕。

七月癸巳　礼部议覆河南巡抚阿思哈奏称，各省乡试巡抚、监临统理诸务，其入闱、鹿鸣等筵宴向设藩司衙门。请嗣后改设巡抚衙门。应如所请。惟查江南监临系上下江巡抚轮值，衙门均不与贡院同城，仍设公所，以巡抚主其事，其出榜钤印，均用巡抚关防。从之。

七月己亥　礼部议准，贵州学政李敏行奏称，各省乡试士子毋许临场改经，希图幸售。查，乡会之年向例不准呈改，直省或不画一，应通行禁止。从之。

七月庚子　谕：据永玮奏称，盛京宗室、觉罗等学，原定五年一次奏派大臣考试，自乾隆二年起，节经展限，并未举行。本年又届五年期满，请派盛京侍郎一二人会同臣及将军考试等语。盛京宗室、觉罗等学五年一次考试，所以分别宗室、觉罗等力学之勤惰及该学总管等之贤否，岂容屡次展限，直至三十年之久？伊等平日不以为事可知。从前奏请展限之将军及总管等交部查议。着朝铨、雅德会同永玮、舍图肯考试。

八月丁未　命编修梅立本提督广西学政。

八月己酉　顺天乡试，以户部左侍郎管顺天府府尹事裘曰修、府尹窦光鼐为监临官，兵部尚书彭启丰为正考官，兵部右侍郎钟音为副考官。

九月庚辰　谕：各省学政，现届差满。安徽学政全魁、福建学政王杰、广西学政梅立本俱系本年任事，毋庸更换。顺天学政着德保去，江苏学政着曹秀先去，江西学政着金甡去，陕西学政着吴绶诏去，山东学政着张若淮去，山西学政着吕光亨去，河南学政着李宗宝去，浙江学政着李宗文去，湖南学政着童凤三去，湖北学政着胡绍南去，四川学政着罗典去，云南学政着于雯峻去，贵州学政着陈筌去，翁方纲仍留广东学政之任。

九月丙戌　谕曰：原任河南巡抚胡宝瑔之子胡鼎蓉着加恩赏给举人，一体会试。

九月丁亥　谕曰：尚书于敏中之子于齐贤屡应乡试，未能中式。因念于敏中侍直内廷有年，仅有一子，年已及壮，着加恩照伊尚书品级，赏给荫生。

九月庚子　谕：举人选用知县，需次动至三十余年，其壮岁获售者既不得及锋而用，而晚遇者年力益复就衰，每为轸惜。朕尝中夜思维，筹所以疏通壅滞之法。因查每科中额一千二百九十名，统十年而计，加以恩科，则多至五千余人，而十年中所铨选者不及五百人。除各科会试中式外，其曾经拣选候选者尚余数千，经久愈多，遂成壅积。而直省知县员缺只有此数，即使一时概行铨用，亦属缺少人多，不能使人人皆纡墨绶，此固必然之势也。而不知者，或归咎于捐班之占缺。因复核计捐班所选，每岁亦不过三四十人，纵令尽予举班，仍属无几。即如近日部旗所办世职扣欠官项一事，言者辄云，世职承袭，因代扣欠项不能食俸者甚多。朕闻之恻然，因命查豁。则统计旗员世职共一千九百六十八员，除本身借欠，应扣止二十余万两外，其代扣官项者才一百五十八员，应扣银四万余两，此项虽名为代扣，其实子袭父职，应行接扣者则有三万九千余两之多。而承袭族中世职，代扣还项者止数千余金。夫父借子还，世之常理，岂得谓之代人扣赔？可见前此扣项代还，旗员多累之说，尽属无稽，浮议之不足凭，大率如此。现在捐例已停，自可无虞占缺，即或将来再议开捐，其知县一条，不必载入捐款。至向来吏部截取举人，例由各省督抚咨送，往往意存姑息，不加甄别。及至部选得缺，经九卿验看，始以衰庸改补教职。是督抚徒欲博宽厚之名，使此等衰迈之人仆仆道途，终归无益，所谓爱之实适害之也。嗣后，各该督抚于举人截取领文时，留心验看，如果实在精力已衰，难膺民社者，或该员情愿就教，即于本省呈改，以省跋涉之劳。其有自揣耄龄、不愿就铨者，并令汇册咨部，请旨酌给职衔，以慰其寒窗绩学之志。明岁丙戌春闱，各省举人云集，当于会榜后，特派大臣分别挑选引见，量其年力才具及时录用。其有科分已深，非因丁忧事故，自分年老才庸不愿赴京会试者，亦听其自便，其作何给予职衔，如何挑选录用及选班中更有如何可以疏通之处，着大学士、九卿会同详议以闻，副朕体恤寒畯，及时登进群才至意。

十月戊申　谕军机大臣等：刘藻奏，滇省五华书院山长张甄陶自主讲席以来，迄今五载，实能尽心训迪，著有成效，请令为黔省贵山书院山长。俟届满六年，抚臣就近考核，或照例奏请议叙，或送部引见示奖，临期再行酌办等语。所奏甚是，已如议行矣。省会设立书院，所以乐育人材。前经降旨，令督抚等慎选山长，如果教术可观，六年之后，著有成效，奏请酌量议叙。原以山长为多士观摩，若徒视为具文，漫无考核，既无以为激劝之资，则日久因循，未免怠于训课，惟知恋栈优游，诸生或且习而生玩，恐于教无裨。且在籍闲居之人，未尝无端谨绩学、可主讲席者，若实心延访，使之及瓜更代，自必鼓舞振兴，共相淬励，方不负设馆育材之意。乃自降旨以来，各督抚并未见有遵旨具奏者。即如齐召南之在敷文书院、廖鸿章之在紫阳书院，岂止六年之久？何以从前未经办及？朕所知已有二人，恐各省似此者，尚复不少。着各该督抚，将因何不行遵旨办理之处查明具奏。嗣后，均以六年为满，秉公考察，分别核办，庶于劝学程功，均有实济。着传谕各督抚知之。

十月乙卯　以翰林院侍读张曾敞为顺天武乡试正考官，编修赵翼为副考官。

十月辛酉　定举人铨用例。吏部议奏，各省举人截取时，例由督抚验看，分别知县、教职咨部候选。但意存姑息，甄别不审。知县得缺后，经九卿改补教职，徒多往返之劳。应请嗣后各督抚于接到部文日，定限一年，行文调取各举人据实验看。其年力尚健、堪膺民社者，给咨赴部候选；愿就教职者，准在本省具呈。若年在七十以上、不堪供职，免其调取验看，该督抚题请赏衔。举人已经拣选，原系候选知县，应从优以中书科中书、大理寺评事、太常寺博士等衔，由吏部掣定，奏请赏给；其已经截取，愿得职衔者亦照此办理。各省举人约一万有余，每科会试不过四五千人，今奉恩旨挑选，明岁来京会试者必多，难概令就挑。从前壬申、辛巳两科会试后挑选，新科举人不与，今拟再扣一科，壬午、乙酉两科俱不准就挑。至现任教职来京会试举人，向准就挑，查该员已登仕版，俸满可升知县，且截取时，仍得归班铨选，应毋庸与挑。通计各省知县共一千二百八十五缺，此内升调遗缺，准挑选人员题补。乾隆十七年并二十六年，挑选分发举人二年余均即用完。明岁就挑人多，数应加增，前次大省四十员，应加二十，中省三十员，加十五，小省二十员，加十，各带领引见，请旨以知县、教职分用。其分发知县者，约计不过十之五六，各省陆续请署请补，不至壅滞；其以教职用者，较年内即可得官，其年力已衰、未经入选、愿受京衔者准其具呈，即交派出拣选大臣查实奏请，赏给中书科中书等衔，将来即不与截取。再查，举人应选班次，有知县、直隶州州同、盐库等大使三项，铨例，知县双月用五甲、五举、四捐、三升，单月用四补、四捐、四甲、四举，共计双单月各班内，举人应得九缺，捐班无人，以举人抵补，将来捐例人员用完后，其抵捐举人改为举抵班，又可多用人员。直隶州州同向系专用举人，后因捐例议准，双月用二举、一捐，单月用一补、一举、一捐，今请改双月用四举、一捐，单月用一应补、一举，两班后，用捐纳一人，如应补无人，以举人抵选。盐库等大使缺出，向例一补、一捐，应补无人，专用捐班，俟捐纳用完后，再将已经截取举人带领二人引见录用。今请改为一补、一捐、一举，如应补无人，以举人抵用。再，知县系举人应选正途，近各省每以同知、州判、知州等员，借补知县，铨缺更少。嗣后，应不准借补，举人可以多选。向例，试用人员遇该省升调遗缺，始准题补，续经奏准，拣选举人发往各省试用者，不拘升调缺，概准题补，原系暂行。今例捐知县用完，升调缺止补举人，且或遇部选人员未到，或本省出差升调县缺乏人，皆可委署。丞卒等缺出，亦得暂摄。挑发之员，不致守候无期，若概令题补，归部选缺无几，截取候选举人又多壅滞。嗣后，举人分发各省试用者，仍照旧例，止准题补升调遗缺。至挑选人员以教职铨补者，向俱先行选用，查，学正、教谕双月内有升选教习、恩拔副榜等班，单月内有举人应补及恩拔副榜应补、应选各班，今令挑选举人，概行压班，未为允协。请嗣后双月用挑选举人二员后，将班内应用人员，选用一人，单月将挑选举人，与应补、应选人员轮用。此次疏通之后，二三年内，挑发之员即可用完，应于会试之期，请旨挑选。从之。

十月乙丑　命大学士尹继善教习庶吉士。

十一月壬申　礼部议覆御史戈涛奏称，乡会试供给官，向系派大、宛两县县丞、典史四员分理，该员职微任重，每办理周章，应责成大、宛两县知县办理，其丞尉等员听该县自行派委。至顺天文武乡试及礼部文会试，一切供应俱系顺天府委员办理。惟武会试外闱系五城兵马司承办，事体殊未画一。嗣后，武会试外闱供给，统归顺天府办理。再，科举生员录科后，例由各学造册申送，学政汇册送顺天府，按册收卷。近学臣欲稽查正案应举实数，以定罗试续取之额，因令各生赴京时投文本学，以凭核算。查罗试应取之额，历科可以比照，无须考校验文。况士子至京投文，先后不一，罗试期迫，难俟投齐开考，续取之额，亦未能豫定。至顺天府增添验文，自上科始，空文不足防弊，易滋书吏需索之端，应将验文停止。罗试生员，例由该学申送，但人给一文，亦属琐屑，应请嗣后凡愿应罗试者，令本生先期报名，应学造总册申送学政，取录者总造名册，知照顺天府投卷。均应如所请，从之。

十一月乙亥　礼部议覆御史素尔讷奏称，乡会试卷后例写添注、涂改字数。其无添注、涂改者亦应写明，以杜弊端。再，贡院更道外即大墙，与士子号舍相近，至公堂外两旁，更夫来往，并无栅栏；更道南短墙外，即看守贡院人役住房，防闲不密，应将更道南墙筑高，密布荆棘。至公堂外两旁更道，设立栅栏，派员防守。从之。

十一月辛卯　礼部议准，本部侍郎德保奏称，江西省经房卷数，《书经》、《春秋》、《礼记》不甚相远，惟《易经》一千七百余卷，《诗经》四千五百余卷，《易经》四房，每房分校四百余卷，《诗经》五房，每房九百余卷，多寡悬殊，目力恐有不给，应将《易经》裁去一房，添入《诗经》。从之。

十一月己亥　谕：据杨应琚奏，甘省兰山书院于去岁延请丁忧在籍之府丞史茂来主讲席一摺。此甚非是。史茂系回籍守制之员，理应闭户家居，以尽三年之礼，至读礼之余，或在家课训子弟，自属分所应为。古人尚有庐墓终制者，即不能取法，亦当杜守里门。若竟住居省会书院，教授生徒，与地方官长宾主应酬，则与居官何异？此不过冀得膏火，以资赡给，遂置礼制于不问，微特人子之心难安，其又何以为多士表率乎？督抚有维持风教之责，缙绅中绩学砥行、足备师资者谅不乏人，何必令丁忧人员，腼居讲席，是应聘者固不能以礼自处，而延请之地方大吏亦复不能以礼处人，于风俗士习颇有关系。恐他省不无类此者，特为明切晓示，通谕知之。

十二月壬寅　礼部议准，广西巡抚宋邦绥、学政叶观国等奏称，各学进额及廪缺应视人文优劣，量为增减。永宁河池、左州、养利等州应各减进额三名；武缘县进额十五名，应增五名；崇善县进额四名，应增四名；梧州府学原额十五名，应增三名；怀远、迁江二县廪缺各四十，应各减四缺；上林、北流二县廪缺各十二，应各增四缺。从之。

十二月丁未　礼部奏，顺天等五省中式试卷，磨勘各官及覆勘大臣并无挂漏者，例应议叙。得旨：磨勘各官有无遗漏，经覆勘大臣指出，分别议处、议叙，自属允当。至覆勘大臣所阅各卷，设再派大臣检阅，亦难保其必无挂漏。但以覆勘为不足凭，更复需人详看，辗转吹求，势将何所底止？令覆勘大臣既无人复加核勘，其中即有挂漏，亦何由而知？是功与过皆无可论，既无议处，则何必予以议叙耶？嗣后，覆勘大臣议叙之例，不必行。

十二月辛亥　吏部奏，教职六年俸满题升者例不准逾限半年，原以杜营求接任上司之弊。查，教职保题，例应督抚、学政会同验看，或因督抚公出，或俟年终学政回省，或本员委办差务，势难如期具题。至接任上司，于所属贤否宜从容试看，反恐因限期迫促，草率办理。各省州县同知、通判等官，三年、五年俸满保题，惟俸未满者议驳，而教职转碍于历俸有余，未昭公允，应即停止。其盐库大使五年俸满保题，不得逾限半年之例，应并停。从之。

十二月己未　谕：礼部议覆陕西巡抚和其衷题泾阳县贡生张璘一门孝友、七世同居。应如所请，照例旌奖。民风淳厚，伦纪懋敦，朕用嘉慰。兹亲制诗一章以赐，并着加赏上用缎疋，用示优奖。

乾隆三十一年（1766 年）

二月丙午　礼部议准，浙江学政钱维城奏称，贡监执照详载履历，藉以稽查，而从前工部、水利及营田等旧例，无年貌、三代，且仅有实收并无部照，甚至有康熙四五十年执照尚持以赴考者，殊难凭信。请敕部通行直省，将此等远年执照，限一年内呈缴，由州县汇送学政，咨部换给，逾限除名。至生员加捐贡监，例应验照开除，近来多有不行呈验，以致积欠三考斥革者，请以领照半年为限，如逾一年即行注销。再，浙省各寺庙均有生监主持，名为檀樾，缘伊祖先在寺曾有创助，以致彼此争据，甚至合寺田产皆归掌握，请敕部禁除檀樾名色，以端士习而清讼源。从之。

二月癸亥　兵部议奏，盛京设立宗室、觉罗官学，定例五年考试，原以稽查学生之勤惰，分别教习之贤否。该管将军等理应照例奏考，岂容屡次展限？自乾隆二年立学后，至今已经三十年之久，并未考试。应将将军清保、总管吴兴等分别议处。从之。

三月甲戌　奉天府府丞李绶奏，盛京宗学额立学生二十名、副管长二员、满汉弓箭教习各二员。嗣因学生仅有七名，各奏裁一员。今读书宗室现有十九名，满汉弓箭教习各一员，尽敷训导。惟副管长有稽查、教习、约束学生之责，一员不敷，请照原额。得旨：如所请行。

三月乙亥　以礼部右侍郎程岩为会试知贡举，兵部尚书尹继善为正考官，户部左侍郎裘曰修、兵部右侍郎陆宗楷为副考官。

三月己丑　谕：前以历科举人积次壅滞，思所以筹办疏通，俾得及锋而试，特降旨令于会试时拣选引见，候朕分别录用。乃朕嘉惠寒畯，格外加恩，与寻常拣选下第者不同。现在士子闻风踊跃，云集京师，视历科应试者为数倍多。若循例于榜后始行拣选引见，则伊等守候需时，未免艰于旅食，朕心深为轸念。莫若即于月内定期拣选，列为三等，其应行引见者，候朕于时享常雩斋戒进宫时，即行分别带领引见，亦省其赴圆明园车马往来之费。其入选人员内，榜发中式进士者，原有简擢甄录之途而挑选未入者，下第后即得遄程归里，不致久滞都门，于寒士尤为有益。至前经大学士、九卿等议奏，按省分之大小，酌定人数多寡，虽比较向例量为加增，而核计止七百余人，尚觉限于成格，为数无多。并着广为挑选，其列在一二等者统以二千人为率，分别简用。其年逾七十以上者，着查明具奏，候朕酌量加衔，俾得普被殊恩，各遂其弹冠庆幸之志，副朕体恤士林、乐育群才至意。着派简亲王、裕亲王、諴亲王、和亲王、刘统勋、阿里衮、陈宏谋、托恩多、李侍尧、福隆安公同遴选，该部遵谕速行。

三月庚寅　谕：据知贡举程岩等奏称，誊录所烛煤失落，烧损墨卷五十二本，俱不堪誊送内帘等语。此等举子远来跋涉，志切观光，乃辛苦风檐，三场业经竣事，而试艺不获誊送内帘，同邀阅选，其情甚为可悯。除誊录所经头人等及失察各员已经分别交部外，着军机大臣传知礼部，查出被烧各卷。其如何加恩，俾伊等文字得以一体补行，誊送阅看，不致独抱向隅之处，查明办理具奏。寻奏，查出字迹可辨者三十四本，烧毁零落者一十八本，现传知该举子等于二十四日赴圆明园，请钦命《四书》题二道另试，仍令照原卷誊写，封交知贡举，同二、三场原卷誊送内帘。从之。

三月乙未　谕：生事家奴，着交刑部问罪。贡院各所官家人例不准其擅至别所，知贡举、监试等在内弹压稽察，自应严加约束，何至容此等生事家奴私赴供给所索物争闱，致滋事端？程岩等所司何事？着一并交部察议。且供给试官日用食物足矣，何须烟酒、槟榔之类，此所谓慢藏诲盗者也，着交军机大臣按册查裁。

三月己亥　谕：前因历科举人，铨选壅滞，特命拣选，分别录用，广为疏通。其年齿衰迈、难以服官任事者，并令查明，奏请量予职衔，以慰其寒窗攻苦之志。今据王大臣等奏，各省举人内验看及自呈实在老迈龙钟，不堪民牧并不能司铎者共六十余名。此内八十以上者着加恩赏给六品京衔，七十以上者着赏给七品京衔，六十以上及虽未及六十而验实属衰颓者着赏给八品京衔。俾颓龄寒畯均沐殊荣，以副朕格外优恤至意。

三月己亥　礼部以会试中额请。得旨：这会试，满洲、蒙古取中三名，汉军取中一名，直隶取中十八名，奉天取中一名，山东取中十三名，山西取中十二名，河南取中十二名，陕西取中九名，江南取中三十二名，浙江取中三十名，江西取中二十一名，湖北取中八名，湖南取中五名，福建取中十名，广东取中九名，广西取中四名，四川取中七名，贵州取中六名，云南取中五名。

四月癸卯　命翰林院侍读学士卢文弨提督湖南学政。

四月戊申　礼部带领八旗、奉天、直隶、江南、山东、山西、河南等省选拔贡生引见。得旨：张起洙、琨玉、范丽光、魏全禄、陈章、冯埏、吴鼎新、姚念曾、程梦湘、蔡淮英、龙舜琴、王效曾、杜彤辉、吴忠诰、王廷勋等十五名着以知县试用，朱兆煓、永恕、干济、王士昕、胡率德、焦长发、朱晋、鹿荃、刘采、李学沂、张恒逊、梁玺、马宏锦、陈大年、舒其绂、邬廷栋、李景观、裘林、魏翀、杨鹭、杨惟增、车国勋、施灏、孔继纯、周昂、杨世纶、许肇寯、顾鸿志、唐大成、王灏、董正治、季梦荃、黄朝恩、王家乐、李略、杨淲、王凤兰、孙凤鸣、程楷、汪泰、叶时鸣、刘咸熙、阎文玗、李伟烈、封廷兰、高家驹、萧九成、邓云龙、葛周玉、纪有堂、迟昂、孙德恭、杨嘉干、乔怀祖、王可垠、胡其敬、白维世、王之藩、李祖望、阎秉升、杜伯春、雷昶、梁志学、栗培上、郎克谦、薛清范、张叶鼎、陈直、钱长清、朱殿鳌、苏于丰、蒋周南、崔一机、周珣、乔光载、杨贵先等七十六名，着交吏部询问，愿以教职用者以教职用，愿以佐贰用者以佐贰等官用。

四月庚戌　谕曰：国子监助教陈孝泳、举人徐扬俱在内廷行走有年，屡应会试未能中式，均着加恩。陈孝泳以户部主事用，徐扬以内阁中书用。

四月壬子　谕：向来新进士殿试、朝考后，复派王大臣验看，分别等第。原因人文并重，且使边方远省名次在后者，亦得均与馆选也。但思进士原系通行引见，其人可造与否，朕皆临时甄别录用，自可无庸豫为拣选。嗣后，新进士引见时着各按省分，仍依甲第前后，分班带领，并将上次每省录用人数详晰开单呈览，如有朝考录取者，并于绿头牌及排单内注明其如何分省。分日引见之处，该衙门临时酌办奏闻。

四月乙卯　谕：昨因举人选途壅滞，特派王大臣通行拣选，候朕酌量录用。已据吏部将拣选一等举人八百四十七名带领引见，二等举人一千一百五十一名开列名单具奏。所有选列一等举人，着该部签掣分发各省，以知县试用，其借补州州判、县丞、经历、盐库大使、河工等官，悉照部议行。至拣入二等人员，即照该部议定班次，以教职用。此内有会榜已经中式，将来于新进士引见时归班者，其曾经选入一等人员，着照新进士分发之例，发往各省以知县用；二等人员着先以教授用，仍按进士原班铨选。

四月己未　命大学士尹继善、刘统勋，协办大学士、吏部尚书陈宏谋，户部侍郎王际华，兵部侍郎钟音、彭启丰，刑部侍郎周煌，左都御史观保为殿试读卷官。

四月庚申　策试天下贡士胡珊等二百七人于太和殿前。制曰：朕缵绍丕基，诞抚万国，祗慎夙夜，懋敕几康三十一年于兹，未敢少懈，必世昌期，幸符熙洽，仰荷上帝之鸿庥，列圣垂裕之嘉祉，方内乂宁，土宇遐扩，士民乐业，岁复屡丰。朕履盛思谦，勤咨上理，缅惟经学为出政之原，史册为鉴观之本，察吏治以底绩，疏选法以程材，将以监古宜今，胥规实效，励官造士，共勉永图。兹当临轩发策，延揽维殷，伫献嘉言，以佐予休治。六经之旨，千古范围，约举数端，以觇诵习。《易传》三义，《书》分六体，《诗》有三作，《春秋》著五始，载记多后儒之所增，《周礼》以冬官为散见，其说可胪举欤？穷经致用，先务贯通，彖传象辞，何以乾卦独立于爻下？二典三谟，何以左氏引以为夏书？王风鲁颂，编诗何以独异？《左传》、《公谷》，经文何以互殊？以《礼记》为《曲礼》，易《周官》为《周礼》，始于何人何代？能确凿言之欤？史以垂彰瘅而体例不必尽同，循吏、儒林始于《史记》，文苑独行始于《后汉书》，忠义始于《晋书》，道学始于《宋史》，其分门各当否？《梁书》有《止足传》，《隋书》有《诚节传》，《唐书》有《卓行传》，同异果何如也？凡人之贤否，事之得失，俱见于传，复作论赞，疑若赘设。沿而不废，毋亦拘于体例耶？兹命廷臣重修国史，期于据事直书，永昭惩劝，有可以援古证今，裨益编摩者欤？《记》曰："大臣法，小臣廉。"言乎上与下之相承也。《周官》以六计弊群吏，善能而下，皆冠以廉。汉法六条，察吏者五，良规具在，可备列而踵行欤？朕澄叙官方，加意整饬，期庶司百职共底廉平，而任封疆者或以姑息为心，绾铜墨者或未清白率职，吏治之不醇，民生其曷攸赖？夫大吏者，群有司之圭臬也。欲使群吏皆守法奉公，固在大吏之公正明察，足以董率而甄核之矣。顾侵渔之弊未尽除，黩墨之风未尽息，何以杜其源、遏其流，俾人思濯磨、洁己自爱欤？古者三物宾兴，书升论秀，士皆得乘时利见，自九品官人，三途并用，时势较异，或以猥杂为讥，或以壅滞为患。唐之铨法，有十数年不得亲政者，选途之积，自昔而然。朕念士之列贤书者，需次稽时，或少壮策名，淹及皓首，特令甄选广其途而登用之，俾无积薪之虞，既为疏通，继此果无虑其复壅欤？且及锋而用，为举人计即为民社计也，膺兹选者何以奋勉供职，以毋负拔擢之意欤？夫崇经术、昭法戒、饬官常、励儒修，皆惟其实，不惟其文也。多士习圣贤之业，明治理之要，其悉意敷陈，以无负循名责实之义，毋剿毋泛，朕将亲览焉。

四月癸亥　御乾清宫，召读卷官入，亲阅定进呈十卷甲第。

四月甲子　上御太和殿。传胪。赐一甲张书勋、姚颐、刘跃云三人进士及第，二甲陆费墀等六十八人进士出身，三甲黄本田等一百四十二人同进士出身。

四月丁卯　谕军机大臣等：张若溎奏考试情形一摺。有告给衣顶生员置身考试之外，无所拘管，转得为匪作恶，官司乡里，均受其累等语。生员内果有包揽词讼，把持官府情事，一经发觉，原不必问其曾否告给衣顶，均当严行惩治。如实系入泮年久，不能上进，及齿逼衰迈、笃疾难痊者，定例准给衣顶，行之已非一日。于整饬学校，本无关碍。若其人不安本分，甘自暴弃，即当年齿方壮、现在应试之时，亦未尝不可恃符滋事，岂必待告给衣顶之后始得逞其伎俩，扰累闾阎？况给顶生员，虽不复与岁科两试，而名籍仍隶学宫，该学教官例当一体管束。如有过犯，或申报劣行注册，或详请褫革衣顶，仍可随事示以惩儆，又何至如所称纵之宫墙之外，得以旷荡为奸乎？若因此辈内偶有一二败类生事犯科，遂举年例实在已符者亦不概准给顶，未免过于拘泥。该学政但当严饬教官，于所属生员随时训饬防范，有犯必惩，则士习自渐整顿，不必豫设成心，致涉烦琐也。可将此传谕张若湝知之。

五月庚午　内阁、翰林院带领癸未科散馆修撰、编修、庶吉士引见。得旨：修撰秦大成，编修沈初、韦谦恒已经授职，其清书庶吉士谢启昆、祝德麟、董诰、孟生蕙俱授为编修，李铎、易文基、黄义尊俱授为检讨；汉书庶吉士吴省钦、金士松、褚廷璋、孙效曾、嵇承谦、张焘、祥庆、胡翘元俱授为编修，丁荣祚、周位庚、龚骖文、官志涵、史大勋、蒋鸣鹿俱授为检讨，邱日荣、曹锡宝、苏去疾、顾振、白麟、邓大林、李调元、陈其熀、孙含中、姚鼐俱以部属用，冯昌绅、张鹤云着归进士原班铨选。

五月丙子　授一甲一名进士张书勋为翰林院修撰，一甲二名姚颐、一甲三名刘跃云为翰林院编修。

五月辛巳　内阁、翰林院带领新进士引见。得旨：新科进士一甲三名张书勋、姚颐、刘跃云已经授职，陆费墀、刘种之、陈桂森、秦潮、陈昌图、喻升阶、善聪、沈世炜、韩朝衡、雷翀霄、王嘉曾、查莹、林兆鲲、福保、陈濂、邹玉藻、管干珍、尹壮图、庄承篯、施学濂、王懿修、李殿图、钱良栋、胡珊、卢应、胡必达、邓文泮、王元炎、王钟健、宋仁溥、林时蕃俱着改为庶吉士，王宽、范栻、姜晟、杨钟岳、浦霖、王汝璧、孙志祖、甘立德、黄符彩、金洁、谢垣、阎循观、陈锡、唐乐宇、觉罗祥奈、吴濂、李照、熊廷聘、戴翼子、吴延瑞、秦清俱着分部学习，毛应藻、温鹤立、张天植、徐联奎、陶士麟俱着以知县即用，张友荣着以教职即用。余着归班铨选。

五月乙未　礼部带领浙江、江西、福建、湖南、湖北、陕西等省选拔贡生引见。得旨：徐之宽、洪煦、潘汝炯、刘学灏、徐承勋、彭良弼、梁震、胡守业、钟蕙、蔡夔元、胡锡瑛、王卉芳等十二名着以知县试用，张羲年、翟方震、罗棠、朱贵、胡宗寅、方淇、洪枰、陈孔挥、姜文昭、王日华、陈蛟腾、汪泩、干从淳、王廷楷、乐三省、王云洙、钟翔鹏、石应璋、谢肇清、郑资有、林斗南、林青圭、饶澍、黄梅、李楷、林霈、董书、夏大观、殷盘、谭定元、陈以邦、唐可隽、龚大万、张天堉、曾曰明、程凤翙、张绳祖、程文衡、冯相德、崔景灏、吕渊、张贞生、杨苌、李如绅等四十四名，着交吏部询问，愿以教职用者以教职用，愿以佐贰等官用者以佐贰等官用。

六月辛亥　命兵部侍郎钟音、户部侍郎王际华教习庶吉士。

六月乙卯　礼部带领甘肃、四川、广东、广西、云南、贵州等省选拔贡生引见。得旨：胡赞麟、马乾怡、冯元吉、牟钤、孙世荣、欧焕舒、伍葆光、林润庄、马联臻、潘鲲、杨焯、万钟杰、刘朝彦、周大本等十四名，着以知县试用；罗暲、杨震春、南国棫、吕镛、夏岳、陈宝鼎、杨藩、向彭龄、周猷苏、于荣、苟宗鲁、胡嘉言、邓世钦、张德化、康济隆、徐延翰、梁肇文、杨玉衡、饶庆捷、陈名仪、庄玉馨、张文聪、叶仪、欧阳立魁、李龙涛、曾琪、张良玉、杨自强、王廷、杨绂、刘超凡、邬维慧、申兴瑞、祝世清、朱文渊、刘宪吉、邹銈、李世英等三十八名，着交吏部询问，愿以教职用者以教职用，愿以佐贰等官用者以佐贰等官用。

六月丙寅　礼部议准，御史积善奏称，向来考取汉教习，只试以书艺二篇，教习职司训课，诗文俱宜娴熟。嗣后，应请添试排律，照拔贡朝考例，考试书艺一篇，五言八韵诗一首。从之。

七月戊子　吏部议准，大学士管云贵总督杨应琚奏称，普洱府学，因向系夷疆，人文未盛，仅设训导一员兼管宁洱县学事务。但训导例由岁贡选授，年力率多衰迈，又普洱水土恶劣，衰年之人到彼易于遘疾，未免职业就荒。且府县共一学官，尤须教迪得人，应请将普洱府训导改为宁洱县教谕。从之。

八月丁巳　兵部议覆，湖南布政使赫昇额奏称，学政回京调任，应停给夫马船只。查学政赴任回京及调任他省学政，原系京官奉使，与职任地方官员本有区别，应照旧例仍给夫马船只。惟升调别省他职，不得径自驰驿。从之。

八月丙寅　谕：前据阿思哈奏，豫省挑选发往举人，请每月借银五两，以资日用，俟得缺之日扣还。今常钧复奏，分发举人众多，虑其得缺稍迟，请分派繁缺州县，随同帮办。钱琦又请于一年之内，不论何缺，先行委署一周，甄别题补各等语。纷纷陈奏，均属不谙事理。此等分发举人，原因念其需次较迟，渐至壅滞，是以特降谕旨，拣选分发，广为疏通，俾得及时效用。复令部臣议借养廉，以资路费。所以格外加恩者，已属极优。伊等领咨到省后，各督抚只当就其人才酌量试看，差遣委用。至其得缺迟早，日用琐屑，又岂能为之鳃鳃过计？国家用人行政，自有大纲，若必每事为之筹画，无论入海算沙，势有不给，亦复成何政体乎？且此等拣发人员，既得早登仕版，若复得陇望蜀，孳孳计较，必思尽占便宜，亦非敬事后食之义也。且令伊等自思，设非加恩拣发，寒窗株守，筮仕无期，彼此相较，其为荣悴，更复何如耶？在该举人等未免过于热中，而该督抚等又复曲为无厌之请。岂朕特加之旷典，于伊等转多委曲，亦可谓不晓事矣。各省试用人员，原有月给公费者，即间有向无成例之省分，该督抚自行通融筹办，亦无不可。又何必如阿思哈之奏，另行定议乎？其钱琦所奏委署试看一年，再为甄别题补之处，该督抚等原当如此办理，亦可无庸置议。至常钧请分派繁缺州县帮办一事，是适蹈一缺两官之弊，尤为非体。所奏均不可行。但阿思哈、常钧等既有此奏，恐各省大吏中所见亦有类此者，殊非善体朕加惠寒畯之本意。着将此传谕各督抚知之。

九月壬申　命兵部左侍郎蒋檙知武举，礼部左侍郎刘星炜为武会试正考官，侍讲学士李中简为副考官。

九月癸未　谕：嗣后，武会试请定中额本着照文会试，将上次中额卷数、本次卷数一并缮写清单，随本进呈。

九月乙酉 兵部以武会试中额请。得旨：这会试，汉军取中三名，直隶取中八名，陕西取中七名，广东取中四名，河南取中三名，山东取中五名，江南取中三名，山西取中四名，湖北取中二名，湖南取中一名，四川取中一名，广西取中一名，福建取中三名，浙江取中二名，江西取中二名，云南取中一名，贵州取中一名。

九月丙戌 谕军机大臣等：据崔应阶奏，甄别该督从前分发人员，其未经得缺者尚有一十三员，皆年力壮盛、堪备委用等语。前因分发试用举人，为数稍多，是以特降谕旨，令各省将从前人员详加分别，酌量去留。俾拣发之举人，得以及锋而试，数月以来，各省俱已陆续奏到，东省距京师较近，何以崔应阶所奏办理情形，独在他省之后，奏报殊太迟滞，着将此传谕知之。

十月丁酉 谕：据苏昌等奏，请将拣发试用举人分派各衙门学习一摺，所奏尚属可行。至请令各省一体仿照派拨，则殊可不必。前因常钧、阿思哈等将拣发举人一事，纷纷陈奏，每事为之筹画，几于入海算沙，均属不谙事理，业经颁发谕旨通谕各省，想该督等尚未接阅，故复为此奏耳。此等拣发举人，原系朕特沛殊恩，欲其广为疏通，至分发各省后，该督抚等或欲因材造就，分派各衙门学习，自行各按该处情形酌办，原属督抚等分内应行之事，本可无庸入告。若并欲定立章程，通行各省，则是以加恩之事，复欲朕为之琐屑经理，实无此政体。着将此传谕苏昌等知之。

十月丁未 策试中式武举顾先龙等五十一人于太和殿前。

十月戊申 上御紫光阁，阅中式武举骑射。

十月己酉 上御紫光阁，阅中式武举技勇并覆阅骑射。

十月辛亥 上御太和殿。传胪。赐中式武举一甲白成龙、黄宗杰、彭先龙三人武进士及第，二甲李芳园等五人武进士出身，三甲赵攀龙等四十三人同武进士出身。

十月丁巳 兵部议覆，本部左侍郎蒋檙奏武闱外帘事宜。一、外闱监试大臣，阅定双好单好字号封送外帘，其一切弓刀马石，向委承办吏胥在各所照数填写。请嗣后令监试御史等官亲笔填注，并亲用双单字印。一、执事人员所带吏胥，向于受卷、弥封后即行放出。请嗣后无许先期出场，俟榜发后，逐名点放。均应如所请，从之。

十月戊午 谕：各省分发试用举人，系朕加恩寒畯，格外旷典，若复为之鳃鳃过计，不特琐屑难周，亦非用人行政大体。前因阿思哈、常钧、钱琦等纷纷陈奏，为无厌之请，业经降旨通谕各省。今颜希深复奏请将本省出缺一项暂停部选，俾分发举人，得以及时补用等语。所奏更为不谙事理。此次拣选，既令旧科举人得以及锋而试，并使选途广为疏通，若因此而转将应归部选之缺，留减停铨，则在部需次之员又必至于淹滞。颜希深止知一端，而不顾全体，所见实属拘墟。况此等拣发人员，若使株守寒窗，数十年尚不得列名仕版，今既分发各省，宽途录用，不过五六年，迟亦不过十数年，皆可接迹弹冠。若更思占尽便宜，无论伊等不当存得陇望蜀之想，即为之上司者，亦岂应哓哓渎奏，为是不惮烦耶？颜希深着饬行，再将此通谕各省知之。

十月甲子 谕军机大臣等：甘肃提督王澄来京陛见，召对时，看其人尚明白，而奏对语言微露依附文墨之意，且为伊子乞赏文举人，尤非武臣所宜陈请，已令军机大臣传旨训饬。王澄身膺专阃重寄，当以训练士卒，整饬戎行为务，方为称职。若假托斯文，妄为笔墨，必致废弛营伍。着传谕吴达善留心察看，倘该提督或喜文事而疏武备，于该处营务致有贻误，着该督即据实奏闻，毋稍容隐。

十月丙寅　是月，盛京将军舍图肯等奏，军机大臣等议覆奉天府府丞李绶奏请设沈阳书院一摺，令臣等会议。查，沈阳书院始于乾隆七年，前任府尹霍备劝捐修建，向缘经费无项，未经办理。今即就旧有书院延师，慎选生徒，勤加训诲，实于文风有裨。至奉天州县，每学设立学田一千亩，每年可得租银七百余两，此项租田，原以养赡贫士，令其力学，应即以此作束修膏火之费，余银仍酌给贫士。其一切应行事宜，责成治中总理、府丞专司考察。从之。

十一月丙申　谕：据方世儁奏，候补知州郑万年、试用知县曾应选委署县务，办理竭蹶，毫无整顿，难胜民社之任，请将该二员按品赏给职衔，令其各回原籍等语。所办甚是。此等分发人员各省多有，昨曾传谕各督抚详加甄别，以定去留，实寓澄叙激扬之意。即如今年拣选分发举人，亦因其需次稽时，加恩遴选，发往各省宽途委用，俾得及锋而试。至伊等才具优劣，固非一时所能周知，各该督抚亦应随时留心察看，其中或有庸懦无能、不堪策励之员，即当量其才质，分别办理，不可有意姑容，因循贻误。所有方世儁奏请郑万年、曾应选赏给职衔之处，着照所请行。该部知道，并将此通谕知之。

十二月庚子　礼部等部议覆，顺天府府尹窦光鼐奏称，顺天府学、满洲都官二员，本为管辖八旗生员而设。惟是近京五百里内，皆有汉军及驻防满洲，一切稽查、考课鞭长莫及等语。应如所请。嗣后，在京八旗文武生员，责成满洲教官实心督率，其在外屯居及各驻防，令满洲教官册送学臣，按其住址分发各州县都官，照民籍例就近考课约束。其举报优劣并岁科帮补、出贡事宜，仍移会满洲教官查办。如各州县教官徇庇失察，照例议处。又称，生员告给衣顶后，学册业已除名，考课亦行停止，其中优劣，该教官无从查察等语。亦应如所请。嗣后，告顶文武各生照贡监归地方官约束之例，在京者，令该教官册送本旗都统管束，其屯居及驻防者，册送地方官，会同理事、同知就近约束。从之。

十二月乙丑　广东学政翁方纲奏，请于考试生童经解时，如有能记新颁《御纂周易述义》、《诗义折中》、《春秋直解》三书之义者，准予一体录取。仍于正考日，兼衡其文字。得旨：此在汝妥行，而尤贵以实，不必定为功令也。

乾隆三十二年（1767 年）

正月己丑　命户部员外郎周曰赞提督河南学政。

正月庚寅　刑部议覆，陕西学政吴绶诏奏称，例内定拟诓骗等罪，俱分已成、未成，惟考棚枪手未经区别。请嗣后凡场外经访拿禀首者为未成，如已顶名入场，无论当时被获，事后发觉，俱为已成。未成者，除系积惯随棚，仍遵例枷号三个月，发烟瘴地方充军，其审系立有文约，而赃未入手，均照诓骗未成，财未接受，罪应满徒例，加枷号两个月，但经口许，罪止杖责者，加枷号一个月；其已成者，不分有无立约及口许虚赃，俱照诓骗已成例，枷号三个月，发烟瘴充军。雇倩之生童同罪。若实系被人撞骗，赃止口许，亦照诓骗未成、财未接受例，杖一百，徒三年。应如所请。至称父兄子弟顶名代考，虽与凡人雇倩不同，而骫法作奸，尤难查察，并请设立专条之处，应即照凡人枪倩例，一体治罪。毋庸另议，从之。

正月甲午　吏部议准，四川布政使张逢尧奏称，应用教职之岁贡，如有病故，例应随时报部销册。惟未经查报之地方官，得援引家属未报，声请免议，往往视为无关紧要，不行申报。致部选后缴凭开缺，往返动经半载，或一缺接选数员，均经物故，旷缺至二三年之久。请嗣后漏报此项之员，俱照定例议处，不得援例请免。应如所奏。至称每科乡试后，将应用教职人员验看陶汰之处，应仍遵前旨停止。从之。

二月癸卯　吏部奏，请简放山东学政。得旨：张若溎着仍留山东学政之任。嗣后，凡遇学政升任，无论品级大小，将应否留任之处，概行请旨。着为令。

三月丙寅　谕：畿辅为首善之区，人文渐被，多士蔚兴。兹因循览河堤水利，临幸天津，业已恩施黎庶，而观风所莅，并宜嘉惠士林，用光黉序，所有直隶本年入学名数，大学增额五名，中学增额四名，小学增额三名。该学政其悉心甄录，务拔其尤，以副朕乐育人材之意。

三月己丑　福建道御史姚晋锡条奏，一、外省乡试同考官间有参用候补人员。查，此项人员闲居省会，士子声气易通。请申明旧例，于现任州县内考选，其在省候补及暂行委署、并借补佐贰者概不准入内帘。一、府州县童试有委之现任本学教官者。教官均系本省，多与童生熟悉，若委令阅卷，又任其朝来暮往，擅离试所，难保无请托情弊，应请禁止。得旨：此奏似有所见，该部议奏。

三月癸巳　是月，奉天府府丞李绶奏，盛京宗室、觉罗二学章程本极详明，缘奉行不力，日久渐就废弛。自上年二月内，业经臣等严立课程，每月逢五、逢十翻译、作文、作诗，逢三、六、九日射箭，仍将所习清汉各功课按日登簿，臣等仍于每月面课一次，将军府尹亦每月前往一次查验。现在诸生，学业稍有进境，从前怠玩之习，均已革除。得旨：好，实力为之。

四月辛丑　谕：据崔应阶奏，此次分发举人，请照京官告假回籍之例，量为变通。到籍后，限一年期满，即由本省给咨，赴原发省分补用一摺。询之吏部，据称此等举人告假回籍，即由本省给咨起用之处，业于上年拣选引见后，办理通行各直省在案等语。如此则崔应阶并未查照案情，率为此奏，实属疏忽，着饬行。朕因举人铨选壅滞，是以加恩拣发各省，俾得及锋而试，其未经得缺以前，原与现任官员有间，伊等如有情愿告假回籍者，不妨听其自便，并无庸定以一年限期，可将此通谕各督抚知之。

五月甲子　军机大臣等议奏，兵部尚书、管理国子监陆宗楷奏称，下五旗包衣人等自裁去义学，读书应考无阶，请每旗各设额缺十名，附入国子监官学。再，向设有义学时，包衣人等准考翻译生员、文生员、中书、笔帖式、监生等项。今请照满洲、蒙古、汉军之例一体与考。又，查作旗官学生钱粮系由本旗养育兵项下动拨，下五旗包衣佐领下并无养育兵，无项可拨，增额之后，但准应考，不必给予钱粮。应如所请，从之。

六月丁未　谕：昨考试原任翰林内汪存宽、戈岱，着加恩，仍以编修用。其李台、陈本敬、郑岱钟每员着赏给纱葛各一匹。

七月辛卯　贵州学政陈筌奏，黔省所属地方均与各省毗连，每有湖广、四川附近之人，希图贵州人少额多，获售较易，遂私通廪保，窜名冒考，以致土著生童艰于进取，文风日就颓废。查乾隆二十五年奉旨敕令，云、贵、川、广各学臣彻底清厘，准其改拨。各生均系违例冒入，褫革本所应得，既邀宽典，自应据实呈首，乃复希冀便宜，多方隐匿，理应严加惩创，以昭定制。臣现饬各府及所属教官逐一细查，分别办理。其在乾隆二十五年未经清厘以前者，该生不行具首，应科其隐匿之罪，将衣顶褫革，照违制律问拟杖责，失察教官照例议处；其在二十五年以后者，系已经清厘之后，仍敢勾通冒籍，情罪较重，除将该生治罪外，滥保之廪生一并查究示惩。报闻。

八月甲申　谕军机大臣等：据周曰赞奏，涉县生员郭良肱递有呈词一纸，狂悖不法，并查出该生亲笔自圈书二本，语虽论古，内含讪刺，难以枚举，请将该管教职革职听审，并自请严加议处等语。朕始阅周曰赞之摺，以为学校中果有如此丧心病狂之人，自应照例惩治，该管之教职、学政等官，亦当分别议处，是以批交谕部。及细阅，所呈亲笔书二本不过泛词论古，即该学政签出各条，亦并无悖逆讪刺之语，是其人乃一迂陋书愚，假附道学，文理本属肤庸，特以热中躁进，向学臣投递呈词，妄希荐录，究属不安本分之人，予以斥革示惩，已足整饬士习。若照悖逆查办，转非所以核情罪而昭平允。现据该学政奏称，移交抚臣讯拟。着传谕阿思哈，酌量治以应得之罪，不必照悖逆例办理。原呈原书并发阿思哈阅看。再，闻周曰赞在京时曾得有痰迷之症，该员自补放学政以来，曾否痊愈，抑时或举发，神气未能清爽，并着阿思哈留心查察，据实具奏。

八月戊子　命少詹事嵩贵提督河南学政。

八月庚寅　礼部议覆，贵州学政陈筌奏称，各省府试已毕，每有奸胥猾吏，将未经府取及缘事误考童生暗受贿赂，续入册尾，学政收考，无从稽查。应请于各府试毕榜示后，限一月内，将所取姓名，造具清册，核对钤印，申送学政衙门等语。查学政考试时，卷面钤号，不令姓名显露，系专指试卷而言。其实学政点名时，原以名册为凭，向例止令提调官申报取录总数，未议及将所取姓名一并申送，于稽查之道尚未周密。但如该学政所奏，一月之内造册申送，仍觉迟缓，转恐滋弊。请嗣后令各府考试事毕，揭案之后，提调即于一二日内将录取童生姓名、人数造册，封固钤印，申送学政存贮，学政不得豫先拆看。至试日点名时，将名册取出公同验封拆开，同临期所送点名册一并稽查核对，如有窜易名姓，与前册不符及增添人数者，即立时指交提调官查办。从之。

十月甲子　谕：据新柱奏称，盛京将军衙署内向无私宅住所，往往租房居住。今汉军八旗官学年久倾圮，请将各旗现有官房，令其两旗设立一学。着照所请行。

十一月戊戌　谕军机大臣等：前经降旨，令各省督抚将拣发举人详加甄别，其有实在难胜民社之任者，酌量改教给衔，俾得各沾恩泽，而于地方政务亦不致滥竽贻误。嗣据陆续奏到，如山东、山西、四川、福建、广西、浙江、江苏、陕西、江西、湖南、湖北、河南各督抚，俱经详行察看，分款甄别，办理固应如此。其直隶、安徽、河南、甘肃等省，则概称尚堪留用，并无改教给衔之处，殊属非是。此项人员，业经拣选，年力自不至于衰迈，但其人才分高下，非到省体察，无由深悉，况各省分发至数十员之多，其中岂竟无一二不堪驱策之人，各该督抚自应仰体朕调剂苦心，据实甄别，奏闻办理。乃一味藉口姑容，毫无别白，惟知取悦众人，及至用违其才，因事再加参劾，而官方既多旷废，人才复难保全，如此遇事模棱，并不实心奉公，岂朕委任封疆本意？方观承、冯钤、阿思哈、吴达善着传旨申饬，并令再加体察，明白回奏。寻，方观承奏，直隶分发举人先后到省者七十员，咨送盐政以大使委用者六员，实计留省共六十四员，臣与两司公同察看，其中材质稍次者，虽难胜民牧之任，而年力精壮，均尚可效奔走。查，知县才力不及，例应降补佐贰，直隶差务纷繁，在在需人查办，乾隆十五年定例，直隶拣发佐杂十八员，差遣委用，用完准再请发，臣以不胜民牧之员，似可照拣发佐贰，令其效力，现计六十四员内，节经定为降补佐贰者二十八员，是以并无改教给衔之处。得旨：知道了，既有此情，何不奏明。冯钤奏，安徽试用举人实计二十八人，臣前同两司逐加甄别，才具堪以知县补用者二十人，其余八人才具稍次，但差委办事，俱各奋勉，若用以州同、州判等官，可期胜任。兹遵旨覆核，惟熊第、曹衍姬、喻宗溥三员，才识终觉拘迂，请均以教职改用，下部知之。阿思哈奏，豫省试用举人四十五员，前奉旨甄别，臣以人材优劣，须委以地方事务，始知梗概，其时委署甫及一半，尚无难资驱策之人，未经委署者，将来才识稍有未充，亦可借补佐贰，是以概留豫省，兹再加体察。除汤相傅、邬焜各因亲老情愿回籍改教外，查有余克家、骆天衢二员，颇不谙政务，应请改教。报闻。吴达善奏，现在甘省拣发举人二十一员，臣再加覆核，惟周扬渭一人才具平庸，应改教职，其余均堪补用。下部知之。

十一月甲辰　谕曰：御史刘天成奏，请将已经刊布之《康济录》，令各省学臣另刻，发生童肄习一摺。所见甚属猥琐，于实事毫无裨益。从前给事中倪国琏所进《康济录》，原本业经官刻流传，士民并不艰于购觅。况恤贫振乏为地方官有司职业所系，而随宜措置，要在实心实力行之，方能有济，否则古法具存，而措施未善，于闾阎亦复何补？至诸生等家居肄业，凡经史所垂，何一不可增广学识？若谓墨守此书，即可身膺民社，尤为不通之论。至该御史所称，每部定价三钱，令教官发给生童缴价一节，学舍生徒势必徒滋纷扰，更属不成政体。明季台谏积习，每以文具空言，纷纷建白，其实无益于治。朕办理庶政，务求实济，此等纸上空谈，深所不取。刘天成所奏不准行。

十一月戊申　谕：据阿桂奏称，准京城镶黄旗汉军、正红旗满洲等旗咨称，明岁戊子科乡试，伊犁有无贡监生员应试，着咨报国子监，并造满汉册，咨送各该旗。查，该处并无学习汉文之人，请嗣后毋庸咨取等语。伊犁系新定疆域，虽移驻满洲、蒙古官兵，究非内地驻防可比，该处人等止宜勤习清语、骑射，学汉文何为？况道途遥远，不惟乡试不应咨取，即遇考试清文亦不准行查。此次冒昧咨取之都统，实属不晓事体。着查明何旗行文，令该都统明白回奏。

十一月辛亥　镶黄旗满洲都统奏，查，每届乡试年，国子监咨取八旗应考，由旗转行各省驻防，将应试各生送监录科。臣等每次行文，俱覆称并无应考者，看来伊等专以骑射、清语为要，不习汉文。往返行文，徒滋繁扰，请停。从之。

十二月壬戌　命刑部右侍郎蔡新提督直隶学政。

十二月丙子　谕曰：湖南学政卢文弨条奏一摺，全属不谙事体。其意专务弋取虚名，于学校士习大有关系，已据各该部按款缕晰议驳。即如所奏州县官责处生员应申报学臣一条，此系乾隆元年议准条例，载在《学政全书》者，已为深切著明。今该学政复多方附会，有心为不肖青衿开宽纵之渐。殊不知士子果能安分自爱，地方有司自应优以礼貌，若其甘为败检，法所难宽，则按律示惩，俾知悛改，且以警戒其余，则其所保全者甚多。该学政乃巧为袒庇，摭拾渎陈，是将使恃符滋事者恣意妄为、自干法网，爱之非适以害之乎？至所称民人控士，令教官接受传讯，劣等苗猺生员，免其对读，及散给贫生租银，请照兵丁红白事例数条，既使司铎者侵官滋弊，且令考核失劝惩之义，恤贫开冒滥之端，皆属曲意偏徇，市恩邀誉，于整饬士风之道毫无裨益。卢文弨所见如此纰缪，若仍令其典司学政，必致诸生罔知绳检，风气日漓，岂朕造就多士之本意耶？卢文弨着即撤回，交该部严加议处。

十二月丁丑　命礼科给事中陈科捷提督湖南学政。

十二月己卯　礼部议准，前任湖北巡抚范时绶奏称，湖北鹤峰州、长乐县自改土归流后，人文渐有可观。请照湖南保靖等县例，设立学校，鹤峰州取进文童八名，长乐县取进文童七名，并拨长阳县训导归鹤峰州，兴山县训导归长乐县，俾资教训。均应如所请，从之。

十二月壬午　定受业师生回避例。吏部议覆，广东布政使胡文伯奏，乡会试考官取中之人适为上司下属，或回避另补，或咨部存案，定例綦严，惟受业师生向无其例。查，受业师生情谊较乡会师生尤为亲切，自应一体照办，应如该布政使所奏。嗣后，外任官员，受业之人为上司，而业师为属员，令官小者回避；业师为督抚、司道，受业为属员者，分别报部存案。遇有举劾，随本声明。至知府、直隶州知州与所属州县刑名、钱谷，盘查尤关紧要，业师为知府、直隶州知州，受业为属员，亦令官小者回避，着该督抚于现任别府州县内酌调。若在部月选出缺，有受业师生应回避者，令该员于过堂时呈明，以别缺掣补，隐匿不报，及捏称师生，希图规避者议处。从之。

乾隆三十三年（1768年）

正月戊申　两江总督高晋奏，江南省武乡试，向例与文场一体，令上下两江抚臣轮赴江宁办理。查，武闱自外场以至揭晓数十日中，殆无片刻之暇，且两抚臣分驻苏州、安庆，距江宁皆数百里，与他省抚臣驻劄本城者情形迥异。巡抚远来江宁，随带书役文卷既多劳费，一应刑钱案件又有不能兼顾之势。况内场虽由巡抚取中，而外场仍须先行会同总督校阅。请将江南武乡试改归总督主考，毋庸巡抚远赴江宁办理。得旨：着照所请行。

二月己未 吏部等部议准，升任福建巡抚崔应阶疏称，福宁府学文武生员人数众多，该学仅设教授一员，似难督课。查寿宁县学人数甚少，毋庸教谕、训导两员共理。请裁寿宁县学训导，改设福宁府学训导。从之。

二月庚午 礼部议覆，陕西学政吴绶诏条陈学校规制各事宜。一、生童命名，往往好为怪异，甚至僭越夸大，毫无避忌。现饬各学严查更正，请通饬府州县于收考时查勘更改。一、府州县试阅卷，近例不许延请本属教官。查本地书院院长及他省流寓文人，地方官往往延请校阅，殊非远嫌防弊之道，请通行禁止。其隔属延请者，仍令谨密迅速，于途行署宿之际，一体关防。一、童生未隶庠序，原与生员有间，顶冒各案，地方官或委各学查详，虚实固难凭信，甚或扶同捏饰，请责成提调办理，不得更委教官。均应如所请行。至所奏庠生滥保枪倩，除知情受贿者，革除衣顶问拟外，其一时疏忽，及被人欺蔽者，请即停廪开缺、降作附生等语，查冒保枪代，例应斥革，若分别降附，则知情冒保之廪生，转得藉词托故，避重就轻，更开有意作奸之渐。应毋庸议，从之。

三月庚戌 礼部议准，四川总督阿尔泰疏称，雅州一府向例附邛州考棚考试，今人文日盛，请另立一棚。该处旧有空房堂宇号舍，业经修葺齐全，毋需动支公项。从之。

三月壬子 谕：今年乡试届期，所有各衙门应行开列试差之进士出身人员，着吏部传齐，带领引见。

三月丙辰 谕：今年乡试应行开列试差人员，已降旨令该部带领引见。但此次既停其考试，则应开人员，为数众多，其中间有年力就衰、学殖荒落者，若令概行开送，恐不足副衡文之任。着各该衙门于合例人员内即速拣选，汇送吏部，带领引见。

四月戊午 本年乡试应开试差人员，降旨令各该衙门堂官量其年力学殖拣选，带领引见。今赞善路斯道一员，年逾七旬，久经衰迈，乃詹事府堂官仍行开送，显系瞻徇情面，所有该堂官着交部议处。

四月戊午 谕：翰林院詹事府应考人员，自乾隆二十八年考试之后，迄今已阅五年，着于初五日在正大光明殿考试。

四月壬戌 谕：据布政使张逢尧条奏，请将各省岁贡生应用教职人员，无论已未截取，每逢乡试之后，即行验看淘汰，经该部议驳，以贡生等选授发凭，自有考验之例，毋庸每科豫为甄别。降旨允行。第念督抚等临期考验，积渐因循，既不免徒成具文，而该员等年齿就衰，惮于赴验，或部选已久，尚未莅任，致诸生督课废弛，于学校殊有关系。嗣后，督抚考验务须详慎甄别，不得稍事姑容。其新选之员有迟逾定限久不到任者，即照例严参，开缺另选。至教职遇有悬缺，向来率委别学教官代理，此等司铎微员，两任岂能兼顾。现在各省有挑选二等举人在籍候选教职之员，伊等得缺尚迟，如有情愿久时自效者，即赴本省督抚处报明，遇有缺出需人，听候该督抚会同学政挨次派委暂署，则员缺既不致久悬，而需次者亦不令闲旷，自为一举两得。该部即遵谕行。

四月壬申　谕：昨于正大光明殿，考试满洲由别衙门升用翰詹等官，既阅其文，又验其人材，分别等次。一等觉罗巴彦学一员，二等恒济、哈靖阿二员，三等觉罗德成格、德昌、观文、觉罗吉善、博通阿五员，四等鹤龄一员，不入等兆毅一员。侍讲觉罗巴彦学、左中允恒济俱着升授侍读学士，侍读学士观文着降为左中允，侍读学士博通阿着降为侍讲，侍讲学士觉罗德成格、侍讲德昌、右赞善觉罗吉善均着罚俸一年，左赞善鹤龄着休致，侍读兆毅着革职。

四月壬申　谕：昨于正大光明殿，考试翰詹等官。朕亲加详阅，按其文字优劣，分别等次。一等吴省钦、褚廷璋、张曾敞三员，二等宋锐、胡高望、彭冠、蒋雍植、金士松、曹仁虎、孙效曾、朱筠、秦承恩、彭绍观、朱棻元、唐淮、王大鹤、韦谦恒、谢启昆、纪昀、张焘、饶学曙十八员，三等袁鉴、邹奕孝、卜祚光、嵇承谦、沈士骏、葛正华、易文基、黄义尊、蒋良骐、萧芝、李孔扬、福明安、国柱、励守谦、孟生蕙、熊为霖、汪上林、陈兰森、丁荣祚、刘焯、张謩、柯瑾、陈于畴、徐光文、李铎、胡翘元、刘经传、路斯道、祥庆、陈圣时三十员，四等祝德麟、龚骖文、陈淦、张世渌、周位庚、汪存宽、于宗瑛、郭洁、雪格、卢珏、蒋鸣鹿、戈岱、吴鼎、胜格、明山十五员，不入等德昌、博棣二员。编修吴省钦升授侍读，编修褚廷璋升授侍讲，少詹事张曾敞着赏缎四疋，编修宋铣升授洗马，编修胡高望升授侍读，编修彭冠升授中允，编修金士松升授侍读，编修孙效曾升授侍讲，赞善朱筠升授侍读学士，编修秦承恩、彭绍观均升授赞善，编修韦谦恒升授庶子。其二等未升用者，着记名于应升处题奏。侍读熊为霖、赞善路斯道均降为编修，侍讲柯瑾、中允陈圣时均降为检讨，编修汪上林、刘焯，检讨陈于畴、李铎均着以知县用，洗马福明安、侍讲学士国柱均着罚俸一年，检讨易文基、萧芝，编修孟生蕙、陈兰森均着休致，侍读陈淦降为编修，洗马卢珏降为检讨，侍读胜格、明山均降为检讨，侍讲雪格、吴鼎，编修张世渌、郭洁，检讨龚骖文、周位庚、于宗瑛、蒋鸣鹿均着休致。其四等之未经降调休致者，均着罚俸一年。不入等之庶子德昌、中允博棣俱着革职。

四月庚辰　以翰林院侍讲孙效曾为云南乡试正考官，御史胡绍鼎为副考官；翰林院侍读吴省钦为贵州乡试正考官，御史孟邵为副考官。

五月甲辰　以内阁侍读孙士毅为四川乡试正考官，编修王大鹤为副考官；内阁侍读学士汤先甲为广东乡试正考官，检讨柯瑾为副考官；宗人府主事徐恕为广西乡试正考官，工部主事李廷扬为副考官；侍讲学士汪永锡为福建乡试正考官，给事中戈涛为副考官；侍讲学士李中简为湖南乡试正考官，中允彭冠为副考官。

六月丙寅　吏部议覆，御史蒋曰纶奏称，内阁中书，请于每科新进士内添用。查中书一官，向为举人、进士两项进身之路，而其职掌，则专以字画工楷为重。请将朝考入选未用人员试卷，另行封固，以备选择。其举人一项，向来专就朱卷酌取，无凭校核字画，请嗣后于荐卷内，酌取举人朱墨各卷，同朝考入选未用进士试卷，一并奏派大臣汇总校阅，录其文字俱优者，带领引见。从之。

六月癸酉　谕：据鄂宝奏，学政梅立本因逼索供应，凌辱陆川县知县杨梿，致该县忿恨自刎等语。梅立本身任学政，不知洁己奉公，乃敢以考试供应勒取短发多役人夫，已属大干功令，甚至威逼县令，致使情急自戕，其情甚属可恶。则其考试别县，亦必有遇事生风，需索暧昧之事。梅立本着革职拿问，交与鄂宝严审定拟具奏。

六月癸酉　谕军机大臣等：据鄂宝奏，学政梅立本考试郁林州时，勒索供应，恣意凌辱陆川县知县杨梿，致该县忿恨自刎一案，其情甚属可恶。已降旨该抚将梅立本革职拿问，严审定拟，并将任所赀财即行查封矣。学政优给养廉，乃不知洁己奉公，以考试供应恣意勒索，凌辱逼命，实出情理之外。若将本身治罪，而家属仍得安享余赀，何以示儆？着传谕冯钤，令其于接到谕旨时，密委干中，前往该犯原籍，将所有赀财严行查究，毋得稍有瞻徇，自干咎戾。如冯钤尚未回任，即着高晋遵旨严办。

六月甲戌　谕军机大臣等：据鄂宝奏，学政梅立本逼勒供应，致陆川县知县杨梿忿恨自刎殒命一摺，已降旨革职拿问，交与该抚严审定拟具奏矣。学政优给养廉，于考试供应理当奉公洁己，谨守官箴。梅立本按临所至，用夫至数百名之多，任意勒取短价，悍然不顾，已属大干功令，乃复恣睢纵肆，将县官庭跪凌虐，致令受辱难堪，忿极自尽，其情实属可恶，理应问拟抵偿，以肃法纪。着传谕该抚等严审定案，即行具摺，赶入本年秋审情实，以昭炯戒。其任所赀财，并着鄂宝严密查抄，毋任稍有寄顿隐匿。至梅立本如此恣肆妄为，其平日考过各属，岂无类此抑勒乖张情事，并别有婪赃不法之处，亦未可知。鄂宝虽系新任，于学政劣迹宁竟毫无见闻，何以直至酿成逼命之案始行参奏？此时如再不尽法定拟，并实力访查，俾平日在任败检实款尽行发露，则是自取罪戾，不能复为鄂宝宽也。

六月甲戌　命工科给事中朱丕烈提督广西学政。

六月甲戌　以司业博卿额为浙江乡试正考官，内阁中书陆锡熊为副考官；工部右侍郎刘星炜为江西乡试正考官，内阁中书郭元灏为副考官；祭酒良诚为湖北乡试正考官，主事郑步云为副考官。

六月丙子　命兵部左侍郎周煌提督浙江学政。

六月庚辰　以翰林院侍读学士哈靖阿为陕西乡试正考官，编修邹奕孝为副考官；户部左侍郎王际华为江南乡试正考官，翰林院侍读学士纪昀为副考官。

六月壬午　谕曰：汪永锡现在丁忧，福建正考官着改派戈涛，郭元灏着改派福建副考官。即令驰驿迅速前往，所有江西副考官着冯晋祚去。

七月辛卯　以御史虞鸣球为河南乡试正考官，户部主事孙含中为副考官；刑部郎中朱岐为山东乡试正考官，礼部主事姚鼐为副考官；御史秦雄飞为山西乡试正考官，刑部员外郎王士棻为副考官。

七月乙未　江南乡试副考官纪昀缘事革职，以侍讲学士国柱为江南乡试副考官。

七月乙巳　礼部等部议覆，山西巡抚苏尔德奏称，文武生员名册，学政无移送督抚之例，教官亦无呈牒地方官之条，一遇生员斥革案件，无凭查核。请嗣后学政岁科两试，于取进文武新生红案发学后，饬发地方官，造册呈送督抚。其前届文武生员饬令该学教官，造具格眼册牒，地方官一并呈送。案件关涉生员者，核其情罪查革，移咨学政除名。应如所请，并通行各省一体遵办。从之。

七月辛亥　礼部议覆，御史吴玉纶奏称，房考阅卷例应掣签分经。查，向来顺天乡试，每于十八房内，先择官阶优者，名曰领房，其余始以次掣签，实属相沿旧习。请一体掣签，毋得更立领房。又，各房落卷令主考照例尽数搜阅，有无取中，于奏报试竣摺内声明。应如所请，从之。

八月辛酉　顺天乡试，以工部尚书兼管顺天府府尹裘曰修、顺天府府尹蒋元益为监临官，兵部尚书陆宗楷为正考官，左副都御史景福为副考官。

八月壬申　命礼部右侍郎倪承宽提督顺天学政。

八月丙子　谕曰：鄂宝查奏，梅立本按试各属，较前任学政通计多用夫七百名。又，粤西各属，每棚另有捐项银六十两，为书役饭食，现在酌筹闲款另行妥议等语。梅立本鄙琐不堪，任意滥取，擅作威福，逼死县令，已于另案治罪。至于学政按试衡文，原应轻骑减从，不可丝毫扰累地方，即例有按临伺候夫马之说，只为护送敕印及必应随带之文卷官物而设，为数亦属无多。且各省学政，原与养廉，其随带之行李及携行之幕友、家人所用夫马理应自备，岂可借卷箱之名，滥行需索。若一切应用夫马仍取给有司，则各省督抚等养廉甚厚，岂遇有公事巡行各属，亦皆令属员供应夫马耶？梅立本在粤西如此，各省情形虽未必尽同，或亦有如梅立本之滥用夫马者，各督抚未免存官官相护之见，不肯查办，纵容日久，遂致积习相沿，因有梅立本需索逼命之事。此风断不可长，着通谕各督抚查明，各该学政按试时有无擅用驿马，多少若何，及似梅立本之多用人夫者，或间有自行雇觅之处，并各学政养廉若干，现在情形若何，即行据实具奏，到日再降谕旨。至于学政、书役等，各有例给工食，其饭食岂可令所至地方官捐备，亦属非体，并令该督抚一并查明覆奏。

八月丙子　礼部等部议覆，陕甘总督吴达善疏称，大通卫改县以后，额取文童二名，并无拨府，亦未设立廪增。查大通未改县以前，取进文童拨归西宁府学，府学增廪各四十名，原准其考补。今收隶县学，而府学廪增并未减额，大通取进，又不拨府，应将西宁府学廪增额内各拨二名，归大通县学作缺，六年一贡，其廪粮一并移支。应如所请，从之。

八月己卯　吏部等部议覆，两江总督高晋等疏称，泰州裁东台，同知、州判、巡检改设东台县……泰州额进文童二十五名应分拨县十二名，武童十五名分拨县七名，廪增各三十缺，分拨县各十缺，县三年一贡。……俱应如所请，从之。

九月癸巳　谕：各省学政现届差满，顺天学政倪承宽、浙江学政周煌、湖南学政陈科捷、广西学政朱丕烈俱系本年任事，无庸更换。江苏学政着景福去，安徽学政着德风去，江西学政着汪廷玙去，山东学政着韦谦恒去，山西学政着吴岩去，福建学政着阿肃去，湖北学政着戴第元去，陕西学政着刘樽去，四川学政着孟超然去，云南学政着李敏行去。河南学政嵩贵、广东学政翁方纲、贵州学政陈筌俱着留任。

十月丁巳　大学士等奏，校对顺天闱墨笔迹并无冒替、换卷等弊。得旨：嗣后，校对顺天闱墨笔迹，不必另请派人，即着派出大臣磨勘时一并校对。

十月庚申　谕：昨据顺天府奏，本年乡试取中美二十号朱卷，误将美十二号吴嗣德名姓填写发榜，请将吴嗣德除名，其美二十号之卷，毋庸议等语。吴嗣德既系误中，自应于榜内除名，至原中之美二十号，其朱卷既经主司评阅取中，填榜时未将红号详对，以致错误填写，其咎自在主司，与该生无涉，若因此竟为弃置，未为平允。着礼部查对墨卷系何姓名，加恩准作举人。

十月丁卯　以侍讲褚廷璋为顺天武乡试正考官，检讨卢珏为副考官。

十月辛未　谕曰：钱度另折议奏学政事宜，其中所定抬送人役，旱程用夫一百二十名，水程用船七只，尤属有意沽名，并非核实办公之道。试问学政巡历各府，即有应带文卷，谅不过箱箧数抬，已敷捡阅，何至需用夫船如许之多，其意不过欲务从宽备，以博学政等同官情面之欢，而不知供应纷繁，势必仍有滥索滥应之弊，为地方扰累。钱度擢任巡抚，不知感恩奋勉，痛自湔除外省恶习，乃到任之后，辄敢以此等伎俩于朕前巧为尝试，岂可复称封疆之寄？姑念其在滇省办理军需事务，尚为熟习，着仍补授云南布政使，以观后效。倘再不力为悛改，则是自速罪戾，不能再邀曲贷矣。其广西巡抚员缺，着宫兆麟补授。

十月辛未　谕：前因广西学政梅立本需索逼命一案，曾降旨各该督抚，令查明各学政按试时有无擅动驿马，多少若何，及似梅立本之多用人夫并各学政养廉若干，现在情形若何，即行据实覆奏。此旨颁发后已及两月，今仅据富尼汉将东省学政各情形覆奏。即远如广西一省，亦并据该抚查明具摺奏闻，何以各该省至今并未奏及。着再传谕各督抚，速行详查据实奏覆，毋得更有延缓。

十一月戊子　命编修童凤三提督广西学政。

十一月壬辰　谕：前曾降旨，令顺天乡试同考官南省人回避南皿卷，北省人回避北皿卷，边省人回避中皿卷，满洲、汉军回避满字、合字卷，所以防弊窦而慎抡才。顾行之未久，旋经给事中吴炜条奏，停止此例，亦遂允行。今御史王猷奏请，顺天乡试房考阅卷仍应回避，所见甚是。南北中皿虽总数省合编，究之本籍人多，或同乡戚友适分入本房，难保无暗为照应之事。况乡会试事同一例，会试房考阅卷，既回避本省，乡试何独不当回避本籍乎？取士大典，所关綦重，不可不杜渐防微，而远嫌疑以勖公明，于考官士子均为有益。嗣后，顺天乡试并仍照乾隆六年所降谕旨行，着为令。

十一月癸巳　礼部议覆，福建巡抚鄂宁奏称，各省新中举人，请照顺天乡试例，于填写亲供时，并令默写首艺。应如所请，从之。

十一月壬寅　吏部议覆，奉天府府丞李绶奏称，奉天一省并无挑选二等举人，而奉天教职较别省尤要。应如所奏。嗣后，令直隶总督于报明二等举人内酌派二员，赴奉天听候差委。从之。

十一月癸卯　谕军机大臣等：前因梅立本有多索人夫供给、逼毙县令一案。曾降旨各督抚，令将各该学政按试时有无滥用驿马人夫，扰累地方之处查明具奏。今据陆续奏到，各省情形，未能画一，俟到齐时再行交议。但闻学政向来雇觅人夫，买办食用，间有已经给发价值，而州县官于试毕后，仍行缴还该学政者，陋习相沿，不可不严加禁止。着再传谕各督抚确查，该省学政考试时如有此等情弊，即行据实覆奏，毋得少为袒护隐饰。

十二月乙卯 礼部议奏，磨勘河南省举人乔之邵等二名试卷挖补，虽无关文义，恐日久弊生，应照疵谬例停科，并定为例。从之。

十二月甲子 兵部议准，御史觉罗敦岱奏称，顺天武乡试，例止派外场监试御史四员，并无内帘监试御史。武会试例派内帘监试御史一员，而耳目难周。应请嗣后武乡会试，添派满汉监试御史各一员，至考试武进士、举人等，虽额数较少，而场外墙垣巡防宜密，应照文场例派弁兵员役巡查。从之。

十二月甲戌 礼部议覆，御史何曰佩奏称，顺天乡试中式举人皆分号定额，独副榜一项未经画一办理。应如所请。嗣后，按满合贝字号每举人五名，准中副榜一名。如有奇零，照不足五名例，毋庸合算取中。从之。

乾隆三十四年（1769年）

正月庚戌 军机大臣会同礼部等部议奏，据各督抚遵旨覆奏到，各省学政按临各府州，随带铺陈、家人、幕友、夫马、船只，除直隶等十四省向系学政自行发价雇觅，仍照旧外，其广西、湖南、云南、贵州四省，系官为供应，应禁止，一体责令自雇。至护送敕印、扛抬文册卷箱夫马，各省亦未画一，请嗣后学政考竣一府，即将寻常文卷封固，交提调官径送学政衙门，其必应随带者，用夫十二名护送敕印，用马四匹，路险，加夫四名，水路，船一只，遇滩险，加小船二只，均于驿站夫马船只内拨给报销。余夫马暨日用食物令自行雇觅，如滥应、滥索并短发价值及发价后州县缴回、学政收受者，令该督抚参奏，督抚徇隐，并议处。再，各省考棚一切应用之物及学政衙门额设书役工食，应酌动公项报部，不得令地方官再行捐备。至学政养廉，各省原额多寡不等，殊未平允。今查直隶、江苏、安徽、陕甘、山东、山西、福建、云南原定各四千两，湖南三千六百两，均毋庸另议。其河南六千六百六十六两，广东四千五百两，浙江二千五百两，加学租余银一千七百两，应均以四千两为额，计减三千三百六十六两。其江西原定二千四百两，酌增一千一百两。广西原定二千两，四川三千两，贵州二千七百两，湖北三千两，俱酌增至三千二百两。尚余一百六十余两，查奉天府丞兼管学政，原定养廉四百两，应以此项增给。从之。

正月辛亥 礼部议覆，御史王士棕奏称，顺天乡试及会试，惟收掌所官经管三场朱墨卷，应与内帘一体出场。余受卷、弥封、誊录、对读各所，于试卷送内帘后，令先行出闱等语。查四所官均有文移册档，即试卷送内帘后，监试、监临、知贡举等官尚有不时交查案件，今令出闱，则假手吏胥，转滋弊窦。所奏毋庸议。至称外省乡试外帘各官有先行出场者，应请亦照顺天例，令于揭晓后出闱，以昭画一。从之。

二月癸未　山东学政韦谦恒奏，考试生童，向于出题后分给诗韵，必令生童俱至号口，且遍行散给，多用胥役，均易滋弊，应先择一常用之韵，于领卷时散给，至出题即于所给韵内限字。报闻。

三月己丑　命礼部左侍郎金甡为会试知贡举，协办大学士、吏部尚书刘纶为会试正考官，吏部左侍郎德保为副考官。

三月壬子　礼部以会试中额请。得旨：这会试，满洲、蒙古取中三名，汉军取中一名，直隶取中十三名，奉天取中一名，山东取中十名，山西取中八名，河南取中八名，陕西取中五名，江南取中二十八名，浙江取中二十四名，江西取中十六名，湖北取中四名，湖南取中三名，福建取中七名，广东取中四名，广西取中二名，四川取中三名，贵州取中二名，云南取中一名。

四月乙丑　谕：嗣后，遇有会试后应行酌取中书等卷，仍着同考各官在闱随同正副考官分校录取，以昭慎重。

四月丁卯　谕：据陆宗楷等覆勘会试中式朱墨卷进呈。内中式第二十名梁泉一卷，经磨勘官王显曾签出疵谬之处，多至四十余签，请旨罚停殿试二科等语。磨勘停科，原指寻常疵累而言。今阅梁泉卷，疵谬之处层见叠出，而文亦不佳，本不应中。此而滥中，则佳文致遗落者反多，如此衡文校士，谁则不能？梁泉着革去进士，仍作为举人。所有阅荐之同考官张曾敞着交部严加议处，其正副考官刘纶、德保俱着交都察院议处。御史王显曾悉心磨勘，据实指出，尚属认真，着交部议叙。其刘文徽卷文义疵颣及策题错误之处，所有应议之举子、考官及原磨勘官，并交各该衙门照例查议。

四月戊辰　谕曰：御史孟邵条奏，请定翰林编检额缺一折。所见不知事理，向来所以不限定额者，因庶吉士散馆之后，编检人员自必较多，中间遇有考试升降，其数亦无壅滞之患。即如该御史所奏，定以额缺，而所余各员仍令额外学习候补，是有限制之名，仍无限制之实。至所称编检，听其去来，不足以昭慎重等语。不知伊等遇有告假等事，资俸例应扣除，不能越次迁转，倘其间有以领俸前后巧为趋避者，自有定例，本难趋避，即令有一二见小不惜颜面之徒，亦将为士林所不齿，国家又何必屑屑为之防禁耶？另折所奏，佐杂印信严禁私雕一事，佐杂等官卑人冗，所用止系钤记，若悉令由部颁发，事体尤属纷烦，朕意莫若交与各直省督抚于省会地方，定一镌刻铺户，如官代书之类，令佐杂等报明上司，将应用钤记即就官铺镌刻，但不许悬挂包刻门牌，以除陋习。其余市肆，一概不准私雕，已足备稽查而昭进地，于事理庶为允协。该部即遵谕行。

四月己巳　谕：礼部奏磨勘会试卷一折，请将磨勘官照例议叙之处，尚未允协。从前磨勘官定有交部议叙之例，原为其实能详慎从事、秉公纠举者而言，若仅随班塞责，而于卷内全无签摘，亦得一体滥竽，幸邀叙录，不足以示奖劝。着军机大臣会同吏礼二部另行详悉定议具奏。其折内应议之举子、主考、同考及原勘官，均交该衙门照例察议。寻议，嗣后，磨勘乡会试卷各官，全无签摘及签摘不当者概不予叙，果能签摘允当，准纪录一次。从之。

四月癸酉 策试天下贡士徐烺等一百五十一人于太和殿前。制曰：朕寅绍丕基，勤求上理，夙兴夜寐，曰笃不忘，三十四年以来，兢兢如一日。凡以敬迓天庥，乂安万姓，期于无一夫不获其所。朕安益求安，嘉与尔多士共商至道，其何以剀切指陈，以资拜献？善言天者，必有验于人。仲舒三策，天人之际，言之详矣。顾其学本《春秋》，而往往流入阴阳术数，即其弟子亦有议，其非是者何欤？《易》称："神以知来，知以藏往。"感应之微，奚假推测？况人君代天子民，与庶官百姓不同，果洗心藏密之地，真有吉凶同患之情，或者默契天心，诚无不格。夫以实不以文，理本不爽，古所谓"阳感天不旋日"者，其说何如？可推阐源流，亲切言之，以究昭事之实欤？古者君咨臣儆，著美唐虞，明试以功，不废考绩，至《周官》以六计弊群吏，其法加详，顾周制六年五服一朝，又六年，王乃时巡，以明黜陟，而冢宰，岁终则令百官各正其治，受其会，既诏以废置矣，而大计诛赏又以三年，其疏密之故，可得陈欤？自汉以六条察二千石，嗣后，代有损益，而原本《周官》，无二义也，可略举欤？朕为民择官，期公尔忘私，以襄庶政，乃察吏非不严，而贪墨未息，锄恶非不力，而纵逸尚闻，甚且上下弥缝，就轻避重，将立法未尽善欤？抑习惯性成，此风不能骤革欤？今欲大法小廉，肃清纲纪，将何道之从？以言取人，或谓非古，然虞廷敷纳，车服由之，虽司马三升，最详德行，而诗书礼乐，教分四时。文与行，未尝不并重也，言者心之声，言著于文，又其精者，非惟载道，且以征心，言不师古，惧其背道，乃或裁割古文，采掇糟粕，陈言务去之谓何？朕万几之暇，懋勤典学，尤期海内弦诵之士，共励精勤，以光文治，《钦选四书文》颁行已久，而或失之雷同剿说，或失之怪僻艰深，其弊安在？将教之者非欤？抑取之未善耶？夫以帖括为时文，其说已误，而以词赋取实学，其本已离，不得已而专试策论，又多浮词摭拾之患。今由科举以及朝考，三者皆用之矣，而未收得人之效，何欤？将欲一洗陋习，归于清真雅正，多士其以心得者著于篇。风俗者，教化所蒸也。我国家重熙累洽，承平百余年之久，朕轸念群黎，尤加培养，然而持盈之惧时切者，盖今为治之道，较古为难，故化民亦难。古者王畿千里，诸侯各治其国，大不过百里，总千八百国，仅数千里止耳。今版图式廓，西至二万余里，此地大物博之难也。侯国予夺自专，今自督抚及牧令惟所措置，即民间日用咸待周知，此家喻户晓之难也，将欲一道同风，何施而可？比者匪徒邪教，尚未悉除，悬赏格、叙超擢，则不肖者邀功，反累良善；无能者避过，坐失渠魁。除莠养禾，何以兼得？夫五礼六乐，司徒所以导民，先儒所谓大务，将使俗返敦庞，邪慝不作，要言至德，必可述焉。凡此数者，亮天工以熙庶绩，黜浮靡以导淳风。多士学古入官，讲求有素矣。其悉心以对，毋蹈故常，朕将亲览焉。

四月丙子 御乾清宫，召读卷官入，亲阅定进呈十卷甲第。

四月丁丑 上御太和殿。传胪。赐一甲陈初哲、徐天柱、陈嗣龙三人进士及第，二甲任大椿等五十人进士出身，三甲戴求仁等九十八人同进士出身。

四月辛巳 山东学政韦谦恒奏，考试童生有犯场规者，先责二十板，再为扶出。

学臣向只责治生员，无杖童生之例，臣为力绝弊端起见，谨奏明办理。得旨：览。童生岂反重于生员乎？责惩固可，但过则不可耳。

五月壬午 内阁、翰林院带领丙戌科散馆修撰、编修、庶吉士引见。得旨：修撰张书勋，编修姚颐、刘跃云业经授职，其清书庶吉士刘种之、秦潮、查莹、庄承篯、钱良栋俱授为编修，邓文泮授为检讨，汉书庶吉士陆费墀、陈昌图、管干珍、陈桂森、胡珊、邹玉藻、李殿图、王懿修、张秉愚、雷翀霄、福保、陈濂俱授为编修，余廷灿、卢应、王钟健俱授为检讨，施学濂、沈世炜、尹壮图、韩朝衡、李廷钦、王元葵、吕元亮、喻升阶、善聪俱以部属用，宋仁溥、林时蕃俱归进士原班铨选。

五月辛卯 谕：昨派阅朝考卷之大臣，以拟取各卷进呈。朕阅前列数卷，并拆看弥封，则拟列第一之严本卷论冒云：人心本浑然也，而要必严辨于动静之殊，两句内姓名显然并见；复阅拟第二之王世维卷，则云：维皇降衷；而拟第三卷之鲍之钟，则用苞含上下句，苞为鲍字之半；拟第五卷之程沅，则云：成之者性也，成与程音相同。实堪诧异。虽此各卷文义，原属可取，而其字迹可疑，且不止一卷，岂得尽谓偶然适合，似此隐藏字样，非关节而何？若谓此非关节，亦不解复有何等字样为关节者。或云，朝考止论去取，不问前后，此在小省人少者则然，若江浙中式进士较多，设朝考即入选，而名次在后，恐已难邀馆选，是前列实为势所必争，即不能保无播弄笔墨，希图巧作夤缘之计。朕从不肯逆诈亿不信，而亦断不能漠然无先觉，为此等伎俩所蒙。诸臣皆朕所信任派出，不值因此遽兴大狱，今为一一举出，应有内愧于心者耳。此事姑从宽免究，但如此拟取，不足以昭公道而服人心，因令军机大臣会同原看官，将各卷通行覆阅。据奏请将原拟之前四卷，抑置取卷之末，并将所取各卷，酌改前后次序，另签进呈。均如所拟更定。至原拟第三十一名之卷，诏既不切，诗复不工，亦如所请，斥去不取，以示平允。原派阅卷之大臣，将此不应入选之卷，滥取充数，咎无可辞。着交部议处，并将此明白宣示。俾嗣后，衡文诸臣及应试士子，各自猛省，倍加警惕。

五月辛卯 授一甲一名进士陈初哲为翰林院修撰，一甲二名徐天柱、一甲三名陈嗣龙为翰林院编修。

五月丁酉 内阁、翰林院带领新进士引见。得旨：新科进士一甲三名陈初哲、徐天柱、陈嗣龙已经授职，杨寿楠、萧际韶、金蓉、徐烺、刘锡嘏、吴寿昌、姚步瀛、刘湄、陈观光、秦泉、郑际唐、雷轮、朱纫兰、吴典、何德峻、梦吉、郭寅、张运暹、程元基、萧广运、罗国嶲、温常绶、王仲愚、左周、莫异兰、李学锦俱着改为庶吉士，任大椿、鲁用恩、鲍锟、刘斌、成金、魏晋贤、庄寅清、王禄朋、陈庭学、刘之宸、施一桂、丁云锦、汪知松、汪有仁、尹文麒、张隆基、卢镇苑、刘绍锦、周道隆、吴征士、卫锦、张翙、廖占鳌、鲁兰枝、徐学至、陈朗、戚蓼生、麦佑、奇丰额、张有年、陈本忠、夏璇源、盛嘉祐、戴文声、伊恒瓒、程宗濂、嵩庆、卢耕心、王应遇、顾长绂、刘诏升、特克慎、张宏猷、闻韵、武调元、俞之炎、吴惇、孙家贤俱着分部学习，王用仪着以知县即用，余着归班铨选。

五月戊戌 吏部带领分部学习之新进士引见。得旨：此次分部学习之额外主事张隆基、张翙、戚蓼生、张有年、陈本忠、盛嘉祐、顾长绂、刘诏升、特克慎着派户部学习，鲁用恩、鲍锟、陈庭学、刘烒、汪有仁、尹文麒、吴征士、廖占鳌、徐学至、陈朗、麦祐、奇丰额、伊恒瓒、吴惇着派刑部学习，余着分派吏礼兵工四部学习。

五月戊戌 带领会试取中以内阁中书、学正、学录用之举人等引见。得旨：任基振、姚梁、许祖京、金敬身、史梦琦、孙梅、王琸、潘奕隽、陆瑗、黄瀛元、施光辂、杨世纶、沈启震、陈墉、朱爀、蒋谢庭、邵自昌、王彝宪、张时风、高中、王友亮、叶兰、孙永清、翟均廉、王钟泰、黄轩、孙希旦、金光悌、严福、邱庭澍、潘庭筠、石鸿翥、田尹衡、刘天宠、龚禔身、谭廷栋、张埙、甄松年、范鳌、王学海俱着以内阁中书用，黄昌禔、吴逢圣、蔡镇、朱攸、卜维吉、邱文恺、徐立纲、李岩俱着以学正、学录用。

六月丙辰 谕：向来各省学政，三年任满，例应举报生员优劣。其优生之保题到部者，经礼部汇试，分别廪增附生，作为贡监，送入成均肄业。且有按省分大小定额，不得过几名之令，而日久相沿，奉行殊难责实，在学政中之拘谨畏事者，多以无可举报为辞，人才既不无屈抑，其他好名市惠之人，虽所举不敢逾额，必致尽数充选，自博宽厚之誉。况学政与生员，分属师生，随时得以相见，其中保无纳贽夤缘情弊，于造士抡才甚有关系。但三年举行一次，为奖励士子之一端，若竟辍而不行，未免因噎废食。嗣后，学政举报优生，着照选拔贡生之例，会同该督抚一体考核，果属文行兼优者，准其会衔保题，庶诸生不致滥遗，而甄拔益昭公当。其报劣之例，仍照旧加意核实办理。

六月辛酉 命内阁学士全魁、蒋元益教习庶吉士。

六月乙丑 谕：昨阅明山摺奏，有甘省试用人员将次用完之语。因思上次拣选分发举人，各省人数额缺多寡不一，其需次迟速，自亦参差不齐，随谕吏部按省查检。据查，现在甘肃、广西、云南数省，未补之人仅止数人，其余各省有多至十数员，或三十余员者，是分发已届三年，小省得缺者多，已有需人之意，而大省试用之员，尚不免经时淹积，待用无期，立法尚宜调剂。着该部通行核计，各就邻近省分，量为裒多益寡，俾益疏通无滞，其如何酌拟分拨事宜，该部悉心定拟具奏。寻议，统按各省人缺，先就邻省分拨不敷，再由隔省添拨，但现在未补缺者甚多，虽如此酌拨，恐尚补用需时，请嗣后遇有告病、休致、病故三项缺出，令各督抚在一等举人内拣选题署。从之。

七月壬午 国子监奏，臣监学舍修葺俱系恩赏银两，并不领用正项，向来俱系臣监自行办理。但分毫俱关帑项，未便擅自动用。请嗣后遇修理年分，先行踏勘，银二百两以上者奏明兴修。再，直省援例贡监，造册报部，即将该生年貌、籍贯、三代履历造册送监，在部报捐者亦然。臣监另设号簿，列名钤记，各给印票一纸。在外者，发督抚转给；在部报捐者，令该生亲领。倘有斥革病故，即将印票送监销毁。今遵行日久，间有因不来京考试，遂不赴监领照，遇有斥革等情，臣监无凭查对。请嗣后在部、在籍报捐贡监，俱令户部将部照送监，臣监遵旧例给照。现今未领监照者，令该地方官严催补领。嗣后，如有不领照者，将该生照违制例办理。再，臣监逢乡试之年，录科、考验等课卷应一概弥封。从之。

七月庚子　礼部等部会议，考试教习等项，人数在五十名以内仍照旧例，在午门内考试；若五十名以外，稽察难周，请于贡院聚奎堂考试。从之。

九月壬辰　命兵部右侍郎宋邦绥知武举，以刑部右侍郎张若溎为武会试正考官，翰林院侍讲学士王杰为副考官。

九月丁酉　兵部以武会试中额请。得旨：这考试，汉军取中二名，直隶取中八名，陕西取中七名，广东取中三名，河南取中三名，山东取中五名，江南取中二名，山西取中四名，湖北取中二名，湖南取中一名，四川取中一名，广西取中一名，福建取中三名，浙江取中二名，江西取中一名，云南取中一名，贵州取中一名。

九月丙午　吏部左侍郎兼管国子监德保奏，国子监历年蒙颁书籍，遗失甚多，请令历任堂官、助教等赔补。至良诚两任祭酒，梁锡玙系前任司业，并未查出，请交部察议。得旨：知道了。该监所存书籍，自应随时稽查，毋致散缺，何以遗失如许之多，太觉不成事体。陆宗楷、观保在国子监最久，乃竟漫不经心，听其遗失，尤难辞咎。着与良诚、梁锡玙一并交部严加议处。

十月戊午　策试天下中式武举林天洛等四十七人于太和殿前。

十月庚申　上御紫光阁，阅中式武举骑射。

十月壬戌　上御紫光阁，阅中式武举技勇并覆阅骑射。

十月壬戌　兵部议覆，山西学政吴岩奏请酌减武童进额，于成例未符，应毋庸议。得旨：部驳甚是。依议，各省文童三年考试二次，武童则三年考试一次，即照文额取进，亦仅得文生一半之数，该学政何以不加详核，妄云山西一省，文武进额相同，辄欲纷更成例。若谓武生内类多恃符滋事之人，惟在该学政随时体察，有犯必惩，于取额多寡有何关涉？尤为不揣本而齐末。吴岩所奏殊属不晓事理，着饬行。

十月癸亥　上御太和殿。传胪。赐中式武举一甲钱治平、金富宁、林天洛三人武进士及第，二甲许世昌等五人武进士出身，三甲李正勇等三十九人同武进士出身。

十一月辛巳　军机大臣等议奏，户部侍郎王际华奏称，武英殿缮写贡生，向例由国子监录送，此项肄业生凭文考取，书法不能尽工，且多年力就衰之人。应请停止。嗣后，行走贡生改为誊录额缺，咨行吏部，将考取誊录内正途出身者送补，并于原额十缺内裁四，每月各给膏火银二两五钱，再增设供事一名。应如所请，从之。

十一月戊戌　兵部奏，现在武进士拣选届期，应分别等第以营卫用。得旨：此次拣选一等、二等之武进士，着该部带领引见。再降谕旨，并着为令。

十一月丁未　谕曰：何煟奏，截取知县之举人徐廷槐，人甚衰弱，难胜民社，不敢因已经截取，滥行送部，应请改用教职等语。所奏甚是。各省举人截取届期，督抚等不过循照旧例，概行送部，从未将年力衰迈之员甄别具奏，何煟乃能于验看之时，据实奏闻，具见其实心任事。但此等人员需次有年，或自忘其衰老，不敢废弃，若即据奏改教，伊等必谓督抚任意遏抑，阻其上进之路，转不足以服其心。嗣后，督抚验看截取举人，如有衰庸难膺民社者，即着照此陈奏，其有自不服老情愿引见之人，着该督抚照大计六法官例，送部引见，候朕临时定夺。着为令。徐廷槐即照此例行。

十一月丁未　礼部等部议覆，陕甘学政刘樽奏称，迪化、宁边二厅新设学额，前经奏准，于学臣按临肃州时，将题目封固，送交驻劄大臣扃试，仍将试卷移送学臣取进。但考试题目必须严密，请于地方佐贰内委员递送等语。查，乌鲁木齐距肃州往返六千余里，专员解送，有旷职守。嗣后，封发题目及移送试卷均应照例由驿驰递。至武童内外场，既系驻劄大臣考试，应令其于卷面注明双好单好字样，移送学政，以凭区别进取。从之。

十一月戊申　兵部奏，向来拣选武举，不分等第。汉军以门卫千总用，汉人以卫千总用。呈请随营者由部考验，发省标学习。查，武进士拣选，按照等第分别营卫，武举亦应画一办理。请嗣后汉人武举一二等以营千总用，三等以卫千总用。愿随营者，仍照旧例，汉军武举一二等以门千总用，三等以卫千总用，无庸分发随营。至随营武举报满时，即由该督抚咨发邻省拔补，不须再送部考验。再，臣部差官，旧例拣选武举，俱准挑补。嗣后，应于三等武进士及一二等武举内签掣，三等武举不准掣补。从之。

十二月丁巳　命工部员外郎李廷扬提督云南学政。

乾隆三十五年（1770年）

二月壬戌　礼部议覆，江苏学政景福奏称，扬州府属，泰州文童四百九十余名，武童四十余名，东台县文童一百六十余名，武童十三名，多寡悬殊。应如所请，将泰州文童取进原额十三名改十五名，武童八名改九名；东台县文童十二名改十名，武童七名改六名。从之。

三月壬午　都察院议奏，吏部侍郎罗源汉，在顺天府尹任，将出身不正之幕友程芬混行送考，应降调。得旨：都察院议处吏部侍郎罗源汉，前在顺天府府尹任内，将出身不正之程芬滥行移送中式一本，将罗源汉议以降调。向来诸臣公过处分本内，朕必量其情事，并核其人才，多有加恩仍予留任者。至士子送考，事关大典，顺天府尹给文理应慎重，况程芬以出身不正之人在署作幕，其生平履历，断难诿为不知，即云知之未真，乃因其恳求，直用府尹公文移送，一切地方加结俱可不用，是直府尹身为作弊，岂寻常公过可比？且罗源汉屡经升用，荐至侍郎，于各任应办之事，多系俯仰随人，从未见其稍有自见之处，亦难更事姑容，致鳏职守。但若仅照签批发，外间无识之徒，或疑朕未加详阅，不知朕于诸臣功罪，铢两轻重，务令悉协其平，即寻常议处本内，无不留心检核，岂于大员进退，转肯稍为因任乎？罗源汉着照议降二级调用。

三月癸未　兵部奏，查辛卯年十月系正科武乡试，例应臣部会同顺天府监射；又值恩科武殿试，系臣部承办，请将辛卯年正科武乡试定于十月内恩科殿试传胪后举行。从之。

三月戊子　谕：畿辅为首善之区，人文渐被，多士蔚兴。上届临幸天津，曾加恩广额，用光黉序，乃者慈禧普被，欢恰敷天，业已特开乡会恩科，汇征叶吉，而鸾辂经临，推恩行庆，并宜嘉惠士林。所有直隶通省本年入学名数，大学增额五名，中学增额四名，小学增额三名，该学政其悉心甄录，务拔其尤，以副乐育作人至意。

三月丙午　谕：吏部将高晋奏请改补教职之阳湖县知县邓世让带领引见，看其人甚平庸，实应改教，及检阅该员履历，从前系由教职保举堪膺民社，是以补授县缺，此与别项由知县改教职者不同。人之心术操守虽不易知，然量其材质可否，试以民社，督抚等稍能留心察看，不难立办。何至一人之身，前后判然，竟至如出两人之理？总由该上司并未实心甄核，徒知姑息市恩、虚应故事、不惜贻误地方所致。倘不将原举之人加以处分，谁复知所惩儆？吏部向来则例，未经定有专条。嗣后，由教职六年俸满保举知县人员内，如有复行改教者，即将原保之督抚、学政等一并议处，着该部定例具奏。其从前保举邓世让之督抚、学政等并着查明，即照新例行。寻奏，嗣后，教职俸满，保举知县升任后，复以不胜民社改教者，原保举督抚、学政照荐举不实例，降二级调用，申详之司道、府州县降三级调用，加级纪录不准抵。从之。

三月丁未　谕：此次天津接驾人员内，考试休致之编修陈兰森、张世禄、郭洁、孟生蕙，检讨郑岱钟、陈本敬、易丈基，改用知县之检讨李铎等八员有情愿考试者，俱准其来京汇齐考试。再行降旨，其余因事降革、休致各员，着照例查明原案缘事情节，汇单具奏，候朕另降谕旨。

四月戊申　谕军机大臣等：王士棻因桐梓县刁民聚众不法一案，有生员在内唆使，请将不能约束之教谕徐经、训导甘型圣革职，并自请交部严加议处一摺。此案前于喀宁阿奏到，业经降旨，将该教官革职。此摺毋庸交部，至学政有董率教职、训饬生徒之责，乃竟有生员合伙倡唆之事，该学政本有应得处分，并不系于到任之久暂。将来审明定案时，自当同失察之各上司分别按例议处，何必汲汲自行陈请？其所奏请严加议处之处，此时亦毋庸交部，将此传谕知之。

四月甲子　谕：前降谕旨，特开万寿恩科，所有本年乡试需用考官，着将应行开列人员仍照向例考试，其试卷不必分别等第，止将拟取之卷进呈。入选人员，即按各衙门开列名单，交该部各依衙门次序带领引见，候朕陆续点用。该部即遵谕办理，请旨示期考试。

五月丁酉　以侍讲王大鹤为云南乡试正考官，礼部主事沈世炜为副考官；编修姚颐为贵州乡试正考官，户部主事孙含中为副考官。

闰五月乙卯　御史胡翘元奏，奉新县监生邹玉堂已经丁忧，现又考取誊录。请将已录各卷封固，调齐各生，默对笔迹。得旨：所奏是。其考取誊录之邹玉堂是否匿丧混考，抑系别人顶替，着军机大臣会同刑部查审具奏。余着该部议奏。

闰五月庚申　以编修祝德麟为四川乡试正考官，检讨邓文泮为副考官；宗人府主事陆锡熊为广东乡试正考官，户部主事简昌璘为副考官；翰林院侍读吴省钦为广西乡试正考官，兵部主事李廷钦为副考官；翰林院侍读学士朱筠为福建乡试正考官，户部主事范栻为副考官；户部郎中孙士毅为湖南乡试正考官，礼部员外郎姚鼐为副考官。

六月己丑　以内阁学士全魁为浙江乡试正考官，侍讲学士边继祖为副考官；侍讲学士国柱为江西乡试正考官，侍讲学士褚廷璋为副考官；侍讲学士李中简为湖北乡试正考官，宗人府主事冯应榴为副考官。

六月辛卯　谕：据裘曰修奏，现在扑捕蝗蝻，至修理贡院，为期已近，请派员管理等语。裘曰修未能一时回京，顺天乡试将次届期，所有应办贡院等事，自应及早专员经理。蒋元益向任府尹有年，科场事宜皆所熟悉，着令其暂行办理，俟裘曰修来京之日，即行交代。

六月壬辰　军机大臣等议覆，监生邹玉堂丁忧后，浼同县人章文代考，詹事府主簿戴怀德冒昧出结。邹玉堂枷号三个月，发烟瘴充军；戴怀德革职；章文在逃，获日另结。从之。

六月己亥　以洗马史贻谟为陕西乡试正考官，户部员外郎杨嗣曾为副考官；吏部右侍郎曹秀先为江南乡试正考官，户科给事中汪新为副考官。

七月庚戌　以编修谢启昆为河南乡试正考官，刑部员外郎曹锡宝为副考官；编修刘跃云为山东乡试正考官，编修徐光文为副考官；编修嵇承谦为山西乡试正考官，检讨柯瑾为副考官。

七月丙辰　谕：据福建学政阿肃奏，长汀县学武生钟超伦、钟品珍抗断不法，殴差夺犯，该教谕曾柏天、训导张可立不能约束，且为之匿情禀报，显有受贿嘱托情弊，请革职究审等语。所奏是。曾柏天、张可立俱着革职，交该督与案内人犯一并审拟具奏。

七月辛酉　左都御史张若淮奏，乡会试派有御史稽察弊端，责任綦重，向例惟开列资浅御史二十员，分拟外场内场内帘，在一年半年之前，已可揣度，恐有请托情事。请嗣后除现有差使人员外，不论资俸深浅，通行开列。得旨：所奏是，依议行。

八月己卯　顺天乡试，以顺天府府尹裘曰修为监临官，大学士刘纶为正考官，左都御史观保为副考官。

九月丙辰　谕：今科顺天乡试，诸生内有八十五岁者一人，八十岁者一人，本年为万寿恩科，此等年臻耄耋，尚来赴试，不无望恩之意，寿考作人，亦盛典也。着礼部、顺天府查明此二人，如未能中式，即将姓名、籍贯奏闻，特赐举人，以满其志。又闻入场时，尚有年仅十一、十三者二人，似此髫龄志学，果能即赋鹿鸣，固亦科名佳话，如未能入彀，原不妨策其精进，以待将来，自无庸一体加恩，遂其速成之愿，此亦因材乐育之道也。并将此谕众知之。

十月乙亥　谕：本日阅顺天府进呈恩科乡试录，内有中式举人名姓与已故尚书张照全同者。其人籍隶宣化，该处为直省边境，见闻僻陋，或偶然适合，亦未可知。但张照系旧日大臣，且其学问、字法近所罕有，岂新进后生所能几及，即使心存慕蔺，亦不应矜妄若此。又，旗人有名乾元者，不知此二字著于易义，岂臣下所能命名。均着礼部查明，即行更名注册。

十月庚寅　礼部议覆，福建学政阿肃奏称，缘事斥革举贡生监有与原名考试之例相符者，随案声明，以便收考。查举贡生监斥革未几，即予上进之阶，于情理未协。且甫经审结，其能改过自新与否，尚未可知，豫为收考，无以示惩，应毋庸议。得旨：部驳甚是，依议。阿肃系满洲翰林，初畀以学政之任，理应实心办事，整顿士习，今所奏缘事斥革之举贡生监原名考试一节，名为严核，而意欲从宽，多为收考地步。若伊不谙成例，此奏出于旁人怂恿，则是为人所愚，不应糊涂至此。若阿肃冀以此奏取悦于众，则有意沽名，尤属不合。阿肃着交部议处。

十月辛卯　命户部郎中孙士毅提督贵州学政。

十月壬寅　命侍讲学士褚廷璋提督湖南学政。

十一月癸卯　礼部议覆，湖北学政戴第元奏称，楚省各学册籍，开填年貌、经书每有舛错，廪增字样亦间有讹，或新册与旧册不符，或卷面与册注互异，将应议各职名分别咨部等语。查教官应办册卷，学政汇造总册。旧例，均无舛错议处之条，应请交吏部察议定例。从之。

十一月甲辰　谕：据海明奏，江西省本年乡试，有广信府属之兴安县生员李炜，年已九十九岁，三场完卷，虽未入彀，其志实堪嘉尚等语。今科顺天乡试，有年逾八旬者二人，已加恩特赐举人，俾遂观光之愿。今李炜年及期颐，尚能康强应试，洵为盛世休征。李炜着一体赏给举人，副朕推恩引年至意。

十一月乙巳　命给事中汪新提督福建学政。

十一月丙午　谕：据彰宝奏，大理城守营都司董承煊之弟董四顶冒马兵董成恩粮名赴省应试，又有提标中军参将胡光之侄胡起林亦系冒名应试，俱经拿获发审，并请将胡光、董承煊革职审拟等语。胡光、董承煊身为参将都司，随任弟侄自应令其回籍应试，何得充顶兵丁粮名，冒滥赴考，殊属有干法纪。胡光、董承煊俱着革职拿问，交该抚与案内有名人犯，一并严审，定拟具奏。

十一月丁未　谕军机大臣等：昨据彰宝参奏，提标参将胡光等之弟侄顶冒兵丁粮名应试，业经降旨，将胡光等革职拿问，交该抚严审定拟矣。武员子弟随任，自应回籍应试，何得顶冒兵粮，希图就近赴考，不特冒充籍贯，亦且强占兵丁名额，殊干法纪。滇省既有此情弊，恐他省似此者，亦所不免，着各该督抚即行查明，将有无冒考之处，据实覆奏。可于伊等奏事之便，传谕知之。

十一月己酉　谕：前以阿肃条奏，缘事斥革之举贡生监，于结案时，即详报学政，豫为收考地步，殊乖整饬士习之意，降旨交部议处。今经部议，降一级调用，系革职留任；又革任注册之员，无级可降，请旨即行革任。但核其情罪，尚可不至竟予褫职，而学政则不宜复留。阿肃着加恩于詹事降一级调用，来京候补，其从前革任注册之案，补官日一并带于新任。

十一月辛亥　礼部议覆，江西布政使颜希深、江宁布政使姚成烈先后奏称，各省乡试，闱中受卷、弥封、誊录、对读四所，事务先完，应令陆续出闱，回任办事。至收掌收卷官既有始终经理之责，仍与内帘官一体出闱等语。各该员如系州县，均有地方公务，收掌收卷官独留闱中，亦未画一。况经管试卷，非必须科甲出身者。请嗣后令该监临于事简同知、通判内，不拘科甲调充。受卷官各员事竣出闱时，将各册档并吏役人等移交外收掌官管理，内帘各官，有交查事件，即令该员承办。至称江南外帘各官增至二十三员，未免浮多，请照顺天例止设十八员。应如所奏，令各省一体遵行。从之。

十一月丁巳　吏部议奏，准礼部咨称，各省岁科两试学册与卷面填写不符，应请将学政、教官敕吏部定议处分。请嗣后各直省卷册舛错，教官照不行详查例，罚俸六个月；学政照疏忽例，罚俸三个月。从之。

十一月己未　礼部议覆，广西学政童凤三奏称，士子呈改经书，非本经荒芜，即以别经人少，妄思侥幸，不宜准其改习。应如所请。嗣后，贡生、生员及捐纳贡监生应乡试者，令各承办衙门查明现习何经登册。其新捐贡监生及新进各生皆以初次进场录科习经为定，如有私行改经，察出斥革。从之。

十二月癸未　兵部议覆，广西巡抚陈辉祖奏称，武闱内场向无誊录、对读，止将墨卷送入内帘。请嗣后房考官用紫笔，主试抚臣用蓝笔。如有添改，即照文闱内，按笔色查议。应如所请，从之。

乾隆三十六年（1771 年）

正月壬戌　御史赵瑛奏，乡会试考官入闱，原有颁贮书籍四书文，可备校查。近年仍有由坊间移取之事，于防范尚未周密，请一概禁止。得旨：该部议奏。寻议，内帘应用书籍，原属全备，无须更由坊间移取。应如所请。至试题旧文，考官平日博览难周，恐士子钞录幸中，应仍准移取备查。再查，闱中书籍，顺天而外，均未经颁贮，并请敕武英殿修书处，照顺天闱中书目各刷十五份，交部钤印，颁各藩司贮库，届期送内帘检阅，其工价于本年乡试经费项下拨还。从之。

正月丙寅　谕：据德保奏，广东省本年乡试，有肇庆府属之开平县生员张次叔，年已九十四岁，三场完卷，虽未入彀，洵为盛世休征等语。上年顺天乡试及江西省乡试，年登耄耋者三人，俱经加恩特赐举人，俾遂观光之愿，兹广东生员张次叔，年逾九旬，尚能康强应试，着一体加恩赏给举人，副朕推恩引年至意。

二月癸未　兵部议覆，两江总督高晋奏称，武职官员子弟，其随任入伍年久者，向无禁止本省应试之例，但伊等究系官员子弟，一经中式，即占该省武举名额，请将此项兵生，无论在营年久，概不准其应试等语。应如所请。嗣后，不惟禁其应试，并不准其入伍食粮，即籍隶本省之游击、都司、守备，其子弟入伍应试，亦俱令各归本籍州县。从之。

二月辛卯　礼部议覆，署云南巡抚诺穆亲奏称，乡会试内外帘所用蓝笔，质粗色黯，易滋洗改之弊。请嗣后内帘自房考、内监试、收掌官，外帘自监临、提调、监试及受卷、弥封、誊录、对读、收掌等官均改用紫笔，其原用紫笔之对读生改用赭黄笔，即于本年万寿恩科会试为始。应如所请，并请敕各省均照顺天乡试及会试之例，题纸用墨刷印，卷尾戳记统用紫色。从之。

二月癸巳　谕：山东省绅士于灵岩建设经坛，情殷祝嘏，所有在籍人员及进士、举人等着各赏缎一疋。

二月甲午　吏部等部议覆，大学士管四川总督阿尔泰疏称绵州移驻罗江裁并事宜。……一、绵州并罗江学额，文武生各十六名，应拨梓潼各二，余为州额。廪增贡各如州制。……俱应如所请，从之。

二月丙申　谕：此次山东省进献诗册诸生着于二十七日考试。

二月庚子　谕：此次考试山东省进献诗赋之生员初彭龄、监生窦汝翼俱着加恩赏给举人，准其一体会试。

二月辛丑　萨载又奏，前护抚臣李湖条奏社仓情形，如所称社长不许乡保举报，应令州县选不应试之殷实监生、乡民举充，并改一年一换之例，使司事三年，有效，给扁奖励，再接管三年，详充乡饮等语。查，社长充管六年，恐为期太远，难保无侵隐亏缺之事，应请照从前三年更换定例，酌中办理，果能著有成效，给扁已足奖励。而经久之道，尤在储备充实，则乡区有品之人乐司其事，亏累巧避等弊亦不禁自除，现在严饬清查，乘时买补，并令未建社仓各属循照前抚臣陈宏谋原奏，动用息谷，均行建造，俟各属报齐，当慎选社长，斟酌妥办。报闻。

三月壬寅　谕：朕因东省大吏之请，祗奉皇太后恭诣岱岳拈香，并顺道躬谒阙里，恩施所被，遍洽群黎。更念齐鲁为弦诵之邦，地切近光，人文蔚起，并宜式敷教泽，嘉惠胶黉。所有山东省本年入学名数，大学着增额五名，中学增额四名，小学增额三名。该学政其悉心搜录，遴拔真才，副朕乐育人材至意。

三月丁未　以工部左侍郎阎循琦为会试知贡举，大学士刘统勋为正考官，左都御史观保、内阁学士庄存与为副考官。

三月癸亥　兵部奏，武闱乡会试内场，向以墨卷送阅，是以房考官用紫笔，主考官用蓝笔。查蓝色易于洗改，请嗣后主考官改用赭黄笔，印卷戳记及一切旧用蓝色之处俱改用紫色。从之。

三月丙寅　谕：本年乡试届期，需用考官，所有应行开列人员仍着考试，并照上年之例，不必分别等第，止将不取各卷拆名扣除，其人选进呈之卷，仍按各衙门次序，开列名单，带领引见，候朕简用。该部即遵谕豫行办理，俟回銮后，于初八日考试。

三月丁卯　礼部以会试中额请。得旨：这会试，满洲、蒙古取中三名，汉军取中一名，直隶取中十四名，奉天取中一名，山东取中十一名，山西取中九名，河南取中十名，陕西取中六名，江南取中二十九名，浙江取中二十五名，江西取中十八名，湖北取中五名，湖南取中四名，福建取中六名，广东取中五名，广西取中三名，四川取中四名，贵州取中三名，云南取中二名。

三月己巳　谕：此次应行开列试差人员着于初九日考试。

三月庚午　礼部等部议覆，署云贵总督彰宝疏称，裁定滇省改府为厅，各文武生学额，元江府原额文武生各二十名，系与他郎通判合取，今改府为直隶州，他郎改归普洱府，应将元江文武生改为各十五名；广西府原额文武生各二十名，系与五嶆通判合取，今改府为直隶州，五嶆改归曲靖府，应将广西文武生改为各十八名；元江、广西廪增改为各三十名，三年二贡。镇沅府原额文生十名，内有威远同知拨入二名，今改府为直隶州，威远改归普洱府，应将镇沅文生改为八名，其武生及廪增贡毋庸议改。普洱府原额文武生各八名，今并威远、他郎学额，应增为文生十五名，武生十三名，廪增各增为十二名，二年一贡。武定府原额文武生各二十名，系由和曲、禄劝二州及元谋县分拨，今改府为直隶州，同城之和曲州就裁，应将和曲州并拨府本额归入武定直隶州，定为文武生各二十名，廪增改为各三十名，三年二贡；禄劝改州为县，应将禄劝并拨府本额，改为县学，文武生各十四名，廪增改为各二十名，二年一贡；元谋并拨府本额，应改为文武生各十二名，廪增贡毋庸议改。姚安府已议就裁，应将府学原额，仍归原拨之姚州、大姚二县，文武生俱各八名；白井文武生各四名；姚州、大姚、白井廪增贡毋庸议改。鹤庆府原额文武生各二十名，今改府为府属州，其原额文武生各二十名，应改武生为十五名，文生毋庸议改，廪增改为各三十名，三年二贡。弥勒、师宗、建水均改州为县，应将原设廪增均改为各二十名，二年一贡，文武生毋庸议改。顺宁府原额文武生各二十名，今新设附郭之顺宁县，应裁府学文武生各八名为顺宁县学，府学廪增改为各三十名，三年二贡；丽江府原额文武生各十五名，今新设附郭之丽江县，应裁府学文武生各七名为丽江县学，府学廪增改为各二十名，二年一贡；顺宁、丽江二县均由府拨廪增各十名，四年一贡。各府州所裁廪增应归现在所隶本籍为候廪、候增，各按考案新旧间补。均应如所请，从之。

三月庚午　命侍读学士边比祖提督湖北学政。

四月庚辰　谕：本年恭逢圣母皇太后八旬万寿，敷天洽庆，特举恩科，多士云集观光，欣承茂典，其齿跻耄耋、挟策偕来者多至三十余人，且有寿届期颐、矍铄应试者。仰见慈庆覃增，光昭寿宇，而四民之秀，受福尤先。上瑞嘉征，实为史册所罕觏，允宜宏敷渥泽，用广鸿庥。所有本年会试举子内年登百岁之李炜着赏给国子监司业职衔，其八十以上之李珩、周燮荣、胡宝璹、傅夔、张大章、王旭、邓峰、褚书、黄业焮、盛大业、谢敕典、张芬、王志宗、桑浡、赵铭、王玢、刘应荐、吴观俱着赏给翰林院检讨职衔，七十以上之丁福隆、胡玿、杨宣猷、靳增、王熊应、温瑗、何孙诒、许进益、张士晸、阎循中、徐闰章、徐勉、吴光昇、葛涵、高宏谋、温朝荣俱着赏给国子监学正职衔，俾耆儒膺秩，咸遂夙怀，以彰推恩引年之至意。

四月丙戌　谕：本日引见京察各员内，翰林院庶吉士亦有列入一等者，该员尚未散馆授职，不应遽膺荐剡，着撤去。嗣后，庶吉士保送一等之例着停止。

四月庚寅　命大学士刘统勋、刘纶，内阁学士全魁，吏部尚书程景伊，侍郎曹秀先，兵部侍郎觉罗奉宽，左都御史观保、张若溎为殿试读卷官。

四月辛卯　策试天下贡士邵晋涵等一百六十一人于太和殿前。制曰：朕懋缵鸿图，勤求郅治，畴咨宵旰，弗懈益虔。仰荷天祖贻庥，际一百二十余年升平之会，持盈思永，采纳弥殷，贡士等登选在廷，行将入政，资言成信，古训所先，尚矢嘉谟，用裨听览。昔《虞书》以十六字衍万世心法之传，厥指不外执中，曰精曰一。执中之诣力也，逮尼山道隆祖述，子思子作《中庸》，特揭时中之义，以明一脉相承，而于大舜之用中，推溯问察隐扬，执两端之运量，其即精一之谓欤？顾中即天命之性，致中即尽性之事。《左氏》言：受中以生。而《汤诰》言：恒性曰降衷。衷与中，二欤？一欤？子舆氏又申执中无权之说，异学之分涂何在？隋儒王通有《中说》十卷，其粹远过荀扬，学者转以僭经訾之，何欤？嗣是，言心性莫若宋五子，周子《太极图说》以中与正并举，程子言忠恕犹中庸，不可偏举，能缕析其底蕴欤？考绩之典，肇自唐虞，至周而法尤备；汉时群吏受计，如韩延寿为断狱最、陈立为劝农最之类；唐代因之，定有四善二十七最诸条，善最相权，复差九等；宋以六事考监司，四善三最考守令，科等参错不一，求其详要兼举，惟周制为近，三载一考，统其成也，析之则岁会、月要、日成，考核致为精审。今庶僚莅事，未满半载，即不入考，而移取注语于旧任，彼岁会即未之及，独不有月要、日成可核欤？又如摄事他曹者，设不改归，一任举察，将上官以迁代苟容，下属以兼权贷责，可欤？不可欤？食为民天，积贮所宜亟讲，王制以三十年之通制国用，尚矣。自汉耿寿昌、隋长孙平、宋朱子三仓之法立，历代悉仿行之。若宋沿唐和籴之令，又增博籴、俵籴、兑籴等名，抑配无度，岂贮籴利民本意哉？国家重农嘉惠，常平、社仓并行，屡谕大吏饬属助宣德意，将使吏不为奸，民沾实惠，果何术之操也？昨岁以东省麦收倍稔，命抚臣采运京师平粜，今夏尚有余积，近复降旨，再宽海丰、利津关禁之限，务期商贩流通，于推广裕民之道，更何以进筹善策欤？古称寓兵于农，井田之制邈已，若屯田犹略仿其遗意，自汉募耕塞下，洎魏晋唐宋，或以兵，或以民，或兵民兼用，其条法赅备，莫如赵充国便宜十二事，要领安在，魏邓艾虑田良水少，建议大开河渠，军储以赡，非得屯政先务欤？方今新疆式扩，屯垦日开，从来广漠之区，泉渠沃衍，所收自给岁支糈饷而外，赢粮数且不赀，成效显著，他如直省屯卫旧租，取佐漕丁运费，节经厘正，故籍脱漏尚多，欲使除隐占、资协济，其道何由？夫心法为宰化之原，考察实程材之准，豫贮籴以足民食，广屯田以益边储，皆经国之要图也。贡士等其诵言所闻，各抒夙抱，毋漏毋隐，朕亲甄择焉。

四月癸巳　御史张霁奏，近科新进士，于朝考诗题有赋二首及三四首不等者，请饬禁止。遵定式止赋一首。此外如庶常散馆、翰林大考以及考试试差，均不得违例多作。得旨：嘉奖，如议行。

四月甲午　上御乾清宫，召读卷官入，亲阅定进呈十卷甲第。

四月甲午　谕：前因殿试对策，贡士等多用颂联，甚非先资拜献之道，屡经降旨饬禁。今日读卷诸臣将拟定十卷进呈，阅其文词，仍未免颂多规少，其间且有语涉瑞应者，朕意深为不取。夫文章华实不同，即关系士习淳漓之辨。贡士等进身伊始，若徒挦扯肤辞，习为谀颂，岂敦尚实学本意。现就各卷中择其立言稍知体段、不至过事铺张者拔列前茅，其措词近浮及引用字句失当之卷酌量抑置，以昭激劝，并将此旨通行晓谕知之。

四月甲午　以翰林院侍读叶观国为云南乡试正考官，刑部主事陈庭学为副考官；编修刘权之为贵州乡试正考官，内阁中书张培为副考官。

四月乙未　上御太和殿。传胪。赐一甲黄轩、王增、范衷三人进士及第，二甲王尔烈等五十五人进士出身，三甲陈承曾等一百三人同进士出身。

四月戊戌　内阁、翰林院带领己丑科散馆修撰、编修、庶吉士引见。得旨：此次翰林散馆之修撰陈初哲、编修徐天柱业经授职，其清书庶吉士刘锡嘏、杨寿楠、秦泉俱着授为编修，王仲愚着授为检讨，汉书庶吉士吴寿昌、郑际唐、王嘉曾、梦吉、吴典、林兆鲲、萧际韶、刘湄、何德峻、雷轮俱着授为编修，萧广运、李学锦、郭寅、左周、温常绶、罗国嶲、张运暹俱着授为检讨，姚步瀛、莫异兰着以部属用。

五月壬寅　礼部议准，左都御史张若淮奏称，乡会试策问不得以本朝人发问，对策亦不得引涉，至策题每问不得过三百字，违者分别议处。从之。

五月乙巳　授一甲一名进士黄轩为翰林院修撰，一甲二名王增、一甲三名范衷为翰林院编修。

五月己酉　内阁、翰林院带领新进士引见。得旨：新科进士一甲三名黄轩、王增、范衷照例授职，王尔烈、黄瀛元、吴震起、林澍蕃、吴覃诏、周兴岱、张明谦、李簧、周厚辕、马启泰、李潢、吴昕、曹城、陈源泰、项家达、吴嶲升、仓圣脉、李光云、朱诰、陈昌齐、闵思诚、朱依鲁、顾葵、孔广森、钱沣、包愫、龚大万、陈国玺、江琅、马慧裕、章铨、佛尔卿额俱着改为翰林院庶吉士，杨以湲、熊枚、郑楠、蔡辉祖、谢宜发、饶崇魁、程世淳、程晋芳、张华甫、史积容、杨芳春、姜开阳、孔继涵、蒋泰来、祝昴、劳宗茂、冯堉、邱文恺、郑澄、洪朴、崔修绅、徐长发、敷森布、周元鼎、李镜图、田凤仪、胡世铨、沈廷献、方昂、邵洪、刘文徽、杨九思、沈荣嘉、林其宴、朱钟麒、陆苍霖、墙见美、郎若伊、杨湝、谢肇渚、毛晋登、陈怀仁、吴元琪、宋昌芹、赵来震、戴书绅、赵永禐、和宁、韦典治俱着分部学习，胡绍峄着以教职即用，余着归班铨选。

五月癸丑　兵部议准，工部尚书兼步军统领福隆安奏称，请将巡捕营马兵停其乡试。凡籍隶大、宛两县之人，挑补马步兵丁，有愿考试者，令其与武童一体应试，取中武生，再准乡试。至营员子弟，拔补弁兵，令其改调营汛当差，使其父兄无考核管辖之责。从之。

五月壬戌　以检讨芮永肩为四川乡试正考官，户部员外郎孙嘉乐为副考官；右庶子曹文埴为广东乡试正考官，御史胡翘元为副考官；编修汪存宽为广西乡试正考官，吏部员外郎尹壮图为副考官；侍读金士松为福建乡试正考官，礼部郎中袁文观为副考官；编修沈士骏为湖南乡试正考官，御史邵庚曾为副考官。

六月壬申　命兵部侍郎觉罗奉宽、内阁学士王杰教习庶吉士。

六月乙酉　以内阁学士庄存与为浙江乡试正考官，检讨刘校之为副考官；内阁学士王杰为江西乡试正考官，编修曹仁虎为副考官；翰林院侍读吴省钦为湖北乡试正考官，编修黄良栋为副考官。

六月丙申　以编修熊为霖为陕西乡试正考官，编修王懿修为副考官；少詹事彭元瑞为江南乡试正考官，吏部员外郎陈夔为副考官。

七月丁未 以编修秦潮为河南乡试正考官，御史积善为副考官；左庶子胡高望为山东乡试正考官，御史印宪曾为副考官；左庶子福明安为山西乡试正考官，左赞善彭绍观为副考官。

七月甲寅 礼部议覆，山东学政韦谦恒奏称，士子身列胶庠，不应挑唆词讼。嗣后，如有生员代人作证，审属子虚者，即行详革，仍照包揽词讼例，加等治罪。即证据非诬，亦牒学戒饬，再犯者报劣。均应如所请，从之。

八月壬申 吏部议准，太常寺卿谢溶生奏称，抚民同知、通判向由小京官保送，其中如赞礼郎、读祝官有由生监拣补者，各该员诸事未谙，恐难遽膺外任。请嗣后生监出身，有历俸三年、办事明白者，方准该堂官保送，不合例者部驳。从之。

八月甲戌 顺天乡试，以工部尚书管顺天府府尹裘曰修为监临官，左都御史张若溎为正考官，内阁学士全魁为副考官。

八月庚寅 谕：各省举人历科递积滋繁，铨选向多壅滞，朕心每深轸念，曾为筹计疏通之法，于丙戌会试后，降旨分别拣选引见，量其人才年力，以知县分发，教职注授，并许借补丞簿等官，令得及锋自试。越今六载，俱经各督抚陆续题咨补授，所余待缺者已属无多。广登进以免积薪，于寒畯甚为有益。今岁恭逢圣母皇太后八旬万寿，特开乡会恩科，俾欢洽汇征，永为例事。其年臻耄耋者，业于今春榜后，视其齿序，恩予职衔，寿宇覃厘，用征士林嘉瑞，而云集观光之众，亦当令其同沾庆泽，益广慈禧。着于明岁春闱后，仍照丙戌年之例，将应试举人分别等第拣选，引见录用，俾得乘时筮仕，以示振兴，并彰锡类作人之至意。所有办理事宜，该部临期再行奏闻请旨。将此通谕知之。

八月乙未 谕军机大臣等：据海明奏到逸盗徐明宗一摺，已交行在军机大臣会同刑部核拟远奏矣。乃同日所奏各摺，俱用紫笔缮写，殊属拘泥可笑。科场条例，外帘不用墨笔，原以防胥役人等营私舞弊而设，至新例监临官用紫笔，更指闱中文移告示而言。若缮录奏函，自有一定体制。向来督抚等承办监临，闱中奏事，俱用墨笔。海明在外任已非一日，宁于此尚未之知，乃尔拘牵冒昧，竟以素不经见之式率形奏牍耶？何不晓事体若此？海明着传旨申饬，原摺俱发还。

九月己亥 谕：各省学政现届差满，福建学政汪新、湖南学政褚廷璋、贵州学政孙士毅、湖北学政边继祖俱系本年任事，无庸更换。顺天学政着李宗文去，江苏学政着彭元瑞去，安徽学政着朱筠去，浙江学政着王杰去，江西学政着曹文埴去，山东学政着李中简去，山西学政着曹锡宝去，河南学政着沈初去，陕甘学政着杨嗣曾去，四川学政着冯应榴去，广东学政着金士松去，广西学政着范栻去，云南学政着郭元灐去。此内有现出试差人员，若拘例回京请训，再行赴任，徒劳驿全往返。学政之职，惟在公慎自矢，整饬士习，兴起文风，此外更无可训谕。伊等于接奉此旨后，即着各赴新任，不必来京请训。

九月庚戌 谕：……据德福奏称本年武闱例应督抚主试，现在打箭炉，不能回省亲考等语，德福现已令其来京，而阿尔泰尚在军营办理军务，武闱试事，即着派令李本代办，一切内外场事宜，俱令其照例妥协办理。科场原系藩司专责，所有试录等事，即用布政使印，声明代题，亦无不可。再前此阿尔泰曾奏明，将刑名案件，委藩司代审，此时李本已授藩司，所有应行总督审结案件，即着李本会同新任臬司李世杰，虚衷详慎，研审定拟后，即行详核，按限报知该督具题，将此传谕知之。

九月庚戌 命兵部右侍郎蒋元益知武举，吏部右侍郎曹秀先为武会试正考官，左副都御史罗源汉为副考官。

九月辛亥 谕：本年恭逢圣母皇太后八旬万寿，庆洽敷天，朕推广慈仁，施恩耆士。昨岁恩科乡试，曾降旨将顺天及江西、广东等省应试士子，年逾八旬者赐以举人。今春又将会试举子查明七十以上及年跻百岁者，分别赐衔有差，以共慰其寒窗绩学之志。兹当顺天乡试，士子踊跃偕来，其中皓首庞眉，较上科倍盛，榜发虽未能获隽，念其耄年尚赴场屋，壮志足嘉，而福锡儒林，益征上瑞，着加恩，将顺天应试诸生内年在八十以上之张文达、苏之洙、张静深，七十以上之邵无逸、张淑瑗、李峰、段名时、张纯任、戈熙勋、沈岱、石震、张淑琪、赵彦美、杨煜及前日鄂宝奏到山西省八十三岁之乔玉柱，本日何煟奏到河南省八十岁之宁维祺俱赏给举人，一体会试，俾遂其观光夙愿，并昭寿考作人，有加无已之至意。

九月甲寅 兵部以武会试中额请。得旨：这考试，汉军取中二名，直隶取中八名，陕西取中七名，广东取中八名，河南取中三名，山东取中五名，江南取中二名，山西取中三名，湖北取中二名，湖南取中一名，四川取中一名，广西取中一名，福建取中三名，浙江取中二名，江西取中一名，云南取中一名，贵州取中一名。

九月乙丑 礼部议准，奉天府府丞吴绶诏奏称，学制员额与应试人数宜随时裒益持平。复州学额八名，额多人少，盖平、广宁二县每学二名，额少人多，请将复州照辽阳、宁远二州之例，定为五名，所余三名，拨增盖平、广宁各一名，仍余一名归入奉天府学。从之。

十月戊辰 谕：今年恭遇皇太后八旬万寿，恩施广被，欢洽耆儒，业经降旨，将顺天及山西、河南各省应试士子年臻耄耋者特赐举人，用彰作人上瑞。今据裴宗锡奏，江南应试贡生朱桓、翟天衡俱年在八十以上，奋志观光等语。朱桓、翟天衡俱着加恩赏给举人，一体会试，俾得遂志沾荣，以昭庆泽。

十月戊辰 谕：今年恭遇皇太后八旬万寿，士子仰荷慈禧。顺天乡试多有矍铄观光者，并山西、河南、江南等省，节据各该抚奏到，年八十以上应试之人一二名不等，耆儒嘉瑞，宜洽恩施，业经降旨赏给举人，以遂其素愿。今德保奏，广东等入闱士子，九十以上者三名，八十以上者十六名等语，寿世固多人瑞，亦何至士林鲐耇，与宾兴者连蓁成群？此必若辈见有上年恩旨，各萌幸泽之心，增填年齿，以致多人混冒。岂知锡庆惟从核实，而名器难以滥邀，似此作伪涉欺，岂能逃朕之洞鉴。而士习所关，尤不可不防其渐。其在九十以上者即有虚饰，谅尚不甚相悬，着该抚查明姓名，确核年岁，另行奏闻请旨。其八十以上之人，则断难凭信。不然，何上科未闻一人，而今年遽聚至如许耶？自当毋庸查办。德保身任监临，既为此奏，即当详细确查，乃滥列多名，率行入告，殊属不合。着交部察议。至乡试诸生，俱系学臣录送，其年貌、册籍尤属学政专责，且生员报考时，豫为将来筮仕计，减少岁数者十居八九，旧册具在，历历可征，乃胶庠之中，顿增耄耋，何难按籍而稽？翁方纲竟尔听其私改，置若罔闻，所司何事？且该学政于八月中奏闻考试情形，具陈严月课、惩健讼诸事，方谓其在任尚知实心整饬。至所称士子知读古书者日多，而于诣精造微、深切体味之功则尚皆有待，乃以千古读书人难能之事期之今时，稍觉其迂妄，而云尚皆有待，则隐然自寓仍需渐教之意。今观其于士子年貌，听其滥开若此，则前摺所奏并非实济，更属显然。不过因学政更换届期，捏词自炫，希图留任耳。翁方纲着交部严加议处。

十月戊辰　谕：据何煟奏，验看截取举人申超年力衰弱，难膺民社，请将该员改教一摺，所办甚是。前因何煟于护理巡抚时，奏请将验看截取举人如有衰庸难膺民社者，即照此陈奏，其有情愿引见者，并照六法官例，送部引见定夺，着为令。乃两年来，各省督抚从未有以验看衰颓据实奏办者，岂应行甄别之人独在豫省，而他省竟无一人可汰乎？此皆各督抚因循姑息，不实力奉行所致。岂复澄清铨法之道？着再传谕各督抚，嗣后，验看截取举人时，务遵照前旨，察其年力，悉心分别。如有应行改教之员，即循例奏闻，毋得概予给咨赴选，具文塞责。着于各督抚奏事之便，传谕知之。

十月己巳　谕曰：德保本未谙习吏治，原非朕必欲用为巡抚之人，第其平日在京供职，尚觉小心谨慎，因试以外任，冀其或可造就。乃伊自到任以来，并未有加意整顿之处，而缮摺具奏，屡次疏忽，业经随时训饬。似此精神不能周到，已虑其办公欠于详密。昨据奏，广东乡试入闱士子，九十以上者三名，八十以上者十六名一摺，并不确核年岁，又不明列姓名，滥开人数繁多，率行入告，意在沽名取悦，更非封疆大臣所宜，已将伊交部察议。究不知其办理政务，能否实心奋勉，抑或姑息斯文，恶习未除，仍然模棱无实用也。李侍尧共事两年，知之必悉。着传谕该督，令其将德保办事如何，是否胜任之处，秉公据实密奏，毋得稍有瞻徇。寻奏，德保小心谨慎，遇事奋勉，现署督篆四月，所办尚无贻误，似能胜巡抚之任。得旨：尚属公论，但伊若因屡误，而一切畏葸，不能振作，又难胜任矣，亦据实奏来。

十月庚午　谕：据钟音参奏，福建粮驿道吕际虞轻听任情，性懒自恣，全不以公事为念。今派委乡闱监试，每日在至公堂等处饮射喧哗，任意游戏，并令供给所将备办食物折价赍缴，殊骇听闻，请旨革职等语。吕际虞由司员外用，特擢监司，理宜端谨自矢，以图报效，乃不知实力办公，复于棘闱重地，放纵游戏，已属有忝职守。甚至将场中日给食物琐屑折价，尤为卑鄙不堪，非寻常溺职可比。仅予罢斥，不足示惩，吕际虞着革职，发往军台效力赎罪。

十月癸酉　谕：据周元理奏，东省文闱应试诸生内有九十以上之董书宗、郭毓麟，八十以上之孙斐并各精神矍铄，妥协完场，洵称熙朝上瑞等语。本年恭逢圣母八旬万寿，所有顺天及山西、河南、江南等省入场士子，年臻耄耋者俱经加恩，特赐举人，俾共慰其皓首观光之愿。今山东省复有高年励志，从事棘闱者，自当令其同沾庆泽，董书宗、郭毓麟、孙斐俱着加恩，一体赏给举人，副朕推恩引年至意。

十月甲戌　命右中允徐光文提督河南学政。

十月丙子　以侍读学士博通阿为顺天武乡试正考官，侍读彭冠为副考官。

十月戊寅　礼部议覆，御史褖克济等奏称，科场搜检大臣等应带官员及跟随仆役，请仿照监试考官等准带二三名之例，画一遵行，仍先期移册砖门，以防冒混。应如所请。嗣后，搜检王公等随带官员不得过三员，从人不得过四名。各部院八旗大臣等随带官员不得过二员，从人不得过三名。再龙门内稽察之大臣及会试钤榜堂官随带官役并请照搜检大臣例，以归画一。从之。

十月壬午　策试天下武举林天彪等四十九人于太和殿前。

十月癸未　御紫光阁，阅中式武举骑射。

十月癸未　命内阁学士谢墉教习庶吉士。

十月甲申　上御紫光阁，阅中式武举技勇。

十月甲申　礼部议准，护理陕西巡抚、布政使勒尔谨奏称，陕西凉州一府乡试士子试卷应准其归入通省卷内，无庸另编字号，其甘肃、西宁编为聿左号，肃州、安西、乌鲁木齐等处编为聿右号，准其各取中一名。其聿左右号，每科于通省卷内取中补数之例，应行停止。从之。

十月甲申　顺天武乡试正副考官博通阿、彭冠，监试褖克济、王绂等奏，武闱阅卷，见卷面弥封甚薄。请嗣后弥封将厚纸封固，以杜弊端。从之。

十月丁亥　上御太和殿。传胪。赐中式武举一甲林天彪、薛殿元、郑敏三人武进士及第，二甲何永清等五人武进士出身，三甲利振纲等四十二人同武进士出身。

十月壬辰　谕：今年恭遇皇太后八旬万寿，覃敷恩庆，欢洽耆儒，所有顺天及山西、河南、江南、山东等省应试士子，年臻耄耋者，节经特赐举人，用彰作人上瑞。今据富明安等奏，湖北省应试贡生鲁道传，年八十岁，精神矍铄，愿切观光等语。鲁道传着加恩赏给举人，一体会试，俾得遂志沾荣，以昭庆泽。

十月壬辰　谕：据德保奏，前次奏摺内空字未填，实属异常疏忽，请交部议处等语。章奏上陈，理当加意检点，岂宜率意若此？但其过止于疏忽，尚可无庸交议。而伊接奉朱批后，经旬始具摺谢罪，仍不免于迟缓，殊属非是。至其前此具奏乡试入闱八九十以上士子，并不确核年岁，滥开人数，意在沽名取悦，实非封疆大臣所宜。业经交部议处，议以降级留任。着再传旨申饬。德保务当痛自湔改，以图后效，勿因此次宽宥，辄谓有过可以幸免，仍蹈姑息模棱之习，则是自取重戾，不能承受朕恩矣。将此并谕知之。

十一月丙午　谕：据永德奏，湖南省本年乡试，有华容县学生员涂丹山、安乡县学生员刘志润年皆八十一岁，考试完场，精神矍铄，俱未中式等语。今岁恭遇圣母皇太后八旬万寿，所有顺天等省应试诸生，内有年跻耄耋者，节经加恩赏给举人，以遂其皓首观光之愿。兹湖南之涂丹山、刘志润，耄年赴试，壮志足嘉，着一体加恩，赏给举人，副朕引年推恩至意。

十一月丙辰　谕：据勒尔谨奏，本年陕省乡试，有华阴县生员张溟，年八十四岁，西安府学生员杨生华，年八十一岁，均鼓舞观光，文艺完整等语。今岁恭逢圣母皇太后八旬万寿，所有顺天等省应试诸生，年逾耄耋者，业经陆续加恩，特赐举人，用彰士林嘉瑞。今陕省之张滇、杨生华俱以高年从事棘闱，励志可嘉，着加恩，一体赏给举人，俾得慰志叨荣，以广庆泽。

十一月辛酉　以加上崇庆慈宣康惠敦和裕寿纯禧恭懿安祺皇太后徽号礼成，颁诏天下。诏曰……所有应行事宜，开列于后。……一、国子监贡监生及官学教习免坐监期一月。一、各省儒学以正贡作恩贡，以次贡作岁贡。……于戏！山镜符呈仁寿，星云登八伯之歌；瀛筹算纪延洪，两露沛十行之诏。布告天下，咸使闻知。

十一月乙丑　谕：昨阅工部题销顺天庚寅科乡试添补器具等项一本。裘曰修即系兼管顺天府之人，乃于工部堂官内仍行列衔，以自行报销之案，旋复自行考核，于事理实属未协。在同堂大员，秉公核实，或不敢彼此瞻顾，而司员、书吏人等以承办之人，现为本部堂官，豫操核销之柄，难保无畏惧迎合情事，何可为训？由此类推，如户工二部，钱法堂侍郎专管局务，若遇本部核奏时，该侍郎亦行列衔，均非核实办公之道。嗣后，在京各衙门凡有似此者，俱令一体回避。着为例。

十一月丙寅　谕军机大臣等：据李侍尧等奏，广东潮州府属各县设立官学，教习官音，有名无实，徒滋糜费，请概行停止一摺。所奏甚是。闽、广二省，从前因其不谙官语，是以设立官学，延师教训，今行之日久，既渐成具文，在有志服官上进之人，自知随时学习，原不待官为督课，于事殊属无益。广东如此，福建恐亦有相沿旧例之处。着传谕钟音、余文仪即饬属详查，凡有此等设立官学教习有名无实者，概行奏明，照广东一体办理。并谕李侍尧等知之，原摺并钞寄钟音等阅看。

十二月丁卯　谕：据钟音等奏，兴化府学增生柯俊彦年九十六岁，应辛卯科乡试，三场完卷等语。本年恭遇圣母皇太后八旬万寿，顺天等省乡试，耄年士子踊跃观光，节经加恩赏给举人，俾得共酬夙愿。今福建省之柯俊彦年近期颐，矍铄应试，虽未能获隽，而壮志殊堪嘉尚，着一体加恩，赏给举人，用彰儒林耆瑞。

十二月庚辰　礼部议覆，湖南学政褚廷璋奏称，永州府属东安、永明二县猺籍童生不过数人，佳卷甚少，定额三名，似觉过多。宁远县猺籍童生，每试录送百余名，依额取进，尚多可采。请将东安、永明各减一名，作定额二名，所减二名，拨入宁远作定额五名等语。查东安、永明二县猺童，于数人之中额取二名，仍属过优，应各减二名，定为一名，所减四名内，酌拨宁远二名。从之。

十二月丙戌　礼部等部议覆，湖广总督富明安等奏称，施南府属宣恩、来凤、咸丰、利川四县，自改土归流，设县分治，考试童生渐多，经前督臣德沛奏准，四县共进童生一二名，暂归首邑恩施县学管辖在案。今宣恩、来凤、咸丰三县应试童生现各有三百余名，请岁科两试，各取进七名；利川县童生现有五百余名，请取进八名；并请添设府学，取进十二名。查从前合四县考试文童，仅取进一二名，今奏请四县各取进七八名，又添设府学十二名，殊属过多。嗣后，宣恩、来凤、咸丰三县准其各取进三名，利川取进四名。所请设立府学之处，查，恩施县学原定十五名，量减三名；建始县学原定八名，量减一名，拨入府学。此外于六县中酌取四名，定为学额八名。再，取进生童应设教官管束。查，宜昌府及所属东湖、巴东、归州三州县，并施南府属恩施县学各有教职二员。应如所请。宜昌府训导拨改施南府学，东湖县训导拨改来凤县学，巴东县训导拨改咸丰县学，归州训导拨改利川县学，恩施县训导拨改宣恩县学。从之。

十二月庚寅　谕：前因德保将广东乡试年老士子，不行确核，滥列多人入奏，已降旨交部察议。仍令将九十以上者，详查姓名、年岁，覆奏请旨。今据奏到，三场俱完、未经中式之三水县贡生陆敬年九十一岁、开平县增生劳大成年九十四岁、大埔县附贡生杨国光年九十岁，入闱时面行询问履历，实属相符等语。此等诸生年臻耄耋，尚能应试观光，洵为士林嘉瑞，且册报已及九旬，其中即或稍有增加，谅不至甚相悬隔，应照顺天等省之例，一体加恩，俾酬夙愿。所有陆敬、劳大成、杨国光俱着赏给举人，用彰锡类作人之至意。

乾隆三十七年（1772 年）

正月壬戌　谕：前于乾隆三十一年丙戌科会试，曾降旨分别挑选各省举人，以疏壅滞。阅今已逾六载，业经加恩降旨，于本年春闱后，照例举行。但思前次挑选所有新中举人不应遽行入选者，止扣除切近两科，而派出之王大臣等于验看时多取年力精壮之人，是入选者仍系近科举子为多，其科分较陈者仍致艰于与列，岂朕设法疏通本意？自应再为参酌，使官人造士并得其中，方为允协。今计切近两科，如庚寅、辛卯年分竟与本年直接，即推溯至戊子、乙酉两科，距今亦不过五年、七年，举子半属年富力强，所历科分未久，自会试中式以及中书、学政、学录及教习、誊录等项，皆可资以进身，较之乾隆初年举人，核计悬隔三十余年者，实属相去霄壤，若概与甄录，甚非情理之平。此次挑选，着将乙酉、戊子、庚寅、辛卯四科举人均行扣除，王大臣等就应挑各科举人内，量其乡科较深，而人材出色可用者列入一等，以备分发各省试用，俾得及锋自效，无憾久淹。其科深而才力不致近衰、堪胜司铎之任者即予列入二等，以教职铨选补用，俱照例引见，候旨定夺。其按省酌定人数，俱照上届例行。此朕爱惜士子，慎重官方，不得已调剂之苦心。在历试场屋者，既不致坐伤迟暮，可以乘时报称；其初登乡荐者，亦宜安于资序本浅，当知上进有阶，自不应希心速化，于广励士风之道，尤有裨益。该部即遵谕行。

二月甲申　礼部议覆，贵州学政孙士毅奏称，革生仍冒衣顶，州县不及检察，请令各学教职按季册报州县，遗漏，照徇庇例议处。并令革生乡邻具结，如本人冒充衣顶，不首，一律科罪。查，生员详革，由州县者案在州县，无庸该学册报。惟由该学详革者，应册送州县备案，疏漏，照经手遗漏例，罚俸一年；受嘱漏送，照徇庇例，降三级调用。至乡邻与革生难步趋相守，分传具结，恐胥吏滋弊，无庸议。从之。

三月丁酉　礼部奏，据吏部咨称，乾隆三十四年，记名中书、学正、学录未补之员无多，请于会试落卷内挑取六十卷，带领引见，简用中书三十名，学正、学录十名。此次考官等于放正榜后，酌留闱中数日，俟各卷阅定进呈后出闱。得旨：此次应取中书、学正、学录等卷着照议，交主考官阅取，所有同考官均无庸在闱分校，其应行酌留官役人等仍着军机大臣会同该部定议具奏。余依议。

三月辛丑　以礼部侍郎倪承宽为会试知贡举，大学士刘纶为正考官，兵部侍郎觉罗奉宽、内阁学士汪廷玙为副考官。

三月甲辰　谕：据搜场王大臣永瑺等奏，头场搜出怀挟举人张静深在袖内藏匿性理论二纸，现在照例枷号。查系山西贡生，年八十岁，辛卯顺天乡试，恩赏举人等语。上年恭逢圣母皇太后八旬万寿，会试榜后，已将耆耋观光者分别给衔示奖，各省乡试士子中，有耄年应试者，并为推广慈仁，特赐举人，以遂其平生读书苦志。初非因其优于学问，凭文甄拔。伊等既已邀恩，尤宜自揣分量，如果文理不至荒陋，原可随众入闱。若本毫无素蕴，难以终场，则幸邀一第，即可安分知足，何得更萌躁进妄想，以致求荣反辱？况昨年逾格旷典，原所以仰承庆泽，岂能岁以为常？此次下第举子，即有年逾八旬者，亦无再行施恩之理。而乃不知自爱，夹带败露，是视朕加惠耆年之意，转为若辈行险徼幸之阶。不特深负厚恩，抑且不知善保功名，实属咎由自取，朕亦无如之何矣。将此通谕知之。

三月甲子　礼部以会试中额请。得旨：这会试，满洲、蒙古取中三名，汉军取中一名，直隶取中十五名，奉天取中一名，山东取中十二名，山西取中九名，河南取中十一名，陕西取中六名，江南取中三十名，浙江取中二十六名，江西取中十九名，湖北取中五名，湖南取中四名，福建取中九名，广东取中五名，广西取中三名，四川取中五名，贵州取中三名，云南取中二名。

四月辛巳　谕：今日礼部奏会试磨勘试卷一摺。请将签摘允当之原勘官照例议叙，自所宜然。至以原勘遗漏之员交部察议，而置全无签摘之员于不问，定例殊未允协。试卷派员磨勘，又派大臣覆阅，立法虽已周详，若原勘官于疵谬之卷并未加签，经覆勘大臣察出，其遗漏处分原属应得。但覆勘大臣岂果能逐卷翻阅，不过就有签之卷，重加评核，而无签者即不复寓目。人情好逸而恶劳，孰不乐于省事，此亦无足为怪。第以有签之卷，复指摘一二以为挂漏，是尽心磨勘者，竟以有签招议，而不置可否、草率了事之员转得幸免处分，既不足以服人，亦非核实办公之道。嗣后，凡原勘官已经签出者，虽覆勘另有增易，毋庸复行交议。至各员内有派办两科，并未签摘一卷，则其人全不以事为事，疏漏实所难辞，照例予以处分，庶足示儆。所以此次会试磨勘无签各员，着该部存记，俟下科磨勘时，汇核查办，如此准情定例，则功过皆得其平，而公事亦益昭详慎。着为令。

四月甲申　命大学士刘统勋、刘纶，内阁学士德风、谢墉，吏部尚书程景伊，兵部尚书蔡新，侍郎周煌，左都御史观保为殿试读卷官。

四月丙戌　策试天下贡士孙辰东等一百六十二人于太和殿前。制曰：朕祗绍丕绪，期臻大猷，御宇三十七年于今，际重熙累洽之庥，殚图易思艰之责。每怀延纳，朕末不遗，矧尔多士，引对阙廷，入官伊始，尚因发策，共效敷言。自古帝王求治莫先乎勤政，孜孜赞赞，《典》、《谟》陈训綦详，《大》、《易》首系乾元，必以行健法天，握其枢要，于下经则次咸、恒二卦，咸曰速，恒曰久，而惟其能速，是以能久，固即申明健行不息、天人协一之至义欤？乾之三爻曰乾惕，泰之三爻曰艰贞，象辞何以若合符节，所为开泰、保泰之原，本有同条共贯者欤？汉仲舒董氏经术最醇，其云尊闻行知，高明光大，一归之于强勉，《易》与《春秋》，又有歧指欤？夫一日万几，宵旰不遑暇逸，而畴咨交儆，佐治是所兼资，何道而使广益集思，胥尽弼违之谊也？历代诸史，向敕馆臣校刊，嘉惠海内，近以辽、金、元三史，人地官名多淆于后代儒生之手，或一人而两传，或一地而数名，至于释义、对音，动成乖舛，因命重加厘正，务极精详，其余胪事系时，悉仍其旧。顾《金史》多本刘祁《归潜志》，《元史》多本虞集《学古录》，今以史文相核，率有矛盾，何耶？《同文韵统》所计三合切音，至为吻合欤？所云《华严字母》，折衷何若？昔称七音为均，均者韵也，考其真于译音，而通其用于韵学，讵有外于谐声辨字之本者欤？直省积贮，所以备歉，而经理端在丰年，曩制三十年之通，与夫耕九余三、耕三余一无论矣。如常平、社仓，至今承用不改，第任法任人，奉行匪易，或饬购补乘时，虽谷贱无虑伤农，而市值之加增不免；或听因循展限，即挪移利于悬价，而廪储之虚旷谁筹？将使措置适宜，策果安在？乃者新疆乌鲁木齐等处，屯收充羡，督臣议请建仓，捐贮本色，省转输、足边计，利更溥于腹地，举行实惟其会，何道而使敛散及时，勾稽尽善乎？文章载道之具也，溯尼山在兹之统，及门通六艺者七十二人，而文学一科，独列游夏，何也？厥后师援纷歧，宗派各别，所作丽于经史子集者，数难更仆，渊源正变，能缕述欤？沿及谭艺之家，若陆机《文赋》，状作者之用心；刘勰《文心雕龙》，区七十二体之式，所言不越八代文格，于原道征圣之目，洵有当否？近代茅坤裒唐宋为八家之选，存古文法度，本朝储欣益以李翱、孙樵，搜罗较备，曾令儒臣订定《唐宋文醇》，付梓以行，于《文粹》、《文鉴》或不至大相径庭乎？夫治道期于励精，史书贵乎传信，广屯仓以充军实，观人文以验化成。尔多士讲明有年，其悉意正辞，条具以对，朕将亲览焉。

四月己丑　御乾清宫，召读卷官入，亲阅定进呈十卷甲第。

四月庚寅　上御太和殿。传胪。赐一甲金榜、孙辰东、俞大猷三人进士及第，二甲平恕等五十五人进士出身，三甲熊言孔等一百四人同进士出身。

四月甲午　内阁、翰林院带领辛卯科散馆修撰、编修、庶吉士引见。得旨：此次翰林散馆之修撰黄轩，编修陈嗣龙、王增、范衷业经授职，其清书庶吉士闵思诚、李潢、林树蕃、朱诰俱着授为编修，孔广森着授为检讨，汉书庶吉士李光云、黄瀛元、曹城、金蓉、吴敬舆、王尔烈、朱依鲁、马启泰、吴寯升、周兴岱、项家达、李篢、陈昌齐俱着授为编修，程元基、垄大万、钱沣、佛尔卿额俱着授为检讨，顾葵、吴震起、张明谦、陈观光、江琅、章铨、徐烺、郑源焘、马慧裕、包悰俱着以部属用。

四月甲午　河南学政徐光文奏，臣自上年十一月抵任，即饬各府州趱行试事，逐加校阅。虽不乏平正之文，而融洽经史者甚少，复饬各学每月课加试经解一篇、史论一篇，仍按期查提课卷考核。本年开印后，臣先至许州，次及汝宁府，除正考制艺、诗篇外，另场考试经解、论赋、策问及性理、小学诸论，于覆试时，藉以觇其经术。至声韵向以中州为正，今并有不知平仄者，现遵照《佩文韵府》刊印简明官韵，于生童考试时各给一册，令其习阅，并令教官平时指示，俾咸知韵学正宗。得旨：知道了，实力为之，毋为空言。

五月丙午　授一甲一名进士金榜为翰林院修撰，一甲二名孙辰东、一甲三名俞大猷为翰林院编修。

五月庚戌　（吏部）议准，给事中王猷奏称，贡生考试教习期满，请于双月举人二班之后，选用二人，教职照知县例，亦用二人。从之。

五月壬子　内阁、翰林院带领新进士引见。得旨：新科进士一甲三名金榜、孙辰东、俞大猷已经授职，平恕、李尧栋、沈孙琏、朱绂、潘曾起、茅元铭、裴谦、许兆椿、邹炳泰、钱樾、李镕、方炜、黄寿龄、庄通敏、张扬扬、苏青鳌、邱庭漋、王兆泰、朱攸、莫瞻菉、张百龄、闵惇大、萧九成、图敏、蔡廷举、张家驹、彭元琉、王坦修、黎溢海、王福清、王汝嘉、胡敏、陈科銆俱着改为翰林院庶吉士，钟定邦、景江锦、颜培天、郑宗彝、来起竣、王基、冯灿、徐大榕、罗正墀、李世望、吴贻桂、陈大文、金汝圭、李静渊、黄永祺、陈化龙、袁镐、周凤翔、魏博、沈文炳、李阳樾、李坚、阎泰和、铁保、李融、李承报、周元良、蔡大均俱着分部学习，周嵩晓、施灏、焦长发、沈可培、凌浩、吕公滋、杜钧俱着以知县即用，余俱着归班铨选。

五月癸丑　吏部带领分部学习之新进士引见。得旨：此次分部之额外主事颜培天、来起竣、徐大榕、吴贻桂、黄永祺、李阳樾、李承报着派户部学习，郑宗彝、冯灿、李世望、李静渊、周凤翔、李坚、周元良着派刑部学习，余着分派吏礼兵工四部学习。

五月癸丑　（吏部）带领朝考人选、未用之进士八人及拟取中书、学正、学录之举人等引见。得旨：李棨、吕云从、宋镕、王照、陆湘、吴嶲、章煦、毛上炱、汪日章、宋枋远、毛凤仪、吴锡龄、吴熊光、王庆有、张曾效、范来宗、冯培、程维岳、叶菼、沈恩湛、涂日焕、李荃、沈凤辉、李照、沈清藻、李威、吴镶、潘有为、朱绠、汪镛俱着以内阁中书用，刘景岳、罗万选、常循、吴坦、陈木、张亮采、周鉉、翁树棠、蔡必昌、谢登隽俱着以学正、学录用。

六月辛未　命兵部侍郎觉罗奉宽、内阁学士庄存与教习庶吉士。

六月丙子　户部议覆，陕甘总督文绶疏称，遵旨酌议收捐监粮条例。每俊秀一名，肃州二属照原定捐额收粮五十名，安西府属及哈密、巴里坤等处收粮四十石。其中有由廪增附生，捐数照例递减。至应收粮色，安西定以米麦，哈密等处定以小麦、豌豆，均令各半收捐。所有应给生俊实收，由司豫颁加钤本官印信，随捐随给。臣部查所定收捐粮数与从前额谷相符，粮石亦系上色堪贮。至由廪增附生报捐者，粮数递减，及印信实收各事宜，均系向定章程。应如所奏办理。至每捐监一名，收公费银四两，监粮一石，收仓费银四分。现在各处，如旧无仓廒及有而不敷存贮者，照例估建，所需银两先于司库借动，以所收仓费归款。臣部查亦系向例，准其照数收借。……再，捐生赴部换照，例按该省造到捐册核对，前此内地造册迟延，致彼守候，此次新疆捐册，应令该督严饬各员，按季送部，毋致参处。从之。

七月己未　吏部议覆，江西布政使李瀚奏，直省府州县学额设教职二员，所以分任课士之责，亦为互相稽察之地。如该员等有同族亲支先后铨选一处，难免瞻顾之私。现袁州府万载县教谕赵由义、训导赵由杰询其支派，尚在五服以内，请于所属内酌量调补回避。应如所奏。嗣后，教职铨选发凭，该督抚验看时，查明如系亲族同选一处者咨部调补。请通行直省载入则例。从之。

八月甲申　兵部议奏，各省马兵取中武生应留营仍食原粮，与马兵一体差操较拔，准其乡试。请通行直省遵照。从之。

九月丁未　命兵部左侍郎周煌知武举，礼部右侍郎倪承宽为武会试正考官，左副都御史黄登贤为副考官。

九月戊申　绥远城将军容保奏，绥远城前经将军补熙奏设满蒙翻译、满汉翻译官学二处，于本城兵内挑取教习四名，俾教满洲、蒙古及八旗闲数幼丁四十名，每年公费共计银二百六十三两零，于房租内支给。查闲数幼丁，贫乏不得学习者尚多，请将闲空协领、佐领房屋三所，连前共设官学五处，挑选能教清语、马步骑射者，每学四名，令其兼管训迪。所需薪水纸笔，即将旧设银二百六十三两零匀给。如果教导有方，三年后给咨引见，遇有骁骑校缺出补用，臣等仍不时督查。报闻。

九月庚戌　兵部以武会试中额请。得旨：这考试，汉军取中二名，直隶取中六名，陕西取中七名，广东取中九名，河南取中二名，山东取中五名，江南取中二名，山西取中三名，湖北取中二名，湖南取中一名，四川取中一名，广西取中一名，福建取中三名，浙江取中二名，江西取中一名，云南取中一名，贵州取中一名。

十月甲子　谕：据鲁赞元奏，新科武进士挑授侍卫外，其余应拣选营卫守备用者，请照文进士之例，一同带领引见，恭候分别录用等语。所奏事属近理，但新科武进士，朕御紫光阁亲试骑射、技勇，原系一体通行阅看，即可定其等第，无庸另派大臣拣选。着兵部即于紫光阁校阅时，将上届分别营卫人数，开单进呈，候朕一并酌量分记录用，并无庸重复带领引见。着为令。

十月乙丑　谕曰：原任甘肃西宁镇总兵高天喜前在西路军营，奋勉出力，临阵捐躯，成劳可悯。伊子守备高仁因豫保引见，奏恳四川军营效力，着加恩赏银五十两，驰驿前赴军营，交与温福听候差委，遇有都司缺出，即行补用；其次子武举高人杰现在会试，未经中式，并着加恩，准与新科中式武举一体殿试。

十月甲戌　（上）御紫光阁，阅中式武举骑射。

十月乙亥　上御紫光阁，阅中式武举技勇。

十月丙子　上御太和殿。传胪。赐中式武举一甲李威光、左瑛、赵士魁三人武进士及第，二甲宋如璜等四人武进士出身，三甲程定泰等四十三人同武进士出身。

十二月壬戌　谕：礼部参奏四川学政冯应榴，据绵州知州黄叔显朦混申详，请将革生陈纯开复一案，所奏甚是。该生因点放花筒，伤毙二命，其已革衣顶，不准开复之处，既先经礼部咨覆刑部，并行知该学政遵照。乃该州遽以刑部准其收赎之条藉为例，得开复之据，率详请复，非寻常错误可比。黄叔显着交部严加议处。至学政冯应榴有整饬士风之责，于革生请复案件，自应详查前后部文，酌核办理，乃亦据详竟行咨部，岂宜复留学政之任？着撤回，一并交部严加议处。

十二月癸亥　命翰林院侍读吴省钦提督四川学政。

十二月己卯　礼部议准，河南学政徐光文奏称，内黄县学额进文童十八名，今应试童生仅三百八十余人，文风中平；汤阴县学额进文童十二名，今应试童生六百余人，文风较胜，应裁内黄县学额三名，拨补汤阴。从之。

乾隆三十八年（1773 年）

二月癸亥　谕曰：勒尔谨奏，巴里坤地方近来生息增繁，兵民子弟，教书讲射，渐已蔚然可观。请照乌鲁木齐迪化、宁远二厅封题代试之例，专设学额一摺。已批交该部议奏矣。自平定西陲以来，关外耕屯日辟，商旅往来，生聚滋繁，久已共安作息，其秀民并知蒸蒸向化，弦诵相闻，渐成乐土。前已议准办事大臣所奏，于乌鲁木齐等处专设学额。今巴里坤复请照例取进生童，将来人文日盛，即当建置胶庠，使遐方文德诞敷，声教广被，实从来所未有。惟是该处民居稠密，闾井殷繁，兼之属国来王，征轺辐辏，实为边陲一大都会。今既议定学额，而原驻仅一同知，尚于体制未合，自应将巴里坤改设为府，乌鲁木齐改为属州，或将安西府移于巴里坤，而改安西为州，并令统隶，于边郡规模尤为闳远。其应如何定制设官、酌予嘉名及建立学校之处，着大学士、九卿详悉妥议具奏。寻议，查安西府距嘉峪关不远，应改为直隶州，将所辖渊泉县裁，应设州判、学正、吏目等官，将渊泉县县丞、训导、典史裁改，原设玉门、敦煌二缺，仍为属县。巴里坤改设知府，添附府知县一员，应设经历、教授，以安西原缺移驻，经历兼管司狱。乌鲁木齐同知改为知州，仓大使改为吏目，仍管仓大使事，添设学正一员。原设宁远城通判改为州同，特讷格尔县丞改为州判，附近之辟展同知，哈密、奇台两通判均归巴里坤新设知府管辖。至哈密迤南、马莲井迤北相去穹远，应令该督酌添佐杂一员。现议改设府州县沿边各缺，定为繁难最要，令该督于陕、甘两省满员内拣调，安西州并新设州同、州判，定为边缺，亦拣员调补。应添学额，岁科两试每次取进文童四名，岁试武童四名，由学政封题，令该道考试；武童外场，该道与驻劄大臣会考。……得旨：如所议行。寻定府曰镇西府，州曰迪化州，县曰宜禾县。

二月甲戌　吏部议覆，广东布政使姚成烈奏称，广东商籍中式举人截取知县时，向不声明商籍，选缺例无回避。查，此等商籍，与土著相同，若听其服官斯土，难保无瞻徇请托之弊。请照寄籍之例，一体回避。应如所请，并通行各省照例办理。从之。

二月丙戌　署户部尚书永贵奏，查八旗恩监、例监只准考试中书笔帖式及缮本贴写笔帖式，其咸安宫学、宗学、觉罗学教习向不与考。请嗣后如有通晓翻译之恩监、例监一体送考，于学校似为有益。报闻。

三月己酉 谕：朕因永定、北运两河工程告蒇，莅省成事，临幸天津，直省士子，夹道欢迎，输忱蹈咏，进献诗册者甚多，爰照从前巡幸江浙、山东之例，命题考试，就其文义高下，量加录取。所有列在一等之生员顾堃、李廷敬，贡生闵思毅、陆伯焜俱着赏给举人，其举人杜兆基着以内阁中书补用；其列在二等之进士张虎拜，举人张方理、秦樇、邱桂芳、谢肇泂、吴裕德、祝堃，生员陆蓉、邱桂山、刘祖志，贡监生邱人龙、杨照、李宪乔、赵珍俱着赏缎二疋，以示省方观风、嘉惠誉髦之至意。

四月甲寅 吏部议覆，湖南学政褚廷璋奏称，教官出缺，需署甚多，拣发人员不敷委用，请以病痊起复人员照二等举人例，有情愿自效者，令其赴省报名候委。应如所请。嗣后，教职病痊终养以及丁忧起复人员，准其赴省呈明，听该督抚委署，通令各直省遵办。从之。

五月壬申 礼部议覆，四川学政吴省钦奏称，资州所属之资阳县应考文童五百余名，仁寿县六百余名，该二属各额入八名，而人数较多；井研县额入十二名，应考文童较少，应将该县减额二名，一拨资阳，一拨仁寿。再，成都府属之金堂县额入八名，应试八百余名；绵州所属之德阳县额入六名，应试四百六七十名，二县人文日起，查前议裁松茂等学额十二名，增入资州等学十名外，尚余二名，即拨该二学取进。应如所奏，从之。

六月戊戌 户部议奏，捐职各员，或由贡监生报捐，或由小衔加捐大衔，既有后给之照可凭，其从前各照实属重复，恐滋私授顶替诸弊。嗣后，贡监生捐纳职衔，令将原领部监各照呈缴，按现在年貌填给执照，仍填明原捐贡监年月事例备查。如应试者，即将新捐职照呈验，其由小衔加大衔者，照此办理。从之。

八月己酉 礼部议准，陕甘学政杨嗣曾奏称，甘肃宁夏府乡试向编丁字号，每科额中二名，今该府人文日盛，颇胜他属。请嗣后宁夏一府生监乡试，准其一科与通省合试，凭文录取，无庸另编字号；一科仍列丁字号，照旧额取中，俟将来文风大盛，再行题请，统归大号。从之。

九月癸亥 礼部议准，广东布政使姚成烈奏称，寄籍生监奉例改归原籍，而其中情形不一。应请嗣后寄籍未久，原籍尚有亲族田庐者，仍照例拨回原籍；若原籍仅存疏远族属，本人名下并无田产室庐，其入籍年分已与定例相符者，准其入于寄籍地方应试报捐，地方官不得强令回籍。仍彼此关会，不准两处歧考，违者从严究治。其有妄攻冒籍、聚众横击者，亦各按律治罪。从之。

九月丙寅 礼部议准，山西学政曹锡宝奏称，贡监录科，向例于卷面上注明恩拔副岁监生字样，学政等不免豫存成见，于凭文弃取之道未为允协。应请嗣后照岁科考生员例，只注明府州县及所习经书，其恩拔副岁监生字样，无庸填写。从之。

九月癸酉 命编修秦潮提督安徽学政。

九月丁丑 谕曰：朱筠因生员欠考捐贡一案，部议降三级调用，自属应得处分。

念其学问尚优，着加恩授为编修，在办理四库全书处行走。

九月壬午　　吏部议准，江西巡抚海成奏称，吉安府属永新县学，文风颇盛，向设教谕一员，办理殊为竭蹶，请裁事简之永宁县学训导，改设永新县学训导。从之。

十月甲午　　兵部议准，署山西巡抚、陕西巡抚觉罗巴延三奏称，步守兵考取武生，请照马兵例，准其入伍食粮，毋庸照例注销武生。得旨：依议。马步兵均属行伍，马兵考取武生，既准其仍留原粮，则步守兵丁原可无庸歧视。至向例武生不准入伍食粮，必须注销武生，方准充补。不过以武生名列胶庠，稍存优异，甚属无谓。此乃沿袭明季陋习，亦如从前武职小衔之兼大衔，骛虚名而鲜实济，何如一举而剔除之乎？况武生乡会试中式后，其所得官职亦不过绿营弁员，则以武生在营学习当差，尤属有益。且其充伍食粮出自本人心愿，并非强令从事，若充补名粮以后，或恃符贻误营务差操，或托故不服教职管束，则各有应得处分，亦悉由其自取，又何必因此鳃鳃过计乎？嗣后，如武生有情愿入伍食粮者，准其呈报学政，即令兼充，毋庸将武生注销。着为令。

十一月戊午　　谕：本日，御史天保、马人龙奏，监考教习查出代倩之弊一摺，已交部查办。

十一月壬午　　谕军机大臣等：本日，礼部议驳四川学政吴省钦奏请，科考文生时，将录取二三等卷一体榜示，坐号一本。所驳甚是，已将该学政饬行矣。此等考试之事，自有成例可遵，即或该省有略须通融之处，亦止可随地随时妥协筹办，亦岂宜因一省而轻议纷更？看来吴省钦为人不甚晓事，于考试未免过于琐碎，虽边省尚可无虞舛误，恐其充此以往，诸务稍涉乖张，即于学政有碍，着传谕文绶留心访察，将该学政年来办事如何，秉公据实覆奏，毋稍瞻徇。寻奏，吴省钦性情拘迂，尚无任意乖张，致碍学政。惟近因潼川府学生黄定献妄控军需，例有处分，现请交部察议。得旨：听部议可也。亦非可惜之材，亦无可恶之处。

十一月癸未　　谕：昨据礼部题驳四川学政吴省钦奏请，科考文生，录取二三等者先将坐号一体榜示一本，已照部议驳，并将该学政吴省钦饬行矣。比询及考试生员出案事宜，据大学士于敏中面奏，从前曾任浙江、山东学政，俱按照旧时章程，初按临，先考生员，大府约考两棚，小府约考一棚；越二日，即将一等诸生坐号招覆，迨覆试后数日，随将阅定之二三等试卷分别批评大概，交提调官拆卷填案，晓示发落。每试生员，大学不过十日，小学不过七八日，盖缘优等诸生例应面加奖励，其劣等生员亦应发落责惩，固未敢令其先行散归，亦不便令其久羁守候。且如学政按临所至，总不宜令生童聚集，久居滋事。即如臣所历浙省之杭、嘉、湖，山东之济、东、兖诸郡，均系殷庶之区，并非艰于旅食，亦从不肯令与考诸生群集久处。是以历来生员阅卷出案，为期从不过迟。各省情形自应大略相等，初不系地方有无公事以为权衡。至吴省钦以用兵措词，尤属毫无干涉，其所请将二三等卷同时榜示坐号，更无此政体。但礼部议令邛、雅等属无难于招覆时，饬令不与录取者听其遄归，俟大兵凯旋，仍照章程办理之处，亦未能切中肯綮。若如部议，恐各省先考生员即行发落之旧规因而更改，于事转属未便。盖学臣不能早为阅卷发案者，多缘见小惜费，不肯多延幕友所致。应请通饬各该学政实力妥办等语。国家所给学政养廉本属丰厚，原以资其办公之用，若于延致幕友尚思靳惜廉金，不肯多延名幕，致以人少误公，已昧人臣敬事之义。且任学政者，不思校士育材，而斤斤惟养廉是惜，其鄙陋尚可问乎？嗣后，各省学政务须通晓大体，多择工于阅文之幕友，即极小省分亦不得不及五六人，并着各督抚留心稽察，如有不肯多延幕友、办理周章者，即随时据实奏闻，毋得稍涉徇隐，将此通行饬谕知之。

十二月戊子　监察御史戈源奏，向例翻译童生考试，该旗并无稽核，报名入场并不搜检，贤否混淆，保无顶充、怀挟诸弊。请嗣后照学臣录取文童之例，先由该本旗都统严行扃试，出具印结，奏派大臣覆考取录，御史点名王大臣搜检，不准给烛。得旨：着照所请行。

十二月乙巳　礼部议准，江苏巡抚萨载奏称，遵查江苏学政彭元瑞请裁金山卫学原额，均摊各县。查金山卫业经裁改金山帮，自应汰去卫学，请将额进文童十二分拨华亭、娄县、南汇各三，廪增生缺各三，上海、金山各一，廪增生缺各一，武童进额如之。其已进各生即饬令住居之县学教官就近管束。从之。

十二月丙午　礼部议覆，湖南学政褚廷璋条陈学政各事宜。一、考试经解诗古，向例与正场卷同印坐号，是经古之后，正考坐号，即已先知，保无贿嘱、代倩情弊。请嗣后另派坐号。一、廪生报劣，照例支食廪饩，不足以示惩别。请照四等廪生例，停其支领。一、马兵乡试，向由该营送闱。今既议准，于各学进额，应照武生例，由学臣录送。至每月教官考试之例，恐往来有防营务，不必定限。均应如所请，从之。

乾隆三十九年（1774年）

正月壬午　命户部郎中孙嘉乐提督云南学政。

正月甲辰　吏部议奏，据署四川总督文绶续报木果木被害之鄘都县知县杨梦槎、县丞借补布政司照磨倪鹏、吏目罗载堂，除杨梦槎照例加赠荫恤外，其县丞、吏目会典并无赠条，臣部另行酌拟。倪鹏应加赠銮仪卫经历，罗载堂加赠府知事，并荫一子入监读书。……从之。

二月乙酉　吏部等部议准，浙江巡抚三宝疏称，海宁县前经奏准，改为海宁州，并改安吉州为安吉县，海宁旧设县丞应改为海宁州判，典史改为吏目，教谕改为学正；安吉旧设州判，应改为县丞，仍驻梅溪镇，吏目改为典史，学政改为教谕，均以现任各官调补。除海宁州判仍照旧在外升用，余均归部铨选，一切应办事件，俱照原缺管理，并分别铸给印信钤记。至海宁学额原进二十五名，安吉十六名，毋庸议改。惟廪生额缺，海宁应增为三十，三年两贡；安吉减为二十，二年一贡，安吉现多廪生十名，应俟陆续缺出，拨归海宁补数。从之。

二月丙戌　谕曰：提督牛天畀在四川军营打仗出力，屡著劳绩，前因在木果木阵亡，特降旨查明伊子，令其承袭世职。兹令御前大臣将伊子带领引见。据其长子牛敬一奏称，系文生员，未习弓马，情愿将世职让与伊弟牛敬宪承袭，情词殊为可悯。牛敬一既经入学，乡试尚堪造就，着加恩赏给举人，俾令力学奋励，以冀有成。

二月癸巳　吏部议准，广东布政使姚成烈奏称，各省教职，凡病痊、终养及丁忧起复人员均准赴省呈明，听候委用。其月选知县经九卿验看改教者，又有现任及拣发知县经督抚奏请改教者，向例均未议及。查，改补各员与在籍需次情形无异，如果情愿自效者，请一体准其呈明听委，遇有缺出，仍先尽二等举人，再委各项候补人员，其补缺先后，仍由部按班铨选。从之。

三月辛未　谕：今年乡试届期，所有应行开列试差之进士出身人员着于四月初五日在正大光明殿考试，仍着吏部照例按各衙门次序于初七日带领引见。

四月壬寅　吏部等部议覆，福建学政汪新奏称，福州府属之屏南县系自古田县分设，原议每学额进童生各八名，廪增各十名。嗣因屏南童生稀少，复议准，令古田童生寄屏考取，额进四名，廪增五名，即于卷面注明正寄屏字样。查，寄籍考试易致滋弊。请将古田升为中学，准其岁科两试各取进十二名，廪增各十五名；屏南改为小学，取进四名，廪增各五名，作为定额。应如所请。再查，古、屏二县廪生，从前系两县轮流，二年一贡，今既分隶各学，古田应改为三年一贡，屏南四年一贡。从之。

四月壬寅　以京畿道御史唐淮为云南乡试正考官，编修查莹为副考官；河南道御史邵庚曾为贵州乡试正考官，编修杨寿楠为副考官。

四月乙巳　礼部议准，陕甘总督勒尔谨疏称，镇西府宜禾县考试生童，向例于学政按临肃州之前，将题目封固，交巴里坤道扃试。今巴里坤道已移驻乌鲁木齐，路途遥远，恐该道不能兼理。请嗣后于学政按临肃州之前，将题目封交镇西府考试，册送学政，按额录取。其武童外场，由该府会同巴里坤镇考试，分别等次造册，并将试卷封送学政阅取。至镇西府学额，应于宜禾县岁科两试各拨文童二名，岁试拨武童二名。……从之。

四月己酉　命内阁学士嵩贵教习庶吉士。

五月乙卯　管理左翼宗学公永玮奏，请令近派宗室王公之子入宗学肄业。得旨：所奏是。设立宗学原为教育宗室子弟，如近派不令入学，转不得肄习，殊非立学意。况近派宗室入学，熟习清语、骑射，或用笔帖式，或挑侍卫，伊等又多升进之路，自属美事。除恒亲王弘晊、果郡王永瑹等，皆系最近支派，毋庸入宗学外，其余宗室等俱着挑选入学肄业，并将此永着为令。

五月乙丑　军机大臣等议覆，分部学习进士，三年期满，向例，未得缺之先仍在各部办事，此内如有熟谙本部事务者，遇本部缺出，准该堂官保奏补用，其应用知县者，仍归原班铨选，如才具平常者，该堂官奏明送部，以监丞、助教等缺补用，共分三项甄别。其归吏部铨选主事及奏补本部原缺者，均系留部以主事用之人。迨乾隆四年以后，各部将谙习部务者留于本部补缺，其余咨吏部归班铨用，遂以一项人员，歧而为二，是原定条例，尚未允协。盖此等报满人员，如果熟谙部务，即应留于本部，以收驾轻就熟之益；若本部事务犹未熟谙，则改补别部，又安望其办理裕如。请嗣后分部学习人员报满时，令该堂官秉公核实分别，其谙习部务者即奏留本部补用，其于部务未能熟练而才具尚堪造就、能胜民牧者，准奏明以知县归班铨用；如才具平常，即奏明咨部，以监丞、助教二项补用，或情愿就教，准在吏部呈明，以教职改补。从之。

五月戊辰　以编修张寿为四川乡试正考官，户部主事戚蓼生为副考官；编修王懿修为广东乡试正考官，吏部主事李调元为副考官；编修刘锡嘏为广西乡试正考官，工部主事戴璐为副考官；编修汤先甲为福建乡试正考官，吏部主事王元奭为副考官；编修李殿图为湖南乡试正考官，刑部主事洪朴为副考官。

六月乙未　以兵部右侍郎蒋元益为浙江乡试正考官，编修林澍蕃为副考官；内阁学士钱载为江西乡试正考官，检讨萧广运为副考官；编修祝德麟为湖北乡试正考官，编修陈昌齐为副考官。

六月戊戌　吏部议覆，掌广东道御史柯瑾奏称，向来贡监考职，派出阅卷大臣俱于奉旨后传知，有本日即入场者，有次日始入场者，于体制关防未为严密。请嗣后仿照乡会试例，于宣旨后即行入场，以昭慎重。应如所请，从之。

六月丁未　以编修嵇承谦为陕西乡试正考官，宗人府主事姚梁为副考官；翰林院侍读学士董诰为江南乡试正考官，洗马刘权之为副考官。

七月壬戌　以詹事府少詹事钱大昕为河南乡试正考官，侍讲白麟为副考官；太仆寺卿吉梦熊为山东乡试正考官，御史费南英为副考官，右庶子李汪度为山西乡试正考官，洗马梦吉为副考官。

七月庚辰　礼部议覆，湖北巡抚陈辉祖奏称，施南府属之宣恩、来凤、咸丰、利川四县，人文渐盛。前经奏请设学定额，其应附恩施考试之文武各生拨归各学管辖，但各学未设廪增额数，除宣恩、来凤、咸丰拨归人数无多，所有候廪、候增仍归恩施学新旧间补外。其利川一学拨回六十余名，实为四县中人文较盛之区。查，恩施学定额廪增各二十名，今已分出多人，若仍令循照旧额，未免过优。请将恩施县廪增旧额各二十名减为十二名，以八名拨入利川。再，该四县武童向亦附恩施县考试，请照文童例，恩施量减三名，建始量减一名，作为府学四名，并于利川、咸丰二县各取武童二名。均应如所请，从之。

八月丁亥　顺天乡试，以吏部左侍郎曹秀先为正考官，内阁学士嵩贵为副考官。

八月庚子　谕：办理四库全书并荟要二处所用誊录计六百余名，而应行缮录之书籍甚多，誊录中颇有遵例报捐、陆续开缺者，即须随时顶补，不可不豫为筹备。因思现届京闱乡试，各省贡监生应试者千有余人，莫若于发榜后，即在落卷内择其字画匀净、可供钞录者，酌取备用，较为省便。着交曹秀先、嵩贵同派出之同考官窦光鼐、吴玉纶、周于礼、赵佑、戈源、善聪留住贡院，将未经取中之南北中皿弥封墨卷，公同翻阅，挑取五六百卷，交与吏部按照名次，拆卷填注。此内如有本系誊录，即行扣除，余俟出榜晓示，注册挨补。其有本身告假，或不愿充当者亦听其便。

九月辛亥　谕：各省学政现届差满，四川学政吴省钦、安徽学政秦潮任事未满三年，云南学政孙嘉乐系本年任事，俱毋庸更换。顺天学政着罗源汉去，江苏学政着谢墉去，浙江学政着李友棠去，江西学政着蒋元益去，福建学政着吉梦熊去，湖北学政着胡高望去，湖南学政着李汪度去，山东学政着庄存与去，河南学政着黄登贤去，山西学政着国柱去，陕西学政着嵇承谦去，广东学政着钱大昕去，广西学政着王懿修去，贵州学政着刘校之去。此内有现出试差人员，若回京请训，再赴新任，徒劳驿传往返。学政之职，惟在公慎自矢，整饬士习，兴起文风，此外更无可训谕。伊等接奉此旨后，即各赴新任，不必来京请训。

九月甲子　谕军机大臣等：据毕沅覆奏，陕省准复捐监旧例，援照二十九年定数缘由一摺。所奏殊属取巧，实大不是，已于摺内批示矣。此次奏覆陕省捐监一事，既因地方屡庆丰收，恐谷贱伤农起见，何以转照乾隆二十九年价昂之年，减价收捐，此户部所以议驳，而该抚亦无可饰辩也。今毕沅乃云二十九年收捐谷价，即乾隆九年及二十二、四等年减定之数，果如所言，则该抚原奏何不照乾隆二十二、四年为定，而专引二十九年减定之数乎？明系毕沅因朕传旨驳询，难以对答，故为此牵混之词，以冀回护前奏，甚属非是。该抚平日办事尚见实心，尤不应出此。毕沅着传旨严行申饬，仍令将该省收捐监粮数目另行妥议具奏。

九月丙寅　以山东学政庄存与、河南学政黄登贤对调。

九月庚午　谕：据徐绩奏，现在带兵剿贼，考试武闱，请委臬司孙廷槐代办，其外场监箭并委登州镇夏攀龙协同办理等语。夏攀龙现在省城，所有武闱外场，自应就近委令监看；至内场事务，现在省城只有孙廷槐一人，未便复令入场。向来各省巡抚有奏令学政入武闱阅卷者，此次山东武闱即着李中简代办内场事务，该部即遵谕行。

九月壬午　命内阁学士汪廷玙教习庶吉士。

九月癸巳　以侍讲邹奕孝为顺天武乡试正考官，侍讲白麟为副考官。

十月甲辰　礼部等部议准，江西巡抚海成奏，监临、提调、监试等官除场内文移告示照例用紫笔外，其本任事务由署中办就者均用墨笔缮写，俟贡院开门时，交外监试官逐加点验递进，至判行签发，字数无多，仍用闱中紫笔，遵照定例，不得携墨入闱，以滋书吏人等改易墨卷之弊。又称，武闱事同一例，请画一办理。均应如所请，从之。

十一月庚戌　谕：据正白旗满洲都统等奏，亲军、护军、领催、马甲、捐纳监生人等所有本身钱粮请照旧支给，令其当差，其由养育兵捐纳监生人等请令出缺等语。自应如此办理。马甲、养育兵原为养赡贫苦旗人而设，伊等既有力报捐，岂有仍仗马甲、养育兵钱粮度日之理？该都统等从前因何挑补，显系瞻徇，八旗都统等内有兼御前、乾清门并尚书侍郎上行走者，承办事务较多，或一时未能详察，其专管旗务之都统、副都统所司何事，即此见伊等不能实心任事，着将伊等严行申饬。

十二月庚辰　吏部议准，福建巡抚余文仪、学政汪新奏称，请将泉州府属之晋江、安溪、同安，漳州府属之龙溪、漳浦、平和、诏安七学教谕、训导均改调缺。查，泉、漳二府俗悍民刁，必得年力精壮之教职整饬士林，方可移风易俗。应如所请。嗣后缺出，于通省现任内拣选调补，至所称台湾府学训导及台湾、凤山、诸罗、新化等四县教谕、训导缺出，先尽漳、泉七学调缺内拣调，不敷，再于通省教职内拣调。亦应如所请，从之。

十二月己丑　吏部等部议覆，内阁学士嵩贵奏，乡会试定有回避，立法最严。其余考取满汉中书、助教、笔帖式、恩监生、翻译生员并贡监考职以及各学教习等项，阅卷官子弟、族人及有服姻亲向无回避之条，请照乡会试例，一体回避。应如所请。阅卷大臣、监试御史及随同阅卷之员一经入场，所有应行回避之子弟、宗族、姻亲俱令本官自行开出，知会承办衙门并监试御史于名册内扣除，一概不准与试。如不自行开出因而中式，将考官及本生等分别议处黜革。从之。

十二月丙午　户部议覆，陕西巡抚毕沅条奏捐监事宜。一、陕西省乾隆三年捐监旧例，每俊秀一名捐谷九十五石至二百二十五石不等，乾隆九年及二十二、四，三十等年，节经该抚声明粮价较昂，陆续奏准减数收捐，计每名仅收谷八十石零至一百九十余石不等。今据该抚等奏称陕西凤翔、汉中、兴安、商州、邠州、乾州、鄜州等七府州属粮价，与乾隆九年相等，仍请照乾隆九年奏定粮数捐纳。西安府属照乾隆九年奏定之数，每名加谷五石二斗五升；同州府属照乾隆九年奏定之数，每名加谷五石三斗五升；延安府属照乾隆二十二、四两年奏定之数，每名加谷一十五石；榆林、绥德二府州属照乾隆九年并二十四年奏定之数，每名加谷十石。应如所奏，照数收捐。一、各属廪增附生情愿报捐者，亦令按照奏定额数，照例折算收捐。其西安、同州、凤翔、汉中、兴安、商州、邠州、乾州、鄜州各属生俊，止准本地报捐，延安、榆林、绥德三府州属，地处沿边，仓储尤关紧要，仍照旧准令外省商民一体报捐，亦应如所奏办理。一、收捐粮色，例应谷麦兼收，陕西省捐监旧例，俱按粟谷定数，如以米麦豆三色报捐，俱照粟谷之数减半折收，至汉中、兴安、商州等属出产稻谷，仍照粟谷之数减三收捐。此次收捐监粮，除豌豆一色，业据该抚声称难以出易，毋庸交纳外，其余粮色，均应令其照旧交纳。仍令报捐人等将交纳粮色数目，出具花押甘结，以杜私收折色之弊。一、收捐监粮向由布政司印发正副实收，令各厅州县临时填给该生收执。此次例应照旧办理，将应收捐数及仓费、公费、收呈、收粮日期先行出示晓谕，俾报捐人等免于守候，并随时呈报该道府按季盘查，该督抚统于岁底汇奏。一、收捐监粮应收仓费、公费银两及所收粮石，按数出陈易新。经臣部于甘肃省复开捐监事例案内分晰核定，奏准在案，应令该抚查照甘省条例并该省向来收纳银数遵办。至该省此次复收监粮，原为筹补仓储。该抚等既称俟民食流通，仓储足用，或遇粮价增昂，即行奏明停止，毋庸拘定二年限期。亦应如所请，俟该省监粮充裕，臣部奏请简员前往盘查，以归实贮。从之。

乾隆四十年（1775年）

正月庚申　谕军机大臣等：福建学政汪新差满回京复命。召见时，看其人尚明白，未知其在学政任内声名若何，办事才情若何，能否堪胜道府，或竟可备两司之用。钟音与彼同事三年，知之必悉，着传谕钟音即行据实覆奏。寻奏，汪新于学政任内，考校诸务颇属认真，人亦谨饬明白，似堪胜巡道郡守之任。得旨：是。已用道矣。

正月庚申　　谕：向来各省学政三年差满，该督抚间有将其任内考试声名若何具摺附奏者，亦有竟不奏及者，至其办事才情若何，是否足供任使，则概置之不论，殊非为国家留意人才之道。学政在任三年，与督抚相处，近而且久，其优劣知之最真，不特考试之是否公当，教士之能否实心，督抚当不时访察，即其心术、才具亦无难体验而知。且学政中可供简擢者颇不乏人，如韦谦恒、闵鹗元、蒋元益诸臣，或于巡幸召见赏识，并证以督抚之言，或于复命时询察记名，渐加甄拔，现俱用至大员。其由督抚特奏密荐者不可多得，岂避嫌不办，抑视学政为无足重轻，易而忽之耶？着传谕各督抚于该省学政留心体察，倘有考试不公不法之事，自无待其年满即应随时参劾；其余在任三年，或学问优长，不愧师儒之席；或仅循分供职，止堪胜任者；或有才识明敏，通晓吏治，可用为道府及两司者，各督抚各就所见，秉公据实密奏，毋得稍涉偏私。所有现在换回之各学政，即照此旨分别覆奏。将此于各督抚奏事之便，谕令知之。

二月己卯　　谕：礼部议覆，程景伊条奏禁止乡试考官出题割裂小巧一本，惟称嗣后，如有似此命题者将考官议处，而于现在四川省出题牵连无理之考官乃置之不议，所办非是。考试固当避熟习拟题，以防剿袭，然亦不可割裂牵搭，致碍文义。盖试题为制艺所由出，若务为新巧，恐士子揣摩弋获，趋入纤佻。文风纯驳之分即士习端邪所系，而民俗之醇薄实因之，其机不可不慎。今礼部不将四川考官即附本参处，殊属不合。所有礼部堂官着交部察议，此本着发还，交该部另行妥议具奏。

二月癸未　　礼部议准，御史王宽奏，各省乡试誊录，饬州县慎送正身书吏，如经委验官驳回，将地方官议处。中式朱卷潦草不成字体者，原送之地方官参处，誊录于题内笔误三字及文内错落数字者，杖责；对读未经对出者，戒饬；誊录显违格式、遗落成行、错误成句有碍文义及对读不行对改者，均黜革。从之。

二月辛卯　　谕：据徐绩覆奏体访该省学政一摺。内称现任学臣庄存与抵豫未久，容悉心体访，届期据实具奏等语。殊不晓事。朕前谕各督抚于学政差满回京时，各就所见，秉公据实密奏。原指四品以下之翰詹、科道、部属等员，或其才具有可备道府及两司之用者而言。若侍郎、阁学及三品以上京堂，皆朕所简擢，其平日能否办事，素所深知，又何必复藉督抚之体察？况三品以上，官阶已崇，亦断无因督抚奏其娴于吏治，转用为道府及两司之理。今徐绩既有此奏，恐他省督抚亦有似此未能体会朕意者。着再传谕各督抚，嗣后，各省学政如系四品以下人员，均于其任满时，据实察核，分别密奏；若系三品以上大员，如考试不公不法之事，即随时纠参，不得稍存瞻徇，至其任满回京，只叙其在任声名若何，毋庸将其才情是否堪胜外任之处，琐屑叙入。

二月癸巳　　谕曰：毕沅奏，陕西关中书院延请掌教一摺。据称访察各属院长，向来多系上官同僚互相推荐，遂至徇情延请，有名无实。现饬各属务选端谨积学之人，加意振作，将所请院长姓名、籍贯，更换到馆日期造册，详报抚藩衙门察核等语。所办好，已于摺内批示。书院为作育人材之地，如果院长得人，实心课导，自可冀造就英才，以收实效。如江苏紫阳书院之沈德潜、彭启丰尚堪称师儒之席，各省类此者自不乏人。而如毕沅所称，上官同僚互相推荐，遂尔瞻徇情面，委曲延请，不问其人之是否文行兼优，而各院长等亦惟以修脯为事，不以训迪为心，甚有视为具文，讲席久虚，并不上紧延师，以致师徒星散，有名无实者，所在谅皆不免。其事自当责成督抚，以期实济。着传谕各督抚，嗣后，无论省城及各府州县大小书院，务访学行兼优者俾主讲席，其一切考核稽查之法，并照毕沅所奏办理。着于各督抚奏事之便，传谕知之。

二月丁酉　谕：据派出验看本年会试举人骑射王大臣等奏称，应行考试者一百二十五人，内报近视眼者七十三人，已拣令二十人照常骑射外，其余实属不能之五十三人俱未令其骑射等语。马步骑射系旗人根本，即读书人亦不可不学。今考试者一百二十余人，内报近视眼者竟有七十余人之多，明系捏报，希图规避。满洲习气竟至若此，实堪愤恨！若以近视眼不能骑射，哈达哈即系近视眼，此众人之所共知，伊何以随朕畋猎打牲乎？此辈因不能骑射，遂藉口以图侥幸，甚属不堪。满洲臣仆甚众，岂必赖此数人？况此等无用人内，亦断不能得人，所有不能骑射之五十三人俱着停其考试。丰讷亨等并未奏及，惟请嗣后交该旗大臣详查报部，派出大臣验明后，方准免其骑射。所奏殊属姑息，嗣后，考试人内若有似此不能骑射者，俱着停其考试。着为例。再，此辈明系捏报，该旗大臣等所司何事，因何出结送部？着军机大臣查明奏闻。

二月己亥　署马兰镇总兵满斗奏，马兰峪新城旧设汉学二所，教习八旗子弟。今查官学内并无学习上进之人，教习等亦皆年老，不堪表率，未免有名无实。请改设满学三所，于章京骁骑校、领催人等内，挑选通晓满汉文，熟习清语兼能骑射之教习三名，就近分设管理，每名按月支给薪水纸笔银三两，课以成效，俾知劝勉。得旨：好。如所议行。

二月辛丑　吏部议准，宗人府奏称，左右两翼宗学管长等五年期满，均准题升本衙门主事。但数年来并未题补一人，且正副管长亦不分别升用。请嗣后副管长先由闲散宗室挑补，由副挑正，遇主事缺出，先将应升笔帖式升用三人，再将正管长保题一人。其正管长系由官员题补者，酌量议叙，给予纪录一次，以昭平允。从之。

三月己酉　礼部议覆，御史孟邵奏，请禁乡会试拨房分中，以杜通融嘱荐情弊。查，拨房之例，原因分校各房闱卷优劣不同。若因限于房数，稍存迁就，转致屈抑佳文，是以准就中卷内通融分拨，且由主考酌分，并不假手房考，何至有越俎嘱荐等弊？应照旧遵行。至所奏，入闱经头人等，历年承办，朋比为奸。请嗣后仍令地方官选送誊录书手正身入场，分派受卷、弥封、誊录、对读四所，每十名内选取总书一名，责令稽查。经头人等不准混入，以杜藉端包揽。应如所请，从之。

三月癸丑　以礼部左侍郎李宗文为会试知贡举，兵部尚书嵇璜为正考官，刑部右侍郎王杰、左副都御史阿肃为副考官。

三月丙辰　谕：礼部奏，前日议覆御史孟邵条奏一摺，未将临场不准条奏科场事宜之例查出，请将从前遗漏未载条例之堂司官，及此次未能查例呈明之司员，并违例条奏之御史交部分别察议等语。礼部既奉有科场事宜谕旨，自应刊入条例遵行，前既遗漏未刊，今又疏忽不能查出，均难辞咎。所有礼部应议之堂司各官，俱着交部分别察议。

至御史孟邵未能谙悉旧例，情尚可原，且其陈奏二条已议覆准行一款。所言尚非无当，着从宽免其交部。

三月壬申　礼部以会试中额请。得旨：这会试，满洲、蒙古取中三名，汉军取中一名，直隶取中十六名，奉天取中一名，山东取中十一名，山西取中九名，河南取中十一名，陕西取中五名，江南取中二十九名，浙江取中二十四名，江西取中十七名，湖北取中四名，湖南取中三名，福建取中三名，广东取中三名，广西取中二名，四川取中三名，贵州取中二名，云南取中二名。

四月辛卯　御史穆隆阿奏，向来考官在场阅卷时，向家中取送什物，例无明禁，难保无弊。请嗣后自初八日举子进场后，不得仍向家中取物，并请交稽察外场御史，遇有考官家中送物者不准放进。得旨：所奏是，如所议行。

四月壬辰　谕曰：御史穆隆阿奏，请复考试翻译举人、进士一摺。所奏不可行，已于摺内批示矣。从前令旗人考试翻译举人、进士，原以清书为满洲根本，考试翻译，使不失满洲本业也。后因应试人员每以寻章摘句为事，转失翻译本义，殊属无益。因谕令军机大臣等详加定议，除翻译生员仍行考试，以为考试中书、笔帖式之阶，其翻译举人、进士俱停考试。若谓考试翻译举人、进士，旗人始能学习清书、精通翻译，则前此翻译乡会试未举行时，通翻译者又岂乏人？可见凡事惟在务实，满洲人等果能不失根本、不尚虚文，于满汉诸书勤加肄业、精通翻译，则生员、笔帖式、中书皆可考试，何必举人、进士始得谓之出身乎？穆隆阿此奏与朕教养旗人勤习满洲本业之意不相符合，不可行。着将此通谕知之。

四月戊戌　策试天下贡士严福等一百五十八人于太和殿前。制曰：朕凝承景贶，式于九围，夙夜钦虔，殚心无逸，缉熙光明，以厘庶绩。仰荷上天祖宗眷佑，宅中临驭今四十年矣。栗栗危惧，恒思久于其道者安在？益廑保泰，弥伫嘉谟，矧髦士观光，尤征谠论，其敬聆咨问，赞我大猷。董仲舒言：以一贯三为王。谓王者，父天母地，中立人极，呼吸感通为至近也。《洪范》以五事配五行，以庶征配五事，寓训至深。刘向、刘歆之流，揣测阴阳，穿凿事应。班固《五行志》、马端临《祥异考》皆沿其说，未免支离附会，不足与言钦崇之学。《月令》称政事不以其时，则有某某之应，又小异《洪范》之说。其书源出吕不韦，未足深据。而《周礼》布政，多顺四时，是固圣人之典也，又何以称焉？《书》曰：“钦崇天道，永保天命。”格天之学也。夫应天以实不以文，古帝王昭事之忱，必有超于术数推测之外者，其陈厥指归，以明其要。伊古言心始《禹谟》，言性始《汤诰》，言学始《说命》，儒者类能言之，非独词章训诂，无益实用。即研究理气之精微，辨别心性之存发，亦未切躬修。然则《大学》由格致以治平，《中庸》本中和以位育，必有更进乎？儒生所谈者，能略指其枢要欤？六经言中、言一、言敬、言仁义，虽意指各殊，实则同条共贯也，可约略言之欤？宋儒程子、朱子所以启沃其君者，至为纯密，堪与经训相为表里。而范祖禹《帝学》一书，指陈实事，真德秀《大学衍义》参证史书，其亦有可以互相发明者欤？今将衍往圣之心传，粹然一出于正，其道安在？《洪范》八政，食居其首，储蓄素具，以待不时，有备无患之道也。常平、社仓二法，迄今并行，成规具在，多士谅闻之熟矣。惟是常平之法，恒待谷贵出粜，抑其价而使之减，乃宋张咏于年荒米少之时，则大增市价，恣其多售，而运贩云集，其价转平，民食以裕，将出奇而偶中乎？抑深筹乎盈虚消长之势而欲取姑与，可操胜得乎？朱子行社仓法，世号良规，其春借秋敛，加息以偿，疑与熙宁之青苗约略相似，而利病迥殊，其得失之故，能一一指陈欤？朕蠲漕截粮，为民足食计者，至周且裕，有经理常平、社仓之责者，宜何如共体朕意，实力奉行，使德泽下究欤？朕表章经籍，用光文治，搜罗遗典，咸集石渠，特简儒臣，俾司编纂，亦既具有条理矣。顾四库之藏，浩如渊海，必权衡有定，去取乃精。昔董仲舒请罢黜百家，专崇孔氏；陶宏景则一事不知，引为深耻。今将广收博采，而传注时多曲说，稗官不免诬词，异学混儒墨之谈，伪体滥齐梁之艳，于人心世教未见有裨。如但墨守经师，胥钞语录，刊除新异，屏斥雕华，则九流之派未疏，七略之名不备，抱残守匮，亦难语该通。至于忠臣孝子，或拙文辞，宵小佥壬，间工著述，文行相左，彰瘅安从？他如《略》、《艺》编摩以后，晁、陈著录以前，门目各殊，规条歧出，此增彼损，甲合乙分，不有折衷，孰为善例？多士下帷有日，宜以知人论世为先务，其各区陈醇驳，以征稽古之功。夫本敬天以勤民，念典学以积道，养民而功惟叙，观文而化以成。斯黼扆出治之源，宜草茅家修所裕也。尔多士其诵言夙昔所学，胪著于篇，毋隐毋泛，朕将亲遴焉。

四月辛丑　御乾清宫，召读卷官入，亲阅定进呈十卷甲第。

四月壬寅　上御太和殿。传胪。赐一甲吴锡龄、汪镛、沈清藻三人进士及第，二甲王春煦等五十二人进士出身，三甲张士凯等一百三人同进士出身。

四月乙巳　内阁、翰林院带领壬辰科散馆修撰、编修、庶吉士引见。得旨：此次散馆之编修俞大猷业经授职，其清书庶吉士黄寿龄、平恕、李尧栋、茅元铭、许兆椿、周厚辕俱着授为编修，王坦修着授为检讨，汉书庶吉士余集、沈孙琏、朱绂、潘曾起、苏青鳌、裴谦、百龄、季镕、庄通敏、邹炳泰、邵晋涵、方炜、莫瞻菉、朱攸、闵惇大、周永年俱着授为编修，彭元琉、萧九成、图敏、王汝嘉、黎溢海、张家驹、王福清俱着授为检讨，王兆泰、陈国玺、陈科錩俱着以部属用。此次因办理四库全书，需员纂校，是以散馆人数较上次少，而留馆者转多，后不为例。

四月丙午　谕曰：御史孟邵奏，会试磨勘签出应议之许士煌一卷，原系诗三房李殿图呈荐，经主考取中，拨入诗四房白麟名下。今白麟固应照例处分，其原荐之房考转得置身局外，似觉偏枯。请敕部厘定处分，以昭平允等因一摺。朕初阅之时，以其言为近理，及召见军机大臣询以此事，据大学士于敏中奏称，向例拨房之卷，原尽受拨之房考覆阅，必其文果当意，方交内监试，改用荐条。如阅有疵颣，不愿受拨，主考官亦不能相强等语。改拨之卷既由受拨房考阅定，方换荐条，即与本房呈荐无异，且听其自择，并非主考所能抑勒，无虞滋弊。至受拨以后，即认该房考为房师，与原荐之房无涉，则功过皆当任之。遇有处分，乃所应得，更不得谓之偏枯。是此事惟在各房考慎之于始，勿以贪得门生，率意滥受，自不致轻罹处分。譬之各部院办事司员，如实有所见，不妄画稿，或与他人两议，原所常有。若其言果是，堂官亦当从之，房考之于改拨试卷，事正相类，即有处分，仍由其人之自取耳。科场中委曲事例，朕实不知，而办理庶务，一衷于理之至是，从不稍存成见如此。孟邵此奏不必行，并将此通谕知之。

五月戊午　授一甲一名进士吴锡龄为翰林院修撰，一甲二名汪镛、一甲三名沈清藻为翰林院编修。

五月庚申　内阁、翰林院带领新进士引见。得旨：新科进士一甲三名吴锡龄、汪镛、沈清藻已经授职，王春煦、戴心亨、翟槐、张慎和、严福、徐如澍、王念孙、曾廷槼、于鼎、戴联奎、陈崇本、陈文枢、许烺、李廷敬、章宗瀛、梁上国、何循、罗修源、戴均元、徐立纲、王晋、吴锡麒、毛凤仪、卢遂、周琼、曹锡龄、陈墉、周宗岐、汪如藻、范来宗、谷际岐、王允中、孙玉庭、饶庆捷、五泰、德昌、戴震、瑞保、程光瑛、何思钧俱着改为翰林院庶吉士，方林、恽燮、胡世垲、胡文铨、李蘧、陈笔锋、沈丙、觉罗长麟俱着分部学习，赵钧彤、申允恭俱着以知县即用，余俱着归班铨选。

五月庚午　谕曰：杨昌霖因在四库全书馆纂校书籍，是以钦赐进士，准其一体殿试。昨进士引见，该员甲第在后，而江苏省馆选者已多，是以未经录用。兹阅馆中所进由散篇裒辑书内，《春秋经解》一种，编校颇见实心，即系杨昌霖所办，是其学问尚优。杨昌霖着加恩，授为翰林院庶吉士。

六月丙戌　命编修汤先甲提督广东学政。

八月庚寅　兵部议覆，鸿胪寺卿江兰奏称，会试武举，分派四闱，大约汉军、直隶居前，云、贵等省居后，易启豫为揣摩之弊。请于试期前一日，按各省人数，分册封固，临期签掣，分闱考试。应如所奏。又奏称，中式武举之弓刀石，请于殿试时核对。查，殿试时始行核对，恐难详晰，应先期请简员演试，如前后参差，将该武举照文会试磨勘例，罚停殿试一科，原挑取之监射大臣交部议处。从之。

八月庚寅　（兵部）议覆，御史李廷钦奏称，武闱外场，箭册记载，最关紧要。监射大臣毋得随带多人，以防泄漏。应如所奏。除箭册自行登记，无庸假手，官员概不准随带外，其随旁跟役亦不得过四名。又据奏称，监射大臣不准晚归私宅，请于外闱附近处住宿。查，应试武举皆系聚处外闱之旁，恐易探听消息，应于城内距外闱稍远处住宿，并请嗣后武闱乡试亦照此例。从之。

九月癸亥　兵部以武会试中额请。得旨：这考试，汉军取中二名，直隶取中八名，陕西取中七名，广东取中七名，河南取中二名，山东取中五名，江南取中二名，山西取中三名，湖北取中二名，湖南取中一名，四川取中一名，广西取中一名，福建取中三名，浙江取中二名，江西取中一名，云南取中一名，贵州取中一名。

九月甲戌　吏部奏，贡监职员遇铨选考试等事，不及回籍起咨，例得取具同乡京官印结，然必同系一省，体察方能确实。若江苏之与安徽，湖北之与湖南，陕西之与甘肃，业分两省，自非同乡，乃往往互相出结，恐滋朦混。请嗣后业经分省者均不准通融出结，如该省京官稀少，或有京官而无印信，有印信而官阶在八品以下、例不出结者，仍遵向例，先取同乡京官图结，再加具邻省京官印结。报闻。

十月丙戌　奉天府府丞李绶奏，奉天沈阳书院向未颁有书籍，坊肆亦少藏书，请将书院充公盈余银五百两，购买士子应读各书，存贮书院，以资生徒讲贯。得旨：嘉奖。

十月丁亥　上御紫光阁，阅中式武举骑射。

十月戊子　上御紫光阁，阅中式武举技勇。

十月己丑　上御太和殿。传胪。赐中式武举一甲王懋赏、彭朝龙、德成三人武进士及第，二甲何异兰等四人武进士出身，三甲马为锦等四十一人同武进士出身。

闰十月癸丑　吏部议准，御史孟生蕙奏称，学习进士，期满留部之后，应照报满日期先后、行走年分浅深以次挨补；其同时报满，行走并无间断者，按科分、甲第名次题补。应如所请，从之。

闰十月丙辰　兵部奏，拣选武举，三等以卫千总用者，缺少班多，难以铨补。请嗣后拣选以卫千总推用之武举，如有年力壮盛、情愿入伍效力者，准照武生食粮之例，于会试年报部考验。照随营额数补足，分发各该督抚、提镇，给与马粮一分，令其效力三年。如果弓马、汉仗可观，遇有把总缺出，准其与外委马兵一体较拔。从之。

十一月甲申　命翰林院侍读学士曹文埴提督浙江学政。

十二月壬子　大学士于敏中等奏，请设四库全书荟要处总校官二员，将国子监监丞侍朝、候选内阁中书张能照充补，可否给与庶吉士衔，以示鼓励。从之。

乾隆四十一年（1776年）

正月庚寅　命刑部侍郎王杰提督浙江学政。

二月戊午　谕曰：原任直隶总督方观承宣力畿辅二十余载，懋著勤劳，其身后每深轸念。伊惟方维甸一子，彼时尚在幼稚，今年已及岁，前赴良乡接驾，着加恩，照裘曰修子裘行简之例，授为内阁中书，并准其一体会试。

二月甲子　正黄旗满洲都统奏，义学教习六十五年满，请仍留学教习。得旨：六十五着再留教习三年。嗣后，各旗义学教习所教学生内考中一二人者，仍留学；三年考中三人者，交部议叙。

二月辛未　谕：朕因两金川耆定，恭奉慈辇东巡，修在泮献功之典，首自近畿，覃敷恺泽，胶庠乐育，并宜一体加恩。着将直隶本年入学名数，大学增额五名，中学增额四名，小学增额三名。该学政其悉心校录，甄拔殊尤，副朕嘉惠士林至意。

三月甲戌　礼部议覆安徽学政秦潮奏称，安省卫籍丁童散处各州县，向遇考试，其附近本卫者由卫录送，散处者由各州县录送，请嗣后概令各州县确核收考。应如所奏，并酌议安省各卫应将本管军籍，豫造户口印册，移送土著州县存案，至试期，即令各本童赴州县报名，填注卫籍三代字样。该州县按原册核对，如隐匿及廪保扶同，照例治罪。至学政取进时，俱拨入本州县学，毋庸拨府。其从前由卫录送之廪增附生亦令填明卫籍，改归州县。从之。

三月庚辰　谕：两金川现已剿平，献俘奏凯，稽典东巡，告功在泮，业已恩施叠沛，庆洽群黎；更念齐鲁诸生，户盈弦诵，地切近光，当此武功大定之时，更宜加惠胶庠，式敷教泽。所有山东省本年入学名数，大学着增额五名，中学增额四名，小学增额三名。该学政其悉心搜录，遴拔真才，副朕乐育人才至意。

三月戊子　谕：朕因平定两金川，集勋奏凯，巡幸山左，告成泮林，山东及各省士子联袂迎銮，抒诚忭颂，进天津两处召试所取二等之举人、贡监生员，着照上届巡幸天津召试二等各生之例，有愿在四库全书处效力者，俱准其在誊录上行走。

五月丁酉　谕军机大臣曰：孙嘉乐奏考试情形一摺。据称，岁考各属诸生，每多疵纇之卷，不敢妄邀虚誉，严定等第，统计两迤劣等较前多至数十人等语。其说固是，但只可用之江浙，不宜用之滇省。已于摺内批示，滇黔粤西地处边陲，其人文原不及内地，学政按试各学，只须严切训谕，俾各生恪守卧碑，祗遵功令。遇有唆讼滋事者，随时究治，至考试生童，惟当秉公甄拔，并严查枪冒、撞骗之人，勿使滋弊，自足以昭劝惩而饬士习。其文风高下，只宜因地取材，量为培养，若必求全责备，去取从严，且欲经解诗赋，事事淹通，此于江浙等大省则然；边方士子见闻浅陋，未必尽能领会，绳之太过，大率欲从末由，转不能使其心皆诚服。孙嘉乐锐意求精，未免过当，所谓知其一不知其二也。将此传谕该学政，并令广西、贵州学政知之。

五月壬辰　命内阁学士钱载提督山东学政。

五月癸巳　命刑科给事中邵庚曾提督河南学政。

五月甲午　谕：此次巡幸山东诗献赋者甚多，因照从前巡幸之例，命题考试，就其文义量加甄录。所有列在一等之贡生黄道煚、李宪乔，监生蔡廷衡俱着赏给举人，其举人窦汝翼、秦瀛着以内阁中书补用；其列在二等之举人、贡监生员李佩骞、黄玉瑚、王所擢、汪长龄、朱熊光、薛侃、丁慎枢、袁守侰、严守田、戴元章、施福元、王寰、刘召扬、范廷谟、史国华、汪彝铭俱赏缎二疋，以示偃武修文、广惠士林之至意。

六月辛丑　吏部议准，贵州巡抚裴宗锡疏称，大定府属水城通判管理福集厂铅运，每年额解二百二十余万斤。该厅管辖地方，仅常平、永顺二里，本处夫马不敷，查水城厅外，有隶宁远州之时丰、岁稔、崇信三里，距州甚远，请就近拨归水城通判，夫马雇觅较易，实于运务有益。该三里额征秋粮一千九百余石，应改令赴厅完纳。该州旧辖九里，额定进学十五名，今既以三里归厅，亦应裁州额三名，拨添该厅，附入府学。从之。

六月己酉　谕：据杨景素奏，招远令朱承烈年力渐衰，办事拙滞，请改补教职一摺，已批交该部矣。细阅摺内，该员系举人出身，从前曾任教谕，会试下第，拣选分发等语。因思教职升用知县人员，似此拣发者少，而由现任教职经督抚、学政保举，堪膺民社，在吏部铨选者多。从前曾因保举教职得缺后，仍复改教者，降旨吏部，将原保之督抚、学政定以处分，但行之日久，恐督抚等于保奏时不甚经意，而于改教时不将其曾由教职保举之处详晰声叙，含糊混过，亦未可定，着交该部。嗣后，遇督抚题奏知县改教人员，摺奏到部，留心察核。如有曾任教职之人，除由下第拣选分发，及举人、进士本班截取选授知县者，毋庸查议；若原保之督抚升调他省，见所保之员难胜民社，不肯回护前非，据实奏请改教者，自应免其处分，止将原保之学政议处；其余保举堪膺民社之教职，有仍改教者，所有原保之督抚、学政均应照例议处。若该督抚于改教摺内不将原系教职保举之处声叙，经部查出，将该督抚严加议处；倘该督抚瞻徇原保之上司情面，任意姑容，经朕察出，或经科道纠参，必将该督抚重治其罪，其如何分别定例之处，并着该部详议具奏。寻议，原保之学政，或有升转，与该员同省，能据实查办，免其处分，止将原保之督抚议处；其原保之藩臬以下各上司，悉视此例，分别查办。至该督抚于奏请改教时，含糊声叙，经臣部查出，随本查参，照徇情例降二级调用；倘该督抚瞻徇姑容，查出，将该督抚革职治罪。从之。

十一月庚午　礼部议覆，直隶总督周元理、学政罗源汉奏称，热河建立学官，科岁二考，热河厅取进文童四名，其余六厅取进二名，武童减半。应如所请。从之。

十二月乙巳　谕：翻译乡会试停止以来，已二十余年。近日满洲学习清文，善翻译者益少，着加恩，以乾隆戊戌年八月考试翻译举人，已亥年三月考试翻译进士，既与文武科场日期两不相碍，且予伊等一年之功，俾得从容究心，翻译益臻精熟。

十二月丁巳　吏部等部议覆，陕甘总督勒尔谨疏称，特讷尔州判改阜康县，应设训导、典史二员，以裁汰庄浪县二缺移改，仍隶迪化州。州判旧署改作县署，添建训导、典史署二，库房二，监狱一。奇台通判改奇台县，经收房课牲税，应设训导一员，以平凉县裁汰缺移改；典史一员，以裁汰济木萨巡检一缺移改，仍隶镇西府。通判旧署改作县署，添建训导、典史署二，库房一。二县岁科两试，各取进文童四名，武童四名，奇台拨府学文武童各一名。……从之。

乾隆四十二年（1777年）

二月壬寅　谕：据国柱奏，惊闻皇太后宾天，将学政关防暂交护理巡抚印务黄检，飞驰赴京等语，实属错谬之至。前经明降谕旨，令各省督抚不必来京。昨山西巡抚巴延三奏请叩谒梓宫，已降旨令其即行回任，正恐伊等不知事理，仆仆往来，转致贻误政务，至各省学政不过司文之员，况有应办考试之事，何得辄将关防交出，即行起程？由此类推，则外省司道、知府等官亦将纷纷就道耶？至所称伊系内廷之人，更为不知分量，国柱不过在红本上当差，并非内廷行走大员，所见实属谬妄。国柱着严行申饬，并令伊奉到此旨，不拘行次何处，即行回任。

二月壬戌　（礼部）议准江苏学政谢墉奏，请严廪生出贡之例。应令嗣后廪生内如有词讼牵连，经地方官审明，申详督抚发学戒饬者，即将该生出贡之处扣除注册，仍将原案报明查核。从之。

三月甲戌　谕：今年乡试届期，所有应行开列试差之进士出身人员，着于三月二十五日在正大光明殿考试，仍着吏部照例按各衙门次序，于二十七日带领引见。

三月癸未　科场酌用虚字例。谕：昨检阅内廷旧存摺奏，内有康熙五十六年詹事王奕清密奏，请于考官入闱后，即谕誊录官，凡七艺中破承、开讲等虚字概不誊写，以防关节等语。王奕清所奏，自属防弊之一法，但将破承、起讲等虚字概不誊写，于文理既不明顺，且篇幅不完，体制尤多未协。朕思与其暗防弊窦，不若明示章程，况近今乡会头场，改为书艺三篇，尤易防范。嗣后，令顺天及各省主考官于刊发题目时，即酌定三篇内承题、起讲应用虚字，明白开列，另行刊印一纸，分给举子。如此科首篇承题用“夫”字，次篇用“盖”字，三篇用“甚矣”，起讲首篇用“今夫”，次篇用“且夫”，三篇用“尝思”之类，即将此等承讲虚字错综更换，总听主考官临期酌定。俾众共闻知，通场一体遵用，违者贴出。如此，于不齐之中寓以齐，则虽欲暗藏关节，应无所施其伎俩。而定以主考官临期酌定，不出之房官之手，则士子无从摹拟，不致别生弊窦，于防范更为周密，至会试亦着照此例行。将此旨通谕中外，并刊入《科场条例》。

四月乙巳　谕：向例乡会试同考官分经阅卷，《易》、《书》、《诗》三经卷分三、四、五房，《春秋》、《礼记》卷止分一、二房，以一二人专阅一经，则暗藏关节，易于识认，立法不能无弊。况各经卷多者，一房阅至数百卷，甚且多至千卷，其卷少者，一房止阅一二百卷，校阅多寡亦太觉悬殊，办理未为尽善。各省主考既以一人兼阅《五经》卷，则房考官同系科甲出身，谅无不能阅看他经之理。着自乾隆丁酉科为始，乡会同考试官俱不必拘泥五经分房。如房考官十人，场卷五千本，则每房各阅五百本，均匀分派，其每经分中卷数仍照原额。如此各房通看，即欲呈送关节，势不能遍送多人，于防范更为周密，而各房考均匀派阅，亦不虑多寡相悬，致滋草率之弊。将此通行传谕，并刊入《科场条例》，一体遵行。

五月戊辰　以编修郑际唐为云南乡试正考官，中书王瑸为副考官；编修管干珍为贵州乡试正考官，中书吕云栋为副考官。

五月己巳　吏部带领保送一等之翰林院侍讲学士成策等五十九员引见。得旨：成策准其一等，福克进、福明安、评德、杨钟岳、吴延瑞、戚蓼生、德隆、克星额、富纯、张有年、章铨、杨以湲、和德、张诚基、观音保、德龄、舒敏、达充阿、五灵阿、丰伸、新住、吉灵阿、齐丰阿、萨炳阿、常兴、瑚嵩额、永和、果尔敏、春贵、觉罗经禄、海成、白鹤、德溥、玉麟、海宁、肃普洞阿、苏楞泰、文霈、万宁、穆克登、音德布、景福、罗汉泰、罗敏、苏楞额、陈其焜、图桑阿、凌云、陆苍霖、福全、扎拉丰阿、巴彦宝、扎尔杭阿、德恒、博尔岱、诚林、福庆俱准其一等加一级，芳桂着改为二等。

五月壬午　以内阁侍读许祖京为四川乡试正考官，检讨李台为副考官；翰林院侍读童凤三为广东乡试正考官，侍讲刘亨地为副考官；检讨龚大万为广西乡试正考官，宗人府主事姚梁为副考官；编修祝德麟为福建乡试正考官，御史戈岱为副考官；侍读王大鹤为湖南乡试正考官，中书李棨为副考官。

五月甲申　礼部议覆，署刑部尚书兼管顺天府府尹袁守侗奏称，八旗及各省驻防贡监生员愿应乡试者，即由各旗咨顺天学政、国子监考取，径送顺天府入场；其礼部查取旗册之例，请停止。至八旗童生岁科两试，亦毋庸由部取册转发，即由该府丞查取旗册办理。均应如所请。再，考试翻译举人、生员与文场同，亦照此例，由各旗径送顺天府核办。从之。

五月辛卯　命协办大学士、刑部尚书英廉教习庶吉士。

五月甲午　谕军机大臣等：礼部议驳裴宗锡奏，请动项改办黔省号舍之处，应毋庸议一摺，已依议行矣。该省号舍虽系编竹为垣，砌土为凳，然士子相安业经百数十年，并未闻其临时倾圮及因墙壁不固有乘隙滋弊之事，何以裴宗锡辄思动项改建？如果系应办之事，则该抚在任数年，早应具奏；若因本年系乡试之年，理须修葺号舍，则图思德现已到任，自当听其酌办。乃裴宗锡于接奉调任谕旨后，急为此奏，明系该抚欲办此一事以邀声誉，为黔省留去后之思耳。裴宗锡平日办事尚属认真，何以有此沽名之举？殊不可解。该抚既欲改建号舍，以图取悦士林，且有动支赶办之语，此时自已兴工，所有估需工料银四千余两，即应令裴宗锡自行认修，以遂其沽名之愿。伊历任巡抚有年，此项工价亦力所优为。若因有此旨，将估修之项分派属员代出，甚至派累民间，则是裴宗锡自取罪戾，将来一经败露，恐该抚不能当其咎也。将此由四百里传谕裴宗锡，并谕图思德知之。

六月丙午　以工部左侍郎彭元瑞为浙江乡试正考官，编修茅元铭为副考官；内阁学士汪廷玙为江西乡试正考官，编修陈嗣龙为副考官；中允张书勋为湖北乡试正考官，礼科给事中戴第元为副考官。

六月庚申　军机大臣会同礼部、顺天府议奏：奉面谕，顺天乡试及会试卷如何分束之处，详细酌议。查，顺天乡试卷有满、合，南、北、中皿字之分，房考有旗员、南、北、中籍贯之别，每科试卷数满字、合字、夹字、旦字及中皿、北皿约一千七八百至二千余，应分为南籍房考应掣之束；南皿卷约九百至一千余，应分为北籍房考应掣之束，旗员及边省人员并入北籍核计。将此项卷尽数酌分十八束，其贝字号卷约五千余，除直隶房考回避外，余俱可阅。将此项卷亦酌分十八束，掣签分阅。二、三场卷归第一场掣定之房考阅看，至公堂按满、合、南、北、中皿，贝、夹、旦等字分束，概送内帘，令查号簿办理。再，会试按省分额，房考阅卷向止回避本省，今应照乡试核办，就上两科各省卷数及中额多寡匀派，并查房考回避省分，酌分两项，其回避员数稍多者，卷分十束，少者分八束，每束约二百以外，知贡举将某省若干卷写于封面，送内帘主考官同内监试，按房考回避省分员数，查对卷数掣签，二、三场办理，与乡试同。从之。

六月庚申　以内阁学士刘墉为江南乡试正考官，刑部主事顾震为副考官；修撰陈初哲为陕西乡试正考官，户部主事程世淳为副考官。

六月壬戌　定副都统、参领等官科场不回避例。谕：科场外帘各官子弟回避之例，节经御史条奏，礼部议覆准行，其中尚有未甚允协者，如监临、知贡举、监试、提调总办场内一切事务，其受卷、弥封、誊录、对读、收掌等官亦各有承办试卷之责，自应令其子弟回避，以杜弊端。若两翼副都统、参领、章京不过入场弹压，事毕即行出闱，与考试文字毫无干涉；至供给等所，不与士子相见；即顺天府所委之巡绰等官，止于号外巡查，不能进号关照；又如砖门御史，点名后例不入场，亦可毋庸防范。所有副都统、参领、章京、砖门御史及供给、巡绰等官，嗣后俱不必回避，即自今年为始，着为令。

七月壬申 以户部郎中戚蓼生为河南乡试正考官，编修项家达为副考官；内阁学士汪永锡为山东乡试正考官，修撰黄轩为副考官；翰林院侍读学士褚廷璋为山西乡试正考官，修撰金榜为副考官。

七月戊子 谕：办理四库全书并荟要二处，所用誊录计六百余名，而应行缮录之书籍甚多，上届甲午科京闱乡试曾于落卷中挑取补用，现在又届乡试之期，而明年誊录中即有五年期满应行议叙开缺者，均须随时顶补，自应豫为筹备。着于发榜后，将未经取中之南、北、中皿及贝字号墨卷弥封，详慎翻阅，择其字画匀净、可供钞录者，皿字号挑取八百卷，贝字号取六百卷，交与吏部，按照名次拆卷填注。此内如有本系誊录，即行扣除，余俱出榜晓示，注册挨补。其有本生告假或不愿充当者，亦听其便，至应派之阅卷官，俟临时再降谕旨。

八月己亥 顺天乡试以顺天府尹蒋赐棨为监临官，户部左侍郎梁国治为正考官，礼部右侍郎阿肃为副考官。

八月己酉 礼部议覆，御史刘锡嘏奏，肄业贡生考试汉教习，请于临场识认，以防枪冒，如现充各馆誊录者均不准考试，以免趋避，应如所请。至满助教考试事宜，应如国子监所奏，统归吏部办理。从之。

八月壬子 谕：各省学政现届差满，应行更换。顺天学政着汪廷玙去，江苏学政着刘墉去，安徽学政着刘权之去，江西学政着汪永锡去，浙江学政着彭元瑞去，福建学政着沈初去，湖北学政着洪朴去，湖南学政着唐淮去，山东学政着姚梁去，山西学政着百龄去，河南学政着王大鹤去，陕甘学政着祝德麟去，四川学政着刘锡嘏去，广东学政着李调元去，广西学政着李殿图去，云南学政着戚蓼生去，贵州学政着萧广运去。此内有现出试差人员，若回京请训，再行赴任，徒劳驿传往返。学政之职惟在公慎自矢，整饬士习，兴起文风，此外更无可训谕。伊等接奉此旨，即各赴新任，不必来京请训。

八月甲寅 谕：前经降旨于本科京闱乡试落卷内，皿字号挑取誊录八百名，贝字号取六百名，着交梁国治、阿肃于发榜后，同原派出之同考官阅看。

八月甲寅 湖南学政唐淮因病乞假，命翰林院侍讲姚颐提督湖南学政。

八月庚申 谕：今日国泰奏到各折颇露急于见长之意，不宜若此。即如巡抚入闱监临，系循例奏报之事，只须将搜检有无弊病及士子三场是否安静，奏闻足已。乃国泰折内，将各卷并无干犯庙讳、御名及违式贴出与笔误免贴之处，逐一声叙，并称誊录、对读之错误，抽对朱卷各等语，殊属琐屑。此皆监临分所应办，无足为异。国泰铺张入告，不过欲显其诸事认真，其底里已毕露矣。……国泰着传旨申饬。

九月甲子 户部等部议覆，陕甘总督勒尔谨奏请，甘肃泾州改为直隶州，以附近之崇信、灵台、镇原三县拨归管辖，文武生童请于平凉府学原额内酌减七名分拨，应如所请。从之。

九月癸酉　兵部议覆，仓场侍郎、暂兼管顺天府尹蒋赐棨奏，查乡试武生，八旗汉军及各府州县人数多寡不同，可照会试分别省分例，均匀分派办理。其投卷造册各事宜，请自本年丁酉科为始，由顺天府查照各武生人数，按名匀派，分为四册，先将分定名数每围若干，报部缮签封固，于宣旨后，在部掣签，分拨四围考试。至各省乡试，应听各该省照旧办理。从之。

九月甲戌　吏部议准，仓场侍郎、暂兼管顺天府尹蒋赐棨奏称，嗣后，顺天乡试，北皿、贝字中式举人内，如有原系他省、寄籍顺天各府者，即令其发榜后填写亲供时，先行据实呈明，遵例改归原籍；如实系无家可归，亦令呈明原籍某处，及因何不能改归缘由，确据注册；其实系顺天土著，即饬具得中举人互结，并责成顺天府详加询明，分晰造册，咨送吏、礼两部存查；倘仍有含混隐匿情事，查出，将本人严行治罪，并将互结之举人及顺天府承办之员，照例议处。从之。

九月辛卯　恩赏新疆举子驰驿。谕：向来云南、贵州举人进京会试，一路赏给驿马骑坐，所以体恤远方寒畯者，至优极渥。本年陕西乡试中式第二名举人黄斌即系新设迪化州阜康县人，可见关外人文渐盛，殊属可嘉。第念该处进京道里较云贵等省更远，即每科新疆士子赴西安乡试，路亦不近，而新疆车马等项雇觅维艰，殊堪轸念。嗣后，嘉峪关以外士子赴西安乡试及进京会试，并着加恩，照云贵之例，一体赏给驿马，以示优恤边陲寒士之至意。

十月乙未　礼部议奏，山东道御史戈源奏请申明冒籍治罪条例。查，大宛等县多士云集，土著寄居，不免参杂，立法日久，渐成具文，应将历年严定冒籍禁例详开，交顺天府通行晓谕。嗣后，如有牵混入籍，生监照例斥革治罪。又奏，顺天廪缺多冒籍充补，若责令保人，必滋弊窦。应如所奏，令寄籍廪生呈明，改归原籍；无籍可归者、注册土著者，取各生互结备查，统交顺天府尹督各教官分别办理。又奏，御史审音，南籍者亦行开列，似非远嫌防弊之道。亦应如所奏，将南籍御史回避扣除。又奏，顺天贡监入场，宜责成学政稽查。录科前该贡监先赴大宛二县起文，应令该县于给文时，逐一稽核，必实在土著及寄籍无家可归者，方准申送；如混行送考，照考试童生审音不实例议处；至该县申送时，仍责学政严查。又，童生考试先应县考，应请交顺天府饬令大宛二县，遵例严查，如违参处。从之。

十月甲辰　以翰林院侍读徐光文为顺天武乡试正考官，编修刘湄为副考官。

十月丁未　御史雷轮奏，乡会两试磨勘试卷由礼部司员按名次将试卷分给磨勘官，恐不无指名索取某卷、嘱托瞻徇等弊，请添派满汉御史各一员，轮班稽察，如有前弊，据实查参。得旨：着照所请行。

十月庚申　谕：据曾学闵奏，磨勘试卷诗内间有平仄失粘，例应罚科，大抵北五省及云贵小省之人居多，请将一二字偶然失粘者姑免置议一摺，所见亦是。北省及边省士人，语音限于风土，试帖内平仄未能悉叶，自所不免，若因此即行停科，致伊等往返徒劳，情亦可悯。但试帖著于功令，且诗韵具在，士子如果留心学习，断无终于不能之理。曹学闵仅将本科免议，尚恐未能遽改，着从宽予以十科之限。令此等省分科举之人，于声韵加意讲求，以期通晓，俟十科后，仍有失粘者，照大省一体停科。计十科已阅三十年之久，如此宽其程限，若再不能改，则是伊等故违功令，终于不学，其处分实所自取，不能复为之原谅加恩矣。将此通谕知之。

十月壬戌　陕甘总督勒尔谨奏，新疆应试文举均给驿马，今科武闱，嘉峪关以外，取中武举六名，赴京会试，计程万余里，长途车马，未免拮据，请嗣后嘉峪关外武举会试者，均照文举会试例，赏给驰驿遄行。得旨：自应如此，亦无需特旨。

十一月癸亥　谕曰：高晋奏请将武围二场舞刀改用鸟枪，以中靶之多寡，分别字号考试一摺，所奏不可行。国家武乡会试之设，原以文武制科，相沿旧例，不但舞刀一项全无实际，其开弓掇石又何独不然？即伊等之骑射，亦难尽期有用，且向来用兵时，何尝仗此项武举临阵克敌耶？至鸟枪一项，原系制胜要器，而民间断不宜演习多藏，即如山东逆匪王伦聚众之事，幸群贼不谙放枪，易于剿灭，此显而易见者。前因民壮内有鸟枪手，恐日久或致滋事，曾谕令各督抚不动声色，将鸟枪改为弓箭。所降谕旨甚明，高晋岂遂忘之耶？若如高晋所奏，武科改用鸟枪，考验准头，则应试之武生势必常时习学打靶，凡应禁之火药、铅丸，俱难禁民间私相售卖；且一县中添无数能放鸟枪之人，久而传习渐多，于事实为有碍，高晋虽意在核实，而未计及其流弊将无所底止，所谓知其一未知其二。高晋久任封疆，尚属历练晓事，何此奏不达事理若是耶？所奏断不可行，不必复交部议，将此谕令知之。

十一月丁卯　谕军机大臣等：从前令各督抚于学政差满时，将是否不愧师儒之席及仅系循分供职，或有通晓吏治、堪胜道府两司者，各就所见，秉公密奏，现在各督抚陆续奏到之摺，虽尚属公当，但恐行之日久，学政等以三年报满，其堪胜外任与否，由督抚核举，或有不安义命之人，竟因此逢迎督抚以图保荐，转不免有流弊。且学政复命召见时，其人之才具见识可否外用，皆可一一鉴别，更无藉督抚等多此一举也。着传谕直省督抚，嗣后学政差满，止将其在任考试声名若何、办事若何据实具奏，其能否胜任道府两司之处毋庸奏及。

十一月己巳　吏部奏，挑取誊录字号舛错之考官梁国治等均照例罚俸。得旨：乡试落卷内挑取誊录，原系特旨派办之事，并非科场正务，若不令挑取，则伊等亦无此错矣，所有梁国治等应议之处与科场正例无涉，着加恩宽免。

十一月己卯　命翰林院侍读童凤三提督陕甘学政。

十二月庚申　谕：前据周元理奏，热河请添建考棚，俾七厅所属生童得以就近应试，事属可行。但工程事宜，地方官素未谙习办理，恐未能妥协，所有热河考棚工程着刘浩办理。

乾隆四十三年（1778年）

正月辛未　谕：本年翻译乡试，前经降旨于八月举行，但今秋起銮前往盛京，先期举行为便，着将翻译乡试改为七月初旬，该部即遵谕行。

正月乙亥　谕：热河地方，朕每岁木兰秋狝，先期驻跸，数十年来，户口日增，民生富庶，且农耕蕃殖，市肆殷阗，其秀民蒸蒸向化，弦诵相闻，现已兴建学宫，议定庠额，并命设立考棚，将来人文日盛，俨然成一大都会，而称名尚仍热河之旧，殊于体制未协。因思热河从前曾称为承德州，嗣后应改为承德府，即以热河同知改设，其余六厅，如八沟较大，应改为知州，喀喇河屯等厅酌量改县，均隶新设之承德府管理，并隶热河道考核。着交总督周元理将应行酌改事宜悉心筹画，妥议具奏。

二月甲午　直隶总督周元理奏，热河地方更定事宜。一、热河道学教授请改为承德府教授，其学额于府增为六名，六州县各增为四名。俱下部议行。

二月丙午　谕：学校人才之聚，郡县户口之系，古者教养并重，治化覃敷，至于荒略之地、边漠之区，恒有声教所未及而不隶版图者。我朝定鼎以来，光宅函夏，幅员日廓，中外一家。京畿东北四百里热河地方，在古北口以北，其境于禹贡为冀州边末，而虞及殷周幽州之尽境也。秦汉以来，越在绝徼，未入版图；北魏建安、营二州；唐时有营州都督府，然不过侨治于内地；辽、金及元，始芗其名，而历服未久，故址旋荒；明弃大宁，视为外域；我国家抚临寰宇，薄海内外咸登版籍。况热河密迩畿辅，自皇祖康熙四十二年肇建山庄，秋狝经行，往还驻跸。皇考率修前典，设立热河厅，寻改承德州。朕临御之七年，地方大吏建议，此地究为关外，仍设为厅，八沟等六处悉如之。盖以其时士民稀少，风俗椎鲁，立学建郡之制，有未遑焉。嗣后，狝猎木兰，每岁驻跸于兹，日见黎庶殷阗，户口繁富，里巷弦诵，人文渐起，此实国家积洽累仁，休养生息，涵濡百余年之久，方克臻斯。夫士为四民之首，土著与侨居者，久于其化，子弟不乏秀良，而学校未兴，师承无自，其何以甄陶而鼓励之？况今西域如乌鲁木齐等处率皆立学校、置郡县，以此较彼，地既远近悬殊，风土人物亦皆过之，按诸古者广立学校之意，其地其时正相协焉。爰于丙申秋，命冬官量度规模，鸠工庀材，兴建文庙，朕亲释奠而落成之。每年来巡幸斯土，必先展拜庙貌，秋仲丁祭，遣大学士行礼，率以为常。所有酌定庠额，分年取士，并创设书院、义学，延师训课，悉令督臣与学臣议立章程以行。近岁士氓深被教泽，既富方谷，益见蕃昌，闾阎安堵，沐浴太平，四方商贾之民骈集辐辏，俨然成一都会。计其地千余里，而户口或逾十万，可以见耕桑日辟，版籍日繁，成都成邑之盛，有明征焉。近者既创立学校，乐育人材，而其地犹仍热河厅之旧，准诸体制，未为允协，因思向曾设承德州，今宜升为承德府。即以同知改设，其余六厅，如喀喇河屯厅改为滦平县，四旗厅改为丰宁县，八沟厅其地较广，改为平泉州，乌兰哈达厅改为赤峰县，塔子沟厅改为建昌县，三座塔厅改为朝阳县，赋税户籍之数悉隶于知府，辖于热河道，以重考核。官斯土者，宜悉心经画，措置协宜，副朕嘉惠边氓、教养兼施之意。至于考订旧闻、搜罗掌故，辑成《热河全志》，已命儒臣博采旁证，区分事类，纂订成书，仍于山庄内肇建文津阁，庋贮四库全书，琅签秘笈，炳耀兴桓，以示朕崇师惇典，一道同文至意。

三月丙寅　以礼部左侍郎谢墉为会试知贡举，以大学士于敏中为正考官，吏部右侍郎王杰、内阁学士嵩贵为副考官。

三月己巳 大学士于敏中奏，同考官评阅朱卷，乾隆三十六年，部议改用紫笔。查，紫与朱其色相近，易滋弊混。请仍改用蓝笔，其内收掌及书吏并一体更正，至内帘监试，应仍用紫笔。从之。

三月丁亥 礼部以会试中额请。得旨：这会试，满洲、蒙古取中三名，汉军取中一名，直隶取中十五名，奉天取中一名，山东取中十二名，山西取中九名，河南取中十名，陕西取中五名，江南取中二十八名，浙江取中二十四名，江西取中十八名，湖北取中四名，湖南取中三名，福建取中九名，广东取中四名，广西取中二名，四川取中三名，贵州取中三名，云南取中二名。

三月己丑 知贡举侍郎谢墉奏，填榜之日，外帘自知贡举、监试、提调俱集聚奎堂，各项书吏、匠役一拥而入，向未设有弹压之员，请饬令原派之副都统二员于填榜日赴至公堂，会同外帘御史，将应入内帘人役，查验确实同入。内龙门仍分两翼弹压巡查，内龙门外，即责令所属将备二员巡逻。放榜时，并令将备等护送张挂。得旨：所办好，依议。

四月辛卯 谕：昨以兵部侍郎蒋元益年已衰老，降旨休致，伊上年尚在江西学政之任，其年力如何，该抚岂未深悉？乃海成始终并未据实陈明。又如已故广东学政汤先甲，从前未据该督抚奏及衰病情形，直至伊任满进京，虑其召对时经朕看出，杨景素、李质颖始以一奏塞责，可见外省督抚率以沽名为念，但知将该学政保奏堪用道府，而于其年老有疾、不能胜任之处，不肯秉公陈奏，殊属非是。海成、杨景素、李质颖俱着交部议处。

四月庚子 谕曰：国子监助教吴省兰、助教衔张羲年学问尚优，且在四库馆校刊群书，颇为得力，俱着加恩，准其与本科中式举人一体殿试。

四月庚子 谕：本年会试，多士云集观光，其中庞眉皓首，颇不乏人，且有齿跻耄耋、挟策偕来者，实为升平人瑞，宜敷渥泽，用广鸿庥。所有本年会试举子内，九十以上之郭毓麟着加恩，赏给国子监司业职衔，其八十以上之鲁道传、郑兆球俱着加恩，赏给翰林院检讨职衔，七十以上之石震、赵彦美、张廷谟、万邦宪、朱镜俱着加恩，赏给国子监学政职衔，俾耆儒膺秩，咸遂夙愿，以慰其寒窗绩学之志。

四月辛丑 训正文体，定制义七百字之限。谕曰：文以明道，自当以清真雅正为宗。朕曾谆谆训谕，而文风总未能醇，盖非一朝一夕之故。本年会试，闱中进呈前十名卷，朕详加披阅，文体较为纯正，尚不失制义之本。发榜后，询之大学士于敏中，据奏，近年风气善为长篇，又多沿用墨卷肤词烂调，遂尔冗蔓浮华，即能文者亦不免为趋向所累等语。士子平日当覃心经术，探讨古文及时文诸大家，以立其体，作文尤须体会儒先传说，以阐发圣贤精蕴，独出心裁，屏除习见语，其文自然合度，何必动辄千言，因陈不察耶？昔陆机云："要辞达而理举，固无取乎冗长。"韩愈云："惟陈言之务去。"二语实文章之正鹄，士子宜深味乎其言。嗣后，乡会两试及学臣取士，每篇俱以七百字为率，违者不录。其庸熟墨派悉行剔除，又或过为新奇，堕入牛鬼蛇神恶道，尤在所澄汰。操觚者慎毋掉以轻心，司衡者各宜示以正轨，务期风会蒸蒸日上，以副朕崇雅黜浮之至意。将此通谕中外知之。

四月甲辰　军机大臣等奏，会试试卷卷纸浇薄，及将试卷送给亲朋，未经取价。其办理不善之提调郎中陈其焜、主事李潄芳请交部察议。得旨：知道了。其请将提调陈其焜、李潄芳交部察议之处，固属应得处分，但礼部官曹闲冷，三年办理会试一次，员役人等藉此稍沾余润，亦情理所有。况每科会试动用官帑甚多，岂在此些微卷价斤斤计较耶？陈其焜、李潄芳着加恩免其处分。

四月甲辰　（军机大臣等）议覆，知贡举礼部左侍郎谢墉所奏科场分卷事宜及礼部堂官议驳之处，臣等公同酌议。谢墉场内所造之册，至字几号、公字几号止载某省若干卷，原非细注各卷红号，并无错误。惟欲裁去内收掌一节，必不可行，应照礼部所议办理。其各省均匀配搭及各房回避卷，由至公堂分为十八束，送内帘掣签分阅，上年奏准有案，自应遵照奉行。再，顺天乡试人数较多，向止一人收掌，未免竭蹶，请嗣后照会试例，添设收掌一员。从之。

四月己酉　命武英殿大学士阿桂、协办大学士吏部尚书程景伊、内阁学士胡高望、署吏部左侍郎董诰、户部尚书梁国治、兵部尚书蔡新、工部尚书嵇璜、都察院左副都御史觉罗巴彦学为殿试读卷官。

四月辛亥　策试天下贡士缪祖培等一百五十五人于太和殿前。制曰：朕祗承鸿绪，兢兢业业，不遑康宁，深维元后之责，思所以会归皇极，敷锡黎庶，以承天庥，夙夜寅畏，日慎一日，四十三年于兹矣。凛兹保泰，伫尔嘉谟，其敬聆咨问。治法莫盛于唐虞，史叙尧勋，时雍于变，舜命司徒敬敷五教。夫教民以实不以名，惟在督抚、大吏董率属员实力化导，使百姓迁善远罪，以无忝父母斯民之任。今欲使士敦廉让，民知礼教，愚蒙者咸识纲常，顽悍者潜消犷戾，以庶几一道同风之盛，其何道之从欤？且士者，民之望也。化民者先训士，士之学问纰缪，学臣得以文黜之；行止颇僻，有司得以法纠之。至于聚徒讲学，渐成门户，始于骛虚名，终于受实害，如东汉、唐、宋党禁以及明之东林，其已事也。今将使学者笃潜修而杜私党，其何以劝迪之欤？今政治昌明，士风丕变，自爱者未必至此，然杜弊者先于未萌，识微者防其渐致，其又何以豫绝之欤？前言往行，悉载于书。自周有柱下史，汉魏有石渠东观，以至甲、乙、丙、丁之部，《七略》、《七录》之遗，代有藏书，孰轶孰传，孰优孰劣，可约略指数欤？乃者命儒臣辑四库全书，搜访校雠，亦云勤矣，而网罗犹有放失，鲁鱼犹有讹舛，何欤？国家重熙累洽，都邑蕃昌，人民和乐，由俭入奢，势固然也。会典通礼，所以别贵贱，辨等威，防奢僭。顾服食之违制，得以法绳之，人工物力之糜费，不能以法绳也；宾祭之过侈，得以礼节之，饮食器用之琐屑，不能以礼节也。使事事为之厉禁则扰，听其纷华以耗本业，又岂藏富之道乎？其何以还淳返朴，用有节而民不烦，事有制而法可久欤？尔多士稽古力学，于学问之要、政治之本讲求熟矣，其筹之策之，引之伸之，推之古昔，证之当今，悉言无隐，朕将亲览焉。

四月甲寅　御养心殿，召读卷官入，亲阅定进呈十卷甲第。

四月乙卯　上御太和殿。传胪。赐一甲戴衢亨、蔡廷衡、孙希旦三人进士及第，二甲邵自昌等五十一人进士出身，三甲李鼎元等一百三人同进士出身。

四月己未　内阁、翰林院带领乙未科散馆修撰、编修、庶吉士引见。得旨：此次翰林散馆之修撰金榜，编修汪镛、孙辰东业经授职，其清书庶吉士戴心亨、缪晋、章宗瀛、戴联奎、陈崇本、邱庭漋俱着授为编修，孙玉庭着授为检讨，汉书庶吉士吴锡麒、许烺、严福、范来宗、罗修源、徐立纲、戴均元、钱樾、于鼎、卢遂、徐如澍、翟槐、曹锡龄、周宗岐、张能照、周琼俱着授为编修，德昌、饶庆捷、谷际岐、王允中、瑞保、五泰俱着授为检讨，其庶吉士梁上国、陈镛、杨昌霖、张慎和、陈文枢、仓圣脉、李廷敬、曾廷椲、胡敏、胡必达、何思钧俱着以部属用，至此次改部各员内，其原在四库馆办书者，仍令其兼馆行走。

五月乙丑　谕：本年散馆清书庶吉士梁上国，汉书庶吉士仓圣脉、何思钧，前已有旨以部属用，着加恩俱留馆，再教习三年，同新科庶吉士一体散馆。

五月己巳　命吏部郎中吕光亨提督云南学政。

五月庚午　授一甲一名进士戴衢亨为翰林院修撰，一甲二名进士蔡廷衡、一甲三名进士孙希旦为翰林院编修。

五月辛未　军机大臣等议奏，盛京宗室觉罗向立官学，原为肄习汉文而设，但宗室觉罗子弟，自当以熟练弓马及学习翻译为先务，至欲兼习汉文，则该处之举贡生员等自为师承，留心讲贯，亦无难于通晓，应请将盛京额设宗室觉罗教习之例停止。报闻。

五月癸酉　内阁、翰林院带领新进士引见。得旨：新科进士一甲三名戴衢亨、蔡廷衡、孙希旦已经授职，邵自昌、冯培、吴省兰、吴璥、潘庭筠、吴绍浣、彭翼蒙、汪泩、吴舒帷、王天禄、徐文干、张九镡、钱栻、吴裕德、祖之望、何西泰、杨炜、颜崇沩、吴鼎雯、冯敏昌、王汝泰、祁韵士、窦汝翼、李鼎元、汪脉、公春、张位、德生、洪其绅、钱世锡、许霖、薛绍清俱着改为翰林院庶吉士，李威、徐冕南、莫允宣、邓晅、吴一骐、管世铭、盛时杰、王城、邵自悦、吾祖望、王锟、那林保、包承祚、沙重轮、韩汤衡、江浚源、阎曾履、广厚、范三纲、慈国璋、陈诗、李伯龙俱着分部学习，蔡必昌、张维祺、周棨、王嵩龄、黄奕瑞俱着以知县即用，余俱着归班铨选。

六月甲午　命协办大学士英廉、内阁学士钱载教习庶吉士。

闰六月甲子　谕：军机大臣会同礼部议驳曹学闵条奏，会试举人径由州县出具印结、亲赍投部一摺，已依议行矣。举人会试由州县申详院司，给咨送部，体制本应如此，况给咨时，书吏并不见面，何从向其勒索？设果有不法书吏，该管上司自无难据实查究，于士子并无所累，且其事遵行已久，无甚关系，何必轻议更张？曹学闵前在御史任内以此事条奏，曾经部驳，犹属科道言事之常。今久已升任太仆寺少卿，既非官守，又无言责，乃复申理前说，期于必行，殊属非是。明季科道往往各执一见，纷争不休，甚至多人附和，门户分持，其积弊最为可恶。我国家自祖宗以来，屡经整饬，朕复力为申禁，诸臣渐知湔改。今曹学闵此奏，复欲蹈明季言官陋习，其风断不可长，曹学闵着交部严加议处。

七月辛卯　谕：向来翻译乡会试墨卷亦用誊录、对读，再送内帘校阅，虽照《科场条例》办理，但满洲字与汉字不同，笔迹难于识认，本无弊之可防，原不必循文场易书之例。况誊录之领催于翻译文义不能尽通，誊写易于讹舛，且致多延时日，殊属无谓。现届翻译乡试，所有试卷止须弥封，交送内帘校阅，无庸另行誊录、对读，着为令。该部即速通行遵照。

七月辛丑　谕：此次翻译取中之举人第一名陶光、第十三名郭布亨俱与汉姓相同，已令将陶字改为崇字，郭字改为国字矣。从前大学士公傅恒曾将傅字姓其诸子，经朕令改福字；又如大学士公阿桂父阿克敦，伊子有名阿迪斯及阿弥达者，虽俱系清语，究属三代沿用，恐其家遂以阿为姓，因令自伊孙始，名首不必沿用阿字。盖满洲原有姓氏，而通行乃其名字，今妄效汉姓，不特遗忘根本，观之亦甚不雅，着交八旗、各省将军、都统、副都统等通谕各官兵，令各遵奉。如有效尤者，定行治罪，该管大臣等一并议处，并将此谕令阿哥等阅看。

七月乙巳　谕：本年选拔贡生，除引见分别录用外，其余已经考试各生，如有情愿自备资斧，在四库全书馆效力者，准其呈明，充当誊录，即以到馆写书之日为始，扣足五年期满，照例核办。

七月丙午　礼部等部议准，署云贵总督裴宗锡疏称，五嘈通判前经改为州判，属广西州管辖，应将原拨五嘈通判学额二名归入广西州学，仍取进文生二十名，武生二十名，作为定额，与五嘈合取。从之。

八月辛巳　谕：盛京为本朝根本重地，兵丁皆知恪守旧风，娴骑射以裕武备，现亦校阅分别赏赉；其读书之士亦渐摩文化，蒸蒸日盛，堪与畿甸比隆。朕銮辂所临，青衿献诗趋迓，弦诵彬彬，具见胶庠乐育，自宜一体加恩，用彰作人盛典。着将盛京满、合二号及奉天所属各学，科考广额一次，其向取进六名以上者增额三名，四五名者增额二名，二三名者增额一名。该府丞其悉心校录，甄拔殊尤，副朕嘉惠士林至意。

九月辛卯　以兵部左侍郎周煌知武举，内阁学士胡高望为武会试正考官，詹事金士松为副考官。

九月乙巳　兵部以武会试中额请。得旨：这考试，汉军取中二名，直隶取中八名，陕西取中六名，广东取中六名，河南取中二名，山东取中五名，江南取中二名，山西取中三名，湖北取中二名，湖南取中一名，四川取中一名，广西取中一名，福建取中三名，浙江取中一名，江西取中一名，云南取中一名，贵州取中一名。

九月癸丑　谕：据杨景素、王亶望奏称，准江苏巡抚杨魁咨查扬州府属东台县已故逆犯徐述夔所著《一柱楼诗》，系浙江人毛澄作跋，飞咨查拿。查毛澄系归安县学廪生，乾隆三十二年赴甘肃作幕，三十九年冒阜康县籍贯改名黄斌，去年丁酉科中式第二名举人，如今现在甘肃迪化州等语。毛澄为逆犯徐述夔作跋，必须查拿讯究，并搜查其寓所书籍字迹，一并解京，并案审办。该犯既现在迪化州，着传谕勒尔谨速将黄斌即毛澄拿获，派委妥员，锁押解京审讯，其冒籍情由并着勒尔谨查明具奏。

十月丙寅　策试天下武举邢敦行等四十八人于太和殿。

十月己巳　上御紫光阁，阅中式武举骑射。

十月庚午　上御紫光阁，阅中式武举技勇。

十月辛未　上御太和殿。传胪。赐中式武举一甲邢敦行、樊雄楚、董金凤三人武进士及第，二甲罗廷弼等四人武进士出身，三甲李春栏等四十一人同武进士出身。

十月丁丑　礼部等部议覆，直隶总督周元理、学政汪廷玙奏称，直隶商学，向例文童额进八名，武童七名，查应试文童不满三十人，武童不满二十人，应遵新例酌减，以十名取进一名；即应考人多，文童不得过三名，武童不得过二名。至灶籍，文童额进七名，武童六名。嗣后，应考人数，文童七十名以上，武童六十名以上，准照原额；如少，亦照商籍以十名取进一名。应如所请。从之。

十月丁丑　（礼部等部）议覆，闽浙总督杨景素、浙江巡抚王亶望、学政彭元瑞奏，浙江商学额进五十名，拨入杭州、仁和、钱塘三学，请于乡试另编卤字号，归浙省中额。五十名取中一名，人数虽多，不准过二名，应如所请。至所称应考童生，有正商、乏商二项。查，商籍以执引为凭，现在行商子弟例应与试，至乏商之后，自有原籍，合例者亦应列入民籍，请饬交该督等将乏商子弟开除，核实人数，另议具奏。从之。

十月丁丑　（礼部等部）议覆，山西巡抚觉罗巴延三、学政百龄奏，山西商籍有坐商、运商二项，其置有畦地、浇晒盐觔者与灶户等，均应以灶籍应试。向例运学，文武各进十二名。查，现在文童百七十人，武童三十余人，照原额酌减，文童额进十名，武童四名，应如所请。至乡试，照灶户例，归入民籍，无庸另编卤字号。从之。

十二月丁巳　谕军机大臣等：勒尔谨奏，捐纳卫千总路悦书呈请改补营缺，谨据情转奏等语，所奏不可行。守备、千总分别营卫，定例昭然，即如武科之进士、举人分别营卫，俱特派王大臣考验，以优等者用营缺，次等者用卫缺，最为慎重，盖因营缺事繁，卫缺事简，就其材技以为衡，从无以卫缺恳改营缺之例。今路悦书所恳，不过因卫缺少而营缺多，希图速用，此端一开，适启取巧幸进之捷径，勒尔谨乃不严行饬驳，转代为奏请，甚属不合。着传谕严行申饬。

十二月己未　命礼科给事中戴第元提督安徽学政。

十二月壬申　礼部等部议覆，直隶总督周元理、学政汪廷玙奏称，直隶商学乡试，从前另编卤字号取中。嗣经议裁，归入北贝字号。现奉新例，本省商籍童生，只准寄籍行商与试，入学后若仍回原籍乡试，往返不便，请仍照旧例，编设卤字号，以五十名取中一名等语。应如所请。至房考阅卷，令与商籍同省之考官回避。从之。

乾隆四十四年（1779年）

二月丙辰　礼部议覆，江苏巡抚杨魁、学政刘墉奏称，御史戈源奏，请裁各省商籍学额，经大学士、九卿议，请交各督抚、学政核查应试商籍人数酌减。查，两淮商籍学额十四名，现在官商亲子弟侄，例试商籍者只一人，不敷十名取一，已停考。请嗣后将旧额裁十留四，照例十名取一，不及十名停考，乡试仍归民卷。又，泰州、通州等处沿海灶户，因业煎盐，前设灶籍学额六，此等灶户与土著无异，请裁归本州县应试，应如所请。惟商籍合例应试者现只一人，未便豫留学额四名，以启冒滥，请暂裁。俟后，应试人多，该抚等随时奏设，至商籍生员愿归本籍乡试者，准呈改廪增改为候廪、候增，与本籍生员照考案新旧间补，廪生照原食饩年分挨贡，其例符入籍江南者，准于现住该州县入籍。从之。

二月己卯　谕：今日据弘畅等奏，阅看考试翻译进士之八旗举人马步骑射，除因病不到，并骑射平常者九人，裁不准考外，其尚能骑射者仅四十七名，人数不足，应否考试之处，请旨遵行等语。满洲奴仆学习翻译，虽系当务，但骑射终为根本，不能骑射，徒精翻译，亦复何用？是以凡考试时，特派王大臣先看马步骑射，分别准试。此次将不能骑射之佛保等九名裁不准考，甚是。其余四十七人，虽为数不足，姑念翻译乡会试之例，停止已二十余年，今朕特恩举行，去岁始考取翻译举人，以人数不足，即停止会试，无以副朕惠养满洲之至意，着加恩仍交部办理，并着晓谕八旗大臣。此次朕不深究，嗣后，凡系考试进士、举人、生员时，该旗大臣务须严察教导，未考以前，择能骑射者送名。若仍行滥送，被派出阅射之王大臣奏闻，不惟不准考试，并将该旗大臣处分，断不宽贷。

三月丙戌　礼部等部议覆，山东巡抚国泰、学政姚梁奏，御史戈源奏请裁各省商籍学额，经大学士、九卿等议交各督抚、学政通查。查，东省商籍文武学额各八名，因本省商人子弟改归本籍，应试人少，请各酌减半额，如应试人数不敷额取，宁缺无滥。查，取进学额当以应试人数为准。山东商学额既应减，请饬督抚等，嗣后逢试期，核定十名取一，人数果足四十名，准各取进四名；再多，亦不得过四名额。入学后，或因人数不敷乡试中额，愿改回本籍者，准呈改。从之。

三月庚寅　举行翻译会试，以礼部左侍郎阿肃为知贡举，礼部尚书德保为满洲正考官，刑部尚书德福为副考官；正蓝旗蒙古都统德勒克为蒙古考官。

三月庚寅　谕：今年恩科乡试届期，所有应行开列试差之进士出身人员，着于三月二十五日，在正大光明殿考试，仍着吏部照例按各衙门次序，于二十七日带领引见。

三月己亥　谕军机大臣等：本日进呈翻译进士卷，朕细加阅看，所拟第一、第二两卷，虽不甚精当，尚无大疵，且所翻元郝经字样，亦属相合；其所拟第三卷，将元郝经误翻，闱中应尚有备取之卷，着德保等复加检阅遴选；如有别卷翻元郝经无误、文义尚堪录取者，即将此卷易换填榜，毋庸复行进呈；若实在别无合式之卷，再将此卷录取，将此谕令德保等知之。

三月庚子　谕：据三宝等奏，兴国州候选训导冯王孙呈所著《五经简咏》二本，语多狂悖，并有不避庙讳之处，现在提同应质犯证，严审究拟，俟将刷印各本搜查净尽，同起出板片一并解京等语。朕初阅时，尚以为不过如李湖前奏陶汝鼐、黎元宽诗集一例，及加细阅，则冯王孙现系捐贡候选训导，且曾在国子监肄业，久为学校教育之人，理应知法守分。今阅签出诗内各句悖妄狂诞，不可枚举，且有复明削清之语，并于庙讳全然不避，悖逆显然，实属可恶。应即严讯该犯，录取确供，照大逆凌迟缘坐例迅速问拟具奏，以正人心而伸法纪，并将所有刷印各本尽行查缴，毋使片纸存留。并查此外不法诗文，一并解京销毁，勿以具文了事。计此时三宝应已遵旨驰驿赴闽，图思德尚未到任，此案即交郑大进速行妥办具奏，此旨着由五百里传谕知之。

四月庚辰　礼部议覆，陕甘总督勒尔谨、学政童凤三疏称，甘省惟宁夏一府设有商学，岁科两试取进文童各八名，岁试取进武童八名，该处商人俱系平凉、庆阳、宁夏等府属各州县人承充，并无外省正商，间有一二山西、陕西人在彼帮办盐务，俱系平凉等府商人出结收考，所有宁夏额设商学，请裁归入本州县应试，其现在商籍举人、贡监文武生员亦令收归原籍，文生员内廪增改为候增、候廪，与本籍生员照考案新旧间补，仍照原廪食饩年分挨次出贡。应如所请。从之。

五月丁亥　以编修韦谦恒为云南乡试正考官，御史孟生蕙为副考官；御史黄腾达为贵州乡试正考官，编修周永年为副考官。

五月壬辰　命御史戈岱提督广西学政。

五月庚子　以刑部员外郎顾葵为四川乡试正考官，编修徐如澍为副考官；兵部郎中史梦琦为广东乡试正考官，编修汪镛为副考官；检讨萧九成为广西乡试正考官，兵部主事王宽为副考官；侍讲学士朱圭为福建乡试正考官，户部员外郎程世淳为副考官；编修徐立纲为湖南乡试正考官，礼部郎中马人龙为副考官。

五月丁未　谕：热河自皇祖建立山庄以来，迄今六十余年，户口日滋，耕桑益辟，俨然一大都会，礼乐百年而后兴，此正其时。曾于丙申秋降旨添设学校书院，加广庠额，以教育而振兴之，并相地鸠工，建立文庙。兹銮辂来巡，适届落成，亲诣行释奠礼，宫墙泮水间，青袍环列，彬雅可观，从此文化益当蒸蒸日盛。况现在庠生已有五十余人，均应与顺天乡试，虽丁酉科曾经中式一人，但边外士子朴鲁者多，恐尚未能与通省贝字号卷校艺获售。着加恩照宣化府之例，另编承字号，每科乡试取中举人一名。俾士子知上进有阶，愈加鼓舞。俟将来文风渐盛，人数多至百余名，该督臣再行奏闻增额，以示嘉惠塞上士林，多方乐育至意。该部即遵谕行。

六月壬戌　以吏部左侍郎王杰为浙江乡试正考官，侍讲学士吴省钦为副考官；内阁学士钱载为江西乡试正考官，中书张虎拜为副考官；修撰戴衢亨为湖北乡试正考官，中书吴寯为副考官。

六月辛未　吏部题，甘肃省失察冒籍中式各官分别议处。得旨：此案失察冒籍各员处分固属应得，但阜康、迪化州等处均系新设郡县，与内地不同，该处本无土著，势不能禁外省士民入籍，着加恩予以二十年之限，如限外有冒籍应试者，即照内地例办理。

六月甲戌　以编修吴敬舆为陕西乡试正考官，刑部主事祝云栋为副考官；吏部右侍郎谢墉为江南乡试正考官，编修翁方纲为副考官。

七月壬辰　以编修严福为河南乡试正考官，御史戈源为副考官；内阁学士胡高望为山东乡试正考官，编修刘种之为副考官；编修潘曾起为山西乡试正考官，刑部主事刘烒为副考官。

七月乙巳　谕：据王亶望等奏，请裁浙省商籍学额一摺，虽应交部议，但思浙省商籍与长芦、山东情形不同。该省人文本盛，应试人多，本地之人借商籍登进者十居七八，其中人才辈出，颇有用至大僚者。是浙省商籍，即仁钱士子进身之一途，朕所素知。若一旦全行裁汰，名为严核商籍童生，实则暗减杭城学额，寒畯不免有向隅之叹。况商籍之所以清厘者，原因该省地方官或私令子弟至亲冒名入籍，以冀幸进，实为积弊，不可不严查究治。此外如实系冒滥者，有犯必惩，其余则不必因噎废食，豫申厉禁。朕从不为已甚之事，何必独于此加严，以抑士气乎？且浙省商籍学额相沿已久，向亦未闻其有弊，竟可毋事更张？朕以为，浙省商籍学额竟可仍旧办理，但令该抚等随时查察，勿使有幸滥等弊足矣。着九卿一并议奏，以为何如？

七月乙巳　谕军机大臣等：据王亶望等奏，请裁汰商籍学额，已批交该部矣。继看伊等另摺，呈请于来春南巡时，特降恩纶，将裁去商籍五十名之额，即在于杭府、仁、钱三学酌广额数，以为定例等语。虽属调剂之见，但浙省商籍即仁、钱士子进身之一途，与长芦、山东由别省寄籍者迥异，若全行裁汰，则寒畯少一登进之阶；即或于明岁加恩广额，是旋裁旋复，几同朝三暮四之权术，朕所不屑为也。况今距南巡时，尚有半载，士子不知将来广额之恩，止知现在减额之事，能保无寒畯向隅，生心觖望乎？若该抚等早露消息，是市恩也。且江浙事同一例，南巡降旨，必不能厚此而薄彼，亦复难以措词。若因浙江而并广江南，又属不成事体，是以特降谕旨，欲将浙省商籍学额照旧办理，较伊等所请，不动声色，尤为妥善。将此谕令三宝等知之，所请加恩另摺，仍着发还。

八月甲寅　谕：近来凡有谕旨，兼蒙古文者必经朕亲加改正方可颁发，而以理藩院所拟原稿示蒙古王公等，多不能解，缘翻译人员未能谙习蒙古语，就虚文实字敷衍成篇，遂致不相吻合。又如从前德通所翻清文，阿岱阅之，往往不能尽晓。夫阿岱素精国语，无不备知，其所以不晓德通之清文者，非阿岱不通清语，乃由德通拘泥汉字文义，牵缀为文，于国语神理全未体会，是歧清语与清文而二之，无怪其相背也，则蒙古王公等之不解理藩院之蒙古文，其义亦然。总由国朝定鼎至今百有余年，八旗满洲、蒙古子弟，自其祖父生长京城，不但蒙古语不能兼通，即满洲语亦日渐遗忘，又复惮于学习，朕屡经训饬，而率教者无几。固由习俗所移，亦其人之不肯念本向上耳。朕因絜矩而思之，非特此也，即如制义，所以代圣贤立言，虽古今时会不同。而中国语言相沿未改，无难会意追求。乃今之所为时文，朕览之多不能解，朕虽不喜作时文，然向在书斋中，于明季及国初名家、大家之文亦曾诵习，其中如归有光、黄淳耀纯乎古文，读之心喜，余亦理精义正，足供玩味，奈何今之作者相戾若此？至于文体之变，固不始于今时。曩者魏晋六朝习尚浮靡，斯文极敝，韩愈出而起衰八代，约六经之旨以成，文人见之转以为怪。故其言曰“作俗下文字，下笔令人惭，及示人必以为好”，小惭者谓之小好，大惭者即以为大好。是文士趋向之坏，在韩愈时且然，何况今之距唐又将千载乎？夫文风递降，说者每以比之江河日下，然听其流而不返，日甚一日，伊于何底？昔韩愈尚思回狂澜于既倒，矧有移风易俗之责者乎？文以明道，宜以清真雅正为宗，朕曾屡降谕旨，谆谆训诫，无如听之藐藐，恬不为怪，读书人于此理尚不能喻，安望他日之备国家任使乎？大抵近来习制义者只图速化，而不循正轨，每以经籍束之高阁，即先正名作亦不暇究心，惟取庸陋墨卷，剿袭挦扯，效其浮词，而全无精义。师以是教，弟以是学，举子以是为揣摩，试官即以是为去取。且今日之举子，即异日之试官，不知幡然悔悟，岂独文风日敝，即士习亦不可问矣。嗣后，作文者务宜沉潜经义，体认儒先传说，阐发圣贤精蕴，务去陈言，辞达理举，以蕲合于古人立言之道，慎毋掉以轻心。试官阅卷，亦当严为甄别，一切肤词烂调概摈不录，庶几共知谨凛，文化蒸蒸日上，以副朕崇雅黜华之至意。其翻译清文、蒙古文亦当实力讲求，勿仍陋习。此旨着颁示贡院暨各省学政及翻书房、理藩院各书一通，揭之堂楣，俾皆触目警心，钦承毋忽，并谕中外知之。

八月甲寅　命编修朱筠提督福建学政。

八月丁巳　顺天乡试，以刑部尚书兼管府尹事胡季堂为监临官，兵部尚书蔡新为正考官，礼部右侍郎达椿为副考官。

八月戊午　礼部会同九卿议，浙江巡抚王亶望等奏，请裁浙省商籍学额一摺。查，杭府仁、钱二县向为人文渊薮，商籍学额实为仁、钱士子进身一途，况该省商学向拨杭府、仁、钱三学，凡廪增出贡中式即占仁、钱之额。诚如谕旨，与长芦、山东由别省寄籍者不同，未便议裁，应遵旨照旧办理。其现在行盐及商人子弟一并收考，仍饬该抚、学政随时稽察，勿滋顶冒、影射等弊。至商籍各生既附杭府、仁、钱三学，即与民籍无异，乡试散入民卷，无庸另编卤字号。从之。

八月辛酉　户部议覆，江苏布政使吴坛奏称，凡捐纳官生贡监全以执照为凭，若由寄籍改归原籍，其初捐时，弊止冒籍，犹属可原，乃近年改籍者辄以出继归宗为词，全改姓名三代，核之原照，竟属两人，假冒顶充，何所底止？请照乾隆二十八年例，将原照注销，应如所奏。除实有应改情节，无关弊窦者，准其声明换照外，概将原照注销。至冒籍捐监，前准顺天府奏，限一年呈首，今于六月满限，而呈请换照者尚多，若即不准改归，仍听滥行占籍，并恐尚有未及呈报者闻风隐匿，日久更难核查，请展限一年，饬各督抚通行晓谕。本处具地方官保结，在京具同乡官印结，报部移查改归。如实系无籍可归，照例寄籍二十年，准令入籍，再俟一年限满停止。从之。

九月癸巳　谕：本年恩科顺天乡试，诸生中年臻耄耋者颇多，踊跃观光，榜发俱未获隽，念其绩学有志，至老弗衰，宜沛渥恩，以广化泽。着加恩，将应试诸生年八十以上之王景绩、李蘧、张广基、李天民、董斌、许祖健、康铣、李成俱赏给举人，一体会试，俾皓首寒儒得偿夙愿，用昭加惠耆年之至意。

九月丁酉　谕：昨大学士于敏中之孙于德裕中式举人，前赴行在谢恩，因令其将闱中诗文默出呈览。虽大致尚属清顺，但其首篇内，朝廷自有养贤之典，何臣子偏为过激之辞，小臣意为弃取，而大君驭富无权；又，今日之粟出之于国，非出之于家，国家无以报功，而群下适为多事等句，语意俱与传注不合。朱注云：“孔子为鲁司寇时，以思为宰。”是思乃孔子家臣，九百之粟，即夫子所与，非受禄于鲁国，更非颁禄于周室也。朝廷之语，鲁国尚不足以当之，而况夫子之家乎？又云：夫子行芳志洁。行芳非六经所有，而以拟夫子，更觉不伦。此实认题不真及遣词不当之故。但恐通场类此者，或所不免。而今年乡试揭晓，适当木兰秋狝，回跸热河之时，围中十魁卷，例不先行进呈，朕无由得见。因命军机大臣取围中所刻元魁卷前十名，勘阅黏签进呈，则首名破题，即尊国制所以重君恩之语。而其他如以功诏禄，禄以驭富，朝廷诏糈之典，国家之体制垂焉，上尊政体，下广国恩，计功诏禄，国典攸关，御廪之藏，天家之饩等句，十名中不可枚举。即其中偶有叙及为宰者，亦未切实发挥，均未能体会正解。设场中所取之文俱理精义足，而于德裕独以肤词幸获，何难独治其罪？若其他字句或有可疑，并无难严究其有无情弊。兹闱中所取之文大率如此，自不能专治于德裕一人。若因于德裕而兼及众人，朕又不肯为已甚之举。总由近时文风日坏，习制义者只图速化，而不循正轨，无论经籍束之高阁，即先儒传注亦不暇究心，惟取浮词俗调，挦扯求售。师以是教，弟以是学，举子以是为揣摩，试官即以是为去取。且今日之举子，即他日之试官，积习相沿，伊于胡底？昔韩愈起衰八代，尚思回狂澜于既倒，况有移风易俗之责者，岂可听其流而不返乎？前曾降旨厘正文体，务以清真雅正为宗，着再明白晓谕。嗣后，作文者各宜体认儒先传说，阐发题义，务去陈言，辞达理举，以求合乎古人立言之道。试官阅卷，亦当严为甄别，讲究正解，一切肤词烂调，概摈不录，庶趋向益真，而文化可期蒸蒸日上。若再不能仰体朕意，仍复掉以轻心，必令此等庸陋词句悉行磨勘，以示惩儆，毋谓朕不戒视成也。将此通行传谕知之。

九月戊戌　谕：原任大学士刘统勋之孙刘镮之现应顺天乡试，未能中式，着加恩，赏给举人，一体会试。

九月戊戌　谕：原任尚书王际华之子王朝梧昨岁已降旨赏给内阁中书，着加恩，准其一体会试。

九月戊申　谕：明岁又届庚子乡试正科，各省正、副考官应行陆续简派，而云、贵省向例于四月中旬进本，其时朕南巡尚未回銮，不能豫行考试，而今岁考差后，尚有陆续到京销假及升补各员应与考者，亦颇不少，未便独令向隅，莫若于今冬再行考试一次。除本年已出各省差及上年会试曾经分校人员毋庸考试外，着交吏部查明各衙门应行考试人员，开具清单，于十月中旬奏请考试，以备简用，其不愿考者听。

十月己未　谕：前据三宝奏，本年恩科福建应试士子内郭钟岳一名年九十九岁，陈应腾等三名均年逾八旬；又据毕沅奏，陕西应试士子郭元标等五名年皆八十以上；舒常奏，贵州应试士子章彦一名现年八十等语。伊等黉序寒儒，齿臻耄耋，尚赴场屋，壮志足嘉。今各省榜发，该生等俱未获隽，宜敷渥泽，以广作人。郭钟岳、陈应腾、宋耀、谢士豪、郭元标、刘梦花、冯出佐、徐常淳、牛文连、章彦俱着加恩，赏给举人，一体会试，俾遂其观光夙愿，用昭奖惠耆年之至意。

十月癸亥　以侍讲学士观文为武乡试正考官，编修秦潮为副考官。

十一月丙戌　谕：据秦雄飞奏，奉新县岁贡生王聘年九十五岁，本年文闱应试，精神甚属矍铄，三场俱如期完卷，榜发未得中式等语。王聘耄年应试，允称士林人瑞，着加恩，赏给举人，准其一体会试，以遂寒窗绩学之志。

十一月己丑 谕：据郑大进奏，麻城县生员李㑹年八十三岁，天门县生员李作朋年八十一岁，本年文闱应试，精力尚健，三场完卷，榜发均未中式等语。李㑹、李作朋俱着加恩，赏给举人，准其一体会试，用昭嘉惠耆年至意。

十一月癸巳 谕：据陈辉祖奏，豫省乡试诸生于出闱后，核对学册齿籍。查，有渑池县增生刘髦学年八十五岁，淮宁县附生李钦元年八十岁，西华县附生索止任年八十一岁，太康县附生张龙光年八十三岁，俱三场完卷，未曾中式等语。刘髦学、李钦元、索止任、张龙光均着加恩，赏给举人，准其一体会试，用昭嘉惠耆年至意。

十一月癸卯 兵部议准山西巡抚觉罗巴延三咨称，拔补外委之武生，弓马较优，仅食马粮，与食俸官不同，应准其乡试；学册已除名，由该营造册送考，仍取将备切实印结。从之。

十二月己未 协办大学士程景伊等奏，经书中语句雷同者，向无不许命题例。但场中易嫌牵混，请敕礼部增入《条例》，凡系一样句法，不得命题。又，现在覆勘试卷，见外省誊录错误甚多，并有朱色暗淡、不辨字画者，请并敕各直省监临、提调等官届期认真督办。从之。

十二月甲戌 命兵部侍郎罗源汉提督顺天学政。

乾隆四十五年（1780 年）

正月庚辰 上以七旬万寿，颁诏天下诏曰……所有应行事宜，开列于后。……一、国子监贡监生及各官学教习，免坐监期一月。一、各省儒学，以正贡作恩贡，以次贡作岁贡……于戏！惠此万方，俾缉熙于纯嘏；敛时五福，用敷锡厥庶民。布告天下，咸使闻知。

正月癸未 谕：据李湖奏，零陵县学附生王继梁年九十岁，常德府学附生文人年八十五岁，衡山县学附生朱瑞年八十二岁，安乡县学附生熊士焱年八十二岁，衡阳县学附生王寅年八十一岁，黔阳县学附生邱悊年八十一岁，三场完卷，未经中式等语。王继梁、文人、朱瑞、熊世焱、王寅、邱悊俱着加恩，赏给举人，准其一体会试，用昭嘉惠耆年，敷锡春祺至意。

二月壬戌 谕：三吴两浙文风素盛，前此清跸时巡，嘉惠胶庠，特增试额，兹当翠华临莅，宜循旧典，以示渥恩。着将江苏、安徽、浙江三省本年应试文童，府学及州县大学增取五名，中学增取四名，小学增取三名。各该学政务宜详悉校阅，遴拔真才，副朕乐育甄陶至意。

三月乙酉 谕：据三宝奏，上年福建省钦赐举人郭钟岳年一百岁，又陈应腾年八十八岁，宋耀年八十五岁，该举人等情殷感激，现由福建来至浙省谢恩等语。郭钟岳等以海隅寒畯，年臻大耋，兹因翠华南莅，远涉迎銮，着各赏御书墨刻、缎二匹、荷包一对；郭钟岳寿跻百龄，尤为熙朝人瑞，着加恩，赏给进士，以示优眷耆儒至意。

三月乙酉　以礼部左侍郎谢墉为会试知贡举，礼部尚书德保、曹秀先为正考官，兵部尚书周煌、内阁学士胡高望为副考官。

三月己丑　谕：浙江进献诗册，考取一等之马履泰、沈扬、李彤、沈叔埏着特赐举人，授为内阁中书，学习行走，与考取候补人员挨次补用；其二等之吴纯等十三名俱着赏缎二匹。

三月癸巳　都察院堂官现在乏人，罗源汉着即回京供职，其顺天学政着金士松去。

三月癸巳　调浙江学政彭元瑞为江苏学政，以吏部侍郎王杰为浙江学政。

三月甲午　谕曰：王杰已简放浙江学政，本年系庚子正科乡试，所有科举录遗事务未便稽迟，王杰接奉谕旨，着即驰驿前赴浙江任事。

三月丁未　谕：江苏、安徽进献诗册诸生，其考取一等之举人汪履基着授为内阁中书，遇缺即补；吕光复、洪梧、赵怀玉、杨揆、董教增、朱文翰、盛惇大、言朝标、金廷诉、江琏俱着特赐举人，授为内阁中书，学习行走，与考取候补人员，挨次补用；江西省考试一等之蒋知让、裘元复着照直隶、山东召试之例，赏给举人，准一体会试；其江苏、安徽、江西三省考列二等之叶恩绂等二十三名，着各赏缎二匹。

四月己酉　礼部以会试中额请。得旨：这会试，满洲、蒙古取中三名，汉军取中一名，直隶取中十五名，奉天取中一名，山东取中十二名，山西取中九名，河南取中十名，陕西取中五名，江南取中二十八名，浙江取中二十四名，江西取中十八名，湖北取中四名，湖南取中四名，福建取中九名，广东取中三名，广西取中三名，四川取中三名，贵州取中三名，云南取中三名。

四月丁巳　命大学士公阿桂为翰林院掌院学士，并教习庶吉士。

四月癸亥　谕：本日礼部开列考差各员，请点云贵正、副考官一本，单内并未将各员有无事故及现点会试房考之处详悉注明，若非朕细心核对，则会试分房之员复得典试外省，邀恩未免过优。嗣后，着该部于请点各省考官时，将点过会试房考各员于名下开注明晰，毋得再行牵混。着将此次办理不善之礼部堂官传旨申饬。

四月丁卯　以编修戴联奎为云南乡试正考官，礼部员外郎李翮为副考官；刑部郎中陆有仁为贵州乡试正考官，御史福保为副考官。

四月戊辰　谕：制艺以清真雅正为主，其在前列者，尤为士林模楷，必贵理醇法密，辞语精当之作，方足以式多士而正文体。今日据磨勘大臣奏到，覆勘本科会试中式第三名之邓朝缙首艺内，有读鸤鸠在桑之什而表里莹然，咏鹤鸣九皋之篇而精粗不紊。峻德著协和之绩，可验表里之无违；干羽本文德之敷，可见精粗之悉举等句，语意粗杂，理题不应有此，应议等语，所奏甚是。此等题文，在士子择语不精、率意填写，或所不免，此卷现据指出，而其余似此未经磨勘者当复不少，但即使舍短取长，亦止可在二三十名外，今竟高列第三名，位置殊为失当。近年因文体舛驳，屡经降旨训饬，凡有衡文之责者，尤应悉心甄拔，以期有醇无疵，使文风日臻淳雅，何至漫无区别若此？着总裁德保等明白回奏。

四月己巳 以编修曹锡龄为四川乡试正考官，宗人府主事李棨为副考官；赞善王仲愚为广东乡试正考官，吏部主事陈大文为副考官；编修邵晋涵为广西乡试正考官，检讨钱沣为副考官；宗人府府丞窦光鼐为福建乡试正考官，御史刘芬为副考官；吏部主事邵洪为湖南乡试正考官，编修周琼为副考官。

五月庚辰 谕：本日阿桂等议覆，德保等奏会试分卷一摺，请仍照旧例，只令房考回避本省，所有试卷仍由至公堂均分十八束，送进内帘分掣，不必将至字、公字区分两项等语，已依议行矣。此摺系大学士、九卿会议，查阅衔名，吏部侍郎谢墉亦经列衔具奏，但戊戌、庚子两科俱系谢墉知贡举，其办理分卷，均照至字、公字两项分办。即系谢墉以为事属可行者，即当另行陈奏，不宜随同画诺。若以两项分办，究于多寡塔配不匀，必须仍循旧例，即应将从前办理未协之处，自行随摺声请议处。乃谢墉既经两次分办于前，复随众改议附和于后，其中毫无定见，何前后模棱若此？着谢墉明白回奏。

五月癸未 谕：本年恩科会试，各省士子云集观光，其中庞眉皓首，挟策偕来者多至三十余人，实为熙朝盛事，宜加渥泽，用广作人。除石震、万邦猷、朱镜已加恩赏给国子监学正衔外，所有年八十以上之李实生、刘克柔、王熊应、马士荣、黄鼐俱系乡试中式举人，着加恩赏给翰林院检讨衔；其刘髦学、郭元标、冯出佐、刘梦华、李尌、索止任、张广基、张纯仁、李蘧、王景绩、康铣、李天民、许祖健、李钦元、谢士豪、徐常淳、李作朋、董斌、李成、章彦俱系上年乡试未经中式，钦赐举人，着与年七十以上之吴兆魁、周仲连、宋瑞孙、凌云、毛肇一体加恩，赏给国子监学正衔，俾耆儒膺秩，各遂夙愿，以彰推恩引年之至意。

五月丁亥 命大学士公阿桂，协办大学士、吏部尚书嵇璜，内阁学士纪昀，吏部侍郎谢墉，礼部侍郎阿肃，兵部尚书蔡新，侍郎曹文埴，左都御史罗源汉为殿试读卷官。

五月戊子 策试天下贡士汪如洋等一百五十五人于太和殿前。制曰：朕诞膺宝运，今四十有五年，幸函夏乂安，广轮茂豫，钦崇永保，慎宪省成，凛怀无逸之图，式迓延洪之福，恒思谠论以赞鸿猷。况今佑荷天申，春祺溥鬯，缅惟古义，寿考作人，棫朴薪槱，当必应期而作。兹因廷试，伫采嘉谟。孟子述道统之传，自尧舜以至于孔子，盖谓心法治法，同条共贯也。然帝王之学，与儒者终异，保大定功之要，其果在观未发之气象、推太极之动静欤？永嘉学派，朱子讥为事功，真德秀作《大学衍义》，其目自格致诚正至于修齐，而止治平之经略不详焉，抑又何欤？天下之化理存于民风，而民风淳漓由乎吏治。贾谊称，俗吏之所为在于刀笔筐箧而不知大体。是则然矣。然蒲鞭示辱谓之仁心，催科政拙谓之循吏，其果可理繁治剧欤？一道德以同风俗，始臻上治，乃或以轻财结党为义侠，豪健挠法为气节，以败俗而负美名为长吏者，将何以辨别而诲导之欤？积贮之法，不出常平、社仓，然常平丰敛而歉散，其制在于出陈易新。但逢谷贵而采买入仓，虑有强派之弊；谷贱而红陈召粜，恐滋勒买之虞。何道而使仓庾常盈，闾阎不累欤？仰藉社仓者，必皆贫户，倘所入之息不敌所出之数，则义举且渐废，使必按册而促之偿补，则追呼滋扰，善政反成作法之凉，将何以斟酌而归于实惠欤？《书》称：刑期无刑，辟以止辟。盖天地之道，温肃并行；帝王之治，恩威交济。固大异乎名法之家，而亦非徒博宽大之誉也。后世秉宪之吏，不知德礼刑政之同原，其于明罚敕法之道未能权衡要于至当，岂咸中之治果难复见欤？将使惟明惟允，无纵无枉，以协于弼教之意，果操何道欤？夫先资自献，官之始也；敷奏以言，古之制也。多士学古入官，于经世之略讲之有素，又新自田间来，于民生利弊知之必悉，其竭虑以对，毋泛毋隐，朕将亲览焉。

五月辛卯　　内阁、翰林院带领戊戌科散馆修撰、编修、庶吉士引见。得旨：此次翰林散馆之修撰戴衢亨、编修蔡廷衡业经授职，其清书庶吉士祁韵士、钱栻、王天禄俱着授为编修，汉书庶吉士潘廷筠、王春煦、吴裕德、吴省兰、吴舒帷、胡荣、吴鼎雯、张九镡、何循、颜崇沩、何西泰、冯敏昌亦俱着授为编修，德生、李鼎元、钱世锡、程光琠、张位、汪咏、洪其绅俱着授为检讨，彭翼蒙、邵自昌、冯培、祖之望俱着以部属用，刘征泰、毛凤仪、杨炜、汪泩、朱钤、窦汝翼、薛绍清俱着仍归进士原班铨选。

五月壬辰　　御养心殿，召读卷官入，亲阅定进呈十卷甲第。

五月癸巳　　御太和殿。传胪。赐一甲汪如洋、江德量、程昌期三人进士及第，二甲关槐等五十一人进士出身，三甲张丙震等一百一人同进士出身。

五月甲午　　授一甲一名进士汪如洋为翰林院修撰，一甲二名江德量、一甲三名程昌期为翰林院编修。

五月乙未　　谕：前以各省举人选用知县，需次至三十余年，因于壬申、辛巳、丙戌、壬辰等科降旨挑选，分发各省试用，于铨政既无壅积，而士子得及锋而试，不致淹滞多年。今自乾隆三十七年壬辰科挑选以后，距今又届九年，所有分发一等举人各省将次用完，即二等之教职亦俱陆续补用。着该部于明年辛丑科会试榜后，请旨特派王大臣再行挑选，并照例将近四科举人扣除，俾科分较深者，得早乘时自效。所有应行办理事宜，并着该部临期查明具奏。

五月丙申　　内阁、翰林院带领新进士引见。得旨：新科进士一甲三名汪如洋、江德量、程昌期已经授职，关槐、陆伯焜、初彭龄、吴蔚光、甘立猷、范鳌、谢振定、李铭、吴树萱、许兆棠、刘汝蕃、高棫生、陈有会、柴模、王晟、蒋师爚、徐鉴、郭在逵、周之适、余德洋、温闻源、钟文韫、杨嘉材、李奕畴、运昌、徐准俱着改为翰林院庶吉士，程维岳、刘青照、朱受、徐澜、雷纯、冯兆峋、张丙震、胡克家、单稽、曹玉树、葛豫、章涂梁、萨彬图、包致和、高三畏、岳兴阿、何愚、刘尔葵俱着分部学习，陈鸿举、周拱、李光时、罗拔、刘具斌、张涟俱着以知县即用。余俱着归班铨选。

五月己亥　　谕军机大臣等：前据原任陕西巡抚毕沅保奏，关中书院掌教戴祖启六年期满，尽心教迪，恳请送部引见。昨该员到京引见，令军机大臣出题考试，不但不能清真雅正，其文笔枯涩，字迹潦草，且有讹错之字。毕沅原奏称其学术纯正，于时文致力尤深，实能取则前辈等语。毕沅系鼎甲出身，非不能文者，其所出看语不应过优若此。戴祖启业经加恩，以学正、学录用，着将考试原卷发寄毕沅阅看。岂毕沅任巡抚事，于文学近亦略荒疏乎？将此传谕知之。

五月丁未　礼部议覆，福建巡抚富纲奏称，澎湖一厅孤悬外岛，所有澎湖童生县府两试请归并该厅就近录取；至该厅现有廪生一名，现在厅试，即令认保。此后或无廪生，即照各省卫学之例，责成该厅增附各生互相保送。再，该处新旧各生，府学教官不能就近督课，亦即令该厅督率约束。均应如所请。从之。

六月甲寅　礼部议准，陕甘总督勒尔谨奏称，乌鲁木齐所属昌吉县地方，请照安西等州县之例，设立廪生、增生各二名，六年一贡。从之。

六月辛酉　以左都御史罗源汉为浙江乡试正考官，检讨温常绶为副考官；编修王懿修为江西乡试正考官，中书宋镕为副考官；编修缪晋为湖北乡试正考官，中书姚天成为副考官。

六月壬戌　礼部议覆，四川总督文绶等奏称，嘉定府属之犍为县学、潼川府属之中江县学，原额取进各八名；绵州所属之德阳县学，原额七名，现在文风日盛，人浮于额；其嘉定府属之乐山县学原额二十名，潼川府属之盐亭县学原额十二名，绵州属之梓潼县学原额十名。现在应试人少，文风亦属中平，应将乐山县学原额内酌减四名，盐亭、梓潼二县学原额内各酌减二名，共减额八名，即以四名拨入犍为县学，二名拨入中江县学，二名拨入德阳县学，以后均照此定额。再，夔州府学，自上年拨廪增额缺十四名，归入石砫厅学，其廪缺仅存二十名，应将出贡年限，改为二年一贡。均应如所请。从之。

六月己巳　以编修钱樾为陕西乡试正考官，编修裴谦为副考官；内阁学士钱载为江南乡试正考官，编修戴均元为副考官。

六月癸酉　军机大臣等议覆，凉州副都统博成奏称，凉州城左右翼及庄浪八旗各设学舍，由兵丁内考取熟练清语三四人授为教习，以训年幼闲散余丁，三年期满，咨部升用，其膏火、纸笔之费由铺房租内拨给。应如所请。从之。

七月己卯　吏部奏请，本年散馆庶吉士内，有奉旨归班铨选之毛凤仪、窦汝翼原系候补中书，请照现任七品以下京官、中式进士归班，仍留原任之例，归中书班选用，停其铨选知县。嗣后，此等人员并请照此办理。得旨：毛凤仪、窦汝翼俱准其仍留中书班铨选。

七月丁亥　以编修于鼎为河南乡试正考官，户部主事陈本忠为副考官；太仆寺卿赵佑为山东乡试正考官，编修罗修源为副考官；御史陈桂森为山西乡试正考官，编修王嘉曾为副考官。

八月壬子　顺天乡试以刑部尚书管顺天府府尹事胡季堂为监临官，兵部尚书管国子监事务蔡新为正考官，内阁学士兼礼部侍郎嵩贵、刑部左侍郎杜玉林为副考官。

八月丁卯　谕军机大臣等：今岁顺天乡试，三场士子经弘畅等奏，闻有怀挟、传递等弊，现在交部办理。德福、胡季堂俱系点派进场，自有稽查之责，而胡季堂又系监临士子等，既有此情弊，岂竟毫无见闻？何以节次奏摺内俱称无事，可见办理全不认真。德福、胡季堂着传旨申饬。至传递各犯，现在是否审出实情？将来结案时，德福、胡季堂应有失察处分，若仍令审办此事，其承办司员恐不免回护。着传谕英廉即同穆精阿、姜晟将此案彻底严讯，按律定拟；并此外有无别项情弊一并严查，据实具奏。德福、胡季堂二人毋庸同办。

八月己巳　谕：各省学政现届差满应行更换之期，除顺天学政金士松、江苏学政彭元瑞、浙江学政王杰俱系本年简放，毋庸更换外，安徽学政着徐立纲去，江西学政着胡高望去，福建学政着朱圭去，湖北学政着吴省钦去，湖南学政着祝云栋去，山东学政着程世淳去，山西学政着刘种之去，河南学政着张虎拜去，陕西学政着汪镛去，四川学政着刘烒去，广东学政着史梦琦去，广西学政着查莹去，云南学政着王士棻去，贵州学政着潘曾起去。

八月癸酉　大学士、管刑部事务英廉等奏，本年顺天乡试，拿获传递文字之陈七等各犯，现在逐一查审，从严究办。得旨：此案包揽传递俱陈七一人，乃当监临拿获讯供时，仅据供出徐瀛选一犯，而于入场作弊之薛灏等匿不供吐，且捏称系场外之吏韶均代作递进，以致薛灏、储椿年、华振声、方大中等均于场后闻风逃逸。陈七居心狡诈，情罪甚为可恶，着交英廉等将陈七严行夹讯，令其供出逃犯籍贯，并将因何不即供出薛灏等之处，逐一审讯明确，从重办理。其在逃之薛灏、储椿年、华振声、方大中等四犯，着一面严行躧缉，一面飞速行知各原籍督抚，查缉务获，解交刑部，按律治罪，毋致幸逃法网。

九月甲申　谕：本年顺天乡试诸生中，三场完卷，年届八十者孟盼等九名，榜发俱未中式，念其踊跃观光，至老弗衰，宜沛渥恩，以广化泽。着加恩，将孟盼、郭青垲、李宗绎、杜子甫、郑其德、梁丙瑨、韩庚申、高本亮、李允实等俱赏给举人，准其一体会试，俾皓首寒儒得偿夙愿，用昭嘉惠士林至意。

九月甲申　谕曰：刑部审讯乡场传递文字之誊录陈七等一案，将陈七拟绞监候，其代倩作弊之恒泰、春泰、范葵、陶云鹤发往乌鲁木齐，不能禁约子弟之勒善、陶淑交部严加议处等语。此案科场传递积弊，闻之已久，但总未经发觉，姑未深究。今陈七等既经拿获，若不力为整顿，使之惩儆，则舞弊营私，将何底止？此案陈七一犯，包揽得赃，藐法无忌，实为罪魁，问拟绞候，自属法无可贷。恒泰、春泰着削去旗籍，与范葵、陶云鹤一并发往伊犁，给种地兵丁为奴；其勒善、陶淑均即着革职，以为科场舞弊玩法者戒；至续获之薛灏、华振声二犯，着严行究讯，从重办理；其在逃之储椿年、方大中二犯，并着速行查缉，毋使漏网，拿获后一并严审，从重定拟具奏。余依议。

九月丙戌　谕：本日内阁进呈山西乡试题名录，经朕翻阅，见第三题强而后可，“强”字书作“疆”字，错误显然，该省主试及监临、提调等官率行呈进，所司何事？通政司既未经揭出，内阁亦未票拟申饬，岂此录均未寓目耶？所有内阁及通政司并该省主试、监临、提调等官并着交部察议。

九月丙戌　谕：前据搜检王大臣奏，拿获顺天乡试传递作弊之陈七供出薛灏、储椿年、华振声、方大中四犯，俱系顶名代倩，通同舞弊。薛灏、华振声现经拿获，其储椿年、方大中二犯、业已闻信远扬，未据弋获。此等科场作弊要犯，自应立时拿到，从重办理，方足以示惩儆。储椿年系宜兴人，方大中系桐城人，该二犯脱逃后，必潜回原籍，着传谕陈辉祖等，即速严密查拿，解京审办，毋致幸逃法网。寻奏，臣现饬各臬司及该二犯原籍并沿途各府州慎密查缉，务期必获解京。得旨：今就获否，尔等外省于通缉之案往往漠不关心，甚不可也。

九月丁亥　谕：乡试为抡才大典，欲拔真才，先清弊窦。本年顺天乡试，经搜检王大臣奏，拿获怀挟传递及顶名代倩，不一而足，各犯已交部从重办理，用昭炯戒。顺天科场，特派王大臣等于砖门、龙门逐次严查，尚有此等弊窦，何况外省稽察搜查，断不能如京师之严密。该巡抚等职任监临，摘弊防奸，是其专责。乃历年披阅各该抚奏摺，惟今年富纲奏称，先于场前访查积习，出示禁谕，并增筑夹墙，另开更道，于抬运人夫逐加搜检，印用号戳并不假手吏胥等语。办理较属认真。此外则均以三场无弊，一奏塞责，并未见有查出怀挟、传递、顶冒之事。岂作奸犯科者，惟顺天有之，而各省竟俱弊绝风清如此乎？实因各抚臣模棱市誉，不肯认真任怨耳。夫取怨于作奸犯科之人亦何妨乎？嗣后，各省巡抚凡遇大比之期，必须实力稽察，慎密防闲，如有前项弊端，即当立时查获，严加究治，从重核办，务令闱中积弊肃清，士子怀刑自爱，庶足以甄别人材，振兴士习。将此通谕知之，并令于每科引此旨覆奏，着为例。

九月戊子　以兵部右侍郎曹文埴知武举，内阁学士兼礼部侍郎钱士云为武会试正考官，翰林院侍读学士褚廷璋为副考官。

九月壬辰　兵部以武会试中额请。得旨：这考试，汉军取中二名，直隶取中八名，陕西取中六名，广东取中六名，河南取中二名，山东取中五名，江南取中二名，山西取中三名，湖北取中二名，湖南取中二名，四川取中一名，广西取中一名，福建取中三名，浙江取中二名，江西取中一名，云南取中一名，贵州取中一名。

九月己亥　谕曰：袁守侗奏，请将文安县知县资原庚改教一摺，已批交该部矣。向来各省教职俸满，经督抚保举，选用知县后，经别省督抚复行改教者，将原保人员议处，定例綦严。今资原庚虽系教职任内，由举人本班截取，与曾经保荐者不同，然亦由该省督抚验看给咨，如果年力衰庸，难膺民社，即应据实奏明，或仍留教职，或送部引见，方为实心任事。且各省进士、举人于督抚截取验看时，尚有改教勒休者，岂现任教职，转可因循姑息，率行给咨耶？吏部则例，向未定有处分，原未周密，至该员得缺时，九卿验看，未经奏改，亦有不合。其应如何酌定处分，着交吏部一并详悉妥议具奏。

九月甲辰　谕：向来武乡会试考试技勇内，硬弓一项，原以十二力为头号，如果从容满引，已可中式，即力量较优，亦不过多加二三力，足以见长。乃近来士子，每多热中竞胜，且得失之念太重，辄填注十七八力。及至校试时，类皆勉强从事，并竟有不能者，殊属无谓。嗣后，考试武场硬弓，务以满足入彀为度，其注考册内，即有能过头号弓十二力以上者，亦不得过十五力，着为令。

十月丁未　礼部议覆，福建巡抚富纲奏，乡试违式试卷，定例，头场、二场贴出贡院门外，惟三场则以场事已毕，但令扣除不誊，暗贴场内，士子无由得知。因思科场贴例，草茅多未深悉，若三场违式卷仅于场内贴示，恐该生竟至终身茫然，不知其因何犯贴之故，殊非鼓励人材之意，请通饬各督抚照头二场例，一体发贴门外。从之。

十月戊午　上御紫光阁，阅中式武举骑射。

十月己未　上御紫光阁，阅中式武举技勇。

十月庚申　上御太和殿。传胪。赐中式武举一甲黄瑞、阎燮和、金殿安三人武进士及第，二甲何定江等五人武进士出身，三甲董文珍等三十四人同武进士出身。

十一月乙酉　礼部议准，四川总督文绶奏称，梓潼县学原额廪增各二十，德阳县学各十。前梓潼进额，奏请减拨德阳二，应将梓潼各裁廪增五归入德阳，武童进额如之，出贡年限，并请改作三年，以昭平允。从之。

十一月辛卯　谕：本年各直省乡试，据该督抚等奏，应试士子内有年八九十以上者，三场完竣，榜发未经中式，念其踊跃观光，至老弗衰，宜沛渥恩，以广化泽。所有江南省之吴球、蔡纲、杜琦、刘行芳、汪自强、胡承球、夏之璜，江西省之郑忠亮、皮金绶、郑定猷，湖北省之沈聚奎，广东省之张衍说、潘峨、饶鸣阳、林成彬、林懋烈并中式副榜之杨最德，云南省之钱兆基、周世德俱着加恩，赏给举人，一体会试，俾皓首寒儒得偿夙愿，用昭嘉惠士林之至意。

十一月戊戌　谕：据磨勘试卷大臣奏，江南省第一名顾问卷，头场四书文三篇纯用排偶，于文体有关，且首艺未经点题，请将该考官及本生交部查议等语。制艺代圣贤立言，原以清真雅正为宗，朕屡经训谕，不啻至再至三，何得又将骈体录取，且拔冠榜首？所谓厘正文风者安在？况三艺俱用排偶，场中易于辨识，并不必再用字眼关通，更易滋别项情弊，殊属不合。除将该举子交部照例查议外，所有江南正考官钱载、副考官戴均元均着交部议处，并将此通谕知之。

十一月庚子　谕：据喀宁阿奏，审拟太原营鼓手，于武闱乡试捏报中箭一案，究出武生刘际昌等贿嘱情弊，将该犯等依例问拟发遣，失察各员分别交部议处，并自请严加议处一摺。此案前经喀宁阿具奏，严讯鼓手，并无别项情弊。朕知武闱外场虚擂捏报乃向有之事，因传谕该抚严切审究，始讯得贿嘱确情，自应照例治罪，以示惩儆。参将德成监视箭靶，漫不经心，于擂鼓兵丁受贿舞弊又无觉察，着交部严加议处；其失察之提调、监试道员费淳、方应清，参将韩正国着一并交部议处；喀宁阿着交部严加议处。至此案一经严讯，所有武生贿嘱鼓手捏报实情即行败露，可见外省此等情弊总未能剔除。各省督抚等嗣后办理武闱，务须留心查察，不得存姑息了事之见。将此通谕知之。

十一月壬寅　谕：据富纲奏，本年闽省乡试，有侯官县廪生林朝纲，现年八十六岁，连江县附生黄建洛，现年八十二岁，三场完竣，俱未中式等语。林朝纲、黄建洛俱着加恩，赏给举人，一体会试。

十二月己酉　吏部等部议覆，山东巡抚国泰奏，寿张县改为题缺，汶上县仍隶兖州，金乡县仍隶济宁分辖各事宜。……一、岁科两试进数，向例设有定额，今汶上、金乡二县，既经改属，应仍照旧考取，毋庸另议。其汶上县之拨入济宁州学、金乡县之拨入兖州府学者，应令各归县学。廪增各缺即与本县生员挨次间补，较其食饩年分，一体出贡，文武童进额如之。……应如所请。从之。

十二月庚戌　礼部奏，请严顺天乡试磨勘例。查应试举子系顺天籍贯，即南北皿贝亦皆久住京师，依亲托故，熟识编检各员，保无豫为嘱托情弊。请照会试例，先派各员，发榜次日即行磨勘，并饬各省亦将试卷于榜发后封解，毋得迟延，以昭慎重。报闻。

十二月戊午　谕曰：和珅等奏，请将内务府现任笔帖式归并八旗，应考现任笔帖式内，届期统由吏部请派大臣一体考试等语。固属酌归简易，自应如此办理。但各部院衙门笔帖式甚多，内务府笔帖式较少，若一体考试，势必内务府人员考居下等者多，此亦如乡会试士子不能不分别南、北省分，因地取材也。嗣后，内务府笔帖式着归并各部院笔帖式一体考试，并仿照乡会试之例，分别字号，另列等第，以昭平允。

十二月癸亥　礼部议准，四川总督文绶奏称，马边厅距屏山五百余里，生童赴试跋涉维艰。且设厅以来，应考生童均有三百余名，文风日盛，请将屏山县学额十五名内裁五名，拨归马边。每遇岁科试，由厅送府，学臣照额取进，廪增原缺亦酌拨四名，并将越隽厅学训导改为马边厅学，铸给学记。从之。

乾隆四十六年（1781 年）

正月丁丑　谕：据郝硕奏，江西省试用知县，现在未得缺者仅止一员，不敷差委，请拣发六员，以资委用等语。上年五月内，已降旨于本年会试榜后挑选下第举人，目下相距不过两三月，若仍拣发，又不免有壅滞之虞。所有江西省请简知县员数，着交吏部存记，于挑选举子分发时，酌量多拨数员。至此等分发举人，向例原按省分之大小定人数之多寡，但现在各省试用候缺人员恐亦多寡不齐，若不查明数目核实计算，将来分发时又不能一律均匀。着该部速即行文直省督抚，查明现在各该省试用知县未经题补者若干员，于三月以前咨覆到部。该部于挑选举人分发省分时，将每省知县共若干缺、现在试用若干员、应行分发若干员详悉酌核，奏明办理。将此谕令知之。

正月癸巳　谕曰：巴延三等奏，粤省差委乏人，请拣发知州二员、知县四员一摺。前因本年会试榜后挑选举子，所有江西省请简知县已交吏部存记，于挑选分发时酌量多拨数员，此次巴延三等请简知县亦着吏部照前旨办理，其所请知州二员，着交与验看月官之大臣照例拣选，带领引见，发往差委。

二月丙午　谕：翻译乡会试从前停止已久，嗣于乾隆四十三年举行考试，原系特旨加恩，今该部因届三年，复又奏请，为期太近，恐开幸进之门，此次所请考试之处，不必举行。嗣后，每届三年，该部仍照例具奏，其准考与否，候朕降旨定夺。

二月丙辰　谕曰：御史董之铭条奏，请饬下儒臣，仿照钦定本朝《四书文初编》体例详慎选择，刊定《续编》，并简派大臣于每科中式乡会试卷内覆加甄校进呈，钦定后，由部刊颁，发坊通行等语。制义以清真雅正为宗，乾隆初年，《钦定四书文》刊刻颁行，士子如果殚思讲习，阐明理法，则典型具在，一切可奉为法程。无如近日士风专为弋取科名起见，剽窃浮词，不复研穷经史，为切实根柢之学，以致文体日就卑靡。虽屡经降旨训饬，而积习难回，仍不免江河日下之势。惟在司文柄者随时甄别，力挽狂澜，以期文风渐归醇正。若多为选刻颁行，而习举业者仍束庋高阁，不能潜心研究，虽多亦奚以为？但该御史既有此奏，或其言尚有可采，着交大学士、九卿等公同详议具奏。寻议，文章本于习尚，惟在持衡精审，使士无幸进，原不必多为选刻，其请刊定《四书文续编》应毋庸议。至称肆买射利，随意钞撮，迄无善本，应将坊间造作文字妄称新科墨卷例申明禁止。从之。

二月壬申　命吏部员外郎邵洪提督河南学政。

三月己卯　以礼部左侍郎钱载为会试知贡举，礼部尚书德保、吏部右侍郎谢墉为正考官，兵部右侍郎沈初、副都御史吴玉纶为副考官。

三月丙申　礼部以会试中额请。得旨：这会试，满洲、蒙古取中三名，汉军取中一名，直隶取中十五名，奉天取中一名，山东取中十三名，山西取中九名，河南取中十名，陕西取中五名，江南取中二十九名，浙江取中二十五名，江西取中十八名，湖北取中五名，湖南取中五名，福建取中十名，广东取中五名，广西取中三名，四川取中四名，贵州取中三名，云南取中四名。

四月癸亥　命大学士三宝、协办大学士蔡新、内阁学士钱士云、吏部左侍郎谢墉、户部尚书梁国治、兵部右侍郎沈初、刑部左侍郎杜玉林、都察院左都御史罗源汉为殿试读卷官。

四月甲子　策试天下贡士钱棨等一百六十九人于太和殿前。制曰：朕缵膺鸿业，严恭寅畏，夙寤晨兴，殚心万几，兢兢翼翼，弗敢康宁，四十六年于兹矣。思所以仰承天庥，持盈保泰，成庶事之熙，遍群黎之德，进兹多士，咨尔嘉言，其敬听朕命。人君所敬惟天，帝尧钦若，文王昭事，帝王受命，先后合符。夫爱民所以承天，勤政所以事天。天视自我民视，天听自我民听，可不爱乎？无旷庶官，天工人代，可不勤乎？民隐何以达之？庶事何以康之？人君集天下之耳目，合天下之智力，是以德泽下究，而情隐上闻，何以兼听并观，咸熙庶绩欤？民生之康阜系乎吏治之澄清，风俗淳漓由此判焉。《周官》六计弊吏，皆以廉为本。汉唐以来，条目滋多，要其惩贪奖廉，岂有异旨欤？夫正百官以正万民，转移化导之机操之自上，《周礼·职方》所载与王制所称，其土宜风气不可推移，果何道而使之还淳返朴，臻一道同风之盛欤？学术首严真伪，士子读书敦行，处为良士，出为良臣，原不藉文字为标榜。自欺世盗名之徒，托言讲学，谬窃虚声，而明季东林诸人，流而为门户、为朋党，甚至莠言乱政，变易是非，实于朝常国体、世教民风所关甚大。其何以息邪说、距诐行，使行坚言辩者不得逞其私臆，学术纯粹，毋误歧趋，以正人心而端风教欤？明刑所以弼教，或轻或重，一视其人之自取议谳者，必审宽严之当，持情法之平，本无容心于其间。夫不求其平固不可，而求其平之后，于己原无涉也，乃或曲意市恩，或有心避怨，以国家刑章宪典之公，为邀誉沽名之具，其心尚可问乎？将欲使矜慎庶狱无枉无纵，以臻咸中之庆，其何道之从欤？尔多士洽闻稽古，来自田间，政教之本原、民生之利弊所习闻也，其审思之、详究之，悉意以陈，毋有所隐，朕将亲览焉。

四月丁卯　御乾清宫，召读卷官人，亲阅定进呈十卷甲第。

四月戊辰　上御太和殿。传胪。赐一甲钱棨、陈万青、汪学金三人进士及第，二甲秦承业等五十六人进士出身，三甲万承风等一百十人同进士出身。

四月戊辰　定殿试不给烛例。谕：向来殿试新进士，有至次早始行交卷者，虽伊等草茅新进，对扬之始，未免矜持，但考试给烛最滋弊窦，至于连宵达旦，则更长人倦，防闲更未能周。且朝考例作四题，尚不过日入完场，而殿试对策一道，穷日之力，写作已可从容，何必焚膏继晷，始得成章乎？况殿廷重地，尤宜谨慎。嗣后，殿试交卷至迟亦以日入为度，不得仍准给烛，其不能完卷者，仍准列入三甲末。士子等各宜自勉，以副朕剔弊遴才之至意。

四月壬申　内阁、翰林院带领庚子科散馆修撰、编修、庶吉士并戊戌科补行散馆编修引见。得旨：此次翰林散馆之修撰汪如洋，编修孙希旦、江德量、程昌期业经授职，其清书庶吉士关槐着授为编修，李奕畴、郭在逵着授为检讨；汉书庶吉士陆伯焜、刘汝謇、许兆棠、陈有会、初彭龄、高棫生、甘立猷俱着授为编修，运昌、徐鉴、徐准俱着授为检讨，余德洋、王念孙、吴蔚光、范鏊、徐文干俱着以部属用，吴树萱、柴模、朱纫兰、温闻源、钟文韫、杨嘉材俱着仍归进士原班铨选。

五月丙子　授一甲一名进士钱棨为翰林院修撰，一甲二名陈万青、一甲三名汪学金为翰林院编修。

五月丁丑　谕：各省大挑举人分发试用，原以疏通壅滞，俾得及锋自试。向例原以省分大小酌定挑数，自乾隆三十七年壬辰大挑，部臣始以远省挑十之六，近省挑十之五，定例请旨。固为边远士子跋涉维艰，格外优恤起见，而未思及近省中式者本来人多，远省本来人少。兹朕阅本年各省大挑举人名单内，所挑近省举人科分，有远至三十五六年者，而远省科分最久，总不过二十余年。揆其所以，盖因直隶、浙江等近省，系中式举人会试三科后始行拣选，而云、贵、川、广等远省，会试一科后即行拣选。是以远省科分略深者业已挨班选用，其得官已较近省为优。今大挑举人，若再按五六分挑取，则大省科分较深之举人转多壅滞，于一视同仁之道未为平允。除本年已经办毕，毋庸再议外，至乾隆五十二年丁未科，再加恩举行大挑时，无论省分远近，但就人数多寡均匀挑取，俾远近士子，均得乘时自效，以示朕加惠寒畯之至意。

五月戊寅　内阁、翰林院带领新进士引见。得旨：新科进士一甲三名钱棨、陈万青、汪学金已经授职，秦承业、王朝梧、陈廷庆、曹振镛、俞廷棆、冯集梧、王受、蒋予蒲、祝德全、卢荫溥、祝坤、沈步垣、宋澍、欧阳健、蔡善述、潘绍观、万承风、刘锡五、玉保、印鸿经、萨龙光、旷楚贤、曾燠、蔡共武、阿林、郑应元、屈为鼎、戴斯瑄、潘德周、寇赉言、张绶、陈尧华俱着改为翰林院庶吉士，盛惇崇、潘纯钰、翁元圻、张灼、方维甸、樊士鉴、胡金英、谢斯熊、石鷴翥、张慎德、孙廷夔、赵槐符、亮保、余廷球、陆钟、王友亮、王衍福、杨仲增、李实、王应芬、清安泰、吴绍昱、周理俱着分部学习，张曾塀、汪长龄、严宜、涂日烜、黄图、官学诗、刘诗俱着以知县即用。余俱着归班铨选。

五月戊子　　谕：向来甘省藩库收捐监生，原因该处出产米谷较少，不得不有藉捐输，以资裒益。近年以来，该处收捐粮石各州县，仓廪当已充足，况行之日久，其中转不免弊窦。地方官既经收捐监谷，其幕友家人等，或竟视为利薮，因缘滋弊，不可不防其渐。阿桂现在甘省办理剿洗逆回诸事，于该处地方利弊，自当随时体察。李侍尧又新任陕甘总督，监粮一事，本非其所承办，自应无所回护，而地方因革事宜，到任后亦当悉心体访，据实奏闻。况伊身获重谴，经朕加恩录用，诸事尤宜实心查办，以赎前愆，更不当稍有瞻徇。着传谕阿桂会同李侍尧，将该省收捐监粮有无情弊及应否停止之处据实奏闻，候朕降旨。

闰五月乙巳　　命大学士英廉、户部尚书梁国治教习庶吉士。

八月辛未　　谕：昨行在大学士、九卿等审讯王亶望时，据供署中亲友常有嘱托捐监之事，我就令属员填给实收送进，并未发给粮价等语。此等夤缘热中之人，王亶望既为嘱托属员捐监，自必又有加捐官职、铨选地方之人。若辈出身既不可问，倘任以地方事务，必致贿赂公行，毫无忌惮，于吏治地方大有关系，不可不彻底查办。现在阿桂会同李侍尧查办捏灾冒赈之案，着即就近查明王亶望及其余道府等任内将子侄、亲友、幕宾令属员填取监生实收之人。现有递捐官职铨选及分发各省试用者，查明一并革职；即现系监生，并未捐官者，亦应查追监照，按名褫革，俾知名器不可滥邀，以杜钻营幸获之弊。其余四全书处效力监生内，如有经王亶望送给实收、滥邀议叙者，亦着一体斥革，仍加恩俱免其治罪。其总裁，朕俱加恩不问，但以后自当加慎，勿谓朕不教也。又据程栋供，蒋全迪亦有交首县捐监不发银两之事，着一例查办。至甘省收捐监粮，自王亶望始收折色，王廷赞旋踵其弊，历年所捐监生不下数十万，皆属滥侧成均。本应交部按名褫革，姑念人数众多，且尚系本生自出己赀，与填给空名、冒称实收者有间，着一体加恩免其斥革，将此通谕中外知之。

八月壬申　　吏部议准湖北学政吴省钦奏称，全楚原设学政一员，通辖两省。雍正四年分设湖南学政后，湖北仍用旧给湖广学政关防，名实不符，请易湖北学政字样铸给。从之。

八月乙酉　　四库全书馆总裁、质郡王永瑢等议奏，监生在馆效力誊录，皆由吏部册送，并未注明在部、在甘捐纳字样。其已经分发铨选者，应交吏部查办；其在馆当差者，请先行传唤。谕令实供，如有夤缘嘱托，系王亶望送给实收之人，即褫革，并移咨陕甘总督查覆。从之。

八月戊子　　谕：据吴玉纶条奏，甘省自三十九年以后报捐监生，每名令其补缴银六十两。所见甚小。王亶望等私收折色一案，朕本不欲办，恐各省因此讳灾。今种种弊端水落石出，伊等于光天化日之下，竟敢明目张胆，网利鬻官，致朕不得不办。朕之苦衷，天下后世共见之。然侵渔各员已将伊等平日私收冒销婪得赃私查抄入官，亦足抵该省浮开冒赈之数。若又令各捐生纷纷补缴，是转开锱铢较利之端，于国家政体甚有关系，朕不为也。吴玉纶此奏不准行。至该生等明知折色违禁，乃相率报捐，亦不可不示惩儆。所有乾隆三十九年甘省开捐以后报捐监生者，停其乡试三科；已经中式举人者，停其会试三科；其加捐职官现任者，罚俸三年；捐纳职官未经铨选者，俟到班三年后方准铨选；其在各馆充当誊录者，着五年期满后，再效力三年。俱以奉旨之日为始，查明扣算。其止捐监生顶带荣身者，着加恩毋庸查办。

九月庚子　左副都御史汪承霈奏，甘省报捐监生，有情愿上进者，请准其将监照呈销，以原名赴部报捐应试，勒限二年。逾期者作为顶戴荣身，不准应试。下户部议。寻议，应如所奏。其现充各馆誊录并廪增附加捐之监，及由甘肃监中式副贡与续经在部捐职捐贡者，嗣后，有愿加捐，皆一体令其注销补捐。从之。

九月壬子　谕：甘肃收捐监生业经降旨停止，所有陕西省收捐监粮并着一并停止。

九月壬子　谕军机大臣等：陕西省自乾隆三十九年奏请开捐以来，亦与甘省一例收捐监生。兹据部臣查核，该省收捐监生名数，自四十年至四十五年止，共捐过九千六百余名。其原定每名所收监粮额数，亦较甘省为多，该省报捐人数每年约数百名，统计不及甘省二十分之一。又，积年归入常平仓粮项下报部，亦未据该省各属藉称灾赈开销。看来该省办理此事，尚属奉公守法，不致如甘肃之折收冒赈，任意侵欺也。至历年所收监粮，除前两次拨运京、豫麦石外，其余现存谷麦各粮尚有四十余万石，果否实贮在仓，着传谕毕沅即通行查明，据实覆奏。俟奏到后，朕再简派大臣亲往盘验。自当据实盘量，不致如袁守侗、阿扬阿等受甘省各员之朦混也。朕办理庶务从无成见，所谓不为已甚去已甚。若果陕省查无情弊，朕所深愿，不肯因查办甘省复令波及也。

九月甲寅　以兵部左侍郎曹文埴知武举，内阁学士汪永锡为武会试正考官，侍讲学士叶观国为副考官。

九月乙卯　谕：前已降旨停止甘肃、陕西两省收捐监生，所有乌鲁木齐、新疆捐监，着一并停止。

九月丙辰　兵部以武会试中额请。得旨：这考试，汉军取中二名，直隶取中八名，陕西取中六名，广东取中六名，河南取中二名，山东取中五名，江南取中二名，山西取中三名，湖北取中二名，湖南取中一名，四川取中一名，广西取中一名，福建取中二名，浙江取中二名，江西取中一名，云南取中一名，贵州取中一名。

九月庚申　谕：原任总兵李全之子、武举李成勇着加恩，准其一体殿试。

十月庚午　谕：昨据副都御史汪承霈条奏甘肃省监生一摺。据称，自乾隆三十九年后，甘省监生奉有停科之旨，恐其中躁进之徒不安义命，更易名字，在部报捐，乡试或侥幸中式，转滋弊窦。与其再犯而惩以冒混之条，似不若先事而予以自新之路。请以原名准其在部另行改捐，给与执照，免其停科，并请勒限二年报捐，如过期不捐，虽扣满三科，亦不准其应试等语。此等流弊，事所必有，其所请在部另捐之处，专为杜绝顶冒，以防弊混，并非若吴玉纶之迹类言利者可比，是以交部详议，覆准允行。盖此等监生逐利热中，希图省费报捐，竟成垄断，即概予褫革，原不为过。今照部议统限二年，准以原名在部另捐入场，已属格外加恩。但念该生等人数众多，从前在甘省上捐时，俱系王亶望诸人引之犯法，非尽该生等之过。况前已出赀，今概令重捐，其中寒畯未免志切观光而力有不逮，情殊可悯。着加恩，将从前甘肃报捐监生者，准其呈明到部，另照在部捐监之数缴足，即给与执照，许其科考。至定限二年，为期稍近，恐远省边陲一时未能遍晓勒及，至遵例远来，而限期已过，未免向隅，并着加恩，再宽限三年，统限五年为率。俾该生等从容报纳，上进有阶，以副朕宥过推恩、作养人材之至意。余着仍照原议行，将此通谕中外知之。

十月庚辰　策试中式武举刘双等四十五人于太和殿前。

十月辛巳　谕：户部议奏，由甘肃报捐监生，及中式、效力、加捐出身各项人员，准其于五年限内照例补捐部监一摺，着依议行。此等监生在甘肃折银报捐，虽皆牟利犯法之人，但因王亶望诸人引之犯法，然其垄断热中，以成均出身之路竟视为终南捷径，趋之若骛，即概予褫革，原不为过。前据吴玉纶奏，即降旨将由甘肃监生出身人员分别停科，压选罚俸，庶躁进之风藉以稍息。此朕因人数众多，不忍概行褫革，是以加恩薄示惩儆，实亦大公至正，所以维持士习也。嗣因汪承霈条奏，该监生等恐奉有停科之旨，仍有不安义命，更易名字，在部报捐，乡试或侥幸中式，将原名顶替滋弊者，请于二年限内，准令在部另捐。朕以其所奏专为防弊起见，该生等希图幸进，事所必有，与其冒混被告再加惩治，诚不若先事而量予自新，俾其弊不杜自绝。经部议准，降旨允行。寻思，二年定限为期稍近，边陲寒畯未免向隅，特再宽限三年，统限五年为率。兹户部议奏，由甘肃报捐监生，及中式、加捐、效力出身人员，一例补捐酌定银数，自应如此办理。朕于此案内之监生，始终宥过推恩，矜全格外。此次之准令在部补捐，实为杜绝弊混，予以自新，该生等有不愿重捐者，自当仍遵前旨。若有易名作弊，一经发觉，必重治其罪。至顶带荣身不图仕进之人，前亦有旨，毋庸议及。非若吴玉纶所奏，每名必令其补缴银数，专为言利起见也，将此再行传谕中外知之。

十月壬午　上御紫光阁，阅中式武举骑射。

十月癸未　上御紫光阁，阅中式武举技勇。

十月甲申　上御太和殿。传胪。赐中式武举一甲刘双、黄国梁、黎大刚三人武进士及第，二甲周鸣皋等五人武进士出身，三甲刘大任等三十七人同武进士出身。

十二月辛巳　谕：本日据毕沅奏，署咸宁县知县徐大文拿获上年顺天乡场舞弊之方大中一犯，严审定拟一摺，已交该部议奏，并令将徐大文送部引见矣。此外尚有储椿年一犯，查缉已久，未据弋获。此等科场作弊要犯，自应迅速就获，照例严办，方足以示惩儆。岂可任其兔脱远扬，久逃法网？着传谕各督抚，即将储椿年设法躧访，严密查拿务获，毋得视为通缉具文。

十二月丙戌　命吏科给事中陈桂森提督陕甘学政。

乾隆四十七年（1782年）

二月己卯　礼部议覆，四川学政刘烒咨称川省各学廪生出贡，二十名者二年一贡，十五名者三年一贡，十名以下者四年一贡。今屏山县学廪缺，已裁四名，只十六名，应改为三年一贡，以昭画一。应如所请。从之。

二月乙未　吏部议覆，御史文霈奏称新进士及捐纳主事分部行走，三年期满，由本部保举，带领引见，准其留部，遇缺题补。惟刑部提牢厅主事均由堂官派委，并不带领引见，与例似不画一。请嗣后提牢厅缺出，刑部堂官于额外主事内拣选二员，拟定正陪，带领引见，请旨简用，一年期满，该堂官具奏咨部，遇缺即补。又称，各部院笔帖式，定例考取用三人，捐纳用一人，议叙用一人，缮本用一人，降调用一人，轮流补用。嗣因各部捐纳学习人员三年期满，该堂官酌留带领引见，遇缺即补，是以正班应选人员得缺较迟。嗣后，除奏留缮本等项人员均在本衙门行走有年，应照例办理，余请照刑部咨二留一之例，将正班人员选用二人后，准将留部学习人员坐补一人。均应如所请。再查，从前掣分通政司等衙门及各部院蒙古笔帖式额缺均少，若悉照此办理，恐奏留者补用无期，应请酌定咨一铨选，留一保题。从之。

二月乙未　（吏部）议奏，定例双月知县用进士五人，举人五人，捐纳四人，推升三人；单月知县用应补四人，捐纳四人，进士四人，举人四人。各项插班人员俱随各正班之后，或核计正班之缺按次选用。向来投供候选人员，举人一项有多无少，近年三次大挑，举班已极疏通，从前截取之人渐次用完，现在截取之人尚未到部，将来举班恐不足额。请嗣后应随举班后用之各项插班人员，如遇举班短少，即按班接选，无庸计缺。从之。

五月丁酉　命宗人府府丞窦光鼐提督浙江学政。

七月丙申　礼部议覆，河南学政邵洪奏称，岁试四五等生员乡试应入场对读，其中如实系老病及武生全无文理者，不便听其滥充，请照例罚赎。四等罚银三两，五等罚银六两，解交藩司雇充对读。并请于临场考选誊录字画时，兼取略晓文义者，分别记名，以备雇充对读。应如所奏。再查，各省办送对读向不咨部，难以稽核。请通行各省学政于每届乡试时，将四五等生员实入场对读若干名，并解缴罚赎银若干名，分别造册报部。从之。

七月辛亥　左副都御史觉罗巴彦学奏，乡会试头场论内易藏关节，请移置二场经文后，将二场排律诗移置头场制艺后。主考、同考等官于头场卷阅荐毕，始分阅二三场，既阅二三场卷，即不得复荐头场。得旨：此奏深切时弊。依议行。

七月壬子　谕：本日，大学士、九卿、科道等将从前任克溥条陈诸弊会议具奏，摺内称现在纲纪肃清，前代秕政俱已革除净尽，惟在大小臣工实力奉行，自不致有因循废弛之弊。此语朕疑信半焉，亦惟日慎一日，所其无逸耳。至副都御史巴彦学有请更定科场诗论，以杜关节、以端士习之奏，所言实为深切时弊，不虚朕降旨求言之意，已依议行矣。盖诗题系朕所命，且律句谨严，难以揣摩，又若头场诗文既不中选，则二三场虽经文、策问间有可取，亦不准复为呈荐，倘同考官仍蹈故辙，监试官即可指名参处，如此亦防弊之一端。巴彦学此奏，殊可嘉尚。又，御史郑澄摺内所称论内易藏关节一款，已于巴彦学摺内准行，其余各款，仍着各该部议奏。朕宵旰勤求，孜孜不倦，凡有益于政治官方、民生国计者，莫不虚衷采纳。即今年逾古稀，每岁临幸山庄，藉举秋狝大典，亦不肯少自暇逸。内外大小臣工皆当仰体朕怀，悉心讲度，勿谓已治已安，稍萌因循懈弛之意。即如巴彦学等条陈诸事，其中颇有切中时弊者，我君臣当交相警惕，期于弊绝风清，以副朕畴咨亮采之至意。巴彦学、郑澄摺并发，将此通谕知之。

九月癸卯　户部等部议覆御史郑澄条奏各事宜。……一、乡会试头场论内易藏关节，应请删除。查，头场性理论，现经副都御史巴彦学奏准移置二场，毋庸再议。一、考试试差明分去取，易启士子钻营之弊。请照戊戌科以前不发考单，似更周密，应如所奏。嗣后考差，照衙门次序概行带领引见，其录取名单，毋庸发出。从之。

九月丙午　谕：据大理寺少卿刘天成条奏三款。……一、奏顺天乡会试，房官、收掌宜调取近省人员，以防关节，并请外省各添主考一员，搜罗遗卷等语。从前雍正年间，各省调取邻省举人入帘，不过偶一举行，旋即停止，可见当时事势即有难行之处。今刘天成乃请将直隶、山东、山西进士出身人员内请旨点派，无论州县官，日事簿书钱谷，文义荒疏，即该督抚，亦岂能尽知属员学问底里？若以浅陋之人充数，更为无益。且州县遗缺又须委署交代，徒滋烦扰。况一法立则一弊生，侥幸之徒又安保其不向近省进士出身州县钻营谋干乎？至正、副主考两员行之已久，场中阅卷从容，从未闻以文卷浩繁致有不能搜查遗卷之弊。至所云每省添副考官一员，翰林等虽不获邀分房之选，仍得与典试之荣，更见意存周旋瞻顾，尤为可鄙。总之，有治人，无治法。内外文武大小官员，果能洁己奉公，人思自爱，自然诸弊肃清。朕尝以为去弊如扫尘，岂有一经除净，而终年遂可不扫乎？若如刘天成所奏徒事纷更，而揆之事理，实有难行之处。刘天成摺着掷还，并将此通谕中外知之。

十月乙丑　吏部议准，御史崇泰奏称，考试中书笔帖式库使，若人数在五十名以上，请钦点司员二人，五百名以上，钦点司员四人，随同阅卷大臣校阅录取。其自行拣派司员随带阅卷之处永行停止。并请将场内士子试卷专责满汉监试御史收齐，按交卷先后，入箱封固，即由该御史送交阅卷大臣。当阅卷时，眼同开封校阅，以杜弊窦。从之。

十月庚寅　谕：甘省收捐监生，本欲藉积贮监粮为备荒赈恤之用。前次开捐时，已不免稍有弊端，经大学士舒赫德奏请停止。至乾隆三十九年，该省复奏请开例。彼时大学士于敏中管理户部，即行议准。又以若准开捐，将来可省部拨之烦，巧词饰奏，朕误听其言，遂尔允行，至今引以为过。其时王亶望为藩司，恃有于敏中为之庇护，公然私收折色，将通省各属灾赈，历年捏开分数，以为侵冒监粮之地。设此时于敏中尚在，朕必重治其罪。姑念其宣力年久，且已身故，是以始终成全之，不忍追治其罪。盖自此次开捐监粮以后，甘省上下勾通一气，竟以朕惠养黎元之政，为若辈肥身利己之图，侵帑殃民，毫无忌惮。天下无不共知，朕亦早有风闻，而内外臣工，并无一人言及，思之实为寒心。

十二月乙丑　吏部议准，礼部尚书德保等奏称，嗣后考试中书，照考试翻译童生例，派满汉监试御史各一员，东西砖门点名御史各一员，分旗点进；派左右二翼副都统各一员，参领章京各一员入场弹压；另行奏派搜检大臣四员逐名搜点。并请照乡会试例，于考试前一日搜检、点名、给卷，入场归号，次日寅时散题，酉时交卷，不准给烛。从之。

十二月己巳　命户部员外郎李棨提督河南学政。

十二月甲戌　礼部议准，御史施学濂奏称，请嗣后举人会试，贡监生员乡试之年仍照向例，不准改经外，其于平时将所习之经具呈请改者，原非临场趋避，自可听其改习。其举人由该州县申详督抚，贡监生员由州县教官分详学政，准改立案，并于年终汇册咨部，以凭查核。从之。

十二月庚辰　礼部议准，御史梁景阳奏称，请嗣后乡会试，头场朱卷，红号印于卷面左边，另为一行。誊录所将此卷誊写后，交至公堂，督同弥封所官将红号弥封，送进内帘，俟主考取中已定，监试御史眼同当堂拆去弥封，与二三场朱卷核对，誊录书手请仍于墨卷尾开注姓名，朱卷尾停其开注。从之。

十二月辛巳　谕曰：监生赵秉冲在懋勤殿行走已经四年，着加恩，赏给内阁中书，遇缺即补，仍准其一体会试。

十二月辛巳　兵部议准，御史杨九思奏称，请嗣后武乡会试内场出题之日，令监试御史偕同提调官督率委官亲入号舍，挨次将试卷查对坐号，以杜代倩；水火夫役于白昼差使完竣，即扃闭空房，外内封锁，毋许擅行出入；其围墙以外，严饬巡缉员弁多派兵丁昼夜巡逻以肃场规。从之。

乾隆四十八年（1783年）

正月己未　礼部议覆，刑部尚书、管顺天府府尹胡季堂等奏称，顺天府府丞专司学政，向来止考大兴、宛平两县童生，余各属均由四路同知于驻劄处所设棚考试。查，各该同知有地方事务，且所处冲要，每遇委查要件，即致稽延试期，请将四路二十二州县府考一体改归府丞专管。应如所奏。再，四路内惟东路通州有学政考棚，应即令各属童生，俱就该处考试，至府丞试毕即届学政考期，于士子亦便。从之。

正月辛酉　陕西巡抚毕沅奏，陕省关中书院修金膏火银内，有朝邑县黄河滩地租五百六十余两。该县地上年被水冲没，已另请题豁，前项银应筹拨。又，人文日盛，甘肃、新疆士子多来肄业，亦应酌增费额。查，兴平、盩厔、扶风、武功、郃阳五县，岁征八旗提标马厂界外地租共七百五十余两，请全数拨入书院。报闻。

二月丙寅 吏部议覆，御史李翩奏称，散馆改部人员，请以到部之日为始，与各项期满人员较年分浅深，挨次题补。应如所奏。再查，在部各项人员如何统较题补，定例未有明文者，并应一体办理。请嗣后各衙门主事缺出，将学习期满进士、选拔贡生、捐纳、议叙主事俱自期满奏留之日为始，庶吉士散馆及现任小京官中式进士以部属用，并现任小京官由各该处奏明分部补用；留部升用者，俱自奏准到部之日为始，计其实在行走日期，按题选各缺，统较先后挨补。又，从前进士学习及议叙捐纳人员，有未满三年先行奏留者，亦扣满三年，方准与各项统较。从之。

三月己亥 谕：今年乡试届期，所有应行开列试差之进士出身人员，着于三月初十日，在正大光明殿考试，仍着吏部照例按各衙门次序，于十二日带领引见。

三月辛亥 兵部奏，酌更武选则例。……一、各省驻京提塘，向例三年更换。近年来每遇咨取更换时，该督抚辄以无合例人员，咨请留办。应请嗣后令该督抚豫选人员送部，或该省武进士中实无合例者，准于业经拣选武举内保送，年满由臣部考验，带领引见，分别营卫，归本班选用。从之。

三月乙卯 礼部议覆，御史觉罗拴住奏称，外省主考派出之日，宾客照旧往来，恐有交通情弊。请嗣后照顺天例，钦命题目，封交考官，限五日内起程，即于起程日赴军机处请领。伏思历科以来，从无泄漏试题之事，且各省每次封发，并有同日应发数省，事涉纷繁。况道途跋涉，设有密封破损可疑，彼时如何办理？再，前经奏准，分别远近，酌定十日、七日、五日之限，亦未便概令一例，所奏毋庸议。惟是起程之前，或有该省官员士子相见，诚恐易启弊端，应请嗣后责令巡城满汉御史严查，违者参奏。从之。

三月乙卯 兵部奏，武进士向由臣部奏请钦派拣选，一、二等以营守备用，三等以卫守备用。嗣因卫守备人多缺少，奏准每届十年，将以卫用之武进士拣选，拔置营用。自乾隆三十七年遵旨于紫光阁试定等第，停止拣选之例，臣等查营守备归部选者二百余缺，每科以营用者十余人，一二年内俱已选用。卫守备归部者止十余缺，而以卫用之武进士与各班轮用数年始选一人，应请仍照前例，奏派拣选。其拔用营缺者引见注册，其年迈技庸者即将卫缺选用之处注销。从之。

四月乙亥 以内阁侍读学士费南英为云南乡试正考官，宗人府主事吴寯为副考官；翰林院侍读学士德昌为贵州乡试正考官，内阁中书鲍之钟为副考官。

五月庚子 谕：乡会试派出主考房官秉公阅看试卷，由内监试按照卷数分为十八束，签派各房阅看，此定例也。各房官诚能细心检阅，矢公矢慎，阅荐之后，听主考取中，自可甄拔真才，即有一二不肖房官欲通关节，设其人不在所分卷数之内，亦无从作弊。近闻闱中房考于阅卷时，竟有互相披阅之事，如此则彼此通同，其流弊何所底止？嗣后，房官于分卷后，止各就所分之卷悉心校阅，不得互相抽看，着主考官并内帘监试御史时加查核，如有仍踵前辙者，指名参奏，毋稍瞻徇。

五月甲辰 以侍讲学士叶观国为四川乡试正考官，中书毛凤仪为副考官；侍讲学士王懿修为广东乡试正考官，编修朱绂为副考官；侍讲吴寿昌为广西乡试正考官，检讨孙玉庭为副考官；翰林院侍读学士褚廷璋为福建乡试正考官，中书邱桂山为副考官；侍讲芮永肩为湖南乡试正考官，中书吴树萱为副考官。

六月壬申　以左副都御史吴玉纶为浙江乡试正考官，编修邱庭漋为副考官；编修李尧栋为江西乡试正考官，中书金光悌为副考官；编修陈嗣龙为湖北乡试正考官，中书张敦培为副考官。

六月壬午　以编修秦潮为陕西乡试正考官，编修闵思诚为副考官；吏部侍郎谢墉为江南乡试正考官，修撰戴衢亨为副考官。

七月己亥　以翰林院侍读张焘为河南乡试正考官，编修秦泉为副考官；侍讲庄承籛为山东乡试正考官，编修周兴岱为副考官；翰林院侍读曹仁虎为山西乡试正考官，编修朱攸为副考官。

七月癸丑　谕曰：各省学政现届差满应行更换之期。顺天学政金士松、浙江学政窦光鼐、山东学政赵佑、河南学政李棨俱着留任，毋庸更换。

七月癸丑　谕：湖南学政着钱沣去，广东学政着平恕去，广西学政着于鼎去，四川学政着钱樾去，云南学政着曹锡龄去，贵州学政着陈本忠去。

七月癸丑　谕：安徽学政着叶观国去，湖北学政着王懿修去。俱着于试差事竣，即由该省前赴新任，不必来京请训。

八月乙丑　顺天乡试以顺天府尹虞鸣球为监临官，吏部尚书刘墉为正考官，内阁学士尹壮图、司经局洗马翁方纲为副考官。

八月辛未　京畿道御史杨寿楠条奏，顺天乡试定例，南省人回避南皿卷，北省人回避北皿卷，其有南省人寄居北籍者并回避南、北皿卷。上届顺天乡试，同考官有例应回避南、北皿卷及贝字号卷者，遂将中皿卷专归一人阅看，虽系一时酌办之法，但恐外间皆知有专看中皿之人，不无揣摩，殊非远嫌之道。请嗣后礼部奏派房官时，将似此南、北两籍均应回避之员另疏题明扣除。得旨：依议速行。

八月己卯　谕：江苏学政着谢墉去，福建学政着吴玉纶去。俱着于试差事竣即赴新任，不必来京请训。江西学政着李绶去，陕西学政着温常绶去。

八月庚辰　命大学士公阿桂教习庶吉士。

九月庚寅　命内阁中书张姚成提督山西学政。

九月癸卯　谕：本年顺天乡试，诸生中年届八十以上，三场完卷者，田集盛等三名，榜发俱未中式，念其年已衰老，犹能踊跃观光，宜沛渥恩，以广作人雅化。着加恩，将田集盛、王宾、段三连三名赏给举人，准其一体会试，俾皓首穷经者得偿夙志，用昭嘉惠士林至意。

九月乙巳　谕：盛京为我朝根本重地，兵丁皆知恪守旧风，娴骑射以裕武备，现已校阅，分别赏赉。其读书之士亦渐摩文化，蒸蒸日盛，堪与畿甸比隆，朕銮辂所临，青衿献诗趋迓，弦诵彬彬，具见胶庠乐育，自宜一体加恩，用彰作人盛典。着将盛京满、合二号及奉天所属各学岁考，广额一次，其向来取进六名以上者，增额三名，四五名者，增额二名，二三名者，增额一名。该府丞其悉力校录，甄拔殊尤，副朕嘉惠士林至意。

九月庚戌 谕军机大臣等：据孙士毅奏，本年广西乡试取中第一名岑照，系土知州岑宜楝之子，家道素丰，向无文名。检查该生岁考及录遗试卷与三场墨卷核对，文理相去悬殊，此次取中文字，断非本人所作，必有传递、代倩、夹带等弊。请将岑照革去举人，以便从严审办等语。科场大典，自应关防严密，抡取真才，岂容稍有冒滥？该抚既经查出岑照平日文理与闱中试作悬殊，其为舞弊幸中，显而易见。着即将岑照革去举人，交该抚亲提研讯，彻底根究，按律定拟具奏。至所请外帘、提调、监试及监临失于觉察，自系伊等应得处分，俟孙士毅审明具奏到日，再降谕旨，交部分别议处。

九月丙辰 谕：据何裕城奏，本年河南省乡试有汤阴县学生员许锡桓，现年九十二岁，发榜未经中式，取阅该生试卷，均属通顺等语。许锡桓年逾九旬，尚能志切观光，宜沛渥恩，以彰作人雅化，着加恩，赏给举人，准其一体会试，用副朕嘉惠耆年至意。

九月戊午 是月，江苏巡抚闵鹗元奏，江苏学政彭元瑞三年任满，岁科两试，士论颇称公允，其办理场务，关防亦属严密。得旨：此奏圆融不实，另奏来。彼学问有何说？朕所嘉赏，作弊亦断无，但闻其出题奇巧，士论不服，汝何不奏？

十月乙丑 以侍讲学士童凤三为顺天武乡试正考官，编修马启泰为副考官。

十月庚辰 命山东道御史项家达提督山西学政。

十一月戊子 军机大臣议覆，四川成都将军特成额奏称，满营设立官学，定额向止二百名，今生齿日繁，且有阵亡人员子弟与孤独无依者，亦应附入官学教养，请增额一百二十，共三百二十名。其教习拣选清语、骑射娴熟者充补。应如所请。从之。

十一月己亥 谕：据闵鹗元奏，本年江南省乡试诸生内，有泾县学郑应鸣、池州府学曹文超、东流县学冯茎、霍邱县学刑篚、仪征县学陈谟五名，均年在八十以上，三场完竣等语。郑应鸣等年逾八旬，犹能踊跃观光，宜沛渥恩，以广作人雅化。着加恩，将郑应鸣、曹文超、冯茎、刑篚、陈谟五名赏给举人，准其一体会试，以副朕嘉惠耆儒至意。

十一月庚子 谕：据毕沅奏，本年陕西省乡试诸生内有渭南县学附生刘一力、宝鸡县学附生吴光烈，均年届八旬，三场完竣等语。刘一力、吴光烈年臻耄耋，犹能踊跃观光，宜沛渥恩，以广作人雅化。着加恩，赏给举人，准其一体会试，以副朕嘉惠耆儒之至意。

十一月壬子 谕：据孙士毅奏，查审举人岑照科场舞弊一案，系串同永安州知州叶道和家人曾兴照应，向随同叶道和在闱之幕友湖北举人曹文藻代倩传递。请将叶道和革职，曹文藻革去举人，严审究办等语。科场舞弊，久经严切申禁，功令森严，乃该犯等公然贿嘱，肆行无忌，叶道和以现任职官，敢于串通舞弊，保无贿嘱等情，实属怪事，不可不彻底严办审究，以示惩儆。此案非外省所能完结，叶道和着革职，曹文藻着革去举人，并案内应讯犯证，均着该抚等一并派委妥员，迅速拿解来京，交大学士会同该部，严审定拟具奏。

十一月壬子 谕军机大臣等：据孙士毅奏，查审岑照科场舞弊一案，系永安州知州叶道和之幕友、家人串通贿嘱，代倩传递，一面将叶道和摘印严审，一面飞咨湖北抚臣，密拿举人曹文藻迅解来粤，彻底严办等语。已明降谕旨矣。当此功令森严之际，该犯等敢于如此公行无忌，串通舞弊，情节甚属可恶。此案非外省所能完结，着传谕姚成烈，即将举人曹文藻拿解来京审讯，毋庸解往广西，如已起解，亦即追回转解。其案内要犯岑照、叶道和、曾兴并应行质讯犯证，着孙士毅即派委妥员迅速解京，交大学士会同刑部彻底审办，沿途严密防范，毋致有疏虞自戕等事。至孙士毅系乡试监临，虽有失察之咎，但审办此案能究出实情，尚属认真，将来定案时，其处分自邀宽典也。将此由五百里各谕令知之。

十二月甲戌 谕曰：据孙士毅奏，审明广西已革举人岑照科场舞弊各实情，分别定拟一摺，已批交三法司核拟速奏矣。至其摺内自请交部严加议处之处，孙士毅系乡试监临，虽有失察之咎，但岑照业经中式，并无人举发，若以他人处此，即有所闻见亦必回护，不肯据实奏请查究。今孙士毅于填榜时，因询之学政查莹，知岑照平日文理与闱艺不符，即行彻底查办，究出串通贿嘱各情弊，并不因自有处分，稍存规避之见，是孙士毅不特失察之咎可宽，其办理认真，转属可嘉。孙士毅着交部议叙，学政查莹随同举发，亦着加恩免其议处。

十二月甲戌 谕军机大臣等：孙士毅奏，审明岑照等科场舞弊，分别定拟，并请将土知州岑宜栋交部严加议处一摺，已批交三法司核拟速奏矣。此案岑宜栋于伊子岑照嘱托代倩、传递私许银两之处，虽不知情，部议亦应革职。但岑宜栋系该处土司，伊子因科场舞弊置之典刑，其革职后是否尚知畏惧，更加谨饬守法，留于彼处不致滋事之处，自宜留心体察。着传谕孙士毅即饬所属，务须不动声色，密加察访，据实具奏。其土知州世袭，自当于岑宜栋族人及兄弟中选择诚妥者承袭，并着孙士毅酌议具奏。将此由四百里谕令知之。

十二月丙子 谕军机大臣等：刑部议覆，孙士毅审拟岑照等科场舞弊，分别正法绞候，并将岑宜栋等咨部严加议处一摺，已依议行矣。此案岑照于科场大典交通贿嘱，传递舞弊，法无可贷，自应置之重典；至伊父岑宜栋于岑照嘱托代倩、私许银两之处，既经讯明并不知情，自属与伊无涉。若因伊子岑照之故而罪及其父，将土知州另行更换，转恐伊管辖之人心怀疑惧，将来部议进呈时，自当另降恩旨，仍留原任。着传谕孙士毅差妥人明谕，不加伊罪，即将岑宜栋檄调赴省，亲自宣谕，以子罪不连及其父，令其较前倍加谨饬，照前供职。将此由五百里传谕知之。

十二月戊寅 军机大臣等奏，广西土知州岑宜栋失察伊子岑照科场舞弊，请旨革职。得旨：此案土田州知州岑宜栋于伊子岑照科场舞弊，平日不能拘束管教，吏部议以革职，固属照例办理，但念其于伊子嘱托代倩传递之处，究不知情，且承袭土官已久，并无过犯，未忍遽行褫革。岑宜栋着加恩仍留本任，嗣后，务宜谨饬，守法奉公，以副格外施恩至意。

乾隆四十九年（1784年）

正月乙未 谕：据福嵩奏，癸卯科浙闱乡试，有年届九十之张本，并年届八十以上之毛德成等共六名，三场完卷，未经中式等语。张本、毛德成、朱绍璧、翁体贵、吴家仁、董德润年俱耄耋，踊跃观光，殊堪嘉尚，着加恩，赏给举人，一体会试，以示加惠耆年之至意。

正月丙申 谕：前因广西永安州知州叶道和与岑照科场舞弊，藐法营私，经该抚孙士毅奏请，将叶道和家产查抄入官。兹据江西巡抚郝硕奏准咨讯，据叶道和之兄抚州府照磨叶道中供称，伊兄弟两人并未分家，亦无银钱什物寄到。现将叶道中署内财物悉行查封等语。从来缘事获罪之人，兄弟本不相及，如因一人获罪，将其兄弟赀产概行查抄，办理未免过当。若以未经分析尽免入官，则应行查封者，皆将托词财产未分，任意隐匿，使贪吏子孙，仍复坐拥厚赀，亦复何以示警？嗣后，如有缘事获罪，应行查抄，而兄弟未经分产者，着将所有产业，按其兄弟人数，分股计算。如家产值银十万，兄弟五人，每股应得二万，只将本犯名下应得一股入官，其余兄弟名下应得者，概行给予，以昭平允。朕办理庶务，一秉大公至正，从不肯故为姑息，使墨吏无所儆畏；亦不肯稍事苛刻，以致波及无辜。所有叶道和一案，即照此办理，并着为令。

正月丙辰 大学士会同礼部议覆，福建道御史李翮奏，申定殿试规条。一、士子不得豫行撰拟策联，分送请托；策冒不拘字数；至数行后泛写套语颂扬者，不准滥侧前茅。臣等查此系旧例，但恐行之日久，复开侥幸之端，应请申明乾隆四年所奉圣谕，严切饬禁。一、试卷请自第一名起至二甲末，通行进呈。臣等查，历来办理，俱于传胪后另派大臣覆行察看。近科每有将二甲卷奏明移置三甲末者，是二、三甲试卷，原听钦派大臣察看，所奏应毋庸议。一、殿试策草本，官为办理。即将策内款式开具首页，钤用印信，与正卷一同给发，如查有用坊间草本者，以夹带论，交卷时将草本另行弥封，俟发榜后交察看标识大臣查核。应如所奏。一、策题请于文华殿刊刻。臣等查向例，阅卷大臣于殿试前一日恭领题目，即缮写连夜刊刻，文华殿两廊势难容匠役人等，所奏似不可行。至称士子内由中书及誊录中式者，每在诰敕房、国史馆等处住宿探听，应交该管官于殿试前一日，除各处值宿官役外，倘有在内私自逗留者，察出交部治罪。得旨：依议。其内阁刊刻题纸时，着添派护军统领一员带领护军校等在彼稽查。着为令。

二月丁巳 四库全书馆总裁、质郡王永瑢等奏，遵旨恭办江浙三分四库全书，前经挑选书手一千名，每月写书四千本。又奏定分校之翰林中书等五十七员，每月校书一千一百余本，计须八年始竣。臣等公酌，此三分书，原为嘉惠士子，拟即于生监中募添校对，每一人三年内校书五千余本，得二十一人，足敷办理。告竣后，仰恳赏给举人，准其会试；其潦草错误者照七品官罚俸例，缴充本馆公用。再校对后，拟即发交各该省，陆续照式装潢。从之。

二月己未　谕：据明兴奏，癸卯科山东乡试，年届八十以上之生员焦会涂等六名，三场完卷，未经中式等语，该生等俱年逾八旬，踊跃观光，深堪嘉尚，兹当銮辂经临，允宜特沛恩施，以示奖励。焦会涂、赵象观、张申、张自道、徐简扬、梁重华俱着加恩，赏给举人，准其一体会试，用昭省方作人，优惠耆龄之至意。

二月戊寅　谕：江浙两省文风素盛，前次翠华临幸，曾降旨增广试额，兹举六巡庆典，允宜特沛恩施。所有江苏、安徽、浙江三省本年应试文童，府学及州县大学着增取五名，中学增取四名，小学增取三名。各该学政务宜遴拔真才，副朕嘉惠胶庠、乐育甄陶之至意。

三月辛卯　以礼部右侍郎庄存与为会试知贡举，大学士蔡新、礼部尚书德保为正考官，兵部左侍郎纪昀、工部左侍郎胡高望为副考官。

三月丙午　谕：浙江、福建进献诗册。考取一等之张师诚、费锡章、何金、姚祖同俱着特赐举人，授为内阁中书，学习行走，与考取候补人员挨次补用；浙江省考列二等之吴纯、张廷桂、张彤、王观、沈澍、钱枚、朱光烈、汪步瀛、黄丝、凌钺、朱孙垣、应澧、许翼宗、杨本、翁树、沈珏、翁濂、陆以诚，福建省列为二等之郑光策、詹碧炎、王上泰俱着各赏缎二疋。

闰三月戊午　礼部以会试中额请。得旨：这会试，满洲、蒙古取中三名，汉军取中一名，直隶取中十三名，奉天取中一名，山东取中十名，山西取中七名，河南取中六名，陕西取中三名，江南取中二十名，浙江取中十七名，江西取中十名，湖北取中三名，湖南取中二名，福建取中六名，广东取中三名，广西取中一名，四川取中二名，贵州取中一名，云南取中一名。

闰三月辛酉　礼部奏，吏部咨称候补学正、学录人员不敷应用，应请令此次会试主考官酌留闱中数日，知贡举于落卷内扣出现任候补、候选小京官，其余弥封，移送内帘，挑取二十卷，与朝考入选未经录用之新进士一并带领引见，简用十名，交部铨选。报闻。

闰三月甲子　谕曰：江苏、安徽进献诗册。考取一等之进士庄选辰着授为内阁中书，遇缺即补；刘召扬、郑宗洛、黄文辉、汪彦博、司马亶、叶铨、孙一元、缪炳泰、庄复旦、程振甲、张曾献、鲍勋茂、金应琦、朱承宠俱着特赐举人，授为内阁中书，学习行走，与考取候补人员挨次补用；江西省考取一等之谭光祥、吴本着照上届之例，赏给举人，准其一体会试。其江苏、安徽、江西三省考列二等之周爱莲、蒋光世、袁肃、陆甲林、张云培、周嘉植、唐仁埴、秦智鉷、徐准宜、詹应甲、洪士达、唐广模、汪文锦、胡凤仪、印鸿纬、毕敦、吴阶、徐嵩、张诒、顾凤毛、翟金兰、黄钺、王浦、程尚义、吴绍涑、方熊、唐仁最、巴慰祖、闵道恂、叶栋、蒋知廉、赵本治、方振、伍延炳、黄旭、裘元巽着各赏缎二疋。

闰三月乙卯　谕曰：庄存与奏，本年会试各省举人，年届九十者一名，八十以上者二十名，七十以上者五名，皆三场完竣，未经中式等语。此次年老举子应试者至二十六名之多，皆年跻耄耋，志切观光，允为升平人瑞。着交吏部查照向例，分别赏给京衔，以示朕引年劝学，嘉惠士林之至意。

四月庚子　谕曰：原任礼部侍郎、加赠尚书蔡世远之孙蔡本崇前来行在接驾，进献赋册。念伊祖于雍正年间在尚书房讲学有年，眷怀綦切，着加恩，将伊孙蔡本崇赏给举人，准其一体会试。

四月己酉　以大学士阿桂、蔡新，内阁学士朱圭、吏部尚书刘墉、吏部右侍郎彭元瑞、户部右侍郎曹文埴、礼部左侍郎达椿、都察院左副都御史觉罗巴彦学为殿试读卷官。

四月庚戌　策试天下贡士侯健融等一百十二人于太和殿前。制曰：朕寅奉丕基，仰荷昊载纯佑，吏谨民淳，咸知顺则。比者展义行庆，河海奠安，五世一堂，欣被景贶。用是弥深乾惕，式懋凝承，劼毖宵旰，不敢自康逾廑。崇实学，昭雅化，敦善俗，裕民天，虽略臻康乂，而犹日孜孜，上期淳懿，周咨博稽，以裨集思广益之治，尔多士其敬听予询。夫致用在乎通经，士自束发授书，思探奥旨，先考赜文。宋儒谓有举其辞而不能通其义者矣，未有通其义而不能举其辞者也。简策异同，微言实关大义，诸经互引，厥有殊辞。唐人刻石犹存，或间与今判，郭氏之《易举正》、王氏之《诗考》，杂胪歧出；《礼》之《大学》，《书》之《武成》，考定纷如；《春秋》经文，三传间别，诵习有素，其能赅槼而条系欤？辟雍之制，古者所谓建国君民，教学为先也，或谓殷无辟雍，信欤？有文王之辟雍，有武王之辟雍，于经何据？自西自东，自南自北，或解以为四学，师氏守东南，保氏守西北，义相通欤？辟雍之名，或取字义，或取地形，有达诂欤？灵台、明堂，清庙、太室，异名同地，说可订欤？三老五更，养于太学，老更何义？各一人，或三五人欤？今方茂举巨典，考古证今，能通贯其制欤？三王不易民而治，然淳朴日开，奢俭相矫，中天盛世，已非复狉榛旧俗矣。虽风会所关，在上者宜引为己责，将何以善所导欤？《王制》谓："无旷土，无游民。"而《周礼》则有闲民，无常职，转移执事，无乃异制欤？千亩嘉禾，不无稂莠，或以邪教鼓愚，或以告讦罔利，岂民尚未能迁善欤？抑亲民者化之未浃欤？由俭入奢易，由奢入俭难，顾俭非貌取，雕文纂组，或资其业以养生，浣衣狐裘，或矫其行以希世，将何以撙节而务实欤？积贮者生民之大命，常平、社仓今久行之，毋庸缕述古制矣，顾贮则有浥烂之虞，出则有挪移之蠹。方其补也，市价或因采而昂，及其发也，奸胥或冒民以领，甚或仓非实储，户或俵籴，将欲杜弊端而经理得宜，何道之从？朕念切民依，截漕平粜，动不惜费，计期周溥，果黎氓实被其泽，而吏无中饱，商无囤积欤？尔多士横经就塾，鼓箧圜桥，服我教泽，将以学古入官，讲求民生风俗之原，养恬之效，固仕学所均宜有事也。毋泛毋隐，具著于篇，朕将亲览焉。

四月甲寅　上御太和殿。传胪。赐一甲茹棻、邵瑛、邵玉清三人进士及第，二甲李长森等四十人进士出身，三甲陈观等六十九人同进士出身。

五月辛巳　谕军机大臣等：据李绶奏考试情形一摺。称考试瑞州府属，查出年貌不符之文童李九皋、熊珍聘、胡煌、胡经吉四名，夹带《武论》之武生黄元贵一名，武童龚焕彩一名；考试临江府属时，查出年貌不符之文童李廷弼、蒋维新二名；考试袁州府属时，查出年貌不符之文童袁震、周光典、孙昂、邹元亨、李定衡、方学富六名，又查出冒名混入之广东人李文耀、崇仁县生员吴元抡二名，覆试卷与正考卷文理不符之文童章廷筠一名；考试吉安府属时，查出年貌不符之文童王庭植、罗文锦、萧进、罗鲁堂、彭腾、袁炜、彭作霖七名，夹带诗稿之生员王朝仪一名，枪手二名；考试南昌府属时，查出年貌不符之文童徐曰遴、邹钟岳二名。当交各该府严审，并咨督抚照例办理等语。李绶到任甫及半年，仅考过五府，而拿获生童枪冒等弊前后已有十案，岂此等情弊，李绶到任后始有耶？该省士子遇考舞弊已成习惯。前任学政胡高望在任三年，按历各府岁科两次，查阅所奏考试情形之摺，前后虽有数次，而摺内俱称生童遵守场规，尚无枪冒代倩情弊等语。胡高望身为学政，乃于士习文风毫无整顿，每考一处，竟视为照例办理之事，全不留心觉察。胡高望着明白回奏，至郝硕系该省巡抚，于各府士风尤宜随时整饬，乃竟诿为学政专责，毫不加意体察，并着明白回奏。将此各传谕知之，李绶摺均着钞寄阅看。

六月丁亥　谕：前因李绶奏考试情形摺内，节次查出年貌不符及枪冒等弊，不一而足，曾传谕胡高望，令其将伊任内何以毫无整顿之处，明白回奏。兹据胡高望奏覆，伊历考各府，曾查出形迹可疑及顶名混考、试卷不符之童生欧阳伸等共十三案，俱经分别枷责斥革，但未将已办各案一一开列陈奏等语。李绶到任甫及半年，考过仅止五府，而查出生童枪冒等弊已有十案之多。胡高望在任三载，且按历各府岁科两次，即据其所陈奏，三年内曾经查出生童各弊仅止十三案，是其于该省士习不能实力整饬，已难辞咎。至胡高望于考试时，既查有枪冒等弊，其所奏考试情形摺内自应明晰声叙，何以从前节次所奏之摺并不提及？况考试乃学政分内之事，是其应奏不奏，亦属不合。胡高望着交部议处。寻议，照不实力奉行例，降一级调用，有加一级抵销，再照应奏不奏例，降二级留任。得旨：胡高望着销去加一级，仍降二级留任。

七月乙丑　（吏部）议奏，甘肃通渭县典史温模当贼匪入城，能以身殉，应照吏目原衔，加赠府知事衔，准荫一子入监读书，六月期满，照例铨选。应得恤赏，照武职把总例，给银一百两。从之。

八月丙午　军机大臣等奏，考试满洲、蒙古翻译生童，请改为三年一次。报闻。

八月庚戌　命修撰戴衢亨提督山西学政。

八月壬子　谕军机大臣等，据穆精阿等奏，阅看盛京礼部，咨到考试助教翻译试卷七本，求取通篇稳顺者，殊不可得。仅择其文理稍顺、疵谬尚少之卷，拟取二本等语。助教有教学之责，自应选择娴习翻译者送考，以便拔补，何至咨到七卷内竟无通篇稳妥之卷？此项试卷，向例系将军会同礼部、兵部考试，自不应漫无去取，滥行咨送。且此等应试之人，平日岂竟无所讲习，遽应考试耶？着传谕永玮等，即将此次试卷因何俱属平常之处据实覆奏。

八月壬子　（直隶总督刘峨）奏，乾隆四十六年大挑一等举人，直隶共拣发六十四名，经前督臣袁守侗分别拣选，奏请先以地方佐贰改用者十二员，派拨河工委用者十员，咨发长芦委用者四员。除河工人员已补用外，其地方盐场现在共有八员。此等举人，原准视其才具，如渐次明练，例得仍以知县题补。今该员等试用已逾两载，臣留心体察，与藩臬二司公同拣选，得黄虞、刘元超、李棠、赵式四员，练习吏治，有志向上，恳准归入试用知县班内，挨次补用。下部知之。

九月壬戌　谕军机大臣等，陕西学政温常绶上年召见时，朕看其人尚诚实，该学政到任已及一年，毕沅近在同省，其才具若何，自当深悉。福康安虽到任未久，该学政赴甘开考，会见时亦可留心体察。着传谕福康安、毕沅将温常绶是否堪胜外任之处，据实覆奏。寻毕沅奏，学臣温常绶驻扎三原县，相距数十里，每逢考试往还，道经省会，屡次面晤，察其才具明白，心地朴诚，洵属堪膺外任。报闻。

九月壬戌　以兵部左侍郎纪昀知武举，内阁学士朱圭为武会试正考官，右庶子曹仁虎为副考官。

九月庚午　兵部以武会试中额请。得旨：这考试，汉军取中二名，直隶取中七名，陕西取中六名，广东取中六名，河南取中二名，山东取中五名，江南取中二名，山西取中二名，湖北取中一名，湖南取中一名，四川取中一名，广西取中一名，福建取中二名，浙江取中二名，江西取中一名，云南取中一名，贵州取中一名。

九月壬申　谕曰：大学士蔡新之子举人蔡本俶本年会试，因回避未经入闱，着加恩，照嵇璜之子嵇承豫之例，以主事用，俾得在京侍养，以示朕优眷老臣之至意。

十月乙未　上御紫光阁，阅中式武举骑射。

十月丙申　上御紫光阁，阅中式武举技勇。

十月丁酉　上御太和殿。传胪。赐中式武举一甲刘荣庆、李锡、卢廷璋三人武进士及第，二甲何之璞等五人武进士出身，三甲杨荃等三十七人同武进士出身。

十一月戊辰　谕曰：内阁侍读学士曹学闵，前于御史任内条奏建立辟雍，经部臣议驳，国学为人文荟萃之地，规制宜隆，业经朕特降谕旨，增建辟雍。现已落成，明春举行临雍典礼。曹学闵从前能参考古制，独抒所见，其建白亦不可没。曹学闵着遇有应升缺出，即行请旨升用，以示嘉奖。

乾隆五十年（1785年）

正月辛亥　上以乾隆五十年国庆，颁诏天下。诏曰……一、各省儒学，以正贡作恩贡，以次贡作岁贡。一、国子监贡监生及各官学教习，免其坐监期一月。一、内外满汉大臣文武官员俱加一级，试职各员俱准实授。……于戏！敛五福锡厥庶民，以洽百礼；式九围受兹多祜，曰至万年。布告天下，咸使闻知。

二月癸未　谕：此次考试翰詹，所有由总校议叙之编修仓圣脉、朱钤、吴绍澯，检讨何思钧四员，虽系先期告假，究未免心存规避，着于销假到齐时，补行考试，该衙门届时题奏。

二月丁亥　上诣文庙行释奠礼。礼成，御彝伦堂更衮服，临新建辟雍行讲学礼。

御辟雍殿，中和韶乐作，王以下各官行二跪六叩礼。乐止，召王、公、衍圣公、大学士、九卿、詹事、记注官人，至圣后裔、翰林院五经博士、各氏后裔及学官、进士、举人、荫生、贡生、监生并朝鲜国使臣圜桥肃立，赐讲官坐。讲官就位一叩，坐。大学士伍弥泰、蔡新进讲《大学》"为人君止于仁，为人臣止于敬，为人子止于孝，为人父止于慈，与国人交止于信"五句。讲毕，上宣御论曰：此虽言文王之止于至善，而实训万古五伦之要道也。夫文王固身历为君臣父子，与人交而各尽其善矣。试思人孰不在五伦之中，而各有当止于其善之道乎？是故为君者，匪惟博施济众以为仁，即瘅恶弼教之义，亦必当本于仁而出之。所谓止也，人臣之敬，讵其夙夜匪懈，恪恭承旨之谓。即绳愆纠谬，陈善闭邪，亦必当本于敬而出之。所谓止也，生事死葬，祭之以礼。人子之止于孝，盖终身之事，非谓无父母，即无子之止于善也。若夫父之曰严，似殊乎母之慈，而不知父之严，正所以行其慈也。至于兄友弟恭，夫唱妇随，皆与人交之义，而朋友之信，固该其中矣。予故云，此虽言文王之止于至善，而实训万古五伦之要道也。祭酒觉罗吉善、邹奕孝进讲《周易》"天行健，君子以自强不息"二句。讲毕，上宣御论曰：天一日一周，是行健也。然天之运行，终古不息，不惟不息，盖并不息亦无意于其间。所谓健也，此应与《中庸》至诚无息并观之。所谓诚者，天之道也。若夫法天之君子乃诚之者，人之道，然亦不外自强不息而已。盖天之不息，无为而为；人之不息，则在自强。自强者，必本于克己复礼。人十己千，成己成物，胥在乎是。圣人之言，非特为为君者言，盖人人皆有法天之道，而为人君者，益当夕惕朝乾，孜孜亹亹，不遑暇逸，以是为亟耳。是王公百官、圜桥观听之进士、举人、荫生、贡生、监生并朝鲜国使臣跪聆圣训，心悦诚服。大学士公阿桂、大学士嵇璜跪奏曰：皇上阐扬经书义蕴，广大精微，本至善尽伦，以法天行健，心法治法，训示万年，不独发先儒所未发，臣等曷胜钦忭之至。进讲官暨祭酒、司业以下各出就拜位，丹陛大乐作。王以下各官俱行三跪九叩礼。乐止，祭酒、司业率学官诸生谢恩，丹陛清乐作。赐王、公、衍圣公、大学士、九卿、詹事、记注官茶，俱行一叩礼，中和韶乐作。礼成。上启座，乘舆出太学门，祭酒、司业率学官、诸生跪送。衍圣公、至圣后裔、翰林院五经博士、各氏后裔、祭酒、司业及观礼进士、举人、荫生、贡生、监生并朝鲜国使臣各赏赉有差。

二月丁亥　谕：朕此次释奠礼成，临雍讲学，诸生观礼，环集桥门，允宜广锡恩施，以昭盛典。着于乾隆五十一年丙午科顺天乡试皿字号卷内，广额十五名，用示嘉惠胶庠，鼓励人才之至意。

二月己丑　谕：此次乾清宫考试，满洲由别衙门升用翰詹等官，既阅其翻译，又验其人材，分别等第。一等庆龄一员，二等观永、白麟二员，三等傅彬、八十二二员，四等九十四、瑭五珠二员，不入等阿礼谟一员。其考列一等之庆龄着加一级，三等之右庶子傅彬着罚俸一年，侍读八十二着休致，四等之右赞善瑭五珠着罚俸二年，左庶子九十四、不入等之左赞善阿礼谟俱着革职。

二月庚寅　谕：满洲由科目出身为翰林者，本应认真读书，通达事理，为国家有用之才，方名称其实。向来满洲之习举业者，其文义本属浅陋，及幸登科目，列名翰苑，问以文学，则曰身系满洲，岂汉人可比；及至问以清语、骑射，又曰我系词林，岂同武夫战卒。两处躲跟，进退失据，而落于无用之流，朕所深恶。即从前如尹继善、鄂容安、钟音、观保等，在翰林中俱称出色者，止能随常办事，而于边疆重务，并不能经理裕如。虽其中鄂容安曾膺军旅重寄，临危遇变，亦惟知一死塞责，究于国家大事何所裨补耶？此次考试翰詹，朕严加甄别，满员出缺甚多，除简擢数人外，余竟无员可补。与其滥竽充数，毋宁核实酌裁。所有现出之侍读、侍讲学士二缺，侍读、侍讲二缺，已另降旨裁汰。嗣后，满洲人员益当自知愧勉，读书敦行，砥砺成材，以备国家器使。如果能蒸蒸日上，一变从前积习，人材蔚兴，彼时朕自当再补还旧额也。

二月己酉　谕：四库全书馆进呈《补刊通志堂经解》一书，朕阅成德所作序文系康熙十二年，计其时成德年方幼稚，何以即能淹通经术？向即闻徐乾学有代成德刊刻《通志堂经解》之事。兹令军机大臣详查成德出身本末，乃知成德于康熙十一年壬子科中式举人，十二年癸丑科中式进士，年甫十六岁，徐乾学系壬子科顺天乡试副考官，成德由其取中。夫明珠在康熙年间柄用有年，势焰薰灼，招致一时名流如徐乾学等互相交结，植党营私。是以伊子成德年未弱冠，夤缘得取科名，自由关节，乃刊刻《通志堂经解》以见其学问渊博。古称皓首穷经，虽在通儒，非义理精熟、毕生讲贯者，尚不能覃心阐扬，发明先儒之精蕴，而成德以幼年薄植，即能广搜博采，集经学之大成，有是理乎？更可证为徐乾学所裒辑，令成德出名刊刻，俾藉此市名邀誉，为逢迎权要之具耳。夫徐乾学、成德二人品行本无足取，而是书荟萃诸家，典赡赅博，实足以表章六经。朕不以人废言，故命馆臣将板片之漫漶断阙者补刊齐全，订正讹谬，以臻完善，嘉惠儒林。但徐乾学之阿附权门，成德之滥窃文誉，则不可不抉其隐微，剖悉原委，俾定论昭然，以示天下后世。着将此旨录载书首。

六月丙午　礼部议准，山西学政戴衢亨奏称，代州所属五台县文风素优，额进十二名，不能溢取。查右玉县学额取进十五名，应试士子无多，且文理平常，不能足额，应裁去五名，拨入五台县学。从之。

六月丙午　（礼部）议准，陕甘总督福康安奏称，镇西府属生童自改归乌鲁木齐都统扃试之后，往返长途不便。请仍复旧制，将镇西府宜禾、奇台二县生童就近归府扃试，仍照例将试卷封送学政，按额录取。从之。

八月辛巳　礼部议覆，四川学政钱樾奏称，学臣按临考试，例以府州为提调。稽查弹压关系甚重，若委员代办，每致呼应不灵。应请申明定例，嗣后，学政按试时，该府州非有紧要事件出境，不得改委佐贰等官提调；遇有改委代办，申报督抚查核。至各府州县设立书院，以广学校所不及，岂容久虚讲席？教官本有课士之责，不准兼充。从之。

九月庚戌　御史丁云锦奏，江宁司道大员及首府首县往往有籍隶安徽之人，其子弟等即在省入场应试，迹涉嫌疑。请嗣后江南乡试，如有安徽籍贯、现任江宁司道等官子弟亲族，概令回避，不准入场。再，内外帘官不应调取安徽籍贯人员，例无明文，请一并严禁。下部议行。

九月丙寅　谕：本年考试翰詹，其讲读等官考列三等者，应以中允、赞善降补。但该员等本以文理平常，因考降职，若仍以翰林补用，将来再遇考试，恐仍不免于降官。且中允、赞善员缺本少，降补之后，得缺亦属无期，转致淹滞。嗣后，翰詹等官凡遇考试应行降补者，俱着对品以部属补用，俾得及时自效。若果能勤奋供职，自可仰邀甄拔，是亦造就人材、量才器使之道。着为令。

九月乙亥　大学士等议覆，礼部尚书姚成烈奏称，近数科乡会试二场，只以性理命题，士子以《孝经》为功令所不及，反置高阁。应如所奏，申明旧制，以下次乡会试为始，二场论题，《孝经》与《性理》二书，按科轮出。请着为令，载人条例。从之。

十月己卯　谕：据钱沣奏，查出绥宁学应贡廪生陈四书，从前因乘醉入小功服弟陈盛士之妻蓝氏厨房，与蓝氏交谈，被蓝氏夫胞兄陈英贤责骂，致蓝氏自缢身死，报县审无别情，经学臣李汪度发学戒饬完结。又，平江学廪生王升平，因该县民人徐文达欠伊银两，该生勒将山地作抵，写立卖契，包利作价，继又捏控案外多人，致被牵累，学臣姚颐将该生戒饬扣贡等语。王升平因索债勒契，捏控失实，其事尚在可轻可重之间。至陈四书乘醉入有服弟妻蓝氏厨房交谈，致酿人命，虽讯无别情，亦应即予斥革，乃该学政仅将该生发学戒饬完结，殊属宽纵。李汪度着交部议处，至所奏嗣后廪生犯事应核其情罪轻重，分别斥革戒饬，并将现行扣贡定例酌为变通之处，系为学校劝惩起见，着交该部议奏。寻议，嗣后，廪生除本身过犯，照例斥革外，若因人波累，情节本轻，既经戒饬后，于挨贡时，仍准其一体考充。从之。

十月辛巳　（军机大臣等）议覆，绥远城将军积福奏称，绥远城额设满洲官学五处，各选教习四员教训养育闲散兵丁。现在子弟日多，不甚有益，且止学清文，于考取笔帖式及书写汉字文移俱不得人，请将五学裁汰，于将军衙门内设立翻译官学五处，每学额设教习二员，学生三十名，即以原设五学公费支给。应如所请，从之。

十月丁亥　谕曰：大学士、九卿议覆，学政钱沣酌定苗疆学额一摺。内衡州府属之衡阳、清泉二县，遇选拔之年，仍照旧例，于二学内酌取一名，毋容添额。固属照例议驳，但念该省为民苗杂处之地，而衡阳、清泉二学，既据该学政奏称，烟户钱粮稍多，且文风较为出色，自应随时量为酌变。着照钱沣所请，准其于选拔之期每县各拔一名，以示鼓励。

十月己丑　谕曰：刘秉恬具题，参革石屏州举人车为翰推跌小功服叔车王相致伤身死，问拟斩决一案，已批交该部及三法司核拟具奏矣。但该抚于此案，将参革举人及问拟罪名之处分为两本，且系同日具题，殊属无谓。举人职分本微，遇有应行斥革之事，原不值特题一本。况审办人命重案，或因该犯恃符不肯吐露实情，自不妨先行咨革，以便刑讯。此案车为翰推跌小功服叔致伤身死，业经供认不讳，自可于问拟具题本内声明革去举人，又何必分作两本同日题达，未免过于拘泥。刘秉恬着饬行。

十月甲午　谕：三法司核覆云南石屏州参革举人车为翰推跌小功服叔车王相身死，将车为翰拟斩立决一摺。朕初阅刘秉恬题本，以车为翰身为举人，不顾伦理，辄推跌小功服叔致毙，是以交法司速行核拟定罪。今日议上，细阅此案情节，车王相欲图种胡姓地亩，令车为翰之父车辙代为帮夺，车辙不允，遂心怀忿恨，复于醉后寻衅，即用磁片划伤囟门，用头向碰，车为翰情急，推跌致伤，复经车辙用柴块连殴，是车王相本属理曲。除车辙以兄殴弟，自可照律勿论外，车为翰亦系一时情急推跌伊叔，并非有心干犯，尚有一线可原。朕办理庶狱务期平允，从不肯稍存成见，致使畸重畸轻，着再交九卿议奏。

十月丁酉　兵部议准，山西学政戴衢亨奏称，右玉县应试武童较五台县人数减半，请将右玉县武童原额十五名内，裁拨五台县三名。从之。

十月己亥　礼部等部议覆，陕甘总督福康安疏称，循化厅设立学校，请建文庙一所，祭器、舞器动项制造，每年额设祭祀银四十五两，于公项内动拨，应贮书籍由部颁发，新设训导定为调缺，条记由部铸给，衙署将裁汰河州训导署移建。岁科考各取进文童四名，岁考取进武童四名，应设廪增于河州州学，廪增内各拨二名，作为额缺，六年一贡。均应如所请。从之。

十一月甲寅　谕：九卿议覆，御史梁景阳条奏，满汉杂项考试应酌归贡院一摺。内称，嗣后，各项考试人数在五百名以内，仍在午门考试，如五百名以上，应归贡院等语，所议未为允协。午门为朝会之所，考试人数较多，不但稽察难周，且于观瞻有碍。嗣后，人数二百名以内，仍在午门考试，如逾二百名，即归贡院考试。着为令。

乾隆五十一年（1786 年）

四月乙亥　礼部奏，酌定陪祀各氏后裔条例：一、贡生准以本身应考职衔掣签。一、武生、俊秀俱准作监生。一、奉祀生向准作恩贡，究与考取者不同，应改作监生。一、至圣裔向止带山东曲阜五人，今添浙江衢州二人。一、元圣裔向止带山东东野氏二人，今添陕西姬氏二人。一、有子裔向系江苏崇明县奉祀生有氏带领，未为允协，应扣。请以山东肥城县有氏承袭博士，嗣后即以博士带领。一、朱子裔向系带安徽婺源县籍二人，查福建建安亦有额设博士，应定为婺源一人，建安一人。从之。

四月己卯　谕：朕恭阅皇祖圣祖仁皇帝实录，其时主考学政往往有荡检逾闲、交通关节、贿卖生童之事，俱经身罹重辟。雍正年间，俞鸿图复效尤舞弊，赃私累累，我皇考将伊立行正法，以昭炯戒。乾隆年间，山西学政喀尔钦有贿卖生童之案，顺天监试蔡时田有交通关节之案，亦俱尽法惩治。自此人知畏惧，迄今数十余年，从无有似此骫法之事。国家设科取士，期于虚心秉鉴，慎重抡才，主考学政简任衡文，果能砥砺廉隅，矢公矢慎，为国家鉴拔真才，不至贪黩败检，干犯宪典，固属甚善。但恐日久因循，其中或有见利忘义之徒故智复萌、不自检束者，亦未可定。且主持衡文者本无多人，除简用试差外，其得与分校之员原可揣摩而得，夤缘奔竞，势所不免，惟在该员等洁清共矢，不至自贻伊戚。本年乡试届期，各省学政亦例应更换。着通行饬谕，凡得膺衡文之责者，当念为国树人之义，秉公取士，同深敬凛，时时触目警心，不负任使，以前事为鉴。倘有仍蹈故辙、以身试法者，一经发觉，典章具在，断不姑为宽贷，毋谓朕言之不豫也。将此通谕知之。

四月乙未　谕：江南乡试向系安徽、江苏巡抚轮赴江宁，入场监临。本年丙午科乡试，轮应安徽巡抚前往，但书麟现在淮安、清江一带帮办河务，计八月入场之期正值秋汛，未便远离该处，彼时李世杰早经到任。所有本年江南乡试监临事务，即照从前陈宏谋代办之例，着闵鹗元入闱监临。

五月丙辰　以编修秦潮为云南乡试正考官，宗人府主事章煦为副考官；检讨萧九成为贵州乡试正考官，中书潘奕隽为副考官。

六月癸未　以翰林院侍读颜崇沩为四川乡试正考官，中书费振勋为副考官；侍读恭泰为广东乡试正考官，宗人府主事鲍之钟为副考官；编修刘种之为广西乡试正考官，编修罗修源为副考官；内阁侍读毛凤仪为福建乡试正考官，编修李尧栋为副考官；编修郑际唐为湖南乡试正考官，中书罗锦森为副考官。

六月壬辰　谕：前据新点福建副考官李尧栋、广西副考官罗修源由本报具摺，奏请告假，已降旨允准矣。各省试差简派后，自京起程，原有十日之限，为期尚宽。请假，私事也。前来行在亲身递摺，方合敬谨之义；乃仅交与留京王大臣随报具奏，其意不过为吝惜数日之盘费起见，殊属见小不恭。着谕留京王大臣即传李尧栋、罗修源当面传旨，令赴热河亲行递摺。如伊等仍吝惜盘费不愿前来，即不准其告假。以后似此试差欲告假者，皆令亲身前来递摺。

七月丙辰　以编修吴省兰为浙江乡试正考官，编修邱庭漋为副考官；侍讲陈万青为江西乡试正考官，编修汪学金为副考官；编修吴敬舆为湖北乡试正考官，编修关槐为副考官。

七月乙丑　以礼部右侍郎朱圭为江南乡试正考官，编修戴心亨为副考官；翰林院侍读韦谦恒为陕西乡试正考官，编修陈嗣龙为副考官。

闰七月丙子　以翰林院侍读德昌为河南乡试正考官，中书吴树萱为副考官；修撰汪如洋为山东乡试正考官，编修邵玉清为副考官；翰林院侍读吴舒帷为山西乡试正考官，中书陆湘为副考官。

闰七月己丑　谕：前因浙省仓库亏空，不能依限弥补，特派大臣前往查办，并于窦光鼐奏到考试摺内，批令就所闻见据实具奏，此朕兼听并观之公心也。嗣据窦光鼐节次奏到浙省仓库亏缺，浮于报明之数，且将仙居县知县徐延翰收禁，生员马置及平阳县知县黄梅丁忧演戏等款一同入奏。维时朕以其不避嫌怨，逐款敷陈，曾于摺内批谕，褒其公正。迨阿桂等查明该省亏缺，较之从前原报之数有减无增，而黄梅丁忧演戏等款，俱系窦光鼐误听人言，其实并无其事。朕以窦光鼐原系风闻入奏，即使不实，尚不欲遽加以罪。而窦光鼐仍复执辩不休，哓哓渎奏。且现当宾兴大典，多士守候录遗，窦光鼐辄置而不办，亲赴平阳等处自行访查，意在必伸其说，而置分内之事于废弛，是以将伊交部议处。嗣据都察院会同吏部具奏，以该学政袒庇劣生，擅离职守，议以革职。朕以窦光鼐亲赴平阳等处访查，或果黄梅等实有情弊，则窦光鼐前奏尚不为无据，是以将原摺暂留。今据伊龄阿奏，窦光鼐于未到平阳之先，潜差人赴平阳一带招集生童呈控地方事件，及行抵彼处，于明伦堂招集生监，询以黄梅在任款迹，生监等答以不知，窦光鼐即发怒咆哮，用言恐吓并勒写亲供，锁拿该县书役，用刑逼喝等语。生监把持唆讼，学政方将约束之不暇，而窦光鼐招告于未到之先，逼吓于既到之后，咆哮发怒，纷纷若狂，实属大孤厥职。若生监等因此挟制官长，颠倒是非，实足以长恶习而助刁风。而窦光鼐执意妄行，竟欲以生监等笔据为验，是其举动乖张瞀乱，朕亦不能为之曲庇矣。窦光鼐科分较深，学问亦佳，从前未经升用者，即因其性情偏执，遇事辄挟私见，是以迟迟耳。近念其学问尚优，历俸最久，仍用至侍郎，留学政之任，理宜安分守职，承受朕恩，乃于浙省一案执辩不休，无故陷人于忤逆名节有亏之事。今复招集生监逼令指实，而置目前录科之事不办，徒令合省生监守候多时，几误场期。如此，若再姑容，则何以为旷职生事者戒？窦光鼐着照部议，革职。其吏部右侍郎员缺着金士松调补，所遗兵部左侍郎员缺即着刘秉恬补授，其浙江学政着顾学潮暂行署理。今年为更易学政之年，届期有旨另补。

闰七月庚寅　谕：本日据御史祝德麟条奏江浙漕务、水利、地亩等事。又，徐如澍奏请将本年广额十五名，于北皿、南皿、中皿试卷内一体分派二摺。朕披阅之下，俱系无关紧要。本年系乡试之期，近来御史奏事者颇多，并非留心建白，不过觊觎出差地步。即如祝德麟条奏江浙漕务、水利等事，不过寻常事件，早何不奏？必待此时条陈？甚至徐如澍竟不顾科场处分条例，辄行入告，其非希冀入帘而何？所有祝德麟条奏，虽为无关紧要之件，其是否可行之处，着交该部议奏。至徐如澍明知科场条例处分，辄行陈奏，且于摺内声明籍隶贵州，并无兄弟、亲戚应试等语。试思徐如澍籍隶贵州，即兄弟、亲戚岂无同乡故旧及相识应试者？更属取巧。徐如澍着交部议处。嗣后，科道等凡遇乡会两试届期，前一月之内，系陈奏特参大员申冤理枉迫不及待者准其入奏外，其有关科场事务及寻常事件，一概不准届期违例具奏，以杜侥幸陋习。着为令。

闰七月乙未　谕：本日据伊龄阿奏，窦光鼐在平阳城隍庙多备刑具，传集该县书吏，追究原任知县黄梅款迹，生监、平民人等一概命坐，千百成群，纷纷嘈杂。及由平阳回省，携带多人，坐船由溪河昼夜行走，以致水手落河淹毙，抵省时称黄梅款迹不是丁忧演戏，乃另有呈控之案，哓哓执辩，并有不欲做官、不要性命之言等语。此事之始，朕因窦光鼐为该省学政，适该省有亏空之案，因令就所见闻陈奏，此朕明目达聪、兼听并观之意耳。即使所言不实，亦只系风闻入奏，断不以此遽加之罪也。今伊所称黄梅丁忧演戏等款皆节外生枝，况业经阿桂等审，系窦光鼐误听虚诬，朕亦并未加之谴责。窦光鼐当知感激朕恩，安静供职。仍现届宾兴大典，多士在省城守候录科，伊竟亲赴平阳，咆哮生事，而置目前录科之事于不办，是以将伊革职。此窦光鼐自贻伊戚，其罪并不在乎言事不实也。兹复据伊龄阿奏，窦光鼐回省时携带丁忧典史及生监等多人，以为质证，且言不欲做官、不要性命等语，看来窦光鼐竟系病疯，是以举动颠狂若此。伊于黄梅丁忧演戏一节，始则误听人言，欲以忤逆不孝之事污人名节，今赴平阳访查此事属虚，复言黄梅任内另有别项款迹，以实其说。如此乖张瞀乱，不但有乖大臣之体，且恐煽惑人心，致启生监平民人等讦告官长，效尤滋事之风，不可不严行惩儆。仅予革职，不足蔽辜，窦光鼐着拿交刑部治罪。

闰七月戊戌　谕军机大臣等：本日窦光鼐复有五百里驰奏之摺，朕犹谓其不过仍执前见，具摺陈辩，意存必实其说，及详阅摺内所奏黄梅贪黩款迹并将借票捐单呈览，看来竟系显有凭据，并非捏饰之言。其随摺进呈田单、领票等字帖，始阅之未能明晰，因令军机大臣详加阅看，逐纸查对，并传询热河地方官有无似此给用票单之事，当据逐一覆奏。朕再加详阅，其催帖系催征钱粮之用，或为无弊，即飞头印票、领纸收帖。摺内称黄梅采买仓谷并不给价，止将此项印票等纸为设法收钱之具。或尚推窦光鼐招告所得，其间虚实未定，犹可抵赖。至向户民按亩派捐钱五十文，公然写给印票。又，借部民吴荣烈等钱文，于借票上用贻谷堂图记，俱系证据凿凿者。若谓该户民等捏造字帖希图讦告，止可捏造字迹，岂图记亦能捏造乎？即此二款，黄梅断无从抵赖，而窦光鼐今日之奏，不得谓之欲实其事妄诬人矣。朕办理此案，于窦光鼐并无丝毫爱憎，豫设成见于中。前因阿桂等查审此案完竣，窦光鼐仍复执持己见，亲赴平阳访查，续据伊龄阿两次参奏窦光鼐抵彼处招告传集生监人等，于明伦堂逼写亲供，千百成群，纷纷若狂，恐其煽惑人心，致启讦讼之风，是以将伊革职拿问。是政体国法，必当如此办理者，非朕之憎窦光鼐也。今据奏到黄梅赃款确凿，则是阿桂等前此在彼查审时，竟为地方官瞒过。然朕知阿桂必非有心为黄梅开脱，不但阿桂无此心，伊龄阿甫任巡抚，亦无所用其回护，想亦为地方官所朦蔽。即派往访查之司员海成，与黄梅素无交谊，亦不值代为掩饰，只以地方事件，猝往查办，不能得其底里，而知府范思敬为之诡词遮饰，海成即堕其术中。此等情节，朕无不洞悉原谅也。但此时既经窦光鼐按款陈奏，并将田单、借领等纸呈览，而该处生监、户民等呈出未经进呈者，尚有二千余张，朕岂肯稍为回护，将就留此疑案，颟顸了事？而阿桂前往查审，又岂可回护原办，俾贪污败检之劣员仍得幸逃法网乎？且窦光鼐性情坚执，而浙省士子议论风生，若阿桂等稍存袒护，不将黄梅款迹彻底查办，以服人心，仍复含糊结局，将来窦光鼐到刑部时，岂能箝其口而不言？而该处舆论藉藉，倘经御史复行参奏，朕将何以中止？阿桂等亦不值为此劣员任咎也。着传谕阿桂、闵鹗元会同前往浙省，将黄梅款迹逐一根究，并将该处生监等传集质对。无论各款俱实，固应将黄梅按律定拟，置之典刑。即有一二款得实，亦应从重治罪，以为州县勒派殃民、亏缺仓库者戒。倘窦光鼐所奏竟属虚诬，诸借票、捐单皆窦光鼐所伪为，亦必得有实在虚诬逐款确证，使窦光鼐俯首心服，而该处舆论亦再无异词，方为信谳。否则，阿桂等惟当不设成见，平心确究，使黄梅在任八年，种种劣迹彻底查出，明正其罪，方不失为公正而免后患也。此事之始，原非案内紧要情节，而此时则为重大之件，关系匪轻。且黄梅如果赃款属实，从前历任督抚因循不办，及阿桂等前此审办时又为地方官所欺，几至吞舟漏网，而窦光鼐执辩不挠，独能列款入奏，虽其举动乖张，固有应得之咎，而始终不肯附和，亦属人之所难。如果所奏不诬，朕尚欲加恩原宥。阿桂遇彼时，不妨即以此旨给其阅看，令伊心服也。阿桂系受恩深重之人，自不致稍有回护；闵鹗元素能办事，亦当深体朕怀，秉公查讯。朕因此事思之再三，本日三次召见军机大臣，恐阿桂因从前未经查出，稍存偏袒芥蒂之见，故特再为逐层谆切开导。阿桂等当知朕办事之苦心，总无成见也。将此由六百里传谕知之，仍即由六百里加紧回奏，朕计日以待也。

八月丙午　顺天乡试以府尹吴省钦为监临官，礼部尚书彭元瑞为正考官，内阁学士阿肃、胡高望为副考官。

八月癸亥　谕：据伊龄阿覆奏，黄梅勒索款迹一摺，用紫朱誊写，批阅殊为诧异。伊龄阿现在入闱监临，虽例不应携带墨笔，但遇陈奏事件，伊岂无幕友在外？自可照常缮写，何必竟用紫朱？伊龄阿何不谙体例若此？着传旨申饬。至此案据伊龄阿所奏，其意亦自觉前此参奏，不无冒昧，看来今日所奏，似有退悔之意，是窦光鼐所参竟有八分属实。此时阿桂、闵鹗元俱已先后到浙，惟当不存成见，秉公查讯，此事不独阿桂前此查办时，因耳目难周，致被地方官朦蔽，并非有心开脱，本无不是，无所用其回护。即海成系差往查办司员，其势自孤，外省官官相护，伊在县堂放告三日，并无首告之人，海成自无从得其底里，又何怪其堕伊等术中？是以朕于海成尚不加责备，况伊龄阿甫经到任，黄梅种种劣迹俱在福嵩巡抚任内，伊龄阿未经到任以前，将来审明定案时，朕惟福嵩是问。至伊龄阿于此案，只不审虚实，听信属员一面之词，两次将窦光鼐冒昧参奏，是其错谬。其受属员怂恿，朕自能洞悉原谅，其咎较轻，伊龄阿亦无庸畏葸也。此时阿桂、闵鹗元自已将窦光鼐查出田单、印票各项确实查究，务令水落石出，以成信谳，以服众心。所有审讯情形，即行迅速覆奏，将此传谕阿桂等并谕伊龄阿知之。

八月甲子　谕：明岁春闱后，着加恩将应试举人照例大挑，分别等第，带领引见录用。俾得乘时筮仕，以示加惠寒畯之意。所有办理事宜，该部临期奏闻请旨。

九月辛未　谕：各省学政现届差满，应行更换之期。顺天学政着金士松去，江苏学政着沈初去，浙江学政着朱圭去，江西学政着翁方纲去，福建学政着陆锡熊去，山东学政着胡翘元去，山西学政着童凤三去，河南学政着刘种之去，安徽学政着徐立纲去，湖北学政着张焘去，湖南学政钱沣着留任，陕甘学政着芮永肩去，四川学政着邵洪去，广东学政着曹仁虎去，广西学政着潘曾起去，云南学政着吴寯去，贵州学政着吴寿昌去。此内有现在已出试差人员，事竣，即由该省前赴新任，不必来京请训。

九月丙子　谕：据李世杰奏，现在病势稍痊，惟目力、步履尚觉涩滞，请将考试武闱移交抚臣闵鹗元前往江宁办理等语。李世杰病体虽愈，精神尚未复元，所有武闱事宜，如闵鹗元审讯浙案完竣，回江即着代办；或彼时尚未回任，即谕令长麟代办。

九月辛巳　谕：前据吴省钦奏，本年顺天乡试诸生中，年届八十以上者侯镤等五名，三场俱已完卷等语。现在榜发，俱未中式。但念该生等年逾八袠，犹能踊跃观光，宜沛渥恩，以广作人雅化。着加恩，将侯镤、苏彩飞、王浤、梁元钰、刘子旭俱赏给举人，准其一体会试，使皓首穷经者得偿夙志，用昭嘉惠耆龄至意。

九月丁亥　谕：前因浙省仓库亏空，不能依限弥补，特派大臣前往查办，并因窦光鼐为该省学政，见闻较切，因令就所闻见，据实陈奏，此朕兼听并观之意。嗣据窦光鼐覆奏，浙属之嘉兴、海盐等仓库亏缺，浮于报明之数，并以平阳知县黄梅丁忧演戏列款入奏，朕以其不避嫌怨，曾褒其公正。迨阿桂等查明该省亏缺，较原报之数，有减无增，所参黄梅款迹，谓系窦光鼐误听人言，实无其事，而窦光鼐执辩不休。且据伊龄阿两次参奏，窦光鼐自赴平阳招集生监逼写亲供，咆哮生事。其时朕以此案，业经阿桂等审明，窦光鼐固执己见，聚集生童招告，恐煽惑人心，致启讦讼之风，窦光鼐不得为无罪，是以将伊革职拿问。此政体国法必当如此办理，非朕之憎窦光鼐也。嗣据窦光鼐将黄梅贪黩款迹逐一查出，并将借票、捐单呈览，赃款凿凿，是其言并非无据。而阿桂等前次在彼查办，竟为地方官瞒过；伊龄阿又复听信属员一面之词，受其怂恿，遂尔冒昧参奏，不可不彻底根究。因即降旨将窦光鼐宽释，并令阿桂带同窦光鼐回至浙省，并派闵鹗元会同前往查办。兹据阿桂等将黄梅在任婪索各款严切审讯，黄梅勒借吴荣烈等钱二千一百千文，侵用田单公费钱暨朋贴采买钱一万四千余千文，而于原报亏缺谷价仅弥补四千余两，仍未依限补足。是窦光鼐所奏，惟黄梅匿丧演戏及侵用廪生饩粮并短发老民银两三款属虚，其余三款已为确实，是伊从前冒昧固执之咎尚属可宽。现在陆锡熊已出学差，所有光禄寺卿着加恩，令窦光鼐署理，即行来京供职。至黄梅于乾隆四十三年调任平阳，在任八年，种种贪黩营私，历任上司漫无觉察，实难辞咎。但四十三年以后督抚如王亶望、陈辉祖俱已另案治罪，法无可加，惟福嵩在巡抚任已历数年，乃于此等劣员骫法侵贪并不据实参奏，岂可复膺封疆之任？前任藩司盛住所属州县钱粮，是其专责，伊在浙较之福嵩，尤为最久，亦复置若罔闻，姑容阘冗，是盛住亦不应仍任织造。伊等现交部严议，自系革任革职，难邀宽宥。福嵩、盛住先着革去翎顶，俱着来京候旨。所有山西巡抚员缺着勒保补授，勒保接奉此旨，即赴新任，不必前来行在请训。其杭州织造着额尔登布去。至伊龄阿于黄梅婪索一案，虽非其任内之事，但听属员之言，两次将窦光鼐冒昧参奏，是其错谬，伊已自请交部严加议处，着在任听候部议。其余失察之各上司俱着交部查取职名，分别严加议处。朕办理庶务，一秉大公至正，总期案情核实，从不稍存成见。及诸臣功过，惟视其人之自取。除将阿桂等审拟一摺交军机大臣会同行在该部核议具奏外，将此通谕知之。

九月乙未　谕：前据阿桂等审拟黄梅婪索一案，业经节次降旨，并将阿桂等交部严加议处矣。今思伊龄阿于黄梅种种勒派贪婪，虽非伊任内之事，但曾经参奏窦光鼐未到平阳之先，即差人先赴平阳集生监呈控，及抵平阳后当堂询问生监等以黄梅在任款迹，生监答以不知，窦光鼐即发怒咆哮；又续奏窦光鼐诣该县城隍庙，令该县多备刑具，传询书役，因锁拿书役未到，发怒咆哮等语。伊龄阿于窦光鼐亲赴平阳，集生监逼写亲供、咆哮生事之处，则屡经查出参奏，而于窦光鼐所奏黄梅在任，勒借部民钱文及侵用田单、公费、朋贴各款，岂竟毫无闻见？何以不能查出？况借票、田单证据确凿，一经访察，无难得实，乃竟置之不言，岂伊龄阿但能访查窦光鼐，而不能访查黄梅乎？即使所奏窦光鼐情节系温处道张裕谷等官官相护，联为一气，率行装点，扶同具禀，伊龄阿为其所蒙蔽，然为督抚者厘奸剔弊，是其专责，岂舍此张裕谷等数人之外，别无可寄耳目？又何以察吏安民耶？总之，伊龄阿因窦光鼐屡次哓哓争执，心存憎恶成见，一闻属员之言，不察虚实，遽行参奏，而于黄梅则不免意存赡徇，虽有侵贪款迹亦置若罔闻，以为前任既已办过，若再明办，恐累及前任。即此一见，岂可复膺封疆之任？现在交部严加议处，应听候部议外，念伊系内务府人员，历任关差，于榷税事务尚为熟悉，况和珅于乾隆四十三年兼管崇文门监督，迄今已有八载，现系大学士，亦不便兼理榷务，从前曹锡宝参奏和珅家人全儿一事，未必非因此，而又不敢直言，亦可鄙也。伊龄阿着来京，在总管内务府大臣上行走，并兼管崇文门监督。所有浙江巡抚员缺着琅玕补授，长麟着补授刑部侍郎，英善着补授江苏布政使，所遗湖南布政使员缺着郭世勋补授，其湖南按察使员缺着恩长补授。

九月己亥　　谕曰：何裕城奏，本年江西乡试贡生涂红鹏年八十八岁，三场试毕，文艺平顺等语。该生年过八袠，犹能踊跃观光，宜沛渥恩，以广作人雅化。着加恩，将涂红鹏赏给举人，准其一体会试，俾皓首穷经者得偿夙志，用昭嘉惠耆龄之至意。

九月庚子　　谕曰：保宁奏，忠州梁山县生员彭省非现年八十六岁，叙州府南溪县生员谭谕美现年八十岁，乡试三场完卷等语。彭省非等俱年跻耄耋，志切观光，宜沛渥恩，以广作人雅化。彭省非、谭谕美俱着赏给举人，准其一体会试，俾皓首穷经者得偿夙志，用昭嘉惠耆龄至意。

十月丁未　　谕：据毕沅奏，河南本年乡试诸生中年届九十者王协恭一名，年届八十以上者程鸣岐等四名，年届八十者王辉祖等二名，俱已三场完卷，并未中式等语。该生等年逾耄耋，俱各踊跃观光，宜沛殊恩，以广作人雅化。着加恩将王协恭、程鸣岐、韦元勋、阎遐龄、毛景燧、王辉祖、仝思义七名，俱赏给举人，准其一体会试，俾胶庠耆耇得偿穷经夙愿，用昭嘉惠耆龄至意。

十月辛亥　　谕曰：图萨布奏，本年广东省乡试年届九十以上者三人，内谢启祚一名已经中式举人，彭一猷中式副榜，谢璜三场完卷，未曾中式等语。除谢启祚业经中式举人外，彭一猷、谢璜俱着加恩，赏给举人，准其一体会试，俾胶庠耄耋得遂穷经素愿，以副朕加惠耆龄至意。

十月癸丑　　顺天武乡试以翰林院侍读学士全魁为正考官，编修戴均元为副考官。

十月丙辰　　谕：据徐嗣曾奏，本年乡试诸生中年届八十以上者，林复发、曾锡椴二名三场完卷，并未中式等语。该生等年逾耄耋，踊跃观光，殊堪嘉尚。林复发、曾锡椴俱着加恩，赏给举人，准其一体会试，俾胶庠耆耇得偿穷经夙愿，用昭嘉惠耆龄，雅化作人至意。

十月庚申　　谕：据永保奏，陕省乡试士子房颜贵、乔任俱年逾八旬；又，浦霖奏，湖南贡生叶有声年逾九十，生员何绍怡、王泽周俱年届八十以上，均各三场完竣，未经中式等语。该生等俱年登耄耋，尚能踊跃观光，殊堪嘉尚。房彦贵、乔任、叶有声、何绍怡、王泽周俱着加恩，赏给举人，准其一体会试，俾胶庠耆耇得偿穷经夙愿，用昭嘉惠耆龄，寿考作人至意。

十月辛酉　　谕曰：李庆棻奏，本年乡试诸生中年届八十以上者，孙彦、葛维楠、李良栋三名，俱三场完卷，未经中式等语。该生等年逾耄耋，踊跃观光，殊堪嘉尚。孙彦、葛维楠、李良栋俱着加恩，赏给举人，准其一体会试，俾皓首穷经者得偿夙志，用昭嘉惠耆龄至意。

十月丙寅　谕曰：明兴奏，本年山东省乡试诸生中，年届九十以上者李宏道一名，年届八十以上者朱渭扬等三名，年届八十者李晃等三名，俱三场完竣，并未中式等语。该生等年逾耄耋，奋志观光，殊堪嘉尚。李宏道、朱渭扬、桑振东、轩辕圻、李晃、方永祥、王家宾俱着加恩，赏给举人，准其一体会试，俾胶庠耆耇得遂穷经素愿，乃昭嘉惠耆龄，寿考作人至意。

十一月乙亥　谕：据闵鹗元奏，江南本年乡试诸生中年届八十以上者赵有为等六名，俱已三场完竣，并未中式等语。该生等年臻耄耋，俱各踊跃观光，宜沛殊恩，以广作人雅化。着加恩，将赵有为、金有光、许承恩、赵宏诚、张家贤、陈诗六名，俱赏给举人，准其一体会试，俾胶庠耆耇得偿穷经夙愿，用昭嘉惠耆龄至意。

十一月戊戌　谕曰：刘峨奏，庆云县知县王宗纲才不胜任，请照例改补教职等语。知县有民社之责，原不应才不胜任者滥竽其间，但如分发试用之员及年满赴选举人等未经得缺以前，该督抚察其才具平常，奏请改教，尚属可行；若业经补缺之员，果其才职迂钝，难膺民社，即司铎有教士之责，亦岂能胜任？此等人员即应令其休致，何得复请改补教职，以为庸材养拙地步？从前定例，究未允协。嗣后，各省知县除未经得缺到任，经派出之验看大臣及督抚甄别，应行改教，或该员愿就教职者，仍照旧例办理外，其已经得缺，到任数月后不胜民牧者，即以原品休致，概不准复请改教。所有刘峨参奏之庆云县知县王宗纲即照此例行。

十二月辛亥　礼部奏，查翻译乡会试，已届三年之期，应否举行，恭候钦定。得旨：准其照例举行。

十二月辛亥　命修撰汪如洋提督云南学政。

十二月甲寅　谕：据琅玕奏，浙省本年乡试，诸生中有年逾八十之章宸卫等四名，俱三场完卷，未经中式等语。该生等年臻耄耋，踊跃观光，宜沛殊恩，以广作人雅化。章宸卫、张启潚、任际泰、周岸登俱着加恩，赏给举人，准其一体会试，俾胶庠耆耇得遂穷经夙志，用昭朕嘉惠耆龄至意。

十二月甲寅　兵部议准，广西巡抚孙永清奏，武乡试步箭，向例十人一班，各轮射一矢，易于藏拙，应改每人连射六矢。再，抚臣带武巡捕入闱，恐滋弊端，请禁止。文闱一体办理。从之。

乾隆五十二年（1787 年）

二月庚子　谕曰：修撰戴衢亨、御史百龄均于山西学政任内失察武生裴泰祥戕毙多命一案，吏部分别议以降调，固属咎所应得。但念其究系失察公罪，戴衢亨、百龄俱着从宽，改为革职留任。

三月甲戌　以礼部左侍郎蓝应元为会试知贡举，大学士王杰为正考官，刑部左侍郎姜晟、内阁学士瑞保为副考官。

三月甲申　副都御史刘权之奏，大挑各直省举人，上届派出之王大臣系于十日之前豫行奏派，为日既久，恐外间有借名指撞等事，请令承办衙门于前一日奏派。并令王大臣等闻命后，即至朝房住宿，不得携带多人，以杜弊窦。得旨：所奏是。大挑举人原为疏通寒畯，俾得及时自效，必当秉公拣选，以杜夤缘撞骗情弊，其如何定立章程，严防弊窦之处，着将刘权之原摺发交军机大臣，会同该部悉心妥议具奏。

三月丁亥　谕：四库全书处进呈续缮三分，李清所撰《诸史同异录》书内称，我朝世祖章皇帝与明崇祯四事相同，妄诞不经，阅之殊堪骇异。李清系明季职官，当明社沦亡，不能捐躯殉节，在本朝食毛践土已阅多年，乃敢妄逞臆说，任意比拟，设其人尚在，必当立正刑诛，用彰宪典。今其身既幸逃显戮，其所著书籍悖妄之处，自应搜查销毁，以杜邪说而正人心。乃从前查办遗书时，该省及办理四库全书之皇子、大臣等未经掣毁，今续办三分全书犹复一例缮录，方经朕摘览而得，甚属非是。因检阅文渊、文源两阁所贮书内，已删去此条，查系从前覆校官编修许烺初阅时签出拟删，是以未经缮入。但此等悖妄之书一无可采，既据覆校官签出拟删，该总纂、总校等即应详加查阅，奏明销毁，何以仅从删节，仍留其底本？其承办续三分书之侍讲恭泰、编修吴裕德虽系提调兼司总校，但率任书手误写，均难辞咎，所有办四库全书之皇子、大臣及总纂纪昀、孙士毅、陆锡熊，总校陆费墀、恭泰、吴裕德，从前覆校许烺，俱着交部分别严加议处。至议叙举人之监生朱文鼎系专司校对之人，岂竟无目者？乃并未校出，其咎更重。朱文鼎本因校书特赐举人，着即斥革，以示惩儆。所有四阁陈设之本及续办三分书内，俱着掣出销毁，其总目提要亦着一体查删。

三月己丑　谕：向来大挑举人俱于会试榜后，该部定期奏请拣选。但念各省会试举人旅食京师，俟榜发后再行挑选，未免有需时日。此次大挑举人，着即在榜前办理，俾得及早回籍，无需守候，以示体恤。再，此内有老举人精力已衰、情愿得授京衔者，并着派出之拣选王大臣，照上届之例，按其年齿，分别存记，俟榜后开单具奏，照例赏给职衔，用昭嘉惠耆龄，寿考作人至意。

三月甲午　礼部以会试中额请。得旨：这会试、满洲、蒙古取中三名，汉军取中一名，直隶取中十四名，奉天取中一名，山东取中十一名，山西取中八名，河南取中七名，陕西取中四名，江南取中三十一名，浙江取中十八名，江西取中十二名，湖北取中四名，湖南取中三名，福建取中七名，广东取中四名，广西取中二名，四川取中三名，贵州取中二名，云南取中二名。

四月丁未　谕：据知贡举蓝应元奏，本年会试举子内九十岁以上者七名，八十岁以上者三十七名，七十岁以上者九名，皆三场完竣，揭晓后未经中式等语。此次各省举子年老应试者多至五十余人，俱庞眉皓首，踊跃观光，允为升平人瑞。除冯出佐、田集盛、张自道业于上次大挑后，赏给光禄寺署正等衔，及本年大挑选入二等之唐泰、郑国祥、孙有谧、杨士元照例以教职铨补外，所有年届九十九岁之李宏道着加恩，赏给翰林院编修衔，其八九十以上之彭一猷、谢璜、叶有声、王协恭、谢启祚、涂红鹏、朱绍璧、苏彩飞、梁元鉦、王泓、陈诗、张宗贤、许承恩、赵宏诚、张启潚、李良栋、葛维楠、王泽周、何绍怡、程鸣岐、阎遐龄，韦元勋、毛景燧、仝思义、王辉祖、彭省非、谭谕美、曾锡嘏、林复发、王渭扬、轩辕圻、刘子旭、李晃、桑振东、方永祥、王家宾、李作朋、万邦献、王志礼、陈养源俱着赏给翰林院检讨衔，七十岁以上之项朱、张琴、张维焯、柴杰、姜价俱着赏给国子监学正衔，以示朕嘉惠耆儒，寿考作人之至意。

四月丁巳　内阁、翰林院带领甲辰科及辛丑科补行散馆修撰、编修、庶吉士引见。得旨：此次翰林散馆之修撰钱棨、茹棻，编修汪学金、邵玉清业经授职，其清书二甲之庶吉士吴芳培、崔景仪、吴廷选、周兆基，汉书二甲之庶吉士陈万全、曹振镛、王锡奎、程嘉谟、文宁、李骥元、蒋攸铦、温汝适、谢振定俱着授为编修，三甲之庶吉士张翻、倪思淳、蔡共武、朱依炅、邓再馨、刘焮俱着授为检讨，潘奕藻、贺贤智、刘若璪、杨志信俱着以部属用。

四月丁巳　大学士公阿桂等奏，向例殿试读卷官八员，阅卷时各以己见品评优劣，用夹片分作八行，各标识于姓下。在进呈及前列卷，标识多佳，难以移动。其余诸卷，层次记认，分别无多。恐粘贴时不无错误，甲第前后，颇有关系。臣等公同酌议，于卷后弥封之外，列读卷八人之姓，就卷标识，不用浮签，庶免移换之弊。得旨：允行。

四月戊午　策试天下贡士顾钰等一百三十七人于太和殿前。制曰：朕抚驭九宇，膺祚久长，于今五十有二年。仰荷昊苍眷佑，幸而精神纯固，车书乂安，五世一堂，胥宙合臻于蕃祉老寿，如前代秕政，无一蘖芽，庶厎小康，见于向之古稀说矣。然而宵旰益懋，惟日孜孜，罔敢自暇逸。思欲鉴古观文，与民游大道而裕所天，教养大备，式跻郅隆。兹多士观光沐浴诵习之已久，庶几敷赞，其敬听予询。史非徒纪事，所以监先式后，等百世以为因革损益者也，则表志尚矣。顾曰书、曰志、曰考，或有或无，或取他家以益之，或越数代以补之，或统及古今，或并详五朝，征其体例，能较然欤？且或作通史，而全书以志名，能著其凡欤？地理之山川、物产、古迹，经籍之类例、撰人，何者为当？符瑞释老，不已细欤？传之隐逸、止足、独行、孝义，更易其名，儒林、道学、文苑，纷歧其品，可类指欤？赞、论、评，毋乃赘欤？论史家体例者，刘知几、郑樵能述晰欤？本大公至正之心，慎守器勿失之戒，辟纪载失实之诬，屡经论断，宜逖闻而心识之，其抒所见焉。夫《虞书》标言志之文，宣圣示辞达之旨，经典所垂，具有明训。迨后世体裁递变，门径各殊，论诗论文，遂多乖正旨。刘勰《文心雕龙》虽局于齐梁之俪偶，然其书首以《原道》，次以《征圣》，次以《宗经》，次以《正纬》，所见实在诸家上，能约举其说欤？杜诗、韩笔，为后来作者冠冕，其论诗、论文之宗旨具见本集，能举其得失欤？昭明《文选》多取华藻，真德秀《文章正宗》深矫其弊，然萧之末流至于绮靡，真之末流亦或伤朴僿，欲酌文质之中，其何道之从欤？且诗文之体虽殊，其为载道则一也。宰之以理，运之以气，亦既文成数万矣。所期以化成天下，而共泳圣涯，同游艺府，能知所致力欤？古人有言：积贮者，生民之大命。《周礼》之廪人、遂人，屋粟、锄粟，后人师其遗意，而耿寿昌、长孙平、朱子皆有规制。及夫上熟、中熟、下熟之敛，和籴、俵籴、兑籴之名，言积贮者靡弗能详，固不必泥古而覼缕也。朕截漕平粜，所以为闾阎计朝夕之供者，数十年时举，亦无一日或间。然欲求实贮，则墨吏之亏缺宜绳；欲孚惠心，则猾胥之蚕蠹宜察；欲平市价，则驵侩之囤积宜惩。而且谷数、民数，岁报可稽，酌盈剂虚，讵易言给足欤？采买则虑价昂，散给则虞中饱，筹后日之饥，节目前之食，朝三暮四，宁善术欤？作民父母，仰我乳哺，即一饔飧计，而为君之难如此。诸生服畴食德，亦有一二区画，可采裨乎？昔先王设奇邪之禁，严左道之诛，立法綦详，诚以邪说诬民，易于荧惑，非豫遏其萌，恐为世道人心之患也。我国家化泽涵濡，士大夫读书明理，自不为异论所移。至乡里愚氓，或诱于罪福之说，奸黠匪徒，或借为箕敛之术，自捍法网者间亦有之。如概从禁绝，则祈报、蜡社皆将为胥吏需索之端，若虑其滋扰，不为区画，又恐日累月积，久且草蔓。今将为杜渐防微，清源正本，使人人知礼义之维，而谩妄之言不能蛊其视听，其何道之从焉？朕抚临悠久，无时不以稽古明理期天下之士，无时不以正德厚生筹天下之民。多士以读书起家，宜明古今著述之源流；又新自田间来，宜悉土俗民生之利弊。其以夙所抱者，胪于简末，毋浮毋隐，朕亲览遴焉。

四月戊午　以大学士公阿桂、大学士嵇璜、内阁学士阿肃、胡高望，吏部尚书刘墉，礼部尚书纪昀，兵部尚书彭元瑞，左都御史李绶为殿试读卷官。

四月辛酉　御乾清宫，召读卷官人，亲阅定进呈十卷甲第。

四月壬戌　上御太和殿。传胪。赐一甲史致光、孙星衍、董教增三人进士及第，二甲朱理等四十五人进士出身，三甲焦以厚等八十九人同进士出身。

五月庚午　授一甲一名进士史致光为翰林院修撰，一甲二名孙星衍、一甲三名董教增为翰林院编修。

五月辛未　内阁、翰林院带领新进士引见。得旨：新科进士一甲三名史致光、孙星衍、董教增业经授职，朱理、王观、李如筠、秦恩复、马履泰、何道冲、范逢恩、龙廷槐、谢恭铭、李传熊、任衔蕙、何泌、柳迈祖、胡钰、王祖武、陈士雅、汪彦博、初乔龄、吴烜、顾钰、潘绍经、杜南棠、陈若霖、张溥、翁树培、瑚图礼、尹英图、周维坛、赵继昌俱着改为翰林院庶吉士，汤藩、彭希洛、马书欣、方建钟、邱埰、谈祖绶、周维祺、吴煦、郭均、邱先德、何道生、李承端、陆元鋐、雷维霈、周廷森、潘鹭、焦以厚、施履亨、周锷、高乐生、刘广恕、包恺、薛淇、毛登瀛、钱豫章、章守勋、王国元、沈叔埏、徐森、王肇成、任澍南、贾掞、马维驭、张祥云、茅豫、郑文明、瑚图灵阿、杨维翮、杨彦青、漆鎏、际良、杨麦符、任尚蕙、马潜蛟、宋鸣琦、胡永焕俱着分部学习，吴于宣、康纶钧、唐仁埴、龚鹤鸣、叶中鲤、蔡振中、刘德懋俱着以知县即用，余着归班铨选。

五月丁亥　谕：向来满洲、蒙古翻译乡会试，每届三年，将应否举行之处请旨办理。但思旗人进身之途甚广，并不专藉翻译，且其中亦未见出有真才也。三年奏请考试一次为期太近。嗣后，竟着每届五年举行一次，亦不必请旨可行与否矣。

五月乙未 谕军机大臣等：据翁方纲奏，考试情形一摺，内称考至临江府有叠次干讼滋事、不遵约束之武生傅振起，查明属实，即褫革衣顶示警等语。武生倚恃衣顶干与讼事，最易滋生事端，各省皆所不免，全在该学政平时训饬，严加管束，俾该生等咸知守分，不敢妄为，方足以整顿士习。着将翁方纲奏摺钞寄各省学政阅看，并令该学政等于所管武生，留心约束，倘有健讼滋事者，即随时惩治，俾各知所警惕。

六月丁未 命大学士公阿桂、大学士王杰教习庶吉士。

七月壬辰 命编修关槐提督广东学政。

九月癸酉 谕军机大臣曰：山猪毛，粤东义民，闻知贼匪滋扰，公议挑出一千三百余人，俱各安顿家室，随同官军打仗杀贼，随营报效，实属义勇可嘉，自应优加抚奖，令其杀贼立功。所有总理此事之举人曾中立着常青等查明，如系文举人即酌量赏给文官，若系武举人即赏给武弁，如果人才可用即予以实缺，亦无不可。此外，义民中尚有充当头目队长者亦着查明，量给顶戴，以示奖励。俾伊等倍加感奋，踊跃从事，以广招徕。

九月甲戌 以户部右侍郎兼署兵部左侍郎汪承霈知武举，内阁学士邹奕孝为武会试正考官，工部右侍郎刘跃云为副考官。

九月庚辰 兵部以武会试中额请。得旨：这考试汉军取中二名，直隶取中七名，陕西取中六名，广东取中五名，河南取中一名，山东取中四名，江南取中二名，山西取中二名，湖北取中一名，湖南取中一名，四川取中一名，广西取中一名，福建取中一名，浙江取中二名，江西取中一名，云南取中一名，贵州取中一名。

九月戊子 礼部议准，广东巡抚图萨布奏称，新宁县客童四百余户，请附籍新宁应试。另编客籍字号，取进文童二名，武童一名，止准入考乡试，廪增不准拨给等语。查，新宁客童，既核与寄籍应试之例相符，应如该抚所请，另加学额，听学臣取录。自后，即应试人数较多，亦总以现额为限，取进生员统归新宁县学管束。从之。

十月乙未 谕：前据王公大臣及直省督抚大吏等，以乾隆五十五年，朕八旬庆节，举行万寿庆典，朕以内外臣工等胪欢祝嘏，出自积诚，是以降旨允行。朕临御五十余年，寿跻上耋，五世一堂，笃庆锡光，欢腾率土，宜沛特恩，用光钜典。除恩诏条款届期颁发外，所有下届乡会试正科，着于五十三年八月、五十四年三月豫先举行，五十四年秋举行恩科乡试，五十五年春举行恩科会试，以示乐育敷恩，寿世作人至意。

十月庚戌 策试中式武举杨景芬等三十九人于太和殿前。

十月壬子 上御紫光阁，阅中式武举骑射。

十月癸丑 上御紫光阁，阅中式武举技勇。

十月甲寅 上御太和殿。传胪。赐中式武举一甲马兆瑞、侯琎、麦鹰扬三人武进士及第，二甲杨云龙等五人武进士出身，三甲杨景芬等二十八人同武进士出身。

十一月庚午 谕：据喀宁阿等奏，考试八旗各处满洲教习人等进呈试卷内所翻风俗字样，俱翻安科礼，此虽照旧定成语，但初定时已失字意矣。盖久行不易者谓之科礼，随时成习者谓之风俗，理应翻作格抡尼塔亲。除现将进呈试卷改正外，着交翻书房将《清文鉴》亦照依改正，宣示各处遵行。从前德通所翻清语内，阿岱所不晓者甚多，阿岱善于清语，何至不晓？究系德通固执汉文，拘泥成语，不能会意，以致翻成汉文语气，阿岱始不能明晰。曾经降旨以翻清必顺满文会意，方可令人易晓。若舍满文语气，因循汉文翻译，则竟至失却满文本义，着将此再通行各处。嗣后，一切翻清必遵朕屡次训旨，遵照满文本义翻译，断不可拘泥汉文。再，今日进呈试卷逐一阅视，立意措辞大类相同，恐有不肖之徒，滥图侥幸，互相代倩情弊，着严饬。嗣后，派出之考试大臣御史等务须严行监试，倘经察出弊窦，一并从重治罪。

十二月乙未　　谕：本日召见彭元瑞，据奏，近来科场有传卷联号及彼此换卷、誊录、对读、私改文字等弊。乡会两试关系抡才大典，理应肃清弊窦，遴拔真才。经朕屡颁谕旨，加意整饬，近年以来，虽风闻科场诸弊未能尽绝，而作奸犯科者尚未见有败露之案。但自明岁戊申以后，乡会两试正科、恩科连年叠举，若科场条例日久玩生，致不肖之徒骩法舞弊，夤缘钻刺，侥幸弋获，使白腹者滥窃科名，而怀才者无由登进，非朕旁求俊乂、鉴拔真才之意，不可不严申禁例，豫绝弊源。着交大学士、九卿将彭元瑞所奏各弊及此外尚有何项弊窦，应如何杜渐防微，设法厘剔之处，悉心妥议具奏，务使功令申严，弊端禁绝，以副朕核实取才之至意。

十二月乙巳　　大学士、九卿议覆，顺天府尹吴省钦奏，定例军流子弟入籍考试，并未立有年限。请嗣后除原配所生子准作军籍，其生于本籍者发配随行，十年后入籍考试。应如所奏，并请嗣后如已生亲子又立有继子者，止准亲子随配，只有继子者，准其生有亲子后，继子归还。该督抚备案稽查，以杜跨考之弊。从之。

十二月丙辰　　命编修戴心亨提督湖北学政。

十二月丁巳　　大学士、九卿奏，酌议乡会试科场条例事宜。一、乡会试二场，向例分经中式。查，士子束发授书，原应《五经》全读，请于戊申科乡试为始，先将《五经》轮流分试，然后各出一题成五艺，论题删。生员岁试，俟五科后，该学政亦轮流间出，童生仍用四书文二，经文删。一、积匪窝藏枪手，每与墙外巡绰兵役及闱中号军等勾通作弊，请交步军统领会同顺天府选派番役，严密查拿。一、号舍外、棘墙内巡更巷道，地僻最易藏奸，请用墙垣截断，禁止人役往来，墙外官员巡察，以资防范。一、闱中号戳，应令知贡举、监临督率提调、监试等官将号戳通行搀搅，眼同外帘各员，分手戳印，不得假手吏胥，致滋买嘱连号之弊。一、试卷例有空白，以备临期换给，诚恐举子贿嘱书吏将印卷偷卖，私行戳用，关会连号生，彼此混入号舍，应将豫备空白例停止。一、奸徒假充跟役，指引举子联络舞弊。请嗣后稽察龙门大臣各按照品级携带跟役，一品四，二品三，三品二，并给发腰牌，以昭严密。一、举子按牌听点。每有舞弊之徒，希图换卷，彼此托故迟延，以便同时补点。请嗣后临点不到者，仍应随时禀点，违则扶出。一、乡会誊录，向有贿嘱誊写工楷，而未经贿托者试卷潦草，竟至难于披阅。请责成知贡举、监临，饬令誊录所官严查。并请嗣后墨卷自行点句勾股，对读官详加校正。一、试卷弥封，向用千字文戳印红号，行之既久，保无内外帘豫先关会。请嗣后将戳印搅乱，庶弥封较为慎重。一、墨卷添注、涂改，定例不得过百字，但制艺字易数十，庸劣即可改观。请于文尾诗末旁写添注、涂改若干字，二三场如之，违则贴出。并请二场誊真后，默写头场诗文，听试官临时酌定，填榜时比较取中。一、首场题纸，限用夫、盖、且夫、今夫等字，刻于四书每题下，选用诗韵数十字刻诗题下。其添注、涂改及默写首场，亦即刻于每场题纸后，与题目同时给发。一、会试知贡举、乡试监临向系礼部汉侍郎及府尹轮充，既可豫拟，易滋吏胥揣摩之弊。请嗣后该部将由科甲出身之满汉侍郎及三品卿以上通行开列，庶关防益慎。又议覆，顺天府府尹吴省钦奏，请严俊秀、贡监应试京闱之例。查，俊秀、贡监较恩拔岁副等加捐者文理既逊，录送綦难。近见该监录科时散坐聚谈，竟或代倩完卷，即无不得入闱者。请嗣后如由俊秀附生、武生加捐者，不论小京官与旗民卷，俱应奏派大臣。一、该堂官一二秉公汇考，御史会同编号严查。至前三科中式北闱之苏、扬、广东、山西俊秀，应令礼部咨查原籍，俟下科会试前十日齐集，奏派亲信大臣覆试，纰缪者罚科，规避者永停考试等语。查，附生加捐贡监与廪增事同一例，应照旧办理。至俊秀等项捐纳贡监，人数较多，俱应一体从严。请于七月二十九、三十等日秉公汇考，三日内揭榜，其前三科中式北闱者，试以一艺一诗，分别磨勘。谕曰：大学士、九卿议奏科场条例，严申功令，豫绝弊源各款。所议俱属详悉周妥，已依议行矣。但乡会试二场改用《五经》，请自戊申乡试为始，用《易经》出题，以后按照乡会科分，将《五经》依次轮试一周，再于乡会试二场《五经》并试一节，虽极为允当，士子束发授书，原应《五经》全读，向来止就本经按额取中，应试各生只知专治一经，揣摩诵习，而他经并不旁通博涉，非敦崇实学之道。今改用《五经》，既可令士子潜心经学，又可以杜绝场内关节弊端。而衡文取中，复不至限于经额，致佳卷被遗。自应于分年轮试毕后，即以《五经》出题并试。惟所请明岁戊申乡试先用《易经》出题之处，《周易》理蕴深奥，猝难通晓，并恐边省未必人人诵习。明岁乡闱为期较近，若遽以《易经》命题考试，其向非专经者，或致不谙经旨，难于取中。因思士子以《诗经》为本经者多，所有明岁戊申乡试，着先用《诗经》出题，次年会试着用《书经》，俟下次乡试再用《易经》。以后按照乡会科分，轮用《礼记》、《春秋》，庶士子得以渐次兼通，讲求精熟，不致临时草率应试。又首场四书文，向来限用夫、盖、今夫、且夫等字，此等字样，主试者应于临期酌量颠倒，限令遵行，毋庸按年排定。即三艺承题全用夫字，或全用盖字，起讲全用今夫，或全用且夫，俱无不可。至设科取士，原为旁求俊乂，抡拔真材，以备国家任使，应试诸生由科甲出身者，大而内居卿贰、外任督抚，小而翰詹科道，分任群职，即州县等官，亦无不有身膺民社之责。该生等积学应试，为登进初阶，自当束身圭璧，以端其本。乃不安义命之徒往往希图侥幸，舞弊作奸，愈出愈巧，以致人言籍籍，不得不大为之坊，严申例禁，竟至与穿窬宵小一律防闲。觉大学士、九卿所议各条，朕深愧无德化之感士子也。此后应试诸生务须经明行修，争自濯磨，以端实学而期仕进，其膺衡文之任者亦应精白乃心，秉公鉴拔，以副朕作人雅化。

乾隆五十三年（1788年）

二月乙未 谕曰：吏部奏，上年福建省甄别教职，核之额缺数目，不及百之二三，请将该督抚、学政照例议处。但念该督抚均有承办兵差及料理军饷等事，此次无暇甄别教职，未能照例核办，尚属有因。李侍尧、徐嗣曾着从宽免其交部，至学政陆锡熊，考核教职是其专职，军务又非其承办，乃甄别不及百之二三，咎实难辞。陆锡熊着交部议处。

二月戊申 御史冯应榴奏，本年驾幸淀津，各省士子进献诗册，恭应召试。惟查考试之地，既非殿廷贡院，难保无传递代倩等弊。且各省士子杂凑，设有顶替，监考官无从辨认，并恐有豫购重卷，临期探题倩代，乘机传换。请敕下顺天学政，先将召试士子确加详核，其需用试卷，按照人数慎密钤印，毋许吏胥私行多备。并令监考官严禁随从人等出入，并照科场新例不准换卷。至取入一等试卷，于拆阅弥封后，请交军机大臣会同监看本生核对文理笔迹，如与原卷不符，即扣除究治。得旨：所奏是，依议行。

二月戊午 谕曰：御史龚骖文奏，此次天津恭献诗赋，士子有由三分、四库书总校赏给举人者，又有两侍郎、一巡抚、两藩司亲子及京堂、翰詹、科道子弟遇乡试之年例入官卷者，应逐一查明，严加防范，以杜替倩等语。朕向来省方观民，清跸所临，士子迎銮献赋，举行召试，量才录取，分别赏给中书、举人，原以振拔单寒，为苦志力学者劝。若此等士子内，其父兄已登仕籍，均得邀恩，以官卷入场应试，则自有出身之途，又何必于巡幸时进献诗赋，冀图录取，侵占寒畯之路？至由三分、四库书总校议叙赏给举人者，伊等以雠校微劳，得侧举科，已为侥幸，若又应召试，复思幸获，尤属不知止足，岂朕嘉惠寒素、劝励绩学之意？所有此次进献诗赋士子，内而京堂，外而督抚、藩臬以及翰詹科、道子弟，并校书议叙赏给举人及由俊秀报捐贡监生者，竟着毋庸考试。嗣后，巡幸各省设有召试之典，即以此为例。

二月庚申 御史龚骖文奏，前因大臣子弟及总校等有力之家，恭应召试，易占孤寒之路，奏请另编一束，已奉旨停其考试。今续查有军机司员汪日章、张师诚之亲兄、亲子并此外有无期亲服属者，应请敕下一体查办。得旨：所奏甚公，交军机大臣查明办理。

三月癸亥 谕：此次巡幸天津，直隶及各省士子迎銮献赋，因令分别考试，所有考取一等之举人陈煜着赏给内阁中书，与考取候补人员照例挨次补用，贡生王苏、王芑孙，生员吴镕着赏给举人，准其一体会试；其考取二等之刘宝梧、黄掌纶、丛之钟、邵士铎俱着各赏缎一匹。

三月辛巳 谕：昨因各省士子在天津进献诗册，经军机大臣挑选词义稳妥者呈览，朕偶加展阅，内有安徽附监生叶栋所进诗册，系集御制诗文，体格颇新，本欲加以奖赏，因只系词章末技，若遽加恩奖，恐外间士子因此或竞尚浮华，不务实学，是以迟而未发。随命将叶栋应试原卷查取进呈，则该生所作之赋，已有失押韵脚肤泛之句；而诗内砌凑春夏秋冬二联，全与题无涉；至用霜叶红火云烘等语句，更不值一噱。可见其所进献诗册，必系他人代倩，断非出于叶栋之手，殊属可鄙。士子读书讲学，原应湛深经术，坐言起行，方为敦本崇实之道。至文词本属游艺末节，然亦须根柢经训，有裨身心，方为载道之文，若徒以藻缋为工，即素号专家，已非真儒所尚。至并此不能，甚或临时剽窃、假手捉刀，更为士林所深耻。近日士风浮靡，即呈进诗文仅属末艺，尚不免丐求赝笔，未能出自心裁。而遇有考试，辄百计钻营，甘心骫法，总由不务实学，惟事弋获虚名，遂至作奸犯科，罔顾廉耻，思之实增愧恨。夫国家养士百余年，教泽涵濡，不为不久，士子等习尚不端，何竟卑鄙至此？推求其故，或因朕几余游艺，不废诗文，临御以来，初、二、三、四集风行海宇，裒集日多。承学之士，妄意朕雅尚词华，遂不思务本力学为立身行己根基，此则甚非朕崇实黜华之意也。且朕所作诗文，皆关政教，大而考镜得失，小而廑念民依，无不归于纪实。御制集俱在，试随手披阅，有一连十数首内，专属寻常流览吟弄风月浮泛之词，而于政治民生毫无关涉者乎？是朕所好者载道之文，非世俗徒尚虚车之文。若朕所制各集，俱不过词章能事，则朕早将御制四集诗文，概行废而不存矣。且士先器识而后文艺，国家设科取士，上以实求，下以实应，况制举为士子进身之阶，其得邀科目者，或备职郎曹，或出司民社，其大者则简任大员，论思献纳，皆由是起。若始进先已不端，则后此见之措施必无足取，乃士子等身列衣冠，而一切干营舞弊之事愈出愈巧，无所不至。上年经大学士、九卿等议定科举防弊各条，已属纤悉具备，当经训谕士子等当各知羞愧。近日冯应榴、龚骖文先后请严召试之例，又降旨允行钱沣条奏科场事宜，胪列关节各字样。本日吴省钦复奏请申严殿试、朝考及散馆、大考各摺，俱系确有所见。士子皆读书明理之人，乃习于下流，无耻侥幸，考官等俱通籍清华，仰邀简用，非惟不能抡拔真才，乃暧昧营私，罔知儆畏，即幸逃宪典，亦必为天理所不容。今伊等平日舞弊伎俩，俱已纷纷破露，自不得不大为之防。但杜弊之法，繁设科条，几至士子等于穿窬，而考官行同窝劫。每阅诸臣条奏之摺，不独为伊等愧，而朕之不能感化，亦且引以为愧。试思国家旁求俊乂之典，致下侪于防闲宵小之条，伊等清夜扪心，即不自愧，宁不为国家取士大典稍存颜面耶？嗣后，各士子及试官等务宜激发愧耻，各知勉励，砥行立名，一洗纯盗虚声，通同舞弊陋习，庶不负朕振饬士风，谆谆训诲至意。将此通谕知之。

三月乙酉　谕：乡会试为抡才大典，士子读书明理，惟应奋志积学，各安义命，以端始进。考官等仰邀简用，尤应公慎自矢，杜绝干营，为国家遴拔真才，方为不负任使。近日士子趋向不端，每遇考试辄百计钻营，夤缘关节，其舞弊伎俩愈出愈巧。而考官等听受请托，暧昧营私，甘心骫法，无所不至，节经降旨训饬，不啻至再至三。前钱沣条奏科场事宜一摺，请将顺天乡试毋庸分别南、北、中皿，会试亦毋庸分别省分，概凭文艺取中，以防查认关节之弊。昨又据吴省钦条奏，殿试、朝考、散馆、大考俱请给发内府图章，交监试王大臣将试卷逐加钤记，以防抽换试卷之弊，已批交原议大臣一并议奏。因思科场条例于一切防弊之法本为详备，上年复经大学士、九卿等申严例禁，设法防闲，纤悉具备，其杜弊之方几至等于穿窬窝劫，稍有人心者亦应激发愧耻，争相砥砺，一洗从前卑鄙锢习。今钱沣奏请乡会试不必分别南、北、中皿及省分中式一节，固为剔除关节积弊起见，但国家取士，博采旁求，于甄录文艺之中，原寓广收人才之意，且各省文风高下，互有不齐，若如钱沣所奏，势必至江浙大省，取中人数居其大半，而边远小省或竟至一名不中，殊非就地取才之意。钱沣系云南人，所奏尚无别故，若伊籍隶江浙等省，则迹涉阿私，必至有干吏议矣。又如吴省钦奏请颁发内府图章，钤记试卷一节，意在防范抽换，但内府所贮宝章乃御用之件，即系寻常闲散图篆，亦不值于试卷纷纷钤用，已有旨令监试大臣逐卷画押，以作标记矣。夫繁设科条以杜弊窦，不如严饬法纪以绝弊源，士子及试官等俱身列衣冠，乃通同舞弊，罔顾廉耻，今防弊诸法亦已无微不至，在知愧知奋者自必痛改前非。若不肖之徒冥顽无耻，即多其条目，日事防闲，而防弊之法有尽，舞弊之术无穷，或仍思行险徼幸，希冀苟免，此不在增设条例，而在严示创惩也。士子与试官勾通关节，国初年间有问拟腰斩者，立法至为严峻，其后贿卖生童如俞鸿图、喀尔钦及科场交通关节之蔡时田、曹咏祖等，节次破案，无不立时伏法，覆辙具在，可为炯戒。朕意节经整顿之后，场屋诸弊自必渐次廓清，乃近日乡会试，种种弊端复又渐作，诸臣所奏防弊之条层见叠出，阅之实深愧歉。士子等涵濡教泽百有余年，不为不久，今作奸犯科之徒荡检逾闲，罔知儆畏，朕既道之以德，尤不得不齐之以刑。嗣后，乡会试榜发后，朕当特派亲信大臣于城内乾清宫、圆明园正大光明殿覆试。如有文理不通、笔迹不对，较取中原卷大相悬绝者，即立行斥革严究。倘有贿卖关节等弊，即将该生及主考房官立正典刑。如究出系枪倩、传递者，亦分别从重治罪，决不稍贷。至各省学政俱有衡文取士之责，近日风气波靡，亦皆因生童应试时即不能端本所致。着通行严饬各学政，俾各加猛省，如有行私舞弊，贿卖生童者，一经败露，朕惟执法从事，刑兹无赦，并交各该督抚严行查访，如有前项情弊，立即据实严参究办。倘有心徇隐或别经发觉，必将该督抚一并问拟重辟，决不姑宽，勿谓朕言之不早也。所有钱沣、吴省钦条奏，除誊录、对读入场不准先给笔砚等物及试卷添用稿纸，停止恩赏饭桌，仍照所请行外，余俱着毋庸重议，徒滋繁琐，将此通谕知之。

三月乙酉　大学士等议准，顺天学政金士松奏称，向来一切考试，《四书》、诗题同时并出，致侥幸之徒得以传递代倩。臣现考八旗生童，将《四书》二艺及诗题分作三次递出，阅卷时，如三艺中有工拙迥殊者概屏不录，仍请通行各学臣一体照办。从之。

三月己丑　吏部议奏，前准直隶督臣以巨鹿县知县沈长春调补大兴县，嗣据顺天府尹吴省钦奏准，以沈长春系该府尹典试浙省取中举人，谊属师生，应令仍回原任。查定例，乡会考试官取中之人毋庸回避，同考官及受业师生均应回避。如考官业师在下属，取中及受业之人为督抚、司道，应令官小者回避；如考官业师为督抚、司道，其属员有系伊取中受业者，只令咨部存案。但乡会考试官与同考官均系阅文取中，其情谊并无差别。考官业师身任大僚，从前取中受业之人在伊下属，亦难保无瞻顾徇情等事。请嗣后，除京官一切考核纠参均由各堂官公同定议办理，毋庸另议外，凡外任官员、乡会试考官、同考官及业师为督抚、司道等官，均令官小者回避。凡应回避总督者俱于邻省改掣，其回避抚司及统辖全省之道员者，俱令于总督兼辖之邻省改调；如无总督兼辖省分，即于邻省改掣；其回避分巡数府之道员及知府以下等官者，令该督抚即于本省内酌量调补。从之。

三月壬辰　礼部议覆，安徽布政使陈步瀛奏称，定例，江南乡试，如有安徽籍贯人员，现任江宁司道及首府首县者，其子弟亲族不准入场；至籍隶江苏人员现任安徽司道以上等官者，未经议及。查江南场务系江宁、安徽两藩司轮办，同考官十八员，安省州县居半，设以本省上司之子弟亲戚为属员呈荐，难免物议。请嗣后将此等人员子弟亲戚概不准应江南乡试。又，安徽省知府直隶州内有籍隶江苏之人，如所属开送帘员，其子弟亲戚亦应令其回避。均应如所请。惟是原籍安徽之现任江宁府州者，事同一例，均宜一体回避，以免两歧。再查，陕甘乡试与江宁、安徽无异，其司道以上等官子弟亲族，亦应仿照办理。至现任陕甘之知府直隶州内，籍隶两省人员甚少，且内外帘官亦无须多人，应令监临、巡抚查明，籍隶两省者即毋庸调取该府州所属之州县入帘。从之。

三月戊戌　大学士、九卿议覆，御史施朝干奏申严学政考取拔贡事宜，除禁止本省绅士入幕阅卷及乡宦故旧往来援引等弊，均系定例，仍通饬各该学政实力奉行外，查提调教职，向因承办试务，随时进见，易于滋弊，应如所奏。嗣后，遇有应禀事宜，俱令公同当堂面议，不准一人私谒，违者听学政参处。仍令各该督抚随时稽察，如阳奉阴违者，将该学政参处。从之。

三月己亥　谕：据大学士、九卿等议覆，御史施朝干条奏，申严学政考取拔贡事宜一摺，已依议行矣。至摺内称，令各该督抚随时稽察，如阳奉阴违，即将该学政参处等语。学政按考各属地方，俱系督抚所辖，如果该学政有考试不公、贿卖生童等事，各督抚耳目甚近，自无难访查得实。前经降旨通谕各督抚，令将学政中之贪污者据实指参，但外省习气，往往存官官相护之见。督抚等即明知学政声名狼籍，仍不肯据实参奏，若非瞻顾情面、扶同徇隐，必系各督抚等在任别有贪劣款迹，恐被学政讦发其私，遂尔意存顾忌，不敢列入弹章，二者必居一于此。方今纲纪肃清，督抚等俱受朕厚恩，简畀封圻重任，自应洁己奉公，以为直省官员表率，何至尚有败检营私之处，虑人指摘？惟是督抚中公正自持者固不乏人，或竟有操守平常，转被学政挟持其短，遂不得不联为一气，互相弥缝；或惟知瞻徇私情、罔顾公义，于各省吏治、学校甚有关系。嗣后，各督抚惟当益励廉隅，正己率属。设遇学政有贪污实迹，即应指名纠参；若仍遇事徇隐、缄默不言，或别经发觉，除将该学政按例治罪外，必将该督抚一例从重问拟，决不姑贷，并令督抚于年终将学政等有无劣迹陈奏一次。若至别处发觉，则此不举之督抚当得何罪，着自审，非朕不教也。将此再行通谕知之。

三月辛丑　吏部议覆，湖广总督舒常等奏，请将甄别大挑举人列入一等、次等之员，通融兼补专简缺。查，大挑举人自应照原定等第补用，除专简之员不得补一字缺，一字之员不得补两字缺外，请嗣后遇有一字缺出，俟一字之员用完，方准将两字之员补用；专简缺出，俟专简之员用完，方准将两字、一字之员，统较到省先后，挨次补用；

同日到省，按照科分；同科、同日到省，按照中式名次。从之。

三月丁未　以编修翟槐为云南乡试正考官，户部主事张德懋为副考官；检讨德生为贵州乡试正考官，礼部主事李奕畴为副考官。

四月辛酉　山西学政郑际唐奏考毕岁试情形。得旨：实力为之，以正士习为要。

五月己巳　命编修吴省兰提督湖北学政。

五月癸酉　礼部议准，云南学政汪如洋奏称，本年录遗，请暂用《诗经》文，俟《五经》轮试毕，照旧仍用策问。其己酉乡试系用《易经》之年，科试先尽《易经》；壬子乡试系用《春秋》之年，科试先尽《春秋》，将己酉会试应用之《书经》于庚戌岁试补试，庚戌会试应用之《礼记》于癸丑岁试补试。从之。

五月甲戌　谕：据翁方纲奏，向来考试经解诗赋，于每棚之始，另为一场，原无责成廪保之例，今于考试经解诗赋一场时，先点童生，逐名识认，然后再点生员，仍于场内隔别坐号，不使生童连在一处，并择其经解诗赋之可观者，加覆试一次，以防弊混等语，所办尚属细致。士子平日读书，经解诗赋本应肄习，学政等亲加考试，亦足以觇其根柢之浅深。但向来因此等考试不比正场，未免防范稍疏，易滋弊混。今翁方纲于考试经解诗赋时，令生童分点入场，责成廪保识认，其录取者加以覆试，办理较为周密。各省学政于考试经解诗赋，均应一体留心，照此办理，庶可遴拔真才，俾士子共敦实学。将此通谕各省学政知之。

五月丙子　以右庶子图敏为四川乡试正考官，刑部主事胡钧璜为副考官；右庶子茅元铭为广东乡试正考官，司业纳麟宝为副考官；翰林院侍读学士平恕为广西乡试正考官，编修温汝适为副考官；内阁侍读张姚成为福建乡试正考官，编修蒋攸铦为副考官；检讨蔡共武为湖南乡试正考官，刑部主事潘奕藻为副考官。

六月癸巳　谕：据德保等奏，阅看贡监考职试卷，共五百零八卷，拟取八十一卷等语。此次考职贡监比上届四百七十六卷，虽多三十余人，而上届仅取六十八卷，核计每七卷内取中一卷，若照此额数录取，止应取七十二名，何以多取九卷？殊属有心干誉。此皆德保选懦无能，一味沽名市惠，以致较前溢额。考职系三年一举，似此每次加增，其将何所底止耶？除现在已取之八十一卷，免其裁汰外，嗣后不得援以为例。德保、李绶、吉梦熊并着交部察议。

六月甲辰　以国子监祭酒邹炳泰为浙江乡试正考官，鸿胪寺少卿莫瞻菉为副考官；大理寺卿赵佑为江西乡试正考官，吏部主事祥庆为副考官；编修余集为湖北乡试正考官，编修戴均元为副考官。

六月乙巳　湖南学政钱沣奏，溆浦县童生冒考猺籍者甚多，应亟为清厘。已饬辰州府严督该县，按照学册，细查新籍生员，除病故不论外，其现在应试及告给衣顶者必实居猺地，确有户族、田庐可凭，取具猺头、猺总甘结，日后子孙方准以新籍应试，其余概令改归民籍。得旨：所办颇合，知道了。

六月丙辰　以内阁学士胡高望为江南乡试正考官，编修谢振定为副考官；侍讲学士吴璥为陕甘乡试正考官，检讨张翽为副考官。

六月庚申　户部奏，捐纳贡监，请将廪增附武生，京外现任官员子弟及独子、亲老、年幼、有疾、丁忧守制者准其差人，或转浼至亲赴部，具呈报捐。得旨：现任官员丁忧者尚应回籍守制。其报捐俊秀，既系服制不满，有何迫不及待，而必欲差人报捐？该部一并列入应准条内，未为妥协。嗣后，丁忧人等俱不准其报捐，俟服满后，仍令本人亲身赴部具呈，始可准行。余依议。

七月癸亥　工部奏，本年戊申乡试应修顺天贡院。经该府尹奏，需银一千九百八十二两零，兹派员外郎海栋、主事樊士鉴查勘，核减银三十一两零，请令该府尹遵办。得旨：此项工程共需银一千九百八十余两之多，该堂官自应亲往查勘，乃仅派员外一员，主事一员，勘估酌减。该司员等经历未久，未必即能谙悉工程，且或将所勘之工略为酌减一二十两，竟与承办之员有通同嘱托情事，亦未可定。所有此项应修各工着派德成前往，再行确实勘估。嗣后，凡在一千两以上者，俱着奏请特派大员亲往查勘。

七月戊辰　以编修甘立猷为河南乡试正考官，礼部员外郎李长森为副考官；修撰茹棻为山东乡试正考官，编修吴鼎雯为副考官；编修周兆基为山西乡试正考官，洗马方炜为副考官。

七月己巳　谕：本年三四月间，因诸臣条奏科场弊窦，曾令大学士、九卿议奏，并降旨通行饬谕矣。彼时据阿桂奏，外间传有谢墉抽身便讨，吴玉纶倒口即吞之语，朕即以阿桂若仅奏谢墉声誉不好，伊二人前在吏部时，原有龃龉，而吴玉纶则并无芥蒂，则其言似非无据。即他臣虽未有明言其舆论平常，而伊二人之在学差任内，不孚众情之处，闻知者亦复不少。学政为抡才所关，既闻有舞弊营私情事，安可置之不办？随降旨令李侍尧、闵鹗元各将谢墉、吴玉纶在任声名究竟如何之处，就近访查，据实具奏。前据闵鹗元奏，谢墉初任江苏学政，声名实属平常，其复任时尚知悔过，颇为谨饬。而李侍尧则称吴玉纶在学政任内声名狼籍，至今闽省士子犹怀忿恨。上年因吴玉纶条奏科场，该省之人无不传为笑柄，以吴玉纶即系作弊之人，如何亦说防弊，但事隔年久，实无凭据等语。适吴玉纶在热河扈从，随面加询问。据称，因伊曾条奏西监应行补捐一事，是以为众所怨。昨谢墉带领引见来至热河，亦面加询问。据奏，伊因考试过严，未免取怨于人。及诘以因何有抽身倒口之语，伊二人则皆奏系《寄园寄所寄》小说所载陈言，想系怨之者因而附会等语。办理科场本当严密。如果恪遵成法，自矢洁清，士心正当翕服，即或有被遗之人为之散播谣言，亦何至憎兹多口？至吴玉纶条奏捐监，系四十六年之事，而其简放福建学政，已在四十八年以后，相隔甚久，尤为两不相涉。若云出自《寄园寄所寄》，则古今书籍所载陈言甚多，何以不取而附会他人，独于谢墉、吴玉纶二人曲加附会，不谋而合？但此事既经闵鹗元、李侍尧就近查奏，并非无因，即将伊二人革职，交刑部审讯治罪，亦不为过。姑念阿桂所奏，究系传闻，且无人不知，而李侍尧等亦因事隔年久，查无确据，朕从来不为已甚，何必遽兴大狱？但伊二人俱系大员，经朕特简学政，乃声名致此平常，朕甚愧焉。谢墉、吴玉纶何以复胜卿贰之任？均着降调为内阁学士，其职不过专司批本，并无应办紧要之件。伊二人学问尚可，是以特予从宽降补。此皆朕格外矜全。伊二人务当痛自愧悔，勉为湔濯。如再不知悛改，必加倍重治其罪。其吏部侍郎员缺着朱圭调补，礼部侍郎员缺着邹奕孝补授，兵部侍郎员缺着赵锳补授，工部侍郎员缺着管干珍补授。朱圭现在出差，所有吏部侍郎事务并着管干珍兼署。至各省学政如有关节贿卖等情，督抚近在同省，断无不知之理。前已有旨交该督抚等严行查访具奏。或言学政舞弊营私，本省督抚知而不举，必系督抚自已廉隅不谨，恐为所讦。若该督抚等竟敢与学政通同一气，作奸犯科，尚复何事不可为？然督抚等俱受朕深恩，特加委任，或不肖如王亶望、陈辉祖、郝硕、国泰者赃私累累，于学政弊窦，自不敢举发。而王亶望等俱已先后败露，立置重典，亦不藉学政之参奏也。但外省官官相护恶习牢不可破，今屡经降旨，通饬各该督抚等务宜实力查察，如学政等有仍前情弊，立即严参究办，倘有心徇隐，必将该督抚一并从重治罪，决不姑贷。至士子等应试时，原不能无所去取。其取中者自必感激无言，而被遗者不免心存觖望。悠悠之口，固不足凭。但考官学政等果能秉公录取，毫无弊窦，公论具在，断不至如谢墉等之众口一词，贻讥谤讟。嗣后，各该学政亦当益矢冰兢，公平校阅，勿滋物议，务拔真材，以副朕训诲成全之至意。将此通谕知之。

七月甲申　谕：昨据浦霖奏，审拟私造逆书之耒阳县生员贺世盛一犯，照大逆律凌迟处死，家属缘坐，并将搜获之《笃国策》钞本呈阅一摺，随批交大学士、九卿会同法司核拟速奏。本日据大学士等照拟具奏请旨，阅摺内有指出该犯所称捐路终为财动，有妨正途及拒谏等语。朕临御五十三年，普免天下地丁三次，蠲免漕粮两次，一遇水旱偏灾无不立予蠲赈，兼之浙省建筑海塘及豫省豁免摊征银两，凡所以藏富于民，为捍御闾阎计者，总计不下亿万万，从不稍存靳惜。前此豫工暨川运两次开捐，原因维时河务工程紧要，军需用度浩繁，府库所存，不敷拨给。且康熙、雍正年间，曾因公准捐有案，廷臣有以是为请者，是以照例暂开，为一时权宜之计，然不久而即行停止。亦因纳赀授官本非善政，并恐杂流因此并进，仕路壅塞，捐例只可行之于暂，而不可行之于久，特命停止。自停止以来，已十有余年之久。五十一年，督臣李世杰、书麟、李奉翰等以江南黄、运两河漫决多处，抚恤堵筑诸务需费较多，合词奏恳开捐。朕当以此事断不可行，明降谕旨训饬，天下人共知者。甘肃捐监之例，亦因地方官等包揽折收，藉端滋弊，永行停止。朕如果为聚财起见，则两次所捐不敌一次普免之数，亦人所共知者，安有陈奏停捐，拒而不纳之事？贺世盛身列胶庠，据供尝阅邸报，岂五十一年朕训饬李世杰等之旨，伊独未之见耶？乃辄敢因科名未遂，心怀忿懑，遂私自著书怨望，大学士等拟以凌迟、缘坐，实属按律办理。此等狂悖之人，若竟从宽典，俾安坐囹圄，势必更肆狂吠。又如曾静之罪大恶极，寸磔不足蔽辜，反足以累及伊家属。第念该犯究因失志场屋，贫苦无聊，摭拾传闻，私自钞写，借以抒其抑郁，与显肆悖逆者尚属有间。贺世盛着从宽改为斩决。至伊子贺家瑞，现伊父所钞之书中多违碍，屡次跪劝烧毁，尚为知理守法。乃该犯执意不从，终致败露，是此等无知妄作之徒，不但自蹈法网，且又不顾伊子弟，因其缘坐，俱陷大辟，而在朕心转觉不忍。且其余子侄、孙子，据该抚查明，俱在乡务农，不通文理，其未经举首亦属可原。所有贺世盛名下应行缘坐之犯，俱着加恩竟免其缘坐，概予省释，并着该抚即将此旨给与该犯阅看后再行正法，俾知孽由自作。而朕于法外施仁，不因该犯语涉违悖罪及其子若孙，该犯亦当俯首就戮，死而无怨也。

八月乙未　顺天乡试，以兵部侍郎伊龄阿、户部侍郎汪承霈为监临官，礼部尚书德保为正考官，礼部侍郎邹奕孝、工部侍郎管干珍为副考官。

八月己亥　谕：据谭尚忠奏，云南石屏州举人赛玙系雍正己酉科乡试中式，曾任四川知县，现年九十二岁。本年又届举行己酉科乡试之期，请重赴鹿鸣筵宴等语。赛玙系前己酉科中式举人，今重赴己酉科鹿鸣筵宴，洵属儒林盛事，允宜特沛殊恩，用彰升平人瑞。赛玙着加恩，赏给进士，并着俟年届百岁时，该省督抚再行奏闻，候朕另降恩旨，以示寿世作人，加惠耆龄至意。

八月壬寅　谕：据伊龄阿等奏，去年新定科场条例内，有填写添注、涂改字数一条，此次查收头场试卷，填写多不合式，应贴者几及过半等语。科场条例，填写添注、涂改字数，原以防誊录、对读代改文字之弊。上年经大学士、九卿等议定后，即已颁行直省。今岁乡试届期，该监临等又复豫行晓谕，各士子自无不周知。入场时理应恪遵新例照式填写，乃错误者纷纷几及过半，本应概予贴出，姑念定例之初，或远乡僻壤士子未能遍行知悉，又或因风檐寸晷，精神恍惚，以致错误。此等寒畯，只以未谙新例，尚无大弊。且应贴之卷，未免过多。此次除别项违式试卷仍照例贴出外，所有添注、涂改、填写错误之卷，着加恩免其贴出，仍准发誊，此系朕轸念士子，格外从宽。若明春会试及下届乡场，则此例颁行已久，倘仍有似此错误者，必当按例概行贴出，不能再为宽免也。将此通谕知之。

八月甲寅　谕：陕西提督学政着邱庭漋去，现在该省文闱将次揭晓，尚有录送武闱等事，着即速赴任，不必前来行在请训。

八月丁巳　谕：据长麟奏，乡试三场完竣一摺，内称于点进誊录时，逐加搜检，搜出书手一名张访，携带类书刻本一册，显系勾通士子，买嘱作弊。现饬交臬司严审，务得确情，另行办理；并于三场搜获夹带策略士子二名，按例斥革，枷号示众等语，所办好。乡试为宾兴大典，理宜肃清弊窦，以期遴拔真才。科场条例，节年新增防弊各条，至为详备。乃近日监临等办理闱务，未能实力稽查，及至三场事竣，率以并无弊窦，循例具奏，最为外省结习。此次东省乡试，长麟于入闱时，即将誊录书手搜出携带书籍，饬交臬司究办，并于三场搜获夹带策略士子按例惩治，办理甚属认真。着通谕各省巡抚，嗣后，监临场务于一切弊端务宜悉心厘剔，以副吁俊抡才至意，不得视为具文，空言塞责，致干咎戾。

九月戊辰　谕军机大臣等：据琅玕奏，本年浙江乡试，遵奉新例，并不豫备空白试卷，其有呈请换卷者一概不准，并将新定规条写定式样，实贴各号，俾士子一目了然，不致佳文被斥等语。所办甚好，谅琅玕不敢为此虚言。即各省奏到科场摺内，亦并未据奏。及不谙新例、致多犯贴之卷，科场条例，上年经大学士、九卿议定后，即通行颁发。今外省士子尚能遵照式样，不致被斥。京师为首善之区，何以伊龄阿等前奏，此次顺天乡试，违式应贴者竟有过半之多？此非该侍郎等所颁条式不明，即系意存沽名，使士子等以此次得邀免贴，皆系伊二人具奏之力，二者必居一于此。着传谕伊龄阿等即将本年顺天乡试之卷，因何多有违式犯贴之处，据实明白回奏。

九月己巳　谕：御史祝德麟奏，国子监考试，惟刘墉、邹炳泰二人，诸生不敢向其馈送营求。此外各堂官则来者不拒，去者不追，虽不能一无沾染，尚不至骇人听闻。独司业黄寿龄猥鄙性成，外间竟传有非钱不取之说，本年考到时，苞苴满户，甚至寒畯空囊，虑其摈抑，率皆典质称贷，士怨沸腾等语。览之不胜骇异。本年办理科场，因诸臣纷纷条奏，屡经降旨，通行严饬，并颁发科条，以期诸弊肃清。国子监考到录科分别去取，正所以杜绝入场侥幸之端。即与科场无异，该堂官自应公慎遴选，倍矢洁清，乃祝德麟参奏黄寿龄竟有非钱不取，士怨沸腾之事，殊出情理之外。如所参属实，黄寿龄所得赃银，无论满数与否，均当立置典刑。黄寿龄着即先行摘去顶戴，解任交刑部看守，并派福康安、董诰即日起身回京，秉公审办。但祝德麟所奏系属传闻，并未经奏出黄寿龄得贿实在证据。事关科场舞弊，罪名出入甚重，亦未便以风闻入告之言，坐人死罪，致启将来告讦之端，并着福康安等即传该御史到案，面加询问，令其将黄寿龄考到时曾向何人婪索银两，所闻非钱不取之说，系何人向该御史告知，再拘齐犯证，逐一确切严审定拟具奏，以成信谳。如该御史不能指出证据，即当律以诬告反坐之罪。至其余国子监堂官，除邹炳泰、纳麟宝出差外，尚有刘墉、吉善在京，何以将考到之事，专交黄寿龄办理，任令从中肆意婪索？刘墉、吉善竟同聋聩，并着福康安等于审明后一并查办。

九月己巳　谕：据刘绍锦奏，本年各省乡试，以《诗经》命题，次年会试，例应轮用《书经》，第如《禹贡》、《洪范》、《周诰》、《殷盘》，或义蕴闳深，或聱牙诘屈，倘一时不能熟读通畅，势必剿袭雷同，草率了事，请明春己酉会场仍以《诗经》出题。又新例停止豫备空白试卷，被贴者多，请嗣后此项空白试卷，仍照旧豫备等语。科场条例，上年经大学士、九卿等议定章程，《五经》分年轮试。今岁乡试届期，本应用《易经》出题，朕因《周易》理蕴深奥，恐边省士子未必人人诵习，特命今岁乡试先用《诗经》出题，次年会试用《书经》出题，已属体恤备至。今刘绍锦复恐士子等中式后未能即通晓《书经》义旨，请明岁会试仍用《诗经》出题，所奏实属沽名钓誉。《书经》乃士子等束发时即应诵读之经，岂有业经应试，犹未曾诵习之理？若云诘屈聱牙、难于成诵，则朕至今年届八旬，尚不至遗忘，岂士子等读书应试，冀取科名，既经中式，于《书经》理解，转不能记忆乎？至空白试卷停止豫备，原为防闲弊窦起见，且士子应试，原应谙习规条，何至干犯贴例，需用空白试卷更换？若伊等不知小心，致有污损错误，即系自误功名，被贴亦不为枉。乃刘绍锦意存邀誉，率为此奏，殊属非是。国家甫经定例，奉行伊始，即纷纷妄议更张，尤为明季恶习，断无此政体。刘绍锦何易视朕为诸事不理之庸主乎？着革职，交刑部议罪。

九月庚午　谕：前据伊龄阿等奏，本年顺天乡试诸生中年届八十以上者康士雍、张洪振二名，三场俱已完卷等语，现在榜发，俱未中式，但念该生等年臻耄耋，犹能踊跃观光，精神不懈，允为艺林盛事。康士雍、张洪振俱着加恩，赏给举人，准其一体会试，俾偿读书夙志，用昭寿世作人至意。

九月庚午　谕：前据绵恩奏，清丰县应试生员赵瑛呈明五世同堂，伊祖生员赵峰现年八十四岁等语。赵峰身列胶庠，年臻耄耋，其子孙五世同居，允为升平盛瑞。赵峰着加恩，赏给举人，准其一体会试，以示嘉惠耆龄至意。

九月甲戌　谕：前因诸臣条奏科场弊窦者纷纷，特降旨严定覆试之例。其时军机大臣拟写谕旨，乡会试榜后，特派亲信大臣严行覆试，措语本未明晰，朕亦未经看出。今岁顺天乡试榜发，届期应照新例举行覆试。第思各省乡试中式人数众多，顺天取中各生，尚不难调集覆试，若各直省道里殷遥，省分甚多，安能简派如许大员，于榜发后遍行覆试？嗣后，乡试榜后覆试一节，着不必行。至明岁会试，各省举子云集京师，除未经中式者听其各回本籍外，其中式举子着于会榜揭晓之后、未经殿试之前，该部奏请拣派大臣，将中式举子严行覆试。届期除实有事故者豫行报明该部外，倘有心怀规避、托故不到者，即将该举子立行斥革。如覆试之卷较取中原卷悬殊，必即从严究办，一惟该主考房官是问。至明岁举行覆试后，亦不必着为常例。着该部每届会试榜发，将应否覆试之处奏请定夺，候朕临时降旨。士子等尚其勉务实学，凛遵功令，以副朕剔弊抡才至意。

九月丙子　谕曰：福康安等奏，审明御史祝德麟参奏革职司业黄寿龄考到得受银两一案，请将黄寿龄、祝德麟分别治罪革职一摺。此事若果关系科场，朕必彻底根究，按律严办，断不肯稍事姑容。今国子监考到，非录科可比，录科不取即不能入闱应试，至于考到，此次不取，下次仍准其再考，况考取之后，仍由钦派大臣及祭酒等复行录科，始准入闱，文理荒劣者亦无从冒滥。是考到一事系重复具文，于士子本无关轻重，其考后馈送贽仪亦属托名师生，相沿陋习，与用财营求者不同。在洁清自爱者顾惜体面，自不肯收受，其见小猥鄙之流即来者不拒，而黄寿龄贪鄙尤甚，以致舆论不协。此事若果于科场去取有涉，必将黄寿龄立置重典。今据福康安等审明，考到一事既无关入场去取，而所得贽仪自一两至四两不等，聚少成多，才共得银六十余两，实系相沿陋规，于录取后馈送收受。虽其猥琐龌龊、有玷官箴，固难留司业之任，尚不至于治罪。黄寿龄业经革职，其所拟杖责之处着加恩宽免。至祝德麟身为御史，既经具摺参劾，当福康安等传旨询问时，自当列款指出，乃始则以一奏博建白之名，冀图转科，继则游移含混，并牵引多人，以卸其言之不实，似此进退无据，岂堪复膺台谏之职？本应照议革职，第念祝德麟本有言责，而黄寿龄收受贽仪致被参劾，尚不为无因，祝德麟着从宽降三级以部员补用。曹锡宝、王念孙皆系言官，既闻黄寿龄声名不好，即应自行具摺参劾，乃于署内私相谈论，及传至公所询问，又复哓哓剖辩，互相推诿，不顾颜面，本应照议交部，第念其究得自传闻，未有确据，曹锡宝、王念孙俱着从宽降二级留任。刘墉系总理国子监事务，吉善身系祭酒，于考到一事，自应公同办理，何以专交黄寿龄一人考校，致滋物议？咎实难辞。刘墉、吉善俱着交部议处。其生监人等所送贽仪为数甚微，讯无营求情弊，且于揭晓之后，多已出京回籍，并着加恩免其提究。余着照所议行。朕办理庶务，凡有关弊窦者无不加意厘剔，而沿习陋例并非作奸犯科者，亦不肯稍事苛求，此即不为已甚去已甚之意也。将此通谕知之。

九月戊寅　谕：科场条例，上年经大学士、九卿议定奏准，《五经》分年轮试。今岁乡试先用《诗经》出题，次年会试用《书经》出题，又空白试卷停止豫备，均为防闲弊窦起见。今刘绍锦于甫定章程即妄逞臆见，辄议更张。夫《书》以道政事，士子等有志读书，童年即已成诵，岂有业经应试，转未熟习之理？况会试非乡试可比，明经即所以从政，断无中式举人尚不能讲解经义，又非若《周易》之义蕴深奥、《春秋》经旨间有冷僻、《礼记》文词繁富者可比，何须仍以《诗经》出题？又停止豫备空白试卷，原以杜换卷中另生情弊，若如刘绍锦所奏，照旧准其更换，则违式诸生均毋庸贴出，又何必多设条规耶？邀誉沽名，莫此为甚。刘绍锦即照刑部所拟发往伊犁，本不为枉，但此等冒昧无识之徒，亦不值深究。刘绍锦已经革职，着勒令回籍，不准出境，并着交与该督抚留心查察。如刘绍锦尚不知安分守法，即据实严参，必当从重治罪，决不宽贷。

九月己卯　谕：据长麟奏，本年东省乡试诸生中，年届耄耋，奋志观光，多至五十余人，俱三场完毕，未经中式，就中择其年届八十以上、入学年分较早者李发枝、李可士、李承宗、王兆隆、王克昌五名，文理俱无疵谬等语。该生等或齿近期颐，或游庠年久，犹能踊跃棘闱，争先恐后，洵为熙世瑞征，艺林盛事。李发枝、李可士、李承宗、王兆隆、王克昌俱着加恩，赏给举人，准其一体会试，俾偿皓首穷经夙愿，用昭寿世作人至意。

九月庚辰　礼部议覆，广东学政关槐奏称，新例童试仍用四书文二篇，将经文裁去，查童生入学，便应科举。在有志者讲求根柢，自仍研悉经义，其甘小就者，必以考无经文，因循荒废。且科举于《五经》轮试后即以《五经》兼试，若不及早研摩，恐蹈临时剽窃之弊，请于取进童生覆试加经文一篇，通晓者入学，背谬者扣除。其出题之法，首《诗》，次《书》，又次《易》、《礼》、《春秋》，迨轮试毕，照生员岁试例，不拘何经出题，至府州县考覆试，亦一律增入。均应如所请。从之。

九月乙酉　谕：据何裕城、伍拉纳、浦霖奏，此次应试年老各生，江西省年届八十以上者一人，福建省年届八十以上者三人，湖南省年届九十以上者一人，俱三场完竣，未经中式等语。该生等年臻耄耋，踊跃观光，精神矍铄，允为艺林盛事。所有江西生员邓岳，福建生员王奕年、陈友仁、李绍灏，湖南生员李洪福俱着加恩，赏给举人，准其一体会试，以示朕寿世作人，嘉惠耆龄至意。

十月庚子　谕：据谭尚忠奏，琅盐井学岁贡袁旻年八十四岁，三场完竣，未经中式等语。袁旻年逾八旬，精神矍铄，踊跃观光，实为儒林嘉瑞。袁旻着加恩，赏给举人，准其一体会试，以示朕寿世作人，嘉惠耆龄至意。

十月辛丑　谕：据琅玕奏，本年浙江乡试诸生中，年逾八十以上之贡生徐爱莲、陈兆熄，附生刘方振、王震安、邬宗望、宋佳玉等六名俱三场完竣，未经中式等语。徐爱莲等年逾八旬，精神矍铄，踊跃观光，洵为艺林嘉瑞。徐爱莲、陈兆熄、刘方振、王震安、邬宗望、宋佳玉俱着加恩，赏给举人，一体会试，俾皓首穷经，得偿夙愿，用昭寿世作人至意。

十月丁未　　谕：据图萨布奏，本年广东乡试诸生中年跻九十之罗舜臣、吴相、江凤鸣、陈凤翔三场完竣，未经中式；又据李庆棻奏，本年贵州乡试诸生内有游鉴乾、朱锦雯、胡之宁年登八十，三场完竣，俱未中式等语。该生等皓首穷经，精神矍铄，踊跃观光，洵为艺林嘉瑞。罗舜臣、吴相、江凤鸣、陈凤翔、游鉴乾、朱锦雯、胡之宁俱着加恩，赏给举人，一体会试，用昭寿世作人至意。

十一月癸亥　　谕：据惠龄奏，办理武闱事宜摺内称连场较阅，将各武生照例考试马箭、地球及步箭、弓刀石等技，将弓马熟娴、技勇可观、年力强壮者挑取记注；其余生疏软弱者一概汰去，仍出示晓谕。将该生等或因骑射，或因技勇未能入选之处，于各名下详细注明，使该生等各知汰去之故等语。所办可嘉，已于摺内批示。向来武闱较阅，率多循例办理，未能实心甄别。是以顺天武乡试及武会试，特派皇子、大臣监同阅看，以昭慎重。至各省举行武闱系巡抚专司其事，往往于技勇、弓马并不认真考校，无所激劝。今惠龄将各生技艺可观者，密为挑取，仍将未能入选之人于名下注明出示，使被汰之故晓然共知，令各生等自知愧勉思奋，所办殊为妥善。各省巡抚俱当照此办理，认真校阅，不得草率从事，以副抡才至意。

十一月癸亥　　谕：据闵鹗元奏，本年应试诸生内，江苏省汤振、王长驾、吴霖、王日蕡、毕文琳等五名，安徽省王圣际、胡先桂、翟承眷等三名，均年在八十以上，三场完竣，未经中式。又据惠龄奏，湖北省应试诸生吴梅、舒继芬年皆八十以上，三场完竣，榜发无名各等语。该生等年逾八旬，精神矍铄，踊跃观光，实为儒林嘉瑞。汤振、王长驾、吴霖、王日蕡、毕文琳、王圣际、胡先桂、翟承眷、吴梅、舒继芬均着加恩，赏给举人，准其一体会试，以示朕寿世作人，嘉惠耆龄至意。

十一月乙丑　　谕曰：孙永清奏，广西省全州岁贡生唐熙现年八十三岁，三场完卷，未经中式等语。唐熙年逾八旬，精神矍铄，犹能踊跃观光，洵为士林嘉瑞，着赏给举人，准其一体会试，以示朕寿世作人，嘉惠耆儒至意。

十一月己巳　　谕曰：巴延三奏，陕省附生张梦熊、蒋遇辛年俱八十以上，三场完毕，未经中式等语。张梦熊、蒋遇辛年逾大耋，踊跃观光，洵为升平盛事，着俱赏给举人，一体会试，以示嘉惠耆龄至意。

十一月辛巳　　谕：前定科场条例，令各省中式举人覆试。朕念各省人数众多，难以遍行覆试，已降旨，俟明岁会试发榜后，将中式者覆考一次，未经中式者听其各回本籍。但前次吴省钦条奏，丙午以前三科，由俊秀报捐贡监中式举人，籍隶苏、扬、广东、山西者覆试一摺，业经大学士、九卿议准，仍应照旧办理。惟吴省钦所指四处尚未周到，着将江苏、安徽、江西、浙江、广东、山西六省三科以前，由俊秀报捐贡监生中式举人者，俱于来年会试前，在圆明园正大光明殿先行覆试，再准入场。如遇有事故，未能来京应试者，着照原议下科补行覆试。此六省未经覆试之人，不得赴会场考试，亦不准赴吏部截取铨选。

乾隆五十四年（1789年）

正月癸酉　谕曰：礼部尚书德保因元旦朝贺官员行礼，越上甬道，未能先事督饬，是以革去翎顶。但念其宣力年久，兹闻溘逝，着加恩，赏还翎顶。其礼部尚书员缺着常青补授，至礼部侍郎有襄理科场及学政各事宜。铁保学问较之达椿为优，着补授礼部侍郎，其内阁学士兼礼部侍郎员缺即着达椿调补。

正月戊寅　谕：台湾出力义民首等俱经核其劳绩，分别补用官职。曾中立由文举人出身，业已补放同知，黄奠邦由武举出身，前经福康安奏以守备补用，固属照例办理，但黄奠邦在嘉义县守城御贼五月有余，与曾中立在南路堵御贼匪同为出力，而黄奠邦更为勤苦，自应一体加恩，用昭激劝。本日兵部将黄奠邦带领引见，朕观其人尚明白，试以文义，颇能谙晓，着加恩改授同知。该员原籍系属广东，虽居住台湾已久，究非福建内地可比，着即发往福建，交与福康安等以内地同知酌量补用，以示朕奖励勤劳，逾格施恩，一视同仁至意。

二月己亥　礼部议准，湖南学政钱沣奏称，茶陵州学原定进额二十名，近来应试者少，文风亦属平常，应将该州学额改为十五名，其所减五名归入长沙府学，合原定学额为二十五名。将来该州文风渐振，即可于府学各额内量为拨取，以示鼓励。从之。

二月丙辰　谕：前经大学士、九卿议覆，顺天府尹吴省钦条奏，请将江苏、安徽、江西、浙江、广东、山西六省丙午以前三科，由俊秀、贡监生中式举人俱行覆试。今据礼部查明，此三科应行覆试者共七十余名，除丁忧事故外，现在到部四十五名，因派大臣覆加考试。内万应馨等四十三卷文理俱皆清顺，惟王丕瀜、薛载熙两卷诗句粗率，而《四书》文尚无大疵。朕思举人覆试，必须于揭晓后举行，方可以鉴别优劣，其中如有文理纰缪者，亦即可调验原卷，互相核对，情弊无难立见。若将旧科举子补行覆试，则隔日既久，举业荒疏，亦在所难免。且此等举子皆系上数次会试落第之人，其文艺平常可知。如果所业不进，即此次会试仍难入彀。是以上年秋间曾明降谕旨，将乡试覆试之例停止，惟于会试中式后举行覆试。兹吴省钦条奏，于未经会试以前，将上三科由俊秀中式者先加考试，殊觉多此一举。所由此次覆试之举人万应馨等四十三名均着准其会试；即王丕瀜、薛载熙二名，诗句虽属粗率，亦着免其停科，一体准予会试，即不得中，彼亦无所怨。将来会试榜发后，再将榜内各省中式者通行严加覆试。倘有文理不通，与原卷迥殊及原卷本有疵颣者，其弊不在内帘，即在外帘，不难逐一根究，从严办理。其或有文风平常省分，就卷录取者，亦当将该省落卷调齐比较。如落卷文理转比中卷为优，是考官衡鉴不公，亦应查究。至此次覆试不到之举人，除患病等项事故，恐有规避者，仍着以下三科为限，补行覆试外，其查系丁忧，并非托故不到者，概毋庸补行覆试。

三月壬戌　谕曰：翁方纲奏，江西士子积习，多于岁考知所儆惕，而科考则渐就懈弛，盖由报优报劣皆在岁考之时，而科考于诸生别无查察，稍自怠废者辄谓科考无关劝惩，或至日久改辙之弊。现饬各学教官将所管文武各生是否专心肄业之处，于科试之年备造全册，每名下详细注明，入于交代册内，以备稽查。各学报优之生，如汇考不到及考到而文理荒疏者，将其报优扣除，仍将原报之教官查办等语。翁方纲之为此奏，不过见其随事留心。但江西既有此积习，恐各省士风亦有似此者。学政督饬士子，原应岁科两试并重，若因岁试有报优劣之条，而科试竟漫无稽察，则文武各生其不能自爱者，难保无怠废改辙情事，于学校殊有关系。嗣后，各省学政务宜实力整顿士习，不特于岁试当秉公考核，即科试之年亦当一律认真办理，核实程材，以副朕整饬士风之至意。将此通谕知之。

三月癸亥　以兵部右侍郎伊龄阿、户部右侍郎汪承霈为会试知贡举，大学士王杰为正考官，礼部右侍郎铁保、工部右侍郎管干珍为副考官。

三月甲申　礼部以会试中额请。得旨：这会试，满洲、蒙古取中三名，汉军取中一名，直隶取中十一名，奉天取中一名，山东取中十名，山西取中六名，河南取中五名，陕西取中二名，江南取中二十七名，浙江取中七名，江西取中七名，湖北取中二名，湖南取中二名，福建取中四名，广东取中二名，广西取中一名，四川取中二名，贵州取中二名，云南取中一名。

四月癸巳　谕：据知贡举伊龄阿、汪承霈奏，本年会试举子内九十岁以上者四名，八十岁以上者三十一名，七十岁以上者五名，皆三场完竣，未经中式等语。此次各省举子年老应试者多至四十人，庞眉皓首，踊跃观光，洵为升平人瑞。除七十岁以上之姜价、项朱、柴杰三名业于上次会试后赏给国子监学正职衔外，所有年届九十以上之李发枝、罗舜臣、江凤鸣、李洪福，八十以上之张梦熊、王震安、康士雍、吴梅、章宸卫、赵峰、金有光、王圣际、邬宗望、李承宗、陈兆熜、徐爱莲、宋佳玉、蒋遇辛、王奕年、翟承眷、汤振、王日蕡、毕文琳、游鉴乾、张洪振、王长驾、舒继芬、李绍灏、朱锦雯、梁朝锡、曹雁、韩定佐、李东耀、李鳌、周玮俱着赏给翰林院检讨衔，七十岁以上之洪学源、邵利达俱着赏给国子监学正衔，其九十以上者各加赏缎三匹，八十以上者各加赏缎二匹，七十以上者各加赏缎一匹，并年在七十以上、前经赏衔之姜价等三名亦着一体赏给，以示朕嘉惠耆儒，仁寿作人之至意。

四月癸巳　谕曰：李世杰之孙李再瀛本年会试未经中式，李世杰系总督中得力之人，李再瀛着加恩，准其一体殿试。

四月乙未　谕军机大臣曰：土田州岑宜栋阵亡与否，尚无实据。前因伊子科场舞弊曾经治罪，今随同出力剿贼，若阵亡而不加之恩恤，又复何以示劝？着传谕福康安覆加确查，如岑宜栋实系阵亡，即奏请交部，照内地知州例，一体优恤。

四月戊戌　谕：昨覆试新进士，文义均属清顺，惟单可虹一名，诗句平仄不调，错误较多，考不入等。因令军机大臣复加严试，所作诗句仍复失粘，且有属对未工、用字讹舛之处。及调查闱中朱墨原卷，字句平妥，尚系堪以取中之卷，与覆试之诗前后如出两手。可见单可虹学问本属平常，会试之卷或有传递、代倩情弊，或系同号举子代为润色，均未可定，本应拿交刑部，彻底根究。朕向来不为已甚，姑念此次甫经举行覆试，单可虹尚系初犯，着即全行斥革，从宽免其究办。看来会试后，必须严行覆试，方可甄拔真才，创惩幸进。是覆试一事，竟不可少。嗣后，如有诗文荒谬与中式原卷迥殊者，即行严切审讯，究出舞弊情节，将代倩、传递之人俱立置重典，以示惩儆，断不能再邀宽宥也。

四月戊戌　谕：新进士殿试着在保和殿考试，所有豫备茶水等事不必护军校尉人等伺候，即照正大光明殿考试之例，令太监等经管，光禄寺亦毋庸豫备饭食，朝考着即照此办理。

四月甲辰　谕：昨召见侍郎铁保，询以本年会试闱内阅卷情形。据奏，此次中式各卷内，同考官未经呈荐，经正副考官搜阅落卷，因而取中者甚多。中定之后，始发交同考官补用荐条，殊属非是。乡会试设有正副考官及同考各官，原恐一二人衡鉴未能允当，是以必待覆加甄阅，以昭慎重。且使彼此互相防范，难以舞弊徇私。既云落卷，则同考官初阅时，自必以其文不佳或词句中实有疵纇，是以未荐。迨经正副考官搜出后，同考官亦应将其所以不荐之故签出相商，或疵纇尚小，瑕不掩瑜，方可取录，何得一经正副考官搜出取中，即为补用荐条？似此随同阿附，与外省督抚保题卓荐，业经定有其人，始发交两司补详者何异？不特相率为伪，甚至通同一气，徇情作弊，何不可为？殊非公明甄录之道。况如此办理，即设正副考官足矣，又安用同考官为耶？向来同考官阅卷时，于指出疵纇处所仅自登记，不准于卷上批写，所以正副考官搜出取中后，得以授意同考各官，将其从前批坏之语掣去，补用荐条，遂尔泯然无迹。此系历来场中之弊，朕今始知。嗣后，应令同考官于阅卷时即将诗文优劣，所以荐与不荐之故均在卷内注明。其正副考官于原中暨搜出取中者，亦应将取中之故批注卷上，俱交磨勘官秉公覆阅具奏，候朕亲定。庶得中者知其公，不中者亦无可怨。盖人之衡鉴，原不能毫厘无爽，然于可上可下之卷一时不能鉴别，尚属事之所有。若以佳者为劣及以劣者为佳，非任意屈抑，即属有意营私，是非颠倒。一经磨勘，或科道执其卷以纠参，情弊显然。如弊在同考官，则应治同考官之罪；如弊在正副考官，则应治正副考官之罪，不得仍前随意附和，徒滋外间横议。又据铁保奏，此次取中之第二名，即系王杰搜出，第三名即系铁保搜出，更属非是。同考官共有十八人，学问岂尽平庸？其所取之卷，又岂尽不如王杰、铁保所搜之卷？乃必以正副考官二人所搜之卷，拔置前茅，若曰无弊，其谁信之？朕临御五十余年，办理庶务，无不兼听并观，折衷至当，从不胶执己见。乃王杰、铁保于抡材大典不能虚衷商榷，惟以师心自用，无怪士子等之退有后言也。朕若另派大臣，将已中在后各卷通行覆阅，互相比勘，此内同考官荐中之卷，恐未必竟无胜于第二、第三名者。若有较胜之卷，而列置在后，朕亦无难治王杰、铁保以不公之罪。但此乃立例之始，朕从来不为已甚，是以不加深究。总之，落卷不搜，则权在同考官，弊窦易生，自应准正副考官将落卷复行搜阅，以免遗珠。但搜中之卷亦止准列于五十名以后，不得滥侧前列。所有此次搜中之第二、第三名，俱着改列五十名以后。并将此旨恭录刊刻，悬贴于各直省闱场内外，俾考官等触目警心，而应试士子等亦得传观，咸喻朕抡别真材，鉴空衡平之至意。将此通谕知之。

四月丙午　以大学士嵇璜、和珅，吏部尚书彭元瑞、左都御史李绶、礼部侍郎邹奕孝、刑部侍郎姜晟、内阁学士图敏、宗人府府丞窦光鼐为殿试读卷官。

四月丁未　策试天下贡士钱楷等九十八人于保和殿前。制曰：朕寅承天佑，抚驭寰区五十有四年。稽诸往牒，自三代以下所未有，用致海宇小康，尉候广远，集家庆于五代，祝丰岁于三登，虔荷昊苍眷赉者独厚。子于父母不敢言报，惟是朝夕乾惕，日慎一日，仰体仁覆之心，布德于众兆民，由小康而臻上理，集思广益，冀于实政有裨。多士通经致用，葄史适宜，敦习尚以征材，修浚防以溥利，妙损益以鉴古，讲肄有素，其伫予咨询焉。经旨奥衍，章句其显也。《易》备四德者七卦，爻无卦名者五卦，言数者二十七卦，吉居一耳，有六爻皆吉者，有五爻皆吉者，是可偻指之。《舜典》他籍所引，或以为《唐书》，或以为《夏书》，言仁、言性、言诚、言学何以皆始《商书》?《洪范》有考定文，其可从欤?《诗》三百十一篇，名见《礼》及《左传》者凡几？十五国风，或谓斟酌序次，或谓以两相比，语出何氏?《春秋》最重，书王冠于正月、二月、三月者可计也，有阙一时者，有阙二时者，有无月有日者，有有日无事者，可详也?《考工记》不合周制者何官？中霤、投壶、迁庙、衅庙可补《仪礼》否？《夏小正》、《周书时训》可代月令否？缕晰言之，将征所学。史家属词比事出于《春秋》，互文尤关考证。班固之书半资司马，其或因或改，异同得失，至为繁伙。南北史合宋齐梁陈魏北齐周隋之书，亦有短长，缀谱系，划时代，何者为优?《新旧唐书》，今武英殿始合刻并存，修者谓事增而文减，论者或轩煦而轾祁，孰为定论？薛居《五代史》，佚之数百年，近始辑成，其视欧阳修《五代史记》，孰以事胜？孰以法胜？至若表罗古今，志补前代，汉末群牧错见《国志》，典午载记间入《魏书》，其参互论断，以为定衡焉。士为四民之倡，朝廷登选，所以备任使，更以厚风俗也。乡举里选之典古矣，九品中正流弊更甚。以文取士，自唐至今循之。其中糊名、易书、搜索之禁，分路、分额、分卷、分经之法，累代史志，言之详矣。然汉世已有私改漆书文字之讥。八义假手，一联巡乞，场屋丑之，至郁轮袍、绿衣吏而扫地矣，上请之说，通榜之议，其何取焉？今制四子书以正其途，《五经》以博其趣，八韵以觇其才，五策以征其实，立法善矣。士宜何如端醇淬砺，以副予文治乎？禹谟六府，箕畴五行，皆先曰水，除其害，所以溥其利。西北之渠，川蜀之堰，自豫以下之堤，沿江沿海之塘，其大势也。昔人谓《禹贡》无堤防字，然而地徙流合，人众土辟，若酾、若�，其何以鸠民而奠之？若夫陶庄之河，引溜北趋，窖金之洲，排江东注，海塘之筑，一劳永逸，要未尝非疏瀹与堤防并用。朕数十年临视图指，不惜数千万帑金，以为闾阎计，大都平成矣。其或随宜善守，尚有未尽，又偏隅井邑、畎浍沟洫之利，自田间来者亦有可指陈欤?《说命》以师古攸闻，周文以监代称盛，重古制也。然鉴古必取宜今，有可因，有不可泥。古有边防，今日无边防，幅员广矣，其诚无边防乎？古有马政，今日无马政，孳贡蕃矣，其诚无马政乎？古辟雍，今亦辟雍，立之郊外则已迂。古养老，今亦养老，三老五更袒割酱馈则已亵。今韶乐犹古，无取乐章之沿；今耤田犹古，无取劳酒之琐。古美命官交让，仿以为京察，自陈则伪也。古取经筵讲学，责以为成就，君德则诲也。朕久道慎修，思跻淳邃，而酌古准今，屏华崇实，具有微权，其有能知古知今，以会其通者，可推广陈之欤？凡兹五事者，蕴诸心为经史之实学，施诸政为教养之良规，见诸事为古今之善制，沐浴涵泳，服我作人之化者。端心声，祛臆说，实著于篇，朕将亲采焉。①

四月庚戌　御养心殿，召读卷官人，亲阅定进呈十卷甲第。

四月辛亥　上御太和殿。传胪。赐一甲胡长龄、汪廷珍、刘凤诰三人进士及第，二甲钱楷等三十三人进士出身，三甲广善等六十二人同进士出身。

四月乙卯　内阁、翰林院带领丁未科散馆修撰、编修、庶吉士引见。得旨：此次翰林散馆之修撰史致光业经授职，其清书二甲之庶吉士吴烜、汪彦博俱着授为编修，三甲之庶吉士翁树培着授为检讨，汉书二甲之庶吉士王观、秦恩复、李传熊、初乔龄、龙廷槐、何泌、陈士雅俱着授为编修，三甲之庶吉士周维坛、潘绍经、瑚图礼、尹英图俱着授为检讨，何道冲、王祖武、胡钰、马履泰、顾钰、孙星衍、郑敏行、柳迈祖、范逢恩、陈若霖俱着以部属用，谢恭铭、任衔蕙着归进士原班铨选。

五月丁己　授一甲一名进士胡长龄为翰林院修撰，一甲二名汪廷珍、一甲三名刘凤诰为翰林院编修。

五月己未　命内阁侍读张姚成提督湖南学政。

五月癸亥　内阁、翰林院带领新进士引见。得旨：新科进士之一甲三名胡长龄、汪廷珍、刘凤诰业经授职，钱楷、李钧简、阮元、张锦芳、施杓、周栻、杨祖纯、黄镕、祝孝承、顾德庆、游光绎、那彦成、吴灼、达林、刘镮之、钱开仕、张鹏展、汪滋畹、杨昭、尚庆云、张履元俱着改为翰林院庶吉士，言朝标、贵征、王育琮、伊秉绶、董思駉、严年谷、申瑶、广善、王正雅、林溥、彭希郑、李再瀛、王宁焯、荣麟、瞿曾辑、裴显相、萧光浩、金槷发、曾祝龄俱着分部学习，张经邦、包敏、张位中、张炳、钱本礼、万应馨、金梅、华榕端、许元淮、范鹤年、杨克济、敬大科、李晓峦、赵时、卢荫文、李元符、丁桐、汪兆宏、刘斯颢、任泽和、张秉锐、张世昌、程卓梁俱着以知县即用。余着归班铨选。

五月乙亥　以编修冯集梧为云南乡试正考官，检讨刘锡五为副考官；户部员外郎萨彬图为贵州乡试正考官，兵部郎中王锟为副考官。

五月己卯　命大学士和珅、吏部尚书彭元瑞教习庶吉士。

闰五月丁亥　谕军机大臣等：本日据乌大经奏请来京陛见，又据谭尚忠奏称，俟科场办理完竣，即行起程进京瞻觐等语。滇省地处边陲，最关紧要，虽目下地方无事，边隅宁谧，而督抚、提督大员究不可轻离该省。即同时奏请陛见，亦须留一人在彼，一人来京，着传谕富纲等公同商酌。现在谭尚忠尚有承办秋审奏销案件，本年文武乡试又须次第举行，自应暂缓起程，先令乌大经来京陛见。计乌大经自京回滇，潭尚忠应办诸事俱已完竣，即可于十月内武闱事竣后起程进京也。将此各谕令知之。

---

① “朕”原文为“服”。据文径改。

闰五月辛丑　以编修温汝适为四川乡试正考官，礼部主事刘若璪为副考官；刑部郎中金光悌为广东乡试正考官，工部主事陈学颖为副考官；礼部郎中方维甸为广西乡试正考官，编修崔景仪为副考官；翰林院侍读陈嗣龙为福建乡试正考官，工部主事刘青照为副考官；检讨徐鉴为湖南乡试正考官，检讨邓再馨为副考官。

六月己巳　以礼部侍郎窦光鼐为浙江乡试正考官，编修程昌期为副考官；大理寺卿赵佑为江西乡试正考官，编修钱樾为副考官；修撰史致光为湖北乡试正考官，吏部员外郎恭泰为副考官。

六月甲戌　谕：今日召见窦光鼐，询及各省学政居官如何。据称，上江学政徐立纲人品声名俱甚平常，因即询之军机大臣等。佥称徐立纲平日未为端士，前后在学政任内，风闻声名亦不甚好，京师众口如一等语。着传谕书麟将徐立纲两任在安徽考试情形，有无贪劣实迹，并与提调教职暨士子等有无暗中关通作弊等事据实详查参奏。徐立纲系两任安徽学政，与该省地方官及士子等彼此熟识，易于滋弊。如果有贪黩之事，书麟前任安徽巡抚，现在又系两江总督，于该学政考试等事自必知之甚悉，倘因失察于前，遂尔有心回护含糊覆奏，经朕查明得实，恐书麟不能当此重咎也。将此由六百里密行传谕知之，仍即由驿迅速覆奏。

六月戊寅　以吏部员外郎江浚源为陕甘乡试正考官，兵部员外郎盛惇崇为副考官；内阁学士胡高望为江南乡试正考官，吏部主事贺贤智为副考官。

六月辛巳　礼部议覆，陕甘总督勒保疏称，镇西府及奇台、阜康二县各学生员均敷三十名之数，请照例添设廪增各二名，六年一贡。查五十二、三两年陕省送部岁科考学册，镇西共二十九名，仅少一名，应如所请。其奇台县止二十五名，阜康县止二十七名，与例不符，毋庸议。从之。

六月辛巳　陕西副考官盛惇崇丁母忧，以洗马周兴岱为陕西副考官。

六月甲申　谕：据书麟覆奏，安徽学政徐立纲前在学政任内，声名实属狼籍，自复任以来，颇知收敛，然竟谓三年之内全无劣迹，臣不能保，现又密加察访，一得实迹，即行据实陈奏等语。徐立纲于前次任内身名既属狼籍，该省巡抚何以不即据实参奏？彼时巡抚系属何人？书麟摺内何以不即声明具奏？现在虽据实奏称尚知收敛，并无劣迹，但此等作奸犯科之事，自然不敢使人闻见，焉知不比初任倍加秘密，以致无从得其端倪？况此等贪劣之员，亦断不肯改悔敛戢。着书麟设法访查，务将徐立纲实在有无劣迹据实奏闻，毋得稍涉回护讳饰，代人受过。将此由六百里再行密谕知之。

七月丁亥　谕：前因窦光鼐前来行在谢恩，召见询及各省学政居官如何。据称，上江学政徐立纲人品声名俱甚平常，随降旨密询书麟、陈用敷，令其将徐立纲两任在安徽考试情形，有无贪劣实迹，据实查奏。兹据该督抚先后覆奏，徐立纲前任安徽学政，声名实属平常，但无确实劣迹，自复任以来，考选尚知谨慎等语。各省学政如果冰兢自矢，校阅公平，何至众口一词，不孚物议？上年因谢墉、吴玉纶在学政任内，声名不好，曾将伊二人降调，以示惩儆。徐立纲以编修微员，经朕简用学政，更当如何感激，益励洁清，乃竟不知自爱，致有廉隅不谨之处。现在虽无确据，但似此声名狼藉，其何以胜校士抡才之任？徐立纲着来京，以司务博士等官降补，在武英殿修书处效力行走，其提督安徽学政着吴璥去。

七月丁亥　谕军机大臣等：安徽学政徐立纲现已有旨令其来京，以司务博士降补矣。此时乡试已将届期，该省尚有考录遗才等事正需赶办，恐新放学政到任未能迅速，或致办理不及。陈用敷系本年乡试监临，且系科甲出身，着传谕该抚于新任学政未到之前，即将录遗考试各事宜，代为悉心赶办，毋使抡才大典稍有迟误。

七月庚寅　以编修裴谦为河南乡试正考官，编修陈万全为副考官；户科给事中冯应榴为山东乡试正考官，户部主事陈廷庆为副考官；编修秦承业为山西乡试正考官，庶子李潢为副考官。

七月丙申　谕：本日召见新放安徽学政吴璥，因伊系原任总河吴嗣爵之子，询及河务情形，奏对甚为谙悉，人亦明白晓事，以之补放河道，可期得力。吴璥着补授河南开归陈许道，其南汝光道员缺仍着善泰调补，所有安徽学政着秦潮去。

七月乙巳　谕曰：翁方纲奏，访闻江西士子，有临场习用新出小本讲章以希捷获者，又坊间每有编辑经书拟题及套语策略等类，于临场时刊刻发卖，现出示严行禁止，并于建昌一带刊书之处遍为饬禁等语。讲章策略等项竟有刊刻小本，不特士子临场阅看，既得弋获捷径，且易于怀挟，尤不可不防其弊。翁方纲严行饬禁，所办是。至江西既有此项小本发卖，恐各省亦不免仿照刊刻、流传转售。着各督抚、学政一体出示禁止。其已经刻印者，令其缴出销毁。所有京城坊肆等处并着顺天府尹等一并留心查禁，以杜侥幸而端士习。

七月癸丑　谕曰：汪如洋奏各属科试情形摺内，有东帝二童生钱汝宣供出高凤鸣越号求倩等语。东帝二字自系东文场帝字坐号。然此等字面，不宜编列号房名目。该学政何不检点若此？各省考试文场东、西坐号，向例以千字文编排，相沿已久。如京师止用天地黄宇等字，而应避之字向不列入，外省恐皆一律编写，殊失敬谨之道。但坐号有限，而千字文内字面甚多，尽足敷用，岂可将帝、皇等字编列？即以天、元等字排入坐号，均非所以昭祗敬。嗣后，京师贡院以及各直省考棚，所有天元帝皇等字样，俱不得概行编列。将此通谕知之。

八月甲寅　礼部等部议覆，山西学政郑际唐奏称，大同府学额进二十名，该府所属州县文风平常，遵照原额取进外，再拨府学二十名，未免太优。霍州所属之灵石县人文较盛，旧额十二名，未免稍少。请将大同府学改为十七名，裁额三名拨归灵石县学，作为十五名，武童亦请照文童例裁拨。应如所请。从之。

八月己未　顺天乡试，以兵部左侍郎伊龄阿、户部右侍郎汪承霈为监临官，兵部尚书孙士毅为正考官，工部右侍郎邹奕孝、内阁学士图敏为副考官。

八月己巳　谕：各省学政现届应行更换之期，除安徽学政秦潮、湖南学政张姚成俱系本年补放，毋庸更换外，顺天学政着刘墉去，江苏学政着胡高望去，浙江学政着窦光鼐去，江西学政着赵佑去，福建学政着刘跃云去，山东学政着邹炳泰去，山西学政着茹棻去，河南学政着茅元铭去，陕西学政着周兆基去，湖北学政着李长森去，广东学政着陈桂森去，广西学政着费振勋去，四川学政着戴均元去，云南学政着萧九成去，贵州学政着陆湘去，现已启銮进哨。以上各员，现出该省试差者，于出闱后即行接印任事，其在京各员亦着于奉旨后速赴新任，均不必前来请训。

八月戊寅　谕：本日伊龄阿等由五百里驰递奏摺，朕意必系科场中有紧要事件，及披阅时，乃系受卷所遗失墨卷二本。此等事只须将该书手等一面送交刑部审讯，附本报之便具摺奏闻，何须单发，致劳驿递？伊龄阿等何不晓事体若此？至所奏遗失南皿张聪赉二场墨卷，中皿李梦金三场墨卷，俱与该生无干，自应传令补行默写，一体誊送内帘。其受卷所书手王立、刘万昌是否将原卷迷失，抑有别项情弊，着交刑部审明办理。受卷官习振翎、宋大樽虽经自行检举，究属疏忽，并着交部照例察议。

九月癸巳　谕：前据伊龄阿等奏，本年顺天乡试诸生中年届八十以上者左昌宗等九名，七十以上者高日新等三十二名，俱三场完竣等语。现在榜发，俱未中式，俯念该生等年臻耄耋，犹踊跃观光，洵为艺林盛事。其年在八十以上之左昌宗、武宅镐、郑学洙、李垠、涂文魁、章敬修、王朝臣、胡自勉、孙有诵九名，并年在七十以上之副榜单备俱着加恩，赏给举人，准其一体会试。其年在七十以上之高日新、马克惠、倪克勤、孙大兴、王锡桓、王家相、安永宜、马元倬、潘抡元、安容碶、杨世法、张应楫、郭斌、刘梦桂、毕汾、刘懿广、阮锡嘉、王琨、张日新、黎淳、张镳、宋炳炎、贺云程、刘哲、史彭年、王文、崔九州、梁栋、刘素位、谢立吉、高瑛、林见性俱着加恩，赏给副榜，以彰寿世作人至意。

九月癸巳　谕：前据绵恩奏，直隶永年县生员乔庚辛呈明五世同居，伊父监生乔文源现年八十五岁等语。乔文源身列成均，年登耄耋，其子孙五世同居，洵为升平盛事。乔文源着交直隶总督查明咨部，酌量旌赏，以示嘉惠敦睦至意。

九月丁酉　福建学政刘跃云丁母忧，命通政使吉梦熊提督福建学政。

九月己亥　谕：礼部侍郎员缺着刘墉补授。刘墉现出顺天学差，凡遇按试之期，着沈初兼署。

九月癸卯　以户部右侍郎汪承霈知武举，礼部尚书纪昀为武会试正考官，翰林院侍读学士平恕为副考官。

九月丁未　谕军机大臣等：据郭世勋奏三场事竣一摺。内称于额送科举外，多取数百名入场，其应需经费皆系督抚捐赀备办等语。直省三年大比，典重抡才，所有科场经费，向来均系动支官项，从无督抚自行捐赀之理。外省地方官于乡试备办供给等项，往往藉沾余润，其能实用实销，不致从中取利，已属难得。若矫枉过正，于例需经费，自出己赀备办，似此公项之事，纷纷赔累，伊于何底？即如顺天乡会各试，系礼部、府尹率属承办，非督抚养廉优厚可比，若概令捐赀，势必不能赔垫，国家亦无此政体。该督抚所办殊属非是。着传谕该督抚即将因何筹办捐赀之处，据实覆奏。

九月丁未　兵部以武会试中额请。得旨：这考试，汉军取中二名，直隶取中七名，陕西取中六名，广东取中五名，河南取中一名，山东取中四名，江南取中二名，山西取中三名，湖北取中一名，湖南取中一名，四川取中一名，广西取中一名，福建取中一名，浙江取中二名，江西取中一名，云南取中一名，贵州取中一名。

九月己酉　谕：吏部进呈原任湖南学政钱沣失察生员匿丧冒考议处一本。各省学政训饬士子，是其专责。今生员杨德钟于母丧未满，朦混冒考，似此忘亲躁进之徒，不特违犯例禁，实于伦纪有关。钱沣身为学政，竟若罔闻知，所谓训士者安在？岂国家设立学政，惟令坐享厚廉，而于风化士习俱可置之不问耶？钱沣前在御史任内自诩刚方，节经参劾毕沅、国泰，朕念其尚有风力，一两年间即擢至通政使副使，简放湖南学政，并特令连任。乃伊在湖南将及六年，从未见其续有纠劾之举，岂该省大小官员尽皆廉法，竟无一二应挂弹章者？况近年湖广活埋、匣费、江堤等案节次破露，钱沣近在楚省，宁独无所闻知？而默不一言，可见伊从前参奏毕沅、国泰，不过以自峻丰裁，为售知邀升之地。及擢至京堂学政，遂尔志满意足，欲思安享丰腴，自甘缄默，其何以克副委用？此而尚使腼颜留任，岂为学政者必皆如谢墉、吴玉纶声名狼籍，始谓之有忝厥职耶？吏部堂官于议处此案，自应将钱沣议以实降。其任内尚有加级纪录足敷抵销之处，一并声明具题。乃该部朦胧，并不详细声叙，率准抵销，而阁臣亦不过照例拟票，朕发令改议，始声明钱沣无级可降，应行革职。吏部堂官办理抵销，未免有心徇庇，着交都察院议处。至钱沣以特加简擢之人，乃玩愒至此，本应即予褫革，姑念其从前尚知持正，着加恩以部属主事用，以观后效。

九月己酉　谕军机大臣等：前据福康安奏两粤地方情形一摺。内称各属士子赴考者多于往岁，于额送科举外，多行录取数百名入场，所需经费由福康安与抚臣捐赀备办等语。此一节，朕实未经细看出。昨据郭世勋具奏，朕以所办非是，业已降旨将因何筹办捐赀之处，令该督抚据实覆奏矣。今思捐赀一事，必系福康安因令李天培代办木植一案，曾经获咎，未免心存惶惧，遇事过于见好，故将科场经费出赀捐办。夫抡才重典，各省科场经费俱系动支官项，从无督抚自行捐赀之理。督抚能察属员不于此中冒销，已恐不能。若以此等公项之事，皆须督抚自出己赀，纷纷赔垫，不但各省地方官心所不愿，且或生嫉妒，即粤省亦未必乐从。若以为节省官项起见，试思朕临御以来，普免天下钱粮三次，漕粮二次，不下二万万，若较之福康安所省区区科场小费，不及千万中之毫厘，于帑项有何裨益？福康安所见甚小。如因木植一案获咎，勉思补过，自应从此倍加清慎，于地方要务有关国计民生者实力整顿，岂徒以节省些微经费，即为尽心见好耶？着传谕福康安，嗣后，务须力持大体，遇事格外谨凛认真，方为不负成全任使之意。将此谕随便寄知各省督抚，令知朕意也。

十月甲寅　谕：前因各省乡试中式人数较多，若等候各举子齐集京师，已届会试之期，是以将乡试覆试之例停止。但思各省乡试俱系本省诸生应考，尚不至滋生弊端。顺天为五方辐辏之区，其应试之人又系俊秀监生居多，未免良莠杂处。现据顺天府查奏，万治庭顶名中式，并经步军统领衙门拿获该犯，审出联号代倩情事，看来顺天乡试榜发后，不可不覆加严试，以核真才而清弊窦，所有顺天中式举人着即于此科为始，举行覆试；其有托故不到者，仍照旧例办理。

十月甲寅　谕曰：谢墉、吴玉纶前于学政任内声名狼籍，谢墉业经降授为编修，而吴玉纶仍以四品京堂开列，不足以示惩儆而昭平允。吴玉纶亦着降补检讨，在武英殿修书处效力行走。

十月丁巳　谕：向来乡会试士子出场之日，例本不准给烛。闻本科顺天乡试于初十、十三、十六等日，多有迟至夜分始行交卷出场者，以致昏黑易于混杂，滋生弊端，殊非慎重科场之道，此必系伊龄阿沽誉矣。嗣后，凡遇乡会试，于士子出场日期，知贡举及监临等务须先行出示晓谕，届时严催，早行交卷，断不准其给烛，以杜弊窦。着为令。

十月壬戌　以翰林院侍读学士平恕为顺天武乡试正考官，编修朱攸为副考官。

十月甲子　谕：前因各省乡试中式举人人数众多，距京远近不一，及至齐集京师，已属会试之期，是以停止覆试。而顺天应试之人，五方辐辏，非外省可比，且俊秀监生居多。现又查出万治庭顶名代倩联号诸弊。业经降旨，以此科为始，顺天乡试榜发后，按名严加覆试。但恐此次中式诸生于未经降旨之先，多有出京回籍者，一时未能赶到，姑再宽期限，于明年二月初一日以前齐集京师，听候示期覆试。除实有父母事故不能赴考，取结报明外，如有托故不到者，明系意存规避，俱着革去举人，不准与试，以清科场而示惩儆。

十月戊辰　策试中式武举刘国庆等四十三人于太和殿前。

十月庚午　上御紫光阁，阅中式武举骑射。

十月庚午　谕曰：伊龄阿本年派办顺天乡试监临，有心沽誉，并不认真查察，致有万治庭顶冒联号等弊，非寻常疏玩可比，除听候部议外，不必兼管崇文门，其崇文门税务着福长安接管。

十月辛未　上御紫光阁，阅中式武举技勇。

十月壬申　上御太和殿。传胪。赐中式武举一甲刘国庆、马承基、陈四安三人武进士及第，二甲吴三泰等五人武进士出身，三甲毛秉刚等三十五人同武进士出身。

十月丙子　谕曰：伊龄阿、汪承霈派办乡试监临并会试知贡举业已三次。朕因伊二人在侍郎中尚能办事，且恐科场外帘、监试、提调等官承办日久，易滋弊端，是以屡次特派伊龄阿、汪承霈办理。该侍郎等自必倍加认真，厘剔弊窦，方为无负委任。乃本年顺天乡试，竟有顶冒、代倩联号等弊，则是伊二人一味邀众举子之誉，并未实力查察，以致士子串通胥役作奸犯科，非寻常疏玩者可比，其咎实难宽贷。现于万治庭等舞弊一案，交部严加议处，自必予以实降。伊龄阿、汪承霈俱着先行解任，听候部议。所有兵部侍郎员缺着明兴补授。明兴现在出差，其未到任之前着虔礼宝调署，其刑部右侍郎员缺着玉德补授。韩鑅着调补户部右侍郎。伊现有应缴漫口官项较多，是以加恩调任，以便坐扣完项。所遗工部侍郎员缺着张若渟补授。张若渟虽非科甲，但尚谨慎，且系大学士张廷玉之子，特加擢用，以示朕眷念旧臣之意。

十月壬午　谕军机大臣曰：梁肯堂奏，刘种之在学政任内场规整肃，士子安静，细访考试事宜，亦无非议等语。前因学政按考地方俱系督抚所辖，耳目甚近，无难访查确实，遇有贪污劣迹，令该督抚指名纠参，原欲严考成而肃功令，乃历来各督抚于学政任满回京者，率以考试无弊、声名尚好具奏，从无一省举其劣迹者。如果学政皆属公慎之员，无可非议，何以谢墉、吴玉纶、徐立纲等声名狼籍，督抚等并无一言奏劾？及朕有所闻，降旨严切询问，始行据实陈明，先后破露。可见各督抚于学政任满及年终汇奏，俱意存见好干誉，不肯据实直陈，殊非朕慎重核实之意。着传谕各督抚，嗣后，务须将学政考试实在有无弊窦及士子舆论是否翕服之处，据实详细奏闻，毋得稍有瞻徇。若学政中再有如谢墉等之声名狼藉，该督抚不为举劾，一经发觉，必将徇隐之督抚一并治罪，决不宽贷也。

十一月己丑　　兵部议准，广东学政关槐奏称，广州府新宁县客籍，额取进文童二名，武童一名。查，近年考试武童，人数多少不等，请照广东商籍童生之例，十名取进一名，未满十名不得滥取，或人数增多至十名之外，仍照原额，不得加添。至童生例非廪生保结，不得入场。原议客籍生员不准拨给廪增，赴考文武童生由教官保送，恐平时不相认识，临时难以稽查，应即令客籍附生照例出保。从之。

十一月辛亥　　谕：向来各省督抚于学政任满及年终陈奏时，大率以声名尚好为辞，含糊具奏，从未有举发学政劣迹者。即如谢墉、吴玉纶、徐立纲等声名平常，相继破露，皆经朕传旨询问，始据各督抚具奏。今又闻广西学政潘曾起在学政任内声名亦属平常，因检查孙永清上年岁底陈奏摺内，据称潘曾起声名中等、并无劣迹等语。学政与巡抚同在一省，其声名优劣，断难掩人耳目，潘曾起校士未能公正，外间多有议论，孙永清岂不知之？乃并不切实具奏，为此模棱笼统之语，以冀见好干誉，甚属无良心。本应将该抚从重治以欺罔之罪，但因阮光平于明春入觐，孙永清在彼照料一切，较为妥协熟谙，未便遽行更易，致阮光平或生疑畏，故加恩免其治罪，与福康安托办木植一案，加恩予留公爵章服者，事同一例。仍着传旨严行申饬，必将潘曾起如何作弊之处据实参奏，莫至为人害己，慎之。

十二月癸丑　　谕：已革副榜施銮坡前因应试怀挟，照例斥革。今检阅南巡时诸生所进迎銮册页，内有《施銮坡集》千字文一本，文理尚优，若令终身废弃，未免阻其上进之心。因思从前已革举监，如能改过自新，原有准其应试之例。施銮坡着加恩，准其以原名应试，如再敢舞弊，必加倍从重治罪。

十二月丙辰　　谕：本年乡试诸生，年届八十、七十以上未经中式者，除顺天业经降旨分别加恩外，兹据各省陆续奏到，诸生中年跻耄耋，踊跃观光，共百有余人，虽未经中式，而三场均能完竣，洵为士林盛事。所有江南省八十以上之胡椿、周宗勋、许以恭、刘鸿、宣鹏、徐日暄、董作砺、翁炳、魏文鸿、刘湘、翟皋、王道烜、汪飞熊、刘绳准、叶逢年、张进履、姜球等十七名，江西省八十以上之黄景亮、胡道南、萧士芝、董梦江等四名，浙江省八十以上之方宗华、何大烈、闵之贤、冯全修、鲁学孟、张谔等六名，福建省八十以上之吴维新、朱光章、陈卜仁等三名，湖北省八十以上之刘化鲲、王奉元、涂宗诏、朱有荣等四名，湖南省八十以上之刘丰年、李光昱、李国霞、李逢源、欧阳谟、吴家修、文承发等七名，河南省八十以上之冯希贤、程绍光、乔元熙、武伸、席梧贵、吕朴、李如璧等七名，山东省八十以上之王有年、王宗远、郭伟绩、赵泉、赵瑞岚等五名，山西省八十以上之李文明、孙公辅、李如山、孙元麟、郭长源、吴企哲等六名，陕西省八十以上之张大烈、张守经、阎辅辉、张大振、师尚友等五名，四川省八十以上之潘履谦、戴文璧、刘洪文、王体亨、王升平、李维岱等六名，广东省八十以上之李赖予、杨家树、马登翰、李光云、邱修己、关睿南、何绍纲等七名，云南省八十以上之汤祚昌、钱大有等二名，贵州省八十以上之杨宜科、黄中理、赵锡爵、徐苾、王德洪等五名俱着加恩，赏给举人，准其一体会试。其浙江省七十以上之沈志超、胡以晋、徐由湘、黄敏、楼象春、范钰、潘兆谦、李鸿、郑拱秀、张爰土、周嘉祺、沈慧业等十二名，湖北省七十以上之刘中陵、萧光泰、张元珑、袁国桂、邱雨浚、李华、卢薰、杨大谟、刘先士、方玉堂、冉之桂、邱文开、闵力魁、周之鼎等十四名，湖南省七十以上之黄佑启，山西省七十以上之宋守祀、萧鸣山、薄文龙、王梦熊、刘焕、王克惠、杜霈、高曰敬、郝兆珠、周汝第、郭延山、万之干、强岫、王振祚、孙大发、李时旺、刘依德、薛抡魁、赵学普、李溥、赵抡达、李晚荣、孙膺祜、王宪武、王仪烜、陈丹书、冯宪邺等二十七名，俱着加恩，赏给副榜，以彰寿世作人至意。

十二月丙辰　工部议覆，盛京户部侍郎宗室宜兴题修宁远旗仓，天字、日字、月字三廒，应准照例估修外，查本年八月内，京师贡院及各省考棚，所有天、元、帝、皇等字俱停止编列。仓廒事同一体，所有宁远州旗仓廒座字号内，如天字等字样，应令该侍郎改编报部，至各处仓廒有似此者，应行文仓场侍郎及各省督抚查明改编报部。从之。

十二月丁巳　军机大臣议奏，请增设顺天乡会试防弊各事宜。一、顺天乡会试誊录，请于顺天直隶各州县衙门，挑取诚实书吏，乡试一千名，会试七百名，由该督委员送交顺天府，届期会同知贡举等验明印臂，押送入场。一、进场办事书吏，请于各部院衙门经承书吏内，每处挑送六名，吏礼二部各挑送八名，按照乡试签掣二十四名，会试签掣二十名，入场充用。一、乡试生员，请令该督每府派教官二员到京识认，其国子监肄业贡监生，令助教等官识认，其不在监肄业者取具同乡官印结，令出结官识认，其在部候选及各馆誊录，亦令同乡出结官识认。一、墨卷填写添注、涂改字数，请增派受卷官四员，收卷时设立册簿登记，并于簿面注明受卷官某人，于榜后送磨勘官核对。一、乡会试卷，印卷时以四十本为一束，令印卷官查清用印，送入场内，并请交礼部另铸知贡举关防、监临关防各一颗，于试卷送进时，逐卷钤用。一、卷面坐号戳记，请令四所官将四十号戳为一串，卷四十本为一束，随手拈取号戳一串，于卷簿及卷面印用，其未经投卷者即于簿内本生名下，印用未投卷三字戳记，三场俱照此办理。一、士子入闱后，请派员清查号舍，将某号系某员查看，登记号簿。倘有乱号等弊即将原查官参处，并请派监试满汉御史各四员，并令科道通行开列候点。以上各条，请即于庚戌年会试为始。从之。

十二月辛未　谕军机大臣曰：毕沅奏，湖南省驴脚南米未完一案，浦霖于五月内开列，经征督催各职名题参。嗣据各该州县赶紧征输，于三月定限之内解交粮道，一律全完，例应免议。缘粮道武调元入闱办理提调事务，迨九月内始行汇请咨部开复，咨文未到之前，部议业经将该员等照例革职，相应请旨，照例开复，并将出详迟延之武调元交部察议等语，已批交该部议奏矣。武调元系该省粮道，事务较繁，且近年粮运稽迟，督催一切尤关紧要，即不应派令该员入闱。今各州县解交未完银米，业于限内全完，因武调元带印入闱，未即详报，致各员皆被参处，武调元迟延之咎，固属难辞，而浦霖系属监临，将粮道派入闱场，致误本任要务，亦属不合。除武调元交部察议之处听候部议外，将此谕令知之。

十二月丙子　谕：前闻广西学政御史潘曾起声名平常，降旨询问孙永清，令将潘曾起在广西考试情形，有无劣迹，据实查奏。兹据孙永清覆奏，潘曾起轻喜易怒，性情不好，未能满惬士心，曾饬各府提调官密行访察，虽无舞弊营私实迹，而其声名实属平常等语。潘曾起屡经简用学政，如果洁清自矢，训迪有方，何至士心不服？乃竟不知自检，士论纷然。现在虽查无确据，但声名物议如此，岂可复胜台谏之任？潘曾起着交部严加议处。

十二月丁丑　谕曰：徐立纲、潘曾起在学政任内，声名俱属平常，业经先后降旨，将徐立纲降补司务博士等官，潘曾起交部严议矣。巡抚与学政同在一省，其声名优劣，平日断无不知之理，乃陈用敷、孙永清并不及早据实劾参，及至朕降旨询问，陈用敷则以徐立纲初任声名不好，原有风闻，自复任以来，考选尚属公平，模棱具奏。而孙永清则仅以潘曾起性情不好，未惬士心，委婉开脱，俱属意存隐饰。厥罪惟均，本应皆予降调，但孙永清办理安南投诚一事，尚属妥协，明春阮光平亲自入觐祝厘，仍须该抚在彼照料进关，若遽易生手，恐阮光平心存疑畏，是以将孙永清暂予留任。至陈用敷自擢任安徽巡抚以来，不过循分供职，毫无出力之处，而于徐立纲学政声名又不据实参奏，似此有心欺饰，岂可复膺封疆之任？陈用敷着降补奉天府尹，安徽巡抚员缺即着穆和蔺补授。

乾隆五十五年（1790年）

正月壬午　以八旬万寿，颁诏天下。诏曰……一、国子监贡监生及各官学教习，免坐监期一月。一、各省儒学以正贡作恩贡，以次贡作岁贡。……布告天下，咸使闻知。

正月丙午　谕：据富纲奏，准新任学政萧九成称亲子萧池于上年己酉科恭应顺天乡试，中式第六十名举人，嗣因简放云南学政，于九月十六日自京起程，将伊子带至任所，帮办家务。原拟不赴来年会试，到滇后接阅邸钞，始知顺天一榜举人，俱须按名覆试，并于二月初一日以前取齐。云南距京遥远，势难如期赶到，应否送京补行覆试之处，谨据情代奏等语。上年因查出科场内仍有代倩联号等弊，是以降旨将顺天中式诸生，定期严加覆试，如有托故不到者即予革除，以示惩儆。萧九成之子萧池，如于奉有覆试谕旨之后，在京携带起程，明系意存规避，即当革去举人。今据奏该学政于九月十六日出京，而顺天覆试谕旨系十月初四日颁发，是其起身时，因未知有举行覆试之事，尚无托故规避情节。所有该学政之子萧池竟着于下科补行覆试，此时不必再令送京，将此传谕富纲转谕萧九成知之。

正月己酉　谕：昨覆试己酉科顺天乡试中式举人，特派大臣严行校阅，分别等第进呈，朕亲加披览。列入一二等者文理尚俱清顺，其三等前列之卷词意亦尚无大疵，惟三等末十五名语多疵颣，其四等、不入等各卷，竟至文义荒谬，诗句不通，可见该举人等学业庸劣，幸弋科名。考试时或有传递、代倩等弊，均未可定。本应照阅卷大臣所请，拿交刑部严审办理。但朕向来不为已甚，且本年届朕八旬万寿，特命开设恩科，嘉惠士子，不忍因此数人幸获，辗转株连，遽兴大狱。着将不入等第之王謩、舒锦、吉文、增福、张沄、王文鳞全行斥革，从宽免其讯究；列入四等之陈侍廷、傅大鹏、魁亮、谢凤翥、唐古泰着革去举人，仍加恩予留生监，准其应试；列入三等末之张宝鉴、韩大鲸、冯德浚、孔源泗、景福、陈霨、马大良、多灵额、赏澧、张燕翼、李洙、马蕴恺、广住、郭希和、周永瑞等十五名，俱罚停会试一科，以示薄惩；其三等之聂思聪等九十二名，均加恩免其停科。至监临等场规不肃，有意沽名，虽有应得之咎，但前因万治庭顶名联号一案，业经降旨将伊龄阿、汪承霈降调，着加恩免其再行议处。其主考、同考官等亦一并免其交议。此朕恩施格外，概予从宽。士子等务须各知感愧，励志读书，怀刑自爱，毋再心存幸进，致罹法网。监临、考官等亦当秉公矢慎，内外肃清，以期遴拔真才，屏除弊窦，用副宥过施仁，谆谆训诲至意。

正月庚戌　谕：此次覆试举人业经降旨，列为四等者皆仅革去举人，仍留生员、监生，其未入等第者始行概予革退，此朕格外施恩，特从宽宥，俾读书者知所感愧，勤学自爱之至意。八旗满洲世仆等自宜勤习清语、骑射技艺，如学汉文亦应尽心学习，遇有考试，虽未能卓越，亦须列入等第方可。兹覆试舒锦、吉文、增福既不入等，而魁亮、唐古泰又列为四等，旗人之应试者，较汉人为数无多，而劣者即有五人，是既不勤学汉文，又不精习技艺，坐荒于歧途，明矣。此皆由该管都统等平日不留心教训所致。即如铁保、图敏所学尚有规模，而不善于办事，亦属无用。去岁朕略为鼓舞擢用，今旗人仍复如是，诚使朕鼓励士子之心无望矣。此等诗文陋劣，自系场中舞弊始得中式，今不深究伊等，即系格外之恩。其列为四等之魁亮、唐古泰，如照汉人准留生员、监生，似觉便宜，而幸进之弊仍不能除，魁亮、唐古泰亦着全行革去。如此辈革退后，尚自以为读书之人，至含冤抑，即非旗下世仆之子孙也。且一经审讯，情弊得真，不独予革，更须治罪。今革去生监，挑为马甲与拜唐阿犹得钱粮糊口，果能加意勤学技艺，奋勉行走，异日仍得上进之路。如此办理，非谓旗人可不识汉字，别项差役汉字亦须学也。着将此交八旗都统等，嗣后不时训教，俾学汉文者务期于精，倘学力不及而希图侥幸，临场舞弊，必从重治罪。将此通谕知之。

正月辛亥　署四川总督孙士毅奏，查新例，凡乡会试应回避督抚者，俱改掣他省，惟教官一项未经议及。臣前充戊子科四川考官，取中举人，多有选授教职，但教职不能改掣，或概令离任，俟臣卸篆后再行咨铨，抑仍照旧例，咨部存案，遇有举劾，随摺声明。得旨：不必回避。

二月己未　谕军机大臣等：据长麟奏，滨州举人薛对元与贡生杜宜丰寻衅，经杜宜丰具控该州，即差役缉获薛宗孟，薛栋等解州审办，薛对元复纠人夺犯，殴伤差役，现将薛宗孟等复行拿获。惟薛对元连夜逃走，赴京会试，已飞咨直隶并提督衙门一体查拿务获等语。薛对元身系举人，与杜宜丰寻衅争殴已属生事，及该州缉获案内人犯，复敢于中途夺犯，擅行释放，殴伤差役，尤为不法，必须严密缉拿，务获究办。虽据该犯家属供称，现已潜赴京会试，但该犯自知罪重，窜迹潜逃，岂有将实在踪迹向人告知之理？或竟系在邻省及附近地方潜匿，串捏此供，以为诓诱漏网之计，亦未可定。长麟何以未见及此，仅咨直隶一带查拿，致稽疏纵？着传谕绵恩及顺天府尹，直隶、河南、江南各督抚，一体严拿。缉获后，一面速行解赴山东，一面奏闻，并着长麟严饬所属各州县，实力躧缉，毋任远扬。

二月癸亥　谕：前据长麟奏，滨州举人薛对元夺犯殴差，潜逃赴京会试，即传谕绵恩等严密缉拿，兹已将该犯拿获，派员解赴山东归案审办。但绵恩等讯问该犯，据供上年六月间，因与素识之通判侯永蓴及杜宜丰等谈及蒲台镇赶集集场本在西街，杜宜丰等欲将布市挪开，因而口角争殴，杜宜丰赴州具控，本州差役传唤，薛对元同薛宗孟等到案候审，屡次到州，往返数月，并递过诉呈，未经传讯，因会试场期相近，始行起身赴京等语。查阅长麟原奏，又称薛对元等与杜宜丰寻衅争殴，经该州饬差将薛宗孟等拿获，薛对元率人赶去，薛德用铁尺打伤差役赵统，薛对元撕破差役周贵衣服，将薛宗孟等夺去释放，与该犯在京所供情节全不相符。自因质证无人，希图狡赖。现在该犯业已解赴山东，着传谕长麟即行提集犯证，详悉究讯，是否该犯所供狡展，抑或另有起衅别情。若果夺犯殴差各情节审讯得实，则该犯系属举人，非寻常愚民可比，敢如此目无法纪，定拟时必当加倍从重治罪，以示惩儆。将此谕令知之。

三月丙戌　以礼部右侍郎铁保、刑部左侍郎姜晟为会试知贡举，大学士王杰为正考官，吏部右侍郎朱圭、工部左侍郎邹奕考为副考官。

三月丁亥　谕：此次巡幸山东，所有东省及各省士子迎銮献赋，特加考试，其考取一等之贡生杜堮，生员程拱字俱着赏给举人，准其一体会试；其考取二等之亓保、李廷芳、李尧询、蒋天枢、黄旭、何垲、张兴镛、沈清瑞俱着各赏缎一匹。

三月庚寅　谕：据常青等奏，安徽庐州府教授李略赍该学训导陈尚志印信公文，赴部投递会试，内开该教授偶患风寒不及请咨，经本府暂委训导署篆，殊属违例，请交部严加议处等语。教职赴京会试，例应请咨督抚，赍文达部，方准应试。乃该教授李略不候给咨，辄以患病、往返不及为词，取具同官印结，擅离职守，妄行赴部投考，殊出情理之外。李略除不准会试外，着革职，交刑部严审。至训导陈尚志瞻徇同官，冒昧出结，而该府张华甫不候督抚批准，竟委训导署印，听该教授离任起程，均非寻常错误可比。陈尚志、张华甫俱着革职，交康基田严行究审，据实具奏。

三月甲午　谕：朕此次巡幸山东，祗谒孔林，恩施叠沛，业已庆洽群黎。更念齐鲁诸生，比户弦歌，近依圣里，当此銮舆临莅，允宜嘉惠胶庠，式敷化泽。所有山东省本年入学名数，大学着增额五名，中学增额四名，小学增额三名，该学政其悉心搜录，遴拔真才，以副朕乐育人材至意。

三月丁未　礼部以会试中额请。得旨：这会试，满洲、蒙古取中三名，汉军取中一名，直隶取中十一名，奉天取中一名，山东取中十名，山西取中六名，河南取中五名，陕西取中二名，江南取中二十八名，浙江取中八名，江西取中七名，湖北取中三名，湖南取中三名，福建取中四名，广东取中三名，广西取中一名，四川取中三名，贵州取中二名，云南取中一名。

四月己未　谕：前经礼部奏，内阁中书一项，据吏部咨称，现在候补者仅有七员，自本年至下届癸丑科，三年之内，恐不敷用，请照例于会试落卷内录取三十名等语。向例，录取中书系于会试揭晓后，将未经中式墨卷送入内帘，交主考阅取。朕思移送落卷时，折阅弥封，查对红号，恐有漏泄情弊，而考官阅看墨卷，笔迹亦易于认识。且其时会闱已经撤棘，复行甄录中书，尤非慎重关防之道。向来定例本未周密，况中式进士引见归班者，十年方能铨选知县，而落第者录取中书，转可即日得官，补缺后六年俸满，又可内用主事，外用同知，比县令阶级转大，实未平允。着将落卷内录取中书及学正、学录之例即行停止。俟带领覆试合式之新进士引见后，除已经录用之庶吉士、部属即用知县外，其余归班进士，再交吏部按照甲第名次，通行带领引见，俟朕记名二三十人，以中书录用；不记名者仍行归班。如此，则考官无从滋弊，而归班进士添一录用之途，实属两有裨益。所有本年会试落卷，如未经挑取，竟可毋庸办理，即已经录取亦可不必。嗣后，如挑取学正、学录亦照此办理。

四月戊辰　谕：据知贡举铁保、姜晟奏，本年会试举子内，九十岁以上者四名，八十岁以上者七十三名，七十岁以上者二十四名，皆三场完竣，未经中式等语。本年届朕八旬特开万寿恩科，各省举子，年老应试者至一百余人之多。庞眉皓首，踊跃观光，洵为升平盛事。除九十以上之段三连业经赏给都察院都事职衔，八十以上之曹京赏给国子监典簿职衔，七十以上之姜价、项朱、柴杰、邵利达赏给国子监学正职衔，吴潍赏给翰林院典簿职衔外，所有年届九十以上之刘湘、胡椿、陈凤翔，八十以上之吴霖、刘凤翙、李光昱、邓岳、潘履谦、冯希贤、张守经、李国霞、左昌宗、翟皋、胡道南、周宗勋、汪飞熊、萧士芝、方宗华、王有年、戴文璧、唐熙、吴杰、许以恭、王道烜、董梦江、何大烈、王奉元、武伸、乔元熙、程绍先、孙公辅、李垠、阎辅辉、刘洪文、王体亨、郑学洙、董作砺、刘纯准、闵之炎、冯全修、鲁学孟、朱光章、欧阳谟、席梧贵、王宗远、赵泉、郭伟绩、孙元麟、李如山、师尚友、胡礼全、张启梧、李文沛、涂文魁、宣鹏、刘鸿、徐日暄、叶逢年、姜球、张谔、涂宗诏、朱有荣、吕朴、李如璧、赵瑞岚、吴企哲、孙有诵、郭长源、胡东安、傅锡信、王克立、马铭、张进履、于令荮、赵敦典俱着赏给翰林院检讨衔，七十岁以上之董继允、王志远、杨士元、朱孟份、蔡绶、刘泰、孙有谧、单备、孙保亨、冯起凤、钱柏、汪元栋、丁钊、朱洪、贺锡冕、张正伦、陶炜、江永誉、程谦俱着赏给国子监学正衔。其九十以上者各加赏缎三匹，八十以上者各加赏缎二匹，七十以上者各加赏缎一匹，并年在九十、八十、七十以上，前经赏给职衔之段三连等七名，亦着一体分别赏给缎匹，以示朕嘉惠耆儒，仁寿作人之至意。

四月己巳　　太仆寺少卿戈源奏，磨勘会试中式第一名朱文翰卷内有寸衷匷没孤行之语。查，匷没二字虽本《尔雅释诂》，实非古句全文。恐士子好异，相率效尤，不但文体非宜，且易暗藏关节。请嗣后科场制义于《五经》外征引诡僻者，虽出古书，概不取录。再，三场策题，饬令主考亲出，毋庸假手房考，以杜豫拟透露之弊。其闱中以三场取中者，并令主考将合校头场之处，批明卷内，听候磨勘，不得滥列前茅。得旨：所奏甚是，依议行。

四月庚午　　以大学士阿桂、和珅，吏部尚书彭元瑞、左侍郎金士松、礼部右侍郎铁保、兵部左侍郎沈初、刑部左侍郎姜晟、内阁学士玉保为殿试读卷官。

四月辛未　　策试天下贡士朱文翰等一百二人于保和殿前。制曰：朕祗承大宝命，仰荷燕翼贻庥，御宇久长，日慎一日，惟是纳隍驭朽，廑于以养以教，以子惠兆民，上答昊载恩德。今幸年跻八旬，康强勤恁，未敢高自颐养。抑非术致驻延，孜孜不息，久习而安，用致五代逢吉，四裔向风，保赤诚求，鲐倪爱戴，然犹仔肩罔怠，思欲持敬宅心，鉴古出治，千仓藏富，六计励官，而集思广益，贵乎周逮，乃询尔多士，以伫昌言。《洪范》九畴，五福验之人，八征验之天，而总原于五事之敬用。故主敬者，天人之合也。《尚书》道政事，赅帝王，五代心传，万世治要，其中深切著明惟曷，其奈何弗敬一语足蔽全书。向曾于读召诰篇阐厥义宗矣。若夫耆妫子姒之临其下，禹皋伊旦之贡其君，六体十例中，与斯言互为发明者，可胪举欤？《易》、《诗》、《礼》、《春秋》可旁通欤？《大戴礼》、《逸周书》、《管子》、《晏子》、荀卿《成相》、淮南《主术》亦有紬绎斯言者欤？《帝范》、《帝学》、《大宝》、《丹扆》二箴，《大学衍义》、《养正图说》，或言主敬，或不言主敬，而义相印、事相彰者可指述欤？能以此扬明廷，抑用资宥密也，以古为鉴可知治忽？编年之体，《通鉴》谦不敢继《春秋》，而托于继《左传》，其生平精力，书局自随，同撰者何人？分代者何属？采取者正史外何书？略而为目录，析而为甲子纪年，订而为考异，别而为稽古录，体例可陈欤？分而冠之以纲为《纲目》，尽出于朱子之意欤？远而追之于古曰前纪，征引尽轨于正欤？续当代者长编，五朝九朝，有全帙欤？建炎以来，朝野杂记，不少约欤？续后代者《宋元通鉴》，两家之作孰优欤？然且纪统、纪年，不出至公；纪事、纪辞，或嫌失实。炎兴存宋，宣光黜元。黄帝国画万区，后启鼎铸九赋，释兵权者诧奇谋，耽晏安者夸至孝，火牛燧象，虎渡蝗迁，昔备之鉴评，尚无愆于《春秋》之义乎？蠲贷之政，惠泽攸先，损上益下，惠心元吉，《易》义可释欤？昔人谓古者画井授田，故无蠲政。然帝王因利利民，《周官》之职，《左传》之文，其制亦有相近者欤？除民田租，史昉汉文，有蠲半者，有蠲十之三者，有免逋者，有免酒课坊税者，有巡幸而蠲，有封禅而蠲，有幸旧宅而蠲，有军所过而蠲，有优圣人林庙而蠲，皆能指其年代，稽其事实欤？宽缓之令，宋时谓之倚阁，或且迫于衷私，累于破限，甚至有黄纸放、白纸收者，当时章奏剀陈之，能言其弊欤？至于放民租而以内库拨还，非示人私欤？因免赋而及私债，不扰民欤？朕课晴问雨，为民亟三时，布闾敷醲，为民谋四鬴，自乾隆五十年以前，蠲贷已二千万万，积岁有加焉。本年以大庆普蠲天下钱粮，三年而遍冀裕盈宁而广和乐，民力其有纾欤？奉行其尽善欤？多士自田间来，盍说陈之？善为政者，安民必先察吏。尧典重乎允厘，舜歌戒其丛脞，其要在先事后食，勿欺而已。《周官·太宰》受其会，正其治，听其政事，岁、月、日皆有期会，能详之欤？三载考绩，三考黜陟幽明。又有十二年之巡狩，大明黜陟，立法之意，可征诸说经家欤？唐考流外官四等，宋考百官三等，皆以勤为上，能列其目欤？城隍修理，为二十七最之一，窃盗十一，而得十为中考，能举其故事欤？《官箴》、《百官箴》之所规，《政经》之所尚，断章可取欤？《戒石》本有全辞，节镌公庭，何时所颁欤？朕耄念殷勤，出则秉烛待章，居则宵衣鲜寐，以尽负扆之职，盂水方圆之谓何？何犹有延玩庇饰者，率作兴事，慎宪省成，法犹未尽良欤？凡此立敬则不忒，法古则不愆，孚惠则不屯其膏，莅勤则不懈于位，书之简策为治谱，庀之朝夕为躬行，予曷敢不亹？其孰敢弗蘉？上下交修，予一人藉报帝载鸿贶之隆，尔万方更胜公堂兕觥之祝，家修廷献，明道敷言，毋讳毋肤，朕将亲遴焉。

四月辛未　谕曰：郭世勋奏，广东学政陈桂森现在患病，难以速痊，正值岁试之时，未便迁延，请解任调理等语。陈桂森着准其回籍调理，所有广东学政着周兴岱去。

四月甲戌　御乾清宫，召读卷官入，亲阅定进呈十卷甲第。

四月乙亥　上御太和殿。传胪。赐一甲石韫玉、洪亮吉、王宗诚三人进士及第，二甲辛从益等三十三人进士出身，三甲邵葆醇等六十一人同进士出身。

四月戊寅　谕曰：检讨龚大万、饶庆捷、许霖前因大考，分别休致革职，昨于山左迎銮，进献诗册，兹命出题考试，所作诗句虽属平庸，尚不甚荒谬。且饶庆捷因大考缮写违式革职，龚大万等因大考列入四等休致，并非缘事获谴，尚可酌加录用。龚大万、饶庆捷、许霖均着加恩，以内阁中书补用。

四月庚辰　内阁、翰林院带领己酉科散馆修撰、编修、庶吉士引见。得旨：此次翰林散馆之修撰胡长龄、编修汪廷珍、刘凤诰、邵瑛业经授职，其清书二甲之庶吉士朱理、祝孝承、梁上国俱着授为编修，三甲之庶吉士刘镮之着授为检讨，汉书二甲之庶吉士阮元、李钧简、游光绎、施杓、那彦成、张锦芳、顾德庆、杨祖纯、周栻俱着授为编修，三甲之庶吉士张鹏展、汪滋畹、钱开仕、达林、吴灼、张履元俱着授为检讨，钱楷、董教增、黄镕、尚庆云、杨昭俱着以部属用。

五月辛巳　授一甲一名进士石韫玉为翰林院修撰，一甲二名洪亮吉、一甲三名王宗诚为翰林院编修。

五月癸未　内阁、翰林院带领新进士引见。得旨：新科进士之一甲三名石韫玉、洪亮吉、王宗诚业经授职，辛从益、蒋祥墀、顾王霖、钱学彬、陈预、洪梧、张师诚、王苏、钱福胙、祝曾、秦维岳、郭淳、牟昌裕、德文、叶大观、庞士冠、恩普、罗廷彦、赵未彤、卞云龙、延弼、张问陶、熊方受、盛安着改为庶吉士，陈希祖、黄钺、李銮宣、朱文翰、端木煜、郑澎、陈登泰、杨曰鲲、张世彦、史积中、乔远煐、卢元伟、刘珏、纪兰、颜惇恪、王治模、方体俱着分部学习，陈庆槐、王模、齐嘉绍、徐宪文、叶继雯、田瑛俱着以内阁中书用，韩廷秀、朱偓、邵葆醇着以知县即用，李赓芸、王寰、张时霖、宋简、孙希元、邢澍、安清翘、张桓、吴大勋、朱煌、阮升基、魏钧、保麟、郑大模俱着以知县分发。余俱归班铨选。

六月乙卯　谕曰：英善奏，孙永清现在病故，广西巡抚员缺，请旨简放等语。因思陈用敷前在安徽巡抚任内，于学政徐立纲声名平常未能据实参奏，是以降为奉天府尹，用示薄惩。但念陈用敷系失察学政获罪，非书麟、闵鹗元之玩视民瘼，袒庇徇私者可比。陈用敷着加恩，补授广西巡抚，并令前来行在请训后，即赴新任。陈用敷未到任之前，所有广西巡抚印务即着英善护理。

七月癸卯　谕：举人秦锡畴前于伊祖秦雄飞在甘肃道员任内，出具折收监粮印结一案，革去举人，究系伊祖之咎，与伊无涉。秦锡畴着加恩，准其捐复。

八月庚戌　谕：据学政李长森奏到考试情形摺内称，枣阳县劣生蒋宗雅恃衿健讼，控案不赴审讯，于考试时面加诘究，该生言语刁悍，毫无愧惧，即立予黜革等语。诸生身列胶庠，理宜谨饬自爱，如果恃符刁健，妄生事端，实有劣迹，不惟予以褫革，且应严行治罪。若黜革之后，心怀不平或致造言怨诽，议论沸腾，亦不可不严办示惩，以端士习。着传谕毕沅即将李长森所奏劣生蒋宗雅详悉访查，其抗不赴审是何案件，平日有无逞刁唆讼、不安本分之处。倘有实在劣迹，访闻既确，即当治以应得之罪。如系该学政意为好恶，或有屈抑，则李长森亦有不是。该督务须秉公查究，据实奏闻，不可稍存回护也。寻，毕沅奏，革生蒋宗雅遇事生风，借端讹诈，实有劣迹，现饬臬司按拟。得旨：览。似此健讼，应严办。

八月甲寅　谕军机大臣曰：保宁奏地方情形及接办各事宜一摺，内称孙士毅交代各项，有如控告官役勒索、科场舞弊等件，均须彻底严究，从重办理等语。川省政务殷繁，在在均关紧要，自当勉力整顿，实心办理。惟科场舞弊之案，若只系劣生传递代倩、冒名顶替等情节，其弊尚小，不过照例究办，治以应得之罪。倘竟系夤缘学政串同提调等官暗通关节，则情罪重大，非寻常舞弊可比，必须从严根究。保宁摺内，笼统声叙，殊欠明晰。至地方官役勒索平民，藉端扰累，最为闾阎之害，亦须认真严办，不得稍存徇庇。着传谕该署督，将现办之控告官役科场舞弊等案，是何案情，即行查明，据实具奏。

八月壬申　谕：向来各省选拔贡生，赴京朝考，因省分远近不一，分作三次考试。此次各省选拔贡生，俱已陆续到齐，着在贡院内并作一场考试。嗣后，拔贡朝考，统俟各该生等齐集京师后，礼部即行奏请，定期在贡院考试，不必分作三次。至朝考取入一二等者，向派王大臣挑选。其入选者，带领引见，以小京官分部学习，及以知县、教职等官录用，较之进士归班，举人截取铨选者更速。是拔贡一途，尤为士子捷径，必须秉公考核，以杜躁进，而整士风。但各省学政考拔时拘于成例，按照府厅州县应拔定数考取，往往有一学中并无真才可膺是选，而滥行充数，并有于乡绅子弟中遴拔者，是各学政已不免有瞻顾徇情之处。而到京朝考后，若仍令王大臣挑选，安知不又互相请托？殊非核实遴才之道。所有王大臣挑选之例，着即行停止。此次拔贡朝考取入一、二等者，着于正大光明殿覆试，再行钦派大臣秉公阅卷。取定后，按照等第名次，带领引见，候朕分别录用。其朝考及覆试题目，届期钦定，以昭慎重。着为令。

八月甲戌　谕：编修周厚辕前因大考休致来京祝嘏，进献诗册，复令出题考试，所作诗句文理尚顺，且该员因缮写越幅列入四等休致，并非文理荒疏，尚可加恩录用。周厚辕着仍以编修用。

八月丁丑　湖南学政张姚成奏考试情形。得旨：为之以实，持之以久。可也。

九月己卯　谕：昨阅考试满洲翻译生员取中试卷内，清字讹错、翻译平常者甚多，其落卷内舛错尤甚者，更复不少。此等士子俱系初学之人，汉题较难，翻译平常尚可，乃清字竟至讹错。不无情弊，不成体统。主考大臣等并未详细选择，惟拘定额取中，殊属疏忽非是。巴延三、庆桂着交部议处，将此次试卷内字画讹错者俱着开除外，其余着于本月十一日再令人场考试。其主考大臣等届期另行奏派，所有应办事宜着交该衙门照例办理。考试之日，即着此次派出搜检拔贡之王大臣侍卫等搜检，其蒙古翻译尚属较可，即着照取中试卷出榜。

九月庚辰　谕曰：福长安等奏，考试选拔，礼部既经奏明照乡会试办理，乃所派司员，询以一切章程，不能分晰登答，填写卷面履历多有错误等语。拔贡一途为士子进身捷径，前已降旨归并一场考试，并停止挑选，严加覆试，原以杜幸进而昭慎重，礼部自应认真妥办。其一切场中事宜亦应照乡会试之例，详慎办理，乃似此疏忽舛漏，咎实难辞。除询明顺天府，原系礼部承办，免其议处外，所有礼部堂司各官着交部分别议处，并着即行另派妥练司官四员，赶人贡院接办，毋致再有贻误。

九月辛卯　以刑部左侍郎姜晟知武举，内阁学士翁方纲为武会试正考官，詹事平恕为副考官。

九月乙未　兵部以武会试中额请。得旨：这考试，汉军取中二名，直隶取中七名，陕西取中六名，广东取中五名，河南取中一名，山东取中四名，江南取中二名，山西取中三名，湖北取中一名，湖南取中一名，四川取中一名，广西取中一名，福建取中一名，浙江取中二名，江西取中一名，云南取中一名，贵州取中一名。

九月丙申　谕：据彭元瑞等奏，考试各省拔贡，直隶省东秋六号一卷，诗句平仄讹错甚多，又脱写二字，难以句读，应请将该生斥革等语。因令军机大臣拆阅弥封，系宣化府延庆乡学选拔增生杨廷抡，即将该生考取拔贡原卷并总督学政会考试卷详加核对，文理亦属平常，诗句兼有拗字。拔贡定例，如本学实无可拔之人，原应宁缺无滥，今似此滥膺选录，何以杜幸进而拔真才？杨廷抡着全行斥革，仍准其原名应试，所有原考之顺天学政金士松及覆考之总督刘峨俱着交部照例议处。

九月庚子　礼部带领朝考取列一等、二等之选拔贡生郭德埙等引见。得旨：马敦诗、石爌、王桂怀、金毓奇、黄骏、孙贻谋、程尚义、司能任、贾杰、李应钊、孙维玑、郭崇封、吴经琳、蔡儒亮、尧茂德、冉基安、萧晋琏、何粹文、赵天锡等十九员以知县试用，定住、崇善、福宁、升寅、丁孝彝、李肄颂、陈启文、李芳梅、吴若曾、李于培、任兰祐、张三纲、丁树本、苏琳、沈长庆、张光勋、汪杰、杨懋恬、陈奇芝、张大维、秦光倬、李梦蛟、周宗泰、张学潮、糜奇瑜、叶倚蟾、黄大名、陈羲书、何铮、王兰等三十名以部员用，定安、李纶盛、杨豫春、王朝琳、马履祥、石钧、吴邦庆、井玉棣、戈廷蕃、梅大鹤、刘福集、周景岩、李其植、王家相、马袁炜、吴自求、管松年、袁斯麟、张宗泰、彭蕴琨、周之冕、茅奎光、尤维熊、张步衢、徐奕韩、徐礽、卓振清、王麟奎、崇一淦、方玉垣、龙舜渔、葛桂华、曹谷贻、宫璋、林晋奎、洪奋起、宋潢、杨鼐望、颜怀珠、赵钫、亓保、马邦玉、李尚荚、刘彦中、王慰祖、杨潾、谢士荦、李廷芳、吴经、吴沆、郭维垣、李宗圣、耿鸣阳、范麟趾、赵楼、王勋臣、张运煦、苏嘉善、李元文、胡殿襄、董鳌、林敷英、童应赏、丁镄、朱噿、郑烺、吴启焞、范懋裕、郭德埙、徐泮鲲、汪守和、车世球、项邦槐、程世瑄、邓时、余邦佐、陈仁钧、祖之栋、钟孚吉、颜凌霄、杨仪国、黄登、张锦树、龚傅圭、樊世祊、刘文檏、刘琢璧、黄崇正、王德箴、李有隽、方同明、姚坤、王松年、张允中、张恒清、樊起凤、党振声、张廷珍、陆淇、任灏、吕廷瑞、许大炜、胡瑽、张舒、岳炯、彭照麟、龙万育、张谨度、朱有绂、倪丙枢、陈群、黄庆云、喻照、陈鸣鹤、颜斯缉、区郁如、何廷琮、陈文勋、张梦龄、杨锡珍、朱明远、黎梦皋、范暟、杨朝桀、李廷英、殷象贤、吴永辅、王嵋等一百二十八名交与吏部询问，愿以教职用者以教职用，愿以佐贰等官用者以佐贰等官用。

九月癸卯　谕曰：书麟奏，甄别续到举班人员一摺，照例将才具出众之员，以两字相兼之缺补用，其才具稍次及短于肆应者，分别以专难专冲一字之缺及专简无字之缺补用等语。此例未为允协。向来大挑一等举人，分发各省，以知县试用，并令督抚等察其才具，严加甄别。原为慎重地方起见，不得以庸劣之员滥竽贻误。其人果能胜民社之责，自应补用知县，而拘执无能或年老者，即当以佐杂教职等官改补。奉行已久，嗣经勒保条奏，多列例款，于两字、一字之外复加以专简无字之缺，将此等大挑人员分别补用，既属烦琐，亦明系宽设其途，为庸劣之员姑容地步，此例不可行。着军机大臣会同该部另行妥议具奏。寻奏，大挑一等举人到省后，应令各该督抚切实甄别，详加考察，其有果能胜民社之责者，即以知县用，其拘执无能、年老者分别题明，以佐贰教职改补，概不准其分别专难冲一字、两字等项，以昭慎重。从之。

九月丙午　军机大臣议奏，湖南学政张姚成奏，考试童生向有派保、认保之名。嗣后派保，应责令各教官遵例挨派，毋任童生私自认识，而挨派之后，该学政仍不时加意周防，勿致童生贿嘱滋弊。至传递文字即多系巡逻之役串通书吏，假借稽查为名，转为接递。嗣后，应令该学政亲自督同提调及巡捕各官上下巡察，并将书办衙役于未经出题之先，概行封锁。至武生充伍食粮，往往以贫穷武生咨充塞责。嗣后，咨送武生，应拣年力强壮、技艺较优者咨营充补，既经发营，并饬令营员时加训诲。倘有始勤终怠者，不但革去名粮，即武生一并移咨黜革。其在营出力各生，渐次考拔，更足以示策励；其未经挑拨之武生仍着该学政严饬教官留心查察。且并饬各省学政，一体遵照办理。应如所请。从之。

十月丁巳　谕曰：礼部将补考直隶拔贡试卷进呈，朕详加披阅，内有考不入等之良乡拔贡生阎廷桦一卷，文理平常，诗句尤多疵谬。阎廷桦着全行斥革，仍准原名应试，所有原考之顺天学政金士松及会考之总督刘峨，俱着交部，照例议处。

十月癸亥　　策试中式武举魏廷魁等四十人于太和殿前。

十月乙丑　　上御紫光阁，阅中式武举骑射。

十月丙寅　　上御紫光阁，阅中式武举技勇。

十月丁卯　　上御太和殿。传胪。赐中式武举一甲玉福、曾琼琲、王万清三人武进士及第，二甲魏廷魁等五人武进士出身，三甲冯治等三十三人同武进士出身。

十二月丁未　　谕曰：朱圭奏，旌德县贡生朱麟书五世一堂，请锡予恩赉等语。朱麟书庆衍曾元，洵为盛事，所有应行赏赉之处，着该部照例办理。

十二月丁卯　　谕军机大臣曰：窦光鼐奏，考试衢州金华府查办夹带、顶替各案。又据提调官访拿东阳县文童卢澄、胡梦泰觅人代倩一案，现在严讯，分别治罪等语。提调官专司稽察文场弊窦，该员访拿代倩案犯尚属留心，着传谕福嵩即行查明提调系属何人，开送职名，交部议叙，以示鼓励。

乾隆五十六年（1791年）

正月乙酉　　本日，费振勋奏到，谢赏《石鼓文》及《泾清渭浊诗图》一摺。此项墨刻，前经颁赏内外臣工，因搨印较多，是以各省学政亦得与分赏之列。今阅费振勋奏谢之摺，铺叙繁文，连篇累牍，殊属无谓。学政职司训课，一切士习文风，皆须整饬，自有任内应办事件。该学政到任以来，于陈奏考试各摺，并未见有实力整顿之处，乃仅于谢恩摺内填砌肤词，徒为虚颂，希冀藉此见长。岂不知朕综理庶务，惟在崇实黜浮，不以虚言粉饰为尚耶？又，另摺奏请仿刻石鼓文列于文庙等语。朕以太学为京师首善之区，热河为每年驻跸之地，因特令将重刻《石鼓文》于两处建立。若如该学政所奏，则各省学宫均须纷纷请建，殊为多事。费振勋着传旨申饬。

正月戊戌　　以礼部右侍郎顺天学政刘墉为左都御史，顺天府府尹吴省钦为礼部右侍郎，提督顺天学政。

二月戊申　　谕曰：翰林院、詹事府应考人员着于二月初九日，在圆明园正大光明殿考试。

二月戊申　　谕：据正黄旗汉军都统奏称，监生杨朝鹗于五十三年二月内告假，前赴伊叔试用知州杨浚任所，迄今逾限，屡催未回。将杨朝鹗并伊叔杨浚一并参奏等语。杨朝鹗身系旗人，告假前赴伊叔任所，理宜依限回京。杨朝鹗迄今三年并未回京，任意逗留推诿，明系留恋外任，规避旗下差役，殊属可恶。若不从重办理，何以整饬恶习？杨朝鹗即着革去监生，出旗为民；伊叔杨浚并未催令杨朝鹗回京，亦属非是。杨浚亦着革职，以示惩儆。

二月癸丑　　谕曰：吏部题请，将告病之翰林院侍读学士彭绍观准其休致一本。现在翰詹各员定期于本月初九日考试，向例在京官员，遇京察期近，即不准其告病。今彭绍观于已届大考之年，始以患病年衰，呈请开缺，明系藉词规避，着即革职。其掌院学士率行咨部，殊属非是，着交部察议。该部不即驳回，遽行题奏，亦着饬行。

二月戊午　谕：此次考试翰詹各官，按其文字优劣，分为四等。一等，阮元、吴省兰；二等，胡长龄、刘凤诰、陈嗣龙、汪廷珍、刘镮之、蔡共武、曹城、程昌期、崔景仪、吴树本、邵晋涵十一员；三等，潘绍经、陈崇本、余集、俞廷楡、谢振定、刘种之、陈万青、朱理、游光绎、曹振镛、裴谦、周厚辕、陈万全、祁韵士、梁上国、王天禄、施杓、李钧简、秦承业、邱庭漋、王锡奎、寇赟言、祝孝承、汪如洋、吴廷选、罗修源、钱开仕、顾德庆、达椿、张鹏展、徐鉴、汪彦博、倪思淳、卢荫溥、徐准、史致光、王观、文宁、秦泉、李传熊、钱樾、蔡善述、吴鼎雯、戴联奎、陆伯焜、钱栻、罗国寯、冯集梧、德生、周栻、甘立猷、钱棨、法式善、谢墉、德昌、周维坛、朱绂、关槐、尹英图、李光云、缪晋、程嘉谟、李骥元、杨祖纯、那彦成、恭泰、王坦修、吴玉纶、瑚图礼、汪滋畹、翟槐、翁树培、邵玉清、汪镛七十四员；四等，周琼、刘锡五、邵瑛、吴灼、达林、朱依炅、李鼎元、永安八员；不入等集兰一员。侍讲吴省兰着升授詹事，编修阮元着升授少詹事，侍讲曹城，编修刘凤诰、吴树本俱着升授侍读学士，修撰胡长龄、侍读陈嗣龙俱着升授侍讲学士，编修汪廷珍、检讨刘镮之俱着升授侍读。编修曹振镛虽考列三等，但观其才具，尚堪造就，且系曹文埴之子，着加恩升授侍讲。编修邵晋涵、检讨蔡共武俱着升授中允，编修崔景仪、程昌期俱着升授赞善。其考列三等之少詹事恭泰着降补侍读，少詹事罗修源着降补右庶子，侍读学士达椿着降补侍讲，侍讲学士陈崇本着降补侍读，侍讲学士王坦修着降补洗马，侍读德昌、陈万青，侍讲文宁，中允朱绂，赞善刘种之、裴谦俱着各降留编修，检讨法式善、陆伯焜、祁韵士、俞廷楡、汪彦博、卢荫溥、王观、秦泉、倪思淳俱着以部属分别录用，徐鉴、尹英图俱着以知县用。至三等六十名以下，经朱笔单点之程嘉谟、李骥元、杨祖纯、吴玉纶、瑚图礼俱着罚俸一年。七十名以下之汪滋畹、翟槐、翁树培、邵玉清、汪镛俱着罚俸二年。考列四等之员，诗赋俱属庸谬，但观其才具，尚可录用之周琼、刘锡五、邵瑛、吴灼、李鼎元俱着加恩以内阁中书用，达林、朱依炅、永安俱着休致。不入等之侍讲学士集兰着革职。其留馆者，各宜自思愧奋，勤读正书，敦励实行，毋负朕激劝教诫至意。

二月戊午　谕：此次考试满洲由别衙门升用翰詹等官，阅其翻译文字，并无堪列一等者，二等，达庆、宝源二员；三等，萨提、萨敏、观永、庆善、岳起五员。不入等，爱星阿、哈通阿二员。其考列三等之洗马萨提、庶子观永俱着降一级用，不入等之赞善爱星阿、中允哈通阿俱着革职。

三月癸酉　吏部议奏，查拔贡以知县分发各省，与大挑一等举人有间。应请令该督抚详加察看，果能胜任者，以到省日起，扣满二年，方准题署，仍试看一年，如称职，再请实授。报闻。

四月癸丑　谕军机大臣曰：秦潮奏考试情形一摺，内称凤台县招覆第一卷童生，见其人甚粗鄙，神色可疑，当经另桌给卷，留心察看。该童生匆匆纳卷，文理浅塞，与正场原卷相去悬殊，岂可听其侥幸冒进等语。岁科两试所取诸生，为士子进身之阶，岂容稍有假借，扃试时，自应稽察严密，方可杜代倩、传递之弊。今取进凤台县第一卷童生，尤非后列可比，乃覆试时文理潦草，与正场原卷迥不相符，如出两手，其中必有代倩、传递等弊，不可不严加根究，以杜侥幸而拔真才。该学政摺内，未将审明如何作弊之处，详细声叙，殊欠明晰。此案着交朱圭就近提犯，讯明作弊缘由，即行审拟具奏。将此传谕朱圭，并谕秦潮知之。寻，朱圭奏，审讯童生郑定川正场文诗系录塾师改正窗稿，覆试文非宿构，以致悬殊，尚无他弊，应照不应重律，杖八十，折责三十板完结。下部知之。

四月壬申　谕军机大臣等：据赵佑奏，拿获枪撞棍徒一摺。内称南安府知府胡本涛等查获形迹可疑之李承恩、邱大成、周嘉谟等三名，讯系广东嘉应州人，改名易姓，由赣属定南、信丰一路来到南安。甫及两日，正在设计招摇，未有说合生童，即被查拿。若照谋而未成例，罪应枷杖递籍，不过就其捏名，咨行收管，不足以示惩创。请将该三犯解粤，交该省抚臣，确究的实姓名、顶戴，斥革治罪等语。李承恩等三犯，混捏姓名，藉以卖笔墨等物为名，随棚赴考，希图招摇撞骗，未便将就完案，自应解粤办理。该犯等解到后，着福康安等严行审讯，查明的实籍贯、姓名，有无顶戴，即行斥革治罪，以示惩儆。又据赵佑奏，赣州拿获久惯枪架之傅章宁伙谋招摇之孙发祥一案，并着传谕姚棻即行提集犯证，严审定拟具奏。将此各谕令知之。

五月乙酉　谕曰：刑部议覆，江苏省拿获盐犯谢鸿仪等分别治罪一摺。案内孙元梅以监生窝顿私盐至四千斤以上，恃符庇匪，未便因其系属监生，即得免其为奴，应将该犯改发黑龙江给披甲人为奴等语。所奏是，已依议行矣。该部议从重，原系遵朕谕令改者。向来监生犯事，罪应发遣者，例只发往当差，与平人为奴者不同，定例本未允协。监生捐衔者多，即实是监生，既名列成均，理宜畏法自爱。若以定例从宽，辄敢恃符玩法，较之无知愚民，尤为不肖，且既犯罪斥革，即与平人无异，岂得因其原属监生，即免为奴，致滋轻纵。嗣后，监生犯事，有似此情节较重者，俱照平人一律办理。至在籍候选之进士、举人及其余举贡生员，皆属身列衣冠，名登黉序，若能安分守法，立品读书，为小民倡率，原当加以体貌，别于齐民。倘恃符纵肆，自蹈刑宪，是即不知君子怀刑之义，为士林所不齿，免其加倍治罪，已属法外施仁，复转较平人从轻定拟，何以明刑弼教？嗣后，进士、举贡生员等如只系寻常过犯，不过行止败类者，仍照旧例办理；若系党恶窝匪、卑污下贱者着俱照平人之例问拟，以示惩儆。

六月己未　户部议准，陕甘总督勒保疏称，镇番县民王元简等认种箕笈湖义田，所纳银粮作书院生童膏火，额交草束，酌分镇、蔡二营，以为马草。从之。

六月己未　礼部议准，福建巡抚浦霖疏称，彰化县学文童进额请增四名，二年一贡。从之。

九月壬午　命工部左侍郎邹奕孝提督山东学政。

十二月辛亥　军机大臣议奏，据御史曹锡龄奏，贡监生考职请改于乡试闱中南北皿荐卷落卷内，酌量选取。查，恩拔岁贡原有就教就职之阶，贡监生在馆充当誊录，可邀议叙，均有选途，而考职一途较捷，或反启奔竞之风。请将考职之例停止。得旨：所奏是，依议。

十二月戊辰　谕军机大臣曰：吴省兰奏科试情形，并拿获枪替办理一摺。内称，在冀州科考，有枣强县童生李人恒核对试卷笔迹不符。查，该童并未入场，显有枪替情弊，正在究办。随经代办提调之武邑县知县杜群玉因有风闻，先将李人恒拿获，审出雇替实情。现即饬令将各犯收禁，解省审办等语。考试生童，枪冒顶替入场，自应查拿究办。该县一有风闻，即将该童拿获，审得实情，并究出包揽说合之人，一并缉拿到案，尚属留心能事。着传谕梁肯堂将该县知县杜群玉先行记功，遇有升调之处，酌量鼓励。至此案应行审拟各犯，并着该督严审定拟，以整士习而杜弊端。

乾隆五十七年（1792年）

正月丁丑　命太仆寺少卿戈源提督山西学政。

二月庚戌　吏部等部议覆，湖广总督毕沅疏称，安陆府属荆门州，改为直隶州，荆门州州同改为直隶州州同，裁改管辖各事宜。……一、当阳、远安二县应考生童，应由该州覆考，转送学院录取，至该州州学应考生童，应由该州考试，径送学院考取。……均应如所请，从之。

四月丙寅　谕：本年举行乡试，所有应行开列试差之进士出身人员着于四月三十日，在正大光明殿考试。仍着吏部照例按各衙门次序，于闰四月初二、初三日带领引见。

闰四月癸酉　谕军机大臣等：据赵佑奏，考试信丰、兴国二县童生，拿获枪手王致中一摺。所办好。王致中系代兴国县童生，刘昌新入场应名代考，事干严例。今既据该学政拿获，询明王致中系广东嘉应州文童，又供实名黄扬，系州学生员，供词狡诈，殊难凭信。着传谕姚棻即将王致中一犯解赴广东，交郭世勋饬令该犯原籍地方官，查认明确，仍解回江西，提集案内人证，一并严审定拟。其在逃之童生刘昌新并着姚棻饬属严拿务获，归案审办。所有赵佑原摺着钞寄郭世勋阅看，将此各谕令知之。

闰四月丁丑　谕曰：朕阅给事中拴住从前条奏各款内，有外省乡试，请照顺天之例钦命题目，并派出之正副考官，五日内起程一款。业经礼部议驳。今思各省乡试题目甚多，若一一皆须钦命，殊为烦琐，其事自不可行。至正副考官限以五日内起程，系为防弊起见。各省考官派出后，在京耽延多日，难保无交通嘱托情弊。拴住所奏，不为无见。嗣后，派出各省正副考官俱着于五日内起程。至礼部请派考官，向例按照省分远近，以次进本，行走日期本宽。今考官起程既定限五日，若仍循向例进本请派，则为期更宽，该考官等势必在途逗留，以符到省入闱之期，并着该部核计各省程站远近，较向来进本日期，酌改缓数日，不必拘泥旧例办理，以杜弊端。

闰四月甲申　礼部等部议准，陕甘总督勒保题称，奇台、阜康、绥来三县学进额已足三十名，应照原题设廪增各二名，六年一贡。从之。

闰四月乙未 以编修王宗诚为云南乡试正考官，检讨张鹏展为副考官；编修蒋攸铦为贵州乡试正考官，检讨钱开仕为副考官。

五月丁未 谕军机大臣曰：张姚成奏，于岳麓书院之旁筹建别院一所，并请将学政衙门学租用剩银五百余两拨给书院，增添膏火等语。张姚成现于失察道州武生纠抢一案，应行交部。该学政此奏，非为冀宽处分，即因本年系届更换学差之时，去任在即，为此遗爱之留，其意俱不免于私。但建立别院，向来所无，此项银两向备赈济贫生之用，或为学政余资，是否报部查核？今若拨给书院，将来遇有动用，是否足敷？抑将另动公项？摺内均未奏及。着传谕姜晟就近详细查明，如张姚成所请可行，即奏明准其拨给；若有窒碍之处，亦即据实具奏，不可稍涉迁就。

五月乙丑 以兵科给事中初彭龄为广东乡试正考官，御史邵自昌为副考官；左赞善程昌期为广西乡试正考官，吏部主事康纶钧为副考官；修撰石蕴玉为福建乡试正考官，兵部主事蒋师爚为副考官。

六月戊辰 以宗人府主事吴树萱为四川乡试正考官，刑部员外郎焦和生为副考官；修撰戴衢亨为湖南乡试正考官，编修缪晋为副考官。

六月己卯 谕：据戈源奏，现考山西一府三州童生，除录取外，皆文理不通，宜严定县府考送之额，以杜夹带、钞袭等弊一摺。所奏甚是。县府考试，为士子进身之阶，必须先加遴选，始不致冒滥滋弊。若无论文理之通与不通，全行录送，势必人思幸进，夹带、枪倩之弊在所不免，关于士习者甚大。着传谕长麟饬令县府各属，遇考试童生时，务须详慎去取。如有文理荒谬，竟至不能完卷者，即行扣除，毋得滥送。其是否可定额数之处，并着该抚悉心酌办，以励真才而清弊源，除交该部核议具奏外，将此谕令知之。

六月癸未 以吏部左侍郎金士松为浙江乡试正考官，侍讲曹振镛为副考官；工部右侍郎吴省钦为江西乡试正考官，御史王天禄为副考官；编修王锡奎为湖北乡试正考官，刑部主事范鏊为副考官。

六月壬辰 以编修施杓为陕西乡试正考官，侍讲学士罗修源为副考官；礼部左侍郎铁保为江南乡试正考官，内阁学士李潢为副考官。

六月癸巳 谕曰：翁方纲奏科试情形一摺。内称，考试士子经解默经时，却于坊间所删经题内出题，其有未读全经者，概不录取等语。《五经》为圣贤垂教之书，士子有志进取，竟有未经全读者，可见士习之荒疏卑靡。翁方纲身任学政，自应认真董率，俾承学之士全读经义，身体而力行之，方不负训迪之责。如诗书内不祥讳用语句，不便出题，乃后世过于回避之陋习，朕所不取。兹公然竟有删去者，岂不可鄙？是亦学术式微之一大证也。经籍俱经孔子删定，岂容后人更复妄有删节。今该学政明知坊间删经之不可而不能去，不过调停其间，且相沿陋习，形之奏章，若为定例者然，殊属非是。着传旨申饬。盖各省坊间射利之徒，往往于经书内避去不祥讳用语句，擅行删节，标写拟题，以为习场屋者揣摩之具，而躁进之士子，遂以为捷径秘传，最为恶习。山东一省如此，各省当亦不免，而各督抚、学臣知而不言，则更翁方纲之不如矣。朕甚愧之。此事于士风大有关系，不可不明为查禁。着通谕各督抚及学政等务须实心查察，严行禁止。俾士各通经，文风振作。其应如何立法查禁，以端士习之处，着军机大臣会同礼部妥议具奏。

七月癸卯　谕：前据戈源奏请，严定县府考送童生额数一摺，已交该部核议具奏，并令长麟将山西省考试童生是否可定额数之处，酌议覆奏。兹据长麟奏称，县府考试弊窦最多，往往阅卷衡文委之幕友，本官并不寓目，甚有瞻徇情面，及任听幕友、书吏勾串舞弊等事。应请嗣后县府考试毋庸定额，俟录送后，学臣考试。如所送童生实在荒谬不通，即由学臣咨送抚臣，查核卷数多寡，将原送官查取职名，咨部分别议处等语。各省县府考试，每以录取入学，总凭学政定夺，遂视为无关轻重，本官概委幕友阅看，或有意沽名，将文理荒谬之卷滥行录送，其或瞻徇情面，听受贿嘱，并任幕友、书吏勾通交结，种种弊端，皆所不免，亦不独山西一省为然。今长麟请定处分，俾县府各顾考成，不敢仍前弊混，所奏尚属可行。着交大学士、九卿会同该部一并悉心妥议具奏。

七月甲辰　以侍讲关槐为河南乡试正考官，刑部员外郎章煦为副考官；署礼部侍郎刘跃云为山东乡试正考官，编修吴廷选为副考官；洗马文宁为山西乡试正考官，编修邱庭漋为副考官。

七月丙辰　军机大臣等议覆，山东学政翁方纲奏称，考试士子经解及默经时，于坊间所删经题内出题，其有未读全经者概不录取。查此等删本经书，前经饬令销毁，日久玩生。应行令各督抚、学政转饬所属，将坊间所存删本板片，限三月内押令缴销。逾限不交，查出治罪，未能查禁之地方官及各督抚、学政分别议处。从之。

七月己未　大学士等议覆，山西巡抚觉罗长麟奏称，县府考录送童生额数，与其防弊而弊愈多，不若严定处分等语。定例，滥送至百本以上者将府县参处，尚不足以示儆。臣等酌议，除系徇情贿嘱并听幕友舞弊等事，据实严参，其有荒谬不通之卷录送至五十本以上者，听学政咨督抚察核，将原送之州县，照混行收考例议处，滥送之府州一并议处。又称，府县有滥送者，并将延请之人，查究治罪等语。查，府县中延请阅卷之人，如只系限于才识，校阅未当，无关弊窦，应免治罪，仍将延请失人、致有滥送之府县议处。从之。

八月壬申　顺天乡试，以刑部右侍郎伊龄阿、礼部左侍郎刘权之为监临官，礼部尚书刘墉为正考官，刑部右侍郎王昶、祭酒瑚图礼为副考官。

八月丁丑　谕：各省学政现届应行更换之期，除顺天学政吴省兰、福建学政邹奕孝、山东学政翁方纲、山西学政戈源均任事未久，毋庸更换外，江苏学政胡高望着再留一任，浙江学政着李潢去，江西学政着沈初去，安徽学政着赵佑去，河南学政着曹振镛去，湖北学政着查莹去，湖南学政着石韫玉去，四川学政着吴树萱去，广东学政着戴衢亨去，广西学政着刘凤诰去，陕甘学政着吴荫暄去，云南学政着李传熊去，贵州学政着洪亮吉去。以上各员内，有现出试差者，即着于出闱后，各赴新任，不必前来请训。

八月甲午　吏部等部议覆，署四川总督孙士毅等疏称，天全州专设教官，经前督臣鄂辉奏，裁芦山县训导改为该州训导，请铸给天全州儒学记。该州应试童生，近年渐多，请将原附雅州府学之进额七名，拨回新设州学，仍增进额一名。应如所奏。至该州系属新设，应照雅州府属之清溪县额设廪增各十名，定为三年一贡。从之。

八月丙申　顺天乡试监临、刑部右侍郎伊龄阿等奏，龙门内甬道东西号舍相望，易滋越号代倩之弊。现于甬道两旁，由至公堂至龙门，竖竹牵绳，分五十二段，每段委官一员专守。举子交卷后，令由甬道径出，不得偷归号舍。请饬顺天府俟下科会试照式办理，仍收贮明远楼，届期应用。再，场内现添科道四员，专司入号巡查，举子出场后，并无应办事件，请照翻译乡试例，三场完竣，即令出闱，免致旷公。从之。

九月甲辰　谕：前据伊龄阿等奏，顺天乡试诸生，年届八十以上者郑元谟等三名，七十以上者姚熊思等二十七名，俱三场完竣等语，现在榜发，未经中式。但念该生等年臻耄耋，犹能踊跃观光，洵为艺林盛事。其年在八十以上之副榜马元倬、张应楫，生员郑元模，年在七十以上之副榜高瑛、崔九州、谢立吉、刘素位，拔贡生高大文，恩贡生萧泾、穆彬俱着加恩赏给举人，准其一体会试；其在七十以上之岁贡生李枝桂、吴承绪，廪贡生赵春，生员姚熊思、汪锡、戴恩诏、蒋子定、李文祥、李泽久、封疆、张尚志、息永发、傅绍曾、唐毓麟、张月桂、晁合宜、王卓、刘璧飞、刘元燮、辛钟凤俱着加恩赏给副榜，以彰寿世作人至意。

九月甲辰　谕军机大臣等：刑部议覆，江西巡抚托伦奏，续获雇倩枪手入场代考之刘昌新定拟充军，伊父刘世亮讯不知情，应免置议一摺。此案刘昌新未经就获时，先据该抚拿获枪手黄超扬并说合之附生朱衣点及知情认保廪生刘恢祖分别定拟。经刑部核覆，彼时刘昌新未经到案，黄超扬只系枪手，是以按例定罪结案。今阅刘昌新供称，乾隆五十七年正月内，朱衣点荐广东嘉应州人黄超杨，即王致中到我家教读，三月内，闻学政按临赣州考试，我自揣文理平常，不能取进，央朱衣点与黄超扬说合入场枪代，许谢银六十两等语。此案情节尚属不实。黄超扬既在刘昌新家教读，是与刘昌新系属师弟，朝夕相处，情分亲密。刘昌新赴考时，欲求伊师入场枪代，尽可当面央恳，何必转嘱疏远之朱衣点代为说合？此等供词，或系承审之员欲开脱刘昌新之父于此事并不知情，是以作为朱衣点说合亦未可定。至黄超扬既为刘昌新之师，夫师之教弟子，不但课其文艺，尤当教之立品端行，如弟子有骫法舞弊、倩人代考之事，方当呵斥禁止，始为无忝师范。即平日窗下，或遇所教弟子之父，欲课试伊子，观其成效，为师者私为改窜，以冀见好恋馆，尚属事之所有。岂有弟子应试，伊师竟贪得谢礼，代为入场枪替，是通同作弊，不但导以犯法，而且身为之倡。似此贪鄙藐法，尚腼颜为师，实属无耻中之尤无耻者。朕统御万方，教育斯民，兼作君作师之责，于此等作奸犯科之案，尤当加之惩创。譬若内外大小官员有卖官鬻爵之事，不加查察，任其所为，有是理乎？黄超扬一犯，该护抚仅照寻常枪手科罪，殊不足以端师范而正人心。又，刘昌新之父刘世亮于伊子倩令黄超扬入场枪代一事，如系伊子于出门后，在途遇见外人，向其说合，代为枪替，尚可诿为不知。今黄超扬即系所延之师，在家教读，何得以讯不知情，曲为开脱。

刘世亮自亦当治以不应之罪。此等情节该护抚并未详细究办，而刑部核覆，亦未看出指驳，均为疏漏。陈淮新调江西，此案非其原审，无可回护，着即交该抚提集案犯，严切审讯，究出实情，分别定拟具奏，毋得稍有回护，致干咎戾。

九月壬子　谕：据吉庆奏，本年山东乡试诸生，年届八十以上者刘家修等五名，俱三场完竣，未经中式等语。诸生等年臻耄耋，犹能踊跃观光，洵为艺林盛事。所有年在八十以上之岁贡生刘儒钧，生员刘家修、张怀礼、刘其倬、郭埈俱着加恩赏给举人，准其一体会试，以彰寿世作人至意。

九月癸丑　谕曰：穆和蔺奏，河南省乡试诸生，年八十以上者张丕显等六人，俱三场完竣，未经中式等语。该生等年跻耄耋，踊跃观光，洵为艺林盛事。张丕显、王润、牛溥、姬儒楷、李恪、王二曜均着加恩赏给举人，准其一体会试，以彰寿世作人至意。

九月丁巳　礼部议准，广西巡抚陈用敷奏称，粤西乡试房考，例设十员，该省丞倅州县员缺无多，若项凑足十房，必致滥竽充数。查，该省与云贵省分相等，应试人数多寡，亦不甚悬殊，应照云贵例，裁去二员，定为八员，自下科为始。从之。

九月甲子　谕：据姜晟奏，本年湖南乡试诸生，年届八十以上者单士拔等六名，七十以上者秦沄等四名，俱三场完竣，榜发未经中式等语。该生等年臻耆耄，犹能踊跃观光，三场完竣，洵为艺林盛事。其年在八十以上之副榜黄佑启，贡生唐紫瑞、黄敦敏、李如湘，增生胡述发、附生单士拔俱着加恩赏给举人，准其一体会试；其年在七十以上之贡生秦沄、尹见珑，廪生唐缃傅，附生孟光淳俱着加恩赏给副榜，以彰寿世作人至意。

十月丁卯　谕曰：长麟奏，山西省本年乡试，年逾八十之宋守祀等五名，俱三场完竣，未经中式等语。宋守祀等年臻耄耋，踊跃观光，洵为艺林盛事。所有年届八十以上之副榜宋守祀、王克惠、王梦熊，生员段芳洲、薛生麟俱着加恩赏给举人，准其一体会试，以示寿世作人至意。

十月庚午　谕曰：冯光熊奏，本年贵州乡试诸生内，年在八十以上者杜大章等三人，俱三场完竣，榜发未经中式等语。该生等年臻耄耋，犹能踊跃观光，洵属艺林盛事。所有增生杜太章、张琼，附生陈盛恩俱着加恩赏给举人，准其一体会试，以彰寿世作人至意。

十月癸酉　谕曰：托伦奏，本年江西省乡试诸生，年八十以上者周经等六人，俱三场完竣，未经中式等语。该生等年臻耄耋，踊跃观光，洵属艺林盛事。所有年届八十以上之周经、熊定飞、王聿中、黄鸿翥、王翼安、萧经魁俱着加恩赏给举人，准其一体会试，以彰寿世作人至意。

十月乙亥　谕曰：浦霖奏，福建省本年乡试诸生，有年届八十以上者陈际成等五名，俱三场完竣，未经中式等语。该生等年臻耄耋，踊跃观光，洵为艺林盛事。所有年届八十以上之副贡生陈际成、岁贡生黄城，生员葛日思、黄淑度、陈存远俱着加恩赏给举人，准其一体会试，以彰寿世作人至意。

十月丙子 谕曰：秦承恩奏，陕甘两省本年乡试士子，年届八十以上之王栋等八人，俱三场完竣，未经中式等语。该生等年臻耄耋，犹能踊跃观光，洵属艺林盛事。所有岁贡生王栋，廪生常立，增生宁凤集，附生张灏、姬景烜、张怀、梁复堂、王坤善俱着赏给举人，准其一体会试，以彰寿世作人至意。

十月己卯 谕：据陈用敷奏，广西省本年壬子科乡试，有郁林州学附生梁如炌年八十五岁，三场完竣等语。该生年臻耄耋，踊跃观光，洵为艺林盛事。梁如炌着赏给举人，准其一体会试，以彰寿世作人至意。

十月辛巳 谕曰：福嵩奏，本年浙江省乡试，年届八十以上诸生来寿昌等十一名，俱三场完竣，未经中式等语。来寿昌等年臻耄耋，踊跃观光，洵为艺林盛事。所有年届八十以上之贡生沈志超、徐由湘、黄敏、范希儒，生员来寿昌、梁祖成、陈宏猷、叶桐封、陈爽、郭景兆、沈念祖俱着加恩赏给举人，准其一体会试，以彰寿世作人至意。

十月丁亥 谕曰：富纲等奏，云南省本年乡试，年老士子舒联元等四名妥协完场，均未中式等语。该生等均年逾八旬，踊跃观光，洵为艺林盛事。所有生员舒联元、熊文炳、向洙、黄元赞俱着赏给举人，准其一体会试，以示寿世作人至意。

十月乙未 谕曰：郭世勋奏，本年广东省乡试年老诸生张宽等三名，三场完竣，均未中式等语。该生等年逾耄耋，踊跃观光，洵属艺林盛事。所有年逾九十以上之生员刘锡铭，八十以上之生员张宽、李馥万俱着加恩赏给举人，准其一体会试，以示寿世作人至意。

十一月辛丑 谕：据覆勘乡试试卷大臣等奏，河南省中式举人，年八十一岁之曹逢庚诗内，彩散云汉外句，汉字误作平声，应议停会试一科等语。律诗平仄，向有一三五不论之说。今曹逢庚于应用平声之第四字，误用仄声，非如一三五等字可比。虽诗家拗体，或可不拘。然场屋中讲求声病，此等拗字，自非所宜。本应照议停科，但该生诗句内，若第三字亦用仄声，则于音调更为错误。今第三字所用云字系属平声，虽第四字失拈，较之全行舛错者有间。且该生年逾八十，妥协完场，文理竟能中式，所有一字之疵，尚可姑原。曹逢庚着加恩，免其罚科，以示优恤耆年，格外施恩至意。

十一月辛酉 谕曰：江西省兴国县童生刘昌新雇倩枪手入场代考一案。前据该护抚托伦定拟具奏时，以伊父刘世亮讯不知情，应免置议，显系曲为开脱。而代倩之黄超扬即系刘昌新之师，仅照寻常枪手科罪，殊未允协。经朕看出，除旨指驳，并发交新任巡抚陈淮严切覆究。今据该抚审明，刘昌新倩伊师黄超扬入场代作一事，曾向伊父刘世亮告知，刘世亮为子功名念切，辄行允听。黄超扬恐与刘昌新年岁不符，入场查出，将须薙去各情节，果不出朕之所料。黄超扬身为人师，乃贪利代倩，薙须入场，实属无耻之尤。此而仅照寻常枪手问拟充军，其何以端师范而正人心？黄超扬着照该抚所拟，改发黑龙江给披甲为奴，以示惩儆。刘世亮不能教子以正，转听允作弊，本当照拟发遣，姑念该犯年已八十，不忍以子之故而治其父罪，着从宽准其加倍捐赎。至前任巡抚姚棻暨护抚托伦不能究出实情，率行定拟，均属失之轻纵，着交部严加议处。余着照该抚所拟完结。

十二月丁卯 礼部等部议覆，湖北学政李长森疏称，湖北安陆府属荆门州改为直隶州，辖当阳、远安二县，请将安陆府额进文武生各二十名裁去三名，拨入荆门州学二名，合旧额文武各取进十七名，拨入当阳学一名，文武各十三名。远安文风少逊，毋庸议拨。至从前荆门州等属拨入府学之廪增文武生，俱改归原籍教官约束，廪增改为候廪、候增，岁试后，照例间补，与本籍廪生较食饩先后，按期出贡。均应如所请，从之。

十二月戊辰 谕：据覆勘乡试试卷大臣等奏，本年各省乡试取中之卷，除陕西、湖北、湖南三省正、副考官俱有批外，其余顺天等八省有正副考官总批一卷及同考官未批者，办理疏忽，请将考官及内帘监试交部议处等语。前因乡会试同考官等阅卷时，于指出疵纇处所仅自登记，不于卷上批写，易滋弊窦，曾降旨令同考官将诗文优劣，均在卷内注明，其正副考官于原中暨搜出取中者，亦应将取中之故批注，并令礼部通行各直省，将此旨悬示至公堂，俾知所遵循。今顺天等八省正副考官、同考官及内帘监试，并未敬谨阅看前旨，遵照办理，疏忽之咎，实所难辞。本应予以议处，但念此次初定章程，奉行伊始，考官等或未尽明晰，以致各省办理参差，彼此不能画一。且应议考官及内帘监试共有八省，人数不免较多，着加恩，此次姑从宽免议。嗣后，各省正副考官及同考官于取中之卷皆当细看，至公堂之旨，务须各自加批，毋得任前疏忽。如再有遗漏，必将该员等照例议处，不能再邀宽宥。并着将此旨与前旨一同悬挂各直省至公堂上，明白晓谕。至所称湖南省张力卓一卷，同考官原有蓝笔批语，原勘官误认未批，应另行照例议处一节，现在各省考官既经免议，所有原勘官错误之处，亦着加恩宽免。

十二月戊辰 礼部奏，嗣后，乡会试墨卷，仍令士子自记添注、涂改字数，以防改窜，其朱卷内不必誊写。从之。

十二月癸酉 谕军机大臣曰：吉庆奏学政声名摺内，称翁方纲学问尚优，考试细心，惟不能约束家人等语。翁方纲学问亦止中平，不过在直隶科甲人员内相形尚见其优，是以简用学政，并非必不可少之人。今伊既不能约束家人，则在外招摇，包揽滋事，自所必有。但该抚所奏，仅属空言，并无指实之处。若遽行更换，转滋议论。着传谕吉庆即将翁方纲如何不能约束家人，或有任令撞骗需索及倚势妄为等弊，即行据实查明参奏。勿稍回护，有负任使。

十二月庚辰 吏部议处：前署江西巡抚姚棻、前护理江西巡抚布政使托伦于兴国县童生刘昌新雇倩枪手代考一案，未能据实查办，应照例降调。得旨：此案托伦定拟具奏时，以刘昌新之父刘世亮讯不知情免议，而代倩之黄超扬即系刘昌新之师，仅照寻常枪手科罪，殊未允协。经朕看出指驳，交陈淮严切覆究，始行审出实情。托伦系藩司护理巡抚，不能据实查办，问拟轻纵，非寻常错误可比。托伦着赏给道员职衔，前往和阗办事，换回锦格；前任署巡抚姚棻系原审之人，未能究出实情，亦难辞咎，姚棻俟服阕来京之日着该部提奏，再降谕旨。

十二月壬午 礼部尚书纪昀等奏，向来考试《春秋》用胡安国传，胡传中有经无传者多，出题处甚少。且安国当宋南渡时，不附和议，借经立说，原与本义无当。圣祖仁皇帝《钦定春秋传说汇纂》驳胡传者甚多，皇上御制文亦多驳其说，科场试题不应仍复遵用。请嗣后《春秋》题，俱以《左传》本事为文，参用《公羊》、《谷梁》，即自下科乡试为始，一体遵行。得旨：此奏是。

乾隆五十八年（1793 年）

二月戊寅　谕据英善奏，上年四川省乡试，年逾八十之附生王灏等七名，俱三场完竣，未经中式等语。该生等年臻耄耋，志切观光，洵属艺林盛事。所有廪生赵之隽，附生王灏、庄廷重、刘果行、莫秀荣、吴人瑞、唐昌文俱着加恩，赏给举人，准其一体会试，以彰寿世作人至意。

三月乙未　谕：昨于正大光明殿补行覆试顺天等省乡试中式举人邓棻春等八名，经军机大臣公同阅看，拟以准其会试者一卷，罚停一科者二卷，两科者一卷，三科者二卷，斥革者二卷，分别进呈。朕逐加披阅，内广东举人郑纲、温觐威二卷，诗文疵谬，字画模糊草率。军机大臣调验原卷比对，竟如出两手，其中情弊显然。但彼时取中原卷，诗文明顺，在主司等凭文取士，自与无涉，而监临关防不严，致有代倩、传卷等弊，咎无可辞。除三科以上、年分较远者，免其追究外，其在三科以内，现拟罚科。在顺天中式者，即将派出之监临议处；在本省中式者，将该省监临之巡抚议处。其斥革诸卷，该监临之咎更重，着交部严加议处，以示惩儆。至覆试之例，前经吴省钦条陈广东、山西等省及顺天俊秀贡监乡试中式者，应行覆试。现在惟会试及顺天乡试榜后方举行覆试，而各省业经停止。因思举人一途，即使会试不能中式，无论经截取大挑，即按班次，亦可选授知县，补用教职，或身膺民社，或职司秉铎，并有从此渐跻膴仕者。其出身之途，甚关紧要，非如诸生之不得中式，仅以顶戴荣身者可比，岂容以文理庸劣、冒名枪替之徒滥膺其选？是各省乡试后，亦不可不普行覆试。但各省人数众多，若概调集京师，恐边远省分，长途跋涉，未免资斧维艰，亦非体恤寒畯之道。嗣后，各省如督抚同在一处者，仍令巡抚、监临着于榜后交与总督严扃覆试，其止有巡抚省分，着派布政司会同邻近提镇一员监临，榜后交与巡抚覆试。一经覆出与原卷文理字迹不符者，即行据实究办严参，将该监临及本生分别严处治罪。所有各省覆试卷仍统行解京，候朕钦派大臣、翰林等一并覆勘。倘勘出情弊，唯覆试之督抚是问。如督抚等覆试未能究出情弊，至会试中式覆试，有诗文荒谬者，除知贡举照例严处外，并将该省覆试之督抚一并严处。庶使有所责成，层层严核，清绝弊窦，以杜幸进，以励正途而拔真才。至现在覆试各卷内，军机大臣拟准会试之邓棻春一名，阅其首艺，内有生逢盛世之语。时文系代圣贤立言，在曾点其人其时，口气不应有此，而诗内“上巳与皇都”又复不对，诗文俱属平常，亦着罚停会试一科。余照军机大臣所拟办理。此次覆试之卷，不特斥革者疵累不一而足，即罚科者文理亦属疏庸，显属外帘之弊，本应彻底根究，从重严办。姑念事隔有年，并有中在例前者，是以姑从宽典。现已申明覆试之例，另立章程。嗣后，该监临等务宜实心查察，严密关防，而主考房官尤宜悉心校阅，慎重抡选，即各士子亦当洗心涤虑，绩学自爱，以副朕谆谆训诫读书人，核实成全至意。

三月己亥　以内阁学士瑚图礼、周兴岱为会试知贡举，吏部尚书刘墉为正考官，礼部左侍郎铁保、工部右侍郎吴省钦为副考官。

三月庚申　礼部以会试中额请。得旨：这会试，满洲、蒙古取中三名，汉军取中一名，直隶取中十一名，奉天取中一名，山东取中十名，山西取中六名，河南取中五名，陕西取中二名，江南取中二十一名，浙江取中十二名，江西取中十名，湖北取中三名，湖南取中三名，福建取中四名，广东取中三名，广西取中一名，四川取中三名，贵州取中二名，云南取中一名。

四月壬申　谕：据知贡举瑚图礼、周兴岱奏，本年会试举子内，有自七十岁至八十岁以上者共六十七名，俱三场完竣，未经中式等语。此次各省举子，年老应试者多至六十余人，庞眉皓首，踊跃观光，洵为升平人瑞。除七十岁以上之邵利达、姜价、陶炜业于前次会试后赏给国子监学正职衔外，所有年届八十以上之马元倬、胡自勉、张应楫、郑元谟、武宅镐、刘家修、郭埂、刘儒钧、张怀礼、刘其倬、萧友望、王克惠、薛生麟、段芳洲、宋守祀、王梦熊、王润、张丕显、王二曜、姬儒楷、牛溥、李恪、曹逢庚、张怀姬、景烜、张灏、王栋、王坤善、宁凤集、梁复堂、章敬修、来寿昌、沈念祖、郭景兆、陈葵、沈志超、黄敏、徐由湘、熊定飞、黄鸿翥、萧经魁、王聿中、陈际成、陈存远、唐紫瑞、胡述发、李如湘、文承发、黄佑启、张宽、熊文炳俱着赏给翰林院检讨衔。又，董继允于七十岁时已赏给国子监学正衔，今该举子年逾八十，并着一体改赏翰林院检讨衔。其七十岁以上之穆彬、高大文、刘素位、崔九州、高瑛、米裕如、谢立吉、张瑞兆、萧洤、陈际丙、李统贤、罗有麒俱着赏给国子监学正衔。其八十以上者各加赏缎二匹，七十以上者各加赏缎一匹，并年在七十以上、前经赏给职衔之邵利达等三名亦着一体赏给缎匹，以示朕嘉惠耆老，寿世作人至意。

四月癸未　策试天下贡士吴贻咏等八十二人于保和殿前。制曰：朕荷天宠命，御宇久长，兹幸功蒇十全，庆征五代，每虞盛满，日切勤求。虽年逾八旬，未敢少耽安逸，缅唐虞之心绍，溯孔孟之微言，期康阜于闾阎，励巩谦于夙夜。时慎敕几，思登上理，咨尔多士，伫听嘉谟。十六字心传尚矣，蔡氏沈书序言之綦详，其说可悉陈欤？执中一言，禹、汤、武相传不易，所以致其精一者，其要何居？唐太宗作《帝范》，所言果尽醇欤？宋范祖禹《帝学》一编，具有条理，能见其大者何在？真德秀《大学衍义》仅及修身齐家而止，其治平之迹，果可举而措之欤？邱濬《大学衍义补》，政典极为详备，抑尚有提挈大纲者在欤？洛学末流，歧为二派，永嘉之学，好谈经济，朱子谓其近事功，其故安在？其源流得失，能一一言之欤？金溪之学流为姚江，紫阳之徒流为河津，世多以河津为正脉，然论者或谓王守仁所树立，断非薛瑄所能，可详言之欤？王畿以后讲心学者，又空虚而无实用，其故又安在欤？汉代力田与孝弟并重，宋代守土之官，结衔必有管内劝农字，犹三代重农之遗意也，其规制尚可考欤？明代有检田之吏，其设官之意，与古人同欤？异欤？《孟子》有“不知检”之句，《汉书》引之作“敛然”，则采买积贮，周代已有之欤？他书尚有可考者欤？朱子社仓立法至善，而论者或谓其近于青苗法，其似同实异之故，能悉举之欤？《尧戒》称“战战栗栗，日慎一日”；舜庸作歌之时，亦称“敕天之命，惟时惟几”。古帝王治定功成，兢业犹如是也。宋张根作《吴园易解》，六十四卦之中，惟泰卦别著一论，反复申明，能为举其大旨欤？泰之内卦即乾，本有健行不息之义，能阐发其意欤？老氏知足知止，仅自守而已，圣贤之学，必有所持守运行，而后能久于其道，能指陈其要欤？多士稽古有年，必有淹贯博通，深达于治理之原，可以敷之实用者。悉抒所蕴，副朕博访之意焉。

四月丙戌　御乾清宫，召读卷官入，亲阅定进呈十卷甲第。

四月丁亥　上御太和殿。传胪。赐一甲潘世恩、陈云、陈希曾三人进士及第，二甲陈秋水等二十九人进士出身，三甲朱瑞椿等四十九人同进士出身。

四月戊子　谕：朕仰蒙昊苍眷佑，缵绪凝庥，临御以来，海宇敉宁，遐方向化，肤功熙绩，幸跻十全。践阼年满六十，实二十五即位之人君所难得也。前曾降旨，于六十一年归政，允宜恺泽覃施，与海内臣民，敛时敷锡，而嘉惠士林之典，尤应预为举行，着于乾隆五十九年秋，特开乡试恩科；六十年春，为会试恩科。至六十年秋，即为嗣皇帝恩秋乡试；丙辰春间，即为嗣皇帝元年恩科会试。所有应行事宜，着该部照例豫备。其各直省举人大挑，亦着于六十年会试后，该部奏请办理。但此时虽距归政之期不远，朕惟有日益孜孜，不敢稍存盈满，以期与天下苍生共迓天眷之福。将此通谕知之。

四月戊子　谕：向来顺天乡试及礼部会试，同考官分列十八房，校阅时自应各就所分之卷，尽心详阅呈荐，原不得彼此互看，至生弊端，并将本省应行回避之卷扣除，自属可行。至于正副考官，系朕特派大臣，必当将各房呈荐之卷，悉行批阅。如彼此意见相同，方能取中，何得亦同房考之例，各人分看？且正副考官将本省之卷回避不阅，则外间举子更可豫拟某主考分看某省，转致揣度钻营，是防弊而适以滋弊。况各房考呈荐之卷，至多亦不过四五百本，主考三人在闱一月之久，何难逐卷共相品评，以期弃取允当乎？今闻此次会试考官系属分省阅卷，殊属非是。姑念相沿旧例，不加深究。嗣后，顺天乡试及会试正副考官，务当将各房考呈荐之卷公同批阅，庶不至以一人意见遽为定评，以致佳卷或有黜落，而文理平庸者得以幸取。设考官等经此次训谕之后，尚敢仍前分阅滋弊，或经监试科道纠参，必将该考官重治其罪，决不宽贷。并着将此旨载入科场条例，永远遵行，以副朕遴选真才，慎重登畯至意。

四月辛卯　内阁、翰林院带领庚戌科散馆编修、庶吉士引见。得旨：此次翰林散馆之编修王宗诚业经授职，其清书二甲之庶吉士李如筠着授为编修，三甲之庶吉士庞士冠着授为检讨，汉书二甲之庶吉士张师诚、钱学彬、洪梧、钱福胙、郭淳、王苏、蒋祥墀、辛从益、祝曾俱着授为编修，三甲之庶吉士赵未彤、德文、叶大观、张问陶、熊方受、杜南棠、陈尧华、恩普俱着授为检讨，陈预、顾王霖、牟昌裕、盛安、卞云龙、延弼俱着以部属用。

五月甲午　授一甲一名进士潘世恩为翰林院修撰，一甲二名陈云、一甲三名陈希曾为翰林院编修。

五月戊戌　内阁、翰林院带领新进士引见。得旨：新进士一甲三名潘世恩、陈云、陈希曾业经授职外，叶绍楏、张燮、蔡之定、吴云、王麟书、谭光祥、周系英、戴敦元、狄梦松、李师舒、英和、李宗瀚、魏元煜、周麟元、黄洽、吴贻咏、何学林、谢淑元、甘家斌、朱桓着改为翰林院庶吉士，贾澄、宋邦英着分部学习，陈秋水、徐国楠、赵佩湘着以内阁中书用，马学赐、孙锡、殷圻着以知县即用，戴三锡、唐仲冕、程华国、黄炳奎、郭世谊、俞廷樟、左辅、汪梅鼎、范照藜、朱瑞椿、陈世章、刘敬熙、王绍兰、吴国卿、蒋第、李梃、叶灼、杨学光、巩懿修着以知县分发，余着归班铨选。

五月壬寅　命大学士伯和珅、工部尚书彭元瑞教习庶吉士。

五月辛亥　谕：国家设科取士，原期甄拔真才，以为多士楷模，岂容文理平庸者幸邀入彀，以致鱼目混珠，转使真才摈斥？虽历来主试衡文，亦间有目迷五色，弃取未能尽当者。然每科磨勘及近年举行覆试，其摘出文字疵颣，罚令停科亦不过数卷，从未有如此次之多者。兹阅吏部议处本内，主考刘墉、铁保、吴省钦各按举子停科名数竟至罚俸十余年，而房官降级罚俸亦有十余人，实为开科以来所未有之事。即将该员等重治其罪，亦所应得。姑念伊等只系校阅失当，尚无别项情弊，着从宽照部议完结。但科场大典，衡文者如此草率，仅予降留罚俸，不足蔽辜，刘墉等俱着严行申饬。嗣后，考官等务当恪遵前降谕旨，将各房考呈荐之卷公同尽心详阅，毋许公省校看，以一人意见遽为定评。若经此次格外加恩、谆谆训谕之后，尚敢粗心从事、弃取不公，经覆试黜落多人，必将考官等加倍治罪，决不再为宽贷。

六月甲申　谕曰：翁方纲本系连任山东学政，又屡出学差，近来不能约束家人，着来京供职。所有山东学政着阮元去。

六月甲申　谕军机大臣等：据国子监参奏，典簿厅存贮己酉科乡试贡监生文书、印结一千余件全行失去，请将典簿周炎先行解任，并该厅书吏交刑部严讯究拟等语。已降旨将周炎解任，交该部究讯矣。此项文书、印结既失去一千余件，何以又查出五百九十余件。且据禀称，于上年十月内被窃，何以直至此时始行呈报，其中种种疑窦，必另有别情，及盗卖等事，不可不逐一根究。着传谕刑部堂官，务须详讯确情，定拟具奏。至该厅失去文书一千余件之多，又不即时呈报，该堂官等漫无觉察，亦难辞咎，俟审明定案后，再着交部议处。

七月辛亥　谕：前因各省士子有肄习坊间删本经书一事，降旨令各督抚严行查禁，将此项删本起出，解京销毁。节据该督抚等陆续查缴。但恐日久懈弛，不可不再申厉禁，以端士习而崇实学。夫经籍自孔子删定，岂容后人妄为芟节，皆由不通士子或落第之人不能通经致用，遂以弋名之心，转而弋利，往往于经书内，避去讳用语句，任意删减，或标写拟题，以为庸陋士子场屋揣摩之具，而坊间即为刊刻传播，彼此沾润。此等贪鄙之见，不特非读书上进者所为，亦且有玷士林，自惭名教。各督抚当饬属留心查办，使若辈知所儆惧，自不敢复蹈故辙。而坊间既无此种书本，亦无从刊布渔利。况六经为圣贤垂教之书，字字俱有精义，乃竟臆为拣择，作此删本经书，而躁进之士又欲于糟粕之中另标捷径，不但失前圣立言之意，于士风亦大有关系。想自用制义取士以来，或即有此项删本经书，亦非起于今日，然不清其源，安能禁其流之不滋甚耶？该督抚若以此次查缴之后，即视为具文，弛其禁令，则牟利书坊又复渐行出售，辗转流传，终难尽绝。嗣后，仍着各省督抚严饬所属认真查禁，并将缴过删本经书数目及有无传习之处，三年汇奏一次。俾士各通经，文风振作，以副朕敦崇经学、整饬士风至意。

七月戊午　谕曰：戈源奏岁试情形一摺。内称，考过各府文风，平阳、潞安两府为下，缘坊间刻有不知姓名文字，称为《引蒙易知》、《学文正法》、《童子升阶》、《一说晓》、《三十艺》、《二十艺》等名目，通套鄙陋，随题可钞。山僻小县，师传弟受，以致性灵汨没。现在严行饬禁，不准书贾售卖，并不许生童存留等语。前因各省士子有肄习坊间删本经书一事，屡经降旨，令督抚等认真查禁，陆续收缴，三年汇奏一次，并将查出删本解京销毁，以端士习而崇实学。各省坊贾，自不敢复蹈故辙，再为刊布流传。今戈源查出《引蒙易知》等鄙陋书本，自可归入查禁书内一体办理，俾不致转相传播，又何必为此纷扰琐屑耶？况各省山僻小县，庸陋士子不能通晓文义，以此等浅近文字转相传习，于衡文取士之道亦无关碍。若似此繁琐饬禁，转使士子无所适从，而胥役等以查禁为名，不免藉端滋扰，是欲去一弊而转滋十弊，于士习文风有何裨益？此事惟在各省督抚、学政随时留心，督率查察，毋使删节陋本刊刻流传。俾士各通经，文风振作，仍不得过为繁琐，以致扰及坊肆闾阎，方为妥善。将此通谕知之。

八月癸未　谕曰：邹奕孝现在病故，所有福建提督学政着赵佑调补。赵佑接奉此旨，将学政关防交朱圭暂行兼署，即行前赴新任，所有安徽提督学政着吴廷选去。

九月己亥　以工部左侍郎吴省钦知武举，内阁学士周兴贷为武会试正考官，翰林院侍讲学士胡长龄为副考官。

九月丁未　兵部以武会试中额请。得旨：这考试，汉军取中二名，直隶取中七名，陕西取中六名，广东取中四名，河南取中一名，山东取中四名，江苏取中一名，安徽取中一名，山西取中一名，湖北取中一名，湖南取中一名，四川取中一名，广西取中一名，福建取中一名，浙江取中二名，江西取中一名，云南取中一名，贵州取中一名。

九月乙卯　谕：据琳宁等奏，奉天府府丞百龄现丁母忧，所有锦州府属应考生童，请旨交福保考试等语。百龄现已丁忧，锦州府属生童即令福保考试，其学政关防，亦着福保暂行署理。

十月丙子　策试中式武举卓麟图等三十七人于太和殿前。

十月戊寅　上御紫光阁，阅中式武举骑射。

十月己卯　上御紫光阁，阅中式武举技勇。

十月庚辰　上御太和殿。传胪。赐中式武举一甲徐殿扬、鲍友智、周自超三人武进士及第，二甲卓麟图等五人武进士出身，三甲李万杰等二十九人同武进士出身。

乾隆五十九年（1794年）

正月乙未 谕军机大臣等：前因学政考试生童，于衡文取士，未必悉能公当，是以降旨令各督抚将该学政在任有无劣迹之处，于年终陈奏一次，原以重防闲而严察核。乃近年以来，各督抚于学政考试多以并无劣迹一奏了事，竟若具文。若果如所奏，则从前如谢墉、吴玉纶、潘曾起、徐立纲之声名平常、致滋物议者，又独非该督抚具奏无劣迹之学政乎？是各省学政中清慎自矢、甄拔得当者固不乏人，而关防不密、约束不严，甚或有败检营私之事者，恐亦在所不免。各督抚近在同省，无难访察得实，于年终陈奏时，自应就见闻所及，据实直陈，方为核实之道。若不问其平日声名若何，率以并无劣迹具奏，竟成印板文章，又安用该督抚查奏为耶？今各该督抚相沿故套，率以虚词敷衍塞责，朕亦姑置不论。设将来学政中有营私舞弊之事，或经朕访闻，或被科道参劾，一经发觉，惟该督抚是问，不仅治以徇隐之罪也。将此通谕知之。

正月己亥 谕军机大臣等：本日秦承恩奏到各摺，内有学政幕友一摺。幕友人数系无关紧要之事，况该省学政甫经到任，该抚既称俟其开考后，再将考试情形，随时陈奏。自当于彼时一并奏闻，乃有何迫不及待之处，而因此一事特行专摺具奏？秦承恩何不知事体轻重若此，着传旨申饬。

三月庚子 礼部议覆，湖广总督毕沅等疏称，湖北荆门直隶州及所辖当阳、远安二县应试生童，向附安陆府考试。兹该州县绅士等以附考不便，呈请捐赀照各省直隶州之例，添建考棚。应如所请，从之。

三月甲寅 谕：此次巡幸天津、直隶及各省，士子迎銮献赋，因令分别考试。所有考取一等之浙江举人姚文田着赏给内阁中书，与考取候补人员挨次补用；其考取二等之江苏生员汪廷楷、浙江举人周嘉猷、江苏生员袁廷极、顺天生员黄焜望、顺天举人俞恒涣俱着各赏缎二匹。其八十三岁完卷之山西生员范大龄亦着赏缎一匹，银牌二面。至不完卷并钞袭诗句之湖北贡生吴焕章着即斥革。示寿考作人，惩劝儒林至意。

五月丁亥 礼部议准，河南巡抚穆和蔺咨称，增定科场监临覆试章程。一、入闱及揭晓次日筵宴，新例藩司会同提镇监临，应令提镇一体与宴，惟驻劄不在省城，业经出闱回任，揭晓后筵宴无庸复与。一、监临改派藩司，三场有无弊窦，应即令藩司会同提镇具奏。一、填榜钤印仍令巡抚监视，题名录仍由巡抚疏题，分咨部院科道。其进呈时未经覆试，应将巡抚衔名，列为钤榜官首行书写。一、中式士子年貌、籍贯、履历、廪增字样，俱经乡试墨卷填明。覆试卷面，只应填写该生姓名及中式名次，俟交卷后弥封，交派出道府等官校勘。一、覆试归巡抚办理，其试卷应令藩司豫备，申送巡抚，于正面背接缝钤用关防。一、覆试试卷无多，应先尽进士出身派三四员校阅，不敷，于举人出身人员添派。一、校阅试卷，照顺天覆试例，不加圈点。一、覆试人数无多，应即于督抚衙署扃门编号，督同监场官员稽察。一、各省中式朱墨卷揭晓后，由监临即日钤送督抚覆试。核对后，一同解部。一、覆试卷弥封，俟勘毕，督抚秉公定拟，再行拆封。从之。

五月丁亥　以刑部主事冯兆峋为云南乡试正考官，编修陈希曾为副考官；洗马文宁为贵州乡试正考官，检讨张翽为副考官。

五月辛卯　谕军机大臣曰：李潢奏科考情形一摺。内称有呈控廪生王治等挟嫌阻考各案。又，考试乌程、归安、安吉三县时，有童生等放牌拥挤，急欲出场喊叫，当经拿获一名，余皆敛息，已交提调官研讯，并移咨吉庆查办等语。生员等如果挟嫌阻考，不守场规，自当查明办理，以儆刁风而端士习。着传谕吉庆即严饬地方官，将该学政所奏各案上紧查办，秉公审断，勿任延宕。至李潢前于典试回京复命时，见其人似拘迂，嗣因浙省学差向用大员，伊现任阁学，是以简派前往，学政虽无紧要应办之事，但甫任事，便屡有生事士子，其考试时甄拔人材是否允当，士林舆论能否翕服？吉庆调任浙江，已将一年，自必知之甚悉，并着该抚据实奏闻，勿稍回护。

五月丁未　以刑部郎中胡克家为广东乡试正考官，修撰钱棨为副考官；御史李长森为广西乡试正考官，刑部主事亮保为副考官；赞善程昌期为福建乡试正考官，侍讲关槐为副考官。

六月丙辰　以刑部郎中范鏊为四川乡试正考官，中允余集为副考官；编修李如筠为湖南乡试正考官，户部主事谈祖绶为副考官。

六月癸酉　以工部侍郎吴省钦为浙江乡试正考官，御史戴均元为副考官；礼部侍郎刘跃云为江西乡试正考官，编修钱栻为副考官；内阁学士周兴岱为湖北乡试正考官，中书齐嘉绍为副考官。

六月辛巳　以编修蒋攸铦为陕西乡试正考官，检讨钱开仕为副考官；内阁学士瑚图礼为江南乡试正考官，编修顾德庆为副考官。

七月庚寅　以吏科给事中李棨为河南乡试正考官，刑部郎中项家达为副考官；礼部左侍郎铁保为山东乡试正考官，编修陈万青为副考官；编修朱理为山西乡试正考官，礼部主事卢荫溥为副考官。

七月庚戌　谕军机大臣等：据惠龄奏，行至正定一带，沿途阻水，行走迟速难定，诚恐有误入闱监临之事等语。本年乡试，八月初间即应办理监临事宜，惠龄沿途阻水，恐未能克期到彼。藩司汪新现赴荆州防汛，所有应办监临事宜即着毕沅入闱办理。至覆试一事，须在九月初间榜发以后，彼时惠龄早已抵楚，即着办理覆试。如此一转移间，监临、覆试俱有大员专办，自可不至贻误也。将此传谕毕沅，并谕惠龄知之。

八月庚申　顺天乡试，以刑部右侍郎宗室僧保住、礼部左侍郎刘权之为监临官，左都御史窦光鼐为正考官，兵部左侍郎玉保，太常寺卿、署左副都御史方维甸为副考官。

八月辛巳　谕：本年乡试出榜后，各省举行覆试。前降谕旨，止有巡抚省分着派布政使会同邻近提镇入场监临，该监临等出闱具奏，自应将谕旨于摺内载明，方可一目了然。乃本日善泰等奏到之摺并未载明谕旨，其所称防闲弊端，出示晓谕，枷号、怀挟等事，只系照例声叙，并无实在查出弊窦之处，亦何用哓哓多言，致滋繁琐耶？善泰等何不晓事若此，着传旨申饬。本日适阿精阿等亦奏到入闱监临之摺，即系首先援引谕旨，声叙简明，着钞寄善泰等阅看。

八月甲申　广东巡抚朱圭奏，本年新例，《五经》试士，场前先行严示，不可怀挟犯法，临期认真搜查，以绝弊端。批：二语得要。

九月癸巳　谕：前据僧保住等奏，本年顺天乡试诸生年届八十以上者张克嶷等十名，七十以上者张镳等四十二名，三场完竣等语，现在榜发，未经中式。第念该生等俱年臻耄耋，犹踊跃观光，洵为艺林盛事。其年在八十以上之副榜蒋子定、安容瑛、赵春芳、毕汾，恩贡生张白，岁贡生张克嶷、郑绪泰、魏懋征，生员多寿长、钱万选，七十以上之副榜张镳、汪锡、傅绍曾、晁合宜、唐毓麟、李枝桂、刘璧飞、辛钟凤、张国铭，恩贡生苏甫、郝腾龙、王绪、刘键魁俱着加恩赏给举人，准其一体会试；其年在七十以上之岁贡生陈旭、李垲、蔡文晖、陈汝翼、张进、杨昌裔、冀履恒、孙天衢、缪式隽、曹汝迈，生员郝希曾、蔡潜修、高霍林、王开运、魏居乾、苏克己、魏介锡、马桂芳、宋瑾、支池、李铨、李庭兰、黄世垣、于江元、潘凤翥、吴芬兰、王元会、李奇灿、杨兴恭俱着加恩赏给副榜，以彰寿世作人至意。

九月乙巳　谕军机大臣等：前因各省乡试后，应行覆试，如督抚同省者，巡抚监临，总督覆试，其止有巡抚省分，布政使会同邻近提镇一员监临，榜后交巡抚覆试。原以稽查幸进，杜绝弊端，该监临等于办理三场完竣后，如果查出怀挟、传递及枪冒、代倩等弊，自应据实入奏。今定例以来，并无一查出情弊者，不过照例敷衍空词，琐屑渎陈。如本日郑源璹等奏到出闱日期之摺，场内并无他弊，而连篇累牍，只系空言，在朕固不惮披阅之烦，但此等无关紧要事件，似此专摺胪陈，殊属无谓。嗣后，各省办理监临事竣，除查有弊窦仍行具摺陈奏外，如止系三场事竣，出闱日期，或具本题达，或咨部存案，着各该督抚酌量核议，一体办理。至闱中积弊百出，必须严密防闲，其藩司及提镇等入场监临，能否实力查察，慎密防范，使诸弊肃清，足资料理之处，并着各督抚一并核实具奏。将此各谕令知之。

九月甲寅　谕军机大臣曰：孙士毅奏，川省乡闱榜发，查明三场完竣，未经中式年老诸生甚多，选其年力尚强者，开单进呈等语。所奏是。各省年老诸生，因其皓首穷经，尚能踊跃观光，榜发未经获售，是以于该督抚奏到时，特加恩分别赏给举人副榜，用彰寿世作人之化。然因有此恩旨，而遂不加甄别，使名器得以滥邀，亦非核实之道。各省办理，俱未免有意见好。今孙士毅将例监及入学年分较近并精力衰迈、不能进京会试者十六名概行汰去，甚为得当。本年乡试早经榜发，近省已陆续奏到，不及再加选择。着传谕各督抚，于下届乡试时，务照此慎选具奏，毋得仍前概行胪列，致滋冒滥。

十月甲子　谕：本年顺天乡试中式举人，昨于乾清宫严行覆试。特派大臣将试卷阅看，分别等次进呈。其列为一等五名内黄焜望、陈超曾原系中式一、二名，是考官等校阅尚属允当。其列为四等五名内史积诚覆试题目缮写错误，文内亦有错字，实属违式。该举人原中式二十三名，系在前列。所有主考官着交部察议，同考官交部议处，以示激扬至意。

十月丁卯 以翰林院侍读学士罗国寯为顺天武乡试正考官，翰林院侍讲刘镮之为副考官。

十月庚午 谕：昨九月间，石经馆司事大臣等奏，士子所读经书，多系坊本，即考证之家，亦止凭前明监本。然监本中鱼豕之舛讹，字句之衍缺，不一而足。我朝文治光昭，圣祖仁皇帝《御纂四经》及《钦定三礼》，武英殿官刻《十三经》，勘雠精核，已久颁发黉序，嘉惠艺林。但各书卷帙繁多，草茅寒素艰于购觅，未必尽人能读。近因刊刻石经，出内府所弆天禄琳琅宋版各经，古今流传旧本，莫不荟萃，蒙命臣等详悉校对，与武英殿官刻诸书，参稽印证，逐条摘出，厘订成编，书不过六册，而俗本相沿讹谬，靡不开卷了然，拟名《考文提要》，请颁行天下，俾士子人人得窥中秘精华，不复袭别风淮雨之陋。但恐为期过促，僻远地方传布尚有未周，请于乙卯科乡试为始，俟三科后，考试《四书》、《五经》题文，俱照颁发各条，敬谨改正。倘再有沿用坊监本，以致舛误者，将考官及士子分别议处停科。朕已允行。兹该馆书成呈览，抽阅数条，不过字句书体，间有异同，于圣贤经义初无出入，在总裁等校刊石经，自应折衷善本，援据精详。而士子等自束发受书以来，父师授受，循诵习传，若限以三科，遽令通行遵改，似属强以所难。且恐乡间村塾，传布难周，未能家置一编，熟习贯串。或应试者因一二字句舛误被斥，或考官等偶不及检，遂干处分，似此繁列科条，转非朕嘉惠士林，稽古右文之意。圣贤垂教之义，原不在章句之末，即流传古本，儒先各守经师家法，未必无习误承讹，士子等操觚构艺，惟期阐发经旨，亦不必以一二字之增损、偏旁之同异为去取也。另着该总裁等详绎此旨，折衷妥议具奏。

十月乙亥 谕：前据勒保奏，在甘肃隆德县地方拿获邪教案犯刘松，究出该犯旧徒刘之协籍隶安徽，当经降旨令苏凌阿等密速查拿究办。兹据苏凌阿覆奏，接奉谕旨后，因甫入武闱内帘，诸生云集候考，未便不俟终场，出闱他往。当即飞饬江苏臬司熊枚驰往督拿等语。所办甚是。……各督抚嗣后遇有应办要务，惟当权衡缓急，办理得中，以副委任。

十月丙子 谕：前因乡试中式举子恐有顶替、枪冒情弊，是以令各省督抚于榜后通行覆试。其止有巡抚省分，派布政使会同提镇监临闱务，巡抚专办覆试，原系严防弊窦之意。今思中式举人，均须会试，文理庸劣者未必能屡次获隽，即或幸捷礼闱，而会榜后尚当严行覆试，已足以遴拔真才，清厘冒滥。设有情弊，尽可一并斥革，将乡试小考，如何枪替弋获之处，彻底究办。则各省可不必叠加覆试，致涉纷繁。且止有巡抚省分，因覆试之事，另调提镇监临办理，恐不能妥协。所有覆试一事，除会试后仍着严行覆试外，其顺天并各省乡试榜后覆试及覆勘之例，均得停止。如有事故，尚未覆试者亦着免其补覆。其各省监临之例，仍着照旧办理。

十一月戊申 礼部议覆，湖北学政初彭龄奏，凡商人呈请寄籍，应令地方官详查存案，以杜冒占而息告讦等语。查生童寄籍，地方官应查明寄籍逾二十年，田粮、庐舍均已有据，始准呈明入籍考试。倘有妄行告讦者，照例治罪。若入籍之始，先不呈明，即将生童究办，不行详查之该管官，交部议处。得旨：此等寄籍生童，嗣后如有未经呈明入籍，即寄籍已满二十年，例限未经呈明、辄行冒考者，一经发觉，除照例斥革，不准应试外，并着咨明原籍地方，亦不准其复在原籍考试，俾跨考幸进之徒，知查出后寄籍原籍，均无进身之路，庶各知自爱，不敢复蹈前辙。所有此次冒考之洪檀即照此办理。余依议。

十二月丁巳　　谕：本年乡试诸生，年届八十、七十以上未经中式者，除顺天业经分别加恩外，兹据各省陆续奏到，诸生中年跻耄耋，踊跃观光，共百有余人，虽未中式，而三场均能完竣，洵为士林盛事。所有江南省八十以上之朱楷、魏伯营、王岩、潘东曜、卞廷桀、黄本泰、邵维新、保学灏、饶梁材、吕明、赵履泰、孙绍闻、洪衍、刘梦卜、陈迈、王勋辉、王殿英等十七名，江西省八十以上之刘大知、刘嘉谋、杨化雨、欧阳峋、熊定飞、杨梁材、万锦龙、孔彦、邹学洙等九名，浙江省八十以上之温大鹤、盛廷谟、王琇琪、张大维、盛邦燮等五名，福建省八十以上之林廷对、黄协清、周达、魏正芝、郑玉麟、余鸣珂、郑梦凤、梁梗、苏发昆、谢成瑚等十名，湖北省九十以上之郑泳，八十以上之梁国铨、何乘时、李方荣、胡萃英、王应征、萧士光、况绍中、周维新、胡镗、文振翎、罗致之等十二名，湖南省八十以上之卢山、黄士商、董简、邓世魁、谌正品、唐大聘、袁义昆、蔡翔等八名，河南省八十以上之李滋、马岩、陈念中、唐汀盎、李步青等五名，山东省八十以上之杨乃依、曹允柱、郭思名、吴仑、杨逊志等五名，山西省八十以上之薄文龙、张抡升等二名，陕西省九十岁之郝振甲、八十以上之李平格、景常泰、安甲第、刘毓瑞、张云鹤、杨晏、艾尔濡、王甲第、宗其位、王雨苍、张钧等十二名，四川省八十以上之曾世荣、李升谷、刘果昌、张孔训、梁灿章、张仁荣、赖标、岳星、卢麟祥等九名，广东省九十以上之范拱北、谢师灏、陈钟、陈至道、潘宗岳、邹铁券、许元衡、莫元进等八名，云南省八十以上之郝瑄、王楫、潘士钟、杨鹤荣、俞近仁、赵宗武等六名，俱着加恩赏给举人，准其一体会试。其浙江省七十以上之康辰、时长延、濮晋、余光熙、俞廷镳、刘献、何永年等七名，福建省七十以上之孙大年、薛谦等二名，湖南省七十以上之朱隆塄、秦邦桢、黄杰、何如、段科等五名，山西省七十以上之王明远、孙尚志、王开蒙、樊晚遇、吕际云、杜灵钟等六名，俱着加恩赏给副榜，以彰寿世作人至意。

十二月癸亥　　礼部议覆，调任四川总督公福康安疏称，酉阳州属秀山县应试童生，向附州学进取。该县生齿日繁，文风蔚起，自宜设立专学。查松潘厅进额六，茂州、汶州、保县各八，应试童生自三十名至五十余名，额多人少。请即于四厅州县学额内各裁二，拨秀山，武生如之。岁试取进文生八，武生八；科试文生八。酉阳旧额廪增各二十，亦应于松潘等四学内，拨廪增各三，定为秀山廪增各十六，三年一贡，并移松潘厅训导于秀山学，改颁学记。均如所请，从之。

十二月丁卯　　谕：前据各省奏到本年乡试诸生内有年逾七八十者，业经降旨，分别赏给举人副榜。因贵州尚未奏到，是以未经列入。兹始据冯光熊奏，该省应试诸生内有年逾八十者五人，俱能三场完竣，未经中式等语。吕文周、李仙品、刘子模、陆起凤、冯世禄俱着加恩一体赏给举人，准其会试。

十二月癸未　两江总督苏凌阿奏……年终汇奏三省学政，并无劣迹。得旨：皆公论。

乾隆六十年（1795年）

二月甲戌　命詹事恭泰提督广东学政。

三月丁巳　以礼部侍郎铁保、署副都御史方维甸为会试知贡举，左都御史窦光鼐为正考官，内阁学士瑚图礼、礼部侍郎刘跃云为副考官。

三月己卯　礼部以会试中额请。得旨：这会试，满洲、蒙古取中三名，汉军取中一名，直隶取中十二名，奉天取中一名，山东取中十名，山西取中二名，河南取中六名，陕西取中三名，江苏取中十三名，安徽取中八名，浙江取中十二名，江西取中十三名，湖北取中四名，湖南取中四名，福建取中五名，广东取中六名，广西取中二名，四川取中四名，贵州取中三名，云南取中二名。

四月辛巳　内阁、翰林院带领癸丑科散馆修撰、编修、庶吉士引见。得旨：此次翰林散馆之修撰潘世恩、编修陈希曾业经授职，其汉书二甲之庶吉士叶绍楏、吴云、王麟书、周系英、李师舒、英和、李宗瀚俱着授为编修，清书三甲之庶吉士魏元煜、汉书三甲之庶吉士何学林、谢淑元、朱桓俱着授为检讨，陈云、张燮、谭光祥、黄洽、甘家斌俱着以部属用。

四月己丑　谕：据知贡举铁保、方维甸奏，本年会试举子内有自九十岁以下、七十岁以上者，俱三场完竣，未经中式等语。此次各省举子年老应试者多至一百二十余人，庞眉皓首，踊跃观光，洵为寿世庥祥。其九十以上之赵象观业经赏给大理寺寺丞衔，着赏给国子监司业衔；周经、郝振甲、李平格、曾世荣一体赏给国子监司业衔。八十以上之杨士元、姜价、王志远、蔡绶前均经赏给国子监学正衔，着赏给翰林院检讨衔；骆存智、朱楷、魏伯营、潘东曜、卞廷桀、黄本泰、保学灏、邱维新、郑绪泰、饶梁材、孙绍闻、赵履泰、吕明、洪衍、刘梦卜、陈迈、王勋辉、王殿英、王雨苍、张云鹤、杨晏、张钧、艾尔雷、常立、宗其位、万锦、邹学洙、刘嘉谋、殴阳岣、熊定飞、杨化雨、杨梁材、刘大知、马岩、陈念中、唐汀盎、李步青、李芳荣、胡萃英、萧士光、王应征、况绍中、周维新、胡镗、单士拔、黄士商、谌正品、蔡翔、董简、吴仑、杨逊志、曹允柱、杨乃依、郭思名、苏发昆、魏懋征、魏正芝、谢成瑚、李升谷、王灏、张仁荣、赵之隽、刘果行、卢麟祥、刘果昌、唐昌文、梁灿章、吴人瑞、张孔训、赖标、王琇琪、温大鹤、盛廷谟、张大维、张抡升、薄文龙、张镳、黄元赞、向洙、蒋子定、张白安、容瑛、钱万选俱着赏给翰林院检讨衔；七十以上之王世锦、谢煦、徐思禹、张世祥、邓钊、綦沣、张瑞兆、程典、王复进、陈览、程梓、杨凤池、郭岱、李枝桂、刘键魁、张国铭、辛钟凤、王绪、汪锡、苏甫、刘璧飞、康毓麟、傅绍曾、晁合宜、郝腾龙俱着赏给国子监学正衔；杨士元、骆存智、王世锦、徐思禹系现任训导，谢煦系现任教谕，俱着以加衔留任。其凡九十以上者，再各加赏缎三匹；八十以上者，各加赏缎二匹；七十以上者，各加赏缎一匹，以示朕嘉惠耆年，寿世作人至意。

四月癸巳　谕：朕办理庶务，往往天牖朕衷，几先洞烛，本年会试榜发，第一名王以铻系浙江人，二名王以衔亦系浙江人。朕披阅之下，以各直省应试举子不下数千人，岂无真才足拔，王以铻、王以衔同籍联名，俨然兄弟，恰居前列，殊觉可疑。兹据钦派大臣将覆试各卷，分别等第进呈，第二名王以衔覆试列在二等第四，高下尚不相悬，其王以铻竟列在三等七十一名，朕亲加披阅，疵颣甚多。派出大臣校阅甚为公当。且据磨勘大臣奏称，王以铻会试中式之卷，第二艺参也鲁比内用一日万几、一夜四事等字样，于先贤身分尤为引用不切，似此肤泛失当之卷，何以拔置第一？且所拟策题，纰缪处甚多。该考官等于抡才大典，漫不经心，殊非慎重衡文之道。窦光鼐人本拘迂，不晓事体，朕夙闻其于时艺一道，尚能留心讲习，是以派为正考官，不意其糊涂错谬，一至于此。且初九日主考出闱复命，召见时，窦光鼐不特奏对不明，跪起兼至倾跌，是其年老昏愦，岂可复膺风宪之任？除副考官刘跃云、瑚图礼及荐卷不当之同考官等，即照和珅等所请，交部严加议处，余着照所拟分别办理外，窦光鼐着即解任，听候部议。所有都察院左都御史员缺着朱圭补授。广东巡抚员缺，一时尚未思得其人，朱圭着暂留巡抚之任。其未回京以前，着纪昀兼署左都御史事务，俟朕简放巡抚有人，到广东任，朱圭再行来京供职。

四月丁酉　策试天下贡士王以衔等一百十四人于保和殿前。制曰：朕懋膺昊眷，惟日孜孜，延洪景命，四事是毖，八征念协，以唐虞三代之心为心，以唐虞三代之治为治，期天心之吉祐，冀民俗之协中，海隅成买犊之风，乡校整操觚之体，庶跻上理，爰布嘉谟，尔多士尚其敬听。民之天惟君，而大君为天之子，应天以实不以文。庶征协应，首重养民，汉文帝赐半租，宋仁宗免积逋一次，仅见之举，汔致小康。我世祖章皇帝，定鼎之初即定田赋额，圣祖仁皇帝曾经普免田赋、漕粮各一次，世宗宪皇帝蠲免浮粮，如苏、松二府，每年减至数十万。朕御宇至今，免天下钱粮四次，免漕粮三次，免各款积逋亦不下数千万。凡以殷怀保赤，敬体天心，子之于父不敢言报，天之于朕申锡无疆。古之荧惑退舍，蝗不为灾，虽未可尽信史册，而善言天者必有验于人，其说何若？虞廷弼教，钦恤惟刑，《禹刑》、《汤刑》，其书缺轶，肉刑除于何时？非刑酷于何代？刑之属何以共系三千？法与名何以各为一家？刑与兵何以合为一典？朕慎重民命，准之天理人情，以为明罚敕法，当虑囚之时，惟期其得实；观纵囚之事，每哂其好名。引《春秋》以决事，非读书、读律者所当留意欤？古之海防，以御外寇，故明郑氏《海防全图》袤延万里，多讲戍守之方。今中外大同，鹿耳、鸡笼久已内属，茭塘、沙湾诸盗薮亦全就廓清，所防者，莠民之出洋窃掠而已。唯是波浪迢遥，帆樯倏忽，乘隙窃发，往往难稽。论者以为稽人不如稽舟，稽出不如稽入，稽水不如稽陆。盖出洋行劫，赃必载还，于出口先给一票，记舟中之所有，无赍而往，有挈而来，其来历可诘也。出产货物，各有其地，贩鬻货物，各有专行，货非生所往之地，及忽卖此货，忽卖彼货，恒无一定者，其来历亦可诘也。果可行欤？不虞其滋扰欤？民风多随乎士习，士习可验于文章。故韩愈曰："仁义之人，其言蔼如也。"古法乡举里选，汉尚有孝廉、茂才诸名，制科则偶一举行，不为定制。进士科始自隋而盛于唐，至宋元祐中，始变诗赋为经义，元延祐因之。明洪武中，遂定为三场之制，沿用至今。或谓隆庆以后，不及嘉靖以前，然摹拟王唐，每成貌似。又谓隆庆以后，始机法周密；天启以后，始议论崇闳，然纤巧恣肆之弊，又因以丛生，果以孰为是欤？至文以明理，而或驰骋以见才，或襞积以见学，固为陋习。一矫其弊，又或枯窘而空疏，使庸浅者易售，又何以酌其中欤？凡此者乾惕朕衷，一日二日，欲至于万年，于惠心乎其昭事，于止辟播其祥和，于戢暴致其安恬，于作人观其成化。多士桥门释褐，学古入官，言资先献也，毋泛毋隐，朕将亲览焉。

四月己亥　御乾清宫，召读卷官入，亲阅定进呈八卷甲第。

四月庚子　上御太和殿。传胪。赐一甲王以衔、莫晋、潘世璜三人进士及第，二甲陈廷桂等十八人进士出身，三甲高鹗等九十人同进士出身。

四月癸卯　谕：据钦派大臣将覆校会试荐卷内文理较优者三卷进呈。朕披阅之下，诗文俱为清妥，未经中式，不免屈抑。除正副考官等业经交部分别严议外，所有选取之直隶举人徐燃、浙江举人傅淦、山西举人李端俱着加恩赏给内阁中书，与考取候补人员挨次补用，以示朕遴拔遗才、恩施寒畯至意。

四月乙巳　授一甲一名进士王以衔为翰林院修撰，一甲二名莫晋、一甲三名潘世璜为翰林院编修。

四月乙巳　命吏科给事中李棨提督四川学政。

四月丁未　内阁、翰林院带领新进士引见。得旨：新科进士一甲三名王以衔、莫晋、潘世璜业经授职外，玉麟、沈乐善、严荣、严振先、陈廷桂、黄因琏、陈琪、乔远炳、李继可、贾允升、王瑶台、韩鼎晋、何会祥、董健、张凤枝着改为翰林院庶吉士，雷学海、谢城、吴邦基、任烜、吴元庆、汪志林、黄时沛、张志绪、韩文绮、孙宪绪、沈革旭、王赓言、孙奇峰、杨毓江、郑士超、赵宜本、张鹏升、罗天桂着分部学习，多山、高鹗、田永年、王丹枫、薛玉堂、汤谦、赵良澍、曹德华、胡枚、李鹏、徐润第、杨汝任着以内阁中书用，完智、詹坚、应丹诏、阎绍世、刁思卓着以知县即用，陆开荣、向曾贤、周有声着以国子监学正、学录用，余着归班铨选。

四月戊申　命大学士伯和珅、工部尚书彭元瑞教习庶吉士。

五月辛亥　以检讨张翽为云南乡试正考官，检讨万承风为副考官；编修陈希曾为贵州乡试正考官，编修吴烜为副考官。

五月辛未　以编修陈万青为广东乡试正考官，刑部主事言朝标为副考官；兵部郎中周元鼎为广西乡试正考官，编修缪晋为副考官；翰林院侍读陈崇本为福建乡试正考官，翰林院侍读学士吴树本为副考官。

六月庚辰　以刑部郎中项家达为四川乡试正考官，编修王宗诚为副考官；御史宋澍为湖南乡试正考官，户部主事章守勋为副考官。

六月乙未　以工部侍郎吴省钦为浙江乡试正考官，编修洪梧为副考官；吏部侍郎金士松为江南乡试正考官，赞善钱樾为副考官；刑部侍郎谭尚忠为湖北乡试正考官，工部员外郎李肖筠为副考官。

六月甲辰　以侍讲学士罗修源为陕西乡试正考官，刑部主事朱文翰为副考官；礼部侍郎刘权之为江南乡试正考官，编修钱福胙为副考官。

七月丙辰　以编修蒋攸铦为河南乡试正考官，户部主事周锷为副考官；太常寺卿施朝干为山东乡试正考官，编修李骥元为副考官；内阁中书齐嘉绍为山西乡试正考官，吏部主事薛淇为副考官。

七月甲申　顺天乡试，以刑部侍郎阿精阿、礼部侍郎周兴岱为监临官，工部尚书彭元瑞为正考官，兵部侍郎玉保、内阁学士邹炳泰为副考官。

七月己丑　谕曰：苏凌阿奏请，拨沙滩归入书院收租，以充膏火一摺。各省设立书院，生童需用膏火，地方官自应设法妥为经理，何以必须拨用官地租息？即如该署督所奏，丹阳县鸣凤书院，从前未有此项沙滩时，岂无生童膏火，又系动用何项？外省州县，于地方出息所在，往往藉称充公，任听吏胥等经手收支，以为沾润地步，实为陋习。除将原摺批交部议外，将此谕令知之。

八月丙申　谕：各省学政现届应行更换之期，除广东学政恭泰、四川学政李棨甫经到任，毋庸更换外，顺天学政着吴省钦去，江苏学政着刘权之去，浙江学政着阮元去，江西学政着邹炳泰去，山东学政着程昌期去，福建学政着陈嗣龙去，山西学政着瑚图礼去，河南学政着卢荫溥去，安徽学政着戴均元去，湖北学政着施朝干去，湖南学政着范鳌去，陕甘学政着陈万青去，广西学政着蒋攸铦去，云南学政着钱开仕去，贵州学政着谈祖绶去，以上各员内有现在出差者，即着于出闱后，各赴新任，不必前来请训。

九月戊午　谕：据阿精阿等奏，本年乡试诸生年届八十以上者韩士励等六名，七十以上者宋晋等六十七名，俱三场完竣等语，现在榜发，未经中式。第念该生等俱年臻耄耋，犹踊跃观光，洵为艺林盛事。除上年甫经恩赏副榜及俊秀监生毋庸加恩外，其年在八十以上之恩贡生韩士励、副榜郝希曾、岁贡生程骏业，七十以上之恩贡生王拱枢，拔贡生宋晋，副榜史彭年、邵镇、陈𤋮俱着加恩赏给举人，准其一体会试；其在七十以上之岁贡生刘清、王若锡、袁士谦、马见龙、沈梦麟、王彭年、梁仁翔、王蕴、杨灐、李济、边世统，生员张杏林、韩希福、郑璋、李尚宾、逯法孟、陈善、陈丕绩、高湛露、王孜政、贾诏、田玫、刘綖、王士寯、李若兰、郭忠恕、宋文炳、张思温、周作霖、郭奋庸、赵珍白、任乐水、郝慎言、陈璠、崔大章、钱勷宸、姚温恭、孟世禄俱着加恩，赏给副榜，以彰寿世作人至意。

九月庚申　以刑部侍郎张若渟知武举，吏部尚书刘墉为武会试正考官，礼部侍郎周兴岱为副考官。

九月乙丑　兵部以武会试中额请。得旨：这考试，汉军取中一名，直隶取中七名，陕甘取中六名，广东取中三名，河南取中一名，山东取中四名，江苏取中一名，安徽取中一名，山西取中一名，湖北取中一名，湖南取中一名，四川取中一名，广西取中一名，福建取中一名，浙江取中一名，江西取中一名，云南取中一名，贵州取中一名。

十月癸巳　策试中式武举邸飞虎等三十二名于太和殿前。

十月乙未　上御紫光阁，阅中式武举骑射。

十月乙未　军机大臣等议奏，丙辰举行传位大典，所有各该衙门并各直省应行遵办各事宜。……一、乡会试、殿试、朝考、散馆及一切考试题目，由各该衙门循例奏请，嗣皇帝命题考试。……得旨：依议。

十月丙申　上御紫光阁，阅中式武举技勇。

十月丁酉　上御太和殿。传胪。赐中式武举一甲邸飞虎、陈崇韬、冯元三人武进士及第，二甲邹凤翔等五人武进士出身，三甲关瑞龙等二十四人同武进士出身。

十月癸卯　谕：前因武殿试呈进策题，朕以文殿试向凭策以定甲乙，至武会试所重原在外场，其发策廷试，止系循例举行。是以每次所派阅卷大臣，不过阁学、京堂等官，大学士、尚书向未简派，所出策题，率多敷衍成文，而武举等亦并不能条对，自不应载入起居注、实录之内，随命军机大臣恭查。据奏，文武殿试策题向来俱属载入等语。乃本日朕恭阅雍正十一年《世宗宪皇帝实录》，三月内，文殿试策题载入，而十一月武殿试只载阅视技勇、传胪，并未开载策题。朕六十年来，恭阅祖宗实录，周而复始，岂转有遗忘？乃军机大臣并不细心检查，两三次率称文武试策总载实录，护过饰非，此岂寻常疏忽可比。均着交部严加议处。

十月甲辰　谕：此次官兵进剿苗匪，所有军火粮饷等项调剂催趱，最为紧要。今据福康安、和琳奏，随营委办军饷各文员均能奋勉出力，不辞劳瘁。胡时显、清安泰、张道源、李亨特、清泰、田灏六员均加恩赏戴花翎；傅鼐加恩以直隶州同知升用，并赏戴花翎；主事周嘉猷准其开复；岁贡唐元瑛准以训导即选；汪汝弼赏给监生，准令应试。

十一月辛亥　谕：本年乡试诸生，年届八十、七十以上未经中式者，除顺天业经分别加恩外，兹据各省陆续奏到，诸生中年跻耄耋，踊跃观光，共一百六十三名，虽未经中式，而三场均能完竣，洵为士林盛事。除上年甫经赏给副榜、现年未届八十者毋庸加恩外，所有江南省八十以上之赵铭、吕增敏、邓杏奎、苏良翰、于定、张绍宾、汪梦赉、马家骥、胡先晖、汪士楠、王仪祖、甘腾蛟、姜韶等十三名，江西省八十以上之吴志岳、葛蘧、胡杞、赵人文、刘继志、刘嘉猷等六名，浙江省八十以上之赵概、俞鸿、朱棨、蒋杏、张昌祚、潘兆谦等六名，福建省八十以上之甘伟元、范大受、杨朝尊、黄兰枝、赵景星、陈子傅、卢燮、许震水、姚凤池、魏昉、郑锡玺、吴哲谟、林文锦等十三名，湖北省八十以上之张泉、李本浩、郭仁、董万年、胡岩、冯泽洙、陶庆、王宗礼、任伟烈、杨大观、刘光乙、李寯伟、邓来等十三名，湖南省八十以上之黄日修、欧阳泰源、刘世守、何其达、胡悦、王翥凤、郑大邦、王国才、汤廷懋、谢一士、杨士寯、熊灿、彭华礼、万象春、黄杰、谭文林等十六名，河南省八十以上之李芳淑、贺景星、秦淇竹、高翔、王总章等五名，山东省八十以上之郑曰唯、王在中、李士瑛、刘中行、李天兴、郭太立等六名，山西省八十以上之陈万年、张承恩、高家鹏、权缉祖、赵抡达、张梓、葛培初等七名，四川省八十以上之陈任、马胜道、苟占鳌、钟丕谟等四名，广东省九十以上之赖兴发，八十以上之陈琼瑛、王际精、苏灿、黄一本、单可范、劳大勋等七名，云南省八十以上之杨世溥、李耀宗、李世茂、刘昌国、文伟、戴德高等六名，贵州省八十以上之李荷龙、周承烈、李永盛、喻继圣、徐师儒等五名，俱着加恩赏给举人，准其一体会试。其浙江省七十以上之吴鼎孳、林与庚、喻维藩、叶陾吉、陈文焕、王辙、杨绍贤、温江、杜作霖、周际清、翁作楷、张六钤、娄永淦、王世超、戴行灿等十五名，福建省七十以上之谢其昌、江志道、邱时迈、王廷宾等四名，湖南省七十以上之李道炳、旷大澄、罗楷、陈言达、邓选、黄士荣、王裕龙、古训、陈可泰、李宗辙、段永友等十一名，山西省七十以上之郭维新、朱文涵、赵毓、桂尚一、姚寿朋、高封、赵洽、孙学泗、王杲、任用章等十名，广东省七十以上之陈宗兰、朱钰、翟壮坚、刘学藻、陈德翀、袁虚舟、孔传清、赵时植、关绍武、黄永弼、梁应辅、张仕杰、李文举、张大福等十四名，贵州省七十以上之白犹龙、夏亨任等二名，俱着加恩赏给副榜，以彰寿考作人至意。

十一月辛亥　谕军机大臣等：本年各省年老应试、未经中式诸生，惟陕甘未据奏到。秦承恩前往兰州署理总督，虽道路较远，现距揭晓之期，已几及两月，倭什布护理抚篆，均应奏报，何以至今均未奏到？外省办理公事，总属迟缓。着传谕陕甘督抚，即将陕甘二省有无年老应试、未经中式诸生速奏，毋再迟延干咎。

十一月甲子　谕：前据各省奏到本年乡试诸生内，年逾八十、七十者业经降旨，分别赏给举人副榜，因陕甘省尚未奏到，是以未经列入。兹据秦承恩奏，该省应试诸生内，有年逾八十、七十者共三十七名，俱三场完竣，未经中式等语。所有九十以上之尚履坦，八十以上之康兆龙、曹黉、曹承钥、韩仲春、白文解、刘良弼、冯槐林、王锦元、刘元灏、曹廷栋、任从律、文其蔚、王九龄、冯锡爵、陈巨源、王殿华、张希龄、王寯、杨本立、梁文藻等二十一名，均着一体加恩赏给举人；七十以上之曹承源、魏梦龙、雒承烈、王怡体、马元章、张渤、王学礼、王大文、田尔易、傅嘉宾、李霖、冯锦、王三申、鲁景曾、李大年、李长发等十六名均着赏给副榜，以示寿考作人至意。至此项年老诸生，自应随时具奏。乃陕甘省陈奏独迟，在云贵等远省奏到之后，殊属迟缓。秦承恩着交部察议。

十一月甲戌　礼部议覆，调任陕甘总督勒保奏称，西宁府属贵德厅专立学校各事宜。……一、学额应酌定。循化厅岁考取进文武童各四名，科考文童四名，请照例额设，即由该厅考送府试。从前已进文武生员，有籍隶贵德者，拨归该学管理，即由文理、弓马较逊，通省之泾州、灵台、清水、成县四学额内，各抽拨文童一名、武童一名。一、廪增应额设。西宁府学设廪增各三十八名，请各抽二名拨入贵德，至童生赴考，例由廪保，其改归该厅学之已进生员内。如现有廪生即令具保，无则请暂照地邻保结例送考，俟一二年考补有人，再令保结。其出贡年分，俟人文充盛，再行咨请。一、门斗、斋夫应拨设。该县训导系西宁府学裁移，其俸薪请照给，复于府学拨门斗、斋夫各一名，添门斗一名，工食银两，照西宁府学例支给。一、廪生饩粮应议给。西宁府学每岁额给禀饩七石九斗九升九合二勺，闰月六斗六升六合六勺。今贵德拨设廪生二名，请照给。均应如所请，从之。

十二月癸巳　谕：本日召见回京复命之山西学政戈源。据伊奏称，前因患病，今始痊愈，经朕面加询问，则老惫不堪，且两耳重听，全不能奏对明白，步履亦甚竭蹷。是其在任时必系病经日久，断非近时始行患病，学政职司衡文校士，似此老病衰惫，岂能胜任？蒋兆奎早应据实奏闻。乃检阅该抚近奏学政声名摺内，尚称其关防认真，并无劣迹，而于该学政衰病情形并无一字奏及，任其因循恋职，废弛学务，殊负封疆重寄。蒋兆奎着传旨严行申饬，仍交部严加议处。戈源着即以原品休致。

十二月辛丑　江西学政邹炳泰参奏，前任学政沈初滥准皂役之子冒考。得旨：此案饶昌期等控告焦模泰系皂役之子，不应入学。沈初即恐饶昌期等有挟嫌索诈情节，亦应将两造一并斥革究讯，方为公允。乃沈初于该生具控时，未经审讯，即将原告斥革，而于被告冒考之焦模泰转置不问。今据审明，焦模泰实系皂役之子，应行斥革；饶昌期等并无挟嫌讹诈情事，开复衣顶。是沈初办理此事，不免意存袒护，着交部一并分别议处。

嘉庆元年[①]（1796年）

正月戊申　皇太子于丙辰正月上日即皇帝位。朕亲御太和殿，躬授宝玺，可称朕为太上皇帝。其尊号繁文，朕所弗取，毋庸奏上。凡军国重务，用人行政大端，朕未至倦勤，不敢自逸。部院衙门及各省题奏事件悉遵前旨行。履端首祚，禅授上仪，宜沛新纶，同敷恺泽。所有合行事宜，条列于左。……一、会试额数俟礼部临期奏明人数，请旨酌量广额。乡试大省加三十名，次省加二十名，小省加十名，满洲、蒙古加六名，汉军加三名。一、各直省入学额数，大学加七名，中学加五名，小学加三名。一、国子监贡监生及各官学教习，免坐监一月。一、各直省儒学，无论府州县卫，俱于本年以正贡作恩贡，次贡作岁贡。……钦此。予小子祗承慈命，勉荷洪图，谨奉宣敕谕，布告天下，咸使闻知。

正月庚寅　太上皇帝同皇帝御紫光阁，阅中式武举骑射。

正月辛卯　太上皇帝同皇帝御紫光阁，阅中式武举技勇。

正月丁丑　皇帝率王、贝勒、贝子、公、内外文武大臣等奏请庚申年恭举太上皇帝九旬万万寿庆典。敕谕曰：皇帝以庚申年为朕九旬万万寿，率领王、贝勒大臣及将军、督抚等吁请举行庆典，恭祝蕃厘。览奏。具见孝思诚悃。朕仰膺昊眷，抚御埏纮，笃祜凝禧，躬跻上寿，一堂五世，庆衍云礽。前于丙辰元旦肇举授受鸿仪，三载以来，孜孜训政，弗敢稍自暇逸。丰登屡告，旸雨应时，此皆仰荷上天锡佑、列祖垂庥，景运

① 乾隆于本年（1796）正月退位。本年正月有关内容均录自《高宗纯皇帝实录》。

昌期，洵为史牒所罕觏，敬感之余，弥深乾惕，何敢踵事增华、稍存满假？况川省教匪虽将次平定，而余氛现尚未净，宵旰方切焦劳，岂敢侈陈隆轨？惟皇帝合万国之欢心，以天下为孝养，胪辞吁请至再至三。若却而勿受，转似矫情，非所以仰承鸿贶，且无以申皇帝诚孝之心，惬臣民祝嘏之愿。不得已，姑允所请，于庚申年举行庆典。一切仪文俱照康熙六十年及乾隆五十五年朕八旬万寿典例备办，毋得稍有加增，致滋华靡。此次庆节，率土腾欢，宜沛殊恩，用光巨典。所有应行加恩各事宜俟查明颁发诏旨恩谕外，至文武乡会试，尤为作人盛典，着于己未年举行恩科文武乡试，庚申年举行恩科文武会试，以示衍庆推恩至意。将此通谕知之。

二月戊寅 谕内阁：本日，覆勘试卷大臣进呈广东、四川等省乡试各卷。朕披阅各该省所出《四书》题、《五经》题，多涉颂圣，诗题亦系习见语，殊属非是。试官简抡人才，出题考试，固不可竞尚新奇，然亦须择其题句足以发挥义理、敷陈经术者，方可征实学而获真才。若只将颂圣语句命题试士，何足以觇底蕴？且《四书》、《五经》内，字句冠冕、语近颂扬者，皆可豫拟而得，并易启揣摩宿构之弊，于士习文风均有关系。嗣后，各省乡试派出试官及各省学政所出题目，务将《四书》、《五经》内义旨精深及诗题典重者，课士衡文，用副朕敦尚经义，崇实黜华至意。

二月庚寅 命左春坊左庶子钱樾提督广西学政。

二月戊戌 谕内阁：侍郎沈初在江西学政任内，于皂役之子焦模泰，违例混考入学，经饶昌期等告发，并不究讯确实，辄将原告斥革，转置焦模泰于不问，意存袒庇，非寻常失于查察可比。本应照部议革任，姑念其尚无受贿听嘱情弊，沈初着加恩，仍留侍郎之任，其革任之案，仍注册。

三月壬子 以礼部左侍郎铁保、吏部左侍郎沈初知贡举，礼部尚书纪昀为会试正考官，都察院左都御史金士松、兵部右侍郎李潢为副考官。

三月乙亥 礼部以会试中额请。得旨：满洲取中四名，蒙古取中一名，汉军取中二名，直隶取中十六名，奉天取中一名，山东取中十一名，山西取中七名，河南取中七名，陕甘取中五名，江苏取中十五名，安徽取中九名，浙江取中十六名，江西取中十五名，湖北取中五名，湖南取中五名，福建取中七名，广东取中一名，广西取中三名，四川取中五名，贵州取中三名，云南取中四名。

四月丙戌 引见乙卯科散馆及补行散馆人员。得旨：此次翰林散馆之修撰石韫玉、王以衔，编修洪亮吉、莫晋业经授职，其清书二甲之庶吉士沈乐善，汉书二甲之庶吉士秦维岳、陈琪、严荣、玉麟、黄因琏俱着授为编修，汉书三甲之庶吉士何会祥、韩鼎晋、董健、张凤枝、贾允升、王瑶台俱着授为检讨，潘世璜、陈廷桂、戴敦元、乔远炳、严振先俱着以部属用。

四月乙未 以大学士和珅、吏部尚书刘墉、户部尚书董诰、工部尚书彭元瑞、吏部左侍郎沈初、右侍郎胡高望、兵部左侍郎玉保、内阁学士吴省兰为殿试读卷官。

四月丙申 策试天下贡士袁槐等一百四十八人于保和殿。制曰：懿惟凝庥集祜，长治久安，在乎夙夜宥密，殚心基命。朕仰承昊苍眷佑，抚驭寰宇，幸臻宁谧康乂之庥，夕惕朝乾，不敢暇逸。勉思法一中之运量，考三古之规模，兆民遵正直之途，五材归化裁之用，克与垓埏瀛皞，偕之大道。兹以敷奏为明试，爰举胪询。人心道心，肇阐虞廷。帝王所以与天下相见者，心也。《书》所谓享天心，肩一心，洽民心。盖彻上下之义也。心之用主乎敬，《尧典》一篇，始终皆曰钦。即至于元首股肱，喜起赓歌，而尤勖以钦，乃传心之功效也。经训之粹，足相证明者何语？伏羲以前尚矣，《文子》有神农之法，《新书》有神农之教，诸家言黄帝者更详，若颛顼敬胜、义胜之训，帝喾博爱、博利之文，载籍微言，稽唐虞三代而上者可举欤？《大戴礼》武王诸铭，能约其词欤？后世若《帝范》、《帝学》、《心经》、《政经》亦有合欤？凡皆帝学心传所宜沿溯也。《周书》曰："政贵有恒。"《记》曰："五帝殊时不相沿乐，三王异世不相袭礼。"盖治道有定而不可泥者也。然其得失可得而言？井田封建，古以为大经大法，然而汉起七国，唐限名田，踵而行之，如棼丝矣。战之以车也，泉之以刀也，税之以绢也，后世断不可行，无论得失矣。周昉六官，唐沿六典，今犹其职，而掌隶分合，品秩崇卑，考课疏密皆殊。轩画万井，舜区九州，今更扩之，而疆宇襟带，控制沿革每异。它若刑法、食货、兵戎、礼乐，史迁之书，列史之志，旁及政书，如会要、典章、会典所厘具者，能原本权衡言之欤？司徒修六礼、明七教，凡以节民性、兴民德也。《礼坊记》数千百言，皆以坊民而已。故《周礼》有禁暴之官，《王制》严左道之律，道政齐刑，三代不废。孔子云：民可使由，不可使知。使由者何途，不使知者何道？先圣名言，必有奥旨。今未尝不禁奇邪而诳疑未尽泯，未尝不严保甲而奉行未尽善，蠲贷普而民或未尽厚生，教诫谆而民或未尽正德。至于吏为民父母，而富教非由科条；士为民表率，而跅弛无由观感。欲使道德一而风俗同，诸生来自田间，宜有闻见。兵所以威天下，实所以安天下。田乘邱甲，非如古之制也；步伐止齐，非如古之法也。汉之南北军，唐之府兵、彍骑，宋之更调，明之团营，与今之制孰善？钱文子之《补汉兵志》，宋之《武经总要》，明之《纪效新书》，与今之法孰详？要所以奏肤公而成伟绩者，练其技则精而不茶，鼓其气则作而不竭，实其籍则不虞冗且浮，明其赏罚则不至窳且怠。古之善将将者，孰能得此意？《易》曰："师出以律。"孔子曰："我战则克。"其以此欤？凡此者，式于古训，而时几精一，传其学，监于成宪，而因革损益合其宜。民安于日用饮食，而遵路之俗成；士忘乎智名勇功，而知方之风劝，治道祎而协气蒸，其必有所由致。循是以观厥成，曷敢不亹。维尔修于家，扬于庭，毋隐毋肤，朕将亲第焉。

四月己亥　御乾清宫，召读卷官入，亲阅定进呈十卷甲第。

四月庚子　上御太和殿。传胪。赐一甲赵文楷、汪守和、帅承瀛三人进士及第，二甲戴殿泗等四十人进士出身，三甲邱超等一百一人同进士出身。

五月丁未　授一甲一名进士赵文楷为翰林院修撰，二名进士汪守和、三名进士帅承瀛为翰林院编修。

五月戊申　引见新科进士。得旨：一甲三名赵文楷、汪守和、帅承瀛业经授职外，戴殿泗、李锡恭、王鼎、吴拜庆、张锦枝、许应喈、陆以庄、黄焜望、秦渊、赵慎畛、汪德钺、靳文锐、邱勋、沈学厚、陈兰畴、蔡维钰、陆泌、石时椝、那尔丰阿、韩克均、李可端、李华庭、邱立和、刘澤、严烺着改为翰林院庶吉士，慕鏊、赵麟、陈鹤、黄跃之、龚丽正、张文靖、李培元、林绍光、李林松、吴应咸、史祐、鹿维基、祁頔、杨健、刘名载、袁樾、郑鹏程、周宏纲、王敬之、周泰元、成格、程体常、扎兰泰、刘玉湛、刘頔、徐维城、张大维、胡万青着分部学习，吴光悦、韩抡衡、周之域、董彩凤、桂龄、蔡炯、颜允灿、许庭椿、李于培、王恩注、俞日灯、萧德充、姚学塽、杨中龙、姚逵、杨廷琮、谭元、程寯、丁玉寿、董义、何允徽、珠隆阿、曾宝光、蔡毓琳、常泰、觉罗清昌着以内阁中书用，黎承惠、曹松篁、鄂山、靳金鼎、来珩、崔本、谭兆燕、徐云龙着以知县即用，胡本渊、郎汝琛、万世发、陈毓咸、贾名伸、程健学、辛绍业、杨尚琳、谭景韩、郭龙光着以国子监学正、学录用，余着归班铨选。

五月己酉　　命大学士和珅、工部尚书彭元瑞教习庶吉士。

九月壬子　　以兵部右侍郎李潢知武举，工部尚书彭元瑞为武会试正考官，内阁学士吴省兰为副考官。

九月丁巳　　兵部以武会试中额请。得旨：汉军取中一名，直隶取中六名，陕甘取中六名，广东取中三名，河南取中一名，山东取中四名，江苏取中一名，安徽取中一名，山西取中一名，湖北取中一名，湖南取中一名，四川取中一名，广西取中一名，福建取中一名，浙江取中一名，江西取中一名，云南取中一名，贵州取中一名。

十月戊子　　策试中式武举耿金钊等三十五名于太和殿前。

十月庚寅　　上侍太上皇帝御紫光阁，阅中式武举马步射。

十月辛卯　　上侍太上皇帝御紫光阁，阅中式武举技勇。

十月辛卯　　御乾清宫引见中式武举，亲定甲乙。

十月壬辰　　上御太和殿。传胪。赐殿试武举一甲黄仁勇、常鸣盛、高适三人武进士及第，二甲严殿传等五人武进士出身，三甲高殿鳌等二十七人同武进士出身。

嘉庆二年（1797 年）

三月甲子　　以太常寺卿施朝干为宗人府府丞，仍留湖北学政任，詹事府少詹事罗国寯为詹事。

四月甲午　　赏予告大学士蔡新子举人本寯内阁中书。

八月壬寅　　以礼部左侍郎铁保为满洲翻译乡试正考官，工部左侍郎成德为副考官；国子监司业堆齐为蒙古考官。

八月癸未　　命嗣后，翻译乡会试同考官，该堂官于保送时，将上科甫经点派各员查明扣除。从御史继善请也。

十一月甲戌　　增复四川梓潼县学取进文武生各十名原额，并增廪生、增生额五名，仍二年一贡。从前代办四川总督、刑部右侍郎英善请也。

十一月辛巳　　军机大臣等会部议覆，两广总督吉庆等奏广西西隆州等处善后事宜。……一、令该学教官恭赍《圣谕广训》，按季下乡周巡宣讲，务使民得迁善，风俗还淳。一、西隆州苗民齐心向善，应照湖南苗猺例，于州学正额外，增设苗学二名，以示鼓励。……均应如所奏办理，从之。

十一月戊子　命国子监祭酒陈崇本提督湖北学政。

嘉庆三年（1798年）

二月丁未　上诣文庙行释奠礼。礼成，御彝伦堂，更衮服亲临辟雍讲学，王公、衍圣公、大学士、九卿、詹事、起居注官入侍，至圣后裔、五经博士、各氏后裔及学官、进士、举人、荫生、贡监生等圜桥肃立，上赐讲官坐。……礼成，恩赉进讲大学士、祭酒并衍圣公圣贤后裔、国子监官，观礼进士、举人、荫生、贡监生等有差，广太学本科乡试中额十五名。

四月乙卯　以本年乡试，考试应开列试差人员于正大光明殿。

五月戊辰　以翰林院侍读学士钱棨为云南乡试正考官，刑部主事陈廷桂为副考官；翰林院侍讲王绶为贵州乡试正考官，户部主事张大维为副考官。

五月癸未　以翰林院编修吴烜为广东乡试正考官，内阁中书赵良澍为副考官；兵部员外郎吴树萱为广西乡试正考官，翰林院编修朱绂为副都官；翰林院侍讲莫晋为福建乡试正考官，编修辛从益为副考官。

五月己丑　以户部员外郎钱楷为四川乡试正考官，户部主事乔远瑛为副考官；翰林院编修钱福胙为湖南乡试正考官，刑部员外郎伊秉绶为副考官。

六月甲辰　以工部右侍郎吴省兰为浙江乡试正考官，翰林院编修蒋祥墀为副考官；太常寺卿童凤三为江西乡试正考官，内阁中书徐志晋为副考官；詹事府少詹事曹振镛为湖北乡试正考官，内阁中书邵瑛为副考官。

六月乙卯　以翰林院编修王宗诚为陕西乡试正考官，刑部主事王祖武为副考官；内阁学士平恕为江南乡试正考官，翰林院检讨万承风为副考官。

七月戊辰　以刑部员外郎朱文翰为河南乡试正考官，户部主事汤藩为副考官；署国子监祭酒胡长龄为山东乡试正考官，内阁中书曹德华为副考官；右春坊右中允祝曾为山西乡试正考官，刑部主事戴敦元为副考官。

七月戊寅　命翰林院侍讲学士钱棨提督云南学政。

七月丙戌　命京畿道监察御史宋澍提督陕甘学政。

七月丁亥　命工部右侍郎吴省兰提督浙江学政。

八月丁酉　以内阁学士成书、礼部左侍郎周兴岱监临顺天乡试，户部尚书沈初为正考官，吏部左侍郎赵佑、礼部左侍郎铁保为副考官。

八月壬寅　命吏部侍郎赵佑提督顺天学政，内阁学士平恕提督江苏学政，太常寺卿童凤三提督江西学政，太常寺少卿陈霞蔚提督安徽学政，署国子监祭酒胡长龄提督山东学政，通政使司通政使初彭龄提督福建学政，翰林院侍讲莫晋提督山西学政，编修王宗诚提督河南学政，侍讲学士陈琪提督湖南学政，詹事府少詹事曹振镛提督广东学政，右春坊右赞善陈希曾提督四川学政，户部员外郎钱楷提督广西学政，刑部郎中彭希濂提督贵州学政。

九月庚午　赏顺天乡试年老诸生于江元等三十二名举人、副榜有差。

十月癸卯　以翰林院侍读学士英和为顺天武乡试正考官，刘镮之为副考官。

十一月癸酉　礼部议准：广西巡抚台布疏请，增设龙胜厅罗城、怀远二县苗民学额各二名。从之。

十二月丙申　命太仆寺卿李光云提督广东学政。

十二月己亥　赏江南等省乡试年老诸生陈荣起等二百八十三名举人、副榜有差。

嘉庆四年（1799 年）

正月乙丑　谕内阁：皇考龙驭上宾，普天哀痛，所有己未、庚申文武乡会试恩科，着停止举行。

正月戊辰　命吏部侍郎铁保教习庶吉士。

正月辛未　命翰林院检讨万承风提督广东学政。

正月丁丑　命翰林院侍读学士刘镮之提督浙江学政。

二月甲午　以江西学政、内阁学士童凤三为工部右侍郎，来京供职，命翰林院编修吴烜提督江西学政。

二月甲辰　命安徽学政、通政使司通政使陈霞蔚来京供职，翰林院侍读王绶提督安徽学政。

二月乙巳　定准宗室乡会试例，并增各部司员宗室额缺。谕内阁：宗室向有会试之例，后经停止。敬惟皇考圣意，原因宗室当娴习骑射，以存满洲旧俗，恐其专攻文艺，沾染汉人习气，转致弓马生疏。然自停止考试以后，骑射亦未能精熟。天潢支派繁衍，自当仍准应试，广其登进之路，兼可使读书变化气质，不致无所执业，别生事端。且应试之前，例应阅射马步箭，方准入场，于骑射原不至偏废。旧制，宗室俱不由乡举，径赴会试，未免过优。嗣后，宗室应考者自辛酉科为始，与生监一体乡试。应定中额，着礼部核议奏闻，候朕酌定。

二月壬子　谕内阁：现在会试届期，士子文艺诗策内，于朕名自应敬避。如遇上一字，着将页字偏旁，缺写一撇一点，书作“顒”字，下一字，将右旁第二“火”字改写“又”字，书作“琰”字。其单用“禺”字、“页”字、“炎”字，俱毋庸缺笔。至乾隆六十年以前所刊书籍，凡遇朕名字样，不必更改。自嘉庆元年以后所刊书籍，着照此缺笔改写。

二月癸丑　谕：有人参奏湖北学政陈崇本校士衡文，任情去取。去岁，考录遗才尤为不公，及肆为豪侈，所带仆婢众多，衙署不容，添盖广厦等语。陈崇本身任学政，理宜秉公考试，方为克称厥职。如果实有不公之事，必应严查究办。着传谕祖之望密为查访，该学政考试时，于某府某县生童任情去取，及考录遗才如何不公，必须确有其人，确有其事，实在证据，并有无携带多人及衙署添建房屋等事，即作为该司查出，具摺参奏，毋稍瞻徇。

二月甲寅　谕：昨有人条奏，贵州学政向来取进童生，例缴红案银三两、八两不等，后则愈加愈多，廪保、书役藉端需索，遂至四五十两等语。因令军机大臣传询差满贵州学政谈祖绶。据称，各省学政俱有棚规，一切书役饭食及朱价、卷价、棚厂等费皆取给于此，惟贵州并无棚规，向于童生取进后，令出红案银两，每各自一二两至五六两，作为出考费用。谈祖绶按试各府时，亦相沿办理。但止令量力缴进，从无多至四五十两之事。此等棚规红案银两原系相沿陋规，贵州学政养廉本少，距京较远，学政挈其家属，延请幕友，前赴任所，需费自不免稍多，而该省并无棚规，出考一切费用，令新进童生量为致送，其事亦尚在情理之中。即各省学政棚规，亦系陋习相循，贴补考费，非私卖秀才可比。若将棚规红案银两概行裁革，则学政办公竭蹶，岂转令其取录不公，营私纳贿耶？况各省地方官所得各项陋规，不一而足，尚难一一禁止，乃独于读书寒畯出身，膺衡文之任者，过事搜求刻核，亦殊属无谓。惟此项红案银两，只应令新进童生量力交送，总不得过五六两之数。其实在无力者，即当量为减免，不得强令交纳。在学政既可从容办公，而新进寒微亦可共邀体恤。倘该学政等于规外复加多索，甚或于校士时有骩法婪赃之事，则必重治其罪，不稍宽贷也。将此通谕知之。

二月乙卯　命内阁学士文宁教习庶吉士。

二月丁巳　谕内阁：据御史沈琨条奏，停止会试覆试，试卷免填添注、涂改字样一摺，已交大学士会同礼部议奏矣。因思庶吉士散馆、翰林大考、京官考差，各试卷向俱另纸起草，近年始有添写草稿之例。夫试卷之有草稿，原以核对笔迹，杜代倩、改窜之弊。若已登仕版之人，在内廷考校，非乡会试及小试可比。且试卷并不易书，即将原卷呈览，草稿进呈，亦于体制未协。嗣后，翰林京官各试卷均毋庸添写草稿。又，乡会试头场文字，承题小讲限用“夫”、“盖”、“甚矣”及“今夫”、“且夫”、“尝思”等字，亦皆起自近年，其实此等虚字，即不限用，亦属无关弊窦。真正关节，原不在此。此例并着停止。

三月癸亥　谕内阁：前因学政得有棚规红案银两，相沿已久，业经降旨明白晓谕，并令学政等不得于规外多索矣。今，又有人条陈，恐有创立新条，致滋科敛一节，既有此奏，着再通谕各省学政，务须洁清自矢，秉公校阅，不得藉有应得分例，任意加增。倘有贿卖生童及骩法婪赃之事，必当从重治罪，不稍宽贷也。将此通谕知之。

三月甲子　以内阁学士达椿、礼部侍郎曹城知贡举，吏部尚书朱圭为会试正考官，都察院左都御史刘权之、户部侍郎阮元、内阁学士文宁为副考官。

三月壬申　命福建学政初彭龄来京供职，翰林院编修钱福胙提督福建学政。

三月戊寅　添设贵州松桃直隶厅学，移驻铜仁府学训导一员，增文武学额各四名，廪生、增生各二名。从巡抚冯光熊请也。

三月壬午　礼部以会试中额请。得旨：满洲取中六名，蒙古取中二名，汉军取中三名，直隶取中二十二名，奉天取中一名，山东取中十五名，山西取中十一名，河南取中十一名，陕甘取中九名，江苏取中十八名，安徽取中十三名，浙江取中二十二名，江西取中十八名，湖北取中九名，湖南取中七名，福建取中十一名，广东取中十名，广西取中三名，四川取中六名，贵州取中五名，云南取中七名。

四月甲午　赏会试年老举人周大器等司业、检讨、学正职衔有差，现任教谕张玉柱、刘瑍，训导马徽典俱以加衔留任。

四月乙未　谕：本日召见朱圭，询问蔡新之子曾否在京会试。据奏，蔡新有子蔡本嶲系内阁中书，现在入场未经中式等语。蔡新在上书房行走有年，老成谨慎，以大学士予告在籍，年已九十有三，伊子蔡本嶲着加恩，一体殿试。

四月丙申　以恭上高宗纯皇帝尊谥礼成，诏示天下。诏曰……一、会试文武举人已经中式者，除过犯黜革外，其有殿试誊写错误、不合体式者，礼兵二部察明核实，准其再行殿试。一、乡试已经中式文武举人，除过犯黜革外，其有磨勘原卷字句错误，以致停科者，俱着宽免，准其会试。……布告天下，咸使闻知。

四月辛丑　谕内阁：上年吁请恭办皇考九旬庆典，钦奉敕旨，特开乡会恩科。本年正月内，猝遭皇考大事，朕当哀痛迫切之时，曾降旨，因庆典既不能举行，并将恩科停止，兹过百日后，复思开科一事乃皇考嘉惠士林至意。今朕不获祝嘏承欢，以天下养，惬率土臣民之愿，而惟此作人盛典，为皇考已沛之恩。自应仰体圣慈，无庸停止。俾天下士子仍得普沾遗泽，倍深感慕，所有恩科文武乡试着于庚申年举行，其文武会试着于辛酉年举行。

四月戊申　以大学士王杰、庆桂，礼部尚书纪昀，右侍郎钱樾，工部右侍郎童凤三，内阁学士达椿、成书，都察院左副都御史陈嗣龙为殿试读卷官。

四月己酉　策试天下贡士史致俨等二百九人于保和殿。制曰：朕诞膺洪祚，统驭广轮，荷穹昊之佑申，缅祖考之彝训，兢兢业业，日昃不遑。恒思求帝王之法要，推修齐以致治平，挈刑赏之纲维，厘守令而宁黎庶。当生聚熙攘之后，虑稂莠之潜生，丰亨豫大之余，惧纷华之相耀。盖典学所以启化源，察吏所以培邦本，而豫防奸匪，禁止奢靡，尤所以保泰而持盈，均不可不亟讲也。顾明作在乎朕躬，而得失则听诸舆颂，多士讲习有素，当深知学问经济之源流。又来自田间，见闻最切，其各抒所见，毋泛毋隐，毋摭拾陈言，虚陈无用之论，朕将亲览焉。溯圣学之源者，必推精一危微十六言，然允执厥中，实为治世之枢要。古帝王不空言心也，《易》为尽性至命之书，四圣人之微旨存焉。而六十四卦之大象中，如云君子以，以者用也，非皆切人事言乎？而好语精微者，顾皆引之于心，然欤？否欤？孔门一贯之传，曾子得之，《大学》一篇，帝王之全体大用也，条目中节节各有其功力。而真德秀作《大学衍义》，乃略治平而不言，果操于一家之内，而国自治而天下自平欤？所谓帝王之学异乎儒生者，果安在也？闾阎之休戚，恒视守令之贤否。顾守令之中，为民计者十不二三，为己计者十恒七八。其有情迫势逼，激而上陈者，或曰恐启刁风，虽知其有据，亦不可不薄征；或曰恐激众怒，虽不尽得实，亦不深究。各执成见，牢不可破，其何术使两得其平乎？悃愊无华之吏，诚不病民，然缓急或不足恃；强健有为之吏，诚足集事，然得志又或恣睢而横行，其何以各得其用乎？举劾不操之上官，非惟不持其柄，不足以驱策群力，且君门万里，其长短何由上达？全委之于上官，其覆辙又一一可数也，其何以核其真乎？天地之大，枭鸾并育，虽三代不能无奸民。奸民惑众，治之于已成，不如治之于未起，是诚然矣。然守土之吏，或轻忽视之，以为无害，或惧干谴咎，匿而苟安，不能豫杜其萌也。惟是平时察之不严，则不免养奸贻患；察之太严，则胥役借此以扰民，或反激而生变，何术而使不枉不滥也？密相勾结，伏莽伺隙者，当必有信使之往来，其何以侦伺之欤？非道非僧，非寺非观，无故聚集多人，必露形迹，其何以稽察之欤？兵役难保不通贼，贼难保不诡充兵役，又何以辨别之欤？此当今之切务，有所闻见，其具陈之。风会所趋，人情争向，太平日久，踵事增华，则奢丽生焉。此虽物力丰盈，故能相夸耀，然积而不返，亦非撙节养富之道也。惟是车裘服饰之细，实不能物物而稽，亦不能人人而察，必一一为之禁止，琐屑烦扰，恐不可行，其何以酌其中欤？冠婚丧祭，原有定制，然诗礼之族，或不尽循，里巷小民，尤不能尽齐。论者谓禁止靡丽，当自辨别等威始；辨别等威，当自士大夫始，是或一道欤？抑别有劝谕之术欤？以上四条，或理关学术之精微，或事切民生之利病，或为人心世道之防，或为利用厚生之本。多士通经致用，今当先资拜献之始，伫望谠言，冀资启沃，其咸体朕意，各抒嘉谟焉。

四月壬子　上御乾清宫，召读卷官入，亲阅定进呈十卷甲第。

四月癸丑　赐一甲姚文田、苏北登、王引之三人进士及第，二甲程国仁等七十四人进士出身，三甲赵敬襄等一百四十三人同进士出身。

四月丙辰　引见丙辰科散馆人员。得旨：此次翰林散馆之修撰赵文楷，编修汪守和、帅承瀛业经授职，其清书二甲之庶吉士吴邦庆，汉书二甲之庶吉士陆以庄、张锦枝、陈兰畴、黄焜望、沈学厚、李锡恭、蔡之定、陆泌、赵慎畛、靳文锐、秋梦松、蔡维钰、邱勋、戴殿泗俱着授为编修，清书三甲之庶吉士韩克均、汉书三甲之庶吉士李可端俱着授为检讨，秦渊、邱立和、那尔丰阿、刘澤、吴贻咏、汪德钺、李华庭俱着以部属用。

五月庚申　授一甲一名进士姚文田为翰林院修撰，二名进士苏兆登、三名进士王引之为翰林院编修。

五月辛酉　引见新科进士。得旨：一甲三名姚文田、苏兆登、王引之业经授职外，程国仁、汤金钊、吴赓枚、汪桂、汪如渊、梁运昌、白镕、李翃、鲍桂星、宋湘、史致俨、张惠言、李端、丁履泰、徐名绂、蒋云官、吴荣光、戴聪、李本榆、李象鹄、陈超曾、吴肃、赵在田、花杰、黄鸣杰、毛谟、张师泌、彭蕴辉、俞恒润、朱渌、杨世英、许鋐、张述燕、胡大成、曹汝渊、任伯寅、周开谟、吴其彦、孔昭铭、陆言、钱昌龄、何南钰、陈寿祺、赵玉、彭良裔、象曾、赵敬襄、李光晋、张傅霖、董大醇、周锡章、王廷绍、莫与俦、淡士涛、廉能、张鳞、毛式郇、赖勋、许亨超、黄郁章、杨汝达、觉罗桂芳、姚廷训、张澍、贵庆、陈钟麟、林天培、赏锴、祝孝凭、卢坤着改为翰林院庶吉士，程同文、卢浙、苏琳、涂以辀、赵学辙、方应纶、汪恩、莫南采、陈谟、牛坤、何朝彦、黄思宸、张锦珩、韦运标、余霈元、贾履中、余本敦、孟晟、朱学邃、胡秉虔、冯大中、刘尹衡、俞恒泽、刘陶、程祖洛、张绍学、黄维烈、蔡本嶲、何兰馥、许宗彦、杨腾达、张业南、张运煦、林东垣、马丕基、万云、钱枚、朱桂桢、柏龄阿、齐正训、彭凤仪、王庭华、康绍镛、蔡銮扬、李熉、蒋翎、徐寅亮、杨本昌、王检、张之屏、珠尔杭阿、孙乔龄、崔永福、宋其沅、廉善、杨树基、徐文骧、黄变、吴鼎臣、李向荣、萧应午、杨名升、唐俨、欧阳厚均、王维钰、林钟岱、温际清、贾声槐、刘台斗、朱嗣韩、马德表、吴准、郝懿行、罗宸、周维翰、应轩、李远烈、徐旭曾、佛保、张圣愉着分部学习，陈汝梅、周悌、邵自锦、汪桂林、椿龄、王家景、萧鸿图、王东林、高世书、石鼎、叶馥、王显文、张兆安、孙猷、崔象山着以知县即用，余着归班铨选。

五月癸亥 谕内阁：大学士会同兵部议驳王尔烈条奏武闱各款，已依议行矣。朕在藩邸时，屡次阅视武闱，一切章程利弊，素所深悉。王尔烈奏上时，朕即以为事属难行。今大学士与兵部逐款指驳，所议甚为允当。朕之所以广开言路者，原因国事至重，必须兼听并观，凡在臣工，自当于国计民生，直言无隐。乃王尔烈以断不可行之事，擅议更张，识非台谏，事非官守，真所谓无知妄渎矣。朕自亲政以来，军机王大臣并无单衔陈奏之摺，大臣中如朱圭者，于内外诸务，岂不深知？亦未尝专摺奏事。盖缘国家大政，皆已次第举行，不欲以寻常事务琐屑渎陈耳。朕近阅臣工条奏累牍连篇，率多摭拾浮词，毛举细故，其中荒唐可笑、留中不肯宣示者，尚不知凡几。若诸臣无所建白，不必有意搜求，希图塞责，朕于未经条奏之科道，又何尝加之责备耶？嗣后，有官守者，各言官守，有言责者，各尽言责，即风闻陈奏，不应以漫无凭据者肆意指摘，开报复之渐。如内外大臣中有应举、应劾之人，必须列具实迹，秉公入告，何得以琐事空言，逞臆渎听乎？朕宣谕及此，并非因封事纷陈，厌于听纳，所望者直言正论，有裨国是。诸臣亦不得因有此旨误会朕意也。王尔烈于科场年分违例条奏，本有应得处分，姑念降旨求言之时，免其议处，原摺着掷还。

五月癸亥 命工部尚书那彦成、吏部尚书朱圭教习庶吉士。

五月戊寅 命右春坊右中允吴省兰提督湖南学政。

七月己卯 军机大臣等议覆，湖南布政使通恩条奏驻防事宜。……酌定学额，凡遇岁科两试，旗人情愿赴考者准其就近考试，俟取进后再听其赴京乡试。从之。

八月己酉 命礼部右侍郎文宁教习庶吉士。

八月庚戌 命詹事府詹事潘世恩提督云南学政。

九月甲戌 以升祔太庙礼成，颁诏天下。诏曰……一、贡生、监生仍派大臣官员考定职衔，照旧例送吏部注册。一、各省儒学，以正贡作恩贡，次贡作岁贡。一、贡生、监生在监肄业者，免坐监一月。……布告天下，咸使闻知。

十月辛卯 以兵部右侍郎刘秉恬知武举，礼部尚书纪昀为武会试正考官，都察院左副都御史陈嗣龙为副考官。

十月癸巳　谕：据军机大臣等将安徽贵池县民人方士杰呈递封奏进呈，阅其文理清通，所奏事件，尚属可行，已留中备览。方士杰着赏，授入学生员，准其乡试。

十月甲午　兵部以武会试中额请。得旨：汉军取中四名，奉天取中二名，直隶取中九名，陕甘取中五名，广东取中七名，河南取中三名，山东取中五名，江苏取中二名，安徽取中二名，山西取中三名，湖北取中二名，湖南取中一名，四川取中二名，广西取中一名，福建取中一名，浙江取中三名，江西取中二名，云南取中二名，贵州取中一名。

十月己亥　谕内阁：本年值武会试之期，向例于殿试后，除挑用侍卫外，其余俱分别营卫守备选用。但念今年武会试，业经加恩广额，中数稍多，其卫用守备及各营守备员缺需次自不乏人。又有捐班轮次间用者，是此项分别营卫选用守备，计其得缺，须在十余年或数十年之外，未免守候年久。着再加恩，将此次殿试武进士，除挑用侍卫外，其余俱分发川陕楚豫及曾经调兵各省，以营守备试用，俾得及时自效。并着兵部查明档案，所有现在用兵及调兵各省，按照调兵多寡，拟定应发若干员数目，开单进呈，候朕简发。

十月壬寅　命吏部右侍郎童凤三提督顺天学政。

十月癸卯　上御紫光阁，阅中式武举马步射。

十月甲辰　上御紫光阁，阅中式武举技勇。

十月甲辰　御乾清宫，引见中式武举，亲定甲乙。

十月乙巳　御乾清宫，赐殿试武举一甲李云龙、曾大观、张万清三人武进士及第，二甲白凤山等六人武进士出身，三甲刘云彪等五十五人同武进士出身。

十月甲寅　谕内阁：本日有镶黄旗满洲文举人嵩龄递奏请用玉币一摺。……嵩龄身系举人，辄以无稽之谈，形诸奏牍。且春间曾经降旨，将新疆私玉，宽其例禁，而嵩龄转请严行申禁，事涉言利，尤当摈斥，本应照议罚停会试三科。姑念其年幼无知，着从宽，只罚停会试一科，用示惩儆。

十一月甲子　命都察院左副都御史蒋曰纶提督山东学政。

十一月庚辰　以恭奉高宗纯皇帝配天礼成，颁诏天下。诏曰……一、直隶各省童生入学额数，大学着增七名，中学增五名，小学增三名，诏到举行一次，不着为例。……布告天下，咸使闻知。

十一月己亥　谕内阁：吴省兰奏，考试宝庆府时，接苏州府总捕同知李焜禀帖一封，内有夹单，开列伊胞侄生员李馥元、童生李德元、李体元之名，托其教诲等语。学政考试时，例应关防，以杜嘱托夤缘之事。李焜身系职官，罔知例禁，竟敢将伊侄李馥元等之名具禀学政，托其训教，显有请嘱情弊，不可不严行惩办。……着岳起传旨，将李焜革职解京，照前案原拟罪名，发往军台效力赎罪，用昭炯戒。至伊侄生员李馥元，童生李德元、李体元远在原籍，均不知情，着免其斥革扣考。吴省兰于按试醴陵时，仍当凭文去取，不必稍存成见。吴省兰接到李焜禀函，即行据实具奏，甚属至公，着交部议叙。

十一月辛亥　谕内阁：礼部议准，御史郭仪长条陈乡会试回避卷，请另编坐号，将朱卷密封进呈，钦派大臣秉公校阅一摺。所议非是。回避举子另行考试，虽系旧例，嗣于乾隆年间奉特旨停止。盖每科乡会试主考帘官，至下科未必复行简派，其子弟回避者，不过数人，即本科回避，不过停试一科，下科仍可应试，并无碍登进之路。今据礼部奏称，此项回避卷，请旨取中一二名，如俱系平庸之卷，即全不取中，既无定额，即难着为成例。设使例应回避者仅止数卷，亦请特派大臣校阅，更属无谓。且摺内称回避各卷全行进呈，将去取之故，于卷面黏贴黄签，以备比较，亦属纷烦不成事体。朕于臣工条奏交部核议者，原以试看各该堂官等识见如何，自应酌其事理，分别准驳，并非一经交部，即可议准也。礼部所议不准行。

十一月丁丑　皇帝率王、贝勒、贝子、公、内外文武大臣等奏请：庚申年恭举太上皇帝九旬万万寿庆典。……此次庆节，率土腾欢，宜沛殊恩，用光巨典，所有应行加恩各事宜，俟查明颁发诏旨恩谕外，至文武乡会试，尤为作人盛典，着于己未年举行恩科文武乡试，庚申年举行恩科文武会试，以示衍庆推恩至意。将此通谕知之。

嘉庆五年（1800年）

正月丙寅　以都察院左副都御史蒋曰纶为礼部右侍郎，仍留山东学政任。

正月己卯　命工部右侍郎山东学政蒋曰纶来京供职，以大理寺少卿戴均元提督山东学政。

三月壬申　谕内阁：奉天府丞兼学政百龄已擢湖南臬司，其缺尚未简放，即由京简用有人，赴任亦需时日。现在该处有应办考试事宜，生童俱已调集，未便令其守候。所有奉天府府丞兼学政事务，着瑚图灵阿暂行兼署，即将应行考试各事宜，照例办理，俾生童等得以试竣速归，以示朕体恤陪京士子至意。

三月己卯　谕内阁：朕恭阅皇考《高宗纯皇帝实录》，参领金珩奏，请将各省驻防满洲、蒙古、汉军官弁子弟于岁科两试令该将军考试马步箭，即送附近府院考取一事。皇考钦遵皇祖谕旨，以驻防弁兵子弟有能读书向学者，听其来京应试，若悉准其在外应考，则伊等竞尚虚名，必致骑射生疏，操演怠忽，将来更有何人充驻防之用，将该参领申饬，事未准行。仰见我皇祖、皇考睿虑周详，诚恐驻防弁兵专习文艺，致弛武备，再三申谕，意至深远。因思上年通恩条奏驻防事宜一摺，内称请令各处驻防旗人，另设学额，就近考卒入学，再听赴京乡试等语。彼时朕尚未恭阅实录所载此条，即交军机大臣议奏准行。盖因各处驻防兵丁，较之雍正、乾隆年间，生齿增倍，而披甲名粮例有定额，概令食粮当差，则人浮于缺，势有所难，若徒手嬉游，毫无所事，必至习于非义。其有能读书向上、通晓文义者，如必令远赴京师应试，资斧又恐不给，是以准就近应岁科试，以广进取之阶。我满洲根本，以骑射为先，若八旗子弟专以读书应试为能，必将轻视弓马，怠荒武备，殊失国家设立驻防之意。嗣后，各省驻防官弁子弟不得因有就近考试之例，遂荒骑射本业。着该将军、都统等通行饬谕各官弁等训课子弟，以骑射为首务，其攻肄举业者仍当娴习骑射，务臻纯熟，以仰副皇祖皇考教育八旗，谆谆垂训，及朕多方造就之至意。将此通谕知之。

闰四月辛未　以本年乡试，考试应开列试差人员于乾清宫。

闰四月乙亥　永禁红案陋规。谕内阁：上年因贵州学政养廉本少，该省距京较远，学政延请幕友，需费稍多，该省旧有红案陋规银两，以资用度。曾降旨予以限制，不得过五六两之数，其实在无力者，即当减免，不得强令交纳。今思此项红案银两究系陋规，学政本不应得受。虽予以限制，但既有此项名目，难保日久不又逐渐加增。上年所降谕旨，系朕一时思虑未为周备。该省学政养廉，本系三千二百两，着该抚于贵州省藩库闲款内，加恩酌增五百两，俾资办公。此后该省红案陋规银两，着永行禁止，不得收受分文。至其余各省学政，例给养廉，本属敷用。其向无红案陋规者，自不得违例索取；若向有此项陋规，俱着一体饬禁，倘有仍前私受者，一经查出，或被纠参，必将该学政按例治罪。

五月壬午　以翰林院编修苏兆登为云南乡试正考官，内阁中书蔡炯为副考官；翰林院检讨韩克均为贵州乡试正考官，吏部主事陈云为副考官。

五月丁亥　谕内阁：昨给事中邱庭澍奏，严禁僭用帽顶一摺。已降旨饬令各按品级戴用矣。因思国子监学正、学录及各省教谕、训导等官，有系进士、举人出身者，进士、举人例应截取选用知县，其顶带本系七品，而学正等官则系八品，若按品级而论，该员等得官后转须降换顶带，似未允协。再，九品及未入流应用起花银顶一项，向来未见戴用。此等微末之员，若令其一时更换，势须纷纷制办，亦多烦费。着吏部另行详议具奏。寻奏，由进士、举人除授八、九品小京官及教职者，均用素金顶，由进士、举人出身降补佐杂等官者，帽顶均照现任品级。至九品、未入流例用镂花银顶，究系职官与生监有别，应令八品官用阴文镂花金顶，九品、未入流用阳文镂花金顶。报闻。

五月辛卯　以翰林院侍读吴芳培为四川乡试正考官，吏部主事魏元煜为副考官；翰林院修撰姚文田为广东乡试正考官，内阁中书汤谦为副考官；刑部主事汪彦博为广西乡试正考官，内阁中书韩抡衡为副考官；翰林院侍讲学士李宗瀚为福建乡试正考官，编修沈乐善为副考官；编修陆以庄为湖南乡试正考官，内阁中书赵佩湘为副考官。

五月癸卯　谕：给事中王钟健奏厘正文体一摺。向来科场年分，例不许条陈考试事宜。如果陈奏之人于乡会试剔除弊窦确有所见，不顾处分，具摺陈递，尚为有因。今王钟健所奏尽属空言，无关紧要。且据称，三场策问系属记诵之学，未便因策对之佳，遽行取中；又，近科墨卷率以《说文》内不经见之字，钞写一二，妄矜新奇，请旨饬禁等语。国家设科取士，三场并重，其策问内果能条对详明，实足征考订之学。若如该给事中所言，专重头场《四书》题文，是三场对策竟可裁撤，有是理乎？至士子读书稽古，原应博采群籍，况说文亦非僻书，如能引据的当，是其平日尚属留心训诂；若概置弗录，使空疏者转得幸获，岂崇尚实学之道？王钟健所奏全不成话，又违例条奏，着交部议处。

五月丙午　谕：刑部遵旨将从前获罪官犯子嗣不准应考、出仕及原案并无不准应考、出仕官犯子嗣，分别开单具奏，朕详加披阅。内陈山昆系陈辉祖之子，陈辉祖在总督任内，声名固属平常，但如吏治阘冗、漕务武备废弛，究系空言。即如查抄王亶望案内抽换抵兑一事，亦不过卑鄙见小；又，杨照系杨景素之子，杨景素在总督任内声名亦甚平常，但尚无破案实据；又，另单所开之高稶、高棚、高穳均系原任广东知府高纲之子，高纲为僧澹归制悖逆文集序文，并募资刊行，将该犯等发遣，此不过比照大逆缘坐办理，与实犯不同；其原任布政使钱度之子钱邠不过隐匿伊父查抄财产；原任海州知州邬承显之子邬嘉磷、邬德磷、邬图磷三人，尤不过于应缴伊父借支银钱粮石等项拖欠未完。核其情节，均尚可原。陈山昆、杨照、高稶、高棚、高穳、钱邠、邬嘉磷、邬德磷、邬图磷均着加恩，准其出仕、应试。至年羹尧大逆不道，子孙本系永远不许为官；巴忠办理廓尔喀军务贻误，子孙二三代内不准居官；其王亶望等系甘肃捏灾冒赈，侵蚀钱粮；福嵩系婪索多赃，亏缺库项，情节俱重，其子嗣应仍不准出仕、应试。至另单内官犯子嗣文敏等祖父各原案，或遇贼退缩，从军脱逃，或贻误军机，挟诈饰欺，或黩货营私，贪污败检，或侵盗赏赐外藩银物，情罪均属重大，其子嗣业经释回，准令充伍食粮，已属从宽，岂可令其复登仕版？文敏等亦一并不准出仕、应试。

六月丙寅　以礼部左侍郎曹城为浙江乡试正考官，翰林院编修黄因琏为副考官；内阁学士李钧简为江西乡试正考官，编修王麟书为副考官；翰林院侍读学士刘凤诰为湖北乡试正考官，编修黄焜望为副考官。

六月乙亥　以翰林院检讨王瑶台为陕西乡试正考官，刑部主事张志绪为副考官；兵部侍郎陈万全为江南乡试正考官，翰林院检讨何学林为副考官。

六月丙子　以詹事府詹事戴均元为内阁学士兼礼部侍郎衔，仍留山东学政任。

六月戊寅　命吏部郎中周锷提督贵州学政。

七月庚寅　以掌云南道御史萧广运为河南乡试正考官，内阁中书董彩凤为副考官；大理寺卿恩普为山东乡试正考官，户部员外郎焦以厚为副考官；左春坊左赞善茹棻为山西乡试正考官，户部员外郎倪思淳为副考官。

七月戊戌　谕内阁：据宋澍奏，新例驻防旗人另设学额。上年通恩原奏，将新进生员归入府学约束。但各学教官于清语、骑射皆不通晓，令其教导转属无益等语。所奏尚是。所有驻防新进生员，即着照所请，交该佐领约束，于清语、骑射加意训习，其月课文艺，则交府学阅看。各省驻防俱一体遵行。

八月癸丑　谕内阁：各直省举人自乾隆六十年乙卯恩科大挑后，至明岁会试，又阅六载，着于辛酉恩科会试后大挑，该部届期查照向例奏办。

八月己巳　谕：刑部奏，讯明三场搜出篮筐内带有策文之黄载华，实系车夫杨二误行装入，尚非有心怀挟等语。该生已将赴试，犹带策文在车记看，其非宿学可知。且当入场时，不能留心检点，实属疏忽。黄载华业已疏枷，着革去监生，加恩，准其原名应试。至科场严搜怀挟，原期选拔真才，此次除二场搜出之章宇芝实系怀挟，照例办理外，其头场搜出之甘绍烈，年幼无知，又系甘汝来之曾孙；三场搜出之黄载华，讯非有意藏匿，是以加恩，原名应试。嗣后，仕子等各宜勉敦实学，自爱身名，不得因本年有准令原名应试之恩旨，心存侥幸，冀邀宽典。倘仍有轻身试法者，必当按例办理，不能再为原贷也。

八月己卯　谕内阁：礼部奏，四川酉阳州属秀山县，于乾隆五十七年设学，未定拔贡之额。今据四川学政陈希曾咨称，已与雅州、酉阳两旧学一体各拔一名，系援照乾隆四十一年前任学政吴省钦咨部选拔彰明县学额之案，办理错误，照例不准一摺。学校事关名器，即增一童生进额，亦必遵例奏请，况选拔贡生，尤宜慎重。从前吴省钦遽行咨部，而部臣辄行咨准之处，均属错误。姑念事隔多年，吴省钦业已革职，礼部堂官亦俱已更换物故，均着免其查办。至学政陈希曾咨部选拔，亦有不合。但系相沿旧案，除所增拔贡二名，照部议不准外，陈希曾亦着加恩，免其议处。嗣后，各省学政遇有添增贡额等事，务当循照增添学额之例，一体奏明请旨，不得咨部办理，以杜冒滥。

九月癸巳　谕内阁：本年顺天乡试，尚书朱圭之孙朱涂入场应考，未经中式，因将伊朱墨卷取阅，其制艺、诗、策俱属平平，原难入选。同考官未经呈荐，而主考亦未搜录，校阅本为公当。但念朱圭前在上书房行走，曾授朕诗文，且扬历有年，恪共厥职，现在伊孙只有朱涂一人，其试卷文理亦尚无大疵，朱涂着加恩，赏给举人，一体会试。朱圭当益勤训课，俾伊孙力学上进，以副朕恩施造就至意。

九月癸巳　赏顺天乡试年老诸生旷大澄等八十五名举人、副榜有差。

九月庚子　谕内阁：向来顺天文乡试及文会试分左右两翼，请派副都统二员带领章京等入场弹压。惟办理武乡试、会试并无弹压大员，不足以昭慎重。嗣后，武乡试、会试届期，着该部不必拘定翼分，亦请派副都统一员带同章京等一体入场弹压。至武乡会两试，内场阅卷之主考、房考，向虽有回避之例，尚未详尽，着军机大臣会同兵部妥议具奏。

九月辛丑　谕内阁：本日朱圭等将磨勘顺天乡试各卷进呈，朕详加披阅，内御史辛从益签出策题应磨勘者八条。经覆勘大臣公阅，惟第五问建武年号，辛从益签出宋孝武改元孝建，并无建武年号一条，实系策题书写舛错。其余如神农之货布，黄帝之金刀，各条策题皆系引用《西汪古鉴》，有何可议？乃辛从益一一签出，并指为荒谬蒙混，杜撰纰谬，大加批斥，殊属非体。又，戴璐名下分得七卷，伊签出六卷，惟白日华一卷，次艺用“天地万物”犯下应议，其余不过字画错误，无甚关碍。至周廷谨一卷，头场次艺内引用《周礼》“圣义忠和”，而戴璐签出“中和”二字犯下，不惟该生原卷“忠”字本与下文无涉，且《周礼》原文本系“忠”字，岂戴璐竟未肄业及之耶？此皆有意苛求，殊未平允。前日发榜后，适召见彭元瑞，据称此次顺天乡试，江西士子赴考者中式一名，江西系属大省，今科取中仅止一人，而辛从益籍隶江西，即将主考策题有心指摘，显系挟私。又闻，戴璐之子入场未中，伊奉派磨勘，遂尔吹毛求疵，均非秉公核实之道。况每科乡会试总裁、主考房官及派出磨勘试卷者，皆系科甲出身人员，此次磨勘之员，安知下次不令其人闱校士，而此次总裁、主考房官，又安知下次不派令磨勘试卷，设彼此各怀私意，互相报复，成何事体？且衡文者若因磨勘过刻，惧干处分，必有豫为请托，或被人挟制，交通照应之事，于抡才大典殊有关系。辛从益、戴璐着撤出磨勘班，并传旨申饬。

十月壬戌　谕内阁：上年推恩宗室准令应试，原定以辛酉正科为始，本年举行恩科，因给事中庆岱奏试期较近，恐宗室等于举业一时未能娴习，请暂停本年乡试。当经降旨允准，仍以辛酉正科乡试为始。但思宗室应试若与士子等一同入闱，于体制究有未协。溯查乾隆年间，曾两次举行是典，自有旧规可循，现当久经停止之后，其应如何酌定章程及一切事宜，着军机大臣会同宗人府、礼部详查，妥议具奏。寻议，一、宗室应试请照八旗例，由宗人府考试马步箭，挑取合式者，奏请简派王大臣覆试后，再行录科。其奉天宗室，由宗学考试马步箭合式者，就近咨送奉天将军覆试录科送京。一、贡院扃试。乡试于八月初四日点名入场，会试于三月初四日点名入场，由宗人府派出章京数员，在砖门识认，至龙门外，由御史点名散卷归号，并请于左右宗人内，先期简派一员弹压，巡查怀挟乱号等事。如有前项情弊，交宗人府自行办理。其营弁号军等交监临、知贡举，酌量应用若干人，于初三日先行点进。一、考试拟用制艺一篇，五言八韵排律诗一首，由顺天府、礼部先期奏请钦命题目，于点名日，令宗人府府丞赴乾清门恭请，捧至贡院，交监临、知贡举送入内帘，启封刊印。俟点名封门后，交出散给，即于初五日交卷出场。一、印卷照乡会试例，由顺天府、礼部备卷钤印，交监试御史钤用坐号散给。交卷后，送外帘弥封，不必誊录，送内帘主考、总裁拟定中式名次，封交至公堂。乡试派顺天府官一员，会试派礼部司官一员，同宗人府章京一员，捧至乾清门交奏事处进呈。钦定名次后，乡试由监临，会试由知贡举拆名填榜。届期由宗人府派员至贡院外接榜，宗人府衙门前张榜，试卷交顺天府、礼部存查，中式人员应得旗扁银两、表里缎匹照例给予。一、中额。乡试应由顺天府将试卷数目开单进呈，钦定中额。其会试中额，初次人数无多，应令总裁择其文理优长者，封卷进呈，恭候钦取。至数科后，会试人数增多，仍由礼部核明试卷数目，请旨定额。一、殿试、朝考，奉旨与新进士一体应试。应请同日入考，坐次及引见排班均列在新进士前，由该衙门一体带领引见，或用翰林，或用部属，其未授职进士及取中举人应如何选用，请交吏部议奏。一、凡宗室祖孙父子及同胞叔侄兄弟，应行回避外，其余概毋庸回避。一、查乾隆年间宗室曾考试翻译。嗣后，凡考试翻译乡会试之年，亦应照文场乡会试例办理。取中者，应如何选用，亦请交吏部议奏。从之。

十月壬戌　以翰林院侍讲学士亮保为顺天武乡试正考官，检讨赵未彤为副考官。

十一月辛巳　谕内阁：大挑各省举人，业经降旨，于明年会试后举行，原以疏通寒畯，及时自效，俾各省膺民牧者多读书人，于吏治民生，实有裨益。近年定例，将近四科举人扣除不挑，是应挑者皆系远科，恐人数过少，难以甄录。若将近科概行与挑，又恐挑取者多系新进，而科分较深者仍致淹滞，所有明岁大挑举人，着将近年乙卯、戊午、庚申三科举人扣除，其甲寅以上各科举人俱准一律与挑。

十一月癸巳　赏贤良后裔、原任大学士吴琠四世孙、拔贡生沆，原任福建巡抚潘思榘曾孙、监生福宝举人，一体会试。

十二月癸丑 赏江南等省乡试年老诸生汪步南等二百五十三名举人、副榜有差。

嘉庆六年（1801年）

正月乙酉 顺天学政童凤三以疾乞假，允之。命礼部左侍郎曹城提督顺天学政。

正月己亥 赏贤良后裔、原任刑部尚书魏象枢六世孙、附生煜举人，一体会试。

正月庚子 谕内阁：达椿等奏，覆勘嘉庆五年四川、广东、广西、云南、贵州等省中式试卷一摺，已交该部照例办理矣。至附片奏，各省试卷内有填用卦画及书写古篆者，缘磨勘条例向无议处明文，是以未经签出等语。乡会试卷文字，引用经传语句，本有取裁，其隐僻子书等项，即不应滥行摭拾。若似此书写卦画及古篆字样，尤非应试文体，且易启记认关节之弊。除此次中式各卷，因向无例禁，姑免置议外，嗣后，乡会试场着礼部通行知照知贡举、监临出示晓谕，如试卷内有书写卦画及篆体者，即照违式例贴出。其有违例中式者，将本生罚停一科，考官及应贴不贴之外帘各官分别议处，以示惩儆。并着礼部载入《科场条例》遵行。

正月癸卯 谕内阁：八旗大员荫生年已及岁者，俱由各该旗咨报吏部带领引见，分别录用。惟宗室荫生向无引见之例，朕思自前年以来，六部各衙门已定有宗室额缺，并准宗室子弟应乡会试，以广登进之路，则宗室荫生自宜一体任用。所有嘉庆元年宗室荫生俱着加恩，交宗人府查明，于及岁时送吏部带领引见，候朕分别录用，以示锡类推恩至意。

二月甲寅 引见安徽、山东保举孝廉方正人员。得旨：王家榕、王宗敬、张来阳、张汉宗俱着以知县用，程家祥、张滩、李嘉树、赵起鲁、李宗闻俱着以教职用。

二月丙辰 赏广西、陕甘庚申科乡试年老诸生谢天惠等十名举人、副榜有差。

二月戊午 赏贤良后裔、原任礼部尚书杨名时曾孙、监生景曾，原任江苏巡抚徐士林孙、监生从旭举人，一体会试。

二月乙亥 命左春坊左赞善茹棻提督湖北学政。

三月壬午 以户部左侍郎高杞、都察院左副都御史陈嗣龙知贡举，礼部尚书达椿、工部尚书彭元瑞为会试正考官，兵部右侍郎平恕、工部左侍郎蒋曰纶为副考官。

三月癸巳 谕内阁：大挑举人原为疏通寒畯，俾免淹滞，挑选时并不试以文艺，只就其人年貌，分别去取，立法遵行已久，亦断无复行考试之理，而希荣干进者流妄生冀幸，贿嘱情求，均所不免。并闻从前大挑，有豫先私许银数封贮、于挑得后凭票交兑者，士论沸腾，去取未能允协。嗣经刘权之条奏，皇考因特派皇子与大臣等公同拣选，朕与成亲王于乾隆五十二年、六十年，曾两与其事。溯自乾隆三十八年癸巳，已蒙皇考密缄朕名，缵承大宝，而丁未、乙卯两次大挑俱蒙皇考简派，仰见圣心于此一事，委任至为慎重。乃彼时即有人将与挑举子，托言私宅宾友，竟敢在朕前呈递名条者，朕与成亲王密记所托姓名，屏而不录。今其人尚在朝列，亦不必明言，使彼内愧于心耳。试思内廷皇子，尚有人敢于请托，况王大臣乎？此次大挑，经朕派出王大臣等，谅不敢为受贿营私之事。而徇情听嘱，实不能保其必无，即有谨饬自爱者，面为拒绝，亦未必肯将嘱托名条，遽行陈奏。但此等夤缘舞弊之徒，若不严办一二，不足示儆。今特明颁谕旨，如尚有向派出之王大臣暗递名条请托者，即着密封进呈，朕必将嘱托之人，分别惩治，王大臣给予甄叙。倘有心隐匿，存息事之浅见，经朕访闻，或别经发觉，定将王大臣一并治罪，决不宽贷。至王大臣派出后，理应慎密关防。从前朕蒙简派挑选后，即同成亲王在上书房住宿，并恐伺候太监多系直隶籍贯，与该省举子或有认识往来，因豫为防检，不令跟随，只带谙达等二三人。今派出王大臣等即着在紫禁城内住宿，自择谨慎家丁跟随，至多不得过三人，勿离左右，毋许逐日更换，致滋物议。其如何按照班次秉公挑选之处，前降谕旨甚明，着王大臣等遵照妥办，以副朕剔弊遴选至意。

三月丁酉　赏贤良后裔、原任工部尚书汤斌四世孙、生员念曾举人，一体会试。

三月庚子　礼部以会试中额请。得旨：满洲取中七名，蒙古取中二名，汉军取中三名，直隶取中二十五名，奉天取中一名，山东取中十九名，山西取中十四名，河南取中十四名，陕甘取中十三名，江苏取中二十二名，安徽取中十五名，浙江取中二十五名，江西取中二十二名，湖北取中十二名，湖南取中十名，福建取中十七名，广东取中十四名，广西取中七名，四川取中十名，贵州取中八名，云南取中十名。

四月丁未　谕内阁：朕此次谒陵释服回京，有山西省已革举人薛载熙在烟郊接驾，朕记其名姓，系屡经接驾，且曾经考试，诗句平常，饬令回籍者。复命以诗题再行考试，所限官韵甚窄，并令军机大臣派员监考，所作诗句尚属明顺。因令检查原案，当经查明从前薛载熙中式时，于乾隆五十四年覆试，文理尚无大疵，惟诗句粗率，奏请停科。经皇考加恩宽免，曾经会试一次。嗣于是年十二月间和珅等议覆科场事宜一摺，夹片内以薛载熙覆试诗句粗率，与伊中式之卷不符，难保无代倩情弊，请将该举人追革在案。是薛载熙斥革举人，本非皇考之意，和珅办理此事，实属有意从刻，原不足以服薛载熙之心。今薛载熙考试诗句，较前稍胜，伊籍隶山西，似此诗律，尚不致干摈斥，薛载熙着加恩，赏还举人，下次准其一体会试。

四月己卯　谕内阁：本月十四日覆试新进士，本令在乾清宫考试，惟念本科中式人数较多，天气渐热，恐不免拥挤，着在保和殿覆试，此后即着为定例。

四月己卯　谕：本年大挑各省举人，闻有广东举人颜樾业经王大臣公同挑取一等，后因张若渟称系直隶布政使颜检之弟，王大臣等有意避嫌，当即扣除。朕本欲俟会试揭晓后另行加恩。今榜发未经中式，颜检平日居官公慎，伊弟本已挑取一等，未便因颜检系属大员转行扣除，颜樾着加恩，仍作为一等，照例掣签分发试用。

四月己卯　谕：朕因原任大学士蔡新宣力年久，在籍身故，特降旨令该省巡抚于伊孙中选择一二人，送部引见。嗣经吏部将蔡新之孙、举人蔡行达带领引见，因其现届会试，本欲俟伊中式后再行录用。兹已揭晓，未经取中，着加恩，赏给进士，准其一体殿试。

四月己卯　赏会试年老举人尹秀生等司业、检讨、助教、学正衔有差。

四月戊午　以本年乡试，考试应开列试差人员于圆明园正大光明殿。

四月戊午　赏贤良后裔、原任大学士李光地元孙、廪贡生维翰举人，一体会试。

四月癸亥　谕内阁：刑部审拟吴孝显考差怀挟，请比照科场怀挟之例，加等问拟杖徒。向来考试试差，自翰詹、科道以下进士出身人员俱得与试，择其文理较优入选者，以备简放主考及乡会试同考官之用，并不关系黜陟。若自揣文理荒疏，或因病不能应考，原各听其便，并未律以规避之条。且与考者俱系职官，应各知谨饬，向例并无搜检，以存体制。乃此次考差之宗人府主事吴孝显竟怀挟诗句，希冀逢题抄录，入选得差。试思此等空疏侥幸之人，一旦衡文，岂有不营私舞弊者？设或幸简学政，于考试时搜出生童夹带，反而自思，又将何以办理耶？看来吴孝显从前中式举人、进士时，亦未必无作弊之事，今亦不值深究。吴孝显着照刑部所拟办理，以示惩儆。嗣后，御试各项人员均宜各知自爱，朕亦不因吴孝显此次怀挟增一搜检之例，但与考人员倘再有似此怀挟者，一经查出，必当从重治罪，决不宽贷。

四月丙寅　引见己未科散馆人员。得旨：此次翰林院散馆之修撰姚文田，编修苏兆登、王引之业经授职，其清书二甲之庶吉士赵在田、彭蕴辉，汉书二甲之庶吉士汤金钊、鲍桂星、史致俨、白镕、梁运昌、陆言、钱昌龄、李本榆、程国仁、张师泌、彭良裔、俞恒润、吴鼒、陈超曾、汪如渊、毛谟俱着授为编修，清书三甲之庶吉士张鳞，汉书三甲之庶吉士觉罗桂芳俱着授为检讨，吴其彦、徐名绂、曹汝渊、张惠言、陈钟麟、黄鸣杰、戴聪、陈寿祺、汪桂、吴赓枚、石时桀、李翃、朱渌、贵庆、赵敬襄、周锡章、赵玉、吴荣光、花杰、李端、李象鹄、王鼎、杨世英、严烺、何南钰、毛式郇、孔昭铭、张述燕、周开谟、象曾、林天培、任伯寅、卢坤、许应喈、廉能俱着以部属用，杨汝达、丁履泰、王廷绍、赏锴、蒋云官、许鋐、董大醇、胡大成、淡士涛、许亨超、祝孝凭、赖勋、黄郁章、张澍、莫与俦俱着以知县即用。

四月丙寅　命大学士王杰、董诰，户部左侍郎周兴岱、兵部左侍郎陈万全，内阁学士李钧简、戴联奎，都察院左副都御史恩普、陈嗣龙为殿试读卷官。

四月丁卯　策试天下贡士马有章等二百七十五人于保和殿。制曰：朕寅缵丕基，勤求上理，兢兢业业，夙夜不敢康，期于斟元阐绎，熙绩亮功，比户可封，邪慝不作，以庶几道一风同之盛。用是兼听并观，广开言路，尔多士所共闻也。兹当对扬伊始，伫献谠言，以资采择，其敬听朕命。自唐虞授受一中，开万世之治要，而尧典首钦，舜典首恭，实能体天以出治，可推阐其义欤？三代圣王，后先一揆，尚书而外，经旨相通，可类陈欤？《大学或问》谓：格致诚正以至修齐治平，始终不外乎敬。《中庸或问》谓：中和位育，极之圣神功化，枢纽不外乎诚。心法、治法，一以贯之者，二书实括其全，能申明朱子之意欤？又若王通《中说》、真德秀《大学衍义》、邱浚《大学衍义补》诸书，其言亦有合欤？有司为亲民之官，抚字训迪，无不可以实心行实政。记曰：大臣法，小臣廉。言上下能相承也。朕澄叙官方，加意整饬，顾侵渔之弊未尽除，黩墨之风未尽息，大臣已法而小不尽廉，岂真积重之难反欤？抑封疆大吏所以董率而甄核之者，尚未扼其要欤？周官六计弊吏，汉法六条察吏，良规具在，果何以踵行而共知濯励欤？风化基于人心，亦教化所见端也。太平既久，踵事而增。今欲还淳反朴，而地大物博，何由使家喻户晓欤？别等威而禁奇邪，朝廷俱有定制，何由使无僭越欤？必欲一一督责之，则又失六礼节性、七教兴德之本怀矣。朕躬行节俭，为天下先，士为四民表率，所以佐朕化民成俗者，果何道之从欤？保甲之法，昉于《周官》，地近则耳目易稽，人习则防闲尤密，无巡察之劳，而民不致有良莠之杂，法至善也。顾或奉行不实，不免姑息养奸。今欲申明旧章，严为考察，又恐吏胥苛索，致扰闾阎，效未著而弊已滋矣。惩盗于已然，终不若弭盗于未然。营汛墩堡之当修，寺院庵观之当察，亦保甲之一端，良有司何以稽核而无弊欤？夫心法为宰化之原，吏治乃安民之本，挽浇漓以归醇厚，除稂莠以殖嘉禾，皆制治之要也。多士各抒所见，毋泛毋隐，朕将亲览焉。

四月丁卯　谕内阁：昨日引见散馆人员，除一甲进士三名先行授职外，其清汉书庶吉士内，留馆授职者二十员，用为部属者三十五员，用为知县者十五员，因思各部额外候补主事，为数较多，此次以部属用各员得缺需时，且现在满洲及边省翰林人数甚少，所有散馆二甲进士内，以部属知县用之吴其彦、张惠言、陈寿祺、李翃、吴荣光、花杰、李端、李象鹄、王鼎、杨世英、胡大成俱着加恩，改授编修；三甲进士以部属用之贵庆着加恩，授为检讨；其以知县用之王廷绍、蒋云官、许鋐着加恩，改用部属。

四月己巳　谕内阁：本日据王大臣等审明左德修怀挟策条，定拟具奏。此案若只系左德修临场夹带，犹为事所间有，不过交部照例办理。乃前日监试王大臣摺内奏称，搜出新贡士左德修怀挟策底。讯据供称，伊与尚书张若渟系属亲戚，带进策底时，张若渟嘱其小心挟藏，恐被搜检等语。显系张若渟豫知其事，嘱令挟藏。以尚书大员，竟敢知法犯法，不独朕深抱不知人之愧，即在廷诸臣闻之，亦无不骇异惭惶。此而不严加究办，何以儆官方而肃政体？当即召见军机大臣，降旨将张若渟解任，同左德修一并交军机大臣会同丰绅济伦、明安严行审讯。据左德修供称，伊亲戚张若渟于会试场前，曾嘱令不可怀挟。昨因所带策料搜出，自知获罪，口称悔不听我亲戚之言。经监试王大臣等询伊亲戚何人，始据供出张若渟姓名。并讯之张若渟，据称左德修是伊侄孙婿，于会试前曾嘱付同乡亲友，各宜自爱，片纸只字，不可夹带。供与原奏不符，复添派监试之仪亲王永璇、成亲王永瑆、庆郡王永璘同军机大臣等覆加详讯。左德修仍供如前。又，传到搜出之侍卫罗布藏多尔济、达灵阿二人，当面质对，佥称左德修被搜出时，但闻其有懊悔不听张若渟嘱咐，并无张若渟令其小心挟藏之语。是监试王大臣所奏，殊未明晰。若伊等前奏，将左德修供情声叙确凿，则与张若渟毫无干涉，何至将尚书大员遽行解任质审？今既询明，此事先由侍卫搜获左德修夹带，面回庆郡王永璘，因误听左德修在彼自悔之言，辄交仪亲王永璇缮摺，永璇亦未覆讯明确，率行入奏，均属非是。仪亲王永璇、庆郡王永璘着交宗人府议处，其随同列衔之王大臣、官员等，除搜获左德修夹带之侍卫罗布藏多尔济业经交部议叙，又，侍卫达灵阿续经讯明，同时在彼搜获，着一体交兵部议叙外，所有监试之宝恩等于具摺时并未留心询明，联衔陈奏，俱属不合。睿亲王宝恩、成亲王永瑆、和郡王绵偱及鄂勒哲依图、春宁、图默慎、奕纯、德麟、绵偲、德勒格楞贵、庆长、那彦柱、苏冲阿、哲陈泰、图善、永芹、雅尔通额、明伦、王苏、茅豫着交各该衙门察议，以为只列衔名、不定主见者戒。张若渟着照旧供职。

四月庚午　御乾清宫，召读卷官入，亲阅定进呈十卷甲第。

四月辛未　上御太和殿。传胪。赐一甲顾皋、刘彬士、邹家燮三人进士及第，二甲席煜等九十八人进士出身，三甲张旭等一百七十四人同进士出身。

五月丙子　授一甲一名进士顾皋为翰林院修撰，二名进士刘彬士、三名进士邹家燮为翰林院编修。

五月丙子　引见新科进士。得旨：一甲三名顾皋、刘彬士、邹家燮业经授职外，席煜、崔问余、商载、王泽、陈嵩庆、方振、沈西、邓廷桢、汪润之、刘澍、陈中孚、徐华岳、王利亨、黄士观、黄任万、康以铭、孔昭虔、余正焕、倪琇、袁名曜、潘恭辰、齐鲲、樊如杞、聂镐敏、吴熙曾、杨惠元、杨怿曾、蔡任、王钟吉、叶绍本、汪庚、朱方增、喻鸿、朱澄、张玉麒、吴毓宝、冯辅、刘士棻、陈用光、郑锡琪、杜堮、刘奕煜、刘彬华、佟景文、徐赓扬、张文凤、秀宁、傅棠、王坤、徐焕、达麟、梁中靖、黎德符、陈杲、吴杰、普保、陈煦、姚坤、黄中位、查讷勤、张廷鉴、陈廷达、胡长庆、蔡行达、许绍宗、严昌钰、窦心传、王以铻、阙邦觐、王达、徐心田、凯音布、黄孟甫、李鸿宾、常英、廖方彦着改为翰林院庶吉士，焦景新、宋潢、卞斌、徐士泰、吴赞元、莫凌、吴颐、李钟景、王松年、周钺、张旭、萧树本、严拱、牟惇儒、陆禹贡、方元鹍、衍恩、饶先睿、熊如澍、龚传黻、彭贯一着分部学习，孙兆鳌、段克宗、王允辉、陈家騄、赵汝勖、罗琦、钮芳治、韩玫、李振祜、宣向荣、岳震川、李师愿、杨捷、陈登瀛、薛凝度、何兆元、顾英、傅作求、宁岳屏、法克精额、张汝询、石文烇、汪作霖、钱槱、杨栋秀、林瑞春、胡尊礼、严晖吉、沈钦临、李昌平、吴本义、牟颖儒、周际岐、吕光焕、莫宗华、张井、杜宣、蒲文甲、王厚庆、书通阿、莫绍德、边廷英、陈何龙、聚宁、万世美、刘熏、王植、丁步曾、薛壂、徐渊、倪孟华、杨书绍、姜澍、马有章、张仲学、孔传性着以内阁中书用，伊里布、陈钟濂、钱淇、屠英、殷芳庭、石城、张名枝、胡溶、汪鉴、马建三、何佳玫、魏凤书、曾晖春、李允升、赵逢源、陈耀昌着以国子监学正、学录用，李镜、张琼英、蒋万宁、吴鸣捷、谢梦春、蒋士镕、方同煦、宋治咸、胡绍祖、李景嵩、王应辰、张朝珍、何怀道、王赓钦、王瑞、叶文英、熊德慎、张建瓴、武韵青、何棻、潘业、徐梦陈、宋寯起、陶廷扬、林健学、孔继鸿、姚观、朱锡谷、陈治策、恒福着以知县即用。余着归班铨选。

五月丁丑　以翰林院编修叶绍楏为云南乡试正考官，户部主事郑光圻为副考官；编修王引之为贵州乡试正考官，吴云为副考官。

五月戊寅　命礼部左侍郎英和、户部左侍郎戴衢亨教习庶吉士。

五月己卯　赏贤良后裔、原任大学士王熙曾孙、监生元洪举人，一体会试。

五月丁亥　以掌河南道御史钱栻为四川乡试正考官，户部主事杨健为副考官；翰林院编修帅承瀛为广东乡试正考官，户部主事李林松为副考官；刑部主事李于培为广西乡试正考官，内阁中书平远为副考官；翰林院修撰姚文田为福建乡试正考官，刑部员外郎吴于宣为副考官；翰林院检讨李可端为湖南乡试正考官，礼部主事谭光祥为副考官。

五月辛卯 定奉天府丞照学政更换例。谕内阁：前因御史永祚奏，请将奉天府丞照各省学政之例三年更换。因思奉天府丞专司考试，不若即将府丞一缺改为奉天学政，或将直隶永平一府拨归奉天学政考试之处，降旨交该部详议具奏。兹据礼部议称，永平一府，若分属奉天学政，遇有教职举劾委署等事，往返需时，且中隔山海关，生童出入，须领路票，跋涉较烦；而遵化一州向附永平棚考试，若将永平分属奉天学政，于遵化考试亦多未便，请饬下直隶总督详查具奏等语。此事竟无庸再交直隶总督查办。永平一府既难拨归奉天考试，若设立学政，所辖仅止二府，亦与体制未协，且须另铸关防、增裁养廉等事，均属纷更。自不若悉循其旧，所有奉天考试事宜，着仍交奉天府丞专管，一切章程，不必更易。惟该府丞在任年久，与该处生童熟识，未免易滋流弊，着将此缺三年更换一次，该部于各省学政年满更换时，将在京对品京堂开单进呈，候朕简员对调。

五月乙巳 谕：湖北光化县贡生吴焕章前因献赋覆试时，以误录旧诗语句斥革，究与临场怀挟者有间。该生在襄阳地方团练乡勇，设卡防御，著有微劳，曾经得受守备职衔，今既情愿缴销执照，仍恳开复贡生。且该省又有吴朝英成例可援，吴焕章着加恩，准其开复贡生。

六月己未 以吏部左侍郎文宁为浙江乡试正考官，右春坊右中允周兆基为副考官；户部左侍郎周兴岱为江西乡试正考官，户部主事陈廷桂为副考官；翰林院编修施杓为湖北乡试正考官，国子监助教陆开荣为副考官。

六月乙丑 以水灾，改顺天乡试期。谕内阁：京师自本月初旬以来，雨水连绵，贡院墙垣号舍多有坍塌渗漏之处。现在考试期近，已饬令赶紧动工修葺。惟气候蒸湿，恐难如期修竣，若草率从事，必致内外关防不密，不足以昭严肃。且近畿一带道路泥泞，士子等来京应试，跋涉维艰，倘中途稍有阻隔，致误考期，转无以遂观光之志。所有本年顺天乡试，或展期至八月下旬、九月初旬，着军机大臣会同礼部妥议具奏，以副朕体恤寒畯至意。再，向来俊秀监生乡试录科系由国子监考试录送，因吴省钦条奏，改为钦派大臣在贡院扃试。嗣又有御史奏请应复旧例者，经礼部议驳未行。此时贡院正值兴修，未能在彼录科，此次俊秀监生仍由国子监考试，不必钦派大臣。以后或应照旧例，或仍在贡院录科之处，并着军机大臣会同礼部一并议奏。寻奏，照雍正四年会试展期一月之例，将乡试改期九月初八日举行。至俊秀贡监录科，本为小试，不必特派大臣，应仍归国子监照旧办理，惟于录科后，将试卷封送礼部，揭晓后磨勘核对，如有不符者究办。从之。

六月己巳 以翰林院编修靳文锐为陕西乡试正考官，内阁中书谭元为副考官；礼部左侍郎英和为江南乡试正考官，户部员外郎汤藩为副考官。

七月庚辰 以礼部员外郎颜培天为河南乡试正考官，兵部主事慕鳌为副考官；太常寺卿刘凤诰为山东乡试正考官，内阁中书叶继雯为副考官；翰林院编修张锦枝为山西乡试正考官，内阁中书吴光悦为副考官。

八月壬子　命顺天府府丞胡长龄为奉天府府丞兼学政，兵部侍郎平恕提督江苏学政，户部员外郎汤藩提督安徽学政，内阁学士李钧简提督江西学政，吏部右侍郎文宁提督浙江学政，都察院左副都御史恩普提督福建学政，山西道御史何学林提督湖南学政，太常寺卿刘凤诰提督山东学政，通政使司通政使陈霞蔚提督山西学政，翰林院侍读吴芳培提督河南学政，吏部郎中康纶钧提督陕甘学政，河南道御史钱栻提督四川学政，翰林院修撰姚文田提督广东学政，翰林院侍读学士张绶提督广西学政，江西道御史叶绍楏提督云南学政，翰林院编修陆以庄提督贵州学政。

八月甲寅　谕：内阁御史王苏奏，新放江苏学政平恕请另行简放，或酌量改调一摺。内称平恕前在江苏斥革生员多名，人人切齿，即商贾小民无不痛恨，似平恕实有不公不法之处。因令军机大臣传到王苏，询以平恕有无别项劣迹，令其据实直陈。旋据王苏登覆，仍不过称平恕办理甄辅廷擅责生员一案，众心不服。又称，平恕考试生童并无别项劣迹等语。平恕前在江苏学政任内，如果有贿卖生员、去取不公等弊，该御史当指明据实参奏，朕必严为惩办。至其因甄辅廷案内斥革生员多名一事，先经照部议镌职，今该御史以业经议结之案，仍列弹章，并称或另请简放，或酌量更调，试思平恕如不胜学政之任，既不宜于江苏，岂复宜于他省？若平日并无劣迹，此次复经简用，益当顾惜声名，用息浮议，固不肯苛刻以敛怨，亦不应宽纵以沽名。倘平恕约束士子仍不得当，或另有案据，亦何难将平恕罢斥治罪？岂有国家简任学臣，因籍隶本省之御史摭拾前事，一经劾奏，即行更换？是举错之权操之言路，势必如明季科道纷纷讦奏恶习，成何政体乎？所有江苏学政仍着平恕去，御史王苏着交部议处。

九月己卯　谕内阁：汪承霈等奏，宗室乡试人数共六十三名，请定中额一摺。宗室等读书赴试，志切观光。本年系开科伊始，着加恩，按照人数，每九名取中一名，共中式七名，于举子头二场开门之日，填榜揭晓。

九月己卯　以本年乡试改期九月，照会试例，散给举子棉布袷被。从御史费锡章请也。

九月庚辰　以兵部右侍郎成书、礼部左侍郎刘跃云监临顺天乡试，大学士王杰为正考官，署兵部右侍郎初彭龄、詹事府少詹事那彦成为副考官。

九月丙申　谕内阁：向来武举会试中式后，覆试马步箭及弓刀石三项技艺。其不合式者罚停殿试一科，二次覆试仍不合式又罚停一科，至三次不能合式，即行斥革。因思文会试举人有覆试停科者，俟停科已满，即准其殿试，不再随新科覆试，文武会试，办理未能画一。且武举若停科至二三次，年岁愈增，其技艺自更逊于前，叠经覆试，必至终于斥革。嗣后，武举会试中式，着照文会试覆试一次之例，将马步箭、弓刀石逐一覆验，如前后不符，罚停殿试一科，俟下届会试之年，即着加恩，准其一体殿试。

九月戊戌　礼部条奏，磨勘则例历科遵行，而每次覆勘大臣，往往随事制宜，通融办理，遂不免例案两歧，自相矛盾，拟将异同之处改正。一、嗣后，墨卷中有空白者，均定为罚停一科。一、草稿题目脱写一二字及笔误一二字者，免议；脱写全题者，罚停一科。一、添注、涂改，所以防誊录、对读之私改，或单行或夹注，行款高低，无关弊窦，嗣后俱免贴出，并免磨勘。惟将添注、涂改字数添改，仍罚停一科。一、嗣后，抬头涂改者改为罚停两科，正文之外无故涂字者改为罚停一科。从之。

十月己酉 赏顺天乡试年老诸生李咸宾等六十八名举人、副榜有差。

十月甲寅 谕：御史和静奏，贡院房屋墙垣葺理未能完密，请添补荆棘以防逾越，并购办各项供给亦未妥协一摺。所奏甚是。向来临考时，先期将贡院修葺周密，以昭慎重。何以此次该府尹等于一切隔断墙垣，大半皆无荆棘，且有破水沟眼可容人出入，办理甚属疏率。本年乡试士子俱知守法，虽尚无逾越等事，但考试大典，理宜严密。来春即届会试之期，自应整理完固。着顺天府衙门于内外围墙等处，如式布列荆棘，务令一律完整，不得草率从事。俟办竣后，再派满汉御史前往查勘，倘有疏漏，即行参奏。至闱场应需各项，向系发价购办，本年贡院供给，办理不善，朕早有所闻。今该御史奏，有铺户在贡院门前嚷闹之事。如果该府尹等遵照旧定章程，公平发价，何至行户人等纷纷聚诉，殊属不成事体。该府尹等于修理贡院既漫不经心，复于购办供给经理未能妥协，着传旨申饬，并令明白覆奏。

十月丙辰 以刑部右侍郎初彭龄知武举，刑部左侍郎祖之望为武会试正考官，詹事府少詹事茅元铭为副考官。

十月戊午 兵部以武会试中额请。得旨：汉军取中四名，奉天取中一名，直隶取中六名，陕甘取中四名，广东取中六名，河南取中三名，山东取中五名，江苏取中一名，安徽取中二名，山西取中三名，湖北取中三名，湖南取中一名，四川取中三名，广西取中一名，福建取中三名，浙江取中三名，江西取中二名，云南取中二名，贵州取中一名。

十月丙寅 以翰林院侍读学士汪滋畹为顺天武乡试正考官，修撰王以衔为副考官。

十月癸酉 策试中式武举王鸿仪等五十四名于太和殿前。

十一月乙亥 上御紫光阁，阅中式武举马步射。

十一月丙子 上御紫光阁，阅中式武举技勇。

十一月丙子 御乾清宫，引见中式武举，亲定甲乙。

十一月戊寅 上御太和殿。传胪。赐中式武举一甲姚大宁、满德坤、李廷扬三人武进士及第，二甲龚调元等六人武进士出身，三甲王杞薰等四十五人同武进士出身。

十一月庚辰 谕内阁：前因各省奏到年老诸生单内，其所开诸生年岁及有无入学年分，均未画一，特降旨交大学士、礼部会议办理。昨据大学士、礼部会议具奏，已照议准行。本日，全保奏到湖北省年老诸生摺内，恭录乾隆五十九年原奉谕旨一道。因孙士毅所奏年老诸生，将例监生及入学年分较近并精力衰迈不能进京者概行删去，曾传知各督抚遵行。现在各督抚奏到年老诸生摺内，并未一体恭录。昨大学士礼部会议时，亦疏漏未叙。其议定章程与前奉谕旨尚未尽合，自应再行妥议，令各省画一办理。着仍交原议之大学士、礼部详悉妥议具奏。寻议，各省例监，其捐监在十科以前曾经应试者，即照例奏请赏给。至近年入学诸生，只须查明实在年岁，不必拘定入学年分，仍请照例赏给。嗣后，各省办理年老诸生，如果三场完竣，即一体奏请施恩，其进京与否，悉听其便。从之。

十一月壬午　　谕内阁：国家设立科目，文武原应并重。但文闱条例綦严，防弊颇为周密。及中式后，将本生朱墨卷解部，复钦派大臣磨勘，其中有文理疵谬者分别次数停科；至武生应试，考官均系面定去取，并非暗中摸索，较之文场易于滋弊。向来各省武乡试，本未定有磨勘之例。昨披阅山东省进呈武乡试题名录，于中式武生名下，将马步箭所中枝数、弓刀石斤两分晰注明，办理尚属周详；其山西省所进题名录并未一律开注，可见各省未能画一办理。嗣后，各省乡试题名录内，俱着将中式武生马步箭、弓刀石技艺逐一分注，俟各省题名录进呈后，随时发交兵部陆续核对。其中有未经合式、滥行取中者，着兵部查照文闱之例，酌定章程，将本生量予停科，考试官分别议处。自下科为始，通行遵照。若各省因有此旨，而于题名录内浮开具报，别经发觉，必当治以捏饰之罪。将此通谕知之。

嘉庆七年（1802年）

正月壬午　　谕内阁：周兴岱典试江西时，朕并未令其查访地方事务，若果有之，尤应倍加慎密，何得向人宣露？伊系内廷行走之人，即诸凡收敛，尚恐有人向伊探听揣摩，况复自行炫耀，擅出告示，词意夸张，以致通省官员相率趋承，赆仪从厚。周兴岱始虽辞却，后仍收受。且因未带冬衣，辄向地方官告及，殊为卑鄙。部议，照溺职例革职，本属咎所应得。姑念其供职内廷，稍有笔墨微劳，着加恩，降为四品京堂，遇缺即补。至巡抚张诚基等平日居官果能清正，即周兴岱意气陵人，尽可置之不理，何至曲意周旋，既厚遗路费，又添赠衣裘，实蹈逢迎陋习。本应照部议降三级调用，但此事经朕降旨查询，该抚即和盘托出，不敢稍为徇隐，尚可少从末减。张诚基、邵洪、衡龄均着加恩，改为革职留任。嗣后，督抚两司于三品以上大员奉差典试，均遵照昨旨，毋得滥行馈遗路费，违者严惩不贷。

二月壬戌　　谕内阁：宗室会试，前经宗人府等衙门会议，于三月初四日点名，考试官于初三日豫行入闱，较常例早至三日。第念宗室应试人数本少，若先期另为一场，一切稽察支应，较多一番经理。不若仍照乡会试旧制，于初八日入场，点名在八旗及各省士子之前，并另编坐号，不致拥挤，颁发钦命试题，先行揭晓，已足优示体制而省纷繁；考试官仍照定例于初六日入闱。所有本年宗室会试，即照此办理。嗣后，宗室乡会试日期均着为令。

三月壬申　　谕内阁：向来乡会试时，原派有副都统二员入闱，足资弹压。现在宗室应试，既改令与士子同日进场，所有原议另请奏派宗人弹压之处着行停止。

三月丙子　　以刑部左侍郎瑚图灵阿、兵部右侍郎刘镮之知贡举，礼部尚书纪昀、都察院左都御史熊枚为正考官，内阁学士玉麟、戴均元为副考官。

三月甲申　礼部以宗室会试中额请。得旨：取中三名。

三月丙申　礼部以会试中额请。得旨：满洲取中七名，蒙古取中二名，汉军取中三名，奉天取中一名，直隶取中二十三名，山东取中十七名，河南取中十二名，山西取中十二名，陕甘取中十一名，江苏取中二十名，安徽取中十四名，浙江取中二十三名，江西取中二十名，湖北取中十一名，湖南取中九名，福建取中十六名，广东取中十二名，广西取中六名，四川取中九名，贵州取中七名，云南取中十名。

四月壬寅　署直隶总督陈大文因疾乞解任，允之。命都察院左都御史、现充会试正考官熊枚先行出闱，署直隶总督。

四月乙巳　谕内阁：御史王祖武奏，部属中书、学正等官员缺壅滞，请将新进士多用庶吉士及知县一摺。朕因近科以来中式进士分部学习，及用中书、学正、学录者较多，一时补缺不无壅挤，思欲量为疏通。近日召见廷臣，询问及此，大臣中多有以此为言。朕并将本科新进士欲多用庶常、知县，酌加调剂之处，向廷臣面为宣露。而本日御史王祖武即以此条奏，必系廷臣中宣布于外，伊有所探闻，得知朕有此意，因作为己见，形之章奏，既可仰邀允准，又可为士子见好地步，殊属取巧邀誉。且向来科场年分，例不准条陈科场事宜，该御史于本科会试榜发届期，辄陈请疏通仕路，显违例禁。王祖武着交部察议。

四月庚戌　赏会试年老举人李东耀等一百八十名司业、编修、检讨、助教、学正职衔有差。

四月戊午　谕内阁：据磨勘大臣将本科会试中式覆勘应议试卷黏签进呈，内二百二十四名龚正调一卷，签出文义疵谬、诗句粗鄙数处，且字画讹误甚多，首篇半系录旧，其素不能文，已属显然，前此乡试取中，亦必有枪冒等弊。特事隔多年，姑免深究。此等行险儌幸之徒，岂可令其滥侧科目？该大臣等仅请将该贡士先行扣除，停其殿试，仍由礼部照例核办具题，声叙殊未明晰。龚正调不但应革去进士，伊系由附贡生中式举人，并捐纳员外郎，俱着全行斥革，永不准再行应试。其字句应议之处，考试官未能看出，着该部照例议处。

四月己未　引见辛酉科散馆人员。得旨：此次散馆之修撰顾皋，编修邹家燮业经授职，其清书二甲之庶吉士王坤、汉书二甲之庶吉士杜堮、陈嵩庆、席煜、吴熙曾、方振、崔问余、徐赓扬、邓廷桢、王钟吉、叶绍本、陈杲、汪庚、杨怿曾、朱方增、余正焕、王泽、刘彬华、陈用光、孔昭虔、倪琇、聂镐敏、傅棠、杨惠元、汪润之、刘奕煜、黄任万、袁名曜、朱澄、齐鲲、秀宁、陈中孚、商载、佟景文俱着授为编修，清书三甲之庶吉士查讷勤，汉书三甲之庶吉士李鸿宾、凯音布、常英俱着授为检讨，郑锡琪、姚坤、达麟、吴杰、普保、蔡行达俱着以部属用，沈西、徐焕、刘澍、张廷鉴、蔡任、刘士棻、陈廷达、窦心传、黄士观、徐心田、黎德符、姚廷训、许绍宗、王达、张文凤、徐华岳、吴毓宝、陈煦俱着以知县即用，冯辅、王利亨、王以铻、严昌钰、樊如杞、胡长庆、黄孟甫、梁中靖、黄中位、廖方彦俱着归原班铨选。

四月庚申　谕内阁：朕恭阅《高宗纯皇帝实录》，乾隆十六年考试戊辰科散馆庶吉士，内有林明伦一员，曾再留馆教习三年。因思此次散馆之庶吉士王以铻考列名次在后，引见时着归原班铨选，但念其会试中式第一名，平日文理尚优，昨日散馆试卷，只系字画拙率，文义尚无大疵，王以铻着加恩，仍以庶吉士留馆教习三年。

四月庚申 以大学士刘墉、董诰，吏部尚书刘权之、户部尚书朱圭、工部尚书彭元瑞、户部左侍郎英和、刑部右侍郎初彭龄、内阁学士那彦成为殿试读卷官。

四月庚申 赏江苏、安徽、江西辛酉科乡试年老诸生韦弦佩等九十九名举人、副榜有差。

四月庚申 裁贵州威宁州学额二名，拨归大定府学，从总督琅玕请也。

四月辛酉 策试天下贡士吴廷琛等二百四十八人于保和殿。制曰：朕寅承昊载大宝命，于今七年。仰受训诒付托罔极之德，亲政以来，朝夕亹勉，兢业寅畏，庶期克副宙合烝黎爱戴之心，以无负君天下、子万民之责。恒思相小民以知依，念经训以建事，代闾阎谋厥温饱，为学校端其步趋，道洽政治，底于淳熙，嘉与亿兆共蒙康乂淳良之福，凡所以治心典学、保赤正俗者，庸举要旨，为多士廷献者咨。《尚书》传帝王心法治法，而其最深切著明者，莫如《无逸》一篇。我皇考常书于屏扆，朕诵仰寻绎，念释在兹，其曰严恭、曰懿恭、曰寅畏、曰抑畏，将无恭畏二字为七更端之要义欤？顾羲、轩、顼、喾、尧、舜、禹、汤，皆帝王隆轨，而近代独举三宗，一家专尊穆考，何欤？或曰祖甲，或曰太甲，各有其义，将何遵欤？受命中身，溯自即位，然则受命改元之说诬，虞芮质成之年妄欤？惟正之供，或以为正道以待，或以为伯国之贡，畴为定论，鲜或训乏，或训生意，畴为正音。唐紫宸殿，宋迩英阁，谁书谁图，能举其事欤？《五经》之书，广大悉备，微旨未易推寻，撮举儒先传注之显者，《易》重卦何时，《文言》何人所作，《系辞》疑不出孔子，先后天复有中天，《书》古文疑信何纷？《古今文》复有《中文》，《武成》、《洪范》曷可更定？《费》、《秦誓》何以入《书》，《诗》风雅颂外有南，南雅颂入乐，而风不入乐，笙诗应否有辞？《鲁》、《商》何以入《颂》？《周礼·冬官》散在五典，《仪礼》仅《士礼》而非阙，《礼记》何篇出汉儒各有其说，《春秋》经传何时间配，获麟后经畴作？《左传》中有兵谋兵法，皆可详胪欤？尧汤水旱，不能必无，为人君者，心廑恫瘝，力谋补助，为民父母之谓何而忍恝耶？赋饘铸币，伊古有之。《周礼·大司徒》以荒政十二聚万民，其目云何？其科条解义，先郑、后郑所注不同，吕祖谦酌申其说，可述而断欤？此外散见诸官者可详欤？富弼青社赈荒，千古良法，其分给田土之疏，支散斗斛之檄，可仿欤？程子赈济之论，曾巩救荒之议，朱子画一事件之状，有可行欤？蠲赋、缓征、截漕、平粜、鬻赈、以工代赈、资送流民，今皆行之，古于何始欤？法不蔑古，不泥古，以合时宜为善，将采以惠吾民焉。士也者，民之坊也，亦官之朴也。士而端心术、治性情，砥砺廉隅，不亏儒行，则其乡人薰而善良，不入于奇邪，不蹈于匪僻，否则民何型焉？一旦出而服官，士廉则不为贪夫，士良则不为酷吏，士勤则不为旷官，皆以章缝为圭臬也。今或中存儌幸，罔顾箴检，诡遇求合，其毋乃辱青衿而羞黄卷乎？王制大司徒、大乐正四术、四教，何正且严，而犹有不帅教者，何以善其化导欤？察行而或起别居之谣，考文而空致虚车之饰，举鹿洞之遗规，仿苏湖之教法，上之待士甚厚，亦思何以克称欤？凡兹四事，端主德以建极，崇正学以稽古，观民生以孚惠，培士气以含淳，朕夙夜图维至亟也，问察至广也。各抒素所讲习者，毋泛毋隐，朕将亲遴焉。

四月癸亥 谕内阁：据刘凤诰奏，济宁州属金乡县县考时，有生员李玉璨等攻告童生张敬礼、张志谦系皂隶曾孙混考，知县汪廷楷并未详查，率准考送。迨州试时，该州王彬又不据控审明扣除，致阖邑童生不肯进场，未考者多至四百余人等语。童试为士子进身之阶，原应区别流品，隶卒子孙不准与考，载在《学政全书》，遵行已久。该州县考试时，遇有绅衿等攻告混考之案，自应即时彻底清查，照例扣除，即或绅衿等有挟嫌诬控情事，亦当质讯明确，以服其心。今知州王彬、知县汪廷楷于此案攻告之初，并不核实查办，以致阖邑童生赴考寥寥，殊属不成事体。济宁州知州王彬、金乡县知县汪廷楷、教谕黄维壂、训导杨价俱着解任，交与和宁提齐案证，秉公审办，毋得稍有偏徇。至该县童生未赴州考者四百余人，其中即有一二刁健之徒，只应就案惩办，岂可因此波累阖邑文童，着加恩，仍准其补行考试。该学政奉到谕旨，即饬知遵照办理。倘补试童生内，审明后果有把持扛帮之人，何难按例治以应得之罪？即幸邀取进，仍可斥革办理也。

四月甲子 御乾清宫，召读卷官入，亲阅定进呈十卷甲第。

四月乙丑 上御太和殿。传胪。赐一甲吴廷琛、李宗昉、朱士彦三人进士及第，二甲李仲昭等八十四人进士出身，三甲林绍龙等一百六十一人同进士出身。

四月己巳 授一甲一名进士吴廷琛为翰林院修撰，二名进士李宗昉、三名进士朱士彦为翰林院编修。

五月庚午 引见新科进士。得旨：一甲三名吴廷琛、李宗昉、朱士彦业经授职外，李仲昭、朱玿、吴椿、章道鸿、何丙咸、顾莼、董桂新、梁章钜、吕兆麒、金式玉、朱鸿、费兰墀、洪占铨、陶澍、何应杰、胡开益、程寿龄、张源长、易元善、饶向荣、邓士宪、黄锡禐、张鉴、任英、谢学崇、谢兰生、李振翥、施鸾坡、何兰汀、刘加封、黄中杰、李钟壁、李可蕃、朱廷庆、瞿昂、赵蘧、程邦宪、沈维鐈、霍树清、张元宰、万鼎琛、黎燮、卿祖培、洪耀、陈声遹、程赞宁、蔡以成、宁古齐、卢炳涛、朱玉林、张元模、龚守正、黄茂、张本枝、宋潢、周毓麟、林春溥、葛方晋、盖运长、孙汶、隆安、林文竹、魏邦彦、陈永图、孙世昌、庄诜男、刘谷万、高廷魁、徐骧、王百龄、王青莲、哈晋、钟庆、王珽、吉士瑛、宗室果齐斯欢、申启贤、卓秉恬、任郿祐、李蟠根、达清阿、柳体青、马倚元、宗室德朋阿、陈铭、海龄、宗室惠端、李成芳、谢干、夏修恕、常山着改为翰林院庶吉士，潘澍霖、林绍龙、善庆、邱树棠、穆隆阿、孔继堠着分部学习，徐必观、杨芝、潘人炳、王廷元、宋庚、吴鼎、魏德琬、凌鸣喈、洪运开、刘丙、陈征芝、杨增思、余保纯、李成蹊、汤达、张佑、蒋镛、林钰、刘大瑄、刘德铨、梁本恭、叶申棻、喻宣孝、阿应鳞、蔡德淳、甘家春、柯光蔚、曹基申、刘晋泰、刘长孺、林朝阳、汪百川、康黄中、李中淑、钟德宾、叶际春、王崇本、傅鹏飞、安佩莲、崔秉炼、黄德衷、邹孝裔、李嘉祐、魏来田、董齐光、向序、翟德先、耿维祜、王庆长、魏士寯、徐润、王霖澍、赵子璟、易凤庭、徐一麟、王楚堂、郑瑶、滕嘉栋、齐承庆、钟秀、万永福、张步虚、李约、孙世封、黄恩培、黄沛、周烺、尹佩绅、阎登云、金菁莪、王笃庆、李文耕、齐敦敏、温秉贞、郑丕钦及补行朝考之彭昌运着以知县即用。余着归班铨选。

五月辛未 命工部尚书彭元瑞、内阁学士那彦成教习庶吉士。

六月辛酉 考试辛酉科拔贡。以户部侍郎英和、刑部侍郎祖之望、内阁学士那彦成、都察院左副都御史陈嗣龙、通政使司通政使曹振镛为阅卷大臣。

七月甲戌 谕内阁：内阁供事，与各衙门书吏无异，保宁甫经到京，因考试供事，外间颇有浮言，请在贡院扃试。经朕发交礼部议奏，以贡院为抡才重地，考试吏胥，于体制未合。所议固是。但议请钦派内阁学士及监试御史并护军统领等员，仍与考试士子相等办理，尚觉过当。嗣后，内阁供事仍在天安门外考试，即令稽查内阁之御史会同内阁承办官员在彼监试，其阅卷之内阁学士着大学士指派满汉各一员，临期奏闻，不必请旨简派。

七月丁丑 引见八旗及直省考取拔贡生，双兴等五十名以七品小京官分部学习，彦璧等七十二名以知县试用，吉昌等五十名交吏部询问，以教职佐贰等官分用。

七月辛巳 谕内阁：朕惟求治之道，必期明目达聪，广为咨诹，庶民隐得以周知。古帝王悬鞀设铎，自臣工以逮士庶，悉令各陈所蕴，以备采纳。但必视其言之有当与否，如果指陈确实，有裨国是，即无言职者，亦当加之采录。倘率逞臆见，妄意纷更，甚至莠言乱政，虽系言官之言，亦不可轻为听用。近来科道中每有条奏失当，经朕降旨驳斥，此系权衡事理，随事训饬，并非懒于办事，怠惰偷安。朕承皇考付托，曷敢不勤政乎？若言官误会朕旨，遂尔相率缄默，转非朕广开言路之意矣。本日据步军统领衙门呈递陕西恩贡生、加捐州同职衔何泰条奏一件，朕详加披阅，其所陈敬天勤民，敦崇治本，澄叙官方，整饬士习以及黜奢崇俭、挽回风化各大端，俱能援引古书，切陈时事，其中不无可采。何泰系恩贡出身，加捐州同职衔，非齐民可比，伊果有志上进，于乡会试中式后，原可临轩试策，直陈无隐。今抒陈各款，于风俗人心均有关系，且文理亦属通顺，着加恩赏，给大缎二疋，交禄康将伊传到祗领。并谕何泰回家安静读书，勉图进取，以备将来量材录用。所有原递各条，留备省览。

七月甲午 谕：山东金乡县皂孙冒考一案，前经学政刘凤诰参奏，降旨交和宁秉公审办，乃三月之久，尚未审结。旋据给事中汪镛参奏，承审此案官员将原告刑逼认诬，并据武生李长清在都察院衙门控告，交刑部讯问录供具奏。朕以此案刘凤诰参奏于前，今该省地方官挟私偏听，该学政岂无见闻，谕令据实查奏。兹据刘凤诰覆奏，此案金乡县皂孙张敬礼等冒考，经李玉灿攻揭及举人王朝驹等呈控，该学政按试兖州，访问该处生童，佥称是实。且乾隆七年、二十年，张姓子孙冒考，曾有两次断逐旧案，控词底稿现存呈验。乃承审官有心党庇，并不追究被告人证，转将原告刑求挫辱，诱令将呈稿毁灭。盛暑笞棰，并株连乡民绅士，械系多人，众心饮泣，士论沸腾。且以奉旨解任之知县汪廷楷不行质审，竟令其借捕蝗为名回县，协同署任提拿人证，报复搜求，尤堪骇异。除此案已交祖之望等秉公严审外，和宁自任山东巡抚，闻其在署日以文墨为事，于属员亦不轻易接见，朕即恐其于地方不无废弛。今以奉旨特交事件，并不亲提审讯，一听委员偏袒徇私，任情诬枉。伊若罔闻知，直同木偶，即此一节，已不胜巡抚之任。和宁着即解任来京候旨，所有山东巡抚员缺着祖之望补授。

八月庚子 礼部议覆，御史秦维岳条奏，嗣后，拔贡朝考，请定月日，均匀定额等语。查各省拔贡到京先后不一，应如所奏。嗣后，朝考之年，定于五月三十日截数，六月初旬考试，庶各省均知试期，同时到京，不致有守候迟误之累。至录取数目，系考选引见，临时钦定，所奏毋庸议。从之。

八月癸卯 以都察院左都御史普福为满洲翻译乡试正考官，通政使司参议文通为副考官；理藩院尚书博兴为蒙古考官。

八月丁未 谕：本日给事中陈昌齐条奏各款俱不可行。据称各省督抚并无稽察之人，行止难免专擅，请加学政以稽察之衔，遇督抚有迟压、蒙混等弊，随时举奏等语。各省督抚如果有贪劣实迹及地方事件办理不公，学政有奏事之责，原准其据实奏闻，候朕核办。若竟以稽察之事委之学政，则学政之权，岂不重于督抚乎？国家设立学政，原令其校士衡文，若如该给事中所奏，倘各省学政有稽察督抚之名，因而于地方公事，动辄干与，遇有私意不合，任情毁誉，又岂不开挟制之渐？设该学政有营私舞弊之事，又令何人稽察乎？况督抚俱系一二品大员，至各省学政，往往有由编检、主事等官简放者，品秩较小。若以之稽察督抚，亦非朝廷体制。前有设立巡按，最为有名无实，该给事中奏请加衔，岂非于督抚之外，又设一巡按乎？……陈昌齐所奏，种种迂谬，原摺着掷还。

九月己巳 增广东新安县客籍童生文武学额各二名。从总督吉庆请也。

九月辛巳 以兵部左侍郎刘镮之知武举，内阁学士戴均元为武会试正考官，翰林院侍讲学士莫晋为副考官。

九月甲申 兵部以武会试中额请。得旨：汉军取中四名，奉天取中一名，直隶取中八名，陕甘取中五名，广东取中七名，河南取中三名，山东取中五名，江苏取中二名，安徽取中二名，山西取中三名，湖北取中四名，湖南取中一名，四川取中三名，广西取中一名，福建取中二名，浙江取中三名，江西取中二名，云南取中二名，贵州取中一名。

九月丁酉 改四川原设达州学正为绥定府教授，保县训导为罗江县训导，太平县训导为达县训导，添设绥定府训导、理番厅教谕、太平厅训导各一员，裁茂州训导、保县教谕、汶川县训导各缺。定新设绥定府学额十五名，达县学额八名，太平厅学额八名，罗江县学额六名，理番厅学额六名，裁绵州学额四名。从总督勒保请也。

十月辛亥 禁番役子孙出仕、应试。谕内阁：吏部议覆给事中恩治奏，步军统领衙门番役应否准其出仕、应试一摺。番役一项，专司缉捕盗犯，原与隶卒无异，凡各衙门皂役人等，例不准其为官，其子孙亦不准其应试，则番役自应比照此例，以归画一。乃从前步军统领衙门，往往因番役拿获要犯，辄奏请赏给顶带。如番子头目马凯即荐赏守备职衔，且番役子孙并有应试、出仕者，殊不足以别流品而重名器。着步军统领衙门查明番役中从前得过顶带者，除马凯业经降革外，其现在尚有顶带之人抵准暂留顶带，不准以实缺补用。其子孙应试曾经进学及中式者，留其举贡生员，不准选用官职，此后亦不准再行应考；如现有出仕者，概令撤回。嗣后，步军统领衙门有番役缉捕勤奋，只准量加奖赏，即实有拿获要犯者，亦只可从优加赏，毋许给予顶带。倘再行滥请，即以违制论。

十月癸丑　策试中式武举于谦益等六十名于太和殿前。

十月丙辰　上御紫光阁，阅中式武举马步射。

十月丁巳　御乾清宫引见中式武举，亲定甲乙。

十月戊午　上御太和殿。传胪。赐殿试武举一甲李白玉、张大鹏、陆凤翔三人武进士及第，二甲于谦益等七人武进士出身，三甲冯殿士等五十人同武进士出身。

十月乙丑　国子监祭酒润祥奏请，八旗外郎缺出，停止拣选，令各该旗汉军生监官学生一体考试录用。从之。

十一月丁酉　是月，陕甘学政康纶钧奏，汉中、兴安二府属岁科生童，前因贼匪滋扰，暂缓考试。兹贼已荡平，应行补考。但三案岁科，一时并取，恐文风稍次之州县不能足额，如实无佳卷，请不必拘定额数，宁缺毋滥。从之。

嘉庆八年（1803 年）

正月戊子　命翰林院编修帅承瀛提督广西学政。

二月癸卯　赏故大学士蔡新子本份举人，一体会试。

二月乙巳　谕内阁：大学士会同礼部议驳，给事中永祚奏请，伊犁地方设学一摺。所驳甚是。伊犁地处极边，多系索伦、锡伯、察哈尔、额鲁特游牧之地，迥非乌鲁木齐建立府厅州县设有学额者可比。该处毗连外域，自当以娴习武备为重，若令其诵读汉文，势必荒疏艺勇，风气日趋于弱，于边防大有关碍。且屯田民户及流寓商贾来去无常，亦未必尽能读书识字。倘伊犁地方增设学额，则吉林、黑龙江等处烟户繁稠，不更当奏请设学乎？此事如系汉员陈奏，或尚云未能深悉边地情形，永祚身系满洲，乃以断不可行之事摭拾陈请，太属不晓事体矣。至该给事中摺内称，派官犯生监充当教习，及效力赎罪之科甲出身废员充当主试，必系现在伊犁官犯中，有伊亲友在内，故有此沽名取巧之奏，希冀为伊等邀恩地步耳。永祚着传旨申饬。

二月丁巳　谕内阁：松筠奏请设伊犁学额一摺。伊犁地处边陲，毗连外域，非乌鲁木齐建立府厅州县设有学额者可比，自应以武备边防为重。若令专习汉文，必至艺勇生疏，风气日趋于弱，且眷兵户口及种地商民又安能尽令通晓文义？近日给事中永祚条奏此事，经大学士会同礼部议驳，降旨明白宣示。今松筠此奏，即与永祚之见无异。试思伊犁设立学额，则入学生童文字去取必须派人阅看。向来迪化州等处试卷系封寄陕甘学政衙门校阅，已觉路途纡远，若再将伊犁生童应试之卷一并解送，则长途往返，更费周张，益难保无倩人顶替更换等弊。至教授生童，请于废员内择有科甲出身者妥为教习一节，系为伊犁官犯希冀邀恩地步，此事断不可行。松筠系该处将军，尤应留意边防，整饬武备，何不晓事体若此，着传旨申饬。

三月戊戌　以兵部左侍郎成书为翻译会试知贡举，工部尚书组布为满洲翻译正考官，刑部右侍郎赓音为副考官；理藩院尚书博兴为蒙古考官。

三月壬寅　谕内阁：礼部呈递《科场条例》，于起送会试条下，声明教官降为杂职者，其未经得缺以前，请改照候补、候选人员之例，由举人出身者俱准其会试，由贡生出身者俱准其乡试，增入新例等语。殊属非是。教职一项降调佐杂等官，向不准其乡会试，原因其缘事镌级，已挂吏议，与在部候补、候选人员例得应试者迥不相同。况节年各省教官降为杂职，遇有呈请应试者，均经批驳有案。若因其由举贡出身降调，辄请准其应试，显与定例不符。礼部堂官于条例内率行增入，未免心存邀誉。俱着传旨申饬。此后教官降为杂职人员不准应试，仍着照旧例行。

三月丁未　礼部以翻译会试中额请。得旨：满洲取中十三名，蒙古取中三名。

三月辛亥　谕内阁：向来翻译乡会试，照文乡会试之例办理，简派大臣及执事官多员，以昭慎重。但此项应试人数无多，究与文闱春秋两试有间。本日，据翻译会试考官组布奏称，从前鄂尔泰曾经条陈翻译乡会试请附春秋两闱，于头场考毕后将应试翻译人等随同士子进二三场，另号扃试。曾议准行，旋复照旧例另场考试等语。翻译乡会试归并文闱考试，除添派试官外，此外无庸另派多员，于一切支应较为简便，而防范亦更周密。着礼部详查此例于何时准行，于何年停止，并嗣后遇有翻译乡会试，是否可以归并文闱春秋两试，及应如何酌定章程之处，一并妥议具奏。寻议奏事宜五条。一、年分宜通融归并。旧例乡会文场三年一举，翻译乡会试五年一举，彼此参差，难以归一。应如侍郎赓音所奏，改为三年一举，如遇恩科，亦一体加恩。一、号舍宜量为区别。翻译与文场事体各殊，若令同号而居，恐生别故。拟以内龙门左右两旁六号为翻译举子坐号，庶与文场举子两不相混。一、试期宜量为挪移。乡会试之弊窦，多在头场。拟请照鄂尔泰原议，于会试二场点进翻译头场，会试三场点进翻译二场。至顺天乡试头二场，人数众多，翻译只考一场，应请于三场点进。一、阅卷宜酌复旧制。查乾隆七年议准，翻译试卷照回避卷例，请旨另派大臣阅看，拟定封进，恭候钦定中式。拟请每科翻译完场后，由监临、知贡举封固，送交军机处，请旨特派大臣校阅。乡试人数较多，照殿试例在文华殿阅看，会试人数较少，照朝考例在内廷阅看。一、关防宜有分别。凡内廷阅卷，禁御森严，可不必再加防范。惟文华殿阅卷，地在外廷，且系住宿二三日，关防不可不严，拟请钦派满汉御史四员巡视稽查。从之。

六月戊子　以协办大学士、户部尚书朱圭兼翰林院掌院学士，吏部尚书刘权之为国史馆副总裁官，礼部尚书纪昀教习庶吉士。

八月庚午　闽浙总督玉德奏，拿获会匪要犯人员，巡检杨奎以县丞用，赏武举张家驹武进士，一体殿试。

十月丙子 谕内阁：昨仓场侍郎达庆条奏，请令直省捐纳义监生一摺。朕披阅之下，即谓其说不经，因交廷臣集议。今据大学士会同该部议驳，国家正供岁有定额。若如该侍郎所称，将每岁应交地丁银四十两以上者定为四五十倍，按数合计，汇总交纳，准作义监生，免其租赋差徭以终其身等语。是直欲将数十年之赋额，并征于一时，自古无此取民之制，竟不知该侍郎何所引据，忽创此无稽之言，妄行陈奏。不惟其事断不可行，即形之章牍，亦不成话，窒碍不通，纰缪已极，除照部驳不准外，达庆着交部议处，以为率臆妄言时事者戒。

十一月戊戌 谕：湖北学政茹棻因蒲圻县劣衿熊士鳌抗粮纵凶滋事，自请议处一摺。各省设立学政，原欲其化导士子，训俗型方，非徒以校阅艺文，遂称尽职。盖士为四民之首，学政于平日诚能尽心训迪，令士子循循然动遵法度，而士子等又各于乡党中互相劝喻，俾人人知尊君亲上之义，则奸宄潜消，善良蔚起，士习端而民风厚。所谓经正则庶民兴，庶民兴斯无邪慝也。今熊士鳌身列胶庠，敢于抗粮纵凶，酿成龚如升等纠众劫狱巨案。此等劣衿，自由平时失于教导所致。茹棻到任已久，咎有应得，着交部议处。至各省学政职司学校，有教士之责，与其俟该生员等有抗粮、包漕、唆讼、武断种种不法之事，犯而后惩，曷若正其趋向，迁善远罪而不自知。总之，道政齐刑，末也；道德齐礼，本也。德礼之化非平日渐摩涵育，焉能蒸蒸丕变？着通谕各学政，务宜敦崇教化，庶庠序皆循规矩，闾阎得资表率，用副朕端本善俗至意。

十一月丙辰 申严番役子弟入仕应试之禁。谕内阁：御史王麟书奏，步军统领衙门请将番役一项仍准子弟居官，实属率意妄奏等语。番役人等专司缉捕，与各衙门隶卒无异，其子孙自不准入仕应试。上年特降谕旨，着之令典，如有再行滥请，以违制论，原所以别流品而重名器。今禄康等辄以招募无人，仍请准其子弟居官，妄行吁恳。初奏上时，朕即以为事不可行，敕交该部详议具奏。谅部议自必驳饬，即或经部议准，朕亦断不允行。王麟书据实劾奏，实属持正可嘉。隶卒人等所以不准入仕考试者，贱其役，非贱其人。寻常氓庶，原系良民，一经充当差捕，则执役微贱，自不得滥邀登进。若谓系由良民而来，则各衙门皂役独不自良民来乎？况上年甫经降旨，定例遵行，番役等从前得过顶带，不准以实缺补用，其子孙应试中式者，只准留其举贡生员，不准选用官职，其现在出仕者概令撤回。今未及一年，复请准令入仕，予夺靡常，成何政体？且据禄康面奏，此项番役即不便令其滥侧文员，或请加恩准令备官武职，俾知鼓励，更属非是。国家文武分途，名器则一，有何高下？若准令补授武职，日后必致渐侧文阶，又将何以限制？如谓良民咸知贱役，不肯踊跃充当，则各衙门皂役设亦挟制官长，以此为词，岂将隶卒子孙亦概准其居官、考试，有是理乎？看来禄康等未免为番役所挟制，或竟受其怂恿，意存市恩，故为此奏，殊属冒昧。禄康、范建丰、皂保均着交部议处。所有禄康等原奏之摺，该部无庸议奏，仍着照旧例行。

十二月癸亥 命礼部右侍郎王懿修提督顺天学政，以内阁学士关槐署礼部右侍郎。

十二月甲子 转吏部右侍郎李钧简为左侍郎，仍留江西学政任。

嘉庆九年（1804年）

正月庚戌　命兵部左侍郎刘镮之提督江苏学政。

三月己亥　谕内阁：昨据御史郑敏行参奏，此次京察……御史费锡章于嘉庆七年春闱监试，适主考熊枚奉旨出闱署理直隶总督，该御史在至公堂向熊枚恳求随带出差，及带往直隶后，熊枚又因费锡章声名不好，欲将该御史撤回。费锡章尚在逗遛，即经砥柱指名参奏，是费锡章为人卑鄙不堪。今都察院将该二员首列一等，不特中外传为笑柄，亦无以清群吏而儆官邪等语。……费锡章据称在至公堂众人属目之地，向熊枚恳求，该御史自系在闱目睹，何以不即时弹劾，直至今日保列一等，始行举发？究竟费锡章如何向熊枚恳求，其时至公堂众人属目，又系何人在旁一同闻见？其带往直隶后，如何声名不好？亦必实有劣迹可指。如该科道果系谬妄卑鄙，则岂特不可滥侧一等，直不应玷居官职，何况台谏清要之秩耶？着郑敏行即将指出情节，一一据实回奏，毋得一字稍涉含混。……至熊枚在至公堂时，费锡章曾否向伊恳求，其在直隶时声名如何不好，熊枚是否因此令其回京，亦着熊枚据实具奏，勿稍徇隐。朕于用人行政，一秉至公，即科道有所参劾，必令据事指实，断不肯采听空言，轻为措置。今郑敏行所奏二事，不独有关人品，且京察为黜陟大典所系，都察院为风纪之司，若本人因不入上考，即摭拾他人瑕疵以快私意，势必倾轧成风，互相攻讦，成何政体？此事俟伊等回奏明确，再行降旨。

三月癸卯　谕内阁：本日都察院堂官覆奏，御史郑敏行参奏宋澍、费锡章不应列入京察一等，并尚书熊枚、御史郑敏行各将前日降旨询问之处据实回奏三摺。都察院堂官摺内称……费锡章声名并无不好，实未闻费锡章在至公堂有恳求熊枚带往直隶之事，因其在本衙门办事勤慎，是以列入一等等语。该堂官保奏宋澍尚非违例，其费锡章保列一等系因其办公勤慎，并未闻声名不好之处，该堂官均无不合。惟宋澍本系时路人，朕所素悉，且究曾缘事议处，着改列二等。至熊枚覆奏摺内称，前年奉旨出闱署理直隶总督，因素知费锡章谙习奏摺，于开启龙门时，面与商酌，欲其前往帮办，费锡章因向无此例，力辞不允，有知贡举瑚素通阿等在闱目击可证。及奏明带往后，费锡章到彼，从不与闻地方事件，亦未与官员等接见，何从得有不好声名等语。费锡章不但无恳求熊枚带往直隶之事，而当熊枚欲伊随往时，方且力辞不允，即有营私钻竞情事，必有昏夜乞怜之状，岂肯于众耳众目之地率意径行，毫无避忌？郑敏行所云费锡章在至公堂向熊枚恳托之言，本非情理。且当熊枚带同费锡章前往时，本曾奏明该员不愿随往。今郑敏行覆奏摺内，尚称砥柱系当时同在闱监试之人，伊出闱后即指名参奏，是费锡章向熊枚恳求出差凭证确凿等语。伊与熊枚所奏，各执一词，情节迥异，若不确切查明，设费锡章事有左证，岂可任其滥膺上考？倘郑敏行所言无据，是饬躬自爱者无端蒙奔竞之名，而居心妒忌者转得肆污蔑之计，不独有关人品心术，而于政体所系亦复不小。既据熊枚、郑敏行奏称，所言皆有证据，即传令熊枚、瑚素通阿、砥柱、费锡章、郑敏行五人于本月十六日同至圆明园交军机大臣详悉询问，并令当面质证明确，据实具奏，再降谕旨。

三月乙巳　谕内阁：前因御史郑敏行参奏，宋澍、费锡章不应列入京察一等。业据熊枚覆奏，实无费锡章求伊带往直隶之事，而郑敏行覆奏则称确有凭据，复降旨令熊枚、瑚素通阿、砥柱、费锡章及郑敏行交军机大臣详悉询问。本日，召见熊枚、瑚素通阿二人，经朕面询，熊枚称，前年在闱时，得闻署理直隶总督之信，欲将费锡章带往，费锡章以御史衙门向无随带之例，力辞不允。伊曾经面奏恳求恩准，带至任所，仅止四五日，细思未便久留，仍令其回京供职，费锡章实无声名不好之处。询之瑚素通阿，据称伊知贡举时，在至公堂亲见熊枚向费锡章口称欲带伊同赴直隶，费锡章当以体制不符，再三致辞。迨奉旨准令随往，费锡章因系奉有谕旨，未敢故违，出闱时仍复踌躇，不得已而随往。并据砥柱称在闱监试，实未见费锡章向熊枚面求带往。即郑敏行亦已自认冒昧陈奏，无可置辩，并请治罪等语。可见费锡章实无营私钻竞情事，现有熊枚、瑚素通阿等确证可凭。即从前砥柱参奏，亦以熊枚违例奏带御史，并未劾及费锡章声名，是郑敏行特因伊未列一等，妒忌同僚，摭拾浮词欲图污蔑，竟至加以卑鄙不堪之语，实属挟私怀诈，希冀朕嘉其敢言，给伊一等，可升外任。即宋澍前此陈奏不实，亦何至遽指为谬妄不职，试思若果系卑鄙不堪，谬妄不职，岂止不应列入上考，尚可滥侧班联乎？似此妄行陈奏，本应革职治罪，但念其究属言官，若将郑敏行斥革，恐科道等官因此又相率缄默。然郑敏行以同与京察之人，不得一等，即饰词渎奏，有心淆乱是非，其居心嫉妒，岂可复膺台谏之任？着改为员外郎，遇有礼兵二部缺出，铨选补用。至给事中宋澍，朕素知其系时路人，即将来引见时，亦必将伊改列二等，并非因有郑敏行之奏也。御史费锡章既查讯明确，毫无不合，着准其列入一等，以示朕持平核实至意。

三月丁未　礼部议准：四川总督勒保咨称，雅州府属番民，呈请援例捐监，应责成各该土司查明身家清白，取具族邻甘结，加具土司印结，申送附近所属州县再行加结，由该督汇齐送部查核，以昭慎重而杜冒滥。至所请乡试之年，与汉民生监一并凭文去取，卷面不必分别汉番、取额不必加增之处，均应如该督所咨办理。惟查番民子弟读书，既准其捐监乡试，其愿应童试者，并请照雍正八年议准之例，准其于附近州县报名。地方官查明，其卷面亦不必分别汉番，仍照原额取中，如汉民有肆行阻挠者，照例办理。再查湖广之苗、猺，广东之黎、峒，广西之土官、土目子弟，云南威远之彝人，四川茂州之羌民等，向俱准应童试，如有情愿捐监者，照番民例办理。从之。

三月丁巳　命各省学政解到生员岁科前列试卷，仍照旧例，由礼部会同礼科磨勘。

四月壬戌　以本年乡试，考试应开列试差人员于乾清宫。

四月己巳　以福建拿获从逆逃犯僧志明等，赏生员李绍基举人，一体会试。

四月丙戌　以翰林院编修黄焜望为云南乡试正考官，检讨李鸿宾为副考官；编修张师泌为贵州乡试正考官，邹家燮为副考官。

四月戊子　江苏学政刘镮之奏士习情形。得旨：江南不患无才，但有才无行之辈，不可姑容，去稂莠正为培植嘉禾，非凌辱斯文也。勉之。

五月辛丑 以翰林院侍讲施杓为四川乡试正考官，编修程国仁为副考官；翰林院侍讲学士陈嵩庆为广东乡试正考官，编修陈寿祺为副考官；翰林院侍讲吴鼒为广西乡试正考官，刑部员外郎张志绪为副考官；詹事府詹事茅元铭为福建乡试正考官，司经局洗马周系英为副考官；翰林院修撰吴廷琛为湖南乡试正考官，检讨韩鼎晋为副考官。

六月己巳 以兵部左侍郎潘世恩为浙江乡试正考官，礼部员外郎卢荫溥为副考官；工部右侍郎瑚图礼为江西乡试正考官，刑部主事张燮为副考官；右春坊右庶子王引之为湖北乡试正考官，掌陕西道御史贾允升为副考官。

六月己卯 以翰林院编修李宗昉为陕西乡试正考官，礼部主事谢振定为副考官；户部左侍郎戴均元为江南乡试正考官，户部主事涂以辀为副考官。

七月己丑 以左春坊左中允鲍桂星为河南乡试正考官，刑部主事陈希祖为副考官；詹事府少詹事万承风为山东乡试正考官，候补赞善黄钺为副考官；翰林院编修狄梦松为山西乡试正考官，陈崇本为副考官。

七月丁酉 以吏部尚书德瑛为满洲翻译乡试正考官，通政使司通政使善宝为副考官；理藩院尚书博兴为蒙古考官。

七月戊戌 谕内阁：陈嗣龙奏，乡会试科场办理供给之顺天府通判、治中，每日在场专司供给，并照料举子粥饭、管理水火夫役，倘该员等有本家亲戚入场应试，难保无滋生弊端。请照提调之例，一体回避，以昭慎重等语。着照所请。自本科乡试为始，均行回避，并着纂入《科场条例》。

七月壬寅 命新授兵部侍郎、山西学政陈霞蔚来京供职，翰林院侍读学士陈希曾提督山西学政。

八月庚申 谕内阁：各省学政现届应行更换之期，除顺天学政王懿修、江苏学政刘镮之例不更换，山西学政陈希曾甫经简放，其余应行更换省分，届时再行降旨外，所有现出试差各员内，经朕简用者自应先期颁发谕旨，俾令早日接奉，不致于典试事竣，徒劳往返，以示体恤。浙江学政着潘世恩去，山东学政着万承风去，湖南学政着吴廷琛去，均于出闱后，留省接印任事。广东学政着茅元铭去，即于福建典试毕后，驰赴新任，俱不必来京请训。

八月辛酉 命户部侍郎戴均元教习庶吉士。

八月壬戌 以都察院左副都御史舒聘、陈嗣龙监临顺天乡试，大学士董诰为正考官，礼部左侍郎玉麟、太仆寺卿莫晋为副考官。

八月甲子 命太常寺少卿梁上国为奉天府府丞兼学政，工部右侍郎曹振镛提督江西学政，大理寺卿邵自昌提督福建学政，礼科给事中王麟书提督河南学政，翰林院侍读学士周兆基提督安徽学政，右春坊右中允吴烜提督湖北学政，光禄寺少卿马履泰提督陕甘学政，都察院左副都御史周廷栋提督四川学政，刑部员外郎祁埙提督广西学政，礼部郎中谭光祥提督云南学政，翰林院修撰顾皋提督贵州学政。

八月乙丑 顺天府以宗室乡试中额请。得旨：着取中八名。

九月丁酉　赏顺天乡试年老诸生张桐等六十八名举人、副榜有差。

九月戊戌　命嗣后宗室乡会试于各士子乡会试三场完毕后，十七日点进。当日完场，翻译乡会试于十八日进场考试。

九月甲辰　谕军机大臣等：前因江西万载县副贡生辛梅臣赴京，呈请仍复棚籍分考一案，谕令陈大文会同李钧简察核情形，悉心筹议具奏。嗣据陈大文以李钧简坚执归并考试，意见不同，该督单衔具奏。请将万载县棚童仍照雍正年间旧例，按五十名以上，另额取进一名，一二百名以上以次递加，仍不得过四名，卷面注明土、棚字样，各进各额，庶可两无争竞等语。当经批交礼部议奏。业据该部议准，照该督所奏办理。本日复据李钧简奏称，江西通省各州县俱不分棚籍考试，万载一县未便两歧，且自乾隆二十八年议准合考以来，并无滋事，岂得因寻常讼案，更张定例，调停私衅？请仍旧合考，裁去土、棚名色，并请将文童加额四名，武童加额一名等语。所奏亦不为无见。该县土、棚合考四十余年，相安已久，此时若令分籍考试，恐土童等心存歧视，不免陵辱棚民，转启讼衅，亦不可不防其渐，李钧简系该省学政，办理岁科两考，于情形自较熟悉，着秦承恩会同新任学政曹振镛再行悉心筹酌，体察舆情。如李钧简所奏较为平允，即着据实会议具奏。总期准情酌理，土著、棚民均各称便，不可因陈大文所奏业经部议准行，稍存迁就也。

十月戊午　命嗣后，顺天武乡试外场，改于十月初七日开弓，十二日出榜。着为例。

十月戊辰　以翰林院侍读学士王宗诚为顺天武乡试正考官，桂芳为副考官。

十月壬申　谕内阁：据福庆奏，查出本年贵州乡试第十八名举人倪兆奎，第三场墨卷前后笔迹互异。讯明，倪兆奎因患病不能完场，托同号生员胡姓等写完交卷，实无许给银钱代倩等事。请将倪兆奎革去举人，再行彻底严讯等语。乡试中式举人若果有枪倩情弊，自应严办。今倪兆奎带病入场，五策草稿俱已做就，委因第一、二道誊完后寒热交作，眼花手颤，不能书写，恐致贴出，托同号之人写完，适邀中式。现据该抚传令默写头、二、三场诗文策稿，均无舛错。又经出题面试，文理亦属通顺。且验得该举人病发尚在未剃，面色黄瘦，可见患病属实，而代誊之同号生员，倪兆奎尚不能举出名字，是其平日本未熟识，非豫为倩雇可知。看来此事并无关弊窦，倪兆奎尚可加恩，留其举人。惟试卷托人代誊究有不合，着罚停会试一科，已足示儆。其代誊之同号生员及外帘失察各员，均从宽，免其置议。

十一月庚子　谕内阁：大学士保宁等会同礼部议驳阮元奏请驻防生员就近准其乡试一摺。所驳是。各省设立驻防，以寓武备，国家立法，自有深意，其子弟遵守淳朴之风，只应以练习骑射为本务，原不责以通晓文义。特因承平日久，家弦户诵，其中有向学读书之人，未便阻其上进，是以准令就近应考入学，已属格外恩施。至愿应乡试者，自应赴京与考。定例，乡试录科与在京八旗举子先行考试马步箭，合式，方准入场，以示不忘肄武之意。若如阮元所奏，欲令就近乡试，另编字号取中，已属格碍难行。且各省应试人数多寡不齐，若纷纷奏请另立中额，实于体制未协。并恐驻防八旗竞思以文艺进身，转置骑射于不问，必致抛荒本业，流为文弱，渐失旧风，殊有关系。况京师为八旗子弟世居，顾名思义，岂可入外省乡试乎？此事若系满洲大臣陈奏，尚当加之惩处，姑念阮元系属文臣，未能通晓八旗政务，尚可不加责备。然其事断不可行。特通谕各省驻防咸喻朕意。

十二月癸酉　赏江南等省乡试年老诸生赵浃等四百四十七名举人、副榜有差。

十二月庚辰　命太常寺卿莫晋提督江苏学政。

嘉庆十年（1805年）

二月戊寅　礼部议准：江西巡抚秦承恩、学政曹振镛奏，万载县土、棚籍考试，请于原额十二名外加额四名，不分土、棚籍，合考取进。从之。

二月辛巳　赏江西、湖北、广西甲子科乡试年老诸生龚应镄等四十六名举人、副榜有差。

三月庚寅　以内阁学士德文、王绶知贡举，大学士朱圭、户部尚书戴衢亨为会试正考官，吏部右侍郎恩普、户部左侍郎英和为副考官。

三月庚子　谕内阁：据给事中汪镛奏称，乡会试阅卷，必先阅头场文艺，再校二、三场经文五策，俱各匀称，方可取录。伊于嘉庆四年曾充同考官，阅三场策卷后面先有墨笔记注、圆尖圈点，实属违例。兹当会试之期，恐仍袭前辙。主试先阅三场试卷，既胸有成见，同考官或藉以迎合，致开幸进。请旨敕令总裁官遵照成例，先阅头场荐卷，再阅后场以定去取，不得将三场试策豫为记注，以防流弊等语。所奏甚是。乡会试三场并设经文策对，原与制艺并重，然必须先阅头场文艺，择其清真雅正合格者，再合校二、三场，取经文之赅洽、策对之详明，自能鉴拔通才。即三场试卷亦必应俱令同考官先行校阅，遴选荐备。然后正副考官再行覆校，并搜查遗卷。如果同考官校阅不公，致令真才屈抑，原许考官等指实劾参。若试卷未经房考分校以前，考官辄先行披拣，分别记注，殊非远嫌之道。且主试官先有成见，以为取舍，亦何以服众士子之心乎？嗣后，着考试官恪遵定例，先阅头场，后阅二、三场，先校荐卷，后搜落卷，务宜各秉虚公，以冀广收俊乂。所有此次会试，即着礼部将此旨恭录一道，交知贡举传谕总裁官知之。

三月乙巳　礼部以宗室会试中额请。得旨：取中二名。

三月己酉　礼部以会试中额请。得旨：满洲取中八名，蒙古取中二名，汉军取中三名，直隶取中二十七名，奉天取中二名，山东取中十九名，山西取中十二名，河南取中十二名，陕甘取中十名，江苏取中二十名，安徽取中十四名，浙江取中二十一名，江西取中十八名，湖北取中十一名，湖南取中八名，福建取中十二名，广东取中六名，广西取中四名，四川取中五名，贵州取中九名，云南取中十名。

三月壬子　以詹事府詹事万承风为内阁学士兼礼部侍郎衔，仍留山东学政任。

四月壬戌　赏会试年老举人张泳祚等二百六十八名司业、编修、检讨、助教、学正衔有差。

四月癸亥　谕内阁：向来翻译会试头、二场题目均系钦命。因思顺天乡试及会试文场，每届命题，惟头场《四书》诗题系由钦命，其二、三场题目由正副考官公同拟出。翻译会试事同一例，其二场题目何以概请钦命？况主司既能阅文，焉有不能出题之理？嗣后，翻译会试除头场文论钦命题目外，其二场题目应否即交考官拟出之处，仍着礼部妥议奏定，载入《科场条例》。寻议，请嗣后翻译会试二场满洲、蒙古翻译题目由考官拟出，刊发各士子，仍照文场例，于二场士子出闱日将题纸进呈。至翻译乡试与宗室会试，定例止考一场，其翻译题亦应令考官拟出，以归画一。从之。

四月癸亥　以都察院左都御史英善为满洲翻译会试正考官，理藩院侍郎玉宁为副考官；理藩院尚书博兴为蒙古考官。

四月癸酉　引见壬戌科散馆人员。得旨：此次散馆之编修刘彬士、李宗昉、朱士彦业经授职，其清书二甲之庶吉士林春溥，汉书二甲之庶吉士费兰墀、张元宰、李振翥、顾莼、宋湘、何应杰、沈维鐈、龚守正、张鉴、黄中杰、谢学崇、何丙咸、程赞宁、程寿龄、张源长、章道鸿、朱珔、李可蕃、瞿昂、洪占铨、陶澍、葛方晋、吴椿、程邦宪、潘恭辰、李仲昭、朱鸿、胡开益、宁古齐、易元善俱着授为编修，清书三甲之庶吉士李光晋，汉书三甲之庶吉士宗室果齐斯欢、孙世昌、夏修恕、宗室德朋阿、卓秉恬俱着授为检讨，王青莲、宗室惠端着仍以庶吉士留馆，教习三年，张玉麒、梁章钜、卢炳涛、张本枝、喻鸿、黄锡禔、饶向荣着以部属用，何兰汀、朱玉林、邓士宪、万鼎琛、孙汶、高廷魁、李钟壁、刘加封、黄茂、李蟠根、王百龄、吕兆麒、蔡以成、张元模、陈永图、李成芳、任鄘祐、吉士瑛、马倚元、霍树清、盖运长、黎夔、宋潢、赵遴、达清阿着以知县即用，柳減、王珽、陈铭、陈声遹、谢干、常山、周毓麟、刘谷万、魏邦彦、隆安、钟庆俱着归原班铨选。

四月癸酉　以大学士董诰，协办大学士、礼部尚书刘权之，吏部尚书费淳、都察院左都御史邹炳泰、吏部左侍郎李钧简、右侍郎戴均元、礼部左侍郎玉麟、兵部左侍郎戴联奎为殿试读卷官。

四月甲戌　策试天下贡士胡敬等二百三十三名于保和殿。制曰：朕仰膺昊眷，统驭寰区，十年于兹，朝乾夕惕，不遑暇逸，以冀绍古帝王执两用中之治，保大定功之模，黜陟以严考课，宣防以利转输，期臻上理，爰待嘉谟。《尚书》综帝王之治道，二典必始钦恭，《洪范》九畴，亦必原于五事之敬，而要皆本于一诚。《书》言精一，《中庸》言所以行之者一，一者诚也。盖诚则必敬，敬则必勤，人君在上，缉熙单心，所以敬天位；人臣在下，精白敬事，所以亮天工。故敬天即以勤民，至诚即以格天，其致一也。六籍所著，其与敬勤之旨相印合者，可综贯而条举欤？《大宝》、《丹扆》之箴，典矣，茂矣。朱子《或问》所言治道，《皇极经世书》言君道、臣道十二则，《大学衍义》纲举四条，皆本心传以发明治道，能详述之欤？古者寓兵于农，伍两卒旅，搜苗狝狩，制善法良，有明征已。汉设郡国材官骑士，唐置府兵，后更彍骑，其制已异于古。宋有禁厢、乡蕃之目，苏轼言被边百姓自相保聚，可收爪牙之利，司马光复言其害，可悉指欤？盖兵于无事之时，训练为尤急，勤练则可使有勇，教训则可使知方，孙子所谓练士，吴子所谓治军，可备举欤？唐太宗与李靖问对中所言足法、手法，可通于古步伐止齐之义欤？若平时以游惰之民募补，又以杂色服役之人滥充，是岂国家设兵卫民之意欤？膺斯任者，宜何如督率而振厉之也？《书》曰："知人则哲"，"安民则惠"。尧舜犹兢兢于察吏，考绩之典所自昉也。《周官》弊吏，一以廉为本。汉时取士曰兴廉，察吏曰察廉，其亦本此意欤？朕乙夜批章，日昃不遑，内而卿尹，外而疆吏，共矢法廉，以襄予治，果何以僚属咸知励职，吏胥不致逞奸？乃或甘优逸而案有积延，避吏议而事多消弭，是岂惠养吾民之意欤？《书》言"无旷庶官"，《传》言"民生在勤"。夫循名责实，则人不旷官；朝考夕稽，则吏皆勤职，其果何道之从欤？古之治河者，治一河而止耳。今则合淮与漕治之。黄河自失故道，遂累代为患。《史记》谓，水行平地，数为败，故禹厮二渠北载之高地。夫水性趋下，引之高地，转不为害，何也？河之变迁屡矣。唐一代河患最少，其故安在？论者谓水性北行，折之东南，故易决溢，此修防所宜亟讲也。元明以来，余阙、邱浚、潘季驯诸人之议，孰为得失？国家岁漕四百万粟，以供天庾，必取道于黄、运两河，而以清刷黄，尤为挽渡利漕要法。今于束清、御黄两坝之外，别有长策，可臻一劳永逸欤？若此者，稽古而讲求治理，饬戎而绥靖嘉师，官方叙而纲纪毕张，漕运利而堤防永固，有典有则，是经是程。伫望谠言，藉资启沃，毋泛毋隐，朕将亲览焉。

四月丁丑　御乾清宫，召读卷官入，亲阅定进呈十卷甲第。

四月戊寅　上御太和殿。传胪。赐一甲彭浚、徐颋、何凌汉三人进士及第，二甲徐松等九十六人进士出身，三甲叶申万等一百四十四人同进士出身。

五月乙酉　授一甲一名进士彭浚为翰林院修撰，二名进士徐颋、三名进士何凌汉为编修。

五月乙酉　命礼部左侍郎玉麟、户部右侍郎刘镮之教习庶吉士。

五月丁亥　引见新科进士。得旨：一甲三名彭浚、徐颋、何凌汉业经授职外，徐松、李兆洛、石葆元、张聪贤、孙尔准、王珙、姚元之、谢嵩、程德楷、盛唐、程家督、史谱、董桂敷、章汝金、汪全德、孙源湘、马瑞辰、童璜、胡敬、邵葆钟、潘际云、苏绎、彭邦畴、于克家、葛宗昶、李可琼、蒋诗、聂铣敏、费卿庭、吴遇坤、顾寅、张锡谦、陈鸿墀、何彤然、徐鉴、倪思莲、张志廉、程伯銮、汪汝弼、王德本、曹芸缃、陈玉铭、李建北、周尚莲、邱煌、陈宗畴、翟锦观、和桂、程元吉、何增元、鲁垂绅、姚原绂、周寿椿、陈寯千、孙升长、胡承珙、李黼平、觉罗宝兴、许绳祖、郭承恩、龚元鼎、邹植行、宗室崇弼、钱人杰、叶申万、张光焘、帅承瀚、穆彰阿、徐学晋、秦基、徐铨、黄步堂、平志、萧朗峰、张濂堂、色卜星额、严煒、崇绶、刘谦、裘元淦、何承先着改为翰林院庶吉士，补行朝考之吕子班及秦绳曾、程家祥、蒋策、王廷浚、那丹珠、那清安、朱为弼、汪继培、童槐、吉禄、尹佩棻、宗室德遐均着分部学习。吴玉堂本系兵部候补主事，着以该部主事即用；杨嗣曾、向肇嶐、刘绍琯、余光超、吴宝裕、徐玉立、吴存楷、蓝桂、张秀芝、林庆章、凌泰交、邓应熊、郭泰成、王寿、冯春晖、习家驹、杨欲仁、王允楚、雷长春、郑祖琛、骆应炳、周阶平、吴淞、甄士林、奚大壮、王圻、邓传安、王大同、钱楙勋、诸嘉乐、刘广澍、欧阳敬、王森文、时铭、黄承吉、敏登额、冯晋锡、程晋、李荫枢、翟凤翱、缪庭槐、万希煜、牟安儒、何诒霈、邓方城、王铨、符鸿、王泉之、张昆、叶以倌、刘铭常、陈三立、石长甲、吉钟颖、宋宜福、白钟岳、王椽、张范东、韩履宠、张之昶、段克莹、丁兆祺、郭志青、达春布、魏襄、刘坛、易含章、吴沆、王鋆、包棻、林家和、徐钧、颜廷彦、王作肃、邹绍观、陈周书、熊士鹏、傅廷兰、温焮、辛炳晟、张树勋、牛霆、张际熙、姚宝煃、习家騋、苏廷棻匀着交吏部签掣，分发各省，以知县即用；陈兰策本系捐纳候选同知，着交吏部掣省分发，以同知即用。余着归班铨选。

五月丁酉　　谕内阁：向来新进士以知县即用者，原欲令其早日服官，用资造就。近年因录用人员较多，铨选不无壅滞，需次仍复稽迟。是以此次新进士引见后，特降旨交吏部签掣，分发各省，以知县即用。因思辛酉、壬戌两科进士内，即用知县，现在未经铨选者尚多，中式在前而得缺转后，未免偏枯。着吏部查明一体掣签，分发各省。其有现在未经到部投供者，并着该部代为掣定省分，行知各该员原籍，由本省督抚给咨，径赴该省补用，以示朕体恤寒畯，俾得及时自效至意。

五月己亥　　命翰林院侍读学士陈嵩庆提督顺天学政。

五月己酉　　严饬生监把持漕务。谕内阁：刑部议覆，铁保等奏审拟吴江县勒休知县王廷瑄亏缺仓库银米，并生监王元九等勒索漕规，分别定罪一摺。王廷瑄办漕不善，挪移库项数逾二万两以上，实属昏庸不职，着依拟应斩监候。仍勒限照数追完，再行分别办理。余均着照部议完结。至此案王廷瑄挪移亏缺，数至累万，皆因刁生劣监等在仓吵闹、勒索陋规所致。今审讯确实，所有附和得规计赃较轻之吴景修等三百十四名，均经部议照该督所请，一并饬提责处。生监皆读书人，今以一案而罪犯责处者至三百余名之多，阅之殊不惬意。但该生监身列胶庠，不守卧碑，辄敢恃符寻衅，挟制官长，吵闹漕仓，强索规费，此直无赖棍徒之所为，岂复尚成士类？朕闻各省劣衿往往出入公门，干与非分，以收漕一节，持地方官之短长，而江苏为尤甚。各该州县或平日与之交结，遂其取求，欲壑既盈，即遇不肖官吏实有罔利营私等事，亦复袒庇不言，徒使乡里小民暗遭朘削，设稍不遂意，则遇事辄生枝节。每届开征时，揑交丑米，藉端滋事，动即以浮收漕粮，列名上控。其实家无儋石，无非包揽交收，视为利薮。此等恶习大坏名教。今吴江一县，分得漕规生监已有三百余人，其余郡县可想而知。朕培养士子至优且渥，原望其束身自爱，键户读书，并当劝化闾里愚民，知所观法，方不愧四民之首。乃荡检逾闲，至于此极，尚腼然侧身士林乎？所有吴景修等三百十四名，朕即概加以扑责，亦其自取。但欲养其廉耻，此次姑免责处，予以自新之路。嗣后，着铁保、汪志伊会同莫晋督饬教官等，严切教导，随时管束，务使该生监等痛涤前非，安分守法。如遇收漕时，该州县果有浮收入已情事，自应据实劾参。倘该生监等不知悛改，仍蹈故辙，或此外刁劣绅衿，有把持漕务讹诈陋规等事，砌词控告，审属子虚者，一经查出，即当奏明从严治罪，决不宽贷，不仅扑作教刑，士子自不惜廉耻，朕亦不能废法博誉。总之，士林为风化所关，待之优，正以责之厚。朕嘉惠士子，然于此等败类亦断不肯稍事姑容，必欲挽回积习而后已。该生监等其各凛遵训谕，立品怀刑，慎毋听之藐藐，自蹈罪愆，致贻后悔。将此通谕知之。

六月甲子　赏广东贵州甲子科乡试年老诸生郭大康等二十五名举人、副榜有差。

六月戊辰　礼部左侍郎关槐以病解任，转礼部右侍郎王绶为左侍郎，以内阁学士万承风为礼部右侍郎，仍留山东学政任。

闰六月壬辰　命礼部右侍郎万承风回京供职，翰林院编修钱樾提督山东学政。

闰六月丁未　谕内阁：据秦承恩奏，彭泽县逆犯欧阳恕全即欧阳正朗，编造逆诗，请照大逆律凌迟处死，并将该犯逆诗进呈。阅其所编诗句，实属悖逆不法，例应凌迟处死，姑念其尚无肆逆实迹，着改为斩决，即行正法。至该犯于嘉庆六年童试时，曾将所作《思孝铭》等文三篇书写试卷，恳请前任学政吴烜代为转奏。彼时吴烜即应奏明办理，否则亦当将该犯予以责惩，交地方官严行管束，乃仅呵斥逐出，以致该犯抑郁，妄作逆诗，其咎实无可辞，吴烜着交部严加议处。余照所拟完结。

八月丙午　谕：盛京为风化所基，文治渐摩，彬彬弦诵。朕銮辂来临，士子等恭迎献册，亦应一体加恩，以彰作人之盛。着将盛京满合二号及奉天所属各学，于科考广额一次。其向例取进六名以上者增额三名，四五名者增额二名，二三名者增额一名。该府丞其勤加训迪，遴拔真才，用副朕嘉惠士林至意。

九月壬戌　以礼部右侍郎万承风知武举，内阁学士顾德庆为武会试正考官，翰林院侍读学士李宗瀚为副考官。

九月丙寅　兵部以武会试中额请。得旨：汉军取中四名，奉天取中一名，直隶取中八名，陕甘取中五名，广东取中六名，河南取中三名，山东取中五名，江苏取中二名，安徽取中二名，山西取中二名，湖北取中三名，湖南取中一名，四川取中四名，广西取中一名，福建取中二名，浙江取中二名，江西取中二名，云南取中二名，贵州取中二名。

十月甲午　策试中式武举薛三刚等六十名于太和殿前。

十月丁酉　上御紫光阁，阅中式武举马步射。

十月戊戌　御紫光阁，阅中式武举技勇。

十月戊戌　御乾清宫，引见中式武举，亲定甲乙。

十月戊戌　谕内阁：本年朕御紫光阁，阅看会试中式各武举马步箭，中者甚少，弓刀石俱属平常。姑就其技艺稍可者，照例分别录用。惟内有湖南省武举谌思棠、广东省武举邓天保二名，照所注弓力试看，俱不能开，似此技艺庸劣，前此会试及覆试时如何阅看，殊属草率；又有安徽省武举孙文涌一名，于开试十二力弓后，忽又跪奏乞恩，当命王大臣向其询问，据称求再赏开十四力之弓等语，尤属胆大冒昧。该武举既能开十四力之弓，何以不于会试覆试时求请开试，乃敢于朕前率行陈请，实属从来未有之事。此三名本应俱罚停殿试，念系初次违式干冒，伊等草茅新进，姑不加以责备。所有谌思棠等三名已加恩，仍以卫守备录用矣。至武会试抡才大典，监试、覆试均应认真校阅，其技艺平常者岂应滥行与选？二阿哥初次派令覆试，已着军机大臣面行传旨申饬。其余会试时校看武举谌思棠之庄亲王绵课、尚书明亮、校看武举邓天保之公绵佐、尚书邹炳泰及派出覆试之成亲王、定亲王绵恩、协办大学士费淳、尚书长麟均着交宗人府、吏部、都察院分别察议。嗣后，若再有似此开弓违式并冒昧乞恩者，本人均应罚停殿试。其会试覆试派出之王大臣若不认真校看，致朕亲阅时，如有谌思棠、邓天保二人之开弓违式者，一并交部议处。

十月己亥　上御太和殿。传胪。赐殿试武举一甲张联元、白凤池、孙抡元三人武进士及第，二甲马天保等六人武进士出身，三甲时龙光等五十一人同武进士出身。

十月丙辰　命翰林院侍讲周系英提督四川学政。

十二月辛巳　谕：都察院等衙门奏，察议本年武会试监试覆试之王大臣等一摺。此事于十月十九日降旨交议，该衙门咨查各王公大臣等加级纪录，不过八九日内，尽可汇齐核办，乃辗转推延。宗人府既移会稽迟，都察院亦不行呈催，直至四十余日，始行具奏，殊属延玩。宗人府宗令等及都察院堂官俱着传旨申饬。试思军机处承旨，不过一两时辰，各衙门如此疲玩，实属可厌。嗣后，各衙门于奉旨交办事件，均应妥速办理。如再有似此懈怠迟延者，定行交部议处，不稍宽贷。

十二月癸巳　谕内阁：给事中秦维岳奏，武举拣选办理宜速一摺。所奏甚是。各省未经中式武举例应考试拣选者，该部自应于武会试揭晓后迅速办理。乃本年武会试于九月十八日揭晓，直至十一月初九等日始行拣选，又迟至二十七日揭榜，迄今尚未掣签，办理本属迟延。所有兵部堂官着交部察议，承办司员着查明交部议处，仍着将此次拣选武举即行签掣，其情愿入营者亦即给票回籍，务于封印前一律办竣，俾免守候。嗣后，武举拣选着该部于会试揭晓后，照例速行考选，不得再有迟缓。

十二月戊戌　谕内阁：朱圭等奏，覆勘各省岁科考前列试卷，分别应议、免议，开单呈览，请交礼部。比较科场之例，酌量减议，分别办理一摺。此项磨勘岁科考前列试卷，自与乡会试中卷有间，但应议各卷内，如直隶大名乡学岁考一等三名之崔应宿、保定府学岁考一等三名之王嶙，文内于庙讳俱未经敬避。而王嶙卷内，高宗纯皇帝庙讳次一字，直行书写。该生等身列胶庠，且近在畿辅，非遐陬僻壤可比，乃于庙讳不知敬避，实属粗率。该学政于此等有干磨勘之卷，断不应拔置前列。现系立法之初，向未定有章程，着礼部将考取前列之卷经原勘及覆勘官签出应议者，查明学政系属何人，与本生俱照乡会试之例，酌减议定处分。此次即照新例办理。

嘉庆十一年（1806 年）

正月乙亥　调顺天学政陈嵩庆提督广东学政，命兵部左侍郎戴联奎提督顺天学政。

正月丙子　调顺天学政戴联奎提督安徽学政，安徽学政周兆基提督顺天学政，以戴联奎由顺天寄籍中式故也。

三月戊午　命翰林院编修狄梦松提督湖南学政。

四月辛巳　谕内阁：给事中曹锡龄奏，慎重缮写《实录》一摺。据称誊录字画以考取者为工，现在实录馆需用誊录四十名，吏部拟将验到人员传补四十名，考班只有三名，其余尽系乡会试落卷中挑取者，可否将会典馆考班誊录裁去一二十名，将所裁之人咨送，以昭慎重等语。《实录》正本，本年可进至乾隆六十年，现在赶缮各处尊藏正本及圣训正副本，需用誊录四十名。业经吏部拟将验到人员咨送，因考取誊录所剩无多，将乡会试挑取者一并传补，自应如此办理。今该给事中以会典馆誊录三十名内有考班充补，该馆每月只进书十五本，所用誊录三十名，似多闲旷，请将考班裁去一二十名，咨送实录馆。殊不思实录馆议叙本优，非他馆可比。该誊录等既同在会典馆当差，今见实录将次告成，又将该馆誊录拨往，所拨之人得有捷径，其未拨者自必向隅，势必纷纷求请，辗转更换，殊属不成事体。且实录馆现需四十名，而未补之考班只有三名，即如该给事中所奏，将会典馆考班誊录咨送一二十名，人数仍属不敷，自必将挑取者一并传补，所办亦不画一。若舍乡会试挑选者另行考取，未必考取之人定系能手。况乡会试挑取者，均由荐卷挑选，其文理较优，字画亦属端整，岂转应弃置淹抑，不令充补乎？且会典馆仍须分缮正副本，亦未便率将现充誊录裁减，看来此事必系会典馆誊录因实录告成在迩，可以速邀优叙，遂尔百计营求，希图更调；或系觊觎考试之人从中怂恿，而该给事中受人请托，率为此奏，殊属挟私，不晓事体。各馆传补誊录，皆因适值乏人，其议叙迟速，自有该馆定例，似此任意转移，显开侥幸之门，此风断不可长。该给事中所奏着不准行。

四月癸卯　谕内阁：曹振镛、先福奏，万载县生童感激吁考一摺。据称该府县并委员张保等具禀，该邑绅士衿耆率领生童吁求允准考试，现已准令先赴县府示期候试，俟曹振镛按试袁郡，再行一体示考，并将土、棚二籍应否分额合考之处，妥议章程，酌定额数等语。江西万载县土、棚二籍，自乾隆年间，学政周煌定议合考，已阅多年。何以近来该县生童等叠次呈诉，不愿合考，并有观望不即报考情事？试思考试原凭文艺为去取，如果该土籍生童等俱肯认真读书，文理通顺，又何虞棚籍合试，应考人多，或致难于获隽？倘不精工举业，即使小试可以照额幸进，而遇乡试之期，亦不能侥幸入彀。该生童等应各自努力读书，何必纷纷争论于考试之分合乎？现在该邑生童既经吁求愿考，着仍依旧例土、棚二籍合试，按额取进，该学政等不必再行查办，另立章程。至此案前经温承惠等访有勒休知县孙馨祖，生员鲍梦嵩、郭自强等从中阻挠，以致生童各怀疑异，龙元亨等叠控不休，应俟拘解到齐，照例审明办理，永杜讼端。

八月乙酉　谕内阁：承德府为每岁巡幸木兰驻跸之区，民物丰饶，骎骎向学。自皇考高宗纯皇帝建立黉序，圣制碑文，昭垂久远，彼时生员共只五十余人，定取乡试中额一名，曾经钦奉谕旨，俟将来人数增多，再当加恩增额。本年朕跸临热河，见接驾诸生人数济济，即交军机大臣查明该府阖属生员实数。现据称查明统计四百余名，人文日盛，殊堪嘉慰，着加恩于承字号中额一名外，广额二名，每科乡试取中举人三名，以示朕仰承教泽、嘉惠烝髦至意。

九月壬申 谕内阁：户部奏请将现行常例内捐请封典、捐纳职衔、捐纳贡生及因捐封报捐虚级四项，照外捐监生之例暂准于各该省藩库报捐一摺。从前办理川省善后事宜，一切需费多系由部拨解，是以督抚等曾有请将捐贡、捐衔、捐封三项在外省报捐之奏均经驳饬。数年以来，部库帑项充盈，而外省遇有急需，转须辗转协拨，未免缓不济急。今据该部请，将捐请封典等四项就近于各该省藩库报捐，系为外省支拨较便起见，尚属可行。惟外省钱粮出纳，往往假手吏胥，易滋弊混。即如直隶省司书舞弊，竟敢私雕假印，勾通州县，将报解正杂钱粮虚收冒抵，酿成大案，可见劣员蠹役等作奸犯科，无所不至。今此项捐款准归各藩库报捐，该督抚等当督率藩司妥立章程，严密稽核，务须杜绝诸弊，以归实贮。若滋流弊，国有常刑，不可见利忘害，以身试法也。仍将所收银两及报捐人数按月报部查核，每凑足十万两，亦照报捐监生之例，附便奏闻，听候指拨。如无动拨之处，仍行解京，不得藉词公用，径行开支。

九月壬申 予故侍郎衔署直隶总督裘行简祭葬如总督例，谥恭勤，赏其子元善举人，一体会试。

十月甲申 命翰林院侍读学士汪廷珍提督江西学政，编修叶绍本提督福建学政。

十二月乙酉 以詹事府詹事凯音布为内阁学士兼礼部侍郎衔，大理寺卿润祥为都察院左副都御史，翰林院侍读学士汪廷珍为太仆寺卿，仍留江西学政任。

嘉庆十二年（1807年）

三月辛未 命嗣后，各项拜唐阿内有系贡监生员者，均准其应试，其缘事罚充拜唐阿者不准应试。着为令。

四月丙子 以本年乡试，考试应开列试差人员于保和殿。

四月己亥 以翰林院编修王泽为云南乡试正考官，方振为副考官；编修易元善为贵州乡试正考官，检讨李鸿宾为副考官。

五月辛亥 以翰林院编修宋湘为四川乡试正考官，刑部郎中杨曰鲲为副考官；陕西道御史花杰为广东乡试正考官，翰林院编修河凌汉为副考官；司经局洗马张锦枝为广西乡试正考官，内阁中书李振祜为副考官；刑部郎中彭希濂为福建乡试正考官，翰林院编修白镕为副考官；河南道御史李本榆为湖南乡试正考官，翰林院编修吴其彦为副考官。

五月丙辰 增福建台湾府至字号举人中额一名，以该府学原设廪生、增生二十名，专归闽籍生员充补，增设粤籍廪生、增生八名，府学闽粤两籍与台湾、凤山、嘉义、彰化四县学，各加学额一名，并准各学生员报优，册送学政，与内地优生一体考试。从总督阿林保等请也。

六月己卯　以礼部右侍郎万承风为浙江乡试正考官，江南道御史吴荣光为副考官；太常寺卿胡长龄为江西乡试正考官，翰林院修撰王以衔为副考官；侍讲黄钺为湖北乡试正考官，编修葛方晋为副考官。

六月甲申　兵部尚书明亮等奏，纂修则例，应酌量变通，以归画一。……一、翻译乡会试弹压副都统，宜密行题请简派。得旨……依议。

六月丙戌　谕：金光悌等奏，查明万载土、棚两籍实在情形，请将该县童生照例停其考试一摺。据称，学政汪廷珍按试届期，该府县禀称该县童生尚未赴县投考，细加查访，仍系孙馨祖等从中阻止，以至该处童生观望不前等语。万载县土、棚两籍童生考试，屡经涉讼，前任学政曹振镛于上年岁试之时，曾以该生童等情愿合考具奏，当经降旨令其仍旧合试，按额取进，不必再行查办。俟将孙馨祖等拘解到日，照例办理。兹该抚等访闻该邑童生自合考取进之后，该处土民仍不输服。而孙馨祖一犯日久未获，该署县周吉士并不实力缉拿，以致孙馨祖仍复倡率滋事，于学政按试之日，胆敢阻挠该县童生，竟不赴县投考。是孙馨祖尚在近处藏匿，并未远扬，殊属目无法纪，不可不严加惩办，以儆刁风。所有孙馨祖一犯，着该抚遴委干员上紧缉获，究明阻考确情，按律定拟。再将该县土、棚两籍考试章程，会同该学政妥议具奏。前署万载县事、试用知县周吉士并着革职。

六月壬辰　以福建道御史程国仁为陕西乡试正考官，翰林院检讨卓秉恬为副考官；吏部右侍郎刘凤诰为江南乡试正考官，刑科给事中赵慎畛为副考官。

六月丙申　谕礼部：向例礼部请简乡会试正副考官本，俱将上三科考官衔名夹单进呈。嗣后，顺天乡试除将上三科正副考官开单进呈外，着将近三科会试正副考官一并开单进呈。

七月癸卯　谕内阁：翰林院每逢值日之期，将修撰、编检等官轮班带领引见，原系照例奉行，其实引见时，亦并未加甄别。因思乾隆年间，本系隔数年后，始将翰林等轮带一周。今则竟成常例，未免虚应故事。嗣后，着于每届恩科、正科乡试之年，仍将修撰、编检等官轮班带领引见一次，朕得识记其人，以备简用。其寻常年分，不必带领引见，着为令。

七月丙午　以翰林院编修朱士彦为河南乡试正考官，陈寿祺为副考官；修撰姚文田为山东乡试正考官，编修朱珔为副考官；编修陆以庄为山西乡试正考官，江南道御史商载为副考官。

八月乙亥　以吏部左侍郎玉麟、户部右侍郎刘镮之监临顺天乡试，协办大学士尚书戴衢亨为正考官，礼部左侍郎桂芳、工部右侍郎蒋予蒲为副考官。

八月丁亥　赏顺天府府丞、前任刑部尚书熊枚五品衔休致，以文闱办卷迟误，且年已衰老故也。

八月庚寅　命詹事府少詹事茹棻为奉天府府丞兼学政，户部右侍郎刘镮之提督顺天学政，礼部右侍郎万承风提督江苏学政，吏部左侍郎玉麟提督安徽学政，吏部右侍郎刘凤诰提督浙江学政，右春坊右庶子王引之提督河南学政，詹事府詹事王宗诚提督山东学政，翰林院侍讲黄钺提督山西学政，通政使司参议汪镛提督陕甘学政，山东道御史涂以辀提督湖北学政，翰林院侍读学士李宗瀚提督湖南学政，编修史致俨提督四川学政，太常寺卿胡长龄提督广东学政，湖广道御史陈兰畴提督广西学政，编修汪润之提督云南学政，户部员外郎钱学彬提督贵州学政。

八月辛卯　顺天府以宗室乡试中额请。得旨：取中八名。

九月己酉　以户部尚书德瑛为满洲翻译乡试正考官，内阁侍读学士文通为副考官；理藩院右侍郎特克慎为蒙古考官。

九月壬子　命礼部左侍郎桂芳、吏部左侍郎潘世恩教习庶吉士。

九月戊辰　是月，新授浙江学政刘凤诰奏谢。得旨：衡文校士，以公清为本，大吏道府声名、地方丰歉、洋盗情形，随时密奏，不可露一字于人，不可存一分高兴见长之念。勉守此训，必能承恩，志之毋忽。

十月丙子　赏顺天乡试年老诸生齐养浩等六十五名举人、副榜有差。

十月辛巳　以翰林院侍读学士常英为顺天武乡试正考官，检讨赵未彤为副考官。

十月戊子　增设广东开平县学额文童二名，武童一名。从总督吴熊光等请也。

十月乙未　谕内阁：御史陆言奏，条陈武闱事宜一摺，所称地球一项宜统马步箭核算一条。向来武闱乡会考试，均以马步箭中数之多寡分别优劣，其地球一项原应并人总算，不得以地球未中，概行黜落。该御史所奏不为无见。至所称卷面宜用全页、试卷宜添横格及落卷宜令诸生领回阅看三条，皆内场防弊之事，殊觉无谓。武闱乡会试内场考试，所校策论各艺俱系传递代倩，全非出于应试士子本人之手，朕所稔知。其试卷弥封等事竟是虚文，以弓马技勇，众人共见之优劣，不据以定去取，转凭假借之文艺，暗中摸索，屈抑真才，殊非核实之道。朕意欲将武乡会试之内场裁撤，于考试外场时，先行简派二三品大员分围考校，再派令王大臣等覆加总核，以定去取。如此则应试士子等舍其所短而较其所长，庶于抡材防弊有裨。其应如何酌定章程，量为变通及殿试亦应一例办理之处，着大学士九卿详悉妥议具奏。寻议，请嗣后内场策论改为默写《武经》，由主考官拟出一段，约百余字，有不能书写或涂写错乱者，即为违式。其试卷照旧弥封，士子等统于本日出场，毋许住宿，并令监试御史等按号严查。至内场正副考官二员，向例会试，将内阁、吏户礼刑工等部、都察院、翰林院、詹事府汉堂官职名开列，乡试将翰林院、詹事府官员开列，今乡试亦请照会试之例，开列请简，内帘考官自可裁撤。所有殿试及各省乡试并学政考试，俱请改为默写《武经》；其殿试读卷官仍请奏派。至考阅外场，监射大臣等全以箭数、弓力、刀石斤重为凭，于众人共见之地分别去取，自不致稍有偏私。其会试中式之后，复有钦派大臣覆勘定例，办理尚为允协，似可仍循其旧。从之。

十一月癸亥　谕内阁：周廷栋奏，大、宛两县童试冒籍较多，据实奏请查办一摺。考试为抡才大典，而府县试尤为士子始进之阶。文风各省不同，学额亦定数不一，自应严禁冒籍，以遴实学而息纷争。京师大、宛两县为四方人文萃聚之区，向来多有南省士子希图幸进，冒籍应试者历经科道等条奏清查。而此弊相沿已久，仍未肃清，总由不肖廪保扶同徇隐，而特经派出之审音御史等又视为积习相沿，惧干嫌怨，仍不实力稽查所致。现在正届顺天府试之期，已派出御史达德、郑士超二员前赴贡院，会同该府丞审音。该御史等当逐一详细确查，秉公点验，如一经查有弊窦，即着据实参奏。其从前冒籍诸生已登科第及现任职官者，应如何立限，勒令呈明，改归原籍并酌予罚惩之处，着交吏礼二部会同顺天府详查旧案，妥议具奏。寻议，请申明旧例，除从前进士、举贡生监现在寄籍已至二十年者，与入籍之例相符，无庸议外，其未满二十年者，自此次查办部文到日为始，勒限一年，自行呈明，逾限者罚停一科。如遵例入籍者，准其入籍。应考试者扣满年限，准本生子弟应试，并声明原籍不得复回跨考；愿改归原籍者，查明取结，即归原籍，永不许复冒寄籍。以后再有混冒考试及跨考幸进者，查出，照例斥革治罪。官员定例，除吏员不准改归原籍外，其在寄籍，由应试报捐议叙，现任职官及候补、候选人员应改归原籍者，照例呈请改归，其在寄籍已至二十年以上者照例呈请入籍，均限一年内自行呈明，逾限者罚俸一年。以后再有冒籍幸邀出仕别经发觉者即行革职。顺天大、宛两县童试，应请如该左都御史所奏，岁考用廪保八名，科考六名。其寄籍补廪者，查明入籍已久，方准派充，考后不准托辞补送。仍于每次考试时，令该廪保各出具并无冒籍甘结，由教官查核，加结申送。府丞学政衙门，于审音时仍令御史详加查核，如有假冒，即行严参。该管官不实力稽查，仍照例议处。从之。

十一月丙寅　山西道监察御史陆言奏，酌定考试汉教习之期一摺。下礼部议。寻议，查定例，各学汉教习遇有缺出，按考取名次新旧间补，统俟所考人数无多，始行奏请考试。今请照该御史所奏，三年一考，统于正科殿试后举行，俾各省进士、举人、贡生均得及时应试，以期广得人材。嗣后，每逢考期，查明各学旧班未补人数，拟定应取名数，于定额之外，酌余数名以备各项事故补用，至多仍不过倍。从之。

十二月戊辰　赏山东等省乡试年老诸生张遵健等四百七十四名举人、副榜有差。

十二月癸酉　谕：通政司副使阎泰和奏请，清查外省冒籍一摺。据称山西省近年以来，南省士子接踵冒籍考试、入学补廪者相继而起，其中获登科第、身任职官者亦不乏人，请饬交山西巡抚，严令地方官实力查禁等语。冒籍混考、希图幸进之弊，不独山西为然，各直省恐亦在所不免，自应一体饬禁，以杜弊混。惟是欲严冒籍之禁，必先端始进之阶。士子报名应试，总须本籍廪保出结，方准与考，即由捐纳等项出仕者，亦必有本地方官印结。与其纷纷查办于事后，曷若慎重于事先？嗣后，各直省督抚应饬令地方官于士子考试出仕之初，实力查禁，俾冒籍者无可侥幸，其业经中式及现任职官准其自行呈明，应改归原籍者照旧例行。将此通谕知之。

十二月甲申　谕内阁：兵部议驳温汝适条奏武闱详核内场一摺，所议甚是。国家设科取士，文武分途，武闱以骑射、技勇为重，其内场新定条例，试以默写《武经》，不过使之粗晓文义即可备营员之选，立法已为妥善。若如温汝适所奏，必欲令武场士子研究《论》、《孟》精义，其才质所限，恐强以所难，转致将本业荒废，殊失分科造士之意。温汝适所奏，实属格碍难行。该员籍隶粤东，本省应奏之事甚多，乃专摺敷陈，为此迂腐之论，除照部臣议驳外，温汝适仍着饬行。

十二月乙酉　谕军机大臣等：前因江西万载县棚民占籍一案，屡控不休，并有敛钱阻考之事，降旨交铁保秉公审办。本日，据御史邹家燮条奏，以棚民愿合者欲占学额、土民愿分者欲杜纷争，分考可以无事、合考恐致流弊，请如礼部原议，照广东新安、新宁客童、土童互争，另设客籍之例办理，庶杜争端等语。棚民、土民总因合考致衅，自嘉庆八年，辛梅臣赴京，呈控之后，屡审屡翻，未成信谳，甚至该处绅衿敛钱阻考，大启地方刁诈之风，实不成事。前据铁保奏到，讯问勒休知县孙馨祖狡猾不承，已降旨将伊革职，交与该督研讯。如果孙馨祖实有主谋罢考情事，则地方劣绅自当按律惩处，以儆刁诈。至于该县学额，关系永远，亦应详查议定，以杜争竞。该御史所奏，请照礼部原议广东新安、新宁等县另设客籍之例，是否如此办理，可以永杜争端？并着该督会同江西巡抚、学政详查旧案，确体舆情，悉心妥议。务须秉公核办，不可稍有偏畸，以致定议之后，复又纷纷具控不已也。将此谕令知之。

十二月乙酉　礼部议准贵州学政顾皋疏请，裁永从县学额文童二名，武童四名，增黎平府开泰县文童各一名。从之。

十二月癸巳　赏广东乡试年老诸生梁灿等六十二名举人、副榜有差。

嘉庆十三年（1808年）

正月己亥　以来岁五旬万寿，命于本年八月举行恩科乡试，来年三月举行会试。

二月戊寅　湖南巡抚景安等奏，苗疆凤凰、永绥、保靖两厅一县，至今尚未开科。查凤凰、乾州、永绥三厅岁科两试，各额进苗童二名，保靖苗童亦附入民籍应试。近科乡试之士亦多，而未能与通省人材较艺获售，转恐阻其向上之心。请将该四厅县苗生照台湾府另编至字号之例，另编田字号，仍照云南等省、顺天乡试另编中皿字号之例，于十五名内额外取中一名，如不足十五名，仍附通省取中。下部议行。

二月辛巳　山东学政王宗诚以省亲乞假回京，允之。命国子监祭酒帅承瀛提督山东学政。

二月戊子　谕内阁：乡会试为抡才大典，必须诸弊肃清，真才乃出。向来内场舞弊，法令綦严，人知凛畏。近年朕遴派主考大员，率同房考等悉心校阅，尚知秉公衡鉴，未必有作奸犯科之事。在诸臣各知自爱，朕亦不疑及此。惟外场弊窦尤多，定例责成监临、知贡举综理，并特派搜检及稽查龙门、接谈、换卷王大臣，自至公堂以及砖门复均派有御史监察，即棘闱以外又有巡墙御史并营员等周围巡逻，立法本为周密。无如近日风气因循塞责者多，实心任事者少；沽名邀誉者多，不避嫌怨者少。近闻外场官员颇涉疏懈，竟不免有传递、代倩等弊，若不严为剔除，则不才者妄思侥幸，而实学转致沦弃，殊非慎重科场之道。本年会试届期，诚恐外场官员仍蹈积习，且彼时正值朕巡幸淀津，或司外场者惮于启事，意存松懈，诸务办理草率，不可不豫行申诫。所有此次会试外场事宜，着责成知贡举并派出搜检及稽查龙门、接谈、换卷各大臣并科道等一体认真严查，详悉示谕。务令士子等凛遵功令，恪守科条，毋许有接谈乱号等事。其棘闱以外巡逻之御史及步军统领衙门官员并当加意巡察，不得视为具文。倘防范不严，有意宽纵，以致士子罔知儆惕，或有传递、代倩等弊，一经发觉，除将作弊士子按律治罪外，所有派出大小各员均干严议。凛之！慎之！

三月丁酉　赏顺天等省丁卯科乡试年老诸生史景南等七十二名举人、副榜有差。

三月壬寅　以吏部右侍郎德文、兵部右侍郎周兴岱知贡举，大学士董诰、吏部尚书邹炳泰为会试正考官，内阁学士秀宁、顾德庆为副考官。

三月癸卯　赏浙江等省丁卯科乡试年老诸生吴凝瑞等五名举人。

三月戊申　大学士会同礼部议覆，两江总督铁保等奏江西万载县土、棚考试情形，称雍正九年旧例，江西棚民入籍考试童生满五十人以上取进一名，百人以上二名，二百人以上三名，最多以四名为率。取进以后，岁科两考帮补廪增及选拔挨贡科举，均照本籍生员之例办理，土籍从无争执。迨乾隆二十八年，前任学臣周煌以各属棚民应考为数无多，奏请归入土籍考试。惟万载县棚童较多，经抚臣汤聘议以各县既裁，未便独留，因而勉强从事，自此告讦之案，殆无虚岁。万载县土籍童生约计一千数百名，学额止有十二名，加以裁去棚额，复占土额，土额愈觉减少。自合额后，棚民滋生愈多，至嘉庆六、七等年，每届取进五六名不等。棚民占额既多，则土民入学愈少。虽经加增额数，合额如故，枪冒难防，土民终不能实受其益，以致讦讼不休。确察舆情，必须仍复分额，庶可永杜讼端。所有万载县棚童十一年分应试者二百七十余名，照例应取四名，即以恩加文童四名、武童一名作为棚童额缺，其考试帮补廪增、选拔挨贡并稽察枪冒等事悉遵旧例，毋庸别为更改。江西各县棚民有人数过多者，均照现定章程咨部办理等语。查直省学额原有另设客籍之例，现据该督等奏请，仍复雍正九年定例分额取进之处。应如所请。即以嘉庆十年议增之文童四名、武童一名作为棚童定额，考试时于卷面注明客籍字样，毋庸与土籍十二名合取。如有报捐贡监职衔者，亦一体注明客籍，以免牵混。从之。

三月丙辰　礼部以宗室会试中额请。得旨：取中四名。

三月辛酉　召试迎銮士子。

三月壬戌　赏召试一等直隶廪生龙汝言，安徽贡生齐彦槐、唐人最，直隶廪生李大壮、安徽增生方士淦、顺天附生许椿颐举人，一体会试。

三月壬戌　广直隶通省学额，大学五名，中学四名，小学三名。

三月癸亥　谕内阁：吏部奏，此次大挑举人为数过多，请免其回避一摺。所奏非是。各项拣选人员，前经该部奏定新例，如钦派大臣内有与应行挑选之员系属姻亲宗族，即令赴挑者回避。本年大挑在即，各省举人现俱齐集候挑，不下三千数百人，若派出挑选之部院大臣一有姻亲宗族，即将该举人回避不准与挑，未免向隅。但一体免其回避，又与现行之例不符，着吏部于查取堂衔、奏请简派以前，先行知照各部院大臣等，如赴挑人员内有系姻亲宗族者，自行注明，该部扣除，毋庸开列。

三月丙寅　礼部以会试中额请。得旨：满洲取中八名，蒙古取中二名，汉军取中三名，直隶取中二十八名，奉天取中二名，山东取中二十名，山西取中十三名，河南取中十三名，陕甘取中十一名，江苏取中二十二名，安徽取中十四名，浙江取中二十三名，江西取中二十一名，湖北取中十二名，湖南取中十名，福建取中十四名，广东取中八名，广西取中六名，四川取中七名，贵州取中十名，云南取中十二名。

四月癸酉 以太仆寺卿江廷珍为内阁学士兼礼部侍郎衔，仍留江西学政任。

四月乙亥 赏会试年老举人叶芷等二百二十八名司业、编修、检讨、助教、学正、职衔有差。

四月丙子 以都察院左都御史宜兴为满洲翻译会试正考官，户部左侍郎托津为副考官；理藩院尚书博兴为蒙古考官。

四月乙酉 命嗣后，翻译会试照文会试例，将上三届应试人数及取中额数分析开单请旨。

四月丙戌 谕：此次考差人员着定于五月初六日考试，因思历届考差日期多在上科庶吉士散馆及新科进士殿试以前，是以是年甫经留馆之编检及新科授职之一甲三名向俱不及与试。现在考试试差虽已在各项试期之后，所有前项人员仍俱毋庸与试。嗣后，凡遇考差，如在本年散馆殿试以后，即着照此次办理。

四月丙戌 礼部以翻译会试中额请。得旨：满洲取中四名，蒙古取中一名。

四月丁亥 策试天下贡士刘嗣绾等二百六十一名于保和殿。制曰：朕祗绍鸿图，仰荷昊载纯佑，寰宇敉宁，比者展义行庆，河海奠安，欣被景贶。用是弥深寅畏，式懋凝承，宥密单心，罔敢暇逸，勉思绎精一之微言，跻荡平之郅治，慎刑期协中之效，宣防臻顺轨之庥。顾惕厉亹诸朕躬，而咨諏采乎士论，兹当临轩发策，延揽维殷，尔多士对扬伊始，其各献嘉谟，用资启沃。自古帝王传心之要，主敬为先，《尧典》始终曰钦，至舜而喜起《赓歌》，明良交翊，尤必相勖以钦，此千古传心之精蕴也。三代圣王，曰敕命、曰昭受、曰日跻、曰灵承，先后一揆，可互相证明欤？朱子谓《大学》始终不外乎敬，《中庸》枢纽不外乎诚。心法治法，一以贯之者，二书实括其全，能申明其义欤？《帝范》、《帝学》、《心经》、《政经》诸书，其言亦有合欤？夫天亶聪明，尤勤念典，所谓帝王之学异乎儒生者又安在也？三载考绩，始于《虞书》，六计弊吏，见于《周官》，曰日成，曰月要，曰岁会，法綦密矣。汉制以六条察守相，盍举其目欤？刺史秩六百石，守相秩二千石，以卑察尊，何也？二千石以下，六条之外，刺史得察之欤？唐考吏以四善、二十七最、九等，宋以七事，明以三等，可略言欤？朕澄叙官方，风厉有位，所期内外臣工无旷职守，顾或上行而下不效，大法而小不廉，因循塞责者多，实心任事者少，抑独何欤？明刑所以弼教，《易》噬嗑之象曰：“先王以明罚敕。”法敕犹理也。旅之象曰：“君子以明慎用刑而不留狱。”言审慎用刑而不稽留狱讼也。《周礼·大司寇》以三典刑邦国，以八刑纠万民，听以五声，议以八辟，未有不听讼而遂可期无讼者。黄霸之治疑狱，颜真卿、崔碣之决冤狱，皆卓可传述，其他尚多可考欤？夫狱犴不平，固多文致，而尘案递积，必少平反，遂使情伪滋纷，奸诈百出，将欲矜慎庶狱，无枉无纵，果何道之从欤？我朝立法至为详备，重民命而恤民生，问刑之官，宜何如存明允之意，以求合乎刑期无刑之道欤？天津为渤海故郡，其地南则卫河，北则白河。川渎辐辏，漕运所经，卫河向苦浅滞，自漳河南徙，始以堤防为务，乃堤日增而水亦随长，何以治之？白河性易冲突，非堤防所能御，疏泄之功，可或懈欤？三岔河上受南北诸水，下乘强潮，何以免倒漾横流之患？滹沱、子牙，是一是二？桑乾、永定，孰原孰委？格淀以障浑流，何以三滩必须接筑；筐港以泄盛涨，何以坦坡必须致功？今淀津堤河各工以次告竣，有能洞彻水利者，其条贯敷陈之。凡兹四事，持敬为宅心之本，亮功为熙绩之征，五刑恤而折狱惟良，六府修而安澜永庆，皆制治之要图也。多士学古入官，讲求有素，以所蕴者着于篇，毋泛毋隐，朕将亲览焉。

四月戊子　　谕内阁：庶吉士崇绶系阿桂曾孙，既习汉文，自当奋勉勤学，前于中式进士覆试朝考时，所作诗文俱属平常。今既肄业三年，散馆所作诗赋仍复平等，即将伊留馆，一年之间，岂能长进？着加恩，将崇绶授为蓝翎侍卫，仍戴五品荫生顶带，在大门上行走，勉习骑射、清语。

四月戊子　　引见乙丑科散馆人员。得旨：此次散馆之编修徐颋、何凌汉业经授职，其清书二甲之庶吉士陈玉铭，汉书二甲之庶吉士宗室崇弼、觉罗宝兴、徐松、周寿椿、孙尔准、邹植行、龚元鼎、石葆元、董桂敷、鲁垂绅、彭邦畴、章汝金、苏绎、陈鸿墀、盛唐、胡敬、程德楷、史谱、孙升长、程伯銮、何彤然、邱煌、翟锦观俱着授为编修，汉书三甲之庶吉士，除崇绶已另降清字谕旨外，其穆彰阿、裘元淦、叶申万、帅承瀚、申启贤俱着授为检讨，朱廷庆、李可琼着仍以庶吉士留馆教习，宗室惠端、和桂、张志廉、汪全德、王珙、马瑞辰、陈寯千、洪耀、童璜、张锡谦、聂铣敏、于克家俱着以部属用，色卜星额、刘诜、徐铨、李兆洛、潘际云、张聪贤、徐骧、曹芸缃、钱人杰、吴遇坤、汪汝弼、黄步堂、何承先、许绳先、李黼平、秦基、倪思莲、王青莲俱着以知县即用，庄诜男、徐鉴、费卿庭、姚原绂、徐学晋、周尚莲、张光焘、林文竹、张濂堂俱着归原班铨选。

四月庚寅　　御乾清宫，召读卷官入，亲阅定进呈十卷甲第。

四月辛卯　　上御太和殿。传胪。赐一甲吴信中、谢阶树、石承藻三人进士及第，二甲朱棨等一百十五人进士出身，三甲侯钤等一百四十三人同进士出身。

五月丁酉　　授一甲一名进士吴信中为翰林院修撰，二名进士谢阶树、三名进士石承藻为翰林院编修。

五月戊戌　　命工部左侍郎英和、右侍郎陈希曾教习庶吉士。

五月己亥　　谕：本科会试中式新进士王服经年八十五岁，殿试三甲，文理清通，引见时看其精力尚健，洵为熙朝人瑞。伊即未经中式，例得邀恩赏给翰林院检讨衔。今若改用庶吉士，令其在馆学习，伊年已耄耋，词赋之学或非所长，且散馆转需时日，王服经着加恩，即授为翰林院检讨，以示嘉惠耆儒至意。嗣后，如有中式进士年在八十以外者，均着照此例行。

五月己亥　　引见新科进士。得旨：一甲三名吴信中、谢阶树、石承藻业经授职外，朱棨、陈官寯、萧应荃、周之琦、方保升、陶梁、尹济源、董国华、贺长龄、赵光禄、饶绚春、钱林、龚以镗、唐业谦、郑城、胡兆兰、罗家彦、史评、张葆、赵植庭、王耀辰、潘恭常、钱仪吉、宫焕、杨镇、屠倬、解运衢、元在功、李恩绎、沈学廉、区玉麟、郑家兰、林培厚、陈传经、沈岐、戴宗沅、恩宁、刘嗣绾、李桂林、于学宗、费丙章、高翔麟、张美加、赵维熊、吴恩韶、吴其浚、刘荣黼、杨煊、熊遇泰、邵凤依、唐善良、于德培、涂晋、冯清聘、赵钟彦、徐江、何珣、郝兆钰、李聚元、夏国培、廖敦行、曾冠英、吴昌龄、魏元烺、程钟灵、杨本浚、隆文、徐步云、王道行、姚丙成、王桀曾、贾秉钟、宗室敏勤、冯缵、王锡蒲着改为翰林院庶吉士，丁嘉乾、王若闳、吴侍曾、马毓林、陈澄清、武忠额、宗室德刚阿、谷怀清、恒祥、宗室功袭着分部学习，孔传曾、陈柱、邹士麟、彭嘉恕、萧元桂、李保中、郭大经、王墀、张联奎、路文泽、傅德临、廖爵、李若嶂、吴鸾、匡晋珏、杨滨海、戴屺、苏献琛、叶璟、李慎修、郑士寯、吴乙照、沈邦基、江秋、戴扬辉、亓保、龚与春、王鹏翥、吴增嘉、秦光宸、瞿家鏊、仲振履、谭鹏霄、朱文燮、程际韶、孙岩、陈彦、刘超远、龚定国、刘亨地、周贻组、阎亮阁、蒋舒惠、高泽履、张翔、刘邦炳、曾锡龄、贾天培、李焕、林桂茂、傅钟瑑、金鼎寿、陈肇英、李源、盛化振、尹元龙、高嵩、张思勖、黎葆醇、孙凤、强克捷、方时亮、李毓昌、席元榜、梁达榜、时功栴、田体清、张南圭、何奕簪、王余晋、郝延年、全福、王会清、祝纯禧、汪桂葆、沈礼、崔偲、张衍基、赵家震、许师贤、崔显宗、李元丰、马玉墀、徐时英、张焕光、杨岳东、陶运和、荣庆、任铨、徐淳瑞、杨蔚然、杜怀瑛、胡之铧、刘统、黄锡宝、张云龙、王欣均着交吏部签掣，分发各省以知县即用。候选员外郎查有筠、郭仁图，工部候补员外郎胡岱云均着以六部员外郎即用，候选主事戚宗彝着以六部主事即用，候补内阁中书茅润之着遇缺即补，候选同知许嗣容、议叙知县刘斯宁着交吏部，以同知知县即行选用。余着归班铨选。

五月辛丑　以国子监祭酒帅承瀛为太仆寺卿，仍留山东学政任。

五月辛丑　以本年乡试，考试应开列试差人员于正大光明殿。

闰五月丙寅　以左春坊左中允陆以庄为云南乡试正考官，内阁中书李振祜为副考官；翰林院编修宋湘为贵州乡试正考官，内阁中书姚学塽为副考官。

闰五月辛巳　以翰林院检讨赵未彤为四川乡试正考官，户部主事戴聪为副考官；翰林院编修沈学厚为广东乡试正考官，户部主事韦运标为副考官；礼部郎中龚丽正为广西乡试正考官，户部主事李林松为副考官；翰林院侍讲学士陈嵩庆为福建乡试正考官，兵部郎中慕鏊为副考官；翰林院检讨李鸿宾为湖南乡试正考官，吏部主事冯大中为副考官。

闰五月甲午　礼部议准四川总督勒保疏请，增设雅州、宁远二府学文武学额各八名，廪生、增生各十五名，三年一贡；裁雅安、西昌二县学额各三名，会理、盐源二州县学额各二名。改名山县教谕为雅安县教谕，移建学署于雅安县城内，改越隽厅教授为宁远府教授，西昌县训导为越隽厅训导。从之。

六月乙巳　以工部左侍郎周兆基为浙江乡试正考官，翰林院编修李振翥为副考官；都察院左副都御史莫晋为江西乡试正考官，翰林院编修吴云为副考官；编修龚守正为湖北乡试正考官，内阁中书桂龄为副考官。

六月乙卯　以翰林院编修姚元之为陕西乡试正考官，程家督为副考官；工部右侍郎陈希曾为江南乡试正考官，翰林院侍读学士周系英为副考官。

七月丙寅　以翰林院编修陈用光为河南乡试正考官，胡开益为副考官；通政使司通政使温汝适为山东乡试正考官，翰林院编修程赞宁为副考官；翰林院侍读鲍桂星为山西乡试正考官，编修席煜为副考官。

七月壬申　赏江苏等省丁卯科乡试年老诸生章珍等二百名举人、副榜有差。

七月癸酉　申戒科场严查弊窦。又谕：朕惟立法之道，小惩大诫，则罹辜者少。凡事当弊端初起之时，有人执法揭奏，鲜不以为苛刻，不知因此杜绝奸宄，所保全者甚众，若相率因循，使作奸犯科者肆无忌惮，日久必至酿成巨狱。……比年以来，颇闻科场中传递、代倩、接谈、换卷，诸弊滋生。考试为抡才大典，惩奸除伪，定法綦严，与其重罚于事后，何其严禁于事前？兹特降旨申戒，凡乡会试派出之监临、知贡举及有稽察巡缉之责者，务各振刷精神，严查弊窦。设有行险儌幸之徒，一经缉获，即指参究办，不得摘取一二细故，以见其查核认真，而于真实弊窦所在，转置之不问。若经此番训饬之后，仍因循怠玩，市惠沽名，将来有科场舞弊之案，别经发觉，在作弊者固身罹重典，其监理稽察场务之人，亦必从严惩处，断不宽贷，无谓朕言之不早也。将此通谕知之。

八月乙未　命翰林院编修沈学厚提督广西学政。

八月己亥　谕：本年翻译乡试入场日期，既与武会试内场相值，着照明亮等所奏，改于武会试内场揭晓后，再行接考。嗣后，翻译乡试遇有似此时日相值年分，即照此次办理。

八月己亥　以内阁学士凯音布、都察院左副都御史邵洪监临顺天乡试，工部尚书曹振镛为正考官，吏部左侍郎潘世恩为副考官。

八月戊申　顺天乡试监临官、内阁学士凯音布等奏，查办士子怀挟等情。得旨：此次查出吕字号之大兴县附生范士琪怀挟《五经》细注小卷，即着照例惩办。其派出西南门搜检士子之德瑛等于范士琪怀挟未能搜出，实属疏漏，着交部议处。至腾字号监生朱起豫失手推倒栅栏，讯无情弊，毋庸置议。

八月壬子　谕内阁：据昭梿等奏，考试三场，搜出江南江宁县监生梅渥、直隶大城县生员王允理、安徽桐城县监生叶宗本俱怀挟策文，应行革惩等语。前因近年办理科场，均未能实力督查，以致士子入闱，不免有怀挟舞弊等情，于抡才大典，殊有关系。当经降旨责成知贡举、监临及派出搜检各大臣，凡遇试期，务当严行稽查场务，不得意存怠玩。此次二场、三场，该士子果有违例怀挟之事，该搜检大臣等尚属留心，是一经认真搜查，其弊立见，除将该生监梅渥、王允理、叶宗本三人俱即斥革，照例惩治外，并着查明由何门搜出。所有该管之搜检大臣着交部议叙。至德瑛等前于大兴县附生范士琪怀挟之处，未能搜出，曾经交部议处，此次怀挟士子如查系德瑛等所管西南门搜出，着即加恩，免其议处，毋庸给予议叙。其搜获策文之该役等均着酌量赏给银两。

八月壬子　顺天府以宗室乡试中额请。得旨：取中七名。

八月辛酉　谕军机大臣等：仪亲王奏驳裕瑞所议将八旗各立宗学等款一摺。以向来宗室分左右两翼，各立一学，房舍膏火等项本有定制，若照裕瑞所请，不但规制未妥，且房舍必须另建，过于繁费。而以宗室养赡银米为各学膏火之用，则宗室之寒窘者转乏养赡之资等语。自以仪亲王所驳为是。……至裕瑞既有增学之请，或即于左右两翼宗学内量为增添额缺，认真教习，未始非观摩之一策。其应增额几何及筹添经费之处着管理宗人府王贝勒妥议奏闻。

九月己巳　以兵部左侍郎邵自昌知武举，礼部右侍郎戴联奎为武会试正考官，翰林院侍讲学士吴烜为副考官。

九月己卯　兵部以武会试中额请。得旨：汉军取中四名，奉天取中一名，直隶取中八名，陕甘取中五名，广东取中六名，河南取中三名，山东取中五名，江苏取中一名，安徽取中二名，山西取中一名，湖北取中二名，湖南取中一名，广西取中一名，福建取中二名，浙江取中二名，江西取中二名，云南取中三名，贵州取中二名。

九月壬午　谕内阁：据阿林保等奏，福建正考官陈嵩庆家人王七等在途殴毙人命、提省审办一摺。考官奉使在外，理应约束随从人等严禁扰累。今陈嵩庆家人竟有殴毙人命之事，亟应严行惩办。现据伊家人王七、陈升已供认殴打属实，着交该督等将陈九尸棺提省开检，其同时被殴之李富因病身故，是否实情，严讯明确，按律定拟具奏。至陈嵩庆不能约束家人，咎无可辞，着先退出南书房，新赏房间亦着停止，仍交内务府。其有无纵容袒庇等情，着阿林保等于定案时附摺据实参奏。

十月庚子　赏顺天乡试年老诸生吴淮等七十九名举人、副榜有差。

十月癸卯　以刑部尚书吴璥为顺天武乡试正考官，都察院左副都御史邵洪为副考官。

十月丁未　试中式武举李景淮等五十二名于太和殿前。

十月庚戌　御紫光阁，阅中式武举马步射。

十月辛亥　御紫光阁，阅中式武举技勇。

十月辛亥　御乾清宫，引见中式武举，亲定甲乙。

十月辛亥　谕内阁：本日殿试中式武举内，有补行殿试之广西雷国宝一名，马步箭尚属合式，而硬弓全不能开，刀不能舞，石则竟不能举动，太觉平常。若再罚令停科，则伊年岁愈增，更难练习技艺，雷国宝着于金榜内除名，加恩，仍准归入武举原班内照例用。

十月壬子　上御太和殿。传胪。赐中式武举一甲徐华清、尚永德、王世平三人武进士及第，二甲李景淮等六人武进士出身，三甲王布德等四十三人同武进士出身。

十月丙辰　命嗣后，顺天文武乡试监试科道及外帘各官，凡籍隶顺天、直隶人员均令回避，毋庸开列。

十一月己巳　闽浙总督阿林保奏，福建正考官、翰林院侍讲学士陈嵩庆不能约束家丁，致毙人命，下部严议。寻议，革职。得旨：加恩，赏给编修。

十一月癸酉　谕内阁：武乡会试为抡才大典，较试技艺，必须膂力超众，方可入选。即如硬弓一项，能开十三力至十五力者，向来甚多，间有开十二力者，朕所素知。本年各省进呈武乡试题名录，朕详加披阅，其填注技勇尚多可观。惟湖北省题名录内取中共二十五名，而竟有十六人开弓仅止十力，殊属软弱。常明办理武闱，取中太觉宽滥，着交兵部查明，如与定例不符，着即参奏。

十一月丁丑　谕：据御史黄任万奏，请续选《钦定四书文》，以正文体一摺。制义一道，代圣贤立言，本当根柢经史，阐发义蕴，不得涉于浮华诡僻，致文体驳而不醇。溯自乾隆四年，皇考高宗纯皇帝《钦定四书文》，凡前明大家、名家，悉按其世代裒次，而于本朝文之清真雅正者，一并采列成编，选择精严，理法兼备，操觚家自当奉为正鹄。乃近科以来，士子等揣摩时尚，往往摭拾《竹书》、《路史》等文字，自炫新奇，而于经史有用之书，转未能潜心研讨，揆之经义，渐失真源。今该御史奏请厘正文体，固为矫弊起见，但摺内所称欲另选近年制义，以附《钦定四书文》之后，此则尚可从缓。度思近时能文之士，求其经术湛深，言皆有物者，未必能轶过前人，即广征博采，亦恐有名无实。是惟在典司文衡之臣悉心甄别，一以清真雅正为宗，而于引用艰僻以文其固陋、专尚机巧以流入浅浮者概屏置弗录，则海内士子自各知所趋向，力崇实学，风会日见转移，用副国家振兴文教至意。

十一月戊寅　谕：昨顺天府进呈本年武乡试录，所有开列监射大臣衔名，惟成亲王未经书名。因命军机大臣检查前数科武乡试录所开监射亲王，是否如此。及查到近科试录内，于成亲王、定亲王则不书名，于庄亲王、荣郡王则书名，体例殊未画一。君前臣名，礼所宜然。该府尹等排纂试录，竟系以意为之，殊属非是。所有此次进呈武乡试录之顺天府府尹等着交部议处。嗣后，进呈武乡会试录，于派出诸王均着一例书名，以昭敬事之义。

十二月丙午　赏山东等省乡试年老诸生张庚子等六百四十五名举人、副榜有差。

嘉庆十四年（1809 年）

正月辛酉　以五旬万寿，颁诏天下。诏曰……一、国子监贡监生及各官学教习，免坐监期一月。一、各省儒学以正贡作恩贡，以次贡作岁贡。……布告天下，咸使闻知。

正月丁亥　命通政使司通政使温汝适提督陕甘学政。

二月甲辰　谕：据常明奏，审明考官家人朱林踢伤杨太毙命，定拟绞候一摺。朱林因骑马辛苦，雇坐兜子，抬夫杨太放兜歇力，向斥被詈，一时气忿，脚踢适伤致死，讯无挟嫌逞凶等事。核其情节，只系寻常斗殴，按照常例，原可入缓。但该犯系跟随考官家人，在途私向抬夫争闹，致成命案，自当从严办理。朱林依拟应绞，着入于本年秋审情实，以示惩儆。考官陆以庄不能约束家人，着交部照例议处。

二月丙午　户部右侍郎提督顺天学政刘镮之以祖母老病，恳请侍养，允之。命都察院左副都御史戴均元提督顺天学政。

三月壬戌　赏直隶等省戊辰科乡试年老诸生高应楷等七十八名举人、副榜有差。

三月壬午　谕军机大臣等：本日据清安泰奏，河南举人宋廷贵上年怀挟作弊，侥幸中式，现经告发，查拿审讯等情。科场为抡才大典，必应公明详慎，遴取真才，今外省既有此等弊端，本年会试，或各举子等亦有私拟题目、夙构怀挟等弊，不可不加意防范。着传谕该正副考官闱内衡文，务将三场试卷通行校阅。其头场文字并须将制艺三篇一律比对，择其文理清畅、辞义匀称者取中，不可专就首艺一篇以定去取。该考官等果能共矢公慎，精心鉴别，不使作伪者得以幸获，自能甄别俊髦，以光盛典也。

三月壬午　礼部以宗室会试中额请。得旨：取中三名。

三月丁亥　礼部以会试中额请。得旨：满洲取中八名，蒙古取中二名，汉军取中三名，直隶取中二十三名，奉天取中二名，山东取中十九名，山西取中十二名，河南取中十名，陕甘取中十名，江苏取中二十名，安徽取中十四名，浙江取中二十三名，江西取中十九名，湖北取中十一名，湖南取中九名，福建取中十三名，广东取中十名，广西取中十六名，四川取中七名，贵州取中九名，云南取中十一名。

四月丁酉　以户部尚书德瑛为满洲翻译会试正考官，内阁侍读学士砥柱为副考官；理藩院尚书博兴为蒙古考官。

四月戊戌　引见戊辰科散馆及补行散馆人员。得旨：此次散馆之修撰吴信中，编修谢阶树及补行散馆之修撰吴廷琛业经授职，其清书二甲之庶吉士高翔麟、费丙章，汉书二甲之庶吉士贺长龄、陈官寯、周之琦、钱林、张葆、刘嗣绾、史评、陶梁、沈岐、陈传经、林培厚、王耀辰、刘荣黼、董国华、朱棨、胡承珙、罗家彦、宫焕、李可琼、夏国培、饶绚春、李恩绎、于德培、恩宁、胡兆兰俱着授为编修，汉书三甲之庶吉士王道行、冯缵俱着授为检讨，尹济源、吴恩韶、潘恭常、赵植庭、赵光禄、沈学廉、赵维熊、何珣、吴昌龄、萧应荃、程钟灵、姚丙成、唐业谦、何增元、张美如、杨镇、戴宗沅、廖敦行、吴其浚、钱仪吉、区玉麟、隆文、龚以镗、宗室敏勤俱着以部属用，于学宗、魏元烺、曾冠英、李聚元、郑城、杨本浚、徐江、屠倬、贾秉钟、朱廷庆、涂晋、王锡蒲、王椝曾、唐善良、郝兆钰、李建北、杨煊、李桂林俱着以知县即用，邵凤依、赵钟彦、徐步云、施鸾坡俱着归原班铨选。

四月庚子　谕内阁：本年万寿会试恩科，各省年老举子皓首穷经，观光踊跃，三场完竣者有三百七十余名之多，实为寿宇祥征。本日降旨已分别加衔，并此内曾得编修、检讨衔者亦一体递予加衔矣。因思伊等衰年望泽，励志风檐，固宜广被荣施，慰其暮景，而施恩亦当定以限制，不可过滥。且编检系词垣清秩，自不应再赴礼闱。嗣后，年老举子只得学正、助教衔者仍准其会试，若未经中式，加衔检讨；其已得检讨衔者，即不必再行会试。着为例。至九十以上者，年近期颐，非寻常年老举子可比，来京会试，向有赏给司业衔之例，并不因曾经赏衔，以次递加，自可照旧办理。此外年老给衔者，如遇祝庆、迎銮陈献诗册，届期原可酌量加恩，不拘成例也。

四月庚子　停本年蒙古翻译会试。又谕：据礼部奏，本年蒙古翻译会试仅有三人考试。八旗、蒙古中举人不少，今逢会试之年，仅有三人报考，余或另授官职，别挑差务，以至怠惰不学，不行会试，此皆该管大臣官员等教训不善所致。着传旨申饬，并将此次会试三人扣除。其曾派蒙古阅卷大臣博兴及同考官等即行出场。嗣后，八旗、蒙古等务须勉力学习，下次会试若有七八人再行考试，若人数不敷，仍停止考试。

四月庚子　赏会试年老举人孙宗承等三百七十二名司业、编修、检讨、助教、学正职衔有差。

四月辛丑　礼部以满洲翻译会试中额请。得旨：取中五名。

四月己酉　以大学士董诰、协办大学士户部尚书戴衢亨、吏部尚书邹炳泰、刑部尚书金光悌、工部尚书曹振镛、都察院左都御史周兴岱、户部右侍郎刘镮之、礼部左侍郎桂芳为殿试读卷官。

四月庚戌　策试天下贡士孔传纶等二百四十一人于太和殿前。制曰：朕寅绍丕基，覃熙宙合，仰荷上苍鸿佑，祖考眷贻，海宇乂宁，雨旸时叙，而深宫劼毖，益亹治安，弗侈小康，冀臻大同。兹御极之十四年，值朕躬五旬庆节，诞敷纶诏，特开恩榜，嘉与天下，普锡藩厘，同跻仁寿。思所以昌明经术，会通典礼，正士趋而裕民食者，非博采胪言，曷弼予治，尔多士扬对大廷，其敬听咨询，各抒所蕴。言《易》首称汉学，其授受源流，皆有可考，上下经原目，始于乾而讫于丰。今之篇目，何时所定？先儒十翼，次第不同，其以《文言》分附乾坤二卦者何人？荀爽《九家易》列诸逸象，能约举欤？孔子删书断自唐虞，而《周官》外史职掌三皇五帝之书，其书有见于他籍者欤？《洪范》九畴，与八卦相为表里，能畅其旨欤？《诗》首二南，《诗谱》云："得圣人之化者谓之《周南》，得贤人之化者谓之《召南》。"厥旨安在？《诗》之用于乐者，国君以《小雅》，天子以《大雅》。然燕飨所用，或上取，或下就，见于书传者凡几？《周颂》为周室太平德洽之诗，作于何时？《鲁颂》果奚斯所作欤？宋无风而商有颂，其义安在？《春秋》宗公羊者几家？宗谷梁者几家？平其异同者几人？修《左氏传》者自何人始？条列二家不如《左氏》数十事者何人何事，能确指欤？经曲之文，损益之道，莫备于礼。汉时后仓最为明礼，授弟子三家者谁氏？其名《周礼》为《尚书》、《周官》者何谓？作《十论》、《七难》以排之者何人？其能释论难使《周礼》义得条通者又何人？《周礼》为末，《仪礼》为本，岂真本难明而末易晓欤？《周礼》注者多门，注《仪礼》者止郑康成，其为章疏者二家，孰举大而略小，孰举小而略大？《礼记》则大小二戴，既共氏以分门，王郑两家复同经而异注，其为义疏者，则有南北九家五家，可缕指之？至若唐之《开元礼》、《曲台新礼》、《续曲台礼》，宋之《开宝通礼》、《太常新礼》、《太常因革礼》以及《通典》、《续通典》诸书，源流得失，其参互论断以为定衡。古之用人，首德行，次才能，汉举孝廉及贤良方正，有未仕而举者，有既仕而举者，何欤？魏陈群立九品官人之法，刘毅谓九品有八损，而官才有三难。所谓八损三难者，撮举其略。唐取士多沿隋制，常贡之科有几？其择人有四事，而犹必先德行者，本末先后，不较然欤？觅举之讥，最为士习之痼弊，宋太宗谓科级之设以待士流，岂容走吏冒进，窃取科名，言之何笃切欤？国家求贤取士，非徒以阶荣进之路，多士学古入官，宜何如束身自爱，以副贡选之盛典也？食为民天，《周礼》仓人藏粟，旅师聚粟，遗人委积，其为储蓄甚备，常平、义仓、社仓无论，《元史》所载河西务十四仓，京师二十二仓，通州十三仓，即今制所由昉。顾天庾转输，丁胥丛杂，回漕搀和之弊，何以杜之？平籴之法，所以便民，其后或定和籴之制，或筑富人之仓，或置东西市之籴，厥为何代？管子守国、守谷之说，李悝籴三、籴二、籴一之论，所言果有当欤？宇文融之受诏益贮九谷，孙成之发仓贱售，薛讷之不与仓粟，皆有可采欤？夫粜运多则囤积不免，存贮久则红朽堪虞，果何道而使市无腾踊、谷无浥烂欤？夫覃研经籍，为致用之原；参稽礼制，为建中之准。先器识后文艺，而后登进之法严；三余一九余三，而后储备之道广。斯数者皆经国之要图，立政之先务也。尔多士坐言起行，先资拜献，即在于此，其勉殚素学，悉意敷陈，以备遴选焉。

四月癸丑　御乾清宫，召读卷官入，亲阅定进呈十卷甲第。

四月甲寅　上御太和殿。传胪。赐一甲洪莹、廖金城、张岳嵩三人进士及第，二甲黄安涛等一百人进士出身，三甲范炳士等一百三十八人同进士出身。

五月丙寅　命内阁学士贵庆、工部左侍郎陈希曾教习庶吉士。

五月丙寅　授一甲一名进士洪莹为翰林院修撰，二名进士廖金城、三名进士张岳嵩为翰林院编修。

五月戊辰　引见新科进士。得旨：一甲三名洪莹、廖金城、张岳嵩业经授职外，黄安涛、吴慈鹤、顾元熙、许乃济、姚樟、潘榞、李振庸、徐镛、黄中模、陈鸿、刘教五、俞肯堂、齐彦槐、孔传纶、谭瑞东、蔡培、曹德赞、龚镗、周之桢、马志燮、吴孝铭、钟昌、王家相、李广滋、邱云腾、郭尚先、余源、陈继义、郑家麟、姚庆元、潘正常、高赐礼、玉绶、黄旭、光聪谐、佘文铨、廖鸿藻、熊常錞、张思诚、张曾霱、龙云圻、谭言蔼、陈瑞球、敏德、宗室瑞林、何炳、路德、何惠群、喻士藩、周祖荫、金洙、杜薇之、何太青、唐鉴、宗室崇硕、丁杰、陶廷皋、周际钊、叶申芗、杨立冠、朱瀛、郭安龄、李德立、潘光炜、戚人镜、李韫英着改为翰林院庶吉士，悟勒喜淳、宗室惟勤、宗室景麟、曹佳和俱着分部学习，闻人熙、邓存咏、郑士杰、戴鼎恒、朱廷锡、蒋泰阶、缪玉铭、魏茂林、陈诗、李锦、童宗颜、曾烒、陈运镇、熊传桊、张孝诗、万启畇、陶文植、袁绍安、永宁、李嗣邺、余廷圭、觉罗硕德、卓僩、李撰、刘鸿翱、麟庆俱着以内阁中书用，程厚、陈春甲、蔡信芳、王度、王雅南、徐连、谢增、汪忠均、宗维垣、刘彦矩、李上桃、马跻庐、杨朴、李培绪、钱南荣、李蕡生着以学正、学录用，彭永思、弓翊清、宋廷桢、徐景、梁云五、颜尔枢、朱钟、宗霈、何观海、毛梦兰、陈云章、王海观、谈有本、董澜、王余师、武次韶、陈池养、董峋、范炳士、宋庆和、李清杰、李再可、钟振超、景纶、昔光祖、李曾馥、秦伯度、张岱年、张震、卫鵷鸣、黄澜安、李芬、杨士云、黄台、王琦、靳宜、吕祥龄、毛有信、贺懋椿、刘垂绪、孙钺、李润、戴凤翔、林汝谟、赵瞰、王余英、吉恒、万华、粟作贡、孙珩、刘湜、马廷锡、张莀、牛书田、林祥绂、马苔、王世棠、苏嘉善均着交吏部掣签，分发各省以知县即用。候补刑部员外郎李光里、候选员外郎温启鹏均着以六部员外郎即用，候补内阁中书曹熊、王凤翰、崔槐着遇缺即补，候补学正胡勋尧着遇缺即补，候选知县周元位、汪士侃、路华着交吏部以知县即行选用。余着归班铨选。

五月辛未　赏满洲会试年老举人苏崇阿检讨衔。

六月壬辰　调江苏学政万承风为安徽学政，安徽学政玉麟为江苏学政。

六月壬子　赏山东等省戊辰科乡试年老诸生马元章等三十一名举人、副榜有差。

六月甲寅　浙江学政刘凤诰缘事解任，以刑部左侍郎周兆基署浙江学政。

七月丙寅　谕内阁：言官有奏事之责，如果大臣中有得贿婪赃、徇私舞弊者，自当据实纠弹，不容缄默。朕必彻底严查，正其负恩误国之罪。若竟系凭空无据之言，能任其诋诬，不加惩究？给事中花杰……言，戴衢亨于本年殿试阅卷，颠倒舞弊，将洪莹援引为一甲第一名进士。该给事中曾令一同乡庶吉士周际钊向戴衢亨私宅查阅门簿，探问管门之人，得其交通情状。又，黄中模策写俱佳，不列入十卷之内，黄旭行楷相间，竟置二甲之中，指为舞弊实据等语。朕因特派大学士庆桂、董诰、禄康，尚书苏楞额传旨向戴衢亨询问，令其明白登答。戴衢亨回奏之摺，陈辩甚明。……至于殿试为抡英大典，科场舞弊，律有明条，若果如花杰所言，戴衢亨与洪莹交结情密，援引为一甲一名进士，于黄中模、黄旭颠倒列置，此是何等弊窦，何项罪名，其告诬者应如何坐罪？该给事中摺内，但云请将洪莹覆加考试，或默写策对，若实系平常，请严究弊端，而于考试无弊则全不反而自思应否治罪，殊属荒诞无理。现因该给事中有覆考时尚恐南书房有人设法照应，请旨严密防范。因即如其所言，先向内阁查取洪莹等殿试各原卷，加封进呈，一面派满洲军机章京将洪莹由福园门带至上书房，命二阿哥监看，令其默写试策，朕亲加披阅，设字策不符，显有弊窦，非但戴衢亨与洪莹获罪甚重，凡此次派出读卷之大学士董诰等皆当一并惩处，朕岂肯稍为宽假？今洪莹所默策对与原卷悉符，间有数字误写、用朱笔点出者，不过文义小有异同，语句先后微有参差。试思寻常拟作诗文，数日后尚不能悉行记忆，今距殿试已逾两月之久，而洪莹竟能记忆默写，非绩学有素，安能如此？尚有何弊？且殿试前十卷进呈时，洪莹本系朕拔置第一，并非读卷官所拟，花杰何得指称戴衢亨一人援引之力？至于黄中模、黄旭各原卷，文理皆可列二甲，惟黄旭末四行字画不能工整如前，亦并无一笔行书。今黄中模列置二甲，黄旭置二甲之中，尚皆公允。此二卷亦非由戴衢亨首先校阅，花杰何得指戴衢亨徇情颠倒？如此妄行参奏，伊自问可以脱然无事乎？又，花杰摺内称本年考取南书房四人，除王以衔外，周系英系英和同年，席煜系英和门生，姚元之则系英和、戴衢亨二人门生，文字虽优，钻营尤甚。英和平日赏识，戴衢亨畏忌英和，阴与为附，实属结党行奸等语。本年考试南书房，英和会同戴衢亨、瑚图礼保举十二员，朕圈出与考八员，选取四员，内周系英、王以衔本系讲官，于随围时朕曾屡加召对，加以遴选；席煜、姚元之试卷本佳，并非戴衢亨、英和力荐。若谓周系英系英和同年，则岂是科只英和一人可供文学侍从之选，其余竟无一人可用？若谓席煜等系其门生，岂戴衢亨、英和二人所取之士，皆不可选用内廷乎？尤为谬妄。至名节所系，即寻常一介齐民，朕尚不忍令其受人污蔑，况戴衢亨任用已久，经朕用至协办大学士，今花杰任意诋讦，无所不至，朕岂肯任其甘受虚诬？花杰着交部严加议处，并着将洪莹等殿试原卷及昨日默写之卷，均发交花杰阅看，令其心服。

七月丙寅　谕：洪莹能默写策问，仅讹十数字，的系真才实学。朕命二阿哥监看封奏，朕亲自校对，大约无弊矣。洪莹平空被诬，若实不能书写，当得何罪？着赏纱二件，以示奖许。花杰误听邪言，滥行入告，本应严议，恐阻言路，改为交部加等议处。刘承澍播弄典常，殊属阴险，着解任，交大学士庆桂、董诰，尚书曹振镛，侍郎桂芳严讯确情具奏。

七月丙子　谕军机大臣等：朕前闻刘凤诰沉湎于酒，有任情妄为等事，当降朱谕交阮元据实查奏。兹阅伊所奏，皆系浮词，毫无确事，殊不足信。摺内称适有因公在省之湖州府戴廷沐、绍兴府百善、严州府任泽和先后传见，并诱之云：我与学院系属同年相好，该府早为告我，我好劝他；且任泽和亦系己酉进士，另为设词导之等语。此即非访查之道。该府等既知学院与巡抚系同年相好，即确有见闻，亦必曲为容隐，不敢直陈。况任泽和又系同科进士，岂有不袒护之理？又称，惟上年八月，刘凤诰代办文闱监临，场规从严，且常夜至号口，查访呵责士子出场，颇有浮怨之词等语。外间谣言，阮元似亦有所闻，而语涉隐跃，竟不免瞻徇情面。昨据御史陆言参奏刘凤诰摺内，联语文字谅非出于捏造，托津等到彼后，着将陆言所参各款向刘凤诰一一究问，并密加察访，务须得有实据，方足以成信谳。至阮元近在同城，于刘凤诰各项款迹，若毫无见闻，讯明后亦应附摺参奏。倘袒庇同年，有心徇隐，其咎尤重，即着严参，候降谕旨。其知府戴廷沐等三人着一并传到面询。如实系不知，与伊等尚无干涉；若竟系瞻顾巡抚同年，代为袒护，亦当查明参奏。所有阮元原摺，发交托津等阅看。将此谕令知之。

七月癸未　谕内阁：据奉天学政茹棻奏，请照各直省学校之例颁发书籍等语。陪都士习素醇，涵濡教泽，咸知争自濯磨，读书上进，自应将官刻书籍一体颁发，存贮各学尊经阁，俾士子等就近观览，开扩见闻。着礼部武英殿查照旧例，将所有应行颁发学校各书，即行印刷颁给。

八月庚戌　谕内阁：前因御史陆言参奏，浙江学政刘凤诰于上年代办监临各劣款，当经派托津等驰往查办。兹据究出，上年乡试刘凤诰代办监临时，有江西同乡盐库大使严廷燮来见，关说仁和县廪生徐步鳌曾经刘凤诰岁试拔取前列，伊现因病躯，恐不能完场，若得沈晋与之联号，谊属师生，即可照应，中后还要报恩。刘凤诰入场，违例于三场试卷印用联号。现据供认属实，将刘凤诰等定拟具奏。披览之余，殊深骇异。刘凤诰学问尚优，仰蒙皇考高宗纯皇帝特加赏拔，迨朕亲政后，由学士用至侍郎，又因恭修皇考实录，锡以宫衔，屡畀衡文之任，叠荷恩施，极为优渥，当如何洁己奉公，勉图报效，乃伊竟敢于科场大典有心舞弊？试思监临大员，原藉以弹压纠察，今转听受人情，印用联号。若徐步鳌万一徼幸，自思当得何罪，昧良孤恩，莫此为甚。托津等以刘凤诰未经得受财物，无赃可计，照例拟流，请发伊犁，尚觉稍轻。刘凤诰着革职拿问。伊现经解部，着到京时交刑部覆审，再行定拟。其余所拟罪名，先着刑部核拟具奏。至阮元近在同城，岂无闻见？朕于御史陆言未奏之前，即有所闻，曾降朱谕交查，而阮元覆奏，不过摭拾浮词，全无确据。阮元身任封圻，于学政有稽核之职，外间既有木榜联词，伊即应查究参奏。况经朕特加询问，犹不据实入告。今刘凤诰事已败露，始据称，上年闱后，即闻有监临打监军对联，是竟知而不言，有心袒庇同年，不顾公议，深负委任，岂堪复膺封疆重寄？阮元着交部严加议处，即来京听候部议。其余应行议处各员，着吏部议奏。

八月庚戌　调刑部左侍郎周兆基为吏部右侍郎，提督浙江学政。

九月壬戌　谕：刘凤诰于代办监临时入场舞弊一案，前已降旨将伊革职拿问解京矣。监临入场，专司查察弊窦，如果士子有串通吏胥联号等弊，方当按律严惩，以肃场规。今刘凤诰听受人情，转为应试生员徐步鳌印用联号，是以防弊之人首先作弊，实属事所罕见。伊蒙皇考高宗纯皇帝赏拔深恩，由编修超擢学士，朕复加恩荐擢侍郎，并特加宫保衔，乃不知谨慎饬躬，力图报效，竟敢玩法舞弊，其罪甚重。托津等于按律拟流之外，请发伊犁，所拟尚轻，刘凤诰俟拿解到京时，着交大学士、尚书会同刑部再行审讯，定拟具奏。至阮元亦由编修于乾隆年间蒙皇考高宗纯皇帝知遇厚恩，超列卿贰，朕亲政后，复擢用巡抚，畀以封疆重任，前后十年，渥荷恩施。上年伊因巡查海口，不能兼办科场，所有监临事宜即应照例奏交藩司代办。伊宁不知乡试士子系由学政录送入闱？刘凤诰本当避嫌，何以辄将监临之事交伊代办？此一节阮元已属非是。至伊与刘凤诰本属同年，如果刘凤诰在场舞弊，阮元实在不知，则其咎原不过失察。即或伊知之而不肯举发，一经朕询问及之，尚能直陈无隐，是虽有瞻徇之情，尚不至蹈欺饰重咎。乃朕于御史未经参奏之前，先有所闻，即特降朱笔谕旨，向其密加询问，而阮元覆奏之摺，亦系亲自缮写，乃并无一语确实，转称刘凤诰代办监临时场规从严，一切风厉，致招浮怨，竟似伊于刘凤诰之作弊妄为实在毫无闻见者。迨托津等到彼审实之后，复向阮元询及，阮元始称去年闱后即闻有监临打监军对联，未经奏闻等语。是直佯为不知，有心徇隐，不但不参奏于先，而于降旨密询之时，犹欲摭拾浮词，巧为搪塞，明系袒庇同年。阮元止知友谊，罔顾君恩，轻重倒置，不可不严行惩处，即着照部议，革职。其充当提调监试，于监临舞弊不能觉察举发之道员舒庆云、知府任泽和均照部议，降二级调用，不准抵销。

九月癸亥　以国子监祭酒佛住为詹事府詹事，翰林院侍读学士周系英为太常寺卿，李宗瀚为太仆寺卿，仍留湖南学政任。

九月丙寅　赏湖南等省戊辰科乡试年老诸生刘嵩年等三十七名举人、副榜有差。

九月丁卯　刑部奏，浙江乡试舞弊之徐步鳌等先行分别定拟一摺。得旨：此案刘凤诰身为监临，联号舞弊。虽讯无受贿得赃情事，但严廷燮为徐步鳌关说时，曾有事后报恩之语。如果儌幸中式，自必尽情酬谢，则刘凤诰等获罪尤重。此案总由徐步鳌起意舞弊，严廷燮玩法请托所致。该部将伊二人议以近边充军，尚不足以示儆，徐步鳌、严廷燮均着改为边远充军，余依议。

九月庚午　以兵部左侍郎邵自昌知武举，都察院左都御史周兴岱为武会试正考官，刑部左侍郎朱理为副考官。

九月甲戌 兵部以武会试中额请。得旨：汉军取中四名，奉天取中一名，直隶取中八名，陕甘取中五名，广东取中六名，河南取中三名，山东取中五名，江苏取中二名，安徽取中二名，山西取中二名，湖北取中二名，湖南取中一名，四川取中三名，广西取中一名，福建取中二名，浙江取中三名，江西取中二名，云南取中二名，贵州取中二名。

十月壬寅 试中式武举石宝庆等五十七名于太和殿前。

十月乙巳 御紫光阁，阅中式武举马步射。

十月丙午 御紫光阁，阅中式武举技勇。

十月丙午 御乾清宫，引见中式武举，亲定甲乙。

十月丁未 上御太和殿。传胪。赐殿试武举一甲汪道诚、积善、张青云三人武进士及第，二甲赵龙田等六人武进士出身，三甲寇绍莱等四十八人同武进士出身。

十一月癸未 以詹事府詹事吴芳培为内阁学士兼礼部侍郎衔，仍留顺天学政任。

十一月甲申 谕内阁：御史升寅奏请整饬学校以正蒙养一摺。所言俱是，但总须实力奉行，方可期士习人才日有起色。国家设立官学，教育旗人，原冀培养英贤，为朝廷宣猷效职，无如行之日久，仅视为八旗子弟出身之阶，而教习各员亦不深探本原，尽心诲迪。但停年期满，薄有课程，即得邀恩录用，由是积习相沿，有虚名而无实效。夫士人读书致用，本以讲明义理，端身心性命之准。若但知从事文艺，而置圣贤诚正修齐之学于不问，即幸获进阶，服官登仕，其于修己治人之道懵无所知，将何以仰副兴贤育才之意乎？至尚俭黜奢，尤为兴廉善俗之本，朕谨身节用，首崇俭朴，特颁御制，训诰臣工。内外大臣庶僚，皆当恪遵明训，砥砺廉隅，其官学子弟蒙养初基，自应力戒浮靡，导归淳朴。嗣后，着管理官学各大员严诫教习人等，勿得玩日旷时，务与授业各学生讲明四子之书，剖析《五经》之义，俾童年收辨志之益，壮岁植立身之基，其有心性浮华、舆服侈肆者，随时严加戒饬。如教习不守程规，子弟不遵化诲，即分别斥革惩处，以冀崇实黜浮，用副朕厚望旗人至意。

十二月戊子 谕内阁：御史陈中孚奏慎重选举一摺。科场为抡才大典，自应严剔弊端，拔取真才。从前颁行条例本极详明，第恐奉行不力，日久玩生，以致防闲未周，巧伪百出，势难保其必无。即如所奏考试试差时，稍有漏泄，则士子等得以探听揣摩等语。每次考差，外间即有如此传闻，及加以根究，又不能确为指实，将凭何办理？嗣后，阅卷大臣惟当守口如瓶，各知愧厉，倍加慎密，以息物议，有则痛改，无则加勉，以全朕用人之苦衷。至于外省调派内帘，应用科甲出身人员，闻各省士子往往有豫先拜谒、交通关节之事，该督抚等尤应慎选素行端方、学问优长者方行檄派，毋得滥行调取，致启钻营之端。此外，如乡会试入闱各员，于熟识士子，致送薪水食物，亲至号口接谈，代改诗文，查取题目，及随带家人、书吏代为夹带、交通，誊录、找寻试卷诸弊，皆应严行查禁。嗣后，着派出之知贡举、监临及各省督抚等实力稽察，有犯必惩，以期仰副甄拔贤才之至意。将此通谕知之。

嘉庆十五年（1810年）

正月辛巳　陕甘学政温汝适以亲老请回京供职，许之。命左春坊左庶子陆以庄提督陕甘学政。

二月甲午　命礼部左侍郎秀宁教习庶吉士。

四月乙酉　谕内阁：向来遇乡会试大典，循例豫行考试试差，以备简用。每次考试，外间多有称考取名次漏泄、妄生拟议者，实为近时陋习。本年考试前一日，御史贺贤志具奏一摺，请于官员点名毕后，即将派出阅卷大臣予以关防。殊属无谓。定例，科场年分不准条奏场务。况伊本系应考之员，即使确有见闻，自当早为陈奏，何必于考试之前一日始行奏及耶？试思所派阅卷大臣，皆大学士、尚书、侍郎等，若必严密关防，谓伊等俱不足信，是迹近猜疑，岂君臣相示以诚之道？且考试试差之卷，并不易书，各大臣等如平日有认识笔迹者，又岂关防所能杜绝？贺贤志违例条奏，即付之吏议处分亦不甚重，着毋庸交部。如伊不与考则已，若现已报考，即着扣除。至屡届考差，系由阅卷大臣将拟定甲乙另书空名之名单随卷进呈，候朕亲拆弥封，填注姓名，及至点放时，则经朕特简，有名次在后而出试差者，亦有名次在前并房考官俱不用者，原不拘定所取之高下。此次着阅卷大臣竟不必排定名次，惟各于所阅之卷，将取与不取分为两束，自注衔名，一体进呈，候朕详加披览，亲定去取前后，以杜浮议，即其人所阅之卷是否公当，亦无难一览而知也。

四月辛丑　谕内阁：御史升寅奏，请禁八旗童试怀挟、枪冒一摺。所奏甚是。各省考试文童，俱于入场时详加搜检，原以查禁诡遇、遴拔真材，何以八旗童试向无搜检之例？若竟以怀挟、传递习为故常，在学臣凭文取录，必致挟带诗文者侥幸入选，而真材反被斥落。童试为士子进身之阶，不可不严加防范，以端本源而正文风。嗣后，八旗童试，着顺天府照考试翻译生员之例，奏请钦派王大臣逐名搜检，并着步军统领衙门于围墙外加意巡逻，严拿传递，以清弊源。至向例入场之日，各该旗俱有参佐领、领催等亲行识认送考，乃奉行日久，视为具文，更不免有顶替、代倩之弊。所有各旗委出之参佐领、领催等，如有于考试日期托故不到者，并着稽察之御史查明参奏。

四月辛亥　以兵科给事中陈中孚为云南乡试正考官，翰林院编修朱方增为副考官；编修石葆元为贵州乡试正考官，聂铣敏为副考官。

五月乙丑　以翰林院编修史评为四川乡试正考官，陶澍为副考官；编修史谱为广东乡试正考官，胡承珙为副考官；编修彭邦畴为广西乡试正考官，贺长龄为副考官；编修周寿椿为福建乡试正考官，程德楷为副考官；刑部员外郎程祖洛为湖南乡试正考官，内阁中书沈钦霖为副考官。

六月乙未　以户部右侍郎刘镮之为浙江乡试正考官，翰林院侍讲穆彰阿为副考官；礼部左侍郎戴联奎为江西乡试正考官，吏部主事毛式郇为副考官；翰林院编修沈岐为湖北乡试正考官，王耀辰为副考官。

六月乙巳　以翰林院编修洪占铨为陕西乡试正考官，傅棠为副考官；户部右侍郎桂芳为江南乡试正考官，翰林院编修饶絢春为副考官。

七月甲寅　以翰林院修撰吴信中为河南乡试正考官，编修罗家彦为副考官；光禄寺卿张鹏展为山东乡试正考官，翰林院编修李可琼为副考官；编修石承藻为山西乡试正考官，检讨申启贤为副考官。

八月乙酉　准山西前任翰林院检讨郑岱钟重赴鹿鸣宴，并赏国子监司业衔。

八月丁亥　命嗣后，凡有指定额驸者，无论贡举各项出身，均不准再应乡会试，着为令。

八月戊子　以詹事府詹事佛住、都察院左副都御史温汝适监临顺天乡试，兵部尚书刘权之为正考官，刑部左侍郎朱理、工部左侍郎陈希曾为副考官。

八月己亥　准山东前任知县林培由重赴鹿鸣宴，并赏六品顶带。

八月癸卯　顺天府以宗室乡试中额请。得旨：取中八名。

八月甲辰　命詹事府少詹事汪守和为奉天府府丞兼提督学政，詹事吴烜提督顺天学政，户部右侍郎刘镮之提督江苏学政，工部右侍郎顾德庆提督安徽学政，吏部左侍郎潘世恩提督江西学政，右春坊右庶子方振提督福建学政，右春坊右中允姚文田提督河南学政，太常寺卿张鹏展提督山东学政，光禄寺卿周系英提督山西学政，翰林院侍讲学士鲍桂星提督湖北学政，编修徐松提督湖南学政，礼科给事中赵佩湘提督四川学政，福建道御史程国仁提督广东学政，江西道御史汪彦博提督广西学政，翰林院编修程寿龄提督云南学政，户部主事胡枚提督贵州学政。

八月己酉　谕内阁：佛住、温汝适奏，本年顺天乡试南北皿官卷应试人数较多，请将中额酌增一二名一摺。朕披阅后，召见军机大臣，据董诰、戴衢亨奏，自乾隆二十三年定例以后，南北皿官卷各按十五人取中一名，其零数增多者再各取中一名，历科皆以此为定额，从未再于额外取中。伊二人俱曾充顺天乡试考官，均照定例办理等语。顺天乡试南北皿取中官卷，久经定制，本科又非加恩广额之年，该监临遽为此奏，显系有意见好，所奏不准行。佛住、温汝适俱着交部议处。寻议上。得旨：佛住、温汝适着实降一级调用，无庸再行罚俸。

九月壬戌　复学政暂停铨选外任例。谕内阁：本日召见广东学政程国仁，询知该员系截取御史，业经保送繁缺知府，将来遇有应选之缺，吏部仍行铨选。此项出差人员，闻向例本不归选，惟从前吴荫暄在陕甘学政任内，曾选补直隶州知州，办理殊属错误。学政系特派之员，职任较重，若仍照原职归部选用地方官，转将学政开缺，于体制未为允协。程国仁着停其铨选，俟任满后再照常归选。嗣后，应行外选人员有简任学差者，应照此办理。着为令。

九月癸亥　以兵部尚书明亮为满洲翻译乡试正考官，刑部左侍郎穆克登额为副考官；理藩院尚书佛尔卿额为蒙古考官。

九月丙寅　谕内阁：向来乡会试文闱各有例设汉字书籍，以备考官检查之用。其翻译考试亦应仿照办理，着礼部酌议，应用何书，奏明交武英殿备办，每届试期，照例咨取应用。

九月壬申　赏顺天乡试年老诸生张淳耀等六十二名举人、副榜有差。

九月戊寅　谕内阁：朱绍曾奏，湖南副考官沈钦霖家丁王升持刀戮伤内监试官、知府黄洽，验明究办，并代沈钦霖自请严议各摺。考试内帘重地，理应严肃。王升以考官跟役，辄敢持刀行凶，戕害官长，且因挟求索不遂，监试官斥阻之嫌，蓄意逞忿，情节甚为可恶。着交该护抚即从重定拟具奏。沈钦霖以京员奉差，不能约束家人，致生事逞凶，无庸再交部议，即着革职。

十月甲午　以户部尚书曹振镛为武乡试正考官，内阁侍读学士彭希濂为副考官。

十一月戊午　谕：董教增奏，据藩司朱勋详请，陕西朝邑县武举蔺廷荐系乾隆庚午科中式，呈请重赴鹰扬宴。当即查照向例，令同本科新中之武举一同入宴，并捐给花红、表里等语。向来各直省文闱乡试，遇有本省应行重赴鹿鸣宴者，该督抚于先期具奏，朕叠经降旨施恩，锡予加衔，以昭渥典。文武两闱事同一例，所有武举蔺廷荐着加恩，赏给千总衔。嗣后，各直省乡试，遇有武举应行重赴鹰扬宴者，并着该督抚先期具奏请旨，候朕施恩。着为例。

十二月庚寅　谕：曹师曾奏，乡会试考官等听候宣旨，请添派御史稽察一摺。每科乡会试届期，所有正副考官及同考、御史等官，自应遵照定例，在午门前恭候宣旨谢恩，即行入场。近日竟有不到午门前祗候，在家得信径赴贡院者，殊非敬事慎密之道。着照所请，嗣后，添派满汉御史各一员，查收应行听宣职名，除内廷行走与是日在圆明园奏事及有执事各员先期行知都察院外，如有无故不到者，即将该员参奏扣除，不准入场，仍交部议处。

十二月丙申　赏山东等省乡试年老诸生李品重等八百八十七名举人、副榜有差。

嘉庆十六年（1811年）

二月辛丑　谕内阁：给事中乔远瑛奏，考试供事，请毋令翰林院编检及庶吉士代出图结一摺。翰林为京员清秩，非在署行走司曹可比，若纷纷代供事出结考试，临期识认，于体制未协。嗣后，各衙门考试供事，所有编修、检讨及庶吉士等官不准出具图结。其边远省分，在京六品以上人员较少，着准其取具七品京官图结，再加印结收考；若有六品以上人员可出印结者，亦不准出具图结。至所称每员酌出结三五名一节，新定条例，考试供事，每员止准出结一名，以防冒滥。若许令增多，又恐滋滥保之弊，应照现例行。

三月己酉　赏顺天等省庚午科乡试年老诸生姚光钟等三十二名举人、副榜有差。

三月甲寅　以内阁学士荣麟、吴芳培知贡举，大学士董诰、户部尚书曹振镛为会试正考官，兵部右侍郎胡长龄、内阁学士文宁为副考官。

三月庚申　谕：荣麟等奏，弹压副都统策丹之孙明訢、明谊应否回避，请旨一摺。荣麟等既查明定例，两翼副都统之子弟均不回避，自应照例办理。即使伊等另有所见，亦只应场后条陈，不当于考试之际猝议更改旧章。今头场既准该举子应试，忽欲令其不进二场，成何事体？荣麟等着申饬，明訢、明谊着照例毋庸回避。

三月乙丑　礼部以宗室会试中额请。得旨：取中三名。

三月庚午　礼部以会试中额请。得旨：满洲取中七名，蒙古取中二名，汉军取中四名，直隶取中二十三名，奉天取中二名，山东取中十九名，山西取中十二名，河南取中十二名，陕甘取中十名，江苏取中二十名，安徽取中十四名，浙江取中二十三名，江西取中十八名，湖北取中十一名，湖南取中九名，福建取中十三名，广东取中六名，广西取中六名，四川取中七名，贵州取中九名，云南取中十名。

三月甲戌　谕内阁：周系英奏办理召试章程，请旨遵行一摺。向来迎銮士子，加恩召试，虽经办有成案，但未明定章程，办理未能画一。自应以其父兄官职之大小，为子弟应试之限制。此次朕巡幸五台，所有应行召试士子，京官除现任京堂及翰詹、科道、军机、章京，外官除督抚、藩臬及道府以上之亲子侄兄弟俱着回避，无庸与试，仍准其进册。其业经病故离任、缘事在籍及其余京外各官之亲子侄兄弟，俱准其与考。嗣后，巡幸各省，设有召试之典，即照此例行。

闰三月辛巳　增广山西学额一次。大学五名，中学四名，小学三名。

闰三月壬午　召试迎銮士子。赏一等举人龙汝言、张斐然、杨镇源内阁中书，生监李堂栋、雷百里、段可传、郝台魁、田贺年、崔埙举人，二等郭安钰等十人缎匹，命充文颖馆誊录。

闰三月乙酉　以礼部尚书福庆为满洲翻译会试正考官，都察院左副都御史润祥为副考官；理藩院尚书佛尔卿额为蒙古考官。

闰三月庚寅　赏会试年老举人李菁等二百八十八名编修、检讨、助教、学正职衔有差。

闰三月丙申　礼部以翻译会试中额请。得旨：满洲取中六名，蒙古取中二名。

四月庚戌　谕：本日礼部带领老生在道旁谢恩，内有山西老生曹廷选呈递谢恩表文，据称现年七十五岁，丁卯科钦赐副贡，庚午科钦赐举人，今辛未科又钦赐国子监学正，寸衷感激，莫可名言，倘蒙赐一教职，使育斯文，庶几矢公矢慎，获报圣恩等语。曹廷选以年老诸生，幸叨盛典，得与科名，朕嘉惠耆儒，有加无已，叠次恩施，俱属荣邀格外。该老生尚不知足，辄越分呈递表文，求赏官职，虽尚无违碍字句，殊属妄为。试思量能授职，分制綦严，即一命之荣，国家大柄所系，岂容妄生希冀，公然干请耶？此风断不可长。着革去国子监学正衔，并革去举人。姑念其老耄无知，仍格外施恩，留其副贡，即饬令回籍安居，勿再滋事。

四月甲寅　上临故大学士戴衢亨园居赐奠，赏其子嘉端举人，一体会试，仍准兼袭云骑尉职。

四月丙辰　谕内阁：国家设立都察院堂官、六科各道，凡内自王公大臣，外自督抚、藩臬，以至百职庶司，如有营私骫法、辜恩负职者，言官据实纠弹，立即按款严究，执法重惩。我朝列圣相承，纲纪肃清，力除蒙蔽之弊，朕祇遵成宪，太阿在握，惩蠹锄奸，亦从不稍事姑息。然事必核实，斯罚不妄施。乃近年言官中，竟有怀挟私怨，阳沽鲠直之名，阴施报复之计，以巧试其术者。其初列款上闻，浮言耸听，及查明毫无证据，若将言官惩罚过重，似杜敢言之路，而被劾之大臣一登白简，虽辨明心迹，谴责不加，究以枉受诬蔑，使在廷之议，谓其曾遭指摘，不免中怀畏歉，损其精白之衷。且君臣之间，亦不若无此芥蒂，益乎股肱心膂之义也。即如原任大学士戴衢亨果于任事，惟性急语直，每遇部院公事，判别是非，或从或违，安能尽协人意？因此为怨者所诋，前被给事中花杰封章参奏，指称伊与贡士洪莹交往情密，拔置一甲一名。又，黄旭试卷行楷相间，滥置二甲。经朕密取殿试各卷加封呈览，特将洪莹带至上书房，命二阿哥监看，令其默写试策，惟时距殿试已阅两月有余，洪莹所默试策与原卷悉相符合，不过数虚字间有异同。其黄旭原卷，末数行稍欠工整，并无一笔行书。当即明白宣示，剖分曲直。本年己巳科庶吉士散馆，朕料洪莹、黄旭二人文义必应考居前列，若抑置在后，非有心屏黜，即衡校未当。及阅卷大臣公拟进呈，拆阅弥封，洪莹、黄旭同列一等，设戴衢亨尚在，派令阅卷，必谓其徇情拔取；即不与阅卷之列，亦或疑其转相嘱托。今戴衢亨已故，可见文章自有定评，岂同列诸大臣，至今日尚曲为附和乎？戴衢亨盖棺论定，心迹已明，应含笑泉下矣。花杰从前凭空捏造，诬陷大臣，是诚何心，姑置勿论。嗣后，诸言官务当各矢天良，遇有不公不法之事，必求确据，直列弹章，不可因有此旨，缄默不言，若以毫无影响之谈，诬人名节，天鉴难逃，国法具在。凛之！慎之！

四月丁巳　　引见己巳科散馆人员。得旨：此次散馆之修撰洪莹，编修廖金城、张岳嵩及补行散馆之编修石承藻业经授职，其汉书二甲考列一等之庶吉士孔传纶、黄中模、郑家麟、熊常錞、王家相、李振庸、周之桢、廖鸿藻、李广滋、黄旭、冯清聘、谭瑞东、敏德、龚镗，清书二甲考列二等之庶吉士谢嵩、郭尚先，汉书二甲考列二等之庶吉士黄安涛、喻士藩、俞肯堂、卿祖培、宗室瑞林俱着授为编修；汉书三甲考列一等之庶吉士戚人镜、唐鉴、李德立，汉书三甲考列二等之庶吉士丁杰俱着授为检讨；刘教五、潘正常、李韫英、潘椕、元在功、邱云腾、郭承恩、佘文铨、徐镛、张曾霭、吴孝铭、光聪谐、何炳、宗室崇硕、顾寅、杜薇之、路德、高赐礼、周祖荫、姚庆元、钟昌、朱瀛、玉绶俱着以部属用；何太青、曹德赞、金洙、陈宗畴、解运衢、姚樟、余源、陈瑞球、张思诚、蔡培、齐彦槐、叶申芗、潘光炜、郭安龄俱着以知县即用。

四月庚申　　谕内阁：礼部议驳，吴椿奏请老生另编字号，并添号军等一摺。官生向例另设中额，老生自未便引以为例。号军本有定额，不应遽议增添，人多转恐滋弊。至老年筋力就衰，必令等候士子全行入场后始准点进，殊非体恤之道。嗣后，派出王大臣于点名时毋许士子拥挤，即年老诸生中，亦勿致自相搀越，务饬员役等妥为扶掖，以示体恤。

四月丁卯　　以协办大学士兵部尚书刘权之，吏部尚书瑚图礼、邹炳泰，礼部尚书王懿修、吏部右侍郎秀宁、兵部左侍郎万承风、工部左侍郎陈希曾、内阁学士汪廷珍为殿试读卷官。

四月戊辰　策试天下贡士朱壬林等二百三十七人于保和殿。制曰：朕诞膺昊眷，寅缵丕基，于今十有六年。幸函夏宁谧，海洋肃清，惟日孜孜，冀臻上理。探帝王建极之原，期河漕安澜之庆，刑罚清而民讼息，操防肃而兵制严，尔多士以敷奏为明试，爰资启沃，伫听嘉谟。危微精一之旨，为帝王道统所开。尧曰执中，舜曰用中，汤曰建中，与《中庸》致中和之义有合否？朱子谓《大学》之格致诚正以至修齐治平，始终不外一敬；《中庸》之圣神功化，枢纽不外一诚。心法、治法，一以贯之，二书实括其全，能申明其意欤？真德秀《大学衍义》，略治平而不言，何欤？唐太宗《帝范》，范祖禹《帝学》以及《大宝》、《丹扆》之箴，有可采欤？《洪范》、《皇极》，汉儒训为大中，宋儒又以为不然，何欤？禹之治河，先疏下流，《禹贡》一书可按也。若今之治河，则兼欲利漕，其治法不过曰疏、曰浚、曰塞。潘季驯云“水性不可拂，河防不可弛，地利不可强”，治理不可凿。此诚不易之论也。夫以堤束水，以水刷沙，自有成法，顾何以浊流或致分侵，运道或成淤淀？以借黄济运，苟且目前，不顾后患，宜用何策使之涓滴不入，又能利漕？其于入口、出口、堤防、牐坝之利，宜何如置力欤？国家数百万漕，岁资济运，而施工亦所费不赀，必使清足敌黄，黄不倒灌，水得遄行，帑归实用，始于河漕，均有裨益，讵可因循怠忽，致失机宜欤？虞廷弼教，钦恤惟刑，《周官·大司寇》以五刑纠万民，有五禁五戒，所以使勿犯也；有三刺五听，所以致其慎也；有三赦三宥八议，所以加之仁也。肉刑除于何代？五刑之属三千，夏商与周同否？法与名何以分为二家，兵与刑何以合为一典？人命至重，所谓悉其聪明，致其忠爱，岂不在折狱者之无成心、无偏见欤？朕哀矜庶狱，每阅谳牍，再三审慎，以期无枉无纵，而司狱者或以姑息为阴德，或以武健为胜任，岂称不刚不柔，受王嘉师之意欤？兵可以百年不用，不可以一日不备。《易》占利用，《书》称克诘，《礼》有搜苗、狝狩之典，皆于农隙讲武，所以振国威也。周制寓兵于农，管子作内政而兵农以分，汉有南北军之屯，唐有府兵、彍骑之制，宋有禁兵、乡兵之殊，元立五卫，明设京兵、边兵，统属异同，其详若何？今直省营制非不勾稽有册，简阅有规，校练有期，侵冒有禁，保无有老弱充伍、巡防疏惰、习为具文而无实效者乎？近日又有团勇、练勇之称，究竟有益无益？其何以副朕整饬戎行、设兵卫民之意？多士试详言之。夫心法为宰化之枢，河防为安民之本，刑罚中而祥风洽，训练谨而武备修，皆致治之要图，经邦之大计也。多士学古入官，讲求实用，其各以素所诵习者著于篇，毋泛毋隐，朕将亲遴焉。

四月辛未　御乾清宫，召读卷官入，亲阅定进呈十卷甲第。

四月壬申　上御太和殿。传胪。赐一甲蒋立镛、王毓吴、吴廷珍三人进士及第，二甲毛鼎亨等九十二人进士出身，三甲王禹功等一百四十二人同进士出身。

四月丙子　命内阁学士文宁、汪廷珍教习庶吉士。

四月丁丑　授一甲一名进士蒋立镛为翰林院修撰，二名进士王毓吴、三名进士吴廷珍为翰林院编修。

五月戊寅　引见新科进士。得旨：一甲三名蒋立镛、王毓吴、吴廷珍业经授职外，黄崇光、曾秩、林则徐、王赠芳、许邦光、卢振新、王惟询、黄玉衡、戴葆莹、钱騋、张敦来、喻元准、马步蟾、宋劭谷、陈焯、王培、恩贵、陆尧松、王茂松、汤锡蕃、潘锡恩、黄扬镳、倪彤书、刘斯嵋、邱家炜、汪鸣谦、冯元锡、刘炜、莫焜、罗永符、宗室奕溥、胡方朔、朱壬林、朱文来、罗以丰、程恩泽、姚维藩、袁铣、李恩绥、李莒、陈逢年、蒋超曾、凌铨、廖文锦、刘体仁、周凯、蔡世松、杨希铨、杨思荣、卢演复、孙贯一、辛文沚、方观旭、赵钺、徐谦、李象鹍、王云锦、尹佩珩、陶克让、阮贻昆、奎耀、曹师恕、边凤翙、阎善庆、何炳彝、党绍修、龚绶、尹世衡、福申俱着改为翰林院庶吉士，毛鼎亨、程矞采、郑抡才、谷善禾、徐宝森、宗室达英、宗室海濂俱着分部学习，李在青、汤储璠、王继炳、陈述经、徐瀚、梁慎猷、崔廷诏、宋延芳、祝孝溶、丁运泰、易本杰、端木坦、李彦章、王禹功、顾涛、姚乔龄、桂馨、陈宝楠、纪树荣、雷景鹏、吴方文、张朋来、赵廷熙、卫如玉、崔锡荣、李辉斗、席尚清俱着以内阁中书用，赵湘、匡守勤、袁炼、陈柱勋、罗世德、林元英、朱应诏、周坦、沈用维、戴南昆俱着以国子监学正、学录用，冯云鹓、梅茂南、杨承湛、尹作翰、周树槐、郑长箓、胡世墉、吴衡照、包敬堂、刘荣玠、王有为、戴廷选、张学尹、汪理朝、张师德、司河、吴庭辉、杨思敬、贺崇禧、王寅弼、张向辰、张景、袁如凯、蔡世瑛、希灵阿、万鼎洋、陈蒸、铁林、吕璜、刘珊、谢元晖、杨寯士、吴文健、李存周、林士煐、苏棨、鲁鼎、曹人杰、张连茹、高蔚溶、李彬、萧斯、伊云嵩、白明义、贾懋功、马良臣、仇琨、杨兆璜、仝卜年、郭淳章、卢奎、赵克明、高凌云、陈大纲、刘鸣鹤着交吏部掣签，分发各省，以知县即用，候选员外郎李莹着以六部员外郎即行选用，候补主事袁应惇着以六部主事即行选用，额外中书文纶着遇缺即补，议叙候选知县陶镕、黄爔着交吏部以知县即行选用，无庸掣签分发。余着归班铨选。

五月辛巳　命内阁学士文宁提督江苏学政。

五月辛巳　命吏部左侍郎玉麟教习庶吉士。

五月丁酉　谕内阁：昨据掌院学士曹振镛、桂芳奏，新科庶吉士内派习清书者三人，未免过少。国初，庶吉士分习清书，系与汉书各半；雍正年间，每科派十四五员、十七八员不等；嗣于乾隆十六年钦奉皇考高宗纯皇帝谕旨，除云、贵、川、广边省不派外，其直隶、山东、河南、山西、陕西等省庶吉士，若在三四员以上派一二人，江浙等省庶吉士在五六员以上派二三人，每科通计在十人内外，定制昭垂，自当循例酌派。若为数太少，亦不足以备典制而均教育。除本科业经派定无庸增改外，嗣后，每科清书庶吉士着遵奉乾隆十六年谕旨，仍酌派在十人内外，勿致过少。

六月癸丑　赏山东等省庚午科乡试年老诸生谢殿程等四十名举人、副榜有差。

六月乙亥　谕：御史景德奏整饬八旗学校一摺。八旗设立各项官学，选用满汉教习责成训课，立法已为详备。惟因循日久，积渐废弛，学生仅图沾润膏火，教习惟冀如期报满，以为进身之阶，竟至官学之设成为具文。嗣后，稽查各官学大臣等务当实心考察，俾各教习勤加训课，各学生认真肄业。其幼官学、义学及弓箭教习等并着各该管大臣等一体查核，务期立有成效，不致有名无实，以副朕教育人才至意。

九月壬午　以礼部右侍郎帅承瀛知武举，内阁学士吴芳培为武会试正考官，詹事府詹事王宗诚为副考官。

九月辛丑　谕内阁：兵部奏，本年会试取中武举，请旨于十月十七日紫光阁阅看马步箭，十八日阅看弓刀石，十九日带领引见，二十日传胪。如此排日办理，诸可详审从容。嗣后，该部俱着照此奏请。

九月癸卯　命吏部右侍郎凯音布教习庶吉士。

十月庚申　试中式武举徐勇等五十四人于太和殿前。

十月庚申　谕内阁：善庆着掣签分部行走。嗣后，内务府人中式翻译举人，仍在内务府补用，其中式翻译进士人员着与八旗翻译进士一体掣签，分部行走。

十月壬戌　御紫光阁，阅中式武举马步射。

十月癸亥　御紫光阁，阅中式武举技勇。

十月癸亥　谕内阁：国家设科取士，武闱与文场并重。每届三年考试，原冀遴拔真才，凡派出校试及覆试之人自应详慎校阅，分别去取，庶技艺超群者得蒙录用，而弓马平庸者亦不致幸进。本月十七、十八两日，朕御紫光阁，阅视新中式武举弓箭、技勇，除山西省李殿楹一名因坠马未试弓刀石，着于下科补行殿试外，其安徽省程冠甲、广西省莫怀亮二名马步箭中靶最少，十二力弓全未开动，刀石亦俱平常，俱着罚停一科，俟下科再行殿试。所有原看此二名之外闱王大臣，着交部议处，覆试之阿哥、王大臣交部察议。

十月甲子　上御乾清宫，引见中式武举，亲定甲乙。

十月乙丑　上御太和殿。传胪。赐中式武举一甲马殿甲、成必超、林芳标三人武进士及第，二甲王之汉等六人武进士出身，三甲鲁大臣等四十人同武进士出身。

十月丙寅　谕内阁：御史吴椿奏，请将武闱乡会试卷弥封加厚一摺。武闱考试，以外场为重，其内场不过默写《武经》，然既用弥封，何得有名无实？着照该御史所请。嗣后，武闱乡会试卷糊名之处照文乡会试一律加厚，以符定制。

十一月丁丑　谕内阁：本年辛未科覆试中式武举姚三元、杨定泰、萧焕新、刘庆长俱弓力不符，罚停殿试。由于原监射王大臣等校阅草率，不能认真拔取，所议罚俸之处，均着实罚，不准抵销。此后着为令。

十一月辛卯　命左春坊左中允聂镐敏提督安徽学政。

十一月丙申　命翰林院侍讲汤金钊提督湖南学政。

十二月乙丑　增浙江玉环厅学拔贡生一名。从学政周兆基请也。

十二月壬申　谕军机大臣等：初彭龄等奏，查办学政徐松款迹大概情形一摺。此案，徐松于按试时，每学发交《经文试帖新编》，派出重价一款。现据讯明，长沙府及长沙、善化两县学每岁发给一百四十本、一百二十本不等，均令士子每本缴银三钱六分。又，招覆优等生员，每人缴钱数百文，为刊刻考卷所需。又，擅将备卷童生发县充佾，每学自五六名至二十余名不等，实属违例。其出题割裂亦查明有据。徐松身为学政，罔顾廉隅，取戾甚重。伊考试各郡，不止一处，长沙三学勒索如此，其余可知。着初彭龄等查明伊各处所得卖书价值及优等生员缴钱之数共有若干，将来应并赃计罪。至于考试题目，出自圣贤经传，亦不应妄行割裂，侮慢圣言，此一节亦有应得罪名。伊既如此狂妄，恐平日所著诗文有悖谬之处，亦未可定。将来定案时，当一并叙列核拟具奏。将此谕令知之。

嘉庆十七年（1812 年）

四月癸卯　命翰林院侍读学士徐颋提督安徽学政。

四月壬子　谕内阁：汪志伊等奏，龙溪县童生唐应时呈控，学政考试已经录取，复被书吏弊换，将审讯情形先行具奏。又，据学政方振奏，考试写案错误随即更正，请交部议处各一摺。此案既据该童生呈控书吏串通舞弊，何以两造乡亲又复赴司具呈求息，其中或另有别情，着交汪志伊等提集人证秉公研鞫，务得确情，定拟具奏。至该学政方振于出案时偶尔笔误，旋即更正，本可无庸请议，惟既经被人控告，事隔一年，始行陈奏，实属迟缓。方振着交部议处。

六月丙午　命翰林院侍读顾莼提督云南学政。

六月乙卯　以四川雅州改设府治，增设雅安县学，将州学原额拔贡一名归雅安县，仍设府学拔贡一名。从学政赵佩湘请也。

七月己卯　增江苏海门厅沙籍学额文童二名、武童一名，改崇明县训导为海门厅训导。从巡抚朱理等请也。

八月戊辰　命詹事府少詹事蒋祥墀为奉天府府丞兼学政。

九月己丑　增湖南保靖县苗童学额一名。从学政汤金钊请也。

十一月辛未　复还广东新会县文武学额各三名。从总督蒋攸铦等请也。

十一月辛巳　兵部左侍郎万承风因病解任，转右侍郎戴联奎为左侍郎；以通政使司通政使吴烜为兵部右侍郎，仍留顺天学政任；光禄寺卿卢荫溥为通政使司通政使。

十二月壬子　命詹事府詹事王鼎提督江西学政。

嘉庆十八年（1813 年）

正月乙亥　命翰林院侍读毛谟提督四川学政。

二月甲辰　以翰林院侍读学士果齐斯欢为内阁学士兼礼部侍郎衔；太常寺卿张鹏展为通政使司通政使，仍留山东学政任；詹事府少詹事穆彰阿为詹事。

二月甲辰　命翰林院编修葛方晋提督河南学政。

三月甲戌　命礼部左侍郎秀宁教习庶吉士。

四月己亥　谕内阁：直省乡试考官，礼部向按道里远近，分次请简，宣旨后，考官限五日内启程，其同日简派者，启程时仍须分起出京，以便沿途驿站轮流付给夫马。此内第二次同日进本之广东、广西、福建、湖南、四川五省，程站本远近不齐，派出考官十员，于五日内分起行走，亦觉拥挤促迫，着礼部将广东、广西、福建三省定为第二次进本，湖南、四川二省定为第三次进本，余仍照旧例行。

四月己亥 以太常寺卿色克精额、二等侍卫阿隆阿、詹事府詹事王鼎、光禄寺卿吴璥为内阁学士兼礼部侍郎衔，王鼎仍留江西学政任。

四月庚子 以本年乡试，考试应开列试差人员于乾清宫。

四月壬戌 准前任内务府郎中德元重赴鹿鸣宴，并赏三品卿衔。

四月乙丑 以翰林院编修吴廷珍为云南乡试正考官，内阁中书戴鼎恒为副考官；翰林院编修郭尚先为贵州乡试正考官，程伯銮为副考官。

五月甲戌 以翰林院编修张鉴为广东乡试正考官，苏绎为副考官；编修孔传纶为广西乡试正考官，户部主事吴颐为副考官；陕西道御史孙汶为福建乡试正考官，翰林院检讨李德立为副考官。

五月己卯 以左春坊左赞善瞿昂为湖南乡试正考官，翰林院检讨叶申万为副考官；编修廖鸿藻为四川乡试正考官，内阁中书万启畇为副考官。

五月戊子 赏直隶南宫县捐赀助赈廪生齐如骧举人，一体会试。

五月乙未 谕内阁：向来满洲、蒙古旗人俱应武乡会试，后经停止。国家甄拔人材，文武并进，现在文场乡会试，满洲、蒙古与汉人一体应考，按额取中，旗人尤应习武，武场亦当一律办理。着军机大臣会同兵部详查旧例，妥议章程具奏。

六月癸卯 以礼部右侍郎汪廷珍为浙江乡试正考官，翰林院编修于德培为副考官；礼部左侍郎秀宁为江西乡试正考官，刑部主事蒋云宽为副考官；翰林院编修陈玉铭为湖北乡试正考官，吏部主事张辅为副考官。

六月丁巳 以工部左侍郎茹棻为江南乡试正考官，翰林院编修黄中模为副考官；户部郎中史祐为陕西乡试正考官，内阁中书陈何龙为副考官。

六月庚申 谕内阁：生员鲍廷博于乾隆年间恭进书籍，其藏书之知不足斋仰蒙高宗纯皇帝宠以诗章，朕于几暇亦曾加题咏。兹复据浙江巡抚方受畴代进所刻《知不足斋丛书》第二十六集。鲍廷博年逾八旬，好古绩学，老而不倦，着加恩赏给举人，俾其世衍书香，广刊秘籍，亦艺林之胜事也。

六月癸亥 谕内阁：各省驻防兵丁子弟，准其于本省就近考试入学。因乡试必须来京，道路遥远者每以艰于资斧，裹足不前。现在驻防旗人并议准就近应武童试，嗣后，各省驻防子弟入学者，即令其于该省一体应文武乡试，于造就人材之道较为有益。其如何编号定额取中之处，着礼兵二部妥议具奏。寻议，各省驻防生员，请自丙子科为始，于本省乡试编立旗字号，另额取中。学政录送十名，准取中一名，其零数过半者，再取中一名，将来人数增多，总不得过三名。入场时另编坐号，仍由该将军等考试马步箭，合式者再行咨送录科。其武乡试编号定额，俱照文场之例，约十人内取中一人，武生由学政录送，前锋等项由该将军等造送，仍令监射、主考临时酌量情形。如人数虽多，其中技艺生疏者，亦不得以十人内取中一人滥行取中。俟三科后，各督抚将历科应试人数多寡、技艺优劣，咨明兵部，再行请旨定额。惟现在尚未取有武生，请将前锋等项内愿应武乡试者先行造送，应本年癸酉科试，其武生就近应试之处，亦自丙子科为始。从之。

七月丁卯　军机大臣会同兵部议奏，此次复设满洲、蒙古武科，其考试外场，请照旧例，就步射、马射、硬弓三者分别列入双单好字号，停其舞刀、掇石，内场一体默写《武经》。至取中额数，暂照汉军武童试，约五人内取中武生一人，乡试约十人内取中武举一人，俟数科后，再由兵部奏请定额；其会试中额，仍令知、武举开列外场双单好名数，奏请钦定。中式后，覆勘骑射、硬弓及殿试一切均照汉军、汉人例画一办理。得旨：国初开设武科，多沿袭前明规制，于马步箭之外，又试以开弓、舞刀、掇石，以验技勇。顺治十七年，旋将技勇停试。至康熙十三年，又议复踵行。武场以骑射为重，再试以硬弓、掇石，可以验其力之强弱，至舞刀一项，不足以分优劣，本属无谓。嗣后，武会试与各直省武乡试及武童试俱着将舞刀一项停止。此次议令满洲、蒙古旗人应武乡会试、童试，所有考试马步箭并开弓、掇石，均着与汉军、汉人一体比较，以昭公允。余依议。

七月庚午　以翰林院侍讲学士蔡之定为河南乡试正考官，修撰蒋立镛为副考官；侍讲学士黄钺为山东乡试正考官，检讨戚人镜为副考官；编修吴毓英为山西乡试正考官，周之琦为副考官。

七月甲戌　谕：御史傅棠奏，考试军机章京请钦派大臣在举场公所将试卷弥封，以昭慎重一摺。军机章京入直枢廷，先取人品端谨，再参以文理清顺、字画工楷，方为无愧厥职。若如该御史所奏，糊名考试，则但能观其文字，其人之才品何由识别？惟在军机大臣秉公甄拔，期于得人，自足以昭慎重。如充补后，该章京有舞弊营私劣迹，军机大臣均难辞考选不慎之咎。至各衙门保送人数，亦应定以限制，员缺至多者不得过八员，如逾额，即着军机大臣参奏。此次内阁保至三十二员，未免太滥。着驳回。令该衙门大加删减，不过七八员，出具切实考语，另行保送，由军机处考试拣选，带领引见。嗣后，军机章京中如有因滥保获咎者，其本衙门原保之堂官亦着一并议处。

八月庚子　以理藩院右侍郎普恭、内阁学士吴璥监临顺天乡试，协办大学士、吏部尚书邹炳泰为正考官，兵部右侍郎卢荫溥、内阁学士果齐斯欢为副考官。

八月癸卯　命吏部右侍郎戴联奎提督顺天学政，工部右侍郎陈希曾提督江苏学政，左春坊左赞善白镕提督安徽学政，礼部右侍郎汪廷珍提督浙江学政，右春坊右中允汪润之提督福建学政，翰林院侍讲朱士彦提督湖北学政，兵科给事中刘彬士提督湖南学政，内阁学士吴芳培提督山东学政，翰林院侍讲学士陈嵩庆提督山西学政，光禄寺少卿韩鼎晋提督陕甘学政，翰林院侍讲彭邦畴提督广东学政，太仆寺少卿梁上国提督广西学政，右春坊右赞善李宗昉提督贵州学政，

八月甲辰　调顺天府府丞徐如澍为奉天府府丞兼提督学政。

八月甲辰　调顺天学政戴联奎为山东学政，山东学政吴芳培为顺天学政。

八月壬子　谕：吏部奏，各省举人自十三年戊辰科大挑后至明岁甲戌科，已阅六载，应否举行挑选请旨等语。各省举人，从前皇考高宗纯皇帝加恩寒畯，特予大挑，俾多士及时自效。朕亲政以来，每阅六年，按次举行。惟现在分发各直省者为数过多。该举人等挑选以后，补缺无期，省垣需次，资斧惟艰。此次若再照例挑选发往，更形壅滞，转非所以体恤寒士之意。所有明岁大挑，着暂缓一科，于丁丑科会试后举行。并着嗣后，每届四科奏请大挑一次，仍照例扣除近三科举人，俟各省挑往人员渐次疏通，该部即奏明再行照旧办理。

八月癸丑　顺天府以宗室乡试中额请。得旨：取中八名。

八月辛酉　命翰林院侍讲学士黄钺提督山东学政。

九月甲戌　以理藩院尚书景安为满洲翻译乡试正考官，大理寺卿常英为副考官；太仆寺卿巴琫阿为蒙古考官。

九月戊子　以詹事府少詹事宝兴、翰林院侍读学士黄钺为内阁学士兼礼部侍郎衔，黄钺仍留山东学政任。

九月癸巳　新授山东学政黄钺奏谢。得旨：山东士习宜加整饬，下帷读书者少，包揽公事者多，勉力教诲，勿专以文章为事也。试思学政为名，政者，正也，正人心厚风俗之责，非浅鲜也。汝人品学业，朕所深知，从此循分做去，自能永承恩泽。大吏官声，民间疾苦，随时密奏，切不可隐饰，但须字字切实，勿以风闻塞责。志之！特谕！

十月丁酉　赏顺天乡试年老诸生周尚淳等八十一名举人、副榜有差。

十月庚子　命兵部左侍郎吴烜教习庶吉士。

十月丙辰　以太仆寺少卿梁上国为太仆寺卿，仍留广西学政任。

十二月乙未　谕：黄钺参奏失察武生从逆之教官，请旨革职一摺。马克光身系武生，胆敢戕官劫狱，为著名贼目，情罪重大。该管教官失于查察，非寻常疏懈可比。菏泽县训导兼理曹州府教授宋璇着即革职，以为教官溺职者戒。本日，又据御史辛从益奏，本年六月山东金乡县绅士以邪匪聚众密揭教官，教官详禀学臣张鹏展，其时县令在省办案，闻风恇惧，经学臣详问该县情形属实，飞咨抚臣同兴，抚臣犹以教官党护秀才挟嫌捏报，未肯即行遣捕。学臣力争，同兴感悟，始行查办，究出首逆林清藏伏附京近地等语。张鹏展在山东学政任内，失察武生从逆，有应得之咎。若果东省邪匪由张鹏展力争查办，则功过足以相抵。着张鹏展先行明白回奏，并着同兴将此案查办原委，据实明白回奏。寻奏上。得旨：张鹏展在山东学政任内失察武生从逆，本应交部严加议处，其于金乡县邪匪谋逆巨案，一闻禀报即飞咨同兴查办，并向该抚力言必应奏闻办理，同兴始饬县拿获崔士髙等，究出首逆林清，奏明立就捕诛。该学政功过尚足相抵，着加恩免其严加议处。惟学政本有奏事之责，张鹏展彼时不先行奏闻，亦有不合，仍着交部议处。

十二月乙卯　谕内阁：历科乡会试后，查明年老诸生三场完竣者，分别加恩，用以嘉惠耆儒。行之已久，未便遽尔停止，着每科仍照旧查办。惟浮开年岁，人数冒滥，其弊不可不除。着照旧例递加十岁，方准列入。如有捏报朦混情弊，将该生斥革治罪，所有造册出结各官，查明交部分别议处。

十二月己未　赏山东等省乡试年老诸生周汝浩等八百一十二名举人、副榜有差。

嘉庆十九年（1814年）

二月辛酉　谕内阁：给事中吴邦庆奏，请查冒籍童生，以肃功令一摺。据称，本年大兴、宛平两县考试童生冒籍甚多，经该县斥逐一百余名，尚未净尽。甚至廪保等于出结识认时，有争执殴詈情事。现届府考之期，请旨查办，并将未经斥逐之冒考童生十八名开单呈览等语。顺天、大宛两县童试，向来冒籍者多，历经查办饬禁，近年弊混未除，至有禀保等互相争竞之事，自应详加厘剔，以端士习。着该府丞会同此次审音御史将单开冒籍各童生，并此外有无朦混应试者，逐一查明区别，照例核办。

闰二月壬申　谕内阁：御史辛从益奏，请厘正文体、严禁怀挟一摺。所奏是。国家设科取士，制艺代圣贤立言，必以清真雅正为宗。六经皆载道之文，其中并无奇文僻字，凡天地民物之理，包括靡遗。近日士子罔知潜心正学，猎取诡异之词，挦扯饤饾，以艰深文其浅陋，敝习相沿，大乖文体。况言为心声，尤足觇人器识。士子进身之初，先由诡遇，及试以政事，其于是非邪正之辨，治乱得失之原，皆懵然不解于心，欲望其通达政体，以圣贤之学坐言起行，岂可得乎？嗣后，乡会试考官校士衡文，务各平心持鉴，别裁伪体，简拔真材。如有将支离怪诞之文目为新奇，妄行录取者，经磨勘官摘参，必将原考官严加惩处。至策对以觇博洽，亦必贯通经史，所对与所问相比附，方称通才，乃剽窃胥钞，竞为怀挟，以售其欺，尤属大干功令。科场特派亲信王大臣搜检，原以禁绝弊端，近日亦颇疏懈。并着申谕遵照定例，认真搜查，毋得视为具文，以正文风而端士习。

闰二月癸酉　谕内阁：乡会试搜检，凡士子所携场具，均有限制，以禁怀挟而拔真材，乃奉行既久，视为具文。闻近日士子竟有携带坐褥入场者，坐褥厚装绵絮，其中夹带之弊，事所必有，不可不严行查禁。着礼部先期广张告示，严行晓谕。嗣后，士子入场所携铺垫器具，务遵照定例，氊无里、皮无面，以便搜查。倘有不遵定制，仍带用有里面氊皮坐具者，经搜检王大臣等查出，立将所带坐具扣掷，不准携入内场；若查有夹带，另行照例惩办。该士子等务各凛遵法度，毋蹈愆尤。

三月丙申　赏山东等省癸酉科乡试年老诸生于翀等七十一名举人、副榜有差。

三月丁酉　以兵部左侍郎普恭、通政使司通政使张鹏展知贡举，吏部尚书章煦、工部尚书周兆基为会试正考官，礼部右侍郎王宗诚、内阁学士宝兴为副考官。

三月己亥　谕内阁：宗室乡会试取中，用一文一诗，已属优异，若不加以覆试，无以鉴别真才。着自本科为始，宗室会试中式者传集在圆明园正大光明殿覆试。届时礼部奏明，另定试期，毋庸与本科中式贡士同日，其试题仍用一文一诗。着管理宗人府之王公等先期传示应试各宗室举子，俾共闻知。

三月癸卯　命詹事府詹事王以衔提督江苏学政。

三月癸丑　礼部以宗室会试中额请。得旨：取中三名。

三月甲寅　命山东学政、内阁学士黄钺来京，仍在南书房行走，大理寺卿王引之提督山东学政。

三月丙辰　礼部以会试中额请。得旨：满洲取中七名，蒙古取中二名，汉军取中四名，直隶取中二十三名，奉天取中二名，山东取中十七名，山西取中十二名，河南取中九名，陕甘取中九名，江苏取中二十名，安徽取中十四名，浙江取中二十一名，江西取中十八名，湖北取中十一名，湖南取中八名，福建取中十二名，广东取中六名，广西取中六名，四川取中六名，贵州取中九名，云南取中九名。

四月戊辰　引见辛未科散馆人员。得旨：此次散馆之修撰蒋立镛业经授职，其清书二甲庶吉士林则徐、杨希铨，汉书二甲庶吉士吴慈鹤、潘锡恩、程恩泽、黄玉衡、罗永符、刘斯嵋、袁铣、廖文锦、许乃济、王惟询、钱椋、许邦光、张敦颐、王茂松、周凯、陈鸿、熊遇泰、陈继义、王赠芳、谭言蔼、邱家炜俱着授为编修，汉书三甲庶吉士奎耀、王云锦、福申、李象鹍、龚绶俱着授为检讨，胡方朔、冯元锡、曾秩、汪鸣谦、周际钊、李恩绥、陈焯、恩贵、王培、陆尧松、宋劭谷、何炳彝、朱壬林、徐谦、莫焜、喻元准、凌铨、尹佩珩、曹师恕、马志燮、尹世卫俱着以部属用，姚维藩、何惠群、郑家兰、辛文沚、黄扬镳、边凤翙、倪彤书、阎善庆、赵钺、卢演复、罗以丰、刘体仁、陶廷皋、卢振新、阮贻昆、党绍修俱着以知县即用，龙云圻、黄崇光俱着归原班铨选。

四月己巳　以礼部尚书景安为满洲翻译会试正考官，礼部右侍郎穆克登额为副考官。

四月庚午　赏会试年老举人齐殿楹等五十九名检讨、助教、学正职衔有差。

四月辛巳　以大学士董诰、户部尚书潘世恩、兵部尚书刘镮之、都察院左都御史戴均元、吏部左侍郎秀宁、兵部右侍郎周系英、工部左侍郎茹棻、内阁学士恩宁为殿试读卷官。

四月壬午　策试天下贡士瞿溶等二百二十六名于太和殿前。制曰：朕仰承昊载眷佑，兢兢业业，夙夜不敢康，十有九年于兹矣。用是弥深寅畏，以期治臻上理，与我黎庶共享升平之福，当兹延揽，爰伫嘉谟。《尚书》为传心要典，二帝三王以来，凡曰钦、曰恭、曰慎、曰克艰、曰孜孜、曰兢兢，君臣交儆之言，与《洪范》之言敬，《中庸》之言诚，能推阐其义欤？人君敬天以勤民事，人臣敬事以亮天功，诚敬相通之旨，可发明其蕴欤？《丹扆》、《大宝》之箴，《皇极经世》之论，典矣，懋矣。朱子《或问》之言心法、治法者，道无不赅，能互申其旨欤？真德秀《大学衍义》，略治平而不言，岂果操诸一家之内，而国自治，天下自平欤？抑所谓措正而施行者，固有渐欤？政教之美，风俗为先，古者家有塾，党有庠，州有序，国有学，凡以化导其民，而兴贤兴能，由此其选也。《记》曰："君子如欲化民成俗，其必由学乎？"夫孝弟忠信，礼义廉耻，固有之良，尽人同具。彼民习闻正论，则奇邪之说，自不得而中之。汉循吏如文翁、召信臣辈，或兴学校，或重本业，诚得端本善则之道欤？正学兴则邪说熄，官常肃则庶民从，公卿大夫所使承流而宣化，二千石与我共此民者，宜何如董率而化导之也？官多因循疲玩，吏多贪利徇私，启聋振聩，敕法除奸，用何道欤？古无所谓兵，凡民皆兵也；无所谓将，六卿皆将也。《周官》始有伍两、卒旅、师军之名，自邱甲田赋之制日紊，楚有二广，晋有爰田，法制纷如。嗣后，崇卒用徒，车战渐废，战国之兵，动以数十万计，于是兵民始分。至汉而内有南北军，外有郡国兵，厥制何若？唐之府兵，最为近古，何以更为彍骑？宋收节度之权，改为更调，元祐、熙宁兵制，孰为合宜？明之五军都督府，亦犹府兵之意也，何以改为十二团营，又改为三大营？召募之法，既不可行，团练之名，亦多流弊。多士自田间来，见闻亲切，其何以使兵归实用、饷不虚糜欤？上古无司刑之官，《虞书》命皋陶作士，明五刑以弼五教。《周礼》狱辞之成，司寇听之，三公参听之，其载在《秋官》者，有五听、八议、三刺、三宥、三赦之法，能举其略欤？春秋时郑有刑书，晋有刑鼎，情伪日出，法令滋彰，李悝法律，萧何益之，叔孙通又益之，其篇目若何？汉文除肉刑，善矣！而以髡笞代之，深文酷吏，务从重比，死刑转不胜其众。魏晋以来病之。隋唐以来，始制五刑，其即有虞鞭扑、流宅之遗意欤？朕明慎用刑，期于辟以止辟。近又命廷臣清理庶狱，凡情有可原，悉予减等。愚民无知，自罹法网，果何道而使之革面革心，不犯有司欤？夫端生德以建极，正民俗以同风，饬戎而绥靖嘉师，敕法而矜慎庶狱，皆制治之要图也。多士学古入官，讲求有素，其以所蕴者著于篇，毋泛毋隐，朕将亲览焉。

四月乙酉　御乾清宫，召读卷官入，亲阅定进呈十卷甲第。

四月丙戌　上御太和殿。传胪。赐一甲龙汝言、祝庆蕃、伍长华三人进士及第，二甲裘元善等一百人进士出身，三甲邓轩等一百二十三人同进士出身。

四月丁亥　谕内阁：朱勋奏，查明强克捷二子先经回籍，并随任被戕亲属一摺。……强克捷着加恩，赐谥忠烈，赏给骑都尉，世袭罔替。伊长子强逢泰即着承袭骑都尉，服阕后送部引见；次子强望泰着赏给举人，文武听其自便，准其一体会试。……至韩城县地方，登仕籍者，有强克捷之忠良，前大学士王杰正色立朝，亦籍隶该县，士风醇茂，宜示优旌，着加恩，赐祭一坛。仍将韩城县文武学额各增五名，永着为例，用示朕奖忠励俗之至意。

四月己丑　以詹事府詹事王以衔为内阁学士兼礼部侍郎衔，仍留江苏学政任。

五月辛卯　命吏部左侍郎秀宁、内阁学士姚文田教习庶吉士。

五月辛卯　授一甲一名进士龙汝言为翰林院修撰，二名进士祝庆藩、三名进士伍长华为翰林院编修。

五月甲午　引见新科进士。得旨：一甲三名龙汝言、祝庆蕃、伍长华业经授职外，裘元善、瞿溶、祁寯藻、牛鉴、张玗、陈传均、陆以烜、王丙、端木杰、帅寿昌、呈麟、阳宗城、杨殿邦、朱逵吉、奎照、彭邦畯、祝庆扬、吴杰、王协梦、叶维庚、徐鉴、余凤喈、陶廷杰、程赞采、刘学厚、万承宗、程川佑、贺熙龄、刘逢禄、戴于义、盛思本、朱德芬、强上林、王统仁、李逢辰、胡世琦、颜伯焘、傅绳勋、王玮庆、蒋庆均、蓝瑛、李云青、郑敦允、吴振棫、王端履、张翱、宗室德喜保、朱惠、觉罗德宁、李之琯、李家蕙、李裕堂、姜梅、王炳瀛、苏廷玉、熊一本、李浩、传授、龚文炳、赵光祖、陈凤翰、常恒昌、黄暄、殷齐贤、周师、刘礼奎、靳会昌俱着改为翰林院庶吉士，宗室素博通额、王琦庆、毛启阅、程德润、明通、徐璈、李周南、冯思澄、刘光三、王瑞征、孙曰熙、郭恒辰、蒋文庆、姚汝晋、陈世恭、邓轩、庆禄、鼐满达、程铨、宗室绩兰俱着分部学习，石纶、侯大魁、周春祺、朱璜、张梧、张延阀、陈炳极、陈宝俭、苏应珂、乔用迁、罗文纲、王九如、林杞材、张履恒、郭大钟、徐新、彭作邦、郑开禧、程题雁、荆宇宁、吕玉麟、边鸣珂俱着以内阁中书用，王巂选、陈金台、鹿裕曾俱着以国子监学正、学录用，朱楣、任士谦、张象乾、涂鸿仪、张邦栋、范仕义、朱绍恩、李廷棨、李藩、李重发、吕伟标、黎恂、游昌廷、李宗沆、陈士桢、谈素敦、陈述芹、冯洤、赵棠、何荣绪、郭在磐、刘珷、邓寅春、边青藜、云麟、孔昭显、陈正颐、赵铭彝、陈道坦、胡鉴、王德瑛、李璋、陈骧、卢尔秋、刘坤琳、路孟逵、郑兆杞、杨鹤书、宋国经、贾学闵、文达、李憬、伍先准、杨沂秀、刘省勋、林凤仪、朱德璲、陈礼、魏缃、李连梦、李之梓、李鹄、树德俱着交吏部掣签，分发各省以知县即用，候补内阁中书梁蔼如着遇缺即补，候选知县林闻鹤、刘国策、李世猷、苏鏊、雷学淇、吴人杰着交吏部以知县即行选用。余着归班铨选。

五月癸丑　命翰林院编修姚元之提督河南学政。

五月己未　谕内阁：向来部院各衙门，遇有请派事件，均将上届派出各员，开列比较单呈览。此次考试拔贡，礼部单开嘉庆七年派出搜检王大臣内，已故者十二员，不应仍行开写。嗣后，各衙门开列比较单，着将上届派出之员叙明共若干员，声明已故若干员，扣除，将现存者按名开单进呈。

六月戊寅　考试癸酉科拔贡。以大学士董诰、吏部尚书章煦，户部左侍郎果齐斯欢、卢荫溥，右侍郎黄钺、礼部右侍郎王宗诚、都察院左都御史戴均元为阅卷大臣。

六月戊子　引见八旗及直省考取拔贡生。蒋明远等五十六名以七品小京官分部学习，明诚等六十三名以知县试用，吕恂等六十二名交吏部询问，以教职佐贰等官分用。

七月辛卯　命翰林院编修程德楷提督贵州学政。

七月丁酉　谕内阁：礼部奏，议驳御史黄中杰条陈优贡考试事例一摺。各省优生三年聚报一次，与拔贡十二年举行一次者年数悬殊，如一体加以廷试引见录用，实于体制未协。该御史所奏不可行。至该部奏称，嗣后，优贡生免其来京朝考，以示体恤等语。所议亦非。各省优生由学政会同督抚保题，升入太学，朝考后始准作贡生，斯合贡于王廷之义。若停止朝考，殊觉名实不符。礼部堂官轻改旧章，着传旨申饬。其优贡朝考，仍照旧例行。

八月乙丑　谕内阁：向例武殿试御紫光阁，第一日阅视中式武举马步射，第二日阅视技勇。毕，回宫。即于是日带领引见，诸武举由西苑进内，趋走不无拥挤。本科武殿试，朕于十月十八日御紫光阁阅视马步射，十九日在景运门外御箭亭阅视弓石，回宫后带领引见，二十日升殿传胪。着为令。

八月庚午 以太仆寺卿梁上国为太常寺卿，仍留广西学政任。

八月丙子 以内阁学士王以衔为工部左侍郎，仍留江苏学政任。

九月戊戌 以吏部右侍郎顾德庆知武举，工部右侍郎鲍桂星为武会试正考官，都察院左副都御史李宗瀚为副考官。

九月戊申 兵部以武会试中额请。得旨：满洲取中一名，汉军取中一名，直隶取中八名，奉天取中一名，江苏取中二名，安徽取中二名，山东取中五名，山西取中二名，河南取中二名，陕西取中四名，甘肃取中一名，福建取中一名，浙江取中一名，江西取中一名，湖北取中一名，湖南取中一名，四川取中三名，广东取中五名，广西取中一名，云南取中一名，贵州取中一名。

九月丁巳 谕：此次会试中式武举王君泰等六名，经覆试，弓石与原册均不相符，所有列字围、宿字围、张字围之原监射王大臣俱着交部议处；其辰字围不符者多至三名，着将该原监射王大臣加倍议处。

十月壬申 试中式武举杜文炉等四十八人于太和殿前。

十月乙亥 御紫光阁，阅中式武举马步射。

十月丙子 上御箭亭，阅中式武举技勇。

十月丙子 御乾清宫，引见中式武举，亲定甲乙。

十月丁丑 上御太和殿。传胪。赐中式武举一甲丁殿宁、史鹄、杨定泰三人武进士及第，二甲阎麟阁等五人武进士出身，三甲杜文炉等四十人同武进士出身。

十二月戊午 谕内阁：蒋攸铦奏，请生监考试概令默写《圣谕广训》，以端士习而厚民风一摺。向来直省各学政岁科考试取进童生，覆试时，定有敬谨默写《圣谕广训》之条，诚以士为民倡，果能平时服诵，相与宣讲，内而砥厉躬行，外而化导乡俗，自见薰德善良，风气日臻淳厚。其直省各学监生不由童试，素未诵习，而生员于取进后亦日久不复循诵。该生监等身列胶庠，为齐民之表率，尤应令其修德怀刑，导民先路。着礼部通行直省各学政，嗣后，岁科两试并贡监生录科考遗，均一体敬谨默写《圣谕广训》一二百字；其不能默写者，按其文艺递降等第及斥置不录。庶该生监等勤加肄习，共相渐摩，俾乡曲小民咸知观感，用副朕化民成俗之意。

嘉庆二十年（1815年）

二月乙丑 以太常寺卿多山为通政使司通政使，詹事府少詹事毛谟为詹事，仍留四川学政任。

五月壬寅 以正白旗汉军副都统博启图为内阁学士兼礼部侍郎衔，仍留伊犁领队大臣；任翰林院侍讲学士陈嵩庆为内阁学士兼礼部侍郎衔，仍留山西学政任。

六月丙辰 命翰林院侍读学士杜堮提督顺天学政。

六月辛未 命翰林院侍讲朱方增提督广西学政。

六月壬午　谕：御史孙升长奏，顺天府考试童生，闻有不肖廪保串通学书、门斗，设立私局包揽顶替、枪代等弊，请查拿严办等语。着交顺天学政饬属严查。如有前项情弊，立即严拿，究明实据，将廪保从重惩处，以肃考试。

七月甲申　以大理寺少卿韩鼎晋为太常寺卿，仍留陕甘学政任。

八月壬申　陕甘总督先福奏，长随朦捐官职，并将失察之按察使请旨交议一摺。得旨：此案刘焜身充长随，胆敢朦捐官职，并主使伊侄在甘省冒考，实属藐法。该督仅比例拟以军罪，殊属轻纵。着刑部核议加重定拟具奏。德克精阿收留刘焜服役，已阅四年之久，于朦捐冒考种种情弊岂得诿为不知，着交部严加议处。

嘉庆二十一年（1816 年）

正月丙戌　直隶总督那彦成奏，官绅劝捐，兴复通省义仓，赏监生李生荣等七品顶带，余议叙有差。

四月乙未　以本年乡试，考试应开列试差人员于正大光明殿。

四月丁未　以翰林院编修郭尚先为云南乡试正考官，内阁中书闻人熙为副考官；翰林院编修黄安涛为贵州乡试正考官，廖鸿荃为副考官。

六月戊午　以翰林院修撰吴信中为广东乡试正考官，编修钱林为副考官；刑部郎中程祖洛为广西乡试正考官，翰林院编修王赠芳为副考官；编修何彤然为福建乡试正考官，工部主事吴孝铭为副考官。

六月乙丑　以翰林院编修黄中模为湖南乡试正考官，检讨李德立为副考官；编修宫焕为四川乡试正考官，孔传纶为副考官。

六月丙寅　谕内阁：向来三品以上大员，无论现任在籍，其中式科分适遇花甲再周，应重赴鹿鸣宴者，该省大吏专摺陈奏。朕念其曾任大员，又年登耆耄，每加恩晋秩，以彰人瑞。若寻常年老举人，准其重赴鹿鸣宴，已足以昭恩泽，无庸专摺具奏。嗣后，除三品以上大员仍准专摺奏请与宴外，其四品以下者俱着该督咨报礼部，准令与宴，该部于科场事竣，汇总具题。

六月戊寅　命吏部员外郎张輶提督贵州学政。

闰六月丙戌　以兵部左侍郎顾德庆为浙江乡试正考官，翰林院编修李振庸为副考官；詹事府詹事吴其彦为江西乡试正考官，翰林院编修林则徐为副考官；修撰龙汝言为湖北乡试正考官，浙江道御史史谱为副考官。

闰六月戊戌　以左春坊左庶子顾皋为陕西乡试正考官，兵部员外郎李振祜为副考官；内阁学士汤金钊为江南乡试正考官，刑部员外郎陆言为副考官。

七月癸丑　以詹事府少詹事汪守和为山东乡试正考官，刑部主事吴恩韶为副考官；翰林院侍读瞿昂为河南乡试正考官，编修胡敬为副考官；工部主事徐镛为山西乡试正考官，宗人府主事汪鉴为副考官。

八月壬午　以内阁学士常英、光禄寺卿甘家斌监临顺天乡试，大学士董诰为正考官，户部右侍郎黄钺、都察院左副都御史陆以庄为副考官。

八月丁亥　命鸿胪寺卿申启贤为奉天府府丞兼提督学政，内阁学士汤金钊提督江苏学政，宗人府府丞贾允升提督安徽学政，翰林院侍讲学士李宗昉提督浙江学政，兵部左侍郎顾德庆提督江西学政，通政使司参议辛从益提督山东学政，翰林院编修贺长龄提督山西学政，右春坊右庶子史致俨提督河南学政，户部员外郎苏兆登提督陕甘学政，光禄寺少卿吴椿提督福建学政，司经局洗马沈维鐈提督湖北学政，翰林院编修谢阶树提督湖南学政，刑科给事中傅棠提督广东学政，工部员外郎俞恒泽提督四川学政，户部主事牛坤提督云南学政。

八月丁酉　顺天府以宗室乡试中额请。得旨：取中八名。

九月辛亥　以工部尚书和宁为满洲翻译乡试正考官，内阁侍读学士良辅为副考官；刑部左侍郎熙昌为蒙古考官。

十月戊寅　赏顺天乡试年老诸生刘会举人。

十月丙戌　以刑部右侍郎朱理为顺天武乡试正考官，内阁侍读学士桂龄为副考官。

十一月乙卯　谕内阁：先福奏，核实取中驻防武举一摺。所奏是。乡试考取武举，必须马步射与弓石俱能合式者，方准取中。各省驻防应武乡试之人，马步箭素所练习，合式者多，于弓石鲜能合格，若一概送考，不能取中，未免徒劳往返。嗣后，设立驻防省分，凡遇乡试之年，着该将军都统、副都统、城守尉等将应试各旗武生及前锋等均先行认真甄别，其马步箭与弓石俱能合式者，方准录科送考，其不合式者即行驳退，无庸录送，以昭核实。

十一月乙丑　赏河南等省乡试年老诸生李俭等三十名举人、副榜有差。

嘉庆二十二年（1817 年）

二月壬辰　赏陕西等省丙子科乡试年老诸生张玉徽等四名副榜。

三月丁未　谕内阁：大挑举人原以疏通寒畯，近来各省分发人员渐觉壅滞，昨经大学士会同吏部酌议章程，量加调剂。朕思南河、东河、北河三处河工亦需员差委，若于此项大挑一等人员内分发试用，俾之学习河务，以河工之繁简，定人数之多寡，既可策励人材，亦可疏通额缺。其应如何酌定员数，并试用甄别限期，及补用缺分章程，着吏部详议具奏。寻议，分发南河三十员、东河二十员、北河十员，赴工差委，一年期满甄别，择其谙练河务、堪膺民社者，咨部注册以知县用，照地方以原衔借补佐贰之例先行咨署管河佐贰，俟经历三汛后实授，遇有沿河调缺知县缺出，准其调补。若甄别以佐贰改补者，得缺后照现缺升转，不准调还知县。得旨：此项大挑一等分发河工人员，着定为试用二年，经历六汛后甄别。该河督秉公察看，其能通晓河务者留于河工，照新定章程分别补用；如河务不能谙习，而才具尚堪膺民社者，奏明改拨地方，仍以知县补用；其才识迂拘者，以教职改补。

三月己酉　以礼部左侍郎多山、太常寺卿韩鼎晋知贡举，大学士曹振镛、吏部尚书戴均元为会试正考官，户部左侍郎姚文田、刑部左侍郎秀宁为副考官。

三月己酉　命吏部尚书英和、礼部左侍郎汪廷珍署翰林院掌院学士，兼教习庶吉士。

三月壬戌　礼部以宗室会试中额请。得旨：取中三名。

三月癸亥　谕内阁：前经降旨，以向遇旬庆大典，或銮辂时巡，臣工等呈献词章，并未辨以差等，定以体裁。特谕令宗室王公之能文者及大学士科甲出身之满汉大臣、京堂、翰詹、科道、督抚方准备进其册，或诗或文，体裁务取正大，勿许夸多竞巧。凡不应呈递之人，不准越分妄干。本日朕在白涧行宫，见有五旬万寿时，江苏附生蒋继照所进册页，其文系集《易经》成语，体既纤巧，且杂凑成文，于时事一无关合。生员既非应行献册之人，而所作又毫无足取，似此生心侥幸，大非士习所宜。着再通行申谕，明年戊寅，朕巡幸盛京，己卯朕周甲旬庆，其非例应呈进册页之人，概不准呈进。各衙门亦不准接收，毋庸豫期撰拟，作为无益，妄希恩泽也。

三月丙寅　礼部以会试中额请。得旨：满洲取中八名，蒙古取中二名，汉军取中四名，直隶取中二十三名，奉天取中二名，山东取中十九名，山西取中十二名，河南取中十二名，陕甘取中十名，江苏取中二十名，安徽取中十四名，浙江取中二十三名，江西取中十九名，湖北取中十一名，湖南取中九名，福建取中十三名，广东取中十一名，广西取中七名，四川取中八名，贵州取中十名，云南取中十二名。

三月庚午　谕：御史谢嵩奏请速发会试盘费一摺。直省举人起送会试给予水脚银两，原系国家嘉惠士林、优恤寒畯之恩，自应早为给发，俾作长途资斧。乃有延至次年，俟该举子由京回籍，始令补领者，殊乖立法本意。嗣后，此项银两着各该藩司按照定例，于起送会试时，饬令该州县全数给发，其本科未经给领者俱查明补给。如有书吏克扣勒掯情弊，查出严惩，以均实惠而杜侵欺。

四月壬午　谕内阁：十八年九月逆匪林清勾结李文成滋事，经滑县知县强克捷先期访破逆谋……强克捷之功甚巨，其全家被害，尤为可悯。前叠经降旨褒恤忠荩，强克捷长子强逢泰以骑都尉世职改授主事；其次子强望泰赏给举人，本科会试未经中式，强望泰着再加恩赏给进士，准其一体殿试。

四月壬午　赏会试年老举人李俭等五名检讨、学正职衔有差。

四月癸未　以礼部尚书成宁为满洲翻译会试正考官，刑部右侍郎成格为副考官；太仆寺卿瑚松额为蒙古考官。

四月壬辰　礼部以翻译会试中额请。得旨：满洲取中七名，蒙古取中一名。

四月癸巳　引见甲戌科散馆及补行散馆人员。得旨：此次散馆之修撰龙汝言，编修祝庆蕃、伍长华业经授职，其清书二甲庶吉士程赞采、吴振棫，汉书二甲庶吉士马步蟾、杨殿邦、刘学厚、傅绶、李裕堂、裘元善、奎照、端木杰、李浩、王炳瀛、颜伯焘、贺熙龄、王丙、李逢辰、顾元熙、吴杰、陶廷杰、王统仁、李家蕙、觉罗德宁、孙贯一俱着授为编修，程川佑、靳会昌、傅绳勋、余凤喈、戴于义、蔡世松、刘逢禄、常恒昌、张翱、瞿溶、阳宗城、姜梅、吴毓英、郑敦允、熊一本、王玮庆、宗室奕溥、陈传均、陆以烜、杨思荣、呈麟、朱惠、苏廷玉、刘炜、宗室德喜保、王协梦俱着以部属用，刘礼奎、万承宗、戴葆莹、朱逵吉、周师、胡世琦、张玕、陈凤翰、方观旭、叶维庚、蒋庆均、蒋超曾、彭邦畯俱着以知县即用，黄暄、李莒、蓝瑛俱着归原班铨选。

四月癸巳 以大学士松筠、董诰，户部尚书刘镮之、都察院左都御史汪廷珍、吏部左侍郎王鼎、户部左侍郎黄钺、工部左侍郎王以衔、内阁学士毛谟为殿试读卷官。

四月甲午 策试天下贡士庞大奎等二百五十五人于保和殿。制曰：朕寅承大宝命，二十有二年，仰荷昊载眷佑，祖考贻庥，年谷顺成，函夏安乂，兢兢业业，不敢自逸。敬思修己治民之道，知人善任之原，官箴吏治之方，除莠安良之事，期与寰海生民，共臻上理。兹当对扬伊始，咨尔多士，用伫嘉谟。孔子曰："修己以敬，修己以安百姓。"《书》曰："在知人，在安民。"以尧舜犹病之事，责之一人，果可以无为而治乎？抑大圜在上，大矩在下，法而则之，即可以为民父母乎？百官何以治，万民何以察，利病何以周知，情伪何以能辨？亦惟是躬节俭、屏声色，未明求衣，不遑暇食，遂可以致太平？是必深宫有格致诚正之学，然后朝野有官礼雎麟之化。朕日夜孜孜，励精图治，保泰持盈，以诚御下。虽海宇升平，人民和乐，而由小康以致大同，其道何由欤？《诗》云："无竞维人。"《易》云："圣人养贤以及万民。"知人之道，非君天下者所首重欤？古所传观人之法，若《大戴礼·文王官人》篇，以至陆贽、司马光、苏轼之论，亦有可采者欤？《皋陶》曰："亦言其人有德，乃言曰载采采。"《舜典》曰："敷奏以言，明试以功。"进贤用人，如此其难也。乃古之君臣相得，或决于立谈之间，何耶？大智若愚，大诈若忠，或外忠而内奸，或始贤而终佞，烛照数计，其道何由？君子小人，各从其类，然诸葛亮之所用，李泌之所举，司马光之所取，或未必贤，抑又何说？孔子曰：取人以身，知言穷理。将何以浚其原欤？亮功熙绩，治理所先，大法小廉，国家攸赖。朕率作兴事，日昃不遑，乃内外臣工，谨身守家之意多，奋发有为之气少。旅进旅退，流为怠惰因循；保禄保位，相率委靡迁就，岂称忘私奉国之义？六计首廉尚已，然饬簠簋，杜苞苴，人臣之常分耳。案牍积而不厘，民生困而不恤，又安用此素食者为？至若浮躁喜事者有似于敏勤，阘茸玩愒者有似于持重，何以辨其真欤？悃愊安静者大抵便民，而缓急或不足恃；强健明干者易于集事，而恣睢或至殃民，何以善其用？举劾之权，不可不寄之大吏，而不无借以遂其私者，何以委任而责成欤？天地之大，枭鸾并育，稂莠不薅，嘉禾不生，邪慝萌蘖之始，或结会敛钱、煽惑人心，或纠党斗狠、武断乡曲，地方官及时治之，本不难于立时净尽。乃或畏其激变，姑息养奸，甚或闻之上司，而封疆大吏反以多事斥之，一味姑容，纵邪害正，官既不经理，民甘心顺从，以致受其害者忍而不敢言，一旦煽动，为患甚大，非有司酿成之罪欤？保甲之制，所以弭患未萌，法至善也。乃王安石行之熙丰，而世以为累；王守仁用之南赣，而百姓便之。其故何欤？吏胥所以察奸，兵弁所以戢盗，乃往往声息相通，反为援引，何术以防之欤？或谓民之不法，或迫于不得已，或陷于不自知，然则开衣食之原，而明礼义之方，固自有其本欤？若是者，典学以成化，迪知以用贤，澄叙以励官常，纠诘以除民慝，保邦致治，莫要于是。多士稽古有素，且自田间来，见闻尤习，其各陈心得，以当先资，毋泛毋隐，毋摭陈言，朕将亲遴焉。

四月丁酉 御乾清宫，召读卷官入，亲阅定进呈十卷甲第。

四月戊戌 上御太和殿。传胪。赐一甲吴其浚、凌泰封、吴清鹏三人进士及第，二甲孙如金等一百人进士出身，三甲伍绍诗等一百五十二人同进士出身。

五月丙午 谕内阁：向来新进士朝考，以论、诏、疏、诗四项命题，其诏题多系拟古。朕思士子文艺，试以论、疏、诗三项，其优劣已可概见，拟作古诏，不过临时强记，敷衍成篇。况可拟古诏，本属无多，历科命题几遍。嗣后，新进士朝考，着裁去诏一道，以论、疏、诗三项命题。着为令。

五月丙午 授一甲一名进士吴其浚为翰林院修撰，二名进士凌泰封、三名进士吴清鹏为翰林院编修。

五月庚戌 引见新科进士。得旨：一甲三名吴其浚、凌泰封、吴清鹏业经授职外，赵柄、徐琪、朱阶吉、吴敬恒、龚裕、裕泰、沈兆沄、赵荣、徐培深、廖鸿苞、罗瑛、周宏绪、曾锡恩、徐法绩、龙元任、周贻徽、刘嘉会、彭玉田、雷文模、易曰廉、浦曰楷、李煌、王植、巫宜禊、潘光岳、郎葆辰、许乃赓、沈巍皆、陆尧春、张日晸、毛树棠、蔡学川、祁墇、董承熹、时式敷、吴坦、马伯乐、王贻桂、赵先雅、汪琳、岳镇东、俞登渊、祥宁、李钧、周如兰、王金策、成世瑄、陈肇、陈沄、章启、潘光藻、绳格、穆馨阿、刘冀程、陈功、叶殿铭、裘元寯、王铸、王兆琛、宗室保瑞、龙瑛、毛家槐、李惺、庞大奎、德兴、胡国英、冯赓扬、闵受昌、黄德濂、许湘、强望泰俱着改为翰林院庶吉士，孙如金、张颉云、胡锡麟、朱能作、赵炳言、胡柏材、庄瑶、吾德宁、董基诚、徐泮、李长峰、叶梦芝、涂国用、谭敬昭、魏鸿、王允中、李镕经、贾扬宗、林士斌、张惇训、熊璞、吴大宣、余毓祥、张士醇、张澧中、汪河、德玉、邹楠、陈燕、李佩莲、廖运发、那丹珠、张绍衣、宗室功普、戈其迈、廖甡、樊师仲、徐鼎臣、陆元烺、杨凝阳、陈宗鲁、宗室桂彬、郑凤翔、永泰、李开元、罗士蒸、马光澜俱着分部学习，陶惟辉、有庆、丁泰、沈第、王辑宁、吴思权、柳际清、奚先恺、阎学海、刘承谦、何有书、李仙蟠、张海澜俱着以内阁中书用，孙鹏九、李廷辅、张楷、倪植、边孔扬俱着以国子监学正、学录用，贾亮采、邵堂、胡岩、张攀桂、杨所宪、王克敬、张富经、杨作梅、彭履垣、部文英、汪云任、刘祖焕、康节、金开第、吴曾贯、郑谦、杨景轼、牟雯、倪济远、王鹄、王吉士、文廷杰、周百顺、方亨衢、王正、袁汝嵩、雷文楣、时联辉、段程式、萨尔吉祥、李光瀛、张伟、杨学颜、林筠、裴成章、卢超宗、江舻、于殿章、段联锋、吴尚知、查耀文、郭墇、叶桐封、朱士达、刘邦鼎、胡效曾、张梦骥、杨霖川、王元洪、吉秉奇、董宪、黎永赞俱着交吏部签掣，分发各省，以知县即用，候补主事谭骧着以六部主事即行选用。余着归班铨选。

五月丙辰 谕内阁：御史王耀辰奏，钦赏新进士表里，书吏舞弊调换，请旨查禁一摺。每科颁赏新进士表里，乃国家优赉儒林恩意，何得任听吏胥舞弊，私行更易。着礼部查明，本科承领给发系书吏何人经手。并出示晓谕新进士等，所领表里有不堪服用者，即日自行赴部呈验，究出调换之人，送交刑部治罪。如该司员等知情纵容分肥等事，亦即据实参奏，革职审讯，勿稍徇庇。嗣后，每科恩赏进士表里，着该部遴派司员赴库承领，按名粘贴该司印封，奏派侍郎二员亲自散给，毋得假手吏胥，以重恩赉而昭体制。

五月庚申　谕内阁：前因御史王耀辰奏，本科颁赏新进士表里，书吏舞弊调换，当经降旨，饬查承办之礼部缎疋库，查明俱无情弊。因令军机大臣传到该御史询问，据称伊在长安门外听闻领赏新进士内，有口称被换者，又见有领得茄色、黄色者，心疑非官用缎疋，冒昧具奏等语。颁赏表里，向例不拘颜色，由来已久。王耀辰现派抽查漕粮，乃不认真办公，辄以道路传闻之言捕风捉影，率行陈奏，实属冒昧。王耀辰着传旨申饬，所奏毋庸议，即将原摺掷还。

五月壬戌　谕：御史卿祖培奏，请严考取教习关防一摺。官学教习，有训课之责，报满后多得除授知县，自应慎选以端始进。若关防疏懈，任听顶冒代倩，以伪乱真，殊非慎重遴才之道。其应如何关防严密，于入场及覆试时设法稽查之处，着礼部妥议具奏。寻议，投考人等真伪，全以出具印结之识认官为凭。嗣后，识认官员应令于点名处所，逐细识认，如考取后有冒名顶替等事发觉者，本生照科场舞弊例治罪，识认官照例议处。至场内诸弊，请照翻译乡会试外帘监试之例，加派满汉御史六员稽查究办。其考试各卷，如有数卷笔迹相同、显系一手所书者，应令该考官概黜勿录。至覆试时，于例试排律诗一首外，添默原卷数行，严加校勘，如字句笔迹不符，即行扣除。并仍由监试御史稽查，令该士子于聚奎堂按号列坐，无得错乱，则真伪不难立见。从之。

六月戊寅　以太常寺卿舒宁为内阁学士兼礼部侍郎衔，翰林院侍读学士杜堮为詹事府詹事，仍留顺天学政任。

七月戊午　谕内阁：御史李振祜奏请禁考试骑射顶替积弊一摺。所奏甚是。八旗以骑射为根本，是以考试进士、举人、生员以及考试翻译，均先阅看骑射，其弓马生疏者即不准应试。此我朝之旧典，必应永远实力奉行。若其人素不练习骑射，临场倩人替代，即与文场考试枪替无异，必应按律治罪。嗣后，凡遇此项考试，着各旗都统等亲身先行考验，能骑射者始准送名，派出监试之王大臣于考试时令各旗章京等逐排识认，射毕步箭，即射马箭，仍令本人下马至阶前报名。如查有替代情弊，将雇倩之人与顶替之人一并治罪。倘监试王大臣等市惠徇纵，别经发觉，定将王大臣等一并惩处。嗣后，遇有考试，着报明御前大臣奏派乾清门侍卫二人，至放马处监视。

八月丁亥　谕内阁：谢阶树奏，请除武童重名冒考及杂流混考积弊一摺。国家设科，文武并重。童试乃进身之始，湖南省考试武童，经该学政查出重名者，宝庆、永州二府属各有一千数百余名之多；桂阳、郴州、衡州所属，每县亦各有数百名。此外冒考者竟有僧人、屠户、皂役、脚夫等项杂流之人，并匿丧顶替各弊，不一而足。巡抚虽不与考试之事，于通省士习民风俱应留意。今湖南省学校流品混淆至于如此，巴哈布何至毫无见闻，着传旨严行申饬。该抚即会同该学政实力整顿。其查出冒考、匿丧一干人犯，均提案审明，照例分别治罪。并通饬所属，嗣后，考试武童，务严行甄别，如有仍前作奸犯科者随时惩办，以除积弊。

九月庚戌　以兵部右侍郎曹师曾知武举，内阁学士吴其彦为武会试正考官，詹事府少詹事汪润之为副考官。

九月庚申　兵部以武会试中额请。得旨：满洲取中二名，汉军取中三名，奉天取中一名，直隶取中八名，江苏取中二名，安徽取中二名，山东取中五名，山西取中二名，河南取中四名，陕西取中四名，甘肃取中一名，福建取中二名，浙江取中二名，江西取中一名，湖北取中一名，湖南取中一名，四川取中二名，广东取中五名，广西取中一名，云南取中一名，贵州取中一名。

十月乙酉　谕：御史卿祖培奏，请敕各省学政讲明《朱子全书》，以端士习一摺。教化为立政之本，以正人心，以厚风俗。非特各省学政当讲明正学，以端士习，即督抚、藩臬以至道府州县，各有治民之责，皆应随时化导，俾小民迁善远恶，力返淳风。宋儒《朱子全书》固足以阐明经术，而《五经》及四子书炳若日星，若在官者各能身体力行，以为编氓倡率，亦何不可收世道人心之益？朕前降谕旨，令牧民者惟以孝弟忠信、礼义廉耻为教民之先务，直省大小官吏果能仰体朕意，实力奉行，广为劝谕，使父诫其子，兄诫其弟，久之渐摩成习，薰德而善良者众，日计虽不足，月计则有余也。其有愚顽梗化之徒，狃于邪说，则明刑所以弼教，化导与惩创相辅而行，使民知畏法而生惧心，即渐知慕义而生愧心，至于有耻且格，则经正民兴，自无邪慝矣。将此通谕知之。

十月丙戌　试中式武举钱殿甲等四十六人于太和殿前。

十月丙戌　谕内阁：近来内外各衙门办事因循疲玩，屡经训饬，积习竟不能革除。昨日朕披览工部核销顺天府具题嘉庆十四年己巳恩科文武会试搭盖棚座等项用过银两一本，工部核销，并未逾限。顺天府于事越八年之久，始行具题。即此一事，可见刘镮之兼管顺天府尹任内诸事懈弛，降级调用，尚未偿其疲玩之咎。着通谕内外大小各衙门，嗣后，遇有应办事件，无论巨细，俱应迅速办理，不可怠惰迟延，致有积压，用副朕谆谆告诫至意。

十月戊子　御紫光阁，阅中式武举马步射。

十月己丑　上御箭亭，阅中式武举技勇。

十月己丑　御乾清宫，引见中式武举，亲定甲乙。

十月庚寅　上御太和殿。传胪。赐中式武举一甲武凤来、马维衍、王志元三人武进士及第，二甲张肇泰等六人武进士出身，三甲钱殿甲等三十七人同武进士出身。

十月壬辰　谕：朕前日披阅工部核销顺天府具题嘉庆十四年己巳恩科会试公用银两一本，迟至八年之久，始行具题。当经降旨训饬，昨日复阅工部核销顺天府具题嘉庆十年翻译会试公用银两一本，所用银数不过二百余两，乃迟至十二年之久，始行具题，尤觉可笑。顺天府办理公事，如此疲玩，恐此外紧要案件，因循积压者不知凡几。着章煦、汪如渊逐细详查，应行办理者迅速清厘，如有玩延贻误者，即据实参奏，毋稍瞻徇。

十一月庚戌　谕内阁：御史周鸣銮奏请整饬学校一摺。直省各府州县建置学校，官以教谕、训导为名，原令其训诲士子，宣扬教化。即书院、义学之设，亦以讲明正学，造就人材，非徒为庸儒修脯地也。如该御史所奏，各省教官废弃职业，懒于月课，书院义学，夤缘推荐，滥膺讲席，并有索取束修、身不到馆者，殊失慎选师资之义。着该督抚、学政等于所属教官时加考核，令各勤修职事，以明伦讲学为士子倡率。其书院、义学务延经明行修之士，讲习讨论。如有学品庸陋之人滥竽充数者立即斥退，以励师儒而端教术。

十一月丙辰　谕内阁：御史冯清聘奏，考试中书应令该旗参、佐领赴场识认一摺。所奏是。满洲、蒙古、汉军考试翻译举人、童生，俱有临场识认之例，其考试中书自应一体办理，以杜假冒顶替之弊。嗣后，满洲、蒙古、汉军考试中书，除该旗参领、佐领出具图结外，临考之日，仍令该参、佐领赴场识认，以昭核实，着为令。

十一月甲子　谕内阁：近科以来，各省中式武举，弓马渐不如前。本年会试，按额取中人数不敷，仅开十力弓者亦得入选。国家设科取士，文武并重，若技艺不精，幸列科名，殊非造就人材之道。推原其故，盖缘各省学政于考试时不免有重文轻武之心，其阅看武童技艺，先不认真遴选，取进入学者率多滥竽充数，及乡会试，遂至难获真才。着通谕各省学政，嗣后，考试武童马步箭、弓石务按一定程式认真校阅，于合格之中再详加比较，拔其尤者照额取进，庶人知奋勉练习技勇，从此荐登科第，足备异日干城之选矣。

十二月己卯　谕内阁：御史王耀辰奏，乡会试年老举子请禁冒滥、节烦劳一摺。直省年老士子赏给名衔，本系国家格外恩施，岂容虚增年岁及品行不醇者冒滥其间？嗣后，应试老生，其年例相符者，先令廪生大学十名，小学五名，公同具保。由该学教官查明，实系立品老儒，加结保送，不准一概录取，以昭核实。所奏尚是。至乡会试考校三场，久著功令。历科应试老生纵不苛责其文艺，亦必以三场完竣，方为合例。该御史率请止试头场，免进二三场，所奏不通，断不可行。此必又系受人请托，冒昧陈请，鄙陋极矣。着毋庸议。

嘉庆二十三年（1818年）

正月丙午　以来岁六旬万寿，命于本年八月举行恩科乡试，来年三月举行会试。

三月癸亥　谕：向来新科一甲进士，适届大考翰詹之年，以该员等尚在庶常馆教习，未经散馆，皆不就试。及考试试差，则以已经授职为辞，一体与考，事属两歧。该员等既不与大考之列，则考差亦不应与试。着自此次为始，凡一甲进士未经散馆者，遇考试试差时，亦毋庸与考，以归画一。

四月乙未　以翰林院编修熊常錞为云南乡试正考官，王统仁为副考官；户科给事中周鸣銮为贵州乡试正考官，刑部主事张志廉为副考官。

五月癸卯　以工部左侍郎德文为翰林院掌院学士，刑部左侍郎廉善教习庶吉士。

五月乙巳　以翰林院编修邱家炜为广东乡试正考官，内阁中书魏茂林为副考官；翰林院编修邱煌为广西乡试正考官，兵科给事中倪琇为副考官；翰林院编修张敦颐为福建乡试正考官，内阁中书陈诗为副考官。

五月戊午　以翰林院侍读德宁为湖南乡试正考官，刑部主事马毓林为副考官；翰林院侍讲顾元熙为四川乡试正考官，编修颜伯焘为副考官。

五月丙寅　谕内阁：据哈迪尔等奏，此次监验应试文童骑射内，有年岁可疑之人，请裁撤不准考试，并缮单呈览一摺。马步射乃旗人根本，即读书应试亦应兼习马步射，果有虚报年岁者，自应不准考试。惟身材长短不同，此内或不免有身虽高大而实未及岁者，着军机大臣将此项裁撤不准考试之人传齐，并将各该童生所生之年月，令各该旗注明咨送，详悉核对。如有虚报，不准考试，仍将该旗参领、佐领及原验之大臣参奏，倘身虽高大实系年在十五岁以下者，仍准其考试。

六月己巳　谕内阁：国家造就八旗人材，以骑射为根本，其考试文艺乃末技耳。仰蒙列圣施恩，增此一途，以广登进之路，即缺此一途，亦于八旗人材无损。定例，旗人报考文场，必先试以马步射，方准入闱，以示不忘本也。承平日久，舍劳就逸者多。又因科甲人员升迁较速，遂各争趋文事，惮于骑射。甚至考试文童，竟有私减年岁，冀免马射者，大乖立法之意。昨据哈迪尔景禄奏，考验八旗文童马步射内，有年岁不符者三十八名，当派军机大臣查明具奏。兹据奏，正蓝旗觉罗迈拉松阿、佛珠灵阿二名，恭查玉牒内开载年岁，实系私减捏报。迈拉松阿、佛珠灵阿不但此次扣除，着永远不准考试文场。其该管参、佐领着交部议处，考验不实之都统英和着交部察议。至所奏各旗文童倭兴额等二十八名，核对该旗户册，年岁均属相符之处，尚未核实，不足为凭。着交户部检齐各该旗报部户口册，再行逐一确查，据实具奏。册内挖补年岁之内务府文童保勋、常绵二名，亦一并查明具奏。其本无户口册之王公包衣希彦等六名，着该王公自行查明，据实具奏。

六月癸酉　谕内阁：前据哈迪尔景禄参奏，考验八旗马步射内年岁不符者三十八名，朕召见景禄，询以凭何察核。据奏，验其身材高大，似非十五岁以下者俱行扣除，不准与考。朕以考试捏报年岁规避马射，自应照例惩治，然但凭目验，并无实在凭据，即一概扣除，恐其中不无屈抑。若查明并非捏报，应仍准其考试，因派军机大臣查明具奏。嗣据奏，正蓝旗觉罗迈拉松阿、佛珠灵阿二名，查对玉牒内所载年岁不符，系属捏报。其余据各该旗送到户册查对，惟查出年岁挖补之内务府文童保勋、常绵二名，余俱年岁相符。朕以尚未核实不足为凭，复交户部检齐各旗报部丁册再行确查。兹据奏，定例，八旗壮丁年及十六岁，即造入丁册，此次单开各文童内镶红旗满洲阿敏泰、文筠，正黄旗包衣维勤、德润于二十一年开报入册，核计现年均已逾岁，正黄旗包衣伊萨布册内注明十四岁，计亦逾岁，其内务府文童保勋亦经入册，皆系捏报。阿敏泰、文筠、维勤、德润、伊萨布、保勋均着扣除，永远不准考试文场，其该管参、佐领着交部议处，考验之都统、副都统、内务府大臣着查明交部察议。此次捏报年岁各文童，虽由哈迪尔等查出，然未能核明，多虚少实。嗣后，八旗文场考试，派出考验马步射之大臣，如有看出年岁可疑者，俱着查明户部册载，年岁果属不符，再行参奏。内务府所报丁册，其年岁有载有不载，嗣后，着一律开载年岁，以凭查核。

六月甲戌　以礼部左侍郎王引之为浙江乡试正考官，翰林院编修李裕堂为副考官；工部左侍郎王以衔为江西乡试正考官，内阁中书李彦章为副考官；吏部郎中余本敦为湖北乡试正考官，内阁中书刘鸿翱为副考官。

六月壬午　谕内阁：永琦等奏，恳添设内务府官学一摺。东陵八旗官学，设自乾隆年间，遵行已久，内务府官役子弟生齿日繁，添设官学，亦足以资教育。加恩，着照所请。准其于景陵、裕陵两处内务府官圈之内，各设官学一所。即于内务府人员内遴选通晓满汉文义、谙习骑射者派充教习，每月给与薪水、纸笔银三两，在于永济库存贮项下动支报销。此外各圈居住之官役子弟，令其就近归学训习，该管大臣等随时稽查，分别劝惩，以收实效。

六月丁亥　以江西道御史谭瑞东为陕西乡试正考官，礼部主事宋其沅为副考官；刑部左侍郎帅承瀛为江南乡试正考官，湖广道御史卢炳涛为副考官。

七月壬寅　以翰林院编修杨殿邦为河南乡试正考官，刑部主事戴宗沅为副考官；翰林院编修马步蟾为山东乡试正考官，李家蕙为副考官；编修王炳瀛为山西乡试正考官，裘元善为副考官。

七月戊申　谕：御史福漳阿奏，请严翻译考试一摺。考试理应严密，翻译考选清文，自应鉴拔真材，以收实用。该御史所奏翻译房官开送不公，应试士子于派出考官后私行嘱托，此等弊窦，实不能保其必无。嗣后，翻译房官，各衙门务遴选翻译明通之员咨送，不得以清文平常者滥行充数。至听宣时，该士子等本不应前往午门窥伺探听，如仍有在午门前与考官交接者，即着稽察御史指名参奏，并着步军统领衙门派员查察，以杜弊端。

七月癸丑　命翰林院侍读潘锡恩提督广西学政。

八月壬申　以詹事府詹事善庆、太常寺卿韩鼎晋监临顺天乡试，礼部尚书汪廷珍为正考官，吏部右侍郎周系英、署刑部左侍郎刘镮之为副考官。

八月乙酉　谕内阁：善庆等奏，场内刊贴晓谕士子敬避及抬写定式内，高宗纯皇帝庙号“宗”字误刻“祖”字。讯据顺天府承办书吏冉呈纹供称，系照礼部领取之《科场条例》缮刻。随查取《科场条例》实系误刻，惟查阅场内现发之《科场条例》并无错误等语。书籍内恭遇列圣庙号，皆当敬谨校勘，礼部颁行《科场条例》，庙号错误，非寻常疏忽可比。但该书吏场前领取之条例既有错误，何以场内现发之本又无错误？是否科场条例板片刊有两分，抑或另有别情？着留京王大臣会同刑部据实确查。如系礼部新修条例刊本错误，即将承办之堂司各官查开职名，据实参奏，缮写之书吏交刑部审讯治罪。其刊刻以后，历任未经看出更正之堂司各官亦查明另单具奏。顺天府书吏冉呈纹着先交刑部审讯；府丞周钺专办科场事务，于该书吏缮刊告示时，并未先行恭校，着交部议处；善庆、韩鼎晋于入场后即行查明，敬谨更正，着免其交议。

八月戊子　顺天府以宗室乡试中额请。得旨：取中八名。

九月丁酉　谕：绵课等奏，查明《科场条例》先经刊刻错误，颁发后续行更正，分别定拟一摺。礼部颁行《科场条例》，恭载高宗纯皇帝庙号，有刊刻错误字样，于颁发后始行校出更正，非寻常错误可比。原校不慎之郎中孔昭虔着即革职，穆克登额、戴均元、宝兴、多山、姚文田着交吏部、都察院严加议处，速行由报具奏，多山着即回京候议。

九月丁酉　以户部尚书景安为满洲翻译乡试正考官，都察院左副都御史齐布森为副考官；内阁侍读学士布彦图为蒙古考官。

九月癸卯　命奉天所属各学岁考广额一次，六名以上者广额三名，四五名者广额二名，二三名者广额一名。

九月己酉　谕内阁：礼部刊刻《科场条例》，于恭载高宗纯皇帝庙号，致有讹误，非寻常疏忽可比。惟"宗"字讹作"祖"字，同为尊崇隆号，尚与字义舛谬者有间。吏部等衙门议将穆克登额、宝兴、多山、姚文田各降四级调用。戴均元任内有革职留任之案，议以革任，尚可量予施恩。戴均元前此办理河工及在京办理部务，均属尽心出力，着格外加恩，改为革职留任。穆克登额历任年久，办事亦尚细心，姚文田在内廷行走勤慎，且不能常川到署，俱着加恩，改为降四级留任。多山甫任侍郎，即不留心公事，人亦平庸；宝兴任礼部侍郎较久，且前在上书房授读，全不尽心，其咎较重，本应照部议降调，姑念戴均元等业已施恩，该二人亦予从宽，多山着降一级调用，宝兴着降二级调用。

九月壬戌　谕内阁：伯麟等奏，东川府应试生童请改附省棚考试一摺。云南东川府属生童向附曲靖府棚考试，兹据伯麟等奏，该处道途险峻，兼有江水阻滞，应考生童跋涉维艰。加恩，着照所请，准其将东川府属文武生童改附省棚，仍遵照旧例，岁科接连考试，以顺舆情。

十月丙子　以都察院左都御史吴芳培为顺天武乡试正考官，内阁学士毛谟为副考官。

十月甲申　谕内阁：御史王允辉奏，严禁顺天乡试冒籍一摺。冒籍跨考例禁綦严，但恐日久玩生，又复混淆滋弊。兹据该御史奏，本科顺天乡试，冒捐北监、冒入北贝中式者颇多。着顺天学政及顺天府尹严行查察。顺天寄籍生监如有未满年限及未经呈明冒考者，无论已未中式，一经查出，立即严参，照例斥革，以清户籍。

十月辛卯　赏顺天等省乡试年老诸生梁广有等二十三名举人、副榜有差。

十二月癸未　增陕甘镇西、迪化二府州乡试中额一名。从总督长龄请也。

嘉庆二十四年（1819 年）

正月甲午　以六旬万寿，颁诏天下。诏曰……一、国子监贡监生及各官学教习，免坐监期一月。一、各省儒学以正贡作恩贡，以次贡作岁贡。……布告天下，咸使闻知。

正月辛丑　赏江西等省戊寅科乡试年老诸生邝运振等十一名举人、副榜有差。

二月丁卯　谕：本年应行考试之盛京宗室觉罗现有三十名，较之上届仅多八名。朕上年前往盛京，业将彼处宗室觉罗马步、骑射、文艺考验，本年着不必考试，俟下届应考年分人数多时，再行奏请考试。

二月丁卯　谕军机大臣等：御史盛唐奏，浙江宁波府鄞、慈两学生员有破靴党名目，请饬整顿。士子身列胶庠，以束身敦行为重，鄞、慈两学生员乃有结党包讼，婪索扰累，挟制官长，甚至有动众劫掠、棍械伤人情事，是不独有玷士林，抑且大为地方之害。着程国仁会同李宗昉饬令该府县及教官据实确查，认真化导。如有劣迹著名者查明款迹斥革，务令湔涤浇风，以正学校而端士习。将此谕令知之。

二月丁丑　谕内阁：御史袁铣奏，考试请饬恪遵功令一摺。所奏是。顺天乡试会试，向于午门宣旨，点出各员，例有关防。其不入闱者，自应回避，即时散去，不许片刻逗遛。至未经考差者，尤不应至彼窥探，接耳交谈。如有此等情形，御史即应参奏，交部审讯。自本科为始，点派考官密本，朕不先发交批本处，于初六日特派乾清门侍卫二员，赍至午门前，交大学士拆封，眼同稽察御史宣旨唱名。其内廷行走不能前赴午门候旨者，朕于点出后，是日豫行饬知前往听宣。既宣旨之后，如有不入闱之员，仍在彼逗遛聚谈者，即着稽察御史指名参奏。至殿试、朝考应行与考之贡士、进士等，例不准在紫禁城内住宿。其无职事人员，于是日更不应至太和门左右翼门探伺。嗣后，并着直班护军统领及稽察御史严行查察，如有违令者据实纠参。

二月丁丑　谕：御史袁铣奏请禁考试积弊一摺。直省大小考试俱应杜绝弊端，用副抡才大典。如该御史所奏，外省州县奉调入帘，士子竟有于中途迎谒、结拜师生，夤缘纳贿者，实属大干法纪。着通谕各省督抚严行查察，如有州县调帘不知防检，及士子巧于钻营、交通舞弊者，一经查出，立即严参重惩，以肃功令。至府县试考取案首，原不应一概取进，其捐赀办公之士子，尤不应以考试为奖励之途。着通谕各省学政，考试文武童生惟当凭文艺之优劣，以定去取。其府州县所录案首，一例公平较阅，不得瞻徇情面，滥行拔取。至士子等捐赀修葺儒学书院，其姓名概不准报知学政，如有府县官违例干求者，该学政即指名参奏，以杜幸进而励士风。

二月辛巳　命嗣后，乡会试停止考官上马宴，其金花、表里、杯盏等件即于午门前宣赐。

二月丁亥　谕内阁：御史余本敦奏，乡会试外帘滋弊，请饬查禁一摺。乡会试为抡才大典，凡派充内外帘官，均应慎密从事，恪守关防。如该御史所奏，士子于二场入闱时，托素识之提调及外帘各官点窜头场原卷，或补点诗题出处，妄思幸获，实属大干法纪。恐此外传递、代倩诸弊亦所不免。着知贡举及外帘监试官并砖门巡墙各御史，一体严密稽查。如有作奸犯科者，立即指名参奏，拿交刑部严审治罪，以杜幸进而肃功令。

三月甲午　　谕内阁：昨降旨，将乡会试点派考官密本，届期派乾清门侍卫赍至午门前拆封宣旨。着自本科会试为始，礼部于三月初四日将题本送阁，初五日进呈，初六日发下，即交捧本侍卫赍往。至乡试遇朕巡幸之年，着该部豫行计算发报日期，扣至八月初六日黎明到阁，即早亦必于初五日到阁，初六日黎明赍至午门前，照新定规制拆封宣读，考官等即刻入闱，不准在内阁先行拆封。着为令。

三月戊戌　　以理藩院左侍郎常英、内阁学士汪守和知贡举，协办大学士吏部尚书戴均元、兵部尚书戴联奎为会试正考官，礼部左侍郎王引之、詹事府詹事那彦成为副考官。

三月癸丑　　礼部以宗室会试中额请。得旨：取中四名。

三月甲寅　　谕内阁：谢阶树奏，文武生员欠考人数众多，请分别办理一摺。湖南各属欠考诸生，自三次以上至八次者竟有七百七十名之多，积习相沿，本应概行黜革，姑念人数众多，其欠考三次各生着仍照乾隆年间之例，暂免革除；欠考四次者亦加恩暂免革除，均勒限咨催，回籍补考；至欠考五次以至八次者俱着即行黜革，以肃学校。该部知道。

三月乙卯　　礼部以会试中额请。得旨：满洲取中八名，蒙古取中二名，汉军取中四名，直隶取中二十三名，奉天取中二名，山东取中十六名，山西取中十一名，河南取中八名，陕甘取中九名，江苏取中十九名，安徽取中十四名，浙江取中十九名，江西取中十七名，湖北取中九名，湖南取中八名，福建取中十三名，广东取中七名，广西取中六名，四川取中八名，贵州取中九名，云南取中十名。

四月己巳　　以礼部尚书松筠为满洲翻译会试正考官，礼部右侍郎同麟为副考官。

四月丁丑　　谕内阁：此次宗室翻译会试只有九人，人数太少。此皆宗室等平时惟习汉文，竟不以翻译为先务。清语、骑射乃我满洲根本，宗室等自当加意勤习，即汉文翻译两端，尚当以翻译为要。若清语、骑射久荒，将来必致有失满洲旧制。着交宗人府王公等通谕八旗宗室等，务当专心力学骑射，不可徒习制艺。向来宗室等翻译会试，十九名内取中三名，十一名内取中二名，此次报考仅止九名，朕仍加恩取中二名。嗣后，翻译会试如足九名额数，仍取中二名，如不足九名，即着停止入场。

四月丁丑　　谕：考试试差人员自此次为始，《四书》题文二篇内着减去一篇，添《五经》题文一篇，仍用五言八韵排律诗一首。着为令。

四月丁丑　　礼部以满洲翻译会试中额请。得旨：取中七名。

四月戊寅　　赏会试年老举人刘荣朝等十四名检讨、学正职衔有差。

四月辛巳　　以大学士托津、章煦，礼部尚书汪廷珍、吏部左侍郎王鼎、右侍郎周系英、户部右侍郎姚文田、刑部左侍郎帅承瀛、工部右侍郎陆以庄为殿试读卷官。

四月壬午　策试天下贡士费庚吉等二百二十四人于保和殿。制曰：朕寅承昊穹眷命，列祖贻庥，翼翼兢兢，于今二十有四年。周挠甲以斟元，衍长庚而集祜，万方清晏，百谷庆成，四渎安澜，五韪来备，豫顺聿隆于此日，谦亨敢懈于初衷。靡文尽屏，却九牧之贡珍；询事维殷，辟四门而吁俊。敬惟制治保邦之道，厚生正德之原，去奢崇俭之方，肄武诘戎之法，洵整饬之当先，乃讲求之倍切。尔多士论秀于乡，用宾于国，伫闻谠论，式赞嘉猷。唐虞授受，不外一中，嗣是《仲虺》言建中，孔子言用中。中者，帝王之心法，即帝王之治法也。其言惟精惟一，即孔门明善诚身之说所自出欤？《诗·颂》“不刚不柔”，《传》称宽猛相济，盖言中也。乃汉兴之始，网漏吞舟，诸葛治蜀，赦不轻下，宽严不同，同归于治，何欤？泰之九二，备陈保泰之道，其与《论语》宽信敏公之旨，有相合欤？司马光论人君之德有三，其才有五，而为道则一，其于《中庸》达道达德、人存政举之义，可相通欤？《大学·平天下》一章，专言货财、用人二事，何欤？朕际重熙累洽之时，深惟长治久安之道，所以巩丕基于永固，登郅治于大同，其要可得闻欤？昔贤论富教之道，曰易田畴、薄税敛、立学校、明礼义。方今之世，农务垦辟而地鲜遗利，赋惟正供而时予蠲除，设国学、乡学以教士，宣《圣谕广训》以教民，法綦备矣，而未能民皆足食、户尽可封，其故安在？井田庠序，古法既不可行；讲约劝农，虚文或且滋扰。苏洵《田制》之议，柳宗元《种树》之篇，其明鉴也，将欲顺人情而收实效，其道何由？夫民生风俗，国家之元气也。大小臣工，于民皆有父母师保之责，使徒从事于簿书案牍，而置本务于不图，岂称识治体、培国脉者乎？古之循吏，转凋敝为沃饶，化顽愚以礼让，如召杜、文翁之流，岂徒恃讲求之有素，才略之过人欤？《书》曰：“慎乃俭德，惟怀永图。”诚以奢俭之间，君心敬肆所由分，风俗淳浇所由辨也。方今太平久而生齿繁，人情自质而趋文，物力虽丰而易匮，有如《汉诏》所云“雕文刻镂伤农事，锦绣纂组害女红”者。习染既久，富者僭而逾制，贫者滥而为非，岂细故哉？朕躬行节俭，出于天性，时颁训言，冀挽薄俗，乃诏书屡下，淳朴未臻，将欲严法制以绳之，又虑奉行不善，适以病民，将何以移风而易俗耶？古之卿大夫，若杨绾、卢怀慎、杜黄裳之徒，高节清标，闻者感而自化，羔羊素丝，风流如在，今何必异于古所云也？兵可百年不用，不可一日不备，整军经武，先王所以保太平也。然有空籍而无胜兵，徒滋糜费，则简阅为要矣。汉代训练之法，有都试、都肄、都讲、貙刘、下射诸制，其详若何？唐时讲武都外，宋有大阅之典，其法若何？《文献通考》载兵有五练，厥目安在？我朝以弧矢威天下，家法罔敢怠荒，侍卫禁军，躬亲校阅，屡谕掌兵大臣，尽心简练，又以时举行大阅，教演阵法。每岁行围，肄武习劳，至直省营伍，亦严饬将军、督抚、提镇等勾稽较核，其果能选骁锐，汰老羸，以得实用乎？修整犀利，变更呰窳，以精器械乎？役使兵丁，摊扣粮饷，不加惩儆，何以肃戎政乎？夫图治所以经邦，遂生继以复性，节用以裕民食，振武以壮国威。凡此四端，参互考订，则轨迹易遵，通变化裁，则推行尽利。多士学于古训，通知时事，拜献厥有先资，远猷尚期辰告，勉殚素蕴，毋袭陈言，朕将亲第焉。

四月乙酉　御养心殿，召读卷官入，亲阅定进呈十卷甲第。

四月丙戌　上御太和殿。传胪。赐一甲陈沆、杨九畹、胡达源三人进士及第，二甲孙起端等九十九人进士出身，三甲陈嘉谟等一百二十二人同进士出身。

四月庚寅　命工部左侍郎穆彰阿、内阁学士吴其彦教习庶吉士。

四月庚寅　授一甲一名进士陈沆为翰林院修撰，二名进士杨九畹、三名进士胡达源为翰林院编修。

闰四月丙申　引见新科进士。得旨：一甲三名陈沆、杨九畹、胡达源业经授职外，孙起端、邵甲名、俞诵芬、沈鏕彪、魏建中、王文骧、杨峻、慕维德、韩大信、邵正笏、周曰炳、陆荫奎、徐士芬、钱宝琛、阮灿辉、刘梦兰、吴文镕、李绍昉、蔡家玕、刘荣熙、朱德华、方长庚、刘宇昌、裴鉴、杨景曾、朱国淳、但明伦、程沄、周祖培、巫宜福、尚开谟、陈兆熊、花咏春、李昭美、谢兴峣、姜坚、德春、胡美彦、方传穆、徐述虔、朱澜、盛增、叶敏昌、周濂、郑瑞玉、蒋立诚、王云岫、龚文焕、郭应辰、戴修道、朱嶟、松峻、胡湜、王宝华、宗室铁麟、何辉绶、汪淦、赵存洵、焦维樾、吕梦飞、李印万、蔡如蘅、王炳俱着改为翰林院庶吉士，蔡绍江、张其玠、李彬然、费庚吉、周祖植、马洲、高容声、沈福清、刘潮、明谊、尹荣组、启宁、图隆阿、陈学源、赵琇、潘一奎、宗室讷勒亨额、郭鸣高、宗室希哲、周彦、宗室鄂尔端、李廷干、翟发宗、刘遵和俱着分部学习，胡培翚、易长华、黄世名、戴本义、郑瑞麒、陶际清、李嘉秀、李衢、陈维垣、贾侍舜、高履观、伊崇额、梁炳、王思义、梅克芳、蒋廷恩俱着以内阁中书用，周曾毓、吴绳显、徐作霖、孙淦酉、王天锡俱着以国子监学正、学录用，王星榆、胡炳、钱棠、文寿华、宋大寅、张缙云、方玉璪、李耀瑚、罗耆勋、潘一桂、王锦雯、林峥嵘、孙河、徐久道、罗升梧、蔡鹏南、朱希良、麦祥、龚联奎、李鸿卓、黄锡祚、冯鋐、牛梦锟、张维甲、余埥、李闲、龚藻、黄天相、耿麟、谢沄、林良弼、饶芝、富升额、卫龙筠、王颐、庆善、杨烇、陈维屏、黄征乂、锡旃、李锷、贺纬、王善璧、张启庚、托浑布、张署、贡青选、彭三寿、席光缙、邓梦鲤、贺云举、王森长、孙述庭俱着交吏部签掣，分发各省以知县即用。刑部候补郎中萧秉莹着以六部郎中即用，工部额外员外郎王世绂、候选员外郎贾大夏俱着以六部员外郎即用。余着归班铨选。

闰四月己亥　谕内阁：本年庶吉士散馆，考列三等者俱归原班铨选。内强望泰一员，系强克捷之子；赵荣一员，系赵文哲之孙。强克捷前于滑县殉难，赵文哲前于木果木军营阵亡，均系殁于王事。朕优恤忠良后嗣，特加恩将强望泰、赵荣俱用为内阁中书，俾得仍列清班。该二员其各勤慎供职，勉励进阶。

闰四月己亥　引见丁丑科散馆人员。得旨：修撰吴其浚业经授职，其清书二甲庶吉士李钧，汉书二甲庶吉士祁寯藻、龙元任、徐法绩、张日晸、周贻徽、陈肇、沈巍皆、朱阶吉、赵柄、王植、许乃赓、陈沄、郎葆辰、蔡学川、潘光藻、毛树棠、成世瑄、李煌、牛鉴、吴坦、陈功、龙瑛、王兆琛、穆馨阿、汪琳、雷文模俱着授为编修，清书三甲庶吉士黄德濂，汉书三甲庶吉士德兴、胡国英、李惺俱着授为检讨，彭玉田、周炳绪、宗室保瑞、闵受昌、曾锡恩、赵先雅、徐培深、王铸、巫宜禊、裘元寯、潘光岳、裕泰俱着以部属用，强望泰、赵荣俱着以内阁中书用，王金策、时式敷、岳镇东、龚裕、周如兰、祁墦、冯赓扬、陈逢年、刘冀程、俞德渊、绳格、马伯乐、祥宁、董承熹、徐琎俱着以知县即用，毛家槐、章棨、庞大奎俱着归原班铨选。

闰四月丁未　以本年乡试，考试应开列试差人员于正大光明殿。

闰四月丙辰　以翰林院编修林则徐为云南乡试正考官，吴慈鹤为副考官；编修祝庆蕃为贵州乡试正考官，吴振棫为副考官。

闰四月己未　谕内阁：御史喻士藩奏，翻译会试，请照文闱之例，一体覆试一摺。所奏甚是。国家设立翻译乡会试，原令旗人娴习国书，以图上进。今据该御史奏称，应试之人往往倩人枪替，而通晓翻译者因此牟利，转终身不愿中式。此事朕亦颇有风闻，近科翻译取中之人竟有不能清语者，实属冒滥，既往姑免深究。嗣后，考试翻译，不但会试应照文闱例覆试，即乡试亦当一律覆试。俱着礼部奏请于揭晓后，定期传齐中式之人在内廷覆试，届时钦命试题并派员监察，以杜幸进而核真才。若查出情弊，立置重典，慎之戒之，勿谓不教而诛也。

五月丁卯　以翰林院修撰吴其浚为广东乡试正考官，编修郭尚先为副考官；修撰蒋立镛为广西乡试正考官，编修杨殿邦为副考官；右春坊右庶子何凌汉为福建乡试正考官，翰林院编修王赠芳为副考官。

五月戊寅　以京畿道御史孔传纶为湖南乡试正考官，翰林院检讨冯芝为副考官；侍讲钱林为四川乡试正考官，编修杨希铨为副考官。

五月庚辰　更定翻译乡会试覆试翻古今文一篇例。

五月丙戌　赏福建等省戊寅科乡试年老诸生陈望恩等六名举人、副榜有差。

六月乙未　谕内阁：嗣后，每届更换学政之年，着礼部按照省分，将现在任满及上两届学政开列衔名，于八月内具奏。其有业经身故者，即于单内注明何任已故，毋庸书写衔名。

六月乙未　以刑部右侍郎王鼎为浙江乡试正考官，翰林院编修伍长华为副考官；国子监祭酒张鳞为江西乡试正考官，翰林院编修吴杰为副考官；右春坊右庶子吴信中为湖北乡试正考官，内阁中书边廷英为副考官。

六月癸卯　谕：御史张元模奏请整饬书院一摺。直省各府州县设立书院，延师训课，原令其讲明正学，造就人才，与学校互相表里。若如该御史所奏，各处书院多由本省大吏推荐亲友以充院长，只图索取束修，并不亲身到院，甚至屋宇坍圮，栖止无所，殊失教育人材之意。着通谕各督抚，于所属书院饬令随时修葺，务延经明行修之士讲习讨论，毋得滥竽充数，致成旷废。

六月丁未　以司经局洗马陈官寯为陕西乡试正考官，翰林院编修易禧善为副考官；工部右侍郎陆以庄为江南乡试正考官，翰林院编修廖鸿藻为副考官。

七月甲子　以福建道御史龚镗为河南乡试正考官，翰林院编修刘斯嵋为副考官；侍讲学士彭邦畴为山东乡试正考官，编修宫焕为副考官；编修陈鸿为山西乡试正考官，检讨戚人镜为副考官。

八月乙未 以礼部左侍郎和桂、内阁学士吴其彦监临顺天乡试，工部尚书茹棻为正考官，吏部左侍郎恩宁、工部左侍郎王以衔为副考官。

八月丁酉 谕：崇禄等奏请暂停宗室翻译乡试一摺。本年宗室翻译乡试，兵部考试骑射者八名，现报患病者七名，仅余一名应考，殊属不成事体。本科着停止考试，嗣后，总俟足二十名之数，方准奏请入闱，不足二十名之数，仍行停止。

八月戊戌 谕内阁：昨因礼部具奏，宗室翻译乡试投考人员八名，将届考期，报病者七人，仅余一人，当经降旨，嗣后，应翻译乡试之宗室等如人数足二十名方准考试，若不足二十名不准考试。显因本年满洲翻译乡试中式后新增覆试，该宗室等恐覆试森严，是以仅余一人应试。伊等素不好学，及至应试，倩人代翻，殊不成事。此次姑免深究，着宗人府晓谕各宗室等，凡科场舞弊，其罪甚重。嗣后，务须学有成就，再行投考，倘平素并不勤学，希图舞弊侥幸，经朕查出，惟绳之以法，即宗室亦不能轻宥也。

八月己酉 顺天府以宗室乡试中额请。得旨：取中八名。

九月甲子 命太常寺少卿桂龄为奉天府府丞兼提督学政，内阁学士吴其彦提督顺天学政，户部右侍郎姚文田提督江苏学政，左春坊左赞善胡敬提督安徽学政，署礼部右侍郎王宗诚提督江西学政，内阁学士汪守和提督浙江学政，都察院左副都御史韩鼎晋提督福建学政，大理寺少卿杨怿曾提督湖北学政，左春坊左中允许邦光提督湖南学政，光禄寺少卿卢浙提督河南学政，通政使司参议李振祜提督山东学政，翰林院侍讲陈官寯提督山西学政，侍讲学士德宁提督陕甘学政，编修聂铣敏提督四川学政，侍讲顾元熙提督广东学政，编修熊常錞提督广西学政，杨殿邦提督云南学政，裘元善提督贵州学政。

九月庚午 以兵部右侍郎曹师曾知武举，吏部右侍郎吴芳培为武会试正考官，翰林院侍读学士方振为副考官。

九月甲戌 谕内阁：御史程伯銮奏，请饬禁学政收受陋规一摺。贵州学政按试，向有红案银两名目，前经饬禁，并酌增养廉贴补考费。兹该御史奏，四川近日又有院费名目，并称各直省所在有之，请旨饬禁。直省学政养廉优厚，足敷办公，岂可复于新进士子收受陋规，致开教官等需索之渐？着再行通谕各学政，务当洁己奉公，如有前项陋规名目，概行裁革，并饬所属教官一体恪遵，以恤寒畯而端学校。

九月丙子 以礼部尚书崇禄为满洲翻译乡试正考官，刑部右侍郎文孚为副考官；内阁侍读学士长旺为蒙古考官。

九月戊寅 谕内阁：朱勋奏，乡试咨文中额名数缮写错误，据实检举一摺。本年陕甘乡试，宁夏府属照例另编字号，应取中二名。因知照内帘咨文，将“二”字误写“一”字，以致少中一名。所有缮写错误之书吏，着审明照例治罪，朱勋未经看出，着交部议处。

九月辛巳 谕内阁：礼部奏请定考试满洲、蒙古翻译举人中额一摺。此次翻译乡试应考人数，满洲九十九名，蒙古七名，较上届应考人数减至倍蓰，显系畏惧覆试森严，不敢应试。翻译乃满洲分所应习，从前考试人数不下四五百人，是以取中额数亦多，此次朕酌定人数，满洲取中七名，蒙古取中一名。嗣后，满洲、蒙古务须勤习旧业，并于分所应习技艺勉力习学。倘仍不奋勉，下届考试人数仍不增添，朕必将翻译乡试科停止。

九月辛巳 命礼部左侍郎王引之教习庶吉士。

十月辛卯 命工部右侍郎陆以庄教习庶吉士。

十月辛卯 命降调兵部左侍郎王宗诚仍以三品卿衔提督江西学政。

十月庚子 以刑部左侍郎帅承瀛为顺天武乡试正考官，翰林院侍读学士方振为副考官。

十月甲辰 试中式武举何明德等四十三人于太和殿前。

十月丁未 御紫光阁，阅中式武举马步射。

十月戊申 上御箭亭，阅中式武举技勇。

十月戊申 御乾清宫，引见中式武举，亲定甲乙。

十月戊申 谕内阁：朕本日阅试中式武举弓石，内张元英、郭建章二名俱不能开弓，且昨日马步射亦属平常，俱着罚停殿试一科。其原围监射大臣绵课、戴联奎、穆克登额、曹师曾及覆试大臣永锡、英和、和宁、文孚俱着交部议处。

十月己酉 上御太和殿。传胪。赐殿试武举一甲秦钟英武进士及第，二甲杨录之等五人武进士出身，三甲陈大魁等三十五人同武进士出身。

十月庚戌 谕内阁：本月二十日朕御太和殿，专为武殿试传胪，其应行谢恩人员尚系附于是日行礼。乃胪唱时，一甲一名武进士徐开业、一甲三名武进士梅万清均未到班。当经都察院、鸿胪寺参奏，交兵部查询。据称，徐开业、梅万清寓居西城，是夜先至西华门，因门未开启，绕至东华门，以致迟误等语。各武进士分住东西城，是夜多有由阙门进内者，一甲二名秦钟英等均未迟误，何以徐开业、梅万清二人独未到班？所言殊不足信。事关典礼，非寻常失误可比，本应全行斥革。念其究系草茅新进，徐开业着革去一甲一名并头等侍卫，梅万清着革去一甲三名并二等侍卫，施恩俱仍留武进士，再罚停明年殿试一科，俟下届武会试时，再同新中式武举一体殿试。其本科一甲一名武进士即以秦钟英拔补，授为头等侍卫，一应宴赉，兵部照例给予。一甲二名、三名均无庸再补。

十月辛亥 谕：周汝桢系副榜贡生，不知读书安分，乃因湘潭土民、客民互殴一案，致信在籍给事中石承藻等干与公事。总由周系英前曾寄信吴邦庆，以致伊子效尤，其失于约束，咎无可辞。周系英着即革职，周汝桢着交军机大臣会同刑部定拟具奏。寻奏上。得旨：周汝桢着照部议，杖六十、徒一年；周系英轻听浮言，于召对时屡次面陈，又复致书本省巡抚，以致伊子效尤，因而获罪，周系英业经革职，不准在京逗遛，着即勒令回籍，安分家居，闭门思过，如到籍后再有干与公事之处，定行治罪不贷。

十一月己未 谕内阁：礼部议驳御史保福奏，请添翻译乡会试誊录一摺。所驳甚是。翻译试卷与汉文试卷不同，笔迹本难认识，且誊写点画稍讹，即于文理有碍。乾隆年间，曾经奉旨，只须弥封，无庸另行誊录，着为令。此时若仍用八旗领催入场充当誊录，该领催等不尽通文义，徒滋讹错，亦于防弊无益。现在翻译乡会试已照文闱一律覆试，自可鉴别真才。其添设誊录一事，仍不准行。

十一月己未　　赏顺天等省乡试年老诸生熊清泰等二十二名举人、副榜有差。

十一月戊辰　　谕：御史黄大名条陈粤东积弊一摺。……至所称粤东会试举人应得水脚银两，辄为藩司、书吏克扣无余。又称，学政衙门有勒索新科举人，填写亲供费用及勒取新进文童门礼等弊。会试水脚银两乃朝廷嘉惠士林德意，如有蠹吏侵欺，即行严办示惩。至亲供规费、新进门礼，种种需索，殊非体恤寒畯之道，并着该督确查，如有此项陋规，严行饬禁。倘该学政、教官以及书吏人等阳奉阴违，即行严参究办，以祛积弊。将此谕令知之。

十一月丁丑　　谕内阁：御史李莹奏，请禁八旗官学积弊一摺。所奏是。国家建立官学，设有满洲、蒙古、汉人教习，分别训课，原以培养人材，兼资教育，乃近来视为具文，渐形废弛。如该御史所奏，各学官学生，并不常川入学肄业。该教习等亦只于查学之期始行到学，虚开功课；至报满时，如无成效，辄以通融塞责，陋习相沿，殊失设学本意。着通谕查学大臣及国子监堂官，不时前赴各学稽查，毋许豫示日期。如教习内查有旷功不到者，即行指名参处。其官学生不入学肄业及到学而不遵约束者，亦即严行戒饬；教习报满，若无成效，仍令留学，不准通融捏报。务使师道克端，生徒向学，用收兴贤育材之效。

十二月庚寅　　赏山东等省乡试年老诸生曹虎稽等十二名举人、副榜有差。

嘉庆二十五年（1820 年）

正月己卯　　赏安徽等省己卯科乡试年老诸生曹有源等五名副榜。

二月丙申　　谕内阁：朕前闻豫省承挑引河工员有情急轻生者，降旨令吴璥等确查具奏。兹据吴璥等奏称，候补把总樊印、睢下汛外委刘振山均承办挑工，因雨雪积水，格外多费工银，不能开销，限期已迫，工难报竣，俱情急自缢等语。樊印、刘振山均因河工紧急，恐贻误赔累，以致轻生，核其情节，尚系为公捐躯，殊堪悯恻。着加恩，各恤赏银一百两，交该故员家属承领。并查明该二员之子，如读书学文，各赏给文生员一名；若已系生员，即赏给举人，准其一体会试。如家素习武，樊印之子着即赏给把总，刘振山之子着即赏给外委。吴璥等即将此旨宣示各工员，俾知朕矜恤劳、不遗微末至意。

二月庚戌　　谕内阁：向来乡会试，届期礼部于奏派搜检王大臣后，复奏派近信王大臣会同搜检。其所开衔名，即系奏派搜检王大臣单内未经派出之人，名实不符，竟系具文。嗣后乡会试，着礼部即于奏派搜检王大臣时，声请多派数员，其近信王大臣毋庸另行奏派。着为令。

三月壬戌　　以礼部右侍郎那清安、内阁学士杜堮知贡举，户部尚书卢荫溥、礼部尚书黄钺为会试正考官，刑部右侍郎吴芳培、工部右侍郎善庆为副考官。

三月丁丑　　礼部以宗室会试中额请。得旨：取中四名。

三月己卯　　礼部以会试中额请。得旨：满洲取中八名，蒙古取中二名，汉军取中四名，直隶取中二十三名，奉天取中二名，山东取中十七名，山西取中十二名，河南取中十一名，陕甘取中十一名，江苏取中二十一名，安徽取中十四名，浙江取中二十四名，江西取中十七名，湖北取中十一名，湖南取中八名，福建取中十一名，广东取中八名，广西取中七名，四川取中九名，云南取中十一名，贵州取中十名。

四月己丑　　谕内阁：御史陈鸿奏，严禁殿廷考试阅卷之弊一摺。据称，近日庶吉士散馆、贡士覆试朝考，每于试竣后，向素识之大员分送诗片，冀图暗中关照，请饬各大臣毋许收阅诗片，倘有私行送阅者立即参办等语。所奏是。每逢考试，私送诗片，朕所素知，此即系营求嘱托，自应严行禁止。覆试朝考、散馆在迩，倘有私送诗片之人，立即指名参办，以杜钻营。至该御史奏请于散馆等试，敕下阅卷大臣，分卷之后，各人分定甲乙，将所阅之卷统候钦定等第、名次。所奏大失体制。朕派校阅试卷诸臣皆系可信之人，惟在大臣秉公持正，自能绝奔竞之私。若其人稍有瞻顾，朕亦只能就其拟取各卷，亲加披阅，焉能遍览不录之卷？于杜弊仍属无益。况朕日理万几，宵旰弗遑，众所共知。若如该御史所奏，诸大臣皆不可信，防之不已，势必将乡会试取中数百卷，皆待朕亲阅，有是理乎？似此妄议纷更，所奏断不可行。着无庸议。

四月甲午　　以刑部尚书和宁为满洲翻译会试正考官，吏部右侍郎常起为副考官。

四月癸卯　　礼部以满洲翻译会试中额请。得旨：取中四名。

四月甲辰　　赏会试年老举人熊清泰等七名编修、检讨、学正职衔有差。

四月乙巳　　以大学士托津、兵部尚书刘镮之、工部尚书茹棻、都察院左都御史汪廷珍、吏部左侍郎顾德庆、礼部右侍郎汤金钊、工部左侍郎王以衔、右侍郎陆以庄为殿试读卷官。

四月丙午　　策试天下贡士陈继昌等二百四十六人于太和殿。制曰：朕寅承大宝，抚御寰区，二十有五年，孜孜汲汲，罔敢一日暇逸。仰荷昊载笃祐，列圣贻庥，函夏乂宁，民人乐业，冀与内外臣工，早作夜思，由小康而跻上理。洪惟帝王治道之原，学校教人之法，儆群僚以励翼，奠德水以安流，所为斟元阐绎，以保万世丕基者，爰广咨诹，用资启沃，尔多士其敬听之。道莫高于唐虞，法莫备于成周，典谟官礼，万世之圭臬也。《皋陶》之谟曰知人安民，而其文何以有详略？三公之职曰经邦论道，而其官何以独不传？人心道心，授受之要，而荀卿何以引为道经？乐德乐语，教胄之规，而窦公何独传其遗法？玑衡为测天之器，而浑天、周髀何以殊途同归？什一为取民之常，而乡遂、都鄙何以因地异制？以至虞五服、周九服，虞十二州、周九州，虞服十二章、周九章，虞五载巡守、周十二年巡守，礼乐虞分为二、周合为一，兵刑虞合为一、周分为二，变通损益，其道安在？若夫《虞书》五篇，约之以一钦；《周礼》六官，统之以为民极。古帝王所以握万化之原，而端出治之本者，不更有心法在乎？辟雍之名，见于《诗》、《礼》，郑氏笺注，何以不同？或以辟雍为文王乐名，其说何本？蔡邕、袁准，其论何以互异？汉以明堂、灵台、辟雍为三雍，何故？释奠、释菜、视学合语，其典若何？汉代圜桥观听，称制临决，其时讲论于白虎观者谁氏？东汉魏周养老，为老更者何人？北面乞言，所对何辞？唐七学三馆，宋六学三舍，明六堂积分，其法若何？我朝辟雍肇建，聿举上仪，石鼓石经，灿然昭列，诸生沐浴教泽，有能通经述古，扬抡而言之者欤？《书》曰："无教逸欲有邦。"又曰："天工人其代之。"明乎居官行政，不可以不勤也。为吏者苟能厉廉隅、循法度，其亦可矣。然或怠玩因循，燕燕居息，以废弛为安静，以颟顸为老成，狱讼积而不问，职事惰而不修，国家安赖有是官为？至若曹参之治齐，宽而简；诸葛亮之治蜀，严而详，而二人皆以贤相称。龚黄之治民以慈仁，张赵之治民以明敏，而四人皆以贤守著。为道不同，同归于治，其故若何？悃愊之吏，可以宁人，而缓急或不足恃；武健之才，易以集事，而跅弛或至逾闲。量才器使，其道何若？朕宵旰厉精，率作兴事，内而曹司，外而守令，实繁有徒，惟赖为大吏者躬亲倡导，以熙庶绩。而或徒以旅进旅退，谨身寡过为事，岂所谓靖共匪懈者乎？江淮河济，古称四渎，何以河之为患，独甚于今？《尔雅》"河出昆仑"，言河源者，汉张骞、唐薛元鼎、元都实，孰得其真？周定王时，河始南徙，迄今迁变凡几？古谓河不两行，禹何以播之为九，汉武帝之塞宣房，王景之治汴渠，其事若何？贾让三策，其议若何？潘季驯之治河，主于束清刷黄，其切实可施行者安在？方今河道所关至巨，北决则虑穿运，而转漕或碍；南溢则恐入淮，而高堰可虞。自桃汛以至秋汛，自兖豫以至徐扬，司事者昼夜巡防，培筑之法，疏浚之宜，坝堰之宣泄，薪料之储备，在在宜慎。朕不惜巨万帑金，为生民图安宅，欲使绩底平成，民无垫隘，万世永赖，计将安出？凡此者，法古以立治，兴学以作人，廉法而庶政和，清晏而百川理。尔多士学古入官，先资拜献，今日陈之为谠论，异日施之则为嘉猷，毋泛毋隐，毋袭陈言，朕将亲第焉。

四月戊申　引见己卯科散馆人员。得旨：此次散馆之修撰陈沆，编修杨九畹、胡达源业经授职，其清书二甲之庶吉士姜坚、韩大信，汉书二甲庶吉士周祖培、邵正笏、周曰炳、吴文镕、徐士芬、沈鑅彪、钱宝琛、阮灿辉、郑瑞玉、但明伦、慕维德、巫宜福、李绍昉、王云岫、蒋立诚、杨峻、魏建中、李昭美、程沄、吴敬恒、德春俱着授为编修，三甲庶吉士蔡如蘅、宗室铁麟、何辉绶、朱嶟、汪淦俱着授为检讨，朱国淳、胡美彦、方长庚、尚开模、刘荣熙、盛思本、叶敏昌、陆荫奎、戴修道、俞诵芬、刘梦兰、孙起端、李印万、蔡家玕、松峻俱着以部属用，裴鉴、杨景曾、花咏春俱着以内阁中书用，朱德华、廖鸿苞、周濂、吕梦飞、焦维域、谢兴峣、王文骧、郭应辰、朱澜、刘宇昌俱着以知县即用，王宝华、强上林俱着归原班铨选。

四月己酉　御乾清宫，召读卷官入，亲阅定进呈十卷甲第。

四月庚戌　上御太和殿。传胪。赐一甲陈继昌、许乃普、陈銮三人进士及第，二甲龚文辉等一百人进士出身，三甲劳逢源等一百四十三人同进士出身。

四月乙卯　命工部左侍郎穆彰阿、右侍郎陆以庄教习庶吉士。

四月乙卯　授一甲一名进士陈继昌为翰林院修撰，二名进士许乃普、三名进士陈銮为翰林院编修。

五月己未　引见新科进士。得旨：一甲三名陈继昌、许乃普、陈銮业经授职外，龚文辉、何桂馨、王德宽、周作楫、田嵩年、罗士菁、贾克慎、刘寯德、许应藻、吴式敏、金光杰、吴其泰、徐广缙、金更生、许有韬、张星焕、张日章、梁蕚涵、唐惇培、陆炯、赵光、吴家懋、刘师陆、冯登府、陆沅、侯桐、俞焜、邵曰诚、章沅、万辕、吴庆祺、徐汝銮、韦德成、张扩廷、吴继昌、龚昌龄、陈辉甲、陈增印、陈荣燮、费开绶、朱一贯、鄂木顺额、冯赞勋、金石声、莫树椿、程焕采、周景、胡鉴、张曾、刘耀椿、邢福山、李泰交、潘文辂、明训、周兆锦、宫思晋、朱材哲、葛天柱、来学醇、张兆衡、刘之蔼、张万年、刘荫棠、马疏、李重轮、周锜、文蔚、刘万程、袁文祥、戴谦、李嵀、宗室桂森、陈锟、尚连城、张德凤、许汝恪俱着改为翰林院庶吉士，詹汝谐、方用仪、陈启伯、胡希周、何文绮、熊佩之、朱燮鼎、李璋煜、蔡子璧、周学光、侯亲贤、孔传钺、许融、戴咸宁、杨际春、周涛、钱相、方涛、于灿文、宗室瑞麟保、宗室成朗、刘谊、侯承诰、李本芳、郭文汇、赵光烈、陈震东、鲍崇兰、张森、何其兴、卢毓嵩、陈修鼎、张秉德、吕溶、寇宁、重谦、任树森、范承祖、董瀛山、恒春、陈允泽、德喜、英魁、林士寯、程仪凤、宗室庆全俱着分部学习，卢树、张祥河、夏勋、保善、图经阿、刘恩庆、吴光镐俱着以内阁中书用，谢玉珩、杜绍祁、杨延亮、程式金、陈之玓、沈道宽、宋应文、梁昌和、黄昆、马维璜、李增福、劳逢源、刘本夔、区拔熙、董应魁、孔昭佶、邓梦舟、丁文钊、汪百禄、阎焮、徐宗干、褚裕仁、毛有猷、方功钺、董长荣、冯文灿、龙鲤门、杨国翰、郭象升、赵亨钤、赵瑭、黄金声、陈人采、韩凤修、韦天宝、胡钧、何蕚联、李霖泽、谢长年、王简、黎靖、金澄、朱华、罗宜诰、陈汝衡、吕延庆、杨振纲、保淳、庆辰、淡春台、张健翮俱着交吏部掣签，分发各省以知县即用，候补主事杨簣着以六部主事即行选用。余着归班铨选。

五月丁丑　谕内阁：吏部奏开复中书沈钦霖可否开复进士出身，抑作为举人中书一摺。所奏非是。沈钦霖前因简放湖南试差，失察家人滋事革职，嗣留会典馆效力，赏给举人。又因会典告成，加恩开复中书。该员系由举人赏还原官，何得妄冀开复进士？该部当据呈斥驳，不应代为奏请。英和等俱交都察院察议，沈钦霖着作为举人中书，嗣后，如有似此者，俱不准具奏。

六月己亥　命太常寺卿戴联奎提督浙江学政。

六月己酉　谕：韩克均奏，审明械斗案内正犯刘启运监毙一摺。此案福建已革举人刘启运系械斗案内正犯，脱逃后不敢回籍，潜行来京，冒取同乡官印结，赴部投卷，欲行会试。经礼部查出该犯咨革原案，解送刑部，递回闽省归案质审。该抚提集证佐，始得审出实情，所有查出此案之礼部司员，尚属留心。着礼部堂官查明该司员姓名具奏，加恩赏，加一级，以示鼓励。礼部堂官俱着加恩，宽免罚俸二年。

八月戊申①　兵部奏，本年九月应举行武会试正科，现在文武百官均须齐集。且殿试亦在百日期内，未便仍照向例办理，请改于十月会试，十一月殿试。从之。

---

① 嘉庆于本年（1820年）七月薨。本年八月后各条均录自《宣宗成皇帝实录》。

八月庚戌　上即皇帝位于太和殿。……以明年为道光元年，仰绍前徽，抚衷寅惕，际新纶之昭布，宜锡类以推恩。所有应行事宜，条列于左。……一、会试额数，俟礼部临期奏明人数请旨。酌量广额，乡试大省加三十名，次省加二十名，小省加十名，满洲、蒙古加六名，汉军加三名。一、各直省入学额数，大学加七名，中学加五名，小学加三名。一、国子监贡监生及各官学教习免坐监一月。一、各直省儒学，无论府州县卫，俱于本年以正贡作恩贡，次贡作岁贡。……布告天下，咸使闻知。

八月庚戌　谕：朕冲龄就傅时，原任侍郎万承风在上书房授读，尽心讲贯，深资启沃，宜加崇秩，以奖前劳。着晋赠礼部尚书衔，加恩追谥。该衙门察例具奏，其子监生万方熙并着赏给举人，准其一体会试，以示朕眷怀旧学至意。寻予祭一次，谥文恪。

九月庚午　谕内阁：国家立政，首重人才，我朝列圣御极之初，均于三年大比之外，特开乡会恩科，广罗俊乂。今朕缵承大统，宜遵成式，嘉惠士林。着于道光元年举行乡试恩科，二年举行会试恩科，用副朕兴贤育才至意。

十月癸巳　以吏部右侍郎王引之知武举，都察院左都御史顾德庆为武会试正考官，翰林院侍读学士白镕为副考官。

十月戊戌　四川道御史杨腾达奏，请禁贡监入场取游幕文书一摺，下礼部议。寻议奏，嗣后，乡试之年，如有俊秀贡监充当顺天府属幕友，不及回籍起文，欲应顺天乡试者，由顺天府造具贡监姓名、籍贯、三代，切实文结，声明系何衙门申送，汇齐送监，该监仍取具同考五人互结收录。其籍隶顺天贡监，仍不准起游幕文书应试。从之。

十月己亥　兵部以武会试中额请。得旨：满洲、蒙古取中二名，汉军取中三名，奉天取中一名，直隶取中七名，陕甘取中三名，广东取中四名，河南取中三名，山东取中五名，江苏取中一名，安徽取中一名，山西取中二名，湖北取中一名，湖南取中一名，四川取中一名，广西取中一名，福建取中二名，浙江取中二名，江西取中一名，云南取中一名，贵州取中一名。

十月乙巳　以恭上仁宗睿皇帝尊谥礼成，颁诏天下。诏曰……所有事宜，开列于后……一、乡试已经中式文武举人，除过犯黜革外，其有磨勘原卷字句错误以致停科者，俱着宽免，准其会试。……布告天下，咸使闻知。

十月乙巳　改云南腾越州为直隶厅，将永昌府学文武学额各拨入五名，定为文生二十五名，武生二十名。从总督庆保请也。

十一月壬戌　谕内阁：英和等议奏，松筠请设八旗满洲、蒙古义学一摺。八旗设学，固为广育人材起见，然摊扣地租钱粮，于政务实未得体。况各旗旧有甲喇学，除学舍现存者毋庸添设外，其房屋坍塌者，或量为修整，或另行蹴觅，即于嘉庆二十四年恩赏八旗房租制钱项下自行酌办。所用教习，如果教有成效，听该都统等自行鼓励，亦毋庸另立章程。余依议。

十一月戊辰　试中式武举春英等三十七人于太和殿前。

十一月辛未　御紫光阁，阅中式武举马步射。

十一月壬申　御箭亭，阅中式武举技勇。

十一月壬申 御乾清宫，引见中式武举，亲定甲乙。赐一甲昌伊苏、李凤和、富成三人武进士及第，二甲菩萨保等四人武进士出身，三甲戴恩等三十人同武进士出身。

十一月壬申 谕内阁：武科规制于马步射之外，试以开弓、舞刀、掇石，以验技勇，由来已久。嗣于嘉庆十八年，议令满洲、蒙古旗人与汉军汉人一体应试。满洲、蒙古旧例，只试马步射、硬弓，遂将舞刀一事，一律停止。今思技勇内既向有舞刀一项，满洲、蒙古士子自应一体练习，亦不迫以时日。着自道光三年为始，凡满洲、蒙古、汉军汉人之应童试者，俱仍试以舞刀，至五年乡试，六年会试，均已娴熟，一体考试，以复旧规。

十二月丁亥 谕：步军统领衙门番役向由清白良民充当，嗣因御史条奏番役子孙不准应考、出仕，经吏礼二部议准，惟思该番役内现有身任守备等官者，其子孙何以独不准其应考、出仕？嗣后，番役子孙着准其应试武场，出仕武职，仍不准由文途考试，以示限制。

道光元年（1821年）

正月己巳 谕：左辅奏，边民籍隶两歧，请一律拨归原籍一摺。湖南新设直隶晃州厅管理地方钱粮、词讼，其所属士子自应俱归晃州考试，该厅邓姓一族前曾冒考黔省思州。兹查明田园、庐墓俱在晃州，所有邓姓阖族之人，与各姓冒籍贵州入学中式并报捐贡监职员，凡现居厅治者，无论年分久暂，均着改归晃州厅原籍管理，以杜歧冒而归画一。

二月甲辰 大学士托津等遵旨会议：御史王家相奏，考试荫生严密关防一摺，应如该御史所请。考试各生列坐上谕馆内，试卷钤印以防抽换，检点人夫以杜夹带，司员人等不准往来接谈，以绝枪代，派出大臣令在内阁阅卷，以示回避，应用桌凳、茶水等项，吏部按名豫备。得旨：所奏毋庸议，仍照旧例办理。

三月乙丑 赏故兵部右侍郎温汝适子举人承悌进士，一体殿试。

三月己卯 以升祔太庙礼成，颁诏天下。诏曰……所有事宜，开列于后。……一、贡生、监生仍派大臣官员考定职衔，照旧例送吏部注册。一、各省儒学，以正贡作恩贡，次贡作岁贡。一、贡生、监生在监肄业者，免坐监一月。……布告天下，咸使闻知。

四月辛巳 礼部议覆，广西巡抚赵慎畛等疏请添设兴安县猺民学额。得旨：广西兴安县应试猺童，人数在十人以上，准其酌取一名，二十名至三十名，准其酌取二名，不必作为定额。

四月丁亥 以恭奉仁宗睿皇帝配天礼成，颁诏天下。诏曰……一、直隶各省童生入学额数，大学着增七名，中学增五名，小学增三名，诏到举行一次，不着为例。……布告天下，咸使闻知。

四月己丑　命右春坊右中允戚人镜提督贵州学政。

四月甲午　以本年乡试，考试应开列试差人员于保和殿。

四月戊申　以翰林院编修吴敬恒为云南乡试正考官，湖广道御史宋其沅为副考官；翰林院编修王维询为贵州乡试正考官，内阁中书缪玉铭为副考官。

五月壬戌　以翰林院修撰陈沆为广东乡试正考官，编修傅绶为副考官；编修韩大信为广西乡试正考官，检讨胡国英为副考官；户部员外郎彭浚为福建乡试正考官，翰林院编修赵柄为副考官。

五月己巳　谕内阁：御史许乃济奏，保举孝廉方正，请核实奉行一摺。国家颁发明诏，令府州县卫保举孝廉方正及荐举才品优长之士。原以广厉人材，冀收得贤之效。乃比来外省视为不急之务，或数郡不举一人。其所举者又或牵于情贿，漫以衰庸充数，以致此事竟成具文，殊失拔滞显幽之义。夫乡举里选，古有其制，天下之大，岂无遗才？此次着各直省督抚各饬所属，悉心采访，务得操履纯洁、才猷杰出、物望允孚、可备国家任使者登诸荐牍。其行谊干略，各于名册内切实注明，咨部引见，以备录用，不得托言矜慎，率以无人可举为辞。若以伪乱真，所举不公，则国有常罚，谅各督抚亦不肯出此也。

五月壬申　谕：孙玉庭奏，知县被众指控并截住凶扰，飞砖伤面一摺。此案铜山县知县陈稷田于学政考试时，突被多人以命案及浮收等词拦舆指控，自应听候核办，何以复聚众哄闹，致该县被掷石伤面？显有肇衅别情，着该督抚会同秉公查办。徐属民风素称强悍，如该县陈稷田实有贪劣情事，必当执法严惩，以儆官邪。其地方聚众滋闹之风亦断不可长。仍须究明起衅确情，拿获为首之犯，从严办理，俾刁徒知所儆惧。至丰县知县杨欲仁舆论不协，亦有在该学政处被控之案，并着查明所控何事，一并据实究办，勿稍姑息。将此谕令知之。

五月乙亥　以京畿道御史沈学廉为湖南乡试正考官，翰林院编修但明伦为副考官；编修程恩泽为四川乡试正考官，内阁中书徐瀚为副考官。

六月己丑　四川总督蒋攸铦奏，酉阳直隶州士民呈请捐建考棚。下部议行。

六月辛卯　以吏部右侍郎王引之为浙江乡试正考官，工部郎中吴孝铭为副考官；大理寺卿刘彬士为江西乡试正考官，翰林院编修廖文锦为副考官；翰林院侍读学士史致俨为湖北乡试正考官，吏部主事素博通额为副考官。

六月癸卯　以内阁学士毛谟、詹事府詹事奎照监临顺天乡试。

六月癸卯　以翰林院侍讲廖鸿荃为陕西乡试正考官，编修李煌为副考官；吏部左侍郎汤金钊为江南乡试正考官，翰林院编修熊遇泰为副考官。

七月丙辰　以京畿道御史陈鸿为河南乡试正考官，礼部员外郎尹济源为副考官；詹事府詹事徐颋为山东乡试正考官，刑部主事何增元为副考官；国子监司业陈玉铭为山西乡试正考官，翰林院编修吴坦为副考官。

七月己巳　顺天学政、兵部侍郎吴其彦因父病，请解任。允之。命内阁学士毛谟提督顺天学政。

七月辛未　以内阁学士李宗昉监临顺天乡试。

七月甲戌　命翰林院编修朱阶吉提督广东学政。

七月庚辰　谕内阁：本年八月天气尚觉暑热，京城内外，兼有时疫流行。因念贡院中号舍湫隘，士子等萃处郁蒸，恐致传染疾病，非所以示体恤。今科顺天乡试着展期一月，于九月举行。该衙门即行晓谕，俾众咸知。

八月甲申　添建山东贡院号舍六百间。从巡抚琦善请也。

八月乙酉　以顺天乡试改期九月，气候较凉，命散给场内士子衿被。

八月辛卯　命翰林院编修龙元任提督山西学政。

八月癸巳　以礼部右侍郎初彭龄为兵部尚书；太常寺卿戴联奎为礼部右侍郎，仍留浙江学政任。

八月甲辰　谕军机大臣等：朱勋奏，西安一带瘟疫盛行，捐备药饵散放。应试士子有因病身故者，捐给衣棺，给予盘费，送回原籍等语。陕西时疫流行，应试士子因病身故者共有若干名，其民间传染者想复不少。朱勋等现在捐备药饵散给，如有不敷，即于该省存公项内酌量动支，交该府县等制备棺药，妥为散放，以全民命而示矜恤。将此谕令知之。

九月癸丑　以大学士戴均元为顺天乡试正考官，刑部尚书那彦成、内阁学士顾皋为副考官。

九月乙丑　顺天府以宗室乡试中额请。得旨：取中八名。

十月壬午　谕：据御史奏，近日翻译考试，多有枪冒顶替等弊。砖门御史点名时，亲友、跟役拥挤喧哗，不遵约束，请派员弹压等语。考试场规，理应严肃，翻译事同一例，何得似此漫无约束？嗣后，考试八旗翻译，着承办场务衙门奏请简派左右翼副都统各一员，届期带领所属官兵，在点名之处稽查弹压，令士子等鱼贯入场。如有喧闹冒混者，按例惩办。并着该御史等据实参奏，以肃场规而除积弊。着为令。

十月甲申　以理藩院尚书穆克登布为满洲翻译乡试正考官，左侍郎博启图为副考官；内阁侍读学士长旺为蒙古考官。

十月甲午　命嗣后查收武乡试听宣职名之御史，将各道御史全行开列，以备点派。

十月甲辰　以工部左侍郎王以衔为顺天武乡试正考官，都察院左副都御史贾允升为副考官。

十月乙巳　谕内阁：御史牟惇儒奏，请申明庶吉士大课定例一摺。庶常馆为培养人才之地，自应勤于考课，以励讲习。但祁寒盛暑，责令人人在馆扃试，亦势有所难。嗣后，大教习到馆考课之期，该庶吉士等俱当在馆将诗赋写作全完，大教习评定甲乙，以昭核实。至该御史所称庶吉士所领月费，多被馆中藉端克扣一节，着掌院学士会同大教习查明，责成该提调严行禁止，毋得仍前冒滥。

十一月己酉　赏顺天等省乡试年老诸生刘遇恩等二十五名举人、副榜有差。

十一月乙卯　以大理寺少卿杨怿曾为光禄寺卿，仍留湖北学政任。

十一月辛酉　谕内阁：昨据成格参奏，陈官寯在山西学政任内各款，当交军机大臣传到陈官寯，逐加诘问。摺内所参责打家人并途中纳妾两款，陈官寯俱已承认。学政按临各处，州县丁役如有过犯，原应发交地方官惩处。乃陈官寯于道经晋祠时，自行责打办差家人，未免轻躁，此犹其过之小者。至考试平阳时，买通判之婢为妾。学政本不应与地方官交结，乃不自检束，显违例禁，此实咎无可辞。其所参陈官寯在任干预地方公事一节，上年朕本有密旨，谕陈官寯，令其留心察访官吏贤否，政治得失，随时密奏。讵意陈官寯卞急粗率，辄将晋省官员大加访问，以致声势侈张，物议滋起，殊与朕委任陈官寯之意大相径庭。臣不密则失身，自干罪戾。陈官寯着降为中允赞善，候缺补用。念伊平日在上书房授大阿哥读书，功课尚能认真，着加恩，仍在上书房行走。

十一月辛酉　镶黄旗满洲都统英和等奏，会议清查八旗抱养民人为子一案，现办另册章程十条。……一、举贡生监系旗人，拨回本旗应试；系民人，改入民籍应试。如因食饷愿留旗籍者，另册注明，及身而止，不准由旗籍应试。……着即照所议办理。各该旗务当实力奉行，以期经久无弊。

十一月癸亥　谕：有人条奏，驿站藉端累民一摺。向来云贵举人，每科会试，例得由驿进京，归入正项奏销，于民间毫无派累。兹据奏，近来驿号夫马多不足额，遇会试之年，猾胥蠹役藉此科派乡民，任意需索。河南省石固、荥泽等驿其弊尤甚。现在会试期近，云贵举子陆续来京，着沿途各省督抚严饬各州县，照例应付驿马，毋得仍前滥派。其有驿马缺额，藉端科派，累及闾阎者，查出严参惩办，以祛夙弊。

十一月庚午　谕内阁：孙玉庭奏，请筹拨书院经费一摺。江南钟山、尊经两书院为教育人材之地。近年膏火不敷，着照所请，除动用上年充公银两余剩银一万八百六十两零外，准其于司库新淤召买充公款内，拨给银一万三千一百三十八两零，发典生息，以裕经费。

十二月戊子　命翰林院编修钱宝琛提督贵州学政。

十二月戊子　赏河南等省乡试年老诸生傅灵瑞等二十三名举人、副榜有差。

道光二年（1822年）

正月甲寅　命宗人府府丞毛式郇提督顺天学政。

二月壬午　谕内阁：孟住等奏，请借项生息，资助旗籍举人会试一摺。广东距京遥远，驻防八旗文武举人进京会试，资斧维艰。加恩着照所请，准其于扣存兵丁马价存贮藩库银内，赏借一万两，发商行息。遇会试之年，每名除例赏水脚银二十两零外，加赏银三十两。赏剩余银，俟积有成数，陆续归还原款，年终报部核销。其骁骑校、领催、前锋及笔帖式进京引见各员，除原赏银二十两外，亦着加恩，在筹备军装息银内，每名加赏银三十两，以示体恤。该部知道。

二月癸未　礼部奏，八旗都统清查抱养民人为子案内，翻译举人阿洪阿，生员双贵、舒奎应准改作文举人生员，归入民籍考试。并请嗣后，各旗续行查出，均照此办理。得旨：允行。

二月癸巳　命工部左侍郎周系英提督江西学政。

二月乙未　谕内阁：松筠奏，整顿直隶省书院一摺，所办甚是。各省府厅州县分设书院，原与学校相辅而行，近日废弛者多，整顿者少。如所称院长并不到馆，及令教职兼充，且有并非科第出身之人，腼居是席，流品更为冒滥，实去名存，于教化有何裨益？着通谕各直省督抚，于所属书院务须认真稽察，延请品学兼优绅士住院训课，其向不到馆，支取干俸之弊，永行禁止。至各属教职，俱有本任课士之责。嗣后，亦不得兼充，以专责成。并着各饬所属，如有书院房屋坍塌应修之处，即行修整，俾各士子聚处观摩，以收实效，用副朕振兴教化至意。

三月辛亥　以户部尚书英和为会试正考官，礼部尚书汪廷珍、户部右侍郎汤金钊、礼部左侍郎李宗昉为副考官。

三月乙丑　礼部以宗室会试中额请。得旨：取中四名。

三月乙丑　赏江苏等省辛巳恩科乡试年老诸生王柱等四名举人、副榜有差。

三月戊辰　礼部以会试中额请。得旨：满洲取中九名，蒙古取中三名，汉军取中五名，直隶取中二十二名，奉天取中二名，山东取中十八名，山西取中十名，河南取中十名，陕甘取中八名，江苏取中十八名，安徽取中十四名，浙江取中二十一名，江西取中十七名，湖北取中十名，湖南取中八名，福建取中十一名，广东取中九名，广西取中五名，四川取中六名，贵州取中八名，云南取中九名。

闰三月辛巳　命江南道御史尹济源提督云南学政。

闰三月壬午　命兵科给事中陈鸿提督云南学政，尹济源仍留御史任。

闰三月癸未　谕内阁：顺天武乡试大典，乾隆年间，定于十月初五日开弓，十一日出榜。至嘉庆九年，始改为十月初七日开弓，十二日出榜。因思校艺时日自应稍从宽裕，嗣后，顺天乡试外场，着仍照旧例，于十月初五日开弓，十一日出榜。着为例。

闰三月乙酉　引见庚辰科散馆及补行散馆人员。得旨：此次散馆之修撰陈继昌，编修许乃普、陈銮、凌泰封业经授职，其清书二甲庶吉士费开绶、徐广缙、陈兆熊、吴继昌，汉书二甲庶吉士何桂馨、赵光、李泰交、金光杰、朱襄、邢福山、贾克慎、胡鉴、侯桐、许应藻、沈兆沄、张日章、吴其泰、韦德成、周作楫、吴式敏、鄂木顺额、罗士菁、梁萼涵、俞焜、张曾、田嵩年、章沅、程焕采、邵甲名俱着授为编修，三甲庶吉士来学醇、李重轮、袁文祥、文蔚、宗室桂森、张万年俱着授为检讨，朱材哲、周景、明训、万辕、刘万程、王贻桂、邵曰诚、陈荣燮、唐惇培、许汝恪俱着以部属用，张星焕、陈昉、刘荫棠、刘耀椿、周兆锦、张扩廷、陆炯、陈辉甲、尚连城、刘嘉会、陈增印、李佩蘅、周锜、吴家懋、刘寯德、刘之蔼、金更生、吴庆祺、宫思晋、王德宽俱着以知县即用，张德凤、张兆衡、刘师陆着归原班铨选。

闰三月丙戌　以吏部尚书松筠为满洲翻译会试正考官，刑部右侍郎海龄为副考官。

闰三月己丑 赏会试年老举人刘遇恩等六名检讨、学正职衔有差。

闰三月乙未 以大学士曹振镛、伯麟，吏部尚书庐荫溥、工部尚书初彭龄、吏部左侍郎王引之、刑部左侍郎韩文绮、工部右侍郎顾皋、内阁学士奎照为殿试读卷官。

闰三月丙申 策试天下贡士吕龙光等二百二十三人于保和殿。制曰：朕寅绍丕基，抚绥寰宇，仰荷昊穹洪贶、祖考贻谋，御极以来，兢业敕几，日慎一日。勉思制治保邦之道，兴贤育才之方，诘戎讲武之猷，戢暴安良之法，冀与中外臣庶臻郅隆之盛轨，致上理于大同。延揽人才，特开恩榜。兹值临轩发策之始，虚衷博采，爰举胪询，尔多士其敬听之。朕惟帝王之道，统乎修己治人，明德慎徽。修身之本，知人安民，治世之纲，《典谟》尚矣。《伊训》、《说命》，举其粹语，可与《典谟》互相发明。执中为心法之传，溯自尧舜以来，已开其绪。其散见于载籍者，如《尧戒》之言战栗，舜对之执忠信，禹以骄汰自儆，汤以慎举为先，皆古圣之微言。《丹书》敬胜、义胜之旨，垂训万世。武王受之，因作十七铭，顾《汉书注》所引，与《大戴礼》所载互异，何者较为淳质？三代以后，人君知治道而著之篇章者，如唐太宗之《金鉴》，宋真宗之《正说》，胥能深通政要，取鉴古今。魏征之疏十思，司马光之上五规，皆千古君道之大，间择其要者而绎述之，其皆可以为修齐治平之助乎？贤才之兴，本乎学校，自乡举里选，易为科目，士为青紫而明经，道德、文艺几判为两途，而务正学者鲜矣。汉自董仲舒倡养士之论，元朔议崇化厉贤，与计偕者郡国先慎其选；虞溥作学诰，奖训生徒，以正心修身为本；胡瑗教授子弟，咸使适于实用；朱子白鹿洞学规，所列五教之目，为学之序，修身处事接物之要，乃圣贤入德之门；真德秀《示学者说》，于学术真伪剖析谆挚，可以廉顽立懦。今欲使学者处为修士，出为良臣，必知先德行而后文艺，国家乃获收人才之用，多士素所向慕者安在？其述所闻，可以觇器识焉。兵可不用，不可无备。《周礼》载振旅茇舍、治兵大阅，教以坐作、进退、疾徐、疏数之节，以行搜苗、狝狩之礼，立法最为详备。《管子》春秋角试，以练精锐，有教目、教身、教足、教手、教心诸法。汉之都试行于十月，唐之讲武举于仲冬，史册俱存，沿革不一。宋沈括论九军阵法，臧景陈马射六事，明于谦创团操之议，王骥定练兵之制，其详略异同何若？夫兵知所劝，则士气益腾，技艺若何而熟娴？马步若何而骁健？是在统兵之员，平日存记，以随时鼓励。朕严饬武备，务期一日有一日之功，一兵有一兵之用，将何以收实效乎？禁暴所以安良，稂莠不除，嘉禾不植，周官比追胥之事以行赏罚，外有野庐氏，内有修闾氏，讥察严则邪慝潜消。古者发奸摘伏之政，如赵广汉缿筒投书，张敞赭污衣裾，尹翁归收人会中，韩延寿置立五长，其治术皆卓然可纪。汉唐亭长、啬夫、里正、坊正之制，即成周里宰、酇长遗意。顾熙丰立法，民不胜扰，而王守仁踵行于南赣，民皆称便，法同而行之者异也。欧阳修、汪应轸之议，并以慎择官吏为要，诚探原之论。今门牌户册之设，亦缉奸之一端。但恐视为具文，有名无实。化顽梗而为善良，除奸宄以厚风俗，或更有其本欤？凡兹四事，慎修以端宸极，敦行以励士风，肄武以卫民生，诘奸以淑政化，敷施凝绩，莫切于斯。尔多士讲求有素，拜献先资，且自田间来，见闻较确，其务抒实蕴，毋泛毋隐，毋蹈袭陈言，朕将亲览焉。

闰三月己亥　上御乾清宫，召读卷官入，亲阅定进呈十卷甲第。

闰三月庚子　赐一甲戴兰芬、郑秉恬、罗文寯三人进士及第，二甲陈嘉树等一百人进士出身，三甲郭彬图等一百十九人同进士出身。

闰三月壬寅　谕军机大臣等：据御史吴杰条奏，江西科场积弊摺，内称江西省每遇乡试之年，有生监拜门，交通关节，藩司、书吏、左书房内外勾通，并有本生用亲密一人谋充跟役，贿嘱内帘，呈荐取中，以及编列联号、买通誊录诸弊，请饬查禁等语。着毓岱将该御史所奏各条据实查明。其应如何杜绝弊端之处，即行妥议章程具奏。该御史原摺着发交阅看，将此谕令知之。

四月丙午　命礼部尚书汪廷珍、户部右侍郎穆彰阿教习庶吉士。

四月丁未　授一甲一名进士戴兰芬为翰林院修撰，二名进士郑秉恬、三名进士罗文寯为翰林院编修。

四月戊申　引见新科进士。得旨：一甲三名戴兰芬、郑秉恬、罗文寯业经授职外，陈嘉树、曾元海、翁心存、岳镇南、李儒郊、陆建瀛、彭宗岱、曾望颜、陈宪曾、黄宅中、沈丹槐、文庆、舒恭受、汪于泗、蔡赓扬、王煜、滕子玉、顾元恺、李菡、胡霖苍、王治、李棠阶、宗室恩桂、叶桂、陶青芝、继志、王藻、豫益、况澄、张洵、温葆淳、舒梦龄、徐思庄、马方钰、许冠瀛、赫特赫讷、宗室受庆、陈熙健俱着改为翰林院庶吉士，毛绣虎、张寅、白让卿、宗室佛尔国保、黄德峻、周升、林绂、徐栋、德山、恒祥、宗室保极、朱崇庆、王和中、顾椿、松福、万启心俱着分部学习，于蔚华、黄埙、史积新、蒋叙伦、邹尧廷、阮文藻、鲍承焘、何耿绳、吕龙光、王煦、李廷锡、孙家棪、龙载恬、王之道、钟锡瑞、王汝弼、李希曾、李士林、李郁然、刘斯增、张春台、熊传栗、盖钰、朱栻之、石家绍、王仲槐、沈其云、卢昆銮、诸豫宗、姚柬之、赖以立、陆我嵩、周镛、史念徵、周日新、夏国琦、彭龄、李惠、黄浚、翟云升、马步銮、胡筠、于尚龄、孙谦豫、杨以增、陈文衡、查炳华、奚澄、黄初、邹鸣鹤、张维屏、邵勳、蒋启扬、张霄、武耀曾、曹森、陈垲、吴登选、郭彬图、沈鉴、何士祁、李式圃、谢兴宗、霍宗光、蔡宠、吴浚、黄有华、蔡绍洛、姚肇仁、张应云、毛凤仪、魏骏猷、严长宦、杨上容、刘诗、彭定泽、何逢青、徐云骧、文艺、萧韶鸣、李世彬、杨时雍、何熙绩、夏建谟、郭应轸、疏篔、郭熊飞、寇秉钧、王承勋、谢体仁、彭翊、邓射斗、周树棠、唐廷诏、孙枝秀、周康华、陈绍型、杨绍霆、熊燮、何觐扬、毕光荣、施化理、刘廷棨、郑允修、张相侯、梁巩、王世荃、姚熊飞、欧文、秦锡九、陶沅、韩亚熊、胡维祺、何鹏霄、盛思信、黄杰、刘光斗、徐勋、书纶、喜禄、章雷、乔有豫、戴钤、胡先达、田诏金、魏棨、刘遵海、刘文蔚、赵鹏翔、梅曾亮、那瑛安、吉达善、吕崇修、黄能、孙德升、张志彦、王世耀、陈炳、吉修孝、林张棨、郝文光、李登螭、朱汝衡、李濂、傅文炳、李培谦、段士聪、王光宇、吉年、刘函纲、李青选、章朝敕俱着交吏部掣签，分发各省以知县即用。额外主事梁恩照着以六部主事即行选用，余着归班铨选。

四月壬子　命翰林院编修伍长华提督广东学政。

四月甲寅　考试试差人员于乾清宫。

四月戊午　训饬翰詹科道进士出身人员。谕内阁：国家设科取士，首重翰林之选，缘翰林为清要之秩，培养人材之地，不可不慎也。居是职者，自当顾惜廉耻，敦笃名义，苟且儌幸之事，岂学者之所当为？即如今岁考差，真才实学者固不乏人，乃竟有洗马陈玉铭于宫廷考试，胆敢怀挟诗文，既经败露，岂能不按律治罪，稍从末减耶？若翰林等官不知自爱，动辄身罹法网，逮系囹圄，岂仅失朕之望，乃不忍行之政也？尔科甲出身者，皆系刻苦自励，有志于学之人，断不可心随境转，行与言违。凡修身敬事之道，克己慎独之功，以驯至乎俯仰无愧，可不时加省察乎？试思若陈玉铭者，畀以考试之任，尚可望其选拔真材，秉公衡文乎？授以牧民之责，又能望其尽心民事、奉公守法乎？言念及此，可忧可憾。今而后必当激励品行，黾勉学业，三畏四勿，岂不知者？永矢弗忘，以为士习之表率，而国家亦可收得人之效矣。尔多士其共懔之。

四月壬戌　谕：萨秉阿等奏，请借款生息，资助旗籍举人会试，并分给骁骑校以下各员弁进京路费一摺。浙江、杭州、乍浦驻防八旗文武举人进京会试，资斧维艰。加恩，着照所请，准其于藩库积存牧地租课闲款内赏借钱一万串，发商生息。遇会试之年，每名除例给水脚银十两外，加赏钱四十串。其各满营骁骑校、笔帖式、领催、前锋各员弁进京引见，向无例给盘费，亦着加恩在牧租生息钱文内，每名赏给钱四十串，均自道光三年为始。此项支借钱文，俟下届会试时，统计支剩若干，即以归还原款，再将新息另行起支，仍按年报部核销。该部知道。

五月甲戌　以翰林院编修周祖培为云南乡试正考官，工部主事朱壬林为副考官；翰林院编修姜坚为贵州乡试正考官，刑部员外郎光聪谐为副考官。

五月戊子　礼部奏参：江苏学政姚文田，于应考贡生迟至数年之久尚未考齐，实属违例迟延。得旨：姚文田着交部议处，所有嘉庆二十四、五等年已经考准各贡，着该学政先行造册送部，并将未经考齐各贡照例办理，毋再迟逾。

五月庚寅　以翰林院编修祁寯藻为广东乡试正考官，吏部主事程德润为副考官；兵科给事中许乃济为广西乡试正考官，翰林院编修陈沄为副考官；侍讲学士沈维鐈为福建乡试正考官，编修周之桢为副考官。

五月己亥　命詹事府少詹事白镕提督广东学政。

五月辛丑　命翰林院编修吴文镕、李绍昉、但明伦，检讨朱嶟、汪淦，编修陈功、成世瑄、李昭美、蒋立诚、沈鑅彪、巫宜福、程沄、徐士芬、邵正笏、熊遇泰，检讨牛鉴，编修郑瑞玉、凌泰封、许乃普，修撰陈继昌，编修陈銮、沈兆沄、邵甲名、陈兆熊、何桂馨、周作楫、贾克慎、许应藻、吴式敏、金光杰、吴其泰、徐广缙、张日章每日一员，以次听候召见。

五月辛丑　以翰林院编修李浩为湖南乡试正考官，内阁中书裴鉴为副考官；翰林院编修张岳崧为四川乡试正考官，沈巍皆为副考官。

六月丙午　谕内阁：姚文田奏，教官乡试请仍照例考送一摺。教官愿就本省乡试者，例应与生员一同考送。嗣后，无论候补、现任，着仍由学政普律考送，以归画一。

六月丁巳　以工部右侍郎顾皋为浙江乡试正考官，翰林院编修陈銮为副考官；礼部左侍郎李宗昉为江西乡试正考官，翰林院编修祝庆蕃为副考官；内阁侍读闻人熙为湖北乡试正考官，刑部主事赵炳言为副考官。

六月丁卯　以山东道御史吴杰为陕甘乡试正考官，翰林院修撰陈继昌为副考官；户部右侍郎穆彰阿为江南乡试正考官，翰林院编修徐士芬为副考官。

六月戊辰　命兵部尚书那清安署教习庶吉士。

六月戊辰　以太常寺卿长旺、顺天府府尹申启贤监临顺天乡试。

六月辛未　谕内阁：富俊奏，书院教读乏人，请改发废员一摺。据称，吉林向有白山书院，八旗及民籍子弟俱在内肄业，仅聘本地诸生教读，难收实效。请将发遣废员马瑞辰改发吉林，专司教读。所奏实属谬悠之见。东三省为我朝根本之地，原以清语、骑射为重，朕屡次申谕，总期崇实黜华，弓马娴熟，俾知共守淳风。富俊系满洲大员，且在东三省年分最久，于该处旗民本计，自应遵照旧规，实力讲求，方为不负委任。乃议课生徒，学习文艺，必致清语日益生疏，弓马渐形软弱。究之书院仍属具文，于造就人材毫无裨益，是舍本逐末，大失朕望矣。况马瑞辰系发遣黑龙江充当苦差之员，何得率请改发吉林，俾司课读？所奏断不可行。富俊着传旨严行申饬。

七月庚辰　以陕西道御史杨希铨为河南乡试正考官，翰林院编修许乃普为副考官；国子监祭酒何凌汉为山东乡试正考官，翰林院编修牛鉴为副考官；山西道御史龚绶为山西乡试正考官，翰林院编修吴文镕为副考官。

七月辛卯　谕内阁：户部奏，各直省收捐监生归补封贮银两，请令核实归补足额，并请将已补足额省分，停止外捐监生一摺。各直省外捐监生原为归补封贮，嗣后，户部议奏，以收足十万两解部，以续收五万两归还封贮，相间轮转，迄今已阅二十余年之久。据户部查明，统计收捐监生银数，除因军需动用及历年解部，并现存司库外，实归还封贮银三百七十三万五千六百余两，尚未归还三百六十一万三千九百余两，此内惟浙江、江西、湖南、江苏、广东五省已归补足额，其余各省尚未补足。着该督抚将此项捐银应解部者即行解部，应归补者即行归补，不得因有需支拨，辄请暂留应用，以期核实归款。所有已补足额之浙江等五省外捐监生即行停止，其归足后续收银两，尽数解部。嗣后，何省归补完竣，即随时奏明停止。自此次归补足额之后，不准擅行动垫。如有急需，奏明动用，即行筹归原款。倘经理不善，任意提支挪垫，一经查出，惟该督抚、藩司是问，以重库贮而垂经久。

七月戊戌　以候补人员壅滞，命改癸未科大挑于丙戌科会试后举行。

八月丁未　以户部尚书黄钺为顺天乡试正考官，刑部右侍郎恩铭、左侍郎韩文绮为副考官。

八月甲寅　谕内阁：李鸿宾奏，请将部掣发标武举及捐纳分发备弁再停一年，留标武举仍照定例办理一摺。漕标试用备弁多至一百五十余员，难以疏通，着将部掣发标武举及捐纳分发备弁，照该漕督奏定前案，再停一年，以免壅滞。其留标武举一项，系曾经押空三年，渐可谙习漕务，自与初次试用员弁，较为得力，着无庸停止。如有堪以留标之员，仍照例送部引见，发回差委。该部知道。

八月甲寅　命大理寺少卿程同文为奉天府府丞兼学政，工部左侍郎周系英提督江苏学政，内阁学士徐颋提督安徽学政，礼部左侍郎李宗昉提督江西学政，翰林院侍讲学士沈维鐈提督福建学政，编修吴慈鹤提督河南学政，侍读学士何凌汉提督山东学政，侍讲邹植行提督山西学政，编修张岳嵩提督陕甘学政，编修李浩提督湖北学政，编修沈巍皆提督湖南学政，山东道御史吴杰提督四川学政，翰林院编修祝庆蕃提督广西学政。顺天学政毛式郇、浙江学政杜堮、广东学政白镕、云南学政陈鸿、贵州学政钱宝琛均留任。

八月戊午　命本年武殿试改于十月初一日以次举行。

八月庚申　顺天府以宗室乡试中额请。得旨：取中八名。

八月己巳　谕内阁：孙玉庭等奏，筹款生息，资助旗籍文武举人会试，并分给骁骑校以下官兵进京路费一摺。江宁京口驻防会试举人及引见员弁，所借恩济、马价二项银两向于月饷内摊扣，生计不免拮据，自应设法调剂。加恩着照所请，江宁旗库于官兵马价内拨银七千两，教场田租内拨银三千两；京口旗库于官兵马价内拨银四千两，盐规内拨银一千两，交商生息，由各该县收解旗库存贮。自道光三年为始，所有文武举人会试，除照旧发给盘费银八两零外，即在此项息银内每名赏给银三十两，只准借恩济银二十两。其借给马价一项概行停止。……该部知道。

九月己卯　谕内阁：四川平武县贡生唐开兰以该省学政已将该生作为恩贡，又复催提贡单，改作岁贡等情呈控。着交蒋攸铦查明该生补廪出贡年分、名次先后，该学政办理有无错误，据实具奏。至该生所呈迩言一策，本日未据都察院奏递，着即于明日呈览。嗣后，该衙门应奏控案，遇有此等陈进事件，无论有无违悖字样，俱着一并封奏。

九月壬午　以兵部右侍郎朱士彦知武举，户部右侍郎汤金钊为武会试正考官，刑部右侍郎陆以庄为副考官。

九月丁亥　谕内阁：给事中王松年奏，请慎选闱中誊录，并同考官随荐加批一摺。春秋闱试为抡才大典，自应倍加详慎，以肃功令。闱中誊录一项，向系顺天、直隶各州县照例于书吏内选送。因日久视为具文，每将不能书写之人率行充数，以致朱卷字画模糊，难于校阅。嗣后，着顺天府、直隶总督严饬各州县，务须遴选正身书吏充当誊录，如有字画不能明晰者，即将该州县参处，倘仍前冒滥充数，字画模糊，乡试着监临官、会试着知贡举据实参奏。各直省誊录并着监临妥为经理，查有前项情弊，亦着一体参办。至同考官荐卷，顺天乡试及会试向不加批，取中后始补加荐批，亦恐启草率迁就之弊。嗣后，并着分校各员于呈荐之卷，将所以应荐之故，黏签加批，听主考酌定去留，俟取中后仍于卷内注明，以昭核实。

九月丁亥　兵部以武会试中额请。得旨：满洲、蒙古取中二名，汉军取中三名，奉天取中一名，直隶取中六名，陕甘取中四名，广东取中五名，河南取中五名，山东取中五名，江苏取中二名，安徽取中二名，山西取中四名，湖北取中一名，湖南取中一名，四川取中二名，广西取中一名，福建取中二名，浙江取中三名，江西取中二名，云南取中二名，贵州取中一名。

九月戊子　以大学士托津为满洲翻译乡试正考官，工部右侍郎龄椿为副考官。

九月辛卯　谕：邱树棠奏，武闱外场，请派委城守尉随同阅看骑射一摺。各省考试武举外场，向来督抚如系汉员，照例咨调提镇来省同考。该省本科武闱乡试着仍于太原、大同二镇总兵内咨调一员来省，会同考试，无庸派委城守尉阅看。

九月辛卯　山西巡抚邱树棠奏，臣前在部曹，曾学骑射，抵任后，随时练习，以期考察将弁，选士事同一律。今晋省举行壬午科武闱乡试，臣兼管提督，似可毋庸咨调总兵、副将来省。得旨：步射、骑射系属二事，不可目而为一，以汝之言言之，各省学政将何以校阅武童乎？而总督内汉人甚多，又何以统饬营伍乎？即以武闱而论，弓刀石汝又能为之乎？总不必用心外饰，反失从实之义。有督率之责者，要在公明勤慎，不逞己意，不受欺蔽，不为瞻徇嘱托之事，一秉大公，权衡去取，众无怨言则善矣。汝其识之。

十月壬寅　试中式武举程三光等五十五名于太和殿前。

十月甲辰　御紫光阁，阅中式武举马步射。

十月乙巳　上御箭亭，阅中式武举技勇。

十月乙巳　御乾清宫，引见中式武举，亲定甲乙。赐一甲张云亭、李书阿、程三光三人武进士及第，二甲马彦彪等五人武进士出身，三甲福成等四十七人同武进士出身。

十月辛亥　谕军机大臣等：韩鼎晋奏闽省学校事宜一摺。据称，闽省文武生员缘事不结之案，新旧积至一百三十余起之多，久者一二十年，近亦数年不等，州县等因无关处分，任意延宕，应令学政将每年已销、未销数目，查明汇奏。又地方官押令生员跟拘人犯，往往案据未明，不由分辩，擅押班馆，甚至责子拘父，责弟拘兄，大乖伦理，应请严行查禁。至生员犯案，必确有证据，始准详革，讯属无干，依限即时请复。其各属府试、院试，士子由籍赴郡，远近不一，艰于旅费者甚多，请将府院连试等语。各直省士习淳漓不一，其不守卧碑者固宜严办示惩，而安分读书者亦宜曲加体恤，以培士气。该副都御史所奏四条是否可行，着赵慎畛于到任后，会同新任学政沈维鐈悉心妥议。各州县有士子牵连控案，任听差役原告捏禀拖累及率请斥革衣顶者，查明严禁参办。其府院连考，并着查明各属情形，酌量办理。韩鼎晋原摺，着发给阅看，将此谕令知之。

十月乙卯　以刑部右侍郎程国仁为顺天武乡试正考官，内阁学士史致俨为副考官。

十月甲子　谕：御史溥治奏武闱考试请归简易一摺。武乡会试向有出号弓，原以试其人之挽强与否，其能从容满引入彀者，自较头号为优。本年朕亲遴新科武举一甲进士张云亭等，皆系出号之弓，且能开挽从容，是以拔置一甲。如该御史所奏，将出号弓裁汰，是于武闱较试之道，全然不晓矣。其所请酌改考官进内场日期，系为节省一日费用起见，不知大体。妄思更变旧章，甚属纰缪，所奏不可行。

十一月辛未　赏顺天等省乡试年老诸生邹廷显等二十五名举人、副榜有差。

十二月乙巳　谕内阁：御史赵柄奏请慎核改教，以重学校一摺。所奏是。国家教化之兴，由于劝学，各省教职，得一品端学裕之员尽心化导，于士习民风，均有裨益。近日各省甄别州县，凡才具平庸、不谙吏治、年力就衰各员率请改教。此等衰庸之员，即令司铎，安望其实心化导，克称厥职乎？如该御史所奏，或因误公亏项，避重就轻，或因替人腾缺，设法量移，特借出身名目，藉以见好市恩，腾缺量移，事无确据，亦不可空言妄论；而避重就轻、市恩见好之处，在所不免。溯查乾隆五十一年，钦奉圣谕，各省知县已经得缺，到任数月后，不胜民牧者即以原品休致，概不准复行改教等因。钦此。煌煌圣训，永当遵守勿替。嗣后，各直省督抚于才不胜任之知县，如未经得缺，将该员品学尚堪秉铎之处切实声明，仍酌量奏请改教，其实缺人员，履任在半年外者，才不胜任，即概予休致，不得因其正途出身，率请改教。该督抚务各秉公甄别，尤不得因有此旨，将阘茸各员一味姑容，转致贻误地方也。将此通谕知之。

十二月壬子　赏江苏等省乡试年老诸生李步云等二十六名举人、副榜有差。

道光三年（1823年）

正月甲午　以工部右侍郎顾皋、通政使司通政使奎耀知贡举。

三月乙亥　以大学士曹振镛为会试正考官，礼部尚书汪廷珍、吏部左侍郎王引之、户部右侍郎穆彰阿为副考官。

三月丙子　命工部尚书初彭龄署教习庶吉士。

三月丙戌　谕内阁：陈若霖奏，审明贡生呈缴贡单一摺。前因四川平武县贡生唐开兰以该省学政将该生恩贡改作岁贡等情呈控，当交该督讯明具奏。兹据查明唐开兰出贡次序，前任学政聂铣敏误将该生作为恩贡，虽续经查明更正，而文内有如其执拗，解辕惩办之语，以致唐开兰怀疑妄控，究系错误。聂铣敏着交部察议。

三月戊子　礼部以宗室会试中额请。得旨：取中四名。

三月庚寅　礼部以会试中额请。得旨：满洲取中九名，蒙古取中三名，汉军取中五名，直隶取中二十二名，奉天取中二名，山东取中十九名，山西取中十一名，河南取中十一名，陕甘取中九名，江苏取中十九名，安徽取中十五名，浙江取中二十三名，江西取中十九名，湖北取中十一名，湖南取中九名，福建取中十二名，台湾取中一名，广东取中十名，广西取中六名，四川取中七名，贵州取中七名，云南取中十名。

三月乙未　命嗣后圆明园庶吉士散馆考试等事无庸派内务府大臣监试。

四月己酉　以大学士长龄为满洲翻译会试正考官，刑部右侍郎奎照为副考官。

四月丁巳　礼部以满洲翻译会试中额请。得旨：取中四名。

四月戊午　引见壬午科散馆及补行散馆人员。得旨：此次翰林散馆之修撰戴兰芬，编修罗文寯业经授职，其清书二甲庶吉士蔡赓扬、李菡、曾元海，汉书二甲庶吉士翁心存、易曰廉、冯赞勋、陈宪曾、李儒郊、徐述虔、葛天柱、王煜、江于泗、陈嘉树、李棠阶、豫益、继志、陆建瀛、岳镇南、曾望颜、文庆、恩桂、方传穆俱着授为编修，三甲庶吉士温葆淳、龚文焕、许冠瀛、受庆俱着授为检讨，王藻、陶青芝、顾元恺、况澄、王治俱着以部属用，黄宅中、金石声、冯登府、胡霖苍、叶桂、彭宗岱、马疏、舒梦龄、许有韬、滕子玉、莫树椿、浦曰楷、王炳、陈熙健俱着以知县即用，马方钰、赫特赫讷俱着归班铨选。

四月己未　以大学士长龄、吏部尚书卢荫溥、户部尚书黄钺、兵部尚书王宗诚、刑部尚书那清安、兵部右侍郎朱士彦、刑部右侍郎史致俨、内阁学士陈嵩庆为殿试读卷官。

四月庚申　策试天下贡士杜受田等二百四十六人于保和殿。制曰：朕仰承昊苍眷佑，祖考诒庥，履位以来，于今三载，幸海宇乂安，国家无事。思与天下臣民同乐太平，允臻上理。而朕怀兢业，惟虑风化之未淳，主术之或怠，听言之未广，民生之未裕，周咨博采，罔敢少康。尔多士弹冠而来，必有嘉谟，用裨朕治。学校者，人才之本，风化之原也。虞廷有教胄之训，周官重成均之职，化民成俗，实基于此。朕躬临辟雍，讲学兴礼，非徒盛三雍之上仪，修汉唐之故事也，亦惟多士观听，庶知向风耳。夫礼乐何以防民？教训何以正俗？师儒何以有得民之责？庠序何以为明伦之地？崇儒重道，何以驯致太平？讲让兴贤，何以潜消匪僻？建首善以励天下，何以远迩会归？端士习以振民风，何以本末维系？辅世长民之道，明德新民之学，必有能识其要领者。毋第以环林璧水，徒以揄扬之词进也。自古求治之主，罔不躬行节俭，为天下先，然考其心迹，诚伪判焉。茅茨土阶，鈇衣挛领之世尚已，三统而降可得而言。汉文帝衣绨履革，蒲席韦带，屏雕文之饰，惜中民之产，其视初元建平之代，罢齐三服官、易帷帐、去锦绣者何如也？厥后令辟亦知克己，焚翟裘、毁筒布，以萧何壮丽之对为非雅言；又其甚者，一冠三载，一衣屡浣，俭矣。然或盛衰殊途，始终异辙，岂徒俭不足以示国欤？抑务名不求其实欤？朕仰思《禹谟》勤俭之训，永怀《商书》俭德之言，欲使天下黜华屏欲，治登淳古，何道以致之？朕观郅治之世，必有论思献纳之臣辅翼左右，而人主亦复虚衷下问，翕受敷施，所以上下一德，民受厥福也。尧有衢室之问，舜有总章之访，夏禹闻善则拜，殷汤好问则裕，文武咨询于虞虢，访问于箕子，帝王御宇，未有不以询事考言为先务者。后世令主，非无勤勤之言，恳恳之求，然或旒纩上辟，刍荛下遗，白兽之尊徒设，肺石之函莫启，即有听纳，或慕虚名，急于进言，未遑详察。盖非明不足以察其言，非断不足以行其言，若泛然受之而无所别于中，将亦悠然容之而莫能区处于外矣？取舍之宜，厥惟艰哉，明断之本，可得闻欤？昔大禹尽力于沟洫，以备水旱之虞，其功尚矣。然因其利而利之者，代不乏人，故郑渠凿而秦人富，蜀堋成而沃壤兴。汉唐循吏，所以衣食其民者，莫不以行水为急务。畿辅大川有五，南北运河、永定、清河、滹沱是也。今欲南北运河入海之路畅达，何以使下游无阻？滹沱会合之水甚众，何以免横溢之虞？清河以两淀为渟蓄，何以疏瀹深通？永定为山水所会归，何以沙淤不积？或者又谓治河之吏，知有堤而不知有河，密于修防，疏于浚导；营田之吏，知有田而不知有河，利其淤垫，忘其涨塞。夫五行之材，水居其一，用之善则灌溉可资，用之不善则泛溢为患，将欲兴利除害，何道而尽善焉？凡此四者，皆经国之大猷，立政之本务。夫蓄疑而不问，主术之疏也；博学而不达，士林之恧也。考之于古，验之于今，何去何从，孰得孰失，多士其悉言无隐，朕将亲览焉。

四月癸亥　御乾清宫，召读卷官人，亲阅定进呈十卷甲第。

四月甲子　上御太和殿。传胪。赐一甲林召棠、王广荫、周开麒三人进士及第，二甲杜受田等一百七人进士出身，三甲汪封渭等一百三十六人同进士出身。

五月庚午　命翰林院编修祁寯藻提督湖南学政。

五月甲戌　命协办大学士户部尚书英和、吏部左侍郎王引之教习庶吉士。

五月甲戌　授一甲一名进士林召棠为翰林院修撰，二名进士王广荫、三名进士周开麒为翰林院编修。

五月丁丑　引见新科进士。得旨：一甲三名林召棠、王广荫、周开麒业经授职外，杜受田、鲍寯、卞士云、陶福恒、岳维城、常太淳、黄仲容、汪世樽、高树勋、池生春、鲍文淳、李品芳、杜中士、张琴、孙瑞珍、沈拱辰、王成璐、郑荣九、丁善庆、刘源灏、褚登、孙济、韩振欧、黄士瀛、李彦彬、黄爵滋、胡德璜、觉罗普庆、万家福、周良卿、梁宝常、丁铠、李莼、李菡芳、王燕堂、宗室华德、石景芬、郑敦亮、周仲墀、万贡珍、蒋方正、林士傅、袁履方、和色本、曾毓璜俱着改为翰林院庶吉士，管遹群、张晋熙、叶沅、江绍憘、黄福垕、董作模、汤鹏、郝善、黄光焯、保肇基、许球、田润、米绘裳、马利文、王用宾、陈克让、何允元、谢鹤翎、寻步月、刘恺、王有树、黎攀镠、吴式群、沈濂、熊光大、胡长庚、齐斌达、朱銮廷、李龠通、刘裕珍、朱鸣英、宗室奕幂、岳魁、王仁照、宗室海朴、梁葆庆、马文波、文懿、赫特贺、虞协、何大经、成山、王懿德、林彭年、冯德馨、吉明、胡嗣瑗、王志超、毛含昱、丁建业、宗室文溥、雷鸣俱着分部学习，靳登泰、张敦道、张兼山、刘功杰、赵文麟、林丹云、曾际虞、林树仪、张大业、郭道生、周含万、陈凤来、史秉直、郭梦龄、虞烘、董桂科、秦福照、徐应照、汪霈原、文光、张珍臬、陈师鲁、沈逢恩、张于淳、瑞光、余福谦、陈凤图、曹春晓、陆嗣渊、富明阿、李敏贤、高中谋、陈希敬、庆恩、毕楷、郭维暹、汪封渭、李锦源、刘承本、郭安钰、钟章元、赵任、胡允珍、贾宝廷、靖厚钦、刘家麟、黄迪策、袁应城、陈盛朝、蔡发甲、张希哲、唐价人、张恩溥、周起岐、魏嵩、华时中、罗定约、张映炜、朱性堂、范秘桂、陈志魁、李万仓、特克兴额、丁良弼、荆槐芳、刘本清、陈遇隆、江文炜、白荣西、田瑞瑛、林萃禧、阎汝舟、罗仲玉、魏儒珍、刘筑岩、李百龄、周之瑀、梁舆、李超凡、苏捷卿、黄云书、宁云程、王垲俱着交吏部掣签，分发各省，以知县即用。额外主事史致蕃着以六部主事即行选用。余着归部铨选。

五月丙戌　谕：萨秉阿奏，请拨项生息，赏给旗籍举人会试及引见员弁盘费等语。福建距京遥远，驻防八旗满洲汉军文武举人进京会试，资斧维艰。加恩，着照所请，准其于闽海关库贮平余、罚科、截旷三项闲款存银内拨银一万两，发商一分生息。

遇会试之年，每名除照例由藩司给水脚银三十余两外，加赏银四十两。该部知道。

五月丁亥　移四川太平厅驻城口，作为城口厅，定学额文武生各三名，廪增生各七名。仍改太平厅为太平县，以巴州所属锅团园等处地方隶之，定学额文武生各六名，廪增生各十五名。裁巴州文武生各一名，廪增生各二名。从总督陈若霖等请也。

五月辛卯　奉天府府丞兼学政程同文因病解任，以太仆寺少卿彭浚为奉天府府丞兼提督学政。

六月己未　谕内阁：礼部议覆，河南学政吴慈鹤酌改管束拨府文武生员章程。着照所议。嗣后，各直省拨入府学文武生员，除由附郭州县拨入者仍归府学管束外，其余无论里数远近，即令本州县学严加管束。该府学教官仍一体查察，不得藉词推诿。倘有徇纵情弊，将该教官等一体查参。所有附郭诸生月课仍在府学。至各州县拨府文生，距府学较近，即赴府学应课；距州县学较近，即赴州县学应课，并着于取进时，分别报明，填注学册，以凭督课。其岁科考试帮补出贡等项仍归府学办理。着通谕各直省学政，一体遵行。

七月己巳　谕内阁：向例八旗童试入场之日，由各该旗派出参佐领、领催等亲行识认，所以重甄拔而除积弊，定例綦严。乃日久视为具文，并不当堂识认，以致顶替代倩，诸弊丛生。本日，毛式郇等奏，考试汉军文童，镶蓝旗派出识认章京陈庆祥无故不到，殊属藐玩。着交兵部照例议处。经此次饬谕之后，倘屡训不悛，各旗派出之员仍复托故不到，一经参奏，必将该员从重议处不贷。

九月丙子　以兵部右侍郎朱士彦知武举，吏部左侍郎王引之为武会试正考官，都察院左副都御史韩鼎晋为副考官。

九月庚辰　兵部以武会试中额请。得旨：满洲、蒙古取中二名，汉军取中三名，奉天取中一名，直隶取中七名，陕甘取中四名，广东取中六名，河南取中六名，山东取中五名，江苏取中二名，安徽取中三名，山西取中四名，湖北取中二名，湖南取中一名，四川取中二名，广西取中一名，福建取中三名，浙江取中三名，江西取中五名，云南取中二名，贵州取中二名。

九月庚寅　赏故大学士朱圭曾孙甘霖举人，一体会试。

九月甲午　谕：此次覆试武举，弓刀石力不符者有十八名之多，足见该王大臣等未能实心校试，深辜简派之意。所有崔瑄、罗三元、马良瑞、校建堂、陈六韬、刘珽、潘鹤龄、艾嘉会、李汇升、尹浩、吴履谦、常升阶、刘桂茂、赵万春、许从虎、丁冠甲、叶杨枝、刘振武俱着罚停殿试一科。原监射大臣绵忻、玉麟、富克津、顾德庆、和世泰、耆英俱着交宗人府、吏兵二部，照例议处。

十月庚戌　试中式武举刘国荣等五十一人于太和殿前。

十月壬子　修江苏新阳县仓廒，暨昆山、新阳二县试院。从巡抚韩文绮请也。

十月癸丑　御紫光阁，阅中式武举马步射。

十月癸丑　安徽学政、内阁学士徐颋因病解任，命太仆寺少卿张鳞提督安徽学政。

十月甲寅　上御箭亭，阅中式武举技勇。

十月甲寅　御乾清宫，引见中式武举，亲定甲乙。

十月乙卯　上御太和殿。传胪。赐中式武举一甲张从龙、史殿元、黄大奎三人武进士及第，二甲龚继荣等六人武进士出身，三甲何府等四十四人同武进士出身。

十月丙辰　奉天府府丞兼学政彭浚奏报，岁考事竣。得旨：关防严密，簠簋谨饬，铭心不可忘也。

十月丙辰　赠故内阁学士徐颋侍郎衔，予祭葬，并赏其子四品荫生纶举人，一体会试。

十月庚申　赏广东等省壬午科乡试年老诸生余普等四人举人、副榜有差。

十二月己亥　谕内阁：御史黄德濂奏请慎重选拔等语。各学选拔贡生，朝考后取入一二等者，即分别录用小京官及知县、教谕等职。其登进之阶视他途为较捷，自应遴选得人，方足以资任使。且考试时并不糊名易书，该学政按试州郡，于士子根柢见闻较为真切。夫士先器识而后文艺，一州一县之中，必有行谊敦笃、素为乡里矜式之人。有校士之责者，固宜比较文词之高下与字画之工拙，而尤必以器识为先，若专凭文艺，是舍本而逐末矣。现当选拔届期，着通谕各直省学政，务求经明行修、堪备国家任使者，于现在举行岁科两试时，豫为察访，以充是选。至该御史奏称，不得轻听教官之言，致启奔竞营求之渐，所奏甚是。惟在各该学政公正自持，精心鉴别，则真材自出，诸弊不难肃清也。

道光四年（1824年）

二月戊申　谕：嵩溥奏，筹增省城书院经费一摺。粤西省城秀峰、宣城两书院肄业生童，近来就试人数较多，膏火不敷支给。据该署抚查明司库内膏火项下，历年盈余。按道光三年岁底册报现存银三千七百余两，又续收银七百余两，共存银四千四百余两，除留备道光四年支用膏火外，尚余银三千两，着准其提出置买田亩。每年所得租谷粜价，即以增添膏火，或于每年甄别之期，多为录取。俾单寒之士藉以专心肄业，用示朕雅化作人至意。

二月己酉　谕：举人侯执璧系包衣汉军，误由满洲籍贯考试取中，本应斥革。惟该举人从前考试时，其年尚幼，系伊父误为报考，以致籍贯舛错。今自行据实呈明，与被人首告及该管官查出者有间。着免其斥革，罚停会试一科，仍改归包衣汉军籍贯。其误行咨送之该旗官，着查明交部议处。

二月癸亥　礼部议奏，四川绥定府由州改府，应添拔贡一名。绥定府属之新宁县，忠州属之梁山县，向额共拔一名，应令轮流选拔。其岁贡向系三年轮流两贡，应改为三年自行一贡。允之。

三月癸未　以顺天府府丞卓秉恬为奉天府府丞兼提督学政。

四月癸丑　谕：本日皇考仁宗睿皇帝圣训实录告成，朕祗肃受书，实深欣庆。除现已降旨将在馆各员及执事人等一并施恩，交部查照旧例优叙锡赏外，溯思开馆以来，所有在馆臣工等皆能尽心编辑，各矢勤劳。此内监修总裁、正副总裁在馆四年，始终经理其事，允宜特加优奖。大学士曹振镛着加恩赏戴花翎，长子候选员外郎曹恩滢着遇缺即补，次子监生曹恩溁着赏给举人，准其一体会试；大学士戴均元长子、候补员外郎戴诗亨着加恩遇缺即补，长孙监生戴嘉秀着赏给举人，准其一体会试；协办大学士、尚书英和着加恩赏加太子太保衔，长孙锡祉至十八岁即交吏部带领引见，遇缺即补；尚书汪廷珍次子汪报闰着加恩赏给主事，长孙监生汪承佑着赏给举人，准其一体会试；休致大学士伯麟前已赏食半俸，着加恩赏食全俸；尚书文孚着加恩赏太子少保衔；侍郎王引之长子、候补主事王寿昌着加恩遇缺即补；侍郎博启图前在馆三年有余，着加恩赏戴花翎。以示朕推恩懋赏，嘉奖勤劳至意。

四月辛酉　定翻译进士出身之小京官笔帖式推升汉字堂主事例。吏部奏，六部汉字堂主事例应将科甲出身人员升用，文进士、文举人出身之小京官笔帖式既准一体论俸升用，则翻译进士自应与翻译举人一律办理。应请嗣后翻译进士出身之小京官笔帖式准其与翻译举人一体推升，统俟文进士、文举人出身人员升用五缺后，将翻译进士、举人出身之员通行论俸升用一人。如此核办，庶翻译进士、举人升用咸归画一。从之。

五月丙戌　谕内阁：晋昌等奏，宗室觉罗学生不敷应考额数，请展限考试一摺。盛京宗室觉罗学生，现届五年应行考试之期，据该将军等查明额数不敷，请展限办理。着照所请。准其展限五年，俟届期足敷应考额数，再行咨报宗人府奏请考试。

五月丙戌　谕：毛式郇奏，选拔届期，请饬禁积弊一摺。各学选拔贡生为抡才巨典，前经通谕各直省学政，务选经明行修之士，以副旁求。然欲选拔真才，必先剔除积弊。兹据毛式郇奏称，访闻直隶省，每遇选拔之年，各学学书门斗、各府州县书吏及学政衙门书吏、门丁均有卷费、册费、考费各项陋规名目，似此藉端需索，殊干例禁。且选拔试卷，例不糊名，当该学政扃门校阅之时，尤难保无不肖之徒，在外招摇撞骗，不可不严行申禁。着直隶总督即通饬各府州县及充当提调各员，于科试选拔时，认真严密察访。如有匪徒在该地方招摇撞骗，立即严拿，按律惩办。其卷册考费及一切陋规着概行禁革。并着该督出示晓谕各属应试拔贡生员，倘仍有书斗、门丁等需索抑勒情事，准该生赴提调官衙门禀诉，从重惩治，以肃关防而慎登进，毋得视为具文。

五月庚寅　谕：陶澍奏，查审安徽捐职州同佘蟠呈控廪生等阻考，定拟请旨一摺。此案佘蟠曾祖佘汉功，于康熙年间由定远县迁居六安州，至佘蟠、佘步蟾子弟出应州试，该州生童均以佘姓家世卑贱，不敢承保，先后递相攻讦。佘蟠复赴礼部呈请归入寄籍，当经发交陶澍亲提查办。兹据该抚详加察核，比例定拟，所有佘蟠等入籍捐考，着准其照削籍之乐户、丐户，以报官改业之人为始，下逮四世，清白自守，方令报捐应试。惟佘蟠、佘步蟾等距伊祖佘通海改业尚止三世，着仍不准捐考。所捐职员监生即行一并斥革。其佘蟠之子侄现已年例相符，着准在六安州入籍，报捐考试，毋许该士民再有阻挠。该部知道。

五月辛卯 命太仆寺少卿陈廷桂为奉天府府丞兼提督学政。

六月丙午 谕：嵩孚奏，省城书院筹增课额膏火一摺。湖南省城南书院，自改为通省书院以来，各属士子咸思肄业。因原定额课较少，经费不敷，于岳麓书院课额内抽出拨补。但此增彼减，不足以广教育。现据该抚奏称，将岳麓书院拨出之额仍行拨还，拟于该书院增生监正课二十名，附课十名，应给膏火等项每岁共需银六百二十两。查，司库有从前绅士捐建贡院号舍余剩银两及积存无关支用闲款，并盐道库节年支剩膏火各项内，共可提银六千二百两，发商生息。着将每年所得息银六百二十两，责成该盐道收支，妥为经理，俾生童等共资讲习，用副朕广育人才至意。

六月壬子 谕：富俊奏，遵旨筹护双城堡建盖义学、严禁屯丁过江樵采一摺。吉林双城堡移驻京旗闲散，年限未久，幼丁无多。据富俊查明，请于中左右三屯公所各建义学三间，足资课读。着照所议。除中屯义学前经动项办理，无庸另建外，其左右二屯义学各三间，准其于双城堡封堆内、边沿闲地官租项下拨给钱四百串，饬令妥为修盖，并每年拨给三屯束修膏火等项钱各二百串。于甲兵、屯丁闲散内择其通晓清汉文者，作为教习，责成该协佐领等随时稽查，认真董率，务收实效，不可日久废弛。

八月乙丑 谕内阁：程祖洛奏，筹议移建省城书院一摺，河南省城大梁书院地处湫隘，难以栖止。据该抚查明，省城内旧有捐建备用官房一所，堪以改建书院，一切经费经该抚等捐资办理。着照所请，准其将此项备用官房地址改建书院，俾中州士子藉资肄业，用副朕教育人材之至意。

十月癸亥 谕内阁：礼部查奏，扬州府学生员张锡嘏呈控姚澍滕补伊故父岁贡遗缺一案。着交江苏巡抚张师诚提齐人证卷宗，彻底清查，秉公核办。原告张锡嘏交兵部解往备质。向例，考贡定有限期，不准逾限。该省造送岁贡册籍迟延遗漏，致滋弊窦。嗣后，各省学政统于每岁考贡后，在封印以前，造册送部，如逾限一月，不行出咨，着礼部将该学政指参，交部严加议处。

十月乙亥 礼部奏，顺天府经历辛鹏云，由荫生选授，可否照小京官例，一体乡试。得旨：着准其乡试。

道光五年（1825年）

三月乙卯 谕内阁：河南省城大梁书院地处湫隘，前经程祖洛奏请将备用官房一所改建书院，并由该抚等捐资办理。当经降旨准行。兹据奏称，现已落成。从前康熙年间奉有御赐扁额，业于移建后，祗加丹雘，敬谨悬挂。该省书院经此次移建之后，多士得资肄业，更可收观摩之益。着加赏御书扁额，交该抚摹泐悬挂，用示朕乐充人才至意。寻颁御书扁额曰：正学渊源。

四月癸亥 以本年乡试，考试应开列试差人员于圆明园正大光明殿。

四月甲子 谕：昨日考试试差人员，翰林院编修陈嘉树试卷被修撰陈沆误行携出宫门。经监试王大臣等向陈沆要进，因令军机大臣传问，实系彼此坐次相连，陈嘉树完卷后，收拾考具，将试卷置陈沆坐上，遂致陈沆误行带出，并无别项情弊。惟考试大典，该员等漫不经心，均有不合。陈沆着交部议处，陈嘉树着交部察议。

五月丁亥　以翰林院编修邵甲名为云南乡试正考官，内阁中书端木坦为副考官；翰林院编修曾元海为贵州乡试正考官，刑部主事陆尧松为副考官。

五月庚子　以翰林院侍读毛树棠为广东乡试正考官，吏科给事中陶廷杰为副考官；翰林院编修周作楫为广西乡试正考官，王煜为副考官；右春坊右中允翁心存为福建乡试正考官，翰林院编修陈兆熊为副考官。

五月辛亥　定满洲、蒙古考职例。由恩拔副贡生考取一等者以州同用，二等、三等以州判、县丞用，由岁优贡生及考中监生、捐纳贡监生考取一等者以主簿用，二等以吏目用，均在旗候选，毋庸赴部投供。

五月壬子　以翰林院编修张日晸为湖南乡试正考官，内阁中书石纶为副考官；翰林院编修李棠阶为四川乡试正考官，兵部员外郎周炳绪为副考官。

六月己巳　以署户部右侍郎王鼎为浙江乡试正考官，户科给事中赵柄为副考官；大理寺卿福申为江西乡试正考官，京畿道御史李逢辰为副考官；司经局洗马许乃普为湖北乡试正考官，江南道御史王赠芳为副考官。

六月丁丑　以兵部左侍郎宝兴、顺天府府尹朱为弼监临顺天乡试，

六月丁丑　准江西前任浙江巡抚、降补礼部郎中杨頀重赴鹿鸣宴，赏四品顶带。

六月己卯　以礼部右侍郎刘彬士为江南乡试正考官，翰林院侍讲学士陈用光为副考官；詹事府少詹事龚守正为陕西乡试正考官，翰林院编修李泰交为副考官。

七月辛卯　以翰林院编修朱襄为河南乡试正考官，邵正笏为副考官；内阁学士朱方增为山东乡试正考官，翰林院侍读文庆为副考官；编修冯赞勋为山西乡试正考官，蔡赓扬为副考官。

七月甲午　谕内阁：蒋攸铦奏，京县承办乡会试科场，请筹加津贴一摺。顺天贡院办理文乡会试，一切供给器具，向由直隶藩库地粮项下，给发大兴、宛平两县分领承办，作正开销，惟需用浩繁，近年物价昂贵，例销银两不敷。若由该二县挪移垫用，易滋亏缺之弊。该督等奏请筹加津贴，俾得经理裕如。着照所请。除翻译及武乡会试并各项考试均有例支正项，毋庸津贴，及文乡会试科场例销一切，仍旧支领，毋庸加增外，嗣后，准于初次盐斤加价水利生息项下犒赏兵丁余剩银内，每届文乡试津贴银四千两，文会试津贴银二千两，如遇接办恩科，文乡试酌减为三千两，文会试酌减为一千五百两，饬令大、宛两县各半分领。即自本年乙酉科为始，拨给备办。此系在外不报拨之款，着毋庸造册报销。

七月丁酉　谕内阁：向例凡遇恩诏，恩贡之额准乎岁贡，从无岁贡轮考、恩贡独改为分考之理。据礼部查明，四川华阳、成都二县辄以附郭首邑，各出恩贡一名，殊违定例。着该学政即查明更正。该二县此次多出恩贡三名，仍照应贡年分，以次递推，作为豫考岁贡。嗣后，如遇恩诏，该二县即照轮考岁贡之例，轮考恩贡一名，以符定制。

至历任礼部堂官未经查出指参，姑念历年久远，且在屡次恩诏以前，均着免其交议。所有四川历任学政办理错误，究竟始自何年何人，仍着该部详细查明具奏，再降谕旨。

七月乙巳 谕内阁：前因礼部奏，四川华阳、成都二县轮考恩贡舛错。降旨交该部查明，办理错误之学政始自何年何人。兹据奏称，自乾隆年间，初次办理恩贡即属错误。念历年久远，官非一任，其舛错并非始自近年，所有现任四川学政吴杰及历任学政，俱着免其议处。

七月庚戌 命翰林院编修蔡赓扬提督山西学政。

八月丙辰 准江苏降休道员王念孙重赴鹿鸣宴，赏四品衔。

八月丁巳 命翰林院侍读学士彭邦畴提督顺天学政，礼部左侍郎汪守和提督安徽学政，大理寺卿福申提督江西学政，兵部左侍郎朱士彦提督浙江学政，刑部右侍郎史致俨提督福建学政，调河南学政吴慈鹤提督山东学政，命翰林院编修朱襄提督河南学政，冯赞勋提督陕甘学政，河南道御史王赠芳提督湖北学政，翰林院编修潘光藻提督四川学政，右春坊右中允翁心存提督广东学政，翰林院编修周作楫提督广西学政，李棠阶提督云南学政，调贵州学政程恩泽提督湖南学政，命司经局洗马许乃普提督贵州学政。奉天府府丞兼学政陈廷桂、江苏学政辛从益、山西学政蔡赓扬均留任。

八月庚申 以兵部尚书玉麟为顺天乡试正考官，都察院左都御史姚文田、户部右侍郎顾皋为副考官。

八月辛未 谕内阁：本年乙酉科顺天乡试，皿字号应广额十五名，南北皿着各广额七名，其零数一名，即作为中皿广额。

八月甲戌 顺天府以宗室乡试中额请。得旨：取中九名。

九月丙戌 吏部奏，都察院笔帖式麟魁轮选堂主事到班，该员复中式癸未科贡士，因丁忧未经殿试，可否俟朝考引见后，再行办理。得旨：麟魁着暂停铨选，俟明年补行殿试引见后，再行照例办理。

九月丙申 以正蓝旗汉军都统普恭为满洲翻译乡试正考官，工部右侍郎耆英为副考官；都察院左都御史松筠为蒙古考官。

十月甲子 以吏部左侍郎王引之为顺天武乡试正考官，翰林院侍讲学士潘锡恩为副考官。

十月乙丑 调任山理学政吴慈鹤奏报抵任。得旨：学校修明，固属职所当然。至地方公事，亦要留心查访，顺便据实密奏，总要公正乃心，视国事如家事，不可沾染外官习气，动辄朦混瞻徇也。果能实心为国，方不负简调之意，密之慎之。

十月丙子 浙江学政朱士彦奏报抵任。得旨：看汝人甚朴实，衡文固是职所当然，即地方公事，官吏贤否，亦应随时密察密奏。毋负简用之意，慎之密之。

十一月丙戌 赏山东等省乡试年老诸生孙得申等六十名举人、副榜有差。

十一月戊申 谕内阁：御史刘尹衡奏，请严禁文武乡会试积弊一摺。国家设科取士，必先严除弊窦，方能拔取真才。如该御史所奏，文闱士子越号换卷，武闱士子向王大臣跪求加一枝箭，添一力弓，不可不严行饬禁。嗣后，文闱乡会试令巡号御史会同满汉监临及至公堂监试御史按号分查，并责成监临等常川认真巡查，以防弊混。其武闱乡会试，外场仍按定例，弓箭、刀石务期合式，不得含混取中。并着兵部先期出示，剀切申禁。如当场仍有士子跪求，王大臣即将其人扣除，不准入考。倘王大臣徇情不扣，监试御史扶同不参，别经发觉，一并议处。

十一月戊申　谕：御史刘光三奏，风闻报捐贡监及文武职衔，恐有假冒情弊。其外省捐监得实收后，五六年尚未换给执照，不无弊混。着交户部查核具奏。寻奏上。得旨：现据查明该部所定稽查章程及行文期限，较该御史所奏尤为周密简便。惟颁给直省部监各照，奉到后，诚恐奸胥猾吏勒索积压，着各该督抚转饬藩司府州县，于部照到日，即发交本人收执，毋许延压。其地方奸徒勾通熟悉捐例书役，雕刻假照，描摹印信，尤属大干法纪。并着各该管衙门，如查有伪造实据，即行严拿究办，有犯必惩，无稍疏纵。

十一月己酉　谕内阁：礼部议奏，浙江监生徐晋钞录旧文，中式后自行检举。请照该抚原奏，将该生注销举人，仍留监生等语。科场为抡才大典，钞录旧文幸中者本生斥革，例有专条。今徐晋虽讯无枪倩别项情弊，安知非虑人告发，始行自首，以为避重就轻地步，且恐将来侥幸之徒，得以援案检举，尤不可不防其渐。徐晋着革去举人，将监生照例一并斥革。嗣后，如有录旧中式之事，该部仍照定例办理，以符旧制而杜幸进。

十一月庚戌　谕：朱士彦奏请禁讼户抗粮，以端士习一摺。士为四民之首，自宜恪守卧碑，束身自爱。况钱漕系惟正之供，定例贫生交纳钱粮，以次年二月、四月为率，较平民展至数月，待士已为优厚，岂容积年抗欠？如该学政所奏，浙江杭、嘉、湖三府，近来钱漕逋欠甚多，俱系生监上控有案，包漕闹漕，抗不完纳，地方官不能催征，加以讼户名目，与讼师、讼棍无异。该生等恬不为怪，于士习大有关系，不可不严行惩办。该学政甫经到任，即出示晓谕，甚属认真。着该抚程含章会同该学政实力整顿，毋许再有讼户名目。自本年为始，始仍有不肖生监恃符抗欠，逾限不完，着即行褫革，严办示惩，毋稍姑息。

十二月乙丑　赏河南等省乡试年老诸生徐修道等五十六名举人、副榜有差。

道光六年（1826年）

正月庚寅　四川总督戴三锡奏，官绅捐赀整顿通省书院并添设义学。得旨：嘉奖。予泸州知州沈昭兴等优叙，同知衔谭金贵等议叙有差。

正月癸卯　谕：御史黄德濂奏，直省学政覆试新进童生，请仍照旧办理一摺。各省新进童生覆试旧例，先期赴学填册画保，原以杜枪冒及身家不清等弊。嗣经礼部奏准，新生覆试改由提调造册申送，该提调管辖既多，公事亦繁，于各童生有无枪冒及身家清白与否，不能如教官切近周知，必致朦混滋多，教官转得谢责。且书役、门丁串通勒索印卷册费，较各学书斗其弊尤甚。本年为各直省举行岁试之时，所有覆试取进童生着各省学政仍照旧例办理，定于正场出案之日，饬令该学教官将取进童生三代年貌、籍贯清册与覆试印卷即日并送学政衙门，听候覆试，不得藉端迟延。并仍照正场之例，黎明点名，申刻完场，不准给烛。其无故不到者，该学政查系该童迟误，方准扣除。若系教官与书斗等需索留难，即行严参惩办。总在各该学政认真稽察，毋稍瞻徇，则积弊自可肃清，不在更张成例也。

正月乙巳　以吏部右侍郎贵庆、内阁学士张鳞知贡举。

二月甲寅　礼部奏，贵州通省朱卷卷面均未填写名次，此条例无议处明文。据覆勘大臣声明，该省朱卷既经填写姓名，墨卷上亦已填写名次，至朱卷上未经先填名次，虽无关弊窦，究属疏漏。正副考官应照遗漏舛错例，各罚俸一年。从之。

二月癸酉　赏福建乙酉科乡试年老附生庄人瑞举人。

三月丙戌　谕内阁：据礼部奏，直隶咨送会试之齐介眉，该生系道光二年赏给副榜，上年并未赏给举人，辄以乙酉科赏第二名举人，由本省起文会试，殊属不合。着交那彦成查明该生因何错误，东光县知县何以并未详查，率行详请给咨，据实覆奏。如有吏胥撞骗朦混情弊，照例惩办。副贡生齐介眉着自行回籍，听候查询。

三月丁亥　以大学士蒋攸铦为会试正考官，工部尚书陆以庄、署工部左侍郎王鼎、署礼部右侍郎汤金钊为副考官。

三月庚子　礼部以宗室会试中额请。得旨：取中四名。

三月乙巳　礼部以会试中额请。得旨：满洲取中九名，蒙古取中四名，汉军取中六名，直隶取中二十三名，奉天取中二名，山东取中二十名，山西取中十二名，河南取中十二名，陕甘取中十名，江苏取中二十名，安徽取中十五名，浙江取中二十四名，江西取中二十名，湖北取中十二名，湖南取中十名，福建取中十三名，台湾取中一名，广东取中十名，广西取中七名，四川取中九名，云南取中十一名，贵州取中七名。

四月辛酉　引见癸未科散馆及补行散馆人员。得旨：此次散馆之清书二甲庶吉士李品芳，汉书二甲庶吉士孙瑞珍、陶福恒、黄士瀛、常大淳、黄仲容、刘源灏、徐宝善、丁善庆、郑绍谦、池生春、鲍文淳、汪世樽、杜受田、卞士云、高树勋、黄爵滋俱着授为编修；清书三甲庶吉士李莼、林士傅，汉书三甲庶吉士周仲墀俱着授为检讨；沈拱辰、李彦彬、石景芬、龚文龄、蒋方正、盛增、杜中士、万贡珍、宗室华德、李菡芳、鲍寯俱着以部属用；梁宝常、王燕堂、孙济、曾毓璜、胡德璜、褚登、袁履方、王成璐、郑敦亮、周良卿、张洵、岳维城、郑秉恬俱着以知县即用；和色本、丁铠、韩振欧俱着归原班铨选。

四月辛酉　以吏部右侍郎贵庆为翻译会试知贡举，大学士托津为满洲翻译会试正考官，户部左侍郎博启图为副考官。

四月己巳　礼部以翻译会试中额请。得旨：取中四名。

四月己巳　赏会试年老举人陆云从等九名司业、检讨、学正职衔有差。

四月辛未　以大学士托津、曹振镛，户部尚书黄钺、吏部左侍郎王引之、右侍郎杜堮、户部左侍郎李宗昉、兵部右侍郎武忠额、都察院左副都御史韩鼎晋为殿试读卷官。

四月壬申　策试天下贡士王庆元等二百六十五人于保和殿。制曰：朕仰承苍昊眷佑，列圣贻庥，御极以来，于今六载，寅恭夙夜，惟几惟康，举凡甄综人才之实，诘戎讲武之经，整饬士风之原，明刑弼教之要，兢兢业业，时廑予怀。兹当授简敷言，对扬伊始，咨尔多士，伫听嘉谋。夫欲熙庶绩，必藉群才。《书》曰："凡厥庶民，有猷有为有守，汝则念之。"又曰："不协于极，不罹于咎，皇则受之。"自古用人器使，岂必求备哉？然简任者人君之权，荐举者大臣之责，祁奚举贤，李克论相，后世称之，其故安在？赵武举管库之士七十，而晋君不以为多；淳于髡一朝荐七士，而齐王厌其众。将毋类聚攸殊，疑信各异欤？徐庶倾心于南阳，祢衡受知于北海，其荐贤之识，可并论欤？狄仁杰储材于药笼，吕蒙正置册于夹袋，何以得人称盛欤？国家延访人才，惟秉虚衷，能收实效，其何由祛比周之习，登公明之选欤？古者文德诞敷，不忘武备，诘戎治兵，所以辅化安民也。汉之训练，唐之讲武，宋之大阅，其法果有裨益乎？边防之策，汉唐最详，贾谊、晁错、陆贽之论，昭然具在。然自古承平日久，中外无事，武臣边帅，往往奉行具文，不能尽心简阅，劳役兵丁，虚糜饷食，流弊孔多。其何以选精锐、汰老羸、简器械、演阵法，裕于平日乎？朕万几之暇，时御弧矢，侍卫禁军，躬亲校阅，亦欲习劳肄武，为将士先耳，将何以整军饬备，戎政克修乎？士习文风，相为表里。汉初经学昌明，文章醇茂，其时绩学之士，各有师承，老儒耆德，化行乡里，沿乎末世，标榜日滋。魏晋而下逮及陈隋，文渐华缛，士多浮靡。唐代起衰，人文并蔚，初盛中晚，体以时殊。波流五代，雕琢曼词，其间人材，披沙拣金，得不偿失。宋以五纬之瑞，笃生大儒名臣，联镳接轸，故其文章淳雅宽博，炳耀一时。洎乎元明，犹承余韵，论文讲学，可溯渊源。朕典学几余，总览风会，登崇俊乂，道归朴淳。夫文辞，艺也，道德，实也，惟尔多士，敷奏以言，有先资矣。虚车之诮，何以免诸？先王制礼以崇敬，作刑以明威，刑罚明而后教化行，狱讼平而后民心服。画象不犯，厥风古已，三典既用，五听惟详。汉代循吏，治狱每多平反，论者谓得周官遗意。盖欲天下无冤民，必先朝廷无枉法。罪疑惟轻，所以广好生之德；刑与众弃，所以平万物之情。后世守令，不能尽知古人立法之意，乃至姑息养奸，游移寡断，名为慎重民命，实则屈抑民情。其武健者又或深文周内，恃才徼功，将欲清讼，不亦难乎？朕慎宪省成，惟刑之恤，申谕封疆大吏，严饬守令，明慎用刑，期于无枉无纵，辟以止辟，将何道而臻刑措之风乎？凡此者，储材以资治，讲武以卫民，敷教所以端风化，慎刑所以彰明允，是皆经国之至计，保世之远猷，援古证今，可行可法者，其要安在？尔多士读书待用，各胪所知，毋泛毋隐，朕将亲览焉。

四月乙亥　御乾清宫，召读卷官人，亲阅定进呈十卷甲第。

四月丙子　上御太和殿。传胪。赐一甲朱昌颐、贾桢、帅方蔚三人进士及第，二甲麟魁等一百十人进士出身，三甲熊炳离等一百五十二人同进士出身。

四月辛巳　命兵部尚书玉麟，协办大学士、礼部尚书汪廷珍教习庶吉士。

四月辛巳　授一甲一名进士朱昌颐为翰林院修撰，二名进士贾桢、三名进士帅方蔚为翰林院编修。

五月乙酉　引见新科进士。得旨：一甲三名朱昌颐、贾桢、帅方蔚业经授职外，麟魁、许前轸、成观宣、温承悌、孙日萱、任泰、郭道闿、朱成谷、吴廷珍、顾夔、俞东枝、汪怀、王笃、王玥、高枚、朱成烈、周启运、赵镛、陈光亨、赵兴周、程应权、鄂恒、陈熙曾、玉藻、方宝庆、朱应元、史宝徵、曾维桢、龚维琳、陈驷门、宗室德诚、徐继畬、松葰、洪锡璜、黄琮、李恩继、谌厚光、辛联玮、许尚德、邓锡畴、卢鸿翱、李嗣棠、吴仪澄、书英、宗室奕书、殷增、仇效忠俱着改为翰林院庶吉士，王汝霖、王藩、王佐业、石广均、胡梦龄、徐上镛、方宗钧、程庭桂、吴文鼎、黄丕范、宋沛霖、李舒林、胡理、边宝树、武棠、查文经、罗天池、周镳、瑞麟、王庆元、松年、宗室毓本、张庭桦、宝龄、武蔚文、李昌炽、陈士枚、吕振骐、阎临川、宋林曙、宗室伊克唐阿、方木生俱着分部学习，李秀发、汪南培、林星章、陈其鲲、赵仁基、华浚、冯𤅢、陈同、熊守谦、莫元遴、周栻、项名达、许丽京、单朝诏、游大琛、陈耀庚、龚冕、李振习、朱一琼、张虎仁、谭精品、沈峨皆、陈天泽、光朝魁、张介福、廖翱、陈之骥、郭觐辰、云茂琦、王辰、赵辉璧、张翚飞、洪燮、黄登鲸、袁正林、江之纪、钟标锦、濮瑗、顾倬櫆、刘仕望、书绅、马湘、许炳、熊炳离、成章瓒、孙天枢、易桐、蔡凤仪、段荣恩、刘志本、刘珩、何守谧、曹擢新、完迺仁、马槐、郭其观、孙尚谦、胡庆元、蓝建英、方发祥、刘守坤、高龙跃、谢廷经、卢鸿远、王发越、刘成诗、张其仁、傅绍祖、李蕴生、茹金、李澄、鲁秉礼、朱琦、葛起元、马玉麟、张兆泰、郭牖心、刘树棠、张金拔、阮莹暹、邹照、朱霭、德新、贺鹤云、杨明善、邓亮功、邱登、林联桂、王士桓、刘庆凯、徐煌、郑应仁、郑汝楫、杨邦隽、邓克兴、方炳文、赵定曾、冯云祥、赵振清、盛泰符、何星汉、杨彬、刘沛霖、庆安、刘清源、袁风清、罗登举、姚云升、王四杰、马映辰、樊嘉猷、彭泽、巴永阿、段圻、殷聚五、薛宬、徐燮钧、熊锡祺、夏铭修、贾芳林、周因培、谢树琼、薛濂、赵桐、蕴秀俱着交吏部掣签，分发各省，以知县即用。余着归班铨选。

五月乙未　谕内阁：福申奏，考试文童，有以该童生亲父、胞兄作为认保廪生者，请饬各省一体严禁。向来各省童生应试，例有认保、派保廪生互相纠察，原以防枪倩、匿丧等弊。若如该学政所奏，江西省相沿旧习，有以该童生亲父、胞兄作为认保廪生者。纵有情弊，岂能责令攻举？江西如此，他省恐亦不免，殊于立法之意未协。着各省学政通饬该省各府州县，凡有前项情事者，悉令于府州县考试时，严行禁止，以清弊窦而肃科条。

五月丁酉　吏部议准：御史但明伦条奏，京官铨选事宜，内阁中书除捐班人员补缺后仍照六年截取，其庶吉士散馆、翰林大考及新进士以中书用人员，补缺后改为五年截取。单月知州遇京升无人，将俸满记名外用之内阁中书与十五项小京官科甲出身者，按记名先后，分班抵升。从之。

六月丁卯　考试己酉科拔贡，以都察院左都御史姚文田、吏部左侍郎王引之、兵部右侍郎武忠额、内阁学士朱方增、大理寺卿杨怿曾为阅卷官。

七月丁亥 引见八旗及直省考取拔贡生文奇等四十一名，以七品小京官分部学习，刘位坦等六十九名以知县试用，常弼等七十二名交吏部询问，以教职、佐贰等官分用。

七月壬辰 谕：有人参奏，浙江学政朱士彦莅任以来，不知教化，专事威刑。无论属员、士子，稍有失误及拂意之处，辄至暴怒，立予扑责。凡生员取列一、二等及取进童生，因字画偏傍小误，概行掌责，每棚至数十人之多。教职小有错误，辄加夏楚。又创为小枷数十，令士子带枷誊录。贫生本身钱粮，间有拖欠，无论奇零小户，或一两及数钱者，悉行扣考。该侍郎终日沉湎于酒，以致喜怒任性，行为错谬。所出题目割裂太甚，竟至昧于句读，士子等不服。按试各处，其父俱随同前往，地方官一体供应。嘉兴考贡之日，竟在试院演剧，其时正场尚未发案，任令优伶出入，纵饮酣歌，使车所至，各府俱有诗词诋毁，内有“贪狼成性”及“棚规每县五百”之谣，人言籍籍，必非无因等语。学政有训迪士子之责，如拖欠钱粮扣考，尚为整顿士习起见；生童书写字体错误，未加训迪，辄行掌责，已属过当，何至创为小枷，令士子带枷誊录？教职身系职官，果有庸劣荒疏、不胜司铎之任者，只应予以参劾，尤不宜辄加夏楚。其所出题目，即防有录旧之弊，亦不应割裂字句，如所奏以“奚自曰自孔氏曰是”八字、以“季孟之间待之曰吾”九字为题，不成句读。其父随棚考试，地方官一体办差，及试院演剧等事，殊属关防不谨。程含章近在同省，岂竟毫无见闻？着即将所参各款，详细确查，据实具奏。如敢再存瞻徇回护之见，经朕派人查出，惟程含章是问，恐不能当此重咎也。将此谕令知之。

八月辛未 命詹事府詹事龚守正提督山东学政。

八月戊寅 谕：前据御史钱仪吉参奏，浙江学政朱士彦任性错谬各款，当经降旨交程含章详细确查。兹据该抚奏称，原参该学政终日沉湎，及教职小误辄加夏楚二款，查询并无其事。又，创为小枷，令士子带枷誊录一款。查系因童生夹带文字，用小枷枷号示众。所枷之人，不得入场作文，无所用其誊录。又，贫生拖欠钱粮，无论奇零，悉行扣考一款。查，系该府县教官详报欠粮扣考，所欠银米，自数两、数石至千余两、数百石不等，并非贫生小户，完粮后即准补考。所参皆属不实。惟该学政之父随棚分阅试卷；出题割截太甚，不成句读；取进童生写字错讹，令教官掌责；及嘉兴试院，于场事毕后演剧各款，原参有因而未尽实等语。浙省士风轻薄，朕所夙知，该学政遇事整顿，原无不合。惟伊父朱彬迎养到浙，只宜在署居住，不应随棚阅卷，若亦帮同校阅，岂不与干预公事者无异？试院演剧，虽系场事全竣，亦不应漫无关防。至生童剿袭旧文及字画错讹，原应豫行出示，晓谕告诫，有犯者弃置不录，究不宜出题割裂句读，取进后辄予掌责，致滋物议。此数节朱士彦不能辞咎，着交部议处。至御史职司纠察，遇有不公不法之事，原应立加参劾，然亦当访查确切。钱仪吉所参朱士彦各款，若皆属实，该学政当得何罪？今查明数款，尚出有因，而措词未免过当。且有数款查无其事，钱仪吉何得率行陈奏，念其究系言官，从宽着交部察议。

八月戊寅　浙江巡抚程含章奏，查明钱仪吉参奏学政朱士彦各款。得旨：浙江士习不端，朕所夙知，实心整顿，怨者必多，以前学政之因循姑纵，不问可知矣。吁！世道人心日下，为政者一从实整顿，则怨谤沸腾。朕为天下主，焉可不力挽颓风，昌明正学，俾臣下各扬其职，佐臻上理也？朱士彦不合之处，另降谕旨，并着程含章将此朱批摺，令朱士彦观看，谅伊必知感知惧，知朕用人听言之难也。

九月戊子　谕：本日，吏部将原任江南河道总督黎世序之子黎学淳等带领引见。黎世序前在南河，十有三年，殚忱尽瘁，久庆安澜，厥功甚伟。饰终之典，前已备极宠荣。兹黎学淳等服阕来京，朕追忆荩臣，尤深眷念。黎学淳本系正二品荫生，着加恩，以主事分部遇缺即补；监生黎学渊着加恩，赏给举人，准其一体会试；监生黎学澄着加恩，赏给副榜贡生应试。该部知道。

九月己丑　命工部右侍郎李宗昉为武会试正考官，内阁学士白镕为副考官，兵部右侍郎贾允升知武举。

九月癸巳　兵部以武会试中额请。得旨：满洲、蒙古取中二名，汉军取中三名，奉天取中一名，直隶取中六名，陕甘取中三名，广东取中四名，河南取中六名，山东取中六名，江苏取中二名，安徽取中三名，山西取中二名，湖北取中一名，湖南取中一名，四川取中二名，广西取中一名，福建取中二名，浙江取中二名，江西取中二名，云南取中一名，贵州取中一名。

九月丁酉　谕内阁：朕恭阅皇祖《高宗纯皇帝实录》，内载乾隆四十五年九月奉圣谕，“乡试为抡才大典，欲拔真才，先清弊窦。本年顺天乡试，经搜检王大臣奏拿获怀挟、传递及顶名代倩，不一而足。顺天科场，特派王大臣等于砖门、龙门逐次严查，尚有此等弊窦，何况外省稽察搜查，断不能如京师之严密”。“乃历年披阅各该抚奏摺，均以三场无弊，一奏塞责”，实因“模棱市誉，不肯认真任怨耳”。“嗣后，各省巡抚凡遇大比之期，必须实力稽查。”如有弊端，即当严加究治等因。钦此。仰见皇祖遴拔真才，谆谆训诫之至意。科场条禁，首严怀挟，诚以始进不正则士习不端，弊窦不清则真才不出，于抡才大有关系。乡会试搜检王大臣及各省督抚自宜认真厘剔，以期拔取人才。乃近年各省学政，尚有查出夹带生童交提调惩办者，至乡会试届期搜检并不认真，率以三场无弊一奏了事，视成具文。不肖士子竟有钞录成文，侥幸中式者。抡才大典，与其黜革于后，孰若剔弊于先？嗣后，乡会试搜检王大臣及各直省监临等务须破除情面，严剔弊端，认真办理。查照定例，不许携带片纸只字，一经搜出，立予褫革，照例惩办，庶足以杜幸进而裨文治。将此通谕知之。

十月乙卯　谕内阁：御史续龄奏，请严禁八旗官学积弊一摺。国家设立官学，月给廪饩，所以造就人材。各教习自宜勤加董率，俾肄业生徒认真讲习，以收师儒之益。若如该御史所奏，近年生徒入学，不过轮期画到，查学之日，教习择其在家课读者，背诵数章塞责；该教习亦只于画到查学时，始行到学；间有在学住宿者，并不教读。其宗室觉罗及咸安宫、景山各官学亦复如此。积习相沿，日就废弛，不可不严行饬禁。嗣后，各学教习及肄业生徒务须常川入学，尽心训课。并责成查学大臣及国子监堂官不时稽查，如有旷误，指名参处，毋得有名无实，日久仍成具文。

十月丙辰 谕内阁：旧例会试中式武举，因覆试不能合式，罚停殿试一科者，下届仍令覆试，积至覆试三次不能合式，即行斥革，本觉过重。自嘉庆六年改照文会试覆试停科之例，下届即准殿试，不再随新科覆试，原所以示体恤而昭画一。惟近年补行殿试者，往往技艺仍不合式，以致再行罚停殿试，亦觉纷繁。其应如何酌中定议之处，着军机大臣会同兵部妥议具奏。

十月庚申 赏安徽乙酉科乡试年老诸生方德溥副榜。

十月癸亥 试中式武举丁麟兆等五十一人于太和殿前。

十月乙丑 谕内阁：军机大臣会同兵部奏覆试中式武举章程一摺。旧例，覆试停科，下届仍令覆试，积至三次，即行斥革，固觉过重。惟概免其再令覆试，迨补行殿试时，仍不合式，转致纷繁，自应循照旧例，量为变通。仍令随同新科武举覆试，宽其斥革之罚，与以登进之阶。嗣后，武乡会试着该考官悉心甄别，除弓刀石三项皆系三号者，不准合式外，如有一二项头二号者，固为合式；即有一项头号、二项二号并三项俱系二号者，俱准合式，仍以三项头号为最优取中。覆试时，即照初次填注字号，认真考校。所有中式武举覆试技勇不符及覆试合式殿试技勇不符、罚令停科者，下届概令随同新科武举覆试，积至三次覆试不能合式，即将中式字样注销，仍留武举，准其入营差操，按照该武举科分，照例铨选。其该武举等初次覆试，因何项不符罚科者，下届即覆试何项，以归简易。至取士必严初进，各直省考试武童亦宜慎重遴选。向来取进童生，原有缺额勿滥之例，乃近时每因人数不敷，辄以技艺软弱之人，取充学额，何以杜幸进而拔真材？着通谕各省学政，嗣后，考试武童时务须一体严加选择。如人数不敷，即行缺额，毋得滥竽充数。

十月丙寅 御紫光阁，阅中式武举马步射。

十月丁卯 上御箭亭，阅中式武举技勇。

十月丁卯 御乾清宫，引见中式武举，亲定甲乙。

十月戊辰 上御太和殿。传胪。赐中式武举一甲李相清、崔连魁、丁麟兆三人武进士及第，二甲张琴堂等五人武进士出身，三甲周自超等二十三人同武进士出身

十一月乙未 谕：前因本年会试陕西举人廖冲汉、李正艳二名，未经填写亲供解部，降旨交该抚就近查询声覆。兹据礼部奏，查明该举人等填写亲供迟误，虽出有因，惟与原呈内亲赴学政衙门填写之语不符，实系托词掩饰。举人廖冲汉着自下科会试为始，罚停三科；本年中式贡士李正艳前已罚停殿试三科，着再罚停殿试三科，出结之刑部郎中惠体廉着交部照例议处。嗣后，各省中式举人均令亲赴学政衙门填写，其亲供内一律钤盖该学政印信，无许书吏需索朦混。

十一月癸卯 增设吉林伯都讷厅学额一名，长春厅学额二名。从将军富俊请也。

十二月丙辰 谕：候选刑部司狱麻燮寅在步军统领衙门，呈递条陈时弊八款，求为转奏。内惟新进士、大挑举人、拔贡等项分发知县不应即署州县，遇有缺出，应以卓异之丞卒、佐贰署理一款，系属妄言。其余尚无违碍字句。……麻燮寅着免其置议，饬

令静候铨选，无得多事干咎。

道光七年（1827年）

二月乙丑 以都察院左副都御史福申为内阁学士兼礼部侍郎衔，仍留江西学政任。

六月辛卯 谕内阁：朱士彦奏，浙省廪生向有告游学开缺，各省所无等语。向例廪生告游学，限三月补考，过限不补考者，于出贡时扣算作旷，何以该省相沿开缺，着礼部核议具奏。至佾生县试时既未服阕，何得令其混考？自应照童生之例，不准册送，以杜弊混。寻奏，嗣后，廪生呈报游学俱遵定例勒限补考，逾限不补者，开粮不作缺；限外补考者，查明逾限月日，均扣算作旷。其上届开报、下届岁考无故不到者，即照例斥革。如果系游学未归，由该教官确查详请展限，至三次岁考以外，竟行斥革，以符定例而杜弊窦。从之。

七月丙辰 命户部尚书王鼎教习庶吉士。

七月己未 谕内阁：前据鄂山以陕西举人杨浚在署襄办军务出力，奏准俟该举人服阕后，归部即以知县铨选。兹据吏部查奏，定例，各省幕宾凡籍隶本省者概不得延请，且于道光四年间曾经谕令各督抚、盐政等，嗣后，奏请一切议叙，概不准将幕友保列，所降谕旨甚明。鄂山既违例以本省人帮办幕务，又复滥行保举，着传旨严行申饬，仍交部议处。所有举人杨浚俟服阕后，以知县即行铨选之处，着即撤销。寻议：鄂山应照违制公罪例革职留任。从之。

七月己未 命翰林院编修李煌提督山西学政。

八月甲申 复还贵州永从县文童学额二名，廪生、增生各四名，于锦屏县学内裁拨。从巡抚嵩孚等请也。

八月甲午 以詹事府詹事龚守正为内阁学士兼礼部侍郎衔，仍留山东学政任。

十月乙亥 礼部议覆，大学士两江总督蒋攸铦奏，请变通江南乡试回避成例，应如所请。嗣后，籍隶江、安两省者，除巡抚、两司学政、省城道府首县仍照向例办理外，其总河巡道等官遇所属开送帘员，亦应照例回避。如所属并无入帘之官，其子弟亲族，准一体乡试。从之。

十月丁酉 谕军机大臣等：有人参奏江西学政福申，有旧家人萧三，勾通书吏幕友常川在外招摇，无弊不作。每出棚考试，必先行头站。在赣州府属勒索供应，辱骂赣县知县，致该县负气告病，后经调处乃止。又，考试瑞州府属，萧三乘轿夜出考棚，轿前有管理督学部院萧灯笼字号，士子望见，皆为诧异，有“使者废关防持衡非福，家人管督学成败由萧”对句写贴考棚，传为笑谈。又，该学政考试建昌府，有南城县知县时式敷拜为师生，该县武童李姓系县试第一名，因院考中箭一枝，央恳时式敷求情取中，士论哗然等语。学政职司考校，自应严密关防，破除情面，拔取真才，若沿途勒索供应，任听家人招摇滋弊，以致物议沸腾，殊干法纪。陈若霖、姚祖同现由湖北回京，无论行抵何处，沿途接奉此旨，即着带同司员驰驿前往江西，将原参情节，秉公查办。如该学政实有废弛瞻徇情弊，即着据实严参，不许稍有含混。此案审办完竣后，陈若霖来京覆命，姚祖同前已简放广东按察使，着即前赴新任，毋庸来京请训。将此谕令知之。

十一月癸卯　谕内阁：前因英和面奏，步军统领衙门番役缉捕得力，曾经降旨，凡番役子孙准其应试武场，出仕武职，仍不准由文途考试出仕，以示限制。兹据御史沈巍皆奏，番役入仕及番役子孙应试，请仍改归旧制等语。番役专司缉捕，原与各项执役人等无异。从前嘉庆年间，节经钦奉皇考仁宗睿皇帝谕旨，番役中得过顶带者只准暂留顶带，不准实缺补用；其子孙不准选用官职，此后亦不准再行应考等因，仰见我皇考澄叙官方，慎重名器之至意。该番役投充之初，原不问其身家清白与否，一经准其出仕，则凡身家不清者，或藉此为进身之阶，不可不防其渐。此等人役，畀以戎行重任，既非素习操防，亦复难资表率。嗣后，番役等除著有劳绩，特旨奖赏录用外，该番役及其子孙均不准应试武场、出仕武职，以符旧制而清流品。

十一月癸卯　协办大学士理藩院尚书富俊奏，吏部杂项考试多在朝房等处，防范难周，请以后概入贡院。……从之。

十一月乙巳　谕军机大臣等：朕闻江西学政福申家人萧三有招摇勒索情事，已有旨派陈若霖、姚祖同驰驿前往查办。惟到该省尚需时日，恐萧三先期探听风声，畏罪逃匿。着韩文绮不动声色，迅速查拿务获，严密羁禁，以便陈若霖等抵江西时，按款研鞫。勿令该犯潜逃，是为至要。将此由四百里谕令知之。

十二月庚寅　奉天府府丞兼学政陈廷桂因病解任，以服阕府丞彭浚为奉天府府丞兼学政。

道光八年（1828 年）

正月戊申　江西学政福申缘事解任，命光禄寺少卿吴孝铭提督江西学政。

正月己酉　谕内阁：陈若霖等奏，查办江西学政福申家人招摇勒索一摺。此案萧三即萧岱，随伺伊主出棚考试，辄敢冒充前站到处挑斥供应，索诈多赃，并吓詈办差人役，肆行无忌。又，于夜间乘坐四人轿，悬挂学政官衔灯笼，私自外出，且在署外另屋居住。种种藐法，情形可恶。若仅照所拟发近边充军，尚觉轻纵。着发往新疆给兵丁为奴，到配仍加枷号一个月，满日照例折责，以昭炯戒。江西学政福申职司考校，关防至重，乃不能约束家人，致萧三种种恣横，倚势妄为，非寻常失察可比。着交部严加议处，即回京听候部议。

正月己酉　谕：江西学政福申于家人萧三种种恣横藐玩，漫无觉察，以致物议沸腾，被人参劾。昨据陈若霖等查办奏到，业经降旨，将福申交部严加议处。直省学政声名各该督抚向于年终出具考语，密行陈奏。遇有不公不法及与舆论未协者，即应据实直陈，岂容稍有隐饰？乃琦善、韩文绮具奏学政福申声名摺内，均称场规严肃，关防慎密，并无弊窦。可见该督抚蹈官官相护之陋习，视为具文，徒以一奏塞责。韩文绮近在同城，见闻自确，乃并不留心查察，其咎较重，着交部议处。琦善驻劄江南，相隔稍远，着交部察议。嗣后，各督抚于该省学政务当随时留心察核，于年终出具考语，秉公据实，不可稍有含混。经此次训谕之后，倘仍相率缄默，不肯直陈，或别经发觉，或被人纠参，必将该督抚重惩不贷。将此通谕知之。

正月壬子　谕内阁：吏部议将福申照纵容家人长随招摇诈骗例革职。福申以视学大员，关防宜如何慎密，乃不能严行约束家人，致萧三种种恣横，倚势妄为，岂竟形同聋聩。从前陈嵩庆奉差典试，伊家人于途次逞凶滋事，虽经酿命，事起仓猝，尚得谓之失察。若福申到任两年有余，屡经出棚考试，于萧三到处诈索，肆行无忌，断不能诿为不知，又岂失察可比？福申着即照部议革职。琦善前在两江总督任内，有纠察之责；韩文绮近在同城，见闻较切，乃各于年终密奏摺内，并不据实直陈，部议将韩文绮降三级留任，琦善降一级留任之处，俱不准其抵销。

三月庚戌　谕内阁：邓廷桢奏，本年戊子科江南乡试，轮应安徽巡抚入闱监临，惟籍隶江宁，住居省会，据实陈明请旨等语。本年戊子科江南乡试，着派陶澍入闱监临。

三月壬子　赏参赞大臣杨芳子承注举人，一体会试。

三月辛酉　谕：琦善奏筹添书院经费一摺。山东省城泺源书院，前于乾隆年间，将登、莱二府余米变价等款银两发商生息，每年所收息银，除支销经费外，计历年积存银三千二百八十四两零。兹据奏，肄业人数日增，费用日多，本款息银，不敷支给，自应设法筹添。着准其将前项积存银三千二百八十四两零，仍发商行息，每年息银四百九十余两，添补书院经费。嗣后，将新旧两款息银，尽数支销，并自道光六年起，免其造册报部，以惠士林而昭核实。

三月戊辰　以本年乡试，考试应开列试差人员于乾清宫。

三月己巳　谕内阁：向例翰林院每逢值日，将修撰、编检等官轮班带领引见。嗣经改为每届恩科正科乡试之年，轮班带领一次。朕思考试试差人员，既经吏部带领引见，何必又须翰林院轮班带领。嗣后，着将简放试差年分轮班引见之例停止。

四月丁酉　以国子监司业胡达源为云南乡试正考官，刑部主事瞿溶为副考官；翰林院编修丁善庆为贵州乡试正考官，陈官寯为副考官。

五月壬子　以翰林院编修田嵩年为广东乡试正考官，李钧为副考官；编修陈宪曾为广西乡试正考官，刑部主事史致蕃为副考官；翰林院修撰戴兰芬为福建乡试正考官，户部主事张祥河为副考官。

五月戊午　命翰林院侍讲学士湖南学政程恩泽回京供职，编修汪世樽提督湖南学政。

五月庚申　准致仕大学士戴均元重赴鹿鸣宴，赏御书扁额曰：三朝耆旧。

五月甲子　以翰林院编修沈兆沄为湖南乡试正考官，山东道御史牛鉴为副考官；刑部员外郎马光澜为四川乡试正考官，翰林院编修卞士云为副考官。

六月辛未　命湖北学政王赠芳来京，以京畿道御史贺熙龄提督湖北学政。

六月戊寅　谕：此次酌增常例报捐分发人员于本月签掣各省试用，例应引见发往者共一百余名，其例不引见发往人员为数更多。此后每月尚有陆续分发之员，向例试用期满，该督抚、盐政甄别去留。此项捐纳试用人员，固未便过事苛求，断不可稍有姑容，致滋冗滥。着各该督抚、盐政等于该员等到省后留心察看，如有不识诗书，或限于才识实难称职者，不必拘定年限，随时认真甄核，据实具奏。将此各谕令知之。

六月辛巳　以工部左侍郎李宗瀚为浙江乡试正考官，陕西道御史但明伦为副考官；詹事府詹事胡开益为江西乡试正考官，兵部郎中王贻桂为副考官；翰林院编修吴文镕为湖北乡试正考官，孙瑞珍为副考官。

六月辛卯　以翰林院编修池生春为陕西乡试正考官，内阁中书易长华为副考官；刑部右侍郎钟昌为江南乡试正考官，翰林院编修黄爵滋为副考官。

六月壬辰　以吏部左侍郎凯音布、顺天府府尹何凌汉监临顺天乡试。

六月丙申　准江苏前任两广总督降补主事吴熊光重赴鹿鸣宴，赏四品卿衔。

七月甲辰　以翰林院编修张日晸为河南乡试正考官，户部主事刘梦兰为副考官；国子监祭酒何彤然为山东乡试正考官，翰林院编修帅方蔚为副考官；编修吴式敏为山西乡试正考官，继志为副考官。

七月乙卯　谕内阁：前因七品以下人员，违例僭用素金帽顶，应严行禁止，谕令大学士、九卿详查妥议。兹据奏，查明历届改定章程，至嘉庆五年议准后，分别详备，实足以示区别而辨等威。所有七品用素金顶，八品用阴文镂花金顶，九品未入流用阳文镂花金顶。及由进士、举人出身除授八九品小京官、教职者仍用进士、举人顶带；其由进士、举人出身降补佐杂等官者，各照现任品级戴用。其大衔借补小秩者，各照本衔戴用各条，俱着照嘉庆五年原议，分别遵行。至举人一项，应照七品官例戴素金顶，贡生一项，应照八品官例用阴文镂花金顶，毋庸更用银托。生员、监生仍戴用银顶。武职八品以下顶带与文职同。俱着照所议，画一办理，并着通谕内外各衙门，申明例禁，务当实力稽查，行之久远。在京文武各员弁责成该部院寺各堂官及步军统领各将所属随时查察，毋得视为具文；外省文武由吏兵二部行文各该省将军、都统、督抚、提镇认真查办；生监等责成国子监堂官及直省学政严切晓谕。俱着勒限半年，一体更换。如再有违例僭用者，一经发觉，即着照违制律严行参究。倘该管官失于查察，意存容隐，着科道据实纠参，定将该管官一并交部议处。其有无职人员妄用顶带者，并着一律查禁，以肃功令。

七月戊午　谕：敬徵奏，请将翻译科场同考官裁撤一摺。翻译科场专论清文，清字易于辨认，非若乡会文场之有誊录、对读，关防严密。向来同考官衔名，先期由各衙门咨送，而各部院精通翻译之员为数无多，半皆熟手，易启揣摩夤缘之弊，不可不防。且试卷至多不过一千余本，阅卷大臣无难全数阅看。嗣后，凡遇翻译科场，此项同考官着即裁撤，届期该部将应试人数奏明请旨，候朕酌派大臣公同校阅，以拔真才而杜弊端。

七月癸亥　予故前任山东曹州镇总兵官刘清祭葬，命其孙、兵部候补主事炽昌遇缺即补，生员莹赏给举人，一体会试。

八月庚午　命大理寺少卿沈维鐈提督顺天学政，工部右侍郎申启贤提督江苏学政，詹事府詹事胡开益提督安徽学政，工部左侍郎李宗瀚提督浙江学政，内阁学士陈用光提督福建学政，翰林院编修吴文镕提督河南学政，国子监祭酒何彤然提督山东学政，翰林院编修周之桢提督陕甘学政，郭尚先提督四川学政，徐士芬提督广东学政，曾元海提督广西学政，王煜提督云南学政，国子监司业胡达源提督贵州学政。奉天府府丞兼学政彭浚、江西学政吴孝铭、山西学政李煌、湖北学政贺熙龄、湖南学政汪世樽仍留任。

八月癸酉　以协办大学士、吏部尚书卢荫溥为顺天乡试正考官，户部尚书王鼎、右侍郎李宗昉为副考官。

八月癸酉　以直隶万全县捐建书院，予知县张庆成、绅士罗木立等议叙有差。

八月戊寅　谕内阁：凯音布等奏，散卷科道办理不善，请旨交议，并自请议处一摺。本年顺天乡试士子入场，偶值骤雨，拥挤擦损试卷至三百余本之多。虽经照数换给，该给事中等专司点名散卷，办理不善，实难辞咎。苏泰、廖敦行俱着交部议处，凯音布、何凌汉未能先事豫筹，着一并交部议处。

八月癸巳　谕：卢坤奏，请仍复岢岚州岁试考棚一摺。山西岢岚州向设考棚，每遇岁试，由学政调集该州暨兴县、岚县、保德州、河曲县生童赴岢岚应试。嗣经成格奏准，改照五州县科试之例，将岢岚、兴县、岚县岁试改附省棚，保德、河曲两州县岁试并附宁武府棚分考，兹据该抚奏，五州县生员等以岁试附棚分考。数年以来，颇形苦累，恳请仍复旧制。并经该抚查明，该生童等赴省院试，每值夏秋雨大，为水所阻，前赴宁武，较之岢岚路程遥远。且五州县生童人数无多，该州物价不致骤昂，有妨民食。至稽查弹压，有该州吏目及五学教职足资差遣。如有不敷，亦可于邻县佐杂中就近添委。所奏自属实在情形。着照所请，准于岢岚州复设考棚。以后岁试，仍令岢岚、兴县、岚县、保德、河曲五州县生童就近赴州应试，以免劳费。其科试仍着照旧定章程，附棚分考。该部知道。

八月丙申　谕：松筠奏，请添设蒙古官学一摺。热河都统衙门，常有各扎萨克、蒙古字来文及各旗蒙古控案，据该署都统查明，该衙门仅有喀喇沁、土默特数旗粗知翻清之章京等轮流住班，所译情词难免舛误。着照所请，热河驻防八旗，准其添设蒙古官学，其教习即以马甲西凌阿充补，并准将前锋德克精额帮同教读。现已考有闲散旗丁二十名，着即作为蒙古学生定额。一年后，学生内有能翻写者，尽先挑补马甲；其教习等即以委署骁骑校等缺尽先拔补。如遇蒙古来文，暨控告呈词，已挑马甲之学生有能译清文者，着即作为额外贴写笔帖式，以示鼓励。所有薪水等项着照满洲官学，于印房生息项下，一体支给。该署都统既为造就人才起见，添设官学，务当认真办理，随时考核，期有成效，不得日久视为具文，以致有名无实。

九月戊申　以刑部尚书明山为满洲翻译乡试正考官，詹事府詹事穆馨阿为副考官，国子监司业嵩安为蒙古考官。

九月丁巳　谕：讷尔经额奏请照例掣发押空武举，并将头二卯新捐卫守备千总请暂停分发一摺。漕标候补备升，前因人数众多，经该漕督奏请暂停分发。兹据查明，漕标应掣空运候补卫千总，核计今冬应用人数不敷掣委。着照所请，交该部照例掣发武举三十名，以资委用。至新捐卫守备千总，甫经分发，尚须试看，未便遽令押空，致有贻误。将来二卯截数后，与头卯未经分发人员，俱着该部暂停分发一年。又据另片奏，向来分发卫千总掣委空运，旧案两歧，请酌改章程。漕弁督押空船，虽非重运可比，而催趱弹压，均关紧要，自须酌量委任。武举一项，本有由部掣发委押空运之例，此次复遵新例捐纳，自与由生监报捐者不同。亦着照所请。现在新例分发捐纳卫千总内有武举出身加捐者，准其即照部掣武举押空之例，一体签掣空运。如有才具中平、尚须试看者，仍不准入掣。其余由生监捐纳者，未经试用期满之前，照例随时差委试用，不准即掣空运。该部知道。

九月甲子　谕内阁：我朝抡才取士，于定立制科之外，复设翻译科目，既以广八旗士子登进之阶，亦使不忘本业，立法洵为至善。无如近日旗人力学者少，转视科目为迂途，不复勉图进取。即如从前乾隆年间翻译乡试，满洲约五六百人，蒙古约五六十人。本年应试人数，计考满洲翻译者仅一百三十余人，蒙古翻译者仅二十余人，人数既较前多寡悬殊，取中之卷自系简拔其尤。乃昨日覆试中式满洲翻译举子八名，内即有文理欠通、错误太甚者四名，罚令停科。其余未经中式之卷，文义字画，概可想见。清语、骑射为旗人根本，近日八旗生齿日繁，而勤学应举者转日见其少，岂国家设立科目本意？特降旨申谕八旗人等，嗣后，务当父教其子，兄诫其弟，勤加策励，共效观摩，期于精研本业，以备旁求，无负朕谆谆诰诫至意。

十月丁丑　以都察院左都御史潘世恩为顺天武乡试正考官，内阁学士龚守正为副考官。

十一月庚子　谕：已革山西榆次县知县陈树猷于该县考试文童时，究出许阜山、姬珏传递枪卷，既讯明文字尚未入场，事属未成，即应照例杖责示惩，乃先将许阜山等管押，旋复滥行收禁，追其父兄呈请捐输，又即提禁开释。虽讯无挟嫌诬拿及婪索等情，实属任意妄为。且于许渐逵等子弟犯事，率准捐输银两至七千之多，尤属骇人闻听。若仅照因公科敛坐赃治罪，律以满徒，尚觉轻纵。陈树猷着发往新疆效力赎罪，以示儆戒。

十一月戊申　谕：前据御史安明条奏，嗣后，考试八旗文童请照考试翻译童生之例，无论食三两、四两钱粮之人准其一体与考，当交礼部议奏。兹据奏，请如该御史所奏，准其一体考试。朕思考试文童与考试翻译不同。乾隆年间定例，八旗养育兵准考试文童，其食三两、四两钱粮者不准与考，原因清语、骑射系旗人根本，分应熟悉。该兵丁以其平日当差所学，出应翻译童试，事非两歧。至文艺非兵丁所长，且既经挑补钱粮，即应在各旗营当差，若仍兼习文艺，无论所学未必精通，转致有废差操，殊失教育旗人之意。嗣后，着照旧例，不准考试文童。

十一月戊申　赏顺天等省乡试年老诸生姚佩等六十六名举人、副榜有差。

十一月丁巳　准云南前任临安府教授杨嵩、贵州前任浙江同知赵式训重赴鹿鸣宴。

十二月乙亥　谕：国子监蒙古助教专司训课蒙古文义，向例由蒙古笔帖式教习内考选录用。嗣准以蒙古翻译进士、举人一体考试，尚以其通晓蒙古文义，得预考选。迨后因调剂满洲、蒙古文举人，始准以大挑二等者亦得铨补蒙古助教。现据李宗昉等奏，新选蒙古助教明魁系由二等文举人铨补，不谙蒙古翻译，难资训课，是其未经考选，仅以班次轮用，遂得滥竽，殊于督课名实不符。嗣后，着仍复旧例，由理藩院会同国子监考试通晓满洲、蒙古翻译者，拟定正陪引见，候旨录用，不得以二等文举人铨补。现补蒙古助教明魁着即撤任，交吏部，遇有各项科甲小京官缺出，不入班次，尽先补用。该部知道。

十二月己卯　赏河南等省乡试年老诸生张耀彩等七十名举人、副榜有差。

十二月丁亥　赏福建等省乡试年老诸生叶日春等十五名举人、副榜有差。

道光九年（1829年）

正月壬子　谕内阁：本日杨芳来京召对，见其精神强健，朕实深喜悦。杨芳宣力边疆，生擒巨憝，前已加恩，锡封三等果勇侯爵，赏用紫缰，换戴双眼花翎，在御前侍卫上行走，并将伊子荫生杨承注赏给举人，一体会试。嗣因受俘礼成，复赏加太子太保衔。……用示朕懋赏酬庸，有加无已之至意。

二月丁丑　赏河南等省戊子科乡试年老诸生张廷扬等二名举人、副榜有差。

二月壬辰　谕军机大臣等：昨据宗人府奏，派考试盛京宗室觉罗肄业年满学生，已派克勤郡王尚格会同侍郎凯音布、特登额考试矣。此项学生，考取后例得以侍卫笔帖式分别录用，为官学生进身之阶，数年考试一次。若入场时查察不严，致有枪倩等弊，岂能拔取真才？着奕颢查明，向来考试，系由何衙门派员稽察，务当关防严密，认真查察，勿得有名无实，仍滋弊端。将此谕令知之。

三月丙申　赏江西戊子科乡试年老诸生周卜成等三名副榜。

三月庚子　以大学士曹振镛为会试正考官，兵部尚书玉麟、右侍郎朱士彦、户部右侍郎李宗昉、光禄寺卿吴椿为副考官。

三月甲寅　礼部以宗室会试中额请。得旨：取中四名。

四月癸酉　以吏部尚书文孚为满洲翻译会试正考官，刑部右侍郎海龄为副考官。

四月丁丑　准山西武举郗大典，江西武举、候选卫千总李思广、程庭拔重赴鹰扬宴。

四月辛巳　赏会试年老举人梁履端等十一名编修、检讨、学正职衔有差。

四月壬午　礼部以翻译会试中额请。得旨：取中三名。

四月癸未　以大学士长龄、协办大学士卢荫溥、内阁学士朱方增、吏部左侍郎杜埕、户部尚书王鼎、兵部左侍郎宝兴、刑部尚书陈若霖、都察院左都御史潘世恩为殿试读卷官。

四月甲申　策试天下贡士刘有庆等二百二十一人于保和殿。制曰：朕寅承洪绪，统驭寰区，夙夜兢兢，不敢暇逸。仰荷昊苍笃佑，疆圉乂安，岁功康若，惟益勤求治理，以丕绥我亿兆民。兹当临轩吁俊，式殷延访，用集嘉谟。惟民生厚，因物有迁，兴化善俗，致治之本。《虞书》敷教，俾民亲逊。《周礼》以三物教民，以八刑纠民，故风化维持，久而弗替。汉置三老孝弟常员，征拜美俗使者。唐赐孝义高年粟帛，遣使观览风俗，皆以劝民厉俗，惟怀远图。国家承平日久，芸生者众，良莠不齐，将返漓者而使之淳。若多设科条，则易滋扰累；即广颁文诰，或徒饰观听。昔《吕氏乡约》、《袁氏世范》，或牧令以化一邑，或搢绅以教一乡，其言至为浅近，然由其道而实行之，俗美风淳，虽王政无以易。今欲使四海之内狱讼衰息，邪慝不兴，里党辑睦，耆孺和乐，其操何术以收劳来匡直、辅翼振德之效，而致时雍之化欤？黄河水道，汉元光中注巨野，通于淮泗，武帝筑宣防，导之北行；逮永平中，王景修渠筑堤，偶合禹功，自汉至唐不为害；石晋开运年间，浸汴、曹、濮、单、郓五州境，自北而东；宋元丰后，日趋于南，中牟以下夺汴，徐州以下夺泗，清口以下夺淮，而后注海，禹迹遂不可复。今治河之法，曰疏、曰防，其要尤在蓄清以刷黄，束清坝、御黄坝，清黄之关键也。因时启闭，治河即以通漕，河道深通，南北重空运自无阻滞。蓄清之法，尤以保护高家堰为急务。何以使黄水无倒灌之虞，洪湖无下溢之患？石堤摸砌，难期稳固，谋经久之策，以何术为善？余阙、邱浚、潘季驯诸人，均有成法可稽，诚能会通其说而治之，俾河流顺轨，漕艘遄行，庶可一劳永逸欤？选贤任能，政之枢要，一代之治，必有一代之贤能分任之，其德器必过人，而责效在专其任。尧舜之世，皋夔稷契皆圣人，各守一官而治隆；三代用人，首德行，次才能；汉举孝廉及贤良方正，制为近古；魏立九品官人法，论者何以有或损或难之讥？唐制科之外，择人有四事，何者为先？崔祐甫荐举，日除数十人，未逾年，除吏几八百员，史称允当者安在？宋司马光云：专引知识，则嫌于私；止循资序，未必皆才。欲设十科举士，可详陈其条目欤？抑行之果无流弊欤？夫贤才登进，则治道昌明，士人立德修行，宜何如圭璧束身，以应旁求之典？自古治平不忘武备，整军戢暴，驭世大权，汉唐以来，训练之法，载在史册，其制若何？历代边防，孰得上策？若贾谊、晁错、赵充国、陆贽之伦，其着为条议，见诸施行者，亦有可采欤？我朝中外一家，边徼敉安，偶有不靖，命将出师，肤功迅奏，盖有鉴于前代弛备之弊，诘戎讲武，未尝一日不儆也。绥边之法，在乎强内以詟外，今西戎即叙，凡边帅之侵渔，屯师之堕废，已增其禄糈，汰其衰庸。剔除积弊，禁令严申，任将帅之责者，将何以使之日久弗懈，振国威而慑荒服，以长保太平之治乎？夫敦化以善民俗，浚川以利民生，简贤以励官常，振武以靖边圉，胥制治保邦之要图也。多士稽古有年，先资拜献，其各陈谠论，毋有所隐，朕将亲第焉。

四月乙酉　引见丙戌科散馆及补行散馆人员。得旨：修撰朱昌颐、林召棠，编修王广荫、贾桢、周开麒、帅方蔚业经授职，其清书二甲庶吉士龚维琳、郭道闾，汉书二甲庶吉士王玥、鄂恒、黄琮、张琴、成观宣、程应权、俞东枝、朱成烈、宗室德诚、松葰、高枚、王笃、孙日萱、李恩继俱着授为编修，三甲庶吉士徐思庄、谌厚光俱着授为检讨，陈熙曾、吴廷珍、方宝庆、麟魁、朱应元、殷增、赵镛、卢鸿翱、宗室奕书、温承悌、洪锡璜俱着以部属用，汪怀、辛联玮、仇效忠、陶克让、史宝徵、舒恭受、吴仪澄、周启运、书英、顾夔、陆沅、赵兴周、曾维桢、李嗣棠俱着以知县即用，陈光亨着仍以庶吉士留馆教习，邓锡畴着归班铨选。

四月戊子　上御太和殿。传胪。赐一甲李振钧、钱福昌、朱兰三人进士及第，二甲朱淳等一百六人进士出身，三甲何寯等一百十二人同进士出身。

五月丁酉　授一甲一名进士李振钧为翰林院修撰，二名进士钱福昌、三名进士朱兰为翰林院编修。

五月戊戌　命工部尚书穆彰阿、户部左侍郎李宗昉教习庶吉士。

五月庚子　引见新科进士。得旨：一甲三名李振钧、钱福昌、朱兰业经授职外，朱淳、步际桐、李嘉端、夏恒、李国杞、徐广绂、张沆度、庆勋、方锴、陶沄、朱其镇、王庆云、张集馨、朱逢辛、潘绍烈、全庆、彭舒萼、姚振启、张宝璇、倭仁、李攀龙、罗绕典、陈兰祥、郭景僖、徐云瑞、司徒照、邓瀛金、炽福、易长桢、马福安、白宴卿、刘良驹、杨景、李从图、何荣章、金安澜、丁彦传、桂文耀、苏孟旸、李熙龄、宗室恩来、雷成朴、崔焘、穆通阿、何寯、锡麟、严保庸、孙葆元、袁玉麟、吴文林、马沅、况澍俱着改为翰林院庶吉士，王之斌、汪本铨、朱式璟、胡元博、王桂、陈起诗、陶文潞、徐启山、周茂洋、潘楷、胡文柏、贾允谐、余坤、林扬祖、涂文钧、张修育、易棠、黄骧云、靳浔、全顺、王寅、王巽、程德麟、王选、袁彦龄、奎绶、王楗、俞树风、干廷锳、刘沄、杨彤如、刘成万、江鸿升、倪杰、张云裔、戴絅孙、王禹堂、徐有壬、玉书、宗室奎光、窦垿、龄椿、朱坚、宗室瑞兴、邓庆恩俱着分部学习，程度、何瑞榴、赵光裕、丁嘉藻、吴铣、李亲贤、李超咸、崔绂、刘礼章、粟穗、张亨衢、刘元标、李兴元、李城、杨霈、刘坦、袁寯、白浚铣、高士魁、陈大忠、潘丽襄、房昭素、林逢年、董世僖、孙念祖、宋炳垣、文凤喈、李蓉镜、傅绎、孙义、吴葆晋、杨遇升、黄朝辅、刘蘧、王元本、袁振瀛、李士燮、龚自珍、崔光笏、熊廷基、卢元良、高绍曾、胡林秀、灵秀、郭昌年、田名徵、江光、唐增庥、王春藻、徐林春、冯锡镛、李廷棨、彭斗山、林先梁、袁焮、朱艭、刘有庆、李崇照、竺鉴、曹棨、杨兆晋、胡丕昌、韩班、玉衷亮、张永福、朱家学、郎瞵卫、绪涣、马篮乾、车申、田郎昀、何朝恩、刘士远、潘浚、宋宾王、王者政、陈继思、张集成、曾元卿、舒贵、王同治、黄位斗、孔广义、祥玉、丁德泰、王德健、王炳麟、胡峰一、汪杰、福淳、蔡璋、何浚、李汝霖、章道宣、解芑俱着交吏部掣签，分发各省，以知县即用。候补主事钟裕着以六部主事即行选用，候补郎中章炜着以六部郎中即行选用。余着归班铨选。

六月己卯　赏河南等省戊子科乡试年老诸生常以辛等三名副榜。

七月丁酉　江苏学政申启贤奏考试情形，并清厘案牍，整顿士习。得旨：所办周妥之至，政贵有恒，虚心实行，志之。

七月辛丑　命陕西道御史邵甲名提督湖南学政。

八月乙丑　谕内阁：御史张曾奏，请饬禁刊刻落卷，以端士习一摺。所奏是。抡才大典，弃取一秉至公，在士子果有屈抑，原许赴该管衙门控拆。若于未发榜以前，钞录闱文，送人批点，并榜后刊刻落卷，均干例禁。兹据该御史奏称，本科有浙江举人顾宗伊刊刻落卷，散布流传之事。是否属实，着礼部查明具奏。

八月庚午　兵部奏，恭查，驾诣盛京，于十月二十四日回銮，拟于二十五日武殿试，二十八日紫光阁阅视马步箭，二十九日御箭亭考试弓刀石，十一月初一日传胪。从之。

八月己卯　谕内阁：礼部查明，御史张曾奏参浙江举人顾宗伊刊刻落卷属实。并检查所刻卷内，附载致同考官袁文祥书，大肆讥评，此风断不可长。考试为抡才大典，士子若实被屈抑，原有准赴该管衙门控诉之条。乃该举人不安义命，妄生怨尤，辄刊刻传布，且附载讥评该同考官原札，实于士习人心，大有关系。顾宗伊着即褫革举人，以示惩儆。至检讨袁文祥阅看试卷，如仅将士子头场三艺点看起讲，即行弃置，实属草率。现在顾宗伊已将原卷领出回籍，着刘彬士即饬属追取携回场卷，送礼部查验。如果属实，再将该检讨袁文祥移咨吏部议处。其批点之内阁学士朱方增、翰林院修撰朱昌颐、工部候补主事顾椿俱着交部照例议处。

九月乙未　以兵部左侍郎朱士彦知武举，户部左侍郎汪守和为武会试正考官，礼部右侍郎杨怿曾为副考官。

九月己亥　兵部以武会试中额请。得旨：满洲、蒙古取中二名，汉军取中三名，奉天取中一名，直隶取中七名，陕甘取中五名，广东取中四名，河南取中四名，山东取中六名，江苏取中二名，安徽取中二名，山西取中二名，湖北取中四名，湖南取中一名，四川取中二名，广西取中一名，福建取中三名，浙江取中二名，江西取中四名，云南取中二名，贵州取中一名。

九月乙卯　命盛京满、合二号及奉天所属各学科考广额一次，六名以上者广额三名，四五名者广额二名，二三名者广额一名。

十月乙亥　以兴修水利，捐建考棚，予安徽知州朱士达、绅士许廷华等升叙有差。

十月丙戌　试中式武举刘兆兰等三十七人于太和殿前。

十月己丑　上御紫光阁，阅中式武举马步射。

十月庚寅　御箭亭，阅中式武举技勇。

十月庚寅　御乾清宫，引见中式武举，亲定甲乙。

十一月辛卯　上御太和殿。传胪。赐中式武举一甲吴钺、秦定三、张斯奎三人武进士及第，二甲马从凯等五人武进士出身，三甲齐从龙等二十八人同武进士出身。

十一月癸巳　吏部奏，查明酌增捐例头二卯朦捐官，开单请旨。得旨：童槐着仍以郎中用，不准捐升道员。其余各员俱不准报捐。所有酌增捐例头卯、二卯报捐各员内，恐尚有废员更名改籍，另捐监生及各项职衔朦捐原官者，吏部无从稽察，且恐废员中有业于各旧例曾经朦捐原官以及改捐、降捐别项官职，今复于新例加捐。此项人员系由职官报捐，其从前缘事案由，历时既久，考核较难，自应严定章程，以杜弊混。嗣后，捐纳各官例由本籍起文赴选者，着责成地方官取具该员族邻甘结，加具印结送部。其随任赴选人员着责成本任官出具文结，至例由本员具呈注册铨选者，即责成同乡京官出具确实印结，均令于文结内详叙捐生出身履历，此内如有由降革人员报捐，并令将该员从前曾任何项官职、缘事降调案由，一并详细注明，以凭查核。倘有徇隐，除将朦捐原官之员随时奏明办理外，并将出具文结各官，照徇隐例议处。

十一月戊戌　赏广东戊子科乡试年老附贡生麦凤荣副榜。

十二月癸亥　谕内阁：康绍镛奏，知县戒饬生员，致生童等藉端阻考，请解任审讯一摺。此案湖南长沙县知县王渭审理词讼，将生员徐邦寯饬责，该县生童等藉端阻考滋闹。现经该抚拿获完办，该知县王渭是否因徐邦寯恃符顶撞戒饬，抑系任情滥责，必应彻底根究。王渭着暂行解任，交该抚归案审讯。在逃之已革副榜屈伸着严缉到案，质讯明确，据实究办，毋稍枉纵。

十二月辛未　礼部议覆，御史牛鉴条奏，外省乡试房考参用即用分发各员，当由该督抚专摺奏明，以重分校而杜弊端。从之。

十二月辛巳　谕军机大臣等：据御史刘光三奏，河南省经前任巡抚程祖洛饬各州县设立义学多处，或劝绅民捐赀，或劝富户创修，规模既定，穷檐子弟皆得入学肄业。第此项银两，发商生息，仍由地方官经理，终非善策。即如新郑县捐输义学之项，于道光八年发商，即于本年勒令呈缴；洧川县书院，道光八年甫经创立，今年已废讲课。请明立章程，令各州县分派老成殷实绅民经管，发商生息买田招佃，听其自便；地方官设簿立案，公事稍暇，亲赴义学考其功课；其繁要地方，即令教官代为稽察等语。地方设立义学，最为善举，各绅民所捐经费，必须筹画经久之计，乃为有益。着杨国桢查明所属绅民捐出义学经费，各就地方情形，妥为筹议，立定章程，务须行之久远。断不可令地方官任意侵挪，日久视为具文，以致有名无实。将此谕令知之。

道光十年（1830年）

二月丁丑　谕内阁：朕闻安徽学政胡开益考试各属，士论未能翕服降旨令蒋攸铦密行察访。兹据奏，胡开益上年考试徽州、宁国二府属歙县、泾县等处，取进文童，每有家资富足，文理平常之人，一时士论未能翕服。即无贿嘱情弊，而雇倩枪替、怀挟钞袭在所不免。是胡开益扃试场规，不能严肃，已难辞咎，岂能胜学政之任？着来京以翰林院侍读、侍讲降补。

二月丁丑　命兵部左侍郎朱士彦提督安徽学政，以礼部右侍郎杨怿曾署兵部左侍郎。

四月庚午　以捐修直隶大名府城垣，予知府辛文沚等议叙，赏附贡生杜兆斗等八品顶带。

四月辛巳　谕军机大臣等：山东学政何彤然考试各属，士论是否翕服、场规是否严肃、有无别项劣迹，着讷尔经额密加察访，据实具奏。如察访不实，或意存回护，经朕另行查出，惟该抚是问，将此谕令知之。寻奏，该学政操守清廉，持躬勤约，为人沉默寡言，而处事甚为精细。且稔知其事母最孝，举动不苟，益信其不致有乖职守。访诸舆论，众口如一，实无别项劣迹。报闻。

闰四月乙卯　谕军机大臣等：据胡达源奏称，前至黎平，有童生卢光灿具呈求考，当饬提调查明应否归入府属考试。嗣于科试时，据该提调查明，该童生应归府属考试，乃有童生张本宽、张锦泽、赵敦诰等率众喧闹，临场攻讦，当将张本宽等交黎平府严讯等语。此案卢光灿既经黎平府查明，准其收考，何以临场又被攻讦？其童生张本宽等率众喧闹，是否因需索不遂，挟嫌阻挠？苗疆地方紧要，岂容罔知法纪，恃众滋闹？然亦不可意存偏袒。着嵩溥查明，卢光灿究竟应归何处考试、张本宽等临场攻讦有无别情，秉公审办，据实具奏。将此谕令知之。寻奏，卢光灿在开泰县东门居住，应归黎平府考试，已革廪生张文博以卢光灿系安置流犯之孙，与土著民人不同，张文博之子张本宽与童生张锦泽等因倡为不应在府考试之言，委非挟嫌阻考，亦无需索情事。张文博依律拟杖徒，张锦泽等拟杖，张本宽业已罪坐其父，照律勿论，下部议。从之。

五月辛酉　谕内阁：御史吴清鹏奏，役满书吏并不勒限回籍，请严饬认真查办一摺。据称，现在破案逃匿之已满户部捐纳房书吏蔡绳祖等公然安住京师，骫法营私。各处负贩小商，代人捐监，该犯等辄逐年包揽，给与假照。总因役满后，恃无本管衙门可以查禁，肆行无忌，各地面该管衙门因循容隐等语。应如何明定章程，着大学士、九卿会同妥议具奏。

五月辛酉　谕：据御史吴清鹏奏，访闻直隶鄚州地方，向有各处负贩小商，于每年七八月间聚集一次，置买粮船带出杂货，谓之鄚州会，往往有托人进京捐纳监生止图顶带荣身者，已满书吏等探知此项捐生内并无应试进取之人，辄逐年包揽，骗得银钱，给与假照等语。着该督即行查明鄚州地方，每年是否于七八月间，有各处商贩聚集及托人进京捐纳监生等事，据实具奏。将此谕令知之。寻奏，鄚州地方，每年四月间开设庙会，各处商贩前来赶会，一月期满，旋即四散，并无包揽捐监之事。兹复确切查访，该商贩自外省来直，间有到京捐监之人，买卖人于银钱功名尤为慎重，如果书吏历年骗去钱银，给予假照，何致久而不破，地方文武，均称实无其事。报闻。

六月戊子　以陕甘学政、右春坊右赞善周之桢为司经局洗马，来京供职，命翰林院修撰戴兰芬提督陕甘学政。

七月丙寅　谕：据户部奏，吴光悦片奏江西捐纳贡监生专行部文，亦有漏取册结之件，未经造送等语。现在查对各省送到捐生咨文均系职衔贡监一律办理。着该抚即将该省自嘉庆二十一年以后，所有捐纳贡监生漏取册结专行部文，迅速咨送户部以凭核对。将此谕令知之。

九月戊寅　命都察院左副都御史吴椿提督江苏学政，詹事府少詹事鄂木顺额提督安徽学政。

九月己卯　以新授江苏学政吴椿寄籍江苏，照例回避。命吏部右侍郎白镕提督江苏学政，以户部右侍郎李宗昉署吏部右侍郎，礼部右侍郎龚守正署工部右侍郎兼管钱法堂事务。

十月乙酉　以捐建江苏嘉定县震川书院，予前任知县淡春台及监生张鉴等议叙。

十一月丙辰　谕军机大臣等：给事中陶廷杰奏，边境民籍，改拨谬误，请旨饬查一摺。据称湖南与贵州接壤，自嘉庆二十三年，以芷江县六里地方新设晃州直隶厅，查有冒籍贵州者奉准拨归晃州厅原籍。时贵州之思州等府、青溪等县，查实系湖南冒籍者，已移拨四十余人。迨嘉庆二十五年，晃州通判俞克振欲将冒籍思州之邓姓一族改归晃州，并称各姓冒籍亦皆应行查拨。经湖南巡抚奏明，将邓姓一族及各姓冒籍贵州中式报捐，凡现居厅治者，无论年分久暂，皆拨归晃州厅原籍管理。俞克振不行查明，牵指思州府青溪等县、铜仁府铜仁县胡、杨等姓十八族举贡生监职员共一百一十余人，捏称各姓田园、庐墓皆在晃州。详请湖南巡抚咨部，其实确在晃州者不过十分之三，其中错误不一而足。各姓因指拨多谬，纷纷呈请更正。内有经贵州学政咨部，仍改回黔省者，其余各姓仍复呈控不已。道光七年两省委员会勘时，湖南巡抚因与从前咨部之案不符，不肯会咨贵州，独咨礼部请示。部覆概归晃州厅管理，各姓既不甘隶籍隔省，又不获坐安本籍，请旨饬查等语。湖南晃州厅属所拨贵州各姓，若果如该给事中所奏，礼部之准拨，由湖南巡抚之误咨，通判俞克振之混指，必应查明更正。着程祖洛、嵩溥各派公正大员确切查明，据实具奏。将此各谕令知之。

十一月戊午　户部议奏，假照案内之贡监生，除业经中式乡会试及加捐官职诰封者，应令补缴假底银两。又，假捐封典各员应令呈缴诰轴外，其余各生，凡遇肄业考试、加捐议叙事宜，均令各该衙门详查案册，真册无名，假册有名者，一概不准。至真监假贡、真监贡假职衔及廪增附武生假监贡职衔者，仍准留真底，不准以假捐作底肄业考试并加捐议叙。至考试迫于期日，行查恐致误期，应一面验照收考，一面行查各该衙门，详查案卷。如查有假执照，其中式者令其补缴底银，未中式者不准再考。从之。

十一月丁卯　谕内阁：前因户部捐纳房贴写积年偷稿舞弊，降旨着大学士、军机大臣会同户部妥议稽查防范及核对册稿章程。兹据托津等酌议开单具奏，朕详加披阅所称防范假文之弊。嗣后，在京各衙门接到户部知照捐生文书，着即将捐生姓名开载册档，每月将所收文书汇总，咨送户部核对一次。其册档于每月初十日，各派司员持赴户部，会同科道及捐纳房银库眼同磨对。至各旗、各省接到各照捐生文书，着即照原文开造人名、银数清册，先行咨覆，仍按卯造具身家清白册结，依限送部。除自嘉庆二十一年起至道光十年六月止，查对原文稿册，业将真假捐生分辨，毋庸再查身家清白册结外，其十年六月以后捐生身家清白册结咨送到部，着户部议悉核对明确，再行具稿存案。又，每卯出榜晓示捐生，以防假照之弊，着照御史周作楫所奏办理。至各旗、各省捐生执照，着该部行知各该旗出图结官、各该省出印结官，亲至户部，会同捐纳房司员，当堂按名点交领取，分给捐生，并刊刻捐生名录给发。并着各直省督抚府伊等查照向例，接到部行捐生文书，出榜宣示，严饬该州县实力奉行，毋得日久延玩。至捐纳房额外贴写，人数众多，并无额数，亦无名册，稽察难周，着将无名贴写全行驱逐，其役满及责革书吏，着该地方官一并押令回籍。如在外逗留，影射舞弊，惟该地方官是问，并着科道等认真稽查，有犯必惩。此外奸徒潜藏市井，或隐匿窝家，倘有作伪滋弊之事，着责成在京、在外各地方官，留心访查拿究。如失于觉察，别经犯案，将该管地方官参处。京城地方并着科道等随时察访，得有端倪，即据实奏明，严拿惩办，以杜弊端。

十一月壬午　湖北学政贺熙龄以亲老乞养，允之。命翰林院编修许应藻提督湖北学政。

十二月乙酉　国子监奏，查户部捐纳房每卯咨送捐生印册到监，查验部照，加给监照。每月初十日，办照官赴户部会同江南道御史稽查，银库御史、礼部司员查对捐册小票，俱系捐纳房临时分送名册一本磨对，是以户部之册对户部之册，不足以资稽查。嗣后，应令各捐生于户部上兑三日内赴监具呈，将籍贯、三代履历及上兑日期详细呈明，由监自立名册，将履历详载，钤用印信，俟每月初十日，办照官即将自注之册持赴户部，与捐纳房捐册、银库小票会同各员互相磨对，即将所对印册咨送江南道备查。其由监生加捐贡生并贡监生报捐职衔者，应令一体于户部具呈后，将监照赴监呈验，详细查对，加用戳记，再行赴库上兑。其有二照不全者，不准率行加捐，于假底朦捐及抽换稿件诸弊，稽察较为严密。从之。

十二月辛卯　户部奏，本年十一月会议章程，请将外省报捐监生已发执照应缴正实收。定限近省一年，远省十五月，缴送到部，逾限者该管官议处，该生不准作为监生，盖以执照为监生报捐凭据。若执持实收，即准作为监生，是执照之外，多一凭据，即恐多滋假冒，是以严定期限，豫防弊窦。惟查未定章程以前，已颁执照，未缴之正实收，若照新定章程办理，逾限者不准作为监生，该生等未免屈抑；若不照新定章程办理，又恐前后轇轕，不能一律清厘。相应由部行文各省督抚，查明十年十一月以前，捐生已领执照，缴回正实收，尚未送到部者若干，令即送部，其未缴正实收，现存司库执照若干，即行分给捐生，换回实收送部。自接到部文之日起，统限二年一律清厘，二年以后，不准仍执实收作为监生。其有遇便在部换照者，查核案据相符，亦准换给，将原颁本省该生执照追缴，亦以二年为限，至十年十一月以后，均照奏定章程办理，以归画一。从之。

十二月辛卯　以捐修广东广州府属堤工，赏廪贡生伍元薇举人，一体会试。督修知县杨砥柱等下部议叙。

道光十一年（1831年）

正月戊午　谕内阁：本年为朕五旬万寿庆辰，仰荷上苍福佑，寰宇乂安，嘉与海内臣民，同登仁寿。敬稽皇考仁宗睿皇帝五旬万寿，特开乡会试恩科。朕寅绍丕基，当此嘉祉频臻，宜锡鸿恩，用昭盛典。着于本年八月举行恩科乡试，来岁三月举行恩科会试。所有应行本年正科乡试，来岁正科会试，着移于道光十二年八月、十三年三月举行。俾多士忭舞观光，用副朕行庆作人、渥敷教泽至意。该部即遵谕行。

正月癸亥　以捐设直隶涿州义学，赏生员康斌八品顶带。

正月乙亥　谕内阁：御史徐培深奏，考试大兴、宛平二县文童，请严禁枪替一摺。学政岁科两试录取文童，原期遴拔真才，以端始进。若如该御史所奏，顺天大兴、宛平二县，间有本童毫无学业、雇倩能文之人，自县试、府试以至院试、覆试皆系一人顶替，而本童则潜匿家中，坐候衣顶，并有廪保受其贿嘱，代为容隐，以致弊窦滋生，实属大干法纪。该二县有此枪替之弊，恐各处皆所不免。着通谕各省学政认真稽察，责成各廪生，务须查明赴考之人实系本童正身，方准具保；如有顶替情弊，将该枪手严行究办，其具保之廪生一并重惩，以杜弊端而正士习。

正月丙子　命兵部右侍郎吴椿提督浙江学政。

四月辛卯　以本年乡试，考试应开列试差人员于圆明园正大光明殿。

四月庚戌　以翰林院编修李品芳为云南乡试正考官，礼部主事王藻为副考官；翰林院编修贾桢为贵州乡试正考官，内阁中书彭作邦为副考官。

五月丙寅　命户部左侍郎汪守和提督江苏学政。

五月丙寅　以翰林院编修丁善庆为广东乡试正考官，孙日萱为副考官；湖广道御史徐广缙为广西乡试正考官，内阁中书花咏春为副考官；通政使司通政使文庆为福建乡试正考官，翰林院编修罗士菁为副考官。

五月戊寅　以吏部郎中汪河为湖南乡试正考官，江西道御史岳镇南为副考官；鸿胪寺少卿闵受昌为四川乡试正考官，翰林院检讨谌厚光为副考官。

六月癸未　以捐修山西临晋县书院考棚，予知县廉九经等议叙有差。

六月癸巳　以工部右侍郎何凌汉为浙江乡试正考官，翰林院侍讲王炳瀛为副考官；国子监祭酒陈官雋为江西乡试正考官，翰林院编修钱福昌为副考官；编修李儒郊为湖北乡试正考官，费开绶为副考官。

六月癸卯　以刑部右侍郎特登额、顺天府府尹徐镛监临顺天乡试。

六月癸卯　以翰林院修撰林召棠为陕西乡试正考官，编修侯桐为副考官；吏部右侍郎申启贤为江南乡试正考官，福建道御史郑瑞玉为副考官。

六月己酉　谕内阁：山东孔颜曾孟四姓子孙，例设四氏学，每届乡试另编耳字专号，原为优待圣裔起见。若将应编官卷，不归耳字专号，转失专设四氏学本意。所有贵州藩司孔昭虔之子孔宪恭乡试，着仍归耳字专号办理。

七月癸丑　两江总督陶澍奏，江南贡院积水，请展文闱乡试至九月举行，武闱乡试至来年三月举行。下部知之。

七月癸丑　江西乡试正考官陈官雋丁忧，以都察院左副都御史毛式郇为江西乡试正考官。

七月甲寅　以捐修福建惠安县城垣书院考棚，予知县仝卜年等升叙有差。

七月乙卯 以捐修陕西贡院，添设书院膏火，予绅士刘际清等议叙有差。

七月戊午 以翰林院编修俞东枝为河南乡试正考官，福建道御史梁萼涵为副考官；翰林院侍读许乃普为山东乡试正考官，检讨徐思庄为副考官；编修王广荫为山西乡试正考官，高枚为副考官。

七月乙丑 谕军机大臣等：据福建考官文庆等奏，六月二十四日行至高邮州界首地方，因马棚湾一带河堤被湖水冲决，迤北之张家沟堤亦复冲塌，大水溜急，不能前进，须由高宝湖绕行数十里，始归河身正路。连日湖波汹涌，非顺风无风不能行船，坐守五日，俱遇东南风阻滞。一俟可以过湖，即星驰兼程前往，尚可克期抵境，诚恐风势难期，再有阻滞等语。该考官等因高宝湖水大风阻，暂时守候，此时自早已过湖，兼程驰往，不难克期抵闽。惟恐前途或再有阻滞，着孙尔准探定确信，倘未能如期到省，酌量挪改试期。出示晓谕士子，俟考官等抵省，即行扃试，将此由四百里谕令知之。

七月乙亥 以捐修山西临晋县书院考棚，予州同李守恒等议叙有差。

八月辛巳 命顺天府府丞龚镗为奉天府府丞兼提督学政，光禄寺卿刘彬士提督顺天学政，工部右侍郎何凌汉提督浙江学政，福建道御史郑瑞玉提督江西学政，兵部左侍郎张鳞提督福建学政，江西道御史岳镇南提督湖南学政，江南道御史周作楫提督河南学政，光禄寺少卿盛思本提督山东学政，翰林院编修俞东枝提督山西学政，编修黄琮提督四川学政，编修李泰交提督广东学政，编修钱福昌提督广西学政，编修李品芳提督云南学政，编修陈宪曾提督贵州学政，江苏学政汪守和、安徽学政鄂木顺额、湖北学政许应藻、陕甘学政戴兰芬仍留任。

八月乙酉 以大学士卢荫溥为顺天乡试正考官，吏部左侍郎宝兴、户部右侍郎李宗昉为副考官。

八月戊戌 顺天府以宗室乡试中额请。得旨：取中八名。

九月庚申 以理藩院尚书博启图为满洲翻译正考官，署理藩院右侍郎彦德为副考官；兵部尚书松筠为蒙古翻译主考官。

九月辛未 谕内阁：御史陈焯奏，陕西学政违例送考，承办试卷衙门，不即驳回，该抚含混参奏一摺。前据史谱奏，陕西省办理科场试卷未协，当降旨将承办各员分别交部议处察议。兹据该御史奏，该学政违例送考，藩司不行驳回，该抚参奏时意存含混等语。着史谱、戴兰芬将摺内所指情节明白回奏。

九月乙亥 以光禄寺卿鄂木顺额为大理寺卿，仍留安徽学政任。

十月壬午 谕军机大臣等：前据给事中王云锦奏，请严禁书肆小本文策，以防士子怀挟之弊，并称有《文海》、《文备》名目。兹据步军统领衙门奏，查出《文备》八本，又名《历科墨正》，内载四书时文，并载有登科秘诀。又，《文选》五本，系五经时文；《文萃》六本，名《新增五经文萃》，各分名目，《易经》文曰文蔚，《书经》文曰文茂，《诗经》文曰文葩，《春秋》文曰文苞，《礼记》文曰文丛，内附有新策一本；《五经文钞》计五本。以上各种，乃墨卷时文试策杂选成部，俱系刻本，其字甚小，其本三四寸见方。并据该役等向各书肆访查板片，佥称此书来自江南，其板片自必在该省书肆收存等语。着陶澍严饬所属，查明此种板片，务须迅速销毁净尽，以杜流弊而端士习。将此谕令知之。

十月丙戌　大学士托津等遵旨会议整顿场规十条。一、砖门内东西左右四路，用木拦截，各不相逾，以防拥挤。一、添派左右翼总兵一员，酌带弁兵，分巡督率，以严稽察。一、士子点名不到，须通场点完后，方准补点。一、照入签上应各注明牌数，以便查对。一、士子入场，不准携带木柜、木盒、坐褥，以杜怀挟。一、八旗及南皿士子，人数众多，动辄喧闹，应分归四门点名，四路领卷，以便弹压。一、士子领卷后，立即催入号舍，不许复出。一、封门后，监临等官须按号亲查，或分段抽查，八旗号舍并由弹压副都统亲身巡察。一、号口栅栏，封开须用锁钥，士子交卷后，不准复入。一、号板以铺满为度，板标号记，责令号看守，遇有破坏不平者，准向委官换用。得旨：前据给事中刘光三奏，科场士子恃众玩法，宜严加整顿，当令大学士、军机大臣会同礼部议奏。该给事中原摺所陈十条，已属详备。兹大学士等复查照旧例，悉心参酌，分别准驳，逐条议覆，所奏俱甚周密。乡会试为抡才大典，必须科条整饬，弊窦肃清，方足以拔真才而端士习。岂容视功令为具文，任令拥挤喧哗，致启怀挟、枪替之弊。着自明年会试为始，即照新定章程，认真妥办，仍将各条先期出示，严切晓谕，俾众士子各知懔遵。倘不实力奉行，如仍有拥挤等弊，着责成科道据实严参惩办。

十月己丑　以礼部尚书王引之为顺天武乡试正考官，刑部右侍郎戴宗沅为副考官。

十月丙申　谕内阁：前据御史陈焯奏，陕甘学政违例送考，藩司不行驳回。该抚参奏时，意存含混，当降旨令史谱等明白回奏。兹据该抚奏，口外士子，道里辽远，不能克期到省，学政戴兰芬录送迟延，系照成案办理。藩司杨名扬不行驳回，亦因有案可凭，实非瞻徇滥收。该抚未将陕西历科乡试办理情形声明，系属疏漏等语。史谱、戴兰芬俱着交部察议，杨名扬前已降旨交部察议，无庸再议。该省口外乌鲁木齐及巴里坤等处士子僻居边远，沿途阻滞，自所不免，着自道光十二年为始，嗣后，边远士子，务先期晓谕，令其赶紧起程，限于八月初一日以前，全数到省，不得任意逗留，逾限即不准收考。

十月乙巳　谕：御史达镛奏，请定武闱章程一摺。定例马射三靶，相距各三十步，俾士子得有引弦持满之候。若如该御史所奏，马射之靶请各减六步，则三靶相离过近，三矢不及引发。且所称第一靶请设于考棚前二十步，以便查看，独不思第二、第三靶转致辽远，更难查阅。又，请于硬弓靶上系以丝绳，直达弦上，必绳直弦弯，始为引满。其丝绳尺寸，须定例限。试思士子臂有长短，不能一律相同，何能拘定丝绳尺寸？又，据称掇石时，用方石置于棚前，令士子掇起号石，置大石上，欲令士子将号石掇至大石上，又令何人将号石掇下，以待按名试掇？所奏各条，均属窒碍难行，着无庸议。至比试大刀，不可使背面花不全及刀尖拂地，此种不合格者，原不准录取，亦无庸议。所称双单好字应如何明定格式及酌量人数，予以定额之处，着兵部议奏。其另片奏称，武场附近地方，近年多有银号布铺之人，扮作摆摊、卖药等项，探听风声，随机撞骗，着责成监试御史及步军统领衙门、顺天府认真访查惩办，以杜弊端。

十月戊申　户部等部议准：陕甘总督杨遇春盘查甘肃仓库，酌拟杜亏章程十条……一、考棚垫修银两，不准作抵库项。……从之。

十一月壬子　赏直隶等省乡试年老诸生赵鹏远等一百六名举人、副榜有差。

十一月甲寅　以捐修陕西同州府考棚，予生员李树德优叙。

十二月丁酉　以修建陕西蒲城、华、安康、平利、商、雒南、三水七州县书院义学，并捐设士子乡会试川资，予职员王绂等议叙。

十二月癸卯　赏河南等省乡试年老诸生魏阙等七十三名举人、副榜有差。

道光十二年（1832年）

正月戊辰　命詹事府少詹事帅承瀚提督顺天学政。

正月庚午　以兵部右侍郎铁麟、吏部右侍郎申启贤知贡举。

二月壬辰　谕内阁：乡会试为抡才大典，必须整肃场规，严防弊窦，方足以端士习而拔真才。上年给事中刘光三陈奏，科场士子恃众玩法，亟宜严加整顿。当令大学士、军机大臣会同礼部议覆。该给事中所陈十条尚属周密，本年会试届期，立法伊始，除知贡举遵照前降谕旨，先期出示严切晓谕外，恐不肖士子尚不免恃符藐法，作奸犯科。用再剀切诰诫，各省士子务各涤虑洗心，恪遵功令，点名时鱼贯而入，毋得仍前混行拥挤。如有迟误，静候补点。其不遵约束，肆行喧闹者，着弹压总兵拿究。已接签者，不许复出砖门；已领卷者，不准复出号舍。如有怀挟，立即惩办。误带者虽免治罪，仍不准其入场。其八旗士子，令弹压副都统亲身巡查，不准越号，并着责成搜检王大臣稽查接谈换卷，弹压副都统、两翼在城总兵、会试知贡举遵照妥办。如不实力奉行，着监试御史据实指名参奏。本年乡试即照此次会试一律办理。朕开科取士，以备国家任使，此日之举子即异日之考官，岂容鱼目混珠，幸邀录取？一经查出弊窦，即按律严惩。朕言出法随，断不轻贷，毋谓训诫之不早也。将此通谕知之。

二月乙未　赠故闽浙总督孙尔准太子太师，予祭葬，谥文靖，并赏其子举人慧惇进士，一体殿试。

二月己亥　命翰林院修撰吴其浚提督湖北学政。

三月辛亥　谕：耆英等奏，直隶给咨会试之刘继贤查于上年赏给副榜，并未恩赐举人，其因何错误之处，着琦善查明据实覆奏，照例办理。寻奏，刘继贤因报录人误递举人报条，信以为实，呈请给咨会试，并非有心假冒。请将未及详查之清苑县王仲槐、照转之藩司颜伯焘交部分别察议。下部知之。

三月癸丑　以吏部尚书潘世恩为会试正考官，刑部尚书戴敦元、工部尚书穆彰阿、朱士彦为副考官。

三月辛酉　谕：邓廷桢奏，上届戊子科江南乡试，轮应安徽巡抚入闱监临。陈明住居省会，请旨改派。本年监临又系安徽轮值，仍奏明请旨等语。本年壬辰科江南乡试，着派林则徐入闱监临。

三月己巳　礼部以宗室会试中额请。得旨：取中三名。

三月壬申　礼部以会试中额请。得旨：满洲取中八名，蒙古取中三名，汉军取中五名，直隶取中二十一名，奉天取中二名，山东取中十七名，山西取中九名，河南取中九名，陕甘取中六名，江苏取中十七名，安徽取中十二名，浙江取中二十一名，江西取中十六名，湖北取中九名，湖南取中六名，福建取中九名，广东取中九名，广西取中六名，四川取中六名，云南取中七名，贵州取中五名。

三月癸酉　江苏学政廖鸿荃奏，留心访察士习，拟按行各属，剀切晓谕，不敢稍事姑息。得旨：一切从实秉公，慎勿稍形疲玩。又奏，如武进劣生庄午可，若早革究示惩，何致酿成巨案，可见宽纵之过，所损实多。批：水懦民玩，正谓此也。

四月戊寅　谕：前据御史范承祖奏，江苏昭文县已革漕书张仁扶朦捐舞弊等情，当交程祖洛查拿惩办。兹据奏称，查明张仁扶所捐监生，讯无违碍，亦无另有盘踞把持、勾串舞弊劣迹。惟于革卯后，因现充漕户各书向其咨询公事，不知避嫌敛迹，即与干预无异。张仁扶即张星灿，着革去监生，杖八十，加枷号两个月，满日折责发落。前任昭文县知县着查取职名，交部议处。余照所拟完结。该部知道。

四月丁亥　以都察院左都御史升寅为满洲翻译会试正考官，工部右侍郎裕诚为副考官。

四月辛卯　以本年乡试考试应开列试差人员于正大光明殿。

四月甲午　礼部以满洲翻译会试中额请。得旨：取中三名。

四月乙未　赏会试年老举人马秉钧等十七名司业、编修、检讨、学正职衔有差。

四月丙申　以大学士曹振镛、富俊，吏部右侍郎汤金钊、户部右侍郎李宗昉、刑部右侍郎恩铭、工部左侍郎吴椿、理藩院右侍郎奎照、都察院左都御史白镕为殿试读卷官。

四月丁酉　策试天下贡士马学易等二百六人于保和殿。制曰：朕缵膺大宝，统御寰区，中外乂安，于兹十有二载。仰荷昊苍眷佑，列圣垂庥，敕命时几，兢兢业业，深念亮功熙绩之道，去奢崇俭之模，厚生藏富之规，布宪颁条之要，期臻上理，延访维殷。尔多士拜献先资，对扬伊始，冀聆谠论，式赞嘉猷。唐虞官人，申言载采，成周分职，重戒惟勤。官礼所载，八法八成，六叙六计，所以治官府，正群吏者，至详且备，能晰言之欤？汉史言综核名实，吏称其职，有合于董正治官之旨，然上求实效，而下务虚名，以拘守绳墨为慎，以奉行条律为勤，励翼之谓何？其遂称庶官无旷欤？夫询在事，考在言，而宅俊之克知灼见者则在心，任职之吏，岂徒以奉令承教为贤欤？任贤勿贰，去邪勿疑，帝者之盛轨也。上以诚待下，则下当以诚事上，朕权衡黜陟，一秉至公，内外大小臣工，宜何如敬慎法廉，实心任事，以克副厘工熙绩，澄叙官方之意欤？尚俭者开福之原，尧不以土阶为陋，而舜怵戒于涂髹，禹卑宫，文王卑服，尚已！嗣是衣从弋绨，贡罢缣纶，往迹流传，其俭德不犹可溯欤？去奢去泰，上下所同，古人臣励羔羊素丝之操，如赵抃守成都，一鹤一琴；程熷令盐城，一马一仆，其高节清标，非臣下所当矜式欤？夫镂簋朱纮，玉缨琼弁，自昔所讥，乃积习相沿，敝化奢丽，以致不能养廉，将何以重诫风愆，儆于有位欤？蟋蟀山枢，民风近古，今则闾阎不免逾礼，将何以挽其浇漓，俾还淳而返朴欤？朕躬行节俭，为天下先，时以黜华崇实之意，训迪臣民，何由而使风气日臻醇茂欤？积贮者，生民之大命，仓人遗人之法，具在周官。汉耿寿昌设常平仓，增价减价，因时以济民之缓急，意非不善。然出入在官，易滋流弊。若社仓、义仓二者，系民间自为经理，不更有以辅常平之不及欤？义仓起于隋长孙平，当社立仓，丰则取之，歉则散之；社仓行于宋朱子，夏贷冬偿，主守则属于乡之行义，收敛则清于郡之长官，二者岂非久远之利欤？乃日久弊生，仓正不无偷卖，州县不无挪移，胥吏不无侵蚀，甚至日就亏缺，仅剩空廒，将何以整顿旧规，使良法及时兴复欤？夫仓以社义为名，宜听小民输纳，苟州县有抑勒侵那诸弊，而大吏不加惩办，无以肃吏治，又何以厚民生欤？法令者，治之具，而非制治清浊之原。《周礼》官法治要，官成治凡，纲举目张，无一切苛碎繁重之政，粲然明白，庶事所由康欤？《系辞》言："易简而天下之理得。"盖本显明之理，以立要约之法，则人皆易知而易从。汉代萧规曹随，较若画一，犹得行简临民遗意。嗣后，簿书日积，科条日增，庶司顾虑既深，救过不暇，将何以折衷一是，裁定明文，俾吏胥无从高下欤？夫徒法不能以自行，一弊未除，一弊已伏，如经征考成过严，则缘垫欠而适成亏帑，承缉处分太重，则因讳饰而转致养奸。科指猥多，册籍重复，苟非汰其丛杂，归于简明，何由蠲涤烦苛，以昭示法守欤？凡厥四端，董迪以肃官治，敦朴以开化原，积贮以阜民生，简核以防吏蠹，皆立政之大纲，经邦之要道也。多士学于古训，通知时事，以敷奏为明试，务收实用，毋摭肤辞，朕将亲览焉。

四月己亥　引见己丑科散馆及补行散馆人员。得旨：此次散馆之修撰李振钧，编修朱兰业经授职，其清书二甲庶吉士邓瀛，汉书二甲庶吉士李嘉端、全庆、桂文耀、张集馨、罗绕典、朱其镇、王庆云、李照龄、徐广绂、彭舒萼、李国杞、徐云瑞、陶沄、步际桐、朱淳、徐继畬、倭仁、陈光亨俱着授为编修，清书三甲庶吉士孙葆元、袁玉麟、许尚德俱着授为检讨，庆勋、张沆度、苏孟旸、刘良驹、张宝璇、马沅、司徒照、况澍、夏恒、朱逢辛、何寯、金安澜、郭景僖、锡麟、白宴卿俱着以部属用，宗室恩来着以宗人府笔帖式用，姚振启、潘绍烈、金炽福、李从图、马福安、崔焘、杨景、穆通阿、严保庸、何荣章俱着以知县即用。

四月庚子　御乾清宫，召读卷官入，亲阅定进呈十卷甲第。

四月辛丑　上御太和殿。传胪。赐一甲吴钟骏、朱凤标、季芝昌三人进士及第，二甲赵德潾等一百人进士出身，三甲赵长龄等一百三人同进士出身。

四月乙巳　以翰林院编修陆建瀛为云南乡试正考官，杜受田为副考官；检讨林士傅为贵州乡试正考官，户部主事何其兴为副考官。

四月丙午　谕内阁：三载宾兴为抡才大典，各直省主试经朕特加简任，宜何如涤虑洗心，认真校阅，务求为国得人？顺天同考官及会试同考官俱系翰詹、科道、部属，该员等甲第本高，又经朕亲加校试，尚无荒谬之人充选，所以得人较盛。各直省同考官则年老举人居多，势不能振作精神，悉心阅卷。即有近科进士，亦不免经手簿书钱谷，文理日就荒芜。各省督抚虽照例考试帘官，仍恐视为具文，全恃主试搜阅落卷，庶可严去取而拔真才。士子握椠怀铅，三年大比，一经屈抑，又须三年考试，或竟有终身沦弃者，岂不可惜！该主试俱系科甲出身，试回思未第之先，芸窗诵读，与多士何异？若只就荐卷照常挑选，而于落卷漠不关情，设身处地，于心何忍？嗣后，各直省督抚务将帘官认真考校，不得以年老荒谬之员滥行充数，其典试各员必须将闱中试卷全行校阅，不得仅就荐卷取中，方为不负委任。现届简放云南、贵州考官之时，剀切详明，特申诰诫。倘各省正副考官草率从事，一经朕别有访闻，即将该主试严惩不贷。将此通谕知之。

四月丙午　命工部尚书朱士彦、理藩院右侍郎奎照教习庶吉士。

四月丙午　授一甲一名进士吴钟骏为翰林院修撰，二名朱凤标、三名季芝昌为编修。

五月庚戌　引见新科进士。得旨：一甲三名吴钟骏、朱凤标、季芝昌业经授职外，赵德潾、王立中、姚福增、刘荣桂、陈本钦、单懋谦、瑞常、朱楷、高人鉴、张星灿、花沙纳、汪振基、潘铎、严良训、邵灿、王朝杰、宗室庆安、戴熙、郭利宾、骆秉章、舒兴阿、方城、劳崇光、吴光业、罗传球、杨仁、黄廷珍、陈鼎雯、胡增瑞、许乃安、蔡锦泉、桑春荣、周铭恩、李湘棻、张道进、李方、陈爔、朱庆祺、郭柏荫、宗室善焘、赵缙、贾臻、原珏、沈玉麟、钟保、夏廷桢、吴珩、陈庆镛、陆应谷、李星沅、赵长龄、曹楙坚、李锦业、汪道森俱着改为翰林院庶吉士，辛师云、叶抒清、刘镕、温肇江、刘仲海、陈毓枫、胡光莹、庄心省、郑锡文、马兆增、阿彦达、钱步文、金衍照、邓谦光、赵霖、黄大阜、陈秉钧、王正谊、沈琦、杨踞奎、陈廷吉、谭显相、王璪、陈书曾、李翔、汪润、魏大纲、张铭谦、王应奎、赵似祖、孙岷源、郭锡恩、黄拱、沈钧、薛鸣皋、佟元、那琇、陈山嵋、宋绍棻、丁岜诒、倪嵩、宗室常禄、李燕昌、马学易、宗室惠霖、颜锡惠、任为琦、顾暄、王茂荫、周际云、崔侗、梁卓英、欧阳丰、张沣翰、张廷瑞、孟先颖、武兴绪俱着分部学习，杨元燮、宋文榜、步际逵、丁琳、杨殿邦、赵致和、冯燕誉、卢先骆、黄其表、程灿策、黄维同、鲁庆元、徐大纶、张淑京、李书耀、翟奎光、饶拱辰、卞抚辰、吴冀泰、郭思仪、黄凤楼、谢卿谋、范泰初、鹤年、陈官乂、许道藩、李兆、董树堂、王松、宋培之、世纶、陈文笏、舒学魏、周秉文、李铭、张梦蓉、黄文瑄、宗元醇、朱庭棻、沈毓寅、汪自修、孙檠、李鉴、崔国政、陈颖函、盛朝辅、徐焕垣、金镇、刘炳青、王有成、曹树奎、邱以德、马国翰、林发森、陈仁淳、武访畴、金鼎年、马官龙、杨晓昀、方为楷、张煛、岳逢阳、张墉、国治、刘光第、夏云岫、马晓林、王联堂、宋良俱着交吏部掣签，分发各省，以知县即用，候补员外郎许祥光着以六部员外郎即行选用。余着归班铨选。

五月壬子　户部议驳：福州将军萨秉阿奏，福州满营原给养赡不敷，请拨马价银两发商生息添补，并添给各佐领下清书学生膏火、纸笔各费。查，福州驻防孤寡养赡，岁需银四千七百余两，其八旗官学生岁支月课银二百四十两，道光十年又添设书院银五百两，体恤已为周至。该将军自应训以节俭，俾生计充裕，不得遽议增添，致滋糜费。所请应毋庸议，从之。

五月丙辰　考试应开列试差满汉二品以下京堂各官于上书房。

五月己未　谕内阁：给事中邵正笏奏，国子监考到录科，关防不密，请饬严加查禁以除积弊一摺。国学为造士之区，录科为进贤之始，自宜关防慎密，严绝弊端。据该给事中奏称，近科以来，考到录科，每有托人顶替代倩，并贿嘱胥役于该衙门左近窝藏枪手、往来传递之事，自应随时查禁。着国子监堂官于俊秀贡监考到录科之期认真稽察，如有前项弊端，即行惩办，毋稍姑容。

五月辛酉　以候补国子监祭酒程恩泽为广东乡试正考官，翰林院编修邢福山为副考官；编修汪世樽为广西乡试正考官，张琴为副考官；大理寺卿文蔚为福建乡试正考官，工科给事中邵正笏为副考官。

五月癸亥　谕内阁：升寅奏，考试教习士子抗不听点，请整饬场规一摺。考取教习，以备训课，该士子等自宜敦品励行，恪遵功令，方足树师儒之望。乃竟于入场时，恃众拥入，不候点名，显有枪冒情弊。似此不知检束，希图幸进，安望能教育人才？即期满录用职官，亦难期其官箴恪守，于士习官方大有关系，不可不亟加整饬。着礼部即行知主考监试各员，于覆试时严行考核，其已经录取各士子限两日内取具同乡京官印结，汇齐咨送，定期招覆，并令出结各员当堂识认。如有冒名入场及覆试文字不符正场者，立即扣除。倘不得妥卷，尽可缺额，毋庸滥取充数。升寅奏，请于应取若干名之外，多取数十名。殊可不必。至所请每届顺天乡试后，于贡班荐卷中挑取数十名，会试后，于举班荐卷中挑取数十名，以备咸安宫等处官学及国子监八旗教习之用。着礼部核议具奏，嗣后，凡遇贡院考试，着都察院衙门奏派满汉堂官各一员，专司稽查，如有士子不遵功令，承管各衙门因循疏懈，着即据实参奏，以肃场规而端士习。上年给事中刘光三陈奏科场各条，经军机大臣等会议奏准遵行，已属周备。此后乡会试时着承办各衙门务须实力奉行，毋得视为具文。倘有因循滋弊之处，一经发觉，必将承管之员惩处不贷。

五月庚午　谕内阁：前据升寅奏，考试教习，士子抗不听点，显有枪冒情弊。当降旨令主考监试各员于覆试时严行考核，如文字不符正场者立即扣除。本日，据汪守和等奏，会同御史严加覆试，除未投印结七名、临点不到一名外，其笔迹不符者，咸安宫官学二名，景山官学三名，宗室官学二名，觉罗官学三名，八旗官学四名；又，默写原卷字句不符者，咸安宫官学一名。可见升寅所奏属实。此次主考监试各员认真办理，甚属可嘉。试思该士子等如果平日敦品励行，认真力学，何至一经覆试，即纷纷败露至十五名之多？至未投印结及临点不到各生，其为枪冒更不待言，姑念积习相沿，不自今始，朕亦不为已甚，俱着扣除。嗣后，凡有大小考试，主考、监试、提调等官俱宜认真办理，整肃场规，严定去取，毋博一己宽厚之名，而堕朝廷之法纪。该士子等亦当知愧知奋，恪遵功令，毋再行险儌幸，致干严究。将此通谕知之。

五月辛未 福建道御史梁萼涵奏，满汉教习、各省拔贡及翻译文童翻译录科各小场，凡在贡院考试者，请俱仿照大场规条酌量办理。下部议。寻议：嗣后，满汉教习及各省拔贡在贡院考试者，一体由步军统领衙门于东西砖门点名处各派武弁一员、兵丁十五名，先期册送点名，御史查核。翻译文童翻译录科仍照旧奏派副都统弹压，至搜检向由五城五营拣派捕役，请于例派外多派十余名号军，请由该管官照应用人数册送监试御史点验入场，如人数短少，将该管官参处。从之。

五月壬申 云南乡试正考官陆建瀛丁忧，以翰林院编修费开绶为云南乡试正考官。

五月癸酉 以刑科给事中徐法绩为湖南乡试正考官，翰林院编修胡鉴为副考官。

五月乙亥 以翰林院侍讲翁心存为四川乡试正考官，编修李菡为副考官。

六月甲申 谕：前据升寅奏，考试教习，士子抗不听点，请整饬场规，并请每届顺天乡试于贡班荐卷中挑取数十名，会试后于举人荐卷中挑取数十名，当交礼部核议具奏。兹礼部查明，乡会试荐卷中挑取教习，格碍难行。着仍照例办理。惟士子等不肯按名听点，总由枪代人等希翼朦混。嗣后，入场之期着步军统领衙门于点名处添派员役弹压，其有抗不听点者即行严拿惩办。士子领卷后即令认明坐号，各自归号，毋许稍有紊乱；封门后监试御史逐号查察，如有乱号之人，照例究治，以肃场规。

六月丙戌 谕：嗣后，贡院考试文乡会试及翻译乡会试，着都察院衙门奏派满汉堂官各一员，专司稽查。考试教习拔贡及其余考试，俱着奏派堂官一员。

六月戊子 以户部右侍郎李宗昉为浙江乡试正考官，陕西道御史韩大信为副考官；国子监祭酒罗家彦为江西乡试正考官，吏部员外郎许球为副考官；翰林院编修贾克慎为湖北乡试正考官，京畿道御史卞士云为副考官。

六月丙申 以理藩院右侍郎奎照、顺天府府尹徐镛监临顺天乡试。

六月戊戌 以吏部右侍郎汤金钊为江南乡试正考官，翰林院检讨龚文焕为副考官；编修王玥为陕西乡试正考官，赵光为副考官。

七月庚戌 以翰林院侍读学士冯芝为河南乡试正考官，编修龚维琳为副考官；大理寺卿郭尚先为山东乡试正考官，国子监司业柏葰为副考官；翰林院编修龙瑛为山西乡试正考官，内阁中书张延阀为副考官。

七月庚申 谕军机大臣等：据林则徐奏，请定同考官校阅章程并豫防士子诸弊一摺。本年乡试将已届期，该抚职任监临，所有考试帘官，自应悉心校阅，其人闱各员当不致以年老荒庸滥行充数。惟宾兴为抡才大典，前经降旨令各直省主试搜阅落卷，诚以三年大比，一经屈抑，又须三年，竟有终身沦弃者。该主试均系经朕特加简任，尤当加倍认真。着汤金钊等督率各同考官细心分校，不得仅点数行，即行摈弃，以致草率从事。监临之责，在点名搜检整肃场规；主试之责，在遴拔真才，稽查弊窦，均各责无旁贷。原摺着钞给阅看，除窒碍难行无庸议外，着汤金钊等悉心校阅，搜查落卷，严去取而拔真才，方为不负委任。将此谕令知之。

七月戊辰 以理藩院右侍郎奎照监临顺天乡试，改派光禄寺卿宝善稽查平粜厂务。

七月戊辰 命都察院左副都御史沈维鐈提督安徽学政。

七月庚午 谕：顺天府学教授觉罗兴文因赍送翻译录科二三等试卷迟延，降旨交部议处。该员不听候部议，辄以无心误差等词哓哓陈诉，此风断不可长。觉罗兴文着降三级调用，不准抵销。

八月丙子 谕内阁：本日据御史扎克丹等奏，查勘贡院工程，俱已修理完整，惟各号舍中间有席箔糟烂处所等语。倘秋雨较多，号舍渗漏，多士难以栖止。着顺天府多备芦席，以资苫盖。

八月丁丑 赏江西等省辛卯科乡试年老诸生赵仪吉等七名举人、副榜有差。

八月庚辰 以户部尚书王鼎为顺天乡试正考官，兵部尚书那清安、都察院左都御史白镕、刑部左侍郎史致俨为副考官。

八月癸未 谕内阁：本日据搜检王大臣仁寿等奏，头场搜出误带《四书》之直隶生员沈景颜、李瑞符、戈镜蟾、周福週、贾康吉，山东贡生贺澄元，广西监生秦绍谦，安徽贡生程受易等八名，照例逐出；又，搜出携带诗文之直隶生员吴思同、朱孔彰、郭先春、石嶲庵、李曾，廪生许向辰，山东贡生王之城等七名，当即斥革，枷号示众，办理尚属认真。近来士习日坏，前据科道等条奏防弊之法，经朕降旨准行，并谆谆诰诫，几于三令五申。该士子宜如何涤虑洗心，奉公守法，乃本科乡试仍有吴思同等携带诗文之事。该士子以身试法，行险徼幸，习为故常，恬不知耻，若令其幸得科名，通籍后夤缘钻刺，更何事不可为，尚望其为朝廷出力耶？从前历科派出搜检王大臣总以毫无弊窦，一奏塞责，可见沽名钓誉，全不实心任事。此次搜检尚属认真，所以鬼蜮伎俩纷纷败露，而苟且混入者仍所难免。三年大比为士子进身之始，即幸而获选，清夜扪心自问，岂不可耻？本科二、三场仍当严行搜检，如查有怀挟情弊，即一律惩办。嗣后，该士子等务须恪遵功令，敦品励行，勉为真才实学，毋再存幸获之心，求荣反辱。其搜检王大臣及都察院堂官派出科道等总当认真办理，不可日久生懈，视为具文。将此通谕知之。

八月丙戌 谕：朱士彦等奏，二场查出乱号之顺天生员陈元晖、未经领卷先混入场之直隶生员徐最亭，均即逐出，办理尚属认真。向来派出稽察接谈换卷，有无情弊，从未查出具奏，可见沽名钓誉，讨好士子，全不以剔厘弊端为事。本年经朕降旨，谆谆诰诫，此次稽察即有混乱场规之生员二名，而苟且混入者仍所难免。嗣后，该士子等务须恪遵功令，毋以身试法，求荣反辱。其派出之大臣等总当认真办理，不可视为具文，日久生懈。

八月丁亥 谕内阁：申启贤奏，查出诈称误带《四书》之山东贡生贺澄元，希图幸免，情殊诡谲，未便遽予省释。着即斥革，枷号场前示众，以为士子不知自爱者戒。

八月己丑 谕：奎照等奏，查有河间府吴桥县廪生季景畿禀称，同县举人方熙有顶冒阜城县监生刘姓入场情弊，头二场皆与伊堂弟季芳甸同号，嘱勿声张等语。季景畿、季芳甸着交刑部讯问确情，据实具奏。其在逃之方熙等着步军统领衙门、顺天府五城一体密速查拿务获，归案审讯。寻奏，方熙顶替，已据方伯勋、徐最亭指证确凿，与季景畿等供俱吻合。得旨：举人方熙、监生刘兆庆俱着斥革，季景畿等着解交直隶总督，转发各该处原籍取保候质，并饬属严拿方熙、刘兆庆到案，就近提讯明确，按例惩办。

八月癸巳　顺天府以宗室乡试中额请。得旨：取中七名。

九月癸丑　谕军机大臣等：朕闻山东学政盛思本不协士心，本年考试录遗，颇招物议。该学政已考数棚，声名若何，考试有无弊窦，穆彰阿现在前往江南，路过山东，于各员谒见之时，无难确切查访，着即据实具奏。将此谕令知之。

九月甲寅　以内阁学士姚元之知武举，礼部右侍郎陈用光为武会试正考官，都察院左副都御史朱为弼为副考官。

九月丙辰　谕内阁：杨遇春奏，新疆等处贩茶易茶旧章与官引均无窒碍一摺。此案监生毕新兴即毕延清，前以私贩病商等情赴都察院具控，当降旨交杨遇春确查。兹据查明，毕新兴充当茶务总商，承引办课，因恐陕省私茶阑入甘境，北商夹带附茶赴新疆售卖，并青海蒙番易茶章程綦严，虑及引茶不能畅销，辄欲变更旧章，赴京控诉，实属谬妄。念其所呈各款，究为疏通引茶起见，与捏情告人者有间。毕新兴着杖八十，革去监生，仍留充总商，责成行茶办课。该督务当随时查察，倘有拖欠情弊，即行从严惩办，以肃茶法而重国课。

九月己未　兵部以武会试中额请。得旨：满洲、蒙古取中三名，汉军取中四名，奉天取中一名，直隶取中五名，陕甘取中五名，广东取中四名，河南取中四名，山东取中七名，江苏取中一名，安徽取中一名，山西取中六名，湖北取中一名，湖南取中一名，四川取中三名，广西取中一名，福建取中一名，浙江取中一名，江西取中二名，云南取中一名，贵州取中一名。

九月庚申　谕内阁：潘世恩等奏，本年顺天乡试中式朱墨卷，覆勘得应议者三卷。其张德立一卷，据称原勘官签出第一场首艺内“亦乐乎疏水曲肱也”句，正本、稿本、朱卷均无“非”字，看系添字，笔迹不符，与后比系一手添成，又后二比末朱墨卷皆经涂改，原注涂改字数不符。着礼部堂官即传该举人到部，携带笔砚，当面写对笔迹。并将卷内字迹不符及涂改字数与原注何以不符之处，询明有无情弊，据实具奏，再行照例核办。其陶树美、何渭二卷应议之处，均着礼部照例办理。

九月庚申　以理藩院尚书博启图为满洲翻译乡试正考官，右侍郎奕纪为副考官；国子监司业嵩安为蒙古考官。

九月辛酉　谕内阁：那清安等奏参，该旗官卷送考册籍错误，请将佐领、参领议处一摺。此次中式举人毓雯系御史恒谦之胞侄，例应编入官卷，该旗佐领于送考册籍内，将毓雯原报官卷误写民字号，该参领亦复不加考核，均属不合。佐领恒庆及承办之参领俱着交部照例分别议处。嗣后，例编官卷应如何详慎稽查，不致列入民卷，并送考册籍不致遗漏错误之处，着礼部妥议具奏。

九月甲子　谕军机大臣等：朕因山东学政盛思本不协士心，降旨令穆彰阿于路过山东时密行查访。兹据奏，该学政录科，生员仅录取十分之四五，贡监仅录取十分之二三，旋又补取多名，迨将入头场，尚有临时补出者，物议哗然，致遗取生监多人赴该学政署前高声詈骂。该学政传巡捕拿人，辄又中止。其于生员补岁考时，出题后甫作起讲数句，即谕不必作完，于令出场等语。已明降谕旨，将盛思本交部严加议处矣。穆彰阿因驰往南河查办事件，于该学政历考各棚有无弊窦，未及一一访查。钟祥现来京陛见，计程将次行抵山东，途次接奉谕旨，即着将盛思本考过各棚有无弊窦劣迹、声名实在若何确切查访，来京时据实具奏，毋稍徇隐含混。穆彰阿摺着钞给阅看。将此谕令知之。

九月甲子　以山东学政盛思本任性乖张，下部严议。命来京。命内阁侍读学士王丙提督山东学政。

九月戊辰　谕内阁：前据潘世恩等奏，覆勘得应议举人张德立一卷，添字笔迹及涂改字数不符，当降旨交礼部堂官传到该举人询明有无情弊，据实覆奏。兹据奏，查传该举人到部，面加详诘，实系匆忙涂改，缮写潦草，未将字数核算，另行更改。复令当面默写字迹，与原卷核对，尚属相符。惟该举人墨卷涂改之处，朱卷均应照所改字句誊写，何以该誊录将墨卷所添非字及后二比所涂二句，并旁跨之字照样录出，着顺天府将该誊录书手传到，送交礼部，讯明有无情弊，据实具奏，再行照例核办。

九月辛未　命工部左侍郎恩铭教习庶吉士。

闰九月丙子　谕内阁：前据那清安等奏参，该旗官卷送考册籍错误，请将佐领、参领议处。当降旨，将嗣后例编官卷应如何详慎稽查，不致列入民卷，并送考册籍，不致遗漏错误之处，交礼部妥议具奏。兹据查明覆奏顺天府历届乡试试卷均系照例办理，立法本极详备。此次错误，实由该旗送考册籍漏填官卷，以致误入民卷取中。嗣后，旗人应文乡试者，着各该旗照例将应编官卷各生履历详细造册，一面咨送顺天府办理试卷，一面咨送礼部以备查核，其参佐领等官承办造册与外省事同一律。嗣后，各该旗遇有应编官卷，由本家呈报佐领，由参领详加查核，追册送顺天府后，其试卷应注明官字，如有混入民卷取中者，比照各省办理官卷朦混出结及朦混造册各员处分例，查系本家漏报，将本官革职，本生黜革；查系佐领漏报，将该佐领降二级调用，并将不行详查之参领降一级调用。如墨卷本有官字，朱卷漏印官字戳记，将承办之员降一级调用。均着照所议办理。其各该旗都统、副都统于参佐领办理送考册籍，均有稽查之责，倘例编官卷遗漏错误，俱有应得处分。嗣后，应如何处分之处，仍着礼部议奏。

闰九月戊子　谕内阁：前因山东学政盛思本任性乖张，致滋物议，当交部严加议处，并令钟祥于山东途次，将盛思本考过各棚有无劣迹，确切访查。兹据奏称，途次查访该学政饮酒任意，驭下太宽，甚至编造歌谣，纷纷传说，声名实属平常。惟考过各棚，据该府县连衔密禀，尚无赃私之处。盛思本着照部议，降四级调用。向来各省督抚每于年终密奏学政声名，嗣后，直省学政如有声名平常、劣迹昭著者，该省督抚立即参奏，不必俟年终密陈。倘意存见好，扶同隐饰，经朕别有访闻，惟该督抚是问。其籍隶本省之科道，如遇学政声名狼籍、确有赃私实据，亦当随时奏闻，毋稍缄默。将此通谕知之。

闰九月丙申 谕：前据礼部奏，潘世恩等覆勘应议举人张德立一卷，添字笔迹及涂改字数不符，传到该举人当面默写字迹，与原卷核对，尚属相符。当降旨令顺天府传到该誊录书手，送交该部讯明有无弊窦。兹据奏，该誊录刘苍配于墨卷旁跨涂改之处，遗漏错误，随照墨卷添注更正，并令该誊录将后比所改二句当堂默写，核对笔迹，亦属相符，尚无别项情弊。惟该举人张德立墨卷内添注、涂改与原注字数不符，已在十字以外，着罚停会试一科；受卷官未经查明贴出，着照例罚俸一年。

闰九月戊戌 以捐修山东武定府及潍县文庙、书院，予绅士田凤聪等议叙有差。

闰九月辛丑 谕：有人参奏，江西学政郑瑞玉平日吸食鸦片烟。考试正场，点名迟至巳午，覆试竟至未正，完场多在三更以后，士子半皆给烛。本年考试南昌，五月半取齐，六月二十日外方考，生童守候，不堪其苦。又于考试丰城等县时，派令官亲人号稽查，锁押生员，并令婢女在大堂伺候，与士子交接递签。该省有“猖獗官亲，号舍内生员带锁；风流学使，大堂上婢女传签”联句，其为不协舆情已可概见等语。着周之琦督同桂良即照所参情节，查明据实具奏。桂良甫经到任，自无所用其回护；周之琦如能认真查访，核实参奏，其以前失察之处，朕可稍为宽恕，倘瞻徇情面，稍有不实不尽，则既隐讳于前，又复回护于后，经朕别有访闻，恐不能当此欺饰重咎也。将此各谕令知之。

十月辛亥 命吏部尚书潘世恩教习庶吉士。

十月丁巳 试中式武举张金华等七十三人于太和殿前。

十月庚申 御紫光阁，阅中式武举马步射。

十月辛酉 上御箭亭，阅中式武举技勇。

十月辛酉 御乾清宫，引见中式武举，亲定甲乙。

十月壬戌 上御太和殿。传胪。赐殿试武举一甲李广金、张金甲、郝腾蛟三人武进士及第，二甲鸣起等十二人武进士出身，三甲马腾蛟等五十八人同武进士出身。

十月癸亥 谕内阁：朕于本月二十日升殿，百官行礼后，新武进士未传胪之前，有三四人在品级山之下，自东而西，当经降旨查询。本日，据都察院堂官纠仪科道、鸿胪寺堂官等奏参，鸿胪寺序班引领武进士行走错误等语。朝会大典自应整齐严肃，该序班职司导引，率意走趋，非寻常疏忽可比。着该寺堂官查明何员，即行革退。耆英、多恒、董淳、吉勒章阿、叶绍本俱着交部议处。

十一月己丑 谕内阁：朕冲龄就傅时，原任侍郎赠礼部尚书衔万承风、原任翰林院侍讲学士加三品卿衔秦承业先后在上书房课读，尽心讲贯，深资启沃。即朕之今日尚能兢兢自守者，皆两师傅之功也。眷怀旧学，特沛恩施。万承风着晋赠太傅，其子童生万方楙着赏给举人，准其一体会试；其孙候选府经历万长龄着遇缺即选。秦承业着晋赠礼部尚书衔，其子候选员外郎秦绳曾着赏加四品卿衔；嗣子监生秦象曾着赏给举人，准其一体会试。用示朕谊笃师儒、有加无已之至意。

十一月己丑 谕：朕闻江西学政郑瑞玉不协舆情，降旨令周之琦认真访查，核实参奏。兹据奏称，该学政将乱号生员锁发提调讯究，系属照例办理，惟场规不能严肃，致书吏将不应进署之人混行带人，并令官亲查号，及覆试点名迟至巳午，均属违例等语。该学政职司考校，自宜整肃场规，严防弊窦，乃不能约束官亲书吏、覆试士子，任意迟延，致滋物议，岂能胜学政之任？郑瑞玉着交部议处，即来京听候部议。周之琦未能先事觉察，自请议处之处，着加恩改为交部察议。寻议，郑瑞玉降三级调用，周之琦罚俸一年。从之。

十一月己丑　命翰林院侍讲翁心存提督江西学政。

十二月癸亥　赏河南等省乡试年老诸生李拔等三十二名举人、副榜有差。

道光十三年（1833 年）

正月丁丑　命礼部右侍郎陈用光提督浙江学政。

正月甲午　以捐修湖北贡院，予试用知县宋其洋等议叙。

正月乙未　以都察院左副都御史德春、户部左侍郎汤金钊知贡举。

正月庚子　谕：御史宗赓奏点派考官拆封，请禁止窥探搀越一摺。顺天乡试、礼部会试，点派考官密本向系大学士于午门前拆封，眼同稽察御史宣旨唱名，凡不入闱者俱应回避。如该御史所奏，近年以来，每届拆封之期，竟有未经考差及无执事闲人混入其中，纷纷拥挤，殊非慎重关防之道。嗣后，考官拆封之日，着礼部于午门中间恭设黄案，为拆封及接收核对之用，并责成稽察御史认真查察，倘有窥探搀越等弊，即行据实参奏。

二月丁未　江苏学政廖鸿荃奏，淮安府、徐州府、海州上年被灾，请缓至道光十四年岁科并试。从之。

二月壬子　赏河南壬辰科乡试年老诸生崔南鑫等三人举人、副榜有差。

二月戊午　命翰林院编修池生春提督广西学政。

二月乙丑　谕内阁：翁心存奏，考试期迫，援照成例，请将南安、赣州两府暂行岁科并考一摺。江西学政岁科两试合计二十八棚，上年因补行正科乡试，办理录遗，稍稽时日，准其援照成案，将南安、赣州两府暂行岁科并考。嗣后，不得援以为例。

二月庚午　以在京捐赈，赏广东刑部郎中潘仕成举人，一体会试。

三月丁丑　以大学士曹振镛为会试正考官，协办大学士、云贵总督阮元，兵部尚书那清安，工部左侍郎恩铭为副考官。

三月庚寅　礼部以宗室会试中额请。得旨：取中三名。

三月乙未　礼部以会试中额请。得旨：满洲取中八名，蒙古取中四名，汉军取中五名，直隶取中二十一名，奉天取中二名，山东取中十八名，山西取中十名，河南取中十名，陕甘取中八名，江苏取中十八名，安徽取中十四名，浙江取中二十一名，江西取中十八名，湖北取中十名，湖南取中七名，福建取中十一名，广东取中十名，广西取中五名，四川取中八名，云南取中九名，贵州取中五名。

四月丙辰　谕内阁：嗣后，凡遇各项考试派出阅卷大臣，试卷内如有违式错误等处，俱着黏签注明进呈。

四月戊午　礼部以翻译会试中额请。得旨：满洲取中三名，蒙古一名。

四月己未　引见壬辰科散馆人员。得旨：此次散馆之修撰吴钟骏，编修季芝昌业经授职，其清书二甲庶吉士高人鉴、贾臻，汉书二甲庶吉士蔡锦泉、汪振基、戴熙、易长桢、李光涵、单懋谦、李星沅、黄廷珍、周铭恩、宗室善焘、朱庆祺、花沙纳、严良训、罗传球、朱楷、王立中、方锴、邵灿、陆应谷、骆秉章、雷成朴、桑春荣、李方、赵德潾、劳崇光、陈爔、瑞常、许乃安、郭伯荫、舒兴阿、张星灿俱着授为编修，清书三甲庶吉士赵长龄、汉书三甲庶吉士吴文林俱着授为检讨，陈庆镛、丁彦俦、姚福增、宗室庆安、郭利宾、陈本钦、张道进、沈玉麟、吴光业、胡增瑞、钟保、曹楙坚、潘铎、方城、吴珩、李湘棻俱着以部属用，汪道森、赵缙、刘荣桂、王朝楠、原珏俱着以知县即用。

四月己未　赏会试年老举人王家栋等十名编修、检讨、学正职衔有差。

四月庚申　以大学士富俊、户部尚书王鼎、吏部右侍郎李宗昉，兵部左侍郎铁麟、朱为弼，刑部左侍郎史致俨、工部左侍郎吴椿、内阁学士恩桂为殿试读卷官。

四月辛酉　策试天下贡士许楣等二百二十二人于太和殿。制曰：朕寅绍鸿图，抚绥寰宇，勤孜宵旰，兢业不遑。仰承苍昊垂庥，边陲底定，疆圉乂安，惟益慎俭思艰，期无一夫不获。兹当临轩策士，式殷延访，用集嘉谟。选士兴贤，治之大要，古者选举献贡，以德行道艺教之，然后予以明扬，何时改为设科较艺？汉代惟贤良得人为最，制犹近古，至九品官人法立，而古意浸失，损难贻讥，何欤？唐制科之外，择人者尚有四事，较汉魏为益详；宋之三科，以直言经学吏理为目，其后增以三科为六科，又增以四科为十科，条目若何？得人以何者为盛？夫专引知识，则嫌于私，止循资序，未必皆才，司马之言善矣，又何以建十科之议，而不果于行？盖代有贤才，才皆资世，用里选，则才由里选而出；用科目，则才由科目而出，此所重之势则然。士人砥行立名，宜如何端志洁身，以应旁求之典？考课之法，代有不同，上古之课臣以实政，既选天下之贤，专莅一职，而不置可否于其间，又设为考绩黜陟以课其官，官之长各自课其属，故法简易行。汉迄明之课臣也以名，事无大小，一听于法，虽豪杰不能自主，较之以资，取之以望，是以名励天下，而准之以法也。然得其人，则考察必当；非其人，则举劾失宜，甚且有借以伸恩怨者，岂任法非公，抑任人不易，两得之道，将何所从？今谓善最不同，等差攸别，何以儒馆之才亦胜钱谷？谏诤侍从之职，亦任刑狱边防，将通才之易得，或求备之无妨。夫贤否彰明，则政治毕举，儒者学古入官，何以备敷言试功之典欤？训练士卒，莫详于振旅茇舍、治兵大阅之文，周制所以卓越前古者，合在于是。西汉京师州郡，皆立教试法，其后何以州郡不行？唐三时劝农，一时讲武，犹古制也，何以自昭义步兵后至宋代，均未有州郡训练之条？盖练卒，道在怀以恩义，一以号令，庶几临敌能得其力；练将，道在待以诚信，运以机权，庶几任使克尽其心。然或始则法密而人故儆，继则法玩而势易怯者，何故？今校阅之时，果能明贵贱、辨等列、顺少长、习威仪，养奇杰之气于礼义之中，使婀夫坐作进退之节，安之而不慑，则统驭有方，止齐有序。虽决胜于万里之外可也，岂第行乎一州一郡而已？明刑所以弼教，《易》言刑者五卦，噬嗑言明罚而不言折狱中孚，言议狱缓死而不言赦过宥罪，贲与旅，何以一则无敢折狱，一则不留狱，可分晰欤？刑狱起于讼，而讼何以不言刑？皋陶，刑官也，而教民祗德；伯夷，礼官也，而折民惟刑，此何说也？自《虞书》有金作赎刑，《周官》乃有钧金之入，议者疑非圣人之法，抑有解欤？《虞书》之五刑与《周官》之五刑，秦之五刑与后世之五刑，同乎？异乎？《春秋》书肆大眚，其义例若何？汉有任出之诏，魏有权行之议，宋有贴放之名，可一一举其词欤？乐有律，而刑亦有律，于义云何？狱者生人之大命，荡涤瑕垢，以彰至治，岂非为政之急务欤？夫明试以达贤能，考察以熙政绩，教练以简军旅，钦恤以重民生，胥制治保邦之要图也。多士稽古有年，其各陈谠论，毋有所隐，朕将亲览焉。

四月甲子　御勤政殿，召读卷官入，亲阅定进呈十卷甲第。

四月甲子　谕内阁：本日殿试新进士前十本进呈，经朕亲定，已拆弥封，填写名次矣。其余二甲、三甲进士卷着原派之收掌官四员在内阁严密关防，并着监试御史各二员，每日轮流在内稽察，不许豫先宣泄。俟二十九日，前十名进士带领引见后，再行拆阅弥封，填写金榜。其新进士朝考，着改于五月初六日，在保和殿考试。

五月辛未　赐一甲汪鸣相、曹履泰、蒋元溥三人进士及第，二甲司徒煦等一百人进士出身，三甲阴丰润等一百十七人同进士出身。

五月戊戌　谕内阁：此次新进士谢恩，状元着穿补服，诸进士等纬帽常服，其余执事人员均着缉帽常服、不挂珠。所有状元衣帽等件及诸进士等表里，着照例颁赏。

五月己亥　以太常寺卿帅承瀚为通政使司通政使，仍留顺天学政任。

六月庚子　授一甲一名进士汪鸣相为翰林院修撰，二名进士曹履泰、三名进士蒋元溥为翰林院编修。

六月乙巳　引见新科进士。得旨：一甲三名汪鸣相、曹履泰、蒋元溥业经授职外，司徒煦、李恩庆、朱宪曾、朱丽宣、宗室崇文、宋延春、郭樟、黄庆昌、焦友麟、武新亨、王芳、何元杰、邓尔恒、廖维勋、翟惟善、汪元方、唐潮、福济、张邦佺、叶觐仪、史佩玱、花宴春、黄钟音、黄赞汤、孔继勋、王清选、邱景湘、蔡宗茂、车克慎、姚宪曾、周有篁、王兆松、郑辉堂、胡正仁、萧良城、杨培、黄炳光、黎光曙、刘浔、陈文翥、韩椿、胡嵩年、曾克敬、徐耀、王树滋、董作梅、李樾、谭廷襄、夏廷榘、博迪苏、乔邦宪、刘德熙、黄廷璠、温予巽、何家驹、刘用宾、孔昭慈、杜浣、许本墉俱着改为翰林院庶吉士，沈昭钤、杨文定、史策先、许楣、吴炜、邹新照、陈宗元、林廷禧、施介曾、吴世骧、程葆、宗室保清、杜宝辰、方大淳、许谨身、舒鼎、王恩庆、安诗、车瀛、蒋宗麒、徐文耀、董平章、杨宝树、阴丰润、存葆、卢同伯、唐简、郭维键、毓科、苏呼讷、吴湘、宋载赓、德龄、宗室英瑞、徐清、张集鉴、张鹏翼、李维藩、蒋瑾、杨蔚春、吴保临、陈景良、文秀俱着分部学习，孟毓兰、王积顺、福晖、华廷标、陈应聘、陈光绪、唐金榜、费公彦、曹衔达、许梿、张煦、万应新、韩曜、吴开阳、杨开会、张熙宇、王景铭、刘体舒、金云门、罗象晨、戴齐松、金树本、沈秉荃、姚承恩、左乔林、周瑞图、卢琳、汪培基、吴守仁、徐宝森、范镛、彭作籍、彭元海、张炳、王潚、陶春元、广専、李恩霖、李烈文、吴士寯、王恩霈、王兰新、高枢、吴颉鸿、张镜淳、王汝和、李翰昌、叶寯昌、杜锡衍、谈素勋、封躬、童翚、端木国瑚、周其悫、章业、戴鸿恩、桂超万、罗衡、陈镕、雷仑、温廷献、何森林、张龄、吴林光、陈芝龄、郎昐、张崇恪、德成、詹璥、马逢皋、王丕显、林上砥、袁铭泰、黄懋祺、晏承仲、唐金鉴、朱其荣、卢赞虞、朱士廉、董正官、徐启宇、高步蟾、魏玉峰、文在瀛、洪玉珩、王麟瑞、李步瀛、童辅、王凤翥、苏兰第、王绍曾、张涵、施寿椿、王锡九、王槐、孔昭然、福昌阿、蒋士麒、苏元峨、张树本、翟宫槐、康孔昭俱着交吏部掣签，分发各省以知县即用。候选郎中狄听着以六部郎中即行选用，户部学习员外郎樊椿着以六部员外郎即行选用。余着归班铨选。

六月乙卯　谕：御史朱嶟奏，请慎重名器一摺，所奏甚是，可嘉之至。国家设科取士，三年大比，录其文艺优长者试于礼部，量才而后官之；并于正科之外，开设恩科。原以嘉惠士子，甄拔真才，以备朝廷任使。上年畿辅荒旱，收成歉薄，节经赈粜频施，而春雨未透，百姓嗷嗷待哺，该地方官倡议劝捐。适有直省绅士捐输，经该府尹等奏请，朕因花翎以待军功，未便率行赏给，而该员等不分畛域，急公好义，亦不能不量予奖励，是以仿照年老诸生未经登第，赏给举人、副榜之例分别办理。姑允所议，原系一时权宜，未尝着为定例也。若如该御史所奏，未登仕版者将可报捐中书，已列部曹者又将保送御史，甚至买通关节、雇倩枪替，识趣日卑，术业渐废，生富人侥幸之心，阻寒儒进修之志，亦不可不防其渐。嗣后，各直省督抚及顺天府尹等偶遇水旱偏灾，如有抒诚捐输，应须嘉奖之处，在士庶或酌给扁额，或议叙职衔；在官绅或准其加级，或予以升途，概不准请赏举人。即使援引成案，妄行渎请，亦断不能仰邀允准。其已经赏给者，如有关节、枪替等弊，国法具在，亦不能因加恩在先，概予宽宥。朕于劝善之经，求贤之道，总期并行不悖。该士子等务须经明行修，敦崇实学，自然登进有阶，无妄生冀幸之心也。将此通谕知之。

七月己巳　赏故兵部侍郎上书房行走陈万全孙、贡生汝桢举人，一体会试。

七月己丑　命候补庶子、翰林院编修罗文寯提督山西学政。

七月乙未　谕：富俊奏，请禁陋习，以端仕进一摺。国家乡会两试原系求贤大典，其主考、同考各官，经简派，于文艺之优劣即可知其品学之高下，使得士皆砥行立名，方合以人事君之道。在获中者感主司知遇，拜认师生，原属例所不禁。衡文者总当以品学相规，不得徒以恩情相接。若如该大学士所奏，科甲所认师生，凡遇一切事件，无不暗为关照。及门生外升道府州县，于师生同年处所必须留赠银两，名曰别敬，以致不计利息重轻，甘受奸商盘剥。是服官之始，已负重累，尚安望其能清白自守，克为廉吏耶？至在京部院司员经堂官保荐京察，简放外任，及外任各员经督抚保举，皆当秉公遴选，务在得人。其拜认师生，久经严禁。倘以保举为市恩酬报地步，是受爵公朝，拜恩私室，此风断不可长。嗣后，内外臣工于考试所取之士及保举所属人员，务当破除情面，力挽颓风。如有仍前馈送别敬者，一经发觉，定予严惩，决不宽贷。至简放外任各员，既已别无糜费，则资斧易于措办，且例准在部借支养廉，但能节俭自奉，即可无需负债。着步军统领、顺天府五城各衙门出示严禁，如有奸商出放官债者，除将该员照例议处外，并将重利盘剥之人，治以应得之罪，仍追银入官，庶俭可养廉，吏治蒸蒸日上。朕实有厚望焉，将此通谕中外知之。

八月甲寅　命候补中允、翰林院编修杜受田提督陕甘学政。

八月乙卯　调陕甘学政杜受田提督山西学政，山西学政罗文寯提督陕甘学政。

九月壬午　兵部以武会试中额请。得旨：满洲、蒙古取中四名，汉军取中三名，奉天取中一名，直隶取中六名，陕甘取中三名，广东取中四名，河南取中三名，山东取中四名，江苏取中一名，安徽取中一名，山西取中二名，湖北取中一名，湖南取中一名，四川取中二名，广西取中一名，福建取中一名，浙江取中一名，江西取中二名，云南取中二名，贵州取中二名。

九月甲申　以翰林院侍讲学士田嵩年为奉天府府丞兼提督学政。

十月辛丑　谕军机大臣等：有人陈奏，洎江杭州府属有不安本分士子，恃符滋扰，名曰靴党。其众著者，则有举人徐廷策、廪生邱宗宪、附生龚润、吴必祥、职员许祖兴、吏员吴葆生即小渔，尤为乡闾侧目。此辈或藉词因公，联名挟制，或事非干己，挺身扛讼，或先后互寻其衅，或彼此相助为攻，或阴为挑唆、阳为调处，或名为息事、实为埋根，甚至设为影射之词污蔑妇女之名节，巧构株连之局倾覆良懦之身家。地方官循谨者惟恐撄其锋，而公事为之掣肘；其贪墨者且将利为媒，而从中恣其勒诈。蠹胥猾吏，奸奴劣幕，联为心腹。请将著名靴党密切究办等语。案关士子干预教唆，最为恶习。事隶浙省，该抚富呢扬阿忠厚有余，刚断不足，朕所稔知，若交该抚惩办，虽不敢化有为无，必致受属员朦蔽。程祖洛现任总督，浙江亦所兼辖，接奉此旨，不必亲往杭州，于所属各员中，不拘道府厅县，总须结实可靠之人，密行派往，暗访明查，是否实有其人、实有其事。如有确据，即将靴党指名查拿，按律惩办，毋稍姑息。此外各州县各案，如举监生员及捐职人等有干预教唆者一律惩治，以儆刁风而清讼源。将此谕令知之。寻奏，正在遵委妥员查办，适浙抚已经访拿，查明龚润是钱塘县举人，讯系附生龚自泰托名嫁祸，余俱按名弋获，究出滋扰讹诈多案，请照办讼棍例，发极边烟瘴充军。下部议，从之。

十月辛亥　试中式武举雅尔胡善等四十五名于太和殿前。

十月乙卯　御紫光阁，阅中式武举马步射。

十月丙辰　上御箭亭，阅中式武举技勇。

十月丙辰　御乾清宫，引见中式武举，亲定甲乙。

十月丙辰　谕内阁：朕本日殿试中式武举弓刀石，内满洲隆山、广西欧阳豹二名俱弓不符，着罚停殿试一科；补行殿试之满洲郭兴阿、陕西王文裕二名俱弓不符，着再罚停殿试一科。除郭兴阿、王文裕原围监射、较射之王大臣业于前此议处外，此次中式武举隆山、欧阳豹原围监射、较射之王大臣着交部议处，覆试之王大臣着交部察议。

十月丁巳　上御太和殿。传胪。赐殿试武举一甲牛凤山、孙和平、张协忠三人武进士及第，二甲段应元等三人武进士出身，三甲金廷试等三十二人同武进士出身。

十月己未　谕内阁：向来武会试内场取中试卷，先于双好字号内选取，如不足额，再于单好字号内选取，是以各武举试卷弥封后，仍送外帘御史，各照原箭册印明双单好字号，马箭、地球、步箭、弓刀石，于各卷面上分六项填注，移送内帘，以凭去取。此定例也。武科之设，以外场为主，其弓力强弱，尤足定其优劣。至马步箭本有一日之长短，第能合式，自可命中。即如朕御紫光阁试中式武举马步箭，其能全中者，再阅时未必仍能叠中。至默写《武经》，又其余事，断不能凭此为去取。本科会试，特派白镕、胡达源为正副考官，宜如何认真考核，为国求材？乃殿试后特命军机大臣覆核箭册，除贵州本无双好，此次中式单好武举王家燮、陈正坤应无庸议外，辰字围福建武举现有双好一名，取中单好许逢时一名；陕甘有双好四名，除吕廷魁、丁定国二人中式外，取中单好马兴临一名；宿字围满洲、蒙古有双好五名，除庆喜、隆山、雅尔胡善三人中式外，取中单好乌和哩一名；列字围山东有双好六名，除纪冠军、唐汝藩、楼梦麟三人中式外，取中单好杨云凤一名；广东有双好五名，除韩南辉、何如敐二人中式外，取中单好李达元、池化鳌二名。此数人俱仅开十力弓，惟乌和哩开十二力弓，及派员覆试，又复不符；其马兴临、许逢时二人，覆试弓亦不符，尤不可解。究竟该考官等置双好而中单好，以何为凭？若以中箭多寡为辞，则陕甘双好中，均系马步全中，何以舍此取彼？若以默写《武经》为去取，则是重其所轻。伊等有心支吾欺饰，强词夺理，其咎更重。至内帘监试御史苏芳阿、给事中黄爵滋试卷原不寓目，亦不应干预考官取中之事。第现有双好字号，考官取中单好，出闱后即应据实劾参，何竟缄默不言，亦安用此监度为耶？白镕、胡达源、苏芳阿、黄爵滋俱着单衔各具摺明白回奏，不准会商连衔。

十月庚申　赏湖南等省壬辰科乡试年老诸生罗经盘等九名副榜。

十月辛酉　谕内阁：本科武会试正副考官白镕、胡达源取中武举，有置双好而中单好者，监试御史苏芳阿、给事中黄爵滋出闱后并未据实参劾，昨降旨令白镕等各具专摺明白回奏。兹据白镕等先后奏覆，白镕自认错误，强为说辞。衡材大典，断不容稍紊旧章，任意去取，似此错谬，非寻常疏忽可比。白镕着先行开缺，交部严加议处。胡达源则称伊所取中之卷，并未置双好而中单好，惟于白镕中卷错误，未能查核更正。正副考官皆朕特加简任，必应公同商酌，中卷如此错谬，亦属咎无可辞。胡达源着一并交部严加议处。至苏芳阿、黄爵滋均称未能查明参奏，实属不合，俱着交部议处。

十月乙丑　谕内阁：本日据吏部奏，严议武会试正副考官白镕等分别降调、降留，均属咎所应得。历科武会试内场取中试卷，先于双好字号内选取，如不足额，再于单好字号内选取。此定例也。本科会试，特派白镕、胡达源为正副考官，自当认真考核，以备干城之选，乃置双好而中单好至有六名之多。及至派员覆试，许逢时、马兴临、乌和哩均以弓力不符停科，其未经停科之杨云凤、李达元、池化鳌均以卫守备用，可见此次中式单好武举六名，技艺俱极平常。其外场监射、较射王大臣考校尚属秉公，并未屈抑人才。而白镕等悍然不顾，以千人共见之技，竟至上下其手，实不平允。朕不为已甚，姑勿深究。白镕着降补大理寺卿，胡达源着降补翰林院侍讲，以示薄惩。御史苏芳阿、给事中黄爵滋部议降二级留任之处，均着加恩，改为降一级留任，不准抵销。此系朕量从宽典，该员等当知感知惧，勉图后效。嗣后，武会试揭晓后，宜如何仿照文会试之例，派员将取中各武举比对监射、较射各册覆加磨勘之处，着兵部妥议章程具奏。

十月丙寅　谕内阁：前因武会试正副考官白镕等置双好而中单好，屈抑人才，已降旨将白镕等降黜矣。朕查阅直省未中双好各武举内，陕甘双好武举马步霄马上中七矢，步下中六矢，刀石俱系头号，较之单好中式罚科之马兴临，实为过之。朕不忍任其屈抑，致令向隅。马步霄着加恩以营守备用，附于本科武进士之后铨选，其未补缺以前，仍准其一体会试。

十一月丁卯　谕内阁：武科为抡才大典，所有派出监射、较射之王大臣，宜如何公平考校，以副朕求才若渴之心？历科中式武举，俱有能开出号弓者，是以一甲进士即在此内挑取。上年壬辰科中式武举，虽有出号弓，而比较马步箭及刀石技勇之优劣，拔取一甲一名李广金系十二力，本科朕亲试中式武举内牛凤山、孙和平俱报开十二力弓，朕见其从容引满，因赏给十三力弓，仍能开满，可见此中不乏人才。皆由监射、较射之王大臣自顾考成，虑覆试、殿试时弓力不符，先为此避重就轻之举。武科大典，竟无一出号弓，成何事体？若使牛凤山等竟不能开出号弓，朕凭何取中一甲武进士乎？嗣后，各直省考试武场，当认真挑取练习挽强之技，其派出监射、较射之王大臣等务须秉公校阅，为国求才，用备干城之选，不得规避处分，屈抑人才，豫为弓力不符地步。再，八力弓系属三号，历科间有备数充选之人，究非上乘，本科会试中式武举陈正坤、常奎基、佘碧元、王家燮俱系开八力弓，未免过多，甚不出色。嗣后，有似此开八力弓，而刀石并无头号者，该王大臣等即不准挑入好字，以杜幸进而拔真才。

十一月己巳　赏顺天壬辰科乡试年老诸生王瑶等三名副榜。

十一月癸酉　以捐修广西贡院号舍，并新建考棚书院，予绅士马秉良等议叙有差。

十一月甲戌　兵部议奏，请自乙未科武会试起，照文会试例，奏派大臣专司磨勘，榜发次日，令提调司员检齐各围监射、较射箭册，交该大臣公同比较，或该省本无双好，准于单好内取中。但单好内弓刀石三项，亦须比较强弱，不得仅凭中箭多少以为去取，违例奏参。从之。

十一月乙亥　谕内阁：直省考试武场总以挽强命中为主，弓刀石自当并重，督抚、学政有衡校之责，如果秉公考阅，认真挑取，必有能开出号弓，堪登上选，以备干城之任。若仅以技勇为重，殊不足定优劣。至技勇不过平等，或其人状貌魁梧，马步箭多中者，即凭以录取，尤属虚浮习气。试思马步箭本有一日之短长，第能合式，即可命中，再试时未必仍能叠中。况状貌魁梧，岂必勇力超群？以此取材，甚非核实之道。嗣后，各直省武场考试务当以弓力强弱分别去取，弓力既能挽强，技勇又复优娴，自称上选，如此认真校阅，庶可拔真才而杜幸进。

十二月甲辰　命翰林院侍读季芝昌提督山东学政。

十二月己酉　以捐修陕西蒲城等县书院义学，予光禄寺署正衔王绂等议叙有差。

十二月丙辰　谕：前据保昌等奏，吉林三厅绅士捐资建立考棚，请令学臣按临考试一摺。朕即觉其不可行，当交礼部议奏，意该部必将该将军等所奏议驳，方为正办。乃本日据礼部奏，该处自设立学额以来，现在民字号及满、合字号应试生员若干名，童生若干名，均未详细声明。倘人数较少，骤令学臣前往考试，不独往来跋涉，尤属徒扰驿站。所有该处各厅，现在捐建考棚及读书应试者共有若干人，应饬交该将军查明，分晰开单，咨送到部，再行核议等语，殊属非是。朕恭阅列圣《实录》所载，俱以我满洲根本，骑射为先，若八旗子弟专以读书应试为能，必将轻视弓马、怠荒武备。其各省官弁子弟不准废骑射本业，该将军、副都统等通行饬谕，训课子弟以骑射为首务，其攻肄举业者仍当娴习骑射，务臻纯熟，毋得专尚文艺。圣谕煌煌，久已垂为成宪，自当恪守旧章。况吉林为我国家发祥之地，非各省驻防可比，尤宜以骑射为重，何得专以应试为能，转致抛荒弓马旧业？即谓有民人与试，而国家承平日数十年，吉林民风古朴，正见其不染习气，何必以攻习举业为臻上理耶？今欲添设考棚，无论文风未必遽优，即使弦诵日增，而弓马转致软弱，大非朕教育旗人之意也。保昌等率为此奏，殊属忘本，关系不小。保昌、倭楞泰、礼部堂官俱着传旨申饬，所奏着不准行。嗣后，吉林士子仍着循旧例，令其附奉天省寄棚考试，总须恪遵圣训，以娴习骑射为当务之急，毋得习尚文辞，转漓淳朴，以副朕黜华崇实之至意。将此通谕知。

十二月癸亥　谕内阁：御史刘谊奏，请严禁直省乡试积弊一摺。直省乡试为抡才大典，必须严剔弊端，拔取真才。如该御史所奏，近来州县调帘入省，并不遵照定例径赴公所，往往在外居住，以致不肖士子，夤缘干谒，拜为师生，私通关节，并贿嘱礼房，勾通内帘收掌书吏，豫传红号，竟将某卷直送某房，以便呈荐。且该书吏等当未揭晓之先，辄窥探消息，寄信出闱，私相传播，似此积弊相沿，殊属大干法纪。士子之夤缘干谒，总由州县之防检不严，即书吏之窥探舞弊，亦由州县之转相贿嘱。若不严行饬禁，何以肃功令而拔真才？着通谕各直省督抚于明年举行甲午正科，遇州县调帘入省，务令遵照定例，径入公所，不得在外居住，与人交接往来，致启士子钻营之习。如该州县不知检束，或招致士子私通关节，或贿托书吏指认红号，该督抚当不时查察，一经发觉，即严参惩办。至入场监临之日，尤当饬令提调暨内外监试各员，慎密关防，严查弊窦，以杜幸进，用副朕兴贤育才至意。

道光十四年（1834 年）

正月甲戌　礼部奏，现纂科场条例，拟改六条。一、房考误用墨笔，请定为罚俸一年。一、试卷内有墨笔添改者，主考官降三级调用，因脱落一二字代为添注者，罚俸一年。一、文内字句有疵者，罚俸一科。一、卷内有挖补抬头者，罚停二科。一、卷内誊录漏写姓名者，将该书吏责革，誊录官罚俸。一、试卷于应抬字样，不行抬写者，罚停一科，其双抬偶误者，免议。得旨：礼部奏，酌改科场条例六条，详阅单内，请将挖补抬头者定为罚俸二科。朕思该士子等草茅新进，体例未必尽谙，若以无心错误，概予从严，殊非爱惜人才之意。嗣后，中式墨卷有于抬头处挖补者，着仍照挖补数字之例，罚停一科，余依议。

二月戊申　谕内阁：本日据卢坤由驿驰奏，学政因事故出缺，查讯家属所供情形，并请旨简放一摺。广东学政李泰交于本年正月十八日在署内自缢殒命，该督等亲往看视，查阅该学政遗笔字迹，内称幕友闻知县何正机捏款入控，幕友、家丁与何正机通同一气等语。既据该学政亲属呈出廉州府寄信字有牵涉何正机之处，必应调省确切查讯，以期水落石出。着该督即将署合浦县知县何正机调取到省，并该学政幕友、家丁等一并质讯明确，是否另有情弊，彻底根究，据实具奏，毋稍含混。

二月戊申　命翰林院侍讲王植提督广东学政，未到任前，以光禄寺少卿前任广东高廉道许乃济留粤代办考试事。

三月癸未　以办理广西猺山善后事宜，并倡捐义学，予署知府耿省修等升选有差。

四月癸卯　以本年乡试，考试应开列试差人员于圆明园正大光明殿。

四月癸亥　以翰林院编修李嘉端为云南乡试正考官，汪振基为副考官；左春坊左赞善德诚为贵州乡试正考官，翰林院编修李熙龄为副考官。

五月丙子　以翰林院编修朱兰为广东乡试正考官，工部郎中徐堪为副考官；翰林院编修王庆云为广西乡试正考官，刑部主事朱国淳为副考官；翰林院修撰吴钟骏为福建乡试正考官，编修李国杞为副考官。

五月癸未　谕内阁：卢坤奏，撤审知县供情狡执，请暂行革职审办一摺。广东学政李泰交在署自缢一案，前降旨着该督将署合浦县知县何正机调取到省，并该学政幕友、家丁等一并质讯明确，据实具奏。兹据奏，提到何正机叠次研鞫，恃无质证，任意狡卸，所称家丁蒋贵告假回京之处，难保非有心匿混虚实，均应确究严办。除将该已故学政现在幕友、家丁讯取确供外，其回籍之幕友许子松、张廷文及家丁双贵等，并在粤就幕之高振瑛均应提集质究，以期水落石出。拣发知县何正机着暂行革职，并着贵州巡抚将贵筑县廪生许子松、贵阳府举人张廷文迅饬各原籍地方官查提，派委妥员押解赴粤，交该督提同应讯人等严讯确情，彻底究办，毋稍含混，致有不实不尽。

五月辛卯　以翰林院编修李星沅为四川乡试正考官，宗人府主事彭作邦为副考官；翰林院编修徐云瑞为湖南乡试正考官，许乃安为副考官。

六月丁未　以户部右侍郎吴椿为浙江乡试正考官，翰林院编修徐宝善为副考官；太仆寺卿吴孝铭为江西乡试正考官，掌山东道御史常大淳为副考官；翰林院侍读学士侯桐为湖北乡试正考官，编修张集馨为副考官。

六月乙卯　以内阁学士恩桂、顺天府府尹吴杰监临顺天乡试。

六月丁巳　以兵部右侍郎龚守正为江南乡试正考官，掌广西道御史赵光为副考官；翰林院编修孙日萱为陕西乡试正考官，户部员外郎况澄为副考官。

七月己巳　以京畿道御史许球为河南乡试正考官，翰林院编修李光涵为副考官；大理寺少卿朱嶟为山东乡试正考官，右春坊右庶子麟魁为副考官；翰林院编修刘源灏为山西乡试正考官，易长桢为副考官。

七月庚午　谕：据钟祥奏，东省文场外闱，请酌量添调府厅州县数员，俾得稽查周密等语。乡试为抡才大典，稽查防范，原不可稍有不严，既据该抚查明，现须添调。着准其拣择明干可靠之员，酌量调用，以期慎密。惟各该地方官均有本任之事，若纷纷调派入闱，转致抛荒本任，亦不可顾此失彼，况稽查防弊，总在得人，而不系乎人数之多寡。若以添派为成例，将来必至有名无实，视为具文。钟祥此次既经添调，嗣后，总当相机妥办，可撤即撤，不得援以为例，以昭核实而专责成，将此谕令知之。

八月甲午　命翰林院侍读学士吴文镕提督顺天学政，兵部右侍郎龚守正提督江苏学政，内阁学士史评提督浙江学政，翰林院侍讲学士许乃普提督江西学政，太仆寺卿吴孝铭提督福建学政，翰林院编修朱兰提督湖北学政，编修龚维琳提督湖南学政，户科给事中赵光提督河南学政，兵科给事中李振庸提督四川学政，翰林院编修李嘉端提督云南学政，编修贾克慎提督贵州学政，安徽学政沈维鐈、山东学政季芝昌、山西学政杜受田、陕甘学政罗文寯、广东学政王植、广西学政池生春、奉天府府丞兼学政田嵩年仍留任。

八月乙未　新授四川学政、兵科给事中李振庸以两耳重听，回原衙门行走，命翰林院编修王笃提督四川学政。

八月戊戌　以户部尚书穆彰阿为顺天乡试正考官，礼部尚书史致俨、工部尚书汪守和、刑部左侍郎姚元之为副考官。

八月辛亥　顺天府以宗室乡试中额请。得旨：取中六名。

八月辛亥　赏安徽壬辰科乡试年老诸生萧文显副榜。

九月丙寅　谕内阁：钟祥奏，访拿乡试舞弊人犯，请将教职营员等革职严审一摺。乡试为抡才大典，防闲周密，方可遴拔真才，岂容奸伪之徒勾通舞弊。兹据该抚查出该省乡试竟有包揽传递，并私雕假印、包办飞卷等弊，即于场前访获究办，查拿认真，可嘉之至。所有德平县捐职训导信会来，历城县捐职、从九品钮华庭，抚标左营、世袭云骑尉候补守备马德寯，右营候补把总朱士傑俱着革职。邱县举人王敬敷着即斥革，交该抚提同案内各人犯，严行审讯，勿任其狡展，勿有意开脱，务得确情，按律定拟。其在逃之浙江举人王洽着浙江巡抚即速饬拿务获，归案办理。并饬各该县即将逸犯姜瀚生等按名弋获，解省审办。寻奏，讯明起意包揽、私雕假印之经咸宜依例拟斩监候，朱士傑、马德寯等发近边充军，钮华庭等杖流，王敬敷、信会来杖责。下部议，从之。

九月庚午　以礼部尚书奕颢为满洲翻译乡试正考官，刑部右侍郎祥康为副考官；礼部郎中巴彦达赖、兵部郎中文德和为蒙古考官。

十月壬寅　以吏部右侍郎桂龄为顺天武乡试正考官，内阁学士龚镗为副考官。

十月甲辰　以大学士曹振镛年登八秩，赏其孙绍樆举人，一体会试。

十月戊午　谕内阁：本科武乡试正副考官桂龄、龚镗于内场取中试卷，有单好中式，双好未经取中，与例不符，当经监试御史刘万程于出闱后单衔据实参劾。兹据派出之磨勘大臣奕颢等将各围监射、较射监试箭册内场取中试卷公同核对，箭册内尚有双好武生三十四名未经中式。内赵丰年等九名或中箭较少，或技勇力弱，虽挑取双好，未经取中；其岐鸣等二十五名，马步箭技勇尚属合式，内场亦未取中，虽核对内场试卷取中单好武生三十三名，马步箭、技勇六项均无违式，并非于双好字号内选取，如不足额，再于单好内选取，与例究有未符。衡才大典，岂容任意去取？上年武会试正副考官白镕、胡达源于取中试卷，置双好而中单好，办理错谬，曾经降旨分别示惩。并着兵部于武闱揭晓后，将取中各卷，比对监射、较射各册，妥议章程，覆加磨勘，桂龄、龚镗岂未之见耶？此次复蹈前辙，殊不可解，似此错谬，实属咎无可辞。桂龄、龚镗俱着交吏部、都察院严加议处。监试御史既经查明，自应参劾，其不具揩参奏之监试御史八十二亦属不合，着交部议处。

十一月癸亥　谕内阁：本年武乡试特派桂龄、龚镗为正副考官，自当认真考核，遵例去取，乃于内场取中试卷，置双好而中单好，办理错谬，复蹈上年白镕、胡达源等前辙。当降旨将该考官等交都察院、吏部分别严议议处。兹据奏，请将桂龄、龚镗降四级调用，八十二降二级留任，桂龄着降为从三品候补，龚镗着降为正四品候补，其不具揩参奏之监试御史八十二着降二级留任，不准抵销。

十一月戊寅　谕：科场条例，内外帘笔色例有一定，其戳记、荐条应用何色，例无明文。此次山东、山西、河南、陕西四省朱卷，经覆勘大臣等查明，荐条、戳记或用紫色、朱色、蓝色，殊属参差。嗣后，应如何画一办理之处，着礼部酌定章程具奏。寻奏，嗣后，房考第几房次第统用紫戳，荐条用蓝戳，内收掌戳记用蓝色，外收掌、受卷、弥封、誊录、对读各官戳记用紫色。印用错误，照例议处。从之。

十一月己卯　赏顺天等省乡试年老诸生王绪等八十八名举人、副榜有差。

十一月丁亥　工部左侍郎廖鸿荃因病解任，以都察院左副都御史沈维鐈为工部左侍郎，仍留安徽学政任。

十二月壬辰　谕：有人奏，广东廪贡生刘光桐本年在京乡试后，由通州雇船回籍。于十月初五日，行至直隶故城县属离城十余里二望地方，突遇贼匪十余人，手持刀械，蜂拥下船，揪按事主，将其家人斩伤，砍开衣箱，劫去纹银四百两，钱十余千，及手钏布匹等物。经事主呈报，该县知县吴孝愉意存规避，不即会营缉拿，不为事主家人相验伤痕，又不令事主引勘地方。反先嘱该船户具供被劫之地系出东武城县所辖，以为诿卸地步，迟至十日外，始移知武城县会勘。而武城县知县龚璁则以该河面及西岸系故城县所辖，与伊无涉，彼此互推，盗贼任其远扬等语。地方盗劫之案，全在该管官不分畛域，迅速查拿，方足以儆凶暴而安行旅。如系所辖界内，尤不应稍存推诿，任意迁延，以致盗匪远窜无踪。着琦善、钟祥迅即委员前往该处，会同勘明刘光桐被劫地方，确系何县境界，即将规避推诿之知县，从严参办。并查取疏防各营弁职名，先行交部议处，仍勒限务将此案赃犯全行缉获，按律惩办，毋任延纵，以肃法纪而儆疲庸。将此各谕令知之。

十二月己酉　以修建顺天府房山县义仓、书院，知县杨巨源等下部议叙。

道光十五年（1835 年）

正月壬戌　以皇太后六旬万寿，命于本年八月举行恩科乡试，来年三月举行会试。

正月甲戌　谕内阁：向来各直省学政阅文幕友，不准延请视学省分之人。至该学政延请本籍幕友，原属例所不禁。本日，据鄂山将四川学政王笃阅文幕友姓名、籍贯照例开单呈览，朕详加披阅。该学政幕友六人均系陕西籍贯，而籍隶韩城者居其五，实向来所未有。学政有教育人材之责，校阅自宜公明，而防弊尤须周密。若幕友尽系同乡，不但易滋物议，设遇有通同舞弊情事，稽察更恐难周，不可不防其渐。着王笃即将现在幕友酌量更易数人，并随时严加查察，以肃关防。嗣后，各直省学政务择品学兼优之士襄校文字，不得专用本籍之人，致滋流弊。

正月辛巳　以都察院左副都御史惟勤、工部右侍郎程恩泽为会试知贡举。

正月戊子　谕：大学士曹振镛，先朝耆旧，久直内廷，端谨老成，靖共正直十四年余，嘉谟嘉猷，深资倚赖，前因溘逝，特崇茂典，用奖前勋。业加恩，赐谥文正，并准其入祀贤良祠。伊子曹恩濙服阕后，以四品京堂补用。朕追维良辅，叠沛隆施，兹复派令惠郡王前往赐奠，伊孙曹绍桐着赏给举人，准其一体会试。将来灵柩回籍时，着沿途地方官照料，妥为护送，用示朕笃念耆臣、有加无已至意。

正月戊子　赏河南省等甲午科乡试年老诸生任峻峰等五十二名举人、副榜有差。

二月丙申　以捐修山西平阳府、忻州城垣庙宇、书院、考棚，予知府王茂松等奖叙有差。

二月辛亥　以捐修浙江镇海县城垣河道书院，予前任知县郭淳章等议叙有差。

三月乙丑　以协办大学士、吏部尚书穆彰阿为会试正考官，工部尚书何凌汉、吏部右侍郎文庆、张鳞为副考官。

三月癸酉　谕：卢坤奏，审明已革知县请托实情，从严定拟一摺。此案，广东已革知县何正机于该省前任学政李泰交考试廉州府属，辄敢向该学政恳求多取该县前列童生，实属玩法。何正机着发往新疆效力赎罪，以示惩儆。

三月甲戌　知贡举、都察院左副都御史惟勤等奏，查出代领试卷之湖南澧州举人，请交刑部审讯。得旨：举人王大相交刑部审讯。此次会试，湖南省点名时，砖门御史及散卷御史系属何人，着知贡举、都察院堂官查明具奏。至受卷官、户部候补主事刘镕短收甘肃举人鲜新德试卷一本，虽据自行检举，究属疏忽，着交部照例察议。

三月丁丑　谕：此次会试，湖南省点名御史朱逵吉、散卷给事中祥福、御史曾望颜均着交部议处。

三月戊寅　礼部以宗室会试中额请。得旨：取中三名。

三月辛巳　礼部以会试中额请。得旨：满洲取中九名，蒙古取中五名，汉军取中六名，直隶取中二十二名，奉天取中二名，山东取中十九名，山西取中十二名，河南取中十九名，陕甘取中九名，江苏取中十九名，安徽取中十五名，浙江取中二十二名，江西取中二十一名，湖北取中十五名，湖南取中十名，福建取中十六名，广东取中九名，广西取中十名，四川取中九名，云南取中十一名，贵州取中九名。

四月辛丑　以刑部尚书成格为满洲翻译会试正考官，吏部左侍郎桂轮为副考官；工部右侍郎赛尚阿为蒙古考官。

四月壬寅　调户部左侍郎龚守正为吏部右侍郎，仍留江苏学政任。

四月戊申　赏会试年老举人周兆熊等十四人编修、检讨、学正衔有差。

四月己酉　以大学士长龄、潘世恩，刑部尚书史致俨、吏部右侍郎文庆、户部左侍郎姚元之、工部右侍郎吴杰，内阁学士陈官寯、卓秉恬为殿试读卷官。

四月己酉　以詹事府詹事桂森为内阁学士兼礼部侍郎衔，太仆寺卿吴孝铭为太常寺卿，仍留福建学政任。

四月庚戌　策试天下贡士张景星等二百七十二人于保和殿。制曰：朕寅绍丕基，抚绥方夏，仰荷昊穹笃祜，列圣垂庥，函夏镜清，黎民康乂。庶几上理克臻，跻群伦于仁寿之域，兢兢业业，弥切畴咨。惟恐敬德之未昭，戎律之未娴，民俗之未醇，转输之未利，宵旰讲求，冀闻谠论。尔多士对扬伊始，庶明化道，以赞大猷，咨汝昌言，其敬听朕命。治法莫盛于唐虞，《典谟》所载，一则曰惟危惟微，一则曰无怠无荒。自古帝王，未有不谨小慎微，允迪厥德，而能底久安长治之庥者也。三代而下，如汉之文景，唐之文皇，称极盛矣，而治终不及古，将世变不同，抑所尚各异耶？《大学》之教，统内圣外王而归于修身，真德秀《衍义》一书，略外而详内，岂有说欤？保泰之道，在于谨几，《论语》宽信敏公之旨，有与经义相发明者欤？清净可以致治，而高谈名理者，或长浮华；兢业所以揆几，而衡石传餐者，难言政体。治忽之故，固当辨之于微欤？禹贡揆文，必兼奋武；周官立政，特训诘戎。兵可百年不用，不可一日无备。古有搜苗狝狩之法，所以娴步伐，习威仪也；汉有都试、都肄、都讲、貙刘诸制，果名异而实同欤？唐太宗亲临阅射于显德殿，赏劳有差，不诚以训练诸政为亟亟欤？府兵彍骑，沿革若何？宋沈括论九军政法，臧景陈马射六事，明于谦创团操之议，王骥定练兵之制，皆可参酌用之欤？朕严饬武备，鼓励戎行，直省督抚、提镇宜如何随时操演，加意稽查，老羸之必汰，惰窳之必惩，器械之必精，伍两之必协，以期一兵有一兵之用欤？稂莠不去，嘉禾不生，王制所以严左道之诛，周礼所以设奇邪之禁也。夫愚民莫不自重其利，自爱其生，一惑于邪说，而金钱取以奉人，身家置之不顾，岂非守土之吏化导之不先欤？其初视为无害，姑息养奸；其后惧干严谴，隐匿不报，为长吏者，其何以纠察之？汉之亭长、啬夫，唐之里正、坊正，皆以里闬相习之人，察耳目至近之事，犹有间胥、比长遗意。故诘奸之法，莫善于保甲。然王安石行之于宋，而民不胜扰；王守仁行之于明，而盗无所容，其故安在？张敞之治京兆，尹翁归之治东海，枹鼓稀鸣，奸邪震慑，所以发奸摘伏者，果何道之从欤？漕运之法，其来尚矣。禹贡州末系河，即唐裴耀卿节级转输之所由昉，而法至汉唐而大备。汉仰漕于山东，唐仰漕于江淮，顾引渭穿渠之谋，不见于高文之时，而见于武帝之世；溯河入渭之说，不见于太宗之日，而见于代宗之后者，何欤？漕粮为天庾正供，挽粟飞刍，岁有常额，顾逾江淮而达京师，南则患河身之高仰，清水不能敌黄；北则患河流之微弱，湖水不能济运。治河先于治漕，启闭之节，疏浚之宜，潴蓄之利，可不讲欤？夫慎德所以图治，讲武所以卫民，除莠所以安良，治河所以利运，皆经国之远猷，立政之要图也。多士学古通今，蕴怀有素，其勉悉乃心，胪列见闻，详著于篇，毋泛毋隐，朕将亲览焉。

四月壬子　引见癸巳科散馆人员。得旨：修撰汪鸣相，编修曹履泰、蒋元溥业经授职，其清书二甲庶吉士陈文翥、刘浔，汉书二甲庶吉士汪元方、萧良城、车克慎、叶觐仪、黄赞汤、黎光曙、邓尔恒、史佩玱、福济、何元杰、武新亨、李恩庆、王芳、焦友麟、蔡宗茂、许前轸、胡正仁、黄钟音、夏廷桢、曾克敬、孔继勋、杨培俱着授为编修，清书三甲庶吉士夏廷榘，汉书三甲庶吉士博迪苏、乔邦宪、徐耀、温予巽、黄廷璠俱着授为检讨，谭廷襄、朱丽宣、韩椿、宋延春、花宴春、许本墉、唐潮、郭璋、周有篁、王兆松、邱景湘、黄庆昌俱着以部属用，陈鼎雯、何家驹、翟维善、黄炳光、胡嵩年、张邦佺俱着以知县即用，刘德熙着归班铨选。

四月癸丑　御乾清宫，召读卷官人，亲阅定进呈十卷甲第。

四月甲寅　上御太和殿。传胪。赐一甲刘绎、曹联桂、乔晋芳三人进士及第，二甲张芾等一百十七人进士出身，三甲吴逢甲等一百五十二人同进士出身。

五月己未　命协办大学士、吏部尚书穆彰阿，户部尚书何凌汉教习庶吉士。

五月癸亥　以大理寺少卿王植为内阁学士兼礼部侍郎衔，仍留广东学政任。

五月甲子　引见新科进士。得旨：一甲三名刘绎、曹联桂、乔晋芳业经授职外，张芾、徐夔典、陶庆增、彭嵩毓、张廷选、龙元僖、喻增高、叶琚、金濂、陶恩培、余春照、廖朝翼、郑敦谨、吕贤基、周恩绶、胡应泰、叶名琛、瑞徵、崇祀林、赵振祚、春熙、何裕承、黄宗汉、陈坛、陈鹤年、吴式芬、贾瑜、宗室英淳、何桂清、张云藻、春辂、陈宝禾、张景星、朱琦、罗惇衍、秦淳熙、李佐贤、陈嵩、杜翻、刘源浚、张鏶、苏廷魁、戚维礼、徐资乾、孙铭恩、舒文、袁溥、许乃钊、锡祉、何庆元、黄铭先、景霖、江泰来、邱建猷俱着改为翰林院庶吉士，蒋德福、毕至、方培之、郑存纻、张铨、蔡燮、上官懋本、李维醇、丁宝纶、陈庆偕、梁熙、周颚、严文瀚、陶汶、彭蕴章、朱龙光、谦福、陈绩、刘廷检、伍辅祥、费荫章、张敬修、刘德钧、单兴诗、庄志谦、吉祥、杨三珠、饶应坤、程锡蕃、贾仲山、宗室英继、黄辅辰、李训钊、武凌云、倪应观、汪觐光、宋子昌、黄守训、袁甲三、张耀、胡超龙、宗室英绶、隋藏珠、姚近宝、李国榛、丁守存、林映棠、吴德清、张锦帆、张绪、王家勋、庆瑞俱着分部学习，易炳晃、叶为圭、叶朝采、李贞木、徐奏钧、张积勋、范中行、涂文光、汪绍曾、陈祚康、许虎拜、阎庆元、刘潜之、晏淳一、王清熙、孙慧惇、曾世仪、张堂、李钟泰、陈锡麟、刘铭本、朱珊元、姜申璠、孟毓勋、李汉章、德寯、孔传藤、叶承昌、周人龙、刘诚倬、黄廷范、马秀儒、宋嘉玉、陈墉、陈彦泳、张元杰、吴逢甲、陈金鉴、魏文瀚、曹笏、萧淦、高殿臣、刘建庚、李谟、沈湘、周振之、毛鸿顺、胡礼箴、杨亶骅、沈云骧、杜詹、齐秉震、骆奎祺、周贻缨、颜于镐、徐锌庚、古韵、赵德辙、钱炌和、郭永锡、钱文伟、铭岳、杨衔、何丙勋、范枲坊、戴泽长、钱世瑞、刘建韶、黄松年、陈椿冠、王仲选、何咸亨、侯莹光、莫苍桀、李浩、周若棠、陈玉麒、王希旦、王毓濂、郭望安、刘嘉嗣、王思引、李大融、王会极、康象书、任荃、李柏、何鸣章、金谓镠、德棱额、孙玉麒、刘克迈、张姚锡、辛本棨、陈昆玉、樊爵五、胡廷槐、徐树楠、朱思敬、王恂、邵宗渭、长哲、陈贻枢、陈世榕、黄家声、王武曾、左乾春、张维模、邓煊、李怀庚、许梦兰、李景椿、祁尔诚、李登、张元钧、马德昭、余士瓒、伊铿额、觉罗祥庆、罗遵殿、何钟兰、丁芳兰、王嘉麟、陈廷扬、周应祖、周秉让、何增筠、李道融、王义樟、赵绍武、李汝璇、张钱、陈镳、欧阳时、王政、林春溶、王以洁俱着交吏部掣签，分发各省以知县即用；户部学习郎中蒋霨远着以户部郎中，遇缺即补；兵部候补员外郎沈鹏着以兵部员外郎，遇缺即补；刑部候补主事韩绶着以刑部主事，遇缺即补。余着归班铨选。

五月己巳　添改顺天贡院考官及同考官房屋。从户部尚书兼管府尹事何凌汉等请也。

五月甲戌　以本年乡试，考试应开列试差人员于圆明园正大光明殿。

五月丁亥　以右春坊右庶子花沙纳为云南乡试正考官，翰林院编修朱其镇为副考官；京畿道御史刘谊为贵州乡试正考官，刑部郎中狄听为副考官。

六月戊戌　以翰林院编修赵德潾为广东乡试正考官，内阁中书何桂馨为副考官；翰林院修撰汪鸣相为广西乡试正考官，编修贾臻为副考官；侍讲学士李煌为福建乡试正考官，礼科给事中金应麟为副考官。

六月戊申　以翰林院修撰吴钟骏为湖南乡试正考官，刑部郎中王庭兰为副考官；翰林院编修罗绕典为四川乡试正考官，步际桐为副考官。

六月丙辰　谕：御史岳镇南奏，请严禁科场誊录积弊一摺。乡会试为抡才大典，糊名易书，立法极为周密。乾隆五十二年，严定誊录所防弊规条，责成知贡举、监临随时查察，理宜永远遵行，以除弊窦。若如该御史所奏，近来科场多有包揽誊录之人，场前议定记号，择其书写精工者，给银修卷，甚至私带黑墨代改诗文，于科名大有关系，不可不严加防范。嗣后，乡会试着遵照旧章，责成知贡举、监临实力奉行，严饬誊录各所官员加意查核，但有夹带黑墨代改文字诸弊，立即严拿究办。倘不认真查察，一经发觉，定将知贡举、监临一并惩处，决不宽贷。

六月丙辰　谕：御史俞焜奏，严核优劣以端士习一摺。从来民风之醇朴，由于士习之端谨，凡有教士之责者，不徒课以文艺，务在敦崇实行，严为旌别，以树风声。若如该御史所奏，近来各地方官于贡监生员并不随时稽察。教官举报优行，人数日增，不无冒滥，其有素行不端者，类皆徇隐不报。刁劣之徒肆无顾忌，往往出入公庭，勾串胥吏，或以他人漕粮，出名包揽；或以不干己事，联名讼讦，逞笔舌以玩法。恃衣顶为护符，甚至欺压乡闾，挟制官长，犯法滋事，日积愈多，于风俗人心大有关系，不可不严行甄核。着各直省督抚、府尹、学政严饬该地方官暨各教职，务须随时训诫，认真稽查，举优者勿徇虚名，报劣者毋许姑息。倘仍瞻徇隐匿，致酿事端，即将各该地方官及教职从严参办，决不宽贷。将此通谕知之。

闰六月庚申　谕内阁：蒙古翻译进士、举人出身之六部、理藩院、太仆寺郎中、员外郎及御史并内阁侍读各员，着于本月十三日在圆明园考试，其不由进士、举人出身，有报名愿考者，准其一体考试。

闰六月甲子　谕内阁：昨因安徽举人朱凤鸣呈递封章，业有旨交兵部递籍管束。兹细阅所递尚书题各论，既无违悖字句，且引用经史，文义尚通。着该部毋庸递解，即饬令该举人自行回籍，安分读书，勉图上进，仍准其一体会试。

闰六月戊辰　以国子监祭酒翁心存为浙江乡试正考官，江南道御史张琴为副考官；户部左侍郎姚元之为江西乡试正考官，刑部员外郎王治为副考官；京畿道御史许球为湖北乡试正考官，翰林院编修周铭恩为副考官。

闰六月癸酉　谕内阁：御史陈功奏，请饬各直省学政严肃关防，以除积习一摺。学政有振兴文教之责，考试严肃，则众论允孚；去取公平，则人心翕服。必须诸弊肃清，真才乃出。不特家丁、幕友防范宜严，且士习文风关系綦重，稍有不慎，则幸进者遂其夤缘，而实学因之沦弃。各直省设立学政，经朕特加简用，每遇岁科考试，为士子进身之阶，宜如何矢慎矢公，以期无忝厥职？若如该御史所奏，学政所到之省，世交旧好求情请托，其府州县所录案首及考取前列，该学政周全情面，迁就取进等语。积习相沿，此等弊窦不能保其必无，不可不力加剔除。着通谕各直省学政，嗣后，于案临考试务须涤虑洗心，严密关防，破除情面。即有世交旧好与试胶庠，俱宜核实秉公，不得徇私以图见好。倘有广通声援，托故私谒，断不准附会取进，以杜干请而绝夤缘。其府州县所录案首及前列各卷，一例公平校阅，不得瞻徇情面，滥行拔取。如有府州县各官违例干求者，该学政即指名参奏。倘该学政不能正己律人，有意徇情，经朕访闻，或别经发觉，必将执法严惩，决不宽贷。懔之！慎之！

闰六月癸酉　命内阁学士、广东学政王植来京供职，翰林院编修李星沅提督广东学政。

闰六月戊寅　以浙江道御史李儒郊为陕西乡试正考官，陕西道御史成观宣为副考官；内阁学士卓秉恬为江南乡试正考官，翰林院编修单懋谦为副考官。

闰六月壬午　以理藩院右侍郎惟勤、顺天府府尹蔡世松监临顺天乡试。

七月癸巳　以左春坊左中允龙元任为河南乡试正考官，翰林院编修张集馨为副考官；编修陆建瀛为山东乡试正考官，高树勋为副考官；编修邓瀛为山西乡试正考官，刑部员外郎许融为副考官。

七月戊戌　命司经局洗马、山西学政杜受田来京，翰林院编修汪振基提督山西学政。

七月庚子　谕内阁：御史豫泰奏，请整饬学校，以励人材一摺。学校为培养人材之地，士品克端，斯民风日茂，亦惟训迪有术，斯士习益淳。定例每于朔望敬谨宣讲《圣谕广训》，并派教官亲赴四乡宣读，俾城乡士民共知遵守。各省府州县设立书院，置田收息，以资膏火，并建义学以教乡僻童蒙。书院院长必须延请品端学裕之人，以资教导；教官季课、月课，分定甲乙，以示激劝。立法已为周密。若如该御史所奏，近来奉行日久，视若具文，教官懈于训诲，士风习于浮夸，允宜亟加整顿，振起人材。着直省各督抚严饬地方官，遵照成例，敬谨宣讲《圣谕广训》，务须实力奉行，不得日久生懈；其书院房宇租田，随时妥为修理查办，不得任听倾圮，及斗胥人等朦混侵蚀。捐建义学，以资倡率；书院肄业生童，必须严加甄别，不得瞻徇情面，滥行去取；延请院长必须精择品学兼优之士，不得徇情滥荐；教官考校季课、月课，务宜精详，举报优劣，务归核实；民间呈报忠孝节义等事，务饬随时详请旌表，不得任听需索规费，致多延搁。以期士习民风，蒸蒸日上，用副朕作养人材至意。将此通谕知之。

七月壬寅　赏甲午科福建乡试年老诸生连标副榜。

八月壬戌　以吏部尚书汤金钊为顺天乡试正考官，吏部左侍郎申启贤、工部右侍郎吴杰、大理寺少卿毛树棠为副考官。

八月乙亥　顺天府以宗室乡试中额请。得旨：取中七名。

八月壬午　谕内阁：御史郭鸣高奏，请饬禁选拔积弊一摺。国家广育人才，于乡会试正科而外，增设选拔一科，所以旁搜俊彦，拔取真才。各直省学政经朕特简，俾司其事，宜如何秉公遴选，克尽厥职，不特衡校试艺，细心研求，即按临时约束教官，稽查枪代，亦应振刷精神，力祛诸弊，方为不负委任。若如该御史所奏，向来闽省每逢选拔之时，教官办理册卷，辄向殷富之家需索多费，复有正拔、帮拔名目，正拔倩人代作文字，而帮拔之人则以草率完卷。学政见与试人少，恐难充数，每不认真考察，所拔多系豪富乡绅子弟等语。闽省积习如此，恐他省亦所不免。着通谕各直省学政务于考试按临时，严禁教官毋得纵容书斗需索卷费。其有文行出众者，照例举优。并严查枪代各弊，革除正拔、帮拔名目。倘该教官等仍前疲玩，因循不悛，着该学政据实严参，毋稍宽纵。若该学政不能认真甄取人才，厘剔各种积弊，经朕访闻，或别经发觉，必将该学政惩处不贷。将此通谕知之。

九月甲午　谕内阁：给事中汪报原奏，本年办理乡场，于士子乱号之弊，既经查出，仍复含糊不办，请旨饬查一摺。着监临、监试御史明白回奏。此等乱号之弊，既经查出，自应照例办理。若仍照旧将试卷发誊，则乱号者益无顾忌，办理殊属轻纵。查弊系该监临等专责，倘经此次饬查，仍复回护徇隐，则其咎益重，将来别经发觉，惟该监临等是问。

九月丙申　谕内阁：据鸿胪寺卿黄爵滋条陈各事宜，朕详加披阅。……广贤路一条。请饬令中外大臣，各举所知，以备试用，或特开一科，或兼设数科等语。国家设科取士，原以广开贤路，上以实求，下以实应，登明选公，真才自出，正不在别开科目，转致言行罔顾，名实难符。所奏着毋庸议。

九月丁酉　谕：前据给事中汪报原奏，本年乡场士子乱号，既经查出，仍复含糊不办，当降旨交该监临、监试御史明白回奏。兹据奏称，士子领卷归号，逐一挨查，惟二场余字号监生杨世淇乱号，当即照例扶出，其余均属安静等语。场中士子众多，乱号之弊，不能保其必无，该给事中既未将乱号名姓据实指参，无从究办。惟严查弊端系该监临等专责，嗣后，务当遵照定例，实心查察，遇有乱号士子，即当认真严办，不准托词以人数众多，意存姑息，将来别经发觉，或被科道纠参，惟该监临等是问。

九月丁酉　以兵部右侍郎史谱知武举，礼部右侍郎陈嵩庆为武会试正考官，都察院左副都御史潘锡恩为副考官。

九月癸卯　谕内阁：本年顺天乡试取中举人，着于本月二十一日在圆明园正大光明殿覆试，并着国子监、顺天学政查明各该生科试、录科原卷，封送军机处，以备派出阅卷之大臣查对笔迹。其磨勘签出应议之卷，仍着该部照例办理。嗣后，每遇乡试，应否举行覆试，于揭晓后临时请旨。

九月癸卯　谕：前据给事中汪报原奏，本年乡场士子乱号，既经查出，仍复含糊不办，当降旨交该监临、监试御史明白回奏。旋据该监临等联衔具奏，入闱后，查出二场余字号监生杨世淇乱号，当即照例办理。兹据光禄寺少卿曾望颜奏参监临覆奏不实，请旨严饬查办。着监试给事中佛恩多、德成，御史宗赓、多斌、帅方蔚、冯元锡、袁文祥、刘梦兰各自具摺，据实覆奏。不准彼此商同，含混隐饰，稍有不实不尽。如果据实陈奏，尚可量加宽宥；倘仍含混讳饰，则是有心蒙蔽，甘蹈欺隐之习，即不得为大清国臣子矣。朕言出法随，该监试等具有天良，其各力湔积习，直陈无隐，勿贻后悔。

九月癸卯　以大学士文孚为满洲翻译乡试正考官，大理寺少卿关圣保为副考官；内阁侍读学士文德和、理藩院员外郎福谦为蒙古考官。

九月甲辰　谕内阁：本年顺天乡试取中举人，昨降旨着于本月二十一日在圆明园正大光明殿覆试，着该部即仿照会试覆试例赶紧办理，并着传知该取中举人等，取具同乡京官临场识认印结，送部核办，听候覆试。其未经奉旨之先，如有出京回籍者一时未能赶到，着该部查明人数，奏明请旨，酌予期限，行知各该省饬令赴部齐集，听候示期覆试。其实有患病等项事故，不能赴考，取结报部，仍着照乾隆年间旧例，以下三科为限，补行覆试。如有托故不到，此三科内并未覆试者，显系意存规避，着永远不准赴会场考试，亦不准赴吏部截取铨选。

九月乙巳　谕内阁：昨据光禄寺少卿曾望颜参奏，监临等覆奏不实，请旨饬查。当降旨令监试给事中佛恩多等据实覆奏。本日据佛恩多等各自具摺，明白回奏，所称情节大略相同。此次顺天乡试，既将号单逐号散给，令各该生亲书姓名、年貌、籍贯，自应与号戳底簿逐细核对，方可得其乱号实据。即因为时甚促，未及逐一核对，逮经有旨饬查，该监临、监试等自当将实在情形据实覆奏，并将从前未经奏明之处自请交部议处。乃该监临等联衔具奏，仅称查出二场余字号监生杨世淇乱号，当即照例办理。其于填写号单未及与号戳底簿详晰核对，并不据实声明，实属含混。监临惟勤、蔡世松，监试给事中佛恩多、德成，御史宗赓、多斌、帅方蔚、冯元锡、袁文祥、刘梦兰俱着交部严加议处。嗣后，乡会试号单、底簿互相核对，有无窒碍难行之处，着礼部查核具奏。至前交刑部收管听讯之至公堂当差书吏，尚无弊窦，着即释放。

九月乙巳 谕：本年乡试宗室中式举人，着于本月二十一日一体覆试。

九月己酉 谕内阁：此次翻译乡试中式举子着于本月二十八日在乾清宫覆试。

九月庚戌 谕内阁：前降旨将本年办理乡试之监临、监试等交部严加议处。兹据吏部遵旨严议具奏，此次顺天乡试，特派惟勤、蔡世松入闱监临，整肃场规，稽查弊窦，是其专责。如果实力稽察，严密防闲，遇有弊端，立即惩办。俾场中积弊肃清，庶足以甄别人材，振兴士习。该监临等于士子有无乱号，既未认真详查，迨经给事中汪报原劾参，特旨查询，又不将实在情形据实覆奏，含混隐饰，其咎更重。惟勤、蔡世松俱着照部议降二级调用，以示惩儆。监试给事中佛恩多等于场中乱号之弊，未经查出，咎亦难辞。姑念前此联衔覆奏，系随同监临具摺，经朕降旨覆询，该监试等据实直陈，尚无隐饰，自应量加宽宥。给事中佛恩多、德成，御史宗赓、帅方蔚、多斌、袁文祥、刘梦兰、冯元锡俱着加恩，改为降四级留任，不准抵销，六年无过，方准开复。

九月辛亥 以奉天府府丞田嵩年为顺天府府尹，国子监祭酒翁心存为奉天府府丞兼提督学政。

九月壬子 谕内阁：昨于正大光明殿覆试本年顺天乡试取中举人，特派大臣严行校阅，分别等第进呈，并派令将原卷逐细磨对，朕亲加披览。其列入一等之徐棻等十一名，列入二等之灵桂等二十五名，列入三等之何殿庆等七十八名俱着准其中式举人，照例会试。其列入四等之王敬承等五名俱着罚停会试三科，列入四等末之章升槐及不入等之伊昌阿、孙谦俱着革去举人。其笔迹不符之叶卓桂，文理不符之载颐、承恩参，文理笔迹均不符之珠隆阿俱着革去举人，派大学士、军机大臣会同宗人府、刑部严行审讯。

九月甲寅 谕：前经降旨，将覆试笔迹不符之叶卓桂革去举人，交大学士等严行审讯，并令步军统领衙门速拿归案办理。昨据耆英等奏，遴派营弁、番役等前往肇庆会馆查传。业经寻见叶卓桂，因未有传票，回署禀覆，及至持票往传，叶卓桂已不在馆中等语。当即召见耆英，尚称叶卓桂定在馆中，不至远扬。本日复据奏称，叶卓桂现在查传无踪。耆英既称遴派番役等前往查传，已经寻见，自当即时拿获，乃始则任其抗传，继则藏匿无踪，实属不成事体。耆英着先行交部议处，仍着严饬汛弁、番役等跟踪，迅即查缉，予限五日。倘致远扬，惟耆英是问。至所奏看馆之孔幅、白玉有无知情故纵，着交刑部根究。

十月甲子 谕：御史阿林保奏，请严密稽查八旗翻译考试一摺。向来考取翻译文童，先由顺天府行文八旗都统，由八旗都统考取，造册咨送，再行考试，定例极为周密。若果认真遵行，何至有枪冒等弊？嗣后，八旗都统考送翻译生童时，着先令各该旗佐领、领催出具并无枪冒图结，定期赴本旗都统衙门考试。至期，即令该佐领、领催带同赴考，该都统、副都统亲自监试，录取清汉文理精通者，再咨顺天府考试。俟奏派考试时，仍饬令该佐领出具图结，同派出参领、领催当场识认，分准入场。倘该佐领等知情，通同舞弊，即奏请从严议处。其乡会翻译场亦着遵照办理。至考试场内应如何严密稽察，及中式后应如何覆试核对笔迹，着礼部、顺天府妥议章程具奏。寻议，考试场内例有稽察弹压大臣，全在任事者实心经理，无庸再增科条。至乡会试取中后，其覆试卷向不与墨卷核对笔迹。嗣后，请将场内中卷封送军机处，交覆试阅卷大臣核对。从之。

十月丙寅　以户部右侍郎程恩泽为顺天武乡试正考官，翰林院侍讲学士周祖培为副考官。

十月丁卯　谕内阁：本年顺天武闱乡试取中武举，着兵部即仿照武会试覆试例，具奏办理。着为例。

十月戊辰　谕军机大臣等：有人奏，湖南学政龚维琳信用门丁顾四，随棚索赃。该学政每考一棚，索加棚规，发给自刻诗赋，勒缴价钱。岁试前列诸生传署进见，藉索贽仪银两，士子贿打连号，致多枪替等语。学政为士林表率，似此关防不密，约束不严，风教攸关，不可不从严惩办。着赵盛奎于贵州审案完竣，由湖南澧州还至湖南省城，将该学政现在考试情形一路明查暗访，有无前项情弊，并饬提门丁顾四到案，严行讯究。务期水落石出，按律惩办，据实具奏，断不可稍有含混。将此谕令知之。

十月戊辰　谕：有人奏，湖南学政龚维琳信用门丁顾四等语，已降旨令赵盛奎查办。其门丁顾四着该抚派员密速查拿，于省监严行看管，听候提讯，毋得稍有泄漏，致令远扬。将此谕令知之。

十月庚午　试中式武举波启善等五十九人于太和殿前。

十月癸酉　御紫光阁，阅中式武举马步射。

十月甲戌　上御箭亭，阅中式武举技勇。

十月甲戌　御乾清宫，引见中式武举，亲定甲乙。

十月乙亥　上御太和殿。传胪。赐殿试武举一甲波启善、奚应龙、鞠殿华三人武进士及第，二甲通安等八人武进士出身，三甲宋煜等四十八人同武进士出身。

十月乙亥　谕内阁：乡会试为抡才大典，士子读书，当知自爱。其有因人数众多，侥幸乱号，以身试法者，虽设有号单底簿，互相核对，诚恐稽查未清，转不无遗漏舛错。其乱号士子，或托人代填，或捏写诡名，即欲杜绝弊端，无从查对。事属有名无实，自无容稍存迁就。兹据礼部将查号之法遵旨核议具奏，于认真办理之中，立法仍归简易。嗣后，着仍照定例办理。其士子进号，既经看栅官役认明卷面字号相符，如号数已满，即将号栅锁闭。封门后，监临、监试等仍分段入号亲查。如监临查号不力，责成监试；监试查号不力，责成监临，互相指参，毋许稍有徇庇姑容，致滋弊混。其八旗号舍，即着弹压副都统亲身巡查，以专责成。士子如有乱号，即行扶出。设为时已晚，未便开门，即将试卷扣除，并将该士子交至公堂派员看守，俟放牌时扶出。其有挺身肆闹者，照例治罪。

十月乙亥　谕：礼部奏，乡试亲供解部，酌定校对章程。各直省乡试揭晓后，中式举人例应填写亲供，与试卷一并送部，交磨勘大臣细加校对。此次顺天乡试亲供已由该部劄催顺天府尹迅速解部，惟各直省程途远近不一，着按照例限，上紧严催。其业经填写者全行送部，以凭送覆勘大臣核对。其实有程途较远者着迅速饬催，填写送部，以次归入下届校对。如第四次磨勘时，仍未送到，着该学政声明情节，统于会试前期咨送礼部，转送覆勘大臣补行校对。至遇有事故，不克填写亲供者，迨经补填解部，往往先后不齐。所有各直省陆续补送亲供，届时毋庸交覆勘大臣，即着礼部随时详细核对。

十月壬午　吏部右侍郎管国子监事文庆等奏，各省副榜贡生请一律呈验贡单收考。下部议。寻议：副榜贡生与恩拔岁优各贡不同，例不给与贡单，惟山东、浙江均由学政给与，未免两歧，请照例一律毋庸给与贡单。从之。

十月甲申　浙江道御史易镜清奏，三场试策请改用律例一道。下部议。寻议，国家设科取士，责以报称者甚多，不独在理刑一端。若于进身之始，先责以名法之学，无论剿说雷同，无裨实用，即真心讲贯者亦必荒其本业，旁及专家，以法律为诗书，更恐揣摩求合之士承迎风旨，因缘为奸，士习之不端，关防之不密，多由于此，不可不防其流弊。该御史所奏应毋庸议。从之。

十一月乙巳　赏山东等省乡试年老诸生曹宗湘等四十一名举人、副榜有差。

十二月辛未　宗人府会同刑部奏，审明已革举人叶卓桂等科场舞弊。得旨：珠隆阿着发往盛京，交该将军严加管束；叶卓桂着发往近边充军；白幅、王二俱不准其查办留养；其在逃之盛翙、戈廷本着步军统领衙门、顺天府五城、直隶总督、江西巡抚一体严拿，务获究办。已革生员戈廷本前经降旨饬拿，直隶河间地方距京不远，该督曾否将该犯上紧缉拿，何以至今未据覆奏，殊属延玩，着该督饬属迅即查拿，解京审办。其失察叶卓桂换卷珠隆阿，传递之监临、监试、巡墙御史及失察儒麟顶名进场之族长、学长，着交宗人府及各该部议处。

十二月甲戌　谕军机大臣等：有人奏，直隶永平府千总白凤仪不带缨顶，闲游街市，与乐亭县文童口角，将该文童打伤。时值府考，该文童约会多人，往向理论。白凤仪纵兵持械，互相斗殴，彼此成伤，以致同考之人喧呶观望，竟无一人入场，该府另日补行覆试等语。着琦善确切查明，按律究办，毋稍徇隐轻纵。将此谕令知之。

十二月庚辰　谕内阁：曾望颜奏，请饬禁广东学政考试陋规一摺。各直省学政经朕特简，具有振兴文教之责，宜如何秉公遴选，拔取真材，其一切陋规，尤应严行禁革，方为无忝厥职。从前嘉庆年间奉有谕旨，贵州红案陋规永行禁止，不得收受分文，其余各省向无红案陋规者，不得违例索取。圣训煌煌，自应永远恪遵。近来此风不能净绝，新进文童覆试、生员考列一等及新中举人赴学政衙门填写亲供，往往索取陋规，书吏遂藉端肆行勒取。读书人士大半贫寒，焉有如许余资供其重索？此等积习，日久愈甚，势必无所底止。广东一省如此，恐他省亦所不免。着各省学政认真查核，即将前项弊端全行禁革，不准再有红案陋规及各项名目。倘书斗人等仍前滋弊，扰累寒儒，立即严拿惩办，无稍姑息。至乡会试正科而外，又有选拔一科，原所以旁搜俊彦，储蓄人材。现届应行选拔年分，该学政等尤当洁已奉公，认真考校，一切陋规概行革除。经此次谆谕之后，如敢阳奉阴违，不能实力禁革，将来别经发觉，该学政等不能当此重咎也。将此通谕知之。

十二月辛巳 谕：本年顺天乡试进场枪替之已革江西举人盛朔在逃未获，前经降旨饬拿。兹据周之琦奏称，访查该犯并未回籍，难保非即在京城附近一带地方藏匿，着步军统领衙门、顺天府五城、直隶总督一体严密查拿务获，归案审办，毋任漏网。

道光十六年（1836年）

正月辛丑 谕内阁：前因御史郑世任参奏，湖南学政龚维琳信用门丁顾四随棚索赃，并索加棚规，勒缴自刻诗赋价银等情，当降旨交赵盛奎查讯究办。兹据该侍郎审讯明确，定拟具奏。学政为士林表率，自应公正廉明，关防严密，方为无忝厥职。此案湖南学政龚维琳虽讯无加索棚规等项情弊，惟该学政衙门丁役无多，何难稽查约束？乃于门丁顾四到处挑斥需索毫无觉察，并将自作诗赋刊刻板片，存留书铺，任其刷印售卖，大属非是。龚维琳着交部严加议处。湖广总督讷尔经额前奏该学政考试公明，士论翕服，并未闻有幕友、家丁不自检束之语。现据讯明，顾四有到处挑斥需索情弊，尚得谓该学政家丁能自检束乎？讷尔经额未能查明，所奏不实，着交部议处。湖南巡抚吴荣光既知该学政有刊书售卖情事，并不据实奏闻，及知有人参奏，始以饬查未覆为辞，先占地步，殊属巧诈。且吴荣光为本省巡抚，其咎较重，吴荣光着交部严加议处。

正月乙巳 谕内阁：湖南学政龚维琳于门丁顾四到处挑斥需索，毫无觉察，并将自作诗赋刊刻板片，存留书铺，任其刷印售卖，实属溺职卑鄙。着即照部议革职。湖广总督讷尔经额于该学政门丁顾四到处挑斥需索情弊，未能查明具奏，着降二级留任，不准抵销。湖南巡抚吴荣光既知该学政有刊书售卖情事，并不据实具奏，及至有人参奏，始以饬查未覆为辞，先占地步，其咎较重，着降为四品京堂，来京候补。

正月乙巳 命翰林院编修蔡锦泉提督湖南学政。

正月丁未 谕内阁：御史况澄奏，上年科场失察士子换卷，请将稽察接谈换卷大臣一律议处一摺。着交原派之大臣，俟盛朔讯明定案时，一并具奏。

正月戊申 谕：吴文镕奏，选拔届期，请严禁弊端一摺。直隶省每遇选拔之年，各学学书、门斗，各府州县书吏及学政衙门书吏、门丁，均有卷费、册费、考费各项陋规名目。且当学政扃门校阅之时，更有不肖之徒在外招摇撞骗，不可不严行饬禁。现届丁酉科选拔之期，所有学政衙门书吏、家丁，着责成该学政严为稽查，加意约束，并先期剀切出示，申明例禁。至扃门校阅时，着直隶总督通饬所属各府州县及充当提调各员，认真严密察访。如有匪徒在外招摇撞骗，立即严拿，按律惩办。其卷册考费一切陋规，着概行禁革。并着该督出示晓谕各属应试选拔生员，倘仍有书斗、门丁等需索抑勒情事，准该生赴提调官衙门禀诉，从重惩治。各直省考试拔贡，俱着照此办理。经此次谆谕之后，各该学政衙门书吏人等，如仍有需索陋规情弊，惟该学政是问。至扃门校阅时，该提调官不能随时查察，杜绝弊源，致不肖匪徒仍敢在外招摇撞骗，一经发觉，定将该提调官惩处不贷。将此通谕知之。

二月乙卯　赏陕西等省乙未恩科乡试年老诸生原午等三十九名举人、副榜有差。

二月己未　大学士长龄等奏，会同审拟续获代枪案内已革生员戈廷本得受珠隆阿钱文，在场外代作诗文传递，计赃京钱五十五吊，按例发近边充军。戈廷本所得京钱业已花用，无力完缴，应免着追。从之。

二月辛酉　谕内阁：琦善奏，查明文童、武弁口角争殴，及知府改期覆试一摺。此案直隶永平府千总白凤仪于府考之时，例应弹压，乃不戴顶帽，赴集闲游，已属不合。又将童生张廷柏殴打，及兵丁张桐等向童生张朝英等争殴，并不喝阻，更属倚势妄为。白凤仪着即革职，交琦善归案审办。至永平府覆试改期，据该督查明，该府因急需验讯张廷柏等，是以牌示改期，并非该童生等临点不到。惟该府等未将改期缘由明晰禀报，殊属含混。永平府知府朱壬林、山永协副将兴文泰、卢龙县知县成章瓒俱着交部议处。童生张朝英等于张廷柏被殴，尽可令其赴官呈诉，乃事不干己，纠众滋事，此风断不可长，着俟质讯明确，按律惩办，以儆刁玩。

二月丙寅　谕军机大臣等：据江西已革举人盛翙供称，道光十四年顺天乡试，曾顶江西副榜夏锡璜之名，进场乱号，为广东顺德县监生马德贞代作文字，榜发未经中式。并提到说合之已革副榜冯士伟，供与盛翙情节相符。该生马德贞于上年十月，已回广东原籍，着邓廷桢等密饬该地方官查明该生是否回籍，迅即拿获，派员妥速解京，归案审办。将此谕令知之。寻奏，查得马德贞现已回籍。据其父马应姚以伊子马德贞患病未痊，乞宽限医治，俟病愈即行解部。得旨：断不准藉词推延，一俟稍可，即速起解。

二月丙寅　江南道御史黄仲容奏，各省恩贡、优贡原卷，例无解部明文；岁贡原卷，印封解部，由部磨勘；拔贡正覆原卷，解部磨勘；副贡朱墨卷，解部贮库而不磨勘，请饬礼部将例内详加增改，以归画一。下部议。寻议，拔贡卷解送到部，由礼部会同礼科磨勘。签出应议者，请派大臣覆勘。其恩贡、优贡、岁贡试卷到部，日期先后不齐。嗣后，如在岁试卷以前送部者，即归入岁试卷一体磨勘覆勘；在科试卷以前送部者，即归入科试卷一体磨勘覆勘。至副榜一项，有因文字不及正榜，取中副榜者，亦有文字甚佳，或因二三场偶犯小疵，抑置副榜者，若再加以磨勘，是既经抑置于前，又复被议于后，自应仍遵现行定例办理，以昭平允。从之。

二月壬午　以捐修山西榆次县考棚书院等工，予知县文光等议叙旌表有差。

三月己丑　以大学士潘世恩为会试正考官，协办大学士户部尚书王鼎、工部右侍郎吴杰、内阁学士王植为副考官。

三月庚寅　以翰林院侍读学士吴文镕为詹事府詹事，仍留顺天学政任。

三月甲午　先是，四川总督鄂山奏，宁远府、江北厅廪增附生有一百余名之多，请各添设拔贡一名。下部议。至是礼部议，核对宁远府存部学册，人数相符，应准其增设拔贡定额一名；江北厅存部学册仅有八十余名，俟实有百余名时，再行议设，以昭慎重。从之。

三月癸卯　礼部以宗室会试中额请。得旨：取中二名。

三月乙巳　谕内阁：前据潘锡恩奏，考试策题错误，当降旨着礼部查明具奏。兹据该部查明，本年会试策题第一问内，郑康成说诗，“景员维河”，河之为何本《释文》一条，系属错误。朕详阅本年进呈策题，此外尚有舛错之处，该考官等引据未能精当，实属粗心。潘世恩、王鼎、吴杰、王植均着交部议处。

三月乙巳　礼部以会试中额请。得旨：满洲取中七名，蒙古取中三名，汉军取中六名，直隶取中十九名，奉天取中一名，山东取中十六名，山西取中七名，河南取中七名，陕甘取中六名，江苏取中十五名，安徽取中七名，浙江取中十七名，江西取中十六名，湖北取中六名，湖南取中五名，福建取中七名，广东取中七名，广西取中五名，四川取中六名，云南取中六名，贵州取中五名。

四月癸丑　谕内阁：前据潘锡恩奏，考试策题错误，当降旨交礼部查明具奏。嗣据该部查明，景员维河一条系属错误。朕因策题内此外尚有舛错之处，是以将该考官等交部议处。兹据潘世恩等复行检举，策题第五问内第五访，原稿本系访字，誊写时误书伦字，请再行交部议处等语。该考官等于誊写错误之处，未经查改，殊属草率。潘世恩、王鼎、吴杰、王植均着再行交部议处。嗣后，乡会试考官出题试士，务须引据精当，核校详明，不得稍有讹误，致令该士子等难于着笔，外间得肆讥评，以便遵循而昭慎重。抡才大典，其各钦承毋忽。

四月癸丑　谕：御史沈鑅奏，中式捐纳部员，选补过优，请量为限制一摺。着吏部议奏。寻奏，查，捐纳部员俟捐纳到班，方准按掣签名次铨选，即分部学习，亦不准补题缺；一经中式进士，奉旨即用。其投供候选者，则归双单月即用，尽压铨选之班；其指定部分者，则以题选缺统补，概占升补之路，自属过优。请嗣后，由捐纳郎中、员外、主事中式进士者，如奉旨归部即选，只准归于捐纳本班尽先选用，不得统压别班；奉旨以本衙门员缺即补，只准以本项选缺尽先补用，不得奏补题缺，以示限制。从之。

四月辛酉　以大学士文孚为满洲翻译会试正考官，工部左侍郎裕诚为副考官。

四月庚午　礼部以翻译会试中额请。得旨：取中三名。

四月辛未　引见乙未科散馆及补行散馆人员。得旨：修撰刘绎、编修钱福昌业经授职，其清书二甲庶吉士陈宝禾、杜翻，汉书二甲庶吉士陶庆增、罗惇衍、孙铭恩、张云藻、喻增高、许乃钊、张芾、吴式芬、朱琦、锡祉、吕贤基、贾瑜、舒文、王清选、陈坤、陶恩培、周恩绶、叶琚、刘源浚、张廷选、何桂清、陈坛、何裕承、赵振祚、叶名琛、张鑅俱着授为编修，清书三甲庶吉士江泰来、黄铭先，汉书三甲庶吉士邱建猷、景霖俱着授为检讨，戚维礼、乔晋芳、余春照、陈鹤年、春熙、徐资乾、郑敦谨、春辂、朱宪曾、徐夔典、宗室英淳、黄宗汉俱着以部属用，崇杞林、秦淳熙、张景星、刘用宾、孔昭慈、廖朝翼、司徒煦俱着以知县即用。

四月壬申　命大学士长龄、阮元，刑部尚书成格、户部右侍郎程恩泽、礼部左侍郎卓秉恬、兵部左侍郎廖鸿荃、右侍郎史谱、内阁学士王植为殿试读卷官。

四月壬申　赏会试年老举人彭友林等十名检讨、学正职衔有差。

四月癸酉　策试天下贡士夏子龄等一百七十二人于保和殿。制曰：朕抚绥寰宇，敬绍丕基，宵旰健勤，不敢暇逸。仰荷昊苍眷佑，四海乂安，惟益延集嘉谟，冀熙庶绩，临轩策问，其敬听之。士以行谊为重，而科目先凭文学，文学多端，首重经史。九经为圣贤彝训，帝学官箴，皆从此出。故未言汉宋之讲孔孟，当先求孔孟之说诗书，诗书内名言至论，最补身心治道，为孔孟所引证推明者何在？汉晋唐宋传注疏义，孰为醇正？《易》之费虞，《书》之欧夏，《诗》之三家，何所考见？贾公彦《二礼》孰精？《仪礼经传通解》，朱子晚年立意若何？史以《春秋》为最先，三传科例何殊？荀袁《两汉纪》继为编年之体，司马光《通鉴》重在资治，后世资为金鉴，皆不刊之书也。多士治经学史，先器识而后文艺，所以裨朕治理者也，其胪叙之。考绩始自唐虞，询事考言，既已察之平时，而三载、五载、九载，何以加密？《尚书·大传》谓："积善至于明，五福以类升"，"积不善至于幽，六极以类降"。其说何如？《周官》六计，以廉为本，或训廉为察，厥义孰优？汉以六条察二千石，晋以五条考郡县；唐叙以四善，分以二十七最，差以九等；宋因唐之四善，分为三等，详略得失，可缕析之欤？《汉书》言综核名实，故吏称其职，然或上求实效，下循虚名，将操何道而使之皆实心以任事乎？虞廷钦恤，刑期无刑，《周官》五刑之属各五百，《吕刑》何以言五刑之属三千，所增减者安在？魏文侯时李悝著《法经》六篇，为后世律例所自始，然楚之《仆区》，郑之《刑书》，晋之《刑鼎》，不俱在李悝之前欤？汉初约法三章，厥后萧何定律令，于李悝所造凡益若干篇，叔孙通复益者何律？唐之《律令格式》，宋之《刑统》，元之《至元新格》、《大元通制》，明之《大明律令》，其轻其重，其沿其革，能详陈欤？朕哀矜庶狱，每阅谳牍，再三审慎，期于无枉无纵，司宪之吏，宜如何持平协中，以共泯刻核姑息之见乎？自昔除莠安良之法，莫善于保甲，汉之亭长、啬夫、游徼，唐之里正、耆老，所辖之地甚近，所联之户无多，里巷之中，互相纠察，最为切近。后世幅员日广，户口日繁，生计之绌，盗贼易生，惟有编查勤密，摘发精明，庶使闾阎相安，奸慝敛迹。夫以一州一县，四境非远，果能视一邑如一家，何至藏伏盗奸，传习邪术？赵广汉、张敞固甚严明，然能消患于初萌，戢乱于未发，如龚遂至郡，盗贼皆散，不更善乎？盗之所以重乎弭者在此也。多士来自田间，见闻较切，其各陈之。凡此四端，皆经国之大猷，为政之本务。其稽古有年、讲求有素者，所宜悉抒谠论，毋有所隐，朕将亲览，虚衷听纳焉。

四月丙子　御乾清宫，召读卷官入，亲阅定进呈十卷甲第。

四月丁丑　上御太和殿。传胪。赐一甲林鸿年、何冠英、苏敬衡三人进士及第，二甲张锡庚等七十二人进士出身，三甲孔继鑅等九十七人同进士出身。

四月庚辰　赏乙未科湖南乡试年老诸生萧学颜等四名副榜。

五月丁亥　授一甲一名进士林鸿年为翰林院修撰，二名何冠英、三名苏敬衡为翰林院编修。

五月丁亥　命大学士阮元，协办大学士、吏部尚书穆彰阿教习庶吉士。

五月戊子　谕内阁：本日引见新进士，内正白旗满洲进士庆廉一名，形同残废，步履甚艰。因思我朝录用旗员，首重骑射。八旗士子应试，必先试以骑射，合式者方准入场此乃一定之例，不可废者也。庆廉既有残疾，岂能考试马步箭？适据御史永桐奏请饬查核实等语。着兵部查明，派出监射之王大臣如何定为合式，准其会试之处，秉公据实具奏，并着监试王大臣及咨送考试之正白旗满洲都统等明白回奏。

五月己丑　引见新科进士。得旨：一甲三名林鸿年、何冠英、苏敬衡业经授职外，张锡庚、李汝峤、王发桂、彭以竺、翁祖烈、梁敬事、徐士谷、何绍基、徐文藻、赵楫、梁同新、李道生、刘涝、丁楚玉、孔庆瑚、杨能格、沈兆霖、路慎庄、胡林翼、庄寯元、吕佺孙、刘映丹、樊肇新、谢荣埭、徐之铭、宗室和淳、郭世亨、李本仁、蔡振武、方寯、徐瀛、毓检、江绍仪、王遹昭、翟松、杨天柱、苏学健、慧成、梁瀚俱着改为翰林院庶吉士，赵坦、周源绪、彭久余、温文禾、江健、林懋勋、朱德澄、庄缙度、夏子龄、高熊梦、黄玉阶、翁孝浚、路璋、冯志沂、伍浚祥、朱城、李清凤、黄绍芳、梅棠、孔继鑅、王启曾、唐李杜、曹兴仁、黄孟鸿、祝祜、韦坦、张春育、孙瑞龄、朱为霖、宗室荣菉、周毓桂、承龄、韦杰生、斌桐、乔松年俱着分部学习，熊浦云、徐荣、刘维禧、许师喜、罗洪赓、罗凤仪、李学殖、徐廉锷、詹景钟、吴步韩、陆以湉、王允灌、温鹏翀、蔡五辰、董用威、陈模、孙曰庠、严圻、谢云华、徐方杰、黄士箕、姚禄龄、陈守中、胡馨、朱文涟、潘政举、张舒翘、梁述孔、谢本嵩、罗源一、李藻、陈信民、许源、沈衍庆、许晖藻、刘沄、李延福、音德布、陈昂、陈宽、牟衍騋、周沐润、何名儒、韩象鼎、孙家良、黄鹏奋、杨廷冕、吴文藻、郭绍曾、张棣、石凤扬、郑凤鸣、余思诏、丁云章、余遂生、盛元、李光钺、史朴、卢昌辅、敖右贤、韦逢甲、陈汝钰、张兆熊、杨迺实、张树德、崔敬修、李毓馨、俞汝本、吴华淳、谢克一、朱懋勋、唐盛、张雨田、张枚、李铄、周潞、萧秀棠俱着交吏部掣签分发各省，以知县即用。余着归班铨选。

五月辛卯　谕内阁：前因正白旗满洲进士庆廉形同残废，步履甚艰，当降旨着兵部查明准其会试之处，据实具奏，并着监射王大臣及咨送考试之都统等明白回奏。兹据兵部及该旗都统、监射王大臣等奏，《中枢政考》内载，凡遇考试进士、举人生员人等，其有手拐者，免考马步箭等语。并准兵部呈送《大清会典》暨《中枢政考》，经军机大臣开单进呈，朕详加披阅，《会典》内载系手疾字样，《中枢政考》内载系手拐字样，着兵部即遵照会典改正，以归画一。该监射王大臣及咨送考试之都统等，于庆廉会试，虽属遵例免其考试马步箭，但庆廉形同残废，尚不止于手疾，该都统等不行驳斥，率准送考，自系瞻徇情面，不肯认真。该监射王大臣按照原册，不复行查，依样葫芦，不能实心任事，于此可见。睿亲王仁寿、绵偲及正白旗满洲都统文孚等俱着交各该衙门严加议处，庆廉着仍照前旨，归班铨选。

五月戊戌　以内阁学士史评为礼部右侍郎，仍留浙江学政任。

五月庚子　谕内阁：御史黄仲容奏，请禁佐贰、佐杂人员委署帘缺一摺。各直省每届乡试之年，现任州县调充内外帘官，所出调帘之缺，例应于候补人员内慎选派委，以重职守。若如该御史所奏，外省竟以委署帘缺为调剂，如布政、按察二司经历及通判、州同、州判、府经历、县丞各项人员，或因本任缺苦，百计钻营，希图沾润，上司瞻徇情面，委牌一下，本任官即送与薪水银两，此辈佐贰等官视为利薮。到任之日，户婚、田土事件，或受贿消弭，或纵差株累，至于命盗巨案，则又置之不问。俟本任官回任，自行购线缉捕，需时既久，凶犯必致远扬，案情必致积压。是委署不得其人，贻误地方不浅。嗣后，各省州县调帘之缺，着该督抚先于候补人员内慎选委署，如无候补人员，方准于佐贰等官内，择其老成端谨者酌委，以重地方而杜冒滥。将此通谕知之。

六月己未　谕：前据耆英等查明御史陈功参奏，兵部司员办理考试朦混一案，当降旨交大学士、军机大臣讯明具奏。兹据长龄等奏称，本科进士庆廉系兵部员外郎容恩胞侄，容恩以该部掌印司员，于胞侄应试，辄与伊龄安会同办理通行。伊龄安以向无通行之例，辄因检查庆廉图片，改换例文，通行八旗，实属有心舞弊。容恩、伊龄安不必交部议处，着即行革职，以示惩儆。兵部堂官于该员等回堂办理，并无觉察，着查取职名交部议处。现任兵部各堂官未能将此案溯查，亦属疏忽，着交部察议。庆廉会试，自系内场凭文取中，然非容恩等朦混行文、该监射大臣等滥行咨送，岂能幸邀入场？且此次覆试、殿试，俱名次在后，朝考又未经入选，即以文理而论，亦属平常。着革去进士，以为朦混幸进者戒。嗣后，八旗士子必实系有手疾者，方准遵照定例，免其考试骑射，不得以有疾朦混，概行免考，以符定制而拔真才。

六月癸亥　谕内阁：太仆寺少卿冯赞勋奏，八旗士子考试骑射，请添派满洲御史监射，并大员各省谳案，请添派御史随往纠察一摺。向例文闱各场考试及武闱外场，均有满汉御史监试。该少卿所奏，嗣后，八旗士子考试骑射，添派满洲御史一员，随同监射王大臣一同考校，事属可行。着兵部每届考试之期，开单请旨简派。至外省查办事件，偶经简派大员前往，由来已久，若添派御史同行，事多窒碍，且行之日久，徒成具文，易滋流弊。所奏着毋庸议。

六月丙子　赏乙未科江苏乡试年老诸生薛交泰副榜。

六月丁丑　命顺天学政吴文镕来京，都察院左副都御史潘锡恩提督顺天学政。

七月甲申　谕内阁：御史富隆额奏，请认真考试翻译一摺。《科场条例》内载，翻译乡会试俱照文乡会试之例办理，立法防弊，已极周密。该御史所奏添派分校各条，着毋庸议。其正副考官如有随带通晓翻译之人暗中襄事，着监试御史参奏。

七月己丑　谕内阁：前据御史况澄奏，获咎武弁卢必沅举劾互异，部议参差，当降旨交兵部查明具奏。兹据该部查明，卢必沅降调后，因拿获匪犯多名，经祁墳奏请鼓励，功过本不相掩，并非违例滥保。至伊子卢良弼系由总督会同提督因获盗劳绩拔补外委把总，实非卢必沅所得徇私舞弊，与万荣将亲子收入本标、希图徇庇者不同。该部于此二案处分，均系照例办理，本无不协。该御史所称，父为副将，何难藉获盗之绩为伊子升擢之阶？又，卢良弼自幼出继，系事后弥缝，避重就轻等语，该御史不过悬揣空论，并不能指出实据。各部院衙门办理一切事件，全以奏摺案据为凭，摺外情节，岂容悬揣指驳？该御史所奏应毋庸议。至所称，嗣后，文武官员于应行回避之缺不行申报者，请比照科场之例，将上司属员一并议处等语。着吏部会同兵部核议具奏。寻奏，请嗣后，文职官员遇应行回避之缺不行呈明，到任后别经发觉者，将扶同捏报之上司属员一并议处。至应选、应升人员于过堂时不行呈明及补行呈明在未经到任以前，仍止将本员照例议处。武职官员遇有应回避之缺，其捏饰假借、有意择缺者，将上司属员一律革职；如仅止未经申报，到任后别经发觉者，将上司属员一并降调。从之。

七月庚子　谕内阁：潘锡恩奏，请饬催筹办公署，以便考试一摺。顺天学政向无公署，前经御史帅方蔚奏请建设，当交礼部核议准行，兹据该学政查明，现在顺天府转咨内务府，量拨官房，作为公署，尚无定所。若不上紧趱办，来年罗试届期，仍未能遵照新定章程，殊不足以昭慎重。着工部内务府查明旧有废署，作何修复，或将宽敞官房，调取存贮旧料，添修改造，务于明年四五月内赶办完竣，不得再有迟延。至该学政请扣养廉之处，着无庸议。

七月癸卯　贵州学政贾克慎奏，黎平府属之古州厅，于道光十三年设立专学，现逢考试拔贡之期，可否一律考取，下部议。寻议，准照例拔取一名。从之。

七月甲辰　谕内阁：拣选知县举人倪应谦现经缘案降调，着照例不准会试。嗣后，刑部遇有关涉拣选举人案件，着遵照奏定章程，会同礼部核办。

七月己酉　命右春坊右中允丁善庆提督广西学政。

八月乙卯　以捐修江苏奉贤县文庙并建立义学，予知县杨本初等议叙有差。

九月庚寅　兵部左侍郎史谱因病解任，转右侍郎祁寯藻为左侍郎，以都察院左副都御史潘锡恩为右侍郎，仍留顺天学政任。

九月辛卯　以刑部右侍郎姚元之知武举，吏部右侍郎卓秉恬为武会试正考官，内阁学士吴文镕为副考官。

九月丙申　兵部以武会试中额请。得旨：满洲、蒙古取中四名，汉军取中六名，奉天取中一名，直隶取中八名，陕甘取中三名，广东取中四名，河南取中四名，山东取中八名，江苏取中一名，安徽取中一名，山西取中五名，湖北取中一名，湖南取中一名，四川取中三名，广西取中一名，福建取中二名，浙江取中二名，江西取中三名，云南取中一名，贵州取中一名。

十月庚申　谕：有人奏，广东会试举人水脚银两，书吏需索领费，并偷换银色。据称，该省举人每名应领水脚银二十两零，各衙门书吏朋比侵蚀，县府出详，藩署领咨，该举人所费约十六七洋圆及二十余洋圆不等。此项向在藩署发给纹银，自改议由各州县地丁项下存留就近给发，遂启洋银碎片搀杂、抽换之弊等语。各省会试届期，发给水脚银两，原所以示体恤。若书吏等勒索使费于前，又复抽换银色于后，是国家培植士类之资，徒饱胥役溪壑之欲，不可不严行查禁。着邓廷桢、祁𡎴体察情形，或由藩司派委妥员，于该举人投文时当堂收受，领咨时当堂验给；其外府去省稍远者，或另立章程，俾得具呈承领。总之，此项银两务须办理核实，不经胥吏之手，自无勒索之弊。该省大小官员衙门各将所辖书吏自行严查，则弊窦渐塞，弊源自清，勉副朕体恤寒畯至意。将此各谕令知之。寻奏，水脚银两由举人当堂面领，取具领状，缴案备查，仍饬各所辖书吏毋稍索扰。得旨：认真稽查，不可日久又视为具文也。

十月癸亥　以太常寺卿吴孝铭为宗人府府丞，仍留福建学政任。

十月乙丑　试中式武举刘建纲等六十人于太和殿前。

十月戊辰 御紫光阁，阅中式武举马步射。

十月己巳 上御箭亭，阅中式武举技勇。

十月己巳 御乾清宫，引见中式武举，亲定甲乙。

十月庚午 上御太和殿。传胪。赐中式武举一甲王瑞、方台、金连元三人武进士及第，二甲王廷献等八人武进士出身，三甲马富等四十九人同武进士出身。

十月壬申 谕内阁：马成金着准其以文生员兼袭骑都尉世职。嗣后，承袭一二三等轻车都尉及骑都尉世职，比照云骑尉、恩骑尉之例，准其以文武生员兼袭应试，支食世职俸银。该部仍于带领引见时，将应否兼袭之处，声明请旨。其捐贡、捐监人员，概不准其兼袭，亦不准以本非文武生员，将轻车都尉、骑都尉世职改作生员应试，以示限制。该部即纂入则例，永远遵行。

十月戊寅 以翰林院侍讲学士侯桐为奉天府府丞兼提督学政。

十一月丙戌 谕：本日，据裕泰奏，特参妄肆干求之知府等官，请旨革职提问；并据蔡锦泉奏，官员违例干求，据实陈明各一摺。湖南永顺府知府王鸣球于该学政蔡锦泉考试该府属时，充当提调，不知剔弊防奸。辄于进见时，以属员冯茂勋缺苦，为其门生张庆云面递名条，恳求取录；巡捕官张运升、牟培源亦以当差甚苦，同向该学政门役恳为代求各进武童一名。考试巨典，辄敢肆意干求，胆大妄为，实出情理之外。该府王鸣球及署永顺县知县冯茂勋、永顺县典史张运升、桑植县典史牟培源着一并革职；交该抚提同文童张庆云，并查明求进之各武童系何姓名，拘解来省，严行讯究，断不准颟顸了事，以儆官邪而肃吏治。

十一月戊子 谕：潘锡恩奏，请饬拿枪手及传递人犯一摺。直隶高邑县童生宋殿元、广平府童生姜春泰枪替入场，掷题传递。经该学政查出惩办，尚属认真。惟向来学政考试，遇有舞弊人犯，俱系移咨该省地方官，照例缉拿，无庸请旨办理。着潘锡恩即将讯出枪手及传递各犯姓名，移咨直隶总督，饬属严拿务获，归案审办，以符定制。

十二月丙寅 谕内阁：上年因四川学政王笃阅文幕友六人均系陕西籍贯，曾经降旨令该学政酌量更易数人，以肃关防，并通谕各直省学政，嗣后不得专用本籍之人，致滋流弊。该督抚、学政等自当共见共闻，恪加遵守。本日据梁章钜将广西学政丁善庆幕友姓名、籍贯照例开单呈览，该学政幕友五人均系湖南籍贯。前降谕旨甚明，该学政岂未之见耶？丁善庆着交部议处，仍着更易数人，以肃关防。梁章钜于该学政延请同籍幕友，并未阻止，亦有不合，着交部察议。

十二月丙寅 谕军机大臣等：据裕泰奏称，湖南参革知府王鸣球禀揭学政蔡锦泉考试该府各属生童，该学政吩示新进童生每名出钱六千四百文，以三千文缴入内署，余作当差人等火食之用。传询各学教职并巡捕官，均称实有其事。并据典史张运升禀称，此项系各学门斗等收受过付。经该抚备文咨询，该学政覆称，内署菜蔬均系发价饬县备办，有结可凭，其当差人等工食，向由府县经理，并无需索童生钱文之事等语。着该抚亲提应讯人证，并传到该府所属各学教职及巡捕官并门斗人等确切根究，认真查办。如果实有其事，即行奏参，不许稍有讳饰。倘系王鸣球因妄求一事，恐被劾参，捏情妄揭，该学政实无收受童生钱文之事，即将该参员从重惩治，以儆官邪。该抚惟当破除情面，一秉至公，虚则虚，实则实，毋得意存消弭，如敢将就了事，致有不实不尽，将来别经发觉，惟该抚是问。将此谕令知之。

道光十七年（1837年）

四月丁巳 以本年乡试，考试应开列试差人员于圆明园正大光明殿。

四月戊午 准安徽泗州学正万保廷重赴鹿鸣宴，赏六品顶带。

四月乙亥 以翰林院编修何裕承为云南乡试正考官，张云藻为副考官；编修陈文翥为贵州乡试正考官，内阁中书王积顺为副考官。

五月丙戌 以翰林院编修黄琮为广东乡试正考官，户部主事苏应珂为副考官；翰林院编修刘浔为广西乡试正考官，史佩玱为副考官；侍读学士倭仁为福建乡试正考官，编修张廷选为副考官。

五月戊戌 以翰林院编修喻增高为湖南乡试正考官，汪元方为副考官；编修陶恩培为四川乡试正考官，吏部主事庆祺为副考官。

五月辛丑 谕内阁：考试为抡才大典，无论何项考试，总宜场规严肃，方能遴拔真才。遇有作奸犯科等弊，一经查出，自应密速拘拿，严行惩办。此案，提调官顺天府治中资镇衡，于童生雯锦冒考，经参领指出枪替，未能立时拘拿，以致乘间逃逸，非寻常疏于防范可比。资镇衡着降一级留任，不准抵销。嗣后，关涉科场处分，无论大小官员，俱着吏部照例议处，专摺具奏，将应否准其抵销之处，声明请旨，毋庸具题，以昭慎重。

五月乙巳 谕内阁：前据容照奏，请赏银两生息，以资书院膏火，当交该衙门议奏。兹据禧恩等查明议准具奏，朕思陵寝重地，设立总兵，所属员弁人等总以守护陵寝、承应一切差使为要务。苟有余暇，自应练习弓马，毋忘本业。至设立书院，作养人才，乃系地方官应办之事，无须该总兵越俎代筹，致荒本职。所请着不准行。

六月丙辰 以内阁学士吴其浚为浙江乡试正考官，翰林院编修萧良城为副考官；内阁学士那斯洪阿为江西乡试正考官，翰林院编修武新亨为副考官；侍讲贾桢为湖北乡试正考官，编修李恩庆为副考官。

六月丙寅 以翰林院编修彭舒萼为陕西乡试正考官，苏敬衡为副考官；礼部右侍郎王植为江南乡试正考官，内阁学士柏葰为副考官。

七月辛巳 以翰林院编修车克慎为河南乡试正考官，何桂清为副考官；鸿胪寺卿黄爵滋为山东乡试正考官，翰林院编修朱凤标为副考官；检讨黄铭先为山西乡试正考官，编修何冠英为副考官。

七月庚子 谕内阁：御史巫宜禊奏振兴学校一摺。直省儒学书院之设，所以教学造士，培植人材，立法极为周备。若如该御史所奏，近来教官，大率不能振作，竟有干预地方公事。劣生莠士，因之效尤，以致包抗钱粮，起灭词讼。士风人才，日益污下，尚复成何政体？着直省督抚、学政严加整顿，通饬教官务当敬教劝学，无负乃职。其不能砥砺士节，扶持名教者，即行严参惩办。至各省书院，延请院长原为激励人材而设，近日竟有荐而不到馆者，有甫经到馆，旋取修金以去者，并有不到馆而上司代取修金转付者，殊属有名无实。着直省督抚各体察情形，核实整顿，务使馆无虚旷，士有师承，勉副朕崇重实学至意。将此通谕知之。

八月丁未　命户部右侍郎祁寯藻提督江苏学政，礼部右侍郎王植提督安徽学政，吏部左侍郎卓秉恬提督浙江学政，兵部左侍郎吴其浚提督江西学政，翰林院修撰吴钟骏提督福建学政，编修方锴提督湖北学政，编修萧良城提督湖南学政，江西道御史钱福昌提督河南学政，翰林院修撰刘绎提督山东学政，工科给事中张琴提督山西学政，翰林院侍讲学士周祖培提督陕甘学政，编修罗惇衍提督四川学政，刑科给事中蔡赓扬提督广东学政，翰林院编修王庆云提督贵州学政。顺天学政潘锡恩、广西学政丁善庆、云南学政李品芳、奉天府府丞兼学政侯桐均留任。

八月丁未　赏故户部右侍郎程恩泽子德威举人，一体会试。

八月庚戌　协办大学士署直隶总督琦善奏，新安县归并安州，前经奏准，将安州训导移驻新安，学额循旧，其贡生花红旗扁、乡会试盘费、牌坊及春秋两祭、修理学宫、行香纸烛各项银，并新安旧额留养孤贫银，应仍前支放。……下部知之。

八月辛亥　谕：本日召见新放四川学政罗惇衍，人品学问，均属去得。惟年纪过轻，恐于一切事宜未能周悉老到，着仍留京供职。

八月辛亥　以协办大学士、户部尚书王鼎为顺天乡试正考官，吏部右侍郎陈官寯、户部左侍郎文庆为副考官。

八月辛亥　命内阁中书何桂馨提督四川学政。

八月辛酉　谕内阁：向来乡会试大典，场内有监临、知贡举稽查，砖门、贡院门特派王大臣专司搜检，立法本极周备。近来视为具文，渐形疏懈，以致士子纷纷怀挟，毫无顾忌。此次于士子怀挟，虽难保无遗漏幸免，而每场均能搜出，办理认真，尚属可嘉。嗣后，凡遇考试，务当认真搜检，力除积弊，勉副朕拔取真才至意。倘意存姑息，仍涉因循，别经参劾，必将派出之搜检王大臣从重惩处。其三场搜出之江苏监生慕承勋携带书策，并非无心误带，着照例办理。

八月甲子　顺天乡试监临隆文等奏，查出科场舞弊。得旨：胡五即胡中銑、寿立仁、张佩琛即孙大、瞿沅即王大、韩泰枢及顶替严明善之沈树棠、顶替孙得元之钟子觐俱着交刑部严行审讯。此案关系科场书吏舞弊，着定案时从重办理。

八月甲子　顺天府以宗室乡试中额请。得旨：取中五名。

八月丁卯　谕：吴清鹏奏，造卷错误，请交部议处一摺。此次顺天乡试，正蓝旗应试诸生祥泰业经投卷，并未亲赴衙门填写卷面，因书吏代写，致将同名异旗、未经投卷之祥泰三代履历误填卷面，遂致无卷不能进场。该府丞业将书吏照例惩办，其未能详细核对之治中资镇衡，着交部议处。吴清鹏未能先事觉察，着一并交部议处。

八月戊辰 谕军机大臣等：湖北正考官、翰林院侍讲贾桢系上书房行走之员，着林则徐于该员出闱后，即传旨令该员迅速回京供职，将此谕令知之。

八月庚午 谕：贡院围墙，堆盖棘茨，原以肃关防而昭慎密。本日据监试御史多斌等奏，围墙棘茨因风吹落。又据监临隆文等奏，查明并无别项情弊，惟现当关防之际，不能即时补盖。着步军统领衙门、顺天府多派营员坊官，于墙外严密巡查，所有吹落棘茨，并着确查下落，随后添补，以昭慎重。

九月丙子 谕内阁：向来乡会试年分，该部奏请派员磨勘试卷，凡文理纰缪、笔迹不符，均应签出，照例惩办。盖欲拔取真才，必须严绝弊端，故不得不加以详慎。近来，磨勘等官往往意存宽厚，仅于字句微疵略加指摘，而于文理纰缪、笔迹不符等弊，或致草率颟顸，例禁一弛，幸进多而真才屈，甚非朕振兴文教之意。本年宗室乡试、顺天乡试中式原卷及覆试各卷，着派出之磨勘官等公同校阅，认真核对，如仍前玩泄，视为具文，日后别经发觉，惟该磨勘官等是问。

九月壬午 谕：满洲官卷内爱字二卷，弥封互相错误。据监临隆文查明并无别项情弊，除将朱墨卷红号一体更正外，所有错误之弥封所官着交部议处。

九月壬午 刑部奏，科场舞弊，牵涉职官。得旨：户部候补员外郎龙士瀛、候选主事郑福敏俱着先行革职，归案审讯。其尚未弋获之监生秦度等着步军统领衙门、顺天府五城一体严拿务获，归案究办。

九月甲申 谕内阁：本科顺天乡试中式原卷及覆试各卷，前经降旨，着派出之磨勘官等核对。其科试录科各卷，着一并交磨勘官核对笔迹，毋庸封送军机处。所有上届未经覆试之中式举人，准其归入此次一体覆试。

九月甲申 谕：隆文等奏，查出中式一百二十六名之江南监生戴焕文头场卷面涂改坐号，形迹可疑，与前次查出卷面情弊无异。着刑部提传书吏胡中銧等严行查讯，归案办理。

九月甲申 以兵部尚书禧恩为满洲翻译乡试正考官，内阁学士松峻、太仆寺卿琦琛为副考官；内阁学士定住、国子监司业福谦为蒙古考官。

九月丁亥 江苏巡抚陈銮奏，乡试士子安静无弊。得旨：进场者一万六千之多，统无弊窦，恐汝亦沾染外任不肯任劳任怨之恶习。果尔，是汝自弃，朕为汝惜之。嗣后，当如何存心办事，何待朕言，看汝自为耳。

九月庚寅 谕内阁：裕泰奏，江西正考官、内阁学士那斯洪阿病故等语。那斯洪阿奉差入闱，患病身故，系属殁于公事，所有未领藩库银三百两，仍着加恩照例赏给。

九月壬辰 谕内阁：昨据给事中成观宣奏，本科顺天乡试中式第六名童丙荣，系户科书吏童瀚改名朦考。当饬礼部查取童丙荣乡试原卷，交军机大臣查对，笔迹文理俱与覆试卷相符，惟未曾呈明注销书吏，究有不合。童丙荣着罚停会试一科，所有该给事中自请议处之处，着无庸议。

九月壬辰 谕：成格奏，乡试满洲官卷，红号错乱不符，有无情弊，着监临外监试御史查明，据实回奏。

九月乙未　　谕内阁：昨据成格奏，乡试满洲官卷，红号错乱不符，当降旨交监临及内场监试御史等查明，据实回奏。兹据该监临等查明，实系弥封官错误。吏部主事梁卓英、刑部主事车瀛俱着交吏部都察院照例议处。惟乡会试试卷繁多，每次只派弥封官四员，果否足敷办理，其应如何责成知贡举、监临等稽查，酌定处分之处，着军机大臣会同该部议奏。

九月乙未　　谕：裕泰奏，乡试考官出题错误，自行检举，据情代奏一摺。此次江西乡试，策题内错误三处，实属漫不经心，有玷衡文之职。武新亨着交部照例议处。

九月丙申　　谕内阁：御史李熙龄奏，查出从前各省乡试，录旧幸中，并本年顺天乡试中式第十八名赵克昌钞录旧文，请饬查核等语。着礼部查明，照例分别办理。

十月丁未　　谕：向来科场内外帘书吏由六部等衙门经承内派送，其誊录书手系直隶各州县册送当差，近来每有顶名冒混之弊。着礼部会同顺天府申明旧例，妥议章程具奏。寻议，嗣后，内外帘书吏届期由各衙门添派司员二人管送入场，如入场后查有顶冒等弊，并将管送之员参处。其誊录书手，应责令各该府州解官亲至贡院门，逐名识认，其有雇倩顶冒，即时拿究。至大兴、宛平两县，额设书手不敷，应免其派送誊录，所缺名数即在顺天府属各州县中均匀添派，以符定额。从之。

十月丁未　　刑部奏，讯明科场舞弊各情，先就现犯分案拟结，已革户部候补员外郎龙士瀛、已革候选主事郑福敏先后贿嘱书吏钟子觐、胡中銃代办联号，并雇倩广东举人杨懋建、直隶附生朱实枪替属实。龙士瀛应发往新疆效力赎罪，杨懋建发边远充军，钟子觐发极边充军。郑福敏、朱实联号枪替，已谋未成，量减一等，拟杖一百，流三千里。胡中銃应另案拟结。从之。

十月丙辰　　谕：前因乡会试试卷繁多，弥封官四员，果否足敷办理，并如何责成知贡举、监临等稽查，酌定处分之处，降旨令军机大臣会同该部议奏。兹据奏称，科场定例，本极周详，弥封一所，关系甚重，只在经理之得宜，不在人数之增设。至知贡举、监临总理场务，例有稽查之责，向无处分，即该所官处分亦轻，请从重定议等语。嗣后，乡会试仍照例用弥封官四员，即责成知贡举、监临择其年力富强、精明干练者，先行派定弥封，毋须与各所官掣签，以昭慎重。并着知贡举、监临随时稽查，务令遵照定例，亲自印号，不准假手书吏。其有漏印条记、用印模糊，核与弊窦无关者，仍着照旧办理。至错印红号，有关士子中式者，每卷，该所官照遗漏舛错例，罚俸一年；知贡举、监临失于查察，照疏忽例，罚俸三个月。三卷以上，该所官降一级留任，知贡举、监临罚俸九个月。如查有情弊，立即严参。倘知贡举、监临不行参处，别经举发，除该所官照例究治外，知贡举、监临照徇情例，降二级调用。以上各处分，俱不准其抵销。其外帘受卷、誊录、对读、收掌各所官，着一并责成知贡举、监临认真稽查，以归画一。并着礼部纂入《科场条例》，永远遵行。

十月丙辰　　谕：前据御史多斌等奏，识认无结，册注不明，漏未扣卷，当交礼部议奏。兹据奏称，投卷例有限期，而投结向无限期，以致先后参差，舛错遗漏，自应严定章程，以昭详慎。嗣后，顺天乡试着顺天府先期出示，谕令士子等卷结同时并投，纳卷截止之期即为投结截止之期，概不准于纳卷后补行投结。其有截止后始行投结者，即予扣除，并于册内逐一注明，另开名单，知照点名御史，以备查核。如有遗漏舛错，即将承办官参奏，照例议处。

十月己未　以礼部右侍郎吴文镕为顺天武乡试正考官，翰林院侍读学士祝庆蕃为副考官。

十一月戊寅　谕内阁：祁𡎴等奏，中式举人查有顶冒代倩情弊，请斥革究办一摺。本科广东省乡试中式第二十六名举人张贻桂考遗文字，与中卷笔迹不符，经该抚等讯出，该生于考遗时，倩生员张先甲冒名入场代作；其乡试文字，又与同号之副贡生周全、岁贡生蔡联奎商量改作。案关科场舞弊，必当认真究办。张贻桂着即革去举人，交邓廷桢、祁𡎴提同应讯人证，研审确情，分别按律定拟。祁𡎴、李星沅未能豫为防范，着交部照例议处。寻奏，已革新中举人张贻桂中式文字，讯系令同号贡生蔡联奎等代为删改，虽非豫倩枪代，惟于考遗时，辄敢浼令张先甲顶名入场，与已革生员张先甲合依例俱枷号三个月，发极边烟瘴充军；张贻桂闻拿投首，照例减等，杖一百，徒三年，不准留养；蔡联奎因在同号，临时代为删改，与豫倩顶名入场之枪手有间，应比例酌减杖徒；在逃之副贡生周全应先行褫革，仍严饬缉获，照例办理。下部议，从之。

十一月壬午　谕内阁：前据御史朱淳条陈科场弊窦各款，当交礼部议奏。兹据该部查明，乡会试试卷戳印后，并无专员管理。着照所议，嗣后，均准添派至公堂委官二员，专司看守，以杜书吏偷改描摹之弊。所有该御史所请乡试增添外收掌一员，管理收发试卷之处，着毋庸议。至会试外收掌事务，向由提调兼办，并着照乡试之例，设外收掌一员，以专责成。其受卷、弥封两所人役承办事件完竣时，由知贡举、监临随时查明，饬令随同外帘官一并出闱，毋许逗留滋弊。至三场事竣，酌留委官、书吏人等，概不准告假出闱。其业经出闱者亦不准藉端复入。自此次明定章程之后，会试责成知贡举、乡试责成监临并监试各御史认真查察，如委官、书吏等仍蹈前辙，别滋事端，即行分别参处责惩，毋稍宽纵。倘意存隐饰，别经发觉，定将该知贡举、监临御史等严加惩处，决不宽贷。

十一月壬辰　谕内阁：裕泰奏，请将钞袭旧文幸中之举人斥革审办一摺。江西本年乡试，都昌县中式第十七名举人黄佑祥头场首艺，钞袭旧文幸中，难保无怀挟传递情弊。至生员李葆光事不干己，辄隐匿本名，并改注宋鸿文等籍贯，联名具控，显系挟嫌图诈，俱应彻底严究。新科举人黄佑祥着即斥革，交该抚提同已革生员李葆光并案内人证，严审确情，按例惩办。寻奏，已革新中举人黄佑祥实止头场首艺因病钞袭旧文幸中，随经出题面试，文理尚优，其并无夹带传递等弊，似属可信，业已照例斥革，应无庸议；革生李葆光所控虽经得实，第事不干己，并捏名李联芳及假捏宋鸿文等姓名具控，希图讹索，实属刁诈，应照例杖一百，再加枷号一个月，不准开复衣顶。下部议，从之。

十一月壬寅　赏山东等省丁酉科乡试年老诸生苗继光等四十四名举人、副榜有差。

十二月丙辰　湖广总督林则徐奏，湖南学政蔡锦泉任满交卸，尚有控案未结，应否即行进京覆命。得旨：秉公严讯，务得确情，如该学政实有劣迹，即行奏请革职，严加讯究，若有意消弭，是卿大负委任而废国法。懔之！

十二月庚申　谕内阁：本年顺天乡试，书吏在场舞弊各案，均由该监临、监试等在闱中自行讯出情由，尚与失察有间。所有此次监临吏部右侍郎隆文、顺天府府尹曾望颜，监试之工科掌印给事中萨霖等均着免其议处；其失察杨懋建顶名入场之前任大兴县另案降调，知县吴铣着改为补官日降二级留任，不准抵销。

十二月壬戌　谕：梁章钜奏，请革除科场积弊等语。广西省乡试，向于至公堂前后及龙门口拣派弁兵巡查弹压。兹据该抚查明，向来传递、枪冒各弊即由此而生。本科已将帐房三座并龙门兵弁，一并裁撤。嗣后，该省乡试年分，即着该监临等查照此次章程认真办理，其旧有弊端，永远革除。

道光十八年（1838年）

二月辛亥　赏江西等省丁酉科乡试年老诸生萧经济等五十九名举人、副榜有差。

三月甲戌　谕内阁：御史桂林等奏，查勘贡院围墙，荆茨稀疏。着顺天府府尹饬令该管官迅即添补修葺，其内外帘各官户舍并着一体修补，以昭慎重。

三月戊寅　谕内阁：林则徐等奏，州试文童与书役争闹，误伤本官一摺。湖北蕲州应考童生胆敢藉端挟制地方官捐赔卷价，聚众争闹，拾石抛掷，以致误伤该州额角，实属目无法纪。有无起衅别情，自应确切审讯，据实核办。署蕲州知州爱禄着先行解任，交该督等提同人证卷宗，并勒拿未获各犯，秉公严审，务得确情，按律定拟具奏。寻奏，此案梅麻子因与县书熊锡福等争论卷价，经书役等喝阻，辄敢拾石向掷，以致该署州爱禄走出弹压，误被中伤额角，旋经平复，并非有心干犯。第以应试文童滋闹，伤及本官，未便轻纵，依律拟杖一百，流二千里。前署蕲州知州爱禄，于礼书熊锡福等向各童生增索钱文，未能查禁，迨书役与童生争闹，复不能当场弹压，致被掷石误伤，虽讯无挟制别情，实属驾驭无方，咎有应得。请交部议处。下部议，从之。

三月戊寅　以大学士穆彰阿、兵部尚书朱士彦为会试正考官，礼部右侍郎吴文镕、工部右侍郎廖鸿荃为副考官。

三月辛卯　礼部以宗室会试中额请。得旨：取中二名。

三月甲午　礼部以会试中额请。得旨：满洲取中七名，蒙古取中三名，汉军取中五名，直隶取中十九名，奉天取中一名，山东取中十七名，山西取中八名，河南取中九名，陕甘取中七名，江苏取中十七名，安徽取中八名，浙江取中十七名，江西取中十七名，湖北取中七名，湖南取中五名，福建取中七名，广东取中七名，广西取中五名，四川取中六名，云南取中六名，贵州取中四名。

四月壬寅　谕内阁：中福奏，请鼓励创建书院、捐修出力人员一摺。书院之设，培养人才，振兴文教，系各督抚地方官应办之事。乌鲁木齐地处边陲，与内地各省情形不同，该都统等惟当讲求武备，实力操防，开垦屯田，广储粮饷，方合足食足兵之道。其抚驭商民，尤宜示以恩信，俾人人知感知奋，缓急有资。若照各省州县建立书院之例，徒务虚名，是重其所轻，必至轻其所重，又安望其认真训练，克尽职守耶？此事创建之初，系由长清误会谕旨，并未专摺具奏，富呢扬阿到任后，又未详查，奏明请旨，均属不合。除长清业经身故毋庸议外，富呢扬阿着交部议处；此次中福摺内，并不将前此案由详细声叙，率为承办各员乞恩，实属冒昧，着一并交部议处。所有恳请鼓励之处，着不准行。

四月辛亥　以候补三品京堂明训为都察院左副都御史，翰林院侍读学士周祖培为詹事府詹事，仍留陕甘学政任。

四月壬子　以刑部尚书成格为满洲翻译会试正考官，理藩院右侍郎文德和为副考官。

四月庚申　谕内阁：前因富呢扬阿于乌鲁木齐建修书院，并不详查奏明请旨，中福摺内，不将前此案由详细声叙，率为承办各员乞恩，当有旨交部议处。兹据该部等查例具奏，富呢扬阿、中福均议以降二级留任，请旨应否抵销。乌鲁木齐地处边疆，全以武备为重，该都统等特膺简命，自当讲求训练，实力操防，安辑兵民，抚驭回众，俾得有备无患，方为不负委任，似此不知所重，率以振兴文教为词，创修书院，是舍本逐末，必致武备废弛，安望其悉成劲旅，缓急有资耶？富呢扬阿、中福均着不准抵销。嗣后，新疆各处将军、都统各大臣等惟当认真教练，使人人有勇知方，平时则习于战阵，有事则足备干城。倘再狃于积习，舍实政而务虚名，则咎等旷官，法难曲贷，朕必严加惩处，以为喜事好名者戒。

四月辛酉　以大学士潘世恩、吏部尚书汤金钊、户部左侍郎文庆、礼部右侍郎吴文镕、刑部左侍郎恩铭、工部左侍郎沈维鐈、都察院左都御史卓秉恬、左副都御史善焘为殿试读卷官。

四月辛酉　礼部以翻译会试中额请。得旨：取中二名。

四月壬戌　策试天下贡士王振纲等一百八十三人于保和殿。制曰：朕寅绍丕基，兢兢业业，日慎一日，十有八载于兹。仰蒙昊苍眷佑，列圣诒庥，府事修和，纲纪整肃，期合天下黎元迪吉康而跻仁寿。深惟化民成俗之方，足食厚生之道，奋武卫而诘戎兵，招俊乂而襄政治，爰咨多士，式伫嘉谟。风俗为治平之本，而教化实风俗之原。《孟子》云："经正则庶民兴，庶民兴斯无邪慝。"古昔盛时，道德一而风俗同，左道有诛，奇邪有禁。当其时未尝无莠民也，特以比闾族党，既各以法教其所治，司谏司救，又纠劝而诛让之，渐以仁，摩以义，节以礼，俾群黎百姓，相安于日用饮食之质，而荒诞不经之说，罔或奸其间。逮叔世民讹，邪说滋炽，转相煽诱，习为固然，身陷于罪，不得不绳以法，何以使桀黠者革面洗心，愚懦者中心有所守而不为所惑欤？欧阳修言："莫若修其本以胜之。"行以勤而浸以渐，倘可丕变欤？积贮者，天下之大命也。汉耿寿昌筑常平仓，时称便矣，后汉刘般谓常平仓有利民之名，而内实侵刻百姓，其故安在？当境采买，固虞勒派，采自邻封，又添运费，例价有定，粮价无常，何以使官民两不受累，而及时奉行，不至有名无实欤？论者谓成周以后，备荒之法，莫如义、社二仓，义仓劝课、当社出谷，即委社司简校收积，遇荒赈给。法非不良也，苟非其人，敛散皆弊，官吏因而持之，害不可胜言矣。社仓之法，略与义仓同，何以隋唐行之，不久便废，至朱子而独有成效？朱子《社仓记》推原朝廷未改设社仓之意，试详述之。今欲储偫无亏，而凶荒有备，将何道之从欤？《论语》曰："以不教民战，是谓弃之。"古者因田猎以简军实，四时所教不同，有谓夏令不田，有谓三时务农，一时讲武者，何欤？汉时都试，厥制若何？何以建武遽行停罢？罢都试无流弊欤？貙刘与乘之同异若何？唐太宗引诸卫骑兵统将等，习射显德殿庭，朝臣多有谏者，岂通达之论欤？宋时教阅之法纷如，而兵力不振，无乃有名无实欤？陈法始于何时，或三、或五、或八、或十二、或三十二、或六十四，能言其略欤？管子教目、教身、教足、教手、教心之方，荀子为将六术、五权、三至之道，能举其说欤？我国家以弧矢威天下，承平日久，武备尤不可不加修也，其剀切陈之。自乡举里选之法不行，而取士悉由于科目，重文艺而轻德行，论者讥之。然居后世而复乡举里选，能行之无弊欤？唐因隋旧，设立诸科，而士所趋向，惟明经、进士二科，进士尤贵，得人亦最盛，然其弊至有求知己、温卷诸名目，风俗不可问矣。分路取人，司马光、欧阳修持论不同，孰者为当？罢诗赋、明经诸科，以经义、论策试士，苏轼之论极通达矣。司马光又以专用经义论策为百世不易之法，何欤？朱子亦欲罢诗赋而分诸经、子史、时务之年，其议若何？糊名易书搜检，起于何时？朝廷用之也重，则求之不得不严，有谓待士轻者，岂通论欤？夫敦教化以正风俗，筹积贮以裕仓储，训练协经武之宜，选举副求贤之实，抚绥寰宇之要图也。尔多士学于古训，参稽有素，其悉对著于篇，毋泛毋隐，朕将亲览焉。

四月壬戌　引见丙申科散馆及补行散馆人员。得旨：此次散馆之编修朱凤标、何冠英、曹联桂、苏敬衡业经授职，其清书二甲庶吉士庄寯元、蔡振武、刘澇，汉书二甲庶吉士徐士谷、宗室和淳、李汝峤、赵楫、张锡庚、胡林翼、何绍基、沈兆霖、梁敬事、廖惟勋、徐之铭、路慎庄、苏廷魁、吕佺孙、谢荣埭、胡应泰、杨能格俱着授为编修，汉书三甲庶吉士慧成、杨天柱、王遹昭、苏学健俱着授为检讨，李本仁、王发桂、江绍仪、毓检、袁溥、徐文藻、孔庆瑚、梁瀚俱着以部属用，翁祖烈、樊肇新、丁楚玉、郑辉堂、李樾、徐瀛、彭以竺、郭世亨、翟松、刘映丹俱着以知县即用。

四月癸亥　赏会试年老举人王常禄等八人检讨、学正职衔有差。

四月乙丑　御乾清宫，召读卷官人，亲阅定进呈十卷甲第。

四月丙寅　上御太和殿。传胪。赐一甲钮福保、金国均、江国霖三人进士及第，二甲灵桂等八十二人进士出身，三甲金宝树等一百九人同进士出身。

四月庚午　命吏部尚书汤金钊、户部左侍郎文庆教习庶吉士。

闰四月壬申　授一甲一名进士钮福保为翰林院修撰，二名进士金国均、三名进士江国霖为翰林院编修。

闰四月甲戌　引见新科进士。得旨：一甲三名钮福保、金国均、江国霖业经授职外，宗室灵桂、恽光宸、丁嘉葆、钟音鸿、林汝舟、郭沛霖、王履谦、徐相、刘定裕、王墉、吴吉昌、钱福元、支清彦、段大章、晏端书、沈祖懋、陈源兖、戴鸾翔、金昀善、仓景恬、方墉、田雨公、梁国琮、刘印星、曹澍钟、何桂珍、吴存义、史致谔、吴嘉宾、童华、吕德玉、杨和鸣、杨福祺、董似谷、刘琨耀、朱右曾、毛鸿宾、吕倌孙、孙翔林、钟宜年、但钟良、李临驯、梅钟澍、叶声扬、周祖衔、萧尚钦、曾国藩、祁宿藻、王东槐、时大杭俱着改为翰林院庶吉士，胡江、陈鸿翊、孙治、简逢泰、王溥、李庄、高镇、田祥、曾元燮、宝鋆、耿曰椿、陆希湜、刘步驷、胡大任、俞绍型、熙麟、延恒、吴廷金、汤云林、吴双、费凌云、梁启文、刘秉钰、王德固、顾兰生、钱以同、恩麟、延龄、杨柄锃、李文玕、丁希侨、宗室联英、史炳符、李万杰、杨摛藻、金玉麟俱着分部学习，吴嘉洤、孙家泽、丁浩、萧良驹、洪观、马廷槐、张继灏俱着以内阁中书用，张继邹、李淳、彭世洙、宋光伯、丁希陶、钟瀛、谢兰生、黎崇基、孙超、李协中、高鲁、王秀毓、潘绣、熊家彦、黄树宾、张方矩、王训、金宝树、彭惠畴、蔡召南、甘熙、福升额、张嶙、刘汝新、史丙荣、庆云、石赞清、招镜蓉、徐辰告、万逢时、如山、张梦祺、廖为庸、邱家燧、张尔琪、翟鸣阳、杨松磐、刘钟洛、余怀堂、刘文麟、韩潮、李廷樟、李湘甲、曾希周、谭瑛、张柳南、姬泰聚、瑞宝、邹希孟、方殿谟、尹辉宗、王本立、李挺芳、赵光搢、高振宛、侯亮工、马椿龄、张林、刘锡光、高振洛、梁本檀、蔡熙、王景美、张思镗、鄢敏学、张景沂、余庚阳、李永清、欧阳山、陈圩、黄炳忠、弓嵩保、韩霦、张廷杰、李正仪、李及辰、郭名杰、李鸿俱着交吏部掣签分发各省，以知县即用。余着归班铨选。

闰四月乙亥　以都察院左都御史奎照管咸安宫官学事。

闰四月丙子　以捐建河南河朔书院，予道员刘体重议叙。

闰四月己丑　赏浙江等省丁酉科乡试年老诸生吕兆璜等五名副榜。

五月癸卯　谕：御史巫宜禊奏，考试汉教习届期，请整饬场规一摺。此项考试，原为教习各官学生，培养人材，关系甚重。如该御史所奏，近日考试，每有雇倩枪替、换卷传递、代书代作等弊，若不亟加整顿，何以拔真才而资师范。本年考试届期，办理收卷，仍凭同乡官印结。其正场及覆试，出结官均着赴点名处识认，并着承办衙门先期传知，不准托故不到；如无识认官，即将该士子扣除点名。所有托故不到之识认官应得处分，礼部核议具奏。该监试御史务于士子进场后，率同礼部司员严密关防，查对卷面坐号，逐号稽查，如有乱号、枪替等弊，立即严拿惩办，毋得视为具文。寻奏，自此次考试教习为始，正场及覆试出结识认各官，如有托故不到者，除将该士子扣除外，其识认不到之员，比照外帘官推托不赴之例，罚俸一年。从之。

五月己酉　谕：此次考试各学汉教习，已派御史清平、文绣、万超、朱其镇、步际桐、周项入场监试。考试教习，非若乡会试有监临、知贡举等官稽查弊窦，全在派出御史严行查察，场规肃清，则真才自出。所有此次考试，着责成该御史等实力稽查，务除从前积习。倘有弊端，别经发觉，惟该御史等是问。嗣后，每届考试教习之期，着礼部于请派监试后，即恭录此次谕旨，传知派出之监试御史实心办理，庶不致日久视为具文。

五月癸丑　命工部右侍郎廖鸿荃提督浙江学政。

六月己丑　命翰林院编修孙瑞珍提督陕甘学政。

六月己亥　引见八旗及直省考取拔贡生。得旨：崇庆等六十一名着以七品小京官分部学习，恒泰等七十一名着以知县分发试用，韩秉权等五十九名交吏部询问，以教职、佐贰等官用。

七月丙辰　命右春坊右中允戴熙提督广东学政。

八月癸酉　谕内阁：前据御史杜彦士奏，拔贡覆试，请照乡会试覆试之例，取具印结图结。当交礼部议奏。兹据该部议准，朕思直省拔贡，各府州县俱有，而直省各府州县不必尽有京官，云贵远省京官更属寥寥。设使该拔贡应行覆试，本州、本县并无京官，即偶有一二京官，与该拔贡不相认识，甚或有意慎重，不欲滥行出结，亦所常有。若临场拘执，是该拔贡转因此不能入场，殊觉窒碍难行。着礼部另行议奏。寻奏，各省拔贡俱有贡单。嗣后，覆试时，令各拔贡将贡单呈验给卷，毋庸再行取结，以归简易。从之。

八月己卯　谕内阁：朕临御以来，寰宇乂安，中外禔福。道光十一年，朕五旬万寿庆辰，曾降旨特开乡会试恩科。瞬届二十一年六旬万寿，仰荷昊苍眷佑，圣母皇太后慈福覃敷，薄海臣民，同跻仁寿，允宜重开庆榜，嘉惠艺林。除恩诏条款届期颁发外，所有下届乡会试正科着于十九年八月、二十年三月豫先举行，二十年秋举行恩科乡试，二十一年春举行恩科会试，用示朕宏敷教泽，行庆作人至意。该部即遵谕行。

九月甲辰　谕：本日据礼部等衙门会议御史李熙龄请严贡院门禁一摺。贡院重地，理宜严肃。嗣后，着责成大兴、宛平两县，照旧派役看守。遇考试时，均着先期妥为防范，将挟眷居住者概行搬移，并责成外场御史亲往搜查。倘查有违例潜匿居住之人，即将该门役等惩办，并将该县等参处。至寻常考试，着将东西墙外房屋门户一律封固，俱由砖门出入，仍派两县典史在彼住宿，认真稽查，毋须另派委员分宿，以免纷更。所有乡会试巡墙章程，仍着照旧办理。该御史所请三场后酌留御史之处，应毋庸议。

九月己酉　以礼部左侍郎沈岐知武举，工部右侍郎李振祜为武会试正考官，都察院左副都御史王玮庆为副考官。

十月癸未　试中式武举曾传先等五十八名于太和殿前。

十月丙戌　御紫光阁，阅中式武举马步射。

十月丁亥　上御箭亭，阅中式武举技勇。

十月丁亥　御乾清宫，引见中式武举，亲定甲乙。

十月丁亥　谕内阁：武殿试一甲向取三人。此次中式武举，朕亲加校阅，除一甲一名郝光甲、一甲二名佟攀梅马步箭、弓刀石俱称外，其余各武举内，或马步箭尚好，弓刀石间有二号者，或弓刀石尚好，马步箭中不及数者，一甲第三不得其人，未便迁就符额，用示朕核实抡才之意。其补行殿试之镶白旗汉军中式武举项得荣弓刀俱不符，着再罚停殿试一科，所有应议职名，着该部查明照例办理。

十月戊子 上御太和殿。传胪。赐一甲郝光甲、佟攀梅二人武进士及第，二甲原奠邦等六人武进士出身，三甲王太平等三十七人同武进士出身。

十一月辛丑 谕军机大臣等：本日，据安徽学政王植奏，定远县民人朱模范因命案具控，经庐凤颍道票差传讯，有该民人佃主张锦书并其戚武生方汝勋、文童方汝兴等将朱票毁匿，纠约多人，直入道署，捏称被道差殴伤，验无伤痕。署凤阳县知县许道藩行抵道署，有怀远县武童张镇寰等持刀砍伤县役。又，据该道禀称，凤阳府府考时，有聚赌一案，曾经该县查拿，恐系挟嫌乘机滋事等语。生童纠众滋事，最为恶习。况事非干己，胆敢拥入监司衙署，逞凶滋闹，不法已极，亟应查明惩办，以挽浇风。惟据该学政奏，该道府各禀获犯先后情节，间有未符，生童等于奉票传人，何以遽行挺身滋扰，该差役等有无索诈情弊，亦应彻底根究。着汤金钊、吴文镕即将全案人证提省，研讯确情，按律定拟具奏。将此谕令知之。

十一月戊申 谕军机大臣等：前据安徽学政王植奏，定远县民人朱模范因命案具控，经庐凤道票差传讯，有童生张锦书等纠众入署滋扰，并武童张镇寰等砍伤县役。据该道禀称，该凤阳县知县许道藩曾于府考时查拿赌案，恐系挟嫌，当降旨交汤金钊等即将全案人证提省研鞫。兹复据色卜星额奏，业经将此案各犯提省。着汤金钊等仍遵前旨，秉公严审，按律定拟具奏。将此谕令知之。寻奏，讯明已革文生方珍鉴因朱模范赴道署具控命案，奉差传讯，辄令匿票抗传，迨道差向其子方汝兴索票扭结，复令诈伤，哄动多人，拥入道署喧嚷，知县许道藩饬役查拿，维时张镇寰随同滋闹，当即捕捉，张镇寰图脱，以致刀伤县役。方珍鉴拨发近边充军，张镇寰拟杖一百，流二千里，余分别问拟杖徒。下部议，从之。

道光十九年（1839年）

正月甲寅 谕内阁：御史陈光亨奏，请饬禁内外臣僚竞认师生一摺。所言甚是。乡会试考官凭文取士，中式者感其识拔，谊等师生，尚属礼缘义起。然在官言官，在朝言朝，断不可以私废公。至新进士殿试朝考，一经馆选，即与阅卷官认师生，已属非是。若京察一等大计卓异者，概与堂官上司认师生，是身荷简擢之恩，心感保举之力，受爵公朝，拜恩私室，甚非国家考绩求贤之义。至近来外省风气，州县辄与府道认师生，府道辄与督抚认师生，是以势利为结纳。拜门下者品已不端，难保不恃门生之情面，专事请托；假上司之声势，相与招摇。种种夤缘，皆由此起，又安望其持正秉公，各尽职守耶？嗣后，内外臣工总当守分励品，断不准藉师生称谓，以为攀援干进之阶。至部院大臣及各省督抚等，尤当正己率属，以人事君。遇有藉端干谒者，即行面为屏斥，概不准因逊词卑礼，稍事姑容。庶属吏共知敦品，以杜奔竞而肃官方。将此通谕知之。

二月丁卯　以詹事府少詹事李品芳为内阁学士兼礼部侍郎衔，仍留云南学政任。

二月己丑　谕军机大臣等：据御史许乃安奏，顺天府属大兴、宛平二县应试士子，多有积惯枪手入场代倩文字，设立红帽、黑帽各名目，先期备有假名空卷，附入县府试案，临期卖与枪手顶冒入场，谓之买帽子。其枪手伙同包管童生，不分彼此，但以坐号邻近者互为呼应。所作文字，仍给本童自写，谓之红帽子；又有场中当时说合，俟取进后执票为凭，或童生自相枪代，谓之黑帽子。现闻蓟州新进儒童结字十二号张大临即系笔迹不符，业经学臣扣除。此外，尚有顺天府学生员孙源、大名府廪生方姓，群呼为方二爷，皆系著名枪手，府学门斗李文锦亦系积年舞弊之人。孙姓原籍河间，现住通州牛市街复盛店，在外把持包揽，门斗李姓现住通州北门福生店，方姓亦住通州等语。考试为抡才大典，必应弊绝风清，方足以拔真材而登寒畯。若如该御史所奏，种种弊窦，藐法已极，著卓秉恬、曾望颜即遴派妥员，前赴通州，按照摺内所指姓名严密查拿，讯明按律惩办。至此外有无伙党，该枪手等拿获到案，不难彻底根究，跟踪潜拿。务当袪除积弊，整顿一新，以肃场规而端士习。倘走漏风声，致令逃匿，惟卓秉恬等是问。懔之！将此谕令知之。

二月丙申　谕内阁：给事中汪报原奏，满洲外班翰林，有自揣荒疏不能诗赋及字迹不能端楷者，请听其呈报吏部，免其带领引见。如一时简用乏人，即暂缺一二人，亦无窒碍等语。国家设官分职，各有攸司，翰林虽系词臣，而政事文学，不容偏废。况外班多系科甲出身人员，岂乏明体达用之材？即间有一二疏于文墨者，亦何难随时肄习？若纷纷呈请听其自便，或致缺员，实属不成政体。该给事中所奏，窒碍难行，着毋庸议。

三月辛丑　命翰林院侍讲学士李国杞提督浙江学政。

三月甲辰　谕内阁：前据裕泰奏，前任学政家人，在江西省城窝赌、放债、置产等款，当降旨令该抚提犯研讯确情。兹据钱宝琛讯明，萧三所有资财确有来历，并非前犯赃款漏未查出，将该犯照例拟流，从重发遣等语。萧三系前任江西学政福申家人，因索诈多赃拟遣，遇赦释回，并不遵照路票回归原籍，辄敢潜至江西省城，种种犯法，实属怙恶不悛，萧三着照拟发往新疆给兵丁为奴，遇赦不赦，以示惩儆。余着照所拟办理。

三月壬子　谕内阁：前据御史许乃安奏，顺天府属大兴、宛平二县应试士子，多有积惯枪手入场代倩文字等情。当降旨交卓秉恬等严密查拿，讯明惩办。兹据奏称，讯出安徽监生宁懋修等有冒考北籍、雇人枪替情弊，着直隶总督，安徽、江苏、江西、河南各巡抚即将宁勉行即监生宁懋修、汪小梅即汪达林、林兰皋即林承露，又名林曙华、刘吉人即刘法周、马朔方、谈椿等按名严拿，解京审讯。其张大临、皮登峰、张曰哲暨供出未进之童生任树荣、张士杰、杨士彬等，仍着卓秉恬等严饬各州县缉拿务获，一并归案讯办。寻奏，讯明刘法周、宁懋修、李文奎即李老锦等顶冒及包揽代雇属实。请将刘法周、宁懋修、张大临、方埏、李文奎等均照随棚枪手例，枷号三个月，发极边烟瘴充军，孙源等照越舍换写文字例，发近边充军，未获之汪小梅等获日另结，失察各地方官，交吏部查取职名，分别议处。下部议，从之。

四月辛未　以本年乡试，考试应开列试差人员于圆明园正大光明殿。

四月辛未　命右春坊右赞善车克慎提督安徽学政。

四月甲戌　谕：据林鸿年等奏，上年十月，自琉球回棹，该国王尚育恳请代奏，令陪臣子弟四人入监读书等语。加恩着照所请，所有该国陪臣子弟四人俱准其入监读书，用遂其观光之志。

四月癸巳　以翰林院侍读和淳为云南乡试正考官，编修沈兆霖为副考官；编修何桂清为贵州乡试正考官，赵楫为副考官。

五月戊申　以翰林院编修张芾为广东乡试正考官，兵部郎中潘铎为副考官；翰林院编修江国霖为广西乡试正考官，吏部主事阿彦达为副考官；翰林院编修何绍基为福建乡试正考官，江南道御史蔡家玕为副考官。

五月丙辰　以翰林院编修邵灿为湖南乡试正考官，桂文耀为副考官；编修叶觐仪为四川乡试正考官，杨培为副考官。

六月甲戌　以刑部左侍郎麟魁为浙江乡试正考官，翰林院侍读何裕承为副考官；詹事府少詹事季芝昌为江西乡试正考官，翰林院编修许乃钊为副考官；编修陶庆增为湖北乡试正考官，李汝峤为副考官。

六月丁丑　以浙江乡试副考官何裕承回避祖籍，调湖北乡试正考官陶庆增为浙江乡试副考官，浙江乡试副考官何裕承为湖北乡试正考官。

六月甲申　以户部郎中汤鹏为陕西乡试正考官，京畿道御史李方为副考官；通政使司通政使黄爵滋为江南乡试正考官，翰林院修撰钮福保为副考官。

六月乙酉　以兵部右侍郎德春、顺天府府尹曾望颜监临顺天乡试。

七月甲午　谕内阁：前据御史扎克丹奏请修理贡院地沟，当交顺天府尹查明具奏。兹据奏称，本年六月考试翻译教习，场内外积水，系由连宵大雨，宣泄不及，街水复行倒灌所致，不及半日，一律消退，并非由地沟淤塞等语。贡院为考试抡才之地，防范理宜严密，其向无地沟之处，固不准添设，即旧有之沟，着于修理贡院时，饬属照旧疏通，足资宣泄而止。毋许别滋弊窦，以昭慎重。

七月己亥　以翰林院侍讲学士福济为河南乡试正考官，编修劳崇光为副考官；侍讲慧成为山西乡试正考官，编修孙铭恩为副考官；侍读学士罗文寯为山东乡试正考官，编修贾瑜为副考官。

七月壬子　山东乡试副考官贾瑜丁忧，以翰林院编修许前轸为山东副考官。

八月己巳　以大学士潘世恩为顺天乡试正考官，户部尚书何凌汉、吏部右侍郎恩桂、工部右侍郎徐士芬为副考官。

八月壬午　顺天府以宗室乡试中额请。得旨：取中四名。

八月丙戌　谕内阁：乡会试为抡才大典，片纸只字，向不准怀挟入场，立法至严，具有深意。本日据刑部审结，本科乡试附生寄兰等怀挟一案，内附生钱杰头场携带试策，优贡生张瀛暹头场携带摘写子书及《离骚》内各语句，据供均系失检误带等语。

该生等携带策本等件，不得谓非怀挟，本应照例一并惩办，姑念讯系临时失于检点，且所带尚非头场应用之物，着从宽免其枷枷，以示区别。钱杰仍着革去附生，张瀛暹仍着革去优贡生，永远不准考试。嗣后，有似此案情，俱着照此次办理，以端士品而杜流弊。

九月壬寅　以理藩院尚书赛尚阿为满洲翻译乡试正考官，吏部左侍郎桂轮、光禄寺卿续龄为副考官；理藩院右侍郎文德和、国子监司业福谦为蒙古翻译考官。

九月甲寅　谕内阁：给事中况澄奏，各省乡试，录旧幸中，请查明据实劾参一摺。乡会试为抡才大典，多一幸进，即少一真才。如该给事中所奏，近来荒疏之士，每将旧文钞录剿袭，无人告发参劾，竟得滥列科名，不可不严行查禁。着各直省督抚、学政，嗣后，乡试士子凡有剿袭录旧幸中者，一经闻知，即行详细查明，据实参办。至顺天乡试中式士子，有覆试之文可以覆校，如有剿袭情弊，即由府尹顺天学政及磨勘官并科道等查明指参。会试文场，如有前项情弊，亦由磨勘官及科道等查明参奏，以杜幸进而拔真才。将此通谕知之。

十月丙寅　谕：陈銮等奏，请饬下儒臣推阐《圣谕广训》颁发各省等语。向例，各直省地方官于朔望宣讲《圣谕广训》，俾乡曲愚民皆知向善，良法美意，允宜永远遵行。惟州县地方辽阔，宣讲仍虑未周，着照所请，嗣后，各省学政到任，即恭书《圣谕广训》，刊刻刷印，颁行各学，遍给生童，令人人得以诵习。并着翰林院敬谨推阐《圣谕》内"黜异端以崇正学"一条，拟撰有韵之文进呈，候朕钦定颁发各省，饬令各该学政一并恭书，遍颁乡塾，俾民间童年诵习，潜移默化，以敦风俗而正人心。

十月癸酉　以户部右侍郎王玮庆为顺天武乡试正考官，翰林院侍读学士王炳瀛为副考官。

十月丙戌　谕：邓廷桢等奏，议覆御史焦友麟广敷教化一摺。着仍循照旧章，实力奉行。所有该御史奏请责成教官会拿教匪之处，着毋庸议。至该督等奏，请查禁生员、教官吸食鸦片等语，现当查办鸦片吃紧之时，若教官身自吸食，何以模范诸生？士子未尽肃清，编氓何由观感？着该督等严饬所属，认真查禁，遇有教官、生员吸食之案，按照现行新例，严行惩办。该督等奏请饬定教官失察处分等语。现颁例内有兵丁买食鸦片烟，该管各官分别故纵、失察，革职、降调一条，自可比照办理，无庸另立科条。着通谕各直省督抚一体遵行。

十月戊子　谕：御史扎克丹奏，请将武乡会试卷面浮夹名签改为黏贴等语。本年武乡试，正蓝旗玉山与正黄旗玉山卷面填写互相舛错。据该御史称，系因试卷内浮夹名签互相舛错，以致填写不符，自应酌改，以昭慎重。嗣后，武乡会试卷内浮夹名签之处，着改为长方小签，书写姓名、籍贯、旗分，黏于卷面空处，印用戳记。俟弥封后，交与监试御史按册填写，与监临、提调等官面对红号印簿无讹，即将黏贴小签揭去，再行交入内帘，以免讹错而杜更换。

十月戊子　谕：宗室有麟于因案革爵后，不知守法，辄敢瞻徇私情，代为乡试诸生请托，实属胆大妄为。着在宗人府重责三十板，再行发往盛京，交该将军严加管束。

十月壬辰　谕内阁：前据署两江总督陈銮、署江苏巡抚裕谦、江苏学政祁寯藻奏请饬下儒臣敬谨推阐《圣谕广训》内“黜异端以崇正学”一条，拟撰有韵之文，颁发各省，当经降旨，着翰林院敬谨拟撰。兹据掌院学士等进呈四言韵文一篇，候朕钦定。朕详加披阅，足以阐明圣训，启迪愚蒙。着礼部即颁行各直省学政，恭书刊刻，遍颁乡塾。俾民间童年诵习，激发良知，涵育薰陶，风俗蒸蒸日上，朕实有厚望焉。

十一月癸丑　谕内阁：裕泰奏参武场听受贿嘱舞弊，并事后捏禀之营弁，请旨分别革职、解任严审一摺。所查甚属细心。武场考试必须弓力核实，方足以拔真才，岂容稍滋弊窦。湖南抚标左营把总陈桂林在厂递弓，竟敢听受武生贿嘱，换贴印花，递给轻弓，实属藐法。武巡捕官千总周庆龙、学习武举胡正元均系管弓之弁，学习武进士黄万全与陈桂林同当递弓差使，俱难保无通同舞弊情事。陈桂林着先行革职，周庆龙着即解任，同黄万全、胡正元一并归案，交该抚提齐应讯人证，严审确情，按律惩办。所有行贿嘱托之武生龙登芳等并着严拿务获究办，以肃功令。寻奏，周庆龙、胡正元派管弓柜，专司收发，黄万全虽同当递弓差使，第分管弓力号次各有不同，讯无串通舞弊情事。惟失察兵丁盗用印花，应一并交部议处。陈桂林应从重发往新疆充当苦差；龙登芳应革去武生，照生童被骗例问拟杖徒。下部议，从之。

十一月丁巳　赏顺天等省乡试年老诸生陈镛等七十二人举人、副榜有差。

十二月癸亥　赠故署两江总督、江苏巡抚陈銮太子少保，予祭葬，如总督例。赏其子庆涵举人，一体会试。

十二月辛巳　湖北学政、翰林院编修方锴因病解任，命编修朱凤标提督湖北学政。

十二月甲申　命礼部右侍郎毛式郇提督江苏学政。

道光二十年（1840年）

正月庚子　谕内阁：前据御史高枚奏参，浙江学政李国杞恣情怠逸，任事粗疏，当经降旨派恩桂、何汝霖驰往查办。兹据查明，该学政并无出题后即行退堂之事。至杭州府属入学多系富家子弟，经恩桂等传到关康甲等三十一名，分日面试，文理均属明顺，笔迹亦属相符，其考取入学，并无弊窦。惟该学政于附生陆敬册貌两歧，未经查问。又，于陈殿诏等四名顶名冒考、年貌迥殊之处，毫无觉察，非寻常疏忽可比。李国杞着交部议处。其陈殿诏等受雇枪替各情，着乌尔恭额关提要证，质讯明确，按律定拟。商籍文童卢鲲、潘馥、江鸿鋆三名，亦着该抚关传面试，分别办理。新进文童关康甲等三十一名着毋庸议。

正月己酉　命浙江学政李国杞来京，詹事府詹事季芝昌提督浙江学政。

正月甲寅　予故广东巡抚朱桂桢祭葬如总督例，谥庄恪。赏其子镇举人，一体会试。

正月戊午 以工部左侍郎文蔚、太常寺卿赵光知贡举。

二月壬午 赏江南等省己亥科乡试年老诸生张广志等五十九名举人、副榜有差。

二月甲申 赠故河东河道总督栗毓美太子太保，予祭葬，谥恭勤。赏其子耀进士，一体殿试。

三月丙申 以大学士潘世恩为会试正考官，户部尚书隆文、礼部尚书龚守正、户部右侍郎王玮庆为副考官。

三月戊戌 谕：前据贺长龄奏，请添设贵州都匀府属八寨厅学，并加增学额，当交礼部议奏。兹据奏称，向来添设学校，增拨学额，均由督抚会同学政详察情形，联衔具奏。此次贵州请添设厅学，并加增学额，系由该抚会同总督具奏，该省学政并未列衔，所奏着毋庸议。至事关学校，各省俱系会同学政联衔具奏，贺长龄何以未与学政会衔，该学政何以并未列衔，着贺长龄、王庆云各行专摺明白回奏。

三月己酉 礼部以宗室会试中额请。得旨：取中三名。

三月壬子 礼部以会试中额请。得旨：满洲取中七名，蒙古取中三名，汉军取中五名，直隶取中二十名，奉天取中二名，山东取中十七名，山西取中八名，河南取中八名，陕甘取中六名，江苏取中十七名，安徽取中七名，浙江取中十八名，江西取中十七名，湖北取中六名，湖南取中五名，福建取中七名，广东取中七名，广西取中五名，四川取中六名，云南取中六名，贵州取中六名。

三月戊午 浙江学政季芝昌奏报到任日期。得旨：名实当副，慎勿渐染当时之通病。

四月己巳 以理藩院尚书赛尚阿为满洲翻译会试正考官，兵部右侍郎端华为副考官；理藩院右侍郎文德和为蒙古考官。

四月乙亥 以本年乡试，考试应开列试差人员于圆明园正大光明殿。

四月戊寅 礼部以翻译会试中额请。得旨：满洲取中二名，蒙古取中一名。

四月庚辰 以大学士潘世恩，协办大学士、吏部尚书汤金钊，刑部尚书祁𡎴，工部尚书廖鸿荃，都察院左都御史沈岐，刑部左侍郎麟魁、王植，礼部右侍郎冯芝为殿试读卷官。

四月辛巳 策试天下贡士吴敬羲等一百八十人于保和殿。制曰：朕寅绍丕基，勤求上理，兢兢业业，夙夜不敢康，二十年于兹矣。仰荷昊苍垂佑，列圣诒庥，海宇乂安，黎民康阜，持盈保泰，广益集思。尔多士拜献先资，对扬伊始，冀聆谠论，式赞大猷。三易名于何代？重卦画于何时？乾坤言学，有圣贤之分；泰卦九二，备保泰之道，能陈其义欤？《尧典》、《舜典》，何人所分？人心、道心，何书所引？《康诰》、《酒诰》，何以疏其职官？《多士》、《多方》，何以解其篇次？《行苇》、《言射》，果祭欤？《臣工》、《噫嘻》，果戒农官欤？《长发》，禘欤？袷欤？《出车》王命，殷欤？周欤？周公作颂，何以有康昭以后之诗？《仪礼》体解、豚解之分，膳酒、散酒之用，能详其说欤？《周礼》乡大夫乡射五物，能证以《仪礼》欤？《月令》中星，何以与《尧典》异？加王于正，岂是好古不作之心？谓一为元，恐非大始正本之意。释《春秋》者，岂容参以臆见欤？《汉书》言“秦并天下，币为二等”，而珠玉、龟贝、银锡之属不为币，孝武始造白金三品，寻废不行，是上下通行之货，壹皆以钱，未尝用银。唐时有禁断采银之诏，度支岁计，有粟布绢绵，及钱而无银，盖银以充贡，不以为赋也。以银为币，始于何时？行于何地？铸银之式，轻重不同，所值亦异，厥后银日贵，钱日贱。民间但以银论价市易，能详其源流迁变欤？《周官·司市》“无征而作布”，郑注谓：“金铜无凶年，因物贵，大铸泉以饶民。”说者谓“泉始盖一品，周景王铸大泉而有二品”，然观单穆公所称子母相权，岂一品欤？论钱法者，若贾谊，若孔觊，若陆贽，能述其梗概欤？昔在神禹，浚浍距川，亦越成周，详畎遂沟洫之制。沿及后世，河内资漳水之利，关中赖郑国之渠，秦汉以降，代不乏人。我朝定鼎燕京，居高御下，邦畿之内，巨川如滏阳、滹沱、清河、白沟、桑乾、潞河、滦河，支流如滱洺徐白，加之以淀泊水泉，未尝无可兴之水利。乃每当夏秋淫潦，膏腴变为污泽，不重可惜欤？稽之元明，若虞集，若托克托，规画若何？邱浚《大学衍义补》，所讲求者何术？徐贞明《潞水客谈》，胪陈十四利，厥指若何？时议用之于永平一带，垦田至三万九千余亩，似有成效，而事卒中止，何欤？夫水聚之则害，散之则利，弃之则害，收之则利，何以时其蓄泄，俾无旱涝之虞欤？用人之道，在乎知人善任。顾忠诈相似，贤奸易淆，鉴别不精，薰莸杂进。且人之材性，各有攸宜，廉静之儒，每不胜夫繁剧；方正之士，或不达于事机。善御者所以不废覂驾之马也，然僝功非不勤奋，而病在庸违；试可岂无才能，而恶其圮族。口对甚悉，无取捷给之长；敦厚少文，独许大事之属。骥称其德，又在此不在彼矣。夫智力有大小，用过其量则倾；时地有难易，任违其材则蹶。往往同此一人，而前后殊其巧拙，彼此异其功过。今将陶铸群伦，驱策英隽，用其长而去其短，称其分以尽其能，使人无弃材，官无废事，厥道何由？夫研经训以求实用，权食货以阜民生，讲疏浚以利农功，登俊乂以熙治绩，皆经邦之要道，立政之宏纲也。多士学于古训，通知时事，以敷奏为明试，毋泛毋隐，朕将亲览焉。

四月壬午　引见戊戌科散馆及补行散馆人员。得旨：此次散馆之修撰钮福保、林鸿年，编修金国均业经授职，二甲庶吉士沈祖懋、恽光宸、李佐贤、郭沛霖、钱福元、方墉、梁国琮、王壔、刘定裕、丁嘉葆、钟音鸿、徐相、吴嘉宾、陈源兖、吴存义、仓景恬、金昀善、支清彦、段大章、王履谦、田雨公、吴吉昌、晏端书、朱右曾、龙元僖、何桂珍、毛鸿宾、宗室灵桂、曹澍钟、董似谷、戴鸾翔、李道生俱着授为编修，三甲庶吉士时大杭、王东槐、李临驯、曾国藩、祁宿藻、但钟良俱着授为检讨，梅钟澍、杨和鸣着以部属用，宗室崇文着以笔帖式用，杜浣、周祖衔着以知县即用。

四月壬午　赏会试年老举人叶兰等十二名编修、检讨、学正职衔有差。

四月甲申　御乾清宫，召读卷官入，亲阅定进呈十卷甲第。

四月乙酉　上御太和殿。传胪。赐一甲李承霖、冯桂芬、张百揆三人进士及第，二甲殷寿彭等八十七人进士出身，三甲何其仁等九十人同进士出身。

四月戊子　以翰林院编修叶觐仪为云南乡试正考官，京畿道御史陈熙曾为副考官；翰林院编修蔡振武为贵州乡试正考官，检讨夏廷榘为副考官。

五月癸巳 授一甲一名进士李承霖为翰林院修撰，二名进士冯桂芬、三名进士张百揆为翰林院编修。

五月丁酉 引见新科进士。得旨：一甲三名李承霖、冯桂芬、张百揆业经授职外，殷寿彭、庄受祺、王祖培、廉师敏、顾嘉蘅、金肇洛、厉恩官、陈枚、黄麟祥、邹振杰、李载熙、史淳、郑元璧、卓楏、翁同书、方允镮、王沆、吴敬羲、万青藜、叶球、沈元泰、郑琼诏、吴保泰、黄兆麟、彭飞鸿、许振祎、甘守先、匡源、毓雯、范承典、马铸、龚绍仁、周炳鉴、黄倬、宗室和润、郑大诚、萧时馥、车顺轨、蒋琦淳、殷兆镛、周镇南、林鹗腾、蔡殿齐、汤云松、顾开第、雷维翰、曹炯、吴廷溥、胡光泰、何其仁、虞家泰、韩锦云、李估、玉衡、孙晋墀俱着改为翰林院庶吉士，莫以枋、董醇、李希郊、陈洪钟、杨从矩、顾份、郑钧、吴台朗、李铭皖、椿寿、倪应复、洪国治、邱璋、王启图、陈鲁、黄桂复、张清泰、周连仲、魏睦庭、武汝清、三寿、何杓朗、延恺、安镔、宁曾纶、恒福、熙恬、谢重毅俱着分部学习，邵纶、张同登、姚近翰、钟汉章俱着以内阁中书用，秦金鉴、朱瀚、戚贞、鲍锡年、朱时中、祥恩、洪起焘、刘宝楠、慕维城、方奎炯、颜履敬、白双南、万起鸿、尹宗淳、龚瑛、王援相、张尔守、王继阀、周诚之、李炜、邱文藻、钟英、宋衔镛、汤师淇、李祝龄、王晋、薛鸿兆、杨福五、黄赞禹、杨汝芝、梁宝书、许伦、梁国珍、曹士鹤、李树泽、贾洪诏、范梁、黄梦菊、楼琼、冯杰、白联元、方铭贤、吴芬、韩捧日、查日华、李金鳌、吴世涵、朱以升、杨春和、孙肇元、郑庆嵩、李焜、崔洲、朱镇、崇亮、魏光宇、侯履中、华翊亨、李蒙泉、谢宝树、姚铭鼎、黄赐履、李淳、生永锡、王廷干、善恒、王元善、杜廷楷、李晓、刘松岭、王金相、张鹏程、王清渠、熊灿奎、张鸣晓、赵垣、阎朝贵、布彦泰、陈锟、陈嘉勋俱着交吏部掣签分发各省，以知县即用，礼部候补主事敬和着以主事即用。余着归班铨选。

五月己亥 以翰林院编修杨能格为广东乡试正考官，山东道御史高人鉴为副考官；刑部郎中黄恩彤为广西乡试正考官，主事林扬祖为副考官；詹事府詹事慧成为福建乡试正考官，翰林院编修路慎庄为副考官。

五月辛丑 谕内阁：明岁，各省举人核计已届四科，例应大挑。惟现在各省分发候补各员人数壅滞，所有辛丑科大挑着暂缓一科，于甲辰科会试后举行。

五月辛丑 以云南乡试副考官、京畿道御史陈熙曾为四川夔州府知府，户部员外郎庆勋为云南乡试副考官。

五月己酉 以兵科给事中周须为湖南乡试正考官，吏部主事王桂为副考官；翰林院编修沈兆霖为四川乡试正考官、罗惇衍为副考官。

六月己未 礼部议奏，江西巡抚钱宝琛奏，审明大庾县生员刘朝进具控该学教官延阻增缺一案。请嗣后，廪增无论何项出缺，应由该学呈报者，于三日内具详学政。应由学政饬知者，于三日内劄行该学，随空随详，随详随补。于岁科两试解部廪增册内，注明某人出缺，某人顶补年月日，查有逾限，即行参处。增生补廪所遗增缺即照上次奏定章程办理。兹江西学政吴其浚准补拔贡所遗廪缺，办理两歧，请交部议处。从之。

六月戊辰　以通政使司参议成观宣为浙江乡试正考官，翰林院编修何冠英为副考官；大理寺卿赵光为江西乡试正考官，翰林院修撰钮福保为副考官；编修劳崇光为湖北乡试正考官，福建道御史陈岱霖为副考官。

六月戊辰　以詹事府詹事季芝昌为内阁学士兼礼部侍郎衔，仍留浙江学政任。

六月戊寅　谕内阁：前据礼部奏，贵州添设厅学，加增学额，该抚未与学政会衔。降旨令贺长龄、王庆云各行专摺明白回奏。嗣据贺长龄奏，八寨厅添设学额，与王庆云再三面商，缮摺之时，因王庆云出省考试，未及会衔等语。本日又据王庆云奏到，核与贺长龄所奏无异。惟事关学校，该抚、该学政前此并不联衔具奏，均属非是。贺长龄、王庆云均着交部议处。所请八寨厅添设厅学及加增学额之处，着礼部议奏。寻奏，八寨厅岁科考试童生附入都匀府学取进，向无定额，拟请添设文武学额四名，再于都匀府学裁拨二名，共计六名，移都匀县学训导为八寨厅学训导，恩拔岁贡廪增各生均照小学办理。从之。

六月戊寅　以翰林院编修张锡庚为陕西乡试正考官，刑部主事王积顺为副考官；户部左侍郎文庆为江南乡试正考官，翰林院编修胡林翼为副考官。

六月庚辰　谕：前据吏部参奏，郑履和朦混截取知县一案，当派隆文、何汝霖查办。兹据该尚书等查明，该员朦混属实，此案郑履和知县截取到班，并不将从前就教呈明，已属违例，及至派员查办，始供倩人写呈，不谙呈式，实属粗率含混，郑履和着即革职。吏部虽已查出参奏，而于该省咨文到时，并未将不合例之处详查驳正，究属疏漏。所有承办司员及失察各堂官，均交部察院分别议处。广西巡抚梁章钜率行撤委给咨，亦属疏忽，着交部照例议处。至该尚书等请将大挑人员，其有曾经就教者，应于册内分晰注明，及举人拣选加具印结，亲身呈递之处，着吏部定议章程具奏。寻奏，请嗣后，由就教挑取二等人员，于大挑二等及拣选知县册内注明，各督抚于举人请咨，将曾否就教以及不合例等项事故，饬令据实声明。举人呈请拣选，取具同乡京官印结，旗员取具本佐领图结，声明有无就教，如匿不声叙者，举人及出结官一并参办。从之。

六月癸未　命刑部右侍郎德诚、顺天府府尹曾望颜监临顺天乡试。

七月甲午　以翰林院侍读学士博迪苏为河南乡试正考官，山东道御史汪元方为副考官；通政使司副使杨殿邦为山东乡试正考官，翰林院修撰林鸿年为副考官；侍讲李棠阶为山西乡试正考官，户部郎中有庆为副考官。

七月丁酉　谕：汤金钊等奏，覆勘上年各省岁考前列试卷，其中漏印应议者至一百三十余卷之多，似此相沿成习，易滋流弊。此后应如何妥立章程，明定处分之处，着礼部议奏。寻奏，嗣后，岁科考试卷及各贡卷均责成本学教官，于接扣处钤印申送提调。倘有遗漏，即由提调补印，申送学政，将教官咨部议处；如提调未经察出，即由学政补印，将提调教官一并咨部议处；如学政未经察出补印，经部磨勘，将学政提调教官一并议处。从之。

七月戊戌　谕：卓秉恬等奏，请将入官地亩拨充经费，着准其将昌平州良乡县入官地亩历年租息，以一半赏给京城金台书院、普济堂、育婴堂三处，添补经费并修理房舍之用；以一半赏给昌平、良乡两州县本处书院，为修脯膏火之资。即由顺天府暨该州县自行核实经理，以垂久远，仍咨户部立案，免其造册报销。

七月丙午　谕：伊里布等奏，江南贡院积水，请展限办理乡试一摺。江南省于五六月间连次大雨，山水骤发，江潮涌灌入城。据该督等奏称，现在贡院内积水日增，无从宣泄，本年八月乡试势难依期办理。着照所请。所有江南文闱乡试准其展限至九月初八日举行，其武闱乡试着展至来年三月举行。该部知道。

八月己未　命礼部右侍郎冯芝提督顺天学政，通政使司参议成观宣提督江西学政，翰林院编修陶恩培提督福建学政，编修张鏻提督湖南学政，编修许乃钊提督河南学政，编修李汝峤提督山东学政，湖广道御史焦友麟提督山西学政，翰林院编修沈兆霖提督陕甘学政，侍讲何裕承提督四川学政，司经局洗马单懋谦提督广东学政，翰林院修撰钮福保提督广西学政，编修叶觐仪提督云南学政，户部员外郎钟裕提督贵州学政，太常寺少卿刘谊为奉天府府丞兼提督学政。江苏学政毛式郇、安徽学政车克慎、浙江学政季芝昌、湖北学政朱凤标均留任。

八月癸亥　以大学士王鼎为顺天乡试正考官，工部尚书廖鸿荃、左侍郎文蔚、内阁学士贾桢为副考官。

八月丁卯　命翰林院侍读学士罗文寯提督浙江学政。

八月戊辰　命翰林院侍读温葆淳提督福建学政。

八月丙子　顺天府以宗室乡试中额请。得旨：取中四名。

九月戊戌　以兵部右侍郎魏元烺知武举，吏部右侍郎潘锡恩为武会试正考官，詹事府少詹事李煌为副考官。

九月甲辰　以礼部左侍郎关圣保为满洲翻译乡试正考官，兵部右侍郎端华为副考官；国子监司业福谦为蒙古考官。

九月己酉　谕内阁：梁章钜奏，查出乡试士子在场滋事，照例惩办一摺。广西临桂县生员秦承瀛于道场点名时，拥挤争先，经该教官弹压，反肆口辱骂；上林县生员李天麟于已交卷后，潜入号舍，经委员斥逐，反行拒殴，于士习殊有关系。着该抚亲提研讯，按律定拟具奏。寻奏，生员秦承瀛于点名时拥挤争先，并未辱骂教官；李天麟于交卷后潜入号舍，经委员斥逐，向其支撑，亦无拒殴情事。惟于试场滋事，若仅斥革，照不应重律杖八十，免其发落，不足示惩，应请再加枷号两月，以肃场规而端士习。下部议，从之。

九月癸丑　以捐修四川叙永厅文庙、考棚，予同知承安等议叙。

十月丁巳　试中式武举遮克敦布等七十一人于太和殿前。

十月己未　上御紫光阁，阅中式武举马步射。

十月庚申　上御箭亭，阅中式武举技勇。

十月庚申　御乾清宫，引见中式武举，亲定甲乙。

十月辛酉　上御太和殿。传胪。赐中式武举一甲赵云鹏、王万寿、李寿春三人武进士及第，二甲遮克敦布等十三人武进士出身，三甲马振绪等五十五人同武进士出身。

十月丁卯　都察院左副都御史祝庆蕃为顺天武乡试正考官，翰林院侍读学士陈宪曾为副考官。

十月乙酉　谕：程矞采奏，乡试考官中额错误，并文庆等自行检举各一摺。本科江南乡试，该考官等原定草榜时，将下江中卷误注上江。榜发后，始据查出上江正副榜各少中一名，下江各多中一名，非寻常疏忽可比。文庆、胡林翼均着交部严加议处。其安徽少中原额，着于下届江南乡试将江苏额内照数扣补。

十一月戊申　谕：吴文镕奏，琉球国遣使来闽，吁请照旧间年进贡一摺。向来琉球国间岁一贡，上年降旨改为四年遣使朝贡一次，原所以体恤外藩。兹据该抚奏，该国王遣使来闽，请照旧间年进贡，情辞极为真挚。着如所请行。所有该陪臣子弟四名准其随同贡使北上，入监读书。

十一月壬子　赏顺天等省乡试年老诸生余会来等八十一名举人、副榜有差。

十二月丁卯　谕内阁：吏部奏请考试中书。据称内阁汉中书在部候补者只有一人，请仿照国子监学正、学录之例，于进士、举人内考试录用等语。着照所议。传令应考之人赴部报名，奏请简派大臣考试拟取，覆试后，带领引见，候旨录用。

十二月己巳　谕内阁：前据载铨等查讯，举人熊少牧跟随文庆入闱阅文，当降旨令文庆明白回奏，并着胡林翼将闱内如何阅卷，据实具奏。兹据该侍郎等各自具摺覆奏，自请严议议处。直省正副考官向不准带人入闱阅卷，此次文庆携带举人熊少牧前往江南，与之参论覆看，甚属非是。文庆着交部严加议处，编修胡林翼初次具摺覆奏，于文庆携带熊少牧入闱一节，未据声明，迨经传旨再令覆奏，始以失察请议，亦属不合。胡林翼着交部议处，举人熊少牧着交刑部照例治罪。

十二月辛未　谕内阁：礼部奏称，文庆携带举人熊少牧入闱，请将失于稽查之监临等官议处。本年江南乡试监临安徽巡抚程楙采，内监试、江防同知周维新着交部照例议处。

十二月甲戌　谕：文庆经朕派充江南乡试正考官，理应严密关防，尽心校阅，辄敢私带举人熊少牧入闱，帮同阅卷，实属违例。着即照部议革职。副考官林翼与文庆同在内帘，于熊少牧藏匿闱中，岂竟毫无闻见？既不据实奏参，迨经降旨询问，又不据实回奏。该部议以降调，咎有应得，着即照部议降一级调用，不准抵销。监临官安徽巡抚程楙采，监试官、江防同知周维新仅止失察，着加恩改为降二级留任，不准抵销。

道光二十一年（1841 年）

正月己亥　予故前任浙江巡抚帅承瀛祭葬，如总督例。赏其孙、拔贡生远燡举人，一体会试。

正月己酉　以通政使司通政使慧成、内阁学士李品芳知贡举。

二月庚午　赏江西等省庚子科乡试年老诸生况三寿等六十三名举人、副榜有差。

二月壬申 谕：程矞采奏，请旨派员办理武闱乡试一摺。江南武闱乡试，前经降旨，改于本年三月举行。着派江宁藩司成世瑄随同江宁将军布勒亨代行考校。

三月辛卯 以大学士王鼎为会试正考官，兵部尚书祁寯藻、户部左侍郎文蔚、工部左侍郎杜受田为副考官。

三月甲辰 谕内阁：国家设科取士，原以储蓄人材，用备他日栋梁之选。该士子等宜如何谨饬自爱，勉副甄陶，勿存幸进之心，常切怀刑之惧。乃近来士习未醇，往往怀挟入场，冀图钞袭。本科会试，经王大臣等搜出十余名之多，已照例惩办矣。因思士习首重立品，文艺次之，若于进身之始，已存苟且侥幸之心，微论事败罹法，身坏名裂；即使漏网，幸掇科第，厚颜登仕，有玷科名，植本已亏，尚何论其异日居官行政耶？每科搜检王大臣经朕简派，并非虚应故事，实欲厘剔弊端，如果认真搜查，毋任怀挟混入，固可转移风气，且惩一儆百，暗中保全尤多。此次搜检王大臣等办事认真，可嘉之至。嗣后，王大臣等遇有试场简派搜检差使，仍当严密搜查，毋稍疏懈。倘有玩法士子，即时惩办，以挽颓风。该士子等有鉴前车，自应倍加兢惕，恪守场规，勿辜训勉之词，用副作人之化。倘仍蹈故辙，怙过不悛，朕惟执法惩办，难邀宽典也。懔之！将此通谕知之。

三月乙巳 礼部以宗室会试中额请。得旨：取中二名。

三月戊申 礼部以会试中额请。得旨：满洲取中七名，蒙古取中三名，汉军取中五名，直隶取中二十一名，奉天取中二名，山东取中十八名，山西取中九名，河南取中九名，陕甘取中八名，江苏取中十八名，安徽取中八名，浙江取中十九名，江西取中十八名，湖北取中七名，湖南取中六名，福建取中八名，广东取中八名，广西取中六名，四川取中七名，云南取中七名，贵州取中六名。

闰三月癸亥 以礼部左侍郎关圣保为满洲翻译会试正考官，内阁学士玉明为副考官。

闰三月戊辰 调吏部右侍郎王植为刑部右侍郎，仍兼署吏部右侍郎；礼部左侍郎毛式郇为吏部右侍郎，仍留江苏学政任；转礼部右侍郎冯芝为左侍郎，仍留顺天学政任。

闰三月甲戌 引见庚子科散馆及补行散馆人员。得旨：此次翰林散馆之修撰李承霖，编修冯桂芬、张百揆业经授职，其二甲之庶吉士殷寿彭、廉师敏、金肇洛、萧时馥、王沆、郑大诚、庄受祺、黄麟祥、车顺轨、卓槥、沈元泰、梁同新、许振祎、殷兆镛、郑琼诏、吴敬羲、王祖培、蒋琦淳、黄倬、范承典、马铸、史淳、雷维翰、吴廷溥、汤云松、李载熙、史致谔、陈枚、彭飞鸿、顾嘉蘅、周炳鉴、厉恩官、蔡殿齐、杨福祺、翁同书、匡源、甘守先、吕倌孙、顾开第、周镇南、万青藜、曹炯、胡光泰、方允镮、邹振杰、吴保泰、宗室和润、孙翔林、黄兆麟俱着授为编修，三甲之庶吉士何其仁着授为检讨，李祜、虞家泰、叶球着以部属用，刘印星、玉衡、毓雯着以知县即用。

闰三月癸未 赏会试年老举人余会来等十五名司业、检讨、学正职衔有差。

四月庚寅 谕内阁：御史张廷桦奏，请严禁探听策题，以防弊端一摺。据称士子中式后，或在内阁住宿，探听策题，或贿嘱供事人等代为探听等语。内阁为丝纶重地，无职事人员原不准私自出入。况廷试大典，尤宜关防严密。着大学士等严饬所属认真稽查，毋许中式贡士于应试前在内阁私自住宿，并责成派出之护军统领，于封门后周视巡查，倘有闲杂人等探听，立即拿究，无稍疏纵。

四月甲辰　以大学士王鼎，协办大学士、吏部尚书卓秉恬，礼部尚书龚守正，户部右侍郎许乃普，刑部右侍郎德诚，内阁学士李品芳、李煌，通政使司通政使慧成为殿试读卷官。

四月乙巳　策试天下贡士蔡念慈等二百二人于保和殿。制曰：朕寅绍丕基，覃熙宇合，仰荷上苍鸿佑，祖考眷贻，深宫劼瑟，益亹治安。兹御极之二十有一年，诞敷纶诏，特开恩榜，嘉与天下士周咨博稽，以裨集思广益之治，尔多士其敬听予询。士不通经，不足致用，经之学不在寻章摘句也，要为其有用者。汉廷治狱，多引经义，其见于各传者，如隽不疑、萧望之辈，不一而足，能述其事，举其辞欤？其以《尚书》、《春秋》博士补廷尉史，始于何人？董仲舒《春秋决事》十六篇，今佚不传，《困学纪闻》所载凡三，此外尚有存者否？《周礼》为周公致太平之书，后之用者，惟宇文泰、苏绰差为近古，而刘歆、王安石或以文奸，或以致弊，岂《周官》果出于伪托欤？抑不善用者之过欤？或谓汉法未备，故有取于经，后则事皆有例，援古反以滋疑。然例文过多，胥吏或以舞弊，何以用之克善欤？民生艰易，赖乎守令，守令廉贪，视乎大吏，虞廷三载考绩，周官六计弊治，此允厘之要也。汉以六条察二千石，唐考功有四善二十七最，宋置考官院考中外官，当若何循名责实，乃有裨于官箴民命欤？今按两汉《循吏传》，则西京所载，无非郡守。班固至谓令若长不闻于时，何也？至于东京，则王涣、刘矩、仇览、童恢并以令长列于循吏传，而鲁恭、刘宽与夫颍川之四长先后相望，其故安在？夫为守令者，其首重者曰廉，其次曰才，然或洁清自好，而政不免于废弛；或才力有余，而节操不足以共信，果如何而得有守有为者分布郡县也？姑息适以养奸，严威足以禁暴，舜摄位而四凶服罪，孔子摄相而少正卯诛，古圣以生道杀人，皆此意也。而《酒诰》之文，有谓为小人傅会六经者；《韩非》载鲁哀公陨霜不杀菽之问，有谓为法家托圣言以文峭刻者，果定论欤？善乎？崔寔之言曰：以严致平深得达权救敝之理。后儒有称之者，能引伸其说欤？唐太宗论赦为小人之幸，能析其义欤？至若保甲之制，弭患未萌，法至善也，乃行之熙丰，而反以滋其累；用之南赣，而民复称其便，其故何欤？吏胥所以察奸，兵弁所以戢盗，乃或者声息相通，反为援引，何术以防之，何法以惩之欤？兵所以威天下，实所以安天下。汉之南北军，唐之府兵彍骑，宋之更调，明之团营，皆陆路之兵也。至海疆用兵，若晋之孙恩、卢循，元之方国珍，皆内寇穷蹙，拥众据险，易就削平，惟明胡宗宪、戚继光剿平倭寇，战功尤著，其所撰《筹海图编》、《纪效新书》，非空谈韬略者可比。其时若朱纨之《严海禁疏》、郑若曾之《江南经略》、唐顺之之《武编》，不皆有裨于实用欤？当兹八荒在宥，七德有征，决胜机宜，权衡贵当，将卒何以汰其惰窳，侦探何以测其阻深，器械何以极其精良，内奸何以绝其勾结欤？凡此者，通经致用，有治人而后有治功；课绩考勤，有实心而后有实政。不以万民向化，弛诘奸禁暴之防；庶几九有归怀，奏柔远绥边之绩。多士桥门释褐，学古入官，拜献先资，毋泛毋隐，朕将亲览焉。

四月戊申 御弘德殿，召读卷官人，亲阅定进呈十卷甲第。

四月己酉 上御太和殿。传胪。赐一甲龙启瑞、龚宝莲、胡家玉三人进士及第，二甲何若瑶等九十六人进士出身，三甲吴荣楷等一百三人同进士出身。

五月甲寅 命大学士穆彰阿、户部尚书祁寯藻教习庶吉士。

五月甲寅 授一甲一名进士龙启瑞为翰林院修撰，二名进士龚宝莲、三名进士胡家玉为翰林院编修。

五月戊午 谕内阁：嗣后，新进士朝考阅卷着照覆试之例，拟定一二三等进呈。

五月己未 引见新科进士。得旨：一甲三名龙启瑞、龚宝莲、胡家玉业经授职外，何若瑶、张金镛、徐棻、俞长赞、蔡念慈、高鸿飞、周宗濂、徐墉、曾广渊、贾樾、陈洪猷、潘曾莹、刘琨、赵畇、洪毓琛、汪坤、郭礼图、李希彬、陈启迈、孙耀先、陈庆松、田树桢、高延绶、葛景莱、童以楙、孙锵鸣、徐玉丰、朱锡珍、覃振甲、葛高嵩、梁绍献、杨式谷、文瑞、张振金、蔡徵藩、李湘华、张桐、刘廷榆、章琼、张晋祺、梁国瑚、郭凤冈、张樾、胡焯、卢庆纶、蒋达、彭涵霖、吴鼎昌、陈寿图、王凤翔、马品藻、张炜、张兴仁、张衍重、沈大谟、宗室载龄、颜培瑚、青麐、李光彦、杨元白、姚光发、钟世耀、张舒翰、宗宗锡龄、毕道远、陈鉴俱着改为翰林院庶吉士，贺霖若、何国琛、王大宗、卢定勋、吴祖昌、麒庆、刘齐衔、许兆培、甘晋、吴艾生、钱宝青、边葆淳、宝珣、顾文彬、陈桂籍、陈象沛、廉昌、冼倬邦、刘兆璜、陈浚、李瑞章、宗室秀平、王锡振、张承谏、夔达、郑于蕃、汤成彦、马晋如、何绍瑾、毓禄俱着分部学习，高本仁、沈寿嵩、侯云登俱着以内阁中书用，曹源、夏承煜、赵培之、邵秉中、王瑞庆、单懋德、杨裕仁、徐台英、余锦淮、张宗世、邓元资、丁璜、赵樾、袁廷燮、徐杨、文保、刘齐衢、吴之观、贾廷藩、郭廷肇、牛树梅、刘芳云、曹汝赓、吴荣楷、谭承礼、王维桓、谢廷荣、杨德懿、汪藻、郑芳兰、张堉、胡廷弼、尉光霞、李棻、王范、龚衡龄、万兆霖、萨克持、郑邦立、张自植、张炳坤、多仁、常山凤、孙德耀、李仲祁、刘步亭、王铭鼎、张兆辰、张宝镕、马振文、齐德五、秦聚奎、叶逢春、徐良梅、杨安国、郭汝诚、姚锡华、赵林成、喻秉醇、朱汝鹏、吴调元、吴世春、马映阶、吴启楠、联凯、张建翎、陈鉴、陈秉信、安庆澜、孙濂、宁宪、尚鸣岐、封颢民、张淳、余兆仑、盛炳、郭先本、卜葆鈖、孙家铎、谢方润、郑元善、田福谦、桂棻、张书玺、刘家达、彭鸣盛、朱元增俱着交吏部掣签，分发各省以知县即用。户部候补员外郎吴若准、兵部候补员外郎梁逢辰、礼部候补员外郎联捷着以员外郎即用，户部候补主事王炳勋着以主事即用，内阁候补中书葛良治着以内阁中书即用。余着归班铨选。

八月癸未 赏福建等省庚子科乡试年老诸生吴人瑞等二名举人、副榜有差。

九月壬戌 以兵部左侍郎朱嶟知武举，内阁学士王炳瀛为武会试正考官，都察院左副都御史帅承瀚为副考官。

九月己卯 命翰林院侍读学士李菡提督安徽学政。

十月辛巳　试中式武举张育英等七十二人于太和殿前。

十月癸未　上御紫光阁，阅中式武举马步射。

十月甲申　上御箭亭，阅中式武举技勇。

十月甲申　御乾清宫，引见中式武举，亲定甲乙。

十月乙酉　上御太和殿。传胪。赐殿试武举一甲德麟、王振隆、刘宗汉三人武进士及第，二甲张凤春等十三人武进士出身，三甲吴德水等五十五人同武进士出身。

十一月丁丑　广东学政单懋谦因病解任，命广东道御史高人鉴提督广东学政。

十二月丁亥　谕：浙江已革辛巳科举人徐廷策因案发配陕西，闻现在汉中府，着伯葰、黄爵滋于山西查办事竣后，驰赴陕西，将徐廷策提到，亲加验讯，令其默写三代履历，并中式是何题目，考官及房官系属何人，文诗能否记忆，当面默写数语，并因何事犯案，何时发到陕西，一一责令据实供吐，随时具奏，毋许走漏消息，致有不实不尽。将此谕令知之。

十二月庚子　谕：前有旨，谕令柏葰、黄爵滋驰赴陕西时，传提发配该省之浙江已革举人徐廷策，亲加验讯，令将三代履历并中式题目，及考官何人，诗文能否记忆，当面默写数语。该侍郎等到陕后，自必钦遵办理。现据礼部查出徐廷策癸未科会试落卷三本，着发给该侍郎等带往，将徐廷策所默字迹，认真核对，是否相符，随时据实具奏。将此谕令知之。寻奏，徐廷策所供三代履历，及考官房官姓名，均属相符，默写诗文亦与落卷笔迹相合，实系正身。报闻。

道光二十二年（1842年）

二月壬寅　命翰林院侍读李棠阶提督广东学政。

四月辛丑　福建学政温葆淳因病解任，命翰林院侍讲李嘉端提督福建学政。

五月庚戌　以鸿胪寺少卿骆秉章为奉天府府丞兼提督学政。

六月戊子　赏浙江阵亡总兵官葛云飞长子以简文举人，次子以敦武举；郑国鸿长孙铦、次孙锷文举人，一体会试。

九月辛亥　赏在浙阵亡江南寿春镇总兵官王锡朋子监生承泗、生员承瀚文举人，一体会试。

十一月丙辰　谕军机大臣等：耆英奏查看镇江府大概情形一摺。镇江府城自被逆夷蹂躏之后，乏食难民谋生无术，自应量加接济，着该督即饬该地方官查明户口，会同该抚妥为筹办。其城垣、庙宇、学宫、考棚、营汛等项，着俟来岁春融次第兴办。……将此谕令知之。

十二月丙申　赏阵亡江南提督陈化成子廷芳世职，廷棻举人，一体会试。

道光二十三年（1843年）

正月庚戌 命太仆寺卿孙瑞珍提督江西学政。

正月丁卯 以捐修陕西绥德州文庙试院，予知州江士松等议叙。

二月癸卯 浙江学政罗文寯奏，前因宁波办理军务，请俟事竣补行岁试。兹查应考人众，岁科分试恐误秋闱，请一并举行，以归简易。从之。

四月癸未 内阁侍读学士李莼为奉天府府丞兼提督学政。

四月庚寅 以詹事府少詹事李菡为光禄寺卿，仍留安徽学政任。

四月丁酉 以詹事府詹事周祖培、太仆寺卿孙瑞珍为内阁学士兼礼部侍郎衔，孙瑞珍仍留江西学政任。

五月戊申 以本年乡试，考试应开列试差人员于圆明园正大光明殿。

五月癸丑 谕内阁：禄普等奏，佐领责打误班旗生，经举贡生员联名禀控一摺。此案，旗生泰成因赴学报名补考误班，该佐领以该生未经先向回明请假，加以鞭责。该营举贡生员乃敢聚至七十余人，联名在学政衙门呈控，且敢以武弁极恶士子，寻陈凌辱等语。妄肆禀讦，此等刁风，实属可恶，必应严加惩创。着禄普等即查明该举贡生员等究系何人为首，应斥革者即行斥革严讯。并查明该佐领是否有意凌辱，秉公研鞫，按律定拟具奏，毋得稍存徇庇，致滋枉纵。寻奏，讯得文举人达哈逊等闻泰成被责，列名七十余人禀控，又有廪生寿福激怒唆讼属实。泰成误班被责，起意控告，应与达哈逊等一并斥革。余分别罚科戒饬。佐领功额讷降二级留任。下部议。寻议上。得旨：兵部奏，请将擅责生员之佐领降三级调用，毋庸议抵等语。各省驻防取进生员，嘉庆五年，奉有谕旨，交该佐领约束，可见驻防生员，该佐领已有管教之责。况身当甲兵，尤其职任所辖。此案荆州佐领功额讷，因文生甲兵泰成误班鞭责，事属因公，并无不合。所有该将军原请降留及部议降调之处，均无庸议。

五月辛未 以翰林院编修龚宝莲为云南乡试正考官，段大章为副考官；编修龙元僖为贵州乡试正考官，山西道御史王桂为副考官。

六月壬午 以翰林院编修翁同书为广东乡试正考官，邓尔恒为副考官；修撰李承霖为广西乡试正考官，户部郎中钟保为副考官；大理寺卿博迪苏为福建乡试正考官，翰林院编修徐相为副考官。

六月壬辰 以翰林院编修陈枚为湖南乡试正考官，甘守先为副考官；检讨曾国藩为四川乡试正考官，编修赵楫为副考官。

七月辛亥 以内阁学士侯桐为浙江乡试正考官，翰林院编修杨能格为副考官；詹事府少詹事张芾为江西乡试正考官，翰林院编修匡源为副考官；编修萧时馥为湖北乡试正考官，沈元泰为副考官。

七月辛酉 以翰林院编修王履谦为陕西乡试正考官，吴敬羲为副考官；工部右侍郎贾桢为江南乡试正考官，翰林院编修徐士谷为副考官。

七月丙寅　以吏部左侍郎文庆、顺天府府尹李惠监临顺天乡试。

闰七月辛未　改派大理寺卿兼署顺天府府尹陈孚恩监临顺天乡试。

闰七月癸酉　以河南省城积水未消，命于十月举行乡试。

闰七月丙子　翰林院侍讲罗惇衍为山东乡试正考官，编修钟音鸿为副考官；编修方墉为山西乡试正考官，庄受祺为副考官。

闰七月甲申　谕内阁：国家分设八旗兵丁，驻防各省，立意至为深远。……朕恭阅嘉庆五年皇考谕旨："各省驻防人等准于该省考试文生，原系于伊等格外恩施，若专务此而废弃清语骑射，即停止此例，不准考试，亦属应该。俟清语、骑射演习熟练时，方准考试等因。钦此。"仰见我皇考圣虑周详，训诫谆谆之至意。因思清语、骑射，全在该管大臣官员等平日尽心训饬操演，而弁兵子弟亦必令藉此进身，方能益加奋勉。现在武闱乡试，各省驻防一体与考。应试之人，弓马如果熟娴，不患无登进之路。其应文试者必应改试翻译，庶不至专习汉文，转荒本业。除本科各省文乡试仍照例准其应考外，嗣后，各处驻防俱着改应翻译考试。俾有志上进者，咸知非熟习清文不能幸邀拔擢，自必争相摩厉，日益精通。其各该将军、副都统等尤宜随时训练，董劝兼施，毋得视为具文，因循积习，以副朕崇实黜浮之意。其考试一切章程及翻译童试进额、乡会试中额，应如何酌定之处，着军机大臣会同该部悉心详议具奏。将此通谕知之。

闰七月乙未　命河南癸卯科武乡试，展至道光二十四年三月举行。

八月壬寅　命詹事府詹事王广荫提督顺天学政，刑部左侍郎王植提督江苏学政，詹事府少詹事张芾提督安徽学政，内阁学士吴钟骏提督浙江学政，翰林院编修王履谦提督湖北学政，福建道御史陈坛提督湖南学政，翰林院编修刘定裕提督河南学政，侍讲学士殷寿彭提督山东学政，编修沈祖懋提督山西学政，左春坊左中允金国均提督陕甘学政，江南道御史蔡振武提督四川学政，翰林院修撰李承霖提督广西学政，编修吴存义提督云南学政，编修胡家玉提督贵州学政。江西学政孙瑞珍、福建学政李嘉端、广东学政李棠阶、奉天府府丞兼学政李莼仍留任。

八月丙午　以礼部尚书麟魁为顺天乡试正考官，兵部尚书许乃普、国子监祭酒花沙纳为副考官。

八月丁巳　顺天乡试监临官文庆、巡墙御史双寿、稽查砖门御史徐嘉瑞等奏，本月十五日，准步军统领衙门拿获在贡院墙外向内抛掷布卷之董来升、李张氏二名。讯据董来升供称，李张氏之子李七在场内充当水夫，李张氏托伊用布卷烧饼，掷进场内，给伊子食用等语。正在查办间，讵十六日寅刻，士子放牌，内场委官不遵旧章，不候砖门御史齐集，遽行开门，李七乘间逸出，直至西砖门被协尉富升拿获，请交部审讯。得旨：李七即李老儿、董来升、李张氏俱着交军机大臣会同刑部严行审讯。协尉富升于该犯李七乘间混出时，即行拿获，不令要犯脱逃，甚属勤能，着加恩赏戴花翎，以应升之缺即行升用。其帮同拿获之人，并着该衙门查明，从重奖赏。内场委官不候砖门御史到齐击鼓应号，遽行开门，致使要犯逸出，咎无可辞，着即查取职名交部严加议处。文庆、陈孚恩办理不善，着交部议处。

八月戊午　　顺天府以宗室乡试中额请。得旨：取中五名。

八月庚申　　军机大臣会同礼部议覆驻防考试翻译章程二十条。一、各省驻防贡监应与驻防生员一体改为翻译乡试，不准复应文闱。一、翻译会试中额，应照京旗奏请中额之例，开明人数请旨。一、各省翻译乡试准照文闱各就本省举行。一、各省蒙古翻译亦应照满汉翻译乡试之例办理。一、翻译乡试题目，由礼部奏请，钦命试以《四书》文清字论题一道，满洲、蒙古翻译题一道。即由派出该省之文闱考官带往，亲交监临刊刻颁发。一、翻译题目由各省将军豫派随印笔帖式一二员入场缮写。一、翻译乡试，点名、散卷、收卷、弥封各事宜，责成该监临于文闱入场官员内酌留数员接办。一、翻译乡试入场之前，应由该将军、副都统、城守尉等出派旗员，临场识认，以杜顶替。一、翻译乡试中额，每十名取中一名，过半者增中一名，至多不得过三名。一、驻防中式翻译举人应于会试前一月来京，由礼部奏定日期覆试。如迟至二科不覆试者，永远不准会试，亦不准赴部铨选。一、翻译中式试卷，由监临于揭晓之次日，派员起解，限五十日内，通行解部，不得逾限。一、翻译试卷纸张尺寸，照京旗画一造办，仍令该士子于投卷时亲写卷面，填明年岁、履历。一、翻译录科，由该将军、副都统、城守尉等先看骑射。一、翻译录科，于乡试年五月内，由该将军等出题考试，满洲用汉字翻译题一道、蒙古用清字翻译题一道。一、翻译童试，由该将军、副都统、城守尉等先看骑射，合式者出题扃试，凭文取进。一、翻译童试题目，满洲用汉字翻译题一道、蒙古用清字翻译题一道。一、各省翻译童试俱于黎明点名入场，日入出场，不准继烛。一、翻译童生仍照京旗三年两考，岁试年于八月考试，科试年于五月考试。一、翻译童试，每五六名取中一名，至多不得过五名。俟人数众多，再请加额。一、各省驻防文生向设有廪增额缺，今既令其改应翻译，原设廪增额缺应酌量裁撤，以免办理两歧。从之。

八月壬戌　　谕内阁：吏部奏，严议内场委官并议处监临一摺。向来贡院门启闭，内场御史是否均有稽查之责，着文庆确切查明，据实具奏。

八月癸亥　　谕内阁：本日据文庆奏，查明道光二十年新定章程，贡院启闭俱由监临、监试、提调会同砖门御史公同管理。此次放牌时，不候砖门御史到齐，遽行开门，致令要犯逸出。文庆等交部议，其余应议各员，着吏部查取职名，照例议处。

九月庚午　　命江苏学政王植赴浙江，会同巡抚管遹群、学政吴钟骏查办事件。

九月丁丑　　以翰林院编修恽光宸为河南乡试正考官，检讨时大杭为副考官。

九月戊寅　　以兵部尚书裕诚为满洲翻译乡试正考官，右侍郎舒兴阿为副考官。

九月丁亥　　河南乡试副考官时大杭因病乞假，以翰林院编修范承典为河南乡试副考官。

十月壬寅　　谕内阁：本日据监试御史福珠隆阿等奏称，此次考试候补笔帖式，有镶蓝旗德斌、正黄旗德亨试卷二本未交，自请交议等语。该士子既经领卷入场，其如何未经交卷混出之处，着该旗查明具奏。该监试御史及委员等未能先事豫防，本有应得之咎。惟此次该士子等入场后，该监试御史等按名稽查，勒归本号，其有未经交卷、索取照签者，亦经搜出携带试卷，即时扶出，并于刑部票传之李四一犯，当于闱内搜获，不至漏网，办理尚属认真。所有委官吴安泰及福珠隆阿等六人自请交部议处及察议之处，均着加恩宽免。

十月庚戌　以内阁学士周祖培为顺天武乡试正考官，翰林院侍读学士黄琮为副考官。

十一月辛巳　以刑部左侍郎、江苏学政王植为浙江巡抚，调詹事府少詹事、安徽学政张芾提督江苏学政，命礼部右侍郎季芝昌提督安徽学政。

十二月乙巳　赏顺天等省乡试年老诸生信名贤等八十三名举人、副榜有差。

十二月己未　以都察院左副都御史赵光、詹事府詹事王广荫为内阁学士兼礼部侍郎衔，王广荫仍留顺天学政任。

十二月壬戌　大学士穆彰阿等奏，遵议杜绝科场积弊章程。嗣后，应责成顺天府尹、直隶总督严饬各州县，将正身书吏考选誊录，各于左臂用印，送各府厅直隶州验明覆考；其堪以供役者，派员起解，赴顺天府验明覆考，由大、宛两县各于右臂用印。届期，由顺天府尹、监临、知贡举于龙门外验明左、右臂印入场。至誊录潦草，责成该所官随时察惩。御史和丰原奏内称慎重落卷，即以该生领卷印票缴验为领落卷之符，应如所请办理。又称，推广覆试等语。拟令各省新中举人于会试年二月初十日以前全行到京，取具同乡京官印结，送部听候覆试。又，御史雷以諴原奏内称，于空余号内酌添水缸，不许夫役赴号等语。应于有井之号，无庸编列坐号，专为约束水夫之所，每次注水毕后，即将水夫关入井号，不得东西搀越。得旨：嗣后，各省乡试新中举人着于会试前二月十五日在贡院通行覆试，惟现距会试之期已近，若于明年即行覆试，诚恐远省新中士子未能周知，或致到京有逾期限。所有各直省乡试覆试，着自下科为始。余依议。

道光二十四年（1844 年）

正月戊辰　以来岁皇太后七旬万寿，命于本年八月举行恩科乡试，来年三月举行会试。

正月乙酉　以礼部右侍郎冯芝、兵部右侍郎舒兴阿知贡举。

二月癸卯　总管内务府大臣奏，广储司向存绵袴被五千件，散给会试举子场内披服。近闻士子并不领用，场内亦未分散。又查，近年会试人数不止五千，按名亦不敷给，徒资号军、水夫之用，拟请裁汰以防夹带。从之。

二月壬子　调吏部左侍郎祝庆蕃为户部左侍郎兼管三库事；转吏部右侍郎季芝昌为左侍郎，仍留学政任；调兵部右侍郎侯桐为吏部右侍郎；以内阁学士孙瑞珍为兵部右侍郎，仍留学政任。

二月甲寅　礼部左侍郎、知贡举冯芝因病赏假，以吏部右侍郎侯桐知贡举。

二月癸亥　赏浙江等省癸卯科乡试年老诸生郑世烱等一百三十四名举人、副榜有差。

三月辛未　以工部尚书陈官寯为会试正考官，都察院左都御史文庆、工部左侍郎徐士芬为副考官。

三月壬午　谕军机大臣等：本日砖门御史等奏，场内书吏任意索取物件一摺。据称，初六日，有县书宋姓在贡院门内向外索笔；初八日，有笔铺人在砖门向该御史等求宽免办笔，声称向来乡会试应用笔八千枝，此次已交七千二百枝，尚短交八百枝，而场内仍派令再交三千枝，实浮索笔二千二百枝，并据该御史等查明是日取笔票单，并未钤用提调关防，与定例不符等语。场内供给支用，自应确有定数，此项应用之笔，向例究竟应取若干枝，该县书吏有无例外多索，着即将县书宋姓拿交顺天府查讯。至此次场内票传笔枝，何以不由提调钤用关防，径由供给所官滥行发票，着舒兴阿等确切查明，据实具奏。原摺着钞给阅看，将此谕令知之。寻奏，查讯笔铺王学政、大兴县礼书宋霈之，供称会试例用笔一万一千三百八十枝，向系大、宛两县发价采办一万枝，余归县书领价备办。其一万枝系由笔铺径交礼部，提调官验收分用，余则由县书散给各处分用。此次笔铺短交笔三千枝，至初六日，县书禀经供给所出票催取，笔铺因赶办不及，情恐误差，捏称向交八千枝，以求解免，县书无例外多索情事。应毋庸议。从之。

三月癸未　谕内阁：禧恩等奏收捐粟米一摺。此次奉天监生陈惟模等共捐交粟米五千一百三十余石，着直隶总督即归入年例运通米豆案内，饬属加雇船只，迅速前赴锦州海口装载，由该将军等饬令运通委员押带起运。

三月丙戌　礼部以宗室会试中额请。得旨：取中二名。

三月己丑　礼部以会试中额请。得旨：满洲取中六名，蒙古取中二名，汉军取中五名，直隶取中二十二名，奉天取中二名，山东取中二十三名，山西取中十一名，河南取中十一名，陕甘取中十名，江苏取中二十名，安徽取中九名，浙江取中二十二名，江西取中十九名，湖北取中八名，湖南取中七名，福建取中十名，台湾取中一名，广东取中十一名，广西取中七名，四川取中八名，云南取中八名，贵州取中七名。

三月癸巳　礼部左侍郎冯芝因病解任，转礼部右侍郎周祖培为左侍郎，以内阁学士吴钟骏为礼部右侍郎，仍留浙江学政任。

四月辛丑　谕内阁：御史伊克唐阿等奏，本年会试，江苏童生焦益之假冒已故举人焦子安姓名入场，事后自行投首。着交刑部严行审讯办理。出结官、刑部主事朱龙光着解任，听候传讯，其江苏举人焦子安三场试卷着知贡举查明，知照内帘扣除。

四月甲辰　以兵部尚书裕诚为满洲翻译会试正考官，理藩院左侍郎恩华为副考官。

四月辛亥　礼部以翻译会试中额请。得旨：取中二名，驻防取中二名。

四月壬子　谕内阁：现在各省驻防旗人，一体改试翻译。其已中之文举人，因未与文闱会试，遂议定不准大挑。惟念该举人别无进身之阶，未免向隅。着各该将军、副都统、城守尉等于各该驻防前经中式之文举人科分在近三科以前、例准大挑者，询明情愿赴挑，即由该将军等给咨送部，均令于本年九月内到京，听候钦派王大臣照例大挑；

如有不愿赴挑者，仍听其便。

四月壬子　以本年乡试，考试应开列试差人员于圆明园正大光明殿。

四月甲寅　谕内阁：此次殿试，着派护军统领玉明、珠勒亨在中左、中右两门认真稽查，当日分散题纸后，所有差使人员，一并散出。除校尉人等应代携考具，随同士子出入外，其余官员闲杂人等，一概不准擅入窥探。如有不遵法令、私进禁门者，即行指拿，交刑部治罪。嗣后，每遇殿试朝考，均着该部先期奏派护军统领二人，在该二门专司稽查。

四月乙卯　谕：本日裕诚等进呈翻译会试照额取中满洲二卷，并声明驻防试卷多不合式，不敢率行取中等语。着裕诚等即于驻防试卷中，择其文理尚可者四卷，密封进呈候旨。

四月丙辰　谕内阁：前据裕诚等奏，驻防试卷多不合式，不敢率行取中。当降旨令将文理尚可者四卷进呈候旨。兹据该尚书等酌选呈览，朕详加校阅，实系不能合式。惟念该举人等初次改试翻译，诵习未久，体例尚疏，若概从摈斥，未免阻其登进之心，特于四卷中酌取一卷，令与京旗试卷一体取中，此系朕格外从宽，勉强节取。嗣后，各该举人必当勤加练习，以期日益精通，用副朕敦本崇实，谆谆诰诫之意。倘仍狃于积习，视若具文，下科会试时仍复不能合式，必当一律摈弃，勿谓宽典可滥邀也。将此通谕知之。

四月丙辰　以大学士潘世恩、礼部尚书特登额、兵部尚书许乃普、都察院左都御史文庆、吏部右侍郎侯桐、兵部左侍郎朱嶟、工部右侍郎贾桢、内阁学士罗文嶲为殿试读卷官。

四月丁巳　策试天下贡士焦春宇等二百九名于保和殿。制曰：朕寅承昊苍眷命，列圣丕基，兢兢业业，夙夜不敢康，二十有四年于兹矣。顾臣邻尚少笃棐之忱，士子犹蹈轻浮之习，边圉之地利未尽开，九府之圜法未尽善，措施何以当，智虑何以周？斟酌古今，揆度时势，尔多士稽古有素，敷奏以言，必有嘉谟，用裨实政。大臣法，小臣廉，官职相序，君臣相正，国之肥也。则欲正君臣，序官职，必自大臣始矣。亲民之官，莫如守令，守令之贤否，视乎上官之取舍。古者兴廉举孝，敦崇节行，日计不足，月计有余。两汉循吏，大抵郡守令长，而公卿时出其中。玺书褒勉，增秩赐金，取才之道，意主风化，其尚有合于古欤？郭子仪减乐于杨绾，李师古折谋于杜黄裳，岂武臣疆帅亦视朝廷为转移欤？抑中外相维，大小相系，自然之势欤？三物教民，何以克收实效；三载考绩，何以力屏具文，取人以身之义，可指陈欤？士者，民之望、国之桢也。孔门论士，何以首重行己有耻，孟子亦言耻之于人大矣。然则知耻近勇，人心风俗所系，顾不重欤？三代以下，士风莫盛于汉，其时尊崇节义，敦厉名实，转移之权，奚自而致？清谈而后，绍及唐末，风气叠变，然而松柏后凋于岁寒，鸡鸣不已于风雨，繄岂乏人欤？宋儒聿兴，迄于明代，格物致知之学，与汉儒之通经致用，其裨益风化，同欤？异欤？综观古今士风之所尚，质之孔孟之言，将欲挽颓靡，返淳朴，变化而愧厉之，何道之从欤？自黄帝经土设井，而寓兵于农之法兴，三代因之，无所谓屯田也。汉文帝募民耕塞下，始有屯田之说。汉武通西域后，屯田渠犁，其后日益加多，如芍陂、南阳、合肥、成都、金城，不可枚举。其在西域者，能详考欤？古者播谷劝耕，爰有农官之设，农师田畯之名，备见经传，西域屯官名见于史者，能胪举欤？耕种必资灌溉，邓艾穿渠，最资利赖，西域之水可导以溉田者，能征于古以言之欤？唐代营屯并称，或谓以兵民分，其说然欤？唐时诸道所开之屯，凡九百二十有二，今西域尚有遗迹欤？种植之法，详于农书，前代屯田，有行区田者，其法最善，能详考而言其制欤？古者赋通百物，皆以布帛菽粟相交易。自大禹有历山之铸，而其利始兴；太公立九府之法，而其用遂广。《周官》外府、泉府所掌，皆以钱为敛散，能详言之欤？秦并天下，币为二等，汉武造白金三品，寻废不行，是上下通行之货，壹皆以钱，未尝用银也，以银为币，始于何时？行于何地？其式若何？其直若何？采银何以有禁，用银何以称便，能一一缕述之欤？钱式以何代为最善？论钱法者以何人为最详？盖其用取乎流通，利溥于民，而权操于国，制行于上，而弊除于下，必如是而后可为至善也？宋始有交子、钞行之名，有元一代，率用宝钞，明亦间踵而行之，流弊滋多，其得失究安在欤？凡此者以勖官常，而实力实心，毋谓恬熙为可恃；以教士习，而防情防伪，毋使幸进以梯荣。出作入息，边隅何以臻康阜之休？足国裕民，泉府何以有流通之利？讲肄所及，载籍所传，尔多士其详著于篇，朕将亲览焉。

四月戊午　引见辛丑科散馆及补行散馆人员。得旨：此次散馆之修撰龙启瑞，编修江国霖、龚宝莲业经授职，二甲庶吉士俞长赞、周宗濂、陈庆松、张晋祺、章琼、吴鼎昌、赵畇、何若瑶、童华、潘曾莹、曾广渊、贾樾、梁国瑚、蔡徵藩、徐玉丰、张金镛、童以炌、杨式谷、陈启迈、蔡念慈、徐墉、刘琨、梁绍献、葛景莱、蒋达、王凤翔、李湘华、葛高翯、林鹗腾、孙铬鸣、方寯、卢庆纶、文瑞、田树桢、张炜、李希彬、郑元璧、彭涵霖均着授为编修，三甲庶吉士张衍重、沈大谟、孙晋墀、宗室锡龄、颜培瑚、毕道远、宗室载龄均着授为检讨，韩锦云、钟世耀、张兴仁、马品藻、龚绍仁、汪坤、陈鉴、张樾、张振金、高延绶、郭礼图、朱锡珍均着以部属用，萧尚钦、高鸿飞、徐棻、洪毓琛、陈洪猷、张舒翰均着以知县即用。

四月己未　赏会试年老举人吴人瑞等十八名司业、检讨、学正职衔有差。

四月庚申　御乾清宫，召读卷官人，亲阅定进呈十卷甲第。

四月辛酉　上御太和殿。传胪。赐一甲孙毓溎、周学浚、冯培元三人进士及第，二甲王景淳等一百六人进士出身，三甲孙廷元等一百人同进士出身。

四月乙丑　以翰林院编修晏端书为云南乡试正考官，户部员外郎朱昌颐为副考官；翰林院侍讲学士万青藜为贵州乡试正考官，编修何绍基为副考官。

五月丁卯　命大学士潘世恩、都察院左都御史文庆教习庶吉士。

五月丁卯　授一甲一名进士孙毓溎为翰林院修撰，二名进士周学浚、三名进士冯培元为翰林院编修。

五月庚午　考试应开列试差满汉二品以下京堂各官于上书房。

五月辛未　引见新科进士。得旨：一甲三名孙毓溎、周学浚、冯培元业经授职外，王景淳、黄经、王之翰、李杭、边浴礼、孙鸣珂、冯誉骥、呼延榞、汪廷儒、周玉麒、朱梦元、吴骏昌、章嗣衡、周矗、何彤云、陈廷经、华日新、窦奉家、萧浚兰、张广居、邓廷楠、陈立、吴惠元、张弼、龚自闳、李宗焱、富呢雅杭阿、张坤、方浚颐、王恩祥、启文、刘熙载、殷寿臻、宋晋、马仪清、赵绶章、宋玉珂、杜翰、袁泳锡、宗室煜纶、胡连耀、克明、刘祝庚、金钧俱着改为翰林院庶吉士，王家璧、王柏心、庞家淦、尹开勋、孙寿祺、曹尊彝、周立瀛、赵元模、郑奇峰、王廷柱、文格、丁节、程諴、盛康、石元圭、张金鉴、傅浚、于凌辰、阎廷佩、刘坤、莫如德、德荫、曾兆鳌、高朗、曾咏、柳渊、崇保、王祺海、黄培昌、曾作舟、奎福、薄彭龄、李德莪、王鉴民均着分部学习，崇家鏊、王映斗、卢诜、林燕典、方坦、朱彦华、田丰玉、杜学礼、杜防、恩霖、邹崇孟、延彩、张建基、胡霖澍、王德炳、马百庆、张见田、王荣清、石意恭、康仲方、倪涛、张鸿鼎、金万清、朱源、李葆树、叶桂芬、王应蔚、杜卿霱、朱潮、周琛、笪慕韩、章含、黄桐勋、左元烺、孙廷元、叶华春、吕圻、陈曜图、张赋林、聂光銮、焦春宇、郑廷圭、任沛霖、黄庆萱、孙子淳、温德宣、蒋大镛、潘渭春、金祐、沈西序、姜联升、郭师泰、袁思韩、乔文蔚、梁康辰、吴英樾、杨大容、张逢辛、李映棻、刘应祥、周寅清、万承绛、陈大典、徐士琦、李辅、周治润、周相焯、黄之晋、孙钦若、戴臣法、秦时英、李福泰、沈熙麟、陈纪麟、应学湕、何玉端、杨鳣、孙源、王道立、沈云、靳丹书、宋备恪、刘宅寯、李焕春、董文炳、郑选士、汪铮、程祖润、郑霖溥、王榕吉、侯荣封、韩懋德、殷嘉树、林锡赓、高廷镆、刘宗城俱着交吏部签掣分发各省，以知县即用，刑部候补郎中王寿同着以郎中即用，户部七品小京官萧时馨着即作为该部候补主事，宗室英绩着以笔帖式用。余着归班铨选。

五月丙子　以翰林院侍讲何桂清为广东乡试正考官，修撰龙启瑞为副考官；编修冯桂芬为广西乡试正考官，检讨祁宿藻为副考官；光禄寺卿瑞常为福建乡试正考官，翰林院编修杨福祺为副考官。

五月戊寅　谕内阁：此次礼部题派广东、福建考官，照奏定章程，请将该省驻防翻译乡试题目随本发下。现在广州驻防呈应翻译乡试者人数无多，业据该将军等奏明展限，其福州驻防翻译乡试题目，着该部行知派出之该省考官，于起身前一日亲赴军机处恭领，带至该省内帘，严密收贮。届期面交该监临，俟试日点名以后，拆封刊刻。如关防不密，致前期稍有漏泄，惟该监临是问。此外各省翻译乡试应领试题，均着照此办理，仍着该部随本声明。

五月丙戌　以翰林院检讨李临驯为湖南乡试正考官，刑部主事乔晋芳为副考官；翰林院编修钱振伦为四川乡试正考官，汤云松为副考官。

六月庚子　以吏科给事中黄赞汤为奉天府府丞兼提督学政。

六月乙巳　以兵部左侍郎朱嶟为浙江乡试正考官，翰林院编修恽光宸为副考官；国子监祭酒叶觐仪为江西乡试正考官，翰林院编修李佐贤为副考官；编修仓景恬为湖北乡试正考官，殷兆镛为副考官。

六月乙卯　以翰林院编修甘守先为陕西乡试正考官，陈宝禾为副考官；工部左侍郎徐士芬为江南乡试正考官，翰林院编修江国霖为副考官。

七月辛未　以翰林院编修厉恩官为河南乡试正考官，田雨公为副考官；兵部右侍郎舒兴阿为山东乡试正考官，翰林院编修胡应泰为副考官；编修龙元僖为山西乡试正考官，匡源为副考官。

七月癸酉　谕：李莼奏，请酌增奉天学额一摺。各省例定学额，为士子登进之阶。奉天设学二百年来，应考士子，自必较前日众。然历任府丞回京后，朕屡加询问，均称仅敷进额。且近科会试覆试及殿试朝考，该省士子并无考取前列者。今李莼独称其文风日盛，足与别省相抗，请增学额，竟至过半，显系市誉于目前，留名于日后。所请着不准行。李莼着交部议处。

七月癸酉　江苏学政张芾谢授内阁学士恩。得旨：学臣原不准干预地方公事，然汝受朕知，官至二品，亦不可皆置膜外，凡吏治、民风、武备诸大端，亦当在在留心，上而以备采询，下而汝亦扩充识见。其志之。

七月己丑　以都察院左副都御史福济、顺天府府尹李惠监临顺天乡试。

八月丙申　谕内阁：卓秉恬等奏，请将解送誊录被窃卷摺印文之委员议处一摺。河间府任邱县县丞旷学煌押解誊录书手到京，所有笔迹摺卷、公文要件并不小心收藏，以致赴府署投文，中途被窃，非寻常疏忽可比。旷学煌着即行革职，仍饬令该革员将各书手按名识认，另写卷摺，由该府尹等查验笔迹，饬县印臂，严密解送入场。倘查有顶替雇倩等弊，即行从严究办。此案贼犯，着步军统领衙门、顺天府五城一体严拿务获。

八月戊戌　以都察院左都御史杜受田为顺天乡试正考官，刑部右侍郎张澧中、内阁学士罗文寯为副考官。

八月辛丑　谕内阁：李星沅奏，陕甘驻防所取翻译童生试卷送部后，据礼部咨开，应俟汇齐，奏请磨勘，是该生等照例不应乡试等语。本年各省驻防改应翻译乡试，事属创始，所有西安、宁夏驻防，既据该将军等各考取翻译童生五名，已合每十名取中一名之数，无庸俟磨勘后，始行乡试。即着该抚于文闱事竣，酌定翻译试期，照例考试。倘应试各生因道路窎远，一时未能到齐，试期并着稍从展缓。如展期后，应试人数仍不足十名，着即具奏停止。

八月壬子　谕内阁：江苏已革监生汪厚坤所犯原案，系科场舞弊，所请赏给议叙之处，着不准行。其所捐银两，着即行掷还。

八月壬子　谕：卓秉恬奏，查出乡试怀挟之士子，照例办理等语。附生王钺、副贡生龙炳均着照例斥革，枷号一个月，满日杖一百，折责发落。嗣后，遇有搜出怀挟士子，着照例刻即枷号场门，俾众目共睹，以示惩儆。如不当时枷号，着专司稽查之都察院堂官查明参奏，如该堂官隐匿不奏，别经发觉，一并重处不贷。

九月乙丑　以河南巡抚鄂顺安督办中牟大工，命本科武闱乡试改于来年二月校阅。

九月丁卯　谕内阁：向来武乡试会试，派有监射、较射之王大臣会同校阅，自应秉公商酌，遴选真材。嗣后，该王大臣等务当公同商定，不准专擅，亦不准互相推诿。

倘有前项弊端，着监试御史据实参奏。

九月戊辰　谕：裕诚等奏，已革武举朦混赴考等语。福建武举胡邦杰系因售卖烟土斥革，并饬令严缉究办之犯，何以该省巡抚仍行给咨赴部？着刘鸿翱确切查明具奏。胡邦杰投咨后，并未赴部过堂，着步军统领衙门、顺天府五城一体严缉务获，送交刑部审办。寻，刘鸿翱奏，已革武举胡邦杰前在京贩卖鸦片，业经斥革，因事隔多年，不知先行斥革，是以请咨会试，并非隐匿原案，亦无贿嘱书役情弊，应照一年六个月内贩卖鸦片烟土例，发往新疆充当苦差。下部议，从之。

九月辛未　以捐修浙江松阳县文庙考棚，予绅士章黼等议叙有差。

九月乙亥　以内阁学士赵光知武举，吏部右侍郎侯桐为武会试正考官，内阁学士罗文寯为副考官。

九月戊寅　兵部以武会试中额请。得旨：满洲取中二名，蒙古取中二名，汉军取中六名，直隶取中十五名，奉天取中一名，山东取中七名，山西取中五名，河南取中十四名，陕甘取中二名，江苏取中一名，安徽取中三名，浙江取中三名，江西取中四名，湖北取中二名，湖南取中一名，福建取中二名，广东取中二名，广西取中一名，四川取中二名，云南取中一名，贵州取中一名。

九月辛巳　以礼部尚书特登额为满洲翻译乡试正考官，司经局洗马德龄为副考官。

九月戊子　谕内阁：此次覆试武举刀力、石力不符之刘英魁、闵长申、文寿、玉庆、朱连升、李德明、白云凤俱着罚停殿试一科。所有原围监射王大臣、较射大臣着交宗人府、吏兵二部照例议处。其补行覆试，弓力仍不相符之武举傅廷扬、定魁着再罚停殿试一科。

十月甲午　试中式武举王琴堂等八十四人于太和殿前。

十月丙申　上御紫光阁，阅中式武举马步射。

十月丁酉　上御箭亭，阅中式武举技勇。

十月丁酉　御乾清宫，引见中式武举，亲定甲乙。

十月戊戌　御太和殿。传胪。赐中式武举一甲张殿华、钱昱、刘清江三人武进士及第，二甲王琴堂等十人武进士出身，三甲祥保等七十一人同武进士出身。

十月己亥　谕内阁：李星沅奏，陕甘驻防翻译乡试，请再展期一摺。西安、宁夏翻译各生，现止九名应试，其续经送部之凉州、庄浪考取翻译各生，自应一律准其合考。惟据称岁晚路遥，应试各生恐难克期而至，着照所议，将试期展至来年二月十六日举行，以示体恤。

十月甲辰　以内阁学士罗文寯为顺天武乡试正考官，詹事府詹事陈宪曾为副考官。

十二月丙申　赏顺天等省乡试年老诸生刘芳霞等六十一名举人、副榜有差。

十二月己酉　谕内阁：前据给事中安诗奏，本科中式举人各卷内有钞录旧文，请旨饬办，并请严定章程。当交礼部查议。兹据查明，浙江中式举人吴应壬、湖北中式举人周崇勋实系钞录旧作。吴应壬、周崇勋着照例革去举人，并将生监一并斥革。惟录旧间由记诵，亦难保必无怀挟，节经叠降谕旨，严加惩治。嗣后，着各省督抚于乡试监临时，严饬所属认真搜检，遇有怀挟士子，立即枷示场门。并按照所出题目，多调坊间刻文，交考官详加稽核，以杜幸进而崇实学。

十二月甲寅　谕内阁：礼部奏，遵旨查议一摺。赵景贤籍隶归安，在乌程考试入学中式，实属有违定例。着即革去举人，免其治罪。赵炳言自行检举，着加恩，改为交部察议。至《学政全书》所载同省异府、同府异县不准冒籍入学，其同城异县是否准其通考之处并无明文，应如何酌定章程，着礼部妥议具奏。又另片奏，籍贯舛错者，限一年内自行呈明等语。着照所议办理。

道光二十五年（1845年）

正月庚辰　以内阁学士瑞常、太仆寺卿黄琮知贡举。

正月乙酉　谕内阁：礼部奏，遵旨酌议应考章程一摺。据称，各省异县同城者，即照同府异县之例，均不准其通考。惟异县同城，与同府异县者究竟有无区别，至所称土著良民，初应童试，如两县各有粮税，以现在所居之室庐为断等语。各省士民室庐，迁移无定，有祖父本居是县而子孙迁居他县者，并有本身初则籍隶是县、后经迁徙他县者，又将作何办理？若概以室庐为断，难保不启抑勒讹诈之渐。且各省考试文童，尚有商籍、灶籍、卫籍等名目，或其人在是省充商，而室庐转在邻省，该文童取进时，经学政分拨府学、县学，其父兄子弟籍贯即不能画一。应如何明定章程，俾无窒碍之处，着礼部另行妥议具奏。

二月甲辰　谕内阁：礼部奏，遵旨另议同城异县考试章程一摺。嗣后，同城异县父子籍贯舛错者，着仍照该部前议，于文到日，限一年内呈明更正。如其父已故，间有兄弟异籍者，应令各入各籍，所生子孙，即以本身之籍为籍，不得复行两县通考。至初应童试良民，祖父并未应试，于初届报考时，查明现在所居室庐，并取具各结送考；既考此县，无论取进与否，以后纵有迁移，亦不得复考彼县。至浙江商籍分拨县学者，应如何办理俾无窒碍之处，着由该部咨明浙江巡抚、学政详查，声覆到日，再行核办。寻奏，浙江商籍童生，查系取进后，分拨杭州府、仁和、钱塘三学，以致父子籍贯未能画一。嗣后，商籍各生，父子异籍者，限一年呈明更正。其应考童生，父兄曾拨何县，应从父兄之籍。如初次报考，以现居室庐为断，卷面注明仁和、钱塘字样，各按本籍取进分拨。从之。

二月丁巳　赏四川等省甲辰科乡试年老诸生先甲三等四十五名举人、副榜有差。

三月丁卯　谕内阁：给事中雷以諴奏，捐输各员，请饬部随时详察，以清流品一摺。历来常捐、大捐均照例取具各该旗佐领图结及同乡京官印结，惟捐输各员系各该生自行具呈，并不取具图结印结，此项捐生人数众多，难保无隐匿犯案、改名朦捐之事。

着吏部于捐输各员铨选到班时，留心详察，加意严查，如实有前项情弊，即行据实参办，并着饬令该捐生等各取具该旗佐领图结及同乡京官印结，方准赴选，以重名器而杜冒滥。

三月丁卯　以大学士穆彰阿为会试正考官，兵部尚书许乃普、户部右侍郎贾桢、工部右侍郎周祖培为副考官。

三月丙子　谕内阁：乡会试为抡才大典，应试士子怀挟入场，自应照例黜革，从严治罪。至误带书本，非本场应用之物，及误带前场所作文字，或以字纸包裹物件，情节各有不同，其作何分别办理之处，必应详明定例，以便遵循。现在《科场条例》内未经分晰声叙，着该部将近年办过成案，悉心参酌，画一定议，即纂入条例，永远遵行。其旧例内止系空言无从照办者，着即酌量删除，俾从简易，务使该士子等晓然于定例严明，无可避就，以归核实而革浇风。

三月辛巳　礼部以宗室会试中额请。得旨：取中二名。

三月壬午　谕军机大臣等：昨有旨派赓福驰往盛京，会同广林、黄赞汤查办事件，赓福业已带同刑部司员前往，广林、黄赞汤着无庸派员会审。接奉此旨，如黄赞汤业经出棚开考，一俟试竣，即着赶紧回至奉天，会同审办。将此各谕令知之。

三月甲申　礼部以会试中额请。得旨：满洲取中六名，蒙古取中二名，汉军取中四名，直隶取中二十名，奉天取中二名，山东取中十六名，山西取中十名，河南取中十四名，陕甘取中十三名，江苏取中十六名，安徽取中九名，浙江取中十八名，江西取中十六名，湖北取中九名，湖南取中八名，福建取中九名，广东取中十名，广西取中七名，四川取中八名，云南取中八名，贵州取中七名。

四月庚子　以户部尚书赛尚阿为满洲翻译会试正考官，内阁学士庆锡为副考官。

四月乙巳　赏广东阵亡副将陈连升次子起鹏举人，一体会试。

四月己酉　礼部以翻译会试中额请。得旨：取中二名，驻防取中三名。

四月庚戌　以大学士穆彰阿、礼部尚书特登额、吏部右侍郎侯桐、礼部左侍郎冯芝、兵部左侍郎朱嶟、工部右侍郎福济、周祖培、内阁学士罗文寯为殿试读卷官。

四月辛亥　策试天下贡士蒋超伯等二百十七名于保和殿。制曰：朕缵膺大宝，统御寰区，中外乂安，于兹二十有五载。仰荷昊苍眷佑，列圣垂庥，敕命时几，兢兢业业。深念崇登进以熙治绩，筹积贮以裕仓储，敦教化以正风俗，奋武卫以诘戎兵，期膺上理，延访为殷。尔多士拜献先资，对扬伊始，冀聆谠论，式赞嘉猷。治天下者，莫重乎进贤用人。《舜典》曰："明试以功，敷奏以言。"《皋陶谟》曰："亦言其人有德，乃言曰载采采。"知人则哲，自古其难，帝世若是其郑重也，乃后世君臣相得，或取决于立谈之顷，若张良之以石投水，王猛以异符同契，何耶？大智若愚，大诈若忠，或外忠而内奸，或始贤而终佞，察其诚伪，辨其邪正，厥道何由？夫君子小人，各从其类，然如诸葛亮、李泌、司马光诸人，卓然名世，必无徇私阿比之习，而其所荐举者，或未必皆贤，或反为其所误，抑又何说？孔子曰："取人以身。"程子曰："在己者能知言穷理，则能以此察人。"斯则浚其源之论也。试更阐发而详言之。夫食为民天，《周礼》

仓人藏粟，旅师聚粟，遗人委积，其为储蓄甚备。常平仓、义仓、社仓，立法最善，然行之既久，均不能无弊。《元史》所载河西务十四仓，京师二十二仓，通州十三仓，即今制所由昉。顾天庾转输，丁胥丛杂，回漕搀和之弊，何以杜之？平粜所以便民，其后或筑富人仓，或置东西市，果可遵欤？管子守国、守谷之说，李悝籴三籴二籴一之论，所言果有当欤？宇文融之益贮九谷，孙成之发仓贱售，皆有可采欤？丰歉因乎岁，久暂因乎时，燥湿因乎地，果何术而使储积无红朽之虞，售易无腾踊之患欤？则转输之法，粜籴之宜，久贮之方，平价之道，非尤宜亟讲欤？司徒修六礼，明七教，凡以节民性、兴民德也。《坊记》数千百言，皆以坊民而已。故《周礼》有禁暴之官，王制严左道之律。我国家化泽涵濡，士大夫读书明理，自不为异论所移，至乡曲蠢愚，或诱于祸福之说，往往有焚香诵经，自罹法网。若概从禁绝，则祈报蜡社，皆将为吏胥需索之端；如虑其滋扰而不为之坊，又恐奸黠匪徒辗转煽惑，酿成巨案。今将为杜渐防微、清源正本，使愚氓尽知礼义之维而奇邪不作，其何道之从欤？古无所谓兵，凡民皆兵也；无所谓将，六卿皆将也。周官之制，居则为比闾、族党、州乡，出则为伍两、卒旅、师军，至春秋而晋有爰田，楚有两广，古制日紊。嗣后，祟卒用徒，车战又废，岂古之制不宜于后欤？汉则内有南北军，外有郡国兵，厥制奚若？唐之府兵，最为近古，何以改为彍骑？宋收节度之权，改为更调，孰为合宜？明之五军都督府，犹有唐府兵遗意，何以改为十二团营，又改为三大营欤？夫兵可百年不用，不可一日无备，其何以副朕整饬戎行、设兵卫民之意乎？凡厥四端，克知灼见之用，惠民利济之方，安良除莠之谟，经武整军之要，皆立政之大纲、保邦之至道也。多士学于古训，通知时事，以敷奏为明试，务收实用，毋摭肤辞，朕将亲览焉。

四月辛亥　赏会试年老举人李肇文等十二人编修、检讨、学正衔有差。

四月壬子　引见甲辰科散馆人员。得旨：此次散馆之修撰孙毓溎，编修周学浚、冯培元业经授职，二甲庶吉士何彤云、萧浚兰、冯誉骥、马仪清、吴骏昌、李杭、王恩祥、张广居、王之翰、袭自闳、周玉麒、陈延经、宋玉珂、刘熙载、窦奉家、汪廷儒、章嗣衡、吴惠元、王景淳、张桐、启文、宋晋、林汝舟、孙鸣珂、边浴礼、殷寿臻、方浚颐、李宗焱、富呢雅杭阿均着授为编修，三甲庶吉士李光彦、杜翰、袁泳锡、杨元白、青麟、宗室煜纶均着授为检讨，刘祝庚、克明、金钧、钟宜年、邓廷楠、华日新、赵绶章、胡连耀、张弼、刘琨耀、陈寿图均着以部属用。

四月甲寅　御乾清宫，召读卷官人，亲阅定进呈十卷甲第。

四月乙卯　上御太和殿。传胪。赐一甲萧锦忠、金鹤清、吴福年三人进士及第，二甲钟启峋等九十八人进士出身，三甲奎章等一百十六人同进士出身。

四月丁巳　转户部右侍郎贾桢为左侍郎兼管三库事，调工部左侍郎徐士芬为户部右侍郎兼管钱法堂事务，转兵部右侍郎孙瑞珍为左侍郎，仍留江西学政任。

五月辛酉　授一甲一名进士萧锦忠为翰林院修撰，二名进士金鹤清、三名进士吴福年为翰林院编修。

五月壬戌　命候补翰林院侍讲学士戴熙提督广东学政。

五月乙丑　引见新科进士。得旨：一甲三名萧锦忠、金鹤清、吴福年业经授职外，钟启峋、周寿昌、陈介祺、何桂芬、徐元勋、蒋志淳、冯琛、孙鼎臣、李联琇、张正椿、阎敬铭、童福承、潘遵祁、皂保、贡璜、沈炳垣、袁芳瑛、左瑛、李国棠、杨翰、郭骥远、孟培桢、胡瑞澜、刘书年、周士炳、黄廷绶、宜振、章光斗、恽世临、罗嘉福、萧玉铨、陈泰初、曹骅、沈锡庆、徐德周、吕序程、何廷谦、张守岱、王荣第、李鹤年、李梦周、曹炳燮、奎章、罗宝森、毛昶熙、丁士元、阎翥鹏、徐嵩生、徐鬲、岳云衢、包炜俱着改为翰林院庶吉士，王宪成、陈敬简、梁经先、王锡龄、何秋涛、张璐、冯栻、赵炳坤、刘荣琪、尚庆潮、周辑瑞、文起、胡沄、夏家泰、谢谦亨、林寿图、郑锡瀛、蒋超伯、容文明、孟传金、徐时梁、华定祁、潘桂、高倬、宗室定纶、林廷选、张观钧、缪嘉谷、裕丰、恩隆、沈丙莹、张兆栋、高贡龄、文祥、裘望洙、陈广德、郎应宿、何栻、朱枡、朱庆芬、柏春、王赞襄、李国梓、叶廷杰俱着分部学习，黄文奎、郭印瑚、路璜、刘伯埙、李廷楷、高会嘉、顾骏、张和、姚宝铭、王殿麟、高长绅、蔡廷兰、郑东华、朱德沄、蔡世佑、孙培金、李义得、吴昌寿、边厚庆、黄汝梅、封毓璋、王书勋、赵桂芬、郭志融、任辉第、杜受履、朱凤樗、姚玉田、刘兴桓、阎海林、赵东曙、陈应台、陈德诠、华廷杰、王钟淮、宋维屏、张敏行、杨子仪、李毓珍、李维著、申逢吉、黄光周、顾鸿逵、丰安、杨照藜、李朝仪、梁汝弼、莫廷蕃、张大观、张炳坤、于醇儒、张钟彦、密云路、文颖、黄辅相、俞云锦、池剑波、陈其晟、陈昆、谢邦鉴、祝祐、吕式古、吕铨、杨本厚、冷嘉植、黄廷瓒、朱国宾、李珣、韩一松、郑之钟、莫炽、李成芳、谢兰省、卫东阳、程培礼、许凤翔、仲孙樊、邵启元、王汝舟、周灏、杨上达、张凯嵩、钟荣光、车汝震、潘毓瑞、王万龄、施琼芳、焦肇瀛、黄恩霨、刘体中、林泽芳、黄开泰、马玉堂、任殿选、成福、饶褎甲、董炳章、唐守道、周仁寿、姚体俨、赵润芳、黄士元、王者诏、陈光前、贺庄、任秩五、胡启文、吴冠庠、张奋翼、陈汝峰、世昌、李重华俱着交吏部签掣分发各省以知县即用。

五月丙子　礼部尚书特登额等覆奏，乡会试士子怀挟章程五条。一、头场怀挟经书诗文，斥革、枷杖。虽系误带，不准援减。一、头场夹带二三场，二场夹带三场，埋藏取巧，斥革、枷杖。一、二场误带头场文字，三场误带头二场文字，免其枷杖，应仍斥革；其二三场误带头二场，自作文稿者，免其斥革，仍逐出不准入场。一、误带字纸包裹食物及误带闲废字纸者，免其斥革，仍逐出不准入场。一、士子怀挟，其父师应一并究治，以杜弊源。得旨：依议。该部即纂入则例，永远遵行。至父师究治一条，着毋庸议。

六月丙申　以詹事府少詹事李嘉端为内阁学士兼礼部侍郎衔，仍留福建学政任。

七月庚午　赏河南等省甲辰科乡试年老诸生张世和等二十一名举人、副榜有差。

七月甲申　谕：礼部议奏，御史张修育奏清厘籍贯、以杜冒滥一摺。士子冒籍跨考，作何办理，定例本极详明，嗣后，着仍照旧例办理，以免纷更。

九月己巳　以工部左侍郎罗文寯知武举，工部右侍郎周祖培为武会试正考官，翰林院侍讲学士孙铭恩为副考官。

九月甲戌　兵部以武会试中额请。得旨：满洲取中三名，汉军取中六名，直隶取中十五名，奉天取中一名，山东取中四名，山西取中二名，河南取中十二名，陕甘取中二名，江苏取中一名，安徽取中二名，浙江取中二名，江西取中五名，湖北取中二名，湖南取中一名，福建取中二名，广东取中二名，广西取中一名，四川取中一名，云南取中一名，贵州取中一名。

九月辛巳　谕内阁：梁萼涵奏，请将劣迹多端之举人斥革审办一摺。此案大挑教职举人卢文和不知安分，辄敢恃符扰害，劣迹多端，情类棍徒，着即斥革究办，以为恃符玩法者戒。寻奏，已革绛州举人卢文和合依诈赃至一百二十两以上，律拟流。惟该犯事犯到官在清刑恩旨以前，应请减流为徒。下部议。寻议，查该犯情节较重，应不准其援减。从之。

九月辛巳　赏湖南甲辰科乡试年老诸生罗青云等副榜。

九月甲申　试中式武举吴德新等六十六人于太和殿前。

九月丁亥　上御紫光阁，阅中式武举马步射。

九月戊子　上御箭亭，阅中式武举技勇。

十月己丑　御乾清宫，引见中式武举，亲定甲乙。

十月辛卯　上御太和殿。传胪。赐一甲吴德新、蕙椿、赵鸿举三人武进士及第，二甲李省躬等五人武进士出身，三甲董玉龙等六十一人同武进士出身。

十月癸卯　以恭上恭慈康豫安成庄惠寿禧崇祺皇太后徽号礼成，上御太和殿，王公大臣、文武官员行庆贺礼。礼成，颁诏天下。诏曰……一、各省儒学，以正贡作恩贡，次贡作岁贡。一、国子监监生，免坐监一月。……布告天下，咸使闻知。

十二月丁酉　工部左侍郎罗文寯因病解任，以内阁学士王广荫为工部左侍郎，仍留顺天学政任。

十二月癸卯　谕：礼部奏，案关文生应行斥革，刑部并未会同礼部核议等语。此案浙江文生张礼于人命重案，辄向说钱私和，虽经刑部查明，并未过钱，拟杖议准援免。惟本案关系罪名至绞监候之重，该生辄敢私行议和，且说钱已有成数，即与贿赂有据者无异，张礼着仍行斥革。刑部承办此案司员并不照例会同礼部办理，着查取职名，交部议处。嗣后，遇有案情关涉举贡生监应行斥革、开复之处，着刑部仍遵前奉谕旨，会同礼部定议具奏，免致办理两歧。

十二月癸卯　以候补四五品京堂汪本铨为奉天府府丞兼提督学政。

十二月甲辰　以翰林院侍讲学士戴熙为光禄寺卿，仍留广东学政任。

十二月乙巳　调奉天府府丞汪本铨为顺天府府丞，顺天府府丞龚文龄为奉天府府丞，兼提督学政。

道光二十六年（1846 年）

二月甲辰 以光禄寺卿戴熙为内阁学士兼礼部侍郎衔，仍留广东学政任。

五月庚申 以本年乡试，考试应开列试差人员于圆明园正大光明殿。

五月戊辰 正黄旗蒙古都统成郡王载锐奏，查向例报考乡试诸生，例由本旗校阅骑射，本年丙午科文乡试届期，照例校阅。兹查有文生员成枚雇倩镶蓝旗护军祥德顶替马箭，大干例禁，请从重惩办。得旨：着交刑部审明办理。寻奏，成枚因该旗校阅骑射，临时扭跌右腿，嘱祥德代替马箭，讯非豫为雇倩，惟究属违制。成枚应革去文生员，祥德应革去护军，系旗人照律鞭责。时逢热审，减责发落。从之。

五月甲申 以翰林院编修潘曾莹为云南乡试正考官，张炜为副考官；编修金鹤清为贵州乡试正考官，吴福年为副考官。

闰五月甲午 以内阁学士全庆为广东乡试正考官，翰林院编修陈启迈为副考官；编修冯誉骥为广西乡试正考官，邹振杰为副考官；詹事府詹事孙葆元为福建乡试正考官，翰林院编修蔡念慈为副考官。

闰五月乙巳 以翰林院编修萧浚兰为湖南乡试正考官，冯培元为副考官；编修徐士谷为四川乡试正考官，宗人府主事吴嘉洤为副考官。

六月癸亥 以刑部左侍郎周祖培为浙江乡试正考官，翰林院编修王景淳为副考官；光禄寺卿汪本铨为江西乡试正考官，翰林院编修汪廷儒为副考官；编修廉师敏为湖北乡试正考官，何彤云为副考官。

六月癸酉 以翰林院侍讲陈宝禾为陕西乡试正考官，右春坊右中允青麟为副考官；户部左侍郎柏葰为江南乡试正考官，通政使司副使黄赞汤为副考官。

六月壬午 准予告大学士阮元重赴鹿鸣宴，晋太傅，赏全俸。

七月丙戌 以内阁学士德龄、顺天府府尹李惠监临顺天乡试。

七月己丑 以翰林院侍读学士孙铭恩为河南乡试正考官，吏部员外郎林映棠为副考官；内阁侍读学士朱嶟为山东乡试正考官，翰林院编修吴保泰为副考官；检讨毕道远为山西乡试正考官，编修彭涵霖为副考官。

七月庚戌 致仕大学士阮元奏谢加太傅衔，重赴鹿鸣宴恩。得旨：览奏均悉，愿卿福寿日增，以待三赴鹿鸣之盛也。

七月壬子 改派都察院左副都御史灵桂监临顺天乡试。

八月丙辰 以户部右侍郎徐士芬提督顺天学政，署吏部左侍郎李煌提督江苏学政，太仆寺卿罗惇衍提督安徽学政，詹事府詹事孙葆元提督江西学政，兵部右侍郎赵光提督浙江学政，宗人府府丞彭蕴章提督福建学政，翰林院编修梁同新提督湖北学政，江国霖提督湖南学政，葛景莱提督河南学政，太常寺卿何桂清提督山东学政，编修龙元僖提督山西学政，王祖培提督陕甘学政，徐士谷提督四川学政，内阁学士全庆提督广东学政，编修周学浚提督广西学政，王恩祥提督云南学政，何桂珍提督贵州学政，奉天府府丞兼学政龚文龄留任。

八月丁巳　调湖北学政梁同新提督湖南学政，湖南学政江国霖提督湖北学政。

八月丁巳　以翰林院编修萧浚兰提督云南学政。

八月戊午　以户部尚书祁寯藻为顺天乡试正考官，兵部尚书文庆、吏部右侍郎福济为副考官。

八月庚午　顺天府以宗室乡试中额请。得旨：取中四名。

九月辛卯　以理藩院尚书吉伦泰为满洲翻译乡试正考官，宗人府理事官绵森为副考官。

十月丁巳　谕内阁：林则徐奏，乡试揭晓后，查出中式副榜内有朱墨不符，据实检举，请旨更正一摺。本年陕西乡试中式第十名副榜之诚字七十五号，与实在取中之成字七十五号红号错误，以致朱墨卷不符。着该部查明更正。监临官林则徐、正考官陈宝禾、副考官青麟未能详细查对，均着交部议处；提调、监试等官着一并查取职名，交部议处。

十月癸亥　以翰林院侍讲学士温葆淳为顺天武乡试正考官，詹事府少詹事叶觐仪为副考官。

十月癸酉　吏部奏，遵议陕西办理红号错误处分。得旨：陕西正考官、翰林院侍讲陈宝禾，副考官、詹事府左中允青麟均着降一级留任，准其抵销；监临官林则徐应得降一级留任处分，着加恩宽免。

十一月丁亥　赏顺天等省乡试年老诸生陈镛等五十九名举人、副榜有差。

十一月壬辰　命左春坊左庶子丁嘉葆提督贵州学政。

十一月己酉　谕：黄恩彤奏，应试年老武生三场完竣，请赐职衔一摺。所奏甚属冒昧。国家设科取士，原属文武并重，惟每届乡会榜后，查明年老诸生，赏给副榜、举人及司业、检讨等职衔，则专为文场而设，与武生专较年力者不同。黄恩彤既知向无赏给年老武生职衔之例，乃必欲饰词陈请，是只知见好沽名，受人朦蔽，甘置旧章于弗顾。倘各督抚相率为伪，竞尚虚文，于政事有何裨益？所奏断难准行。黄恩彤违例妄请，大失朕望，着交部严加议处，以为市恩邀誉者戒。

十二月癸丑　谕内阁：昨因黄恩彤违例妄请赏给年老武生职衔，饰词渎奏，市恩邀誉。当降旨交部严加议处，并谕兵部查明定例。据奏称，武生武举年逾六十者停其咨送乡会试。乾隆九年、十八年，经该部先后议覆蒋溥、多伦条奏，严定章程，六十以上者不准入场等语。兹据吏部照妄行条奏例，从严议以降三级调用。武生符成梅现年八十四岁，照例本不应收考，黄恩彤滥准入场，已属违例。且身为大吏，只知见好于人，擅开例制，代乞恩施，尤为谬妄。黄恩彤着即行革职，交耆英差遣委用。所有该武生符成梅六十以后，历科违例送考、收考之各学政、巡抚，并着该部查取职名，严加议处。

十二月己未　户部右侍郎顺天学政徐士芬因病解任，以署吏部左侍郎李煌为户部右侍郎兼管钱法堂事务，仍留江苏学政任。

十二月己未　命内阁侍读学士朱嶟提督顺天学政。

十二月乙丑　以宗人府府丞彭蕴章为都察院左副都御史，仍留福建学政任。

十二月辛未　以内阁学士全庆为刑部右侍郎，仍留广东学政任。

十二月甲戌　命翰林院修撰孙毓溎提督云南学政。

道光二十七年（1847 年）

正月辛丑　命翰林院编修萧时馥提督河南学政。

正月壬寅　以都察院左副都御史灵桂、吏部左侍郎季芝昌知贡举。

二月丁卯　赏江苏等省丙午科乡试年老诸生王金声等一百八十四名举人、副榜有差。

三月乙酉　以大学士潘世恩为会试正考官，工部尚书杜受田，内阁学士、署户部右侍郎朱凤标，吏部右侍郎福济为副考官。

三月戊戌　礼部以宗室会试中额请。得旨：取中二名。

三月庚子　谕内阁：从前乡会试回避士子，雍正年间，曾于内阁另行考试，或将试卷另封进呈，派员校阅，均系出自特恩，并未着为定例。迨乾隆年间，即经先后停止。嗣因御史眭朝栋率行陈请，瞻顾徇私，当奉严旨将该御史拿交刑部治罪；至嘉庆四年，复有御史郭仪长条陈此事，经部议准，仍奉特旨驳饬。是回避士子另行考试，事属难行，叠奉圣训昭垂，岂容臣工任意渎请？祝庆蕃现任礼部尚书，明知此事早经停止，乃因本科回避士子人数较多，独出己见，率行面奏，实属沽名钓誉，冒昧渎陈。着交部严加议处。嗣后，乡会试回避士子，无论人数多少，其另行考试之处，并着永远停止。

三月辛丑　礼部以会试中额请。得旨：满洲取中六名，蒙古取中二名，汉军取中五名，直隶取中二十名，奉天取中二名，山东取中十七名，山西取中九名，河南取中十五名，陕甘取中十七名，江苏取中十七名，安徽取中十名，浙江取中十八名，江西取中十七名，湖北取中九名，湖南取中八名，福建取中九名，广东取中十名，广西取中七名，四川取中八名，云南取中八名，贵州取中七名。

三月乙巳　谕内阁：前因祝庆蕃以本科回避士子人数较多，率请另行考试，冒昧渎陈，当交部严加议处。兹据该部议以降三级调用。因该员任内有革职留任之案，照例请革任等语。祝庆蕃着加恩，改为降二级调用。

四月丁巳　以礼部尚书保昌为满洲翻译会试正考官，通政使司通政使桂德为副考官。

四月丁卯　引见乙巳科散馆及补行散馆人员。得旨：此次散馆之修撰萧锦忠，编修金鹤清、吴福年业经授职，二甲庶吉士刘书年、罗嘉福、胡焯、孙鼎臣、李联琇、陈介祺、孟培桢、周寿昌、潘遵祁、徐元勋、胡瑞澜、呼延桭、曹骅、张守岱、黄廷绶、黄经、贡璜、蒋志淳、何廷谦、杨翰、王荣第、左瑛、郭骥远、吕序程、钟启峋、袁芳瑛、沈锡庆、皂保、沈炳垣、萧玉铨、宜振、冯琛、李梦周、童福承、张正椿、何桂芬俱着授为编修，三甲庶吉士包炜、徐嵩生、徐鼒、奎章俱着授为检讨，陈立、阎敬铭、罗宝森、丁士元、徐德周、胡家玉、阎翥鹏、恽世临、曹炳燮、姚光发、岳云衢俱着以部属用。

四月丁卯　礼部以翻译会试中额请。得旨：京旗取中二名，各省驻防取中九名。

四月戊辰　以大学士宝兴，协办大学士、吏部尚书陈官寯，礼部尚书魏元烺，吏部左侍郎季芝昌，礼部右侍郎吴钟骏，兵部右侍郎朱凤标，内阁学士黄琮、李嘉端为殿试读卷官。

四月己巳　策试天下贡士许彭寿等二百三十一名于保和殿。制曰：朕缵膺大宝，统御寰区，中外乂安，于兹二十有七载。仰荷昊苍眷佑，列圣垂庥，敕命时几，兢兢业业，深念通经致用之方，化民成俗之本，藏富裕国之模，除暴诘奸之法，期臻上理，延访维殷。尔多士拜献先资，对扬伊始，冀聆谠论，式赞嘉猷。自秦燔六经，微言中绝，汉兴，除挟书之禁，遗籍间出，诸儒说经者大抵皆孔门苗裔。商瞿受《易》，六传至田何，其间授受姓名，《史记》与《汉书》互异，何欤？子夏之诗，四传至大毛公，左氏受《春秋》，八传至张苍，二家相承之渊源，能备举欤？伏生治《书》，后仓说《礼》，俱不详所自出，或谓伏生受书于秦李克，信欤？承后氏之学者，能条其流派否？武帝广厉学官，各家皆立博士，至贞观正义之行，前代诸家不复兼存，义归画一，说果善欤？自汉以后，师儒莫盛于宋，程张皆深于《易》，其传《易》弟子，可略陈欤？朱子《诗》、《礼》二经弟子，其入室者何人欤？风俗为治平之本，而教化实风俗之原。古昔盛时，民生敦庞，怀忠抱悫，乡闾族党，比户可封，然犹以时读法，纠其过恶。异言异服则有讥，无授无节则弗纳。道德一，风俗同，左道乱众之徒，自无由煽诱以售其怪诞之说。自习尚浇漓，异端蜂起，敛财聚众，结党传教，愚民无知，转相渐染，岂果迫于饥寒，而乃甘冒重辟，以冀其幸免欤？抑牧民者教导无方，俾之陷于邪慝欤？何以使桀黠者革面洗心，愚懦者守分循法，而不为其所惑欤？孟子曰：“经正则庶民兴。”韩愈曰：“明先王之道以道之。”倘可丕变欤？积贮者，生人之大命。《周礼》仓人藏粟，旅师聚粟，遗人委积，储蓄甚备。汉耿寿昌筑常平仓，时称便矣。后汉刘般谓常平“外有利民之名，内实侵刻百姓”，其故安在？当境采买，固虞勒派，采自邻封，又添运费，果何以使官民两不受累欤？成周以后，义社二仓，立法最善，然行之既久，均不能无弊。社仓之法，隋唐行之，不久便废，至朱子而独有成效，能推本其良法美意欤？《元史》所载河西务十四仓，京师二十二仓，通州十三仓，即今制所由昉，顾天庾转输，丁胥丛杂，搀和之弊，何以杜之？今欲储积无亏，旱涝有备，转输之法，粜籴之宜，久贮之方，平价之道，不尤宜一一讲求欤？夫安民必先弭盗，弭盗莫如保甲。周官有比闾族党之制，管仲创轨里连乡之法，皆以里闬相习之人，察耳目最近之事，其法至为美备。惟是营汛堡墩之设，不能不寄之兵弁；寺院庵观之察，不能不责之吏胥。赏罚不明，则兵或纵盗；稽查不力，则吏或藏奸，有治法不尤贵有治人欤？至于洋面辽阔，岛澳险僻，匪徒出没靡常，迫之则潜踪伺隙，缓之则肆掠商旅，其何以绝其接济而捣其巢窟也？夫衣食足则礼义生，所以正本澄源者，果遵何道欤？凡厥四端，研经以裕儒修，训俗以端化本，储粟以充国赋，禁暴以卫民生，皆立政之大纲，经邦之要道也。多士学于古训，通知时事，以敷奏为明试，务收实用，毋摭肤辞，朕将亲览焉。

四月己巳 以詹事府詹事孙葆元为内阁学士兼礼部侍郎衔，仍留江西学政任。

四月庚午 赏会试年老举人先甲三等十九名编修、检讨、学正衔有差。

四月壬申 御乾清宫，召读卷官入，亲阅定进呈十卷甲第。

四月癸酉 上御太和殿。传胪。赐一甲张之万、袁绩懋、庞钟璐三人进士及第，二甲许彭寿等一百十人进士出身，三甲李森等一百十八人同进士出身。

四月乙亥 谕内阁：着于五月初一日，在圆明园正大光明殿考试翰詹，应行豫备事宜，着该衙门照例办理。所有此次留馆人员，着毋庸与考。

四月丙子 谕内阁：此次大考翰詹，所有上书房行走之詹事府少詹事叶觐仪、翰林院侍讲沈兆霖均着不必考试。

五月己卯 大考翰林院、詹事府各官于圆明园正大光明殿。

五月己卯 授一甲一名进士张之万为翰林院修撰，二名进士袁绩懋、三名进士庞钟璐为翰林院编修。

五月辛巳 命兵部尚书文庆、工部右侍郎张芾教习庶吉士。

五月癸未 引见新科进士。得旨：一甲三名张之万、袁绩懋、庞钟璐业经授职外，许彭寿、孙观、徐树铭、曹登庸、周德荣、袁希祖、刘其年、沈桂芬、陆秉枢、苏仲山、鲍源深、陈元鼎、徐申锡、陈毓麒、李德仪、蒋兆鲲、崔荆南、李培祜、伍肇龄、刘嵩骏、胡寿椿、帅远燡、潘斯濂、萧铭卣、华祝三、李品三、李鸿章、黄彭年、沈葆桢、郭椿寿、吴慰曾、唐壬森、陈浚、何璟、白恩佑、周悦让、张炳坤、尹国珍、郭嵩焘、福全、陈鼐、粟增煐、林之望、文启、来煦、刘有铭、宗室载铿、叶毓祥、张修府、周道治、万良、彦昌、丁寿昌俱着改为翰林院庶吉士，郭祥瑞、孙颐臣、刘鸿恩、邓清淦、张增道、叶士焕、李德增、汪先焴、刘秉厚、骆利锋、朱寿康、章倬标、沈锽、王友端、李友梅、郝应宿、余汝侗、瑞明、薛铭、沈镐、徐振墉、扬仪韶、方学苏、段培元、朱麟祺、熊其光、文玉、宗室兴苍、成善、阮寿松、德恒、阿克丹、宗室崇光、袁铨、卢日新俱着分部学习，李仁元、裴季芳、孙家醇、邓培槐俱着以内阁中书用，吴斑、李宗羲、尹泗、刘廷鉴、戚天保、戴鹿芝、喻怀恭、周振璘、彭嘉炯、黄瑞图、龙元俨、贺桂龄、李湘莩、刘润、陈秉彝、曹鸿举、李士瑞、宋肇昌、蔡应嵩、孔广泉、华国清、许利宾、周劼、侯树衔、庄心庠、张培仁、丁斌、杨文熙、耿灼然、黄金韶、李明埙、车汝建、王揆一、庞公照、王宏谟、张希仲、张清瀛、李森、左骏章、谢佳玉、廖宗元、马新贻、冯霖、冯森、叶维藩、郭种德、李孟群、朱焕、周鸣鹿、延龄、伍奎祥、霍为棻、胡长新、黄淳熙、汪有恭、沈墉、匡庆榆、武元鹤、任瑛、辛本栴、李灿、张汝弼、陈心棻、马纶笃、徐家杰、王序宾、赵廷铭、王玉、周云翥、增禄、高化鹏、马先登、敖国琦、陈兆凤、姚继勉、吴怀玉、朱𤅢侯、王平格、李国瀛、张晋、陈星焕、赵开元、祝垲、陶钧、杨延寯、陈乔荣、白润、雷䔲、瞿绩凝、朱孔模、万年、郑奎龄、杜滋、贺际运、杨镩、禹建钧、陈秩五、黄光彬、郑士蕙、樊丙南、毛玉成、锡荣、詹锦堂、王廷才、张韶南、冯峻、李得春、王汝铨、刘熙敬、阴昌庚、刘郇膏、丛坛、杨师震、任国桢、罗家颐、许亦嵩、马象奎、陈椿年、朱次琦、刘铠、郭定柱、姚体备俱着交吏部掣签，分发各省以知县即用。兵部额外主事谢煌着俟报满，作为候补主事后，以该部主事即补。余着归班铨选。

五月癸未　以翰林院侍读学士何裕承为詹事府詹事。

五月丁亥　谕内阁：向来翰詹衙门遇有满洲翰林缺出，先尽内班升用，内班无人，例用外班充补。及至考试，诗赋多非素习，以致未能前列，充补后旋即改官，殊非造就人才本意。因思翻译为满洲本业，均应随时学习精熟，毋稍荒废。现在每科翻译会试获隽者，止用部属，升途较隘。若将此项人员转入翰詹衙门，令其专心学习翻译，与各员一体升转，遇有考试翰詹之年，即照向例考试翻译，免致舍其所长，用其所短，似足以收实效。其应如何分缺录用之处，着大学士、军机大臣会同吏部妥议章程具奏。至蒙古翻译进士以主事用者得缺较难，如何疏通，俾无积滞，亦着一并议奏，以示朕鼓励人材、成就后进之至意。

五月庚寅　谕内阁：朕恭读皇祖高宗纯皇帝谕旨，严饬各省督抚于年终密考，将该学政考试实在有无弊窦及士子舆论是否翕然，据实详细奏闻，原以严考成而肃功令。圣谕煌煌，洵宜恪遵谨守。惟相沿日久，该督抚等于年终密考率皆以场规整肃、士论悦服为词，习成故套，毫无切实考语，殊非秉公核实之道。现在学政内，虽尚无被人指摘之员，而各省学政尽皆廉明公正，朕亦未能深信。嗣后，各该督抚等务宜破除情面，认真访察。如该学政等不公不勤，或徇私坏法以及约束幕友、家丁、胥吏人等不能严肃，甚至精神疲敝，不能振作，有玷厥职，均着该督抚等秉公具奏，不得仍以空言塞责。倘意存见好，徇隐不举，别经发觉，惟该督抚等是问。将此通谕知之。

五月乙巳　赏福建、江西丙午科乡试年老诸生黄益龄等三名举人、副榜有差。

六月辛亥　大学士、军机大臣会同吏部议奏，翻译进士转入翰詹章程九条。一、每科翻译中式进士引见，简用庶吉士。下科散馆，按本科覆试一、二等者授职编修，三等授职检讨，作为内班，论俸升用，俸同者以等第名次为先后。遇考试翰詹之年，仍令专考翻译。一、翰林院满洲侍读、侍讲第二缺，詹事府满洲右中允、右赞善俱作为翻译专缺。至侍讲学士以上缺出，不分文进士与翻译出身，将应升人员，通行开列请简。一、满洲庶子缺出轮用内班，不分文进士与翻译出身，将应升人员一体升用。至用过二次后，即升用外班文进士、举人出身人员一次。一、满洲洗马缺出，先用文进士一人，次用翻译一人，俱先尽内班，再用外班。一、应用外班翻译各缺，侍读、侍讲、洗马由满蒙员外郎、副理事官、内阁侍读考补，中允由主事、钦天监监副、宗人府经历、都察院都事经历、大理寺寺丞、太常寺寺丞、光禄寺署正考补，赞善由小京官及笔帖式考补。由吏部咨取各衙门翻译进士、举人出身各官，奏请考试。派阅卷大臣拟定名次，引见记名后，注册按名序补，先尽进士，次用举人。如考取人员尚未补竣，以后翻译编检有人，仍先尽内班升用。一、改用翻译之侍读、侍讲、中允、赞善及以翻译间用之洗马各缺，现在翻译内班、外班庶吉士俱无人，应请由翻译进士、举人出身之应升各官考补，先用进士，次用举人。以后内班有人，仍先尽内班升用，外班亦先尽庶吉士出身人员，再用考取之人。至翻译侍读，此次考补后，下次缺出，即以翻译侍讲转补。一、翻译侍读、侍讲、洗马、中允缺出，以本衙门应升之外班中允、赞善，与考取在前应转翰詹各员，统较科分、名次升用。一、改用翻译各缺轮用外班，如考取无人，请以文进士抵补；文进士无人，以文举人抵补。此后再遇翻译缺出，如翻译有人，仍专以翻译出身人员补用。一、现拟改设翻译专缺，如内班无人，仍用外班。其有庶吉士出身者，仍按科分、名次拟补，毋庸拣选；如无庶吉士出身人员，即将应升之进士、举人出身各员奏请拣选，每缺拣选二三人候简。至考试蒙古翻译进士以主事用者，签分六部、理藩院、太仆寺行走，奏留后遇有题选缺出，酌量补用。从之。

六月丁巳　　引见新科翻译进士。得旨：桂丰、广凤、勒尔精阿、伍忠阿俱着以庶吉士用，佛尔果春、昆玉、祥成、伊济斯浑、赛卜哲讷、舒庆、锦祥俱着以六部主事用。

六月辛酉　　以国子监祭酒文瑞为詹事府詹事。

七月辛丑　　山东学政何桂清奏报岁试情形。得旨：人心不古，只知舞弊徼幸，不顾廉耻为何事。若稍宽纵，有犯不惩，尚可问耶？汝其勉力为之。

八月辛亥　　考试各衙门翻译进士、举人出身应用外班翰詹人员于圆明园正大光明殿。

八月己未　　赏湖南丙午科乡试年老诸生瞿希泰等三名副榜。

八月乙丑　　以礼部尚书保昌，兼署兵部尚书、工部左侍郎阿灵阿，署管理户部三库事、户部左侍郎柏葰署教习庶吉士。

九月丁亥　　谕内阁：吴文镕奏，衿棍藉端闹考，拒毙差役，请将知县暂行革职一摺。江西贵溪县文童考试，该童生等胆敢聚议罢考，以致棍徒纠众滋事，伤毙差役，并将看管生童一并抢逃，不法已极。此次闹考，何以又牵涉闹漕之事？种种藉端挟制，或因该署县滥刑激众，酿成事端，抑生童等豫为包漕地步，必应彻底分别究办，以肃庠序而儆刁顽。署贵溪县事、候补知县阎彤恩着暂行革职，交该府提同案犯、人证确切讯究，按律定拟具奏。寻奏，讯系已革贡生倪步蟾因该县禁衿棍包漕顶撞，被责详革，纠众罢考，拟发往新疆效力赎罪。该县阎彤恩尚无滥刑激众情事，原参革职，应予开复。下部议，从之。

九月丁亥　　以兵部右侍郎黄琮知武举，内阁学士曾国藩为武会试正考官，翰林院侍讲学士王庆云为副考官。

九月辛卯　　谕内阁：武乡会试所用硬弓，现因年久，弓力虽符，而挽强殊有难易之别，且恐因此生弊。何以拔取真材，其应如何修造及更换之处，着武备院会同兵部妥议具奏。

九月辛卯　　兵部以武会试中额请。得旨：满洲取中三名，蒙古取中一名，汉军取中五名，直隶取中十三名，奉天取中一名，山东取中五名，山西取中三名，河南取中九名，陕甘取中三名，江苏取中一名，安徽取中二名，浙江取中三名，江西取中三名，湖北取中二名，湖南取中一名，福建取中一名，广东取中三名，广西取中一名，四川取中二名，云南取中一名，贵州取中一名。

九月庚子　命翰林院侍讲龙启瑞提督湖北学政。

十月丁未　试中式武举杨登魁等六十八人于太和殿前。

十月丁未　谕内阁：载铨等奏，会议另造硬弓以备应用。着武备院于明春另行制造时，先将弓胎盘挽极熟，试历两寒暑，再画桦皮，上架坠验，较之所议历一寒暑，当更妥协。且于下科武乡会试，仍可不误调取。平时妥为收贮，届期于前两月调理纯熟，务要一律整齐，毋许弓力稍有参差及歪闪情形，致调用时转滋弊窦。其五旗所存硬弓，亦着武备院一律另造，亦如前验试，再交兵部，令该旗领回收贮备用。所有旧存硬弓着仍交各该处照例存贮，不可令胥吏等随意抛掷，或乘间窃取。倘新制各弓有参差之处，着即以旧弓比较。

十月戊申　上御紫光阁，阅中式武举马步射。

十月己酉　上御箭亭，阅中式武举技勇。

十月庚戌　上御乾清宫，引见中式武举，亲定甲乙。

十月庚戌　谕内阁：武殿试一甲，向取三人，此次中式武举，朕亲加校阅，除一甲一名李信、一甲二名姜国仲马步箭、弓刀石俱称外，其余各武举内，或马步箭尚好，弓刀石间有二号者，或弓刀石尚好，马步箭中不及数者。一甲第三不得其人，未便迁就符额，用示朕核实抡才之意。其镶白旗汉军中式武举云麟、山东中式武举曹天柱、湖南中式武举谌琼林俱石力不符，着罚停殿试一科；补行殿试之镶黄旗汉军中式武举海龄弓力不符，着再罚停殿试一科。所有应议职名，着该部查明，照例办理。

十月辛亥　上御太和殿。传胪。赐殿试武举一甲李信、姜国仲二人武进士及第，二甲邓凤林等八人武进士出身，三甲杨登魁等五十八人同武进士出身。

道光二十八年（1848年）

二月己酉　调兵部左侍郎赵光为户部左侍郎兼管三库事，仍留浙江学政任；转兵部右侍郎黄琮为左侍郎；以内阁学士何桂清为兵部右侍郎，仍留山东学政任。

二月己酉　命光禄寺卿青麟提督江苏学政。

二月丁卯　谕：琦善奏，学政嗜酒任气等语。四川学政徐士谷嗜酒任气，外间啧有烦言。按试保宁府，将应名稍迟之文童四百余人逐出不准入场。又将具保之廪生责打，实属任性粗率。若使解任讯问，尚有何辞？姑念其尚无赃私款迹，该督亦奏称关防尚知严密，徐士谷着加恩免究，仍交部严加议处，即来京听候部议。

二月丁卯　命右春坊右庶子支清彦提督四川学政。

二月甲戌　谕内阁：前据琦善奏，四川学政徐士谷嗜酒任气，当因其尚无赃私款迹，仅予交部严加议处。兹据该部议奏，徐士谷身任学政，场规固应严肃，何得于酒后任性，将应名稍迟之文童逐出四百余名之多，复将具保之廪生责打，以致外间啧有烦言。徐士谷着即照部议降四级调用，以为学臣不自检束者戒。

四月丁卯 命翰林院侍讲学士俞长赞提督河南学政。

七月壬辰 命翰林院编修翁同书提督贵州学政。

八月丙寅 命翰林院编修即补侍读冯誉骥提督山东学政。

八月丙寅 以内阁学士孙葆元为兵部右侍郎，仍留江西学政任。

九月乙亥 谕：全庆奏岁试全竣科试四府各场情形一摺。览奏均悉。考试设有认保，原以纠察弊端。该学政考试嘉应州时，该童生竟有以其父兄作为认保者，是查弊转以滋弊，殊堪讶异。广东如此，他省恐亦不免。着各该学政等认真查明，如相沿陋习，有以父兄为认保等事，即行禁止。倘不更改，别经发觉，惟该学政等是问。至考试武场，校阅技艺，总以马步箭、弓刀石为重，果能演习精熟，自足致用。若如全庆所奏，广东武场校试，竟有马上舞刀并射金钱各名目，是只求饰观夸巧，毫无实际，于取士之道大相径庭。着全庆亦概行禁止。如各省有此恶习，并着严谕裁革，以副朕黜华崇实至意。至私造牌示及以桶盛箭各弊，均着全庆随时讲求损益，力挽颓风。将此通谕知之。

十二月辛亥 以副都统衔叶尔羌、参赞大臣吉明、通政使司副使朱嶟为内阁学士兼礼部侍郎衔，朱嶟仍留顺天学政任。

十二月庚申 以大学士潘世恩年登八秩，襄赞宣勤，赏其孙祖荫举人，一体会试。

十二月丙寅 转刑部右侍郎全庆为左侍郎，仍留广东学政任。

道光二十九年（1849 年）

正月癸巳 署贵州巡抚罗绕典奏，考察学政考试无弊。得旨：何必为此应典之举，着发还。

三月癸未 以光禄寺卿青麟为太常寺卿，仍留江苏学政任。

四月己酉 准前任礼部侍郎杜堮重赴鹿鸣筵宴，赏头品顶带，太子太保。

闰四月丙子 以本年乡试，考试应开列试差人员于圆明园正大光明殿。

闰四月丁丑 谕：此次考试试差人员，着毋庸带领引见。

闰四月乙未 以翰林院编修方浚颐为云南乡试正考官，户部主事刘廷检为副考官；翰林院编修孙鼎臣为贵州乡试正考官，礼部主事王发桂为副考官。

五月庚子 引见翰林院保送御史人员。得旨：吴敬羲、吴廷溥、厉恩官、郑元璧、李希彬、李湘华、彭涵霖、张炜、孙鸣珂、袁泳锡、颜培瑚、彭庆钟俱着记名以御史用。

五月癸卯　云南正考官方浚颐丁忧，以翰林院编修陈庆松为云南正考官。

五月丙午　以翰林院侍讲杨式谷为广东乡试正考官，编修何绍基为副考官；编修孙锵鸣为广西乡试正考官，户部主事丁守存为副考官；都察院左副都御史黄赞汤为福建乡试正考官，翰林院编修史淳为副考官。

五月戊申　赏浙江阵亡总兵官郑国鸿孙、文举人铦七品小京官，分部学习，仍准一体会试。

五月癸丑　以太常寺卿青麟为内阁学士兼礼部侍郎衔，仍留江苏学政任。

五月丙辰　以翰林院编修车顺轨为湖南乡试正考官，徐元勋为副考官；编修赵畇为四川乡试正考官，龚自闳为副考官。

五月己未　以内阁学士朱嶟为仓场侍郎，仍留顺天学政任。

六月丙子　以都察院左副都御史文瑞为浙江乡试正考官，翰林院编修章琼为副考官；鸿胪寺卿田雨公为江西乡试正考官，翰林院编修呼延桭为副考官；编修童华为湖北乡试正考官，修撰张之万为副考官。

六月庚辰　谕：陆建瀛、傅绳勋奏，江南贡院积水，请展限办理乡试一摺。江南省本年春夏之间，雨多晴少，闰四月内连日大雨，山水下注，江潮涌灌入城。据该督等奏称，现在贡院内积水甚深，无从宣泄，本年八月乡试，势难依限办理。着照所请。江南文闱乡试，准其展限至九月初八日举行，其武闱乡试展至来年三月举行。

六月甲申　谕：吴文镕奏，请将乡试展期一摺。浙江本年雨水过多，贡院内号舍墙屋，倾圮过甚，急难修理，所有本年浙江文闱乡试，着准其展至九月举行。至浙江正副考官现已简放，着文瑞、章琼查照现展日期，俟一月后起程。

六月丙戌　以翰林院编修葛景莱为陕西乡试正考官，黄倬为副考官。

六月戊子　谕：裕泰、唐树义奏，请将乡试展期一摺。湖北本年阴雨过多，贡院内号舍积水，急难宣泄。所有本年湖北文闱乡试，着准其展至九月初八日举行。至湖北正副考官现已简放，着童华、张之万查照现展日期，俟一月后起程。其武闱乡试，俟文闱事竣，再行接办。

七月戊戌　以工部右侍郎灵桂、顺天府府尹陆应谷监临顺天乡试。

七月戊戌　协办大学士吏部尚书陈官寯卒，命惇郡王奕誴往奠茶酒，晋赠太子太保，入祀贤良祠，予祭葬，谥文悫。赏其孙厚钟举人，一体会试。

七月辛丑　以左春坊左中允宋晋为河南乡试正考官，翰林院编修吴骏昌为副考官；兵部左侍郎瑞常为山东乡试正考官，翰林院编修童以烿为副考官；编修胡瑞澜为山西乡试正考官，张桐为副考官。

七月乙卯　以户部右侍郎福济为江南乡试正考官，詹事府詹事杜翻为副考官。

八月丙寅　以大理寺少卿雷以諴为奉天府府丞兼提督学政，通政使司通政使程庭桂提督顺天学政，内阁学士李嘉端提督安徽学政，吏部右侍郎张芾提督江西学政，礼部左侍郎吴钟骏提督浙江学政，兵部右侍郎黄赞汤提督福建学政，翰林院编修车顺轨提督湖南学政，编修胡瑞澜提督山西学政，编修吴福年提督陕甘学政，左春坊左庶子许乃钊提督广东学政，翰林院编修孙锵鸣提督广西学政，编修陈庆松提督云南学政。命江苏学政青麟、山东学政冯誉骥、河南学政俞长赞、湖北学政龙启瑞、四川学政支清彦、贵州学政翁同书仍留任。

八月丁卯　命户部右侍郎朱凤标教习庶吉士。

八月己巳　以礼部尚书孙瑞珍为顺天乡试正考官，都察院左都御史王广荫、工部右侍郎灵桂为副考官。

八月辛未　改派詹事府少詹事赫特贺监临顺天乡试。

八月辛巳　以通政使司通政使程庭桂为都察院左副都御史，仍留顺天学政任。

八月癸未　谕内阁：吴文镕奏，浙省武闱乡试，请展限办理等语。本年江南武闱乡试，曾经降旨准其展至来年三月举行。惟江南省城积水甚深，消退不易，文闱展限两月，节候已迟，且早经该督等陈奏，是以准其展限办理。浙江水退甚早，文闱只展一月，情形不同，向来无此办法。所有浙江武闱乡试，着仍于文闱后举行，不得顾此失彼。

八月甲申　顺天府以宗室乡试中额请。得旨：取中五名。

八月辛卯　予故前任闽浙总督杨国桢祭葬，赏其子焮、烜举人，一体会试。

九月戊戌　谕：潘铎奏，考官出题错字，自行检举一摺。河南正考官宋晋、副考官吴骏昌于闱中发刻题纸，并不细心核对，错误数处。试思所司何事，如此粗率，均着交部严加议处。嗣后，遇考试试差，不准该二员与考，着该部院存记。

九月甲辰　以工部左侍郎恩华为满洲翻译乡试正考官，通政使司副使托伦布为副考官。

十月乙亥　以内阁学士何裕承为顺天武乡试正考官，詹事府少詹事朱兰为副考官。

十一月癸丑　命翰林院检讨杜翰提督湖北学政。

十二月甲子　谕内阁：前因原任山西巡抚吴其濬裁革盐规，洁己奉公。当降旨，令原籍巡抚查明该故员现有子孙几人。兹据护理巡抚严良训查明覆奏，自应特沛殊恩，以昭清节。所有吴其濬长子、候选县主簿吴元禧，三子、候选知县吴崇恩均着加恩，遇缺即选；次子、分发通判吴荣禧着加恩，到省后遇缺即补；四子、监生吴承恩，五子、监生吴洪恩及长孙吴樽让均着加恩赏给举人，准其一体会试。

十二月丙寅　调兵部右侍郎黄赞汤为刑部右侍郎，仍留福建学政任。

十二月壬申　赏顺天等省乡试年老诸生董振文等七十四名举人、副榜有差。

十二月辛卯　礼部奏，江宁驻防文举人寿昌现捐笔帖式，在工部行走，应否准其会试？得旨：寿昌着准其一体会试。嗣后，各省驻防文举人现任京官者，均准其一体应文会试。

道光三十年[①]（1850年）

正月己未　上即皇帝位于太和殿……一、文官在京四品以上，在外三品以上，武官在京、在外二品以上，照现任品级，各荫一子入监读书。一、内外文职自四品以下，武职自三品以下，降革留任及住俸罚俸处分，准其开复。一、会试额数，俟礼部临期奏明人数，请旨酌量广额。乡试大省加三十名，中省加二十名，小省加十名，满洲、蒙古加六名，汉军加三名。一、各直省入学额数，大学加七名，中学加五名，小学加三名。一、国子监贡监生及各官学教习，免坐监一月。一、各直省儒学，无论府州县卫，俱于本年以正贡作恩贡，以次贡作岁贡。一、每府州县卫各举孝廉方正，暂赐以六品顶带荣身，以备诏用。务期采访真确，毋得滥举。……于戏！膺兹继体，用惠锡于垓埏；弼予仔肩，式抚绥夫兆庶。诸王文武大小臣工，其各抒忠悃，翊赞鸿猷，以昭我国家亿万年无疆之祜，布告天下，咸使闻知。

正月壬戌　派吏部左侍郎花沙纳，刑部左侍郎周祖培知贡举。

正月癸亥　以刑部左侍郎周祖培办理秋审事繁，改派大理寺卿邵灿知贡举。

二月丙子　谕内阁：为政以得人为首务，我朝列圣御极建元，均于三年大比之外，特开乡会恩科，广罗俊彦。今朕缵承大统，宜遵成式，嘉会士林，着于咸丰元年举行乡试恩科，二年举行会试恩科，用副朕作育贤才至意。

二月庚寅　谕：内阁给事中李道生奏，盗劫肆行，请严饬查办一摺。山东一带为南北通衢，即非会试之年，地方官亦宜加意防范，使行旅免有戒心。兹据该给事中奏称，山东滕县南沙河地方，于正月三十日，有举人王言尧等被盗执持刀械，劫去银物，同日峄县小山子地方，又有举人吴嘉善被盗持刀吓劫之事，殊属不成事体。着山东巡抚严饬文武员弁，速将行劫正贼，按名弋获，追取真赃，照律严办。但恐邻近各省亦有疏于防范者，逸赃窜逃，势所不免，并着直隶、河南、江苏各督抚一体严密侦缉，认真整顿，勿稍疏懈，以肃捕务而安行旅。

三月甲午　改派兵部右侍郎庆祺知贡举。

三月戊戌　以大学士卓秉恬为会试正考官，吏部尚书贾桢、都察院左都御史花沙纳、兵部左侍郎孙葆元为副考官。

三月乙巳　改铸江苏学政关防，从学政青麐请也。

三月辛亥　礼部以宗室会试中额请。得旨：取中二名。

三月丙辰　礼部以会试中额请。得旨：满洲取中六名，蒙古取中一名，汉军取中五名，直隶取中十八名，奉天取中二名，山东取中十五名，山西取中七名，河南取中十

---

① 道光于本年（1850年）正月薨。本年内容均录自《文宗显皇帝实录》。本年“正月己未”条中的“上”指的是咸丰。

八名，陕甘取中十六名，江苏取中十四名，安徽取中十名，浙江取中十七名，江西取中十六名，湖北取中八名，湖南取中七名，福建取中九名，广东取中十一名，广西取中六名，四川取中八名，云南取中七名，贵州取中六名。

三月庚申　谕：昨据御史戴䌹孙奏，殿试为抡才巨典，不宜专尚楷字。本日候补京堂张锡庚奏，贡士试策，听其发抒，不必限以字数，并请删去颂联，兼请复开博学鸿词科，以广储人才等语。策语向无限字之例，颂联旧习，从前曾经奉旨戒诸贡士删去，惟士子日久相沿，袭成恶套，其应如何剀切示谕，及开词科有无裨益之处，均着礼部悉心妥议具奏。寻奏，查科场条例内载，殿试试卷果有通达治体，学问淹通，听其发抒，不必限以字数，惟最短者亦必以千字为率，不及一千字者以不入式论。至于四六颂联并一切泛语概不准用。又载，临轩策士，本欲得明体达用、文义醇茂之卷拔置上第，以备他日之用。务令取择适中，除条对精详、楷法庄雅者尽登上选外，其有缮录不能甚工，而援据典确，晓畅事务，即为有本有用之才，亦应列为上卷各等语。每科遵行在案，拟照旧出示晓谕。谨将向来刷印之对策款式副本，附摺进呈，并照式另行刷印，于贡士纳卷时，人给一纸，令其敬谨遵照，至请开博学鸿词科，似非当时之急务，应无庸议。从之。

四月癸亥　谕：冯德馨奏，请将被控知州撤任提审等语。湖南郴州直隶州知州景星，现据民人李佐周等呈控，该州上年考试，富童陈起灉等贿通门丁传递等情，案关考试贿通舞弊，且该委员先已查有各项情节，虚实均应彻底根究，景星着即行撤任，交该署抚万贡珍，提同全案人证，严行审讯，按例惩办。

四月甲子　谕：本日翰林院奏，请将前次定期大考后因病不到，现在销假之瑞时补行考试，系属遵查旧章办理。瑞时自应静候考试，乃率行递摺条奏，已属不合；又另片奏称，此时不宜以诗赋试士，请待二十七月之后。独不思本年会试，岂无试帖耶？至其摺内所陈，亦政治所当然。且言甫经病痊，似不合冒昧陈言，盖以为所陈率皆谠论，虽诗赋未成，犹应录用，种种取巧，实属卑鄙之极，将原摺掷还本人。瑞时即着于本月初四日，在上书房中天景物补行考试。

四月丙寅　谕内阁：御史何冠英奏请通饬严禁一摺，所称劣生宜革，蠹役宜除，讼师宜禁，土棍宜拿，皆地方官分应办理之事，若不实力整饬，必致流害闾阎。该御史所奏皆系积弊相沿，亟应查办。着通谕各省督抚、学政及在京步军统领衙门、顺天府五城，各饬所属认真访缉。查有刁衿、蠹胥、讼师、土棍，每犯必惩，严拿究办，以端风化而靖地方。

四月辛未　以刑部尚书阿勒清阿为满洲翻译会试正考官，理藩院右侍郎奕毓为副考官。

四月庚辰　礼部以翻译会试中额请。得旨：京旗取中二名，各省驻防取中八名。

四月壬午　以协办大学士户部尚书祁寯藻、吏部尚书贾桢、礼部尚书孙瑞珍、兵部尚书柏葰、工部尚书杜受田、刑部左侍郎周祖培、工部右侍郎灵桂、内阁学士车克慎为殿试读卷官。

四月癸未　策试天下贡士邹石麟等二百九名于保和殿。制曰：朕诞膺洪祚，寅绍丕基，荷穹昊之佑申，缅祖考之彝训，孜孜求治，日昃不遑，恒思任贤去邪之道，典学稽古之谟，立政宜民之方，敦本善俗之则，冀与中外臣庶，致上理于大同。兹值临轩发策之初，虚衷博采，尔多士其敬听之。人君之职在于用人。登选之途宽，则贤愚并进；荐剡之路辟，则真伪相淆。知人善任，厥维艰哉。唐李绛谓，循其名，验以事，所得十七，可取法欤？至如夹袋之储，材馆之录，荐拔既多，能无滥欤？《书》曰："任贤勿贰，去邪勿疑。"贤奸之显然者，固易办也。其或貌似朴诚，而中藏险诈；外示正直，而内蓄诐邪，何以洞烛情伪，俾无所售其欺欤？君子小人，各从其类。若李泌之荐窦参，司马光之举蔡京，又何说也？朕寤寐旁求，命中外大臣各举所知，期得贤能以康庶事，将使野无遗贤，朝无幸位。程子所云，知言穷理，则能察人，斯为浚源之论欤？唐虞授受，不外一中，所以辨危微而致其精一者，本于圣性之自然欤？抑亦有存心养性之圣学欤？禹之告舜，曰"安汝止"；周公之称文王，曰"克厥宅心"，与执中之旨同否？《书·说命》言逊敏而推其效于道积厥躬；《诗》《敬之》篇言就将而课其实于缉熙光明，固未有不切于身心，而可以言学者也。三代以还，史所载留意经术，好学右文之君，代有人矣。乃考其行事，或显与古训相违，岂非舍本逐末，所学未得其要欤？朕惟典谟奥义，孔孟微言，以之修己治人，若规矩准绳之不可易，欲身体力行，以为正位凝命之本，审端致力，宜何从欤？道揆法守，制治保邦之要务也。宋朱子有言，为治之本，在"正心术以立纪纲"。夫纪纲不立，而能治安者，未之有也。欲振肃而整齐之，厥道何由？礼乐刑政，号为治具，其所以行之者，命令而已。乃淑世牖民之道，兴利除弊之方，诰诫屡颁，而奉行不力，是涣号仅为空言，播告只循故事，何由振颓风而收实效欤？《易》曰："穷则变，变则通，通则久。"今承平日久，法非不大备也，而怠玩从事，奸弊潜滋，或偏废而不举，或积重而难反。若盐漕河工诸大端，利弊所在，何以策出万全，俾国计民生，两受其益欤？民风之淳漓，系乎政教。《周书·武成》篇曰："重民五教。"君牙之命，亦以敷五典，和民则告其臣。盖开创之君、守成之主，未有不以人纪成俗为先务者。夫孝弟忠信、礼义廉耻，固有之良，尽人同具，而转移化导之权，则操之自上。仁让之风何以兴？嚣凌之习何以靖？侈靡相高，何以防其渐？奇邪相煽，何以破其迷？欲使海内之民，还淳返朴，臻道一风同之盛，将何道之从欤？史称韩延寿守颍川，教民略依古礼，不得过法；黄坝班行条教，劝以为善防奸之意，民皆信从。今之守宰，岂遂无其人欤？抑大吏视教化为末务，美绩无由上闻，遂相率而趋于刀笔筐箧欤？多士通经致用，学古入官，且来自民间，见闻亲切，其推之往古，验之当今，悉心敷陈，毋泛毋隐，朕将亲览焉。

四月癸未　引见丁未科散馆人员。得旨：此次散馆之修撰张之万，编修庞钟璐业经授职，二甲庶吉士许彭寿、徐树铭、鲍源深、陆秉枢、陈元鼎、李鹤年、帅远燡、曹登庸、黄彭年、何璟、刘其年、沈桂芬、沈葆桢、陈浚、李鸿章、袁希祖、郭椿寿、苏仲山、潘斯濂、陈毓麒、胡寿椿、周德荣、粟增熉、林之望、李品三、唐壬森、周士炳、张炳坤、孙观、蒋兆鲲、华祝三、伍肇龄、尹国珍、刘有铭俱着授为编修，三甲庶吉士毛昶熙、张修府、彦昌俱着授为检讨，周悦让、周道治、文启、白恩佑、丁寿昌、萧铭卣、朱梦元、宗室载铿俱着以部属用，翻译庶吉士伍忠阿、广凤俱着授为编修，桂丰、勒尔精阿俱着以部属用。

四月癸未　赏会试年老举人刘玮等二十五人编修、检讨、学正衔有差。

四月丙戌　御勤政殿，召读卷官人，亲阅定进呈十卷甲第。

四月丙戌　谕内阁：通政使司参议倭什珲布奏习清文以培根本一摺。清文为满洲本业，各旗士子自应习之有素。据称，考试八旗翻译生员向有各该旗考试后录送之例。嗣后，凡遇考试八旗中书、笔帖式、翻译官、译汉官，该旗录送时，即照考度翻译生员之例，一体先由各旗佐领考试。如佐领不谙清文，即由参领考试，仍俟都统、副都统与查旗御史会考，甄别录送。倘有冒名传递情弊，立即严参惩办，不得视为具文，稍涉怠玩。

四月丁亥　赐一甲陆增祥、许其光、谢增三人进士及第，二甲黄统等一百四人进士出身，三甲钟昌勤等一百五人同进士出身。

四月己丑　谕：祥厚、惠密奏请将开垦城坡之职官人等革讯一摺。据奏，江南省城垣，有久经倒塌处所，积为土坡，查出愚民开种者六段，自应讯明严禁，以资保障。镶黄旗骁骑校波勒和纳着即革职；文举人春年、武举前锋广志、武生连中、马甲舒翁额哩、步甲成全均着斥革，交陆建瀛就近讯明，照例办理。该处土坡是否该民人旧有房基园地，或系任意开垦，始自何年，均着悉心查明核办，不得株连无辜。祥厚、惠密及历任失察各官，均俟定案后，由该督奏明，分别议处。

四月辛卯　授一甲一名进士陆增祥翰林院修撰，二名进士许其光、三名进士谢增编修。

四月辛卯　命工部尚书杜受田、吏部左侍郎瑞常教习庶吉士。

五月甲午　谕内阁：据户部、礼部会议升任给事中吕贤基陈奏四条一摺。学校为教化之原，士子训课，责在校官，校官贤否，责在学政。近日校官一途，半皆年老衰庸及末学浅见之士，着各省学政严行考核。文行兼优者方准列荐，庸劣不职者即行甄别。至于月课岁考，尤须认真举行。所课试卷，按季申送学政。诸生优劣学册，三岁咨部备查，总期实力奉行，毋得日久生懈。其安徽、江苏、江西、湖北等省，捐赈银米，及道光二十八年推广捐米事例，俱着一律停止，至不肖官员藉公营私，夤缘朘削，尤应查办。着各直省督抚等于所属各员内留心访察，无论是否捐输出身，但有夤缘朘削及扰累民生者，随时指名严参惩办，以儆官邪而挽颓风。

五月乙未　引见新科进士。得旨：一甲三名陆增祥、许其光、谢增业经授职外，黄统、孙衣言、慎毓林、杨庆麟、钱鋑、晋康、何福咸、张云望、武廷珍、袁保恒、季念诒、俞樾、吴焯、朱文江、戚士彦、岳世仁、赵树吉、梁巍、陈元楷、丁绍周、郑守诚、李嗣元、王敦敏、储德灿、梁骏观、钱桂枝、叶炳华、曾璧光、陶绍绪、邵亨豫、周誉芬、宋金鉴、吕耀斗、吴兰芳、孙学駉、张大枬、徐桐、杜联、刘传祺、王道墉、邹石麟、姚诗彦、沈史云、崇实、袁嵩龄、寇嘉相、杨书香、李羲钧、寿昌、童秀春、傅观海、宗室载肃、杨彝珍、濮庆孙、马佩瑶俱着改为翰林院庶吉士，何元辅、蒋继洙、王继庭、匡汝谐、毕应辰、罗家勤、丁先庚、杨映奎、吴台寿、郭桐生、尹耕云、程祖诰、孙成基、张祺恒、郑植、成琦、杜如芝、刘锐、翟云章、钟琇、段启宜、张瀛、李时敏、但绅、高钦中、张允熙、吴可读、吴鼎元、邹浦霖、呼震、刘毓勤、唐正恩、李可琳、宗室谦惠、徐宝治、刘名馨、王世远、杜义山、林述训、靳文蔚、李镜江、洪璠、杨先泽、王书端、李廷楠、韦承瀛俱着分部学习，赖子猷、何元恺、来秀、方葆珊、萨大年俱着以内阁中书用，张瑞珍、何传兴、张师右、吴鼎立、刘维岳、李吉言、马斌、沈善昌、高銮宣、宋恪符、冯承基、张尔周、饶丰、李鼎、徐光第、卫元夔、徐引、冯拱宸、孔继中、黄荣庚、符鼎庸、夏献烈、吉惠、常恩、钟昌勤、张仁法、张崇本、徐继达、杨承烈、乔家槐、李信芳、邵春卿、孙志铭、张亮采、郑惠常、徐步云、尹式芳、杨汝为、黄崇礼、杨顺时、陈渭川、周必超、谢庆云、胡叔琳、黎树桢、侯玳、尹佩玱、李人镜、晏湘、宋来宾、刘钟璟、林廷杰、李兆煦、陈五典、陈继仁、萨炳阿、李渐鸿、伊麟泰、裘嗣锦、徐宗海、郭珍、暴大儒、祝寿昌、敖彤臣、李际昌、王宝权、刘观光、盖星阶、欧阳藜照俱着交吏部掣签，分发各省以知县即用。余着归班铨选。

五月戊申　谕内阁：前饬谕在京部院大臣保举人才。经大学士穆彰阿等遵旨陆续保奏，按次召见，并令军机处将各该员履历考语分晰开单呈览，随时披阅。此次特旨保举，原期拔十得五，以昭激劝而广搜罗，即在外任并在籍各员，亦经降旨饬令来京，召见候简。除大学士穆彰阿所保宗室文彩、聂沄已降旨以京堂录用，并将所保臬司联英饬令办理盐务，以觇其才外，其余各部院大臣所保内外各员，朕当量材器使，或予内擢，或授外任，自毋庸照寻常升转，以示破格用人之意。至现任学政杜翰、吴福年、丁忧学政龙启瑞均俟任满服满到京时，由吏部题奏办理。

五月己未　谕内阁：御史麟光奏整顿学务一摺。国家建立官学，原以教养宗支及八旗子弟，自应循名责实，无令旷功。据称，近日各学勤学者少，仅止按时呈交月课，多不入学，殊非认真教督之道。嗣后，着管学王大臣严饬各该学正、副管、助教、教习等，督率诸生，勤加讲课，以整学规，毋任虚糜饩廪也。

六月甲子　补行引见丁未科散馆编修袁绩懋。得旨：着留馆。

七月丁酉　引见八旗及直省考取拔贡生，得旨：淳庆等五十七名以七品小京官分部学习，英恒等七十八名以知县度用，姚亮祖等五十六名交吏部询问，以教职、佐贰等官分用。

七月戊戌　礼部奏，文举人、承袭世管佐领文璲引案呈请会试，可否准行？得旨：承袭世管佐领、文举人文璲有掌管图记之责，与闲散世职不同，所有呈请一体会试之处，着不准行。

七月丁巳　以吏部左侍郎瑞常教习庶吉士。

九月己亥　以兵部左侍郎孙葆元知武举，工部尚书王广荫为武会试正考官，翰林院侍读学士万青藜为副考官。

九月辛丑　吏科给事中赵东昕疏请严禁冒籍跨考等弊，命礼部议奏。寻奏，原拟章程五条。一、寓籍中式之举人、贡士未经覆试者，应如所请，概不准其改籍。至未经殿试朝考，系在取结覆试之后，仍准其呈改原籍。一、冒籍跨考之人，两籍均不准其应试。嗣后，凡因跨考斥革者，并不准其捐复。一、起送冒考之州县教官，本有应得处分，仍照旧例办理。一、冒籍童生犯案，先将廪保斥革审讯，有无受贿，分别治罪，永远不准捐考，并将审音御史照例议处。至改籍之进士、举人、贡士、生员请照监生例，只准顶带荣身，不得以原资捐考一条，核与例意未符，应毋庸议。从之。

九月壬寅　谕：兵部奏查明武会试文批擅用驿递，请饬查办等语。江苏铜山县知县将武举张天常等会试文移，擅写五百里飞递兵部字样，实与定例不符，着江苏巡抚查明，该县因何滥用驿递，照例核办。

九月癸卯　兵部以武会试中额请。得旨：满洲、蒙古取中四名，汉军取中三名，奉天取中一名，直隶取中十五名，陕甘取中一名，广东取中二名，河南取中九名，山东取中四名，江苏取中一名，安徽取中一名，山西取中三名，湖北取中一名，湖南取中一名，四川取中二名，广西取中一名，福建取中一名，浙江取中一名，江西取中二名，云南取中一名，贵州取中一名。

十月己未　试中式武举江培筠等五十二名于太和殿前。

十月庚申　御紫光阁，阅中式武举马步射。

十月辛酉　御箭亭，阅中式武举技勇。

十月壬戌　上御乾清宫，引见中式武举，亲定甲乙。赐一甲彭阳春、岳汝忠二人武进士及第，二甲王三锡等六人武进士出身，三甲毓恩等四十四人同武进士出身。

咸丰元年（1851年）

正月癸卯　谕军机大臣等：陈阡奏请裁陋规一摺，据称江西学政按临考试，每府需用棚规，前任学政孙葆元收受规项不一而足，现任学政张芾亦复踵而加厉等语。该省历任学政是否循照旧章，相沿收受。着陆建瀛、陆应谷按照摺内所指各情，秉公确查，据实具奏。原摺着钞给阅看，将此各谕令知之。

二月庚申　谕：给事中汪元方奏请停增附捐纳教职一摺。教职有考课诸生之责，增附生员学业尚浅，骤令司铎，不足以示矜式。着即将增附捐教一条永行停止。至前项捐生已经选补者，应不准其滥膺保荐。其应如何酌定限制之处，着该部议奏。寻奏，增附出身之教职，拟请俟二次六年俸满，方准保升，其有续经中式举人、副贡者，照例扣满六年，以知县保升。从之。

三月己丑　命翰林院侍讲杨式谷提督云南学政。

三月壬子　谕内阁：前据御史王之斌奏参陕西白水县知县徐良槐、候补知县江开各款，当交琦善详查具奏。其徐良槐刑押诈赃一案，先据张祥河奏参革职，嗣据王懿德审结，已交刑部议奏矣。候补知县江开在抚署阅看课卷，校对本章，虽无与该抚饮酒之事，惟于己酉科派充同考官，将别房荐而未中之卷代呈主司求中，实属故违功令。临潼县知县钟锡瑞将主司未中之卷，用蓝笔加以密圈密点，亦属不合。江开、钟锡瑞均着交部分别议处。

三月乙卯　谕：徐广缙、叶名琛、许乃钊奏南海、东莞请分别停试一摺。据称南海县西湖书院生徒，因挟知府改断公项之嫌不遂其欲，投递匿名罢考红帖，经该督谕令举出主谋，余可免究，尚复容隐不发。东莞县因抗粮生员畏罪自戕一案，合邑士子辄即刷印长红遍贴罢考。请将南海县西湖书院肄业生童并东莞合学暂停考试等语。国家设科论秀，原期于风淳俗美之地选取才良。若士习刁顽，不加惩创，仍使不率教者得登庠序而与宾兴，将何以劝良士？是以雍正年间谕旨，奉有生童以私心之忿，借罢考为挟制，即令停其考试。圣训煌煌，于鼓舞人才之中，寓变化愧厉之道。且罢考罪名綦重，士子束身名教，尤当守法怀刑。广东近年士气民情，朕方冀其蒸蒸日上，若因一二败类，遂致挟制成风，是稂莠间生，转使嘉禾不殖，朕甚愧之。着将南海县西湖书院肄业生童及东莞合学俱暂停考试，该督等即确查主谋罢考及附议之人，分别首从，照例惩办。该书院及该学中有端谨老成将首谋者举出，抑其人悔罪自首，或父兄呈出到官，既肯自新，仍可量从宽典。其胁制被累之同学，经该督等察实奏明，即当许其考试。此朕董教兼施，犹是古人郊遂移风之遗意。凡属多士，其各懔遵训诫毋忽。

四月庚午　以本年乡试，考试应开列试差人员于保和殿。

四月庚辰　福建学政黄赞汤奏报，岁试完竣，接办科试情形。得旨：整饬尚属认真，勉力为之。

五月丁亥　以翰林院编修呼延振为云南乡试正考官，户部主事蔡赓扬为副考官；翰林院编修左瑛为贵州乡试正考官，华祝三为副考官。

五月癸巳　修山东至圣先师庙、书院。从巡抚陈庆偕请也。

五月乙未　谕军机大臣等：前据徐广缙等奏南海、东莞两县因公项命案之嫌，声言罢考，请分别停其考试，已降旨饬令暂为停考，查明惩办。其被累之同学察实奏明，仍即许其考试。该督等谅已确查办理，现尚未据续奏，朕心殊深悬念。此事一由书院公费之改移，一由生员抗粮而自尽，固缘一二人怀嫌耸动，亦安知非有激而然，其间附和，想亦无多。南海一书院中与东莞一邑生徒，皆为所累。若不分晰是非，明白劝惩，致使稂莠同科，转非所以策励士习。至义仓经费，始而断入书院，既而断还义仓，何以前后两歧？东莞抗粮一案，生员黎子骅何以在县署自戕？有无屈抑，以致众心不平？士风刁玩，固宜重惩，吏治乖方，亦应严儆。着徐广缙、叶名琛体察群情，务期平允，玩法者不可无所董戒，被累者亦不可过事苛求。即将现在办理情形，据实具奏，以慰廑念。将此谕知徐广缙、叶名琛并许乃钊知之。

五月丙申　以翰林院侍读学士万青藜为广东乡试正考官，编修吕倌孙为副考官；编修刘昆为广西乡试正考官，吏科给事中汪元方为副考官；通政使司通政使罗惇衍为福建乡试正考官，翰林院编修徐士谷为副考官。

五月丙午　以翰林院编修吴保泰为湖南乡试正考官，工部员外郎乔松年为副考官；翰林院编修何彤云为四川乡试正考官，徐树铭为副考官。

五月乙卯　浙江巡抚常大淳奏，于宁波府城四门分设义学，督同道府恭将《钦定四言韵文》颁发各学。报可。

六月乙丑　以工部左侍郎吕贤基为浙江乡试正考官，翰林院编修沈桂芬为副考官；侍讲学士沈兆霖为江西乡试正考官，编修龚宝莲为副考官；编修冯培元为湖北乡试正考官，彭涵霖为副考官。

六月庚午　谕内阁：邹鸣鹤奏请乡试展期一摺。现在广西军务未竣，各属士子，或因团练保卫，或因道路梗阻，未能如期应试，自应量加体恤。所有本年恩科广西文闱乡试着展至十月举行，武闱乡试着展至来年四月举行。仍着该抚察看情形，于八月初奏到，毋致迟误。广西正考官编修刘昆，副考官、给事中汪元方无论行抵何处，着即驰驿回京。

六月乙亥　以翰林院编修贡璜为陕甘乡试正考官，检讨颜培瑚为副考官；吏部左侍郎瑞常为江南乡试正考官，翰林院侍读金国均为副考官。

六月庚辰　以户部左侍郎舒兴阿署教习庶吉士。

七月丙戌　谕：前据徐广缙、叶名琛、许乃钊奏，南海县西湖书院暨东莞县士子因公项命案之嫌，声言罢考，已降旨暂停考试。兹据该督等奏称，倡议罢考之人多系刁徒藉端生事，其安分生监不在其列等语。现在乡闱伊迩，多士有志观光，未便因一二刁健之徒，致阻良善进身之路。着照所请，所有西湖书院及东莞一县生监等俱着准其一体乡试，其倡议罢考之人仍着严拿究办，以示劝惩。

七月戊子　以光禄寺卿富呢雅杭阿、署顺天府府尹王庆云监临顺天乡试。

七月庚寅　以翰林院修撰张之万为河南乡试正考官，工部员外郎文格为副考官；署吏部左侍郎德兴为山东乡试正考官，翰林院编修边浴礼为副考官；国子监司业史淳为山西乡试正考官，户部郎中杜学礼为副考官。

七月辛卯　浙江学政吴钟骏奏称，宁波府城诸夷杂处，左道易惑，现饬各学教官于乡镇中劝立义学，以正人心。报闻。

七月辛亥　改铸江苏学政关防。从学政青麐请也。

八月庚申　以协办大学士杜受田为顺天乡试正考官，吏部尚书柏葰、户部左侍郎舒兴阿、右侍郎翁心存为副考官。

八月癸亥　谕内阁：特登额等奏，据大兴县监生孙启盛等呈称，直隶京官刘岱骏等把持印结，阻挠考试，恳请查办；复据刘岱骏等以该贡监等籍贯于例均有违碍，连名申办等语，着顺天府会同直隶总督查明核议，据实具奏。

八月癸亥　谕：前据邹鸣鹤奏请将广西乡试展期举行，当经降旨，令该抚察看情形，于八月初奏到。兹据邹鸣鹤、孙锵鸣奏称，该省士子现多派令董理团练，保卫乡里，该省文武各官，因军务未竣，各有应办要务，碍难于本年十月举行乡试。自系实在情形。广西自军兴以来，各属士子等均能敌忾同仇，随同地方文武各员，剿贼立功，自应俯顺群情，曲加体恤。所有广西省本年辛亥恩科文武乡试着准其展至来年，与壬子正科一并举行，倍额取中，仍遵照恩诏条款，准予广额。至所请癸丑科会试恩加中额之处，着礼部届期奏明请旨。

八月甲子 谕内阁：前因已革江西巡抚陈阡有被参款迹，当交陆建瀛、陆应谷秉公确查。……陈阡奏学政收受规费一节，现据查明，孙葆元、张芾考试各府，均系循照旧章办理，并无格外需索情事，着毋庸议。此案陈阡被参各款，朕特命学政查办，乃陈阡奏学政陋规，即在张芾查参之后，并因前充提调时，与学政孙葆元结有嫌隙，一并牵砌具奏，名为因公起见，实则有心挟制。陈寯又复具禀申诉，与陈阡所奏如出一辙，难保非受其指使，巧为诋讦。似此特交查办事件，被参各员藉端挟制，欲使查案大臣先存避谤之心，相率为伪，扶同隐饰，致朕耳目壅蔽，于政体大有关系，此风断不可长。至各省学政经朕特简，为士子表率，亦各宜砥厉廉隅，恪守清操，虽延请幕友，出棚按试，费用较繁，向资棚规津贴，但各省均有旧章，岂容踵而加厉？嗣后，各学政如有不知自爱、任意需索者，着各督抚随时查察，据实参奏，毋稍徇隐。

八月壬申 顺天府以宗室乡试中额请。得旨：取中五名。

八月甲戌 谕内阁：前经特召前任太常寺卿唐鉴来京叠次召对，嘉其品学兼优、器识安定，欲令留京供职。念该员年逾七旬，力陈衰老，若使勉强服官，转非所以示体恤，唐鉴着加恩赏给二品衔，仍留江南主讲书院。江南为人文渊薮，得老成硕学为之教导，俾后进有所矜式，于士习民风当有裨益也。

闰八月己丑 谕：卓秉恬等遵旨查明直隶京官与贡监生互禀一案；又，王庆云奏，覆试届期，请豫禁争端各一摺，并请复还改籍旧制等语。考试用京官印结，原以识认稽察为重。近来直隶京官专举十二人出结，其势不能周知，无怪该贡监等纷纷聚讼，目为把持。嗣后，考试出结，自应查核旧例以息争端。所有卓秉恬等议覆一摺，并王庆云陈奏事宜，均着礼部速议具奏。其覆试后改归原籍新章，与旧例孰为妥协，亦着一并详议具奏。

闰八月壬辰 以协办大学士、户部尚书裕诚为满洲翻译乡试正考官，通政司参议倭什珲布为副考官。

闰八月甲午 谕：御史吴廷溥奏，查办考试出结，未能核实摺片各一件，并钞录科场例案呈览。着礼部与现议卓秉恬等，并王庆云原奏一并秉公查核，妥议具奏。此案现交部议，尚未覆奏。该御史系直隶籍贯，自应静听部议，如所议有未允协，原可据实指陈。乃于部议未定之先，率行陈奏，殊属非是，吴廷溥着传旨申饬。

闰八月壬子 命兵部尚书特登额署教习庶吉士。

九月丁巳 湖南学政车顺轨因病解任，命翰林院编修刘昆提督湖南学政。

九月丙寅 谕内阁：陆建瀛奏恭刊《御纂性理精义》、《圣谕广训直解》装潢进呈，并将现在宣讲章程开单具奏。该督所进之书，刊刻甚好，已留览矣。单开各条，朕详加披阅。所称责成教官，慎选朴实生员，每日赴乡宣讲，藉可验对保甲户口，并令地方官于因公赴乡随时奖劝。教官课士，书院授徒，均令加试性理论一道，并将钦定四言韵文颁给各州县，令塾师详细讲解，以正蒙始。所拟均属可行，着即饬属认真遵办，毋得始勤终怠，视为具文。至该督所辖三省各营，现拟颁给《圣谕广训直解》一部，惟在该管将备，随时讲解，使兵丁等明晓大义，有勇知方，自未便以书塾规条，施之营伍，该督所称操演事毕宣讲之处，执谬难行，着毋庸议。

九月丙子　谕内阁：御史王茂荫奏请振兴人才，酌拟五条呈览。其请造就宗室八旗人才，历陈近来积习，自系实在情形。我朝人才蔚起，宗室八旗，文武谋略超越前代，良由习尚淳朴，不事浮华，以清语、骑射为本务。登进之途原不必尽由科甲，盖学为有用之学，斯才皆有用之才。近来文风日盛，留心经济者固不乏人，第恐沾染时习，以文章风雅自诩，不思讲求本务，殊非崇实黜华之道。叠经朕申谕谆谆，我宗室及八旗大小臣工，谅必咸喻朕意，嗣后，益当奋勉砥砺，求为有用之学，以备国家腹心干城之选。该管王大臣等尤当因才造就，俾文事武备各尽其长，毋负朕培养教诲之意。

九月庚辰　礼部奏，遵议直隶考试印结，请饬顺天府出示晓谕，如有祖父寄籍捐考未经呈明，子孙因而捐考者，予限一年，补行呈明；并请嗣后顺天考试出结，不必限定人数，凡系土著，均准出结。其大兴、宛平童试仍照定例，岁试用土著廪保八人，科试六人，令其互相稽核，并将金台书院送考之条禁止。从之。

十月癸巳　以礼部右侍郎曾国藩为顺天武乡试正考官，詹事府詹事沈兆霖为副考官。

十一月庚午　赏顺天等省乡试年老诸生张霄翀等一百二十六人举人、副榜有差。

十二月甲午　以翰林院侍读学士俞长赞为詹事府詹事，仍留河南学政任。

咸丰二年（1852年）

正月丁巳　赏浙江等省辛亥科乡试年老诸生张凌云等六十二人举人、副榜有差。

正月甲戌　派吏部左侍郎瑞常、通政使司通政使罗惇衍知贡举。

正月乙亥　命吏部左侍郎张芾仍留江西学政任，以礼部右侍郎曾国藩兼署吏部左侍郎，工部左侍郎吕贤基兼署刑部左侍郎。

二月戊戌　赏江西等省辛亥科乡试年老诸生徐金章等五十五人举人、副榜有差。

三月丙辰　以刑部尚书周祖培为会试正考官，兵部右侍郎杜翻、内阁学士载龄、户部右侍郎何桂清为副考官。

三月戊午　以升祔太庙礼成，颁诏天下。诏曰……所有事宜，开列于后。……一、贡生、监生仍派大臣官员考定职衔，照旧例送吏部注册。一、各省儒学以正贡作恩贡，次贡作岁贡。一、贡生、监生在监肄业者，免坐监一月。……布告天下，咸使闻知。

三月庚午　礼部以宗室会试中额请。得旨：取中二名。

三月壬申　礼部以会试中额请。得旨：满洲取中九名，蒙古取中二名，汉军取中三名，直隶取中二十二名，奉天取中三名，山东取中十八名，山西取中十名，河南取中二十一名，陕甘取中十九名，江苏取中十七名，安徽取中十一名，浙江取中二十名，江西取中十八名，湖北取中十名，湖南取中九名，福建取中十一名，广东取中九名，广西取中五名，四川取中十名，云南取中十名，贵州取中七名。

三月戊寅 调吏部左侍郎张芾为刑部左侍郎，仍留江西学政任。

三月己卯 谕：上年因广西办理军务，所有辛亥恩科文武乡试降旨展至本年，与壬子正科一并举行，现在该省军务尚未蒇事，本年正科考官，该部例应于五月初旬具题，该省各属士子或举行团练，保卫乡里，或随同地方文武，剿贼立功，且恐道路或有梗阻，能否如期赴省应试，着邹鸣鹤体察情形。倘本年仍难举行，即改于来年，为该省特开一科，仍倍额取中，并予广额。该抚即迅速查明，务于五月初旬由驿奏到，毋稍迟延。

四月癸未 以恭奉宣宗成皇帝配天礼成，颁诏天下。诏曰……所有事宜，开列于后。……一、各省童生入学额数，大学着增七名，中学增五名，小学增三名，诏到举行一次，不着为例。……于戏！饬虔恭于祝嘏，告备告时；卜说豫于神人，是宜是享。上仪有赫，齐覆载以垂庥；锡类无疆，遍寰瀛而被德。布告天下，咸使闻知。

四月己丑 以户部尚书禧恩为满洲翻译会试正考官，通政使司参议倭什珲布为副考官。

四月丙申 以本年乡试，考试应开列试差人员于保和殿。

四月丁酉 礼部以翻译会试中额请。得旨：京旗取中三名，各省驻防取中九名。

四月庚子 以大学士裕诚、协办大学士杜受田、吏部尚书柏葰、工部尚书翁心存，都察院左都御史花沙纳、朱凤标，吏部右侍郎沈兆霖、户部左侍郎德兴为殿试读卷官。

四月辛丑 策试天下贡士孙庆咸等二百三十九人于保和殿。制曰：朕寅绍丕基，抚绥寰宇，仰荷昊穹洪贶，祖考诒谋，兢业敕几，日慎一日，勉思检身治心之要，还淳反朴之原，诘戎讲武之猷，足食裕民之制，冀与中外臣庶，臻郅治之盛轨，致上理于大同，延揽人才，特开恩榜。兹值临轩发策之始，虚中博采，爰举胪询，尔多士其敬听之。圣学之要，在于主敬存诚。《易·文言》于乾九三言诚，坤六二言敬。程子曰：“诚则无不敬。未至于诚，则必敬而后诚。”而以乾坤分为圣贤之学。昔圣微言，曩哲粹语，其细绎而切陈之。朱子谓：格致诚正，以至修齐治平，始终不外乎敬；中和位育，极之圣神功化，枢纽不外乎诚。心法、治法，一以贯之者，《大学》、《中庸》二书，实括其全，能申明其义欤？真德秀《大学衍义》，于诚意正心之要立为二目，曰崇敬畏，曰戒逸欲，盖云备矣。明邱濬复补以《审几微》一节，厥旨安在？朕披览前编，服膺圣学，近命儒臣，重缮《朱子全书》，用备观省，何以审端用力，辨危微而致精一欤？夫物力之盛衰系乎民俗之奢俭，而欲民生之厚，尤在上之人有以开其源而节其流。《易》曰：“节以制度，不伤财，不害民。”《书》曰：“慎乃俭德，惟怀永图。”节俭之道，非帝王之要务欤？汉文帝以敦朴为天下先，景帝令二千石修职，以伤农事、害女红为戒，遂成富庶之业。唐太宗戒盈崇俭，亦致四海丰盈，将上行而下自效欤？抑转移之道亦在于承流宣化者欤？夫士大夫者，庶民之所则效也。乃习俗相沿，渐成侈靡，衣服舆马，竞为美观，冠昏宾祭，动多逾制，果何由移风易俗，使天下回心向道欤？陆贽有言："生物之丰歉由天，用物之多少由人。"裁制之术，厥道何由？古者文德诞敷，不忘武备，诘戎振旅，所以辅化安民也。边防之策，汉唐最详，贾谊、晁错、陆贽之论，昭然具在。至宋则有乡兵、蕃兵，明则有边兵，其制若何？夫兵以训练为先，《孙子》所谓练士，《吴子》所谓治军，唐太宗与李靖问对中所言手法、足法，明王骥所论练兵之法，其目凡五，能备举欤？自来太平日久，武臣边帅往往故事奉行，不能尽心简阅，役使兵丁摊扣粮饷，流弊孔多。朕屡降明诏，严饬武备，鼓励戎行，直省督抚、提镇宜何如随时操演，加意稽察，选精锐、汰老羸、简器械、协伍两，以期一兵得一兵之用乎？夫国以民为本，民以食为天。《周礼》旅师有春颁秋敛之法，廪人掌九谷以待匪颁，遗人掌委积以待施惠，其为储蓄甚备。管仲权有余不足，而轻重敛散之。李悝视岁之上中下，而贵贱籴粜之，其法亦有合于古欤？厥后耿寿昌之常平仓，长孙平之义仓，朱子之社仓，规制不一，而行之既久，均不能无弊，何欤？京仓为天庾正供，《元史》所载，河西务十四仓，京仓二十二仓，通州十三仓，即今制所由昉。自伯颜建海运之议，岁输三百余万石，史称其便。明初海陆兼运，其后运河成而海运罢。然昔人往往力陈其利，能详举其说欤？出纳之经，盖藏之道，转运之方，果何由而尽善欤？凡兹四事，慎修以端宸极，崇俭以维世风，肄武以饬边防，储粟以赡民食，敷施凝绩，莫切于斯。尔多士讲求有素，蕴蓄自深，其各抒见闻，毋泛毋隐，朕将亲览焉。

四月辛丑　引见庚戌科散馆人员。得旨：许其光、谢增业经授职，二甲庶吉士李德仪、慎毓林、袁保恒、丁绍周、杨庆麟、杜联、黄统、徐桐、季念诒、崇实、沈史云、王敦敏、张大栴、朱文江、岳世仁、李羲钧、钱桂森、晋康、孙衣言、钱鋑、叶炳华、曾璧光、姚诗彦、戚士彦、杨书香、张云望、何福咸、梁骏观、俞樾、陈泰初、郑守诚、寇嘉相、邵亨豫、孙学騆、吕耀斗、王道墉、吴焯、李培祜、邹石麟、吴慰曾俱着授为编修，三甲庶吉士童秀春、马佩瑶、载肃均着授为检讨，寿昌、储德灿、武廷珍、濮庆孙、杨彝珍、刘传祺、傅观海、李嗣元、叶毓祥俱着以部属用，翻译庶吉士清安、依奇哩俱着授为编修，联兴着以部属用。

四月辛丑　赏会试年老举人黄增庆等三十三人编修、检讨、学正职衔有差。

四月甲辰　御弘德殿，召读卷官人，亲阅定进呈十卷甲第。

四月乙巳　上御太和殿。传胪。赐一甲章鋆、杨泗孙、潘祖荫三人进士及第，二甲彭瑞毓等一百八人进士出身，三甲何桂芳等一百二十八人同进士出身。

四月丙午　致仕大学士潘世恩重宴鹿鸣，赏其子太常寺博士曾炜员外郎。

四月己酉　以翰林院编修赵畇为云南乡试正考官，黄经为副考官。

四月己酉　以翰林院检讨张衍重为贵州乡试正考官，编修许彭寿为副考官。

五月乙卯　谕：前因广西军务未竣，能否举行乡试，降旨令邹鸣鹤体察情形，迅速覆奏。兹据奏称，现因逆匪窜扰，道路尚多梗阻，且各属士子董率团练，协助官兵保卫地方，势难如期应试等语，所有广西省辛亥恩科文武乡试，本改于今年壬子正科一并举行，现在军务尚未完竣，自应再加体恤。着改于明年特开一科，仍倍额取中，并予广额，下科会试加中额数，着礼部届期奏明请旨。

五月乙卯 授一甲一名进士章鋆翰林院修撰，二名进士杨泗孙、三名进士潘祖荫编修。

五月丙辰 命礼部尚书贾桢、户部左侍郎德兴教习庶吉士。

五月丁巳 引见新科进士。得旨：一甲三名章鋆、杨泗孙、潘祖荫业经授职外，彭瑞毓、薛书堂、朱潮、萧培元、蒋英元、罗瀚隆、周学源、扎拉丰阿、倪文蔚、董元醇、张庭学、冯晟、胡履吉、李庆翱、王兰谷、王楷、李鸿藻、黄先瑜、孙楫、吴嘉善、景其浚、陈介猷、丁培镃、吴仰贤、梅启照、邓兆熊、庞际云、周恒祺、俞奎垣、张洵、赵曾向、刘成忠、景廉、张方咏、卫荣光、蔡兴楷、徐启文、孙翼谋、易堂儁、孙庆咸、曾光斗、同揆奎、李恩长、黄师阊、宗室绵宜、贺澍恩、衍秀、陆仁恬、吕锦文、李甲先、陈丙曾、曾省三、饶世贤、娄道南、游显廷、张鼎辅、何瑞丹、刘洪简、王化堂、郭鉴襄、寻銮炜、谢金诰、郑守廉、杜瑞联、孙登瀛、武尚仁、邓贤芬、许时、许应骙、夏廷榘、恽鸿仪、余撰、李应田、任兆坚、陈梦兰、志和、许宗衡、范鸣璚、赵新、孙桐生、汪雨时、赵福淳俱着改为翰林院庶吉士，郑世恭、吴伯敬、龚显章、张鸿荃、葆谦、华鑅、童大畬、李光廷、张沄卿、庆锡纶、韩弼元、廖秩玮、继格、赵汝淑、陈承裘、陈维岳、张文泗、尹汇瀛、蔡逢年、吴潮、朱缃、高天宠、何桂芳、陈骏、宋蔚谦、李焜、彭宗达、饶桂丰、汪时元、骆文蔚、蒋奎楼、上官煜、郜云鹄、丁鹿鸣、黎福畴、魁龄、赵廷恺、张崇、俞允若、李樗、王守基、顾凤仞、王文韶、陈鸣玉、冯德珍、相燮坤、桂迓衡、郑韶庚、张荣祝、宗室阿里汉、何毓福、李文敏、石峻、周世英、栾以绂、王鉴塘、梁珏、原峰峻、兴恩、郑济美、任起鹏、林骏声、杨凝照、文彬、刘毓楠、王鍈绅、王家勤、张菼、邓庆麟、景闻、丁元正、王锡俱着分部学习，曹翰书、何灿、潘文耀、豫师、永顺、郎郡环、高大奎、张家钰、陈继业、何谨顺、叶灿章、濮尚暄、何芳、云蔚桐俱着以内阁中书用，张启辰、裴季勋、陈赞、蒋庆第、邓楚翘、高得善、李应选、陈松龄、马缉熙、陈寿元、陶云升、金耀远、王效虞、张世梁、吴芳蕙、方炳奎、林溥、徐河清、董春卿、王广佑、吴学淳、章淳、张棨、杜琢章、刘翼之、李徽昉、杨丰绅、刘秉琳、李昌瑞、明之纲、张云辉、庞立忠、翟允之、刘济、韩荫华、马世璜、高徽翰、何现图、李勖、陈景雍、王卓然、徐宗勉、武澄清、崔玉征、李友龄、邹峄麟、张烧、宋志濂、吴锡岱、李昌祺、胡联奎、马炳昭、高镜澄、冯克勋、龚敬敷、吴之寯、彭大宾、辛于镛、王之英、李耀琛、陈泰增、傅笃兴、石虎臣、夏家升、陈名杰俱着交吏部掣签，分发各省以知县即用，户部候补主事梁元桂着以主事即用。余着归班铨选。

五月壬戌 以翰林院侍读学士孙铭恩为广东乡试正考官，编修胡焯为副考官；詹事府詹事毓检为福建乡试正考官，光禄寺少卿黄兆麟为副考官。

五月壬戌 赏湖南等省辛亥科乡试年老诸生罗储伦等五人举人、副榜有差。

五月己巳 谕内阁：此次考试翰詹各员，经阅卷大臣等校阅进呈，朕复详加披览，亲定等第。一等五员，二等六十五员，三等六十八员，四等一员，不列等一员。其考列一等之编修李联琇、龙元僖俱着以侍讲学士升用，编修沈桂芬、庞钟璐俱着以庶子升用，编修孙鼎臣着以侍读升用，考列二等之编修胡焯着以侍读升用，编修冯培元、周寿昌、袁希祖俱着以侍讲升用，编修何廷谦、徐树铭俱着以中允升用，侍讲学士王履谦着以少詹事升用，编修何彤云着以侍讲升用，编修沈炳垣着以中允升用，编修郭骥远着以赞善升用，以上各员现在无缺或补者俱着先换顶带，在任候缺。编修宜振、卓橒，侍读学士孙铭恩、编修陆东枢、洗马宋晋、编修陈浚、侍讲学士潘曾莹、侍读学士皂保俱着记名，遇缺题奏，并各赏大卷缎袍料一疋，小卷缎袍褂料各一件。编修李载熙、唐壬森、钟启峋，侍讲汪振基、左庶子煜纶、编修林之望、检讨杨元白，编修李希彬、殷兆镛、张桐、张守岱、张晋祺、尹国珍、李鸿章、鲍源深、王景淳、吕序程、吕倌孙俱着各赏大卷细袍料一疋。考列三等之侍读学士殷寿彭着以庶子降补，右中允史淳着降为编修，侍读蔡宗茂着以中允降补，侍讲宝珣着以赞善降补，少詹事钮福保着以庶子降补，仍在上书房行走；编修蔡征藩、章嗣衡，检讨张修府，编修启文、李品三、董似谷着各罚俸半年；编修吴存义、黄廷绶、孙观、郑琼诏，检讨何其仁，编修方寯、刘有铭着各罚俸一年；左赞善苏勒布着降为编修，仍罚俸一年；检讨徐鼒、编修殷寿臻着各罚俸一年；编修卢庆纶、许振祎，检讨徐嵩生着各罚俸二年；洗马玉山着以主事降补，仍罚俸二年。考列四等之编修蒋达着罚俸三年。不列等之侍读学士保清着即革职。其考试翻译，列入二等之编修广凤着以侍讲升用，先换顶带，在任候缺；侍讲讷尔济着记名，遇缺题奏，并赏大卷缎袍料一件，小卷缎褂料一件。列入三等之侍读德瑛着罚俸半年，右赞善万广着降为编修，余着照旧供职。该员等其各勤学砥行，以副朕培养人材至意。

五月庚午 谕内阁：此次大考，三等之翰林院侍读蔡宗茂业经降补中允，着仍准记名，以道府用，其京察一等加一级，着毋庸随带。

五月癸酉 谕：骆秉章奏请乡试展期一摺。现在粤西匪徒窜扰湖南边境，各属士子团练保卫，未能如期应试，自应量加体恤，所有湖南省本年壬子科文武乡试，着改于明年举行。

五月丙子 以太仆寺少卿徐继畬为四川乡试正考官，翰林院编修沈炳垣为副考官。

六月己丑 工部右侍郎锡龄为浙江乡试正考官，翰林院编修刘书年为副考官；礼部右侍郎曾国藩为江西乡试正考官，江南道御史丁浩为副考官；詹事府少詹事王履谦为湖北乡试正考官，翰林院编修许其光为副考官。

六月壬辰 谕内阁：僧格林沁奏，端华于大考翰詹时，为已革学士保清修补试卷等语，着端华明白回奏。是日，监试王大臣载垣等何以不行阻止，并着据实明白回奏。

六月癸巳 谕内阁：本日，据端华、载垣等遵旨回奏各一摺，殿廷考试，功令綦严，端华经朕特派监试，辄为已革侍讲学士保清修补试卷，实属违例，着退出御前大臣，交宗人府议处。载垣未能阻止，着一并交宗人府议处。珠勒亨特兴额、多尔济那木凯、明庆、穆克登额、德木齐扎布、继善、恩醇、联顺、安兴阿、托精阿、索布多尔扎布均着传旨申饬。

六月己亥　以吏部右侍郎沈兆霖为江南乡试正考官，翰林院编修葛景莱为副考官；编修苏仲山为陕甘乡试正考官，礼科给事中梁同新为副考官。

七月己酉　谕内阁：给事中袁甲三覆奏，定郡王载铨广收门生一摺，据称载铨曾绘《息肩图》一卷，题咏甚多，凡属门生皆系师生称谓，着载铨将所绘《息肩图》即行呈进。

七月甲寅　以翰林院侍读克明为河南乡试正考官，编修宋玉珂为副考官；内阁学士许乃普为山东乡试正考官，翰林院编修黄倬为副考官；检讨袁泳锡为山西乡试正考官，编修曹登庸为副考官。

七月丙寅　命翰林院编修冯培元提督湖北学政。

八月甲申　以工部尚书麟魁为顺天乡试正考官，都察院左都御史朱凤标、工部左侍郎吕贤基为副考官。

八月甲申　命太常寺少卿张鍱为奉天府府丞兼学政，大理寺卿龚文龄提督顺天学政，户部右侍郎何桂清提督江苏学政，工部右侍郎锡龄提督安徽学政，内阁学士沈兆霖提督江西学政，礼部右侍郎万青藜提督浙江学政，翰林院修撰张之万提督河南学政，编修徐树铭提督山东学政，检讨孙晋墀提督山西学政，右春坊右庶子沈桂芬提督陕甘学政，翰林院编修何绍基提督四川学政，侍讲吴保泰提督广东学政，侍读明焯提督广西学政，编修黄统提督贵州学政。调浙江学政吴钟骏提督福建学政，湖北学政冯培元、湖南学政刘昆、云南学政杨式谷俱留任。

八月丙申　顺天府以宗室乡试中额请。得旨：取中五名。

九月庚戌　谕内阁：前据户部奏请捐纳军功举人、生员一摺。着不准行。

九月丙辰　赏福建等省辛亥科乡试年老诸生洪际昌等五人副榜。

九月己未　以兵部左侍郎赵光知武举，工部尚书翁心存为武会试正考官，翰林院侍读学士龙元僖为副考官。

九月壬戌　谕内阁：陆建瀛奏现赴徐州督办丰工，请由学政代办武闱一摺。本年壬子科江南武闱乡试，即着青麟届期赴省代办。

九月壬戌　兵部以武会试中额请。得旨：满洲、蒙古取中四名，汉军取中四名，奉天取中一名，直隶取中十九名，陕甘取中二名，山东取中八名，广东取中三名，江苏取中一名，河南取中七名，安徽取中一名，山西取中二名，湖南取中一名，四川取中一名，福建取中一名，浙江取中二名，江西取中二名，云南取中二名，贵州取中一名。

九月乙丑　以工部左侍郎哈芬为满洲翻译乡试正考官，通政司副使扎克丹为副考官。

十月戊寅　试中式武举梁凤山等六十二人于太和殿前。

十月己卯　上御紫光阁，阅中式武举马步射。

十月庚辰　上御箭亭，阅中式武举技勇。

十月辛巳　上御乾清宫，引见中式武举，亲定甲乙。

十月壬午　上御太和殿。传胪。赐一甲田在田、张虎臣、赵玉润三人武进士及第，二甲黄国辅等八人武进士出身，三甲梁凤山等四十三人同武进士出身。

十月戊子　以署吏部右侍郎罗惇衍为顺天武乡试正考官，翰林院侍讲学士宋晋为副考官。

十月壬辰　予广西阵亡千总秦玉麟，外委陈兆龙、何成秀祭葬世职，举人苏元初赏恤如例。

十月辛丑　谕：叶名琛奏请将文闱舞弊之举贡等及巡绰不力之委员分别惩办一摺。本年广东乡试，经监试官、惠州府知府苏学健查出，东文场水沟内有传递文字纸包，并拿获舞弊号军马亚幅一名，究出监生刘韵琼等雇倩副贡生黄子森代作文字，传递入场等情。科场舞弊大干例禁，必应严行惩办。香山县监生加捐同知衔刘韵琼、鹤山县附生张存礼、顺德县监生加捐翰林院孔目衔冯赞熙、清远县附生郭昭祖、监生加捐知州郭寿增均着即行斥革。其在逃未获之枪手副贡生黄子森，举人关鸾飞、吴宝杰着一并斥革，与已革举人杨懋建及包揽传递之高亚腾、简亚满等均着按名严拿务获，归案讯究，按律惩办。其巡绰不力之委员兴宁县巡检潘成林、琼州府经历余金生、广州协右营效力武举徐雄斌均着交部议处。寻奏，讯结刘韵琼、郭寿增、冯赞熙、郭昭祖、张存礼、马亚幅照例拟军，逸犯黄子森等俟续获究办。下部议。从之。

十一月乙亥　赏顺天等省乡试年老诸生于学乾等七十八人举人、副榜有差。

十二月戊子　以翰林院侍讲学士冯培元为光禄寺卿，仍留湖北学政任。

十二月己丑　予江西故湖北学政王赠芳入祀名宦乡贤祠，从巡抚陆元烺、龚裕请也。

咸丰三年（1853年）

正月辛亥　命翰林院检讨袁泳锡提督广西学政。

正月乙卯　赏河南等省壬子科乡试年老诸生葛图南等九十六人举人、副榜有差。

正月丁卯　派都察院左副都御史载龄、兵部左侍郎赵光知贡举。

正月戊辰　谕军机大臣等：寄谕步军统领，有人奏，各省举人赴部会试，向例在省起文，入城时验文放行，现在湖北巡抚关防尚未查出，恐有匪徒冒充该省举人，假造文书入城者，请旨严查等语。着该衙门派委妥员，于入城时查明湖北举人如有执持该省巡抚公文赴部会试者，即令指出素识之同乡京官，或居住之会馆，派役妥行送往，仍不得稍滋扰累，并不得因有此旨，致将各省会试车辆概行搜查，致启胥役刁难讹索之弊。倘有情节不符，或实在情形可疑者，即着严行究办，以杜假冒而戢奸宄，将此谕令知之。

二月丙子　命户部右侍郎青麟提督湖北学政。

二月癸未　诣文庙，行释奠礼。礼成，御彝伦堂，更衮衣，亲临辟雍讲学。王、公、衍圣公、大学士、九卿、詹事、起居注官入侍，至圣后裔、五经博士、各氏后裔及学官、进士、举人、荫生、贡监生等圜桥肃立。上赐讲官坐。大学士裕诚、祁寯藻进讲《四书》"致中和，天地位焉，万物育焉"。讲毕，上宣御论曰：圣人之学，基于戒惧慎独之一心，推而致之，遂及于广大而不可限量。所为推而致之者，非有所为而为也。圣人之心，与天地万物为一体。所谓中者，即天地自然之理也；所谓和者，即万物自然之气也。天地之理，本无偏倚；万物之气，本无乖戾。特吾戒惧慎独之功或有未至，则天地万物亦不能无缺憾之处，盖吾之心未极其正，则至静之中，未能偏倚胥无，而中之体或不立；吾之心未极其精，则应物之处，未能差谬悉泯，而和之用或不行，惟圣人知其然也。自其存养省察之功，推而至于德盛化神之妙，故中则极其中，和则极其和。中之至，则天命之性皆浑涵于吾心，而天地自安其所矣；和之至，则率性之道皆阐发于吾心，而万物自遂其生矣。《易》曰："财成天地之道，辅相天地之宜。"又曰："范围天地而不过，曲成万物而不遗。"非致中和之圣人，孰能功效如此其盛乎？国子监祭酒讷尔济、龙元僖进讲《书经》"惟天无亲，克敬惟亲；民罔常怀，怀于有仁"。讲毕，上宣御论曰：《书》曰："天难谌。"惟克敬克仁者，天之所与，即民之所归也。然岂易言哉？创业之君，忧勤惕励，所以承天眷、孚民情者，固非易易。然较之守成之君之动循法则，罔敢怠荒，彼不易，此难也。试论之，夫万事草创，定鸿规，基大业，受命而兴，仁敷胞与，救民于水火之中，以治继乱，其时其势不易也，非难也。若夫以祖宗之心为心，以祖宗之政为政，夙兴夜寐，惠鲜鳏寡，虽中主亦知，然甚难矣。盖蒙业而安者，其心易肆，其志易骄，苟非乾惕为意，视民如伤，知创业之不易，时加警觉，则有违天心，民心自涣，民心日离，天将夺之。由是观之，难也，非不易也。至若极敬之功，推仁之量，载之编籍，论之详矣，兹无复赘。因申伊尹告太甲之旨，又发明创业守成之难不易，仰止高皇作说之深意，告我后人，且自警焉。时王公百官及听讲之进士、举人、荫生、贡监生等跪聆圣训毕，王以下各官行三跪九叩礼，祭酒、司业率学官诸生谢恩礼成，恩赉进讲大学士、祭酒并衍圣公、圣贤后裔、国子监官、观礼进士、举人、荫生、贡监生等有差，广太学乙卯科乡试中额十五名。

三月丁未　以孝和睿皇后升祔太庙礼成，颁诏天下。诏曰……一、贡监生在监业肄者免坐监一月。一、各省儒学，以正贡作恩贡，次贡作岁贡。……于戏！仰闷宫之肃穆，礼备飨亲；承大糦之馨香，情殷报本。克昌厥后，涵亿载以延洪；用康保民，合万邦而鼓舞。布告天下，咸使闻知。

三月丁未　改铸四川学政关防。从学政何绍基请也。

三月庚戌　以礼部尚书徐泽醇为会试正考官，吏部左侍郎邵灿、署工部左侍郎内阁学士潘曾莹为副考官。

三月壬戌　礼部以宗室会试中额请。得旨：取中二名。

三月癸亥　命翰林院编修吴福年提督广西学政。

三月丙寅　礼部以会试中额请。得旨：满洲取中六名，蒙古取中一名，汉军取中三名，直隶取中二十二名，奉天取中三名，山东取中十七名，山西取中十一名，河南取中二十二名，陕甘取中二十一名，江苏取中十二名，安徽取中九名，浙江取中十八名，江西取中十七名，湖北取中八名，湖南取中七名，福建取中十一名，广东取中十一名，广西取中六名，四川取中十三名，云南取中十一名，贵州取中八名。

三月庚午　谕军机大臣等：李嘉端奏，安徽学政锡龄、宁池太广道惠征于贼至时，均有带印避至苏省及他府情事。锡龄系二品大员，简任学政，虽无守土之责，何至闻警逃避，至今未据奏报，殊不可解。惠征身任监司，于所属地方被贼蹂躏，何以携带银两、印信避至镇江、泾县等处？据该抚奏称，询问署藩司等官，均未得该二员音问。锡龄、惠征究竟现在何处，该抚所闻逃避处所，是否确实，仍着查明，据实具奏。惠征业已开缺，着即饬令听候查办，其九江失守案内，寿春营都司海升、守备左德瑛，着即饬新任寿春镇总兵玉山就近确查逃避情形，由该抚奏明惩办，将此谕令知之。

四月丙子　谕：锡龄奏请将岁试展限一摺，并片奏安徽办理防堵情形等语，所有安庆、太平两府岁试着展限半年再行考试。该学政虽无守土之责，如果访闻该省防堵办理不善，即应早为陈奏，乃直至该省失事后数月来始行敷衍入奏，实属迟延，且据称现驻徽州府，是否出棚考试，未据分晰奏明，亦属含混。锡龄着交部议处。

四月壬午　命安徽学政工部右侍郎锡龄来京，以兵部右侍郎孙铭恩提督安徽学政。

四月甲申　以内阁学士文惠为满洲翻译会试正考官，翰林院侍读学士讷尔济为副考官。

四月乙酉　谕：前因军饷浩繁，不能不借资民力，叠经降旨，令各省督抚妥为劝谕捐输，复允大学士等所请，推广中额学额鼓励人材，以昭奖劝，谅已刊布誊黄，遍行晓谕矣。兹据惠亲王、恭亲王奕䜣、定郡王载铨奏称，各省富庶之区，以广东、山西为最，若劝捐得人，示以破格之赏，自能有济于事等语。朕思军兴三载，征调频仍，凡被贼蹂躏地方及官兵经过处所，赈抚供亿，类皆民力是资，即广东、山西等省，素称殷实，近时踊跃输将，为数亦复不少，若非值此万不得已之时，岂忍重累吾民。惟念贼匪自粤而楚，扰及江省，现在大兵云集，水陆进剿，若军饷稍有不济，致令逆贼南北奔窜，即完善之区，亦难自固，着叶名琛、柏贵、哈芬遴选各该省曾任京外各官、公正乡绅、人望素孚者，传旨饬令劝谕绅士商民人等竭力输将，随时奏请优奖。仍各就该省所捐总数，及各州县捐数，加广中额学额。如该省富家大族，有能捐赀至百万或数十万者，即赏加五等封爵，其次，赏加轻车都尉等官，并准予以袭次，俾民间咸知捐赀助饷，即与效力行间无异。如殷实之户，力能多捐，不愿荣身者，即明白晓谕，给予藩司印照，填写借用银数，俟军务告竣，即行如数发还，仍先行酌请优奖。惟须善为开导，克期集事，俾军饷源源接济，大功迅速告蒇。朕所以谕令选用公正绅士者，为其宣扬上意，通达下情，俾蠹吏无从侵渔，商民不致扰累。该督抚其善体朕意，妥速遵行，原摺着节钞阅看，将此由四百里各谕令知之。

四月丙戌　谕军机大臣等：前据户部具奏陕西省劝捐成数，业经给予奖叙，并加广中额学额，用昭激劝矣。现在军务未竣，需饷孔殷，昨已谕令广东、山西各督抚，遴选公正乡绅，申谕劝捐。因思陕西地方，夙称富庶，着舒兴阿、张祥河遴委陕西曾任京外各官，公正绅耆，传旨饬令劝谕绅士商民人等竭力捐输，随时奏请优奖。仍就该省所捐总数及各州县捐数加广中额学额，如富家巨族有能捐赀至百万或数十万者，即赏加五等封爵，其次赏加轻车都尉等官，并准予以袭次；如有力能多捐，不愿荣身者，即明白晓谕，给予藩司印照，填写借用银数，俟军务告蒇，即行如数发还，仍先行酌请优奖。务使蠹吏无从侵渔，商民不致扰累。该督抚谅能仰体此意，妥速遵行也，将此由四百里谕令知之。

四月庚寅　署湖南巡抚潘铎奏士民尚未复业，请将壬子科乡试，仍缓至下科一并举行。从之。

四月辛丑　礼部以翻译会试中额请。得旨：京旗取中二名，各省驻防取中八名。

四月甲午　以协办大学士、吏部尚书贾桢，吏部尚书柏葰、户部尚书文庆、礼部尚书徐泽醇、吏部左侍郎邵灿、户部左侍郎全庆、刑部右侍郎许乃普、都察院左副都御史文瑞为殿试读卷官。

四月甲午　以予告大学士潘世恩重赴恩荣宴，赏其孙祖同举人，一体会试。

四月乙未　策试天下贡士吴凤藻等二百二十二人于保和殿。制曰：朕履位以来，三载于兹矣。仰荷昊苍眷佑，列圣垂庥，敕命时几，兢兢业业，恒思重道崇儒之治，诘戎禁暴之模，地舆险易之形，泉府流通之法，冀与中外臣工，致上理于大同，登斯民于仁寿。兹当临轩策访之时，虚衷博采，尔多士其敬听之。周制立学，天子辟雍，或取字义，或象物形，诸家之说，可胪陈欤？有文王之辟雍，有武王之辟雍，或为宫，或为西雍，何以称焉？辟池之名，见于何书？或以辟雍为乐名，其说何本？清庙、太庙、明堂、太学、辟雍，殊事异名，果一地欤？神道清静，祭于斯，朝于斯，射于斯，飨于斯，学于斯，毋乃杂欤？四代之学，方隅奚若？壅水四周，广袤奚若？水若为旋，桥若为制，皆有据欤？夫虞廷有教胄之训，周官重成均之职，化民成俗，实基于此。朕躬临辟雍，讲学典礼，非徒侈三雍之上仪，修汉唐之故事也，亦惟期与多士研求格致诚正之功，以臻修齐治平之效耳。我国家以骑射威天下，八旗绿营，星罗棋布，有事则扫除，无事则镇抚，兵力不可谓不厚矣，而蚁屯蜂聚，弄兵潢池者，尚稽荡灭，则不练之过也。兵法之最古者，当以孙子、吴子、司马法为本，生聚教训之术，权谋运用之宜，能言其大略欤？其著有明效者，当以有明戚继光《练兵实纪》一书，为切于实用。所称一练伍法，二练胆气，三练耳目，四练手足，五练营阵，六练将者，能阐其义欤？夫足兵必先足食，国家岁有常供，征发频仍，则度支不给，开矿行钞，亦补救之急务，必如之何而利可兴，弊可弭？征兵千里，士饱马腾也，今江南之金陵、姑苏、维扬、皖水皆禹贡扬州之域，稽之天文，在斗牛女分野星纪之次，自两汉、三国、晋、宋、齐、梁、陈、隋、唐、五代、宋、元、明之建置沿革，可扬搉而陈之欤？左太冲《吴都赋》，所称“包括于越，跨蹑蛮荆”，“磁硙乎数州之间，灌注乎天下之半”者，能推阐言之欤？其间人民殷阜，良莠不齐，物产丰盈，转输攸赖，而防江、防河、防淮、防海，洪波沿袤，何以扼其要？港汊纷歧，何以杜其奸？平时何以绥靖，临时何以折冲？古今异时，山川异势，水陆异宜，攻守异形，防剿异用，非讲求于平日，其何以投鞭断流，使江左、江右亿万苍生，得以出水火而登衽席也？秦并天下，币为二等，而珠玉、龟贝、银锡之属不为币；孝武始造白金三品，寻废不行。是上下通行之货，壹皆以钱，未尝用银。唐时有禁断采银之诏，度支岁计，有粟、布、绢、棉及钱，而无银，惟诸州土贡，自百两至二十两不等，不为币也。以银为币，始于何时，行于何地？铸银之式，轻重不同，所值亦异，厥后银日贵，钱日贱，民间但以银论价市易，能详其源流迁变欤？论钱法者，若贾谊、若孔觊、若陆贽，能述其梗概欤？我朝府事交修，户工二部设宝源、宝泉两局，近复因臣工奏请铸大钱，以剂食货之用，果何如而权衡轻重，各得其宜，俾国用饶而民用赡乎？夫兴人才以讲学，奋武卫以诘奸，审地利以设防，阜民财以裕国，皆经邦之要道，立政之宏模也。多士学古入官，通知时事，以敷奏为明试，毋泛毋隐，朕将亲览焉。

四月乙未　赏会试年老举人陈东藩等八人编修、检讨、学正职衔有差。

四月丙申　引见散馆人员。得旨：章鋆、杨泗孙、潘祖荫业经授职，二甲庶吉士萧培元、景廉、吴嘉善、吕锦文、赵曾向、俞奎垣、刘成忠、李庆翱、孙翼谋、徐启文、丁培镒、黄师訚、饶世贤、李鸿藻、张洵、景其浚、朱潮、赵树吉、邓兆熊、卫荣光、薛书堂、董元醇、许时、寻銮炜、彭瑞毓、衍秀俱着授为编修，三甲庶吉士李应田、许应骙俱着授为检讨，倪文蔚、孙登瀛、庞际云、梅启照、志和、宗室绵宜、陆仁恬、蔡兴楷、王化堂、恽鸿仪、王楷、蒋英元、李甲光、曾省三、陈梦兰、郭鉴襄、王兰谷、张方泳、余撰、赵福淳、孙庆咸俱着以部属用，易堂嶲、宋金鉴、许宗衡、孙楫俱着以内阁中书用，夏廷榾、娄道南、谢金诰、扎拉丰阿、贺澍恩、孙桐生、武尚仁、陶绍绪、冯晟俱着以知县即用，罗瀚隆着归原班铨选，翻译庶吉士桂清着授为编修，额勒和布、书禄俱着以部属用，文运着以内阁中书用。

四月戊戌　上御乾清宫，召读卷官入，亲阅定进呈十卷甲第。

四月戊戌　谕：左副都御史载龄奏，本年派充会试知贡举，查有外帘监试御史觉罗锡光上堂办事，身穿元青绵袄，殊失观瞻，且精神委顿，不时歇息等语，御史觉罗锡光着交吏部带领引见。

四月己亥　上御太和殿。传胪。赐一甲孙如仅、吴凤藻、吕朝瑞三人进士及第，二甲黄钰等一百七人进士出身，三甲武骊珠等一百十二人同进士出身。

五月丁未　授一甲一名进士孙如仅翰林院修撰，二名进士吴凤藻、三名进士吕朝瑞编修。

五月戊申　命大学士祁寯藻、吏部尚书柏葰教习庶吉士。

五月壬子　引见新科进士。得旨：一甲进士三名，孙如仅、吴凤藻、吕朝瑞业经授职外，黄钰、沈祖谏、朱学勤、林庆贻、陈亮畴、汪承元、陈兰彬、高延祜、卢士杰、王兑、恩吉、郭梦惠、颜宗仪、贺锡福、宋梦兰、闵璜、王澎、丁宝桢、张德容、余鹏、周式濂、杨荣绪、陈光甲、浦安、敖册贤、蔡兆槐、李鹤龄、薛春黎、郝铎、任廷槐、方熊祥、林凤辉、刘澍覃、梁肇煌、袁方城、张锡荣、蓝拔奇、张曰衔、袁承业、黄图南、段广瀛、葛桐衔、徐赓臣、曹贻诚、曼惠吉、包欣芳、何耀纶、蒋理祥、靳邦庆、章永康、田景瀛、曾椿寿、李佩琳、马恩溥、武骊珠、聂泰、傅寿彤、程维清、宗室瑞联、姚亮臣、柳炯、王作綍、赵昌业、童棫、谢辅墀俱着改为翰林院庶吉士，李慎、杜来锡、欧阳云、曹炽昌、张沄、徐振瀛、唐翊清、顾敦敏、袁槼实、吴荣、王金台、杨赞勋、夏家镎、龙云、王思沂、黄云鹄、徐忠锐、张翀霄、宗室麟书、刘志沂、穆兰泰、孙恩寿、师长灼、刘毓棠、陈荣绍、赖运扬、李廷箫、谷暄、方騄、李新庄、黄翰华、侯嗣章、郁鋐、田际春、尹耀宗、董学履、王衮、任式坊、傅起岩、张煦、陆汝黼、汪世泽、朱议训、张殿元、乔荫甲、张照南、曹寯亮、贾铎、欧阳廷景、曹会成、果汉源、纪旸、苟斐然、徐克刚、杨元溥、朱联奎、珂克僧额、王炳坛、高鸿儒、吕际韶、蒋常垣、谢膺禧、唐绂章俱着分部学习，熊钟麟、李淇、汪时渭、崔承之、恩承、封蔚礽、陆履贞、周士寯俱着以内阁中书用，陈鸣谦、杨维藩、张其文、蔡兆辂、雷瑞光、郑维驹、张冲魁、李步瀛、庆文、黄秩韶、李汉章、薛时雨、周延年、屈怀珠、金益谦、韩绶昌、荣诰、岳秉烜、胡子材、单象庚、况逢春、赵鸣琴、陈瑞虬、李淇、李咸、李上林、赵敏、叶葆元、李檀、陶汝霖、邓国光、阎敦本、凌松林、郝本裕、吴鸿钧、翟宝善、王莲塘、刘肇域、贾树勋、覃远琎、黄见三、萨维瀚、傅国卿、张昭、崔澜、徐从枢、杨福豫、张象鼎、刘曦、孙兆兰、江怀廷、牛宜、孙杰、傅斯怿、席树馨、乔学易、韩树屏、陈玉堂、彭绳祖、曹以燿、林发深、林大木、苏名显、孙长庆、刘灏、张增祥、晋骐俱着交吏部签掣，分发各省，以知县即用，工部额外主事许应鑅、刑部学习主事周范均着俟报满作为候补主事后，以该部主事即补。余着归部铨选。

五月甲寅　　引见癸丑科翻译进士。得旨：讷仁、毓瑞着以庶吉士用，达纶、庆亮、瑞灵、额哲克、李长安着分部行走，斐篆额、博冲武、善昌着以主事用。

七月丙午　　命翰林院侍读学士李联琇提督福建学政。

八月辛巳　　谕：昨有旨令该部酌增河南怀庆及开封、许州各学额以示优奖。因思上年广西桂林、湖南长沙各省城，先后被围日久，均能竭力捍御，转危为安，该处士民志切同仇，深明大义，自应一体破格施恩，以昭激劝，所有广西桂林、湖南长沙府县学额，着该部一并查明，酌拟加额名数具奏。

八月己丑　　谕：前据礼部进呈福建举人林昌彝所进《三礼通释》一书，当交南书房翰林详加阅看。兹据奏称，该举人尚能旁征博引，留心载籍，不为浮靡之学，惟缮写尚多脱误，业经逐卷黏签，着礼部仍将原书发交该举人照签改正，再行进呈。

八月壬辰　　引见翰林院保送考试御史人员。得旨：边浴礼、周玉麒、宋玉珂、李载熙、呼延振、袁芳瑛、吴惠元、包炜、孙观、沈葆桢、唐壬森、何璟、尹国珍均着记名以御史用。

八月癸巳　　谕：青麟奏援案酌量变通考试一摺。湖北省现办善后事宜，各属府县考试，未能依期报竣，着照所请，准其岁科并试，以免迟误，嗣后不得援以为例。

八月甲午　谕内阁：本日召见工部右侍郎、前任安徽学政锡龄，据奏本年出棚考试徽州府，因该郡办理防堵，未能开考，即驻徽州，至新任学政孙铭恩到后，回署交卸等语。该学政驻札太平府，非因考试，例不外出，锡龄在徽州，并未开考，日久逗遛，殊属有违定例，着以三品京堂降补。

九月己酉　谕：前因礼部奏福建举人林昌彝呈进《三礼通释》一书，当交南书房翰林校阅，尚多脱误，因将原书发交该举人再行详校。兹据改正，仍由礼部进呈，着即赏收。该举人林昌彝留心经训，征引详明，着以教授归部选用，以示奖励。

九月癸丑　以兵部右侍郎李维翰知武举，都察院左都御史朱凤标为武会试正考官，翰林院侍讲学士何彤云为副考官。

九月戊午　兵部以武会试中额请。得旨：满洲、蒙古取中二名，汉军取中三名，奉天取中一名，直隶取中九名，陕甘取中一名，广东取中一名，河南取中一名，山东取中二名，山西取中一名，湖北取中一名，四川取中一名，福建取中一名，浙江取中一名，云南取中二名。

九月癸亥　谕内阁：太仆寺卿王茂荫奏参，已革庐州府知府胡元炜贪污狼藉，将蠹役徐淮收为门生，倚势扰害，经周天爵奏参革审，李嘉端辄将该员仍留署任。署怀远县知县杨昌拔贪鄙婪赃，遇贼潜逃、并任听县差王成等肆行抢掠，李嘉端虽将该员撤任，仍复委用等语。似此贪劣之员，若不严行惩办，何以饬吏治而服民心？着刘裕珍即将该员等劣款，逐一确查，从严参办，并提同徐淮、王成等，严审确情，按律惩治。至合肥县办理团练之廪生唐会衢、翰林院庶吉士黄先瑜、监生郭有训、廪生吴毓芬、监生姚恩祺、举人周沛霖、赵凤举、副贡生司玙、廪生龚永孚、文生蒯德模、李鹤章所办团勇，均有成效，着该署抚即传谕该绅士等加以奖勉，令其实力董率，保卫乡闾，并查明各属绅士，捐赀出力，及杀贼立功者，即行奏请鼓励，候朕施恩。

九月乙丑　以河南绅士守城出力，永广怀庆府学额五名，开封、许、河内府州县各三名，祥符县二名。

九月乙丑　以湖南绅士守城出力，永广长沙府学额三名，长沙、善化二县各二名。

九月乙丑　以广西绅士守城出力，永广桂林府学额三名，临桂县二名。

十月丙戌　试中式武举温长涌等二十七人于太和殿前。

十月戊子　谕：孙晋墀奏知县禀缓考期，请旨遵办一摺。该学政按试关北，现将考及岢岚，以次当赴大同，先据该府恭善禀请暂缓考试，经该学政并巡抚批驳后，复据该县吴承曾详称，绅士等联名具禀，请暂行缓考等语。山西省北现无军务，居民安堵如常，原无妨于考试。该县所请暂缓试期之处，是否因关北严寒，士子碍难应试，着恒春会同孙晋墀迅速查明，酌量办理，将此由四百里各谕令知之。

十月己丑　御紫光阁，阅中式武举马步射。

十月庚寅　上御箭亭，阅中式武举技勇。

十月庚寅　御乾清宫，引见中式武举，亲定甲乙。

十月辛卯　上御太和殿。传胪。赐中式武举一甲温长涌、王虎臣、许梦魁三人武进士及第，二甲蔡若珍等五人武进士出身，三甲强寅等十八人同武进士出身。

十一月乙卯　谕内阁：前据户部尚书孙瑞珍奏，请援照成案，捐输举人，以济军饷，当交巡防王大臣、军机大臣会同户部议奏，旋经御史何其仁、钱庆善、彭庆钟等各具摺请饬停议，所奏均不为无见。兹据惠亲王等遵旨悉心酌核，会议具奏，并援引道光年间谕旨及上年朕所降谕旨，声明湖南附生李概、福建廪生黄贻楫均系捐赀助饷，特旨赏给举人，若定为捐例，转不足以昭异数等语。着照所议。此后各直省曾应乡试各生捐备军饷，如李概、黄贻楫捐数者，由各该将军督抚等据情入奏，或由部声明请旨，候朕施恩，不得经行请给举人，致违定例。所有孙瑞珍请援案捐输举人之处，仍着无庸议。至钱庆善请谕令孙瑞珍之子弟，回籍试行劝捐，识见鄙屑，殊失政体，着传旨申饬。

十二月壬午　江西学政沈兆霖因病解任，命内阁侍读学士吴若准提督江西学政。

十二月丁亥　谕：据何绍基奏，四川省捐输广额名数未定，办理土匪，事涉两歧，并参将擅造关防，需索骚扰一摺。各省捐输广额，所以鼓励人心。山西、陕西、四川三省首先捐有成数，尤应亟予恩施，俾士民知所向慕。四川奉到恩旨，据奏于五月间刊刻誊黄，何以迟至数月，未将各州县捐数多寡按照部议加广学额？经该学政咨询，该督何以不即作覆？且据称酉阳、忠州、夔州、绥定俱系岁科并考，此时无凭加额，即须迟至三年，应试诸生不免觖望，殊非嘉惠士林之意。着裕瑞迅即饬司查明各州县捐数，应加广文武学额，一面奏闻，一面知照该学政遵办。现当办理借征之时，尤当迅速出示晓谕，令该省士民知所感奋，毋再迟延。

十二月丙申　以兵部左侍郎赵光为工部尚书，调工部右侍郎彭蕴章为兵部左侍郎，以都察院左副都御史龚文龄为工部右侍郎，兼管钱法堂事务，仍留顺天学政任，未到任前，以吏部右侍郎潘曾莹兼署。

咸丰四年（1854 年）

正月己巳　谕：前据向荣奏保堵剿得力之署江苏六合县知县温绍原，曾经降旨，以知府用，暂留本任。兹复据怡良、许乃钊奏，该署县团练壮勇，制备船只器械，于逆匪窜扰县境，督勇堵剿，力保危城，恳恩优奖，并请加增学额，酌蠲钱漕一摺。温绍原劝谕团练，先事豫防，为民保障，洵属奋勉出力，着再加恩赏戴花翎，以昭激劝。至该县绅董深明大义，随同该县堵剿，甚为出力，并着加恩蠲免该县一年钱漕，以示破格优奖。其应如何酌量增广学额，年分、名数着该部核议具奏。

二月辛未　浙江学政万青藜奏报岁试情形。得旨：文武并重，所见甚是，毫无习气之语也。朕愿汝言行相符，以冀可收实效。

二月辛未　以广东绅士捐输军饷，永广南海县学额四名，顺德、新会两县各一名。

二月癸未 以重遇鹿鸣宴，赏加前任协办大学士、吏部尚书汤金钊太子太保，御书扁额曰庆衍恩荣；前任兵部尚书特登额太子少保，御书扁额曰养恬笃祜，均准其于明年乙卯正科重与鹿鸣筵宴。

二月癸未 以翰林院侍读学士何彤云为内阁学士兼礼部侍郎衔，太仆寺卿齐承彦为都察院左副都御史，翰林院侍读学士李联琇为大理寺卿，仍留福建学政任。

二月甲午 命翰林院侍讲学士冯誉骥提督湖北学政。

三月癸卯 命国子监司业沈祖懋提督安徽学政。

三月丁未 以江苏六合县绅民守城出力，永广学额二名。

三月辛亥 转吏部右侍郎潘曾莹为左侍郎，调礼部左侍郎何桂清为吏部右侍郎，仍留江苏学政任。

四月甲戌 谕内阁：劳崇光、吴福年奏请将补行乡试再行展缓一摺。广西省辛亥、壬子两科文武乡试，前经展至本年，特开一科举行，兹据该抚等奏称，各属土匪尚未净尽，士子等办理团练，保卫乡闾，势难赴省应试。着照所请，再行展至咸丰五年乙卯科及咸丰八年戊午科分别归并举行。乙卯科照本科定额及辛亥科定额广额取中，戊午科照本科及壬子科定额取中，以示体恤而广登进。

四月癸未 谕内阁：昨日新授国子监满洲司业苏勒布具摺谢恩，因缮写伊名不成清语，当令军机大臣传旨询问，该员于本人之名既不知讲解，即摺内字句亦均不能认识。司业为课士之官，有考试清文之责，且该衙门摺奏文案，应用清文之处亦复不少，若一字不识，凭何核办？苏勒布身系旗人，竟忘本业，可恶之至，着仍降为编修，以示薄惩。八旗人员，骑射、清文是其本务，即使于清文义理不能精通，亦岂有不晓清语，不识清字，遂得自命为旗人之理？道光年间特奉谕旨，停止驻防文试，专考翻译，原期返朴还淳，俾我八旗子弟咸知本业。乃近日八旗人员仍有专习汉文，于清语清字全不讲求，沾染习气，徒骛虚文，实堪痛恨。嗣后，无论何项出身人员，均宜练习清文，通晓讲解，即由文乡会试入仕之员，及兵丁子弟亦应一体练习，不准怠惰偷安，以务根本。经朕此次训谕之后，若再蹈从前恶习，或于文字之间经朕看出，或遇有询问奏对茫然，朕必将该员从重惩处，不止如苏勒布之从宽降调也。八旗大臣务当仰体朕意，认真训迪，毋得视为具文，仍前玩泄，将此通谕知之。

四月丙戌 命詹事府詹事奎章提督江苏学政。

四月己丑 谕内阁：予告大学士潘世恩立品端方，学问醇正，由乾隆癸丑科一甲一名进士授职修撰，自翰林荐擢正卿，皇考宣宗成皇帝深加倚畀，超登揆席，简任纶扉，总理部务，入直上书房，夙夜宣勤，特命肩舆入直，晋加太傅，赏戴花翎，并赏用紫缰，赏穿黄马褂，恩眷益隆。服官五十余年，小心谨慎，克称厥职。道光二十九年因腰胁作痛，恳请开缺，叠蒙恩谕慰留。朕即位后，因其年逾八袠，宽予假期，俾得从容调养。嗣因陈恳肫切，勉从所请，准其致仕，并赏食全俸。又因重与鹿鸣恩荣筵宴，叠加赏赉，用昭笃眷，方冀长承恩泽，永享遐龄，兹闻溘逝，悼惜实深。着加恩赏给陀罗经被，派怡亲王载垣带领侍卫十员，即日前往奠醊。并着入祀贤良祠，任内一切处分，悉予开复，应得恤典，该衙门察例具奏。伊孙国子监学录潘祖同着赏给进士，准其一体殿试，翰林院编修潘祖荫着以翰林院侍读候补，监生潘祖保着赏给举人，准其一体会试，用示朕轸念耆臣之至意。寻奏上，予祭葬，谥文恭。

四月己丑　调礼部右侍郎万青藜为吏部左侍郎，仍留浙江学政，未到任前，以内阁学士陶梁署理；以内阁学士许乃普为礼部右侍郎；工部左侍郎杜翰兼署右侍郎，兼管钱法堂事务。

四月戊戌　命江苏学政何桂清回京，赴仓场侍郎任。

五月壬寅　谕内阁：崇恩奏请饬前任学政帮办劝捐一摺。向来各省办理捐输事宜，责成在籍公正绅士帮同地方官劝办，原以该员等素习民情，为里党所推服，可免吏胥扰累等弊。候补庶子殷寿彭曾任山东学政，与该省绅士不同。各省学政系特简之员，考试是其专责，并无管辖地方之任。若特派该员前往山东劝捐，不但无此体制，且与各省责成在籍绅士劝捐，办理亦属两歧，甚至转有扰累闾阎。崇恩所请，着不准行。其应如何劝谕捐输之处，仍着该抚慎选贤员，会同各该地方公正绅耆妥为办理。

五月丁未　以广东绅士捐助红单船经费，永广广州府文武学额各四名。

五月庚戌　以三品卿衔、兵科给事中袁甲三为都察院左副都御史，内阁侍读学士双福为通政使司通政使，吴若准为太仆寺卿，仍留江西学政任。

五月丙寅　以两广总督叶名琛捐输军饷，永广本籍湖北汉阳县文武学额各二名。

六月己巳　云南学政杨式谷奏迤西岁试完竣情形。得旨：何文学甚详，武学甚略？未免习气太重，以后力戒之。

六月己丑　以安徽六安州士民捐赀团练出力，免咸丰三、四、五年额赋，永广文武学额各一名。

七月己亥　以办理直隶通州团练出力，予翰林院庶吉士汪承元等升叙有差。

七月戊申　以镶蓝旗汉军副都统麟兴、大理寺少卿卓棩、翰林院侍讲学士匡源、户部候补郎中熙麟为内阁学士，兼礼部侍郎衔，翰林院侍读学士刘昆为内阁学士，兼礼部侍郎衔，仍留湖南学政任。

七月丁巳　谕军机大臣等：有人奏广东省每遇岁科考试，州县官所取案首，多系以财行求。琼州府属尤甚，往往于未考之先，即已讲定，多则洋银七八百圆，少则四五百圆不等，甚至自第二名至第十名，非用洋银数十圆，亦不能得。儋州文昌县各文童，每因考试不公，有殴官毁署情事，陋习相沿，任意贿卖，学政所得棚规程仪，由各州县摊派，是以瞻徇情面，将案首全行录取等语。童试为士子进身之阶，似此骫法营私，若不严行参办，何以儆贪吏而挽士风？着叶名琛、柏贵严饬各管道府，于所属州县认真查察，每遇岁科考试，务当择其文理优长者，置之前列。如有前项积弊，即行据实严参。如学政瞻徇录取，亦即查明参奏，毋稍隐饰，原摺着钞给阅看，将此谕令知之。

七月丙寅　谕内阁：恒春奏棍徒阻止考试，请将办理不善之知县撤任审办等语。山西浮山县棍徒李进坤等意图抗粮，辄敢于该县考试时，阻止童生投结应考，迨经查拿，复敢拒伤官役逃逸，实属目无法纪。着即饬属严拿逸犯务获，按律惩办。该县知县邓爱涛征收钱粮，是否任听丁胥人等交通舞弊，勒索浮收，以致抗粮滋事，均须彻底根究。邓爱涛着即行撤任，交恒春提同犯证，研审确情，分别究办，毋稍宽纵。

闰七月甲戌　予安徽殉节学政孙铭恩祭葬世职，谥文节。

八月庚子　命翰林院侍讲学士廉兆纶提督江西学政。

八月甲子　以直隶绅民守城出力，永广天津府学额五名，天津县三名。

八月甲子　以江西绅民守城出力，永广南昌府学额五名，南昌、新建二县各三名。

九月甲戌　以安徽绅民捐赀剿贼出力，免英山、霍山两县，咸丰三、四、五年额赋，并永广英山县文武学额各一名。

九月丁亥　谕军机大臣等：载龄、崇实奏遵查总督收受陋规一摺，并巡捕官具供后自尽等语，已有旨将裕瑞撤任，听候查办矣。据奏，裕瑞自实授总督以后，将各州县向有陋规作为捐输练丁经费，其司道规礼收存署内，为捐备枪炮、火药之用，诚难免假捐输之名，复陋规之实，自应彻底讯查，以期水落石出。第关通省大小官员与受营私，若纷纷提讯，便有窒碍难行之处，该侍郎等宜息心静气，逐款确查，讯明实系得受陋规，以肥私囊各员，无论总督司道及属吏之纳贿营求，确有升调证据者，据实严参，亦不得含糊了事。至裕瑞以封疆大员，不自检束，致被纠劾，该巡捕沈祖望供出实情，并无不合，何以悔恨轻生？且与谢家兰供词相符，何以彼此又相抱怨？亦当向谢家兰研究。其沈祖望初供捏饰，系如何措词？所云司员中有向伊声称想法供出，与伊好处之言，究系何员？如此讯问，该侍郎等所接呈词牵涉监司大员者，系何事由，关系轻重若何，均应详晰声叙，着一并确查具奏。惟川省陋规已成锢习，何绍基既据以入告，则该学政按试各棚，有无收受各府州县陋规之处，亦当密为访查。至钦差查询事件必应十分慎密，何以该省官员辄先向总督告知？即将总督撤任后，又安能禁其不向藩臬告知，仍致稽延隐饰？该侍郎等所带司员不过数人，其公寓内外，率皆川省官吏，必须严绝窥探，并防随带供事人等私通消息，一有讯出实情，即须迅速密提，取定供词，便无游移变幻之弊，各案亦可速行审结。所有杨得质、郑怀江两案，均照该侍郎等所议，即行提集审办，将此由四百里谕令知之。

九月戊子　谕内阁：和春、福济奏官绅督勇克复庐江县城一摺。庐江自上年被贼占踞，经和春等密传贡生吴廷香等，与该处绅民同约定于八月三十日里应外合，兵勇一拥入城，当将县城收复，搜斩逆党三百余人。该处绅民等深明大义，约会官兵，克复城池，洵堪嘉尚。着和春、福济查明出力绅民练勇，核实保奏。所有该县钱粮如何蠲免，文武学额应行酌增之处，并着迅速详查具奏，候朕施恩。

九月辛卯　谕：孙晋墀奏请令考试童生捐输报效，录取入学等语，所奏断难准行。该学政职司校士，衡文是其专责，即偶有劝谕生童捐输，实为考试以外之事。始则以监生报捐教官为请，业经部驳，今复以童生捐输入学为请，有意剖辩，冒昧渎陈。该学政既知凭文取进，人情所贵，改为捐纳，即非所愿，则此项捐输入学，岂能掩人耳目？况捐项则榜示辕门，试卷则暗加图记，掩耳盗铃，相率为伪。士子初登庠序，即以欺饰进身，尚安望学校之中敦品励行乎？该学政又知报效之人不能各处必有，则所得少而所失多，所谓广储经费者安在？至以取进不能如额，每榜必有冒滥等词，公然形诸奏牍，尤不成话。定例，考试不敷进取，原许缺额，岂有准其冒滥之理？该学政既自居于冒滥之实，又贻士子以贿买之名，仍无补于国家经费，似此谬论，尚自称成败利钝，实系乎此，至以请置极刑以谢天下自矢，何不知大体若此，岂必如此措词，始能仰邀朕许耶？所请着不准行，亦不准再有渎请。将此谕令知之。

十月丙午 谕内阁：何彤云奏请推广捐输条款等语。向来各省举人贡士磨勘后，罚停会试、殿试者，皆因试卷违式，或文理有疵。原以慎重科场，严防冒滥，若准其捐免，殊乖核实抡才之意。至京官五六品实缺人员捐免离任，准期赴试一节，曾经部议奏驳，何得再行渎请？近因军饷浩繁，所有捐例业已递加推广，至考试为取士大典，岂容擅改成例，致开侥幸之门，所奏着不准行。其世袭人员捐免赴部一条，有无窒碍，着兵部议奏。

十月己未 命鸿胪寺卿吴式芬提督浙江学政。

十一月己巳 以陕西捐输军饷，永广朝邑县学额七名，泾阳、渭南二县各三名，郃阳县二名，咸宁、富平、三原、韩城、蒲城、岐山六县各一名。

十一月戊子 命翰林院编修鲍源深提督贵州学政。

十一月戊子 予故云贵总督罗绕典祭葬恤荫，谥文僖，赏伊孙清湜举人，一体会试。

十一月庚寅 命吏部尚书翁心存教习庶吉士。

十二月乙未 谕：山东学政徐树铭奏请将济南府岁科文试变通办理一摺。山东济南府尚未撤防，现在岁科并试，为期较迫，自应酌量变通，所有济南府属之长清、齐河、禹城、章邱等县，着准其暂行附入泰安府棚考试，齐东、济阳、临邑、德平、平原、陵县、德州、德卫等州县卫，着准其暂行附入武定府棚考试，一俟该处撤防，即仍照旧章考试。

十二月戊戌 钦差、工部右侍郎载龄等奏，遵查四川学政何绍基，考规严肃，无与夤缘交结之人。惟名士自居，未免睥睨群伦，舆论尚许其公平，官场竞訾其乖僻。得旨：所论尚为平允。既无别项劣迹，着毋庸议。

十二月丙午 谕内阁：恭亲王奕䜣等奏，遵旨会议载龄等奏请查办州县侵吞捐项一摺。各直省劝谕捐输，原因军饷浩繁，藉资民力。上年曾谕令各督抚查有墨吏奸胥，藉端扰累、苛派侵吞者，严参惩办。乃近来山西、陕西、四川等省，不肖州县竟敢侵吞冒蚀，累万盈千，甚至小民捐输银钱，并不详报，辄作地方公举，以为开销地步。各该督抚或壅于见闻，或惮于举发，不肖官吏愈肆贪婪，而小民急公好义之心亦无由上达，蠹国病民，深堪痛恨，自应严定章程，以昭核实。着照所拟，嗣后，各直省劝谕捐输，仍责成帮办团练之绅耆会同地方官妥为劝导。各该督抚随时稽查，如有买嘱逼勒等弊，即亲提审办，有犯必惩。所捐银两，按照户部例定限期，造册专案报部，并照广东现办章程，分别奏报。其有应加中额学额之处，并着该督抚迅速奏请恩施。应领执照，着该部速行发给，俾各捐生等早邀甄叙，庶几踊跃输将，并可严杜侵吞之弊。经此次部定章程之后，如地方官有动用捐款，藉词修庙及地方公事开销者，照赃私例治罪，仍责令照数赔缴。各督抚遇有侵吞捐项之员，自行查明参奏，即免其议处。倘或扶同徇隐，别经发觉，其应得处分，即以私罪论，决不宽贷。各该督抚等即将此旨刊刻誊黄，遍行晓谕，俾比户皆知，以杜侵渔而资激劝。

十二月丁未　以湖南平江县绅民办团出力，永广学额三名。

十二月癸丑　谕军机大臣等：何绍基奏敬陈地方情形一摺。据称川省近年吏治废弛，前次钱粮津贴，多征少解者不下二三十州县。该学政衙门有控告安县亏空仓谷一万五千余石，会理州短解津贴银四千八百余两之案。又称牧令中由科甲出身者不及一半，一首府两首县均系捐班。州县中文理明通者甚少，致词讼拖延不结，考试录送文童多未通顺，著名庸劣之玉钧、全顺任其恋栈等语。各省官员科甲固未必尽贤，捐班亦不皆无用，原在该上司随时查察，举劾公明，吏治自有起色。至于征解钱粮，听断词讼，是其专责，若如所奏，多征少解者竟有二三十州县之多，甚至积压案件，录送文童，未能通顺。该省公事废弛已极，若不力求整顿，尚复成何事体？乐斌现署总督，无所用其回护，着照所奏情形，确查具奏，并查明玉钧、全顺庸劣实迹，据实严参，无稍徇隐。原摺着钞给阅看，将此谕令知之。寻奏，钱粮征多解少，并未指明何州何县，会理州安县短解亏空各款，均俟查明核办，词讼并未积压，惟安安氏一案系已结复控，业经提省覆讯，录送文童已饬各属严别弃取，玉钧等均无实在劣迹。报闻。

十二月癸丑　以两淮盐运使崇纶为内阁学士兼礼部侍郎衔，翰林院侍读学士廉兆纶为内阁学士兼礼部侍郎衔，仍留江西学政任。

咸丰五年（1855 年）

正月癸未　谕内阁：河南学政张之万奏，知县侵吞捐输，纵丁殴辱文生，请饬查办一摺。地方官办理捐输，宜如何洁己奉公，妥为劝导。该员既侵吞捐项，勒借银两，复纵门丁殴辱文生，似此藐法营私，必应严行惩办，以儆官邪，汪曜奎着即革职拿问，交英桂提同各案人证，严行审讯，按律定拟具奏。

正月甲申　以内阁学士廉兆纶为工部右侍郎，兼管钱法堂事务，仍留江西学政任。未到任前，仍以左侍郎杜翰兼署。

正月甲申　命吏部左侍郎张祥河提督顺天学政。

正月癸巳　以福建绅民克复漳州府城及剿办漳浦、云霄等厅县贼匪出力，赏举人陈元榜等蓝翎，余加衔升擢有差。

二月乙卯　命户部尚书文庆教习庶吉士。

三月丙子　以翰林院侍讲学士徐树铭为内阁学士兼礼部侍郎衔，仍留山东学政任，通政使司通政使双福、太仆寺卿基溥为都察院左副都御史，翰林院侍读学士龚宝莲为詹事府詹事，光禄寺卿宋晋为宗人府府丞。

四月乙未　浙江巡抚何桂清奏请留前任学政万青藜办理浙江协防局事宜。允之。

四月丙申　谕：四川学政何绍基奏川省词讼拖延，折辱士子等语。原片内所指合江县廪生李暄通贼一案，又，南溪县廪生万时恬被控谋叛一案，是否实无左证，抑或并无冤抑，何以辗转耽延，日久未结，着黄宗汉确切访查，亲提研讯，据实具奏。该学政所称上司袒护属员，以致士风激成刁健等情，是否实有此种风气，亦着查明具奏。原片着钞给阅看，将此谕令知之。

四月丁酉　谕内阁：何绍基奏屡陈管见一摺，所陈十二条，杂出不伦，或本有成例，或妄议更张，窒碍居多，未能按切时务，惟皇史宬应洒扫洁清一条，该处尊藏列圣实录，金匮庄严，所称数年前见有尘土堆积之处，着该管衙门查看，随时拂拭，以昭敬谨。至《国史·臣工列传》，虽乾隆年间曾奉上谕，列传体例以人不以官，而以后仍限以官阶。原以大臣列传之外，尚有儒林、文苑、循吏等传，苟其人事功品学卓卓可称，官秩虽卑，亦无虞湮没。若如所奏三品以下补行立传，无论二百年来人数浩繁，搜罗难遍，且必至凭史官之好恶，以为去取，非所以昭传信。其请遏奔竞一条，人品不齐，卑谄夤缘，久干例禁。若谓两书房、清秘堂及各衙门京察优等人员，多由昏暮营求，信口讥评，殊不足以昭公论。至丁忧人员，乾隆年间，既有谕旨不准主讲书院，自应永远遵循。若官员服阕尚未葬亲，即不准其服官，我朝并无此例。该员欲以魏晋之制，施之今日，尤属泥古鲜通。学政无论官阶，悉与督抚平行，惟年终有学政声名之奏，原系互相纠察，并非遂为统属。学政苟稍知自爱，何至卑污要结。何绍基身任学政，而以此言入奏，尤属非是，况钦差查办事件，理应慎密，该学政以奏参各件，秘不使知，必怀不平，亦属私见。又，嘉庆年间谕旨，准令道员奏事，系为勤求民隐起见，现在亦并未不准道员奏事，而该员等既无可敷陈，亦不能强之陈奏。至捐纳知府州县考试文童，向来皆延幕友阅校，将来去取仍归学政，无关得失。其府县兼管武营，前经有人陈奏，经部议驳，着毋庸议。各省驻防改试翻译，原系皇考崇实黜浮、造就旗仆之意，该驻防人等果能弓马娴熟，清文通顺，不患无登进之路。又，添设翻译翰林一途，不为不优，何至指为向隅，并牵涉倭仁、瑞常，直似八旗驻防除此二人之外遂无人才。实属肆意妄言，不知大体。况当科场年分，陈奏考试事宜，尤属违例。何绍基着交部议处。此外各条皆非学政分内之事，亦非今日救时急务，均着毋庸置议。

四月辛丑　谕：骆秉章奏请展缓乡试一摺。本年湖南省应举行乙卯科及壬子科归并文武乡试。据称，该省现办防剿，体察情形，仍难举办，所有本年湖南省乙卯科及壬子科归并举行文武乡试，着照所请，均展至戊午、辛酉两科，次第归并，分别额数，加倍取中，以昭慎重而广登进。

四月乙巳　以本年乡试，考试应开列试差人员于保和殿。

四月丙午　命翰林院侍读郑琼诏提督四川学政。

四月癸丑　谕内阁：陈启迈、廉兆纶奏请展缓乡试一摺。本年江西省应举行乙卯科文武乡试，据称该省现办防剿，体察情形，实难依限举行，所有本年江西省乙卯科文武乡试，着照所请，准其展至戊午科，归并举行，并按照两科定额取中，以昭慎重。

四月癸丑　予江西阵亡知县周鸣鹿、把总刘庆余、程学叙祭葬世职，武举李会瀛、生员李鸣铎、童生李世安等赏恤如例。

四月丁巳　谕内阁：劳崇光奏请展缓乡试一摺。本年广西省应举行乙卯科文武乡试，据称该省现办剿捕，仍难依限举行，所有本年广西省乙卯及辛亥两科归并文武乡试，准其暂缓举行。着该抚于来春体察情形，如果地方安靖，即行奏请，于咸丰六年特开一科，将乙卯及辛亥两科归并举行，并按照定额广额取中，以昭慎重。

五月壬戌　谕内阁：叶名琛等奏请展缓乡试一摺。本年广东省应举行乙卯科文武乡试，据称该省军务未竣，不能依限举行，着准其展至咸丰六年，特开一科，补行乙卯科文武乡试。

五月壬戌　以翰林院侍讲吴存义为云南乡试正考官，江西道御史张守岱为副考官；翰林院编修王祖培为贵州乡试正考官，钱桂森为副考官。

五月壬戌　以甘肃秦州绅民捐输军饷，永广学额一名。

五月癸酉　谕内阁：杜翻、国瑞奏，查勘贡院应修处所，有被人拆毁情形等语。贡院为抡才重地，例由大兴、宛平两县派役看守，何至门窗、墙壁均有拆毁情形，显系稽查未能严密，致有闲杂人等潜入作践，偷窃物料，实属不成事体。着顺天府督饬大、宛两县认真派役巡查，并亲往稽查，查明拆毁偷窃之人，严拿惩办。

五月癸酉　以内阁学士景廉为福建乡试正考官，翰林院编修吴凤藻为副考官。

五月乙亥　以通政使司通政使李清凤为都察院左副都御史，鸿胪寺卿周玉麒为光禄寺卿，翰林院侍读学士煜纶为太仆寺卿，詹事府詹事奎章为通政使司通政使，仍留江苏学政任。

五月辛巳　予湖北阵亡荆州驻防文武举人及兵丁等七百七十名，赏恤如例。

五月壬午　谕内阁：怡良等奏请展缓乡试一摺。本年江南省应举行乙卯科文武乡试，据称该省军务未竣，现在试期已近，体察情形，不能依限举行，所有本年江南省乙卯科文武乡试，着照所请，准其展至戊午科归并举行，按照两科定额取中，以昭慎重。

五月癸未　以翰林院修撰章鋆为四川乡试正考官，内阁侍读孙楫为副考官。

六月丙申　谕内阁：湖北学政冯誉骥奏请展缓乡试一摺。本年湖北省应举行乙卯科文武乡试，据称该省军务未竣，防堵紧要，依限举行，恐赶办不及等语。所有本年湖北省乙卯科文武乡试，准其展至戊午科归并举行，按照两科定额取中。

六月癸卯　以光禄寺卿周玉麒为浙江乡试正考官，翰林院编修景其浚为副考官。

七月甲子　谕内阁：英桂奏请将河南乡试展期举行等语，据称河南南路尚未撤防，河工漫口，又须筹办赈抚，本年乡试势难兼顾，自系实在情形。所有河南省应举行乙卯科乡试，着准其缓至本年十月，再行察看情形，奏明办理。

七月己巳　以太仆寺卿张锡庚为山东乡试正考官，翰林院编修吕序程为副考官；编修张金镛为山西乡试正考官，李鸿藻为副考官。

七月甲戌　谕：蒋霨远奏请展缓乡试一摺。本年贵州省应举行乙卯科文武乡试，据称，该省夷苗滋事，办理堵剿，势难兼顾，自系实在情形。所有本年贵州省乙卯科文武乡试，着准其展至戊午科归并举行，按照两科定额取中。贵州正考官编修王祖培、副考官编修钱桂森无论行抵何处，着即驰驿回京。

七月甲戌　以福建捐输军饷，永广台湾府闽籍乡试中额一名，龙溪县学额四名，闽侯官二县各二名，同安、诏安、永安三县各一名。

七月戊子　以奉天捐输军饷，永广奉天府属之满洲、蒙古学额二名，汉军四名，承德县六名，海城、开原、锦、宁远四州县各二名，盖平县一名。

七月庚寅　以四川捐输军饷，永广乡试中额五名。

八月壬辰　命太常寺少卿张炜为奉天府府丞兼学政，翰林院编修吕序程提督山东学政，岳世仁提督山西学政，俞樾提督河南学政，修撰孙如仅提督陕甘学政，编修张金镛提督湖南学政，詹事府詹事龚宝莲提督广东学政，右中允沈炳垣提督广西学政，翰林院侍讲吴存义提督云南学政，国子监祭酒吴保泰提督福建学政。顺天学政张祥河、江苏学政奎章、安徽学政沈祖懋、江西学政廉兆纶、浙江学政吴式芬、湖北学政冯誉骥、四川学政郑琼诏、贵州学政鲍源深均留任。

八月丙申　以大学士贾桢为顺天乡试正考官，吏部尚书花沙纳、户部右侍郎何彤云为副考官。

八月丙午　以浙江捐输军饷，永广乡试中额一名，钱塘县学额十名，山阴、会稽二县各三名，仁和、余姚、上虞三县各二名，嵊县一名。

九月甲子　谕：大学士卓秉恬，由翰林科道荐擢正卿，进秩纶扉，克称厥职。朕御极后，见其宣力有年，老成持重，方资倚畀，前因患病，叠经赏假，冀其调养就痊，长承恩眷，遽闻溘逝，悼惜殊深，着加恩赠太子太保衔，赏给陀罗经被，派睿亲王仁寿带领侍卫十员，即日前往奠醊。所有任内一切处分悉予开复，应得恤典，该衙门察例具奏。伊孙监生卓景濂、卓景洵均着赏给举人，一体会试，以示优待耆臣至意。寻予祭葬，谥文端。

九月丁卯　谕内阁：前因英桂奏请将河南乡试展期举行，当经降旨，准其缓至本年十月再行察看具奏。兹据奏称，该省东南各路尚未撤防，河工被淹各处，筹办赈抚，体察情形，仍难举行乡试，着展至咸丰八年戊午科归并举行，按照两科定额取中，以昭慎重。

九月辛未　以理藩院左侍郎爱仁为满洲翻译乡试正考官，詹事府詹事德瑛为副考官。

九月戊寅　以广东东莞县绅士捐输红单船经费，永广学额二名。

十月丁酉　克复安徽庐州府城，赏提督和春黄马褂，骑都尉世职；巡抚福济太子少保、头品顶带；副都统麟瑞、常清头品顶带；总兵官郑魁士提督衔；副将嵩瑞以总兵官用；参将陈智泉、都司熊天喜、江忠信、守备余成蛟巴图鲁名号；总兵官珠克登、千总马升平花翎。免合肥县咸丰四、五、六年额赋，永广文武学额各三名。

十月癸卯　以户部尚书朱凤标为顺天武乡试正考官，都察院左副都御史李清凤为副考官。

十月庚戌 以恭上孝静康慈皇后尊谥，并升祔奉先殿礼成，颁诏天下。诏曰……一、各省儒学，以正贡作恩贡，次贡作岁贡。一、贡监在监肄业者，免坐监一月。……布告中外，咸使闻知。

十一月丙寅 谕：英桂奏，教职不能约束士子，酿成巨案，请旨分别惩办一摺。河南杞县教谕左鹏程、署获嘉县教谕段承宣、原武县训导王骧衢于该管士子联庄结会，聚众抗粮，不能约束禁止，以致酿成抗官巨案，实非寻常疏忽可比，左鹏程、段承宣均着革职拿问，王骧衢着先行撤任，一并交英桂严讯确情，分别究办。

十一月壬申 江苏学政奎章因病解任，命大理寺卿李联琇提督江苏学政。

十二月丁酉 浙江学政吴式芬因病解任，命太常寺卿周玉麒提督浙江学政。

十二月丁未 谕内阁：礼部奏，查议湖北巡抚胡林翼奏请生监准充牙行一摺。生监人等例不准开设牙埠，胡林翼所奏自因接济军需起见，惟生监既充牙行，若仍准其应试，漫无限制，与例不符。着照部议，所有捐充牙行之生监均不准复行考试。如有情愿报考者，先将牙帖呈明地方官注销，咨部查核。俟军务告竣，生监仍不准续行捐充，以符定制。

咸丰六年（1856 年）

正月丁丑 顺天学政吏部左侍郎张祥河因病解任。

正月丁丑 命都察院左副都御史李清凤提督顺天学政。

二月丁酉 赏顺天等省乙卯科乡试年老诸生刘宗渭等九十五人举人、副榜有差。

二月丁未 以太常寺卿周玉麒为内阁学士兼礼部侍郎衔，仍留浙江学政任。

二月己酉 谕内阁：前任江苏学政奎章奏关防未能交卸，请旨遵行一摺。新任江苏学政李联琇现在福建审办案件，到任尚需时日，所有学政关防，着交怡良暂行管理，奎章着即回旗。

三月癸亥 以协办大学士、工部尚书彭蕴章为会试正考官，工部尚书全庆、都察院左都御史许乃普、内阁学士刘昆为副考官。

三月乙亥 以浙江捐输军饷，再永广乡试中额二名，余姚县学额三名，山阴、会稽二县各一名，永广商学八名，慈溪县十名，归安、乌程二县各六名，平湖县五名，秀水、鄞二县各三名，镇海县二名，海宁、嘉兴、嘉善、石门、长兴、德兴、诸暨、嵊、西安、永嘉十州县各一名。

三月丙子 礼部以宗室会试中额请。得旨：取中二名。

三月辛巳 礼部以会试中额请。得旨：满洲取中六名，蒙古取中一名，汉军取中二名，直隶取中二十名，奉天取中二名，山东取中十五名，山西取中十名，河南取中十七名，陕甘取中十九名，江苏取中十三名，安徽取中七名，浙江取中十八名，江西取中十三名，湖北取中七名，湖南取中五名，福建取中八名，广东取中五名，广西取中二名，四川取中九名，云南取中七名，贵州取中五名。

四月庚寅 谕内阁：叶名琛等奏请补行广东乙卯科乡试一摺。前因广东省军务未竣，暂将文武乡试展缓，现在地方业已肃清，自应循例补行。所有该省正副考官着礼部先期具题，其应如何改道赴粤之处，并着兵部查明具奏。

四月丁酉 以理藩院左侍郎爱仁为翻译会试正考官，大理寺少卿孟保为副考官。

四月壬寅 礼部以翻译会试中额请。得旨：京旗取中三名，驻防取中四名。

四月丙午 以大学士裕诚、贾桢、户部尚书朱凤标、工部尚书全庆、户部右侍郎何彤云、署兵部右侍郎车克慎、工部左侍郎杜翰、内阁学士景廉为殿试读卷官。

四月丁未 策试天下贡士马元瑞等二百十六名于保和殿。制曰：朕寅承宝命，抚御兆民，六载于兹矣。仰荷昊穹眷佑，列圣贻庥，兢业敕几，日慎一日，每维继统传心之旨，厚生务本之原，理财制用之经，讲武诘戎之略，攸关治忽，宜切究图。兹当金榜抡才，临轩授简，国桢鳞集，爰访嘉谟，尔多士其敬听朕命。伊古心法、治法，传自唐虞，典谟所载，皆帝德之隆轨，王谟之懿迹，先圣后圣，其揆一也。三代以下，见知闻知，端在讲学。所以奉执中之训，握建极之原，蕲至于咸五登三之盛者，舍学无由焉。孔子删《诗》、《书》，定《礼》、《乐》，修《春秋》，曾子传《大学》，子思述《中庸》，而《论语》之末简，《孟子》之终篇，皆述统绪之传以诏来世。宋范祖禹撰《帝学》，真德秀著《大学衍义》，大旨若何？元苏天爵之《治世龟鉴》，明张九韶之《理学类编》，有相发明足资省览者，可胪举欤？民为邦本，食则民天，尝观《周礼》之设官，《豳风》之矢咏，以逮雅颂所陈，《大田》、《良耜》诸篇，妇孺若躬列于旁，宫壶若亲见其事，其风何淳，俗何美也！岂非爱土物而心臧，习勤劳则思善之故欤？积储者，生民之大命也。自汉而后，莫不讲求其法，或云岁有四秋，或云人给二釜，地利不患不尽，人力不患不勤，而一值眚灾，则鸿嗷满野，周制荒政外，若前史所纪发廪弛征，输粟贷种，酌而行之，不在良有司欤？社仓、义仓，欲使筹储备于先，善敛发于后，厥道何从？古者金有三品，铜为赤金，钟鼎刀剑，皆铜铸也。汉以后，用以铸器者渐少，岂铜之多，已不如昔欤？汉贾谊言收铜不令作兵器，唐刘秩请禁铜以给钱之用，夫因铜乏而筹铜，除开采外，只有收铜、禁铜二策。而或斯令一出，有司急于奉承，小民不胜诛责，然则欲裕铜而不至扰民，果遵何道欤？前代多就矿设冶，往往运钱而不运铜，其法亦可议行欤？顷因滇运稽迟，设局买铜，果何术而能使铜源日裕，无误鼓铸也？《六韬》有水战篇，苍兕舟楫，著于盟津之誓，岂水战即始于周欤？汉有伏波楼船、下濑戈船各将军之号，然仅用之南粤东夷耳。后汉岑彭装战船以破蜀，晋王浚作大船连船以伐吴，唐李靖帅战舰破萧铣，遂屡以舟师奏绩。明舟制尤详，江海各异，载于史志者，盍约言之？夫舟师可进可止，其以舟师进者，何代为优？以舟师守者，何地为要？兹当江淮未靖，现饬粤省艇船剿截，进守之宜，果如何而后能应机制胜欤？凡此者，崇圣学以端主极，敦本业以劝农功，整圜法以阜民财，饬武备以彰国宪，皆国家思艰之切务，古今御世之鸿模。尔多士学古入官，其有旧闻及所心得，悉著于篇，毋隐毋泛，朕将亲遴焉。

四月丁未　以鸿胪寺卿王发桂为广东乡试正考官，陕西道御史张兴仁为副考官。

四月戊申　引见癸丑科散馆及补行散馆人员。得旨：此次散馆之编修吴凤藻、吕朝瑞业经授职，二甲庶吉士汪承元、浦安、沈祖谏、王澎、张锡荣、郭梦惠、陈亮畴、黄钰、高延祜、杜瑞联、徐申锡、袁承业、周誉芬、颜宗仪、梁肇煌、恩吉、周恒祺、周学源、马恩溥、薛春黎、杨荣绪、宋梦兰、黄图南、袁方城俱着授为编修，三甲庶吉士童槭、赵新、任兆坚、宗室瑞联俱着授为检讨，修撰陆增祥业经授职，该员即补赞善，着即注销，仍罚俸六个月。曾光斗、林庆贻、林式恭、张鼎辅、张德容、黄先瑜、朱学勤、郑守廉、程维清、敖册贤、靳邦庆、郝铎、蔡兆槐、陈兰彬、李鹤龄、包欣芳、刘洪简、王作孚、田景瀛俱着以部属用，范鸣璚、吴兰芳俱着以内阁中书用，曹贻诚、吴仰贤、邓贤芬、袁嵩龄、武骊珠、柳炯、赵昌业、张曰衔、陈元楷、李恩长、曼惠吉、葛桐衔、姚亮臣、徐赓臣、聂泰俱着以知县即用，陈介猷、王兑、汪雨时俱着归原班铨选。翻译庶吉士毓瑞着授为编修，讷仁着以部属用。

四月己酉　赏会试年老举人郑士珩等十一人编修、检讨、学正职衔有差。

四月庚戌　上御乾清宫，召读卷官入，亲阅定进呈十卷甲第。

四月辛亥　上御太和殿。传胪。赐一甲翁同和、孙毓汶、洪昌燕三人进士及第，二甲钟宝华等一百人进士出身，三甲孙彦等一百十三人同进士出身。

四月丙辰　谕内阁：劳崇光奏请补行广西文武乡试一摺。前因广西省办理军务，暂将文武乡试展缓。谕令该抚察看情形，如地方安靖，即行奏请于咸丰六年特开一科，将乙卯及辛亥两科归并举行。现在地方渐就肃清，该省文武乡试着即遵照前旨补行。所有该省正副考官着礼部先期具题，应如何改道赴粤之处，并着兵部查明具奏。

五月戊午　命大学士贾桢、刑部尚书麟魁教习庶吉士。

五月戊午　授一甲一名进士翁同和翰林院修撰，二名进士孙毓汶、三名进士洪昌燕编修。

五月壬戌　引见新科进士。得旨：一甲三名翁同和、孙毓汶、洪昌燕业经授职外，钟宝华、史嵩秀、赵有淳、徐昌绪、沈秉成、陈彬绶、宗室延煦、谭钟麟、洪调纬、汪祖绶、华晋芳、杨秉璋、蒋彬蔚、唐嘉德、徐景轼、夏同善、柴友芝、李士芸、叶衍兰、于光甲、铭安、任传纶、孔宪珏、庞掌运、潘祖同、绍祺、李鼎、范运鹏、马元瑞、邢景周、高廷栋、夏献馨、贾春暄、陈蒸、翁延绪、喻秉绶、李宏谟、刘昭文、萧延福、罗贤升、范鸿谟、范希淳、刘钟祥、王题雁、黄廷金、孙钦昂、陈寿祺、洪麟绶、董文焕、汪朝棨、陈传奎、秦赓彤、黄文璧、许业香、张其蕙、顿福之、周维翰、孙官云、彭桂馨、吴增逵俱着改为翰林院庶吉士，雷榜荣、李寿蓉、冯端本、张衍熙、龚嘉儁、周才锦、邵占鳌、彭润芳、缪冠瀛、锡淳、胡义质、钟孟鸿、卓景濂、何维烈、严昉、张振新、于宗绶、黄体立、张敬生、杨泽山、余上华、首调元、陈苠章、李文瀛、赵贡玉、傅庆贻、于藻、胡延夔、宗室豁穆欢、刘廷辉、林其年、梁炳汉、范鸣珂、任重光、庄锡级、员凤林、陈钺、丁逊之、孙彦、何枢、守正、薛允升、杨兆运、张锡基、文辂、宋良薰、王汝砺、张树甲、邓宗衡、盛植型、黎兆棠、蔡同春、孙家谷、陶宝森、郭长清、杜田之、孙堪、毕瀚昭、王芳衡、宓炳烺、戈尚志、李昶元、赫慎修、刘正品、阎汝弼、乌拉喜崇阿、刘余庆、廖正亨、夏献蓉、孙长绂、傅驯、鲍勖、张殿栋、唐国宾、周鹤、张文澜、邵涵、孙廷彦俱着分部学习，李应莘、李贻良、刘书云、饶轩、陈莩芬、张兴留俱着以内阁中书用，颜卓之、何嵩泰、邱对欣、刘观光、钱枏、夏锡麒、杨景孟、陈森烺、李璋、周丕沣、汪敏修、张师亮、孙凤翙、田依渠、薛嵘、俞世铨、何履亨、薛桂一、徐锡麒、任连升、张光藻、程豫、韩钦、关国光、逄攀龙、卢天泽、张景福、常维潮、屈永清、谭能高、王达材、黄金钺、吴毓芳、曹大寯、韩经畬、黄湛昌、黄成采、朱策、赵士举、任熙弼、芮继宗、郑猗菉、杨昌江、苏文炳、王日烜、刘子英、陈鉴、张元健、魏象乾、佛尔国春、廉隅、田得吉、梁凤瀚、张九抟、范邦绥、袁辉山、王和轩、陈颂扬、黄起元、方炳文、陈国鼎俱着交吏部签掣，分发各省以知县即用。吏部额外主事涂觉纲着俟报满，作为候补主事后，以该部主事即补。余着归班铨选。

五月丙寅　以翰林院侍讲学士毕道远为广西乡试正考官，编修丁绍周为副考官。

五月乙亥　命左春坊左庶子殷寿彭提督广东学政。

六月乙巳　以湖南湘乡县绅勇防剿出力，永广文武学额各三名。

六月壬子　予遇贼被戕云南举人杨逵、庆桂森赏恤如例。

六月乙卯　命户部尚书朱凤标教习庶吉士。

七月戊寅　谕：《翻译孝经》系雍正年间编缉，为八旗各项考试命题之本，向无清文汉字合写成书，且其时满洲新语未备，书中音义皆系旧语。现在各省驻防乡试、童试举行翻译已历有年，在京各项考试，尤为八旗士子进身之阶，诚恐其循诵习传，不免参差简略。朕因详加校阅，遵照乾隆年间《钦定翻译五经新语》悉加厘定，着武英殿刊刻清文汉字合璧成书，颁行中外，俾各士子讲习有资，用昭法守。

八月戊子　转刑部右侍郎齐承彦为左侍郎，以都察院左副都御史李清凤为刑部右侍郎，仍留顺天学政任，前任吏部左侍郎张祥河署刑部右侍郎。

八月丁未　以山西河东商人捐输军饷，永广商学额十名。

九月辛酉　大学士、两广总督叶名琛等奏，查明学政岁科考试取录，尚无瞻徇贿卖等弊。得旨：所奏尚有不实不尽之处，仍着实力认真访察，勿为属吏蒙混。

九月乙丑　赏浙江省乙卯科乡试年老副贡王文治举人。

九月丁卯　以刑部尚书赵光为武会试正考官，翰林院侍讲学士殷兆镛为副考官。

九月壬申　兵部以武会试中额请。得旨：满洲、蒙古取中二名，汉军取中三名，奉天取中一名，直隶取中十一名，陕甘取中一名，广东取中二名，河南取中五名，山东取中四名，安徽取中一名，山西取中一名，湖北取中一名，四川取中一名，广西取中一名，福建取中一名，浙江取中二名，云南取中一名。

九月丁丑　谕内阁：前据大学士文庆等进呈前任巴里坤领队大臣、三等侍卫孟保翻译《大学衍义》一书，当交镶黄旗汉军校刊，并派侍郎穆荫协同校阅。兹据文庆等奏称，督同翻书房司员等详加校订，并发交该旗印务章京，会同孟保刊刻成书。朕覆加披阅，均系钦遵乾隆年间钦定翻译《四书》、《五经》、《通鉴》，各按新语详加厘定。因思宋臣真德秀此书，因《大学》条目，纂集经史，考证得失，于圣学治道均有发明。康熙十一年间，我圣祖仁皇帝特命翰林院掌院学士福达礼等翻译颁行。顾其时满洲新语未备，引用经史皆系旧语，对音切字，有未经翻译成文者，又止清文单行，未及增注汉字。今既引用新语，又成满汉合璧，开卷了然，洵足为士子编摩之助。着将刊板交武英殿刷印颁行，俾在京八旗及各省驻防同资讲肄，用副朕稽古同文，精益求精至意。

九月庚辰　以校刊《翻译大学衍义》告竣，予大理寺卿孟保等升叙有差。

十月乙酉　试中式武举金振彪等三十八人于太和殿前。

十月丙戌　御紫光阁，阅中式武举马步射。

十月戊子　上御箭亭，阅中式武举技勇。

十月戊子　御乾清宫，引见中式武举，亲定甲乙。

十月己丑　上御太和殿。传胪。赐中式武举一甲王世清、韦应麒、蓝家麟三人武进士及第，二甲金振彪等五人武进士出身，三甲刘廷栋等三十人同武进士出身。

十月丙申　江西学政廉兆纶因病解任，命通政使司副使龙启瑞提督江西学政。

十月丁酉　以团勇助剿，克复城池，免安徽无为、和、舒城、庐江四州县新旧额赋，并永广无为、庐江二州县学额各三名。

十月乙卯　谕：本日皇考宣宗成皇帝圣训实录告成，朕祗肃受书，实深欣庆。除现已降旨，将在馆各员及执事人等一并施恩，交部查照旧例优叙锡赏外，溯思开馆以来，所有监修总裁、总裁、副总裁等皆能尽心编辑，各矢勤劳，允宜特加优奖。监修总裁、致仕大学士祁寯藻着赏食全俸，前任大学士贾桢着赏加一级，纪录二次，前充总裁、副总裁之吏部尚书翁心存在馆四年，续办稿本，悉心纂辑，伊孙监生翁曾源着赏给举人，一体会试。户部尚书柏葰在馆三年，工部尚书全庆在馆四年，均着赏加三级。前任户部侍郎罗惇衍在馆二年，着赏加二级。原任协办大学士、赠太师大学士杜受田，开馆之初，章程体例皆其手定，编纂稿本，业经过半，兹全书告蒇，未与观成，殊深追念，着加恩赐祭一坛，伊孙举人杜庭琛着赏给贡士，一体殿试。

十月辛酉　以皖北剿捻出力，赏武举孟贯三等蓝翎，知州才宇和、把总闵廷佩等升叙有差。

十二月乙未　赏陕西省乙卯科乡试年老恩贡生张燕绥举人。

十二月壬寅　谕内阁：考试应封宗室，向按优平劣等第照封爵表条例办理。道光二十四年，曾将降等给封之例酌改，以示变通，惟等第较次之员，尚有停封永不准考之例。日后即加意学习，亦无上进之路，未免过于从严，应如何酌量变通，着宗人府核议章程具奏。至向来考试章程，均系阅定试卷后，再阅马步骑射，此后或改为先行看箭之处，着一并酌议具奏。

十二月癸卯　以安徽绅民协剿出力，免潜山县节年未完额赋，永广文武学额各三名。

十二月乙巳　谕军机大臣等：有人奏直隶乐亭县知县尤其胜于大清河、老母沟二处所到粮船，除照例收税外，每只索钱一百千，方许售卖，致粮价日形腾贵。该县历年海税仅解银十余两，余皆侵吞入己，征收地粮，以银折钱，旗租每两折东钱十七千有奇，民租每两折东钱十八千有奇，概不准搭交钞票，小民有不遵者，锁押责追；并以修永平府考棚为名，派令绅民捐钱三千余千，尽行私吞；该县烧锅十余处，按季索取陋规各等语。此等贪污不职之员，大为地方之害，若不严行惩办，何以肃吏治而儆官邪，着桂良逐款查明，据实严参，按律惩办，毋稍疏纵。

咸丰七年（1857年）

正月辛酉　以奉天吉林厅捐输军饷，永广文学定额一名。

二月癸巳　以安徽太湖绅民犒师助剿，免节年积欠额赋，并永广文武学额各三名。

二月乙未　谕内阁：王懿德等奏在籍绅士倡议开设官银钱局，恳恩奖励一摺。建自咸丰三年间，办理军务，需饷浩繁，银钱不能周转，经在籍候选训导、优贡生王式金倡议开设官局，行用官票，迄今三载，著有成效，自应量予奖叙。王式金着准其以府经历、县丞，不论双单月遇缺选用。其余在局出力各员，并着该督抚查明酌保，以示鼓励。

三月癸亥　以湖南新宁县绅民剿贼出力，永广文武学额各三名。

三月丁卯　命右春坊右庶子单懋谦提督江西学政。

四月壬辰　谕：有人奏湖南省各厅州县捐助军饷，自数万至数十万不等，未经按照定章，奏请加广学额中额，民间几疑捐输奖叙之典为虚文，请饬核实汇奏等语。各该省捐助军饷，其按照定章，经督抚请加中额学额者，无不立沛恩施。湖南以一省防剿数省，并筹应兵饷，五载以来，民门捐输不少，自应及早查明，汇奏请奖，着骆秉章即将该省各厅州县捐银，并合省共捐银数，自已未收银若干，查明核奏，将此由四百里谕令知之。

四月戊申　谕内阁：总管内务府大臣裕诚等奏请将世职幼官归入两翼幼官学肄业一摺。内务府承袭世职幼官，向不入官学肄业，及岁时复不分优劣，概准支食全俸，殊不足以广造就而示劝惩，此后内务府世职幼官，着照八旗定例，归入两翼幼官学肄业，以昭画一。

四月戊申　以湖北襄阳县绅民力保危城，永广文武学额各二名。

五月庚申　谕内阁：庆端奏，请将应广学额各属先行查办等语。福建省自咸丰五年以后，各属绅民捐输兵饷及运津米石，防剿经费，均属踊跃急公，自应查照成案广额，以示鼓励。着学政吴保泰就按试府州县，确查捐数，先将应广文生学额如数加取，并将银数额数随时咨部查核。其应广武生学额及文武乡试中额，均照所议，俟下届岁试并明年戊午科乡试分别办理。

闰五月乙巳　谕内阁：骆秉章奏请补行文武乡试一摺。前因湖南省防剿未竣，将壬子、乙卯两科乡试，展至戊午、辛酉两科次第归并，分别额数取中。现在地方全境肃清，该省文武乡试自应即为补行，以广登进。所有正副考官着礼部先期具题。

闰五月丁未　以湖北罗田县绅团出力，永增文武学额各二名。

闰五月戊申　浙江捐输军饷，永广乡试中额一名，仁和县学额八名，萧山县三名，乌程县二名，海宁、归安、鄞、镇海、余姚、长兴、海盐七州县各一名。

六月己未　以翰林院编修杨泗孙为湖南乡试正考官，山西道御史钱桂森为副考官。

六月丁卯　赏广东省补行乙卯科乡试年老诸生李芹等三十六人举人、副榜有差。

七月乙酉　谕内阁：御史曹登庸奏，学政轻浮乖谬，请饬查办，并将所出试题开单呈览一摺。河南学政俞樾出题割裂，致令文义难通。据该御史开列二十题，俱系不成句读，荒谬已极。至所称科试郏县童生，文题误出破句，几至罢考。按试河南府时，坐索棚规，逗遛三日，均属有玷官箴。俞樾着即革职，交英桂督同藩司瑛棨将所参各款，秉公查办，据实具奏，毋稍徇隐。

七月乙酉　命翰林院编修李鸿藻提督河南学政。

八月丙辰　以湖南捐输军饷，永广文乡试中额四名，长沙、安福、湘潭三县文学额各十名，善化县九名，醴陵县六名，湘阴县五名，浏阳、邵阳、新化、澧四州县各四名，宁乡、安化、保靖三县各三名，益阳、湘乡二县各二名，攸、衡阳、清泉、衡山、武冈、平江、武陵、桃源、溆浦、慈利十州县各一名。

八月壬戌　以河南捐输军饷，永广文乡试中额二名，祥符县文学额九名，淮宁、温二县各四名，固始县二名，兰仪、洛阳、武陟、西华、项城、太康、尉氏、济源、宜阳、新安、许、宁陵、睢、河内、孟、扶沟、商城十七州县各一名。

八月己巳　以江苏山阳县捐输军饷，永广文学额四名。

九月丙申　谕：御史朱文江奏，捐纳司员应令讲求例案，无庸考试论题一摺。前因御史何兆瀛请将捐纳司员考试文理，当经降旨，令各部院堂官于奏留之先，验其文理，如果能办稿案，即与正途人员一体派差。原以部院行走人员向来不尽由科甲出身，但须明白稿案，方可造就成材。兹据朱文江奏，闻近日兵部考试司员，系用论题，并未询以本部事件，是徒有考试之名，于各该员之能否当差，仍属无从知悉。定例学习司员，三年期满，本应分别去留，惟在该堂官平时察其才具，能否办事，俟届期满之时自然去取公允，毋庸以考试虚文，徒饰观听。

九月壬寅　命翰林院编修胡瑞澜提督湖南学政。

九月壬寅　以江西捐输军饷，永广乡试中额二名，清江县学额五名，临川、庐陵、吉水三县各三名，高安、南城、金溪、铅山、安福、南丰六县各二名，丰城、奉新、泰和、南康、新城、赣、宜黄、广昌、上饶、南昌、宁都、石城、新淦、安远十四州县各一名。

十一月己卯　以广东广州驻防捐输军饷，永广翻译学额一名。

十一月庚辰　赏湖南省补行壬子、乙卯两科乡试年老诸生徐显智等十人举人、副榜有差。

十一月乙酉　命左春坊左赞善李载熙提督广西学政。

十一月丁亥　以江苏捐输军饷，永广东台县学额四名，兴化县一名。

十一月癸卯　以山西省捐输军饷，永广乡试中额三名。广东捐输军饷，永广乡试中额四名，南海、番禺、顺德三县学额各十名，兴宁县九名，香山、嘉应二州县各八名，东莞县六名，新会县五名，增城、龙川、澄海、开平、茂名五县各二名，清远、新安、新宁、英德、归善、连平、博罗、潮阳、大埔、高要、阳江、新兴、化、河源、长乐十五州县各一名。

十二月丁卯　谕：王庆云奏，四川省节年筹解京外各饷，为数甚巨，拟请于咸丰八年再行劝谕绅董，续办津贴等语。川省按粮津贴一款，办理已阅数年，民情踊跃，殊堪嘉尚。惟国家借资民力，原属不得已之举，倘或办理不善，以致胥吏中饱，于饷需仍有名无实，甚非民间报效之本心。着该督饬属严密稽查，剔除弊窦，于济饷之中，仍寓恤民之意。如有不肖州县，藉端浮收，即着从严参办，毋稍姑容。此项津贴银两，俟收解完竣，即由该督核计多寡，奏请加增学额中额，用昭激劝而顺舆情，将此谕令知之。

十二月戊辰　谕内阁：前因河南学政俞樾出题割裂及坐索棚规各款，叠经降旨交英桂督同藩司瑛棨秉公查办，并调查卷册，据实具奏。兹据英桂奏称，详访舆论，俞樾考政尚严，惟所出题目，确有数题割裂太甚，不成句读，尚无坐索棚规及轻浮卑鄙各款，业经革职，着毋庸议。学政为士林表率，制义代圣贤立言，文理之醇疵，足觇人品之邪正。若命题既上下割裂，甚至不成句读，又安能阐发圣贤义理耶？此于士习文风大有关系。嗣后，各省学政考试出题，即防剿袭旧文，间用截搭，亦须句读分明，断不可如俞樾之文义难通，几于戏侮圣言，自取咎戾，将此通谕知之。

咸丰八年（1858年）

正月庚子　以湖北绅民团练出力，永广沔阳、孝感、江陵、随四州县文武学额各三名，江夏、武昌、兴国、黄陂、黄冈、蕲水、麻城、黄安、均、枣阳、南漳、钟祥、天门、京山、安陆、应山、应城十七州县各二名，大冶、咸宁、蒲圻、嘉鱼、蕲、罗田、松滋、枝江、监利、谷城、宜城、光化、潜江、云梦十四州县各一名。

正月乙巳　以广东布政使江国霖捐输军饷，永广本籍四川大竹县文学额一名。

三月丙申　赏湖南省补行壬子、乙卯两科乡试年老诸生罗树等七人举人、副榜有差。

三月癸卯　以河南沈邱县绅民捐赀团练，永广学额三名。

四月丙午　云贵总督吴振棫等奏，贵州军务未竣，请将本年乡试停止，展限举行。从之。

四月庚戌 云贵总督吴振棫奏，云南军务未竣，请停本年乡试，并入下科举行。从之。

四月丙辰 以本年乡试考试应开列试差人员于正大光明殿。

四月丁巳 两江总督何桂清等奏，江宁省城未复，本科文武乡试请展缓举行。从之。

四月癸亥 广东巡抚柏贵奏，军务未平，贡院号舍尚须修造，本年文武乡试，俟善后完竣，奏请开科。从之。

四月癸亥 以江苏绅士、郎中衔郁松年捐输上海善后经费，永广松江府文武学额各十名，上海县文学十名，武学九名，并赏郁松年盐运使衔。

五月壬午 广西巡抚劳崇光奏，广西军务未竣，请将本年戊午科乡试展限办理。下部知之。

五月丙戌 以兵部右侍郎徐树铭为福建乡试正考官，翰林院编修浦安为副考官。

五月辛卯 以江苏捐输军饷，永广高邮州学额五名，宝应县二名。

五月壬辰 赏广东省补行乙卯科乡试年老诸生容斐如等三人举人、副榜有差。

五月乙未 江西巡抚耆龄奏，军务纷繁，省城防守紧要，本年文武乡试未能举行。下部知之。

五月丙申 闽浙总督王懿德等奏，军务吃紧，本年戊午科文武乡试请展限两月举行。下部知之。

五月丙申 以翰林院编修寻銮炜为湖南乡试正考官，杜瑞联为副考官；侍讲学士李德仪为四川乡试正考官，内阁侍读豫师为副考官。

五月己亥 谕：晏端书奏请展缓乡试一摺。本年戊午科浙江乡试，因该省现办军务，不能依限举行，着准其展至咸丰九年特开一科，补行文武乡试。

五月庚子 湖北巡抚胡林翼奏，修理试院未竣，请将本年湖北文乡试展至九月，武乡试展至次年三月举行。下部知之。

六月庚申 谕内阁：前任户部尚书孙瑞珍，持躬谨慎，学问优长，由翰林入直上书房，蒙皇考宣宗成皇帝叠加简任，擢至正卿。朕御极之初，调任户部尚书，筹画度支，克尽厥职，任劳任怨，不为习气所染。前因患病，准其开缺调理。方冀长承恩泽，永享遐龄，兹闻溘逝，悼惜殊深。着赏给陀罗经被，派继善带领侍卫十员，即日前往奠醊，加恩，赠太子太保衔，照尚书例赐恤。任内一切处分，悉予开复。应得恤典，该衙门察例具奏。伊子翰林院编修孙毓汶，着赏给翰林院侍读衔。伊孙监生孙桐、孙樟均着赏给举人，准其一体会试，用示朕笃眷耆臣至意。寻奏上，予祭葬，谥文定。

六月庚申 浙江学政周玉麒请假省亲，允之。命都察院左副都御史张锡庚提督浙江学政。

六月癸亥 谕：御史苏仲山奏，请饬加山东省中额学额一摺。据称，各省捐输，比年以来，俱奏请加广中额学额。山东省历次劝捐不下百余万，至今仍未奏请等语。着崇恩迅速查明，因何迟延，奏明办理。至该御史籍隶山东，请加本省中额学额，迹涉乞恩，且于科场年分，条陈科场事务，亦属不合，着交部议处。

六月丙寅 以翰林院侍讲学士潘祖荫为陕甘乡试正考官，修撰翁同和为副考官。

六月丁卯 以陕西捐输军饷，再永广乡试中额四名，泾阳、三原二县学额各七名，大荔县六名，渭南县五名，朝邑、韩城、郃阳三县各三名，蒲城县二名，咸宁、岐山、盩厔、三水四县各一名。

七月甲戌 吏部奏，遵议御史苏仲山违例条奏山东加广中额学额处分，拟降二级留任。得旨：推广捐输加学额中额，系朕旨在前，原非该员有意乞恩。惟乡试在即，因科场年分亟欲速查，所谓迹涉乞恩者在是。苏仲山着改为降一级留任，不准抵销。

七月乙亥 以山西捐输军饷，再永广乡试中额二名。

七月乙亥 以江苏捐输军饷，永广铜山县学额二名，宿迁县一名。

七月丙子 以工部右侍郎景廉、顺天府府尹梁同新监临顺天乡试。

七月辛巳 以右春坊右赞善邵亨豫为河南乡试正考官，翰林院编修洪昌燕为副考官；太常寺少卿郑敦谨为山东乡试正考官，吏部郎中叶廷杰为副考官；翰林院编修彭瑞毓为山西乡试正考官，吕朝瑞为副考官。

七月乙酉 谕内阁：庆端等奏乡试未能举行，请再展缓一摺。本年福建乡试，前因该省办理军务，展缓两月，察看具奏。兹据该署督等奏称，军务未竣，恐届时仍难举行，所有福建省乡试着准其展至咸丰九年秋间特开一科，补行戊午科文武乡试。

七月乙酉 命兵部右侍郎徐树铭提督福建学政。

七月乙酉 以翰林院侍讲许彭寿为湖北乡试正考官，编修俞奎垣为副考官。

七月丙戌 谕：吏部奏，遵议山西巡抚恒福等请停增附捐教一摺。据称，捐例变通原属权宜之计，请俟军务告竣，再行停止等语。教职有考课士子之责，增附生捐教前经停止，嗣因户部奏请暂为变通，究不足以示矜式，所有增贡、附贡报捐教职一条仍着停止，以重学校而励真才。

七月庚寅 谕：文清、李维翰奏，承修要工，领项不敷，恳请变通办理一摺。在京各项工程，自上年户部奏定章程，均照原估全数，给发官票一半，其一半每两折给制钱二千，历经遵办，并无例外增加。此次该侍郎等承修顺天贡院房座、号舍等工，辄以物料昂贵为词，请将一半官票每两改给制钱二千，殊不足以昭画一。且京城工作尚多，必至纷纷效尤，漫无限制，此项工程，仍着文清等督饬司员撙节动用，核实办理，毋得妄议增加，致滋浮冒。所请着不准行。

七月庚寅 以湖北绅民团练出力，永广汉川县文武学额各二名。

七月己亥 以绅民捐输军饷，永广福建台湾府乡试中额二名，学额九名，粤籍二名，彰化县三名，台湾、凤山、嘉义、淡水四厅县各二名，噶玛兰厅一名；湖北乡试中额三名；四川乡试中额五名，绵竹县学额四名，绵州三名，德阳县二名，华阳、汉、江北、定远、广安、岳池、宜宾、富顺、南溪、万、遂宁、中江、蓬溪、安岳、蓬、渠、大竹、眉、邛、泸、仁寿、罗江二十二州县各一名。

八月乙巳 命兵部左侍郎万青藜提督顺天学政，礼部左侍郎孙葆元提督江苏学政，右春坊右赞善邵亨豫提督安徽学政，翰林院编修俞奎垣提督湖北学政，太常寺少卿郑敦谨提督山东学政，翰林院编修彭瑞毓提督山西学政，修撰翁同龢提督陕甘学政，侍讲学士李德仪提督四川学政，编修陈亮畴提督云南学政，编修黄图南提督贵州学政。浙江学政张锡庚、福建学政徐树铭、江西学政单懋谦、河南学政李鸿藻、湖南学政胡瑞澜、广东学政殷寿彭、广西学政李载熙、奉天府府丞兼学政梁敬事俱留任。

八月戊申 以协办大学士、户部尚书柏葰为顺天乡试正考官，兵部尚书朱凤标、署户部右侍郎程庭桂为副考官。

八月庚戌 谕内阁：监临景廉等奏参承办乡试试卷迟延，并御史征麟等奏名册又有舛错各一摺。顺天府治中蒋大镛、粮马通判萧鼎禧承办乡试试卷，已属迟延，名册复有舛错，实属玩忽，均着交部议处。

八月癸丑 谕内阁：顺天府府丞蒋达奏因病出闱，自请严议，并参府尹、委官护庇抗违各情，览奏实堪诧异。府丞提调乡闱，是其专责。如果委员人等呼应不灵，自当与监临和衷商榷，实力整顿。即意见不合，亦何妨专摺具奏？乃竟自称患病，负气出闱，实属谬妄糊涂。蒋达着交部严加议处。顺天府府丞着毛昶熙暂行署理，接办乡试提调事务，内场监试御史着改派李培祜去，其李培祜巡察砖门差使着都察院堂官酌派一员接办。至蒋达奏参梁同新护庇属员，及治中蒋大镛办理草率，通判萧鼎禧并不照例入场，使其同党盘踞两所，营私肥己，大兴、宛平两县知县偷减供给，各委员等遇事疲玩各情，与监临景廉、副都统载鹭、监试志文等所奏亦大致相同。着派瑞常会同载鹭、宝鋆逐款查明，据实参奏。梁同新于乡闱要务，不知认真办理，任用非人，以致诸事废弛，有心徇庇，着先行交部议处。景廉于顺天所属各员，并非统辖，惟既充监临，亦难辞咎，并着交部议处。

八月戊午 谕内阁：前因官文奏湖北绅民于捐饷外，自备口粮，团练防剿，恳请再行加广文武乡试中额，当交该部速议具奏。兹据礼兵二部会奏，该省捐助军饷，业经准加乡试定额三名。此次所请因募勇防剿，再行加广中额之处，银数既无可稽，额数何从核定，所有该省绅民，应如何酌予奖励，以昭激劝，着该督秉公酌核，另议办理。

八月庚申 谕内阁：吏部奏遵议乡闱提调、监临处分一摺。顺天府府丞蒋达提调乡闱，擅自出场，着照部议，即行革职。监临景廉着照部议，降一级留任，准其抵销。顺天府府尹梁同新应得处分，着俟瑞常等查明具奏时，再降谕旨。

八月庚申 顺天府以宗室乡试中额请。得旨：取中四名。

八月乙丑 谕内阁：胡兴仁奏请举行浙江乡试一摺。前因浙江省衢州府等处地方被贼窜扰，经晏端书奏请将该省本年乡试展限一年办理。兹据该抚胡兴仁奏称，全境肃清，多士志切观光，所有浙江省本年戊午科乡试，着准其于十月举行。

八月己巳 谕内阁：瑞常等奏，遵旨查明乡闱办理不善各情，请分别审讯议处一摺。此案顺天府大兴、宛平二县，办理乡闱供给，任意草率，既据查明，有发价折扣情事，犹复供词歧异，显有需索抑勒情弊。所有该二县经手家丁、吏役，着交刑部查传，严行审讯。大兴县知县贺廷銮、宛平县知县毛庆麟应得处分，俟刑部讯明后，照例核办。粮马通判萧鼎禧既有胞弟应试，例应回避，乃托病告假，不肯入场，实属取巧规避，着先行交部议处，其有无营私肥己等弊，着俟刑部讯明后，照例办理。委员李光澜、李建中催办迟延，试用府经历潘淳临期不到，治中蒋大镛办理卷册错乱，均着交部议处。委员萧履中等着吏部查取职名，一并议处。顺天府府尹梁同新身任监临，总司场务，于派委各员既不能详慎于先，以致疲玩草率，种种延误，甚至于规避不到之员均未指名参办，尤属有心徇庇。梁同新着照吏部原议，降三级调用，以示惩儆。

八月庚午　以户部右侍郎宝鋆为浙江乡试正考官，翰林院检讨马佩瑶为副考官。

九月癸酉　以湖南绅民捐输军饷，永广浏阳县学额六名，湘阴、清泉、新宁三县各五名，醴陵县四名，益阳、攸、祁阳三县各三名，宁乡、巴陵、平江、衡阳、衡山、沅陵、辰溪、武陵、龙阳九县各二名，湘乡、安化、茶陵、耒阳、邵阳、武冈、新化、溆浦、桃源、芷江、麻阳、保靖、龙山、会同、石门、慈利、永定十七州县各一名。

九月甲戌　浙江巡抚胡兴仁奏请浙省武闱乡试展至明年二月举行。下部知之。

九月庚辰　以理藩院尚书肃顺为翻译乡试正考官，翰林院侍读学士清安为副考官。

九月戊戌　以顺天府府尹吴鼎昌充顺天武乡试监临。

十月己酉　颁朱谕：御史孟传金奏，中式举人平龄朱墨不符，物议沸腾，请特行覆试一摺。着派载垣、端华、全庆、陈孚恩认真查办，不准稍涉回护，并将摺内所指各情，可传集同考官，一并讯办。

十月癸丑　以户部右侍郎刘昆为顺天武乡试正考官，内阁学士毕道远为副考官。

十月丁巳　谕军机大臣等：本科顺天中式举人平龄案内，要证靳祥系伯葰家人，现随柏葰之侄分发甘肃，知府钟瑛于本月初一日出京。着曾望颜即饬所属地方官沿途截拿，迅速押解来京审讯，毋令脱逃。将此谕令知之。

十月戊辰　颁朱谕：本年乡试主考、同考各官荒谬已极，覆勘试卷应讯办查，议者竟有五十本之多。该考官等，朕闻其中亦尚有不敢昧良者，除同考官有无情贿，逐案查讯外，其正考官柏葰着先行革职，听候传讯，副考官朱凤标、程庭桂均着暂行解任，听候查办。至此案头绪纷繁，着钦派王大臣等毋得含混了事，认真研鞫，按例从严惩办。

十一月丁丑　谕内阁：陈孚恩奏，派审案内牵涉伊子，自请回避严议，并请将伊子革职一摺。据称，审讯平龄案内，副考官程庭桂之子程炳采供称，陈孚恩之子陈景彦有交伊条子之事，经陈孚恩严诘伊子属实。刑部候补员外郎陈景彦着即革职，归案办理。陈孚恩并不知情，着改为交部议处。此案关涉陈景彦之处，陈孚恩着照例回避，余仍秉公会审，毋庸回避全案。

十一月己卯　谕内阁：礼部尚书徐泽醇人品端谨，办事老成，由进士签分吏部，叠蒙皇考宣宗成皇帝恩遇，简放外任，荐擢封疆。朕念其宣力有年，特以礼部尚书内召，服官中外，典试礼闱，均能勤慎宣劳，克称厥职。兹以出差盛京，感受微疾，甫经两次赏假，方冀调理速痊，遽闻溘逝，轸惜殊深。着赏给陀罗经被，派贝子奕劻带领侍卫十员，即日前往奠醊，加恩照尚书例赐恤，任内一切处分，悉予开复，应得恤典，该衙门察例具奏。伊子、候选知府、现任山东同知徐彬着俟服阕后，以山东知府补用，伊孙监生徐承烜着赏给举人，一体会试，以示朕笃念耆臣至意。寻予祭葬，谥恭勤。

十一月庚辰 以吏部右侍郎张祥河为都察院左都御史，调兵部左侍郎万青藜为吏部右侍郎，仍留直隶学政任，转兵部右侍郎徐树铭为左侍郎，仍留福建学政任。

十一月戊戌 谕内阁：前据胡兴仁奏，官卷中额不敷，请于广额内加中一名，当交礼部察核具奏。兹据奏称，该抚所请，核与例意不符等语。浙江省本科应试官生仅止二十五名，以每二十名取中一名核计，其零数尚不及半，所缺之额例应以民卷补中。且该省所加中额五名，均系永远定额，若拨入官卷加中，恐此后相沿，竟为官卷定额，殊觉过优。倘各省纷纷援案声请，不足以示限制，惟浙江省现已揭晓，如已由官卷加中，其中式举人着毋庸扣除，嗣后，不得援以为例。此后捐输军饷，加广中额省分，亦不得援照办理。所有违例奏请之浙江巡抚胡兴仁并该省正考官宝鋆、副考官马佩瑶均着交部议处。

十二月乙巳 谕内阁：周祖培等奏，覆勘各省试卷，应议太多，开单呈览一摺，并请将应查各卷交各省查明等语。本年山东、河南、山西、陕甘乡试中式各卷，原勘官签出应议者，业经周祖培等覆加磨勘，将应议、免议分别黏签进呈，即着礼部照例办理。其河南各卷，挖补至四十卷之多，显有情弊。抡才大典，岂容违例将试卷任意更改？着该抚严切讯明，据实具奏。其山东第十五名贾元涛、山西第五十六名刘元铠、河南第三十五名部自枢等卷，或笔迹不符，或挖补洗改，俱干例禁，并着各该抚一并确查具奏。所有应查各卷，着交兵部由驿递送各省查明后，仍将各卷咨送礼部核办。

十二月辛亥 以山西解州绅民捐输军饷永广学额一名。

十二月乙卯 谕内阁：前因载垣等奏平龄案内，讯出前任刑部侍郎李清凤有送给程庭桂条子之事，当令江苏督抚取具确供具奏。兹据何桂清等讯明李清凤之子李旦华假托父名，私送条子，并有代同籍贡生王景麟致送条子之事。工部郎中李旦华着即革职，由该督抚派员解京，归案办理，贡生王景麟据奏尚未回籍，着步军统领衙门查传到案，一并讯办，李清凤着交部议处。

十二月乙卯 赏顺天等省乡试年老诸生崔丹华等五十三人举人、副榜有差。

十二月丁巳 予江苏故举人潘德舆入祀乡贤祠，从巡抚赵德辙请也。

十二月辛酉 以广东团练出力，赏都司罗福安花翎，举人冯冠贤等升叙有差。

十二月丙寅 谕内阁：此次中卷疵谬，阅荐之同考官邹石麟着照部议，先行降一级调用，俟案定时，应得之咎由钦派王大臣定拟。取中之副考官朱凤标着照部议，罚俸一年，再罚俸九个月。应贴不贴之受卷官贾铎着照部议，罚俸一年，均不准抵销。

十二月丙寅 以江西新城县绅士捐输军饷，永广学额一名。

十二月己巳 陕甘学政翁同龢因病解任，命翰林院编修景其浚提督陕甘学政。

咸丰九年（1859年）

正月癸酉　谕内阁：朕自御极之初，特开恩榜，迄今已阅数年。缅惟皇考宣宗成皇帝五旬、六旬万寿均降旨，特开乡会试恩科，仰见宏敷教泽，行庆作人，有加无已。兹于咸丰十年，届朕三旬万寿，允宜特开庆榜，嘉惠士林。着于本年八月举行恩科乡试，明年三月举行恩科会试，以副朕简拔人材至意。

正月丁丑　以江苏捐输军饷，永广长洲、元和、吴三县学额各三名。

正月甲午　命翰林院编修杜瑞联提督陕甘学政。

正月乙未　以吏部右侍郎文祥、都察院左副都御史梁瀚知贡举。

正月丙申　命翰林院编修慎毓林提督陕甘学政。

二月丙午　谕：肃顺、成琦奏，考试国子监满洲助教无卷可取，请另行考试一摺。此次考试国子监满洲助教各试卷，或文理纰谬，或清汉字画未能端楷，经肃顺等校阅，实无合式堪以录取之卷。着吏部另行咨取合例人员，奏请派员考试，此次考试人员不准与考。

二月甲寅　上御勤政殿，召见惠亲王、怡亲王载垣、郑亲王端华，军机大臣彭蕴章、穆荫、匡源、文祥，内务府大臣瑞麟、麟魁、文彩、存佑、文丰，尚书肃顺、全庆、陈孚恩、赵光、许乃普。谕曰：本日，据载垣等奏，会审科场案内已革大员并已革职员，定拟罪名，先行拟结一摺。朕详加披览，反覆审定，有不能不为在廷诸臣明白宣示者。科场为抡才大典，交通舞弊，定例綦严。自来典试大小诸臣，从无敢以身试法，轻犯刑章者。不意柏葰以一品大员，乃辜恩藐法，至于如是。柏葰身任大学士，在内廷行走有年，曾任内务府大臣、军机大臣，且系科甲进身，岂不知科场定例？竟以家人求请，辄即撤换试卷。若使靳祥尚在，加以夹讯，何难尽情吐露？既有成宪可循，朕即不为已甚，但就所供情节，详加审核，情虽可原，法难宽宥，言念及此，不禁垂泪。柏葰着照王大臣所拟，即行处斩，派肃顺、赵光前赴市曹，监视行刑，已革编修浦安、已革举人罗鸿绎、已革主事李鹤龄均着照例斩决，以昭炯戒。副考官、户部尚书朱凤标，于柏葰撤换试卷，闱中并未查询，出场后又不即行参奏，若照旧例办理，知情徇隐，即应治罪，即止于失察，亦应研讯。惟阅其供词，尚无知情情弊，谅朱凤标亦不敢公然徇纵，着从宽即行革职。同考官、降调编修邹石麟为已革举人平龄更改朱卷，实属违例，着革职，永不叙用。其磨勘查出试卷，应行查办之举人余汝偕等十二名，并同考官徐桐、钟琇、涂觉纲、何福咸，对读官鲍应鸣应得处分，着交礼部查照科场条例，定拟具奏。至墨卷内更改马丞字样，是否由外帘传递之处，着原派之监临明白回奏。另片奏催未经到案之谢森墀、熊元培、李旦华等三名，着江苏巡抚即行派员迅速解京，归案审讯。嗣后，科场大典，秉文衡者皆当洁己虚怀，杜绝干请。应试士子亦各立品自爱，毋蹈夤缘覆辙，则朕此次执法严惩，正为士林维持风气，尔在廷诸臣，当能默喻朕衷也。

二月庚申　谕军机大臣等：前据玉明等奏奉天盗风日炽，请将罪应斩决盗犯先行正法等语，当经批谕依议办理矣。兹据给事中李鹤年奏，奉天省自上年秋冬以来，盗贼肆行，山海关外各州县，劫案尤多。本年会试举人式金等在广宁县界被劫，锦县举人承惠等在县属连山地方被劫，举人金锡蕃会试咨文亦被抢，不能来京应试等语。奉天为根本重地，弭盗安良，缉捕尤关紧要。该举人等有志观光，中途被劫，着玉明等严饬各该州县，务将此案赃犯并获，照例严惩。并令该举人等先行进京，毋许因案羁留，致误应试。该给事中奏称，盛京刑部侍郎和润赋性优柔，煦煦为仁，养痈贻患，甚至司员得赃卖放，将捕盗之人照诬良例反坐，以致盗贼毫无顾忌等语。着玉明等确切访查，据实具奏，毋稍徇隐。所有该省斩决盗犯，着仍照玉明等前奏，一经审实，即先行正法，一面奏闻，毋庸听候部覆，致稽时日，以资整顿而靖地方。原摺着钞给阅看，将此谕令知之。

二月丙寅　赏湖北等省戊午科乡试年老诸生詹逢年等八十四人举人、副榜有差。

三月癸酉　以江苏捐输军饷，永广如皋、金山二县学额各五名。

三月丙子　以大学士衔、吏部尚书贾桢为会试正考官，刑部尚书赵光、户部左侍郎沈兆霖、工部右侍郎成琦为副考官。

三月辛巳　以浙江捐输军饷，永广海宁、归安、镇海三州县学额各三名，乌程县二名，山阴、萧山、诸暨、上虞、鄞五县各一名。

三月丁亥　谕内阁：前任安徽学政沈祖懋奏交卸日期一摺。沈祖懋业经交卸学政关防，尚有经手石埭兵勇饷需，现在赶办清册，着俟报销完竣再行来京。

三月戊子　礼部以宗室会试中额请。得旨：取中二名。

三月辛卯　谕内阁：王懿德、庆端、徐树铭奏举行恩科，并补行上年正科乡试一摺。福建省本年己未恩科，并上年戊午正科文武乡试，着准其归并举行，其应中名数，即照两科定额取中。

三月辛卯　以都察院左副都御史张锡庚为刑部右侍郎，仍留浙江学政任，未到任前，以内阁学士袁希祖署理。

三月甲午　礼部以会试中额请。得旨：满洲取中六名，蒙古取中一名，汉军取中二名，直隶取中十八名，奉天取中二名，山东取中十五名，山西取中九名，河南取中十七名，陕甘取中十九名，江苏取中十三名，安徽取中六名，浙江取中十七名，江西取中十三名，湖北取中八名，湖南取中六名，福建取中七名，广东取中五名，广西取中八名，四川取中九名，云南取中五名，贵州取中五名。

四月辛丑　谕军机大臣等：前据何桂清等会同学政奏请，暂借浙江文闱举行江南乡试，当交礼部速议具奏。本日据礼部奏称，江苏、安徽两省，上届两科未能依限举行。伸士气即以固民心，宜有以曲全而慰藉之，请饬浙江巡抚察看情形。如果事在可行，即如该督等所奏办理；如难举行，亦由该抚据实奏闻等语，已依议行矣。适据胡兴仁奏到，声称浙省号舍不敷，且虑皖省应试人多，奸宄未易稽查，并商之浙省绅士，所见相同，佥称窒碍等语。朕思借闱考试，原以嘉惠士林，自当于变通办理之中，悉心筹画。若将江苏、安徽两省士子，分作两次考试，十月内江苏士子入场，安徽于十一月另为一次，不过稍迟时日，可无号舍不敷之虑。而江苏士子试毕先归，安徽士子后至，人数以分而见少，即盘查奸宄，亦尚无难。其是否可行，并此外有无通融办理之法，着何桂清、徐有壬会同胡兴仁悉心酌议，妥速具奏。江南自军兴以来，停止乡试已阅两科，兹届特开恩榜之年，该士子若仍不得观光，未免有向隅之憾，谅该督等必能妥为筹画，仰副朕怀也。礼部摺着钞给阅看，将此由五百里各谕令知之。

四月丁未 以直隶捐输军饷，永广天津县学额三名。

四月庚戌 以内阁学士伊精阿为翻译会试正考官，翰林院侍讲学士桂清为副考官。

四月壬子 谕：徐之铭奏请展缓举行恩科乡试一摺，云南省现在军务未竣，各属士子多有办理团练防守事宜，未能赴试，本年乡试难以如期举行，所有云南省己未恩科乡试着准其展缓，俟辛酉科后再为举行。

四月乙卯 以本年乡试，考试应开列试差人员于保和殿。

四月丁巳 礼部以翻译会试中额请。得旨：京旗取中一名，驻防取中三名。

四月己未 赏会试年老举人马森等十九人司业、编修、检讨、学正职衔有差。

四月庚申 命协办大学士、户部尚书周祖培，大学士衔、吏部尚书贾桢，礼部尚书麟魁、朱嶟，刑部尚书瑞常、署吏部右侍郎梁瀚、工部左侍郎潘曾莹、内阁学士载肃为殿试读卷官。

四月辛酉 策试天下贡士马传煦等一百八十人于保和殿。制曰：朕寅绍丕基，诞膺洪祚，荷上苍之申佑，承列圣之诒谋，励毖深宫，日慎一日，勉思传心典学之谟，课吏训诫之治，励品崇儒之要，诘戎讲武之经，冀与中外臣工，致上理于大同，登斯民于衽席。兹当临轩发策，博采周咨，尔多士其敬听之。圣学之原，在于存诚主敬，唐虞传心，尚矣。所谓危微者何辨？精一者何解？执中者何在？禹曰：“安止几康。”汤曰：“圣敬日跻。”而即继之曰：“丕应徯志。”曰：“式于九围。”能申明其义欤？文王克厥宅心，武王不泄不忘，其道本无异同，见诸诗书者孰切？成康以后，历汉唐宋，迄于元明，英君谊辟，岂无一言一行与唐虞三代相符合，能指其实欤？朱子谓，格致诚正，以至修齐治平，始终不外乎敬；中和位育，极之圣神功化，枢纽不外乎诚。真德秀《大学衍义》于诚意正心之要立为二目，明邱浚复补以审几微一节。心法即治法之原也，昔圣微言，曩哲粹语，有可与经传相发明者，其细绎而细陈之。唐虞官人，首言载采，成周分职，重戎惟勤，八法、八成、六叙、六计载在《周官》，能晰言之欤？《汉史》言综核名实，吏称其职，然上求实效，而下务虚名，徒以拘守绳墨为慎，以奉行条律为勤，岂董正治官之本意欤？夫询在事，考在言，而克知三有宅，灼见三有俊，则皆课之于心，意者事与言固必矢以一诚，而后足称忠荩欤？汉扬雄著《二十五官箴》，马融著《忠经》，宋真德秀著《政经》，其言亦有可采者欤？朕权衡黜陟，一秉至公，上以诚待下，则下当以诚事上，内外大小臣工，岂徒以奉令承教，遂为无忝厥职欤？士也者，民之坊也。董仲舒曰：“正其谊不谋其利，明其道不计其功。”列士林者，非以砥厉廉隅为本务乎？古者宾兴贤能。郑注谓："兴贤若今举孝廉，兴能若今举茂才。"汉法取士，犹为近古，故其时吏有循良之目，民鲜偷薄之风。至唐乃有明经进士等科，禄利之途既开，徼幸之心斯起。宋太宗谓科级之设，以待士流，岂容走吏冒进，窃取功名，言之何笃切欤！夫为士而尚有亏儒行，他日服官，其能恪守官箴乎？察行既起别居之谣，考文又蹈虚车之诮，果何术而能使士行克敦，人材蔚起乎？兵所以威天下，实所以安天下，整军经武，所以保大定功也。三代以后，兵民初分。汉置材官于郡国，而京师有南北军屯。唐初设府兵，一变而为彍骑，再变而为方镇。宋兵有禁厢蕃乡之目，元立五卫，明设京兵、边兵，其制孰为尽善？至于训练之法，汉有都肄，唐有讲武，宋有大阅，明戚继光《练兵实纪》一书，为切于实用，所称一练伍法，二练胆气，三练耳目，四练手足，五练营阵，六练将者，能阐其义欤？夫一兵必期得一兵之用，其何以选精锐、汰老弱、简器械、申纪律，使三军之士，皆足以备干城之选，而迅奏肤功哉？凡兹四事，迪德以端宸极，课绩以励官箴，植品以正儒修，整师以肃戎政，经邦要道，莫切于斯。尔多士拜献先资，毋泛毋隐，朕将亲览焉。

四月甲子　御乾清宫，召读卷官人，亲阅定进呈十卷甲第。

四月乙丑　上御太和殿。传胪。赐一甲孙家鼐、孙念祖、李文田三人进士及第，二甲朱学笃等八十六人进士出身，三甲陈祖襄等九十一人同进士出身。

四月丙寅　两广总督黄宗汉等奏，广东军务未竣，请将本年乡试展期举行。从之。

四月丁卯　引见丙辰科散馆及补行散馆人员。得旨：修撰孙如仅、编修洪昌燕业经授职外，二甲庶吉士夏同善、夏献馨、蒋彬蔚、赵有淳、谭钟麟、洪调纬、蓝拔奇、沈秉成、徐昌绪、杨秉璋、绍祺、于光甲、范希淳、马元瑞俱着授职编修，三甲庶吉士汪朝棨、许业香、顿福之、董文焕俱着授职检讨，黄廷金、范运鹏、方熊祥、孔宪珏、萧延福、陈寿祺、徐景轼、秦赓彤、孙官云、叶衍兰、刘钟祥、李士芸、刘昭文、陈蒸、李宏谟、何耀纶俱着以部属用，章永康、贾春暄俱着以内阁中书用，刘澍覃、黄文璧、汪祖绶、周式濂、王题雁、周维翰、洪麟绶、贺锡福、翁延绪、庞掌运俱着以知县即选，任廷槐、柴友芝俱着归原班铨选，翻译庶吉士全顺着授职编修，毓乎着以部属用。

四月戊辰　命兵部尚书全庆、刑部尚书赵光教习庶吉士。

四月戊辰　授一甲一名进士孙家鼐翰林院修撰，二名进士孙念祖、三名进士李文田编修。

四月壬申　引见新进士。得旨：一甲三名孙家鼐、孙念祖、李文田业经授职外，朱学笃、马文梦、金庆鹏、张丙炎、龚易图、胥瑞琛、王正玺、王师曾、楼震、张丕烈、周家楣、胡毓筠、马传煦、杜筹朋、田书年、于荫霖、赵一林、周瑞清、黄锡彤、左隽、王寅亮、特亮、宗室常珩、贾瑚、严辰、田国寯、岳维翰、周光祖、李振家、孙树、英启、张璟槩、王荫丰、赵断学、吉长清、关耀南、饶佩勋、何探源、徐尔麟俱着改为翰林院庶吉士，光熙、戴尧臣、董毓葆、余九谷、杨鸿吉、蔡琳、丁寿祺、苗颖章、梁思问、李文骞、武继志、沈璜、叶毓桐、梁鸣谦、傅世纶、郭应霖、黄元善、陈倬、李汝弼、王象瑜、周益、恽彦琦、高文铭、何贵高、蒋作锦、恩荣、施应藻、汪仲洵、谢辅岵、洪绪、管涝、陈鸿作、王绮珍、刘绍向、黄庆珍、宗室福锟、郑锡泰、黄慎忠、高文煜、葛宗邹、王玉书、陈祖襄、康缙、王文锦、刘振中、阮光鼎、杨继祖、康模、王麟祥、万培因、徐光祖、凌行均、颜士璋、定保、陈继熏、马云昭、黄翼为、马文华、宛立骞、袁廷骞、宋恩溥、吴岱章、皮宗瀚、张景星、汤似瑄、武士选、李荫棠、周光炯、觉罗瑛彬、江廷杰、韩宝鸿、苏佩训、邵子彝俱着分部学习，徐炳烈、何聘珍、汪万鸿俱着以内阁中书用，王永春、曹大任、王其慎、朱靖旬、汪显达、王玉衡、张勋、鲁膺泰、孟丕荣、宝瑛、吴灿西、王凤森、朱之杰、崔迺翚、高箕承、寅康、江鸿、陈肇杰、许贞元、陈桂芬、张燮、邓开运、柳宗芳、侯甲瀛、王学华、李宗泰、沈绍九、吴天锡、吕邦骞、石树珠、刘自立、果祥、郭云汉、喻树琪、王成骧、冯荣萱、宋学濂、董元勋、杨久祜、杜墨林、罗骞、杜世铭、查子庚、刘光远、秦子骞、田树荣、郑葵俱着交吏部掣签分发，以知县即用。工部学习郎中刘秉衡、户部学习郎中路昭德俱着俟报满，作为候补郎中后，以该部郎中即补。刑部额外主事陈大诰、刑部学习主事谢钺、户部学习主事祝炳章俱着俟报满，作为候补主事后，以该部主事即补。余着归班铨选。

四月甲戌　湖南巡抚骆秉章奏，防剿未竣，请暂缓本年文武乡试。从之。

四月丙子　广西巡抚劳崇光奏，广西文武乡试，请缓至来秋举办。从之。

四月丁丑　考试应开列试差满汉二品以下京堂各官于圆明园上书房。

四月丁丑　以福建建安、瓯宁两县士民守城出力，永广文武学额各三名。

五月庚寅　谕内阁：前因江南文闱乡试，以军务未竣，两次停止，本年恩榜特开，该省督抚奏请借用浙省文闱举行，该部议交浙江巡抚察看办理。旋据胡兴仁覆奏，声称号舍不敷，恐多窒碍等语。朕以江南士子未免向隅，复谕令江南、浙江各督抚妥为筹画。兹据何桂清、徐有壬、胡兴仁会奏，据称咨商安徽学政，该省距浙较远，贼氛未靖，且岁科两试久停，士子等未能一律应试，拟分别办理，以昭慎重，着照所请。本年江苏省乡试，即定于十月内举行，借用浙江文闱办理；安徽省乡试，着俟该省平定地方较多，应如何通融办理之处，由该督抚届时奏请补行，以示朕嘉惠士林至意。

五月癸巳　以四川捐输军饷，永广遂宁、安岳二县学额各二名，华阳、简、绵、巴、大竹、内江、南充、岳池、三台、中江、蓬溪、乐山、宜宾、邛、泸十五州县各一名。

五月癸巳　以山东捐输军饷，永广章邱县学额四名。

五月乙未　命大学士衔、吏部尚书贾桢为大学士，管兵部事，充翰林院掌院学士。

六月戊申　以翰林院侍讲钟启峋为浙江乡试正考官，编修汪承元为副考官；都察院左副都御史钱宝青为湖北乡试正考官，翰林院编修薛书堂为副考官。

六月甲寅　谕内阁：本年江苏省乡试，已降旨于十月内举行，借用浙江文闱办理，其安徽省乡试，前因何桂清等奏咨商该省学政，以岁科两试久停，士子等未能一律应试，令俟平定地方较多，由该督抚奏请补行。兹据张芾奏，安徽绅士吁请仍借浙闱举行乡试，并称浙江贡院号舍甚多，即江苏、安徽两省同场合考，无虑不敷，士子皆有学册可查，不至窒碍，且该绅等皆愿筹捐津贴经费等语。江南文闱乡试曾经两次停止，本年特开恩榜，原以嘉惠士林，江苏业已举行，若将安徽展缓，该省士子未免向隅，所有安徽乡试着即定于十月内同江苏一并借用浙江文闱办理。

六月戊午　以署国子监司业马寿金为陕甘乡试正考官，翰林院编修吕耀斗为副考官。

七月辛未　以安徽捐输军饷，永广乡试中额二名，徽州、歙、休宁、黟四府县学额各十名，婺源、绩溪、太平三县各五名，祁门县三名，青阳县二名，石埭县一名。

七月癸酉　谕内阁：兵部题请派本年武会试提调官一本，所有开列满汉司员四人，着照文会试之例，由该堂官带领引见，候旨拣派，并着该部纂入则例，永远遵行。

七月癸酉　谕：江苏学政孙葆元奏代办乡试监临，并岁科试赶办情形一摺。本年己未恩科江南乡试，着派孙葆元入闱，代办监临事务，即于考试录遗后，赴浙办理，至该学政应办岁科考试，着俟科场事竣后，再行赶办。

七月乙亥　以江苏捐输军饷，永广乡试中额四名，沭阳、奉贤二县学额各一名。

七月乙亥　以江苏按察使薛焕捐输军饷，永广本籍四川兴文县学额一名。

七月乙亥　以湖北捐输军饷，永广乡试中额一名。

七月丙子　户部右侍郎宝鋆、顺天府府尹董醇监临顺天乡试。

七月丙子　以翰林院编修华祝三为河南乡试正考官，孙翼谋为副考官；侍讲学士郑琼诏为山东乡试正考官，编修董元醇为副考官；右春坊右中允钱宝廉为山西乡试正考官，翰林院编修张锡荣为副考官。

七月甲申　谕内阁：何桂清、徐有壬奏，酌议借闱乡试事宜，开单呈览一摺。本年己未恩科江南文闱乡试，借用浙闱举行，其内外帘一切事宜，自应参酌旧章，变通办理。除监临事务，前已降旨令江苏学政孙葆元入闱代办外，其外帘提调，着照何桂清等所拟派，令江苏署臬司蔡映斗届期随带委员，赴浙设局办理，仍由浙江抚臣加派现任大员及印委各员帮办；内帘提调及监试等官，着由江苏省酌派道府大员前往，内外帘官一并由江苏调派；其巡查、弹压、搜检各武职即由浙江巡抚就近派充。至该省乡试，系带行乙卯正科，所有官卷、民卷中额，均着加倍取中。其捐输推广之额，均归民卷取中，不得加入官卷。所有与考生监，着学政于录遗时，通饬各府州厅县学确实加结详送，以杜弊窦。至所称同考官拟改为十房之处，前因张芾奏安徽绅士吁请举行乡试，业经降旨，准其于十月内，同江苏一并借用浙闱办理，试卷既多，恐十房不敷分校，着该督等酌量添派。

七月甲申　赏顺天等省戊午科乡试年老诸生任欲贵等八人举人、副榜有差。

七月乙酉　上御勤政殿，召见惠亲王、怡亲王载垣、郑亲王端华、兵部尚书陈孚恩、军机大臣穆荫、匡源、文祥。谕曰：上年顺天乡试，科场舞弊，经钦派王大臣审明，定拟于本年二月间，降旨将柏葰等分别惩办，并宣示在廷诸臣，俾咸知朕意。本日据载垣等奏，科场案内审明已革大员，并已革职员等定拟罪名一摺。科场为抡才大典，考试官及应试举子有交通嘱托、贿买关节等弊，问实斩决，定例綦严，不得以曾否取中分别已成、未成，此案已革工部候补郎中程炳采于伊父程庭桂入闱后，竟敢公然接收关节条子，交家人胡升转递场内，即系交通嘱托关节，情罪重大，岂能以已中、未中强为区别？程炳采着照该王大臣等所拟即行处斩。已革二品顶带、左副都御史程庭桂身任考官，于伊子转递关节并不举发，是其有心蒙蔽，已可概见。虽所收条子未经中式，而交通已成，确有实据，即立予斩决，亦属罪有应得。惟念伊子程炳采已身罹大辟，情殊可悯，若将伊再置重典，父子概予骈首，朕心实有不忍。程庭桂着加恩发往军台效力赎罪。此系朕法外施仁，并非从死罪递减，亦非因其接收关节未经中卷姑从末减也。其致送关节之谢森墀等本应照科场专条治以死罪，惟与业经正法之罗鸿绎等尚属有间。工部候补郎中谢森墀，恩贡生、报捐国子监学政学录王景麟均着革职，熊元培着革去附贡生，与已革候补郎中李旦华、已革候选通判潘敦俨、已革翰林院庶吉士潘祖同、已革刑部候补员外郎陈景彦已于二月加恩免其死罪。着照所拟，均着发往新疆效力赎罪。李旦华之父、前任刑部侍郎李清凤，现在原籍病故。着该部查明，李旦华如家有次丁，即于百日后起解，如家无次丁，着俟安葬伊父后再行发遣。降调湖南布政使潘铎，平日训子无方，着交部议处。其应议之监临、监试、专司稽查及内外帘执事各员，并搜检王大臣，着礼部按照科场条例，据实查明各该员所司何事，应议之处，详晰开列衔名具奏。再降谕旨：另片奏未能究出冒名之人，请旨议处等语。载垣、端华、全庆、陈孚恩着交宗人府、吏部照例议处。至科场律例，本有专条，刑部所拟程庭桂等罪名，俱不在科场例内，辄将向办各案以已成、未成比拟，实属不合，着传旨申饬。科场一案前后所降谕旨，着即补入礼刑二部则例，永远遵行，不必俟修纂时续入。将此通谕知之。

七月戊子　谕内阁：惇郡王奕誴奏参庄亲王奕仁搜检考试教习士子，与御史口角一摺。奕仁于士子入场将次完竣时，即令委员封门，并未知照点名御史，复与该御史争论，殊属不合，着交宗人府议处。其贡院委员，着专司稽查之都察院堂官查明办理。

七月癸巳　谕：徐树铭奏，试期过迫，请于本届岁科童试时，将上届应取之额合并取录等语。福建延平、建宁、邵武、汀州四府，前因被匪滋扰，上届岁科两试均未举行。此次若按旧章补试，时日过多，必致办理迫促，且各该郡当蹂躏之余，若令诸童生候试多时，非所以示体恤。着照所请，准其于本届岁科童试时，将上届应取之额合并取录，毋庸另场集试。武童一律办理。至文生岁科考试，关系廪增补缺，仍着分场补试，以符定例。

七月癸巳　江西巡抚耆龄奏江西军务稍缓，本年乡试请于十月举行。得旨：所有江西省本年己未恩科并乙卯正科乡试，准其于十月间举行。

八月癸卯　以协办大学士、户部尚书周祖培为顺天乡试正考官，刑部尚书瑞常、户部左侍郎梁瀚、刑部左侍郎灵桂为副考官。

八月甲辰　谕内阁：向例会试及顺天乡试正副考官、同考官以及内外帘执事等员，一经派出，应迅速入闱。乃昨日朕特派御前大臣景寿等前往贡院稽查，方悉本年顺天乡试考官及执事各员，有迟至申刻及酉刻始行入闱者，殊非慎重关防之道。姑念相习成风，免其置议。嗣后，乡会试年分，午门听宣之日，着即责成稽查御史，于听宣事毕后，即赴贡院门前，将正副考官、同考官及派出场内执事各员入闱时刻，一并详细查明，于次日覆奏。倘该考官等有是日并无别项差使，无故迟延者，即着指名参奏，以肃功令。

八月丁未　谕内阁：前因王庆云奏，江西商民在川捐输，请添设商学一摺，当谕令礼部妥议具奏。兹据礼部等部奏称，该督所请添设江西商学，暨在川省一体乡试之处，与例未符，且恐易滋弊窦，实属窒碍难行。着毋庸议。惟该商人等踊跃输将，自应酌给奖叙，着该督查明该绅商等原籍分隶何处，按照所捐银数，加广江西各厅州县文武永远定额及一次学额。或总计银数，加广江西乡试一次中额。如有所捐银数不敷，加广学额者，准其归入该商原籍续捐银两并计核算，即由该督妥议具奏，再降谕旨。

八月戊申　谕内阁：翁同书奏，安徽省乡试请仍展至来年办理等语。前因张芾奏，安徽众绅吁请仍借浙闱举行乡试，当经降旨，着于十月内，同江苏一并借用浙江文闱办理。兹据翁同书奏称皖北贼氛未靖，仅有徽宁、广德三属士子就试，各属未得普沾庆典，请展至来年秋间，特开一科。安徽士子，志切观光，朕已加恩允准借闱举行。若因皖北士子未能赴考，复行停止，非朕嘉惠士林之至意。惟人数既属无多，且系两科并举，照额取中，则未得与考者不免向隅，此次该省中额着暂行酌减。其所减之额，仍归并下科补行取中，以昭平允，应如何酌减之处，着礼部速议具奏。

八月戊申　以直隶捐输军饷永广定州学额三名，天津县一名。

八月己酉　以山西捐输军饷，永广榆次、祁二县学额各七名，太谷、介休、绛三州县各四名，太平县三名，阳曲、徐沟、平遥、河津、稷山五县各二名，曲沃、翼城、孝义、凤台、虞乡、忻、闻喜七州县各一名。

八月庚戌　以礼部右侍郎杨式谷为江南乡试正考官，国子监祭酒皂保为副考官。

八月乙卯　礼部奏议，安徽赴浙乡试，现止徽宁、广德三属，请将该省两科归并中额九十名内，酌中三十六名，其所加定额广额各二名，亦先各中一名，余归下届补行取中。从之。

八月乙卯　顺天府以宗室乡试中额请。得旨：取中四名。

八月己未　谕内阁：礼部奏，江西官卷拟请比照江南加倍取中一摺。本年江西乡试系两科归并举行，本省官卷着即照江南官卷，加倍取中，以归画一。其捐输推广之额，均归民卷取中，不得加入官卷。嗣后，两科并举省分，均照此办理。另片奏驻防翻译乡试两科归并，可否援照官卷加倍取中等语。嗣后，凡两科并举省分，翻译中额准其援照官卷加倍取中。

八月辛酉　谕内阁：吏部等衙门奏，遵议各员处分一摺。降调湖南布政使潘铎，失察伊子潘敦俨科场递送关节条子，着照部议，降一级调用。其审结迟延之怡亲王载垣、郑亲王端华，兵部尚书全庆、陈孚恩俱着照议罚俸一年。以上各员降调罚俸处分，均准其抵销。

八月壬戌 谕内阁：上年顺天科场一案，失察子弟递送关节条子之尚书陈孚恩等应得处分，均经吏部照例议，以降一级调用，并声明公罪，例准抵销，业已先后照议允准。朕思科场定例，向多从严，其失察子弟夤缘犯法，与寻常失察处分，亦当有所区别，一概议以公罪，似未允协。嗣后，官员凡遇子弟有于科场夤缘纳贿、交通关节失于觉察者，俱着降一级调用，照私罪例，不准抵销，并着将此次谕旨纂入则例，永远遵行。

八月壬戌 谕：华丰等奏，赵光覆试各省武举，次日始行赴围，并赵光奏因误赴公所，未及赴闱，自请议处一摺，赵光着交部议处。

八月乙丑 谕内阁：前因礼部奏，上年顺天乡试科场舞弊案内，应议监临各员失察处分，尚未允协，当交惠亲王等、大学士、军机大臣会同礼部妥议具奏。兹据惠亲王等详查例案，悉心核议，开单呈览，此案程庭桂家人胡升携带关节入场，该监临等官未能查出，自应分别议处。除八月初六日另有差使未到，业已知照外场察院之搜检王大臣等及续派执事各员，并前充提调，另案革职之前任顺天府府丞蒋达均着毋庸议处外，所有戊午科顺天乡试监临、刑部右侍郎景廉，降调顺天府府尹梁同新均着降二级留任；外帘监试之给事中志文、清安、颜培瑚，御史宝麟、那苏泰、谢增、朱文江、尹耕云，内帘监试之御史奎斌，给事中、现任顺天府府丞毛昶熙均着降三级留任；奎斌及调充内帘监试之御史尹耕云，复失察主考家人向房官查卷，并临时抽换中卷，着照例再降二级调用；其贡院门搜检睿亲王仁寿、肃亲王华丰、定郡王溥煦、内阁学士双福、吏部左侍郎文清、兵部尚书陈孚恩、刑部左侍郎齐承彦、户部尚书肃顺，前署副都统广科、双禄，副都统文寿、恩醇、穆隆阿、继善，乾清门侍卫荣全、西拉绷阿、庆寿，砖门搜检豫亲王义道、庄亲王奕仁、前任大学士翁心存、吏部尚书许乃普、左副都御史富廉，副都统存佑、察杭阿、巴雅尔绰克托，前署副都统奎章、富泰、德鉴，休致都统英隆，乾清门侍卫克蒙额、岳林、贝勒溥庄，专司稽察之都察院堂官、刑部尚书瑞常，外场巡察御史征麟、忻淳、魏睦庭、给事中李培祜均着罚俸一年。以上各员应得处分，虽系分罪，均不准其抵销。

九月辛未 谕内阁：何桂清等奏，借闱乡试应需文职人员，请一并借委浙员一摺。本年江南乡试，备用浙江贡院，除内帘同考官已由江苏派往外，其应需文职执事人员，若概由江苏派往，不但人数众多，兼恐呼应不灵，着胡兴仁即照浙省章程，酌派各员一体办理，以资熟手，而免贻误。

九月辛未 以重宴鹿鸣，赏致仕都察院左都御史沈岐尚书衔，御书扁额曰宾筵人瑞。

九月癸酉 谕：都察院奏，直隶开州廪生种世恩在该衙门呈诉，赴京乡试，携带罗文并盘费报捐银两，偕廪生马镜蓉等由籍启程，于七月初三日午间，行至山东恩县途次，遇骑马贼三人，各持刀枪，抢去银两衣物。该生等赴县禀报，署知县殷嘉树并不追究，反将该生等考罗文书扣存，勒令回家。其贼匪自称德州冯义，访系该州快头等语。

恩县系近畿通衢，竟有骑马贼白昼抢夺，实属目无法纪。直隶廪生种世恩等失去银物，该署知县殷嘉树既不赶紧严缉赃贼，复扣留罗文，致该生不能应试，情节尤属可恶。此等劣员纵盗殃民，着文煜严参惩办，并勒限缉拿赃盗以靖地方。盗首冯义如系德州快役，着即密拿严办，毋令远扬，将此谕令知之。

九月壬午　　兵部以武会试中额请。得旨：满洲、蒙古取中一名，汉军取中二名，奉天取中一名，直隶取中十名，河南取中五名，山东取中四名，山西取中二名，湖北取中一名，湖南取中一名，四川取中二名，陕甘取中一名，广东取中一名，广西取中一名，福建取中一名，浙江取中二名，江西取中一名。

九月丙戌　　谕内阁：都察院奏，江西监生余震龙等以团练绅民殉义，并合州出力捐赀，恳请旌奖等词，赴该衙门呈诉。据称江西义宁州，自咸丰二年办理团练，捐赀助饷，杀贼立功，经该州详报，请增广学额，并将殉难士民请恤，因书吏延阁，未蒙办理。案关团练要务，必应确实根究。着恽光宸即将所控各情确切查明，如果书吏延阁，着即严行惩办，并将增广学额及殉难各士民分别具奏，以慰忠魂而励众志。

九月己丑　　谕内阁：此次考试翰詹各员，经阅卷大臣等校阅进呈，朕复详加披览，亲定等第，一等二员，二等二十四员，三等三十八员，四等一员。其考列一等之编修颜宗仪、周学源俱着以侍讲学士升用，考列二等之编修黄倬着升授侍讲，编修夏同善、景其浚俱着以庶子升用，编修杨秉璋、修撰孙如仅、编修马恩溥俱着以侍读升用，编修梁肇煌、杜联俱着以侍讲升用。以上各员现在无缺可补者，俱着先换顶带，在任候缺。编修杨荣绪、检讨宗室瑞联、任兆坚、侍读张之万、编修沈秉成、寇嘉相俱着记名遇缺题奏，并各赏大卷缎袍料一匹，小卷缎袍褂料各一件。编修谭钟麟、洪昌燕、侍读学士冯誉骥、编修罗嘉福、鲍源深、蓝拔奇、少詹事许彭寿、侍读学士潘祖荫俱着各赏大卷细袍料一匹，许彭寿、潘祖荫并各加赏春细一匹。考列三等之左中允丁绍周着降为编修，仍留五品衔，右庶子衔秀着以赞善降补，侍读学士麒庆着以侍讲降补，左中允恩吉着降为编修，编修宗室延煦、马元瑞、王凯泰着各罚俸半年，左赞善宝珣着降为编修，编修范希淳、周誉芬、张洵、检讨汪朝棨、编修钱桂森着各罚俸一年，编修王濙、检讨董文焕着各罚俸二年，升用侍讲编修张正椿着撤销升用侍讲，仍罚俸一年，检讨顿福之着罚俸一年，侍读苏勒布着降为编修，仍罚俸二年。考列四等之编修于光甲着改为内阁中书，仍罚俸一年。其考试翻译列入一等之右中允奎昌着升授左庶子，列入二等之侍读学士依奇哩、少詹事广凤、侍读学士清安俱着记名遇缺题奏，并各赏大卷缎袍料一匹，小卷细褂料一件，列入三等之编修全顺着罚俸半年，侍读桂丰着罚俸一年，侍讲毓瑞着以赞善降补，侍讲学士桂清着以侍讲降补，侍读衔、右赞善文奎着降为编修，并撤销侍读衔。余俱着照旧供职。该员等其各力求实学，慎守官方，用副朕教育人材至意。

九月庚寅　　赏河南等省戊午科乡试年老诸生关镇西等十九人举人、副榜有差。

九月壬辰　　以奉天捐输军饷，永广满洲、蒙古学额三名，汉军四名，海城县二名，承德、盖平、辽阳、铁岭、义、广宁六州县各一名。

九月壬辰　　以江西捐输军饷，再永广乡试中额三名。

九月壬辰　以甘肃捐输军饷，永广皋兰县学额四名，靖远县一名。

九月乙未　以兼管顺天府府尹事工部尚书张祥河为顺天武乡试监临。

十月丁酉　试中式武举韩坤等三十六人于太和殿前。

十月戊戌　谕：兵部奏，覆试不符之中式武生可否拣选，请旨遵行一摺。甘肃等省中式武生李怀德等五十八名，覆试未能合式，呈请拣选，与例不符，惟系志殷报效，若不准其随营当差，未免向隅。李怀德等着作为中式武生，由该部给与验票，令其随营学习。如果弓马可观，差操无懈，五年期满，咨部注册，由各该省督抚专以把总考拔，不得拔补千总，以示区别。其有始勤终怠，弓马生疏，差操贻误者，随时咨部斥革，以肃营规。此项人员俟下科覆试合式后，仍照武举办理。

十月戊戌　命翰林院候补侍讲学士、编修颜宗仪提督云南学政。

十月己亥　上御紫光阁，阅中式武举马步射。

十月庚子　上御箭亭，阅中式武举技勇。

十月庚子　御乾清宫，引见中式武举，亲定甲乙。

十月庚子　谕内阁：文煜奏，特参玩视补务之员一摺。前据都察院奏，直隶开州廪生种世恩呈控在山东恩县途次，被骑马贼抢去银两等情一案，当降旨，交文煜提讯。兹据奏称，该生种世恩被抢，业据前署高唐州知州兼理恩县殷嘉树禀详有案，并将该生携带应试罗文扣存，移送开州学查销，实出情理之外。又查，该知州兼理恩县任内有公差李升被抢一案，及署高唐州任内有冠县文生王庆绪被抢一案，均经前任巡抚崇恩严饬缉捕，赃贼未获，实属玩视捕务已极。前署高唐州兼理恩县、胶州知州殷嘉树着先行撤任，摘去顶带，勒限两月，留于恩县、高唐协同该地方官缉击各案，务获究办。调署恩县汛专汛把总王东洋、署高唐州汛专汛千总李景颜均着摘去顶带，勒限严缉，如逾限不获，并讯明殷嘉树于种世恩案内扣留罗文，有无借端勒措情事，再行一并严参，按律定拟具奏。

十月辛丑　上御太和殿。传胪。赐中式武举一甲韩金甲、杜遇春、李上仑三人武进士及第，二甲曹凤甲等五人武进士出身，三甲韩坤等二十一人同武进士出身。

十月癸卯　谕内阁：邵亨豫奏，皖省应试士子较多，恳加增中额一摺。前因该省应试士子仅徽州、宁国二府，广德一州，经礼部奏定，照四成取中，并加额二名。兹据该学政奏称，现在应试士子不止三属，着加恩将本年己未恩科及补行乙卯正科，以六成取中五十四名，其加额四名，全归本届取中，余四成三十六名，归入下届辛酉及补行戊午正科取中，用示朕嘉惠士林至意。

十月甲辰　谕：何桂清等奏，江南武闱乡试请再行展缓一摺。江南省武闱乡试展缓业已两科，并本年恩科自当归并办理，惟苏州省城既无校阅之地，浙江武闱乡试已因江南借考，展限办理，无可议借，势难依期举行，着准其暂行展缓，俟江宁收复后，再行奏请举行。

十月丙午　以江苏捐输军饷，永广泰兴县学额三名。

十月丙午　以陕西候补道熊文华捐输军饷，永广本籍四川绵州学额一名。

十月戊申　谕内阁：仁寿等奏此次武乡试，奉天武生不敷取中，请旨遵行一摺。本年武乡试，奉天例定中额及捐输加广，共应取中五名。兹仁寿等监校外场箭射技勇，合式者仅四名，所有该省不敷捐输加广中额，着归入下次补中。

十月己酉　以工部右侍郎宋晋为顺天武乡试正考官，詹事府少詹事许彭寿为副考官。

十月己未　谕：礼部奏，举人覆试逾限，尚非有心规避，请旨遵行一摺。福建台湾府举人王猷瑶前次会试，因道路梗塞折回，今又因航海遭风，以致迟误，虽已满三科覆试例限，惟远隔重洋，事出有因，王猷瑶着准其于明年补行覆试。

十二月丙申　江西巡抚恽光宸奏请己未恩科并补行乙卯正科武闱乡试展缓举行。从之。

十二月丙申　以浙江续捐军饷，再永广乡试中额一名。

十二月壬寅　以安徽宣城、南陵二县办团出力，永广学额各三名。

十二月甲辰　命翰林院编修张正椿提督广西学政。

十二月癸丑　谕：江苏学政孙葆元奏请责成教官提调襄理考试一摺。各省设立教官，原以整饬学规，训迪诸生，俾各安分敦品，以图上进。若如该学政所奏，江苏生监多有不安本分，包漕抗粮，种种恶习，教官并不能认真约束，此等庸懦之员，何以整顿学校？嗣后，各属生监滋事，教官不能认真约束，即着该学政指名严参惩办。至学政扃门考试，场外弊端，势难稽查，全赖提调知府弹压巡查。乃近来提调多派丞卒州县等官充当，不足以资统摄。嗣后，各省学政考试各属，如遇考棚在外县之处，仍由该督抚派委知府充当提调，该府不准托名公事，私委属员代办，以重考政。

十二月甲寅　准福建前翰林院编修林春溥、山东前浙江衢州府同知陈述经、浙江前衢州府学教授陶庆麒、温州府学教授金衔宗重赴鹿鸣宴。

十二月丁巳　赏山东等省戊午科乡试年老诸生赵希圣等二十一人举人、副榜有差。

十二月癸亥　以甘肃安西协副将李世忠备饷剿贼，永广本籍河南光州学额一名，固始县二名。其部弁随同剿守出力，永广安徽滁、来安、霍邱三州县学额各一名。

咸丰十年（1860年）

正月丙寅　万寿覃恩颁诏天下。诏曰……所有应行事宜，开列于后。……一、国子监贡监生及各官学教习免坐监期一月。一、各省儒学，以正贡作恩贡，以次贡作岁贡。……于戏！物阜年康，雨旸若而抚时茂对；定功保大，民人宜而受禄延厘。布告天下，咸使闻知。

正月己巳　以江西捐输军饷，永广新建县学额十名，高安县八名，南昌、新昌二县各六名，丰城、庐陵二县各四名，清江县三名，奉新县二名，泰和、金溪、南城、新城、都昌、德化、赣七县各一名。

正月壬申 谕：曾望颜奏，军务未竣，请续办按粮津贴，以资接济一摺。川省连年筹解京外各饷暨本省粮饷、防剿经费等项，为数已至一千数十万两，节经该督等奏请办理按粮津贴，源源接济，闾阎踊跃输将，实堪嘉尚。现在各路军务未竣，滇黔各匪窜入川境，防剿经费，所需甚巨。据曾望颜奏请，于咸丰十年，再行劝谕绅民续办按粮津贴，实属万不得已之举。第恐不肖吏胥，藉端扰累。着该署督严饬各属，查照旧章，遴选公正绅耆，妥为经理，不准假手胥吏，致滋弊端。其上中下户之分，倘该地方官高下其手，蒙混侵蚀，及有征多报少等弊，即着从严参办，毋稍姑容，庶于借资民力之中，仍寓体恤民艰之意。此项津贴银两，俟收解完竣，即由该署督核计多寡，奏请加广学额中额，届时明降谕旨，以昭激劝，将此由四百里谕令知之。

正月丁丑 以河南邓州绅民捐助勇粮，永广学额五名。

二月戊戌 命翰林院侍讲黄倬提督四川学政。

二月辛丑 山东道御史林寿图奏，士子入京会试，请饬税局照例验放，以示体恤。得旨：该士子等志切观光，自应奉公守法。然间有一二垄断之徒，或逞刁拦验，或夹带药物私售，均难保其必无。着端华、文丰严饬巡役人等，固不可藉端讹诈，尤不可豫存成见，因噎废食，致启卖放之渐。夹片所奏，着查办。

二月庚申 谕内阁：礼部题请派翻译会试提调官一本，所有开列拣选司员二人，着照文会试之例，由该堂官带领引见，候旨拣派，并着该部纂入则例，永远遵行。

三月戊辰 谕内阁：礼部奏咨送会试箭册迟误，据实检举一摺。正白旗汉军举人闵中刚先经该旗将该举人履历造具箭册，咨送礼部，书吏收文后，并未回明该管司员注册办理，以致该举人未能验看骑射，显系讹索不遂，有意蒙混。所有礼部经手书吏着交刑部严审究办，失察之司员着查取职名，交部议处，闵中刚着准其会试，俟场后遇兵部考验各项人员之便，补行考验。

三月己巳 谕内阁：御史恩霙奏汉军旗员蒙混改入满洲一摺。据称翰林院侍讲恩吉系内务府正白旗汉军人，其考取附生拔贡，中式举人卷册均系汉军旗籍，何以今竟归入满洲，难保无通同蒙混，擅改户档情弊。着礼部、兵部、内务府、顺天府将该员户考各册及箭册中卷，一并查明具奏。

三月庚午 命协办大学士、户部尚书周祖培为会试正考官，吏部尚书全庆、礼部尚书朱嶟、吏部右侍郎杜翰为副考官。

三月壬午 礼部以宗室会试中额请。得旨：取中二名。

三月庚寅 礼部以会试中额请。得旨：满洲取中六名，蒙古取中一名，汉军取中二名，直隶取中十九名，奉天取中二名，山东取中十六名，山西取中九名，河南取中十七名，陕甘取中十九名，江苏取中十二名，安徽取中六名，浙江取中十六名，江西取中十四名，湖北取中九名，湖南取中五名，福建取中八名，广东取中六名，广西取中六名，四川取中八名，云南取中五名，贵州取中四名。

三月辛卯 谕内阁：礼部奏新中举人到京逾限，恳补行覆试等语。所有江西举人欧阳衔等及广西举人梁嵘椿，到京已逾覆试之期，实因道路梗阻，事出有因，着准其补行覆试，以示体恤。嗣后，不得援以为例。

闰三月庚子 安徽巡抚翁同书奏，克复地方，请豁免钱漕，加广学额。得旨：户部速行察核，豁免钱漕，务与前届奏案相同，不可歧异。至所请加广学额，附摺声明请旨。

闰三月乙巳 以礼部右侍郎伊精阿为翻译会试正考官，工部左侍郎伊勒东阿为副考官。

闰三月乙巳 以呈进会试题名录迟误，知贡举灵桂、杨式谷下部议处。

闰三月辛亥 谕内阁：吏部具题遵议礼部漏检科场条例之堂司各官处分，此系严办科场案内之事，礼部初次奏摺，实属含混，迨经特派会同核议，始行更正。试问科场既有专条，何得谓之漏查？及自请议处，又何得谓之检举？该堂司照徇庇例治罪，亦不为过，况此系去岁秋间之事，因何迟至半年之后，始行具题？着吏部堂官明白回奏。至麟魁等处分，着吏部照有意蒙混、尚非始终徇隐例，酌拟具奏。寻奏，遵拟礼部郎中寿昌等应照徇隐例减等，降一级调用。尚书麟魁等降一级留任，均不准抵销。从之。

闰三月辛亥 以安徽绅团协力收复城池，永广怀远、五河两县及临淮乡文武学额各二名，凤阳县三名。

闰三月壬子 礼部以翻译会试中额请。得旨：京旗取中一名，驻防取中一名。

闰三月癸丑 命河南学政李鸿藻来京供职，以右春坊右中允景其浚提督河南学政。

闰三月乙卯 以湖北捐输军饷，永广江夏县学额九名，武昌、兴国、大冶、江陵四州县各六名，沔阳州五名，黄冈县四名，咸宁、汉阳、天门、随、光化五州县各三名，嘉鱼、蒲圻、孝感、蕲水、黄梅、京山、应城、应山、襄阳、东湖、恩施、荆门十二州县各二名，崇阳、通城、通山、麻城、蕲、钟祥、潜江、安陆、监利、松滋、宜都、南漳、谷城、长阳、当阳十五州县各一名。

闰三月丁巳 引见己未科散馆及补行散馆人员。得旨：修撰翁同和、孙家鼐，编修孙念祖、李文田业经授职，二甲庶吉士张丙炎、朱学笃、黄锡彤、宗室常珩、铭安、王师曾、英启、贾瑚、马传煦、李振家、胡毓筠俱着授为编修，三甲庶吉士彭桂馨着授为检讨，史嵩秀、田国寯、特亮、左隽、周瑞清、周光祖、陈传奎、关耀南、吴增逵、曾椿寿俱着以部属用，唐嘉德、王正玺、张璟槩、马文梦、张其蕙、田书年、李佩琳、龚易图、杜寿朋俱着以知县即用，张丕烈、王寅亮、罗贤升俱着归原班铨选，翻译庶吉士广寿着授为检讨，齐克慎着以部属用。

闰三月丁巳 以浙江续捐军饷，再永广钱塘商学额二名，德清县二名，镇海、余姚、海宁、山阴、平湖、鄞、会稽、萧山、秀水、上虞、诸暨、嘉兴、嘉善、嵊、天台、义乌十六州县各一名。

闰三月丁巳 以江南捐输军饷，永广汝阳县学额六名，叶县三名，中牟、商邱、河内、淮宁、襄城、光山六县各二名，祥符、杞、通许、尉氏、鄢陵、睢、孟、巩、新安、南阳、邓、内乡、舞阳、上蔡、正阳、新蔡、罗山、西华、商水、项城、太康、扶沟、郾城、汝、郏、宝丰、卢氏、固始二十八州县各一名。

闰三月癸亥　赏会试年老举人孙中田等十六人编修、检讨、学正职衔有差。

四月甲申　以大学士瑞麟，协办大学士、户部尚书周祖培，刑部尚书瑞常、都察院左都御史沈兆霖、吏部左侍郎匡源、户部左侍郎刘昆、署礼部左侍郎宜振、工部左侍郎潘曾莹为殿试读卷官。

四月乙酉　策试天下贡士徐致祥等一百九十人于保和殿。制曰：朕寅绍丕基，覃熙宙合，仰荷昊穹眷佑，列圣贻庥，兢业敕几，日慎一日。兹御极之十年，诞敷纶诏，特开恩榜，嘉与宇内士，周咨博稽。每思建极首贵执中，学古必先证史，察吏兴廉之要，理财制用之经，治忽攸关，究图宜切。尔多士其敬听朕询。报中一言，尧以咨舜，三代哲王，相传不易。意治法心法，皆必期于无过不及欤？孔子之言时中，则曰："君子中庸。"加以庸字，其旨安在？乾之德曰中正。正非由中而生者乎？天之命曰中和，和非由中而发者乎？修六礼以节性。而《周官》言礼曰：教之中则执其中而礼皆隆礼也。明五刑以弼教，而虞廷言刑曰协于中，则执其中而刑皆祥刑也。《汤诰》之降衷，孔氏以衷为善。朱子云：衷，只是中。其与受中以生有以异乎？《洪范》之《皇极》，汉儒训极为大中，朱子又以为中之极，能详其说欤？前贤又言执中之矩，不外主敬；主敬之本，不外存诚。则诚与敬固即中之所以为执者欤？汉司马迁作《史记》，变编年之例，历代史书，相仍不改，或为本纪、世家，皆有所本，惟列传则创自迁，能约举其说欤？迁书之前亦有名《史记》者，见于何篇？公侯传国，始称世家，孔子独列世家何义？刘知几谓《史记》周以上多阔略，秦汉以下始条贯，其信然欤？《史记》网罗放失，综其终始，又能于作事中寓论断，能举其一二否？班固作《汉书》，太初前者，皆因《史记》旧文而加以删改，然束于成格而不能变化，岂迁为一家言，固为官书，体例固不同欤？然有较迁为精审者，亦有较迁为繁冗者，其优劣能晰言之欤？观迁书者喜其错落，观固书者赏其整严，二书果足为史氏之杰欤？安民莫先于察吏，察吏莫重于兴廉。虞廷三载考绩，其详未闻。夏严贪墨之罚，商制殉货之刑，皆所以尚廉也。迄于成周，小宰弊群吏，六事以廉为本，奖廉之意不更深欤？汉以六条察二千石，尚有合于此意，能详言之欤？当时廉吏固不乏人，能历举之欤？唐考课有四善，宋令诸路转运使察所部官能否为三等，其目若何？斯时吏亦有以廉闻者欤？夫吏之贪廉，民生之休戚所系也。比岁筹饷孔急，吾民已重困矣，在位者宜如何激发天良，奉公洁己欤？今欲扬清激浊，澄叙官方，俾吏治蒸蒸日上也，其何道之从？《周礼》一书，理财者綦详，自是以后，若管仲之于齐，李悝之于魏，商鞅之于秦，皆能致其国于富强，然去三代之治盖远矣。能言其故欤？汉武帝行平准之法，史称其不加赋而用足。然欤？秦汉而下，善理财者莫如刘晏。其法若何？王安石锐意富国，而内外骚然。其失安在？自汉迄唐，赋税外惟资盐利，至宋而茶利始溥。宋赵开更茶马之法，岁收息至一百七十余万缗。其后复大变酒法，榷酤所入，几与盐等。可得而考欤？夫开源节流，理财之善经。若变通有无，与时上下，则亦有非常法所可拘者。果何如而上下交足欤？凡此者，用中以端主极，考古以观人文，课绩以饬官方，丰财以储国用，皆经邦之要道，立政之宏规也。多士服习有年，业扬伊始，其陈谠论，毋泛毋隐，朕将亲览焉。

四月戊子　上御勤政殿，召读卷官入，亲阅定进呈十卷甲第。

四月壬辰　上御正大光明殿。传胪。赐一甲钟骏声等三人进士及第，二甲黎培敬等八十二人进士出身，三甲崇谦等九十八人同进士出身。

五月丙申　授一甲进士一名钟骏声为翰林院修撰，二名林彭年、三名欧阳保极为编修。

五月壬寅　引见新科进士。得旨：一甲三名钟骏声、林彭年、欧阳保极业经授职外，黎培敬、黎翔、牛元恺、林天龄、崔穆之、刘秉璋、陆懋宗、惠林、姚清祺、刘湝年、王珊、郭从矩、王荣琯、何亮清、祁世长、钱来商、欧寿樏、杜庭琛、彭世昌、毕保厘、陈楷、李祉、胡昌铭、徐致祥、宗室宝森、崇谦、孙汝霖、路桓、苏辂、孙诒经、吴镇、王庆祺、王桐、周冠、吴元炳、尚林焱、许廷桂俱着改为翰林院庶吉士，俞之雋、余焕文、赵亮熙、李希莲、宗室阿克丹、周干臣、林墉、方镛、汪国凤、贾修明、林廷燮、吴墉、何瑞霖、沈源深、何嵩祺、霍润生、李汝霖、余本初、徐宗一、李桂林、毛亮熙、凌行堂、谢宝镠、章乃畬、李楹、范坦、陈进衔、马永璋、张元培、李德洄、刘树伦、吕钟三、傅大章、崔国庆、张同符、王建本、郭家修、王耀文、边其恒、任涟、觉罗松阿达、李培英、刘宗岱、秦焕、彭葆初、毕棠、红带子英卓、章耀廷、潘自强、陆光祖、吴庚扬、周麟、高同善、胡印远、陈文田、于中法、黄道让、罗锦城、全霖、张文德、蒋善謩、崇文俱着分部学习，毛鸿图、徐炽俱着以内阁中书用，林缥、王宫午、贾元涛、冯允煦、李鸣凤、游观第、邵岂、张时中、钱世叙、王树德、丁海珊、胡鉴、何鼎、孙颂清、江毓秀、张崇第、朱鸿灏、翟飞声、徐延旭、傅遇年、王伯良、王慎修、储赓芸、张镜堂、谢宝树、李大观、文宗欧、张隽选、雒宗易、路峙、李师濂、毕亮、冯景略、王廷鉴、钟承堂、曾思浚、刘兆禄、张恩煦、方鸣皋、郭程先、黄毓桂、余祥钟、张炳星、孙绳武、戴之祥、刘寯扬、伏作霖、国兴、贾龙光、刘鸣皋、胡叔珊、孔昭浹、牟标、方启宪、刘绪、蔡振玉、雷冲霄、焦有森、綦思本、刘铣、孙原吉、余瓒馨、颜有庄俱着交吏部掣签，分发各省，以知县即用。户部候补郎中张绪楷着以郎中即补，礼部候补主事王维珍、工部候补主事王汝讷、户部候补主事李宝铭俱着以主事即补，刑部学习郎中彭泽春、兵部学习郎中蒋启勋、工部学习郎中郑培基俱着俟报满作为候补郎中后，以该部郎中即补。刑部学习员外郎姚东济、工部学习员外郎彭克仪俱着俟报满作为候补员外郎后，以该部员外郎即补。兵部学习主事朱厚基、刑部学习主事何有济、户部学习主事谭继洵俱着俟报满作为候补主事后，以该部主事即补。余着归班铨选。

五月戊午　以江苏捐输军饷，永广苏州府学额十名，江阴县三名，娄县二名，华亭县一名。

五月戊午　以江西乐安县捐输军饷，永广学额九名。

五月戊午　以四川续捐军饷，永广安岳、眉二州县学额各二名，简、德阳、巴、达、大竹、仁寿、南充、广安、岳池、三台、遂宁、蓬溪、富顺、邛十四州县各一名。

五月辛酉　江苏学政孙葆元奏江阴等处情形。得旨：时事艰难，汝虽任学政，自应振刷精神，不可豫存退志。

六月癸亥　谕：礼部奏巴尔虎蒙古旗人请援例准考一摺。盛京驻防巴尔虎蒙古旗人，既准其考试武童，捐纳职衔，所有文童翻译，均着准其一体考试。

六月己卯　谕内阁：庆廉奏，甄别才不胜任之知县，请旨分别降补勒休一摺。河南涉县知县金益谦才庸识暗，未能约束丁胥；新安县知县徐泰才识平庸，难膺民社，该二员系进士、举人出身，文理尚优，着以教职降补。鄢陵县知县徐承祖办事任性，日形废弛；扶沟县知县刘封典公事废弛，不洽舆情；阌乡县知县岑傅性清浅躁，工于取巧，均着以府经历、县丞降补。淇县知县锡英精力就衰，难期振作，着勒令休致。

七月甲寅　云南学政、翰林院侍读学士颜宗仪因病解任，命翰林院编修张锡嵘提督云南学政。

八月庚辰　谕内阁：本年庚申恩科武会试，着展至壬戌科一并举行，加倍取中。

九月甲午　命礼部右侍郎杨式谷提督顺天学政。

九月乙卯　以安徽黟县碧阳书院公捐军饷，永广学额一名。

十月戊子　以太常寺少卿郑敦谨为太常寺卿，仍留山东学政任。

十一月壬辰　以山东捐输军饷，永广乡试中额二名，潍县学额九名，济宁州八名，黄县六名，历城县四名，新城、单、聊城、胶四州县各二名，章邱、长清、德、菏泽、曹、益都、临淄、寿光、安邱、诸城、掖、高密、福山、宁海、临清十五州县各一名。

十一月壬辰　以江西建昌县捐输军饷，永广学额十名。

十一月庚子　安徽学政邵亨豫因病解任，命翰林院检讨马恩溥提督安徽学政。

十一月辛亥　以提督李世忠捐饷，加河南乡试中额三名，并永广光州、固始县学额各四名。

十二月壬申　以广东续捐军饷，永广乡试中额六名，新会、河源、茂名、化、文昌五州县学额各五名，东莞、归善、龙川三县各四名，翁源、连平、永安、高要、电白、吴川、琼山七州县各三名，香山、英德、合浦、嘉应、平远五州县各二名，增城、从化、三水、花、曲江、博罗、和平、长宁、大埔、海阳、阳江、新兴、鹤山、阳春、信宜、石城、海康、遂溪、徐闻、澄迈、会同、乐会、定安、东安、始兴、兴宁、长乐、镇平二十八县各一名。

十二月乙酉　盛京户部侍郎倭仁等奏，审明已革骁骑校被参各款，分别定拟。得旨：王际德业经革职，不必永不叙用。并着详查恒谦父祖有无冒考情弊，旗丁册档应如何严定考核，以杜弊端之处，一并交玉明、倭仁认真办理。

咸丰十一年（1861 年）

正月庚戌　谕：御史吴祖昌奏，广西收复各城，请通融办理考试等语。据称，柳州各府未经学政考试者将近十年，现在柳州、梧州、南宁各府城均经收复，若能将考棚随时修理，当可照常按临。倘力有未逮，或暂借隔府考棚通融办理。至浔州府城，现未收复该处州县多与郁林州毗连，即可借郁林州考棚应试各等语。学政按郡考试，所以造就人才，即以潜消桀骜，虽地方甫经收复，考棚残缺，亦应设法办理，以期鼓舞士心。着刘长佑、张正椿按照该御史所奏相度情形，随时通融酌办，毋得藉口军务，概行停止考试。将此由五百里各谕令知之。

正月甲寅　谕：御史吴祖昌奏广西浔、梧各府城被围时，城内绅民捐饷不下数万两，因城陷后，官绅殉难，捐饷无从详报，其余各府州县捐输，有至今未得执照并有未经报部者，请饬广西巡抚勒限清厘造报，给予奖叙，并请仿照加广中额学额章程办理等语。浔、梧各府绅民捐输经费，虽城陷后，亦应查明请奖，以资鼓舞。其余捐输各绅民，尤当赶紧详报，核计奖励，不可历时太久，致有遗漏。着刘长佑饬令地方官将各绅民近年捐项未经详报者迅速查明，勒限造报，即行奏请奖叙。如查有不肖官吏侵吞捐款，亦即据实参奏。其捐输、厘金两款，如已集有成数，并着援照部定章程，奏请加广学额中额。至所称平南、桂平等处办团劣绅刘彦文等有贻患地方情形，并着该抚严密确查惩办，毋稍姑容，原片着钞给阅看，将此由五百里谕令知之。

二月壬戌　以江西捐输军饷，永广乡试中额一名，南昌府学额五名，武宁县六名。

三月癸巳　谕内阁：孙葆元奏，江苏现办军务，不能考试，恳请回京当差一摺。江苏地方，虽未能全行考试，该学政尚有应办事件，孙葆元请回京当差之处，着不准行。

三月甲辰　吏部奏考试试差事宜。得旨：试题于前三日发下，试卷于考试日交齐后，即于当晚封固，交留京王大臣于次日随报发送至行在。此次考差人员均毋庸带领引见，试卷即派随扈人员校阅。

四月丁丑　谕内阁：刘长佑奏请补行文武乡试一摺。着照所请。广西省己未恩科并壬子正科文武乡试，准其于本年归并补行，所有本年辛酉科及戊午科乡试，着于明年特开一科，归并举行。

四月戊寅　予广东信宜县阵亡把总彭良佐祭葬世职，武举胡应魁、武生叶茂彰赏恤加等。

四月辛巳　两广总督劳崇光等奏广东本年乡试，请展至十月举行。从之。

四月癸未　浙江巡抚王有龄奏，辛酉乡试请展至来岁举行。从之。

五月丙午　福建巡抚瑞璸等奏请展缓乡试。从之。

六月辛酉 山东巡抚谭廷襄奏请展缓乡试。从之。

六月丁丑 以江西湖口县绅民捐输军饷，永广学额七名。

六月丙戌 以翰林院侍讲学士杨秉璋为河南乡试正考官，江南道御史徐启文为副考官；翰林院修撰孙家鼐为山西乡试正考官，编修沈秉成为副考官。

七月甲午 谕内阁：本年湖南辛酉科乡试及补行己未科乡试，据毛鸿宾奏，该省邻氛逼近，驿路梗阻，请展缓举行。所有湖南正考官王泌、副考官胡家玉无论行抵何处，着即驰驿回京。

七月丁酉 以江西义宁州捐输军饷，永广学额十名。

七月戊戌 闽浙总督庆端等奏，闽省本年辛酉科乡试难以举行，请展至来年秋间再行举办。从之。

七月丙午① 谕：本年顺天乡试，着展期于九月内举行。本年补行恩科武会试及顺天武乡试，应如何展缓办理之处，着兵部迅速议奏。寻奏，武会试展至十月举行，武乡试展至十一月举行。从之。

七月壬子 河南巡抚严树森奏，防剿紧要，请将本年乡试展于十月举行。从之。

七月壬子 命河南正考官杨秉璋、副考官徐启文回京。

八月己未 命鸿胪寺卿程祖诰为奉天府府丞兼学政，户部左侍郎梁瀚提督江苏学政，翰林院侍读学士冯誉骥提督江西学政，国子监祭酒吴保泰提督浙江学政，宗人府府丞厉恩官提督福建学政，翰林院编修贾瑚提督湖北学政，福建道御史白恩佑提督湖南学政，刑部郎中尚庆潮提督山东学政，工部郎中冼斌提督山西学政，刑部员外郎毕应辰提督陕甘学政，翰林院编修王泌提督广东学政，吏部员外郎陆仁恬提督贵州学政。顺天学政杨式谷、安徽学政马恩溥、河南学政景其浚、四川学政黄倬、广西学政张正椿、云南学政张锡嵘俱留任。

八月己未 以陕西捐输团练，永广乡试中额五名，韩城县学额六名，郃阳县四名，临潼、凤翔、大荔、蒲城四县各三名，咸宁、渭南、三原、澄城、华、三水六州县各二名，长安、富平、鄠、岐山、宝鸡、华阴六县各一名。

八月癸酉 以山西捐输军饷，永广乡试中额二名。

八月丙子 以湖南捐输军饷，永广乡试中额三名，长沙府学额十名，黔阳县四名，益阳、澧二州县各三名，宁乡、衡山、祁阳、新化、武冈、武陵、龙阳七州县各二名，湘乡、攸、安化、清泉、邵阳、沅陵、永顺、芷江、桂东、靖、会同、慈利十二州县各一名。

八月甲申 河南巡抚严树森奏，防剿吃紧，请将本年乡试展至壬戌年举行。从之。

八月甲申 以江西捐输团练，永广乐平、彭泽二县学额各十名。

---

① 咸丰于本年（1861 年）七月癸卯薨。本年七月丙午后至十二月内容均录自《穆宗毅皇帝实录》。

九月辛卯　以都察院左都御史万青藜为顺天乡试正考官，刑部右侍郎麟魁、兵部右侍郎毕道远为副考官。

九月丁酉　以江西新淦县捐输军饷，永广学额八名。

九月丁酉　以江苏两淮盐运使乔松年捐输军饷，永广山西徐沟县学额一名。

十月丁巳　谕：英桂奏，请将钞袭幸中之举人黜革一摺。本年山西省辛酉科乡试，中式第二名举人王舜臣，查系钞袭明文幸中，着先行照例黜革，严行究办。

十月甲子　上即皇帝位于太和殿。① ……颁诏天下。诏曰……一、文官在京四品以上，在外三品以上，武官在京在外二品以上，照现任品级，各荫一子入监读书。……一、会试额数，俟礼部临期奏明人数，请旨酌量广额。乡试大省加三十名，次省加二十名，小省加十名，满洲、蒙古加六名，汉军加三名。一、各直省入学额数，大学加七名，中学加五名，小学加三名。一、国子监贡监生及各官学教习，免坐监一月。一、各直省儒学，无论府州县卫，俱于本年以正贡作恩贡，次贡作岁贡。一、每府州县卫各举孝廉方正，暂赐以六品顶带荣身，以备召用，务期采访真确，毋得滥举。……布告天下，咸使闻知。

十月戊辰　补行庚申恩科武会试，派署兵部左侍郎王发桂知武举，以刑部尚书赵光为正考官，翰林院侍讲学士杨秉璋为副考官。

十月辛未　兵部以武会试中额请。得旨：满洲、蒙古取中三名，汉军取中二名，奉天取中一名，直隶取中十名，陕甘取中一名，河南取中一名，山东取中一名，山西取中二名，湖北取中一名，湖南取中一名，四川取中一名，浙江取中一名。

十月癸酉　谕：御史洪昌燕奏请禁崇文门税务需索条陈。据称，往年崇文门正税之外，勒索无厌，甚至会试举子皆受其累。各门送务，本日或未及验放，所取尤多，殊不足以惠安商旅各等语。着崇文门监督严饬各门差役。嗣后，行李车辆到门，不准任意勒索，延不送务。到务后于应行纳税之物，随时查验，不得稽留，如查有差役在门任意勒索及棍徒冒充官人索要钱文，立即严惩。至乡会士子照例准带衣箱一只，如验无应税之项，自应随时验放；倘该士子等不知自爱，夹带私货，一经验出，仍着照例惩办。

十月癸酉　以内阁学士载崇为翻译乡试正考官，都察院左副都御史富廉为副考官。

十月丙子　礼部以翻译乡试中额请。得旨：取中三名。

十月戊寅　谕内阁：翻译正考官载崇、监临灵桂、监试御史富稼等奏，考官擅带私人入闱各一摺。本年翻译乡试副考官富廉于入闱时，擅将伊孙及通晓翻译之张二私带入闱，实属大干例禁。富廉着交部严加议处，伊孙二小子及张二均着交刑部照例治罪。

十月辛巳　谕：为政以得人为首务，我朝列圣御极建元，均于三年大比之外，特开乡会恩科，广罗俊彦。今朕缵承大统，宜遵成式，嘉惠士林，着于同治元年举行乡试恩科，二年举行会试恩科，用副朕作育贤才至意。

---

① 本条录自《穆宗毅皇帝实录》。因此，这里“上”指的是同治。

十月辛巳　礼亲王世铎等奏，遵旨会议垂帘章程。……一、顺天乡试会试以及凡在贡院考试，向系钦命诗文各题，均拟援照外省乡试之例，请由考官出题；其朝考以及各项殿廷考试题目，均拟令各衙门科甲出身大臣届日听宣，恭候钦派，拟题进呈，封交派出监试王大臣赍至考试处所宣示。一、殿试策题，拟照旧章，读卷大臣恭拟。殿试武举，拟请钦派王大臣阅视，照文贡士殿试例，拟定名次，带领引见。……依议行。

十一月乙酉　试中式武举杨大成等二十五人于太和殿前。

十一月己丑　赐一甲马鸿图、刘英杰、德绶武进士及第，二甲周克恭等三人武进士出身，三甲周杏林等十九人同武进士出身。

十一月甲午　谕：给事中高延祜奏，科场例文简浑，请饬部详注等语。从前载垣、端华办理科场一案，未能得情法之平，总由条例原文简浑，故能任意周内，藉逞私忿。着该部将此条例文分别情罪，详细注明，以昭平允而免牵混。

十一月乙未　谕内阁：前因翻译副考官富廉擅带私人入闱，交部严加议处。兹据吏部奏称，富廉于入闱时，擅将伊孙及通晓翻译之张二私行带入，实属有干例禁。都察院左副都御史富廉着照部议革职，以昭炯戒。考试为抡才大典，科条具在，例禁綦严，嗣后考官有衡文之责者，务当奉公守法，恪谨将事，毋得违例妄行，自取咎戾。

十一月乙未　谕：曾国藩奏，已故抚臣忠勤尽瘁、勋绩最多一摺。已故湖北巡抚胡林翼由翰林起家，仰荷皇考大行皇帝特擢封圻，戮力疆场，勋劳懋著，业经加恩，追赠赐恤，并入祀贤良祠，以褒忠荩。兹据奏陈，胡林翼自擢鄂抚，数载以来，恢复本境，援剿邻氛，整军经武，以死勤事，综其生平功业，允宜亟予表扬，着即宣付史馆，以光简册。胡林翼之子胡子勋并着赏给举人，准其一体会试，以示朕褒奖荩臣至意。

十一月乙未　谕：广西学政张正椿奏，广西贼氛未靖，请于按考所过地方，就近调遣兵勇等语。兵勇系为剿贼而设，若该学政于按考所过地方，偶有阻滞，即准调遣，必至牵制事机，有碍剿捕。该学政止顾自便身图，不以地方为重，且兵勇各有统带之员，学政岂得越俎调遣？所奏实属纰缪。张正椿着传旨严行申饬，所请不准行。

十一月丁酉　以吏部尚书朱凤标为顺天武乡试正考官，詹事府少詹事许彭寿为副考官。

十一月辛亥　谕：致仕大学士祁寯藻奏，请复各省驻防考取文举人生员旧例等语。各省驻防八旗，向来本有考取文举人生员之例，自道光年间改为翻译，将旧例停止。原为八旗人员均应谙习国语清文，以为本务，恐其因考试汉文，致有荒废。现在翻译考试各省遵行已历有年，其驻防八旗中，通达汉文积学之士不克观光，诚为可惜。嗣后，着于驻防翻译科甲外，仍复驻防考取文举人生员之例，均准其乡会试，与翻译一体录用，以广登进。该驻防八旗人等仍不得以专骛汉文，致将翻译国语，稍涉荒废，用副朕敦本育才至意。

十二月辛酉　以恭上文宗显皇帝尊谥礼成，颁诏天下。诏曰……一、会试文武举人已经中式者，除过犯黜革外，其有殿试誊写错误，不合体式者，礼、兵二部察明核实，准其再行殿试。一、乡试已经中式文武举人，除过犯黜革外，其有磨勘原卷字句错误，以致停科者，俱着宽免，准其会试。……布告天下，咸使闻知。

十二月癸亥 谕：御史任兆坚奏，大臣伏法，情罪未明，请旨昭雪一摺。《科场条例》至为慎重，如果主司舞弊行私，自应明正典刑，但亦当赃证明确，罪当情真，方成信谳。若如所奏，柏葰一案全由载垣等深文周内，置柏葰于重典，藉以盗窃政柄，若日久不予昭雪，何以持刑宪之平？此案即着礼、刑两部会同将原案悉心确查，秉公详议具奏。

同治元年（1862 年）

正月己丑 赏顺天辛酉科乡试年老诸生邢恩荣等五人副榜。

正月辛丑 署贵州巡抚田兴恕奏请，以本年五月补行贵州乙卯、戊午两科文乡试，七月补行武乡试。下部议，从之。

正月甲辰 以江西捐输团练，永广抚州府学额五名，宜黄县九名。

正月丁未 谕内阁：前因御史任兆坚奏请，将已革大学士柏葰情罪昭雪一摺。当经降旨，交礼、刑两部会同将原案悉心确查，秉公详议。兹据该部核议具奏，此案柏葰听信家人靳祥之言，辄将浦安房内试卷取中，是其听受属托，罪无可辞。惟承审此案之载垣、端华等因刑部无仅听属托明文，辄敢妄议定拟，比照交通属托、贿买关节之例，拟以斩立决。核其情节，尚不至此，总由载垣等与柏葰平日挟有私仇，欲因是擅作威福。又窃窥皇考痛恨科场舞弊，明知必售其欺，竟以牵连蒙混之词，致柏葰身罹重辟。恭读是日皇考文宗显皇帝圣谕，有不禁垂泪之语，仰见皇考不为已甚之心。今我两宫皇太后政令维新，事事务从宽大平允，于柏葰正法一节，反覆思维，谓为无罪，实有不能；该御史所谓昭雪情罪之处，未免措词失当。惟念柏葰受恩两朝，在内廷行走多年，平日办公亦尚勤慎，虽业已置之重典，亦当推皇考法外之仁。柏葰之子候选员外郎钟濂即着该旗带领引见，从前承审此案之王大臣，除载垣、端华上年均赐自尽，陈孚恩亦经另案发往新疆外，吏部尚书全庆、于载均等定拟此案时，不能悉心核议，附和成谳，联名入奏，实属瞻徇，着交都察院议处，用示原情准法，一秉大公之至意。

正月己酉 吏部议覆，大学士祁寯藻、御史钟佩贤奏疏通正途，侍讲学士景其浚奏严定保举章程。……一、知县进士本班无人，准以教职教职、举人教习及举人截取等班抵选。一、知县改教终养缺出，先尽科甲出身人员酌量补用，升调遗病故休之缺，将进士即用，与各项候补相间轮用。一、内阁中书，以科甲二人、贡班一人相间选用。国子监学正、学录仿此。一、岁优贡生不准报捐直隶州州同，廪增附贡生不准报捐直隶州州判。……如所请行。

二月戊午 改派内阁学士桑春荣知贡举。

二月庚申 谕内阁：前因全庆承审已革大学士柏葰科场一案，不能悉心核议，辄附和载垣等妄拟罪名，联衔入奏，降旨将该尚书交都察院议处。兹据都察院奏称，例载审断失入，若错拟已决者，承审官革职；又，徇隐，例降二级调用各等语。此案虽由载垣等擅作威福，深刻定罪，非全庆一人之意，惟以承审大员定案时不能悉心核议，辄行附和成谳，若仅照徇隐例降二级调用，实属轻纵。全庆着加恩，免其革职，照议降四级调用，以示薄惩。

二月丙子　谕：本日据韩超奏，请将乙卯科乡试归并本科举行，并贵阳等属请加文武学额中额等摺。已分别照请，并交部议奏。该省乡试改于五月举行，为期较迫，惟究非紧急军务可比，该署抚遽由六百里驰奏，殊属不合。韩超着交部议处。嗣后，各直省督抚及各路统兵大臣于应奏紧要军情，固不得稍涉稽缓，贻误事机，断不准以并非紧要事件，率由六百里驰奏，以重邮政。

二月丁丑　谕：本年贵州壬戌恩科乡试及补行乙卯科乡试，据韩超奏请仍于八月举行，所有贵州正考官王发桂、副考官倪杰无论行抵何处，着即驰驿回京。该省本年八月乡试，应简放正副考官，届时仍着礼部照例题奏。

二月己卯　谕内阁：向来派阅殿廷考试试卷均于即日阅毕，分别等第，开单进呈。昨派出阅看各省举人补行覆试试卷之大臣贾桢等，于所阅试卷，尽日之力，直至酉刻，尚未阅竟，径行请旨先散，因为时已晚，不能不姑允所请。该大臣等于钦派阅卷例应严密，何以迟至次日始行阅竣，殊非慎重关防之道。贾桢、瑞常、朱凤标、皂保、董恂、吴存义、灵桂、石赞清、张之万均着交部议处。嗣后，殿廷考试派出阅卷大臣仍各敬谨将事，将派阅试卷务于即日阅竟，以符旧制。寻，吏部议，贾桢等均照违令公罪例罚俸九个月。得旨：准其抵销。

三月丙戌　谕内阁：本年壬戌科会试，场期已近，各省来京会试举人，有因道途梗阻，到京迟误，未与覆试者，照例不得会试。惟念该举人等志切观光，远道跋涉而来，或因经过水陆阻滞，并非有心迟误，若照定例不准入场，未免向隅。所有各省现在到京未与覆试之举人，着加恩，准其先行一体会试，俟场后再补行覆试。其中如有应行罚停会试者，即由礼部知照知贡举将该卷扣除，并着礼部即日出示晓谕，于卷箱未经封送贡院以前迅速办理，俾得同沾嘉惠。此系因各省军务未竣，道路多梗，用特格外加恩，嗣后，不得援以为例。

三月戊子　以工部尚书倭仁为会试正考官，兵部尚书万青藜、署户部左侍郎郑敦谨、户部右侍郎熙麟为副考官。

三月乙未　谕议政王、军机大臣等：有人奏，京外盗贼横行，请饬查办等语。据称，本年正月间，有湖北会试举人在内邱县地方被骑马贼强劫衣物一空，该举人赴县投诉，贼尚在近地分赃。该县知县延至两日，始派役往缉，贼遂远扬各等语。内邱地当孔道，该匪胆敢骑马持械，白昼拦截车辆，劫银至一千余两之多，实属目无法纪。年来直隶境内屡有骑马贼强劫之案，叠次严谕该督实力整顿，不啻至再至三，该督亦屡次奏称获犯正法，何以至今盗风仍未稍戢？着文煜迅即饬令内邱县知县将此起贼犯，赶紧缉拏，务期赃贼并获，不准一名漏网。并查取该管地方文武各官职名，先行严参惩办，以儆效尤。此外各州县，如有似此抢劫之案，并着一体严饬缉捕务获，倘敢仍前玩泄，即行随时严参，毋许徇隐。原片着钞给阅看，将此谕令知之。

三月丁酉　谕内阁：礼部奏，遵议给事中吴焯条陈，造就真才，悉归实学，请于乡会试责成考官核取真才，并出题不得割裂各等语。我朝制艺取士，人才辈出，奉行既久，不免有空疏剽窃之弊，亟须崇尚实学，力挽颓风。着照该部所议。嗣后，乡会试责成考官详加校阅，头场四书文以清真雅正为宗；二场经文取其有关实义者，若敷衍成文，概弃弗录；三场策问以经史与时事分问，使贯串古今、通达治体者，得以敷陈政事得失利弊以及筹饷用兵之道。其言果有可采，不必责以忌避，亦不得绳以小疵，庶于由旧之中仍寓责实之意。贡士射策，原以觇其经济学问，乃近科以来，专务缮写，相习成风。嗣后，着仍遵旧例，不必拘以字数，最短者以千字为率，其不及者以不入格论。各贡士从容条对，不必专事缮写，自可拔取真才。士子趋向随主试为转移，近日，各省考试题目多有割裂太甚，应试生童遂各钩心斗角，习为穿凿支离，最为风俗人心之害。嗣后，各省学政及府州县学各官务当恪遵功令，所出试题不得割裂小巧，牵连无理，及诗题引用僻书私集，以正文体而培风化，违者照例议处。至所称乡会试年不准条奏科场事务，请将给事中吴焯交部察议等语。该给事中应诏陈言，尚非专为科场起见，该部所请察议之处，着加恩宽免。

三月丁酉　以贵州捐输军饷，永广乡试中额一名。

三月丁酉　以江西捐输军饷，永广庐陵县学额三名，金溪县二名，泰和、吉水、清江三县各一名。

三月庚子　礼部以宗室会试中额请。得旨：取中二名。

三月庚子　以吏部左侍郎李菡为工部尚书，调礼部右侍郎杨武谷为吏部左侍郎，仍留直隶学政任。

三月辛丑　谕：蒋琦龄奏请崇正学以端政本等语。我朝崇儒重道，正学昌明，士子循诵习传，咸知宗尚程朱，以阐圣教。惟沿习既久，或徒骛道学之虚名，而于天理民彝之实际未能研求，势且误入歧途，于风俗人心大有关系。各直省学政等躬司牖迪，凡校阅试艺，固宜恪遵功令，悉以程朱讲义为宗，尤应将性理诸书随时阐扬，使躬列胶庠者，咸知探濂洛关闽之渊源，以格致诚正为本务，身体力行，务求实践，不徒以空语灵明流为伪学。至郑孔诸儒，学尚考据，为历代典章文物所宗，理无偏废，惟不得矜口耳之记诵，荒心身之践履。尤在职司教士者区别后先，薰陶乐育。士习既端，民风斯厚，海宇承平，奇邪不作，于以观政教之成焉。

三月辛丑　谕：御史何兆瀛奏，保举孝廉方正，请饬采访真儒等语。各直省保举孝廉方正，理宜慎重。若如该御史所奏，不加访闻，遽登荐剡，甚至夤缘钻刺者，糅杂其中，殊不足以光盛典。此次应举孝廉方正，着各督抚学政严密访察，务须人品学问为乡里素所推许者，始准荐举，不得以名实不符之人滥竽充数，以副延访真才至意。

三月辛丑　谕：御史何兆瀛奏，考试汉荫生积弊，请照考拔贡生之例，亦在殿廷考试，并派侍卫监试，其有文理荒谬者，仍照例发回本籍读书，三年后再行赴部考试等语。自系为遴拔真才起见。第念荫生皆系大员子弟，平日自应认真读书，且陆续赴试，并无定限。果使文理未优，自不必亟于应试，惟关防理应严密，岂容有书吏包办，传递文字之事？嗣后，考试汉荫生除仍照旧章办理外，并着吏部严密稽查，毋许再有前项情弊。该御史所请变通章程着毋庸议。

三月癸卯　谕内阁：翰林院奏，前经撤销御史人员应否再行保送请旨等语。翰林院编修彭瑞毓曾经考取御史，因在南书房行走撤销，兹届保送御史之期，着仍准其保送，一体考试。

三月丙午　礼部以会试中额请。得旨：满洲取中六名，蒙古取中一名，汉军取中三名，直隶取中二十名，奉天取中二名，山东取中十六名，山西取中十一名，河南取中十七名，陕甘取中二十四名，江苏取中十三名，安徽取中七名，浙江取中九名，江西取中十四名，湖北取中九名，湖南取中五名，福建取中三名，广东取中八名，广西取中十一名，四川取中七名，云南取中六名，贵州取中四名。

三月己酉　谕内阁：惇亲王奏，监试宗室贡士王大臣随意换卷，请旨申饬一摺。据称，既与伊勒东阿言明，试卷不可更换，何以该尚书辄行更换？其传言可以更换者何人？溥煦等同在殿廷监试，何以并未查问？原摺声叙，殊欠明晰，着惇亲王、伊勒东阿、溥煦等各明白回奏。

三月辛亥　谕内阁：前因惇亲王奏，监试宗室贡士之王大臣，随意更换试卷，当经降旨令惇亲王、伊勒东阿、溥煦等明白回奏。兹据溥煦、伊勒东阿奏称，宗室贡士昆冈缮卷错误，请换试卷，溥煦与伊勒东阿曾令骁骑校富春禀商惇亲王，该王有可以更换之语，是以将礼部备卷换给。并据惇亲王奏，伊勒东阿遣富春请换卷时，系包衣达立顺传言不可更换各等语。所奏情节，与溥煦、伊勒东阿等明白回奏各摺，殊多不符。若以展转传述之词，再令该王大臣等面质，更属不成事体。溥煦、伊勒东阿并察杭阿所请将换卷之笔帖式双元议处，及自请议处之处，着均毋庸议。宗室贡士昆冈当因撤卷未完，无凭与原中之卷核对，着于满汉贡士覆试时，随同补行覆试，以符定制。至殿廷考试，另备试卷，若遇士子书写错误，应否更换，着该部明定章程，以免歧误。寻奏，遵议章程，嗣后，殿廷考试仍备空白试卷，不得过十本，如实有损坏墨污及行款错误、题字错落等项，由监试王大臣查明，无关弊窦者准其更换；其有笔误数字及书写已过半幅者，概不准换，以示限制。从之。

四月丁巳　礼部奏：本月二十五日，恭遇崇上母后皇太后、圣母皇太后徽号，请将传胪日期改于五月初五日举行，并改于初一日举行殿试。如所请行。

四月甲子　湖广总督官文等奏，请将湖北省辛酉科乡试归并本科举行。从之。

四月乙丑　以江西宁都州捐输军饷，永广学额九名。

四月丙寅　以浙江西安县绅民力保危城，永广学额三名。

四月丁卯　谕内阁：周祖培奏，据实检举，请将伊子注销贡士一摺。科场为抡才大典，岂容钞录旧文徼幸中式，冀图登进，周文龠着即注销贡士。

四月丁卯　以本年乡试，考试应开列试差人员于保和殿。

四月丁卯　湖南巡抚毛鸿宾奏，请将辛酉科乡试归并本科举行，并带补己未恩科文武乡试。从之。

四月戊辰 以湖北续捐军饷，永广乡试中额四名。

四月戊辰 以甘肃皋兰县捐输军饷，永广学额一名。

四月庚午 谕内阁：考试为抡才大典，阅卷大臣均出自特简，理宜悉心校阅，慎重去取，方足以昭公允。况殿廷考试，人数无多，派出之阅卷大臣，每人所阅，多者不过一二十卷，尽日之长，何难详细校阅？本月十五日考试试差人员，经大学士贾桢等分别去取呈览，复命议政王军机大臣详加覆阅，乃张之万拟取之霍穆欢诗内“桨”字误写作“浆”，沈秉成诗内“声唤一轮孤”，全句费解，既经签出，仍复拟取，尤非同寻常小有疵颣签出者可比。吴存义拟取之张丙炎诗内“欸”字误写作“款”，王发桂拟取之马元瑞全诗低三格写，实属违式。其余拟取卷内，添注、改补以及笔画小有错误，未经签出者甚多，因其无关弊窦，免其撤去外。试思考差各员系豫为典试衡文之选，若令诗句失黏、文理费解之员滥膺是选，岂能识拔真才？该阅卷大臣等如谓有心舞弊，尚可料其不敢，但即以此一事而论，其不以公事为重，任意草率，亦可类推。现当两宫皇太后亲裁庶政，该大臣等事事任劳任怨，尚恐不足报答皇考文宗显皇帝简用之恩，岂可掉以轻心，稍存玩忽？此次姑免深究。嗣后，各部院臣办理一切公务，必须振刷精神，实事求是，方为不负委任。倘再有似此等情事，则是有心欺罔，必当从严惩处，决不宽贷，以肃纪纲而昭郑重。将此通谕知之。

四月癸酉 谕内阁：朕奉慈安皇太后、慈禧皇太后懿旨，本年庶吉士散馆，经派出阅卷大臣尚书朱凤标等将各试卷公同阅看，拟定等第名次，开单进呈，于各卷考列前后，尚属公允。惟万青藜所阅，拟取一等一名严辰一卷，诗赋文理，尚属明顺，而其赋体全篇牵引本朝故实，作意铺张，词意多未着题，甚至过事颂扬，有“女中尧舜”等句。国家取士，本明试以言之义，总宜崇实黜华，用觇品学。翰林散馆，将以选授清华之职，试用诗赋尤应切当敷陈。若如严辰所作，不求实际，专事揄扬，于人品学术颇有关系，此风断不可长。严辰着改为一等末名，即将原拟一等二名之王珊作为一等一名，其余以次递推。嗣后，各项考试派出考官及阅卷大臣等务当悉心考校，讲求切实，毋事虚浮，以期拔取真才，用副敦崇实学之至意。

四月甲戌 赏会试年老举人王金阶检讨衔。

四月乙亥 云南巡抚徐之铭奏，军务未平，请将本年恩科乡试展缓举行。从之。

四月丙子 谕内阁：礼部奏，本年办理各省考官题本，霍穆欢等四员应否开列，请旨遵行一摺。所有本年考试试差之霍穆欢、沈秉成、张丙炎、马元瑞四员，此次题派各省考官本内，均着毋庸开列。

四月己卯 引见庚申科散馆人员。得旨：钟骏声、林彭年、欧阳保极业经授职，二甲庶吉士王珊、崔穆之、刘湝年、孙钦昂、彭世昌、刘秉璋、陆懋宗、郭从矩、陈彬绶、王荣琯、宗室宝森、楼震、黎培敬、杜庭琛、祁世长、徐致祥、于荫霖、李祉、惠林俱着授为编修，三甲庶吉士王庆祺、苏辂俱着授为检讨，严辰、钱来商、周家楣、孙汝霖俱着以部属用，岳维翰、何亮清、崇谦俱着以知县即用，翻译庶吉士松湝着授为编修。

四月庚辰 谕：御史曾协均奏，各省未经覆试举人，请不必限定几科，俱准随同新科补行覆试等语。着礼部核议具奏。寻奏，嗣后，未覆试举人由该督抚将因何逾限之处，于文内声明，如果事出有由，不必计算科分，准其一体补覆，俟各省军务完竣后，再照旧章办理。至完善之区，来京无须绕道，自应仍以三科为断。从之。

四月辛巳 以大学士桂良、周祖培，吏部尚书瑞常、朱凤标，兵部尚书万青藜、吏部左侍郎载龄、户部右侍郎熙麟、礼部左侍郎沈桂芬为殿试读卷官。

四月辛巳 以翰林院编修欧阳保极为贵州乡试正考官，礼部员外郎孙恩寿为副考官。

五月壬午 策试天下贡士李庆沅等一百九十三人于保和殿。制曰：朕寅绍丕基，抚临寰宇，渥荷上穹洪贶，仰承列圣诒谋，肆予冲人，勤求治道，上思以副两宫之训迪，下思以复四海之承平，惟几惟康，罔敢暇逸。深念典学传心之道，用人行政之经，理学各有源流，卒伍期于训练，攸关治忽，宜切讲求。当此临轩发策之初，悉心咨访，尔多士其敬听朕命。帝王授受心法，以尧舜执中之言为始，而太公言黄帝、颛顼之道，皆在《丹书》，因述敬胜、义胜之旨，是则《虞书》之辨人心、道心者，固亦有所本欤？孔子于《易》坤卦文言曰：“敬以直内，义以方外。”说者谓为发明《丹书》之旨，能阐其理蕴欤？宋项安世谓，尧之兢兢，舜之业业，禹之孜孜，汤之栗栗，文王之翼翼，为百圣相传之心法。审端致力，宜何从欤？三代以后，如汉文帝、唐太宗，诚令主也，其修己治人之术，亦有合于古圣之心传欤？夫必切于身心，而后可以言学。章句训诂抑末也，将欲求修齐治平之本，其道安在？君人者，勤于求贤而逸于得人。自古帝王之图治，未有不以用人为急务者，顾循资格则奇材不见，凭保举则实行难征。宋儒司马光言：“孔门以四科取士，汉室以数路得人，若指瑕掩善，则朝无可用之人；苟随器授任，则世无可弃之士。”而欲乞朝廷设十科以举士，其法果尽善欤？所区分名类，固足以尽人材而无遗贤欤？荀子言：“有治人，无治法。”其谓政必待人而行欤？朱子言，为治之本，在“正心术以立纪纲”。此诚正本清源之论也。方今盗贼未平，东南尤甚，将安民于衽席，而出诸水火之中，发号施令，何者为先？除暴胜残，何者为切？董仲舒云：“为政不行，甚者必改而更易之，乃可理也。”将何术而施行悉当欤？汉儒之学，见儒林传者，师弟渊源具有可征。至宋儒则研精心性，不必皆有师传。然周子闻道最早，而朱子谓是陆诜所授，程子之学得自六经，而其始实受业于周子，朱子集诸子之大成，而从李侗游为最久。溯厥师承，莫不各有所自，能详述之欤？濂洛关闽，其学皆出于一源，惟象山陆氏，谓伊川之言与孔孟不类，又以朱子之教人为支离，后遂分为两途；明薛瑄以程朱为道学正派，而王守仁则专宗陆氏，能辨其得失欤？学成所以致用，宋儒惟尧夫邵氏绝意仕进，其余或仕中朝，或领剧邑；而陆九龄之居乡御寇，王守仁之屡平寇乱，则又文武兼备者，岂宗派有殊，而体用遂有异欤？诘戎之道，教戒为先，振旅茇舍，成周之制尚已。至汉时，京师州郡皆立教试之法。唐代三时劝农，一时讲武，其治皆近于古。明王骥论练兵之法有五，戚继光论练法有六，能详举其法而阐论之欤？

夫兵欲用其力，当结其心，欲振其威，当齐以礼，必先娴坐作进退之节，而后可收克敌致果之功。我朝以弧矢威天下，八旗绿营之兵，布列中外，固斟酌唐之府兵，宋之蕃兵、厢兵，而定其制。乃数年以来，潢池窃发，尚未荡平，或将帅未得其人，抑教练有未精欤？凡厥四端，稽古以懋修，遴贤以佐治，传薪以维道，讲武以经邦，内圣外王之事于兹备矣。尔多士研求有素，其各陈说论毋隐。

五月壬午　以殿试怀挟，贡士陈倬、程光溥、卢龙光斥革治罪。

五月癸未　四川总督骆秉章奏，川省军务未平，请将本年恩科乡试展缓举行。从之。

五月乙酉　上御养心殿，召读卷官入，亲阅定进呈十卷甲第。

五月乙酉　以浙江衢州守城出力，永广西安县学额三名。

五月丙戌　赐一甲徐郙、何金寿、温忠翰三人进士及第，二甲陈彝等七十二人进士出身，三甲李江等一百十八人同进士出身。

五月壬辰　福建巡抚徐宗干奏：军务未平，请将本年恩科乡试展至十月举行。从之。

五月己亥　命大学士贾桢、工部尚书倭仁教习庶吉士。

五月庚子　谕内阁：安徽学政马恩溥奏，请分别劝惩以严学校一摺。安徽省各属地方，久沦于贼，自上年克复安庆后，各路官军，乘胜扫荡，叠复城池。该省生监，前因地方为贼久踞，无路逃避，以致被贼裹胁，尚非甘心从逆可比。节经明降谕旨，宽宥胁从，自应一律予以自新，用示朝廷宽大之典。惟该生监等名列胶庠，陷身于贼，究属声名有玷，若不稍予薄惩，转恐湔雪莫由，无以洽舆情而平士论。所有此项生监即着照该学政所拟，照注劣之例外，再罚停乡试考试并三年；其旧案应帮补廪增者，一并停止，仍交该学严加管束，三年无过，始准一体应试，以示薄惩。其有甘心从贼，或为贼画策，并曾经带领贼队与官兵接仗者，即系身为叛逆，罪不容诛，法无可贷，仍着该省督抚饬令各该地方官查明，即行奏请正法，毋任漏网，以示朝廷法令宽严协中至意。

五月庚子　授一甲一名进士徐郙翰林院修撰，二名进士何金寿、三名进士温忠翰编修。

五月辛丑　以内阁学士绵宜为湖南乡试正考官，礼部员外郎王坤为副考官。

五月乙巳　以湖南捐输军饷，永广巴陵县学额五名，安福县四名，宁乡、祁阳、新化、临湘四县各三名，新宁县二名，湘乡、安化、茶陵、衡山、安仁、道、龙阳、辰溪、溆浦、澧、石门、慈利十二州县各一名。

五月戊申　以太仆寺卿贺寿慈为广东乡试正考官，户科给事中郭祥瑞为副考官。

五月己酉　山东巡抚谭廷襄奏，军务稍定，请将本年恩科并辛酉科乡试归并举行。从之。

五月庚戌　陕西巡抚瑛棨奏，军务未竣，请将本年恩科乡试展缓举行。从之。

五月辛亥　两广总督劳崇光奏，请将广东己未恩科乡试归并本年恩科举行。从之。

六月丙辰　以右春坊右赞善罗嘉福为江西乡试正考官，湖广道御史薛春黎为副考官；翰林院侍读学士颜宗仪为湖北乡试正考官，编修谭钟麟为副考官。

六月乙丑　河南巡抚郑元善奏请，将咸丰辛酉科文武乡试归并本科举行。从之。

六月庚午　命鸿胪寺卿汪元方提督顺天学政。

六月辛未　谕：有人奏，学政贪污，劣迹昭著，并举人唐岳被抑参革，请饬查办各摺片。学政为抡才之官，必得弊绝风清，方足以拔识真才。若如所奏，张正椿种种贪劣，岂复堪胜此任？本日，已明降谕旨，将该员撤任，听候查办。着劳崇光、刘长佑严行访查，按照摺内所参各情，据实具奏，不得以粤西现在用兵，遂视学校为无关紧要，稍涉迁就。至办理团练总局之绅士举人唐岳，既经曹澍钟保加卿衔，何以于平南擅杀团练刘彦文案内，与知县罗纲一并奏参革职，是否唐岳实有包庇情事，抑系曹澍钟意有偏私，并着劳崇光、刘长佑彻底根究，认真查办，迅速覆奏。此案已阅两年，不得再行延宕。原摺片着钞给阅看，将此各谕令知之。

六月辛未　广西学政张正椿解任查办，命翰林院编修鲍源深提督广西学政。

六月甲戌　谕：礼部奏，试卷漏印戳记，请将承办司员议处并自请议处等语。向来覆试各直省拔贡试卷印用省分戳记，以便阅卷大臣分别录取。本年各直省拔贡覆试卷面，该部承办司员并未遵照向章，印用省分戳记，以致阅卷大臣无凭将弥封之卷分别省分，取定等第。事关考试大典，该承办司员等并不查照上届旧式，实属办理草率，非寻常疏忽可比。所有礼部承办司员着查取职名，交部议处，该部堂官着一并交部议处。该拔贡覆试试卷着派弘德殿行走之祁寯藻、翁心存、倭仁、李鸿藻将原卷详细覆看，按照省分另行分别等第录取。寻，吏部议，礼部尚书倭什珲布等均于司员降一级留任上减为罚俸一年。得旨：准其抵销。

六月甲戌　引见新科进士。得旨：徐郙、何金寿、温忠翰业经授职外，陈彝、柳熙春、陈学棻、刘瑞祺、吴鸿恩、龚聘英、平步青、薛斯来、游百川、张家骧、寻銮晋、董兆奎、张鸿远、龙湛霖、周德润、黄槐森、吴文钊、唐国翰、宗室昆冈、王福保、仇炳台、范德馨、曹秉浚、王昕、王琛、鹿传霖、张良璋、黄彬、姜敏修、尹绍甫、童毓英、王允谦、谢维藩、徐肇嵋、赵子端、宜绶、王道源、廖坤培、周浚、谭钧培、杨先棻、崔志道、马相如、段福昌、潘家钰、李祖光、孙凤翔、宗室桂昂、汪正元俱着改为翰林院庶吉士，任朝栋、鲍功枚、吴存刚、杨益豫、张寿庆、吴澍霖、王葆修、朱学钱、马文耀、高其镇、王铦、沈鸣、珂康敉、涂修政、刘熙龄、乔有年、揭裕文、李国楠、黄荣熙、李江、郑业骏、康秉彝、王嘉安、赵朴、简宗杰、吴起凤、李士琨、陈维周、承惠、童德中、李庆沅、吴毓春、刘泽远、耀年、李璀辉、张铭焕、恒龄均着分部学习，韦焕、刘景宸、杨澍鼎俱着以内阁中书用，傅维弼、陈锡麒、梅雨田、段汝霖、林煊、况桂森、饶继惠、张文鼎、杜充辉、谌命年、袁祖安、李宝箴、马丕瑶、王兆柏、李龙章、陈楠、崔铨淦、苏毓元、石会昌、盛一朝、乐正宣、吴继心、刘朝升、王轩、宋梦兰、吕宪瑞、郑燿林、陈汝霖、贾邦铎、吕慎修、李湘南、黄文棠、唐泰澜、石学阶、徐登云、齐方书、傅桢、萧开荣、濮斗衡、马国宾、任树楷、贾撰策、张庆麟、路慎皋、刘辂、洪永勖、李赓云、庆钟、张玠、杨延烈、王霂、周伯贞、夏抡谟、王玉相、胡凤冈、张士铨、耿名臣、熊镇湘、刘秉清、何含章、阎道行、何赉高、刘昌绪、吴正丙、蔡汝霖、郑履端、刘开第、顾衷、觉罗同照、张为章、李长春、李东垣、吴大光、晁炳、井钟丹、崔培元、周培锦、孙体仁、乔玉珍、王尔琨、董应遴、党汉章、原立诚、郭炳南俱着交吏部掣签，分发各省以知县即用，户部候补员外郎顾菊生着以员外郎即用，户部候补主事王兆兰，五品衔、刑部候补主事叶守矩，刑部候补主事武良锐、刘承辇、贾树諴诚，户部候补主事萧浚藩俱着以主事即用，户部学习郎中杜正诗着俟报满作为候补郎中后，以该部郎中即补，四品衔、内阁典籍即补侍读许庚身着仍作为候补侍读，遇有缺出即行奏补。余着归班铨选。

六月辛巳　山东巡抚谭廷襄奏：请将咸丰辛酉科文武乡试归并本科举行。从之。

六月辛巳　两广总督劳崇光等奏：请将咸丰己未恩科文武乡试归并本科举行。从之。

七月癸未　引见八旗及直省考取拔贡生。得旨：徐承煜等六十三名以七品小京官分部学习，鸣谦等五十一名以知县试用，孙瑞龄等二名交吏部询问，以教职、佐贰等官分用。

七月甲申　谕：张亮基奏，代递在籍京员封事一摺。湖北在籍刑部主事王柏心进呈经论及应诏陈言各一摺。言皆忠告，具见悃忱，所呈伊训及《太甲要语经论》八首，即着弘德殿存记，以备乙览。其应诏陈言八条内，所请开特科、宽榷算二条，着该部妥议具奏。其余六条，分别内事外事，所言亦多可采，着留中备览。寻，礼部议，乡会试三场已可拔取真才，另开特科，未免纷更，应毋庸议。至奇才异能登进无阶，请令中外大臣采访保荐。户部议，请宽榷算，洵为正本清源之论，应请饬各省督抚将厘局分别撤留，选用廉正，照章抽收，如有留难苛虐等弊，严参治罪。从之。

七月丙戌　派吏部左侍郎载龄、顺天府府尹石赞清监临顺天乡试。

七月丁亥　命翰林院侍读学士孙如仅提督云南学政。

七月己丑　以光禄寺卿潘祖荫为山东乡试正考官，翰林院编修杨泗孙为副考官；右春坊右赞善翁同龢为山西乡试正考官，翰林院编修孙念祖为副考官；吕朝瑞为河南乡试正考官，洪调纬为副考官；修撰章鋆为广西乡试正考官，检讨赵新为副考官。

七月丁酉　以山西捐输军饷，永广乡试中额一名。

七月己亥　谕：礼部奏，据江苏选拔生黄师虞、龚宝英，浙江选拔生张翊嶲等呈称，考取选拔后，因本省频年军务，试事久辍，未经会考。本年航海来京，复因格于成例，不准应顺天乡试。该生等志切观光，恳准先行送监录科，俾得应试，据情代奏，并援引本年奏，未与覆试举人恩准先行会试之案请旨等语。选拔生未经会考，定例不准送监录科。惟念江、浙二省大半为贼蹂躏，兵燹余生，尤堪矜悯，该省会考事宜，现尚不克举行，该生等并非有心迟误。今远道北来，若照例不准入场，未免向隅。黄师虞等着准其先行取具同乡官印结，送监录科，一体应试，以示逾格嘉惠至意，其余不得援以为例。

七月庚子　以河南巡抚郑元善出省剿匪，命河东河道总督黄赞汤监临河南乡试。

八月辛亥　谕：前因郑元善出省剿办捻匪，河南乡试降旨派黄赞汤入闱监临。兹据郑元善奏，秋汛险工叠出，黄赞汤现已亲赴工次，督率抢护，该抚业经回省，仍请照例办理监临等语。所有本年壬戌恩科河南乡试仍着郑元善照例入闱监临。

八月癸丑　以国子监祭酒衍秀为福建乡试正考官，司业马寿金为副考官。

八月丙辰　以大学士贾桢为顺天乡试正考官，吏部尚书瑞常、户部尚书罗惇衍为副考官。

八月戊辰　顺天府以宗室乡试中额请。得旨：取中四名。

八月甲戌　先是，致仕大学士祁寯藻奏，请复各省驻防考取文举人生员旧例，下礼部议。至是议上。各省驻防取进翻译生员应令专应翻译，不必兼应文试；文生员专应文乡试，如有愿应翻译者，准其呈改，既改之后，不得再应文闱。中式后，文举人专应文会试，翻译举人专应翻译会试，驻防文闱与翻译兼行，中额各不得过三名。从之。

八月丁丑　河南巡抚郑元善奏：驻防满洲乡试人数不足十名，例不取中。本年乡试七人，系两科并行，应否取中？得旨：着取中一名。

闰八月己丑　以广西捐输军饷，永广乡试中额二名，临桂县学额十名，全、郁林、博白三州县各五名，陆川县四名，灵川县二名，兴安、阳朔、恭城、贺、昭平、苍梧、桂平、马平、宜山、河池、北流十一州县各一名。

闰八月甲午　调云南学政孙如仅为江苏学政，命翰林院侍读学士颜宗仪提督云南学政。

闰八月甲辰　谕内阁：兵部奏，罚科武举，可否一体覆试，请旨遵行一摺。直隶己未科武举郭庆春等、辛酉科武举王玉魁等均于上年覆试，因技勇不符，罚停此次会试一科，自不应随同各省新中武举再行覆试。惟念该武举等于恩诏条款内宽免停科之旨，未经详绎，遽行跋涉来京，且值初元，特开恩榜，亦不妨稍为变通，以广登进。所有该罚科武举等均着准其附入此次各省中式武举覆试场内，一体覆试。如覆试相符，即着免其罚科，一体会试；倘仍不相符，即作为两次不符，再行罚停下次会试一科，以杜取巧而示限制。

闰八月甲辰　谕：给事中钟佩贤奏，并科乡试省分，请添派考官等语。据称近来各省乡试，每因军务停止，迨军务平定，两科归并举行，中额已加一倍，更有捐输广额不在其内，是考官取中之卷几增倍半，而考官犹循旧例，仍用正、副各一人，深恐校阅稍有未周，弃取必多未协。嗣后，凡有两科并举者，请饬部于本内声明，照顺天乡试之例，添派副考官一员同司衡校等语。顺天乡试荟萃各省士子，人数既众，校阅亦繁，是以向例多派一二员，以崇体制。至各省人数有定，比年以来，因军务停止，间有归并举行者，中额虽多一倍，人数并不加增，各省主考经朝廷特简，自应悉心衡鉴，以期拔取真才，何至有校阅未周，弃取未协之虑？该给事中所请照顺天乡试添派考官之处，徒更成法，无裨抡才。所奏着毋庸议。

九月壬戌　以刑部左侍郎齐承彦知武举，刑部尚书赵光为武会试正考官，翰林院侍讲学士杨秉璋为副考官。

九月乙丑　谕内阁：武会试考官赵光等奏，武举试卷不合，可否取中，请旨遵行一摺。本年壬戌科武会试，山东、山西、广东各省武举试卷有曳白及多写题目等字样者。虽据奏称，该武举等外场较优，而内场究属违式不合，着该考官将各武举试卷仍遵定例取中，其违式不合者，不得取录，以符定制。

九月乙丑　兵部以武会试中额请。得旨：满洲、蒙古取中二名，汉军取中三名，奉天取中一名，直隶取中十三名，陕甘取中二名，广东取中五名，河南取中三名，山东取中三名，山西取中四名，湖北、湖南、四川、广西、福建、浙江、江西各取中一名。

九月戊辰　谕：前因武会试考官赵光等奏，武举试卷不合，可否取中请旨。当经谕令，遵例取中，违式者不得录取。兹据御史张晋祺、梅启照各奏称，武闱乡会试定例，应先于双好字号内选取，如不足额，始取单好；至内场默写武经，违式者不得取中，例有专条。本年壬戌科武会试，山东等省武举有外场列入双好，因内场误写题目，或越幅书写，未经取中，核与例载违式者不同，请饬嗣后武场照例办理等语。武闱乡会试均以外场为重，内场试卷小疵，原可不必苛求，惟有干例载违式专条者，不准取中。其内场试卷，或别有舛误，并非例文所指违式专条，外场已列双好，应否仍行录取，并无明文，应如何画一办理之处，着兵部妥议章程具奏。寻议，武闱以外场为主，至内场有犯违式专条者，应遵照定例，不准取中。其余舛误，仍准取中，但不得滥置前列。从之。

十月庚辰　试中式武举徐寿春等四十三人于太和殿前。

十月辛巳　谕：韩超奏，兴义府属举人景其全招集无赖多人，私设厘局，勒派捐输，抢割田谷。经署知府郑训逵会商总兵赵德昌派兵捕拿，该举人闻风潜逃，径投贼围，请先行褫革拿究等语。贵州举人景其全聚众妄为，现复闻拿投贼，实属目无法纪，着即革去举人。仍着韩超严饬赵德昌，将景其全设法弋获，按律惩办，毋任漏网。绅衿刁劣，所在多有，全赖地方大吏牧民之官，平日整躬率物，自能化莠为良。贵州士习不端，前有举人主谋倡乱，为贼内应各节，近复有景其全投贼之事，足见历任地方官平日不善化导，以致风俗人心日见浇漓，实堪痛恨。至所称生监习教为逆者，实繁有徒，难以悉数等语。该生监等所习何教？如有聚众为逆情事，何以不随时拿办？该省前有诛戮教民一案，至今未结。韩超身任封圻，如所属地方，有白莲等教谋为不轨者，自应密拿惩办，如系开禁之天主教，亦必须分别办理，不得一味操切，谓士林尽皆匪类，胶执偏见，致启衅端也。将此由五百里谕令知之。

十月癸未　上御养心殿，引见中式武举，亲定甲乙。

十月甲申　赐一甲史天祥、徐寿春、刘其昌三人武进士及第，二甲孟志远等八人武进士出身，三甲赵景清等三十二人同武进士出身。

十月丁亥　谕内阁：都察院代奏，贡生黎庶昌条陈时务一疏，所称荐贤才、慎保举及殿试条陈时务各等语。叠经降旨，谕令中外臣工荐举贤员，并访求山林隐逸之士及军营保举，明定章程，殿试策许敷陈时政，不得专取楷法。……贡士策问，着遵照本年三月间谕旨，准其敷陈政事阙失，无庸避忌，并不准专取楷法。嗣后，阅卷大臣务当悉心校阅，力挽颓风。其余所称京官兼用守令，以进士、举人为佐杂，科举罢用制艺，小试分为四场，会试后附绝学，教职由公举，停止开捐，酌增廉俸，试行钞法，改设营伍等条，是否可行，着各该衙门分别妥议具奏。寻，吏部等部议奏，所陈各条，或多窒碍，或属缓图，应请无庸置议。……从之。

十月壬辰　以礼部右侍郎庞钟璐为顺天武乡试正考官，通政使司通政使吴存义为副考官。

十月辛丑　谕：翰林院侍读学士颜宗仪，前蒙文宗显皇帝简放云南学政，旋即告病规避，本年简放湖北正考官，差竣时复命为云南学政，并明降谕旨，令其即赴新任，毋庸来京请训。乃本日忽据该员到京呈递谢恩摺片，据称绕道北上，途次未接部文，亦未接督抚知会，到京始见邸钞等语。阅其所递摺内恭录谕旨，将即赴新任，毋庸来京请训字样全行节去，该员既称到京得见邸钞，何以又不将谕旨全录？总系因到京递摺之举显与谕旨相背，是以工于掩饰，意存含混。此等巧于尝试之风，断不可长。颜宗仪着降为编修，限于五日内即行起程，赴云南学政之任，不准迟延。

十月丙午　赏顺天乡试年老诸生常华国等四人举人、副榜有差。

十一月丙辰　谕内阁：大学士衔、管理工部事务翁心存，品学纯粹，守正不阿。自翰林荐擢正卿，入直上书房，叠受先朝知遇之隆，简任纶扉，总理部务。嗣于咸丰九年间，因病开缺。朕御极之初，蒙我两宫皇太后简用耆臣，重加倚畀，以大学士衔管理部务，并命在弘德殿授读，朝夕纳诲，启沃深资。方冀克享遐龄，长承恩眷，兹闻溘逝，悼惜良深。着赏给陀罗经被，派醇郡王带领侍卫十员，即日前往奠醊，加恩晋赠太保，照大学士例赐恤，入祀贤良祠。任内一切处分，悉予开复。应得恤典，该衙门察例具奏。伊子翁同书昨经有旨，令刑部暂行释放，并着俟穿孝百日后，再行监禁；伊孙举人翁曾源着赏给进士，准其一体殿试；候选同知翁曾纯着以同知即选；监生翁曾荣着赏给举人，准其一体会试；刑部学习郎中翁曾桂着作为候补郎中；举人翁曾翰着赏给内阁中书，用示笃念荩臣至意。寻予祭葬，谥文端。

十一月癸亥　以江苏捐输军饷，永广泰州学额六名，通州五名。

十一月癸亥　以四川续捐津贴，永广叙永、简、汉、邛、广安、德阳、大竹、岳池、蓬溪、乐山、宜宾十一厅州县学额各一名。

十二月戊寅　以安徽捐输军饷，永广乡试中额二名，祁门县学额七名，婺源县五名，绩溪、太平二县各三名，青阳、建德二县各二名，石埭县一名。

十二月庚寅　谕：太学为自古培植人才之地，我朝振兴庠序，加意教育，世宗宪皇帝赏给库银，增辑黉舍，首善之区，四方观瞻所系，必得如唐之韩愈，宋之胡瑗，躬行实践，讲明正学，以为表率，人材自能蒸蒸日上。乃近来国子监专以文艺课士，该祭酒等既以是为去取，而士子亦复以是为工拙，于造就人材之道何裨焉？着嗣后，于应课诗文外，兼课论策，以经史性理诸书命题，用觇实学，并着该祭酒等督饬各堂助教、学正、学录，分日讲说，奖励精勤，惩戒游惰，黜华崇实，以端趋向。其有留心时务、通知古今者，亦当随时奖拔，以劝多士，该堂官为诸生师长，尤当自饬廉隅，俾知矜式，用副教育人材至意。

十二月庚寅 谕：翰林院为储才之地，膺斯选者，必须经术淹通，于古圣贤性理精义，讲明而切究之，确有心得。将来扬历中外，本其平日所身体而力行者，发为经济，著为事功，方能名实相副。至诗赋一事，亦系古雅颂之流，庶吉士从事于此，原以备鼓吹休明之用，非谓此外遂无实学也。乃近来积习相沿，专以此为揣摩进身之阶，敝精劳神，无裨实用，将经史性理等书束之高阁，殊非我国家芸馆培英、造就人材之意。自应将庶常馆课程及散馆旧章量为变通，以求实济。着自明年癸亥科起，新进士引见分别录用后，教习庶吉士，务当课以实学，治经、治史、治事及濂洛关闽诸儒等书，随时赴馆，与庶吉士次第讲求，辨别义利，期于精研力践，总归为己之学。其有余力及于诗古文词者听之。除课期照旧举行外，其课题及散馆，改诗赋为论策，论用经史、性理等书，策用时事，皆准直抒所见，畅所欲言。教习及阅卷大臣，其各破除积习，毋避忌讳，毋以小疵而累大体。俾士气蒸蒸日上，贤才辈出，共济时艰，有厚望焉。至各部院堂司各官，皆有公事日相接见，因以知其人之才具，惟翰林院掌院学士终年不与诸翰林相见，奚由辨其贤否，考其优劣也？嗣后，编检、讲读各官，除内廷行走外，每十人为一班，每十日进署一次，掌院与相接见，讲论正学，藉得窥其人之底蕴，以备荐举。其有无故不到者，着掌院学士据实奏闻。

十二月庚寅 谕：自来储才养士，必视学校为盛衰，我朝列圣相承，庠序修明，敦崇实学。皇考文宗显皇帝御极之初，即命生童就试者兼习性理等书，原冀其趋向一端，则学术自正，以收化民成俗之效。乃近来各省教职等官并不实力奉行，认真训课，惟知索取贽礼修仪，贪得无厌。又其甚者，往往干预地方公事，并或遇事鱼肉士子，谄谀绅富，又安望其经明行修，足为士林表率耶？嗣后，各省学政务当整躬率属，督饬各教官读书立品，毋为士子所轻。平时训导诸生，总以躬行实践为归，勿崇尚浮华，勿虚应故事。其称职者，准各学政会同督抚随时保奏，给予奖励；如阘茸充数，及少年浮动、不克举职者，并着随时甄劾，不必待至大计年分。庶人知自爱，争自濯磨。并饬各教官分日于该处城乡市镇设立公所，宣讲圣谕，务使愚顽感化，经正民兴，正学昌明，人才蔚起，实有厚望焉。

十二月甲午 谕内阁：前据礼部奏，广东举人拣选知县桂文灿呈递《经学丛书》四函，当交南书房翰林详加阅看进呈。该举人所呈各种，考证笺注均尚详明，《群经补证》一编，于近儒惠栋、戴震、段玉裁、王念孙诸经说多所纠正，荟萃众家，确有依据，具见潜心研究之功。惟古人通经致用，总以躬行实践为归，经师人师，合为一致，方能羽翼圣经，无惭名教。笺注始于汉儒，而郑康成行谊笃实，乡愚感化，至以郑公名其乡，其他经明行修者，尤指不胜屈。可见读书明理，必须体用兼备，不徒以记诵训诂见长也。桂文灿既能潜心古训，不蹈浮靡之习，务当益加刻励，身体力行，勉为有体有用之学，以备国家任使。书留览。

十二月辛丑 以江西捐输团练，永广南城县学额七名，上饶县二名。

同治二年（1863年）

正月辛亥 以江西广丰县捐输军饷，永广学额二名。

正月丙辰 调奉天府府丞程祖诰为鸿胪寺卿，鸿胪寺卿王映斗为奉天府府丞兼提督学政。

正月丙辰 命江西学政冯誉骥、福建学政厉恩官、山西学政冼斌、湖南学政白恩佑来京。以右春坊右中允何廷谦提督江西学政，翰林院修撰章鋆提督福建学政，编修黄钰提督山西学政，左春坊左中允钱宝廉提督湖南学政。

正月己未 以湖南衡山县续捐军饷，永广学额一名。

正月庚申 谕内阁：翰林散馆，历科均用诗赋考试。因近来积习相沿，专于研揣声律，不求实学。前经降旨，自癸亥科起，庶吉士散馆改诗赋为策论，原期讲求实用，培育真材。兹据御史陈廷经奏称，历代取士，法制屡更，行之既久，莫不有弊，惟在用法得人，不必遽改定制。庶常散馆，嗣后请仍用诗赋等语。翰林院为人才渊薮，膺是选者，平日于古圣贤经史、性理诸书，果能讲明切究，身体力行，自然学问优长，体用兼备，发为策论，既不同陈言剿袭；作为诗赋，亦不徒竞尚声华。该庶吉士等必应兼擅其长，始为名实相副。着自癸亥科为始，嗣后，遇散馆之年，该衙门于先期一月，具奏请旨，于诗赋、策论两项内，不拘何项，出题考试。该庶吉士等仍当研求经术，修明正学，求为本末兼赅之士，俾词章、经济相辅而行，用副朝廷乐育英才至意。

正月壬戌 谕内阁：前因升任内阁侍读学士王拯奏参广西学政张正椿贪污各款，当经降旨将该学政撤任，并谕令劳崇光、刘长佑严行访查，据实具奏。兹据奏称，该学政按试平乐、梧州，所取永安州寄籍新生，捐输银三千九百五十两，容县新生军饷银七千两，均由各该地方文武经理，该学政尚无侵蚀入己情弊。至加索新进童生内规卷价各款，并自行笞责生童，肆行陵辱，尚无实据。惟容县捐籍一事，士心不服，众议哗然，且该学政精神短少，阅卷草率，去取未当，舆论不孚等语。学政为风教所关，试卷去取，理宜精心校阅。张正椿一味草率，何以丕振文风？虽据奏称尚无贪污实迹，但其补行容县岁科考五次，所取新生，仅土著一名，余均系籍隶广东，捐赀收考，且未经县府考录申送，该学政并未稽查，实属故违定例，办理荒谬。且于各新生缴捐银两时，当堂秤兑，尤乖体制。张正椿着交部严加议处。寻议，张正椿应照违制例革职。从之。

正月辛未 派内阁学士全庆、吏部左侍郎单懋谦知贡举。

正月辛未 赏山东等省壬戌恩科乡试年老诸生于代荣等九十五人举人、副榜有差。

二月辛巳 谕：严树森奏，鄂省举行武闱乡试，循例办理主考事宜一摺。前因汉南军务吃重，叠经谕令严树森即日出省，驰赴秦鄂交界地方，扼要驻扎，督饬梁作楫等越境驰剿。现在兴安未复，贼氛甚炽，陕南无兵可调，剿办正当吃紧，严树森仍当懔遵叠次谕旨，星驰出省督饬各军，克期规复兴安郡城，以副委任。所有该省武闱主考事宜，着派员办理，以专责成。将此由六百里谕令知之。

二月丙戌　谕议政王军机大臣等……李鸿章另摺奏，请饬广东仿照同文馆，设立学馆，广州将军等查照办理。惟该馆学生专习外国语言文字，不准西人藉端影射，将天主教暗中传习，该抚仍当随时稽察，毋令滋弊。将此由六百里谕令知之。

二月丙戌　谕：前据总理各国事务衙门奏，遵议设立学习外国语言文字学馆为同文馆，当经照所议行，该衙门已行知该将军等遵照矣。因思总理衙门固为通商纲领，而中外交涉事件，则广东、上海为总汇之所。现据李鸿章奏称，上海已议设立外国语言文字学馆，而广东事同一律，亦应仿照办理。着库克吉泰、晏端书于广州驻防内公同选阅，择其资质聪慧，年在十四岁内外或年二十左右，而清汉文字业能通晓、质地尚可造就者，一并拣择。延聘西人教习，兼聘内地品学兼优之举贡生员，课以经史大义，俾得通知古今，并令仍习清语，厚其廪饩，时加查考。倘一二年后，学有成效，即调京考试，授以官职，俾有上进之阶。此事为当今要务，该将军等务当实心办理，不得视为具文。倘将来日久无效，惟该将军等是问。所有一切章程及薪赀工食各项经费，着即咨商李鸿章，并参以总理衙门原议，或酌提船钞，妥为办理，议定后即行具奏，候旨裁定遵行。此由六百里各谕令知之。

二月己丑　改派内阁学士桑春荣知贡举。

二月壬寅　谕：御史刘毓楠奏，请整顿各学教习等语。据称满汉各学设立教习，统于国子监，视充教习者，传补后并无生徒肄业，期满仅寻数人赴监，谓之交功课。其实并无功课可交，即可得官各等语。着国子监堂官查明，认真整顿，稽核功课之勤惰，分别劝惩，毋得有名无实，敷衍了事，以昭核实。

二月壬寅　谕：御史刘毓楠奏，自京师各城门添派海巡，百般讹诈，其冒充海巡者甚多，或于城内附近空旷地方，持械结伙，为害行旅，即会试举人进城，亦不免拦阻陵辱各等语。辇毂重地，岂容此恶棍充斥，扰害士商，亟应设法拿办以儆其余。其如何稽查严密，以杜匪棍冒充之处，着崇文门监督妥议具奏。

三月己酉　谕：礼部奏，举人到京已逾覆试之期，可否照上年成案，先行会试一摺。江西举人臧渊雅等于去岁十二月由本籍起咨赴京覆试，本年二月二十八日始行到京，已逾覆试之期，系因道途梗阻，并非有心迟误。所有江西举人臧渊雅等着仍照上年成案，准其先行一体会试，俟场后再令补行覆试。如其中有应行罚停会试者，即由礼部知照知贡举，将该卷扣除。此外各省如有续到者，均准其一体办理。嗣后，道路疏通，仍不得援以为例。

三月己酉　谕：严树森奏，亲赴下游查阅营垒，并豫捻窜扰光山，鄂北吃重各摺片。……该抚已于二月二十四日起程，亲赴黄州府属之上巴河，查阅前敌营垒，即着妥为布置。饬令驻扎之穆正春、王桐柏等督率各军严密防范，毋稍疏虞；并一面知照李续宜迅速起程赴皖，相机防剿，毋再延误。湖北武闱乡试主考事宜，即着官文入闱办理。……将此由六百里各谕令知之。

三月己酉　赏广东等省壬戌恩科乡试年老诸生陈大年等七十人举人、副榜有差。

三月壬子　以工部尚书李棠阶为会试正考官，都察院左都御史载龄、单懋谦，户部左侍郎沈桂芬为副考官。

三月庚申　谕内阁：左宗棠奏，浙省军务吏治，需材孔亟，请调京员赴浙差委，并请将即用知县之本科进士多掣十数员赴浙等语。户部候补员外郎顾菊生、湖南在籍户部主事谢宝镠、内阁中书吴士迈均着发往浙江，交左宗棠差遣委用。并着吏部于本科进士引见后，将即用知县人员于定例分发外，多掣十数员，分发该省，以资差委。

三月甲子　礼部以宗室会试中额请。得旨：取中二名。

三月丙寅　以江西弋阳县捐输团练，永广学额三名。

三月丁卯　礼部以会试中额请。得旨：满洲取中七名，蒙古取中二名，汉军取中五名，直隶取中二十名，奉天取中三名，山东取中十八名，山西取中七名，河南取中十九名，陕甘取中六名，江苏取中十四名，安徽取中七名，浙江取中十一名，江西取中十七名，湖北取中十一名，湖南取中八名，福建取中八名，广东取中十二名，广西取中十一名，四川取中五名，云南取中三名，贵州取中三名。

四月壬午　赏福建省壬戌恩科乡试年老诸生苏松龄等五十五人举人、副榜有差。

四月癸巳　谕内阁：此次病痊、补行大考之翰林院编修徐申锡着附入二等末，由该衙门带领引见。

四月甲午　赏会试年老举人陈大年等十七人司业、编修、检讨职衔有差。

四月丙申　派大学士倭仁、协办大学士吏部尚书瑞常、户部尚书宝鋆、兵部尚书万青藜、吏部左侍郎孙葆元，内阁学士全庆、桑春荣、殷兆镛为殿试读卷官。

四月丁酉　策试天下贡士黄体芳等二百人于保和殿。制曰：朕以冲龄，诞膺宝祚，默荷上苍垂佑，仰承列圣诒谋，业业兢兢，勤求治理。上思副两宫之教育，下期措四海于乂安，宵旰图维，罔敢暇逸。深念典学传心之要，求贤佐治之方，去奢崇俭之规，察吏安民之术，经邦要道，莫重于斯。今当临轩发策，博访周咨，尔多士其敬听朕命。二帝三王之心法，不外一中，而《尧典》以钦始，《益稷》以钦终，其与执中之理，可互相发明欤？《尚书》而外，诸经之旨，何者可以相通？《大学》一篇，分列八条目，当以何者贯乎始终？《中庸》一书，分列三达德，当以何者为之枢纽？真德秀作《大学衍义》，何以略治平不言？明邱浚补之，为目凡十有二，其立意颇可贯通欤？昔人谓帝王之学，异于儒生，所以不同者安在？将空语精微而不求诸实事欤？如汉之董仲舒、匡衡，宋之程颐、胡安国、朱熹，皆宿儒硕学，多所阐发者也，何者为审端致力之首欤？得贤才而治天下者，帝王之要道也。古者用人之权，秉于天子，若尚书之有选部，始于何时？以选部为吏部，起于何代？唐制有试法、有集法。既察其身者，复察其书判，此试法也。裴光庭何以作循资格以矫之？集之于十月，选毕于三月，此集法也。陆贽何以立计阙例以救之？然则二者固皆不能无弊欤？夫十室之邑，必有忠信，故汉分四科，宋立六科，司马光又乞设十科，至详且备已。然人才遂可尽取而无遗欤？且所取者果综核名实而无矫伪欤？今将使魁奇倜傥之士不轶乎范围，① 恂谨廉洁之儒不拘于绳尺，其道何由？《书》曰："慎乃俭德。"诚以俭德之共也。尧不以土阶为陋，而舜怵戒于涂髹。禹卑宫，文王卑服，尚已。嗣是，衣弋绨，罢露台，集书囊为帷，往迹流传，盛德不犹可溯欤？古人臣励羔羊素丝之操，如赵抃守成都，一琴一鹤，程熵令盐城，一马一仆，其高节清标，非臣下所当矜式欤？夫镂簋朱纮，玉缨琼弁，自昔所讥，乃积习相沿，敝化奢丽，以致不能养廉。蟋蟀山枢，民风近古，今则服食器用，务为美观，闾阎不免逾礼，将以黜华崇实之意训迪臣民，何由而使风气日臻朴茂欤？与吾民相亲者，守令也。《汉史·循吏传》纪守相甚备，而令长则阙如，其故何欤？夫天下郡邑至众也，郡守之贤否，监司且难人人悉，县数倍于郡，令数倍于守，如何而后能督察之欤？县令贤明，则赋敛均，徭役平，诉讼简，吾民得遂其所安。顾由儒术者多迂而弛事，由杂流者或奸而弄法。其余蠹政厉民，不可枚举，欲整齐而磨厉之，何道之从？大吏者，所以纠察守令，为天子进贤退不肖者也。乃或所荐劾者，以才能出众为先，而留意教化者遭沉滞；所称赏者，以赋税先登为最，而劳心抚字者受谴诃。其何以惩贪墨之风而养循良之气欤？夫稽古以懋纯修，遴才以襄郅治，戒奢以端民习，课绩以饬官方，皆宰世之宏模，绥猷之极则也。多士对扬伊始，其各陈说论毋隐。

四月戊戌　以湖南道州捐输军饷，永广学额一名。

四月庚子　上御养心殿，召读卷官入，亲阅定进呈十卷甲第。

四月辛丑　赐一甲翁曾源、龚承钧、张之洞三人进士及第，二甲周兰等七十八人进士出身，三甲景善等一百十九人同进士出身。

四月辛丑　引见壬戌科散馆人员。得旨：徐郙、何金寿、温忠翰、孙毓汶业经授职，二甲庶吉士陈彝、宜绶、宗室昆冈、刘瑞祺、曹秉浚、王昕、张家骧、龚聘英、姜敏修、林天龄、张鸿远、平步青、杨先棻、马相如、薛斯来、周德润、董兆奎、毕保厘、范德馨、陈学棻、谭钧培、吴文钊、龙湛霖、黄槐森、张良璋、欧寿樗、王道源、廖坤培、尹绍甫、游百川俱着授为编修，三甲庶吉士孙诒经、王荫丰俱着授为检讨，潘家钰、范鸿谟、周浚、王桐、汪正元、王福保、唐国翰、徐肇嵋、童毓英、李祖光、赵子端、宗室桂昂俱着以部属用，寻銮晋、王允谦、王琛、鹿传霖、同捴奎俱着以知县用。

五月丁未　赏河南等省壬戌恩科乡试年老诸生陈鹿鸣等十八人举人、副榜有差。

五月庚戌　命协办大学士吏部尚书瑞常、吏部尚书朱凤标教习庶吉士。

五月庚戌　授一甲一名进士翁曾源翰林院修撰，二名进士龚承钧、三名进士张之洞编修。

五月甲寅　引见新科进士。得旨：一甲进士三名翁曾源、龚承钧、张之洞业经授职外，周兰、夏子钖、龚显曾、陈翼、廖寿恒、光焮、边宝泉、杨仲愈、黄体芳、罗振云、何继俨、王绪曾、解煜、许振祎、王炳、张相宇、郭怀仁、曹炜、吕式榳、周为

---

① 傥，原文为倘。

翰、梅启熙、铁祺、蒋维垣、邹振岳、鄂芳、周声澍、宗室奎润、李端棻、高学瀛、张鹏翼、李嘉乐、尹琳基、陈锦、张怀恩、刘燡、冯尔昌、陆尔熙、王载、楼誉普、沈宝楠、刘曾、宗室承福、彭君谷、刘子镜、云茂济、陈振瀛、景善、张观准、文澄、郑梦锦、黄桂丹、黄绍薪、张道渊、萧世本、汤献祥、夏裕纶俱着改为翰林院庶吉士，庄子桢、朱庚、胡隆洵、胡有诚、王椿荫、曾国霖、何文涵、白桓、黄基、吴宣巩、李萃吉、裴荫森、高梧、方恭铭、李端遇、李时乾、郝荣衔、刘锡金、凌卿云、柳怀珍、胡清瑞、王炳耀、王毓藻、胡日宣、全士锜、汤肇熙、觉罗英桂、徐芝淦、苏绂、延茂、廖镜明、高锡畴、谭定澍、达嵩阿、周信之、张元一俱着分部学习，王宝善、黄谋烈、牟树棠、饶世贞、周友檀、王允善俱着以内阁中书用，陈树勋、刘嘉干、张攀桂、祁德昌、王冕南、裴峻德、王文棨、王鸿飞、容鹤龄、陈凤翥、边崇瑄、符兆鹏、张薇、杨钧培、刘仲篪、郑孝铭、宋家蒸、守忠、李辰辉、颜荣阶、许焕、方浧、夏声律、景瑞、盛一林、谭子中、柯抡、孙云、刘钟麟、韩耀光、胡景辰、陈荣洙、杨郊、张旭燨、娄光、李铭、霍文瀚、卓诚、汪彦增、张瑞麟、杨正观、周杰、松龄、欧阳焘、王家麟、姜桐冈、王槐三、蒋山、张理澄、丁凤年、周绍达、刘福田、海娱、刑守道、罗重熙、朱景星、萧书、蔡钟、伊允桢、冯学培、靳先登、马腾骏、赵国华、王懋昭、袁允治、刘大壮、姚暹、张丙彬、常忠、程仰周、邱铭勋、朱昌言、张蕙圃、梁士鹤、章光斗、孔广谟、毛立之、彭九龄、李仲鸾俱着交吏部掣签，分发各省以知县即用；户部候补员外郎余培轩着以员外郎即用；户部候补主事吴廷芬、王景贤、魏璧文，刑部候补主事王培仁、何玉福，工部候补主事高胪璟俱着以主事即用；工部学习郎中伍锡钊、刑部学习郎中李璲着俟报满，作为候补郎中后，以该部郎中即补；兵部学习员外郎董韫琦着俟报满，作为候补员外郎后，以该部员外郎即补；兵部额外主事梁钦辰着俟报满作为候补主事后，以该部主事即补。除引见未到之中元、方朝觐二名，应由该部照例办理外，余着归班铨选。

五月辛酉　命翰林院编修孙念祖提督湖北学政。

六月乙未　命太仆寺卿朱兰提督安徽学政。

六月戊戌　以江西广丰县捐输军饷，永广学额一名。

七月壬戌　谕：本日，候补宗人府府丞温葆深奏谨陈管见摺内，推广捐例一条，有请世给生员、举人，俾守其业等语。军兴以来，捐例之设，实出万不得已。各该州县捐有成数，曾准加广文武学额中数，于奖励捐生之中寓嘉惠士林之意。此外，或乃祖、乃父为国宣勤，朝廷笃念荩臣，于其子孙特加赏赐，以旌劳勚，此尤异数之恩，岂得援以为例？若因一时急公，捐助米粟，而使其后人得以生员、举人长荷国恩，竟同世袭，将富民皆得滥侧科目，而寒士何由奋志功名？且从来亦无此政体。该员所奏识见迂谬，断不可行。

七月乙丑　谕内阁：前据河南学政景其浚奏，请将品学兼优之副贡生苏源生等量予录用，当经降旨交部议奏。兹据吏部奏称，景其浚所保各生，拟请比照考试优贡新章，附入下科优贡之末，由该部验到考试，分别等第，请旨录用。嗣后，各省学政于生员中果有品学兼优之士，均归入优贡一途，不得于优贡外别开保举之门等语，所奏自系为慎重选举起见。惟此次景其浚所保各该生等，既经该学政详加察核，自应名实相孚。且恐有敦品励行之儒，年近迟暮，未能应试者，若必概令考试，绳以举业，殊非朝廷崇尚实学、鼓舞群材之意。所有河南副贡生苏源生，岁贡生李浚、曹肃孙，附生许静、于锦堂均着以本省训导用。嗣后，各省学政于该省生员中务当综核名实，认真考察。如有经明行修之士，该学政真知灼见，许其酌保数人，以为乡里矜式，不准视为常例，滥行保奏，以杜幸进而重选举。倘有夤缘干进，举非其人，必将该学政照例议处，以为滥保者戒。

七月丁卯　赏江西省壬戌恩科乡试年老诸生邹遇铨等三十二人举人、副榜有差。

七月己巳　以湖北捐输军饷，永广蕲州学额九名，黄梅县七名。

八月戊子　引见湖北等省补行考取拔贡生。得旨：郑子兆等二十八名以七品小京官分部学习，李元善等二十一名以知县试用，邱广生等二名交吏部询问，以教职、佐贰等官分用。

八月丁酉　谕内阁：前因山西贡生朱德秀条陈时务，当经降旨，交英桂派令随同赵德辙等办理团练。兹据英桂奏称，该贡生由京回籍，沿途骚扰，于派赴运城办团后，具禀运城团练废弛。由于官绅各存意见，并自请饬拨薪水各情。经英桂派令筹防局员，查明所禀多属虚诬，并叠据赵德辙、徐继畬函称，该贡生携带多人，由籍来运，沿途俱用驿站差车，帖东率用钦差字样，与地方监司大员平行。并称其人本非端士，素为乡里所不齿，恳请奏明撤回等语。此等诞妄夸诈之徒，亟应从严办理，以示惩儆。惟念朱德秀系应诏陈言之人，若予以重惩，恐中外之人疑系因言获咎，殊非朝廷广开言路之意。朱德秀着从宽革去贡生，递回原籍，交地方官严加管束，毋许干豫外事。

九月癸丑　以漕运总督吴棠捐输军饷，永广安徽盱眙县学额一名。

九月乙卯　命翰林院编修吕朝瑞提督湖南学政。

九月丁巳　派署兵部右侍郎桑春荣知武举，吏部左侍郎孙葆元为武会试正考官，翰林院侍读学士孙锵鸣为副考官。

九月庚申　兵部以武会试中额请。得旨：满洲、蒙古取中二名，汉军取中二名，奉天取中一名，直隶取中十名，陕甘取中一名，广东取中十一名，河南取中四名，山东取中七名，山西取中五名，湖北取中二名，湖南取中二名，四川取中一名，广西取中一名，福建取中一名，江西取中二名。

十月甲戌　试中式武举黄大元等五十一人于太和殿前。

十月丙子　派肃亲王华丰、都察院左都御史载龄、镶黄旗汉军都统春佑校阅中式武举马步射、技勇。

十月丁丑　上御养心殿，引见中式武举，亲定甲乙。

十月戊寅　赐一甲黄大元、岳金堂、敦凤举三人武进士及第，二甲张起鹏等九人武进士出身，三甲徐竣等三十七人同武进士出身。

十月癸丑　以江西万载县捐输军饷，永广学额八名，客籍二名。

十月癸丑　以广东捐输军饷，永广乡试中额一名，增城、三水、花三县学额各一名。

十一月丙寅　以漕运总督吴棠捐输军饷，永广安徽盱眙县学额一名。

十二月戊寅　以江苏甘泉县捐输军饷，永广学额六名。

十二月庚辰　谕：官文奏，各省优贡，业经奉旨，准照拔贡一体覆试录用。湖南省选举优贡，恳照中省定额办理一摺。湖南省近岁以来，人材蔚起，讲求实学，即如各路军营，以诸生而委身戎马，建立勋劳，擢膺封疆将帅之任者，不一而足，庠序之中，经明行修、践履克敦者谅更不乏其人。加恩，着照所请。湖南选举优贡，准与湖北一律，按照中省四名定额举行。即以同治三年甲子科为始，由该省学政会同该督抚核实办理。该督抚、学政等仍当慎选贤才，考求素履，为国储贤，以收实用。如或不得其人，仍当任缺毋滥，以体朝廷循名责实之意。现当破格求才之际，各直省于优贡一途，均当痛除向来虚冒积习，访举潜修积学之士，广其登进，为国得人，以副殷望。

十二月庚寅　谕内阁：国子监司业马寿金奏，请慎简学官，以崇教化一摺。自来化民成俗，必资学校之振兴。上年十二月间，曾明降谕旨，令各省学政督率各学教官，读书立品，训导诸生，并随时宣讲圣谕，以期经正民兴，共臻上理。兹据马寿金奏称，近来地方大吏，于州县之贤不肖，尚能据实荐劾；而于教职一官，则概未齿及，老迈恋栈，而过示优容；年少轻浮，而不加甄劾，以致为是官者，颓废是甘，不知振作，请饬各省督抚详加考察。至宣讲圣谕，尤为化导之本，并请饬令学臣实力奉行等语。所奏不为无见。方今大江南北，渐就肃清，一切抚绥安辑，叠经降旨，责成地方官吏妥为办理。而教养兼施，使百姓革面洗心，不致再为教匪邪说所煽惑，学校之设，尤关紧要。着各省督抚、学政于通省学官详加考察，罢其老迈，黜其轻浮。其品学兼优、循循善诱者务当随时奖励，以风其余。并着各省学臣督饬教官，实力宣讲圣谕，考其勤惰，分别劝惩，庶几经明行修，邪慝不作。至书院义学，亦培植人材之一助，乃近来风气，延请者多徇私情，为师者止图修脯，陋习相沿，牢不可破，并着各省地方官力除积弊，毋徒迁就官绅，务各延请耆硕，以副敦崇实学至意。

十二月壬辰　以江苏江都县捐输军饷，永广学额六名。

十二月壬辰　以河南捐输军饷，永广开封府学额四名，邓州一名。

十二月壬辰　以河南总兵官陈禄兴筹垫勇粮，永广太康县学额三名。

十二月丁酉　命礼部右侍郎吴存义提督浙江学政。

同治三年（1864年）

正月丙午　以江苏兴化县捐输军饷，永广学额四名。

正月丙午　以湖北捐输团练，永广通山县学额七名，广济县五名。

正月庚午　以江苏清河县捐输军饷，永广学额三名。

二月庚辰　赏江西等省壬戌恩科乡试年老诸生王汝开等二十人举人、副榜有差。

二月癸未　谕内阁：何廷谦奏，遵保勤学敦品之贡生，请量予录用等语。江西庐陵县岁贡生胡友梅，据该学政奏称，品端学粹，年力正强，着即饬令来京，交吏部带领引见。

三月乙巳　以江西萍乡县捐输军饷，永广学额三名。

三月丁卯　以江西捐输军饷，永广南昌府学额五名，抚州府四名，崇仁县十名，丰城县五名。

三月丁卯　以湖北捐输军饷，永广兴国、沔阳、荆门、咸宁、汉阳、江陵六州县学额各四名，蒲圻、崇阳、孝感、蕲水、钟祥、监利六县各三名，武昌、汉川、黄陂、黄冈、麻城、京山、天门、应城、松滋、宜城、南漳、当阳十二县各二名，江夏、嘉鱼、通城、大冶、黄安、罗田、广济、潜江、安陆、公安、枣阳、东湖、长乐、恩施、远安十五县各一名。

三月戊辰　命翰林院修撰孙家鼐提督湖北学政。

四月壬申　江西巡抚沈葆桢奏，防剿吃紧，请将本年乡试展缓举行。从之。

四月戊寅　云南巡抚贾洪诏奏，军务未平，请将本年乡试展缓举行。从之。

四月辛巳　云贵总督劳崇光等奏，贵州军务未平，请将本年乡试展缓举行。从之。

四月乙酉　以本年乡试，考试应开列试差人员于保和殿。

五月甲辰　两江总督曾国藩奏，江南军务尚未肃清，请仍展缓本科，及应补戊午、辛酉、壬戌各科乡试。下部知之。

五月甲辰　以光禄寺少卿郑锡瀛为广东乡试正考官，翰林院侍讲学士惠林为副考官；编修黄锡彤为广西乡试正考官，吏部郎中王祺海为副考官。

五月己酉　以江苏捐输军饷，永广盐城县学额七名，高邮州三名。

五月己酉　以湖北通城县捐输团练，永广学额七名。

五月己酉　以四川捐输津贴银两，永广洪雅县学额二名，简、崇庆、广安、邛、泸、灌、绵竹、达、渠、仁寿、南充、三台、中江、乐山、犍为、峨眉、荣、宜宾、富顺、蒲江二十州县各一名。

五月乙卯　以礼部左侍郎庞钟璐为湖南乡试正考官，翰林院编修祁世长为副考官；光禄寺卿胡家玉为四川乡试正考官，山西道御史张晋祺为副考官。

五月乙卯　以山东长山县捐输军饷，永广学额二名。

五月壬戌　闽浙总督左宗棠奏，浙省军务未平，请将本年乡试展缓举行。从之。

五月甲子　谕内阁：河南学政景其浚奏，请饬各省慎选孝廉方正等语。国家于科目之外，设立孝廉方正一途，原以搜罗遗逸，振拔单寒，前经谕令各省采访真儒，不得有名无实，乃近来各州县视为具文，不但所举不实，甚至各衙门书吏任意勒索，致令砥节励行之士无力进身，而坐拥厚赀者反得滥竽充数，积习相沿，亟宜痛加厘剔。着各直省督抚、学政严饬各州县，嗣后，选举孝廉方正务当禁革陋规，痛除积弊，悉心采访寒畯，以期名实相符，用副朝廷登明选公之至意。

五月甲子　陕西巡抚刘蓉奏，陕甘军务未平，请将本年乡试展缓举行。从之。

六月乙亥　以翰林院侍读梁肇煌为湖北乡试正考官，编修王珊为副考官。

六月戊寅　湖广总督官文等奏湖北防堵吃紧，请将本年乡试展至九月举行。从之。

六月丁亥　以江苏捐输军饷，永广镇江府学额四名，海门厅二名，丹徒县十名。

六月己丑　以江西捐输军饷，永广乡试中额四名，泰和县学额七名，奉新、临川二县各四名，南昌县三名，进贤、靖安、新昌、清江、金溪、乐安、新城、贵溪、余干、安义、德安、赣十二县各一名。

六月己丑　以湖北罗田县捐输军饷，永广学额九名。

六月庚寅　以广东四会县绅民力保危城，永广学额二名。

六月乙未　以江西捐输军饷，永广南康府学额四名，建昌府三名，都昌、广昌二县各九名。

七月己亥　以湖南捐输军饷，永广湘乡县学额六名，邵阳县四名，攸、安化、清泉、衡山、耒阳、新宁六县各三名，茶陵、衡阳、宁远、桃源四州县各二名，安仁、常宁、酃、零陵、祁阳、道、武陵、龙阳、永顺、芷江、郴、永兴、桂东、澧十四州县各一名。

七月壬寅　以内阁学士殷兆镛为福建乡试正考官，宗人府理事官阿克丹为副考官；左春坊左赞善昆冈为河南乡试正考官，翰林院编修王之翰为副考官；通政使司通政使朱梦元为山东乡试正考官，翰林院侍读学士童华为副考官；铭安为山西乡试正考官，内阁中书张兴留为副考官。

七月乙巳　谕议政王、军机大臣等：鲍源深奏，敬陈考试情形，并思南一带，土匪纵横，强团跋扈，请饬督抚设法裁制各摺片。据称，武缘团总林源海，因阻抑各团考试滋衅，屡动干戈。该学政按考思恩，行至甘墟地方，值林源海与甘墟伊岭各团开仗，该学政折回南宁，欲将武缘等州县调至南宁附考，署知府陈瀚并不禀商，辄行请兵办理，实属乖谬。陈瀚业经另案撤任提讯，张凯嵩已派姚翔之署南宁守，着即饬令该员设法开导，俟道路疏通，即请补行考试，以免生童觖望。恶团林源海及劣生梁诒远等着张凯嵩迅即拿办，甘墟、伊岭等处匪徒派兵搜捕，毋稍懈忽。

七月戊申　派礼部右侍郎绵宜、兼管顺天府府尹万青藜监临顺天乡试。

七月己酉　谕议政王、军机大臣等：前据李鸿章奏，镇江考棚现拟改建府城，以臻便捷。兹据御史王兰谷奏，丹徒首邑繁剧，考棚改建，应试时士商云集，滋事堪虞，且该处近有洋商建盖房屋，尤恐生童毕集，易启衅端。又，坛溧士多贫乏，地方新复，元气久伤，若府院两试，均须远道跋涉，势必人数寥寥，难期满额，文风恐因此日衰，请仍将考棚建设金坛，以符旧制等语。金坛为四邑适中之地，丹徒近复华洋杂处，该御史籍隶镇江，于地势人情知之必悉，所筹自系实情。着李鸿章斟酌情形，或将前奏所筹经费，即于金坛按照旧址建立考棚，以顺士心而复旧制。或丹徒业已建有成规，即以专备徒阳府试，另于金坛建设考棚之处，并着该抚妥筹办理。将此谕令知之。

七月壬子　以湖北捐输军饷，永广乡试中额二名。

七月癸丑　护陕甘总督恩麟奏，军务未平，请将甲子科武闱乡试暂缓举行。允之。

七月癸亥　以山西捐输军饷，永广乡试中额二名。

七月癸亥　以江西德安县捐输军饷，永广学额一名。

七月癸亥　以山东聊城县捐输军饷，永广学额一名。

八月己巳　命礼部左侍郎庞钟璐提督顺天学政，翰林院编修欧阳保极提督河南学政，赵佑宸提督山东学政，钟宝华提督陕甘学政，侍讲学士杨秉璋提督四川学政，国子监司业刘熙载提督广东学政，翰林院编修孙钦昂提督广西学政，黎培敬提督贵州学政。奉天府府丞兼学政王映斗、江苏学政宜振、安徽学政朱兰、浙江学政吴存义、江西学政何廷谦、福建学政章鋆、湖北学政孙家鼐、湖南学政吕朝瑞、山西学政黄钰均留任。

八月庚午　江西巡抚沈葆桢奏，江省军务稍松，拟将本年甲子科并补行辛酉科乡试于十月举行。从之。

八月甲戌　谕内阁：万青藜奏科场人数众多，号舍不敷，拟请变通办理；御史台斐音等奏，乡试号舍不敷，添搭棚号各一摺。据称贡院号舍适用者，向止九千三百余间，本年应试士子已交纳试卷一万六百套，号舍不敷，现拟将向来誊录、对读各号舍全给士子，另搭席栅数处，给誊录、对读暂为办公。其运用物料及添设栅栏等件，所有匠役人等，拟令于初八日以前，士子未经点进之先，昼夜赶办完竣。至三场试卷，亦拟先后盖印送进各等语。本年甲子科顺天乡试，士子踊跃观光，人数较多，万青藜等所请各节，自系因时制宜，即着该兼尹等迅速办理，务臻妥善。

八月甲戌　以吏部尚书瑞常为顺天乡试正考官，吏部尚书朱凤标、户部尚书罗惇衍、礼部尚书李棠阶为副考官。

八月乙亥　谕内阁：曾国藩奏停止广东厘金，请加广该省文武乡试中额一摺。前因浙江、江苏、安徽三省军饷支绌，经曾国藩奏请开办广东厘金，三成留办本省防剿，七成协解江皖，现计自同治元年七月起截至同治三年八月止，除留归该省军需局外，前后约解过军饷银一百二十万两，该省商民踊跃输将，集成巨款，俾江宁各军藉得迅速成功，实属好义急公，有裨大局。着照该大臣所请，加广广东文武乡试永远中额各四名，以示鼓励。现在江宁既克，各军已议陆续裁撤，该大臣奏请停止广东厘捐，自系为体恤商民起见。惟裁勇之欠饷，征兵之口粮，需款仍巨，自应将该省厘金暂行照旧办理，以裕饷源，俟各营饷项稍充，再由该大臣奏请停办。

八月丁丑　以内阁学士许彭寿为江西乡试正考官，翰林院编修蒋彬蔚为副考官。

八月丙戌　顺天府以宗室乡试中额请。得旨：取中五名。

八月丁亥　谕内阁：绵宜、万青藜奏，本年顺天乡试试卷较前加倍，誊录书手齐心赶办，将头场试卷全数誊完，并无迟误，恳请将书手奖励等语。总办书手、蓟州经书赵际亨着赏给从九品职衔，以示鼓励，嗣后，不得援以为例。

八月己丑　谕：曾国藩奏，接奉寄谕，分条覆奏一摺。江南北现经荡平，亟宜振兴文教，前次寄谕以贡院有无损坏为问，原欲于来岁特开一科，以免士子日久向隅。兹据奏称，该大臣亲至贡院覆勘，至公堂等处及号舍均尚完好，惟号板毁失，监临、主考、房官等屋片瓦无存，现已派员采办木料，赶紧兴修，拟于九月奏请简放考官，于十一月举行乡试等语。着即饬令委员认真经理，如工料一时不能毕集，即缓至来岁补行乡试亦无不可。仍着该大臣酌度时势，再行奏请。

八月己丑　命翰林院编修曹秉浚提督福建学政。

八月丙申　以福建上杭县绅民守城出力，永广学额三名。

九月庚子　以江苏捐输军饷，永广海州学额六名，靖江县二名。

九月庚子　以江西捐输军饷，永广南安府学额五名，鄱阳县十名，南康县九名。

九月庚子　以江南军营总兵官詹启纶捐输船炮，永广湖北黄安县学额一名。

九月戊申　以江西捐输军饷，永广金溪、萍乡、安福三县学额各三名，玉山、万载二县各二名。

九月丁巳　议政王、军机大臣等前因曾国藩奏，江宁兴修贡院，拟于本年十一月间举行乡试，叠经谕令该大臣酌度情形，妥筹办理。兹据曾国藩奏称，行抵江宁，查验贡院工程，均已完竣，请于十一月举行乡试，并咨明李鸿章，届期入闱监临等语。江宁省城新复，现即举行乡试，两江士子闻风云集，商贾辐辏，一切稽查奸宄，镇抚地方各事宜，均应加意筹度。着曾国藩督饬司道等官妥为经理，毋得稍形疏懈。苏境虽已肃清，惟善后各项事宜仍须次第筹办。李鸿章能否驰赴江宁入闱监临之处，并着曾国藩悉心酌度，会筹妥办。万启琛已抵江宁，如李鸿章不克入闱监临，该藩司能否代办，或咨明安徽学政朱兰代办监临事务，均由曾国藩、李鸿章迅速筹商，奏明办理。

九月戊午　引见四川等省补行考取拔贡生。得旨：周盛典等九名以七品小京官分部学习，文邦从等六名以知县试用。

九月庚申　以江西捐输军饷，永广浮梁县学额十名，瑞金县六名。

九月辛酉　以太仆寺卿刘昆为江南乡试正考官，翰林院编修平步青为副考官。

十月戊寅　以福建军务未竣，复展乡试，命正考官殷兆镛、副考官阿克丹回京。

十月壬午　赏顺天乡试年老诸生杜天煦等八人举人、副榜有差。

十月壬辰　以安徽太和县绅民力保危城，永广学额四名。

十一月壬寅　以江苏镇江军营报效欠饷，永广乡试中额一名。

十一月壬寅　以江西捐输军饷，永广瑞州府学额六名，星子县七名，上高县四名，新昌县三名。

十一月甲辰　补行引见壬戌科进士朱悠然。得旨：着改为翰林院庶吉士。

十一月辛亥　以浙江台州团练克复郡县六城，永广台州府暨临海、黄岩、太平、宁海、天台、仙居六县学额各三名。

十一月癸丑　以江西捐输军饷，永广吉安府学额二名，龙泉县八名。

十一月丁巳　以江苏捐输军饷，永广乡试中额四名。

十一月丁巳 以安徽捐输军饷，永广乡试中额三名，合肥县学额十名，盱眙县六名，六安、桐城二州县各五名，寿、定远、阜阳、天长四州县各四名，无为、巢、怀远三州县各三名，和、泗、霍邱、全椒、含山五州县各二名，广德、滁、太湖、宿松、泾、旌德、庐江、舒城、凤阳、凤台十州县各一名。

十二月己巳 以江西九江府捐输军饷，永广学额三名，德化县九名。

十二月癸未 谕内阁：给事中王宪成奏，各省捐输，有已捐未报者，请饬查办一摺。据称江苏省华亭、娄县两邑，于咸丰三年、六年、九年三次捐输，不下十余万，迄今未据详报。恐系绅董通同地方官侵吞捐项，蒙混造册，请饬江苏巡抚查明参办等语。各省办理捐输，原以济军饷之不足，若如该给事中所奏，捐输一项，徒为官绅中饱之资，而踊跃急公者反不得立邀奖叙，殊属不成事体。着李鸿章遴派公正大员，查明华亭、娄县历次捐输之案是否均未详报，据实参办。并着各直省督抚一体详查所属州县，有无已捐未报及侵吞蒙混等弊，以奉文之日为始，勒限三个月，一律造册请奖。如有应行加广中额学额，一并奏请饬部核议，以昭核实而示奖励。

同治四年（1865 年）

正月丙午 以江西捐输军饷，永广莲花厅、靖安县学额各六名。

正月壬子 赏山东等省甲子科乡试年老诸生李敦礼等五十八人举人、副榜有差。

二月癸酉 湖南巡抚恽世临奏，湖南自雍正元年分闱乡试，额设房官九员，近年加广永定中额已满十名，尚有加广一次之额，一名至数名不等。应试士子，较前多至千余卷，房官分卷有加，而期限犹昔，去取未能详审，恳添设房官二员，得以尽心阅看。如所请行。

二月辛巳 以直隶南宫县捐输军饷，永广学额二名。

二月辛巳 以河南副将尹嘉宾捐输军饷，永广安徽阜阳县学额二名。

二月丙戌 以江西捐输军饷，永广临江府学额五名，新喻县十名。

二月辛卯 谕议政王、军机大臣等：御史汪朝棨奏，江宁、常州两府所属各州县，学宫大半被毁，现在地方新复，亟宜兴建学宫，请饬设局劝捐，援照海塘捐输新例请奖，仍照捐数加广学额中额，并提用厘金，先为兴建，将捐项归款。另片奏，江苏旧有紫阳、正谊两书院，官给膏火，并有官产沙田租籽，作为经费，请饬一并清理，冀复旧规等语。国家设立学校，原以端士习而正民风，现在江南地方已臻底定，各州县学宫，如有被贼焚毁者，自当次第兴修。据该御史奏称，江宁、常州两府所属，学宫大半被毁，亟应察度情形，及时修葺。惟兵燹之余，民力凋敝，刻下一切善后事宜，应办甚多，即此兴建学宫一项，工程经费亦颇不少，自应先为筹画。该御史所称劝办捐输各节，是否可行，着曾国藩、李鸿章详细酌度，会商妥议具奏。其书院旧有官产沙田，着李鸿章饬令该地方官妥为经理，并将紫阳、正谊两书院旧章设法整顿，以副朝廷振兴文教至意。原摺片均着钞给阅看，将此各谕令知之。

二月辛卯　赏广东等省甲子科乡试年老诸生苏建仁等六十七人举人、副榜有差。

三月戊戌　赏河南甲子科乡试年老诸生白赞卿等六人举人。

三月辛丑　命大学士贾桢为会试正考官，户部尚书宝鋆、刑部右侍郎谭廷襄、内阁学士桑春荣为副考官。

三月癸丑　礼部以宗室会试中额请。得旨：取中二名。

三月庚申　礼部以会试中额请。得旨：满洲取中七名，蒙古取中二名，汉军取中五名，直隶取中二十四名，奉天取中三名，山东取中二十一名，山西取中十一名，河南取中十九名，陕甘取中八名，江苏取中二十二名，安徽取中十二名，浙江取中十三名，江西取中二十三名，湖北取中十二名，湖南取中十二名，福建取中十名，广东取中十三名，广西取中十二名，四川取中十四名，云南取中六名，贵州取中三名。

四月癸酉　谕军机大臣等：有人奏，河南光州训导祖金锡不以课士为务，惟干预地方词讼，与州署书差来往，狼狈为奸，将学署官廨私赁于人，勒令附近居民赴该教官衙门税契，并将学宫树株私行出卖，请饬查办等语。教官有课士之责，必须品学兼优，方足副司铎之任。若如所奏，贪鄙妄为，何以正风化而端士习，着吴昌寿确切查明，从严参办。原片着钞给阅看，将此谕令知之。寻奏，遵查祖金锡并未干预词讼，惟结交书役，又将学署闲房出租，实属贪鄙，应请革职，永不叙用。下部知之。

四月甲戌　以江苏捐输军饷，永广太仓州学额一名，崇明县十名。

四月甲申　派协办大学士、吏部尚书瑞常，吏部尚书朱凤标，户部右侍郎董恂，礼部右侍郎绵宜，兵部左侍郎毕道远，内阁学士延煦、桑春荣，都察院左副都御史景霖为殿试读卷官。

四月乙酉　策试天下贡士廖鹤年等二百六十五人于保和殿。制曰：朕以冲龄，懋膺大宝，四载于兹。仰荷昊穹笃祐，列圣诒谟，上承训迪于两宫，下肇升平于四海，惟思宵旰勤孜，以求治臻上理。兹当临轩策士，式殷前席，用集嘉猷。《虞书》守执中之训，为道统所自开，帝德王道，时代虽殊，其同条共贯者安在？《汤诰》言降衷恒性，专言理也。《洪范》言“天阴骘下民”，而五行庶征，理兼乎数，其说之同异若何？董仲舒，汉之大儒，朱子既以正谊、明道二语编入《小学》，而于《天人三策》犹有未满之辞，其意何指？王通著《中说》，学者拟之《论语》，而后人斥为僭妄，所指何条？唐臣韩愈推原性道，拔起于贞元、元和之间，然其议论之未尽纯者何在？宋之大儒，濂洛关闽，专以发明心性之奥，至其得力之处，教人之术，能揭其大要欤？元儒首倡者何人？继起者何氏？其纯驳优劣，能详言之欤？明代理学录，孰为居首？其余诸子，出处成就，又各不同，可一一悉数欤？守令为亲民之官，安民必先察吏，保障茧丝，自古辨之矣。《史记》列传，特标循吏，后史因之，其间又有或称良吏，或称良政者，能枚举欤？龚黄召杜，尚已。此外有蒲鞭示辱者，有生鱼悬庭者，有麦秀两岐者，有民歌五裤者，有虫不犯境者，有处膏不润者，有提耳训告者，可历指其人欤？他如尹思贞之刺青州，薛大鼎之转沧州，包拯之知端州，王觌之知苏州，杨仲昌之令孝义，李君爽之令醴泉，刘挚之令南宫，其治绩可得闻欤？或谓汉委寄守令，不从中驭，居官者得行法外之意，是以吏治为唐宋所不逮，然欤？否欤？安民之法，莫先于弭盗；弭盗之法，莫善于保甲。说者谓保甲之制，权舆于周官，然欤？保甲之名，创自何人？汉之亭长、啬夫，唐之里正、坊正，推其名，实与周制里宰、鄰长、鄙师不相远，其实充其任者何人？且同一保甲之法，王安石行之而民扰，王守仁行之而民安，岂法之有效有不效欤？抑有治人无治法欤？弭盗之方，载诸简策者，如韩延寿之治颍川，尹翁归之守扶风，其法能备举欤？他如村置楼鼓，缝衣为志，相机制变，存乎其人，可引伸其说欤？欧阳修有御盗四事，说者谓其中有探本之论，其要安在？整军经武，国之大经，古者寓兵于农，师之取象，地中有水，所谓藏至险于大顺也。管仲相齐，参其国，伍其鄙，国则为军，鄙则为农，说者谓兵民之分自此始，然欤？设兵之善莫如唐，驭将之善莫如宋，所谓善者安在，能详其说欤？明邱濬谓宋之禁军，不如汉之践更；汉之践更，不如唐之府兵，能引伸其意欤？于谦创团操之议，王骥定练兵之制，可备陈欤？今将整饬营伍，鼓励戎行，必使汰其老弱，黜其骄悍，惩其惰窳，简其精锐，以汰卒之粮，加精卒之饷，庶兵归实用，饷不虚糜，果何道之从？凡兹四端，稽古以懋修途，考课以厘政绩，除莠以清里闬，诘戎以靖边陲，皆经国之远猷，立政之要务也。多士力学有年，其各陈谠论毋隐，朕将亲览焉。

四月戊子　上御养心殿，召读卷官入，亲阅定进呈十卷甲第。

四月己丑　上御太和殿。传胪。赐一甲崇绮、于建章、杨霁三人进士及第，二甲牛瑄等一百人进士出身，三甲吴汝纶等一百六十二人同进士出身。

四月己丑　赏会试年老举人鄢九如等三十六人司业、编修、检讨、学正职衔有差。

四月壬辰　引见癸亥科散馆人员。得旨：修撰翁曾源，编修龚承钧、张之洞业经授职，二甲庶吉士许振祎、吴鸿恩、梅启熙、郭怀仁、边宝泉、陈振瀛、蒋维垣、朱悠然、张鹏翼、曹炜、夏子钖、李端棻、李嘉乐、陈翼、陆尔熙、崔志道、鄂芳、冯尔昌、吕式梿、周兰、宗室奎润、黄体芳、王绪曾、高学瀛、刘燡、解煜、周声澍、铁祺、刘曾俱着授为编修，三甲庶吉士郑梦锦、文澄、段福昌、吴镇、许廷桂、孙凤翔、徐尔麟、张道渊、张观准俱着授为检讨，萧世本、刘子镜、光焮、罗振云、黄彬、陈锦、王载、景善、黄桂丹俱着以部属用，沈宝楠、任传纶、邹振岳、姚清祺、黄绍薪、胡昌铭、彭君谷、谢辅墀、汤献祥、周维翰、饶佩勋俱着以知县即用。

五月乙未　赏湖北等省甲子科乡试年老诸生陈本升等三十三人举人、副榜有差。

五月戊戌　授一甲一名进士崇绮翰林院修撰，二名进士于建章、三名进士杨霁编修。

五月癸卯　引见新科进士。得旨：一甲三名崇绮、于建章、杨霁业经授职外，牛瑄、罗家劭、沈成烈、宗室松森、韦业祥、张清华、吴仁杰、唐景嵩、胡聘之、钮玉庚、杨松兆、黄毓恩、周开铭、汪鸣銮、朱以增、黄煦、崔文海、费延厘、杨绍和、张英麟、李士彬、曹秉哲、萧晋卿、福臣、刘恩溥、李汝霖、臧谷、张端卿、崔焕章、彭泰毓、杨颐、顾奎、施之博、屈秋泰、李鸿逵、易子彬、郑守孟、顾云臣、郝同篪、董执、郑溥元、胡元照、王廷辉、李播、庆锡荣、逄润古、汪效畴、邬纯嘏、温绍棠、潘衍鋆、徐进、王凤池、刘凤苞、朱福基、王先谦、周岱、冯光勋、李绪昌、李用清、文治、林梁材、陈本枝、茹芝、柳长庚、启秀、谢文启、杨泰亨、黄中瓒、苏维城、田翰墀、德生、霍鹏南、刘青照、杨超元、刘名瀚、王邦玺、甘杰俱着改为翰林院庶吉士，张曾亮、陈毓秀、武震、欧阳烜、董对廷、焦骏枫、杨际云、薛德恩、陆炳然、郑東、黄桂镳、尹寿衡、吴峋、冯栻宗、施人镜、许道培、李国琇、钟大荣、侯封镐、王锡元、孙纪云、萧育东、寿颐、傅钟麟、龙文彬、周廷揆、朱丙寿、濮文暹、卢秉政、吕元勋、张棨、彭美、周瑞松、周庆恩、李应泰、任其昌、李仕良、刘沄、百勤、邢元恺、郝绍汤、曹鸿棨、戴恩溥、赵德麟、忠斌、崔澄寰、良镇、张谐之、梁嶲、李逢春、周蓉第、杨钜、李桂联、汤庆源、宗室岳琪、黄峻俱着分部学习，吴汝纶、金曰修、薛尚义、薛文华、傅炳墀均着以内阁中书用，何寿增、姚步瀛、汪范畴、吴耀斗、周麟章、章先甲、陈省钦、熊茂林、陈子楷、蔡福谦、张镔、袁汝虔、黄郑锦、杨暹、周鸣岐、陈衍昌、周淦、叶大同、沈恩华、施锡卫、李溱、柳正笏、黄光祥、吴协加、李美嵩、陈西庚、李枫林、吴朝彦、崔丹桂、刘济瀛、张鹏翥、龙泉、宋作宾、邓翰屏、王佩文、濮文昶、胡辑瑞、江璧、向时鸣、张家槐、袁恩诏、曾谊、金锡蕃、谢骏声、宋季丰、李世珍、张杰、管近修、张沇清、董承乾、杜逢庚、张道经、于宗翰、周廷献、张建勋、李嘉宾、蒋会图、丁正文、毛凤五、陈维恺、林调阳、严成仪、斌敏、韩诗、蓝向葵、符为霖、陈文凤、钱保衡、方连翼、王捷三、吕式枚、韩毓午、华钟祥、尹开先、随福、马名义、丁镇西、来凤郊、朱锡祺、孙念召、阮调元、刘华邦、萧文辉、杨倬云、谢云龙、陆薪传、郭芳兰、侯长龄、李德溥、张肄三、萧玉春、毛璋、刘琪枝、李逢源、冷鼎亨、孙梦麟、郑宗瑞、张砺修、余澍千、张万选、李裕后、李品亨、陈烜、甘启运、刘大方、吴茂先、刘学瀚、蔡卓人、章辅廷、李福田、柳祖彝俱着交吏部掣签，分发各省以知县即用，兵部候补郎中王元晋着以郎中即用，户部候补员外郎李衢亨着以员外郎即用，户部候补主事吴善宝，刑部候补主事方学伊、高理循，兵部候补主事傅大贞，工部候补主事杨联桂均着以主事即用，户部学习郎中王魁銮、工部学习郎中叶毓荣均着俟报满，作为候补郎中后，以该部郎中即补。余着归班铨选。

五月癸卯　命大学士周祖培、都察院左都御史全庆教习庶吉士。

五月庚戌　谕军机大臣等：浙江省城贡院，闻业经藩司蒋益澧捐廉创修，各属官绅踊跃捐助，工程已完者十之七八，至五六月中可以告成。浙省乡试自己未科后迄今已历三科，均未补行，今秋乡试是否可以举行？着马新贻体察地方情形。如果闽省贼氛已远，浙省边防安堵，应否酌量举行乡试之处，即着迅速奏闻。将此谕令知之。寻奏，现在边防安堵，请于本年八月补行辛酉、壬戌两科乡试，其甲子一科展至丁卯科并办。下部知之。

五月庚戌　以江西捐输军饷，永广瑞州府学额四名，雩都县十名，永新县八名，奉新县三名。

五月庚戌　以江西军营捐输欠饷，永广湖南江华县学额四名。

闰五月辛卯　谕内阁：礼部奏，各省选拔生请考纷歧，请旨办理一摺。向来各省拔贡朝考，均于选拔之次年定限考试，其有事故后期者，止准在部补考。咸丰十一年辛酉科选拔，本应于同治元年会齐考试，因军务未竣，或考选停留，或入京梗阻，曾经礼部奏明，展至同治四年汇齐补考。上年因四川等省选拔生呈称，旅费维艰，实难久候，加恩准其先考，以示体恤。现在复有四川等省选拔各生到京，呈恳考试。本应饬令静候各省报齐时，再行补考，惟念该生等均系寒儒，未谙朝廷体制，今既长途跋涉，远道赴京，吁恳考试，情尚可原。所有现到应考之选拔生，着格外加恩，准其先行考试。此后，未考各生着俟礼部另定年分，与未经报齐各省之选拔生并作一次考试，不得纷纷赴京，随时渎请先考，以肃政体。另片奏，四川等省选拔生内，有曾报患病及丁忧在会考后者，可否一体朝考等语。着准其归入各该省无事故各生一体补行朝考，下届不得援以为例。

六月丁酉　予江西义宁被戕武举帅从龙赏恤如例。

六月戊戌　以江西捐输军饷，永广安福县学额五名，上饶县三名。

六月癸卯　命左春坊左庶子梁肇煌提督云南学政。

六月癸卯　以国子监祭酒瑞联为浙江乡试正考官，翰林院编修董兆奎为副考官；太仆寺少卿丁绍周为福建乡试正考官，国子监祭酒丁培镒为副考官。

六月癸卯　以四川续捐津贴，永广眉、仁寿、洪雅三州县学额各二名，简、崇庆、绵竹、南充、广安、三台、中江、蓬溪、名山、宜宾、富顺、邛、大邑、泸、合江十五州县各一名。

六月乙巳　增设四川贡院号舍一千间，添设同考官、受卷官各二员，弥封、誊录、对读官各一员。从总督骆秉章请也。

六月戊申　以江苏捐输军饷，永广江都县学额四名，甘泉县二名。

六月戊申　以广东三水县绅民力保危城，永广学额二名。

六月辛亥　以浙江缙云县绅民随同克复城池，永广学额三名。

六月甲寅　以江苏宝应县捐输军饷，永广学额五名。

六月甲寅　以安徽捐输军饷，永广宿松县学额六名，江县二名。

六月乙卯　以江苏集团御贼，永广上海县学额四名，宝山县二名。

六月乙卯　赏江西等省甲子科乡试年老诸生康遇春等七十四人举人、副榜有差。

六月辛酉　引见四川等省补行朝考拔贡生。得旨：王保基等九名以七品小京官分部学习，赵宗藩等八名以知县试用，廖兴哲等二名交吏部询问，以教职、佐贰等官分用。

七月壬午　谕：据步军统领衙门代奏，候选知府龙瑞图条陈各摺，所请申明团练旧章一条，前曾叠谕各省督抚实力举行矣。若殿试策内，不拘字数，止取渊博，同治元、二年间，已两次明降谕旨宣示，龙瑞图所奏，应毋庸议。其所称从九品未入流等员，请照教官之例，归本省选补，则属窒碍难行。佐杂微员虽无民社之责，而于地方事宜亦各分任，若令本省之人办本省之事，公私交涉，不免弊窦丛生，于吏治大有关系。至科场回避，例禁綦严，所以杜弊端拔真才也。若父兄衡文，而子弟应试，虽未必竟敢徇私舞弊，而嫌疑之际，终觉无以自明，士子进身之始，应亦不愿出此。况回避士子果系真才，则学业本优，下届即可取中，迟速岂在一科？何至一经顿挫，遂成废物？龙瑞图所请，于乡会两场回避士子另编字号取中之处，有违定例，断不可行。

八月丁酉　以湖北汉川县捐输团练，永广学额七名。

八月丁酉　以江西永宁县捐输军饷，永广学额四名。

八月丁酉　以广东潮阳县捐输军饷，永广学额一名。

九月乙亥　派内阁学士殷兆镛知武举，以都察院左副都御史贺寿慈为武会试正考官，翰林院侍讲学士夏同善为副考官。

九月丁丑　以广东澄海县捐赀募勇，永广学额二名。

九月戊寅　兵部以武会试中额请。得旨：满洲、蒙古取中二名，汉军取中三名，奉天取中一名，直隶取中十五名，陕甘取中一名，广东取中十名，河南取中七名，山东取中八名，山西取中七名，湖北取中三名，湖南取中六名，四川取中八名，广西取中二名，福建取中二名，浙江取中一名，江西取中三名，云南取中一名。

九月庚寅　以升祔太庙礼成，颁诏天下。诏曰……一、贡监生仍派大臣官员考定职衔，照旧例送吏部注册。一、各省儒学以正贡作恩贡，次贡作岁贡。一、贡生、监生在监肄业者，免其坐监一月。……布告天下，咸使闻知。

九月壬辰　试中式武举张蜀锦等八十四人于太和殿前。

九月甲午　派礼亲王世铎、镶黄旗蒙古都统明庆、正黄旗汉军都统福兴校阅中式武举马步射、技勇。

九月乙未　上御养心殿，引见中式武举，亲定甲乙。

九月丙申　上御太和殿。传胪。赐一甲张蜀锦、桂林香、侯会同三人武进士及第，二甲秦联科等十五人武进士出身，三甲福祥等六十五人同武进士出身。

十月丙辰　以江西分宜县捐输军饷，永广学额六名。

十月丙辰　以湖北应山县捐输军饷，永广学额五名。

十月丙辰　以广东守备侯勉忠捐输勇粮，永广清远县学额二名。

十一月己丑　以浙江永康县绅团随同克复城池，永广学额三名。

十二月丁酉　谕内阁：御史佛尔国春奏，请严查蒙捐滥保及蒙混入考等弊一摺。据称近年捐例频开，人品甚杂，军营保举，良贱不分，并闻有鸿胪寺序班王嘉树即王润轩，家业下贱，蒙考入宛平县学；武清县举人曹允芳家奴李学儒蒙充供事，议叙从九品，其子李调元蒙捐监生，曾被曹允芳告发有案，今李调元之子李淑又复蒙混入考，请饬查办等语。着顺天府府尹查明该御史所指王嘉树、李淑等是否蒙混考试报捐，核实办理。并着各直省督抚、学政于所属官员及应试生童等，随时留心访查，毋任身家不清之人，得以溷迹其中，以肃功令而清流品。寻奏，遵查王嘉树并无家业下贱情事，李调元之高祖曾在曹姓家服役，业经刑部讯断有案，扣满三代，自李调元之子为始，准其捐考，应免置议。报闻。

十二月甲辰　以江苏泰州捐输军饷，永广学额四名。

十二月甲寅　命翰林院编修林天龄提督山西学政。

十二月乙卯　以江西会昌县捐输军饷，永广学额八名。

同治五年（1866年）

正月乙酉　以河南修武县捐修城垣，永广学额六名。

二月甲寅　江苏学政宜振因病解职，命太常寺卿鲍源深提督江苏学政。

二月乙卯　以湖北黄安县捐赀团练，永广学额八名。

三月戊寅　赏福建补行甲子科乡试年老诸生邱必鹏等十二人举人、副榜有差。

四月戊戌　以直隶天津捐输军饷，永广学额六名，灶籍一名。

四月戊戌　以江苏捐输军饷，永广太仓州学额五名，镇洋县二名。

四月甲辰　以浙江绅民力保危城，永广浦江县学额三名，瑞安县文四名、武二名。

五月己巳　谕：徐宗干奏，武职大员子弟乡试获中，访有情弊，请斥革究办一摺。福建台湾镇总兵曾玉明之子曾云登、曾云书于上年福建甲子科乡试中式举人，经该抚及提调、监试、司道各员访查，曾云登等素不能文，恐有情弊，传提来省讯究。乃该镇托词业已内渡，延不到案，显有徇庇情事。前任台湾镇总兵曾玉明着暂行革职，勒令将伊子曾云登、曾云书交出，解省究问。曾云登、曾云书均着革去举人，交左宗棠拘拿到案，严讯确情，按律定拟具奏。曾玉明有无主使作弊别情及徐宗干等失察处分，着俟定案时声明请旨。寻奏，遵讯曾云登、曾云书因弟兄号舍相联，商默旧文获中，尚无枪替、怀挟等弊，应照士子越号换写文字例减一等科罪。曾玉明有心徇庇，业经革职，应无庸议。监临、提调等均无失察之咎，请免议处。下部议，从之。

五月乙亥　以安徽捐输军饷，永广潜山县学额七名，六安、舒城、英山三州县各四名，霍山县三名。

六月戊子　以江苏通州捐输军饷，永广学额五名。

六月戊子　以广西捐输团练，永广乡试中额二名，怀集县学额六名，全州五名，藤、容、平南三县各四名，宾、灌阳、北流、宜山、思恩、贵、天保七州县各三名，郁林、河池、东兰、兴业、融五州县各二名，横、归顺、平乐、恭城、博白、柳城、天河、桂平八州县各一名。

六月戊戌　以勤学立品，予四川举人陈代芝等加衔有差。

六月庚子　赏浙江补行咸丰辛酉暨同治壬戌两科乡试年老诸生周炽盛等十四人举人、副榜有差。

六月乙巳　广东学政刘熙载因病解职，命内阁学士杜联提督广东学政。

六月丁未　以江苏捐输军饷，永广金匮县学额六名，无锡县五名，娄县一名。

六月丁未　以湖北云梦县捐输团练，永广学额一名。

六月丙辰　以广东连平、新会两州县守城出力，永广学额各二名。

八月庚寅　以江西石城县捐输团练，永广学额九名。

八月庚寅　以湖北天门县捐输团练，永广学额五名。

八月乙未　谕：御史王师曾奏，请停止捐免罚科等语。所奏不为无见。乡会试磨勘覆试，定例綦严，近日章程，准以银两捐免，磨勘覆试，几同虚设，殊于政体有碍。嗣后，文武乡会试磨勘覆试，罚令停科停殿试者，概不准援案捐免，以肃功令。

八月乙巳　以江苏南汇县捐输军饷，永广学额十名。

八月乙巳　以江西捐输军饷，永广吉安、临江两府学额各二名，永丰县十名，新淦县一名。

八月辛亥　以江西定南厅捐输团练，永广学额七名。

九月丙寅　以江苏捐输军饷，永广镇江府学额四名，丹阳县十名。

九月丙寅　以湖南祁阳县捐输军饷，永广学额一名。

十月庚寅　以江西捐修城工，永广九江府学额二名，湖口县三名。

十月庚寅　以四川续捐津贴银两，永广简、眉、邛、泸、崇庆、德阳、铜梁、荣、达、三台、蓬溪、乐山、宜宾、富顺十四州县学额各一名。

十月丁酉　赏福建省补行甲子科乡试年老诸生倪松年等七人副榜。

十月癸卯　以湖北黄冈县捐输团练，永广学额四名。

十一月辛酉　准前任江南河道总督潘锡恩在山东省重赴鹿鸣宴，并赏加太子少保。

十一月丙子　以安徽淮军捐输积饷，永广乡试中额一名。

十一月丙子　以直隶枣强县捐输军饷，永广学额二名。

十一月丙子　以江苏捐输军饷，永广常熟县学额十名，昭文县八名，东台县六名。

十一月丙子　以江西瑞昌县捐输军饷，永广学额八名。

十一月丙子　以浙江永康县文生应参申捐建文庙，永广学额一名。

十一月庚辰　以直隶临榆县捐输军饷，永广学额二名。

十一月庚辰　以江西捐输军饷，永广赣州府学额三名，赣县七名。

十一月庚辰　以浙江捐输军饷，永广乡试中额四名，杭州府学额十名，湖州府八名，宁波府四名，会稽、萧山二县各五名，鄞、山阴二县各四名，镇海县三名，嘉兴、秀水、平湖、长兴、余姚、上虞、嵊、江山、永嘉九县各二名，海宁、富阳、嘉善、海盐、石门、桐乡、定海、诸暨、临海、兰溪、东阳、义乌、永康、浦江、西安、常山、开化、淳安、桐庐、遂安、乐清、龙泉二十二厅州县各一名。

十一月庚辰　以河南内乡县捐修城工，永广学额三名。

十一月庚辰　以广东捐输军饷，永广南雄州学额十名，永安、海阳二县各七名，归善、高要二县各五名，翁源、连平、河源、阳江、电白、文昌、始兴、长乐八州县各四名，英德、龙川、博罗、长宁、茂名、化、灵山七州县各三名，增城、三水、和平、潮阳、澄海、新兴、阳春、吴川、合浦、琼山、平远十一县各二名，顺德、新会、清远、新安、从化、龙门、曲江、海丰、大埔、扬阳、普宁、丰顺、鹤山、广宁、恩平、信宜、石城、会同、崖、罗定、东安、西宁、镇平二十三州县各一名。

十一月甲申　以江苏捐输军饷，永广乡试中额一名。

十一月甲申　以浙江提督鲍超捐输军饷，永广四川奉节县学额八名。

十二月庚寅　以山东昌邑县捐输军饷，永广学额六名。

十二月庚子　以江西捐输军饷，永广南安府学额五名，崇义县八名。

十二月癸卯　以广东绅民力保危城，永广新兴、广宁二县学额各二名。

十二月乙巳　以浙江绅民力保危城，永广东阳县学额文五名、武三名；青田县三名；永嘉、平阳二县文各四名、武各二名；乐清、遂昌、龙泉三县文各三名、武各二名。

十二月己酉　谕内阁：御史卢士杰奏，各省乡试，请饬部先期颁发条例，暨续增事宜一摺。乡试为国家抡才大典，理宜整肃场规，力祛弊窦，礼部《科场条例》本极详备，久经颁发，各省一体遵办，乃日久视为具文，弊端百出。承办乡试书吏往往于弥封等所互相句串，暗通消息，若不申明条例，严加防范，流弊伊于胡底？嗣后，每遇乡试年分，着礼部将《科场条例》及续增事宜先期颁发各省，该提调、监试、房考各官务当恪守成规，力杜关节，以副朝廷拔擢真才至意。

十二月庚戌　以江西捐输军饷永广安、仁县学额十名，上高县六名。

十二月壬子　以四川续办津贴银两，永广乡试中额十名。

同治六年（1867 年）

正月辛酉　以江西兴国县捐输军饷，永广学额十名。

正月丙寅　以江南水师捐输军饷，永广湖南衡州府学额五名，衡阳县三名。

二月庚子　以安徽捐输军饷，永广乡试中额一名，盱眙县学额三名，桐城、望江、泾、南陵、泗五州县各二名，怀宁、太湖、太平、旌德、怀远五县各一名。

二月庚子　以湖北东湖县捐输军饷，永广学额七名。

二月庚子　以河南新蔡县捐输军饷，永广学额二名。

二月癸卯　以江苏捐输军饷，永广武进县学额十名，阳湖县九名。

二月癸卯　以江西万年县捐输军饷，永广学额十名。

二月壬子　谕内阁：张亮基奏，黔省乡试，停科过久，请举行本年丁卯科，及补行乙卯、戊午两科一摺。向来各省乡试，定例止准补行一科。惟念贵州自军兴以来，已逾十载，停科最久，该处山川险阻，筹费艰难，该士子等志切观光，自应俯如所请。所有贵州省举行本年丁卯科乡试，着准其补行乙卯科，并加恩准补戊午科，按照定广各额，并数取中，以作士气。

四月丙戌　前任陕甘总督杨岳斌奏，军务未竣，请展缓本年甘肃武闱乡试。从之。

四月庚寅　以江西宜春县捐赀团练，永广学额十名。

四月庚寅　以已革总兵官陈国瑞呈缴盐本银两，永广湖北应城县学额四名。

四月庚寅　以山东恩县捐赀团练，永广学额二名。

四月庚寅　以山东齐河县捐修城垣，永广学额三名。

四月丙申　以江西督粮道段起捐输军饷，永广湖南衡州府学额八名。

四月戊戌　本年乡试，考试应开列试差人员于保和殿。

四月戊戌　以江苏如皋县捐输军饷，永广学额五名。

四月癸卯　命大学士贾桢教习庶吉士。

四月丙午　以贵州绅民捐输义谷，永广乡试中额一名。

四月丙午　以热河赤峰县捐输团练，永广学额二名。

四月丙午　以江西捐输军饷，永广饶州府学额二名，德兴县十名。

四月丙午　以湖北麻城县捐输团练，永广学额七名。

四月丙午　以广东副将郑绍忠捐输军饷，永广三水县学额一名。

四月戊申　成都将军崇实等奏，应补宁远府四届岁科考试，现拟变通办理。得旨：所奏虽系实在情形，然非甘肃口外可比，业经寄题考试，姑如所请，此后不准援以为例。

五月癸丑　以翰林院编修廖坤培为贵州乡试正考官，于建章为副考官。

五月戊午　谕内阁：鲍源深奏，请饬刊刻书籍，颁发各学一折。江苏等省自遭兵燹以后，各府州县学中旧藏书籍大半散佚，经史板片亦皆毁失无存。现在地方已就肃清，亟应振兴文教，士子有志读书，而载籍难于购觅，其何以资讲贯而惠艺林？着各直省督抚转饬所属，将旧存学中书籍广为购补，并将列圣御纂钦定经史各书先行敬谨重刊，颁发各学，并准书肆刷印，以广流传。俾各省士子得所研求，同敦实学，用副朝廷教育人才至意。

五月戊午　谕：鲍源深奏，请增修《学政全书》一折。《学政全书》自嘉庆十七年增修以后，久未续行纂辑，各省学臣遇无例案可循事件，办理多至歧异，殊非画一之道。即着礼部将嘉庆十八年以后颁行条例有关学校事宜者重加纂辑，其近年暂时从权变通者，亦着酌定画一，增入《学政全书》，刊发各省，以资循守。

五月甲子　以大理寺少卿王维珍为福建乡试正考官，翰林院侍读学士鄂芳为副考官；内阁学士铭安为广东乡试正考官，翰林院侍读学士马恩溥为副考官；侍讲学士钱宝廉为广西乡试正考官，掌山西道御史王师曾为副考官。

五月丁卯　陕西巡抚乔松年奏，军务未靖，请将补行壬戌、甲子及本年乡试，仍展限举行。从之。

五月丁卯　以原任西安将军多隆阿捐输军饷，永广顺天乡试满洲、蒙古中额一名，京旗满洲、蒙古学额十名。

五月甲戌　以翰林院检讨王庆祺为湖南乡试正考官，编修毕保厘为副考官；侍讲学士孙毓汶为四川乡试正考官，编修李文田为副考官。

五月己卯　以广东新宁县募勇设防，永广学额四名。

五月辛巳　谕内阁：前因天时亢旱，诏求直言，原冀于国计民生，有所裨益。兹据都察院代奏，候选直隶州知州杨廷熙奏请撤销同文馆以弭天变一摺，呶呶数千言，甚属荒谬。同文馆之设，历有年所，本年增习天文、算学，以裨实用。历经御史张盛藻、大学士倭仁先后请罢前议，因其见识拘迂，叠经明白宣示，兹据该知州所陈十条，不过摭拾陈言，希图自炫，原可置之不论。惟有关于风俗人心者甚大，不得不再行明示。杨廷熙因同文馆之设，并诋及各部院大臣。试思杨廷熙以知州微员痛诋在京王大臣，是何居心？且谓天文、算学疆臣行之则可，皇上行之则不可。普天之下，孰非朝廷号令所及，岂有疆臣可行，而朝廷不可行之理？又谓事在必行，恳请将翰林、进士、科甲有职事官员撤销，尤属谬妄。国家设立科目，原以登进人才，以备任使，曾国藩、李鸿章均系翰林出身，于奉旨交办中外交涉事件，从无推诿。岂翰林之职，专在词赋，其国家政务，概可置之不问乎？……所请着毋庸议。

六月甲午　以鸿胪寺少卿朱学勤为江西乡试正考官，宗人府主事范鸣和为副考官；光禄寺少卿张沄卿为浙江乡试正考官，翰林院编修张之洞为副考官；侍讲学士常恩为湖北乡试正考官，修撰钟骏声为副考官。

六月甲辰　以太常寺少卿刘有铭为江南乡试正考官，翰林院编修王荣琯为副考官。

六月丁未　以山东夏津县捐输团练，永广学额三名。

六月丁未　以湖北蕲水县捐输团练，永广学额三名。

七月壬子　派大理寺卿兴恩、宗人府府丞兼署顺天府府尹胡肇智监临顺天乡试。

七月丁巳　以湖北崇阳县捐输团练，永广学额六名。

七月丁巳　以四川捐输津贴银两，永广汉、泸、广安、彭、巴、梁山、资阳、内江、中江、洪雅、隆昌十一州县学额各二名，江北、眉、忠、简、资、合、涪、巴、蓬、绵、崇庆、华阳、铜梁、峨眉、温江、万、乐山、灌、名山、什邡、垫江、雅安、新津、达、乐至、双流、金堂、东乡、射洪、新都、郫、三台、彰明、新宁、邻水、德阳、渠、仪陇、罗江、安、营山、长寿、阆中、南充、江津、永川、南部、西充、大足、定远、通江、夹江、犍为、荣、威远、宜宾、南溪、富顺、彭山、大邑、蒲江、江安、合江六十三厅州县各一名。

七月戊午　以旗员捐输军饷，永广顺天文乡试满洲、蒙古中额五名，汉军二名。

七月己未　以翰林院修撰徐郙为河南乡试正考官，编修解煜为副考官；夏子锡为山西乡试正考官，李端棻为副考官。

七月辛酉　以直隶捐修城工，永广邯郸县学额三名，稿城县二名。

七月辛酉　以江苏捐输团练，永广仪征县学额七名，嘉定、昆山、新阳三县各四名。

七月辛酉　以江西捐输军饷，永广峡江县学额六名，萍乡县四名。

七月辛酉　以湖北随州捐输团练，永广学额六名。

七月辛酉　以湖南捐输军饷，永广武冈、桂阳二州学额各五名，零陵、桃源二县各四名，耒阳、宜章二县各三名，郴、衡阳、宁远、永明、武陵、永兴、兴宁、桂东八州县各二名，澧、茶陵、攸、安化、安仁、溆浦、石门、常宁、酃九州县各一名。

七月辛酉　以四川捐输军饷，永广三台县学额十名，成都、酉阳二州县各八名，资、华阳、江津、犍为四州县各六名，合、内江二州县各五名，长寿、开、资阳三县各四名，江北、温江、灌、新都、什邡、邻水、万、梁山、合江、乐山十厅县各三名，崇庆、彭、广元、射洪、巴、永川、铜梁、大足、荣昌、定远、垫江、江安、威远十三州县各二名，汉、简、涪、忠、蓬、泸、崇宁、郫、新繁、新津、双流、金堂、德阳、安、梓潼、彰明、江油、苍溪、阆中、荣、隆昌、井研、酆都、南溪、达、东乡、新宁、南充、仪陇、盐亭、乐至、中江、营山、洪雅三十四州县各一名。

七月辛酉　以广东商民在江苏上海捐输军饷，永广广州府学额一名。

七月辛未　以直隶曲周县捐修城工，永广学额一名。

七月辛未　以安徽捐输军饷，永广霍山县学额七名，太湖、庐江二县各六名，无为、阜阳二州县各四名，铜陵县三名。

七月辛未　以江西吉安府捐输军饷，永广学额五名。

七月辛未　以湖北捐输军饷，永广荆门、监利、襄阳三州县学额各三名，咸宁、蒲圻、大冶、黄陂、孝感、蕲水、广济、钟祥、南漳九县各二名，沔阳、随、均、武昌、通城、汉川、京山、潜江、安陆、云梦、石首、松滋、枝江、枣阳、宜城、谷城、郧、房、保康、长阳、恩施、当阳二十二州县各一名。

七月丙子　以广西捐输军饷，永广文乡试中额二名。

七月己卯　以直隶捐输军饷，并海防团练城工，永广文乡试中额二名。

八月辛巳　命太常寺少卿任兆坚为奉天府府丞兼学政，礼部右侍郎贺寿慈提督顺天学政，翰林院侍讲学士夏同善提督江苏学政，内阁学士殷兆镛提督安徽学政，翰林院修撰徐郙提督江西学政，候补侍郎徐树铭提督浙江学政，国子监祭酒邵亨豫提督福建学政，翰林院编修张之洞提督湖北学政，温忠翰提督湖南学政，翰林院侍读杨庆麟提督河南学政，编修张家骧提督山东学政，于建章提督山西学政，周兰提督陕甘学政，修撰钟骏声提督四川学政，光禄寺卿胡瑞澜提督广东学政，翰林院编修杨霁提督广西学政。云南学政梁肇煌、贵州学政黎培敬俱留任。

八月丙戌　以大学士贾桢为顺天乡试正考官，协办大学士工部尚书瑞常、工部尚书单懋谦、都察院左都御史汪元方为副考官。

九月癸亥　吏部等部议准：盛京将军都兴阿等奏，请于昌图厅添设经历、训导各一员，取进学额二名。应如所请办理。至增设廪额及出贡年数，应俟考试五届后，由该将军奏明核办。从之。

十月辛巳 赏四川甲子科乡试年老诸生刘及锋等四人举人、副榜有差。

十月壬辰 以吏部左侍郎毛昶熙为顺天武乡试正考官，户部右侍郎毕道远为副考官。

十月甲午 山东巡抚丁宝桢奏，军务未竣，请将本年文武乡试展至下科一并举行。从之。

十月己亥 赏顺天乡试年老诸生马子林等四人举人、副榜有差。

十一月庚戌 以江西捐输军饷，永广吉安府学额一名，长宁县十名。

十一月丁丑 谕内阁：御史游百川奏，请崇尚经术，以端趋向各摺片。国家吁俊抡才，原期士子通经致用，若学无根柢，徒恃怀挟倩代，以图徼幸，所谓淹通经史者安在？何以振文风而端士习？学政岁科两试，生童正场之前，例有考古一场。着直省学政于按考各属时，遍谕生童，如有能默诵五经，通晓经义者，准其报名，即于考古场中按名面试，拔之以为研经者劝。其未经报考者，亦令认习某经，于下届按册试之。该学政等务期崇尚实学，拔取真才，毋得视为具文，以副朝廷乐育人才至意。将此通谕知之。

十二月己丑 赏山西等省乡试年老诸生马恩溥等三十二人举人、副榜有差。

同治七年（1868 年）

正月乙卯 以湖北黄陂县捐输团练，永广学额六名。

正月乙卯 以湖北提督江长贵捐输军饷，永广四川盐亭县学额一名。

正月癸酉 派工部左侍郎魁龄、礼部左侍郎庞钟璐知贡举。

正月甲戌 命礼部尚书万青藜教习庶吉士。

正月甲戌 以江苏金坛县捐输军饷，永广学额九名。

二月戊子 以江西大庾县捐输军饷，永广学额十名。

二月癸卯 赏江苏等省丁卯科乡试年老诸生潘炜等一百四十二人举人、副榜有差。

三月己酉 以江西吉水县捐输军饷，永广学额三名。

三月己酉 以湖南宁远县捐输团练，永广学额六名。

三月己酉 以山东营员刘时霖报效军饷，永广贵州安化县学额一名。

三月壬子 以江西捐输军饷，永广信丰县学额十名，余干县九名。

三月壬子 以河南捐输军饷，永广乡试中额三名，尉氏、滑、温三县学额各三名，汜水、密、武陟、登封四县各二名，杞、鄢陵、郑、禹、商邱、汲、新乡、辉、延津、封邱、河内、孟、偃师、巩、永宁、商水、扶沟、许、襄城、汝、郏、陕、商城二十三州县各一名。

三月癸丑 赏广东省丁卯科乡试年老诸生容斐如等二人举人。

三月甲寅 赏广东省丁卯科乡试年老诸生谢夔机举人。

三月乙卯 以江西弋阳县捐输团练，永广学额七名。

三月戊午 以江苏吴江县捐输军饷，永广学额六名。

三月癸亥 谕内阁：内阁奏，庶吉士散馆，考试诗赋、策论，先期请旨一摺。此次着考试诗赋，至策、论两项，该庶吉士等业经于殿试、朝考时分别考试，散馆时自无庸再行覆考。嗣后，散馆着仍考试诗赋，届期不必奏请，以复旧制。

三月丙寅 礼部以宗室会试中额请。得旨：取中二名。

三月甲戌 礼部以会试中额请。得旨：满洲取中七名，蒙古取中二名，汉军取中五名，直隶取中二十名，奉天取中三名，山东取中十六名，山西取中七名，河南取中十七名，陕甘取中五名，江苏取中二十四名，安徽取中十五名，浙江取中二十五名，江西取中二十二名，湖北取中十一名，湖南取中十四名，福建取中二十名，台湾取中二名，广东取中十五名，广西取中十二名，四川取中十六名，云南取中四名，贵州取中十名。

四月己卯 谕：传谕署安徽巡抚吴坤修。吴坤修奏，筹办开荒善后事宜，并请严办滋事生童各等语。……考试为抡才大典，士子必须安分守法，静候校试，乃宿松县生员石春礼，竟因童生何兆文等被窃报案未获，殴伤捕役，复纠众数百人，拆毁怀宁县署，殊属不安本分。近来各省士习不端，每于考试时聚众滋事，动辄抗官哄署，横行不法，若不严行惩办，必至竞相效尤，风气日坏，何以端士习而劝善良？着该署抚即将石春礼先行咨部斥革，一面提同滋事生童人等严行审讯，按律从重惩办，以儆将来。在逃滋事之犯，并着勒限该地方官严拿务获，从重治罪，毋任漏网。嗣后，遇有此等案件，该署抚当责成该地方官认真严办，不得博宽大之名，畏难苟安，致长刁风。

四月丙戌 以江苏泰兴县捐输军饷，永广学额六名。

四月丙戌 以河南中牟县捐修城工，永广学额一名。

四月乙未 赏福建省丁卯科乡试年老诸生林佐汤等三十一人举人、副榜有差。

四月戊戌 派大学士倭仁、吏部尚书单懋谦、礼部尚书全庆、署礼部右侍郎鲍源深、工部左侍郎魁龄、右侍郎潘祖荫、内阁学士王祖培、都察院左副都御史继格为殿试读卷官。

四月戊戌 赏会试年老举人黄凤翔等二十一人司业、编修、学正职衔有差。

四月己亥 策试天下贡士蔡以瑺等二百七十一人于保和殿。制曰：朕以冲龄，诞膺昊眷，寅绍丕基，荷列圣之诒谋，承两宫之训迪，兢兢业业，夙夜不敢康。深惟典学传心之要，去奢崇俭之方，练兵讲武之经，弼教明刑之用，冀与中外臣民致上理于大同，臻郅隆之盛轨。兹值临轩发策，虚衷博采，广集嘉谟，尔多士其敬听朕命。危微精一之旨，为帝王道统所开，尧曰执中，舜曰用中，汤曰建中，与中庸致中和之义有合否？朱子谓，《大学》之格致诚正，以至修齐治平，始终不外乎敬；《中庸》之圣神功化，枢纽不外乎诚。心法治法，一以贯之，二书实括其全，能申明其义欤？《帝范》、《帝学》、《心经》、《政经》，以及《大宝》、《丹扆》之箴，其言亦有可采欤？真德秀《大学衍义》仅及修齐，何为略治平而不言？邱浚《大学衍义补》，政典极为详备，抑尚有提挈大纲者在欤?《洪范》、《皇极》，汉儒训为大中，宋儒又以为不然，其义何欤?自古求治之主，罔不躬行节俭，为天下先，然非徒务乎其名也?《书》曰：“慎乃俭德，惟怀永图。”《左氏》云：“俭，德之共也。”俭以德名者，有清心寡欲之功，而后有制节谨度之事也。尧之土阶，舜之土簋，禹之菲食，文之卑服，尚已。汉文帝衣绨履革，屏雕文之饰，惜中人之产，治犹近古焉。厥后令辟，焚翟裘，毁筒布，却珠贡，非不节俭可风，然究不能跻一世于敦庞以追踪隆古者，岂徒俭不足以示国欤?抑务其名而不求其实之过欤?今欲使天下黜华崇实，易俗移风，何道以致之?武备之要，训练为先，搜苗狝狩，四时教战，成周之制备已。汉有京师教试之法，有州郡教试之法，能详悉言之欤?唐设府兵，三时劝农，一时讲武，人思自奋，悉为精锐，果何由而得此?宋初收天下劲兵，列营京畿为禁兵，亲御近郊阅武，京师之兵称为强盛，而州郡率皆疲弱，意在惩前代藩镇之弊，其制果尽善欤?明戚继光《练兵实纪》一书，为谈兵家所称善，其六练之法，能备详之欤?国家整军经武，兵制修明，近复练兵近畿，用备藩卫，果何以慎简军实，俾各营悉成劲旅也。上古无司刑之官，虞命皋陶制刑，为五刑所由昉，周官五刑之属各五百，而《吕刑》言五刑之属三千，所增减者安在?楚之《仆区》、郑之《刑书》、晋之《刑鼎》，作于春秋时，而论者谓李悝《法经》六篇，为后世律例所自始，其果然欤?汉初约法三章，厥后萧何定律令，于李悝《法经》，凡益若干篇，叔孙通复益者何律?唐之《律令格式》，宋之《刑统》，元之《至元新格》、《大元通制》，明之《大明律令》，其轻重繁简之数，可约举欤?朕欲本钦恤之心，行明允之法，司宪者宜如何持平协中，以臻刑期无刑之郅治也?凡兹四端，懋修以建极，节用以阜财，训卒以诘戎，明罚以敕法，经邦体国，莫要于斯。尔多士其详明著于篇，毋泛毋隐，朕将亲览焉。

四月壬寅　上御养心殿，召读卷官入，亲阅定进呈十卷甲第。

四月癸卯　上御太和殿。传胪。赐一甲洪钧、黄自元、王文在三人进士及第，二甲许有麟等一百二十七人进士出身，三甲郑贤坊等一百四十人同进士出身。

四月丙午　引见乙丑科散馆人员。得旨：修撰崇绮业经授职，二甲庶吉士逄润古、福臣、刘恩溥、张相宇、王先谦、朱福基、汪鸣銮、廖寿恒、郑守孟、顾奎、罗家劭、李汝霖、萧晋卿、黄毓恩、钮玉庚、李用清、杨绍和、周开铭、施之博、朱以增、吴仁杰、张清华、谢维藩、张怀恩、顾云臣、龚显曾、文治、茹芝、胡聘之、张英麟、韦业祥、郑溥元、松森、杨颐、潘衍鋆、董执庆、锡荣、汪叙畴、张端卿、曹秉哲、李璠、温绍棠、周岱、楼誉普、易子彬、崔文海俱着授为编修，三甲庶吉士杨泰亨、田翰墀、刘青照、吉长清、黄晋洺、周冠俱着授为检讨，郝同篪、冯光勋、启秀、王廷辉、柳长庚、唐景嵩、夏裕纶、李士彬、霍鹏南、沈成烈、李绪昌、苏维城俱着以部属用，何探源、德生、胡元照、谢文起、刘凤苞、杨超元、杨松兆、屈秋泰、林梁材俱着以知县即用，翻译庶吉士崇勋着授为编修。

闰四月庚戌　以奉天捐输军饷，永广长春厅学额三名，吉林厅二名。

闰四月壬子　授一甲一名进士洪钧翰林院修撰，二名黄自元、三名王文在编修。

闰四月癸丑　命协办大学士工部尚书瑞常、吏部尚书单懋谦教习庶吉士。

闰四月丙辰　引见新科进士。得旨：一甲进士三名洪钧、黄自元、王文在业经授职外，许有麟、吴宝恕、王寿国、锡珍、吴大澄、宗室宝廷、孙慧基、周崇傅、张登瀛、郑嵩龄、吴华年、胡乔年、谭承祖、陈启泰、阎迺兟、陈寿昌、焦肇骏、鲍存晓、刘廷枚、邵曰濂、刘常德、周璜、李肇锡、陈宝琛、何如璋、赵继元、梁仲衡、李郁华、熊汝梅、杜瑞麟、周麒、张人骏、鲁琪光、顾树屏、苑棻池、刘海鳌、慕荣干、秦钟简、何莱福、陶模、关朝宗、黄湘、李瑞裕、沈善登、潘衍桐、馨德、鸣泰、林懋祉、许景澄、蔡以瑺、徐祥麟、邵积诚、张清元、叶大焯、李振南、陆芝祥、吴士恺、李培元、刘治平、高万鹏、戴恒、徐兆澜、余鉴、徐文泂、姚协赞、魏弼文、广照、许振祥、刘春霖、程泽霈、徐会澧、洪良品、贺尔昌、姜球、皇甫治、郑贤坊、杨际春、郑扬芳、嵩申、联元、苏冕、萧振汉、赵汝臣、陈瑜俱着改为翰林院庶吉士，林祖述、沈受谦、鲁宗周、丁云翰、杨廷传、高纪、隋聿修、胡泰福、孙钦晃、张乔芬、戚人铣、张惟寯、周芳杏、蒲预麟、汪彤程、黄翊、王瑞星、袁诚格、淩忠镇、徐鼎琛、张元普、胡功祁、刘至喜、王鹏运、方瑞麟、冯芳缉、徐家鼎、张文璇、张丕绩、宗丙寿、严必大、欧阳衔、陈达、张士煐、文琦、曹燮湘、沈咏彤、程志和、汪文枢、祝世功、孙汝明、苏汝恒、鄢鸣雍、王裕嵘、乔駿、吴应扬、谢鸿诰、魏迺勷、苏大治、孙儒卿、赵时熙、陈惺驯、邓佐槐、黄元文、殷谦、汪鉴、林之升、陈作霖、陈兆翰、温㵮廷、孙承烈、夏玉瑚、邓明、宗室恩景、慕芝田、黎淞庆、高蔚光、邱璜、易学清、熊凤仪、辛孚德、郭乃心、赵国蔺、黄灿章、延誉、王金鼎、华煜俱着分部学习，孟继震、田逢年、王庆霖、萧宗瑀、罗德绰、杨桂芳、龚镇湘、王逢年俱着以内阁中书用，杨鼎来、陆嗣龄、沈镕经、余烈、刘鉴、淩心坦、杨春富、李应鸿、张朝滢、朱世篚、路青云、刘履安、丁维、王懋修、张志贤、崔国榜、鞠捷昌、蓝瑾章、杨诚一、王国均、阳肇先、胡廷琭、章淡如、薛振钰、吉绅、滕希甫、王必名、陈翔墀、特秀、陈受梁、钟廷瑞、张鉴堂、徐德裕、徐作梅、刘昌岳、尹果、岑傅霖、严蔚文、林步瀛、李宗郰、张佩训、赵从佐、徐鸣皋、吴联奎、庆振甲、陈杞、文荣、黄兆槐、袁思干、朱成棠、梁琛、于万川、吴绍正、华懋钦、彭润章、郭椿、邓煐、黄维翰、张之堂、蒋继芳、汤铭新、汪以诚、扎拉芬、林灼三、丁翥、江琛、金兆基、王煦、李淩霄、杨士芳、易鉴章、术其黉、孙炳煜、冯佐熙、黄长森、彭辉升、冯庆长、谭培坤、刘承矩、朱乃恭俱着交吏部掣签，分发各省以知县即用。刑部候补主事郑训承、叶荫昉、李昶、方汝绍，工部候补主事陈钦铭俱着以主事即用，兵部学习员外郎孙永治、刑部学习员外郎张赓扬俱着俟报满，作为候补员外郎后，以该部员外郎即补；户部学习主事林生泽、兵部学习主事廖鹤年俱着俟报满，作为候补主事后，以该部主事即补；候选郎中陈以咸着分部学习。余着归班铨选。

闰四月己未　以浙江诸暨县集团助剿，永广学额四名。

五月辛丑　以广东钦州绅民力保危城，永广学额二名。

六月甲寅　以广东潮州府捐输军饷，永广学额二名。

七月己卯 引见直省补行考取拔贡生。得旨：陈其璋等十三名以七品小京官分部学习，周蕃等十五名以知县试用，吴国贤等十名交吏部询问，以教职、佐贰等官分用。

七月己卯 引见直省考取优生。得旨：杨际清等十九名以知县用，何官尹等十七名以教职用。

七月己卯 赏广东等省丁卯科乡试年老诸生羊海等一百二十人举人、副榜有差。

七月戊子 以江苏海门厅捐输军饷，永广学额二名。

七月壬寅 谕内阁：湖北学政张之洞奏，府州县试录送过滥，请申明旧例，以定限制等语。向来府州县录送文童，荒谬不通至五十卷以上者参处，立法本严。自军兴以来，被兵省分，士子播迁流离，备尝艰苦，是以于考试时，每宽其科条，广其登进，藉以培养士气。兹据该学政所奏，近来府州县积习相沿，于考试文童全行录送，并不遗漏一人，以致院试时，每有涂写杂字，并钞写他题成文，以及枪冒、传递、怀挟等弊，层见叠出，于士习文风大有关系。此等恶习，他省谅亦不免。着各该省学政严饬各府州县，遇考试文童时，查照旧例，认真删汰，录送不准过滥。其实有事故，正场后始经赶到者，定期于院试将近汇齐补考一次，认真扃试。荒谬不通者屏绝不录，并严禁搭册等弊。其有藉考试为名，希图滋事、聚众扰害者，并着地方官严拿惩办，以正士习而绝弊端。将此通谕知之。

七月壬寅 谕：湖北学政张之洞奏，各省捐输加广学额，请核实办理，并请变通广额章程等语。军兴以来，各省捐输团练经费，均准加广学额，原于鼓励人心之中，寓嘉惠士林之意。若如该学政所奏，近来各省开办捐数，动多浮冒，以致各州县广额过多，其中根柢浅薄、文艺粗疏者滥竽充数，殊非朝廷培植人才之意。嗣后，各直省督抚于所属捐输团练经费，务须查明实用实销之处，切实核减，方准奏请加广学额。不得任听笼统开报，致滋流弊，并着该部将原定捐输广额章程量为变通，与御史范熙溥摺一并妥议具奏。寻奏，现在各府厅州县，除原额及永远定额照数取进外，所加一次广额，拟请比照恩诏加额之例，大学七名，中学五名，小学三名，以示限制，所有余额，分届递广。其实在人数不敷及文少通顺者，仍责成学臣任缺无滥。至御史范熙溥所称明定数人取进一名，殊多窒碍。请无庸议。从之。

八月庚戌 以广东丰顺县绅民力保危城，永广学额二名。

九月乙亥 以浙江捐输军饷，永广嘉兴、绍兴两府学额各十名，宁波、太平府县各六名，嘉兴、永嘉二县各五名，秀水、嘉善、桐乡、德清四县各四名，定海、海宁、海盐、诸暨、上虞、平阳六厅州县各三名，余杭、平湖、石门、象山、临海、义乌六县各二名，余姚、黄岩、天台、乐清、瑞安、泰顺、丽水七县各一名。

九月丁亥 派兵部右侍郎黄倬知武举，以吏部尚书单懋谦为武会试正考官，翰林院侍读学士马恩溥为副考官。

九月庚寅 兵部以武会试中额请。得旨：满洲、蒙古取中三名，汉军取中二名，奉天取中一名，直隶取中十四名，陕甘取中一名，广东取中九名，河南取中五名，山东取中四名，江苏取中三名，安徽取中二名，山西取中五名，湖北取中三名，湖南取中三名，四川取中七名，广西取中一名，福建取中四名，浙江取中七名，江西取中六名。

十月甲辰 试中式武举陈桂芬等八十二人于太和殿前。

十月丙午 派惇亲王、正红旗满洲都统景寿、镶红旗汉军都统奕劻校阅中式武举马步射、技勇。

十月丁未 上御养心殿，引见中式武举，亲定甲乙。

十月戊申 上御太和殿。传胪。赐一甲陈桂芬、谢子元、张光斗三人武进士及第，二甲刘金华等十三人武进士出身，三甲冯楚燊等六十二人同武进士出身。

十月己未 赏河南等省丁卯科乡试年老诸生李步云等五十五人举人、副榜有差。

十月癸亥 以陕西道员黄鼎捐输军饷，永广四川崇庆州学额一名。

十一月甲戌 以江西南赣镇总兵官王永胜所部各营捐输军饷，永广江苏六合县学额六名，江宁、上元二县各五名，安徽桐城县三名。

十一月戊戌 以江苏军营总兵官刘士奇等捐输军饷，永广湖南凤凰厅学额三名，安徽庐江县二名，江苏吴江县一名。

十二月庚午 以湖北枣阳县捐输团练，永广学额八名。

十二月庚午 以江西道员段起捐输军饷，永广湖南衡州府学额五名。

同治八年（1869年）

正月丙子 以河南桐柏县捐修城垣，永广学额一名。

正月庚辰 以山东博山县捐输团练，永广学额六名。

正月丙戌 命翰林院编修王昕提督山西学政。

三月戊子 以广东合浦县绅民力保危城，永广学额二名。

三月庚子 礼部以贵州本年补行己未恩科乡试，应否准其带补两科请。得旨：加恩，着准其带补辛酉、壬戌两科，以广登进，嗣后，不得援以为例。

四月癸卯 以湖南耒阳县捐输军饷，永广学额一名。

四月丁巳 以翰林院编修郭怀仁为贵州乡试正考官，许振祎为副考官。

四月辛未 以直隶成安县捐修城垣，永广学额一名。

四月辛未 以湖南官员捐垫军需，永广安徽凤阳县学额八名，泾县四名，顺天大兴县、江苏娄县、湖北蒲圻县、陕西咸阳县各一名。

五月己亥 谕内阁：礼部奏，遵议左宗棠等奏请补行陕甘乡试一摺。陕甘乡试，前因军务，久未举行，现在陕西全境肃清，甘肃之泾庆各属亦已安谧，着准其于本年特开一科，补行壬戌恩科及甲子正科乡试。陕甘中额向系合并取中，甘省军务未竣，各属士子未能一律赴试，自应酌留中额，以昭平允。着照左宗棠等所议办理。其恩诏广额，亦着照礼部所议取中。

六月丙辰 以广东罗定、东安、西宁三州县力保危城，永广学额各二名。

七月庚辰　以翰林院编修卢士杰为陕西乡试正考官，刑部员外郎周瑞清为副考官。

七月癸巳　以四川剑州捐输军饷，永广学额二名。

八月辛丑　以四川大邑县续捐津贴银两，永广学额一名。

八月壬寅　赏四川等省丁卯科乡试年老诸生蓝应椿等十人举人、副榜有差。

十一月己卯　以江西提督刘胜祥所部各营捐输欠饷，永广永新县学额一名，湖南宝庆府三名，道州一名。

十一月己卯　以山东捐输团练，永广清平县学额七名，章邱县五名。

十二月庚子　以陕西捐输军饷，永广乡试中额一名。

同治九年（1870年）

正月庚午　以湖北捐输军饷，永广安陆县学额三名，利川县二名。

三月丙申　谕内阁：李鸿章奏，江苏厘捐充饷，请加广该省文武乡试中额一摺。江苏办理厘捐，协济各省军饷，自同治四年闰五月起至七年六月底止，计拨解过剿捻军需银七百五十余万两，该省商民踊跃输将，集成巨款，俾剿捻各军得以迅速成功，实属急公好义。着照该督所请，加广江苏省文武乡试永远中额各八名，以示鼓励。嗣后，他省不得援以为例。现在军务未平，各路征兵口粮需款尚巨，仍藉该省厘金接济，以资饱腾。着马新贻、丁日昌督饬司道等，随时设法整顿，照旧竭力筹解，毋误要需。

四月甲辰　谕内阁：刑部尚书谭廷襄持躬端谨、练达老成，由庶吉士改授部曹，历任监司，叠膺疆寄，旋以侍郎荐擢尚书，并命在总理各国事务衙门行走，扬历中外，宣力有年，均能恪尽厥职。昨因患病赏假，方冀调理就痊，长资倚畀，遽闻溘逝，悼惜殊深，着加恩，追赠太子少保衔，赏给陀罗经被，派贝勒奕劻带领侍卫十员，即日前往奠醊，照尚书例赐恤。任内一切处分悉予开复，应得恤典，该衙门察例具奏。伊子户部候补主事谭宝琛着俟服阕后以本部员外郎补用；谭宝琫着赏给举人，俟服阕后，准其一体会试。其灵柩回籍时，着沿途地方官妥为照料，用示笃念耆臣至意。寻予祭葬，谥端恪。

四月丙午　以广东绅民协力剿匪，永广灵山、封川、阳山、高明四县学额各二名。

四月辛亥　以本年乡试，考试应开列试差人员于保和殿。

四月乙丑　以前任直隶提督刘铭传所部捐输欠饷，永广安徽文乡试中额一名。

五月丙寅　以翰林院编修汪叙畴为云南乡试正考官，王先谦为副考官；张端卿为贵州乡试正考官，检讨刘青照为副考官。

五月丙子　以内阁学士王祖培为广东乡试正考官，翰林院编修谢维藩为副考官；陈振瀛为广西乡试正考官，山西道御史马相如为副考官；国子监祭酒宝森为福建乡试正考官，翰林院编修刘曾为副考官。

五月辛巳　命光禄寺少卿潘斯濂提督山东学政。

五月壬午　新建安徽涡阳县学官，拨置文学额十名、武七名。……从署巡抚英翰请也。

五月丁亥　以翰林院编修王绪曾为湖南乡试正考官，检讨杨泰亨为副考官；太仆寺少卿丁绍周为四川乡试正考官，内阁中书刘景宸为副考官。

六月庚子　以山东捐输军饷，永广临邑县学额四名，临朐县三名，东平州二名。

六月庚子　以陕西雒南县捐修城垣，永广学额一名。

六月丁未　以吏部右侍郎彭久余为江西乡试正考官，内阁侍读学士杨书香为副考官；都察院左副都御史刘有铭为浙江乡试正考官，翰林院侍讲李文田为副考官；编修曹炜为湖北乡试正考官，兵部郎中蔡逢年为副考官。

六月甲寅　建奉天岫岩厅文庙学官，并设训导一员，文学额四名，武学额二名。从将军都兴阿请也。

六月丁巳　以内阁学士铭安为江南乡试正考官，翰林院编修林天龄为副考官；陆尔熙为陕西乡试正考官，国子监司业孙诒经为副考官。

六月辛酉　以江西新城县捐输团练，永广学额一名。

六月辛酉　以湖南官员捐输军饷，永广云南昆明县学额三名，江苏宜兴县二名。

六月辛酉　以河南郑州捐修城工，永广学额一名。

七月庚午　派詹事府詹事绍祺、顺天府府尹王榕吉监临顺天乡试。

七月壬申　以翰林院修撰崇绮为河南乡试正考官，内阁中书王宪曾为副考官；翰林院编修朱悠然为山东乡试正考官，右春坊右中允徐致祥为副考官；翰林院编修曹秉浚为山西乡试正考官，福建道御史黄锡彤为副考官。

八月乙未　命鸿胪寺卿张沄卿为奉天府府丞兼学政，工部左侍郎鲍源深提督顺天学政，吏部右侍郎彭久余提督江苏学政，内阁学士景其浚提督安徽学政，翰林院侍讲李文田提督江西学政，太仆寺少卿丁绍周提督浙江学政，翰林院侍讲黄体芳提督福建学政，修撰洪钧提督湖北学政，编修廖寿恒提督湖南学政，何金寿提督河南学政，江南道御史龚承钧提督山西学政，翰林院编修汪鸣銮提督陕甘学政，夏子锡提督四川学政，侍讲学士何廷谦提督广东学政，编修郭怀仁提督广西学政，汪叙畴提督云南学政，刘青照提督贵州学政，山东学政潘斯濂留任。

八月庚子　以大学士倭仁为顺天乡试正考官，刑部尚书瑞常、郑敦谨，署都察院左副都御史唐壬森为副考官。

八月癸卯　以安徽捐输团练，永广寿州学额六名，亳州二名。

八月己酉　以山东捐输团练，永广沂水县学额六名，平阴县三名。

八月壬子　顺天府以宗室乡试中额请。得旨：取中五名。

八月癸丑　谕内阁：灵桂等奏，本月十八日，奉派阅看翻译乡试试卷完竣，顺天府领卷官未到，实属旷误，据实参奏一摺。兼管顺天府府尹万青黎、署顺天府府尹王榕吉均着交部察议。至派领试卷之员，因何迟误，并着查取职名，交部议处。

十月乙巳　以都察院左都御史庞钟璐为顺天武乡试正考官，户部左侍郎潘祖荫为副考官。

十月戊申　谕军机大臣等：魁玉奏，武生贩带私盐，聚众拒捕，现在妥筹办理一摺。私盐本干例禁，本年九月间，江宁文闱扃试时，竟有武生仇茂森等兴贩私盐，船至千余号，盐至数万引之多。经魁玉派委文武各员前往查禁，该武生竟敢鸣锣拒捕，以致弁勇受伤，实属不成事体。现在魁玉饬令运司筹款收买，并拿获抗捕之犯数人，仍着该署督出示严禁，并饬各关卡文武员弁实力稽查，不准有闯卡漏私等事。此次倡首拒捕之武生仇茂森业经格毙，其武生吉殿邦等即着饬令该运司逐细查明，分别轻重，按律惩办。将此谕令知之。

闰十月丙子　谕内阁：陕甘学政周兰奏保举教职，请予奖励等语。陕西乾州学正王时敏品端学朴，三原县教谕郭维屏教士有方，同州府学训导杨彝珍课士勤能，均着赏加国子监助教衔，以示鼓励。

闰十月甲申　谕内阁：丁日昌奏，本年夏秋间，江苏各属应试诸生，多有句串牙行船户，包带私货多船，连樯闯关，逞凶抗税，请旨严禁等语。私货本干例禁，闯关抗税，尤为法所必惩。且三载宾兴，抡才大典，该士子身列胶庠，即备他日贤良之选，宜如何束身自爱，整饬廉隅。若如所奏，句串牙商，包揽客货，恃众抗税，惟利是图，非特税课有亏，实为士林之玷。着该督抚剀切晓谕，严行禁止。嗣后，乡会试文武举贡生监人等赴京、赴省应试，概不准包揽客货私盐等项，倘仍敢故违例禁，闯关抗税，即着严密查拿。先将士子扣考，船户严惩，照例分别究办，以端士习而重国课。该督抚即将此谕勒石河干，永为定例。

闰十月甲申　谕：四川学政钟骏声奏，报举教职举贡，请予优奖等语。四川雅州府学教授王懋昭、江北厅学训导陈文炳、江津县学教谕周允新实心教士，射洪县举人、在籍主事胡文魁著述宏富，中江县贡生黄世哲笃志力行，罗江县布衣计恬、中江县布衣刘开蒙文行兼美。王懋昭、胡文魁均着赏加五品衔，陈文炳、周允新、黄世哲均着赏加国子监学正衔，计恬、刘开蒙均着赏给国子监典籍衔，以示奖励。

闰十月丁酉　以江西捐输团练，永广广信府学额五名，临江府四名，南康府一名，龙南县十名，贵溪、安义、进贤三县各九名，上犹县八名，峡江、万安二县各四名。

闰十月丁酉　以陕西延绥镇总兵官刘厚基捐输军饷，永广湖南耒阳县学额二名。

闰十月丁酉　以湖南提督杨鼎勋捐输军饷，永广四川成都县学额一名。

闰十月己亥　谕内阁：御史刘国光奏，请饬严禁各关税衙门留难需索等语。前据丁日昌奏，本年江苏应试诸生闯关抗税。当降旨，嗣后，乡会试文武举人、生监人等赴京、赴省应试，概不准包揽客货私盐等项，原因不肖士子借考渔利，不得不严行查禁。但恐该吏役等假公济私，于该士子所过关津厘卡皆以查税为名，藉端讹诈，指无为有，需索不遂，任意留难，致令各士子沿途节节阻滞，贻误场期，殊失朝廷优待士林之意。

着各省督抚严谕各关卡官员，凡乡会试文武举贡生监人等，除有句串牙商，包揽客货，恃众抗税情事仍应查办外，其照例随带衣箱、食物等件，该吏役等不得任意留难。如有需索情弊，准该士子赴该管衙门呈诉，将该吏役等从重惩办；如该管官有意袒护，并着该督抚一并查参。其寻常往来之人，如无夹带货物，亦应迅速放行，不得借端留难，以安行旅。

十一月甲寅　赏顺天等省乡试年老诸生周桂森等九十二人举人、副榜有差。

十一月乙卯　命翰林院侍讲学士孙毓汶提督福建学政。

十二月庚午　谕内阁：浙江学政徐树铭奏，采访儒修各摺片。览其所奏，请将已革翰林院编修俞樾赏还原衔，交翰林院带领引见，听候录用；署秀水县学教谕谭廷献等饬部即选，特予召试；秀水县举人赵铭并江西拔贡生杨希闵等均比照博学宏词及拔贡、优贡、朝考之例，特予廷试各等语，实堪诧异。俞樾前于咸丰年间，在河南学政任内，因出题割裂，荒谬已极。奉旨革职之员，何得擅请录用？至召试博学宏词，必须特旨举行，即拔贡、优贡、朝考之例，亦系国家定制，非凭空所能比拟，徐树铭辄为俞樾乞恩，意存尝试，并胪举多人，遽请特予廷试，实属私心自用，谬妄糊涂。所请均不准行。徐树铭着交部严加议处。寻议，徐树铭应降四级调用，不准抵销。从之。

十二月癸酉　谕内阁：桂清奏，请严密翻译乡会试及考试拔贡关防一摺。翻译乡会试及考试八旗拔贡，均系国家抡才大典，如该侍郎所奏，近日考试翻译归并文场，关防不能严密，士子专占一号，既不免有代倩等弊。且士子十六日出场，十八日始行奏派阅卷，十七日一日竟无关防，亦难保无请托情事。至考试八旗拔贡，卷面虽揭浮签，仍将佐领之名注于旗分之下，殊不足以昭慎密。着自明年会试起，翻译乡会试，均改复旧制。其考试八旗拔贡，并着自同治癸酉科为始，由部颁发卷面字式，永远遵行，以重关防而杜弊窦。

十二月己卯　以福建重修考亭书院落成，颁朱子祠扁额曰理学真传。

十二月辛巳　赏四川等省乡试年老诸生张镇庠等一百七十九人举人、副榜有差。

同治十年（1871年）

正月甲午　以浙江江山县捐输军饷，永广学额二名。

正月戊申　赏江苏等省庚午科乡试年老诸生杜鸣冈等一百三十人举人、副榜有差。

正月庚戌　以山东武城县捐输团练，永广学额五名。

正月甲寅　派刑部左侍郎志和、户部左侍郎潘祖荫知贡举。

正月乙卯　谕内阁：御史吴镇奏，敬陈时政以资治理一摺。朝廷综理庶政，首戒因循，方今军务未平，民生未裕，深宫宵旰焦劳，时以逸豫为戒，在廷臣工，亦当振刷精神，上下交儆，庶几政事修明，不至渐就废弛。各学教官及书院主讲，有整饬士习、培植人材之责，必须品学兼优，方足以资表率。着各直省督抚、学政随时察看，责令认真劝导，讲明正学。俾士子趋向既端，风俗自日臻醇厚。至捐纳及保举各员，叠经谕令各督抚随时甄别，诚恐视为具文，未能破除情面。着各直省督抚于属吏之贤否，认真察核，尤当勤于接见，遇事讲求，不得仅以考试文字，奉行故事。州县之胜任与否，惟在大吏之劝惩，循声卓著之员，自应核实荐举；其有贪污不职，罔恤民瘼，甚至激成事端，劣迹昭著者，必当分别从严参办，不得稍事姑容，以肃吏治。将此通谕知之。

二月戊子　赏江西等省庚午科乡试年老诸生应见龙等一百十三人举人、副榜有差。

三月丙申　以大学士朱凤标为会试正考官，工部尚书毛昶熙、都察院左都御史皂保、内阁学士常恩为副考官。

三月戊申　礼部以宗室会试中额请。得旨：取中二名。

三月甲寅　礼部以会试中额请。得旨：满洲取中八名，蒙古取中二名，汉军取中五名，直隶取中二十四名，奉天取中三名，山东取中二十二名，山西取中十一名，河南取中十九名，陕甘取中二十四名，江苏取中二十六名，安徽取中十八名，浙江取中二十五名，江西取中二十三名，湖北取中十四名，湖南取中十四名，福建取中二十名，台湾取中二名，广东取中十六名，广西取中十三名，四川取中十五名，云南取中十一名，贵州取中十一名。

四月庚申　谕内阁：礼部奏，据福建巡抚咨称，南安县举人王玉书呈由本籍请咨会试，府县转详未到，藩司详请先行给咨，再饬取供结，补行咨部。经该部查明，王玉堂已于咸丰九年中式进士，签分刑部主事，当将试卷扣除。传集出具保结洪荣等讯问，均供王玉书早经中式进士，在籍病故，该举人等并未出结，委系被人冒捏，并取具同乡京官保结，该举人等实不知情。复据该举人等呈称，尚有黄梧阳等四名身故多年，郑超英等二人并未到京，均被人冒报，恐仍有捏结情弊，照呈按名传讯，均未到部等语。案关冒充举人，蒙混请咨，亟应彻底根究。着英桂、王凯泰确切查明，照例惩办，不得含混了事。至举人黄梧阳等何时身故，未据咨部，郑超英等是否亲身到京，着一并确切查明，严行究办，以杜弊端。福建省既有此等情弊，他省恐亦在所不免，并着各直省督抚认真查察，有犯必惩，毋任奸徒作伪，以肃功令。

四月辛未　以内阁学士讷仁为翻译会试正考官，理藩院右侍郎广寿为副考官。

四月乙亥　谕：瑞麟奏，绅民剿匪守城出力，援案请加学额一摺。广东连山、连州、归善、陆丰、德庆、开平、鹤山、恩平、花县、饶平等厅州县地方，前曾被匪窜扰，该处绅民捐赀练勇，随同官兵防剿，力保危城，实属深明大义，敌忾同仇。着照所请，将连山、连州、归善、陆丰、德庆、开平、鹤山、恩平、花县、饶平等厅州县文武学额永远加广各二名，用昭激劝。惟该省学额历次加广甚多，若再陆续奏请，未免太滥。嗣后，绅民出力请奖，着不准援案请加学额，以示限制。

四月丙子　赏会试年老举人陈缄等六十三人司业、编修、检讨、学正职衔有差。

四月戊寅　礼部以翻译会试中额请。得旨：京旗取中一名，驻防取中三名。

四月己卯 以大学士瑞常、户部尚书宝鋆、刑部尚书全庆、工部尚书毛昶熙、都察院左都御史庞钟璐、户部左侍郎延煦、兵部右侍郎黄倬、都察院左副都御史刘有铭为殿试读卷官。

四月庚辰 策试天下贡士李联珠等三百二十三人于保和殿。制曰：朕寅绍丕基，抚临寰宇，默荷上穹垂佑，列圣诒谋，兢业敕几，日慎一日。承两宫之训迪，期四海之乂安，深维诚意正心之要，通经致用之方，何以崇实而黜华，何以兴贤而致治，集思广益，冀于实政有裨。兹当临轩发策之时，悉心咨访，尔多士其敬听朕命。人心道心之训，肇自虞廷，帝王所以与天下相见者，心也。《书》所谓享天心，肩一心，盖彻上下之义也。心之用主乎敬，《尧典》一篇，始终皆曰钦。即至于元首股肱，赓歌喜起，而犹勖以钦。此传心之功效也，禹之祗台，汤之圣敬，文之小心，武之执竞，足相证明。后世如唐太宗之《帝范》，范祖禹之《帝学》，其言有可采欤？真德秀《大学衍义》，仅及修身齐家而止，何以不言治平？而明邱浚补之，能约举其要欤？自汉以来，儒者相传，但言五经，而唐时立之学宫，则云九经。九经者，三礼三传分而习之，故为九经也。其刻石国子学，则并《孝经》、《论语》、《尔雅》而言，其增益果在何时？唐太宗诏颜师古考定《五经》，颁于天下，又以儒学多门，章句繁杂，诏孔颖达诸儒撰定《五经义疏》，能分析其义欤？至义疏之外，先儒之说，有足羽翼经传者，能略言其目欤？《书》曰："慎乃俭德。"《传》曰："俭德之共。"自古帝王，未有不以节俭为天下先者，帝尧茅茨不翦，帝舜甋盆无膻，大禹卑宫，文王卑服，尚已。嗣后，惟汉文帝躬行俭德，遂成富庶之业，享世长久，他如晋武帝、隋文帝亦称克俭，而行政或未尽合宜，其故安在？国俭国奢，由于上之所示，山枢蟋蟀之风，最为近古，今则服食器用，竞为美观。士庶多逾礼之嫌，闾阎鲜盖藏之实，果何由力戒浮华，而使风气日臻朴茂欤？古之用人，德行为首，才能次之。虞廷载采，亦有九德；周礼宾兴，惟以三物。法至善也。两汉以来，刺史守相得专辟召之权；魏晋而后，九品中正得司人物之柄，行之果能无弊欤？至隋始以科目取士，唐制设科虽多，而明经、进士尤为得人。宋时司马光分路取人之说，主均额以息奔竞，欧阳修但务择人之论，主核实以免缪滥，二者孰是？至光欲以十科取士，朱子又欲分年试士，其目安在？苏轼之议经义试士，刘敞之议贤良方正，亦有可采欤？夫建中以立极，稽古以右文，崇俭以化民，任贤以立政，皆致治之宏模，绥猷之极则。尔多士服习有年，对扬伊始，其各陈谠论，毋泛毋隐，朕将亲览焉。

四月辛巳 谕内阁：大学士倭仁学术纯正，志虞忠诚，受先朝知遇之隆，由翰林荐跻卿贰，特恩命直上书房，旋授盛京侍郎，均能恪恭尽职。朕御极之初，蒙两宫皇太后简用耆硕，擢任正卿，旋晋纶扉，并命在弘德殿授读，朝夕纳诲，于兹十年，深资启沃。前因患病屡请开缺，叠经赏假，并赏给人薓以资调摄，据闻溘逝，悼惜良深。披览遗章，于修齐治平之道敷陈剀切，语不及私，阅之尤深凄怆。着赏给陀罗经被，派贝勒奕劻带领侍卫十员，即日前往奠醊，加恩晋赠太保，照大学士例赐恤，入祀贤良祠。任内一切处分，悉予开复。应得恤典，该衙门察例具奏。伊子广东候补同知福纶着俟服阕后，以同知留于该省即补；理藩院员外郎福裕着俟服阕后，以该衙门郎中补用；伊孙户部候补员外郎衡峻着以本部员外郎即补；衡瑞着赏给举人，准其一体会试；衡龄着赏给主事；衡珊、衡琪均着赏给内阁中书，用示笃念耆臣至意。寻予祭葬，谥文端。

四月癸未　上御养心殿，召读卷官入，亲阅定进呈十卷甲第。

四月甲申　上御太和殿。传胪。赐一甲梁耀枢、高岳嵩、郁昆三人进士及第，二甲恽彦彬等一百二十人进士出身，三甲李绂藻等二百人同进士出身。

四月丁亥　引见戊辰科散馆人员。得旨：编修黄自元、王文在业经授职，二甲庶吉士刘廷枚、吴华年、吴大澄、费延厘、叶大焯、潘衍桐、张登瀛、陈宝琛、吴宝恕、张人骏、徐文泂、徐会沣、李肇锡、慕荣干、邵曰濂、郑嵩龄、贺尔昌、姚协赞、戴恒、邵积诚、阎迺兟、何莱福、陈启泰、黄湘、李鸿逵、广照、李振南、李培元、王炳、泰钟简、锡珍、李郁华、宗室宝廷、徐祥麟、胡乔年、刘春霖、刘治平、梁仲衡、高万鹏、陆芝祥、刘海鳌、许景澄、周崇傅、余鉴、何如璋、洪良品、谭承祖、邬纯嘏、鲍存晓、王凤池俱着授为编修，三甲庶吉士王邦玺、联元、嵩申、赵汝臣、郑贤坊、甘杰俱着为检讨，皇甫治、杜瑞麟、苑棻池、林楙祉、崔焕章、黄煦、萧振汉、蔡以瑺、关朝宗、程泽霈、姜球俱着以部属用，张清元、陶模、吴士恺、赵继元、馨德、刘常德、焦肇骏、魏弼文、熊汝梅、云茂济俱着以知县即用。

五月庚寅　命兵部尚书载龄、户部右侍郎李鸿藻教习庶吉士。

五月庚寅　授一甲一名进士梁耀枢翰林院修撰，二名进士高岳嵩、三名进士郁昆编修。

五月癸巳　引见新科进士。得旨：新科一甲进士三名，梁耀枢、高岳嵩、郁昆业经授职外，恽彦彬、黄利观、李铁林、陆继辉、赵时寯、李岷琛、刘韫良、谢元福、吴西川、袁善、王祖光、吕绍端、曹驯、左璹、雷钟德、李殿林、张佩纶、金保泰、陆廷黻、吴观礼、丁振铎、孙汝赞、崔国因、洪镔、陈梦麟、樊恭煦、朱文镜、熊景钊、陈卿云、赵履道、龚履中、毛松年、王履亨、朱琛、张楷、潘炳年、余弼、王嵩辰、寇本瑊、欧德芳、朱成熙、陈理泰、王文锦、毛五和、承翰、丁立瀛、王廉、陈庆禧、卢崟、张星锷、唐景崇、陈钦、瞿鸿禨、廖寿丰、林国柱、彭尧曦、曹昌祺、曾培祺、杨成爻、陈序球、漆墉、韩文钧、张曾扬、李联芳、臧济臣、王贻清、朱元治、邓蓉境、郑成章、李肇南、王玉森、周衍恩、黄崇惺、区谔良、丁立干、李端、李绂藻、吴浚宣、英煦、周福清、成占春、汪运錀、李长龄、周晋坤、陈秉和、贵恒、曾瑞春、潘仕钊、孔继钰、陈宝俱着改为翰林院庶吉士，陈炳星、殷如璋、楼汝达、赵林、罗文彬、胡宝铎、田我霖、张瑄、刘齐浔、季邦桢、黄家驹、孙禄增、王成德、卢璲采、区云汉、卢英僩、沈绩熙、刘章天、许楫、宋之京、张冲霄、郭庆治、黄杰、卢树桂、钱振常、刘敦纪、李乔年、藩宗寿、陈庆萱、沈星标、甘常寯、德浚、刘臣良、孙万春、高彤瑄、宗室硕济、金桂馨、杨承泽、周维祺、赵赓麟、陈季芳、张海鹏、王广福、赵环庆、王广寒、任明哲、何秉礼、刘镇、李士周、何养恒、黄嘉端、陈宗濂、陈荣昌、萧湘、刘鸿熙、姚定基、周文焘、杨晋笙、丁墉、良弼、彭懋谦、涂椿龄、郭增禄、毕奉先、沈莲、魏传熙、李谷人、孙绍曾、鲁宗颋、文光、赵炳埙、李平先、庆吉、刘调元、季鋆、宗室多泰俱着分部学习，杨铭、张祖谟、刘世德、崔锦中、善广、继文俱着以内阁中书用，刘承宽、许桂芬、郭庆新、张维垣、朱庆墉、张永熙、周孚裕、张秉铨、郑声锵、宋岱龄、冯寿镜、李锡朋、阳成章、何式珍、邵世恩、张廷兰、崔佐、单传经、于钟德、晏燊、梁融、李宾、陈士钧、宋绍波、张炜基、李联珠、盖绍曾、李文耀、陈驷门、谢廷钧、徐景福、刘珏、吴云涛、林兆南、赵维鏻、欧阳泰、项联晋、赵联登、许虎变、宋广荫、杜天枢、陈凤灵、杨开第、赵映辰、刘宝烛、德润、史贤、何粹然、唐光圻、梁朝瑞、田宝歧、孙树滋、陶大夏、罗大佑、马翥、刘铭训、邢彤云、张和、王在隆、裕昌、尹起鸾、胡永焯、李应华、陈焕文、李曾珂、王士铮、阎广庆、赵鼎五、刘青藜、李敦煌、王泽普、赵锦章、孙清士、王宝仁、汪昌、王方田、邹峄、边瀹慈、曾星辉、精一、苏维垣、文朝辅、毛羽丰、阎朴、曹登瀛、赵辉棣、程秉钧、王嘉哲、王岱、包鹏飞、陈聿昌、赵择雅、赵英祚、周绍适、张琅函、荣保、蒋士骥、丁受中、高桐、冯国桢、陈树南、王鸣岐、苏超才、杨作楫、徐步月、雷巂章、黄金山、萧树藩、石裕绅、杨邦卫、陈岳、杨钧、范元音、左绍銮、程炳星、刘廷钺、韩瞻斗、郭源、赵文粹、刘鄮田、姚再薰、侯恩济、王启纶、王启渠、周之冕、李崇忠、易均鼎、梁琯、邵乐裕、崇巂、黄兴树俱着交吏部掣签，分发各省，以知县即用；户部候补主事孙家穆着以主事即用；刑部候补员外郎李映以员外郎即用；兵部学习郎中许奇巂、工部额外郎中梁璨着俟报满作为候补郎中后，以该部郎中即补；刑部学习员外郎陈康祺着俟报满，作为候补员外郎后，以该部员外郎即补；候选员外郎方功渤着分部学习。余着归班铨选。

五月甲辰　谕内阁：前因礼部查出福建省会试举人王玉书及黄梧杨等七名冒名请咨，奏请饬查。当经降旨，谕令查明究办。兹复据文煜等奏，此次会试举人就省取结详咨者计五十八名，除胡梦得等十三名续据府县加结补送外，恐加王玉书之冒名弊混者尚不乏人，现已严查究办，并请交部议处等语。着文煜、王凯泰确切查明，严行惩办，以儆作伪而肃功令。福建布政使潘霨未能详查，遽行详请给咨，殊属疏忽，着交部议处。福建巡抚王凯泰当时未能查出，着交部察议。寻议，潘霨照失察例罚俸一年，王凯泰减等罚俸九个月。得旨：准其抵销。

六月己卯　命翰林院编修许振祎提督陕甘学政。

七月癸巳　引见考取直省优贡生。得旨：张祥会等三十三人着以知县用，申肯堂等二十九人着以教职用。

八月己卯　以广西省城重修书院落成，颁秀峰书院扁额曰书岩津逮，宣成书院扁额曰道德陶钧，榕湖书院扁额曰经明行修。

九月甲午　命兵部右侍郎夏同善提督顺天学政。

九月庚子　派礼部左侍郎黄倬知武举，以刑部尚书庞钟璐为武会试正考官，户部左侍郎潘祖荫为副考官。

九月壬寅　谕：知武举黄倬奏，武举不候放门，径行出闱，请将疏防各员分别议处。监试御史安祥等奏，特参弹压督门等官防范未周，请交部议处各摺片。本年武会试内场，各该武举于交卷后不候放门，遽行扭锁，陆续出闱，实属不成事体。该弹压副都统博崇武疏于防范，督门官亦不认直把守各门，均属咎无可辞。博崇武着交部议处，其督门等官，并着该部查取职名，一并议处。寻议，博崇武照管辖不严例，罚俸一年。从之。

九月癸卯　兵部以武会试中额请。得旨：满洲、蒙古取中四名，汉军取中三名，奉天取中一名，直隶取中十五名，陕西取中四名，广东取中十三名，河南取中七名，山东取中九名，江苏取中八名，安徽取中七名，山西取中六名，湖北取中四名，湖南取中四名，四川取中八名，广西取中二名，福建取中五名，浙江取中七名，江西取中八名，云南取中二名，贵州取中三名。

十月戊午　试中式武举王可相等一百二十人于太和殿前。

十月辛酉　上御养心殿，引见中式武举，亲定甲乙。

十月壬戌　上御太和殿。传胪。赐一甲丁锦堂、王可相、佟在田三人武进士及第，二甲徐振纲等十六人武进士出身，三甲杨荣第等七十三人同武进士出身。

同治十一年（1872年）

正月辛卯　赏江西等省庚午科乡试年老诸生马庆图等五人举人、副榜有差。

二月己巳　添建甘肃泾州考棚。从总督左宗棠请也。

四月己卯　谕：大学士、两江总督曾国藩于本年二月间因病出缺，当降旨优予恤典，并于湖南原籍江宁省城建立专祠，生平政迹事实，宣付史馆。一等侯爵，即令伊子曾纪泽承袭，其余子孙几人，令何璟查明具奏，候旨施恩。……伊次子附贡生曾纪鸿、伊孙曾广钧均着赏给举人，准其一体会试；曾广镕着赏给员外郎，曾广铨着赏给主事，均俟及岁时分部学习行走。

五月癸卯　赏江南庚午科乡试年老诸生潘向云等二人举人。

五月丙午　安徽学政景其浚因案解任，命翰林院侍讲学士祁世长提督安徽学政。

五月丙午　命云南学政汪叙畴来京，以翰林院编修李端棻提督云南学政。

七月己酉　改福建淡水厅儒学训导为教谕，定学额八名，永广二名；增设噶玛兰厅儒学训导一缺，定学额五名，永广一名。从兼署总督文煜等请也。

九月己亥　（慈安皇太后、慈禧皇太后）御太和殿受贺，王以下文武大臣、官员、蒙古王、贝勒、贝子暨朝鲜使臣等行礼。礼成，颁诏天下。诏曰……一、文武会试中额，俟该部临期奏明人数，请旨酌量加广，文武乡试，由该部分别大中小省分，并满蒙汉字号，奏请加额。一、各直省儒学，无论府州县卫，俱于本年以正贡作恩贡，次贡作岁贡。……布告天下，咸使闻知。

九月丁未　命翰林院编修韦业祥提督贵州学政。

十月癸酉　谕：湖南学政廖寿恒奏，整饬录科事宜一摺。乡试录科送考，自当恪守成规。据奏，湖南近来风气，凡捐纳保举至州县以上者，往往领卷出场，誊真后始行送进，并有生员贡监不由学官、地方官申送，自行投卷考录者，实属有违定例。考试事宜，本系该学政专责，即着实力整顿，以挽积习。此等情弊，恐不独湖南一省为然，并着各省学政于录科时，遇有前项各弊，一体认真厘剔，用副朝廷整饬士习至意。

十一月乙酉　谕内阁：御史袁承业奏，考试弊窦多端，请旨严禁一摺。考试为抡才大典，功令森严，岂容潜滋弊窦？若如该御史所奏，近年考试教习誊录各项，大半冒名代倩，乡会两闱并殿廷考试，各种弊端亦未尽绝，实属不成事体。嗣后，中外大小臣工凡与衡文之任者，务各精白乃心，严绝干谒。其外帘各官亦应认真稽核，力杜诸弊，庶奔竞者幸获无由，而真才不至掩蔽。经此次训诫之后，倘仍敢玩法营私，或被人参劾，或别经发觉，朝廷惟有执法严惩，决不宽贷，毋谓言之不豫也。

十一月癸巳　谕内阁：御史吴凤藻奏，乡会两闱，请整饬誊录、对读积弊，并请饬逐场校阅各摺片。文闱誊录、对读等官原为除弊而设，若如该御史所奏，誊录任意潦草，对读视为具文，此等弊端，亟应严行整顿。嗣后，各直省监临、知贡举务当饬令各执事官认真办理，有犯必惩。至闱中校阅文艺，本应三场并重，不得专重第一场。此后中外臣工，凡与衡文之任者务当逐场衡校，冀拔真才，毋许草率从事，用副朝廷吁求贤俊至意。

十二月庚申　谕内阁：给事中卢士杰奏，家丁蒙捐冒考，请旨斥革等语。捐纳州判李光煦即李天赐，曾于河南商城县署充当家丁，辄敢句通书吏，蒙入光州籍贯，改名报捐，并令其子捐纳监生，潜赴乡试。贱役蒙捐冒考，亟应严行查办。李光煦着先行斥革，交河南巡抚饬令该地方官追出执照，并查明伊子捐监姓名，一并追缴监照，按律惩办，以澄流品而肃官方。

十二月庚午　谕内阁：御史吴鸿恩奏请厘正文体一摺。考试为抡才大典，自应加意遴选以拔真才。据该御史所奏，近来科场或剿袭肤辞，或钞录旧文，于士习文风大有关系。嗣后，考官衡文，务当认真校阅，以清真雅正为宗，出题亦应明白正大，不得割裂穿凿，致乖文体。

十二月乙亥　建吉林伯都讷、长春两厅学宫，设训导各一员，廪额、增额各二名，并添吉林省满号、合号廪额、增额各一名。从将军奕榕等请也。

同治十二年（1873年）

三月辛丑　贵州巡抚曾璧光奏：请将辛酉、甲子两科乡试归并本科举行。从之。

五月己丑　以本年乡试，考试应开列试差人员于保和殿。

六月戊申　以右春坊右庶子昆冈为云南乡试正考官，翰林院编修王文在为副考官；内阁侍读学士许庚身为贵州乡试正考官，翰林院侍讲黄体芳为副考官。

六月己未　以内阁学士马恩溥为福建乡试正考官，翰林院编修张英麟为副考官；

通政使司副使夏家镐为广东乡试正考官，翰林院检讨周冠为副考官；编修崔志道为广西乡试正考官，户部主事陈毓秀为副考官。

六月己巳　以翰林院侍讲学士钟宝华为四川乡试正考官，编修张之洞为副考官；陈翼为湖南乡试正考官，检讨杨泰亨为副考官。

闰六月丙戌　谕内阁：原任大学士朱凤标老成端谨，学问优长，由翰林荐擢正卿，叠司文柄。朕御极后，命充上书房总师傅，简任纶扉，管理部务，均能恪恭将事，克称厥职。上年患病，叠经赏假调理，嗣因固请门缺，准予致仕，赏食全俸，方冀调养就痊，遐龄永享，遽闻溘逝，悼惜殊深。着加恩，追赠太子太保衔，赏给陀罗经被，派肃亲王隆勤带领侍卫十员，即日前往奠醊，所有任内一切处分悉予开复，应得恤典，该衙门察例具奏。伊子主事朱其煊着俟服阕后，以工部郎中遇缺即补；伊孙监生朱有基着赏给举人，一体会试，用示眷念耆臣至意。寻予祭葬，谥文端。

闰六月戊子　以翰林院侍讲学士乌拉喜崇阿为江西乡试正考官，检讨张道渊为副考官；侍读徐致祥为浙江乡试正考官，侍读宝廷为副考官；编修解煜为湖北乡试正考官，陕西道御史吴凤藻为副考官。

闰六月戊戌　以都察院左副都御史刘有铭为江南乡试正考官，翰林院编修黄自元为副考官；吴宝恕为陕西乡试正考官，潘衍桐为副考官。

闰六月癸卯　派内阁学士崇绮、顺天府府尹彭祖贤监临顺天乡试。

七月戊申　准山西在籍二品顶带、前太仆寺卿徐继畬重与鹿鸣宴，赏头品顶带。

七月癸丑　以翰林院编修郑嵩龄为河南乡试正考官，检讨王庆祺为副考官；侍读学士杨庆麟为山东乡试正考官，编修陈学棻为副考官；洪良品为山西乡试正考官，吏部主事范鸣和为副考官。

八月丁丑　调顺天府府丞张绪楷为奉天府府丞兼学政，命刑部右侍郎钱宝廉提督顺天学政，内阁学士马恩溥提督江苏学政，光禄寺卿许庚身提督江西学政，詹事府少詹事冯誉骥提督福建学政，翰林院编修王文在提督湖北学政，顾云臣提督湖南学政，费延厘提督河南学政，侍读黄体芳提督山东学政，编修谢维藩提督山西学政，吴大澄提督陕甘学政，张之洞提督四川学政，国子监祭酒章鋆提督广东学政，翰林院编修吴华年提督广西学政。安徽学政祁世长、浙江学政胡瑞澜、云南学政李端棻、贵州学政韦业祥俱留任。

八月壬午　以协办大学士、刑部尚书全庆为顺天乡试正考官，都察院左都御史胡家玉、吏部右侍郎童华、户部左侍郎潘祖荫为副考官。

八月甲午　顺天府以宗室乡试中额请。得旨：着取中七名。

九月戊午　以户部右侍郎桂清为翻译乡试正考官，通政使司通政使桂丰为副考官。

九月庚申　谕内阁：监试御史福宽、游百川奏，试卷编号错误，开单呈览一摺。本科顺天乡试头二三场红号不符试卷，至有三十一本之多，并有满卷与合卷互编错乱，实非寻常疏忽可比。着监临、提调查取职名，交部照例议处。此次场内试卷编号错误，该监临等何以并未奏闻，着将因何错误及有无弊窦之处查明，据实具奏。

十月戊子 以都察院左副都御史唐壬森为顺天武乡试正考官，翰林院侍读学士周寿昌为副考官。

十月戊戌 谕内阁：奉天府府丞张绪楷奏，顺天贡院号舍无可再增，请定应试人数一摺。乡试录送科举，向有例定名数，近来国子监及各省学政录送太滥，不独号舍不敷，且人怀幸进之心，于士习文风大有关系。嗣后，顺天及各省乡试录送人数，应如何严定限制用昭核实之处，着该部议奏。另片奏，酌拟变通乡试事宜八条，着该衙门一并议奏。寻礼部奏，嗣后，国子监及各省学政录科，应查照例定名数，严加考试，不得滥送。其所请添调誊录、匀拨、点名各条，应如所奏办理。至奖励外帘，请除对读官外，所有弥封、誊录各官应照例给予纪录。从之。

十一月戊子 以都察院左副都御史唐壬森为顺天武乡试正考官，翰林院侍读学士周寿昌为副考官。

十二月戊子 谕内阁：礼部奏，议结磨勘处分，请旨更正，并自行检举一摺。本年顺天乡试中式举人徐景春试卷，文理荒谬，经磨勘官签出，照例斥革，正副考官、同考官均有应得处分。着照该部此次所议。正考官全庆，副考官胡家玉、童华、潘祖荫均着降二级调用，同考官着即行革职。至此案正副考官、同考官处分，该部前奏，办理未能允协，所有礼部堂司各官着交部分别议处。寻议，尚书灵桂、万青藜，侍郎察杭阿、黄倬、绵宜、徐桐均应降一级留任。从之。

十二月癸巳 谕：给事中郭从矩奏，礼部议结已革举人徐景春一卷，意为重轻，显违定例，据实纠参一摺。着礼部堂官明白回奏。

十二月乙未 赏顺天等省乡试年老诸生曲鹤田等五十人举人、副榜有差。

同治十三年（1874年）

正月壬子 赏浙江等省癸酉科乡试年老诸生吴子申等一百一人举人、副榜有差。

正月丙辰 谕内阁：御史邓承修奏，请饬禁抽收闱姓赌款一摺。据称广东省赌风甚炽，每届乡试及岁科试期，开场设局，竟有巧立闱姓名目，抽收经费等语。赌博本干例禁，况考试届期，尤应严行禁止。若如该御史所奏，藉端抽收款项，殊属不成事体。着瑞麟、张兆栋即行裁革，出示严禁，以肃政体而杜弊端。

正月己巳 谕内阁：礼部奏，议结覆勘试卷一摺。上年癸酉科江南等省试卷，经派出大臣覆加磨勘，当将应议试卷交部覆议。兹据该部详查条例，将此次签出应议各试卷，分别斥革停科，及正副考官、同考官、受卷、誊录、对读各官应议之处，缮单呈览。江南举人杨椇着即行斥革，正考官刘有铭、副考官黄自元均着降二级调用，同考官朱泰修着即革职。

二月辛巳 谕内阁：鸿胪寺少卿梁僧宝奏磨勘乡试中卷，应议过多，请饬申明定例一摺。磨勘试卷关系甚重，近来往往视为具文。上年癸酉科各省乡试中卷，经磨勘官及覆勘大臣指出疵谬甚多。国家设科取士，原期甄拔真才，岂容以疵谬之文滥竽充数？嗣后，乡会试考官务宜细心校阅，认真去取，毋得草率从事。并着礼部于磨勘时查照向章，将《科场条例》及磨勘处分各条，详细申明，认真办理。另片奏，《科场条例》内磨勘各条有未尽周密者，共拟十一条，请饬部妥议等语。着礼部议奏。

二月甲午　赏山西等省癸酉科乡试年老诸生岂式玉等一百四人举人、副榜有差。

二月壬寅　赏江南等省癸酉科乡试年老诸生宋步梁等二百七十二人举人、副榜有差。

三月丁未　谕内阁：本年补行覆试日期较早，各省续到之未经覆试举人不能一体会试，未免向隅，自应量为变通，以示嘉惠士林至意。着礼部查明，此次如有未经覆试举人，准其先行会试，俟会试后，再令补行覆试。倘覆试时有应行罚科等事，仍着该部知照知贡举照例办理。嗣后，各直省应行覆试举人，务当及早晋京，如期应试，毋许任意迟延。此系破格加恩，嗣后，不得援以为例。

三月戊申　以礼部尚书万青藜为会试正考官，刑部尚书崇实、工部尚书李鸿藻、吏部左侍郎魁龄为副考官。

三月癸丑　谕：给事中边宝泉奏，覆试举人试卷出入太重，请饬会议一摺。所有覆试举人谢焕章试卷，着派桑春荣、彭久余会同礼部秉公查核具奏。

三月戊午　命右春坊右庶子林天龄提督江苏学政。

三月庚申　礼部以宗室会试中额请。得旨：取中二名。

三月戊辰　礼部以会试中额请。得旨：满洲取中九名，蒙古取中三名，汉军取中六名，直隶取中二十五名，奉天取中四名，山东取中二十三名，山西取中十二名，河南取中十九名，陕甘取中二十四名，江苏取中二十七名，安徽取中十九名，浙江取中二十六名，江西取中二十三名，湖北取中十五名，湖南取中十五名，四川取中十五名，福建取中二十名，台湾取中三名，广东取中十七名，广西取中十四名，云南取中十三名，贵州取中十三名。

三月庚午　谕内阁：本日，桑春荣、彭久余会同毛昶熙、黄倬奏，覆核已革举人谢焕章试卷，请免其斥革，仍照疵纇例罚停会试一科。又据礼部奏，谢焕章仍请照前议斥革各一摺。除原派阅卷大臣、礼部堂官及此次所派之桑春荣、彭久余毋庸会议外，着九卿会议具奏。

四月庚辰　谕内阁：前因桑春荣等奉派覆核已革举人谢焕章覆试卷，与礼部意见不同，分别覆奏，当经谕令九卿会议。兹据奏称，查阅谢焕章试卷，用意艰深，语多晦塞，致被摈斥弗录，不为无因。礼部因系不列等，拟以斥革，系照成案办理。惟卷内虽有未妥之句，尚非文理不通等语。谢焕章着仍照桑春荣等所议，开复举人，罚停会试一科。嗣后，礼部于科场事宜仍当恪遵前旨，秉公办理。此次系属破格施恩，不得援以为例。前据给事中胡毓筠奏称，谢焕章试卷，万青藜背诵其文，谓不列等未免屈抑等词，万青藜于此卷既拟查照成案斥革举人，乃于未经奏结之先，辄以屈抑向人传诵，殊属不合，万青藜着交部议处。寻议，万青藜应照不应轻私罪律，罚俸九个月，无庸议抵。从之。

四月丙戌　以刑部右侍郎广寿为翻译会试正考官，工部右侍郎讷仁为副考官。

四月庚寅　赏会试年老举人刘及锋等六十六人司业、编修、检讨、学正职衔有差。

四月壬辰　命吏部尚书毛昶熙、户部尚书董恂、刑部尚书桑春荣、都察院左都御史贺寿慈、礼部左侍郎黄倬、右侍郎徐桐、内阁学士龚自闳、都察院左副都御史童华为殿试读卷官。

四月癸巳　策试天下贡士秦应逵等三百三十七人于保和殿。制曰：朕蒙庥昊载，寅绍丕基，荷列圣之诒谋，秉两宫之垂训，敕命时几，于兹十有三载。亲政以来，益深兢业，期合天下黎元迪吉康而跻仁寿。兹当临轩策问，用集多士，式赞嘉猷。执中一言，尧以咨舜，实为传心所自始。逮舜以授禹，复以危微精一，推广执中之传，其义安在？君子之中庸，以德行言之也；位育之中和，以性情言之也。而易象之乾谓为中正，与《中庸》中和义各不同，能详言之欤？至若礼教之中，著于《周官》，刑协于中，载于《禹谟》，其即帝王授受之中，由体而达用欤？《汤诰》言降衷，孔氏训衷为善，朱子则云衷只是中。《洪范》言皇极，汉儒训极为大中，朱子以极为在中之准的，其说有异同欤？《大学》始终一敬，《中庸》枢纽一诚。说者谓存诚即所以主敬，主敬乃所以执中，审端致力之方，其在斯欤？考绩始自唐虞，询事考言，察于平时，而三载、九载之典尤备。夏有遒人木铎之徇，商有三风十愆之儆，其激励臣工之意，何深切欤？夫民生困而不恤，案牍积而不厘，朝廷安用此吏为？周官六计，以廉为本，或训廉为察，其义孰优？汉以六条察二千石，岁终奏举殿最，能缕析欤？唐初考课掌于吏部，又命京官望高者二人，分校京外官，叙以四善，分以二十七最，差以九等。宋命清望之官典其事，其办察官吏能否为三等，或谓因唐之四善而分之，法岂详于唐欤？民为邦本，食乃民天，尝读《豳风》及《大田》、《良耜》诸篇，稼穑之艰难，谨于宵旰，此世运所由称盛也。汉时力田之科，与孝弟并称，文帝时亲耕耤田以劝天下，武帝世复为代田，教民耕种，田多垦辟，其事能详考欤？唐贞观初，太宗锐意于治，官司应授田而不授、应课农桑而不课者有禁。逮贞元朝，宰相李泌请于中和节令百官进农书，司农献穜稑之种，其于农政有无裨益？岁或不登，若前史所纪发廪、弛征、输粟、贷种诸政，酌而行之，以何为便？社仓、义仓，利弊相兼，果何由而积储有备，敛散有方，俾小民咸沾实惠欤？读史之要，首辨方舆，粤自黄帝，画野分州，方制万里，何以《帝王世纪》谓九州？颛帝所建《舜典》，肇十有二州，所增建者何州？禹贡之州，职方氏之九州，其同异若何？秦并六国，郡县天下，或谓三十六郡，或谓四十郡，何说为允？汉分天下为十三部，而不常所治。晋复一统之规，分州十九，几于秦汉之境。唐都关内，绍汉法周，分天下为十道，明皇增饰旧章，分十五道。宋分天下为十五路，至天圣而为十八路，至元丰而为二十三路，元立中书省一，行中书省十有一，为百八十五路，其疆域形势分合沿革之故，能详之欤？士有志于用世，举凡河渠、边防、食货、兵制，皆其所有事也，若舆图不讲，何所藉手欤？凡厥四端，典学以求治，察吏以兴廉，裕食以养民，办方以经国，皆宰世之宏谟，绥猷之极则也。尔多士对扬伊始，其各陈说论毋隐。

四月丙申　上御乾清宫，召读卷官人，亲阅定进呈十卷甲第。

四月丁酉　上御太和殿。传胪。赐一甲陆润祥、谭宗浚、黄贻楫三人进士及第，二甲华金寿等一百三十二人进士出身，三甲许普济等二百二人同进士出身。

四月庚子　引见辛未科散馆人员。得旨：修撰洪钧、梁耀枢，编修杨霁、郁昆业经授职，二甲庶吉士陈理泰、朱琛、朱成熙、林国柱、廖寿丰、李殿林、牛瑄、陆廷黻、王祖光、张楷、潘炳年、崔国因、丁振铎、毛松年、尹琳基、曾培祺、邓蓉镜、恽彦彬、李联芳、卢崟、李岷崃、臧济臣、袁善、吕绍端、张曾扬、毛五和、王廉、丁立干、李端、陈卿云、陈序球、唐景崇、孙汝赞、樊恭煦、雷钟德、朱文镜、张佩纶、欧德芳、瞿鸿禨、吴西川、顾树屏、许有麟、吴观礼、龚履中、鲁琪光、王贻清、陈钦、熊景钊、王文锦、谢元福、寇本瑊、陆继辉、李肇南俱着授为编修，三甲庶吉士李长龄、贵恒、杨际春、陈秉和、陈宝、英煦、李绂藻、汪运鈴俱着授为检讨，承翰、金保泰、朱元治、洪镔、区谔良、彭尧曦、陈寿昌俱着以部属用，杨成爻、周福清、王履亨、周衍恩、曾瑞春、陈瑜、黄崇惺、成占春、郑扬芳、鸣泰、许振祥、曹昌祺、李铁林、左璹、孙慧基、周晋坤、刘韫良俱着以知县即用。

四月庚子　授一甲一名进士陆润庠翰林院修撰，二名进士谭宗浚、三名进士黄贻楫编修。

五月乙巳　派协办大学士、吏部尚书宝鋆，吏部尚书毛昶熙教习庶吉士。

五月辛亥　引见新科进士。得旨：陆润庠、谭宗浚、黄贻楫业经授职外，华金寿、刘传福、檀玑、冯光遹、翟伯恒、张百熙、何崇光、屠仁守、牟荫乔、陈华骙、刘集勋、赵增荣、刘凤纶、姚礼泰、诸可炘、林绍年、罗锦文、沈锡晋、张礽杰、高燮曾、章洪钧、周晋麒、庞玺、陈文騄、陈才芳、任贵震、李熙文、黄卓元、白遇道、王亦曾、朱百遂、凤鸣、詹鸿谟、张廷燎、蒋璧方、赵尔巽、李光斗、黄玉堂、钟家彦、宝昌、殷源、冯应寿、郑思贺、梁廷栋、陈嵩龄、鲍临、徐浩、孙佩金、王烈、涂庆澜、顾怀壬、敖名震、李寅、王兰升、尚贤、秦澍春、杨钦琦、乌拉布、吴讲、王绰、良贵、朱光鉴、胡胜、程其珏、胡燏棻、滕经、潘颐福、杨鼎昌、徐兆丰、刘廷镜、陆葆德、汤鼎烜、石成峰、辛家彦、詹嗣贤、王作枢、吴锡璋、赵宗鼎、张景祁、张恩荣、张德迪、陈棨仁、孙其正、陈存懋、李蕊、陈光煦、李昭炜、彭启瑞、王会英、赵尔震俱着改为翰林院庶吉士，袁锡龄、张闻锦、时庆莱、黄搏扶、陈浩恩、陈昌、王振声、郑秉成、庞庆麟、蒲春铭、梁肇晋、贺勋、赵惟善、靳元瑞、孙葆田、延清、翁寿钱、何其敬、洪应祥、郭安仁、杨玉相、李裕泽、崔湘、钱登云、杨凝钟、俞寿祺、江南金、俞培元、张西园、傅培基、万锡珩、张其翼、陈士炳、唐登瀛、陈天骥、孙彝政、曹志清、曾秀翘、于民新、王鬳、许普济、李之藩、傅式芳、郑连寿、张绍华、孙赋谦、阎廷弼、奎郁、朱紫佩、麦宝常、林星赓、郭兆福、章德藻、叶如圭、钟烈、宁廷弼、顾曾沐、赵昌言、赵舒翘、戴锡钧、朱毓嵩、海锟、何兆熊、李时杰、胡廷干、林文炳、吴杰、方连轸、王怀曾、钟懿蓉、姜璧臣、杨炽昌、石渠俱着分部学习，赵培因、顾文基、胡廷玉、张德霈、姚绳武、倪惟钦、陈望曾、周维新、许寿甡、唐德寓、孙鹏仪、萧射斗俱着以内阁中书用，楼杏春、张坤、王汝霖、李宗莲、余庆、曾道唯、雷棣荣、吴徵鳌、胡钧学、何才价、梁天昂、陈其昌、陆元鼎、米协麟、朱昌霖、牟懋圻、曾延里、于蘅霖、胡鸿泽、杨怀震、朱升吉、邓树声、韩钊、田苏游、萧宪章、张玉绶、张鹏翥、秦应逵、高继光、李策清、保昌、王麟书、何钟相、锡良、陈建常、庆瑞、赖焕辰、郑钫、尹丽枢、蔡德芳、刘棨、彭庆扬、沈汝奎、陆宗郑、徐汉章、路金声、马逢亨、谈松林、张协曾、安盘金、王季球、王聚奎、洪鳌、贾汝谦、田瀛海、褚登瀛、程开运、谭光藜、孔广鉴、王雨谷、时永新、董余三、黄璨、龙起涛、官懋和、张福恒、崔伦、梁嵘椿、王隆道、赵锡恩、吴克昌、林焕曦、刘云章、吴宣珏、倪观澜、谭为霖、安守和、周良玉、张鉴衡、傅观光、樊璟、胡瀛生、刘执德、谢秉钧、李三捷、陈明伦、梁奋庸、冯健、舒恺、宋安书、傅丞宪、倪望重、李兆梅、陈兆焕、刘发岐、舒朝冕、席珍、任步月、张绍渠、王缙卿、唐元恺、倪晋麟、孟宪璋、段晋熙、梁锦澜、常文敏、朱霈、孙桢、袁韵春、朱宝书、蔡叙功、曾行嵩、焦云龙、汪庆长、罗肃、彭亿清、陈宝树、朱鉴章、崇泰、马毓芝、高思涵、张心铭、孙念曾俱着交吏部掣签，分发各省以知县即用；户部候补郎中王维翰、工部候补郎中萧镛俱着以郎中即用；户部候补主事程秀、刘本植、尹序长，礼部候补主事桂霖俱着以主事即用；候选员外郎恩绶着分部学习。余着归班铨选。

六月戊子　引见补行散馆癸亥科庶吉士。得旨：杨仲愈着以部属用。

七月乙巳　引见八旗及直省考取拔贡生。得旨：王汝济等六十一名以七品小京官分部学习，恩沛等八十四名以知县试用，毓坤等七十二名交吏部询问，以教职、佐贰等官分用。

七月丙午　引见直省考取优贡生。得旨：惠荣等二十三名以知县试用，孙乃鼎等二十四名以教职用。

七月丁巳　颁江苏省城紫阳书院御书扁额，曰通经致用；正谊书院御书扁额，曰正谊明道。

九月辛亥　派兵部右侍郎夏同善知武举，以都察院左副都御史童华为武会试正考官，翰林院侍讲学士许应骙为副考官。

十月辛未　试中式武举黄兆晋等一百三十五人于太和殿前。

十月壬申　御紫光阁，阅中式武举马步射。

十月癸酉　上御箭亭，阅中式武举技勇。

十月癸酉　御乾清宫，引见中式武举，亲定甲乙。

十月甲戌　上御太和殿。传胪。赐一甲张凤鸣、赵瑞云、刘云会三人武进士及第，二甲黄兆晋等十七人武进士出身，三甲吉生等一百十五人同武进士出身。

十二月壬午① 谕：御史陈彝奏，儒臣品谊有亏，据实参劾一摺。翰林院侍讲王庆祺于同治九年，伊父王祖培在江西途次病故，该员赴赣州见丧后，并不迅速扶柩回籍，辄即前往广东，经该省大吏助以川资，实属忘亲嗜利。又，上年为河南考官，出闱后，微服冶游。似此素行有亏，亟应从严惩办。王庆祺着即行革职，永不叙用，以肃官方。

十二月壬辰 谕：给事中郭从矩奏，上年磨勘试卷，显违定章，请饬厘正一摺。上年乡试举人徐景春等试卷，既因文理荒谬，经磨勘，签出应议。业已照例办理，何得另议更张？嗣后，乡会试考官当认真校阅，务取清真雅正，不得以空疏之卷滥竽充数；亦不得因字句小疵，将佳卷屏斥不录，致屈真才。磨勘各官仍当平心校勘，除实有疵谬，照例签出外，毋得有意吹求，转形苛刻。

光绪元年（1875年）

正月壬寅 谕内阁：翰林院侍讲杨绍和奏，请将捐输加广之案概行停止，并将已加学额饬议核减，暨整顿各省营务；又据御史王荣琯奏，学额宜慎，请饬从严核减各一摺。均着该部议奏。

正月甲寅 谕内阁：御史孙凤翔奏，乡试科举录遗，请仍照历届酌量变通，并请仍照乡试前向章办理各摺片。着礼部议奏。

正月丙辰 （兼署云贵总督岑毓英）奏，滇省绅民历年捐输，请分别加广学额。下部议。

正月丙辰 （兼署云贵总督岑毓英）奏，粤勇捐饷，请加广广西文武乡试中额。下部议。

正月戊午 翌日，上以登极礼成，颁诏天下。诏曰……所有事宜，开列于左。……一、文官在京四品以上，在外三品以上，武官在京、在外二品以上，照现任品级各荫一子，入监读书。……一、会试额数，俟礼部临期奏明人数，请旨酌量广额。乡试大省加三十名，次省加二十名，小省加十名，满洲、蒙古加六名，汉军加三名。一、各省入学额数，大学加七名，中学加五名，小学加三名。一、国子监贡监生及各官学教习，免坐监一月。一、各直省儒学，无论府州县卫，俱于光绪元年以正贡作恩贡，次贡作岁贡。一、每府州县卫各举孝廉方正，暂赐以六品顶戴荣身，以备诏用，务期采访真确，毋得滥举。……膺图受箓，难宽兢业之心；扬烈觐光，用懋显庸之绩。诸王文武大小臣工，其矢尔公忠，用弼予冲人，以固我国家亿万年无疆之祚。布告天下，咸使闻知。

正月己未 谕内阁：为政以得人为首务，我朝列圣御极建元，均于三年大比之

---

① 同治于本年（1874年）十二月甲戌薨。本年十二月有关内容均录自《德宗景皇帝实录》。

外，特开乡会恩科，广罗俊彦。朕缵承大统，宜尊成式，嘉惠士林。着于光绪元年举行乡试恩科，二年举行会试恩科，用副朕作育贤才至意。

正月庚申　谕内阁：鸿胪寺少卿梁僧宝奏，上年给事中郭从矩奏请厘正磨勘试卷摺内，于该少卿前陈磨勘事例多有误会，请饬部查覆等语。着该部按照该少卿所陈，与郭从矩前摺一并覆核具奏。

正月丙寅　以办学期满，著有成效，予广东同文馆提调协领王镇雄优叙。

二月己卯　谕内阁：山西学政谢维藩奏，敬举贤才，恳请给予京衔一摺。山西芮城县岁贡生薛于瑛究心正学，践履笃实，洵堪矜式士林，着赏加国子监学正衔。

二月壬午　以同文馆考试毕业，予附监生、内阁中书衔席淦、汪凤藻议叙有差。

四月辛巳　谕内阁：左宗棠奏，本年举行乡试，请简派正副考官一摺。甘肃、陕西两省现在分闱考试，甘肃路途较远，所有请派考官，着礼部于陕西之前，具题办理。

四月辛巳　（钦差大臣、陕甘总督左宗棠奏）请将安化学原额十二名内，拨入董志乡学二名。允之。

四月辛巳　考试应开列试差人员于保和殿。

四月己丑　本月二十七日，在保和殿考试翰詹，所有应行豫备事宜，着该衙门照例办理。

四月己丑　吉林将军奕榕等奏，伯都讷、长春两厅请设考棚。

四月癸巳　考试翰詹及翻译翰詹人员于保和殿。

四月甲午　以兵部尚书广寿、内阁学士长叙、光禄寺卿桂全、光禄寺少卿爱廉为大考翻译翰詹阅卷官。

四月乙未　谕内阁：彭玉麟奏敬陈管见一摺。……学校为储才之地，欲正人心，宜端士习，教官职司训迪，非学行素优之员，不足以资矜式，着该督抚、学政随时访察，贤者量加保奖，不贤者即行参处，俾士林知所观感。

四月乙未　翰林院奏，大考翰詹人员应否带领引见。得旨：着毋庸带领引见。

五月丁酉　以翰林院编修张楷为云南乡试正考官，掌贵州道监察御史王荣琯为副考官；编修毕保厘为贵州乡试正考官，编修张清华为副考官。

五月庚子　谕内阁：此次考试翰詹，各员经阅卷大臣等校阅进呈，亲定等第。一等四员，二等六十一员，三等九十员，四等四员。其考列一等之编修吴宝恕、瞿鸿禨均着以侍讲学士升用，钮玉庚着以庶子升用，侍讲学士孙诒经着以詹事升用。考列二等之侍讲学士徐郙着以少詹事升用，编修张登瀛、张佩纶均着以侍讲升用，廖寿恒着以洗马升用，王先谦、修撰钟骏声均着以中允升用，编修陈翼、叶大焯、张楷均着以赞善升用。以上各员，现在无缺可补者，均着先换顶戴，在任候缺。编修潘衍桐，侍讲欧阳保极，编修唐景崇、恽彦彬、崔国因、陈宝琛、侍讲吴仁杰均着记名，遇缺题奏，并各赏大卷缎袍料一疋，小卷缎袍褂各一件。编修朱琛、许有麟，侍读杨绍和，编修曾培祺、毕保厘、张清华、逄润古，侍读学士锡珍，编修刘恩溥、廖寿丰均着各赏大卷䌷袍料一疋。考列三等之左中允钱桂森着降为编修，侍读宗室宝廷，侍讲联元均着以中允降补；

编修洪良品、刘治平均着罚俸半年；右赞善黄师誾着降为编修；编修吕绍端、彭世昌均着罚俸半年；左中允恩承着降为编修；编修萧晋卿、陈振瀛、孙钦昂均着罚俸半年；李端棻着罚俸一年；侍讲学士宗室松森着以庶子降补，仍罚俸半年；编修周德润、欧德芳、易子彬均着罚俸一年；李培元着罚俸二年；侍讲张鹏翼着以中允降补，仍罚俸半年；编修胡聘之、熊景钊均着罚俸二年；李肇锡着罚俸三年。考列四等之编修谢元福着罚俸四年；雷钟德、周崇傅均着改为内阁中书，仍罚俸一年；左赞善宝瑛着改为主事，仍罚俸一年。其考试翻译列入一等之右赞善铨林着以侍讲学士升用。考列二等之洗马崇勋着以庶子升用，右中允兴廉着以洗马升用。考列三等之侍读庆麟着以赞善降补。余俱着照旧供职。该员等其各力求实学，慎守官方，用副教育人材至意。

五月戊申　以翰林院侍讲学士吴宝恕为广东乡试正考官，编修朱琛为副考官；詹事府司经局洗马廖寿恒为广西乡试正考官，编修陆芝祥为副考官；翰林院侍读学士许应骙为福建乡试正考官，编修慕荣干为副考官。

五月戊午　以光禄寺少卿潘斯濂为四川乡试正考官，詹事府左春坊左中允温忠翰为副考官；翰林院修撰梁耀枢为湖南乡试正考官，编修尹琳基为副考官；侍讲学士徐郙为甘肃乡试正考官，掌湖广道监察御史刘瑞祺为副考官。

五月己未　谕内阁：侍读学士广安奏，八旗官学请饬实力整顿，严定课程，认真考核等语。着该部议奏。

六月辛未　谕：李鹤年等奏，职员恃符妄为，请旨斥革等语。福建古田县职员、候选知县林宠铭，与革生李捷春互控被殴一案，林宠铭以伊子林仰芝被殴伤重，赴县呈诉。经该县知县传讯，林宠铭大肆咆哮。迨该知县驰往查验，林宠铭闭门不纳，林仰芝亦躲避无踪，情殊刁诈。林宠铭前曾保举孝廉方正，宜如何束身自爱，乃既纵子行凶，又复咆哮公堂，实属行同无赖。林宠铭着即行革职，并将保举孝廉方正之案注销，照例讯办。朝廷令各府州县卫保举孝廉方正，原欲得学行兼优之员，以备录用。乃近来各省保举，竟至如此冒滥，势必真伪混淆，转令笃行之士为所掩没，尚复成何事体？本年已有恩诏，令各直省保举孝廉方正，着该督抚、府尹等悉心采访，必须名实相符，方登荐剡，不得滥竽充数，用副朝廷敦崇实行至意。

六月丁丑　以翰林院编修朱福基为湖北乡试正考官，编修恽彦彬为副考官；詹事府右春坊右中允王先谦为江西乡试正考官，翰林院编修潘衍桐为副考官；大理寺卿奎润为浙江乡试正考官，翰林院编修逄润古为副考官。

六月丁亥　以翰林院编修顾奎为陕西乡试正考官，编修陈启泰为副考官；太常寺少卿周瑞清为江南乡试正考官，翰林院编修王炳为副考官。

六月丁亥　广东学政章鋆病故，以翰林院侍讲学士吴宝恕为广东学政。

六月丁亥　派詹事府詹事乌拉喜崇阿为顺天乡试满监临官，顺天府府尹杨庆麟为顺天乡试汉监临官。

七月己亥　谕内阁：吴棠奏，提督应得荫生，恳照例予荫等语。调任云南提督胡中和连年督军，攻剿滇发各逆，劳绩素著，该提督应得荫生，着该部查明，照例补给。

七月壬寅 以翰林院侍讲学士瞿鸿禨为河南乡试正考官，编修陈翼为副考官；翰林院侍读学士锡珍为山东乡试正考官，翰林院侍读黄毓恩为副考官；詹事府右春坊右庶子钮玉庚为山西乡试正考官，翰林院编修许有麟为副考官。

七月庚戌 命吏部左侍郎恩承、理藩院左侍郎德椿为考试满洲翻译官。

八月己巳 （署两江总督刘坤一）奏，举行恩科武乡试，请照案带补辛酉正科。下部知之。

八月庚午 以吏部尚书毛昶为顺天乡试正考官，吏部右侍郎崇绮、殷兆镛，礼部右侍郎徐桐为副考官。

八月甲戌 谕内阁：都察院奏，童生呈递条陈后乘间逃逸，请饬查拿，并将吏目议处一摺。据称，河南祥符县童生李正元，以著有箴策条陈，赴该衙门呈递。当经该衙门将该童生交南城吏目张士传看守，查阅该童生所呈各篇，字句多有违碍，正拟驳斥发还。旋据该吏目呈报，押带李正元赴院发落时，该童生乘间逃逸等语。童生李正元着步军统领衙门、顺天府五城御史一体严拿务获。并着河南巡抚查明，李正元如已回籍，即交该地方官惩治，严加管束。所有签差不慎之南城吏目张士传，着交部照例议处。

八月壬午 顺天府以宗室乡试中额请。得旨：取中七名。

九月丙午 谕：贵州巡抚曾璧光心地朴诚，识力坚定，由翰林院编修入直上书房。蒙文宗显皇帝简放贵州知府，历署粮储道、臬司、藩司篆务。嗣蒙穆宗毅皇帝擢任封圻，军兴以来，筹兵筹饷，备极艰难，卒能底定全黔，勤劳懋著。现办善后一切事宜，正资倚畀，兹闻溘逝，悼惜殊深。曾璧光着加恩追赠太子太保衔，照总督例赐恤，任内一切处分悉予开复，应得恤典，该衙门查例具奏。灵柩回籍时，沿途地方官妥为照料。伊子二品荫生、廪生曾尚矩着赏给员外郎。伊孙曾瀛森着赏给举人，准其一体会试；曾锳森着赏给主事，用示笃念荩臣至意。寻予谥文诚。

十月丙子 以内阁学士翁同龢为顺天武乡试正考官，翰林院侍读学士王之翰为副考官。

十一月戊戌 谕：前据岑毓英奏，请加云南文武乡试永远中额各十名。当经部议与新章不符，改为加广一次文武乡试，中额各二十名。兹复据该抚奏称，云南自军兴以来，绅民竭力捐输，十有余年，核计捐银一千零七十余万两，从未请加中额，与他省已加永远中额者不同，仍恳加云南文武乡试永远中额等语。加恩着照所请，云南文武乡试各加永远中额十名，以示嘉惠士林之意。

十一月辛丑 以鸿胪寺卿杨书香为奉天府府丞兼学政。

十二月辛巳 谕内阁：乡会试为抡才大典，理宜严肃，交卷亦有定章。乃近年来士子往往不守场规，出号喧闹，其换卷传递等弊，恐亦在所不免，交卷亦任意迟延，不遵定例。至宗室乡会试，仅止一文一诗，为时亦甚从容。闻近来竟有迟至夜间始行交卷者，均属不成事体。嗣后，知贡举、弹压大臣、监临等务当申明旧章，认真整顿。如有前项弊端，即着照例办理，以肃功令而端士习。

十二月辛巳 谕：御史张道渊奏，殿试交卷迟延，请旨严禁一摺。殿试大典，理宜慎重。若如该御史所奏，近科士子竟有于中左门前秉烛书写，延至夜半，始行交卷之事，殊属不成事体。嗣后，殿试着监试王大臣等留心稽查，总以日暮为度。其不能完卷者，不准携至中左门补写。所有画押标记，视卷内书至何处，即于何处标画，以杜弊端。若时刻尚早，该王大臣等亦不得遽行撤卷，用副朝廷慎选人才至意。

十二月甲申　命广西学政吴华年回京供职，以翰林院侍讲欧阳保极为广西学政。

十二月辛卯　四川总督吴棠奏，川省津贴捐输共银三百零八万一千七百二十一两零，请于来年丙子科加广一次文武中额各十名。又奏，川省捐输四百五十二万四千六百四十八两零，请以三百八十九万两，加广各厅州县一次文武学额各三百八十九名，余六十三万四千六百四十八两零，加广丙子科文武乡试中额各二名。下部议。

十二月壬辰　贵州学政韦业祥奏，思州府创建考棚报闻。

光绪二年（1876年）

正月戊午　浙江学政胡瑞澜、巡抚杨昌浚等奏，请申明科场定例，严除积习。下礼部议。

二月丁卯　谕内阁：前据左宗棠奏，请加甘肃永远中额十名。当经部议，与新章不符。兹复据该督奏称，甘肃自军兴以来，各属士民捐输，核计银数至五千余万两之多，皆在同治十三年十一月以前，非在部议新章之后。请加甘肃文闱乡试永远中额十名等语。加恩着照所请。甘肃文闱乡试，加永远中额十名，即以光绪二年丙子正科为始，用示嘉惠士林至意。

二月丙子　谕：翰林院编修毛松年着于本月十八日在保和殿补行考试。

二月壬午　谕内阁：此次病痊补行大考之翰林院编修毛松年着附入二等末。

二月甲申　谕内阁：此次覆试各直省举人，考列一等之冯嵩生等八十名，二等之张景瞧等三百八十四名，三等之张庚吉等七百三十名，均着准其一体会试。四等之王五美、刘景唐、李东来均着罚停会试一科。

二月丙戌　谕内阁：此次覆试各省驻防翻译乡试举人，考列二等之升福等四名，三等之叶兰芳等六名均着准其一体会试。

二月丁亥　谕内阁：此次补行覆试顺天及各直省乡试举人，列入一等之朱钟洛等四十六名，列入二等之黄宝恩等一百三十名，列入三等之孟昌续等二百九十五名，俱着准其一体会试。列入四等之孙国柱、祝兰祥，均着罚停会试一科。

三月癸巳　以翰林院侍讲学士许应骙提督甘肃学政。

三月乙未　礼部奏，停科举人傅汉章等恭逢恩诏宽免，可否准一体会试。得旨：准其一体会试。

三月丁酉　谕内阁：御史吴鸿恩奏，未经覆试举人，请再先准会试等语。上届甲戌科各省举人，有到京迟误覆试者，曾奉特旨准令会试后补行覆试。原属破格殊恩。并谕令，嗣后，务当依限到京，不得援以为例。各该省举人自当先期早到，何得任意迁延。该御史所请本科尚有未经覆试举人，恳仍准会试后再补覆试之处，着毋庸议。

三月丁酉　谕：御史吴鸿恩奏，覆试罚科举人，部臣办理两歧，恳准一体入场一摺。着礼部查明具奏。寻奏，驳。

三月戊戌　命户部尚书董恂为会试正考官，刑部尚书桑春荣、吏部右侍郎崇绮、礼部左侍郎黄倬为副考官。

三月己亥　谕内阁：翰林院侍讲学士孙诒经奏，各省未经覆试举人，恳恩准予补行覆试一摺。着礼部议奏。寻奏，请于揭晓前补行覆试。允之。

三月癸卯　谕军机大臣等：左宗棠奏，甘肃乡试闱中应用书籍，请饬颁发。《周易折中》、《书经传说汇纂》、《诗经传说汇纂》、《春秋传说汇纂》、《三礼义疏》、《性理精义》、《袖珍渊鉴类函》、《唐宋文醇》、《唐宋诗醇》、《佩文韵府》、《袖珍古文渊鉴》、《十三经注疏》、《文献通考》、《史记》、《前汉书》、《后汉书》、《四书》、《文选》各一部等语。着传知武英殿，查明现在有无此书。如无此书，其各项书板是否尚存？并此外尚有何项书板？均着咨报军机处。寻查明，左宗棠请领各书，现存板者：《十三经注疏》、《佩文韵府》、《袖珍渊鉴类函》、《唐宋诗醇》、《文献通考》。《前汉书》、《后汉书》库存无书，板片亦间有糟朽，碍难刷印。《周易折中》等种已无书板。此外各项，书板尚存。硃批谕旨：《高宗纯皇帝圣训》、《御批通鉴辑览》、《评鉴阐要》、《御制乐善堂文集定本》、《日知荟说》、《御制味余书屋全集定本》、《味余书屋随笔》、《读尚书诗》、《御制养正书屋全集定本》、《圣谕广训（蒙古文）》、《钦定春秋直解》、《授衣广训》、《南巡盛典》、《古今储贰金鉴》、《开国方略（清文）》、《开国方略（汉文）》、《两金川方略（清文）》、《两金川方略（汉文）》、《临清纪略》、《兰州纪略》、《台湾纪略》、《廓尔喀纪略》、《安南纪略》、《三省方略》、《平定教匪纪略》、《宗室王公功绩表传（清文、汉文）》、《外藩蒙古王公功绩表传（清文、蒙古文、汉文）》、《工赈纪事》、《胜朝殉节诸臣录》、《皇朝通典》、《通志》、《通考》、《礼器图式》、《职贡图》、《历代职官表》、《词林典故》、《四库全书总目》、《三流道里表》、《七政四余》、《西清古鉴》、《续通典》、《续通志》、《一统志》、《八旗通志》、《八旗氏族通谱》、《满洲源流考》、《蒙古源流》、《清凉山志》、《热河志》、《盛京通志》、《皇舆西域图志》、《西域同文志》、《新疆识略》、《河源纪略》、《皇清文颖》、《文颖续编》、《熙朝雅颂集》、《千叟宴诗》、《骈字类编》、《韵府拾遗》、《同文韵统》、《佩文诗韵》、《叶韵汇辑》、《四体清文鉴》、《增订清文鉴》、《三合切音清文鉴》、《五译合璧辑要》、《合璧易经》、《合璧春秋》、《合璧礼记》、《左传读本》、《翻译大学衍义》、《古香斋袖珍五经》、《史记纲目三篇》、《朱子全书》、《初学记》、《春明梦余录》、《通志堂经解》、《论语集解》、《礼记正义》、《晋书》、《宋书》、《南齐书》、《魏书》、《隋书》、《南史》、《北史》、《旧唐书》、《五代史》、《宋史》、《金史》、《明史》、《后汉年表》、《小板通鉴纲目三编》、《文献通考纪要》、《大板古文九家》、《集注杜诗》，计一百种。

三月癸卯　定甘肃分闱乡试经费。每届动用银一万二千两。

三月庚戌　礼部以宗室会试中额请。得旨：取中二名。

三月壬子　谕军机大臣等：都察院奏，甘肃举人陈国统等遣报，以中途被劫、抢财伤命等词，赴该衙门呈诉。据称，该举人等来京会试，行至萨拉齐厅属，被贼捆缚殴伤，劫去银物。该举人等前赴道厅衙门呈报，均推诿不理。到京后，举人缑凤鸣即因伤病故等语。若如所控情形，捕务实属废弛。着鲍源深即行查明，督饬该厅严拿贼犯，务获究办，以安行旅而靖地方。原呈着钞给阅看。将此谕令知之。

三月甲寅　（云南巡抚岑毓英）奏，修复省城五华、育才两书院，拨盐斤经费给生童膏火，并捐发会试士子卷金。

三月戊午　礼部以会试中额请。得旨：满洲取中九名，蒙古取中三名，汉军取中六名，直隶取中二十五名，奉天取中四名，山东取中二十三名，山西取中十二名，河南取中十九名，陕西取中十五名，甘肃取中九名，江苏取中二十六名，安徽取中十八名，浙江取中二十五名，江西取中二十三名，湖北取中十五名，湖南取中十五名，四川取中十五名，福建取中二十名，台湾取中二名，广东取中十六名，广西取中十三名，云南取中十四名，贵州取中十二名。

三月己未　（吉林将军穆图善）奏，请拣发科甲正途同通班次内五六员来吉差遣。从之。

三月辛酉　谕内阁：庶吉士散馆，着于四月十八日在保和殿考试。

三月辛酉　贵州巡抚黎培敬奏，举行贵州丙子科文武乡试，并补行甲子科武乡试。下部知之。

四月丙寅　吏部奏，国子监蒙古司业应否奏派拣选，或传令考试。得旨：在保和殿考试。

四月癸酉　谕内阁：此次未经会试举人补行覆试，列入一等之陈廷楷等四名，列入二等之李华堂等五名，列入三等之龙宗敏等七名，均着准其俟下届会试时一体会试。

四月乙亥　命工部右侍郎桂清为满洲翻译会试正考官，理藩院左侍郎德椿为副考官。

四月丁丑　礼部奏，进士谭铨等呈请再行殿试。得旨：照道光元年成案办理。

四月己卯　谕内阁：此次新贡士覆试，列入一等之吴树梅等六十七名，二等之陈琇莹等一百二十名，三等之高寅生等一百四十六名，俱着准其一体殿试。列入四等之钱锡庚着罚停殿试一科。

四月辛巳　命协办大学士沈桂芬、吏部尚书毛昶熙、工部尚书魁龄、户部左侍郎殷兆镛、礼部左侍郎潘祖荫、刑部左侍郎袁保恒、内阁学士周寿昌、兵部右侍郎乌拉喜崇阿为进士殿试读卷官。

四月壬午　策试天下贡士陆殿鹏等三百二十四人于保和殿。制曰：朕以冲龄诞膺大宝，渥荷上穹垂佑，列圣诒谋，夕惕朝乾，勤求治理。上思副两宫之训迪，下期措四海之乂安。宵旰图维，罔敢暇逸。深维典学传心之要，去奢崇俭之源，知人图治之方，屯田劝稼之政，经邦盛轨，莫切于斯。兹值临轩发策，虚衷博采，广集嘉谟，尔多士其敬听朕命。《尚书》为传心要典，二帝三王以来，凡曰钦、曰恭、曰慎、曰克艰、曰孜孜、曰兢兢，君臣交儆之言与《洪范》之言敬、《中庸》之言诚，能推阐其义欤？人君敬天以勤民事，人臣敬事以亮天功，诚敬相通之旨，可发明其蕴欤？《丹扆》、《大宝》之箴，《皇极经世》之论，典矣，懋矣。真德秀《大学衍义》，何以略治平不言？明邱浚补之，为目凡十有二，能胪举而贯通之欤？昔人谓帝王之学异于儒生，所不同者若何？《易·象》山下出泉谓圣功基于养正，所以养正者安在？夫逊志时敏，尤资念典，果何由而审端致力欤？自古求治之主，罔不躬行节俭，为天下先。然考其心迹，诚伪判焉。茅茨土阶，菲食恶衣之世，由来尚已。汉文帝衣绨履革，蒲席苇带，屏雕文之饰，惜中人之产。其视初元建平之代，罢齐三服官，易帷幛、去锦绣者，何如也？厥后令辟亦知克己，焚翟裘、毁筒布，以萧何壮丽之对为非雅言。又其甚者，一冠三载，一衣屡浣，俭矣。然或盛衰殊迹，始终异辙，岂徒俭不足以示国欤？抑务名不求实欤？仰思《禹谟》克俭之训，永怀《商书》慎俭之言，将以黜华崇实，训迪臣民，果何由而使风气日臻朴茂欤？《诗》云："无竞维人。"《易》云："圣人养贤以及万民。"知人之道，非君天下者所首重欤？古所传观人之法，若《大戴礼·文王官人》篇，以至陆贽、司马光、苏轼之论，亦有可采者欤？《皋陶》曰："亦言其人有德，乃言曰载采采。"《舜典》曰："明试以功，敷奏以言。"进贤用人，如此其难也。乃古之君臣相得，或决于立谈之间，何耶？大智若愚，大诈若忠，或外忠而内奸，或始贤而终佞，烛照数计，其道何由？君子小人，各从其类。然诸葛亮之所用，李泌之所举，司马光之所取，或未必贤，抑又何说？孔子曰：取人以身，知言穷理。将何以浚其源欤？自黄帝经土设井，而寓兵于农之法兴，三代因之，无所谓屯田也。汉文帝募民耕塞下，始有屯田之说。汉武帝通西域后，屯田渠犁，其后日益加多，如苟陂、南阳、合肥、成都、金陵，不可枚举。其在西域者，能详考欤？古者播谷劝耕，爰有农官之设，农师田畯之名，备见经传。西域屯田官名，见于史者，能胪举欤？耕种必资灌溉，邓艾穿渠，最资利赖，西域之水，可导以溉田者，能征于古以言之欤？唐代营屯并称，或谓以兵民分，其说然欤？唐时诸道所开之屯，凡九百二十有二。今西域尚有遗迹欤？凡此四端，养正以育德，崇俭以阜民，任贤以官人，营田以裕国，皆经世之良图，致治之要务也。多士力学有年，对扬伊始，其各陈说论，毋泛毋隐。

四月壬午　礼部以丙子恩科翻译会试中额请。得旨：京旗取中一名，驻防取中二名。

四月丙戌　上御太和殿。传胪。授一甲三人，曹鸿勋为翰林院修撰，王赓荣、冯文蔚为编修，赐进士及第，二甲吴树梅等一百五十六名赐进士出身，三甲何德臻等一百六十五名赐同进士出身。

四月丁亥　谕内阁：张之洞奏，整顿川省考试积弊一摺，暨惩办生监健讼等语。着该部议奏。

四月己丑　引见甲戌科散馆人员。得旨：陆润庠、谭宗浚业经授职。二甲庶吉士冯光遹、刘传福、黄玉堂、何崇光、任贵震、张百熙、白遇道、诸可炘、姚礼泰、宝昌、乌拉布、秦澍春、胡胜、牟荫乔、朱百遂、周晋麒、詹嗣贤、陈华聚、曹驯、屠仁守、华金寿、涂庆澜、鲍临、蒋璧方、黄卓元、尚贤、檀玑、郑思贺、赵增荣、王兰昇、陈才芳、冯应寿、潘颐福、张廷燎、陈梦麟、辛家彦、赵尔巽、李寅、吴讲、钟家彦、高夔曾、王作枢、滕经、陈文騄、韩文钧、宗室良贵俱授为编修。三甲庶吉士吴浚宣、王会英、潘仕钊、张恩荣、李昭炜俱着授为检讨。沈锡晋、赵尔震、凤鸣、徐兆丰、詹鸿谟、李光斗、王烈、黄利观、黄贻楫俱着以部属用，刘集勋、孔继钰、刘廷镜、刘凤纶、胡燏棻、程其珏、顾怀壬、张星锷、王嵩辰、汤鼎烜、杨鼎昌、张景祁、张德迪、陆葆德、陈庆禧、石成峰俱着以知县即用。翻译庶吉士祥麟着授为检讨。

五月辛卯　命都察院左都御史景廉、户部左侍郎殷兆镛教习庶吉士。

五月壬寅　引见新科进士。得旨：曹鸿勋、王赓荣、冯文蔚业经授职外，吴树梅、章志坚、顾璜、戴鸿慈、刘中策、春溥、唐椿森、殷李尧、倪恩龄、金星桂、谢祖源、吴兆泰、庞鸿文、高钊中、贾联堂、朱卓英、王锡蕃、徐玮文、陈琇莹、黄绍谋、陈兆文、冯汝骐、黄国瑾、茅景容、张世恩、黄群杰、张炳琳、廖廷相、朱一新、周材芳、潘宝璜、陈翥、管廷鹗、刘心源、闻福曾、陈懋、侯裕德、黄彝年、冯金鉴、陈履亨、李桂林、吴福保、崔澄、黄汝香、袁镇南、罗经学、曹昌夔、刘宗标、陆宝忠、路朝霖、张继、陶方琦、杨鸿元、郑绍成、况桂馨、朱镜清、钟德祥、黎荣翰、高维岳、周盛典、朱善祥、徐致靖、林启、邓倬堂、李端、会章、高赓恩、赵树禾、陈思相、周照、党蒙、郑衍熙、胡瀛涛、魏起鹏、缪荃孙、常山、金学献、施典章、汤子坤、黄显瓒、黄均隆、杨际清、曾长治、涂廉锷、陶搢绶、陈德薰、陈毓麟、冯嵩生、龙朝言俱着改为翰林院庶吉士。陶福同、陈赞图、魏晋桢、陈树勋、莫峻、张主敬、应振绪、周桢、王元超、顾其行、王用钦、葛之覃、尹锡纶、叶庆增、张汝熙、党兰修、李士瓒、申尚毅、余嵩庆、李郁芬、王舒萼、王开甲、王步瀛、林其翔、潘江、黄潆之、万际轩、杨兆麟、钱禄泰、沈恩枀、吴焘、彭倬、袁昶、乐理莹、徐桂、辛廷杰、林元赓、叶愈、陶锐、段荣勋、宋汉凌、王敞、王豫修、曹榕、黄秉均、于登瀛、严钦、王炳奎、苏统武、高寅生、张懋澄、王金映、王裕龄、钱文骥、荣光世、唐选皋、艾廷选、贵贤、艾庆澜、刘一桂、李濂、张仲良、蒋元杰、刘成诵、丁毓琛、李念兹、王炳章、李日跻、王善泽、何明璋、庆恩、樊春林、胡寯章、傅超衡、陆殿鹏、凌兆熊俱着分部学习。陈邦瑞、王鸿诰、陈一鹤、施士浩、陈图、郭万寯、裕祥、刘振镛俱着以内阁中书用。杨澄鉴、王炳燮、张志龙、李持柏、蔡文田、蔡宝善、周锦心、黄辉龄、陶靖安、但弼、梁亿年、陈熙恺、罗配章、聂兴礼、何德臻、刘世昌、沈霖溥、呼鸣盛、安永松、赵宜琛、郑子龄、孙常春、廖熏、区士彬、朵如正、刘曾騄、王赞元、路履祥、周兆璋、刘藜光、高廷煃、刘锋、涂景濂、李国赓、杨凤朝、郑芝、彭学皆、郑树荣、米启凤、林穗、屈传衔、颜豫春、刘鸿逵、欧炳麟、路敬亭、张维翰、王弼藩、任祥麟、徐振翰、顾家相、徐锡祉、廖廷珍、酒龙章、陈自新、惠登甲、欧景芬、许涵度、万永康、陆筠、庄福、余麟书、卢乐成、谢元寯、林嵩尧、郭敬佑、李廷实、张旭东、杨德馨、郑天章、王宝田、朱彭年、王齐海、窦光仪、马鉴、徐允升、贾国桢、唐肇午、姜渭春、师义方、周绳武、李延访、唐大琬、柯祖培、徐玉山、武达材、薄绍绪、王朝嶲、袁希璋、谢立本、杜宝善、封汝弼、楚登鳌、王建言、熊继轩、阮佩兰、景瀛、宋德泽、袁叶茂、刘际唐、李应奎、杨超松、谭维铎、王瑀、刘琪芬、崔奎瑞、尹椿、李清鉴、潘江、承荫、周华林、石寿祺、邵谦和、李日章俱着交吏部掣签，分发各省，以知县即用。户部候补郎中郑思赞、陈南均着以郎中即用。户部候补主事陈嘉谋、刑部候补主事周景曾均着以主事即用，分部学习。行走郎中郭裕材着俟学习报满，作为候补郎中后，以该部郎中即补。余着归部铨选。

五月乙巳　以本年乡试，考试应开列人员于保和殿。

闰五月辛酉　以翰林院编修龙湛霖为云南乡试正考官，编修胡乔年为副考官；翰林院编修顾奎为贵州乡试正考官，编修李岷琛为副考官。

闰五月壬申　以詹事府詹事孙诒经为福建乡试正考官，户部主事王载为副考官；翰林院侍读学士王之翰为广东乡试正考官，编修郁昆为副考官；翰林院编修朱文镜为广西乡试正考官，掌福建道监察御史李嘉乐为副考官。

闰五月壬午　以翰林院编修潘衍鋆为湖南乡试正考官，修撰陆润庠为副考官；太仆寺少卿周家楣为四川乡试正考官，翰林院编修吴观礼为副考官；翰林院侍读黄毓恩为甘肃乡试正考官，河南道监察御史胡聘之为副考官。

六月辛丑　以光禄寺少卿潘斯濂为浙江乡试正考官，詹事府右春坊右中允王先谦为副考官；通政使司通政使文澄为江西乡试正考官，翰林院编修刘恩溥为副考官；詹事府右春坊右赞善叶大焯为湖北乡试正考官，江南道监察御史梅启熙为副考官。

六月辛亥　以翰林院修撰洪钧为陕西乡试正考官，编修陈钦为副考官；以内阁学士兼礼部侍郎衔龚自闳为江南乡试正考官，户科给事中边宝泉为副考官。

六月壬子　派太仆寺卿志和为顺天乡试满监临官，顺天府府尹张沄卿为顺天乡试汉监临官。

六月癸丑　云南学政李端棻丁忧，命翰林院编修李岷琛提督云南学政。

七月丙寅　以国子监司业汪鸣銮为河南乡试正考官，翰林院编修杨霁为副考官；翰林院修撰钟骏声为山东乡试正考官，编修曹炜为副考官；翰林院编修萧晋蕃为山西乡试正考官，刑部主事冯光勋为副考官。

七月壬申　两江总督沈葆桢等奏，阜宁县武学进额，请照中学定制。下部知之。

七月丙子　谕：据御史林拱枢奏，福建省各学例应出贡之廪生延不肯出，致有托贡名目。其应行补廪各生，因挨补无期，竟有贿买廪生，捏报移籍，以为腾缺坐补之地，请饬严禁等语。各学出贡补廪，本有定章，岂容行贿舞弊？着福建学政查明，遇有廪生例应出贡者，立限催令出学，不准延宕。其呈请移籍他县者，必籍贯实有可凭，方准改移，毋任其暗中贿买。倘查有前项情弊，即着照例惩办，以端士习。

七月丙子　命吏部左侍郎恩承、理藩院右侍郎麟书为考试满洲翻译官。

七月壬午　谕内阁：御史楼誉普奏，风闻本年考试试差人员，有分带《佩文韵府》进内，检查诗题出处者，请饬部明定搜检章程等语。殿廷各项考试人员，理宜各知自爱，岂容怀挟书籍，以图幸进？若如该御史所奏，殊属不成事体。嗣后殿廷考试，着派出之监试王大臣严行稽查，不得视为具文。所请明定搜检章程之处，着毋庸议。

七月乙酉　以太仆寺卿志和因病请假，改派詹事府詹事昆冈为顺天乡试监临。

八月己丑　命工部左侍郎何廷谦提督顺天学政，大理寺少卿杨鸿吉提督安徽学政，国子监祭酒吴仁杰提督江西学政，礼部左侍郎黄倬提督浙江学政，詹事府詹事孙诒经提督福建学政，翰林院修撰梁耀枢提督湖北学政，翰林院侍讲朱悠然提督湖南学政，翰林院侍讲学士瞿鸿禨提督河南学政，詹事府右春坊右庶子钮玉庚提督山东学政，翰林院编修朱福基提督山西学政，编修陈翼提督陕西学政，编修谭宗浚提督四川学政，编修张登瀛提督贵州学政。甘肃学政许应骙、云南学政李岷琛、江苏学政林天龄、广东学政吴宝恕、广西学政欧阳保极、奉天府府丞兼学政杨书香俱留任。

八月甲午　以工部尚书魁龄为顺天乡试正考官，户部左侍郎殷兆镛、兵部右侍郎夏同善、理藩院右侍郎麟书为副考官。

八月庚子　湖北巡抚翁同爵奏，本年查阅营伍，因丙子科文武乡试接连举办，应请展缓。从之。

八月丙午　顺天府以宗室乡试中额请。得旨：取中六名。

八月乙卯　陕甘总督左宗棠等奏，请加甘肃优生额数。下礼部议。

九月戊辰　谕内阁：杨昌浚奏，浙省武闱考试人数倍于从前，现拟变通办理，将步箭分两处阅看等语。武闱考试向归巡抚校阅，原所以昭慎重，自应恪遵功令办理，何得轻议更张？杨昌浚所拟，与会考武员及武闱提调、监试分作两处阅看之处，殊属有违定例，着不准行。杨昌浚着交部议处。

九月戊辰　派左副都御史童华知武举。以刑部左侍郎袁保恒为正考官，翰林院侍讲学士徐致祥为副考官。

九月癸酉　兵部以武会试中额请。得旨：取中八旗满洲、蒙古四名，八旗汉军三名，奉天一名，直隶十六名，陕甘五名，广东十一名，河南、安徽各七名，山东、江苏、湖北、湖南、云南各四名，山西六名，四川八名，福建、浙江、江西各五名，广西、贵州各二名。

九月癸酉　以吏部左侍郎恩承为满洲翻译正考官，翰林院侍读学士崇勋为副考官。

九月丁丑　谕内阁：此次覆试顺天乡试举人，列入一等之曾丙熙等十七名，列入二等之王仁东等三十名，列入三等之萨廉等六十二名，俱着准其一体会试。

九月戊寅　礼部以翻译乡试中额请。得旨：取中五名。

九月乙酉　派顺天府府尹张沄卿为武闱乡试监临。

十月戊子　试中式武举宋鸿图等一百一十三人于太和殿前。

十月戊子　谕军机大臣等：涂宗瀛奏，柳州府属马平县已革生员蓝生翠纠众抗粮拒捕，恃险盘踞，现在派员带兵剿捕等语。劣生煽众抗粮，大干法纪。此次马平县因粮滋事，经该抚委员前往劝谕开导，花户已遵谕完粮。乃蓝生翠犹敢从中煽惑，且有打毁粮局，抗拒官兵情事，实属瞀不畏法。现在柳州府属伏莽未清，尤应赶紧捕拏，以杜勾结。着涂宗瀛即饬道员易元泰迅速剿办，务将蓝生翠拿获惩治。一面解散胁从，饬令地方官，将粮务一切妥为办理，毋任再滋事端。将此谕令知之。

十月庚寅　派惇亲王奕誴、大学士宝鋆、礼部左侍郎察杭阿校阅中式武举马步射、技勇。

十月辛卯　上御养心殿，引见中式武举，亲定甲乙。

十月壬辰　上御太和殿。传胪。赐一甲宋鸿图、张忠祥、景庆三人武进士及第，二甲张世昌等十八人武进士出身，三甲郑承第等八十六人同武进士出身。

十月庚子　以礼部右侍郎潘祖荫为武场正考官，都察院左副都御史唐壬森为副考官。

十月癸丑　谕：给事中文明奏，乡试场规亟应整顿一摺。据称，近来每遇乡试，贡院门外舆马横行，各旗营支搭帐房，阻隔中路。顺天府供给车辆运送太早，兼以执事官员车马拥挤，以致士子听候点名多被阻滞。考生接签后，仍行回寓，守门官疏于稽查。砖门地面，该管大臣辄委员代办，并不认真经理，请申明定例等语。科场重地，例禁綦严。若如所奏各情，实属不成事体。考试为抡才大典，务当确遵旧章，俾昭严肃。嗣后毋得仍前玩泄，致干咎戾。至贡院门内，竟有士子归号后，仍复出号喧哗，乡会试第三场尤甚，亦宜实力禁止，并着监临、知贡举严行弹压，毋稍姑容。如有不遵场规者，即行照例严办。另片奏应送外帘各员，请不准托故回避等语。嗣后，各该堂官于应送外帘各员核实查明，不准临场告假，以杜规避。

十月癸丑　谕：署盛京将军、刑部尚书崇实，老成练达，才识俱优，受先朝知遇之隆，由翰林荐升卿贰，旋由驻藏大臣升授成都将军，署理四川总督。穆宗毅皇帝优加倚畀，内擢正卿，简任部旗事务，勤慎恪恭，克尽厥职。上年命往奉天查办事件，尽心筹画，悉协机宜。昨因患病，奏请开缺，宽予假期，方冀调养就痊，长承恩眷，兹闻溘逝，悼惜殊深。着加恩追赠太子少保衔，照尚书例赐恤。任内一切处分悉予开复，应得恤典，该衙门查例具奏。其灵柩回籍时，着沿途地方官妥为照料，并准其入城治丧。伊孙景贤着赏给举人，准其一体会试，用示眷念荩臣至意。寻予谥文勤。

十一月癸酉　谕内阁：王文韶、顾云臣奏，革员蒙混录科中式，请注销审办，并自请议处一摺。前湖南临武县训导刘洪泽因案革职，复以岁贡生蒙混录科，中式举人。似此匿过蒙考，亟宜惩办。着即注销举人，由王文韶提省审明，按律拟办。顾云臣于录科时未能查出，王文韶监临闱务，与布政使崇福、署按察使夏献云均未能先事觉察，着一并交部议处。

十一月丙戌　谕内阁：张兆栋奏，考官回京由水程前进等语。各省考官照例应由驿站行走。近年广东考官差竣回京，辄称患病，改由水路起行，殊属有违定例。除此次正考官王之翰、副考官郁昆业经起程，毋庸置议外，嗣后着不准行。

十二月戊子　南洋大臣沈葆桢等奏，选派候选道李凤苞、闽厂监督日意格充华洋监督，率领闽厂前后堂学生分赴法国官厂学习制造、英国水师大学堂及铁甲兵船学习驾驶。学生员数以三十名为度，肄习年限以三年为期。经费约共需银二十余万两，由闽省厘金、闽海关洋税船政经费各项下匀拨，分年汇解。下所司知之。

十二月戊子　江西学政许庚身奏，瑞州府上高县恩贡生黄楙材优于数理，于化学、重学无不穷源竟委。请饬交同文馆学习。得旨：着刘秉璋饬令该贡生即行来京，由总理各国事务衙门查看，并下所司知之。

十二月壬寅　谕：都察院奏，热河已革生员张振元、佃民郭殿元遣抱以官吏科敛民财、移祸于人等词，赴该衙门呈控。此案前据瑞联奏称，张振元、郭殿元系闹场巨蠹，有勾串委员，巧据肥地，苛敛民财等情，拟请发遣。兹据张振元等遣抱控诉，有无冤抑，着延煦亲提人证、卷宗，秉公研讯，务得确情，以成信谳。该革生等倘系砌词妄控，刁风断不可长，即着从严惩办。抱告民人张怡云、郭殿扬照例解往备质。

十二月甲辰　添设广西新升、奉议州武学额四名。

光绪三年（1877年）

正月戊寅　福建巡抚丁日昌奏，此次渡台，幕友需才，请将翰林院庶吉士钟德祥留台襄助。得旨：钟德祥着俟散馆后，再赴台湾。

二月丁亥　谕内阁：御史李桂林奏，应试士子来京，请饬崇文门税务衙门禁止需索等语。乡会试士子入都，如有携带私货，原应查察。若止随带行李并无货物者，自当随时验明放行，不得稍有留难。第恐各门差役于车辆进城或故意拦阻，藉端勒索。及至到务后，又不立时查验，致受延搁之累。种种弊端，不可不严行禁止。着崇文门监督严饬该官役等，凡遇应试士子车辆，送务后，随到随验，迅速放行。如查有需索留难等弊，即行从重惩办，毋稍宽纵。倘该士子等不知自爱，夹带私货，一经验出，仍着照例办理。

二月戊子　谕：都察院奏，江西举人廖连城呈递管见四条，据呈代奏一摺，着该衙门议奏。寻，总理各国事务衙门议上，该举人所陈禁设烟馆，地方官吏自有责成，毋庸置议。至各省新立埔头，请移兵备道坐镇一节。查，洋人设立埔头系为通商起见，立约以后，内地传教蔓延既广，应由地方官持平妥办，势不能专藉兵备道坐镇之力。上年议结滇案，云南、四川各郡仅有准派洋员往彼察看情形，并未作为通商埔头。此外，凡属通商口岸，皆有道员兼充监督，专膺其责，亦无事别有更张。又，所请设台湾水师提督，添练水勇。上年侍郎袁保恒奏请将福建巡抚改为台湾巡抚，业经会同吏部奏覆，无庸改设。今所请添设水师提督一层，应一并无庸置议。至滨海七省整顿海防，因有五策之陈。虽所言未必悉中肯要，而谋事集益不厌求详，拟请饬下南北洋大臣，如有可采之处，酌量施行。从之。

二月癸巳　署盛京将军崇厚等奏，昌图厅幅员辽阔，请升为府治，添设厅县教佐等官，增广文武学额，添募捕盗官兵各事宜。下部议。

二月辛亥 谕：涂宗瀛奏，官军剿捕匪徒，生擒首要，出力员弁请奖一摺。广西马平县革生蓝生翠藉要挟减粮为名，煽惑乡愚，纠党滋扰。经道员易元泰等督兵剿办，该匪胆敢聚众抗拒，官军合力进攻，于上年十二月间在老歪山水岩内将蓝生翠擒获，并先后缉获著名匪徒多名正法。民情现已安谧。仍着将余匪赶紧缉拿，毋任漏网。出力之道员易元泰着赏给三代一品封典，并赏换哈希巴巴图鲁名号。总兵莫云成着交军机处记名，遇有两广总兵缺出，请旨简放，并赏加提督衔，以示鼓励。其余在事出力员弁着准其择尤保奏。毋许冒滥。

二月壬子 谕内阁：御史刘曾奏，贱役冒籍蒙考，请旨斥革一摺。牛守仁即牛珍，又名牛升，曾在广西怀集灵川贺县署内充当门丁，辄敢勾串劣衿，冒入临桂县籍，令其子牛光斗蒙混应试，幸中举人。贱役冒籍蒙考，有干例禁，亟应严行惩办。牛光斗着即行斥革。并着广西巡抚饬属查明，牛守仁如有蒙捐官职情弊，着一并斥革，按律惩办，以澄流品。

三月壬戌 命大学士宝鋆为会试正考官，吏部尚书毛昶熙、刑部右侍郎钱宝廉、内阁学士昆冈为副考官。

三月甲戌 礼部以宗室会试中额请。得旨：取中二名。

三月丙子 谕内阁：御史邓华熙奏，贱役之子蒙捐冒考，请旨饬革惩办等语。广东番禺县人何炳南即何菊屏，迭充南海番禺、东莞各县门丁，胆敢令其子何伯麟蒙考入学，并捐主事。又令其次子何骏声改名何瑞荣，冒入顺天籍，中式丙子科乡试举人。实属不安本分，亟应严行惩办。主事何伯麟、举人何瑞荣均着即行斥革，交刘坤一、张兆栋将何炳南，即何菊屏，一并按律惩办，以警效尤而清流品。

三月庚辰 礼部以会试中额请。得旨：满洲取中八名，蒙古取中三名，汉军取中六名，直隶取中二十四名，奉天取中三名，山东取中二十一名，山西取中十名，河南取中十七名，陕西取中十五名，甘肃取中九名，江苏取中二十六名，安徽取中十八名，浙江取中二十五名，江西取中二十二名，湖北取中十四名，湖南取中十四名，四川取中十四名，福建取中二十名，台湾取中二名，广东取中十六名，广西取中十三名，云南取中十二名，贵州取中十一名。

三月乙酉 考试散馆庶吉士于保和殿。

四月甲午 督办船政大臣、候补三品京堂吴赞诚奏报闽厂遣派出洋学习制造驾驶学生起程日期。下该衙门知之。

四月戊戌 命大学士英桂为满洲翻译会试正考官，工部尚书景廉为副考官。

四月癸亥 谕：此次新贡士覆试，列入一等之周銮诒等五十二名，二等之秦霖熙等一百十八名，三等之李尚卿等一百五十三名，俱着一体殿试。列入四等之孙浤泽、陈象仁、周得程均着罚停殿试一科。

四月乙巳 礼部以京旗及各省驻防翻译会试中额请。得旨：京旗取中一名，驻防取中二名。

四月乙巳 派工部尚书李鸿藻、礼部尚书万青藜、吏部右侍郎徐桐、兵部右侍郎夏同善、刑部右侍郎钱宝廉、刑部右侍郎麟书、内阁学士昆冈、都察院左副都御史童华为殿试读卷官。

四月丙午　策试天下贡士刘秉哲等三百二十九名于保和殿。制曰：朕以冲龄诞膺宝祚，仰荷昊穹垂佑，列圣诒谋，惟日孜孜，于今三载。上思副两宫之至教，下期措四海于久安，夙夜不敢康，兢兢业业。深惟传心念典之源，建官考绩之政，兴利重农之道，训俗型方之规，广益集思，冀有裨于实政。兹当临轩发策，博访周咨，尔多士其敬听朕命。《虞书》执中之训，为道统所开；精一之传，为学术所始。《仲虺》言建中，《洪范》言建极，与执中有无殊旨？其与惟精惟一能有合欤？夫稽古好文，帝王切要之图也。历观往代，或会诸儒讲《五经》同异，或聚宏文馆书二十万卷，讲论至夜分乃罢，或日进《太平御览》三卷，其勤若是。乃有谓以半部《论语》致太平者，有谓治道不出《大学》一书者，果可以为定论欤？三代以下，儒者以董仲舒为首，正谊明道二语，不涉于功利，而《天人三策》，后人犹有微辞。王通著《中说》，学者拟之《论语》，后人斥为僭妄。然则舍濂洛关闽之学，皆不足为进德之阶欤？大臣法，小臣廉，官职相序，君臣相正，国之肥也。然则欲正君臣、序官职，其必自大臣始欤？亲民之官，莫若守令，守令之贤否，视乎上官之取舍。两汉兴廉举孝，敦崇节行，日计不足，月计有余，所传循吏，郡守为多，而公卿亦出其中，其时玺书褒勉，增秩赐金，载在史册，传为美谈，果可以风厉庶僚，而使之事无废弛而政无操切欤？夫循名责实，则人不旷官；朝考夕稽，则吏皆勤职。如汉以六条察郡国，唐以四善二十七最、宋以七事、明以三等考察吏治，其因时详略，可得其大旨欤？今欲使大吏勤慎，而僚属咸知奉公，吏胥不敢弄法，其何道之由？古者帝王劭农，故以田事为急，农田之外，复有屯田。昔人所论，以何说为长？汉之屯以兵，唐之屯以民，宋之屯或民或兵，其因时制宜之义安在？有谓塞上宜屯田，腹里宜垦荒者，然则屯与垦顾可分不可合欤？说者又谓，西北之地砂石硗确，则忧在土；雨泽稀少，则忧在旱；霖潦暴涨，则忧又在水。夫湖薮陂泽，水所由潴也；沟洫浍遂，水所由泄也。乃或甫挑浚而仍然坍塞，已培筑而复就倾颓，其何术而能一劳永逸欤？且何以因利乘便，使国不费而民不扰欤？惟民生厚，因物有迁，兴化善俗，致治之本也。唐虞敷教，俾民亲逊，周礼以三物教民，以八刑纠民，风化维持，久而弗替，其详可悉陈欤？汉置三老孝弟常员，征拜美俗使者；唐赐孝义高年粟帛，遣使观览风俗，用以劝民厉俗，果能行之有裨欤？国家承平日久，芸生日众，若多设科条则易滋扰累，即广颁文告或徒饰观听，将欲训迪而丕变之，其道奚由？昔《吕氏乡约》、《袁氏世范》，或牧令以化一邑，或缙绅以教一乡，其言至为浅近，能备举其说欤？今欲使四海之内狱讼衰息，邪慝不兴，里党辑睦，耆孺和乐，其操何术，以收劳来匡直、辅翼振德之效，而致时雍之化欤？凡此四端，逊敏以懋德，考察以任贤，经画以兴氓，渐摩以善俗，皆制治之远猷，保民之本务。多士对扬伊始，其各陈谠论，毋泛毋隐，朕将亲览焉。

四月丁未　谕：本日，英桂、景廉进呈翻译会试试卷，拟取之第二名第一场卷错落太多。着另行拟取呈览。

四月戊申　谕内阁：昨因英桂等进呈翻译试卷，拟取之第二名第一场卷错落太多，谕令另行拟取。兹据另拟呈览，即着照此次所拟取中。英桂、景廉于试卷错落处未能看出，均着交部议处。

四月庚戌　上御太和殿。传胪。授一甲三人，王仁堪为翰林院修撰，余联沅、朱赓扬为编修，赐进士及第；二甲孙宗锡等一百三十二人赐进士出身；三甲陈馨等一百九十四人赐同进士出身。

四月癸丑　引见丙子恩科散馆人员。得旨：此次散馆之修撰曹鸿勋，编修王赓荣、冯文蔚业经授职，二甲庶吉士陈翥、敖名震、钟德祥、管廷鹗、吴树梅、章志坚、章洪钧、陈琇莹、张世恩、林绍年、黄群杰、吴兆泰、高钊中、冯金鉴、金星桂、茅景容、戴鸿慈、黄彝年、徐致靖、倪恩龄、高赓恩、黄显瓒、曹昌燮、缪荃孙、陈履亨、潘宝璜、黄国瑾、陈懋侯、赵时寯、朱一新、翟伯恒、刘中策、张端、陶方琦、刘心源、春溥、李桂林、王锡蕃、廖廷相、朱善祥、冯汝骐、张炳琳、郑衍熙、林启、刘宗标、谢祖源、陈兆文、殷李尧、裕德、唐椿森、陆宝忠、朱卓英、黎荣翰、周盛典、汤子坤、罗锦文、吴锡璋、况桂馨俱着授为编修，三甲庶吉士涂廉锷、陈存懋、冯嵩生俱着授为检讨，朱镜清、陈德薰、杨鸿元、陈桀仁、杨际清、常山、黄均隆、顾璜、施典章、孙佩金、徐玮文、张礽杰、梁廷栋、党蒙俱着以部属用，杨钦琦、陈光煦、周材芳、郑绍成、周骐、赵宗鼎、龙朝言、袁镇南、王亦曾、金学献、徐浩、陈毓麟、路朝霖、曾长治、闻福增、孙其正、魏起鹏、贾联堂、彭启瑞、张继、胡瀛涛、高维岳、陶搢绶俱着以知县即用。

五月乙卯　引见前翰林院编修陆懋宗。得旨：着以检讨用。

五月乙卯　命都察院左都御史全庆，协办大学士、兵部尚书沈桂芬教习庶吉士。

五月甲子　引见新科进士。得旨：王仁堪、余联沅、朱赓扬业经授职外，孙宗锡、孙宗谷、程夔、唐景崶、洪思亮、张鼎华、杨佩璋、杨晨、周克宽、盛昱、吴郁生、张嘉禄、潘遹、支恒荣、于钟霖、李兆勖、戴兆春、吕凤岐、江澍畇、徐道焜、谢希铨、吴祖椿、杨文莹、张桢、濮子潼、周銮诒、许泽新、周龄、锡珍、何福坤、林壬、樊增祥、胡孚宸、吴大衡、张泳、国炳、谢若潮、朱益浚、胡湘林、刘永亨、孔祥霖、马毓鋆、梁枚、霍为棥、黄中理、严家让、张仲炘、潘彬、长萃、赵世曾、治麟、何荣阶、孔宪曾、管辰熙、武吉祥、林翰清、余德秀、熊祖诒、陈炳奎、崔舜球、张东瀛、朱显廷、王骧、王引昌、徐铭勋、卢寯章、徐堉、刘秉哲、吴日升、翁斌孙、锡元、廖正华、杨凤翔、罗瑞图、蒋式芬、王恩溎、任焕奎、朱锡蕃俱着改为翰林院庶吉士，李征庸、李锡彬、刘人熙、王集、曾耀南、朱寿熊、高昭瑞、钟大焜、邵心豫、王同、凌端、杨调元、陈维岳、谭肇松、凌心垣、胡宗澄、邵谦、王佑修、余家相、杨炳勋、袁宝彝、贾璜、钱锡庚、甘炁、马彦森、恩桂、刘兆梅、杨国璋、李擢英、余适中、沈国器、黄裳华、冯钟岱、李象辰、王联璧、吴穆、讷钦、刘赐琦、郭庆棠、张国常、潘文熊、继昌、段理、高士坊、王嘉禾、陈灿、胡鸿典、邬质义、王康平、李庆云、董云标、何刚德、易炳奎、孔传勋、董汝翼、吴铭恭、吴超、陈馨、李馨国、游镗、张贵良、李沄、于观霖、余彬、贺寿龄、涂翔凤、郑演元、傅誉孙、孙赞清、晏安澜、匡心湛、陈昌言、李家瑞、张成勋、何传中、钟英、熊起磻、沈维诚、何焕章、陈福谦、陈世求、关广槐、刘中度、孙朝华、闵荷生、杨泳春、韩大镛、武人选、高积勋、高第甲、程仪洛、王衍璞、欧阳绣之、孙显家、戴家松、宋廷梁、崔瀛桂、梁材、徐士佳、张继良、姜应齐俱着分部学习，荣垕源、惠荣、李崇洸、汪朝模、李春芳、马翙、区湛森、梁瑞祥、孙宝琮、田怡、陈璧、刘贞、王保建俱着以内阁中书用，吴传绂、杨先寯、陈炳煊、左挺生、陈鸣谦、于沧澜、刘乃赓、陈宗和、成明郁、周凤藻、杨孝宽、傅桐豫、何国璋、王惠吉、饶世缨、江济民、郑文思、卞翊清、黄登瀛、何承绪、朱宝晋、杨汝偕、罗大冕、查之屏、陈国士、蒋其章、柏寿、项晋荣、包永昌、董沛、麦锡良、齐泽、何式璜、黄传耀、蓝耀枢、覃廷桢、胡鉴斗、王颖芳、胡泰阶、金绍庭、长秀、王寿楠、赵冠卿、叶应祥、成沐荫、石寅亮、孙廷献、柳文洙、赵源浚、邓衍熹、程钟、何式箴、张楚林、乐观韶、马侃、李尚卿、许钟岳、陈兆庆、周宗洛、曹庆恩、吴成周、郑子侨、翁锡祺、马锡龄、张桂芬、黄维清、刘杭、胡成均、于文泉、马桂芳、何文全、朱传熙、陈润灿、保鉴、姚钟瑞、陈熙昱、吴炳、严泽、张应午、王文员、林乃柽、李用曾、张煦春、刘步元、曹学彬、李世寅、张文楷、李中和、宋立球、曹燮、贺靖南、曲福绶、袁葆辰、马铭柱、李天锡、凌邦靖、陈锡恩、龚锡枢、陈绍棠、傅廷元、韩镇周、唐毓衡俱着交吏部掣签，分发各省以知县即用。兵部候补郎中陈寯畤、刑部候补郎中陶家骀均着以郎中即用，户部候补主事秦霖熙、刑部候补主事谢配鹏均着以主事即用，户部学习郎中庄鼎元、刑部学习郎中林步青均着俟满，作为候补郎中后，以该部郎中即补。户部学习主事卜燕宾着俟报满，作为候补主事后，以该部主事即补。分部学习员外郎何子鋆着俟分部学习，报满，作为候补员外郎后，以该部员外郎即补。余着归班铨选。引见来到之荣桂、覃梦榕二名，着该衙门照例办理。

五月乙丑　谕内阁：给事中郭从矩奏，请饬整顿士习一摺。殿廷考试，宜如何整齐严肃，谨守礼法。乃本年殿试竟有贡士争取题纸，任意喧哗，实属不成事体。嗣后，着礼部先期出示剀切晓谕，务期确遵功令，毋许再蹈故习。如有不守规矩者，即着指名严行参办。至本年会试接场之人，甚至拥挤斗殴。近来各省乡试及府厅州县童试，亦有藉端滋事等情，均应实力整顿。嗣后，遇有此等案情，务宜从严惩办，毋稍宽纵。并着各省学政于按临各郡时，督率教官认真约束，以端士习。

五月乙丑　（左宗棠）奏，甘肃垦荒户民请变通入籍应试暨回生乡试拟编号分科取中，并下部议。

七月戊午　谕内阁：御史胡聘之奏，部院官员请饬认真考察一摺。据称，六部司员学习期满，应由该堂官察看贤否，分别奏留。近来率皆循例出考，从不甄别一人，以致劣员滥竽其间。至翰林院、都察院各官、该堂官等于接见时，亦宜留心察看，勤加训勉等语。部员分司庶务，各有职守。翰苑为储才之地，科道系耳目之官，自应认真考核，砥砺裁成，期于培植人才，有裨治理。着各部院堂官破除情面，详加考察，务期贤否周知，劝惩悉当，用副朝廷澄叙官方至意。翰林院现值保送御史之时，并着秉公遴选，务择品端守洁、通达治体之员，不得但计资俸，循例咨送。

七月戊午　广西巡抚涂宗瀛奏，请增灌阳县猺童学额。下部议。

七月癸酉　补行引见新科进士。得旨：苏毓铨等均以知县用。

七月丙子　广州将军长善等奏，同文馆诸生期满学成，请给予翻译生员。同文馆生监当差期满，请分别奖励。均允之。

八月辛丑　赏福建致用书院扁额，曰人文经纬。

八月辛亥　旌表割臂疗亲顺天监生颜士栋及其妻徐氏。

九月戊午　（陕甘总督左宗棠）奏，甘肃新设化平等厅，武学额请照文学补拨。下部议。

九月乙丑　派都察院左副都御史童华知武举，以礼部右侍郎潘祖荫为武会试正考官，工部右侍郎宜振为副考官。

九月戊辰　兵部以武会试中额请。得旨：满洲、蒙古取中四名，汉军取中三名，奉天取中一名，直隶取中十六中，陕甘取中五名，广东取中十四名，河南取中八名，山东取中十名，江苏取中七名，安徽取中八名，山西取中六名，湖北取中五名，湖南取中四名，四川取中八名，广西取中三名，福建取中六名，浙江取中七名，江西取中八名，云南取中五名，贵州取中四名。

十月甲申　派怡亲王载敦、贝勒奕劻、正黄旗汉军都统安兴阿校阅中式武举马步射、技勇。

十月乙酉　上御养心殿引见中式武举，亲定甲乙。

十月丙戌　上御太和殿。传胪。赐一甲佟在棠、马尚德、林培基三人武进士及第，二甲徐畏三等二十人武进士出身，三甲刘天章等一百十九人同武进士出身。

十月戊戌　奉天府府丞兼学政王家璧奏，黑龙江应试文童，请暂照满合号一体取进。下部议。

十月己亥　谕：广东学政吴宝恕奏，广东考试，枪冒甚多，各属廪保并不遵例挨派，不肖廪保朋比为奸，枪手遂肆行无忌，请严定教官处分等语。所陈考试情弊，恐不独广东省为然。着各省学政严密稽查，认真整饬。至该教官或不能约束，或甘受欺蒙，甚至有扶同作弊情事，着该部严定处分，以肃学校而端士习。

十二月辛丑　予直省剿贼阵亡文生卫滨烈等六员及海防病故记名提督王道生等七员分别议恤。

十二月辛丑　予安徽歙县阵亡殉难监生郑士坚等暨拣选知县江廷缙、团丁杨文敔等分别旌恤。

十二月乙巳　谕：御史张道渊奏，开捐各省弊端甚多，请饬严禁等语。各省开局捐输，本系一时权宜之计。若如该御史所陈，各省多以执照分交属员，压派乡村，甚至数十户认捐一职，数百户报捐一官，执照则以有势力者出名。刁生恶监，把持作弊，名为零捐，病民甚重，亟应严行禁止，以杜弊端。着各省督抚于设捐处所实力稽查。除有力之户，劝令捐输，余概不准以执照分派各属，按户零捐。如有绅耆把持，与官吏通同作弊，即行严参惩办，毋稍徇隐。

光绪四年（1878年）

二月乙酉　谕军机大臣等：铭安等奏，请清厘仓库，并将烟酒木税改由将军委员试办，暨筹拨公费及筹给学政考试公费各摺片。……所称办公经费时形竭蹶，亦系实在情形。请将从前奏准税课项下津贴办公银八千两照旧提出，每年拨给将军银五千两，副都统银二千两，以资办公。其一千两及由考棚发商生息项下再提银二千五百两，统交学政作为考试经费，一切自行备办。均着照所请行。该署将军等务当破除积习，力挽颓风，以副委任，如查有从前各项弊端，着即严行惩办，毋稍徇隐，将此各谕令知之。

二月庚子　谕：给事中郭从矩奏，各省调考孝廉方正，迟误有因，请饬部变通办理一摺。各省保举孝廉方正赴部考试各员，原应依限到京，由该部照章办理。现在调考之周光珍等，据该给事中奏称，或因措资不易，未能依限起程，或系年前到京，不谙新章，以致验到稍后，迟误尚属有因，并非任意延玩。所有此次在部具呈之周光珍等各员，均着准其一律考试，以示体恤，并行知各该衙门传集会验，俾符定制。

二月丙午　考试孝廉方正。

三月戊寅　谕内阁：沈葆桢奏，请将已故儒臣宣付史馆立传一摺。原任大理寺卿李联琇，曾任福建、江苏学政。咸丰年间，因病开缺，主讲江苏钟山书院，崇尚正学，造就人才甚众，洵足为士林表率。该故员学行事迹着宣付国史馆，列入儒林传，以彰硕学。

四月壬午　谕内阁：沈葆桢奏，请饬停武科，以节经费等语。国家设立武科，垂为定制，其中不乏干城御侮之材。沈葆桢辄因撙节经费，请将武闱停止，率改旧章，实属不知大体。着传旨申饬。

四月丙申　湖广总督李瀚章等奏，施、郧二府乡试，请分编字号，轮流间科取中。下部议。

四月戊戌　河东河道总督兼署河南巡抚李鹤年、河南学政瞿鸿禨奏，以地方荒旱，现办赈济，请暂缓河陕汝属生童岁试。从之。

五月丙辰　（总理各国事务衙门）奏，贡生黄茂材前往印度，已晤商英国使臣，给与护照。报闻。

五月乙亥　命户部右侍郎潘祖荫、礼部右侍郎松森、刑部右侍郎钱宝廉、都察院左副都御史张沄卿为考试汉御史阅卷大臣。

六月戊子　四川总督丁宝桢奏，川省绅民办理捐输，协济饷需，恳恩加广文武学额暨乡试中额。得旨：下所司议。

七月癸丑　黑龙江将军丰绅等奏，遵议呼兰厅民籍学额。又奏，黑龙江学额请暂予变通。得旨：礼部议奏。

八月丙申　直隶总督李鸿章等奏，请添设热河围场学额。下部议。

八月乙亥　以往返重洋护送幼童赴美国肄业，予广东同知祁兆熙知府衔。

十一月己未　云南巡抚杜瑞联奏，购置书籍，分发五华、育材两书院，并拟择尤校刊，分发各学。又奏，整顿书院，增给束修膏火，并通饬地方官广设义学。均报闻。

十一月辛酉　谕内阁：御史李鸿逵奏，请饬整顿乡试场规一摺。乡试为抡才大典，条例綦严，应试士子自宜谨守场规，恪遵功令。若如该御史所奏，近年各直省乡试士子任意乱号，顺天乡试三场，竟有士子拆毁号栅，往来喧闹等情。实属不成事体，亟宜认真整顿。嗣后，顺天及各直省乡试着派出之监临暨顺天府府尹各该督抚申明旧章，严行晓谕。如有不遵约束者，即行分别查办。若官役人等有藉端陵辱士子情事，亦即按律治罪，毋稍迁就。

十一月癸亥　谕：吴元炳奏，学政因病出缺一摺。江苏学政、翰林院侍读学士林天龄于同治年间曾在弘德殿行走有年，克称厥职，兹闻溘逝，轸惜殊深。伊子林开棻着加恩赏给举人，准其一体会试。

十一月癸亥　命兵部右侍郎夏同善提督江苏学政。

十一月壬申　以管带幼童驻洋肄业著有成效，予工部主事区谔良以员外郎即补。

十二月壬午　谕内阁：前因广东省同治二年请加文乡试定额一名，与咸丰年间会议章程不符。经礼部奏准，改为广一次中额三名。同治甲子至光绪丙子六科，除扣抵外，尚多三名，应分三次扣还。兹据奉天府府丞王家璧奏，同治二年所加广东文乡试定额一名，请毋庸裁减扣还等语。同治年间，广东省所加文乡试定额，既与定章不符，自应仍照部议更正，其历科取中，尚多三名，加恩免其分次扣还，以示嘉惠士林至意。

十二月壬午　奉天府府丞王家璧奏，盛京兵部所属站丁，请照庄头及旗民家奴放出例，准其入籍应试。下部议。寻奏，该站丁等系吴逆伪党，本在十世不宥之列，不得援庄头及旗民放出例与平民一体考试。

十二月壬午　（奉天府府丞王家璧）奏，吉林合号旗生，请准编附汉军京旗，一体乡试。下部议。

十二月癸未　直隶总督李鸿章奏，顺天乡试宣化府属文生请复旦字号原额，另中四名。下部议行。

十二月戊子　顺天学政何廷谦因病解职，命内阁学士祁世长提督顺天学政。

十二月辛丑　谕：戈靖奏，乡试年老诸生恩赏，请分别准驳，暨贡监录科，严分弃取，及殿试点名，按排放进各等语。着礼部议奏。

光绪五年（1879年）

正月甲子　命翰林院侍讲廖寿恒提督河南学政。

正月甲戌　贵州巡抚黎培敬奏，云南鹤丽镇总兵朱洪章，捐输欠饷，请饬部查照江西成案，议广该总兵原籍开泰县学额。下部议。

二月甲辰　以都察院左都御史潘祖荫、兵部左侍郎昆冈、署刑部右侍郎夏家镐为考试孝廉方正阅卷大臣。

三月癸丑　谕内阁：前据都察院奏，江西试用从九品龚榕敬陈管见十二条，据呈代奏一摺，详加披阅。所陈取真才中之变通文武两试，汰冗兵中之移扎提督、罢撤塘汛，裕财用中之裁恩养恤赏，及宗室廪糈，加征丁钱，暂除烟禁，并铸银饼一条，或变更成法，或有伤政体，均属窒碍难行。

三月乙丑　云南巡抚杜瑞联奏，遵覆安平等十六厅县拟分别添设学额。下部议。寻议，减开平府学六名，拨二名归安平，并添设二名，定为安平厅学额四名；拨四名归文山，并添设四名，定为文山县学额八名。减广南府学五名，拨归宝宁，并添设三名，定为宝宁县学额八名。减东川府学五名，拨二名归巧家厅，并添设二名，定为巧家厅学额四名；拨三名归会泽，并添设五名，定为会泽县学额八名。思茅、宁洱除原拨府学十名外，各设立学额三名。他郎除原拨府学五名，威远除原拨府学三名外，各设立学额二名。至恩安等厅县，均系初次设学，恩安暂设三名。大关、鲁甸、缅宁、中甸、维西各暂设二名。龙陵向附考保山，酌减保山学二名，拨归龙陵，并添设二名，定为龙陵厅学额四名。从之。

闰三月乙亥　以穆宗毅皇帝、孝哲毅皇后升祔太庙礼成，颁诏天下。诏曰……一、贡监生仍派大臣官员考定职衔，照旧例送吏部注册。一、各省儒学，以正贡作恩贡，次贡作岁贡。一、贡生、监生在监肄业者，免坐监一月。……布告天下，咸使闻知。

闰三月庚子　江西学政吴仁杰奏，遭风舟毁，遗失案册，自请议处。得旨：吴仁杰着加恩，改为交部察议。

四月戊午　以本年乡试，考试应开列试差人员于保和殿。

四月戊辰　予浙江省阵亡、被戕殉难满汉文武官绅、举贡生监及外省寄居绅监恒祥等旌恤如例。

四月壬申　顺天学政、礼部左侍郎祁世长因病乞解职，命内阁学士徐致祥提督顺天府学政。

五月甲戌　（广西巡抚杨重雅）奏，正途出身之教习、教职、截取举人、拔贡、优贡、孝廉方正各班分发知县，请照军功捐纳一年试用期满，即准甄别补缺。下部议。

五月甲戌　以翰林院编修李郁华为云南乡试正考官，编修黄卓元为副考官；编修秦钟简为贵州乡试正考官，编修涂庆澜为副考官。

五月乙酉　以通政使司副使周瑞清为广东乡试正考官，翰林院编修黄彝年为副考官；翰林院编修李联芳为广西乡试正考官，编修潘宝璜为副考官；工部左侍郎文澄为福建乡试正考官，翰林院编修费延厘为副考官。

五月戊子　命肃亲王隆勤、贝勒奕劻为考试八旗文童监射大臣。

五月乙未　以翰林院编修华金寿为湖南乡试正考官，翰林院修撰曹鸿勋为副考官；国子监祭酒景善为四川乡试正考官，翰林院编修许景澄为副考官；翰林院侍讲陈宝琛为甘肃乡试正考官，江南道监察御史周开铭为副考官。

五月戊戌 拨湖南地丁银二千一百七十两加给科场经费。

六月甲寅 以兵部右侍郎乌拉喜崇阿为浙江乡试正考官，翰林院编修恽彦彬为副考官；詹事府右中允汪鸣銮为江西乡试正考官，翰林院编修吴树梅为副考官；翰林院编修陆继辉为湖北乡试正考官，编修赵尔巽为副考官。

六月庚申 陕甘总督左宗棠奏，请增狄道州学廪缺十名，以归画一。下部议。

六月甲子 以刑部左侍郎冯誉骥为江南乡试正考官，翰林院编修许有麟为副考官；翰林院编修尹琳基为陕西乡试正考官，修撰陆润庠为副考官。

六月庚午 署贵州巡抚林肇元奏，改设黔省贵山、正本、正习三书院专课经古。下部知之。

七月戊寅 以贵州学政张登瀛捐修省城考棚，下部议叙。

七月庚辰 以翰林院修撰洪钧为山东乡试正考官，编修张百熙为副考官；翰林院编修周晋麒为山西乡试正考官，礼部主事吴峋为副考官；翰林院编修曹炜为河南乡试正考官，编修朱文镜为副考官。

七月戊子 谕：御史邬纯嘏奏，关吏需索留难，请饬严禁等语。本年值乡试之期，多士云集，乃据称齐化、东便等门，书役竟敢有任意需索留难等情，实属不成事体。着崇文门监督申明旧章，出示晓谕，士子应带箱只若干，除应行纳税物件照常纳税外，如查无违禁货物，立即放行，不准稍有需索留难。其寻常行李往来，带有货物，亦只准照例纳税，不得格外需索。倘再有前项弊端，一经查出告发，即将该委员书役等分别参处治罪，毋稍徇纵。

七月戊子 命户部右侍郎昆冈、内阁学士兴廉为满洲翻译乡试考官。

七月甲午 命肃亲王隆勤、科尔沁亲王伯彦讷谟祜监八旗文乡试马步射。

七月辛丑 谕军机大臣等：有人奏，广东学政吴宝恕吸食洋烟，日与幕友聚赌，考试草率，归善县士子三千余人日暮完场，诘朝出榜，索取棚规供应，倍于前任。其关节贿赂，如顺德县之文童高步瀛、琼山县之斥革廪生，索银开复，嘉应州属之斥革廪生，为该学政之父吴斯澍请入名宦祠，亦得开复。并勒罚该属四县案首多金，录科弊窦尤多，士人切齿等语。学政主持文柄，宜如何砥砺廉隅，以为士林表率。若如所奏情形，亟应严行查办。刘坤一近在同城，何以毫无闻见？且督抚均有考察学政之责，着刘坤一、裕宽确切查明，据实具奏，毋任稍涉徇庇。……原摺片均着钞给阅看，将此各谕令知之。

八月壬寅 调顺天府府丞潘斯濂为奉天府府丞兼学政，命翰林院侍讲汪鸣銮提督江西学政，工部右侍郎张沄卿提督浙江学政，户部右侍郎昆冈提督福建学政，翰林院编修臧济臣提督湖北学政，陶方琦提督湖南学政，戴鸿慈提督山东学政，黄玉堂提督山西学政，郑衍熙提督甘肃学政，陈懋侯提督四川学政，冯尔昌提督广东学政，秦澍春提督广西学政，卢崟提督云南学政，林国柱提督贵州学政。顺天学政徐致祥、江苏学政夏同善、安徽学政孙毓汶、河南学政廖寿恒、陕西学政樊恭煦均留任。

八月甲辰　改派户部左侍郎麟书为顺天乡试监临官。

八月丁未　以礼部尚书徐桐为顺天乡试正考官，吏部右侍郎志和、礼部右侍郎殷兆镛、刑部右侍郎钱宝廉为副考官。

八月壬子　谕内阁：致仕大学士单懋谦学问优长，持身端谨，由翰林荐擢卿贰，晋赞纶扉，克尽厥职。前因患病，奏请开缺，回籍调理，兹闻溘逝，悼惜殊深。着加恩，追赠太子太保衔，照大学士例赐恤，任内一切处分悉予开复，应得恤典，该衙门查例具奏。伊子郎中单大经着以知府选用，伊孙单启藩着赏给举人，准其一体会试，用示笃念耆臣至意。寻予祭葬，谥文恪。

八月己未　顺天府以宗室乡试中额请。得旨：取中六名。

八月甲子　广州将军长善等奏，广东同文馆，添习法布语言文字，拟增置学馆，酌加经费。下所司知之。

九月丙子　谕：御史戈靖奏，请将云南优拔贡生均准驰驿进京等语。着该部议奏。

九月己卯　闽浙总督何璟奏，正考官文澄入闱患病，援案移出贡院。报闻。

九月辛巳　以翰林院侍讲学士张家骧为顺天武乡试正考官，国子监司业周德润为副考官。

九月甲申　以吏部尚书灵桂为满洲翻译乡试正考官，内阁学士兴廉为副考官。

九月己丑　礼部以翻译乡试中额请。得旨：着取中五名。

九月乙未　谕内阁：此次覆试顺天乡试举人，列入一等之黄绍箕等十六名，列入二等之熙瑛等三十四名，列入三等之左公海等五十五名，俱着准其一体会试；列入四等之连仲着罚停会试一科。

十月甲辰　谕军机大臣等：都察院奏，吉林贡生魏晋康等以学政食言饰奏、破坏旧章等词，赴该衙门呈诉。据称吉林捐修书院，无束修膏火之费。光绪三年，经学政王家璧会商将军奏明，以绅捐生息余银二千二百两酌拨。嗣该学政支取过多，该将军遂加提木税银千两。四年，该学政忽奏，改办考银三千五百两，统由绅捐项下提用，如试院需用时，由后任归并岁科两试以腾款项。经绅士恳照前议，该学政自便私图，牌示及试牍奏摺有书院已有经费，毋庸另筹之语。请仍照该将军原议，拨木税千两为办考经费，其绅捐余款二千二百两，仍照原奏拨归书院等语。着铭安按照所呈各节，确切查明。所有办考及书院经费应如何办理之处，一并据实具奏。原呈着钞给阅看，试牍一本并发去备查。将此谕令知之。

十月丙午　谕：李鸿章、沈葆桢奏，海防需才，请饬闽局生徒出洋肄业，定章三年为限。自光绪三年起至光绪六年，即当陆续送回供差。现在南洋定购蚊子船四号，即拟以学生饬派管驾。此后闽厂成船日多，需才甚亟，闽局前后学堂续招各生，不乏颖异之才，可以接续派往，就已成之绪，收深造之功等语。着庆春、何璟、勒方锜，查照出洋章程，接续遴才，派赴英法各国就学，以冀人才日盛，缓急有资。将此各谕令知之。

十月癸丑　以刑部左侍郎钱宝廉为顺天武乡试正考官，詹事府詹事徐郙为副考官。

十月丙辰　谕：御史邵曰濂奏，请整顿乡会试誊录，并分别内外帘责成一摺。着该部议奏。

十月戊午　谕内阁：顺天府府尹梁肇煌、御史阿克敦等奏参武闱监试御史漏印卷面，暨御史文敬奏漏印卷面，自请议处各一摺。本科武乡试内场夜字十四号一卷，列字围监试御史漏印单好字样，实属疏忽。文敬着交部议处。

十月庚申　谕内阁：礼部奏，翻译乡试监临等官未能详查例案，请交部议处一摺。本年己卯科福建翻译乡试，投卷仅止九名，未能足额，例应停止。该监临、提调等官辄将题目拆封考试，实属疏忽，均着交部议处。至试卷业经送部，即着阅卷大臣一并校阅。如实有可中之卷，即行取中一名，以后不得援以为例；倘无可中之卷，仍照例任缺勿滥。嗣后，各该驻防省分，如临场人数不敷中额，即照例具奏停止考试。其翻译题目并毋庸拆封，以符定制。

十一月癸未　谕：两江总督沈葆桢秉性沉毅，练达老成，历受先朝恩遇，由翰林外任知府，荐擢封圻。前任江西巡抚任内，筹办军务，悉协机宜。嗣因歼除粤匪余孽，赏给一等轻车都尉世职。朕御极后，擢任两江总督，于地方利弊，认真整顿，任事实心，不避劳怨。前因旧疾增剧，吁请开缺，当经赏假两月，方冀调理就痊，长资倚任，兹闻溘逝，悼惜殊深，加恩，追赠太子太保衔，入祀贤良祠，照总督例赐恤，任内一切处分悉予开复。应得恤典，该衙门查例具奏。灵柩回籍时，沿途地方官妥为照料。伊子附贡生沈玮庆着赏给举人，准其一体会试；附生沈莹庆、沈瑜庆均着以主事用，沈璘庆、沈璇庆、沈瑶庆、沈琬庆均着俟服阕后，由吏部带领引见。用示眷念荩臣至意，寻予祭。

十一月甲午　谕：本日，穆宗毅皇帝圣训实录告成。朕祇肃受书，实深欣庆。除现已降旨，将在馆各员及执事人等一并施恩，交部查照旧例优叙锡赏外，溯思开馆以来，所有监修、总裁、副总裁等皆能尽心编辑，各矢勤劳，允宜特加优奖。监修总裁、大学士宝鋆，在馆四年，始终其事，着加恩伊子工部候补员外郎；景沣以本部郎中即补，伊侄工部候补郎中景星赏给举人，准其一体会试。副总裁、礼部尚书徐桐，始终其事，办理稿本，妥慎精详，着赏加太子少保衔；伊孙徐培芝，着赏给举人，准其一体会试。

十二月壬寅　谕：本日丁宝桢奏，考试武闱事竣，摺后漏书月日，实属疏忽。着交部议处。

十二月辛酉　谕内阁：御史章乃畬奏，请饬举行社仓、社学一摺。各省设立社仓、社学，教养兼资，法良意美。军兴以后，多有废坠失修之处。现在军务久平，自应及时整顿。着各直省督抚转饬各州县查明旧章，一律兴修，其经费或藉资民力，或酌提公项，并着察度各该地方情形，奏明办理。将此通谕知之。

光绪六年（1880年）

正月己卯　谕内阁：前据都察院奏，吉林贡生魏晋康等，以学政食言饰奏、破坏旧章等词，赴该衙门呈诉。当谕令铭安查明具奏。兹据奏称，学政按临吉林考试，向由绅捐生息项下提银备办供应，王家璧两次按临，需用浩繁，提用生息银暨吉林厅同知赔款，岁试用至九千三百余两，科试用至六千三百余两。王家璧前以书院经费缺乏，奏明将生息余银作为束修膏火之需。继又将此项提作考费，致书院经费无出，不能延师课士等语。王家璧按试吉林，供应繁琐，其奏提书院款项，语多支饰，殊属不合。着交部议处。嗣后，奉天学政前往吉林考试，所有动用之项，务当力求撙节，不得逾奏定数目。其所余绅捐生息银二千二百两即作为书院经费。寻谕：王家璧着照部议降三级调用，不准抵销。

正月壬午　谕：御史周开铭奏，请饬禁崇文门需索扣留等语。乡会试士子到京，如携带行李，并无违禁货物，自应随到随验，立即放行，岂容书役藉端勒索？兹据该御史奏，本年会试，士子到京，风闻崇文门已有扣留行李，需索税规之事，殊属不成事体。着崇文门监督申明旧章，严行饬禁。如书役人等查有需索留难情事，即行从重惩办，毋稍宽纵。

正月庚寅　派宗人府府丞夏家镐知贡举。

二月庚子　谕：给事中楼誉普奏，内阁汉侍读请专用科甲人员，其特旨录用贡生出身之中书典籍，量予升途各摺片。着该部议奏。

二月庚子　谕：给事中楼誉普奏，各省所捐监生，流弊甚多，请饬划定年分，酌令补缴实银等语。着户部议奏。

二月乙巳　谕内阁：都察院奏，降调奉天府府丞王家璧，遣抱赴该衙门呈诉，据呈奏闻一摺。王家璧前被贡生魏晋康等控告，经铭安查明，该前学政两次案临，需索繁琐，并称书院经费无庸另筹，仍拨用绅捐生息银两作为考费，以致士心不洽各节。当因该前学政语多支饰，交部议处。乃王家璧辄以该将军所奏，与前次函咨不符等语，哓哓渎辩。若不再行确查，不足以折服其心，着潘斯濂详细查明，据实具奏。

二月甲寅　命翰林院侍读洪钧提督江西学政。

二月壬戌　礼部奏，覆试举人考列三等，签出各卷，可否援案毋庸停科。得旨：着照嘉庆四年成案办理。

二月甲子　谕：给事中郭从矩奏，山西孝廉方正梁维垣等遵章年前到京，因本省题本迟延，致误会验之期，可否派员会验，俾令入场等语。着礼部议奏。

三月癸酉　以户部尚书景廉为会试正考官，工部尚书翁同龢、吏部左侍郎麟书、兵部左侍郎许应骙为副考官。

三月乙酉　礼部以宗室会试中额请。得旨：取中二名。

三月辛卯　礼部以会试中额请。得旨：满洲取中八名，蒙古取中三名，汉军取中六名，直隶取中二十四名，奉天取中三名，山东取中二十一名，山西取中十名，河南取中十七名，陕西取中十五名，甘肃取中十九中，江苏取中二十六名，安徽取中十八名，浙江取中二十五名，江西取中二十二名，湖北取中十四名，湖南取中十四名，四川取中十四名，福建取中二十名，台湾取中二名，广东取中十六名，广西取中十三名，云南取中十二名，贵州取中十一名。

四月戊戌　盛京将军岐元奏，请简派考试盛京宗室觉罗官学汉教习阅卷官。得旨：着派盛京礼部侍郎苏勒布、奉天府府丞潘斯濂会同考试。

四月乙卯　谕内阁：此次新贡士覆试列入一等之陈与炯等六十名，二等之王咏霓等一百二十六名，三等之廖镜伊等一百三十二名均着准其一体殿试。

四月乙卯　谕：御史邓庆麟奏，各省新科举人赴学政衙门填写亲供，书吏人等任意勒索，请饬改为赴部填写等语。新科中式举人，例应学政衙门填写亲供，至书吏等勒索，有干例禁，自应严行禁止。嗣后，着各省学政认真稽查，倘该书吏等有藉端需索情弊，即行从严惩办，并着将亲供迅速送部，毋稍迟延。该御史所请改为赴部填写之处，着毋庸议。

四月丁巳　以户部尚书董恂、礼部尚书徐桐、户部左侍郎王文韶、吏部右侍郎乌拉喜崇阿、刑部右侍郎锡珍、内阁学士桂昂、工部左侍郎孙诒经、兵部左侍郎许应骙为殿试读卷官。

四月戊午　策试天下贡士吴树棻等三百三十人于保和殿。制曰：朕以冲龄，仰邀天眷，寅绍丕基，于今六载。秉列圣之诒谋，荷两宫之教育，所期府事修和，纪纲整肃，俾治化蒸蒸日上，延集嘉猷，用熙庶绩，临轩策问，其敬听之。《虞书》首执中之训，为道统所自开，帝德王道，时代虽殊，其同条共贯者安在？《汤诰》言“降衷、恒性”，专言理也。《洪范》言“阴骘下民”，而五行庶征，理兼乎数，其说异同若何？董仲舒，汉之大儒，朱子既以正谊、明道二语编入《小学》，而于《天人三策》犹有未满之词，其意安在？隋王通著《中说》，学者拟之《论语》，而后人以为妄，所指何条？唐臣韩愈推原性道，其议论未尽纯者安在？宋之大儒，濂洛关闽举能发明心性之奥，其得力所在，能揭其大要欤？元儒首倡者何人？继起者何人？明代理学，孰为居首，可一一悉数欤？亲民者莫如守，而与民最亲者莫如令。《汉史·循吏传》纪守相甚悉，而令长则缺而不书，其故何欤？天下至广，郡邑至多，郡守之贤否，且不能人人而察，而县数倍于郡，令数倍于守，其廉而才，其贪而庸，不可枚举，能详陈其说欤？《虞书》九德曰廉，《周官》六计亦曰廉，其同异若何？才之不逮，止于怠事；廉之弗尚，必将虐民。督之以才，而各有所短长，督之以廉，而实裨于风俗，其正本清源之道安在？国家求贤取士，非徒为登进之阶，多士学古入官，宜如何束身自爱，以副贡举之盛典也？自古求治之主，罔不躬行节俭，为天下先，非徒务其名也。《书》曰：“慎乃俭德，惟怀永图。”《左氏传》云：“俭，德之共也。”俭以德名者，有清心寡欲之功，而后有制节谨度之事也。三代令辟，俭德尚已。两汉恭俭之君，见诸典册者，能悉数之欤？唐张蕴古进《大宝箴》曰“壮九重于内，所居不过容膝”，“罗八珍于前，所食不过适口”。太宗纳之。宋太祖曰：“以一人治天下，不以天下奉一人。苟以自奉为意，使天下何仰哉！”明太祖曰：“惟俭养性，惟侈荡心。居上能俭，可以导俗；居上而侈，必至厉民。”能一述其行事欤？整军经武，国之大经，古者寓兵于农，大易师之，取象为地中有水，所谓藏至险于大顺也。管仲相齐，参其国而伍其鄙，在国则为军，在鄙则为农，说者谓兵民之分自此始，然欤？设兵之善莫如唐，驭将之善莫如宋，所谓善者安在，能详其说欤？唐之府兵，宋之禁军，各有制度，说者谓禁军之制，不知府兵，能引伸其意欤？明则京师宿重兵约三十万，畿内约三十万，嗣后或废或置，其弊至于各营已虚，而岁饷如故。正德中群盗起，调边兵征之而后定，能一一胪举其故欤？凡若此者，典学以绍心传，察吏以康亿兆，崇俭以厚风俗，诘戎以保乂安，皆致治之良规，经世之要务。多士其述所闻以对，朕将亲览焉。

四月戊午　礼部以庚辰科翻译会试中额请。得旨：京旗取中一名，驻防取中二名。

四月辛酉　上御养心殿，召读卷官入，亲阅定进呈十卷甲第。

四月辛酉　谕内阁：御史彭世昌奏，请将已故儒臣宣付史馆立传一摺。原任三品京堂衔、翰林院修撰刘绎，道光年间入直南书房。旋任山东学政，任满陈乞归养，主讲吉安鹭洲青原书院，崇向正学，培植人材甚众，洵足为后学模楷。该故员学行事迹着宣付国史馆，列入儒林传，以彰硕学。

四月壬戌　上御太和殿。传胪。赐一甲三人黄思永为翰林院修撰，曹诒孙、谭鑫振为编修，赐进士及第；二甲戴彬元等一百三十三人赐进士出身；三甲封祝唐等一百九十四人赐同进士出身。

四月乙丑　引见丁丑散馆人员。得旨：见次散馆之修撰王仁堪业经授职，二甲庶吉士吴郁生、周銮诒、程夔、于钟霖、胡湘林、吕凤岐、崔舜球、吴大衡、治麟、陈嵩龄、李兆勋、严家让、张嘉禄、支恒荣、朱光鉴、周龄、杨文莹、会章、盛昱、杨佩璋、何福坤、丁立瀛、江澍昀、张桢、林壬、庞鸿文、锡钧、霍为楙、卢寯章、胡孚宸、戴兆春、杨晨、吴祖椿、洪思亮、唐景崶、刘永亨、孔宪曾、孙宗谷、庞玺、何荣阶、孔祥霖、张仲炘、许泽新、孙宗锡、陈思霖俱着授为编修，三甲庶吉士翁斌孙、刘秉哲、吴日升、廖正华俱着授为检讨，潘遹、张泳、徐堉、长萃、王绰、朱显廷、徐道焜、王引昌、王骧、林翰清俱着以部属用，赵树禾、潘彬、朱益浚、黄绍谋、谢若潮、管辰熙、徐铭勋、黄汝香、樊增祥、朱锡蕃、郑成章、梁枚、罗经举、黄中理、任焕奎、邓倬堂、张东瀛、陈炳奎、熊祖诒俱着以知县即用。

五月戊辰　命大学士宝鋆、礼部尚书徐桐教习庶吉士。

五月丙子　引见新科进士。得旨：黄思永、曹诒孙、谭鑫振业经授职外，戴彬元、庞鸿书、吕佩芬、张星炳、刘沛然、黄绍箕、朱福诜、彭士芳、吴维藩、郭曾炘、陈夔麟、杨澍先、丁立钧、吴保龄、崔永安、王懿荣、盛炳纬、志锐、陈与冏、叶大遒、崇宽、蒋艮、汪概、刘焕、安维峻、吴树棻、梁鼎芬、汤绳和、郭赓平、王乘燮、强鹏飞、李经世、溥良、沈士鑅、陈鼎、胡连、王丕厘、李士珍、吴国镇、杨崇伊、蔡世佐、柏锦林、左绍佐、于式枚、顾莲、汪致炳、福楙、陆善格、吴成熙、黄寯熙、王兰、冯应荣、徐琪、梁锦奎、高凌霄、杜庆元、王濂、褚成博、谢隽杭、姜自驹、胡锡祜、王颂蔚、裴维安、何乃莹、刘名誉、赵曾重、陈景鎏、丁象震、柳芳、林元炎、李佩铭、萨廉、钟灵、范德镕、刘桂文、吴同甲、张世英、周遂良、余熙春、袁鹏图、段树藩、余文蔚、石鸿韶、汪受礽、连培基、杨福臻、陈应禧、毛澄、陈光明俱着改为翰林院庶吉士，潘作霖、冯锡仁、彭履德、李德炳、王咏霓、纪夔、谢树煌、郭翊、张叔煐、张嘉澍、溥崄、林承泽、戴辅道、张正堉、谢启华、汪文炳、朱炳熊、涂国盛、葛咏裳、陈其宽、文焕、李作桢、钱锡晋、陈宗妫、熊尔梅、崔汝立、裔步鸾、张焯奎、金文同、姚延祺、曾炳麟、鹿学良、黄英采、徐鉴铭、夏庚复、熊润南、宋淑信、蔡揆忠、董翊清、宋秉谦、廖骧、夏震川、陈庆桂、宋荫培、唐骅路、杜炳珩、李沛深、吴国霖、李光宇、陈文锐、谢文翘、孙橘堂、张士彬、杨滨、冯桂芳、陈秉嵩、仇汝显、王邦鼎、傅嘉年、王者馨、俞廷熙、乔保安、聂济时、洪劻、叶题雁、俞炳辉、任塍、朱方辉、王熙鋆、廖国琛、万立钧、贺颀、何汝翰、郑贞本、黄轩龄、王毓芝、沈曾植、范广衡、查毓琛、范金镛、齐普松武、程维孝、郑杲、程禄俱着分部学习，李威、封祝唐、崔其濂、张士镳、炳麟、俞冠群、连文冲、孙福申、王宝钿、陈彬、程兰阶、夏衔俱着以内阁中书用，王寯颐、韩仲荆、赵文伟、邱晋昕、胡文渊、李和卿、杨依斗、马存朴、孙浤泽、熊尔卓、卢煦春、何荣楠、张是彝、卜文焕、黄绪祖、吴士寯、吴兆基、周国琛、谌增模、张豫泰、丁寿泉、王策范、刘奎辰、吴树德、彭修、张贤符、汪宗沂、王芝兰、杨溶、陈子骥、林士菁、冯仲侯、祁征祥、潘炳辰、夏联钰、陈为燠、陈文锦、黄嘉尔、刘汝霖、汪宝树、黄禧祖、董敬安、王恩光、曹作舟、莫夑乾、徐寿基、王家宾、魏廷梁、陈泽春、玉启、卢庆云、张守训、赵炳荣、顾绍成、张铭和、杨维培、郑言绍、张觐光、鲍翰卿、李和夑、郑振声、朱兆鸿、韩受卿、何永卓、张士锃、孙殿甲、查荫元、金鸿霄、黄成采、景天相、文郁、杨耀林、赵永清、胡昌祖、赵敏熙、赵受璋、金毓麟、丁振德、孙之鸿、刘玉成、戴锡麟、杨淑修、傅为霖、王清江、李肇庚、朱承烈、吕元恩、唐步云、乔保印、阚絅、伦肇纪、武颂杨、曾云章、高积健、徐京、赵永昌、程仁均、余效衡、赵文源、王化光、田广恩、方儒棠、胡政举、沈锡周、施朝铨、党步衢、邱兆荣、杨清魁、王清绶、胡郁、丁若、何镕、儒芳、廖镜伊、陈汝钦、邹用中俱着交吏部掣签，分发各省以知县即用；户部候补郎中李慈铭、工部候补郎中蔡敉功均着以郎中即用；吏部候补主事王儆、兵部候补主事孙汝梅均着以主事即用；刑部尽先题补主事徐宝谦着仍归原班补用；内阁中书薛浚着仍以内阁中书用；分部学习员外郎何晋德着俟分部学习报满，作为候补员外郎后，以该部员外郎即补；分发省分尽先补用知府邓嘉纯、分发省分补用同知直隶州知州谢廷泽、知县俞麟振均着各以原班用。余着归部铨选。

五月丁丑　谕内阁：御史邓承修奏参广东学政吴宝恕考试草率各节，当经谕令刘坤一、裕宽确查具奏。兹据裕宽奏称，查明该前学政被参考试草率，倍索供应棚规，暨关节贿赂勒罚银两等款，或无其事，或系传闻之误，均毋庸议。……得旨：翰林院侍读学士、前广东学政吴宝恕着照部议，降三级调用。

五月己卯 御史王炳奏，归班进士分发人员补缺迟滞，请饬酌量疏通。下吏部议。又奏，科场重地，请饬添派弁兵弹压。下礼部议。

六月辛丑 直隶总督李鸿章奏，闽厂出洋肄业生徒各项经费尚不敷银二万三千两，请于出使经费项下拨补。允之。

六月壬寅 谕内阁：御史李振南奏，条陈科场积弊、亟宜整顿一摺。着礼部议奏。另片奏，殿试交卷迟逾、宜杜弊端等语。着礼部一并议奏。

七月戊辰 江宁将军穆腾阿等奏，驻防设立考试章程，著有成效。请将阅卷主讲之举人胡壬源等奖励。允之。

七月乙亥 谕内阁：铭安等奏，吉林厅、长春厅文童闹考，分别讯办饬拿各摺片。吉林厅文童永福等于厅官考试点名进场后，藉端嚷闹，永福胆敢扭坏龙门铁锁，与双喜、成林等一齐闯出。因众童并未出号，恐仍扃门考试，复商同返回，逼令全行散考。长春厅文童赫选三等，因该厅覆试争挑堂号，辄敢聚众哄堂肆闹，开门出场，均属目无法纪。吉林甫经设立考棚，尤宜首端士习，岂容不法之徒，任意滋闹？此风断不可长。永福、双喜、成林均着照所拟杖一百、流三千里。虽系旗人，情节较重，即行实发，不准折枷，以警效尤。赫选三、万鹤亭、程龙榜、王竹林、王玉麟等，着该将军等饬令地方官按名严拿，务获究办。并着晓谕士子，务宜各知自爱。嗣后，倘有不守场规，藉端滋闹情事，即着照例从重惩办。

八月癸卯 谕内阁：吏部右侍郎夏同善，学问优长，持躬恪谨，由翰林荐跻卿贰，叠司文柄，曾在毓庆宫行走。光绪四年，简任江苏学政，克尽厥职，兹闻溘逝，轸惜殊深。夏同善着加恩，照侍郎例赐恤。伊子、刑部候补主事夏敦复着赏给举人；夏偕复，着俟及岁时，由吏部带领引见。

八月癸卯 命詹事府少詹事黄体芳提督江苏学政。

八月辛酉 谕：前据降调奉天府府丞王家璧，遣抱赴都察院呈诉，前在奉天学政任内，提用考试经费一节。将军铭安所奏，与前次函咨不符等语，当经谕令潘斯濂确查具奏。兹据查明奏到，此案王家璧因考试加提生息银两，致滋物议，实属办理不善。业经降调，着毋庸议。至铭安于王家璧加提息银时，因碍难阻止，当即咨复饬司发领，前后咨奏，亦有不符。铭安着交部议处。

九月己巳 总理各国事务衙门奏，同文馆学生请假，逾限半年，请除名。并将所得保案撤销，以重馆规而重名器。从之。

九月戊寅 派兵部左侍郎许应骙知武举，以吏部左侍郎邵亨豫为武会试正考官，礼部右侍郎祁世长为副考官。

九月辛巳 兵部以武会试中额请。得旨：满洲、蒙古取中四名，汉军取中三名，奉天取中一名，直隶取中十六名，陕甘取中五名，广东取中十四名，河南取中八名，山东取中十名，江苏取中八名，安徽取中八名，山西取中六名，湖北取中四名，湖南取中四名，四川取中七名，广西取中三名，福建取中八名，浙江取中五名，江西取中七名，云南取中五名，贵州取中二名。

九月辛巳　知武举兵部左侍郎许应骙奏，山东省挑入双好之武举宋金钟，于场内覆验时，不能复开原弓。查讯系因臂伤，尚无顶替情弊，应否扣除，请旨遵行。得旨：宋金钟着即扣除。

十月戊戌　派正黄旗汉军都统棍楚克林沁、礼部尚书恩承、镶白旗汉军都统额勒和布校阅中式武举马步射、技勇。

十月己亥　上御养心殿引见中式武举，亲定甲乙。

十月庚子　上御太和殿。传胪。赐一甲黄培松、周增祥、景元三人武进士及第，二甲殷攀龙等十五人武进士出身，三甲周圭璋等一百四人同武进士出身。

十月庚戌　谕内阁：御史莫勒赓额奏，考试恩监生请仿照贡院别项考试办理，及八旗文童府院接连考试，请明定章程各折片。着礼部议奏。

十月癸丑　谕内阁：宗人府奏，应封宗室业已当差，可否仍准入考一折。应封宗室溥良、溥兴均着准其一体考试，照例授职。

十月戊午　以游历印度，绘图著书，予江西岁贡生黄楙材以国子监学正选用，其随同游历文童裘祖荫以典史，留于四川补用。

十月辛酉　予故理藩院尚书察杭阿恤典如例，伊孙一品荫生锡昭以郎中用。

十一月己巳　谕内阁：麟书奏，考试入场拥挤，请饬详定章程一折。此次考试候补缮本笔帖式、满洲翻译官并蒙古翻译候补笔帖式，入场时不候依次点名散签，争先拥挤，实属不成事体。嗣后，办理各项考试，应如何添派弁兵员役，妥为弹压，着步军统领衙门、顺天府酌度情形，详定章程，以肃场规。

十一月庚辰　谕军机大臣等：有人奏，闽洋两局废弛，请饬严加整顿一折。据称福建船政局，近来专徇情面，滥竽充数，提调监工，不谙洋务。船政大臣亦为所欺，一切公事，提调等任意把持，所造轮船，难以适用，虚糜薪水。出洋学生，近来多入耶苏教。帮办翻译黄姓暗诱学生进教，总办区姓十数日不到局，学生等毫无管束，抛荒本业等语。朝廷不惜重帑，设立船政局，并派员管带幼童出洋，原期制造轮船精坚合式，成就人材，以裨实用。若如所奏，种种弊端，尚复成何事体？着何璟、勒方锜、黎兆棠将船政局事务力加整顿，提调、监工等如有怠玩把持，即行从严参处，并着李鸿章、刘坤一、陈兰彬查明洋局劣员，分别参撤。将该学生等严加约束，如有私自入教者，即行撤回，仍妥定章程，免滋流弊。原折均着钞给阅看，将此由四百里谕知。

十二月庚子　以都察院左副都御史崇勋、大理寺卿恩霙为考试满洲翻译官。

十二月庚申　山西学政黄玉堂丁忧，以翰林院修撰王仁堪提督山西学政。

光绪七年（1881年）

正月丙寅　谕：协办大学士、兵部尚书沈桂芬，清慎忠勤，老成端恪，由翰林荐升卿贰，外任封疆。同治年间，入参枢务，擢任正卿。朕御极后，重加倚任，晋协纶扉，办理一切事宜，均能殚心竭力，劳悴不辞。前因偶患微疴，赏假调理，遽闻溘逝，震悼实深。着赏给陀罗经被，派贝勒载漪带领侍卫十员，即日前往奠醊，加恩，晋赠太子太傅，照大学士例赐恤，入祀贤良祠。任内一切处分悉予开复。赏银二千两治丧，由广储司给发，应得恤典，该衙门查例具奏。灵柩回原籍时，沿途地方官妥为照料。伊子沈文焘着赏给举人，准其一体会试；伊孙一品荫生沈锡圭着赏给郎中，用示笃念荩臣至意。寻予谥文定。

正月辛未　黑龙江将军定安等奏，请设立呼兰厅民籍武童学额二名。下部议。

正月辛未　以出洋生徒限满学成，予守备蒋超英等以都司用，并赏戴花翎，余升叙加衔有差。

正月癸酉　谕内阁：翰林院侍读周德润奏，各省孝廉方正，请饬秉公保荐等语。各省遵保孝廉方正，自应采访名实相副者，登诸荐剡。若如所奏，竟有徇情滥举等弊，尚复成何事体？着各督抚加意访求，秉公保荐，用副朝廷敦崇实行至意。如无实在可保之人，即不得滥竽充数，以杜幸进。将此通谕知之。

正月甲戌　谕内阁：前据潘祖荫、翁同龢呈进已故孝廉方正江苏贡生陈奂所著《毛诗传疏》一书，当交南书房翰林院阅看。据称，陈奂于嘉庆、道光年间，积三十年之功，乃成此书，笃守毛氏，专力研求，无过之者。该贡生研精诗学，于毛亨诂训颇能阐发。洵属有裨经义，所进之书即着留览。

正月辛卯　谕：御史钟孟鸿奏，条陈广东科场积弊，请饬申明定章，暨各直省乡试进卷请再核议章程各摺片。着礼部议奏。

四月己亥　命翰林院侍读学士朱悠然提督四川学政。

六月壬寅　予赴德国学习武备蓝翎守备王得胜以都司留直隶尽先补用。

七月癸亥　谕内阁：两广总督张树声、广东巡抚裕宽奏，敬举笃行绅士，请量予褒异等语。据称，广东在籍绅士、前署山西襄陵县知县朱次琦，讲明正学，身体力行，比闾族党薰德良善；国子监学录衔、举人陈澧持躬谨严，通经学道，人出其门者，率知束身修行，成就最众各情，该员等学行纯笃，足以矜式士民，洵属可嘉。朱次琦、陈澧均着加恩赏给五品卿衔，以为绩学笃品者劝。

七月甲子　谕：顺天学政孙诒经奏，考试八旗童生，查出顶替四十四卷，照例查究，并请饬严定章程等语。童试为士子进身之始，宜如何束身自爱，恪守功令。乃此次考试八旗童生，竟有顶替四十四卷之多，实属不成事体。该学政将其一并扣除查究办理，甚是。嗣后，八旗童试应如何革除积习、严定章程之处，着礼部妥议具奏。寻奏，嗣后，八旗童试，由各旗造送年貌、三代清册，送参领等看验，本佐领出具切实图片，交本童收执，以凭取结投卷。先将派出各参领等职名造送查覆，其保结廪生，入场时公同送考识认。如有顶名、冒替情弊，交点名御史究办，参领等则由兵部酌拟专条，奏请议处。从之。

七月戊子　总理各国事务衙门奏，考试同文馆学生，请将户部主事文续等分别奖叙。允之。

闰七月丙申　命刑部尚书潘祖荫、工部尚书瑞联、吏部左侍郎邵亨豫、刑部左侍郎薛允升阅考试汉御史卷。

闰七月甲辰　谕内阁：御史莫勒赓额奏，文武乡会各事宜，拟请量为增改一摺。着该部议奏。

闰七月癸丑　谕：李明墀奏，遵议抚猺新章，并请加九冲新籍学额一摺。湖南江华县民猺杂处，前经两次立定章程，遵行已久。惟今昔情形不同，自应因时制宜，斟酌变通，以期允协。兹据李明墀派员亲历察看，酌议抚猺章程六条，详加披阅，均属平允，着刊立新碑，俾得永远遵守。嗣后，民猺交涉各事均照此次新章办理，以昭划一。务令民猺相安，衅端永弭。至九冲新籍，并着加恩，准加学额一名，该猺户益当感恩向化，毋负朝廷教育成全至意。

八月癸亥　谕军机大臣等：侍讲学士陈宝琛奏，办理洋务，條陈六事一摺。所奏请饬搜求各国史乘及私家著述，或出使游历诸人纪载，编辑备览一节。着各该督抚留意访求，得有关涉洋务，足资考证之书，咨送总理各国事务衙门，转送国史馆以备采择。又，请饬所司于曾经出洋之学生，曾办洋务之府县，酌保数人一节。出洋学生及各省属员中，如有志趣方正、才识练达，足备总理衙门行走之选者，即着该督抚咨明该衙门，听候调取。又请于每科进士中选择十数人，令其游历各国一节，是否可行。……得旨：依议行。

九月辛丑　命翰林院修撰曹鸿勋提督湖南学政。

九月壬子　以孝贞显皇后神牌升祔太庙礼成，颁诏天下。诏曰……所有事宜，开列于左。……一、贡监生在监肄业者，免坐监一月。一、各省儒学，以正贡作恩贡，以次贡作岁贡。……布告天下，咸使闻知。

十月乙丑　命翰林院编修张百熙提督山东学政。

十月庚辰　湖南巡抚李明墀奏，凤凰厅等处苗学，请添设廪增各额。下部议。

十一月戊戌　调顺天府府丞朱以增为奉天府府丞兼学政。

十一月乙卯　湖南巡抚李明墀奏，请自壬午科为始，湖南乡试房官加增一员。允之。

十二月乙亥　谕军机大臣等：现在南书房翰林需人，着宝鋆、毛昶熙于翰詹各员内，择其品学兼优者，酌保数员，候旨考试。

十二月丁丑　安徽巡抚裕禄奏，请添设安徽涡阳县拔贡一名。下礼部议。寻奏，安徽涡阳县学现在廪增附生已至一百余名。嗣后，请增设选拔一名，自下届乙酉为始。

依议行。

十二月甲申　谕军机大臣等：有人奏，河南自叠遭兵燹，更复连年奇荒，士子转徙流离，以致不能应试，欠考甚多。自现任学臣廖寿恒到任后，岁试各属于欠考生员斥革者，一学多至五六十人，通核全省，将以数千计。且有早经出学，并不加查，一并斥革，至今并未达部，似尚留开复之端。若听其陆续开复，则其费可得巨万，谓学臣不至苛刻士类，为此取利，已难凭信，而书吏需索，则万不能免。请饬将欠考各生一律补考，免其斥革等语。所奏各节，着李鹤年迅速查明实在情形，酌议具奏。原摺着钞给阅看，将此谕令知之。寻奏，此次学臣查办欠考，本职分所当为，且系遵照部札，照例行事，并无苛刻之处。又，山东知县周文冠等，学臣未据各学申报出学，但知其为欠考之生员，不知其为出仕之职官，是以一律咨部。臣再三查询，佥称学政廉谨公明，未闻有胥吏舞弊情事。且欠考生员业经咨部，其余并未先行扣除，留待开复。众论如斯，似可凭信。惟豫省值灾荒之后，士子未能遵限赴试，可否准照湖北成案，将上年咨革文武各生概予开复之处，请饬部核议办理。下部议。

光绪八年（1882 年）

正月丙午　四川总督丁宝桢奏，绅民津贴捐输银两，请加广文武乡试中额。下部议。

正月戊辰　谕：兵部尚书毛昶熙学问优长，老成练达，由翰林御史荐陟京卿，督办河南团练剿匪事宜，旋擢尚书，充翰林院掌院学士，在总理各国事务衙门行走，宣力有年，均能恪尽厥职。前因患病赏假，方冀调理就痊，长资倚畀，兹闻溘逝，悼惜殊深。着加恩，追赠太子少保衔，赏给陀罗经被，派贝勒载漪带领侍卫十员，即日前往奠醊，照尚书例赐恤。任内一切处分悉予开复。应得恤典，该衙门查例具奏。伊子毛绳恩着赏给员外郎，伊孙毛慈望着赏给举人，俟服阕后，准其一体会试。其灵柩回籍时，着沿途地方官妥为照料，用示笃念耆臣至意。寻予祭葬，谥文达。

正月辛未　谕：御史陈启泰奏各省考试不列等人员，请严定限期，勒令回籍等语。着吏部议奏。

三月丁亥　命翰林院编修陆廷黻提督甘肃学政。

三月壬辰　谕内阁：前据林肇元奏，请加贵州永远中额八名，当经部议，与新章不符，改为加广一次，文武中额各十四名。兹复据该抚奏称，贵州绅团丁勇欠款，核计银数至四百三十余万两之多，此项欠饷，系在同治十三年未定新章之前，援案仍请加广贵州文武乡试永远中额八名等语。加恩，着照所请。贵州文武乡试，各再加永远中额八名，即自光绪八年壬午科为始，用示加惠士林至意。

三月癸巳　谕：御史洪良品奏，考试孝廉方正，弊窦甚多，请饬严行覆试一摺。孝廉方正系朝廷特设之科，膺是选者宜如何束身自爱，以期名实相符。若如所奏，竟有品行不端，甚至临场舞弊，殊属不成事体。应如何详定章程，严行覆试之处，着吏部妥议具奏。

三月癸卯　谕内阁：前因御史叶荫昉奏，河南学政廖寿恒岁试各属，于欠考生员斥革甚多，苛刻士类，及难免书吏索费开复各情，当谕令李鹤年查奏。旋经该抚查明欠考情形，据实覆奏，并请旨可否饬部，援照湖北成案，将上年咨革文武各生概予开复，业经饬令该部议奏。兹据内阁侍读学士文硕奏参言官挟私妄奏，抚臣查复瞻徇等语。着都察院堂官会同礼部、兵部查明具奏。

三月庚戌　谕内阁：御史嵩乂奏，请整顿官学一摺。国家设立八旗官学，原以培养人才，该教习等宜如何实心督课，以期名实相符。若如所奏，近来各官学学生并不入学肄业，教习、助教亦不认真教诲督责，尚复成何事体？着国子监堂官严饬各该学教习、助教尽心训诲，毋任积久懈生，该堂官务当随时稽查，认真整顿，用副朝廷教育人材至意。

四月庚午　以本年乡试，考试应开列试差人员于保和殿。

四月乙亥　谕内阁：国子监奏，陈明八旗官学情形，酌拟变通办理一摺。着该部议奏。

四月乙亥　谕：侍郎锡珍奏，请简派大员整顿八旗学校一摺。着吏部会同国子监妥议具奏。

五月丙戌　以翰林院编修张英麟为云南乡试正考官，冯金鉴为副考官；编修潘衍桐为贵州乡试正考官，袁善为副考官。

五月丁亥　准江苏海门厅加廪生、增生名额。

五月丁酉　以礼部右侍郎宝廷为福建乡试正考官，翰林院编修朱善祥为副考官；宗人府府丞吴廷芬为广东乡试正考官，翰林院编修萧晋蕃为副考官；编修胡胜为广西乡试正考官，庞鸿文为副考官。

五月乙巳　谕内阁：前据内阁侍读学士文硕奏称，河南学政廖寿恒斥革欠考生员一案，言官挟私妄奏，抚臣查覆瞻徇等因，当交都察院堂官会同礼部、兵部查奏。兹据查明覆奏，请旨办理各省文武各生，三年岁考一次，无故不到，例应斥革，所以考优劣而示劝惩。此次，河南省斥革欠考各生人数较多，其中有因灾后转徙流离，未能如期赴试者，其情不无可原。着该学政详细查明欠考年分，是否实因灾荒，有无规避情事，咨部分别办理。其报捐出学之文生包宗模等、册报等第之武生路昆锦等，何以仍注斥革及列入患病游学项下，着分别查明。将历任学政及各学教官查取职名，同交部议处。廖寿恒未能查出，亦属疏漏，一并交部议处。此后各省学政每届岁考，仍应遵照定例办理。其有因欠考三次，经该学政斥革者，不得藉词援引，率请开复，以符定制。叶荫昉、李鹤年既据查明，并无挟私瞻徇情事，均着毋庸置议。兼署礼部右侍郎松溎已到署任，竟不与议列衔，向来无此体制。兼署礼部左侍郎徐郙与廖寿恒系属姻亲，应否回避，并未先行奏请，亦属不合。均着交部议处。

五月丁未　以翰林院侍讲学士叶大焯为湖南乡试正考官，编修杨文莹为副考官；

侍读学士乌拉布为四川乡试正考官，编修张人骏为副考官；编修杨颐为甘肃乡试正考官，江澍畇为副考官。

五月辛亥　盛京将军崇绮等奏，围场请添设文武学额，下部议。

五月辛亥　（盛京将军崇绮等）奏请兴京、凤凰厅两学各添设廪额三名，增额三名，所属通化、怀仁、安东、宽甸四县，每县添设廪增额各二名，仍定五年一贡。从之。

六月丁巳　谕：吏部、国子监奏，会议整顿八旗官学，请简派大员详议规模一摺。八旗官学废弛已久，此次筹议整顿，事同创始。所有一切事宜，应如何设法变通，妥筹办理之处，着派宝鋆、李鸿藻、徐桐、麟书会同国子监堂官，体察情形，悉心酌核，妥议具奏。

六月丁巳　谕军机大臣等：翰林院侍讲学士尚贤奏，奉天翻译废弛，请仿照京旗及川广驻防成式，添设翻译秀才一途，暨各项无主仆丁，查照成案，予以出身之路各摺片。着崇绮酌度情形，奏明办理。

六月庚申　谕：何璟等奏，耆绅德行纯深，士民翕服，恳恩褒奖一摺。据称福建在籍绅士林鸿年，经术湛深，品行峻洁。前于云南巡抚任内，缘事罢职，回籍主讲书院，敦崇正学，成就多士，请赏给顶戴以资观感等语。林鸿年着加恩，赏给三品卿衔。

六月癸亥　以捐田重建义学，予浙江永康县从一品封职胡仁楷及其子前署湖北督粮道胡凤丹旌表。

六月丙寅　以兵部左侍郎计应骙为浙江乡试正考官，翰林院编修朱琛为副考官；翰林院侍讲学士陈宝琛为江西乡试正考官，编修黄彝年为副考官；检讨陈存懋为湖北乡试正考官，编修管廷鹗为副考官。

六月戊辰　以乐善好施，予故直隶新河县监生高宽建坊。

六月庚午　西安将军恒训等奏，盩厔县迤西留牧厂地，拟试办开垦，招佃取租以佐学费。从之。

六月丙子　以礼部右侍郎许庚身为江南乡试正考官，翰林院编修谭宗浚为副考官；内阁侍读学士邵曰濂为陕西乡试正考官，掌江南道监察御史李士彬为副考官。

六月丙子　派内阁学士嵩申为顺天乡试满监临官，顺天府府尹周家楣为顺天乡试汉监临官。

六月戊寅　谕内阁：志和奏，酌拟整顿咸安宫官学事宜，并詹事府少詹事宝昌等奏会筹整顿章程各一摺。着该部议奏。

七月壬辰　以内阁学士贵恒为山东乡试正考官，翰林院编修檀玑为副考官；翰林院编修李联芳为山西乡试正考官，宗人府主事龚镇湘为副考官；翰林院编修吴树梅为河南乡试正考官，郑嵩龄为副考官。

七月癸巳　谕军机大臣等：有人奏，福建学政昆冈考试草率，按临所至，急于蒇事。即如建宁府属，文试以生童合作一场考试，武童步射，每以四人排列并射。本届建宁科试，含糊尤甚，竟以六日考竣。覆试生童卷未交齐，业已揭晓，覆试几同虚设。其一等试卷发交本生改誊。科试九郡，合程途计算，统共不及四月。所过郡邑，导从铺设，事事讲求，于生童试卷多不过目等语。考试为抡才大典，岂容草率从事，弃取不公，所参各节，是否属实，着何璟、张兆栋查明，据实覆奏，毋得稍涉瞻徇。……原摺片均着钞给阅看，将此各谕令知之。

七月甲午　谕：顺天学政孙诒经奏，考试八旗屯居童生，请饬明定章程一摺。着礼部议奏。寻奏，嗣后，八旗屯居童生报考，取具该屯守堡领催及族长切结，如有顶冒情弊，除将本童科罪外，所有出结之领催、族长等，均照例议处。从之。

七月甲午　署两广总督、广东巡抚裕宽奏，本年举行壬午科乡试，例应入闱监临，因现权督篆广东，交涉事繁，拟派藩司姚觐元代办。报闻。

七月乙未　谕：御史谢谦亨奏，闽省教官于岁科两试新进童生勒索修贽，威吓陵辱，各生补廪充贡、选拔举优均须议明规费，并于诸生户婚、词讼辄行羁押需索，请饬查禁等语。教官勒索规礼，干预词讼，例禁綦严。若如所奏，殊属不成事体。着该督抚会同学政严行禁止。此等积弊，他省恐亦不免，并着各直省督抚、学政申明例禁，加意访查。如有前项弊端，即将该教官严行参办，以肃功令。

七月乙巳　江西学政洪钧奏，泸溪训导晏联奎潜心数理，拟请录用。得旨：着李文敏饬令该训导即行来京，由总理各国事务衙门察看。

八月甲寅　命兵部右侍郎徐郙提督安徽学政，吏部右侍郎祁世长提督浙江学政，翰林院侍讲学士陈宝琛提督江西学政，叶大焯提督广东学政，翰林院编修冯光遹提督福建学政，高钊中提督湖北学政，冯文蔚提督河南学政，吕凤岐提督山西学政，慕荣乾提督陕西学政，詹嗣贤提督广西学政，丁立干提督云南学政，孙宗锡提督贵州学政。顺天学政孙诒经、江苏学政黄体芳、湖南学政曹鸿勋、山东学政张百熙、甘肃学政陆廷黻、四川学政朱悠然、奉天府府丞兼学政朱以增俱留任。

八月己未　以礼部尚书徐桐为顺天乡试正考官，都察院左都御史乌拉喜崇阿、毕道远，工部左侍郎孙家鼐为副考官。

八月壬申　顺天府以宗室乡试中额请。得旨：取中六名。

八月癸未　谕内阁：此次考试孝廉方正，于心如一名竟将试卷污墨狼藉，任意撕毁，荒谬已极。于心如着即行斥革，原保之员着该部查取职名，照例议处。

九月癸巳　谕……上思州训导李挺芳嗜利喜事，物议沸腾，均着革职，永不叙用。

九月乙未　以理藩院左侍郎阿昌阿为满洲翻译乡试正考官，都察院左副都御史崇勋为副考官。

九月戊戌　谕内阁：吴大澂奏，特保贤才，恳恩破格擢用一摺，候选训导胡传着以知县留于吉林，酌量补用。

九月己亥　礼部以翻译乡试中额请。得旨：取中五名。

九月乙巳　谕内阁：丁宝桢奏，乡试应试劣生胁众滋事一摺。据称本年四川乡试二场点名时，有已被贴出之贡生周冕蒙混入场，经提调官查出，丁宝桢查讯属实，因已封门，交成都县知县耿士伟看管。突有士子数十人，藉称该县擅辱士子，胁众数百人打毁号栅，拥入至公堂，大肆喧嚷，毁坏器物，抛掷砖瓦。当将在前之冯藻镜等拿获，余众渐散，尚有数十人在堂滋闹。复经提调官查出马珍璧等数人。迨散发题纸时，该士子等并有抢烧题纸情事，据实奏明惩办等语。乡试为抡才大典，应试士子宜如何恪守场规，各安本分，乃该省竟有胁众滋闹情事，似此刁风断不可长。所有拿获滋事之冯藻镜、罗文涵、陈骧瀚及查出之马珍璧、周兆熊、周黉、艾本元、陈纶全并蒙混入场之周冕，着即斥革，严行审讯，照例惩办。丁宝桢约束不严，并着交部照例议处。至场内执事各员，如有办理不善，致激事端之处，着丁宝桢查明参处。

九月戊申　派都察院左都御史毕道远为顺天武乡试监临。

十月甲子　谕军机大臣等：前据丁宝桢奏，乡试劣生胁众滋事，当经降旨，令该督将滋事劣生斥革惩办，并将办理不善之员，查明参处。兹有人奏，此次川闱滋事，衅由首县耿士伟锁押出号之周冕，擅用大刑，以致激怒诸生，阖场鼓噪等语。着丁宝桢秉公确查，据实议奏，毋得稍有回护。……原摺片着钞给阅看，将此谕令知之。

十月丙寅　以吏部左侍郎邵亨豫为武乡试正考官，刑部左侍郎薛弁升为副考官。

十一月癸巳　谕：毕道远、邵亨豫等奏，本科武乡试中额不符，自行检举一摺。此次顺天武乡试漏未取中加广中额二名。毕道远、邵亨豫、薛允升均着交部分别议处。

十一月癸巳　以捐助书院膏火，予山西平遥县命妇李王氏建坊如例。

十二月戊辰　谕内阁：鸿胪寺少卿延茂奏，景山官学亟宜整顿，请饬妥议章程，并筹捐修置学舍器具，暨指拨各省闲款为八旗官学经费各摺片。着派广寿、阎敬铭、张之万会同宝鋆、李鸿藻、徐桐、麟书与会议八旗官学摺，一并妥筹具奏。

十二月戊辰　谕：有人奏，前任广东学政冯尔昌，嗜好最深，关防最疏，枪冒最多，挂牌招覆，不对笔迹，该童重贿廪保，或以原枪入替，或另觅一枪顶名替覆。壬午科试，高要县取录招覆者六千余名，枪替、换卷居其半等语。着曾国荃、裕宽确切查明，据实具奏，毋稍徇隐。原片均着钞给阅看，将此各谕令知之。

十二月戊辰　谕：有人奏，广东考试弊端百出，如场内授卷，招覆顶替，并府县考试，豫报假名，院试即将假名令枪替进场；闱姓赌局，根株未绝；作弊者多，有禁蟹、扛鸡等名目；又，巡绰诸役传递诗文，名曰走生，请饬整顿等语。考试为抡才大典，必应尽绝枪替诸弊，方能拔取真才。着叶大焯查明以上各种弊端，严行禁绝，并将考试事宜认真整顿，以端士习而革浇风。原片着钞给阅看，将此谕令知之。

十二月辛未　谕内阁：礼部奏，顺天府请增建贡院号舍，会议覆陈一摺。昨据给事中邓承修奏，条陈科场事宜，请饬慎核录科等语。乡试录科送考，例有定额。近年以来，顺天乡试录送太滥，以致号舍不敷。嗣后，着国子监及顺天学政严行考核，分别弃取，勿得稍涉宽滥。该部所奏增建贡院号舍之处，着毋庸议。

十二月壬申　谕：考试为抡才大典，功令森严，原期拔真才而杜幸进。乃日久弊生，在事官员，奉行不力，应试士子，贤否不齐，甚至作奸犯科，徼幸尝试，于人才士习大有关系，亟应严行整顿。昨据给事中邓承修奏，条陈科场事宜，不无可采。据称，近来考到录科，每有枪冒顶替，京官滥出印结，或藉端讹索，乡会试士子入闱及交卷日，往来搀乱，换卷、传递各情，殊属不成事体。着各该衙门并监临、贡举大臣实力整饬，严密关防。倘有前项弊端，即行分别惩办，毋得玩泄从事，仍前宽纵。各省乡试同考官着该督抚遴选品学兼优之员，并严加查察。如有通贿荐卷者，照例治罪。各省学政录科送考，一体从严甄录，勿稍宽滥。乡会试覆试着阅卷大臣认真考核，不可意存迁就。其所请添派誊录、对读各官，量加奖叙一节，着该部议奏。各项考试，惟在秉公校阅，不在变更成法。嗣后，殿廷考试，读卷、阅卷大臣务当精白乃心，详加遴选，力杜情弊。该给事中所请殿试及考试试差拣选供事、书吏誊写之处，着毋庸议。

十二月己卯　命湖广道监察御史邵积诚提督四川学政。

十二月壬午　谕内阁：侍郎宝廷奏，途中买妾，自请从重惩责等语。宝廷奉命典试，宜如何束身自爱，乃竟于归途买妾，任意妄为，殊出情理之外，宝廷着交部严加议处。寻议，革职。

光绪九年（1883年）

正月甲辰　谕：给事中刘瑞祺……奏请饬整顿书院等语。江西白鹿洞书院，建置之初，法良意美。据奏，历年既久，田亩渐就湮芜，兼以吏役侵渔，岁入租息，实不及半，以致书院日益颓弛，士子肄业寥寥，遗规几废。着潘霨督饬该地方官将白鹿洞田租认真清查，勿任侵蚀，并于书院一切事宜设法整顿，以复旧章。将此谕令知之。

正月丙午　派户部右侍郎福锟、署都察院左副都御史张佩纶知贡举。

二月壬戌　谕内阁：奕劻等奏，两翼幼官学渐形废弛，请饬整顿一摺。着宝鋆等归入会议八旗景山官学各摺，一并妥议具奏。

二月癸酉　谕内阁：此次覆试直省举人，列入一等之陈翊清等六十五名，二等之蓝志杰等三百二十四名，三等之孙象贤等六百六十二名，均着准其一体会试。四等之甘季贤、张远翼、李其炳、唐龙骧均着罚停会试一科，倪承端着罚停会试二科，罗问仁、赵世忠、海全均着罚停会试三科。其姚祖虞、冯殿华二卷列入四等，阅卷大臣何以并未黏签注明，着张之万等明白回奏。寻奏，一卷因诗中抬写错误，一卷文不满三百字，是以均未黏签。究属疏忽。得旨：交部议处。

二月丙子　谕内阁：此次补行覆试顺天及各直省乡试举人，列入一等之皮锡瑞等四十二名，列入二等之李长华等一百三十名，列入三等之毛镜清等二百八十名，均着准其一体会试。列入四等之陈鸣玉、耿本荣、张蕴均着罚停会试一科。

二月庚辰　谕内阁：此次覆试各省驻防翻译乡试举人，考列二等之札拉芬等三名，三等之伊克坦等八名，着准其一体会试。

三月丙戌　以礼部尚书徐桐为会试正考官，兵部尚书瑞联、刑部尚书张之万、刑部右侍郎贵恒为副考官。

三月壬辰　吉林将军铭安等奏，翻译废弛，拟请援照奉天现办成案，添设翻译考试。下部议。

三月己亥　礼部以宗室会试中额请。得旨：取中二名。

三月甲辰　谕内阁：光禄寺少卿延茂奏，八旗举人请准以六部笔帖式用，并由举人分部之笔帖式仍准就拣大挑等语。着吏部议奏。

三月甲辰　礼部以会试中额请。得旨：满洲取中八名，蒙古取中三名，汉军取中六名，直隶取中二十三名，奉天取中三名，山东取中二十一名，山西取中十名，河南取中十六名，陕西取中十四名，甘肃取中九名，江苏取中二十五名，安徽取中十七名，浙江取中二十四名，江西取中二十一名，湖北取中十四名，湖南取中十四名，四川取中十四名，福建取中二十名，台湾取中二名，广东取中十六名，广西取中十三名，云南取中十二名，贵州取中十一名。

三月乙巳　谕内阁：顺天府府尹周家楣奏，左右翼宗室觉罗各官学，请饬会议整顿一摺。着宝鋆等归入会议八旗等官学各摺，一并妥议具奏。

四月辛亥　谕：给事中楼誉普奏议，崇文门蠹弊，请分别整顿，及留难会试举人，请饬惩办各摺片。崇文门税务，叠经申谕，严禁扰累，该监督自当实力奉行。兹据楼誉普奏称，近日滋弊如故，行李往来，不论有无货物，一概留难勒索等语。着该监督即行查明，严加约束，剔除蠹弊。应试士子入都，呈验文书，立刻放行，不准丝毫需索，以示体恤。其官民人等携带眷属，尤不准稍有留难。嗣后，如再有违例勒掯情事，立即从严议办。所请给发巡役号衣腰牌，以辨真伪，并着该监督酌核办理。至所称浙江举人赵光第于三月初八日由南西门进城，突被多人讹索，致误试期一节。士子入都应试，自应恪守定章，先期纳卷，何得于点名之日始行到京？其不能入场，系属自误。至有无讹索之处，着该监督查明办理。

四月丁巳　署黑龙江将军文绪等奏，江省捐设官学，教育八旗营屯子弟，以培人才。下部议。

四月戊午　吉林将军铭安等奏，请拨伊通河地租作为义学经费。如所请行。

四月癸亥　以刑部左侍郎松溎为满洲翻译会试正考官，工部右侍郎兴廉为副考官。

四月甲子　谕内阁：御史陈启泰奏请，整饬学校，以端吏治之本一摺。各省书院为培植人材而设，必须院长得人，方足以资模楷。若如所奏，请托干求，流弊滋多，以致有名无实。嗣后，书院院长均着由地方官绅自行延访品学兼优之人，各该上司概不准徇情压荐，以杜弊端。学政职司文教，士子风尚，视为转移，膺是选者，必能束身砥行，振兴实学，方为无忝厥职。各省学政向由该省督抚于年终密陈考语，嗣后，各该督抚务当认真查察，出具切实考语具奏。倘有声名平常，不能称职之员，并不据实奏闻，一经发觉，定惟该督抚是问。至该御史所陈酌留学额、澄叙教官两条，着该部议奏。

四月戊辰　谕内阁：此次新贡士覆试列入一等之管廷献等六十名，二等之黄培寯等一百二十名，三等之任宗泰等一百三十一名俱着准其一体殿试。列入四等之刘永清着罚停殿试一科。

四月庚午　礼部以京旗及各省驻防翻译会试中额请。得旨：京旗取中一名，驻防取中三名。

四月庚午　命协办大学士、吏部尚书李鸿藻，吏部左侍郎奎润、吏部右侍郎锡珍、署户部左侍郎周家楣、礼部右侍郎嵩申、刑部右侍郎贵恒、内阁学士张家骧、署都察院左副都御史张佩纶为殿试读卷官。

四月辛未　策试天下贡士宁本瑜等三百十一人于保和殿。制曰：朕以冲龄仰邀天眷，寅绍丕基，于今九载。承列圣之诒谋，秉慈闱之懿训，惟日孜孜，冀臻上理，探念典传心之要，求通经致用之方，着顺轨于宣防，奏咸熙于庶绩。尔多士对扬伊始，尚抒谠论，用赞嘉猷。治法肇于唐虞，《尧典》、《舜典》何人所分？人心、道心，何书所引？《汤诰》始言性，《说命》始言学，真德秀谓开万世性学、圣学之源，能畅其说欤？《易·文言》“敬以直内，义以方外”，或谓与《丹书》敬胜、义胜之说相发明，能推阐其蕴欤？汉高帝诏陆贾著《新语》，虽云修仁义，法先圣，而所陈不过秦汉间事，岂为学止于此欤？唐太宗谓侍臣曰，朕所好惟尧舜周孔之道，果于数圣传授微旨，有所得否？其他若《帝范》、《帝学》、《心经》、《政经》以及《大宝》、《丹扆》诸箴，其言有可采欤？后世人主，或好黄老，或尚艺文，治不古若，殆由是欤？经学导源于汉，尚已。《易》上下经十翼，本为十二篇，何人始以彖象文言杂入卦中？《尚书》伏生所传者二十八篇，孔安国传，晋梅赜始奏于朝，果可信欤？逸诗散见诸书，或谓孔子删诗，有删其篇者，有删其句者，尚详征之。《春秋》三家之义孰长？杜氏注左，果优于服注否？《礼记》为汉儒所综集，《中庸》为子思作，《缁衣》为公孙尼子作，程子独谓儒行经解非圣言，确否周官晚出，是否后人伪托？《仪礼》注家甚少，贾疏据何家为定本？三礼之学，不讲久矣，能言其所心得欤？四渎之水，河最难治，禹疏九河故道，自汉时已不能尽考。惟许商上书言徒骇、胡苏、鬲津所在，后世地志，转一一胪列其名，果可据欤？魏晋南北朝，河之利害无闻，《唐书》所载，亦仅薛平、萧仿两事，岂以《隋》、《唐书》不志河渠，故多阙欤？贾让之三策，王景之八渠，盍考其说？宋人论河之说，如欧阳修、苏辙、任伯雨诸论，果皆允否？潘季驯所云以堤束水，以水刷沙，其于治河之法，果不易欤？夫治河兼欲利漕，是以古今议论纷如，河运、海运孰便？南流、北流孰宜？其详究之。周官六计，以廉为本，或训廉为察，其义孰优？汉法，刺史以六条察二千石，岁终奏事举殿最，而董仲舒对策，谓累日取贵，积久致官，将汉亦用年劳之法欤？魏明帝作都官考课法，杜恕以为文具，杜预亦谓不若去密就简，其说然欤？唐叙以四善，分以二十七最、差以九等，宋因唐之四善，分为三等，详略得失，其缕晰之。宋初考课，特命清望之官，同任其事，不但委之有司，其法果可行否？《汉书》言综核名实，故吏称其职，然或上求实效，下循虚名，将操何道而使之皆实心以敷政乎？悃愊安静者大抵便民，而缓急或不足恃；强健明决者易于集事，而恣睢或至殃民，将何以资器使？举劾之权，不能不寄之大吏，而不无借以遂其私者，何以委任而责成欤？夫心法为宰化之枢，经术为作人之本，固堤防而民居敉定，严考课而吏治澄清，皆经世之要图，保邦之大计也。多士学古入官，讲求实用，其各以素所诵习者著于篇，毋泛毋隐，朕将亲览焉。

四月甲戌　上御养心殿，召读卷官入，亲阅定进呈十卷甲第。

四月乙亥　上御太和殿。传胪。授一甲三人陈冕为翰林院修撰，寿耆、管廷献为编修，赐进士及第。二甲朱祖谋等一百二十四人赐进士出身，三甲叶大烜等一百八十一人赐同进士出身。

四月戊寅　引见庚辰科散馆人员。得旨：修撰黄思永，编修余联沅、曹诒孙业经授职，二甲庶吉士黄绍箕、汪概、刘名誉、谢隽杭、陈与冏、丁立钧、志锐、蒋艮、周克宽、福楙、崔永安、张星炳、谢希铨、国炳、吴树棻、杨崇伊、盛炳纬、梁锦奎、叶大遒、安维峻、王懿荣、徐琪、戴彬元、王濂、陈景鋆、刘桂文、溥良、庞鸿书、柏锦林、李经世、吴同甲、王丕厘、梁鼎芬、刘沛然、张鼎华、萨廉、吕佩芬、赵曾重、褚成博、朱福诜、李佩铭、冯应荣、裴维安俱着授为编修，三甲庶吉士蒋式芬、连培基、余熙春俱着授为检讨，武吉祥、郭曾炘、郭赓平、丁象震、吴保龄、杜庆元、陈应禧、黄寯熙、强鹏飞、汤绳和、汪致炳、王兰、何乃莹、濮子潼、崇宽、姜自驹、王颂蔚、于式枚、陆善格、钟灵、范德镕、左绍任俱着以部属用，刘焕、石鸿诏、陈夔麟、沈士鏻、胡锡祜、毛澄、柳芳、顾莲、周遂良、锡元、张世英、林元荄、余文蔚、袁鹏图俱着以知县即用，翻译庶吉士长麟着授为编修。

四月戊寅　命兵部尚书瑞联、工部尚书翁同龢教习庶吉士。

四月戊寅　命翰林院侍讲学士汪鸣銮提督山东学政。

五月癸未　谕内阁：御史丁振铎奏，请饬严杜顶替一摺。向来考试教习誊录，原所以广罗寒畯，俾少弃才。若如该御史所奏，近年每届考期，倩觅枪替，弊端百出，殊属不成事体。着该部申明定例，责成出结官认真查核。嗣后，如有顶替情弊，定当严行惩办。

五月癸未　引见新科进士。得旨：陈冕、寿耆、管廷献业经授职外，朱祖谋、志钧、丁仁长、徐炳文、邵松年、张预、熊亦奇、李葆实、黄福楙、严修、准良、曹寯瀛、钱正圜、鲁鹏、王培佑、秦绶章、秦夔扬、宁本瑜、赵汝翰、陈荣昌、胡景桂、曹福元、洪家滋、童祥熊、施纪云、柯逢时、何维栋、陈如岳、汪凤藻、赵尚辅、王式文、马吉樟、彭鸿翊、施调赓、陈凤楼、沈潜、郑祖焕、华辉、陈同礼、张琦、周锡恩、傅汝梅、张筠、伍兆鳌、陈后琨、王念祖、绵文、张亨嘉、王绍廉、俞成庆、熙麟、黄桂清、曾宗彦、郑淑璋、阎迺竹、骆景宙、济中、高祚昌、李培兰、陈受颐、陈名珍、彭清藜、李荫銮、刘炳燮、郑邦任、李振鹏、梁鸿翥、雷在夏、康际清、郑炳麟、李敬修、冯汝骙、孔昭乾、蒯光典、李岳瑞、阎萃峰、周绍刘、王祖畬俱着改为翰林院庶吉士，吕炎律、刘尚伦、陈鸿绶、饶昌麟、蔡卿云、王永年、朱紫佐、陈咸庆、卢聿炳、陈阜嘉、李春元、黄传礼、张铭坤、方铸、陶福祖、孙传奭、胡治铨、陈日新、于耿光、徐定超、承荫、裕连、朱占科、张琯生、刘光第、谢化南、王金镕、徐谦、锡恩、刘子焕、来维礼、陈毓光、汪景星、左盛均、杨传书、尤兰芳、孙崇墉、顾厚焜、张嘉猷、汪如练、武朝勋、彭琨生、丁寿鹤、江昌燕、叶大烜、齐学瀛、刘家模、陈增玉、曹步云、汪汝纶、邓福初、李世祥、王荃、戚善勖、李浚、何息深、欧阳钧、杨履晋、雷祖迪、张九章、定成、陈槐林、任宗泰、赖清键、李瀛瑞、郝耀昂、章法护、谢辅濂、缪介臣、殷瑞生、程景明、窦渥之、张荀鹤、李秉瑞、梁莘、余连萼、刘保厚、李扬宗、李经野、周安、包宗经、孙宗纬、赵湘洲、聂兴圻、黎大钧、叶士荃俱着以主事分部学习，鲍恩绶、左运昌、陈桐翰、王桂琛、刘家谦、张平格、姚大荣、陈本仁、郑筹、顾儒基、徐绍康、水鸿飞俱着以内阁中书用，郑葆清、陈凤墀、冼宝干、王成煦、祁寿麐、周凤翥、谭福泉、区应嵩、戚朝卿、刘熙纯、梁棨熙、张葆连、姜子成、吴长钊、陈源潾、朱子春、贺福元、陈浚书、李铨、李务滋、赵光表、庞桂廷、周垣、龚化龙、汤曜、谈国政、谢必铿、葛庆同、盛昌华、谢裕楷、马琇荃、黄毓森、简叔琳、晋荣、李邦庆、倪廷庆、周得程、史春荃、黎尹融、林钟华、谢济民、万邦华、谢池春、刘德馨、鲁卫、沈熙廷、黄葆年、张景星、顾曾烜、段承霖、杨沛霖、王蕙兰、舒泰、朱寿保、胡毓麒、陶守愚、王善士、孔广钟、王耀曾、沈宝青、黄玉忠、石香圃、李津、樊学贤、张问崇、高鹏飞、李翊燾、苏人谷、王慎猷、赵五星、刘维翰、刘诩、江昶荣、吕佩瑀、田恂、刘泰和、孙国桢、胡宾周、陈熙敬、王树玉、黄金钺、承先、唐开文、王恭三、郑昌运、巢凤冈、田应达、陈贻香、沈赞扬、何绍堂、唐枝中、张汝洽、许文泳、杨鸿濂、恩钟、陈曰稔、李汝鹤、江廷燮、段鏻、崔增瑞、盖天佑、李九江俱着交吏部掣签，分发各省，以知县即用，刑部候补郎中沈家本着以郎中即用，户部候补员外郎葛宝华、苏玉霖均着以员外郎即用，兵部候补主事曾树椿着以主事即用，遇缺奏补，侍读、内阁中书王蕊修着仍以侍读，遇缺奏补，内阁中书方芾林着仍以内阁中书用。余着归班铨选。

五月己亥　谕：有人奏，山东登莱青道方汝翼，行本卑污，性尤贪鄙，信任布客张鹤轩盘踞道署，东海关各口委员司事皆张鹤轩得贿派充。伊在烟台，开设聚和炉房，将所收关税私自借与铺商生息；该道并纵令洋人及巡役，留难讹索行旅。二月间，会试举子行至烟宪，该关巡丁搜索滋事，该道一概不理，惟日与张鹤轩赌博，以致民怨沸腾等语。所奏是否属实，着陈士杰按照所议各节，确切查明，据实具奏，毋稍徇隐。原摺着钞给阅看，将此谕令知之。

六月庚午　御史陈锦奏，同文馆积弊滋深，请饬整顿，并请将提调苑棻池严惩。下所司确切查明，据实具奏。

六月庚午　（御史陈锦）奏，同文馆后馆八旗子弟，请饬令归旗。下所司查明办理。

七月辛巳　引见各省考取优贡生。得旨：解锡桂等二十一名以知县用，任宝征等二十七名以教职用。

七月丁亥　署吉林将军玉亮奏，吉林教职请饬部议，专选奉、吉两省人员。又奏，请设吉林满蒙、合号，伯都讷、长春两厅拔贡专额。均下礼部议。寻奏，满字、合字两号各添设拔贡一额，其蒙古归并满号考选，毋庸另设拔额。至伯都讷、长春两厅，统同考选一名，均自乙酉科为始。从之。

七月戊子 谕：翰林院侍读陈学棻奏，山东现办赈捐，请饬颁发贡监执照，并准捐输米谷，照银抵算一摺。着户部议奏。

七月辛卯 谕：光禄寺卿尚贤奏，盛京五部笔帖式，请推广新章，间用正途一摺。着吏部议奏。寻议，盛京驻防满洲汉军闲散文举人、翻译举人愿就笔帖式者，准其分发学习，并注册候选，取具图结，呈明盛京兵部知照吏部注册，归考取候选班内，与考取人员，比较日期先后选用，如各正班无人，即以举人抵选。从之。

七月辛卯 谕：御史魏邦翰奏，江苏徐州府岁科两考，请分年按试一摺。着黄体芳体察情形，奏明办理。寻奏，徐州府岁科分考，事属可行。下部知之。

七月丁酉 谕军机大臣等：黄体芳奏，在籍道员把持童试，承审官过涉含糊，请饬核议一摺。据称宝应童生朱昭煌等呈控王寿民冒考一案，在籍候补道朱寿镛阴主其事，业据承审官会讯详覆，意在袒护乡绅，开脱讼棍等语。着左宗棠、卫荣光将此案确切查明，核议具奏。原摺着钞给阅看，将此各谕令知之。

七月庚子 以讲学笃行，赏湖北叠山书院山长万斛泉国子监博士衔。

七月壬寅 谕：有人奏，贵州学政孙宗锡嗜好甚重，场规松弛。考试安顺府时，辄因供给将普定县知县彭亿清之侄锁押用刑，并将童生重用刑杖，索取规费，勒捐银两，修整考棚，实则暗入私橐等语。并前任学政林国柱有需索供应，滥收冒考各款，着岑毓英一并确切查明，据实具奏。原片着钞给阅看，将此谕令知之。

七月丁未 谕：御史丁振铎奏，考场顶替等弊仍复未改一摺。据称此次考取宗学教习之吴恩照系中书马星联顶名入场，出结官为陈鸿年，请饬查办等语。着礼部饬传陈鸿年带同吴恩照赴部另缮试卷，核对笔迹，是否马星联冒名顶替之处，着一并查明具奏。

七月辛亥 予御贼捐躯福建龙岩州拔贡生、候选直隶州州判谢谦文优恤。

七月壬子 四川总督丁宝桢奏，请增设城口厅文武学额二名。下部议。寻议，增设该厅学额，定为文学额四名，武学额三名。嗣后，不得再请增加，以杜冒滥。从之。

七月癸丑 以覆试字迹不符，考取宗学教习举人吴恩照斥革严讯，礼部左侍郎张沄卿、工部右侍郎景善校阅试卷疏忽。下部议处。

九月己未 谕：御史万培因奏，福建建宁府属教官，创立查验戳记，凡廪生保结，概令童生送学加盖戳记，需索钱文。前任学臣率行批准，请饬裁革一摺。另片奏，廪生考贡请饬禁止津贴规费，应贡廪生于学臣案临时，统行送考等语。着何璟、张兆栋、冯光遹将所奏各情，查明禁革，如有前项情弊，即行据实严议。原摺片均着钞给阅看，将此各谕令知之。

八月辛未 颁江西白鹿洞书院扁额，曰，阐明正学。

八月壬申 贵州学政孙宗锡，以索受规费，防检不严，开缺听候查办。命翰林院编修杨文莹提督贵州学政。

八月乙亥 光禄寺少卿延茂奏，考试教习，亟宜规复旧章。又奏，旗籍举贡生员，应请变通成案，饬议挑取汉文教习办法。均下部议。

九月癸未　谕：御史章耀廷奏，请严剔汉教习顶替积弊等语。教习有课士之责，岂容侥幸滥充。嗣后，凡遇传补之时，着礼部饬令该员填写亲供，核对笔迹，如前后歧异，即着扣除究办。

九月癸未　谕：给事中李肇锡奏，请将殿试弥封、受卷处所略为变通，以杜弊端等语。着礼部议奏。寻议，受卷、弥封处所仍照例设于中左门外，各贡士逾限交卷者附入三甲末，并罚停朝考三科；派出之监试御史，在受卷、弥封处认真监视。如有查阅试卷辄行检付者，据实议处，该御史扶同徇隐，一并议处。从之。

九月庚寅　以工部右侍郎张家骧为武会试正考官，内阁学士周德润为副考官；派刑部左侍郎薛允升知武举。

九月癸巳　知武举薛允升以武会试中额请。得旨：满洲、蒙古取中四名，汉军取中三名，奉天取中一名，直隶取中十六名，陕甘取中五名，广东取中十四名，河南取中八名，山东取中十名，江苏取中六名，安徽取中七名，山西取中六名，湖北取中五名，湖南取中五名，四川取中八名，广西取中三名，福建取中九名，浙江取中七名，江西取中七名，云南取中五名，贵州取中二名。

九月丙申　谕：徐桐、延煦奏，请饬铸管理八旗官学大臣关防一摺。徐桐等管理八旗官学，所有应行事宜，着钤用国子监印信，毋庸另铸关防。

十月戊申　盛京将军崇绮等奏，新民厅户口繁多，请建学设官，定额取士，并添廪增额以广文教。下部议。寻奏，新民厅文风渐盛，请添设学额四名，再于承德、广宁两学内酌拨一名，共定为新民厅学额五名，并添设廪增额各五名，三年一贡，新设廪增，分别挨次充补。依议行。

十月庚戌　派惇亲王奕誴、豫亲王本格校阅中式武举马步射、技勇。

十月辛亥　上御养心殿，引见中式武举，亲定甲乙。

十月壬子　上御太和殿。传胪。赐一甲杨廷弼、周选青、刘占魁三人武进士及第，二甲陈炽昌等十九人武进士出身，三甲刘永吉等一百十三人同武进士出身。

十月癸丑　予捐建书院浙江同知江振邦建坊如例。

十月甲子　谕：御史何崇光奏，广东乡试，场中于枪替、换卷、誊录买花诸弊外，又有走生名目，串通内外场差役，飞传题目，倩枪手数人，分作递进。至府县考试，辄以前十名出卖，兼为幕吏营求酬应人情之具，藐法行私，败坏风化，请饬整顿等语。考试为抡才大典，必须严密防闲，若如所奏各情，实属不成事体。着张树声、裕宽、倪文蔚、叶大焯实力整顿，随时稽查，倘有此等情弊，即行从严惩办，以肃功令。将此各谕令知之。

十一月辛巳　谕内阁：御史英朴奏，请饬修八旗幼官学或附入官学考课，并酌加教习奖叙一摺。着管理幼官学大臣议奏。

十一月丙申　命大学士宝鋆教习庶吉士。

十一月己亥　谕：前据御史刘恩溥奏议贵州学政孙宗锡，并前任学政林国柱考试需索各款，当谕令岑毓英确查具奏。兹据奏称，委员详查孙宗锡考试安顺府时，辄因供给将普定县知县彭亿清之子锁押，并索取童生规费，滥责生员龙登衢。复因考棚朽坏，勒令各新生捐银修理，实属不知检束。开缺贵州学政翰林院编修孙宗锡着即行革职，前贵州学政林国柱虽查无滥收冒考情事，惟于家丁需索供应，未能觉察，亦属不合，业经另案革职。即着毋庸置议。

十一月壬寅　谕：御史曾培祺奏武闱外场，宜明定画一章程，暨内场仿照文闱之例，给签入场，卷面严密弥封各摺片。着兵部议奏。寻奏，武闱内场试卷，弥封白纸，再行加厚，仿照礼部弥封之式，将姓名、籍贯严密封固，钤盖关防，以昭慎重。依议行。

十二月乙卯　谕内阁：前驻藏帮办大臣锡缜奏报，捐八旗官学用款，请将阜康商号存银一万两，饬追归公一摺。锡缜此奏，殊属取巧，着将原摺掷还。

十二月乙卯　谕：镶红旗汉军奏，候选道王海建立义学，并祖遗地亩报效归官一摺。着该部归入御史刘恩溥所奏，一并核议具奏。

光绪十年（1884年）

正月辛巳　闽浙总督何璟等奏，遵查建宁府属教官创立查验戳记及考贡津贴规费，一并禁革，以肃考政。报闻。

正月丙戌　谕：给事中郑溥元奏，近科磨勘试卷未尽允协，请饬议章程等语。科场磨勘，功令綦严，自应秉公办理。嗣后，派出磨勘各员于应签不应签之处，务当悉心酌核，不得稍涉偏徇。如有挟嫌报复情弊，着覆勘大臣据实议奏，以昭公允。

正月庚子　以创建义学，予直隶丰润县监生王廷弼为其故父建坊。

二月庚申　以捐助书院等费，予安徽宿州绅士周田畴建坊。

二月庚午　谕军机大臣等：御史丁振铎奏，户部筹给京员津贴，请将内阁候补中书，无论满汉，由举贡出身者一体酌给等语。着户部议奏。

二月庚午　成都将军岐元等奏，成都旗学请添拔贡额二名。下礼部议。

三月辛卯　命大学士灵桂教习庶吉士。

三月壬辰　命浙江学政祁世长来京供职，以国子监祭酒刘廷枚提督浙江学政。

三月壬辰　谕：前据内阁学士尚贤、御史曾培祺先后陈奏奉天事宜。……所有官学经费应由该将军等另行筹备，毋庸令该监督等呈缴。

四月己未　命翰林院侍讲学士梁仲衡提督江西学政。

四月辛酉　谕：有人奏，湖北学政科岁两试，取进生员，有所谓书价银，由来已久，逐渐增加，近年竟须交制钱十七八千，实为士子之累，请饬酌中定数等语。此项钱文，既据奏称，学署办公所资，若尽行裁革，转恐别滋弊端，即着孙毓汶、乌拉布确切查明，酌量定数，务从减损，以恤寒儒。……原片着摘钞给与阅看，将此由四百里各谕令知之。

四月丙寅　谕：陈宝琛奏，按试江西上饶县武童步射之日，突有弋阳武生纠众毁门，推倒箭靶，当经该学政督饬员弁，立将首犯汪镇波缉获，供认闹考不讳等语。各学应试生童宜如何恪守场规，各安本分，乃敢恃众闹考，希图挟制，此风断不可长，亟应从严惩办，以儆刁顽。着潘霨督同臬司即将此案确切研讯，按律定拟具奏。此等弊端，据奏不独上饶一县为然。嗣后，着该学政督饬各该教官廪保随时严加约束，并着该抚饬属，遇有生童藉端滋扰，即行严拿究办。

四月丙寅　谕：陈宝琛奏，请将笃行绅士量予奖励等语。据称江西在籍绅士、同知衔即用知县郑维驹内行敦笃，人无闲言，主讲书院，学规整肃，严辨义利，教有成效，洵属可嘉。郑维驹着加恩赏给五品卿衔，以资观感。

五月己亥　谕：御史王赓荣奏，边民服教有年，请添设厅学一摺。据称，山西边外七厅未议学校，年来居民读书者多，考试为难，请酌定庠额等语。着山西巡抚、山西学政、绥远城将军会同妥议具奏。

五月己亥　谕：御史王赓荣奏，贡生应选教职，多系空额，请饬部酌变章程等语。着吏部议奏。

五月辛丑　谕内阁：詹事府右庶子陈学棻奏，举贡生监保举捐纳，同通州县佐杂等官到省后，请比照大挑朝考人员，准其应试等语。着该部议奏。

闰五月壬戌　谕：国子监司业潘衍桐奏，请特开艺学一科，以储人才一摺。着大学士、六部、九卿会同总理各国事务衙门，妥议具奏。

闰五月丙寅　谕军机大臣等：前据御史屠仁守奏，湖北学政科岁两试取进生员，有所谓书价银，近年竟增至制钱十七八千，请饬酌中定数等语，当谕令孙毓汶、乌拉布查明酌减。兹据奏称，查明此项钱文，始于咸丰初年，每名交制钱九千六百文，作为给役办公之用，嗣因创建经心书院，每名加收二千四百文，又有喜钱四五千不等，亟应核减定数，拟将喜钱即行禁止，书院增收之数，亦即免交，其原收九千六百文办公之费，有力者不得增加，无力者全行裁免，请即照此定数等语。学政衙门取进生员，本不应按名收取陋规，既据奏称，此项钱文作为办公经费相沿已久，该御史原奏内亦称，给役办公应请酌中定数，与孙毓汶等现在覆奏之意尚相吻合。着卞宝第、彭祖贤、高钊中督饬所属，查照从前所收每名九千六百文，作为定数，有力者照数呈交，无力者全行裁免，以示限制而恤寒儒。自此次奏定之后，胥吏人等如再有另立名目，需索分文，或向无力之人收取公费，该学政失于觉察，即着该督抚据实议奏，毋得稍涉瞻徇。将此各谕令知之。

闰五月庚午　翰林院侍读王邦玺奏，沥陈艺学开科，流弊甚大。得旨：着大学士、六部、九卿、总理各国事务衙门归入潘衍桐摺，一并妥议具奏。

六月乙亥　吉林将军希元等奏，吉林文风日盛，请添设满、蒙及伯都讷、长春两厅民籍各拔贡专额。下部议。

六月丙子　谕：御史唐椿森奏，曲艺不宜设科一摺。着大学士、六部、九卿、总理各国事务衙门归入潘衍桐等摺，一并妥议具奏。

六月癸未 谕内阁：前因国子监司业潘衍桐奏，请特开艺学一科，当令大学士、六部、九卿会同总理各国事务衙门妥议具奏。嗣据御史方汝绍奏，请特开实学科，并据翰林院侍读王邦玺奏沥陈艺学开科流弊，御史唐椿森奏曲艺不宜设科，先后谕令大学士等一并妥议。兹据会议具奏，国家造就人材，不拘一格，该科取士原为遴选实学起见，即讲求艺学，亦未尝不可兼收并取，正不必别立科目，致涉纷歧。嗣后，如有精于西法之人，在京着各大臣保送同文馆考试，在外各该督抚收入机器局当差，其无机器局省分，分别咨送南北洋大臣，核其学术技艺，切实保荐，庶于因事制宜之中，仍不失实事求是之意。潘衍桐、方汝绍所请特开艺学、实学科之处，均着毋庸置议。

七月甲辰 以捐田创建义学，予浙江平湖县俞大德建坊。

八月壬申 盛京将军庆裕等奏，请立康平县学校，并设文武学额。下部议。

八月丁丑 四川总督丁宝桢奏，请增设夔州府学拔贡额。下部议。寻奏，夔州府学应否增设拔贡名额之处，应俟下届察看情形，奏明办理。从之。

八月癸巳 谕：有人奏，闽省教官于新进童生勒索修金，前经御史谢谦亨条奏，奉谕饬禁，乃闻此弊并未革除，勒索比前更甚，并于选拔一场，生员赴学报名，必多方勒索贽仪，否则不为册送，以致一学止送一二名，或止送一名各等语。考试为抡才巨典，似此任意勒索，殊属不成事体。着冯光遹认真禁革，如查有前项情弊，即将该教官严议示惩，以肃功令，原片二件，均着钞给阅看。将此谕令知之。

九月庚午 予捐赀立学辽阳州官学汉教习李毓芬建坊。

十一月丙午 谕军机大臣等：前据翰林院代递检讨潘仕钊奏请将广东闱姓暂行弛禁，御史何崇光复奏请严申厉禁各一摺，先后谕令张之洞、倪文蔚妥议具奏。兹据翰林院侍读梁耀枢、顺天府府丞杨颐奏，闱姓诡谋复开，屡陈科场舞弊，商贾受累，奸民纵恣，赌匪横行四害，请旨严禁。并声明澳门僻居一隅，视从前闱姓，已减十之六七等语。闱姓弊端甚多，本应严申禁令，惟须一律禁止，不使利归他族，方为上策。若如该侍读等所奏，不特省城未便弛禁，即澳门亦可逐渐禁绝，应如何设法办理之处，着张之洞、倪文蔚悉心筹商，妥议具奏。原摺着钞给阅看，将此各谕令知之。

十一月辛酉 谕内阁：御史恩焘奏，条陈科场事宜，请旨饬议一摺。着该衙门议奏。

十二月癸酉 谕军机大臣等：前据杨岳斌……片奏，湖南清泉县陈发科蒙考毙命一案。该县知县朱益浚一意袒庇，巧为开脱，难保无贿串情弊等语。着该署督提案严行查讯，务得确情，按律定拟具奏。原摺一件，片二件，均着钞给阅看，将此谕令知之。

十二月丁丑 盛京将军庆裕等奏，请添汉军合字号学额各加四名，作为永远定额。下礼部议。

十二月壬午 谕：御史何崇光奏，广东科场，积弊已深，请饬整顿一摺。据称广东科场，玩法钻营，无所不有，确举数端，请饬清厘等语。考试为抡才大典，宜如何严密关防。若如所奏，誊录考卷，闱外走卷，枪手冒充号军，场前拜房，场后换卷等弊，骫法营私，亟应严禁。着张之洞、倪文蔚按照所奏各节，先期晓谕，随时切实整顿，务期有弊必惩，以挽浇风而端士习。广东如此，他省恐亦不免，着各该督抚一律严查禁止，毋得视为具文。

十二月庚寅　谕：梁耀枢奏，科场滋弊，约举六条，请申明旧例，量为变通一摺。着礼部议奏。

十二月甲午　谕：总理各国事务衙门奏，同文馆教习期满，请仍照专章办理一摺。教习黄兴廉着仍照原请，以知县分发省分候补班补用，并加同知衔。嗣后，同文馆教习年满，仍照该衙门专章办理，他处不得援以为例。

十二月戊戌　谕内阁：国子监奏陈录科防弊章程一摺。三年大比，原期遴选真才。若录科一场先多弊窦，则始进不端，安所得文行交修之士？翁同龢等所拟慎重出结，杜绝重考，明示褫罚，磨对笔迹各条，于防弊均尚切要。即着各该衙门严行申儆，认真整顿，毋得视为具文。各该士子尤当争自濯磨，束身自爱，用副朝廷整饬士风至意。

光绪十一年（1885 年）

二月乙酉　帮办福建军务闽浙总督杨昌浚奏，台北府新设学额，请准添设选拔贡额，府学二名，淡水、新竹、宜兰县学各一名。下礼部议。

三月乙巳　予御贼阵亡直隶武监生刘文会、武生刘源清优恤。

三月戊申　吉林将军希元奏，吉省新设译学，请简派教习二员来吉，以资训迪。从之。

三月己酉　以捐充书院膏火，予湖北武生刘瑞麟奖叙。

三月乙丑　谕军机大臣等：有人奏，广东学政叶大焯串同幕友舞弊，贪利无厌。科试广州时，闱姓尚设澳门，有神、羽二姓应考者各一人，同时入选，阖省喧传学署得七十万金。按试惠州，投考之王姓、廖姓数百人皆被抑，而特取一二人赴试之文、彭，所得又将百万，众论喧嚣，群毁试院辕门。该学政张惶失措，再行招覆，将文、彭二姓扣除。其时众志皇皇，远调驻省勇丁前往弹压等语。所奏是否属实，着张之洞确切查明，据实具奏，毋稍徇隐。原片着钞给阅看，将此谕令知之。

三月戊辰　以捐赀创建书院，予吉林长春厅候选州判王子春奖叙。

四月癸未　以本年乡试，考试应开列试差人员于保和殿。

五月己亥　以翰林院编修朱善祥为云南乡试正考官，编修庞玺为副考官；编修李桂林为贵州乡试正考官，修撰王仁堪为副考官。

五月丙午　直隶总督李鸿章奏，天津创设武备学堂，遴派德国兵官作为教师，挑选各营弁兵百余名入堂肄业，择其成绩优者，发回各营，量材授事，分番挑取，以宏造就，并请将教习各员及屡列优等之学生，援照同文馆成案，二年奏保一次，以示鼓励。

如所请行。

五月庚戌 以内阁学士钱桂森为广东乡试正考官，翰林院编修周銮诒为副考官；编修檀玑为广西乡试正考官，云南道监察御史丁振铎为副考官；翰林院侍读学士陈学棻为福建乡试正考官，编修张鼎华为副考官。

五月癸丑 命翰林院侍讲学士瞿鸿禨提督浙江学政。

五月庚申 以大理寺卿沈源深为四川乡试正考官，翰林院编修黄绍箕为副考官；编修陈琇莹为湖南乡试正考官，编修谢隽杭为副考官；鸿胪寺卿文治为甘肃乡试正考官，江南道监察御史唐椿森为副考官。

五月癸亥 谕军机大臣等：有人奏，广东闱姓，弊窦滋多，本年惠州科考，将廖、钟、王三大姓全数禁不获售，彭、文、田三僻姓全数获售。榜发，士子拆毁署门，几酿巨案。旋经该督抚饬拿舞弊之人，并将所获之彩七十万元提充军饷。学臣因病，任听幕友、家丁放胆舞弊，请饬彻查等语。前有人奏，叶大焯串通幕友舞弊，贪利无厌各节，当令张之洞确查具奏。兹据所奏，该学政考试惠州，幕友、家丁舞弊情形，与前奏大略相同。且有厨人暗进巴豆汤，致该学政腹泻不能阅卷等情。此案叠经被人议奏，必应确切根究，以期水落石出。着张之洞归入前奏，秉公确查，据实具奏，毋稍徇隐。其所称提充军饷七十万元一节，究竟有无其事，着一并覆奏。原摺着钞给阅看，将此谕令知之。

六月癸酉 四川总督丁宝桢等奏，请增越隽厅学额。下礼部议。寻议，加学额二名，合原额定为八名，并加廪增额各五名，合原额各定为二十名，二年一贡，以符旧制。从之。

六月丁丑 有人奏，广东闱姓，弊窦滋多，学臣、幕友、家丁舞弊，叠经谕令张之洞确查具奏。兹又有人奏称，叶大焯按试惠州归善、博罗二县，学署与赌匪通同作弊，揭晓之日，众情汹汹，不得已再行招覆，文理不符者甚多。该学政只将文炳熙、彭日光两名降作佾生，真才屈抑，物议沸腾等语。着派彭玉麟会同张之洞按照所议各节，确切查明，据实具奏，不得稍涉徇隐。原片均着钞给阅看，将此各谕令知之。

六月丁丑 以詹事府少詹事承翰为湖北乡试正考官，翰林院编修朱一新为副考官；内阁学士廖寿恒为江西乡试正考官，掌陕西道监察御史王赓荣为副考官；都察院左副都御史白桓为浙江乡试正考官，詹事府司经局洗马潘衍桐为副考官。

六月丁亥 以大理寺少卿冯尔昌为江南乡试正考官，翰林院编修戴彬元为副考官；编修黄群杰为陕西乡试正考官，工部主事赵亮熙为副考官。

七月丁酉 派工部左侍郎乌拉布、顺天府府尹沈秉成为顺天乡试监临。

七月己亥 出使日本国大臣徐承祖奏，使署肄习东文学生卢永铭、刘庆汾请作监生，一体乡试。下总理各国事务衙门议行。

七月甲辰 以淮军报效欠饷，广江苏、安徽两省文武乡试中额。

七月甲辰 以都察院左副都御史英煦为山东乡试正考官，翰林院编修白遇道为副考官；编修林壬为山西乡试正考官，刑部员外郎胡泰福为副考官；编修周龄为河南乡试正考官，掌河南道监察御史曾培祺为副考官。

七月己酉 以吏部左侍郎松溎为满洲翻译乡试正考官，户部右侍郎景善为副考官。

七月甲寅 礼部奏，生员杨廷玑续捐洋银，请给举人，与成案不符，应另核请奖。得旨：杨廷玑捐输巨款，接济军需，非寻常报效可比，业经特旨赏给举人。该部所奏，着毋庸议。

七月辛酉 谕内阁：高钊中奏，查明笃行朴学之士，恳恩奖励等语。湖北江陵等州县生员傅听之等笃志潜修，积学不倦，允宜量予奖励，以资观感。生员傅听之、孝廉方正生员刘伯允均着赏给国子监学正衔，候选训导张清瑞着赏教谕衔，贡生赖廷模、孝廉方正生员游恺均着赏给训导衔。至所称生员卢靖究心算术，有裨时务，着该督抚咨送总理各国事务衙门察看。

七月辛酉 两广总督张之洞奏，遵查广东学政叶大焯闱姓参款，请先行议处。得旨：即着将已获各犯研讯确供，并饬属严拿案内要犯，彻底根究，务令水落石出，不得稍涉含糊。叶大焯应得处分，着俟定案时再降谕旨。

八月丁卯 调奉天府府丞兼学政朱以增为顺天府府丞，顺天府府丞杨颐为奉天府府丞兼学政，命吏部左侍郎许应骙提督顺天学政，刑部右侍郎贵恒提督安徽学政，太常寺卿胡瑞澜提督广东学政，翰林院侍读学士陈学棻提督福建学政，翰林院侍讲陆润庠提督山东学政，国子监祭酒王先谦提督江苏学政，翰林院编修张仁黼提督湖北学政，陆宝忠提督湖南学政，华金寿提督河南学政，高燮曾提督山西学政，林启提督陕西学政，秦澍春提督甘肃学政，盛炳纬提督四川学政，李殿林提督广西学政，戴鸿慈提督云南学政。浙江学政瞿鸿禨、江西学政梁仲衡、贵州学政杨文莹俱留任。

八月壬申 谕内阁：昨日军机大臣呈进顺天乡试应派考官扣除各员名单内，有于初四日始行知照告假者，已在礼部具题之后。嗣后，应行开列考官人员于该部题本进呈后，不准再行告假，以杜规避。

八月壬申 以署兵部尚书潘祖荫为顺天乡试正考官，工部尚书翁同龢、都察院左都御史奎润、礼部右侍郎童华为副考官。

八月癸酉 顺天乡试监临乌拉布奏，同考官翁斌孙系副考官翁同龢侄孙，应否回避？得旨：着毋庸回避。

八月庚辰 顺天乡试监临乌拉布奏，监试御史德本感冒甚重，可否准其出闱？得旨：着准其出闱。

八月乙酉 谕内阁：大学士左宗棠学问优长、经济宏远、秉性廉正、莅事忠诚，由举人、兵部郎中带兵剿贼，叠著战功。蒙文宗显皇帝特达之知，擢升卿寺。同治年间，剿平发逆及回捻各匪，懋建勋劳。穆宗毅皇帝深资倚任，畀以疆寄，荐陟兼圻，授为钦差大臣，督办陕甘军务，运筹决胜，克奏肤功，简任纶扉，优加异数。朕御极后，特命督师出关，肃清边圉，底定回疆，厥功尤伟，加恩由一等伯晋为二等侯。宣召来京，管理兵部事务，命在军机大臣上行走，并在总理各国事务衙门行走，竭诚赞画，悉协机宜。旋任两江总督，尽心民事，裨益地方，扬历中外，恪矢公忠，洵能始终如一。上年命往福建督办军务，劳瘁不辞。前因患病吁恳开缺，叠经赏假，并准其交卸差使，回籍安心调理。方冀医治就痊，长承恩眷，讵意未及就道，遽尔溘逝，披览遗疏，震悼良深。左宗棠着追赠太傅，照大学士例赐恤，赏银三千两治丧，由福建藩库给发，赐祭一坛，派古尼音布前往致祭，加恩予谥文襄。入祀京师昭忠祠、贤良祠并于湖南原籍及立功省分建立专祠，其生平政绩事实宣付史馆。任内一切处分悉予开复。应得恤典，该衙门查例具奏。灵柩回籍时，着沿途地方官妥为照料。伊子主事左孝宽着赏给郎中；附贡生左孝勋着赏给主事，均俟服阕后分部学习行走。廪贡生左孝同着赏给举人，准其一体会试。其二等侯爵，应以何人承袭，着杨昌浚迅速查明具奏。用示笃念荩臣至意。

八月乙酉　顺天府以宗室乡试中额请。得旨：取中七名。

九月癸卯　命兵部尚书乌拉喜崇阿教习庶吉士。

九月戊申　以吏部左侍郎松溎为满洲翻译乡试正考官，户部左侍郎嵩申为副考官。

九月壬子　谕军机大臣等：有人奏，本科江南乡试头场题纸，次题脱落“子曰”二字者甚多，致士子照写，犯规贴出，纷纷控之督臣等语。乡试为抡才大典，必应慎重将事，何以所发题纸，有刊刻错落之处？所奏是否属实？着曾国荃据实查明具奏，勿稍徇隐。将此谕令知之。寻奏，遵查本科江南乡试头场题纸，并无脱落“子曰”二字，亦无应试诸生控告之事。报闻。

十月辛未　谕内阁：黄体芳奏循例荐举教官一摺。江苏金匮县训导殷如珠，着该抚给咨送部引见。另片奏，查明绩学之士，恳恩奖励等语。江苏举人汪士铎等笃志潜修，绩学不倦，允宜量予奖励，以资劝感。举人汪士铎着赏给国子监助教衔，监生高延第着赏给翰林院待诏衔。

十月辛未　江苏学政黄体芳奏，注销教民籍贯，不准考试。下礼部议。寻奏，注销教民籍贯，应毋庸议。至准考试与否，当以其人是否安分为断。从之。

十月辛未　出使美日秘国大臣张荫桓奏，拟于金山各埠设立中西学堂。得旨：即着察看情形，认真办理，务期实有功效，毋得徒托空言。

十月戊寅　以都察院左都御史祁世长为顺天武乡试正考官，户部左侍郎孙诒经为副考官。

十月甲申　谕：太常寺少卿徐致祥奏，顺天乡试贡院号舍，请准增添等语。顺天乡试应考人数众多，号舍不敷，着加恩酌予添建，以遂多士观光之愿。即由顺天府会同各该部查勘奏明办理。

十月丙戌　谕内阁：汪鸣銮奏，保举教职，并查明积学之士，恳恩奖励等语。山东青城县训导田名撰、日照县训导李堉均着交部议叙，嘉祥县训导李维嶟着赏给国子监助教衔，廪贡生张昭潜着赏给国子监学正衔，监生丁良善着赏给翰林院待诏衔。

十一月乙未　广东巡抚倪文蔚奏，考官钱桂森等秋闱事毕，请假回籍。得旨：钱桂森、周銮诒均着赏假两个月。此次摺件，该抚由驿驰奏，殊属非是。嗣后，非地方要务，不得率发驿递。

十一月辛丑　谕内阁：吕凤岐奏，循例保荐教职一摺，山西潞安府教授韩秉钧品端学粹，训迪有方，着赏给五品顶戴；临县教谕梁卓午为守兼优，实心任事，着交部议叙；阳曲县训导雷诚勋诚朴仁廉，爱士尤挚；前繁峙县教谕杨笃学有本原，士林推重，均着赏加国子监学正衔，以示奖励。

十一月甲辰　以教习译书著有成效，赏同文馆洋员总教习丁韪良三品衔，法文教习华必乐、化学教习毕利干四品衔。

十一月丙辰　谕内阁：湖南学政曹鸿勋奏，援案保荐教职，并保经明行修之士，恳恩奖励等语。六品衔升用知县、桃源县教谕严家鬯着交部议叙，长沙府教授祝松云着赏加五品衔，所请将廪生成克襄、萧荣昌、段复昌援照成案以教职选用之处，着该部议奏。

十二月癸酉　署湖广总督裕禄奏，在籍记名提督刘维桢捐银二十万两，呈缴过半，请将伊子奖叙。得旨：刘国柱、刘国栋均着赏给举人，准其一体会试。

光绪十二年（1886年）

二月丙寅　改派吏部右侍郎李鸿藻知贡举。

三月辛丑　以吏部尚书锡珍为会试正考官，都察院左都御史祁世长、户部左侍郎嵩申、工部左侍郎孙毓汶为副考官。

三月壬寅　以闱差迟误，给事中桂年下部议处。

三月壬子　署国子监祭酒龙湛霖奏，各省续到举人，请准援案于会试揭晓前补予覆试。下礼部议。寻奏，遵议各省续到未经覆试举人，其迟误情形，与丙子科补行覆试举人相同，可否援案，准其于会试揭晓前补行覆试。允之。

三月癸丑　礼部以宗室会试中额请。得旨：取中二名。

三月乙卯　礼部以会试中额请。得旨：满洲取中八名，蒙古取中三名，汉军取中六名，直隶取中二十三名，奉天取中三名，山东取中二十一名，山西取中十名，河南取中十六名，陕西取中十四名，甘肃取中九名，江苏取中二十五名，安徽取中十七名，浙江取中二十四名，江西取中二十一名，湖北取中十四名，湖南取中十四名，四川取中十四名，福建取中二十名，台湾取中二名，广东取中十六名，广西取中十三名，云南取中十二名，贵州取中十一名。

四月甲戌　谕内阁：此次未经会试举人补行覆试，列入一等之何象坤等二名，列入二等之王鲁言等五名，列入三等之许士莹等七名，均着准其俟下届会试时，一体会试。

四月甲戌　谕：有人奏，固安县教谕吴宝善品行卑污，勾结蠹役劣书，遇有词讼，包揽受贿，欺压乡民，妄举节孝，请旨查办等语。教谕为司铎之官，宜如何束身自爱，矜式士林，所奏如果属实，亟应严行参办。着毕道远等按照所参各节，确切查明，据实具奏。原片均着钞给阅看，将此各谕令知之。

四月辛巳 谕内阁：此次新贡士覆试，列入一等之张元奇等七十名，二等之承德等一百二十名，三等之华凤章等一百二十九名，俱着准其一体殿试。

四月壬午 谕军机大臣等：御史殷季尧奏科场积弊宜除一摺。据称，浙江每届大比之年，即有买荐传递乱号诸弊。去年乡试查号时，士子纷纷出号，挟制官长等语。科场大典，理宜弊绝风清，岂容士子暗通关节，枪冒顶替？着刘秉璋按照所奏各节，于下届乡试，认真整顿，并严定章程以杜弊端。至所称江苏、安徽两省乡试并考，分卷过多，士子或遭屈抑，请饬妥筹善策一节，是否可行？着曾国荃、卫荣光、吴元炳悉心会议具奏。原摺着分别钞给阅看，将此各谕令知之。寻，两江总督曾国荃等会奏，江苏、安徽两省不便分期乡试，拟请自下科始，酌增同考官二员。下部议。

四月癸未 谕：卫荣光奏，特参庸劣不职各员等语。……常熟县知县钱保衡性耽安逸、办事因循，惟系进士出身，文理尚优，着以教职归部铨选。

四月癸未 礼部以翻译会试京旗、驻防中额请。得旨：京旗取中一名，驻防取中二名。

四月癸未 派户部尚书、协办大学士福锟，刑部尚书、协办大学士张之万，户部尚书翁同龢、工部尚书潘祖荫、户部右侍郎景善、礼部左侍郎徐郙、兵部右侍郎廖寿恒、内阁学士沈秉成为殿试读卷大臣。

四月甲申 策试天下贡士刘培等三百一十九人于保和殿。制曰：朕诞膺天命，寅绍丕基，于今十有二年矣。仰赖皇太后教育之勤，庶政协和，四方安谧。朕朝夕典学，惟日孜孜，求之于经史，以探治乱之原；求之于军旅，以资控制之略；求之于地形，以知险易之要；求之于圜法，以准轻重之宜。尔多士自田间来，学于古训，究心当世，兹当临轩发策，其敬听朕言。帝王诚正之学，格致为先，若《帝范》，若《群书治要》，若《帝学》，能言其精义欤？《贞观政要》、《太平御览》，撰者何人？魏征《谏录》、《续录》，果有裨于治欤？此外若《政府奏议》，若《尽言集》，若《历代名臣奏议》，孰为优劣欤？真德秀《大学衍义》何以阙治平，果有待于邱浚之补欤？夏良胜《中庸衍义》，与德秀书同体例欤？司马光《资治通鉴》为治忽之渊林，能举其要旨欤？为释文、为音注、为释文辨误、为地理通释者何人？为外纪者又何人？李焘、刘时举等所续，足继原书之精博欤？用兵之法，贵乎因地制宜，舟师其尤要也。《左氏传》楚子为舟师以伐吴，实为水军之始，其后楚获吴舟艅艎，则又舟名之最著者；或谓公输般之钩拒，乃战舟之始，然与？汉时命朱买臣治楼船，元鼎五年，又诏粤人及江淮以南楼船往讨吕嘉，其时有伏波将军、楼船将军之号，其船曰戈船、曰下濑、曰横海，命名之义，果何所在？其习水战，当在何地？晋武帝时，王浚修舟舰，乃作大船连舫，能受士卒几何人？其飞云舟、苍隼船，相去若干步，见于何书？隋文帝命杨素造战舰，其舰何名？其高何若？唐时击萧铣，所有战舰，能举其数欤？宋时福兴泉漳各有魛鱼船，可修整以备海盗，奏陈者何人？当在何年？绍兴时有飞虎战舰，旁设四轮，其制如何？铁可以为船，晋唐以前，见于何书？又有皮船，始于何人？明戚继光亦用之，一船可乘几人，能详之欤？在昔虞廷致治，振旅三苗，周道方兴，劳师玁𤞤，边防之事，自古为昭。但齐称攘狄，左氏兼美乎和戎；汉重犁庭，扬雄反抑为中策。凡斯张弛，何说为长？且七雄竞爽，资骜牧以绥边；西夏一隅，拒辽金而犄角。地居四战，何道之从？又如汉开西域，力耆乌孙；唐启安西，威扬大食。是则葱岭以西，雷翥以北，握其天险，务得中权，肄业及之，遂无胜算欤？又若汉得卫青、霍去病而奠漠南，唐用李靖、李绩而破突厥，元有旭烈兀诸人而收印度，明资戚继光诸将而靖倭氛，得人者昌，能言其效欤？钱法始于太皞，或谓之金、或谓之货、或谓之泉、或谓之布、或谓之刀，能各举其所自欤？周制以商通货，以贾通物，其九府圜法，厥制若何？后患钱轻，更铸大钱，始于何年？汉时初铸荚钱，后以钱益多而益轻，乃更铸四铢钱，其文奚若？其年代尚可考欤？后又有三铢、五铢，是否同时？魏晋以后，亦有铸四铢钱者，周时改五铢钱，每钱一千，计重若何？其钱监设于何地？其罢江淮七监，何人所言？宋时置监铸铁钱，当在何处？其铜钱一当铁钱几何？元丰间，毕仲衍进《中书备对》，言诸路铜铁钱监所增数，果多于宋初欤？自银币行而钱法一坏，自交子钞引行，而钱法再坏。元明以来，悉蹈此弊，岂鼓铸之不善欤？抑产于山者有时而竭欤？子母相权之法，不可不亟讲也。夫稽古者出政之本也，讲武者备豫之方也，设险者立国之基也，范金者理财之要也。尔多士条举以陈，勿猥勿并，朕将亲览焉。

四月丁亥　上御养心殿，召读卷官人，亲阅定进呈十卷甲第。

四月戊子　上御太和殿。传胪。授一甲三人赵以炯为修撰，邹福保、冯煦为编修，赐进士及第，二甲彭述等一百三十人赐进士出身，三甲王文毓等一百八十六人赐同进士出身。

四月己丑　直隶总督李鸿章奏，北洋闽厂第三届出洋学习制造学生，展限六年期满，请三年先予择尤请奖一次，俟六年期满，再予一律请奖。从之。

四月辛卯　引见癸未科散馆人员。得旨：修撰陈冕，编修寿耆、管廷献业经授职，二甲庶吉士邵松年、张筠、华辉、丁仁长、陈名珍、曹福元、赵汝翰、朱祖谋、吴国镇、王培佑、曹寯瀛、汪凤藻、准良、周锡恩、柯逢时、黄福楙、李士珍、陈同礼、胡景桂、陈荣昌、陈如岳、陈鼎、鲁鹏、严修、施纪云、王式文、黄桂清、赵尚辅、张亨嘉、骆景宙、马吉樟、王绍濂、志钧、刘炳燮、张预、彭清藜、熙麟、李葆实、绵文俱着授为编修，三甲庶吉士蒯光典、杨福臻、王恩溎、雷在夏、康际清俱着授为检讨，李荫銮、李敬修、郑淑璋、孔昭乾、郑祖焕、李岳瑞、阎萃峰、沈潜、冯汝骙、彭鸿翊、何维栋、阎迺竹、郑炳麟、伍兆鳌、高祚昌、济澄俱着以部属用，陈凤楼、宁本瑜、吴成熙、傅汝梅、高凌霄、李振鹏、俞成庆、施调赓、陈受颐、钱正圜、王乘燮、蔡世佐、陈后琨、周绍刘、梁鸿翥俱着以知县即用，翻译庶吉士清锐着授为编修，恩顺着授为检讨。

四月辛卯　命协办大学士张之万、刑部尚书麟书教习庶吉士。

五月癸巳　钦奉慈禧端佑康颐昭豫庄诚皇太后懿旨……练兵先须选将，陆军人才，以武备学堂为根本；水师人才，以驾驶管轮学堂为根本，洵属扼要之论。并据王面奏，各学堂肄业，于讲求战备外，兼习经史，尤属合宜。又据奏，已革道员杨宗濂前办天津武备学堂，规制颇能整肃，可否弃瑕录用等语。杨宗濂着准其留于直隶，交李鸿章差遣委用。经此次巡阅之后，醇亲王奕譞务当会同李鸿章等物色将才，实力整顿，并督饬现在管带各员认真练习，力求精进，应如何筹集巨款，续添船炮之处，并着随时会商，奏明办理。

五月乙未　谕内阁：御史文海奏，请严禁士子吸食鸦片一摺。士为四民之首，宜如何束身自爱。若如所奏，本年会试士子，竟有手提鸦片烟灯出闱情事，实属不成事体。该御史当时既经目睹，何得因人数众多，不即扣留惩办？嗣后，乡会各场所有派出王大臣等务当实力稽查，如有前项弊端，即行送交刑部照例办理，并着各省督抚于乡试时一体认真查办，以端士习而挽颓风。

五月壬寅　谕内阁：新科一甲进士三名赵以炯、邹福保、冯煦业经授职外，彭述、姜自驺、蔡金台、周爰诹、张星吉、姚丙然、陈昌绅、华学澜、吴庆坻、刘启襄、吴鸿甲、王荫槐、王荣商、于齐庆、冯芳泽、丁秉乾、张燮堂、连捷、杨士骧、孙锡第、宋伯鲁、王廷相、朱延熙、凌彭年、葛振元、陈志哲、刘玉珂、徐嘉言、罗光烈、沈曾桐、周承光、陈遹声、李端棨、陆寿臣、宋滋兰、韩培森、柯劭忞、杨天霖、李焕尧、陈文𪻐、李玮堂、徐世昌、盛沅、徐受廉、李子荣、刘学谦、余赞年、孙综源、鹿瀛理、高熙哲、孔宪教、高觐昌、仇继恒、江希曾、沈维善、丁良翰、马芳田、余朝绅、吴炳、尹殿扬、渠纶阁、徐敏中、阔普通武、林鉴中、贺沅、瑞洵、陈田、梅汝鼎、林仰嵩、李子茂、张元奇、钟大椿、承德、荣庆、凌芬、陈兆葵、庄钟济、杨森、王新桢、谢崇基、宋育仁、叶在琦、王荣先、景厚、王守训、黄绍曾、格呼铿额俱着改为翰林院庶吉士，吴品珩、常牧、余肇康、缪祐孙、陈爔唐、姚肇瀛、葛金烺、刘岳云、邱淮、史绪任、张僖、杨圣清、吴浚康、克明、党庆奎、怡龄、章绍洙、刘孚京、叶大琛、吴国镛、王承益、江德宣、张登瀛、刘果、叶大涵、郑宝琛、王基磐、姚桐生、林启东、李翊煌、杨文春、陈恒庆、方培恺、曾福谦、秉彝、赵嶲升、顾曾灿、文德馨、刘安科、区震、胡之钧、邹嘉来、秦树声、周生锦、王文毓、徐德钦、吉绅、裴景福、陈夔龙、徐贞、石镜潢、李英华、姜子珍、张则周、李梦莹、侯葆文、杨祖兰、谭国恩、刘启彤、黄祖直、傅秉鉴、马九如、余应云、张庆翎、何联禧、刘光祖、雷天柱、王树栴、魏延龄、袁楚藩、王诚羲、魏联奎、宋滋蓍、蔡寿星、金鹏、张丕基、王国庆、熊冠斗、杨书詹、张骧、谢昌年、陈孝恪、李贺礽、郝秉忠、李坦、张六翮、倪教敷、薛秉壬、王肇修俱着分部学习，王明德、赵以炷、蒋茂璧、刘培、陈顺镶、李宗唐、李相熊、拜昌、苏品仁俱着以内阁中书用，杨琮典、童春、柴作舟、胡文瀚、段树榛、李文焕、郑仲和、邱为钰、邓士芬、茹宝书、屈光烛、陈时中、李树敏、何守谦、徐元瑞、唐则璲、傅彦瑞、逯蓉、高枫、党献寿、陈文然、江峰青、林福熙、刘愈、宋嘉炳、回长廉、王葆琛、刘翰藻、张阜成、朱汝赓、华凤章、徐友麟、梁卓午、庞绍统、夏葆彝、刘兰馨、刘宪仁、任佑观、朱暄、李尧、杜友白、胡宝仁、张良暹、沈士林、韩宝球、史继泽、楚材、何文耀、张燮霖、汪懋琨、陈阆、杨增辉、左宜之、张尧淦、刘有光、史诚、李子春、马树芬、林履端、戴朝普、王源瀚、杨汝滨、黄兆岷、夏汝镛、郑仰虞、胡毓材、胡裔麟、王福钟、杜甡、范克承、李宗裕、何达聪、刘永清、闻捷、王人文、许益谦、蒋传燮、杨澍、裴作则、董汝明、程搏万、白焯、刘榆生、唐树誉、王皋、滕尚诚、赵廷光、王玉山、宋万选、刘炳青、黄耀奎、黄济川、王秉箓、查文清、续曾、罗崇鼎、唐国珍、李蟠根、谢锦江、周德至、梁乃赓、黄运春、许源清、刘自然、赵新俱着交吏部掣签，分发各省以知县即用，刑部即补郎中谢元麒着仍归原班补用，兵部候补郎中庆颐着以郎中即用，内阁候补中书李锡龄、赵臣翼均着仍以中书候补，国子监助教、候选堂主事松廷，国子监典簿麟瑞、大挑知县傅汉章均着各以原班用。余着归班铨选。

五月己酉　谕军机大臣等：御史文海奏，请于乡会各场添派监查搜检御史，并由步军统领衙门派拨砖门弁兵各摺片。着礼部议奏。寻奏，请毋庸议。从之。

五月癸丑　命内阁学士汪鸣銮提督广东学政。

六月壬午　覆试各直省一二等拔贡生于保和殿。

六月乙酉　考试各直省优贡生于保和殿。

七月丙申　引见八旗及各直省考取拔贡生。得旨：徐承焜等七十二名以七品小京官用，煜辉等八十七名以知县用，松桂等七十六名以教职、佐贰用。

七月丁酉　引见各直省考取优贡生。得旨：谭奉璋等二十三名以知县用，王延纶等三十九名以教职用。

七月壬子　以捐建义塾，予直隶静海县教谕毛德闰故父毛颜、府经历李全有故父李希圣建坊。

九月癸卯　以都察院左都御史祁世长为武会试正考官，礼部左侍郎徐郙为副考官。

九月乙巳　知武举廖寿恒以武会试中额请。得旨：满洲、蒙古取中四名，汉军取中三名，奉天取中一名，直隶取中十六名，陕西取中五名，广东取中十四名，河南取中九名，山东取中九名，江苏取中七名，安徽取中八名，山西取中七名，湖北取中五名，湖南取中四名，四川取中七名，广西取中三名，福建取中八名，浙江取中七名，江西取中八名，云南取中四名，贵州取中三名。

九月壬子　甘肃、新疆巡抚刘锦棠奏，请将回部义塾学童酌奖备取佾生，以资观感。从之。

十月庚申　陕甘总督谭钟麟等奏，关外镇迪各属生童，向由乌鲁木齐都统代为扃试，将试卷移送学臣取进，现在都统裁撤，请改为巡抚办理。从之。

十月壬戌　派科尔沁亲王伯彦讷谟祜、庆郡王奕劻、工部尚书昆冈校阅中式武举马步射、技勇。

十月癸亥　上御养心殿，引见中式武举，亲定甲乙。

十月甲子　上御太和殿。传胪。赐一甲宋占魁、解兆鼎、何乃斌三人武进士及第，二甲桂芬等十七人武进士出身，三甲廖锦华等九十九人同武进士出身。

十月己丑　宗人府奏，应封宗室溥锐等业已当差，可否仍准入考。得旨：着准其一体考试。

十一月癸巳　山西巡抚刚毅奏，晋省口外七厅考试，除丰、宁二厅距大同府较近，照旧随棚应试外，其归萨托清和五厅，拟援照甘肃口外章程，由学臣寄题归绥道扃试，仍将试卷移送学臣阅取，并请五厅合计，每二十名取进一名，暂勿分考。下部议。

十一月庚子　谕内阁：卞宝第奏，整顿士习，请严申禁令等语。本年五月间，湖南沅州府芷江县童生聚众闹考，竟有殴伤知府情事。业经卞宝第将首从各犯，分别正法惩办。近年各直省文武童生，往往纠众滋闹，藉事罢考，希图挟制官长，士习不端，藐法已极。恭读雍正十二年谕旨，各省生童，有因与地方官争竞龃龉，而相率罢考者，即将罢考之人停其考试；若合邑合学俱罢考者，亦即全停考试等语。圣谕煌煌，自应永远遵守。各省应试生童，或尚未能遍知，着各直省督抚、学政恭录通行晓谕。务使士子咸知儆惧，安分守法，毋得逞忿滋事，致罹重辟。嗣后，如再有藉端闹考等事，惟有执法严惩，决不宽贷。将此通谕知之。

十一月庚子　湖南巡抚卞宝第奏，邵阳县童生刘鹏程枪替入场，职官赖沄受贿匿禀，审明按律定拟。下部议。

十一月癸卯　谕军机大臣等：御史陈琇莹奏，台湾考试，宜添设学政以专责成，或令福建学政乘轮东渡按试台属等语。现在台湾改设行省，学政应否添设，及福建学政能否渡台考试之处，着杨昌浚、刘铭传、陈学棻会商，妥议具奏。原片均着钞给阅看，将此各谕令知之。寻，杨昌浚等奏，台湾学政请仍由巡抚兼理。从之。

十一月癸丑　谕：有人奏，上海闵行镇厘局委员汪鼎任用司事蒋姓、役丁刘姓，搜括行旅，怨声载道。本年五月间，有会试回籍士子舟经局卡，该司事等勒索陋规，肆行殴辱，局员汪鼎置之不理，请饬查参等语。所奏如果属实，亟应从严惩办。着嵩骏确切查明，据实参奏，不准稍涉徇隐。并将通省厘局各员认真稽查，随时甄劾，务期尽除积弊，以安行旅而肃官方。原片着钞给阅看，将此谕令知之。寻奏，查明厘局委员汪鼎尚无任听司巡勒索留难情事。惟于会试回籍士子船只并不立刻查验，扣留多日，又不具禀立案，办理均有不合。应请将候补同知汪鼎撤差察看，如所请行。

十一月戊午　以捐修书院建设义学，予直隶兵部郎中兰永清之父、贡生倪德元之父母建坊。

十二月辛酉　广东巡抚吴大澄奏，与广东学政汪鸣銮姻亲，应否回避？得旨：毋庸回避，所有该学政年终考语，着专归总督办理。

十二月己巳　谕内阁：御史金寿松奏，芷江童生闹考之案，知府办理不善一摺。湖南芷江县童生聚众滋闹，从严惩办，前经特降谕旨，通行晓谕，正是辟以止辟之义。各省县府试，例应分别弃取，本不准滥送院试。知府邓天符认真录取，办理并无不合。若如该御史所称，于童生拥众求补时，从权暂允，未始不可息事，是畏葸敷衍，适长刁风。近来各省闹考之案层见叠出，正由于此。至牵引发捻肇衅等语，尤不成话。该御史以爱护士类为名，实则纵奸废法，不知政体。着传旨申饬，原摺掷还。

十二月丁丑　以照料出洋学生，予出使德国二等参赞官副将陈季同二品封典。

十二月辛巳　命翰林院侍读学士梁耀枢提督山东学政。

光绪十三年（1887年）

二月庚申　出使美日秘国大臣张荫桓奏，拟在日斯巴尼亚国古巴岛筹设古巴学堂。允之。

二月乙丑　两江总督曾国荃等奏，江、安两省不便分期乡试，拟增同考官二员。允之。

二月丙寅　护理广西巡抚李秉衡奏，举人林宜鹍冒领试卷，图得银两一案审明定拟。下刑部议。

二月丁丑　以遵命捐助书院义学经费，予山东日照县丁麟年为其故父湖北督粮道丁守存建坊。

三月癸丑　钦奉慈禧端佑康颐昭豫庄诚皇太后懿旨：御史陈琇莹奏，请将明习算学人员，量予科甲出身，并游历人员准接原资，参赞等官缺出，准令游历人员兼充，暨溉田购用机器各摺片。着该衙门会同吏部礼部妥议具奏，醇亲王奕𫍽着一并与议。寻奏，拟请饬下各省学臣，于岁科试时，另出算学题目，生监中果能通晓算法，将原卷咨送总理各国事务衙门覆勘注册。俟乡试之年咨取来京，试以格致等科学，择其明通者录送乡试，不分满合贝皿，比照官卷定例，每二十名于额外取一名，惟不得过三名之数，以示限制。会试时仍归大号。……钦奉懿旨，从之。

四月辛酉　四川学政盛炳纬丁忧，命翰林院编修高赓恩提督四川学政。

四月甲子　山西巡抚刚毅等奏，归化等厅考试，请暂照甘肃口外章程，由学臣拟题封固，交归绥道扃试。得旨：此事业经礼部覆奏，该学政考试时，如已接到部文，即遵照部议办理，倘尚未接到，即照所请，办理一次。

闰四月戊子　吉林将军希元奏，吉林长春厅绅商续捐各款，请加广文武学额各十二名。下部议。

闰四月癸巳　山东巡抚张曜奏，东省连年办理堤埝工程，借资民力，请将东阿等四十州县加广文武学额各一名。允之。

五月戊午　直隶总督李鸿章奏，天津水师武备学堂学生及教习人员，请由臣咨送总理衙门考试算学，录送一体乡试，获隽后仍归学堂及水师陆军调用，俾收实效。从之。

五月乙酉　吏部尚书徐桐等奏，八旗官学教习报满，请并案引见，变通录用。如所请行。

七月戊辰　谕内阁：御史刘纶襄奏，江南乡试，两省合闱，请添派副考官一摺。

着礼部议奏。寻议，江南乡试揭晓期限，请展缓十日，毋庸添设副考官。从之。

七月辛巳　盛京将军庆裕等奏，吉黑两省，学校已增，文风日盛，请另设乡试中额，与奉天分省取中，以广登进而资鼓励。下礼部议。

八月己酉　礼部奏，淮商尹德培等报效巨款，前由两江总督曾国荃奏，请更正捐考三代籍贯。奉旨照准。惟查定例，生童应试，如由冒籍弋取者，照例斥革，亦不准其复在原籍应试。今江苏廪贡生尹德培等蒙混捐考，除该督以捐输巨款，奏请更正三代，业经奉旨着照所请外，请仍照例将该生等取进生员及所捐官职一并斥革，令其改回丹徒县原籍，亦不准其在原籍考试，以符定制。得旨：着仍遵前旨办理。该部所请，着毋庸议。

九月乙丑　顺天府奏，覆勘贡院增添号舍情形。报闻。

十月丁酉　以捐修四川西充县考棚，予巴里坤镇总兵徐占彪建坊。

十月辛亥　以创办武备学堂劳绩，开复已革花翎、布政使衔湖北简用道杨宗濂原衔翎枝。

十一月戊午　命詹事府詹事陈学棻仍留福建学政任。

十二月丁未　云南巡抚谭钧培奏，请添设永北厅旧衙坪客籍文武学额各二名。下部议。

光绪十四年（1888 年）

四月丙戌　（总理各国事务衙门）奏，曾国荃咨送方言馆学生，拟分别录送乡试；同文馆算学生生监出身者，拟考送乡试。报可。

四月癸巳　安徽巡抚陈彝奏，皖北瘠区应差苦累，本年江南、江西、广东等省考官，请改道行走，以纾民力。得旨：各省试差由驿路行走，例定程限，遵行已久，何得轻议更张？该抚惟当整顿邮政，毋得藉词推诿。所请着毋庸议。

四月丙申　四川总督刘秉璋奏，历年津贴捐输银两，请加广文武乡试中额。下部议。

四月丙申　以本年乡试，考试应开列试差人员于保和殿。

五月壬子　以翰林院检讨蒯光典为贵州乡试正考官，工部主事赵亮熙为副考官；编修庞鸿文为云南乡试正考官，黄桂清为副考官。

五月癸亥　以翰林院侍讲学士恽彦彬为广东乡试正考官，编修褚成博为副考官；国子监司业王祖光为广西乡试正考官，编修崔永安为副考官；通政使司通政使黄体芳为福建乡试正考官，编修吕佩芬为副考官。

五月丙寅　谕内阁：瞿鸿禨奏，在籍道员捐送书籍开单呈览，请旨嘉奖等语。前广东高廉道陆心源因国子监广求书籍，选择家藏旧书一百五十种，计二千四百余卷，附以所刊丛书等三百余卷，愿行捐送到监。据称，陆心源自解官后，刊校古书，潜心著述，兹复慨捐群籍，洵属稽古尚义。伊子廪生陆树藩、附生陆树屏均着赏给国子监学正衔，以示嘉奖。

五月辛未　谕：御史赵增荣奏，考差试桌多不整齐，请饬修补另造，或即用殿试试桌等语。着该衙门会商酌办。

五月癸酉　以翰林院编修张百熙为四川乡试正考官，修撰赵以炯为副考官；编修陈懋侯为湖南乡试正考官，冯煦为副考官；编修孔祥霖为甘肃乡试正考官，周克宽为副考官。

六月壬辰　以翰林院编修冯光遹为湖北乡试正考官，户科给事中殷李尧为副考官；吏部右侍郎景善为江西乡试正考官，编修朱祖谋为副考官；内阁学士钱桂森为浙江乡试正考官，编修吴树梅为副考官。

六月壬寅　以翰林院侍读学士李文田为江南乡试正考官，修撰王仁堪为副考官；编修戴兆春为陕西乡试正考官，周锡恩为副考官。

七月壬子　派理藩院左侍郎恩棠、顺天府府尹高万鹏为顺天乡试监临。

七月戊午　以国子监祭酒盛昱为山东乡试正考官，翰林院编修陈与炯为副考官；翰林院侍讲学士徐会沣为山西乡试正考官，编修吴同甲为副考官；翰林院侍讲学士长萃为河南乡试正考官，编修刘名誉为副考官。

八月庚辰　命刑部右侍郎周德润提督顺天学政，大理寺少卿杨颐提督江苏学政，内阁学士钱桂森提督安徽学政，詹事府少詹事龙湛霖提督江西学政，翰林院侍读学士潘衍桐提督浙江学政，工部左侍郎乌拉布提督福建学政，翰林院编修赵尚辅提督湖北学政，张亨嘉提督湖南学政，河南道监察御史陈琇莹提督河南学政，内阁学士裕德提督山东学政，翰林院编修管廷鹗提督山西学政，柯逢时提督陕西学政，胡景桂提督甘肃学政，朱善祥提督四川学政，翰林院侍讲樊恭煦提督广东学政，湖广道监察御史黄煦提督广西学政，翰林院编修王丕厘提督云南学政，陈荣昌提督贵州学政，奉天府府丞兼学政延茂仍留任。

八月壬午　加呼兰、绥化二厅学额文四名、武二名。从黑龙江将军恭镗等请也。

八月乙酉　以户部尚书福锟为顺天乡试正考官，户部尚书翁同和、兵部尚书许庚身、刑部左侍郎薛允升为副考官。

八月戊子　吉林将军希元等奏，官庄台站乡试诸生恳准附入鸟枪营汉军旗佐领兼管。从之。

八月庚寅　吏部奏，河南请恤之附生张玉文等四名，核与原报入学年岁不符，应请撤销。报可。

八月戊戌　顺天府以宗室乡试中额请。得旨：取中七名。

九月甲子　以吏部左侍郎松溎为满洲翻译乡试正考官，内阁学士丰烈为副考官。

九月戊辰　礼部以翻译乡试中额请。得旨：着取中九名。

九月庚午　以捐款倡设义学，予山东堂邑民武七建坊。

九月戊寅　盛京将军庆裕奏，新设兴京、凤凰两厅，请添设廪增额各三名，奉化、怀德、通化、怀仁、安东、宽甸六县，请添设廪增额各二名。下部议行。

十月庚辰　谕内阁：御史文郁奏，八旗包衣屯居应试文童，请饬核实送考一摺。据称，八旗包衣例由佐领、管领出具图结，归京旗应考，近来生齿日繁，屯居远在四乡，易滋弊混等语。八旗包衣屯居应考，自应恪遵例章，核实办理，着总管内务府大臣暨五旗王公于包衣屯居报考时，严饬该管官认真详查册档，核对确实，方准归入京旗一体考试，以杜弊端。

十月辛卯　以吏部尚书徐桐为顺天武乡试正考官，都察院左副都御史徐树铭为副考官。

十月庚子　谕：御史庆祥奏，文场监试，请仿照武场监试回避章程办理一摺。着礼部议奏。

十月癸卯　谕内阁：陆宝忠奏，保荐教职生员，请旨鼓励等事。湖南各属教职生员，经陆宝忠悉心查核，择尤保举，自应量予奖叙。长沙府教授祝松云、岳州府教授陈佑启均着交部议叙，长沙县训导何维棣、华容县训导陆承宗、桑植县训导唐浚源均着赏加内阁中书衔，衡阳县廪生汤诚航着以教职选用。

十月乙巳　谕：吏部奏，遵议处分一摺。本年顺天武乡试宿字围监试御史成斌，填写卷面，并不详细查对，所填箭枝数目、弓刀石斤重，不符甚多。考试大典，该御史竟漫不经心，致多舛误，实属荒谬。成斌着照部议，即行革职，以示惩儆。

十一月己酉　广西巡抚沈秉成奏，新设镇边县尚无廪额，请仍于镇安府学拨出廪缺二名，归镇边县永为定额，四年一贡，以符定制。其湖润寨、下雷土州两处文武童，历由镇安府学额酌拨取进，今改属归顺直隶州，拟请于镇安府学内拨出文武各二名，并入归顺直隶州学额，为湖润、下雷文武童登进之路，并请加归顺文武学额各二名，以资鼓舞。下部议。

十一月丁巳　出使俄德奥和国大臣洪钧奏，洋务日亟，人才宜储，拟由翰林院掌院学士就新科馆选庶吉士择派出洋，充使馆二三等参赞官，三年期满，由使臣保奏授职，拟请饬下总署详议章程，奏明办理。若六部人员，宜就已经考取总署章京正途出身人员择充使馆参随，以资阅历。惟需费较多，拟请饬下总署斟酌繁简，明定限制，下所司议。寻奏，庶吉士果有熟谙洋务、堪备出洋之选者，应准出使大臣奏调。惟保免散馆，未便更改旧章，应毋庸议。总署章京，嗣后应择其才识通达者酌量选派。至请明定限制，系为撙节经费起见，拟请嗣后，使馆准设参赞二员、翻译二三员、供事三员，武弁、医生各一员，其兼摄他国设有使馆者，准添参赞、翻译、随员、供事各一员，作为定额，不得再过此数。从之。

十一月丙子　谕：给事中贵贤奏，乡会两试交卷领签，请严定章程等语。着礼部议奏。

十二月庚子　谕内阁：兵部奏，遵议武闱外场酌展限期一摺。武闱外场，本有风雨展限之例，近科应试人数增多，即不遇风雨，原订日期亦形匆促，自应酌展限期，俾得从容校艺。着照部议。嗣后，顺天乡试及会试一律展限二日，九月会试，十月乡试，均于初五日开考，十三日将挑取人数出示晓谕。其内场题派日期，均着以次递推。

光绪十五年（1889年）

正月甲子　广西巡抚沈秉成奏，上思改隶太平，请由南宁府拨还原有学额。下部议。

正月己巳　两广总督张之洞等奏，本年乡试期迫，请将高州等属岁科并行。从之。

正月乙亥　派刑部右侍郎贵恒、吏部右侍郎孙家鼐知贡举。

正月庚辰　（以大婚礼成）御太和殿受贺。……所有事宜，开列于后。……一、文武会试中额，俟该部临期奏明人数，请旨酌量加广；文武乡试，由该部分别大中小省分，并满蒙汉字号，奏请加额。一、各直省儒学，无论府州县卫，俱于本年以正贡作恩贡，次贡作岁贡。……布告天下，咸使闻知。

正月甲申　广西巡抚沈秉成奏，请拨给归顺、百色两州厅乡试中额，分编字号，轮流间科取中，以振兴文教。下礼部议。

二月辛丑　谕内阁：此次补行覆试顺天及各省乡试举人，一等陈泽霖等八十名，二等丁葆和等一百六十名，三等石之泉等二百四十七名，俱着准其一体会试。列入四等之邱肇基、赵衡、袁振森、方笃行、周庆宸、许鹏、冯其浚均着罚停会试一科。

二月壬寅　谕内阁：此次覆试各直省举人一等张荫椿等一百名，二等林清照等三百名，三等宋葆昌等四百六十八名均着准其一体会试。列入四等之周文灿、哈卜齐显、高荟桢、刘佐宸、马河图、路在兹、章淦聚、邓鹤鸣、李盛春、倪震埏、李舒馨、陈世瑞、陈杰辅、谢乃元、谢庭芝、何鼎元、宋鸣凤、张鸿博均着罚停会试一科，李熙春、林兴家、庆禄均着罚停会试二科，不列等之飏寿着斥革举人。

二月乙巳　谕内阁：此次覆试各省驻防翻译乡试举人，二等迎升等四名，三等长寿等十名均着准其一体会试。四等霍銮图、崇福均着罚停会试一科。

三月辛亥　以礼部尚书李鸿藻为会试正考官，工部尚书昆冈、潘祖荫、礼部右侍郎廖寿恒为副考官。

三月甲子　礼部以宗室会试中额请。得旨：取中三名。

三月丙寅　恩诏加广直省乡试中额，大省三十名，中省二十名，小省十名，满洲、蒙古六名，汉军三名。

三月己巳　礼部以会试中额请。得旨：满洲取中八名，蒙古取中三名，汉军取中六名，直隶取中二十三名，奉天取中三名，山东取中二十一名，山西取中十名，河南取中十七名，陕西取中十四名，甘肃取中九名，江苏取中二十五名，安徽取中十七名，浙江取中二十四名，江西取中二十二名，湖北取中十四名，湖南取中十四名，四川取中十四名，福建取中二十名，台湾取中二名，广东取中十六名，广西取中十三名，云南取中十二名，贵州取中十一名。

四月壬午　礼部奏，议覆广西巡抚奏请拨给归顺、百色两州厅分编字号取中。从之。

四月甲申　引见大挑举人。得旨：范承綖着改为二等，兆祺等三百三十三员俱准列入一等，照例以知县签掣各省试用；三音布等三十员俱准列入一等，签掣北河、东河试用。

四月丙戌　以工部右侍郎清安为满洲翻译会试正考官，户部左侍郎熙敬为副考官。

四月庚寅　谕：此次新贡士覆试一等恽毓鼎等七十六名，二等毛慈望等九十九名，三等梁銮藻等一百二十一名俱着准其一体殿试。列入四等之颜庆忠、王云清、廖平、蔡宝仁、赵以焕、安荫甲均着罚停殿试一科。

四月庚寅　以本年恩科乡试，考试应开列试差人员于保和殿。

四月癸巳　礼部以翻译会试中额请。得旨：京旗二名，驻防三名。

四月乙未　派大学士恩承、协办大学士徐桐、礼部尚书李鸿藻、兵部尚书许庚身、工部尚书潘祖荫、都察院左都御史祁世长、户部左侍郎孙诒经、刑部左侍郎薛允升为殿试读卷官。

四月丙申　策试天下贡士许叶芬等二百九十六人于保和殿。制曰：朕仰膺天眷，寅绍丕基，荷列圣之诒谋，承慈闱之懿训，兢兢业业，十有五年矣。思欲登群生于衽席，筹九府之丰盈，绥八表于安全，阜四民之货殖。兹当临轩发策，尔多士其敬听朕命。《洪范》八政，食货为先，平世三登，丰穰偶歉，故王制有余三之政，儒家详缓二之文，《救荒活民书》撰者何人？补者谁氏？《救荒本草》、《拯荒事略》、《救荒事宜》、《救荒策会》、《煮粥参议》、《野菜谱》、《野菜博录》诸书，孰详孰略？能援其最要之说，举其易辨之条欤？三国当涂，北朝拓跋，移粟不劳于江左，荐饥未害于偏灾，稽古者岂宜无所考见欤？元明以后，每恃南粮，踵河运者虞海道之难，崇海运者虑河漕之缓，或谓宜于兼用，通知时事者，讵能拘成法欤？自昔行师，端需理饷，汉时全盛，犹收孔仅之功；唐室中兴，实用杨炎之策。必欲远师平准，无凋耗之虞；近足度支，有饱腾之便。通材硕学，岂无成法欤？或谓九牧贡金，明征《禹贡》；铁官列郡，亦着《汉书》。中古以还，代传开凿，权其利害，可得言欤？又如七雄并峙，铁冶纪于史迁；三国争衡，食货缺于陈寿。述其邦计，能悉源流欤？又如建炎南宋，利擅于榷场，中统元初，用资于宝钞，熟知古事，讵无藉于博闻欤？自古大一统之世，必为亿万年之图。西逾葱岭，汉通凿空之官；北界金山，唐设北庭之府。轮台屯戍，外辑乌孙；金满建城，远收伊列。凡兹经略，能略言欤？苏定方之讨沙钵罗，速不台之穷默尔奇，此其功烈，近在何时？吐蕃会盟之碑，刻于何代？《筹海图编》之绩，着自何年？又如蒙冲楼橹，肇起《汉书》，翼轸毕箕，权舆《孙武》，兵家水战，能举其要义欤？《诸蕃记》、《西使记》，沿革多可考欤？《武备志》、《火器图》，遗法尚可用欤？古礼先蚕是享，献茧登功，所以通羡余、重国计也。《尔雅》蚕类不一，不皆饲桑；《太平御览》引《永嘉郡记》亦同，能区别其地利物宜欤？《淮南子》谓王法禁原蚕，以其残桑。然乡贡八蚕之绵，何害于一岁再登欤？《御览》引谢承书称，范充为桂阳太守，教民植桑养蚕。《宋史》称张咏令崇阳，教民拔茶植桑，得无纺织之兴，亦资循吏欤？《御览》引《吴录》称南阳郡一岁蚕八绩，《隋书》称江湖之南，一年蚕四五熟，岂非锦绣纂组，反助女红欤？《蚕书》及《农桑辑要》、《农桑衣食撮要》，何代何人所撰？良法美意，今尚可行欤？夫振给补助，仁政之经也；阜通消息，强国之资也；安攘训练，边圉之图也；纺绩织纴，生民之本也。多士博览古今，讲求实用，其各以素所蕴蓄者著于篇，毋泛毋隐，朕将亲览焉。

四月庚子　上御太和殿。传胪。授一甲三人张建勋为翰林院修撰，李盛铎、刘世安为编修，赐进士及第，二甲杜本崇等一百三十二人赐进士出身，三甲孙廷翰等一百九十六人赐同进士出身。

四月癸卯　引见丙戌科散馆人员。得旨：修撰赵以炯，编修冯煦业经授职，二甲庶吉士孙锡第、韩培森、熊亦奇、陈遹声、华学澜、姜自驺、秦绶章、徐受廉、朱延熙、曾宗彦、荣庆、余赞年、张元奇、于齐庆、王廷相、冯芳泽、秦夔扬、孙综源、宋伯鲁、张星吉、蔡金台、杨天霖、吴庆坻、王荫槐、姚丙然、江希曾、周承光、吴鸿甲、陈田、高覲昌、彭述、凌彭年、王荣商、刘玉珂、周爰诹、张燮堂、吴炳、童祥熊、徐世昌、鹿瀛理、刘学谦、柯劭詧、罗光烈、沈曾桐、承德、陈兆葵、阔普通武俱着授为编修，三甲庶吉士宋育仁、王守训、格呼铿额、叶在琦、谢崇基、景厚俱着授为检讨，李焕尧、庄钟济、王新桢、徐嘉言、陆寿臣、徐敏中、梅汝鼎、洪家滋、王荣先、盛沅、渠纶阁、杨森俱着以部属用，马芳田、郑邦任、孔宪教、贺沅、林鉴中、尹殿扬、凌芬、李玮堂、沈维善、张琦、李端棨、段树藩俱着以知县即用，翻译庶吉士惠纯、伊克坦俱着授为编修。

四月甲辰　命协办大学士福锟、户部尚书翁同龢教习庶吉士。

五月丙午　以翰林院编修李联芳为云南乡试正考官，张星炳为副考官；陈如岳为贵州乡试正考官，刘名誉为副考官。

五月乙卯　引见新科进士。得旨：张建勋、李盛铎、刘世安业经授职外，杜本崇、周树模、饶士腾、刘彭年、丁惟禔、费念慈、魏时巨、熊方燧、陈嘉言、许叶芬、曾广钧、江标、陈长樞、徐仁铸、陈钟信、叶昌炽、王万芳、王同愈、张孝谦、卢丛林、何尔钧、陈祥燕、恽毓鼎、刘启端、程棫林、刘若曾、陆钟琦、熙元、邓维琪、孙鼎烈、豫泰、陈鸣秋、张澄、崇寿、欧阳熙、马步元、刘尔炘、傅世炜、熙瑛、曹树藩、段友兰、叶新第、薛启荣、朱锦、爱仁、刘奉璋、李传元、姚士璋、景方昶、余诚格、张鸿翊、孔繁昌、王祖同、徐德沅、薛宝辰、高枏、王尤、朱延薰、戚扬、张维彬、钟广、王继香、赵秉璋、冯端、林孝恂、吴嘉瑞、武玉润、唐右桢、刘元亮、孙廷翰、钱骏祥、希廉、李鹏飞、陈曾佑、宫耀月、梁銮藻、喻兆蕃、王垿、刘秉钧、宝丰、黄炳辰、程丰厚、萨嘉乐、劳肇光、温仲和、梁肇荣俱着改为翰林院庶吉士，叶祥麟、刘如辉、鲍琪豹、士魁、徐心泰、王世琪、罗凤华、周来宾、陈庚经、陈泽霖、曹允源、夏声乔、丁宝铨、贺涛、张其镃、张景旭、高树、瑞贤、丁述曾、沈瑜宝、赖绍濂、邹洪纬、陈恩寿、鲍心增、赵蔚坊、陈春瀛、袁用宾、王铁珊、王为相、魏有声、唐烜、金蓉镜、赵继泰、陈昌昙、高增融、何文澜、孟滢、张颉辅、梁于渭、李登云、钱鸿文、林国赞、万和锡、罗厚焜、刘锦荣、张允言、曾光岷、熊起渭、王典、陈金台、杨芾、陈宝森、郭集琛、黄榜书、刘华、朱怀新、易贞、费道纯、唐宗海、于宗潼、王祖武、魏秀琦、雷光第、陈三立、毛慈望、张用宾、刘宝森、周秉道、高永孝、任廷扬、连培型、赵曾棣、钰昶、邱逢甲、张立德、武瀛、武镳、赵金寿、周朝槐、郑钱俱着分部学习，钟承祺、陆钟岱、郭曾程、谭汝玉、金鸿翎、解铠、沈祖燕、郑克明、朱路俱着以内阁中书用，杨德鏻、许在衡、吴獬、法伟堂、赵尔萃、陈怀忠、刘荫椿、程仲照、柯劭徵、孔昭采、章绍曾、黄传祁、李梦斗、王岳嵩、高涵和、王同鼎、朱寿慈、张曜斗、夏时泰、薛贺图、潘守廉、江俶、翁天佑、区宗初、刘元诚、济生、刘盛堂、郑维翰、朱秉成、江联蓉、文明钦、彭光湛、何锡章、郭以诚、李映庚、郁保章、章乃正、徐培光、纪骧、刘邦槐、王济、赖宏、杨墉、李锡庚、李含菁、黄大华、李光卓、汤汝和、赵锐、方凤鸣、张瑞麟、贾作人、曾庆兰、黄士廉、雷蔚瑞、马嘉桢、黎宗乾、冯慎源、董维塄、杨纪元、彭献寿、程元恺、陈铣绶、潘尚志、李柏龄、陈本棠、黄大琨、郑炽昌、喻鸿钧、朱德泽、王天培、袁信芳、魏立、刘汝欣、张庭诗、刘永恭、王予符、王启烈、王同德、李棻、熊文寿、唐书年、阮善继、逯懿、杨曾新、吴国珍、张正基、王绍勋、李锦、杨万选、李汾、李步瀛、李滋然、李砚田、杨佩芬、超诣、史恩培、吕敬直、阎维玉、曹琳、魏志良、马勤臣、刘瀛俱着交吏部掣签，分发各省，以知县即用；户部候补员外郎毛庆蕃着以员外郎即用；内阁即补侍读绍昌着仍归原班补用；户部七品小京官陈廷鉴着以原班用；刑部学习员外郎杨深秀着俟学习报满，作为候补员外郎后，以该部员外郎即补；分发四川道员张华奎着仍发原省以道补用。余着归班铨选。

五月丁巳　以内阁学士李端棻为广东乡试正考官，翰林院修撰王仁堪为副考官；编修陈同礼为广西乡试正考官，潘炳年为副考官；宗人府府丞徐致祥为福建乡试正考官，编修鲍临为副考官。

五月丙寅　谕军机大臣等：科场为抡才大典，必须场规严肃，方可遴选真才。闻近数科来，浙江场规废弛宽纵，纲纪荡然。点名之时，各考生或争先拥挤，或故意补到，追接卷后，又复任意出入，送考人等溷迹进场，莫可究诘。从前传递、顶替等弊，犹必多方掩饰，唯恐人知。近则明目张胆，延请能文之人，设局代倩。三场题目，每于点名之次日，传播场外，甚至试卷竟可由外递进，其誊录、通信、改文，更属视为常事。种种弊端，不可枚举。监临、提调、监试等官因循敷衍，但冀了事。岂知法令愈宽，士习愈坏，必至溃败决裂，一旦酿成巨案，法网难逃，实与爱惜士子之心，大相刺谬。亟应及早严禁，力挽颓风。着嵩骏先期筹议，破除积习，实力办理，切勿稍存瞻顾。并于接奉此旨后，将所指各节，会同学政先行出示，严切晓谕。俾知一切弊端，朝廷均已深悉，姑宽既往。倘本年乡试仍蹈前辙，即从严惩办，决不宽贷。至江南乡试场规，近来亦多纵弛，所有点名接卷，任意出入及代倩、传递等弊，均所不免。着曾国荃、黄彭年一体严禁，认真整顿。总之，应试士子贤愚不一，宽，则贤者亦将贻累，严，则愚者不至效尤，全在该督抚心精力果，令出惟行，庶几各考生畏法怀刑，不敢以身尝试。其场内外执事人员，应如何立定条目，分别责成之处，并着先行覆奏，将此谕知曾国荃、嵩骏并传谕黄彭年知之。寻嵩骏奏，拟将点名拥挤、设局枪替、誊录通信改文诸积弊，设法严防，刊刻简明条约，先期遍给诸生，示以大信，期在必行。得旨：即着认真整顿，不可稍涉宽纵。曾国荃等奏，所有代倩顶名、点名拥挤、怀挟书册、跟丁入场、乱号传递、贿属誊录诸弊，切实剔除，饬属申明定章。报闻。

五月丁卯　以翰林院编修高赓恩为湖南乡试正考官，修撰陈冕为副考官；太仆寺少卿胡聘之为四川乡试正考官，翰林院侍读黄卓元为副考官；编修陈兆文为甘肃乡试正考官，檀玑为副考官。

六月辛巳　派工部左侍郎汪鸣銮督修国子监太学门并东厢序工程，兵部右侍郎崇礼承修右翼宗学大门、穿堂大堂等处工程。

六月甲申　吏部奏，文职荫生请援武职改荫之例办理。如所请行。

六月丙戌　以詹事府少詹事李文田为浙江乡试正考官，翰林院编修陈鼎为副考官；都察院左副都御史沈源深为江西乡试正考官，翰林院编修陆继辉为副考官；内阁中书陈璧为湖北乡试正考官，翰林院编修华辉为副考官。

六月乙未　以鸿胪寺卿李端遇为江南乡试正考官，户部主事承荫为副考官；翰林院修撰曹鸿勋为陕西乡试正考官，编修刘传福为副考官。

六月丙申　谕内阁：礼部奏，江南副考官承荫系江宁驻防，应否回避请旨一摺。江南副考官着改派曹鸿勋去，刘传福着改充陕西正考官，陕西副考官着承荫去。

七月乙巳　派内阁学士文治、工部尚书潘祖荫为顺天乡试监临。

七月壬子　以礼部右侍郎宝昌为山东乡试正考官，翰林院编修蒋艮为副考官；谢隽杭为山西乡试正考官，徐琪为副考官；徐致靖为河南乡试正考官，李葆实为副考官。

七月丙辰　安徽巡抚陈彝奏，四川重庆府属捐助皖赈，请加广该府学文武定额各一名。下部议。

七月丁巳　补行引见新进士吴桂丹。得旨：改为翰林院庶吉士。

七月庚申　广西巡抚沈秉成奏，楚营报效军饷，请加广湖南文武乡试永远中额各二名，又一次中额各一名。下部议。

七月己未　命翰林院编修吴树棻提督河南学政。

八月己卯　以吏部尚书徐桐为顺天乡试正考官，理藩院尚书嵩申、吏部左侍郎许应骙、户部左侍郎孙诒经为副考官。

八月壬辰　顺天府以宗室乡试中额请。得旨：取中七名。

八月乙未　以捐助书院膏火，予云南鹤丽镇总兵吴永安等议叙。

九月戊午　派兵部右侍郎白桓知武举。

九月戊午　以礼部右侍郎廖寿恒为武会试正考官，工部左侍郎汪鸣銮为副考官。

九月癸亥　谕内阁：杨昌浚奏，乡试填榜，红号错误，据实检举一摺。据称甘肃本科文闱乡试，取中第六名朱卷系殿字五十八号，填榜时，误将殿字五十号落卷张晟姓名填写，以致朱墨不符，请将拟中第六名朱墨各卷送部，查对姓名更正，并将考官等议处等语。抡才大典，宜如何慎重将事，乃该考官等于拆封填榜时，并不认真核对，致有舛错，殊属疏忽。所有误行填写之张晟一名，着即扣除，并着礼部将原中第六名朱墨各卷，查对姓名更正。甘肃正考官陈兆文、监临杨昌浚均着交部议处，提调、监试等官着该部查取职名，一并议处。寻吏部议上，陈兆文、杨昌浚应得降一级，留任处分。得旨：陈兆文处分准其抵销，杨昌浚处分加恩宽免。

九月甲子　以工部右侍郎清安为满洲翻译乡试正考官，通政使司通政使岳琪为副考官。

九月甲子　以试卷弥封错误，弥封官户部员外郎王之玉等下部议处。

九月丁卯　礼部以翻译乡试中额请。得旨：取中十名。

九月丁卯　闽浙总督卞宝第奏，闽省贡院号舍不敷分坐，陈明扩充增建情形。下部知之。

九月己巳　谕内阁：此次覆试顺天乡试举人一等曾鉴等三十六名，二等尹廷扬等四十六名，三等成沂等五十一名，均着准其一体会试。

十月癸酉　试中式武举陈国璧等一百三十三人于太和殿前。

十月丙子　上御养心殿，引见中式武举，亲定甲乙。

十月丁丑　上御太和殿。传胪。赐一甲李梦说、徐海波、傅懋凯三人武进士及第，二甲纪堪荣等一十一人武进士出身，三甲张连升等百十六人同武进士出身。

十月丁亥　以礼部左侍郎徐郙为顺天武乡试正考官，翰林院侍读学士徐会沣为副考官。

十月壬辰　谕：山东正考官、礼部右侍郎宝昌回京已迟，本日覆命召见，又复不到，实属任意玩误。宝昌着交部议处，寻议降三级调用。从之。

十一月丁未　谕：御史周天霖奏，府经历、县丞等官选补轮次迟滞，请设法疏通，并廪生请准捐免食饩年限各摺片，着该部议奏。

十一月己酉　两广总督张之洞奏，防城增设县治，丁赋新添，请仍照原奏，添设文武学额，并请将廉州府学额拨出三名，归入钦州，以昭公溥。下礼部议。

十一月癸丑　谕内阁：户部奏，议驳给事中方汝绍奏，海防新捐，请变通推广一摺。此次海防新捐，一切条款章程，均经该部照郑工例厘定。嗣据李鸿章奏请变通捐章选法，后经部分别准驳，奏准通行。该给事中所陈道府优定选班及改奖移奖展限，皆于定章有碍。武职报捐，业于同治年间奉旨永远停止。至会试、殿试捐免罚科，尤属有乖体制，均着毋庸置议。

十一月己未　谕军机大臣等：御史崇龄奏，直隶天津县举人刘焘身家不清，冒考中式。其父刘恺伯曾充门丁，该举人目不识丁，难保无枪冒情弊，请旨饬查等语。着李鸿章确切查明，据实具奏。原摺着钞给阅看，将此谕令知之。

十一月己未　谕：御史端良奏，门斗包揽传递，请饬严拿一摺。据称门斗高二、高四向充科场差使，句串丁胥，传递文字，种种不法。本科经兵役将高二拿获，复行释放。嗣经高二之妻在步军统领衙门控告高四包揽各情，高四旋即逃脱等语。科场舞弊，大干法纪，所奏如果属实，亟应按律惩治。着步军统领衙门、顺天府、五城御史确切查明，严拿务获，送交刑部究办。嗣后，科场当差人役着顺天府妥慎拣选，不得率行点派，致滋弊端。原摺着摘钞给与阅看，将此各谕令知之。

十一月癸亥　谕：余联沅奏，近年乡试枪冒甚多，请饬厘剔弊端等语。考试为抡才大典，必须整饬场规，方足以杜幸进。嗣后，顺天及各直省乡试应如何申明旧例、严定章程之处，着礼部妥议具奏。

十一月丁卯　谕内阁：前据御史崇龄奏，直隶天津县举人刘焘身家不清，冒考中式，难保无枪冒情弊，其父刘恺伯曾充门丁，请饬查办一摺。当经谕令李鸿章查明具奏。兹据奏称，刘恺伯曾充丁役，蒙捐职衔，并为其子刘焘捐纳监生同知，冒考中式，虽询无枪冒情弊，究属均干例禁，请旨饬革等语。贱役蒙捐冒考，大干例禁。刘恺伯即刘裕钧，着革去三品职衔；刘焘着革去举人，并将所捐监生同知一并饬革。嗣后，各省考试着该督抚、学政认真稽查，如有此等冒考情弊，立即严行惩办，以清流品而重名器。

十二月戊子　谕：御史徐家鼎奏，科举太滥，弊窦丛生，请停止捐输广额。并顺天乡试，广东人数甲于中皿各省，枪冒顶充之弊最多，请饬将中皿编号量为变通，以杜幸进各摺片。着礼部议奏。

十二月己丑　谕内阁：礼部奏，遵议御史余联沅条陈科场事宜，严定章程。本日复据御史牟荫乔奏，请严禁科场积弊各一摺。近年以来，科场弊窦滋多，必应认真整顿，以杜幸进。该部所议，于点名时责成出结官从旁识认，及严杜枪替传递等弊，立法尚为周密，全在实力奉行。嗣后，顺天乡试，着责成稽查、接谈、换卷大臣及监临、监试等，各省乡试责成监临、监试等严督场内外执事各官按照该部所定各节切实办理。倘该管官并不严查，致有各项情弊，一经发觉，定即从严惩处。至录科取送，本有定额，着国子监堂官及各省学政于录遗时严加考核，查照例定人数录送，不准稍涉冒滥。牟荫乔所奏顺天新添号舍，墙垣太低，应如何增高覆棘之处，并着顺天府府尹亲往履勘，相度办理。

十二月癸巳　谕内阁：给事中张元普奏，顺天乡试，誊录潦草，红号错误，以致真才屈抑，并请饬禁应试士子携带石印书籍等语。科场为抡才大典，承办各员宜如何慎重将事。嗣后，乡会试年分，着责成监临、知贡举督饬誊录、对读、弥封各官认真办理，详定核对之法，毋得稍有歧误。至士子入场夹带，本干例禁，并着各直省督抚及顺天府府尹届时申明定例，严禁怀挟之弊，有犯必惩，不得视为具文。

光绪十六年（1890年）

二月癸未 谕军机大臣等：都察院奏，贵州举人丁守廉等呈恳究办冒籍一摺。据称，贵州乙酉科举人杜树芬等二名系冒籍中式，戊子科又冒中郑玉麟等四名，己丑科又冒中胡嗣芬等五名，其中有自外省混入者，有随任赴黔捏填三代冒考者，兹将冒籍姓名开单呈请查究等语。冒籍考试，例禁綦严，所呈如果属实，自应分别究办。着潘霨按照单开姓名，确切查明，据实具奏。都察院摺及原呈单各一件，均着钞给阅看，将此由四百里谕令知之。寻奏，遵旨查明贵州冒籍中式举人，可否从宽，均予停科一次。从之。

闰二月壬戌 以出洋学生期满学成，予监督福建道员周懋琦等奖叙。

闰二月丁卯 谕内阁：此次覆试各直省举人，列入一等之吴士鉴等一百二十名，列入二等之黄澍棻等四百八十名，列入三等之吴命新等七百三十六名，均着准其一体会试。列入四等之李锡增、陈锡鸾、徐芬、张觐丹、陈宗虡、翁清泮、李翰英、邹宗鲁、夏鸥、李树森、柯锡麟、杨宣义、李琴声、胡宗虞均着罚停会试一科，乔联昌着罚停会试二科，傅履祥着罚停会试三科。

闰二月丁卯 谕：此次补行覆试顺天及各直省乡试举人，列入一等之沈卫等四十名，列入二等之周颂声等一百二十名，列入三等之尹化成等一百六十四名，俱着准其一体会试。

三月庚午 陕甘总督杨昌浚等奏，请拨甘肃西宁、大通二县学额，以广登进而励士气。下部议。

三月乙亥 以刑部尚书孙毓汶为会试正考官，都察院左都御史贵恒、吏部左侍郎许应骙、都察院左副都御史沈源深为副考官。

三月丙戌 福建台湾巡抚刘铭传奏，台湾府县，请定文武学额，并台南、台北各府厅县学额，分别循旧增改。……均下部议。

三月戊子 礼部以宗室会试中额请。得旨：着取中三名。

三月辛卯 （颁二旬万寿恩诏）诏曰……所有应行事宜，开列于后。……一、国子监贡监生及各官学教习，免坐监期一月。一、各省儒学，以正贡作恩贡，以次贡作岁贡。……布告天下，咸使闻知。

三月辛卯 礼部以会试中额请。得旨：满洲取中九名，蒙古取中四名，汉军取中七名，直隶取中二十四名，奉天取中四名，山东取中二十二名，山西取中十名，河南取中十七名，陕西取中十四名，甘肃取中九名，江苏取中二十六名，安徽取中十七名，浙江取中二十五名，江西取中二十二名，湖北取中十五名，湖南取中十四名，四川取中十四名，福建取中二十名，台湾取中二名，广东取中十七名，广西取中十三名，云南取中十二名，贵州取中十一名。

四月辛亥 命大学士额勒和布为满洲翻译会试正考官，吏部左侍郎松溎为副考官。

四月丁巳 谕内阁：此次新贡士覆试，列入一等之文廷式等七十二名，二等之潘其祝等一百十名，三等之张文翰等一百二十六名，俱着准其一体殿试。列入四等之招翰昭、卢秉钧、张瑞芬、李华芬均着罚停殿试一科。

四月己未 命协办大学士徐桐、福锟，吏部尚书麟书、户部尚书翁同龢、刑部尚书嵩申、礼部左侍郎徐郙、右侍郎廖寿恒、工部左侍郎汪鸣銮为殿试读卷大臣。

四月庚申 策试天下贡士夏曾佑等三百八人于保和殿。制曰：朕寅绍丕基，于今十有六载。仰荷昊苍眷佑之隆，慈圣教育之笃。临政以来，夙夜兢兢，不敢暇逸，惟冀勤求治理，以绥我亿兆民。兹当临轩吁俊，用集嘉谟，尔多士其敬听之。帝王心法治法，相为表里，《典谟》、《训诰》，言之详矣。《大学》、《中庸》，道法悉备，宋真德秀《大学衍义》发明圣学渊源，治道根柢。自序谓《大学》一书为“君天下者之律令格例”，大旨安在？其于格致、诚正、修齐之要，推阐无遗，独不及治平。明邱浚《大学衍义补》，辑古今大经大法，实治平之道，先之以审几微，能述其义否？所补治平之要，厥目有几？夏良胜《中庸衍义》，颇采邱浚之说，纲领条目，粲然具备，其于当时事局，多所匡益，能胪举之欤？东三省为国家根本重地，所宜究心，金《上京会宁府通志》谓在宁古塔城西南，其说何本，果无误欤？《唐志》涑州在何地，后改为独奏州，其义何属？唐之率宾府所领何州？在今何地？今有苏冥水，《明一统志》有恤品河，其两地欤？《辽史·营卫志》五国部族，其故城有谓在乌苏里江口、松花江两岸者，有谓在宁古塔东者，孰是？黑龙江源发何处，辽之胪朐河，元之斡难河，是一是二，能详考之否？天生庶物，以养万民，而国之大用，即于斯出，茶税之征，起于唐代，其初税商钱，在于何时？独开茶税，在于何时？茶官之设，在于何时？税茶之法，其后增减若何？茶马之法，亦始于唐，宋有茶马司专官，元明因之，宋之三说法、贴射法，何法为便？明之茶马司，批验茶引所，设于何地？远番重茶，以资其生，茶市之通，济及海外，能极言其利弊欤？自古极盛之朝，莫不以边防为重。诗云：“薄伐猃狁，至于大原。”论者以为得中策。汉武帝北筑朔方，西戍乌垒，一时匈奴震慑，而中国亦为之虚耗。光武拒西域都护之请，徙幽并边人于塞下，虽不劳中国以勤四夷，而未免示弱，防边之道，果以何者为善？唐设安西、北庭四镇，得控制之宜否？夫古者防惟在陆，今者防兼在海，溟渤万里，处处可通，果于何处设守，始克收陆詟水栗之效欤？夫典学以裕政原，固本以重疆索，理财以舒国用，设险以慎边防，胥制治保邦之要图也。多士稽古有年，先资拜献，其各陈谠论毋隐，朕将亲览焉。

四月癸亥 上御乾清宫，召读卷官入，亲阅定进呈十卷甲第。

四月甲子 上御太和殿。传胪。授一甲三人吴鲁为翰林院修撰，文廷式、吴荫培为编修，赐进士及第，二甲萧大猷等一百三十六人赐进士出身，三甲王肇敏等一百八十七人赐同进士出身。

四月丁卯 引见己丑科散馆人员。得旨：修撰张建勋，编修邹福保、李盛铎、刘世安业经授职，二甲庶吉士张孝谦、费念慈、景方昶、刘启端、周树模、程棫林、余诚格、高熙哲、王万芳、刘若曾、叶昌炽、熊方燧、豫泰、陈嘉言、李传元、曾广钧、瑞洵、陈昌绅、许叶芬、段友兰、连捷、徐德沅、曹树藩、杜本崇、吴嘉瑞、魏时巨、王同愈、丁惟禔、恽毓、鼎崇寿、马步元、刘元亮、王继香、张鸿翊、傅世炜、钟广、余朝绅、张澄、高枏、饶士腾、朱延薰、卢丛林、熙瑛、薛宝辰、熙元、陆钟琦、江标、徐仁铸、王祖同、宋滋兰俱着授为编修，三甲庶吉士劳肇光、温仲和、钱骏祥、梁銮藻、王埒、萨嘉乐、陈曾佑、刘秉钧、孙廷翰、宝丰、希廉俱着授为检讨，欧阳熙、程丰厚、叶新第、李子荣、戚扬、刘奉璋、丁秉乾、赵秉璋、刘彭年、陈祥燕、武玉润、陈钟信、陈长橿、爱仁、林孝恂、梁肇荣俱着以部属用，陈志哲、王念祖、孙鼎烈、李子茂、宫耀月、黄炳辰、陈鸣秋、邓维琪、张维彬俱着以知县即用，翻译庶吉士恩祥、文海、嵩恩俱着授为编修。

四月丁卯　命礼部尚书李鸿藻、刑部尚书嵩申教习庶吉士。

五月甲戌　谕内阁：前据御史德荫奏参吉林伯都讷厅绅董于岱霖等侵吞公款，并委员查办不实各节，当经谕令长顺确查。兹据查明覆奏，此案绅士王熙鋆等因灾支领公款，办理平粜，现据查明，尚无弊端。于岱霖亦未与闻其事，惟同知府衣佩璋奏委办理平粜，辄敢私受供给，开支款项，贡生萧德馨等经手货捐，并不遵照奏定章程办理，改由文会局征收，并有任意摊捐侵吞公款情事。增生杨光黼等于书院私立于凌云祠堂，虽查无以学田作为祭费确据，惟于入祠之日，擅动厘捐钱文，该绅等经手学田，并有欺隐情弊。贡生萧德馨、举人王文珊、中书衔谷兰芳、增生杨光黼、附生于芳怀、陈文嶲、贡生张朝翰、附贡生杨振声、候选同知衣佩璋均着即行斥革。编修于钟霖身列清班，乃不知自爱，与民争利，倚势作威，以上各案，均系该员暗中主持，尤属贪鄙，着一并革职，以示惩儆。所立文会祠堂，饬令即行撤去。嗣后，不准立此会名，以端士习。该处劣绅往往藉地方公事，把持舞弊，亟应严加整顿，力挽颓风，此外有无似此劣迹昭著绅衿，着长顺再行确查参办。

五月戊寅　引见新科进士。得旨：吴鲁、文廷式、吴荫培业经授职，黄绍第、李立元、徐继孺、孟庆荣、何声灏、程秉钊、朱益藩、谢佩贤、王沛棻、任文灿、刘崇照、石振鋆、余坤、王敦成、李经畬、许晋祁、江云龙、载昌、潘宝琳、吴怀清、陈光宇、朱祥晖、王修植、王安澜、王以慜、杨家骧、朱景轼、汪凤梁、王庆平、杨承禧、蔡曾源、徐兆玮、刘成杰、夏之森、黄家杰、黄树棻、王公辅、洪嘉与、管象颐、王乃征、王全纲、郑锡光、华嶲声、夏寅官、于受庆、赵惟熙、启绥、吴煦、霍勤燡、李骥年、李孝先、夏曾佑、王景禧、杨捷三、宋瞻宸、韦履洁、孙百斛、王海涵、胡安铨、田庚、李晋熙、郑叔忱、范仲尧、黄曾源、陈启绪、陈宝璐、陆承宗、米毓瑞、何锡禔、刘树屏、张学华、吴庆祥、姚文倬、黄履初、方霆、叶文铨、邱聿征、晁鸿年、俞明震、阎志廉、宋子联、孙笥经、王塾、高润生、郑文钦、崔广沅俱着改为翰林院庶吉士，萧大猷、孙绍阳、江仁征、吴锡嶲、李安、杨庚辰、王清穆、焦锡龄、陈乃绩、李晋魁、钱昌祚、杨廷椿、关榕祚、朱赞廷、张焕章、刘寅浚、王履咸、李寅龄、聂宝琛、柯德树、李延撰、彭文明、方克猷、刘元弼、钱鸿策、吴锜、沈抟青、方燕年、钱昌瑜、王保爽、葆平、华世铭、区天骥、何天辅、陆仰贤、文棨、陈瀚年、范迪襄、吴尚廉、黄斗元、徐鸿泰、荣光、李毓芬、吉同钧、黄毓麟、刘瞻汉、杨觐圭、胡成立、罗维垣、汪宗翰、秦家穆、梁芝荣、郭集芬、陈康瑞、倪维諴、罗传瑞、王肇敏、杨金铠、凌和钧、陈国华、严庚辛、李铭熙、朱大诰、郑恭、张检、董康、张守炎、张瑞芳、张文焕、王贻典、张文焕、张志嘉、陆辅清、欧仁衡、许南英、丁学恭、谈廷瑞、徐桂馨、吕道象、史履晋、锳珍、曾培、谷如墉、颜肇鼎、黄国琛、庆春、吴学曾俱着分部学习，段大贞、陈懋鼎、苏守庆、梁联芳、植尧兰、齐耀珊、周翔凤、李夑阳、任于正、韩福庆、何国澄、熊济文、樊景曾、王鹤松、刘秉权俱着以内阁中书用，赵以焕、廖平、陈钟浩、陈作仪、冯如衡、杨炳旂、李长郁、周家琪、范宗莹、何士循、何敬钊、谢福庆、黄嘉礼、璥璐、张壮彩、李瀚鋆、孙石城、陈禧年、葛祥熊、王作縡、黄德润、胡咏琛、陈敬修、翁焘、罗廷煦、张叙宾、张延鸿、罗栋材、周毓棠、郑襄、萧绶祺、黄汉清、张坚、刘奋熙、葛汝葆、李绮青、刘增泰、舒信孚、程芹香、张庭武、王龙诏、李光耀、王廷锐、李兆兰、喻炌、姚楷、陈云霖、林毓菁、俞官圻、苏绳武、张恭彝、曾继光、延祺、王嘉谟、柳堂、邹炳文、董元樫、董思宽、高振声、梁维新、陈守冣、钟德瑞、陈煜、李舒馨、张观德、王遂善、黄国琦、秦瑞珍、徐春煦、苏岱、安荫甲、颜庆忠、孙洞、蔡镇、松年、汤霖、汪清麒、尹世彩、刘兆暄、王贵省、王玉珂、朱芬、叶南金、赵承翰、张文翰、花铭、刘勋、黄曾荣、孙光远、侯绍宣、郑毓兰、熊兆姜、白象贤、罗镕、刘延坦、陈庆彬、敦炯、梁葆仁、杨学敏、施沛霖、赵渊、温繁焮、耿济瀛、黄福元、范尧、荣禧、张凤冈、龙赓言、裕祇俱着交吏部掣签，分发各省以知县即用。户部候补郎中陈宝璠着以郎中即用；刑部候补主事蔡宝仁、工部候补主事张蔚增均着以主事即用；内阁候补中书刘锡光着仍以中书候补；分发河南道员吴丙湘着仍发原省以道员补用；分发广西知府张祖祺着仍发原省，以知府补用同知用，遇缺尽先选用；知县施鲁滨着以原班用。余着归班铨选。

五月辛巳　引见翻译进士。得旨：儒林、启通、奎善俱着以庶吉士用。

五月壬午　谕内阁：给事中殷李尧奏，荫生分部人员，请变通补缺班次，并修撰、编修、检讨等官，请酌定俸满年限，截取知府各摺片。着吏部议奏。

五月壬辰　稽查右翼宗学、礼部尚书昆冈等奏，左右翼宗学房舍倾圮，亟宜修复，认真整顿，以培天潢。得旨：着管理宗学王贝子妥议具奏。寻肃亲王隆勤等奏，八旗官学前经管学大臣议定新章，颇著成效，拟仿照办理。并拟将觉罗学一并整顿，请饬宗人府暨管理八旗觉罗学之王贝勒，会同参酌详议。从之。

六月癸丑　两广总督李瀚章奏，本届钦州及防城县岁科两考，请仍附廉州府棚考试。下礼部知之。

六月乙卯　谕：御史何福坤奏，荫生分部人员补缺班次，请饬核议等语，着吏部归入殷李尧前摺，一并议奏。

六月戊午　谕军机大臣等：有人奏，广东番禺县武举何占元身家不清，其父何林即何廷辉，向充厮役，何占元蒙考，中式己丑科武举；伊兄何家寯蒙捐监生。兄弟肆恶，鱼肉乡间，复敢于忌辰演戏，散帖敛钱，请饬查办等语。着李瀚章按照所参各节，确切查明，据实具奏，原片着钞给阅看，将此谕令知之。寻奏，查明何占元身家不清，请予斥革。从之。

六月戊午　四川总督刘秉璋奏，川省津贴捐输，岁纳百数十万，藉拨京协各饷，势难遽停，请仍加广中额，以顺人心而裕饷源。从之。

七月癸酉　礼部奏，议覆陕甘总督奏，请抽拨西宁、大通二县学额。依议行。

七月甲戌　谕内阁：御史刘纶襄奏，殿廷考试，请严除积弊一摺。廷试为抡才大典，阅卷大臣宜如何秉公校阅，期于无滥无遗。若如所奏，近来殿廷考试，流弊渐多，颇滋物议，亟应严行整顿。嗣后，派出之阅卷大臣等务当悉心详阅，遇有诗赋失音出韵及引用舛错、点画遗落者，一律签出，不准拟取前列。其分阅未入己手之卷，并不准检寻移置，致滋弊端。如有校阅草率，应签不签者，经朕看出，定当予以惩处。至呈递诗片，与科场暗通关节者无异。倘有此等情弊，一经发觉，定行分别严惩。读卷阅卷大臣，均系朝廷特简，谅不敢有心欺罔，该御史所请钦派王公监试之处，着毋庸议。其所称本科殿试一甲二名进士文廷式策内间面二字，读卷大臣并未签出，着派昆冈调取原卷，查明据实覆奏。另片奏，近来崇尚《说文》，试卷中往往搀写篆书，易启揣摩迎合之习等语。考试文字，不准书写卦画篆字，例有明条。嗣后，乡会试卷，如有违式书写各项变体难字者，即着按照科场条例认真办理。其殿廷考试，倘有似此违式者，亦着一律惩办，以肃功令。

七月戊寅　谕内阁：昆冈奏，遵查文廷式试卷，据实覆奏一摺。据称检阅原卷策内间面二字，系属笔误，读卷大臣未经签出等语。所有此次读卷大臣福锟、徐桐、麟书、翁同和、嵩申、徐郙、廖寿恒、汪鸣銮均着交该衙门照例议处。

七月辛巳　礼部奏，议覆四川郫、崇宁两县，请加廪增各额。依议行。

七月壬午　谕内阁：御史何福坤奏，进士即用庶吉士散馆，知县选补实缺后服阕回省，请变通序补等语。着吏部议奏。

八月丙午　以捐田资助书院膏火，予四川黔江县孀妇张任氏建坊。

八月己未　有人奏，山东茌平县钱粮，自光绪五年因修补书院加收钱文，皆由劣监张休义、户书马尝何蒙混舞弊，署知县仓尔爽接任后，辄复信任该劣监等，违例浮征。并因奉办河工秸料，向民间勒取办差银钱，县民赴省呈诉，东昌府知府查办不实，请饬严究等语。着张曜按照所参各节，确切查明，据实具奏，毋稍徇隐。原摺着钞给阅看，将此谕令知之。寻奏，茌平钱粮，仓尔爽并无格外浮收，东昌府亦无查办不实，请均免置议。张休义等虽无蒙混舞弊情事，惟既经被人指摘，应再饬司提省讯究。报闻。

八月乙丑　谕内阁：前任陕甘总督杨岳斌忠勇性成，勋劳卓著。咸丰初年，随同大学士曾国藩剿办发逆，创立师船，由湖南、湖北、安徽、江西直达江宁，肃清江西数千里，厥功甚伟。同治三年，克复江宁省城，蒙穆宗毅皇帝眷念勋勤，赏给一等轻车都尉世职，并赏加太子少保衔，旋由福建提督简授陕甘总督。嗣因亲老，准其回籍终养。朕御极后，复命巡阅长江水师，整顿营规，均臻妥协。上年服阕后，奏准在籍养病，方冀调理就痊，长资倚畀，兹闻溘逝，轸惜殊深。杨岳斌着追赠太子太保衔，照总督例赐恤。任内一切处分，悉予开复。应得恤典，该衙门查例具奏。加恩予谥，并于立功省分建立专祠，其生平战功事迹，宣付国史馆立传。伊子附生杨潽仪着赏给举人，准其一体会试；伊孙候选县丞杨镇荣着以知县用；杨道濂着俟及岁时，由吏部带领引见，用示笃念荩臣至意。寻予谥勇悫。

九月己巳　以捐助巨款，赏浙江乌程县廪生庞元济举人。

九月壬午　派礼部右侍郎廖寿恒知武举，以吏部左侍郎许应骙为武会试正考官，翰林院侍讲学士恽彦彬为副考官。

十月丁酉　试中式武举张宪周等一百三十人于太和殿前。

十月己亥　上御紫光阁，阅视中式武举马步箭。

十月庚子　上御景运门外箭亭，阅视中式武举技勇，御乾清宫，引见中式武举，亲定甲乙。

十月辛丑　上御太和殿。传胪。赐一甲张宪周、李承恩、陈邦荣武进士及第，二甲谭鳌等十九人武进士出身，三甲叶鸿钧等三十五人同武进士出身。

十月辛丑　以遵命捐助学费，予奉天怀德县民王桂为其故父母建坊。

十月庚戌　谕内阁：两江总督曾国荃秉性沉毅，莅事公忠，韬略闳深，经猷远大。……方冀克享遐龄，长承恩眷，遽闻溘逝，震悼良深。……伊孙、特用主事曾广汉即着承袭一等伯爵，毋庸带领引见；附生曾广江着赏给举人，准其一体会试；监生曾广河着赏给员外郎，分部学习行走；伊曾孙曾兆龙、曾兆祥、曾荫椿均着俟及岁时，由吏部带领引见，候旨施恩，用示朕眷念勋臣至意。

十一月戊辰　谕内阁：工部尚书潘祖荫学问渊通，才猷练达。……前以偶染微疴，赏假调理，遽闻溘逝，轸惜殊深。……伊弟潘祖年着赏给郎中，分部学习行走；伊子潘树孳着赏给举人，准其一体会试。

十一月癸巳　命翰林院编修高钊中提督云南学政。

十一月甲午　谕：御史本贵等奏，翻译各项小考，请饬吏部严定章程，并奏派御史请照翻译乡试会试之例，于摺内注明各项差使，暨请饬顺天府修理贡院各门等摺片。着该衙门议奏。

十二月辛丑　谕内阁：御史吴光奎奏，顺天乡试中皿试卷，请仍弥封省号，合额取中一摺。着礼部议奏。

十二月庚戌　江苏巡抚刚毅等奏，苏州府属历年冒考取进文武各生，拟请变通分别办理。下礼部议行。

十一月庚申　湖广总督张之洞奏，在籍记名提督刘维桢捐银二十万两，充枪炮厂经费。其子刘国梁、刘国标读书向学，均堪造就，恳予恩施。得旨：刘国梁、刘国标均着赏给举人，准其一体会试。

光绪十七年（1891年）

正月辛未　（广西巡抚马丕瑶）奏，广西土属士民应试，向准土司送考，遂有藉端勒索抑阻诸弊，应即厘定章程。拟请嗣后，土民准赴承审之汉州县及径归管辖之知府报名考试，不由土司送考，以杜抑勒，并准用认识土生一名，会同汉廪生联名结保，以查混冒。下部议。

正月己卯　署两江总督沈秉成奏，江南创设水师学堂，延订洋文、汉文各项教习，分别驾驶、管轮两门，各计额设学生六十名。按日轮课，按季考试，以定班次，并将原设鱼雷学堂裁撤，挑选优等学生，送至旅顺鱼雷营加习海操。其余归并堂内，以示节省。请准将在事各员俟办理卓有成效，援照北洋成案，给予奖叙。如所请行。

正月壬辰　谕军机大臣等：内阁学士荣惠奏，八旗举人拣选知县，班次壅滞，请饬变通章程一摺。着吏部议奏。

二月癸亥　以捐建义学，予直隶丰润县监生王廷弼建坊。

三月乙丑　广西巡抚马丕瑶奏，右江道张汝梅将自置地亩捐作书院膏火、育婴堂、义学、祠堂等经费，请给奖立案。得旨：张汝梅着该部核给奖叙，所捐地亩，即着马丕瑶分咨立案。

三月丙寅　谕军机大臣等：有人奏，风闻张之洞于上年四月间，令湖南茶商分别输捐，作为创修两湖书院经费，该商叠请邀免，批斥不准。近来茶商赔累，请饬一律撤销等语。中国茶叶销路不畅，由于成本太重，所奏茶商输捐一节，如果属实，自应裁撤以恤商困。着张之洞查明覆奏。原片着钞给阅看，将此谕令知之。寻，张之洞奏，遵查茶商捐助经费，并无赔累。报闻。

三月戊辰　谕军机大臣等：有人奏，缉私充公、藉济要需一摺。据称广东闱姓之外，尚有小闱姓，并不关涉考试，民间习以为常，岁销之款实为粤省大宗。请仿照闱姓缉私助饷，拨解海军衙门等语。着李瀚章斟酌情形，查明覆奏。原摺着钞给阅看，将此谕令知之。寻李瀚章奏，广东小闱姓无益饷项，有害民生，碍难弛禁。报闻。

三月戊辰　以捐建试馆，予浙江象山县孀妇陈孔氏建坊。

三月癸酉　命翰林院编修邵松年提督河南学政。

三月庚寅　四川总督刘秉璋奏，川省绅民历年已收津贴银两捐输，协济京外要饷援案，请广文武乡试中额一次。下礼部议行。

四月戊申　以本年乡试，考试应开列试差人员于保和殿。

五月甲子　以翰林院编修戴鸿慈为云南乡试正考官，吏部员外郎王嘉善为副考官；编修丁仁长为贵州乡试正考官，检讨劳肇光为副考官。

五月乙丑　（四川总督刘秉璋）奏，请将成都、华阳两县各加廪缺十五名，增缺十五名。下礼部议行。

五月乙亥　以都察院左副都御史徐致祥为广东乡试正考官，翰林院编修周树模为副考官；编修刘玉珂为广西乡试正考官，检讨宋育仁为副考官；侍讲学士瞿鸿禨为福建乡试正考官，编修段友兰为副考官。

五月乙酉　以翰林院编修王锡蕃为湖南乡试正考官，丁立钧为副考官；内阁学士李端棻为四川乡试正考官，编修陈同礼为副考官；编修熙瑛为甘肃乡试正考官，李联芳为副考官。

六月甲辰　以通政使司副使李端遇为浙江乡试正考官，翰林院编修费念慈为副考官；内阁学士陈学棻为江西乡试正考官，编修余诚格为副考官；编修刘启端为湖北乡试正考官，山东道监察御史张嘉禄为副考官。

六月甲寅　以内阁侍读学士金保泰为江南乡试正考官，翰林院编修李盛铎为副考官；编修刘世安为陕西乡试正考官，修撰吴鲁为副考官。

七月丙寅　陕西巡抚鹿传霖奏，汉中府属留坝厅，乾隆年间设抚民通判，旋改同知生童附考凤县，百余年来，文风日起，请设立学校。下部议。

七月丙寅　派理藩院左侍郎凤鸣、顺天府府尹胡聘之为顺天乡试监临，以通政使司副使坤岫为光禄寺卿。

七月庚午　以工部左侍郎汪鸣銮为山东乡试正考官，翰林院编修庞鸿书为副考官；编修白遇道为山西乡试正考官，曹诒孙为副考官；编修吴同甲为河南乡试正考官，江西道监察御史褚成博为副考官。

七月壬午　以品端学粹，赏江西龙南县举人黄英镇五品卿衔。

八月壬辰　命礼部右侍郎李文田提督顺天学政，内阁学士溥良提督江苏学政，翰林院修撰吴鲁提督安徽学政，编修盛炳纬提督江西学政，署都察院左副都御史、宗人府府丞陈彝提督浙江学政，编修孔祥霖提督湖北学政，张预提督湖南学政，詹事府右春坊右庶子秦澍春提督山东学政，编修王廷相提督山西学政，黎荣翰提督陕西学政，蔡金台提督甘肃学政，侍讲学士瞿鸿禨提督四川学政，编修徐琪提督广东学政，修撰赵以炯提督广西学政，检讨叶在琦提督贵州学政，以詹事府少詹事张英麟为奉天府府丞兼学政。福建学政沈源深、河南学政邵松年、云南学政高钊中均留任。

八月丁酉　以兵部尚书许庚身为顺天乡试正考官，户部左侍郎廖寿恒、工部右侍郎徐树铭、内阁学士霍穆欢为副考官。

八月庚戌　谕：凤鸣等奏，考生舞弊，请旨办理一摺。据称本月十六日，明远楼下检获卷夹一个，内有禀词，称系顺天府大城县生员杨悦山来京投卷，因欠岁考除名，不得录科。适有青县生员孙学文头场后患病，托其入场，伊即代为完卷，并将文卷等件呈验，即饬查拿。该生已交卷出场，请严拿究办等语。案关科场舞弊，亟应彻底根究。着步军统领衙门、顺天府、五城御史、直隶总督即将杨悦山、孙学文一体严拿务获，解交刑部严行审讯，照例惩办。

八月庚戌　顺天府以宗室乡试中额请。得旨：取中六名。

九月乙亥　以吏部左侍郎松溎为翻译乡试正考官，都察院左副都御史奕杕为副考官。

九月庚辰 礼部以翻译乡试中额请。得旨：取中十名。

十月丙午 以刑部右侍郎周德润为顺天武乡试正考官，翰林院侍读学士朱琛为副考官。

十月丙辰 以学行兼优，予广东韶州府学教授潘履端五品衔，顺德县学廪生简朝亮以训导选用。

十一月癸亥 江苏学政杨颐奏，南菁书院，主讲遥领，事同虚设，请令常川住院，并饬学署着为定章。从之。

十一月乙亥 命吏部尚书麟书教习庶吉士。

十一月戊子 以经明行修，赏安徽已故太平县举人孙璧文、合肥县贡生李联奎光禄寺署正衔。

十一月戊子 以学行卓著，赏安徽太湖县教谕汪润烈五品衔，训导曹琼国子监学正衔，青阳县训导周赟交部议叙。

十一月己丑 以学行兼优，赏湖南宝庆府教授吴德襄五品衔，湘阴县教谕刘廷棫、茶陵州训导蔡秉钧、道州训导刘受爵、署会同县教谕胡元玉国子监学正衔，湘潭县贡生王启原、宁乡县廪生邓承鼎、嘉禾县廪生雷飞鹏以教职选用。

光绪十八年（1892年）

正月癸酉 杭州将军吉和等奏，以牧租发典生息，作为满营梅青书院膏火。下所司知之。

正月乙亥 以主讲书院，诱掖有方，赏安徽在籍翰林院庶吉士崔澄五品卿衔。

正月庚辰 江西巡抚德馨奏，重修鹅湖书院，请捐拨经费，筹给膏火，并请颁赐扁额。允之。寻颁扁额，曰道学之宗。

正月壬午 派礼部左侍郎启秀、光禄寺卿李端遇知贡举。

二月庚寅 以训士认真，赏广西教职文万选、况曜生、黄泌国子监学正衔，其敦品励学之附贡生黎承霖以教职用。

三月甲子 以户部尚书翁同和为会试正考官，工部尚书祁世长、内阁学士霍穆欢、李端棻为副考官。

三月丁丑 礼部以宗室会试中额请。得旨：取中三名。

三月戊寅 礼部以会试中额请。得旨：满洲取中八名，蒙古取中三名，汉军取中七名，直隶取中二十三名，奉天取中三名，山东取中二十一名，山西取中十名，河南取中十七名，陕西取中十四名，甘肃取中九名，江苏取中二十五名，安徽取中十七名，浙江取中二十四名，江西取中二十一名，湖北取中十四名，湖南取中十四名，四川取中十三名，福建取中二十名，台湾取中二名，广东取中十六名，广西取中十三名，云南取中十二名，贵州取中十一名。

四月己亥　谕内阁：此次新贡士殿试，着改于四月二十六日举行，二十九日带领前十名引见，五月初一日升殿传胪，初四日在保和殿朝考。

四月辛丑　以内阁学士爱廉为满洲翻译会试正考官，詹事府詹事长麟为副考官。

四月丙午　谕：此次新贡士覆试，列入一等之张鹤龄等七十六名，二等之龚心铭等一百二十名，三等之王克鼎等一百二十二名，均着准其一体殿试。

四月癸丑　策试天下贡士刘可毅等三百一十七人于保和殿。制曰：朕纂承大宝，今十八年，仰诵列朝圣训，亲奉皇太后明教，期与薄海内外，极养治之道，一以爱民为心，以钦若天命。每于边圉之要，朝觐之仪，仓庾之储，兵屯之制，咸据旧以鉴新，将执中而立极，嘉与宇内之士，共臻上理，尔多士其进谋诵志，以沃朕心。西藏屏蔽川滇，为古吐蕃地，何时始通朝贡？地分四部，由中国入藏有三路，幅员广狭奚若？试详言之。元置吐蕃宣慰司，及碉门等处宣抚司，复置乌思藏郡县，以八思巴领之，其沿革若何？唐时吐蕃建牙何地，阿耨达当今何山，其相近大山有几？雅鲁藏布江为藏中巨川，而澜沧江、潞江之属，亦发源藏境，能究其原委欤？由藏至天竺，程途远近何如？中隔部落几许？亦考边备者所宜知也。五礼之目，宾居其一，《周礼·大宗伯》以宾礼亲邦国，其别有八，而朝之别又居其四，其说若何？《书》五载一巡狩，群后四朝，与《礼记·王制》不同。而《秋官》行人六服，与《周语》五服相抵牾，其说果可通欤？《郊特牲》族币无方一节，盖诸侯朝天子庭实之礼，于他书有可证否？朝位宾主之间，儒者讲说不一，何以办之？古诸侯朝天子礼，自《周官》外，存于今者尚有遗篇欤？自秦罢侯置守，无复古仪，《杜氏通典》分为四条，其目若何？于义当否？可详说之。周官仓人主藏九谷，廪人主藏九谷之数，赒赐稍食，即今京通仓之制所昉也。后世有治粟内史、搜粟都尉、仓部郎等官专司其事，其官名沿革时代先后尚可考也。明初置京通仓，以户部司员经理之，其以尚书侍郎专督仓场，始于何年？所属更有何官？与今制若何？能悉数之欤？前代良法，积久弊生，偷漏之私，烂蒸之患，欲彻底清厘，果有尽善之策欤？三代之盛，寓兵于农，因井田以供军实，自秦以来，法久坏矣。汉文帝募民耕塞下，于是始有屯田之法，盖犹具兵农合一遗意。历代相沿，大端莫易，而汉时行于西域者为较详，车师、渠犁、乌孙、伊循等名，今为何地？校尉、都护等官，置于何时？傅介子、常惠、郑吉诸人，所屯者为当时何地？赵充国屯田一疏，经画周详，所陈便宜十二事，能举其要否？自时厥后，六朝、唐、宋言屯田者，皆沿汉法，或以民屯，或以兵屯，能援古证今，究极利弊，而详陈之欤？此皆御世之要图，经国之大业也。朕嘉先圣之道，修古帝王之行事，凡以求于生民有济。汉武有言，君者心也，民犹肢体。夫广仁益智，莫善于问；乘事演道，莫善于对。其言也典，其致也博，策之谓也。多士勤学洽闻，能宣究其意者，毋泛毋隐，朕将亲览焉。

四月丁巳　上御养心殿，召读卷官入，亲阅定进呈十卷甲第。

五月戊午　上御太和殿。传胪。授一甲三人刘福姚为翰林院修撰，吴士鉴、陈伯陶为编修，赐进士及第，二甲恽毓嘉等一百三十二人赐进士出身，三甲饶宝书等一百八十二人赐同进士出身。

五月庚申 引见庚寅科散馆人员。得旨：文廷式、吴荫培业经授职，二甲庶吉士朱益藩、郑叔忱、陈光宇、许晋祁、杨捷三、刘成杰、姚士璋、吴怀清、杨士骧、李经畬、江云龙、徐兆玮、吴煦、朱锦、刘尔炘、郑锡光、启绥、王以慜、黄绍第、朱景轼、杨承禧、王景禧、光毓瑞、蔡曾源、孟庆荣、李立元、范仲尧、吴桂丹、徐继孺、田庚、赵惟熙、王安澜、王修植、夏寅官、汪凤梁、潘宝琳、华寯声、李骥年、谢佩贤、载昌、孙百斛、黄曾源、杨家骧俱着授为编修，三甲庶吉士刘树屏、方霆、张学华、高润生、王埜、黄履初、阎志廉、姚文倬、黄绍曾俱着授为检讨，孙筲经、俞明震、薛启荣、何声灏、王海涵、陈宝璐、崔广沅、韦履洁、王沛棻、王庆平、叶文铨、任文灿、李晋熙、霍勤燡、仇继恒、管象颐、胡安铨、陈文堧、郑文钦、李孝先、洪嘉与、夏曾佑、宋子联俱着以部属用，黄澍棻、黄家杰、晁鸿年、丁良翰、王公辅、王玉森、王祖畬、王全纲、孔繁昌、吴庆祥、刘崇照、王敩成、葛振元、陈启绪、夏之森、林仰嵩、冯端俱着以知县即用，翻译庶吉士儒林、启通、奎善俱着授为编修。

五月庚申 命刑部尚书贵恒、都察院左都御史孙家鼐教习庶吉士。

五月辛未 引见新科进士。得旨：刘福姚、吴士鉴、陈伯陶业经授职，恽毓嘉、张鹤龄、李云庆、周学铭、赵启霖、周景涛、宝熙、汪诒书、田智枚、屠寄、汤寿潜、伍铨萃、黄炳元、杜彤、范德权、汪洵、王良弼、赖鹤年、徐中铨、卢维庆、张元济、张瀛、胡继瑗、饶士端、陈希贤、谭启瑞、林国赓、李哲明、蔡元培、夏孙桐、吴家寯、翟化鹏、范家祚、朱家宝、叶尔恺、郎承谟、尹昌龄、刘可毅、刘润珩、李豫、赵国泰、丁昌燕、赵熙、衡瑞、王得庚、裕绂、方家澍、武延绪、周钧、沈文瀚、吴士武、赵士琛、王铭渊、蓝钰、池伯炜、王仁寯、延燮、傅增湆、高宝銮、郭曾准、姚晋圻、吴良棻、陈兆丰、顾瑗、王庆垣、孙多玢、龚心铭、周颂声、周云、连甲、李书翰、哈锐、杜翻、耆龄、胡鼎彝、陈树屏、贻谷、赵鼎仁、杜作航、俞鸿庆、高锡华、曾述棨、王殿甲、伍文琯、洪汝源、万云路、宋书升、陶福履、长绍、蒋式瑆、田宝蓉、安秉玠、杨介康、郝增祐、戴锡之俱着授为翰林院庶吉士，李希圣、陈锡瓒、黄尔沤、刘恩黻、何藻翔、章士荃、寇宗寯、程利川、伏衍羲、吕存德、谢甘盘、吴钫、曹广桢、曾习经、周汝钧、刘显曾、江逢辰、蔡镇藩、袁宝璜、叶德辉、王汝汉、张祖厚、饶轸、唐文治、陈毓珍、贵诚、桂森、存庆、文龙、沈宝琛、赵兰田、陈应辰、杨洪勋、丁福甲、恩丰、李振申、周凤翔、恩龄、黄允中、李宗膺、饶宝书、冯舜生、赵协莘、孙乐嘉、钱锡舜、汪忠杰、陈凤藻、陈巨前、张炳文、钟为桢、汪时琛、邓廷佐、李慎侯、吴思让、陈乃赓、张联骏、焦志贤、陈福荫、孟广模、溥岳、陈雨浓、杨楷、吕森、胡寿荣、徐德溉、屠尔敏、汪庆生、吕曾、夏时济、蒋廷黻、李兰馨、孙培元、左崇典、张镇芳、高逢源、陈棣堂、叶浚、李时灿、牛瑗、李心地、禄德、裘鸿勋、葛文模、和庚吉、杨敬远、孙尚仁、黄士寯俱着以主事分部学习，史悠咸、李庆棻、潘葆良、常棣华、汪文绶、管世骏、高增爵、刘铎、洪景楠、伍元芝、黄鸿逵、康咏、籍忠宣、李祥麟、汤原铣、王麟荧、杨士晟俱着以内阁中书用，傅国英、林颐山、牟育、张瑞芬、王廷赞、章文绶、孙友萼、李兆春、齐绅甲、冯镜泉、胡从简、王家骥、文缉颐、陈瑜、何庆辅、张祖望、王宝瑜、顾仲安、芳镇、谭子寯、王世桢、宗锦晨、乔国桢、张延龄、陈登元、李蕴华、张维城、陈祖绶、温锡纯、吴宝镕、罗迪楚、王庆埏、赵传琴、张心镜、阮士惠、关天眷、冯永图、莫镇疆、雷宝荃、陈存志、王光棣、施启宇、甘作赓、宋企适、许克家、许文森、李宗森、卢维雍、嵩瑞、阮大定、朱本、李翰屏、卢秉钧、刘亮藻、于相德、刘钟琼、翁立德、刘正敩、谢德昭、李华芬、陈伟勋、郑炳章、蹇念典、郭兆春、王懋昭、密昌墀、王克鼎、王宗藩、孔昭倩、龚心鉴、李培之、传仲涛、刘积义、苏梦兰、刘瑞璘、沈树人、阳顗、岳龄、陆廷桢、刘能、李作楷、赵鸿、秦士麟、王云清、刘坦、徐聪、李祖寿、朱云从、张明允、洪兆麟、刘珊瑸、邝兆雷、寿椿、丁锡奎、王树鼎、姚钟璜俱着交吏部掣签分发各省，以知县即用；户部候补郎中汪棣昌着以郎中即用；内阁中书周学海、国子监助教赵銮扬均着以原班用；户部学习郎中丁麟年、吏部学习员外郎熙彦、工部学习主事贺欣均着俟报满，作为候补后，以该部原官即补，不论双单月，遇缺尽先补用；知府许贞乾、候选知府尚其享均着以原班选用；指分湖南道员刘选青、指分直隶候补知州吕懋光、指分广东试用知县承勋均着仍发原省以原班补用。余着归部铨选。

六月己亥　考试各省优贡生于保和殿。

闰六月庚申　吉林将军长顺奏，文清兰彩桥学田隐匿地亩，请分别入官追偿。允之。

闰六月丁卯　以捐助书院经费，予直隶绅民何万川等各为其祖母、父母建坊。

七月壬辰　广西巡抚张联桂奏，请增设桂林龙胜厅客籍学额二名。下礼部议。

八月辛巳　以捐助书院经费，予云南鹤庆州绅士舒金和建坊。

九月丙戌　以捐助本籍贵州镇远书院经费，予云南巡抚谭钧培奖叙。

九月庚子　派工部右侍郎徐树铭知武举。

九月庚子　以都察院左都御史徐郙为武会试正考官，翰林院侍读学士丁立干为副考官。

十月丁巳　上御紫光阁，阅中式武举马步射。

十月戊午　上御箭亭，阅中式武举技勇。

十月戊午　御乾清宫，引见中式武举，亲定甲乙。

十月己未　上御太和殿。传胪。赐一甲卞赓、张连同、李连仲三人武进士及第，二甲仝云龙等二十人武进士出身，三甲易国相等一百三十二人同武进士出身。

十一月丙申　停止考试恩监生，依议行。

十一月癸丑　盛京将军裕禄等奏，新设围场海龙厅康平县，考试已历五届，请添设廪增学额。下礼部议。

十二月丁巳　兵部会奏，殿试武举弓刀石力不符，请将原闱监射、较射大臣及覆试王大臣议处。依议行。

十二月戊午　谕军机大臣等：都察院左副都御史杨颐奏，广东闱姓抽收经费，弊关科场，请饬严定截止收票日期等语。着李瀚章、刚毅体察情形，妥筹具奏。原摺着钞给阅看，将此谕令知之。寻李瀚章等奏，嗣后，乡试文场收票限于士子入闱之日截止，武场限于马射开闱之日截止，会试文场限三月十六日截止，武场限马射开闱之日截止。报闻。

十二月辛酉 四川总督刘秉璋奏，请广四川彰明县廪增贡额。又奏，川省文闱乡试人多，请添同考、受卷等官。并下部议。

十二月丁卯 谕：御史高变曾奏，五贡就教人员宜变通办理，请计其年逾七十五岁者汇奏注销，以便后来挨次铨选等语。着吏部议奏。寻议，所请现年七十五岁即行注销之处，应毋庸议。从之。

十二月戊辰 谕内阁：御史戴恩溥奏，请饬整顿场规一摺。乡会试交卷，本有定例时刻。若如所奏，迟至次日卯刻始行净场，何以肃场规而清弊窦。着礼部、顺天府申明旧例，妥议章程，奏明办理。

十二月甲戌 以捐修书院，予陕西凤翔县通判周鼎为其父母建坊。

十二月丙子 谕：御史德荫奏，荫生通判选班壅滞，并请查核冒滥，严定章程各等语。着该部议奏。

光绪十九年（1893年）

正月乙酉 奉慈禧端佑康颐昭豫庄诚寿恭钦献皇太后驻跸西苑，谕内阁：明岁恭逢慈禧端佑康颐昭豫庄诚寿恭钦献皇太后六旬万寿，仰维懿德，普被寰区，庆洽敷天，欢胪率土，允宜殊恩特沛，加惠艺林，着于本年举行癸巳恩科乡试，二十年举行甲午恩科会试，俾兹多士忭舞观光，用副朕锡类延厘，寿世作人至意。

二月乙亥 两广总督李瀚章等奏，粤省闱姓弛禁，原为收回利权，藉济饷需，欲杜弊窦，自应妥筹接收日期。嗣后，乡试文场收票，限于士子入闱日截止，武场限于马射开闱日截止。会试文场，原限三月二十三日，今改十六日，武场仍限马射开闱日。此于关防并无窒碍，而于粤饷实有裨益。报闻。

二月丙子 以捐助书院膏火，予山西广灵县贡生李成蹊建坊。

三月癸卯 以捐助书院经费，予云南鹤庆州职绅李毓浩等建坊。

四月丁卯 以本年乡试，考试应开列试差人员于保和殿。

五月壬午 以翰林院编修吴嘉瑞为云南乡试正考官，陈伯陶为副考官；修撰刘福姚为贵州乡试正考官，礼部员外郎陈璧为副考官。

五月癸巳 以内阁学士龙湛霖为福建乡试正考官，翰林院编修杜本崇为副考官；通政使司副使顾璜为广东乡试正考官，翰林院编修吴郁生为副考官；编修张亨嘉为广西乡试正考官，检讨劳肇光为副考官。

五月丙申 谕内阁：御史张仲炘奏，本年考试试差，继烛者竟有十数人之多，迟至戌正三刻始毕，请饬严禁等语。向来试场不准继烛，例禁綦严。至各项殿廷考试，尤宜恪守成规。若如该御史所奏，尚复成何事体？嗣后，殿廷考试，着监试王大臣等认真稽查，严行禁止，以符定制。

五月癸卯　以翰林院编修黄绍第为湖南乡试正考官，秦绶章为副考官；詹事府詹事朱琛为四川乡试正考官，翰林院编修徐仁铸为副考官；编修程棫林为甘肃乡试正考官，谢佩贤为副考官。

六月壬子　以捐助书院经费，予候选按察司经历宁世福为其故父母建坊。

六月壬戌　以通政使司参议殷如璋为浙江乡试正考官，翰林院编修周锡恩为副考官；内阁学士恽彦彬为江西乡试正考官，翰林院编修邹福保为副考官；编修吴鸿甲为湖北乡试正考官，彭述为副考官。

六月戊辰　派户部尚书熙敬、礼部尚书昆冈监八旗满洲翻译童生马步射。

六月壬申　以工部右侍郎徐会沣为江南乡试正考官，翰林院编修文廷式为副考官；编修丁惟禔为陕西乡试正考官，徐继孺为副考官。

七月辛巳　派詹事府詹事良弼、顺天府府尹孙楫为顺天乡试监临。

七月癸未　山东巡抚福润奏，本年乡试，以筹办河工，不克入闱，请以学政华金寿代办监临。下礼部知之。

七月戊子　以翰林院编修王懿荣为河南乡试正考官，李桂林为副考官；太仆寺卿长萃为山东乡试正考官，编修柯逢时为副考官；编修薛宝辰为山西乡试正考官，高楠为副考官。

七月辛丑　广西巡抚张联桂奏，奉派查阅营伍，以连值乡试，应入闱监临，拟请展至乙未年查阅。从之。

八月乙卯　以户部尚书翁同龢为顺天乡试正考官，刑部尚书孙毓汶、户部右侍郎陈学棻、刑部右侍郎裕德为副考官。

八月己未　以捐助书院经费，予同知职衔王震元为其故父建坊。

八月戊辰　顺天府以宗室乡试中额请。得旨：取中五名。

八月己巳　礼部奏，核议新疆士子中式，停其改归原籍。依议行。

九月辛巳　谕：有人奏，考官途次拿获投书贿嘱之人，请饬究办一摺。据称浙江正考官殷如璋行抵苏州，忽有人投递书函，中有考生五人姓名并银票一万两，嘱与关节取中。经殷如璋将其人扣留，发交苏州府知府王仁堪看管，转解浙省讯办等语。科场舞弊，例禁綦严。若如所奏各情，殊堪诧异。着崧骏严切根究，务得确情，按律定拟具奏。原摺着钞给阅看，将此谕令知之。

九月辛卯　以捐赈巨款，赏广东贡生周长华举人。

九月壬辰　以礼部左侍郎长麟为满洲翻译乡试正考官，署工部右侍郎英年为副考官。

九月丙申　礼部以翻译乡试中额请。得旨：取中十二名。

九月壬寅　谕内阁：御史联侐奏，科场舞弊，幸中多名，请饬究办一摺。着派麟书、徐桐调取本科顺天乡试中式举人周学熙、汤宝霖、蔡学渊、陈步銮、黄树声、万航录科卷与中式墨卷，核对文理笔迹是否相符，据实覆奏。此次覆试，着礼部即将周学熙等六名先行扣除，另行奏请定期覆试。

九月甲辰　谕军机大臣等：有人奏，广东学政徐琪考试各属生童，所出题目率多割裂经文，并关防不严，操守不谨等语。着李瀚章、刚毅确切查明，据实覆奏。原片着钞给阅看，将此各谕令知之。寻奏，查明徐琪被参各节，均无其事。报闻。

九月丙午　谕内阁：麟书、徐桐奏，遵查试卷文理笔迹，据实覆奏一摺。所有文理不符之蔡学渊、笔迹不符之黄树声、文理笔迹均不符之万航均着斥革举人。其文理笔迹相符之周学熙、汤宝霖、陈步銮三名，着礼部传齐，奏请定期另行覆试。

十月庚戌　谕内阁：御史庞鸿书奏，科场交卷时刻，请申明定例，以杜弊端一摺。科场条例，士子交卷，本有限定时刻，不准迟逾。乃近来士习不如从前，每逾定限，甚有迟至亥刻始行交卷者，遂致弊端纷出。而该士子相沿成习，视为故然，少加约束，动易喧哗；监临、提调、监视各官亦多姑容宽纵，殊属不成事体。本科顺天乡试，幸中三名，业经查明，斥革示儆，亟应申明定例，以戒将来。嗣后，乡试会试均着恪守旧章，按照定例时刻交卷，不准继烛。倘该士子不遵约束，或有抗违，即着斥革严办。如该监临、知贡举、提调、监试等官有意从宽，经朕访闻，或被人参奏，定将该员等照例惩处不贷。懔之！

十月庚戌　谕：御史庞鸿书奏，请饬整顿江南乡试场规等语。乡试为抡才大典，必须场规严肃。若如该御史所奏，近来江南士子接卷后纷纷出场，午后始行陆续归号，甚至仆人携送考具入场，且闲人出入，漫无稽查，以致诸弊丛生，实属不成事体。着江苏、安徽各巡抚，嗣后，办理科场，务须督饬提调、监试等官申明例章，严加约束。如有任意抗违者，即行斥革惩办，毋稍姑容，以肃场规而杜积弊。

十月癸亥　以工部左侍郎汪鸣銮为顺天武乡试正考官，翰林院侍读学士吴讲为副考官。

十月甲子　命礼部尚书昆冈教习庶吉士。

十月丁丑　谕：刘恩溥奏，乡会试士子交卷太迟，请将所交之卷不发誊录等语。着礼部议奏。寻，议行。

十一月丙申　谕：安维峻奏，顺天乡试场内传递之弊，为之线索者名曰道子，请责成管号委员，如能拿获传递之人，请分别给予实缺升阶。至顶替之弊，请责成出结京官亲赴场门识认，向专司稽查大臣投递职名等语。着礼部按照所陈各条，核议具奏。

十一月丁未　谕内阁：前因升任御史林绍年奏参，陕西正考官丁惟禔于放差后，有太监持票向索谢银，并在二酉堂书铺吵闹，请饬查究等语。当派福锟、麟书、徐桐认真查办。兹据奏请，将太监张秀林归案审讯，所有案内各犯供出之太监张秀林即张小峰，着内务府查传归案审办。福锟等务当严饬承审各员，悉心研鞫，务得确情，据实覆奏。

十二月庚戌　谕内阁：兵部尚书许庚身忠勤恪慎，练达老成……近因偶染微疴，赏假调理，方冀医治就痊，长承恩眷，遽闻溘逝，轸惜良深。……伊子内阁中书许之荣着赏给郎中，俟服阕后，分部学习行走；一品荫生许之鹏着赏给举人，准其一体会试；伊孙许宝瑜着俟及岁时带领引见。

十二月乙卯　　谕内阁：御史张仲炘奏，考试荫生，关防不严，请量为变通章程等语。任子授官，原系国家旷典，应试诸生理应各知自爱，至考试本有定章，只宜实力奉行，不必轻于更改。嗣后，监试各官务当遵照旧章，认真稽查，不得视为具文，以杜弊端。

十二月甲子　　礼部奏，遵议太仆寺卿林维源两次捐输赈款四万余两，查照成案，未便奖给伊子举人，应如何优奖之处，请饬户部查例核给。得旨：林维源所捐银两，着户部从优核给奖叙。

十二月戊辰　　谕内阁：兵部奏，拟定甲午恩科武会试日期，请旨遵行一摺。明岁恭逢慈禧端佑康颐昭豫庄诚寿恭钦献皇太后六旬万寿庆典，应行礼节甚多，所有考试日期，自应量为变通，以昭慎重。明年武会试考试，内外场及传胪各日期，着照该部所拟提前办理，其翻译乡试并武乡试日期，均依议行。

十二月戊辰　　谕：御史李慈铭奏，满员保送御史，可否仿照汉员之例，先尽进士、举人，次及荫生、笔帖式，一体保送考试，俟补御史二年以后，概予截取等语。着吏部议奏。寻奏，请毋庸议。从之。

十二月癸酉　　谕：刑部奏，遵议革员周福清罪名一摺。据称，革员周福清于考官中途，递信函求通关节，当被举发破案，较之已成未中者，情节稍有区别，应于斩罪上量予末减，拟以杖一百、流三千里，恭候钦定等语。科场舞弊，例禁綦严。该革员辄敢遣递信函，求通关节，虽与交通贿买已成者有间，未便遽予减等。周福清着改为斩监候，秋后处决，以严法纪而儆效尤。

十二月甲戌　　谕内阁：给事中洪良品奏，请严禁科场传递之弊，以除积习等语。着礼部议奏。

光绪二十年（1894年）

正月庚寅　　安徽巡抚沈秉成奏，虹乡士民于咸同间力保危城，捐资不下巨万，恳恩增广文武学额各二名。下礼部议。

正月庚子　　谕：礼部、吏部会奏，遵议御史安维峻条陈科场积弊，暨礼部奏，议覆给事中洪良品请严禁科场传递各一摺。所请缉拿传递，责成出结官识认，严禁士子紊乱场规，暨另造书吏名册送部各条，均着依议行。科场防弊，定例綦详，只因奉行不力，以致弊窦丛生。自此次申明例禁之后，着知贡举、监临、监试各员懔遵谕旨，实力整顿。如有枪替传递及不遵场规、喧哗乱号、恃众滋闹情事，立即严拿惩办，不得稍涉宽纵。倘再因循怠忽，致有前项弊端，一经发觉，定将在事人员一并严惩，毋谓诰戒之不豫也。

正月丙午　四川总督刘秉璋奏，大宁县详请分设拔额，宜宾县请加廪增贡额，盐亭县请加文武学额，以励人材。下部议行。

正月丁未　派礼部右侍郎志锐、礼部尚书李鸿藻知贡举。

二月辛亥　谕内阁：御史安维峻奏，编检拥挤太甚，请慎重馆选一摺。所奏不为无见。翰林为清华之选，必应遴拔真才。每科会试后，覆试、殿试、朝考及庶吉士散馆，朕于阅卷大臣取在前列者酌量录用，乃近来阅卷，拟取前列等第逐渐加多，殊非慎重选择之道。嗣后，殿廷各考试，该阅卷大臣务当秉公校阅，详慎拟取，如有文字平常及疵累之卷，均不得滥置前列，以杜幸进。

二月甲寅　谕：前经传谕礼部，于本月初九日，在保和殿覆试顺天新中举人周学熙等三名，所有是日派出监试王大臣等，着认真稽查，该举人等如有怀挟等弊，立即惩办。嗣后，殿廷各考试均着监试王大臣等轮班巡视，严查一切弊端，不准稍涉宽纵。并着懔遵不准继烛定例，倘有为时已晚，尚未交卷者，即着撤卷扶出。应试之人，当思功令森严，咸知自爱，毋得身罹法网，用副朝廷整顿士习、遴取真才至意。

二月戊午　谕内阁：此次覆试顺天新中举人周学熙等三名，列为一等之周学熙着准其一体会试，列为三等之汤宝霖着罚停会试一科，列为四等之陈步銮着罚停会试二科。

二月壬申　谕内阁：此次覆试各直省举人列入一等之方裕庆等一百名，列入二等之宋联奎等三百名，列入三等之裴维信等四百三十二名，均着准其一体会试。列入四等之霍维熊、黄秀之、栾凤书、穆隆阿、刘向周、文明、毛光濂、会文均着罚停会试一科，唐朝桢着罚停会试二科，曲纯如着罚停会试三科。

二月甲戌　以捐助书院经费，予山东日照县五品衔监生丁汝轼建坊。

二月乙亥　谕内阁：此次补行覆试顺天及各直省乡试举人，列入一等之邓登瀛等六十名，列入二等之高翔等二百四十名，列入三等之朱远缮等二百五十八名，俱着准其一体会试。列入四等之施献璜、刘纵之俱着罚停会试一科。

二月乙亥　谕：给事中余联沅奏称，礼部侍郎志锐前在内阁学士任内派充考试试差阅卷大臣，于阅卷时，即肆言某卷系某人，某人系某诗，不知关防，毫无顾忌，则其所取者非至戚即密友，尚安望其秉公衡校等语。该侍郎奉命衡文，自应详慎校阅，乃竟肆言无忌，是何意见？着志锐明白回奏。

二月丁丑　谕内阁：前据给事中余联沅奏，侍郎志锐前派考试试差阅卷大臣，肆言无忌，当经谕令志锐明白回奏。兹据奏称，上年蒙派阅卷，拟取进呈试卷，照例弥封，诗片亦不由该侍郎核对，无从知为某卷系某人、某人系某诗，如有所言，同时校阅诸臣亦断不肯隐讳等语。该给事中所奏，自系传闻之误。即着毋庸置议。嗣后，该侍郎奉派阅卷差使，务当秉公校阅，谨密从事，用副朝廷慎重文衡至意。

三月癸未　谕内阁：御史安维峻奏，本年来京补行覆试之辛卯科举人李炳珩，系四川南部县人，冒入新疆迪化县籍，众论确凿。新疆巡抚陶模，恐甘肃京官扣阻，以咨代结。经礼部议准，请分别惩儆，并将李炳珩会卷扣除各摺片。着礼部查明具奏。

三月癸未　谕：御史安维峻奏，甘肃乡试，冒籍甚多，以致弊端百出，请申明严禁旧例，以重科名等语。着礼部议奏。

三月癸未　谕：有人奏，士子舞弊幸中，监临骫法弥缝，据实揭参一摺。据称，上年甘肃新中第七名举人李运达，原籍湖北黄陂县，以伊父李景庚服官省分，冒入两当县学籍。上年乡试，雇倩枪手湖北李某在场中换卷幸中。嗣因枪手索讨谢银呈控，杨昌浚以枪者、中者均属同乡，瞻徇情面，嘱令内监试胡孚骏等代出银两和息，并闻有更换墨卷情事，请饬查办等语。冒籍考试，例禁綦严，李运达事既败露，杨昌浚何以置之不办，犹复曲为弥缝？着鹿传霖派委道府大员查明据实覆奏，不得稍涉徇隐。原摺着钞给阅看，将此谕令知之。

三月癸未　以礼部尚书李鸿藻为会试正考官，都察院左都御史徐郙、工部左侍郎汪鸣銮、都察院左副都御史杨颐为副考官。

三月甲申　谕内阁：昨据御史安维峻奏，甘肃举人李炳珩有冒籍情事，当经降旨令礼部查明具奏。兹据奏称，前因李炳珩系边远士子，与他省不同，是以据咨代奏，准其投卷，以示体恤。既据该御史奏称，该举人系冒入新疆籍贯，应否将会试卷扣除之处，请旨遵行等语。李炳珩试卷着先行扣除，即由该部行查该举曾否呈明入籍，俟查覆到日，再行奏明办理。

三月壬辰　谕军机大臣等：杨昌浚覆奏，甘肃自设学政后，于光绪四年为始，由藩臬两司年终循例详请陈奏，咨部查照，并未另行加考，以后均循旧章办理等语。各省学政考试有无劣迹，均于年终由督抚密陈，甘肃自应一律办理。嗣后，该省学政考试情形若何，着该督自行访察，密摺陈奏，毋庸由藩臬两司具详，亦毋庸咨部，以昭慎重。将此谕令知之。

三月壬辰　江苏学政溥良奏，海门厅文风日盛，请饬部核议增设学额，以资鼓舞。下部议行。

三月乙未　谕内阁：考试翰詹，自光绪元年，久未举行，着于本月二十六日在保和殿考试，所有应行豫备事宜，着该衙门照例办理。

三月乙未　谕：长萃等奏，查出弥封、誊录书手舞弊情形，请交部审讯一摺。据称誊录所书手李冠庭与弥封所书手于庆云互冒姓名，搜出该书手来往字迹，并有应试士子姓名二十六人。据供系未入场时受人转托，代办誊录，因场规严肃，未敢办理。查核各朱墨卷，并无改易之处，其为办理未成，似属可信。惟该书手等是否有别项情弊，请旨交部审讯。至该二十六卷，可否免其扣除等语。所有查出冒名舞弊之李冠庭等均着交刑部审讯，务得确情，按律惩办。其应试士子二十六人试卷，着即扣除。

三月乙未　谕：御史钟德祥奏，请饬各省督抚，嗣后，不得为新中举人给咨代结，以杜冒滥取巧等语。着礼部议奏。

三月丙申　礼部以宗室会试中额请。得旨：取中三名。

三月庚子　礼部以会试中额请。得旨：满洲取中九名，蒙古取中四名，汉军取中四名，直隶取中二十四名，奉天取中三名，山东取中二十二名，山西取中十名，河南取中十七名，陕西取中十四名，甘肃取中九名，江苏取中二十五名，安徽取中十七名，浙江取中二十五名，江西取中二十二名，湖北取中十四名，湖南取中十三名，四川取中十四名，福建取中二十名，台湾取中二名，广东取中十六名，广西取中十三名，云南取中十二名，贵州取中十一名。

三月丙午　（四川总督刘秉璋）奏，川省已收津贴捐输银两，接济京协各饷，为数甚巨，请加广本年乡试文武中额各五名。下部议行。

四月己未　以刑部尚书松溎为满洲翻译会试正考官，礼部左侍郎长麟为副考官。

四月辛酉　以本年乡试，考试应开列试差人员于保和殿。

四月丙寅　礼部以翻译会试中额请。得旨：京旗取中三名，各省驻防取中二名。

四月丙寅　派大学士张之万，协办大学士、吏部尚书麟书，户部尚书翁同和、礼部尚书李鸿藻、刑部尚书薛允升、礼部右侍郎志锐、工部左侍郎汪鸣銮、内阁学士唐景崇为殿试读卷官。

四月丁卯　策试天下贡士陶世凤等三百十一人于保和殿。制曰：朕寅绍丕基，仰荷昊苍眷佑，兢兢业业，今二十年。恭逢皇太后六旬万寿，上维《鲁颂》寿母之诗，俯思《大雅》作人之化，特开庆榜，策试多士。又尝恭读康熙戊戌科圣祖仁皇帝策问，天子以乂安海宇为孝，是以夙兴夜寐，勤求至理，政事之余，留意经术，圣训煌煌，为万世法。兹举河渠之要，经籍之储，选举之方，盐铁之利，揆时度势，酌古衡今，尔多士其扬搉陈之。治水肇于《禹贡》，畿辅之地，实惟冀州。水利与农事相表里，后汉张堪为渔阳守，开田劝民，魏刘靖开车箱渠，能备述欤？至营督亢渠，引卢沟水资灌溉，能各举其人欤？唐朱潭、卢晖，宋何承矩浚渠引水，能指其地否？元郭守敬、虞集议开河行漕，其言可采否？汪应蛟之议设坝建牐，申用懋之议相地察源，可否见之施行？能详陈利弊欤？汉世藏书，中秘最善，刘向所校，仅名《别录》，至其子歆，始总群书而奏《七略》，传注所引，秩然可征，班志《艺文》，与刘《略》出入者何篇？魏晋以后，郑默《中经》、荀勖《新簿》，体例若何？梁华林园，兼五部以并录；隋修文殿，分三品以收藏。唐承砥柱之厄，始付写官，宋籍建业之余，尽送史馆，此皆册府遗文，可资掌录。明《永乐大典》所收之书，今不存者，见于何目？能备举以资考证欤？选举为人才所自出，翰林以备顾问，六曹以观政事，县令以司赏罚，三者皆要职也。翰林始重于唐，其时学士出入侍从，参谋议，知制诰，能详其品秩欤？宋儒馆有四，地望清切，非名流不得处，其选用之制若何？六曹昉自周官，秦汉隋唐，互有沿革，能陈其异同欤？晋制不经宰县，不得入为台郎，而后世或搢绅耻居其位，或科甲无不宰邑，岂轻重各因其时欤？抑增重激劝，或得或失欤？盐铁之征始于《管子》，论者谓其尽取民利，而行之数千百年，卒不能废。至汉武帝用孔桑之法，与《管子》异矣。其时所置盐官二十八郡，铁官四十郡，能指其地欤？终汉之世，屡罢屡复，其年代皆可考欤？唐贞元中检校盐铁之利，其议发于何人？若第五琦、刘晏、裴休之论，固无足采欤？请引采盐，而商擅利权，禁民贸铁，而官多侵蚀，其流弊能指述欤？凡此皆御世之隆谟，经国之盛业也。夫朕以藐躬，加于臣庶之上，受祖宗付托之重，惟思恪遵慈训，周知民隐，旁求俊乂，孜孜为治，以跻斯世于仁寿之域。尔多士各抒谠论，毋泛毋隐。

四月庚午　上御养心殿，召读卷官入，亲阅定进呈十卷甲第。

四月辛未　上御太和殿。传胪。授一甲三人张謇为翰林院修撰，尹铭绶、郑沅为编修，赐进士及第，二甲吴筠孙等一百三十人赐进士出身，三甲朱绍文等一百七十八人赐同进士出身。

四月辛未　谕内阁：本日朕升殿传胪，鸿胪寺鸣赞官未候静鞭鸣毕，辄即唱赞排班，殊属非是。所有鸣赞官着查取职名交部议处。管理鸿胪寺事务礼部尚书昆冈，鸿胪寺卿桂斌、刘恩溥，少卿溥颋、方汝绍一并交部议处。礼成时，乐部乐章未毕，遽行停止，亦属草率。管理乐部事务贝勒载澍，总管内务府大臣、户部左侍郎立山均着交部议处。嗣后，凡遇举行升殿一切典礼，执事各官务当敬慎从事，不得稍涉疏忽，以肃朝仪。

四月辛未　谕军机大臣等：嗣后，文武新进士前三名，于传胪前一日引见后，即赴该部演礼，鸿胪寺鸣赞官一并前往，带同演习。

四月甲戌　引见壬辰科散馆人员。得旨：修撰刘福姚，编修吴士鉴、陈伯陶业经授职，二甲庶吉士田智枚、赖鹤年、顾瑗、赵士琛、伍铨萃、汪诒书、高宝銮、宝熙、范家祚、谭启瑞、周钧、赵启霖、胡鼎彝、赵熙、夏孙桐、刘可毅、孙多玢、李豫、杜彤、叶尔恺、傅增湘、连甲、黄炳元、于受庆、饶士端、卢维庆、蔡元培、俞鸿庆、沈文瀚、李哲明、王乃征、贻谷俱着授为编修，三甲庶吉士蒋式理、洪汝源俱着授为检讨，林国赓、朱家宝、屠寄、周景涛、郎承谟、王良弼、朱祥晖、徐中铨、方家澍、李云庆、赵鼎仁、万云路、曾述棨、喻兆蕃、周云、郝增祐、王仁寯、何锡禔、哈锐、裕绂、王庆垣、张元济、姚晋圻、衡瑞、长绍俱着以部属用，陈树屏、周学铭、高锡华、周颂声、唐右桢、刘润珩、杨介康、王得庚、钟大椿、武延绪、范德权、吴良棻、陈希贤、李书翰、王殿甲、杜翧、赵国泰、丁昌燕、李鹏飞、延燮、尹昌龄、汤寿潜俱着以知县即用，翻译庶吉士穆特贺着授为编修，联泉着以部属用。

四月甲戌　命协办大学士吏部尚书麟书、户部尚书翁同和教习庶吉士。

五月丁丑　以翰林院修撰张建勋为云南乡试正考官，编修许泽新为副考官；编修吴同甲为贵州乡试正考官，陈同礼为副考官。

五月丙戌　引见新科进士。得旨：一甲三名张謇、尹铭绶、郑沅业经授职外，吴筠孙、沈卫、李家驹、徐仁镜、朱启勋、吴庭芝、李翘芬、李组绅、饶芝祥、梁士诒、陆士奎、邹毅洪、刘廷琛、夏启瑜、汪一元、袁桐、于普源、冯恩昆、储英翰、李灼华、张其淦、王廷钰、关冕钧、林钺、姚舒密、景禐、黄秉湘、陈昭常、裴汝钦、郭育才、翁成琪、胡矩贤、江衡、沙元炳、张启藩、达寿、张琨、范溶、张琴、吴敬修、熊希龄、陈君耀、黎承礼、朱锡恩、王英冕、周绍昌、齐忠甲、张怀信、王会厘、谭文鸿、程友琦、王照、沈云沛、林炳章、洪锦标、蔡琛、夏树立、萧立炎、李清琦、叶大可、毓隆、孙鸣皋、陈德铭、余晋芳、谭绍裘、叶大年、梁文灿、沈鹏、吴式钊、张祥龄、桂坫、孙同康、尹春元、张林焱、王瑚、江春霖俱着改为翰林院庶吉士，胡绍苏、曾文玉、汪述祖、项芳兰、谭承元、彭諟庠、龚启芝、孙国桢、郑辅东、梁志文、梁秉年、杨裕芬、靳学礼、吕承瀚、方策安、陈品金、楼守愚、陈汝梅、施之东、傅运生、王元庆、张锦春、徐宗源、范公谟、松铎、张忠、吕志元、郭传昌、王景浚、孙文翰、熊宾、谢世珍、麦玉华、贺鸿基、沈祖同、杨懋龄、徐树昌、杨长藻、谢崇厚、郭书堂、赵从蕃、萧文昭、廉慈、蔡中夔、黄汝楫、林怡、李继沆、续绵、杨增钰、钟杰、承霖、齐令辰、蒲明发、孙友莲、涂翀凤、韩墀、张淑栋、王熙龄、陶世凤、王学伊、王之杰、翰屏、锡麟、韩绍徽俱着以主事分部学习，周祺、庄纶仪、周子懿、陈寿瑄、余省三、玉彬、汪声玲、刘昌言、施有方、冯锡瑰、茹恩彬、杨炳震、孙锵、叶泰椿、单溥元、胡汝霖、谭先节、周宝清、金文翰、李英、江庆瑞、孙星煜、文溥、黄凤岐、容益光、佟文政、陈永寿、刘庆笃、胡逢恩、周培、李士田、魏达文、吴燕绍、李现荃、祁永膺、保谦、郭家葆、李兆麟、温联桂、徐苞、任承允、王玮、胡恺麟、徐鋆、陈培庚、绪儒、张彝、杨鸿勋、涂步衢、韩兆霖、曹中成、檀家琮、陶邵学俱着以内阁中书用，武丕文、张超南、廖凤章、余毓瑞、徐夔杨、鲍德麟、柴朴、李树森、李祖荫、陈介禄、朱绍文、杨锦江、范扬芳、管德泉、冯绍斌、陶联琇、赵润生、徐允清、王叔谦、孙愚、莫如晋、邹铭恩、孙文诒、杨寅揆、刘櫺寿、成象乾、赵怡、夏奠川、李镜江、林扬光、陈諴、黎元熙、马瀛焕、叶芸、郑炳、赵鸿、萧逢源、单梦祥、来熊、刘衍茂、彭希祖、杜召棠、曹子昂、王树中、谢质、罗文绣、李维世、招翰昭、周懋谦、李良年、杨蔚、张肇基、朱宝翰、高积政、启泰、郑宪典、万庆昌、胡慧融、林丙修、章燮理、辛可耀、陈世瑞、刘凤翰、程世杰、李允廉、茹震模、单棨、寿朋、鄢坤、廖允儒、刘宝寿、张斗南、吴贻谷、陈景星、郭南溪、王永庆、李九烈、广麟、徐冲霄、刘宜笃、陈仕扬、史坤、林桂藩、梁于汶、翁有成、贺锡龄、陈瑞鼎、徐曾、温亮珠、邱士林、张协中、贺国瑛、李荫垣、薛炳善、高麟超、刘德元、田鸿文、赓勋、李延庆、陈瑞征、胡葆颐、承厚俱着交吏部掣签分发各省，以知县即用；工部遇缺即补员外郎杨士燮着仍以员外郎遇缺即补，户部候补主事张濂经着以主事即用，分部遇缺即补主事何葆麟着仍以主事，分部遇缺即补，额外主事袁玉锡着俟报满，作为候补主事后，以该部主事即补，不论双单月选用郎中刘锦藻着仍以郎中归原班选用。余着归部铨选。

五月戊子　　谕内阁：杨昌浚奏，准礼部咨查甘肃服官人员子弟蒙混考试，据实覆陈一摺。据称甘肃、新疆自军务平定后，奏请分闱乡试，创设行省。前督臣左宗棠，暨前学臣因应试士子无多，多方招来，准外省人入籍考试。近数年客省士子中式后，曾经部议准令改归原籍。惟父兄在此地服官，不应子弟蒙混考试。兹查，有试用巡检李景庚之子李运达入两当县学，中式癸巳恩科举人。又，因案撤任宁灵厅同知郭昌猷之子郭锡光入宁夏府属灵州学，该两员均系他省籍贯，不惟父子异籍，且令其子蒙混考试，实属荒谬糊涂，显干功令，请旨斥革等语。甘肃试用巡检李景庚、宁灵厅同知郭昌猷均着即行革职，郭锡光着即勒令回籍，不准逗遛，以为蒙混取巧者戒。

五月戊子　以内阁学士唐景崇为广东乡试正考官，翰林院编修王荫槐为副考官；编修曹福元为广西乡试正考官，汪凤梁为副考官；内阁学士文治为福建乡试正考官，编修邹福保为副考官。

五月壬辰　四川总督刘秉璋奏，请加太平县文武学额各一名。下部议行。

五月甲午　谕内阁：前据御史安维峻奏，甘肃乡试冒籍甚多，请申明严禁旧例，当谕令礼部议奏。兹据该部覆奏，士子冒籍应试，例禁綦严，乃近来甘肃省竟有官场子弟及亲戚幕友冒入学籍，甚至雇借枪替，互相徇隐，实属不成事体，亟应申明例章，以杜流弊。嗣后，甘肃及新疆各属，外来垦户，着仍照光绪三年奏定章程，自领地纳粮之日为始，扣足十年，方准呈明入籍，并于考试时确查的籍，其年限未满及已满年限未经呈明者，均不得冒考。倘有冒籍代取者，除本生斥革外，并将送考收考官议处；其该省服官人员，倘有纵令子弟及幕友、亲戚蒙混考试者，并由该省督抚、学政严行查禁，一经发觉，即将本生、本官及徇庇容隐各官，分别斥革参处；出结同乡京官，如有扶同捏饰情弊，照例议处。

五月戊戌　以翰林院编修柏锦林为湖南乡试正考官，掌湖广道监察御史蒋式芬为副考官；鸿胪寺卿刘恩溥为四川乡试正考官，编修张筠为副考官；编修马步元为甘肃乡试正考官，王以慜为副考官。

五月己亥　安徽巡抚沈秉成奏，筹捐省城书院经费，添课经古，并设孝廉堂以励实学。报闻。

六月丁巳　以翰林院编修吴鸿甲为湖北乡试正考官，朱益藩为副考官；国子监祭酒陆润庠为江西乡试正考官，编修孟庆荣为副考官；内阁学士梁仲衡为浙江乡试正考官，编修秦夔扬为副考官。

六月庚申　谕：邵松年奏，请尊崇正学一摺。据称，毛奇龄所著《四书改错》自逞才辩，诋毁先贤。近来石印盛行，高明之士惑于其说，以程朱为不足法，请饬严禁等语。《四书改错》一书有违正解，于士习人心颇有关系，现在河南既有此书，他省恐亦不免流播。着各直省督抚出示严禁，不得再行出售。至校阅文艺，自当恪遵功令，悉以朱注为宗，不得录取异说，致乖文体，用副朝廷崇尚正学至意。

六月庚申　谕：邵松年奏，重修书院，请赏给扁额等语。据称，河南登封县嵩阳书院为宋儒程颢兄弟讲学之地。康熙年间，曾经邑人少詹事耿介捐资修葺，岁久不无倾圮。兹复由该学政等捐廉重修，条规学程，亦加厘定。着赏给御书扁额一方，交该学政祗领悬挂，以资观感。寻颁扁额，曰洛学遗规。

六月庚申　河南学政邵松年奏，大梁书院肄业士子请饬宽筹经费。得旨：即着邵松年咨商裕宽办理。

六月壬戌　谕：鹿传霖奏，遵查甘肃士子舞弊幸中，据实覆陈一摺。据称李运达实系湖北孝感县人，在其父李景庚服官省分，冒入甘肃两当县学籍，上年乡试幸中举人。至换卷说合，查无实据，倩枪舞弊，事出有因，请饬查拿归案讯办等语。已革举人李运达于乡试后未经覆试，即行回籍，难保非因事败露，畏罪潜逃，即着张之洞、谭继洵严饬查拿，解交鹿传霖归案审办。杨昌浚虽据查无瞻徇情面等事，惟于李运达冒籍幸中，失于觉察，究属疏忽，杨昌浚着交部察议。

六月丁卯　以翰林院编修杨天霖为陕西乡试正考官，刘永亨为副考官；翰林院侍读学士冯文蔚为江南乡试正考官，编修黄绍第为副考官。

六月戊辰　管理官学大臣徐桐等奏，拟就八旗官学存余经费，添建书院。报闻。

七月丁丑　派顺天府府尹陈彝、詹事府詹事寿耆为顺天乡试监临。

七月戊寅　谕军机大臣等：有人奏，广东南海县举人康祖诒刊有《新学伪经考》一书，诋毁前人，煽惑后进，于士习文教大有关系，请饬严禁等语。着李瀚章查明，如果康祖诒所刊《新学伪经考》一书实系离经畔道，即行销毁，以崇正学而端士习。原片着钞给阅看，将此谕令知之。寻，两广总督李鸿章奏，查明《新学伪经考》乃辨刘歆之增窜圣经以尊孔子，并非离经，既经奏参，即饬其自行抽毁。报闻。

七月壬午　以刑部左侍郎李端棻为山东乡试正考官，翰林院编修宋伯鲁为副考官；编修高熙哲为山西乡试正考官，周爰诹为副考官；编修刘若曾为河南乡试正考官，京畿道监察御史刘心源为副考官。

七月壬辰　以捐建本族本乡义学，予直隶威县已故四品封职徐瀛并其子候选同知光宇建坊。

七月己亥　命广东布政使成允代办乡试监临。

八月乙巳　命工部右侍郎徐会沣提督顺天学政，刑部右侍郎龙湛霖提督江苏学政，太常寺卿李端遇提督安徽学政，詹事府詹事黄卓元提督江西学政，翰林院编修庞鸿文提督湖北学政，编修江标提督湖南学政，编修徐继孺提督河南学政，检讨钱骏祥提督山西学政，编修赵惟熙提督陕西学政，编修刘世安提督甘肃学政，山西道监察御史吴树棻提督四川学政，内阁学士恽彦彬提督广东学政，掌京畿道监察御史冯金鉴提督广西学政，检讨姚文倬提督云南学政，编修严修提督贵州学政，以詹事府少詹事李培元为奉天府府丞兼学政。浙江学政徐致祥、福建学政王锡蕃、山东学政华金寿俱留任。

八月己酉　谕内阁：吴大澄奏，大员在籍病故，代递遗疏恳恩赐恤一摺。前任甘肃、新疆巡抚刘锦棠秉性忠勇，卓著勋勤……六月间有旨，召令来京，方冀长资倚畀，遽闻溘逝，悼惜殊深。……伊子监生刘道谦着以员外郎用；优增生刘笃烈着赏给举人，准其一体会试；伊孙刘家璠着以主事用，以示笃念荩臣至意。寻赐祭葬，谥襄勤。

八月庚戌　以刑部尚书薛允升为顺天乡试正考官，都察院左都御史徐郙、内阁学士长萃、都察院左副都御史杨颐为副考官。

八月壬子　以学堪师表，赏奉天辽阳州学正司空群等国子监学政衔。

八月丁巳　礼部奏，会议四川太平县请加文武学额。依议行。

八月庚申　恭上慈禧端佑康颐昭豫庄诚寿恭钦献崇熙皇太后徽号礼成，颁诏天下。诏曰……一、会试额数，俟礼部临期奏明人数，请旨酌量广额，乡试大省加三十名，次省加二十名，小省加十名，满洲、蒙古加六名，汉军加三名。一、各直省入学额数，大学加七名，中学加五名，小学加三名。……布告天下，咸使闻知。

八月壬戌　谕：寿耆等奏，拿获出棚串号之士子，请交部审办一摺。周秉义、傅光陛着即送交刑部审办。另片奏，请将胆大妄为之文生长海、周世昌二名即行斥革等语，长海、周世昌均着即行斥革。长海情节较重，着交刑部审讯，按律从严惩办。

八月癸亥　顺天府以宗室乡试中额请。得旨：取中五名。

八月甲子　谕内阁：寿耆等奏请，将遗失试卷之受卷官交部察议一摺。受卷官、刑部主事王学伊等于第三场受卷时，因人多拥挤，以至遗失士子张庆云、赵绳祖试卷二本。虽据自行检举，究属疏忽。刑部主事王学伊、光禄寺署正谢汝赓均着交部，照例察议。

八月丁卯　河南学政邵松年奏，省城增建明道书院，酌定条规，以励实学。如所请行。

八月戊辰　谕内阁：刘坤一奏，营勇捉船供差，刀伤考生，请将营哨各官分别惩处等语。据称，八月初三日，华亭县附生钱景嵩等雇坐民船来省乡试，行至下关北河口地方，遇营勇数人，声称捉船供差，该营勇等竟敢上船逞凶，刀伤附生张邦燮等，廪生潘炳辰、增生陆元达二人查无下落，请饬严究等情。营哨各官有管束兵丁之责，乃竟任令横行，致有持刃伤人之案，成何事体？所有寿左营营官、记名总兵李运春、哨官候补守备朱克斋均着即行革职；候补道陈乃瀚照料营务，亦难辞办理不善之咎，着交部议处；其滋事勇丁即着严行讯明，按照军法惩办。嗣后，新募营勇较多，该管官弁尤须严加约束，毋准恃众滋事，致干军律。

九月乙酉　派兵部右侍郎徐树名知武举，以户部右侍郎陈学棻为武会试正考官，翰林院侍讲学士徐致靖为副考官。

九月丙戌　以捐助学田经费，予四川万县耆民向志扬建坊。

九月庚寅　以通政使司通政使良培赤满洲翻译乡试正考官，翰林院侍讲学士清锐为副考官。

九月乙未　礼部以翻译乡试中额请。得旨：取中十名。

九月丙申　谕内阁：钦奉慈禧端佑康颐昭豫庄诚寿恭钦献崇熙皇太后懿旨，此次武殿试，二十四日皇帝阅看马步射，二十五日阅看弓刀石，均着派御前大臣恭代阅看。

九月戊戌　谕内阁：钦奉慈禧端佑康颐昭豫庄诚寿恭钦献崇熙皇太后懿旨，本科武殿试传胪，着停止升殿。

九月己亥　御前大臣奕劻等校阅中式武举马步射、技勇完竣，开单进呈。上亲定甲乙，赐一甲张鸣翥、杜天麟、岳庆德三人武进士及第，二甲王永清等二十人武进士出身，三甲坤濂等一百人同武进士出身。

十一月癸酉　以刑部左侍郎李端棻为顺天武乡试正考官，翰林院侍讲学士秦绶章为副考官。

十一月乙未　以学行兼优，予贵州镇宁州学训导袁照夔等三员，陕西署兴安府学教授李忠竣等六员，蒲城县学附生王璁等六员奖叙。

十一月乙未　以捐建书院，赏例贡生王喜桂光禄寺署正衔，加一级。

光绪二十一年（1895年）

正月乙未　四川总督刘秉璋奏，大宁县学生员已逾百人，仍请准设拔额一名。下部议。

二月己酉　户部奏，议覆奉天学政奏，请饬各省制办抬枪，兼造火药。又奏请推广报捐巨款，赏给举人，报捐翎枝核减二成。均依议行。

二月庚戌　谕：御史蒋式芬奏，前请饬武举李福明捐修木路以代海运。昨知李福明被南城御史参奏，其人不安本分，显有明证，自悔未暇细访，据实具陈等语。科道各官原许风闻言事，惟必须详确访查，核实具奏。已革武举李福明私开机器磨坊，前据御史钟德祥陈奏，极称其便，嗣经都察院查明饬禁，辄复抗违不遵，滋闹衙署，似此不安本分之徒，岂得滥行保奏？嗣后，言官条陈事务，当访查确实，方可登诸奏牍，不得以传闻无据之辞率尔陈奏，以杜流弊。

二月己巳　谕：此次补行覆试顺天及各直省乡试举人，一等潘龄皋等六十名，二等梁泮等二百十六名，三等何镇圭等二百五十四名，俱着准其一体会试。

二月辛未　广西巡抚张联桂等奏请添设百色、恩隆等厅县学拔贡名额，以示鼓舞而作人材。下礼部议。

三月丁丑　以协办大学士吏部尚书徐桐为会试正考官，理藩院尚书启秀、礼部右侍郎李文田、内阁学士唐景崇为副考官。

三月庚寅　礼部以宗室会试中额请。得旨：取中三名。

三月癸巳　礼部以会试中额请。得旨：满洲取中九名，蒙古取中四名，汉军取中六名，直隶取中二十二名，奉天取中三名，山东取中十九名，山西取中十名，河南取中十七名，陕西取中十四名，甘肃取中九名，江苏取中十五名，安徽取中十名，浙江取中十四名，江西取中十五名，湖北取中十三名，湖南取中十三名，四川取中十四名，福建取中十三名，广东取中十三名，广西取中十一名，云南取中十一名，贵州取中十一名。

四月甲寅　以大学士额勒和布为翻译会试正考官，礼部左侍郎刚毅为副考官。

四月己未　谕内阁：此次新贡士覆试，列入一等之萧荣爵等五十五名，二等之周之麟等一百名，三等之张庚铭等一百二十四名，俱着准其一体殿试，

四月辛酉　礼部以翻译会试中额请。得旨：京旗取中三名，驻防取中二名。

四月辛酉　派协办大学士吏部尚书徐桐、刑部尚书薛允升、吏部右侍郎廖寿恒、户部右侍郎陈学棻、礼部右侍郎李文田、兵部右侍郎徐树铭、工部左侍郎汪鸣銮、内阁学士兼礼部侍郎衔寿耆为殿试读卷官。

四月壬戌　策试天下贡士景禐等二百八十二人于保和殿。制曰：朕寅绍丕基，俯临寰宇，仰荷昊穹垂佑，列圣诒谋，夙夜孜孜，于今二十有一年矣。惟是时事多艰，人才孔亟，期与海内贤能，力矢自强，单心图治，上无负慈闱之训迪，下克措四海于乂

安，若涉渊冰，实深祇惧。兹当临轩策问，用集多士，冀获嘉谟。兵所以威天下，亦所以安天下，然非勤加训练，则无以制胜。汉法曰都肄，唐法曰讲武，宋法曰大阅，果不失搜苗狝狩遗意欤？孙子练士，吴子治军，李靖之问对，所详手法、足法；明王骥、戚继光所论练兵之法，其目有五、有六，能备举之欤？至于究极精微，谙求韬略，若《淮南子·兵略训》、杜牧《战论》、苏轼《训兵旅策》，见诸施行，果能确有成效否？国用必有会计，禹巡狩会诸侯之计，其说何征？《周礼·小宰》岁终令群吏致事，郑注若今上计，司会逆群吏之治，听其会计。有引伸郑注，受而钩考，可知得失多少，见于何书？汉初专命一人，领郡国上计，膺选何人？武帝遣使诣京师，上计簿，帝都方岳，试悉数之。光武遣吏上计，但言属郡，不言远方；唐初犹上计，废于何时？宋时天下财赋，皆上三司，后选吏专磨文帐，议始何人？《会计录》前后凡几，明代《会计》，何人编录？自洪武以来，通为一书者何人？能计述欤？自古求治之主，每以躬行节俭为天下先，然核其心迹，诚伪不同。尧之土阶，舜之土簋，禹之恶衣，文之卑服，尚已！汉文帝衣绨履革，蒲席韦带，屏雕文之饰，成富庶之业，享世久长，治犹近古。后世人君，焚翟裘，毁筒布，却珠贡，甚至一冠三载，一衣屡浣，非不慎乃俭德，而究不能广声教于寰区，希治功于隆古，岂徒俭不足以为政欤？抑岂务其名而未求其实欤？夫国奢则示之俭，国俭则示之礼。今欲崇本抑末，易俗移风，士庶无逾制之嫌，闾阎有藏富之实，果何道以致之？民生以农事为本，农事以水利为先。周命遂人，齐立水官，秦治泾水，汉穿渭渠，经画详至，史册可征。自后或修芍陂、茹陂，或开利民、温润，或决三辅，或引滹沱。其经时久暂，因革异宜，试为条例。虞集请兴北方农田，自辽海以迄青齐，因何不行？托克托言京畿近水地利，可设农师佃种，其法若何？徐有贞所陈潞河等处水利，左光斗请复天津屯田，申用懋请疏滦河诸水，言皆切要，能详举之欤？凡此皆宰世之宏纲，济时之实政也。朕以藐躬，膺祖宗付托之重，宵旰忧勤，惟思仰慰慈怀，抚绥兆姓，天人合应，景运常新。尔多士来自田间，夙怀忠谠，其各直言无隐，朕将亲览焉。

四月甲子　湖北巡抚谭继洵奏，已革举人万航捐输军饷银五万两，吁恳特恩，以昭激劝。得旨：万航着赏还举人，仍照例覆试。

四月乙丑　上御乾清宫，召读卷官人，亲阅定进呈十卷甲第。

四月丙寅　上御太和殿。传胪。授一甲三人骆成骧为翰林院修撰，喻长霖、王龙文为编修，赐进士及第；二甲萧荣爵等一百人赐进士出身；三甲文同书等一百七十九人赐同进士出身。

四月己巳　谕：福润奏校阅营伍情形，请将各员分别劝惩一摺。安徽寿州汛把总张余庆着遇有千总缺出，尽先前拔补；署亳州营龙德司汛外委朱佩元着遇有把总缺出，尽先前拔补，以示鼓励。寿中营候补守备顾登科年力衰老，寿中营丁家集汛外委刘青云，宿州营世袭云骑尉周际昌、赵克槎射均无准，均着即行革职。寿中营效力武举安殿魁、许锦春弓马生疏，着不准留营，以备戎行。

四月己巳　引见甲午科散馆人员。得旨：修撰吴鲁，编修尹铭绶、郑沅业经授职，二甲庶吉士吴筠孙、朱启勋、姚舒密、关冕钧、毓隆、李家驹、齐忠甲、徐仁镜、梁士诒、李灼华、程友琦、余坤、夏启瑜、汪洵、朱锡恩、叶大年、沈鹏、沈卫、王廷鉽、刘廷琛、达寿、吴敬修、冯恩昆、梁文灿、王会厘俱着授为编修，三甲庶吉士桂坫、江春霖、吴式钊、张林焱俱着授为检讨，陈昭常、翟化鹏、李清琦、景禐、余晋芳、郭育才、胡继瑗、王照、谭文鸿、耆龄俱着以部属用，邹毅洪、储英翰、范溶黎、承礼、伍文琯、张其淦、黄秉湘、尹春元、池伯炜、张琨、陆士奎、张怀信、夏树立、裴汝钦、汪一元、田宝蓉、李祖年、谭绍裘、张祥龄、洪锦标、于普源、王瑚、郭曾准、孙鸣皋、蔡琛、林钱、陈君耀、吴家嶲、陈兆丰、叶大可、江衡、张琴、袁桐俱着以知县即用，翻译庶吉士崇山着授为编修，金林着以知县即用。

四月己巳 命礼部尚书李鸿藻、都察院左都御史裕德教习庶吉士。

五月壬申 都察院奏，广西举人甘恒暄捐饷以赎父罪。得旨：着刑部查明原案，奏明请旨。

五月甲戌 谕内阁：御史熙麟奏，殿廷考试，大臣阅卷，是非倒置，据实上陈一摺。据称壬辰年朝考，列入一等之戴锡之字迹庸陋，疏中措词失体，诗亦多不可解；伍文琯卷，诗中出韵，皆以前列幸入馆选。本科新进士朝考，李瑞清、曹葆珣二卷，皆经加签而列入一等；卓孝复、吴纬炳二卷并未加签，写作均非不佳，均置之三等；曹元弼一卷，笔画脱落，几不成字，转列入二等各等语。即着翰林院掌院学士将戴锡之等七员原卷封固呈进。另片奏，本年庶吉士散馆，取列三等各员，卷中涂改出韵失拈，实非无心错误等语。嗣后，派出阅卷大臣务当秉公校阅，如有文理纰谬，错误太多，应列四等及不列等之卷不得意存迁就，概行从宽，以昭核实。

五月乙亥 谕内阁：昨据熙麟奏，殿廷考试，大臣阅卷，是非倒置。当经谕令翰林院掌院学士将戴锡之等七卷封固呈览。戴锡之一卷，疏语尚非失体，诗多费解；伍文琯诗中出韵，未经签出；李瑞清、曹葆珣二卷，签出之处，均属笔画微疵；吴纬炳写作尚属可观，而越幅黏贴，殊属违式。除伍文琯业经改授知县外，戴锡之着改列三等三十九名，并注销庶吉士，交吏部签掣省分，以知县即用。其余原列等第尚非倒置，均着毋庸置议。卓孝复写作俱妥，着改列二等一百名。曹元弼一卷，字迹模糊，原置二等，殊属失当，着降列三等五十名。其原列三等第四名至五十名，以次递推。所有原阅戴锡之卷之吏部右侍郎廖寿恒、原阅伍文琯卷之工部左侍郎汪鸣銮、原阅卓孝复卷之理藩院尚书启秀、原阅曹元弼卷之都察院左都御史徐郙均着交部察议，

五月庚辰 引见新科进士。得旨：一甲三名，骆成骧、喻长霖、王龙文业经授职，萧荣爵、吴绰炳、傅维森、曹汝麟、林开謩、雷镇华、张继良、齐耀琳、赵炳麟、刘嘉琛、赵增琦、潘龄皋、李瑞清、刘燕翼、叶芾棠、彭树华、陈楠、胡思敬、谈国楫、罗长裿、谢馨、朱永观、刘汝骥、何莘耕、陈望林、聂延祜、吴钧、萧之葆、兴廉、尹庆举、戴展诚、涂福田、葛毓芝、成连增、龚心钊、李翰芬、于疏枚、赵鹤龄、胡峻、欧家廉、文林、金鉽、锡嘏、廖基钰、世荣、胡嗣芬、赵擞鸿、万本端、李景骧、张世培、雷以动、林玉铭、陈恩棨、陈翰声、章华、余炳文、秦锡圭、江蕴琛、李

之钊、石长信、李于锴、杨锡霖、何业健、谢远涵、沈同芳、罗经权、林清照、锡铎、顾祖彭俱着改为翰林院庶吉士，卓孝复、刘云衢、郭灿、许受衡、袁绪钦、秦望澜、王焯、李长华、孙荣枝、李最高、谢荣熙、康有为、李国材、吴命新、徐孝丰、寸开泰、吕传恺、赵世德、赵廷珍、傅兰泰、汪世杰、王迺槩、张濂、刘明华、王荃善、李增芳、陶荣、孙绍棠、顾寿椿、丰和、吴鸿森、舒鸿仪、汪赞纶、杨恩元、马汝骥、文同书、张尧燊、魏元旷、陈恩治、范国良、曲江宴、邢维经、黄维翰、顾光照、葛亮维、金境芙、白嘉澍、高祖培、王桐荫、李步沆、润芳、萧榘、黄树荣、庆隆、李若坤、旷子椿、周沆、刘嘉斌、高嵩生、萧树升、姚晋埏、荣春晖、吕笃、何重熙、贡士元、王荩臣、张锴、周之麟、廖鸣韶、王德懋、谭廷扬、谢元洪、景湝、张翰光、王凤文、徐信善、叶祖修、曹葆珣、迎喜、朱珩、韦锦恩、吕正斯、继曾、吕咸熙、郭景象、汪春榜、林灏深、魏倬、侯晋康、王伊、刘镍、雷光甸、刘彤光、海明俱着分部学习，吕钰、吴建让、曹元弼、任锡纯、黄秉潍、刘蓉第、致善、王恕、梁士选、王宝田、孙秉衡、朱应杓、秦绂卿俱着以内阁中书用，安文澜、黄瑞兰、刘庆骐、曹邦彦、周凤鸣、方朝治、曹甡孙、黎敬元、刘廷珍、郑宗郇、李景祥、王绳武、董观瀛、崔登瀛、彭锡蕃、崔保龄、李乐善、赵家蕙、邱炳萱、都守仁、朱远绶、刘德全、林朝圻、桂福、王从礼、潘宜经、瑞徵、张仲儒、恒善、李发宜、李庆霖、邹增祜、张存谐、林振光、高如恂、朱远缮、豫咸、刘辉、陈侃、韩克敬、杨瑞鳣、陈桢、杨云卿、爱兴阿、黄葆初、杨道钧、刘兴东、胡鉴莹、张凤台、张致安、何荣烈、孔庆塄、戴光、姜良材、邢骧、马如鉴、周丙荣、凌洪才、蓝镛、杨书勋、张锡鸿、杨允文、林宗奇、王桂枝、黄世泽、张庚铭、高暄阳、陈继洋、秦献祥、王树人、陈养源、刘国良、张之锐、李体仁、米穜、张志轩、王志昂、张俶兰、余际春、王曜南、鲍寯卿、边三益、詹恺、胡调元、丁良佐、吕继纯、周捷三、张受中、赵炳麟、陈宸、石长祜、陈永昌、石寅恭、林向滋、文寯、吴江澄、陈模、张朴、德锐俱着交吏部掣签，分发各省，以知县即用，内阁中书沈桐着仍以内阁中书用，吏部候补主事姚炳熊、户部候补主事凌福彭均着以主事即用，候选员外郎宝铭着仍以员外郎归原班选用，余着归班铨选。

五月甲申　引见翻译进士庆斌。得旨：仍以兵部员外郎归原班补用。

五月戊子　谕内阁：此次补行大考之翰林院编修豫泰着附入二等末。

六月乙亥　奏请设汉中府留坝厅学选拔贡额。下部议驳。

六月壬午　引见廷试各省优贡。得旨：侯青照等二十六员以知县用，李长生等二十八员以教职用。

七月辛亥　谕内阁：近来考试翻译，每遇请派阅卷之期，翻译出身人员多不开列，以致不敷简派。嗣后，各项翻译考试所有应行开列之员均着一体开列，不得托词规避，并将是否翻译出身于各衔名下详细注明。

七月辛亥　谕：御史恩溥奏，武闱乡试及试翻译各场监试、巡查御史请分别增减等语。着该部议奏。

七月己未　以报效军饷巨款，赏江苏附贡生沈应熊举人，一体会试。

八月辛未　谕：内阁御史易寯奏请裁减乡会试中额并各省学额各摺片。着礼部议奏。寻，覆奏议驳。从之。

八月己卯　谕内阁：给事中端良奏，场差大臣车辆夫役恃势婪索，请饬严禁一摺。据称，本年六月间贡院考试翻译，阅卷大臣会章之车夫因诈财未遂，将大兴县役王姓虏禁勒赎；又，七月间考试汉教习，专司稽查大臣裕德之轿夫纠众强取供给为米石，并殴辱应差官员等语。贡院重地，夫役人等竟敢恃众讹索，实属不成事体。会章、裕德未能约束，均着交部察议。所有滋事之车轿夫役即着该大臣等自行惩办。嗣后，各部院堂官于随带仆从、夫役务当严加约束，不准稍有滋扰。寻，吏部议，会章等应得罚俸六个月公罪。得旨：准其抵销。

九月己亥　谕：御史乌尔庆额奏，各部院大臣跟随车轿夫役人等聚众滋事，请饬拿办等语。前因给事中端良奏，裕德、会章车轿夫役在贡院抢米殴人，甫经降旨饬办，何以近日复有如该御史所奏各情，实属不成事体。嗣后，各部院大臣务当严加约束，并着步军统领衙门、顺天府、五城御史饬属随时访查，遇有大员跟役人等藉端滋事，即行拿交刑部，从严惩办。

九月壬子　派兵部右侍郎徐树铭知武举，以刑部左侍郎李端棻为武会试正考官，翰林院侍讲学士冯文蔚为副考官。

十月庚午　御紫光阁，阅中式武举马步射。

十月辛未　上御箭亭，阅视中式武举技勇。

十月辛未　御乾清宫，引见中式武举，亲定甲乙。

十月辛未　谕：本日殿试中式武举弓刀石，内刀力不符之河南常鸣春、广西王辰山、江西李鹤林均着罚停殿试一科。所有原围监射之大臣着交部议处，覆试之王大臣着交部察议。

十月辛未　谕：都察院奏，浙江武举陈殿扬等遣抱以台属灾歉甚重，吁请抚恤缓征等词，赴该衙门呈递。各省水旱偏灾例应由督抚奏请恩施，该武举等在都察院率行呈请，殊属不合，已将原呈发还矣。惟地方灾歉，关系民生。览该武举等所呈情形，殊深轸念。着廖寿丰确切查明台州所属临海等县究竟有无被灾，及应否抚恤缓征之处，即行奏明办理。原摺着钞给阅看，将此谕令知之。

十月壬申　上御太和殿。传胪。赐一甲潘涛、武国栋、王燧燡三人武进士及第，二甲邹荣标等武进士出身，三甲毛连彩等同武进士出身。

十月癸酉　谕内阁：御史陈其璋奏，捐纳到部续中进士人员，分别俸次年限，保送一等，吏部覆奏例章，窒碍难行，请饬另议等语。着吏部妥议具奏。

十月癸未　谕：翰林院侍讲学士秦绶章奏，请改武科，以储将略等语。着兵部归入前次御史孙赋谦奏，武场考试请变通旧制各摺片内，一并议奏。寻，兵部奏，武场改习枪炮，与私藏火器之禁有碍，应毋庸议。惟营制不妨变通成例，每科武进士发标学习，及武举归标者，请令该管官督饬练习洋枪炮，分别等第，限一年咨部注册，优者拔补，劣者革退，以示劝惩。至武科重技艺不重文字，若兼试策论，不免替换、代倩之弊，仍属有名无实。秦绶章所请并试策论之处，亦毋庸议。从之。

十二月癸酉　谕军机大臣等：有人奏，著名匪类假冒职官，遇事招摇，请饬拿办一摺。据称董八冒充举人志敏，吴效曾自称员外郎，候选知府梁承华，广西人，冒充直隶籍，均系藉端招摇撞骗，败坏官常等语。着步军统领衙门、顺天府、五城御史一体严拿，交部讯办。原摺均着钞给阅看，将此各谕令知之。

十二月癸酉　谕：御史杨崇伊奏，京官创设强学书院，植党营私，请旨严禁一摺。据称，近来台馆诸臣于后孙公园赁屋，创立强学书院，专门贩卖西学书籍，并钞录各馆新闻报，刊印中外纪闻，按户销售；犹复藉口公费，函索外省大员，以毁誉为要挟，请饬严禁等语。着都察院查明封禁。原摺着钞给阅看，将此谕令知之。

十二月乙亥　谕：本日御史陈其璋奏请整顿同文馆，及推广制造图绘之学，并令编检等官暨举人、五贡一体招考各摺片。着该衙门议奏。

十二月戊子　谕：本日御史胡孚宸奏，书局有益人才，请饬筹设，以裨时局一摺。着总理各国事务衙门议奏。寻议，拟援照八旗官学之例，建立官书局，特派大臣管理，聘订通晓中西学问之人专司选译书籍、各国新报及指授各种西学，由管理大臣详定章程，定期开设。从之。

光绪二十二年（1896 年）

正月己酉　署两江总督张之洞奏，江南现拟创设储才学堂，分立交涉、农政、工艺、商务四门，并将向有之同文馆归并推广。得旨：着张之洞移交刘坤一妥为办理。

正月乙卯　谕：边宝泉奏，特参庸劣不职各员等语，福建候补知府卢庆云挥霍纵恣，声名平常，惟系进士出身，文理尚优，着以教职归部铨选；候补知县李瑄因案科罚，心地糊涂；前署海澄县知县、试用知县张朝录纵差勒索，民怨沸腾；候补县丞王滋圃贪鄙营私，居心巧诈；试用县丞刘学坤遇事生风，惟利是视。均着即行革职，以肃官方。

二月丙寅　（署两江总督张之洞）奏，时局需才，求效难缓，拟选派已通西文之学生分入外洋各国学堂肄业，并筹备经费。下所司知之。

二月戊辰　以遵命捐助义仓书院经费，予福建补用县丞陈清平为其故祖父母建坊。

二月壬申　谕内阁：福润奏，开缺巡抚在籍病故，代递遗疏，恳恩赐恤一摺。刘铭传秉性忠勇，卓著战功。咸丰年间，粤捻窜踞安徽，倡办团练，为曾国藩所识拔。同治初年，随同李鸿章募兵东下，连拔郡县，会合诸军苦战，克复常州。积功补授直隶提督，剿捻山东、河南等省，与悍贼纵横追逐大小数百战，旋授三等轻车都尉世职。复与各军穷追首逆张总愚，斩馘无算。捻匪一律荡平，晋封一等男爵。朕御极后，特授巡抚，叠加太子太保、兵部尚书衔，于一切应办事宜克称厥职。嗣因病，准其开缺，回籍调理，方冀宠眷克承，长资倚畀。兹闻溘逝，轸惜殊深。刘铭传着晋赠太子太保衔，照巡抚例赐恤，加恩予谥，准其于立功处所建立专祠，生平战绩事实宣付国史馆立传，任内一切处分悉予开复，应得恤典，该衙门查例具奏。伊长孙刘朝仰着赏给员外郎；伊子副贡生刘盛芸着赏给举人，准其一体会试；附贡生刘盛芾着以员外郎用。用示笃念荩臣至意。寻，予谥壮肃。

二月乙酉　直隶总督王文韶奏，天津武备学堂出力员弁及屡考优等学生，择尤给奖。允之。

二月乙未　以捐修书院，予直隶河间县绅士、候选通判李云鹏建坊。

三月丙申　山西巡抚胡聘之奏，时艰需才，请变通书院章程，增课天算、格致等学，以裨实用。如所请行。

三月癸卯　（吉林将军长顺）奏，裁并靖边防军，添设武备学堂，仿照西法教演炮位。允之。

四月庚辰　吏部奏，翰林大考录用人员不得再行保送御史，及保送知府，分别厘定。依议行。

四月癸未　湖南巡抚陈宝箴奏，新设南洲直隶厅，请查照凤凰、晃州各厅学额成案，添设文学五名，连前拨分华容、安乡两县学额三名，共八名，作为定额。下部议行。

四月甲申　谕：御史孙赋谦奏，考试荫生请严密关防一摺。着吏部议奏。

四月戊子　以捐助书院经费，予大学士张之万、湖广总督张之洞南皮县原籍建坊。

四月己丑　护理陕西巡抚张汝梅等奏，创建格致实学书院，以培人才，并拟设机器织布局，提出余利，供书院经费。报闻。

五月丙申　谕内阁：李端棻奏请推广学校，以励人才一摺。着该衙门议奏。寻，总理各国事务衙门奏，兴学诚自强本计，请由各省督抚酌拟办法，或就原有书院量加程课，或另建书院肄习专门。果使业有可观，三年后由督抚奏明，再行议定章程，请旨考试录用。其藏书楼、仪器院、译书馆三节，均可于新立学堂中兼举并行。选派游历一节，与臣衙门奏派同文馆学生出洋章程大意略同，惟经费难支。请嗣后游历诸学生由学堂、商局选派者，即由学堂、商局筹给资斧，庶推广之中仍存限制。至所请京师建设大学堂，系为扩充官书局起见，请饬下该管大臣察度情形筹办。从之。

五月己亥　以捐设义塾，予河南洛阳县故国子监典籍衔监生刘震建坊。

五月庚子　谕内阁：刘树堂奏，郑州文庙不戒于火，请将该学教官及地方文武分别议处一摺。郑州学正朱炎昭、训导王鹤山、知州邵承裕、城守汛把总常照奎均着交部分别议处。

五月壬寅　谕：左庶子济澄奏，外省乡试房考暗带私人入闱阅卷，请旨饬禁一摺。科场条例本极严密，嗣后，各省乡试，该督抚等务当选择品学兼优之员充当同考官，入闱后，如查出暗带私人情弊，即着据实参奏，以示惩儆。

六月丁卯　浙江学政徐致祥奏浙省推广学额之处，所有缺进学额请归下届计算取进。下部议。

六月丙戌　（四川总督鹿传霖）奏，创设西学堂，请饬议定章程，下总理各国事务衙门议。寻奏，查川督原奏，西学堂生徒如学有成就，或准作监生入场乡试，或给予从九品衔；其教习及监堂各员，若办有成效，酌量保奖等语。核与广东同文馆、新疆俄文馆章程尚属相符，拟请准如所奏办理。其学业出众各生，并准照案保府经历、县丞官阶，以示优异。至派令学生出洋一节，应由出使大臣酌量奏调。其余一切章程，均以广东、新疆为式。从之。

六月戊子　谕军机大臣等：正黄旗满洲文举人、世袭子爵文福，着该旗都统饬令该员迅赴吉林，交延茂差遣。

七月乙巳　直隶总督王文韶奏，天津水师学堂添募学生，专习俄文。允之。

七月庚戌　以捐助书院经费，予故江苏句容县县丞张渠妻臧氏建坊。

八月丁卯　谕内阁：御史郑思赞奏，捐复举人有关名器，请饬核议，并请停止报捐举人及推广道府捐章各折片。着户部议奏。

八月壬申　礼部奏，议覆浙江捐广学额，倘有缺额，请归下届取进。从之。

八月戊寅　谕军机大臣等：李端遇奏，考童滋事，请饬查办一折。据称，按试庐州六学，文生放场时，拾获合肥县匿名揭帖，内称贿卖秀才。迨考录合肥童生，出题后，突有考童六七十人蜂拥出号，口称题目场外已经传闻，肆意滋闹。经教官禀请改题另出，该童等仍复口称此题外间亦知，并有毁烧席棚、殴打家人情事。现已拿获马肇霖等二名，交合肥县收押等语。此案情节究竟若何，着福润确切查明，派员审办。原折着钞给阅看，将此谕令知之。

八月壬午　以捐助义塾经费，予直隶青县监生沈德瑛等及捐赈之直隶提督聂士成等各为其故父母建坊。

八月壬辰　江西巡抚德寿奏，酌裁友教书院童卷，移设算科，招生学习。如有新法明通、畅达时务者，咨送总理各国事务衙门考试，以备器使。报闻。

九月丙申　派贝子溥伦带领侍卫十员，往奠故致仕大学士福锟茶酒，赏陀罗经被，照大学士例赐恤，入祀贤良祠。子一品荫生毓方赏郎中，及岁分部行走。寻，予谥文慎。

九月戊戌　谕内阁：御史郑思赞奏，荫生主事补缺章程请饬酌量变通一折。着吏部议奏。寻奏，荫生主事请援照员外郎酌量补用。应毋庸议，从之。

九月戊戌　谕：御史郑思赞奏，河南副榜中额未将官卷统算，请饬部查明办理等语。着礼部议奏。

九月丙辰　以捐助书院膏火，予陕西西和县职员杜正泽建坊。

十月庚寅　闽浙总督边宝泉等奏，台湾内渡诸生入籍考试拟定办法，俾安生业而图上进。下部议。

十一月癸巳　谕军机大臣等：……育才为当今急务，节经谕令各直省添设学堂，实力举办。其武备学堂，能否于各省会中一律添设，并着该将军、督抚等妥筹具奏。京师、上海两处既准设立大学堂，则是国家陶冶人材之重地，与各省集捐设立之书院不同，着由户部筹定的款，按年拨给，毋庸由盛宣怀所管招商、电报两局集款解济，以崇体制。以上三条，经该王大臣等逐条核议，均属切实可行，着户部暨各该将军、督抚等查明议准各节，实力举办。其有前奉谕旨未经覆奏者，即着迅速覆奏。总之，办事须求实际，徒法不能自行。该将军、督抚等奉到此旨，务须脚踏实地，见诸施行，毋得粉饰因循，一奏塞责。原摺着钞给阅看，将此各谕令知之。

十一月癸巳　谕：御史崇荫奏，科场誊录积弊甚深，请饬严定对读官处分。着该部议奏。

十一月辛亥　谕：御史宋伯鲁奏，乡会试第三场并各项考试策题宜专问时务，着礼部议奏。寻议，驳。

十一月己未　谕：御史孙赋谦奏，乡会试文场，有割卷易名之弊，请用印防范。着礼部议奏。

十一月己未　谕：御史孙赋谦奏，武场考试，仍请变通旧制。着兵部议奏。

十二月丁卯　谕军机大臣等：御史华辉奏，胪陈江西科场积弊，请饬切实整顿一摺。乡试为抡才大典，必须严防弊窦，方足以拔取真才。若如所奏，拜房、枪代、换卷、改文等弊，实属不成事体。着德寿于明年补行乡试时，按照科场条例加意防察。倘有前项情弊，着即从严惩办。另片奏，请严录遗取额等语，近来乡试录科，取数渐宽，以致百弊丛生，着黄卓元于明年录科时，务当从严选取。俊秀一项，尤当认真考校，以杜幸进。原摺片均着钞给阅看，将此各谕令知之。

十二月己巳　山西巡抚胡聘之等奏，口外七厅学制酌拟变通，将归化、萨拉齐、和林格尔、托克托、清水五厅并为一学，丰镇、宁远二厅亦并为一学。每学定设文童进额八名，武童应试人数较少，每学设定额四名，以示区别。下部议。

十二月己巳　以捐置义学，予山东历城县贡生娄希贤建坊。

十二月癸酉　谕：御史孙赋谦奏，文场考试请厘正文体，及乡会试磨勘覆勘，请申明定例各摺片。着礼部议奏。

十二月丁丑　（给事中褚成博）奏，请设翻译一科，及各项考试酌用三礼命题，策问用本朝人名、书名。下部议。

十二月丁亥　谕：鹿传霖奏，川省科场积弊太甚，请旨申饬等语。科场为抡才大典，宜如何整齐严肃。乃据称，川省近科场规异常宽滥，士子领卷后，出入无禁，竟有携卷出场，至启门时缴入者；其誊录、弥封等所，亦皆有贿买、句串等弊，实属不成事体。明年丁酉科乡试，着鹿传霖申明定例，认真整顿。并着先期出示晓谕，该士子等倘再玩违，或有藉端挟制哄闹者，即着严拿按律治罪，毋稍宽假。其内外帘官着加意遴选，并饬令提调等官严查书吏，务期积弊一清，用副朝廷拔取真才至意。

十二月己丑　谕内阁：御史李念兹奏，江南科场弊窦滋甚，请饬整顿一摺。科场为抡才大典，理宜严密关防，剔除弊窦，方足以拔取真才。若如所奏，江南乡试，同考官、誊录、对读及承办书吏种种弊端，亟应严申禁令。着两江总督，江苏、安徽各巡抚按照科场条例，实力整顿，务使弊绝风清，用副朝廷吁俊求贤至意，将此各谕令知之。

光绪二十三年（1897 年）

正月己亥　谕内阁：谭钟麟等奏，特参庸劣各员一摺，广东开平县知县刘盛堂听断糊涂，几酿冤狱，该员系科甲出身，操守尚严，着以教职归部选用。

正月甲寅　以捐助书院经费，予故广东肇庆府教授陈继蕃建坊。

二月己卯　湖广总督张之洞奏，鄂省筹设武备学堂，俟学有成效，拟援照直隶、江南奏定学堂年限章程请奖，并择委差缺，以示鼓励。下所司议。

二月己卯　（四川总督鹿传霖）奏，川省已收津贴捐输，接济京协各饷银三百一十九万两有奇，汇案并计，请加广本年丁酉正科川省乡试文武中额各十名，以昭激劝。下部议。

二月己卯　以捐助书院经费，予甘肃提督董福祥议叙。

三月甲辰　湖广总督张之洞等奏，鄂省连年被灾，赈广款繁，请暂行推广赈捐。有捐银一万二千两以上者奏请优奖，有捐翎枝及举人者照部章加一成收捐。下部速议。

四月甲戌　以本年乡试，考试应开列试差人员于保和殿。

四月丁亥　福州将军裕禄等奏，商定船政局学堂招考学生章程，前学堂课程限制以六年为期，其艺圃学堂则分为艺徒、匠首两学堂，课程限制，各以三年为期。下所司知之。

五月己丑　以翰林院编修周克宽为云南乡试正考官，余坤为副考官；编修杜本崇为贵州乡试正考官，陈伯陶为副考官。

五月戊戌　谕内阁：云南学政姚文倬奏，考核教职，恳恩奖励等语。云南丽江府教授钱鸿逵、东川府教授赵永昌、江川县教谕王京诏、南宁县教谕赵咏周、选用训导周汝源，以上五员既据该学政声称学行俱优，均着照所请，赏给内阁中书衔，以示鼓励。学政保举教官，原为激励人才起见，惟近来各省学政往往于任满时，胪列多员，奏请奖励，几若视为成例，难免有意存见好之弊。嗣后，教职中如实有品学兼优、足为士林矜式者，方准据实保奏，断不准滥竽充数，以重名器。

五月庚子　以通政使司通政使萨廉为广东乡试正考官，翰林院修撰刘福姚为副考官；编修尹铭绶为广西乡试正考官，谭启瑞为副考官；通政使司副使葛宝华为福建乡试正考官，编修谢佩贤为副考官。

六月庚午　以翰林院编修黄绍箕为湖北乡试正考官，熊亦奇为副考官；国子监祭酒张百熙为江西乡试正考官，编修杨家骧为副考官；兵部左侍郎徐树铭为浙江乡试正考官，编修吴郁生为副考官。

六月庚辰　以太仆寺卿刘恩溥为江南乡试正考官，翰林院编修朱锡恩为副考官；

编修柏锦林为陕西乡试正考官，刘学谦为副考官。

六月辛巳　谕内阁：依楞额奏，特参贪劣不职各员等语。凉州左翼协领得敦管理粮饷，十有余年，不实不尽，经依楞额查出历年平余公费，拟作为练兵津贴，该员竟敢串同骁骑校裕桢等捏词诬控，以图挟制，实属贪狡性成，肆行无忌。花翎记名副都统、凉州左翼协领得敦着拔去花翎，革职，永不叙用，发往军台效力赎罪；骁骑校裕桢、百连、荣秀朋比误公，着一并革职；文举人恩光行为倾险，遇事生风，着革去举人，以示惩儆。

六月丁亥　以吉林伊通州文风日盛，永广文学额二名。从署吉林将军延茂等请也。

七月辛卯　（浙江巡抚廖寿丰）奏，科目保举捐纳进者，各省拥挤，几于无可位置。请饬将从前各项出身酌量变通，分别停减。下部议。

七月壬辰　命户部尚书翁同龢教习庶吉士。

七月乙未　以内阁学士陆宝忠为山东乡试正考官，翰林院编修李桂林为副考官；编修王祖同为山西乡试正考官，姚舒密为副考官；国子监司业管廷鹗为河南乡试正考官，编修华翯声为副考官。

七月癸卯　谕：御史宋伯鲁奏，八旗教习补缺迟滞，请酌量变通一摺。着吏部议奏。

八月戊午　命礼部右侍郎张英麟提督顺天学政，詹事府詹事瞿鸿禨提督江苏学政，大理寺卿徐致祥提督安徽学政，翰林院侍读姚丙然提督山东学政，编修刘廷琛提督山西学政，编修朱福诜提督河南学政，编修叶尔恺提督陕西学政，编修夏启瑜提督甘肃学政，侍讲学士戴鸿慈提督福建学政，兵部左侍郎徐树铭提督浙江学政，詹事府少詹事李绂藻提督江西学政，翰林院编修王同愈提督湖北学政，编修徐仁铸提督湖南学政，编修吴庆坻提督四川学政，国子监祭酒张百熙提督广东学政，翰林院编修刘元亮提督广西学政，修撰张勋提督云南学政，编修傅增湘提督贵州学政，调顺天府府丞李鸿逵为奉天府府丞兼学政。

八月辛酉　谕内阁：奉天府府丞兼学政李鸿逵着俟此次顺天乡试事务办理完竣，再行赴任。

八月癸亥　以吏部尚书孙家鼐为顺天乡试正考官，兵部尚书徐郙、都察院左都御史裕德、户部右侍郎溥良为副考官。

八月甲子　谕军机大臣等：顺天乡试监临府尹胡燏棻，着于初八日寅刻赴乾清门祗领题目。嗣后，遇兼尹、府尹一同入闱，照此办理。

八月丙寅　谕内阁：前任顺天学政徐会沣奏酌保教职一摺。雄县教谕于福泽，延庆州学正周兆麒，保升知县、怀来县教谕王煜，既据徐会沣胪列该员等品行学问，核实保奖，自应俯如所请，以示鼓励。于福泽、周兆麒均着以知县在任候升，王煜着送部引见。另片奏，保举品学兼优各员，大挑知县王锡三、布政司经历衔张硕均着赏加五品衔。至四品封典卿衔、举人史梦兰请赏换国子监祭酒衔，着毋庸议。

八月甲戌　谕：安徽学政李端遇奏，降调之员勒掯试卷，自行检举一摺。安徽生童经古覆试原卷，该学政函寄降调御史魏迺勷，属其选刻试牍，以致原卷被扣。李端遇着交部议处。魏迺勷以降调之员主讲涿州书院，乃竟藉端要挟，殊属谬妄，着顺天府饬令该州知州驱逐回籍，并将试卷勒令交出。

八月丙子　顺天府以宗室乡试中额请。得旨：着取中五名。

八月甲申　直隶总督王文韶奏，创设育才馆，分课中西经史策论及天文、地理、格致、图算一切根本之学，以期渐收得人之效。下所司知之。

八月甲申　（直隶总督王文韶）奏，北洋前设俄文馆专讲边务，拟挑馆中优生学习矿学，岁需经费，请于漠河金厂余利项下拨给。下户部知之。

八月乙酉　以学有家法，予江苏举人胡玉缙等七名奖叙。

九月壬辰　命浙江学政都察院左都御史徐树铭来京供职，以内阁学士陆宝忠提督浙江学政。

九月庚子　以内阁学士清锐为翻译乡试正考官，詹事府少詹事文海为副考官。

九月癸卯　命户部右侍郎陈学棻提督浙江学政。

九月甲辰　礼部以翻译乡试中额请。得旨：着取中十三名。

十月戊午　派顺天府府尹胡燏棻监临顺天武乡试。

十月庚申　河南学政徐继孺奏，请将孔忠移祀崇圣祠，以正伦理。下部议。

十月庚申　（河南学政徐继孺）奏，请将省城明道书院肄业举人安熙田等及监院训导陈炳联奖叙。得旨：各省书院甚多，肄业监院各员，岂容滥保？所奏着不准行。

十月癸亥　（山东巡抚李秉衡）奏，文闱坐号不敷，价买民地添建号舍。下部知之。

十月辛未　以吏部右侍郎徐会沣为顺天武乡试正考官，翰林院侍读学士李殿林为副考官。

十月壬申　谕：御史秀林等奏，稽查入闱时刻开单呈处，并外帘官逾时尚未入闱各摺片。本科顺天武乡试，外帘官工部主事汪赞纶因何不入闱之处，着该部查明办理。

十月癸酉　以大理寺少卿贵贤为奉天府府丞兼学政。

十月丙子　直隶总督王文韶奏，提督聂士成随营设立武备学堂，考试优等学生，恳准扣满三年奏保一次，以示鼓励。如所请行。

十一月戊申　贵州学政严修奏，时政维新，需才日亟，请破常格，迅设专科。下所司议。

十一月己酉　先是，刑部主事张元济等于京师设立通艺学堂，学习西国语言文字，具呈总理各国事务衙门，请将学堂教习酌给奖叙，暨成业学生仿照广方言馆学生例，调考录取。至是，议奏奖叙教习。拟三年期满，著有成效，由该学堂出具考语，禀由臣衙门核办，有官人员准其保加升阶，无官人员准作监生一体乡试。再留三年，始终不懈，准以府经历、县丞归部铨选。其成业学生，情愿投效同文馆者，应准随时报名，听候调考。惟必须由该学堂出具凭单，将该学生所习何业、成就分数、考试等第详悉注明，由同文馆查核，再行调考，以防冒滥。从之。

十二月庚午　陕西巡抚魏光焘奏，创设游艺学塾，以宏造就。下所司知之。

十二月癸酉　谕内阁：给事中丁之栻奏，西宁肃清案内，保举已革山西平阳府通判张心泰，前因任意虐民革职，陕西拣选知县举人杨懋源并未到营等语。着吏部查明具奏。

十二月庚辰　谕：荣禄奏，请设武备特科，参酌中外兵制，造就人才等语。着军机大臣会同兵部议奏。

光绪二十四年（1898 年）

正月庚寅　谕内阁：总理各国事务衙门会同礼部奏，遵议贵州学政严修请设专科一摺。据称，就该学政原奏分别酌拟，一为岁举，一为特科。先行特科，次行岁举。特科约以六事。一曰内政，凡考求方舆险要、邦国利病、民情风俗者隶之。二曰外交，凡考求各国政事、条约、公法、律例、章程者隶之。三曰理财，凡考求税则、矿产、农功、商务者隶之。四曰经武，凡考求行军布阵、管驾测量者隶之。五曰格物，凡考求中西算学、声、光、化、电者隶之。六曰考工，凡考求名物、象数、制造工程者隶之。由三品以上京堂及督抚、学政各举所知，无论已仕、未仕，注明其人何所专长，咨送总理衙门，会同礼部，奏请在保和殿试以策论，简派阅卷大臣，严定去留，详拟等第，覆试后带领引见，听候擢用。此为经济特科。以后或十年一举，或二十年一举，候旨举行，不为常例。岁举则每届乡试年分，由各省学政调取新增算学、艺学各书院学堂高等生监，录送乡试。初场试专门题，次场试时务题，三场试四书文，中式名曰经济科举人，与文闱举人同场覆试。会试中式经济科贡士者，亦一体覆试殿试朝考等语。国家造就人才，但期有裨实用，本可不拘一格。该衙门所议特科、岁举两途，洵足以开风气而广登进，着照所请行。其详细章程，仍着该衙门会同礼部妥议具奏。现在时事多艰，需才孔亟，自降旨以后，该大臣等如有平素所深知者，出具切实考语，陆续咨送，不得瞻徇情面，徒采虚声。俟咨送人数汇齐至百人以上，即可奏请定期举行特科，以资观感。至岁举既定年限，各该督抚、学政务将新增算学、艺学各书院学堂切实经理，随时督饬院长教习，认真训迪，精益求精。该生监等亦当思经济一科与制艺取士并重，争自濯磨，力图上进，用副朝廷旁求俊乂至意。将此通谕知之。

正月庚寅　谕：给事中高燮曾奏，请设武备特科一摺。着军机大臣会同兵部归入荣禄奏请参酌中外兵制，特设武科片内一并议奏。

正月丙午　派户部右侍郎溥良、太仆寺卿刘恩溥知贡举。

正月丁未　（湖南巡抚陈宝箴）奏，遵旨设立学堂，请拨常年经费，以资办理，均下部知之。

正月己酉　谕内阁：内阁侍读学士荣庆奏，请饬培养八旗人才，认真考试一摺。

各衙门司员分理庶政，旗员既须考试，汉员何独不然？当兹时事多艰，欲求干济之才，自不在记诵词章之末，惟讲求时务，明习例案，亦须具有学识，始克疏通证明。嗣后，各衙门满汉司员，着各该堂官自行厘定章程，无论何项出身，一体面加考试，并认真训饬，务使究心实学，勉为有用之才，以备朝廷器使。将此通谕知之。

正月己酉　谕：御史王鹏运奏请开办京师大学堂等语。京师大学堂叠经臣工奏请，准其建立。现在亟须开办，其详细章程，着军机大臣会同总理各国事务衙门王大臣妥筹具奏。

正月庚戌　谕：胡燏棻奏，酌设武科章程，请于各省府厅州县分设学堂教习等语。着军机大臣会同兵部归入荣禄等前奏内，一并议奏。

正月辛亥　谕内阁：侍讲恽毓鼎奏，经济特科宜议登进之途一摺。国家登进人材，必须言行相符，而后可收实效。况经济一科，系属特设，内外臣工尤当仰体朝廷破格旁求之意，不得以有才无行之人滥登荐牍。至该侍讲所请仿照从前观政之例，以试其能等语，着总理各国事务衙门参酌情形，奏明办理。

正月癸丑　（御史陈其璋）奏，请饬总署将已经译印之各种图书颁给各学、各馆。

正月甲寅　谕：御史胡孚宸奏，经济岁举生监，请严定录送章程等语。着礼部议奏。

二月己卯　以捐助书院经费，浙江嘉善县绅士、前广东雷琼道朱采传旨嘉奖。

二月庚辰　谕内阁：前据荣禄、高燮曾、胡燏棻先后奏请设武备特科，酌改章程各摺片，当经谕令军机大臣会同兵部议奏。兹据该王大臣等分别准驳，详议覆奏，并拟定大概章程，开单呈览，朕详加披阅，尚属切实可行。国家设科，武备与文事并重，原期遴拔真才，以备折冲之用。现在风气日新，虽毋庸另设特科，亦应参酌情形，变通旧制。着照该大臣等所议。各直省武乡试自光绪二十六年庚子科为始，会试自光绪二十七年辛丑科为始，童试自下届为始，一律改试枪炮，其默写《武经》一场，着即行裁去。所有一切未尽事宜，暨各省应如何设立武备学堂之处，着该衙门随时奏明办理。现在时局艰难，朝廷厘定章程，专务振兴实学。武场改试枪炮亦转移风气之一端。嗣后，主试王大臣及各省督抚、学政尤当加意讲求，认真考核，务在作其忠勇，开其智识。平时则严督功课，校试则秉公去取，毋得奉行日久，又成具文，致负作育人材至意。该部即遵议行。寻，兵部奏，遵议武科改试枪炮取中之后，武生可补勇缺，武举可充哨官，其营用、卫用之武进士，可充管带，宜裁汰各营冗弱，将此项人员尽先充补，以副寓营制于武科之意。未尽事宜，随时酌核，汇定颁发。依议行。

二月壬午　谕内阁：此次覆试顺天及各直省乡试举人，列入一等之雷以成等六十六名，列入二等之卢兆蓉等二百三十名，列入三等之卢光垕等三百名，俱着准其一体会试。

二月壬午　御史陈其璋奏，举人覆试路阻逾期，请饬援案办理。得旨：着礼部查照成案办理。

二月癸未 以士林观法，学行俱优，予广东肇庆府教授陈楠等四员，博罗县学优廪生张隽等三名奖叙。

三月丙戌 谕内阁：此次覆试各省驻防翻译乡试举人，考列一等之崔宝埙等二名，二等之松恒等七名，三等之招起升等九名，均着准其一体会试。

三月己丑 以吏部尚书孙家鼐为会试正考官，都察院左都御史徐树铭、吏部右侍郎徐会沣、兵部右侍郎文治为副考官。

三月庚寅 知贡举溥良等奏，内监试荣升患病，可否准其出闱。得旨：荣升着准其出闱，麟趾着改充内帘监试。

三月戊戌 谕军机大臣等：黄槐森奏，遵旨筹议裁兵节饷，并沥陈管见一摺。……武场改试洋枪，并考取中式后，分别选用，着兵部归入变通武科旧制未尽事宜内，妥议具奏。……该抚拟办各节尚能悉心筹画，即着随时认真整顿，毋得有名无实，用副朝廷委任至意。将此谕令知之。

三月壬寅 礼部以宗室会试中额请。得旨：取中三名。

三月壬寅 御史李盛铎奏，请饬各省刻限六个月，一律兴办学堂。下所司议行。

三月丙午 谕：此次先行会试，再补覆试举人，列入一等之程学恂等十四名，列入二等之龙钟洢等三十六名，列入三等之沈纲等四十一名，业经加恩先行会试，准其与本届会试举人，一体办理。

三月丙午 御史文悌奏，近日京城内外喧传洋人在内地开捐贡监，一得洋照，遇中国派捐饷税及词讼牵涉，皆可邀洋人保护。明系中国匪徒假托敛钱，请饬示禁严惩，以遏乱萌。得旨：着总理衙门查明办理。寻奏，遵查洋人开捐并无确凭。该御史既有所闻，拟密行访查。果有匪徒假托惑众情事，应即设法惩办，以息谣说。从之。

三月丁未 礼部以会试中额请。得旨：满洲取中九名，蒙古取中四名，汉军取中七名，直隶取中二十五名，奉天取中三名，山东取中二十三名，山西取中十一名，河南取中十七名，陕西取中十四名，甘肃取中九名，江苏取中二十六名，安徽取中十七名，浙江取中二十六名，江西取中二十三名，湖北取中十五名，湖南取中十五名，四川取中十五名，福建取中二十一名，至字号取中二名，广东取中十七名，广西取中十三名，云南取中十三名，贵州取中十二名。

三月己酉 以倡建义仓土砦，捐备入学束修，予福建连城县同知张攀鳌建坊。

三月壬子 谕军机大臣等：都察院奏，奉天贡生程九式以诬良妄拿，诈财毙命等词，赴该衙门呈诉一摺。据称，该贡生之父程万里被控通贼，统领德英阿并不送交地方官讯供，辄自私用非刑，致程万里刑伤攻发身死等语。案关营员滥刑毙命，虚实均应彻究。着依克唐阿、廷杰提集人证，确切讯明，秉公断结具奏。并着该将军等通饬该省武营，嗣后，遇有拿获案犯，均即移送地方官讯办，不得私行拷问，以符定制。原呈着钞给阅看，将此谕令知之。

闰三月丙辰 命贝子溥伦带领侍卫十员，往奠故大学士麟书茶酒，晋赠太子太保衔，入祀贤良祠，恤典如例。子工部员外郎英绵以五品京堂即补，孙定恒赏举人，一体会试。寻，予谥文慎。

闰三月丙寅　以理藩院左侍郎清锐为满洲翻译会试正考官，内阁学士崇勋为副考官。

闰三月丁卯　谕内阁：此次吏部带领引见拣选举人，除引见未到之李为衡等九员着吏部照例办理外，其鹤龄等四百五十员，俱准列入一等，照例以知县签掣各省试用；全禄等二十八员俱准列入一等，以知县签掣两河试用。

闰三月戊辰　都察院奏，各省举人以即墨县圣像被毁，群起公愤，联名呈诉，请归并前奏核办。御史文悌奏，德人作践孔庙，亟宜评断赔修。得旨：此事详细情形，经总理各国事务衙门电查，尚未据该省电覆，仍着该衙门电催。查覆到日，应如何诘问之处，即行斟酌办理。

闰三月己巳　谕内阁：此次新贡士覆试，列入一等之夏同和等八十四名，二等之萧开甲等一百二十名，三等之孙光祖等一百四十四名俱着准其一体殿试。

闰三月辛未　翰林院奏，编修李桂林等以即墨文庙一案，请速责德使惩办，以维圣教而平人心。得旨：该衙门酌办。

闰三月壬申　（湖南巡抚陈宝箴）奏，赈捐请奖限满，捐生履历任不能齐，请展限补奖。得旨：准其展限半年。

闰三月癸酉　礼部以京旗驻防翻译会试中额请。得旨：京旗取中三名，驻防取中四名。

闰三月丙子　都察院奏，直隶京官李桂林等以即墨文庙一案，再请查办。得旨：仍着该衙门酌核办理。

四月癸未　（湖广总督张之洞等）奏，湖北绅士请将减征丁漕平余捐作通省学堂永远经费。下所司议。

四月乙酉　湖广总督张之洞等奏，湖北自强学堂改课东西各国方言，请照同文馆例奖叙，并送入同文馆一并备用。下所司知之。

四月乙酉　（湖广总督张之洞等）奏湖北经心书院、两湖书院变通章程。报闻。

四月壬辰　都察院奏，云南举人沈鋆等呈控举人钱用中等条陈矿务，贻害地方；又请将刘鹗、方孝杰等拿解回籍。下所司查明办理。

四月乙未　御史杨深秀奏请派王公出洋游历。下所司归入荣惠摺内议奏。又奏，请议游学章程暨筹款译书。均下所司议。

四月丙申　谕内阁：御史杨深秀奏，请厘定文体一摺。国家以制艺取士，原期阐发经义，讲求实学，勉为有用之才。兹据该御史奏陈近日之弊，请斟酌厘定，并各项考试不得割裂经文命题等语，着礼部议奏。

四月己亥　谕：电寄张汝梅，即墨毁像一案得自传闻，前经寄谕饬查，始据张汝梅两次电报，均称并无其事。业经总署钞电呈览，即与覆奏无异。乃迟至数月，又称派员查覆，竟有残毁情形，前后大相矛盾。张汝梅办事颟顸，着传旨申饬，并着责令地方官将各庙宇工程一律赔修，俟奏到后再候谕旨。寻奏，已遵饬地方官赔修，并请将电禀不实前即墨知县朱衣绣革职，莱州府知府彭念宸交部议处。从之。

四月己亥　（御史陈其璋）奏请议加洋税，暨教练同文馆学生充洋关扦手。均下所司查明办理。

四月庚子　御史李盛铎奏请，开馆专译东西洋书籍。下所司议。

四月壬寅　派大学士昆冈、都察院左都御史徐树铭、户部右侍郎溥良、礼部右侍郎唐景崇、刑部左侍郎阿克丹、署工部左侍郎梁仲衡、内阁学士绵文、署都察院左副都御史胡燏棻为殿试读卷官。

四月癸卯　策试天下贡士陆增炜等三百四十二人于保和殿。制曰：朕仰承天眷，寅绍丕基，于今二十有四矣。荷列圣之诒谋，慈闱之训教，夙夜兢兢，不敢康逸，思与海内贤士酌古剂今，共图上理。兹当临轩发策，冀得嘉谟，以裨实政。尔多士各抒己见，启沃朕心。天工人代，俊乂所以贵旁求也。汉代得人最盛，以策科显如贾谊、董仲舒者，更有何人？汉唐经师授受相承，以科第进者几人？宋之儒修，上感星精，下立人纪，或以保举，或有科目，流光史策，最为人材渊薮，试分别言之。明代取士以制艺，贤才之及于古昔者，岂无其人？其流别同异，可一视欤？人才出则国运昌，不可不亟讲求也。至于将帅之才、艺术之事，古或以之命科，或随时录用，孰为妥善，曷昌言之？古之帝王有征而无战，司马兵法，动静繁简之数若何？军礼为五礼之一，今之存者，见于何书？阴符、六韬、穰苴、尉缭、孙吴之书，孰为近道？唐太宗、李靖论兵之语，有裨实用否？左氏兵法、《通鉴》兵法，有裒集之者否？《武备志》、《金汤十二筹》、《纪效新书》、《练兵实纪》，孰为精审？《寰宇志》、《郡国利病书》、《筹海图编》，所言险要，孰为精妥？岩防江防之制，屯田转运之法，攻守战伐之器，侦探闲诱之变，风雨冥晦之夕，悬岩绝壑之境，果何以悉合机宜欤？惟德动天，无远弗届，干羽之所以绥有苗也。风不鸣条，雨不破块，知中国有圣人也。白雉何以贡于越裳？砮矢何以贡于肃慎？白环何以贡于西国？莫敢不来享，莫敢不来王，非有以慑之而戢其敢心欤？冒顿之子复请和亲，何以书于《纲目》？遣兵出塞尽境而止，何以称为盛德？陈汤击郅支，何以不讥其矫制？登燕然而刻石，何以等诮于金微？诸葛亮何以屯汉中，而自请贬官？李郭宣力效忠，何以纪入援之回纥？孰得孰失，盍析陈焉？《周礼》一书，半论理财，岁终则会货贿之出入，善政可得闻欤？两汉时，武帝创均输之法，以布帛为租，果施行而无弊欤？唐之财赋归于左藏，综核之计甚详，何以假取听之豪，将帑藏主以中官？刘晏理财亚于管萧，其立法有上下交得者，试详述之。苏轼策别有或去或存之议，曾巩议经费有或杜或从之谋，何其指陈国计，纤悉靡遗欤？夫理财之政，不外开源节流两端，乃或广利源而成效难期，裁浮费而卒归无补，二者果何道之从，俾实有济于国用欤？凡此皆宰世之宏纲，经邦之要务也。朕以藐躬膺祖宗付托之重，宵旰忧勤，辟门吁俊，尔多士各殚见闻，毋泛毋隐，朕将亲览焉。

四月甲辰　署湖广总督谭继洵奏，遵议改试武科章程六条。一、武童均归团练操演。一、枪炮分别考试。一、兵勇乡试先录科。一、武生、武举通习算学。一、试场兼操技艺。一、训练定赏罚。下部议。

四月乙巳　谕内阁：数年以来，中外臣工讲求时务，多主变法自强。迩者诏书数下，如开特科、裁冗兵、改武科制度、立大小学堂，皆经再三审定，筹之至熟，甫议施行。惟是风气尚未大开，论说莫衷一是。或托于老成忧国，以为旧章必应墨守，新法必当摈除，众喙哓哓，空言无补。试问今日时局如此，国势如此，若仍以不练之兵，有限之饷，士无实学，工无良师，强弱相形，贫富悬绝，岂真能制梃以挞坚甲利兵乎？朕惟国是不定则号令不行，极其流弊，必至门户纷争，互相水火，徒蹈宋明积习，于时政毫无裨益。即以中国大经大法而论，五帝在王，不相沿袭，譬之冬裘夏葛，势不两存。用特明白宣示，嗣后，中外大小诸臣，自王公以及士庶，各宜努力向上，发愤为雄，以圣贤义理之学植其根本，又须博采西学之切于时务者，实力讲求，以救空疏迂谬之弊。专心致志，精益求精，毋徒袭其皮毛，毋竞腾其口说，总期化无用为有用，以成通经济变之才。京师大学堂为各行省之倡，尤应首先举办。着军机大臣、总理各国事务王大臣会同妥速议奏。所有翰林院编检、各部院司员、大门侍卫、候补候选道府州县以下官，大员子弟、八旗世职、各省武职后裔，其愿入学堂者，均准入学肄业，以期人材辈出，共济时艰。不得敷衍因循，徇私援引，致负朝廷谆谆告诫之至意。将此通谕知之。

四月丙午　上御养心殿，召读卷官人，亲阅定进呈十卷甲第。

四月丁未　上御太和殿。传胪。授一甲三人夏同和为翰林院修撰，夏寿田、俞陛云为编修，赐进士及第，二甲李稷勋等一百四十六人赐进士出身，三甲王思衍等一百九十三人赐同进士出身。

四月辛亥　引见乙未科散馆及补行散馆人员。得旨：修撰张謇、骆成骧，编修王龙文、喻长霖业经授职，二甲庶吉士萧荣爵、李翘棻、赵增琦、罗长裿、林开謩、曹汝麟、李翰棻、胡矩贤、欧家廉、张世培、陈楠、万本端、胡峻、沈云沛、恽毓嘉、赵鹤龄、叶芾棠、吴纬炳、刘燕翼、吴庭芝、刘嘉琛、尹庆举、张启藩、金轼、沙元炳、林炳章、刘汝骥、饶芝祥、廖基钰、赵炳麟、于疏枚、世荣、锡嘏俱着授为编修，三甲庶吉士石长信、余炳文、安秉玠、谢远涵俱着授为检讨，萧立炎、胡思敬、葛毓芝、陶福履、章华、周绍昌、萧之葆、兴廉、成连增、张继良、陈恩棨、涂福田、张鹤龄、雷以动、李之钊、孙同康、文林俱着以部属用，杜作航、何莘耕、潘龄皋、何业健、秦锡圭、江蕴琛、陈翰声、沈同芳、林清照、齐耀琳、锡铎、李于锴、聂延祜、胡嗣棻、林玉铭、李景骧、陈望林、翁成琪俱着以知县即用，翻译庶吉士文华、贵福俱着授为编修。

四月辛亥　命大学士昆冈、礼部尚书许应骙教习庶吉士。

四月壬子　御史徐士佳奏，请核减地丁，折征制钱，另带加征学堂经费。下部议。

五月甲寅　谕：御史曾宗彦奏，农工二务亟宜振兴一摺。另片奏，南北洋宜设立矿学学堂等语。着总理各国事务衙门一并议奏。寻奏，遵议请设矿务学堂，拟咨行各省督抚拣年幼聪颖学生，咨报臣衙门，派往日本矿务学堂学习，仍一面由各省督抚就现有学堂酌增矿学一门。从之。

五月乙卯　陕甘总督陶模奏，变通武科，宜设学堂，分门专习，并于沿江、沿海各省兼设水师学堂，所用枪炮由教习委员经理，不得私蓄。旧日武生、武举准投营效力，旧例武科应一律停止，以归画一。下所司速议。

五月丙辰　予天津水师学堂教习、试用同知沈文辉等及毕业优等学生奖叙，赏洋教习霍克尔等二员宝星。

五月丁巳　谕内阁：我朝沿宋明旧制，以四书文取士。康熙年间曾经停止八股，改试策论，未久旋复旧制，一时文运昌明。儒生稽古穷经，类能推究本原，阐明义理。制科所得，实不乏通经致用之才。乃近来风尚日漓，文体日敝，试场献艺，大都循题敷衍，于经义罕有发明，而谫陋空疏者每获滥竽充选。若不因时通变，何以励实学而拔真才？着自下科为始，乡会试及生童岁科各试，向用四书文者一律改试策论。其如何分场命题考试，一切详细章程，该部即妥议具奏。此次特谕旨，实属因时文积弊太深，不得不改弦更张，以破拘墟之习。至士子为学，自当以四子、六经为根柢。策论与制义殊流同源，仍不外通经史以达时务，总期体用兼备，人皆勉为通儒，毋得竞逞博辩，复蹈空言，致负朝廷破格求才至意。

五月甲子　谕内阁：御史宋伯鲁奏，请将经济岁举归并正科，并各省生童岁科试迅即改试策论一摺。前因八股计文积弊太深，特谕令改试策论，用觇实学。惟是抡才大典，究以乡会两试为纲，乡会试既改试策论，经济岁举亦不外此，自应并为一科考试，以免纷歧。至生童岁科试，着各省学政奉到此次谕旨，即行一律改为策论，毋庸候至下届更改。将此通谕知之。

五月甲子　谕：御史李盛铎奏，谨拟京师大学堂办法一摺，着总理各国事务王大臣归入大学堂，未尽事宜一并议奏。

五月乙丑　引见新科进士。得旨：一甲进士三名夏同和、夏寿田、俞陛云业经授职外，李稷勋、陆懋勋、魏家骅、姜秉善、黄诰、傅增湘、孟锡珏、秦曾潞、叶在藻、何作猷、江志伊、潘鸿鼎、何元泰、施愚、荫桓、庄清吉、黄大埙、梁用孤、丁惟鲁、李福简、华焯、朱耀奎、吴震春、张鸿基、伍毓嵩、于式棱、吴功溥、曾广嵩、李彝坤、何联恩、赵东阶、易子猷、江明源、凌福勋、何国澧、李端棨、管象晋、张鸣珂、崔肇琳、罗琛、邓邦述、蒋熊、张学智、周渤、云祥、魏鸿仪、蒋炳章、阿联志琮、陈骧、查秉钧、陈培锟、钟锡璜、章际治、张履春、文斌、黄彦鸿、董若洵、寿富、郭恩赓、陈汝康、潘昌煦、袁励准、饶叔光、鲁尔斌、许邓起枢、周维藩、牛东藩、谢绪璠、朱名照、胡浚、蔡侗、邓曾擭、余宝菱、黄寿衮、范桂萼、高桂馨、龙焕纶、林东郊、陈海梅、王兰庭、冯绍唐俱着改为翰林院庶吉士，范轼、赵汝涌、莫如铁、蔡寿年、许汝棻、杜德舆、蔡桐昌、张百祺、彭泰士、薛俟善、魏震、陈进巨、陆增炜、章廷黻、张光鼐、区家伟、何肇勋、麦秩严、周国光、杨增荦、王士杰、李效曾、胡祥鏾、曾瑞棻、黄家骏、赵传忍、蔡玮、任本恕、兴元、欧镛、石光暹、杨润身、聂谦吉、何廷献、张美玉、程式谷、舒荣、林耀增、张杰、徐德炳、胡大崇、韩肃俭、商廷修、萧开甲、傅邦翰、桂殿华、宁述俞、孟广来、郭日章、王阔城、孙光祖、王思衍、陈智伟、宋嘉寯、丁锡祜、陈应涛、卢德复、尹家楣、王守恂、刘景熙、庆廉、成沂、张璧田、史悠瑞、宁鹏南、林镇荆、谭文蔚、秦达章、沈似慊、文杰、梁楷、祝嘉聚、张梅亭、王廷杨、李绍烈、刘翼经、张权、唐樾森、林师望、长春、朱运新、吴镗、王仪通、崔宝仁、唐毓麟、陈桂芳、梁造舟、陈斌麟、荣煜、王世奎俱着分部学习，李华柏、廖佩珣、陈恩颐、方象坤、吕慰曾、陈湘涛、孙卿裕、郑师灼、郑宝谦、蒋玉泉、任肇新、包源、陈纲、廉棨、于廷琛、赵以成俱着以内阁中书用，范钟、刘重堪、阎凤阁、杨咏裳、卢元璋、林景绶、荣贵、赵恩纶、王芹芳、陈启棠、李维桢、王希贤、饶士翘、杨沅、卢金书、何端树、于凤阁、苏耀泉、蔡世信、周应昌、王道凝、朱映清、方雷、李如松、刘维垣、宜勋、范晋藩、张孚襄、于铭训、郝毓椿、朱郁春、何寿朋、乐秀、高寿、赵耀基、李钟岳、戴光祖、陈柏侯、马桢、向步瀛、向昌甲、陆乃棠、胡世昌、陈耕三、刘焕光、李涛、朱沧鳌、李麟昌、郭显球、任承纪、萧元怡、熊廷权、王可培、张兴慧、韩桂攀、张斯钰、刘肇夏、唐景仑、吴立亭、罗运松、赵延泰、张三铨、彭凤沼、权尚忠、刘麟祥、周长清、詹照、陈维伦、李熙、陈纬元、冯由、吴孝恺、刘允亨、潘余庆、谢家治、傅松龄、周震、孙占鳌、孙其敬、黄惠安、傅学儆、高焕然、王元綎、郑元浚、周钦、潘绍周、计登瀛、彭文翰、翟锽、陈兆坤、张辂、张之埏、王安定、郑钟灵、黎效松、魏命侯、黄钟杰、张凤藻、周荣期、陆春官、熊光瓒、方正应、德完、杨兆龙、黄锡麟、廉瑄、葛明远、陈景韶、马振仪、吴承彦、陈良均、屠佩环、崇本、张刚、王炽昌、如麟、袁励端、魏鸿勋、端木棻、徐炳麟、程和、朱荣先、李德运、李刚已、刘声骏俱着交吏部掣签分发省分，以知县即用。户部候补员外郎王廷材着以员外郎即用，刑部候补主事钱能训、工部候补主事暴翔云均着以主事即用，内阁即补侍读中书朱彭寿着仍归原班补用，中书赵椿年、杨廷玑、国子监助教崇方均着以原班用，内阁候补中书龙学泰着仍以中书候补，分发江苏补用知府江忠振着以知府发往江苏补用，陕西候补知府王世相着以知府发往陕西补用，分发补用同知李士麟、签分甘肃大挑知县陈易奇、湖南大挑知县鲁晋、湖北大挑知县刘汉云均着以原班用。余着归班铨选。

五月丁卯　谕内阁：军机大臣会同总理各国事务衙门王大臣奏，遵旨筹办京师大学堂，并拟详细章程，缮单呈览一摺。京师大学堂为各行省之倡，必须规模闳远，始足以隆观听而育人材。现据该王大臣详拟章程，参用泰西学规，纲举目张，尚属周备。即着照所议办理，派孙家鼐管理大学堂事务，办事各员由该大臣慎选奏派，至总教习综司功课，尤须选择学赅中外之士，奏请简派。其分教习各员亦一体精选，中西并用。所需兴办经费及常年用款，着户部分别筹拨。所有原设官书局及新设之译书局，均着并入大学堂，由管学大臣督率办理。此次设立大学堂，为广育人才、讲求时务起见，该大臣务当督饬教习等按照奏定课程，认真训迪，日起有功，用副朝廷振兴实学至意。

五月戊辰　引见翻译进士。得旨：荣光、存霈着以庶吉士用，左桐、招起升、博齐图俱着分部行走，联华着以工部主事归原班补用。

五月己巳　谕：胡聘之奏，遵议武科改制各条，开单呈览一摺。另片奏，乡会各试请将学堂生童择优取中等语。着兵部会同总理各国事务衙门，归入陶模奏请变通武科摺内，一并议奏。

五月己巳　谕内阁：自古致治之道，必以开物成务为先。近来各国通商，工艺繁兴，风气日辟。中国地大物博，聪明才力，不乏杰出之英。只以囿于旧习，未能自出新奇。现在振兴庶务，富强至计，首在鼓励人才。各省士民，著有新书及创行新法、制成新器，果系堪资实用者，允宜悬赏以为之劝。或量其材能，试以实职，或锡之章服，表以殊荣。所制之器，颁给执照，酌定年限，准其专利售卖。其有能独力创建学堂、开辟地利、兴造枪炮各厂，有裨于经国远猷，殖民大计，并着照军功之例，给予特赏，以昭激励。其如何详定章程之处，着总理各国事务衙门，即行妥议具奏。

五月己巳　谕：胡聘之奏，遵议武科改制各条，开单呈览一摺。另片奏乡会各试，请将学堂生童择优取中等语。着片部会同总理各国事务衙门，归入陶模奏请变通武科摺内，一并议奏。

五月庚午　谕军机大臣等：拔贡朝考复试两场题目，均着改为论、策各一道。

五月庚午　谕：前经降旨交议各项考试策论，分场命题，详细章程着礼部于五日内迅速具奏。寻奏，遵议乡会试及岁科各试改用策论，暨经济并归正科各节，分场命题，一切详细章程。一、试题宜变通旧制。一、场期宜量为归并。一、命题宜酌有定衡。一、立言宜示以宗旨。一、五策宜各试所长。一、科举宜分途录送。一、入闱宜严惩怀挟。一、文律宜勿拘常格。一、考试宜酌从一律。一、书籍宜统行颁发。又片奏，宗室乡试、翻译会试请改策、论。得旨：嗣后，一切考试，均着毋庸用五言八韵诗。

五月庚午　（大理寺少卿盛宣怀）奏，就南洋公学内设立译书院，选师范生翻译东西洋书籍。得旨：着照所拟办理。

五月辛未　云南巡抚裕祥等奏，安平等十六厅县新设学额，考试已历五届，请定廪增名数及出贡年分。下礼部议。

五月癸酉　谕军机大臣等：有人奏，大员婪赃武断，贻害地方，请旨饬查一摺。据称奉天府府尹廷杰于钱商买空卖空案内有受贿情事，以致钱法不通，市井萧条等语。着良弼按照原参各节，确切查明，归入前次奉天贡生程九式控案，一并据实具奏，毋稍徇隐。原摺着钞给阅看。将此谕令知之。寻奏，遵旨府尹廷杰审度商情，从权办理，尚无不合，于钱商买空卖空案内，亦无受贿确情。报闻。

五月甲戌　谕内阁：前经降旨开办京师大学堂，入堂肄业者，由中学、小学以次而升，必有成效可睹。惟各省中学、小学尚未一律开办，总计各直省省会暨府厅州县无不各有书院，着各该督抚督饬地方官，各将所属书院坐落处所、经费数目，限两个月，详查具奏。即将各省府厅州县现有之大小书院，一律改为兼习中学、西学之学校，至于学校等级，自应以省会之大书院为高等学，郡城之书院为中等学，州县之书院为小学，皆颁给京师大学堂章程，令其仿照办理。其地方自行捐办之义学、社学等，亦令一律中西兼习，以广造就。至各书院需用经费，如上海电报局、招商局及广东闱姓规闻颇有溢款，此外陋规滥费当亦不少，着该督抚尽数提作各学堂经费。各省绅民如能捐建学堂或广为劝募，准各督抚按照筹捐数目，酌量奏请给奖。其有独力措捐巨款者，朕必予以破格之赏。所有中学、小学应读之书，仍遵前谕。由官设书局编译中外要书，颁发遵行。至如民间祠庙，其有不在祀典者，即着由地方官晓谕居民，一律改为学堂，以节糜费而隆教育。似此实力振兴，庶几风气遍开，人无不学，学无不实，用副朝廷爱养成材至意。将此通谕知之。

五月丁丑　谕内阁：总理各国事务衙门会同礼部奏，遵议经济特科章程，开单呈览一摺。所拟章程六条尚属详备，即着照所请行。经济特科原期振兴士气，亟应认真选举，以广登进而励人才。着三品以上京官及各省督抚、学政，各举所知，限于三个月内，迅速咨送总理各国事务衙门，会同礼部，奏请考试。一俟咨送人数足敷考选，即可随时奏请定期举行，不必俟各省汇齐再行请旨，用副朝廷侧席求贤至意。将此通谕知之。

五月丁丑　谕：前经降旨各省士民，著书、制器暨捐办学堂各事，给予奖励，谕令总理各国事务衙门，妥议具奏。兹据该王大臣等议定详细章程，开单呈览，所拟给予世职实官虚衔及许令专利、颁赏扁额各节，量能示奖，尚属妥协，着依议行。即由该衙门咨行各直省将军、督抚通饬所属，将章程出示晓谕，以动观听而开风气。朝廷鼓励人才，不靳破格之赏，仍应严防冒滥。所有著书、制器各事，该衙门务当认真考验，严定罚惩，以期无负振兴庶务，实事求是之至意。

五月丁丑　总理各国事务衙门奏，遵旨另议康有为条陈。所称请皇上大誓百司庶僚于太庙，置制度局于内廷，设待诏所于午门，又分设十二局于京师，一曰法律，二曰税计，三曰学校，四曰农商，五曰工务，六曰矿政，七曰铁路，八曰邮政，九曰造币，十曰游历，十一曰社会，十二曰武备，外省每道设一新政局，每县设一民政局，将藩臬、道府州县尽变为差，会同地方绅士公议新政，即以厘金与之各节，均变易内政。事关重要，请特派王大臣会同臣衙门议奏。得旨：着军机大臣会同总理各国事务衙门王大臣切实筹议具奏，毋得空言搪塞。

五月辛巳　协办大学士孙家鼐奏，委派教习各员。又奏，官书局宜添提调。又奏，译书局编纂各书，宜进呈钦定再行颁发，并将悖谬之书严行禁止。均依议行。

五月壬午　浙江巡抚廖寿丰奏，寓洋华人请由使臣考取商籍生员。下所司议。

六月癸未　谕内阁：张之洞、陈宝箴奏，请饬妥议科举新章，并酌改考试诗赋小楷之法一摺。乡会试改试策论，前据礼部详拟分场命题各章程，已依议行。兹据该督等奏称，宜合科举、经济、学堂为一事。求才不厌多门，而学术仍归一是，拟为先博后约、随场去取之法，将三场先后之序互易等语。朕详加披阅，所奏各节剀切周详，颇中肯綮，着照所议。乡会试仍定为三场，第一场试中国史事、国朝政治论五道，第二场试时务策五道，专问五洲各国之政、专门之艺，第三场试《四书》义两篇，《五经》义一篇。首场按中额十倍录取，二场三倍录取，取者始准试次场。每场发榜一次，三场完毕，如额取中。其学政岁科两考生童，亦以此例推之。先试经古一场，专以史论、时务策命题，正场试以《四书》义、经义各一篇。礼部即通行各省一体遵照。朝廷于科举一事，斟酌至再，不厌求详，典试诸臣务当仰体此意，精心衡校，以期遴选真才。至词章楷法，虽馆阁撰拟应奉文字，未可尽废。如需用此项人员，自当先期特降谕旨考试。偶一举行，不为常例。嗣后，一切考试均以讲求实学实政为主，不得凭楷法之优劣为高下，以励硕学而黜浮华。其未尽事宜，仍着该部随时妥酌具奏。

六月癸未　湖广总督张之洞奏，遵旨详议变通武科，阐明旧制，酌拟新章，以防流弊而励将才。下所司议。

六月癸未　命浙江学政陈学棻来京供职，以礼部右侍郎唐景崇提督浙江学政。

六月丁亥　谕：电寄各将军、督抚、学政，前据黄槐森奏，变通武场，当经饬令各将军、督抚、学政等各抒所见，报部采择。现除谭继洵、陶模、胡聘之、张之洞先后奏报，及北洋、南洋各大臣，盛京、西安各将军咨报到部，其余各省着即迅速议覆。

六月戊子　谕：御史张承缨奏，请于五城添立小学堂、中学堂一摺。着孙家鼐酌核办理。

六月己丑　谕内阁：本日翰林院奏，侍讲黄绍箕呈进张之洞所著《劝学篇》，据呈代奏一摺。原书内外各篇，朕详加披览，持论平正通达，于学术人心大有裨益，着将所备副本四十部，由军机处颁发各省督抚、学政各一部，俾得广为刊布，实力劝导，以重名教而杜卮言。

六月己丑　陕西巡抚魏光焘等奏，遵议武科，拟设陕省武备学堂，并改用枪炮，定立简明章程。下所司议。

六月癸巳　谕：李端棻奏，各省学堂请派绅士督办等语。现在京师大学堂业经专派管学大臣克日兴办，各省中学堂、小学堂亦当一律设立，以为培养人才之本。惟事属创始，首贵得人，着各直省督抚就各省在籍绅士，选择品学兼优，能符众望之人，派令管理各该处学堂一切事宜，随时禀承督抚，认真经理。该督抚慎选有人，即着奏明派充，以专责成而收实效。

六月癸巳　谕：电寄谭钟麟，本日徐琪奏，前在广东学政任内保荐南海生员区金铎，通晓电学，经谭钟麟于二十一年考验给咨赴京，已隔数年，尚未见到等语。着谭钟麟迅即饬催该生，酌带电机来京，交总理衙门察看具奏。

六月甲午　谕：御史郑思赞奏，特科大典，请严定滥保处分一摺。经济特科之设，朝廷原期拔取真材，以备贤良之选，非为幸进之徒开营谋之路。中外臣工例得保送特科者，务当屏去私心，汲引善类，于所保之人学问才具灼见真知，始可登诸荐牍，不得瞻徇情面，滥保私人。如有言行不符及干求奔竞等情，一经查出，定将原保大臣从严惩处。

六月丁酉　谕军机大臣等：现在讲求新学，风气大开，惟百闻不如一见，自以派人出洋游学为要。至游学之国，西洋不如东洋，诚以路近费省，文字相近，易于通晓，且一切西书均经日本择要翻译，刊有定本，何患不事半功倍？或由日本再赴西洋游学，以期考证精确，益臻美备。前经总理衙门奏称，拟妥定章程，将同文馆东文学生酌派数人，并咨南北洋、两广、两湖、闽、浙各督抚，就现设学堂遴选学生，咨报总理衙门，陆续派往。着即拟定章程，妥速具奏，一面咨催各该省迅即选定学生，开具衔名，陆续咨送，并咨询各部院，如有讲求时务，愿往游学人员，出具切实考语，一并咨送，均毋延缓。

六月己亥 谕：孙家鼐奏，议覆五城添立小学堂，请饬设法劝办一摺。京师现已设立大学堂，其小学堂亦应及时创立，俾京外举贡生等一体入学，广为造就，以备升入大学堂之选。着五城御史设法劝办，务期与大学堂相辅而行，用副培养人才之至意。其大学堂章程，仍着孙家鼐条分缕析，迅速妥议具奏。

六月己亥 引见考取各直省优贡生。得旨：李盛谟等二十四名着以知县用，陈其彬等二十四名着以教职用。

六月庚子 谕：谭继洵奏请变通学校科举，陈宝箴奏请厘定学术各一摺，着孙家鼐于明日寅刻赴军机处详细阅看，拟具说帖呈进。

六月辛丑 陕西巡抚魏光焘奏，陕省分设文武学堂需费甚巨，请饬催河南等省迅速筹还前借赈款银两。得旨：即着该抚分别咨催，如数筹解。

六月癸卯 谕：电寄依克唐阿等所有考试官学教习，着即照新章改用策论，勿庸仍以时文试帖考取。

六月甲辰 谕内阁：孙家鼐奏，筹办大学堂大概情形一摺。所拟章程八条，大都参酌东西洋各国学校制度，暨内外臣工筹议，与前奏拟定办法，间有变通之处，缕晰条分，尚属妥协。造端伊始，不妨博取众长，仍须折衷一是。即着孙家鼐按照所拟各节认真办理，以专责成。其学堂房舍，业经准令暂拨公所应用，交内务府量为修葺，着内务府克日修理，交管理大学堂大臣，以便及时开办，毋稍延缓。另片奏，议覆给事中郑思贺奏，推广学堂月课章程，请于额满之员，以月课代甄别等语，着依议行。惟兹事体大，必须精益求精，务臻美备，所有一切未尽事宜，仍应随时体察情形，妥筹具奏。至派充西学总教习丁韪良，据孙家鼐面奏请予鼓励，着赏给二品顶戴，以示殊荣。

六月甲辰 谕：前据孙家鼐奏，遵议《上海时务报》改为官报，请派康有为督办其事。并据廖寿恒面奏，嗣后办理官报事宜，应令康有为向孙家鼐商办，当经谕令由总理衙门传知康有为遵照。兹据孙家鼐奏陈官报一切办法，报馆之设，义在发明国是，宣达民情，原于古者陈诗观风之制。一切学校、农、商、兵、刑、财赋，均准胪陈利弊，藉为韬铎之助，兼可翻译各国报章，以备官商士庶开扩见闻，于内政外交裨益非浅。所需经费自应先行筹定，以为久远之计。着照官书局之例，由两江总督按月筹拨银一千两，并另拨开办经费六千两，以资布置。各省官民阅报仍照商报例价。着各督抚通核全省文武衙门、差局、书院、学堂，应阅报单数目，移送官报局，该局即按期照数分送。其报价着照湖北成案，筹款垫解，至报馆所著论说，总以昌明大义、抉去壅蔽为要义，不必拘牵忌讳，致多窒碍。泰西律例，专有报律一门，应由康有为详细译出，参以中国情形，定为报律，送交孙家鼐呈览。

六月甲辰 谕军机大臣等：御史何乃莹奏，请明定学堂中额，暨考试策论，请严加搜检各摺片，着孙家鼐酌核办理。

六月乙巳 谕内阁：目今时局艰难，欲求自强之策，不得不舍旧图新。前因中外臣工，半多墨守旧章，曾经剀切晓谕，勖以讲求时务，勿蹈宋明积习，谆谆训诫，不啻三令五申。惟是朝廷用意之所在，大小臣工，尚恐未尽深悉。现在应办一切要务，造端宏大，条目繁多，不得不采集众长，折衷一是。遇有交议之件，内外诸臣务当周咨博访，详细讨论，毋缘饰经术，附会古义，毋胶执成见隐便身图。倘面从心违，希冀敷衍塞责，致令朝廷实事求是之意，失其本旨，甚非朕所望于诸臣也。总之，无动为大，病在痿痹，积弊太深，诸臣所宜力戒。即如陈宝箴自简任湖南巡抚以来，锐意整顿，即不免指摘纷乘。此等悠悠之口，属在缙绅，倘亦随声附和，则是有意阻挠，不顾大局，必当予以严惩，断难宽贷。至于襄理庶务，需才甚多。上年曾有考试各部院司员之谕，着各该堂官认真考察，果系有用之才，即当据实胪陈，候朕录用，如或阘茸不职，亦当立予参劾，毋令滥竽。当兹时事孔棘，朕毖后惩前，深维穷变通久之义，创办一切，实具万不得已之苦衷，用再明白申谕。尔诸臣其各精白乃心，力除壅蔽，上下以一诚相感，庶国是以定，而治理蒸蒸日上，朕实有厚望焉。

六月乙巳 谕：中国创建水师，历有年所。惟是制胜之道，首在得人。欲求堪任将领之才，必以学堂为根本。应如何增设学额，添置练船，讲求驾驶，谙习风涛，以备异日增购战船，可期统带得力，着南北洋大臣及沿江、沿海各将军、督抚一体实力筹办，妥议具奏。至铁路矿务，为目今切要之图，造端伊始，亟应设立学堂，豫备人材，方可冀收实效。所有各处铁路扼要之区，暨开矿省分，应行增设学堂，切实举办之处，着王文韶、张荫桓悉心筹议，奏明办理。

六月辛亥 谕内阁：孙家鼐奏，举人梁启超恭拟译书局章程，并沥陈开办情形，据呈代奏一摺。译书局事务，前经派令梁启超办理，现在京师设立大学堂，为各国观瞻所系，应需功课书籍，尤应速行编译，以便肄习。该举人所拟章程十条均尚切实，即着依议行。此事创办伊始，应先为经久之计，必须宽筹经费，方不至草率迁就，致隘规模。现在购置机器及中外书籍，所费不赀，所请开办经费银一万两，尚恐不足以资恢扩，着再加给银一万两，俾得措置裕如。其常年用项亦应宽为核计，着于原定每月经费一千两外，再行增给每月二千两，以备博选通才，益宏搜讨。以上各款，均由户部即行筹拨。以后自七月初一日起，每月应领经费，并着豫先拨给，毋稍迟延。其大学堂及时务官报局，亟应迅速开办。所需经费如有不敷，准由孙家鼐一并随时具奏。至大学堂借拨公所，叠经谕令内务府克日修葺移交，即着赶紧督催，先将办理情形，即日覆奏。国家昌明政教，不惜多发帑金，该大臣等务当督催在事人员，认真筹办，务令经费绰有余裕，庶几茂矩闳规，推之弥广，用副朝廷实事求是至意。

七月癸丑 谕军机大臣等：电寄各省督抚，日本政府允将该国大学堂、中学堂章程酌行变通，俾中国学生易于附学，一切从优相待，以期造就。着各省督抚就学堂中挑选聪颖学生，有志上进，略谙东文、英文者，酌定人数，克日电咨总署核办。

七月甲寅 谕内阁：现在变通科举，业经准如张之洞、陈宝箴所奏，更定新章，并据礼部详议条目颁行，各项考试改试策论，一洗从前空疏浮靡之习。殿试一场为通籍之始，典礼至重。朕临轩发策，虚衷采纳，自必遴取明体达用之才。嗣后一经殿试，即可据为授职之等差。其朝考一场着即停止。朝廷造就人才，惟务振兴实学，一切考试诗赋概行停罢，亦不凭楷法取士，俾天下翕然向风，讲求经济，用备国家任使，朕实有厚望焉。

七月甲寅　谕：电寄各省督抚，前于五月十二日，降旨谕令各省开办学堂，限两个月覆奏，现在限期将届，各省筹办情形若何，着各督抚迅即电奏。

七月乙卯　谕内阁：都察院奏，湖南举人何镇圭条陈武试团练并行章程，据呈代奏一摺，着兵部归入变通武科事宜内，一并妥议具奏。

七月乙卯　谕：都察院奏，云南举人李效培条陈时事一摺。李效培着交总理各国事务衙门察看其人，逐条考核办理。寻奏，遵查该举人所称奇门遁甲之术，语多支离，并非正办，其勤操练、掘地营各条，无甚精义，应毋庸议。惟办巴矿练民团各节，尚有可采，应分咨川滇督臣酌核办理。报闻。

七月丙辰　谕：总理各国事务衙门奏，遵议廖寿丰奏，请饬出使各国大臣督同领事各就寓洋华人，一体建立学堂一摺。英美日本各埠，侨寓华民众多，群居错处，不乏可造之材，亟应创立学堂，兼肄中西文字，以广教育。着该大臣等体察情形，妥筹劝办，议定章程，详晰核奏。另片奏，请由使馆翻译外洋书籍等语。翻译西书藉以考证政治得失，亦为目前要图。罗丰禄、庆常、伍廷芳熟于英法文字，就近购译，尤为便捷。着即选择善本，详加润色，务令中西文义贯通，陆续编译成书，汇送由总理衙门呈览。

七月丙辰　谕：电寄罗丰禄等，英、美、日本各埠流寓华民最多，亟应创立学堂以广教育，着该大臣等即行妥筹劝办，议定章程，详晰核奏。至翻译西书为方今要务，罗丰禄、庆常、伍廷芳熟于英法文字，就近购译，尤为便捷。着即选择善本，陆续编译成书，咨送总理衙门呈览。

七月丙辰　引见八旗及直省考取拔贡生。得旨：庆珍等七十二名以七品小京官分部学习，增元等八十六名以知县试用，永同等七十九名交吏部询问，以教职、佐贰等官分用。

七月丁巳　谕军机大臣等：《劝学篇》一书，着总理衙门排印三百部，《内明纲》一篇，自议婚有限至皆不为婚二十一字，注语自七等至无为婚者三十四字，着删去，余俱照原文排印。

七月丁巳　谕：电寄荣禄，昨于初三日，降旨催办各省学堂，计已电达。直隶为畿辅重地，亟应赶紧筹办，以为倡导。着荣禄迅饬各属，将中学堂、小学堂一律开办，毋稍延缓，并将筹办情形，即行电奏。

七月丁巳　山东巡抚张汝梅奏，应领昭信股票本息银两，拟请捐助东省学堂经费。得旨：所请捐助学堂经费，着准行，并交部核给奖叙。

七月己未　奉天府府丞兼学政贵贤因病解职，以鸿胪寺卿张仁黼为奉天府府丞兼学政。

七月庚申　谕：御史杨福臻奏，武科章程宜合学堂、营制、科举为一事一摺。着兵部归入变通武科事宜内，一并妥议具奏。

七月辛酉 谕内阁：近来朝廷整顿庶务，如学堂、商务、铁路、矿务一切新政，叠经谕令各将军、督抚切实筹办，并令将办理情形先行具奏。该将军、督抚等自应仰体朝廷孜孜求治之意，内外一心，迅速办理，方为不负委任。乃各省积习相沿，因循玩愒，虽经严旨敦迫，犹复意存观望。即如刘坤一、谭钟麟总督两江、两广地方，于本年五六月间，谕令筹办之事，并无一字覆奏。迨经电旨催问，刘坤一则藉口部文未到，一电塞责，谭钟麟且并电旨未覆，置若罔闻。该督等皆受恩深重，久膺疆寄之人，泄沓如此，朕复何望？倘再藉词宕延，定必予以严惩。直隶距京咫尺，荣禄于奉旨交办各件，尤当上紧赶办，陆续奏陈。其余各省督抚亦当振刷精神，一体从速筹办，毋得迟玩，致干咎戾。

七月辛酉 谕：孙家鼐奏，举人梁启超请设立编译学堂，准予学生出身，并书籍、报纸恳免纳税，据呈代奏一摺。该举人办理译书事务，拟就上海设立学堂，自为培养译才起见。如果学业有成，考验属实，准其作为学生出身。至书籍、报纸一律免税，均着照所请行。

七月壬戌 谕：徐致祥奏，岁科两试请照乡会试新章分场去取一摺。着礼部议奏。另片奏，请饬精选历代及国朝《四书》、《五经》讲义刊刻颁行等语。先儒讲义各书，外省皆有刊行善本，着即由各省学政自行择尤购选，颁发生童，俾有遵循而资讲习。寻，礼部奏，岁科两试分场去取。应毋庸议。从之。

七月壬戌 闽浙总督边宝泉等奏，现拟改用新法练兵并添设武备学堂，先行筹购枪械，以资练习。如所请行。

七月乙丑 谕军机大臣等：国子监代奏，候补学正学录黄赞枢条陈内请节浮费一条，着孙家鼐会同总理各国事务王大臣核议具奏。寻奏，遵议请裁同文馆一节。查，同文馆规模较大，经始甚难，现京师大学堂开课需时，未便将该馆先行裁撤，应俟大学堂规制大定，再行查酌办理。

七月乙丑 谕：电寄陶模，学堂造就人才实为急务，着陶模切实劝导，以开风气。章程已由总署咨行，务即勉筹经费，迅速开办。

七月丁卯 谕：光禄寺卿常明奏，敬筹的款以济时用一摺。据称，湖北候补知府郑思贤禀称，广东向有闱姓、宝字馆、基票三项，风行已久，势难禁止。除闱姓规现已提归大学堂抽收经费，其宝字馆、基票，仿照招商承充旧案办理，每年可筹报效银一百万圆，按季解交神机营，作为练兵购械之用。据情代奏，请旨赏收，并请以郑思贤招商承充等语。着谭钟麟确切查明款项是否属实，并郑思贤可否承充之处据实具奏。又侍讲学士济澄奏，保康公司商人何元善在总署禀请试办广东番摊，每年报效银六十万圆作为大、小学堂及专练火攻等费，请饬给咨试办等语。着谭钟麟一并确查具奏，原摺片均着钞给阅看，将此谕令知之。寻奏，遵查广东省赌禁万不可弛，赌费万不可收，郑思贤等所称报效百万、六十万，皆欲藉以营私，请毋庸议。得旨：所奏甚是，着即一体禁止。

七月己巳 谕军机大臣等：给事中庞鸿书奏，振兴庶务，宜审利弊摺内，条陈通用银圆等语，着户部妥议具奏。条陈改定武科等语，着兵部妥议具奏。条陈经济科等语，着总理各国事务王大臣会同礼部酌核具奏。原摺着摘钞给予阅看。

七月壬申　谕军机大臣等：侍讲恽毓鼎奏，请于京师设立武备大学堂，简派大员督办一摺。着孙家鼐妥议具奏。

七月甲戌　谕军机大臣等：电寄陈宝箴，翰林院侍读学士陈兆文奏，湖南在籍举人王闿运才兼体用，于中西法政之要，靡不周通，请特旨召对等语。着陈宝箴令其来省察看，该举人品学年力，是否尚堪起用，迅速电奏。

七月乙亥　谕：孙家鼐奏，请设医学堂等语。医学一门，关系至重，亟应另设医学堂，考求中西医理，归大学堂兼辖，以期医学精进。即着孙家鼐详拟办法具奏。

七月乙亥　谕：电寄荣禄，据奏直隶筹办大学堂情形，各处书院既已改为学堂，即照议定章程办理。至民间祠庙，有不在祀典者，仍着遵照前旨，改归学堂。

七月乙亥　命兵部尚书徐郙教习庶吉士。

七月乙亥　以北洋新建陆军创设武备学堂期满出力，予炮队学堂监督段祺瑞等升叙加衔有差。

七月丙子　谕军机大臣等：户部奏，代递郎中欧阳弁元条陈一摺。据称，广东番摊提捐一款，援照旧案，加增办理，每年报效洋银三百六十万圆，请以商人黄卓瑚等遵章承办，以充学堂经费等语。前因翰林院侍讲学士济澄奏保商人何元美试办广东番摊捐款，业经谕令谭钟麟查明覆奏，此次该郎中所称商人黄卓瑚等究竟是否家道殷实，加倍收捐，提充经费是否可靠，着谭钟麟一并确查具奏。原摺着钞给阅看，将此谕令知之。

七月丙子　谕：胡燏棻奏，津榆铁路学堂仍移设山海关，并添派洋教习等员及招选学生分课等语。着总理各国事务衙门查核办理。

七月丁丑　谕：刑部奏，代递主事萧文昭条陈一摺。中国出口货，以丝茶为大宗，自通商以来，洋货进口日多，漏卮巨万，恃此二项，尚堪抵制。乃近年出口之数锐减，若非亟为整顿，恐愈趋愈下，益无以保此利权。萧文昭所请设立茶务学堂及蚕桑公院，不为无见。着已开通商口岸及出产丝茶省分各督抚迅速筹议开办，以阜民生而固利源。

七月戊寅　谕内阁：国家振兴庶政，兼采西法，诚以为民立政，中西所同，而西人考究较勤，故可以补我所未及。今士大夫昧于域外之观者，几若彼中全无条教，不知西国政治之学，千端万绪，主于为民开其智慧，裕其身家，其精乃能美人性质，延人寿命，凡生人应得之利益，务令其推扩无遗。朕夙夜孜孜，改图百度，岂为崇尚新奇？乃眷怀赤子，皆上天之所畀，祖宗之所遗，非悉使之康乐和亲，朕躬未为尽职。加以各国环处，陵迫为忧，非取人之所长，不能全我之所有。朕用心至苦，而黎庶犹有未知，职由不肖官吏与守旧之士大夫不能广宣朕意，乃反胥动浮言，使小民摇惑惊恐，山谷扶杖之民有不获闻新政者，朕实为叹恨。今将变法之意布告天下，使百姓咸喻朕心，共知其君之可恃，上下同心，以成新政，以强中国，朕不胜厚望。着查照四月二十三日以后，所有关乎新政之谕旨，各省督抚均迅速照录，刊刻誊黄，切实开导；着各州县教官详切宣讲，务令家喻户晓。各省藩臬道府饬令上书言事，毋事隐默顾忌，其州县官应由督抚代递者，即由督抚将原封呈递，不得稍有阻格。总期民隐尽能上达，督抚无从营私作弊为要。此次谕旨，并着悬挂各省督抚衙门大堂，俾众共观，庶无壅隔。

七月戊寅　谕：瞿鸿禨奏，江阴南菁书院遵改学堂，并将沙田试办农学一摺。江阴南菁书院，经前学政黄体芳创设，考课通省举贡生监。现既改为学堂，着准其照省会学堂之例，作为高等学堂，以资鼓舞。该书院原有自管沙田一项，据称参用西法，树艺五谷、果蔬、棉麻等项，将未经围佃之地先行试办，如有实效，再行推广等语。学堂、农会相辅而行，洵为一举两得之道。该学政此奏，具见筹画精详，留心时务，即着照议认真办理，务收实效，毋托空言。

七月戊寅　谕：日讲起居注官黄思永奏，筹款试办速成学堂一摺。京师大小学堂，业经先后降旨，谕令孙家鼐及五城御史分别举办。兹据奏称，小学堂收效尚缓，大学堂事属创举，开办不易，欲速不能，请自行筹款，设立速成学堂，以期收效等语。用意殊属可嘉，着即准如所请，筹款试办，以为之倡，果有成效，再行扩充，并当予以奖励。着俟开办后察看情形，随时具奏。

七月戊寅　谕：都察院代奏，四川举人陈天锡等敬陈管见一摺。所请将大挑教习、誊录各项人员，于会试荐卷中挑取，及甲科候补人员，准其一体考差等语。着吏部、礼部会同妥议具奏。寻奏，应毋庸议，从之。

七月戊寅　谕：都察院代奏，主事广德请将八旗官学改为学堂等语，着管理八旗官学大臣妥速议奏。

七月己卯　谕内阁：都察院代奏，举人张如翰呈请设农学科等语。着礼部会同孙家鼐、端方等议奏。

七月庚辰　谕：电寄陈宝箴，有人奏，湖南巡抚陈宝箴被人胁制，闻已将学堂及诸要举全行停止，仅存保卫一局等语。新政关系自强要图，凡一切应办事宜，该抚务当坚持定见，实力举行，慎勿为浮言所动，稍涉游移。

七月辛巳　谕：孙家鼐奏，议核翰林院侍讲恽毓鼎条陈京师设立武备大学堂，请派大员督办一摺。着军机大臣会同总理各国事务王大臣妥议具奏。

七月辛巳　谕：裕庚奏，日本大学堂科目并初学功课分缮清单呈览等语。着孙家鼐酌核办理。

八月癸未　谕：总理各国事务衙门奏，代递章京霍翔呈请推广游学章程等语，着总理各国事务衙门妥议具奏。寻奏，遵议该章京呈请推广游学办法，胪陈七便，言皆切实，事属可行，应请准令绅富之家各选子弟，汇送外洋各学堂肄业，俟卒业领有文凭，考验后引见录用，以期选拔真材。从之。

八月乙酉　谕内阁：孙家鼐等奏，顺天拟设中学堂一摺，京师为首善之区，允宜多设学堂，以系四方观听。所拟就顺天府属州县中调取廪增附生入堂肄业，考取定额四十名。又，另设外省士子南额二十名，课以西国语言文字以及艺政、算学各书。所拟章程尚为切实，着照所议行。惟经费必须宽为筹备，着于现解顺属湖南漕折备荒经费项下拨银八千五百两，作为学堂之用，以垂久远。另片奏，请于地安门外兵将局拨给官房等语，即着内务府将该处官房拨给顺天府，设立首善中学堂，用示作育人才之至意。

八月乙酉　谕：吏部奏，遵议处分一摺。云贵总督嵩蕃应得降二级调用处分，着加恩，改为革职留任。滇黔地系岩疆，督臣责任綦重，现当振兴庶务，该省开办各矿以及整顿武备、创设学堂，并农工商务诸大端，均系自强要策。现在云南巡抚业经裁并，该督责无旁贷，务当振刷精神，于用人行政一切事宜，破除积习，俾有成效可观，方不负朝廷曲予成全之至意。

八月乙酉　谕：本日管理八旗官学大臣徐桐等奏遵议整顿官学等语。所有宗室、觉罗两学及咸安宫、景山两学，着该大臣分别转咨宗人府、内务府议奏。

八月庚寅　以内阁侍读学士何乃莹为奉天府府丞兼学政。

八月壬辰　谕内阁：朝廷振兴庶务，一切新政，原为当此时局，冀为国家图富强，为吾民筹生计，并非好为变法，弃旧如遗，此朕不得已之苦衷，当为天下臣民所共谅。乃体察近日民情，愿觉惶惑，总缘有司奉行不善，未能仰体朕意，以致无识之徒，妄为揣测，议论纷腾。……大学堂为培植人才之地，除京师及各省会业已次第兴办外，其余各府州县议设之小学堂，着该地方官斟酌情形，听民自便。其各省祠庙不在祀典者，苟非淫祠，着一仍其旧，毋庸改为学堂，致于民情不便。此外业经议行及现在交议各事，如通商惠工，重农育才，以及修武备、浚利源，实系有关国计民生者，即当切实次第举行；其无裨时政而有碍治体者，均毋庸置议。着六部及总理各国事务衙门，详加核议，拟实奏明，分别办理。方今时事艰难，一切兴革事宜，总须斟酌尽善，期于毫无流弊。朕执两用中，不存成见，尔大小臣工等务当善体朕心，共矢公忠，实事求是，以副朝廷励精图治、不厌求详之至意。将此通谕知之。

八月丁酉　命户部左侍郎吴树梅提督湖南学政，以前礼部右侍郎徐会沣署户部左侍郎，兼管三库事务。

八月戊戌　护理江西巡抚翁曾桂奏，江省创设吏治学堂，明定课程及考试之法，以造就牧令人材。得旨：吏治乃地方官分内之事，所拟着毋庸议。

八月戊戌　（护理江西巡抚翁曾桂）奏，遵旨遴选在籍绅士品学兼优之人，派令管理各该处学堂，以专责成。查，有在籍绅士、前江苏苏松太道黄祖络、山东候补道梅启熙、工部员外郎程志和均皆植品端谨，乡望素孚，以之办理学堂，必能迅著实效。得旨：黄祖络、梅启熙、程志和均着管理江西省学堂事务。

八月辛丑　谕军机大臣等：松椿奏，清江开办中西学堂，粗有成效一摺。此项学生即遴送京师大学堂，考核功课。嗣后，各直省办理学堂，但令官为提倡，朝廷经费有常，勿得专案请拨。将此谕令各督抚知之。

八月乙巳　谕内阁：钦奉慈禧端佑康颐昭豫庄诚寿恭钦献崇熙皇太后懿旨，国家以四书文取士，原本先儒传注，阐发圣贤精义，二百年来，得人为盛。近来文化日陋，各省士子往往剿袭雷同，毫无根柢，此非时文之弊，乃典试诸臣不能厘正文体之弊。乃论者不揣其本，辄以所学非所用，归咎于立法之未善。殊不知试场献艺，不过为士子进身之阶。苟其人怀奇抱伟，虽用唐宋旧制，试以诗赋，未尝不可得人，设论说徒工，心术不正，虽日策以时务，亦适足长嚣竞之风。用特明白宣示，嗣后，乡试会试及岁考、科考等悉照旧制，仍以四书文、试帖、经文、策问等项分别考试。经济特科易滋流弊，并着即行停罢。朝廷于抡才大典斟酌至再，实求细详。嗣后，典试诸臣及应试士子务当屏斥浮华，力崇正学，毋负朝廷作育人才之至意。至富强之术，固当讲求，惟必须地方官认真举办，方不至有名无实。所有农工商诸务，亟宜实力整顿。惟总局设在京城，文牍往还，事多隔膜，一切未能灵通，仍应责成各督抚在省设局，分门别类详加考核，庶有实际。着直隶总督选派妥员，督率办理，以为各省之倡。京城现设之局，着即裁撤。

九月壬子　闽浙总督边宝泉等奏，浙江长兴县土民阻止客民与考，请豫定学额，以息争端，划分土客，以清学校。下部议。寻奏，浙江长兴县客童进额，酌仿江西棚民例于县额内分拨。从之。

九月甲寅　陕西巡抚魏光焘奏，陕西就饷挑队，遵旨改练洋操并添设工程队及随营武备学堂。下所司知之。

九月戊午　谕内阁：张汝梅奏，报效银两，不敢仰邀奖叙等语。该抚前曾认借昭信股票银十万两，并将本息捐助学堂经费，嗣又倡捐东赈银一万两，先后谕令户部核给奖叙。兹据再三吁恳，不敢邀奖。张汝梅历次报效巨款，实属好义急公，深堪嘉尚，伊子兵部郎中张书兰、工部郎中张书年均着以知府选用，三品荫生张书恒着以主事用，以示奖励。

九月己未　盛京将军依克唐阿等奏，开办奉天省城中学堂，拟添抽盐厘作为常年经费。允之。

九月壬戌　（陕西巡抚魏光焘）奏，设立陕西中学堂，暂假试院开办，并酌拟初办章程。下所司知之。

九月壬戌　吉林将军延茂奏，岁考翻译旗童试卷义浅疵多，请暂停取进。下部知之。

九月乙丑　以翰林院侍读学士李殿林为武会试正考官，翰林院侍讲学士华金寿为副考官。

九月戊辰　谕内阁：钦奉慈禧端佑康颐昭豫庄诚寿恭钦献崇熙皇太后懿旨，军机大臣会同总理各国事务衙门王大臣、兵部奏，武场改制事宜，遵旨分晰条款，详议具奏一摺。武科改试枪炮，原为因时制宜起见，惟科举之设，无非为士子进身之阶，至于训练操防，尤以营伍、学堂为储材之根本，所有武场童试及乡会试均着仍照旧制，用马步箭、弓刀石等项分别考试。前据兵部奏请，各省营用武进士及投标武举悉令练习枪炮，酌定劝惩章程，即着各督抚一律遵行，不准虚应故事。其在京侍卫，于录用后，着由该衙门咨送神机营一体练习。至各省武备学堂应由各督抚酌量建设，所有未经入伍之武举、武生等均就近挑入学堂，学习格致、舆地等学及炮队、枪队、马队、工程队诸科，以备折冲御侮之用。朝廷作育群材，武备与文事并重，该督抚等务当鼓舞振兴，实事求是，毋负谆谆诰诫至意。将此通谕知之。

九月戊辰　（护理江西巡抚翁曾桂）奏，遵旨在省城设立务实学堂，略仿京师大学堂章程办理，酌提丁漕赢余作为学堂经费。下所司知之。

九月甲戌　谕：本年戊戌科会试武举业经揭晓，覆加察核，直隶双好名数较多，除取中八名外，诚恐尚有遗才，着派敬信、徐郙于二十五日在南书房将该省挑记双好再行详细校阅，拟取十名，请旨办理。

九月甲戌　谕：此次武殿试，初三日阅看马步射，初四日阅看弓刀石，均着派御前大臣恭代阅看。

九月乙亥　谕：昨因本科武会试直隶省双好较多，除取中外，诚恐尚有遗才，当派敬信、徐郙在记载双好中核加校阅，拟取十名，请旨办理。兹据敬信等覆核，遵拟呈览，朕详加查核，俱属堪于取中。张广赐、马联馥、童紫宫、孙尚策、郭增廓、赵云彪、杨克勤、刘文海、马朝凤、陈廷敬均着列入本科榜末，准其一体殿试，以示朕慎重遴才至意。

九月丙子　谕：本科武殿试传胪，着停止升殿。

九月丁丑　谕军机大臣等：本科武举殿试，已派御前大臣恭代阅看，着于初三日，将马步射、弓刀石各项阅毕，初四日由兵部带领引见。

九月戊寅　（贵州巡抚王毓藻）奏，乡会试头场试《四书》、《五经》义，请发榜仍归一次。得旨：着钦遵前奉懿旨办理，所请应毋庸议。

九月庚辰　钦奉懿旨：礼部奏，取士之法，亟宜切实申明旧制一摺。我朝取士之法具载于《钦定科场条例》、《钦定学政全书》，列圣斟酌损益，祖训煌煌，实已尽善尽美。该部请切实申明旧章，自系为维持风会、培植人才起见。着照所请。由该部行知各省学政暨乡会试正副考官，务当懔遵《学政全书》、《科场条例》内载各条款，实力奉行，以端士习。另片奏，试官闱中查阅书籍，请一以钦颁各种为断等语，均着照所请行。又片奏，各省书院请照旧办理，停罢学堂等语。书院之设，原以讲求实学，并非专尚训诂词章，凡天文、舆地、兵法、算学等经世之务，皆儒生分内之事，学堂亦不外乎此。是书院之与学堂，名异实同，本不必定须更改。现在时事艰难，尤应切实讲求，不得谓一切有用之学，非书院所当有事也。将此通谕知之。

十月甲申　上御勤政殿，引见中式武举，亲定甲乙。

十月戊子　调顺天府府尹陈兆文为奉天府府丞兼学政，以奉天府府丞何乃莹为顺天府府尹。

十月庚子　协办大学士孙家鼐奏，开办京师大学堂。报闻。

十月庚子　（安徽巡抚邓华熙）奏遵旨筹设武备学堂情形。

十月癸卯　（护理四川总督文光）奏，川省折征丁银，仅敷解款，碍难减收加解，并筹议学堂经费，拟就地方宾兴学田三费项内酌拨。下所司知之。

十月甲辰　谕：刘坤一奏，副贡潜谋不轨，获案讯供，请旨办理一摺。江西广丰县副贡生杨恭宸平素惯弄刀笔，武断横行，竟敢投书该处教堂，潜谋不轨。幸该堂教士深明大义，立将原函呈出。经刘坤一等于本年四月间饬拿到案，讯明悖逆情节。该贡生身列士林，甘心悖逆，实属丧心病狂，罪大恶极，杨恭宸着即行正法，以昭炯戒而靖人心。各国来华传教，意在劝人为善，此次该处教士刘在铎于杨恭宸密致信函首先举发，尤属实心为善，忠正可嘉。刘在铎着赏给三品顶戴，并给予二品封典，以示奖励。

十月乙巳　谕军机大臣等：刘坤一奏，书院不必改，学堂不必停，宜兼收并蓄以广造就一摺。书院学堂，名异实同，前奉懿旨，至为明晰，该督应督饬地方官并各书院院长讲求一切经世之务、有用之学，何患风气不开？其各府州县议设之小学堂，仍听民自便，不必官为督理。另片奏，农学商学，请准其设会、设报等语。前禁报馆会名，原以处士横议，其端断不可开，至于农商人等联络群情，考求物产，本系在所不禁。着即由该督出示晓谕，俾众咸知，仍不准其妄议时政，以杜流弊，将此谕令知之。

十一月丁巳　以捐助书院经费，予河南西平县文童陈杏藻为其故父建坊。

十一月丙子　（陕西巡抚魏光焘）奏，酌筹武备学堂经费，请饬立案。下部知之。

十一月戊寅　谕：刘坤一奏，请将武举等挑入学堂酌拟办法一摺。据称，学堂功课，如兵法、营垒等艺，门类既多，肄习匪易，非文理明畅，姿质聪颖，难期领悟，尤非兼习毕业，未必能收实效等语。武生期于有勇，岂能人人尽属通才？该督所请将武举、武生讲习文艺之处，语多窒碍。至咨送兵部考验，酌予出身，亦与奏定章程未符。应毋庸议。即着恪遵九月十八日所奉懿旨办理，将未经入伍之武举、武生等就近挑入学堂，学习格致、舆地及炮队、马队、工程队，以副实事求是之意。另片奏，请饬各省绿营马队、步箭、藤牌、杂技一律改习枪炮等语。武备应习击刺、行阵等法，营伍中未可偏废，所请专习枪炮，亦着毋庸置议。

十二月辛巳　安徽巡抚邓华熙奏，省中设立求实学堂，教授中西实学，请免扣咨调人员资俸。从之。

十二月癸未　云贵总督嵩蕃奏，遵旨再行酌裁防绿各营兵丁，请将此项银两，留滇备建武备学堂，举办团练保甲、农工商务等局之用。下部知之。

十二月辛丑　以捐助书院经费，予郭尔罗斯札萨克、镇国公齐木特色木丕勒建坊。

十二月乙巳　谕军机大臣等：有人奏，学臣贿通关节，请饬查办一摺。据称，山东学政姚丙然按临各属，赃私狼藉，物论哗然。内有该学政之长子、次子关通，外有济南府举人许兆甲，茂林堂、友林堂笔墨店商人及文武巡捕、书吏人等广为招揽，先与生童议定价值，令其亲立价字，由殷实钱号盖用戳记递进学署，给与卷面暗号。交卷之后，有暗号者先行抽出，发案时将暗号填入，取进者换卷另誊，以冀弥缝无迹。凡所鬻卖，不论文字优劣，其不能一字者，由署中代为写作，另加价银二百两。其招揽之人，每名百两、五十两不等，请饬查办等语。案关学臣舞弊，虚实亟应彻底根究，以期水落石出。着李鸿章、溥良按照所奏各节，严密查拿，逐节讯究明确，据实具奏，不准稍有徇隐。原摺均着钞给阅看，将此各密谕令知之。

十二月乙巳　以捐助书院经费，予山东禹城县知县杨学渊为其故母建坊。

光绪二十五年（1899年）

正月丁卯　谕：都察院左都御史徐树铭奏，请延聘师长主讲书院一摺。据称，湖南向有孝廉书院，嗣改为南学会，现已规复，并无师长。查，有在籍候选道孔宪教，力崇正学，品行端方，洵足矜式士林，请饬延聘主讲等语。孔宪教人品、学术是否堪胜主讲之任，着俞廉三询访确实，酌核办理。原摺着钞给阅看，将此谕令知之。寻奏，孔宪教操履谨严，学术纯粹，已聘充孝廉书院院长。报闻。

正月癸酉　谕：有人奏，湖南举人皮锡瑞品行卑污，学术乖谬，前主讲江西经训书院，自号经师，倡为邪说。去年该举人回湖南主讲南学会，与梁启超、熊希龄等宣演平权民主之说，明目张胆，侮乱经常，自知不容于乡，仍潜投江西，钻营讲席等语。举人皮锡瑞离经畔道，于康有为之学心悦诚服，若令流毒江西、湖南两省，必至贻害无穷。着松寿严饬地方各员，确查该举人现在江西何处，迅速驱逐回籍。到籍后，即由俞廉三饬令地方官严加管束，毋任滋生事端。原片均着钞给阅看，将此各谕令知之。

二月庚辰　山西巡抚胡聘之奏，筹设武备学堂，业经照章开办。得旨：着即督饬认真教练，毋得虚应故事。

二月壬午　陕西巡抚魏光焘奏，陕省练习洋操，业经挑募成军督练，并开办随营武备学堂。得旨：着即认真教练并随时查察，毋得稍有疏懈。

二月丁亥　谕：前据御史黄均隆奏参山东学政姚丙然贿通关节各款，当经谕令李鸿章、溥良严密查办，据实具奏。兹据该大学士等提集原参案内人证，讯明覆奏，山东学政姚丙然按试济南等府，虽无鬻卖廪缺及文武生员确据，惟选刻经义，发交各学售卖钱文，未免迹近渔利，且私将试卷违例加用弥封，并不奏明立案，所盖分卷小戳重叠纷纭，亦属紊乱旧章，骇人观听。姚丙然着即行革职，永不叙用。该学政长子姚昌颐、次子姚昌履均查无在内关通实据，巡捕齐宗绶、刘冠甲等亦无在外招揽情事，均着免其置议。

二月丁亥　命通政使司副使荣庆提督山东学政。

二月庚寅　（湖南巡抚俞廉三）奏，以裁撤时务学堂经费，设立求实书院。得旨：即着顾名思义，认真办理，以储有用之才。

三月癸亥　吉林将军延茂奏，铁路交涉日繁，请于哈尔滨分设交涉局，以免贻误，并恳扩充吉省俄文学堂，以备翻译之材。报可。

三月甲戌　谕军机大臣等：御史吴鸿甲奏，大学堂糜费过甚，请饬归并删除，并妥定章程各摺片。据称，京师大学堂原议招学生五百人，今合仕学、中学、小学生只有一百三十余人，而延定教习，添设分教，并此外办事诸人名目繁多，岁糜巨款，徒为调剂私人之薮，学生功课不分难易，统以分数核等第。至天文、地舆、兵法、算学等经世之务，开办半年，尚安苟且，体操一事，竟有强肄致伤者，其于学生几于束缚而驰骤之，章程多未妥善等语。大学堂之设，原以培植人材，备国家任使。孙家鼐职司总事，自应悉心经画，俾入堂肄业者鼓舞奋兴，期收实效。乃开办以来，时滋物议，是办法未得指归，更何以激扬士类？殊失朝廷实事求是之意。着孙家鼐按照原奏所指各节，破除情面，认真整顿，并将提调以下各员分别删除归并，其岁支薪水，仍严行核减，以节虚糜。至堂中一切功课，尤须妥定章程，总以讲求实学为主，毋得铺张敷衍，徒饰具文，致负委任。仍将整顿情形据实覆奏。原摺片着钞给阅看，将此谕令知之。寻奏，查奏定章程，以各省中学堂未能遍立，当于大学堂中寓小学、中学之意，并非降格相就。去冬甄别考取学生五百余人，现时传到者二百十八人，皆有册可稽，并不止传到一百三十人。习西学者百人之数，教习职员人数，皆比较原定章程有减无增。薪水拟俟本年四月以后酌量减发，课程皆按定章办理。体操并不相强。办事诸人亦无日出新法束缚之事，不敢过刻以拂人情，亦不敢过宽以坏士习，惟有认真整理，以仰副朝廷作人之意。报闻。

四月癸巳　睿亲王魁斌等奏，请添设近支学生缺额。依议行。

四月乙未　谕：御史张荀鹤奏，学政保举教职，由部议后奉旨录用者，请一律归特用班铨选等语。着吏部议奏。

四月丙申　（吏部）奏，已故侍郎文琳应得荫生，可否改荫伊侄。得旨：毋庸改荫。

四月乙巳　广西巡抚黄槐森奏，龙胜厅苗童，向在义宁县附考，该厅现设客学，请将苗童照客童例归厅考试。下部议行。

四月丙午　谕内阁：魏光焘奏，特参庸劣各员等语。陕西署理雒南县候补知县蒋泽煦听断糊涂，偏报酿案；南郑县青石关巡检张凤丹，举止轻浮，民多怨讟，均着即行革职。澄城县知县吴俶培性情疲软，办事竭蹶，惟系举人出身，文理尚优，着改为教职，归部铨选。

四月丙午　谕军机大臣等：近因各省伏莽未清，偏灾时见，地利多旷，生计维艰……至各省设立学堂，原以作育人才，尤不容虚糜经费，有名无实，各处办理情形如何，并着一体随时奏报。现在时艰日亟，振兴庶务，刻不容缓，该督抚等受恩深重，具有天良，身任封疆，责无旁贷，务即懔遵叠次谕旨，整躬率属，任怨任劳，事在必行，力求实效。倘仍粉饰因循，互相观望，徒以一奏塞责，定必治以贻误地方之罪，勿谓堂高廉远，耳目难周也。将此各谕令知之。

四月丙午　陕西巡抚魏光焘奏，续拟武备学堂章程。一、酌定办法。一、分别取才。一、兼习中外。一、推重中学。一、勤习枪炮。一、添置书籍。一、筹定经费。一、酌定保奖。得旨：即着按照章程，认真考课，以育将才，毋得虚糜经费，日久致成具文。

四月丙午　（陕西巡抚魏光焘）奏，筹办土药行店坐票捐输，作为陕省中学堂常年经费。下部知之。

五月戊午　御史张兆兰奏，中外交涉，语言文字不同，请饬同文馆副教习及学生专司翻译，以资任使，并请严行甄别学生。下所司知之。

五月己未　（四川总督奎俊）奏，创设武备学堂，筹拨常年经费。下部知之。

五月庚申　谕军机大臣等：吏部奏，遵议直隶天津创办旗兵学营出力各员，未据先行奏明立案，所请奖叙应毋庸议等语，自系照例办理。惟此次天津旗兵学营，事属创始，所习课程，至为繁难，与别项学堂不同，所有请奖之文职金大廷等九员，加恩，均着照所请奖励，他处不得援以为例。

六月戊子　谕内阁：御史张承缨奏，昭信股票，按粮摊派省分，请照银数，酌加学额一摺。着户部议奏。

八月壬申　谕：向来出洋学生，除习学水陆武备外，大抵专意言语文字，其余各种学问，均未能涉及，即如农工商及矿务等项，泰西各国，讲求有素，夙擅专长，中国风气未开，绝少精于各种学问之人。嗣后，出洋学生应如何分入各国农工商等学堂专门肄习，以备回华传授之处，着总理各国事务衙门详细妥定章程，奏明请旨办理。寻奏，遵拟章程六条。一、饬出使大臣令出洋学生各肄专门之业。一、饬选译农工商矿各书，使人易晓。一、饬疆臣宽筹出洋学生经费。一、出使随员，亦可令肄习各学。一、学成回国，分派各省农工等艺学堂，以开风气。一、业成回国，得有文凭者，甄别优绌委用，予以官职。依议行。

八月丙子　河南学政朱福诜奏，叠次奉旨，以端士习、育人才为急，拟请饬下各直省，令书院士子崇尚程朱之学，并刊刻朱子《小学》、《近思录》颁发各书院，令朝夕讲贯，如有用释老之书及一切时说阑入《四书》文字者，予以严议，用杜奇邪而崇雅正。下部知之。

九月乙卯　谕：俞廉三奏，考核属员分别举劾一摺。湖南候补知府赵宜琛、武冈州知州毛隆章、题补湘潭县知县李尚卿均着给咨送部引见；湘阴县知县赵润生、芷江县知县温锡纯，既据该抚奏称堪备循良之选，均着传旨嘉奖。候补知县朱式衔庸暗无能，知识短浅，着即行革职；前署武冈州知州试用通判余振麟志趣卑琐，操守难信，着以府经历、县丞降补；前署永顺县知县候补知县顾炳炎词讼因循，丁胥滋弊；龙山县知县朱伯埙精神短少，办公竭蹶，惟均系举人出身，着以教职降选。

九月戊午　谕：有人奏，湖南南洲厅考试，客民杂处，冒籍跨考，弊端百出，请饬严禁，俾土著童生免致向隅等语。着锡良会同学政吴树梅妥筹办理。原片均着钞给阅看，将此各谕令知之。

十月甲午　谕内阁：御史万本敦奏，江西乡试积弊太深，请饬严定章程一摺。乡试为宾兴大典，科场条例立法綦严。若如所奏，江西近年以来，传递、枪替，弊端百出，甚至场前则拜房以通声气，榜后则换卷以为弥缝，内外局通，成何事体？着松寿妥定章程，严加整顿，务期破除情面，弊绝风清，用副朝廷慎重抡才至意。

十月乙未　谕：盛宣怀奏，条陈练兵事宜，请建练将总学堂，以成将才等语。据称，中国之兵，材质与各国相敌，而耐苦过之，实不难练成劲旅。惟练兵必先练将，近来日本所以制胜，皆练将学堂出身之人才。其详细章程，应饬李盛铎向该国陆军学校钞译进呈，再定办法等语。中国武备学堂久经设立，尚未能确有成效，该京卿所陈练将一事，日本学堂详细章程究竟若何，是否可以仿照办理，着裕禄、刘坤一、张之洞咨行李盛铎就近钞译，会同详议具奏。盛宣怀原奏均着摘钞给与阅看，将此谕令知之。

十月己亥　盛京将军增祺等奏，宗室觉罗考试请展限五年，以资造就。允之。

十一月丙午　大学士荣禄奏，武卫前军所设西学堂，渐著成效，常年经费，该营力难捐助，请由淮饷作正开支。报闻。

十二月丙子　谕：御史熙麟奏，顺天乡试积弊太深，请申明定例，严定处分等语。着礼部议奏。

十二月戊子　（黑龙江将军恩泽等）奏，遵建武备学堂工竣，经久岁需，约及万金。暂由荒地押租款内提用，拟仿学田之例，酌拨地五万垧，以彼租钱作为常款。下所司议。

十二月庚寅　（四川总督奎俊）奏，查明川省商务惟白蜡公司业著成效，余亦渐次讲求。学堂有二，曰中西、曰武备，岁费七千余金，尚无浮冒。报闻。

十二月壬寅　谕：明年朕三旬寿辰，允宜特开庆榜，嘉惠士林。着以明年庚子科为恩科乡试，次年辛丑科为恩科会试，其正科乡会试着递推于辛丑、壬寅年举行，用示笃庆作人，有加无已至意。

光绪二十六年（1900 年）

正月己酉　谕内阁：朕维拔真才以济实用，首在端学术以正人心，我朝取士之法，备载《钦定科场条例》、《钦定学政全书》，圣谕煌煌，罔弗斟酌尽善。凡有校士之责者，允宜懔遵成宪，勿作聪明，方不致乱正学而坏风气。前经礼部奏请，切实申明旧章，当经照依所请，由该部行知各省学政暨乡会试正副考官，务当恪遵《学政全书》、《科场条例》内载圣训及钦定各条款实力奉行，不准稍有违悖，于维持祖法、振兴圣道，大有关系，所以为培养人才，挽救人心计也。惟自通行以后，各省学政能否力除近年邪妄之习，一归于正。朕心关念实深，着各省督抚随时查访。该学臣倘有阳奉阴违，视祖法圣道为具文，仍复喜新好异，祸及士林者，即行据实严参，朝廷决不宽贷。嗣后，科岁考前列试卷到部，如经磨勘有文体不正之处，即将该学政及匿不查参之督抚，从严议处。如不认真磨勘，一经发觉，定将该磨勘各员照徇庇例议处。至现值连年举行乡会试，正群才乘时登进之期，礼部除将前次奏准摺片知照正副考官外，并将此次特降谕旨，一体行令恪遵。总期学臣、考官惟以祖法圣道为取士定衡，其稍涉离经畔道者立予摈弃。俾真实正大之才无虑向隅，而多士观感奋兴，群趋正轨，永不至为种种奇邪所惑，贻误终身，朕实有厚望焉。

正月壬子　命翰林院编修尹铭绶提督山东学政。

正月乙卯　谕：京师设立大学堂，开办已经年余，教习学生，究竟作何功课，有无成效，着许景澄详晰具奏。寻奏，大学创办仅及年余，现分教经史、政治、舆地、算学、格致、化学、英法德俄日各国文字等科，宽以时日，必能成材。报闻。

正月甲子 谕内阁：内阁侍读学士陈夔龙奏，士风日漓，请饬整顿学校，提倡正学，以祛积惑而储真才一摺。从来保邦制治，首重求才，而人才之兴，端由学校，学校不储正士，试场安有真才？现在乡会诸试已复旧制，衡文校士之法，昨已剀切宣示，文体既正，自不致有奇邪之作出乎其间。第恐士习安于固陋，又蹈从前积弊，揣摩剿袭，不求实学，是因噎而废食矣。朝廷所望于多士者果安在乎？该学士奏称，校士与教士，其道相为表里。校之于一旦，要在教之于平时，自是探本之论。京师管学大臣、各省督抚、学政，凡有教士之责者，务宜宣明圣学，加意提倡，严定课程，宽筹经费，多购正经正史、一切经济性理有用之书，慎选生徒，专门肄业，俾成有用之才，不得但攻帖括，弋取科名，贻人口实。书院师长，务择经明行修，品望夙著之儒，尽心训迪。官师考艺外，专以敦尚品谊为主。诸生中果有品端学粹，志在匡时者，自应从优奖拔，俾底于成。其或内行不修，乡评不许，放言高论，气质嚣张，沾染康梁恶习者，严斥而痛惩之，不稍假借。至于朔望释菜，宣讲《圣谕广训》诸仪节，尤当敬谨将事，不得视为具文。学术既正，士习自端，人心风俗，亦必因之转移，强国之道，必基于此，誉髦斯士，宏济艰难，朝廷有厚望焉。

三月庚申 （四川总督奎俊）奏，川省津贴捐输二十、二十一两年，共收银三百一十七万一千余两，照章请加广庚子恩科乡试文武中额各十名。下部议。

三月辛酉 以遵命捐助书院膏火，予已故陕西府谷县教谕张莹为其父建坊。

三月癸亥 谕内阁：御史刘家模奏，士风浇漓，请振兴学校书院，以培教本而杜邪趋一摺。从来教化之兴，由于学校，叠经明降谕旨，谆谆以昌明正学、培养人材为至要。本年特开庆榜，嘉惠士林，菁莪棫朴之材，谅无不争自濯磨，同欣汇进。惟是教养之任，责在师儒。各省学校为培材之地，司训一官与诸生地近情亲，诚能勉勤职分，凡名列胶庠者，采其乡评而知其素行，观其文艺而知其学术，如有矜奇好异、邪说诬民者，即宜痛加摈斥，毋使萌芽；其有趋向正大、心存君国者，必当特予旌扬，俾为多士程式。至于书院、义塾，与学校相辅而行，常年修脯膏奖，地方皆储有息款，足为经久之计，尤宜责成地方官，认真整顿，慎选明师，严定教士之规，讲求有用之学，师道立而善人多，远近自必闻风翕附。经此次申谕之后，各直省督抚、学政务宜将学校、书院加意整饬，责成教官山长，痛除积习，勤思教育。其有司训不职、主讲不称者，随时撤参，以示惩儆，用副朝廷维持士习，培植根本至意。

四月丙戌 以本年乡试，考试应开列试差人员于保和殿。

五月辛丑 以翰林院编修吴纬炳为云南乡试正考官，伍铨萃为副考官；修撰骆成骧为贵州乡试正考官，编修田智枚为副考官。

五月壬子 以兵部右侍郎李殿林为广东乡试正考官，翰林院侍讲吴同甲为副考官；御史胡孚宸为广西乡试正考官，翰林院编修李传元为副考官；户部右侍郎华金寿为福建乡试正考官，詹事府左春坊左中允吴郁生为副考官。

五月壬戌　以翰林院编修冯恩崐为湖南乡试正考官，刘嘉琛为副考官；通政使司通政使李荫銮为四川乡试正考官，编修夏孙桐为副考官；编修沈卫为甘肃乡试正考官，林开謩为副考官。

六月壬午　以詹事府詹事李昭炜为浙江乡试正考官，翰林院修撰刘福姚为副考官；鸿胪寺少卿裴维安为江西乡试正考官，翰林院侍讲檀玑为副考官；侍读载昌为湖北乡试正考官，编修吴士鉴为副考官。

六月癸未　改派詹事府詹事李昭炜为江西乡试正考官，鸿胪寺少卿裴维安为浙江乡试正考官。

六月乙酉　谕内阁：现在中外开衅，各直省军务倥偬，所有本年恩科乡试，如果展缓数月，未始不可举行。第恐天气渐寒，各士子倍形劳苦，且远省放榜过迟，于公车亦多窒碍，着即展缓至明年三月初八日乡试，八月初八日会试，以示体恤。各省已放正副考官，即着回京供职。至庚子正科乡试及次年会试，并着按照年分，以次递推。

七月己酉　谕内阁：前因中外开衅，各直省军务倥偬，业经降旨将本年恩科文乡试展缓举行。所有各省武乡试，着该部按照文乡试展缓日期，以次递推。

闰八月丁未　（闽浙总督许应骙）奏，福建省庚子恩科乡试，请于辛丑年一并举行。得旨：已有旨，改于明年三月乡试矣。

闰八月己酉　陕西学政叶尔恺丁忧，命翰林院编修沈卫提督陕西学政。

闰八月丁巳　湖广总督张之洞等奏，新设湖北夏口厅，由汉阳县分拨学额文九名，武八名，岁科递取文武公额各一名，廪增各七名，拔贡额一名。下部知之。

九月戊寅　命兵部右侍郎陆宝忠提督顺天学政，吏部左侍郎李殿林提督江苏学政，翰林院编修刘嘉琛提督山西学政，林开謩提督河南学政，吴纬炳提督甘肃学政，侍讲檀玑提督福建学政，编修吴士鉴提督江西学政，给事中蒋式芬提督湖北学政，翰林院侍读载昌提督湖南学政，詹事府左中允吴郁生提督四川学政，户部右侍郎溥良提督广东学政，御史刘家模提督广西学政，编修田智枚提督云南学政，赵惟熙提督贵州学政。

九月庚辰　谕内阁：顺天学政陆宝忠、广东学政溥良、湖南学政载昌、四川学政吴郁生、甘肃学政吴纬炳均着即行赴任，毋庸前来请训。

九月戊子　江苏学政瞿鸿禨奏，学差报满，乞假回籍就医。得旨：着赏假两个月，假满即赴行在。

九月乙未　留京办事大臣大学士昆冈等奏，前奉明旨，改于明年三月乡试，现各衙门未能照常办事，考官衔名一时尚难咨取，拟俟和议就绪，再行请旨举办。从之。

九月乙未　（留京办事大臣、大学士昆冈等）奏，请缓改换学政。得旨：各省学政均已简放矣。

九月乙未　兵部右侍郎陆宝忠奏，请赏假就医。得旨：该侍郎已简放顺天学政，着赏假两个月调理，毋庸赴沪就医。

十月己亥　命浙江学政李荫銮即赴新任，毋庸来行在请训。

十月丙寅　河南学政朱福诜奏，固始县知县杨溶等捐建诂经精舍课士，已饬地方官加意维持，以垂久远。报闻。

十一月癸酉　两江总督刘坤一等奏，军务未竣，请将恩正两科乡会试归并举行，以节经费。允之。

十二月壬寅　谕军机大臣等：电寄刘坤一等。刘坤一等合词吁请将两江、两湖、四川庚子、辛丑恩正两科乡试，归并于二十七年八月举行，恩正两科会试归并于二十八年三月举行，业经照准，此外各省文武乡试，即着一律展缓归并。将此电谕知之。

十二月丁未　谕内阁：世有万古不易之常经，无一成不变之治法。穷变通久，见于《大易》；损益可知，著于《论语》。盖不易者，三纲五常，昭然如日星之照世；而可变者，令甲令乙，不妨如琴瑟之改弦。伊古以来，代有兴革，即我朝列祖列宗，因时立制，屡有异同。入关以后，已殊沈阳之时。嘉庆、道光以来，岂尽雍正、乾隆之旧？大抵法积则敝，法敝则更，要归于强国利民而已。自播迁以来，皇太后宵旰焦劳，朕尤痛自刻责，深念近数十年积习相仍，因循粉饰，以致成此大衅。现正议和，一切政事，尤须切实整顿，以期渐图富强。懿训以为，取外国之长乃可补中国之短，惩前事之失乃可作后事之师。……皇太后何尝不许更新损益科条，朕何尝概行除旧，执中以御，择善而从，母子一心，臣民共见。今者恭承慈命，壹意振兴，严禁新旧之名，浑融中外之迹。我中国之弱，在于习气太深、文法太密，庸俗之吏多、豪杰之士少。文法者庸人藉为藏身之固，而胥吏倚为牟利之符。公事以文牍相往来而毫无实际，人才以资格相限制而日见消磨。误国家者，在一私字；困天下者，在一例字。至近之学西法者，语言、文字、制造、机械而已，此西艺之皮毛而非西政之本源也。居上宽，临下简，言必信，行必果。我往圣之遗训，即西人富强之始基，中国不此之务，徒学其一言一话一技一能，而佐以瞻徇情面，自利身家之积习，舍其本源而不学，学其皮毛而又不精，天下安得富强耶？总之，法令不更，锢习不破。欲求振作，当议更张。着军机大臣、大学士、六部、九卿、出使各国大臣、各省督抚各就现在情形，参酌中西政要，举凡朝章国故、吏治民生、学校科举、军政财政，当因当革，当省当并，或取诸人，或求诸己，如何而国势始兴，如何而人才始出，如何而度支始裕，如何而武备始修，各举所知，各抒所见。通限两个月，详悉条议以闻。再由朕上禀慈谟，斟酌尽善，切实施行。

十二月壬子　谕内阁：湖北学政王同愈奏，保举书院院长暨肄业各生，恳恩鼓励一摺。湖北经心书院院长、已革掌广西道御史吴兆泰，两湖书院院长、降调翰林院编修梁鼎芬训课精勤，卓著成效，均着赏还原衔；谷城县举人拣选知县钱葆青、江夏县岁贡生姚汝说、黄陂县廪生徐毓华均能励志勤学，自应予以奖励，钱葆青着以知县选用，姚汝说、徐毓华均着以教职选用，以示鼓励。

十二月丁卯　（闽浙总督许应骙）奏，闽省延、建、邵三府本年猝遭水患，拟请暂改岁科并试，以恤寒畯。允之。

十二月丁卯　（闽浙总督许应骙）奏，本年庚子恩科文乡试，请于明年八月与辛巳正科一并举行，照章加广中额。得旨：前已有旨矣。

光绪二十七年（1901年）

二月丁酉　谕：张英麟交卸顺天学政，即来行在覆命。将此由五百里谕令知之。

二月戊午　兵部尚书裕德等奏，顺天武乡试，请展至壬寅十月恩正两科归并举行，武会试归并于次年举行。从之。

三月己巳　命翰林院编修柯劭忞提督湖南学政。

三月己卯　谕：电寄各省督抚，各直省乡试，前已降旨，将恩正两科归并于今年秋间举行。现在和局将定，各士子观光志切，自应仍遵前旨，一律举行。着该督抚各就地方情形，详细体察，有无窒碍之处，迅即据实电奏。

三月辛巳　展缓江南辛丑正科乡试于次年秋间举行。从两江总督刘坤一请也。

三月癸未　展缓湖北辛丑正科乡试于次年秋间举行。从湖广总督张之洞请也。

三月甲申　展缓四川辛丑正科乡试于次年秋间举行。从四川总督奎俊请也。

三月乙酉　以捐款助赈，赏浙江二品封职吴作镆之子、文童吴启藩举人，一体会试。

三月丁亥　展缓福建、山东、湖南、江西、浙江辛丑正科乡试于次年秋间举行。从闽浙总督许应骙等请也。

三月壬辰　谕军机大臣等：张百熙奏，停办乡试，有碍大局，请照旧举行，以定人心一摺。本年恩正并科乡试，原应一体举行，展缓本非得已。着刘坤一、张之洞、奎俊、许应骙、俞廉三、李兴锐、袁世凯、余联沅各就地方实在情形，再行详细体察，迅速电复。原摺均着钞给阅看，将此由六百里各谕令知之。

三月壬辰　谕：电寄各直省督抚，本年恩正并科乡试，前据各该督抚电请停办，已依议行矣。兹有人奏，停办乡试，有碍大局，请照旧举行，以定人心。究竟各该省实在情形如何，着再体察。本日，另有六百里寄谕垂询，并将原摺钞给阅看，俟寄谕到后，即行电复。

四月壬子　谕内阁：钦奉慈禧端佑康颐昭豫庄诚寿恭钦献崇熙皇太后懿旨，为政之道，首在得人。况值时局阽危，尤应破格求才，以资治理，允宜敬遵成宪，照博学鸿词科例，开经济特科，于本届会试前举行。天下之广，何患无才，其有志虑忠纯、规模宏远、学问淹通、洞达中外时务者，着各部院堂官及各省督抚、学政出具考语，即行保荐。并着政务处大臣拟定考试章程，先期请旨办理。朝廷振兴百度，母子一心，惩往日之因循，望贤才之辅治，尔诸臣当详加延揽，各举所知，共济艰难，以维邦本，使中兴人才之盛再见于今，则深宫所祷祀求之者也。

四月乙卯　护理陕西巡抚升允奏，体察地方情形，请展缓乡试日期。得旨：着展至十月举行。

四月庚申　谕内阁：本日奕劻、李鸿章具奏，各国议定滋事地方，停止文武各考试五年一摺。所有单开直隶省之北京顺天府、保定府、永清县、天津府、顺德府、望都县、获鹿县、新安县、通州、武邑县、景州、滦平县，东三省之盛京、甲子厂、连山、于庆衔、北林子、呼兰城，山西省之太原府、忻州、太谷县、大同府、汾州府、孝义县、曲沃县、大宁县、河津县、岳阳县、朔平府、文水县、寿阳县、平阳府、长子县、高平县、泽州府、隰州、蒲县、绛州、归化城、绥远城，河南省之南阳府、光州，浙江省之衢州府，陕西省之宁羌州，湖南省之衡州府等地方，均应停止文武考试五年，以为轻信拳匪及闹教滋事者戒。即着各该省督抚、学政遵照办理，出示晓谕。

四月辛酉　以翰林院修撰吴鲁为云南乡试正考官，编修冯恩崐为副考官；编修吕佩芬为贵州乡试正考官，华学澜为副考官。

五月乙丑　展缓山西本年应行恩正并科乡试。从山西巡抚岑春煊请也。

五月庚午　展缓河南本年应行恩正并科乡试。从河南巡抚松寿请也。

五月丙子　以鸿胪寺卿裴维安为广东乡试正考官，翰林院编修夏孙桐为副考官；编修李传元为广西乡试正考官，伍铨萃为副考官。

五月甲申　谕内阁：陕西学政沈卫奏，呈进书籍，请将校刊各员绅恳恩奖励一摺。据称，三原、泾阳两县官绅刊刻书籍不下二百余种，均关典要。该员绅等捐集经费，校刊精勤，有功学校，深堪嘉尚。国子监学正衔、举人刘光蕡着赏加五品衔，西安驻防举人、候选通判成安着以知州分省补用，已故五品衔、国子监学正衔、孝廉方正、恩贡生贺瑞麟着追赠五品卿衔，已故湖北试用知府刘升之、已故候选知府刘质慧、已故道衔增贡生刘昌复均着追赠三品衔，郎中衔、中书科中书柏森着赏加四品衔，道衔监生刘嗣曾、同知职衔附生刘昌晋均着传旨嘉奖，以示鼓励。

五月丁亥　谕内阁：钦奉慈禧端佑康颐昭豫庄诚寿恭钦献崇熙皇太后懿旨，为政之要，首在人才。闻出洋华商子弟就近游学者，颇多可造之才，着各出使大臣留心察访。如有在外洋大书院肄业，精通专门之学，领有凭照或著有成书者，准由各使臣认真考试，分别等第，咨送回籍。由政务处奏请简派大臣，按其所学，分门考试，拟取后带领引见，听候录用，赐以进士、举人、贡生各科目。将来著有实在劳绩，即当量予擢用。所有考送章程及考取姓名、籍贯、年貌，着分别咨送各该衙门查照，该使臣等务当切实考选，不得以并无实学者滥竽充数，致使徒劳往返，用副朝廷广罗俊乂、实事求是之至意。

六月戊戌　谕内阁：御史陈秉崧奏，保荐经济特科，请饬破除夤缘积弊、以端士习一摺。此次钦奉懿旨，举行经济特科，原期拔取真材，以济时艰，岂可仍狃夤缘积习，瞻徇保荐，滥竽充数，致负朝廷求治作人之至意？着各部院堂官及各省督抚、学政于保送时虚心采访，果系物望素孚、确有实学者，方准奏保；如有心术不正及营谋干进者，即使才艺可观，亦无足取。该大臣等当深维以人事君之义，严杜请托，力挽颓风，即以所保之是否得人，定其功过，毋得滥保非人，自干咎戾。将此通谕知之。

六月戊戌　顺天学政陆宝忠奏，和议已定，洋兵不日撤退，亟宜举行考试，以安人心。惟停考已及一年，若照章岁科分试，万赶不及，且士子流离，资斧艰窘，宜变通体恤，将顺、直所属一律改为岁科并考。其条款所开停考各府州县，从权借棚调考，亦不以一邑滋事之故，致令合属向隅。报可。

六月癸丑　　谕军机大臣等：电寄奕劻等，据奏，会试难在京城举行等语。会试为抡才大典，各直省士子齐集应试，碍难易地举行。前据该王大臣与各使业经商允，自可仍践前言，着奕劻、李鸿章再与各使切实磋商，务期议明仍在京办理会试为要。将此谕令知之。

六月丁巳　　谕军机大臣等：内阁蒙古侍读学士文年奏，请立蒙文学校一摺。着准于八旗官学内添立蒙古学斋。

七月甲子　　以翰林院编修饶士端为甘肃乡试正考官，郑沅为副考官。

七月己卯　　谕内阁：科举为抡材大典，我朝沿用前明旧制，以八股文取士，名臣硕儒，多出其中，其时学者皆潜心经史，文艺特其绪余。乃行之二百余年，流弊日深，士子但视为弋取科名之具，剿袭庸滥，于经史大义无所发明，急宜讲求实学，挽回积习。况近来各国通商，智巧日辟，尤贵博通中外、储为有用之材，所有各项考试，不得不因时变通，以资造就。着自明年为始，嗣后，乡会试头场试中国政治史事论五篇，二场试各国政治艺学策五道，三场试《四书》义二篇，《五经》义一篇。考官阅卷，合校三场以定去取，不得偏重一场。生童岁科两考，仍先试经古一场，专试中国政治史事及各国政治艺学策论，正场试《四书》义、《五经》义各一篇。考试试差、庶吉士散馆，均用论一篇、策一道。进士朝考论疏、殿试策问，均以中国政治史事及各国政治艺学命题。以上一切考试，凡《四书》、《五经》义，均不准用八股文程式，策论均应切实敷陈，不得仍前空衍剽窃。自此次降旨之后，皆当争自濯磨，务以《四书》、《五经》为根柢，究心经济，力戒浮嚣，明体达用，足备器使，庶副朝廷求治作人之至意。所有各试场详细章程及其余各项考试未尽事宜，着礼部会同政务处妥议具奏。

七月己卯　　谕：武科一途，本因前明旧制，相沿既久，流弊滋多，而所习硬弓刀石及马步射，皆与兵事无涉，施之今日，亦无所用。自应设法变通，力求实济。嗣后，武生童考试及武科乡会试着即一律永远停止，所有武举人进士均令投标学习，其精壮之武生及向习武学之童生，均准其应募入伍，俟各省建立武备学堂后，再行酌定挑选考试章程，以广造就。将此通谕知之。

七月甲申　　谕军机大臣等：电寄嵩蕃等电悉，本科武乡试着仍遵前旨停止。

七月己丑　　（陕西巡抚升允）奏，秋节倏届，恭值回銮，诸司部署供支，于科场事宜未遑兼顾，请再展缓陕省乡试。得旨：着缓至明年举行。

七月壬辰　　谕：现在整顿兵制，停止武科，亟应于各省省会建立武备学堂，以期培养将才，练成劲旅。查南北洋湖北所设武备学堂及山东所设随营学堂，均已办有规模，应即责成李鸿章、刘坤一、张之洞、袁世凯等酌量扩充，认真训练，其应如何分门操习，俾精兵学而备干城。一切规制章程，务再细心核议，斟酌尽善，详晰具奏，请旨施行。其余各省即着该督抚设法筹建，一体仿照办理，以归划一。将此通谕知之。

七月壬辰　　以捐赈万两，予江西候补知府张煜南以道员分发广西，尽先补用；浙江试用知县罗文槐以知县遇缺即补；已革甘肃举人陈宝璇、陈森均赏还举人，咨回广东原籍。

八月乙未　谕内阁：人才为庶政之本，作育人才，端在修明学术。三代以来，学校之隆，皆以德行、道艺为重，故其时体用兼备、贤才众多。近日士子或空疏无用，或浮薄寡实，今欲痛除此弊，自非敬教劝学，无由感发兴起。除京师已设大学堂，应行切实整顿外，着将各省所有书院，于省城均改设大学堂，各府厅直隶州均设中学堂，各州县均设小学堂，并多设蒙养学堂。其教法当以《四书》、《五经》纲常大义为主，以历代史鉴及中外政治、艺学为辅，务使心术端正，文行交修，博通时务，讲求实用。庶几植基立本，成德达材，方副朕图治作人之至意。着该督抚、学政切实通筹，认真举办，所有慎延师长，妥定教规及学生卒业，应如何选举鼓励，一切详细章程，着政务处咨行各省悉心酌议，会同礼部覆核具奏。将此通谕知之。

八月丁酉　谕：造就人才，实为当今急务。前据江南、湖北、四川等省选派学生出洋游学，用意甚善，着各省督抚一律仿照办理，务择心术端正、文理明通之士前往学习，于一切专门艺学，认真肄业，实力讲求。学成领有凭照回华，即由该督抚、学政按其所学，分门考验，如实与凭照相符，即行出具切实考语，咨送外务部覆加考验，择尤奏请奖励。其游学经费，着各省妥筹发给，准其作正开销。如有自备资斧出洋游学者，着由该省督抚咨明该出使大臣，随时照料，如果学成得有优等凭照回华，准照派出学生一体考验奖励，均候旨分别赏给进士、举人各项出身，以备任用而资鼓舞。将此通谕知之。

八月丁酉　山东学政尹铭绶奏，议变科举，请定程式，颁示天下学官，下所司议。寻奏，该学政议变科举，颁示程式之处，应毋庸议。从之。

八月辛丑　顺天府奏，创设西文、东文学堂，以牖民智。如所请行。

八月壬子　直隶总督李鸿章奏，易州属岁科两试，请复旧制，自立一棚，由学政按临考试。如所请行。

八月壬子　命掌山西道监察御史彭述提督湖北学政。

九月甲戌　御史徐士佳奏，译才关系紧要，请变通乡会试，增设洋文中额。下所司议。寻奏，顺天乡试捐纳监生即可应考。该御史请定洋文中额，恐中学未深，精通洋文，藉此希图幸获，所请应毋庸议。至举人有通习洋文者，拟请于每届会试场后，报明礼部，如未中式，即将此项举人咨送外务部扃试录用，庶中学、译学两无偏废。依议行。

九月戊寅　谕军机大臣等：有人奏，学臣声名狼藉，请立予罢斥一摺。据称福建学政檀玑嗜好甚深，卑污贪鄙，开考兴化一府，已不免人言藉藉，至泉州则竟公然贿卖。该学政知人心不平，将所得赃银托为赈捐，运至厦门，分存银号，并豫置私人，以便交通过付等语。学政职司考试，宜如何洁身自爱，若如所奏，贪墨情形，亟宜彻底根究。着许应骙按照所参各节，确切查明，据实具奏，毋稍徇隐。原摺着钞给阅看，将此谕令知之。

九月戊寅　谕：有人奏，广西学政刘家模考试梧州之时，座船满载私盐。经委员查验，起出五千余石之多，该学政不知自愧，又复诈开失单，以巡船打劫为辞，请督臣追赃，陶模置之不理等语。学政职司文衡，应如何洁身自爱，若如所奏，实属贪鄙，着陶模按照所参各节，确切查明据实具奏，毋稍徇隐。原片着钞给阅看，将此谕令知之。

九月辛巳　谕军机大臣等：福建学政檀玑，前已有人参劾，当经谕令许应骙确查覆奏。兹复有人奏参，该学政漳泉、龙岩等处考试纳贿，寄顿重赀各节，核与前奏略同，亟应一并彻究。着该督按照所参各节，并入前奏，认真确查，据实具覆。参摺内并称该督与檀玑素有交谊，不准稍有回护瞻徇，自干咎戾。原摺着钞给阅看，将此谕令知之。

九月乙酉　巡城御史陈璧等奏，请设五城中学堂，兼治中西实学。如所请行。

十月甲午　两江总督刘坤一等奏，学堂科举酌陈办法，下政务处议。寻奏，刘坤一、张之洞等电请乡会试分场去取，不免有偏重之弊，目前仍宜三场合校，毋庸更张，惟删除誊录一节，尚可照准。下礼部知之。

十月乙未　谕内阁：朕钦奉慈禧端佑康颐昭豫庄诚寿恭钦献崇熙皇太后懿旨，周馥奏，督臣因病出缺代递遗疏一摺。大学士、直隶总督李鸿章以儒臣起家军旅，早膺疆寄，晋赞纶扉，辅佐中兴，削平大难。嗣在北洋三十余年，办理交涉，悉协机宜。上年京师之变，事机万紧，该大学士忠诚坚忍，力任其难，宗社复安，朝野攸赖。本年七月间，因病叠经降旨慰问，该大学士仍力疾从公，未敢休息，忠靖之忱，老而弥笃。方冀调理就痊，长资倚任，乃骤患咯血，遽致不起。……伊孙、户部员外郎李国杰着以郎中即补，李国燕、李国煦均着以员外郎分部行走，李国熊、李国焘均着赏给举人，准其一体会试，用示笃念荩臣，有加无已之至意。

十月戊戌　（署山东巡抚袁世凯）奏，开办课吏馆，创设商务局，缮具章程。又奏，试办大学堂，酌拟教规，访订美国人赫士充总教习，其年长未能选入学堂者，另设校士馆以宏造就。报闻。

十月丁未　谕内阁：政务处奏，请饬各省速办学堂等语。建学储才，实为当今急务，前经饬令各直省设立学堂，责成该督抚、学政切实通筹举办。惟通省学堂同时并举，财力或有不逮。若必待各府厅州县中小学堂筹定，始行开办，转致观望迟延。查袁世凯所奏山东学堂事宜及试办章程，拟先于省城建立学堂一区，分斋督课，先从备斋、正斋入手，俾初学易于造就，渐有师资，再行次第推广。其教规课程，参酌中西，而谆谆于明伦理、循礼法，尤得成德达材、本末兼赅之道。着政务处即将该署督原奏并单开章程，通行各省，立即仿照举办，毋许宕延。其如何选举鼓励之处，着仍遵前旨，由政务处会同礼部速行妥议具奏。

十月甲寅　命翰林院侍讲学士彭清藜提督湖北学政。

十月丙辰　谕内阁：政务处奏，遵旨妥议变通乡会试事宜等语。上年刘坤一等奏，请将辛丑、壬寅乡试恩正并行，会试归并壬寅年举行，业经允准。惟本年举行乡试，仅广东、广西、甘肃、云南、贵州五省，若于明年举行会试，其未经乡试各省士子未免向隅。且经济特科，前经谕令定于本届会试前考试，亦属办理不及。所有明年会试，着展至癸卯年举行，余着照礼部所议各条办理。至借闱考试一节，河南地居适中，毗连直隶，所有顺天乡试，着于明年八月间暂借河南贡院举行，河南本省乡试着于十月间举行。次年会试仍暂就河南贡院办理，其乡会试内外场各事宜，着礼部一并妥议具奏。

十月丁巳 谕内阁：政务处会同礼部奏，遵旨核议学堂选举鼓励章程一摺。学堂之设，原以鼓舞士气，作育真才，自当优其进取之途，尤应防其登进之滥，披阅所拟章程，尚属妥协。着照所请，饬令各该省将小学堂毕业学生，考取功课合格者，送入中学堂肄业；俟毕业后考取合格者，再送入该省大学堂；毕业后取其合格者，给照作为优等学生，由该省督抚、学政按其功课，严密考校，择尤拟取，咨送京师大学堂覆试，候旨钦定，作为举人、贡生，仍留下届应考，愿应乡试者听。俟举人积有成数，再由大学堂严加去取，咨送礼部，奏请特派大臣考试，候旨钦定，作为进士，一体殿试，分别等第，带领引见，量加擢用，不拘庶吉士、部属、中书等项成例，以励通材而收实效。前据袁世凯奏，先于省城建立学堂，分斋督课，其备斋即寓小学堂、中学堂规制，业经谕令各省仿照开办。所有此项学生，着俟专斋毕业后，即照此次所拟选举章程，一律办理，以示鼓励。

十一月己巳 护理陕西巡抚李绍芬奏，建立关中大学堂，拟就西安考院拓地兴修，调选学生，先以二百名为额，并恳留光禄寺少卿屠仁宗暂充总教习，所有教法学程，均由总教习等悉心定拟。如所请行。

十一月辛卯 江苏巡抚聂缉规奏，苏省改设学堂，参酌山东章程，设法扩充，增置译书局、藏书楼、博物院以资肄习，并通饬省外各府厅州县一体仿办。得旨：着即认真办理，务收成效。

十一月辛卯 （江苏巡抚聂缉规）奏，苏省资遣学生出洋游学，暂以二十人为定额，由善后局岁筹经费，以示策励。又奏，苏省遵设武备学堂，于防营内挑选勇丁四十人为学生，派道员督办，酌定课程，期收成效。均下部知之。

十二月癸巳 谕：兴学育才，实为当今急务，京师首善之区，尤宜加意作养，以树风声。从前所建大学堂，应即切实举办。着派张百熙为管学大臣，将学堂一切事宜责成经理，务期端正趋向，造就通才，明体达用，庶收得人之效。应如何核定章程，并着悉心妥议，随时具奏。

十二月癸巳 谕：翰林院为储材之地，平日并无公事，从容清暇，正宜博通经济，期为有用之才，以备国家任使。着掌院学士将该衙门人员督饬用功，于古今政治、中西艺学均应切实讲求，务令体用兼赅，通知时事而无习气。限五个月后甄别一次，由该掌院学士严行考核，分别优劣，据实奏闻，毋稍徇隐。

十二月癸巳 谕：两广总督陶模奏，遵旨饬查广西学臣劣迹，据实覆陈一摺。前据御史黄曾源奏，参广西学政刘家模贪鄙各节，当交陶模查办。兹据覆称，该学政嗜好甚深，关防不严，罔知检束，所至之处，增索棚规供应，并任听船户满载私盐，被缉私厂拿获，该学政谓有衣物寄放在船，电请查追，一时传为笑柄等语。学政为一省师表，当如何洁清自矢，恪守官箴，似此贪劣昭著，实属辜恩负职。御史刘家模着即行革职，以示惩儆。

十二月甲午　谕内阁：昨已有旨饬办京师大学堂，并派张百熙为管学大臣。所有从前设立之同文馆，毋庸隶外务部，着即归并大学堂，一并责成张百熙管理，务即认真整顿，以副委任。

十二月甲午　命翰林院编修吴敬修提督广西学政。

十二月乙未　察哈尔都统奎顺等奏，察哈尔原有驻防满营，拟就该营添设武备学堂，改练新军，即仿照北洋武备学堂章程，先行试办。得旨：着即认真挑选训练，务成劲旅，以备缓急。

十二月丙申　谕：前因御史黄曾源、高楠先后奏参福建学政檀玑贪劣各款，当经谕令许应骙确查。兹据查明覆奏，该学政被参纳贿得赃各节，虽查无实据，而去取不公，关防不密，固已异口同声，劣迹昭著，实属有玷官方。檀玑着即行革职。另片奏，檀玑按试泉、漳等属，托词集捐，请饬如数交出等语。即着许应骙勒令该学政如数清缴，归入闽省赈捐款下备用，不准稍有隐匿。

十二月丙申　（署黑龙江将军萨保）奏，俄人在海参崴创设满文学堂，以教俄童，托延墨尔根城鄂伦春协领永善为教习，现已派员署缺，饬令前往。报闻。

十二月丁酉　命内阁学士秦绶章提督福建学政，翰林院编修胡鼎彝提督湖北学政。

十二月辛丑　江西巡抚李兴锐奏，省城书院酌量改并，展拓地基，建设大学堂。仿照山东办法，选聘教习，分斋教课，请将前提各属四分经费仍归学堂支销，以资应用。得旨：学堂为当务之急，必须切实筹办，所请提拨经费，着户部议奏。寻议行。

十二月壬寅　谕军机大臣等：御史蒋式瑆奏，酌拟学堂章程一摺。着张百熙核议具奏。寻奏，该御史原奏二十条有现在即可采用者，有一时碍难举行者，如编辑教科书，设立高等学堂及准绅民自行筹办中小蒙养学堂诸条，此次拟进章程均已采入。至收取学生饭资束修一条，外国本有此办法，中国甫立学堂，似应优加体恤，拟俟数年之后再行征收，目前暂毋庸议。依议行。

十二月戊申　江宁将军崇善等奏，改练新军，革除旧习并变通设立随营武备学堂，由所练捷胜精锐各营内挑选营兵，讲求学习。得旨：着即认真训练，俾成劲旅。

十二月戊申　（江宁将军崇善等）奏，江京两防，在公所地方各设一小学堂，挑选八旗子弟各二十名，入学肄业，俟有成效，咨行两江督臣，附入汉城中学堂，一律考选，以广登进。得旨：着即认真办理，期收实效。

十二月乙卯　谕：交涉事宜最为重要。现在振兴庶政，尤应博采所长，出洋游历人员，若能于各国政治工艺，潜心考究，切实讲求，庶几蔚为通才，足备国家任使。近来各省士子，留心时务，多赴各国学堂肄业。惟宗室八旗，风气未开，亟宜广为造就，着宗人府、八旗都统遴选各旗子弟，年在十五岁以上，二十五岁以下，志趣正大、资质聪明、体气强壮者，造册开送军机处进呈，听候派员覆核挑选，给资遣赴各国游学，藉资练习而广见闻，用副朝廷图治育才至意。

十二月丙辰　江苏学政李殿林奏，江苏南菁书院遵改学堂，拟将专斋、正斋、备斋同时并立，妥拟章程十条，先行试办。得旨：着照所请办理，务须认真考核，期收实效。

十二月庚申　（会办商务大臣、宗人府府丞盛宣怀）奏，拟在上海南洋公学旁地建造商务学堂，并翻译《商律全书》，为将来定律设部根本。报闻。

光绪二十八年（1902年）

正月戊辰　绥远城将军信恪奏，改练新军，建设学堂，酌拟办法。得旨：着照所拟办理，务当认真训练，随时考察，期收实效。

正月戊辰　陕西学政沈卫奏，归并书院，开办学堂，分设内政、外交、算学、方言四科，专选高材，课以速成教法。得旨：着即认真办理，力求实际。

正月辛未　闽浙总督许应骙奏，设立武备学堂，筹办情形。得旨：着照所议办理，务当督饬认真训练，随时考核，期收实效。

正月癸酉　谕：翰林院侍读宝熙奏，请变通宗室八旗学校章程一摺。据称宗学及觉罗等学，教习、学生恒不到馆，虚应故事，八旗官学于中西根柢之学亦少讲求。着照所请，将宗室、觉罗、八旗等官学改设小学堂、中学堂，均归入大学堂办理，庶几扫除积弊，造就通才。着张百熙妥为经理，以专责成而收实效。另片奏，请通饬各省驻防官学书院，一律改为小学堂，并慎选学员，豫防流弊各等语。并着张百熙核议具奏。

正月甲申　谕军机大臣等：管廷鹗奏，请开馆纂书一摺，着大学堂核议具奏。寻奏，该司业所奏，系注重乡会试第二场立论，与前奏定学堂编辑课本一事，绝不相蒙。惟是启迪不拘一格，考求不厌多门。应请准如所奏。由翰林院开馆纂书，编为《科举时务》书一部，即在本衙门办理。依议行。

正月己丑　命翰林院编修叶昌炽提督甘肃学政。

二月癸巳　谕内阁：前经通饬各省开办学堂，并因经费难筹，复谕令仿照山东所拟章程，先行举办。迄今数月，各该省如何办理，多未奏覆，即间有奏到者，亦未能详细切实。该督抚等身膺重寄，目击时艰，当知变法求才，实为方今急务，其各懔遵叠次谕旨，妥速筹画，实力奉行。即将开办情形详晰具奏。如再观望迁延，敷衍塞责，咎有攸归，不能为该督抚等宽也。

二月癸巳　谕：礼部奏，遵议顺天乡试借闱河南事宜，开单呈览一摺。单内所开，请派顺天府府丞入闱提调，并酌带委员前往办理试卷等语。府丞京秩较崇，非巡抚所应统属，所有试卷即由藩司办理，府丞毋庸前往。其场内提调、监试等官，着照外省乡试例，即由该抚拣派司道充当。

二月乙未　顺天学政陆宝忠奏，督办顺、直各属府州县所有各项中、小学堂，勒限一年，通筹举办，并请严定考成。得旨：着会同袁世凯通饬各属，一律举办。

二月乙未　以捐赀兴学，予直隶河间府知府王守坤之故妻景氏建坊。

二月己亥　河南巡抚锡良等奏，筹议河南各属应设中小学及蒙养学堂，现饬赶紧举办。拟将省城大学堂从速设立，仿照山东学堂规制，以收成效。得旨：着即督饬认真办理，仍随时考察，务收实效。

二月庚子　以翰林院侍读郑叔忱为奉天府府丞兼学政。

二月癸卯　管学大臣张百熙奏，咸安宫、景山两处官学，向归内务府大臣管理，现与该大臣等面商，将此两学作为小学堂，俟奏定章程颁发后，即按照小学堂章程，仍由原管大臣经理。如所请行。

二月辛亥　（杭州将军常恩等）奏满营设立武备学堂，挑选八旗兵丁，学习操演。得旨：着即督饬讲求，毋涉敷衍。

二月甲寅　（山西巡抚岑春煊）奏，晋省开办武备学堂，遴选直隶州知州祖绳武派充总办，筹议暂行章程四十条。得旨：着照所请妥为办理，务当随时考核，期收实效。

二月庚申　派兵部右侍郎陆宝忠前往河南，监临顺天乡试。

三月壬戌　闽浙总督许应骙奏设立大学堂筹办情形。得旨：着督饬认真办理，随时考核，务收实效。

三月丁卯　湖南巡抚俞廉三奏，遵旨改设学堂并派人出洋游学筹办情形。得旨：着照所拟办理，务当督饬认真讲求，随时考察，期收实效。

三月丁卯　奏，开办农务、工艺学堂。得旨：着即分门认真办理，以厚民生。

三月庚寅　以捐助学堂经费，予故知县陈夔铭建坊，并赏三品封典。

四月丙申　山西巡抚岑春煊奏，设立晋省大学堂，谨拟试办章程，筹经费、建学舍、选生徒、订课程、议选举、习礼法六条。得旨：选举一条，着管学大臣议奏，余着照所拟办理。

四月丙申　（广西巡抚丁振铎）奏省城书院改设学堂筹办情形。得旨：着督饬认真举办，期收实效。

四月乙巳　以本年乡试，考试应开列试差人员于保和殿。

四月己酉　谕军机大臣等：国子监奏，官学教习，未经期满，可否给奖一摺。着吏部议奏。

四月己酉　四川总督奎俊奏，改设省城大学堂筹办情形。得旨：着即督饬认真举办，务收实效。

四月己酉　四川学政吴郁生奏，请颁定学堂课程，以一学术而兴人才。下管学大臣知之。

四月庚戌　四川总督奎俊奏，川省津贴捐输，应广乡试武额，请改为文额。下部议。

四月癸丑　两江总督刘坤一奏，筹办江南省各学堂情形。得旨：着即督饬认真讲求，随时考察，务得通才而收实效。

四月癸丑　山西巡抚岑春煊奏，秦、晋两省乡试，拟恳合闱办理，以期便利而省繁费。下政务处会同礼部速议。寻奏，所拟合闱办法，尚属周妥，应准如所请。惟考官仍请简放山西、陕西正副各二员分省校阅，以昭慎重。其同考官陕西向分十房，现两省合闱，试卷较多，应请添派四房，共十四房，每省七房，分校试卷，以期精密。依议行。

四月癸丑　（陕西巡抚升允）奏，开办大学堂，拟订章程。得旨：着即督饬认真办理，务收兴学实效。

四月癸丑　（陕西巡抚升允）奏，拟就大学堂中先设农务、工艺两斋，并咨调教习情形。得旨：农务、工艺足厚民生，着即认真兴办，毋涉敷衍。

四月癸丑　（陕西巡抚升允）奏，闻办陕西武备学堂。得旨：着即督饬认真训练，加意讲求，以期得力。

四月戊午　甘肃新疆巡抚饶应祺奏，遵设武备学堂。得旨：着即督饬认真训练，务除积习，期收实效。

四月戊午　命翰林院修撰吴鲁提督云南学政。

五月辛酉　政务处、礼部会奏，秦晋乡试合闱，内帘同考官每省七房，分校试卷，将优拔副三贡出身人员一体考充。其余执事人员均由陕西酌派，毋庸由山西调取，以归简易，将来两省分考时，仍应查照向章办理。从之。

五月辛未　以太常寺少卿载昌为福建乡试正考官，翰林院编修吴荫培为副考官。

五月壬申　谕：有人奏，请就川省旧有公款兴办蒙养学堂一摺。据称，四川兴办中学仅有数处，蒙学概未举行，本省如重庆等属，均有常年公款，请严禁侵蚀挪移，举办蒙学等语。着奎俊体察情形，通饬各属，确切查明实在款项，酌量提充蒙学堂经费，毋令蒙混侵蚀。另片奏，川省官借民钱积弊，并着一律严行查禁，以恤民艰。原摺片均着钞给阅看，将此谕令知之。

五月癸酉　命翰林院编修汪贻书提督广西学政。

五月戊寅　直隶总督袁世凯奏，筹办学堂情形，先将保定旧有畿辅学堂分别修造，由各州县挑选生徒，入堂肄业，并选觅在津学堂诸生，考择优等，派往各府厅、直隶州分设中学堂充当教习。冀可次第推广，渐开风气。得旨：着即督饬切实讲求，务期教学相长，以收得人之效。

五月戊寅　（直隶总督袁世凯）奏，拟设行营将弁学堂试办章程。得旨：着即督饬认真肄习，务有实效。

五月辛巳　以翰林院侍讲李士珍湖南乡试正考官，修撰夏同和为副考官；侍读学士毓隆为四川乡试正考官，编修俞陛云为副考官。

六月癸巳　谕：给事中熙麟奏，上年选送东洋学习八旗官学生回华无期，宜加体恤。并据该给事中面称，镶红旗蒙古官学生玉权因游学退姻，正红旗蒙古官学生延龄系属独子等语。着外务部查核办理。寻奏，据日本使臣蔡钧查明，玉权并无退姻之事，延龄虽系独子，亦无不准在洋肄业之例。且学期非远，应听其毕业回国，以宏造就。该给事中所请，应毋庸议。从之。

六月癸巳 直隶总督袁世凯奏，大学堂肄业各生，本年乡试，有赴国子监录遗者，有应赴顺天、山东、江南岁考科考及录遗者，辗转数月，深恐有误功课，恳准免该生等岁考、科考录遗，俟乡试届期，即咨送应试，以广登进。下所司知之。

六月己亥 谕：向来吏、礼两部杂项考试，请钦命题目，于体制殊觉烦渎。嗣后，除殿、廷考试及乡会试正场，仍着奏请钦命题目外，其余一切杂项考试，即着派出之阅卷大臣及本衙门堂官拟题。毋庸奏请钦命。

六月己亥 西安将军德铭奏，西安满营八旗，挑选精壮聪颖兵丁送入武备学堂肄业，以广造就而育人才。报闻。

六月庚子 以兵部左侍郎李昭炜为江西乡试正考官，翰林院编修顾瑗为副考官；侍读学士朱益藩为浙江乡试正考官，编修李家驹为副考官；侍读宝熙为湖北乡试正考官，编修沈曾桐为副考官。

六月辛丑 两广总督陶模等奏，设立广东大学堂，并开办及教课章程。从之。

六月辛丑 以捐助学堂经费，赏道员张煜南、周荣曜以四品京堂候补。

六月甲辰 山西学政刘嘉琛奏，本年山西乡试借闱陕西，所有应行录科各事，拟于科试省南路解州，就近在该棚办理。下部知之。

六月甲辰 湖南巡抚俞廉三奏，建立武备学堂开办情形。得旨：着即督饬认真教练，务除积习，俾成劲旅。

六月戊申 山东巡抚张人骏奏，停止武科，筹建武备学堂，宜妥订考选出身章程，俾得及时自效。下政务处会同兵部议。寻奏，武备学堂规制章程，前奉谕旨，令张之洞、袁世凯妥议具奏，现尚未据奏到，该抚所拟出身章程，应俟将来核定，再行办理。从之。

六月戊申 （山东巡抚张人骏）奏，开办武备学堂，拟暂行试办章程，以资造就。得旨：着移交周馥妥为经理，务督饬认真教练，期收实效。

六月戊申 以捐助兴学巨款，赏湖北在籍提督刘维桢尚书衔。

六月庚戌 以户部右侍郎戴鸿慈为江南乡试正考官，鸿胪寺少卿黄均隆为副考官；翰林院编修朱延熙为陕西乡试正考官，段友兰为副考官；编修曹福元为山西乡试正考官，掌江西道监察御史杨士燮为副考官。

六月乙卯 贵州巡抚邓华熙奏，改设大学堂，并拟开办章程条规。得旨：着即督饬切实讲求，仍随时考察，务收兴学之效。

六月戊午 以兵部尚书裕德为顺天乡试正考官，都察院左都御史陆润庠、户部左侍郎陈邦瑞、内阁学士李联芳为副考官。

七月丙寅 直隶总督袁世凯奏，筹设中学堂暂行章程。得旨：着照所拟办理，仍随时稽核，务收实效。

七月丙寅　（直隶总督袁世凯）奏，筹设师范学堂、小学堂章程。得旨：兴学以教习得人为要义，着即悉心经理，务正始基而广造就。

七月丙寅　以翰林院侍讲学士支恒荣为山东乡试正考官，编修陈伯陶为副考官。

七月庚午　谕内阁：张百熙奏，遵拟学堂章程，开单呈览一摺。披阅各项章程，尚属详备，即照所拟办理。并颁行各省，着各该督抚按照条规，宽筹经费，实力奉行，总期造就真才，以备国家任使。其京师大学堂，着责成张百熙悉心经理，加意陶镕，树之风声，以收成效，期副朝廷兴学育才之至意。开办之后，如有未尽事宜，应行增改，仍着随时审酌，奏明办理。

八月己丑　热河都统色楞额奏，承德府设立中学堂，仿照山东章程，设正斋、备斋，限以四年卒业，咨送大学堂肄业，以资精进。得旨：着即督饬认真办理，随时考核，务收教学相长之效。

八月壬辰　（陕甘总督崧蕃等）奏，请加新疆乡会试中额。下礼部议行。

八月丙申　（四川学政吴郁生）奏，请提闲款，派举贡各生出洋游历。下外务部议行。

八月戊戌　以捐助学堂经费，予候选兵马司副指挥孙式如建坊。

八月己亥　广东学政文治因病解职，命礼部右侍郎朱祖谋提督广东学政。

八月甲辰　以捐资助学，予广东职员罗德明为其故母建坊。

八月丙午　以捐资助学，予一品封职、已革甘肃道员张庆焕建坊。

八月甲寅　顺天学政陆宝忠奏，监临豫闱试卷另加戳记，请饬部立案，以备磨勘。下礼部知之。

九月辛酉　谕内阁：朕奉慈禧端佑康颐昭豫庄诚寿恭钦献崇熙皇太后懿旨，前经降旨，饬令各省选派学生出洋游学，以资造就，闻近来游学日本者尚不乏人，泰西各国，或以道远费多，咨送甚少，亟应广开风气，着各省督抚选择明通端正之学生，筹给经费，派往西洋各国，考求专门学业，务期成就真才，以备任使。将此通谕知之。

九月乙丑　御史吴保龄奏，西学教习，必查明非入教之人方可延用。下管学大臣知之。

九月乙丑　以通政使司参议定成为河南乡试正考官，翰林院编修景方昶为副考官。

九月丁卯　镇国将军载振奏，游历外洋，谨以管见所及，条陈三事，曰振兴商务，曰扩张路矿，曰推广学堂。下政务处会同外务部议。寻奏……若学堂为人才所从出，伏读叠次谕旨，广设学堂，并定各学生出身阶级，正与该将军所请相符。请饬下管学大臣，速将教科书编定，其各省小学、蒙学，有能集资创设者，并随时奏请优奖，于劝学兴教，不为无裨。依议行。

九月丁卯　四川总督奎俊奏，泸州经纬学堂改为川南师范学堂，将来毕业，应仍照中学堂定章办理，实有才力超异，经总督、学政覆考不谬者，当破格资送京师大学堂肄业。下所司知之。

九月甲申 直隶总督袁世凯奏，开办学堂，经费支绌，请将从前征收粮租折价较多之州县，分别规复旧章，酌提赢余，以资挹注。如所请行。

九月乙酉 会办商务大臣、工部左侍郎盛宣怀奏，南洋公学请定为高等学堂，所有卒业各生，按照奏定升学章程办理。下管学大臣议。寻奏，学堂名实务在相符，该公学创办有年，颇著成效。然其学术之分科、课程之等级、学生究有若干、规制是否尽善，按之《钦定高等学堂章程》，能否悉合，拟俟咨调该学堂章程暨学生功课成绩，详加考察，再行议定。报闻。

十月丁亥 谕内阁：外务部奏，请派日本游学生总监督一摺。四品衔、外务部员外郎汪大燮着赏给五品卿衔，派充游学日本学生总监督，所有游学各生，均着归该员管辖，务即认真经理，督饬切实讲求，以端趋向而宏造就。

十月戊子 以捐助学堂经费，予广东南海县职员黄绍贤为其母建坊。

十月丁未 谕内阁：上年降旨特开经济科，谕令内外臣工，察访保荐，于本届会试前举行，现在各处保奏之摺既未到齐，而明年会试系在河南举行，且天气尚寒，远省之士，跋涉维艰，自应量加体恤，着改于明年会试后举行。所有保荐各员，即着政务处查明籍贯及现官省分，咨行原保大臣及该督抚分别咨送，务于明年四月以前，齐集京师，届时由政务处会同礼部奏请，钦定日期考试。

十月丁未 以捐助工赈巨万，赏山东高唐廪贡生郝祖修举人，准其一体会试。

十月辛亥 陕西学政沈卫奏，陕省地瘠民贫，各属中小学堂，未能一律兴办。查西安、延安、汉中、兴安各府属之五金、煤油等矿苗极旺，请饬抚臣严督绅商，集资开办，将来成效已著，即可以饬力振兴学务。得旨：着升允察酌办理。

十一月戊午 谕内阁：储才为当今急务，叠经明降谕旨，创办学堂，变通科举。现在学堂初设，成材尚需时日，科举改试策论，固异帖括空疏，惟以言取人，仅能得其大凡，莫由察其精诣，进士为入官之始，尤应加意陶成，用资器使。着自明年会试为始，凡一甲之授职修撰、编修，二三甲之改庶吉士、用部属中书者，皆令入京师大学堂，分门肄业。其在堂肄业之一甲进士、庶吉士，必须领有卒业文凭，始咨送翰林院散馆，并将堂课分数，于引见排单内注明，以备酌量录用。其未留馆职之以主事分部并知县铨选者，仍照向章办理。如有因事告假及学未卒业者，留俟下届考试。分部司员及内阁中书，亦必须有卒业文凭，始准奏留归本衙门补用；如因事告假及学未及格，必俟补足年限课程，始准作为学习期满。其即用知县，签分到省，亦必入各省课吏馆学习，由该督抚按时考核，择其优者，立予叙补；其平常者仍留肄习，再行酌量补用。所有一切课程，着责成张百熙悉心核议具奏，随时认真经理，期收实效。

十一月甲子 湖南巡抚俞廉三奏，善化举人皮锡瑞悔过自新，请销去管束字样。得旨：皮锡瑞准其销去管束字样，仍饬地方官随时察看。

十一月乙丑 （湖广总督张之洞等）奏，鄂省遵设文武实业各学堂，筹定规模，次第兴办，下管学大臣议。寻奏，该督臣留心学务最早，办学亦最认真。原奏筹定各学堂规模，应请悉如所议办理。其中各条，间有与钦定章程小异之处，请饬改从此次核议，一律举办。依议行。

十一月乙丑　（湖广总督张之洞等）奏，挑选荆州驻防旗兵入省城武备学堂，教以石炮法。报闻。

十一月丙寅　外务部奏……请饬拨空地，修建东省铁路俄文学堂。均从之。

十一月丁卯　陕甘总督嵩蕃奏，筹建甘肃武备学堂情形。得旨：着即次第认真举办，并将详细章程具奏。

十一月己巳　贵州巡抚邓华熙奏，黔省建立武备学堂试办章程。得旨：着即督饬切实讲求，认真考校，务收实效。

十一月辛未　（护理山西巡抚赵尔巽）奏，绿营裁官，拟令带职归标，投考武备学营。下政务处会同兵部议行。

十一月壬申　贵州巡抚邓华熙奏，怀仁厅应试人多，请加学额。下礼部议。

十一月癸酉　管学大臣张百熙奏，大学堂定期本月十八日开学，先办速成一科，并购地建造学舍。报闻。

十一月乙亥　管学大臣张百熙奏同文馆归并大学堂变通办法，并请将学堂应用书籍、仪品等物，一律免税。下外务部议。寻奏，同文馆归并大学堂，所以齐制度而一趋向，今该大臣奏请变通办法，是将同文馆翻译学生与大学堂各项学生显示区别，似非朝廷甄陶广被之意。应请由大学堂速成、豫备两科中，择其少年质敏、洋文已有门径者，作为翻译专科，于肄习普通学外，分习各国语言文字，卒业后一体予以出身。嗣后，本部及出使大臣、各省督抚咨取译员并各处学堂延订教习，即以此项学生为上选，不必沿同文馆名目，亦毋庸另行招考。至一切章程，应如该大臣所奏办理。其经费一节，查华俄银行余利，除俄文学堂每年拨银二万余两外，其余尽数拨交大学堂应用。又查向章，本有官物免税之条，大学堂需用物件，自可照官物免税。从之。

十一月丁丑　御史李灼华奏，谨拟教案办法四策，并请将西学书籍分隶六部。下外务部知之。

十一月丙戌　谕内阁：前据礼部奏请新科举人覆试于会试揭晓后举行。惟思士子守候日久，旅费维艰，着改于会试三场毕后，即行覆试，以示体恤。此项试卷，着知贡举严密包封，解送到部，由该部奏请简派大员阅看。

十二月戊子　云贵总督魏光焘奏，开办学堂，酌提盐捐团费十万两作为经费，以五万两办理省会官立学堂，以五万两办理各属官立之小学堂、各蒙养学堂，并另设课吏馆，以为仕学之先导。得旨：着即督饬认真办理，仍随时考查，务收实效。

十二月庚寅　广州将军寿荫奏，遵将驻防书院、义学改设学堂，并陈开办情形，下管学大臣议。寻奏，该省驻防书院、义学经费有限，自系实在情形。惟以七千余金之岁款，开办中小学堂至二十处之多，断难具有规模、悉合程度。查广州向有同文馆，应仿照京师同文馆归并办法，并入该驻防中学堂，以昭画一。原有经费悉数拨归中学堂支用。将来该驻防中学堂学生毕业，应照奏定章程办理。所请三年保奖及咨送京师大学考试之处，应毋庸议。各科教习有卓著成效者，可随时专案保荐，不必限以岁年，悬为定格。所请三年一保，亦应毋庸置议。

十二月丙申　调补浙江巡抚、安徽巡抚聂缉规奏，皖省武备学堂三年期满，著有成效，请准将该员教习等开单请奖，以昭激劝。下部知之。

十二月戊戌　（盛京将军增祺等）奏，盛京旗站壮丁，生齿日繁，吁恳特恩，准其由学堂出身，以资造就，并黑吉两省各项人丁，请恩准一律办理。下部议。

十二月己亥　（署四川总督岑春煊）奏，办理警察学堂，酌拟简易章程，下政务处核议。寻奏，该署督所拟章程、课程，大率采日本成法，尚属扼要，请责成认真兴办，逐渐推广。依议行。

十二月庚子　以捐助中学堂经费二万两，赏广东香山县附生邓鼐举人。

十二月庚子　以捐助学堂经费，予广东新会县道员刘嵩年为其故父母建坊。

十二月壬寅　以捐助学堂经费，予直隶文童王景焕、高靖远为其伯父、祖父建坊。

十二月癸卯　谕：山东学政尹铭绶奏，优生谋通关节，大员私函请托，据实纠参一摺。据称，去年七月，补考优贡，有高唐州优廪生郝祖修，持协办大学士、礼部尚书徐郙私函干谒等语。考试关防严密，徐郙竟为该廪生私函属托，着交部议处。尹铭绶事隔年余，始行举发，迹近报复，着一并交部议处。郝祖修着撤销举人郎中，以为营私舞弊者戒。

十二月癸卯　御史杨士燮奏，请变通科举新章，并派京员充知贡举等官。下政务处会同礼部议。寻奏，该御史所请移改试题，无关得失，应毋庸议。至裁去誊录，本年各省乡试尚无弊端，明年会试，请暂行照办。嗣后，应否仍用誊录，由礼部斟酌情形，奏明办理。割截卷面办法，本系一时权宜，诚恐不能无弊。拟请以后乡会试毋庸割截卷面，应由监临、知贡举督同弥封官，加用厚纸，严密弥封，以防漏泄。知贡举向派满汉各一员，来年会试，拟由礼部奏简满知贡举一员前往，其汉知贡举拟请仍派河南巡抚，就近充办。内帘监试向派科道，职司纠察，拟请简派满、汉各一员前往，以昭慎重。依议行。

十二月丁未　护理山西巡抚赵尔巽奏，请展缓癸卯科乡试，或暂阙二三成中额，以为推广学校之方。下政务处会同礼部议。寻奏，该抚所请，意在鼓励学校，不为无见。本年恩科中额，拟请照旧。俟下届乡试，学堂办齐，成效大著，再行奏明办理。从之。

十二月戊申　谕内阁：太仆寺少卿隆恩奏保经济特科一摺。特科之设，前经降旨，饬令各部院堂官及督抚、学政各举所知，出具考语，切实保荐。近来京卿纷纷奏保，如三品京堂之光禄寺卿曾广汉、太常寺卿陈兆文、国子监祭酒王垿等所保，朝廷从宽存记。兹该少卿又复率行保荐。此端一开，必至漫无限制。隆恩所保着毋庸议，并将太常寺少卿李擢英前保一并撤销。嗣后，保荐人才，务当格外慎选，核实举荐，毋得稍涉冗滥。

十二月辛亥　谕内阁：吏部奏遵议处分一摺。协办大学士、礼部尚书徐郙辄用私函属托，咎实难辞，惟念该尚书在南书房行走，宣力有年，应得革职处分，着加恩，改为革职留任。山东学政户铭绶事后举发，咎亦应得。惟该学政平日考试，尚能认真，应得降调处分，着加恩，改为降三级留任。嗣后，大小臣工务当恪守官方，廉隅自饬，勿谓宽典可幸邀也。

光绪二十九年（1903年）

正月丁巳　谕内阁：明岁恭逢慈禧端佑康颐昭豫庄诚寿恭钦献崇熙皇太后七旬万寿，仰维懿德，普被寰区，庆洽敷天，欢胪率土，允宜殊恩特沛，加惠艺林。着于本年举行癸卯恩科乡试，明年举行甲辰恩科会试，其癸卯、甲辰正科乡会试，即归并丙午、丁未科举行，俾兹多士忭舞观光，用副朕锡类延厘、寿世作人至意。

正月癸亥　护理浙江巡抚诚勋奏，整理武备学堂，教练将才。得旨：仍着认真训练，务收实效。

正月丙寅　以捐助学堂经费，予陕西商州已故候选同知张世功建坊。

正月戊辰　礼部奏，议覆贵州巡抚奏请，加仁怀据学额。依议行。

正月乙亥　以勤于训课，赏甘肃金县训导谢邦彦、山丹县教谕苟萃珍国子监学正衔，新疆迪化府教授巨国桂内阁中书衔。革因案婪索之庄浪乡学训导张宸枢、行止卑鄙之秦安县训导谢敬熙职。

正月丙子　以实力教授，赏湖北武备学堂教习德员福克斯宝星。

正月丁丑　以遵命捐款办学，予福建闽县监生陈岳祥为其故祖父建坊。

正月庚辰　管学大臣张百熙等奏，湖广总督张之洞等兴办学堂一摺，与钦定章程相合处甚多，大都久经阅历、深造有得之言。其防流弊等语，于学务尤有裨益，应请悉如所议办理，责成该督等随时认真举行。报可。

二月丙戌　以大学士孙家鼐为会试正考官，兵部尚书徐会沣、刑部尚书荣庆、吏部右侍郎张英麟为副考官。

二月己亥　直隶总督袁世凯、署两江总督张之洞奏，时艰需才，科举阻碍学校，拟变通办法，请俟万寿恩科举行后，将各项考试取中之额，按年递减；学政岁科试分两科减尽，乡会试三科减尽，即以科场递减之额，移作学堂取中之额。俾天下士子舍学堂别无进身之路。至旧日举贡生员，三十岁以下者可入学堂，三十至五十可入仕学、师范速成两途。五十至六十与夫三十以上不能入速成科者，为宽筹出路，如再科大挑或拣发一次，或岁贡倍增其额，或多挑誊录，令其入馆，可得议叙，或举人比照孝廉方正，生员比照已满吏，准其考职，三年一次，分别用为知县、佐贰杂职。六十以上，酌给职衔，其有经生宿儒，文行并美，而不能改习新学者，为学堂经书词章师。务期科举渐废，学校林立，上以革数百年相沿弊政，下以培亿兆辈有用人材。下政务处会同礼部妥议。

二月庚子　广西巡抚王之春奏，学政棚规，无关弊端，岁只数千金，匀之各州县，所出无多，而可以为学政劝学兴廉之助，不必遽裁。报可。

二月庚子　湖南巡抚俞廉三奏，湖南遵设师范馆，并续派学生出洋留学。得旨：着赵尔巽随时严加考核，期收实效。

二月癸卯　翰林院侍读王荣商奏，请推广蒙学堂。下管学大臣知之。

二月丁未　（护理江西巡抚柯逢时）奏，江省开办巡警，兼设警务学堂。下政务处、户兵二部知之。

二月戊申　以捐助学费，予河南武安县职员李从善建坊。

二月庚戌　给事中潘庆澜奏，科举之法，历代相沿，名臣多出其中。乾隆九年八月不添中额之谕，所以抑幸进，非欲废科举。乃督臣袁世凯、张之洞会奏，谓为数百年弊政，又牵合乾隆间圣谕，至谓有阻挠者，请予严谴，皆措词失当，恳加惩处。下政务处知之。

二月庚戌　直隶总督袁世凯奏，遵设北洋陆军武备学堂，拟订章程。下政务处议。

二月庚戌　山东巡抚周馥奏，旗丁生计日蹙，请挑选八旗聪颖子弟，入武备、医学、农工、机器、电报、铁路各学堂，以期成就。下各旗营知之。

三月辛酉　谕军机大臣等：内务府奏，裁撤官学教习等，可否由管学大臣带领引见，并满汉总裁可否裁撤等语。教习各员着准其带领引见，满汉总裁着裁撤。

三月戊寅　会试正总裁、大学士孙家鼐等奏，策题书写错误，自行检举。得旨：孙家鼐等着交部照例议处。

三月戊寅　知贡举以会试中额请。得旨：各省驻防满洲取中六名，蒙古取中三名，汉军取中二名，直隶取中二十四名，奉天取中三名，山东取中二十一名，山西取中十名，河南取中十七名，陕西取中十三名，甘肃取中九名，江苏取中二十四名，安徽取中十六名，浙江取中二十三名，江西取中二十二名，湖北取中十四名，湖南取中十三名，四川取中十四名，福建取中二十名，广东取中十六名，广西取中十三名，云南取中十二名，贵州取中十一名。

三月甲申　河南巡抚张人骏奏，试事完竣，应先行出闱，其应办事件，统归知贡举督理。得旨：松寿已饬来京，着该抚随时入闱照料。

三月甲申　以鸿胪寺卿裴维安为奉天府府丞兼学政。

四月乙酉　（署四川总督、调署两广总督岑春煊）奏，拟提各属陋规闲款以充学费。得旨：着锡良妥为筹办。

四月辛卯　护理山西巡抚吴廷斌奏，请将武备学生择其优者，予以文进士、举人出身，量用文职，并令地方官兼知兵事，以收文武并重之效。下政务处议。寻奏，武备学堂规制章程，前奉谕旨，令张之洞、袁世凯妥议具奏。现尚未据奏到，该抚所拟出身章程应俟将来核定，再行办理。从之。

四月辛卯　（广西巡抚王之春）奏，学臣汪诒书历试各郡，捐置译籍，并创办师范讲习社，提倡新学，成效大著。报闻。

四月辛卯 以让出赔款创立学堂，予山西总教士李提摩太等奖叙。

四月壬辰 山东巡抚周馥奏，绅民认借招信股票，请广学额，以昭激劝。下部议。

四月丙申 派顺天学政陆宝忠监临顺天乡试。

四月甲辰 热河都统锡良奏，热河人文日盛，请加广学额以培士气。下部议。

四月壬子 引见戊戌科散馆人员。得旨：修撰夏同和，编修夏寿田、俞陛云业经授职，二甲庶吉士傅增湘、张履春、邓邦述、何作猷、魏家骅、荫桓、陆懋勋、秦曾潞、孟锡珏、朱耀奎、潘昌煦、江志伊、于式棱、钟锡璜、许邓起枢、郭恩赓、龚心钊、陈培锟、陈骧、黄大埙、谢绪璠、何国澧、李端棨、施愚、宗室文斌、赵东阶、周维藩、潘鸿鼎、管象晋、李稷勋、云祥、蓝钰、袁励准、阿联、黄彦鸿、张鸣珂、周渤、鲁尔斌俱着授为编修，三甲庶吉士林东郊、王兰庭、范桂鄂、黄寿衮、冯绍唐俱着授为检讨，朱名照、龚心铭、顾祖彭、梁用弧、易子猷、赵瀫鸿、汪明源、朱永观、胡浚、何联恩、饶叔光、牛东藩、蔡侗、吴钧、余宝菱俱着以部属用，查秉钧、李彝坤、庄清吉、何元泰、邓曾護、蒋熊、姜秉善、魏鸿仪、谢馨、戴展诚、崔肇琳、张学智、雷镇华、龙朝翊、伍毓嵩、陈海梅、董若洵、志琮俱着以知县即用，翻译庶吉士荣光着授为编修，存霈着以部属用。

四月癸丑 礼部以翻译会试中额请。得旨：驻防翻译会试着取中二名。

四月癸丑 护理山西巡抚吴廷斌奏，晋省遵设警务学堂。得旨：着即认真办理，务收实效。

四月癸丑 以捐助学堂经费，予山西榆次县同知衔常恽建坊。

五月戊午 漕运总督陈夔龙奏，江北高等学堂开办一年，规模已见，酌量推广，以宏教育。得旨：着饬认真经理，期收实效。

五月己巳 陕西巡抚升允奏，陕省设立师范学堂，以端教育。得旨：着即认真经理，期收实效。

五月己巳 以本年乡试，考试应开列试差人员于保和殿。

五月癸酉 谕内阁：此次新贡士覆试，列入一等之朱国桢等八十四名，二等之关捷三等一百二十名，三等之王塥等一百五名，俱着准其一体殿试。

五月甲戌 （署四川总督、调署两广总督岑春煊）奏，川省办学，经费无出，拟将各属书吏所得钱粮、税契、羡余提充经费，仍酌留一二成以资办公。

五月丁丑 （署四川总督、调署两广总督岑春煊）奏，川省武备学堂课程，分为三科，曰速成，曰本课，曰次课，业经招取生徒将弁，择期开办。下政务处议。寻奏，该督所拟办法，应暂准其试办。俟张之洞、袁世凯将武备学堂规制章程妥议具奏，再行分别核定，以归画一。从之。

五月戊寅 策试天下贡士周蕴良等三百一十七人于保和殿。制曰：朕以藐藐之躬，临亿兆之上，揽艰难之时局，廑怵惕于宫廷。回銮以来，勤求治理，思以答昊苍之默佑，绍列圣之诒谋，恭秉慈谟，旁求俊乂，临轩发策，用集嘉猷。设官分职，为周官致治之本原。周制，公孤兼冢宰统百官，任至重要。自汉而后，制度屡更，试陈得失。古者六官以外无卿名，汉置九卿，渐更古制。唐宋以降，建设滋繁，朱子深讥之，谓徒多劳扰，能言其裁并之便利欤？三代无谏官之职，然《左传》、《国语》所载，询采綦宏，谏官专设，肇于何时？宋王安石谓，非先王以贵治贱之意，然欤？唐初设翰林，其制奚若？开元中始有学士之名，沿及后代，选用益重，职司所在，考之古制若何？藩镇弊唐，而李纲谓宋之边患由无藩镇，时势不同，理或然欤？明刑弼教，为经世大政，虞舜象刑，周官三典，汉董仲舒作春秋决狱，陈宠钩校律令条法，溢于甫刑者除之，应劭删定律令为《汉仪》，创造删除，果能合刑罚之中欤？唐律因隋之旧，高宗诏撰律疏，试举其要旨。张裴注律表上之，谓非至精不能极其理。而宋神宗设律学，司马光谓为士者果能知道，自与法律暗合。折衷群言，宜遵何说？方今东西各国，法学皆设专科，能旁采译书，以备参考欤？生财之道，《大学》所称《王制》又"三十年之通制国用"，与《周官》之月要、岁会，异同何若？汉之桑孔，唐之刘晏，皆以理财著闻，而议者辄非之，欲益上而不损下，厥道奚由？宋置三司使，始于何时？未置以前，州郡之弊若何？太宗略变官制，名异实同，十道财赋，较之乾德时所入有赢欤？立国之道，先富而后可强，开源节流，其术安在？环球交通，法令繁密，柔远之道，寓于通商，而实富强之本也。两国交涉，若者为公法，若者为私法，试为区别。使节往来，梯航四集，辖治之权，或属于人，或属于地，试实指其事，分析言之。商律一门，尤为当务之急，能言其要领欤？厘订税则，内关财政，外系邦交，而于国民生计至为切要，其利弊能悉陈之欤？工商盛衰，事属相反，顾考之各国，有不尽然，其理安在？将欲振兴工商之业，应以何者为先？凡此四端，皆经国之大猷，保邦之要务也，多士学于古训，通知时事，其胪列见闻，详著于篇，朕将亲览焉。

五月己卯　以刊刻题纸错误，吏部尚书张百熙等下部议处。

五月庚辰　云南巡抚林绍年奏，滇省需次人员罕晓时务，兹当续遣学生出洋，特于候补各员中，选其明达可造者，一同游学日本，并添设中学教习随往，以资督率。下部知之。

五月辛巳　御乾清宫，召读卷官人，亲阅定进呈十卷甲第。

五月壬午　上御太和殿。传胪。授一甲三人王寿彭为翰林院修撰，左霈、杨兆麟为编修，赐进士及第，二甲黎湛枝等一百三十八人赐进士出身，三甲牛兰等一百七十四人赐同进士出身。

闰五月甲申　以翰林院编修张星吉为云南乡试正考官，吴庆坻为副考官；编修李哲明为贵州乡试正考官，掌湖广道监察御史刘彭年为副考官。

闰五月丙戌　谕内阁：张百熙等奏，请添派重臣，会商学务一摺。京师大学堂为学术人才根本，关系重要，着即派张之洞会同张百熙、荣庆将现办大学堂章程一切事宜，再行切实商订，并将各省学堂章程一律厘定，详晰具奏，务期推行无弊，造就通才，俾朝廷收得人之效，是为至要。

闰五月丙戌　管学大臣张百熙等奏，学期考试会同军机大臣考察。得旨：毋庸议。

闰五月己丑　谕军机大臣等：礼部奏，遵议经济特科考试事宜各摺片。正场题目着阅卷大臣恭拟进呈。

闰五月癸巳　引见新科进士。得旨：王寿彭、左霈、杨兆麟业经授职外，黎湛枝、胡嗣瑗、朱国桢、胡炳益、金兆丰、曹典初、徐谦、张恕琳、王大钧、范之杰、张濂、郭宗熙、李庆莱、杨渭、商衍瀛、张家骏、刘凤起、衷冀保、胡大勋、高毓浵、朱笃庆、陆鸿仪、郭则沄、郭立山、区大典、邵章、李坤、陈敬第、孙智敏、胡藻、郑家溉、史宝安、王鸿翔、周蕴良、彭世襄、张之照、陈善同、袁嘉谷、李效儒、汪升远、刘焜、夏寿康、王震昌、李海光、赖际熙、顾承曾、陈云诰、陈树勋、龚元凯、蓝文锦、吴增甲、胡骏、朱寿朋、方履中、杨廷纶、于君彦、顾视高、温肃、华宗智、周杰、陈国华、张祖荫、路士桓、吴璆、杨思、水祖培、解荣辂、马君实、张书云、延昌、林步随、班吉本、周廷乾、区大原俱着改为翰林院庶吉士，章钰、张坤、夏启瑞、顾准曾、夏之霖、甘鹏云、徐彭龄、吴建三、郭铭鼎、张荫椿、钱振锽、孙宝书、陈旭仁、任祖兰、陈黼宸、吕兴周、单镇、赖瑾、尚秉和、史国琛、侯延爽、王埭、张智远、谈道隆、李泽兰、周镛、祝廷华、杨肇培、杨鸿发、胡位咸、朱德垣、张新曾、关文彬、郭家声、黄兆枚、朱夔元、刘敬、何启椿、徐士瀛、杜述琮、李华炳、彭绍宗、徐冕、薛登道、李德星、黄锡朋、李玉振、刘彝铭、徐绍熙、汪应焜、陈曾寿、沈泽生、王世澄、孔昭晋、李维钰、龚庆云、王彭、魏元戴、程继元、曾光㸃、牛兰、杨绳藻、栾骏声、绍先、李汉光、王扬宾、卓宝谋、易顺豫、吴鼎金、赵曾檣、景凌霄、关陈謩、袁祖光、丁毓骥、杨熊祥、吕彦枚、靳志、熊朝滨、鲁藩、萧开瀛、荆育璜、高嘉仁、张铣、王汝榆、萧湘、吴嘉谟、常麟书、恩华、陈畬、范振绪、石金声、忠兴、俞树棠、狄楼海俱着以主事分部学习，王丕煦、杨允升、张孝慈、朱宝璇、阎廷献俱着以内阁中书用，庞毓同、田毓璠、孙鸿烈、高遵章、钮泽晟、王绍曾、王荫楠、马晋、陈钧、宋功迪、胡献琳、许中杰、陈中孚、李盛銮、董秉清、张寿楠、黄敏孚、张衷沅、赵国光、邓荣辅、程昌鼐、梁鸿藻、李世由、宋嘉林、郝继贞、褚焕祖、唐树彤、万篪、黄光厚、李增荣、程起凤、黄韩鼎、樊海澜、李肇律、张凤喈、邹寿祺、郭毓璋、黄纯垓、刘贞安、郑廷琮、谢慕韩、郑辉典、翁长芬、刘昌仁、有瑞、林树森、陈德昌、金文田、胡商彝、刘道春、曾肇嘉、马育麟、萨起岩、廖毓英、朱楙春、张治仁、王景峨、何谌、施汝钦、尚光钺、佘登云、刘思浚、张鹏翔、武曾任、陈煜庠、阎希仁、李泽宸、张运魁、何品藜、马天翮、黄坤、马进修、培成、高廷梅、张自省、张文源、彭立栻、杨凤翱、杜光佑、王允猷、汪春源、曹佐武、吕浚坤、魏垂象、周旭、钟麟、孟宗舆、侯来仪、丁树奇、丁文鐄、张瑞玑、吕调元、和绅布、孙回澜、李泰、傅怀光、关捷三、姜宗泰、曾兰春、仵墉、黄居中、张继信、吴庚、陈耀墀、王钟仁、马骏昌、黄和銮、刘春堂、丁惟彬、周汝敦、李文诏、王益霖、杨克烈、覃寿彭、王廷槐、陈其相、黄霨、马廷弼、吴黼藻、王永和、哲克登额、李慎五、袁大盏、王延纶俱着交吏部掣签，分发省分，以知县即用。户部候补郎中王宗基着以郎中即用，刑部候补主事聂梦麟着以主事即用，兵部学习郎中廖振榘、户部学习员外郎唐瑞铜、兵部学习主事任承沆、曾熙、工部额外主事田步蟾均着俟报满作为候补，以该部原官即补，内阁候补中书萧丙炎、夏瑞庚均着仍以中书候补，候选国子监监丞林栋、候选知府张德渊均着以原班选用，分省试用知府傅家瑞、叶景葵、分省补用同知何寿章均着仍以原班分省补用，陕西补用知县段士嶲着仍以知县发往陕西补用，余着归班铨选。

闰五月乙未　广西学政汪诒书奏，科试举优请变通成例，秉公遴选。报可。

闰五月乙未　以翰林院侍讲达寿为广东乡试正考官，编修景方昶为副考官；修撰骆成骧为广西乡试正考官，河南道监察御史钱能训为副考官；内阁学士李联芳为福建乡试正考官，礼科给事中刘学谦为副考官。

闰五月丁酉　署两广总督德寿等奏，广东开办武备学堂，酌拟章程、课程，下所司议。寻奏，该督所拟办法，应暂准其试办，俟张之洞、袁世凯将武备学堂规制章程妥议具奏，再行分别核定，以归画一。从之。

闰五月戊戌　护理山西巡抚吴廷斌奏，本年癸卯恩科乡试，请援照上科成案，秦晋合闱，借闱陕省。如所请行。

闰五月己亥　护理四川总督陈璚奏，绅民完纳光绪二十四、五两年津贴捐输银两三百四十二万余两，请加广本年癸卯恩科文乡试一次，中额十一名。下部议。

闰五月壬寅　以品学端邃，赏湖南永顺府教授傅基虞、岳州府教授皮宗义内阁中书衔，前桃源县教谕严家邕国子监学正衔。其老惫龙钟之保靖县训导伍栻勒令休致。

闰五月乙巳　以翰林院侍讲学士支恒荣为湖南乡试正考官，编修吕佩芬为副考官；侍讲王荣商为四川乡试正考官，编修张世培为副考官；编修马吉樟为甘肃乡试正考官，湖广道监察御史朱锡恩为副考官。

闰五月庚戌　覆试经济特科梁士诒一百二十七人于保和殿。

六月癸丑　贵州学政赵惟熙奏，请推广学堂办法，具陈管见，圣驾视学，设总监督等五条。下学务大臣议。寻奏，各省学务须由督抚提纲挈领，呼应始灵，若另设总监督，事权反不统一。惟学政本有育才之责，应令会同督抚，认真整顿。所请派添总监督之处，应毋庸议。至整饬武备学堂，审定学报各节，已列于奏定学务纲要，毋庸另议。其学堂卒业文凭应否兼列教习衔名，届时参酌办理。报闻。

六月庚申　御史张元奇奏，各省学堂宜严选师范，振兴实业。又奏，本科进士入大学堂肄业，请分别年岁，愿否酌为变通。得旨：着张之洞会同管学大臣妥议具奏。寻奏，该御史请严选师范，振兴实业，洵为知本之论。现已拟定各级师范学堂章程，各省不难照办。至蒙学暂不课西文，现在所拟小学堂章程，即严申此禁，与该御史所见正同。本科进士入大学堂肄业，业经酌定年岁，量为变通，自可免迂就入学，有名无实之弊。报闻。

六月壬戌　引见考取经济特科人员。得旨：翰林院庶吉士袁嘉谷着授职编修，免其散馆；举人张一麟着发往直隶，以知县补用；翰林院庶吉士方履中着授职编修，免其散馆；河南试用知县陶炯照着以知县，仍留原省即补；举人徐沅着发往直隶，以知县补用；江苏兴化县教谕胡玉缙着发往湖北，以知县补用；内阁中书秦锡镇着发往江苏，以同知补用；翰林院编修俞陛云、袁励准均着记名，遇缺题奏；选举优生冯善征、举人拣选知县罗良鉴均着以知县分省补用；工部郎中秦树声着作为俸满截取；翰林院编修魏家骅着准其保送知府；副贡生吴钟善着以州判分省试用；直隶试用道钱鑅着以道员，仍留原省补用；分发试用道萧应椿着以道员，发往山东试用；举人梁焕奎、蔡宝善均着以知县分省试用；直隶补用道张孝谦着以道员，仍留原省即补；礼部额外郎中端绪着俟留部后，以郎中即补；内阁中书麦鸿钧着作为历俸期满；湖南攸县教谕许岳钟、举人张通谟均着以知县，分省试用；候选郎中、户部候补主事杨道霖着仍以主事即补；举人张祖廉、候选直隶州州判吴烈均着以知县，分省试用；刑部学习主事陈曾寿着作为学习期满。

六月甲子　以署兵部右侍郎、都察院左副都御史张仁黼为江西乡试正考官，翰林院编修李家驹为副考官；署工部左侍郎唐景崇为浙江乡试正考官，编修齐忠甲为副考官；编修李翰芬为湖北乡试正考官，饶芝祥为副考官。

六月丙寅　荆州将军绰哈布等奏，筹办荆州驻防中小蒙养各学堂，并拟定常年经费。得旨：着即督饬认真办理，务收实效。

六月丙寅　以捐助万金兴学，予湖北江夏县同知职衔高文滨之子监生廷杰以知县即选。

六月戊辰　考试各省优生于保和殿。

六月己巳　云南巡抚林绍年奏，滇省绅民按盐随粮，年捐巨款，请援照四川成案，加广云南乡试中额，以广登进。下部议。

六月甲戌　以内阁学士杨佩璋为江南乡试正考官，外务部左丞绍昌为副考官；翰林院侍读管廷鹗为陕西乡试正考官，编修杨家骧为副考官；编修郑沅为山西乡试正考官，江西道监察御史周树模为副考官。

六月丙子　引见考取各省优生。得旨：列入一等之王嗣曾等十八名着以知县用，列入二等之黄芝等十八名着以教职用。

七月乙酉　谕内阁：端方电奏，湖北学堂学生璟芳游学日本，效忠守正，请加恩奖励等语。王璟芳着赏给举人，准其一体会试，以示奖劝。

七月乙酉　以礼部尚书、协办大学士徐郙为顺天乡试正考官，刑部尚书葛宝华、都察院左都御史溥良、内阁学士熙瑛为副考官。

七月己丑　以署礼部右侍郎裁缺、通政使司通政使郭曾炘为山东乡试正考官，翰林院编修吴怀清为副考官。

七月戊戌　（给事中潘庆澜）奏，各学堂学生卒业给予出身，请订定章程。下所司知之。

七月壬寅　命商部右侍郎陈璧会同顺天府办理五城中学堂。

七月壬寅　赏给顺天学堂及京师工艺局《图书集成》各一部。

七月癸卯　署四川总督锡良奏，川省历年捐输津贴，请加广文乡试中额。从之。

八月壬子　命署工部左侍郎唐景崇提督江苏学政，理藩院左侍郎寿耆提督安徽学政，国子监祭酒载昌提督山东学政，翰林院侍读宝熙提督山西学政，国子监祭酒王垿提督河南学政，翰林院侍读学士朱益藩提督陕西学政，太常寺卿陈兆文提督浙江学政，鸿胪寺少卿黄均隆提督江西学政，翰林院编修李家驹提督湖北学政，吴庆坻提督湖南学政，郑沅提督四川学政，侍读朱福诜提督贵州学政，其顺天、甘肃、福建、广东、广西、云南、奉天学政各留任。

八月戊辰　湖北巡抚端方奏，鄂省绅民完纳赔款，所捐银两岁约五十万，请加乡试中额，以昭激劝。下部议。

八月庚午　督办铁路事务、工部左侍郎盛宣怀奏，南洋公学请定为高等商务学堂，下管学大臣议。寻奏，南洋公学上院请改为商业学堂，系为振兴实业起见，应请照准。至定为高等，以中院学生递升一节，升学考试及毕业奖励均有奏定专章，应饬其按照定章办理。从之。

八月甲戌　礼部奏，议覆江西虔南厅添设学额。依议行。

八月己卯　御史崇禄奏，学堂学生习染日非，亟宜更定章程，以资整顿。下管学大臣议。寻议，学堂章程现经从新奏定，该御史所请更定各节，其可采者已备具于新章，应请毋庸再议。报闻。

八月己卯　安徽巡抚聂缉规奏皖省高等各学堂办理情形。得旨：着诚勋切实筹办，认真讲求，期收实效。

九月甲申　护理浙江巡抚布政使翁曾桂奏，乌程县举人费有容蒙混入场，请先行斥革，以肃功令。从之。

九月戊子　以翰林院侍讲于齐庆为河南乡试正考官，修撰刘福姚为副考官。

九月甲午　密云副都统于珊奏，密云驻防筹集经费，先行设立蒙学堂，以树根趾。下管学大臣知之。

九月甲午　以遵命捐助学堂经费，予盛京将军增祺为其母建坊。

九月戊戌　署两广总督岑春煊等奏，粤省书院全改学堂，并酌提各属宾兴学田各款，以充经费。得旨：务即饬令妥为筹办，期收实效。

九月辛丑　山东巡抚周馥奏，停给世俸银两，现届二年期满，拟请将旗员世俸酌发一半，以示体恤。汉员各俸仍行暂缓，以充武备学堂经费。下部知之。

十月辛亥　谕军机大臣等：有人奏参学臣牟利营私，请饬查办一摺。据称，顺天学政陆宝忠考试保属，徇情取进，生童各场索取规费，两任监临，沿途需索等语。着袁世凯按照所参各节，确切查明，据实具奏，毋稍徇隐。原摺着钞给阅看，将此谕令知之。寻奏，该学政被参各节，查无实据，应请毋庸置议。报闻。

十月辛亥　以捐助学堂经费，予江西临川县监生花桂荣建坊。

十月癸丑　以报效学堂经费，予直隶吴桥县职绅吴荣熙建坊。

十月甲寅　以捐助小学堂经费，予山东蓬莱县知县李于锴同知衔，并赏四品封典。

十月丁卯　以捐建学堂，予河南府知府文悌等四员优叙。

十月丁卯　以品学纯正，予江西南丰县举人刘庠宣付史馆，入儒林传。从江西学政吴士鉴请也。

十一月癸未　谕军机大臣等：本日，张百熙等奏选派学生前赴东西洋各国游学一摺。师范学生最关紧要，着管学大臣择其心术纯正、学问优长者详细考察，分班派往游学。

十一月己丑　陕西学政沈卫奏，办理学堂，易滋流弊，请速编课本，严定学律，以端趋向而辑浮嚣。下管学大臣知之。

十一月丁酉　顺天府奏，已革笔帖式玉顺报效学舍，请予开复。得旨：着户部核给奖叙。

十一月壬寅　以品端学粹，予湖南平江县举人苏舆等国子监学正衔。

十一月丙午　谕内阁：方今时事多艰，兴学育才实为当务之急，前经令张之洞会同管学大臣将学堂章程悉心厘订，妥议具奏。兹据会奏，胪陈各摺片，条分缕晰，立法尚属周备，着即次第推行。其有应行斟酌损益之处，仍着该管学大臣会同张之洞随时详核议奏。至所称递减科举及将来毕业学生，由督抚、学政并简放考官考试一节，使学堂、科举合为一途，系为士皆实学，学皆实用起见。着自丙午科为始，将乡会试中额及各省学额按照所陈，逐科递减。俟各省学堂一律办齐，确著成效，再将科举学额分别停止，以后均归学堂考取，届时候旨遵行。即着各该督抚赶紧督饬各府厅州县建设学堂，并善为劝导地方，逐渐推广，无论官立、民立，皆当恪遵列圣训士之规，谨守范围，端正趋向，不准沾染习气，误入奇邪。一切课程，尤在认真讲求，毋得徒事皮毛，有名无实。务期教学相长，成德达材，体用兼赅，以备国家任使，有厚望焉。将此通谕知之。

十一月丙辰　以捐建石桥并助书院经费，予广东琼山县盐运邢寯章为其故父母建坊。

十一月戊午　四川学政吴郁生奏，省城设东文学堂，以备游学而广师范。下学务大臣知之。

十一月己未　以捐置学堂书籍，都察院左副都御史张仁黼传旨嘉奖。其慨捐学费之监生郭培魁赏县丞职衔，并予其故父母五品封典。

十一月己未　御史左绍佐奏，学堂关系重要，措置不厌求详，现在学制有可虑者三、有可商者六，请筹度万全，以防流弊。又奏，学生宜专习一经，不可删截经文，西学亦宜专习一科。下学务大臣议。寻奏，该御史条陈所云可虑者，或为章程所本无，可商者，或为章程所已有，现章程甫经咨行各省，未便遽议更张，将来有应行修改之处，仍当博采众议，覆加审定，再行奏明办理。至片奏删改经文，求便诵习等语。查，章程内载各学堂课程，《四书》、《五经》皆读全文，所言自是风闻之误，亦请毋庸置议。报闻。

十一月壬戌　给事中熙麟奏，科举递减，宜防流弊。又奏，西学宜严定宗旨。下学务大臣知之。

十二月丁卯　御史瑞璐奏，请俟学堂办有成效，再行渐停科举。下政务处、礼部知之。

十二月辛未　以捐助学堂经费，予山西平定州职弁张炳田建坊。

十二月丙子　以捐款兴学，赏翰林院编修严修五品卿衔，予候选道徐诚等四员建坊。

光绪三十年（1904年）

正月乙巳　顺天学政陆宝忠奏，请改生童经古场为头场。下礼部议。

二月乙卯　以兵部尚书协办大学士裕德为会试正考官，吏部尚书张百熙、都察院左都御史陆润庠、户部右侍郎戴鸿慈为副考官。

二月辛酉　命翰林院学士毓隆提督安徽学政。

二月丙寅　谕：顺天府奏，请将义学田租、房租专充顺天府中小学堂经费一摺。着学务大臣议奏。寻奏，该地亩租息，请以一半归八旗增设蒙小学堂，以一半为顺天府办理学堂之用。依议行。

二月壬申　山东巡抚周馥奏，裁水驿等银，拨补武备学堂经费。下部知之。

三月壬午　（兼署湖广总督、湖北巡抚端方）奏，荆州驻防兼设工艺、方言两学堂。下学务大臣知之。

三月壬寅　礼部以会试中额请。得旨：满洲取中五名，蒙古取中二名，汉军取中一名，直隶取中二十二名，奉天取中二名，山东取中二十名，山西取中九名，河南取中十六名，陕西取中十一名，甘肃取中八名，江苏取中二十二名，安徽取中十五名，浙江取中二十一名，江西取中二十名，湖北取中十三名，湖南取中十二名，四川取中十三名，福建取中十八名，广东取中十五名，广西取中十一名，云南取中十名，贵州取中十名。

四月己酉　以监造学堂，坍塌酿命，革江苏直隶州知州章邦直职，勒令赔修。

四月辛亥　学务大臣孙家鼐等奏，请将外务部收存之石印《图书集成》颁发大学堂等处各一部，以备稽考。允之。

四月癸丑　遵命捐建学堂，予河南陈州府知府刘更寿为其故本生父母、署太康县知县王恩绂为其父各建坊。

四月癸丑　派刑部左侍郎崇勋为翻译会试正考官，翰林院侍读学士伊克坦为副考官。

四月甲戌　御史徐堉奏，各省办理学堂，流弊滋多，地方官以学堂为号令，先议捐款，城绅以县官为护符，派捐四乡，从中渔利。乡民竭其脂膏，其子弟又未能赴城入学，咸用隐恨。请明定章程，城乡分办，严杜中饱。下所司议。寻奏，该御史所请明定各节，已备具于新章。应毋庸议。依议行。

四月甲戌　（署四川总督锡良）奏，省城设军医学堂，延聘法国医士充当教习。报闻。

四月丁丑　礼部以驻防翻译会试中额请。得旨：取中三名。

五月乙酉　谕内阁：礼部奏，贡士覆试，投卷人数尚少，请展缓日期一摺。着改于五月十七日在保和殿覆试。

五月庚寅　（湖南巡抚赵尔巽）奏，湘省开办仕学馆，遵照奏定仕学馆课程，分为五门，选同通州县三十人，佐贰三十人，分门肄习，下所司知之。

五月庚寅　以捐助学堂经费，予湖北潜江县知县毕井田为其故父，候选知府邓奇勋为其故本生母、湖北府经历邓广为其本生嫡母各建坊。

五月辛卯　（湖南巡抚赵尔巽）奏，分别遣派学生梁焕彝等赴美国留学。又，选派精通法文学生李定煌等赴比国肄习矿业。下部知之。

五月辛卯　以倡捐巨款，助充学堂经费，赏湖南湘乡县二品封职李前音正一品封典。

五月丙申　署闽浙总督李兴锐奏，福建省城设立学务处，综核通省教育事务。又将旧有鳌峰等书院并作一处，改定课程，分经史、政治、地理、兵法、算学六门，按月考理，严定学规。下所司知之。

五月丁酉　谕内阁：此次新贡士覆试，列入一等之黄瑞麒等七十二名，列入二等之林世焘等九十六名，列入三等之舒元璋等一百七名，俱着准其一体殿试。

五月戊戌　派大学士王文韶、户部尚书鹿傅霖、刑部尚书葛宝华、都察院左都御史陆润庠、商部左侍郎陈璧、吏部左侍郎李殿林、右侍郎张英麟、礼部右侍郎绵文为殿试读卷官。

五月己亥　策试天下贡士谭延闿等二百七十四人于保和殿。制曰：朕诞膺大宝，今三十年，仰承列圣之诒谋，恪秉慈闱之懿训，宵旰忧勤，无时不以民事艰难为念。本年恭值皇太后七旬万寿，庆榜特开，冀求时彦，集思广益，以沃朕心，尔多士其扬榷陈之。君人之道，子育为心，虽深居九重，而虑周亿兆，民间疾苦，惟守令知之最真。汉以六条察二千石，而以察令之权寄之于守，此与今制用意无殊，而循良之绩，今不如古，粉饰欺蔽之习，何以杜之？世局日变，任事需才，学堂、警察、交涉、工艺诸政，皆非不学之人所能董理，将欲任以繁剧，必先扩其闻见。陶成之责，是在长官。顾各省设馆课吏，多属具文，上以诚求，下以伪应，宜筹良法以振策之。汉制，县邑丞尉，多以本郡人为之，犹有周官遗意，其法尚可行否？三代之制，寓兵于农，自井田、沟洫之法废，遂专用征兵，岂因时而变，各得其宜欤？汉高祖设轻车骑士，材官楼船，常以秋后讲肄课试，三者各随其地之所宜，盍析言之。唐初置府兵，中叶府兵制坏，专用征兵，能详陈其得失利弊欤？宋韩琦之议养兵，苏轼之言定军制、练军实，最为深切著明，能以今日情势互证之欤？兵强于学，学兴于教，环球列邦，多以尚武立国，知兵之选，偏于士夫，体育之规，基诸童稚，师人长技，可不深究其原欤？《周礼·太宰》

“以九式均节财用。”注云：“式谓用财之节度。职内掌邦之赋入，职岁掌邦之赋出。”此与各国之豫算、决算有异同否？苏轼之策理财，谓“天下之费，有去之甚易而无损，存之甚难而无益”；曾巩之议经费，谓“浮者必求其所以浮之自而杜之，约者必本其所以约之由而从之”，皆扼要之论，能引申其旨欤？节流不外省冗费，裁冗官，施行之序，能筹其轻重缓急欤？开源之法，以农工商该之，今特设专部，悉心区画，整齐利导之方，能屡陈欤？士习之邪正，视乎教育之得失。古者司徒修明礼教，以选士、俊士、造士为任官之法，汉重明经，复设孝廉贤良诸科，其时贾董之徒，最称渊茂。东汉之士以节义相高，论者或病其清议标榜，果定评欤？唐初文学最盛，中叶而后，干进者至有求知己与温卷之名，隆替盛衰之故，试探其原。宋世名儒辈出，各有师承，至于崇廉耻，敦气节，流风所被，迄有明而未衰，果人能自树立欤？抑师道立而善人多欤？今欲使四海之内，邪慝不兴，正学日著，其何道之从？凡此皆体国之宏纲，济时之要政也。多士博览古今，通经致用，其各直言无隐，朕将亲览焉。

五月己亥　以报效学堂经费，予直隶安州文生李景坡、临榆县候选知县杨文斌建坊。

五月辛丑　谕：恽毓鼎奏，抚宁县举人王维勤杀死李际昌一家多命一案，请饬严惩等语。着刑部秉公定谳，不得稍涉瞻徇。原片着钞给阅看。

五月壬寅　上御勤政殿，召读卷官入，亲阅定进呈十卷甲第。

五月癸卯　上御大和殿。传胪。授一甲三人刘春霖为翰林院修撰，朱汝珍、商衍鎏为编修，赐进士及第，二甲张启后等一百二十人赐进士出身，三甲张鸿等一百五十人赐同进士出身。

六月乙卯　引见新科进士。得旨：一甲进士三名刘春霖、朱汝珍、商衍鎏业经授职外，张启后、林世焘、颜楷、麦鸿钧、贺维翰、黄瑞麒、徐潞、林志烜、庄陔兰、宋育德、杜严、张成栋、谷芝瑞、岑光樾、林乾、江孔殷、郭寿清、潘浩、王庆麟、谭延闿、叶先圻、杨毓泗、李翘燊、许承尧、唐尚光、吴德镇、高振霄、童锡焘、钱崇威、朱点衣、阎士璘、李湛田、李榘、徐钟恂、陈国华、景润、吴琨、程宗伊、钱淦、张成修、张琴、田明德、陈启辉、苏舆、张国溶、马荫荣、章祖申、朱元树、许业笏、竺麟祥、舒伟嶲、毕太昌、程叔琳、雷恒、章梫、陆光熙、云书、李德鉴、梁善济、邢端、王慎贤俱着改为翰林院庶吉士，朱文劭、王赓、张茂炯、翁兆麟、郑言、何景嵩、熊坤、陈震、莫以增、楼思诰、吕祖翼、谢启中、龙建章、王枚、蒲殿嶲、朱振瀛、陈之鼐、蒋尊祎、苏源泉、方兆鳌、马步瀛、季龙图、何毓璋、陈蜚声、张恩寿、施尧章、李景纲、李言蔼、唐桂馨、梁禹甸、陈继舜、沈钧儒、陈度、舒元璋、龚福焘、谢銮坡、徐金铭、张世畸、沈秉乾、钟刚中、王炳宸、傅增浚、段国垣、雷延寿、阎祖训、王季烈、戴宝辉、何振清、张诒、吴晋夔、杨巨川、汤化龙、李景铭、关赓麟、雷多寿、胡家钰、陈世昌、宋名璋、欧阳鼐、张介乎、张名振、陈赓虞、陈正学、白葆端、随勤礼、姚华、梁成哲、周之桢、方贞、张则川、刘远驹、袁永廉、陈宗藩、欧阳绍祁、果晟、彭运斌、郑元桢、王鸿胱、叶大华、陈熙朝、王烜、王慧悯、张履谦、栾守纲、彭守正、冯巽占、闵道、朱崇年、章圭瑑、朱大玙、赛沙敦、史之选、夏和清、饶孟任、段维、张称达俱着以主事分部学习，刘启瑞、顾显曾、曲卓新、谢桓武、汪康年、徐培、陈焕章、金梁、夏道辉、李景濂俱着以内阁中书用，潘鸣球、刘钟嶲、单志贤、张其锽、陈敉功、舒嘉猷、张云翼、董绳焘、邵孔亮、张朝辅、李延真、聂传曾、朱秉筠、周观涛、邵从恩、朱泽年、熊范舆、贾景德、孙家钰、杨光瓒、邱景章、郭钟美、吴兆梅、陈兆槐、姜迺升、宫炳炎、覃寿坤、钱昌颐、邓隆、张嶲英、尚崇基、王宝璜、忻江明、杨济时、崔炳炎、林基逵、孙鸾、任嘉莪、王树忠、曹元鼎、黄为基、张肇铨、程镇瀛、叶大章、刘光贲、杨灝生、李应寿、叶湘、孟应、李凤书、李熙仁、李臣淑、王元璐、仲延仕、周安康、刘绍曾、陈迪吉、李维第、刘绵训、荣浚、杨大芳、程天锡、王言綍、韦延秩、宾光椿、李维汉、张廷栋、田明理、李凝、陈金华、郑献宣、张学宽、李寿祺、余维翰、王文焕、张肇基、许树声、增春、林振先、董镛、茹欲可、乔海峰、林苍、苏兆奎、王景嵩、杨靖恭、章锡光、王承佐俱着交吏部掣签，分发省分，以知县即用；刑部候补郎中陈毅着以本部郎中即用；刑部学习郎中冯汝琪、范家驹均着俟奏留后，以本部郎中即用；外务部候补主事张鸿、兵部候补主事刘谷孙、刑部候补主事刘敦谨均着以本部主事即用；兵部额外主事李盛和、刑部额外主事张又栻均着俟报满后，以本部主事即用；内阁候补中书赵录绩、何震彝着仍以中书候补；候选内阁中书张应济着仍以中书候选；江苏补用道汪士元、江苏候补知府江绍杰、江苏候补知县濮文波均着发往原省，各以本班补用。余着归班铨选。

六月庚申　御史张元奇奏，进士馆聘用各教员，年轻望浅，所编讲义东涂西抹，粗浅陋略，学员皆有鄙夷不屑之意，择师不精，糜费无益。请饬将进士馆章程重为订定，俾收实效。下学务大臣知之。

六月戊辰　政务处奏，湖北武备学堂请奖教习委员人数较多。惟据称，该学堂设立经阅七年，学生毕业已达七十五人，与从前他省奖案不无区别。拟嗣后，各省武备学堂均俟学生毕业成就在六七十人以上，咨送到京考验相符，方准将在事人员请奖。每案文武并计不得过十六员之数，异常劳绩准保二三员，余均按寻常劳绩给奖。现湖北请奖之教习委员，应俟该学生考验后，再由该督另行造册，送部照新章核奖。从之。

六月辛未　引见考取直省优贡生。得旨：筹鹏飞等二十六名着以知县用，李淮等三十三名着以教职用。

七月甲申　顺天府奏，学堂奖励等级各殊，学生瞻顾奖励，频年转学。拟请将来各学堂毕业，所有出身奖励，专以学生程度为衡，不必拘定学堂名目，庶以杜转学之弊，而收造就之益。下学务大臣议。寻奏，杜防流弊之法。依议行。

七月辛卯　御史王诚羲奏，新进士学堂固应肄业，部务亦须学习，且部曹不必遽分部，知县不必遽分省，拟请变通章程，以期尽善。下学务大臣议。寻奏，此次更定章程，分别内班、外班，如部属愿归外班，尽可讲求本署公事，与该御史所奏用意正同。至原奏既请令新进士学习部务，自应分部乃能学习，知县到省入课吏馆，与在京入学无殊。所请变通之处，请毋庸议。从之。

七月乙巳　学务大臣孙家鼐等奏，遵将进士馆章程酌拟八条，责成该馆监督认真办理。从之。

八月戊申　谕军机大臣等：有人奏，湖南开办女学堂，流弊日滋，请饬停办等语。上年学务大臣奏定章程并无女学堂名目，着陆元鼎查明，如果该省设有女学堂，即行停办。原片着钞给阅看，将此谕令知之。

八月己酉　练兵处奏，筹拟陆军学堂办法，暨营制饷章，请饬各省次第编练。依议行。

八月壬子　出使比国大臣杨兆鋆奏，酌拟游学章程，下外务部学务大臣议。寻奏，所拟章程，以慎选学生、齐一学费为纲要，应即咨行查照办理。从之。

八月戊午　两江总督魏光焘奏，江宁省城高等专门学堂暨各府厅州县中小学堂渐次兴办。下学务大臣知之。

八月己未　（直隶总督袁世凯）奏，裁教职官缺，下政务处、吏部议。寻奏，各府厅州县应设蒙小学堂，广置教员，将来初级师范生考取合格，保送教职，即可兼充，毋庸裁撤。从之。

八月壬申　翰林院侍讲荣光奏，请设满洲翻译学堂。下学务大臣议。寻奏，现办之宗室、觉罗、八旗高等学堂，本有翻译课程，除照章通习外，应由该监督择聪颖子弟，多加钟点，严立规条，令其专心学习，务臻精熟。依议行。

八月甲戌　（两江总督魏光焘）奏，现就格致书院改设江南实业学堂，分设农、工、商、矿四科，招生分门肄业。下学务大臣、商部知之。

九月壬午　以捐助学堂经费，予山东城武县知县叶季恺为其母建坊。

九月戊子　谕军机大臣等：有人奏，各州县兴办学堂，多于已经加抽各项之外，重复加抽等语。各省设立学堂，固为地方应办之事，但当善为倡劝，不得藉端抽捐，致滋苛扰。着各该督抚严切查禁，以免扰累。原片着钞给阅看，将此通谕知之。

九月癸巳　商部奏，实业学堂开学，并拟附学章程八条。报闻。

九月癸巳　以捐助学堂经费，予河南河北道冯光元为其父建坊。

九月戊戌　广西巡抚柯逢时奏，改设高等学堂。下学务大臣知之。

九月壬寅　贵州学政朱福诜奏，请以科学试士。下政务处、礼部议。寻奏，考试生童只在校阅之认真，不在场数之增设，该学政所请添设科学一场之处，应毋庸议。报闻。

九月甲辰　湖南学政吴庆坻病请开差，命翰林院侍读学士支恒学提督湖南学政。

十月辛亥　（山东巡抚周馥）奏，东省商籍子弟，势难回籍就学，筹办客籍学堂，免令向隅。下所司知之。

十月丙辰　商部奏，开办实业学堂，请赏给石印《图书集成》。又奏，槟榔屿创建中华学校，请赏给匾额并石印《图书集成》。均允之。

十月庚申　（河南巡抚陈夔龙）奏，豫省遵设武备学堂，拟订试办章程。下所司知之。

十月壬戌　谕军机大臣等：有人奏，顺天府属顺义县，因乡村塾师、学生自为课读，不赴学堂，差役往拿，送县拘禁，请饬查办等语。着徐会澧、沈瑜庆确查办理，毋任滋扰。原片着钞给阅看，将此谕令知之。

十月丙寅　谕：商部奏，浙绅捐建农工小学堂，收教堕民，恳恩除籍一摺。浙江堕民，雍正年间，已准除籍自新。乾隆年间，议准本身改业，下逮四世，清白自守者，准其报捐应试等语。现在该绅议设农工小学堂，俾营实业以广造就，着照所请行。至毕业后，应如何一体给予出身之处，着学务大臣查照成案办理。

十月戊辰　贵州学政朱福诜奏，生员入教，贻害不浅，请赶办学堂，力挽狂澜，令归教者不得入学堂，教士不得干预学务。报闻。

十月庚午　署云贵总督丁振铎奏，滇省考选陆军学生出洋就学。下所司知之。

十月甲戌　（署吉林将军富顺等）奏，族童经庚子之变，习学清文者甚少，翻译考试请缓俟下届举办。下部知之。

十一月丁丑　署四川总督锡良奏，川省交涉日繁，译文传语，动苦无人，现建设英文、法文官学堂一所，延订教习，考选学生，分班肄习，俟有成效，请援案分别奖叙。下部知之。

十一月壬午　给事中潘庆澜奏，学堂流弊日甚，入其中者，多主平权自由诸说，以致群情疑阻。乃各省大吏，迫所属以多设学堂为能，民间学馆纷纷解散，颇形惶惑，拟请愿否听民，不加强迫。下学务大臣知之。

十一月戊子　（练兵处）奏，现届第一年选派陆军学生就学日本之期，除直隶附送，由北洋拨款，余由练兵处筹给川资学费，拣派驻日监督，禀承出使日本大臣，就近节制。报闻。

十一月辛卯　（署两江总督端方等）奏，江南当江海要冲，海军之学，尤当注意。拟于水师学堂，挑选合格学生六名，送交驻沪英国水师总兵，分派各船学习。下所司知之。

十一月壬辰　（署两江总督端方等）奏，江宁省会分为东西南北四区，每区设初等小学堂十所，以宏教育而植初基。又奏，选派学生八十名，分赴东西洋学习陆军实业。均下学务大臣知之。

十一月癸巳　浙江巡抚聂缉规奏，在籍知府何恭寿等在余姚县治西北乡倡设诚意学堂，募集经费，请准立案，以昭激劝。下学务大臣知之。

十一月壬寅　署山东巡抚胡廷乾奏，现胶州改升直隶州，兼辖即墨、高密二县，将来岁科两试，拟援案借棚莱州府附考，即墨、高密改府考为州考，胶州童生由州考竣，径赴院试。下部知之。

十二月乙巳　出使比国大臣杨兆鋆奏，比国学制大备，学费较廉，请饬各省分遣游学以储成材。下部知之。

十二月己酉　以捐款助学，予山东临清县员绅孙振文奖叙。

十二月辛酉　以办学出力，赏直隶天津附贡生林兆翰内阁中书衔，廪膳生卞禹昌国子监学政衔。

十二月甲子　以办学有效，江苏苏州府知府许祐身等七员传旨嘉奖。其玩视学务之太湖厅同知程良驭等四员分别摘顶、开缺、休致有差。

十二月乙丑　（署江苏巡抚端方等）奏，派员东渡学习警务。下部知之。

十二月乙丑　（云南巡抚林绍年）奏，滇越毗邻，需用法文居多，法政府现在越南河内设立学堂，课程美备，亟宜选派学生给予学费，前往肄习。又奏，开办东文学堂、蚕桑学堂。并下所司知之。

十二月丁卯　（出使日本国大臣杨枢）奏，请设法政速成科学，教授游学官绅。下学务大臣知之。

十二月丁卯　出使美日秘国大臣梁诚奏，请设陆军大学、省学堂，并请选王公大员子弟入陆军学堂。下练兵处、兵部议。寻奏，陆军大学堂、省学堂办法均有奏定新章可循，毋庸置议。至所称选王公宗室子弟入学肄习一节，拟设立贵胄学堂所，专为王公大臣子弟肄武之区。依议行。

十二月戊辰　翰林院侍讲文华奏，请慎选出洋游学生，以防流弊。下学务大臣知之。

十二月戊辰　河南巡抚陈夔龙奏，开办河北中等蚕桑实业学堂。下所司知之。

十二月庚午　以捐办小学，赏直隶束鹿县贡生田瀛洲五品衔。

十二月壬申　以捐款办学，数及三万，予四川高县五品封职王正纲奖叙。

十二月癸酉　以捐款办学，予直隶朝阳县张翰宗、王福宗建坊。

光绪三十一年（1905年）

正月己卯　督办广西边防事务、候补四品京堂郑孝胥奏，开办边防将弁学堂，并就地添练洋操新军。下练兵处知之。

正月壬午　以报效学堂经费，赏广东海幢寺扁额。

正月辛卯　河南巡抚陈夔龙奏，筹设豫省客籍学堂，按照河南高等学堂办理，一切学科程度具陈大概情形。下学务大臣知之。

二月己未　河南巡抚陈夔龙等奏，郑州现改直隶州，请专棚考试，酌拨学额。下部知之。

二月戊辰　河南巡抚陈夔龙奏，京师贡院宜亟修葺。得旨：着政务处归并会议案内议奏。

二月辛未　直隶总督袁世凯奏，湖广督臣张之洞谨将恩赏五千两，并历年廉俸二万二千两，创设本籍南皮双妙村中学堂、高等小学堂各一所，名曰慈恩学堂。请赏给御书扁额，如所请行。寻给扁额二方，曰慈恩学堂，曰振民育德。

二月癸酉　学务大臣奏，医学实业馆请建造堂舍，与施医总局合办。依议行。

二月癸酉　御史王金镕奏，请添设艺徒及初等、中等各学堂，以兴工业。下学务大臣、商部、户部会议。

三月乙亥　江淮巡抚恩寿奏，拟将清淮前设之试验场溥利公司归并扩充，改为江北实业学堂，选聘教习，招集生徒。举凡种植蚕织及垦牧制造等类，切实考求，以裕利源。得旨：着即认真办理，务收实效。

三月乙亥　安徽巡抚诚勋奏，皖省武备学堂练军，召募成营，营制饷章，参照湖北洋操章程办理。原拟经费，不敷添置，拟每年加增银一万二千两，合之常年饷需，以三万五千两为度，饬统带谭学衡核实办理，期收成效。下所司知之。

三月己丑　以捐赀兴学，予直隶万全县职员王乃节建坊。

三月癸巳　修订法律大臣伍廷芳等奏，交涉日繁，拟请在京师专设法律学堂，考取各部属员，入堂肄业。毕业后，派往各省，佐理新政，并酌拟办法三端。又奏，请在各省课吏馆内，添设仕学速成科，讲习法律，以造就已仕人才，均下学务大臣议。寻奏，均应准如所请。惟将来专科毕业，人才日出，应酌议归并，以节经费而符定章。依议行。

三月癸巳　（出使法国大臣孙宝琦）奏，自强根本在普通教育，拟请饬各督抚、学政切实督饬地方官，劝谕绅士，广设小学堂，以维国本。并请饬学务处编辑小学课本。下学务大臣议。寻奏，筹办小学，前经行文各省饬属切实倡导，应严定各州县功过，以期推广。至现编小学课本，务归简要，与该大臣用意正同。毋庸另议。依议行。

三月庚子　河南巡抚陈夔龙奏，开办初级师范学堂，考选合格学生，延聘教习，按照定章简易科教授，俟毕业后，派充各小学堂教员，以应急需。下学务大臣知之。

三月庚子　护理江西巡抚周浩奏，江省按照奏定章程，设立学务处，统辖全省学堂事宜，以资督策，派委员绅，专司其事。所有通省中小蒙学堂暨民间私立各学堂，统归学务处随时稽查，并责成厘订章程，推广办理。下学务大臣知之。

三月庚子　（护理江西巡抚周浩）奏……省城拟设练将学堂，附隶于督练公所教练处，即将常备中前两军旧设之随营学堂改并办理，考选本省候补各员，以资任使。均下所司知之。

三月辛丑　以倡捐巨款，筹建学堂，复已革陕西汧县知县冯安基职。

四月戊午　河南巡抚陈夔龙奏，筹设河南驻防满营小学堂，饬司筹拨款项，遴选妥员，切实兴办，并酌拟开办章程八条。下所司知之。

四月庚午　谕内阁：陈夔龙奏，考察办理学堂各州县，分别举劾一摺。河南永城县知县周云、舞阳县知县李文烈均着传旨嘉奖，前署延津县知县韩厚瀛、前署镇平县知县郎益厚在任经年，于学堂要务，延不举办，实属因循，均着以府经历、县丞降补，以示惩儆。

四月庚午　以捐赀兴学，赏直隶道员刘仑德一品封典。

四月壬申　谕军机大臣等：有人奏，请崇古学、以励通材一摺。据称，广东学海堂菊坡精舍研究实学，与学堂相为表里，请饬酌留一所等语。着岑春煊、张人骏查核办理。原摺着钞给阅看。

五月戊寅 以办理武备学堂出力，予陕西知府刘瞻汉军机处存记。

五月己卯 以报效巨款，助充学费，予湖南湘阴县四品命妇郑王氏继孙、监生郑保大以知县选用。

五月辛巳 以捐助巨款，赏宁灵厅俊秀董恭二品顶戴，以道员分省补用。

五月癸未 江苏学政唐景崇奏，扩充南菁学堂事宜，并增设学额。报闻。

五月丙戌 署盛京将军廷杰等奏，请加复广宁县学原有学额一名，以符旧制。下部知之。

五月丁亥 以捐款助学，赏直隶玉田县附贡生丁德琛同知职衔。

五月庚寅 以捐资助学，予安徽绩溪县监生王禹卿建坊。

五月丙申 广东学政、礼部右侍郎朱祖谋因病解职，命署鸿胪寺少卿于式枚提督广东学政。

五月戊戌 以捐款助学，准前任盛京副都统晋昌移奖其子钟镐以知府选用。

五月壬寅 署两广总督岑春煊奏，筹议两广游学豫备科，造就高等师范，请饬立案。又奏，省城长寿寺僧徒聚众毁学，将该寺查封充公，滋事僧徒分别责惩驱逐。均下所司知之。

五月壬寅 以捐款助学，予广东增城县贡士陈念典、凌云县文童杨光鉴兄弟各建坊。

六月癸卯 谕军机大臣等：江西学政黄均隆考试策题，措词失当，恐乡愚无知，致有误会，于地方大有关系。黄均隆着传旨申饬。

六月癸卯 贵州巡抚林绍年奏，开办蚕桑学堂，请俟办有成效，照学堂成案给奖，毕业生优予出身。下所司知之。

六月丙午 以捐款助学，准河南汝州在籍州同梁克魁移奖其子监生邦哲光禄寺署正衔。

六月己酉 察哈尔都统溥颋奏，到任后体察情形，撮拟办法六条，曰整顿武备学堂、建设八旗学堂、简练军实、创兴工艺、慎重交涉、整饬官常。下所司知之。

六月辛亥 以遵命捐资助学，予直隶安平县在籍县丞王恒霖为其故父母建坊。

六月甲寅 引见出洋毕业学生。得旨：金邦平、唐宝锷均着给予进士出身，赏给翰林院检讨；张锳绪、曹汝霖、钱承志、胡宗瀛、戢翼翚均着给予进士出身，按所习科学以主事分部学习行走；陆宗舆着给予举人出身，以内阁中书用；王守善、陆世芬、王宰善、高淑琦、沈琨、林棨均着给予举人出身，以知县分省补用。

六月乙丑 （江西巡抚胡廷乾）奏，部咨新设虔南厅廪增各额，即于龙南、信丰两县抽拨。请自本年七月始，龙、信二学廪增出缺，即行停补，作为裁缺，裁足抽拨之数，再有缺出，始照考案序补，俾清界限。下礼部知之。

六月丙寅 署盛京将军廷杰等奏，整顿警察，创设警务学堂，期于逐渐推广，并设立卫生所，各筹款项情形。下部知之。

六月丙寅　（署盛京将军廷杰等）奏，拣派学生出洋，肄习武备，并捐廉拨充学费。下部知之。

六月丙寅　（署盛京将军廷杰等）奏，分饬各府厅州县挑选品行端正、学有根柢之学生，送往日本，学习速成师范。报闻。

六月丁卯　云贵总督丁振铎奏，派在籍编修陈荣昌赴日本考察留学事宜，剔退惰废，更易学科，会同留学监督酌核办理。下所司知之。

七月乙亥　谕军机大臣等：翰林院奏，酌筹经费，兴办实学一摺。翰林院为储才之地，所求实学，培植成材，实为当今要务。所需购置仪器等费，着各省督抚按照所请，酌定数目，逐年筹解，以资兴办。原摺着钞给阅看，将此各谕令知之。

七月丙子　湖南巡抚端方奏湘省遵办警察，并就省城开设警察学堂各情形。得旨：着庞鸿书督饬，认真办理。

七月丙子　调署湖南巡抚、山西巡抚张曾扬奏，晋省各蒙小学堂，所有教员管理教授，均未合法。现已筹款开办师范学堂，先授简易科，以裕师资。下学务大臣知之。

七月丁丑　署两广总督岑春煊奏，因病恳请出洋就医，兼可考察各国政学。得旨：两广地方紧要，该署督任事实心，正资得力。所请出洋之处，暂毋庸议。

七月己卯　谕军机大臣等：有人奏，广东盗贼甚多，宜先举办团练，速开警务学堂，并为无业游民广筹生计，以消盗源各摺片。着岑春煊按照所陈，认真筹办。原摺片着钞给阅看。

七月壬午　江苏巡抚陆元鼎奏，上海澄衷学堂，推广普通中学，以便小学毕业生升入肄习，其课程规则悉遵定章，请查照立案。下学务大臣知之。

七月戊子　学务大臣孙家鼐等奏，议覆御史王金镕奏请添设艺徒及初等、中等各学堂，恳请酌提税项办理。得旨：着由崇文门溢征税项拨给三成。

七月乙未　署山东巡抚杨士骧奏，新改胶州直隶州，暨所属高密、即墨二县，向来岁科试拨入府学文生，应请援案拨归州学。下部议。

七月丁酉　（商部）奏，上年奏设高等实业学堂，专为研究高等工业。现拟添设艺徒及中等工业学堂，酌定章程，以期周备，并请将已革端郡王载漪府第废地，拨归学堂，添建校舍。从之。

八月癸卯　谕内阁：前经降旨，谕令各省选派学生出洋游学，该督抚已陆续遵照办理。惟所有派出之学生皆应讲求实业专科，以期致用，毋得避难就易，徒托空言。着各视其性之所近，责令分门肄习，殚心研究，务底专精。毕业回华，考试合格，优予出身，用备器使。现在游学东洋者已不乏人，若再多派学生分赴欧美，俾宏造就。各该学生远涉重瀛，将为国家效用，朝廷深为嘉许。各出使大臣皆有监督之责，当视学生如子弟，随时考察，无论官费、自费，如能坚苦向学，志正品端，应一体认真爱护；其资斧不继，染患疾病者，即酌量情形，分别体恤；如有不守范围之生，亦即严加约束，冀广成材，毋稍漠视。用副朝廷培植人材，实事求是之至意。

八月甲辰　谕内阁：袁世凯等奏，请立停科举以广学校，并妥筹办法一摺。三代以前，选士皆由学校，而得人极盛，实我中国兴贤育才之隆轨，即东西洋各国富强之效，亦无不本于学堂。方今时局多艰，储材为急，朝廷以近日科举每习空文，屡降明诏，饬令各省督抚广设学堂，将俾全国之人咸趋实学，以备任使，用意至为深厚。前因管学大臣等议奏，已准将乡会试中额分三科递减。兹据该督等奏称，科举不停，民间相率观望。欲推广学堂，必先停科举等语。所陈不为无见。着即自丙午科为始，所有乡会试一律停止，各省岁科考试亦即停止，其以前举贡生员，分别量予出路，及其余各条，均着照所请办理。总之，学堂本古学校之制，其奖励出身，又与科举无异，历次定章，原以修身读经为本。各门科学又皆切于实用，是在官绅申明宗旨，闻风兴起，多建学堂，普及教育，国家既获树人之益，即地方亦与有光荣。经此次谕旨后，着学务大臣迅速颁发各种教科书，以定指归而宏造就，并着责成各该督抚实力通筹，严饬府厅州县，赶紧于城乡各处，遍设蒙小学堂，慎择师资，广开民智。其各认真举办，随时考察，不得敷衍瞻徇，致滋流弊，务期进德修业，体用兼赅，共副朝廷劝学作人之至意。寻政务处奏，酌拟章程六条。一、酌加优拔贡额。一、考用誊录。一、已就拣选举人，准捐分发，免交补班银两。一、截取举人，请毋庸用教职。一、生员考职。一、贡士准赴部呈请，带领引见录用。依议行。

八月丙午　谕：昨已有旨停止岁科考试，专办学堂。所有各省学政均着专司考校学堂事务，会同督抚办理。所有奉天府府丞兼学政，着改为东三省学政，奉天府府丞一缺，着即裁撤。

八月丙午　命翰林院编修李家驹提督东三省学政，裁缺奉天府府丞裴维安提督湖北学政。

八月庚戌　御史陈曾佑奏，科举既废，士子出身，尽归学堂。今考奏定章程内所列奖励各条，以学堂与仕进混合为一，滞碍难行之处极多，谨将其滞碍之大者，详列证明，亟应详议改定，以究利弊而垂久远。得旨：着政务处学务大臣妥议具奏。

八月癸丑　谕内阁：前已有旨，停止科举及岁科考试，饬令各省学政专司考校学堂事务。嗣后，各该学政事宜，着即归学务大臣考核，毋庸再隶礼部，以昭画一。

八月戊午　谕军机大臣等：前奉天府府丞郑叔忱奏，沥陈闽省学务情形，请饬多筹经费，扩充学堂，添派学生出洋一摺。着崇善按照所陈各节，实力通筹，以广造就。原摺着钞给阅看，将此谕令知之。

九月庚辰　山西学政宝熙奏，请设立学部，谨陈切要办法三条，并请将翰林院归并学部办理。下所司议。

九月壬辰　谕内阁：练兵处、兵部奏贵胄学堂章程一摺。自来习戎整武，实为强国之基，方今军制日新，尤应讲求兵学。兹据奏称，建立贵胄学堂，令王公大臣各遣子弟投考入学，新习士伍，洵属振兴武备之资。所定章程亦尚周密。即着责成该王公大臣等切实举办，督饬认真讲肄，力底精强，随时考察，毋稍宽弛。各该王公大臣务当父诏兄勉，激厉奋发，树之风声，俾壮干城而安磐石，庶共副国家培植世臣，简练俊杰之至意。

九月壬辰 御史夏敦复奏，请定私塾附属章程，以广造就。下学务大臣议。寻学部奏，查奏定章程，与所陈用意相同，应饬各省照章切实施行。从之。

九月己亥 内阁学士吴郁生奏，请停止捐纳。下学务大臣、户部议。

九月己亥 安徽巡抚诚勋奏，筹办学堂，规模粗具，并请明定学律，颁行各省。下学务大臣议。

十月丁未 署贵州巡抚林绍年奏，拟请乘时振兴女学，即饬会议施行。下政务处、学务大臣议。

十月辛酉 给事中吴煦奏，请以学务大臣兼翰林院掌院，并管国子监，整顿翰林院，拟分三类，曰撰述，曰图吏，曰编译。又奏，请仿鸿博例，考选馆职。并下政务处议。寻奏，翰林院并不归并，所请以学务大臣兼管翰林院之处，应毋庸议。鸿博特科，未便遽定年限，应俟馆员疏通后，奏请钦定。从之。

十一月壬申 谕军机大臣等：孙家鼐等奏，学务紧要，请提科场款项一摺。现在科举停止，专办学堂，京师为总汇之区，需款尤巨，所有各省科场款项，自应提充经费，着各省督抚将关于科举各项用款，无论报部外销，尽数解京，专备学务经费。至各省认解大学堂协济各款，仍当源源照解，以应要需。原摺着钞给阅看。

十一月己卯 谕内阁：本日，政务处学务大臣会奏议覆宝熙等条陈一摺。前经降旨停止科举，亟应振兴学务、广育人才，现在各省学堂已次第兴办，必须总汇之区，以资董率而专责成，着即设立学部。荣庆着调补学部尚书，学部左侍郎着熙瑛补授，翰林院编修严修着以三品京堂候补，署理学部右侍郎。国子监即古之成均，本系大学，所有该监事务着即归并学部。其余未尽事宜，着该尚书等即行妥议具奏。该部创设伊始，兴学育才，责任甚重，务当悉心考核，加意培养，其于敦崇正学，造就通才，用副朝廷建学明伦、化民成俗之至意。

十二月癸卯 （给事中刘学谦）奏，请饬广筹经费，设立半日学堂。并下部知之。

十二月戊申 署甘肃新疆巡抚吴引孙奏，拟就书院改设学堂，其高等办法仿照山东章程，暂分备斋、正斋，督课外国语文。拟将旧设俄文学馆并入，再聘精通英德法语言文字者，以补所未备。至府州县应设各等学堂，当通饬筹款，一律仿办。下学部知之。

十二月甲寅 学部奏，国子监监丞以下各官京察，拟由学部照例办理。从之。

十二月戊午 署两广总督岑春煊奏，广东课吏馆，拟改办法政学堂，讲求新政，以储人才。下部知之。

十二月戊午 以捐助直隶丰润县学堂经费，赏闽浙总督端方扁额二方，曰党庠毓秀，曰惠孚乡校。

十二月辛酉 以遵命捐款兴学，予直隶束鹿县监生阎恒为其故父建坊。

十二月壬戌 署黑龙江将军程德全奏，江省筹办学堂，拟先办小学，俟教育稍有可观，再将高等中学堂推广增设。下部知之。

十二月丙寅　办理商约大臣、兵部尚书吕海寰奏，学堂注重，端在教科课本，拟请官编教科及早颁发，私纂课本亟行厘正。下部知之。

十二月丙寅　盛京将军赵尔巽奏，设立奉天仕学馆，分招内外两班，并旁听员，课以历史、地舆、刑法、约章、理财、警察、教育各门。下所司知之。

十二月丁卯　福建学政秦绶章奏，停止科试，专办学堂，酌拟初办章程五条。曰：颁课本以一趋向，提学费以支分拨，立文案以资襄理，调优生以广传习，选教官以司考察。请饬核议施行。下部议。

光绪三十二年（1906年）

正月丁丑　湖南巡抚庞鸿书等奏，拟将校士馆等处酌改学堂，依照大学堂、通儒院暨河南尊经学堂、湖北存古学堂各章程，酌订办法十六则，以保国粹。下学部知之。

正月甲申　江苏巡抚陆元鼎奏，筹办警察，设立警察学堂，教练吏才，设立仕学馆，并附设法政学堂。又，开办游学豫备科，并下所司知之。

正月庚寅　御史姚舒密奏，今之士子瞀惑狂悖，背君亲，裂名教，甚至平等自由，革命流血，甘为邪党而不恤，请正学术以端士风。又奏，兴办学堂，请宽其限制，乡里立学令报官存案，考试时与官立学堂一律调考。并下部知之。

正月庚寅　命东三省学政、翰林院编修李家驹以四品京堂候补，充大学堂总监督，以盛京将军赵尔巽兼署东三省学政。

二月戊戌　云南学政吴鲁奏，请裁撤学政，所有学臣事务，统归督抚经理。下部议。

二月戊戌　出使日本国大臣杨枢奏，东洋留学生多至八千余人，挟利禄功名之见而来，务为苟且，取一知半解之学而去，无补文明，请饬严定选派学生出洋留学章程。下学部议。

二月壬寅　安徽巡抚诚勋奏，遵章开设陆军小学堂，筹款维艰，未能另筹建筑，拟变通移入武备学堂办理。下所司知之。

二月癸卯　直隶总督袁世凯奏，縷陈学务未尽事宜，曰定统系、厚养赡、定权限、行考选。下政务处、学部议。

二月癸卯　（直隶总督袁世凯）奏，请饬翰林院选派读讲编检等员出洋考察学务。报闻。

二月甲辰　（湖南巡抚庞鸿书）奏，湘省设立农业学堂，研究土宜。下部知之。

二月丙午　（河南巡抚陈夔龙）奏，豫省课吏馆拟改为仕学馆，专设仕学速成科，以资造就。下所司知之。

二月戊申　守护东陵大臣载瀛奏，东陵青山岭等处，私垦地亩甚多，拟请勘丈升科，以充学堂经费。如所请行。

二月壬子　以捐田兴学、屡倡义举，予陕西西乡县贡生江兴功为其故祖父建坊。

二月甲寅　以捐产兴学，值逾巨万，予奉天辽阳州选用同知田裕霖等三员以知府选用，其捐助学费之开通县候选府经历刘昶武以知县选用。

二月乙卯　谕军机大臣等：翻译童试、乡会试着照章停止。

二月乙卯　（直隶总督袁世凯）奏，选派出洋游历通州廪生潘宗礼忧愤捐躯，遗有条陈十三条。曰宜设女子师范传习所，宜编小学浅易教科书，宜多设实业学堂，宜开游学豫备科，宜清查官山、官地、海滩充学堂经费，宜颁豫算、决算表，宜设市镇区役所，宜改用阳历，宜简送迎跪拜之礼，宜多设电话，宜设会计、检查院，宜设培养森林专官，宜多设译书局。下政务处知之。

二月乙卯　以捐助学费，予直隶监生赵勤学、文生田实颖等三员千总衔，吕书田等三员、河南监生张金榜奖叙，开复前署河南延津县知县韩厚瀛降补处分，准直隶蠡县知县黄震、河南职绅刘鼎元为其父母建坊。

二月己未　商部奏，湘省民立学堂，特设高等商业专科，恳予立案。下部知之。

二月庚申　谕：本日溥良等奏，两翼幼官学应否裁撤一摺。着照章入陆军学堂肄习，所有旧设各学一律裁撤。

二月甲子　开缺广西巡抚李经羲奏，咨送学生出洋，分门学习实业。下部知之。

二月甲子　以捐助学费，予直隶霸州监生王楷同知职衔，天津县职商安文忠建坊。

三月戊辰　谕内阁：学部奏，请将教育宗旨宣示天下一摺。自古庠序学校，皆以明伦德行道艺，无非造士，政教之隆，未有不原于学术者。即东西各国之都育，亦以无人不学为归，实中外不易之理。朝廷锐意兴学，特设专部以董理之，自应明示宗旨，俾定趋向，期于一道同风。兹据该部所陈忠君、尊孔与尚公、尚武、尚实五端，尚为握要。总之，君民一体，爱国即以保家；正学昌明，翼教乃以扶世。人人有合群之心力，而公德以昭；人人有振武之精神，而自强可恃。务讲求农工商各科实业，物无弃材，地无遗利，期有益于国计民生，庶几风俗纯厚，人才众多，何患不日臻上理？着该部即照所奏各节，通饬遵行。所有京师及各省学堂师长生徒，尤宜正本清源，辨明义利，不视为功名利禄之路，而以为修齐治平之规，于国家劝学育才之意，方为不负。该尚书侍郎等惟当整躬率属，行必践言，切实提倡，认真查核，懔时局之艰难，思全国之关系，朕心惓惓，实有厚望焉。

三月戊戌　山西巡抚张人骏奏，遵章停办武备学堂，改为陆军小学堂。下所司知之。

三月戊戌　（山西巡抚张人骏）奏，开办初级师范学堂，并特设学务处以专责成。下学部知之。

三月壬申　（署两江总督周馥）奏，拟改江北学堂为初级师范学堂，并附设高等豫科，议定简明章程。下所司知之。

三月癸酉　河南巡抚陈夔龙奏，豫省武备学堂遵改陆军小学堂，拟就原有学生八十名中挑足五十名，入日本振武学校肄业，期为陆军之用。下所司知之。

三月戊寅　安徽巡抚诚勋奏，淮北盐斤加价，拟请接续展限，兴办本省学务。下部知之。

三月戊寅　以捐助学堂经费，予奉天海城县故绅翰林院待诏李廷铨暨妻孔氏建坊。

三月辛巳　以捐助学费，予直隶大城县绅士李福澜建坊。

三月丁亥　以捐助学堂经费巨万，复降选县丞同知衔、前山东博山县知县刘德沛原官升衔，以知县仍发原省补用。

三月戊子　以捐助学费，予河南遂平县绅士候选县丞赵鉴塘等二名奖叙，予捐赈之江苏元和县二品封职程大权为其父母建坊。

三月戊子　以调停留学罢课，赏日本故同文会副会长子爵长冈护美宝星。

三月辛卯　（云贵总督丁振铎）奏，拟请提留科场考棚等款为学务经费。下部议。

三月壬辰　以报效学堂经费巨万，予奉天汉军右翼协领裕书以副都统记名简放。

四月戊戌　谕：珠尔杭阿等奏，请立武备学堂一摺。武备学堂应由练兵处办理，所请自筹经费，设立速成武备学堂之处。着不准行。

四月己亥　谕内阁：政务处、学部会奏，遵议裁撤学政，请设直省提学使司一摺。现在停止科举，专办学堂，所有学政事宜自应设法变通。着即照所请。各省改设提学使司提学使一员，统辖全省学务，归督抚节制，一切详细官制及办事权限章程，仍由学部筹议具奏。所有各省学政一律裁撤，均着回京供职，各该省学校事宜，暂由各该督抚督饬学员妥为经画。

四月己亥　政务处会奏，遵议直督袁世凯奏，选派翰林出洋游历系为储材任使起见，应由掌院学士于翰林院人员遴选志趣正大、学问优长、有志出洋者四五十人，咨明学部，分为游学、游历两项。从之。

四月己亥　学部奏，湘省官绅前曾创设民立学堂，现拟仿照日本庆应义塾办法，特开高等商业专科，仍附设中学、小学，并增设商业都员养成所，以储寻常师资，开办商品陈列馆，以资商界考察，应予奏明立案。从之。

四月辛丑　四川总督锡良等奏，拟添设致用学堂，并陈纲要八条。下部知之。

四月壬寅　以捐助学费巨万，予陕西泾阳县绅士道员吴念昔奖叙。

四月甲辰　署山东巡抚杨士骧奏，推广巡警，分饬添设警务学堂。下部知之。

四月戊申　以捐助学费，予河南候选县丞陈其训以知县选用。

四月壬子　以捐助学堂经费，予江西萍乡县绅士、四川盐茶道黄承暄建坊。

四月丁巳　御史陈庆桂奏，拟请遴选科道、部曹出洋游学游历。下政务处议。寻奏，请由学部设法政学堂，作为游学豫备。三年毕业，由学部咨送出洋肄习专门，经费由各该衙门筹给。依议行。

四月丁巳　学部奏，遵议各省学务详细官制办事权限章程及劝学所章程。又奏，酌拟学部官制职守，并归并国子监事宜，改定额缺。从之。

四月丁巳　以署湖南按察使张鹤龄为奉天提学使，翰林院侍讲张建勋为黑龙江提学使，修撰吴鲁署吉林提学使，直隶候补道卢靖署直隶提学使，翰林院编修陈伯陶署江宁提学使，江西道监察御史周树模署江苏提学使，江西南昌府知府沈曾植署安徽提学使，山东按察使连甲为山东提学使，翰林院侍讲锡嘏为山西提学使，编修孔祥霖署河南提学使，刘廷琛署陕西提学使，贵州道监察御史陈曾佑署甘肃提学使，翰林院编修杜彤署新疆提学使，福建兴泉永道姚文倬为福建提学使，翰林院侍读学士黄绍箕为湖北提学使，侍讲学士支恒荣为浙江提学使，编修汪诒书署江西提学使，吴庆坻署湖南提学使，四川候补道方旭署四川提学使，候补五品京堂于式枚为广东提学使，翰林院编修李翰芬署广西提学使，叶尔恺署云南提学使，陈荣昌署贵州提学使。吴鲁、陈伯陶、周树模、孔祥霖、刘廷琛、陈曾佑、杜彤、汪诒书、吴庆坻、李翰芬、叶尔恺、陈荣昌均开御史修撰、编修缺，以道员用。

四月戊午　云贵总督丁振铎奏，滇省遵章设立学务处。下部知之。

四月戊午　以成效昭著，赏闽省武备学堂代理总教习日员务川信彦等七员宝星。

四月己未　学部会奏，划定学、礼两部办事界限，以专责成。从之。

四月癸亥　以捐廉助学，赏热河前署滦平县知县俞良臣三品衔。

四月甲子　以捐款兴学，予直隶霸州绅士、鸿胪寺序班冯树勋，完县贡生马科建奖叙。

四月甲子　以办学出力，予山东高等学堂监督直隶道员陈恩焘优叙，济宁州州同潘清荫等升叙有差，并赏美教员古得西宝星。

四月丙寅　以捐助学费，予奉天怀德县五品封职赵鉴清等建坊。

闰四月辛未　江西巡抚胡廷干奏，照湖南成案，设立明经学堂，收录年长诸生，以宏造就。下学部知之。

闰四月辛未　以贵胄学堂落成，颁赏扁，额曰文雅忠武。

闰四月壬申　直隶总督袁世凯奏，省城设立法政学堂，请拨发举贡来直学习法政，毕业后分别奏留调用，以广出路而储人才。下部知之。

闰四月壬申　以捐建公私小学堂，予直隶威县文生尼澄、深州监生孟昭乾等奖叙，天津县候选县丞李德清等建坊。

闰四月乙亥　以捐宅建学，予陕西临潼县候选教谕张秉枢建坊。

闰四月庚辰　以捐设两等小学堂，予直隶遵化州候选州同霍兆嵩奖叙。

闰四月癸未　山西巡抚恩寿奏，请简员考试西学专斋毕业生。得旨：即着恩寿考试。

闰四月丙戌　（御史乔树楠）奏，请饬各直省添设法政学堂。下学部知之。

闰四月丙戌　以御史乔树楠为学部左丞，大学堂总监督李家驹为学部右丞。

闰四月戊子　外务部奏，续拟调用人员办法，并设立储才馆以专责成，拟具章程二十五条。又奏，译学馆毕业学生，酌派出洋，分习政治、法律、商务、理财各学，以备办理交涉。均依议行。

闰四月戊子 贵州学政朱福诜奏，学术多歧，士气不靖，醉心欧化者，多为法兰西之自由学派，逆节悖理，习为固然。请定全国学生为德意志之国家学派、国家学说者，创于德之伯伦知理，与卢梭之民约论相反对者也，日本用其学说，以致强盛，亟宜仿行以正歧趋。下学部知之。

闰四月戊子 以捐助学堂经费，予广东顺德县在籍县丞潘金銮建坊。

闰四月庚寅 御史石长信奏，请准廪增附加捐贡监一体考职。下部议。

闰四月庚寅 （御史石长信）奏，学重专门，法宜划一，请派大员赴日本考察，厘订学章，以节虚縻而励实效。下学部知之。

闰四月壬辰 （四川总督锡良）奏，添改设立陆军中小学堂。

闰四月壬辰 （四川总督锡良）奏，绅民完纳津捐，应广中额。现停科举，请加广优贡额数，以昭激劝。下部议。

闰四月丙申 御史王步瀛奏，各省学堂渐兴，请速编定教科书，以广流传而资造就。下学部知之。

闰四月丙申 以捐建民立学堂，数逾巨万，予奉天同知职衔赵清玺以同知分省尽先补用。

五月丁酉 御史王步瀛奏，学部既设，拟请饬将《小学集注》、《大学衍义》、《衍义补辑要》刊布学校，定为教科必读之书，并饬翰林院纂辑《中庸九经衍义》一书。又奏请就成均高等学堂极力整顿，以资造就。均下部知之。

五月丁酉 陕甘总督升允等奏，设立宁夏驻防中小学堂各一区，一切科学功课，谨遵定章办理，拟以酌裁额马，拨充经费。从之。

五月己亥 直隶总督袁世凯奏，北洋设立讲武堂，调派军官肄业，学兵营，挑取兵丁肄业，并变通陆军大学办法，设立军官学堂，均经拟定章程试办。下所司知之。

五月壬寅 山西巡抚恩寿奏，续招简易师范生二百名，合原有已足四百名，尽可充异日各学堂之用，优级选科，已饬筹款赶办。下部知之。

五月乙巳 工部代奏，主事刘桪敬陈学务要端。一、筹拟学生出身。一、编定国文课本。一、推广实业学堂办法。一、严防女学堂流弊。下部知之。

五月丙午 直隶总督袁世凯奏，历年筹办学务，稍获就绪。嗣后，应责成提学司续加推广，谨当督同实力整顿。下部知之。

五月丁未 （御史王步瀛）奏，请饬学部豫杜女学流弊。下部知之。

五月癸丑 翰林院奏，检讨黄寿衮条陈学务。一、宜养成学生一种性质。一、宜停止捐纳实官。一、宜特设专门外交学堂。……下所司知之。

五月丙辰 以筹办武备学堂在事出力，予福建补用知府韩景琛等升叙有差。

五月己未 谕军机大臣等：有人奏，江西萍乡县知县彭继昆等有围攻学堂、杀伤学生情事，请饬查办等语。着吴重憙按照所指各节，确切查明，据实具奏，毋稍徇隐。原片着钞给阅看。寻奏，查彭继昆因学生夺牌，复抗传不到，派差入堂查带，办理殊属颟顸，应即撤任。副监督、萍乡县教谕汪凤翙措置乖方，应革职示儆。如所请行。

五月己未 御史吴钫奏，拟请通饬各省，遍设法政学堂，令举贡一律肄业。下政务处议。

五月甲子 盛京将军赵尔巽奏，现于奉省东郊，设立农业试验场，并附设学堂一摺。下部知之。

五月甲子 以捐款兴学，予陕西道员职衔柏惠民以知府选用，奉天县丞刘东烺等建坊。

五月乙丑 以捐款创设小学堂，赏四川候选知县舒绍卿二品封典。

五月乙丑 以捐款兴学，予四川孀妇米陈氏建坊。

六月丙寅 浙江巡抚张曾扬奏，浙江学政关防，封缴礼部核销。报闻。

六月丁卯 以捐建学堂，数逾巨万，予直隶丰润县知县王廷弼子县丞五云以知县尽先选用。

六月己巳 署吉林将军达桂奏，吉省开办师范学堂，又于堂侧为贫不能学与年长失学者，创立半日学堂、夜学堂一所。下学部知之。

六月癸酉 广州将军寿荫等奏，拟将两广游学豫备科馆与广州译学馆改并为两广方言学堂。下学部知之。

六月癸酉 以喀喇沁郡王贡桑诺尔布兴办学堂，赏扁额曰牖迪蒙疆。

六月甲戌 绥远城将军贻谷等奏，土默特停支巡警兵饷银，请移作陆军添兵加饷、武备学生津贴、蒙小学堂经费。下所司知之。

六月甲戌 以捐田设学，予河南确山县监生吴国寯同知职衔。

六月丁丑 以捐助学费巨万，予直隶道员严义彬三代正一品封典。

六月丁丑 以输款兴学，予浙江平湖县在籍工部主事葛嗣浵等暨太平县监生冯鹤龄各建坊。

六月辛巳 以捐款兴学、修堤，予江苏同知职衔管大椿奖叙并建坊。

六月壬午 以捐款兴学，予直隶南宫县监生冯炳章等五员奖叙。

六月癸未 河南巡抚张人骏奏，豫省高等学堂肄业生，请援案暂照中学考试给凭，以正学级而资进取。下学部知之。

六月癸未 以捐资助学，数及巨万，予福建厦门在籍道员王隆惠三代正一品封典，直隶大兴候选府经历马德城以知县遇缺尽先选用。

六月癸未 以遵命捐款助学，予甘肃灵州孀妇许李氏暨其姑侯氏建坊。

六月甲申 （御史王步瀛）奏，造士权衡在我，不应以外人所给文凭为凭，国内学堂林立，亦不应自为风气，请饬核议画一，妥善章程。下学部知之。

六月乙酉 以讲求学务，予贵州贵阳府学训导袁大钧等四员奖叙。革不堪司铎之威宁州学训导赵以巽职。

六月丁亥 浙江巡抚张曾扬奏，筹办全浙师范学堂，拟就贡院改建，现已动工。下学部知之。

六月丁亥　以捐款助学，数逾巨万，复已故革职福建布政使黄毓恩原官。

六月丁亥　以捐助学费，予湖北知县贺祖蔚为其故母建坊。

六月戊子　浙江巡抚张曾扬奏，浙江省前派出洋学习完全师范生，原筹经费现已无着，拟请作正开销。下部知之。

七月戊戌　以捐田资助学，予光山县廪生张懋江奖励。

七月己亥　署黑龙江将军程德全奏，江省伏莽，出没无常，当力行巡警与现有各军互相维系，兹拟设立全省巡警学堂一所，由京师直隶择聘教习，挑选员弁巡兵，分班受课。下部知之。

七月癸卯　以办学乖方，革安徽含山县知县汪乃奎、天长县知县揭传渊、宣城县知县何恩煌职。

七月乙巳　山西巡抚恩寿奏，晋绅公议借用省城贡院，创设公立中学堂，并附设高等小学堂。下部知之。

七月庚戌　（守护西陵大臣载润等）奏，遵办西陵清汉各学堂，援案请拨经费。下所司议。

七月庚戌　以捐产助学，予河南确山县附贡生欧阳复奖叙。

七月庚戌　以捐资助学，予山东知县留德育为其母建坊。

七月辛亥　谕军机大臣等：学部奏，请饬查湖南学堂利弊，以资整理一摺。据称近年以来，湖南士风日变，往往鼓其血气之勇，不顾义利之安，甚至轻视礼法，荡轶范围等语。朝廷以学堂培植人才，为学生者应如何感激奋发，敦品力学，若徒沾染习气，任意嚣张，大失国家储才之意，此等浇风，断不可长。着张之洞随时详查该省学堂利弊，会商湖南巡抚切实整顿，认真经理，毋稍姑息。原摺着钞给阅看。

七月辛亥　以翰林院侍读学士朱益藩为山东提学使。

七月戊午　以急公兴学，予道员张步青建坊。

七月戊午　以方外捐产兴学，赏广东华林寺僧恒光等扁额，曰输诚兴学。

七月庚申　以捐廉助学，予延吉厅同知阮忠植为其故父母建坊。

七月壬戌　福州将军兼署闽浙总督崇善奏，闽省设立师范学堂先后办理情形。下部知之。

八月乙丑　（御史王步瀛）奏，陕西高等学堂英日文功课太多，恐荒中国根本学问。下学部查核办理。

八月庚午　以捐款兴学，赏河南南阳县元妙观道士姚祥瑞扁额，曰全真广学。

八月庚辰　署吉林将军达桂等奏，创设巡警学堂，以期推广警察。又奏，巡警改良，并改立总局，以资督率。均下部知之。

八月丙戌　大学士孙家鼐奏，筹设学堂，经费不敷，教难普及，拟请于京师立一大学、一中学、一蒙学堂，以为各省程式，各省照立三项学堂，以为各州县程式，各州县亦立三项学堂，以为各乡村程式，入堂肄业者，酌令出费。其不能出费者，令于私塾自修，将来选用人才，学堂、私塾归于一律，惟选取之先，须由保荐，慎择公正绅董，与以保荐之权，岁择人品端正、学问优长者，荐之州县官；州县官试之，并加采访，荐之于省；督抚提学试之，并加采访，荐之京师；学部试之，并加采访，然后因所长而用之，庶人人争自濯磨，而才不可胜用。请饬学部酌核施行。

八月丙戌　（大学士孙家鼐）奏，学堂偏重西学，恐经学荒废，纲常名教，日益衰微，拟请设法维持。凡学堂毕业生考试，分门别类，仅通语言文字者为一科，只供翻译之用，习制造者当另设官职，不畀以治民之权。惟中学贯通，根原经史，则内可任部院堂司，外可任督抚州县。又奏，东洋留学回国学生，宜慎重任用。均下学部议。

八月庚寅　（出使考察政治大臣、礼部尚书戴鸿慈等）奏，教育关系重要，谨斟酌条陈，采他国之优长，资吾实行之方法，应请厘定教育行政之机关，以资行政，定学堂为模范办法，以端始基。明定教育趋向，以维万法之本原，核定学堂经费，豫为普及之基础，订定学堂冠服，以壹民志，严定游学章程，以培真才。下学部知之。

九月辛丑　翰林院撰文李传元奏，请令游学之士补习中文。下学部议。

九月壬寅　学部奏，详拟考验游学毕业生章程，分两场考验，所注学科及中外国文由襄校手记分数，再由大臣覆校，最优等给予进士出身，优等、中等给举人出身，加某学科字样，由学部带领引见，酌予实官。从之。

九月丙午　引见游学毕业生。得旨：陈锦涛、施肇基、李方、张煜全着赏给法政科进士，颜惠庆赏给译学进士，谢天福、徐景文赏给医科进士，颜德庆赏给工科进士，田书年、黎渊、王鸿年、胡振平、薛锡成、周宏业、陈威、董鸿祎、嵇镜、富士英赏给法政科举人，施肇祥、王季点、廖世纶赏给工科举人，陈仲篪、曹志沂、李应泌、傅汝勤赏给医科举人，王荣树、路孝植、陈耀西、罗会坦赏给农科举人，权量、徐廷爵赏给商科举人。

九月丙辰　（署贵州巡抚岑春蓂）奏，办理黔省学堂，难期速效情形。得旨：着庞鸿书督饬认真筹办，毋稍因循。

九月己未　御史赵炳麟奏，请立国学专门学堂。下学部知之。

九月辛酉　以巨款助学，予湖南绅士候选知府刘定勋以道员分省补用。

九月壬戌　以巨款助学，予直隶武清县绅士赵景岐奖叙。

十月丙寅　御史王步瀛奏，会考举贡，宜从宽保送。又奏，使臣任满，宜严考核。均下部知之。

十月丁卯　盛京将军赵尔巽奏，专设旗员仕学馆，以造就吏才。下部议。

十月丁卯　以巨款助学，予前盛京将军增祺奖叙。

十月乙亥　吏部奏，添设学治馆。从之。

十月戊寅　赏山西毕业生杨长煜等十四名举人。

十月庚辰　学部奏，酌拟游学日本章程，请设专员管理。从之。

十月壬午　以巨款助学，予福建南安县职员洪大芳奖叙。

十月癸未 以巨款助学，予河南绅士李作绍奖叙。

十月乙酉 御史赵启霖奏，富强之本，在全国注重实业，请饬学部、农工商部合力筹办京师高等实业学堂。下部议。

十月己丑 赏江南练将学堂日本教习宝星。

十月庚寅 盛京将军赵尔巽奏，考取吉黑两省优贡，请量为增额，比照中省四名之例。下部议。

十一月丁未 以捐助学款，予试用道王钰孙之母蒋氏建坊。

十一月戊申 以捐资助学，予已故吏部主事李世珍暨妻姜氏建坊。

十一月辛亥 以捐款助学，予山东节妇焦尚氏等建坊。

十一月乙卯 谕内阁：朕钦奉慈禧端佑康颐昭豫庄诚寿恭钦献崇熙皇太后懿旨，湖北按察使梁鼎芬奏，请建曲阜学堂各摺片，孔子为万世师表，昨经降旨升为大祀，曲阜为圣人之乡，自应建设学堂，以拓宏规而启后进，着张之洞督同湖北提督使黄绍箕等悉心筹画，妥慎办理。所需经费，即着该督筹办，并颁发帑银十万两，由山东藩库发给。

十一月丁巳 以捐助学款，予日本留学生谢家琛等建坊。

十二月癸亥 谕内阁：朕钦奉皇太后懿旨，御史赵炳麟奏，请定教育宗旨一摺。学术人心，关系至大，叠经降旨宣示，学堂以中学为主，西学为辅，培养通才，首重德育，并以忠君、尊孔、尚公、尚武、尚实诸端定其趋向。凡在臣民，岂容不修明伦理，顾行顾言。兹据该御史奏称，曲阜学堂开办伊始，请以明人伦、重躬行为要义等语。亟应申明前旨，俾共切实遵行。所有曲阜学堂，应如何慎选师儒，注重行谊，着学部会同张之洞悉心妥议，详定规则，奏明办理。

十二月丙寅 以捐资助学，予广东归善县职绅邱国辉建坊。

十二月戊辰 派大学士孙家鼐、尚书兼管顺天府府尹事务陆润庠、理藩部尚书寿耆、礼部左侍郎张亨嘉充考试毕业进士阅卷大臣。

十二月辛未 谕军机大臣等：学堂教育人才，关系至为紧要，叠经宣示宗旨，饬令各省切实遵行。近闻广东学堂，颇多办理不善，着周馥督饬提学使认真整顿，毋稍瞻徇，务令讲求实用，力戒浮嚣，以副朝廷兴学储才之至意。将此谕令知之。

十二月甲戌 以创办山西学堂，赏英国教士李提摩太等封典宝星。

十二月戊寅 学部奏派内阁侍读梁庆桂赴美筹办华侨兴学事宜，又派法政科举人董鸿祎总理南洋各埠学务。从之。

十二月辛巳 以捐资助学，予陕西泾阳县绅士柏惠民建坊。

十二月丙戌 以捐赀助学，予四川珙县千总衔牟连云等建坊。

十二月己丑 旌表独力建学户部郎中廉泉之妻吴氏。

十二月壬辰 以捐款兴学，赏翰林院修撰张謇暨妻徐氏正二品封典。

光绪三十三年（1907 年）

正月乙巳　以捐款兴学，赏广东水陆提督李准头品顶戴。

正月丁未　以急公兴学，予广东遂溪县职绅王廷进暨妻陈氏建坊。

正月癸丑　以捐赀助学，予贵州独山州职绅廖景庄暨妻殷氏建坊。

正月丙辰　命学部左丞乔树楠充京师法政学堂监督。

二月壬戌　以办学有效，赏署奉天海城县知县候选知府管凤和三品衔。

二月丙寅　驻藏办事大臣联豫奏，筹办藏中情形，拟裁撤制兵，招练新军，并酌拟应办之事五条。一、筹设学堂。……下部议。

二月丁卯　两江总督端方等奏，筹建南洋大学，拟将贡院拆卸，改辟市场，以充建筑及常年经费之用。下部议。

二月丁卯　以捐款兴学，予江苏试用训导沈书升、河南舞阳县知县仝履愫等升叙加衔有差，赏河南候补直隶州知州吴文坦三代正二品封典。

二月辛未　谕军机大臣等：有人奏，衍圣公孔令贻所办师范学堂，经提学使撤去监督，有妨学务等语。着杨士骧查明确情，据实具奏。寻奏，该堂监督孔繁裕久未到差，经提学使委员代办，原奏谓有妨学务等情，当系误会。报闻。

二月辛未　御史俾寿奏，学堂关系綦重，亟宜汰冗存真，并广立各项实业学堂，以资教养。得旨：着学部妥订课程，认真办理。

二月乙酉　以办理北洋武备学堂成绩昭著，赏署正黄旗蒙古副都统冯国璋三代正一品封典。

二月庚寅　引见进士馆毕业学员。得旨：考列最优等之修撰王寿彭，编修左霈、潘鸿鼎、潘昌煦均着记名遇缺题奏，二甲庶吉士郭则沄、胡大勋、朱寿朋、陆鸿仪、陈善同、夏寿康、顾承曾、史宝安、杨渭、汪升远、张祖荫、张濂、范之杰、王大均、张家骏、龚元凯、徐谦、吴增甲、王震昌、商衍瀛、张恕琳均着授职编修，并记名遇缺题奏；三甲庶吉士水祖培、林步随、马振宪均着授职检讨，并记名遇缺题奏；考列优等之编修赵东阶、检讨余炳文均着赏加侍讲衔；二甲庶吉士张之照、杨廷纶、胡藻、于君彦、胡炳益、陈树勋、区大典均着授职编修，并赏加侍讲衔；三甲庶吉士延昌着授职检讨，并赏加侍讲衔；考列中等之二甲庶吉士路士桓、蓝文锦、赖际熙、郑家溉、刘凤起、温肃均着授职编修；三甲庶吉士周廷干着授职检讨；考列最优等之主事顾准曾、吕兴周、朱夑元、孔昭晋、赵曾樯、徐彭龄均着准其留部，以原官遇缺即补；考列优等之主事汪应焜、饶叔光、史国琛、张新曾、龚庆云、刘敬、丁毓骥、李玉振、赵瀓鸿、栾骏声、郭铭鼎、徐冕、何启椿、任祖澜、袁祖光、何景嵩、张鼎均着准其留部，以原官尽先补用；考列中等之主事谈道隆、杜述琮、王枚、张荫椿、蒋尊祎、黄兆枚、吴建三、王思衍均着准其留部；考列优等之内阁中书刘启瑞、萧炳炎均着以原官本班尽先补用；庶吉士华宗智、吴功溥、罗经权，主事徐绍熙、恭正、王墉、李汉光、杨绳藻、鲁藩、白葆端、胡位咸、杨巨川均着以知县归部即选。

三月壬辰　以捐款兴学，予直隶威县候选巡检徐玺等十员奖叙。

三月甲午　都察院代奏，候选道许珏条陈厘订学务。一、蒙学堂必以《孝经》、《四书》为初基。一、中学堂以上，不必人人尽习外国语言文字。一、西式操服必宜禁革。一、女学堂宜恪守中国礼教，不可参用西俗。下部议。

三月癸卯　以捐助学堂巨款，予直隶提督马玉昆子、监生廉德以郎中用。

三月甲辰　以捐助学堂巨款，予江宁在籍候选詹事府主簿刘楫卿以知县选用。

三月戊申　以遗资建学，予浙江绍兴故职监韩汝珍之妻胡氏建坊。

三月庚戌　御史张瑞荫奏，请豫杜女学流弊。下部议。

三月壬子　山西巡抚恩寿奏，设立法政学堂，考选官绅，先开简易科，一年毕业，再招学生分豫科、本科，各三年毕业。下部知之。

三月甲寅　都察院奏，各省举贡未与考选者请留部量予甄取，一体朝考。得旨：着照所请，该部知道。

四月丁卯　直隶总督袁世凯等奏，各省留学毕业生回国，在五年义务期内者，他省及各部奏调，应缴还本省学费，以免偏枯。下部知之。

四月癸酉　以捐助田稞兴学，予河南固始县节妇吴祝氏建坊。

四月己卯　（署吉林将军达桂等）奏，创设外国语学堂，以培译材，遵设陆军讲武学堂、测绘学堂，令军官研究兵学。下部知之。

四月庚辰　衍圣公孔令贻奏，条陈学务，用备采择。一、重品行。一、尊师道。一、教习宜择老成。一、操衣宜示限制。下部知之。

四月辛巳　翰林院侍读周爰诹奏，请宽录补考举贡，并将南北各省分场考试。下部议行。

四月壬午　出使奥国大臣李经迈奏，奉使考察所及，敬陈管见。一曰兴学应由蒙小学入手，二曰理财应由调查入手。下部议。

四月癸未　西安将军恩存奏，整顿满营巡警，遴派官兵入汉城警务学堂肄业，俟程度稍足，即令回营派充头目。报闻。

四月丙戌　以遵命捐款兴学，予法部员外郎袁允橚等为其故父袁昶建坊。

四月戊子　杭州将军瑞兴等奏，勘丈萧山县境六围牧地，拟招垦集赀，备练兵兴学之用。下部知之。

四月戊子　命衍圣公孔令贻会同巡抚杨士骧稽查山东学务。

四月戊子　以捐助学费，予故四川川东道张铎建坊。

四月己丑　湖广总督张之洞奏，学堂风气嚣张，不守礼法。即冠服一端，率皆短衣皮鞋，仿效西式。请制定冠服程式，以遏乱萌。得旨：所奏甚是，着学部会同礼部将所拟学堂冠服章程妥议具奏。寻奏，遵议学堂冠服章程，缮单呈览。从之。

五月辛卯　护理荆州将军隆斌奏，科举停止，翻译举人生员请一律筹给出路，以恤寒畯。下部议。

五月丙申　学部奏，大学堂增设满蒙文学，请添入钦定章程，以资遵守。从之。

五月癸卯　学部奏，游学外洋，必在大学及高等学堂毕业，得有文凭，始准与考。从之。

五月癸卯　赏直隶候补道詹天佑等四员各科进士出身。从直隶总督袁世凯请也。

五月丙午　礼部以考试各省举贡中额请。得旨：宗室取中三名，满洲取中十名，蒙古取中五名，汉军取中七名，直隶取中二十七名，奉天取中五名，山东取中二十五名，山西取中十三名，河南取中十八名，陕西取中十五名，甘肃取中十五名，江苏取中二十八名，安徽取中十八名，浙江取中二十八名，江西取中二十五名，湖南取中十六名，四川取中十七名，福建取中二十五名，广东取中十八名，广西取中十四名，云南取中十四名，贵州取中十四名。

五月戊申　法部右侍郎沈家本奏……法律学堂，请改归学部管理。从之。

五月己酉　吏部奏保送举人考试见遗后酌予录用豫筹办法。又奏，拣选举人，随时呈请分发。均从之。

五月己酉　以捐助学堂巨款，予前任吉林长春府知府王昌炽子沛霖以知府尽先选用。

五月丙辰　以侵吞学款，革广东候补知府胡文渊职，并勒追。

五月丁巳　总核官制王大臣奏，各省毕业学生，请先以乡官考试任用，俾资历练。从之。

五月己未　御史成昌奏，请饬各省推广实业学堂，以养游民。得旨：着农工商部分行各直省督抚。

六月壬戌　南书房翰林袁励准奏，切实豫备立宪，请停止举贡及保举各项出路。除学生照章奖励外，其有捐资兴学及管理合法者，一律给与京外实官，使全国进身皆出学堂，以造成立宪人格。下军机大臣、大学士、参预政务大臣会议具奏。寻奏，今日科举已废，捐纳已停，士子登进，本皆出于学堂一途。至各项举贡出路及各项保举，均有奏案章程，未便轻于改易。惟优奖民立小学一节，除输资较巨，奏明请奖，其有躬亲其事，管理合法者，应准另订奖励专条，以示优异。从之。

六月癸酉　湖广总督张之洞奏，近日学堂怪风恶俗，不忍睹闻，为国家计，则必有乱臣贼子之祸；为世道计，尤不胜洪水猛兽之忧。谨于湖北省城设立存古学堂，以经、史、词章、博览四门为主，而以普通科学辅之，庶经训不坠，以保国粹而息乱源。下部知之。

六月丙子　以学部左参议孟庆荣为右丞。

六月丙子　以山东提学使朱益藩为大学堂总监督。

六月丙子　以捐款兴学，数逾巨万，予四川筠连县贡生田鸿儒、廪生田鸿晔以知县即选。

六月丁丑　御史赵炳麟奏，近年奉天、广西赈捐减收二成，捐纳人员，流品益杂，拟请变通办法。无论到省在籍，均由督抚察看，给咨引见。下考察政治馆议。寻奏，拟饬各省速设法政学堂，凡捐纳保举各员，一律入堂学习，并饬吏部按照奏定治学馆章程，添入道府两班，俾内外认真考核，以清仕途。原奏由督抚咨送引见各节，均请毋庸置议。从之。

六月丁丑　云南提学使叶尔恺奏，滇省学务腐败已极，若不惩戒，日后必有犯上作乱之事。拟将学堂规则大加整顿，并改设学务公所，以杜弊端。得旨：所奏甚是，着随时禀商锡良，认真整顿。

六月丁丑　以捐助学堂巨款，予河南补用知县部廷琮奖叙。

六月戊寅　直隶总督袁世凯奏请赶紧实行豫备立宪，谨陈管见十事。一、昭大信。请亲诣太庙，昭告立宪。一、举人才。请饬京外保荐，不拘官阶，破格录用。一、振国势。请重交涉，修武备，任胡惟德、陆征祥等，而勿用凤山。一、融满汉。臣工有意见较深者，请量予裁抑。一、行赏罚。新政迄无进步，其久无成绩，及徒托空言者，请分别惩处。一、明党派。党有公党，如曾国藩之用同乡同里是也；有私党，如瞿鸿禨之汲引私人是也。请勿概加疑忌，使人心瓦解。一、建政府。立宪国制，皆使国务大臣代任君主之责，请采内阁合议制度，或并军机、政务处为一，以固基础。一、设资政院。比年争路争矿，上书抗辩，时有所闻，请因势利导，设州县议事会，省咨议局，递升于资政院，以借群力。一、办地方自治。自治不侵官权，且选举多数者，必非乡里见摈之辈，请认真举办，行之十年，必有奇效。一、行普及教育。豫备立宪之期，全国臣民当以振兴学务为第一事，公私财产当以筹助学费为第一宗，请详查学龄儿童与人民财产之数，通盘合计，强迫立学。下会议政务处王大臣会议。

六月辛巳　改京师大学堂监督为实缺。从学部请也。

六月辛巳　颁给京师满蒙学堂、法政学堂各关防。从学部请也。

六月癸未　署河南提学使孔祥霖奏，教育重要，请饬各省先设视学官，不必俟直隶等省试行有效，始议筹办。下会议政务处、学部议。

六月癸未　验看历科贡士。得旨：谢霈、杨原懋、祁荫杰着以主事分部学习，包嘉宾着以中书用，李德征、刘光铣、王维城、陈念典、王珍、林翀鹤、林均、邹鹄、高步青、王琴堂着以知县即用。

六月癸未　验看考试举贡。得旨：吴承仕等一百二十七名着以主事分部学习，胡树桐等十二名着以内阁中书用，熊蹇修等四十名着以七品小京官分部学习，李介春等一百八十八名着以知县分省补用。

六月己丑　翰林院侍读周爰诹奏，改科举为学堂，不足致乱，因废科举而并废圣贤之书，斯乱臣贼子，接迹于天下，谨陈学务祛弊之法八。一、撤回东洋留学生。二、暂停卒业考试。三、不可用为乡官。四、严查学堂阅报。五、洋文教习宜通中学。六、不宜袭用礼拜。七、不必别置服色。八、宜祛速成之名。挽救之方六。一、《四书》、《五经》皆令默试。二、人伦道德勿参新说。三、八旗小学宜培根本。四、师范学堂宜设省城。五、蒙小学教育宜设法普及。六、存古学堂宜设法推广。又请禁女子出洋游学。下会议政务处、学部议。寻奏，该侍读所奏，盖有鉴于新学流弊，致有今日乱党之祸，因思整顿而补救之，用心良苦。惟于奏定章程及学部历年办法有未尽悉者，谨逐条论列，分别准驳。至各省女学生出洋，皆系自费，风气所趋，殊难强禁。其自行择配及集会演说，业经学部奏定《女子师范学堂章程》严切屏除。从之。

七月辛卯　法部右侍郎沈家本奏，大学堂法政专科，甫经豫备，法律学堂暂难归并，仍请责臣管理，自应认真督率，随时咨部察核存案，筹款维持，俾免中废。得旨：着会同学部妥筹办理。

七月壬辰　御史江春霖奏，保送见遗举贡呈部掣签，请免交捐免银两，以示体恤。如所请行。

七月丙申　以捐产助学，数逾巨万，复前内阁中书林煜南原官。

七月戊戌　以报捐资产兴学，予奉天广宁县监生郭嵩华等五员奖叙。

七月庚子　御史沈潜奏，学堂流弊宜防，拟变通办法四端。曰：崇儒先以端趋向，广登进以揽贤才，慎习染以立防闲，重专门以求实济。下部议。

七月壬寅　予捐助学田学费河南武安县候选训导赵宗德等二员建坊，兰仪县训导王文彬等二员奖叙。

七月辛亥　验看八旗及直省考取优贡生。得旨：考列一等之秦福淦等三十二名均着以七品小京官分部学习，周壬等一百名均着以知县分省补用，考列二等之陈翼恭等一百六十八名均着以按察司经历、盐运司经历、散州州判、府经历、县丞分省补用。

七月壬子　邮传部奏，请咨取礼部应试未取举贡严密甄录，作为记名录事，依次传补。依议行。

七月己未　以遵命捐助学费，予河南遂平县县丞职衔任毓秀布政司理问衔，赏其母赵氏六品封典。

八月庚申　内阁学士宝熙奏，请开贵胄法政学堂。下宪政编查馆知之。

八月庚申　广州副都统李国杰奏，立宪豫备，须从警章、报律及学堂管理法为入手要端。下宪政编查馆知之。

八月癸亥　以捐助学费巨万，予湖北恩施县同知职衔王文赞以知县即选。

八月丁卯　湖广总督张之洞奏，筹办湖北陆军小学，创拟用小费以练多兵之法，间日上学，间日在营，以本营武官管学堂，较部章略有变通推广，仍与部章用意相合。下部知之。

八月辛未　以捐助学费，予山东日照县绅刘允芳等六员奖叙，夏津县知县张汝津等六员建坊。

八月丁丑　以创办武备学堂出力，予山东补用道张士珩军机处存记。

八月丁丑　以捐款助赈兴学，予奉天协领荣纶等、海城县民人李毓森等奖叙有差。

八月戊寅　东三省总督徐世昌等奏，江省开办陆军小学堂，按照地方情形，增减额支款项。……均下部知之。

八月庚辰　陆军部奏，建设军官学堂，变通北洋原定章程，选京外成军各镇之军官学识兼优者，入学肄业。从之。

八月辛巳　以考选优生批行迟延，陕甘总督升允下部察议。

九月庚寅　以捐田兴学，予四川广元县同知职衔曾得安等四员奖叙。

九月庚寅　以捐款倡办女学堂，予四川名山县孀妇黄张氏建坊。

九月辛卯　御史孙培元奏，考试东西洋留学生，请择尤录用，以杜奔竞而作人才。下部议。寻奏，此项限制办法，应由宪政编查馆体察情形，严定任官资格，奏明办理。寻宪政编查馆奏，核定游学毕业生廷试录用章程，暨内外衙门调用章程。依议行。

九月辛卯　以捐产兴学，予奉天辽阳州例贡生帅宗炳以知州选用。

九月壬辰　闽浙总督松寿奏，闽省公立游学豫备学堂，拟改为官立中等商业学堂，以广教育，请予立案。下部知之。

九月癸巳　理藩部奏，本部扩充蒙古学，购地建盖房间。依议行。

九月乙未　以捐助学费，予广东平远县候选道姚克明、镇平县知州职衔林华藻建坊。

九月丙申　江苏巡抚陈夔龙奏，苏省巡警，现将学堂毕业者派出站岗，营旗改编者专司缉捕巡逻，俟学堂毕业人多，足符原额，即将各巡队裁撤。下部知之。

九月庚子　以捐款修复学堂，予陕西华州一品命妇刘刘氏建坊。

九月甲辰　验放学部考验游学毕业生。得旨：章宗元等七名均着赏给进士，叶基桢等三十名均着赏给举人。

九月己酉　以捐款添修学舍，予河南扶沟县教谕薛天福以通判候选并加盐提举衔。

九月庚戌　以捐建学堂，予浙江余姚县在籍兵部员外郎谢元寿为其母建坊。

十月己未　（开缺陕西巡抚曹鸿勋）奏，遵改课吏馆为法政学堂，推广斋舍，建筑讲堂，聘定教习，明定规则，考选员绅，一并入堂肄习。下所司知之。

十月丁卯　热河都统廷杰奏，设立速成法政学堂，招集官绅，定期开学。下所司知之。

十月壬申　御史俾寿奏，整顿学务，宜广求人师，以格人心而端治本。下会议政务处议。寻奏，原奏大致欲蒙学注重道德学，小学注重专门。惟查奏定章程，自小学以上皆以德育为本，俟升入大学，方可各习专门，使躐等以图，甚无裨益。至各级教员，必取纯正通达之士，应由学部通饬京外学堂，慎选充任。从之。

十月癸酉　都察院代奏，大学堂、译学馆、实业学堂、贵胄学堂、法律学堂、法政学堂、顺天高等学堂、民政部巡警学堂、陆军部测绘学堂、江苏、浙江各学生等，条陈时事。得旨：学生理宜专心向学，不应干预政事，致违定章。着学部晓谕训饬并通行各省学堂，一体申戒。

十月乙亥　闽浙总督松寿奏，设立警察学堂，考选学生，分普通、高等两班，聘华洋教习，分科教授。下部知之。

十月乙亥　（闽浙总督松寿）奏，请饬筹款，于南北洋各设高等工艺学堂，可省虚耗而励实学。下部议。

十月戊寅　署山东巡抚吴廷斌奏，建立高等农业学堂，先设中等农林蚕三科。下部知之。

十月乙酉　谕军机大臣等：贻谷奏，广筹旗民生计，推及教育实业办法，参用满人等语。着各省将军、督抚等按照所陈，妥筹办理。原片着钞给阅看。

十一月戊子　外务部奏，请派贵胄游学英美德三国，肄习陆军政法。又奏，添设驻美使馆三等参赞一员，二等书记官一员。均依议行。

十一月己丑　青州副都统文瑞奏，德州旗营改练新操，添设翻译学堂，查勘马场荒地，丈放收租，发给各兵津贴学堂经费。下部知之。

十一月己丑　验看办学期满翰林院庶吉士。得旨：蒋炳章、郭立山、刘焜、章际治均着授职编修，章梫着授职检讨。

十一月壬辰　学部奏，酌拟进士馆游学毕业学员考试办法，并请派大臣会考。报闻。

十一月戊戌　验看进士馆毕业学员。得旨：翰林院庶吉士朱国桢着授职编修，并记名遇缺题奏；度支部学习主事朱德垣着以知县即用。

十一月乙巳　署江北提督王士珍奏，开设绿营警察学堂，挑标兵二百名入堂肄业，四个月毕业回营，更番递换，期于制兵皆成警兵而止。下部知之。

十一月戊申　谕内阁：朕钦奉慈禧端佑康颐昭豫庄诚寿恭钦献崇熙皇太后懿旨，国家兴贤育才，采取前代学制及东西各国成法，创设各等学堂，节经谕令学务大臣等详拟章程，奏经核定，降旨颁行，奖励之途甚优，董戒之法亦甚备。如不准干预国家政治及离经畔道，联盟纠众，立会演说等事，均经悬为厉禁。原期海内人士，束身规矩，造就成材，所以勖望之者甚厚。乃比年以来，士习颇见浇漓，每不能专心力学，勉造通儒，动思逾越范围，干预外事，或侮辱官师，或抗违教令，悖弃圣教，擅改课程，变易衣冠，武断乡里，甚至本省大吏，拒而不纳，国家要政，任意要求，动辄捏写学堂全体空名，电达枢部，不考事理，肆口诋諆，以致无知愚民，随声附和，奸徒游匪，藉端煽惑，大为世道人心之害。不独中国前史、本朝法制无此学风，即各国学堂亦无此等恶习。士为四民之首，士风如此，则民俗之敝随之，治理将不可问，欲挽颓风，非大加整顿不可。着学部通行京外有关学务各衙门，将学堂管理禁令定章广为刊布，严切申明，并将考核劝戒办法前章有未备者补行增订，责令实力奉行。顺天府尹、各省督抚及提学使皆有教士之责，乃往往任其缅越，违道干誉，貌似姑息见好，实则戕贼人才。即如近来京外各学堂纠众生事，发电妄言者，纷纷皆是。然亦有数省学堂，从不出位妄为者，是教法之善否，即为士习之优劣所由判，确有明征。嗣后，该府尹、督抚、提学使务须于各学堂监督、提调、堂长、监学、教员等慎选器使，督饬妥办。总之，以圣教为宗，以艺能为辅，以礼法为范围，以明伦爱国为实效，若其始敢为离经畔道之论，其究必终为犯上作乱之人。盖艺能不优，可以补习，智识不广，可以观摩，惟此根本一差，则无从挽救。故不率教必予屏除，以免败群之累；违法律必加惩儆，以防履霜之渐。并着学部随时选派视学官，分往各处，认真考察。如有废弃读经讲学功课，荒弃国文不习，而教员不问者、品行不端，不安本分，而管理员不加惩革者，不惟学生立即屏斥惩罚，其教员、管理员一并重处，决不姑宽。倘该府尹、督抚、提学使等仍敢漫不经心，视学务士习为缓图，一味徇情畏事，以致育才之举转为酿乱之阶，除查明该学堂教员、管理员严惩外，恐该府尹、督抚、提学使及管学之将军、都统等均不能当此重咎也。其各懔遵奉行，俾令各学堂敦品励学，化行俗美，贤才众多，以副朝廷造士安民之至意。此旨即着管学各衙门暨大小各学堂一体恭录一通，悬挂堂上。凡学堂毕业生文凭均将此旨刊录于前，俾昭法守。

十一月己酉　以捐款兴学，予直隶威县监生王修家，涿州孀妇故武生周毓秀之妻王氏建坊。

十一月庚戌　绥远城将军贻谷等奏，绥远中学堂及初等小学堂均经设立，尚阙高等小学堂，失递升之序，拟将高等小学堂附设中学之内，藉资撙节。下部知之。

十一月辛亥　以教授兵学，著有成效，赏江南陆师学堂教习德员濮斯玛宝星。

十一月癸丑　修订法律大臣沈家本奏，请将法律馆存款全数拨充法律学堂附设监狱学专修科经费。从之。

十一月丁巳　谕军机大臣等：学部奏，筹商日本官立各高等学校每年收容中国学生名额，请饬各省分任经费一摺。着各省督抚按照原单分任经费数目，按年筹解，毋得推诿。原摺并章程清单，均着钞给阅看。

十二月辛酉　云贵总督锡良奏，筹办滇省学务，设立师范、农业、艺徒、方言各学堂，参酌地方情形，次第规定。其余应行增置事宜，仍俟添筹经费，再行扩充。下部知之。

十二月癸亥　谕：此次验看进士馆游学毕业学员，所有考列最优等之编修杨兆麟、朱汝珍均着记名遇缺题奏；考列优等之编修商衍鎏、检讨范桂鄂均着赏给侍讲衔；考列最优等之庶吉士徐璐、林志烜、胡骏、钱淦均着授职编修，并记名遇缺题奏；考列优等之庶吉士华焯、杨毓泗、陈国祥、顾视高、谷芝瑞、陈启辉均着授职编修，并赏给侍讲衔；邢端着授职检讨，并赏给侍讲衔；考列中等之庶吉士李庆莱、朱元树、阎士璘、张成修、张启后、程宗伊、唐尚光、邵章、吴焜、衷冀保、景润、徐钟恂、杜严、高振霄、陈敬第、金兆丰、庄陔兰、李翘桑、富尔逊均着授职编修；梁善济、云书、解荣辂、杨思、张书云、王慎贤、毕太昌、高桂馨、区大原均着授职检讨；考列最优等之法部主事陈宗蕃、俞树棠均着准其留部，以原官遇缺即补；考列优等之礼部主事张智远、度支部主事薛登道均着准其留部，以原官尽先补用；考列中等之度支部主事袁永廉、法部主事陈正学、原工部主事姚华、法部主事李维钰、戴宝辉、吏部主事荆育瓒、原工部主事夏和清、法部主事朱大玙均着准其留部；考列优等之内阁中书张孝慈、王丕煦、谢桓武均着以原官本班尽先补用；考列中等之内阁中书顾显曾着以原官留原衙门补用；度支部主事高嘉仁、法部主事梁成哲、内阁中书阎廷献、徐培、朱宝璇均着以知县归部即选。

十二月甲子　以实心授课，赏直隶工业学堂教习日员藤井恒久宝星。

十二月壬申　以捐助学堂巨款，予河南试用知县徐家璘以知县留原省即补，舞阳县在籍候选县丞蔡佩珩、苗世昌以知县选用。

十二月辛巳　以捐助学费，赏直隶定兴县故民陈廷梁扁额，并追奖二品封典。

十二月壬午　以捐助赈银巨款，予前山东博山县知县刘德沛以道员留原省补用。

光绪三十四年（1908年）

正月辛卯　贵州巡抚庞鸿书奏，黔省向无驻防，各项学堂工艺以及商务、矿务诸要政，无从参用旗丁。报闻。

正月辛卯　以捐款兴学，予湖南湘阴县监生李美章建坊。

正月壬辰　以捐款兴学，予广东番禺县同知职衔杨国钧盐运使衔，并给正二品封典。

二月丁巳　以捐款兴学，赏陕西城固县监生李经、江南郑县附生张烈同知职衔。

二月辛酉　陆军部奏，议订陆军贵胄学堂学生毕业出身暂行章程。依议行。

二月壬戌　甘肃新疆巡抚联魁奏，新疆课吏馆改设法政学堂，恳请立案。……均下部知之。

二月甲戌　以捐款兴学，予广东阳山县从九品职衔张九儒建坊。

二月乙亥　两江总督端方奏，宁属学务经费，短绌甚巨，拟恳动用库款，作正开销。下部知之。

二月乙亥　以捐助学费，予前陕西靖边县知县丁锡奎、甘肃文县同知职衔刘长庆建坊。

二月乙亥　以捐赀助赈，予江苏阜宁县职妇顾戴氏建坊。

二月丁丑　河南巡抚林绍年奏，豫省旧设仕学馆，人数无多，现已考验毕业，将该馆改为法政学堂，另设官班讲习科，普为甄陶，以资治理。下所司知之。

二月癸未　以捐助习艺所经费，予四川定远县孀妇段袁氏建坊。

三月丙戌　以慨捐巨款兴学，赏湖北大冶县委用训导刘渐逵蓝翎，予附生刘炳炎等封典加衔有差。

三月丁亥　验看进士馆毕业学员。得旨：翰林院庶吉士胡嗣瑗着授职编修。

三月乙未　御史黄瑞麒奏，拟请京师由官设立女子师范学堂，以为提倡。复饬各省提学使按照省城、府城各设女子师范学堂一所，以为振兴女学之地。下部议行。

三月己亥　以慨捐巨款兴学，予江苏泰兴候选知县陈经镕以知县分省，遇缺即补。

三月庚子　护理江西巡抚沈瑜庆奏，江西方言豫备学堂，科学并未完备，普通科学亦多缺略，现拟增广名额，扩充普通科学，于英法俄日四国语言文字科学外，添设德文一科。下部知之。

三月辛丑　以捐助巨款兴学，予江苏试用知县钟振濂遇缺先班次，仍归原省补用。

三月丁未　以办学出力，赏京师大学堂教员服部宇之吉等宝星。

三月戊申　都察院代奏，河南知府李瀚昌条陈，学界人心未靖，宜讲明心学以正学术。下部知之。

三月戊申　以慨捐巨款兴学，赏湖北试用道石元士头品顶戴，侄作藩以道员用。

四月己未　两江总督端方奏，改江宁仕学馆为两江法政学堂，就江南情形，参照学部、直隶两处奏定章程，分为正科、别科。正科则宁苏皖赣，一律兼收，五年毕业；别科则专收宁属举贡生员及候补人员，二年毕业，以期作育人材。下学部知之。

四月己未　（两江总督端方）奏，两江师范学堂，本年开办优级本科及专修科，添置仪器药品，应饬宁、苏、皖、赣四藩司平均分认，以期众擎易举。下部知之。

四月辛酉　守护东陵大臣载瀛等奏，马兰峪一带设立清汉蒙养学堂十三处，需用经费，除将青桩界内私垦地亩征租外，不敷甚巨，谨遵政务处奏定成案，咨商直隶总督，详明度支部，饬司按年照数筹拨。允之。

四月壬戌　湖广总督赵尔巽奏，遵照奏定实业学堂章程，参酌本省情形，筹设两湖高等矿业学堂，经费由鄂湘两省摊认。下部知之。

四月甲子　闽浙总督松寿奏，筹改苍霞精舍为中学堂，移设南台，以左军都司废署为建校之地，并附设两等小学。下学部知之。

四月甲子　湖南巡抚岑春蓂奏，遵章筹议改办法政学堂，官绅两校，依限开学。下所司知之。

四月乙丑　东三省总督徐世昌等奏，黑龙江省城创办中学，停办师范简易科，改为两级师范学堂，并推广呼兰、巴彦、兰西各州府县女学。下学部知之。

四月乙亥　验看廷试游学毕业生。得旨：进士章宗元、程明超均着授为翰林院编修，陆梦熊、王建祖均着授为翰林院检讨，嵇芩孙着改为翰林院庶吉士，熊崇志着以主事按照所学科目分部补用，举人高种、钱应清、施呼本、孙海环、邱中馨均着以主事按照所学科目分部补用，廖世纶、王季点、沈均、郑豪、叶基桢、屠师韩、罗会垣、易恩候、梁志宸均着以内阁中书补用，黎迈、秦岱源、陆家鼐、黄立猷、陈耀西、邓振瀛、陈威、胡振平、赵学均着以七品小京官按照所学科目分部补用，颜志庆着以知县分省即用，陈仲篪着以部司务分部即用，郭钟韶、虞顺德、李应泌均着以部司务分部补用，宋发祥着以知县分省试用，邮传部候补主事林蔚章着仍以本部主事即用，内阁中书权量着仍以中书尽先补用，分部主事周宏业着按照所学科目分部补用，分省试用知府张鸿藻、分省同知屈德泽均着以本班分省补用。

四月辛巳　以独捐巨款，创办学堂，予翰林院修撰张謇子、监生怡祖以员外郎选用，并从四品封典。

四月辛巳 以江南绅士捐款创办学堂，予候选县丞江导岷等升叙、加衔、建坊有差。

四月甲申 以慨捐巨款，兴办学堂，予湖南试用知县毛叔丹、河南候补县丞刘邦桢以知府选用。

五月乙酉 （驻藏办事大臣联豫）奏，开设印书局，并开办陆军小学堂速成科，使边氓识字，兼明战术。得旨：着认真筹办，期收实效。

五月丙戌 谕内阁：此次验看之游学毕业贡士田树桢着给予进士出身，陈正猷着给予同进士出身，由学部照章考试，俟验看后再行授职。

五月丙戌 以捐助学款巨万，予四川叙永厅职员周钧、蓬州职员蓝上锦以知县即选，其报效经费之简州民人唐大孝等五名分别给奖，予理番厅之生王鼎新等四名建坊。

五月己丑 东三省总督徐世昌等奏，遵设奉天法政学堂，实行考验本省官吏。下所司知之。

五月甲午 以捐垫学费，赏浙江衢州府经历刘景焯蓝翎、同知衔。

五月丁酉 以捐助学费，予黑龙江骁骑校阜海等四员奖叙。

五月己亥 以遵命捐助蚕桑学费，予河南邓州五六品职衔鲁大瑜为其母建坊。

五月癸卯 以遵命捐办女学，予前广西太平思顺道庄蕴宽为其故母建坊。

五月甲辰 以武科乡举重逢，赏前甘肃肃州镇总兵田在田太子少保衔。

五月丁未 东三省总督徐世昌等奏，就练兵公所改设宪兵学堂，酌拟试办章程八条，设立讲武堂，缮具暂行章程三十六条。均下部知之。

五月丁未 江苏巡抚陈启泰奏，江苏省城仿设存古学堂，以存国粹而造通才。下学部知之。

五月辛亥 以捐助中州公学，数逾巨万，予河南汝阳县候选县丞李澄清、舞阳县同知衔董鸣玉以知县归部，遇缺即选。

六月庚申 学部奏，北洋法政专门学堂拟令遵照奏定章程切实办理，并令各省法政学堂划一办法。从之。

六月甲子 以慨捐巨款兴学，予山东安邱县监生刘洋以知县分省补用。

六月乙丑 验看游学毕业贡士程宗伊。得旨：着给予进士出身。

六月戊辰 以慨捐巨款，助充学费，予前两广总督周馥之高祖父母、庶高祖母正一品封典。

六月戊辰 以照料武备学生出力，赏日本国陆军中将福岛安正宝星。

六月庚午 验看进士馆游学及外班毕业学员。得旨：所有考列最优等之翰林院庶吉士黎湛枝着授职编修，并记名遇缺题奏；考列优等之翰林院庶吉士颜楷、陈国华、李湛田、岑光樾、曹典初均着授职编修，并赏给侍讲衔；舒伟嵩、竺麟祥均着授职检讨，并赏给侍讲衔；考列中等之翰林院庶吉士朱点衣、孙智敏、张国溶、郭寿清、许业笏均着授职编修，李德鉴着授职检讨；考列最优等之度支部主事刘远驹、礼部主事沈秉乾、法部主事熊坤、礼部主事张则川、原刑部主事龚福焘、礼部主事陈蜚声均着准其留部，以原官遇缺即补；考列优等之吏部主事陈熙朝、法部主事张恩寿、吏部主事沈泽生、法部主事彭运斌、吏部主事随勤礼、法部主事范振绪、原工部主事甘鹏云、法部主事郑言均着准其留部，以原官尽先补用；考列中等之度支部主事李言蔼、原工部主事欧阳绍祁、度支部主事段国垣、吏部主事李景纲、原工部主事方贞、原刑部主事狄楼海、礼部主事赛沙敦、法部主事季龙图、度支部主事张诒、吏部主事陈畬、法部主事张履谦、吏部主事陈度、陈世昌、度支部主事王惠悯、李泽兰、法部主事张介孚、何毓璋、礼部主事胡家钰均着准其留部；考列优等之内阁中书杨允升着以原官留原衙门本班，尽先补用；考列中等之法部主事陈赓虞、吏部主事钟刚中、法部主事叶大华、礼部主事史之选均着以知县，照散馆班次即选；考列最优等之同进士陈正猷着改为翰林院庶吉士；考列优等之进士程宗伊、田树桢均着以主事分部补用，考列中等之进士归部铨选知县万宝成着以知县分省即用。

六月壬申 两江总督端方奏，华侨学生程度参差，改办暨南学堂，分为中学一班、高等小学两班。如所请行。

六月癸酉 贵州巡抚庞鸿书奏，开办农林学堂，附设农业公司，分别建筑开垦。下部知之。

六月丁丑 以捐款兴学助赈，赏翰林院编修沙元炳四品衔并从二品封典，予安徽候补道许鼎霖之子附生廷琛以郎中分部学习。

七月戊子 谕军机大臣等：有人奏，江宁师范附属小学堂等借用昭忠祠屋宇，请饬择地迁移一摺。着端方按照所陈各节，查明情形，酌量办理。原摺着钞给阅看。

七月庚寅 御史俾寿奏，请派满汉子弟，送东西各国，学习制器、驾船、枪炮、商务、矿务、农政。下所司议。

七月甲午 （东三省总督徐世昌等）奏……设立森林学堂，种树公所。均下部知之。

七月甲午 以捐款助学，予广东南海县职绅李肇源奖叙。

七月辛丑 以遵命捐助学费，予贵州贵阳府童生双济华为其父建坊。

七月癸卯 翰林院奏，嗣后，留学外国各员请饬将功课分数、考试名次、修业文凭录送查核。从之。

七月癸丑 以捐款助学，予陕西城固县监生王炳星、镇安县文童汪彰文奖叙。

八月壬戌 （御史俾寿）奏，请饬议特举制科，试以经史、时务及各项专门科学。下会议政务处议。寻奏，该御史所陈三科，除孝廉方正、直言极谏，皆非空言可得。惟博学宏词一科，康熙、乾隆年间，曾两次举行，得人甚盛，且保全国粹，实为今日急务，拟请饬下学部详加筹拟，请旨遵行。从之。

八月癸亥 谕军机大臣等：翰林院侍读吴士鉴奏，请将浙江现办之蚕学馆，规画完备，改设高等学堂，力求进步等语。着增韫按照所陈各节，体察情形，妥筹办理。原片着钞给阅看。

八月癸亥　（裁缺国子监司业荫桓）奏，京师八旗学堂，请仍设学务总汇处，简员派充总理。下学部议。

八月己巳　内阁侍读学士占凤奏，拟请选派亲贵暨满汉官员子弟，分往东西各国，使习专门制造，并请专设制造速成学堂，考选出洋留学毕业生及外埠华侨精通制造者，专司教授。下会议政务处议。

八月己巳　库伦办事大臣延祉奏，蒙古风气未开，拟设蒙养学堂，专习满蒙汉语言文字。下学部知之。

八月庚午　御史俾寿奏，亲贵子弟宜先入蒙小学堂肄业，拟请饬议设立。下会议政务处议。

八月庚午　福州将军朴寿奏，遵筹驻防学务，拟于八旗中学堂附设高等小学，并将海关衙门改为研究所。下所司知之。

八月辛巳　都察院代奏，吏部员外郎黄允中条陈变通翰林旧制，拟复汉博士旧职，立经、史、文学三科，由各省存古学堂层取递升。下学部议。

八月壬午　御史谢远涵奏，按今小学制度，其弊有四。曰责任不专、教员缺乏、课程不均、奖励失策，拟请酌核变通，以期教育普及，并仿德国学制，文科、实科，分途豫备。下学部议。

九月癸未　御史徐定超奏，拟请整顿各省法政学堂，参照京师法政章程，略示变通，谨陈大要。曰学堂之隶属宜明，经费之等差宜定，教科之繁简宜酌，学员之任用宜专。下部知之。

九月甲申　东三省总督徐世昌等奏，遵设府厅州县视学官，旧有教职拟请停止铨选。下部议。

九月丙戌　东三省总督徐世昌等奏，吉林学务，勉力措办，现经建设中学堂、模范两等小学堂各一所，分设两等小学堂十一所，女子师范学堂一所附以女子初等小学、满蒙学堂一所。下学部知之。

九月丙戌　（东三省总督徐世昌等）奏，遵设吉林法政学堂，分速成、完全两科，并实行考验各官，特设讲习科，一律送堂肄业。下所司知之。

九月庚寅　调直隶提学使卢靖为奉天提学使，以翰林院编修傅增湘为直隶提学使。

九月戊戌　验看进士馆毕业翰林院庶吉士陈云诰、办学期满翰林院庶吉士谭延闿、游学美国大学工程专科毕业胡栋朝。得旨：陈云诰着授职编修，并记名遇缺题奏，谭延闿着授职编修，胡栋朝着给予工科进士出身。

九月壬寅　验看进士馆游学毕业各员。得旨：叶先圻着授职编修，并赏加侍讲衔；吴德镇、周杰、张成栋均着授职编修；周之桢着以原官留部，遇缺即补；楼思诰着以员外郎留部补用；萧湘着以原官留部；曲卓新着以主事分部。

九月辛亥　都察院代奏，吏部员外郎黄允中条陈，拟请设立制科，著之功令，以存旧学。下学部知之。

十月癸丑　以乡举重逢，赏前福建永春州州同、湖北黄梅县举人胡斌运同衔。

十月戊寅①　谕内阁：……迨我皇考大行皇帝入嗣大统，又蒙恩勤鞠育，慈诲周详，属以时局愈艰，望治尤亟，再训大政，不惜勤劳，时则环瀛大通，日新月异，外交内治，无一事不廑慈怀，旰食宵衣，无一日稍存暇逸。深惟示器惟新之道，改弦更化之化。酌古准今，经文纬武，设同文馆以通重译，创船政、制造等局以饬戎备，遣各国驻使以联邦交，派学生、职官游学东西洋以资广益……破除百代相沿之弊窦，变科举，开学堂，而立教必以宗经学古为本。……

十月辛巳　江西巡抚冯汝骙奏，前准政务处行知通筹举贡生员出路，己酉科举行拔贡，照向额加倍录取等因。查虔南厅分设不久，仅止有生员四十余名，选拔贡额尚未定有章程，若比照各厅县选拔二名，未免过优，如不准其选贡，又未免向隅。拟请准该厅选拔一名，以示皇仁普及。下部议。

十一月辛卯　上以登极礼成，颁诏天下。诏曰……以明年为宣统元年，仰迪前光，永绥多福，抚黄图而缵绪，宣紫綍以颁恩。所有事宜，开列于后。……一、文官在京四品以上，在外三品以上，武官在京、在外二品以上，照现任品级各荫一子入监读书。……一、各直省儒学，无论府州县卫，俱于宣统元年，以正贡作恩贡，次贡作岁贡。……布告天下，咸使闻知。

十一月辛卯　陕甘总督升允奏遵拟法政学堂办法。约有四端，曰展学期、分学科、招绅班、优奖励。因地制宜，不敢铺张其事，蹈有名无实之愆。……均下部知之。

十一月癸巳　陆军部奏，议覆御史俾寿奏请，派满汉世职子弟，分赴各国学习海军，自属当务之急。惟须先设海军贵胄学堂，遴选满汉世职子弟合格者，入学教授海军普通必要之学，以厚其基。毕业后或派入军港学堂加习，或径派出洋留学，届时妥为核办。依议行。

十一月戊申　验看进士馆暨游学毕业人员。得旨：考列中等之法部主事马步瀛着以原官留部补用，考列优等之李鸣谦着赏给商科举人。

十二月癸丑　验看办学期满人员。得旨：翰林院庶吉士潘浩着授职编修，雷恒着授职检讨。

十二月辛酉　谕：翰林院侍讲阿联奏，豫筹八旗生计，首重教育，请特设学务处折。又奏，请饬学部，将普通学年略为缩短片。又奏，请将蒙古子弟留学京师，特设一班以宏造就片。会议政务处议奏。寻奏，请设八旗学务处一所，秉承学部办理；蒙旗世爵另为一班。业经分别筹办普通学年、学部。奏请将小学简单易科分为两类，四年、三年，听民间自为忖度。在案所请，应毋庸议。从之。

---

① 光绪于本年十月癸酉薨。本年“十月戊寅”条后内容均录自《宣统政纪》。

宣统元年（1909年）

正月庚寅 理藩部代奏，蒙古王公等创建殖边学堂，并请颁钤记。依议行。

正月甲午 云贵总督锡良奏，滇省改设巡警学堂，并酌设巡警教练所。下部知之。

正月丙申 广西巡抚张鸣岐奏，广西开办农林试验场，业于光绪三十四年七月奏报在案。惟交通不便，民智尤陋，试验所得，无由家喻户晓，现拟明年开办中等农业学堂，先设豫科，以试验场并入学堂，俾资实习；一面派员前赴德国选聘教习，以期取法乎上。查，奏定直省新官制，劝业员一项可用本籍人，中等农业学生毕业，照章以直州判、府经历等奖励。拟俟此项学生毕业，即专用为劝业员，此为治本至计。所需经费由臣督饬司处竭力筹措，冀底于成。下部知之。

正月己亥 谕：给事中李灼华奏，国文将废，中学就湮，拟请暂复岁科两试一折。又片奏，学堂腐败，请量为变通，以除积弊等语。均着学部议奏。

正月戊申 邮传部会奏，光绪三十四年二月十九日，军机处片交陕甘总督升允代奏宁夏府知府赵惟熙请建西北铁路一折。……原奏造人才一节内称，拟在天津设一铁路学堂，选直隶、晋、豫、陕、甘五省聪颖子弟，分肄各科，三年卒业，资遣游学后，分布各路等语。邮传部查，近年路政需才，非止五省，而天津设学，实为良图。现臣部所辖奏定上海实业学堂兼习四政外，其官立唐山路矿学堂，附近臣署之实业学堂及公立郑州铁路学堂，仍俟厘订妥章，再行分别奏明办理。

二月辛亥 谕：理藩部代奏喀喇沁郡王贡桑诺尔布呈请入陆军贵胄学堂听讲并请留京当差一折。贡桑诺尔布着准其入陆军贵胄学堂随班听讲。

二月辛亥 谕：恽毓鼎等奏拟请改定学堂章程，以杜流弊而励人才一折。着学部议奏。

二月乙卯 谕军机大臣等：民政部右丞刘彭年奏，学堂办理不善，流弊滋多，亟宜整顿变通一折。着学部议奏。

二月丙寅 内阁侍读学士延昌奏，豫筹八旗生计，亟宜专重教育，以为根本。一、增广初等农工商各学堂。现在京师虽已设工艺厂及初等工业学堂，然以施于穷民言之，则胞与甚宏；以施于旗民言之，则范围甚隘。拟将初等农商业学堂，凡京旗闲散兵丁，分别责令入学；至各省八旗，当视该处情形。大约东南繁盛，便于工商，西北偏僻，便于农。在此三项学堂中，酌量设立，关系生计，良非浅鲜。一、变通高等普通小学课程。日本高等小学制度，学科本赅手工、商业、农业。我国定章，则多缺而不讲，溯厥由来，读经、讲经时间最占多数，以致无暇及此。宜将读讲经与修身并为一科，酌定钟点，以所余时刻，加课手工、农业、商业，将来毕业之时，如事畜无忧，自可升学深造，否则临时急于谋生，只在初等农工商业学堂练习数月，即可应用，而于生计甚有裨益。更有请者，我国男子谋生，妇女坐食，久为列邦所讥，以京师首善之区，为八旗会萃之地，尤应速立女工厂数处，先令京旗孤贫妇女入厂练习，藉示各省模范，次第推行。下所司议。

二月丙寅　山东巡抚袁树勋奏，山东选派学生赴英美德各国游学，专习工艺实业。下部知之。

二月丁卯　命四川提学使方旭开缺，以道员仍留原省补用。

二月辛未　以教练留学生出力，赏奥国军官劳毕等宝星。

二月癸酉　（山东巡抚袁树勋）奏，东省高等巡警学堂，照现行章程分为正科、简易两班，并在省城先设巡警教练所一处，学额宽定在二百名以上，均经招生开课。又奏，筹办各级审判，当先养成审判人才。现将东省法政学堂原有速成班改为司法讲习科，专为养成审判员之地，其新招讲习班，亦准此办理。均下所司知之。

闰二月辛巳　直隶总督杨士骧奏，遵章改设巡警学堂暨各属设立巡警教练所。查天津巡警学堂设于光绪二十八年，名曰北洋高等巡警学堂，学员以二年毕业，学兵以一年毕业；省城巡警学堂设于光绪三十二年，分高等、普通两班，用速成教法，高等学生以一年毕业，普通学生以六个月毕业，即以学资高下，派充各厅州县教员、巡官、区长等差。现查毕业学生暂可敷用，即饬宽定学期，俾资深造。当于省城天津各学堂添设完全高等警察一班，定期四年毕业。此后应即遵照奏定章程，限期课程，一律更定，以资遵守。其各厅州县向设巡警传习所，即饬遵章改为教练所，应习科学及毕业限期，亦一律遵章办理，俾归画一。下部知之。

闰二月癸未　都察院奏，吏部员外郎黄允中条陈，立宪期近，学务最关切要，宜益求完善周备。下学部知之。

闰二月丙戌　验看办学期满人员。得旨：翰林院庶吉士马荫荣、林世焘均着授职编修。

闰二月丙戌　补行验看游学毕业生。得旨：顾德邻着赏给法政科进士。

闰二月戊子　御史石长信奏，请改各省兵备道为兵备使司，监督军界学堂，办理该省营务。下会议政务处议。寻奏，酌留道缺，即名为兵备道。请旨设置海军学堂，应由筹议海军之王大臣并案核议。从之。

闰二月戊子　（御史石长信）奏，举贡考取小京官，升转壅滞，可否酌减到部年限，请饬部妥定章程。下吏部议。

闰二月丙申　验看进士馆游学毕业及补习毕业各学员。得旨：考列优等之翰林院庶吉士程叔琳着授职检讨，并加侍讲衔。

闰二月戊戌　宪政编查馆奏，遵准升任内阁学士宝熙奏请设贵胄法政学堂一所。凡宗室蒙古王公、满汉世爵及其子弟曾习汉文者，皆令入学，闲散宗室觉罗及满汉二品以上大员子弟亦准考取肄业，分为正简两科，正科四年毕业，简易科二年毕业。其业经从仕贵胄及满汉四品以上官员，另设听讲一班，以一年半毕业，专授法政大义。拟订章程九章三十九条，并豫算经费数目，缮单呈进。拟请派王公一员，二三品大员一员，分任该堂总理监督之职。奉上谕，现在豫备立宪，需才孔亟。凡宗室、外藩、王公、满汉世爵若不豫为培植，其何以储政才而裨治本？应即设立贵胄法政学堂，以广造就。着派贝勒毓朗充贵胄法政学堂总理，农工商部左侍郎熙彦、翰林院学士锡钧充贵胄法政学堂监督，务宜认真经理，毋负委任。至宗室王公暨其子弟，实为满汉及外藩世臣之表率，如有及岁尚未入学与入学后半途退学，或不恪守学规等事，该总理等尤宜破除情面，劝惩一切，照章办理，勿稍宽假。至陆军贵胄学堂，最关紧要，仍须认真劝勉，广储干城，总期安勉兼施，用副朝廷兴学教胄、文武兼资之至意。

闰二月甲辰　　两广总督张人骏奏，改设省城高等巡警学堂。所有章程、学科均遵章更正，并附设简易科。下部知之。

闰二月乙巳　　四川总督赵尔巽奏，遵章改设高等巡警学堂。下部知之。

闰二月戊申　　学部奏应行筹备事宜，按年开具简明清单呈览。宣统元年豫备立宪第二年，颁布简易识字学塾章程，颁布简易识字课本，国民必读课本，颁布视学官章程，颁布检定两等小学教员及优待教员等项章程，颁布初等小学各科教科书，颁布中学堂、初级师范学堂教科书，审定书目，颁布女学服色章程，颁布图书馆章程，增补学堂管理章程，编订两等小学堂、中学堂教授细目，编订各种学科中外名词对照表。京师筹办分科大学，京师开办图书馆。京师及各省设简易识字学塾，各省优级师范学堂、中等实业学堂、初级师范学堂、各府中学堂未设立者，限本年一律设齐。各厅州县及城镇推广两等小学堂。行各省学司，整顿已设之各项学堂，均附整顿办法。行各省学司，体察情形，照后开四项，豫定分年筹备事目，按年列表，附加解说。一、师范教育。一、普通教育。一、实业教育。一、专门教育。第三年，颁布高等小学教科书，颁布小学、中学教授细目，审定各高等专门学堂所送讲义，编辑中学教科书，编辑初级师范教科书，编订官话课本，编订初级师范学堂教授细目，编辑女子小学教科书，编辑女子师范教科书，改正已发行之各种教科书，编辑各种辞典；颁布检定中学教员及优待教员章程，颁布检定初级师范教员及优待教员章程，实行检定两等小学教员及优待教员章程；行各省因已定城镇乡之区域分画学区，行各省学司估计逐年所需经费，应出自国税、地方税者若干，行各省一律设立存古学堂，行各省一律开办图书馆，行各省学司省城初级师范学堂及中小学堂兼学官话。此项课本未颁布以前，均遵旧章讲读《圣谕广训直解》，派视学官分查各省学务，派员查看华侨学堂。订拟蒙藏回各地方兴学章程。第四年，京师筹设专门医学堂、农业学堂，颁布中学、初级师范、女子师范、女子小学教科书，颁布初级师范教授细目，颁布检查学生体格章程，颁布官话课本；京师设立官话传习所，行各省设立官话传习所；编译高等专门以上学堂各种科学用书；修定各学堂毕业奖励章程，实行检定中学、初级师范教员及优待教员章程，拟订学堂教员列为职官章程；派视学官分查各省学务。第五年，京师筹设专门工业、商业学堂，行各省学司清查全国十五岁以上之幼童人数及已未就学各若干人，行各省督抚就地方自治经费内划分学务经费；行各省推广官话传习所，试行学堂教员列为职官章程、选派大学分科毕业生出洋留学章程；派视学官分查各省学务。第六年，行各省学司确查全省人民识字者若干人；行各省学司所有府州厅初级师范及中小学堂兼学官话；派视学官分查各省学务；编订中学堂法制课本；豫算明年学部及京外学务经费。第七年，派视学官分查各省学务，奏报全国人民能识字义人数；续编学部则例。第八年，颁布强迫教育章程；京师筹设音乐学堂；派视学官分查各省学务，奏报全国能识字义人数。第九年，试行强迫教育章程；行各省学司厅州县中小学堂兼习官话；派视学官分查各省学务，奏报全国能识字义人数；派员分查蒙藏回各地方学务。下宪政编查馆知之。

三月乙卯　　谕军机大臣等：御史刘显曾奏请饬部妥议警务学堂毕业人员给予出身一折。着民政部会同学部妥议具奏。

三月辛未　　邮传部左参议李稷勋奏，我朝设官分职，各有专司，独视翰林为最重，所以储才养望，期之宏远。向不以吏事相烦，而官于该衙门者亦皆淬厉志行、高自标置，故自康乾全盛之时，迄咸同中兴之会，凡名臣魁辅，率多由词馆起家，皆由我列圣培养之深，非幸致也。自顷庶政维新，万端待理，而该衙门人员以文学侍从之臣，转以职务清简，置若闲曹，非国家设官之初意。年来留学毕业及将来分科大学毕业学生，均以考列最优等者授职编检，而近三科庶吉士咨送出洋，分习各项科学，毕业后始散馆。若取之既极慎重，用之直等闲散，又非朝廷兴学育才之盛心。今就该衙门情形，有应变通者二端。一、归并职掌。修史一事为该衙门专掌之职务，宜推广办法。若宪法、民政、实业、交通各要政，为前史所未有者，均应分立表志，增制精图。拟请将关于国史一应职掌悉归并于该衙门，毋庸另设史馆。自编检以上，悉令分科任事，以资历练。一、厘正品秩。查该衙门品秩，大率沿袭明旧，较卑于各衙门。然遇朝会大典，秩四品者与三品京堂同班，五品与四品京堂同班，六七品与五品京堂同班，现订监国摄政王礼节，京职自五品以上不称名，独编检以七品而礼与之同。拟请将修撰至检讨各员改为正从五品，以上依次递升，至掌院学士，仍由大学士兼领，以存体制。请饬酌议请旨办理。得旨：着会议政务处、吏部会议具奏。

三月乙亥　　谕内阁：学部奏酌量变通初等小学堂章程并原有小学简易科酌拟两类办法，以期学徒日多，教育渐臻普及。缮单呈览一折，所奏尚属切实易行。着各省督抚督率提学使，无论官学、私塾均当遵照此次定章，分别地方情形，切实举办，并随时派员认真考核。嗣后，办学官绅如再有因循欺饰、不遵章程者，即由学部查明严行参处。务期学校日兴，民智日启，以仰副朝廷敷教牖民之至意。

三月乙亥　　学部奏，变通中学堂课程，拟分为文科、实科，仍照奏定章程十二门，分门教授。惟于十二门之中，各分主课、通习二类：文科以读经、讲经、中国文学、外国语、历史、地理为主课，而以修身、算学、博物、理化、法制、理财、图画、体操为通习；实科以外国语、算学、物理、化学、博物为主课；而以修身、读经、讲经、中国文学、历史、地理、图画、手工、法制、理财、体操为通习。主课授课时刻较多，通习时刻较少，皆以五年毕业，以广裁成而期实效。谨将学科程度开单呈览。依议行。

三月丙子　　东三省总督徐世昌等奏，东三省宪兵学堂头班毕业二百余名，拟编为四队，分派各处。俟二班毕业，拟编成三营，分驻边要各地，以维军纪而便纠察。下部知之。

三月戊寅 以助款兴学、捐廉赡族，予四川总督赵尔巽、驻藏大臣兼边务大臣赵尔丰优叙，赏赵尔巽御书扁额，曰谊笃宗亲。

四月辛巳 贝勒毓朗等奏，设立贵胄法政学堂，暂行借地开办，请饬度支部拨给开办经费二万五千两，以应急需。依议行。

四月甲申 以前江西提学使汪诒书为山西提学使。

四月乙酉 谕军机大臣等：学部奏酌拟变通游学毕业生廷试事宜一折。着依议。

四月己丑 命梁敦彦、唐景崇、严修、朱益藩为廷试游学毕业生阅卷大臣。

四月乙未 谕军机大臣等：学部奏酌拟游学毕业生廷试录用中书，拟准其改就小京官知县一折。着依议。

四月丙午 谕军机大臣等：陆军部奏拟订陆军测绘员生毕业考试出身补官并任用章程，缮单呈览一折。又奏，测绘学堂第一、二班学生毕业时，请照高等科章程办理一片。均着依议。

四月丙午 陆军部等会奏，贵胄法政学堂开办伊始，择定校舍，实为先务。现经会商，陆军部贵胄学堂移入新校后，所遗堂舍即拨给应用，既可节费，且免旷时。至此项学堂，陆军部本拟腾作测绘学堂之用，查农工商部实业学堂新校将次落成，拟即将旧有校舍拨给陆军部改设测绘学堂，以节縻费。从之。

五月辛亥 引见廷试游学毕业生。得旨：进士黄德章、陈振先、洪镕、程树德均着授为翰林院编修，虞铭新、朱献文、李盛衔、彭世寯均着授为翰林院检讨，王孝绸、张煜全、胡栋朝、顾琅均着改为翰林院庶吉士，顾德邻、章毓兰均着以主事按照所学科目分部补用，举人齐鼎恒、彭敬时、程良楷、陈海超、赵连璧、朱孔文、马德润、陈同纪、吴炳枞、张春涛均着以主事按照所学科目分部补用，杨霆垣、林先民、王治辉、陈承修、周珍、许炳坤、黄汝鉴、邓镕、齐鼎颐、程荫周、曹文渊、汪与准、胡文藻、李鸣谦、黄右昌、陆家鼎、吴宪仁、朱绍濂、郑浩、陈官桃、王家驹、何福麟、徐敬熙、郑联鹏、金庆章、徐世勋、孙成均着以内阁中书补用，陈高第、王恩博、汪沄、苏道衡、司骏、易国霖、陈亮熙、罗兆鸿、李振铎、蒋以魁、卢弼、黎渊、庄泽定、方时翮、区枢、赵宪曾、段树滋、徐鼎元、樊树勋、卞颂元、郑礼铿、吴洪元、张书诏、杨华、王镇南、黄成霖、吴秉钊、薛大可、安当世、胡国洸均着以七品小京官按照所学科目分部补用，戚运机、李景圻、王永炅、钱家澄、于锡尧、刘崇佑、潘志喜均着以知县分省即用，叶于兰着以七品小京官分部补用，孙云奎、郭祖培、于书云均着以知县分省试用，举人、分部郎中陈应龙、范鸿泰均着按照所学科目分部，俟奏留后各以本部郎中即用，举人、分部员外郎陈家瓒、吴家驹、陈文哲均着按照所学科目分部，俟奏留后各以本部员外郎即用，举人、外务部候补主事林志钧着以本部主事即用，举人、候选主事姚焕着仍以主事选用，进士、大理院候补从五品推事廉隅着以从五品推事归原衙门即用，举人、大理院候补正六品推事江庸着以正六品推事归原衙门即用，举人、直隶试用道陈绍祖着仍以道员归原省补用。

五月辛亥 御史惠铭奏，方今学堂遍设，而成效难期者，非独教导之不善，亦由考试之不严，平日于各科学或增减钟点，或颠倒时期，或某科久旷，或难易不匀。及至考试，照例先将讲义呈报所司，每与原讲功课不同，其弊一。考试命题多由教员，即不免泄漏曲徇之处，其弊二。管理员、教员每优给分数，以见好学生，或怀挟顶替，亦曲予宽容，其弊三。视学、稽察等官有名无实，并不问内容与表簿是否相符，其弊四。非严定处分，力祛积弊，收效无期。下学部知之。

五月癸丑 谕：都察院代奏湖北举人曹林条陈学务弊窦一折。下学部知之。

五月壬戌 （湖广总督陈夔龙）奏，湖北自光绪三十年将新案赔款捐留办各州县学堂，名为赔款改学堂捐。三十三年，复因学务公所岁入学款，自铜币赢余，经部提拨，不敷甚巨，饬将赔款改学堂捐酌提五成，充省城办学经费。除宣恩、来凤、咸丰、建始、归州、长阳、长乐、兴山、巴东、竹山、竹溪、保康十二州县及鹤峰直隶厅地方均系瘠苦，原派捐款无多，准其全数存留自办学务外，其余各厅州县一律提拨五成，计实应解钱四十二万二千余串，行之两年，省城学务赖兹挹注，伏查此项本系奏明专为鄂省兴学之用，而用之各属与用之省城相同，自应奏明立案，以期垂久。下部知之。

五月癸亥 护理云贵总督沈秉坤奏，滇开化较晚，沿边土司，地数千里，往往因语言习尚不同，与内地人民隔阂，非先之以教育不为功。查滇边土目辖境，惟永昌、顺宁、普洱三府暨镇边直隶厅紧接外域。今以兴学为安边计，自以从三府一厅办起，第土民混沌未凿，即授以初等小学，恐亦难入。谨按逐年筹备宪政清单，本年应设简易识字学塾，以此开化，较为适宜。既以同化为宗旨，自应以国文为主科，先之以音读、讲解、习问，继之以钞写、默写，终之缀字、成文。其补助科目，则以习礼、谈话、算数、体操、唱歌、农业六者为限。前三者改良其习惯语言，锻炼其心思脑力，后三者俾其服从规律，陶淑性情，增益智识，而尤在随时觉以尊亲之大义，作巩固国防之用。至身任土目者，虽年长难学，而宗族子弟可教。惟土司于土民其分素严，沿边土民学塾，土目之宗族子弟必不乐入，不得不另筹办法。省会学堂较外郡规级略备，令其附学，量程度入相当班次。来学则优遇之，毕业归则照章奖励，更奖扁额。附学必置之会垣，俾略瞻军界、政界之设施，习闻通人正大之言论，以激发其忠爱。惟学非财不办，沿边土司有限，其宗族子弟来学者，由公家供膳食、操衣、书籍，甚或增教员、开新班，费属无多，至三府一直隶厅土民学塾需款甚巨。若责土司就地筹措，势必骚扰，拟照川滇边务大臣关外学务局成案，由司库边防要需项下按年提银二万两，以作经费。得旨：所奏甚是，即当认真筹办。该部知道。

五月乙丑 学部奏，准大学堂总监督刘廷琛咨开大学分科。业经开办，请电咨各省遴选经明行修、具有根柢之科举举人保送来堂，以备肄业经科大学之选。至拔优贡两项，皆中学较深之士，应着一并选送。从之。

五月丙寅 顺天府奏，顺直绅士魏震等现于宣武门内创设京师蚕业讲习所，选购桑株，置备图书器具，延聘蚕学毕业女教习、招考女学生，讲授育蚕缫丝诸法。开办经费业由本省官绅筹捐数万金，常年经费除已呈由农工商部奏明，每年拨助银三千两外，豫计不敷尚巨，恳援照农工学会成案，于备荒经费项下岁拨银一万两，俾资补助。从之。

五月丁卯　（东三省总督锡良等）奏，本届己酉科拔贡，海龙、新民、兴京、凤凰、镇安、通化、怀仁、安东、宽甸、怀德、康平、奉化、绥中各府厅县未设拔贡定额，不能一体与试，拟请将海龙等十三学生员添设拔贡六名。下部议。

五月庚午　肃亲王善耆等奏，遵筹海军基础，自应熟权财力，专举宏纲，先植兴复之基，再谋扩充之策。拟就现有款项，画一海军教育。……查现有海军官兵教育所在凡四：曰烟台，曰黄埔，曰南京，曰福州。原系各省自筹自办，虽皆有成就，然各有短长，必分门专课，庶造诣能精。必增设枪炮、鱼雷练习所，练勇、雷勇等队，及海军大学等，庶教程乃密。应请将烟台学堂改为驾驶专门，黄埔学堂改为轮几专门，福州前学堂改为工艺，定额收学生，陆续扩充，并就浙江之象山设枪炮练习所，附以练勇队，水雷练习所附以雷勇队。至海军大学为官长研究高等学术之所，设于京师，分选科将校轮机科。各科甲班专设高深战术及海军机要，其将校轮机之乙班，专课高等炮术、鱼雷、水雷、航海、轮机、造船。此先就现有学堂练营量为增损，以储人材之基础也。……从之。

五月辛未　外务部奏，美国减收赔款，业于本年正月起实行，则选派学生出洋即应举办，非徒酬答与国，实乃推广育材。臣等拟在京师设立游美学务处，管理考选、遣送、稽查等事，并附设肄业馆，选学生入馆试验，随时送往美国肄业。以八分习农工商矿等科，以二分习法政、理财、师范诸学，专派监督驻美，管理学生学费、功课、起居等事。至于学生名额，案照各省赔款数目匀给，其满汉蒙藏亦酌给名额，以昭公溥。从之。

五月壬申　（四川总督赵尔巽）奏，大宁县学数已足额，恳准予分设拔额一名，自本年己酉科为始，照章加倍考取。下部议。

五月壬申　（陕甘总督升允）奏，甘肃宁灵厅、化平直隶厅海城、平远二县分设未久，未有拔额。本年届选拔之期，计各处生员足额。请将宁灵厅、化平直隶厅平远县各考取拔贡一名，海城县并加倍甄录。下部议。

五月癸酉　宁夏将军台布等奏，宁夏满营前设中小学堂。惟学生程度于中学不及，现拟改为高等小学、初等小学各一区，共合一百二十名之额，以符前奏。此外又设两翼蒙学堂二区，各四五十名；清文学堂一区，亦约四十名。本年六月第一学期起，将各学应报部者照章报部立案。下学部知之。

五月癸酉　（宁夏将军台布等）奏，俄文为甘、新两省必需之学，新疆当日设专门二十余年，成就寥寥，今甘、新两等学堂均将俄文附入高等，统习普通，万难成就，拟改为专门，庶可于五年毕业后，得交涉之助。下学部议。

五月癸酉　以和衷兴学，赏给奥员阿克第三等第一宝星。

五月丁丑　山东巡抚袁树勋奏，堂邑义丐武训经光绪十四年给予乐善好施建坊。

今临清有武训义塾，即乞人所建者也。访诸耆老，佥云武训行乞三十余年，未尝费一钱、甘一饭，终身不娶，积铢累寸，设学三州县，宅舍经费惟备，倩人董理，已绝不过问。惟师生有惰者，则长跪其前，因是成就日多。臣查武训所设学塾与捐钱之数，有在奏奖以后者。以一乞人兴学三州县，捐资万余串，仅予寻常旌表，不足以示来兹而风薄俗，恳恩宣付史馆立传，以彰奇行。下学部议。

六月戊寅　农工商部奏，湖南醴陵瓷业学堂，业已渐著成效，所拟章程及豫算表均无不合，应即准予立案。其常年经费，向由两江、湖广、四川、湖南四省协助，以三年为限，今既著有成效，应请饬四省仍照原允协款接续递解，并请饬湖南巡抚慎选监督，以专责成。从之。

六月己卯　两江总督端方等奏，南洋为工商业最盛之区，拟就上海制造局相近，先建工科大学，即以已成之中国公学为高等工学之豫备，先行购置校舍，以立基础。下部知之。

六月甲申　江西巡抚冯汝骙奏，遵旨筹办审判厅。拟于省城建造高等审判厅一所，地方审判厅一所。所有高等地方检察厅各附设于内，并附设检验学习所。至初级审判厅，暂拟每县各设一所。省城暂以两首县兼充推事，而仍设初级检察官。九江交涉繁多，亦照章建置地方审判厅，以德化县暂兼初级审判，并拟就法政学堂，另设司法讲习一科，藉收得人之效。下部知之。

六月甲申　（山东巡抚袁树勋）奏，东省法政学堂，通筹画一办法。职员应一律正名，学员应一体相待，均已次第施行，渐臻画一。惟考验外官章程，既除去正途出身及任要差者，则谁肯投身于学问之途，以淹滞其从政之岁月，否则未必有能习法政之愿力。况考职及加倍举行优拔之举，今届适在举行之年，则凡绅士之可以习法政资格者亦皆见异思迁，应如何为根本上之整齐，再求枝叶上之画一，请饬宪政编查馆及学部从长核议，以利施行。下部议。

六月甲申　（山东巡抚袁树勋）奏奏，简易识字学塾系本年筹备之事，已于省城设立十处以为之倡，并拟就简易识字学塾试办章程发给各府州县，饬令分投劝办。下所司知之。

六月乙酉　添设己酉科拔贡额。奉天、海龙、新民、兴京、凤凰、镇安、通化、怀仁、安东、宽甸、怀德、康平、奉化、绥中各府厅州县合取二名，倍取二名；热河、朝阳、平泉、赤峰、建昌各府州县各一名，倍取一名；滦平、丰宁两县围场粮捕厅三属合取一名，倍取一名；驻防围场园庭庄头合取一名，倍取一名；直隶、永平、保定、遵化、沧州各驻防合取一名；四川大宁县一名；陕西驻防及留坝厅各一名；甘肃宁灵、平远、海城各厅县各一名。

六月丙戌　两江总督端方奏，宁省暨南学堂向分中学及高等小学两级，惟华侨子弟向学情殷，随时内渡，数难豫定，来学各生，年龄不一，程度参差，拟限定额数五百名，将来改成中学，当力求画一办法。名额推广，经费增添，拟请由闽海、粤海、江海各关分任筹拨。至该堂学生中学毕业，应如何从优给奖，并就学西洋酌派官费之处，恳饬部核覆施行。下部议。

六月丙戌　（两江总督端方）奏，江阴南菁高等学堂拟改设文科高等学堂，以为升入文科大学之豫备，恳饬部立案。又奏，陈明南洋高等商业学堂办法，并将原设之中等商业学堂合并办法及动用款项恳饬部立案。均下部知之。

六月丙戌　护理云贵总督沈秉坤奏，遵章筹办各级审判厅，业于滇省法政学堂内增设司法讲习科为豫储司法官吏之办法。至筹办审判，拟从省会及省城外商埠办起，共设高等地方审判各一厅，合昆明县属地分设初等审判五厅，俟筹办就绪，再推及于各埠。下部知之。

六月戊子　农工商部奏，酌拟签分到部各项小京官，自应遵照吏部新章，三年学习期满，一律作为额外主事。至奏咨札调人员，向系按照各该员原有官阶所习科学，以郎中、员外郎、主事、艺师、艺士奏留，现拟艺师、艺士，以俟专科毕业之士补充，其前项奏咨札调人员，除以郎中、员外郎、主事奏留补用外，并酌拟以七八品小京官委用，藉广登进而免向隅。从之。

六月庚寅　江苏巡抚瑞澄奏苏省开办中等农业学堂，添辟试验场五处，并创设植物园及陈列所，以为诸生实地研究。下部知之。

六月辛卯　西宁办事大臣庆恕奏，丹噶尔厅各口隘仍请设立局卡，稽核蒙番进口牲畜、货物，酌量定章征税，集有巨款，即用之开办蒙古半日学堂。下部知之。

六月壬辰　学部奏，酌拟考试毕业游学生章程，分为八项。曰考生资格，曰查验文凭，曰豫行甄录，曰分门命题，曰考试日期，曰分等给奖，曰分别职掌，曰严密关防。略仿科举取士之遗，兼取学堂积分之法。如尚有续增之处，容随时奏明办理。从之。

六月甲午　以四川完纳津捐，广己酉科优贡额十四名。

六月乙未　赏京师大学堂东洋教员服部宇之吉文科进士。

六月丙申　两广总督张人骏奏，粤省编练新军，计光绪三十四年春间已成一协，并先后成立工辎各一营，炮队一二两营，又以编剩之兵，先编三标第一、第二协之豫备，随将学兵营裁撤。其次则营房、炮械、马羸、服装、器具之备办，经费之豫筹，皆已次第图度，而尤重者为上二级军官之人才。现已设立兵事研究所，于本省陆军学生，试之实地以察其才，考之专门以观其学。此外，如陆军、警察、学兵、测绘、军医各学生，亦均以此毕业，当可选用。下部知之。

六月丙申　（两广总督张人骏）奏，据香港英总督卢嘉函称，拟在香港设立大学校，注重实业，以便内地人士就学。因所需经费较多，商请设法筹助，并附送章程，声明无分种族、无限宗教，并援青岛德国学堂曾蒙资助开办为言，又据侨港华商联名具禀，请予维持。现由司道设法凑集，先行拨助银洋二十万圆，一面劝谕绅商，量予捐助，藉资联络外情。得旨：着袁树勋妥筹接办。

六月丁酉　两广总督张人骏奏，代递粤绅户部主事易学清、前任湖北按察使梁鼎芬联名条陈要政数端。曰资助留学欧美学生，以免异地借才之患；曰广设工艺厂，以化游惰而浚利源；曰折通新城，以便交通而益卫生。得旨：着袁树勋会同增祺体察情形，筹议具奏。

六月戊戌　谕军机大臣等：农工商部会同学部奏，艺徒学堂课程较高，拟请改为中、初两等工艺学堂一折。所请照旧划拨崇文门溢征三成税项，着度支部议奏。

六月戊戌　署山东巡抚孙宝琦奏，东省师范学堂改为优级师范，各府直隶州亦饬令各设完全初级师范，其从前所设师范简易科一律停办，并二班、三班完全科学生毕业，援案请奖。下部议。

六月庚子　广西巡抚张鸣岐奏，遵章设立法政学堂，先从讲习科、别科两项办起，所有学科章程、毕业年限，悉照部章规定。省城商埠各级审判厅，明年即须成立，并令该堂酌加钟点，添设关于裁判各科学，以备任使。下部知之。

六月乙巳　引见进士馆毕业学员考列中等之吏部主事魏元戴。得旨：着以原官留部补用。

七月戊申　（东三省总督锡良等）奏，吉省遵章应设高等巡警学堂，即以前经奏设之巡警学堂改设，就原有之完全科学员，改为高等班学生，按照部定课目教授。原有之简易科学生，仍应附设，即改称为教练所，以广造就。并通饬各府厅州县，分设教练所。下部知之。

七月庚戌　监察御史胡思敬奏，学堂新章，行之数年，有十弊六害，请毕陈之。大学八分科，而中学占科，不及外洋艺业十分之一，且又本末精粗，淆乱颠倒，是有心澌灭数千年礼教纲常，后虽倡言存古，悔之何及，此一弊也。科举之失，失在束书不观，而惟乡会墨是求；学堂之失，失在东书不观，而惟讲义是求。科举行之数千年，始为后世诟病，学堂甫辟初基，人人已言腐败，此二弊也。师严而后道尊。今之教习，或一人兼四五差，辗转奔驰，有同市道，学生既不认教习为师，或且哄堂以困之，教习亦设计笼络以求全，在外洋或不以为嫌，施之中国国学，何辱如之？此三弊也。古人之才，未尝不可效驰驱，至谓三代以来之政教，不足以治今日之民，必学西文、读西书，然后可窥西人之秘奥，而伍廷芳学西文最早，为美国法律专家，及为侍郎，不能阅刑曹之稿。严复译孟德斯鸠法意，发明民权自由，实已中毒于民。今学堂定章，乃令中学以上皆以洋文为主课，旷少年之时日，锢子弟之聪明。此四弊也。古人劬学，有起于樵牧者，有为人佣舂者。今事事务为侈观，学生初入学堂，见宫室之美，器物之精，先已荡其心志。又朋侪众多，互相夸耀，甚至争津贴而结伴寻仇，争餕馔而喷饭大诟。此五弊也。学堂一切规制章程，以外人为法，洋服洋言，与之俱化，其初不知有中国之学，其继且忘其为中国之民。此六弊也。学堂之文凭，重于公侯之告身，黠者百计购得，觊求调用，但凭一毕业生之名，上者予以京卿，下者予以部属，奔竞夤缘之路宽，而士林廉耻扫地尽矣。此七弊也。海内老师宿儒，凋丧殆尽，惟无数社会青年，甫受毕业之凭，便拥皋比之席，道听途说，安从诘其所授之分。此八弊也。教习屡易，各掉弄笔舌以诩其长，而学生之聪明乱矣；学生屡迁，各计较奖励轻重以定去留，无不请奖之学堂，即无不毕业之学生，而朝廷鼓舞之法穷矣。此九弊也。人莫不爱子弟，闻新政悬格招才，而不策励以勉其至者，非人情也。今夺之慈父严师之手，而托诸不关痛痒之人，纵技艺薄有所成，而习染之性情先坏。此十弊也。十弊既滋，六害因之。一曰压抑寒畯之害。自古人才，起于寒门者，十常七八。今学堂一味夸张，则穷人之进取已绝，计内地一学生费，至少需二三百金，必家具万金之产，始足拼孤注之一掷，下此更何望焉。二曰搅乱仕途之害。执学商之人与以翰林，而令其修史；执学农、学医之人与以部属，而令其治文书、理案牍；执学工学、理化之人与以州县官，而令其临民，虽三尺童子，知其不可，无足辩也。然即取通习各国语言文字者，归之外务部，而遂能办交涉乎？取农工商学及法政、财政毕业者，归之农工商部及法部、度支部，其遂能兴实业，断大狱，通国计乎？而徒聚此无数攻金、攻木、攻皮，设色刮摩抟埴之徒，布列左右，一朝有变，其将谁与国存耶？三曰骚扰闾阎之害。近时捐派繁重，托之学务者为多，奸党百计侵渔，欺压良善，往往激而生变。当大学堂初兴，岁费二十余万，是时有学生三百余人，计七八百金养一学生，而使农者不安于田，工者、商者不安于市，谁为画此策者？当交哑然失笑矣。四曰摧残士类之害。乾隆极盛时，一县应童子试者约二三千人。庚子和戎以后，四民皆乱，儒业尤衰，贫者限于物力，富者亦畏避风潮，乡井萧条，弦诵将绝，才难之叹，自古已然，不于士乎求之，而专重外洋专门实业，以为人才在是，不愈求而愈远欤？五曰增长逆焰之害。近闻东洋留学生，党派甚多，各省皆有领袖，潜相勾引，煽动四方，以洪秀全、杨秀清为英雄，以张汶祥、徐锡麟为义烈，托之文字诗歌，极口赞扬，内地学生，遥相唱和，不设计禁阻，而反提倡民权，罔民而陷，独何心乎？六曰推广漏卮之害。学堂所需者模范、标本、器具以及图籍、操衣等类，无一不从海舶而来，聘一洋教习岁破五六千金，送一出洋学生岁破七八百金。自学务大兴，只日本一国，每岁吸我膏血，不下数千万金，在廷诸臣日日侈富强，乃酿成此极贫、极弱之证，其何说以解此？以上所陈，激于一时孤愤，不免言之过当。请饬部臣改筹办法，以维大局而安士心。下学部知之。

七月癸丑　谕军机大臣等：吉林巡抚陈昭常奏，恳将五常厅等九学合考，添设拔额等语。着礼部议奏。寻奏，遵查该省存部学册，五常、双城、宾州、延吉、伊通、农安、敦化、盘石、长寿各厅州县共九学，在学生员名数与原奏无异，并核与历次新添拔额成案相符。拟如所请。五常厅等九学，准其合设拔额一名，倍取一名，共取二名。从之。

七月癸亥　谕：电寄庞鸿书，据电奏，署提学使陈骧考试优拔，出题错误，自行检举，请议处等语。陈骧着交部议处。寻吏部议，以罚俸三个月处分。得旨：准其宽免。

七月甲子　引见甲辰科贡士吴增。得旨：着以中书用。

七月庚午　谕军机大臣等：张鸣岐电奏，恳将百色厅恩隆县各设拔额等语。着礼部议奏。寻奏，遵查该省存部学册，百色厅及恩隆县在学生员均与原奏名数无异，核与历次新添拔额成案相符。拟如所请。百色厅及恩隆县准其各设拔额一名，不得倍取。从之。

八月癸巳　（降二级留任广西巡抚张鸣岐）奏，桂省筹办巡警，拟从筹款培才入手。惟查照部章，有应变通者三事。一、部章于学堂教授外国文一科，指定英文或东文，现拟改为法文。二、部章高等巡警学堂学生，以本省举贡生员及曾在中学堂以上毕业者考选，现拟凡有与中学程度相当，无论本省、外省均许考选。三、部章每厅州县，应设一巡警教练所，每所名额至少百人，现拟区为五等，或自设一教练所，或合数属共设一教练所，计全省共设十四处。下部知之。

八月戊戌　甘肃新疆巡抚联魁奏，新疆遵设高等巡警学堂，并先设简易科。下民政部知之。

八月甲辰　吉林巡抚陈昭常奏……裁撤方言学堂，改设优级师范选科。并下部知之。

九月戊申　伊犁将军长庚等奏，伊犁先后创办武备速成学堂，兼弁目学堂，拟请将学生毕业期限改照陆军小学章程续展一年，估计经费，开单立案，并请将创办人员择尤给奖。下所司议。

九月丙辰　命贝勒毓朗、统制官王英楷、镶黄旗汉军副都统段祺瑞、镶白旗汉军副都统冯国璋为考试陆军游学毕业生主试大臣。

九月丁巳　谕军机大臣等：此次陆军贵胄学堂毕业之成全、恩厚、福荫、祥楙、富克锦、煜贵、善铎、锡明、溥琳、毓逖着交专司训练禁卫军大臣酌量委用。

九月丁巳　引见陆军贵胄学堂毕业学生。得旨：所有考列上等之世袭二等子爵成全着赏给大门二等侍卫，世袭二等男爵二等侍卫恩厚着赏升头等侍卫，世袭二等子爵兼世管察哈尔佐领福荫着赏给大门二等侍卫，世袭一等男爵祥楙着赏给大门二等侍卫，和硕额驸品级二等侍卫世袭恩骑尉富克锦着赏升头等侍卫，考列中等之世袭二等男爵煜贵着赏给大门三等侍卫，三品顶戴应封将军宗室善铎着赏给大门三等侍卫，委散秩大臣分献大臣世袭一等信勇公兼勋旧佐领锡明着赏挑乾清门侍卫，三品顶戴应封将军溥琳着赏给大门三等侍卫，奉国将军毓逖着赏给大门三等侍卫。考列上等之分省试用知府陈昌谷着以道员分省补用，法部候补主事魁瀛着以三等侍卫用，定陵礼部郎中光泰着以陆军部郎中尽先补用，俟补缺后以应升之缺升用，主事衔郭则涑着补授陆军副军校，宗人府候补笔帖式宗室常贵着以四等侍卫用，主事衔张璥着补授陆军副军校，贵筠着以陆军部主事学习，法部八品录事、宗室松生着以四等侍卫用，候选道法部即补郎中刘朝望着以陆军部郎中补用，俟补缺后以应升之阶尽先升用，陆军部候补员外郎文厚着作为本部郎中尽先补用，宗室荣华着补授陆军副军校，邮传部学习郎中克兴额着以陆军部郎中学习，俟补缺后在任以应升之阶尽先升用，礼部学习笔帖式成荫着以蓝翎侍卫用，宗室希敬着补授陆军副军校，宗室毓麟着以陆军部主事学习，宗室毓庄着补授陆军副军校，徐传元着以陆军部主事学习，宗室丰申着以主事分部学习，分省试用知县李晋祥着以蓝翎侍卫用，度支部学习主事钱承懋着以三等侍卫用，选用理事官宗室宝文着以陆军部郎中补用，俟补缺后在任以应升之阶尽先升用，宗室萨佑着补授陆军副军校，吏部学习主事宗室厚良着以三等侍卫用，宗室继质着补授陆军副军校，宗室长缜着以陆军部主事学习，宗室荣良着补授陆军副军校，骁骑校崇勋着以印务章京尽先升用，宗室颐庆着补授陆军副军校，大理院学习六品推事宗室志清着以三等侍卫用，选用笔帖式国源着以陆军部主事学习，知县用，安徽试用县丞顾思范着以陆军部七品小京官补用，陆军部候补主事庆格着作为本部员外郎尽先补用，宗室玉辉着补授陆军副军校，宗室玉昆着以陆军部主事学习，法部候补笔帖式齐敏着补授陆军副军校，同知衔候选通判胡同林着以四等侍卫用，宗室铜锟着补授陆军副军校，宗室柏昆着以陆军部主事学习，忠旭着补授陆军副军校，宗室毓翰着补授陆军副军校，陆军部学习主事宗室济昌着作为本部员外郎尽先补用，宗室麟湝着补授陆军副军校，宗室谦顺着以陆军部主事学习，陆军部笔帖式选用知县盛格着作为本部主事尽先补用，宗室锡泉着补授陆军副军校，候选七品笔帖式恒绪着以陆军部主事学习，宗室文林着补授陆军副军校，宗室溥经着补授陆军副军校，候选通判继馥着以四等侍卫用，宗室世昌着以陆军部主事学习，内务府即补郎中立贤着以三等侍卫用，宗室连通着补授陆军副军校，陆军部学习主事钟麟着作为本部员外郎尽先补用，宗室存昌着补授陆军副军校。考列中等之宗室恒埒着补授陆军协军校，龚齐坊着补授陆军协军校，奉纯着补授陆军协军校，宗人府候补笔帖式宗室志庚着以陆军部笔帖式尽充补用，补用骁骑校麟济着仍以骁骑校尽先补用，宗室乐钦着补授陆军协军校，候选知县姜兆璜着以陆军部七品小京官补用，德玉着补授陆军协军校，宗室德通着补授陆军协军校，同知职衔贤麟着以陆军部七品笔帖式学习，陆军部学习郎中耆年着仍以郎中归本部尽先补用，宗人府候补七品笔帖式宗室溥露着补授陆军协军校，选用知州璧瑜着以陆军部员外郎学习，宗室恒寅着补授陆军协军校，三等侍卫松年着以二等侍卫记名，宗室毓英着补授陆军协军校，麟昭着补授陆军协军校，昌陵礼部郎中光瀛着在任以应升之阶升用，步军统领衙门学习员外郎良豫着仍以员外郎归本衙门尽先酌补，荫生常麟、宗室熙昌、松耆、承启均俟荫生引见时，再行降旨，

九月丁巳　以办理游学事宜，卓著劳勚，予欧洲游学生监督、前淮扬海道蒯光典以四品京堂候补。

九月庚申　御史赵熙奏，臣见考试游学毕业生名单，取列最优等者工科六名、农科二名、医科二名、格致科二名，法政科一名，闻归自西洋者凡十三名。以向例言之，皆有入翰林之望。夫以专门实业之士，充文学侍从之臣，责以撰文之任，所习非所用，彰彰明矣。即优等、中等内，凡农工商医诸科，以之为内阁中书、为知县、为不相当之主事，亦与立法之意相悖，是非可视为细故也。所习非所用，该生将无可办之事，而遇事又无可用之人，其久也，凡事一无可责之效。似不如以农工商科之人分置农工商部，或分派各省，振兴实业；医科者分置陆军部或民政部庶为近理，此不可不于未廷试时先定之也。又向例最优等，应廷试取列一等者即编修，二等亦庶吉士，三等亦主事，一日之长虽劣不掩其短，是诚未免过优，似非平情核实之道。至廷试定期明年，想必别有深意。惟从前八月乡试，因举人散在各直省，非数月不能齐集，故会试必定次年。今毕业生既咸集辇毂之下矣，似亦可稍为变通，以便单寒之士也。抑臣尤有请者，学位与官职当各为一事，不必毕业者人人皆官。何也？人人以学为生计，自立之道也；人人以官为

生计，非自立之道也。方今各学堂学生及游学生，合之优拔诸生，人人皆官，官既日多一日，诚恐生计日促一日。应请旨饬学部合参中外，循名核实，详议经久之方。下学部议。

九月壬戌　引见进士馆毕业、度支部学习主事唐桂馨、庶吉士李桀，办学期满庶吉士江孔殷。得旨：唐桂馨着以主事留部尽先补用，李桀着授职编修并加侍讲衔，江孔殷着授职编修。

九月丙寅　给事中高润生奏，陆军部游学生考试规则与内外场事宜，诸多敷衍，请饬认真妥订。下陆军部知之。

九月丁卯　广西巡抚张鸣岐奏，遵办农林工政，其垦荒地、兴地利、课蚕桑、辟矿产，均办有头绪，现在设立中等农业学堂，并派员赴欧洲访聘农学技师，更饬提学司筹设实业教员讲习所，以储多数教材。得旨：着即随时切实筹办。

九月戊辰　验看考试游学毕业生，最优等项骧等十二名赏给进士，优等冯阅模等四十八名、中等廖治年等一百八十一名均赏给举人。

九月乙亥　贵胄法政学堂监督毓朗等奏，酌拟变通课程。一、正科宜增普通学年限。二、听讲班宜增法政学年限。三、正科宜修改法政学课程。四、听讲班宜别加普通学课程。五、宜附设豫备一科。如所请行。

十月丁亥　验放陆军部游学毕业生。得旨：王风清等十七名着赏给陆军步兵科举人，张凤标等五名着赏给陆军工兵科举人，李铎等四名着赏给陆军马兵科举人，朱绶光等九名着赏给陆军炮兵科举人，均并授副军校；万德等八十六名着赏给陆军步兵科举人，李实茂等三十五名着赏给陆军炮兵科举人，韩凤楼等十九名着赏给陆军工兵科举人，张鹗翎等二十三名着赏给陆军马兵科举人，萧祖康等八名着赏给陆军辎重兵科举人，均并授协军校；梁训勤等四名着赏给陆军炮兵科举人，吴元钧着赏给陆军马兵科举人，谢家珍着赏给陆军辎重兵科举人，恩锡等五名着赏给陆军步兵科举人，均并以协军校记名补用。

十月壬辰　引见陆军贵胄学堂毕业荫生。得旨：松耆着以陆军部郎中补用，常麟着以陆军部员外郎补用。

十一月乙卯　贝勒毓朗等奏，续拟贵胄法政学堂章程四十六条，并豫算常年经费，请饬度支部如数拨给。从之。

十一月乙卯　实授吴庆坻湖南提学使，陈伯陶江宁提学使，李翰芬广西提学使，孔祥霖河南提学使，命福建提学使姚文倬留任。

十一月丙辰　山海关副都统儒林奏，筹设高等小学，款项不敷，请将道库所拨禁烟经费移作学堂的款。下部议。

十一月丁巳　护理云贵总督、云南布政使沈秉坤奏，滇省改仵作为仵书，开办检验学堂，头班已经毕业，各给文凭，发回充役。今奉部议，通行附设检验传习所，改仵作为检验吏，遵将各属仵书照改二班毕业，即将检验学堂停止，俟审判厅成立，再附设检验传习所一区。下部知之。

十一月己未　引见京师陆军测绘学堂毕业学生。得旨：余爀文着赏给举人，授为测绘副军校；张翮鸿、刘永淦、万文鸣、邱岱、郭恩荣、觉罗豫震、陆是翼、敬权、张福谦、萧廷球、常万选、耿嶲卿均着赏给举人，授为测绘协军校。

十一月壬戌　侯补四品京堂劳乃宣奏，学部奏陈，编辑简易识字课本折内，第三种识字课本，但取日用寻常之字、目前通行之文，约之定为一千六百字，一年毕业。又，民政部奏拟《城镇乡地方章程》选民资格条内，男子年满二十五岁，得为选民，不识文字者，不得为选民。以中国文字博大精深，学部力求简要，约为一千六百字，已属无可再减，犹须一年毕业，且毕业后亦仅能教幼童，不能教成人，教育似难普及。查，创设厅州县及乡镇简易识字学塾，距地方自治成立近者二年，远者五年，为选民者，必须二十五岁以上能识文字之人，目下各省乡民，往往阖村无一识字之人，自治从何办起？故欲办自治，必须多数年长之人，皆教其通文识字。补救之计，一在变通简易识字办法，一在变通地方自治选民资格。京师拼音官话书报社所定官话字母，其法以五十母、十二韵、四声辗转相拼，得二千余音，识此数十字，明其拼法，无须通晓文义，即能以白话达意，无论老幼，性敏者数日可通，极钝亦两三月无不解者。前署两江总督周馥，定其名曰简字，设简字学堂，奏明立案。若于简易识字学塾内附此一科，并令能识此简字者，准为地方自治选民，实足为因时补救之法。下学部议。

十一月丁卯　（护理云贵总督、云南布政使沈秉坤）奏，滇边土民学塾，创办伊始，事务綦繁，地方官庶政丛集，断难一意兴学，酌仿四川关外学务局成案，暂设永顺、普镇沿边学务局，凡分区设学及核拨经费、遴选学务人员各事宜，均归该局专任。俟沿边学塾办理就绪，即将此项学务局裁撤。如果办有成效，应请将在事出力员绅择优褒奖，以示鼓励。下学部知之。

十一月壬申　御史赵炳麟奏，财政、学务，亟须整顿。……至变通学堂章程，应请饬下学部酌照该御史所奏，拟定施行。其整顿图书局及甄别提学使各节，查图书馆编译已成之书，计有七十余种，成效尚属可观，章程亦称严密，似可无庸另定。至各省提学使，学部本有三年任满考察撤换之条，现又定为每年年终将任满者考核密陈，即与甄别无异，自毋庸另定科条。从之。

十一月乙亥　学部奏筹办京师分科大学情形。一、学科。除医科须俟监督屈永秋到堂，再行妥筹办理，计经科、法政科、文科、格致科、农科、工科、商科分门择要先设。一、职员。查奏定章程，每科监督之下，均设教务、斋务、庶务等提调。现科目既未全设，教务或两科设一员，或以监督兼摄，其庶务、斋务，均设总提调一员。惟农科一项，另于望海楼地方开办，兼设试验场委员一员，以资经理。一、教员。现在拟设中外教员，经科八人、法政科七人、文科六人、格致科五人、农科三人、工科四人、商科三人，又随意科酌设教员数人，以足敷教授为限。一、学生。现在豫备科不敷分布，优级师范及译学馆毕业学生，愿入者，自应分别考选。一、校舍。德胜门外校场地方奏准改建有案，自应及时兴筑。惟工巨需时，未便旷日久待。暂就内城马神庙大学堂略加扩充，先行开办，赶于明年二月开学。又奏，各国大学，外国人有程度相合而愿入学肄业者，无不一体收取，拟先就经科大学，准令外国人入学。均从之。

十二月庚辰　御史赵熙奏，学部奏拟，检定小学教员章程妨碍教育。下会议政务处议。寻奏，检阅学部奏拟检定小学教员章程，以该御史所陈各节，详加考核。如所请，将检定小学教员章程暂缓通行一节。查章程第十四条内，本有现在教员缺乏之时，凡偏僻地方，有略通经义、算术者，暂时准充教员，俟风气稍开，然后实行检定之语。是已早经筹及，毋庸另议。又请另将课本订定颁行，已于议覆御史赵炳麟折内，酌拟办法饬行。惟所请于该章程后另加附条，声明此项检定，私塾不在其内一节。查检定章程，私塾原不在内，但官立、私立两等小学之经官立案者，亦应照办，应由学部补行声明。又查，章程内应受试验资格，专指举贡生监，而各处为塾师者，童生甚多，亦不乏明通之士，其中有通晓各项科学，愿充小学教员者，亦准受试验检定，以宽限制。从之。

十二月壬午　赏给游学专门列入一等之詹天佑、魏瀚、李维格、郑清濂、邝荣、吴仰曾、杨廉臣工科进士，严复、辜汤生、伍光建、王劭廉文科进士，张康仁法科进士；列入二等之邝佑昌、李大受、温秉仁、卢守孟、刘冠雄、江起鹏工科举人，陈联祥格致科举人。

十二月甲申　东三省总督锡良等奏，清理盛京内务府财政。又奏，筹设八旗满蒙文学堂、八旗女工传习所。均下部知之。

十二月壬辰　（给事中张世培）奏，新出小学教科书，荒谬芜杂，如戈登劝李鸿章谋反，俾司麦与李鸿章言恢复祖国，及修道之谓教，牵及释迦牟尼，巧言令色，附会留声机器，并学部所设图书局编纂之书，亦无善本。应请饬部严行厘订，慎编善本。下部知之。

十二月壬寅　浙江巡抚增韫奏，变通部章，请予私立学堂专习法政，以为立宪之豫备。得旨：学部妥议具奏。

十二月癸卯　学部奏，增订学堂管理通则。依议行。

十二月癸卯　（学部）奏，酌拟曲阜学堂办法，并请派开缺湖北按察使梁鼎芬为监督。得旨：应需经费，着度支部核议。余依议。

宣统二年（1910年）

正月庚戌　黑龙江巡抚周树模奏，筹备豫算。又奏，江省各项学堂，督饬提学使通饬各属，依限筹办。均下部知之。

二月丁亥　谕军机大臣等：御史文鉴奏法律学堂考试毕业并未加入品行分数一折。学部知道。

二月庚寅　准四川提学使赵启霖解职养亲，以翰林院编修刘嘉琛为四川提学使。

三月戊申　翰林院侍读荣光奏，大学堂所设经学三科，于《诗》不曰诗科而曰毛诗科，于《春秋》不曰春秋科而曰左传科。诗齐鲁韩三家，何以独专用毛？《春秋》公谷左胡四传，何以独专用左？纵不知经义广大，欲以专制手段治经，亦只可正其名曰诗科，而旁注曰专习毛；正其名曰春秋科，而旁注曰专习左，使笺记传注之名不得与经相混，请饬下学部速为更正，以维经学而宏造就。下部知之。

三月癸亥　（四川总督赵尔巽）奏，川省筹设存古学堂，参酌鄂苏办法暂定简章。下部知之。

三月戊辰　引见京师陆军测绘学堂毕业生。得旨：考列优等之朱受豫、国勋、景文、黄秉德、贵林、邓崇熙、李华秾、龚靖义、陈忠元、黄耀秋、马景南、臧焜、庚厚、王琇、何其彬、陈恕、崔作楠均着赏给举人，授为测绘副军校；考列上等之王思辅、王澄清、崇福、李廷栋、刘志道、长铭、于文蔚、程立民、张启华、林彰鉴、保瑞、靳星沅、耿之翰、陈文海、张国柱、岳蓬壶、马寿恺、田统宇、田兆霖、恩懋、黄钺、曹壮思、周之章、徐寿椿、闵文熙、文实、靳光荣、李先知、广兴、杨善培、永麟、张淦、宝贤均着赏给举人，授为测绘协军校；考列中等之林超、双柱、吉立嘎拉均着赏给举人，以测绘协军校记名补用。

三月庚午　以翰林院修撰骆成骧为山西提学使。

三月壬申　谕军机大臣等：贝勒载润等奏，陈明贵胄学堂办理情形，拟定考试日期。知道了。

三月壬申　引见军官学堂深造科考列上中等毕业学员。得旨：郝福田着授为工程队正军校，江寿麒着授为马队正军校，熊炳琦着授为炮队正军校，崔承炽着授为辎重队正军校，师景云、张纪、朱鼎勋、陈调元、易兆霖、马毓宝均着授为步队正军校，胡叔麟、杨朝黼、张学颜、刘鼎臣、翟殿林、靳同明、陈清源、方先聪、张荣魁均着授为步队正军校，宋焕彩、全斌均着授为炮队副军校。

四月乙亥　谕军机大臣等：张人骏电奏，本年四月十五日廷试学生，商科举人向瑞焜、沈祚延、高彤墀办理南洋劝业会，请俟事竣再行补考等语。着该部议奏。

四月丙子　吏部奏，厘定学堂出身奏奖人员，酌收分发公费。从之。

四月己卯　验看学部考验游学毕业生。得旨：吴匡时着赏给工科进士，魏宸组、金保康、金鸿翔、张更生、郝延钟、龚廷栋均着赏给法政科举人。

四月己卯　署两广总督袁树勋奏，造就宪政急需人材，请设广东大学，先办法政分科，续办商工两分科，以符大学至少须置三科之制。下学部议。

四月庚辰　直隶总督陈夔龙奏，时局阽危，敬陈管见。……自科举停罢，而聪明才智之士，无不尽趋于学堂，各省办学之资，官私合计，多或一二百万，少亦数十余万。其所造就，宗旨纯正者未尝无人，而倡为邪说、摇惑观听者，恒所时有。近则东西游学译刊之书籍报纸，往往以肆意讥评，淆乱黑白，阴市其勾结煽惑之技，虽经严饬查禁，而辗转传播，仍未净绝根株，人心世道之忧，所关甚大。今既不能因噎废食，即不得不求补救之方。拟请饬下学部，将一切教科书籍精心审订。务期范围不过伦纪修明，驯致乎君子爱人、小人易使之成效，凡有宗尚稍偏、易滋流弊者，一律摈而弗取，俾免习焉不察，误入奇邪。至学生出洋游学，嗣后，非中学已有根柢者概不准行，以示限制。仍责成各省督抚督率提学使，将所属学堂随时认真稽察，剀切训迪，设法防范，勿任濡染恶习，致蹈匪彝，此士风之亟宜挽救者二也。……从之。

四月乙酉　补行引见陆军贵胄学堂毕业生。得旨：考列上等之附贡生卫献玫着补授陆军副军校。

四月己丑　派大学士陆润庠、吏部左侍郎于式枚、学部右侍郎李家驹、宗人府府丞朱益藩为廷试游学毕业生阅卷大臣。

四月己亥　学部奏，厘订实业学堂毕业年限，分别办理。查原奏定学堂章程，各种实业学堂，毕业年限既有参差，办理自难一律，臣等详细考查高等农业学堂农学科课程讲授科目，通计四十六科，自非四年不能肄习完备，现科豫科一年奏裁，其本科年限，自应仍旧；高等商船学堂，航海一科，此等专科，既须深求学堂，并当注重实习。拟将航海一科，改为四年毕业，前三年教授讲堂功课，后一年派赴船舶实习，机轮科亦比照办理；中等农业学堂，毕业年限奏定为三年，初等农业学堂应并限定三年毕业，不得节缩；至初等商船学堂，等级甚低，此项学堂定章，以初等毕业学生升入，二年毕业，以学龄计之，毕业生学不过十三四岁，以之从事航海、管理机轮，断难胜任，请将此项学堂缓办，其已设立者，改为初等商业学堂，免致有名无实。从之。

四月己亥　（学部）奏，实业教育，宜择定外国语文并修改课程，各等农工商实业学堂，所有外国语文功课，一律定为英文。其应兼习他国语者，仍照章兼习。其原定课程，无外国语文功课者，一律加入外国文一门；其以外国语文列为便宜加设之科目者，一律改为必修科，以便各学堂有所遵守，将来升学，不至因文字歧出有所窒碍。各高等实业学堂，续招学生所授之功课，其关系实业之学科，一律用英文课本，毕业后送京覆试，用英文考试。均从之。

四月壬寅　都察院奏，候选直隶州州判王维泰条陈，考试留学生，请变通授职，酌量派差。下学部知之。

五月乙巳　引见廷试游学毕业生。得旨：进士项骧、林大闾、程鸿书、陈箓、唐有恒、刘钟华均着授为翰林院编修；林志琇、濮登青、颜惠庆、朱光焘、王焕文均着授为翰林院检讨；王兆楠、吴匡时均着改为翰林院庶吉士；刘崇伦、王若俨均着以主事，按照所学科目分部补用；举人魏宸组、杨汝梅、夏锡祺、张竞仁、潘承福、于树桢、陈遵统、厉家福、王兼善、周秉琨、冯阅模、王颂贤、郭经、周藻祥、辛汉、金泯澜、曾耀垣、雷休、朱祖鋐、祁耀川、彭望恕、陈定保、王若宜均着以主事，按照所学科目分部补用；刘勋麟、唐演、罗昌、李家桐、吴肃、汪振声、凌士钧、钱汉阳、高近宸、麟趾、单毓华、刘成志、王恺宪、钱家治、陈尔锡、彭树滋、金保康、李祖虞、梁宓、张清泽、刘莹泽、丁�、高方潞、沙曾诒、张瑾雯、安永昌、盛在琨、赵鸿藻、冯国鑫、刘学诚、黎炳文、余琛、杨禧、涂寿田、刘浚、章世荧、蹇先榘、邱在元、黄鸣盛、刘颂虞、吴瀹、张德馨、熊懋儒、张汝翘、李谠、张庆莘、丁兆冠、林大同、盛在珦、朱学曾、董玉墀、赵曾翔、王毓昆、曹敦录、崔斯哲、汪祖泽、毛邦伟、孙德泰、赵保泰、郭玉清、易翔均着以内阁中书补用；王淮琛、戴彬、陆近礼、曾贞、邱心荣、王庚西、张文烺、柯鸿烈、郭开文、张德滋、吴淞、马彝德、王伦章、计万全、涂景新、王双岐、朱彰年、姚生范、张务本、傅振举、邵修文、吴达、彭光祜、朱文焯、狄梁孙、褚辛培、谢存、胡光第、徐辉、严维坤、袁翼、过耀楷、陈培琛、黄豫鼎、李栋、熊成章、张翅、谢健、陆龙翔、刘德昭、吴成章、薛光钺、金鸿翔、刘文嘉、傅廷桢、杨湘、吴经铨、何膺恒、孙荫兰、梁楚珩、彭应蕃、王侃、杨永贞、吴天宠、陈光、庄璟珂、萧度、董修武、郑钊、王治昌、王泰镕、萧友梅、叶衍华、汪翔、张毓骅、郝延钟、陈天辅、张清樾、廖治、汤中、何崇礼、戴汝佳、刘重熙、孟继旦、汪郁年、赵一德、李成林、金殿勋、张伯桢、胡晴崖、冯世德、葛为辅、吴荣鬯、刘懋昭、谈锡恩、蔡寅、区金均、杨光湛、王国梁、许孝绶、郭卫村、许企谦、何奇阳、区譓、周祚章、钟震川、骆通、康宝忠、石德纯、曹祖蕃、张更生、李怀亮、汪其砥、金天禄、侯毓汶均着以小京官，按照所学科目分部补用；谢晓石、陈英才、梁志和、蔡耀卿、徐天叙均着以知县分省即用；左文炬、覃寿公、邓埙、春梁、廖德典、何道滩、孙润宇、李杭文、黄锡龄、江洪杰、赵翼云、林觐光、陈经、龚廷栋、刘彦卿、陈学钊、张青选均着以知县分省试用；分部郎中王焕功、谭汝鼎均着按照所学科目分部，俟奏留后，以本部郎中即用；分部员外郎沈其昌、袁荣叟均着按照所学科目分部，俟奏留后，以本部员外郎即用；分部主事陈纬、虞熙正、陈福颐、马家麟、张文廉、孙方尚均着按照所学科目分部，俟奏留后，以本部主事即用；湖北补用知县曹浚湘着仍以知县归原省补用；指分浙江试用知县傅定祥着仍以知县归原省补用。

五月丙午　署库伦办事大臣三多等奏，挑选库伦蒙养学堂学生附入俄署学堂，兼习俄国语文。……并下部知之。

五月丁未　谕军机大臣等：贝勒载润等奏陆军贵胄学堂考试情形，并拟定开学日期一折。知道了。

五月甲寅　引见考试举贡。得旨：陈命官、陶恩章、唐瀚波、沈聪训、汪涵川、陈耀妫、杜芝亭、李树芳、帅培英、张救、刘志清、马继桢、彭荫棠、王锡銮、严士浚、刘登瀛、翟福谦、方汾玉、张之基、向一中、张采薇、张勋年、宋焕奎、何积祜、郑景侨、周殿薰、姜崇恩、程量书、陈永鑫、吴台、高孝聪、张度、严绍曾、陆钟渭、贺绍章、钱葆田、夏敬恺、荆致中、党远昉、王楚乔、崔昆、江辛、孙振麒、张宗祥、叶在廷、张孔瑛、王荃浚、徐步联、马象雍、胡宗虞、陈锡玉、蔡镇蕃、詹联芳、张凤翔、李景浩、黄永筠、王盛春、祥康、莫永成、俞玉书、黄肇河、曹骥观、周克恭、杨式震、程铭善、阳景新、贺长治、王维桢、陈同熙、刘燮梅、王新铭、李万钟、冯登贤、王继林、赵芝云、范晋卿、郑有瑾、张日睿、臧增庆、王讷、何增仑、刘炽昌、危尚志、吕嘉宝、刘崇本、李煦东、李鸿钧、余铭芝、兰鸿著、高庆题、刘树鑫、张继祖、富春、普勤、张坤、本善、闻韶、金万川、师善均着以主事分部学习；庞友兰、王全铠、张树琳、邓振声、陈廷策、王履泰、崔珄、王桢、张永和、刘子荣、高凌霄均着以内阁中书用，国治、刘荫第、黄衍袁、郭锡炬、刘明昭、李伯骥、汪国杰、黄维周、余其贞、邱嘉谟、刘民安、志钰、蒋元庆、熊胜、陈元璧、陈鉴藻、蒋祖庚、张嘉德、施茂华、孔宪荣、余岳霖、朱启澜、陆炳章、周谨庠、王鸣珂、陈范、施藻章、张庆韶、黄鹏、祁锡蕃、韩镇鼎、陈德昌、恩格、刘荣第、刘鸿书、王嗣鋆、张凤会、伊人镜、广荧、周纪武、樊致荣、刘有璧、罗献修、张培鼎、黄华、黄惠传、国雄、王希曾、邬绳准、孙锡彤、刘锦龙、颜之乐均着以七品小京官，分部学习；祁人杰、涂澍霖、江友燮、王恒、李正谊、丁永晖、李继桢、张绍仲、熊罗宿、黄周、郭翼唐、李昂青、查宗钊、林思律、孙祖燧、徐心羲、谢凤孙、赵正印、李宗汉、王荣贵、秦宝瑶、余泽、涂树藩、周珩、姚仙、杨道隆、王祖德、黄家琨、胡承治、吴惟允、段继武、刘续曾、陈端徽、朱撰卿、王万怀、张济川、左攀龙、孟钟、邹嶲卿、杜国梁、张治、王树槐、陈敬、额哲本、曹信本、蓝培原、张家枢、史延寿、成芳、齐涵玉、林培藻、胡鍌萎、王维贤、倪隆德、李卓元、汪锡彬、王体融、吴孝展、张稼轩、朱逢咸、李光麟、齐福丕、李宝昆、李作桀、熙珍、鲁延嶲、梁荣祥、安永昌、贾睿熙、尤声瑸、董玉书、郭际丰、曹善同、张廷琇、杨炳、卢士芬、陈廷兰、李域、王廷燮、朱锦绶、关天培、张铭西、王恩诏、牛献珠、谢家梓、庆祉、黄庆翰、严树滋、周永年、曾唯儒、包延杰、黄逢元、赵文龙、定刚、杨寿祺、周焯、黄鼎铭、李政准、杜之堂、程文藻、程适、门安朝、汤之光、李中淇、蒋鸿焘、黄象冕、何铭敬、黄廷治、黄翼云、马良弼、林鹤鸣、刘鲲海、高维岳、张熙、庆丰、慈裕、段经畬、朱裳、曹佐熙、杜培元、张大年、王执中、周汝为、郑长善、郑锡田、马文焕、恩霖、毓衡、于泽润、郭公阙、富和、朱振基、刘昌楹、沈经道、陈荫松、徐耀銮、田智良、周先声、鲁伯龙、赵云瑞、王绍曾、张家骥、虞璋、马启人、曲凤翼、张宜炎、熊瀛士、孙岳金、刘立夫、文海、柏坤、张启琛、刘经邦、张咸之、高尊达、沙培金、杨华亭、王铭恩、苏绍章均着以知县分省补用；其补行引见之唐际虞着以七品小京官分部学习；萧先炆着以知县分省补用。

五月甲寅　礼部奏，此次考试拔贡，试卷较多，阅卷大臣请简派八员。从之。

六月甲戌　派吏部尚书李殿林、学部尚书唐景崇、理藩部尚书寿耆、学部左侍郎宝熙、署法部右侍郎王垿、礼部左侍郎张亨嘉、大理院卿定成、内阁学士陈宝琛为考试拔贡阅卷大臣。

六月甲戌　江宁提学使陈伯陶乞养开缺，以候补四品京堂劳乃宣为江宁提学使。

六月庚子　谕内阁：联魁奏，府厅州县兴学考试，分别举劾一折。所有实心兴学之新疆焉耆府知府张铣、署宁远县知县赵孟盘均着传旨嘉奖，其兴学不力之乌什同知方鋆、候补直隶州知州开缺奇台县知县杨方炽、前代理皮山县知县候补同知刘国福均着即行革职，镇西厅同知袁运鸿着开缺另补。

七月壬寅　准署安徽布政使提学使沈曾植因病开缺，以安徽按察使玉山为安徽布政使，实授吴同甲安徽提学使。

七月甲寅　引见八旗及各直省考取拔贡生。得旨：绍志、世兴、穆印、春林、高汝清、王守铭、战殿臣、郭廷桂、刘润民、张访、陈堂、戴旭、张作霖、王元白、方安墉、李广德、王炳文、朱振谱、蒋铁珍、张子瑞、黄传箴、管联第、魏寯、成寿彤、李芳、颜士晋、孙鼎、王汉湍、卢文炳、王泽永、贾治邦、朱肇升、朱焕奎、束鼐孙、徐儴、蔡埙、江友升、吴文璟、陈鹏骞、丁受春、朱楠、方灼、金星、汪宏椿、汪兆鸾、张占鳌、褚明柄、戴秉清、张星照、李平章、易之门、黄鸿图、吴爱棠、王之培、彭蠡、陆祖谷、金贤赉、王恩赐、闻何杰、金大年、许甄、陆秉钧、许正衡、王承吉、王炳成、来裕昌、章湣、朱襄、黄占梅、李云峰、陈崇鲁、陈敬汤、周祖颐、黄懋谦、阮树棻、周运恭、朱鉴徽、刘寿祺、谢怀霞、吴凤迁、范伯才、郑玉麟、冯焕奎、雷渝、李崇范、熊丙寅、唐镜海、夏寿钧、胡家猷、崔廷彦、陈延龄、曹明详、王焕文、杜愉、汤原镜、王赓彤、杨士彦、李凤翔、刘克昌、王光棡、李宗仁、王泽同、辛长纬、王洙昌、严绥之、阎开鲁、刘应昭、杨谟显、陈观韶、杨煦、陈金绶、郭象升、马庸中、刘毓坤、刘炎、白云鹗、容儒、王家珍、王琸、张曦、王运乾、曾顺熙、彭洪、陈兆鸾、王彦藻、邱鸿翔、杨益智、李先敬、曾淮、曹经沅、梁之柱、郭燊、吴祖鉴、陆荣钧、邓金相、洪翰、石孟涵、吕炳星、秦昌济、李受经、甘德辉、钱良骥、刘盛垣、谢毓楠、俞之琨、卢德璚、顾作宾、张华棠、胡祖同等一百四十九名着以七品小京官分部学习；立佩、白其焯、崇志、董棫、张时宗、张允升、刘凤翔、张培原、詹中、张鹤浦、郭寿祺、苏世桢、马绪熙、边锡三、梁体仁、赵文富、杨同霖、杨培元、姚得骏、俞明谦、朱华年、马宪章、张恪廉、周宝善、仇琛、周志韩、朱晋庥、殷源溥、钱衡璋、冯熙宇、刘鸿恩、詹其桂、郭钟琦、戴维松、叶新滋、卢文焕、刘子敬、熊元襄、朱章斐、鲍实、赵惟仁、王壬庚、徐邦寯、欧阳蕃、辛赞猷、熊赓和、程日煊、彭祖寿、罗灿奎、杨士髫、戴廷佑、张寅燮、朱鸿基、项乃登、童聚沂、刘毓盘、郑绍钧、王家鼐、黄开甲、业熙、方赞修、史翰章、李云霄、林耿光、林朝英、谢仰祖、陈祖荫、陈旃、林回澜、温赞尧、李钧、杨存珣、陈子元、龙瑞萱、金焕模、郭炳炎、贺泰寿、严恩露、胡嗣墉、王文锦、邓锡奎、葛均、黄焕圭、尹维桢、谭锡灿、张景涛、张声树、段绩莹、郑业盛、晏孝传、陈见礼、刘文祥、阎召棠、李贻绅、马其伟、吕书田、张绍轩、王曾述、贺景循、袁成方、何锡桐、王贵笙、周襄、李琪文、李澄怀、陈鼐、王承训、刘葆珂、张春芳、朱德存、周云霖、杨兆庚、丁建池、李毓藻、陈清芝、武国宾、郭象伋、宫重熙、范杰、王绍璟、杨廷秀、司秉篪、彭占元、王相贤、徐文永、曹之鼐、陈豫、黄士寯、景献瑞、张文炳、邓冕、刘乾、唐树勋、邬叙伦、彭光坒、虞书、饶时中、范光烈、毛书贤、李明忠、吴德溶、李树芳、梁寿岷、邓谷人、邹绍阳、张炳湖、黎庆恩、杨家鼐、黎豫樟、姜福年、刘禄坤、周钧濂、关祝龄、龙泰任、王端鸿、尹宝衡、胡纯熙、李炳元、梁士模、赵治天、李金荣、赵元问、刘炳蔚、陈祖基、王协中、丁建中、段世忠、杨佩玉、黄克修、邹佩珑、杨国芬、黄行修、易贵谦、许嘉珍、周焕镒、胡吉卿等一百七十六名着以知县分省补用；王钟汉、果敏、桂清、张庆典、谟尔根宝、袁宗濂、王翼廷、周存培、王炳堉、程镜堂、张琳、冯肃宽、刘桂芬、李海清、张执中、王允成、李应时、董教江、孙焕纶、周鼎、张振钊、刘英、孙晋诒、梅鹤章、王寯清、姜文傅、韦联棣、庄启传、汪廷沐、唐元斌、张荣祖、孙肇圻、姚允中、张琴、姜德森、徐晋、吕宝鼎、王楷祖、华维岳、曹尚峻、黄衍裳、邓伟、蔡吉士、易振芬、廖彬、刘文明、朱钦、赖行恕、曾树柯、吴鸿钧、李政钧、程荫谷、万光复、俞鉴澄、任乃大、陈宝銮、金猷琳、丁华、甘荫棠、张宗弼、张荣绶、胡云裳、陈祖馨、陈楫用、童冕南、黄毓清、欧经凤、吴孝惔、陈章睿、吴雨商、张宝善、林镐、周继濂、魏廷桢、周之冕、周黻藻、朱希云、方朝桓、陈畬、廖邦骅、郑观民、文冠山、易赞周、陈曾注、陈锟、黄宗坚、刘希曾、宫树棠、商建中、林祖式、胡绪祥、袁廉公、刘永年、黄奎五、杨赓良、杨联奎、赵会云、李承训、贾毓鹗、方作霖、王凤藻、王兴能、吴卓立、任祖荫、陈荣义、赵昌燮、李兆丰、郭文恺、刘殿杰、杜若汀、胡维藩、赵玉玺、赵步武、胡文炳、温怀璋、程九鹏、王庆云、董国璜、牟士嶲、黄金鼎、阎士相、李仲莲、张国钧、安应嵩、郭自修、王正铭、萧福臣、邓明纲、徐廷翊、万体乾、谢槱、徐明熙、李光熙、王蜀琼、唐玠、文映江、许肇槱、巫朝辅、贺继琛、叶琛、陈壿、李世霖、谢泽、袁朝佐、任超治、黎家驎、沈傅林、宋以梅、梁秉钧、胡树芬、司徒枚、任元熙、刘锡忠、韦大用、黄现兆、刘锦才、何源庆、龙鹤龄、陆觐光、周炳翰、严泰信、解永年、侯应中、徐曾诂、朱嘉言、陈嘉骥、王炜才、颜英贤、杨粹仁、郭之翰、胡祥樾、缪尔绰、何天衢、方人凤、赵家鼎、王宝珩、赵金声、萧元杰等一百七十八名，交吏部询问，以八品录事、书记、直隶州州判、按察司经历、盐运司经历等官用。

七月己未　实授叶尔恺云南提学使，署甘肃提学使陈曾佑开去署缺，以道员发往陕西差遣委用，以署江西赣南道俞明震署甘肃提学使。

七月甲子　命黑龙江提学使张建勋留任。

七月丁卯　御史叶芾棠奏，自捐纳既停以来，捐票之移奖、举人之截取、举贡之保送、优拔贡之朝考、廪增附之考职、举贡之就职、留学生学堂毕业生之奖励，岁入仕途者不下数千人。此外如各局所学堂办事人员，莫不皆有保举，以致各部各省人浮于事，几数百倍。差缺难得，百计钻营，则害在人心；请托者众，长官不能因缺择人，转致为人择缺，则害在吏治。始犹暮夜苞苴，继且公行贿赂，则害在风俗；需次既久，债累盈身，偶得一缺有如饿虎，则害在民生。最可异者，直隶州州同、盐库大使、盐按经历等官，每省多则十余缺，少或一二缺，而候补至数百人，有穷途自尽者，名为疏通正途，实则纳诸陷井而已。请饬政务详议奏明办理，庶于官方、政治两有裨益。下会议政务处议。寻奏，移奖实官，截至明年二月永远停止，为日无多。毋庸再议。拔贡一项，自此次后即行截止，举贡保送、生员考职、优贡朝考，本限三次，现均已考试两次。留学生考试，学部历届悉遵奏章办理，内地学堂毕业奖励亦按照分数给奖，办学人员之保举，叠经严加限制，奏明在案。至原奏称直隶州州同等缺少人多，自系实在情形。惟查文官考试章程，明年即须实行。无论何项官吏，必有相当之试验，该御史所请量予停止之处，应暂毋庸置议。从之。

八月癸酉　考试游学毕业生。派学部左侍郎宝熙、右侍郎李家驹为监临，以学部尚书唐景崇、民政部右丞延鸿、外务部左丞高而谦、邮传部候补参议詹天佑为考试官。

八月丙子　引见法部主事、贵胄学堂毕业生刘祖兰。得旨：着以陆军正军校用。

八月辛卯　直隶总督陈夔龙奏，北洋先后派赴各国游学生，考核选派事宜，向来分隶各处，各不相谋，漫无考察，流弊滋多。拟将以后责成提学司经理，将现在游学各生切实查明。其多年尚未升学及毕业久不回国者，分别停费遣还，并由该司另订考选、咨送、管理、交代各办法，分别通行遵办，以归画一。此项经费，并恳饬部立案。下部知之。

九月壬寅　验看学部考验游学毕业生。得旨：吴乃琛、刁作谦、罗忠诒、朱公钊、刘冕执、席聘臣、沈觐扆、张嘉森、江古怀、周启濂均着赏给法政科进士，林葆恒着赏给文科进士，刘庆绶、方擎、张修敏、薛宜琪、沈王桢均着赏给医科进士，俞同奎、何育杰、卢公辅均着赏给格致科进士，叶可梁、汪果、陈训昶、凌春鸿、崔潮、刘先骞、梁赉奎均着赏给农科进士，张景光、严恩棫、朱葆勤、孙多钰、诸翔、赵世瑄、钟伟、林天民、董如奉、黄曾铭、谢培均、朱天奎、高胜儒、廖炎、黄瀛元、季新益、屠密、胡骧、王蔚文、方时简、韩楷、孙昌润、韩振华、杨寿桐、薛楷、刘国珍、罗听余、唐在贤、赵建熙、彭炳均着赏给工科进士，杨德森、吴鼎昌、刘崇侃均着赏给商科进士，刘吉祺、翁敬棠、杨景斌、余绍宋、徐维震、邵长光、廖世功、杨彦清、金泰、徐造凤、朱斯芾、林祖绳、何陶、严式超、张曹、梅诒谷、周翰、张友栋、余名铨、张竞勇、郭秀如、魏斯炅、冯斯栾、周泽春、伍学礼、郁华、马有略、吴灼昭、郁应和、萧增秀、沈鸿、仇预、薛天眷、祝撰望、雷震、但焘、汪汝梅、徐观、巫德源、董森、荣升、余和治、龙灵、于瀚清、薛良、陈文中、陈希曾、段世垣、马光萱、尹耕莘、刘启晴、周秉钧、柴宗濙、马有恒、郑蕲、金元润、黄翼、杜云程、王毓芳、姚震、陆家鼐、金其堡、高巨缓、叶培新、孙世伟、熊彦、李尧楷、吴铎、郭章鋆、程家颖、杨同衡、石福镬、周大钧、李耀忠、张炳星、薛光锷、童显汉、酆更、刘孝纯、陈鸿慈、吴懿、陈彦彬、玉润、彭继昌、郭襄臣、方庚源、卢柱生、陈国镛、经家龄、欧阳启勋、黄中垲、萧鸿烈、赵恒默、刘大魁、袁凤曦、晏才杰、冯霈、屈曦、胡光晋、胡熏、凌肇伦、胡传思、雷宝森、骆继汉、严端、何蔚、邱开骏、启彬、钟铣、郭恩泽、夏嵩、廖恩煦、徐元诰、胡怿、黄宝森、熊峄、邝维桢、高国焕、马驻、孔绍尧、洪达、江忠章、李廷斌、张鸿鼎、余若瑔、徐金熊、蒋滢英、徐麟祥、李柯、罗仁博、潘光祖、沈复、成祚、李维翰、黄謇、梁同恺、马英寯、刘蕃、黄耀凤、任秉璋、蔡元康、叶瑞棻、周达寿、胡国臣、光升、陈受中、邹延棻、邱冠棻、刘照、张振镛、邹树声、王懋昭、潘大道、刘健、张天宋、刘杰夫、何超、张德宪、谢正权、杨耀卿、张福照、陈履洁、周鸿熙、庄浩、郑汝璋、范润书、田煜璠、张淑皋、王晓东、光晟、陈藻、周衡、李培业、袁本贵、何宗瀚、汪炳南、陈襄廷、宋仲佳、郑宪武、俞仁愈、申钟岳、谢家鸿、孙钟、韩殿琦、唐士杰、龙图、杨拱、姚润仁、钱崇固、滕骥、徐藻楹、陈英、孙德震、瞿翔、李昀、夏国宾、王光鼎、孙景贤、池文藻、钟宝华、高赞鼎、叶大荣、王邦屏、黄德馨、张莀臣、沈秉诚、刘镜清、黄绍寯、王钟駪、张德潢、蒋羲明、吴秉成、卢尚同、马光裕、邵箴、黄宗麟、萧露华、张耀、陈翱、陈佑清、王英潍、赵从懿、钱鸿钧、罗家衡、李国珍、严慎修、周英、雷光曙、程鹏年、黄永孚、徐炳成、赵家璧、陈煦、党积龄、叶谆然、李盛鐕、杨勉之、李鹤经、黄凤翔、杨悌、陈福民、欧阳景东、黄甲、丁鉴修、熊兆周、俞道暄、阳光球、曾彦、岳秀华、李惠人、李钟濂、韦荣熙、洪荣圻、倪启瑞、袁家普、程愚、王邕、关和钧、林莹、李世恩、胡善思、吴玉成、田汝翼、曹广涵、漆运钧、殷汝熊、蒋邦彦、郑隆骧均着赏给法政科举人，阮鉴光、曹位康、张廷霖、郭登瀚、许寿裳、张万田、王海铸、苏寿松、李培銮、陈荣镜、王铸均着赏给文科举人，王麟书、汪行恕、蒋履曾、戴棣龄、鲍鑅均着赏给医科举人，彭清鹏、顾宝瑚、金曾澄、周步瑛、朱叔麟、黄以仁、黄际遇、朱文熊、胡树楷、张邦华、邓瑞盘均着赏给格致科举人，张明纶、刘安钦、郑桓、张正坊、郭宝慈、岑兆麟、朱显邦、杨熙光、杜慎愧、王澄清、万勖忠、杨兆鹏、瞿祖熊、严少陵、吴锡忠、胡光普、吴燮、许文光、黄公迈、倪绍雯均着赏给农科举人，祝长庆、杨刚、秦铭博、何寿彭、武浚源、李宣谏、孙庆泽、何长祺、孙嘉禄、诸人龙、韩荣昌、万嘉璧、方兴楚、施霖、钱均、张大椿、王道昌、邬肇元、姚履亨、陈佐汉、刘导、王靖先、李邦灿、张继业、邵文镕、梁元辅均着赏给工科举人，吴在章、范季美、唐在章、周锡经、薛宜璐、曾牖、李澄、汪廷襄、程承迈、钱懋勋、刘桐、叶昌焘、祝毓瑛、杨汝骧、陈日平、董元春、章家骏、张竞立、李涵真、袁楠、何焯时、刘石荪、周莀臣、张金灿、赵之騟、张清槐、谢霖、吴会英、顾时济、朱其振、黄传纶、黄如栋、张家亨、李作宾、李士炯、后大经、孙寿恩、刘光笏、杨荫乔、曹桢、冀鼎铉、张国栋、郝文灿、周宝銮、张冕光、胡源鸿、黄行藻、蒋道南、李协中均着赏给商科举人。

九月丙午　引见游学毕业考列优等庶吉士钱崇威，得旨，着授职编修，并加侍讲衔；出洋供差期满庶吉士章祖申，得旨，着授职编修；进士馆游学毕业，考列优等度支部主事章圭瑑，得旨，着仍以主事留度支部尽先补用。

九月辛亥　凉州副都统恩志奏，整顿凉防陆军巡警，设兵学研究所、巡警教练所，并筹办学务，添设初等小学堂，创立工艺局，以期教养兼施。得旨：着即认真筹办。

九月乙卯　引见各省孝廉方正。得旨：考取一等之举贡朱炳灵、陈塝、陶峻、卢庆家、黄泽深、周凤璋、邱日华、徐淮生、徐让、孟振先、教授葛潮、县丞张道瀛、蓝晋琦、八品录事王进贤、教谕夏文彬均着以知县用，廪增附监生魏炳文、晏祖树、孙嘉锡、王泰阶、项鼎馨、罗万藻、沈树楠、谭瀛、朱凤霄、曹征蕃、张树鼎、郑德佳、苏钟正、薛懋官、聂辛炼、陈光荣、周纮顺、刘汝岩、舒家骏、黄鸿澄、韩志璟、曹守礼、朱家训、王永晋、汤松年、刘振镛、单金铭、曹汝骧、李敬珍、燕诒、黄经阁、古肇文、李士选、杜履贤、温凤翔均着以直隶州州判、州判盐运司经历用，考取二等之举人刘庆鸿、刘鉴古均着以直隶州州同、布政司经历理问用，五贡安于恒、高培英、张业耀、贾善政、林挺芝、阎士相、高祖謩、邹开寯、王海山、景艺林均着以直隶州州判、州判盐运司经历用，廪增附监生王调元、王世清、王兴仁、吴琨、梅宝瑗、曾韵松、孟茓、陈公宜、邱昆玉、罗锡华、王锡圭、萧锡藩、朱炳华、罗绍文、屈开坊、刘震、喻明德、殷铭湛、李锦心、邓振鳌、饶应铭、刘昶育、洪绍庆、翟相臣、石凤翥、司椿华、游炳锟、王培基、焦怀炳、刘澍、杜毓清、王亮臣、许圭封、张青选、凌鸿鼎、刘树声、祝宗礼、张锡鑿、杨廷寯、张牧韩、魏梦云、郑敬涛、房步瀛、台世桢、赵麟台、裘章淦、刘子镇、方道南、王绪昌、李学宗、苏鹏赓、梁文礼、尚桂文、陈鸾谔、张永源、王任、陈涵章、陈仰宸、余师端、黄汉章、赵泽春、高世杰均着以府经历、县丞、州吏目、县主簿、道库大使用。其余未经录取各员，均着赏给六品顶戴。

九月乙卯　以教练留学武生出力，赏奥国军官男爵陶尔卢斯等宝星。

九月丙辰　谕内阁：诏举孝廉方正，本系覃恩特典，亟应严行甄核，切实选举。查此次各省所保，多至百数十人，少亦数十人，虽因考试缩短年限，亦岂可过于冒滥？嗣后，各省保举此项员生，着各督抚通饬所属，按照定例，悉心选择，从严甄取，必其人品行卓著，乡望素孚，确有事实者，方准列保，以重名器而励风俗。

九月丙辰　派贝勒载涛、镶黄旗汉军副都统段祺瑞、内阁学士那晋考试陆军游学毕业生。

九月壬戌　补行引见孝廉方正。得旨：考取二等之举人蔡以时着以直隶州州同、布政司经历、理问签掣照例用。

九月壬戌　补行验放陆军游学毕业生。得旨：考列优等之黄承恩着赏给陆军工兵科举人并授副军校，世铭着赏给陆军步兵科举人并授副军校，考列上等之彭琦着赏给陆军炮兵科举人并授协军校。

十月辛巳　黑龙江巡抚周树模奏，遵办法政学堂，先设别科，请饬立案。下部知之。

十月己丑　资政院奏，覆议广西限制外籍学生一案，谨将议决办法请饬广西巡抚，仍照民政部奏定章程办理。如收外籍学生，亦须查照咨议局原案，酌定名额，征收学费，作为附学办法办理。得旨：民政部察核具奏。

十一月壬寅　验放陆军游学毕业生。得旨：考列优等之李宣倜着赏给陆军步兵科举人并授副军校，考列上等之沈觐恩赏给陆军步兵科举人并授协军校。

十一月己酉　引见进士馆游学毕业学员。得旨：庶吉士宋育德着授职编修；陆光熙着授职检讨，均记名遇缺题奏，并赏加侍讲衔；庶吉士贺维翰着授职编修，并赏加侍讲衔；主事施尧章着仍以主事尽先补用。

十一月己酉　引见北洋大学堂毕业学生。得旨：冯熙敏、王正黼、王钧豪、朱行中、王瓒、徐岳生、卢芳年、萧家麟、黄保传、程良模、冯誉臻、叶德言均赏给进士出身，冯熙敏、王正黼授为翰林院编修，王钧豪授为翰林院检讨，朱行中、王瓒、徐岳生、卢芳年、萧家麟、黄保传改为翰林院庶吉士，程良模、冯誉臻、叶德言以主事分部尽先补用。

十一月庚戌　引见陆军部游学毕业生。得旨：优等全恕等五十一名，上等吴景震等三十四名，均按所习各科赏给举人，以副军校、协军校分别录用。

十一月己未　谕军机大臣等：学部奏，拟将学务法律命令分别厘订，缮具表册呈览一折。着依议。

十二月乙亥 云贵总督李经羲奏，滇省各府遵章设学，惟人款两绌，筹办綦难。拟改用模范办法，将全省划为五区，每区各设模范中学及初级师范各一堂，所有各区学款学生，均量地方公费之盈绌及人民进化之迟速分别摊派，以收实效而维久远。下部知之。

十二月己卯 引见留学日本陆军测绘学堂毕业生。得旨：李兆纶等七名均着赏给举人，授为测绘副军校；郭廷康等十名均着赏给举人，授为测绘协军校；冯家骢着赏给举人，以测绘协军校记名补用。

十二月辛巳 验看学部考验游学毕业生。得旨：陈祖良着赏给工科进士，郑际平着赏给法政科举人。

十二月壬午 引见陆军游学毕业生。得旨：林凤游着赏给陆军军需兵科举人，并授军需副军校。

十二月癸巳 以办理京师高等实业学堂出力，予度支部左侍郎绍英议叙、翰林院编修袁励准以侍讲升用。

十二月己亥 以乡举重逢，赏翰林院检讨王闿运侍讲衔。

宣统三年（1911年）

三月癸亥 以旅日横滨华商创设大同学校，办有成效，赏扁额，曰育才广学。

四月甲戌 验看学部考验游学毕业生钟世铭等。得旨：钟世铭着赏给法政科进士，汪曦芝、李庆芳、张恩绶、陈模、蹇先骢均着赏给法政科举人，余焕东、李景镐、徐家瑞、唐文晋均着赏给工科举人。

四月庚寅 御史孙培元奏，新政待兴，需才孔亟，宜慎重学务，以植人才，谨陈管见所及。一、学务经费宜扩充不宜裁减。一、提学使所派视学员，宜慎重选派。一、京师分科大学宜扩充生徒。一、聘请外国教员宜慎选择。一、推广学堂，宜注重蒙小学。一、普及教育，宜先顺导而后强迫。一、宜仿设瞽蒙学堂。一、学堂规条，宜明白宣示。下部议。

四月丁酉 引见北洋大学毕业生。得旨：考列优等之朱焜、郭养刚、陈祖诲、于震、吴炽棻、邝英杰、梁朝玉、詹荣锡、杨卓、钮翔青、水崇逊均着赏给进士出身，改为翰林院庶吉士；考列中等之周镐川、赵玉田、郑礼谦、孙亦谦、刘永嘉、吕金藻、黑树铭、陈朝栋、水崇庞均着赏给进士出身，以主事分部尽先补用。

四月丁酉 引见山西西学专斋毕业生。得旨：考列优等之仇元璘、成元治、刘学圣，考列中等之左儒、武讲、郭元章、孙晋祺、赵魁元、池庄、李荫钟、常克勋、解云铬、曾纪春、米佩棻、侯德旺、张景良、葛尚功、柴维梓、孙鸿业均着赏给进士出身。

五月戊申 引见廷试游学毕业生。得旨：进士江古怀、何育杰、钟世铭、刘冕执、俞同奎、高胜儒、凌春鸿、吴乃琛、孙昌润、罗忠诒、刘国珍、刁作谦、陈祖良、梁赉奎、陈训昶、董如奉、林葆恒、叶可梁、朱天奎、韩楷均着授职翰林院编修，诸翔、王蔚文、谢培筠、季新益、罗听余、汪果、孙多钰、薛宜琪、崔潮、吴鼎昌、刘先謇、沈王桢、方擎、刘庆绶、赵世瑄、廖炎、杨寿桐均着授职翰林院检讨，朱公钊、张嘉森、胡骧、黄曾铭、唐在贤、钟伟、薛楷、方时简、韩振华、江顺德、屠密、严恩棫、彭炳、张修敏、杨德森、朱葆勤、黄瀛元、席聘臣均着改为翰林院庶吉士，举人周翰、翁敬棠、董元春、汪曦芝、郭宝慈、张正坊、彭清鹏、张联魁、吴在章、何长祺、张廷霖、余绍宋、徐造凤、李宣谏、范磊、陈训旭、张大椿、徐维震、唐在章、李澄、邵长光、金曾澄、梅诒谷、汪行恕、谈荔孙、蒋履曾、金泰、周锡经均着以主事，按照所学科目分部补用；廖世功、孙庆泽、曹位康、张友栋、朱显邦、汪廷襄、方兴楚、万嘉璧、钱懋勋、杨汝骧、何寿彭、林祖绳、张明纶、曾牖、杨刚、刘桐、董荣光、张嘈、郭登瀚、余名铨、杨熙光、岑兆麟、钱均、何竣业、何陶、李景镐、黄以仁、秦铭博、余焕东、施霖、叶昌焘、程承迈、祝长庆、武浚源、杨彦清、郑桓、韩荣昌、王麟书、严式超、陈日平、诸人龙、杜慎愧、张淑皋、郑蕲、高巨瑗、程鹏年、陈文中、张德宪、马英嶲、钱鸿钧、梁同恺、周秉钧、许文光、田煜璠、李协中、熊峄、潘大道、魏斯炅、汪汝梅、王毓芳、袁凤曦、郭恩泽、李士炯、雷震、孔绍尧、荣升、王邦屏、李维翰、周达寿、郁华、范润书、屈曦、杨同穰、黄宝森、黄公迈、袁栴、陈谟、吴锡忠、陈英、张竞勇、卢柱生、朱文熊、陈襄廷、陈受中、钟宝华、陈希曾、伍学澧、邹树声、叶瑞棻、韩殿琦、李钟濂、郑文易、欧阳启勋、刘健、萧鸿烈、张冕光、徐元诰、胡国臣、陈煦、周鸿熙、林莹、余道暄、龙灵、张恩绶、陈彦彬、郭秀如、陈履洁、徐观、谢家鸿、黄德馨、李昀、余和治、胡善思、高赞鼎、曹桢、晏才杰、沈鸿、杜云程、郭章鋆、严端、李廷斌、胡怿、邝维桢、唐士杰、王铸、李鹤经、倪绍雯、邹延棻、洪荣圻、杨耀卿、刘照、吴灼昭、薛光锷、何超、李盛鐀、程家颖、姚润仁、许寿裳、黄永孚、袁家普、张继业均着以七品小京官，按照所学科目分部，俟三年俸满，作为候补主事；高国烘、孙钟、黄翼、顾时济、谢正权、孙世伟、沈秉锴、成祚、蹇先骢、杨兆鹏、李国珍、蒋道南、马杜、彭继昌、熊彦、后大经、李柯、徐藻楹、金其葆、黄绍嶲、田汝翼、邓瑞盘、李邦灿、万勖忠、王钟骁、刘镜清、何焯时、吴燮、黄宗麟、欧阳景东、孙德震、倪启瑞、李庆芳、启彬、叶谆然、邵箴、张万田、祝撰望、周泽春、冯斯栾、方忠源、骆继汉、杨拱、丁鉴修、邱开骏、吴玉成、沈复、汪炳南、邬肇元、张邦华、夏嵩、蒋羲明、胡源鸿、叶大荣、黄凤翔、黄炳言、夏国宾、张炳星、刘导、沈秉诚、阳光球、滕骥、陈翱、萧露华、黄蹇、王邕、周衡、王晓东、徐麟祥、胡光普、吴秉成、胡光晋、关和钧、郑际平、张荩臣、严慎修、罗家衡、石福馢、马光萱、马有恒、陈荣镜、孙寿恩、玉润、周荩臣、郭襄臣、陈佑清、王懋昭、张竞立、罗仁博、任秉璋、党积龄、陈国镛、曾彦、李培銮、张福照、蔡元康、龙图、刘启晴、何蔚、雷宝森、吴懿、徐炳成、仇预、黄甲、马有略、张振镛、严少陵、黄如栋、孙景贤、陈藻、钱崇固、申钟岳、黄行藻、曹广涵、周英、胡熏、陈佐汉、李涵真、周大钧、郑宪武、徐家端、殷汝熊、黄耀凤、徐金熊、王靖先、周宝銮、郝文灿、胡树楷、郑隆骧、邵文镕、郑汝璋、姚履亨、张金灿、童显汉、宋仲佳、巫德源、冀鼎铉、刘大魁、杨悌、刘石荪、苏寿松、尹耕莘、吴会英、王澄清、黄传纶、张清槐、熊兆周、杨荫乔、金元润、王海铸、唐文晋、光晟、卢尚同、萧增秀、刘蕃、朱其振、黄际遇、酆更、戴棣龄、廖恩煦、李培业、漆运钧、张国栋、岳秀华、陈鸿慈、薛良、瞿翔、鲍鏻、王光鼎、董森、俞仁愈、张家亨、章家骏、冯霈、瞿祖熊均着以七品小京官，按照所学科目分部补用，刘安钦、顾宝瑚、周步瑛、王道昌均着以知县分省即用，王英濰、李惠人、庄浩、刘杰夫、梁元辅、段世垣、袁本贵、李世恩、池文藻、胡传思、张德潢、邱冠棻、潘光祖、钟铣、黄中垲、陈福民、陆家鼒、刘光笏、张耀、何宗瀚、赵恒默均着以知县分省试用；分部郎中朱斯芾、张鸿鼎、孙嘉禄、薛宜璐、蒯寿枢均着按照所学科目分部，俟奏留后，各以该部郎中即用；分部员外郎但焘、蒋莹英均着按照所学科目分部，俟奏留后，各以该部员外郎即用；农工商部学习主事赵从懿着以主事，仍归原衙门，俟奏留后，以主事即用；裁缺陆军部主事李尧楷，分部主事吴铎、李耀忠、凌肇伦、程愚均着按照所学科目分部，俟奏留后，各以该部主事即用；分省知府赵之騟着仍以知府分省补用；指分山西补用同知江忠章着仍以同知归原省补用；同知直隶州用直隶补用知州祝毓瑛着仍以知州归原省即用，并留原保升阶；湖北补用知县黄希仲着仍以知县归原省即用；补行廷试之举人向瑞琨、高彤墀、沈祚延前因办理南洋劝业会，经张人骏奏请奖励，向瑞琨、高彤墀均着以主事，按照所学科目分部补用；沈祚延着以知州分省试用。

五月丁巳　谕内阁：资政院续办速记学堂，并将原定章程，酌量修改，缮单呈览一折。着依议。

六月甲申　学部奏，前拟筹设游学日本高等五校豫科，现在亟须开办，兹拟具章程十三条，即于本年秋间考选学生入堂肄业。从之。

闰六月己未　引见创办实业翰林院庶吉士王鸿翔，三年期满游学毕业翰林院庶吉士陈正猷。得旨：王鸿翔着授职编修，陈正猷着授职检讨。

七月丁亥　引见北洋大学堂毕业学生考列优等之陈紞。得旨：着赏给进士出身，改翰林院庶吉士。

八月丙申　命镶蓝旗蒙古都统张德彝、外务部左侍郎胡惟德、民政部右侍郎林绍年、都察院副都御史朱益藩充考试游学毕业生主试官。

八月己亥　大学士陆润庠奏，曲阜新设学堂，谅学部大臣必有提倡正学，扫除异说之举。惟习俗相传，深恐渐入歧径，万一杂聘久人，异言异服，羼居孔氏之门，将来圣教澌灭，亦朝廷之忧也。请饬学部大臣会同山东在京诸大臣另行妥订专章，奏明办理。下学部议。

八月辛亥　御史张瑞荫奏，自学堂兴而师道废，今亟宜于学堂添设师位，选经明行修之士，正名曰师，与学生行师弟礼，专主讲论六经汉宋诸学及修身治国之本，不率教者屏斥。此事关系天下万世甚重，若由学部议，恐其拘牵外制，伏恳独断施行。下学部知之。

八月甲子　引见北洋大学毕业生。得旨：胡振禔、李成章均着赏给进士出身，并授职翰林院编修；何炳麟着赏给进士出身，并授职翰林院检讨；张务滋、苏企由均着赏给进士出身，改为翰林院庶吉士；张寿祺着赏给进士出身，以主事分部尽先补用；吴大业、钱寯均着赏给同进士出身，以知县分省补用。

八月甲子　引见山西西学专斋毕业生。得旨：杨仁显、刘世勋、郭显廙、潘连茹、王迎祉、杨朝相、王缙云、王恴臣、温承让、张宴林、赵国佐、许哲、柴荐膺、郭希汾、张篪、胡德毫均着赏给进士出身。

九月庚午　验看学部考验游学毕业生。得旨：周家彦、钟赓言、严鹤龄、蔡序东、马泰钧、罗文干、潘敬、潘灏芬、丁榕、王汝圻、郭则寿、张履鳌、黄云鹏、孙观圻、张祥麟、赵天麟、朱大镛、莫永贞、张玮均着赏给法政科进士，周诒春着赏给文科进士，沙世杰着赏给医科进士，彭世芳、丁文江、章鸿钊均着赏给格致科进士，陶昌善、朱继承均着赏给农科进士，王弼、胡仁源、华南圭、陈同寿、谢学瀛、张保熙、王寿祺、马泰征、裴镤、沈成栻、张允耀、余主甫、王勋卿、陈汝湘、周德鸿、童世亨、张景炜、李四光、邹德谨、吴宗浚、王明照、王家鸾均着赏给工科进士，王廷璋、杨锦森、殷祖恩、周典、印焕门、谢刚克、周砥、潘承业、刘辅宣均着赏给商科进士，陈为麒、梅士焕、林翰、潘宗瑞、胡霖、陈焮侯、王绍薪、娄裕焘、谢刚塞、高震、叶开琼、王绍鳌、魏渤、王黻炜、陈伊炯、余同信、张乃璧、鲍文、解树强、柏山、蔡家烈、曹腾芳、黄璋、聂熙、周世屏、高梦熊、张锡之、贺黻冕、陈芙昌、廖希贤、李炳琛、漆璜、李碧、张文栋、彭启莱、杨肇基、李震彝、孙巩圻、赖庆晖、胡蒽、汪成骧、胡承瑗、张端、杜师业、胡时亮、欧阳溥存、阳炯、阮福田、罗述祎、吴祖裕、蔡倪培、于振宗、游锦荣、贾士毅、周进、裴钢、徐用锡、刘祖培、陈则民、彭允彝、曾有澜、谢增华、杨湜、胡国梁、保廷梁、邓鸿绍、穆都哩、王道昌、周觐光、郭则缙、周成、戴修瓒、姚禔昌、何昂、屠铨、崔云松、金家爵、陈同寿、王印川、李积芳、全桂、陈其权、王礼壬、郗朝寯、张景韩、文群、李毓棠、袁钟祥、张鼎勋、张遂、宗奇、姚昂、吴树基、谢国钦、刘炯、吴肇嘉、张植宜、敬心地、郑启璜、李载赓、张倬、萧培身、由亢、叶承楠、高奋、冯镇坤、萧翼鲲、唐忠信、唐联璧、王学文、罗万震、廖文洵、周家堪、张树森、羡钟湘、张殿玺、刘书剑、张若骢、饶钦浚、张麓、禹瀛、邓文辉、蒋寿钱、黄民城、罗森、由人龙、邓宪甫、刘文高、李汝谦、赵贞元、庄恩泽、田永正、易应昆、叶毓仑、徐继骐、徐仁镕、陈淘、德林布、蔡枢、金述璋、孙毓桂、康惟椿、黄玉溶、张汝霖、萧振鹏、杨思源、胡寅勋、曹浚、郭文浚、楼岑、左树瓊、田美棠、陶凤集、谭毅公、萧学源、纪万韬、苏艺林、杨时杰、杨树猷、欧阳振声、杨宗彩、董如璋、王承楫、吕庆锡、卢岳、胡肇安、王延声、易行健、吴莘、张承棨、潘自浚、王秉瑞、荣煜、刘树桐、袁之舆、张仁锐、廖逢廉、康诰、杜铁珊、余辉焘、姚宋、刘辉极、赵毓璜、张佐邦、邬学昭、刘昌洛、徐景孺、胡源汇、郑象坤、邓尔班、钟海峰、周泽南、高穰、刘锳、黄昌枢、刘元彝、易业超、高第、胡德明、杨文甲、舒兴禹、彭渊恂、孙展圻、钱谦、郭光祖、李实、范镛、罗集义、凌应麟、叶尔衡、潘学海、李崇夏、沈秉谌、余鉴澄、邱祖藩、范文源、邱廷举、张开运、尤焕宇、俞钟、黄炳道、冯汝楠、易文煃、马为珑、吴绪华、甘人瑞、杨维新、曾道、李祖尧、尚毅、刘侃、高崇、李光、郝嘉福、陈树年、曹昌麟、杨家枢、胡登第、杭维斌、刘启勤、张国熙、周锵鸣、康镜蓉、郑荫兰、徐清扬、谢国英、邓鸿绪、刘懋晖、赵凤翔、谌范模、刘彦、柯植、万国庆、毕世燕、黄序鹓、夏侯湘、吴哲、冯毓德、卢士增、程仲沂、许允、蔡安邦、舒祖勋、曹澍、漆仁扬、钱祖勤、吴荣鼐、相黄六、戴德馨、钱协同、张怀奇、周正横、张履廷、程策勋、朱崇光、范惠、潘毓瑞、张承椤、冯振骧、张达、乐挺志、卢昌、张景宗、余良柯、朱少穆、张乙林、杨玉林、高仲和均着赏给法政科举人，张荫棠、蓝公武、刘焕、燕世奇、张恺、牛宝善、李美文、煦芬、左爱莲均着赏给文科举人，吴道益、戴侗龄、熊辅龙、张仲山、徐希骥、叶秉衡、金曾洵均着赏给医科举人，凤高翥、黄恭宪、洪彦远、刘器钧、任诚、杨立奎、周道万、李明澈、沈希侠、刘熊均着赏给格致科举人，黄艺锡、麦应瑞、何缵、姚龙光、牛献周、王文泰、李嘉瑗、况天爵、沈竞、潘赞化、徐梦兰、林溥莹、张际春、孙葆琦、成振春、林祜光、伍正名、罗应煊、鲍化龙、严桐江、高树藩均着赏给农科举人，吴家骥、刘皋卿、黄恭辅、徐家楣、周烈、杨骞、恩崇、萧信楝、雷以纶、李善富、汝人鹤、陈洪铸、伍鹏、杨清贵、毛席丰、梅伟杰、张天培、陆安、周风古、龙裔禧、陶镕、叶瑞国、马光援、曾耀薪、金寿康、易荣膺、林道同、陈洪范、许推均着赏给工科举人，李赓星、阮明新、张遵旭、赵廷彦、刘希纲、张绍周、雷寿彭、陈国权、陈棫、谢祖元、李志敏、谭焕章、王国辅、陈锡璋、江彤、刘鼐烜、梁焕鼐、王国祐、贾天澍、任家泗、唐新璠、黄牧、周丙祥、周伯雄、包允恭、叶春墀、余仑光、文汉、萧炳垣、宋光武、郑福元、任峄、林廷藻、林净、黄颐贞、黄兆乾、余澄清、魏润浦、解鸿顺、张清麟、单启训、陈人介、张承樾、章克恭、焦桐、窦瀚庠、尹守权、胡仁镜、吕连科、高世桐均着赏给商科举人。

九月丁丑　江苏巡抚程德全奏，苏省存古学堂举办毕业，暂行停办，听候部示。下部知之。

后　记

两年来，整理《清实录》中的科举史料是我生活中最主要的内容。科举制度的消亡，是历史的终局结果，对我个人而言，则意味着就此完成了一项重要工作。

当校点到光绪年间的史料时，看到乡试、会试屡屡延期，以至于最终不了了之，我对动荡和混乱刹那间有了切肤之感，一种虚无感也随之奔涌而来：科举消亡了，就此退出我们的生活，那它的曾经存在又有什么意义和价值？如果它没有根本的意义和价值，那我——一个史料整理者，一个全身心投入其中清理历史事实的工作者，在行进过程中，又凭借和依靠什么而存在？

好在，当这项工作即将结束时，我读到这样一段话："中国能够不激起任何骚动便废除了建立那么久的科举制度，中国就能实现无论多么激烈的变革。"这是1906年11月1日，科举制度宣告终结的第二年，《泰晤士报》驻北京记者乔·厄·莫理循（G. E. Morrison）在信中写到的。作为异国人，莫氏对科举废弃后中国人态度的概括大约会另有一种冷静和理性。莫氏在此关注的是"变局"，而在他的描述中，对我触动更大的，却是中国人面对"变局"的态度："不激起任何骚动"，最终坦然而安静地接受一切，让来的尽管来，去的尽管去。也许，这种态度是最合理的？想到这里，也就释然了。是了，接受一切。接受生命或事件的意义，也接受其中的无意义。很多时候，我们总会执著于那些看似充满了意义和价值的事，殊不知，面对无意义、直面虚无需要更大的勇气、更多的承担精神。如此说来，我所做的何尝不是一件更有意义的事？

更重要的是，在思考科举消亡的原因时，我忽然悟到：这个世界上，如果没有永恒的"在"，那何尝又有什么绝对的"不在"？从这个角度看，我们自以为消失的东西不过是从中心位置退出，以另外的形式印在我们生命和灵魂的深处。科举何尝不是如此？科举何尝彻底退出我们当下的生活？

从事史料清理的工作非常艰辛，但也让人更清楚地知道"我是谁"，在这个世界上处于什么位置。的确，一路走来，要感谢的人很多，很多。在这里，特别要感谢我的导师陈文新教授、谭邦和教授将我带进这片领地，他们的学养识见和儒雅的气度让我看到一个世界的沉静和精彩。要感谢父母、家人，我的每一份收获都来自于他们默默的支持和鼓励。还有，我的女儿，KK 宝，是她带来的力量，让我安静、坚定地做该做的事，当然，包括完成这部书。

王炜

于武昌桂子山

《中国科举文化通志》书目

历代制举史料汇编

历代律赋校注

七史选举志校注

唐代试律试策校注

八股文总论八种

游戏八股文集成

翰林掌故五种

贡举志五种(上)

贡举志五种(下)

明代科举与文学编年(上)

明代科举与文学编年(中)

明代科举与文学编年(下)

明代状元史料汇编(上)

明代状元史料汇编(下)

四书大全校注(上)

四书大全校注(下)

钦定四书文校注

《游艺塾文规》正续编

钦定学政全书校注

《清实录》科举史料汇编

梁章钜科举文献二种校注

二十世纪科举研究论文选编

《礼部韵略》与宋代科举

科举废止前后的晚清社会与文学

《儒林外史》的现代误读

游戏八股文研究

元明科举与文学考论

明代八股文选家考论

唐代科举与试赋